KB093631

로스쿨

신체계

형법강의

해커스변호사

Prologue

이 책의 머리말

제13회 변호사시험이 5일간의 대장정을 마쳤다. 제13회 변호사시험의 가장 큰 특징은 최초로 도입된 컴퓨터 작성 방식(CBT)으로 시험이 치러졌다는 것이다. 수기 방식의 답안 작성은 이미 컴퓨터가 보편화된 시대에 부합하지 않고 수기 작성에 어려움을 겪는 수험생에게 불이익을 주므로 CBT의 도입은 타당한 시대적 전환이라 생각한다. 특히 5일간 시험을 치르는 학생들의 피로도를 대폭 낮췄다는 점에서 기념비적인 변화라 할 것이다. 그러나 이와 같은 변화에도 불구하고 시간 부족을 호소하는 학생들은 여전히 부지기수다. 이러한 원인 중 하나는 변화된 시험의 경향에 따라가지 못하고 전통적인 방식을 고수하여 공부하는 것이다. CBT 방식의 도입으로 과목당 출제 문항이 많아지고 지문의 길이가 더욱 길어지고 있으므로 수험생들은 미리 시험장에서 쓸 쟁점별 답안을 더욱 철저하게 준비하여야 하고, 평소 CBT 시험 실전 연습을 반드시 해두어야 한다.

시험의 변화에 발맞춰 수험 공부의 방법도 변화되어야 한다. 수험법학의 성패는 '양을 줄여 반복하는 것'에 있으므로 막연하게 책을 읽는 공부 방법은 지양(止揚)하여야 한다. 시험의 목표는 학문의 성취가 아닌 '합격'이라는 것을 결코 잊어서는 안 된다.

2023년 형법은 형의 시효에 있어 사형의 삭제, 영아살해죄 및 영아유기죄를 폐지하는 개정이 있었다. 대법원 판례의 경우 주거침입과 관련된 판결이 꾸준하게 선고되었고, 절도죄, 사기죄, 횡령죄, 손괴죄, 신용카드범죄 등 재산죄와 공문서부정행사죄 등에서 의미 있는 판례들이 선고되었다. 특히 강제추행죄에 있어 '폭행 · 협박'과 관련된 전원합의체 판결이 선고되어 판례가 변경되었다. 2023년에 시행된 6월, 8월, 10월 모의고사는 물론 제13회 변호사시험에서도 최신판례들이 대거 출제되었다. 이러한 경향성에 비추어 볼 때, 시험을 준비함에 있어서도 항상 최신판례의 경향성을 염두에 두어야 한다.

[2025 해커스변호사 로스쿨 신체계 형법강의]는 전원합의체 판결의 경우 선택형은 물론 사례형에 대비가 가능하도록 다수견해는 물론 소수견해까지 충실히 소개해 두었다. 기타 2022년 하반기 및 2023년 상 · 하반기 판례 중 시험에 출제가 가능한 것을 선별하여 정리하였다.

2024년 로스쿨 입학생이나 저학년 재학생의 경우 보다 상세한 내용을 포함하고 있는 본 교재로 공부하여 CBT의 도입에 따라 난이도가 더욱 높아질 형사법 문제에 만전의 대비를 갖추기를 바란다.

형법이론은 모든 법과목을 통틀어 가장 어렵다는 평가를 받는다. 본 교재가 변시 수험생을 비롯한 형법을 시험과목으로 하는 수험생들에게 그 어려움을 극복하는 반려가 되기를 기원한다.

본서에 관한 의문이나 질문이 있는 분들은 네이버 카페(http://cafe.naver.com/heojungcriminallaw) 혹은 블로그(http://blog.naver.com/lawoffice_yegun)로 의견 주기를 바란다.

2024년 1월 14일

저자 허 정

[2025 해커스변호사 로스쿨 신체계 형법강의]의 특징

1. 2023년 12월의 판례공보에 실린 판례까지 모두 반영하였다.
2. 변호사시험을 비롯한 각종시험의 선택형에 99% 대비할 수 있도록 판례와 이론을 정리하였다.
3. 사례형 문제에 대비할 수 있도록 출제가능한 중요쟁점을 일목요연하게 정리하여 두었다.
4. 2023년까지 변호사시험에 출제된 지문에 해당하는 이론과 판례에 기출표시를 하여 두었다. (2015년까지의 사법시험 기출표시 포함)

[신체계 형법강의]의 기본적 특징

1. 형법이론 부분

① **주요이론의 일목요연한 정리** : 형법이론을 쉬운 문체로 알기 쉽게 정리하였으며 특히 출제가능한 주요이론의 경우는 의의 · 내용 · 비판을 한눈에 알아볼 수 있도록 도표화하여 정리하였다. '신체계 형법강의'의 큰 특장점이 될 것임을 확신한다.

② **시험과 무관한 지엽적인 이론의 배제** : 가급적 많은 이론을 소개하였지만 그렇다고 하여 모든 학자들이 주장하는 모든 학설을 소개하지는 않았다. '신체계 형법강의'는 시험에 대비한 '수험서'이지 '학문서'가 아니기 때문이다. 불필요한 부분을 최대한 줄여주는 것도 저자의 의무라고 생각한다.

2. 형법판례 부분

① **최다판례의 수록** : 다소 주관적인 것이겠지만 시험에 필요한 판례라는 관점에서는 가장 많은 판례를 수록하였다고 자부한다. '신체계 형법강의'에는 저자의 판례교재인 '형법 신체계 중요판례'에 수록되어 있는 거의 모든 판례가 실려 있다고 해도 과언이 아니다.

② **효율성 있는 판례의 정리** : '신체계 형법강의'에 실려 있는 판례가 많은 만큼 독자들이 판례를 이론과 연결시켜 쉽게 이해할 수 있도록 쟁점별로 배치하였으며, 자주 출제가 되어 왔던 주요쟁점에 관한 판례는 모두 핵심내용에 밑줄을 하여 두었을 뿐만 아니라 그 판례의 쟁점과 판례의 법리 또는 판례의 결론을 한 줄 정도로 요약하여 두었다. 어느 정도 판례가 숙지된 수험생이라면 요약된 한 줄만 읽어도 충분히 시험에 대한 대비가 될 것임을 확신한다. 또한 빈출 판례는 아니더라도 종종 출제가 되어 왔고 앞으로도 출제가능성이 있는 판례들은 모두 유형별로 분류하여 두었다. 예를 들어 일정한 죄책을 인정한 판례와 부정한 판례 또는 일정한 법적 효과를 인정한 판례와 부정한 판례를 한꺼번에 정리하여 두었다.

③ **비교판례와 동지판례의 활용** : 특히 시험에 자주 출제되는 중요 쟁점에 관한 판례는 그와 혼동할 우려가 있는 비교판례와 함께 실어 두었다. 그리고 기본적인 판례를 이해한다면 충분히 이해가능한 동지판례들은 가급적 한꺼번에 정리를 하여 두었다. 이는 시험에 임박하여 기본적인 판례를 보아 두는 것만으로 충분할 것이므로 수험생들이 판례에 할애해야 하는 시간을 많이 줄여줄 것이다.

④ **명확한 사실관계 소개** : 현재까지의 출제경향으로는 판례의 법리를 묻는 문제가 거의 대부분이며, 사례형식으로 출제되는 문제도 그 실질은 판례의 법리(판결요지)를 사례로 변형했을 뿐이므로 모든 판례에 대하여 사례를 소개하는 것은 지양하였다. 그러나 출제가능하다고 판단되는 사실관계는 최대한 소개하였음은 물론이다.

⑤ **출제적합성이 없는 절차법상의 판례 배제** : 형사소송법상의 판례일지라도 형법과 연관이 있고, 출제가 가능한 것이라면 빠짐없이 모두 소개하였다. 그러나 순수한 형사소송법에 관한 것이고 출제가능성마저 없는 판례에 대하여는 다른 교재에 실려 있는 경우라도 이를 배제하였다. 이러한 판례는 형법문제로 출제될 수도 없고 출제되어서도 안 되는 것이기 때문이다. 실제로 형법을 공부하는 과정에서 필요하지도 않으며 형법과 무관한 것이기 때문에, 독자들이 이해하는 데 큰 어려움을 주지만 실익이 없는 판례를 제거하는 것도 역시 저자의 몫이라고 생각한다.

3. 사례문제 부분

① **판례연습문제의 활용** : 사례문제로 출제되어 왔거나 출제될 가능성이 있는 판례는 모두 사실관계를 중심으로 판례연습문제를 만들어 사례문제에 대비할 수 있도록 하였다. 판례연습문제를 구성함에 있어서도 개별판례의 단순한 나열식 문제가 아니라 중요한 비교판례를 함께 묶어 문제를 구성하였다.

② **사례연습문제의 활용** : 당해 쟁점에 대하여 판례는 없으나 사례형식으로 자주 출제되는 경우에는 교수님들의 기본서에 공통적으로 소개되어 있는 전형적인 사례를 문제화하여 출제에 대비토록 하였다.

4. **기출문제 부분**

① **쟁점별 완벽한 기출표시** : 수험생의 입장에서는 공부를 하면서 가장 궁금한 것이 시험에 어느 것이 출제될 것인가 하는 점일 것이다. '신체계 형법강의'에는 출제가능성, 즉 일정한 내용의 중요도를 독자들이 객관적으로 판단할 수 있도록 모두 기출표시를 하여 두었다. '신체계 형법강의'의 큰 장점으로 내세우고 싶은 부분이다. 교재의 일정한 내용이 사법시험 및 변호사시험에 출제되고 있는지 여부 또는 얼마만큼 자주 출제되었는지를 알고 읽는 것과 그렇지 않은 상태에서 읽는 것과는 효율성 면이나 긴장도 면에서 비교가 되지 않을 것이다. '신체계 형법강의'를 읽는 독자들은 스스로 중요도를 파악하여 강약을 조절해가며 공부를 할 수 있을 것이다.

② **기출지문의 완벽한 정리** : 기출지문을 모두 교과서 형식의 문장으로 재구성하여 교과서의 내용 속에 용해시켜 두었다. '신체계 형법강의'를 충실하게 공부한 수험생이라면 그리 많은 시간을 할애하지 않고서도 사법시험 또는 변호사시험 기출문제집을 공부하는 데 큰 어려움 없을 것이다.

③ **빈출 기출문제의 정리** : 빈출 쟁점에 대한 기출문제는 문제 원문을 '신체계 형법강의'에 전재하여 기본서의 내용과 함께 공부할 수 있도록 하였다.

참고문헌

김성돈, 형법총론, 현암사, 2009년
김일수, 한국형법 I·II·III·IV, 박영사, 1997년
김일수 · 서보학, 새로쓴 형법각론(제6판), 박영사, 2007년
김일수 · 서보학, 새로쓴 형법총론(제10판), 박영사, 2007년
박상기, 형법각론, 박영사, 2008년
박상기, 형법총론, 박영사, 2008년
배종대, 형법각론, 홍문사, 2007년
배종대, 형법총론, 홍문사, 2006년
손동권, 형법각론, 율곡출판사, 2006년
손동권, 형법총론, 율곡출판사, 2006년
신동운, 형법총론, 법문사, 2002년
신호진, 형법요론, 문형사, 2008년
오영근, 형법각론, 박영사, 2007년
오영근, 형법총론, 박영사, 2007년
유기천, 형법학, 일조각, 1983년
이인규, 형법강의, 유풍출판사, 2008년
이재상, 형법각론, 박영사, 2013년
이재상, 형법총론, 박영사, 2013년
이정원, 형법각론, 법지사, 2003년
이정원, 형법총론, 법지사, 2004년
이형국, 형법각론 I, 법문사, 1998년
이형국, 형법각론 II, 법문사, 2004년
이형국, 형법총론, 법문사, 2005년
임 웅, 형법각론, 법문사, 2006년
임 웅, 형법총론, 법문사, 2006년
정성근 · 박광민, 형법각론, 삼지원, 2003년
정성근 · 박광민, 형법총론, 삼지원, 2004년
정영일, 형법총론, 박영사, 2005년
정웅석, 형법강의, 대명출판사, 2006년
한국형사판례연구회편, 형사판례연구
기 타 고시계, 고시계편집부

총 론

제1편 서 론

제1장 형법의 기본개념

제1절 형법의 의의와 성격 ······ 5

Ⅰ. 형법의 의의 / 5
Ⅱ. 형법의 성격 / 6
Ⅲ. 형법의 기능 / 7
Ⅳ. 위험형법 / 8

제2절 죄형법정주의 ······ 9

Ⅰ. 죄형법정주의의 의의 / 9
Ⅱ. 죄형법정주의의 내용 / 10

제2장 형법의 적용범위와 형법이론

제1절 형법의 적용범위 ······ 52

Ⅰ. 시간적 적용범위 / 52
Ⅱ. 장소적 적용범위 / 68
Ⅲ. 인적 적용범위 / 77

제2절 형법이론 ······ 78

Ⅰ. 형벌이론 / 78
Ⅱ. 범죄이론 / 79
Ⅲ. 형법학파의 대립 / 81

제2편 범죄론

제1장 범죄의 기본개념

제1절 범죄의 의의와 종류 ······ 85

Ⅰ. 범죄의 의의 / 85
Ⅱ. 범죄의 성립요건 · 처벌조건 · 소추조건 / 85
Ⅲ. 범죄의 종류 / 89

제2절 행위론 ······ 95

Ⅰ. 서 론 / 95
Ⅱ. 행위론의 내용 / 96
Ⅲ. 형법상 행위의 최소한의 요건 / 97

제3절 범죄체계론 ······ 98

제4절 행위의 주체와 객체 ······ 100

Ⅰ. 행위의 주체 / 100
Ⅱ. 행위의 객체와 보호의 객체 / 110

제2장 구성요건

제1절 구성요건이론 ···· 111

Ⅰ. 구성요건의 의의 / 111
Ⅱ. 구성요건과 위법성과의 관계 / 111
Ⅲ. 구성요건의 유형 / 113
Ⅳ. 구성요건의 요소 / 114

제2절 결과반가치와 행위반가치 ···· 116

Ⅰ. 결과반가치와 행위반가치의 의의 / 116
Ⅱ. 결과반가치론과 행위반가치론 / 116
Ⅲ. 결과반가치와 행위반가치의 내용 / 118

제3절 부작위범 ···· 119

Ⅰ. 부작위의 본질 / 119
Ⅱ. 부작위범의 구조 / 122
Ⅲ. 부진정부작위범의 특유한 구성요건 / 125
Ⅳ. 관련문제 / 138

제4절 인과관계와 객관적 귀속 ···· 141

Ⅰ. 서 론 / 141
Ⅱ. 인과관계의 유형 / 141
Ⅲ. 인과관계 판단에 관한 학설 / 143
Ⅳ. 객관적 귀속이론 / 152

제5절 구성요건적 고의 ···· 160

Ⅰ. 서 론 / 160
Ⅱ. 고의의 본질 / 161
Ⅲ. 고의의 내용 / 162
Ⅳ. 고의의 종류 / 165

제6절 구성요건적 착오 ···· 171

Ⅰ. 서 론 / 171
Ⅱ. 기본적 구성요건의 착오의 인정여부(A1을 해결함) / 172
Ⅲ. 구성요건적 착오(A3)의 해결 / 173
Ⅳ. 제15조 제1항의 규율 밖에 있는 착오사례의 해결 / 175
Ⅴ. 인과관계(과정)의 착오 / 186

제7절 과 실 ···· 192

Ⅰ. 서 론 / 192
Ⅱ. 과실범의 구성요건 / 197
Ⅲ. 과실범의 위법성과 책임 / 208
Ⅳ. 객관적 주의의무의 제한원리 / 209
Ⅴ. 관련문제 / 217

제8절 결과적 가중범 ···· 218

Ⅰ. 서 론 / 218
Ⅱ. 결과적 가중범의 종류 / 218
Ⅲ. 결과적 가중범의 성립요건 / 223
Ⅳ. 관련문제 / 228

제3장 위법성

제1절 위법성의 이론 ······ 235

Ⅰ. 위법성의 의의 / 235
Ⅱ. 위법성의 본질 / 236
Ⅲ. 위법성 판단 / 236
Ⅳ. 위법성조각사유(정당화사유) / 237
Ⅴ. 주관적 정당화요소 / 238

제2절 정당방위 ······ 243

Ⅰ. 정당방위의 의의 / 243
Ⅱ. 정당방위의 성립요건 / 244
Ⅲ. 과잉방위와 오상방위 / 257

제3절 긴급피난 ······ 263

Ⅰ. 긴급피난의 의의와 본질 / 263
Ⅱ. 긴급피난의 성립요건 / 264
Ⅲ. 긴급피난의 특칙 / 269
Ⅳ. 과잉피난과 오상피난 / 269
Ⅴ. 의무의 충돌 / 270

제4절 자구행위 ······ 272

Ⅰ. 자구행위의 의의 / 272
Ⅱ. 자구행위의 성립요건 / 272
Ⅲ. 과잉자구행위와 오상자구행위 / 276

제5절 피해자의 승낙 ······ 277

Ⅰ. 서 론 / 277
Ⅱ. 양 해 / 278
Ⅲ. 피해자의 승낙 / 281
Ⅳ. 추정적 승낙 / 285

제6절 정당행위 ······ 287

Ⅰ. 서 론 / 287
Ⅱ. 법령에 의한 행위 / 287
Ⅲ. 업무로 인한 행위 / 299
Ⅳ. 사회상규에 위배되지 않는 행위 / 302

제4장 책임론

제1절 책임이론 ······ 315

Ⅰ. 책임의 의의 / 315
Ⅱ. 책임의 근거 / 316
Ⅲ. 책임의 본질 / 316

제2절 책임능력 ······ 318

Ⅰ. 책임능력의 의의 / 318
Ⅱ. 책임무능력자 / 319
Ⅲ. 한정책임능력자 / 324
Ⅳ. 원인에 있어서 자유로운 행위 / 326

제3절 위법성의 인식 ······ 332

Ⅰ. 위법성의 인식의 의의 / 332
Ⅱ. 위법성의 인식의 체계적 지위 / 333

제4절 법률의 착오 335

Ⅰ. 법률의 착오의 의의와 태양 / 335
Ⅱ. 형법 제16조와 정당한 이유 / 338
Ⅲ. 위법성조각사유의 전제사실의 착오 / 344

제5절 기대가능성 348

Ⅰ. 서 론 / 348
Ⅱ. 기대가능성의 체계적 지위 / 348
Ⅲ. 기대가능성이론의 기능 / 349
Ⅳ. 기대가능성의 판단기준 / 349
Ⅴ. 기대가능성에 대한 착오 / 351
Ⅵ. 기대불가능성으로 인한 책임조각사유 / 352
Ⅶ. 강요된 행위 / 352

제5장 미수론

제1절 미수범의 일반이론 356

제2절 장애미수 359

Ⅰ. 의 의 / 359
Ⅱ. 장애미수의 성립요건 / 359
Ⅲ. 장애미수의 처벌 / 367

제3절 중지미수 368

Ⅰ. 서 론 / 368
Ⅱ. 중지미수의 성립요건 / 369
Ⅲ. 중지미수의 처벌 / 375
Ⅳ. 관련문제 / 375

제4절 불능미수 378

Ⅰ. 불능미수의 의의 / 378
Ⅱ. 불능미수의 성립요건 / 379
Ⅲ. 불능미수의 처벌 / 386
Ⅳ. 관련문제 / 386

제5절 예비죄 387

Ⅰ. 서 설 / 387
Ⅱ. 예비죄의 법적 성격 / 387
Ⅲ. 예비죄의 성립요건 / 388
Ⅳ. 관련문제 / 391

제6장 공범론

제1절 공범이론 394

Ⅰ. 서 설 / 394
Ⅱ. 정범과 공범의 구별 / 400
Ⅲ. 공범의 종속성과 처벌의 근거 / 402

제2절 간접정범 405

Ⅰ. 간접정범의 의의 / 405
Ⅱ. 간접정범의 성립요건 / 406
Ⅲ. 간접정범의 처벌 / 409
Ⅳ. 관련문제 / 409
Ⅴ. 특수교사·방조 / 412

제3절 공동정범 413
Ⅰ. 공동정범의 의의와 본질 / 413
Ⅱ. 공동정범의 성립요건 / 414
Ⅲ. 공동정범의 처벌 / 430
Ⅳ. 공동정범과 신분범 및 착오 / 432
Ⅴ. 동시범 / 432

제4절 교사범 437
Ⅰ. 교사범의 의의 / 437
Ⅱ. 교사범의 성립요건 / 437
Ⅲ. 교사의 착오 / 442
Ⅳ. 교사범의 처벌 / 444
Ⅴ. 관련문제 / 444

제5절 종 범 446
Ⅰ. 종범의 의의 / 446
Ⅱ. 종범의 성립요건 / 446
Ⅲ. 종범의 착오 / 452
Ⅳ. 종범의 처벌 / 453
Ⅴ. 관련문제 / 453

제6절 공범과 신분 455
Ⅰ. 공범과 신분의 의의 / 455
Ⅱ. 신분범의 의의와 종류 / 455
Ⅲ. 형법 제33조의 해석론 / 456
Ⅳ. 소극적 신분과 공범 / 464

제7장 죄수론

제1절 죄수이론 466
Ⅰ. 죄수론의 의의 / 466
Ⅱ. 죄수결정의 기준 / 466
Ⅲ. 수죄의 처벌 / 468

제2절 일 죄 469
Ⅰ. 서 론 / 469
Ⅱ. 법조경합 / 469
Ⅲ. 포괄일죄 / 479

제3절 수 죄 492
Ⅰ. 상상적 경합 / 492
Ⅱ. 실체적 경합 / 500

제3편 형벌론

제1장 형 벌

제1절 형벌의 종류 ········ 515

Ⅰ. 형벌의 의의와 종류 / 515
Ⅱ. 사 형 / 515
Ⅲ. 자유형 / 517
Ⅳ. 재산형 / 518
Ⅴ. 명예형 / 534
Ⅵ. 형의 경중 / 535

제2절 형의 양정 ········ 536

Ⅰ. 의 의 / 536
Ⅱ. 형의 양정의 단계 / 536
Ⅲ. 형의 가중 · 감경 · 면제 / 537
Ⅳ. 양 형 / 544
Ⅴ. 판결선고전 구금 및 판결의 공시 / 545

제3절 누 범 ········ 548

Ⅰ. 서 론 / 548
Ⅱ. 누범가중의 요건 / 549
Ⅲ. 누범의 효과 / 552
Ⅳ. 판결선고후의 누범발각 / 553

제4절 집행유예 · 선고유예 · 가석방 ········ 554

Ⅰ. 집행유예 / 554
Ⅱ. 선고유예 / 562
Ⅲ. 가석방 / 566

제5절 형의 시효 · 소멸 · 기간 ········ 570

Ⅰ. 형의 시효 / 570
Ⅱ. 형의 소멸 등 / 571
Ⅲ. 형의 기간 / 573

제2장 보안처분

Ⅰ. 서 론 / 574
Ⅱ. 보안처분의 정당화 조건 / 574
Ⅲ. 형벌과 보안처분의 관계 / 575
Ⅳ. 보안처분의 종류 / 576
Ⅴ. 현행법상의 보안처분 / 576

각 론

제1편 개인적 법익에 관한 죄

제1장 생명과 신체에 대한 죄

제1절 살인의 죄 ········· 585

Ⅰ. 총 설 / 585
Ⅱ. 보통살인죄 / 585
Ⅲ. 존속살해죄 / 590
Ⅳ. 영아살해죄 / 593
Ⅴ. 촉탁 · 승낙살인죄 / 593
Ⅵ. 자살교사 · 방조죄 / 594
Ⅶ. 위계 · 위력에 의한 살인죄 / 597
Ⅷ. 살인예비 · 음모죄 / 597

제2절 상해와 폭행의 죄 ········· 598

Ⅰ. 총 설 / 598
Ⅱ. 상해죄 / 598
Ⅲ. 존속상해죄 / 603
Ⅳ. 중상해죄 / 603
Ⅴ. 존속중상해죄 / 604
Ⅴ-Ⅰ. 특수상해죄 / 605
Ⅵ. 상해치사죄 · 존속상해치사죄 / 605
Ⅶ. 상해의 동시범특례 / 605
Ⅷ. 폭행죄 / 606
Ⅸ. 존속폭행죄 / 610
Ⅹ. 특수폭행죄 / 610
Ⅺ. 폭행치사상죄 / 615
Ⅻ. 상습상해 · 폭행죄 / 616

제3절 과실치사상의 죄 ········· 617

Ⅰ. 총 설 / 617
Ⅱ. 과실치상죄 / 617
Ⅲ. 과실치사죄 / 617
Ⅳ. 업무상과실 · 중과실치사상죄 / 619

제4절 낙태의 죄 ········· 631

Ⅰ. 총 설 / 631
Ⅱ. 자기낙태죄 / 632
Ⅲ. 동의낙태죄 / 634
Ⅳ. 업무상동의낙태죄 / 634
Ⅴ. 부동의낙태죄 / 635
Ⅵ. 낙태치사상죄 / 636

제5절 유기와 학대의 죄 ········· 637

Ⅰ. 총 설 / 637
Ⅱ. 유기죄 / 637
Ⅲ. 존속유기죄 / 641
Ⅳ. 중유기죄 · 존속중유기죄 / 642
Ⅴ. 영아유기죄 / 642
Ⅵ. 학대죄 / 642
Ⅶ. 존속학대죄 / 644
Ⅷ. 아동혹사죄 / 644
Ⅸ. 유기치사상죄 / 645

제2장 자유에 대한 죄

제1절 협박의 죄 …… 646

Ⅰ. 총 설 / 646
Ⅱ. 협박죄 / 646
Ⅲ. 존속협박죄 / 654
Ⅳ. 특수협박죄 / 654
Ⅴ. 상습협박죄 / 655

제2절 강요의 죄 …… 656

Ⅰ. 총 설 / 656
Ⅱ. 강요죄 / 656
Ⅱ-Ⅰ. 특수강요죄 / 662
Ⅲ. 중강요죄 / 662
Ⅳ. 인질강요죄 / 662
Ⅴ. 인질상해 · 치상죄 / 664
Ⅵ. 인질살해 · 치사죄 / 664

제3절 체포와 감금의 죄 …… 665

Ⅰ. 총 설 / 665
Ⅱ. 체포 · 감금죄 / 665
Ⅲ. 존속체포 · 감금죄 / 669
Ⅳ. 중체포 · 감금죄, 존속중체포 · 감금죄 / 669
Ⅴ. 특수체포 · 감금죄 / 669
Ⅵ. 상습체포 · 감금죄 / 670
Ⅶ. 체포 · 감금치사상죄 / 670

제4절 약취, 유인 및 인신매매의 죄 …… 671

Ⅰ. 총 설 / 671
Ⅱ. 미성년자 약취 · 유인죄 / 671
Ⅲ. 추행 · 간음 · 결혼 · 영리목적 약취 · 유인죄 / 676
Ⅳ. 노동력 착취 · 성매매와 성적 착취 · 결혼 · 장기적출 목적 약취 · 유인죄 / 678
Ⅴ. 국외이송목적 약취 · 유인죄 및 피약취 · 유인자 국외이송죄 / 678
Ⅵ. 인신매매죄 / 679
Ⅶ. 추행 · 간음 · 결혼 · 영리목적 인신매매죄 / 680
Ⅷ. 노동력 착취 · 성매와 성적 착취 · 결혼 · 장기적출 목적 인신매매죄 / 680
Ⅸ. 국외이송목적 인신매매죄 및 피매매자 국외이송죄 / 680
Ⅹ. 약취, 유인, 매매, 이송 등 상해 · 치상죄 / 681
Ⅺ. 약취, 유인, 매매, 이송 등 살해 · 치사죄 / 681
Ⅻ. 피약취 · 유인 · 매매 · 국외이송자 수수 · 은닉 등 죄 / 681

제5절 강간과 추행의 죄 …… 682

Ⅰ. 총 설 / 682
Ⅱ. 강간죄 / 682
Ⅲ. 유사강간죄 / 687
Ⅳ. 강제추행죄 / 687
Ⅴ. 준강간죄 · 준유사강간죄 · 준강제추행죄 / 694
Ⅵ. 미성년자의제강간 · 강제추행죄 / 697
Ⅶ. 강간 등 상해 · 치상죄 / 699
Ⅷ. 강간 등 살인 · 치사죄 / 702
Ⅸ. 미성년자 · 심신미약자 간음 · 추행죄 / 703
Ⅹ. 업무상위력 등에 의한 간음죄 / 706
Ⅺ. 피구금자간음죄 / 707
Ⅻ. 상습강간등죄 / 708
Ⅻ-Ⅰ. 강간등예비음모죄 / 708
XIII. 성범죄에 대한 특별형법 / 708

제3장 명예와 신용에 대한 죄

제1절 명예에 관한 죄 ······ 725

Ⅰ. 총 설 / 725
Ⅱ. 명예훼손죄 / 729
Ⅲ. 사자의 명예훼손죄 / 752
Ⅳ. 출판물에 의한 명예훼손죄 / 754
Ⅴ. 모욕죄 / 758

제2절 신용·업무와 경매에 관한 죄 ······ 766

Ⅰ. 총 설 / 766
Ⅱ. 신용훼손죄 / 766
Ⅲ. 업무방해죄 / 769
Ⅳ. 컴퓨터 업무방해죄 / 790
Ⅴ. 경매·입찰방해죄 / 794

제4장 사생활의 평온에 대한 죄

제1절 비밀침해의 죄 ······ 799

Ⅰ. 총 설 / 799
Ⅱ. 비밀침해죄 / 799
Ⅲ. 업무상 비밀누설죄 / 803

제2절 주거침입의 죄 ······ 805

Ⅰ. 총 설 / 805
Ⅱ. 주거침입죄 / 806
Ⅲ. 퇴거불응죄 / 828
Ⅳ. 특수주거침입죄 / 830
Ⅴ. 주거·신체수색죄 / 830

제5장 재산에 대한 죄

제1절 재산죄의 기본개념 ······ 831

Ⅰ. 재산죄의 분류 / 831
Ⅱ. 재산죄의 객체 / 831
Ⅲ. 형법상의 점유 / 837
Ⅳ. 불법영득의사 / 845
Ⅴ. 친족상도례 / 853

제2절 절도의 죄 ······ 860

Ⅰ. 총 설 / 860
Ⅱ. 절도죄 / 860
Ⅲ. 야간주거침입절도죄 / 867
Ⅳ. 특수절도죄 / 871
Ⅴ. 자동차 등 불법사용죄 / 876
Ⅵ. 상습절도죄 / 878

제3절 강도의 죄 ······ 881

Ⅰ. 총 설 / 881
Ⅱ. 강도죄 / 881
Ⅲ. 특수강도죄 / 888
Ⅳ. 준강도죄·준특수강도죄 / 889
Ⅴ. 인질강도죄 / 898
Ⅵ. 강도상해·치상죄 / 899

Ⅶ. 강도살인 · 치사죄 / 903
Ⅷ. 강도강간죄 / 905
Ⅸ. 해상강도죄, 해상강도상해 · 치상 · 살인 · 치사 · 강간죄 / 905
Ⅹ. 상습강도죄 / 906
Ⅺ. 강도예비 · 음모죄 / 907

제4절 사기의 죄 ········ 909
Ⅰ. 총 설 / 909
Ⅱ. 사기죄 / 910
Ⅲ. 컴퓨터 등 사용사기죄 / 958
Ⅳ. 준사기죄 / 963
Ⅴ. 편의시설부정이용죄 / 964
Ⅵ. 부당이득죄 / 966
Ⅶ. 상습사기죄 / 967
Ⅷ. 신용카드와 관련한 범죄 / 967

제5절 공갈의 죄 ········ 976
Ⅰ. 총 설 / 976
Ⅱ. 공갈죄 / 976
Ⅱ-Ⅰ. 특수공갈죄 / 984
Ⅲ. 상습공갈죄 / 984

제6절 횡령의 죄 ········ 985
Ⅰ. 총 설 / 985
Ⅱ. 횡령죄 / 985
Ⅲ. 업무상횡령죄 / 1032
Ⅳ. 점유이탈물횡령죄 / 1034

제7절 배임의 죄 ········ 1035
Ⅰ. 총 설 / 1035
Ⅱ. 배임죄 / 1036
Ⅲ. 업무상배임죄 / 1087
Ⅳ. 배임수재죄 / 1089
Ⅴ. 배임증재죄 / 1100

제8절 장물의 죄 ········ 1103
Ⅰ. 총 설 / 1103
Ⅱ. 장물죄 / 1105
Ⅲ. 상습장물죄 / 1114
Ⅳ. 업무상과실 · 중과실 장물죄 / 1114

제9절 손괴의 죄 ········ 1116
Ⅰ. 총 설 / 1116
Ⅱ. 재물손괴죄 / 1116
Ⅲ. 공익건조물파괴죄 / 1124
Ⅳ. 중손괴죄 · 손괴치사상죄 / 1124
Ⅴ. 특수손괴죄 / 1124
Ⅵ. 경계침범죄 / 1125

제10절 권리행사를 방해하는 죄 ········ 1127
Ⅰ. 총 설 / 1127
Ⅱ. 권리행사방해죄 / 1127
Ⅲ. 점유강취죄 / 1133
Ⅳ. 준점유강취죄 / 1133
Ⅴ. 중권리행사방해죄 / 1133
Ⅵ. 강제집행면탈죄 / 1134

제2편 사회적 법익에 관한 죄

제1장 공공의 안전과 평온에 대한 죄

제1절 공안을 해하는 죄 ··· 1147

Ⅰ. 총 설 / 1147
Ⅱ. 범죄단체 등의 조직죄 / 1147
Ⅲ. 소요죄 / 1149
Ⅳ. 다중불해산죄 / 1151
Ⅴ. 전시공수계약불이행죄 / 1151
Ⅵ. 공무원자격사칭죄 / 1152

제2절 폭발물에 관한 죄 ··· 1153

Ⅰ. 총 설 / 1153
Ⅱ. 폭발물사용죄 / 1153
Ⅲ. 전시폭발물사용죄 / 1154
Ⅳ. 폭발물사용 예비 · 음모 · 선동죄 / 1154
Ⅴ. 전시폭발물 제조 · 수입 · 수출 · 수수 · 소지죄 / 1154

제3절 방화와 실화의 죄 ··· 1155

Ⅰ. 총 설 / 1155
Ⅱ. 현주건조물 등 방화죄 / 1157
Ⅲ. 현주건조물 등 방화치사상죄 / 1160
Ⅳ. 공용건조물 등 방화죄 / 1160
Ⅴ. 일반건조물 등 방화죄 / 1161
Ⅵ. 일반물건방화죄 / 1161
Ⅶ. 연소죄 / 1163
Ⅷ. 진화방해죄 / 1163
Ⅸ. 폭발성물건파열죄와 폭발성물건파열치사상죄 / 1164
Ⅹ. 가스 · 전기 등 방류죄와 가스 · 전기 등 방류치사상죄 / 1164
Ⅺ. 가스 · 전기 등 공급방해죄와 가스 · 전기 등 공급방해치사상죄 / 1164
Ⅻ. 방화 등 예비 · 음모죄 / 1165
XIII. 실화죄 / 1165
XIV. 업무상실화 · 중실화죄 / 1165
XV. 과실폭발성물건파열 등 죄 / 1166

제4절 일수와 수리에 관한 죄 ··· 1167

Ⅰ. 총 설 / 1167
Ⅱ. 현주건조물 등 일수죄 / 1167
Ⅲ. 현주건조물일수치사상죄 / 1167
Ⅳ. 공용건조물 등 일수죄 / 1168
Ⅴ. 일반건조물 등 일수죄 / 1168
Ⅵ. 방수방해죄 / 1168
Ⅶ. 과실일수죄 / 1169
Ⅷ. 일수예비 · 음모죄 / 1169
Ⅸ. 수리방해죄 / 1169

제5절 교통방해의 죄 ··· 1171

Ⅰ. 총 설 / 1171
Ⅱ. 일반교통방해죄 / 1171
Ⅲ. 기차 · 선박 등 교통방해죄 / 1174
Ⅳ. 기차 등 전복죄 / 1174
Ⅴ. 교통방해치사상죄/ 1175
Ⅵ. 과실교통방해죄, 업무상과실 · 중과실 교통방해죄 / 1175

제2장 공공의 신용에 대한 죄

제1절 통화에 관한 죄 ······ 1176

Ⅰ. 총 설 / 1176
Ⅱ. 내국통화 위조·변조죄 / 1176
Ⅲ. 내국유통 외국통화 위조·변조죄 / 1179
Ⅳ. 외국통용 외국통화 위조·변조죄 / 1180
Ⅴ. 위조·변조통화 행사 등 죄 / 1180
Ⅵ. 위조·변조통화 취득죄 / 1182
Ⅶ. 위조통화취득후지정행사죄 / 1182
Ⅷ. 통화유사물제조·수입·수출죄 / 1183
Ⅸ. 통화위조·변조 예비·음모죄 / 1183

제2절 유가증권·인지와 우표에 관한 죄 ······ 1184

Ⅰ. 총 설 / 1184
Ⅱ. 유가증권 위조·변조죄 / 1187
Ⅲ. 기재의 위조·변조죄 / 1191
Ⅳ. 자격모용에 의한 유가증권작성죄 / 1192
Ⅴ. 허위유가증권작성죄 / 1193
Ⅵ. 위조 등 유가증권행사·수입·수출죄 / 1194
Ⅶ. 인지·우표 위조·변조죄 / 1196
Ⅷ. 위조·변조 인지·우표 행사·수입·수출죄 / 1196
Ⅸ. 위조·변조 인지·우표 취득죄 / 1197
Ⅹ. 소인말소죄 / 1197
Ⅺ. 인지·우표유사물 제조·수입·수출죄 / 1197
Ⅻ. 예비·음모죄 / 1197

제3절 문서에 관한 죄 ······ 1198

Ⅰ. 총 설 / 1198
Ⅱ. 사문서위조·변조죄 / 1206
Ⅲ. 자격모용에 의한 사문서작성죄 / 1216
Ⅳ. 사전자기록 위작·변작죄 / 1220
Ⅴ. 공문서 위조·변조죄 / 1221
Ⅵ. 자격모용에 의한 공문서작성죄 / 1226
Ⅶ. 공전자기록 위작·변작죄 / 1227
Ⅷ. 허위진단서 등 작성죄 / 1229
Ⅸ. 허위공문서작성죄 / 1231
Ⅹ. 공정증서원본 등 부실기재죄 / 1237
Ⅺ. 위조·변조·작성 사문서행사죄 / 1249
Ⅻ. 위조·변조 등 공문서행사죄 / 1252
XIII. 사문서부정행사죄 / 1253
XIV. 공문서부정행사죄 / 1254

제4절 인장에 관한 죄 ······ 1259

Ⅰ. 총 설 / 1259
Ⅱ. 사인 등 위조·부정사용죄 / 1259
Ⅲ. 위조사인 등 행사죄 / 1261
Ⅳ. 공인 등 위조·부정사용죄 / 1263
Ⅴ. 위조공인 등 행사죄 / 1264

제3장 공중의 건강에 대한 죄

제1절 먹는 물에 관한 죄 ········ 1265

Ⅰ. 총 설 / 1265
Ⅱ. 음용수사용방해죄 / 1265
Ⅲ. 음용수유해물혼입죄 / 1265
Ⅳ. 수도음용수사용방해죄 / 1265
Ⅴ. 수도음용수유해물혼입죄 / 1266
Ⅵ. 음용수혼독치사상죄 / 1266
Ⅶ. 수도불통죄 / 1266

제2절 아편에 관한 죄 ········ 1267

Ⅰ. 총 설 / 1267
Ⅱ. 아편흡식죄 / 1267
Ⅲ. 아편흡식장소제공죄 / 1267
Ⅳ. 아편 등 제조 · 수입 · 판매 · 판매목적소지죄 / 1268
Ⅴ. 아편흡식기 제조 · 수입 · 판매 · 판매목적소지죄 / 1268
Ⅵ. 세관공무원의 아편 등 수입 · 수입허용죄 / 1268
Ⅶ. 상습아편흡식 · 제조 · 수입 · 판매죄 / 1268
Ⅷ. 아편 등 소지죄 / 1268

제4장 사회의 도덕에 대한 죄

제1절 성풍속에 관한 죄 ········ 1269

Ⅰ. 총 설 / 1269
Ⅱ. 음행매개죄 / 1269
Ⅲ. 음화 등 반포 · 판매 · 임대 · 공연전시죄 / 1270
Ⅳ. 음화 등 제조 · 소지 · 수입 · 수출죄 / 1274
Ⅴ. 공연음란죄 / 1274

제2절 도박과 복표에 관한 죄 ········ 1276

Ⅰ. 총 설 / 1276
Ⅱ. 도박죄 / 1276
Ⅲ. 상습도박죄 / 1278
Ⅳ. 도박장소 등 개설죄 / 1279
Ⅴ. 복표발매 · 중개 · 취득죄 / 1282

제3절 신앙에 관한 죄 ········ 1283

Ⅰ. 총 설 / 1283
Ⅱ. 장례식 등 방해죄 / 1283
Ⅲ. 시체 등 오욕죄 / 1285
Ⅳ. 분묘발굴죄 / 1285
Ⅴ. 시체 등 손괴 · 유기 · 은닉 · 영득죄 / 1286
Ⅵ. 변사체검시방해죄 / 1287

제3편 국가적 법익에 관한 죄

제1장 국가의 존립과 권위에 대한 죄

제1절 내란의 죄 ………… 1291

Ⅰ. 총 설 / 1291
Ⅱ. 내란죄 / 1291
Ⅲ. 내란목적살인죄 / 1294
Ⅳ. 내란예비 · 음모 · 선동 · 선전죄 / 1294

제2절 외환의 죄 ………… 1298

Ⅰ. 총 설 / 1298
Ⅱ. 외환유치죄 / 1298
Ⅲ. 여적죄 / 1298
Ⅳ. 모병이적죄 / 1299
Ⅴ. 시설제공이적죄 / 1299
Ⅵ. 시설파괴이적죄 / 1299
Ⅶ. 물건제공이적죄 / 1300
Ⅷ. 일반이적죄 / 1300
Ⅸ. 간첩죄 / 1301
Ⅹ. 전시군수계약불이행죄 / 1304
Ⅺ. 외환예비 · 음모 · 선동 · 선전죄 / 1304

제3절 국기에 관한 죄 ………… 1305

Ⅰ. 총 설 / 1305
Ⅱ. 국기 · 국장모독죄 / 1305
Ⅲ. 국기 · 국장비방죄 / 1305

제4절 국교에 관한 죄 ………… 1306

Ⅰ. 총 설 / 1306
Ⅱ. 외국원수에 대한 폭행 등 죄 / 1306
Ⅲ. 외국사절에 대한 폭행 등 죄 / 1306
Ⅳ. 외국국기 · 국장모독죄 / 1307
Ⅴ. 외국에 대한 사전죄 / 1307
Ⅵ. 중립명령위반죄 / 1307
Ⅶ. 외교상 기밀누설죄 / 1307

제2장 국가의 기능에 대한 죄

제1절 공무원의 직무에 관한 죄 ………… 1308

Ⅰ. 총 설 / 1308
Ⅱ. 직무유기죄 / 1309
Ⅲ. 피의사실공표죄 / 1316
Ⅳ. 공무상 비밀누설죄 / 1316
Ⅴ. 직권남용죄 / 1319
Ⅵ. 불법체포 · 감금죄 / 1326
Ⅶ. 폭행 · 가혹행위죄 / 1327
Ⅷ. 선거방해죄 / 1327
Ⅸ. 뇌물죄의 일반이론 / 1327
Ⅹ. 수뢰죄 / 1343
Ⅺ. 사전수뢰죄 / 1352
Ⅻ. 제3자 뇌물공여죄 / 1353
ⅩⅢ. 수뢰후부정처사죄 / 1355
ⅩⅣ. 부정처사후수뢰죄 / 1356
ⅩⅤ. 사후수뢰죄 / 1357
ⅩⅥ. 알선수뢰죄 / 1357
ⅩⅦ. 증뢰죄 / 1361

제2절 공무방해에 관한 죄 ········ 1364
Ⅰ. 총 설 / 1364
Ⅱ. 공무집행방해죄 / 1364
Ⅲ. 직무 · 사직강요죄 / 1375
Ⅳ. 위계에 의한 공무집행방해죄 / 1375
Ⅴ. 법정 · 국회회의장모욕죄 / 1384
Ⅵ. 인권옹호직무방해죄 / 1384
Ⅶ. 공무상 봉인 등 표시무효죄 / 1385
Ⅷ. 공무상 비밀침해죄 / 1389
Ⅸ. 부동산강제집행효용침해죄 / 1389
Ⅹ. 공용서류 등 무효죄 / 1389
Ⅺ. 공용물파괴죄 / 1392
Ⅻ. 공무상 보관물무효죄 / 1392
XIII. 특수공무방해죄 · 특수공무방해치사상죄 / 1392

제3절 도주와 범인은닉의 죄 ········ 1396
Ⅰ. 총 설 / 1396
Ⅱ. 도주죄 / 1396
Ⅲ. 집합명령위반죄 / 1397
Ⅳ. 특수도주죄 / 1397
Ⅴ. 도주원조죄 / 1398
Ⅵ. 간수자도주원조죄 / 1398
Ⅶ. 범인은닉죄 / 1399

제4절 위증과 증거인멸의 죄 ········ 1408
Ⅰ. 총 설 / 1408
Ⅱ. 위증죄 / 1408
Ⅲ. 모해위증죄 / 1417
Ⅳ. 허위감정 · 통역 · 번역죄 / 1417
Ⅴ. 증거인멸죄 / 1418
Ⅵ. 증인은닉 · 도피죄 / 1422
Ⅶ. 모해증거인멸죄 / 1423

제5절 무고의 죄 ········ 1424
Ⅰ. 총 설 / 1424
Ⅱ. 무고죄 / 1424

총 론

제1편 서 론
제2편 범죄론
제3편 형벌론

제 1 편 서 론

• 제1장 형법의 기본개념
• 제2장 형법의 적용범위와 형법이론

제1장 형법의 기본개념

제1절 형법의 의의와 성격

출 제 point  형법을 이해하는 기본도구가 되는 부분이이다. 형법의 기능과 관련하여 보충성의 원칙, 보장적 기능의 개념을 정리해 두어야 한다.

Ⅰ. 형법의 의의

1. 형법의 개념

형법이란 범죄와 그에 대한 법적 효과인 형사제재(형벌[1] 또는 보안처분[2])를 규정한 법규범의 총체를 말한다.

제250조(살인) ① 사람을 살해한 자는 사형, 무기 또는 5년 이상의 징역에 처한다.

제319조(주거침입) ① 사람의 주거, 관리하는 건조물, 선박이나 항공기 또는 점유하는 방실에 침입한 자는 3년 이하의 징역 또는 500만원 이하의 벌금에 처한다.

제329조(절도) 타인의 재물을 절취한 자는 6년 이하의 징역 또는 1천만원 이하의 벌금에 처한다.

2. 형법의 범위

(1) 형식적 의미의 형법(협의의 형법)

① '형법'이라는 명칭이 붙여진 '형법전'을 말한다.

② '형법전'에 포함되어 있는 것은 그 내용(실질)을 불문하고 모두 형식적 의미의 형법에 해당한다.

(2) 실질적 의미의 형법(광의의 형법)

① 법령의 명칭과 형식을 불문하고 범죄와 그에 대한 형사제재를 규율하고 있는 모든 법규정을 말한다.

---

1) 제41조(형의 종류) 형의 종류는 다음과 같다.
1. 사형 2. 징역 3. 금고 4. 자격상실 5. 자격정지 6. 벌금 7. 구류 8. 과료 9. 몰수

2) 예 집행유예시의 보호관찰, 특정 범죄자에 대한 위치추적 전자장치 부착에 관한 법률상의 전자감시제도

② 실질적 의미의 형법은 형법전 이외에 특별형법(예 국가보안법, 군형법, 폭력행위 등 처벌에 관한 법률), 행정형법(예 도로교통법상 음주운전죄), 기타 법률(예 상법상 납입가장죄)에도 포함되어 있다.

Ⅱ. 형법의 성격

1. 형법의 법체계적 지위

① 국가의 공형벌권에 근거를 둔 공법이다.

② 형사재판에 적용되는 사법법(司法法)이다.

③ 재판의 대상인 범죄와 형벌을 규정하는 실체법이다. 형법의 목적은 절차법인 형사소송법 및 집행법인 수용자처우법(구 행형법) 등에 의하여 실현된다.

2. 형법의 규범적 성격

(1) 가설적 규범[3)]

① 형법은 일정한 범죄행위를 조건으로 하여 그에 대한 법률효과를 규정하는 가설적 판단의 형식(예 사람을 살해한 자는(하면) … 에 처한다)을 취하고 있다.

② 도덕규범이나 종교규범은 명령적 · 단언적 · 정언(定言) 형식(예 사람을 살해하지 말라)을 취하고 있다.

(2) 행위규범과 재판규범

① 행위규범 : 형법은 일반국민에 대하여 일정한 행위를 금지(예 살인죄 : 살인하지 말라) 또는 명령(예 퇴거불응죄[4)] : 퇴거요구에 응하라)함으로써 행위의 준칙을 삼도록 하고 있다.

② 재판규범 : 형법은 법관의 사법활동을 규제한다.

(3) 평가규범과 의사결정규범

① 평가규범 : 형법은 일정한 행위에 대하여 행위자를 초월하여 그 행위가 가치에 반하고 위법하다는 것을 객관적으로 평가하는 규범이다.

② 의사결정규범 : 형법은 일반국민(행위자)에게 형법이 무가치하다고 평가한 불법을 결의하여서는 안 된다는 의무를 부과하는 규범이다.

---

3) 규정방식(형식)의 면에서 고찰한 것이다. 살인행위와 관련하여 형법과 도덕규범 · 종교규범 규정방식은 다르나 그 의미 · 내용은 결국 살인하지 말라는 것(명령규범으로서의 의미)으로 동일하다.

4) 형법 제319조 제2항 : 전항의 장소에서 퇴거요구를 받고 응하지 아니한 자도 전항의 형과 같다.

Ⅲ. 형법의 기능

1. 규제적 기능(규율적 기능, 규범적 기능)

형법은 평가규범 · 의사결정규범 및 행위규범 · 재판규범으로서 국민의 가치판단과 의사결정 및 행위를 규제(규율)한다.

2. 보호적 기능

(1) 의 의

① 사회질서의 기본가치(법익 및 사회윤리적 행위가치)를 보호하는 기능을 말한다.

② 전체주의 국가에서 강조되는 기능이다.

(2) 내 용

① 법익의 보호

㉮ 형법은 법익(예 생명, 신체, 자유, 명예, 재산)을 보호하는 기능을 한다.

㉯ 형법은 법익을 보호하기 위하여 형벌과 같은 강력한 강제력을 수단으로 한다는 점에서 다른 법률과 구별된다.

② 사회윤리적 행위가치의 보호 : 형법은 사회공동체의 일원으로서 개인이 실천해야 할 최소한의 윤리적 의무를 이행하도록 함으로써 사회윤리적으로 합치되는 행위를 가치 있는 것으로 보호하는 기능을 한다.

(3) 형법의 법익보호적 기능과 보충성의 원칙

① 형법은 사회생활에 필요불가결한 법익을 보호하는 것이 형법 이외의 다른 수단에 의하여는 불가능한 경우에 최후의 수단으로 적용된다(보충성, 최후수단성).

② 형벌 이외의 다른 수단에 의하여 법익을 보호하는 것이 가능한 경우라면 형법이 우선적으로 개입하는 것은 물론 동시에 개입하는 것도 허용되지 아니한다.

3. 보장적 기능

(1) 의 의

① 형법이 국가의 형벌권의 한계를 명백히 하여 자의적인 형벌로부터 국민의 자유와 권리를 보장하는 기능을 말한다(대헌장 또는 Magna Charta적 기능).

② 자유민주주의 국가에서 강조되는 기능이다.

(2) 효 과

① 일반국민에 대한 효과 : 형법은 일반국민에 대하여 형법에 규정되어 있는 범죄 이외에는 어떤 행위를 하더라도 범죄자로 처벌되지 않는다는 것을 보장한다(일반국민의 대헌장).

② 범죄인에 대한 효과 : 형법은 범죄자에 대하여도 형법에 정해진 형사제재의 범위를 넘는 부당한 처벌을 받지 않는다는 것을 보장한다(범죄인의 대헌장).

4. 사회보호적 기능

형벌과 보안처분이라는 수단에 의하여 범죄로부터 사회질서를 유지하고 보호하는 형법의 기능을 말한다.

Ⅳ. 위험형법

1. 의 의

위험형법이란 후기산업사회의 새로운 위험에 대처하기 위하여 필요하다고 주장되고 있는 형법이론을 말한다.

2. 위험형법의 내용(경향)

① 위험사회의 위험은 그것이 현실화된 후 책임을 상쇄시키는 사후적 진압보다는 미리 예방하는 것이 더 나은 통제 방법이라고 보아 형법의 보충성의 완화를 긍정한다.

② 위험에 효율적으로 대처하기 위하여 범죄유형을 침해범의 형식보다는 추상적 위험범의 형식으로 규정하거나, 기수 이전단계의 미수 · 예비의 처벌범위를 확대하고자 하는 경향을 가진다.

3. 평 가

위험형법은 위험사회에서 등장한 새로운 위험에 적극적으로 대처함으로써 인간의 공동생활을 보호하는 사회보호적 기능을 충실히 수행할 수 있으나, 형법의 핵심기능인 보장적 기능을 손상시킬 우려가 있다.

제2절 죄형법정주의

죄형법정주의 원칙에 위반되는지의 여부에 관한 판례는 단골 출제메뉴이다. 특히 소급효금지원칙, 유추해석금지원칙이 중요하다. 과수원실화사건에 대한 전합판례는 주관식 사례형에 출제될 수 있으므로 다수견해는 물론 소수견해도 정리해 두어야 한다.

Ⅰ. 죄형법정주의의 의의

1. 개 념

어떤 행위가 범죄로 되고 그 범죄에 대하여 어떠한 형벌을 과할 것인가는 행위 이전에 미리 성문의 법률에 규정되어 있어야 한다는 원칙을 말한다.

2. 실정법적 근거

헌법 제12조 제1항[1], 제13조 제1항[2]과 형법 제1조 제1항[3]은 형법의 기본원리로서의 죄형법정주의를 도출할 수 있는 실정법적 근거에 해당한다.

3. 기 능

① **보장적 기능** : 국가형벌권의 한계를 정함으로써 그 자의적 행사로부터 국민의 자유와 안전을 보장한다. [♠ 03 사시]

② **사회의 법질서 안정** : 일반국민들에게 규범의식을 내면화(규범승인훈련을) 시킴으로써 사회의 법질서 안정에 기여한다. [♠ 07 사시]

4. 죄형법정주의 위반의 효과

(1) 대법원의 판결

대법원에 의하여 죄형법정주의 원칙에 위배된 것으로 판단된 명령 등은 당해 사건에서 무효가 된다.

(2) 헌법재판소의 결정

죄형법정주의에 위반하여 헌법재판소에 의하여 위헌으로 결정된 형벌에 관한 법률 또는 법률의 조항은 소급하여 그 효력을 상실한다. 다만, 해당 법률 또는 법률의 조항에 대하여 종전에 합헌으로 결정한 사건이 있는 경우에는 그 결정이 있는 날의 다음 날로 소급하여 효력을 상실한다(헌법재판소법 제47조 제3항). [♠ 15 사시] [♣ 15 변시]

---

1) 누구든지 … 법률과 적법한 절차에 의하지 아니하고는 처벌 · 보안처분을 받지 아니한다.

2) 모든 국민은 행위시의 법률에 의하여 범죄를 구성하지 아니하는 행위로 소추되지 아니한다.

3) 범죄의 성립과 처벌은 행위시의 법률에 의한다.

Ⅱ. 죄형법정주의의 내용

1. 성문법률주의(관습형법금지의 원칙)

(1) 의 의

범죄와 형벌은 '성문'의 '법률'에 규정되어야 한다는 원칙을 말한다.

(2) 내 용

범죄와 형벌은 '성문'의 법률에 의하여 규정되어야 하므로 불문법인 관습형법은 금지된다. 그러나 행위자에게 유리한 관습법을 적용하는 것은 죄형법정주의의 취지에 반하지 않기 때문에 허용된다. [♠ 09 사시]

判例 죄형법정주의의 '법률' = '형식적 의미의 법률'

> 헌법 제12조 제1항이 규정하고 있는 죄형법정주의 원칙은, 범죄와 형벌을 입법부가 제정한 형식적 의미의 법률로 규정하는 것을 그 핵심적 내용으로 한다[대판 2003.11.14. 2003도3600].

(3) 위임입법의 불가피성과 허용요건

判例 위임입법의 불가피성

> 사회현상의 복잡다기화와 국회의 전문적 · 기술적 능력의 한계 및 시간적 적응능력의 한계로 인하여 형사처벌에 관련된 모든 법규를 예외 없이 형식적 의미의 법률에 의하여 규정한다는 것은 사실상 불가능할 뿐만 아니라 실제에 적합하지도 못하다[대판 2002.11.26. 2002도2998]. [♠ 08 사시]

判例 위임입법의 허용요건(포괄위임입법 금지)

> i) 특히 긴급한 필요가 있거나 미리 법률로써 자세히 정할 수 없는 부득이한 사정이 있는 경우에 한하여, ii) 수권법률(위임법률)이 구성요건의 점에서는 처벌대상인 행위가 어떠한 것인지 이를 예측할 수 있을 정도로 구체적으로 정하고, iii) 형벌의 점에서는 형벌의 종류 및 그 상한과 폭을 명확히 규정하는 것을 전제로 위임입법이 허용된다[대판 2002.11.26. 2002도2998].

판 례 연 습

【법률주의 : 위임입법의 한계 일탈 여부】 ※ 총의 품 사건

甲은 자신의 집에서 총포신, 공이치기가 부착된 노리쇠 등 총포의 부품을 허가 없이 소지하였다가 적발되어 총포 · 도검 · 화약류 등 단속법 및 동법시행령 위반의 죄로 기소되었다. 이 경우 법원은 甲에게 유죄판결을 하여야 한다. ( )

참조조문

총포 · 도검 · 화약류 등 단속법

제2조(정의) ① 이 법에서 "총포"라 함은 권총 · 소총 · 기관총 · 포 · 엽총 그 밖의 금속성 탄알이나 가스 등을 쏠 수 있는 장약총포와 공기총(압축가스를 이용하는 것을 포함한다)중에서 대통령령이 정하는 것을 말한다.

제12조 ① 총포 등을 소지하기 위하여는 관할 지방경찰청장 또는 경찰서장의 허가를 받아야 한다.

제70조(벌칙) ① 다음 각 호의 1에 해당하는 사람은 10년 이하의 징역 또는 2천만원 이하의 벌금에 처한다.

2. 제12조 제1항(총포 · 화약류에 한한다)의 규정에 위반한 사람

총포 · 도검 · 화약류 등 단속법 시행령

제3조(총포) ① 법 제2조 제1항의 규정에 의한 총포는 다음 각 호의 총과 포 및 총포의 부품을 말한다.

1. 총(총기류 나열) 2. 포(포의 종류 나열) 3. 총포의 부품

판결요지

(요약 : 모법의 위임의 범위를 벗어나 총의 부품까지 총포에 속하는 것으로 규정한 시행령은 위임입법의 한계를 벗어난 것으로 무효이다) 일반적으로 법률의 시행령은 모법인 법률에 의하여 위임받은 사항이나, 법률이 규정한 범위 내에서 법률을 현실적으로 집행하는 데 필요한 세부적인 사항만을 규정할 수 있을 뿐, 법률의 위임 없이 법률이 규정한 개인의 권리 · 의무에 관한 내용을 변경 · 보충하거나 법률에서 규정하지 아니한 새로운 내용을 규정할 수 없는 것이고, 특히 법률의 시행령이 형사처벌에 관한 사항을 규정하면서 법률의 명시적인 위임 범위를 벗어나 그 처벌의 대상을 확장하는 것은 헌법 제12조 제1항과 제13조 제1항에서 천명하고 있는 죄형법정주의의 원칙에도 어긋나는 것으로 결코 허용될 수 없다고 할 것인데, 총포 · 도검 · 화약류 등 단속법 제2조 제1항은 총포에 관하여 규정하면서 총에 대하여는 일정 종류의 총을 총포에 해당하는 것으로 규정하면서 그 외의 장약총이나 공기총도 금속성 탄알이나 가스 등을 쏠 수 있는 성능이 있는 것은 총포에 해당한다고 규정하고 있으므로, 여기서 말하는 총은 비록 모든 부품을 다 갖추지는 않았더라도 적어도 금속성 탄알 등을 발사하는 성능을 가지고 있는 것을 가리키는 것이고, 단순히 총의 부품에 불과하여 금속성 탄알 등을 발사할 성능을 가지지 못한 것까지 총포로 규정하고 있는 것은 아니라고 할 것임에도 불구하고 같은 법 시행령 제3조 제1항은 같은 법 제2조 제1항의 위임에 따라 총포의 범위를 구체적으로 정하면서도 제3호에서 모법의 위임 범위를 벗어나 총의 부품까지 총포에 속하는 것으로 규정함으로써, 같은 법 제12조 제1항 및 제70조 제1항과 결합하여 모법보다 형사처벌의 대상을 확장하고 있으므로, 이는 결국 위임입법의 한계를 벗어나고 죄형법정주의 원칙에 위배된 것으로 무효[4]라고 하지 않을 수 없다[대판 1992.2.11. 98도2816].

정답 (×)

4) 대법원에 의하여 죄형법정주의 원칙에 위배된 것으로 무효라고 판단된 것이므로 당해 사건에서 무효가 된다.

判例 법률주의에 반하지 않는 경우(위임입법의 한계를 벗어나지 않은 경우)

1. 유해화학물질관리법 제35조 제1항에서 금지하는 환각물질을 구체적으로 명확하게 규정하지 아니하고 다만 그 성질에 관하여 '흥분·환각 또는 마취의 작용을 일으키는 유해화학물질로서 대통령령이 정하는 물질'로 그 한계를 설정하여 놓고, 같은법 시행령 제22조에서 이를 구체적으로 규정하게 한 것 … 은 과학 기술의 급격한 발전으로 유해화학물질이 수시로 생겨나기 때문에 이에 신속하게 대처하려는 데에 있다[대판 2000.10.27. 2000도4187].
2. 수질환경보전법 제8조가 오염물질의 배출허용기준을 직접 법률에서 규정하지 아니하고 총리령 등으로 정하도록 위임하고 있는 것 … 은 지역적 사정과 환경의 질적인 향상 및 그 보전을 위한 여러 가지 여건을 감안하여 정하여야 하기 때문이다[대판 1992.12.8. 92도407].
3. 수질환경보전법 시행규칙이 특정수질유해물질 중 하나로서 "구리(동) 및 그 화합물"을 규정하면서 그 기준수치를 정하지 않은 것 … 은 법관의 보충적 해석도 거의 필요가 없는 서술적 개념에 해당하고 모법의 기본적인 입법 목적, 폐수배출시설설치의 허가제도에 담긴 취지 등에 부합하는 것이다[대판 2005.1.28. 2002도6931].
4. 청소년보호법에서 직접 청소년유해매체물의 범위를 확정하지 아니하고 행정기관(청소년보호위원회 등)에 위임하여 그 행정기관으로 하여금 청소년유해매체물을 확정하도록 하는 것 … 청소년에게 유해한 매체물을 적시하여 청소년에 대한 판매·대여 등을 제한하고자 하는 경우에는 각 매체물의 내용을 실제로 확인하여 유해성 여부를 판단할 수밖에 없는데, 그때마다 법 또는 하위법령을 개정하여 직접 개별 매체물을 규정하는 것은 현실적으로 거의 불가능하고 법령의 개정에 소요되는 시일로 인하여 규제의 실효성도 기할 수 없게 될 것이다[헌재 2000.6.29. 99헌가16].
5. 구 주식회사의 외부감사에 관한 법률 제20조 제1항 제8호가 규정하고 있는 구성요건 중 하나인 '회계처리기준'의 구체적 내용의 정립을 같은법 제13조가 금융감독위원회에게 위임한 것 … 은 입법자의 상세한 규율이 불가능하거나 상황의 변화에 탄력적으로 대응할 필요성이 강하게 요구되는 극히 전문적인 영역에 속한다[대판 2006.1.13. 2005도7474].
6. 특정범죄 가중처벌 등에 관한 법률 제4조 제1항의 위임을 받은 특정범죄 가중처벌 등에 관한 법률 시행령 제2조 제48호가 농업협동조합중앙회를 '정부관리기업체'의 하나로 규정한 것이 위임입법의 한계를 벗어난 것으로서 위헌·위법이라고 할 수 없다[대판 2007.11.30. 2007도6556].
7. 게임산업진흥에 관한 법률 제32조 제1항 제7호가 '환전, 환전 알선, 재매입 영업행위를 금지하는 게임머니 및 이와 유사한 것'을 대통령령이 정하도록 위임하고 있는 것은 위임입법의 한계를 일탈한 것으로는 볼 수 없다[대판 2009.4.23. 2008도11017].
8. 범죄구성요건을 정하고 있는 풍속영업의 규제에 관한 법률 제3조 제5호는 풍속영업자는 대통령령으로 정하는 풍속영업의 경우 대상자의 연령을 확인하여 대통령령이 정하는 청소년이 출입을 하지 못하게 하여야 한다고 규정하고 있는 것 … 풍속영업의 성격과 풍속영업별로 출입금지연령이 차등적으로 규정되리라는 것을 충분히 예측할 수 있다[헌재 1996.2.29. 94헌마13].

9. 공공기관의 운영에 관한 법률 제53조가 공기업의 임직원으로서 공무원이 아닌 사람은 형법 제129조의 적용에서는 이를 공무원으로 본다고 규정하고 있을 뿐 구체적인 공기업의 지정에 관하여는 하위규범인 기획재정부장관의 고시에 의하도록 규정한 것이 죄형법정주의에 위배되거나 위임입법의 한계를 일탈한 것으로 볼 수 없다. … 법의 입법 목적과 경제상황이나 정책상 목적에 따라 공공기관의 사업 내용이나 범위 등이 계속적으로 변동할 수밖에 없는 현실, 국회가 그러한 변화에 대응하여 그때마다 법률을 개정하는 것도 용이하지 아니한 점 등을 감안할 때 고시 등 그 하위규범에서 정하는 것에 부득이한 측면이 있기 때문이다[대판 2013.6.13. 2013도1685].

10. 국가공무원법 제65조 제4항은 '제3항 외에 정치적 행위의 금지에 관한 한계'의 내용에 대하여 각 헌법기관에 위임하는 형식을 취하고 있는바 이는 포괄위임금지원칙을 위반하였다고 할 수 없다. … 정치적 행위의 내용을 일일이 법률로써 규정하는 것은 입법기술상 매우 곤란하다고 판단된다[대판 2014.5.16. 2013도828].

11. 철도안전법 시행규칙 제80조가 '법 제47조 제6호(공중이나 여객에게 위해를 끼치는 행위)에서 국토교통부령으로 정하는 행위에 '철도종사자의 허락 없이 여객에게 기부를 부탁하거나 물품을 판매 · 배부하거나 연설 · 권유 등을 하여 여객에게 불편을 끼치는 행위'를 규정한 것은 법률조항의 위임범위에서 벗어났다고 볼 수 없다[대판 2015.4.23. 2014도655].

判例 법률주의에 반하는 경우(위임입법의 한계를 벗어난 경우)

1. "약국을 관리하는 약사 또는 한약사는 보건복지부령으로 정하는 약국관리에 필요한 사항을 준수하여야 한다"는 약사법 제19조 제4항 … 은 '약국관리에 필요한 사항'이라는 처벌법규의 구성요건 부분에 관한 기본사항에 관하여 보다 구체적인 기준이나 범위를 정함이 없이 그 내용을 모두 하위법령인 보건복지부령에 포괄적으로 위임함으로써, 약사로 하여금 광범위한 개념인 '약국관리'와 관련하여 준수하여야 할 사항의 내용이나 범위를 구체적으로 예측할 수 없게 하였다[헌재 2000.7.20. 99헌가15].[5]

[사실관계] (백색위생복과 명찰 사건) 약사 甲은 약국을 경영하면서 백색위생복 및 명찰을 착용하지 아니하고 손님에게 의약품을 판매하였다. 그런데 약사법의 위임을 받은 보건복지부령은 약국을 관리하는 약사는 약국관리에 필요한 사항으로 백색위생복 및 명찰을 착용하도록 규정하고 있었다.

2. 구 전기통신사업법 제53조 제2항에서 "제1항의 규정에 의한 공공의 안녕질서 또는 미풍양속을 해하는 것으로 인정되는 통신의 대상 등은 대통령령으로 정한다"라고 규정한 것 … "공공의 안녕질서"나 "미풍양속"의 개념은 대단히 추상적이고 불명확하여, 수범자인 국민으로 하여금 어떤 내용들이 대통령령에 정하여질지 그 기준과 대강을 예측할 수도 없게 되어 있고, 행정입법자에게도 적정한 지침을 제공하지 못함으로써 그로 인한 행정입법을 제대로 통제하는 기능을 수행하지 못하기 때문이다[헌재 2002.6.27. 99헌마480]. [♠ 07 사시]

5) 위임내용이 예측할 수 없을 정도인 경우에는 명확성원칙과 위임입법금지원칙(법률주의)에 모두 위반된다.

3. 구 근로기준법 제30조 단서에서 임금 · 퇴직금 청산기일의 연장합의의 한도에 관하여 아무런 제한을 두고 있지 아니함에도 불구하고, 같은 법 시행령 제12조에 의하여 같은 법 제30조 단서에 따른 기일연장을 3월 이내로 제한한 것 … 은 모법의 위임에 의하지 아니하고 형사처벌의 대상을 확장하는 결과가 된다[대판(전) 1998.10.15. 98도1759].

4. 구 노동조합법 제46조의3이 그 구성요건을 "단체협약에 위반한 자"라고만 규정한 것 … 은 범죄구성요건의 외피(外皮)만 설정하였을 뿐 구성요건의 실질적 내용을 직접 규정하지 아니하고 모두 단체협약에 위임하고 있어 죄형법정주의의 기본적 요청인 법률주의에 위배되고, 또한 그 구성요건도 지나치게 애매하고 광범위하여 명확성의 원칙에도 위배된다[헌재 1998.3.26. 96헌가20].

5. 구 의료법은 제17조 제2항에서 "적출물의 처리에 관하여 필요한 사항은 보건사회부령으로 정한다"라고 규정하는 한편 제68조에서 제17조 규정에 위반하는 자를 처벌하는 규정을 두고 있었다. … 구 의료법 제17조 제2항은 "적출물처리업자는 위 적출물 등을 보건사회부령으로 정하는 바에 의하여 처리하여야 한다"는 등의 어떤 규범적 작위 또는 부작위의무를 명하는 규정이라고 할 수 없으므로, 적출물처리업자가 그 적출물을 보사부령이 정하는 장소에서 처리하지 않은 경우까지 동법 제68조 위반으로 처벌하는 것은 법률주의에 위반된다[대판 1989.8.8. 88도1161].

6. 의료법 제41조가 "환자의 진료 등에 필요한 당직의료인을 두어야 한다."라고 규정하고 있을 뿐인데도 시행령 조항은 당직의료인의 수와 자격 등 배치기준을 규정하고 이를 위반하면 의료법 제90조에 의한 처벌의 대상이 되도록 함으로써 형사처벌의 대상을 신설 또는 확장하였다. 그러므로 시행령 조항은 위임입법의 한계를 벗어난 것으로서 무효이다[대판(전) 2017.2.16. 2015도16014].

2. 소급효금지의 원칙

(1) 의 의

① 형벌법규는 그 시행 이후에 이루어진 행위에 대해서만 적용되고, 시행 이전의 행위에까지 소급하여 적용될 수 없다는 원칙을 말한다.

② 이 원칙은 소급적용의 금지뿐만 아니라 소급입법의 금지도 그 내용으로 한다.

③ 근 거 : 법적 안정성과 법의 예측가능성을 담보함으로써 이에 대한 국민의 신뢰를 보호하기 위하여 인정된 것이다.

(2) 적용범위

① 소급효가 금지되는 범위

㉮ 행위자에게 불리한 사후입법에 의한 소급처벌은 금지되나, 유리한 법률의 소급효는 허용된다. 형법은 유리한 소급효를 인정하는 명문의 규정을 두고 있다(제1조 제2항).

㉯ 각칙상의 구성요건을 신설 또는 개정하는 경우뿐만 아니라, 총칙규정을 개정하여 처벌의 범위를 확장하는 경우도 금지된다. [♠ 00 사시]

② 보안처분과 소급효금지의 원칙의 적용여부

사 례 연 습

※ 집행유예시의 보호관찰 사건

甲은 1995.6. 실시된 시장 선거에서 공직선거법을 위반한 사실로 기소되었다. 그런데 1997.1.1.부터 시행된 개정형법은 집행유예시에 보호관찰을 받을 것을 명할 수 있도록 제62조의2의 규정을 신설하였다. 이 경우 법원은 甲에 대하여 집행유예를 선고하면서 제62조의2 규정에 근거하여 보호관찰을 받을 것을 명할 수 있는지를 논하시오.

사례해결

1. 문제점

범죄행위 후에 비로소 규정된 보호관찰 규정을 그 범죄행위에 소급하여 적용할 수 있는지가 문제되며 이는 보안처분이 불이익하게 변경된 경우에도 소급금지의 원칙이 적용되는지의 문제이다.

2. 학 설

보안처분도 형벌과 더불어 범죄에 대한 제재이며 자유의 제한처분이라는 점에서 형벌과 실질적으로 동일하며, 헌법 제12조 제1항도 "누구든지 법률과 적법한 절차에 의하지 아니하고는 처벌, 보안처분을 받지 않는다."라고 규정하여 보안처분을 형벌과 동일하게 취급하고 있으므로 보안처분에도 소급금지원칙이 적용된다는 견해가 있다.

3. 판 례

형법 제62조의2 제1항의 보호관찰은 형벌이 아니라 보안처분의 성격을 갖는 것이어서, 과거의 불법에 대한 책임에 기초하고 있는 제재가 아니라 장래의 위험성으로부터 행위자를 보호하고 사회를 방위하기 위한 합목적적인 조치이므로 반드시 행위 이전에 규정되어 있어야 하는 것은 아니고 재판시의 규정에 의하여 보호관찰을 받을 것을 명할 수 있다고 판시한 바 있다[대판 1997.6.13. 97도703].

4. 검 토 (판례 지지)

보호관찰은 보안처분의 성격을 갖는 것이어서, 장래의 위험성으로부터 행위자를 보호하고 사회를 방위하기 위한 합목적적인 조치이므로 반드시 행위 이전에 규정되어 있어야 하는 것은 아니므로 재판시의 규정에 의하여 보호관찰을 받을 것을 명할 수 있다고 보는 것이 타당하다.

5. 결 론

법원은 甲에 대하여 집행유예를 선고하면서 개정형법 제62조의2 규정에 근거하여 보호관찰을 받을 것을 명할 수 있다.

判例 집행유예시에 부가하는 보호관찰(보안처분의 성격) – 소급금지원칙이 적용되지 않음

(요약 : 집행유예시에 부가하는 보호관찰은 반드시 행위 이전에 미리 규정되어 있어야 하는 것이 아니고 재판시의 규정이 있으면 보호관찰을 받을 것을 명할 수 있다. 즉 소급적용할 수 있다) 개정형법 제62조의2 제1항의 보호관찰은 형벌이 아니라 보안처분의 성격을 갖는 것이어서, 과거의 불법에 대한 책임에 기초하고 있는 제재가 아니라 장래의 위험성으로부터 행위자를 보호하고 사회를 방위하기 위한 합목적적인 조치이므로 반드시 행위 이전에 규정되어 있어야 하는 것은 아니고 재판시의 규정에 의하여 보호관찰을 받을 것을 명할 수 있다고 보아야 할 것이고 이와 같은 해석이 형법불소급의 원칙 내지 죄형법정주의에 위배되는 것은 아니다[대판 1997.6.13. 97도703]. [♠ 00, 05, 08, 09 사시] [♣ 21 변시]

判例 소급효금지원칙의 적용여부(비교판례)

1-0. **소급효금지원칙이 적용되는 경우**

i) **(가정폭력범죄처벌법상의 사회봉사명령 : 보안처분의 성격 + 실질적으로 형벌의 성격)** [1] 가정폭력범죄의 처벌 등에 관한 특례법이 정한 보호처분 중의 하나인 사회봉사명령은 가정폭력범죄를 범한 자에 대하여 환경의 조정과 성행의 교정을 목적으로 하는 것으로서 형벌 그 자체가 아니라 보안처분의 성격을 가지는 것이 사실이다. 그러나 한편으로 이는 가정폭력범죄행위에 대하여 형사처벌 대신 부과되는 것으로서, 가정폭력범죄를 범한 자에게 의무적 노동을 부과하고 여가시간을 박탈하여 실질적으로는 신체적 자유를 제한하게 되므로, 이에 대하여는 원칙적으로 형벌불소급의 원칙에 따라 행위시법을 적용함이 상당하다. [♣ 17 변시]

[2] 가정폭력범죄의 처벌 등에 관한 특례법상 사회봉사명령을 부과하면서, 행위시법상 사회봉사명령 부과시간의 상한인 100시간을 초과하여 상한을 200시간으로 올린 신법을 적용한 것은 위법하다고 한 사례[대결 2008.7.24. 2008어4]. [♣ 12, 21 변시]

ii) **(노역장유치 : 실질적으로 형벌의 성격)** [1] 노역장유치는 그 실질이 신체의 자유를 박탈하는 것으로서 징역형과 유사한 형벌적 성격을 가지므로 형벌불소급원칙의 적용대상이 된다.

[2] 형법 제70조 제2항[6](노역장유치조항)은 1억 원 이상의 벌금형을 선고받는 자에 대하여 유치기간의 하한을 중하게 변경시킨 것이므로, 이 조항 시행 전의 범죄행위에 대해서는 범죄행위 당시에 존재하였던 법률을 적용하여야 한다.

[3] 형법 제70조 제2항을 시행일 이후 최초로 공소 제기되는 경우부터 적용하도록 한 형법 부칙(2014. 5. 14.) 제2조 제1항은 노역장유치조항의 시행 전에 행해진 범죄행위에 대해서도 공소제기의 시기가 노역장유치조항의 시행 이후이면 이를 적용하도록 하고 있으므로, 이는 범죄행위 당시보다 불이익한 법률을 소급 적용하도록 하는 것으로서 헌법상 형벌불소급원칙에 위반된다[대판 2018.2.13. 2017도17809]. [♣ 21 변시]

---

6) 선고하는 벌금이 1억원 이상 5억원 미만인 경우에는 300일 이상, 5억원 이상 50억원 미만인 경우에는 500일 이상, 50억원 이상인 경우에는 1,000일 이상의 유치기간을 정하여야 한다.

1-1. **소급효금지원칙이 적용되지 않는 경우 : 보안처분의 성격을 가지는 경우**

i) **(특정범죄자에 대한 위치추적 전자장치 부착에 관한 법률상의 전자감시제도)** 특정 범죄자에 대한 위치추적 전자장치 부착에 관한 법률에 의한 전자감시제도는, 성폭력범죄자의 재범방지와 성행교정을 통한 재사회화를 위하여 그의 행적을 추적하여 위치를 확인할 수 있는 전자장치를 신체에 부착하게 하는 부가적인 조치를 취함으로써 성폭력범죄로부터 국민을 보호함을 목적으로 하는 일종의 보안처분이다. 이러한 전자감시제도의 목적과 성격, 그 운영에 관한 위 법률의 규정 내용 및 취지 등을 종합해보면, 전자감시제도는 범죄행위를 한 자에 대한 응보를 주된 목적으로 그 책임을 추궁하는 사후적 처분인 형벌과 구별되어 그 본질을 달리하는 것으로서 형벌에 관한 소급입법금지의 원칙이 그대로 적용되지 않으므로, 위 법률이 개정되어 부착명령 기간을 연장하도록 규정하고 있더라도 그것이 소급입법금지의 원칙에 반한다고 볼 수 없다[대판 2010.12.23. 2010도11996]. [♠ 12 사시]

ii) **(아동 · 청소년의 성보호에 관한 법률상의 신상 공개명령제도)** 아동 · 청소년의 성보호에 관한 법률에 정한 공개명령 제도는, 성인인증 및 본인 확인을 거친 사람은 누구든지 인터넷을 통해 공개명령 대상자의 공개정보를 열람할 수 있도록 함으로써 아동 · 청소년 대상 성범죄를 효과적으로 예방하고 성범죄로부터 아동 · 청소년을 보호함을 목적으로 하는 일종의 보안처분이다. 이러한 공개명령 제도는 범죄행위를 한 자에 대한 응보 등을 목적으로 그 책임을 추궁하는 사후적 처분인 형벌과 구별되어 그 본질을 달리하는 것으로서 형벌에 관한 소급입법금지의 원칙이 그대로 적용되지 않으므로, 공개명령 제도가 시행되기 이전에 범한 범죄에도 공개명령 제도를 적용하도록 아동 · 청소년의 성보호에 관한 법률이 개정되었다고 하더라도 그것이 소급입법금지의 원칙에 반한다고 볼 수 없다[대판 2011.3.24. 2010도14393]. [♠ 14 사시]

iii) 디엔에이신원확인정보의 수집 · 이용이 범죄의 예방효과를 가지는 보안처분으로서의 성격을 일부 지닌다고 하더라도 이는 형벌과는 구별되는 비형벌적 보안처분으로서 소급입법금지원칙이 적용되지 아니하고, 소급적용으로 발생하는 당사자의 손실에 비하여 소급적용으로 인한 공익적 목적이 더 크다고 할 것이므로 디엔에이신원확인정보의 이용 및 보호에 관한 법률(2010.1.25. 법률 제9944호로 제정된 것) 시행 당시 디엔에이감식시료 채취 대상범죄로 이미 징역이나 금고 이상의 실형을 선고받아 그 형이 확정되어 수용 중인 사람들까지 위 법률을 적용한다고 하여 소급입법금지원칙에 위배되는 것은 아니다[헌재 2014.8.28. 2011헌마28]. [♣ 21 변시]

③ 소송법규정과 소급효금지의 원칙 적용여부

㉮ 소송법 규정이 범죄의 가벌성과 관련이 없는 경우 : 소급효금지원칙이 적용되지 않는다(다수설). 순수 절차규정(예 형사소송법상 법원의 관할에 관한 규정)은 범죄의 성립여부 및 형사제재의 정도와는 무관하기 때문이다. [♠ 00 사시]

㉯ 소송법 규정이 범죄의 가벌성과 관련된 경우 : 사후적으로 공소시효를 연장하는 경우 소급효금지원칙이 적용될 것인지에 대하여 견해가 나뉘어지고 있다.

i) 소급효금지원칙 적용 긍정설 : 일반국민의 관심은 일정한 행위의 처벌 여부에 있을 뿐이며 그것이 실체법적 사유 때문인지 절차법적 사유 때문인지에 있지 않으므로 공소시효를 소급적으로 정지시키는 법률은 허용될 수 없다고 본다.

ⅱ) **소급효금지원칙 적용 부정설**(판례) : 형벌불소급의 원칙은 "행위의 가벌성" 즉 형사소추가 "언제부터 어떠한 조건하에서" 가능한가의 문제에 관한 것이고, "얼마동안" 가능한가의 문제에 관한 것은 아니므로, 과거에 이미 행한 범죄에 대하여 공소시효를 정지시키는 법률이라 하더라도 그 사유만으로 형벌불소급의 원칙에 위배되는 것으로 단정할 수는 없다고 본다[헌재 1999.7.22. 97헌바76].

判例 진정소급입법과 부진정소급입법의 의미

소급입법은 새로운 입법으로 이미 종료된 사실관계 또는 법률관계에 작용케 하는 진정소급입법과 현재 진행중인 사실관계 또는 법률관계에 작용케 하는 부진정소급입법으로 나눌 수 있다[헌재 1999.7.22. 97헌바76].

判例 부진정소급효(부진정소급입법)와 진정소급효(진정소급입법) 허용여부

1. [1] **(과거범죄에 대하여 공소시효를 정지시키는 법률 - 소급효금지원칙의 위배 단정 불가)** 형벌불소급의 원칙은 "행위의 가벌성" 즉 형사소추가 "언제부터 어떠한 조건하에서" 가능한가의 문제에 관한 것이고, "얼마동안" 가능한가의 문제에 관한 것은 아니므로, 과거에 이미 행한 범죄에 대하여 공소시효를 정지시키는 법률이라 하더라도 그 사유만으로 헌법 제12조 제1항 및 제13조 제1항에 규정한 죄형법정주의의 파생원칙인 형벌불소급의 원칙에 언제나 위배되는 것으로 단정할 수는 없다. [♣ 12 변시]
   [2] **(부진정소급효 - 공익 우선의 경우 정당화 가능)** 공소시효가 아직 완성되지 않은 경우 위 법률조항은 단지 진행중인 공소시효를 연장하는 법률로서 이른바 부진정소급효를 갖게 되나, 공소시효제도에 근거한 개인의 신뢰와 공소시효의 연장을 통하여 달성하려는 공익을 비교형량하여 공익이 개인의 신뢰보호이익에 우선하는 경우에는 소급효를 갖는 법률도 헌법상 정당화될 수 있다.
   [3] **(진정소급효 - 공익적 필요가 심히 중대한 경우 예외적으로 허용)** 진정소급입법이라 하더라도 기존의 법을 변경하여야 할 공익적 필요는 심히 중대한 반면에 그 법적 지위에 대한 개인의 신뢰를 보호하여야 할 필요가 상대적으로 적어 개인의 신뢰이익을 관철하는 것이 객관적으로 정당화될 수 없는 경우에는 예외적으로 허용될 수 있다[헌재 1999.7.22. 97헌바76]. [♠ 00, 08 사시]

   참고판례 5·18민주화운동 등에 관한 특별법 제2조는 그 제1항에서 그 적용대상을 '1979년 12월 12일과 1980년 5월 18일을 전후하여 발생한 헌정질서파괴범죄의 공소시효 등에 관한 특례법 제2조의 헌정질서파괴범죄행위'라고 특정하고 있으므로, 그에 해당하는 범죄는 5·18민주화운동 등에 관한 특별법의 시행 당시 이미 형사소송법 제249조에 의한 공소시효가 완성되었는지 여부에 관계없이 모두 그 적용대상이 됨이 명백하다고 할 것인데, 위 법률 조항에 대하여는 헌법재판소가 1996.2.16. 선고 96헌가2, 96헌마7, 13 사건에서 위 법률 조항이 헌법에 위반되지 아니한다는 합헌결정을 하였으므로, 위 법률 조항의 적용범위에 속하는 범죄에 대하여는 이를 그대로 적용할 수밖에 없다[대판(전) 1997.4.17. 96도3376]. [♠ 10 사시]

2. 개정 형사소송법 시행 당시 공소시효가 완성되지 아니한 범죄에 대한 공소시효가 위 법률이 개정되면서 신설된 제253조 제3항에 의하여 피고인이 외국에 있는 기간 동안 정지되었다고 보아 공소제기시에 공소시효의 기간이 경과되지 아니하였다고 한 사례[대판 2003.11.27. 2003도4327].

판례해설 피고인의 위법행위에 대한 공소시효가 완성되지 않은 상태에서 범죄 후 불리하게 변경된 개정법의 공소시효의 정지규정이 적용될 수 있다는 것(부진정소급효를 인정할 수 있다는 것)이다.

④ 판례의 불리한 변경과 소급효금지의 원칙의 적용여부

사 례 연 습

※ 공문서부정행사죄 사건

대법원은 신분확인용으로 타인의 운전면허증을 경찰관에게 제시한 자에 대해 공문서부정행사죄를 인정하지 않던 종전의 판례를 변경하여 당해 사건에서 유죄판결[대판(전) 2001.4.19. 2000도1985]을 내렸다. 판례를 변경하여 당해사건에서 유죄판결을 한 것이 죄형법정주의의 소급효금지원칙에 위반되는지 여부를 논하시오.

사례해결

1. 문제점

설문의 경우 공문서부정행사죄를 인정하지 않던 종전의 판례를 변경하여 유죄판결 선고하였는바, 이와 같이 행위시의 판례가 그 후에 불리하게 변경되는 경우에도 소급금지원칙이 적용될 수 있는지가 문제된다.

2. 학 설

판례도 사실상 구속력을 가지므로 피고인의 법적 신뢰 및 법적 안정성을 보장하기 위해서 판례의 변경의 경우에도 소급금지의 원칙이 적용된다는 견해가 있다.

3. 판 례

대법원은 판례의 변경의 경우 소급금지원칙이 적용되지 아니한다는 입장이다[대판(전) 1999.9.17. 97도3349].

4. 검 토 (판례 지지)

형사처벌의 근거가 되는 것은 법률이지 판례가 아니고, 형법 조항에 관한 판례의 변경은 그 법률조항의 내용을 확인하는 것에 지나지 아니므로 법률조항 자체가 변경된 것이라고 볼 수는 없다. 따라서 행위 당시의 판례에 의하면 처벌대상이 되지 아니하는 것으로 해석되었던 행위를 판례의 변경에 따라 확인된 내용의 형법 조항에 근거하여 처벌한다고 하여 형벌불소급의 원칙에 반한다고 할 수 없다[대판(전) 1999.9.17. 97도3349].

5. 결 론

대법원이 판례를 변경하여 당해사건에서 유죄판결을 한 것은 죄형법정주의의 내용인 소급효금지원칙에 반하지 않는다.

判例 불리하게 변경된 판례를 소급적용하는 경우(형벌불소급의 원칙에 반하지 않음)

형사처벌의 근거가 되는 것은 법률이지 판례가 아니고, 형법 조항에 관한 판례의 변경은 그 법률조항의 내용을 확인하는 것에 지나지 아니하여 이로써 그 법률조항 자체가 변경된 것이라고 볼 수는 없으므로, 행위 당시의 판례에 의하면 처벌대상이 되지 아니하는 것으로 해석되었던 행위를 판례의 변경에 따라 확인된 내용의 형법 조항에 근거하여 처벌한다고 하여 그것이 헌법상 평등의 원칙과 형벌불소급의 원칙에 반한다고 할 수는 없다[대판(전) 1999.9.17. 97도3349]. [♠ 00, 03, 05, 08 사시] [♣ 12 변시]

⑤ 양형기준과 소급효금지의 원칙의 적용여부

判例 사후에 발효된 양형기준을 소급적으로 참고한 경우(위법하지 않음)

[1] 법원조직법 제81조2 이하의 규정에 의하여 마련된 대법원 양형위원회의 양형기준은 법관이 합리적인 양형을 정하는 데 참고할 수 있는 구체적이고 객관적인 기준으로 마련된 것이다(같은법 제81조의6 제1항 참조). 위 양형기준은 법적 구속력을 가지지 아니하고(같은법 제81조의7 제1항 단서), 단지 위와 같은 취지로 마련되어 그 내용의 타당성에 의하여 일반적인 설득력을 가지는 것으로 예정되어 있으므로 법관의 양형에 있어서 그 존중이 요구되는 것일 뿐이다.
[2] 대법원 양형위원회가 설정한 '양형기준'이 발효하기 전에 공소가 제기된 범죄에 대하여 위 '양형기준'을 참고하여 형을 양정한 사안에서, 피고인에게 불리한 법률을 소급하여 적용한 위법이 있다고 할 수 없다고 한 사례[대판 2009.12.10. 2009도11448]. [♣ 12 변시]

判例 불리하게 변경된 형벌조항에 대하여 소급적용에 대한 경과규정이 없는 경우(소급적용 불가)

2012.12.18. 법률 제11558호로 개정된 전자장치 부착법은 제5조 제1항에서 '19세 미만의 사람에 대하여 성폭력범죄를 저지른 때(제4호)에 해당하고 성폭력범죄를 다시 범할 위험성이 있다고 인정되는 사람에 대하여 전자장치 부착명령을 청구할 수 있다'고 규정하고, 제9조 제1항 단서에서 '19세 미만의 사람에 대하여 특정범죄를 저지른 경우에는 부착기간 하한을 같은 항 각 호에 따른 부착기간 하한의 2배로 한다'고 규정함으로써, 16세 미만의 사람에 대하여 성폭력범죄를 저지르고 재범의 위험성이 있는 경우 부착명령을 청구할 수 있도록 하고, 13세 미만의 사람에 대하여 특정범죄를 저지른 경우 부착기간 하한을 가중할 수 있도록 하였던 개정 전 법률보다 부착명령청구 요건과 부착기간 하한 가중 요건을 완화·확대하였다. 그런데 위 개정법률 부칙은 제2조 제2항에서 제5조 제1항 제4호의 개정규정에 따른 부착명령 청구를 위 법 시행 전에 저지른 성폭력범죄에 대하여도 적용하도록 규정하고 있으나, 19세 미만의 사람에 대하여 특정범죄를 저지른 경우 부착기간 하한을 2배 가중하도록 한 위 법 제9조 제1항 단서의 소급적용에 관하여는 명시적인 경과규정을 두지 않고 있다. 이와 같이 형벌 조항이 피고인에게 불리한 내용으로 개정된 경우 그 조항의 소급적용에 관하여 명시적인 경과규정이 없는 이상 원칙적으로 그 조항의 소급적용을 부정하는 것이 형법 제1조 제1항에서 정한 행위시법 적용의 원칙 또는 죄형법정주의의 원칙에 부합한다. 따라서 위 개정법

률 시행 전에 15세인 피해자에 대하여 저지른 이 사건 강간상해죄에 위 법 제5조 제1항 제4호를 적용하여 부착명령을 선고할 수 있으나, 위 법 제9조 제1항 단서를 적용하여 부착기간의 하한을 가중할 수는 없다[대판 2013.7.26. 2013도6220].

判例 기타 소급효금지원칙에 반하지 않는 경우

[1] 도로교통법 제148조의2 제1항 제1호는 도로교통법 제44조 제1항(주취운전금지)을 2회 이상 위반한 사람으로서 다시 같은 조 제1항을 위반하여 술에 취한 상태에서 자동차 등을 운전한 사람에 대해 1년 이상 3년 이하의 징역이나 500만 원 이상 1,000만 원 이하의 벌금에 처하도록 규정하고 있는데, 도로교통법 제148조의2 제1항 제1호에서 정하고 있는 '도로교통법 제44조 제1항을 2회 이상 위반한' 것에 개정된 도로교통법이 시행된 2011.12.9. 이전에 구 도로교통법(2011.6.8. 법률 제10790호로 개정되기 전의 것) 제44조 제1항을 위반한 음주운전 전과까지 포함되는 것으로 해석하는 것이 형벌불소급의 원칙이나 일사부재리의 원칙 또는 비례의 원칙에 위배된다고 할 수 없다.
[2] 형의 실효 등에 관한 법률 제7조 제1항 각 호에 따라 형이 실효되었거나 사면법 제5조 제1항 제1호에 따라 형 선고의 효력이 상실된 구 도로교통법(2011.6.8. 법률 제10790호로 개정되기 전의 것) 제44조 제1항 위반 음주운전 전과도 도로교통법 제148조의2 제1항 제1호의 '도로교통법 제44조 제1항을 2회 이상 위반한' 것에 해당된다고 보아야 한다[대판 2012.11.29. 2012도10269].

3. 명확성의 원칙

(1) 의 의

① 구성요건과 형사제재를 가능한 한 명확하게 규정하여야 한다는 원칙이다.

② 법관의 자의 방지와 국민의 의사결정효력을 담보하기 위한 원칙이다.

(2) 내 용

① 구성요건의 명확성

㉮ 구성요건을 순수한 기술적 요소[7]만으로 규정하는 것이 가장 이상적이나 입법기술상 불가능하며 구성요건의 탄력적 적용이 불가능하게 된다. 그러므로 어느 정도 가치개념을 포함한 일반적 · 규범적 개념을 사용하는 것은 불가피하다.

㉯ 만일 형법이 "건전한 국민감정에 반하는 행위는 … 으로 처벌한다"라고 규정한다면 명확성의 원칙에 반하므로 죄형법정주의에 반하게 되어 형법의 보장적 기능이 심각하게 손상당하게 된다. [♠ 07 사시]

7) 예를 들어 절도죄에서 '재물'을 시계 · 라디오 · 반지 … 와 같이 대상적으로 기술하는 것을 말한다.

判例 명확성의 판단기준

1. **(일반인의 이해와 판단)** 사물의 변별능력을 제대로 갖춘 일반인의 이해와 판단으로서도 그 구성요건 요소에 해당하는 행위유형을 정형화하거나 한정할 합리적 해석기준을 찾기 어려운 경우, 죄형법정주의가 요구하는 형벌법규의 명확성의 원칙에 반한다[대판(전) 1998.6.18. 97도2231].
2. **(다소 광범위하여 법관의 보충적인 해석을 필요로 하는 개념을 사용한 경우라고 하여 명확성에 배치되는 것은 아님)** 처벌법규의 구성요건이 명확하여야 한다고 하여 모든 구성요건을 단순한 서술적 개념으로 규정하여야 하는 것은 아니고, 다소 광범위하여 법관의 보충적인 해석을 필요로 하는 개념을 사용하였다고 하더라도 통상의 해석방법에 의하여 건전한 상식과 통상적인 법감정을 가진 사람이면 당해 처벌법규의 보호법익과 금지된 행위 및 처벌의 종류와 정도를 알 수 있도록 규정하였다면 헌법이 요구하는 처벌법규의 명확성에 배치되는 것이 아니다[대판 2006.5.11. 2006도920]. [♠ 04 사시]
3. **(최대한이 아닌 최소한의 명확성을 요구)** 법규범의 문언은 어느 정도 가치개념을 포함한 일반적, 규범적 개념을 사용하지 않을 수 없는 것이기 때문에 명확성의 원칙이란 기본적으로 최대한이 아닌 최소한의 명확성을 요구하는 것으로서, 그 문언이 법관의 보충적인 가치판단을 통해서 그 의미내용을 확인할 수 있고, 그러한 보충적 해석이 해석자의 개인적인 취향에 따라 좌우될 가능성이 없다면 명확성의 원칙에 반한다고 할 수 없다[대결 2008.10.23. 2008초기264]. [♠ 09 사시]

判例 명확성의 원칙에 반하지 않는 경우

1. 구 식품위생법에 의한 보건복지부장관의 고시인 구 식품공전 소정의 '일반인들의 전래적인 식생활이나 통념상 식용으로 하지 아니하는 것', '식품원료로서 안전성 및 건전성이 입증되지 아니한 것'의 개념[대판 2000.10.27. 2000도1007].
2. 청소년보호법 제26조의2 제8호 소정의 "청소년에게 이성혼숙을 하게 하는 등 풍기를 문란하게 하는 영업행위를 하거나 그를 목적으로 장소를 제공하는 행위"라는 법률조항[대판 2003.12.26. 2003도5980]. [♠ 07 사시]
3. 형법 제243조(음화반포죄), 제244조(음화제조죄)에서 규정하는 "음란"[대판 1995.6.16. 94도2413]. [♠ 01 사시]
   비교판례 출판사등록에 관한 법률 소정의 '저속'의 개념은 명확성의 원칙에 반한다[헌재 1998.4.30. 95헌가16].
4. 대기환경보전법 제2조 제12호에서 첨가제의 개념을 정의하면서 '소량'이라는 개념을 사용한 것[대판 2005.12.8. 2004도5529].
5. 노동조합 및 노동관계 조정법 제40조 제2항 및 제89조 제1호의 각 규정이 말하는 '간여'라는 개념[대판 2005.4.15. 2002도3453].
6. 유해화학물질관리법 제35조 제1항의 '섭취' 또는 '흡입'의 개념[대판 2000.10.27. 2000도4187].
7. 도로교통법 제20조의2 제2호의 "도로의 구부러진 곳"이라는 표현[헌재 2000.2.24. 99헌가4].

8. 형법 제347조 제1항의 '사기죄의 요건으로서의 기망'[대판 2006.5.11. 2006도1715].
9. 건설공사의 수주 및 시공과 관련하여 발주자, 수급인, 하수급인 또는 이해관계인이 부정한 청탁에 의한 금품을 수수하는 것을 금지하고 형사처벌하는 건설산업기본법 제38조의2와 제95조의2의 '이해관계인' 규정[대판 2009.9.24. 2007도6185]. [♠ 11 사시]
10. 정당의 후보자 추천 관련 금품수수에 대한 처벌규정인 공직선거법 제47조의2 제1항, 제230조 제6항의 '누구든지 후보자로 추천하는 일과 관련하여'라는 표현[대판 2009.5.14. 2008도11040].
11. 형사소송법 제307조, 제308조에 규정된 '증거' 또는 '자유심증'이라는 용어[대결 2006.5.26. 2006초기92]. / 압수·수색영장을 집행할 때 피의자 등에 대한 사전통지를 생략할 수 있는 예외를 규정한 형사소송법 제122조 단서에서 '급속을 요하는 때'[대판 2012.10.11. 2012도7455].
12. 공직선거법 제251조 본문의 '후보자가 되고자 하는 자'와 같은조 단서의 '공공의 이익에 관한 때'라 표현[대판 2011.3.10. 2011도168].
13. 폭력행위 등 처벌에 관한 법률 제4조 제1항에서 규정하고 있는 범죄단체 구성원으로서의 "활동"의 개념 … 죄형법정주의의 명확성의 원칙에 위배된다고 할 수 없다[대판 2008.5.29. 2008도1857]. [♠ 10 사시]
14. 형사소송법 조항 중 항소이유 중 재심청구의 사유가 있는 때(제361조의5 제13호), 상고이유 중 재심청구의 사유가 있는 때(제383조 제3호), 원심판결의 파기 또는 이송(제397조)에 관한 규정[대결 2008.10.23. 2008초기264].
15. 압수·수색영장을 집행함에 있어 예외적으로 통지를 생략할 수 있는 요건으로서 '급속을 요하는 때'(형사소송법 제122조 단서) 라는 규정은 명확성의 원칙 등에 반하여 위헌이라고 볼 수 없다[대판 2012.10.11. 2012도7455].
16. 국가보안법 제4조 제1항 제2호 (나)목에 규정된 '국가기밀'은 죄형법정주의가 요구하는 명확성의 원칙에 반한다고 할 수 없다[대판 2013.7.26. 2013도2511].
17. '사업자등록번호·통관고유부호'를 물품 수입시 신고사항으로 정하고 있는 구 관세법 시행령 제246조 제1항 제5호는 형식상의 신고명의인과는 별도로 실제로 물품을 수입한 자, 즉 화주인 납세의무자의 사업자등록번호 등을 신고하도록 정한 것으로 해석된다. 그리고 이러한 해석은 통상의 해석방법에 의하여 그 의미내용을 합리적으로 파악할 수 있는 것으로서, 처벌법규의 명확성의 원칙에 반한다거나 자의적으로 처벌 범위를 넓히는 해석이라고 할 수 없다[대판 2014.1.29. 2013도12939].
18. 정치자금법 제45조 제1항, 제3조 제1호가 법관의 보충적인 해석이 필요한 '그 밖에 정치활동을 하는 자' 및 '정치자금'이라는 개념을 사용하였다고 하더라도 그 점만으로 헌법이 요구하는 죄형법정주의의 명확성의 원칙에 반한다고 할 수 없다[대판 2014.10.30. 2012도12394].
19. 「산업안전보건기준에 관한 규칙」 제519조(이하 '이 사건 규칙'이라고 한다)는 "사업주는 근로자가 진동작업에 종사하는 경우에 인체에 미치는 영향과 증상, 보호구의 선정과 착용방법, 진동기계·기구 관리방법, 진동 장해 예방방법을 근로자에게 충분히 알려야 한다."라고 규정하고 있다. 산업안전·보건에 관한 기준을 확립함으로써 산업재해를 예방하고 쾌적한 작업환경을 조성하여 근로자의 안전과 보건을 유지, 증진하기 위한 산업안전보건법의 입법 취지, 이 사건 규칙

의 문언해석, 수범자 및 주지의 상대방, 법령의 체계적 해석을 종합적으로 고려하면, 이 사건 규칙의 '충분히 알려야 한다.'는 부분은 죄형법정주의에서 파생된 명확성 원칙에 위배된다고 할 수 없다[대판 2021.4.29. 2019도12986].

判例 명확성의 원칙에 반하는 경우

1. 외국환관리규정 소정의 '도박 기타 범죄 등 선량한 풍속 및 사회질서에 반하는 행위'라는 요건[대판(전) 1998.6.18. 97도2231].
2. 건전한 상식과 통상적인 법감정을 가진 사람으로서는 금지되는 직업소개의 대상을 "공중도덕상 유해"라는 기준에 맞추어 특정하거나 예측한다는 것은 매우 어렵다고 할 것이므로 직업안정법(1994.1.7. 법률 제4733호로 전문개정된 것) 제46조 제1항 제2호가 규정하고 있는 "공중도덕상 유해한 업무" 부분은 죄형법정주의에서 파생된 명확성의 원칙을 충족시키고 있다고 할 수 없다[헌재 2005.3.31. 2004헌바29].
3. 미성년자보호법의 '미성년자에게 음란성 또는 잔인성을 조장할 우려가 있거나 기타 미성년자로 하여금 범죄의 충동을 일으킬 수 있게 하는 만화(불량만화)의 반포'라는 규정 중 '잔인성'의 개념과 '범죄의 충동을 일으킬 수 있게'라는 부분 및 구 아동복지법 소정의 '어질고 너그러운 품성'을 뜻하는 '덕성'이라는 개념[헌재 2002.2.28. 99헌가8].
4. 가정의례에 관한 법률 소정의 "가정의례의 참뜻"이란 개념과 "합리적인 범위 안"이란 개념[헌재 1998.10.15. 98헌마168].
5. '운전면허를 받은 사람이 자동차등을 이용하여 범죄행위를 한 때(면허취소 대상임)'라는 도로교통법 제78조 제1항 제5호의 규정은 명확성원칙에 위반된다. … 이 사건 규정이 범죄의 중함 정도나 고의성 여부 측면을 전혀 고려하지 않고 자동차 등을 범죄행위에 이용하기만 하면 운전면허를 취소하도록 하고 있는 것은 그 포섭범위가 지나치게 광범위한 것으로서 명확성원칙에 위반된다고 할 것이다[헌재 2005.11.24. 2004헌가28].
6. 특정범죄 가중처벌 등에 관한 법률 제4조 제1항의 '정부관리기업체'라는 용어 … 는 수뢰죄와 같은 이른바 신분범에 있어서 그 주체에 관한 구성요건의 규정을 지나치게 광범위하고 불명확하게 규정한 것이다[헌재 1995.9.28. 93헌바50].
7. 지방세법 제84조 제1항의 '조세범처벌법령'에 특정범죄 가중처벌 등에 관한 법률도 포함된다고 해석하는 것 … 은 수범자인 일반인의 입장에서 이를 쉽게 예견하기 어려운 점에 비추어 형벌법규의 명확성의 원칙에 위배되는 것이거나 형벌법규를 지나치게 확장·유추해석하는 것으로서 죄형법정주의에 반하여 허용되지 않는다[대판 2008.3.27. 2007도7561]. [♠ 11 사시]
8. 구 대외무역법의 위임에 의하여 산업자원부장관이 공고한 구 전략물자수출입공고(산업자원부고시 제2002-123호)에서 수출제한지역으로 규정하는 '국제평화와 지역안전을 저해할 우려가 있는 지역' 부분 … 은 구성요건 요소에 해당하는 지역 유형을 정형화하거나 한정할 합리적 해석기준을 찾기도 어려우므로, 명확성 원칙에 반한다[대판 2010.12.23. 2008도4233].

9. [1] 대법원은 의료인 개인 명의로 개설된 의료기관이 실질적으로 의료인의 자격이 없는 일반인(이하 '비의료인'이라 한다)에 의하여 개설·운영된 것인지에 대하여, 비의료인이 의료기관의 시설 및 인력의 충원·관리, 개설신고, 의료업의 시행, 필요한 자금의 조달, 운영성과의 귀속 등을 주도적인 입장에서 처리하였는지를 기준으로 판단하면서, 비의료인이 필요한 자금을 투자하여 시설을 갖추고 유자격 의료인을 고용하여 그 명의로 의료기관을 개설한 행위는 형식적으로만 적법한 의료기관의 개설로 가장한 것일 뿐 실질적으로는 비의료인이 의료기관을 개설한 경우에 해당한다고 판단하여 왔다. 또한 소비자생활협동조합법에 의하여 설립된 소비자생활협동조합 명의로 의료기관 개설신고가 된 경우에도 위와 같은 법리를 적용하여 왔다.

[2] **[다수의견]** (가) 의료법인 명의로 개설된 의료기관의 경우, 의료인의 자격이 없는 일반인(이하 '비의료인'이라 한다)의 주도적 출연 내지 주도적 관여만을 근거로 비의료인이 의료기관을 개설·운영한 것으로 평가하기 어렵다. 비의료인이 의료기관의 개설·운영 등에 필요한 자금 전부 또는 대부분을 의료법인에 출연하거나 의료법인 임원의 지위에서 의료기관의 개설·운영에 주도적으로 관여하는 것은 의료법인의 본질적 특성에 기초한 것으로서 의료법인의 의료기관 개설·운영을 허용한 의료법에 근거하여 비의료인에게 허용된 행위이다. 비의료인의 주도적 자금 출연 내지 주도적 관여 사정만을 근거로 비의료인이 실질적으로 의료기관을 개설·운영하였다고 판단할 경우, 허용되는 행위와 허용되지 않는 행위의 구별이 불명확해져 죄형법정주의 원칙에 반할 수 있다.

(나) 따라서 의료법인 명의로 개설된 의료기관을 실질적으로 비의료인이 개설·운영하였다고 판단하려면, 비의료인이 의료법인 명의 의료기관의 개설·운영에 주도적으로 관여하였다는 점을 기본으로 하여, 비의료인이 외형상 형태만을 갖추고 있는 의료법인을 탈법적인 수단으로 악용하여 적법한 의료기관 개설·운영으로 가장하였다는 사정이 인정되어야 한다. 이러한 사정은 비의료인이 실질적으로 재산출연이 이루어지지 않아 실체가 인정되지 아니하는 의료법인을 의료기관 개설·운영을 위한 수단으로 악용한 경우, 의료법인의 재산을 부당하게 유출하여 의료법인의 공공성, 비영리성을 일탈한 경우에 해당되면 인정될 수 있다[대판(전) 2023.7.17. 2017도1807].

관련판례 비의료인에 해당하여 의료기관 개설자격이 없는 피고인이, 형식적으로 甲 의료법인을 인수하여 법인 산하 乙 요양병원의 운영권을 인계받은 다음 실질적으로는 피고인 자신이 乙 병원의 운영을 주도적으로 담당함으로써 의료기관 개설자격을 위반하여 乙 병원을 개설·운영하였다고 하여 의료법 위반으로 기소된 사안에서, 피고인이 乙 병원 직원들의 체불임금 지급을 위한 자금을 출연하면서 甲 법인을 인수한 다음 의료기관 운영에 관한 주요 사항을 주도적으로 처리하였다는 사정만으로 피고인이 탈법적인 수단으로 乙 병원을 개설·운영한 것으로 단정할 수 없다는 등의 이유로, 이와 달리 보아 공소사실을 유죄로 인정한 원심의 판단에 법리오해 등의 잘못이 있다고 한 사례[대판 2023.8.18. 2020도6492].

관련판례 적법하게 개설되지 아니한 의료기관의 실질 개설·운영자가 적법하게 개설된 의료기관인 것처럼 의료급여비용의 지급을 청구하여 이에 속은 국민건강보험공단으로부터 의료급여비용 명목의 금원을 지급받아 편취한 경우, 국민건강보험공단을 피해자로 보아야 한다[대판 2023.10.26. 2022도90].

判例 정당방위 규정에도 명확성 원칙이 적용된다는 판례

[1] 정당방위 규정은 법 각칙 전체의 구성요건 조항에 대한 소극적 한계를 정하고 있는 규정으로서, 한편으로는 위법성을 조각시켜 범죄의 성립을 부정하는 기능을 하지만, 다른 한편으로는 정당방위가 인정되지 않는 경우 위법한 행위로서 범죄의 성립을 인정하게 하는 기능을 하므로 적극적으로 범죄 성립을 정하는 구성요건 규정은 아니라 하더라도 죄형법정주의가 요구하는 명확성의 원칙이 적용된다.

[2] 이 사건 심판대상규정인 '상당한 이유' 부분에 대해서는 대법원도 일찍부터 합리적인 해석기준을 제시하고 있어 건전한 상식과 통상적인 법 감정을 가진 일반인이라면 그 의미를 어느 정도 쉽게 파악할 수 있다고 할 것이므로 죄형법정주의에서 요구하는 명확성의 원칙을 위반하였다고 할 수 없다[헌재 2001.6.28. 99헌바31].

② 제재의 명확성

㉮ **절대적 형벌** : 예를 들어 "타인의 재물을 절취한 자는 징역 3년에 처한다"와 같이 절대적 법정형으로 규정하는 경우에는 형사정책적으로 바람직하지 않으므로 형벌의 종류와 범위를 특정할 것이 요구된다.

㉯ **부정기형** : 형의 기간이 특정되어 있지 않은 경우를 말한다.

i) **절대적 부정기형** : 형의 장기와 단기가 전혀 특정되지 않은 경우(예 … 행위는 징역형에 처한다)로서 법적 안정성을 해할 수 있으므로 법정형이든 선고형이든 허용되지 않는다.

判例 예비·음모를 처벌한다고만 규정하고 있고 형을 별도로 규정하지 않은 경우(죄형법정주의 위반)

부정선거관련자처벌법 제5조 제4항에 동법 제5조 제1항의 예비·음모는 이를 처벌한다고만 규정하고 있을 뿐이고 그 형에 관하여 따로 규정하고 있지 아니한 이상 죄형법정주의의 원칙상 위 예비·음모를 처벌할 수 없다[대판 1977.6.28. 77도251].[8] [♣14 변시]

ii) **상대적 부정기형** : 형의 장기와 단기 또는 장기만 정해진 경우를 말하며 탄력적 형의 적용 및 집행이 가능하다는 점에서 허용된다. 현행법상 법정형은 대부분 상대적 부정기형으로 되어 있고,[9] 선고형은 성인의 경우는 정기형이어야 하지만 소년의 경우는 상대적 부정기형을 인정하고 있다(예 소년법 제60조). [♠09 사시]

iii) 상대적 부정기 선고형은 명확성의 원칙에 반하지 않으므로 성인범죄자에 대하여 이를 도입하는 것은 허용된다.

8) 참고로 살인예비음모죄는 '10년 이하의 징역에 처한다.'고 규정하여 살인죄와는 별도로 형을 규정하고 있다. 다른 예비음모죄도 별도로 형을 규정하고 있다.

9) 여적죄의 경우 '사형'만을 규정하여 절대적 형벌(법정형)의 형태를 띠고 있다. [♣16 변시]

4. 유추해석(적용)금지의 원칙

(1) 의 의

① 법률에 규정이 없는 사항에 대하여 그것과 유사한 성질을 가지는 사항에 관한 법률을 적용하는 것(예 전화를 거는 것을 주거침입에 해당한다고 해석하는 것)을 금지하는 원칙을 말한다.

② 유추해석은 법관의 법창조 행위에 해당하는 것이며, 유추해석금지의 원칙은 이러한 법관의 자의를 방지하기 위한 것이다.

判例 법률조항의 해석방법

1. 법원이 어떠한 법률조항을 해석·적용함에 있어서 한 가지 해석방법에 의하면 헌법에 위배되는 결과가 되고 다른 해석방법에 의하면 헌법에 합치하는 것으로 볼 수 있을 때에는 위헌적인 해석을 피하고 헌법에 합치하는 해석방법을 택하여야 한다[대판 2015.5.28. 2015도1362].

관련판례 [1] 군형법 제92조의6의 문언, 개정 연혁, 보호법익과 헌법 규정을 비롯한 전체 법질서의 변화를 종합적으로 고려하면, 위 규정은 동성인 군인 사이의 항문성교나 그 밖에 이와 유사한 행위가 사적 공간에서 자발적 의사 합치에 따라 이루어지는 등 군이라는 공동사회의 건전한 생활과 군기를 직접적, 구체적으로 침해한 것으로 보기 어려운 경우에는 적용되지 않는다고 봄이 타당하다. 이 사건에 적용되는 현행 군형법 제92조의6은 "제1조 제1항부터 제3항까지에 규정된 사람(이하 '군인 등'이라 한다)에 대하여 항문성교나 그 밖의 추행을 한 사람은 2년 이하의 징역에 처한다."라고 정하고 있다. 위 규정은 구 군형법 제92조의5 규정과는 달리 '계간' 대신 '항문성교'라는 표현을 사용하고 행위의 객체를 군형법이 적용되는 군인 등으로 한정하였다. 제정 군형법 제92조와 구 군형법 제92조의5의 대표적 구성요건인 '계간'은 사전적으로 '사내끼리 성교하듯이 하는 짓'으로서 남성 간의 성행위라는 개념요소를 내포하고 있다. 반면, 현행 규정의 대표적 구성요건인 '항문성교'는 '발기한 성기를 항문으로 삽입하는 성행위'라는 성교행위의 한 형태를 가리키는 것으로서, 이성 간에도 가능한 행위이고 남성 간의 행위에 한정하여 사용되는 것이 아니다. 따라서 현행 규정의 문언만으로는 동성 군인 간의 성행위 그 자체를 처벌하는 규정이라는 해석이 당연히 도출될 수 없고, 별도의 규범적인 고려 또는 법적 평가를 더해야만 그러한 해석이 가능하다.

[2] 군인인 피고인 甲은 자신의 독신자 숙소에서 군인 乙과 서로 키스, 구강성교나 항문성교를 하는 방법으로 추행하고, 군인인 피고인 丙은 자신의 독신자 숙소에서 동일한 방법으로 피고인 甲과 추행하였다고 하여 군형법 위반으로 기소된 사안에서, 피고인들과 乙은 모두 남성 군인으로 당시 피고인들의 독신자 숙소에서 휴일 또는 근무시간 이후에 자유로운 의사를 기초로 한 합의에 따라 항문성교나 그 밖의 성행위를 한 점 등에 비추어 피고인들의 행위는 군형법 제92조의6에서 처벌대상으로 규정한 '항문성교나 그 밖의 추행'에 해당하지 않는다[대판(전) 2022.4.21. 2019도3047].

2. 법률에 사용된 문언의 의미는 해당 법률에 정의규정이 있다면 그에 따를 것이나, 그렇지 않은 경우라도 문언의 통상적인 의미를 살피는 외에 그것이 해당 법률에서 어떠한 의미로 어떻게 사용되고 있는지 체계적, 논리적으로 파악하여야 한다[대판 2018.6.15. 2018도2615].

(2) 적용범위

① 유추해석이 허용되지 않는 경우

㉮ 불리한 유추해석 : 형법각칙과 총칙규정(예 불법과 책임요소, 처벌조건, 형벌과 보안처분 등)을 불리하게 유추해석하는 것은 허용되지 않는다.

判例 불리한 유추해석(죄형법정주의에 반함)

1. **(피고인에게 불리한 방향으로 유추 해석하는 것 : 죄형법정주의의 원칙에 반함)** 형벌법규의 해석은 엄격하여야 하고 명문규정의 의미를 피고인에게 불리한 방향으로 지나치게 확장 해석하거나 유추 해석하는 것은 죄형법정주의의 원칙에 어긋나는 것으로서 허용되지 않으며, 이러한 법해석의 원리는 그 형벌법규의 적용대상이 행정법규가 규정한 사항을 내용으로 하고 있는 경우에 그 행정법규의 규정을 해석하는 데에도 마찬가지로 적용된다[대판 2007.6.29. 2006도4582].

   비교판례 **(체계적 · 논리적 해석방법은 죄형법정주의의 원칙에 부합함)** 형벌법규는 문언에 따라 엄격하게 해석 · 적용하여야 하고 피고인에게 불리한 방향으로 지나치게 확장해석하거나 유추해석하여서는 아니 되나, 형벌법규의 해석에 있어서도 가능한 문언의 의미 내에서 당해 규정의 입법 취지와 목적 등을 고려한 법률체계적 연관성에 따라 그 문언의 논리적 의미를 분명히 밝히는 체계적 · 논리적 해석방법은 그 규정의 본질적 내용에 가장 접근한 해석을 위한 것으로서 죄형법정주의의 원칙에 부합한다[대판 2007.6.14. 2007도2162].

2. **(고소의 주관적 불가분원칙을 규정하고 있는 형사소송법 규정이 고발에도 유추적용된다고 해석하는 경우 : 죄형법정주의에 반함)** 명문의 근거 규정이 없을 뿐만 아니라 소추요건이라는 성질상의 공통점 외에 그 고소 · 고발의 주체와 제도적 취지 등이 상이함에도, 친고죄에 관한 고소의 주관적 불가분원칙을 규정하고 있는 형사소송법 제233조가 공정거래위원회의 고발에도 유추적용된다고 해석한다면 이는 공정거래위원회의 고발이 없는 행위자에 대해서까지 형사처벌의 범위를 확장하는 것으로서, 결국 피고인에게 불리하게 형벌법규의 문언을 유추해석한 경우에 해당하므로 죄형법정주의에 반하여 허용될 수 없다[대판 2010.9.30. 2008도4762]. [♣ 13, 14 변시]

㉯ 유리한 사유의 제한적 유추해석 : 가벌성의 범위가 확대되어 행위자에게 불리하게 되므로 허용되지 않는다(판례).

判例 유리한 사유의 제한적 유추(유추해석금지의 원칙에 반함)

(반의사불벌죄에서 피해자인 청소년에게 의사능력이 있음에도 반처벌의사표시를 함에 있어 법정대리인의 동의가 있어야 하는 것으로 해석하는 경우 : 유추해석금지원칙에 반함) [1] 반의사불벌죄에 있어서 처벌을 희망하지 않는다는 의사표시 또는 처벌희망 의사표시의 철회는 이른바 소극적 소송조건에 해당하고, 소송조건에는 죄형법정주의의 파생원칙인 유추해석금지의 원칙이 적용된다고 할 것인데, 명문의 근거 없이 그 의사표시에 법정대리인의 동의가 필요하다고 보는 것은 유추해석에 의하여 소극적 소송조건의 요건을 제한하고 피고인 또는 피의자에 대한 처벌가능성의 범위를 확대하는 결과가 되어 죄형법정주의 내지 거기에서 파생된 유추해석금지의 원칙에도 반한다. [♠ 14 사시]

[2] 청소년의 성보호에 관한 법률 제16조에 규정된 반의사불벌죄라고 하더라도, 피해자인 청소년에게 의사능력이 있는 이상, 단독으로 피고인 또는 피의자의 처벌을 희망하지 않는다는 의사표시 또는 처벌희망 의사표시의 철회를 할 수 있고, 거기에 법정대리인의 동의가 있어야 하는 것으로 볼 것은 아니다[대판(전) 2009.11.19. 2009도6058]. [♠ 10, 14 사시] [♣ 13, 14 변시]

判例 행정법규의 해석과 유추해석금지원칙의 적용여부

유추해석금지원칙은 형벌법규의 적용대상이 행정법규가 규정한 사항을 내용으로 하고 있는 경우에 그 행정법규의 규정을 해석하는 데에도 마찬가지로 적용된다[대판 2007.6.29. 2006도4582].

② 유추해석이 허용되는 경우

㉮ 유리한 유추해석

判例 유리한 유추해석의 한계

형벌법규의 해석에 있어서 유추해석이나 확장해석도 피고인에게 유리한 경우에는 가능한 것이나, 문리를 넘어서는 이러한 해석은 그렇게 해석하지 아니하면 그 결과가 현저히 형평과 정의에 반하거나 심각한 불합리가 초래되는 경우에 한하여야 할 것이고, 그렇지 아니하는 한 입법자가 그 나름대로의 근거와 합리성을 가지고 입법한 경우에는 입법자의 재량을 존중하여야 하는 것이다[대판 2004.11.10. 2004도4049].

㉯ 소송법 규정 : 소송법규정에 대해서는 원칙적으로 유추해석이 허용된다.

(3) 해석과 유추의 한계

판례는 확장해석을 유추해석과 동일한 의미로 보아 유추해석은 물론 확장해석도 허용되지 않는다는 입장이다.

사 례 연 습

※ **과수원 실화 사건**

甲은 A 소유의 사과나무 밭에서 마른 풀을 모아 놓고 성냥불을 켜 담뱃불을 붙인 뒤 그 불이 완전히 소화되었는지 여부를 확인하지 아니한 채 자리를 이탈하였고 그 결과 남은 불씨가 A 소유의 사과나무 200여주를 소훼하였다. 이 경우 甲을 형법 제170조 제2항에 의하여 유죄판결을 할 수 있는지를 논하시오.

참조조문

형법 제166조(일반건조물 등에의 방화) ① 타인소유 일반건조물 방화 ② 자기소유 일반건조물 방화

제167조(일반물건에의 방화) ① 타인소유 일반물건 방화 ② 자기소유 일반물건 방화

제170조(실화) ① 과실로 인하여 제164조 또는 제165조에 기재한 물건 또는 타인의 소유에 속하는 제166조에 기재한 물건을 소훼한 자는 1천500만원 이하의 벌금에 처한다.
② 과실로 인하여 자기의 소유에 속하는 제166조 또는 제167조에 기재한 물건을 소훼하여 공공의 위험을 발생하게 한 자도 전항의 형과 같다.

사례해결

1. 문제점

甲은 과실로 인하여 타인소유에 속하는 제167조에 기재한 물건을 소훼하였다. 甲에게 유죄판결을 하기 위해서는 형법 제170조 제2항의 규정에서 '제167조'가 '자기의 소유에 속하는'이라는 제한을 받지 않는 것으로 해석하여 '자기의 소유에 속하든, 타인의 소유에 속하든 불문하고 제167조에 기재한 물건'이라는 의미를 가진 것으로 볼 수 있어야 하는데 이러한 해석이 유추해석금지원칙에 위반되는지 여부가 문제된다.

2. 견해의 대립

① **유추해석금지원칙에 위반된다는 견해(대법원 소수견해)** : 우리말의 보통의 표현방법으로는 '자기의 소유에 속하는'이라는 말은 '제166조 또는 제167조에 기재한 물건'을 한꺼번에 수식하는 것으로 볼 수밖에 없고, 형법 제170조 제2항이 '자기의 소유에 속하는 제166조에 기재한 물건 또는, 아무런 제한이 따르지 않는 단순한, 제167조에 기재한 물건'을 뜻하는 것으로 볼 수는 없다[대결(전) 1994.12.20. 94모32].

② **유추해석금지원칙에 위반되지 않는다는 견해(대법원 다수견해)** : 형법 제170조 제1항과 제2항의 관계로 볼 때 제166조에 기재한 물건(일반건조물 등) 중 타인의 소유에 속하는 것에 관하여는 제1항에서 규정하고 있기 때문에 제2항에서는 그 중 자기의 소유에 속하는 것에 관하여 규정하고, 제167조에 기재한 물건에 관하여는 소유의 귀속을 불문하고 그 대상으로 삼아 규정하고 있는 것이라고 봄이 관련조문을 전체적, 종합적으로 해석하는 방법이므로, 이러한 해석은 유추해석에 해당하지 아니한다[대결(전) 1994.12.20. 94모32].

3. 검 토 (대법원 다수견해 지지)

형법 제170조 제2항은 제1항과의 관계를 전체적, 종합적으로 해석하여야 하므로 대법원 다수견해가 타당하다.

4. 결 론

甲은 과실로 인하여 타인소유에 속하는 제167조에 기재한 물건을 소훼하였고 이러한 행위는 형법 제170조 제2항이 적용될 수 있으므로 甲에 대하여 유죄판결을 할 수 있다.

判例 **형법 제170조 제2항의 적용범위**

[다수의견][10] 형법 제170조 제2항에서 말하는 '자기의 소유에 속하는 제166조 또는 제167조에 기재한 물건'이라 함은 '자기의 소유에 속하는 제166조에 기재한 물건 또는 자기의 소유에 속하든, 타인의 소유에 속하든 불문하고 제167조에 기재한 물건'을 의미하는 것이라고 해석하여야 하며, **제170조 제1항과 제2항의 관계로 보아서도** 제166조에 기재한 물건(일반건조물 등) 중 타인의 소유에 속하는 것에 관하여는 제1항에서 규정하고 있기 때문에 제2항에서는 그 중 자기의 소유에 속하는 것에 관하여 규정하고, 제167조에 기재한 물건에 관하여는 소유의 귀속을 불문하고 그 대상으로 삼아 규정하고 있는 것이라고 봄이 관련조문을 전체적, 종합적으로 해석하는 방법일 것이고, 이렇게 해석한다고 하더라도 그것이 법규정의 가능한 의미를 벗어나 법형성이나 법창조행위에 이른 것이라고는 할 수 없어 죄형법정주의의 원칙상 금지되는 유추해석이나 확장해석에 해당한다고 볼 수는 없을 것이다.

[반대(소수)의견] 형법 제170조 제2항은 명백히 '자기의 소유에 속하는 제166조 또는 제167조에 기재한 물건'이라고 되어 있을 뿐 '자기의 소유에 속하는 제166조에 기재한 물건 또는 제167조에 기재한 물건'이라고는 되어 있지 아니하므로, **우리말의 보통의 표현방법**으로는 '자기의 소유에 속하는'이라는 말은 '제166조 또는 제167조에 기재한 물건'을 한꺼번에 수식하는 것으로 볼 수밖에 없고, 같은 규정이 '자기의 소유에 속하는 제166조에 기재한 물건 또는, 아무런 제한이 따르지 않는 단순한, 제167조에 기재한 물건'을 뜻하는 것으로 볼 수는 없다[대결(전) 1994.12.20. 94모32]. [♠ 00, 04, 05, 06 사시]

(4) 목적론적 축소해석의 허용여부

① 의 의 : 목적론적 축소해석이란 법규정상의 문언의 의미를 법규정의 취지 · 목적을 고려하여 그 '일상적인' 의미보다 축소하여 해석하는 방법을 말한다(예 영아살해죄의 주체인 '직계존속'을 입법취지를 고려하여 '산모'에 제한된다고 해석하는 것).[11]

② 허용 여부 – 다음의 판례 참고

사 례 연 습

※ 공직선거법상의 범행 발각 후 자수 사건

수사기관이 공직선거법 위반의 죄(매수 및 이해유도죄)를 범한 甲의 범행을 인지하고 지명수배하는 한편 구속영장까지 발부받아 집행하려 하였으나 甲의 도피로 인하여 영장을 집행하지 못하고 기소중지 하였다. 그 후 甲은 검찰청에 자진 출두하여 위 범죄사실을 자백하였다. 甲에 대하여 공직선거법 제262조의 자수규정을 적용할 수 있는지를 논하시오.

10) 대법원 전원합의체 판결의 경우 다수의견이 판례의 입장이 된다.

11) 다만 목적론적 축소해석이 허용될 것인지 여부는 개별 사안마다 달리 판단하여야 한다. 위 본문의 예에 대하여도 다수설은 그러한 해석이 허용될 수 없다는 입장이다.

참조조문

공직선거법 제262조(자수자에 대한 특례) 제230조(매수 및 이해유도죄) 제1항의 규정에 위반한 자중 금전·물품 기타 이익 등을 받거나 받기로 승낙한 자가 자수한 때에는 그 형을 면제한다.[12]

사례해결

1. 문제점

甲은 수사기관이 甲의 범행을 인지한 후 검찰청에 자진 출두하여 위 범죄사실을 자백하였으므로 이는 범행이 발각된 후의 자수에 해당한다. 이와 같이 범행이 발각된 후 자수한 경우에도 공직선거법 제262조의 자수규정이 적용될 수 있는지 여부는 자수 시적 범위를 어떻게 해석하여야 할 것인지에 따라 결정된다.

2. 견해의 대립

① **범행발각 후의 자수도 자수에 포함된다는 견해(대법원 다수견해)** : 공직선거법 제262조에서는 '범행발각 전'이라는 제한 문언 없이 "자수"라는 단어를 사용하고 있으므로, "자수"를 '범행발각 전에 자수한 경우'로 한정하는 해석은 유추해석금지의 원칙에 위반된다[대판(전) 1997.3.20. 96도1167].

② **범행발각 후의 자수는 자수에 포함되지 않는다는 견해(대법원 소수견해)** : 공직선거법 제262조의 자수를 범행 발각 전의 자수로 제한하지 아니하고 범행 발각 후의 자수도 포함된다고 해석하는 경우, 첫째 범행발견에 아무런 기여를 한 바가 없음에도 불구하고 특혜를 주는 것이 되어 자수에 대하여 형의 필요적 면제를 규정한 입법 취지에 반하고, 둘째 범죄와 형벌의 균형에 관한 국민 일반의 법감정에 맞지 않아 정의와 형평에도 현저히 반하므로, 공직선거법 제262조의 자수는 '범행발각 전의 자수'로 축소해석하여야 한다[대판(전) 1997.3.20. 96도1167].

3. 검 토 (대법원 다수견해 지지)

공직선거법 제262조에서는 '범행발각 전'이라는 제한 문언 없이 "자수"라는 단어를 사용하고 있으므로, "자수"를 '범행발각 전에 자수한 경우'로 한정하는 풀이는 '언어의 가능한 의미'를 넘는 것이므로 유추해석금지의 원칙에 위반된다고 보아야 한다. 따라서 공직선거법 제262조의 자수에는 범행 발각 후의 자수도 포함된다는 견해가 타당하다.

4. 결 론

공직선거법 제262조의 자수에는 범행 발각 후의 자수도 포함되므로, 甲에 대하여 공직선거법 제262조의 자수규정을 적용할 수 있다.

---

12) 판례당시의 조문을 인용한 것이다.

判例 공직선거법상 자수의 시간적 한계

[다수의견] 형벌법규의 해석에 있어서 법규정 문언의 가능한 의미를 벗어나는 경우에는 유추해석으로서 죄형법정주의에 위반하게 된다. 그리고 유추해석금지의 원칙은 모든 형벌법규의 구성요건과 가벌성에 관한 규정에 준용되는데, 위법성 및 책임의 조각사유나 소추조건, 또는 처벌조각사유인 형면제 사유에 관하여 그 범위를 제한적으로 유추적용하게 되면 행위자의 가벌성의 범위는 확대되어 행위자에게 불리하게 되는바, 이는 가능한 문언의 의미를 넘어 범죄구성요건을 유추적용하는 것과 같은 결과가 초래되므로 죄형법정주의의 파생원칙인 유추해석금지의 원칙에 위반하여 허용될 수 없다. 한편 형법 제52조나 국가보안법 제16조 제1호에서도 공직선거법 제262조에서와 같이 모두 **'범행발각 전'이라는 제한 문언 없이 "자수"라는 단어를 사용**하고 있는데 형법 제52조나 국가보안법 제16조 제1호의 "자수"에는 범행이 발각되고 지명수배된 후의 자진출두도 포함되는 것으로 판례가 해석하고 있으므로 이것이 "자수"라는 단어의 관용적 용례라고 할 것인바, 공직선거법 제262조의 "자수"를 '범행발각 전에 자수한 경우'로 한정하는 풀이는 "자수"라는 단어가 통상 관용적으로 사용되는 용례에서 갖는 개념 외에 '범행발각 전'이라는 또 다른 개념을 추가하는 것으로서 결국은 '언어의 가능한 의미'를 넘어 공직선거법 제262조의 "자수"의 범위를 그 문언보다 제한함으로써 공직선거법 제230조 제1항 등의 처벌범위를 실정법 이상으로 확대한 것이 되고, 따라서 이는 단순한 목적론적 축소해석에 그치는 것이 아니라, 형면제 사유에 대한 제한적 유추를 통하여 처벌범위를 실정법 이상으로 확대한 것으로서 죄형법정주의의 파생원칙인 유추해석금지의 원칙에 위반된다.

[소수의견] 공직선거법 제262조의 자수를 선거법 위반행위의 발견 전에 행하여진 것에 한정된다고 해석하지 아니하고 그 시기에 있어서 제한 없이 체포 전에만 하면 이에 해당하여 형이 필요적으로 면제된다고 해석하게 되면, 첫째 **범행발견에 아무런 기여를 한 바가 없음에도** 불구하고 같은법 제262조의 특혜를 주는 것이 되어 같은법 제262조가 자수에 대하여 형의 필요적 면제를 규정한 입법 취지에 반하고, 둘째 범죄와 형벌의 균형에 관한 **국민 일반의 법감정에 맞지 않아** 정의와 형평에도 현저히 반한다. (중략) 그러므로 공직선거법 제262조의 자수를 그 입법 취지와 목적에 비추어 위 규정과 형의 필요적 면제의 대상이 되지 아니하는 같은법상의 다른 처벌규정 등을 전체적·종합적으로 헌법에 합치되게 해석하려면 '범행발각 전에 수사기간에 자진출두하여 자백한 경우'만을 의미하는 것으로 해석하여야 되는 것이다. 그리고 (중략) 공직선거법 제262조의 자수를 위와 같이 '범행발각 전의 자수'로 축소해석하는 것은 (중략) 그 조항의 입법 취지와 목적, 다른 처벌규정과의 체계적 관련성에 의하여 내재적으로 한계지워져 있는 것을 풀이함으로써 '범행발각 전의 자진출두'로 제한한 것에 불과하여 이는 다수의견이 주장하는 것처럼 제한적 유추해석이 아니라 목적론적 축소해석에 불과하므로 죄형법정주의의 파생원칙인 유추해석금지의 원칙에 위반되지 아니하는 것이다[대판(전) 1997.3.20. 96도1167]. [♠ 01, 03, 12 사시]

判例 목적론적 축소해석으로서 허용되는 경우

국가공무원법 제66조에서의 '공무 이외의 일을 위한 집단적 행위'는 공무가 아닌 어떤 일을 위하여 공무원들이 하는 모든 집단적 행위를 의미하는 것은 아니고 언론, 출판, 집회, 결사의 자유를 보장하고 있는 헌법 제21조 제1항, 헌법상의 원리, 국가공무원법의 취지, 국가공무원법상의 성실의무 및 직무전념의무 등을 종합적으로 고려하여 '공익에 반하는 목적을 위하여 직무전념의무를 해태하는 등의 영향을 가져오는 집단적 행위'라고 축소 해석하여야 한다[대판 2005.4.15. 2003도2960]. [♠ 06 사시]

판례연습

※ 가짜 백소령 사건

해안초소 상황병 甲은, 乙이 "군단에서 온 백소령이다."라고 하는 거짓말을 만연히 믿고, 乙의 소속이나 직책을 확인하지 아니한 채 乙에게 보관하고 있던 탄약을 건네주었다. 甲에게는 군형법상의 군용물분실죄가 성립한다. ( )

판결요지

[1] 군형법 제74조 소정의 군용물분실죄에서의 분실은 행위자의 의사에 의하지 아니하고 물건의 소지를 상실한 것을 의미한다고 할 것이며, 이 점에서 하자가 있기는 하지만 행위자의 의사에 기해 재산적 처분행위를 하여 재물의 점유를 상실함으로써 편취당한 것과는 구별된다고 할 것이고, 분실의 개념을 군용물의 소지 상실시 행위자의 의사가 개입되었는지의 여부에 관계없이 군용물의 보관책임이 있는 자가 결과적으로 군용물의 소지를 상실하는 모든 경우로 확장해석하거나 유추해석할 수는 없다.
[2] 군용물을 편취당한 것을 군용물분실죄에서의 의사에 의하지 않은 소지의 상실이라고 볼 수 없다[대판 1999.7.9. 98도1719]. [♠ 01, 05 사시]

정답 (×)

判例 허용되는 해석(유추해석금지의 원칙에 반하지 않는 경우)

1. 불특정 · 다수인이 링크를 이용하여 별다른 제한 없이 음란한 부호 등에 바로 접할 수 있는 상태가 실제로 조성되었다면 음란한 부호 등이 전시된 웹페이지에 대한 링크(link)행위도 음란한 부호 등의 전시에 해당한다고 해석하는 경우[대판 2003.7.8. 2001도1335]. [♠ 09, 11 사시]

1-1. PC방 운영자가 자신의 PC방 컴퓨터의 바탕화면 중앙에 음란한 영상을 전문적으로 제공하는 웹사이트로 연결되는 바로가기 아이콘을 설치하고 접속에 필요한 성인인증까지 미리 받아둠으로써, PC방을 이용하는 불특정 · 다수인이 아무런 제한 없이 위 웹사이트의 음란한 영상을 접할 수 있는 상태를 조성한 경우, 음란한 영상을 공연히 전시한다는 구 전기통신망 이용촉진 및 정보보호 등에 관한 법률 제65조 제1항 제2호의 구성요건을 충족한다고 한 사례[대판 2008.2.1. 2007도8286].

2. 형법 제62조의2 제1항은 "형의 집행을 유예하는 경우에는 보호관찰을 받을 것을 명하거나 사회봉사 또는 수강을 명할 수 있다."고 규정하고 있는바, 그 문리에 따르면, 보호관찰과 사회봉사는

각각 독립하여 명할 수 있다는 것이지, 반드시 그 양자를 동시에 명할 수 없다는 취지로 해석되지는 아니할 뿐더러, 소년법 제32조 제3항, 성폭력범죄의처벌및피해자보호등에관한법률 제16조 제2항, 가정폭력범죄의처벌등에관한특례법 제40조 제1항 등에는 보호관찰과 사회봉사를 동시에 명할 수 있다고 명시적으로 규정하고 있는바, 일반 형법에 의하여 보호관찰과 사회봉사를 명하는 경우와 비교하여 특별히 달리 취급할 만한 이유가 없으며, 제도의 취지에 비추어 보더라도, 범죄자에 대한 사회복귀를 촉진하고 효율적인 범죄예방을 위하여 양자를 병과할 필요성이 있는 점 등을 종합하여 볼 때, 형법 제62조에 의하여 집행유예를 선고할 경우에는 같은 법 제62조의2 제1항에 규정된 보호관찰과 사회봉사 또는 수강을 동시에 명할 수 있다고 해석함이 상당하다[대판 1998.4.24. 98도98]. [♠ 01, 09, 15 사시] [♣ 23 변시]

3. 미성년자의제강간 · 강제추행죄를 규정한 형법 제305조가 강간죄와 강제추행죄의 미수범의 처벌에 관한 형법 제300조를 명시적으로 인용하고 있지 아니하나, 동조에서 규정한 형법 제297조와 제298조의 '예에 의한다'는 의미는 미성년자의제강간 · 강제추행죄의 처벌에 있어 그 법정형뿐만 아니라 미수범에 관하여도 강간죄와 강제추행죄의 예에 따른다는 취지로 해석되고, 이러한 해석이 유추해석에 해당하는 것으로 볼 수 없다[대판 2007.3.15. 2006도9453]. [♠ 08. 11, 14 사시]

4. 비변호사가 법률사건의 대리를 다른 비변호사에게 알선하는 경우는 물론 비변호사인 경찰관, 법원 · 검찰의 직원 등이 변호사에게 소송사건의 대리를 알선하고 그 대가로 금품을 받은 행위도 구 변호사법 제90조 제2호 후단 소정의 알선에 해당한다고 해석하는 경우[대판(전) 2000.6.15. 98도3697].

5. 노래방에서 고객들로 하여금 노래방 기기에 녹음 또는 녹화된 음악저작물을 이용하게 하는 것을 저작권법 소정의 '공연'의 개념 중 '일반 공중에게 공개하는 것'에 해당한다고 해석하는 경우[대판 2001.9.28. 2001도4100]. [♠ 11 사시]

6. 청소년보호법 제26조의2 제8호는 누구든지 "청소년에 대하여 이성혼숙을 하게 하는 등 풍기를 문란하게 하는 영업행위를 하거나 그를 목적으로 장소를 제공하는 행위"를 하여서는 아니 된다고 규정하고 있는바, 위 법문이 규정하는 '이성혼숙'을 남녀 중 일방이 청소년이면 족하고, 반드시 남녀 쌍방이 청소년임을 요하는 것은 아니라고 해석하는 경우[대판 2003.12.26. 2003도5980].

7. 정보통신망에 의하여 처리 · 보관 또는 전송되는 타인의 정보를 훼손하거나 타인의 비밀을 침해 · 도용 또는 누설하는 행위를 금지 · 처벌하는 규정인 정보통신망 이용촉진 및 정보보호 등에 관한 법률 제49조 및 제62조 제6호의 '타인'에는 생존하는 개인뿐만 아니라 이미 사망한 자도 포함된다고 해석하는 경우[대판 2007.6.14. 2007도2162]. [♠ 11 사시]

관련판례 형벌법규 해석에 관한 일반적인 법리, 의료법의 입법 취지, 구 의료법 제19조의 문언 · 내용 · 체계 · 목적 등에 비추어 보면, 구 의료법 제19조(정보누설금지)에서 정한 정보의 주체인 '다른 사람'에는 생존하는 개인 이외에 이미 사망한 사람도 포함된다고 보아야 한다[대판 2018.5.11. 2018도2844].

8. 침해자가 출판된 저작물을 전부 복제하지 않았으나 그 중 상당한 양을 복제한 경우를 저작권법상의 출판권자의 출판권을 침해하는 것이라고 해석하는 경우[대판 2003.2.28. 2001도3115].

9. 군형법 제28조 초병의 수소이탈죄에서 말하는 초병에는 실제로 수소에 배치되어 근무하는 자는 물론이고, 초병근무명령을 받아 경계근무감독자에게 신고하고 근무시간에 임박하여 경계근무의 복장을 갖춘 자도 포함된다고 해석하는 경우[대판 2006.6.30. 2005도8933].

10. 병역법 제86조의 "병역의무를 기피하거나 감면받을 목적으로 도망하거나 행방을 감춘 때 또는 신체손상이나 사위행위를 한 사람" 이라는 규정에서, '신체손상'의 개념을 병역의무의 기피 또는 감면사유에 해당되도록 신체의 변화를 인위적으로 조작하는 행위(문신)까지를 포함하는 개념으로 해석하는 경우 … '신체손상'의 개념이 신체의 완전성을 해하거나 생리적 기능에 장애를 초래하는 '상해'의 개념과 일치되어야 하는 것은 아니다[대판 2004.3.25. 2003도8247].

11. 청소년보호법 제24조 제1항의 규정에 의하면, 청소년유해업소인 노래연습장 또는 유흥주점의 각 업주는 청소년을 접대부로 고용할 수 없는바, 여기의 고용에는 시간제로 보수를 받고 근무하는 것도 포함된다고 해석하는 경우[대판 2005.7.29. 2005도3801].

12. 후보자의 배우자와 선거사무원 사이의 현금 수수를 기부행위를 실행하기 위한 준비 내지 예비행위에 불과한 것이 아니라 금품을 제공한 것으로 보아 공직선거법 제112조 제1항 소정의 '기부행위'에 해당한다고 해석하는 경우[대판 2002.2.21. 2001도2819].

비교판례 공직선거법 제230조 제1항 제4호, 제5호의 금품 기타 이익의 '제공'이라 함은 반드시 금품 등을 상대방에게 귀속시키는 것만을 뜻하는 것은 아니고, 그 금품 등을 지급받는 상대방이 금품 등의 귀속주체가 아닌 이른바 중간자라 하더라도 그에게 금품 등의 배분대상이나 방법, 배분액수 등에 대한 어느 정도의 판단과 재량의 여지가 있는 한 비록 그에게 귀속될 부분이 지정되어 있지 않은 경우라 하더라도 그에게 금품 등을 주는 것은 위 규정에서 말하는 '제공'에 포함된다고 할 것이나, 그 중간자가 단순한 보관자이거나 특정인에게 특정 금품 등을 전달하기 위하여 심부름을 하는 사자에 불과한 경우에는 그에게 금품 등을 주는 것은 위 규정에서 말하는 '제공'에 포함된다고 볼 수 없다[대판 2004.11.12. 2004도5600].

13. 면허증 대여의 상대방 즉 차용인이 무자격자인 경우는 물론, 자격 있는 약사인 경우에도 그 대여 이후 면허증 차용인에 의하여 대여인 명의로 개설된 약국 등 업소에서 대여인이 직접 약사로서의 업무를 행하지 아니한 채 차용인에게 약국의 운영을 일임하였다면 약사면허증을 대여한 데 해당한다[대판(전) 2003.6.24. 2002도6829]. [♠ 10 사시]

비교판례 ⅰ)의료기관을 개설할 자격이 있는 의료인이 비영리법인 등 의료법에 따라 의료기관을 개설할 자격이 있는 자로부터 명의를 빌려 그 명의로 의료기관을 개설하더라도 그러한 행위만으로는 의료법 제33조 제2항[13]에 위배된다고 볼 수 없다[대판 2014.9.25. 2014도7217]. ⅱ) 의료인의 자격이 없는 일반인(이하 '비의료인'이라 한다)이 필요한 자금을 투자하여 시설을 갖추고 유자격 의료인을 고용하여 그 명의로 의료기관 개설신고를 한 행위는 형식적으로만 적법한 의료기관의 개설로 가장한 것일 뿐 실질적으로는 비의료인이 의료기관을 개설한 것으로서 의료법 제33조 제2항 본문에 위반된다고 봄이 타당하고, 개설신고가 의료인 명의로 되었다거나 개설신고명의인인 의료인이 직접 의료행위를 하였다 하여 달리 볼 이유가 되지 못한다[대판 2014.8.20. 2012도14360].

14. 당국의 허가 없이 분사기를 피고인의 사무실에 보관한 경우에 총포 · 도검 · 화약류 등 단속법상의 '소지'에 해당한다고 해석하는 경우 … 총포 · 도검 · 화약류 등 단속법에서 말하는 '소지'란 같은법 소정의 물건의 보관에 관하여 실력지배관계를 갖는 것을 말한다고 할 것이므로, 몸 또는 몸 가까이에 소지하는 것뿐만 아니라 자신의 실력지배관계가 미치는 장소에 보관하는 경우에도 같은법 소정의 '소지'에 해당한다[대판 1998.8.20. 98도1304].

15. 원산지표시법 제14조 제2항에서 정한 '제1항의 죄로 형을 선고받고 그 형이 확정된 후'란, 원산

13) 의료법은 제33조 제2항에서 의료인이나 의료법인 기타 비영리법인 등이 아닌 자의 의료기관 개설을 원칙적으로 금지하고 있다.

지표시법 제6조 제1항 또는 제2항을 위반하여 7년 이하의 징역형, 1억 원 이하의 벌금형, 징역형에 벌금형이 병과되어 그 형이 확정된 경우를 의미하고, 확정된 벌금형에는 공판절차에서 형을 선고받아 확정된 경우뿐만 아니라 약식절차에서 벌금형의 약식명령을 고지 받아 확정된 경우까지 포함된다고 보아야 한다[대판 2023.5.18. 2022도10961].

16. 광고 내용인 화상채팅 서비스가 청소년보호법 제8조 등에 의한 청소년보호위원회 고시에서 규정하는 '불건전 전화 서비스 등'에 포함된다고 해석하는 경우[대판 2006.5.12. 2005도6525].

17. 대한민국 국민이던 사람이 대한민국 국적을 상실하기 전 4회에 걸쳐 북한의 초청에 응하여 거주하고 있던 독일에서 출발하여 북한을 방문하였고, 그 후 독일 국적을 취득함에 따라 대한민국 국적을 상실한 후에도 거주지인 독일에서 출발하여 북한을 방문한 경우, 대한민국 국적을 상실하기 전의 방문행위는 국가보안법 제6조 제2항의 탈출에 해당하지만 대한민국 국적을 상실한 후의 방문행위는 국가보안법 제6조 제2항의 탈출 개념에 해당하지 않는다고 해석하는 경우[대판(전) 2008.4.17. 2004도4899]. [♣ 15 변시]

18. 모텔에 동영상 파일 재생장치인 디빅 플레이어(DivX Player)를 설치하고 투숙객에게 그 비밀번호를 가르쳐 주어 저장된 음란 동영상을 관람하게 한 사안에서, 이는 풍속영업의 규제에 관한 법률 제3조 제2호가 금지하고 있는 음란한 비디오물을 풍속영업소에서 관람하게 한 행위에 해당한다고 한 사례[대판(전) 2008.8.21. 2008도3975].

19. 총포 · 도검 · 화약류 등 단속법 시행령 제23조 제2항에서 정한 '쏘아 올리는 꽃불류의 사용'에 쏘아 올리는 꽃불류의 '설치행위'도 포함되는 것으로 해석하더라도 명확성의 원칙에 반하지 않으며, 또한 유추해석금지 원칙에 반하는 것으로 볼 수는 없다[대판 2010.5.13. 2009도13332].

20. 구 신용정보의 이용 및 보호에 관한 법률 제24조 제1항은 "개인신용정보는 당해 신용정보 주체와의 금융거래 등 상거래관계의 설정 및 유지 여부 등의 판단목적으로만 제공 · 이용되어야 한다"고 규정하고, 제32조 제2항 제7호에서는 "제24조 제1항의 규정을 위반한 자"를 처벌 하도록 하고 있다. 이 경우 제24조 제1항, 제32조 제2항 제7호의 적용대상에는 '신용정보업자 등 이외의 자'도 포함된다고 보는 것이 체계적이고도 논리적인 해석이라 할 것이고, 그와 같은 해석이 죄형법정주의에 위배된다고 볼 수는 없다[대판 2010.4.8. 2009도13542].

21. 구 도로교통법 제2조 제1호에서 '일반교통에 사용되는 모든 곳'은 현실적으로 불특정의 사람이나 차량의 통행을 위하여 공개된 장소로서 교통질서 유지 등을 목적으로 하는 일반 교통경찰권이 미치는 공공성이 있는 곳을 의미하고, 특정인들 또는 그들과 관련된 특정한 용건이 있는 자들만이 사용할 수 있고 자주적으로 관리되는 장소는 이에 포함되지 않는다[대판 2010.9.9. 2010도6579]. 그러나 특정 상가 건물의 업주 및 고객을 위한 것이 아니라 그 지역 일대의 주차난 해소 및 그로 인한 교통체증해소라는 공익적 목적을 가지고 공공기관에서 설치한 것으로서, 상주 관리인이나 출입차단장치가 없고 무료로 운영되고 있어 불특정 다수인이 수시로 이용할 수 있을 뿐 아니라 주차장이 일반도로와 접해 있어 교통체증이 있는 시간대에는 일반 차량통행로로 이용되고 있는 공영주차장의 경우에는 도로에 해당한다[대판 2005.9.15. 2005도3781]. [♣ 13 변시]

22. 군형법상 상관모욕죄의 '상관'에 대통령이 포함된다고 보아야 한다[대판 2013.12.12. 2013도4555].

23. (주의) 법정소동죄 등을 규정한 형법 제138조에서의 '법원의 재판'에 '헌법재판소의 심판'을 포함시키는 해석은 피고인에게 불리한 확장해석이나 유추해석에 해당하지 아니한다[대판 2021.8.26. 2020도12017].

판결이유 법원의 재판 또는 국회의 심의를 방해 또는 위협할 목적으로 법정이나 국회회의장 또는 그 부근에서 모욕 또는 소동한 자를 처벌하는 형법 제138조(이하 '본조'라고 한다)의 규정은, 법원 혹은 국회라는 국가기관을 보호하기 위한 것이 아니라 법원의 재판기능 및 국회의 심의기능을 보호하기 위하여 마련된 것이다. 본조의 '법정'의 개념도 재판의 필요에 따라 법원 외의 장소에서 이루어지는 재판의 공간이 이에 해당하는 것과 같이(법원조직법 제56조 제2항) 법원의 사법권 행사에 해당하는 재판작용이 이루어지는 상대적, 기능적 공간 개념을 의미하는 것으로 이해할 수 있으므로, 헌법재판소의 헌법재판이 법정이 아닌 심판정에서 이루어진다는 이유만으로 이에 해당하지 않는다고 볼 수 없다.

判例 허용되지 않는 해석(유추해석금지의 원칙에 반하는 경우)

1. 지방세의 수납업무를 일부 관장하는 시중은행의 직원이나 은행이 형법 제225조(공문서위조등죄) 소정의 공무원 또는 공무소가 되는 것이라고 해석하거나 세금수납영수증을 공문서에 해당한다고 해석하는 경우 … 형법 또는 기타 특별법에 의하여 공무원 등으로 의제되는 경우를 제외하고는 계약 등에 의하여 공무와 관련되는 업무를 일부 대행하는 경우가 있다 하더라도 공무원 또는 공무소가 될 수는 없다[대판 1996.3.26. 95도3073], [대판 2020.3.12. 2016도19170]. [♠ 05 사시]
2. 컴퓨터 프로그램파일을 형법 제243조(음화반포등죄) 소정의 문서, 도화, 필름 기타 물건에 해당한다고 해석하는 경우[대판 1999.2.24. 98도3140]. [♠ 01, 08, 09, 11 사시]
3. 형법 제229조의 부실기재공정증서원본행사죄의 '공정증서원본'에 공정증서의 정본이 포함된다고 해석하는 경우[대판 2002.3.26. 2001도6503]. [♠ 05, 08 사시] [♣ 20 변시]

3-1. 대통령기록물법 제30조 제2항 제1호, 제14조에 의해 유출이 금지되는 대통령기록물에 원본문서나 전자파일 이외에 그 사본이나 추가 출력물까지 포함된다고 해석하는 것은 죄형법정주의 원칙상 허용되지 아니한다[대판 2021.1.14. 2016도7104].

4. 전화를 통하여 통화하는 것도 군형법 제64조 제1항의 상관면전모욕죄의 구성요건인 '면전에서'에 해당한다고 해석하는 경우[대판 2002.12.27. 2002도2539]. [♠ 11 사시]
5. 형법 제335조, 제342조에서 규정하고 있는 준강도범 내지 준강도미수범을 성폭법 제5조 제2항 소정의 특수강도강제추행죄의 주체가 될 수 있다고 해석하는 경우 … 성폭법 제5조 제2항 소정의 특수강도강제추행죄의 주체는 형법의 제334조 소정의 특수강도범 및 특수강도미수범의 신분을 가진 자에 한정되는 것으로 보아야 한다[대판 2006.8.25. 2006도2621].
6. 형법 제207조 제3항의 외국통화 위조 변조의 객체인 '외국에서 통용하는 지폐'에 일반인의 관점에서 통용할 것이라고 오인할 가능성이 있는 지폐까지 포함시켜 해석하는 경우[대판 2004.5.14. 2003도3487].
7. 주민등록법 제21조 제2항 제3호는 같은법 제7조 제4항의 규정에 의한 주민등록번호 부여 방법으로 허위의 주민등록번호를 생성하여 자기 또는 다른 사람의 재물이나 재산상의 이익을 위하여 이를 사용한 자를 처벌한다고 규정하고 있는데, 피고인이 허위의 주민등록번호를 생성하여 사용한 것이 아니라 타인에 의하여 이미 생성된 주민등록번호를 단순히 사용한 것에 불과

한 경우를 위 법조 소정의 구성요건을 충족시켰다고 해석하는 경우[대판 2004.2.27. 2003도6535]. [♠ 07 사시]

8. 연습운전면허를 받은 사람이 도로에서 주행연습을 함에 있어서 운전면허를 받은 날부터 2년이 경과한 사람과 함께 타서 그의 지도를 받는 등 준수사항을 지키지 않은 경우를 무면허운전으로 해석하는 경우[대판 2001.4.10. 2000도5540].

동지판례 연습운전면허를 받은 사람이 운전을 함에 있어 주행연습 외의 목적으로 운전하여서는 아니된다는 준수사항을 지키지 않았다고 하더라도 준수사항을 지키지 않은 것에 대하여 연습운전면허의 취소 등 제재를 가할 수 있음은 별론으로 하고 그 운전을 무면허운전이라고 보아 처벌할 수는 없다[대판 2015.6.24. 2013도15031].

9. 주택건설촉진법 및 관계법령에 의한 '입주개시일(주택의 최초공급일)로부터 6개월간 전매 또는 전대의 금지' 규정의 해석에 있어서 주택의 최초공급일은 전매금지 기간의 시기가 아니라 단지 위 종기를 계산하는 기준시점일 뿐이라고 해석하여 입주개시일 전에 전매한자에 대하여도 위 규정을 적용하는 경우[대판 1991.4.23. 90도1287].

10. 저작권법 제98조 제1호 소정의 권리침해 태양인 '복제 · 공연 · 방송 · 전시 등'에 '배포'행위가 포함된다고 해석하는 경우[대판 1999.3.26. 97도1769].

11. 학교 졸업앨범 등을 통하여 입수한 졸업생의 이름, 주소, 전화번호 등이 신용정보의 이용 및 보호에 관한 법률 제24조 제1항 소정의 '개인신용정보'에 해당한다고 해석하는 경우[대판 2000.7.28. 99도6].

12. 정보통신망 이용촉진 및 정보보호 등에 관한 법률 제65조 제1항 제3호에서 '정보통신망을 통하여 공포심이나 불안감을 유발하는 음향을 반복적으로 상대방에게 도달하게 한다는 것'에 반복된 전화기의 벨소리로 상대방에게 공포심이나 불안감을 유발케 하는 것도 포함된다고 해석하는 경우[대판 2005.2.25. 2004도7615].

관련판례 투자금 반환과 관련하여 피해자로부터 지속적인 변제독촉을 받아오던 피고인이 피해자의 핸드폰으로 하루 간격으로 2번 문자메시지를 발송한 행위는 일련의 반복적인 행위라고 단정할 수 없을 뿐만 아니라, 그 경위도 피해자의 불법적인 모욕행위에 격분하여 그러한 행위의 중단을 촉구하는 차원에서 일시적·충동적으로 다소 과격한 표현의 경고성 문구를 발송한 것이라면 '공포심이나 불안감을 유발하는 문언을 반복적으로 도달하게 한 행위'에 해당하지 않는다[대판 2009.4.23. 2008도11595]. [♣ 18 변시]

관련판례 [1] 정보통신망 이용촉진 및 정보보호 등에 관한 법률 제74조 제1항 제3호, 제44조의7 제1항 제3호는 정보통신망을 통하여 공포심이나 불안감을 유발하는 부호 · 문언 · 음향 · 화상 또는 영상을 반복적으로 상대방에게 도달하게 하는 행위를 처벌한다. 여기서 '공포심이나 불안감을 유발하는 문언을 반복적으로 상대방에게 도달하게 하는 행위'에 해당하는지는 상대방에게 보낸 문언의 내용과 그 표현 방법 및 함축된 의미, 피고인과 상대방 사이의 관계, 문언을 보낸 경위, 횟수 및 그 전후의 사정, 상대방이 처한 상황 등을 종합적으로 고려해서 판단하여야 한다. 나아가 이 범죄는 구성요건상 위 조항에서 정한 정보통신망을 이용하여 상대방의 불안감 등을 조성하는 일정 행위의 반복을 필수적인 요건으로 삼고 있을 뿐만 아니라 그 입법 취지에 비추어 보더라도 정보통신망을 이용한 일련의 불안감 조성행위가 이에 해당한다고 하기 위해서는 각 행위 상호 간에 일시 · 장소의 근접, 방법의 유사성, 기회의 동일, 범의의 계속 등 밀접한 관계가 있어 전체적으로 상대방의 불안감 등을 조성하기 위한 일련의 반복적인 행위로 평가할 수 있는 경우여야만 하고, 그와 같이 평가될 수 없는 일회성 내지 비연속적인 단발성 행위가 여러 번 이루어진 것에 불과한 경우에는 각 행위의 구체적 내용 및 정도에 따라 협박죄나 경범죄처벌법상 불안감 조성행위 등 별개의 범죄로 처벌할 수 있음은 별론으로 하더라도 위 법 위반죄로 처벌할 수 없다.

[2] 회사의 대표이사인 피고인이 피해자에게 해고를 통보하자 피해자가 반발한 상황에서, 피고인이 휴대전화를 사용하여 피해자에게 메시지를 7회 전송하고 전화를 2회 걸어 정보통신망을 통하여 공포심이나 불안감을

유발하는 문언 · 음향을 반복적으로 피해자에게 도달하도록 하였다는 내용으로 기소된 사안에서, 피고인의 행위는 전체적으로 일회성 내지 비연속적인 단발성 행위가 수차 이루어진 것으로 볼 여지가 있을 뿐 정보통신망을 이용하여 상대방의 불안감 등을 조성하는 일련의 행위를 반복한 경우에 해당한다고 단정할 수 없다고 한 사례[대판 2023.9.14. 2023도5814].

13. 병역법 제2조 제1항 제5호는 산업기능요원 편입 관련 부정행위로 인한 병역법위반죄, 종사의무 위반으로 인한 병역법위반죄 및 신상이동통보불이행으로 인한 병역법위반죄 등의 범행주체인 '고용주'를 "병역의무자를 고용하는 근로기준법의 적용을 받는 공 · 사기업체나 공 · 사단체의 장을 말한다"고 규정하고 있는 바, 여기서 '사기업체의 장'이라 함은 일반적으로 그와 같은 사기업체를 대외적으로 대표할 수 있는 대표이사를 의미한다고 봄이 상당하므로, 사기업체의 대표이사가 아닌 실제 경영자를 병역법 제2조 제1항 제5호에서 규정한 '고용주'에 해당하는 것으로 해석하는 것은 형벌법규를 피고인에게 불리한 방향으로 지나치게 유추하거나 확장해석하는 것으로서 죄형법정주의의 원칙에 어긋나 허용될 수 없다[대판 2009.12.10. 2008도1191].

동지판례 도시정비법에서 정하는 '정비사업전문관리업자'가 주식회사인 경우 같은 법 제84조에 의하여 공무원으로 의제되는 '임원'은 형법 제129조 내지 제132조에 해당하는 수뢰행위 당시 상업등기부에 대표이사, 이사, 감사로 등기된 사람에 한정된다고 보아야 하며, 설령 실질적 경영자라고 하더라도 해당 주식회사의 임원으로 등기되지 아니한 사람까지 도시정비법 제84조에 의하여 공무원으로 의제되는 정비사업전문관리업자의 '임원'에 해당한다고 해석하는 것은 형벌법규를 피고인에게 불리한 방향으로 지나치게 유추하거나 확장해석하는 것으로서 죄형법정주의의 원칙에 어긋나는 것이어서 허용될 수 없다[대판 2014.1.23. 2013도9690].

14. 구 성폭력범죄의 처벌 및 피해자보호 등에 관한 법률 제8조에 규정된 '신체장애'에 정신장애가 포함된다고 해석하는 경우[대판 1998.4.10. 97도3392].

15. 이미 적법하게 발행된 백지수표의 금액이나 발행일을 기입 완성하는 행위를 가리켜 부정수표단속법에서 규정하는 수표의 발행으로 해석하는 경우[대판 2004.2.13. 2002도4464].

16. 피해자와 아무런 혈연관계가 없고 단지 피해자의 어머니와 사실상 부부로서 동거하는 관계에 있는 자(의붓아버지)를 성폭력범죄의 처벌 및 피해자 보호 등에 관한 법률 제7조 제4항에서 규정하는 사실상의 관계에 의한 존속에 포함된다고 해석하는 경우[대판 1996.2.23. 95도2914].

17. 의약품을 다른 나라로 수출하는 행위를 구 약사법 제35조 제1항 소정의 '판매'에 해당한다고 해석하는 경우 … 구 약사법 제35조 제1항 소정의 '판매'는 국내에서 불특정 또는 다수인에게 의약품을 유상으로 양도하는 행위를 말하고, 여기에 의약품을 다른 나라로 수출하는 행위는 포함되지 아니한다[대판 2003.3.28. 2001도2479].

18. 구 항만운송사업법 시행령 제2조 제3호에서 규정하는 '선박용 연료유를 공급하는 사업'이라 함은 그 문언에 비추어 볼 때 '선박의 운항을 위한 용도로 사용되는 연료유를 선박에 공급하는 사업'이라고 해석함이 상당하고, 나아가 선박의 운항을 위한 용도와는 무관하게 단지 '선박에 연료유를 공급하는 사업'으로 해석하거나 '단순한 보관 목적에서 육상용 기계의 운행을 위한 용도로 사용되는 연료유를 선박에 공급하는 사업'에까지 확장하여 해석하는 것은 형벌법규를 지나치게 유추해석하는 것으로서 허용될 수 없다[대판 2009.12.10. 2009도3053].

19. 다른 사람의 신체 이미지가 담긴 영상도 성폭력범죄의 처벌 등에 관한 특례법위반(카메라등이용촬영)죄의 객체인 '다른 사람의 신체'에 포함된다고 해석하는 것은 법률문언의 통상적인 의

미를 벗어나는 것이므로 죄형법정주의 원칙상 허용될 수 없다[대판 2013.6.27. 2013도4279].

20. 대가를 약속받고 접근매체를 대여하는 행위를 처벌할 필요성이 있다고 하더라도 그러한 행위를 구 전자금융거래법에서 정한 '대가를 받고 접근매체를 대여'함으로 인한 구 전자금융거래법 위반죄로 처벌하는 것은 유추해석으로서 허용될 수 없다[대판 2015.2.26. 2015도354].

21. 추진위원회 위원장 직무대행자가 된 자를 구 도시정비법에서 규정한 '추진위원회 위원장'에 해당하는 것으로 해석하는 것은 형벌법규를 유추 해석하는 것으로서 죄형법정주의의 원칙에 어긋나 허용될 수 없다[대판 2015.3.12. 2014도10612].

22. **(땅콩회항 사건)**[14] 법령에서 쓰인 용어에 관해 정의규정이 없는 경우에는 원칙적으로 사전적인 정의 등 일반적으로 받아들여진 의미에 따라야 한다. 위계 또는 위력으로 변경할 대상인 '항로'는 별개의 구성요건요소로서 그 자체로 죄형법정주의 원칙에 부합하게 해석해야 할 대상이 된다. 지상의 항공기가 이동할 때 '운항 중'이 된다는 이유만으로 그때 다니는 지상의 길까지 '항로'로 해석하는 것은 문언의 가능한 의미를 벗어난다[대판(전) 2017.12.21. 2015도8335].

23. '자동차관리법 제58조 제3항(자동차매매업자가 인터넷을 통하여 자동차의 광고를 하는 때에는 자동차 이력 및 판매자정보 등 국토교통부령으로 정하는 사항을 게재하여야 한다)을 위반하여 자동차 이력 및 판매자정보를 허위로 제공한 자'를 처벌하는 같은 법 제80조 제7호의2의 '허위제공'의 의미에 '단순 누락'의 경우를 포함시켜 해석하는 것은 형벌법규의 의미를 피고인에게 불리한 방향으로 지나치게 확장하거나 유추하여 해석하는 것으로 죄형법정주의 원칙에 어긋나서 허용되지 않는다[대판 2017.11.14. 2017도13421].

24. 피고인이 불특정 다수의 손님들에게 연초 잎, 담배 필터, 담뱃갑을 제공하여 손님으로 하여금 담배제조기계를 조작하게 하거나 자신이 직접 그 기계를 조작하는 방법으로 담배를 제조하고, 손님에게 담배를 판매함으로써 담배제조업 허가 및 담배소매인 지정을 받지 아니하고 담배를 제조·판매하였다는 이유로 담배사업법 위반으로 기소된 사안에서, 피고인이 담배를 제조하였다거나 제조된 담배를 소비자에게 판매하였다고 보기 어렵다[대판 2023.1.12. 2019도16782].

25. 형벌법규의 구성요건적 요소에 해당하는 감염병예방법 제18조 제3항의 '역학조사'는, 감염병예방법 제2조 제17호의 정의에 부합할 뿐만 아니라 감염병예방법 제18조 제1항, 제2항과 제29조, 감염병예방법 제18조 제4항의 위임을 받은 감염병의 예방 및 관리에 관한 법률 시행령이 정한 주체, 시기, 대상, 내용, 방법 등의 요건을 충족하는 활동만을 의미한다고 해석함이 타당하다. 아울러 '요구나 제의 따위를 받아들이지 않고 물리침'을 뜻하는 '거부'의 사전적 의미 등을 고려하면, 감염병예방법 제18조 제3항 제1호에서 정한 '역학조사를 거부하는 행위'가 성립하려면 행위자나 그의 공범에 대하여 감염병예방법 제18조 제3항에서 정한 '역학조사'가 실시되었음이 전제되어야 한다[대판 2022.11.17. 2022도7290].

判例 폭처법 제4조 제1항의 범죄단체구성원으로서의 '활동'에 해당하는지 여부

14) 항공보안법 제42조(항공기 항로 변경죄) 위계 또는 위력으로써 운항중인 항공기의 항로를 변경하게 하여 정상 운항을 방해한 사람은 1년 이상 10년 이하의 징역에 처한다.

[1] **(해당하지 않는 경우)** '범죄단체의 간부급 조직원들이 조직생활의 자부심을 심어 주고, 조직 결속력 강화 및 조직 이탈을 방지하기 위하여 개최한 회식에 참석한 행위' 및 '다른 폭력조직의 조직원의 장례식, 결혼식 등 각종 행사에 참석하여 하부 조직원들이 행사장에 도열하여 상부 조직원들이 도착할 때와 나갈 때 90°로 인사하는 이른바 병풍 역할을 하여 조직의 위세를 과시한 행위'는 폭력행위 등 처벌에 관한 법률 제4조 제1항의 '활동'에 해당하지 않는다.
[2] **(해당하는 경우)** '다른 폭력조직과의 싸움에 대비하고 조직의 위세를 과시하기 위하여 비상연락 체계에 따라 다른 조직원들과 함께 집결하여 대기한 일련의 행위'는 폭력행위 등 처벌에 관한 법률 제4조 제1항의 '활동'에 해당한다[대판 2010.1.28. 2009도9484].

判例 유추해석금지원칙과 관련한 기타 판례

1. 공직선거법 제60조의3 제1항에서 예비후보자가 할 수 있는 선거운동으로 규정하고 있는 '전화를 이용하여 송·수화자 간 직접 통화하는 방식으로 지지를 호소하는 행위(제6호)'는, 제6호에 따른 선거운동은 예비후보자 본인이 직접 하는 경우에만 적용된다[대판 2013.7.25. 2013도1793].

   판례해설 예비후보자가 타인을 채용하여 불특정 다수의 유권자를 상대로 전화하여 지지를 호소하는 행위까지 허용되는 것으로 볼 수 없다는 취지의 판례이다.

2. 구 아동·청소년의 성보호에 관한 법률 제2조 제5호의 '아동·청소년으로 인식될 수 있는 사람이 등장하는 아동·청소년이용음란물'이라고 하기 위해서는 주된 내용이 아동·청소년의 성교 행위 등을 표현하는 것이어야 할 뿐만 아니라, 등장인물이 사회 평균인의 시각에서 객관적으로 관찰할 때 외관상 의심의 여지없이 명백하게 아동·청소년으로 인식되는 경우라야 하고, 등장인물이 다소 어려 보인다는 사정만으로 쉽사리 '아동·청소년으로 인식될 수 있는 사람이 등장하는 아동·청소년이용음란물'이라고 단정해서는 아니 된다[대판 2014.9.24. 2013도4503].

3. 구 의료법 제17조 제1항은 '의료업에 종사하고 직접 진찰한 의사'가 아니면 처방전 등을 작성하여 환자에게 교부하지 못한다고 규정하고 있다. 개정 전후의 위 조항은 어느 것이나 스스로 진찰을 하지 않고 처방전을 발급하는 행위를 금지하는 규정일 뿐 대면진찰을 하지 않았거나 충분한 진찰을 하지 않은 상태에서 처방전을 발급하는 행위 일반을 금지하는 조항이 아니다. 따라서 죄형법정주의 원칙, 특히 유추해석금지의 원칙상 전화 진찰(또는 화상을 이용하여 진찰)을 하였다는 사정만으로 '자신이 진찰'하거나 '직접 진찰'을 한 것이 아니라고 볼 수는 없다[대판 2013.4.11. 2010도1388].

3-1. 의료법 제33조 제1항은 "의료인은 이 법에 따른 의료기관을 개설하지 아니하고는 의료업을 할 수 없으며, 다음 각호의 어느 하나에 해당하는 경우 외에는 그 의료기관 내에서 의료업을 하여야 한다."라고 규정하고 있고, 의료법 제34조 제1항은 "의료인은 제33조 제1항에도 불구하고 컴퓨터·화상통신 등 정보통신기술을 활용하여 먼 곳에 있는 의료인에게 의료지식이나 기술을 지원하는 원격의료를 할 수 있다."라고 규정하여 의료인이 원격지에서 행하는 의료행위를 의료법 제33조 제1항의 예외로 보는 한편, 이를 의료인 대 의료인의 행위로 제한적으로만 허용하고 있다. 이와 같은 사정 등을 종합하면, 의료인이 전화 등을 통해 원격지에 있는 환자에게 행하는

의료행위는 특별한 사정이 없는 한 의료법 제33조 제1항에 위반되는 행위로 봄이 타당하다. 이는 의료법 제33조 제1항 제2호에서 정한 '환자나 환자 보호자의 요청에 따라 진료하는 경우'에도 동일하게 적용된다[대판 2020.11.5. 2015도13830].

3-2. 의료법 규정은 진단서 · 검안서 · 증명서 또는 처방전이 의사 등이 환자를 직접 진찰하거나 검안한 결과를 바탕으로 의료인으로서의 판단을 표시하는 것으로서 사람의 건강상태 등을 증명하고 민 · 형사책임을 판단하는 증거가 되는 등 중요한 사회적 기능을 담당하고 있어 그 정확성과 신뢰성을 담보하기 위하여 직접 진찰 · 검안한 의사 등만이 이를 작성 · 교부할 수 있도록 하는 데 그 취지가 있다. 따라서 의사 등이 구 의료법 제17조 제1항에 따라 직접 진찰하여야 할 환자를 진찰하지 않은 채 그 환자를 대상자로 표시하여 진단서 · 증명서 또는 처방전을 작성 · 교부하였다면 구 의료법 제17조 제1항을 위반한 것으로 보아야 하고 이는 환자가 실제 존재하지 않는 허무인인 경우에도 마찬가지이다[대판 2021.2.4. 2020도13899].

4. 국내에서 출생한 소가 출생지 외의 지역에서 사육되다가 도축된 경우 해당 소가 어느 정도의 기간 동안 사육되면 비로소 사육지 등을 원산지로 표시할 수 있는지에 관하여 관계 법령에 아무런 규정이 없다면 특정 지역에서 단기간이라도 일정 기간 사육된 소의 경우 쇠고기에 해당 시 · 도명이나 시 · 군 · 구명을 원산지로 표시하여 판매하였다고 하더라도 이를 곧바로 위와 같은 원산지 표시 규정 위반행위에 해당한다고 단정할 수는 없다[대판 2012.10.25. 2012도3575].

비교판례 홍삼절편과 같은 농산물 가공품의 경우 특별한 사정이 없는 한 제조 · 가공한 지역의 명칭을 제품명에 사용하는 것도 법령상 허용되고 있고 또한 인삼류는 농산물 품질관리법에서 명성 · 품질 등이 본질적으로 국내 특정 지역의 지리적 특성에 기인하는 농산물로는 취급되지 않고 있다는 점까지 더하여 보면, 국내 특정 지역의 수삼과 다른 지역의 수삼으로 만든 홍삼을 주원료로 하여 특정 지역에서 제조한 홍삼절편의 제품명이나 제조 · 판매자명에 특정 지역의 명칭을 사용하였다고 하더라도 이를 곧바로 '원산지를 혼동하게 할 우려가 있는 표시를 하는 행위'라고 보기는 어렵다[대판 2015.4.9. 2014도14191].

5. '전기통신의 감청'은 '감청'의 개념 규정에 비추어 전기통신이 이루어지고 있는 상황에서 실시간으로 전기통신의 내용을 지득 · 채록하는 경우와 통신의 송 · 수신을 직접적으로 방해하는 경우를 의미하는 것이지, 이미 수신이 완료된 전기통신에 관하여 남아 있는 기록이나 내용을 열어보는 등의 행위는 포함하지 않는다[대판 2016.10.13. 2016도8137]. [♣ 17 변시]

6. '블로그', '미니 홈페이지', '카페' 등의 이름으로 개설된 사적(私的) 인터넷 게시공간의 운영자가 사적 인터넷 게시공간에 게시된 타인의 글을 삭제할 권한이 있는데도 이를 삭제하지 아니하고 그대로 두었다는 사정만으로 사적 인터넷 게시공간의 운영자가 타인의 글을 국가보안법 제7조 제5항[15]에서 규정하는 바와 같이 (이적행위를 할 목적으로) '소지'하였다고 볼 수는 없다[대판 2012.1.27. 2010도8336].
[♠ 14, 17 사시]

7. '특정 범죄자에 대한 위치추적 전자장치 부착 등에 관한 법률' 제5조 제1항 제3호는 검사가 전자장치 부착명령을 법원에 청구할 수 있는 경우 중의 하나로 '성폭력범죄를 2회 이상 범하여(유죄의 확정판결을 받은 경우를 포함한다) 그 습벽이 인정된 때'라고 규정하고 있는데, 이 규정 전단은 문언상 '유죄의 확정판결을 받은 전과사실을 포함하여 성폭력범죄를 2회 이상 범한 경우'를

15) 이적행위를 할 목적으로 문서 · 도화 기타의 표현물을 소지한 자를 처벌하는 규정이다.

의미한다고 해석된다. 따라서 피부착명령청구자가 소년법에 의한 보호처분을 받은 전력이 있다고 하더라도, 이는 유죄의 확정판결을 받은 경우에 해당하지 아니함이 명백하므로,[16] 피부착명령청구자가 2회 이상 성폭력범죄를 범하였는지를 판단할 때 소년보호처분을 받은 전력을 고려할 것이 아니다[대판(전) 2012.3.22. 2011도15057]. [♠14, 17 사시]

8. [1] 난자의 유상거래를 금지하고 처벌하는 구 생명윤리 및 안전에 관한 법률 제13조 제3항, 제51조 제1항 제5호에서 정한 '재산상의 이익 그 밖에 반대급부를 조건으로' 난자를 이용하는 행위에는 난자 제공의 대가로 물건 또는 권리의 이전 등 적극적 이익을 제공하는 것뿐만 아니라 채무면제 등 소극적 이익을 제공하는 것도 포함되고, 한편 난자의 유상거래를 금지하고 처벌하는 위 규정은 난자를 인공수정배아의 생성에 이용하는 경우뿐만 아니라 체세포복제배아의 생성에 이용하는 경우에도 마찬가지로 적용된다.

   [2] **(줄기세포 연구 논문 조작 사건)** 피고인이 甲과 공모하여, 甲이 운영하는 산부인과 병원에서 불임여성들로부터 인공수정 시술비 등을 감면하여 주는 조건으로 난자를 제공받아 체세포복제배아줄기세포 연구에 이용하였다고 하여 구 생명윤리 및 안전에 관한 법률 위반으로 기소된 사안에서, 피고인이 불임치료를 위한 비용 지출이 예정된 불임환자들에게 비용을 감면하여 주고 난자를 제공받아 체세포복제 배아줄기세포 연구에 이용한 것은 생명윤리법 제13조 제3항에서 금지하는 '재산상의 이익 그 밖에 반대급부를 조건으로' 난자를 이용하는 행위에 해당한다고 본 원심판단을 정당하다고 한 사례[대판 2014.2.27. 2011도48].

9. 구 담배사업법 제27조의3 제1호의 적용대상이 되는 '소매인 지정을 받지 아니한 자'는 처음부터 소매인 지정을 받지 않거나 소매인 지정을 받았으나 이후 소매인 지정이 취소되어 소매인 자격을 상실한 자만을 의미하는 것으로 보아야 하고, 영업정지처분을 받았으나 아직 적법하게 소매인 지정이 취소되지 않은 자는 여기에 해당하지 않는다[대판 2015.1.15. 2010도15213].

10. 도로교통법 제43조는 무면허운전 등을 금지하면서 "누구든지 제80조의 규정에 의하여 지방경찰청장으로부터 운전면허를 받지 아니하거나 운전면허의 효력이 정지된 경우에는 자동차 등을 운전하여서는 아니된다"라고 정하여, 운전자의 금지사항으로 운전면허를 받지 아니한 경우와 운전면허의 효력이 정지된 경우를 구별하여 대등하게 나열하고 있다. 그렇다면 '운전면허를 받지 아니하고'라는 법률문언의 통상적인 의미에 '운전면허를 받았으나 그 후 운전면허의 효력이 정지된 경우'가 당연히 포함된다고는 해석할 수 없다[대판 2011.8.25. 2011도7725]. [♣17 변시]

11. 폭력행위 등 처벌에 관한 법률 제4조 제1항 제1호에서 말하는 '수괴'란 범죄단체의 우두머리로 단체의 활동을 지휘·통솔하는 자를 가리키는 것으로서, '수괴'는 반드시 1인일 필요가 없고 2인 이상의 수괴가 역할을 분담하여 활동할 수도 있는 것이어서, 범죄단체의 배후에서 일체의 조직활동을 지휘하는 자와 전면에서 단체 구성원의 통솔을 담당하는 자로 역할을 분담하고 있는 경우 양인을 모두 범죄단체의 수괴로 인정할 수 있다[대판 2015.5.28. 2014도18006].

12. 인터넷 링크(Internet link)는 인터넷에서 링크하고자 하는 웹페이지나, 웹사이트 등의 서버에 저장된 개개의 게시물 등의 웹 위치 정보나 경로를 나타낸 것에 불과하여, 인터넷 이용자가 링크 부분을 클릭함으로써 링크된 웹페이지나 개개의 게시물에 직접 연결된다 하더라도 링크를

16) 판례는 보호처분은 유죄판결에 해당하지 않는다고 본다.

하는 행위는 게시물의 전송에 해당하지 아니한다. 이러한 법리는 휴대전화 문자메시지에 링크 글을 기재함으로써 수신자가 링크 부분을 클릭하면 링크된 게시물에 연결되도록 하였다고 하더라도 마찬가지로 적용된다[대판 2015.8.19. 2015도5789].

13. 인터넷 쇼핑몰 회원들의 주문정보가 포함된 구매후기 게시글은 타인의 비밀에 해당하지 않지만, 회원들의 주민등록번호, ID, 비밀번호, 휴대전화번호, 주소 등의 개인정보는 타인의 비밀에 해당한다고 볼 수 있다. 그러나 피고인들은 인터넷 쇼핑몰 홈페이지 서버에 접근할 수 있는 정당한 권한이 있을 당시에 이를 취득한 것이고, 피고인들이 부정한 수단 또는 방법으로 타인의 비밀을 취득하였다고 볼 수 없으므로, 피고인 1이 운영하는 ○○사랑 홈페이지 서버 등에 이를 복사 · 저장하였다고 하더라도 그러한 행위만으로 타인의 비밀을 침해 · 도용한 것이라고 볼 수 없다[대판 2015.1.15. 2013도15457].

14. 형사소송법 제253조 제3항은 "범인이 형사처분을 면할 목적으로 국외에 있는 경우 그 기간 동안 공소시효는 정지된다."라고 규정하고 있다. 위 규정이 정한 '범인이 형사처분을 면할 목적으로 국외에 있는 경우'는 범인이 국내에서 범죄를 저지르고 형사처분을 면할 목적으로 국외로 도피한 경우에 한정되지 아니하고, 범인이 국외에서 범죄를 저지르고 형사처분을 면할 목적으로 국외에서 체류를 계속하는 경우도 포함된다고 볼 것이다[대판 2015.6.24. 2015도5916].

15. 구 통신비밀보호법 제3조 제1항이 공개되지 아니한 타인간의 대화를 녹음 또는 청취하지 못하도록 한 것은, 대화에 원래부터 참여하지 않는 제3자가 그 대화를 하는 타인의 발언을 녹음 또는 청취해서는 아니 된다는 취지이다. 따라서 i) 3인 간의 대화에서 그 중 한 사람이 그 대화를 녹음 또는 청취하는 경우에 다른 두 사람의 발언은 그 녹음자 또는 청취자에 대한 관계에서 위 규정에서 말하는 '타인 간의 대화'라고 할 수 없다[대판 2014.5.16. 2013도16404]. [♣ 17 변시] ii) 대화에 원래부터 참여하지 않는 제3자가 일반 공중이 알 수 있도록 공개되지 아니한 타인간의 발언을 녹음하거나 전자장치 또는 기계적 수단을 이용하여 청취하는 것은 특별한 사정이 없는 한 같은 법 제3조 제1항에 위반된다[대판 2016.5.12. 2013도15616].

16. 전화, 우편, 컴퓨터나 그 밖에 일반적으로 통신매체라고 인식되는 수단을 이용하지 아니한 채 직접 상대방에게 말, 글, 물건 등을 도달하게 하는 행위까지 성폭력범죄의 처벌 등에 관한 특례법 제13조(통신매체이용 음란물)위반죄로 처벌할 수 있다고 보는 것은 법문의 가능한 의미의 범위를 벗어난 해석이다[대판 2016.3.10. 2015도17847].

17. 환자의 안면부인 눈가와 미간에 보톡스를 시술한 피고인의 행위가 치과의사에게 면허된 것 이외의 의료행위라고 볼 수 없고, 시술이 미용 목적이라 하여 달리 볼 것은 아니라고 한 사례[대판(전) 2016.7.21. 2013도850].

18. 도로교통법 제32조 제4호는 '버스여객자동차의 정류지임을 표시하는 기둥이나 표지판 또는 선이 설치된 곳으로부터 10m 이내인 곳'에는 차를 정차하거나 주차하여서는 아니 된다고 규정하고 있는 바, 여기의 '버스여객자동차의 정류지'에는 유상으로 운행되는 버스여객자동차뿐만 아니라 무상으로 운행되는 버스여객자동차의 정류지도 포함된다고 보아야 한다[대판 2017.6.29. 2015도12137].

19. 도로교통법 제96조 제1항은 국제운전면허증을 발급받은 사람에 대하여는 별도의 허가 없이 입국한 날부터 1년 동안에 한하여 도로교통법이 정한 절차에 따른 운전면허를 받지 아니하고도

운전을 할 수 있도록 허용하는 예외를 두고 있는바 여기의 '국내에 입국한 날'은 출입국관리법에 따라 적법한 입국심사절차를 거쳐 입국한 날을 의미하고, 그러한 적법한 입국심사절차를 거치지 아니하고 불법으로 입국한 경우에는 국제운전면허증을 소지하고 있는 경우라고 하더라도 도로교통법 제96조 제1항이 예외적으로 허용하는 국제운전면허증에 의한 운전을 한 경우에 해당한다고 볼 수 없다[대판 2017.10.31. 2017도9230].

20. 폭력행위처벌법 제7조는 "정당한 이유 없이 이 법에 규정된 범죄에 공용될 우려가 있는 흉기나 그 밖의 위험한 물건을 휴대하거나 제공 또는 알선한 사람은 3년 이하의 징역 또는 300만 원 이하의 벌금에 처한다."라고 규정하고 있는데, 여기에서 말하는 '이 법에 규정된 범죄'란 '폭력행위처벌법에 규정된 범죄'만을 의미한다고 해석함이 타당하다. 또한 정당한 이유 없이 폭력행위처벌법에 규정된 범죄에 공용될 우려가 있는 흉기를 휴대하고 있었다면 다른 구체적인 범죄행위가 없더라도 그 휴대행위 자체에 의하여 폭력행위처벌법위반(우범자)죄의 구성요건을 충족하는 것이지만, 흉기나 그 밖의 위험한 물건을 소지하고 있다는 사실만으로 폭력행위처벌법에 규정된 범죄에 공용될 우려가 있는 것으로 추정된다고 볼 수는 없다[대판 2017.9.21. 2017도7687].

21. [1] 도로교통법 제2조 제26호가 '술이 취한 상태에서의 운전' 등 일정한 경우에 한하여 예외적으로 도로 외의 곳에서 운전한 경우를 운전에 포함한다고 명시하고 있는 반면, 무면허운전에 관해서는 이러한 예외를 정하고 있지 않다. 따라서 도로가 아닌 곳에서 운전면허 없이 운전한 경우에는 무면허운전에 해당하지 않는다. 도로에서 운전하지 않았는데도 무면허운전으로 처벌하는 것은 유추해석이나 확장해석에 해당하여 죄형법정주의에 비추어 허용되지 않는다.
[2] 운전면허 없이 자동차등을 운전한 곳이 위와 같이 일반교통경찰권이 미치는 공공성이 있는 장소가 아니라 특정인이나 그와 관련된 용건이 있는 사람만 사용할 수 있고 자체적으로 관리되는 곳이라면 도로교통법에서 정한 '도로에서 운전'한 것이 아니므로 무면허운전으로 처벌할 수 없다[대판 2017.12.28. 2017도17762].

22. 특정범죄가중법 제14조[17]의 '이 법에 규정된 죄'에 특정범죄가중법 제14조 자체를 위반한 죄는 포함되지 않는다고 해석함이 타당하다[대판 2018.4.12. 2017도20241].

23. **[사실관계]** 서울중앙지검장인 L이 함께 식사한 법무부 검찰국의 과장 2명에게 격려금 명목으로 100만원을 건네고, 특수본 소속 검사 6명에게 수사비 명목의 금일봉을 지급하고 1인당 9만 5000원 상당의 식사를 제공하였다.
[판 례] [1] 청탁금지법은 제2조 제2호에서 '공직자등'에 관한 정의 규정을 두고 있을 뿐 '상급 공직자등'의 정의에 관하여는 명문 규정을 두고 있지 않고, '상급'은 사전적으로 '보다 높은 등급이나 계급'을 의미할 뿐 직무상 명령 · 복종관계에서의 등급이나 계급으로 한정되지 아니한다. 처벌규정의 소극적 구성요건을 문언의 가능한 의미를 벗어나 지나치게 좁게 해석하게 되면 피고인에 대한 가벌성의 범위를 넓히게 되어 죄형법정주의의 파생원칙인 유추해석금지원칙에 어긋날 우려가 있으므로 법률문언의 통상적인 의미를 벗어나지 않는 범위 내에서 합리적으로 해석할 필요가 있다.

---

17) 제14조(무고죄) 이 법에 규정된 죄에 대하여 형법 제156조에 규정된 (무고)죄를 범한 사람은 3년 이상의 유기징역에 처한다.

[2] 부정청탁 및 금품 등 수수의 금지에 관한 법률은 수수를 금지하는 금품 등에 해당하지 않는 경우를 열거하면서 제8조 제3항 제1호에서 "공공기관이 소속 공직자등이나 파견 공직자등에게 지급하거나 상급 공직자등이 위로 · 격려 · 포상 등의 목적으로 하급 공직자등에게 제공하는 금품 등"을 규정하고 있다. 여기의 '상급 공직자 등'이란 금품 등 제공의 상대방보다 높은 직급이나 계급의 사람으로서 금품 등 제공 상대방과 직무상 상하관계에 있고 그 상하관계에 기초하여 사회통념상 위로 · 격려 · 포상 등을 할 수 있는 지위에 있는 사람을 말하고, 금품 등 제공자와 그 상대방이 직무상 명령 · 복종이나 지휘 · 감독관계에 있어야만 이에 해당하는 것은 아니다[대판 2018.10.25. 2018도7041].

24. 도로교통법 제148조의2 제1항의 '제44조 제1항을 2회 이상 위반한 사람'은 2회 이상 음주운전 금지규정을 위반하여 음주운전을 하였던 사실이 인정되는 사람을 의미하며 그에 대한 형의 선고나 유죄의 확정판결 등이 있어야만 하는 것은 아니다. 법 제148조의2 제1항 제1호는 행위주체를 단순히 2회 이상 음주운전 금지규정을 위반한 사람으로 정하고 있고, 이러한 음주운전 금지규정 위반으로 형을 선고받거나 유죄의 확정판결을 받은 경우 등으로 한정하고 있지 않기 때문이다[대판 2018.11.15. 2018도11378].

25. 도로교통법상 차량이 교차로에 진입하기 전에 '황색의 등화'로 바뀐 경우, 차량은 정지선이나 '교차로의 직전'에 정지하여야 한다. 더 나아가 교차로 진입 전 정지선과 횡단보도가 설치되어 있지 않았더라도 피고인이 황색 등화를 보고서도 교차로 직전에 정지하지 않았다면 신호를 위반한 것이다[대판 2018.12.27. 2018도14262].

26. 피고인이 상대방의 휴대전화로 공포심이나 불안감을 유발하는 문자메시지를 전송함으로써 상대방이 별다른 제한 없이 문자메시지를 바로 접할 수 있는 상태에 이르렀다면, 그러한 행위는 공포심이나 불안감을 유발하는 문언을 상대방에게 도달하게 한다는 구성요건을 충족한다고 보아야 하고, 상대방이 실제로 문자메시지를 확인하였는지 여부와는 상관없다[대판 2018.11.15. 2018도14610].

27. '타인의 비밀 침해 또는 누설'에서 요구되는 '정보통신망에 침입하는 등 부정한 수단 또는 방법'에 사용자가 식별부호를 입력하여 정보통신망에 접속된 상태에 있는 것을 기화로 정당한 접근권한 없는 사람이 사용자 몰래 정보통신망의 장치나 기능을 이용하는 등의 방법으로 타인의 비밀을 취득 · 누설하는 행위를 포함시키는 해석은 죄형법정주의에 위배되지 아니한다[대판 2018.12.27. 2017도15226].

28. 공직선거법 제96조 제1항의 '여론조사결과를 왜곡하는 행위'에는 이미 존재하는 여론조사결과를 인위적으로 조작 · 변경하거나 실시 중인 여론조사에 인위적인 조작을 가하여 그릇된 여론조사결과를 만들어 내는 경우뿐만 아니라 실제 여론조사가 실시되지 않았음에도 마치 실시된 것처럼 결과를 만들어 내는 행위도 포함된다고 보는 것이 타당하다[대판 2018.11.29. 2017도8822].

29. 의료법의 목적, 우리나라 보건복지부장관으로부터 면허를 받은 의료인에게만 의료행위 독점을 허용하는 입법 취지 및 관련 조항들의 내용 등을 종합하면, 의료법상 의료제도는 대한민국 영역 내에서 이루어지는 의료행위를 규율하기 위하여 체계화된 것으로 이해된다. 그렇다면 구 의료법 제87조 제1항 제2호, 제27조 제1항이 대한민국 영역 외에서 의료행위를 하려는 사람에게까지 보건복지부장관의 면허를 받을 의무를 부과하고 나아가 이를 위반한 자를 처벌하는 규정이라고 보기는 어렵다. 따라서 내국인이 대한민국 영역 외에서 의료행위를 하는 경우에는

구 의료법 제87조 제1항 제2호, 제27조 제1항의 구성요건 해당성이 없다[대판 2020.4.29. 2019도19130].

30. 행정청의 자동차 운전면허 취소처분이 직권으로 또는 행정쟁송절차에 의하여 취소되면, 운전면허 취소처분은 그 처분 시에 소급하여 효력을 잃고 운전면허 취소처분에 복종할 의무가 원래부터 없었음이 확정되므로, 운전면허 취소처분을 받은 사람이 운전면허 취소처분이 취소되기 전에 자동차를 운전한 행위는 도로교통법에 규정된 무면허운전의 죄에 해당하지 아니한다. 위와 같은 관련 규정 및 법리, 헌법 제12조가 정한 적법절차의 원리, 형벌의 보충성 원칙을 고려하면, 자동차 운전면허 취소처분을 받은 사람이 자동차를 운전하였으나 운전면허 취소처분의 원인이 된 교통사고 또는 법규 위반에 대하여 범죄사실의 증명이 없는 때에 해당한다는 이유로 무죄판결이 확정된 경우에는 그 취소처분이 취소되지 않았더라도 도로교통법에 규정된 무면허운전의 죄로 처벌할 수는 없다고 보아야 한다[대판 2021.9.16. 2019도11826].

31. 약사법 제20조 제1항은 "약사 또는 한약사가 아니면 약국을 개설할 수 없다."라고 정하고 있다. 이 조항에 따라 금지되는 약국 개설행위는 약사 또는 한약사(이하 '약사 등'이라 한다) 자격이 없는 일반인이 약국의 시설 및 인력의 충원·관리, 개설신고, 의약품 제조 및 판매업의 시행, 필요한 자금의 조달, 그 운영성과의 귀속 등을 주도적으로 처리하는 것을 뜻한다. 약사 등이 아닌 사람이 이미 개설된 약국의 시설과 인력을 인수하고 그 운영을 지배·관리하는 등 종전 개설자의 약국 개설·운영행위와 단절되는 새로운 개설·운영행위를 한 것으로 볼 수 있는 경우에도 약사법에서 금지하는 약사 등이 아닌 사람의 약국 개설행위에 해당한다[대판 2021.7.29. 2021도6092].

32. 농업기계인 '농업용 동력운반차'는 무면허운전 처벌규정의 적용대상인 '자동차'에 해당하지 아니한다[대판 2021.9.30. 2017도13182].

판례해설 자동차관리법 시행령 제2조 제2호는 구 자동차관리법 제2조 제1호 단서의 위임에 따라 자동차에서 제외되는 것 중 하나로 '농업기계화 촉진법에 따른 농업기계'를 정하고 있다.

33. 부대지휘 및 관리, 병영생활에 있어 분대장과 분대원은 명령복종 관계로서 분대장은 분대원에 대해 상관에 해당하고, 이는 분대장과 분대원이 모두 병이라 하더라도 달리 볼 수 없다[대판 2021.3.11. 2018도12270].

5. 적정성의 원칙

범죄와 형벌을 규정하는 법률의 내용은 인간의 존엄과 가치를 실질적으로 보장할 수 있도록 적정하여야 한다는 원칙으로서(실질적 의미의 죄형법정주의), 입법자의 자의를 방지하기 위한 원칙이다.

判例 적정성의 원칙에 반하지 않는 경우

1. 절도가 체포를 면탈할 목적으로 폭행·협박한 것을 준강도로 처벌하는 것 및 준강도가 범한 강도상해죄의 법정형(무기 또는 7년 이상의 징역)의 하한을 살인죄(사형, 무기 또는 5년 이상의 징역)의 그것보다 높게 규정한 것 … 살인죄에 있어서는 그 행위의 태양이나 동기가 극히 다양하므로 그 죄질 또는 비난가능성의 정도가 매우 가변적임에 비하여 강도상해죄의 경우 그 행위태

양이나 동기가 비교적 단순하여 죄질과 정상의 폭이 넓지 않다 할 것이고 일반적으로 행위자의 비난가능성도 크기 때문이다[헌재 1997.8.21. 96헌바9]. [♠10 사시]

2. 특정범죄 가중처벌 등에 관한 법률 제5조의3 제1항 제2호가 교통사고로 치상케 한 후 도주한 사고운전자에 대한 법정형을 1년 이상의 유기징역형으로 규정하여, 상해죄나 중상해죄보다 법정형을 무겁게 정하고 벌금형을 선택하여 선고할 수 없도록 한 것[헌재 1998.3.26. 97헌바83].
3. (판례변경으로 삭제함)
4. 청소년의 성보호에 관한 법률 제10조 제4항이 위계 또는 위력을 사용하여 여자 청소년을 간음한 자에 대한 법정형을 여자 청소년을 강간한 자에 대한 법정형과 동일하게 정한 것 … 위계 또는 위력을 사용하여 여자 청소년을 간음한 자에 대한 비난가능성의 정도가 여자 청소년을 강간한 자에 비하여 반드시 가볍다고 단정할 수 없기 때문이다[대판 2007.8.23. 2007도4818].
5. (위헌결정 취지에 반하여 삭제함)
6. 성폭력범죄의 처벌 및 피해자보호 등에 관한 법률 제5조 제2항이 특수강도죄를 범한 자가 강간죄를 범한 경우와 강제추행죄를 범한 경우를 구별하지 않고 법정형을 동일하게 규정하고 있는 것[대판 2007.2.8. 2006도7882].
7. 형법 제129조 내지 제132조(뇌물죄)의 적용에 있어서 지방공사와 지방공단의 직원까지 공무원으로 본다고 규정한 지방공기업법 제83조는 헌법 제11조 제1항(평등의 원칙), 제37조 제2항(과잉금지원칙) 등에 위반된다고 볼 수 없고, 또한 지방공기업법 제83조의 명문의 규정에 반하여 지방공사와 지방공단의 직원을 특정범죄 가중처벌 등에 관한 법률 제4조 제1항 소정의 간부직원, 즉 과장대리급 이상의 직원으로 한정하여 해석할 수도 없다[대판 2002.7.26. 2001도6721]. [♠10 사시]
8. '구 국회에서의 증언 · 감정 등에 관한 법률'(2010.3.12. 법률 제10051호로 개정되기 전의 것) 제14조 제1항(위증 등의 죄)이 '형법상 위증죄의 법정형보다 높게 정하고 있다는 사정만으로 바로 위 조항이 지나치게 과중한 형벌을 규정하여 책임원칙에 반한다고 할 수 없다[대판 2012.10.25. 2009도13197].
9. 구 군형법이 군용물절도죄의 법정형(사형, 무기, 또는 10년 이상의 징역)의 하한을 살인죄에 비하여 무겁게 규정한 것[헌재 1995.10.26. 92헌바45].
10. 집시법 제6조 제1항이 옥외집회나 시위를 주최하려는 자로 하여금 일정한 사항을 사전에 관할 경찰서장에게 신고하도록 규정하면서 열거하고 있는 신고사항이나 신고시간 등이 지나치게 과다하거나 신고불가능하다고 볼 수 없으며, 위 법률조항에 의한 사전신고의무로 인하여 집회개최자가 겪어야 하는 불편함이나 번거로움 등이 신고로 인하여 보호되는 공공의 안녕질서 등의 공익보다 중대하다고 할 수 없으므로, 위 법률조항 중 '옥외집회'에 관한 부분은 과잉금지원칙에 반하지 아니한다[대결 2012.6.28. 2010초기877].
11. 반의사불벌죄에서 처벌을 희망하는 의사표시의 철회가 가능한 시기를 '제1심 판결선고 전까지'로 제한한 형사소송법 제232조 제3항이 평등원칙을 규정한 헌법 제11조에 위반한다고 할 수 없다[대판 2014.10.15. 2014도9423].
12. 양심적 병역거부자를 처벌하는 조항인 병역법 제88조 제1항 본문 및 제2호는 과잉금지 원칙을 위반해 양심의 자유를 침해하지 않는다[헌재 2018.6.28. 2011바379].

비교판례 양심적 병역거부자에 대한 대체복무제를 규정하지 않은 병역법 제5조 제1항(병역종류조항)은 과잉금지 원칙에 위배해 양심적 병역거부자의 양심의 자유를 침해한다[헌재 2018.6.28. 2011바379].

判例 적정성의 원칙에 반하는 경우

1. 특정범죄 가중처벌 등에 관한 법률 제5조의3 제2항 제1호의 과실로 사람을 치상하게 한 자가 구호행위를 하지 아니하고 도주하거나 고의로 유기함으로써 치사의 결과에 이르게 한 경우에 살인죄와 비교하여 그 법정형(사형, 무기, 10년 이상의 징역)을 더 무겁게 한 것[헌재 1992.4.28. 90헌바24].
   [♠ 07 사시]
2. 형법 제304조(혼인빙자간음)는 목적의 정당성, 수단의 적절성 및 피해최소성을 갖추지 못하였고 법익의 균형성도 이루지 못하였으므로, 헌법 제37조 제2항의 과잉금지원칙을 위반하여 남성의 성적자기결정권 및 사생활의 비밀과 자유를 침해하는 것으로 헌법에 위반된다[헌재 2009.11.26. 2008헌바58].
3. 반국가행위자의 처벌에 관한 특별조치법 제8조가 피고인의 소환불응에 대하여 전재산 몰수를 규정하고 있는 것[헌재 1996.1.25. 95헌가5].
4. 단지 반국가적 범죄를 반복하여 저질렀다는 이유만으로 다시 범한 죄가 국가보안법 제7조 제5항, 제1항과 같이 비교적 경미한 범죄라도 사형까지 선고할 수 있도록 한 것[헌재 2002.11.28. 2002헌가5].
5. 상관을 살해한 경우 사형만을 유일한 법정형으로 규정하고 있는 군형법(1962.1.20. 법률 제1003호로 제정된 것) 제53조 제1항은 형벌과 책임간의 비례원칙에 위배된다. … 형벌은 죄질과 책임에 상응하도록 적절한 비례성이 지켜져야 하는바, 군대 내 명령체계유지 및 국가방위라는 이유만으로 가해자와 상관 사이에 명령복종관계가 있는지 여부를 불문하고 전시와 평시를 구분하지 아니한 채 다양한 동기와 행위태양의 범죄를 동일하게 평가하여 사형만을 유일한 법정형으로 규정하고 있는 이 법률조항은, 형벌체계상 정당성을 상실한 것이다[헌재 2007.11.29. 2006헌가13].
6. 형법 제241조(간통죄)는 헌법에 위반된다[헌재 2015.2.26 2009헌바17].
7. 특정범죄 가중처벌 등에 관한 법률(2010.3.31. 법률 제10210호로 개정된 것) 제5조의4 제1항의 상습(단순)절도죄, 같은 조 제4항의 상습장물취득죄 부분은 … 형법 조항과 똑같은 구성요건을 규정하면서 법정형만 상향 조정하여 형사특별법으로서 갖추어야 할 형벌 체계상의 정당성과 균형을 잃어 헌법에 위반된다[헌재 2015.2.26 2014헌가16].
8. 흉기 기타 위험한 물건을 휴대하여 형법 제260조 제1항(폭행), 제283조 제1항(협박), 제366조(재물손괴 등)의 죄를 범한 자는 1년 이상의 유기징역에 처한다'라는 폭처법 제3조 제1항은 형법 조항과 똑같은 구성요건을 규정하면서 법정형만 상향 조정한 것으로 형사특별법으로서 갖추어야 할 형벌체계상의 정당성과 균형을 잃은 것으로 헌법의 기본원리에 위배되고 평등원칙에 위반된다[헌재 2015.9.24. 2014헌바154].

※ 형법의 해석방법

1. 문리해석

① 법률의 의미를 용어의 의미에 따라 해석하는 것을 말한다.

② 해석의 기초인 동시에 해석의 한계가 된다.

2. 논리해석(체계적 해석)

문언의 의미를 법규의 체계적 관련성을 고려하여 해석하는 것을 말한다.

3. 주관적 · 역사적 해석

① 법률의 의미를 역사적인 입법자의 의사에 따라 해석하는 것을 말한다.

② 객관적 · 목적론적 해석을 위한 자료로서의 기능을 가진다.

4. 객관적 · 목적론적 해석

법규의 현재의 의미와 목적에 따라 해석하는 것을 말한다.

5. 확장해석과 축소해석

① 확장해석 : 해석의 결과 그 개념이 문언의 의미보다 넓어진 해석을 말한다.

② 축소해석 : 해석의 결과 그 개념이 문언의 의미보다 좁아진 해석을 말한다.

③ 확장해석과 축소해석의 예 : '미성년자'라는 개념을 해석하면서 19세 미만이라도 대학생은 미성년자가 아니라고 하는 것은 미성년자의 개념을 축소해석한 것이고 성년자의 개념을 확장해석한 것이다. 그리고 19세 미만은 무조건 미성년자라고 하는 것은 문리해석에 해당한다.

제2장 형법의 적용범위와 형법이론

제1절 형법의 적용범위

형법 제1조의 해석과 관련한 판례를 숙지하여야 한다. 동기설에 입각한 판례의 결론을 반드시 암기해 두어야 한다. 장소적 적용범위에 관한 판례는 개별지문 또는 선택형의 사례형으로 출제될 수 있으므로 정리해 두어야 한다.

Ⅰ. 시간적 적용범위

1. 의 의

① 행위시와 재판시 사이에 법률의 변경이 있는 경우 어느 법률을 적용할 것인가의 문제를 말한다.

② 행위시법주의(구법의 추급효를 인정)와 재판시법주의(신법의 소급효를 인정)가 있으며, 우리 형법은 행위시법주의를 원칙으로 하고 있다(제1조 제1항).

2. 행위시법주의의 원칙(소급효금지의 원칙)

제1조(범죄의 성립과 처벌) ① 범죄의 성립과 처벌은 행위 시의 법률에 따른다.

(1) 제1조 제1항의 의의

행위시법주의를 선언하여 사후(행위 후의)입법에 의한 처벌을 금지함으로써 소급효금지의 원칙을 선언한 규정이다.

(2) 행위시의 결정기준

① '행위시'라 함은 범죄의 실행행위의 '종료'시를 의미한다(판례). 따라서 범죄행위의 착수시점 또는 범죄행위 후의 결과 발생시점은 행위시를 결정하는 기준이 될 수 없다.

判例 형법 제1조 제1항의 행위시의 의미(범죄행위의 종료시를 의미)

범죄의 성립과 처벌은 행위시의 법률에 의한다고 할 때의 "행위시"라 함은 범죄행위의 종료시를 의미한다[대판 1994.5.10. 94도563]. [♠ 13 사시] [♣ 23 변시]

판례해설 실행의 착수 당시에는 가벌적이지 않았던 행위일지라도 법률개정에 의하여 가벌적 행위로 된 다음에 그 행위가 종료된 경우에는 개정법률을 적용하여 처벌할 수 있다는 취지이다.

② **실행행위가 신 · 구법에 걸쳐 행하여진 경우의 적용법규** : 포괄일죄(예 계속범, 연속범)의 경우는 범죄가 종료되기까지 전체가 1개의 행위로 평가되므로 포괄일죄를 구성하는 최종의 실행행위 종료시법이 행위시법이 된다(판례).

判例 실행행위가 신 · 구법에 걸쳐 행하여진 경우의 적용법규

1. **(신법의 적용요건에 변경이 없는 경우)** 포괄일죄로 되는 개개의 범죄행위가 법 개정의 전후에 걸쳐서 행하여진 경우에는 신 · 구법의 법정형에 대한 경중을 비교하여 볼 필요도 없이 범죄실행 종료시의 법이라고 할 수 있는 신법을 적용하여 포괄일죄로 처단하여야 한다[대판 1998.2.24. 97도183]. [대판 2009.9.10. 2009도5075]. [♠ 02, 05, 08 사시] [♣ 15 변시]

   판례해설 사전선거운동을 금지한 국회의원선거법이 개정되어 벌금형의 상한이 150만원에서 300만원으로 중하게 변경되었고 피고인이 동법에 위배되는 행위를 동법 개정 전후에 걸쳐 수차례 반복하여 동법 위반의 포괄일죄로 공소제기 된 사건이다. 대법원은 신법을 적용하여 포괄일죄로 처단하여야 한다고 판시하였다.

   비교판례 일반적으로 계속범의 경우 실행행위가 종료되는 시점에서의 법률이 적용되어야 할 것이나, 법률이 개정되면서 그 부칙에서 '개정된 법 시행 전의 행위에 대한 벌칙의 적용에 있어서는 종전의 규정에 의한다'는 경과규정을 두고 있는 경우 개정된 법이 시행되기 전의 행위에 대해서는 개정 전의 법을, 그 이후의 행위에 대해서는 개정된 법을 각각 적용하여야 한다[대판 2001.9.25. 2001도3990].[1] [♣ 14 변시]

2. **(신법의 적용요건이 강화된 경우)** 형법 부칙(법률 제293호, 1953.9.18. 형법의 부칙) 제4조 제1항은 "1개의 죄가 본법시행 전후에 걸쳐서 행하여진 때에는 본법 시행 전에 범한 것으로 간주한다"고 규정하고 있으나 위 부칙은 형법시행에 즈음하여 구형법과의 관계에서 그 적용범위를 규정한 경과법으로서 형법 제8조에서 규정하는 총칙규정이 아닐 뿐 아니라 범죄의 성립과 처벌은 행위시의 법률에 의한다고 규정한 형법 제1조 제1항의 해석으로서도 행위종료시의 법률의 적용을 배제한 점에서 타당한 것이 아니므로 신 · 구형법과의 관계가 아닌 다른 법과의 관계에서는 위 부칙을 적용 내지 유추적용할 것이 아니다. 따라서 상습으로 사기의 범죄행위를 되풀이 한 경우에 특정경제범죄 가중처벌 등에 관한 법률 시행 이후의 범행으로 인하여 취득한 재물의 가액이 위 법률 제3조 제1항 제3호의 구성요건을 충족하는 때는 그 중 법정형이 중한 위 특정경제범죄 가중처벌 등에 관한 법률 위반의 죄에 나머지 행위를 포괄시켜 특정경제범죄 가중처벌 등에 관한 법률 위반의 죄로 처단하여야 한다[대판(전) 1986.7.22. 86도1012]. [♠ 02, 13, 14 사시]

   동지판례 구 군형법 제94조는 "정치단체에 가입하거나 연설, 문서 또는 그 밖의 방법으로 정치적 의견을 공표하거나 그 밖의 정치운동을 한 자는 2년 이하의 금고에 처한다."라고 규정하였으나, 개정된 군형법 제94조는 제1항에서 5년 이하의 징역과 5년 이하의 자격정지에 처한다고 규정하고, 제2항에서는 "제1항에 규정된 죄에 대한 공소시효의 기간은 군사법원법 제291조 제1항에도 불구하고 10년으로 한다."라고 규정한 경우 개정 군형법 제94조 제2항에 따른 10년의 공소시효 기간은 개정 군형법 시행 후에 행해진 정치관여 범죄에만 적용된다[대판 2021.9.9. 2019도5371].

---

1) 본 판례는 특이판례이므로 내용을 그대로 알아두는 것으로 족하다.

判例 신설된 상습강제추행죄가 시행되기 이전의 범행은 상습강제추행죄로 처벌할 수 없음

포괄일죄에 관한 기존 처벌법규에 대하여 그 표현이나 형량과 관련한 개정을 하는 경우가 아니라 애초에 죄가 되지 아니하던 행위를 구성요건의 신설로 포괄일죄의 처벌대상으로 삼는 경우에는 신설된 포괄일죄 처벌법규가 시행되기 이전의 행위에 대하여는 신설된 법규를 적용하여 처벌할 수 없다. 이는 신설된 처벌법규가 상습범을 처벌하는 구성요건인 경우에도 마찬가지라고 할 것이므로, 구성요건이 신설된 상습강제추행죄가 시행되기 이전의 범행은 상습강제추행죄로는 처벌할 수 없고 행위시법에 기초하여 강제추행죄로 처벌할 수 있을 뿐이며, 이 경우 그 소추요건도 상습강제추행죄에 관한 것이 아니라 강제추행죄에 관한 것이 구비되어야 한다[대판 2016.1.28. 2015도15669]. [♣ 19, 23 변시]

판례해설 피고인이 신설된 구성요건인 상습강제추행죄 규정이 시행되기 이전에 ⓐ, ⓑ의 강제추행을 범하고, 시행 이후에 ⓒ, ⓓ, ⓔ의 강제추행을 범하였는데, 검사가 ⓐ, ⓑ, ⓒ, ⓓ, ⓔ를 포괄하여 상습강제추행죄로 기소한 경우, 법원은 ⓒ, ⓓ, ⓔ의 범행만을 상습강제추행죄로 처벌할 수 있고, ⓐ, ⓑ의 범행은 상습강제추행죄로 처벌할 수 없고 강제추행죄로만 처벌할 수 있으며 ⓐ, ⓑ의 범행에 대하여 소추조건의 구비여부를 판단하여야 한다는 취지의 판례이다. (현행법상 강제추행죄는 친고죄가 아니지만 개정 전의 형법상 강제추행죄는 친고죄였음) 더 나아가 만약에 ⓐ, ⓑ의 범행에 대하여 피해자의 고소가 없으면 공소기각판결을 선고하여야 한다는 취지의 판례이다.

동지판례 법무사가 등록증을 다른 사람에게 빌려주거나 법무사의 등록증을 빌린 행위가 개정된 법무사법 시행 이전부터 계속되어 온 경우, 개정된 법무사법이 시행된 이후의 행위로 취득한 금품 그 밖의 이익만이 개정된 법무사법에 따른 몰수나 추징의 대상이 된다[대판 2020.10.15. 2020도7307].

判例 뇌물수수가 특가법 변경 전후에 행하여진 경우 신법상의 벌금형 산정기준인 수뢰액의 범위

개정 · 시행된 특정범죄 가중처벌 등에 관한 법률은 제2조 제2항에서 "형법 제129조, 제130조 또는 제132조에 규정된 죄를 범한 자는 그 죄에 대하여 정한 형에 수뢰액의 2배 이상 5배 이하의 벌금을 병과한다."라고 규정하여 뇌물수수죄 등에 대하여 종전에 없던 벌금형을 필요적으로 병과하도록 하고 있는데, 형법법규 불소급 원칙과 형법 제1조 제1항의 규정에 비추어 보면, 포괄일죄인 뇌물수수 범행이 위 신설 규정의 시행 전후에 걸쳐 행하여진 경우 특가법 제2조 제2항에 규정된 벌금형 산정 기준이 되는 수뢰액은 위 규정이 신설된 이후에 수수한 금액으로 한정된다고 보아야 한다[대판 2011.6.10. 2011도4260]. [♠ 14 사시]

3. 행위시법주의의 예외

참조조문

제1조(범죄의 성립과 처벌) ② 범죄 후 법률이 변경되어 그 행위가 범죄를 구성하지 아니하게 되거나 형이 구법보다 가벼워진 경우에는 신법에 따른다.
③ 재판이 확정된 후 법률이 변경되어 그 행위가 범죄를 구성하지 아니하게 된 경우에는 형의 집행을 면제한다.

형사소송법 제326조(면소의 판결) 다음 경우에는 판결로써 면소의 선고를 하여야 한다.
4. 범죄후의 법령개폐로 형이 폐지되었을 때

(1) 경한 법 소급의 원칙

유리한 신법을 소급적용하는 것은 죄형법정주의에 반하지 않으며 형법은 유리한 신법의 소급적용을 인정하고 있다(제1조 제2항).

(2) 제1조 제2항의 적용요건과 효과

① 범죄 후 법률의 변경

㉮ ⅰ) '범죄 후'는 실행행위종료 후를 의미한다. 따라서 실행행위의 도중에 법률의 변경이 있어 실행행위가 신 · 구법에 걸쳐 행하여진 경우에는 '범죄 후' 법률의 변경에 해당하지 않으므로 제1조 제2항을 적용할 수 없고 제1조 제1항이 적용될 수 있을 뿐이다. ⅱ) '범죄 후'는 제1조 제3항과의 관계상 실행행위의 종료 후 재판확정 전을 의미한다.

㉯ '법률'은 총체적 법률상태를 의미하므로 ⅰ) 형식적 의미의 법률뿐만 아니라 명령 · 규칙 등을 포함하며, ⅱ) 형법뿐만 아니라 형법에 영향을 미칠 수 있는 다른 법률(예 민법이나 행정법[2] 등)도 포함된다(다만, 해당 형벌법규에 따른 범죄의 성립 및 처벌과 직접적으로 관련된 형사법적 관점의 변화를 주된 근거로 하는 법령의 변경에 해당하여야 한다). ⅲ) 한시법이 포함될 것인가에 관하여는 포함된다고 보는 견해(추급효부정설)와 포함되지 않는다고 보는 견해(추급효인정설)가 나뉘어져 있다(한시법이론에서 상술함).

㉰ '변경'이란 법률의 개정과 폐지 및 대체입법을 말한다.

判例 형법 제1조 제2항의 범죄 후 "법률의 변경"에 해당하지 않는 경우

1. 누설한 군사기밀사항이 누설행위 이후 평문으로 저하되었거나 군사기밀이 해제되었다고 하더라도 이를 법률의 변경으로 볼 수 없으므로 재판시법 적용 여부가 문제될 여지는 없다[대판 2000.1.28. 99도4022].
   [♠ 04 사시]
   판례해설 평문으로의 저하 또는 기밀해제는 기밀연한 경과로 인한 것일 뿐 입법작용으로 법률의 내용이 달

2) 수뢰죄의 주체인 공무원의 범위를 정하는 행정법규의 변경도 '법률'의 변경에 해당한다.

라진 경우가 아니므로 법률의 변경이라고 할 수 없다는 취지의 판례이다.

2. 주택건설촉진법이 개정되어(시행일은 1993.3.1.) 개정 전의 법률이 처벌대상으로 삼았던 "사위 기타 부정한 방법으로 위 법에 의하여 건설, 공급되는 주택을 공급받거나 공급받게 하는" 행위를 처벌대상에서 제외하였으나, 위 개정법률은 시행되기 전인 1993.2.24. 다시 개정되어(시행일은 1993.3.1.) 위 행위를 다시 처벌대상에 포함시켰으므로 피고인이 부정한 방법으로 주택을 공급받았다는 범죄사실은 범죄 후 법령이 변경된 경우에 해당된다고 볼 수 없다[대판 1994.1.14. 93도2579].[3]

② 범죄를 구성하지 아니하는 경우

㉮ 형법각칙과 특별형법의 구성요건의 폐지는 물론 형법총칙의 변경(예 위법성조각사유·책임조각사유의 확대, 형사미성년자의 범위의 확대 등)에 의한 가벌성의 폐지도 포함된다.

㉯ 법적 효과 : 신법을 적용하여 면소판결을 하여야 한다(추급효부정설).[4]

③ 형이 구법보다 경하게 된 경우

㉮ 형의 경중은 형법 제50조[5]에 의하여 결정한다.

㉯ 비교형은 원칙적으로 법정형이며, 법정형에는 주형뿐만 아니라 부가형도 포함된다.

判例 세율의 변경(형의 변경 ×)

무단반출한 물품에 대한 세율이 범행 당시는 100퍼센트였으나 그 후 관세법의 개정으로 40퍼센트로 변경되었다고 하더라도 조세채권의 성립요건이 충족된 후에 조세법이 개정되더라도 그 구 조세법의 규정에 의하여 발생한 조세채권의 내용에는 아무 영향이 없고, 세율의 변경은 형의 변경이라고 할 수도 없어 포탈세액을 종전의 세율에 따라 산정한 것은 적법하다[대판 1984.12.26. 83도1988].

판례해설 세율의 변경은 '형'의 변경이 아니므로 제1조 제2항을 적용할 수 없다는 취지의 판례이다.

判例 형의 경중의 비교방법

1. 형의 경중의 비교는 원칙적으로 법정형을 표준으로 할 것이고 처단형이나 선고형에 의할 것이 아니며,[6] 법정형의 경중을 비교함에 있어서 법정형 중 병과형 또는 선택형이 있을 때에는 이 중

---

3) 시행되지 않는 법은 비교대상에서 제외된다[대판 1994.1.14. 93도2579 참조].

4) 반면에 추급효인정설에 따르면 한시법의 폐지로 범죄를 구성하지 않게 되는 경우 폐지된 한시법의 추급효를 인정하여 유죄판결을 하게 된다. 판례의 경우 한시법뿐만 아니라 모든 법률의 폐지의 경우 그 폐지 동기에 따라 면소판결 또는 유죄판결을 하고 있다.

5) 제50조 (형의 경중) ① 형의 경중은 제41조 기재의 순서에 의한다.

6) 따라서 신·구법의 법정형을 기준으로 형의 경중을 비교하여 신법이 경한 경우라면 경합범 가중한 형이 구법보다 오히려 신법이 중하게 되는 결과가 된다고 하더라도 신법이 적용된다.

가장 중한 형을 기준으로 하여 다른 형과 경중을 정하는 것이 원칙이다[대판 1992.11.13. 92도2194]. [♠ 13, 14 사시]

2. i) 행위시법인 구 변호사법 제54조에 규정된 형은 징역 3년 이하이고 재판시법인 현행 변호사법 제78조에 규정된 형은 5년 이하의 징역 또는 1천만원 이하의 벌금으로서 신법에서는 벌금형의 선택이 가능하다 하더라도 행위시법인 구법의 형이 더 경하다[대판 1983.11.8. 83도2499].
   ii) 사문서위조 및 동행사죄에 관하여 구 형법의 법정형이 '5년 이하의 징역'이었던 것이 개정형법상 '5년 이하의 징역 또는 1천만원 이하의 벌금'이 되어 벌금형이 추가되었으므로 형이 경하게 변경된 것이다[대판 1996.7.26. 96도1158].
   iii) 개정 전의 '3년 이하의 징역 또는 200만원 이상 1천만원 이하의 벌금'이 '3년 이하의 징역 또는 1천만원 이하의 벌금'으로 변경된 경우에는 형법 제1조 제2항에 따라 개정된 법률에 의하여 처벌하여야 할 것이다[대판 1996.2.13. 95도2843].
3. 동일한 형종 · 형기인 경우에도 신법에 경한 선택형이 있는 경우에는 신법이 경하다[대판 1954.10.16. 4287형상43].
4. 신구법 소정형의 경중을 비교함에는 각 소정의 가중 또는 감경을 한 후에 비교한다[대판 1961.12.28. 4293형상664].

㉰ **법적 효과** : 신법의 형이 구법보다 경한 경우 신법에 의한다(추급효부정설).

判例 법률의 변경과 적용법규

1. **(형이 중하게 변경되거나 형의 변경이 없는 경우 : 행위시법 적용)** 범죄 후 법률의 변경이 있더라도 형이 중하게 변경되는 경우나 형의 변경이 없는 경우에는 형법 제1조 제1항에 따라 행위시법을 적용하여야 한다[대판 2010.6.10. 2010도4416]. [♣ 15, 23 변시]
2. **(수차 법령의 변경이 있는 경우 : 가장 경한 법 적용)** 범죄행위 시와 재판 시 사이에 여러 차례 법령이 개정되어 형의 변경이 있는 경우에는 이 점에 관한 당사자의 주장이 없더라도 형법 제1조 제2항에 의하여 직권으로 그 전부의 법령을 비교하여 그중 가장 형이 가벼운 법령을 적용하여야 한다[대판 2012.9.13. 2012도7760], [대판 1968.12.17. 68도1324]. [♠ 08 사시] [♣ 15 변시]
3. **(반의사불벌죄로 개정 : 개정법 적용)** 근로기준법 제112조 제1항, 제36조 위반죄가 반의사불벌죄로 개정되었고, 부칙에는 그 적용과 관련한 경과규정이 없지만 개정법률이 피고인에게 더 유리할 것이므로 형법 제1조 제2항에 의하여 개정법률이 적용되어야 할 것이다[대판 2005.10.28. 2005도4462].
4. **(양벌규정에서 면책규정 신설 : 개정법 적용)** 법률의 양벌규정이 개정되어 법인에 대한 면책규정이 추가된 것은 형법 제1조 제2항에서 정한 '범죄 후 법률의 변경에 의하여 그 행위가 범죄를 구성하지 아니하거나 형이 구법보다 경한 경우'에 해당하므로, 형법 제1조 제2항에 따라 개정된 법률의 양벌규정이 적용되어야 할 것이다[대판 2012.5.9. 2011도11264]. [♣ 13 변시]
5. **(개정법률이 피고인에게 유리한 경우 : 개정법 적용)** 형법 제37조 후단의 '판결이 확정된 죄'가 '금고 이상의 형에 처한 판결이 확정된 죄'로 개정되었는바, 위 개정 법률은 특별한 경과규정을 두고 있지 않으나, 형법 제37조는 경합범의 처벌에 관하여 형을 가중하는 규정으로서 일반적으로는 두 개의 형을 선고하는 것보다는 하나의 형을 선고하는 것이 피고인에게 유리하므로 위 개

정 법률을 적용하는 것이 오히려 피고인에게 불리하게 되는 등의 특별한 사정이 없는 한 형법 제1조 제2항을 유추적용하여 위 개정 법률 시행 당시 법원에 계속중인 사건 중 위 개정 법률 시행 전에 벌금형 및 그보다 가벼운 형에 처한 판결이 확정된 경우에도 적용되는 것으로 보아야 한다[대판 2005.7.14. 2003도1166]. [♣ 17 변시]

判例 범죄 후 법률의 개정으로 형이 경하게 된 경우의 소송법적 효과

범죄 후 법률개정에 의하여 법정형이 가벼워진 경우에는 형법 제1조에 의하여 당해 범죄사실에 적용될 가벼운 법정형(신법의 법정형)이 공소시효기간의 기준으로 된다[대판 1987.12.12. 87도84]. [♠ 13 사시] [♣ 15 변시]

判例 면소판결이 아니라 무죄판결을 하여야 하는 경우

1. **(적용법조가 위헌결정된 경우)** 위헌결정으로 인하여 형벌에 관한 법률 또는 법률조항이 소급하여 그 효력을 상실한 경우에는 당해 법조를 적용하여 기소한 피고사건이 범죄로 되지 아니한 때(무죄판결 대상)에 해당한다고 할 것이고, 범죄 후의 법령의 개폐로 형이 폐지되었을 때(면소판결 대상)에 해당한다고는 할 수 없다[대판 1992.5.8. 91도2825]. [♠ 02, 08, 12 사시] [♣ 16, 23 변시]
2. **(폐지된 법령이 헌법에 위반되는 경우)** 재심이 개시된 사건에서 형벌에 관한 법령이 재심판결 당시 폐지되었다 하더라도 그 폐지가 당초부터 헌법에 위반되어 효력이 없는 법령에 대한 것이었다면 형사소송법 제325조 전단이 규정하는 '범죄로 되지 아니한 때'의 무죄사유에 해당하는 것이지, 형사소송법 제326조 제4호 소정의 면소사유에 해당한다고 할 수 없다[대판(전) 2013.5.16. 2011도2631].
3. **(헌법불합치결정된 형벌조항이 개선시한까지 개선입법이 이루어지지 않은 경우)** 헌법재판소의 헌법불합치결정은 헌법과 헌법재판소법이 규정하고 있지 않은 변형된 형태이지만 법률조항에 대한 위헌결정에 해당하므로,…피고인이 야간옥외집회를 주최하였다는 취지의 공소사실에 대하여 원심이 집회 및 시위에 관한 법률 제23조 제1호, 제10조 본문을 적용하여 유죄를 인정하였는데, 원심판결 선고 후 헌법재판소가 위 법률조항에 대해 헌법불합치결정을 선고하면서 개정시한을 정하여 입법개선을 촉구하였는데도 위 시한까지 법률 개정이 이루어지지 않았다면, 위 법률조항은 소급하여 효력을 상실하므로 무죄를 선고하여야 한다[대판(전) 2011.6.23. 2008도7562], [대판 2020.6.4. 2018도17454]. [♠ 14 사시]

   비교판례 통신비밀보호법 제6조 제7항 단서 중 전기통신에 관한 '통신제한조치기간의 연장' 부분에 대한 헌법재판소 헌법불합치결정의 취지 및 위헌성이 제거된 개선입법이 이루어지지 아니한 채 헌법불합치결정에서 정한 개정시한을 넘겨 위 규정이 효력을 잃은 경우, 그 효과는 장래에 향하여만 미칠 뿐이며 그 이전에 위 법률조항에 따라 이루어진 통신제한조치기간 연장의 적법성이나 효력에는 영향을 미치지 아니한다고 볼 것이다[대판 2012.10.11. 2012도7455].
4. 피고인이 행정청으로부터 자동차 운전면허취소처분을 받았으나 나중에 행정처분 자체가 행정쟁송절차에 의하여 취소되었다면, 위 운전면허취소처분은 그 처분시에 소급하여 효력을 잃게 되고, 피고인은 위 운전면허취소처분에 복종할 의무가 원래부터 없었음이 확정되었다고 봄이 타

당할 것이다[대판 1999.2.5. 98도4239].

판례해설 운전면허취소처분을 받은 후에도 계속 운전을 하였다는 이유로 도로교통법(무면허운전) 위반의 죄로 기소된 후 기왕의 운전면허취소처분 자체가 행정쟁송에 의하여 취소되었다면 면소판결이 아니라 무죄판결을 하여야 한다는 취지이다.

(3) 부칙(경과규정)에 의한 형법 제1조 제2항의 배제가능성(인정)

判例 제1조 제2항과 부칙과의 관계(제8조에 의해 부칙이 우선)

형법 제1조 제2항 및 제8조[7]에 의하면 범죄 후 법률의 변경에 의하여 형이 구법보다 경한 때에는 신법에 의한다고 규정하고 있으나 신법에 경과규정을 두어 이러한 신법의 적용을 배제하는 것도 허용되는 것으로서, 형을 종전보다 가볍게 형벌법규를 개정하면서 그 부칙으로 개정된 법의 시행 전의 범죄에 대하여 종전의 형벌법규를 적용하도록 규정한다 하여 헌법상의 형벌불소급의 원칙이나 신법우선주의에 반한다고 할 수 없다[대결 1999.4.13. 99초76], [대판 2011.7.14. 2011도1303]. [♠ 02, 08, 12, 13, 14, 15 사시] [♣ 15, 21, 23 변시]

判例 부칙에 경과규정이 있는 경우 경과범죄에 대한 적용법규

구 형법 제62조 제1항 단서는 '금고 이상의 형의 선고를 받아 집행을 종료한 후 또는 집행이 면제된 후로부터 5년을 경과하지 아니한 자'를 형의 집행유예의 결격사유로 규정하고 있었으나, 현행 형법 제62조 제1항 단서는 '금고 이상의 형을 선고한 판결이 확정된 때부터 그 집행을 종료하거나 면제된 후 3년까지의 기간에 범한 죄에 대하여 형을 선고하는 경우'를 집행유예 결격사유로 규정하면서, 그 부칙(2005.7.29.) 제2항에서는 "이 법은 이 법 시행 전에 행하여진 죄에 대하여도 적용한다. 다만, 종전의 규정을 적용하는 것이 행위자에게 유리한 경우에는 그러하지 아니하다."라고 규정하고 있으므로, 위 법률 개정 전에 저지른 범죄에 대하여 형을 선고함에 있어서는 어느 법률이 피고인에게 유리한지를 가려 그 법률을 적용하여야 한다. 따라서 구 형법 시행 중 범한 범죄에 대하여 형을 선고함에 있어, 종전의 형법을 적용하면 형의 집행을 종료한 후 이미 5년이 경과되어 집행유예 결격사유에 해당하지 아니하지만, 현행 형법을 적용하면 형의 집행을 종료한 후 3년까지의 기간 중에 범한 죄이어서 집행유예 결격사유에 해당하는 경우 피고인에게는 종전 형법을 적용하는 것이 유리하므로 그 법률을 적용하여야 한다[대판 2008.3.27. 2007도7874]. [♠ 14 사시]

(4) 제1조 제3항의 적용요건과 효과

① 규정의 취지

범죄 후 법률의 변경으로 범죄를 구성하지 아니하게 된 경우에 있어서 법률의 변경 전에 확정판결을 받은 자(유죄판결을 받게 된다)와 법률의 변경 후에 비로소 재판을

7) 제8조 (총칙의 적용) 본법 총칙은 타법령에 정한 죄에 적용한다. 단 그 법령에 특별한 규정이 있는 때에는 예외로 한다.

받은 자(면소판결을 받게 된다)[8]와의 공평을 기하기 위하여 전자의 경우에 '형의 집행을 면제'하도록 한 것이다.

② 적용요건 및 효과

㉮ 재판확정 후 법률의 변경에 의하여 그 행위가 범죄를 구성하지 아니하는 때에는 형의 집행을 면제한다.

㉯ 재판확정 후 법률의 변경에 의하여 형이 구법보다 경하게 된 경우는 제1조 제3항이 규정하고 있지 아니하므로 구법에 따라 확정된 형을 그대로 집행한다.

형법 제1조 제2항과 제3항의 적용요건과 효과의 비교

	범죄 후 재판확정 전의 법률의 변경으로 …	재판확정 후 법률의 변경으로 …
비범죄화된 경우	제1조 제2항 적용 : 면소판결(추급효부정설)	제1조 제3항 적용 : 형집행 면제
경한 형으로 변경된 경우	제1조 제2항 적용 : 경한 신법 적용(추급효부정설)	제1조 제3항 적용 안됨 : 구법에 의하여 확정된 형을 그대로 집행

4. 한시법

(1) 의 의

① 협의설(다수설) : 형벌법규에 유효기간이 명시되어 있는 경우를 한시법이라고 보는 견해이다. 다만 유효기간은 형벌법규의 폐지 이전에 정하여지면 족하다고 본다.

② 광의설 : 협의의 한시법 이외에 법령의 내용이나 목적이 일시적 사정에 대처하기 위한 것이어서 유효기간이 사실상 제한되지 않을 수 없는 임시법도 한시법에 포함시키는 견해이다.

(2) 한시법의 추급효 인정여부

① 쟁점 및 논의의 범위

㉮ 한시법이 실효된 뒤 그 유효기간 중의 위반행위에 대하여 한시법을 추급하여 처벌할 수 있는가의 문제이다.

㉯ 형법총칙이나 한시법에 추급효를 인정하는 명문규정이 있으면 그에 따라 해결하면 족하므로 그러한 명문규정이 없는 경우에만 문제된다.

判例 한시법의 유효기간 경과 후에도 유효기간 중의 위반행위를 처벌할 수 있는 부칙을 둔 경우

부동산소유권 이전등기 등에 관한 특별조치법이 1985.1.1.부터 실효되었으나 위 법의 부칙 규정에 의하면 위 법이 1984.12.31.까지 효력을 가진다고 규정하는 한편 위 법 시행중에 이 사건과 같은

8) 추급효부정설을 전제로 한 결론이다.

제13조의 죄를 범한 자에 대하여는 위 법의 유효기간 경과 후에도 위 법을 적용한다고 규정하고 있는 바이므로 원심이 이 사건 부동산소유권이전등기 등에 관한 특별조치법 위반의 점에 관하여 위법 제13조를 적용하여 피고인을 유죄로 인정한 조치는 정당하고 위법이 있다 할 수 없다 [대판 1988.3.22. 87도2678]. ※ 위 특별조치법은 유효기간이 법정되어 있으므로 협의의 한시법에 해당한다.

② 한시법의 추급효 인정여부

쟁점연구

1. 문제점

추급효를 인정하는 명문규정이 없는 경우에도 한시법이 실효된 뒤 그 유효기간 중의 위반행위에 대하여 한시법을 추급적용하여 처벌할 수 있는지가 문제된다.

2. 학 설

① **추급효인정설** : i) 한시법은 일정한 기간 동안 국민에게 준수를 요구하는 법이므로 유효기간 경과전의 범행은 비난할 가치가 있고, ii) 한시법의 추급효를 부정하면 유효기간의 종기가 가까워짐에 따라 위반행위가 속출하게 될 가능성이 높아지나 이를 처벌할 수 없게 되어 법의 실효성을 유지할 수 없으므로 추급효를 인정해야 한다는 견해이다.

② **추급효부정설** : i) 유효기간의 경과로 인한 한시법의 폐지도 형법 제1조 제2항의 '법률의 변경'에 해당하므로 제1조 제2항의 법적 효과(면소판결)를 배제할 수 없으며, ii) 제1조 제2항의 법적 효과(면소판결)를 배제할 법적 근거가 없음에도 불구하고 실효된 법률의 추급효를 인정하는 것은 죄형법정주의의 실질적 의미에 반하므로 추급효를 부정하여야 한다는 견해이다.

3. 판 례

법령이 개정 내지 폐지된 경우가 아니라, 스스로 유효기간을 구체적인 일자나 기간으로 특정하여 효력의 상실을 예정하고 있던 법령(저자 주 : '협의의 한시법'을 의미한다)이 그 유효기간을 경과함으로써 더 이상 효력을 갖지 않게 된 경우도 형법 제1조 제2항과 형사소송법 제326조 제4호에서 말하는 법령의 변경에 해당한다고 볼 수 없다는 입장이다.[9]

4. 검 토 (판례 지지)

법령 자체가 명시적으로 예정한 유효기간의 경과에 따른 효력 상실은 일반적인 법령의 개정이나 폐지 등과 같이 애초의 법령이 변경되었다고 보기 어렵고, 어떠한 형사법적 관점의 변화 내지 형사처벌에 관한 규범적 가치판단의 변경에 근거하였다고 볼 수도 없으므로 판례가 타당하다.

判例 형법 제1조 제2항과 동기설의 폐지 (매우 중요)

[1] **('동기설'의 폐지와 판례변경) [다수의견]**[10] [1] 범죄 후 법률이 변경되어 그 행위가 범죄를 구성

9) 변경된 전원합의체 판결에 따르면 추급효인정설의 입장인 것으로 보인다.

10) 개정판 작업 시 판례공보가 발간되지 않아 판결문의 내용을 정리하여 수록하였다. 추후 개정판에 판례공보를 반영할 예정이다.

하지 아니하게 되거나 형이 구법보다 가벼워진 경우에는 신법에 따라야 하고(형법 제1조 제2항), 범죄 후의 법령 개폐로 형이 폐지되었을 때는 판결로써 면소의 선고를 하여야 한다(형사소송법 제326조 제4호). 이러한 형법 제1조 제2항과 형사소송법 제326조 제4호의 규정은 입법자가 법령의 변경 이후에도 종전 법령 위반행위에 대한 형사처벌을 유지한다는 내용의 경과규정을 따로 두지 않는 한 그대로 적용되어야 한다. 따라서 범죄의 성립과 처벌에 관하여 규정한 형벌법규 자체 또는 그로부터 수권 내지 위임을 받은 법령의 변경에 따라 범죄를 구성하지 아니하게 되거나 형이 가벼워진 경우에는, 종전 법령이 범죄로 정하여 처벌한 것이 부당하였다거나 과형이 과중하였다는 반성적 고려에 따라 변경된 것인지 여부를 따지지 않고 원칙적으로 형법 제1조 제2항과 형사소송법 제326조 제4호가 적용된다. 형벌법규가 대통령령, 총리령, 부령과 같은 법규명령이 아닌 고시 등 행정규칙 · 행정명령, 조례 등(이하 '고시 등 규정'이라고 한다)에 구성요건의 일부를 수권 내지 위임한 경우에도 이러한 고시 등 규정이 위임입법의 한계를 벗어나지 않는 한 형벌법규와 결합하여 법령을 보충하는 기능을 하는 것이므로, 그 변경에 따라 범죄를 구성하지 아니하게 되거나 형이 가벼워졌다면 마찬가지로 형법 제1조 제2항과 형사소송법 제326조 제4호가 적용된다.

[2] 해당 형벌법규 자체 또는 그로부터 수권 내지 위임을 받은 법령이 아닌 **다른 법령이 변경된 경우** 형법 제1조 제2항과 형사소송법 제326조 제4호를 적용하려면, 해당 형벌법규에 따른 범죄의 성립 및 처벌과 직접적으로 관련된 형사법적 관점의 변화를 주된 근거로 하는 법령의 변경에 해당하여야 하므로, 이와 관련이 없는 법령의 변경으로 인하여 해당 형벌법규의 가벌성에 영향을 미치게 되는 경우에는 형법 제1조 제2항과 형사소송법 제326조 제4호가 적용되지 않는다.

[3] 한편 법령이 개정 내지 폐지된 경우가 아니라, 스스로 유효기간을 구체적인 일자나 기간으로 특정하여 효력의 상실을 예정하고 있던 법령(저자 주 : **'협의의 한시법'**을 의미한다)이 그 유효기간을 경과함으로써 더 이상 효력을 갖지 않게 된 경우도 형법 제1조 제2항과 형사소송법 제326조 제4호에서 말하는 법령의 변경에 해당한다고 볼 수 없다.

[4] 이와 달리 형법 제1조 제2항과 형사소송법 제326조 제4호는 형벌법규 제정의 이유가 된 법률이념의 변경에 따라 종래의 처벌 자체가 부당하였다거나 또는 과형이 과중하였다는 반성적 고려에서 법령을 변경하였을 경우에만 적용된다고 한 대법원판결을 비롯한 같은 취지의 대법원판결들은 이 판결의 견해에 배치되는 범위 내에서 모두 변경하기로 한다[대판(전) 2022.12.22. 2020도16420].

판결이유 1) 법문언에 따른 정당한 해석

가) 형법 제1조 제2항과 형사소송법 제326조 제4호는 범죄 후 피고인에게 유리하게 법령이 변경된 경우 행위시법이 아니라 피고인에게 유리한 재판시법을 적용한다는 취지임이 문언상 명백하다. 법은 원칙적으로 불특정 다수인에 대하여 동일한 구속력을 갖는 사회의 보편타당한 규범이므로 법의 표준적 의미를 밝혀 객관적 타당성이 있도록 해석하여야 하고, 가급적 모든 사람이 수긍할 수 있는 일관성을 유지함으로써 법적 안정성이 손상되지 않도록 하여야 한다([대판(전) 2021.3.18. 2018두47264] 등 참조). 따라서, 앞서 본 법리에 비추어 보면 형법 제1조 제2항과 형사소송법 제326조 제4호에서 말하는 법령의 변경에 관하여 문언의 명확한 개념과 다르게 종래 대법원판례와 같이 반성적 고려에 따른 것인지에 따라 그 해당 여부를 달리하여야 하는 근거를 찾기가 어렵다.

2) 입법자의 의사를 실현하는 경과조치의 가능성

범죄 후 피고인에게 유리하게 법령이 변경된 경우라도 입법자는 경과규정을 둠으로써 재판시법의 적용을 배제하고 행위시법을 적용하도록 할 수 있다. 피고인에게 유리하게 형벌법규를 개정하면서 부칙에서 신법 시행 전의 범죄에 대하여는 종전 형벌법규를 적용하도록 규정한다고 하여 헌법상의 형벌불소급의 원칙이나 신법우선주의에 반한다고 할 수 없다([대판 1999.7.9. 99도1695], [대판 2011.7.14. 2011도1303] 등 참조). 따라서 입법자가 법령의 변경 후에도 종전 법령 위반행위에 대한 처벌을 그대로 유지하고자 할 경우 이에 상응한 조치를 할 수 있는 법적 수단이 이미 마련되어 있다. 입법자는 구성요건을 규정한 형벌법규 자체의 부칙조항에 경과규정을 두거나, 형벌법규가 하위 법령에 구성요건의 일부를 수권 내지 위임한 경우 그 수권의 범위 내에서 하위 법령에 경과규정을 두는 등으로 위임입법의 한계를 벗어나지 않는 한 다양한 입법기술을 활용하여 경과조치를 할 수 있다. 입법자가 별도의 경과규정을 두지 않았다면, 특별한 사정이 없는 한 입법자의 의사는 형법 제1조 제2항과 형사소송법 제326조 제4호의 명문규정에 따라 종전 법령 위반행위에 대하여 더 이상 처벌을 하지 않거나 형이 가벼워진 신법을 적용하려는 것이라고 해석할 수 있다.

3) '법령의 변경'의 의미

가) 형법 제1조 제1항은 "범죄의 성립과 처벌은 행위 시의 법률에 따른다."라고 하여 행위시법주의의 원칙을 규정하고, 형법 제1조 제2항은 "범죄 후 법률이 변경되어 그 행위가 범죄를 구성하지 아니하게 되거나 형이 구법보다 가벼워진 경우에는 신법에 따른다."라고 하여 행위시법주의의 예외로 재판시법주의를 규정하고 있다. 이러한 형법 제1조의 문언과 입법취지 등을 종합하여 보면, 형법 제1조 제2항과 형사소송법 제326조 제4호에서 말하는 법령의 변경은 해당 형벌법규에 따른 범죄의 성립 및 처벌과 직접 관련된 것이어야 하고, 이는 결국 해당 형벌법규의 가벌성에 관한 형사법적 관점의 변화를 전제로 한 법령의 변경을 의미하는 것이다.

나) 구성요건을 규정한 형벌법규 자체 또는 그로부터 수권 내지 위임을 받은 법령의 변경에 따라 범죄를 구성하지 아니하게 되거나 형이 가벼워진 경우에는, 당연히 해당 형벌법규에 따른 범죄의 성립 및 처벌과 직접적으로 관련된 형사법적 관점의 변화에 근거한 것으로 인정할 수 있으므로, 형법 제1조 제2항과 형사소송법 제326조 제4호가 그대로 적용된다. 형벌법규가 헌법상 열거된 법규명령이 아닌 고시 등 규정에 구성요건의 일부를 수권 내지 위임한 경우에도 그 고시 등 규정이 위임입법의 한계를 벗어나지 않는 한 모법인 형벌법규와 결합하여 형사처벌의 근거가 되는 것이므로, 고시 등 규정이 변경되는 경우에도 마찬가지로 형법 제1조 제2항과 형사소송법 제326조 제4호에서 말하는 법령의 변경에 해당한다.

다) 그러나 해당 형벌법규 자체 또는 그로부터 수권 내지 위임을 받은 법령이 아닌 다른 법령이 변경되어 결과적으로 해당 형벌법규에 따른 범죄가 성립하지 아니하게 되거나 형이 가벼워진 경우에는, 문제된 법령의 변경이 해당 형벌법규에 따른 범죄의 성립 및 처벌과 직접적으로 관련된 형사법적 관점의 변화를 주된 근거로 하는 것인지 여부를 면밀히 따져 보아야 한다. 해당 형벌법규의 가벌성과 직접적으로 관련된 형사법적 관점의 변화가 있는지 여부는 종래 대법원판례가 기준으로 삼은 반성적 고려 유무와는 구별되는 것이다. 이는 입법자에게 과거의 처벌이 부당하였다는 반성적 고려가 있었는지 여부를 추단하는 것이 아니라, 법령의 변경이 향후 문제된 형사처벌을 더 이상 하지 않겠다는 취지의 규범적 가치판단을 기초로 한 것인지 여부를 판단하는 것이다. 이는 입법자의 내심의 동기를 탐지하는 것이 아니라, 객관적으로 드러난 사정을 기초로 한 법령해석을 의미한다.

즉, 해당 형벌법규에 따른 범죄 성립의 요건과 구조, 형벌법규와 변경된 법령과의 관계, 법령 변경의 내용 · 경위 · 보호목적 · 입법취지 등을 종합적으로 고려하여, 법령의 변경이 해당 형벌법규에 따른 범죄의 성립 및 처벌과 직접적으로 관련된 형사법적 관점의 변화를 주된 근거로 한다고 해석할 수 있을 때 형법 제1조 제2항과 형사소송법 제326조 제4호를 적용할 수 있다. 따라서 해당 형벌법규와 수권 내지 위임관계에 있지 않고 보호목적과 입법취지를 달리하는 민사적 · 행정적 규율의 변경이나, 형사처벌에 관한 규범적 가치판단의 요소가 배제된 극히 기술적인 규율의 변경 등에 따라 간접적인 영향을 받는 것에 불과한 경우는 형법 제1조 제2항과 형사소송법 제326조 제4호에서 말하는 법령의 변경에 해당한다고 볼 수 없다. 한편 입법자는 해당 형벌법규와 직접 관련이 없는 다른 법령을 변경할 때에도 해당 형벌법규에 따른 범죄의 성립 및 처벌에 대하여 신법을 적용한다는 취지의 경과규정을 둘 수 있다. 이로써 법령의 변경이 해당 형벌법규에 관한 형사법적 관점의 변화에 근거하는 것이라는 취지를 분명하게 밝혀 신법에 따르도록 할 수 있으므로, 입법자는 그 스스로도 입법목적을 얼마든지 관철시킬 수 있다.

라) 법령 제정 당시부터 또는 폐지 이전에 스스로 유효기간을 구체적인 일자나 기간으로 특정하여 효력의 상실을 예정하고 있던 법령이 그 유효기간을 경과함으로써 더 이상 효력을 갖지 않게 된 경우도 형법 제1조 제2항과 형사소송법 제326조 제4호의 적용 대상인 법령의 변경에 해당한다고 볼 수 없다. 이러한 법령 자체가 명시적으로 예정한 유효기간의 경과에 따른 효력 상실은 일반적인 법령의 개정이나 폐지 등과 같이 애초의 법령이 변경되었다고 보기 어렵고, 어떠한 형사법적 관점의 변화 내지 형사처벌에 관한 규범적 가치판단의 변경에 근거하였다고

볼 수도 없다. 유효기간을 명시한 입법자의 의사를 보더라도 유효기간 경과 후에 형사처벌 등의 제재가 유지되지 않는다면 유효기간 내에도 법령의 규범력과 실효성을 확보하기 어려울 것이므로, 특별한 사정이 없는 한 유효기간 경과 전의 법령 위반행위는 유효기간 경과 후에도 그대로 처벌하려는 취지라고 보는 것이 합리적이다.

[대법관 조재연, 대법관 안철상의 별개의견] ① 종래 대법원판례의 법리는 기준이 불명확하고 판단이 자의적일 수 있다는 점에서, 다수의견이 이를 폐기하고 형법 제1조 제2항과 형사소송법 제326조 제4호에서 말하는 '법령의 변경'의 기준으로 '형사법적 관점의 변화'를 제시한 것은 기본적으로 타당하고, 이에 찬동할 수 있다. 그러나 다수의견이 이 사건의 쟁점과 같이 형벌법규가 변경된 경우 원칙적으로 적용할 수 있는 기본 법리를 제시하는 데 그치지 않고 이 사건의 쟁점이 아닌 유형들까지 포함하여 세분화된 유형별 법리를 구성한 후 각 유형별로 일률적인 결론을 정한 것은 받아들이기 어렵다.

② 다수의견은 형법 제1조 제2항과 형사소송법 제326조 제4호에서 말하는 '법령의 변경'은 해당 형벌법규의 가벌성에 관한 형사법적 관점의 변화를 전제로 한 법령의 변경을 의미하는 것이라고 하면서, 해당 형벌법규 자체 또는 그로부터 수권 내지 위임을 받은 법령이 아닌 다른 법령이 변경된 경우는 여기서 말하는 법령의 변경에 해당하는 경우와 그렇지 않은 경우가 있다고 한다. 나아가 법령 제정 당시부터 또는 폐지 이전에 스스로 유효기간을 구체적인 일자나 기간으로 특정하여 효력의 상실을 예정한 법령이 그 유효기간을 경과함으로써 더 이상 효력을 갖지 않게 된 경우는 여기서 말하는 법령의 변경에 해당하지 않는다고 한다. 반면에 형벌법규가 헌법상 열거된 법규명령이 아닌 고시 등 규정에 구성요건의 일부를 수권 내지 위임한 경우로서 고시 등 규정이 변경된 경우는 여기서 말하는 법령의 변경에 해당한다고 한다. 이러한 다수의견의 태도는 형법 제1조 제2항과 형사소송법 제326조 제4호의 적용 대상인 법령의 변경에 해당하는지 여부가 유형에 따라 달라지는 상대적인 것임을 의미한다. 그러나 다수의견과 같이 각 유형별 처리 방법을 세부적 · 일률적으로 규정할 것이 아니라 형벌법규가 변경된 경우에 원칙적으로 적용할 수 있는 기본 법리를 제시하는 것이 타당하고, 이로써 충분하다.

③ 다수의견이 이른바 협의의 한시법 중 구체적인 일자나 기간으로 유효기간을 특정한 법령에 대해서는 추급효가 인정되는 것으로 보거나 형벌법규로부터 수권 내지 위임을 받은 하위 법령이나 고시 등 규정에 대해서는 피고인에게 유리하게 변경된 경우 무조건 재판시법이 적용되는 것으로 봄으로써, 유형별로 일률적 · 절대적인 결론을 제시하는 해석방법으로 형법 제1조 제2항의 설정 범위를 확대하거나 축소하는 것은 받아들이기 어렵다. 이는 다종다양한 사건에서 형사법의 보호적 기능을 고려한 해석으로 행위시법주의의 예외를 적정한 범위에서 인정할 수 있는 기본 법리로서의 기능과 역할을 배제하고, 각 유형별 결론을 일률적 · 절대적으로 정한 것이어서 동의하기 어렵다. 형사법적 관점의 변화라는 것은 개별 사안별로 적절하게 판단되어야 할 상대적 가치를 지닌 관념으로서, 같은 유형의 형벌법규 변경이라고 하더라도 당해 법규의 취지와 내용 등에 따라 형사법적 관점의 변화에 따른 변경인지 여부가 달리 판단될 수 있는 것이지, 유형별로 일률적 · 절대적으로 판단될 수 있는 것이 아니다.

④ 형벌법규 자체의 변경 이외에 다수의견이 제시한 예외적 유형들, 즉 형벌법규로부터 수권 내지 위임을 받은 하위 법령이나 고시 등 규정이 변경된 경우, 이러한 수권 내지 위임관계에 있지 않은 다른 법령이 개정된 경우, 법령이 구체적인 일자나 기간으로 스스로 예정한 유효기간을 경과한 경우 등의 처리 방법에 관하여 다수의견이 제시한 법리는 이 사건의 해결과는 직접 관련이 없는 방론에 불과하다.

[대법관 노태악, 대법관 천대엽의 별개의견] 법령이 개정 · 폐지된 경우와 스스로 예정한 유효기간을 경과한 경우 모두 피고인의 입장에서는 법률상태가 유리하게 변경되었다는 점에서 동일함에도 이를 달리 취급할 근거가 없다. 그럼에도 형법 제1조 제2항과 형사소송법 제326조 제4호에서 말하는 법령의 변경의 범위에서 법령이 예정한 유효기간을 경과한 경우를 일률적으로 제외함으로써 결과적으로 처벌 범위를 부당하게 확장시키는 결과를 가져오는 다수의견은 찬성하기 어렵다. 피고인에게 유리한 형법 제1조 제2항과 형사소송법 제326조 제4호의 적용 범위에 대한 축소해석은 불가피하고 합리적인 범위 내로 최대한 제한되어야 하므로, 유효기간을 예정한 법령이나 고시 등 규정의 경우에도 분명한 경과규정이 없다면 원칙적으로 형법 제1조 제2항과 형사소송법 제326조 제4호의 문언을 그대로 적용하고, 예외적으로 해당 법령이나 고시 등 규정을 형사법적 관점으로 평가하여 행위시법을 적용할 수 있는 예외를 인정하면 족하다. 이 사건은 유효기간을 예정한 법령이 문제되는 경우에 해당하지 않고, 구성요건을 규정한 형벌법규 자체가 개정되어 형이 가벼워진 경우이므로 위와 같은 예외 법리를 적용할 필요도 없다. 따라서 이 부분 공소사실 기재 행위는 형법 제1조 제2항과 형사소송법 제326조 제4호에 따라 재판시법인 도로교통법 제156조 제11호, 제44조 제1항으로 처벌할 수 있을 뿐이므로, 이 사건 법률 개정 전 구 도로교통법 제148조의2 제1항, 도로교통법 제44조 제1항을 적용한 원심판결은 유지될 수 없다.

[다수의견에 대한 대법관 이동원의 보충의견] 형사처벌을 위한 재판규범의 판단기준에 관하여 명확한 법리를 정립하는 것은 실질적 법치주의 실현의 필수조건이다. 다수의견은 사회공동체의 질서와 법익을 보호하는 형사법의 기능을 약화시키는 것이 아니고, 실질적 법치주의의 토대 위에서 이를 달성하고자 하는 것이다. 수범자가 처벌과 불처벌을 간명하게 구별할 수 있어야만 법치주의 원리와 형사법의 기능이 실질적으로 구현될 수 있다. 다수의견은 법적 안정성과 예측가능성을 확보하기 위하여 어떤 법령이 재판규범인지 판단하는 기준에 관하여 보다 분명한 견해를 제시하여야 한다는 입장에서 종래 대법원판례를 변경하고, 관련 조항의 법문언과 입법취지를 살펴 법령의 변경의 범위를 보다 명확하고 합리적으로 제시하고 있는 것이다.

[사실관계] 피고인은 도로교통법위반(음주운전)죄로 4회 처벌받은 전력이 있음에도 2020.1.5. 혈중알코올농도 0.209%의 술에 취한 상태로 전동킥보드를 운전하였다. 원심은 구 도로교통법 제148조의2 제1항, 도로교통법 제44조 제1항을 적용하여 이 부분 공소사실을 유죄로 판단하였다. 그러나 구 도로교통법이 2020.6.9. 법률 제17371호로 개정되어 원심판결 선고 후인 2020.12.10. 개정 도로교통법이 시행되면서 제2조 제19호의2 및 제21호의2에서 이 사건 전동킥보드와 같은 '개인형 이동장치'와 이를 포함하는 '자전거 등'에 관한 정의규정을 신설하였다. 이에 따라 개인형 이동장치는 자전거 등에 해당하게 되었으므로, 자동차 등 음주운전 행위를 처벌하는 제148조의2의 적용 대상에서 개인형 이동장치를 운전하는 경우를 제외하는 한편, 개인형 이동장치 음주운전 행위에 대하여 자전거 등 음주운전 행위를 처벌하는 제156조 제11호를 적용하도록 규정하였다(이하 '이 사건 법률 개정'이라고 한다). 그 결과 이 부분 공소사실과 같이 도로교통법 제44조 제1항 위반 전력이 있는 사람이 다시 술에 취한 상태로 전동킥보드를 운전한 행위에 대하여, 이 사건 법률 개정 전에는 구 도로교통법 제148조의2 제1항을 적용하여 2년 이상 5년 이하의 징역이나 1천만원 이상 2천만원 이하의 벌금으로 처벌하였으나, 이 사건 법률 개정 후에는 도로교통법 제156조 제11호를 적용하여 20만원 이하의 벌금이나 구류 또는 과료로 처벌하게 되었다. 이 사건 법률 개정은 이러한 내용의 신법 시행 전에 이루어진 구 도로교통법 제148조의2 제1항 위반행위에 대하여 종전 법령을 그대로 적용할 것인지에 관하여 별도의 경과규정을 두고 있지 아니하다.

관련판례 법무사인 피고인이 개인회생 · 파산사건 관련 법률사무를 위임받아 취급하여 변호사법위반으로 기소된 후 개인회생 · 파산사건 신청대리업무를 법무사의 업무로 추가하는 법무사법 개정이 이루어진 사안에서 대법원은 이 사건 법률 개정으로 제6호의 내용이 추가된 법무사법 제2조는 이 부분 공소사실의 해당 형벌법규인 변호사법 제109조 제1호 또는 그로부터 수권 내지 위임을 받은 법령이 아닌 별개의 다른 법령에 불과하고, 법무사의 업무범위에 관한 규정으로서 기본적으로 형사법과 무관한 행정적 규율에 관한 내용이므로, 이는 타법에서의 비형사적 규율의 변경이 문제된 형벌법규의 가벌성에 간접적인 영향을 미치는 경우에 해당할 뿐이어서, 원칙적으로 형법 제1조 제2항과 형사소송법 제326조 제4호의 적용 대상인 형사법적 관점의 변화에 근거한 법령의 변경에 해당한다고 볼 수 없다는 이유로, 원심이 반성적 고려를 기준으로 판단한 것은 잘못이나 결론적으로 형법 제1조 제2항과 형사소송법 제326조 제4호를 적용하지 아니하고 유죄로 인정한 것은 타당하다고 보아 상고를 기각함[대판 2023.2.23. 2022도6434].

→ 앞서 대법원 전원합의체 판결 2020도16420 판결의 판시사항 ⅴ)와 관련하여 해당 형벌법규 자체 또는 그로부터 수권 내지 위임을 받은 법령이 아닌 다른 법령의 변경으로 인한 형법 제1조 제2항과 형사소송법 제326조 제4호의 적용 여부가 문제된 사건

비교판례 구 「특정범죄 가중처벌 등에 관한 법률」(2022. 12. 27. 법률 제19104호로 개정되기 전의 것, 이하 '구 특정범죄가중법'이라 한다) 제5조의3 제1항, 제5조의11 제1항은 음주 또는 약물의 영향으로 정상적인 운전이 곤란한 상태에서 도로교통법 제2조에 규정된 자동차 또는 원동기장치자전거를 운전하여 사람을 상해에 이르게 한 사람을 처벌하도록 규정하고 있다. 구 도로교통법(2020. 6. 9. 법률 제17371호로 개정되기 전의 것, 이하 '구 도로교통법'이라 한다) 제2조 제19호 나목은 '배기량 50씨씨 미만(전기를 동력으로 하는 경우에는 정격출력 0.59킬로와트 미만)의 원동기를 단 차(「자전거 이용 활성화에 관한 법률」 제2조 제1호의2에 따른 전기자전거는 제외한다)'를 원동기장치자전거 중 일부로 규정하였고, 이 사건 전동킥보드는 위 규정에 따라 원동기장치자전거에 해당하였다. 그런데 구 도로교통법이 2020. 6. 9. 법률 제17371호로 개정되어 이 사건 범행 이후인 2020. 12. 10. 개정 도로교통법이 시행되면서 제2조 제19호의2 및 제21호의2에서 이 사건 전동킥보드와 같은 "개인형 이동장치"와 이를 포함하는 "자전거 등"에 관한 정의 규정을 신설하였다. 이에 따라 개인형 이동장치는 개정 도로교통법 제2조 제21호의 "자동차 등"이 아닌 같은 조 제21호의2의 "자전거 등"에 해당하게 되었다. 그러나 개정 도로교통법 제2조 제19호의2는 "개인형 이동장치"란 제19호 나목의 원동기장치자전거 중 시속 25킬로미터 이상으로 운행할 경우 전동기가 작동하지 아니하고 차체 중량이 30킬로그램 미만인 것으로서 행정안전부령으로 정하는 것을 말한다고 규정함으로써 그 문언상 원동기장치자전거 내에 개인형 이동장치가 포함되어 있음을 알 수 있다. 또한 개정 도로교통법 제17조 제1항, 제50조 제3항 등 여러 규정을 보더라도 개인형 이동장치가 원동기장치자전거 내에 포함됨을 전제로 이를 위 각 규정의 적용대상에서 제외하는 방식을 취하고 있고, 개정 도로교통법 제13조의2, 제15조의2 등 기존의 자전거의 통행방법 등에 관한 규정에 개인형 이동장치까지 포함하도록 정하고 있다. 이러한 점을 고려하면 전동킥보드와 같은 개인형 이동장치는 원동기장치자전거와는 다른 별개의 개념이 아니라 원동기장치자전거에 포함되고, 다만, 개정 도로교통법은 통행방법 등에 관하여 개인형 이동장치를 자전거에 준하여 규율하면서 입법기술상의 편의를 위해 이를 "자전거 등"으로 분류하였다고 보는 것이 타당하다.

이러한 개정 도로교통법의 문언 · 내용 · 체계에다가 도로교통법 및 특정범죄가중법의 입법목적과 보호법익, 전동킥보드와 같은 개인형 이동장치에 대한 특정범죄가중법상의 규율 및 처벌의 필요성 등을 고려해보면, 구 특정범죄가중법 제5조의11에서의 '원동기장치자전거'에는 전동킥보드와 같은 개인형 이동장치도 포함된다고 판단되고, 비록 개정도로교통법이 전동킥보드와 같은 개인형 이동장치에 관한 규정을 신설하면서 이를 "자동차 등"이 아닌 "자전거 등"으로 분류하였다고 하여 이를 형법 제1조 제2항의 '범죄 후 법률이 변경되어 그 행위가 범죄를 구성하지 아니하게 된 경우'라고 볼 수는 없다[대판 2023.6.29. 2022도13430].

판례해설 피고인이 운전한 '전동킥보드'가 개인형 이동장치로서 "원동기장치자전거"에 해당하므로 "전동킥보드의 운전자"는 여전히 특정범죄가중법위반(위험운전치상)죄의 주체에 해당한다.

범죄후 재판확정 전의 법률의 변경으로 비범죄화 된 경우의 법적 효과

	추급효부정설	추급효긍정설		판 례
		협의의 한시법설	광의의 한시법설	
협의의 한시법의 폐지	제1조 제2항 적용	제1조 제1항 적용	제1조 제1항 적용	제1조 제2항 적용(협의의 한시법 제외)
임시법의 폐지	제1조 제2항 적용	제1조 제2항 적용	제1조 제1항 적용	
일반법의 폐지	제1조 제2항 적용	제1조 제2항 적용	제1조 제2항 적용	

(3) 백지형법

① 의 의

㉮ 개 념 : i) 백지형법이란 형벌의 전제가 되는 구성요건의 전부 또는 일부를 다른 법률이나 명령 또는 고시에 위임하고 있는 형벌법규를 말한다(예 중립명령위반죄,[11] 각종 경제통제법령 등). ii) 백지형법은 하나의 조문에 구성요건과 형벌을 모두 규정하고 있는 완전형법(예 살인죄)에 대칭되는 개념이다. iii) 백지형법의 공백을 보충하는 규범을 보충규범(충전규범)이라고 한다(예 중립명령, 각종 경제통제법령에서의 고시).

㉯ 한시법과의 관계 : 백지형법은 한시법인 경우가 많으나 모두 한시법인 것으로 단정할 수 없다.[12]

判例 시행령이 제정되지 않은 경우 범죄성립의 가능성 (가능)

1. 골재채취법 제22조 제1항이 시행령에 위임한 내용은 허가의 절차·방법 등에 관한 것에 불과하고 범죄구성요건의 일부를 위임한 것이 아니므로, 골재채취법 시행 이후 피고인들이 허가 없이 골재를 채취하였다면 비록 행위 당시 시행령이 제정되지 아니하였다고 하더라도 골재채취법위반죄에 해당한다[대판 1994.11.8. 94도2340].
2. 당해 선거의 시행을 위한 시행령이나 조례가 아직 제정되지 아니한 경우에도 사전선거운동의 범행이 구성될 수 있다[대판 1994.10.28. 93도1166].

② 보충규범의 개폐와 추급효 인정여부

---

11) 제112조 (중립명령위반) 외국간의 교전에 있어서 중립에 관한 명령에 위반한 자는 3년 이하의 금고 또는 500만원 이하의 벌금에 처한다.

12) 학설에 따라 한시법의 인정범위가 달라질 수 있기 때문이다.

쟁점연구

1. 문제점

백지형법에 있어서 형벌법규 자체는 그대로 두고 보충규범만 개폐한 경우에 보충규범 존재시의 위반행위자를 처벌할 수 있는지가 문제된다. 이는 결국 보충규범의 개폐도 형법 제1조 제2항의 '법률의 변경'에 해당하는가의 문제에 해당한다.

2. 학 설

① **소극설** : 보충규범의 개폐는 구성요건의 내용인 행정처분의 변경에 불과하므로 법률의 변경에 해당하지 않는다는 견해이다. 이 견해에 의하면 행위자는 형법 제1조 제1항에 의하여 행위시법으로 처벌된다(전면적 처벌설).

② **적극설** : 보충규범도 상위규범과 합하여 전체로서 형벌법규를 이루므로 보충규범의 개폐도 법률의 변경에 해당한다는 견해이다. 이 견해에 의하면 행위자는 제1조 제2항이 적용되어 면소판결을 받게 된다(전면적 면소설).

3. 판 례

보충규범의 변경의 경우도 '법률의 변경'에 해당한다고 본다. 다만, 해당 형벌법규 자체 또는 그로부터 수권 내지 위임을 받은 법령이 아닌 다른 법령이 변경된 경우 해당 형벌법규에 따른 범죄의 성립 및 처벌과 직접적으로 관련된 형사법적 관점의 변화를 주된 근거로 하는 경우에 한하여 법령의 변경에 해당한다는 입장이다. [♠ 15 사시]

4. 검 토 (판례 지지)

형법 제1조 제2항의 법률은 총체적 법률상태를 의미하므로 보충규범도 제1조 제2항의 법률에 해당된다고 보아야 하므로, 백지형법에 있어서 형벌법규 자체는 그대로 두고 보충규범만 개폐한 경우도 형법 제1조 제2항의 법률의 변경에 해당한다.

Ⅱ. 장소적 적용범위

1. 의 의

형법의 장소적 적용범위란 어떤 장소에서 발생한 범죄에 대하여 형법이 적용되는가 하는 문제를 말한다.

2. 입법주의

(1) 속지주의

① 속지주의란 자국의 영역 내에서 발생한 모든 범죄에 대해서 범죄인의 국적 여하를 불문하고 자국형법을 적용한다는 원칙을 말한다. 기국주의는 속지주의를 확장하기 위한 특수한 원칙으로 자국 영역 외에 있는 자국의 선박 또는 항공기 내에서 발생한 범죄에 대하여도 자국형법을 적용한다는 원칙이다.

② 우리 형법은 속지주의(제2조, 제4조)를 원칙으로 하면서 속인주의(제3조)와 보호주의(제5조, 제6조)를 가미하고 있다.

(2) 속인주의

① 자국민의 범죄에 대해서는 범죄지 여하를 불문하고 자국형법을 적용한다는 원칙을 말한다.

② 유 형 : ⅰ) 적극적 속인주의란 자국민이 자국 영역 외에서 범한 모든 범죄에 대하여 자국형법을 적용하는 하는 원칙을 말한다. 우리 형법은 적극적 속인주의를 취하고 있다(제3조). ⅱ) 소극적 속인주의란 자국민이 자국 영역 외에서 자국 또는 자국민의 법익을 침해한 범죄에 대해서만 자국형법을 적용하는 원칙을 말한다.

(3) 보호주의

자국(국가보호주의) 또는 자국민(국민보호주의)의 법익을 침해하는 범죄에 대하여는 범죄인의 국적과 범죄지 여하를 불문하고 자국형법을 적용하는 원칙을 말한다.

(4) 세계주의

인류에 대한 공동적인 범죄(예 전쟁도발, 인종학살, 인신매매, 마약밀매, 항공기납치, 국제테러)에 대하여 범죄지 · 범죄인의 국적 여하를 불문하고 자국형법을 적용하는 원칙을 말한다.

3. 형법의 태도

(1) 속지주의

제2조(국내범) 본법은 대한민국 영역 내에서 죄를 범한 내국인과 외국인에게 적용한다.

① 대한민국 영역 : 영역은 영토 · 영해 · 영공을 포함한다. 따라서 인천항에 정박 중인 대한민국 · 외국의 선박이나 인천공항을 막 이륙한 대한민국 · 외국의 항공기 내에서 죄를 범한 내국인 · 외국인에 대하여는 속지주의가 적용된다.

判例 대한민국의 영역인가의 여부

1. **(북한 : 대한민국의 영역)** 헌법 제3조는 대한민국의 영토는 한반도와 그 부속도서로 한다고 규정하고 있어 북한도 대한민국의 영토에 속하는 것이 분명하다[대판(전) 1997.11.20. 97도2021]. [♣ 21 변시]
2. **(중국 북경시에 소재한 대한민국 영사관 내부 : 중국의 영역)** 중국 북경시에 소재한 대한민국 영사관 내부는 여전히 중국의 영토에 속할 뿐 이를 대한민국의 영토로서 그 영역에 해당한다고 볼 수 없다[대판 2006.9.21. 2006도5010]. [♠ 09 사시]
3. **(베를린 주재 북한이익대표부 : 독일영역)** 독일인이 독일 내에서 북한의 지령을 받아 베를린 주재 북한이익대표부를 방문하고 그곳에서 북한공작원을 만났다면 위 각 구성요건상 범죄지는 모두 독일이므로 이는 외국인의 국외범에 해당하여, 형법 제5조와 제6조에서 정한 요건에 해당하지 않는 이상 처벌할 수 없다[대판(전) 2008.4.17. 2004도4899]. [♠ 11 사시]

② **죄를 범한**(범죄지) : 행위 또는 결과의 어느 것이라도 대한민국의 영역 내에서 발생하면 족하다(통설). 부작위범의 경우에는 의무이행지, 공범의 경우 정범의 행위지뿐만 아니라 공범의 행위지도 범죄지에 해당한다[98도2734판결의 원심판결; 김일수, 54면].

判例 속지주의가 적용되는 경우

1. **(공모지가 대한민국 영역 내인 경우 속지주의 적용됨)** 형법 제2조를 적용함에 있어서 공모공동정범의 경우 공모지도 범죄지로 보아야 한다[대판 1998.11.27. 98도2734]. [♠ 01, 05, 11, 13 사시]
2. **(대한민국 영역 내에서 금품수수행위가 있었다면 알선행위의 장소가 외국일지라도 속지주의 적용됨)** 외국인이 대한민국 공무원에게 알선한다는 명목으로 금품을 수수하는 행위가 대한민국 영역 내에서 이루어진 이상, 비록 금품수수의 명목이 된 알선행위를 하는 장소가 대한민국 영역 외라 하더라도 대한민국 영역 내에서 죄를 범한 것이라고 하여야 할 것이므로, 형법 제2조에 의하여 대한민국의 형벌법규인 구 변호사법 제90조 제1호가 적용되어야 한다[대판 2000.4.21. 99도3403]. [♠ 01, 06 사시] [♣ 19 변시]

③ **외국인** : 외국 국적자는 물론 무국적자도 포함된다.

(2) 속인주의

제3조(내국인의 국외범) 본법은 대한민국 영역 외에서 죄를 범한 내국인에게 적용한다.

① **내국인** : ⅰ) 대한민국 국적자를 말하며 범행당시를 기준으로 판단한다. 따라서 대한민국 국적을 가진 자가 범행 후 국적을 이탈한 경우에도 제3조는 적용되며, 대한민국 국적을 가지지 아니한 자가 범행 후 대한민국 국적을 취득한 경우에도 제3조는 적용될 수 없다. ⅱ) 북한주민도 내국인에 해당한다(판례).

사 례 연 습

【속인주의】 ※ 내국인의 판단시점 [♠ 00 사시]

미국인 甲은 미국에서 프랑스인 乙을 상해하고 우리나라로 여행을 왔다. 甲은 한국인 丙女와 만나 결혼한 후 우리나라의 국적을 취득하여 우리나라에 거주하고 있다. 甲이 乙에게 범한 상해죄에 대하여 우리 형법의 적용의 가능성을 판단하라.

|**해**|**설**| ⅰ) 대한민국 영역 외에서 범한 범죄이므로 속지주의의 적용이 불가능하다. ⅱ) 甲이 상해죄를 범한 후 우리나라 국적을 취득했으나 속인주의가 적용되기 위해서는 행위 당시에 내국인이어야 하므로 속인주의가 적용될 수 없다. ⅲ) 상해죄는 제5조 보호주의의 적용대상이 아니며, 또한 피해자가 대한민국 국민에 해당하지 않으므로 제6조 보호주의가 적용될 수도 없다. ⅳ) 상해죄는 세계주의의 적용대상 범죄가 아니다. 결국 甲의 범죄에 대하여는 우리 형법의 적용이 불가능하다.

② 형법은 국외에서 범한 내국인의 모든 범죄에 대하여 적용된다(적극적 속인주의). 따라서 내국인이 대한민국영역 외에서 대한민국 형법상의 범죄를 범한 경우에는 비록 행위지의 법에 의하여 범죄를 구성하지 않더라도 우리 형법은 적용된다[신동운 45면].

判例 속인주의가 적용되는 사례

1. **(을지로의 미국 문화원에서 죄를 범한 대한민국 국민에 대하여는 미국 문화원을 치외법권지역으로 인정하더라도 속인주의에 의하여 우리나라에 재판권이 있다)** 국제협정이나 관행에 의하여 대한민국 내에 있는 미국문화원이 치외법권지역이고 그곳을 미국영토의 연장으로 본다 하더라도 그곳에서 죄를 범한 대한민국 국민에 대하여 우리 법원에 먼저 공소가 제기되고 미국이 자국의 재판권을 주장하지 않고 있는 이상 속인주의를 함께 채택하고 있는 우리나라의 재판권은 동인들에게도 당연히 미친다 할 것이며 미국문화원측이 동인들에 대한 처벌을 바라지 않았다고 하여 그 재판권이 배제되는 것도 아니다[대판 1986.6.24. 86도403]. [♠ 01, 11 사시]
2. **(필리핀국에서 도박을 한 대한민국 국민에 대하여는 속인주의에 의하여 우리 형법이 적용된다)** 형법 제3조는 형법의 적용 범위에 관한 속인주의를 규정하고 있는바, 필리핀국(또는 미국)에서 카지노의 외국인 출입이 허용되어 있다 하여도 형법 제3조에 따라 필리핀국에서 도박을 한 피고인에게 우리나라 형법이 당연히 적용된다[대판 2001.9.25. 99도3337]. [♠ 01, 11 사시]

判例 폐광지원법이 외국 카지노에서의 도박까지 위법성을 조각시키는지 여부(부정)

형법 제3조는 "본법은 대한민국 영역 외에서 죄를 범한 내국인에게 적용한다."고 하여 형법의 적용 범위에 관한 속인주의를 규정하고 있고, 또한 국가 정책적 견지에서 도박죄의 보호법익보다 좀 더 높은 국가이익을 위하여 예외적으로 내국인의 출입을 허용하는 폐광지역 개발지원에 관한 특별법 등에 따라 카지노에 출입하는 것은 법령에 의한 행위로 위법성이 조각된다고 할 것이나, 도박죄를 처벌하지 않는 외국 카지노에서의 도박이라는 사정만으로 그 위법성이 조각된다고 할 수 없다[대판 2004.4.23. 2002도2518]. [♠ 11 사시] [♣ 21 변시]

(3) 기국주의

제4조(국외에 있는 내국선박 등에서 외국인이 범한 죄) 본법은 대한민국 영역 외에 있는 대한민국의 선박 또는 항공기 내에서 죄를 범한 외국인에게 적용한다.

① 대한민국 영역 외 : 공해의 영역과 외국 영역을 말한다. 따라서 공해인 남태평양을 항해중이거나 미국의 샌프란시스코항에 정박 중인 대한민국의 선박 내에서 죄를 범한 외국인에게 제4조(기국주의)에 의하여 우리 형법이 적용된다.

② 대한민국의 선박 또는 항공기 : 대한민국이 선적국 또는 등록지국인 선박 또는 항공

기를 말한다. 따라서 실질적으로 대한민국의 회사가 보유한 선박일지라도 외국을 선적국으로 한 경우에는 기국주의가 적용될 수 없다.

③ **죄를 범한** : 행위 또는 결과의 어느 것이라도 대한민국의 선박 또는 항공기 내에서 발생하면 족하다(통설). [♠ 12 사시]

(4) 보호주의

제5조(외국인의 국외범) 본법은 대한민국 영역 외에서 다음에 기재한 죄를 범한 외국인에게 적용한다.
1. 내란의 죄
2. 외환의 죄
3. 국기에 관한 죄
4. 통화에 관한 죄
5. 유가증권, 우표와 인지에 관한 죄
6. 문서에 관한 죄 중 제225조 내지 제230조(※ 공문서에 관한 죄)
7. 인장에 관한 죄 중 제238조(※ 공인장에 관한 죄)

① 제5조를 절대적 보호주의라고 한다. 중국인이 중국에서 경기도 지방경찰청장 명의의 운전면허증을 위조한 경우 제5조에 의하여 대한민국의 형법이 적용된다. [♠ 01, 09, 13 사시]

사 례 연 습

【제5조 보호주의】 ※ 외국인이 외국에서 외국통화를 위조한 사건 [♠ 06, 09, 11 사시]

미국인 甲은 행사할 목적으로 하와이에서 액면 100달러의 미화(美貨) 100장을 위조하여 유통시켰다. 甲에 대하여 우리나라 형법의 적용가능성을 검토하라.

|해|설| 甲의 행위는 외국통용외국통화위조죄 및 동행사죄에 해당하며(제207조 제3항, 제4항),[13] 따라서 제5조 제4호에 의하여 우리나라 형법이 적용된다.

제6조(대한민국과 대한민국국민에 대한 국외범) 본법은 대한민국 영역 외에서 대한민국 또는 대한민국국민에 대하여 전조에 기재한 이외의 죄를 범한 외국인에게 적용한다. [♠ 12 사시] 단 행위지의 법률에 의하여 범죄를 구성하지 아니하거나 소추 또는 형의 집행을 면제할 경우에는 예외로 한다.

② 제6조는 상대적 보호주의라고 하며 행위지의 법률과의 충돌을 막기 위하여 우리 형법적용의 예외를 인정하고 있다.

13) 형법 제207조 제3항은 행사할 목적으로 외국에서 통용하는 외국의 지폐를 위조한 자를 처벌한다.

判例 제6조의 적용요건 및 제6조가 적용될 수 없는 사례

1. [1] 제6조의 '대한민국 또는 대한민국 국민에 대하여 죄를 범한 때'란 대한민국 또는 대한민국 국민의 법익이 직접적으로 침해되는 결과를 야기하는 죄를 범한 경우를 의미한다. [♣ 21 변시]
   [2] **(캐나다 시민권자인 피고인이 캐나다에서 위조사문서를 행사한 경우)** 캐나다 시민권자인 피고인이 캐나다에서 위조사문서를 행사하였다면, 형법 제234조의 위조사문서행사죄는 형법 제5조 제1호 내지 제7호에 열거된 죄에 해당하지 않고, 위조사문서행사를 형법 제6조의 대한민국 또는 대한민국 국민의 법익을 직접적으로 침해하는 행위라고 볼 수도 없으므로 피고인의 행위에 대하여는 우리나라에 재판권이 없다[대판 2011.8.25. 2011도6507].
2. **(내국인이 아닌 피고인이 중국 북경시에 소재한 대한민국 영사관 내에서 타인 명의의 여권발급신청서 1장을 위조한 경우)** 내국인이 아닌 피고인이 중국 북경시에 소재한 대한민국 영사관 내에서 공소외인 명의의 여권발급신청서 1장을 위조한 경우, 중국 북경시에 소재한 대한민국 영사관 내부는 여전히 중국의 영토에 속할 뿐 이를 대한민국의 영토로서 그 영역에 해당한다고 볼 수 없을 뿐 아니라, 사문서위조죄가 형법 제6조의 대한민국 또는 대한민국 국민에 대하여 범한 죄에 해당하지 아니함은 명백하다[대판 2006.9.21. 2006도5010]. [♠ 09, 12 사시] [♣ 15, 21 변시]
3. **(중국 국적자가 중국에서 대한민국 국적 주식회사의 인장을 위조한 경우)** 형법 제239조 제1항의 사인위조죄는 형법 제6조의 대한민국 또는 대한민국국민에 대하여 범한 죄에 해당하지 아니하므로 중국 국적자가 중국에서 대한민국 국적 주식회사의 인장을 위조한 경우에는 외국인의 국외범으로서 그에 대하여 재판권이 없다[대판 2002.11.26. 2002도4929]. [♠ 04, 13, 15 사시]

判例 제6조가 적용될 수 있는 사례

1. 피고인이 뉴질랜드 시민권을 취득함으로써 우리나라 국적을 상실하였다면, 그 후 뉴질랜드에서 대한민국 국민에 대하여 사기행위를 하였더라도 외국인이 대한민국 영역 외에서 대한민국 국민에 대하여 범죄를 저지른 경우에 해당한다[대판 2008.7.24. 2008도4085].
2. [1] 내국 법인의 대표자인 외국인이 내국 법인이 외국에 설립한 특수목적법인에 위탁해 둔 자금을 정해진 목적과 용도 외에 임의로 사용한 데 따른 횡령죄의 피해자는 당해 금전을 위탁한 내국 법인이다. 따라서 그 행위가 외국에서 이루어진 경우에도 행위지의 법률에 의하여 범죄를 구성하지 아니하거나 소추 또는 형의 집행을 면제할 경우가 아니라면 그 외국인에 대해서도 우리 형법이 적용되어(형법 제6조), 우리 법원에 재판권이 있다.
   [2] 내국 법인의 대표자인 중국인 甲이 내국 법인이 홍콩에 설립한 특수목적법인에 위탁해 둔 자금을 정해진 목적과 용도 외에 임의로 사용하였다면 내국법인에 대한 횡령죄가 성립하며 우리 법원에 재판권이 있다고 한 사례[대판 2017.3.22. 2016도17465].

(5) 세계주의

형법은 약취, 유인 및 인신매매죄 등에 관한 규정이 대한민국 영역 밖에서 죄를 범한 외국인에게도 적용될 수 있도록 세계주의 규정을 신설하였다.[14)]

판 례 연 습

※ 중공민항기 납치 사건

중국인 甲 등은 자유중국(대만)으로 탈출하기로 모의하고 대련상공에서 중국민항기를 납치하였다. 이 과정에서 甲 등은 승무원인 A와 B에게 상해를 입혔으며, 위 항공기는 강제운항 중 춘천시 부근의 비행장에 불시착하였다. 甲 등은 항공기운항안전법 등의 위반죄로 우리 법원에 공소제기 되었다. 이 경우 甲 등에게 우리 형법을 적용할 수 있다. ( )

판결요지

항공기운항안전법 제3조, 항공기내에서 범한 범죄 및 기타 행위에 관한 협약(토오쿄협약) 제1조, 제3조, 제4조 및 항공기의 불법납치 억제를 위한 협약(헤이그협약) 제1조, 제3조, 제4조, 제7조의 각 규정들을 종합하여 보면 민간항공기납치 사건에 대하여는 항공기등록지국에 원칙적인 재판관할권이 있는 외에 항공기 착륙국인 우리나라에도 경합적으로 재판 관할권이 생기어 우리나라 항공기운항안전법은 외국인의 국외범까지도 적용대상이 된다고 할 것이다[대판 1984.5.22. 84도39]. [♠ 12 사시]

정답 (O)

(6) 외국에서 집행된 형의 산입

제7조(외국에서 집행된 형의 산입) 죄를 지어 외국에서 형의 전부 또는 일부가 집행된 사람에 대해서는 그 집행된 형의 전부 또는 일부를 선고하는 형에 산입한다. [전문개정 2016.12.20][15)] [♠ 14 사시] [♣ 19, 21 변시]

① 제7조의 산입대상인 외국에서 집행된 형의 의미

判例 외국에서 집행된 형의 의미(매우 중요)

[1] (가) 형법 제7조는 "죄를 지어 외국에서 형의 전부 또는 일부가 집행된 사람에 대해서는 그 집행된 형의 전부 또는 일부를 선고하는 형에 산입한다."라고 규정하고 있다. 그런데 여기서 '외국에서 형의 전부 또는 일부가 집행된 사람'이란 문언과 취지에 비추어 **'외국 법원의 유죄판결에 의하여** 자유형이나 벌금형 등 **형의 전부 또는 일부가 실제로 집행된 사람'을 말한다고 해석하여야 한다**. 따라서 형사사건으로 외국 법원에 기소되었다가 무죄판결을 받은 사람은, 설령 그가 무죄판결을

14) 제296조의2(세계주의) 제287조부터 제292조까지 및 제294조(약취, 유인 및 인신매매죄 등)는 대한민국 영역 밖에서 죄를 범한 외국인에게도 적용한다. [♣ 23 변시]

15) 개정 전에는 임의적 감면의 대상이었으나 형법 개정으로 필요적 산입으로 법적 효과가 변경되었다.

받기까지 상당 기간 미결구금되었더라도 이를 유죄판결에 의하여 형이 실제로 집행된 것으로 볼 수는 없으므로, '외국에서 형의 전부 또는 일부가 집행된 사람'에 해당한다고 볼 수 없고, 그 미결구금 기간은 형법 제7조에 의한 산입의 대상이 될 수 없다. [♣ 18 변시]
(나) 외국에서 무죄판결을 받고 석방되기까지의 미결구금은, 국내에서의 형벌권 행사가 외국에서의 형사절차와는 별개의 것인 만큼 우리나라 형벌법규에 따른 공소의 목적을 달성하기 위하여 필수불가결하게 이루어진 강제처분으로 볼 수 없고, 유죄판결을 전제로 한 것이 아니어서 해당 국가의 형사보상제도에 따라 구금 기간에 상응하는 금전적 보상을 받음으로써 구제받을 성질의 것에 불과하다. 따라서 위와 같이 외국에서 이루어진 미결구금을 형법 제57조 제1항에서 규정한 '본형에 당연히 산입되는 미결구금'과 같다고 볼 수 없다.
[2] 甲이 필리핀에서 살인죄를 범하였다가 무죄 취지의 재판을 받고 석방된 후 국내에서 다시 기소되어 제1심에서 징역 10년을 선고받게 된 경우, 甲이 외국에서 미결 상태로 구금된 5년여의 기간에 대하여는 '외국에서 집행된 형의 산입' 규정인 형법 제7조가 적용될 수 없다고 한 사례[대판(전) 2017.8.24. 2017도5977].

② 효 과 : 외국에서 집행된 형은 우리 법원에 의한 형의 선고시 반드시 산입되어야 한다.

判例 형법 제7조 적용의 효과

외국에서 형의 집행을 받은 자에 대하여 형을 선고한 것을 위법하다고 할 수 없다[대판 1988.1.19. 87도2287].[16] [♠ 04, 06, 08, 12, 13 사시]

③ **일사부재리의 원칙과의 관계** : 이 원칙은 국내법상의 원칙이므로 제7조가 동원칙에 반하는 것은 아니다.

判例 외국법원의 몰수선고와 추징의 가능성

국내에 밀수입하여 관세포탈을 기도하다가 외국에서 적발되어 압수된 물품이 그 후 몰수되지 아니하고 피고인의 소유 또는 점유로 환원되었으나 몰수할 수 없게 되었다면 관세법 제198조에 의하여 범칙 당시의 국내 도매가격에 상당한 금액을 추징하여야 할 것이나, 동 물품이 외국에서 몰수되어 그 소유가 박탈되어 몰수할 수 없게 된 경우에는 위 법조에 의하여 추징할 수 없다[대판 1979.4.10. 78도831]. [♠ 08 사시]

비교판례 관세법의 관련규정의 취지에 비추어 범인의 범칙물에 대하여는 범인의 소유 또는 점유로 인정되는 이상 필요적으로 몰수되어야 하고 범인의 소유 또는 점유하였던 것을 범인이 소비, 은닉, 훼손, 분실하는 등의 장애사유나 그 소재장소로 말미암은 장애사유로 인하여 몰수할 수 없는 때에는 이를 추징하여야 하므로 일본국 당국이 본건 범행당시 피고인으로부터 압수한 일본산 백금괴 15개를 일본국내에 있는 피고인의 대리인인 공소외인이 일본국 재판소로부터 환부받아 피고인을 위하여 보관하고 있는 경우에는 위 법 제198조 소정 몰수할 물품을 몰수할 수 없는 때에 해당된다 할 것이므로 그 물품의 범칙당시의 국내 도매가격에 상당한 금액을 피고인으로부터 추징하여야 마땅하다[대판(전) 1976.6.22. 73도2625].

16) 개정 전의 형법 제7조에 관한 판례이지만 개정형법의 취지에 어긋나는 부분을 수정하여 소개하여 두었다.

판례해설 기본판례의 경우 이미 외국에서 몰수가 되어버린 상태이므로 다시 국내법원에서의 추징의 선고를 할 수 없다는 취지의 판례이다. 비교판례의 경우 외국에서 아직 몰수가 되지 않은 상태이나 소재장소로 말미암은 장애사유로 몰수할 수 없는 때에 해당하여 국내법원에서 추징의 선고가 가능하다.

(7) 형법총칙의 적용범위

제8조(총칙의 적용) 본법 총칙은 타법령에 정한 죄에 적용한다. 단 그 법령에 특별한 규정이 있는 때에는 예외로 한다.

判例 제1조 제2항과 부칙과의 관계(제8조에 의해 부칙이 우선)

형법 제1조 제2항 및 제8조에 의하면 범죄 후 법률의 변경에 의하여 형이 구법보다 경한 때에는 신법에 의한다고 규정하고 있으나 신법에 경과규정을 두어 이러한 신법의 적용을 배제하는 것도 허용되는 것으로서, 형을 종전보다 가볍게 형벌법규를 개정하면서 그 부칙으로 개정된 법의 시행 전의 범죄에 대하여 종전의 형벌법규를 적용하도록 규정한다 하여 헌법상의 형벌불소급의 원칙이나 신법우선주의에 반한다고 할 수 없다[대결 1999.4.13. 99초76], [대판 2011.7.14. 2011도1303]. [♠ 02, 08, 12, 13, 14, 15 사시] [♣ 15 변시]

Ⅲ. 인적 적용범위

1. 의 의

① 형법이 어떤 사람에게 적용되는가에 대한 문제를 말한다.

② 형법은 원칙적으로 형법의 시간적 · 장소적 적용범위 내에 있는 모든 사람에게 적용된다.

2. 인적 적용범위의 예외

(1) 국내법상의 예외

① **대통령** : 대통령은 내란 또는 외환의 죄를 범한 경우를 제외하고는 재직 중 형사상의 소추를 받지 아니한다(헌법 제84조).

② **국회의원** : 국회의원은 국회에서 직무상 행한 발언과 표결에 관하여 국회 외에서 책임을 지지 아니한다(헌법 제45조).

(2) 국제법상의 예외

① **치외법권자** : 외국의 원수와 외교관(대사, 공사), 그 가족 및 내국인이 아닌 종자에 대하여는 우리 형법이 적용되지 않는다.

② **외국의 군대** : 한미간의 군대지위협정(SOFA)에 따라 공무집행 중의 미군범죄에 대하여는 미군 당국이 1차적 재판관할권을 가진다.

判例 미합중국 군속, 평시상태, 생활근거지가 한국(우리형법 적용 ○)

[1] 미합중국 국적을 가진 미합중국 군대의 군속인 피고인이 범행 당시 10년 넘게 대한민국에 머물면서 한국인 아내와 결혼하여 가정을 마련하고 직장 생활을 하는 등 생활근거지를 대한민국에 두고 있었던 경우, 피고인은 SOFA 협정에서 말하는 '통상적으로 대한민국에 거주하는 자'에 해당하므로, 피고인에게는 위 협정에서 정한 미합중국 군대의 군속에 관한 형사재판권 관련 조항이 적용될 수 없다.
[2] 한반도의 평시상태에서 미합중국 군 당국은 미합중국 군대의 군속에 대하여 형사재판권을 가지지 않으므로, … 미합중국 군대의 군속이 대한민국 영역 안에서 저지른 범죄로서 대한민국 법령에 의하여 처벌할 수 있는 범죄에 대한 형사재판권을 바로 행사할 수 있다[대판 2006.5.11. 2005도798].

제2절 형법이론

사실상 사법시험에서는 출제범위에서 제외되어 있었던 부분이었으나 2013년 변호사시험에서 1회 출제되었다. 기본적인 개념만 알아두면 되는 부분이다.

Ⅰ. 형벌이론

1. 응보형주의(절대설)

의의와 사상적 배경	① 형벌의 본질은 범죄에 대한 정당한 응보이며 형벌 자체가 목적이라고 본다. ② 형벌의 내용은 악에 대한 보복적 반동으로서 고통을 의미
주요학자와 이론	① Kant(동해적 응보론) : 형벌은 범죄에 대한 응보이며 다른 목적을 위한 수단이 아니다. ② Hegel(등가치 응보론) : 형벌은 이성(법)을 회복하기 위한 것이다.
평 가	① 장 점 : 형벌권행사를 책임주의에 의하여 제한하여 자유와 권리를 보장 ② 비판점 : 형벌을 과거에 행하여진 범죄에 대한 응보로만 보고(회고적 형벌관) 다른 목적을 위한 수단성을 부정하므로 범죄의 예방목적에 적합하지 아니하다.

2. 목적형주의(상대설)

	일반예방주의	특별예방주의
의 의	① 법률에 대한 위반행위(범죄)가 있을 때 그에 대하여 형벌을 가함으로써 법률이 앞으로도 유효하게 통용될 것이라는 믿음을 가지고 있는 일반인의 범죄를 예방하려는 사상을 말한다. [♣ 13 변시] ② 형벌위하에 의한 비자발적 범죄예방을 소극적 일반예방이라고 하며, 형벌에 의한 규범의식 강화 및 법규범에의 자발적 복종을 통한 범죄예방을 적극적 일반예방이라고 한다.	① 형벌에 의하여 범죄인이 다시 범죄를 범하지 않도록 예방하려는 사상을 말한다. ② 형벌위하에 의한 범죄인의 재범예방을 소극적 특별예방이라고 하며, 형벌을 통하여 범죄인을 개선 · 교육시켜 사회에 복귀시키는 것을 적극적 특별예방이라고 한다.
주요 학자	① Beccaria(고전학파의 선구자) 죄형법정주의, 죄형균형주의, 일반예방주의, 사형폐지론 주장 ② Feuerbach 형벌의 목적은 형벌위하에 기초한 심리강제를 통한 일반예방에 있다고 주장(소극적 일반예방) ③ Jakobs 형벌을 통하여 적극적으로 일반인의 규범의식을 강화하고 법규범에의 자발적인 복종을 가능케 함으로써 잠재적 범죄자의 법침해를 방지해야 한다는 이론(적극적 일반예방)	① Lombroso(근대학파의 선구자) 범죄인론, 생래적 범죄인론(결정론), 격세유전설 ② Ferri 범죄의 원인을 개인적 · 자연적 · 사회적 원인으로 구분하고 특히 사회적 원인을 중시 ③ Liszt(형벌의 개별화) "형벌은 개선이 가능하고 개선이 필요한 범죄자에게는 개선시키는 기능을, 개선이 불필요한 우발적 범죄자에게는 위하하는 기능을, 개선이 불가능한 범죄자에게는 무해화하는 기능을 수행하여야 한다." [♣ 13 변시]

특 징 [♣ 13 변시]	① 인간을 범죄투쟁의 수단으로 격하하고 국가에 의한 폭력을 초래할 위험이 있다. ② 재범할 가능성이 없다고 하더라도 범죄를 범한 이상 일반예방을 위하여 처벌의 필요성을 인정한다. ③ 법률 위반행위에 대하여 처벌을 긍정하므로 법률을 수회에 걸쳐 위반한 경우는 가중처벌도 긍정한다.	① 책임과의 관계를 떠나 위험성만을 근거로 형벌을 가할 때에는 국가 형벌권의 남용 우려가 있다. ② 재범할 가능성이 없는 즉 행위자의 위험성이 없는 경우에는 범죄가 중한 경우에도 처벌의 필요성을 인정하지 아니한다. ③ 행위자의 위험성을 고려할 수 있는 부정기형 및 가석방 제도를 긍정한다.

3. 절충설(결합설)

책임(응보)은 형벌의 상한을 제한할 뿐 하한을 제한하는 것은 아니며 형벌의 하한은 일반예방과 특별예방에 의해 결정되어야 한다(통설).

Ⅱ. 범죄이론

1. 객관주의

① 객관주의란 형법적 평가의 중점을 범죄의 외부에 나타난 부분, 즉 외부적인 행위와 결과에 두고 형벌의 종류와 경중도 이에 상응하여야 한다는 이론이다(범죄주의, 사실주의, 행위주의).

② 계몽사상을 배경으로, 자유의사는 모든 사람에게 평등하므로 형벌은 범죄사실의 양에 따라 결정되어야 한다고 하여, 형사책임의 기초를 외부적 범죄사실에 둠으로써 국가의 형벌권을 제한하여 개인의 자유와 권리를 보장하려는 이론이다.

2. 주관주의

① 형벌의 종류와 경중은 범죄사실에 따라 정할 것이 아니라 범죄인의 위험성에 의하여 결정되어야 한다는 이론이다(범인주의, 성격주의, 행위자주의, 범죄징표주의[1)]).

② 자연과학적 실증주의(결정론)를 배경으로, 인간의 자유의사는 환상에 불과하며 범죄는 범죄인의 소질과 환경에 의하여 결정된 행위자의 반사회적 위험성의 징표에 지나지 않는다고 보며 사회방위를 중요시하는 입장이다.

1) 범죄행위는 행위자의 범죄적 성격을 징표하는 것에 불과하다는 이론이다.

3. 양 주의의 형법해석상의 차이

① 객관주의와 주관주의의 대립은 범죄가 성립한 경우에 객관적 요소와 주관적 요소의 어느 면에 중점을 두어 판단할 것인가에 대하여 결론을 달리할 뿐이며, 객관주의라고 하여 주관적 요소를 무시하고 주관주의라고 하여 객관적 요소를 전적으로 부정하는 것은 아니다[이재상, 59면].

② 범죄의 순수한 주관적 요소(고의, 목적, 과실[2]), 순수한 객관적 요소(인과관계) 또는 위법성이론에 관하여는 주관주의와 객관주의의 대립이 나타날 수 없다[이재상, 59면].

객관주의와 주관주의의 형법해석상의 차이점

	객관주의	주관주의
자유의사	인 정	부 정
형벌의 기능	응보와 일반예방	특별예방
책임의 본질	비난가능성	반사회적 성격(행위자의 위험성)
책임능력	범죄능력	형벌적응능력
책임의 근거	도의적 책임론	사회적 책임론
책임판단의 대상	행위책임	행위자책임(성격책임)
구성요건적 착오	구체적 부합설 · 법정적 부합설	추상적 부합설
실행의 착수시기	객관설	주관설
미수범의 처벌	기수범보다 감경	기수범과 동일하게 처벌
불능범과 불능미수의 구별	객관설	주관설(불능범 부정)
공동정범의 본질	범죄공동설	행위공동설
공범의 종속성 유무	공범종속성설	공범독립성설
죄수결정의 기준	행위표준설 · 구성요건표준설 · 법익표준설	의사표준설

2) 다수설은 과실의 판단기준에 관하여는 주관주의와 객관주의의 대립이 있을 수 없다고 보나, 이에 반대하는 소수의 견해도 있다. 소수설에 의하면 객관주의는 주관설의 입장을 취하고 주관주의는 객관설을 취한다고 본다.

Ⅲ. 형법학파의 대립

	고전학파(구파)	근대학파(신파)
내 용	1. 의 의 형벌이론에 관한 응보형주의와 일반예방이론이 범죄이론에 있어서 객관주의와 결합하여 형성된 법사상이다. 2. 특 징 ① 비결정론 : 인간은 자유의사를 가지고 이성에 따라 자신의 행동을 규율할 수 있는 자율적 존재이며, 범죄인도 자유의사를 가지고 있다. ② 도의적 책임론 : 책임의 근거는 자유의사의 남용에 대한 도의적 비난이다. ③ 상대적 응보형주의 : 형벌의 본질은 응보에 있지만 형벌의 목적은 일반예방에 있다. ④ 이원론 : 형벌의 전제는 책임이며 보안처분의 전제는 범죄인의 위험성이므로 양자는 성격을 달리하며 대체가 불가능하다. ⑤ 정기형주의 : 범죄와 형벌은 균형을 이루어야 하므로 부정기형은 금지된다.	1. 의 의 형벌이론의 특별예방주의가 범죄이론에 있어서 주관주의와 결합하여 이루어진 법사상이다. 2. 특 징 ① 결정론 : 자유의사를 부정하면서 인간을 개인적 소질과 사회적 환경에 의하여 숙명적으로 결정되는 존재로 파악한다. ② 사회적 책임론(성격책임) : 책임의 근거는 범죄인의 반사회적 성격에 대한 사회적 비난이다. ③ 특별예방주의 : 형벌의 목적은 범죄인을 개선·교화시켜 사회에 복귀시킴으로서 범죄를 방지하는 것이 목적이다. ④ 일원론 : 형벌과 보안처분은 모두 범죄인의 사회적 위험성을 전제로 부과된다는 점에서 본질이 동일하고(대체가 가능) 다만 범죄인을 개선·교화시키기 위해 어느 것이 더 효과적인가 하는 차이만 있다. ⑤ 부정기형주의 : 형벌은 범죄인의 사회적 위험성의 개인차에 상응하여 개별화되어야 하고, 자유형의 기간은 형의 집행단계에서의 성과에 따라 결정될 수 있도록 부정기로 선고함이 타당하다.
비 판	인과율에 의하여 지배받는 구체적인 인간을 보지 못했다.	인간의 면은 강조하였으나 인간이 가지고 있는 인격을 보지 못하였다.

제 2 편 범죄론

- 제1장 범죄의 기본개념
- 제2장 구성요건
- 제3장 위 법 성
- 제4장 책 임 론
- 제5장 미 수 론
- 제6장 공 범 론
- 제7장 죄 수 론

제1장 범죄의 기본개념

제1절 범죄의 의의와 종류

처벌조건과 성립조건의 차이점, 범죄의 종류에서는 특히 계속범과 상태범의 구별실익을 잘 알아두어야 한다. 또한 추상적 위험범과 구체적 위험범의 규정체계와 그로 인한 법적효과의 차이를 이해해 두어야 한다.

Ⅰ. 범죄의 의의

1. 범죄의 개념

(1) 형식적 범죄개념[배종대, 4면]

ⅰ) 형벌법규에 의하여 형벌이 과해지는 행위, 즉 구성요건에 해당하고 위법하고 책임있는 행위를 범죄로 본다(범죄체계론적 범죄개념). ⅱ) 형법의 보장적 기능을 달성하게 해주지만, 어떤 행위를 범죄로 할 것인가에 대하여 기준을 제시하지 못한다.

(2) 실질적 범죄개념

ⅰ) 형법의 범죄규정과 무관하게 범죄의 '실질적 요건'을 규명하려는 범죄개념을 말한다. ⅱ) 범죄의 실질적 요건으로는 '사회에 유해하거나 법익을 침해하는 반사회적 행위'를 들 수 있다. ⅲ) 기존 형법질서의 정당성을 검증하여 범죄화와 비범죄화에 대한 판단기준을 제시해 준다(범죄의 형사정책적 의의). 그러나 ⅳ) 실질적 범죄개념은 법관의 범죄인정을 위한 구체적인 기준을 제시하지 못한다는 단점이 있다.

2. 범죄의 본질(실질적 범죄개념에서의 논의)

범죄의 본질이 무엇인가에 대하여는 권리침해로 보는 견해(권리침해설), 법익의 침해로 보는 견해(법익침해설), 법익을 침해하지 아니하여야 할 의무의 위반이라고 보는 견해(의무위반설)가 있으나 법익침해설과 의무위반설을 결합하여 범죄의 본질을 파악하는 것이 다수설이다.

Ⅱ. 범죄의 성립요건 · 처벌조건 · 소추조건

1. 범죄의 성립요건

① 형식적 범죄개념에 의하면 범죄가 성립하기 위하여는 구성요건의 해당성 · 위법성 · 책임의 세 가지 요소가 필요하다. 그러나 구성요건은 구성요건해당성 판단의 전제에 해당하며 범죄성립요건에 해당하지 않는다.

② ⅰ) 구성요건해당성이란 일정한 행위가 범죄의 구성요건에 합치하는 성질을 말한다. ⅱ) 위법성이란 구성요건에 해당하는 행위가 법질서 전체의 입장과 모순 · 배치되기 때문에 허용되지 않는다는 부정적 가치판단을 말한다. ⅲ) 책임이란 구성요건에 해당하고 위법한 행위를 한 행위자 개인에 대한 비난가능성을 말한다.

2. 범죄의 처벌조건

(1) 의 의

이미 성립한 범죄의 가벌성만을 좌우하는 실체법적 조건을 말한다. 처벌조건의 존재의의는 범죄성립요건을 갖춘 경우에도 형벌이 예외 없이 필요한 것은 아니므로 처벌조건에 의하여 형벌의 필요성 내지 유용성을 정책적으로 고려할 수 있다는 점에 있다.

(2) 종 류

		의 의	예
객관적 처벌조건		이미 성립한 범죄에 대하여 형벌권의 발생을 좌우하는 외부적 · 객관적 사유를 말한다. 객관적 처벌조건은 불법과 책임이 인정됨에도 불구하고 형벌을 외부적 · 객관적 사정에 의존시켜 형벌을 제한하기 때문에 책임주의와 합치된다.	① 사전수뢰죄에 있어서 '공무원 또는 중재인이 된 사실'(제129조 제2항)[1] ② 파산범죄에 있어서 '파산선고가 확정된 때'(구 파산법 제366조)
인적 처벌 조건	인적처벌 조각사유	이미 성립한 범죄에 대하여 행위당시에 존재하는 행위자의 특별한 신분관계로 인하여 가벌성이 처음부터 배제되는 경우이다.	① 친족상도례에서 형면제 신분(제328조 제1항) ② 면책특권을 가진 국회의원의 신분(헌법 제45조)
	인적처벌 소멸사유	이미 성립한 범죄에 대하여 가벌성이 인정된 후에 발생한 행위자의 특별한 태도로 인하여 이미 인정된 가벌성을 소급적으로 소멸시키는 사유이다.	① 형의 면제를 받는 중지미수(제26조) ② 형의 면제를 받는 자수(제90조 단서 등)

(3) 처벌조건과 법적 효과[2]

① 고의의 인식대상이 아님 : 원칙적으로 객관적 구성요건요소가 고의의 인식대상이므로 처벌조건은 고의의 인식대상이 아니며 따라서 처벌조건에 대한 착오는 범죄의 성립에 영향이 없다. 예를 들어 인적처벌조각사유는 객관적으로 존재하기만 하면 그 효과를 인정받게 되며 행위자가 이를 인식할 것을 요하지 않는다. 즉 아들이 아버지가 가지고 있는 시계가 아버지의 소유임에도 불구하고 아버지의 친구의 것으로 오인하고 절취한 경우에도 아들은 친족상도례규정이 적용되어 형을 면제받게 되며, 반대로

---

1) 공무원 또는 중재인이 될 자가 그 담당할 직무에 관하여 청탁을 받고 뇌물을 수수, 요구 또는 약속한 후(이 시점에서 사전수뢰죄가 성립한다. - 저자 주) 공무원 또는 중재인이 된 때에는(처벌조건을 구비하게 되어 처벌된다. - 저자 주) 3년 이하의 징역 또는 7년 이하의 자격정지에 처한다.

2) 이 부분은 뒤에서 배우게 될 내용과 연결되어 있어 1회독시에는 그냥 넘어가도 무방하며 2회독시에 읽게 되면 자연스럽게 이해가 될 수 있는 부분이다. (처음부터 모조리 이해하겠다는 생각은 과욕에 지나지 않는다)

아들이 아버지가 가지고 있는 시계가 아버지의 친구의 소유임에도 불구하고 아버지의 것으로 오인하고 절취한 경우에는 형을 면제받지 못한다. [♠ 04 사시]

② **정당방위의 가능** : 처벌조건이 결여된 행위일지라도 위법성은 인정되므로 이에 대한 정당방위가 가능하다.

③ **공범성립의 가능** : 처벌조건이 결여된 자의 행위일지라도 구성요건해당성 및 위법성은 인정되므로 처벌조건이 결여된 자에 대하여 교사 또는 방조로 가담한 자는 공범(교사범 또는 종범)의 성립이 가능하다(제한적 종속형식).

④ **처벌조건의 일신전속성** : 인적 처벌조각사유는 이를 구비한 자에 대하여만 효과가 발생한다.

⑤ **판결의 종류** : 범죄성립요건을 결한 경우 무죄판결을 선고하나 객관적 처벌조건이 결여되었거나 인적 처벌조각(소멸)사유가 존재하는 경우 형면제판결을 한다.

3. 범죄의 소추조건

(1) 의 의

① 범죄가 성립하고 형벌권이 발생한 경우에 그 범죄를 소추하기 위하여 소송법상 필요한 조건을 말한다.

② 공소제기가 오히려 피해자에게 불이익을 초래할 우려가 있거나, 범죄가 경미한 경우(예 모욕죄)에 피해자의 의사를 존중하기 위한 것이다.

③ 소추조건이 결여된 때에는 공소기각 등의 형식재판을 하게 된다.

(2) 종 류

	의 의	예
친고죄	공소제기가 적법하기 위해서는 피해자 기타 고소권자의 고소가 있을 것을 요하는 범죄를 말한다(정지조건부범죄).	① 절대적 친고죄 : 상대적 친고죄 이외의 친고죄를 말한다(예 모욕죄,[3] 사자명예훼손죄, 비밀침해죄, 업무상 비밀누설죄 등). ② 상대적 친고죄 : 범인과 피해자 사이에 일정한 신분관계가 있는 경우에만 친고죄가 되는 범죄이다(예 친족상도례에 관한 제328조 제2항의 친족간의 재산죄).
반의사불벌죄	피해자의 의사와 관계없이 공소제기를 할 수 있으나, 피해자가 처벌을 원하지 않는다는 의사를 명시적으로 밝힌 경우에는 공소제기가 부적법하게 되는 범죄를 말한다(해제조건부범죄).	과실치상죄, 폭행죄, 협박죄, 존속폭행·협박죄, 명예훼손죄 등[4]

3) 외국원수에 대한 모욕죄는 일반모욕죄와 달리 친고죄가 아니라 반의사불벌죄에 해당한다.

4) 특수폭행·협박죄, 업무상과실(중과실)치사상죄는 반의사불벌죄가 아니다. [♠ 11 사시]

判例 반의사불벌죄에서 의사표시 및 철회에 관한 요건

1. 반의사불벌죄에 있어서 피해자가 처벌을 희망하지 아니하는 의사표시 또는 그 처벌을 희망하는 의사표시의 철회는 피해자의 진실한 의사가 명백하고 믿을 수 있는 방법으로 표명되어야 한다[대판 2010.11.11. 2010도11550].
2. 폭행죄는 피해자의 명시한 의사에 반하여 공소를 제기할 수 없는 반의사불벌죄로서 처벌불원의 의사표시는 의사능력이 있는 피해자가 단독으로 할 수 있는 것이고, 피해자가 사망한 후 그 상속인이 피해자를 대신하여 처벌불원의 의사표시를 할 수는 없다고 보아야 한다[대판 2010.5.27. 2010도2680]. [♣ 13, 14 변시]
3. 피해자가 의식을 회복하지 못하고 있는 이상 피해자에게 반의사불벌죄에서 처벌희망 여부에 관한 의사표시를 할 수 있는 소송능력이 있다고 할 수 없고, 피해자의 아버지가 피해자를 대리하여 피고인에 대한 처벌을 희망하지 아니한다는 의사를 표시하는 것 역시 허용되지 아니할 뿐만 아니라 피해자가 성년인 이상 의사능력이 없다는 것만으로 피해자의 아버지가 당연히 법정대리인이 된다고 볼 수도 없으므로, 피해자의 아버지가 피고인에 대한 처벌을 희망하지 아니한다는 의사를 표시하였더라도 그것이 반의사불벌죄에서의 처벌희망 여부에 관한 피해자의 의사표시로서 소송법적으로 효력이 발생할 수는 없다[대판 2013.9.26. 2012도568].

성립요건 · 처벌조건 · 소추조건의 구별

	성립요건	처벌조건	소추조건
고의의 인식대상 (착오의 효과)	① 객관적 구성요건요소가 고의의 인식대상 ② 이에 대한 인식 결여시 구성요건적 고의 조각(고의범 불성립, 과실범만 문제됨)	① 고의의 인식대상이 아님 ② 이에 대한 인식 결여는 구성요건적 고의의 성립에 영향이 없음	
정당방위	① 위법성 결여 : 정당방위 불가능 ② 책임 결여 : 정당방위 가능	처벌조건 또는 소추조건의 결여 : 정당방위 가능	
공범의 성립여부	고의범의 구성요건해당성 또는 위법성이 결여된 자에 대하여 교사 · 방조한 자는 공범의 성립이 불가능(제한적 종속성설, 다만 간접정범 성립은 가능)	고의범의 처벌조건 또는 소추조건이 결여된 자에 대하여 교사 · 방조한 자는 공범의 성립이 가능(제한적 종속성설)	
요건의 흠결시 판결	무죄판결	형면제판결	공소기각판결 등

Ⅲ. 범죄의 종류

1. 결과범과 거동범

구성요건의 내용상 결과의 발생을 필요로 하는 범죄인가 여부에 따른 분류이다.

	결과범(실질범)	거동범(형식범)
의 의	구성요건의 내용상 행위뿐만 아니라 행위와는 구별되는 일정한 결과의 발생을 필요로 하는 범죄를 말한다.	구성요건의 내용상 일정한 행위가 있음으로써 충분하고 결과의 발생을 필요로 하지 않는 범죄를 말한다.[5]
예	살인죄, 상해죄, 강도죄, 손괴죄	폭행죄, 명예훼손죄, 위증죄, 무고죄
구별 실익	① 인과관계의 요부 : 인과관계가 문제되는 것은 결과범의 경우이며 거동범에서는 문제되지 않는다. ② 기수·미수의 성립 : 결과범의 경우 결과발생이 없거나 인과관계가 부정되면 미수가 될 수 있으나, 거동범의 경우 일정한 행위만 있으면 그대로 기수가 되며 이론상 미수가 있을 수 없다(다수설).	

2. 침해범과 위험범

(1) 의 의

구성요건이 충족되기 위하여 보호법익에 대한 침해가 어느 정도에 도달해야 하는가에 따른 분류이다.

(2) 종 류

① 침해범 : 보호법익의 현실적 침해를 요하는 범죄이다(예 살인죄, 상해죄 등).

② 위험범(위태범) : 보호법익에 대한 위험의 야기로 족한 범죄이다.

判例 위험범

도로교통법위반(약물운전)죄는 이른바 위태범으로서 약물 등의 영향으로 인하여 '정상적으로 운전하지 못할 우려가 있는 상태'에서 운전을 하면 바로 성립하고, 현실적으로 '정상적으로 운전하지 못할 상태'에 이르러야만 하는 것은 아니다[대판 2010.12.23. 2010도11272].

---

5) 결과범과 거동범, 침해범과 위험범은 구별의 기준을 달리하는 것이다. 따라서 구성요건적 결과발생과 보호법익에 대한 침해는 구별되어야 하며, 거동범의 경우 구성요건이 결과발생을 필요로 하지 않는다고 하여 법익침해나 법익침해의 위험(결과반가치)까지 필요하지 않다는 뜻은 아니다. 오히려 거동범은 행위 자체만으로도 법익의 침해 또는 법익침해의 위험이 인정되는 범죄이다.

위험범의 분류

	추상적 위험범	구체적 위험범
의 의	법익침해의 현실적 위험성을 요하지 않고 일반적 위험성만으로 구성요건이 충족되는 범죄를 말한다. 일정한 행위가 있으면 당연히 법익에 대한 추상적 위험이 발생한 것으로 간주된다.	법익침해의 현실적 위험이 야기된 경우에 구성요건이 충족되는 범죄를 말한다. [♠12 사시]
위험의 발생	구성요건 요소가 아니다.	구성요건 요소이다.
위험의 인식	고의의 인식대상이 아니다.	고의의 인식대상이다. [♠11, 12, 13 사시]
범죄의 성질	대부분 거동범	대부분 결과범
위험발생 입증	불 요	필 요
예	현주(공용)건조물방화죄 타인소유일반건조물방화죄 공무집행방해죄, 위증죄, 무고죄 명예훼손죄, 신용훼손죄, 업무방해죄	자기소유일반건조물방화죄 일반물건방화죄 [♣17 변시] 자기소유일반건조물 · 일반물건실화죄[6] 자기소유일반건조물일수죄

3. 즉시범과 상태범 및 계속범[7]

(1) 의 의

즉시범	① 구성요건적 행위가 법익침해 내지 위태화를 초래하면 곧 기수가 되고 동시에 범죄행위도 종료되는 범죄를 말한다. ② 기수와 범죄행위의 종료시기가 일치한다.	살인죄 상해죄
상태범	① 구성요건적 행위가 법익침해 내지 위태화를 초래하면 곧 기수가 되고 동시에 범죄행위도 종료되나 기수 이후에도 위법상태가 존속하는 범죄를 말한다. ② 존속하는 위법상태의 범위 내에서의 구성요건적 행위는 불가벌적 사후행위가 된다. ③ 기수와 범죄행위의 종료시기는 일치하나 행위의 종료시와 위법상태의 종료시는 일치하지 아니한다.	절도죄
계속범[8]	① 구성요건적 행위가 법익침해 내지 위태화를 초래한 후 어느 정도 시간적 계속이 있어야 기수가 되고 기수 이후에도 법익침해 내지 위태화가 계속되고 있는 동안에는 범죄행위가 종료되지 않고 계속되는 범죄를 말한다. ② 기수와 행위의 종료시기는 일치하지 아니하나 행위의 계속과 위법상태의 계속은 일치한다.	감금죄

6) 이와 같이 구체적 위험범은 고의범뿐만 아니라 과실범의 형태로도 존재한다. [♠12, 15 사시] [♣19 변시]

7) 즉시범과 상태범을 동의어로 파악하는 것이 타당하다는 견해도 있다[이재상, 73면].

8) 부작위범이 모두 계속범인 것은 아니다. 부작위범은 계속범일 수도 있고, 즉시범 내지 상태범일 수도 있다. [♠01 사시]

(2) 즉시범 · 상태범과 계속범의 구별실익

	즉시범 · 상태범	계속범
특 징	기수 = 행위종료시	기수≠행위종료시
공소시효의 기산점[9]	기수시(= 행위종료시)	(기수시가 아니라) 행위종료시
공동정범 · 공범(종범) 성립 가능시기	기수시(= 행위종료시)까지	(기수 후라도) 행위종료시까지
정당방위의 가능시기	원칙적으로 기수(= 행위종료시)시까지	(기수 후라도) 행위종료시까지

判例 즉시범 · 상태범

1. 도주죄는 즉시범으로서 범인이 간수자의 실력적 지배를 이탈한 상태에 이르렀을 때에 기수가 되어 도주행위가 종료하는 것이므로, 도주죄의 범인이 도주행위를 하여 기수에 이른 이후에 범인의 도피를 도와 주는 행위는 범인도피죄에 해당할 수 있을 뿐 도주원조죄에는 해당하지 아니한다[대판 1991.10.11. 91도1656]. [♣ 19 변시]
2. 폭력행위 등 처벌에 관한 법률(1990.12.31. 법률 제4294호로 개정되기 전의 것) 제4조 소정의 단체 등의 조직죄는 같은 법에 규정된 범죄를 목적으로 한 단체 또는 집단을 구성함으로써 즉시 성립하고 그와 동시에 완성되는 즉시범이므로, 범죄성립과 동시에 공소시효가 진행된다[대판 2013.10.17. 2013도6401]. [♣ 19 변시]
3. 내란죄는 상태범으로 봄이 상당하다[대판(전) 1997.4.17. 96도3376].

判例 계속범

1. 체포죄는 계속범이다[대판 2018.2.28. 2017도21249].
2. 직무유기죄는 그 직무를 수행하여야 하는 작위의무의 존재와 그에 대한 위반을 전제로 하고 있는바, 그 작위의무를 수행하지 아니함으로써 구성요건에 해당하는 사실이 있었고 그 후에도 계속하여 그 작위의무를 수행하지 아니하는 위법한 부작위상태가 계속되는 한 가벌적 위법상태는 계속 존재하고 있다고 할 것이다[대판 1997.8.29. 97도675]. ※ 직무유기죄는 계속범에 해당한다는 판례이다.
3. 건축법상 허가를 받지 아니하거나 또는 신고를 하지 아니한 경우 처벌의 대상이 되는 건축물의 용도변경행위는 유형적으로 용도를 변경하는 행위뿐만 아니라 다른 용도로 사용하는 것까지를 포함하며, 이와 같이 허가를 받지 아니하거나 신고를 하지 아니한 채 건축물을 다른 용도로 사용하는 행위는 계속범의 성질을 가지는 것이어서 허가 또는 신고 없이 다른 용도로 계속 사용하는 한 가벌적 위법상태는 계속 존재하고 있다고 할 것이므로, 그러한 용도변경행위에 대하여는 공소시효가 진행하지 아니하는 것으로 보아야 할 것이다[대판 2001.9.25. 2001도3990].

9) 형사소송법 제252조 (시효의 기산점) 시효는 범죄행위의 종료한 때로부터 진행한다.

4. 일반범과 신분범 · 자수범

누가 구성요건적 행위의 주체(정범)가 될 수 있는지와 관련한 범죄의 분류이다.

(1) 일반범

누구나 구성요건적 행위의 주체(정범)가 될 수 있는 범죄를 말한다(예 살인죄, 절도죄).

> **제250조(살인)** ① 사람을 살해한 자는 사형, 무기 또는 5년 이상의 징역에 처한다.

(2) 신분범

일정한 신분이 있는 자만이 구성요건적 행위의 주체가 될 수 있는 범죄를 말한다.

신분범의 종류

	의의	예
진정 신분범	일정한 신분이 있는 자에 의해서만 성립할 수 있는 범죄(구성적 신분)	수뢰죄(공무원, 중재인) 허위공문서작성죄(공무원) 횡령죄(타인의 재물을 보관하는 자) 배임죄(타인의 사무를 처리하는 자) 위증죄(법률에 의하여 선서한 증인)
부진정 신분범	신분이 없어도 기본(보통)범죄는 성립할 수 있지만 신분으로 인하여 형이 가중 또는 감경되는 범죄(가감적 신분)	존속살해죄, 영아살해죄 상습도박죄 업무상횡령죄 · 업무상배임죄[10]

> **제129조(수뢰)** ① 공무원 또는 중재인이 그 직무에 관하여 뇌물을 수수, 요구 또는 약속한 때에는 5년 이하의 징역 또는 10년 이하의 자격정지에 처한다.

> **제355조(횡령)** ① 타인의 재물을 보관하는 자가 그 재물을 횡령하거나 그 반환을 거부한 때에는 5년 이하의 징역 또는 1천500만원 이하의 벌금에 처한다.

> **제250조(존속살해)** ② 자기 또는 배우자의 직계존속을 살해한 자는 사형, 무기 또는 7년 이상의 징역에 처한다.

> **제356조(업무상 횡령)** 업무상의 임무에 위배하여 제355조의 죄(횡령죄/배임죄)를 범한 자는 10년 이하의 징역 또는 3천만원 이하의 벌금에 처한다.

---

10) 진정신분범(타인의 재물을 보관하는 자/ 타인의 사무를 처리하는 자)과 부진정신분범(업무자)의 성질을 동시에 갖는 이중적 신분범이다.

(3) 자수범

① 의 의 : 자연인인 행위자 자신이 직접 구성요건적 실행행위를 해야 정범이 될 수 있는 범죄를 말한다(예 위증죄, 군무이탈죄).

② 자수범 성립의 한계

㉮ 자수범의 경우 직접 구성요건적 실행행위를 하지 않는 자에 대해서는 단독정범 · 공동정범 · 간접정범이 성립할 수 없다. [♠ 11 사시] 따라서 남편 甲이 사기죄로 기소된 처에 대한 재판에서 처에게 유리한 증언을 해주도록 증인 A에게 부탁하여 A가 위증을 한 경우일지라도 위증죄는 자수범이므로 甲에게는 위증죄의 간접정범이 성립할 수 없다.

㉯ 자수범은 정범적격에 관한 것이므로 자수범이라고 할지라도 공범은 성립할 수 있다.

5. 목적범

(1) 의 의

① 구성요건의 주관적 요소로서 고의 이외에 일정한 행위의 목적을 필요로 하는 범죄를 말한다(예 내란죄의 "국헌문란의 목적", 각종 예비죄의 "기본범죄를 범할 목적").

② **구별개념** : 목적범의 목적은 구성요건의 객관적 사실을 초과하는 일정한 사실을 대상으로 한다는 점에서 구성요건의 객관적 사실에 대한 인식 · 의사를 의미하는 고의와 구별된다.

(2) 목적범의 분류

	진정목적범	부진정목적범
의 의	목적의 존재가 범죄의 성립요건인 범죄	목적의 존재가 형의 가중 · 감경사유인 범죄
예	내란죄(국토참절, 국헌문란 목적) 무고죄(형사처분 · 징계처분을 받게할 목적) 각종 위조 · 변조 · 작성죄(행사할 목적) 각종 예비 · 음모죄(기본범죄를 범할 목적) 음행매개죄, 도박장소등개설죄(영리의 목적) 준강도죄, 준점유강취죄(체포면탈등의 목적)	내란목적살인죄(국토참절, 국헌문란 목적) 모해위증죄, 모해증거인멸죄(모해목적) 출판물에 의한 명예훼손죄(비방할 목적) 결혼목적약취 · 유인죄(결혼목적) 영리목적약취 · 유인죄(영리목적) 국외이송목적약취 · 유인죄(국외이송목적)

제231조(사문서 등의 위조 · 변조) 행사할 목적으로 권리 · 의무 또는 사실증명에 관한 타인의 문서 또는 도화를 위조 또는 변조한 자는 5년 이하의 징역 또는 1천만원 이하의 벌금에 처한다.

제309조(출판물 등에 의한 명예훼손) ① 사람을 비방할 목적으로 신문, 잡지 또는 라디오 기타 출판물에 의하여 제307조 제1항의 죄(사실적시 명예훼손죄)를 범한 자는 3년 이하의 징역이나 금고 또는 700만원 이하의 벌금에 처한다.

(3) 목적범에서 목적에 대한 인식정도

判例 목적범에서 목적에 대한 인식정도(미필적 인식으로 족함)

국가보안법 제7조 제5항에서의 '목적'이란 찬양 · 고무 등 행위에 대한 적극적 의욕이나 확정적 인식까지는 필요 없고 미필적 인식으로 족하다[대판 2004.8.30. 2004도3212].

(4) 목적범의 기수요건

목적범에 있어서 목적의 달성여부는 기수범의 성립에 영향이 없다. [♠ 09 사시]

判例 간음목적으로 유인하였으나 목적을 달성하지 못한 경우(간음목적유인죄의 기수)

피고인이 11세에 불과한 어린 나이의 피해자를 유혹하여 위 모텔 앞길에서부터 위 모텔 301호실까지 데리고 간 이상, 간음목적유인죄의 기수에 이른 것으로 보아야 할 것이다[대판 2007.5.11. 2007도2318].

6. 경향범

행위의 객관적 측면이 행위자의 일정한 주관적 경향의 발현으로 행해졌을 때 성립하는 범죄를 말한다(예 학대죄의 '학대경향', 공연음란죄의 '음란경향').

7. 표현범

행위자의 내면적인 지식상태와 모순되는 표현으로서 행위가 행해졌을 때 성립하는 범죄를 말한다(예 위증죄, 무고죄, 허위감정통역죄).

8. 자연범과 법정범[임웅, 86면]

① **자연범**(형사범) : 법률의 규정을 기다릴 필요 없이 행위 그 자체가 반윤리성 · 반사회성을 띠므로 당연히 범죄로 평가되는 경우의 범죄를 말한다(예 살인죄, 강도죄).

② **법정범**(행정범) : 행위 그 자체가 반윤리성 · 반사회성을 띠는 것은 아니지만 국가가 행정목적을 달성하기 위하여 법률에 처벌규정을 둠으로써 비로소 범죄가 되어 반사회성을 띠게 되는 경우의 범죄를 말한다(예 각종 행정법규상의 인 · 허가 규정에 위반한 범죄).

제2절 행위론

깊이 파고들면 한없이 어려운 부분이다. 그러나 상세한 행위론에 대하여는 기존의 사법시험은 물론 변호사시험에서 출제된 바 없다. 행위개념에 대한 판례의 태도와 행위의 요건을 알아두면 충분할 것이다.

Ⅰ. 서 론

1. 행위론의 의의

행위론이란 범죄론에 대한 체계적 상위개념으로서의 행위개념이 가능한가라는 문제에 대한 이론을 말한다.

2. 행위개념의 구체적 지위

(1) 전구성요건적 행위개념 부정설(행위개념무용론, 구성요건요소설)

형법상 행위는 어디까지나 구성요건적 행위를 의미하므로 구성요건과는 독립하여 순수한 행위만을 논하는 것은 형법상 무의미하다는 견지에서 행위는 구성요건요소에 불과하다고 본다.

(2) 전구성요건적 행위개념 긍정설(통설)

구성요건은 범죄마다 다르므로 모든 범죄요소의 기초가 되며 출발점이 되는 행위개념을 인정할 필요가 있으며, 구성요건적 평가 이전에 행위를 객관적으로 확정함으로써 입법자의 자의성과 해석자의 주관성을 배제할 수 있다는 견지에서 범죄론에 우선하여 행위를 고찰할 필요성을 인정한다.

3. 행위개념의 기능

(1) 한계기능

형법적으로 의미있는 행위와 무의미한 비행위를 구별하여 비행위를 형법적 평가대상에서 제외시키는 기능을 말한다.

(2) 분류기능

① 형법상 의미를 가질 수 있는 모든 종류의 인간의 행위를 하나의 통일개념으로 파악할 수 있는 기능을 말한다(기초요소, 근본요소로서의 기능).

② 통일된 행위개념으로부터 고의행위와 과실행위, 작위행위와 부작위행위 등이 모두 분류되어 나올 수 있어야 한다.

(3) 연결기능

① 행위가 '구성요건해당성–위법성–책임–형벌'의 순서로 이어지는 형법적 가치판단을 체계적으로 연결시켜주는 기능을 말한다(결합기능이라고도 한다).

② 연결기능을 다하려면 행위개념이 '구성요건해당성–위법성–책임–형벌'에 대하여 중립적이어야 하며(체계중립기능),[1] 내용이 구체적 실체를 가지고 있어야 한다(정의기능).

Ⅱ. 행위론의 내용

	내 용	평 가(비판)
인과적 행위론	(1) 행위의 개념 유의적 거동에 의한 외부세계의 인과적 변화(Liszt) (2) 특 징 행위의 인과적 원인으로서 의사의 존재를 의미하고 의사의 내용인 고의·과실을 행위에서 분리하여 책임요소로 보았다(행위와 의사의 분리). (3) 범죄체계와 불법의 본질 ① 고전적 범죄체계론 ② 결과반가치	(1) 행위와 의사의 분리 행위에서 의사내용을 고려하지 않으므로 고의행위의 의미파악이 곤란(미수행위의 개념 결정이 곤란)하며 구성요건해당성을 확정지을 수 없다[2](분류기능의 흠, 연결기능의 흠). (2) 유의성 유의성이 없는 인식 없는 과실을 행위개념에 포함시킬 수 없다(분류기능의 흠). (3) 거동성 거동성이 없는 부작위를 행위개념에 포함시킬 수 없다(분류기능의 흠). (4) 행위를 인과적으로 이해 행위와 의미있는 연관을 결한 결과(예 살인자의 출산)까지도 행위에 포함시키게 된다(한계기능의 흠).
목적적 행위론	(1) 행위의 개념 목적 활동성의 작용(Welzel) (2) 특 징 고의와 과실을 주관적 구성요건요소(불법요소)로 인정한다(행위와 의사의 결합). (3) 범죄체계와 불법의 본질 ① 목적적 범죄체계론 ② 인적불법론(불법의 본질은 행위반가치)	(1) 목적적 행위론이 범죄론에 미친 영향 ① 고의와 과실을 주관적 구성요건요소(불법요소)로 인정 ② 위법성의 인식이 고의와 분리되어 독자적 책임요소가 됨(책임설) ③ 법률의 착오를 책임설로 해결 ④ 주관적 위법성조각사유의 일반화 (2) 비 판 ① 목적적 조종의 요구 : ⅰ) 의식적 조종의 요소가 없는 자동화된 행위(예 보행, 운전), 충동적·격정적인 행위를 행위개념에 포함시킬 수 없다(한계기능의 흠). ⅱ) 목적적 조종이 결여된 과실[3]과 부작위를 행위개념에 포함시킬 수 없다(분류기능의 흠). ② 목적성과 고의를 동일시 : 목적성의 의미내용은 구성요건에 의하여 결정되기 때문에 전구성요건적·존재론적 행위개념이 될 수 없다(결합기능 – 체계중립기능의 흠).

---

1) 따라서 행위개념이 불법유형으로 이해되는 경우에는 행위는 불법에 앞질러 들어가게 되어 체계적 중립성이 파괴되어 종국적으로는 연결기능이 손상되게 된다.

2) 예를 들면 甲이 A에 대하여 돌을 던져 A가 상처를 입은 경우 살인미수행위인지 상해행위인지 또는 폭행치상행위인지를 구별할 수 없다.

<table>
<tr>
<td>사
회
적
행
위
론</td>
<td>(1) 행위의 개념
사회적으로 중요성을 가지는 사람의 행태 [대판 2015.11.12. 2015도6809].
(2) 행위의 요소
사회적 의미성 · 중요성(인과성 · 목적성 · 법적 행위기대)
(3) 특 징
철학적 기초가 없이 인과적 행위론과 목적적 행위론의 결함을 보완하기 위하여 발전된 행위론이다.</td>
<td>(1) 장 점
사회적 중요성이라는 평가를 통하여 고의행위와 과실행위, 작위와 부작위를 무리 없이 형법상 행위로 파악할 수 있다(근본요소로서의 기능 충족).
(2) 비 판
① 사회적 행위개념의 다양성 때문에 이론적 통일성이 결여되어 있다.
② 형법상 무의미한 행동(예 몽유병환자의 주거침입)도 사회적 중요성을 가지는 것으로 판단 할 수 있다(한계기능의 흠).
③ 사회적 중요성 · 의미성에 대한 판단은 구성요건의 법적평가에 의존할 수밖에 없다(결합기능 – 체계중립기능의 흠).[4] [♠ 13 사시]</td>
</tr>
</table>

Ⅲ. 형법상 행위의 최소한의 요건

1. 인간의 행태

자연현상이나 동물의 행동은 형법상의 행위가 될 수 없다.

2. 외부적 · 신체적 행태

단순한 생각이나 의도 · 목적은 형법상의 행위가 될 수 없다.

3. 의사에 의하여 지배가능한 행태

인간의 무의식상태의 동작(예 의식상실이나 최면상태에서의 동작), 절대적 폭력에 의해 강요된 동작, 신체의 반사적 동작(예 구토, 재채기)은 형법상의 행위가 될 수 없다.

---

3) Welzel은 과실행위를 구성요건외적으로 목적적인 행위(잠재적 목적적 행위)라고 하여 과실행위도 목적적 행위라고 보았으나 의사내용의 방향이 구성요건과 결부되지 아니하므로 결합기능을 수행할 수 없다.

4) 사회적 행위론의 핵심개념인 '사회적 의미성'에 대한 판단은 결국 구성요건의 법적 평가에 의존할 수밖에 없다는 점에서 사회적 행위개념은 구성요건단계를 앞질러 들어감으로써 구성요건에 앞서 있어야 할 중립적 상위개념 기능을 다할 수 없다는 비판을 받고 있다.

제3절 범죄체계론

출 제 point 

형법을 처음 접하는 독자들이 범죄체계론의 내용을 알지도 못하면서 무턱대고 외우게 되면 형법에 대한 흥미를 잃게 된다. 범죄체계론은 형법 총론의 이론을 공부하는 과정에서 자연스럽게 알게 되는 부분이므로 2회독 이후의 과정에서 공부하여도 충분한 부분이다.

	고전적 범죄체계	신고전적 범죄체계	목적적 범죄체계	합일태적 범죄체계
특 징	객관적 요소(불법으로)와 주관적 요소(책임으로)를 철저히 구별	· 고전적 범죄체계를 수정 · 보완 · 특별한 주관적 구성요건요소를 인정	고의를 포함한 모든 주관적 요소를 구성요건요소로 파악(불법의 주관화, 책임의 규범화)	· 신고전적 범죄체계와 목적적 범죄체계 절충 · 고의와 과실의 이중적 지위 인정
행 위	인과적 행위론	규범적 · 인과적 행위론	목적적 행위론	사회적 행위론
구성요건	· 객관적 · 기술적 요소만으로 구성 · 주관적 요소는 책임요소, 규범적 요소는 위법성 요소	구성요건에도 규범적 요소(예 위증죄의 허위진술)와 주관적 요소(예 불법영득의사)가 있음을 발견	· 고의를 일반적인 주관적 구성요건 요소로 인정 · 과실도 객관적 주의의무위반으로서 구성요건요소로 이해	목적적 행위론의 입장을 수용
위법성	· 전체법질서의 기준에 의한 행위의 법적 평가(형식적 위법성론, 객관적 위법성론[1]) · 구성요건은 위법성과 동등한 범죄요소 · 불법의 본질은 결과반가치	· 위법성을 실질적인 사회적 유해성으로 파악하여 불법의 가장 중요한 요소로 봄(실질적 위법성론) · 구성요건은 불법을 유형화하는 보조기능만 수행 · 불법의 본질은 결과반가치	· 불법은 행위자와 관련된 인적 불법이므로, 불법의 본질은 행위반가치(인적 불법론) · 주관적 정당화요소를 모든 위법성조각사유에 있어서 일반화	· 행위반가치와 결과반가치를 동일서열에 병존하는 불법의 본질적 요소로 이해(이원적 · 인적 불법론) · 주관적 정당화요소를 모든 위법성조각사유에 있어서 일반화
책 임	· 심리적 책임개념 : 책임은 고의 · 과실 그 자체 · 책임의 내용 : 책임능력은 책임조건이고, 고의 · 과실을 책임형식으로 이해	· 규범적 책임개념 : 책임을 비난가능성이라는 평가적인 개념으로 이해 · 책임의 내용 : 책임형식(고의 · 과실), 책임능력, 기대가능성 · 위법성인식은 고의의 내용(고의설)	· 순수규범적 책임개념 : 위법성인식은 고의와 분리된 독자적 책임요소(책임설) · 책임의 내용 : 책임능력, 위법성인식, 기대가능성	· 심정반가치로서의 고의와 주관적 과실은 책임요소로 파악(고의 · 과실의 이중적 지위인정) · 책임의 내용 : 책임형식(고의 · 과실), 책임능력, 위법성인식, 기대가능성

1) 이 경우의 객관적 위법성론은 위법성의 평가방법에 관한 객관적 위법성론의 의미와는 달리 위법성의 판단대상이 객관적 요소만으로 되어 있다는 의미이다.

범죄체계의 변화과정[2)]

	특 징	행 위	구성요건	위법성	책 임
고전적범죄체계	객관적 요소와 주관적 요소를 철저하게 구별, 전자는 구성요건요소 후자는 책임요소로 봄	인과적 행위론	1. 객관적 요소 2. 몰가치적(사실적) 요소	1. 규범적 요소 2. 형식적 위법성 3. 결과반가치	1. 주관적 요소(고의, 과실) · 심리적 책임론
신고전적범죄체계	(특별한)주관적 구성요건 요소와 규범적 구성요건요소를 인정	인과적 행위론	1. 1-1. 특별한 주관적 구성요건요소 (불법영득의사, 목적 등) 2. 2-1. 규범적 요소	1. 2. 실질적 위법성 3.	1. 주관적 요소(고의 : 사실의 인식과 위법성의 인식 , 과실) · 고의설(위법성 인식은 책임고의의 요소) 2. 책임능력 3. 기대가능성 · 규범적 책임론 (책임의 본질은 비난가능성)
목적적범죄체계	일반적 주관적 구성요건 요소인 고의와 과실을 포함한 모든 주관적 불법요소를 구성요건요소로 파악함	목적적 행위론	1. 1-1. 1-1-1. 일반적 주관적 구성요건요소 (고의, 과실) 2. 2-1.	1. 2. 3. 행위반가치(인적 불법론 : 결과반가치도 비독자적 요소로 인정, 일원적 주관적 불법론 : 결과반가치를 불법에서 배제하여 객관적 처벌조건으로 이해)	1. 위법성의 인식(고의와 위법성 인식의 분리) · 책임설(위법성 인식은 독자적 책임요소) 2. 3. · 순수한 규범적 책임론
합일태적범죄체계	고의와 과실의 이중적 지위를 인정함, 구성요건적 고의는 행위반가치의 판단대상, 책임고의는 심정반가치의 판단대상	사회적 행위론	위와 동일	1. 2. 3. 결과반가치와 행위반가치는 동일 서열에 병존(이원적 · 인적 불법론)	0. 고의, 과실 1. 2. 3. · 신복합적 책임개념

2) 이전의 범죄체계와 달라진 부분만을 다음의 범죄체계에서 표시하였다.

제4절 행위의 주체와 객체

출 제 point ➡ 법인의 범죄능력에 대한 판례의 태도를 알아 두어야 한다. 양벌규정과 관련한 판례는 이미 출제된 바 있으며 앞으로도 출제가능성이 높은 부분이다.

Ⅰ. 행위의 주체

1. 서 론

(1) 자연인

자연인은 연령·책임능력의 유무에 관계없이 모두 행위의 주체가 된다. 따라서 형사미성년자나 정신병자도 행위의 주체가 될 수 있다.

(2) 법 인

① 법인이 행위의 주체가 될 수 있는가가 문제되며 이는 법인의 범죄능력을 인정할 수 있는가라는 문제로 논하여지고 있다.[1)]

② 법인의 범죄능력을 부정하는 경우에도 법인을 처벌할 수 있는가 즉 형벌능력을 인정할 수 있는가가 문제된다.

2. 법인의 범죄능력

(1) 비교법적 고찰 및 법인의 본질과의 관계

	(사법상) 법인이론	(형법상) 범죄능력	양자의 관계
대륙법계	법인실재설	부정 : 범죄의 주체를 윤리적 인격자로 파악	법인의 범죄능력의 인정여부는 사법상의 법인이론과 논리필연적인 연관이 있는 것이 아니라 형법이론과 형사정책적 고려의 결과에 지나지 않는다[이재상, 93면]. [♠ 03 사시]
영미법계	법인부인론 법인의제설	긍정 : 법인 단속의 사회적 필요성을 중시(실용주의적 형법관)	

(2) 법인의 범죄능력의 인정여부

판례는 일관하여 법인의 범죄능력을 부정하고 있으며, 학설은 견해가 나뉘어져 있다.

사 례 연 습

※ 상가 이중분양 사건

X회사의 대표이사 甲은 전임 대표이사 Y가 회사소유의 상가를 A1에게 매도한 후 대금전액을 완납받았다는 사실을 알면서도 아직 A1에게 소유권이전등기가 경료되어 있지 않은 점을 이용하여, 위 상가를 다시 A2에게 분양하고 대금을 수령한 후 소유권이전등기를 경료하여 주었다. 이 경우 배임죄의 주체가 되는 자는 누구인지를 논하시오?

1) 범죄능력은 행위능력과 책임능력을 포함하는 개념이므로 엄격한 의미에서 양자는 동의어가 아니다[이재상, 91면].

사례해결

1. 문제점

법인이 배임죄의 주체가 될 수 있는지와 관련하여 법인의 범죄능력을 인정할 수 있는지가 문제되며, 법인의 범죄능력을 부정할 경우 법인의 대표자가 배임죄의 주체가 될 수 있는지 문제된다.

2. 법인의 범죄능력의 인정여부

① **긍정설** : 법인도 기관을 통해서 의사를 형성하고 행위를 할 수 있다는 점, 법인의 반사회적 활동이 증가하는 현실에서 사회방위를 위해서도 법인의 범죄능력을 인정할 필요가 있다는 점에서 법인의 범죄능력을 긍정하는 견해이다.

② **부정설** : 의사와 육체가 없는 법인은 행위의 주체가 될 수 없다는 점, 법인에게는 사회윤리적 비난이라는 의미에서의 책임비난을 귀속시킬 수 없다는 점에서 법인의 범죄능력을 부정하는 견해이다.

③ **판례** : 배임죄에 있어서 타인의 사무를 처리할 의무의 주체는 법인이 되는 경우라도 법인은 다만 사법상의 의무주체가 될 뿐 범죄능력이 없는 것이라고 판시한 바 있다[대판(전) 1984.10.10. 82도2595].

④ **검토** : 법인의 범죄능력을 긍정하는 것은 법인에게 사형과 자유형을 집행할 수 없다는 점에서 현행 형법의 체계와 일치하지 아니한다는 점, 법인의 반사회적 활동은 형벌 이외의 수단인 행정벌 등에 의하여도 달성이 가능하다는 점에서 문제가 있으므로 부정설이 타당하다.

3. 법인의 대표자가 배임죄의 주체가 될 수 있는지 여부

① **긍정설(대법원 다수견해)** : 법인의 타인에 대한 사무는 법인을 대표하는 자연인인 대표기관의 의사결정에 따른 대표행위에 의하여 실현될 수밖에 없으므로 자연인인 대표기관이 바로 타인의 사무를 처리하는 자 즉 배임죄의 주체가 된다[대판(전) 1984.10.10. 82도2595].

② **부정설(대법원 소수견해)** : 대표기관이 법인이 타인에 대하여 부담하고 있는 의무내용대로 사무를 처리할 임무가 있다고 하더라도 그 임무는 법인에 대하여 부담하는 임무이지 법인의 대표기관이 직접 타인에 대하여 지고 있는 임무는 아니므로 그 임무에 위배하였다 하여 이를 타인에 대한 배임죄가 성립한다고 할 수 없다[대판(전) 1984.10.10. 82도2595].

③ **검토** : 법인의 타인에 대한 사무는 법인의 대표기관의 대표행위에 의하여 실현될 수밖에 없으므로 대표기관이 타인의 사무를 처리하는 자 즉 배임죄의 주체가 된다고 보는 것이 타당하다.

4. 결 론

법인은 범죄능력이 인정되지 않으므로 배임죄의 주체가 될 수 없고, 법인의 대표기관이 배임죄의 주체가 된다.

判例 법인의 범죄능력과 법인 대표자의 배임죄의 주체성 인정여부

[다수의견] 형법 제355조 제2항의 배임죄에 있어서 타인의 사무를 처리할 의무의 주체는 법인이 되는 경우라도 법인은 다만 사법상의 의무주체가 될 뿐 범죄능력이 없는 것이며 그 타인의 사무는 법인을 대표하는 자연인인 대표기관의 의사결정에 따른 대표행위에 의하여 실현될 수밖에 없어 그 대표기관은 마땅히 법인이 타인에게 부담하고 있는 의무내용대로 사무를 처리할 임무가 있다할 것이므로 자연인인 대표기관이 바로 타인의 사무를 처리하는 자 즉 배임죄의 주체가 된다.

[소수의견] 법인은 사법상의 의무주체가 될 뿐 범죄능력이 없다고 하나 바로 이 사법상의 의무주체가 배임죄의 주체가 되는 것이므로 이것을 떠나서 배임죄는 성립할 수 없다할 것이고 법인의 대표기관은 법인이 타인에 대하여 부담하고 있는 의무내용대로 사무를 처리할 임무가 있다는 그 임무는 법인에 대하여 부담하는 임무이지 법인의 대표기관이 직접 타인에 대하여 지고 있는 임무는 아니므로 그 임무에 위배하였다 하여 이를 타인에 대한 배임죄가 성립한다고 할 수 없다 [대판(전) 1984.10.10. 82도2595]. [♠ 00 사시] [♣ 13, 16 변시]

判例 법인격 없는 사단(범죄능력 없음), 법인격 없는 사단의 업무를 수행하는 대표기관인 자연인이 범죄의 주체에 해당

법인격 없는 사단과 같은 단체는 법인과 마찬가지로 사법상의 권리의무의 주체가 될 수 있음은 별론으로 하더라도 법률에 명문의 규정이 없는 한 그 범죄능력은 없고 그 단체의 업무는 단체를 대표하는 자연인인 대표기관의 의사결정에 따른 대표행위에 의하여 실현될 수밖에 없는바, 구 건축법 제26조 제1항의 규정에 의하여 건축물의 유지 · 관리의무를 지는 '소유자 또는 관리자'가 법인격 없는 사단인 경우에는 자연인인 대표기관이 그 업무를 수행하는 것이므로, 건축법 제79조 제4호에서 같은법 제26조 제1항의 규정에 위반한 자라 함은 법인격 없는 사단의 대표기관인 자연인을 의미한다 [대판 1997.1.24. 96도524]. [♠ 06 사시]

관련판례 구 건축법(2015.7.24. 법률 제13433호로 개정되기 전의 것) 제108조 제1항은 같은 법 제11조 제1항에 의한 허가를 받지 아니하고 건축물을 건축한 건축주를 처벌한다고 규정하고, 같은 법 제112조 제4항은 양벌규정으로서 "개인의 대리인, 사용인, 그 밖의 종업원이 그 개인의 업무에 관하여 제107조부터 제111조까지의 규정에 따른 위반행위를 하면 행위자를 벌할 뿐만 아니라 그 개인에게도 해당 조문의 벌금형을 과한다."라고 규정하고 있다. 그러나 법인격 없는 사단(교회)에 고용된 사람(교회의 총회 건설부장)이 위반행위를 하였더라도 법인격 없는 사단의 구성원 개개인(교회의 대표자)이 위 법 제112조에서 정한 '개인'의 지위에 있다 하여 그를 처벌할 수는 없다 [대판 2017.12.28. 2017도13982].

3. 법인의 처벌

(1) 범죄능력과 형벌능력

① 각종의 행정형법에서는 행위자인 자연인 이외에 업무주인 법인을 함께 처벌하는 양벌규정을 두고 있는데,[2] 이 경우 법인에게 형벌능력을 인정할 수 있는지가 문제된다.

참조조문

건설기계관리법

제43조(양벌규정) 법인의 대표자나 법인 또는 개인의 대리인, 사용인, 그 밖의 종업원이 그 법인 또는 개인의 업무에 관하여 제40조 또는 제41조의 어느 하나에 해당하는 위반행위(예〉 정비명령 미이행)를 하면 그 행위자를 벌하는 외에 그 법인 또는 개인에게도 해당 조문의 벌금형을 과(科)한다.

② ⅰ) 법인의 범죄능력을 긍정하는 입장에서는 당연히 형벌능력도 인정한다[정성근·박광민, 91면]. ⅱ) 부분적 범죄능력 긍정설(양벌규정설)[3]의 입장에서는 양벌규정을 두고 있는 경우 당연히 법인의 형벌능력도 인정한다[오영근, 143면]. ⅲ) 법인의 범죄능력을 부정하는 입장에서도 양벌규정을 근거로 법인의 형벌능력을 긍정하는 것이 다수설이다[이재상, 97면 등]. ⅳ) 판례는 법인의 범죄능력을 부정하면서도 법인에 대한 처벌규정(양벌규정)이 있는 경우 법인을 행위자와 함께 처벌하여 수형능력을 인정하고 있다. [♠ 00 사시]

③ 법인을 처벌하는 규정이 있는 경우에도 학설에 따라 범죄능력 인정여부가 달라지며 특히 판례에 의하면 법인의 처벌을 긍정하면서도 범죄능력을 부정하므로, 법인이 처벌되는 경우에도 반드시 그 범죄능력이 인정된 것이라고는 볼 수 없다. [♠ 00 사시]

判例 자연인이 법인의 기관으로서 범죄행위를 한 경우 형사책임의 귀속

(요약 : 자연인이 법인의 기관으로서 범죄행위를 한 경우 자연인이 범죄행위에 대한 형사책임을 지는 것이 원칙이나 특별규정 – 양벌규정 – 이 있는 경우 법인도 형사처벌이 가능함) 법인은 기관인 자연인을 통하여 행위를 하게 되는 것이기 때문에, 자연인이 법인의 기관으로서 범죄행위를 한 경우에도 행위자인 자연인이 범죄행위에 대한 형사책임을 지는 것이고, 다만 법률이 목적을 달성하기 위하여 특별히 규정하고 있는 경우에만 행위자를 벌하는 외에 법률효과가 귀속되는 법인에 대하여도 벌금형을 과할 수 있을 뿐이다[대판 1994.2.8. 93도1483].

판례해설 본 판례는 법인의 범죄능력은 인정되지 않는다는 것이며, 다만 법인의 처벌에 대하여 특별규정(양벌규정)이 있는 경우에만 법인을 예외적으로 처벌할 수 있다는 것이다.

---

2) 양벌규정은 형법전에는 존재하지 않으며 주로 이른바 행정형법에 규정되어 있으나, 법인에 대한 형사제재로서 벌금과 과료가 규정되어 있으며 보호관찰은 규정되어 있지 않다. [♠ 00 사시]

3) 원칙적으로 법인의 범죄능력은 인정할 수 없으나 처벌규정(양벌규정)이 존재하는 경우에 한하여 법인의 범죄능력을 인정하는 견해이다.

(2) 양벌규정에 의한 법인처벌의 근거(법적 성질)[4]

判例 헌법재판소 : 과실책임설의 입장

행정형벌법규에서 양벌규정으로 사업주인 법인 또는 개인을 처벌하는 것은 위반행위를 한 피용자에 대한 선임 감독의 책임[5]을 물음으로써 행정목적을 달성하려는 것이다[헌재 2000.6.1. 99헌바73]. [♠ 03 사시]

判例 법인의 과실이 없음에도 처벌이 가능하도록 한 양벌규정(위헌)

법인이 종업원 등의 위반행위와 관련하여 선임 · 감독상의 주의의무를 다하여 아무런 잘못이 없는 경우까지도 법인에게 형벌을 부과하도록 한 양벌규정은 책임주의 원칙에 반하여 헌법에 위반된다[헌재 2009.7.30. 2008헌가16].

(3) 양벌규정에 의한 법인(영업주)의 처벌요건

참조조문

중기관리법

第36條(양벌규정) 법인의 대표자, 법인 또는 자연인의 대리인 · 사용인 기타 종업원이 법인 또는 자연인의 업무에 관하여 제33조의 규정에 해당하는 행위를 한 경우에는 그 행위자를 벌하는 외에 그 법인 또는 자연인에 대하여도 각 본조의 벌금형을 과한다.

① 법인의 대표자 등 법인의 종업원의 법 위반행위가 있을 것
② 위반행위의 업무관련성
③ 법인의 고의 또는 과실

判例 양벌규정에 의한 영업주의 처벌요건

1. 객관적 외형상으로 영업주의 업무에 관한 행위이고 종업원이 그 영업주의 업무를 수행함에 있어서 위법행위를 한 것이라면 그 위법행위의 동기가 종업원 기타 제3자의 이익을 위한 것에 불과하고 영업주의 영업에 이로운 행위가 아니라 하여도 영업주는 그 감독해태에 대한 책임을 면할 수 없다[대판 1987.11.10. 87도1213]. [♠ 06 사시]

동지판례 양벌규정에서 말하는 법인의 업무란 객관적, 외형상으로 보아 법인의 업무에 해당하는 행위이면 족

4) 양벌규정에 의한 법인처벌의 근거에 대하여 무과실책임설과 과실책임설의 입장이 나뉘어져 있었다. 무과실책임에 근거한 양벌규정에 대하여 헌재의 위헌 결정이 있었으므로 위의 논의는 사실상 무의미하게 되었다.

5) 사업주가 과실책임을 진다는 의미는 피용자의 선임 감독에 대한 사업주 자신의 과실에 대한 책임을 말하는 것이지 피이용자의 과실이 사업주의 과실로 인정되는 것이 아님을 주의하여야 한다.

하고 그 행위가 법인 내부의 결재를 밟지 아니하였거나 그 행위의 동기가 직원 기타 제3자의 이익을 위한 것이라고 하여도 무방하다[대판 2010.12.9. 2010도12069].

2. (저작권법상의)양벌규정에 의한 영업주의 처벌은 금지위반행위자인 종업원의 처벌에 종속하는 것이 아니라 독립하여 그 자신의 종업원에 대한 선임감독상의 과실로 인하여 처벌되는 것이므로 종업원의 범죄성립이나 처벌이 영업주 처벌의 전제조건이 될 필요는 없다[대판 2006.2.24. 2005도7673]. [♣13 변시]

(4) 양벌규정을 근거로 종업원 등 위반행위자를 처벌할 수 있는지 여부

참조조문

중기관리법

제12조(검사) ① 중기의 소유자는 다음의 구분에 따라 건설부장관이 실시하는 검사를 받아야 한다.

제33조(벌칙) 다음 각 호의 1에 해당하는 자는 6월 이하의 징역 또는 30만원 이하의 벌금에 처한다.

1. 제12조 제1항의 규정에 의한 검사를 받지 아니한 자

제36조(양벌규정) 법인의 대표자, 법인 또는 자연인의 대리인·사용인 기타 종업원이 법인 또는 자연인의 업무에 관하여 제33조의 규정에 해당하는 행위를 한 경우에는 그 행위자를 벌하는 외에 그 법인 또는 자연인에 대하여도 각 본조의 벌금형을 과한다.

쟁점연구

1. 문제점

양벌규정의 적용전제인 벌칙규정이 행위의 주체(수범자)를 업무주로 한정하고 있는 경우 그 벌칙규정위반죄는 진정신분범의 성격을 갖게 된다. 여기서 벌칙규정의 적용대상인 업무주가 아닌 종업원 등 실제 위반행위자를 "행위자를 벌하는 외에 그 업무주에 대하여도 처벌한다."는 양벌규정을 근거로 처벌할 수 있는지가 문제된다.

2. 학 설

진정신분범의 경우 비신분자는 단독으로는 정범이 될 수 없고, 독일형법 제14조와 같은 대리인책임규정이 없음에도 불구하고 양벌규정을 근거로 처벌의 공백을 보충하는 것은 유추해석을 통한 가벌성의 확장이므로 허용될 수 없다는 견해가 있다.

3. 판 례

실제 위반행위자를 양벌규정에 의하여 처벌할 수 있다고 판시한 바 있다.

4. 검 토 (판례 지지)

양벌규정은 벌칙규정의 실효성을 확보하기 위하여 그 적용대상자를 당해 업무를 실제로 집행하는 자에게까지 확장한 것이라고 보아야 한다는 점에서 판례가 타당하다.

5. 결 론

종업원 등 실제 위반행위자도 양벌규정에 의하여 처벌이 가능하다고 보아야 한다.

判例 양벌규정의 적용범위

1. 구 건축법 제54조 내지 제56조의 벌칙규정에서 그 적용대상자를 건축주, 공사감리자, 공사시공자 등 일정한 업무주로 한정한 경우에 있어서, 같은법 제57조의 양벌규정은 업무주가 아니면서 당해 업무를 실제로 집행하는 자가 있는 때에 위 벌칙규정의 실효성을 확보하기 위하여 그 적용대상자를 당해 업무를 실제로 집행하는 자에게까지 확장함으로써 그러한 자가 당해 업무집행과 관련하여 위 벌칙규정의 위반행위를 한 경우 위 양벌규정에 의하여 처벌할 수 있도록 한 행위자의 처벌규정임과 동시에 그 위반행위의 이익귀속주체인 업무주에 대한 처벌규정이라고 할 것이다[대판 1999.7.15. 95도2870]. [♠ 00 사시] [♣ 21 변시]
2. 회사 소유 중기의 관리를 사원이 담당하고 있다면 그 관리에 직접 관여하지 아니한 대표이사는 위 법 위반행위의 행위자라 할 수 없다[대판 1992.11.10. 92도2324].
3. 양벌규정에 의한 영업주의 처벌은 금지위반행위자인 종업원의 처벌에 종속하는 것이 아니라 독립하여 그 자신의 종업원에 대한 선임감독상의 과실로 인하여 처벌되는 것이므로 영업주의 위 과실책임을 묻는 경우 금지위반행위자인 종업원에게 구성요건상의 자격이 없다고 하더라도 영업주의 범죄 성립에는 아무런 지장이 없다[대판 1987.11.10. 87도1213].

(5) 양벌규정의 적용대상

判例 양벌규정의 적용대상이 아닌 경우

1. **(법인격 없는 사단)** 법인격 없는 사단에 대하여서도 위 양벌규정을 적용할 것인가에 관하여는 아무런 명문의 규정을 두고 있지 아니하므로, 죄형법정주의의 원칙상 법인격 없는 사단에 대하여는 자동차운수사업법 제74조(양벌규정)에 의하여 처벌할 수 없다[대판 1995.7.28. 94도3325].

   관련판례 구 개인정보 보호법은 제2조 제5호, 제6호에서 공공기관 중 법인격이 없는 '중앙행정기관 및 그 소속 기관' 등을 개인정보처리자 중 하나로 규정하고 있으면서도, 양벌규정에 의하여 처벌되는 개인정보처리자로는 같은 법 제74조 제2항에서 '법인 또는 개인'만을 규정하고 있을 뿐이고, 법인격 없는 공공기관에 대하여도 위 양벌규정을 적용할 것인지 여부에 대하여는 명문의 규정을 두고 있지 않으므로, 죄형법정주의의 원칙상 '법인격 없는 공공기관'을 위 양벌규정에 의하여 처벌할 수 없고, 그 경우 행위자 역시 위 양벌규정으로 처벌할 수 없다고 봄이 타당하다[대판 2021.10.28. 2020도1942].
2. **(법인이 설립되기 이전에 자연인이 한 행위)** 법인이 설립되기 이전에 어떤 자연인이 한 행위의 효과가 설립 후의 법인에게 당연히 귀속된다고 보기 어려울 뿐만 아니라, 양벌규정에 의하여 사용자인 법인을 처벌하는 것은 형벌의 자기책임원칙에 비추어 위반행위가 발생한 그 업무와 관련하여 사용자인 법인이 상당한 주의 또는 관리감독 의무를 게을리한 선임감독상의 과실을 이유로 하는 것인데, 법인이 설립되기 이전의 행위에 대하여는 법인에게 어떠한 선임감독상의 과실이 있다고 할 수 없으므로, 특별한 근거규정이 없는 한 법인이 설립되기 이전에 자연인이 한 행위에 대하여 양벌규정을 적용하여 법인을 처벌할 수는 없다고 봄이 타당하다[대판 2018.8.1. 2015도10388].

3. **(1인 회사의 1인 주주)** 주식회사의 주식이 사실상 1인의 주주에 귀속하는 1인회사의 경우에도 회사와 주주는 별개의 인격체로서, 1인회사의 재산이 곧바로 1인 주주의 소유라고 할 수 없기 때문에, 양벌규정에 따른 책임에 관하여 달리 볼 수 없다[대판 2018.4.12. 2013도6962].

판례해설 주식회사가 1인 주주인 1인회사의 경우라도 양벌규정상의 처벌대상인 업무주는 법인이며 그 1인주주라고 할 수 없다는 취지의 판례이다.

判例 형식적 경영자와 실질적 경영자가 다른 경우 양벌규정의 적용대상(실질적 경영자)

약국을 실질적으로 경영하는 약사가 다른 약사를 고용하여 그 고용된 약사를 명의상의 개설약사로 등록하게 해두고 실질적인 영업약사가 약사 아닌 종업원을 직접 고용하여 영업하던 중 그 종업원이 약사법위반 행위를 하였다면 약사법 제78조의 양벌규정상의 형사책임은 그 실질적 경영자가 지게 된다[대판 2000.1.27. 2000도3570]. [♠ 06 사시]

동지판례 i) 증권거래법 제215조에서 '법인의 대표자'는 그 명칭 여하를 불문하고 당해 법인을 실질적으로 경영하면서 사실상 대표하고 있는 자도 포함된다[대판 2013.7.11. 2011도15056]. [♣ 21 변시]

ii) 구 수산업법 제94조 양벌규정 소정의 법인 또는 개인이라 함은 자기의 계산에서 어업 또는 수산업을 경영하는 자를 가리킨다[대판 1992.11.10. 92도2034].

iii) 구 컴퓨터프로그램 보호법 제50조(양벌규정)의 '법인 또는 개인'은 단지 형식상의 사업주가 아니라 자기의 계산으로 사업을 경영하는 실질적인 사업주를 말한다고 봄이 상당하다[대판 2010.7.8. 2009도6968].

判例 양벌규정의 적용대상인 경우

1. **(지방자치단체 소속 공무원이 지방자치단체의 고유의 사무인 청소차를 운행하던 중 위반행위를 한 경우 : 지방자치단체는 업무주인 공법인에 해당)** [1] 관련규정을 종합하여 보면, 국가가 본래 그의 사무의 일부를 지방자치단체의 장에게 위임하여 그 사무를 처리하게 하는 기관위임사무의 경우에는 지방자치단체는 국가기관의 일부로 볼 수 있는 것이지만, 지방자치단체가 그 고유의 자치사무를 처리하는 경우에는 지방자치단체는 국가기관의 일부가 아니라 국가기관과는 별도의 독립한 공법인이므로, 지방자치단체 소속 공무원이 지방자치단체 고유의 자치사무를 수행하던 중 도로법 제81조 내지 제85조의 규정에 의한 위반행위를 한 경우에는 지방자치단체는 도로법 제86조의 양벌규정에 따라 처벌대상이 되는 법인에 해당한다.
[2] 지방자치단체 소속 공무원이 압축트럭 청소차를 운전하여 고속도로를 운행하던 중 제한축중을 초과 적재 운행함으로써 도로관리청의 차량운행제한을 위반한 사안에서, 해당 지방자치단체가 도로법 제86조의 양벌규정에 따른 처벌대상이 된다고 한 사례[대판 2005.11.10. 2004도2657]. [♠ 06 사시]

비교판례 **(지방자치단체 소속 공무원이 국가의 기관위임사무인 지정항만 순찰업무를 수행하던 중 위반행위를 한 경우 : 지방자치단체는 업무주인 공법인에 해당하지 않음)** 지방자치단체 소속 공무원이 지정항만순찰 등의 업무를 위해 관할관청의 승인 없이 개조한 승합차를 운행함으로써 구 자동차관리법을 위반한 경우라도 항만순찰 등의 업무가 지방자치단체의 장이 국가로부터 위임받은 기관위임사무에 해당하여, 해당 지방자치단체가 구 자동차관리법 제83조의 양벌규정에 따른 처벌대상이 될 수 없다고 한 사례[대판 2009.6.11. 2008도6530].

2. **(다단계판매원 = 사용인)** 다단계판매원이 하위판매원의 모집 및 후원활동을 하는 것은 실질적으로 다단계판매업자의 관리 아래 그 업무를 위탁받아 행하는 것으로 볼 수 있어, 다단계판매업자가 상품의 판매 또는 용역의 제공에 의한 이익의 귀속주체가 된다고 할 것이므로, 다단계판매원은 다단계판매업자의 통제·감독을 받으면서 다단계판매업자의 업무를 직접 또는 간접으로 수행하는 자로서, 적어도 구 방문판매 등에 관한 법률의 양벌규정의 적용에 있어서는 다단계판매업자의 사용인의 지위에 있다고 봄이 상당하다[대판 2006.2.24. 2003도4966].

3. **(지입차주 = 종업원)** 화물자동차운송사업면허를 가진 운송사업자와 실질적으로 자동차를 소유하고 있는 차주간의 계약으로 외부적으로는 자동차를 운송사업자 명의로 등록하여 운송사업자에게 귀속시키고 내부적으로는 각 차주들이 독립된 관리 및 계산으로 영업을 하며 운송사업자에 대하여는 지입료를 지불하는 운송사업형태(이른바 지입제)에 있어, 그 지입차주가 세무관서에 독립된 사업자등록을 하고, 지입된 차량을 직접 운행·관리하면서 그 명의로 화물운송계약을 체결하였다고 하더라도, 그 자동차가 지입회사의 소유로 등록되어 있고, 지입회사만이 화물자동차운송사업면허를 가지고 있는 이상, 지입차주는 그 차량의 소유자인 지입회사와의 위탁계약에 의하여 그 위임을 받아 운행·관리를 대행하는 지위에 있는 자로서 도로법 제86조에서 정한 "대리인·사용인 기타의 종업원"에 해당한다[대판 2003.9.2. 2003도3073; 동지 대판 2010.4.15. 2009도9624]. [♠ 06 사시]

判例 지입차주가 고용한 운전자가 과적운행으로 구 도로법을 위반한 경우 사용자(지입회사)

[1] 사업장의 근로자와의 관계에 있어서도 지입차량의 소유자이자 대외적인 경영 주체에 해당하는 지입회사가 직접 근로관계에 대한 책임을 지는 사용자라고 보아야 하므로, 비록 지입회사가 지입차량의 운전자를 직접 고용하여 지휘·감독을 한 바 없다 하더라도, 객관적으로 지입차량의 운전자를 지휘·감독할 관계에 있는 사용자로서 그 지휘·감독의 소홀에 따른 책임을 진다.
[2] 지입차주가 고용한 운전자가 과적운행으로 구 도로법을 위반한 경우, 지입차주는 제86조에 정한 '대리인·사용인 기타의 종업원'의 지위에 있을 뿐이고 지입차량의 소유자이자 대외적인 경영주체는 지입회사이므로, 지입회사가 구 도로법상 사용자로서의 형사책임을 부담한다[대판 2009.9.24. 2009도5302].

判例 양벌규정의 적용대상이 아닌 경우

1. 토지의 소유자가 토지를 임차하여 사용하는 사람에 대하여 소유자로서의 권리를 행사할 수 있다는 이유만으로 토지의 임차인을 양벌규정인 구 도시계획법 제93조에서 정한 토지 소유자의 사용인 기타의 종업원에 해당한다고 볼 수는 없다[대판 2003.6.10. 2001도2573].

2. 구 여객자동차 운수사업법 제31조 제1항에 따라 신고된 대여약관을 이행하지 아니하여 법 제93조, 제92조 제9호에 의하여 처벌대상이 되는 대리인, 사용인, 그 밖의 종업원은 본인인 자동차대여사업자를 대리 또는 대행하여 자동차 대여계약을 체결하는 등 자동차를 대여하는 행위를 한 자를 말하고, 여행업자로서 단순히 자동차 대여계약을 중개 또는 알선함에 그친 경우에는 그 대리인 등에 해당한다고 볼 수 없다[대판 2014.5.29. 2012도14130].

(6) 양벌규정과 관련한 기타 판례 정리

判例 합병으로 소멸한 법인이 부담하던 형사책임의 존속 법인에의 승계여부(승계되지 않음)

합병으로 인하여 소멸한 법인이 그 종업원 등의 위법행위에 대해 양벌규정에 따라 부담하던 형사책임은 그 성질상 이전을 허용하지 않는 것으로서 합병으로 인하여 존속하는 법인에 승계되지 않는다[대판 2007.8.23. 2005도4471]. [♣ 13 변시]

判例 양벌규정에 의하여 법인이 처벌받는 경우 법인에 대한 자수감경의 요건(대표자가 자수해야 함)

법인의 직원 또는 사용인이 위반행위를 하여 양벌규정에 의하여 법인이 처벌받는 경우, 법인에게 자수감경에 관한 형법 제52조 제1항의 규정을 적용하기 위하여는 법인의 이사 기타 대표자가 수사책임이 있는 관서에 자수한 경우에 한하고, 그 위반행위를 한 직원 또는 사용인이 자수한 것만으로는 위 규정에 의하여 형을 감경할 수 없다[대판 1995.7.25. 95도391].

判例 양벌규정과 친고죄의 고소

친고죄의 경우에 행위자의 범죄에 대한 고소가 있으면 족하고, 나아가 양벌규정에 의하여 처벌받는 자에 대하여 별도의 고소를 요한다고 할 수는 없다[대판 1996.3.12. 94도2423.].

비교판례 조세범처벌법상의 고발에는 이른바 고소 · 고발 불가분의 원칙이 적용되지 아니하므로, 고발의 구비 여부는 양벌규정에 의하여 처벌받는 자연인인 행위자와 법인에 대하여 개별적으로 논하여야 한다[대판 2004.9.24. 2004도4066].

判例 양벌규정과 공동정범의 성립범위

양벌규정에 의하여 법인이 처벌받는 경우에 법인의 사용인들이 범죄행위를 공모한 후 일방법인의 사용인이 그 실행행위에 직접 가담하지 아니하고 다른 공모자인 타법인의 사용인만이 분담실행한 경우에도 그 법인은 공동정범의 죄책을 면할 수 없다[대판 1983.3.22. 81도2545].

判例 법인 대표자의 법규위반행위에 대한 법인의 책임의 법적 성격

법인은 기관을 통하여 행위하므로 법인이 대표자를 선임한 이상 그의 행위로 인한 법률효과는 법인에게 귀속되어야 하고, 법인 대표자의 범죄행위에 대하여는 법인 자신이 책임을 져야 하는바, 법인 대표자의 법규위반행위에 대한 법인의 책임은 법인 자신의 법규위반행위로 평가될 수 있는 행위에 대한 법인의 직접책임으로서, 대표자의 고의에 의한 위반행위에 대하여는 법인 자신의 고의에 의한 책임을, 대표자의 과실에 의한 위반행위에 대하여는 법인 자신의 과실에 의한 책임을 지는 것이다[대판 2010.9.30. 2009도3876]. [♣ 21 변시]

Ⅱ. 행위의 객체와 보호의 객체

	행위의 객체	보호의 객체
의 의	공격의 대상(객체)	보호대상(법익)
예	살인죄의 '사람', 절도죄의 '타인의 재물'	살인죄의 '생명', 절도죄의 '소유권'
성 질	물질적, 외형적, 감각적으로 지각이 가능	가치적, 관념적
구성요건 요소여부	법률에 규정되어 있으면 객관적 구성요건요소가 됨	법률에 규정되지 않는 것이 일반적이며 규정되어 있더라도 구성요건요소가 아님
행위의 객체가 없는 범죄[6]는 있을 수 있으나 보호의 객체(법익)가 없는 범죄는 있을 수 없다(통설).		

6) 퇴거불응죄, 단순도주죄, 위증죄, 무고죄 등이 그 예이다.

제2장 구성요건

제1절 구성요건이론

소극적 구성요건표지이론은 다소 어렵더라도 반드시 이해해 두어야 한다. 각종 구성요건요소의 개념은 그 자체로서는 출제가 되지 않지만 형법 공부를 위한 기본적 요소에 해당한다.

Ⅰ. 구성요건의 의의

1. 개 념

구성요건이란 형벌법규에 과형의 근거인 금지 또는 요구되는 행위가 무엇인가를 추상적으로 기술해 놓은 것을 말한다(예 사람을 살해한 자, 타인의 재물을 절취한 자).

2. 구별개념

구성요건해당성이란 구체적인 행위(범죄구성사실)가 법률에 규정된 구성요건에 일치하는 것을 의미한다.

Ⅱ. 구성요건과 위법성과의 관계

1. 통설의 입장

① 구성요건을 위법성의 인식근거 내지 징표로 본다.

② 위법성에 대한 징표는 위법성조각사유(허용구성요건)의 존재에 의하여 제거될 수 있기 때문에 구성요건해당성은 위법성(불법성)에 대한 잠정적 판단에 지나지 않는다. 따라서 불법은 구성요건해당성과 위법성조각사유의 부존재라는 두 가지 요건에 의하여 이루어진다.

2. 소극적 구성요건표지(요소)이론(총체적 불법구성요건이론) [♠ 09 사시]

(1) 의 의

① 협의의 불법구성요건은 적극적 구성요건표지, 위법성조각사유는 소극적 구성요건표지로 이해하여 협의의 불법구성요건과 위법성조각사유는 서로 대립하지 아니하고 구성요건에 통합되어 총체적 불법구성요건이 된다는 이론이다. [♠ 13 사시]

② 소극적 구성요건표지이론에 따르면 구성요건과 위법성조각사유는 불법구성요건을 확정하는 동일한 기능을 가지나 전자는 불법을 적극적으로, 후자는 불법을 소극적으로 확정하는 차이만 있을 뿐이다.

총체적 불법구성요건의 구조

	총체적 불법구성요건요소	
객관적 요소	협의의 불법구성요건요소(적극요소) → 존재해야 객관적 구성요건해당성 인정 가능	위법성조각사유(소극요소) → 부존재해야 객관적 구성요건해당성 인정 가능
주관적 요소	불법고의 → 적극적 구성요건요소의 존재와 소극적 구성요건요소의 부존재에 대한 인식 (예 살인의 불법고의가 인정되려면 '사람을 살해한다는 인식' 이외에 '위법성조각사유가 존재하지 않는다는 인식'이 있어야 한다.)	

(2) 내 용

① 불법과 책임의 이단계로 범죄체계를 구성한다.

② 위법성조각사유가 존재하는 경우 행위의 구성요건해당성[1]이 부정된다. 따라서 처음부터 구성요건에 해당하지 않는 행위(예 모기를 죽이는 행위)와 구성요건에 해당하지만 위법성이 조각되어 허용되는 행위(예 사람을 살해하였으나 정당방위인 경우) 사이의 차이가 명확히 드러나지 아니한다.[2] [♠ 07 사시]

③ 적법과 불법의 한계는 구성요건단계에서 완결되므로, 구성요건해당성은 단지 위법성을 징표하는 것에 그치지 않고 불법에 대한 종국적 판단이 구성요건단계에서 내려지는 결과를 가져온다(유보 없는 단정적 반가치판단). 따라서 구성요건은 위법성의 존재근거가 된다. [♠ 05, 07 사시]

④ 협의의 불법구성요건에 해당하는 사실의 존재 및 위법성조각사유의 부존재를 (불법)고의의 인식대상에 포함시킨다. 따라서 협의의 불법구성요건에 해당하는 사실의 착오이든 위법성조각사유에 관한 착오이든 모두 구성요건적 착오로서 고의가 조각된다고 보므로, 위법성조각사유의 전제사실에 대한 착오(허용상황의 착오, 예 오상방위)의 경우 구성요건적 착오로서 (불법)고의가 조각되어 과실범의 성립여부가 문제되게 된다. [♠ 07 사시] [♣ 14 변시]

(3) 비 판

① 위법성의 독자성을 무시했다.

② 처음부터 구성요건에도 해당하지 않는 행위와 구성요건에는 해당하지만 위법성이 조각되는 행위 사이의 가치 차이를 무시하게 된다.

1) 소극적 구성요건표지이론에서의 구성요건해당성이나 구성요건은 당연히 총체적 불법구성요건해당성 또는 총체적 불법구성요건을 의미한다.

2) 소극적 구성요건표지이론에 의하여 위 두가지 예 모두 구성요건해당성이 없다는 결론을 내리게 된다.

3. 봉쇄적 구성요건과 개방적 구성요건이론(Welzel)

(1) 봉쇄적 구성요건

① 구성요건에 금지의 실질이 모두 기술되어 있는 경우의 구성요건을 말한다(살인죄, 절도죄 등 대부분의 범죄).

② 구성요건 자체로부터 위법성이 징표될 수 있다. 따라서 위법성에 대한 판단은 소극적으로 이루어지면 족하며(위법성조각사유가 존재하지 않는다면 위법성이 인정된다는 판단이 가능하다), 구성요건에 해당하는 행위가 위법한가를 적극적으로 확인할 것이 요구되지는 아니한다. [♠ 05 사시]

(2) 개방적 구성요건

① 입법자가 구성요건의 일부만을 규정하고 있어 나머지 부분은 법관에 의해서 보충될 것이 요구되는 구성요건을 말한다(예 부진정부작위범의 보증인지위).

② 구성요건 자체로부터 위법성이 징표될 수 없다. 따라서 구성요건에 해당하고 위법성조각사유가 존재하지 않는다는 것만으로 바로 위법성이 인정될 수 없고, 구성요건 밖에 존재하는 별도의 적극적인 위법성요소가 인정될 때 위법성이 인정된다.[3)]

Ⅲ. 구성요건의 유형

1. (협의의) 불법구성요건

(1) 개 념

3단계 범죄체계에서의 구성요건을 의미하며, 개별 범죄의 고유한 불법을 구성하는 요소를 기술하여 놓은 것을 말한다(협의의 구성요건).

(2) 기 능 [♠ 07 사시]

① **선별기능** : 불법의 전체영역에서 가벌적 행위유형의 한계를 구획하는 기능을 말한다.

② **지시기능** : 국민들에게 가벌적 행위를 알려주는 기능을 말한다.

③ **징표기능** : 구성요건에 해당하는 행위는 위법하다는 것을 추정하는 기능을 말한다.

2. 총체적 불법구성요건

① 소극적 구성요건표지이론(2단계 범죄체계)에서 사용하는 개념이다.

② 협의의 불법구성요건과 위법성조각사유가 포함된다.

---

3) 개방적 구성요건이론에 대한 평가 : 구성요건은 불법유형으로서 정형성을 가지고 있어야 하므로 구성요건에는 범죄의 불법내용을 결정하는 요소가 모두 포함되어야 한다. 따라서 모든 구성요건은 봉쇄적이며, 개방적일 수 없다. 법관은 구성요건의 해석에 의하여 기존의 구성요건요소를 보충(기술되지 않은 구성요건요소를 인정)할 수 있을 뿐 새로운 불법요소(적극적 위법성요소)를 창설할 수는 없다.

3. 보장구성요건

① 법적으로 규율된 가벌성의 전제조건(범죄의 성립요건과 처벌조건)을 말한다. [♠ 05 사시]

② 법적으로 규율되지 아니한 것(예 유추나 관습법에 의한 가벌성 인정, 초법규적 위법성조각사유 · 책임조각사유)은 구성요건에서 제외하며 죄형법정주의를 통한 형법의 보장적 기능을 강조하는 개념이다. [♠ 07 사시]

4. 허용구성요건

성문 · 불문의 위법성조각사유(정당화사유)를 말한다.

5. 책임구성요건

① 특정한 범죄의 전형적인 표지이면서도 불법과는 관계없이 책임을 형성하는 표지이다(예 영아살해죄의 치욕은폐 등의 동기).

② 일반적 책임표지인 책임능력, 위법성의 인식, 책임조각사유 등은 제외된다.

6. 기본적 구성요건과 변형된 구성요건[배종대, 185면 이하]

(1) 기본적 구성요건

형법이 규정하는 불법유형의 가장 기초가 되는 구성요건을 말한다. 해당 범죄집단의 필수요소를 내포한다(예 살인의 죄 가운데 보통살인죄, 절도의 죄 가운데 단순절도죄).

(2) 변형된 구성요건

① 가중적 구성요건 : 기본적 구성요건에 추가된 표지가 형벌가중사유인 경우이다(예 존속살해죄, 특수절도죄).

② 감경적 구성요건 : 기본적 구성요건에 추가된 표지가 형벌감경사유인 경우이다(예 영아살해죄, 촉탁 · 승낙살인죄).

Ⅳ. 구성요건의 요소

1. 기술적 구성요건요소와 규범적 구성요건요소

(1) 기술적 구성요건요소

① 사실세계에 속하는 사항을 사실적 · 대상적으로 기술해 놓은 구성요건요소를 말한다(예 살인죄의 사람, 절도죄의 재물).

② 원칙적으로 사실확정에 의하여 그 의미를 인식할 수 있으며 가치판단을 요하지 않는다.

(2) 규범적 구성요건요소

① 사실의 확정 이외에 법률적 · 사회적 · 경제적 가치판단을 거쳐야 그 의미를 인식할 수 있는 구성요건요소를 말한다.

② 법률적 평가를 받는 요소(예 배우자, 직계존속, 재물의 '타인성', 공무원)와 사회적 · 경제적 평가를 받는 요소(예 음란, 명예, 신용, 업무)가 있다.

(3) 구별실익

① **고의의 성립** : 고의가 성립하기 위해서, 기술적 구성요건요소에 대해서는 오관의 작용에 따른 육감적 인식(사실의 인식)만으로 족하나, 규범적 구성요건요소에 대해서는 사고의 작용에 따른 정신적 이해(즉 의미의 인식)를 요한다.

② **착오의 발생유형** : 기술적 구성요건요소에 대한 착오는 구성요건적 착오에 해당하나, 규범적 구성요건요소에 대한 착오[4]는 구성요건적 착오 이외에 금지착오에 해당할 수도 있다. [♠ 05, 15 사시]

2. 객관적 구성요건요소와 주관적 구성요건요소

(1) 객관적 구성요건요소

행위의 외부적 현상을 기술해 놓은 것을 말한다(예 행위의 주체 · 객체 · 태양 · 상황, 결과, 인과관계).

(2) 주관적 구성요건요소

① 행위자의 관념세계에 속하는 심리적 · 정신적 현상을 기술해 놓은 것을 말한다(예 목적, 불법영득의사).

② ⅰ) 일반적 주관적 구성요건요소로서 고의 및 과실이 있다.
ⅱ) 특별한 주관적 구성요건요소로서 영득(이득)죄의 불법영득(이득)의사(예 절도죄의 불법영득의사), 목적범의 목적(예 각종 문서죄의 행사할 목적, 출판물에 의한 명예훼손죄의 비방할 목적, 방화예비죄의 기본범죄를 범할 목적 등)

3. 기술된 구성요건요소와 기술되지 않은 구성요건요소

(1) 기술된 구성요건요소

구성요건에 명시적으로 규정되어 있는 구성요건요소를 말한다.

(2) 기술되지 않은 구성요건요소

구성요건에 명시적으로 규정되어 있지 않지만 해석상 인정되는 구성요건요소를 말한다(예 불법영득의사, 보증인지위, 객관적 귀속, 사기죄의 처분행위).

---

4) 예 사복경찰관이어서 공무원인 줄 모르고 폭행한 경우 구성요건적 착오에 해당하나, 전경인 줄 알았으나 전경은 공무집행방해죄의 공무원에 해당하지 않는다고 착각한 경우 포섭의 착오로서 금지착오에 해당한다.

제2절 결과반가치와 행위반가치

출 제 point ➡ 결과반가치론과 행위반가치론은 독립적인 출제영역은 아니지만 뒤에서 배우게 되는 주관적정당화요소의 흠결(매우 중요한 부분임) 등을 이해하는 기초가 되므로 개념을 숙지해 두어야 한다.

Ⅰ. 결과반가치와 행위반가치의 의의

1. 의 의

① 결과반가치란 행위가 초래한 외부적 사태 즉, 법익의 침해 · 위태화 등 결과에 대한 부정적 가치판단을 의미한다.

② 행위반가치란 행위에 대해서 사회윤리적 견지에서 내려지는 부정적 가치판단을 의미한다.

2. 체계적 지위

결과반가치와 행위반가치를 위법성의 실체에 관한 문제로 이해하는 견해도 있으나 불법의 본질에 관한 문제로 이해하는 견해가 다수설이다.

Ⅱ. 결과반가치론과 행위반가치론

1. 결과반가치론

(1) 의 의

불법의 본질은 법익의 침해 또는 그 위험에 있다는 견해이다.

(2) 근 거

① 결과반가치론은 인과적 행위론에 기초하고 있으며, 불법은 객관적 평가규범에 위반하는 것이며, 의사결정규범은 책임귀속에 해당한다. 형법의 기능은 법익보호에 중점이 있다고 이해한다. [♠ 99 사시]

② 고전적 범죄체계와 신고전적 범죄체계에서의 불법론에 해당한다.

(3) 비 판

① 결과반가치만으로 불법을 인정하여 불법개념이 무제한하게 확대된다.[1)]

② 살인죄와 상해치사죄 및 과실치사죄와 같이 동일한 법익을 침해한 경우에 왜 형법이 법정형을 달리하는가를 설명하지 못한다.

---

1) 고의 및 과실과 관련이 없는 법익침해도 불법을 인정하게 되는 문제점을 지적한 것이다.

2. 행위반가치론

(1) 인적 불법론

① 의 의

㉮ 불법의 실질은 야기된 결과(결과반가치)에만 있는 것이 아니라, 이보다도 이를 야기한 인간의 행위(행위반가치)에 있으므로 불법은 행위자와 관련된 인적 불법이어야 한다는 견해이다(Welzel).

㉯ 행위반가치가 불법의 제1차적 요소이고, 결과반가치는 부차적인 요소에 불과하다고 본다.

② 이론적 근거

㉮ 인적 불법론은 목적적 행위론에 기초하고 있으며, 불법은 주관적인 의사결정규범에 위반하는 것이며, 형법의 기능은 사회윤리적 행위가치보호에 있다고 이해한다.

㉯ 목적적 범죄체계에서의 불법론에 해당한다.

(2) 일원적 · 주관적 인적 불법론(행위반가치일원론)

① 의 의 : 불법을 오직 행위반가치만으로 근거지우고 결과반가치를 불법의 영역에서 몰아내어 객관적 처벌조건으로 이해하는 견해이다.

② 이론적 근거 : 형법적 금지의 대상은 행위이지 결과(법익침해 등)가 아니므로, 금지 밖에 놓여있는 결과는 불법의 영역에 들어올 수 없다(형법의 의사결정규범성).

③ 비 판

㉮ 기수와 미수간의 법정형의 차이는 행위반가치만으로는 설명할 수 없고 결과반가치를 함께 고려할 때 가능하다. [♠12 사시]

㉯ 과실범의 경우 결과반가치를 고려하지 않을 때에는 과실치사와 과실치상을 동일한 법정형으로 처벌하지 않을 수 없는 부당한 결과를 초래한다.

3. 이원적 · 인적 불법론

(1) 의 의

결과반가치와 행위반가치를 동일한 서열에서 병존하는 불가피한 불법요소로 이해하는 견해이다(통설).

(2) 근 거

① 형법은 평가규범인 동시에 의사결정규범이다.

② 불법은 행위에 의해 야기된 결과(법익침해 또는 그 위험)라는 객관적 측면과 실행행위의 주관적 측면을 함께 고려함으로써 올바르게 평가할 수 있다.

Ⅲ. 결과반가치와 행위반가치의 내용

1. 결과반가치의 내용

① 법익의 침해 : 침해범의 경우 기수범의 결과반가치에 해당한다.

② 법익침해의 위험 : 침해범의 경우 미수범의 결과반가치에 해당하며, 위험범의 경우 기수범의 결과반가치에 해당한다. 거동범의 경우 행위 자체만으로도 법익침해의 위험이 인정되어 기수의 결과반가치가 인정된다.[2)]

③ 법익평온상태의 교란 : 불능미수의 결과반가치를 설명하기 위하여 법익평온상태의 교란을 제3의 결과반가치 내용으로 인정하는 견해도 있다[김일수·서보학, 247면]. 그러나 다수설은 제27조(불능미수)의 '위험성'을 법익침해의 위험성으로 해석하여 법익평온상태의 교란을 '법익침해의 위험' 속에 포함시키고 있다[이재상, 115면].

2. 행위반가치의 내용

(1) 주관적 요소

① 주관적 행위요소 : 고의, 과실(객관적 주의의무위반)

② 주관적 행위자요소 : 목적, 경향, 표현 등 특별한 주관적 불법요소

(2) 객관적 요소

① 객관적 행위요소 : 범죄 실행의 종류와 방법(예 특수폭행죄의 위험한 물건의 휴대, 사기죄의 기망)

② 객관적 행위자요소 : 신분범의 신분, 정범의 표지

---

2) 거동범의 경우 행위객체에 대한 '결과'발생을 요하지 않는다고 하여 '결과반가치'(법익침해의 위험)까지 요하지 않는 것은 아니다. 결과범에서의 '결과'와 불법론에서의 '결과반가치'는 서로 다른 개념이라는 것을 주의하여야 한다. 결과범에서 결과발생은 기수요건에 해당하지만 결과반가치의 불법이 인정된다고 하더라도 곧 기수의 불법이 인정되는 것은 아니다. 본문에서 본 바와 같이 결과반가치는 기수범의 결과반가치일수도 있으며 미수범의 결과반가치일수도 있기 때문이다.

제3절 부작위범

출 제
point 

부작위범론은 선택형 및 사례형이 모두 출제되는 매우 중요한 부분이다. 보증인지위 · 의무의 체계적 지위에 관한 논의, 보증인지위의 발생근거에 관한 판례는 단골 출제메뉴이며 기타 관련판례 및 부진정부작위범에 대한 관련 이론을 숙지해 두어야 할 것이다.

제18조(부작위범) 위험의 발생을 방지할 의무가 있거나 자기의 행위로 인하여 위험발생의 원인을 야기한 자가 그 위험발생을 방지하지 아니한 때에는 그 발생된 결과에 의하여 처벌한다.

Ⅰ. 부작위의 본질

1. 작위와 부작위의 의의

① 작위란 규범적으로 금지된 행위를 적극적으로 하는 경우를 의미한다(예 甲이 A를 칼로 찔러 죽인 경우 – 작위에 의한 살인죄).

② 부작위란 규범적으로 요구되는 특정한 행위를 하지 않는 것을 의미한다(예 아버지인 甲이 물에 빠진 어린 아들 A를 구조하지 아니하여 익사하게 한 경우 – 부작위에 의한 살인죄). 따라서 단순히 아무 것도 하지 않는 '무위(無爲)'는 형법상 부작위가 될 수 없다.

③ 금지규범(예 살인죄 – 작위범)을 전제로 하는 구성요건은 작위에 의해서 실현되는 것(작위에 의한 작위범)이 원칙이지만 부작위에 의해서도 실현될 수 있다(부작위에 의한 작위범 – 부진정부작위범). 그러나 명령(요구)규범(예 퇴거불응죄 – 부작위범)을 전제로 하는 구성요건은 부작위에 의해서만 실현될 수 있다(부작위에 의한 부작위범 – 진정부작위범).

2. 작위와 부작위의 구별

(1) 쟁점과 구별실익

① **쟁 점** : 일반적으로 작위는 힘의 투입에 의하여 사건의 경과를 변경시키는 것이고, 부작위는 법적으로 사건의 경과의 변경이 기대되는 상황에서 힘의 투입을 거부함으로써 사건의 경과를 방치하는 것을 말한다. 그런데 하나의 행위가 작위적 요소와 부작위적 요소를 동시에 포함하고 있는 경우 어느 것을 형법적 평가의 대상으로 삼아야 할 것인지가 문제된다(예 법정 제한속도를 지키지 않고 과속으로 운전하다 사고를 낸 경우, '제한속도를 지키지 않은 것'은 부작위에 해당하고 '과속으로 운전한 것'은 작위에 해당한다).

② **구별실익** : 일정한 행위가 작위로 평가되는 경우에는 작위의무자(보증인지위에 있는 자)가 아니어도 구성요건해당성이 인정되어 범죄가 성립할 수 있다. 그러나 그 행위가 부작위로 평가될 경우에는 작위의무자(보증인지위에 있는 자)만이 구성요건해당성이 인정되어 범죄가 성립할 수 있다. 따라서 부작위로 평가되는 경우에는 행위자가 작위의무자가 아니라면 구성요건해당성이 조각되어 범죄가 성립하지 않게 된다.

(2) 작위와 부작위의 구별기준

사 례 연 습

※ 보라매 병원 사건

전담의사 甲이 중환자실에서 인공호흡기를 부착하고 치료를 받던 환자의 처의 요청에 따라 치료를 중단하고 퇴원조치를 함으로써 귀가 후 수련의의 인공호흡기 제거로 환자가 사망한 경우, 甲의 행위는 작위인지 부작위인지 여부를 논하시오.

사례해결

1. 문제점

하나의 행위가 작위적 요소와 부작위적 요소를 동시에 포함하고 있는 경우 어느 것을 형법적 평가의 대상으로 삼아야 할 것인지가 문제된다.

2. 학 설

① **평가적 관찰방법설** : 법적 비난의 중점이 어디에 있는가에 따라 작위와 부작위를 구별하는 견해이다. 이 견해에 의하면 법적비난의 중점이 작위에 있다면 작위범이고 부작위에 있다면 부작위범으로 평가한다.

② **작위우선 부작위보충설** : 작위범이 범죄의 기본형태이고 부작위범은 예외적인 형태이므로 부작위의 작위에 대한 보충성을 인정하여 먼저 작위에 의한 범죄 성립여부를 검토하여야 하며 작위범이 성립 하지 않은 경우에 한하여 부작위에 의한 범죄 성립여부를 검토하여야 한다는 견해이다.

3. 판 례

행위자가 자신의 신체적 활동이나 물리적 · 화학적 작용을 통하여 적극적으로 타인의 법익 상황을 악화시킴으로써 결국 그 타인의 법익을 침해하기에 이르렀다면, 이는 작위에 의한 범죄로 봄이 원칙이고, 작위에 의하여 악화된 법익 상황을 다시 되돌이키지 아니한 점에 주목하여 이를 부작위범으로 볼 것은 아니라고 판시한 바 있다[대판 2004.6.24. 2002도995].

4. 검 토 (판례 지지)

행위자가 자신의 신체적 활동이나 물리적 · 화학적 작용을 통하여 적극적으로 타인의 법익 상황을 악화시킴으로써 결국 그 타인의 법익을 침해하기에 이르렀다면, 이는 원칙적으로 작위에 의한 범죄로 보는 것이 타당하다.

5. 결 론

甲이 퇴원조치라는 신체적 활동을 통하여 환자의 법익상황을 악화시킴으로써 사망케 하였으므로 甲의 행위는 작위로 보아야 한다.

判例 작위와 부작위의 구별

[1] 형법 제30조의 공동정범이 성립하기 위하여는 주관적 요건인 공동가공의 의사와 객관적 요건으로서 그 공동의사에 기한 기능적 행위지배를 통하여 범죄를 실행하였을 것이 필요하고, 여기서 공동가공의 의사란 타인의 범행을 인식하면서도 이를 제지함이 없이 용인하는 것만으로는 부족하고 공동의 의사로 특정한 범죄행위를 하기 위하여 일체가 되어 서로 다른 사람의 행위를 이용하여 자기의 의사를 실행에 옮기는 것을 내용으로 하는 것이어야 한다.
[2] 보호자가 의학적 권고에도 불구하고 치료를 요하는 환자의 퇴원을 강청하여 담당 전문의와 주치의가 치료중단 및 퇴원을 허용하는 조치를 취함으로써 환자를 사망에 이르게 한 행위에 대하여 보호자, 담당 전문의 및 주치의가 부작위에 의한 살인죄의 공동정범으로 기소된 사안에서, 담당 전문의와 주치의에게 환자의 사망이라는 결과 발생에 대한 정범의 고의는 인정되나 환자의 사망이라는 결과나 그에 이르는 사태의 핵심적 경과를 계획적으로 조종하거나 저지 · 촉진하는 등으로 지배하고 있었다고 보기는 어려워 공동정범의 객관적 요건인 이른바 기능적 행위지배가 흠결되어 있다는 이유로 작위에 의한 살인방조죄만 성립한다고 한 사례. [♣16 변시]
[3] 어떠한 범죄가 적극적 작위에 의하여 이루어질 수 있음은 물론 결과의 발생을 방지하지 아니하는 소극적 부작위에 의하여도 실현될 수 있는 경우에, 행위자가 자신의 신체적 활동이나 물리적 · 화학적 작용을 통하여 적극적으로 타인의 법익 상황을 악화시킴으로써 결국 그 타인의 법익을 침해하기에 이르렀다면, 이는 작위에 의한 범죄로 봄이 원칙이고, 작위에 의하여 악화된 법익 상황을 다시 되돌이키지 아니한 점에 주목하여 이를 부작위범으로 볼 것은 아니며, 나아가 악화되기 이전의 법익 상황이, 그 행위자가 과거에 행한 또 다른 작위의 결과에 의하여 유지되고 있었다 하여 이와 달리 볼 이유가 없다. 따라서 이 사건의 경우 피고인들(甲과 乙)은 피고인 3(丙)에게 피해자를 집으로 후송하고 호흡보조장치를 제거할 것을 지시하는 등의 적극적 행위를 통하여 원심공동피고인(丁女)의 부작위에 의한 살인행위를 도운 것이므로, 이를 작위에 의한 방조범으로 본 원심의 판단은 정당한 것으로 수긍할 수 있고, 거기에 피고인들이 상고이유로 주장하는 바처럼 형법상 작위와 부작위의 구별 및 방조행위의 성립에 관한 법리오해 등의 위법이 없다. [♠06, 10, 14 사시] [♣12, 13, 14, 21 변시]
[4] 종범은 정범의 실행행위 중에 이를 방조하는 경우뿐만 아니라, 실행 착수 전에 장래의 실행행위를 예상하고 이를 용이하게 하는 행위를 하여 방조한 경우에도 성립한다[대판 2004.6.24. 2002도995]. [♠05 사시]

判例 작위범인 범인도피죄만 성립하고 부작위범인 직무유기죄는 성립하지 않는다는 사례

경찰공무원인 피고인이 검사로부터 범인을 검거하라는 지시를 받고서도 그 직무상의 의무에 따른 적절한 조치를 취하지 아니하고 오히려 범인에게 전화로 도피하라고 권유하여 그를 도피케 하였다는 범죄사실만으로는 직무위배의 위법상태가 범인 도피행위 속에 포함되어 있는 것으로 보아야 할 것이므로, 이와 같은 경우에는 작위범인 범인도피죄만이 성립하고 부작위범인 직무유기죄는 따로 성립하지 아니한다[대판 1996.5.10. 96도51]. [♠01, 04, 15 사시]

> **동지판례** 경찰공무원이 지명수배 중인 범인을 발견하고도 직무상 의무에 따른 적절한 조치를 취하지 아니하고 오히려 범인을 도피하게 하는 행위를 하였다면, 그 직무위배의 위법상태는 범인도피행위 속에 포함되어 있다고 보아야 할 것이므로, 이와 같은 경우에는 작위범인 범인도피죄만이 성립하고 부작위범인 직무유기죄는 따로 성립하지 아니한다[대판 2017.3.15. 2015도1456]. [♣ 19 변시]

Ⅱ. 부작위범의 구조

1. 진정부작위범과 부진정부작위범의 구별

(1) 형식설(통설)

① ⅰ) 진정부작위범이란 구성요건의 규정형식이 부작위범이고 이를 부작위에 의하여 실현하는 경우를 말한다(예 퇴거불응죄, 다중불해산죄, 집합명령위반죄, 전시공수계약불이행죄). ⅱ) 진정부작위범은 '부작위에 의한 부작위범'을 의미하게 된다.

② ⅰ) 부진정부작위범이란 구성요건의 규정형식은 작위범이지만 이를 부작위에 의하여 실현한 경우를 말한다(예 작위범의 형식인 살인죄를 부작위에 의하여 범하는 경우, 예컨대 아버지인 甲이 어린 아들 A를 익사하도록 방치한 경우). ⅱ) 부진정부작위범은 '부작위에 의한 작위범'을 의미하게 된다. [♠ 03 사시]

(2) 실질설

① 구성요건이 부작위라는 거동만으로 충족되는 경우는 진정부작위범이고, 부작위 이외에 구성요건적 결과의 발생을 요구하는 경우는 부진정부작위범이라는 견해이다.

② 실질설에 의하면 진정부작위범은 거동범, 부진정부작위범은 결과범에 해당한다.

(3) 판 례(진정부작위범에 해당하는 경우)

> **判例** 일정한 기간 내에 잘못된 상태를 바로잡으라는 행정청의 지시를 이행하지 않았다는 것을 구성요건으로 하는 범죄는 이른바 진정부작위범에 해당한다[대판 1994.4.26. 93도1731].

(4) 구별실익

	진정부작위범	부진정부작위범
신분범 여부	행위의 주체가 제한되어 있지 않으므로 신분범이 아니다.	보증인지위에 있는 자만이 행위의 주체가 될 수 있으므로 진정신분범에 해당한다.
거동범의 가능성	부작위만으로도 구성요건이 실현될 수 있으므로 거동범의 성격을 갖는다.	실질설에 의하면 결과범에 해당하나, 형식설에 의하면 작위범을 부작위에 의하여 실현한 경우가 부진정부작위범이므로 작위범의 성격에 따라 거동범이 될 수도 있고 결과범이 될 수도 있다. 예컨대 부작위에 의한 모욕죄는 거동범에 해당하고 부작위에 의한 살인죄는 결과범에 해당하게 된다. [♠ 05 사시]

2. 부작위범의 성립요건

(1) 행위성이 인정될 것 - 부작위(일반적 행위가능성)

① 법이 일반인에게 객관적으로 불가능한 행위(작위)를 이행할 것을 요구할 수 없다. 따라서 법이 요구하는 작위의무는 일반인에게 그 이행이 가능한 것이어야 하며 이러한 작위의무의 위반(부작위)이 형법적 평가의 대상인 행위로서 의미를 가진다.

② 일반적 행위가능성이 없는 상황에서의 부작위는 형법적으로 의미있는 행위라고 할 수 없다(예 섬진강에 빠진 어린 아들을 서울에 있는 부모가 구하지 못한 경우).

(2) 구성요건해당성

① 객관적 구성요건[1)]

㉮ **구성요건적 상황** : 진정부작위범은 개별 구성요건에 규정되어 있으며(예 퇴거불응죄의 경우 '퇴거요구를 받고'), 부진정부작위범은 구성요건적 결과발생의 위험이 이에 해당한다.

㉯ **부작위** : 법이 요구하는 작위의무를 이행하지 않았다는 부작위가 있어야 한다.

㉰ **개별적 행위(작위)가능성** : 구체적인 행위자가 법이 요구하는 작위의무를 이행 할 수 있는 가능성이 있어야 하며, 그 판단에 있어서는 행위자의 신체적 · 정신적 조건과 구조수단의 존재를 모두 고려하여야 한다(예 신체장애로 인하여 수영능력 없는 아버지가 물에 빠진 어린 아들을 구조하지 못하여 익사한 경우 원칙적으로 개별적 행위가능성은 부정된다).

判例 부작위범이 성립하지 않는 경우

1. 기업이 불황이라는 사유만으로 사용자가 근로자에 대한 임금이나 퇴직금을 체불하는 것은 허용되지 아니하지만, 모든 성의와 노력을 다했어도 임금이나 퇴직금의 체불이나 미불을 방지할 수 없었다는 것이 사회통념상 긍정할 정도가 되어 사용자에게 더 이상의 적법행위를 기대할 수 없거나 사용자가 퇴직금지급을 위하여 최선의 노력을 다하였으나 경영부진으로 인한 자금사정 등으로 도저히 지급기일 내에 퇴직금을 지급할 수 없었다는 등의 불가피한 사정이었음이 인정되는 경우에는 그러한 사유는 근로기준법이나 근로자퇴직급여 보장법에서 정하는 임금 및 퇴직금 등의 기일 내 지급의무 위반죄의 책임조각사유로 된다[대판 2015.2.12. 2014도12753], [대판 2001.2.23. 2001도204]. [♠ 14 사시] [♣ 19, 20 변시] 그러나 단순히 사용자가 경영부진 등으로 자금압박을 받아 이를 지급할 수 없었다는 것만으로는 그 책임을 면할 수 없다[대판 2015.1.15. 2014도9691].

판례해설 본 사안은 피고인에게 '개별적 작위가능성'이 없었으므로 책임조각이 아니라 구성요건해당성의 조각을 인정하여야 하는 것이 옳다고 보는 평석이 있다[김성돈 597면].

---

1) ㉮㉯㉰는 진정부작위범과 부진정부작위범에 공통적으로 요구되는 구성요건요소이다. 그러나 ㉱㉲는 부진정부작위범에서만 요구되는 구성요건요소이다.

2. 은행장인 피고인이 은행보증회사채의 상환금을 발행회사로 하여금 자체자금으로 상환하게 하는 조치를 취하지 아니하였다 하여도 위 회사가 그 당시 은행보증회사채의 채무를 자체자금으로 상환할 수 있는 능력이 있었다는 사실이 전제되지 않는 이상 그러한 조치는 불가능하거나 실효성이 없는 것으로 피고인의 이러한 소위가 은행에 대한 업무상배임죄가 된다고 볼 수 없다[대판 1983.3.8. 82도2873].

3. 경찰공무원이 운전자의 신체 이상에도 불구하고 호흡측정기에 의한 음주측정을 요구하여 운전자가 음주측정수치가 나타날 정도로 숨을 불어넣지 못한 결과 호흡측정기에 의한 음주측정이 제대로 되지 아니하였다고 하더라도 음주측정에 불응한 것으로 볼 수는 없다[대판 2006.1.13. 2005도7125].

동지판례 신체 이상 등의 사유로 인하여 호흡조사에 의한 측정에 응할 수 없는 운전자가 혈액채취에 의한 측정을 거부하거나 이를 불가능하게 하였다고 하더라도 음주측정에 불응한 것으로 볼 수는 없다[대판 2010.7.15. 2010도2935].

4. 도로교통법 제148조의2 제1항 제2호의 처벌조항에서 말하는 '경찰공무원의 측정에 응하지 아니한 경우'란 전체적인 사건의 경과에 비추어 술에 취한 상태에 있다고 인정할 만한 상당한 이유가 있는 운전자가 음주측정에 응할 의사가 없음이 객관적으로 명백하다고 인정되는 때를 의미하고, 운전자가 경찰공무원의 1차 측정에만 불응하였을 뿐 곧이어 이어진 2차 측정에 응한 경우와 같이 측정거부가 일시적인 것에 불과한 경우까지 측정불응행위가 있었다고 보아 처벌조항의 음주측정불응죄가 성립한다고 볼 것은 아니다[대판 2015.12.24. 2013도8481].

㉱ **결과발생 · 인과관계와 객관적 귀속** : 진정부작위범은 거동범에 해당하므로 인과관계 및 객관적 귀속이 문제되지 않으나, 부진정부작위범이 결과범에 해당하는 경우[2] 결과발생과 인과관계가 인정되어야 한다. [♠ 06 사시]

㉲ **보증인지위와 행위정형의 동가치성** : 부진정부작위범의 경우에만 요구되는 구성요건요소이다(후에 상술함).[3]

② 주관적 구성요건

㉮ 고 의

i) **부작위범 일반의 인식대상** : 구성요건적 상황의 존재, 명령된 행위의 부작위, 개별적 행위가능성에 대한 인식이 필요하다.

ii) **부진정부작위범 특유의 인식대상** : 결과발생, 인과관계, 보증인지위와 행위정형의 동가치성은 인식대상이 되나 보증인의무는 인식대상이 되지 않는다(이분설에 의함).

㉯ **과 실** : 객관적 구성요건요소에 대한 인식이 가능했음에도 이를 결여하여 요구된 행위를 하지 않았을 경우에 과실이 인정된다.

---

2) 앞에서 본 바와 같이 부진정부작위범이 모두 결과범에 해당하는 것은 아니다(예 부작위에 의한 모욕죄는 거동범).

3) 진정부작위범은 구성요건적 상황(예 퇴거불응죄의 '퇴거요구를 받은 상황')하에서는 모든 사람이 작위의무를 부담하기 때문에 보증인지위는 특별히 문제되지 않는다.

3. 부작위범의 위법성

① 부작위범에 있어서도 구성요건해당성이 위법성을 징표하므로 구성요건에 해당하는 부작위는 위법성조각사유가 없으면 위법성이 인정된다.

② 위법성조각사유로서 의무의 충돌이 의미가 있다.

4. 부작위범의 책임

작위범의 경우와 동일하게 책임형식(고의, 과실), 책임능력, 위법성의 인식 및 기대가능성이 책임의 요소에 해당한다.

Ⅲ. 부진정부작위범의 특유한 구성요건

1. 부작위의 작위와의 동가치성

① 진정부작위범은 구성요건요소가 법규정에 명확히 기술되어 있으나 부진정부작위범의 경우 구성요건요소가 명확히 기술되어 있지 않으므로 죄형법정주의에 대한 중대한 침해의 위험성을 안고 있다. 이러한 문제점을 해결하기 위하여 논의되는 것이 부작위의 작위와의 동가치성이다.

② 부진정부작위범은 작위범의 구성요건을 부작위에 의하여 실현하는 것이므로 부작위에 의한 범행이 작위에 의한 구성요건의 실현과 같이 평가될 수 있어야 한다.

③ 부작위의 작위에 대한 동가치성이 인정되기 위하여는 '보증인지위'와 '행위정형의 동가치성(상응성)'이 요구된다. 형법 제18조는 '보증인지위'에 있는 자(보증인의무자)의 부작위가 처벌될 수 있음을 명문으로 규정하고 있다. 한편 '행위정형의 동가치성'에 대해서는 명문으로 규정하고 있지 않으나 이를 부작위의 작위와의 동가치성의 요소로 인정하는 것이 판례 · 통설이다.

2. 보증인지위

(1) 의 의

① **형법규정** : 형법 제18조는 '자기의 행위로 인하여 위험발생의 원인을 야기한 자' 즉 선행행위로 인하여 보증인지위가 인정될 수 있음을 명문으로 밝히고 있으나, 그 밖에 누구에게 보증인지위가 인정될 것인가에 대하여는 '위험의 발생을 방지할 의무가 있는 자'라고만 규정하여 해석에 맡기고 있다.

② **개 념** : 위험발생을 방지해야할 법적 의무를 '보증인의무'라고 하고 보증인의무를 발생시키는 지위를 '보증인지위'라고 한다. 보증인지위는 부진정부작위범의 기술되지 아니한 구성요건요소에 해당하며 진정신분범의 요소이기도 하다[배종대, 745면].

③ **보증인지위의 발생요건**[4)] : i) 법익의 주체가 자신이 직면한 위험으로부터 스스로 보호할 능력이 없고, ii) 부작위자에게 위험으로부터 법익주체의 법익을 보호해야 할 작위의무(보증인의무)가 있고, iii) 부작위자가 이러한 보호자의 지위에서 법익침해를 야기할 사태를 지배하고 있을 것을 요한다[이재상, 123면].

(2) 체계적 지위

	내 용	평 가(비판)
위법성 요소설	① 보증인지위와 보증인의무를 구별하지 않고 모두 위법성요소로 보는 견해로서, 부진정부작위범은 구성요건 자체에서 무엇을 해야 할 것인가를 규정하고 있지 않기 때문에 작위범과는 달리 구성요건해당성이 위법성을 징표하지 못하므로, 보증인의무에 위반하여 부작위한 때에 비로소 위법하게 된다는 견해이다. [♠ 05 사시] ② 보증인지위와 보증인의무에 대한 착오는 모두 위법성의 착오에 해당한다.	① 보증인지위에 있지 않는 자의 부작위도 부진정부작위범의 구성요건에 해당하게 되어 부진정부작위범의 구성요건해당성이 부당하게 확대된다. [♠ 03, 05 사시] ② 부진정부작위범에 대해서만 구성요건의 징표기능을 부정하는 것은 범죄론체계의 일관성이 없다. ③ 작위범에 있어서 부작위의무자의 작위가 구성요건요소라면 이와 동치되는 보증인의무자의 부작위도 구성요건요소가 되어야 한다는 점에서 부당하다.
구성요건 요소설 (Nagler의 보증인설)	① 보증인지위와 보증인의무를 구별하지 않고 모두 구성요건요소로 보는 견해이다. ② 보증인지위와 보증인의무에 대한 착오는 모두 구성요건적 착오에 해당한다.	① 작위범의 부작위의무와 같은 다른 형법상의 법적 의무는 위법성요소로 보면서도 부작위범의 보증인의무만을 구성요건요소로 본다는 점에서 부당하다. ② 보증인의무(법적 의무)에 관한 착오조차 구성요건적 착오로 취급하게 되어 부당하다.
이분설 (통설)	① 보증인지위는 구성요건요소, 보증인의무는 위법성요소로 보는 견해이다.[5)] ② 보증인지위에 대한 착오는 구성요건적 착오(과실범의 성립이 문제됨), 보증인의무에 대한 착오는 위법성의 착오(착오에 대한 정당한 이유 유무에 따라 고의범의 성부가 문제됨)에 해당한다. [♠ 03, 11, 12, 13 사시] [♣ 14, 19, 21 변시]	① 보증인지위를 구성요건요소로 보기 때문에 보증인지위에 있는 자의 부작위만 구성요건에 해당하게 되므로 구성요건해당성이 지나치게 넓어지게 되는 위법성요소설의 단점을 극복할 수 있다. ② 보증인의무를 작위범의 부작위의무와 동일하게 위법성의 요소로 본다는 점에서 구성요건요소설의 단점을 극복할 수 있다.

---

4) 부진정부작위범의 성립여부가 문제되는 상황에서는 i)iii)의 요건은 일반적으로 구비되므로 특히 ii) 작위의무자(보증인의무자)가 누구인가가 가장 중요한 문제가 된다.

5) 이분설에 의할 경우 보증인의무를 위법성요소로 인정한다고 하여 적극적 위법성요소를 인정하는 것은 아니며 부진정부작위범에서 위법성인식의 대상 및 위법성의 착오문제를 해결하기 위한 것에 불과하다.

쟁점연구 **[보증인지위와 보증인의무의 체계적 지위]**

1. 학 설

① **위법성요소설** : 보증인지위와 보증인의무를 구별하지 않고 모두 위법성요소로 보는 견해이다. 이 견해에 의하면 보증인지위와 보증인의무에 대한 착오는 모두 위법성의 착오에 해당한다.

② **구성요건요소설** : 보증인지위와 보증인의무를 구별하지 않고 모두 구성요건요소로 보는 견해이다. 이 견해에 의하면 보증인지위와 보증인의무에 대한 착오는 모두 구성요건적 착오에 해당한다.

③ **이분설** : 보증인지위는 구성요건요소, 보증인의무는 위법성요소로 보는 견해이다. 이 견해에 의하면 보증인지위에 대한 착오는 구성요건적 착오(과실범의 성립이 문제됨), 보증인의무에 대한 착오는 위법성의 착오(착오에 대한 정당한 이유 유무에 따라 고의범의 성부가 문제됨)에 해당한다.

2. 검 토

i) 위법성요소설에 의할 경우 구성요건해당성이 지나치게 넓어지게 되는 문제점이 있고, ii) 구성요건요소설은 작위범의 부작위의무와 같은 다른 형법상의 법적 의무는 위법성요소로 보면서도 부작위범의 보증인의무만을 구성요건요소로 본다는 점에서 부당하다. 따라서 이분설이 타당하다.

사 례 연 습

【보증인지위의 체계적 지위】 ※ 아들인 줄 몰라 익사를 방치한 사건

〈사 안〉

어느 날 甲은 귀가하다가 멀리서 저수지에 빠진 A를 보았으나 자기의 아들이 아니라고 생각하고 구조해주지 아니하여 A가 익사하고 말았다. 그런데 실은 A는 甲의 아들이었다. 이분설에 의할 때 甲의 죄책을 논하시오. (단 甲에게 과실이 있음을 전제함)

|해|설| 이분설에 따르면 보증인지위에 관한 착오는 구성요건적 착오에 해당하고(과실범의 성립문제가 됨), 보증인의무에 관한 착오는 위법성의 착오에 해당한다(책임설에 의하면 착오에 정당한 이유가 있는가 여부에 따라 고의범의 성립여부가 문제 됨). 사안의 경우 甲은 보증인지위에 관하여 착오를 한 것이며 이분설에 따르면 구성요건적 착오가 되어 과실치사죄가 성립한다. [♣14 변시]

사 례 연 습

【보증인지위의 체계적 지위】 ※ 개망나니 같은 자식 살해 사건

〈사 안〉

어느 날 甲은 귀가하다가 만취한 A가 저수지에 빠져 헤어나오지 못하고 있는 것을 보았으나 '저런 개망나니 같은 입양아는 구조해줄 의무가 없다'고 생각하고 구조해주지 아니하여 A는 익사하고 말았다. 甲의 죄책을 논하시오. (이분설과 책임설에 의함)

|해|설| 이분설에 따르면 보증인지위에 관한 착오는 구성요건적 착오에 해당하고(과실범의 성립문제가 됨), 보증인의무에 관한 착오는 위법성의 착오에 해당한다(책임설에 의하면 착오에 정당한 이유가 있는가 여부에 따라 고의범의 성립여부가 문제 됨). 사안의 경우 甲은 보증인지위는 인식하였으나 보증인의무를 착오한 경우로서 그 착오에 정당한 이유가 인정된다고 볼 수 없다. 따라서 甲에게는 부작위에 의한 살인죄가 성립한다.

(3) 보증인지위(의무)의 발생근거와 내용

쟁점연구

1. 문제점

형법 제18조는 '자기의 행위로 인하여 위험발생의 원인을 야기한 자' 즉 선행행위로 인하여 보증인지위가 인정될 수 있음을 명문으로 밝히고 있으나, 그 밖에 누구에게 보증인지위가 인정될 것인가에 대하여는 '위험의 발생을 방지할 의무가 있는 자'라고만 규정하여 해석에 맡기고 있어 보증인 지위의 발생근거가 문제된다.

2. 학 설

i) 보증인지위(의무)의 발생근거에 대하여 법익보호를 위한 보호의무와 법익침해의 위험원을 감시 · 감독해야할 안전의무로 나누어 확정하려는 견해(실질설), [♠ 12 사시] ii) 보증인지위(의무)의 발생근거에 대하여 법적 의무의 형식에 따라 법령, 계약, 조리(사회상규 · 신의성실), 선행행위 등으로 나누어 확정하려는 견해(형식설)가 있다. [♠ 12 사시]

3. 판 례

법령, 법률행위, 선행행위로 인한 경우는 물론이고 기타 신의성실의 원칙이나 사회상규 혹은 조리상 작위의무가 기대되는 경우에도 법적인 작위의무는 있다고 판시한 바 있다[대판 1996.9.6. 95도2551].

4. 검 토 (판례 지지)

부작위범이 인정되기 위해서 작위의무는 법적인 의무이어야 하나 법적인 의무인 한 성문법이건 불문법이건 상관이 없고 또 공법이건 사법이건 불문하므로, 법령, 법률행위, 선행행위로 인한 경우는 물론이고 기타 신의성실의 원칙이나 사회상규 혹은 조리상 작위의무가 기대되는 경우에도 법적인 작위의무는 있다고 보아야 하므로 판례가 타당하다.

判例 작위의무의 성질 및 발생근거

형법상 부작위범이 인정되기 위해서 작위의무는 법적인 의무이어야 하므로 단순한 도덕상 또는 종교상의 의무는 포함되지 않으나 작위의무가 법적인 의무인 한 성문법이건 불문법이건 상관이 없고 또 공법이건 사법이건 불문하므로, 법령, 법률행위, 선행행위로 인한 경우는 물론이고 기타 신의성실의 원칙이나 사회상규 혹은 조리상 작위의무가 기대되는 경우에도 법적인 작위의무는 있다 [대판 1996.9.6. 95도2551].[♠ 02, 06, 08, 09, 11, 12, 14 사시] [♣ 12, 23 변시]

① 보증인지위(의무)의 발생근거(형식설)[6)]

법령에 의한 작위의무	① 법령은 성문법이건 불문법이건 상관이 없고 또 공법이건 사법이건 불문한다. 예 (사법) 친권자의 보호의무(민법 제913조), 부부간의 부양의무(민법 제826조) [♣ 15 변시] 예 (공법) 운전자의 구호의무(도로교통법 제54조), 경찰관의 보호조치의무(경찰관직무집행법 제4조) ② 보증인지위(의무)는 법적 의무로서 행위자에게 그 신분상의 지위로 인해 특별히 주어진 것이라야 한다. 따라서 일반인 누구에게나 과하여 질 수 있는 의무는 그것이 법령상의 의무일지라도 보증인지위(의무)의 근거가 될 수 없다(예 경범죄처벌법상 관리장소에서의 요부조자에 대한 신고불이행, 화재 등의 발생시에 공무원에 대한 원조불응).
계약에 의한 작위의무	계약에 의하여 보호의무를 인수한 경우를 말한다. 계약의 유효 · 무효를 불문한다. 예 진료계약에 의한 의사의 환자 보호 · 치료의무, 유아원 보모의 아동보호의무
선행행위에 의한 작위의무	자기의 행위로 인하여 위험발생의 원인을 야기한 자는 위험발생을 방지할 의무가 있다(제18조). 예 탈진상태에 있는 피감금자에 대한 감금자의 구호의무(판례)
조리 등에 의한 작위의무	신의성실의 원칙이나 사회상규 혹은 조리상 작위의무가 기대되는 경우에도 법적인 작위의무는 인정된다(판례 · 통설). 예 목적물의 하자에 대한 신의칙상 고지의무, 동거하는 피용자에 대한 고용주의 보호의무, 관리자의 위험발생 방지의무

判例 보증인지위(의무)의 발생근거

(1) 법령에 의한 작위의무

1. 도로교통법 제50조 제1항, 제2항이 규정한 교통사고발생시의 구호조치의무 및 신고의무는 사상자를 구호하고, 교통질서의 회복 등에 관하여 적절한 조치를 취하게 하기 위한 방법으로 부과된 것이므로 그 의무는 교통사고를 발생시킨 당해 차량의 운전자에게 그 사고발생에

6) 본 교재는 형식설과 실질설을 결합하여 작위의무의 발생근거를 파악하려는 절충설의 입장을 기본으로 하여 기술하였다.

있어서 고의·과실 혹은 유책·위법의 유무에 관계없이 부과된 의무라고 해석함이 상당할 것이므로, 당해 사고에 있어 귀책사유가 없는 경우에도 위 의무가 없다 할 수 없고, 또 위 의무는 신고의무에만 한정되는 것이 아니므로 타인에게 신고를 부탁하고 현장을 이탈하였다고 하여 위 의무를 다한 것이라고 말할 수는 없다[대판 2002.5.24. 2000도1731]. [♠ 03, 05 사시] [♣ 19 변시]

2. 구 정신보건법 제23조 제2항은 '정신의료기관의 장은 자의로 입원 등을 한 환자로부터 퇴원 신청이 있는 경우에는 지체 없이 퇴원을 시켜야 한다'고 정하고 있다. 환자로부터 퇴원 요구가 있는데도 구 정신보건법에 정해진 절차를 밟지 않은 채 방치한 경우에는 위법한 감금행위에 해당한다[대판 2017.8.18. 2017도7134].

(2) 계약에 의한 작위의무

백화점에서 바이어를 보조하여 특정매장에 관한 상품관리 및 고객들의 불만사항 확인 등의 업무를 담당하는 직원은 자신이 관리하는 특정매장의 점포에 가짜 상표가 새겨진 상품이 진열·판매되고 있는 사실을 발견하였다면 고객들이 이를 구매하도록 방치하여서는 아니되고 점주나 그 종업원에게 즉시 그 시정을 요구하고 바이어 등 상급자에게 보고하여 이를 시정하도록 할 근로계약상·조리상의 의무가 있으므로 이를 보고하지 아니함으로써 점주로 하여금 가짜 상표가 새겨진 상품들을 고객들에게 계속 판매하도록 방치한 것은 작위에 의하여 점주의 상표법위반 및 부정경쟁방지법위반 행위의 실행을 용이하게 하는 경우와 동등한 형법적 가치가 있는 것으로 볼 수 있으므로, 백화점 직원인 피고인은 부작위에 의하여 공동피고인인 점주의 상표법위반 및 부정경쟁방지법위반 행위를 방조하였다고 인정할 수 있다[대판 1997.3.14. 96도1639]. ※ 부작위에 의한 종범 성립

(3) 선행행위로 인한 작위의무

1. **(이윤상군 유인 살해 사건)** 피고인이 미성년자를 유인하여 포박 감금한 후 단지 그 상태를 유지하였을 뿐인데도 피감금자가 사망에 이르게 된 것이라면 피고인의 죄책은 감금치사죄에 해당한다 하겠으나, 나아가서 그 감금상태가 계속된 어느 시점에서 피고인에게 살해의 범의가 생겨 피감금자에 대한 위험발생을 방지함이 없이 포박감금상태에 있던 피감금자를 그대로 방치함으로써 사망케 하였다면 피고인의 부작위는 살인죄의 구성요건적 행위를 충족하는 것이라고 평가하기에 충분하므로 부작위에 의한 살인죄를 구성한다[대판 1982.11.23. 82도2024]. [♠ 11 사시] [♣ 14 변시]

2. **(조카 저수지 유인 살해 사건)** 피고인이 조카인 피해자 1(10세)과 2(8세) 살해할 것을 마음먹고 저수지로 데리고 가서 미끄러지기 쉬운 제방 쪽으로 유인하여 함께 걷다가 피해자 1이 물에 빠지자 그를 구호하지 아니하여 피해자 1을 익사하게 한 것이라면 피해자 1이 스스로 미끄러져서 물에 빠진 것이고, 그 당시는 피고인이 살인죄의 예비 단계에 있었을 뿐 아직 실행의 착수에는 이르지 아니하였다고 하더라도, 피해자 1의 숙부로서 익사의 위험에 대처할 보호능력이 없는 나이 어린 피해자 1을 익사의 위험이 있는 저수지로 데리고 갔던 피고인으로서는 피해자 1이 물에 빠져 익사할 위험을 방지하고 피해자 1이 물에 빠지는 경우 그를 구호하여 주어야 할 법적인 작위의무가 있다고 보아야 할 것이고, 피해자 1이 물에 빠진 후에 피고인이 살해의 범의를 가지고 그를 구호하지 아니한 채 그가 익사하는 것을 용인하고 방관한 행위(부작위)는 피고인이 그를 직접 물에 빠뜨려 익사시키는 행위와 다름없다고 형법상 평가될 만한 살인의 실행행위라고 보는 것이 상당하다[대판 1992.2.11. 91도2951]. [♠ 00, 06, 08 사시]

판례해설 위 사건에서 피고인은 피해자 1을 구호하지 아니하였을뿐만 아니라 피해자 2의 소매를 잡아당겨 저수지에 빠뜨림으로써 익사하게 하였다. 피고인은 피해자 1에 대한 부작위에 의한 살인죄, 피해자 2에 대한 작위에 의한 살인죄가 각각 성립하고 양죄는 실체적 경합에 해당한다.

3. **(이리 화약열차 폭발 사건)** 피고인이 화약호송책무자로서 더구나 위험발생의 원인을 야기한 자(화차 내에서 금지된 촛불을 켜 놓았음)로서의 진화 및 위험발생원인제거에 관한 의무에 위반하여 이를 그대로 방치(화차 밖으로 도주)하여 화약류가 한꺼번에 폭발하였다면 부작위에 의한 폭발물파열죄(현행법상으로는 폭발물사용죄 - 저자 주)가 성립한다[대판 1978.9.26. 78도1996].

(4) 조리상 작위의무

1. 인터넷 포털 사이트 내 오락채널 총괄팀장과 위 오락채널 내 만화사업의 운영 직원으로서 수익사업으로 성인만화방을 개설하고 성인대상 채널을 중점 관리한 피고인들에게 콘텐츠제공업체들이 게재하는 음란만화의 삭제를 요구할 조리상의 의무가 있다고 하여, 구 전기통신기본법 제48조의2 위반 방조죄의 성립을 긍정한 사례[대판 2006.4.28. 2003도4128]. [♠ 07 사시]
2. [1] 소극적 행위로서의 부작위에 의한 기망은 법률상 고지의무 있는 자가 일정한 사실에 관하여 상대방이 착오에 빠져 있음을 알면서도 이를 고지하지 아니함을 말하는 것으로서, 일반거래의 경험칙상 상대방이 그 사실을 알았더라면 당해 법률행위를 하지 않았을 것이 명백한 경우에는 신의칙에 비추어 그 사실을 고지할 법률상 의무가 인정되는 것이다.

   [2] 특정 시술을 받으면 아들을 낳을 수 있을 것이라는 착오에 빠져있는 피해자들에게 그 시술의 효과와 원리에 관하여 사실대로 고지하지 아니한 채 아들을 낳을 수 있는 시술인 것처럼 가장하여 일련의 시술과 처방을 행한 의사에 대하여 사기죄의 성립을 인정한 사례[대판 2000.1.28. 99도2884]. [♠ 02, 08 사시]

   비교판례 중고 자동차 매매에 있어서 매도인의 할부금융회사에 대한 할부금 채무가 매수인에게 당연히 승계되는 것은 아니므로 그 할부금 채무의 존재를 매수인에게 고지하지 아니한 것은 부작위에 의한 기망에 해당하지 아니한다[대판 1998.4.14. 98도231]. [♠ 05, 11, 15 사시] [♣ 13, 18 변시]
3. 임대인이 임대차계약을 체결하면서 임차인에게 임대목적물이 경매진행중인 사실을 알리지 아니한 경우, 임차인이 등기부를 확인 또는 열람하는 것이 가능하더라도 부작위에 의한 사기죄가 성립한다[대판 1998.12.8. 98도3263]. [♠ 01, 14 사시] [♣ 12, 18, 21 변시]
4. 법무사가 아닌 사람이 법무사로 소개되거나 호칭되는 데에도 자신이 법무사가 아니라는 사실을 밝히지 않은 채 법무사 행세를 계속하면서 근저당권설정계약서를 작성한 경우, 자신이 법무사가 아님을 밝혀야 할 계약상 또는 조리상의 작위의무가 있다고 할 것이므로 부작위에 의한 법무사법위반죄에 해당한다[대판 2008.2.28. 2007도9354]. [♠ 10, 14 사시] [♣ 13 변시]

② 보증인지위의 내용과 한계(실질적 분류) [♠ 12 사시]

㉮ 보호의무에 의한 보증인지위 : 부작위자와 법익주체 사이의 특별한 결합관계 내지 보호관계로 인하여 부작위자가 법익주체의 법익을 보호해야 할 보증인지위가 발생하는 경우이다.

자연적 결합관계	① 가족은 상호간에 생명 · 신체의 위험을 방지해 주어야 할 보증인지위가 인정된다(예 자(子)를 독살하려는 것을 알고서도 방치한 부(父) : 부작위에 의한 살인죄의 종범). 그러나 상대방의 범죄를 저지해야 할 의무까지 있는 것은 아니다[배종대, 752면]. ② 상호간의 신뢰관계가 현실적으로 존재하지 않는 별거중인 부부 사이에는 보증인지위가 발생하지 않는다[이재상, 128면].
긴밀한 공동관계	① 자의에 의하여 형성된 위험공동체에 속하는 사람 상호간에도 특수한 신뢰관계가 존재하는 한 보증인지위가 인정된다(예 산악등반대). ② 단순집합체나 비자의적으로 공동위험에 빠진 자 상호간에는 보증인지위가 발생하지 않는다(예 단순한 숙식공동체, 우연히 동승한 난파선 승객).
보호기능 (의무)의 인수	① 보호기능을 계약에 의해서 인수한 경우에는 계약의 유효 여부, 계약기간의 종료 여부와 관계없이 사실상 보호기능을 맡고 있는 한 보증인지위가 인정된다(예 수영교사와 수영을 배우는 아이 사이, 의사가 환자의 치료를 맡은 때). ② 계약에 의하지 않더라도 보호기능을 사실상 · 자발적으로 인수한 경우에도 피해자에 대한 다른 구조의 가능성이 배제되었거나 새로운 위험이 발생한 경우에 한하여 보증인지위가 인정된다.

㈏ **안전의무로 인한 보증인지위** : 부작위자가 특정한 위험원으로부터 법익주체의 법익이 침해되지 않도록 감시 · 감독 할 의무를 지고 있는 경우 보증인지위가 인정된다.

선행행위로 인한 경우	① 자기의 행위로 인하여 위험발생의 원인을 야기한 자는 그 위험발생을 방지할 보증인지위가 인정된다(제18조). ② 선행행위로 인한 보증인 지위의 인정요건 ㉮ 선행행위는 결과발생에 대해 직접적이고 상당한 위험을 야기할 수 있는 것이어야 한다. 따라서 운전자에게 만취상태가 되도록 술을 권한 사람은 운전자가 운전을 못하게 하여 교통사고를 방지해야 할 의무가 있으나 단순히 칼을 빌려주었다는 것만으로 그 칼을 사용한 범죄에 대한 보증인이 되지는 않는다. ㉯ 선행행위는 유책할 것은 요하지 않으나 객관적으로 의무에 위반했거나 위법한 것이어야 한다(통설). 따라서 정당방위(적법한 선행행위)로 강도에게 상해를 입힌 경우에는 보증인지위가 인정되지 않는다. 한편 다수설은 명문의 특별규정이 있는 경우에는 예외적으로 적법한 선행행위에 의해서도 작위의무를 인정할 수 있다고 본다(예 구 도로교통법 제50조 제1항의 사고운전자의 피해자 구호조치의무)[정성근 · 박광민, 464면; 오영근, 261면 이하].
위험원에 대한 감독책임이 있는 경우	자기의 지배영역 내에 위험원을 소유 · 점유한 자는 이 위험원이 타인의 법익을 침해하지 않도록 해야 할 보증인지위가 인정된다(예 맹견의 소유자).
타인을 감독할 책임이 있는 경우	특별한 신분상의 권위로 인하여 타인을 통솔할 책임 있는 자는 그 타인이 다른 사람의 법익을 침해하지 않도록 감독해야 할 보증인지위가 인정된다(예 부하직원에 대한 은행지점장).

3. 행위정형의 동가치성(상응성)

(1) 의 의

행위정형의 동가치성은 보증인지위에 있는 자의 부작위가 작위에 의한 구성요건 실현과 동등한 것으로 평가될 수 있어야 한다.[7)]

判例 행위정형의 동가치성을 인정한 판례 (부작위범의 성립을 긍정)

1. [1] 형법이 금지하고 있는 법익침해의 결과발생을 방지할 법적인 작위의무를 지고 있는 자가 그 의무를 이행함으로써 결과발생을 쉽게 방지할 수 있었음에도 불구하고 그 결과의 발생을 용인하고 이를 방관한 채 그 의무를 이행하지 아니한 경우에, 그 부작위가 작위에 의한 법익침해와 동등한 형법적 가치가 있는 것이어서 그 범죄의 실행행위로 평가될 만한 것이라면, 작위에 의한 실행행위와 동일하게 부작위범으로 처벌할 수 있다고 할 것이다. [♣ 12 변시]
   [2] **(조카 저수지 유인 살해 사건)** 피고인이 조카인 피해자(10세)를 살해할 것을 마음먹고 저수지로 데리고 가서 미끄러지기 쉬운 제방 쪽으로 유인하여 함께 걷다가 피해자가 물에 빠지자 그를 구호하지 아니하여 피해자를 익사하게 한 것이라면 … 이는 피고인이 그를 직접 물에 빠뜨려 익사시키는 행위와 다름없다고 형법상 평가될 만한 살인의 실행행위라고 보는 것이 상당하다[대판 1992.2.11. 91도2951]. [♠ 00, 06, 08 사시]

2. 세월호가 침몰해 가는 상태에서 선장인 피고인이 선내 대기 중인 승객 등에 대한 퇴선조치 없이 갑판부 선원들과 함께 해경 경비정으로 퇴선하였을 뿐 아니라 퇴선 이후에도 아무런 조치를 취하지 아니하여 승객 등이 스스로 세월호에서 탈출하는 것이 불가능하게 되는 결과가 초래되어 많은 승객 등이 사망한 경우, 피고인의 이러한 퇴선조치의 불이행은 승객 등을 적극적으로 물에 빠뜨려 익사시키는 행위와 다름이 없어 작위에 의한 살인의 실행행위와 동일하게 평가할 수 있고, 승객 등의 사망 또는 상해의 결과는 작위행위에 의해 결과가 발생한 것과 규범적으로 동일한 가치가 있다고 할 것이다[대판 2015.11.12. 2015도6809].

3. [1] 형법이 금지하고 있는 법익침해의 결과발생을 방지할 법적인 작위의무를 지고 있는 자가 그 의무를 이행함으로써 결과발생을 쉽게 방지할 수 있는데도 결과발생을 용인하고 방관한 채 의무를 이행하지 아니한 것이 범죄의 실행행위로 평가될 만한 것이라면 부작위범으로 처벌할 수 있다. 실화죄에 있어서 공동의 과실이 경합되어 화재가 발생한 경우 적어도 각 과실이 화재의 발생에 대하여 하나의 조건이 된 이상은 그 공동적 원인을 제공한 사람들은 각자 실화죄의 책임을 면할 수 없다.
   [2] 피고인들이 분리수거장 방향으로 담배꽁초를 던져 버리고 현장을 떠난 후 화재가 발생하여 각각 실화죄로 기소된 사안에서, 피고인들 각자 본인 및 상대방이 버린 담배꽁초 불씨가 살아 있는지를 확인하고 이를 완전히 제거하는 등 화재를 미리 방지할 주의의무가 있음에도 이를 게을리 한 채 만연히 현장을 떠난 과실이 인정되고 이러한 피고인들 각자의 과실이 경합하여 위 화재를 일으켰다고 보아, 피고인들 각자의 실화죄 책임을 인정한 원심판결을 수긍하는 한편, 원

---

7) 이와 같이 부진정부작위범의 요건으로 행위정형의 동가치성을 요구하는 것은 부진정부작위범의 형사처벌을 축소하는 기능을 한다. [♣ 21 변시]

심판단 중 위 화재가 피고인들 중 누구의 행위에 의한 것인지 인정하기에 부족하다는 취지의 부분은 '피고인들 중 누구의 담배꽁초로 인하여 위 화재가 발생하였는지 인정할 증거가 부족하다.'는 의미로 선해할 수 있고, 이는 피고인들의 각 주의의무 위반과 위 화재의 발생 사이에 인과관계가 인정된다는 취지의 부가적 판단이므로, 이와 다른 전제에서 '원인행위가 불명이어서 피고인들은 실화죄의 미수로 불가벌에 해당하거나 적어도 피고인들 중 일방은 실화죄가 인정될 수 없다.'는 취지의 피고인들 주장은 받아들이기 어렵다고 한 사례[대판 2023.3.9. 2022도16120].

판례해설 피고인들은 피고인들의 행위와 화재발생 사이에 상당인과관계가 입증되지 않았고, 더 나아가 피고인들 중 누구의 행위로 인하여 화재가 발생한 것인지 여부도 입증되지 아니한 이상 과실범의 미수(저자 주 : 동시범 주장)에 해당하여 처벌할 수 없다고 주장하였다. 한편, 검사는 변경 전 공소사실에 관하여 형법 제30조를 적용하여 피고인들을 공동정범으로 기소하였으나, 이에 대하여 항소심은 과실범의 공동정범은 행위자들 사이에 공동의 목표와 의사연락이 있는 경우에 성립하는 것인바([대판 1997.11.28. 97도1740] 등 참조), 함께 담배를 피웠을 뿐인 이 사건의 피고인들에게는 '공동의 목표'가 있었다고 보기 어려워 위와 같은 공동정범의 법리가 적용될 수는 없다고 봄이 타당하다는 이유로 형법 제30조를 삭제하고 피고인들에 대해서 각 단독범으로 하여 유죄로 판단하였다.

判例 행위정형의 동가치성을 부정한 판례 (부작위범의 성립을 부정)

모텔 방에 투숙하여 담배를 피운 후 재떨이에 담배를 끄게 되었으나 담뱃불이 완전히 꺼졌는지 여부를 확인하지 않은 채 불이 붙기 쉬운 휴지를 재떨이에 버리고 잠을 잔 과실로 담뱃불이 휴지와 침대시트에 옮겨 붙게 함으로써 화재가 발생한 사안에서, 위 화재가 중대한 과실 있는 선행행위로 발생한 이상 화재를 소화할 법률상 의무는 있다 할 것이나, 화재 발생 사실을 안 상태에서 모텔을 빠져나오면서도 모텔 주인이나 다른 투숙객들에게 이를 알리지 아니하였다는 사정만으로는 화재를 용이하게 소화할 수 있었다고 보기 어렵다는 이유로, 부작위에 의한 현주건조물방화치사상죄의 공소사실에 대해 무죄를 선고한 원심의 판단을 수긍한 사례[대판 2010.1.14. 2009도12109]. [♣ 13 변시]

판결이유 부작위에 의한 현주건조물방화치사 및 현주건조물방화치상죄가 성립하기 위하여는, 피고인에게 법률상의 소화의무가 인정되는 외에 소화의 가능성 및 용이성이 있었음에도 피고인이 그 소화의무에 위배하여 이미 발생한 화력을 방치함으로써 소훼의 결과를 발생시켜야 하는 것이다. [♣ 17 변시]

동지판례 [1] 업무방해죄와 같이 작위를 내용으로 하는 범죄를 부작위에 의하여 범하는 부진정 부작위범이 성립하기 위해서는 부작위를 실행행위로서의 작위와 동일시할 수 있어야 한다.

[2] 피고인이 甲과 토지 지상에 창고를 신축하는 데 필요한 형틀공사 계약을 체결한 후 그 공사를 완료하였는데, 甲이 공사대금을 주지 않는다는 이유로 위 토지에 쌓아 둔 건축자재를 치우지 않고 공사현장을 막는 방법으로 위력으로써 甲의 창고 신축 공사 업무를 방해하였다는 내용으로 기소된 사안에서, 피고인이 일부러 건축자재를 甲의 토지 위에 쌓아 두어 공사현장을 막은 것이 아니라 당초 자신의 공사를 위해 쌓아 두었던 건축자재를 공사 완료 후 치우지 않은 것에 불과하므로, 비록 공사대금을 받을 목적으로 건축자재를 치우지 않았더라도, 피고인이 자신의 공사를 위하여 쌓아 두었던 건축자재를 공사 완료 후에 단순히 치우지 않은 행위가 위력으로써 甲의 추가 공사 업무를 방해하는 업무방해죄의 실행행위로서 甲의 업무에 대하여 하는 적극적인 방해행위와 동등한 형법적 가치를 가진다고 볼 수 없다고 한 사례[대판 2017.12.22. 2017도13211]. [♣ 23 변시]

(2) 적용대상 [♠12 사시]

① 순수결과야기범

㉮ 구성요건이 행위의 수단 · 방법을 특정하지 않고 있어 단지 행위에 의하여 구성요건적 결과만 발생하면 실현될 수 있는 범죄를 말한다(예 살인죄, 상해죄, 손괴죄).

㉯ 부작위에 의하여 구성요건적 결과가 발생하면 구성요건이 실현될 수 있으므로 순수결과야기범의 경우 행위정형의 동가치성은 특별한 의미를 가지지 않는다.[8]

② 행위의존적 결과범

㉮ 구성요건이 행위의 수단 · 방법을 특정하고 있어 이러한 수단 · 방법에 의해서 구성요건적 결과가 발생하여야만 실현될 수 있는 범죄를 말한다(예 사기죄의 '기망').

㉯ 부작위에 의하여 구성요건적 결과가 발생한 것만으로는 구성요건이 실현될 수 없으며 그 결과가 작위범에 상응하는 정도의 행위태양으로 발생한 경우에 구성요건이 실현될 수 있다. 따라서 행위의존적 결과범의 경우 행위정형의 동가치성이 구성요건실현(해당성)의 중요한 기준이 된다.

부작위범의 구조[김일수, 487면]

행위	구성요건 해당성		위법성		책 임
일반적 행위가능성	객관적 요소[9]	주관적 요소	위법성조각사유		① 고의 · 과실 등 책임형식 ② 책임능력 ③ 위법성의 인식 ④ 기대가능성
	① 구성요건적 상황 ② 명령된 행위의 부작위 ③ 개별적 행위가능성 ④ 보증인지위 ⑤ 행위정형의 동가치성 ⑥ 구성요건적 결과 ⑦ 부작위와 결과사이의 인과관계 및 객관적 귀속관계	① 고의 또는 과실 ② 특별한 주관적 요소(예 목적, 불법영득의사)	객관적 정당화 요소	주관적 정당화 요소	

判例 부작위에 의한 살인죄의 성립여부 등 – 세월호 사건

[1] 범죄는 보통 적극적인 행위에 의하여 실행되지만 때로는 결과의 발생을 방지하지 아니한 부작위에 의하여도 실현될 수 있다. 형법 제18조는 "위험의 발생을 방지할 의무가 있거나 자기의 행위로 인하여 위험발생의 원인을 야기한 자가 그 위험발생을 방지하지 아니한 때에는 그 발생된 결과에 의하여 처벌한다."라고 하여 부작위범의 성립 요건을 별도로 규정하고 있다.

자연적 의미에서의 부작위는 거동성이 있는 작위와 본질적으로 구별되는 무에 지나지 아니하지만,

8) 그러나 판례는 순수결과야기범인 살인죄에서도 행위정형의 동가치성을 검토하고 있다.

9) ※ ①~③ : 진정부작위범과 부진정부작위범의 공통요소, ※ ④~⑦ : 부진정부작위범에서 필요한 요소, ※ ④, ⑤ : 부진정부작위범의 특유한 요소

위 규정에서 말하는 부작위는 법적 기대라는 규범적 가치판단 요소에 의하여 사회적 중요성을 가지는 사람의 행태가 되어 법적 의미에서 작위와 함께 행위의 기본 형태를 이루게 되므로, 특정한 행위를 하지 아니하는 부작위가 형법적으로 부작위로서의 의미를 가지기 위해서는, 보호법익의 주체에게 해당 구성요건적 결과발생의 위험이 있는 상황에서 행위자가 구성요건의 실현을 회피하기 위하여 요구되는 행위를 현실적·물리적으로 행할 수 있었음에도 하지 아니하였다고 평가될 수 있어야 한다. [♣21 변시]

나아가 살인죄와 같이 일반적으로 작위를 내용으로 하는 범죄를 부작위에 의하여 범하는 이른바 부진정 부작위범의 경우에는 보호법익의 주체가 법익에 대한 침해위협에 대처할 보호능력이 없고, 부작위행위자에게 침해위협으로부터 법익을 보호해 주어야 할 법적 작위의무가 있을 뿐 아니라, 부작위행위자가 그러한 보호적 지위에서 법익침해를 일으키는 사태를 지배하고 있어 작위의무의 이행으로 결과발생을 쉽게 방지할 수 있어야 부작위로 인한 법익침해가 작위에 의한 법익침해와 동등한 형법적 가치가 있는 것으로서 범죄의 실행행위로 평가될 수 있다. 다만 여기서의 작위의무는 법령, 법률행위, 선행행위로 인한 경우는 물론, 신의성실의 원칙이나 사회상규 혹은 조리상 작위의무가 기대되는 경우에도 인정된다.

또한 부진정 부작위범의 고의는 반드시 구성요건적 결과발생에 대한 목적이나 계획적인 범행 의도가 있어야 하는 것은 아니고 법익침해의 결과발생을 방지할 법적 작위의무를 가지고 있는 사람이 의무를 이행함으로써 결과발생을 쉽게 방지할 수 있었음을 예견하고도 결과발생을 용인하고 이를 방관한 채 의무를 이행하지 아니한다는 인식을 하면 족하며, 이러한 작위의무자의 예견 또는 인식 등은 확정적인 경우는 물론 불확정적인 경우이더라도 미필적 고의로 인정될 수 있다. [♣17, 18 변시]

[2] 선장은 승객 등 선박공동체의 안전에 대한 총책임자로서 선박공동체가 위험에 직면할 경우 그 사실을 당국에 신고하거나 구조세력의 도움을 요청하는 등의 기본적인 조치뿐만 아니라 위기상황의 태양, 구조세력의 지원 가능성과 규모, 시기 등을 종합적으로 고려하여 실현가능한 구체적인 구조계획을 신속히 수립하고 선장의 포괄적이고 절대적인 권한을 적절히 행사하여 선박공동체 전원의 안전이 종국적으로 확보될 때까지 적극적·지속적으로 구조조치를 취할 법률상 의무가 있다. 또한 선장이나 승무원은 수난구호법 제18조 제1항 단서에 의하여 조난된 사람에 대한 구조조치의무를 부담하고, 선박의 해상여객운송사업자와 승객 사이의 여객운송계약에 따라 승객의 안전에 대하여 계약상 보호의무를 부담하므로, 모든 승무원은 선박 위험 시 서로 협력하여 조난된 승객이나 다른 승무원을 적극적으로 구조할 의무가 있다.

따라서 선박침몰 등과 같은 조난사고로 승객이나 다른 승무원들이 스스로 생명에 대한 위협에 대처할 수 없는 급박한 상황이 발생한 경우에는 선박의 운항을 지배하고 있는 선장이나 갑판 또는 선내에서 구체적인 구조행위를 지배하고 있는 선원들은 적극적인 구호활동을 통해 보호능력이 없는 승객이나 다른 승무원의 사망 결과를 방지하여야 할 작위의무가 있으므로, 법익침해의 태양과 정도 등에 따라 요구되는 개별적·구체적인 구호의무를 이행함으로써 사망의 결과를 쉽게 방지할 수 있음에도 그에 이르는 사태의 핵심적 경과를 그대로 방관하여 사망의 결과를 초래하였다면, 부작위는 작위에 의한 살인행위와 동등한 형법적 가치를 가지고, 작위의무를 이행하였다면 결과가 발생하지 않았을 것이라는 관계가 인정될 경우에는 작위를 하지 않은 부작위와 사망의 결과 사이에 인과관계가 있다. [♣18 변시]

[3] **[다수의견]** 항해 중이던 선박의 선장 피고인 甲, 1등 항해사 피고인 乙, 2등 항해사 피고인 丙이 배가 좌현으로 기울어져 멈춘 후 침몰하고 있는 상황에서 피해자인 승객 등이 안내방송 등을 믿고 대피하지 않은 채 선내에 대기하고 있음에도 아무런 구조조치를 취하지 않고 퇴선함으로써, 배에 남아있던 피해자들을 익사하게 하고, 나머지 피해자들의 사망을 용인하였으나 해경 등에 의해 구조되었다고 하여 살인 및 살인미수로 기소된 사안에서, 피고인 乙, 丙은 간부 선원이기는 하나 나머지 선원들과 마찬가지로 선박침몰과 같은 비상상황 발생 시 각자 비상임무를 수행할 현장에 투입되어 선장의 퇴선명령이나 퇴선을 위한 유보갑판으로의 대피명령 등에 대비하다가 선장의 실행지휘에 따라 승객들의 이동과 탈출을 도와주는 임무를 수행하는 사람들로서, 임무의 내용이나 중요도가 선장의 지휘 내용이나 구체적인 현장상황에 따라 수시로 변동될 수 있을 뿐 아니라 퇴선유도 등과 같이 경우에 따라서는 승객이나 다른 승무원에 의해서도 비교적 쉽게 대체 가능하고, 따라서 승객 등의 퇴선을 위한 선장의 아무런 지휘·명령이 없는 상태에서 피고인 乙, 丙이 단순히 비상임무 현장에 미리 가서 추가 지시에 대비하지 아니한 채 선장과 함께 조타실에 있었다거나 혹은 기관부 선원들과 함께 3층 선실 복도에서 대기하였다는 사정만으로, 선장과 마찬가지로 선내 대기 중인 승객 등의 사망 결과나 그에 이르는 사태의 핵심적 경과를 계획적으로 조종하거나 저지·촉진하는 등 사태를 지배하는 지위에 있었다고 보기 어려운 점 등 제반 사정을 고려하면, 피고인 乙, 丙이 간부 선원들로서 선장을 보좌하여 승객 등을 구조하여야 할 지위에 있음에도 별다른 구조조치를 취하지 아니한 채 사태를 방관하여 결과적으로 선내 대기 중이던 승객 등이 탈출에 실패하여 사망에 이르게 한 잘못은 있으나, 그러한 부작위를 작위에 의한 살인의 실행행위와 동일하게 평가하기 어렵고, 또한 살인의 미필적 고의로 피고인 甲의 부작위에 의한 살인행위에 공모 가담하였다고 단정하기도 어려우므로, 피고인 乙, 丙에 대해 부작위에 의한 살인의 고의를 인정하기 어렵다고 한 원심의 조치는 정당하다고 한 사례.

[피고인 乙, 丙의 살인·살인미수 무죄판단 부분에 대한 소수의견] 위 사안에서, 피고인 乙, 丙은 선박이 조난사고를 당한 비상상황에서 선장을 보하여 선원들을 지휘하고 유사시 선장의 직무를 대행할 책임을 지고 있어 조난을 당한 승객 등의 생명·신체의 안전을 보호할 법적 지위와 작위의무에서 선장에 준하는 것으로 평가되는 점, 사고 당시 긴박한 상황 전개와 피고인 甲의 모든 대응을 직접 목격함으로써 피고인 甲이 승객의 인명구조와 관련된 선장의 역할을 전면적으로 포기·방기하는 비정상적 상황임을 인식한 점, 피고인 乙, 丙에게는 비상상황에서 선장을 보좌하여 현장을 지휘할 의무 외에도 선장의 직무 포기라는 비정상적 상황이 지속됨으로 인하여 선장을 대행하여 구조조치를 지휘할 의무가 현실적으로 발생한 점, 피고인 乙, 丙은 당시 상황에 부합하는 자신들의 의무를 이행함으로써 승객 등의 사망이라는 결과발생을 직접적으로 용이하게 저지할 수 있을 정도로 사태를 지배하고 있었음에도 어떠한 의무도 이행하지 않고 방관한 점, 구조정이 도착한 이후에 승객 등에게 퇴선하라는 아무런 명령·조치도 없이 선내에 그대로 방치한 채 선장 및 다른 갑판부 선원들과 함께 먼저 퇴선함으로써, 그 후 승객 등이 사망할 가능성이 크지만 사망해도 어쩔 수 없다는 의사, 즉 결과발생을 인식·용인하였고, 이러한 피고인 乙, 丙의 부작위는 작위에 의한 살인의 실행행위와 동일하게 평가할 수 있는 점, 피고인 甲의 부작위에 의한 살인행위에 암묵적, 순차적으로 공모 가담한 공동정범이라고 보아야 하는 점 등을 종합할 때, 피고인 乙, 丙은 부작위에 의한 살인 및 살인미수죄의 공동정범으로서의 죄책을 면할 수 없다고 한 사례[대판 2015.11.12. 2015도6809].

판례해설 '수난구호법위반죄'의 쟁점은 본 판결 이후 법개정에 의하여 다수의견이 명시적으로 입법화되었으므로 큰 의미는 없게 되었으므로 별도로 소개하지 않았다.

Ⅳ. 관련문제

1. 부진정부작위범의 처벌

부진정부작위범은 발생된 결과에 의하여 처벌한다(제18조). 즉 작위범과 동일한 법정형으로 처벌한다. [♠ 13 사시]

2. 부작위범의 미수

① 진정부작위범의 미수 : 진정부작위범은 거동범적 성격을 가지므로 미수를 인정할 수 없다는 것이 다수설이다. 그러나 형법은 진정부작위범의 미수를 처벌하는 규정을 두고 있다(예 퇴거불응죄). [♠ 09, 15 사시]

② 부진정부작위범의 미수 : 결과범의 성질을 가지는 부진정부작위범의 경우에 미수규정이 있다면 미수가 성립할 수 있다(예 부작위에 의한 살인죄의 미수).

3. 부작위범과 공범

(1) 부작위범에 대한 공범

① 부작위범의 공동정범 : 부작위범 사이의 공동정범도 성립할 수 있다(판례). 작위범과 부작위범 사이에도 공동정범의 성립이 가능하다[배종대, 758면; 이재상, 134면].

判例 부작위범 사이의 공동정범은 다수의 부작위범에게 공통된 의무가 부여되어 있고 그 의무를 공통으로 이행할 수 있을 때에만 성립한다[대판 2008.3.27. 2008도89]. [♠ 09, 10, 12 사시] [♣ 12, 17 변시]

② 부작위범을 도구로 이용한 간접정범 : 보증인에게 작위의무를 이행하지 못하도록 강요한 자에 대하여 간접정범이 성립할 수 있다[배종대, 758면]. [♠ 13 사시] [♣ 19 변시]

③ 부작위범에 대한 교사범 · 종범

㉮ 부작위범에 대하여도 적극적인 작위에 의한 교사 · 방조가 가능하다(예 피교사자에게 부작위로 나아갈 것을 결의케 하거나, 부작위로 나아갈 결의를 한 피방조자의 결의를 강화하는 경우). [♠ 06 사시]

㉯ 이 경우 교사 · 방조는 작위에 의한 것이므로 교사자 · 방조자(공범)에게 보증인 지위는 요구되지 않는다. [♠ 09 사시] [♣ 19 변시]

(2) 부작위에 의한 공범

① 부작위에 의한 교사 : 부작위에 의해서는 피교사자에게 심리적 영향을 미쳐 범죄를 결

의케 할 수 없으므로 부작위에 의한 교사는 불가능하다. [♠13 사시]

② **부작위에 의한 방조** : 부작위자에게 보증인지위가 인정된다면 가능하다. 부작위에 의한 방조도 작위에 의한 방조와 마찬가지로 정범이 실행에 착수하기 전에 그 범죄행위를 방조하는 경우에도 인정될 수 있다. [♠07, 09, 13 사시]

判例 부작위에 의한 방조범의 성립가능성 (긍정)

형법상 방조는 작위에 의하여 정범의 실행을 용이하게 하는 경우는 물론, 직무상의 의무가 있는 자가 정범의 범죄행위를 인식하면서도 그것을 방지하여야 할 제반 조치를 취하지 아니하는 부작위로 인하여 정범의 실행행위를 용이하게 하는 경우에도 성립된다[대판 1996.9.6. 95도2551]. [♠02, 06, 07, 08, 09, 14, 15 사시] [♣12, 14, 15, 23 변시]

부작위범의 공범

	공범유형	인정여부
부작위범에 대한 …	부작위범 사이의 공동정범	○
	간접정범	○
	교사범	○
	방조범	○
부작위에 의한 …	간접정범	×
	교사범	×
	방조범	○

4. 부작위범에 있어서 정범과 공범의 구별

쟁점연구

1. 문제점

타인의 작위에 의한 범행을 방지해야할 보증인적 지위에 있는 자가 이를 방치한 경우 이를 부작위 정범으로 볼 것인지 부작위 종범으로 볼 것인지가 문제된다.

2. 학 설

① **정범설** : 보증인지위에 있는 자가 정범의 범죄를 저지하지 않았다면 원칙적으로 정범으로 보아야 한다는 견해이다[박상기, 459면; 정웅석, 558면].

② **종범설** : 보증인지위에 있는 자가 정범의 범죄를 저지하지 않았다면 종범이 성립할 뿐이라는 견해이다[배종대, 666면; 이재상, 134면].

3. 판 례

은행지점장이 정범인 부하직원들의 범행을 인식하면서도 그들의 은행에 대한 배임행위를 방치하였다면 업무상배임죄의 방조범이 성립한다고 판시한 바 있다[대판 1984.11.27. 84도1906].

4. 검 토 (종범설, 판례 지지)
작위범의 범행을 방치한 경우 작위자가 현실적으로 행위지배를 하고 있으므로 부작위자는 부작위를 통해서 작위범의 범행을 가능 또는 용이하게 한 것에 불과하기 때문에 종범으로 평가하는 것이 타당하다. 따라서 종범설 내지 판례의 입장이 타당하다.

判例 부작위에 의한 방조범의 성립을 인정한 경우

1. 은행지점장이 정범인 부하직원들의 범행을 인식하면서도 그들의 은행에 대한 배임행위를 방치하였다면 업무상배임죄의 방조범이 성립한다[대판 1984.11.27. 84도1906]. [♠ 00, 02, 13 사시]
2. 법원의 입찰사건에 관한 제반 업무를 주된 업무로 하는 공무원이 자신이 맡고 있는 입찰사건의 보증금이 계속적으로 횡령되고 있는 사실을 알면서도 묵인하였다면, 배당불능이라는 최악의 사태를 막기 위한 동기에서 비롯된 것이라고 하더라도, 자신의 작위의무를 이행함으로써 결과발생을 쉽게 방지할 수 있는 공무원이 그 사무원의 새로운 횡령범죄를 방조, 용인한 것으로서 작위에 의한 법익침해와 동등한 형법적 가치가 있는 것이 아니라고 볼 수 없다[대판 1996.9.6. 95도2551]. [♠ 99, 02, 10 사시] ※ 부작위에 의한 업무상횡령죄의 종범 성립
3. 아파트 지하실의 소유자가 임차인의 지하실에 대한 용도변경행위를 알면서도 방임한 경우, 종범의 방조행위는 작위에 의한 경우뿐만 아니라 부작위에 의한 경우도 포함하는 것으로서 법률상 정범의 범행을 방지할 의무가 있는 자가 그 범행을 알면서도 방지하지 아니하여 범행을 용이하게 한 때에는 부작위에 의한 종범이 성립한다[대판 1985.11.26. 85도1906].

5. 과실의 부작위범

① 진정부작위범, 부진정부작위범을 불문하고 이론상 과실에 의한 부작위범(또는 부작위에 의한 과실범 또는 망각범)이 성립할 수 있다. [♠ 99, 06, 11, 15 사시]
② 형법은 과실에 의한 진정부작위범을 처벌하는 규정을 두고 있지 아니하다.
③ 과실의 부진정부작위범이 성립하기 위해서는 구성요건에 해당하는 결과를 방지해야 할 보증인지위가 있을 것을 요한다. [♠ 99 사시]

제4절 인과관계와 객관적 귀속

출 제 point  인과관계에 판단에 관한 판례 입장인 상당인과관계설의 의미를 알아두어야 하며 각종 사안에서 판례가 인과관계를 인정 또는 부정했는지 여부를 정리해 두어야 한다.

제17조(인과관계) 어떤 행위라도 죄의 요소되는 위험발생에 연결되지 아니한 때에는 그 결과로 인하여 벌하지 아니한다.

Ⅰ. 서 론

1. 인과관계의 의의

① 인과관계란 발생된 결과를 행위자의 행위에 의한 것으로 귀속시키는 데에 필요한 행위와 결과 사이의 연관관계를 말한다.

② 구성요건의 내용으로서 결과(행위객체에 대한 결과 또는 법익침해의 결과)의 발생을 요하는 결과범 또는 침해범에서만 문제되며 거동범에서는 문제되지 않는다.

2. 인과관계의 논의의 실익

인과관계가 인정되지 않으면 기수범이 성립할 수 없게 되어 고의범의 경우 미수범의 가벌성을 검토해야하나, 과실범의 경우 미수를 처벌하는 규정이 없으므로 가벌성심사는 종료되며 처벌되지 않는다. [♣23 변시]

Ⅱ. 인과관계의 유형

1. 기본적 인과관계

다른 원인의 개입 없이 오직 행위자의 행위로 인하여 구성요건적 결과가 야기된 경우를 말한다(예 甲이 A를 살해한 경우에 A의 사망이 甲의 행위로 인한 것임이 분명한 경우).

2. 이중적 인과관계(택일적 인과관계)

단독으로도 동일한 결과를 발생시키기에 충분한 수개의 조건들이 결합하여 결과를 발생시킨 경우를 말한다(예 甲과 乙이 독립하여 A가 마실 물잔에 각각 치사량의 독약을 넣어 A가 이를 마시고 사망한 경우).

3. 누적적 인과관계(중첩적 인과관계)

단독으로는 결과를 발생시킬 수 없는 수개의 조건들이 공동으로 작용함으로써 결과가 발생한 경우를 말한다(예 甲과 乙이 독립하여 치사량에 미달하는 독약을 A의 물잔에 넣었으나 전체량이 치사량에 달하여 A가 사망한 경우).

4. 가설적 인과관계

(1) 의 의

① 발생한 결과에 대한 원인행위(현실적 조건)가 없었더라도 가설적 원인(가정적 조건)에 의해 동일한 결과가 발생하였을 고도의 개연성이 있는 경우를 말한다(예 甲이 A를 비행기 탑승직전에 사살했으나 비행기가 이륙 후 추락하여 승객 전원이 사망했을 경우와 같이 A가 甲에 의해 사살되지 않았더라도 비행기 추락사고로 사망하였을 개연성이 높은 경우).

② 항상 현실적 조건만이 인과관계가 인정되고 가정적 조건은 인과관계가 부정된다.

(2) 유 형

① 추월적 인과관계 : 후행조건(현실적 조건)이 선행조건(가정적 조건)을 추월하여 결과발생을 앞당긴 경우에 후행조건(현실적 조건)과 발생된 결과 사이의 인과관계를 말한다(다수설, 예 甲이 A에게 독약을 먹였으나 약효가 발생하기 전에 乙이 A를 사살한 경우에 乙의 총격과 A의 사망사이의 인과관계, 사형집행 직전에 사형수를 피해자의 가족이 사살한 경우).[1]

② 경합적 인과관계 : 원인행위(현실적 조건)가 없었더라도 다른 조건(가정적 조건)에 의해서 동일한 시기에 동일한 결과가 발생하였을 경우에 현실적 조건과 발생한 결과 사이의 인과관계를 말한다(예 甲이 사무실에 있는 A를 밖으로 불러내어 사살했으나 그렇지 않았더라도 A는 乙이 사무실에 설치해 놓은 시한폭탄에 의해 같은 시간에 사망했을 경우에 甲의 사살행위와 A의 사망 사이의 인과관계).

5. 단절적 인과관계

선행행위가 목표한 결과가 발생하였으나 그 결과가 독립된 후행행위가 선행행위의 효과를 제거하고 독립적으로 발생시킨 것인 경우에 선행행위와 발생한 결과간의 인과관계를 말한다(예 甲이 A에게 독약을 먹였으나 약효가 발생하기 전에 乙이 A를 사살한 경우에 甲의 독살행위와 A의 사망 사이의 인과관계).

6. 비유형적 인과관계

일정한 행위가 결과에 대하여 원인이 되지만 그 결과에 이르는 과정에 비유형적인 다른 조건이 개입하여 최초의 원인행위와 결합하여 결과가 발생한 경우를 말한다(예 甲이 살인의 의사로 A에게 총격을 가하여 경상을 입은 A가, 병원으로 후송되는 과정에서 교통사고, 피해자의 고의·과실, 제3자인 의사의 고의·과실, 혈우병과 같은 특이체질이 개입되어 사망한 경우).

---

1) 선행조건과 발생된 결과 사이의 인과관계를 추월적 인과관계라고 하는 학자도 있다(소수설).

Ⅲ. 인과관계 판단에 관한 학설

1. 조건설(등가설)

(1) 의 의

절대적 제약공식(conditio sine qua non Formel)을 사용하여, 행위와 결과 사이에 그 "행위(조건)가 없었다면 결과가 발생하지 않았을 것이다"라는 논리적 조건관계에 있는 모든 조건은 결과발생에 대해 등가적이기 때문에 모두 원인이 된다는 견해이다.

(2) 비 판

① 논리적 조건관계에 있는 모든 조건이 등가치이므로 인과관계의 인정범위가 지나치게 확대되는 불합리가 있다(예 살인자의 출산이나 살인자에게 흉기를 판매한 자에게도 인과관계를 인정). [♠ 07 사시]

② 절대적 제약공식을 철저히 적용하면 이중적 인과관계와 가설적 인과관계의 경우와 같이 인과관계가 인정되어야 할 조건에 대하여 인과관계가 불합리하게 부정되는 문제점이 있다. 다만 절대적 제약공식에 의하더라도 누적적 인과관계의 경우는 각 조건에 대하여 인과관계를 인정하는 데 문제점이 없다.

2. 원인설(개별화설)

(1) 의 의

조건설에 의하여 인과관계가 인정되는 조건 중에서 결과발생에 중요한 영향을 준 조건과 단순한 조건을 구별하여 중요한 조건만을 원인이라 하고 이에 대해서만 인과관계를 인정하려는 견해이다.

(2) 중요한 조건(원인)과 단순한 조건의 구별기준

필연조건설, 결정적조건설, 최유력조건설 등이 있으며, 이러한 학설들은 모두 조건과 결과간의 관련성 유무가 아니라 '관련성 정도'를 기준으로 삼고 있다는 특징이 있다.

(3) 비 판

원인설에서 주장하는 원인과 단순조건의 구별기준은 형법학(규범학)에 자연과학적 사고를 무비판적으로 도입한 것으로서 원인과 조건을 명백히 구별할 기준이 되지 못한다.

3. 상당인과관계설

(1) 의 의

① 사회생활의 일반 경험칙상 그러한 행위로부터 그러한 결과가 발생하는 것이 상당하다고(개연성이) 인정될 때 그 행위와 결과 사이에는 인과관계가 있다고 보는 견해이다(판례).

② 조건설에 의한 무제한적인 인과관계의 범위를 구성요건단계에서 '상당성'이라는 척도에 의해 제한하고자 하는 이론이다.

(2) 상당성 판단의 기준

① 주관적 상당인과관계설 : 행위 당시 행위자가 인식하였거나 인식할 수 있었던 사정을 기초로 하여 상당성을 판단해야 한다는 견해이다.

② 객관적 상당인과관계설 : 행위 당시에 객관적으로 존재했던 모든 사정과 행위 후에 발생한 사정이라도 행위 당시에 일반인이 인식할 수 있었던 사정을 기초로 하여 법관의 입장에서 상당성을 판단해야 한다는 견해이다[배종대, 225면].

③ 절충적 상당인과관계설 : 행위 당시에 일반인이 인식할 수 있었던 사정 및 일반인이 인식할 수 없었던 사정이라도 행위자가 특히 인식하고 있었던 사정을 기초로 하여 상당성을 판단해야 한다는 견해이다.

(3) 비 판

① 상당인과관계설이 제시하는 '경험칙' 또는 '상당성'이 명백한 기준이 되지 못한다.

② 상당인과관계설은 사실판단인 인과관계 문제와 규범판단인 결과귀속 문제를 동일하게 취급하여 상당성이 없는 인과진행의 경우에 인과관계 자체를 부정하는 데 이는 인과관계와 결과귀속을 혼동한 결과이다[이재상, 142면].

4. 중요설

(1) 의 의

자연과학적 인과관계 문제와 규범적 결과귀속 문제를 엄격히 구별하여 인과관계는 조건설에 의하여 판단하고 결과귀속은 개개의 구성요건에 반영된 형법적 중요성에 따라 결정해야 한다는 견해이다(Mezger).

(2) 비 판

결과귀속의 기준인 구성요건적 중요성은 그 내용이 막연하여 실질적인 판단기준이 되지 못한다.

5. 합법칙적 조건설

(1) 의 의

① 행위가 시간적으로 뒤따르는 외계의 변화에 연결되고 이 외계의 변화가 행위와 합법칙적으로 결합되어 구성요건적 결과로 실현되었을 때에 인과관계가 인정된다는 견해이다[이재상, 144면].

② 합법칙적 조건설은 규범적 사고에 의해 순화된 '사실적 · 자연적 인과관계'를 확인하려는 이론으로서, 합법칙적 조건설에서 말하는 합법칙성은 조건설이 기초로 하는 논리적 조건(절대적 제약 공식의 사용)이 아니며, 상당인과관계설에서 상당성 판단의 기준이 되는 생활경험이 아니라 당대의 최고의 과학적 지식수준에서 인정되는 법칙적 관계를 말한다[장영민, 형사판례연구[3], 32면]. [♠ 07 사시]

(2) 합법칙적 조건설에 의한 인과관계의 판단 [♠07 사시]

인과관계의 유형		인과관계 인정여부
이중적(택일적) 인과관계		인정
누적적(중첩적) 인과관계		인정, 객관적 귀속이 인정되지 않아 미수 성립
가설적 인과 관계	추월적 인과관계	현실적 조건에 대하여 인과관계 인정
	경합적 인과관계	현실적 조건에 대하여 인과관계 인정
단절적 인과관계		선행조건은 부정, 후행의 현실적 조건은 인정
비유형적 인과관계		인정, 객관적 귀속여부는 예견가능성에 따라 결정
부작위범의 인과관계		인정

(3) 비 판

합법칙성의 내용이 분명하지 못할 뿐만 아니라, 합법칙적 조건설도 조건설과 마찬가지로 인과관계의 인정범위가 지나치게 확대될 수 있다.

6. 인과관계중단론(소급금지이론)

인과관계가 진행되는 중에 타인의 고의행위나 예기치 못한 우연한 사정이 개입된 경우에는 이에 선행했던 행위와 결과 사이의 인과관계가 중단된다는 이론이다. [♠07 사시] 이 이론은 조건설에 의한 인과관계의 무한한 확대를 제한하기 위하여 고안된 것이다.

쟁점연구 **[인과관계의 판단기준]**

1. 학 설

① **조건설** : 행위와 결과 사이에 그 "행위(조건)가 없었다면 결과가 발생하지 않았을 것이다"라는 논리적 조건관계가 인정되면 인과관계가 인정된다는 견해이다.

② **상당인과관계설** : 사회생활의 일반 경험칙상 그러한 행위로부터 그러한 결과가 발생하는 것이 상당하다고(개연성이) 인정될 때 그 행위와 결과 사이에는 인과관계가 있다고 보는 견해이다.

③ **합법칙적 조건설** : 행위가 시간적으로 뒤따르는 외계의 변화에 연결되고 이 외계의 변화가 행위와 합법칙적으로 결합되어 구성요건적 결과로 실현되었을 때에 인과관계가 인정된다는 견해이다[이재상, 144면].

2. 판 례

행위와 결과간에 상당인과관계가 인정되면 그 결과에 대하여 죄책을 면할 수 없다고 판시하여 상당인과관계설의 입장에 서 있다.

3. 검 토 (판례 지지)

i) 조건설은 인과관계의 인정범위가 지나치게 확대되는 불합리가 있으며, ii) 합법칙적 조건설은 합법칙성의 내용이 분명하지 못하다. 따라서 상당인과관계설(판례)이 타당하다.

사 례 연 습

【상당인과관계설】 ※ 특이체질과 인과관계 판단

甲은 외관상 건강해 보이는 63세인 A에게 가벼운 폭행을 가하였지만 A는 경미한 외인에 의하여도 급성심장사를 일으킬 수 있는 중증의 심장질환 때문에 사망하였다. 한편 甲은 A의 그러한 특수한 사정을 알지 못했다. (절충적)상당인과관계설과 조건설에 의하여 인과관계를 판단하라.

|**해**|**설**| 절충적 상당인과관계설은 행위 당시에 일반인이 인식할 수 있었던 사정 및 일반인이 인식할 수 없었던 사정이라도 행위자가 특히 인식하고 있었던 사정을 기초로 하여 상당성을 판단한다. A가 중증의 심장질환자라는 것은 특이체질로서 행위 당시 일반인이 인식할 수 있는 사정이 아니며 또한 甲이 인식하고 있었던 것이 아니므로 상당성 판단의 기초가 될 수 없다. 따라서 甲은 63세인 A에게 가벼운 폭행을 한다는 인식밖에 없었으므로 이를 기초로 사회생활의 일반 경험칙에 비추어 판단하면 甲의 폭행과 A의 사망간에는 상당인과관계가 인정되지 아니한다. 한편 조건설에 의하면 甲의 폭행이 없었더라면 A는 사망하지 않았으리라는 관계가 인정되므로 甲의 폭행과 A의 사망간에는 인과관계가 인정된다.

判例 **특이체질이 개입된 경우 인과관계의 인정여부에 관한 비교판례**

1-0. **(인정)** 甲이 평소에 A의 건강상태가 좋지 않았다는 것을 알고 있었음에도 A에게 외상이 생길 정도로 심하게 폭행을 가함으로써 평소에 심장질환을 앓고 있던 A가 관상동맥부전과 허혈성 심근경색 등으로 사망한 경우[대판 1989.10.13. 89도556]. [♠ 11 사시]

동지판례 ⅰ) 피해자를 2회에 걸쳐 두 손으로 힘껏 밀어 땅바닥에 넘어뜨리는 폭행을 가함으로써 그 충격으로 인한 쇼크성 심장마비로 사망케 하였다면 비록 위 피해자에게 그 당시 심관성동맥경화 및 심근섬유화 증세 등의 심장질환의 지병이 있었고 음주로 만취된 상태였으며 그것이 피해자가 사망함에 있어 영향을 주었다고 해서 피고인의 폭행과 피해자의 사망간에 상당인과관계가 없다고 할 수 없다[대판 1986.9.9. 85도2433].

ⅱ) 피해자가 평소 병약한 상태에 있었고 피고인의 폭행(군기를 확립한다는 명목으로 발로 걷어차버림)으로 그가 사망함에 있어서 지병이 또한 사망 결과에 영향을 주었다고 하여 폭행과 사망간에 인과관계가 없다고 할 수 없다[대판 1979.10.10. 79도2040].

ⅲ) 평소부터 고혈압 증세에 있는 피해자가 피고인의 폭행행위로 지면에 전도할 때의 자극에 의하여 뇌출혈을 일으켜서 사망하였을 때에는 폭행과 치사 사이에 상당인과관계가 있다[대판 1967.2.28. 67도45].

1-1. **(부정)** 고등학교 교사인 甲이 학생 A의 뺨을 때리자 평소의 허약상태에서 온 급격한 뇌압상승으로 A가 뒤로 넘어져 사망하였는데, 사인이 A의 두개골이 비정상적으로 얇고 뇌수종을 앓고 있었던 데 연유하였고, 甲은 피해자가 허약함을 알고 있었으나 두뇌에 특별이상이 있음은 미처 알지 못하였던 경우[대판 1978.11.18. 78도1691]. [♠ 02 사시]

判例 인과관계의 인정여부에 관한 비교판례

1-0. **(인정)** 자상을 입은 피해자가 콜라와 김밥 등을 함부로 먹은 탓으로 합병증이 유발됨으로써 사망하게 된 경우 … 살인의 실행행위가 피해자의 사망이라는 결과를 발생하게 한 유일한 원인이거나 직접적인 원인이어야만 되는 것은 아니므로 살인의 실행행위와 피해자의 사망과의 사이에 다른 사실이 개재되어 그 사실이 치사의 직접적인 원인이 되었다고 하더라도, 그와 같은 사실이 통상 예견할 수 있는 것에 지나지 않는다면 살인의 실행행위와 피해자의 사망과의 사이에 인과관계가 있는 것으로 보아야 할 것이다[대판 1994.3.22. 93도3612]. [♣18, 23 변시]

1-1. **(부정)** 강간을 당한 피해자가 집에 돌아가 음독자살하기에 이른 원인이 강간을 당함으로 인하여 생긴 수치심과 장래에 대한 절망감 등에 있었던 경우 … 강간행위와 피해자의 자살행위 사이에 인과관계를 인정할 수는 없다[대판 1982.11.23. 82도1446]. [♠04, 10 사시]

2-0. **(인정)** 甲이 화약류를 취급하는데 필요한 소정의 면허를 받지 못한 乙을 화약류 취급책임자로 선임하여 발파작업에 종사케 하여 그 발파작업 중 乙의 과실로 인하여 사상의 사고가 발생한 경우[대판 1966.6.28. 66도758].

동지판례 건설업자가 건설기술자 현장배치의무를 위반한 과실과 공사현장 인접 소방도로의 지반침하 방지를 위한 그라우팅공사 과정에서 발생한 가스폭발사고 사이에는 상당인과관계가 있다[대판 1997.1.24. 96도776].

2-1. **(부정)** 탄광덕대인 甲이 화약류취급책임자 면허가 없는 乙에게 화약고 열쇠를 맡기었던 바 乙이 경찰관의 화약고검열에 대비하여 임의로 화약고에서 폭약 등을 꺼내어 이를 근로자 숙소 아궁이에 감추었고, 이 사실을 모르는 丙이 위 아궁이에 불을 때다 위 폭발물에 인화되어 폭발위력으로 사람을 사상에 이르게 한 경우 … 피고인으로서는 위와 같은 사고를 예견할 수 있었다고 보기 어려울 뿐 아니라 피고인이 乙에게 위 열쇠를 보관시키고 화약류를 취급하도록 한 행위와 위 사고발생 간에는 인과관계가 있다고 할 수 없다[대판 1981.9.8. 81도53].

3-0. **(인정)** 운전수 甲이 시동을 끄고 1단 기어가 들어가 있는 상태에서 시동열쇠를 끼워놓은 채 11세인 어린이를 조수석에 남겨두고 하차하자 어린이가 시동열쇠를 돌리며 악셀레이터 페달을 밟아 차량이 진행하여 사고가 발생한 경우[대판 1986.7.8. 86도1048].

3-1. **(부정)** 운전사 甲이 발동을 끄고 시동열쇠는 꽂아 둔 채로 하차한 동안에 조수가 이를 운전하다가 사고를 낸 경우[대판 1971.9.28. 71도1082].

4-0. **(인정)** 공사를 발주한 구청 소속의 현장감독 공무원인 甲이 건축공사가 불법 하도급 되어 무자격자에 의하여 시공되고 있는 점을 알고도 공사를 계속하게 함으로써 붕괴사고 등의 재해가 발생한 경우[대판 1995.9.15. 95도906].

4-1. **(부정)** 초지조성공사를 도급받은 수급인 甲이 불경운작업(산불작업)을 하도급을 준 이후에 계속하여 그 작업을 감독하지 아니한 잘못이 있었고 하수급인이 과실로 산림실화를 발생케 한 경우 … 도급자에 대한 도급계약상의 책임이지 위 하수급인의 과실로 인하여 발생한 산림실화에 상당인과관계가 있는 과실이라고는 할 수 없다[대판 1987.4.28. 87도297].

判例 자동차에 의한 역과 사건에서 인과관계가 인정된 경우

1. **(인정)** 피고인이 운행하던 자동차로 도로를 횡단하던 피해자를 충격하여 피해자로 하여금 반대차선의 1차선상에 넘어지게 하여 피해자가 반대차선을 운행하던 자동차에 역과되어 사망하게 된 경우 … 피고인은 업무상과실치사죄의 죄책을 면할 수 없다[대판 1988.11.8. 88도928]. [♠ 06 사시]
2. **(인정)** 피고인이 야간에 오토바이를 운전하다가 도로를 무단횡단하던 피해자를 충격하여 피해자로 하여금 위 도로상에 전도케 하고, 그로부터 약 40초 내지 60초 후에 다른 사람이 운전하던 타이탄트럭이 도로 위에 전도되어 있던 피해자를 역과하여 사망케 한 경우, 피고인의 과실행위는 피해자의 사망에 대한 직접적 원인을 이루는 것이어서 양자간에는 상당인과관계가 있다[대판 1990.5.22. 90도580]. [♠ 14, 15 사시]

判例 상해부위의 판시없는 상해죄 인정 여부(소극)

상해죄의 성립에는 상해의 고의와 신체의 완전성을 해하는 행위 및 이로 인하여 발생하는 인과관계 있는 상해의 결과가 있어야 하므로 상해죄에 있어서는 신체의 완전성을 해하는 행위와 그로 인한 상해의 부위와 정도가 증거에 의하여 명백하게 확정되어야 하고, 상해부위의 판시없는 상해죄의 인정은 위법하다[대판 1982.12.28. 82도2588].

判例 강도 · 강간 · 감금 · 상해행위 등을 피하려다가 발생한 결과와 인과관계 인정여부(인정)

1. **(인정)** 폭행 또는 협박으로 타인의 재물을 강취하려는 행위와 이에 극도의 흥분을 느끼고 공포심에 사로잡혀 이를 피하려다 상해에 이르게 된 사실과는 상당인과관계가 있다[대판 1996.7.12. 96도1142].
2. **(인정)** 피고인이 자신이 경영하는 속셈학원의 강사로 피해자를 채용하고 학습교재를 설명하겠다는 구실로 유인하여 호텔 객실에 감금한 후 강간하려 하자, 피해자가 완강히 반항하던 중 피고인이 대실시간 연장을 위해 전화하는 사이에 객실 창문을 통해 탈출하려다가 지상에 추락하여 사망한 경우 … 강간치사죄가 성립한다[대판 1995.5.12. 95도425].
3. **(인정)** 승용차로 피해자를 가로막아 승차하게 한 후 피해자의 하차 요구를 무시한 채 당초 목적지가 아닌 다른 장소를 향하여 시속 60km 내지 70km의 속도로 진행하자(감금에 해당함), 피해자가 그와 같은 감금상태를 벗어날 목적으로 차량을 빠져 나오려다가 길바닥에 떨어져 상해를 입고 그 결과 사망에 이른 경우 … 감금치사죄에 해당한다[대판 2000.2.11. 99도5286]. [♠ 01, 07, 08, 12 사시]
4. **(인정)** 피고인이 아파트 안방에서 안방문에 못질을 하여 동거하던 피해자가 술집에 나갈 수 없게 감금하고, 피해자를 때리고 옷을 벗기는 등 가혹한 행위를 하여 피해자가 이를 피하기 위하여 창문을 통해 밖으로 뛰어 내리려 하자 피고인이 이를 제지한 후, 피고인이 거실로 나오는 사이에 갑자기 안방 창문을 통하여 알몸으로 아파트 아래 잔디밭에 뛰어 내리다가 장기파열상 등을 입고 사망한 경우 … 중감금치사죄의 죄책을 진다[대판 1991.10.25. 91도2085].

5. **(인정)** 상해행위를 피하려고 하다가 차량에 치어 사망한 경우 상해행위와 피해자의 사망 사이에 상당인과관계가 있다[대판 1996.5.10. 96도529].

判例 인과관계를 인정한 경우

1. 피고인이 주먹으로 피해자의 복부를 1회 강타하여 장파열로 인한 복막염으로 사망케 하였다면, 비록 의사의 수술지연 등 과실이 피해자의 사망의 공동원인이 되었다 하더라도 피고인의 행위가 사망의 결과에 대한 유력한 원인이 된 이상 그 폭력행위와 치사의 결과간에는 인과관계가 있다 할 것이어서 피고인은 피해자의 사망의 결과에 대해 폭행치사의 죄책을 면할 수 없다[대판 1984.6.26. 84도831]. [♠ 02, 13, 14 사시]

동지판례 뺨을 강타하여 뇌출혈로 사망케 한 경우 인과관계가 인정된다[대판 1957.9.20. 4290형상249].

2. [1] 피고인이 예리한 식도로 피해자의 하복부를 찔러 직경 5cm, 길이 15cm 이상의 자상을 입힌 결과 사망하였다면 일반적으로 내장파열 및 다량의 출혈과 자창의 감염으로 사망의 결과를 발생하게 하리라는 점을 경험상 예견할 수 있는 것이므로 피고인에게 살인의 결과에 대한 확정적 고의는 없다 치더라도 미필적 인식은 있었다고 볼 것이다.
[2] 피해자가 피고인의 범행으로 부상한 후 1개월이 지난 후에 패혈증 등으로 사망하였다 하더라도 그 패혈증이 자창(刺創)으로 인한 과다한 출혈과 상처의 감염 등에 연유한 것인 이상 피고인의 행위와 피해자의 사망과의 사이에 인과관계의 존재를 부정할 수 없다[대판 1982.12.28. 82도2525]. [♣ 18 변시]

동지판례 경찰봉으로 때린 구타행위와 피해자가 외상성 뇌경막하 출혈로 사망할 때까지 사이 약 20여시간이 경과하였다 하더라도 그 밖에 달리 사망의 중간요인을 발견할 자료가 없다면 시간적 간격이 있었더라도 피고인의 구타와 피해자의 사망 사이에 인과관계가 없다고 할 수 없다[대판 1984.12.11. 84도2347].

2-1. 피고인이 甲의 뺨을 1회 때리고 오른손으로 목을 쳐 甲으로 하여금 뒤로 넘어지면서 머리를 땅바닥에 부딪치게 하여 甲이 두부 손상을 입은 후 병원에서 입원치료를 받다가 합병증으로 사망에 이르게 되었다면 피고인의 범행과 甲의 사망 사이에 인과관계를 부정할 수 없고, 사망 결과에 대한 예견가능성이 있었다면, 상해치사죄가 성립한다[대판 2012.3.15. 2011도17648]. [♠ 14 사시]

3. 연탄가스 중독환자가 퇴원시 자신의 병명을 물었으나 치료한 의사가 아무런 요양방법을 지도하여 주지 아니하여 병명을 알지 못한 환자가 퇴원하여 처음 사고가 난 방에서 다시 자다가 재차 연탄가스에 중독된 경우, 의사의 지도 미이행의 과실과 연탄가스 사고 사이[대판 1991.2.12. 90도2547]. [♠ 02, 15 사시]

4. 임차인이 자신의 비용으로 설치 · 사용하던 가스설비의 휴즈콕크를 아무런 조치 없이 제거하고 이사를 간 후 가스공급을 개별적으로 차단할 수 있는 주밸브가 열려져 가스가 유입되어 폭발사고가 발생한 경우 임차인의 과실과 가스폭발사고 사이[대판 2001.6.1. 99도5086]. [♠ 13 사시]

5. 4일 가량 물조차 제대로 마시지 못하고 잠도 자지 아니하여 거의 탈진 상태에 이른 피해자의 손과 발을 17시간 이상 묶어 두고 좁은 차량 속에서 움직이지 못하게 감금한 행위와 묶인 부위의 혈액 순환에 장애가 발생하여 혈전이 형성되고 그 혈전이 폐동맥을 막아 사망에 이르게 된 결과 사이[대판 2002.10.11. 2002도4315]. [♠ 07 사시]

6. 의사의 과실로 장기 등 조직의 괴사가 진행되어 이미 회복하기 어려운 상태에서 환자가 다른 병원으로 전원하여 진료를 받던 중 사망한 경우[대판 1996.9.24. 95도245].
7. 피고인의 강타로 인하여 임신 7개월의 임부가 넘어지면서 낙태로 유발된 심근경색으로 사망한 경우[대판 1972.3.28. 72도296].
8. 경찰관이 운전자의 혈중알콜농도가 0.09%의 주취상태에 있다는 사실을 확인하였으나 차량열쇠를 운전자에게 교부하여 운전자가 감시소홀을 틈타 운전을 하고 도망가다가 사고가 난 경우, 경찰관의 행위와 사고 사이[대판 1998.5.8. 97도5482].
9. 야간에 2차선의 굽은 도로 상에 미등과 차폭등을 켜지 않은 채 화물차를 주차시켜 놓음으로써 오토바이가 추돌하여 그 운전자가 사망한 경우[대판 1996.12.20. 96도2030].
10. 무게가 무겁거나, 날카로운 형상을 가지고 있는 등 상·하차 과정이나 운반 과정에 위험을 초래할 우려가 있는 물품을 출고하여 운반을 의뢰함에 있어서는 그 물품의 특성에 맞게 적절한 단위로 서로 단단히 묶거나 포장하여 운반 과정 등에 장애를 발생시키지 않도록 할 주의의무가 있다 할 것이고, 그러한 주의의무를 게을리 함으로써 물품의 묶음이나 포장이 쉽게 풀어지거나 파손되게 하여 물품의 상·하차 과정에서 당해 물품이 추락하는 사고가 발생하였다면, 그 사고와 위 주의의무 위반과 사이에는 상당인과관계가 있다 할 것이다[대판 2009.7.23. 2009도3219]. [♠ 13 사시]
11. 피고인이 제왕절개수술 후 대량출혈이 있었던 피해자를 전원 조치하였으나 전원받는 병원 의료진의 조치가 다소 미흡하여 도착 후 약 1시간 20분이 지나 수혈이 시작된 사안에서, 피고인의 전원지체 등의 과실로 신속한 수혈 등의 조치가 지연된 이상 피해자의 사망과 피고인의 과실 사이에 인과관계가 인정된다고 한 사례[대판 2010.4.29. 2009도7070]. [♠ 13 사시]
12. 피고인이 자동차를 운전하다 횡단보도에서의 보행자에 대한 보호의무를 위반하여 횡단보도를 걷던 보행자 甲을 들이받아 그 충격으로 횡단보도 밖에서 甲과 동행하던 피해자 乙이 밀려 넘어져 상해를 입었다면 乙의 상해는 피고인의 행위를 직접적인 원인으로 하여 발생한 것이라고 한 사례[대판 2011.4.28. 2009도12671]. [♠ 15 사시]
13. [1] 교통방해 행위가 피해자의 사상이라는 결과를 발생하게 한 유일하거나 직접적인 원인이 된 경우만이 아니라, 그 행위와 결과 사이에 피해자나 제3자의 과실 등 다른 사실이 개재된 때에도 그와 같은 사실이 통상 예견될 수 있는 것이라면 상당인과관계를 인정할 수 있다. [♠ 15 사시] [♣ 17 변시]
[2] 피고인이 고속도로 2차로를 따라 자동차를 운전하다가 1차로를 진행하던 甲의 차량 앞에 급하게 끼어든 후 곧바로 정차하여, 甲의 차량 및 이를 뒤따르던 차량 두 대는 연이어 급제동하여 정차하였으나, 그 뒤를 따라오던 乙의 차량이 앞의 차량들을 연쇄적으로 추돌케 하여 乙을 사망에 이르게 하고 나머지 차량 운전자 등 피해자들에게 상해를 입힌 사안에서, 편도 2차로의 고속도로 1차로 한가운데에 정차한 피고인은 현장의 교통상황이나 일반인의 운전 습관·행태 등에 비추어 고속도로를 주행하는 다른 차량 운전자들이 제한속도 준수나 안전거리 확보 등의 주의의무를 완전하게 다하지 않을 수도 있다는 점을 알았거나 충분히 알 수 있었으므로, 피고인의 정차 행위와 사상의 결과 발생 사이에 상당인과관계가 있고, 사상의 결과 발생에 대한 예견가능성도 인정된다는 이유로, 피고인에게 일반교통방해치사상죄를 인정한 원심판단이 정당하다고 한 사례[대판 2014.7.24. 2014도6206]. [♣ 16 변시]

판결이유 예견가능성은 일반인을 기준으로 객관적으로 판단되어야 하는 것인데, 피고인이 한 것과 같은 행위로 뒤따르는 차량들에 의하여 추돌 등의 사고가 야기되어 사상자가 발생할 수 있을 것이라는 점은 누구나 쉽게 예상할 수 있다고 할 것이다. 설령 피고인이 정차 당시 사상의 결과 발생을 구체적으로 예견하지는 못하였다고 하더라도, 그와 같은 교통방해 행위로 인하여 실제 그 결과가 발생한 이상 교통방해치사상죄의 성립에는 아무런 지장이 없다.

14. 피고인의 수술 후 복막염에 대한 진단과 처치 지연 등의 과실로 피해자가 제때 필요한 조치를 받지 못하였다면 피해자의 사망과 피고인의 과실 사이에는 인과관계가 인정된다. 비록 피해자가 피고인의 지시를 일부 따르지 않거나 퇴원한 적이 있더라도, 그러한 사정만으로는 의사인 피고인의 과실과 피해자의 사망 사이에 인과관계가 단절된다고 볼 수 없다[대판 2018.5.11. 2018도2844].

判例 인과관계를 부정한 경우

1. 야간에 고속도로를 무단횡단하는 보행자를 충격하여 사망에 이르게 한 경우, 피고인에게 고속버스와의 안전거리를 확보하지 아니한 채 진행하다가 과속으로 고속버스의 우측으로 제한최고속도를 시속 20km 초과하여 추월한 잘못이 있더라도, 피고인의 위와 같은 잘못과 피해자의 사망 사이에 상당인과관계가 있다고 할 수 없다[대판 2000.9.5. 2000도2671]. [♠ 06 사시]
2. 피고인이 선단의 책임선인 봉림호의 선장으로 조업 중이었다 하더라도 피고인으로서는 종선의 선장에게 조업상의 지시만 할 수 있을 뿐 선박의 안전관리는 각 선박의 선장이 책임지도록 되어 있었다면 그 같은 상황하에서 피고인이 풍랑 중에 종선에 조업지시를 하였다는 것만으로는 종선의 풍랑으로 인한 매몰사고와의 사이에 인과관계가 성립할 수 없다[대판 1989.9.12. 89도1084]. [♠ 06 사시]
3. 파도수영장에서 물놀이하던 초등학교 6학년생이 수영장 안에 엎어져 있는 것을 수영장 안전요원이 발견하여 인공호흡을 실시한 뒤 의료기관에 후송하였으나 후송 도중 사망한 사고에 있어서 그 사망원인이 구체적으로 밝혀지지 아니한 상태에서 수영장 안전요원과 수영장 관리책임자에게 업무상 주의의무를 게을리 한 과실이 있고 그 주의의무 위반으로 인하여 피해자가 사망하였다고 인정한 원심판결을 업무상과실치사죄에 있어서의 과실 및 인과관계에 관한 법리오해 및 심리미진 등의 위법을 이유로 파기한 사례[대판 2002.4.9. 2001도6601].[2] [♠ 06, 07 사시]
4. 부엌에서 출입문과 환기창을 모두 닫아놓고 연탄아궁이에 연탄불을 피워 놓은 채 목욕을 하다가 그 연탄아궁이에서 새어나온 연탄가스의 일산화탄소에 중독되어 사망한 것이라면 비록 임대인이 위 외부 굴뚝 보수공사를 함에 있어 연통이음새로 시멘트가 내부로 흘러 들어가게 하여 연통내부의 하단 부분을 메우게 한 과실이 있었다 하더라도 임차인의 사망이 위와 같은 임대인의 과실에 기인된 것이라고 보기 어렵다[대판 1985.3.26. 84도3085].

2) 대법원은 "공소사실이 유죄로 인정되기 위하여는 우선 피해자의 사망원인이 밝혀져야 하고, 그 사인에 따라 그와 상당인과관계가 있는 피고인들의 과실이 있는지 여부가 심리 · 판단되어야 한다"고 전제한 후 사망의 원인이 밝혀지지 아니한 상태에서 원심이 피고인의 과실과 사망 사이의 인과관계를 인정한 것은 위법하다고 판시하였다.

5. 싸이드브레이크는 비상시에 사용하는 것이라 하더라도 원래 주차용으로서 차량 주행 중에는 이를 사용할 수 없을 뿐더러 더욱이 경사진 곳에서 내려가는 경우에는 이를 사용하더라도 제동의 효과를 얻을 수 없으므로 차량운행도중 버스의 브레이크 마스타 롯트핀이 빠져 페달브레이크 장치가 작동하지 아니하게 된 경우에 사이드 브레이크를 조작하지 아니하였다 하여 운전수에게 과실이 있다 할 수 없으며 사고의 원인이 되었다고 할 수 없다[대판 1977.3.8. 76도4174].
6. 한의사인 피고인이 피해자에게 문진하여 과거 봉침을 맞고도 별다른 이상반응이 없었다는 답변을 듣고 부작용에 대한 충분한 사전 설명 없이 환부인 목 부위에 봉침시술을 하였는데, 피해자가 위 시술 직후 쇼크반응을 나타내는 등 상해를 입은 경우, 제반 사정에 비추어 피고인이 봉침시술에 앞서 설명의무를 다하였더라도 피해자가 반드시 봉침시술을 거부하였을 것이라고 볼 수 없어, 피고인의 설명의무 위반과 피해자의 상해 사이에 상당인과관계를 인정하기 어렵다[대판 2011.4.14. 2010도10104]. [♠ 13 사시]

Ⅳ. 객관적 귀속이론

1. 서 론

(1) 의 의

① 객관적 귀속이론이란 합법칙적 조건설에 의할 때 인과관계가 인정되는 결과를 행위자의 행위에 객관적으로 귀속시킬 수 있는가(또는 행위자의 행위 탓으로 돌릴 수 있는가)를 확정하는 이론을 말한다.

② 객관적 귀속은 존재론적 문제인 인과관계와는 달리 인과관계가 인정된 결과를 행위자에게 귀속시키는 것이 과연 정당한가라는 규범적 · 법적 판단의 문제이다.

③ 합법칙적 조건설에 의하여 인과관계를 판단하면 조건설과 마찬가지로 인과관계의 인정범위가 지나치게 넓어지게 되어 형법적 귀책의 범위를 제한할 필요성이 있으므로, 합법칙적 조건설은 객관적 귀속이론과 결합하여 결과에 대한 귀책여부를 최종적으로 판단하게 된다. [♠ 07 사시]

(2) 인과관계론과의 관계

객관적 귀속이론은 인과관계의 존재를 전제로 결과에 대한 구성요건해당성을 판단하는 이론이다(다수설).

(3) 객관적 귀속의 법적 성격과 그 흠결의 효과

객관적 귀속은 기술되지 아니한 구성요건요소로서 객관적 구성요건요소에 해당한다. 따라서 객관적 귀속이 인정되는 경우에는 결과범의 기수의 구성요건해당성이 인정될 수 있으나, 객관적 귀속이 부정되는 경우에는 결과범의 기수의 구성요건해당성이 인정되지 않으며 가벌성 자체가 탈락되거나(예 위험창출이 인정되지 않는 경우) 미수범의 구성요건해당성이 인정될 수 있다(예 위험창출은 인정되지만 위험실현으로 인정되지 않는 경우).

2. 객관적 귀속의 구체적 판단기준

(1) 지배가능성이론

① 인과관계가 인정되는 결과를 행위자에게 그의 작품으로 귀속시키기 위해서는 그 인과과정과 결과가 행위자에게 지배가능한 것이어야 한다는 이론이다.

② 구체적 판단기준[배종대, 235면 이하]

㉮ 객관적으로 지배가능성이 없는 경우 : 객관적 귀속이 부정된다(예 벼락을 맞아 죽게할 목적으로 들일을 내보내어 실제로 벼락을 맞아 죽은 경우, 상속의 목적으로 부모를 추락사시키기 위해 안전도가 낮은 비행기에 태워 보낸 결과 실제로 추락사한 경우).

㉯ 조건이 결과와 시간적으로 멀리 떨어진 경우 : 객관적 귀속이 부정된다(예 후에 살인자가 된 아이의 출산, 후에 살인에 사용된 총기의 제조).

㉰ 예견하기 어려운 비유형적인 인과진행의 경우 : 객관적 귀속이 부정된다(예 甲이 살인의 의사로 A에게 총격을 가하여 경상을 입은 A가 병원으로 후송되는 과정에서 교통사고나 혈우병과 같은 특이체질이 개입되어 사망한 경우).

㉱ 제3자의 고의행위가 개입된 경우 : 객관적 귀속이 부정된다(예 의사가 보관한 독약이나 경찰이 방치한 총으로 제3자가 살인을 한 경우).

(2) 위험창출이론

① 객관적 귀속이 인정되기 위해서는 행위자의 행위가 법적으로 허용되지 않는 위험을 창출하거나 증대시켜야 한다는 이론이다.

② 구체적 판단기준

㉮ 위험감소 : 객관적 귀속이 부정된다(예 벽돌이 피해자의 머리 위에 떨어지려는 순간 그를 밀어 어깨에 맞게 하여 경상에 그치게 한 경우). [♠ 12 사시]

㉯ 허용된 위험 : 객관적 귀속이 부정된다(예 고속도로에서 정상적으로 운전하던 중 갑자기 뛰어든 사람을 치어 사망케 한 경우).

㉰ 사회적으로 상당하고 경미한 위험 : 객관적 귀속이 부정된다(예 피해자를 살해하기 위하여 범죄다발 국가로 여행을 권유하여 실제로 피해자가 살해된 경우).

㉱ 위험의 지연 : 행위자가 이미 진행되고 있는 인과과정 속에서 자신의 행위를 통하여 결과의 발생을 지연시킨 경우에는 객관적 귀속이 부정된다(예 타인에 의하여 치명상을 입은 환자에 대하여 의사가 의술을 동원하여 사망의 시기를 늦춘 경우). [♠ 06 사시]

(3) 위험실현이론

① 객관적 귀속이 인정되기 위해서는 행위자가 창출 · 증가시킨 법적으로 허용되지 않는 위험이 구체적인 결과로 실현되어야 한다는 이론이다.

② 구체적 판단기준

㉮ 창출된 위험의 상당한 실현 : 결과가 창출된 위험의 상당한 실현인 경우에는 객관적 귀속이 인정된다(예 피해자를 익사시키려고 다리 밑으로 밀었던 바 피해자가 교각

에 부딪혀 뇌진탕으로 사망한 경우). 그러나 결과가 창출된 위험의 상당한 실현이 아니라 예견할 수 없었던 인과과정을 통하여 발생한 경우에는 객관적 귀속이 부정된다(예 살해하기 위하여 총격을 가하여 중상을 입혔으나 피해자가 병원으로 후송 도중에 제3자의 과실에 의한 교통사고로 사망한 경우)[김일수 · 서보학, 175면].

㈏ **허용되지 않는 위험의 실현** : 행위자가 허용되지 않는 위험을 창출하였으나 구체적인 결과에 영향을 끼친 경우가 아니면 객관적 귀속이 부정된다(예 과속으로 운전하다가 사고장소에 이르러서는 적정속도를 유지하였으나 갑자기 차도로 뛰어든 사람을 치어 사망케 한 경우)[김일수 · 서보학, 176면; 배종대, 237면].

㈐ **적법한 대체행위** : 행위자가 주의의무에 위반하여 구성요건적 결과를 야기한 경우, ⅰ) 적법한 대체행위를 하였다면 결과의 불발생이 확실한 경우에는 객관적 귀속이 인정되나, ⅱ) 적법한 대체행위를 하였더라도 동일한 결과의 발생이 확실한 경우에는 객관적 귀속은 부정된다(이를 의무위반관련성이론이라고 한다).

쟁점연구

1. 문제점

적법한 대체행위를 한 경우를 가정하더라도 동일한 결과가 발생할 가능성이나 개연성이 있는 경우 즉 결과의 발생 · 불발생이 확실하지 않은 경우에는 객관적 귀속이 인정될 것인지가 문제된다.

2. 학 설

① **위험증대설** : 행위자가 주의의무 위반에 의하여 결과발생의 위험을 증대시킨 이상 객관적 귀속을 인정해야 한다는 견해이다. [♠ 07 사시]

② **무죄추정설** : 적법한 대체행위를 한 경우에 결과의 발생 · 불발생이 확실하지 않다면 무죄추정의 원칙에 따라 객관적 귀속을 부정하여야 한다는 입장이다.

3. 판 례

할로테인 마취 사건에서 무죄추정설에 가까운 입장을 보이고 있다(상세는 아래 판례 참고).

4. 검 토 (무죄추정설 지지)

위험증대설은 결과의 발생 · 불발생이 확실하지 않은 경우에도 객관적 귀속을 인정하므로 형사법의 대원칙인 in dubio pro reo(의심스러울 때에는 피고인의 이익으로!)의 원칙에 반한다. 따라서 무죄추정설이 타당하다.

判例 적법한 대체행위이론을 인과관계의 판단기준으로 삼은 판례

1. **(트럭바퀴 중앙선 침범 사건 : 인과관계 부정)** 피고인이 트럭을 도로의 중앙선 위에 왼쪽 바깥바퀴가 걸친 상태로 운행하던 중 피해자가 승용차를 운전하여 피고인이 진행하던 차선으로 달려오다가 급히 자기 차선으로 들어가면서 피고인이 운전하던 트럭과 교행할 무렵 다시 피고인의 차선으로 들어와 그 차량의 왼쪽 앞 부분으로 트럭의 왼쪽 뒷바퀴 부분을 스치듯이 충돌하고 이

어서 트럭을 바짝 뒤따라 가던 차량을 들이받았다면, 설사 피고인이 중앙선 위를 달리지 아니하고 정상차선으로 달렸다 하더라도 사고는 피할 수 없다 할 것이므로 피고인이 트럭의 왼쪽 바퀴를 중앙선 위에 올려놓은 상태에서 운전한 것만으로는 위 사고의 직접적인 원인이 되었다고 할 수 없다[대판 1991.2.26. 90도2856].

2. **(할로테인 마취 사건 : 인과관계 부정)** 혈청에 의한 간기능검사를 시행하지 않거나 이를 확인하지 않은 피고인들의 과실과 피해자의 사망 간에 인과관계가 있다고 하려면 피고인들이 수술 전에 피해자에 대한 간기능검사를 하였더라면 피해자가 사망하지 않았을 것임이 입증되어야 할 것인데도(수술 전에 피해자에 대하여 혈청에 의한 간기능검사를 하였더라면 피해자의 간기능에 이상이 있었다는 검사결과가 나왔으리라는 점이 증명되어야 할 것이다) 원심은 피해자가 수술당시에 이미 간손상이 있었다는 사실을 증거 없이 인정함으로써 채증법칙위반 및 인과관계에 관한 법리오해의 위법을 저지른 것이다[대판 1990.12.11. 90도694]. [♠10 사시]

동지판례 선행 교통사고와 후행 교통사고 중 어느 쪽이 원인이 되어 피해자가 사망에 이르게 되었는지 밝혀지지 않은 경우 후행 교통사고를 일으킨 사람의 과실과 피해자의 사망 사이에 인과관계가 인정되기 위하여는 후행 교통사고를 일으킨 사람이 주의의무를 게을리하지 않았다면 피해자가 사망에 이르지 않았을 것이라는 사실이 증명되어야 하고, 그 증명책임은 검사에게 있다[대판 2007.10.26. 2005도8822]. [♣21 변시]

3. **(의사의 업무상과실 : 인과관계 부정)** 마취통증의학과 의사인 피고인이 수술실에서 환자인 피해자 甲(73세)에게 마취시술을 시행한 다음 간호사 乙에게 환자의 감시를 맡기고 수술실을 이탈하였는데, 이후 甲에게 저혈압이 발생하고 혈압 회복과 저하가 반복됨에 따라 乙이 피고인을 수회 호출하자, 피고인은 수술실에 복귀하여 甲이 심정지 상태임을 확인하고 마취해독제 투여, 심폐소생술 등의 조치를 취하였으나, 甲이 심정지 등으로 사망에 이르게 된 사안에서, 피고인이 甲에게 마취가 진행되는 동안 마취간호사도 아니고 마취간호 업무를 시작한 지 2~3개월밖에 안 된 乙에게 환자의 감시 업무를 맡긴 채 다른 수술실로 옮겨 다니며 다른 환자들에게 마취시술을 하고, 甲의 활력징후 감시장치 경보음을 들은 乙로부터 호출을 받고도 신속히 수술실로 가지 않고 휴식을 취하는 등 마취유지 중 환자감시 및 신속한 대응 업무를 소홀히 한 업무상과실이 있다고 본 원심판단은 정당하나, 한편 甲은 반복적인 혈압상승제 투여에도 불구하고 알 수 없는 원인으로 계속적으로 혈압 저하 증상을 보이다가 사망하였는데, 검사가 제출한 증거만으로는 피고인이 직접 甲을 관찰하거나 乙의 호출을 받고 신속히 수술실에 가서 대응하였다면 구체적으로 어떤 조치를 더 할 수 있는지, 그러한 조치를 취하였다면 甲이 심정지에 이르지 않았을 것인지 알기 어렵고, 甲에게 심정지가 발생하였을 때 피고인이 甲을 직접 관찰하고 있다가 심폐소생술 등의 조치를 하였더라면 甲이 사망하지 않았을 것이라는 점에 대한 증명도 부족하므로, 피고인의 업무상과실로 甲이 사망하게 되었다는 점이 합리적인 의심의 여지가 없을 정도로 증명되었다고 보기 어렵다는 이유로, 이와 달리 피고인의 업무상과실로 인하여 甲이 사망하였다고 보아 피고인에게 업무상과실치사죄를 인정한 원심판단에 의사의 업무상과실과 피해자의 사망 사이의 인과관계 증명 등에 관한 법리오해의 잘못이 있다고 한 사례[대판 2023.8.31. 2021도1833].

㉣ **가설적 인과관계** : 결과를 행위자가 야기한 이상 결과를 행위자가 야기하지 않았어도 다른 조건에 의하여 동일하게 발생하였을 고도의 개연성이 있는 경우일지라

도 그 결과는 행위자에게 귀속된다(예 甲이 A를 비행기 탑승직전에 사살했으나 비행기가 이륙 후 추락하여 승객 전원이 사망한 경우라도 A의 사망이라는 결과는 甲의 행위에 귀속된다). 현실적으로 작용하지 아니한 가설적 대체원인은 객관적 귀속판단의 대상이 아니기 때문이다. [♠ 06 사시]

(4) **규범의 보호목적이론**

① 행위자의 행위에 의하여 창출 · 증가된 허용되지 않는 위험이 실현되어 결과가 발생한 경우라도, i) 그 결과회피가 행위자가 위반한 규범의 보호목적 범위 내에 있어야 귀속이 인정되며, ii) 그 결과회피가 행위자가 위반한 규범의 반사적 이익에 불과하다면 귀속이 부정된다는 이론이다. [♠ 06 사시] 규범의 보호목적 범위 밖의 결과에 대하여는 가벌성이 탈락하거나, 기수의 구성요건해당성이 탈락하여 고의범에 한해 미수의 가벌성이 인정될 수 있다.

② 구체적 판단기준

㉮ **고의범과 규범의 보호목적** : 甲이 살인의 의사로 A에게 총격을 가하여 경상에 가까운 출혈상을 입혔는데 A가 종교적 이유로 수혈을 거부하여 사망한 경우, A의 사망의 결과는 살인죄의 규정이 회피하고자 한 결과가 아니므로 甲에게 귀속될 수 없다. 따라서 甲의 행위는 살인죄의 미수의 구성요건에 해당한다.

㉯ **과실범과 규범의 보호목적** : 발생한 결과회피가 주의규범의 보호목적이 아니라 반사적 이익에 불과할 때는 그 결과는 귀속이 인정되지 않는다(예 甲이 속도제한 규정을 위반하여 과속으로 A의 차량을 추월하자 이에 놀란 A가 심장마비로 사망한 경우, A의 사망의 결과는 속도제한 규정이 회피하고자 한 결과가 아니므로 甲에게 귀속될 수 없다. 이 경우 甲은 무죄이다).

判例 규범의 보호목적이론이 인과관계의 판단에 영향을 미친 판례

1. **(안전거리 미준수 정차 사건 : 인과관계 부정)** 피고인 운전의 차가 이미 정차하였음에도 뒤쫓아오던 차의 충돌로 인하여 앞차를 충격하여 사고가 발생한 경우, 설사 피고인에게 안전거리를 준수치 않은 위법이 있었다 할지라도 그것이 이 사건 피해 결과에 대하여 인과관계가 있다고 단정할 수 없다[대판 1983.8.23, 82도3222].

   판례해설 안전거리 준수를 요구하는 도로교통법 제17조는 "앞차가 갑자기 정지하게 되는 경우에 그 앞차와의 충돌을 피하기" 위한 규정이지, 안전거리 미준수 차를 우연히 그 뒷차가 추돌하는 경우에 안전거리 미준수 차량이 떠밀려 그 앞차와 추돌하는 것을 방지하기 위한 규정이라고 할 수 없다. 따라서 위 사안의 경우 A의 상해의 결과는 甲이 위반한 도로교통법 제17조의 규범의 보호목적 범위 밖에서 일어난 결과에 해당하여 甲에게 귀속되지 않는다.[3)]

2. **(열차 건널목 사건 : 인과관계 인정)** 자동차의 운전자가 그 운전상의 주의의무를 게을리 하여 열차건널목을 그대로 건너는 바람에 그 자동차가 열차좌측 모서리와 충돌하여 20여m쯤 열차 진

---

3) 도로교통법 제17조(안전거리확보) ① 모든 차는 같은 방향으로 가고 있는 앞차의 뒤를 따르는 때에는 앞차가 갑자기 정지하게 되는 경우에 그 앞차와의 충돌을 피할만한 필요한 거리를 확보하여야 한다.

행방향으로 끌려가면서 튕겨나갔고 피해자는 타고 가던 자전거에서 내려 위 자동차 왼쪽에서 열차가 지나가기를 기다리고 있다가 위 충돌사고로 놀라 넘어져 상해를 입었다면 비록 위 자동차와 피해자가 직접 충돌하지는 아니하였더라도 자동차운전자의 위 과실과 피해자가 입은 상해 사이에는 상당한 인과관계가 있다[대판 1989.9.12. 89도866]. [♠13 사시]

동지판례 자동차의 운전자가 통상 예견되는 상황에 대비하여 결과를 회피할 수 있는 정도의 주의의무를 다하지 못한 것이 교통사고 발생의 직접적인 원인이 되었다면, 비록 자동차가 보행자를 직접 충격한 것이 아니고 보행자가 자동차의 급정거에 놀라 도로에 넘어져 상해를 입은 경우라고 할지라도, 업무상 주의의무 위반과 교통사고 발생 사이에 상당인과관계를 인정할 수 있다[대판 2022.6.16. 2022도1401].

㉰ **피해자의 고의에 의한 자기위태화** : i) 甲이 살인의 의사로 A에게 총격을 가하여 경상에 가까운 출혈상을 입혔는데 A가 종교적 이유로 수혈을 거부하여 사망한 경우, ii) 甲과 乙이 자동차경주에서 시합하던 중 乙이 자기의 과실로 사망한 경우, iii) 甲이 乙의 집에 방화하자 乙이 가재도구를 꺼내려고 들어갔다가 소사한 경우에는 결과의 귀속이 부정된다.

判例 **(피해자의 고의에 의한 자기위태화 : 인과관계 부정)** 피해자의 화상이 피고인의 방화로 인하여 피동적으로 입은 화상이 아니라 적극적으로 진화작업에 열중한 나머지 입게 된 화상이라면 화상을 입어가면서 진화작업에 열중할 것이라는 것은 피고인이 전혀 인식할 수 없었고 일반인의 입장에서도 이례적인 일에 속하는 일로서 방화를 하면 반드시 그와 같은 결과가 발생하는 것도 아니므로 이는 인과관계가 인정되지 않아 방화치상죄의 성립은 부정된다[대판 1966.6.28. 66도1]. [♠01 사시]

㉱ **양해 있는 피해자에 대한 가해행위** : 타인의 행위에 포함된 결과발생의 위험을 알고도 그 위험을 양해한 피해자에게 결과가 발생한 경우에 결과귀속을 인정할 것인지가 문제된다(**예** 폭풍우 속에 손님이 익사의 위험을 감수하겠다는 양해하에 뱃사공에게 도강을 요청하여 도강 중에 배가 뒤집혀 손님이 익사한 경우). 이에 대하여는 "피해자의 고의에 의한 자기위태화"와 동일한 경우에 해당한다고 보아 귀속을 부정하는 견해[김일수·서보학, 180면]와, 규범의 보호목적 범위를 벗어난 것으로 볼 수 없어 귀속을 인정한 후 위법성의 문제로 해결하려는 견해가 나뉘어져 있다[이재상, 155면].

㉲ **타인의 책임영역** : 행위자가 창출한 위험이 결과로 실현된 경우에도 그 결과방지가 전적으로 타인의 책임영역에 속할 때에는 결과귀속이 부정된다.

객관적 귀속의 구체적 판단기준

	객관적 귀속의 인정여부	예
지배가능성이론	객관적으로 지배가능성이 없는 인과과정(부정)	① 벼락을 맞아 죽게 할 목적으로 들일을 내보내어 실제로 벼락을 맞아 죽은 경우 ② 상속의 목적으로 부모를 추락시키기 위해 안전도가 낮은 비행기에 태워 보낸 결과 실제로 추락사한 경우
	조건이 결과와 시간적으로 멀리 떨어진 경우(부정)	① 후에 살인자가 된 아이의 출산 ② 후에 살인에 사용된 총기의 제조
	예견하기 어려운 비유형적인 인과진행의 경우(부정)	甲이 살인의 의사로 A에게 총격을 가하여 경상을 입은 A가 병원으로 후송되는 과정에서 교통사고나 혈우병과 같은 특이체질이 개입되어 사망한 경우
	제3자의 고의행위가 개입된 경우(부정)	의사가 보관한 독약이나 경찰이 방치한 총으로 제3자가 살인을 한 경우
위험창출이론	위험감소(부정)	벽돌이 피해자의 머리 위에 떨어지려는 순간 그를 밀어 어깨에 맞게 하여 경상에 그치게 한 경우벽돌이 피해자의 머리 위에 떨어지려는 순간 그를 밀어 어깨에 맞게 하여 경상에 그치게 한 경우
	허용된 위험(부정)	고속도로에서 정상적으로 운전하던 중 갑자기 뛰어든 사람을 치어 사망케 한 경우
	사회적으로 상당하고 경미한 위험(부정)	① 피해자를 살해하기 위하여 범죄다발 국가로 여행을 권유하여 실제로 피해자가 살해된 경우 ② 피해자를 추락사 시킬 목적으로 등산을 권유하여 실제로 피해자가 추락사한 경우
	위험의 지연(부정)	타인에 의하여 치명상을 입은 환자에 대하여 의사가 의술을 동원하여 사망의 시기를 늦춘 경우
위험의 실현이론	창출된 위험의 상당한 실현(여부)	① 위험실현(귀속 인정) : 피해자를 익사시키려고 다리 밑으로 밀었던 바 피해자가 교각에 부딪혀 뇌진탕으로 사망한 경우 ② 다른 위험 실현(귀속 부정) : 살해하기 위하여 총격을 가하여 중상을 입혔으나 피해자가 병원으로 후송 도중에 제3자의 과실에 의한 교통사고로 사망한 경우
	허용되지 않는 위험의 실현(여부)	과속으로 운전하다가 사고장소에 이르러서는 적정속도를 유지하였으나 갑자기 차도로 뛰어든 사람을 치어 사망케 한 경우에는 허용된 위험의 실현으로 결과가 발생하였으므로 객관적 귀속 부정
	적법한 대체행위(를 가정했을 때)	① 동일한 결과의 불발생이 확실한 경우에는 객관적 귀속 인정 ② 동일한 결과의 발생이 확실한 경우에는 객관적 귀속 부정
	가설적 인과관계의 현실적 조건(인정)	甲이 A를 비행기 탑승직전에 사살했으나 비행기가 이륙 후 추락하여 승객 전원이 사망한 경우라도 A의 사망이라는 결과는 甲의 행위에 귀속

규범의 보호목적이론	고의범과 규범의 보호목적	甲이 살인의 의사로 A에게 총격을 가하여 경상에 가까운 출혈상을 입혔는데 A가 종교적 이유로 수혈을 거부하여 사망한 경우, A의 사망의 결과는 살인죄의 규정이 회피하고자 한 결과가 아니므로 甲에게 귀속될 수 없다. 따라서 甲의 행위는 살인죄의 미수의 구성요건에 해당한다.
	과실범과 규범의 보호목적	甲이 속도제한 규정을 위반하여 과속으로 A의 차량을 추월하자 이에 놀란 A가 심장마비로 사망한 경우, A의 사망의 결과는 속도제한 규정이 회피하고자 한 결과가 아니므로 甲에게 귀속될 수 없다.
	피해자의 고의에 의한 자기위태화(부정)	i) 甲이 살인의 의사로 A에게 총격을 가하여 경상에 가까운 출혈상을 입혔는데 A가 종교적 이유로 수혈을 거부하여 사망한 경우, ii) 甲과 乙이 자동차경주에서 시합하던 중 乙이 자기의 과실로 사망한 경우, iii) 甲이 乙의 집에 방화하자 乙이 가재도구를 꺼내려고 들어갔다가 소사한 경우에는 결과의 귀속이 부정된다.
	양해 있는 피해자에 대한 가해행위(학설 대립)	폭풍우 속에 손님이 익사의 위험을 감수하겠다는 양해하에 뱃사공에게 도강을 요청하여 도강 중에 배가 뒤집혀 손님이 익사한 경우, 음주운전을 하려는 자에게 음주운전사고의 위험을 감수하겠다는 양해하에 동승을 요청하여 운전 중 사고를 당한 경우 : 객관적 귀속 부정설, 객관적 귀속 긍정설(위법성의 문제로 해결)
	타인의 책임영역(부정)	경찰관에게 사고방지의 위험이 넘어간 사례

제5절 구성요건적 고의

출 제 point ➡ 고의 특히 미필적 고의의 개념을 명확히 이해해 두어야 한다. 고의의 인정여부에 관한 판례도 자주 출제된다.

제13조(고의) 죄의 성립요소인 사실을 인식하지 못한 행위는 벌하지 아니한다. 다만, 법률에 특별한 규정이 있는 경우에는 예외로 한다.

Ⅰ. 서 론

1. 의 의

① 구성요건적 고의란 객관적 구성요건적 사실을 인식(지적 요소)하고 구성요건을 실현하려는 의사(의지적 요소)를 말한다.

② 고의의 지적요소인 인식이 결여되면 구성요건적 착오의 문제가 되며, 지적요소인 인식은 존재하나 의지적 요소인 의사가 결여되면 인식 있는 과실, 지적요소 및 의지적 요소가 모두 결여되면 인식 없는 과실의 문제가 된다.

③ 형법은 원칙적으로 고의행위만을 처벌하고, 고의 없는 과실행위는 법률에 특별한 규정이 있는 경우에만 예외적으로 처벌한다(제13조).

2. 구별개념

(1) 불법고의

행위자가 객관적 구성요건실현의 인식과 의사를 가지고 동시에 위법성조각사유에 해당하지 않는다는 사실을 인식하면서도 행위를 하는 경우의 고의를 말한다(소극적 구성요건표지이론의 고의, 총체적 불법구성요건적 고의).

(2) 책임고의

구성요건실현의 인식과 의사를 가지고 행위를 하는 행위자의 의사결정이 법적으로 비난받을 수 있는 심정에 기인하는 경우를 말한다(심정반가치로서의 고의).

3. 고의의 체계적 지위

① 책임요소설(인과적 행위론, 고전적 · 신고전적 범죄체계), 구성요건요소설(목적적 행위론, 목적적 범죄체계)이 있으나 이중적 지위를 인정하는 견해(사회적 행위론, 합일태적 범죄체계)가 다수설이다.

② 이중적 지위설에 의하면 고의는 구성요건요소인 동시에 책임요소가 된다. i) 구성요건적 고의는 객관적 행위상황에 대한 지적 · 의지적 실현을 의미하며(행위반가치로서의 고의), ii) 책임고의는 고의의 불법행위를 통하여 드러나는 행위자의 법적대적 태도에 대한 부정적 가치판단을 의미한다(심정반가치로서의 고의).[1] [♠ 04 사시] 원칙적으로 구성요건적 고의가 인정되면 책임고의가 추정된다.[2]

Ⅱ. 고의의 본질

1. 학 설

① 고의를 구성요건적 결과발생을 의욕 · 희망하는 것이라고 이해하는 의사설과 구성요건적 사실에 대한 인식만 있으면 고의를 인정하려는 인식설의 입장이 있었다. 그러나 의사설은 결과발생에 대한 의욕 · 희망이 없는 미필적 고의를 고의의 범위에서 제외하게 되어 고의의 범위를 지나치게 축소하는 문제점이 있으며, 인식설은 인식 있는 과실을 고의로 인정하게 되어 고의의 범위를 지나치게 확대하는 문제점이 있다. 두 견해는 동일사실의 일면만을 강조하는 것으로서 의미가 없다.

② 판례 · 통설 : 고의를 지적 요소와 의지적 요소의 결합으로 이해한다.

2. 사전고의와 사후고의

① 고의의 존재시기 : 구성요건적 고의는 행위시, 즉 구성요건을 실행할 때에 있음을 요한다.

② 사전고의 : 행위자가 행위 이전에는 구성요건의 실현의사를 가지고 있었으나 정작 구성요건실현시에는 그것이 없었던 경우이다(예 甲이 사냥을 하는 기회에 사고를 가장하여 그의 처를 살해하기로 결의하였으나 사냥 전날밤 총을 닦다가 오발로 처를 사망케 한 경우).

③ 사후고의 : 행위자가 고의 없이 구성요건적 결과를 실현 한 후에 비로소 그 결과를 인식 · 용인하는 경우를 말한다(예 과속운전을 하다가 사람을 치사케 한 후 피해자가 원수임을 알고 차라리 잘되었다고 생각한 경우, 실수로 청자항아리를 깼으나 주인이 욕설을 퍼붓자 차라리 잘 깼다고 생각한 경우).

④ 사전고의 · 사후고의의 본질 : 고의는 행위시에 존재해야 하므로 사전고의나 사후고의는 고의가 아니며 과실범의 문제가 된다.

---

1) 오상방위의 사례에서 법효과제한적 책임설은 고의의 이중적 지위에 기초하여 오상방위자에게 구성요건적 고의는 인정되나 법배반적 심정이 인정되지 아니하므로 책임고의를 인정할 수 없다고 이론구성을 하여, 오상방위자의 고의불법을 인정하면서도 고의책임을 부정하여 과실범의 죄책을 검토한다. 이와 같이 고의의 이중적 지위에 관한 논의는 이론적 흥미에 그치는 것이 아니라 오상방위(위 · 전 · 착)의 사례의 해결에 실익이 있다. [♠ 09 사시]

2) 법효과제한적 책임설은 위 · 전 · 착의 사례의 경우에 이러한 원칙에 대한 예외를 인정한다.

Ⅲ. 고의의 내용

1. 고의의 지적 요소

(1) 인식대상 [♠10, 11, 13 사시]

고의의 인식대상인 것	고의의 인식대상이 아닌 것
① **객관적 구성요건요소** : 고의가 성립하기 위하여 인식하여야 할 대상은 객관적 구성요건요소에 해당하는 사실이다. i) 행위의 주체 – 배임죄의 타인의 사무처리자, 위증죄의 법률에 의하여 선서한 증인, 따라서 진정신분범에서의 신분도 행위의 주체요소이므로 고의의 인식대상에 포함된다. ii) 행위객체 – 살인죄의 사람 · 절도죄의 타인의 재물 iii) 행위 – 위조문서행사죄에서 위조문서의 행사 iv) 결과 – 방화죄에서 소훼의 결과 v) 인과관계 – 인과관계도 고의의 인식대상이다(통설). 다만 일반인이 인과관계를 구체적으로 인식할 수 없으므로 그 본질적인 점만 인식하면 족하다. vi) 행위수단, 행위태양 – 사기죄의 기망, 특수절도죄의 흉기휴대 [♣17, 18 변시] vii) 행위상황 – 야간주거침입절도죄의 야간, 명예훼손죄와 모욕죄의 공연성 viii) 구체적 위험범에서 위험의 발생 – 자기소유일반건조물방화죄의 위험발생 [♠12 사시] ② **가중적 · 감경적 구성요건** : 불법을 형성하는 가중적 구성요건요소(예 존속살해죄의 객체인 존속)와 감경적 구성요건요소(예 승낙살인죄에서 승낙이 있다는 점)에 대한 인식이 필요하다.	i) 결과적 가중범에 있어서 결과는 고의의 인식대상이 아니며, 예견가능성(과실)이 있으면 족하다. ii) 구성요건의 주관적 요소(예 고의, 목적 등)와 처벌조건(예 친족상도례에서 친족인 신분, 사전수뢰죄에서 공무원 또는 중재인이 된 사실) 및 소추조건(예 친고죄의 고소, 반의사불벌죄의 피해자의 의사)은 인식대상이 아니다. iii) 추상적 위험범에서 위험발생은 구성요건 요소가 아니므로 고의의 인식대상이 아니다. iv) 상습범의 상습성 및 영아살해죄에서 치욕을 은폐하려는 동기는 책임관련 요소이므로 인식의 대상이 아니다. v) 책임능력과 기대가능성은 책임요소에 해당하므로 고의의 인식대상이 아니다. vi) 형벌법규 및 행위의 가벌성 vii) 위법성조각사유의 객관적 전제사실(예 정당방위에서 현재의 부당한 침해의 존재, 명예훼손죄에 있어서 적시된 사실이 진실하고 공공의 이익을 위한 것이라는 사실)은 소극적 구성요건표지이론에 의하지 않는 한 고의의 인식대상이 아니다.

判例 고의의 인식대상이 아닌 것

범죄수익은닉의 규제 및 처벌 등에 관한 법률상의 범죄수익은닉죄의 고의가 성립하기 위해서는 행위자가 자신이 은닉하려고 한 재산이 범죄수익 등에 해당한다는 사실을 인식하는 정도로 충분하고 반드시 그 범죄의 종류나 구체적 내용까지 알아야 하는 것은 아니다[대판 2007.1.11. 2006도5288].

(2) 인식의 내용

① **기술적 구성요건요소** : 원칙적으로 오관의 작용에 의하여 기술적 요소에 표시된 사실을 인식하면 족하나 기술적 구성요건요소의 경우에도 의미의 인식이 필요한 경우가 있다.

② **규범적 구성요건요소** : 사실을 인식하는 것으로 족하지 아니하고 규범적 구성요건요소에 포섭되어 있는 사실의 본질적 의미 · 내용을 인식할 것을 요한다. 이 경우 정확한 법적 평가를 요구하는 것이 아니라 문외한으로서의 소박한 가치평가이면 충분하다.

(3) 인식의 정도

고의가 성립하려면 인식대상인 요소에 대하여 '현실적 인식'이 있어야 하며, 구성요건 실현에 대한 '가능성'의 인식으로 족하다.

2. 고의의 의지적 요소

① 고의가 성립하기 위하여는 행위자가 인식한 내용을 실현하려는 의사 즉 구성요건의 실현의사가 있어야 한다.

② 구성요건의 실현의사는 적극적인 의욕 · 희망일 필요는 없으며, 감수의사 내지 용인의사로 족하다.

判例 **(요약 : 고의가 인정되기 위해서 결과발생을 희망할 필요는 없다)** 범의가 있다 함은 자기가 의도한 행위에 의해 범죄사실이 발생할 것을 인식하면서 그 행위를 감행하거나 하려고 하면 충분하고, 결과발생을 희망할 필요는 없다[대판 1987.10.13. 87도1240].

관련판례 [1] 전자금융거래법 제6조 제3항 제2호에서 정한 '접근매체의 대여'란 대가를 수수 · 요구 또는 약속하면서 일시적으로 다른 사람으로 하여금 접근매체 이용자의 관리 · 감독 없이 접근매체를 사용해서 전자금융거래를 할 수 있도록 접근매체를 빌려주는 행위를 말하고, 여기에서 '대가'란 접근매체의 대여에 대응하는 관계에 있는 경제적 이익을 말한다. 이때 접근매체를 대여하는 자는 접근매체 대여에 대응하는 경제적 이익을 수수 · 요구 또는 약속하면서 접근매체를 대여한다는 인식을 가져야 한다.
[2] 피고인은 대출금 및 이자를 지급하기 위해 필요하다는 성명불상자의 기망으로 체크카드를 교부한 사람으로서 대출의 대가로 접근매체를 대여했다거나 체크카드를 교부할 당시 그러한 인식을 하였다고 단정하기 어렵다[대판 2021.4.15. 2020도16468].

관련판례 전자금융거래법 제6조 제3항 제3호의 '범죄에 이용할 목적'은 이른바 '초과주관적 위법요소'로서, 그 목적에 대하여는 미필적 인식이 있으면 족하고 목적의 대상이 되는 범죄의 구체적인 내용까지 인식하여야 하는 것은 아니다. 그리고 이러한 목적은 본래 내심의 의사이므로 그 목적이 있는지는 접근매체를 보관하는 구성요건적 행위를 할 당시 피고인이 가지고 있던 주관적 인식을 기준으로 판단하면 되고, 거래 상대방이 접근매체를 범죄에 이용할 의사가 있었는지 또는 피고인이 인식한 것과 같은 범죄가 실행되었는지를 고려할 필요는 없다[대판 2023.1.12. 2021도10861].

판 례 연 습

【지적 요소와 의지적 요소】 ※ 평원닭집 사건

甲은 상습절도의 전과가 있는 자로서 A가 경영하는 평원닭집에서 고양이 한 마리를 런닝셔츠 속에 넣고 가다가 A에게 발각되었다. 그 고양이는 실제로는 A소유인데 甲은 자신이 친구로부터 빌렸다가 잃어버린 고양이로 잘못 알고 있었다. 甲의 죄책은?

판결요지

절도죄에 있어서 재물의 타인성을 오신하여 그 재물이 자기에게 취득(빌린 것)할 것이 허용된 동일한 물건으로 오인하고 가져온 경우에는 범죄사실에 대한 인식이 있다고 할 수 없으므로 범의가 조각되어 절도죄가 성립하지 아니한다[대판 1983.9.13. 83도1762]. [♠ 10 사시] [♣ 19, 23 변시]

정답 : (절도죄 불성립)

判例 고의가 인정되지 않는 경우

(존속 살해의 고의가 부정된 경우) 제 분에 이기지 못하여 식도를 휘두르는 피고인을 말리거나 그 식도를 뺏으려고 한 그 밖의 피해자들을 닥치는 대로 찌르는 무차별 횡포를 부리던 중에 그의 父까지 찌르게 된 결과를 빚은 경우 피고인이 칼에 찔려 쓰러진 父를 부축해 데리고 나가지 못하도록 한 일이 있다고 하여 그의 父를 살해할 의사로 식도로 찔러 살해하였다는 사실을 인정하기는 어렵다고 봄이 상당하다[대판 1977.1.11. 76도3871]. [♠ 01 사시]

동지판례 **(근로기준법 위반죄의 고의가 부정된 경우)** 임금 등 지급의무의 존부와 범위에 관하여 다툴 만한 근거가 있는 경우, 사용자에게 근로기준법 제109조 제1항, 제36조 위반죄의 고의가 있었다고 단정하기 어렵다[대판 2022.6.30. 2022도742].

Ⅳ. 고의의 종류

고의의 지적 요소와 의지적 요소에 대한 정도의 분류

지적 요소(인식)	의지적 요소(의사)
확실성 ↑ 개연성 ↑ (충분한)가능성	의욕적 의사 ↑ 단순의사 ↑ 감수(용인)의사

고의의 분류방법[3)]

제1설	확정적 고의와 불확정적 고의로 나누고, 불확정적 고의를 다시 미필적 고의 · 택일적 고의 · 개괄적 고의로 나누는 견해이다.
제2설	① 의도적 고의 : 의욕적 의사 + 모든 지적 요소, 예 원수를 살해하는 경우와 같이 오직 살해 그 자체가 목적인 경우 ② 지정고의 : 확실성 인식 + 모든 의지적 요소, 예 위조통화취득후지정행사죄에서 위조통화인 정을 알면서 행사하는 경우 ③ 조건부 고의(미필적 고의) : 가능성 인식 + 감수의사, 예 토끼를 향해 총을 쏘면 나물캐는 처녀가 맞을 수 있다는 것을 알면서도 그래도 좋다고 생각하고 총을 쏘는 경우 ④ 기타 고의의 특수한 형태로 택일적 고의, 개괄적 고의 등을 인정한다.

1. 확정적 고의

확정적 고의란 구성요건적 결과의 실현을 행위자가 인식하였거나 확실히 예견한 경우를 말한다(예 사람을 살해할 의사로 심장을 향해 총격을 가한 경우).

2. 불확정적 고의

(1) 미필적 고의

3) 본서에서는 제1설의 체계에 따라 기술하였다.

미필적 고의와 인식 있는 과실의 구별

	내 용	비 판
가능성설	행위자가 결과발생의 가능성을 인식하고도 행위하였을 경우에는 미필적 고의이고, 그렇지 않은 경우에는 인식 있는 과실이라는 견해이다.	① 인식 있는 과실을 고의에 포함시키게 되어 고의의 범위가 지나치게 확대된다. ② 인식 있는 과실을 과실의 개념에서 배제하는 문제점이 있다.
개연성설	행위자가 결과발생의 개연성을 인식한 경우에는 미필적 고의이고, 단순한 가능성을 인식한 경우에는 인식 있는 과실이라는 견해이다.	① 개연성과 가능성을 구별할 수 있는 명백한 기준이 없다. ② 결과발생의 개연성이 크지만 이를 방지할 의사로 행위를 하는 경우에도 미필적 고의를 인정하게 되어 부당하다. 즉 고의의 본질을 지적요소에 중점을 두기 때문에 의지적 요소를 도외시하는 문제점이 있다(예 회생의 가능성이 희박한 중환자를 성공적인 수술을 기원하며 수술한 의사에게도 살인의 미필적 고의를 인정해야 하는 문제점이 있다). [♠ 15 사시]
용인설 (판례)	행위자가 결과발생의 가능성을 인식하면서도 내심으로 이를 용인한 경우는 미필적 고의이고, 결과가 발생하지 않을 것을 희망한 때에는 인식 있는 과실이라는 견해이다.	① 고의의 의지적 요소는 결과에 대한 실현의사라는 심리적 현상을 말하므로 용인이라는 정서적 · 감정적 요소와 구별되어야 한다. ② 용인이라는 정서적 · 감정적 요소에 의하여 구성요건적 고의의 존부를 판단하는 것은 구성요건적 고의와 책임형식으로서의 고의를 혼동할 위험이 있다[이재상, 166면].
감수설 (묵인설) (신중설)	행위자가 결과발생의 가능성을 인식하면서도 구성요건실현의 위험을 감수한 때에는 미필적 고의이고, 결과가 발생하지 않는다고 신뢰한 때에는 인식 있는 과실이라는 견해이다.	감수설은 용인설과 같은 내용에 불과하다.

쟁점연구

1. 문제점

형법상 과실범은 고의범과 달리 예외적으로 처벌되며, 동일한 결과에 대하여도 과실범은 고의범에 비하여 법정형이 훨씬 경하므로 형사책임의 한계를 명백히 하기 위하여 양자의 구별이 필요하다.

2. 학 설

① **개연성설** : 행위자가 결과발생의 개연성을 인식한 경우에는 미필적 고의이고, 단순한 가능성을 인식한 경우에는 인식 있는 과실이라는 견해이다.

② **감수설** : 행위자가 결과발생의 가능성을 인식하면서도 구성요건실현의 위험을 감수한 때에는 미필적 고의이고, 결과가 발생하지 않는다고 신뢰한 때에는 인식 있는 과실이라는 견해이다.

3. 판 례

미필적 고의가 있었다고 하려면 결과발생의 가능성에 대한 인식이 있음은 물론 나아가 결과발생을 용인하는 내심의 의사가 있음을 요한다고 판시하여 용인설의 입장을 취하고 있다.

4. 검 토 (판례지지)

개연성설은 고의의 의지적 요소를 고려하지 아니한다는 점에서 타당하다고 할 수 없다. 그리고 '감수'는 그 표현의 차이에도 불구하고 '용인'과 실질적인 차이점은 없다고 보이므로 판례가 타당하다.

判例 미필적 고의의 의의와 성립요건 (용인설)[4]

미필적 고의라 함은 결과의 발생이 불확실한 경우 즉 행위자에 있어서 그 결과발생에 대한 확실한 예견은 없으나 그 가능성은 인정하는 것으로, 이러한 미필적 고의가 있었다고 하려면 결과발생의 가능성에 대한 인식이 있음은 물론 나아가 결과발생을 용인하는 내심의 의사가 있음을 요한다[대판 1987.1.10. 86도2338]. [♣ 18 변시]

判例 고의의 입증방법

고의는 내심적 사실이므로 피고인이 이를 부정하는 경우에는 사물의 성질상 고의와 상당한 관련성이 있는 간접사실을 증명하는 방법에 의하여 입증할 수밖에 없다[대판 2005.4.29. 2003도6056]. [♠ 06 사시]

判例 사기죄의 고의가 있었다고 단정할 수 없는 경우

설사 기업경영자가 파산에 의한 채무불이행의 가능성을 인식할 수 있었다고 하더라도 그러한 사태를 피할 수 있는 가능성이 있다고 믿었고, 계약이행을 위해 노력할 의사가 있었을 때에는 사기죄의 고의가 있었다고 단정하여서는 안 된다[대판 2017.1.25. 2016도18432].

判例 고의를 인정한 경우

1. **살인죄의 고의 인정** : i) 인체의 급소를 잘 알고 있는 무술교관 출신의 피고인이 무술의 방법으로 피해자의 울대(聲帶)를 가격하여 사망케 한 경우[대판 2000.8.18. 2000도2231]. [♠ 02, 06 사시]
ii) 쇠파이프와 각목으로 피해자들의 머리와 몸을 마구 때리고 낫으로 팔과 다리를 난

4) 행위자가 결과발생의 가능성을 인식하면서도 구성요건실현의 위험을 감수할 의사가 있는 경우 미필적 고의가 인정된다는 견해도 있다(감수설, 다수설).

자한 경우[대판 1994.3.22. 93도3612]. [♠ 05 사시] iii) 포박 · 감금된 피해자가 이미 탈진상태에 빠져 박카스를 넘기지도 못하는 상태인 점을 확인하고서도 얼굴에 모포를 덮어 씌워놓고 가버린 경우[대판1982.11.23. 82도2024]. iv) 브래지어로 강간피해자의 목을 졸랐다면 이로 인하여 사망하리라는 범의가 있었다고 인정된다[대판 1984.4.10. 84도331].

2. **강도살인죄의 고의 인정** : 강도가 베개로 피해자의 머리부분을 약 3분간 누르던 중 피해자가 저항을 멈추고 사지가 늘어졌음에도 계속하여 누른 결과 피해자가 사망한 경우[대판 2002.2.8. 2001도6425].
3. **재물손괴죄의 고의 인정** : 선장 甲이 피조개양식장에 피해를 주지 아니하도록 피조개양식장까지의 거리를 약 30m로 유지할 수 있도록 닻줄을 5샤클(125m)로 감아 놓았으나 태풍에 대비하여 닻줄을 50m 더 늘여서 7샤클로 묘박한 경우[대판 1987.1.20. 85도221]. [♠ 02 사시]
4. **선박매몰죄의 고의 인정** : 甲에게 행위시에 선박 내에 사람이 현존한다는 점에 대한 인식과 함께 이를 매몰한다는 결과발생에 대한 인식은 있었으나 현존하는 사람을 사상에 이르게 한다는 등 공공의 위험에 대한 인식은 없었던 경우… 선박매몰죄의 고의가 성립하기 위하여는 행위시에 사람이 현존하는 것이라는 점에 대한 인식과 함께 이를 매몰한다는 결과발생에 대한 인식이 필요하며, 현존하는 사람을 사상에 이르게 한다는 등 공공의 위험에 대한 인식까지는 필요하지 아니하다[대판 2000.6.23. 99도4688]. [♠ 01 사시]
5. **사기죄의 고의 인정** : 재무구조 악화로 특별한 금융혜택을 받지 않는 한 도산이 불가피한 상황임을 숨기고, 대금지급이 불가능하게 될 가능성을 충분히 인식하면서 생산자재용 물품을 납품받은 경우[대판 1983.5.10. 83도340].
6. **청소년 이성혼숙에 관한 고의 인정** : 신분증을 소지하지 않았다는 말을 듣고 단지 구두로만 연령을 확인하여 이성혼숙을 허용한 경우[대판 2001.8.21. 2001도3295].
7. 공직선거법상 허위사실공표죄에서는 공표되어진 사실이 허위라는 것이 구성요건의 내용을 이루는 것이기 때문에, 행위자의 고의의 내용으로서 그 사항이 허위라는 것의 인식이 필요하나 어떠한 소문을 듣고 그 진실성에 강한 의문을 품고서도 감히 공표한 경우에는 적어도 미필적 고의가 인정될 수 있고, "어떠한 소문이 있다."라고 공표한 경우 그 소문의 내용이 허위이면 소문이 있다는 사실 자체는 진실이라 하더라도 허위사실공표죄가 성립된다[대결 2002.4.10. 2001모193]. [♠ 14 사시]
8. 청소년보호법의 입법 취지에 비추어 볼 때, 청소년출입금지업소의 업주 및 종사자에게는 청소년의 보호를 위하여 청소년을 당해 업소에 출입시켜서는 아니 될 매우 엄중한 책임이 부여되어 있다 할 것이므로 청소년출입금지업소의 업주 및 종사자는 객관적으로 보아 출입자를 청소년으로 의심하기 어려운 사정이 없는 한 청소년일 개연성이 있는 연령대의 출입자에 대하여 주민등록증이나 이에 유사한 정도로 연령에 관한 공적 증명력이 있는 증거에 의하여 대상자의 연령을 확인하여야 할 것이고, 업주 및 종사자가 이러한 연령확인의무에 위배하여 연령확인을 위한 아무런 조치를 취하지 아니함으로써 청소년이 당해 업소에 출입한 것이라면, 특별한 사정이 없는 한 업주 및 종사자에게 최소한 위 법률 조항 위반으로 인한 청소년보호법위반죄의 미필적 고의는 인정된다고 할 것이다[대판 2007.11.16. 2007도7770]. [♠ 14 사시]
9. 운전자가 운전면허취소처분 통지를 받았다면 그 후 그 운전면허취소처분이 취소되거나 철회되었다는 등의 특별한 사정이 없는 한 운전면허취소 사실을 인식하였다고 볼 수 있다[대판 2017.12.13. 2017도14160].

判例 고의를 부정한 경우

1. **명예훼손죄의 고의 부정** : 새로 부임한 목사인 甲이 진위확인을 위하여 교회 집사들에게 전임목사의 불미스런 소문에 관하여 물은 경우[대판 1985.5.28. 85도588].
2. **현주건조물방화죄의 고의 부정** : 甲은 A女와 동거하고 있었으나, A女의 남자관계를 의심하고 다툰 끝에 헤어지기로 작정하고, 홧김에 죽은 동생의 유품을 보관하던 상자 등을 뒷마당에서 불태웠다. 이때 유품 위에 뿌린 휘발유가 튀어서 방안으로 불이 번져 A女의 집이 소실된 경우[대판 1984.7.24. 84도1245].
3. **무면허운전죄의 고의 부정** : 운전면허취소처분의 적법한 공고가 있었지만 운전면허취소 사실을 알지 못하는 경우[대판 1993.3.23. 92도3045].
4. **무면허운전죄의 고의 부정** : 운전면허증 앞면에 적성검사기간이 기재되어 있고, 뒷면 하단에 경고 문구가 있다는 점만으로 피고인이 정기적성검사 미필로 면허가 취소된 사실을 미필적으로나마 인식하였다고 추단하기 어렵다[대판 2004.12.10. 2004도6480]. [♠ 06, 14 사시]

   비교판례 **(동일사유로 면허취소 전력이 있는 경우 – 무면허운전 고의 인정)** 면허증에 그 유효기간과 적성검사를 받지 아니하면 면허가 취소된다는 사실이 기재되어 있고, 이미 적성검사 미필로 면허가 취소된 전력이 있는데도 면허증에 기재된 유효기간이 5년 이상 지나도록 적성검사를 받지 아니한 채 자동차를 운전하였다면 비록 적성검사 미필로 인한 운전면허 취소사실이 통지되지 아니하고 공고되었다 하더라도 면허취소사실을 알고 있었다고 보아야 하므로 무면허운전죄가 성립한다[대판 2002.10.22. 2002도4203].

   비교판례 **(적성검사기간 내에 적성검사를 받지 아니한 점에 대한 고의 인정)** 운전면허증 소지자가 운전면허증만 꺼내 보아도 쉽게 알 수 있는 정도의 노력조차 기울이지 않는 것은 적성검사기간 내에 적성검사를 받지 못하게 되는 결과에 대한 방임이나 용인의 의사가 존재한다고 봄이 타당한 점 등에 비추어 볼 때, 피고인이 적성검사기간 도래 여부에 관한 확인을 게을리하여 기간이 도래하였음을 알지 못하였더라도 적성검사기간 내에 적성검사를 받지 않는 데 대한 미필적 고의는 있었다고 봄이 타당하다[대판 2014.4.10. 2012도8374].
5. **절도죄의 고의 부정** : 절도의 범의는 타인의 점유하에 있는 타인소유물을 그 의사에 반하여 자기 또는 제3자의 점유하에 이전하는 데에 대한 인식을 말하므로, 타인이 그 소유권을 포기하고 버린 물건으로 오인하여 이를 취득하였다면 이와 같이 인정하는 데에 정당한 이유가 인정되는 한 절도의 범의를 인정할 수 없다[대판 1989.1.17. 88도971].

   동지판례 자정 가까운 시간에 점포를 폐점하면서 제조연월일이 오래된 빵을 별다른 감수조치를 취함이 없이 점포 밖에 방치하였다면 외관상 피해자가 그 소유를 포기한 물품으로 오인될 수도 있고, 이러한 경우에 그 빵을 가져간 행위는 절도의 범의를 인정하기 어려운 경우가 있다[대판 1984.12.11. 84도2002].

(2) 택일적 고의

① 의 의 : 행위객체가 택일적이거나 행위객체는 한 개이더라도 구성요건적 결과가 택일적인 경우에 행위자가 어느 하나만 실현하기를 원하면서 어느 객체에 또는 어느 구성요건적 결과가 발생해도 좋다고 생각하고 행위하는 경우를 말한다. (예 甲이 원수인 A와 B 둘 가운데 어느 누가 맞아 죽어도 좋다고 생각하며 총격을 가한 경우), (예 공원벤치

위에 있는 타인의 핸드백을 함부로 가져가면서 주인이 잠시 화장실에 가는 사이에 놓아둔 것이든 잃어버리고 간 것이든 상관없다고 생각한 경우)[5)]

② **효 과**(다수설에 의함)

㉮ 한 범죄가 기수가 된 경우

발생한 범죄의 기수와 발생하지 않은 범죄의 미수의 상상적 경합을 인정하는 견해와 원칙적으로 발생한 범죄의 기수만 성립하나 발생하지 않은 범죄가 더 중한 범죄인 경우에는 발생범죄의 기수와 발생하지 않은 범죄의 미수의 상상적 경합을 인정하는 견해가 있다. 행위시에 택일관계에 있는 모든 범죄에 대하여 미필적 고의가 인정되므로 평가단계에서 원칙적으로 1개의 고의만을 인정하는 것은 옳지 못하다. 따라서 전자의 견해가 타당하다.

㉯ 모든 범죄가 미수에 그친 경우

수 개의 미수 사이에 상상적 경합이 성립한다는 견해와 중한 범죄의 미수만 성립한다는 견해가 있다. 행위시에 택일관계에 있는 모든 범죄에 대하여 미필적 고의가 인정되므로 전자의 견해가 타당하다.

---

5) 절도죄와 점유이탈물횡령죄의 구성요건 간의 택일적 고의에 해당한다.

제6절 구성요건적 착오

선택형과 사례형이 모두 출제되는 부분이다. 구성요건적 착오와 구별되는 착오개념을 정리해 두어야 한다. 착오의 한계 문제를 해결하는 학설(부합설)의 내용과 비판 및 착오가 발생한 경우에 행위자의 죄책(법적효과)을 묻는 문제가 출제된다. 웅덩이 질식사 사건에 대한 각종 학설과 판례는 항시 출제가능성이 있는 부분이다.

제13조(고의) 죄의 성립요소인 사실을 인식하지 못한 행위는 벌하지 아니한다. 다만, 법률에 특별한 규정이 있는 경우에는 예외로 한다.
제15조(사실의 착오) ① 특별히 무거운 죄가 되는 사실을 인식하지 못한 행위는 무거운 죄로 벌하지 아니한다.

Ⅰ. 서 론

1. 착오의 의의

① 착오란 주관적 인식과 객관적 실재가 일치하지 않는 것을 말한다.

② 착오에는 존재하지 않는 사실을 존재한다고 생각하는 적극적 착오(예 반전된 구성요건적 착오, 반전된 위법성의 착오)와 존재하는 사실을 존재하지 않는다고 생각하는 소극적 착오(예 구성요건적 착오와 위법성의 착오)가 있다.

2. 착오의 유형[1]

	인식 vs 실재	법적 성격(적용법조), 법적 효과
구성요건관련착오	(A1) 범죄사실× ≠ 범죄사실○	① 예 노루인 줄 알고 사살하였으나 사람이었던 경우 ② 구성요건적 착오 or 과실범 문제(제13조, 제14조) ③ 고의 탈락, 과실범의 성부가 문제
	(A2) 범죄사실○ ≠ 범죄사실×	① 예 사람인 줄 알고 쏘았으나 바위에 명중한 경우 ② 반전된 구성요건적 착오 ③ 미수범의 성부 문제, 미수론의 과제
	(A3) 범죄사실○ ≠ 범죄사실○	① 예 A를 향해 쏘았으나 B가 맞아 사망한 경우 ② 구성요건적 착오(제15조 제1항) ③ 고의의 인정여부 문제, 구성요건적 착오론의 과제

1) 이 도표에서 보듯이 구성요건적 착오론에서 논의되어야 할 사항은 A1과 A3이다.

Ⅱ. 기본적 구성요건의 착오의 인정여부(A1을 해결함)

1. 쟁 점

범죄사실의 인식이 전혀 없었으나 발생한 결과(실재)가 범죄사실인 경우를 구성요건적 착오의 하나의 유형으로 볼 수 있는지가 문제된다(예 인식=범죄사실 ×, 실재=범죄사실 ○). 이를 긍정하는 견해는 인식한 사실과 실제로 발생한 사실이 모두 범죄사실에 해당하나 양자가 불일치하는 경우를 말하는 '구성요건적 착오'와 구별하기 위하여 위와 같은 형태의 착오를 '기본적 구성요건의 착오'라고 한다[이재상, 171면].

2. 법적 성격 및 법적 효과

(1) 구성요건적 착오 부정설(과실범설)

① 구성요건적 착오를 행위자가 인식한 사실과 실제로 발생한 사실이 모두 범죄사실에 해당하나 양자가 불일치하는 경우로 국한하여, 범죄사실의 인식이 전혀 없었으나 발생한 결과가 범죄사실인 경우는 과실범의 문제가 될 뿐이라는 견해이다(다수설)[배종대, 264면].

② 제14조에 의하여 과실범 처벌규정이 있는 경우에 한하여 과실범의 성립여부가 문제된다.

(2) 구성요건적 착오 긍정설

① 행위자가 인식한 사실이 범죄사실이 아니더라도 발생한 사실이 범죄사실에 해당하는 한 행위자는 발생한 범죄사실에 대한 인식이 결여되어 결국 인식사실과 발생사실의 불일치가 인정되므로 기본적 구성요건의 착오도 구성요건적 착오에 해당한다는 견해이다. 이 견해는 기본적 구성요건의 착오를 과실범의 문제로 보는 구성요건적 착오 부정설의 결론이 가능한 것도 기본적 구성요건의 착오를 구성요건적 착오로 보아 고의가 조각되었기 때문이라고 본다[김성돈, 220면].

② 기본적 구성요건의 착오의 대상 : 고의의 인식대상을 인식하지 못한 경우가 기본적 구성요건의 착오이므로 고의의 인식대상과 기본적 구성요건의 착오의 대상은 동일하다. 따라서 객관적 구성요건요소가 아닌 범행의 동기 · 책임능력 · 처벌조건 · 소추조건과 상습성[2]에 대한 착오는 구성요건적 착오가 될 수 없다.

③ 제13조에 의하여 구성요건적 고의가 조각되며, 제14조에 의하여 과실범 처벌규정이 있는 경우에 한하여 과실범의 성립여부가 문제된다.

---

2) 행위자의 속성으로서 행위의 요소가 아니므로 고의의 인식대상이 아니다. 상습성에 대한 착오는 형법적으로 의미가 없으며, 객관적으로 상습성이 인정되는가 여부에 따라 판단한다.

Ⅲ. 구성요건적 착오(A3)의 해결

1. 의 의

구성요건적 착오란 행위자가 인식한 사실과 실제로 발생한 사실이 모두 범죄사실에 해당하나 양자가 불일치하는 경우를 말한다(다수설). [♠ 99 사시]

2. 해결해야 할 착오 사례의 유형화(A3의 유형화)

서로 다른 구성요건 사이의 착오	
X유형 : 경죄 인식 → 중죄의 결과	Y유형 : 중죄 인식 → 경죄의 결과
①a 기본 → 가중(보통살인 → 존속살해) ①b 감경 → 기본(승낙살인 → 보통살인) ② 죄질동일(점유이탈물횡령 → 절도) ③ 죄질상이(손괴 → 살인)	①'a 가중 → 기본(존속살해 → 보통살인) ①'b 기본 → 감경(보통살인 → 승낙살인) ②' 죄질동일(절도 → 점유이탈물횡령) ③' 죄질상이(살인 → 손괴)
– Z유형 : 동일구성요건 사이의 착오(A를 살해하려 했으나 B를 살해한 경우) – 병발사건 : 예 甲이 살인의사로 A를 향하여 총을 쏘아 A에게 상처를 입히고 그 뒤에 있던 B까지 맞아 사망한 경우 – 공범의 착오[3]	

3. 형법 제15조 제1항에 의한 착오 사례의 해결

(1) 형법 제15조 제1항의 적용범위

형법 제15조 제1항은 "특별히 무거운 죄가 되는 사실을 인식하지 못한 행위는 무거운 죄로 벌하지 아니한다."고 규정하고 있다. 여기서 '무거운 죄가 되는 사실을 인식하지 못한 행위'라 함은 행위자가 가벼운 죄를 인식하고 행위를 하였으나 무거운 죄가 되는 사실이 발생한 경우를 의미한다. 다만 그 구체적 적용범위는 '특별히'라는 문언의 의미를 어떻게 해석하느냐에 따라 달라진다.

(2) 학 설

① 제1설 : '특별히' 무거운 죄가 되는 사실이라 함은 가중 구성요건을 의미하므로 제15조 제1항은 기본적 구성요건을 실현한다는 인식하에 가중적 구성요건을 실현한 경우에만 적용된다는 견해이다[김일수, 218면]. 이 견해에 의하면 X유형의 ①a의 경우만 제15조 제1항이 직접적용되며 기타의 경우는 모두 학설에 의하여 해결되게 된다.[4]

---

3) 甲이 乙에게 A를 살해하라고 교사하였는데 乙이 B를 A로 오인하여 B를 살해한 경우와 같은 공범의 착오 문제도 착오론이 해결해야 할 과제이다. 이 경우 법정적 부합설은 甲에게 살인기수죄의 교사범의 죄책을 인정하나 구체적 부합설은 그 자체 내에서도 견해가 대립된다는 점만 밝혀둔다. 상세한 것은 공범론에서 설명하기로 한다. [♠ 02, 04 사시]

4) 다만 김일수 교수님은 ①'a 경우는 형법 제15조 제1항이 적용되는 전형적인 예가 아니라고 밝히면서도 형법 제15조 제1항의 규율을 반전시켜 행위자에게 적어도 경한 범죄의 범위 내에서 고의기수를 인정하여, 행위자를 경한 범죄의 고의기수와 중한 범죄의 미수 사이의 상상적 경합으로 취급하는 것이 옳다고 한다.

② **제2설** : 제15조 제1항은 가중적 구성요건을 실현한다는 인식을 하지 못한 경우뿐만 아니라 죄질을 같이 하는 범죄간에도 널리 적용될 수 있다는 견해이다[이재상, 171면 이하]. 이 견해에 의하면 X유형의 ①a, ①b, ②의 경우만 제15조 제1항이 직접적용되며 기타의 경우는 모두 학설에 의하여 해결되게 된다.

③ **제3설** : 제15조 제1항은 가벼운 죄를 인식하고 행위를 하였으나 무거운 죄가 되는 사실이 발생한 모든 경우에 적용되나, 다만 법적 효과는 "무거운 죄로 벌하지 아니한다"는 규정에 의하여 무거운 죄에 대한 고의기수죄의 책임을 물을 수 없다는 소극적 제한을 받으며 구체적인 처리는 학설에 위임되어 있다고 보는 견해이다[정성근 · 박광민, 177면; 임웅, 172면].

(3) 제15조 제1항의 법적 효과

① 제15조 제1항의 적용범위에 관한 학설 중 제1설과 제2설을 취하는 견해는 "무거운 죄로 벌하지 아니한다"의 의미를 반대로 해석하여 "가벼운 죄로 벌한다"는 의미로 이해한다. 따라서 제1설에 따르면 X유형의 ①a의 경우 보통살인죄로 처벌하게 된다. 한편 제2설에 따를 경우 X유형의 ①a의 경우 보통살인죄로, X유형의 ①b의 경우 승낙살인죄로, X유형의 ②의 경우 점유이탈물횡령죄로 처벌한다.

② 이상에서 본 바와 같이 제15조 제1항이 직접 적용되어 해결될 수 있는 착오의 사례는 제한적이므로 제15조 제1항이 적용되지 않는 – 적용되더라도 법적효과가 학설에 위임되어 있다고 보는 입장에서는 – 착오의 문제를 해결하기 위한 이론이 필요한데 이것이 바로 구성요건적 착오이론 즉 부합설이다. 제15조 제1항의 적용범위에 관해 제2설을 취하는 입장은 구성요건적 착오이론에서 죄질부합설을 취한다(이재상 교수님). 따라서 이 견해에 의하면 제15조 제1항에서 해결되지 못한 착오의 사례 즉 X유형의 ③, Y유형, Z유형은 후술하는 죄질부합설에 따라 해결하게 된다.

判例 형법 제15조 제1항이 적용되는 사례

[1] 직계존속임을 인식치 못하고 살인을 한 경우는 형법 제15조 소정의 특히 중한 죄가 되는 사실을 인식하지 못한 행위에 해당한다.
[2] 원심판결이 보통살인죄의 유죄를 인정한 점에는 잘못이 있지만 결국에는 보통살인죄의 형으로 처단할 사건이므로 원판결을 파기할 사유는 되지 아니한다[대판 1960.10.31. 4293형상494].[5] [♠ 06 사시]

5) 대법원은 결국 존속살해죄가 성립하나 보통살인죄로 처벌받는다는 취지로 판시한 것이라고 볼 수 있다. 그러나 이 경우 보통살인죄가 성립한다는 것이 학자들의 일반적인 견해이다(이재상, 총론 171면).

Ⅳ. 제15조 제1항의 규율 밖에 있는 착오사례의 해결

1. 착오문제 해결을 위한 기본원리

구성요건적 착오의 경우에 발생한 범죄사실에 대해서는 고의에 필요한 인식이 결여되어 있으므로 엄격히 이를 해결하자면 발생한 범죄사실에 대한 고의를 부정하여 인식한 범죄사실에 대한 고의(미수)와 발생한 범죄사실에 대한 과실범으로 처리하면 족할 것이다. 그러나 인식한 범죄사실과 발생한 범죄사실 사이에 다소의 불일치(착오)가 있다고 하여 이를 모두 위의 방법대로 처리한다면 발생한 범죄사실에 대하여 고의를 인정할 수 있는 경우란 거의 없게 되는 문제점이 발생한다. 여기서 착오가 있더라도 인식한 범죄사실과 발생한 범죄사실 사이의 착오가 중요한 경우에는 그 착오의 효과를 인정하여 인식한 범죄사실에 대한 고의범(미수)과 발생한 범죄사실에 대한 과실범으로 처리하고, 착오가 중요하지 않다면 착오의 효과를 부정하여 발생한 범죄사실에 대하여만 고의범(기수)을 인정하는 원리를 적용하여 착오의 경우에도 일정한 범위 내에서 고의를 인정할 수 있게 하여 실제상의 난점을 제거할 필요가 있게 된다.[6] 다만 이 경우에도 '착오의 중요성'을 어떻게 판단할 것인가의 문제가 해결되어야 하는데 이러한 기준에 관한 이론이 바로 부합설이다.

2. 구성요건적 착오의 유형(착오문제의 해결을 위한 도구)

(1) 구체적 사실의 착오와 추상적 사실의 착오

① **구체적 사실의 착오** : 행위자가 인식한 범죄사실과 실제로 발생한 범죄사실이 동일한 구성요건에 속하지만 구체적으로 일치하지 않는 경우를 말한다(동가치적 객체 사이의 착오)(예 A를 살해하려 했으나 B를 살해한 경우).[7]

② **추상적 사실의 착오** : 일반적으로 행위자가 인식한 범죄사실과 실제로 발생한 범죄사실이 서로 다른 구성요건에 속하는 경우를 말한다(이가치적 객체 사이의 착오).

③ **구별의 상대성** : 위 ①의 경우가 구체적 사실의 착오에 해당된다는 것에는 이론이 없으나, 구체적 사실의 착오와 추상적 사실의 착오의 범위는 학자들의 견해에 따라서 그 범위가 달라질 수 있는 상대적인 것이다.

㉮ 죄질이 상이한 구성요건 간의 착오(예 살인 → 손괴, 손괴 → 살인)가 추상적 사실의 착오에 해당한다는 점은 문제가 없다.

㉯ 죄질이 동일한 구성요건간의 착오(예 절도 → 점유이탈물횡령)의 경우 일반적으로 구체적 부합설 또는 구성요건적 부합설을 취하는 견해는 추상적 사실의 착오로 보며, 죄질부합설을 취하는 견해는 구체적 사실의 착오로 본다.

---

6) 즉 구성요건적 착오이론은 착오가 있는 경우에 어느 정도 고의를 인정해야 하는가를 다루는 이론이라고 할 수 있다. [♠ 99 사시]

7) 甲이 A를 살해하려 총을 쏘았으나 사람을 잘못 보아 B가 상해를 입은 경우도 동가치적 객체 사이의 착오로서 구체적 사실의 착오에 해당한다. 이 경우는 살인죄와 상해죄의 착오가 아니라, 살인기수와 살인미수 사이의 착오이기 때문이다.

㉰ 가중적 구성요건과 기본적 구성요건간의 착오(예 존속살해 → 보통살인)의 경우 구체적 부합설을 취하는 견해는 이를 대체적으로 구체적 사실의 착오와 추상적 사실의 착오의 성질을 겸유하고 있는 것으로 보며, 죄질부합설을 취하는 견해에서는 이를 구체적 사실의 착오로 본다.

(2) 객체의 착오와 방법의 착오

① 객체의 착오

㉮ 행위객체의 동일성을 착오(잘못 알아본 경우)한 경우이다.

㉯ i) A라고 믿고 사살하였으나 사실은 B였던 경우(구체적 사실의 착오 중 객체의 착오), ii) 甲의 개인 줄 알고 돌을 던졌으나 사실은 甲이었기 때문에 甲이 부상을 입은 경우(추상적 사실의 착오 중 객체의 착오)

② 방법의 착오

㉮ 행위의 수단·방법이 잘못되어 행위자가 의도한 객체 이외의 객체에서 결과가 발생한 경우(빗나간 경우 또는 잘못 우송한 경우)이다. 또한 병발사건 즉 의도한 객체에 일정한 결과를 발생시키고 연이어 의도하지 않았던 다른 객체에도 결과를 발생시킨 경우도 방법의 착오에 해당한다(예 A를 향하여 총을 쏘아 A에게 상처를 입히고 그 뒤에 있던 B에게 맞아 B가 사망한 경우).

㉯ i) A를 향하여 총을 쏘았으나 빗나가 옆에 있던 B에게 명중한 경우(구체적 사실의 착오 중 방법의 착오), ii) A의 개를 향하여 발포하였으나 빗나가 옆에 있던 A에게 부상을 입힌 경우(추상적 사실의 착오 중 방법의 착오)

3. 학 설(착오의 중요성 판단에 관한 기준)

(1) 부합설의 의의와 착오의 중요성 판단의 기본원리

① 부합설의 의의 : 아래의 부합설은 착오가 있다는 전제하에서 인식한 범죄사실과 발생한 범죄사실 사이의 착오가 중요한 경우에는 그 착오의 효과를 인정하여 인식한 범죄사실에 대한 고의범(미수)과 발생한 범죄사실에 대한 과실범으로 처리하고, 착오가 중요하지 않다면 착오의 효과를 부정하여 발생한 범죄사실에 대하여만 고의(기수)를 인정[8]하는 착오의 해결 원리를 적용하기 위하여 착오의 중요성을 판단하는 기준에 관한 이론이다.

② 착오의 중요성 판단의 기본원리 : 착오는 고의의 이면으로서, 착오가 있더라도 발생한 사실에 대하여 고의가 인정될 수 있는 경우라면 그 착오는 중요하지 않다는 의미가 된다. 따라서 착오의 중요성은 고의를 어떻게 이해하는가와 직접적인 관련을 갖게 된다. 즉 i) 고의의 인정요건을 엄격하게 요구하는 입장(예 구체적 부합설, 고의를 특정(지정)한 객체에 대한 인식과 의사로 본다)은 고의의 성립범위를 가급적 좁게 인정하려는 경향을 가지게 되어 착오가 발생한 경우에 착오의 중요성을 인정하는 범위가 넓

8) 이 경우 인식한 범죄사실에 대하여는 별도의 고의를 인정하지 않는다(고의의 전용, 고의의 유용).

어지게 되어 고의의 인정범위(전용범위)가 좁아지게 된다. 즉 특정(지정)한 객체 이외에서 결과가 발생한 경우(예 구체적 사실의 착오 중 방법의 착오)에 착오를 중요하다고 보아 발생한 사실에 대한 고의를 부정하여 인식한 범죄사실에 대한 고의범(미수)과 발생한 범죄사실에 대한 과실범을 인정하게 된다. ii) 고의의 인정요건을 넓게 보는 입장(예 법정적 부합설, 고의를 법정적 요건인 유개념(類概念)에 대한 인식과 의사로 본다)은 고의의 성립범위를 비교적 넓게 인정하려는 경향을 가지게 되어 착오가 발생한 경우에 착오의 중요성을 인정하는 범위가 좁아지게 되어 고의의 인정범위(전용범위)가 넓어지게 된다. 즉 특정(지정)한 객체 이외에서 결과가 발생한 경우(예 구체적 사실의 착오 중 방법의 착오)라도 그 객체가 인식했던 범죄의 객체와 '법정적 요건인 유개념'에 해당하는 경우라면 착오가 중요하지 않다고 보아 발생한 범죄사실에 대하여만 고의(기수)를 인정하게 된다.

(2) 구체적 부합설

① 의 의

㉮ 행위자가 인식한 범죄사실과 실제로 발생한 범죄사실이 "구체적으로 부합(일치)하는 경우"에만 착오가 중요하지 않다고 보아 발생한 범죄사실에 대한 고의의 성립을 인정하고, 그렇지 않은 경우에는 착오가 중요하다고 보아 발생한 범죄사실에 대한 고의를 부정하여 인식한 범죄사실에 대한 고의범(미수)과 발생한 범죄사실에 대한 과실범으로 처리하자는 견해이다.

㉯ 구체적 부합설을 취하는 견해는 고의를 특정한 객체에 대한 인식과 의사로 본다. 따라서 "구체적으로 부합(일치)하는 경우"란 착오(불일치)가 있긴 하지만 행위자가 의도(지정)한 객체에서 결과가 발생한 경우(즉 빗나가지 않은 경우)를 말한다.

② 구체적 부합설에 의한 착오사례의 해결

㉮ **구체적 사실의 착오 중 객체의 착오** : 甲이 B를 A로 잘못 알고 B를 살해한 경우 → B에 대한 살인기수죄

㉯ **구체적 사실의 착오 중 방법의 착오** : 甲이 A를 살해하려고 총을 쏘았으나 빗나가 B가 사망한 경우 → A에 대한 살인미수와 B에 대한 과실치사죄의 상상적 경합 [♣19 변시]

㉰ **추상적 사실의 착오 중 객체의 착오** : 甲이 사람을 개로 오인하고 사살한 경우 → 손괴미수죄와 과실치사죄의 상상적 경합

㉱ **추상적 사실의 착오 중 방법의 착오** : 甲이 A를 살해하려고 총을 쏘았으나 빗나가 개가 죽은 경우 → 살인미수죄(과실손괴는 불가벌)

③ 비 판

㉮ 구체적 사실의 착오의 경우 객체의 착오와 방법의 착오를 달리 취급하는 이유가 명백하지 못하다.

㉯ 사람을 살해할 고의를 가지고 사람을 살해했음에도 불구하고 살인미수[9]라고 하는 것은 일반인의 법감정에 반한다. [♠ 02 사시]

㉰ 고의의 기수책임을 인정하는 범위가 지나치게 좁다.[10] [♠ 99, 02 사시]

(3) 법정적 부합설

① 의 의

㉮ 행위자가 인식한 범죄사실과 실제로 발생한 범죄사실이 '법정적으로 부합(일치)'하는 경우에는 착오가 중요하지 않다고 보아 발생사실에 대한 고의의 성립을 인정하고, 그렇지 않은 경우에는 착오가 중요하다고 보아 발생한 범죄사실의 대한 고의를 부정하여 인식한 범죄사실에 대한 고의범(미수)과 발생한 범죄사실에 대한 과실범으로 처리하자는 견해이다.

㉯ 법정적 부합설을 취하는 견해는 고의를 법정적 요건(사실)에 대한 인식과 의사로 본다. 따라서 '법정적으로 부합(일치)'하는 경우란 착오(불일치)가 있긴 하지만 행위자가 인식한 범죄사실과 실제로 발생한 범죄사실이 법정적 요건 즉 구성요건상으로 동일하거나 죄질상으로 동일한 것을 말한다. 예를 들어 甲이 A를 살해하려고 총을 쏘았으나 빗나가 B가 사망한 경우와 같은 구체적 사실의 착오 중 방법의 착오 사례에서 A의 살해나 B의 살해가 모두 살인죄의 구성요건상으로 또는 죄질상으로 부합(일치)하기 때문에 착오는 중요하지 않다고 보아 발생한 사실인 B에 대한 살인기수죄를 인정한다.

② 종 류

위의 '법정적 요건'을 어떻게 이해할 것인가에 따라 다음의 두 가지 견해가 있다.

㉮ **구성요건부합설** : 행위자가 인식한 범죄사실과 실제로 발생한 범죄사실이 '구성요건상으로 부합(일치)'하는 경우에 한하여 착오가 중요하지 않다고 보아 발생한 범죄사실에 대한 고의기수를 인정하는 견해이다.

㉯ **죄질부합설** : 행위자가 인식한 범죄사실과 실제로 발생한 범죄사실이 '죄질상으로 부합(일치)'하는 경우에 한하여 착오가 중요하지 않다고 보아 발생한 범죄사실에 대한 고의기수를 인정하는 견해이다. 다만 여기서 '죄질이 부합(일치)'한다는 것은 피해법익이 같고 행위태양이 같거나 유사한 경우를 말한다[정성근 · 박광민, 180면].

---

9) 이는 구체적 부합설이 구체적 사실의 착오 중 방법의 착오의 경우에, 예를 들면 甲이 A를 살해하려고 총을 쏘았으나 빗나가 B가 사망한 사례에서 A에 대한 살인미수와 B에 대한 과실치사죄의 상상적 경합을 인정하고 "살인기수"를 인정하지 않는다는 점을 지적한 것이다.

10) 이러한 지적에 대하여 구체적 부합설을 수정하여 고의의 인정범위를 넓히려는 다음과 같은 견해가 제시되었다. i) 실질적 동가치설(Hillenkamp) : 생명 · 신체 · 자유와 같은 전속적 법익과 재산과 같은 비전속적 법익으로 나누어, 구체적 사실의 착오 중 방법의 착오의 경우에 전자에 대한 착오는 고의가 조각되지만, 후자에 대한 착오는 고의를 인정한다는 견해이다[이재상, 174면에서 재인용]. [♠ 12 사시] ii) 행위계획설(Roxin) : 행위계획이 구체적인 객체를 전제로 할 때에만 구체적 부합설이 타당하다는 견해이다[이재상, 174면에서 재인용].

㉰ **구별실익** : ⅰ) 구성요건부합설과 죄질부합설은 죄질은 동일하지만 구성요건이 서로 다른 범죄사실이 발생한 경우에 그 법적효과에서 큰 차이를 나타낸다. 예를 들어 절도의 고의를 가졌으나 점유이탈물횡령의 결과가 발생하였을 경우, 죄질부합설은 이를 구체적 사실의 착오로 보아 점유이탈물횡령죄를 인정하지만, 구성요건적 부합설은 이를 추상적 사실의 착오로 보아 절도미수죄와 과실점유이탈물횡령죄(처벌규정이 없어 결국 불가벌이다)의 성부를 검토하게 된다(Y유형의 ②'의 해결). ⅱ) 죄질은 동일하지만 구성요건이 서로 다른 범죄사실이 발생한 경우에 죄질부합설은 구성요건부합설과 달리 발생한 범죄사실에 대한 고의범(기수)을 인정하게 되어 고의범(기수)을 인정하는 범위가 더 넓어진다.

구성요건부합설과 죄질부합설의 차이

	구성요건부합설	죄질부합설
점유이탈물횡령의 고의 → 절도의 결과	부합설에 따라(추상적 사실의 착오로 본다.) → 점유이탈물횡령미수와 과실절도의 상상적 경합(처벌 규정이 없어 결국 모두 불가벌)	제15조 제1항 적용 → 점유이탈물횡령죄
절도의 고의 → 점유이탈물횡령의 결과	부합설에 따라(추상적 사실의 착오로 본다) → 절도미수와 과실점유이탈물횡령(처벌규정 없어 불가벌)	부합설에 따라(구체적 사실의 착오로 본다.) → 점유이탈물횡령죄

③ **법정적 부합설에 의한 착오사례의 해결**(Z유형, X유형의 ③, Y유형의 ③'의 착오사례의 해결)

㉮ **구체적 사실의 착오 중 객체의 착오** : 甲이 B를 A로 잘못 알고 B를 살해한 경우 → B에 대한 살인기수죄 [♠ 01 사시]

㉯ **구체적 사실의 착오 중 방법의 착오** : 甲이 A를 살해하려고 총을 쏘았으나 빗나가 B가 사망한 경우 → B에 대한 살인기수죄

㉰ **추상적 사실의 착오 중 객체의 착오** : 甲이 사람을 개로 오인하고 사살한 경우 → 손괴미수죄와 과실치사죄의 상상적 경합 [♣ 14 변시]

㉱ **추상적 사실의 착오 중 방법의 착오** : 甲이 A를 살해하려고 총을 쏘았으나 빗나가 개가 죽은 경우 → 살인미수죄(과실손괴는 불가벌)

④ 비 판

㉮ 구체적 사실의 착오의 경우 객체의 착오와 방법의 착오는 행위구조를 달리하기 때문에 양자를 동일하게 취급하는 것은 부당하다.

㉯ 고의의 사실적 기초(고의의 특정성)를 무시하여 '일반적 고의'를 인정한 잘못이 있다.[11] [♠ 99 사시] 즉 법정적 부합설에 의하면 甲이 원수인 A를 살해하려다가 총알이 빗나가 절친한 친구인 B가 살해된 경우에도 고의의 특정성을 무시한 결과 전혀 살인의 대상으로 삼지 않았던 사람에 대한 결과까지도 고의를 인정하게

11) 예를 들어 살인죄의 고의는 A라고 '특정(지정)된' 사람을 살해하겠다는 의사라고 보아야 함에도 불구하고 법정적 부합설은 특정(지정) 여부를 떠나 그저 '사람'을 살해하겠다는 의사로 보고 있다는 점을 지적한 것이다.

되는 문제점이 있다는 것이다.

㉰ 결과발생이 전혀 예상하지 못했던 과정을 통하여 발생한 경우에도 발생사실에 대한 고의기수책임을 묻는다는 문제점이 있다(예를 들어 甲이 A를 살해하기 위하여 총을 쏘았으나 총알이 빗나가 수풀 뒤에 완전히 가려져 있던 나물캐던 처녀 B가 사망한 경우, 법정적 부합설은 甲이 B에 대한 결과발생을 전혀 인식하지 못했음에도 불구하고 B에 대한 살인기수죄를 인정한다는 문제점을 지적한 것이다).

㉱ 병발사건의 해결이 곤란하다.(후술함)

(4) 추상적 부합설

① 의 의

㉮ 인식사실과 발생사실이 '추상적으로 부합(일치)'하면 착오가 중요하지 않다고 보아 발생한 범죄사실에 대한 고의기수를 인정하는 견해이다.

㉯ '추상적으로 부합(일치)'한다 함은 인식한 범죄사실과 발생한 범죄사실이 형법상의 범죄라는 점에서 일치한다는 의미이다.[12)]

㉰ 추상적 부합설은 범죄는 반사회적 징표이므로 고의가 어떤 형태의 범죄로든지 표현되기만 하면 충분하다는 주관주의 범죄론의 입장에서 주장된 것이다.

② 추상적 부합설에 의한 착오사례의 해결

㉮ **구체적 사실의 착오 중 객체의 착오** : 甲이 B를 A로 잘못 알고 B를 살해한 경우 → B에 대한 살인기수죄

㉯ **구체적 사실의 착오 중 방법의 착오** : 甲이 A를 살해하려고 총을 쏘았으나 빗나가 B가 사망한 경우 → B에 대한 살인기수죄

㉰ **추상적 사실의 착오 중 객체의 착오** : 甲이 사람을 개로 오인하고 사살한 경우 → 손괴기수죄와 과실치사죄의 상상적 경합

㉱ **추상적 사실의 착오 중 방법의 착오** : 甲이 A를 살해하려고 총을 쏘았으나 빗나가 개가 죽은 경우 → 살인미수죄와 손괴기수죄의 상상적 경합을 인정하는 견해와 중죄의 고의는 경죄의 고의를 흡수하므로 양죄의 상상적 경합이 아니라 중죄의 미수 즉 살인미수죄만 인정하는 견해가 나뉘어져 있다.[13)] [♠ 02 사시]

③ 비 판

㉮ 결과발생이 없는 경우(손괴하려다가 살인한 경우)에도 경한 죄(손괴죄)에 대하여 항상 (고의)기수를 인정하는 것은 구성요건의 정형성을 무시한 것이다.

㉯ 행위자의 의사와 부합하지 않는 사실(살인하려다가 손괴한 경우 손괴)에 대하여까지 고의(기수)를 인정하는 것은 죄형법정주의에 반한다. [♠ 02 사시]

---

12) 결국 추상적 부합설은 적어도 구성요건적 착오의 해결을 위해서는 고의를 범죄에 대한 인식과 의사로 보는 셈이 된다.

13) 다만 후설의 입장에서도 중죄미수가 불가벌인 경우에는 경죄의 고의기수범으로 처벌된다고 본다.

(5) 판 례

법정적 부합설에 입각하여 착오사례를 해결하고 있다.

判例 구체적 사실의 착오 중 방법의 착오 사례(발생한 사실에 대한 고의기수 인정)

1. 싸우는 과정에서 상대방에게 식칼을 휘두르다가 이를 말리면서 식칼을 뺏으려던 피해자의 귀를 찔러 상해를 입힌 피고인에게 상해의 범의가 인정되며 상해를 입은 사람이 목적한 사람이 아닌 다른 사람이라 하여 과실치상죄에 해당한다고 할 수 없다[대판 1987.10.26. 87도1745]. [♠ 05, 08, 10 사시]
2. 사람을 살해할 목적으로 총을 발사한 이상 그것이 목적하지 아니한 다른 사람에게 명중되어 사망의 결과가 발생하였다 하더라도 살의를 조각하지 않는 것이라 할 것이니, 피고인이 하사 甲을 살해할 목적으로 발사한 총탄이 이를 제지하려고 피고인 앞으로 뛰어들던 병장 乙에게 명중되어 乙이 사망한 경우 乙에 대한 살인죄가 성립한다 할 것이다[대판 1975.4.22. 75도727].
3. 피고인이 먼저 위 피해자 甲을 향하여 살의를 갖고 소나무 몽둥이를 양손에 집어들고 힘껏 후려친 가격으로 피를 흘리며 마당에 고꾸라진 동녀와 동녀의 등에 업힌 피해자 乙의 머리부분을 위 몽둥이로 내리쳐 위 乙을 현장에서 사망케 한 경우와 같이 소위 타격의 착오가 있는 경우라 할지라도 행위자의 살인의 범의 성립에 방해가 되지 아니한다[대판 1984.1.24. 83도2813].
4. 피고인이 공소외인과 동인의 처를 살해할 의사로서 농약 1포를 숭늉그릇에 투입하여 공소외인 집의 식당에 놓아둠으로써 그 정을 알지 못한 공소외인의 장녀가 이를 마시게 되어 동인을 사망케 하였다면 피고인이 공소외인의 장녀를 살해할 의사는 없었다 하더라도 피고인은 사람을 살해할 의사로서 이와 같은 행위를 하였고 그 행위에 의하여 살해라는 결과가 발생한 이상 피고인의 행위와 살해하는 결과와의 사이에는 인과관계가 있다 할 것이므로 공소외인의 장녀에 대하여 살인죄가 성립한다[대판 1968.8.23. 68도884]. [♣ 13 변시]

부합설에 따른 착오사례의 법적 효과 [♠ 12 사시] [♣ 23 변시]

<table>
<tr><th></th><th>종류</th><th>구체적 부합설</th><th>법정적 부합설</th><th>추상적 부합설</th></tr>
<tr><td rowspan="2">구체적 사실의 착오</td><td>객체의 착오</td><td colspan="3">※ 제1영역
발생사실에 대한 고의(기수)인정</td></tr>
<tr><td>방법의 착오</td><td></td><td colspan="2"></td></tr>
<tr><td rowspan="2">추상적 사실의 착오</td><td>객체의 착오</td><td colspan="2" rowspan="2">※ 제2영역
인식사실에 대한 미수와[15] 발생사실에 대한 과실범의 상상적 경합</td><td rowspan="2">※ 제3영역
① 경죄 고의로 결과발생 : 경죄기수와 중죄과실범의 상상적 경합
② 중죄 고의로 경한 결과발생 : 중죄미수와 경죄기수범의 상상적 경합이 성립한다.[14]</td></tr>
<tr><td>방법의 착오</td></tr>
</table>

14) 중죄미수만 성립한다는 견해도 있다.

부합설에 따른 착오사례의 법적 효과의 비교 [♠ 10, 11, 12 사시]

① 구체적 사실의 착오 중 객체의 착오의 경우, 모든 견해의 결론이 동일하다(※ 제1영역). [♠ 02, 12 사시]
② 구체적 사실의 착오 중 방법의 착오의 경우, 법정적 부합설과 추상적 부합설은 결론이 동일하나(※ 제1영역) 구체적 부합설은 이들과 결론을 달리한다(※ 제2영역).
③ 추상적 사실의 착오의 경우, 구체적 부합설과 법정적 부합설은 결론이 동일하나(※ 제2영역) 추상적 부합설은 이들과 결론을 달리한다(※ 제3영역). [♠ 04 사시]

사 례 연 습

【구성요건적 착오 사례 1】 [♠ 09 사시]

아래의 〈사례〉에 대하여 구체적 부합설과 법정적 부합설에 의할 때 甲의 죄책은?

〈사 례〉

가) 甲은 A를 살해하기 위해 총을 발사하였으나 총알이 빗나가 가로수에 가려 있었던 행인 B가 맞아 사망하였다.
나) 甲은 C를 살해하기 위해 총을 발사하였으나 총알이 빗나가 C의 도자기가 파손되었다.
다) 甲은 평소 자신을 괴롭혀온 D를 살해하기로 결심하고 골목에서 기다리던 중 외모가 비슷한 D의 쌍둥이 형 E가 나타나자 E를 D로 잘못 알고 총격을 가하여 살해하였다.

|**해**|**설**| 가) 구체적 사실의 착오 중 방법의 착오의 사례에 해당한다. 법정적 부합설에 의하면 발생사실에 대한 고의를 인정하므로 甲의 죄책은 B에 대한 살인기수이다. 구체적 부합설에 의하면 인식사실의 미수와 발생사실의 과실범의 상상적 경합이 인정되므로 甲의 죄책은 A에 대한 살인미수와 B에 대한 과실치사의 상상적 경합이다.

나) 추상적 사실의 착오 중 방법의 착오의 사례에 해당한다. 법정적 부합설 및 구체적 부합설 모두 인식사실의 미수와 발생사실의 과실범의 상상적 경합을 인정하므로 C에 대한 살인미수와 도자기에 대한 과실손괴의 상상적 경합의 성립이 문제되나 과실손괴를 처벌하는 규정이 없으므로 甲의 죄책은 C에 대한 살인미수만 인정된다.

다) 구체적 사실의 착오 중 객체의 착오의 사례에 해당한다. 구체적 부합설 및 법정적 부합설 모두 발생한 사실에 대하여 고의를 인정하므로, 甲의 죄책은 E에 대한 살인기수이다.

사 례 연 습

【구성요건적 착오 사례 2】 [♣ 13 변시]

甲은 상해의 고의로 사람에게 돌을 던졌으나 빗나가서 그 옆에 있던 마을 주민이 세운 장승에 맞았고, 장승의 일부가 손괴되었다 甲의 죄책은?

15) 다만 추상적 사실의 착오 중 객체의 착오의 사례에서는 인식한 사실에 대한 불능미수와 발생사실에 대한 과실의 상상적 경합을 인정한다.

|해|설| ※ 상해의 고의로 손괴의 결과가 발생하였으므로 추상적 사실의 착오에 해당한다. 추상적 사실의 착오의 경우 i) 구체적 부합설과 법정적 부합설은 인식한 범죄에 대하여 고의범의 미수를 인정하고 발생한 결과에 대하여는 과실범을 인정한다. 따라서 상해미수와 과실재물손괴가 문제되나 과실재물손괴의 경우 처벌규정이 없으므로 상해미수죄만 성립한다. 한편 ii) 추상적 부합설의 경우 상해미수죄와 손괴기수죄(작은 범죄는 언제나 고의기수를 인정한다)의 상상적 경합을 인정한다.

사 례 연 습

【구성요건적 착오 사례 3】

甲은 A를 살해하기 위해 총을 발사하였으나 총알이 빗나가 행인 B가 맞아 사망하였다. 甲의 죄책을 논하시오.

사례해결

1. 문제점

甲은 A를 살해하려다가 의도하지 않았던 B를 살해하였다. 이는 구성요건착오에 해당하며 구체적 사실의 착오 중 방법의 착오의 사례에 해당한다. 이 경우에도 甲에게 B에 대한 살인의 고의를 인정하여 살인죄를 인정할 수 있는지 문제된다.

2. 학 설

① **구체적 부합설** : 행위자가 인식한 범죄사실과 실제로 발생한 범죄사실이 구체적으로 부합하는 경우인 구체적 사실의 착오 중 객체의 착오의 경우에만 발생한 범죄사실에 대한 고의의 성립을 인정한다. 이 견해에 의하면 甲에 대하여 B에 대한 살인의 고의를 인정하지 않으므로 A에 대한 살인미수죄와 B에 대한 과실치사죄의 상상적 경합을 인정한다.

② **법정적 부합설** : 행위자가 인식한 범죄사실과 실제로 발생한 범죄사실이 법정적으로 부합하는 경우에는 발생사실에 대한 고의의 성립을 인정한다. 따라서 구체적 사실의 착오의 경우에는 객체의 착오와 방법의 착오를 불문하고 발생한 사실에 대하여 고의를 인정한다. 이 견해에 의하면 甲에 대하여 B에 대한 살인의 고의를 인정한다.

3. 판 례

사람을 살해할 목적으로 총을 발사한 이상 목적하지 아니한 다른 사람에게 명중되어 사망의 결과가 발생하였다 하더라도 살의를 조각하지 않는다고 판시하여 법정적 부합설의 입장을 취하고 있다[대판 1975.4.22, 75도727].

4. 검 토 (판례 지지)

구체적 부합설은 고의기수 책임을 인정하는 범위가 지나치게 좁다는 문제점이 있으므로 판례 내지 법정적 부합설의 입장이 타당하다.

5. 결 론

甲에 대하여는 B에 대한 살인의 고의가 인정할 수 있으므로 살인죄의 죄책을 진다.

4. 가중적 구성요건의 착오(Y유형 ①'a의 착오 사례해결)

(1) 쟁 점

행위자가 가중적 구성요건의 실현의사로 기본적 구성요건을 실현한 경우 어떠한 법적효과를 인정할 것인가의 문제이다(예 존속살해의 고의로 단순살인의 결과가 발생한 경우).[16)]

(2) 학 설[17)]

① **구체적 부합설** : ⅰ) 존속살해의 미수와 보통살인의 기수를 인정하는 견해[김일수, 219면], ⅱ) 존속살해의 불능미수와 보통살인의 기수를 인정하는 견해[박상기, 각론, 29면], ⅲ) 존속살해의 고의로 단순살인의 결과가 발생한 경우의 착오는 구체적 사실의 착오와 추상적 사실의 착오의 성질을 겸유하고 있다고 보아, 객체의 착오의 경우에는 존속살해미수와 보통살인 기수의 상상적 경합을 인정하고, 방법의 착오의 경우에는 존속살해미수와 과실치사죄를 인정하는 견해[배종대, 277면]가 있다.

② **법정적 부합설** : ⅰ) 구성요건적 부합설의 입장에서 존속살해미수와 보통살인기수의 상상적 경합을 인정하는 견해[김종원, 각론, 41면], ⅱ) 죄질부합설에서 위의 예를 구체적 사실의 착오로 보아 보통살인죄를 인정하는 견해가 있다[이재상, 각론, 26면].

5. 감경적 구성요건의 착오(Y유형 ①'b의 착오 사례해결)

(1) 쟁 점

행위자에게 형의 (불법)감경사유가 존재한다는 인식이 없었으나 실제로는 그러한 사유가 존재한 경우 어떠한 법적 효과를 인정할 것인가의 문제이다(예 보통살인의 고의로 승낙살인의 결과가 발생한 경우).

(2) 학 설

ⅰ) 승낙살인죄는 승낙이 있음을 인식해야만 성립하므로 승낙에 대한 인식이 없는 경우는 보통살인죄가 성립한다는 견해(다수설)[이재상, 각론, 31면; 박상기, 각론, 37면], ⅱ) 위 사례는 결국 중한 죄의 고의로 경한 죄를 범한 경우와 마찬가지이므로 큰 고의는 작은 고의를 포함한다는 논증원칙에 따라 적어도 경한 죄에 대하여는 고의기수를 인정하여야 하고(승낙살인죄의 기수) 또한 결과가 발생하지 않은 기본범죄(사실상 중한 죄에 해당함)에 대한 미수를 인정하여(보통살인죄의 미수) 양죄의 상상적 경합을 인정해야 한다는 견해[김성돈, 245면; 김일수 · 서보학, 221면], ⅲ) 객체의 착오의 경우에는 보통살인죄의 미수와 승낙살인죄의 기수의 상상적 경합에 해당하고, 방법의 착오의 경우에는 보통살인죄의 미수와 과실치사죄의 상상적 경합에 해당한다는 견해[배종대, 278면]가 있다.

---

16) 본 사례에 대해서 아래와 같이 다양한 결론이 나오는 것은 이러한 착오를 구체적 사실의 착오로 볼 것인가 아니면 추상적 사실의 착오로 볼 것인가 또는 양자의 성질을 겸유하고 있다고 볼 것인가의 논의와 연결되어 있다는 것을 알아야 한다. 그러므로 본 사례는 착오를 기계적으로 해결하는 도구인 소위 '부합설의 통'에 넣고 판단할 때 어느 위치에 넣을 것인가부터 견해가 달라지므로 위와 같이 다양한 결론이 도출되는 것이다.

17) 이 부분에 관한 논의는 각양각색, 백화제방이다. 어느 한 학자의 입장을 구체적으로 전제하지 않고서는 답을 결정할 수 없으므로 출제가능성이 거의 없다고 본다. 실제로도 출제된 적은 없다.

6. 예상외의 사실이 병발한 경우의 법적 효과(병발사건의 해결)

(1) A를 살해할 의사로 쏜 총알이 A와 B를 관통하여 모두 사망케 한 경우

① **구체적 부합설** : A에 대한 살인기수죄와 B에 대한 과실치사죄의 상상적 경합을 인정한다.

② **법정적 부합설** : A가 사망한 이상 A에 대한 살인의 고의를 B에게 전용할 필요는 없다는 이유로 구체적 부합설과 동일한 결론을 인정하는 견해가 일반적이다.

(2) A를 살해할 의사로 총을 쏘아 A를 사망케 한 후 B까지 상해를 입힌 경우

① **구체적 부합설** : A에 대한 살인기수죄와 B에 대한 과실치상죄의 상상적 경합을 인정한다.

② **법정적 부합설** : A에 대한 살인기수죄와 B에 대한 과실치상죄의 상상적 경합을 인정한다.

(3) A를 살해할 의사로 총을 쏘아 A에게 상해를 입히고 B를 사망케 한 경우

쟁점연구

1. 학 설

① **구체적 부합설** : A에 대한 살인미수죄와 B에 대한 과실치사죄의 상상적 경합을 인정한다. [♠ 04 사시]

② **법정적 부합설** : i) A에 대한 살인미수죄와 B에 대한 살인기수죄의 상상적 경합이라는 견해, ii) A에 대한 과실치상죄와 B에 대한 살인기수죄의 상상적 경합이라는 견해, iii) A에 대한 살인미수죄와 B에 대한 과실치사죄의 상상적 경합이라는 견해, iv) B에 대한 살인기수죄만 성립하고 A에 대한 살인미수는 이에 흡수된다는 견해(다수설)가 있다.

2. 검 토 (법정적 부합설 중 iv 지지)

구체적 부합설은 고의의 인정범위가 지나치게 좁으므로 타당하지 못하다. 그리고 법정적 부합설 중 i)설은 1개의 고의를 가지고 행위한 자에게 두 개의 고의를 인정한다는 점에서, ii)설은 A에 대한 살인의 고의가 어떻게 과실로 변할 수 있는가를 설명하지 못한다는 점에서, iii)설은 A를 살해할 의사로 총을 쏘아 A에게 전혀 상처를 입히지 않고 B만 사망케 한 경우(B에 대한 살인기수죄에 해당함)와 형의 불균형이 발생한다는 점에서 문제가 있다. 따라서 법정적 부합설 중 iv)설이 타당하다.

(4) A를 살해할 의사로 총을 쏘아 A에게 상해를 입히고 B에게도 상해를 입힌 경우

① **구체적 부합설** : A에 대한 살인미수죄와 B에 대한 과실치상죄의 상상적 경합을 인정한다.

② **법정적 부합설** : A에 대한 살인미수죄와 B에 대한 과실치상죄의 상상적 경합을 인정한다.

사실의 착오에 있어서 병발사례

병발사례의 유형 (살인의 고의로 A를 향하여 총을 쏘아 …)	학설별 결론	
	구체적 부합설	법정적 부합설
① A를 사망케 하고 B도 사망케 한 경우	A에 대한 살인기수죄와 B에 대한 과실치사죄의 상상적 경합	A에 대한 살인기수죄와 B에 대한 과실치사죄의 상상적 경합
② A를 사망케 하고 B에게도 상해를 입힌 경우	A에 대한 살인기수죄와 B에 대한 과실치상죄의 상상적 경합	A에 대한 살인기수죄와 B에 대한 과실치상죄의 상상적 경합
③ A에게 상해를 입히고 B도 사망케 한 경우	A에 대한 살인미수죄와 B에 대한 과실치사죄의 상상적 경합	(학설 다툼) 다수설은 B에 대한 살인기수죄만 인정
④ A에게 상해를 입히고 B에게도 상해를 입힌 경우	A에 대한 살인미수죄와 B에 대한 과실치상죄의 상상적 경합	A에 대한 살인미수죄와 B에 대한 과실치상죄의 상상적 경합

Ⅴ. 인과관계(과정)의 착오

1. 의 의

① **개 념** : 인과관계(과정)의 착오란 행위자가 인식한 범죄사실과 실제로 발생한 범죄사실이 법적으로 일치하지만,[18] 그 결과가 행위자의 인식과는 다른 경로를 거쳐 발생한 경우를 말한다.

② **방법의 착오와의 구별** : 행위자가 애초에 의도한 그 대상에서 결과가 발생한 점에서 결과가 일어난 대상 자체가 달라진 경우인 방법의 착오와 다르다.

③ **쟁 점** : 아래에서 기술한 '문제되는 사례유형'의 법적 성질에 대하여는 견해가 대립되어 있으므로 이를 밝히고 그에 따른 법적효과를 확정하는 것이 논의의 대상이다.

2. 문제되는 사례유형

① **제1유형 사례** : ⅰ) 도끼로 찍어 죽이려고 하였으나 도끼에 묻은 병균에 감염되어 사망한 경우, 익사를 기도하였으나 교각에 충돌사한 경우, ⅱ) 甲이 살해하기 위하여 A에게 총격을 가하였으나 경상에 그친 A가 병원으로 후송 중에 운전자인 乙의 과실로 인한 차량의 전복사고로 사망한 경우

② **제2유형 사례** : 결과발생이 뒤로 미루어진 경우(예 웅덩이 질식사 사건)

③ **제3유형 사례** : 결과발생이 앞으로 당겨진 경우(예 기절시킨 후 추락사 시키려고 하였으나 기절시키는 과정에서 결과가 발생한 경우)

18) 이러한 성질 때문에 인과관계의 착오는 구체적 사실의 착오 유형만이 가능하다.

3. 제1유형 사례의 법적 성질과 법적 효과

(1) 법적 성질

① **객관적 귀속설** : 인과과정과 인과관계는 개념적으로 구별되므로 인과과정은 고의의 인식대상이 아니라는 전제에서 인과과정의 착오 문제는 고의의 인정여부의 문제가 아니라 객관적 귀속의 문제라고 보아야 한다는 견해이다[김일수 · 서보학, 233면].

② **구성요건적 착오설** : 인과관계도 객관적 구성요건요소인 이상 고의의 인식대상이며 그에 대한 인식이 결여된 경우는 구성요건적 착오라고 보아야 한다는 견해이다[이재상, 179면]. 이 견해는 인과관계의 착오가 구성요건적 착오로서 고의가 조각되기 위해서는 현실로 진행된 인과관계가 예견된 인과의 진행과 본질적인 차이가 있는 경우여야 하며, 인과의 진행의 차이가 일반적인 생활경험에 의하여 예견할 수 있는 범위 안에 있고 다른 행위로 평가할 수 없는 때에는 본질적인 것이 아니라고 본다[이재상, 179면].

(2) 법적 효과

① **객관적 귀속설** : 제1유형 사례의 ⅰ)의 경우 객관적 귀속이 인정되어 살인기수죄가 인정된다. 한편 제1유형 사례의 ⅱ)의 경우 객관적 귀속이 부정되어 살인미수죄가 인정된다.

② **구성요건적 착오설** : 제1유형 사례의 ⅰ)의 경우 결과에 대하여 객관적 귀속이 인정되며 또한 인과의 경과에 대한 착오가 비본질적인 것이어서 살인기수죄가 인정된다. [♠ 01 사시] 한편 제1유형 사례의 ⅱ)의 경우 객관적 귀속이 인정되지 않으므로 인과관계의 착오를 문제 삼을 것도 없이 살인미수죄가 인정된다.

4. 결과발생이 뒤로 미루어진 사례(소위 웅덩이 질식사 사건의 해결 방법)

(1) 쟁 점

행위자가 일정한 결과를 실현할 고의를 가지고 제1행위를 한 후, 그 결과가 발생한 것으로 오인한 채 다른 의도를 가지고 제2행위로 나아갔으나 실제로 그 결과는 고의가 없었던 제2의 행위에 의하여 발생한 경우, 행위자에게 발생한 결과에 대하여 고의기수책임을 인정할 수 있는지가 문제된다.

(2) 판례와 학설 [♠ 02, 06, 08, 09, 12, 14 사시] [♣ 13, 14, 15, 16, 17 변시]

判例 **(구타하여 살해하려하였으나 매장과정에서 사망한 경우 - 살인기수죄)** 피해자가 피고인들의 살해의 의도로 행한 구타행위에 의하여 직접 사망한 것이 아니라 죄적을 인멸할 목적으로 행한 매장행위에 의하여 사망하게 된 경우라도 전 과정을 개괄적으로 보면 피해자의 살해라는 처음에 예견된 사실이 결국은 실현된 것으로서 피고인들은 살인죄의 죄책을 면할 수 없다[대판 1988.6.28. 88도650].[19]

---

19) 본 판례에 대하여는 학자마다 자설을 취했다고 평석하는 경향이 강하므로 판례의 입장이 어느 학설의 입장인가를 판단하는 것은 수험생의 입장에서는 불필요하다.

	내 용	비 판
개괄적 고의설	수 개의 부분행위가 포괄하여 하나의 행위 결과로 실현된 때에는 수 개의 부분행위 전부에 걸치는 하나의 개괄적 고의행위로 보자는 견해로, 사안에서 甲에게 살인죄의 기수를 인정한다. [♣13 변시]	① 고의란 구성요건적 고의를 의미함에도 불구하고 살인과 사체유기를 포괄하는 하나의 고의를 인정하는 것은 고의의 법치국가적 한계를 벗어난 것이다. ② 사전적 고의를 인정하는 결과가 되어 고의 기수범의 성립범위가 지나치게 확대되어 형법의 보장적 기능에 반하는 결과를 가져온다.
객관적 귀속설	구성요건적 결과가 행위자의 죄적은폐를 위한 제2행위에 의해 비로소 야기되었더라도, 그것이 일반적인 생활경험의 범위 내에서 죄적인멸을 위한 전형적인 행위로 평가될 수 있는 한 원칙적으로 객관적 귀속이 인정된다는 견해이며, 사안에서 甲에게 살인죄의 기수를 인정한다.	객관적 귀속의 인정문제와 고의의 인정문제는 별개의 것임을 간과하였다. 즉 일정한 결과에 대하여 객관적 귀속이 인정되더라도 그에 대한 고의의 인정문제는 별개라는 점을 간과했다.
계획 실현설	행위자에게 제1행위시에 '의도적 고의'가 있었던 경우에는 결과가 제2행위에 의해 야기되었더라도 그 결과는 행위자의 범행계획의 실현으로 평가할 수 있으므로 고의기수가 되지만, 행위자가 제1행위시에 '지정고의' 또는 '미필적 고의'가 있었던 경우에는 비록 제2행위에 의해 결과가 야기되었더라도 그것은 과실로 발생한 결과에 불과할 뿐 행위자의 범행계획 실현으로 평가될 수 없어 미수가 된다는 견해이다. 사안에서 甲에게 살인죄의 기수를 인정한다.	고의의 종류에 따라 고의의 귀속 여부가 달라져야하는 필연적 이유가 분명하지 않다.
미수와 과실의 경합설	제1행위와 제2행위는 고의를 달리하는 별개의 행위이기 때문에 각각 독자적으로 판단해야 하므로 제1행위의 (장애)미수와 제2행위의 과실과 실체적 경합범이 인정된다는 견해이다. 사안에서 甲에게 살인미수죄와 과실치사죄의 실체적 경합을 인정한다.	① 고의는 범행의 전과정에 존재할 것을 요하지 않고 실행행위시(제1행위시)로부터 인과관계가 진행되는 시점까지 존재하면 충분하다는 점을 간과했다[박상기, 139면]. ② 두 개의 행위가 독립된 행위라 하더라도 제1행위가 제2행위를 매개로 구성요건적 결과를 상당하게 실현한 것으로 평가되면 기수로 될 수 있음에도 제2행위의 독립성을 강조하여 객관적으로 귀속될 수 있는 결과까지 미수범으로 처벌하는 것은 부당하다[이재상, 181면].

인과관계 착오설 (다수설)	웅덩이 질식사 사건과 같은 경우를 인과관계의 착오에 관한 특수한 경우로 취급하여 제1의 행위와 결과 사이에 객관적 귀속이 인정된다는 전제에서, 현실로 진행된 인과관계가 예견된 인과의 진행과 본질적인 차이가 없는 경우, 즉 인과의 진행의 차이가 일반적인 생활경험에 의하여 예견할 수 있는 범위 내에 있고 다른 행위로 평가될 수 없는 경우에는 고의기수범이 성립한다는 견해이다. 사안에서 甲에게 살인죄의 기수를 인정한다.	

사 례 연 습

【웅덩이 질식사 사건】 [♠ 09 사시]

甲은 평소 원한관계에 있던 乙을 살해하기 위해 과도로 수차 乙을 찔렀는바, 乙이 피를 많이 흘려 실신한 것을 보고 당황한 나머지 죽은 것으로 믿고 증거인멸의 의사로 乙을 비닐로 포장하여 자기 차의 트렁크에 실어 운반하여 자기 집 마당에 묻어 두었다. 그런데 당시 현장을 지나가던 丙이 우연히 이 광경을 목격하고 이를 신고하여 甲의 집 마당에서 乙의 사체가 발견되었고, 부검 결과 사망원인은 질식사로 판명되었다. 아래의 각 조건에 의할 때 甲의 형사책임은?

가. 과도로 찌른 행위(제1행위)와 땅속에 묻은 행위(제2행위)가 사망이라는 하나의 결과를 실현하는 전체과정을 지배하는 개괄적 살인고의에 의한 단일행위라고 평가하는 견해에 의할 경우
나. 위와 같은 사례유형을 고의의 문제가 아닌 객관적 귀속의 문제로 보는 견해에 의할 경우
다. 위와 같은 사례유형을 개괄적 고의의 문제가 아니라 인과관계의 착오의 특수한 형태로 보는 견해에 의할 경우
라. 위와 같은 사례유형을 甲이 인식했던 인과과정과는 다르게 인과과정이 현실적으로 진행되었다는 점에서 이를 방법(수단)의 착오로 보는 경우(법정적 부합설에 의함)

|해|설| ※ 설문은 소위 '웅덩이 질식사 사건'을 변형한 사례에 해당한다.
가. 이 견해는 개괄적 고의설에 해당하며 甲에게 살인기수죄의 죄책을 인정한다.
나. 이 견해는 객관적 귀속설에 해당하며 甲에게 살인기수죄의 죄책을 인정한다.
다. 이 견해는 인과관계착오설에 해당하며 甲에게 살인기수죄의 죄책을 인정한다.
라. 법정적 부합설은 법정적으로 부합(죄질이 부합하거나 구성요건적으로 부합)하는 결과가 발생한 경우 그 착오의 원인이 객체의 착오인가 방법의 착오인가를 불문하고 발생한 결과에 대하여 고의를 인정(전용)한다. 지문의 견해에 의하면 사례는 甲이 乙을 살해하려다가 방법의 착오로 乙을 살해한 결과를 발생시킨 경우(구체적 사실의 착오)에 해당하므로 법정적으로 부합하는 결과가 발생한 것이다. 따라서 법정적 부합설에 의하면 甲에게는 살인기수죄의 죄책이 인정된다.

사례연습

【웅덩이 질식사 사건】

甲은 정신지체자인 자신의 처에게 A가 젖을 달라고 하면서 희롱하자 A를 구타하면서 순간적으로 살인의 고의를 가지고 A의 머리를 돌멩이로 후려쳤다. A가 정신을 잃고 축 늘어지자 甲은 A가 죽은 것으로 오인하고 시체를 파묻어 증거를 인멸할 목적으로 개울가로 끌고가 웅덩이를 파고 매장하였고 그 결과 A는 질식사하였다. 甲의 죄책을 논하시오.

사례해결

1. 문제점

甲이 살인의 고의를 가지고 제1행위를 한 후, 그 결과가 발생한 것으로 오인한 채 죄적인멸의 의도를 가지고 제2행위로 나아갔으나 실제로 그 결과는 살인의 고의가 없었던 제2의 행위에 의하여 발생하였다. 이 경우 甲에게 발생한 결과에 대하여 고의기수 책임을 인정할 수 있는지가 문제된다.

2. 학 설

① **살인죄의 기수를 인정하는 견해** : 수개의 부분행위가 포괄하여 하나의 행위결과로 실현된 때에 수개의 부분행위 전부에 걸치는 하나의 개괄적 고의행위로 보아 살인죄의 기수를 인정하는 견해(개괄적 고의설), 구성요건적 결과가 행위자의 죄적은폐를 위한 제2행위에 의해 비로소 야기되었더라도, 그것이 일반적인 생활경험의 범위 내에서 죄적인멸을 위한 전형적인 행위로 평가될 수 있으므로 객관적 귀속을 인정하여 살인죄의 기수를 인정하는 견해(객관적 귀속설), 현실로 진행된 인과관계가 예견된 인과의 진행과 본질적인 차이가 없는 경우에 해당한다고 보아 살인죄의 기수를 인정하는 견해가 있다(인과관계착오설).

② **살인죄의 미수와 과실치사죄를 인정하는 견해** : 제1행위와 제2행위는 고의를 달리하는 별개의 행위이기 때문에 각각 독자적으로 판단해야 하므로 살인미수죄와 과실치사죄의 실체적 경합을 인정하는 견해이다(미수와 과실의 경합설).

3. 판 례

甲의 행위의 전 과정을 개괄적으로 보면 피해자의 살해라는 처음에 예견된 사실이 결국은 실현된 것으로서 피고인들은 살인죄의 죄책을 면할 수 없다고 판시한 바 있다[대판 1988.6.28. 88도650].

4. 검 토 (판례지지)

두 개의 행위가 독립된 행위라 하더라도 제1행위가 제2행위를 매개로 구성요건적 결과를 상당하게 실현한 것으로 평가되면 기수로 될 수 있음에도 제2행위의 독립성을 강조하여 객관적으로 귀속될 수 있는 결과까지 미수범으로 처벌하는 것은 부당하다. 한편 甲의 행위 전 과정을 개괄적으로 보면 A의 살해라는 처음에 예견된 사실이 결국은 실현된 것이므로 甲은 살인죄의 기수에 해당한다고 보는 것이 타당하다.

5. 결 론

甲은 살인죄의 기수의 죄책을 진다.

5. 결과발생이 앞으로 당겨진 사례

(1) 쟁 점

행위자가 제2의 행위에 의하여 결과를 발생시킬 의사를 가지고 준비행위인 제1행위를 하다가 제1행위시에 결과가 발생된 경우(예 甲이 A를 기절시킨 후 절벽에서 추락사 시키려고 하였으나 기절시키는 과정에서 A가 사망한 경우)에 고의기수책임을 인정할 수 있는지가 문제된다.

(2) 학 설

이 경우도 인과관계 착오의 특수한 경우로 보아, 인식한 인과의 진행과 실제로 진행된 인과의 진행의 불일치가 비본질적인 것이라면 고의기수 책임을 인정할 수 있다는 견해가 다수설이다. 이러한 입장에서는 甲에게 살인기수죄를 인정한다[정성근 · 박광민, 186면].

제7절 과 실

주의의무의 판단기준에 관한 학설 및 판례를 정리해 두어야 하며, 특정 사안에서 과실의 인정여부에 관한 판례는 단골 출제메뉴이다. 그 밖에 과실의 제한 원리인 신뢰원칙에 대하여도 정리해 두어야 한다.

제14조(과실) 정상적으로 기울여야 할 주의를 게을리하여 죄의 성립요소인 사실을 인식하지 못한 행위는 법률에 특별한 규정이 있는 경우에만 처벌한다.

Ⅰ. 서 론

1. 과실의 의의와 종류

(1) 과실의 의의

① 과실이란 정상적으로 기울여야 할 주의를 게을리하여 죄의 성립요소인 사실을 인식하지 못한 것을 말한다(제14조).

② 과실범은 법질서의 명령을 의사에 의한 것이 아니라 부주의에 의하여 위반하는 것이므로, 과실은 고의의 감경된 형태가 아니라 고의와는 전혀 그 성질을 달리하며, 과실범의 불법과 책임이 고의범보다 가볍다. 따라서 법률에 특별규정이 있는 경우에 한하여 예외적으로 처벌된다.

현행법상 과실범의 처벌규정

일반과실범	업무상과실범	중과실범
과실일수죄(제181조)	×[1]	×
실화죄(제170조)	업무상실화죄(제171조)	중실화죄(제171조)
과실폭발성물건파열죄 (제173조의2 제1항)	업무상과실폭발성물건파열죄 (제173조의2 제2항)	중과실폭발성물건파열죄 (제173조의2 제2항)
과실가스 · 전기 등 방류죄 (제173조의2 제1항)	업무상과실가스 · 전기 등 방류죄 (제173조의2 제2항)	중과실가스 · 전기 등 방류죄 (제173조의2 제2항)
과실가스 · 전기 등 공급방해죄 (제173조의2 제1항)	업무상과실가스 · 전기 등 공급방해죄(제173조의2 제2항)	중과실가스 · 전기 등 공급방해죄 (제173조의2 제2항)
과실교통방해죄 (제189조 제1항)	업무상과실교통방해죄 (제189조 제2항)	중과실교통방해죄 (제189조 제2항)
과실치사죄(제267조)	업무상과실치사죄(제268조)	중과실치사죄(제268조)
과실치상죄(제266조)	업무상과실치상죄(제268조)	중과실치상죄(제268조)
×	업무상과실장물죄(제364조)[2]	중과실장물죄(제364조)

1) 업무상과실일수나 중과실일수의 경우 불가벌이 아니라 단순과실일수에 비하여 가중처벌되지 않을 뿐이다. 즉 당연히 단순과실일수죄로 처벌된다.

2) 업무상과실장물취득죄는 기본적 구성요건(보통과실에 의한 장물죄 규정)이 존재하지 않으므로 가중적 구성요건에 해당하지 않는다. [♠ 04, 09, 15 사시]

判例 **과실범의 처벌요건** [♠ 08 사시]

과실범은 법률에 특별한 규정이 있는 경우에 한하여 처벌되며 형벌법규의 성질상 과실범을 처벌하는 특별규정은 그 명문에 의하여 명백 · 명료하여야 한다. 전기통신법 제110조 제1항은 고의범에 관한 규정이고 동조항의 '기타의 방법으로 공중통신설비의 기능에 장애를 주어'라는 기재부분을 들어 과실로 인하여 통신설비를 손괴하는 행위유형을 포함하는 것이라고 풀이할 수는 없다[대판 1983.12.13. 83도2467].

동지판례 행정상의 단속을 주안으로 하는 법규라 하더라도 '명문규정이 있거나 해석상 과실범도 벌할 뜻이 명확한 경우' 이외에는 형법의 원칙에 따라 '고의'가 있어야 벌할 수 있다[대판 2010.2.11. 2009도9807]. [♠ 15 사시] [♣ 13, 17 변시]

(2) 과실의 종류

① 인식 없는 과실과 인식 있는 과실

㉮ **인식 없는 과실** : 행위자가 주의(예견)의무를 위반하여 구성요건의 실현가능성을 인식하지 못한 경우를 말한다(**예** 숲 속에 물체가 노루라고 생각하고 총을 쏘았으나 등산 중이던 사람이 맞아 죽은 경우).

㉯ **인식 있는 과실** : 행위자가 구성요건의 실현가능성을 인식(예견)하고서도 구성요건이 실현되지 않을 것으로 신뢰하고 주의(회피)의무를 위반한 경우를 말한다(**예** 토끼 옆에 있는 나물 캐는 처녀가 맞을 수 있다는 것을 인식하였으나 토끼를 맞힐 수 있다는 자신감에서 토끼를 향해 총을 쏘아 결국 나물 캐는 처녀가 맞아 죽은 경우).

㉰ **구별실익** : 인식 있는 과실과 인식 없는 과실은 형법상 같은 과실로 평가되며 불법과 책임의 경중에는 차이가 없다. 다만 인식 있는 과실의 개념은 미필적 고의와의 구별을 통하여 고의에 대한 과실의 한계를 명확히 할 수 있다는 점에 논의의 실익이 있다.

② 보통과실과 업무상과실 및 중과실

㉮ **보통과실** : 일반인에게 통상적으로 요구되는 주의의무를 위반하는 것을 말한다.

> **제266조(과실치상)** ① 과실로 인하여 사람의 신체를 상해에 이르게 한 자는 500만원 이하의 벌금, 구류 또는 과료에 처한다.

㉯ **업무상과실** : 일정한 업무에 종사하는 자가 당해 업무수행상 요구되는 주의의무를 위반하는 것을 말한다. 업무상과실을 가중처벌하는 근거에 대하여는 견해가 나뉘어져 있다.

> **제268조(업무상과실 · 중과실 치사상)** 업무상과실 또는 중대한 과실로 사람을 사망이나 상해에 이르게 한 자는 5년 이하의 금고 또는 2천만원 이하의 벌금에 처한다.

ⅰ) **불법가중설** : 업무자는 계속적 · 반복적 의사로 업무에 종사하므로 일반인보다 높은 예견가능성을 인정할 수 있기 때문이라는 견해이다[신동운, 206면]. [♠ 09 사시]

ⅱ) **책임가중설** : 업무자에게는 일반인에 비하여 지식 · 기술 · 경험 등에 바탕을 둔 고도의 주의능력이 있으므로 일반인과 동일한 주의의무위반이 있더라도 그 비난가능성이 크기 때문에 형이 가중된다는 견해이다[정성근 · 박광민, 418면].

ⅲ) **불법 및 책임가중설** : 업무자는 일반인에 비하여 높은 주의능력을 가지고 있으므로 법이 높은 주의의무를 요구하고 있기 때문이라는 견해이다[김일수 · 서보학, 443면].

判例 업무상 과실의 판단 기준인 일반인의 의미 = 행위자와 같은 업무와 직무에 종사하는 자

의료사고에서 의료종사자의 과실을 인정하기 위해서는 의료종사자가 결과발생을 예견할 수 있고 또 회피할 수 있었는데도 이를 예견하거나 회피하지 못한 과실이 인정되어야 하고, 그러한 과실 유무를 판단할 때에는 같은 업무와 직무에 종사하는 보통인의 주의 정도를 표준으로 하여야 하며, 이에는 사고 당시의 일반적인 의학 수준과 의료 환경 및 조건, 의료행위의 특수성 등이 고려되어야 하고, 이러한 법리는 한의사의 경우에도 마찬가지이다[대판 2011.9.8. 2009도13959]. [♠ 03, 04, 08, 09, 12, 14 사시] [♣ 13, 17 변시]

判例 의사 과실의 판단기준

의사는 진료를 행함에 있어 환자의 상황과 당시의 의료수준 그리고 자기의 지식경험에 따라 적절하다고 판단되는 진료방법을 선택할 상당한 범위의 재량을 가진다고 할 것이고, 그것이 합리적인 범위를 벗어난 것이 아닌 한 진료의 결과를 놓고 그 중 어느 하나만이 정당하고 이와 다른 조치를 취한 것은 과실이 있다고 말할 수는 없다[대판 2015.6.24. 2014도11315]. [♣ 18 변시]

㈐ 중과실

判例 중과실의 의의

중과실은 행위자가 극히 근소한 주의를 함으로써 결과발생을 예견할 수 있었음에도 불구하고 부주의로 이를 예견하지 못한 경우를 말한다[대판 1980.10.14. 79도305].

判例 중과실을 인정한 경우

1. **(성냥불 휴지통 사건)** 피고인이 성냥불로 담배를 붙인 다음 그 성냥불이 꺼진 것을 확인하지 아니한 채 휴지가 들어 있는 휴지통에 던진 것은 중대한 과실이 있는 경우에 해당한다[대판 1993.7.27. 93도135]. [♠ 06 사시]
2. **(노약자 안수기도 사건)** 고령의 여자 노인이나 나이 어린 연약한 여자아이들은 약간의 물리력을 가하더라도 골절이나 타박상을 당하기 쉽고, 더욱이 배나 가슴 등에 그와 같은 상처가 생기면 치명적 결과가 올 수 있다는 것은 피고인 정도의 연령이나 경험 지식을 가진 사람으로서는 약간

의 주의만 하더라도 쉽게 예견할 수 있음에도 그러한 결과에 대하여 주의를 다하지 않아 사람을 죽음으로까지 이르게 경우 피고인에게는 중과실치사죄가 성립한다[대판 1997.4.22. 97도538].

3. **(중조 사건)** 농약을 평소에 신문지에 포장하여 판매하여 온 "중조(* 저자 주 – 탄산수소나트륨, 소다)"와 같은 모양으로 포장하여 점포선반에 방치하고 가족에게 알리지 아니하여 사고가 발생하였다면 중과실치사의 죄책을 면할 수 없다[대판 1961.11.16. 4294형상312].
4. **(보수만 요구한 사건)** 피고인이 관리하던 주차장 출입구 문주의 하단부분에 금이 가 있어 도괴될 위험성이 있었다면 피고인으로서는 소유자에게 그 보수를 요청하는 외에 그 보수가 있을 때까지 임시적으로라도 받침대를 세우는 등 도괴를 방지하거나 그 근처에 사람이나 자동차 등의 근접을 막는 등 도괴로 인한 인명의 피해를 막도록 조치를 하여야 할 주의의무가 있다 할 것이며 동 주차장에는 사람이나 자동차의 출입이 빈번하고 근처 거주의 어린아이들이 문주 근방에서 놀이를 하는 사례가 많은데도 불구하고 소유자에게 그 보수를 요구하는데 그쳤다면 그 주의의무를 심히 게을리한 중대한 과실이 있다고 할 것이다[대판 1982.11.23. 82도2346].
5. **(가연물질 사건)** 보일러로부터 약 10cm의 거리에 가연물질이 있음을 알면서도 보일러에 연탄을 갈아넣고 보일러의 공기조절구를 신문지를 구겨 살짝 막아놓은 채 그 자리를 떠나버렸기 때문에 화재가 발생한 경우 중대한 과실이 있다고 할 것이다[대판 1988.8.23. 88도855].

判例 추가적 요건이 있어야 중과실이 인정되는 사건

연탄아궁이로부터 80cm 떨어진 곳에 쌓아둔 스폰지요, 솜 등이 연탄아궁이 쪽으로 넘어지면서 화재가 발생한 경우라고 하더라도 그 스폰지요, 솜 등을 쌓아두는 방법이나 상태 등에 관하여 아주 작은 주의만 기울였더라면 스폰지요나 솜 등이 넘어지고 또 그로 인하여 화재가 발생할 것을 예견하여 회피할 수 있었음에도 불구하고 부주의로 이를 예견하지 못하고 스폰지와 솜 등을 쉽게 넘어질 수 있는 상태로 쌓아둔 채 방치하였기 때문에 화재가 발생한 것으로 판단되어야만, "중대한 과실"로 인하여 화재가 발생한 것으로 볼 수 있다[대판 1989.1.17. 88도643].[3)]

判例 중과실을 부정한 경우

1. **(호텔오락실의 경영자 사건)** 호텔오락실의 경영자가 그 오락실 천정에 형광등을 설치하는 공사를 하면서 그 호텔의 전기보안담당자에게 아무런 통고를 하지 아니한 채 무자격 전기기술자로 하여금 전기공사를 하게 하였더라도, 전기에 관한 전문지식이 없는 오락실경영자로서는, 시공자가 조인터박스를 설치하지 아니하고 형광등을 천정에 바짝 붙여 부착시키는 등 부실하게 공사를 하였거나 또는 전기보안담당자가 전기공사사실을 통고받지 못하여 전기설비에 이상이 있는지 여부를 점검하지 못함으로써 위와 같은 부실공사가 그대로 방치되고 그로 인하여 전선의 합선에 의한 방화가 발생할 것 등을 쉽게 예견할 수 있었다고 보기는 어려우므로 위 오락실경영자

3) 본 판례는 연탄아궁이로부터 80cm 떨어진 곳에 쌓아둔 스폰지요, 솜 등이 연탄아궁이 쪽으로 넘어지면서 화재가 발생한 경우라고 하더라도 그것만으로 바로 중과실을 인정하여서는 안된다는 취지이다.

에게 위와 같은 과실이 있었더라도 사회통념상 이를 화재발생에 관한 중대한 과실이라고 평가하기는 어렵다[대판 1989.10.13. 89도204].

2. **(러시안 룰렛 게임 사건)** 보통사람의 상식으로서는 함께 수차에 걸쳐서 흥겹게 술을 마시고 놀았던 일행이 갑자기 자살행위와 다름없는 위 게임을 하리라고는 쉽게 예상할 수 없는 것이고(신뢰의 원칙), 게다가 이 사건 사고는 피고인들이 "장난치지 말라"며 말로 위 甲을 만류하던 중에 순식간에 일어난 사고여서 음주만취하여 주의능력이 상당히 저하된 상태에 있던 피고인들로서는 미처 물리력으로 이를 제지할 여유도 없었던 것이므로, 경찰관이라는 신분상의 조건을 고려하더라도 위와 같은 상황에서 피고인들이 이 사건 "러시안 룰렛"게임을 즉시 물리력으로 제지하지 못하였다 한들 그것만으로는 위 甲의 과실과 더불어 중과실치사죄의 형사상 책임을 지울 만한 위법한 주의의무위반이 있었다고 평가할 수 없다[대판 1992.3.10. 91도3172].

3. **(약간의 문틈 사건)** 임차인이 사용하던 방문에 약간의 틈이 있다거나 연통 등 가스배출시설에 결함이 있는 정도의 하자는 임대차 목적물인 위 방을 사용할 수 없을 정도의 파손상태라고 볼 수 없고 이는 임차인의 통상의 수선 및 관리의무에 속하는 것이므로 임차인이 그 방에서 연탄가스에 중독되어 사망하였더라도 위 사고는 임차인이 그 의무를 게을리 함으로써 발생한 것으로서 임대인에게 중과실치사의 죄책을 물을 수 없다[대판 1986.6.24. 85도2070].

4. **(피고인이 최선의 조치를 취한 사건)** 피고인이 며느리가 안방에서 음독한 후 신음하고 있음을 발견하여 비눗물 등을 마시게 하여 여러차례 토하게 하였으며, 10km 이상 거리에 있는 의사에게 가는 것 보다 부락에서 의사로 통하는 매약상을 불러 치료하는 것이 낫다는 생각에서 그를 초빙하여 환자를 처치케한 다음 계속 간호하였으나 결국 사망한 경우 피고인에게는 중대한 과실이 없다[대판 1969.7.22. 69도684].

5. **(3시간동안 지속되는 양초 사건)** 피고인이 사용한 양촉은 신품으로 약 3시간 지속할 수 있고 창고 내에는 상자 위에 녹여서 붙여 놓은 촛불 부근에 헌가마니 쓰레기 등이 있을 뿐 휘발유 등 인화물질은 없었으며 양곡이 입고되어 있었고 약 30분 후에는 고사를 끝내고 고사에 사용한 쌀가마니를 입고할 예정으로 촛불을 끄지 아니하고 그대로 세워 놓고 창고문을 닫고 나온 것이니 위 경우에 인정되는 피고인이 촛불을 들고 나오든가 소화하고 나오지 아니한 과실은 어디까지나 경과실에 불과하다 할 것이다[대판 1960.3.9. 4292형상761].

㉣ **업무자의 중과실** : 형법상 업무상 과실과 중과실은 동일 조문에서 동일한 법정형으로 처벌한다(예 제268조).[4] 따라서 업무상과실과 중과실이 경합하는 경우에는 수죄가 성립하는 것이 아니라 일죄가 성립할 뿐이다. [♠04 사시]

4) 제268조(업무상과실 · 중과실 치사상) 업무상과실 또는 중대한 과실로 사람을 사망이나 상해에 이르게 한 자는 5년 이하의 금고 또는 2천만원 이하의 벌금에 처한다.

2. 과실의 체계적 지위

① 학 설 : 책임요소설(인과적 행위론, 고전적 · 신고전적 범죄체계), 위법성요소설(신과실이론), 구성요건요소설(목적적 행위론, 목적적 범죄체계)이 있으나 이중적 지위를 인정하는 견해(사회적 행위론, 합일태적 범죄체계)가 다수설이다.

② 이중적 지위설

㉮ 내 용 : 이중적 지위설에 의하면 과실은 구성요건요소인 동시에 책임요소로 인정된다. 구성요건 요소로서의 과실은 객관적 주의의무위반을 의미하며, 책임요소로서의 과실은 주관적 주의의무위반을 의미한다(다수설).[5]

㉯ 과실의 심사과정 : ⅰ) 제1단계에서는 사회일반인의 평균적 지식과 능력을 기준으로 행위자가 객관적으로 요구되는 주의를 다하였는가를 검토한다. ⅱ) 제2단계에서는 행위자 개인의 지식과 능력을 기준으로 행위자가 객관적으로 요구되는 주의를 다할 수 있었는가를 검토한다.

Ⅱ. 과실범의 구성요건

1. 정상의 주의의무위반

(1) 주의의무의 내용

① 과실범의 주의의무는 구체적인 행위로부터 발생할 수 있는 보호법익에 대한 위험을 인식(예견)하고 구성요건적 결과의 발생을 방지하기 위하여 적절한 방어조치를 취하는 것, 즉 결과예견의무와 결과회피의무를 그 내용으로 한다.

② 예견의무는 행위자가 주의를 집중하여 자신의 행위로부터 발생할 수 있는 보호법익에 대한 위험을 사전에 인식해야할 의무를 말한다(내적 주의의무).

③ 결과회피의무는 예견한 구성요건적 결과발생을 회피하기 위하여 적절한 방어조치를 취할 의무를 말한다(외적 주의의무). 이는 결과발생에 대한 회피가 가능할 것을 전제로 한다.

㉮ 작위의무 : 결과회피의무에는 결과발생가능성을 적극적으로 방지 · 차단하거나 허용치 이하로 감소시켜야 할 안전조치의무와 결과발생을 회피하기 위하여 일정한 지식이나 정보를 수집하거나 수집을 위한 문의 · 조회의무가 포함된다.

㉯ 부작위의무 : 결과회피의무에는 결과를 발생시킬 가능성이 있는 행위 자체를 소극적으로 그만두어야 할 의무가 포함된다.

---

5) 다만 객관적 주의의무위반은 고의범과 과실범에 공통되는 객관적 귀속의 척도로서 객관적 구성요건요소가 되고, 주관적 주의의무위반만이 과실의 본질적 요소로서 과실범의 주관적 구성요건요소로서의 의미를 가짐과 동시에 책임에서는 과실책임의 요소로서의 의미를 가진다는 견해도 있다(주관적 과실론, 소수설). 이 견해에 대해서는 구성요건 단계에서 개인의 주관적 능력을 고려하는 것은 불법 판단의 객관성에 반하고 불법과 책임을 혼동할 우려가 있다는 비판이 가해진다.

판 례 연 습

【주의의무의 내용 : 예견가능성】 ※ 촛불 실화 사건

甲은 술을 마시고 만취되어 의식이 없는 친구 A를 데려다가 학교 선배의 자취방에 눕히고 이불을 덮어준 후 그의 발로부터 불과 약 70 내지 80cm 떨어진 곳에 다른 사람이 가져온 촛불을 그대로 두고 나왔는데, A가 몸부림을 치다가 이불자락으로 촛불을 건드리는 바람에 그것이 넘어져 화재가 발생하여 A가 사망하였다. 甲의 죄책은? (실화죄는 제외함)

판결요지

당시 촛불을 켜놓아야 할 별다른 사정이 엿보이지 아니하고 더욱이 피고인들 외에는 달리 피해자를 돌보아 줄 사람도 없었던 터이므로 술에 취한 피해자가 정신없이 몸부림을 치다가 발이나 이불자락으로 촛불을 건드리는 경우 그것이 넘어져 불이 이불이나 비닐장판 또는 벽지 등에 옮겨 붙어 화재가 발생할 가능성이 있고, 또한 화재가 발생하는 경우 화재에 대처할 능력이 없는 피해자가 사망할 가능성이 있음을 예견할 수 있으므로 이러한 경우 피해자를 혼자 방에 두고 나오는 피고인들로서는 촛불을 끄거나 양초가 쉽게 넘어지지 않도록 적절하고 안전한 조치를 취하여야 할 주의의무가 있다 할 것인바, 비록 피고인들이 직접 촛불을 켜지 않았다 할지라도 위와 같은 주의의무를 다하지 않은 이상 피고인들로서는 이 사건 화재발생과 그로 인한 피해자의 사망에 대하여 과실책임을 면할 수는 없다 할 것이다[대판 1994.8.16. 94도1291].

정답 (과실치사죄)

(2) 주의의무의 위반의 판단기준 [♠ 03, 12 사시]

① 주의의무위반의 판단기준에 대하여는 ⅰ) 행위자 본인의 지식과 능력을 표준으로 판단해야 한다는 견해(주관설), ⅱ) 일반인의 주의능력을 표준으로 판단해야 한다는 견해(객관설 : 판례, 통설), ⅲ) 주의의무의 정도는 일반인을 표준으로 하고 주의능력은 행위자 본인을 표준으로 판단해야 한다는 견해(절충설)가 있다.

② 주관설은 행위자 본인이 주의할 수 있는 능력 이상의 것을 기대할 수 없다는 점을 주요 논거로 한다. ⅰ) 주관설에 의하면 행위자의 주의능력이 평균인 이상인 경우 행위자는 결과발생을 방지하기 위해 자신이 할 수 있는 모든 조치를 취할 의무가 있고, 이러한 의무의 불이행으로 인하여 결과가 발생한 경우 과실범의 불법이 인정된다. 그리고 행위자의 주의능력이 평균인에 미달하여 자신의 능력을 모두 발휘하더라도 결과발생의 예견이 불가능하였다면 과실범의 불법이 배제된다. [♣ 13 변시] 이러한 주관설에 대하여는 정당방위 상황에서 피공격자가 공격자의 주의의무위반 여부를 알기가 어려워져 정당방위권의 행사가 어려워진다는 비판이 있다. ⅱ) 주관설에 의하면 평균인 이상의 능력을 가진 자에게는 신뢰의 원칙을 적용받는 범위가 좁아지게 된다. 왜냐하면 행위자가 평균인 이상의 주의능력을 가진 경우라면 그만큼 주의의무의 범위가 넓어지게 되어 과실범의 주의의무의 범위를 제한하기 위한 이론인 신뢰의 원칙이 적용될 여지가 좁아지기 때문이다. [♠ 03 사시]

③ 객관설은 개별 행위자의 주의능력이 평균인에 비하여 현저히 부족하다는 것과 같은 사정은 책임단계에서 고려하면 족하다는 입장이며, 객관설은 국민에게 일반적 주의의무를 부과하기 때문에 평등의 원칙과 형법의 보장적 기능에 기여할 수 있다고 한다. 다만 객관설에 의할 경우에도 행위자가 일반인을 초과하는 특수지식·경험과 특수능력을 가지고 있었던 경우 특수지식·경험은 고려하며, 특수능력은 고려하지 아니한다(예 어느 건물 앞에서 일시에 많은 아동이 뛰어나온다는 것을 알고 있는 운전자가 이러한 점을 고려하지 않고 운전하다가 사고를 낸 경우에는 과실이 인정된다. 그러나 F1의 자동차 경주 선수인 슈마허가 일반인의 솜씨로 운전하다가 사고를 낸 경우라도 과실은 인정되지 않는다). [♠ 03, 12 사시]

(3) 주의의무의 근거

주의의무를 모두 법규에 유형화하는 것은 입법기술상 불가능하기 때문에 주의의무는 법령뿐만 아니라 조리·판례·경험칙 등에 의하여 요구되기도 한다.

判例 도로가 비정상인 경우 제한최고속도 이하로 감속서행할 주의의무가 있다는 사례

야간에 고속도로에서 차량을 운전하는 자는 주간에 정상적인 날씨 아래에서 고속도로를 운행하는 것과는 달리 노면상태 및 가시거리상태 등에 따라 고속도로상의 제한최고속도 이하의 속도로 감속·서행할 주의의무가 있으므로, 야간에 선행사고로 인하여 전방에 정차해 있던 승용차와 그 옆에 서 있던 피해자를 충돌한 경우 운전자에게는 고속도로상의 제한최고속도 이하의 속도로 감속운전하지 아니한 과실이 있다[대판 1999.1.15. 98도2605].

(4) 주의의무의 제한원리

허용된 위험의 이론과 신뢰의 원칙이 있다(후술함).

判例 제왕절개수술과 의사의 수혈준비의무의 인정여부

1-0. **(인정) (태반조기박리 상황의 제왕절개 수술 사건)** 산부인과 의사가 산모의 태반조기박리에 대한 대응조치로서 응급 제왕절개 수술을 시행하기로 결정하였다면 이 경우에는 적어도 제왕절개 수술 시행 결정과 아울러 산모에게 수혈을 할 필요가 있을 것이라고 예상되는 특별한 사정이 있어 미리 혈액을 준비하여야 할 업무상 주의의무가 있다고 보아야 한다[대판 2000.1.14. 99도3621].

1-1. **(부정) (일반적인 제왕절개 수술 사건)** 헌혈 부족으로 충분한 혈액을 확보하지 못하고 있는 당시 우리 나라의 실정상 만약 산부인과 개업의들이 매 분만마다 수혈용 혈액을 미리 준비하고, 이를 폐기한다면 혈액 부족이 심화될 우려가 있음을 알 수 있는바, 제왕절개분만을 함에 있어서 산모에게 수혈을 할 필요가 있을 것이라고 예상할 수 있었다는 사정이 보이지 않는 한, 산후과다출혈에 대비하여 제왕절개수술을 시행하기 전에 미리 혈액을 준비할 업무상 주의의무가 있다고 보기 어렵다[대판 1997.4.8. 96도3082].

判例 의료행위와 업무상과실의 인정여부

(1) 업무상과실을 인정한 경우

(주치의는 야간당직의사의 과실이 일부개입된 경우에도 책임을 져야한다는 사건) 치료 과정에서 야간 당직의사의 과실이 일부 개입하였다고 하더라도 그의 주치의사 및 환자와의 관계에 비추어 볼 때 환자의 주치의사는 업무상과실치사죄의 책임을 면할 수는 없다[대판 1994.12.9. 93도2524]. [♠ 15 사시]

(2) 업무상과실을 부정한 경우

(수술부위를 그대로 봉합하는 것이 의술법칙에 적합하여 의사의 과실을 인정할 수 없다는 사건) 수술도중에 수술용 메스가 부러지자 담당의사가 부러진 메스조각(3×5㎜)을 찾아 제거하기 위한 최선의 노력을 다하였으나 찾지 못하여 부러진 메스조각을 그대로 둔 채 수술부위를 봉합한 경우, 같은 수술과정에서 메스 끝이 부러지는 일이 흔히 있고, 부러진 메스가 쉽게 발견되지 않을 경우 수술과정에서 무리하게 제거하려고 하면 부가적인 손상을 줄 우려가 있어 일단 봉합한 후에 재수술을 통하여 제거하거나 그대로 두는 경우가 있는 점에 비추어 담당의사의 과실을 인정할 수 없다[대판 1999.12.10. 99도3711]. [♠ 03 사시]

判例 환자의 생명과 자기결정권을 비교형량하기 어려운 경우 의사의 과실 인정여부(부정)

환자의 생명과 자기결정권을 비교형량하기 어려운 특별한 사정이 있다고 인정되는 경우에 의사가 자신의 직업적 양심에 따라 환자의 양립할 수 없는 두 개의 가치 중 어느 하나를 존중하는 방향으로 행위하였다면, 이러한 행위는 처벌할 수 없다[대판 2014.6.26. 2009도14407].

판례해설 '여호와 증인' 신도인 A(62세)는 수술을 하면서 종교적 신념에 따라 무수혈 수술로 인한 피해에 대한 책임면제각서를 제출하는 등 타가수혈을 거부하겠다는 명확한 의사를 표시하였다. 이에 의사 甲은 A의 요구에 따라 무수혈 방식으로 수술하던 도중 과다출혈로 인하여 타가수혈이 필요한 상황이 발생하였으나 A의 가족들의 수혈여부에 대한 확실한 대답을 얻지 못하자 타가수혈을 하지 아니하였고 A는 결국 사망하고 말았다. 이 경우 타가수혈하지 아니한 사정만을 가지고 甲이 의사로서 진료상의 주의의무를 다하지 아니하였다고 할 수 없다는 것이 판례의 취지이다.

判例 기타 주의의무의 인정여부

(1) 주의의무를 인정한 경우(위반시 업무상과실 인정)

자동차운전사에게는 그 운전하는 차량의 진로의 반대방향으로부터 오는 차량의 후방에서 불시에 도로를 횡단하고자 하는 자가 출현할지라도 이에 적응하여 급정차를 하든지 또는 이를 회피할 수 있도록 필요한 만전의 조치를 강구하여야 할 업무상의 주의의무가 있다[대판 1960.4.27. 4292형상968].

(2) 주의의무를 부정한 경우(위반시 업무상과실 부정)

1. **(대학병원 과장이라는 이유만으로 외래담당의사나 수련의들의 의료행위에 대하여 지시감독할 의무는 없다는 사건)** 일반적으로 대학병원의 진료체계상 과장은 병원행정상의 직급으로서 다른 교수나 전문의가 진료하고 있는 환자의 진료까지 책임지는 것은 아니고, 소속 교수 등이 진료시간을 요일별 또는 오전, 오후 등 시간별로 구분하여 각자 외래 및 입원 환자를 관리하고 진료에 대한 책임을 맡게 된다. 그러한 사정을 감안하면, 피고인에게 피해자를 담당한 의사가 아니어서 그 치료에 관한 것이 아님에도 불구하고 구강악안면외과 과장이라는 이유만으로 외래담당의사 및 담당 수련의들의 처치와 치료결과를 주시하고 적절한 수술방법을 지시하거나 담당의사 대신 직접 수술을 하고, 농배양을 지시·감독할 주의의무가 있다고 단정할 수 없다[대판 1996.11.8. 95도2710].

2. **(도급인이 전문업자에게 주택수리를 완전히 일임한 경우 도급인에게는 사고방지에 대한 주의의무가 인정되지 않는다는 사건)** 주택수리공사에 관하여 전문적인 지식이 없는 도급인이 주택수리공사 전문업자에게 주택수리를 의뢰하면서 공사에 관한 관리 감독 업무 또는 공사의 시공에 있어서 분야별 공사업자나 인부들에 대한 구체적인 작업지시 및 감독 업무를 주택수리업자에게 일임한 경우, 도급인에게 공사상 필요한 안전조치를 취할 업무상 주의의무가 있다고 할 수 없다[대판 2002.4.12. 2000도3295].

   동지판례 i) 건설회사가 건설공사 중 타워크레인의 설치작업을 전문업자에게 도급주어 타워크레인 설치작업을 하던 중 발생한 사고에 대하여 건설회사의 현장대리인에게 업무상과실치사상의 죄책을 물을 수 없다[대판 2005.9.9. 2005도3108].

   ii) 원칙적으로 도급인에게는 수급인의 업무와 관련하여 사고방지에 필요한 안전조치를 취할 주의의무가 없으나, 법령에 의하여 도급인에게 수급인의 업무에 관하여 구체적인 관리·감독의무 등이 부여되어 있거나 도급인이 공사의 시공이나 개별 작업에 관하여 구체적으로 지시·감독하였다는 등의 특별한 사정이 있는 경우에는 도급인에게도 수급인의 업무와 관련하여 사고방지에 필요한 안전조치를 취할 주의의무가 있다[대판 2009.5.28. 2008도7030], [대판 2015.10.29. 2015도5545].

3. **(무모한 추월 차량이 선행할 수 있도록 조치를 취할 의무는 없다는 사건)** 무모한 추월을 시도하는 차량에 대하여 선행차량이 속도를 낮추어 그 차량을 선행하도록 하여 줄 업무상 주의의무가 있다고 할 수 없다[대판 1984.5.29. 84도483].

4. **(상급자로부터 지시받은 사항을 초과하여 주의할 의무는 없다는 사건)** 병원 인턴인 피고인이, 응급실로 이송되어 온 익수환자 甲을 담당의사 乙의 지시에 따라 구급차에 태워 다른 병원으로 이송하던 중 산소통의 산소잔량을 체크하지 않아 산소 공급이 중단된 결과 甲을 폐부종 등으로 사망에 이르게 하였다고 하더라도, 乙에게서 이송 도중 甲에 대한 앰부 배깅(ambu bagging)과 진정제 투여 업무만을 지시받은 피고인에게 일반적으로 구급차 탑승 전 또는 이송 도중 구급차에 비치되어 있는 산소통의 산소잔량을 확인할 주의의무가 있다고 보기는 어려우므로 업무상과실치사죄가 성립하지 아니한다[대판 2011.9.8. 2009도13959]. [♠14 사시]

判例 과실 또는 업무상과실의 인정여부

(1) 과실 또는 업무상과실을 인정한 경우

1. **(술 취한 자로 하여금 도로를 횡단하게 한 자는 안전을 위한 주의의무가 있다는 사건)** 함께 술을 마신 후 중앙선에 서서 도로횡단을 중단한 乙의 팔을 갑자기 잡아끌고 乙로 하여금 도로를 횡단하게 만든 甲으로서는 무단횡단을 하는 도중에 지나가는 차량에 충격당하여 乙이 사망하는 교통사고가 발생할 가능성이 있으므로, 이러한 경우에는 甲이 乙의 안전을 위하여 차량의 통행 여부 및 횡단 가능 여부를 확인하여야 할 주의의무가 있다 할 것이고, 비록 당시 甲이 술에 취해 있었다 할지라도 심신상실이나 심신미약을 이유로 책임이 조각되거나 감경되는 것은 별론으로 하고, 위와 같은 주의의무가 없어지는 것은 아니라 할 것이며, 또 甲 역시 차량에 충격당하였다 하여 甲이 무단횡단에 앞서서 차량이 진행하여 오는 것을 확인하거나 그 횡단 가능 여부를 판단할 수 있는 기대가능성이 없었다고 할 수도 없으므로 甲으로서는 위와 같은 주의의무를 다하지 않은 이상 교통사고와 그로 인한 乙의 사망에 대하여 과실책임을 면할 수 없다[대판 2002.8.23. 2002도2800]. [♣18 변시]

2. **(상당한 거리에서 중앙선 근접 차량을 이미 발견한 경우 충돌방지를 위한 조치를 취할 의무가 있다는 사건)** 피해자가 운전하는 승용차가 중앙선에 근접하여 운전하여 오는 것을 상당한 거리에서 발견하고도 두 차가 충돌하는 것을 피하기 위하여 할 수 있는 적절한 조치를 취하지 아니하고 그대로 진행하다가 두 차가 매우 가까와진 시점에서야 급제동 조치를 취하며 조향장치를 왼쪽으로 조작하여 중앙선을 넘어가며 피해자의 승용차를 들이받은 경우 피고인에게 과실이 있다[대판 1996.6.11. 96도1049].

3. **(익사사고의 예견이 가능했던 헹가래 사건)** 바다에 면한 수직경사가 암반 위로 이끼가 많이 끼어 매우 미끄러운 곳에서 당시 폭풍주의보가 발효 중이어서 평소보다 높은 파도가 치고있던 상황하에 피해자와 같은 내무반원인 피고인 등 여러 사람이 곧 전역할 병사 X를 붙잡아 헹가래를 쳐서 장난삼아 바다에 빠뜨리려고 하다가 그가 발버둥치자 동인의 발을 붙잡고 있던 피해자가 몸의 중심을 잃고 미끄러지면서 바다에 빠져 사망한 경우 X를 헹가래쳐서 바다에 빠뜨리려고 한 행위와 피해자가 바다에 빠져 사망한 결과와의 사이에는 인과관계가 있다고 할 것이고, 또 위와 같은 경우 결과발생에 관한 예견가능성도 있다고 할 것이므로 X를 붙들고 헹가래치려고 한 피고인들로서는 비록 피해자가 위와 같이 헹가래치려고 한 일행중의 한 사람이었다고 하여도 동인의 사망에 대하여 과실책임을 면할수 없다[대판 1990.11.13. 90도2106].

4. 횡단보도에 보행자를 위한 보행등이 설치되어 있지 않다고 하더라도 횡단보도표시가 되어 있는 이상 그 횡단보도는 도로교통법에서 말하는 횡단보도에 해당하므로, 이러한 횡단보도를 진행하는 차량의 운전자가 도로교통법 제24조 제1항의 규정에 의한 횡단보도에서의 보행자보호의무를 위반하여 교통사고를 낸 경우에는 교통사고처리특례법 제3조 제2항 단서 제6호 소정의 횡단보도에서의 보행자보호의무 위반의 책임을 지게 되는 것이며, 비록 그 횡단

보도가 교차로에 인접하여 설치되어 있고 그 교차로의 차량신호등이 차량진행신호였다고 하더라도 이러한 경우 그 차량신호등은 교차로를 진행할 수 있다는 것에 불과하지, 보행등이 설치되어 있지 아니한 횡단보도를 통행하는 보행자에 대한 보행자보호의무를 다하지 아니하여도 된다는 것을 의미하는 것은 아니므로 달리 볼 것은 아니다 [대판 2003.10.23. 2003도3529].

5. 택시 운전자인 피고인이 심야에 밀집된 주택 사이의 좁은 골목길이자 직각으로 구부러져 가파른 비탈길의 내리막에 누워 있던 피해자의 몸통 부위를 택시 바퀴로 역과하여 그 자리에서 사망에 이르게 하고 도주한 사안에서, 위 사고 당시 시각과 사고 당시 도로상황 등에 비추어 자동차 운전업무에 종사하는 피고인으로서는 평소보다 더욱 속도를 줄이고 전방 좌우를 면밀히 주시하여 안전하게 운전함으로써 사고를 미연에 방지할 주의의무가 있었는데도, 이를 게을리한 채 그다지 속도를 줄이지 아니한 상태로 만연히 진행하던 중 전방 도로에 누워 있던 피해자를 발견하지 못하여 위 사고를 일으켰으므로, 사고 당시 피고인에게는 이러한 업무상 주의의무를 위반한 잘못이 있었는데도, 이와 달리 판단하여 피고인에게 무죄를 선고한 원심판결에 업무상과실치사죄의 구성요건에 관한 법리오해의 위법이 있다고 한 사례[대판 2011.5.26. 2010도17506]. [♠ 14 사시]

(2) 과실 또는 업무상과실을 부정한 경우

1. **(현장소장이 작업 중단을 지시한 이상 작업반장이 그 지시를 무시하고 작업을 하다가 사고가 발생한 경우 현장소장에게는 과실을 인정할 수 없다는 사건)** 현장소장인 피고인이 구덩이의 흙벽이 마사이고 전날밤의 비로 붕괴의 위험이 있음을 엿보고 현장기사를 시켜 작업반장에게 구덩이 안의 작업을 중단할 것을 지시까지 하였으나 작업반장이 피고인의 지시를 무시하고 피해자 등에게 작업을 지시한 결과, 작업하던 피해자가 흙벽이 붕괴되어 흙에 묻히는 사고가 발생하였다면 일반인부는 위 작업반장이 지시, 감독하게 되어 있으므로 피고인으로서는 현장소장으로서 사고발생을 방지하기 위해 필요한 지시를 다하였다 할 것이므로 위 붕괴사고는 피고인의 과실에 의한 것이라고 볼 수 없다[대판 1984.4.10. 83도3365].

2. **(1차로와 근접하여 운전한 것만으로는 과실을 인정할 수 없다는 사건)** 일반적으로 도로상에서 자기 차로를 따라 진행하는 운전자에게 다른 차로를 운행하는 다른 차량과의 관계에서 업무상의 주의의무 위반의 과실이 있다고 인정하려면, 구체적인 도로 및 교통상황하에서 다른 차로를 운행하는 타인에게 위험이나 장해를 주는 속도나 방법으로 운전하였다는 점이 인정되어야 할 것이고, 단순히 갑자기 진행차로의 정중앙에서 벗어나 다른 차로와 근접한 위치에서 운전하였다는 것만으로는 다른 차로에서 뒤따라오는 차량과의 관계에서 운전자로서의 업무상의 주의의무를 위반한 과실이 있다고 할 수 없다[대판 1998.4.10. 98도297].

3. **(매질 구경 사건 - 예견가능성이 없었던 경우)** 교사가 징계목적으로 학생의 손바닥을 때리기 위해 회초리를 들어올리다가 옆에서 구경하려는 다른 학생의 눈을 찔러 상해를 입힌 경우 업무상과실치상죄가 성립한다고 할 수 없다[대판 1985.7.9. 84도822].

4. 술을 마시고 찜질방에 들어온 甲이 찜질방 직원 몰래 후문으로 나가 술을 더 마신 다음 후문으로 다시 들어와 발한실에서 잠을 자다가 사망한 사안에서, 甲이 처음 찜질방에 들어갈 당시 술에 만취하여 목욕장의 정상적 이용이 곤란한 상태였다고 단정하기 어렵고, 찜질방 직원 및 영업주에게 손님이 몰래 후문으로 나가 술을 더 마시고 들어올 경우까지 예상하여 직원을 추가로 배치하거나 후문으로 출입하는 모든 자를 통제·관리하여야 할 업무상 주의의무가 있다고 보기 어렵다는 이유로, 위 찜질방 직원 및 영업주가 공중위생영업자로서의 업무상 주의의무를 위반하였다고 본 원심판단에 법리오해 및 심리미진의 위법이 있다고 한 사례[대판 2010.2.11. 2009도9807]. [♠ 14 사시]
5. 택시 운전수가 횡단보도가 아닌 차도를 무단횡단하는 피해자를 뒤늦게 발견하고 급정차 조치를 취하여 위 피해자와의 충돌을 사전에 예방하였다면 비록 피해자가 갑자기 급정차하는 위 택시를 보고 당황한 끝에 도로위에 넘어져 상해를 입었다고 하더라도 다른 특별한 사정이 없는 한 위 택시 운전수에게 형사상의 책임을 귀속시킬 업무상 과실이 있다고 단정할 수 없다[대판 1987.5.26. 86도2707].
6. 내리막길에서 버스의 브레이크가 작동되지 아니하여 대형사고를 피하기 위하여 인도 턱에 버스를 부딪혀 정차시키려고 하였으나 버스가 인도 턱을 넘어 돌진하여 보행자를 사망에 이르게 한 경우 피고인에게 과실이 인정되지 아니한다[대판 1996.7.9. 96도1198].

2. 결과발생

과실범은 결과범이므로 구성요건적 결과가 발생해야 한다. 구성요건적 결과는 법익침해(예 과실치사죄)와 법익침해의 위험(예 실화죄)이 포함된다.

3. 인과관계 및 객관적 귀속

(1) 인과관계

행위자의 과실과 결과발생 사이에는 인과관계가 있어야 한다.

(2) 객관적 귀속

① 주의의무위반관련성 : 행위자가 주의의무에 위반하여 구성요건적 결과를 야기한 경우, ⅰ) 적법한 대체행위를 하였다면 결과의 불발생이 확실한 경우에는 객관적 귀속이 인정되나, ⅱ) 적법한 대체행위를 하였더라도 동일한 결과의 발생이 확실한 경우에는 객관적 귀속이 부정된다.

判例 적법한 대체행위를 하였다면 결과가 발생하지 않았을 사건 = 상당인과관계 인정

1. **(중앙선에 서 있는 피해자를 상당거리에서 이미 발견한 사건)** 피해자는 횡단 도중에 여의치 못하여 잠시 중앙선 부근에 머무르고 있는 자이었던 만큼 틈만 나면 그곳을 벗어나기 위하여 피고인의 진로 앞으로 횡단하려고 시도하리라는 것은 충분히 예상할 수 있다 할 것이므로, 이러한 경

우에 평균적인 운전자라면 피해자가 스스로이든 아니면 위험지역에 있는 관계상 다른 차량에 의한 외력으로 인한 것이든 간에 자신의 진로 상에 들어올 수도 있다는 것을 감안하여 피해자의 행동을 주시하면서 그러한 돌발적인 경우에 대비하여 긴급하게 조치를 취할 수 있도록 제한속도 아래로 감속하여(제한속도의 상한까지만 감속하는 것만으로는 충분하지 아니할 것이다) 서행하거나 중앙선쪽으로부터 충분한 거리를 유지하면서 진행하여야 하는 것은 당연하다 할 것이니, 피고인이 이러한 주의의무를 다하면서 진행하였더라면 비록 피해자가 다른 차에 충격당하여 피고인의 진로 상으로 들어왔다 하더라도 피고인이 그것을 발견한 것이 15m 전방이었던 점을 고려할 때 이 사건 결과의 발생은 충분히 피할 수도 있었을 것으로 보여진다[대판 1995.12.26. 95도715].

2. 피고인의 택시가 차량 신호등이 적색 등화임에도 횡단보도 앞 정지선 직전에 정지하지 않고 상당한 속도로 정지선을 넘어 횡단보도에 진입하였고, 횡단보도에 들어선 이후 차량 신호등이 녹색 등화로 바뀌자 교차로로 계속 직진하여 교차로에 진입하자마자 교차로를 거의 통과하였던 甲의 승용차 오른쪽 뒤 문짝 부분을 피고인 택시 앞 범퍼 부분으로 충돌한 점 등을 종합할 때, 피고인이 적색 등화에 따라 정지선 직전에 정지하였더라면 교통사고는 발생하지 않았을 것임이 분명하여 피고인의 신호위반행위가 교통사고 발생의 직접적인 원인이 되었다고 보아야 한다[대판 2012.3.15. 2011도17117].

3. 가습기 살균제 제조업자가 가습기 살균제의 주요 성분인 PHMG 원료물질에 대한 급성 흡입독성시험을 실시하였다면 해당 제품의 유해성을 확인할 수 있었음에도 불구하고 그와 같은 시험을 실시하지 아니하였고 해당 가습기 살균제를 사용한 다수의 사람이 가습기 살균제의 독성으로 인하여 사망한 경우, 급성 흡입독성시험을 실시하지 않은 업무상과실과 피해자의 사망 사이에 인과관계가 인정된다[대판 2018.1.25. 2017도12537].

判例 적법한 대체행위를 하였더라도 결과가 발생하였을 사건 = 상당인과관계 부정

1. **(농배양을 하지 않고 항생제를 투약하였으나 농배양을 하였더라도 동일한 항생제를 투약할 수 밖에 없었던 사건)** 피고인이 농배양을 하지 않은 과실이 피해자의 사망에 기여한 인과관계 있는 과실이 된다고 하려면, 농배양을 하였더라면 피고인이 투약해 온 항생제와 다른 어떤 항생제를 사용하게 되었을 것이라거나 어떤 다른 조치를 취할 수 있었을 것이고, 따라서 피해자가 사망하지 않았을 것이라는 점을 심리 · 판단하여야 한다[대판 1996.11.8. 95도2710].

   판결이유 기록상 그러한 점을 밝힐 수 있는 자료는 없고, 오히려 후에 밝혀진 바에 의하면, 피고인이 투약해 온 항생제는 원인균에 적절한 것으로 판명되었다는 것이므로 피고인의 과실이 피해자의 사망과 인과관계가 있다고 보기 어렵다.

2. 의사가 설명의무를 위반한 채 의료행위를 하였다가 환자에게 상해 또는 사망의 결과가 발생한 경우 의사에게 업무상 과실로 인한 형사책임을 지우기 위해서는 의사의 설명의무 위반과 환자의 상해 또는 사망 사이에 상당인과관계가 존재하여야 한다[대판 2015.6.24. 2014도11315].

   판결이유 **(의사가 설명의무를 이행 하였더라도 동일한 의료사고가 발생하는 경우)** 피해자와 공소외 2(남편)는 피고인이 수술의 위험성에 관하여 설명하였는지 여부에 관계없이 간경변증을 앓고 있는 피해자에게 이 사건 수술이 위험할 수 있다는 점을 이미 충분히 인식하고 있었던 것으로 보인다. 그렇다면 피고인이 피해자나 공소외 2에게 공소사실 기재와 같은 내용으로 수술의 위험성에 관하여 설명하였다고 하더라도 피해자나

공소외 2가 수술을 거부하였을 것이라고 단정하기 어렵다. 따라서 피고인의 설명의무 위반과 피해자의 사망 사이에 상당인과관계가 있다고 단정할 수 없다. [♣ 17, 23 변시]

관련판례 의사에게 의료행위로 인한 업무상과실치사상죄를 인정하기 위해서는, 의료행위 과정에서 공소사실에 기재된 업무상과실의 존재는 물론 그러한 업무상과실로 인하여 환자에게 상해·사망 등 결과가 발생한 점에 대하여도 엄격한 증거에 따라 합리적 의심의 여지가 없을 정도로 증명이 이루어져야 한다. 설령 의료행위와 환자에게 발생한 상해·사망 등 결과 사이에 인과관계가 인정되는 경우에도, 검사가 공소사실에 기재한 바와 같은 업무상과실로 평가할 수 있는 행위의 존재 또는 그 업무상과실의 내용을 구체적으로 증명하지 못하였다면, 의료행위로 인하여 환자에게 상해·사망 등 결과가 발생하였다는 사정만으로 의사의 업무상과실을 추정하거나 단순한 가능성·개연성 등 막연한 사정을 근거로 함부로 이를 인정할 수는 없다[대판 2023.1.12. 2022도11163].

[사실관계] 피고인은 의사로서 환자인 피해자의 어깨부위에 주사를 시행하는 과정에서 손·주사기·환자의 피부를 충분히 소독하는 등 상당한 주의를 기울여 감염이 발생하지 않도록 해야 할 업무상 주의의무를 소홀히 하여, 주사부위에 메티실린 내성 황색포도상구균(MRSA)을 감염시켜 피해자에게 약 4주간의 치료가 필요한 우측 견관절, 극상근 및 극하근의 세균성 감염 등의 상해를 입게 하였다고 하여 업무상과실치상으로 기소되었다. 1심과 2심은 피고인의 맨손 주사 또는 알코올 솜 미사용·재사용 등의 사실이 인정되지는 않으나, 피고인이 시행한 주사치료와 피해자의 상해 사이에는 상당인과관계가 인정되고, 피고인의 시술과 피해자의 상해 발생 및 그 관련성, 시기 등의 사정을 종합하여, 공소사실을 유죄로 인정하였다. 그러나 대법원은 피고인이 시행한 주사치료로 인하여 피해자에게 상해가 발생하였다는 점은 어느 정도 인정되나, 공소사실에 기재된 바와 같이 주사치료 과정에서 피고인이 맨손으로 주사하였다거나 알코올 솜의 미사용·재사용, 오염된 주사기의 사용 등 비위생적 조치를 취한 사실에 대한 증명이 합리적 의심을 배제할 정도로 이루어졌다고 볼 수 없고, 달리 공소사실에 기재된 바와 같은 피고인의 업무상과실로 평가될 만한 행위의 존재나 업무상과실의 내용이 구체적으로 증명되었다고 보기도 어렵다는 이유로 사건을 파기환송하였다.

② **보호목적관련성** : 침해된 규범의 보호범위 안에서 발생한 결과만 행위자에게 객관적으로 귀속될 수 있으며, 침해된 규범의 보호범위 밖에서 결과가 발생한 때에는 객관적 귀속이 인정될 수 없다(예 운전자가 과속으로 진행하여 일찍 교차로에 도착하였지만, 그 곳에서는 주의의무를 다하였으나 사고가 발생한 경우).

판 례 연 습

【규범의 보호목적관련성】 ※ ㅏ자형 삼거리 사건

甲은 신호등에 의하여 교통정리가 행하여지고 있는 ㅏ자형 삼거리의 교차로를 녹색등화에 따라 제한속도를 위반하여 과속으로 직진하던 중, 신호를 위반하여 甲의 차량을 가로질러 좌회전을 하던 A의 오토바이와 충돌하여 A가 부상을 당하였다. 甲의 죄책은?

판결요지

신호등에 의하여 교통정리가 행하여지고 있는 ㅏ자형 삼거리의 교차로를 녹색등화에 따라 직진하는 차량의 운전자는 특별한 사정이 없는 한 다른 차량들도 교통법규를 준수하고 충돌을 피하기 위하여 적절한 조치를 취할 것으로 믿고 운전하면 족하고, 대향차선 위의 다른 차량이 신호를 위반하고 직진하는 자기 차량의 앞을 가로질러 좌회전할 경우까지 예상하여 그에 따른 사고발생을 미리 방지하기 위한 특별한 조치까지 강구하여야 할 업무상의 주의의무는 없고, 위 직진차량 운전자가 사고지점을 통과할 무렵 제한속도를 위반하여 과속운전한 잘못이 있었다 하더라도 그러한 잘못과 교통사고의 발생과의 사이에 상당인과관계가 있다고 볼 수 없다[대판 1993.1.15. 92도2579]. [♠ 02, 06 사시]

동지판례 **(접속도로 사건 : 인과관계 부정)** 녹색등화에 따라 왕복 8차선의 간선도로를 직진하는 차량의 운전자는 특별한 사정이 없는 한 왕복 2차선의 접속도로에서 진행하여 오는 다른 차량들도 교통법규를 준수하여 함부로 금지된 좌회전을 시도하지는 아니할 것으로 믿고 운전하면 족하고, 접속도로에서 진행하여 오던 차량이 아예 허용되지 아니하는 좌회전을 감행하여 직진하는 자기 차량의 앞을 가로질러 진행하여 올 경우까지 예상하여 그에 따른 사고발생을 미리 방지하기 위하여 특별한 조치까지 강구할 주의의무는 없다 할 것이고, 또한 운전자가 제한속도를 지키며 진행하였더라면 피해자가 좌회전하여 진입하는 것을 발견한 후에 충돌을 피할 수 있었다는 등의 사정이 없는 한 운전자가 제한속도를 초과하여 과속으로 진행한 잘못이 있다 하더라도 그러한 잘못과 교통사고의 발생 사이에 상당인과관계가 있다고 볼 수는 없다[대판 1998.9.22. 98도1854].

판례해설 과속운전을 금지한 도로교통법상의 규정은 "도로에서의 위험을 방지하고 교통의 안전과 원활을 확보하기 위하여" 마련된 것이지 "자동차를 특정한 지점에 보다 늦게 도착하도록 함으로써 교통사고를 방지하기 위하여" 마련된 것은 아니므로, 규범의 보호목적이론에 의하더라도 객관적 귀속이 부정되는 사례이다.

정답 (무죄)

③ 예견가능성 : 행위자가 객관적으로 예견할 수 없었던 결과는 행위자에게 귀속시킬 수 없다.

判例 **(탄광덕대 사건 : 인과관계 부정)** 탄광덕대인 피고인이 화약류취급책임자 면허가 없는 甲에게 화약고 열쇠를 맡기었던 바 甲이 경찰관의 화약고 검열에 대비하여 임의로 화약고에서 뇌관, 폭약 등을 꺼내어 이를 노무자 숙소 아궁이에 감추었고, 이 사실을 모르는 자가 위 아궁이에 불을 때다 위 폭발물에 인화되어 폭발위력으로 사람을 사상에 이르게 한 경우에는 피고인으로서는 위와 같은 사고를 예견할 수 있었다고 보기 어려울 뿐 아니라 피고인이 甲에게 위 열쇠를 보관시키고 화약고를 취급하도록 한 행위와 위 사고발생 간에는 인과관계가 있다고 할 수 없다[대판 1981.9.8. 81도53].

Ⅲ. 과실범의 위법성과 책임

1. 과실범의 위법성

(1) 위법성의 징표

과실범에 있어서도 구성요건해당성은 위법성을 징표하며, 위법성조각사유가 존재하지 아니하는 한 위법성은 인정된다.

(2) 위법성조각사유

① 정당방위 : 과실범의 구성요건에 해당하는 행위가 정당방위의 한계 내에 머물러 있으면 정당방위가 성립한다(예 강도가 치명적인 흉기를 들고 대항하자 경찰관이 이를 방어할 의사로 다리를 향해 쏘았으나 빗나가 심장을 맞아 사망한 경우와 같이 고의적인 반격에 의한 동일한 결과였다고 하더라도 정당화될 수 있는 경우).

② 긴급피난 : 의사가 중환자의 생명을 구하기 위해 급히 병원으로 후송하는 과정에서 과실로 사람에게 상처를 입힌 경우

2. 과실범의 책임

고의범과 마찬가지로 책임능력, 위법성의 인식[6], 기대가능성[7]이 요구되며 과실범에 특유한 책임요소로서 주관적 주의의무위반[8]이 있어야 한다.

---

6) 행위자가 자신의 주의의무 위반이 위법하다는 것을 인식하는 것을 말한다.

7) 행위 당시의 외부사정에 비추어 행위자에게 주의의무의 이행을 기대할 수 없는 경우에는 (과실)책임이 조각된다. 다만, 행위자가 자신의 개인적 주의능력을 벗어나는 일을 스스로 감행한 경우에는 이 능력 밖의 일을 인수하는 행위에 과실이 인정되며 이를 인수과실이라고 한다.

8) 행위자 개인의 지식과 능력을 기준으로 행위자가 객관적으로 요구되는 주의의무를 다할 수 있었음에도 불구하고 주의의무를 다하지 않은 경우를 말한다.

Ⅳ. 객관적 주의의무의 제한원리

1. 허용된 위험의 이론

(1) 의 의

현대산업사회에서는 사회적 유용성과 필요성으로 말미암아 위험을 수반하는 일정한 행위(예 교통, 원자력의 이용)일지라도 필요한 안전조치를 강구한 이상 불가피하게 허용할 수밖에 없다. 이 경우 그 행위와 결부된 전형적인 위험을 허용된 위험이라고 하며 허용된 위험의 범위내의 행위에 의하여 법익침해의 결과가 야기된 경우 과실이 인정되지 않아 구성요건해당성이 배제된다.

(2) 인정근거

허용된 위험의 이론은 사회적 유용성과 필요성을 이유로 한 '사회적 위험의 적정한 분배'라는 사고에 기초하고 있다.

2. 신뢰의 원칙

(1) 의 의

① 신뢰의 원칙이란 교통규칙을 준수한 운전자는 다른 교통관여자가 교통규칙을 준수할 것이라고 신뢰하면 족하며, 그가 교통규칙을 위반하는 경우까지 예견하고 이에 대한 방어조치를 취할 의무는 없다는 원칙을 말한다.

② 신뢰의 원칙은 허용된 위험의 법리와 사회적 위험의 적정한 분배라는 사상을 배경으로 도로교통에 관한 판례를 통하여 확립된 이론이다. [♠ 02 사시]

③ 신뢰의 원칙은 과실범의 객관적 주의의무의 제한을 통하여 과실범의 성립범위를 축소시키는 이론이다. [♠ 02, 12 사시]

(2) 연 혁

신뢰의 원칙은 교통사고와 관련하여 독일의 판례가 채택한 이래 오늘날 분업적 의료행위 등에서도 주의의무의 한계를 확정하는 원리로 인정받고 있다.

(3) 기 능

신뢰의 원칙이 객관적 주의의무를 제한하는 기능을 가졌다고 인정하는 입장에서도, ⅰ) 예견의무를 제한한다는 견해, ⅱ) 예견의무의 이행을 전제로 회피의무를 제한한다는 견해, ⅲ) 예견의무와 회피의무 양자를 모두 제한한다는 견해가 나뉘어져 있다.

(4) 적용범위

① **도로교통과 신뢰의 원칙** : 판례는 신뢰의 원칙을 차량 대 차량의 사고인가 또는 차량 대 보행자의 사고인가에 따라 구별하여 적용하고 있다. [♠ 02 사시]

㉮ 자동차와 자동차의 충돌사고 : 신뢰의 원칙이 적용된다.

判例 신뢰의 원칙이 적용되어 주의의무가 인정되지 않는 경우(업무상과실책임의 탈락)

1. **(중앙선 불침에 대한 신뢰)** 고속도로에서 자동차를 운전하는 자는 반대방향에서 운행하여 오는 차량이 앞지르기를 하거나 도로의 상황 기타 사정으로 부득이 중앙선을 침범하게 되는 경우를 제외하고는 그 차량이 도로의 중앙선을 침범하는 일은 없을 것이라고 믿고 운전하면 족한 것이므로, … 자동차를 운전하는 피고인은 위 甲이 운전하던 차량과 같이 교통법규를 위반하고 중앙선을 침범하여 자기가 운전하는 차량 전방에 진입할 것까지를 예견하고 감속하는 등 충돌을 사전에 방지할 조치를 강구하지 않으면 안될 주의의무는 없다 할 것이다[대판 1982.4.13. 81도2720].

동지판례 피고인이 봉고트럭을 운전하여 황색중앙선이 표시된 편도 1차선을 주행하던 중 반대차선으로 오던 피해자 운전의 오토바이가 약 15m 앞에서 갑자기 중앙선을 넘어오는 바람에 미처 피하지 못하여 사고가 발생하였다면 피고인에게 위 오토바이가 갑자기 중앙선을 넘어 들어 올 것을 예상하여 어떤 조치를 취할 것을 기대할 수는 없다 할 것이므로 업무상 과실책임을 물을 수 없다[대판 1990.4.24. 89도2547; 동지 대판 1995.7.11. 95도382].

2. **(교차로 선진입자의 신뢰)** 교차로에 먼저 진입한 운전자는 교차하는 도로를 통행하는 피해자가 교통법규에 따라 적절한 행동을 취하리라고 신뢰하고 운전한다고 할 것이므로 특별한 사정이 없는 한 피해자가 자신의 진행속도보다 빠른 속도로 무모하게 교차로에 진입하여 자신의 차량과 충격할지 모른다는 것까지 예상하고 대비하여 운전하여야 할 주의의무는 없다[대판 1992.8.18. 92도934].

3. **(신호등 준수자의 신뢰)** ⅰ) 신호등에 의하여 교통정리가 행하여지고 있는 교차로를 녹색등화에 따라 직진하는 차량의 운전자는 다른 차량이 신호를 위반하고 직진하는 차량의 앞을 가로질러 좌회전할 경우까지를 예상하여 그에 따른 사고발생을 미연에 방지할 특별한 조치까지 강구할 업무상의 주의의무는 없다고 할 것이다[대판 1985.1.22. 84도1493].
ⅱ) 편도 5차선 도로의 1차로를 신호에 따라 진행하던 자동차 운전자에게 도로의 오른쪽에 연결된 소방도로에서 오토바이가 나와 맞은편 쪽으로 가기 위해서 편도 5차선 도로를 대각선 방향으로 가로 질러 진행하는 경우까지 예상하여 진행할 주의의무는 없다[대판 2007.4.26. 2006도9216]. [♠10 사시]

㉯ 자동차와 자전거의 충돌사고 : 신뢰의 원칙이 적용된다.

判例 신뢰의 원칙이 적용되어 주의의무가 인정되지 않는 경우(업무상 과실책임의 탈락)

1. **(차높이 제한표지를 신뢰하고 운행하면 족하다는 사건)** 차높이 제한표지를 설치하고 관리할 책임이 있는 행정관청은 차량의 통행에 장애가 없을 정도로 충분한 여유고를 두고 그 높이 표시를 하여야 할 의무가 있으므로, 차높이 제한표지가 설치되어 있는 지점을 통과하는 운전자들은 그 표지판이 차량의 통행에 장애가 없을 정도의 여유고를 계산하여 설치된 것이라고 믿고 운행하면 되는 것이고, 구조물의 실제 높이와 제한표지상의 높이와의 차이가 전혀 없어졌을 가능성을 예견하여 차량을 일시 정차시키고 그 충돌 위험성이 있는지 여부까지 확인한 후 운행하여야 할 주의의무가 있다고 보기 어렵다[대판 1997.1.24. 95도2125]. [♠ 08 사시]

2. **(피해자가 무등화인채로 자전거를 타고 무단횡단하는 경우까지 예상할 주의의무는 없다는 사건)** 운전자에게 야간에 무등화인 자전거를 타고 차도를 무단횡단하는 경우까지를 예상하여 제한속력을 감속하고 잘 보이지 않는 반대차선상의 동태까지 살피면서 서행운행할 주의의무가 있다고 할 수 없다[대판 1984.9.25. 84도1695].

동지판례 피고인에게 자전차를 탄 피해자가 5, 6m 정도의 근접한 거리에서 갑자기 도로를 횡단하여 피고인 차량이 진행하던 도로 좌측부분으로 진입할 것을 예상하고 더욱 감속하거나 일단 정지를 하는 등 사고발생을 미연에 방지할 주의의무가 있다고 보기 어렵다[대판 1983.2.8. 82도2617].

㉰ **자동차와 보행자의 충돌사고** : 이 경우 대법원은 신뢰의 원칙을 철저하게 적용하고 있지는 아니하다.

判例 사고 장소의 특성으로 인하여 신뢰의 원칙이 적용되는 경우(주의의무 부정)

1. **(고속국도)** 고속국도에서는 보행으로 통행, 횡단하거나 출입하는 것이 금지되어 있으므로 고속국도를 주행하는 차량의 운전자는 도로양측에 휴게소가 있는 경우에도 동 도로상에 보행자가 있음을 예상하여 감속 등 조치를 할 주의의무가 있다 할 수 없다[대판 1977.6.28. 77도403]. [♠ 02, 04 사시]
2. **(자동차전용도로)** 자동차전용도로를 운행중인 자동차 운전사들에게 반대차선에서 진행차량 사이를 뚫고 횡단하는 보행자들이 있을 것까지 예상하여 전방주시를 할 의무가 있다고 보기는 어려운 것이므로, 만연히 피해자들이 반대차선을 횡단해온 거리가 14.9m가 된다는 것만으로 피고인의 과실을 인정할 수는 없다[대판 1990.1.23. 89도1395].

동지판례 서울시 소재 잠수교 노상은 자전거의 출입이 금지된 곳이므로 자동차의 운전수로서는 거기에 자전거를 탄 피해자가 갑자기 차도상에 나타나리라고는 예견할 수 없다고 할 것이다[대판 1980.8.12. 80도1446].

3. **(육교 밑)** 피고인으로서는 일반보행자들이 교통관계법규를 지켜 차도를 횡단하지 아니하고 육교를 이용하여 횡단할 것을 신뢰하여 운행하면 족하다 할 것이고 불의에 뛰어드는 보행자를 예상하여 이를 사전에 방지해야 할 조치를 취할 업무상 주의의무는 없다 할 것이다[대판 1985.9.10. 84도1572].

판례해설 본 사건에서 만약에 피해자가 어린아이였다면 신뢰의 원칙의 적용이 제한되어 피고인에게는 업무상주의의무가 인정된다.

4. **(적색신호 상태인 횡단보도)** 차량의 운전자로서는 횡단보도의 신호가 적색인 상태에서 반대차선상에 정지하여 있는 차량의 뒤로 보행자가 건너오지 않을 것이라고 신뢰하는 것이 당연하고 그렇지 아니할 사태까지 예상하여 그에 대한 주의의무를 다하여야 한다고는 할 수 없다[대판 1993.2.23. 92도2077].

동지판례 제한속도를 준수하며 진행하는 피고인으로서는 신호기의 차량진행신호에 따라 그대로 진행하면 족하고 위 피해자 운전의 오토바이가 신호를 무시하고 갑자기 위 횡단보도를 무단횡단할 경우까지를 예상하여 사고예방을 위한 필요한 조치를 취하여야 할 업무상 주의의무는 없다[대판 1994.4.26. 94도548].

② **적용범위의 확대** : 신뢰의 원칙은 교통사고 이외에도 분업적 공동작업이 필요한 모든 경우에 그 적용범위가 확대되고 있다(예 외과수술). 다만 신뢰의 원칙을 확대하기 위해서는 신뢰를 기초지울 수 있는 분업관계가 확립되어 있어야 한다[이재상, 192면].

㉮ **수평적 분업관계** : 공동으로 수술을 행한 의사들 상호간이나 한 병원의 독립된 각 과 사이, 의사와 약사 사이, 약사와 제약회사 사이에는 신뢰의 원칙이 적용된다.

判例 약사와 제약회사 사이 = 신뢰의 원칙 적용

약사가 의약품을 판매하거나 조제함에 있어서 약사로서는 그 의약품이 그 표시된 포장상에 있어서 약사법 소정의 검인 합격품이고 또한 부패 · 변질 · 변색되지 아니하고 유효기간이 경과되지 아니함을 확인하고 조제판매한 경우에는 우연히 그 내용물에 불순물 또는 다른 약품이 포함된 것을 간단한 주의를 하면 인식할 수 있고, 또는 이미 제품에 의한 사고가 발생된 것이 널리 알려져 그 약품의 사용을 피할 수 있었던 특별한 사정이 없는 한 관능시험 및 기기시험까지 할 주의의무가 있다 할 수 없고, 따라서 그 표시를 신뢰하고 그 약을 사용한 점에 과실이 있다고 볼 수 없다[대판 1976.2.10. 74도2046].
[♣13 변시]

㉯ **수직적 분업관계** : 전공의인 주치의와 수련의 사이, 의사와 간호사 등 보조자 사이와 같이 지휘 · 감독관계가 있는 경우에는 원칙적으로 신뢰의 원칙이 적용되지 않는다. [♠02 사시] 그러나 수술을 시행하는 의사는 간호사가 제공하는 수술도구가 정상적으로 소독되었다고 신뢰할 수 있다.

判例 주치의(전공의)의 감독 소홀로 수련의가 의료사고를 발생케 한 경우 = 주치의의 업무상 과실 인정

환자의 주치의 겸 정형외과 전공의가 같은 과 수련의의 처방에 대한 감독의무를 소홀히 한 나머지 환자가 수련의의 잘못된 처방으로 인하여 상해를 입게 된 경우, 의사가 다른 의사와 의료행위를 분담하는 경우에도 자신이 환자에 대하여 주된 의사의 지위에 있거나 다른 의사를 사실상 지휘 감독하는 지위에 있다면, 그 의료행위의 영역이 자신의 전공과목이 아니라 다른 의사의 전공과목에 전적으로 속하거나 다른 의사에게 전적으로 위임된 것이 아닌 이상, 의사는 자신이 주로 담당하는 환자에 대하여 다른 의사가 하는 의료행위의 내용이 적절한 것인지의 여부를 확인하고 감독하여야 할 업무상 주의의무가 있고, 만약 의사가 이와 같은 업무상 주의의무를 소홀히 하여 환자에게 위해가 발생하였다면, 의사는 그에 대한 과실 책임을 면할 수 없다[대판 2007.2.21. 2005도9229].

비교판례 수련병원의 전문의와 전공의 등의 관계처럼 의료기관 내의 직책상 주된 의사의 지위에서 지휘 · 감독 관계에 있는 다른 의사에게 특정 의료행위를 위임하는 수직적 분업의 경우에는, 그 다른 의사에게 전적으로 위임된 것이 아닌 이상 주된 의사는 자신이 주로 담당하는 환자에 대하여 다른 의사가 하는 의료행위의 내용이 적절한 것인지 여부를 확인하고 감독하여야 할 업무상 주의의무가 있고, 만약 의사가 이와 같은 업무상 주의의무를 소홀히 하여 환자에게 위해가 발생하였다면 주된 의사는 그에 대한 과실 책임을 면할 수 없다. 이때 그 의료행위가 지휘 · 감독 관계에 있는 다른 의사에게 전적으로 위임된 것으로 볼 수 있는지 여부는 위임받은 의사의 자격 내지 자질과 평소 수행한 업무, 위임의 경위 및 당시 상황, 그 의료행위가 전문적인 의료영역 및 해당 의료기관의 의료 시스템 내에서 위임하에 이루어질 수 있는 성격의 것이고 실제로도 그와 같이 이루어져 왔는지 여부 등 여러 사정에 비추어 해당 의료행위가 위임을 통해 분담 가능한 내용의 것이고 실제로도 그에 관한 위임이 있었다면, 그 위임 당시 구체적인 상황하에서 위임의 합리성을 인정하기 어려운 사정이 존재하고 이를 인식하였거나 인식할 수 있었다고 볼 만한 다른 사정에 대한 증명이 없는 한, 위임한 의사는 위임받은 의사의 과실로 환자에게 발생한 결과에 대한 책임이 있다고 할 수 없다. 나아가, 의료행위에 앞서 환자에게 그로 인하여 발생할 수 있는 위험성 등을 구체적으로 설명하여야 하는 주체는 원칙적으로 주된 지위에서 진료하는 의사라 할 것이나 특별한 사정이 없는 한 다른 의사를 통한 설명으로도 충분하다. 따라서 이러한 경우 다른 의사에게 의료행위와 함께 그로 인하여 발생할 수 있는 위험성에 대한 설명까지 위임한 주된 지위의 의사의 주의의무 위반에 따른 책임을 인정하려면, 그 위임사실에도 불구하고 위임하는 의사와 위임받는 의사의 관계 및 지위, 위임하는 의료행위의 성격과 그 당시의 환자 상태 및 그에 대한 각자의 인식 내용, 위임받은 의사가 그 의료행위 수행에 필요한 경험과 능력을 보유하였는지 여부 등에 비추어 위임의 합리성을 인정하기 어려운 경우에 해당하여야 한다[대판 2022.12.1. 2022도1499].

판례연습

【분업관계와 신뢰의 원칙의 적용여부 1】

아래의 각 사안에 의할 때 甲과 乙의 죄책은?

〈사안 1〉

1. 종합병원의 내과의사 甲은 입원환자 A를 진료하면서 신경과 전문의에 대한 협의진료 결과 A의 증세와 관련하여 신경과 영역에서 이상이 없다는 회신을 받았고, 그 회신 전후의 진료 경과에 비추어 그 회신 내용에 의문을 품을 만한 사정이 있다고 보이지 않자 그 회신을 신뢰하여 뇌혈관계통 질환의 가능성을 염두에 두지 않고 내과 영역의 진료 행위를 계속하다가 A의 증세가 호전되기에 이르자 퇴원하도록 조치하였다.
2. A는 퇴원 후 입원 전부터 있었던 지주막하출혈로 인하여 다른 병원에서 수술을 받았으나 식물인간의 상태가 되고 말았다.

〈사안 2〉

1. 대학병원 인턴인 乙은 간호사인 丙으로 하여금 환자 B에게 단독으로 수혈을 하도록 내버려 둠으로써, 丙이 혈액봉지의 라벨을 확인하지 아니하여 다른 환자에게 수혈할 혈액봉지를 B에 대한 혈액봉지로 오인하고서 B에게 수혈하여 혈액형이 달랐던 B를 수혈부작용 등으로 사망에 이르게 하였다.
2. 위 병원에서는 인턴의 수가 부족하여 수혈의 경우 두 번째 이후의 혈액봉지는 인턴 대신 간호사가 교체하는 관행이 있었다.

판결요지

〈사안 1〉 내과의사와 신경과 전문의 = 신뢰의 원칙 적용, 내과의사의 업무상 과실 부정

내과의사가 신경과 전문의에 대한 협의진료 결과 피해자의 증세와 관련하여 신경과 영역에서 이상이 없다는 회신을 받았고, 그 회신 전후의 진료 경과에 비추어 그 회신 내용에 의문을 품을 만한 사정이 보이지 않자 그 회신을 신뢰하여 뇌혈관계통 질환의 가능성을 염두에 두지 않고 내과 영역의 진료 행위를 계속하다가 피해자의 증세가 호전되기에 이르자 퇴원하도록 조치한 경우, 피해자의 지주막하출혈을 발견하지 못한 데 대하여 내과의사의 업무상 과실을 부정한 사례[대판 2003.1.10. 2001도3292].

〈사안 2〉 의사의 간호사에 대한 수혈 위임사건 = 신뢰의 원칙 적용 불가, 의사의 업무상 과실 인정

[1] 수혈은 종종 그 과정에서 부작용을 수반하는 의료행위이므로, 수혈을 담당하는 의사는 혈액형의 일치 여부는 물론 수혈의 완성 여부를 확인하고, 수혈 도중에도 세심하게 환자의 반응을 주시하여 부작용이 있을 경우 필요한 조치를 취할 준비를 갖추는 등의 주의의무가 있다. 그리고 의사는 전문적 지식과 기능을 가지고 환자의 전적인 신뢰하에서 환자의 생명과 건강을 보호하는 것을 업으로 하는 자로서, 그 의료행위를 시술하는 기회에 환자에게 위해가 미치는 것을 방지하기 위하여 최선의 조치를 취할 의무를 지고 있고, 간호사로 하여금 의료행위에 관여하게 하는 경우에도 그 의료행위는 의사의 책임하에 이루어지는 것이고 간호사는 그 보조자에 불과하므로, 의사는 당해 의료행위가 환자에게 위해가 미칠 위험이 있는 이상 간호사가 과오를 범하지 않도록 충분히 지도·감독을 하여 사고의 발생을 미연에 방지하여야 할 주의의무가 있고, 이를 소홀히 한 채 만연히 간호사를 신뢰하여 간호사에게 당해 의료행위를 일임함으로써 간호사의 과오로 환자에게 위해가 발생하였다면 의사는 그에 대한 과실책임을 면할 수 없다.

[2] 피고인이 근무하는 병원에서는 인턴의 수가 부족하여 수혈의 경우 두 번째 이후의 혈액봉지는 인턴 대신 간호사가 교체하는 관행이 있었다고 하더라도, 위와 같이 혈액봉지가 바뀔 위험이 있는 상황에서 피고인이 그에 대한 아무런 조치도 취함이 없이 간호사에게 혈액봉지의 교체를 일임한 것이 관행에 따른 것이라는 이유만으로 정당화될 수는 없다[대판 1998.2.27. 97도2812]. [♠ 02 사시]

판례해설 의료과실에 있어서 신뢰의 원칙의 적용 요건인 위험방지분배원리가 적용될 수 있는 사례(사안 1, 대등관계)와 그렇지 않은 사례(사안 2, 상하관계)의 비교 문제이다. **정답 (甲 : 무죄, 乙 : 업무상과실치사죄)**

판 례 연 습

【분업관계와 신뢰의 원칙의 적용여부 2】

아래의 각 사안에 의할 때 甲과 乙의 죄책은?

〈사안 1〉

1. 마취회복담당 의사 甲은 회복실로 이송된 환자 A에게 자발호흡만 있는 것을 확인하고는 의식이 회복되었는지 확인하지 않고 회복실을 떠나버렸다. 그런데 누구의 소행인지는 알 수는 없으나 甲이 A에게 부착시킨 심전도기를 떼어 버리는 사고가 발생하여 A는 결국 무산소증으로 인한 뇌손상으로 2개월 후에 사망하였다.
2. 사고당시 회복실에는 원래 회복실 담당은 아니지만 자기 환자의 회복처치에 임하고 있었던 간호사가 1명 있었으나 위 사고사실을 알아차리지 못했다.

〈사안 2〉

1. 주치의 乙은 자신이 처방을 한 다음 뇌수술을 받은 환자 B에 대한 정맥주사를 당직간호사에게 지시하였다.
2. 위 병원의 책임간호사인 丙(경력7년)은 간호실습을 하고 있던 丁(간호학과 3학년)에게 주사기를 주면서 환자의 정맥에 주사하라고 지시하고 자신은 그 병실의 다른 환자에게 주사를 하는 사이에, 丁이 주사액을 주입하여야 할 튜브관을 오인하여 다른 튜브관에 주입하여 B가 당일에 사망하고 말았다.

판결요지

〈사안 1〉 마취과 의사의 환자 방치 사건 = 의사의 업무상 과실 인정

[1] 마취환자의 마취회복업무를 담당한 의사로서는 마취환자가 수술 도중 특별한 이상이 있었는지를 확인하여 특별한 이상이 있었던 경우에는 보통 환자보다 더욱 감시를 철저히 하고, 또한 마취환자가 의식이 회복되기 전에는 호흡이 정지될 가능성이 적지 않으므로 피해자의 의식이 완전히 회복될 때까지 주위에서 관찰하거나 적어도 환자를 떠날 때는 피해자를 담당하는 간호사를 특정하여 그로 하여금 환자의 상태를 계속 주시하도록 하여 만일 이상이 발견한 경우에는 즉시 응급조치가 가능하도록 할 의무가 있다.

[2] **(업무를 인계받지 않은 간호사에게 주의의무가 인정되지 않음)** 피해자를 감시하도록 업무를 인계받지 않은 간호사가 자기 환자의 회복처치에 전념하고 있었다면 회복실에 다른 간호사가 남아 있지 않은 경우에도 다른 환자의 이상증세가 인식될 수 있는 상황에서라야 이에 대한 조치를 할 의무가 있다고 보일 뿐 회복실 내의 모든 환자에 대하여 적극적 · 계속적으로 주시 · 점검을 할 의무가 있다고 할 수 없다[대판 1994.4.26. 92도3283]. [♠ 10 사시]

〈사안 2〉 의사가 간호사에게 쉬운 정맥주사를 위임한 사건 = 의사의 업무상 과실 부정

[1] 간호사가 '진료의 보조'를 함에 있어서는 모든 행위 하나하나마다 항상 의사가 현장에 입회하여 일일이 지도 · 감독하여야 한다고 할 수는 없고, 경우에 따라서는 의사가 진료의 보조행위 현장에 입회할 필요 없이 일반적인 지도 · 감독을 하는 것으로 족한 경우도 있을 수 있다 할 것인데, 여기에 해당하는 보조행위인지 여부는 구체적인 경우에 있어서 그 행위의 객관적인 특성상 위험이 따르거나 부작용 혹은 후유증이 있을 수 있는지, 당시의 환자 상태가 어떠한지, 간호사의 자질과 숙련도는 어느 정도인지 등의 여러 사정을 참작하여 개별적으로 결정하여야 한다.

[2] 간호사가 의사의 처방에 의한 정맥주사(Side Injection 방식)를 의사의 입회 없이 간호실습생(간호학과 대학생)에게 실시하도록 하여 발생한 의료사고에 대한 의사의 과실을 부정한 사례[대판 2003.8.19. 2001도3667].

정답 (甲 : 업무상과실치사죄, 乙 : 무죄)

(5) 신뢰의 원칙의 적용한계

① 상대방의 규칙 위반을 이미 인식한 경우

判例 고속도로 무단횡단자를 제동거리 밖에서 발견한 경우(사고방지 조치의무 인정 : 위반시 과실 인정)

고속도로를 운행하는 자동차의 운전자로서는 일반적인 경우에 고속도로를 횡단하는 보행자가 있을 것까지 예견하여 보행자와의 충돌사고를 예방하기 위하여 급정차 등의 조치를 취할 수 있도록 대비하면서 운전할 주의의무가 없고, 다만 고속도로를 무단횡단하는 보행자를 충격하여 사고를 발생시킨 경우라도 운전자가 상당한 거리에서 보행자의 무단횡단을 미리 예상할 수 있는 사정이 있었고, 그에 따라 즉시 감속하거나 급제동하는 등의 조치를 취하였다면 보행자와의 충돌을 피할 수 있었다는 등의 특별한 사정이 인정되는 경우에만 자동차 운전자의 과실이 인정될 수 있다[대판 2000.9.5. 2000도2671; 동지 대판 1981.3.24. 80도3305]. [♠ 02, 04 사시]

判例 중앙선 침범을 이미 목격한 경우(사고방지 조치의무 인정 : 위반시 과실 인정)

침범금지의 황색 중앙선이 설정된 도로에서 자기 차선을 따라 운행하는 자동차 운전수는 반대방향에서 오는 차량도 그쪽 차선에 따라 운행하리라고 신뢰하는 것이 보통이고 중앙선을 침범하여 이쪽 차선에 돌입할 경우까지 예견하여 운전할 주의의무는 없으나, 다만 반대방향에서 오는 차량이 이미 중앙선을 침범하여 비정상적인 운행을 하고 있음을 목격한 경우에는 자기의 진행전방에 돌입할 가능성을 예견하여 그 차량의 동태를 주의깊게 살피면서 속도를 줄여 피행하는 등 적절한 조치를 취함으로써 사고발생을 미연에 방지할 업무상 주의의무가 있다[대판 1986.2.25. 85도2651].

동지판례 중앙선이 표시되어 있지 아니한 비포장도로라고 하더라도 자동차의 운전자로서는 특별한 사정이 없는 한 마주 오는 차도 교통법규를 지켜 도로의 중앙으로부터 우측부분을 통행할 것으로 신뢰하는 것이 보통이므로, 마주 오는 차가 도로의 중앙이나 좌측부분으로 진행하여 올 것까지 예상하여 특별한 조치를 강구하여야 할 업무상 주의의무는 없는 것이 원칙이고, 다만 마주 오는 차가 이미 비정상적으로 도로의 중앙이나 좌측부분으로 진행하여 오고 있는 것을 목격한 경우에는, 자기의 차와 마주 오는 차와의 접촉충돌에 의한 위험의 발생을 미연에 방지할 수 있는 적절한 조치를 취하여야 할 업무상 주의의무가 있다[대판 1992.7.28. 92도1137].

② 상대방의 개인적 특성 또는 상대방이 처한 상황으로 인하여 규칙 준수를 신뢰할 수 없는 경우(예 유아, 노인, 불구자, 통행금지시간에 임박한 보행자)

判例 어린아이가 우측로변으로 걸어가고 있는 경우 (사고방지 조치의무 인정 : 위반시 과실 인정)

버스 운전자가 40m 전방 우측로변에 어린아이가 같은 방향으로 걸어가고 있음을 목격한 경우에 자동차 운전자는 그 아이가 진행하는 버스 앞으로 느닷없이 튀어나올 수 있음을 예견하고 이에 대비할 주의의무가 있다[대판 1970.8.18. 70도1336].

判例 통행금지시간에 임박한 경우 (무단횡단의 예견가능성이 있으므로 사고방지 조치의무 인정)

사고당시의 시간이 통행금지시간이 임박한 23:45경이라면 일반적으로 차량의 통행이 적어 통금에 쫓긴 통행인들이 도로를 횡단하는 것이 예사이고, 이 사건 사고 당시와 같이 사고지점의 3차선 상에 버스들이 정차하고 있었다면 버스에서 내려 버스사이로 뛰어나와 도로를 횡단하려고 하는 사람이 있으리라는 것은 우리의 경험상 능히 예측할 수 있는 일이다[대판 1980.5.27. 80도842].

③ 사고다발지역의 경우

㉮ 교통규칙의 위반이 빈번히 일어나는 장소에서는 신뢰의 원칙이 배제될 수 있다(예 초등학교 · 유치원 앞).

㉯ 신뢰의 원칙의 적용이 배제되기 위하여는 통계상 사고가 자주 일어난다는 것만으로는 족하지 아니하고, 운전자가 이를 예상할 수 있는 특수한 사정이 있어야 한다.

④ 운전자가 스스로 교통규칙을 위반한 경우
   ㉮ 스스로 교통규칙을 위반한 운전자는 타인에 대하여 적법한 행위를 기대할 수 없으므로 신뢰의 원칙이 적용되지 않는다.
   ㉯ 신뢰의 원칙의 적용이 배제되는 것은 규칙위반이 사고발생에 직접적인 관련이 있는 경우에 한한다. [♠ 02 사시]

判例 금지된 좌회전 보다는 중앙선을 넘어 돌진한 자가 더 잘못이라는 사건

피고인이 좌회전 금지구역에서 좌회전한 것은 잘못이나 이러한 경우에도 피고인으로서는 50여 m 후방에서 따라오던 후행차량이 중앙선을 넘어 피고인 운전차량의 좌측으로 돌진하는 등 극히 비정상적인 방법으로 진행할 것까지를 예상하여 사고발생 방지조치를 취하여야 할 업무상 주의의무가 있다고 할 수는 없고, 따라서 좌회전 금지구역에서 좌회전한 행위와 사고발생 사이에 상당인과관계가 인정되지 아니한다[대판 1996.5.28. 95도1200].

Ⅴ. 관련문제

1. 과실범의 미수

형법상 과실범의 미수를 처벌하는 규정은 없다. [♣ 15 변시] 따라서 과실범의 중지미수도 성립할 수 없다. [♠ 99 사시]

2. 과실범의 공범

① 과실범의 공동정범 : 판례는 '성수대교 붕괴 사건'과 '삼풍백화점 붕괴 사건' 등에서 과실범의 공동정범을 일관되게 인정하고 있다(후술함). [♠ 08, 15 사시] [♣ 19 변시]
② 과실에 의한 교사·방조 : 교사범과 종범은 고의범이므로 과실에 의한 교사·방조는 인정되지 않는다.
③ 과실범에 대한 교사·방조 : 교사범·종범은 고의범인 정범을 전제로 하므로 과실범에 대한 교사·방조의 경우 교사범·종범은 성립할 수 없다.

3. 과실의 부작위범(망각범)

① 이론상 과실에 의한 진정부작위범, 부진정부작위범의 성립이 가능하다.
② 형법상 진정부작위범의 경우 과실범의 처벌규정이 없다.

제8절 결과적 가중범

부진정결과적 가중범의 개념, 인정여부에 관한 논의, 부진정결과적 가중범이 성립하는 경우 죄수 판단은 선택형과 사례형의 단골 출제메뉴이다. 결과적 가중범의 성립요건과 관련한 판례, 결과적 가중범의 미수의 인정여부에 관한 논의도 중요하며 특히 후자의 경우 사례형의 중요한 논점에 해당한다. 관련문제 부분도 빈출 영역에 해당한다.

제15조(결과적 가중범) ② 결과 때문에 형이 무거워지는 죄의 경우에 그 결과의 발생을 예견할 수 없었을 때에는 무거운 죄로 벌하지 아니한다.[1)]

Ⅰ. 서 론

1. 의 의

① **개 념** : 결과적 가중범이란 고의에 기한 기본범죄에 의하여 행위자가 예견하지 못한(그러나 예견가능성이 있었던) 결과가 발생한 때에 그 형이 가중되는 범죄를 말한다(제15조 제2항).

② **가중처벌의 근거** : 같은 결과를 과실로 실현한 과실범보다 결과적 가중범을 가중처벌하는 이유는 그 결과가 고의적인 기본범죄에 전형적으로 내포된 잠재적인 위험의 실현이라는 점에서 단순한 과실범보다 행위반가치가 크기 때문이다. [♠ 06 사시]

2. 결과적 가중범과 책임주의

① 기본범죄와 결과 사이의 인과관계 및 결과에 대한 과실(예견가능성)이 있을 때에만 가중처벌할 수 있다.

② 결과에 대하여 과실을 요구하여 책임주의와 조화를 이룰 수 있으며 형법 제15조 제2항의 태도와 일치한다. [♠ 03, 10 사시]

Ⅱ. 결과적 가중범의 종류

1. 진정결과적 가중범

① 결과가 과실에 의하여 발생한 경우에만 결과적 가중범이 성립하는 경우를 말한다. 대부분의 결과적 가중범은 여기에 속한다(예 폭행치사죄, 강간치사죄 등 대부분의 결과적 가중범).

② 진정결과적 가중범에 해당하는 범죄에 있어서는 결과가 고의로 발생한 경우는 결과에 대한 단순고의범이 성립하거나 기본범죄의 고의범과 결과의 고의범의 결합범이 성립하게 된다(예 폭행치사의 경우 결과가 고의로 발생한 경우 살인죄가 성립하며, 강도치사의 경우 결과가 고의로 발생한 경우 강도살인죄가 성립한다).

---

1) 형법 제15조 제2항은 예견가능성에 대하여만 규정하고 있을 뿐이며 기본범죄와 결과 사이의 인과관계를 명시적으로 규정하고 있지는 않다. [♠ 03, 06 사시]

제259조(상해치사) ① 사람의 신체를 상해하여 사망에 이르게 한 자는 3년 이상의 유기징역에 처한다.

제337조(강도상해 · 치상) 강도가 사람을 상해하거나 상해에 이르게 한 때에는 무기 또는 7년 이상의 징역에 처한다.

제338조(강도살인 · 치사) 강도가 사람을 살해한 때에는 사형 또는 무기징역에 처한다. 사망에 이르게 한 때에는 무기 또는 10년 이상의 징역에 처한다.

2. 부진정결과적 가중범

(1) 의 의

① 결과를 과실로 발생케 한 경우뿐만 아니라 고의로 발생케 한 경우도 결과적 가중범이 성립할 수 있는 경우를 말한다(예 현주건조물방화치사죄). [♣ 21 변시]

② 만약 부진정결과적 가중범을 인정한다면 현주건조물방화에 의하여 사람을 과실로 사망케 한 경우뿐만 아니라 고의로 사망케 한 경우까지 현주건조물방화치사죄가 성립하게 된다.

제164조(현주건조물방화치사) ② 제1항의 죄(현주건조물방화죄)를 지어 사람을 사망에 이르게 한 경우에는 사형, 무기 또는 7년 이상의 징역에 처한다. ※ 현주건조물방화살인죄 규정은 없음

(2) 인정여부

① 부정설

㉮ 처음부터 결과에 대해서 고의가 있으면 결과를 내용으로 하는 고의범이 성립할 뿐이며 부진정결과적 가중범은 인정할 수 없다는 견해이다.

㉯ 부정설에 의하면 甲이 현주건조물방화에 의하여 A를 고의로 사망케 한 경우 현주건조물방화치사죄가 성립할 수는 없으며, 이론상 현주건조물방화살인죄가 성립할 수 있으나 이에 대한 처벌규정이 없으므로 결국 현주건조물방화죄(무기 또는 3년 이상의 징역)와 살인죄(사형, 무기 또는 5년 이상의 징역)의 상상적 경합에 해당하게 되어 제40조[2]에 의하여 살인죄의 법정형(사형, 무기 또는 5년 이상의 징역)에 의하여 처벌받게 된다.

② 긍정설(통설)

㉮ 논 거 : i) 기본범죄를 통하여 고의로 결과를 발생케 한 경우를 동일한 결과를 과실로 발생케 한 경우보다 무겁게 처벌하는 규정이 없을 때에는 형의 불균형이

---

2) 제40조(상상적 경합) 한 개의 행위가 여러 개의 죄에 해당하는 경우에는 가장 무거운 죄에 대하여 정한 형으로 처벌한다.

발생하므로 이를 시정하기 위하여 부진정결과적 가중범을 인정할 필요가 있다. [♠ 03 사시] ii) 결과적 가중범은 결과에 대한 과실(예견가능성)이 있으면 성립할 수 있으므로 결과에 대하여 고의가 있는 경우에도 그 성립을 인정할 수 있다.

㈏ 긍정설에 의하면 甲이 현주건조물방화에 의하여 A를 고의로 사망케 한 경우에도 현주건조물방화치사죄(사형, 무기 또는 7년 이상의 징역)가 성립한다.

③ 판 례 : 부진정결과적 가중범을 명시적으로 인정하고 있다.

判例 부진정결과적 가중범을 인정한 판례

1. **(현주건조물방화치사상죄)** 형법 제164조 제2항이 규정하는 현주건조물방화치사상죄는 그 제1항이 규정하는 죄(현주건조물방화죄)에 대한 일종의 가중처벌규정으로서 과실이 있는 경우뿐만 아니라 고의가 있는 경우도 포함된다고 볼 것이다[대판 1996.4.26. 96도485]. [♠ 01, 06 사시] [♣ 17 변시]
2. **(특수공무방해치상죄)** 특수공무집행방해치상죄는 원래 결과적 가중범이기는 하지만, 이는 결과에 대하여 예견가능성이 있었음에 불구하고 예견하지 못한 경우에 벌하는 진정결과적 가중범이 아니라, 그 결과에 대한 예견가능성이 있었음에도 불구하고 예견하지 못한 경우뿐만 아니라 고의가 있는 경우까지도 포함하는 부진정결과적 가중범이다[대판 1995.1.20. 94도2842].

결과적 가중범의 종류와 예

구분	내용
부진정결과적 가중범[3]	① 현주건조물방화치사상죄(판례) ② 특수공무방해치상죄(판례), 교통방해치상죄, 현주건조물일수치상죄 등 현주건조물일수치사죄는 인정여부에 다툼 있음 [♣ 16 변시] ③ 중××죄(예 중상해죄),[4] 단 중체포 · 감금죄는 제외
진정결과적 가중범	① 부진정결과적 가중범을 제외한 결과적 가중범의 대부분 ② 고의범 + 치(致) + ××죄(예 강간치사죄, 강도치사죄) ③ 연(延)소죄
주 의	① 과실범 + 치(致) + ××죄(단순과실범에 해당함) ② 교통방해치사죄는 부진정결과적 가중범에 해당하지 않는다. ③ 중체포 · 감금죄[5]는 진정결과적 가중범도 부진정결과적 가중범도 아니다. [♠ 08, 12, 14 사시] [♣ 16 변시]

3) 형법이 강간살인죄(제301조의2)와 강간상해죄(제301조)를 신설하였기 때문에 강간치사상죄는 부진정결과적 가중범이라고 할 수 없다.
4) 반대의 견해도 있음.
5) 사람을 체포 또는 감금하여 가혹한 행위를 가한 자는 7년 이하의 징역에 처한다(제277조).

쟁점연구 **[부진정결과적 가중범의 인정여부]**

1. 학 설

① **부정설** : 처음부터 결과에 대해서 고의가 있으면 결과를 내용으로 하는 고의범이 성립할 뿐이며 부진정결과적 가중범은 인정할 수 없다는 견해이다.

② **긍정설** : 기본범죄를 통하여 고의로 결과를 발생케 한 경우를 동일한 결과를 과실로 발생케 한 경우보다 무겁게 처벌하는 규정이 없을 때에는 형의 불균형이 발생하므로 이를 시정하기 위하여 부진정결과적 가중범을 인정할 필요가 있다는 견해이다.

2. 판 례

현주건조물방화치사상죄는 결과에 대하여 과실이 있는 경우뿐만 아니라 고의가 있는 경우도 포함된다 판시하여 부진정결과적 가중범을 인정하는 입장이다[대판 1996.4.26. 96도485].

3. 검 토 (판례 지지)

결과적 가중범에서 결과에 대하여 고의가 있는 경우를 더 무겁게 처벌하는 규정이 없는 경우 형의 불균형의 방지하기 위하여 부진정결과적 가중범을 긍정하는 판례(긍정설)가 타당하다.

(3) 부진정결과적 가중범과 죄수문제

쟁점연구

1. 문제점

부진정결과적 가중범을 인정할 경우 결과에 대하여 고의범을 별도로 인정할 수 있는지가 문제된다.

2. 학 설

ⅰ) 제1설 : 부진정결과적 가중범은 이미 결과에 대한 고의범까지 포함하고 있는 범죄이므로 이중평가를 방지하기 위하여 부진정결과적 가중범 단순일죄만 성립한다는 견해[오영근 213면], ⅱ) 제2설 : 부진정결과적 가중범과 결과에 대한 (독립된)고의범의 상상적 경합이 성립한다는 견해가 있다.

3. 판 례

-다음의 판례(2008도7311) [1] 참고

4. 검 토 (판례 지지)

결과에 대한 고의범에 대하여 더 무겁게 처벌하는 규정이 없는 경우에는 결과적 가중범이 고의범에 대하여 특별관계에 있으므로 결과적 가중범만 성립하고 고의범에 대하여는 별도로 죄를 구성하지 않으나, 결과에 대한 고의범에 대하여 결과적 가중범에 정한 형보다 더 무겁게 처벌하는 규정이 있는 경우에는 그 중한 형을 특별히 확보할 필요가 있기 때문에 고의범과 결과적 가중범의 상상적 경합관계를 인정하는 것이 타당하다.

判例 부진정결과적 가중범의 죄수판단의 기준

[1] 부진정결과적 가중범에서, 고의로 결과를 발생하게 한 행위가 별도의 구성요건에 해당하고 그 고의범에 대하여 결과적 가중범에 정한 형보다 더 무겁게 처벌하는 규정이 있는 경우에는 그 고의범과 결과적 가중범이 상상적 경합관계에 있지만, 고의범에 대하여 더 무겁게 처벌하는 규정이 없는 경우에는 결과적 가중범이 고의범에 대하여 특별관계에 있으므로[6] 결과적 가중범만 성립하고 이와 법조경합의 관계에 있는 고의범에 대하여는 별도로 죄를 구성하지 않는다. [♣16, 23 변시]
[2] 직무를 집행하는 공무원에 대하여 위험한 물건을 휴대하여 고의로 상해를 가한 경우에는 특수공무집행방해치상죄[7]만 성립할 뿐, 이와는 별도로 폭력행위 등 처벌에 관한 법률 위반(집단·흉기 등 상해)죄[8]를 구성하지 않는다[대판 2008.11.27. 2008도7311]. [♠04, 06, 10, 11, 12, 14 사시] [♣13, 15, 23 변시]

判例 현주건조물방화에 의하여 고의 사망케 한 경우(보통살인죄는 부정, 존속살해죄는 인정)

형법 제164조 제2항이 규정하는 현주건조물방화치사상죄는 그 제1항이 규정하는 죄(현주건조물방화죄)에 대한 일종의 가중처벌규정으로서 과실이 있는 경우뿐만 아니라 고의가 있는 경우도 포함된다고 볼 것이므로 사람을 살해할 목적으로 현주건조물에 방화하여 사망에 이르게 한 경우에는 현주건조물방화치사죄로 의율하여야 하고 이와 더불어 살인죄와의 상상적 경합으로 의율할 것은 아니며, 다만 존속살인죄와 현주건조물방화치사죄는 상상적 경합관계에 있으므로 법정형이 중한 존속살인죄로 의율함이 타당하다[대판 1996.4.26. 96도485]. [♠00, 01, 04, 05, 06, 08, 11 사시]

판례연습

【부진정결과적 가중범의 죄수판단】※ 은봉암 사건

甲은 X를 살해하려고 X의 집에 침입하여 방에 들어가자 X는 없고 그의 처 A와 딸 B가 있었다. 이때 B가 甲을 알아보자 甲은 마당에 있던 절구방망이를 가져와 A와 B의 머리를 강타하여 실신시킨 후 이불로 뒤집어씌우고 석유를 뿌리고 방화하여 집을 전소케 하고 옆방에서 잠을 자다가 탈출하려는 딸 C와 D를 방문 앞에서 저지하여 결과적으로 모두 사망케 하였다. 甲의 죄책은? (주거침입죄는 논외로 함)

---

6) 죄수판단의 근거가 '특별관계'라는 것도 2011년 사시에서 출제되었다.
7) 특수공무방해치상죄는 3년 이상의 유기징역에 처한다(형법 제144조).
8) 위 판결 당시 동죄는 폭처법 제3조 제1항이 적용되었으며 동죄는 3년 이상의 유기징역의 형벌이 규정되어 있었다. 위 폭처법 제3조 제1항은 2016.1.6. 개정으로 삭제되었지만 부진정결과적 가중범의 죄수에 관한 법리를 이해할 수 있도록 판례를 그대로 남겨두었다. 현행법상으로는 개정형법상의 특수상해죄가 성립하며 동죄의 형벌은 1년 이상 10년 이하의 징역이므로 여전히 특수상해죄가 부진정결과적 가중범인 특수공무방해치상죄보다 형이 더 무겁지 않다. 따라서 특수공무방해치상죄만 성립한다는 판례의 결론은 현행법하에서도 동일하다.

판결요지

[1] 현주건조물 내에 있는 사람을 강타하여 실신케 한 후 동건조물에 불을 놓아 그 속에 현존하던 사람을 소사케 한 경우에는 형법 제164조 제1항의 죄(현주건조물방화죄)와 살인죄의 상상적 경합범으로 의율할 것이 아니라 단순히 형법 제164조 제2항의 죄(현주건조물방화치사죄)로 처단하여야 한다.
[2] 현주건조물에 방화하여 기수에 이른 후 동건조물로부터 탈출하려는 피해자들을 가로막아 소사케 한 피고인의 행위는 형법 제164조 제1항의 죄(현주건조물방화죄)와 살인죄의 경합범으로 처단되어야 한다[대판 1983.1.18. 82도2341]. [♠10 사시] [♣20 변시]

판례해설 甲의 행위는 A와 B에 대해서는 현주건조물방화치사죄, C와 D에 대해서는 현주건조물방화죄와 살인죄의 실체적 경합에 해당한다는 취지이다.

判例 강도가 현주건조물방화로 고의로 사망케 한 경우(현주건조물방화치사죄와 강도살인죄의 상상적 경합)

피해자의 재물을 강취한 후 그를 살해할 목적으로 현주건조물에 방화하여 사망에 이르게 한 경우 피고인의 위 행위는 강도살인죄와 현주건조물방화치사죄에 모두 해당하고 그 두 죄는 상상적 경합범관계에 있다고 할 것이다[대판 1998.12.8. 98도3416].[9] [♠99, 01, 04, 05 사시] [♣14, 17, 18, 19, 20 변시]

Ⅲ. 결과적 가중범의 성립요건

1. 구성요건해당성

(1) 기본범죄

① 형법은 결과적 가중범의 경우 기본범죄는 언제나 고의범일 것을 요하며, 기본범죄가 과실범인 경우 결과적 가중범을 인정하지 아니한다. [♣14 변시]

② 기본범죄가 고의범인 한 작위범인가 부작위범인가는 불문한다. [♠03 사시]

③ ⅰ) 기본범죄가 기수인 경우에는 결과적 가중범의 성립에 문제가 없다. ⅱ) 기본범죄가 미수에 그친 경우에도 이를 처벌하는 규정이 있는 때에는 결과적 가중범(기수)이 성립한다. ⅲ) 기본범죄가 예비단계에 그친 상태에서 결과가 발생하여도 결과적 가중범이 성립될 수 없다(예 강도를 준비하기 위해 총포상에서 엽총을 구입하다가 오발로 사람을 사망케 한 경우에는 강도치사죄가 성립할 수 없다).

9) 앞의 부진정결과적 가중범의 죄수이론이 적용되는 것이 아니라 일반적인 죄수이론이 적용된다.

判例 기본범죄가 미수이나 결과 발생 = 결과적 가중범 성립

> 강간이 미수에 그친 경우라도 그 수단이 된 폭행에 의하여 피해자가 상해를 입었으면 강간치상죄가 성립하는 것이며, 미수에 그친 것이 피고인이 자의로 실행에 착수한 행위를 중지한 경우이든 실행에 착수하여 행위를 종료하지 못한 경우이든 가리지 않는다[대판 1988.11.8. 88도1628; 동지 대판 1988.8.23. 88도1212]. [♠ 04, 13 사시]

(2) 결과의 발생

결과는 기본범죄에 내포된 전형적인 위험의 실현으로서 사망 · 상해와 같이 법익침해가 대부분이지만, 생명에 대한 위험발생과 같이 구체적 위험에 해당하는 경우도 있다(예 중상해죄).

(3) 인과관계 및 객관적 귀속

① 인과관계

㉮ **인과관계의 요부** : 결과적 가중범도 결과의 발생을 필요로 하는 결과범이므로 기본범죄행위와 결과 사이에 인과관계가 있어야 한다.

㉯ **인과관계의 판단** : 상당인과관계설(판례), 합법칙적 조건설 등의 견해가 있다.

② 객관적 귀속의 의의와 판단기준(직접성의 원칙)

㉮ 합법칙적 조건설에 의하는 경우 기본범죄행위와 결과 사이에 인과관계가 인정되는 경우라고 하더라도 결과를 행위자에게 객관적으로 귀속시킬 수 있을 때에만 결과적 가중범의 구성요건해당성이 인정된다.

㉯ 결과적 가중범에 있어서는 기본범죄에 내포된 전형적인 위험이 실현되어 결과가 발생하여야 하므로, 결과가 기본범죄로부터 직접 야기된 경우에만 객관적 귀속이 인정된다(직접성의 원칙).[10] 이러한 직접성의 원칙을 강조하는 견해는 상해치사죄가 성립하기 위해서는 상해의 결과가 치명적일 것을 요구한다. [♠ 05 사시] 그리고 절도치상죄나 사기치사죄를 신설한다면 이른바 직접성의 원칙에 반할 수 있다.[11] [♠ 03 사시]

㉰ 직접성은 기본범죄의 '행위' 또는 '결과'가 창출한 위험이 결과로 직접 연결되어야 인정된다(다수설).

③ 중간행위의 개입과 객관적 귀속의 인정여부

㉮ **피해자 또는 제3자의 행위가 개입된 경우** : ⅰ) 결과가 피해자나 제3자의 과실에 의하여 발생한 경우에는 행위자의 이에 대한 예견이 가능하므로 직접성이 인정되어 객관적 귀속이 긍정된다(예 피해자의 치료태만 또는 의사의 수술지연과 같은 과실행위가 개입한 때). 그러나 ⅱ) 결과가 피해자나 제3자의 고의 또는 중과실에 의하여 발생한 경우에는 행위자에게 이에 대한 예견가능성이 없으므로 직접성이 부정되어 객관적 귀속이 인정되지 않는다(예 강간을 당한 피해자가 수치심에 자살한 경우).

---

10) 다만 상당인과관계설을 취하는 판례는 '직접성'을 인과관계의 내용으로 본다.

11) 절도나 사기라는 범죄에 사망이나 상해의 결과를 초래할 위험이 내포되어 있다고 보기 어렵기 때문이다. [♠03 사시]

判例 피해자의 과실이 개입되어 결과 발생 = 상당인과관계 인정

피고인들이 공동하여 피해자를 폭행하여 당구장 3층에 있는 화장실에 숨어 있던 피해자를 다시 폭행하려고 피고인 甲은 화장실을 지키고, 피고인 乙은 당구치는 기구로 문을 내려쳐 부수자 위협을 느낀 피해자가 화장실 창문 밖으로 숨으려다가 실족하여 떨어짐으로써 사망한 경우에는 피고인들의 위 폭행행위와 피해자의 사망 사이에는 인과관계가 있다고 할 것이므로 폭행치사죄의 공동정범이 성립된다[대판 1990.10.16. 90도1786]. [♠ 08, 14 사시]

㉯ 행위자의 추가적 행위(특히 과실)가 개입된 경우 직접성(인과관계)의 인정여부

사 례 연 습

※ 소위 개괄적 과실에 관한 사건

내연관계에 있는 甲男과 A女는 호텔에 투숙 중 말다툼을 하다가 甲이 A女의 머리를 벽에 부딪치게 하고 가슴부위를 밟는 등의 상해를 가하여 A女는 바닥에 쓰러진 채 정신을 잃고 빈사상태에 빠졌다. 甲은 A女가 죽은 줄 알고 자살로 가장하기 위해서 A女를 베란다 아래로 떨어뜨렸다. A女는 추락의 충격으로 인해 사망하였다. 甲의 죄책을 논하시오. (사체유기죄는 논외로 함)

사례해결

1. 문제점

甲의 상해행위와 자살을 위장하기 위한 추락행위로 인한 사망의 결과 사이에 직접성을 인정하여 결과적 가중범인 상해치사죄가 성립할 수 있는지 문제된다.

2. 학 설

① **직접성을 인정할 수 없다는 견해** : 자살을 위장하기 위하여 추락시키는 행위는 상해죄의 죄적은폐를 위한 전형적인 행위로 평가될 수 없으므로 직접성을 인정할 수 없다고 본다. 이 견해에 의하면 甲의 죄책은 상해죄와 과실치사죄의 경합범이 된다.

② **직접성을 인정할 수 있다는 견해** : 죄적은폐를 위하여 자살한 것으로 위장하는 것은 흔히 있을 수 있는 것이므로 자살의 위장행위에 의한 결과는 기본범죄인 상해행위에 전형적으로 내포된 위험의 실현으로 볼 수 있어 직접성을 인정할 수 있다고 본다. 이 견해에 의하면 甲의 죄책은 상해치사죄가 된다.

3. 판 례

피고인의 행위는 포괄하여 단일의 상해치사죄에 해당한다고 본다.

4. 검 토 (판례 또는 직접성을 인정할 수 있다는 견해 지지)

죄적인멸행위는 범죄자의 전형적 행위로서 기본범죄에 내포된 위험이라고 할 수 있으므로 직접성을 긍정하는 견해가 타당하다. 따라서 甲은 상해치사죄의 죄책을 진다.

判例 소위 개괄적 과실에 관한 사례

내연관계에 있는 甲男과 A女가 호텔에 투숙 중 말다툼을 하다가 甲이 A女의 머리를 벽에 부딪치게 하고 가슴부위를 밟는 등의 상해를 가하여 A女는 바닥에 쓰러진 채 정신을 잃고 빈사상태에 빠지자 甲이 A女가 죽은 줄 알고 자살로 가장하기 위해서 A女를 베란다 아래로 떨어뜨려 A女가 추락의 충격으로 인해 사망하였다면 甲의 행위는 포괄하여 단일의 상해치사죄에 해당한다[대판 1994.11.4. 94도2361]. [♠ 01, 05, 10, 11, 12 사시] [♣ 13, 19 변시]

보충해설 판례는 위와 같이 상해치사죄를 인정하였지만, 이론상 직접성의 원칙을 엄격히 적용하는 입장에서는 A女의 사망은 기본범죄(상해행위)에 의한 것이 아니라 제2행위에 의하여 발생한 것이므로 직접성이 결여되었다고 판단하게 된다. 이러한 입장에서는 甲에게 상해죄와 과실치사죄의 실체적 경합을 인정한다.

(4) 결과에 대한 예견가능성(과실)

① **예견가능성의 의미** : 결과는 예견이 가능했던 경우여야 하고, 예견가능성은 과실과 동일한 의미이다(다수설).

② **예견가능성의 판단시기** : 예견가능성(과실)의 존부는 기본범죄 실행시를 기준으로 판단한다.

判例 (요약 : 기본범죄 행위시에 결과발생에 대한 예견가능성이 있어야 결과적 가중범 성립) 형법 제15조 제2항이 규정하고 있는 이른바 결과적 가중범은 행위자가 행위시 그 결과의 발생을 예견할 수 없을 때에는 비록 그 행위와 결과 사이에 인과관계가 있다 하더라도 중한 죄로 벌할 수 없다 [대판 1988.4.12. 88도178]. [♠ 99, 02, 11, 14 사시]

동지판례 폭행치사죄는 결과적 가중범으로서 폭행과 사망의 결과 사이에 인과관계가 있는 외에 사망의 결과에 대한 예견가능성 즉 과실이 있어야 하고, 이러한 예견가능성의 유무는 폭행의 정도와 피해자의 대응상태 등 구체적 상황을 살펴서 엄격하게 가려야 한다[대판 2010.5.27. 2010도2680].

判例 결과적 가중범과 예견가능성 인정여부(비교판례)

1-0. **(인정)** 피고인이 평소 고혈압과 혈관계질환의 증세가 있었던 피해자의 뺨을 2회 때리고 두 손으로 어깨를 잡아 땅바닥에 넘어뜨리고 머리를 시멘트벽에 부딪치게 하여 피해자가 그 후 병세가 계속 악화되어 결국 뇌손상으로 사망한 경우[대판 1983.1.18. 82도697].

동지판례 피고인이 피해자에게 다시 동거할 것을 요구하며 주먹으로 얼굴과 가슴을 때리고 머리를 방벽에 부딪히게 하는 등의 행위를 하여 두개골 결손으로 피해자를 사망케 한 경우[대판 1984.12.11. 84도2183].

1-1. **(부정)** 피고인이 삿대질을 하면서 다그치자 이를 피하려고 뒷걸음치던 피해자가 회전중이던 십자형 철받침대에 걸려 넘어져 두개골절로 사망한 경우[대판 1990.9.25. 90도1596]. [♠ 01, 15 사시]

동지판례 ⅰ) 피고인의 폭행정도가 서로 시비하다가 피해자를 떠밀어 땅에 엉덩방아를 찧고 주저앉게 한 정도에 지나지 않은 것이었고 또 피해자는 외관상 건강하여 전혀 병약한 흔적이 없는 자인데 사실은 관상동맥경화 및 협착증세를 가진 특수체질자이었기 때문에 위와 같은 정도의 폭행에 의한 충격에도 심장마비를 일으켜 사망하게 된 것이라면, 피고인에게 사망의 결과에 대한 예견가능성이 있었다고 보기 어려워 결과적 가중범인 폭행치사죄로 의율할 수는 없다[대판 1985.4.23. 85도303].

ⅱ) 피고인이 피해자에게 욕설을 하고 어깨쭉지를 잡고 약 7m 정도 걸어가다가 놓아 주었으나 피해자가 평소에 고혈압증세가 있어 외부로부터 정신적·물리적 충격에 쉽게 흥분되어 급성뇌출혈에 이르기 쉬운 특이체질이어서 뇌실질내 혈종의 상해를 입은 경우, 피고인에게는 상해의 결과를 예견할 수 있었다고 볼 수 없다[대판 1982.1.12. 81도1811].

2-0. **(인정)** 피고인은 피해자를 속셈학원의 강사로 채용하고 학습교재를 설명하겠다는 구실로 유인하여 호텔 객실에 감금한 후 강간하려 하였다. 이에 피해자가 완강히 반항하던 중 피고인이 대실시간 연장을 위해 전화하는 사이에 피해자가 객실 창문을 통해 탈출하려다가 28m 아래의 지상에 추락하여 사망한 경우[대판 1995.5.12. 95도425]. [♠ 02, 15 사시]

2-1. **(부정)** 피고인이 캬바레에서 함께 춤을 추고 여관까지 따라온 피해자에게 강간을 시도하다가 피해자가 도망을 가지 못하도록 그녀의 핸드백을 가져가 소변을 보는 사이에 피해자가 위 4층 여관방의 창문 밖으로 뛰어내림으로써 상해를 입은 경우[대판 1993.4.27. 92도3229].

동지판례 피고인과 피해자가 여관에 투숙하여 별다른 저항이나 마찰없이 성행위를 한 후, 피고인이 잠시 방밖으로 나간 사이에 피해자가 방문을 안에서 잠그고 구내전화를 통하여 여관종업원에게 구조요청까지 한 후라면, 일반경험칙상 이러한 상황아래에서 피해자가 피고인의 방문 흔드는 소리에 겁을 먹고 강간을 모면하기 위하여 3층에서 창문을 넘어 탈출하다가 상해를 입을 것이라고 예견할 수는 없다고 볼 것이므로 이를 강간치상죄로 처단할 수 없다[대판 1985.10.8. 85도1537].

3-0. **(인정)** 피고인이 승용차로 피해자를 가로막아 승차하게 한 후 피해자의 하차요구를 무시한 채 시속 약 60km 내지 70km의 속도로 진행하여 피해자를 차량에서 내리지 못하게 하자 피해자가 차량을 빠져 나오려다가 길바닥에 떨어져 상해를 입고 그 결과 사망한 경우[대판 2000.2.11. 99도5286]. [♠ 01 사시]

3-1. **(부정)** 피고인 등이 술집작부들과 어울려 술을 마시고 각자의 상대방과 성교까지 하였는데 술값이 부족하여 친구 집에 돈을 빌리려고 봉고차를 타고 갈 때 술집작부인 피해자도 동승하자 피고인이 피해자의 유방을 만지고 치마를 위로 걷어올리고 허벅지를 문지르는 등 강제로 추행하자 그녀가 욕설을 하면서 갑자기 차의 문을 열고 뛰어 내림으로써 부상을 입고 사망한 경우[대판 1988.4.12. 88도178].

判例 강도행위를 피하려고 하다가 상해를 입은 경우(인과관계 및 예견가능성 인정)

甲이 강도의사로 영업용 자동차를 타고 과도로 운전자를 위협하자 이에 놀란 운전자가 급히 좌회전하다가 그 충격으로 甲이 들이대던 과도에 찔려 상해를 입은 경우 甲에게는 상해결과에 대한 예견가능성이 있으므로 甲은 강도치상죄로 처벌된다[대판 1985.1.15. 84도2397]. [♠ 05, 08 사시]

동지판례 피해자가 도박으로 차지한 금원을 피고인이 강취하기 위하여 식칼을 들고 방안으로 침입하자 이를 피하려다 상해를 입게 된 경우, 피고인의 행위와 피해자의 상해 사이에는 상당인과관계가 있고, 피고인으로서는 피해자가 탈출을 시도하다가 상해를 입을 수 있다는 예견도 가능하였다고 봄이 상당하므로, 피고인의 위 범죄사실은 강도치상죄를 구성한다[대판 1996.7.12. 96도1142].

判例 중한결과에 대하여 고의가 인정 = (진정)결과적 가중범 불성립

피해자를 강간한 후 피해자가 울면서 자신의 장래를 책임지라고 이를 추궁하자 피고인이 피해자를 타이르던 중 피해자가 계속 반항하므로 순간적으로 그녀를 살해할 것을 결의하고 양손으로 피해자의 목을 졸라 그 자리에서 질식 사망케 한 것이라면 피고인에게는 당시 살인의 확정적 범의가 있었음이 분명하여 결과적 가중범의 범의를 논할 여지가 없다[대판 1986.11.11. 86도1989]. [♠ 07 사시]

판례해설 피고인의 행위는 강간죄와 살인죄의 실체적 경합에 해당한다.

2. 결과적 가중범의 위법성과 책임

(1) 위법성

고의에 의한 기본범죄와 과실에 의한 결과 모두의 위법성이 인정될 때 결과적 가중범의 위법성이 인정된다. 따라서 어느 한쪽의 위법성이 조각되면 남은 고의범 또는 과실범의 성립여부만 문제된다.

(2) 책 임

일반범죄와 동일한 책임요소가 기본범죄와 결과 모두에 존재해야 한다.

Ⅳ. 관련문제

1. 결과적 가중범의 공범

(1) 결과적 가중범의 공동정범 인정여부

쟁점연구

1. 문제점

기본범죄(상해죄)를 공모한 후 공동정범자 중 일부가 기본범죄를 초과하는 결과(사망)를 발생시킨 경우 나머지 가담자에 대하여 결과적 가중범(상해치사죄)의 공동정범이 인정될 것인지가 문제된다.

2. 학 설

① 부정설 : 과실범의 공동정범은 인정될 수 없다는 전제하에 고의와 과실의 결합범인 결과적 가중범의 공동정범은 성립할 수 없다고 본다. 이 입장에서는 결과에 대해서는 공동한자 각자의 과실을 검토하여 과실 있는 자에게만 개별적으로 결과적 가중범의 성립을 인정한다.

② **긍정설** : 과실범의 공동정범도 성립이 가능하다는 전제하에 기본범죄에 대한 공동과 결과에 대하여 공동의 과실이 있을 때에는 결과적 가중범의 공동정범이 성립할 수 있다는 견해이다[정성근 · 박광민, 445면].

3. 판 례

판례는 행위공동설에 입각하여 과실범의 공동정범을 긍정하며 또한 결과적 가중범의 공동정범을 인정한다.

4. 검 토 (판례 지지)

결과적 가중범의 공동정범을 부정할 경우 결국 동시범이 되어 기본범죄행위를 공동으로 범하였다는 의미까지 상실케 된다는 점을 고려하면 기본범죄행위를 공동으로 할 의사가 있고, 결과에 대하여 예견가능성이 있는 경우 결과적 가중범의 공동정범의 성립을 긍정하는 것이 타당하다.

判例 결과적 가중범의 공동정범의 인정여부 (인정) 및 성립요건

(기본범죄를 공동으로 할 의사가 있으면 족하고 결과를 공동으로 할 의사를 요하지 않으며, 결과에 대하여 예견가능성을 요함) 결과적 가중범인 상해치사죄의 공동정범은 폭행 기타의 신체침해행위를 공동으로 할 의사가 있으면 성립되고 결과를 공동으로 할 의사는 필요 없으므로, 패싸움 중 한 사람이 칼로 찔러 상대방을 죽게 한 경우에 다른 공범자가 그 결과인식이 없다 하여 상해치사죄의 책임이 없다고 할 수 없다[대판 1978.1.17. 77도2193; 동지 대판 1993.8.24. 93도1674]. [♣ 14 변시, 23 변시] 또한 상해의 범의로 범행 중 한 사람이 중한 상해를 가하여 피해자가 사망한 경우 나머지 사람들은 사망의 결과를 예견할 수 없는 때가 아닌 한 상해치사의 죄책을 면할 수 없다[대판 2000.5.12. 2000도745]. [♠ 01, 02, 04, 05, 06, 09, 10, 11, 14 사시] [♣ 15, 21 변시]

동지판례 ⅰ) 현존건조물방화치상죄와 같은 부진정결과적 가중범은 예견가능한 결과를 예견하지 못한 경우뿐만 아니라 그 결과를 예견하거나 고의가 있는 경우까지도 포함하는 것이므로 이 사건에서와 같이 사람이 현존하는 건조물을 방화하는 집단행위의 과정에서 일부 집단원이 고의행위로 살상을 가한 경우에도 다른 집단원에게 그 사상의 결과가 예견 가능한 것이었다면 다른 집단원도 그 결과에 대하여 현존건조물방화치사상의 책임을 면할 수 없는 것인바, 피고인을 비롯한 집단원들이 당초 공모시 쇠파이프를 소지한 방어조를 운용하기로 한 점에 비추어 보면 피고인으로서는 이 사건 건물을 방화하는 집단행위의 과정에서 상해의 결과가 발생하는 것도 예견할 수 있었다고 보이므로, 이 점에서도 피고인을 현존건조물방화치상죄로 의율할 수 있다[대판 1996.4.12. 96도215]. [♠ 02, 04 사시] [♣ 23 변시]

ⅱ) 특수공무방해치상죄는 단체 또는 다중의 위력을 보이거나 위험한 물건을 휴대하고 직무를 집행하는 공무원에 대하여 폭행 · 협박을 하여 공무원을 사상에 이르게 한 경우에 성립하는 결과적 가중범으로서 행위자가 그 결과를 의도할 필요는 없고 그 결과의 발생을 예견할 수 있으면 족하다[대판 2002.4.12. 2000도3485]. [♠ 08 사시]

判例 공모자의 초과범죄에 대한 책임의 범위

(폭행 또는 상해의 공모자 중 일인이 살인을 한 경우라도 나머지 공모자는 살인죄의 죄책을 지지 않는다) 수인이 가벼운 상해 또는 폭행 등의 범의로 범행 중 1인의 행위로 살인의 결과를 발생케 한 경우, 그 나머지 자들은 상해 또는 폭행죄 등과 결과적 가중범의 관계에 있는 상해치사 또는 폭행치사 등의 죄책은 면할 수 없다고 하더라도 위 살인 등 행위는 전연 예상치 못하였다 할 것이므로 그들에게 살인죄의 책임을 물을 수는 없다 할 것이다[대판 1984.10.5. 84도1544].

(2) 결과적 가중범의 교사범 · 방조범

쟁점연구

1. 문제점

기본범죄를 교사 · 방조하였으나 정범이 기본범죄의 범위를 초과하여 결과를 발생시킨 경우 결과적 가중범의 교사범 · 방조범이 인정될 것인지가 문제된다.

2. 학 설

과실범에 대한 교사 · 방조가 불가능하다는 전제하에 결과에 과실을 요구하는 결과적 가중범의 경우에도 교사범 · 방조범은 성립할 수 없으므로 기본범죄에 대한 교사범 · 방조범과 결과에 대한 과실범(정범)의 상상적 경합을 인정해야 한다는 견해가 있다[오영근 226면].

3. 판 례

기본범죄에 대한 교사 · 방조 이외에 교사범 또는 종범에게 결과에 대한 과실이 있는 경우에는 결과적 가중범에 대한 교사범 또는 방조범이 성립할 수 있다는 입장이다.

4. 검 토 (판례 지지)

결과적 가중범은 단순 과실범과는 달리 기본범죄가 고의범인 고의범의 일종으로 볼 수 있으므로 결과적 가중범의 교사범 · 방조범도 성립이 가능하다고 보는 판례의 견해가 타당하다.

判例 정범이 고의로 결과 초래(예견가능성 있으면 결과적 가중범의 교사범 성립 가능)

[1] 교사자가 피교사자에게 피해자를 "정신차릴 정도로 때려주라"고 교사하였다면 이는 상해에 대한 교사로 봄이 상당하다.

[2] 교사자가 피교사자에 대하여 상해 또는 중상해를 교사하였는데 피교사자가 이를 넘어 살인을 실행한 경우 일반적으로 교사자는 상해죄 또는 중상해죄의 교사범이 되지만 이 경우 교사자에게 피해자의 사망이라는 결과에 대하여 과실 내지 예견가능성이 있는 때에는 상해치사죄의 교사범으로서의 죄책을 지울 수 있다[대판 1997.6.24. 97도1075], [대판 1993.10.8. 93도1873]. [♠ 99, 02 사시] [♣ 14, 16, 23 변시]

동지판례 조직폭력배들에 의한 보복폭행의 경우 그로 인한 상해의 결과 피해자가 사망에 이르게 될 수 있음은 교사자인 피고인 甲으로서도 이를 예견할 수 있었다고 보여지므로, 위 피고인 甲에게 소론과 같이 상해치사죄의 범의가 없었다고는 볼 수 없다[대판 1992.2.25. 91도3192]. [♠ 05 사시]

判例 특수폭행치사죄의 종범이 아니라 특수폭행죄의 종범이 성립하는 경우

원심은, 피고인2(甲)가 처음에 피고인 1(乙)이 피해자를 폭행하려는 것을 제지하였고, 피고인 1(乙)이 취중에 남의 자동차를 손괴하고도 상급자에게 무례한 행동을 하는 피해자를 교육시킨다는 정도로 가볍게 생각하고, 각목을 피고인 1(乙)에게 건네주었던 것이고, 그 후에도 양인 사이에서 폭행을 제지하려고 애쓴 사실을 인정한 다음, 피고인(甲)으로서는 피해자가 피고인 1(乙)의 폭행으로 사망할 것으로 예견할 수 있었다고 볼 수 없다는 이유로 피고인에 대하여 특수폭행치사방조의 점은 무죄로 판단하고, 특수폭행의 방조로 인정하였는바, 관계 증거를 기록에 비추어 살펴보면 이러한 원심의 조치는 정당하고, 거기에 상고이유에서 주장하는 바와 같이 결과적 가중범의 예견가능성에 관한 법리오해의 위법이 있다고 할 수 없다. 또한 앞서 본 원심의 판단이 정당한 이상, 가정적 판단에 관한 상고이유의 주장은 더 나아가 판단할 필요 없이 받아들일 수 없다[대판 1998.9.4. 98도2061]. [♠ 15 사시]

2. 결과적 가중범의 미수

(1) 쟁 점

① 형법은 진정결과적 가중범에 해당하는 강도치사상죄(제337조,[12] 제338조), 해상강도치사상죄(제340조 제2항, 제3항), 인질치사상죄(제324조의3, 4)와 부진정결과적 가중범에 해당하는 현주건조물일수치사상죄(제177조 제2항)에 대하여 미수범 처벌규정을 두고 있으며(제342조,[13] 제324조의5, 제182조),[14] [♣ 15 변시] 성폭력범죄처벌법도 특수강간치상죄 등에 대하여 미수범 처벌규정을 두고 있다(제15조). [♠ 06, 09 사시]

② 결과적 가중범에 대하여 미수규정을 두고 있는 경우에 결과적 가중범의 기본범죄가 미수에 그치고 결과가 발생한 경우 미수를 인정할 수 있는가에 대하여 견해가 대립되고 있다.

(2) 진정결과적 가중범의 미수 인정여부

쟁점연구

1. 쟁점의 정리

강도가 미수에 그쳤으나 강도의 기회에 우연히 상해를 입힌 경우 강도치상죄의 기수인지 미수인지가 문제된다. 이는 결과적 가중범의 미수를 인정할 것인지의 문제이기도 하다.[15]

---

12) 제337조(강도상해, 치상) 강도가 사람을 상해하거나 상해에 이르게 한 때에는 무기 또는 7년 이상의 징역에 처한다.

13) 제342조(미수범) 제329조 내지 제341조의 미수범은 처벌한다.

14) 현주건조물일수치사상죄에 대하여 미수규정이 있는 것과는 달리 현주건주물방화치사사상죄는 미수규정이 없다. [♣ 19, 20 변시]

15) 앞서도 언급한 바 있지만 결과적 가중범에 대한 미수규정이 있는 경우에만 결과적 가중범의 미수를 인정할 것

2. 학 설

① **긍정설** : 기본범죄의 기수와 미수는 결과불법에 있어서 차이가 나므로 기본범죄가 미수인 경우에는 미수범 처벌규정이 있는 경우에 한하여 결과적 가중범의 미수의 성립을 인정해야 한다는 견해이다[이정원, 398면; 임웅, 517면]. [♠ 15 사시]

② **부정설** : 결과적 가중범의 결과는 기본범죄(행위)에 내포된 전형적인 위험이 실현된 것이므로 그 위험의 실현으로 결과가 발생한 이상 기본범죄(행위)의 기수 · 미수는 결과적 가중범의 기수의 성립에 영향이 없다는 견해이다[박상기, 308면; 이재상, 368면; 오영근, 221면].[16)17)]

3. 판 례

대법원은 재물강취의 기수와 미수를 불문하고 강도치상죄가 성립한다는 입장이다[대판 1986.9.23. 86도1526].

4. 검 토 (판례 지지)

결과적 가중범의 결과는 기본범죄(행위)에 내포된 전형적인 위험이 실현된 것이므로 그 위험의 실현으로 결과가 발생한 이상 기본범죄(행위)의 기수 · 미수는 결과적 가중범의 기수의 성립에 영향이 없다고 보는 것이 타당하다. 따라서 강도가 미수에 그쳤으나 강도의 기회에 우연히 상해를 입힌 경우 강도치상죄의 기수에 해당한다.

判例 강도미수 + 치상 = 강도치상죄(기수) 성립

형법 제337조의 강도상해, 치상죄는 재물강취의 기수와 미수를 불문하고 범인이 강도범행의 기회에 사람을 상해하거나 치상하게 되면 성립하는 것이다[대판 1986.9.23. 86도1526]. [♠ 10 사시] [♣ 15 변시]

判例 성폭력특별법상의 특수강간치상죄의 성립요건

[1] 성폭법 제9조 제1항[개정법 제8조]에 의하면 특수강간의 죄를 범한 자뿐만 아니라 특수강간이 미수에 그쳤다고 하더라도 그로 인하여 피해자가 상해를 입었으면 특수강간치상죄가 성립하는 것이고, 같은 법 제12조[개정법 제15조]에서 규정한 위 제9조 제1항[개정법 제8조]에 대한 미수범 처벌규정은 특수강간치상죄와 함께 규정된 특수강간상해죄의 미수에 그친 경우, 즉 특수강간의 죄를 범하거나 미수에 그친 자가 피해자에 대하여 상해의 고의를 가지고 피해자에게 상해를 입히려다가 미수에 그친 경우 등에 적용된다. [♣ 18 변시]

[2] 피고인이 전자충격기를 피해자의 허리에 대고 폭행하여 강간하려다가 미수에 그치고 피해자에게 약 2주간의 치료를 요하는 안면부 좌상 등의 상해를 입게 한 경우, 성폭법 소정의 특수강간치상죄의 기수에 해당한다[대판 2008.4.24. 2007도10058]. [♠ 11, 12 사시] [♣ 14, 21, 23 변시]

인지가 문제된다는 점을 주의하여야 한다.

16) 부정설은 긍정설이 논거로 내세우는 과형의 적정은 양형상의 고려로 충분하다고 한다.

17) 부정설은 미수범 처벌규정(형법 제342조)에 결과적 가중범이 포함되어 있지만, 이 규정은 강도치상죄와 강도치사죄에는 적용되지 않고 강도상해죄와 강도살인죄에만 적용된다고 해석한다. [♠ 05 사시]

(3) 부진정결과적 가중범의 미수 인정여부

쟁점연구

1. 문제점

부진정결과적 가중범에 있어서 행위자가 결과에 대하여 고의가 있었으나 결과가 발생하지 않은 경우 기본범죄의 기수·미수를 불문하고 이론상 결과적 가중범의 미수가 성립할 수 있다. 현행법상 현주건조물등일수치사상죄는 부진정결과적 가중범임에도 문언상 미수범처벌규정을 두고 있다(제177조 제2항, 제182조). 여기서 부진정결과적 가중범의 미수가 인정될 수 있는지 문제된다.

2. 학 설

① **긍정설** : 현주건조물등일수치사상죄(제177조 제2항)는 부진정결과적 가중범이고 이에 대하여는 명문으로 미수범처벌규정(제182조)을 두고 있으므로, 현주건조물에 대하여 일수(물을 넘김)하면서 사상에 대하여 고의를 가졌으나 그 결과가 발생하지 않았다면 현주건조물일수치사상죄의 미수범과 살인죄의 미수범 또는 상해죄의 미수범의 상상적 경합이 성립한다는 견해이다[임웅, 518면].

② **부정설** : 형법은 부진정결과적 가중범의 미수를 처벌하는 규정을 두고 있지 않으므로 형법의 해석상 부진정결과적 가중범의 미수는 인정되지 않는다는 견해이다[다수설, 오영근, 222면]. 이 견해는 동일한 부진정결과적 가중범이면서도 미수의 처벌규정을 두고 있지 않은 현주건조물방화치사상죄 등과의 균형상 제182조는 제177조 제2항(현주건조물등일수치사상죄)에는 적용이 되지 않고 제177조 제1항(현주건조물일수죄)에만 적용된다고 본다.

3. 검 토 (부정설 지지)

부진정결과적 가중범 가운데 현주건조물일수치사상죄에서만 미수범을 처벌할 이유가 없다는 점에서 부정설이 타당하다. 따라서 부진정결과적 가중범의 경우 결과에 고의가 있었으나 결과가 발생하지 않은 경우에는 기본범죄(현주건조물일수죄)의 기수 또는 그 미수와 결과에 대한 고의범(살인죄 또는 상해죄)의 미수의 상상적 경합으로 처벌되게 된다.

3. 특가법 제5조의10 제2항의 결과적 가중법의 성립요건

判例 [1] 특정범죄 가중처벌 등에 관한 법률(이하 '특정범죄가중법'이라 한다) 제5조의10 제1항, 제2항[18]은 운행 중인 자동차의 운전자를 폭행하거나 협박하여 운전자나 승객 또는 보행자 등의 안전을 위협하는 행위를 엄중하게 처벌함으로써 교통질서를 확립하고 시민의 안전을 도모하려는 목적에서 특정범죄가중법이 2007.1.3. 법률 제8169호로 개정되면서 신설된 것이다.
[2] 법 해석의 법리에 따라 법률에 사용된 문언의 통상적인 의미에 기초를 두고 입법 취지와 목적, 보호법익 등을 함께 고려하여 살펴보면, 특정범죄가중법 제5조의10의 죄는 제1항, 제2항 모두 운행 중인 자동차의 운전자를 대상으로 하는 범행이 교통질서와 시민의 안전 등 공공의 안전에 대한 위험을 초래할 수 있다고 보아 이를 가중처벌하는 이른바 추상적 위험범에 해당하고, 그중 제2항은 제1항의 죄를 범하여 사람을 상해나 사망이라는 중한 결과에 이르게 한 경우 제1항에 정한 형보다 중한 형으로 처벌하는 결과적 가중범 규정으로 해석할 수 있다. 따라서 운행 중인 자동차의 운전자를 폭행하거나 협박하여 운전자나 승객 또는 보행자 등을 상해나 사망에 이르게 하였다면 이로써 특정범죄가중법 제5조의10 제2항의 구성요건을 충족한다[대판 2015.3.26. 2014도13345]. [♣16 변시]

판례해설 원심은 특정범죄가중법 제5조의10 제2항은 운전자에 대한 폭행·협박으로 인하여 교통사고의 발생 등과 같은 구체적 위험을 초래하는 중간 매개원인이 유발되고 그 결과로써 불특정 다중에게 상해나 사망의 결과를 발생시킨 경우에만 적용될 수 있을 뿐, 교통사고 등의 발생 없이 직접적으로 운전자에 대한 상해의 결과만을 발생시킨 경우에는 적용되지 아니한다고 판단하였으나 대법원은 위에서 본 바와 같은 논지로 원심판결을 파기하였다. 즉 운전자에 대한 폭행·협박으로 인하여 교통사고 등과 같은 중가매개 원인의 발생 없이 직접적으로 운전자에 대한 상해의 결과만을 발생시킨 경우에도 위 조항이 적용된다는 취지의 판례이다.

18) 특정범죄 가중처벌 등에 관한 법률 제5조의10 제1항은 "운행 중인 자동차의 운전자를 폭행하거나 협박한 사람은 5년 이하의 징역 또는 2천만 원 이하의 벌금에 처한다."고 규정하고, 제2항은 "제1항의 죄를 범하여 사람을 상해에 이르게 한 경우에는 3년 이상의 유기징역에 처하고, 사망에 이르게 한 경우에는 무기 또는 5년 이상의 징역에 처한다."고 규정하고 있다.

제3장 위 법 성

제1절 위법성의 이론

객관적 위법성론, 주관적 위법성론의 어느 입장을 취할 때 그에 따른 법적효과를 알아두어야 하며, 주관적 정당화요소 특히 그 흠결의 효과는 매우 어려운 부분이나 자주 출제되는 부분이므로 잘 정리해 두어야 한다.

Ⅰ. 위법성의 의의

1. 위법성과 불법

	위법성	불 법
개 념	구성요건에 해당하는 행위가 전체 법질서에 객관적으로 모순·충돌하는 성질을 말한다(관계개념).	구성요건에 해당하고 위법하다고 평가된 행위 자체를 말한다(실체개념).
판 단	법질서 전체정신에 비추어 결정한다. 따라서 개개의 법영역에 따른 개별적 위법성은 인정되지 아니한다. 예를 들면 형법적 위법과 민법적 위법이 따로 있는 것이 아니다.	개개의 법률에 비추어 결정한다. 따라서 개개의 법영역에 따라 불법의 개별화가 가능하다. 예를 들면 형법상의 불법과 민법상의 불법이 따로 있을 수 있으며, 같은 형법상의 불법의 경우에도 경중이 있을 수 있다.
정 도	질적·양적 차이를 인정하지 아니한다. 따라서 위법하다·아니하다의 단일하고 동일한 판단만 가능할 뿐이다.	질적·양적 차이를 인정할 수 있다. 불법의 크고 작음에 대한 판단이 가능하다.

2. 구성요건해당성 및 책임과의 관계

(1) 위법성과 구성요건해당성(3단계 범죄체계를 전제함)

① 구성요건에 해당하는 행위는 위법성이 추정·징표된다.

② 위법성은 행위의 구성요건해당성을 전제로 위법성조각사유(허용규범)의 존부확인을 통하여 소극적으로 평가하며, 구성요건에 해당하는 행위의 확정적 반가치판단에 해당한다(인식근거설·징표설).

(2) 위법성과 책임

① 위법성은 법질서 전체의 입장에서 내리는 '행위'에 대한 객관적 반가치판단이나, 책임은 '행위자'에 대한 비난가능성의 유무를 판단하는 주관적 반가치판단이다.

② 행위에 대한 판단인 위법성은 공범자에게 연대적으로 작용하나, 행위자에 대한 판단인 책임은 각 행위자마다 개별적으로 작용한다. 따라서 위법성 유무는 공범의 성립이나 정당방위의 가능성에 영향을 미치지만, 책임 유무는 공범의 성립이나 정당방위의 가능성에 영향을 미치지 않는다.

Ⅱ. 위법성의 본질

1. 형식적 위법성론

① 형식적 위법성론이란 법규범의 형식은 명령과 금지로 되어 있으므로 이러한 법규범을 위반하는 것에 위법성의 본질이 있다는 입장을 말한다. [♠ 03 사시]

② 형식적 위법성론에 의하면 구성요건에 해당하는 행위는 실정법상의 위법성조각사유가 없으면 위법성이 인정된다. [♠ 10 사시]

③ 형식적 위법성론은 구성요건에 해당하는 행위는 위법하다는 의미를 가지게 되어 위법성은 법적 구성요건의 충족과 같은 의미를 가질 뿐이다. 이와 같이 형식적 위법성론은 위법성의 실질적 내용을 밝히고 있지 않기 때문에 그 내용이 공허하다는 비판을 받고 있다.

2. 실질적 위법성론(통설)

① 실질적 위법성론은 규범의 근저에 놓여 있는 실질적 기준에 따라 위법성의 의미를 파악하려는 입장이다.

② 위법성의 실질적 기준(본질)이 무엇인가에 대하여는 권리침해설(Feuerbach),[1] 법익침해설(Liszt), 문화규범위반설(M.E. Mayer) 등이 있다. 국내학자들의 경우 형법 제20조를 근거로 위법성의 본질은 사회상규에 반하는 것이라고 본다.

③ 실질적 위법성은 ⅰ) 입법자에게 범죄화와 비범죄화의 기준을 제시하며, [♠ 10 사시] ⅱ) 구성요건에 포섭될 수 없을 정도의 극히 경미한 법익침해행위에 대하여 법적용을 배제할 수 있는 근거를 마련해 주며,[2] ⅲ) 실정법에 규정되지 않은 초법규적인 위법성조각사유를 인정할 수 있는 근거를 마련해 주는 기능을 가지고 있다. [♠ 10 사시]

Ⅲ. 위법성 판단

1. 위법성 판단의 고려요소

위법성 판단은 구성요건에 해당하는 행위가 위법성조각사유에 해당하는지 여부에 따라 판단된다. 위법성조각사유에는 형법상의 위법성조각사유는 물론 민법 · 공직선거법 등 실정법규뿐만 아니라 관습법 등 초법규적 위법성조각사유까지 포함된다.

---

1) 권리의 침해를 내용으로 하지 않는 범죄를 설명하기 곤란하다는 비판을 받고 있다.

2) 바로 이러한 기능이 가벌적 위법성론을 우리나라에 수용할 필요가 없다는 견해의 논거가 되기도 한다. 가벌적 위법성론은 구성요건에 해당하는 외관을 가지는 행위라도 당해 구성요건이 예정하는 정도의 실질적 위법성을 구비하지 못한 경우에는 구성요건해당성 또는 위법성이 부정된다는 이론이다. 이는 우리 형법 제20조와 같이 일반적인 위법성조각사유에 관한 규정이 없고 또한 선고유예제도를 두고 있지 않는 일본에서 경미사건에 대한 형벌권제한의 필요성 때문에 제기된 이론이다. 그러나 가벌적 위법성론은 위법성과 불법을 혼동했다는 문제점이 있을 뿐만 아니라, 형법 제20조와 선고유예제도를 두고 있는 우리나라에서는 경미사건에 대한 적정한 처리가 가능하므로 이를 인정할 필요가 없다는 것이 통설이다.

2. 위법성 판단의 기준(평가방법) [♠ 03, 10, 12 사시]

	객관적 위법성론(통설)	주관적 위법성론
법의 규범적 성격	객관적 평가규범[3] : 법규범은 인간의 행위에 대한 사회질서의 관점에서의 평가를 가능케 하는 것이며 개인에 대한 명령은 포함하고 있지 않다.	주관적 의사결정규범[4] : 법규범이란 개인의 의사에 직접 영향을 미치기 위한 규범
규범의 수명자	모든 사람(책임무능력자 포함)	의사결정능력이 있는 자(책임능력자)
책임무능력자(정신병자)의 침해	위법성 인정	위법성 부정
책임무능력자의 침해에 대한 정당방위의 가능성	가능(예를 들면 정신병자의 총격행위도 위법하다고 보므로 정신병자의 행위에 대한 정당방위가 인정된다)	불가능(예를 들면 정신병자의 총격행위는 위법하지 않다고 보므로 정신병자의 행위에 대하여 정당방위를 할 수 없다. 다만 긴급피난은 가능하다)
객관적 위법성론의 의미	객관적 위법성론은 위법성의 평가방법에 있어서의 객관성을 의미하므로 위법성의 판단대상은 객관적 요소와 주관적 요소가 모두 포함될 수 있다.	

Ⅳ. 위법성조각사유(정당화사유)

1. 의의와 종류

(1) 의 의

① 구성요건에 해당하는 행위의 위법성을 배제하는 특별한 사유를 말한다.

② 위법성이 조각되는 행위는 처음부터 적법한 행위로 평가된다. 그러나 구성요건해당성 자체가 부정되는 것은 아니다.

(2) 종 류

형법상의 위법성조각사유	① 형법 총칙 : 정당행위(제20조), 정당방위(제21조), 긴급피난(제22조), 자구행위(제23조), 피해자의 승낙에 의한 행위(제24조). ② 형법 각칙 : 진실성과 공익성을 갖춘 명예훼손(제310조), 일시오락 정도의 도박(제246조 제1항).
기타 법률상의 위법성조각사유	모자보건법상 인공임신중절(제14조), 형사소송법상 현행범체포(제212조), 민법상 점유권자의 자력구제(제209조) 등

---

3) 이와 같이 위법성(불법)이란 객관적 평가규범에 위반하는 것을 의미한다고 보는 객관적 위법성론의 입장에서는 법의 의사결정규범성은 책임의 판단기준이 된다고 본다. [♠ 03 사시]

4) 주관적 위법성론은 위법성을 의사결정규범위반으로 보기 때문에 행위의 위법성에 대한 평가가 행위자의 개인적 사정에 의해 좌우된다는 비판을 받고 있다. [♠ 10 사시]

2. 위법성조각사유의 구성요소

(1) 객관적 요소(객관적 정당화상황)

위법성이 조각되기 위해서는 구성요건에 해당하는 행위의 결과반가치를 상쇄시키는 객관적 정당화상황(예 정당방위의 성립요건인 '현재의 부당한 침해')이 존재해야 한다.

(2) 주관적 정당화요소(정당화의사)

위법성이 조각되기 위해서는 구성요건에 해당하는 행위의 행위반가치를 상쇄시키는 주관적 정당화요소(예 방위의사, 피난의사)가 존재해야 한다.

3. 위법성조각사유의 일반원리

구분	내용
일원론	① 목적설 : 정당한 목적을 위한 상당한 수단인 행위는 위법성이 조각된다는 견해이다. ② 법익(이익)교량설 : 가치가 적은 법익(이익)을 희생시키고 가치가 큰 법익(이익)을 보호 · 유지한 행위는 위법성이 조각된다는 견해이다. ③ 사회적 상당성설(Welzel) : 사회생활에 있어서 역사적으로 형성된 사회윤리적 질서의 범위 내 즉 사회적 상당성이 있는 행위는 위법성이 조각된다는 견해이다.
다원론	① 이분설(Mezger) ㉮ 이익흠결의 원칙 : 일정한 행위가 있더라도 보호해야 할 이익이 존재하지 않는 경우는 위법성이 조각된다(피해자의 승낙, 추정적 승낙). ㉯ 우월이익의 원칙 : 일정한 행위가 이익을 침해한 경우라도 보다 우월한 이익을 보호하기 위한 경우였다면 위법성이 조각된다(기타의 위법성조각사유). ② 개별화설(다수설) : 개별적인 위법성조각사유에 따라 어느 원리를 특히 중시하거나 여러 원리의 결합에 의하여 위법성조각의 근거를 설명해야 한다는 견해이다.

4. 위법성조각사유의 법적 효과(책임조각사유와의 비교)

	위법성조각사유가 존재하는 경우	책임조각사유가 존재하는 경우
행위자에 대한 효과	형벌과 보안처분이 모두 불가능	형벌은 불가능, 보안처분은 가능
공범에 대한 효과	공범 성립 불가능	공범 성립 가능
상대방에 대한 효과	정당방위 불가능	정당방위 가능

Ⅴ. 주관적 정당화요소

1. 의의와 기능

① 주관적 정당화요소란 객관적 정당화상황을 인식하고 이에 기하여 행위한다는 의사를 말한다(예 방위의사, 피난의사).

② 주관적 정당화요소는 구성요건에 해당하는 행위의 행위반가치를 상쇄하는 기능을 수행한다.

2. 주관적 정당화요소의 요부

① 고의범의 경우

불요설	① 의 의 : 위법성이 조각되기 위해서는 객관적 정당화상황만 있으면 족하고 주관적 정당화요소는 필요하지 않다는 견해이다. ② 논 거 : i) 객관적 위법성론[5] : 불법은 객관적 구성요건요소만의 실현에 의하여 인정(결과반가치만으로 구성)되므로 위법성을 조각시키기 위해서 주관적 정당화요소는 필요하지 않다. ii) 결과반가치(일원)론 : 행위자의 주관과 무관하게 결과가 좋으면 위법성조각이 인정된다.
필요설 **(통설)**	① 의 의 : 위법성이 조각되기 위해서는 객관적 정당화상황 이외에 주관적 정당화요소가 필요하다는 견해이다. ② 논 거 : i) 인적 불법론 또는 이원적 · 인적 불법론 : 구성요건에 해당하는 행위의 결과반가치뿐만 아니라 행위반가치도 상쇄되어야 정당화될 수 있으므로 주관적 정당화요소가 필요하다. ii) 형법이 정당방위의 요건으로 '방위하기 위한 행위'(제21조)라고 규정한 것은 명문으로 주관적 정당화요소를 요구한 것으로 보아야 한다.

判例 **주관적 정당화요소의 요부(필요)**

현재의 위난이 존재하는 상태이었다고 가정하더라도 소위 피난의사가 있었다고 인정할 수 없는 이상 긴급피난의 성립을 인정할 수 없다[대판 1980.5.20. 80도306].

② 과실범의 경우 [♠ 05 사시]

불필요설 **(다수설)**	① 고의범과는 달리 과실범의 경우 위법성이 조각되기 위하여 주관적 정당화요소는 필요하지 않다는 견해이다[이재상, 197면; 정성근 · 박광민, 432면]. ② 객관적 정당화상황에 의하여 과실범의 기수의 결과반가치가 상쇄될 경우 과실범의 미수가 문제 되는데, 과실범의 미수는 이미 형법상 불가벌이므로 주관적 정당화요소의 존재는 더 이상의 의미가 없다는 것을 논거로 한다.
필요설	① 과실범에 있어서도 위법성이 조각되기 위하여 주관적 정당화요소는 필요하다는 견해이다[김성돈, 555면]. ② 과실범에 있어서도 행위반가치와 결과반가치가 모두 상쇄되어야만 불법의 배제가 가능하므로, 객관적 주의의무위반이라는 과실범의 행위반가치를 상쇄시키기 위하여는 주관적 정당화요소의 존재를 필요로 한다는 것을 논거로 한다. ③ 다만 필요설은 과실범의 경우 고의범의 경우와 동급인 행위반가치적 요소(행위자의 의사적 요소)를 가지고 있는 것이 아니므로, 행위자가 객관적 정당화상황에 대한 인식만 가지고 있으면 주관적 정당화요소가 인정된다고 본다.[6]

5) 위법성의 평가방법에서 말하는 '객관적 위법성론'과는 다른 의미이므로 구별하여야 한다.

6) 자신을 살해하기 위해 공격해 오는 A를 격퇴하기 위하여 甲이 경고사격을 하였는데 뜻하지 않게 A가 그 총알에 맞아 중상을 입은 경우, 甲에게는 객관적 정당화상황에 대한 인식은 있었으므로 주관적 정당화요소가 인정되어 위법성이 조각된다. [♠ 12 사시]

논쟁의 실익	과실범에 있어서 객관적 정당화상황이 존재하지만 주관적 정당화요소가 결여될 경우, 불요설에 따르면 위법성이 조각되어 무죄가 되고, 필요설에 따르면 과실범의 행위반가치는 여전히 남게 되지만 과실범의 미수를 처벌하는 규정이 없으므로 결국 불가벌이 되어 결론에 있어서는 양견해의 차이가 없다. [♠ 14 사시]

3. 주관적 정당화요소의 내용 [♠ 09 사시]

인식요구설	정당화 상황의 인식으로 족하며 특별한 목적이나 동기는 필요하지 않다는 견해이다.
의사요구설	정당화사유의 실현의사가 필요하다는 견해이다.
인식 · 의사요구설(다수설)	정당화상황의 인식 이외에 정당화 의사까지도 갖추어야 한다는 견해이다.
개별적 검토설	객관적 정당화상황에 대한 인식 이외에 어떤 목적 또는 동기가 있어야 하는가의 여부는 개별적인 위법성조각사유에 따라서 결론을 달리해야 된다는 견해이다.

4. 주관적 정당화요소를 결한 경우의 효과(고의범의 경우) [♠ 14 사시] [♣ 15, 16 변시]

(1) 쟁 점

주관적 정당화요소의 흠결이란 객관적 정당화상황은 존재하지만 행위자가 이를 인식하지 못하고 행위를 한 경우를 말한다(예 우연방위 : 甲이 A를 (그저) 살해할 의사로 총을 쏘아 A가 사망했으나 실은 甲이 총을 쏘기 전에 A역시 甲을 살해하려고 했음이 판명된 경우).

(2) 학 설(법적 효과)

1) 주관적 정당화요소 불요설(결과반가치일원론) – 위법성 조각설

① 주관적 정당화요소 불요설(결과반가치일원론)의 입장에서는 객관적 정당화 상황이 존재하면 주관적 정당화요소가 결여된 경우에도 위법성이 조각된다고 본다. [♠ 03, 11, 12 사시]

② 위의 예에서 甲의 행위는 위법성이 조각되어 무죄가 된다.

③ 비 판 : 주관적 정당화요소가 없는 경우를 그것이 있는 경우와 동일하게 취급하여 위법성의 조각을 인정하는 것은 부당하다.

2) 주관적 정당화요소 필요설(행위반가치일원론) – 기수 인정

① 주관적 정당화요소 필요설 중 행위반가치일원론의 입장에서는 객관적 정당화 상황이 존재하더라도 주관적 정당화요소가 결여된 경우 위법성이 조각될 수 없고 기수범에 해당한다고 본다.

② 위의 예에서 甲의 행위에 대하여 살인죄의 기수를 인정한다.

3) 주관적 정당화요소 필요설(이원적 인적 불법론)

주관적 정당화요소 필요설 중 이원적 인적 불법론의 입장에서는 객관적 정당화 상황이 존재하더라도 주관적 정당화요소가 결여된 경우 위법성이 조각될 수 없다고 본다. 다만 그 구체적 법적 효과는 이론 구성에 따라 아래의 두가지 입장이 있다.

① 불능미수범설(다수설)

㉮ 주관적 정당화요소 흠결의 경우에 행위반가치는 그대로 존재하나, 존재하는 객관적 정당화상황에 의하여 결과불법이 불능미수의 수준으로 낮아진다고 보아 불능미수의 규정을 유추적용하여 처벌해야 한다는 견해이다.[7)]

㉯ 위의 예에서 甲의 행위에 대하여 살인죄의 불능미수를 인정한다.

㉰ 비 판 : 침해행위가 미수에 그치거나 침해행위가 과실인 경우는 (불능)미수범의 미수 또는 과실의 미수가 되어 처벌의 흠결이 생길 수 있다. [♠ 08 사시]

② 기수범설

㉮ 위법성조각사유는 모든 객관적 요건과 주관적 요건이 충족된 때에만 성립하는 것이므로 주관적 정당화요소의 흠결의 경우에는 위법성이 조각될 수 없으며, 구성요건적 결과까지도 발생했다면 기수범의 불법을 인정해야 한다는 견해이다. [♠ 03 사시]

㉯ 위의 예에서 甲의 행위에 대하여 살인죄의 기수를 인정한다.

㉰ 비 판 : 객관적 정당화상황이 존재하는 경우를 그것이 존재하지 않는 경우와 동일하게 기수로 처벌한다는 점에서 부당하다. 즉 객관적 정당화상황이 존재함에도 그것이 행위자에게 유리하게 작용하지(고려되지) 못한다는 문제점이 있다. [♠ 08, 사시]

(3) 검 토

ⅰ) 위법성조각설은 주관적 정당화요소가 있는 경우와 없는 경우를 동일하게 취급하여 위법성의 조각을 인정하는 문제점이 있고, ⅱ) 기수범설은 객관적 정당화상황이 존재하는 경우를 존재하지 않는 경우와 동일하게 기수로 처벌한다는 문제점이 있다. 따라서 불능미수범설이 타당하다.

사 례 연 습

【주관적 정당화요소의 흠결의 효과】 ※ 고의범과 과실범의 비교사례

(1) 甲은 사이가 좋지 않은 A가 혼자 걸어오고 있는 것을 보고 상해의 고의로 A에게 돌을 던져 상처를 입혔는데, 사실은 그 당시 A는 甲을 살해하기 위하여 주머니 속에서 권총을 발사하려던 중이었다. (2) 乙은 경찰복으로 위장한 강도범 B의 정차요구에 따라 정지하려고 하였으나 운전미숙으로 B를 치어 상처를 입히고 말았다. 주관적 정당화요소 불요설, 필요설에 의할 때 甲과 乙의 죄책은? (각 학설에 의할 경우 법적 효과에 다툼이 있는 경우는 다수설에 의함)

---

7) 결과불법의 발생이 불가능함에도 행위자는 그것이 가능하다고 오인하였다는 점에서, 구성요건적 결과발생이 불가능함에도 그것이 가능하였다고 오인한 불능미수와 유사하다는 것을 근거로 불능미수규정을 유추적용한다.

|해|설| ※ 각 사안의 형법적 평가는 다음과 같다.
(1) 고의범에 있어서 객관적 정당화상황은 존재하나 주관적 정당화요소를 결여한 경우이다.
(2) 과실범에 있어서 객관적 정당화상황은 존재하나 주관적 정당화요소를 결여한 경우이다.
※ 각 학설의 입장에서 甲과 乙에 대한 죄책은 다음과 같다.
첫째 주관적 정당화요소 불요설에 의하면 주관적 정당화요소는 존재하지 않더라도 객관적 정당화상황만 존재하면 위법성조각을 인정한다. 따라서 甲과 乙은 모두 정당방위로서 위법성이 조각되어 무죄가 된다.
둘째 주관적 정당화요소 필요설에 의할 때 주관적 정당화요소를 결여한 경우에 대한 법적 효과에 대하여 불능미수설과 기수범설의 다툼이 있으나 불능미수범설이 다수설이다. 따라서 甲과 乙 모두 주관적 정당화요소를 결여하였으므로 甲은 상해죄의 불능미수의 죄책이 인정되고, 乙은 업무상과실치상죄의 불능미수가 될 것이나 과실범에 대하여는 미수규정이 없으므로 乙은 결국 무죄가 된다.

정답 (불요설 : 甲과 乙은 무죄, 필요설 : 甲은 상해죄의 불능미수, 乙은 무죄)

사 례 연 습

【주관적 정당화요소의 흠결의 효과】 ※ 불법론과의 관계 [♠ 01 사시]

甲은 원수인 乙에게 총격을 가하여 살해하였다. 그런데 그 당시 乙 역시 甲을 살해하기 위하여 권총의 방아쇠를 당기려던 참이었다는 것이 밝혀졌다. 甲은 乙의 살해 당시 이러한 점을 전혀 인식하지 못하였다. 행위반가치만으로 불법이 인정된다는 입장에 의할 때 甲의 죄책은?

|해|설| 사안은 객관적 정당화상황은 존재하지만 주관적 정당화요소를 결한 경우이다. 따라서 행위반가치일원론의 입장에서는 주관적 정당화요소가 흠결된 경우 행위반가치가 모두 존재하므로 기수의 죄책이 그대로 인정된다. 만약 위 사례를 결과반가치일원론의 입장에서 해결한다면 위법성이 조각되어 무죄가 될 것이다.

정답 (살인죄)

5. 위법성조각사유의 경합

위법성조각사유의 경합이란 하나의 구성요건에 해당하는 행위에 수개의 위법성조각사유가 존재하는 경우를 말한다. [♠ 13 사시] 이 경우 개별적인 위법성조각사유는 각각 고유한 기능을 가지고 있으므로 독립적으로 적용되는 것이 원칙이다[임웅 260면].[8] 다만 특별법과 일반법의 관계에 있는 위법성조각사유[9] 사이에는 특별법 위법성조각사유가 우선적으로 적용된다.

8) 예를 들어 재물을 절취하는 절도범인을 정당방위의사와 수사기관에 인도할 의사로 체포한 경우 정당방위 및 법령에 의한 행위로서의 정당행위 규정이 모두 적용된다[임웅 261면].

9) 정당방위와 가장 일반적 위법성조각사유에 해당하는 사회상규에 반하지 않는 행위(정당행위)와의 관계가 이에 해당한다.

제2절 정당방위

정당방위의 성립요건(인정여부)에 관한 이론 및 판례와 정당방위의 사회윤리적 제한의 유형이 학습의 핵심대상이다. 오상방위는 뒤에서 배우게 되는 법률의 착오 부분의 위법성조각사유의 전제사실의 착오와 관련한 논점이므로 위법성론에서는 일단 판례의 결론 정도를 알아두면 족하다.

제21조(정당방위) ① 현재의 부당한 침해로부터 자기 또는 타인의 법익을 방위하기 위하여 한 행위는 상당한 이유가 있는 경우에는 벌하지 아니한다.

Ⅰ. 정당방위의 의의

1. 개 념

① 정당방위란 현재의 부당한 침해로부터 자기 또는 타인의 법익(법익)을 방위하기 위하여 한 행위로서 상당한 이유가 있는 행위를 말한다(제21조 제1항).

② 정당방위는 '不正 대 正'의 관계로서 '사전적' 긴급행위에 해당하며, '법은 불법에 양보할 필요가 없다'는 사상에 기초하고 있다.

2. 위법성조각의 근거

(1) 자기보호의 원리

① 개인권적 측면에서 사인(私人)이 자위(自衛)본능에 기초하여 타인의 부당한 침해로부터 법익을 보호하는 것은 허용된다는 원리이다.

② 정당방위는 개인적 법익을 보호하기 위하여 허용될 뿐이며 국가적 · 사회적 법익을 보호하기 위한 정당방위는 원칙적으로 허용되지 않는다는 결론이 이 원리에서 도출된다.

(2) 법질서수호의 원리

① 사회권적 측면에서 피침해자의 자기방위는 동시에 법질서를 수호하는 것이므로 허용된다는 원리이다.

② 이 원리에 의하여 침해의 회피가 가능한 경우에도 정당방위가 가능하게 되고 제3자를 위한 정당방위도 가능하게 된다. 한편으로는 이 원리는 법질서수호의 이익이 없는 경우에는 정당방위가 제한될 수 있다는 근거가 되기도 한다.

Ⅱ. 정당방위의 성립요건

1. 현재의 부당한 침해

(1) 침 해

① 의의와 성질

㉮ 침해란 사람에 의한 법익의 실해(實害) 또는 그 위험을 의미하므로 침해는 행위로서의 성질을 가져야 한다. 따라서 행위로서의 성질을 가지지 못하는 사람의 무의식에 의한 행동 및 동물 · 자연현상에 의한 공격에 대하여는 정당방위를 할 수 없다. 그러나 동물에 의한 공격이 사람에 의하여 사주된 경우에는 사람의 공격으로서의 성질을 가지므로 정당방위가 가능하다[이재상, 221면]. [♠ 09 사시]

㉯ 동물의 공격이 사육주의 관리소홀과 같이 과실에 의한 경우(예 사육주가 허술하게 묶어 놓은 개가 어린이를 물려고 하는 경우)에도 정당방위를 할 수 있는지가 문제되는데, 이에 대하여는 정당방위가 허용된다는 견해[오영근, 320면; 정성근 · 박광민, 219면]와 동물에 의한 공격이 사람에 의하여 사주된 경우에는 정당방위가 가능하다는 전제하에 관리자의 '과실'만으로는 사람에 의하여 사주된 침해라고 할 수 없어 정당방위가 허용되지 않는다는 견해[이재상 · 강동범 · 정현미, 객관식 180면]가 나뉘어져 있다. [♠ 09 사시]

② 침해의 유형

㉮ 침해행위는 고의행위 · 과실행위를 불문한다.

㉯ 작위에 의한 침해는 물론 부작위에 의한 침해(예 퇴거불응)도 가능하다. 다만 부작위의 경우는 작위의무 있는 자에 의한 것이고 가벌성이 인정되어야 한다. 따라서 가벌성이 인정되지 않는 부작위에 해당하는 단순채무불이행은 부작위에 의한 침해로 볼 수 없어 이에 대한 정당방위는 허용되지 않는다(예 임대차기간 만료 후에 임차인이 차가(借家)를 명도하지 않자 임대인이 집기와 비품을 들어내기 위하여 주거에 침입하는 것은 정당방위가 될 수 없다). [♠ 07 사시]

㉰ 책임 없는 자의 행위도 침해에 해당될 수 있으므로 이에 대한 정당방위도 가능하다. 다만 이 경우의 정당방위는 제한적으로만 인정될 수 있다(정당방위의 사회윤리적 제한 참고).

(2) 침해의 현재성

① 의 의 : 현재의 침해란 법익에 대한 침해가 급박한 상태에 있거나, 바로 발생하였거나, 아직도 계속되고 있는 것을 말한다. 따라서 과거의 침해 또는 장래에 나타날 침해에 대해서는 정당방위를 할 수 없다.

② 범 위

㉮ 침해행위가 실행의 착수 이전일지라도 방어를 지체함으로써 방어가 어려워지는 때에는 침해의 현재성이 인정된다(예 살해하려고 권총을 집어 드는 때). [♠ 04 사시]

㉯ 침해행위가 기수에 도달한 이후에도 법익침해가 현장에서 계속되고 있는 경우에

는 침해의 현재성이 인정된다(예 재물을 절취한 후 도주하는 절도범을 추격하여 폭행을 통해 도품을 탈환하는 행위는 정당방위에 해당).

判例 정당방위에 있어서 '침해의 현재성'

형법 제21조 제1항은 "현재의 부당한 침해로부터 자기 또는 타인의 법익을 방위하기 위하여 한 행위는 상당한 이유가 있는 경우에는 벌하지 아니한다."라고 규정하여 정당방위를 위법성조각사유로 인정하고 있다. 이때 '침해의 현재성'이란 침해행위가 형식적으로 기수에 이르렀는지에 따라 결정되는 것이 아니라 자기 또는 타인의 법익에 대한 침해상황이 종료되기 전까지를 의미하는 것이므로, 일련의 연속되는 행위로 인해 침해상황이 중단되지 아니하거나 일시 중단되더라도 추가 침해가 곧바로 발생할 객관적인 사유가 있는 경우에는 그중 일부 행위가 범죄의 기수에 이르렀더라도 전체적으로 침해상황이 종료되지 않은 것으로 볼 수 있다[대판 2023.4.27. 2020도6874].

판례해설 공소사실은 피고인이 2018. 3. 21. 주식회사 레이테크코리아(이하 '이 사건 회사'라 한다) 대표이사인 피고인 1이 피고인을 포함한 직원들의 항의를 무시하고 사무실 밖으로 빠져나가려 한다는 이유로, 사무실 현관까지 피해자를 따라가 양손으로 피해자의 어깨를 잡고 수회 흔들어 폭행하였다는 것이다. 그런데, 피고인 1(대표이사)은 공소외 2 등을 피해 사무실 출입구로 걸어가면서 출입구 앞에 앉아 있던 공소외 1의 옆구리를 1회 걷어차고, 오른쪽 허벅지를 1회 밟은 뒤, 공소외 2의 어깨를 손으로 밀었다. 그 과정에서 공소외 2가 넘어지고 피고인 1도 뒤엉켜 뒤로 넘어지면서 공소외 2를 깔고 앉게 되었다. 피고인을 비롯한 다수의 근로자들이 그 주변으로 몰려들었고, 공소외 2는 고통을 호소하며 비명을 질렀다. 그 직후 피고인 1이 그 자리에서 바로 일어나지 못하고 '내 몸에 손대지 마'라고 소리를 지르는 상황에서, 피고인은 공소외 2를 깔고 앉아 있는 피고인 1의 어깨 쪽 옷을 잡았고 다른 남성 근로자가 피고인 1을 일으켜 세우자 힘을 주어 피고인 1의 옷을 잡고 흔들었다. 이에 대하여 대법원은 위 사안에서 원심이 판단한 바와 같이 피고인 1이 이미 넘어진 후 피고인이 피고인 1의 옷을 잡았고 자리에서 일어난 이후에도 피고인 1의 어깨를 흔들었으므로 원심과 같이 가해행위가 이미 종료되었다고 볼 여지도 없는 것은 아니나 당시 피고인 1은 근로자들과 장기간 노사갈등으로 마찰이 격화된 상태에서 사무실 밖으로 나가기 위하여 좁은 공간에서 다수의 근로자들을 헤치거나 피하면서 앞쪽으로 움직이던 중 출입구 직전에서 공소외 2와 엉켜 넘어졌으므로 근로자들 중 일부인 공소외 1에 대한 가해행위만을 두고 침해상황의 종료를 판단하는 데에는 한계가 있다고 하여 침해의 현재성을 인정하였다.

判例 정당방위에 해당하는 경우 (침해의 현재성이 인정되는 경우)

1. 술취한 A가 甲이 운전하는 차량 앞에 뛰어들어 함부로 타려고 하고 이에 항의하는 甲의 바지춤을 잡아 당겨 찢고 甲을 끌고 가려다가 넘어지자, 甲이 A의 양 손목을 경찰관이 도착할 때까지 약 3분간 잡아 눌렀다면 … 甲의 범행은 자기의 신체에 대한 현재의 부당한 침해에서 벗어나려고 한 행위로서 위법성이 결여된 행위이다[대판 1999.6.11. 99도943]. [♠ 07, 11, 15 사시]
2. 국유토지가 공개입찰에 의하여 매매되고 그 인도집행이 완료되었다 하더라도 그 토지의 종전경작자인 피고인이 파종한 보리가 30cm 이상 성장하였다면 그 보리는 피고인의 소유로서 그가 수확할 권한이 있으므로 토지매수자가 토지를 경작하기 위하여 소를 이용하여 쟁기질을 하고 성

장한 보리를 갈아뭉개는 행위는 피고인의 재산에 대한 현재의 부당한 침해라 할 것이므로 이를 막기 위하여 그 경작을 못하도록 소 앞을 가로막고 쟁기를 잡아당기는 등의 피고인의 행위는 정당방위에 해당된다[대판 1977.5.24. 76도3460].

3. A회사가 甲이 점유하던 공사현장에 실력을 행사하여 들어와 현수막 및 간판을 설치하고 담장에 글씨를 쓴 행위는 甲의 시공 및 공사현장의 점유를 방해하는 것으로서 甲의 법익에 대한 현재의 부당한 침해라고 할 수 있으므로 乙이 그 현수막을 찢고 간판 및 담장에 씌어진 글씨를 지운 것은 그 침해를 방어하기 위한 행위로서 상당한 이유가 있다[대판 1989.3.14. 87도3674].

判例 정당방위에 해당하지 않는 경우 (침해의 현재성이 부정되는 경우)

1. 피고인은 집주인으로부터 계약기간이 지났으니 방을 비워 달라는 요구를 수회 받고서도 이를 회피하기 위하여 억지를 쓰며 폭언을 하였다. 이에 집주인의 며느리가 화가 나 피고인 방의 창문을 쇠스랑으로 부수자, 격분한 피고인이 배척(속칭 빠루)을 들고 나와 마당에서 이 장면을 구경하다 미처 피하여 도망가지 못한 마을 주민을 때려 상해를 가한 경우 … 이는 피해자의 침해행위에 대하여 자기의 권리를 방위하기 위한 부득이한 행위가 아니고, 그 침해행위에서 벗어난 후 분을 풀려는 목적에서 나온 공격행위로 정당방위에 해당한다고 할 수 없다[대판 1996.4.9. 96도241]. [♠ 00, 10 사시]
2. 노상에서 좋놈, 개새끼같은 놈이라는 욕설을 하는 것만으로는 현재의 급박 부당한 침해라 할 수 없으므로 그 욕설을 한 자에 대하여 가래로 흉부를 1회 구타하여 상해를 입힌 본건에 있어서 이를 정당방위로 논할 수는 없는 것이다[대판 1957.5.10. 4290형상73].
3. 피해자가 칼을 들고 피고인을 찌르자 그 칼을 뺏어 그 칼로 반격을 가한 결과 피해자에게 상해를 입게 하였다 하더라도 이를 피고인에 대한 현재의 부당한 침해를 방위하기 위한 행위로서 상당한 이유가 있는 경우에 해당한다고 할 수 없다[대판 1984.1.24. 83도1873]. [♠ 11 사시]

동지판례 쟁투하다가 패주하는 피해자가 소지하였던 식도를 탈취하여 급박한 상태를 면하였음에도 불구하고 다만 반항한다 하여 그를 자살(刺殺)한 행위는 형법 제21조 소정의 정당방위, 초과방위 또는 불안상태의 행위라 할 수 없다[대판 1959.7.24. 4291형상556].

㉰ 반복될 위험(지속적 위험)에 대한 침해의 현재성 인정여부

사 례 연 습

※ 김보은양 사건

甲女는 약 12살 때부터 의붓아버지인 A의 강간행위에 의하여 정조를 유린당한 후 계속적으로 A와의 성관계를 강요받아 왔다. 대학생이 된 甲女는 앞으로의 성폭행을 모면하기 위하여 남자친구인 乙과 A를 살해하기로 공모한 후, 甲女가 밤중에 문을 열어주자 乙은 A의 방에 들어가 술에 취하여 잠들어 있던 A를 깨워 甲女를 더 이상 괴롭히지 말라는 취지의 훈계를 한 후 식칼로 A의 심장을 찔러 살해하였다. 甲과 乙의 죄책을 논하시오. (주거침입죄는 논외로 함)

사례해결

1. 구성요건 해당성

甲과 乙은 공모하여 살인을 하였으므로 살인죄의 구성요건 해당성이 인정된다.

2. 위법성

甲과 乙에 대하여 정당방위가 인정될 수 있는지 문제된다. 정당방위는 자기 또는 타인의 법익에 대한 현재의 부당한 침해를 방위하기 위한 행위는 상당한 이유가 있어야 한다(제21조 제1항). 위 사안과 같은 지속적 위난을 모면하기 위한 행위의 경우, i) 현재의 침해성을 인정하는 견해와 ii) 현재의 침해성을 부정하는 견해(다수설)가 있으며 iii) 판례는 현재의 부당한 침해를 인정할 여지가 있다는 취지로 판시한 바 있다. 甲으로서는 보복의 두려움으로 인하여 공적, 사회적 구제수단에 호소가 사실상 불가능하므로 이와 같은 약자를 보호하기 위하여 정당방위의 '현재의 침해성'을 인정하는 것이 타당하다. 그러나 침해이익은 생명이고, 보호이익은 신체 및 성적 자기결정의 자유이므로 침해이익과 보호이익간의 불균형으로 인하여 甲과 乙의 살인은 상당한 이유가 인정되지 아니한다. 따라서 정당방위로서 위법성이 조각될 수 없다.

3. 책 임

방어행위가 상당성을 초과한 경우에도 행위가 야간 기타 불안스러운 상태하에서 공포, 경악, 흥분 또는 당황으로 인한 때에 적법행위의 기대가능성이 없어 책임이 조각되어 처벌되지 아니한다(제21조 제3항). 사안의 경우 甲과 乙은 술에 취하여 잠들어 있던 A를 살해하였으므로 제21조 제3항의 요건을 구비하였다고 보여지지 아니하므로 책임이 조각될 수 없다.

4. 결 론

甲과 乙은 살인죄의 공동정범의 죄책을 진다.

判例 지속적 위난을 모면하기 위한 행위와 침해의 현재성 인정여부 (김보은양 사건)

[1] 정당방위가 성립하려면 침해행위에 의하여 침해되는 법익의 종류, 정도, 침해의 방법, 침해행위의 완급과 방위행위에 의하여 침해될 법익의 종류, 정도 등 일체의 구체적 사정들을 참작하여 방위행위가 사회적으로 상당한 것이어야 하고, 정당방위의 성립요건으로서의 방어행위에는 순수한 수비적 방어뿐 아니라 적극적 반격을 포함하는 반격방어의 형태도 포함되나, 그 방어행위는 자기 또는 타인의 법익침해를 방위하기 위한 행위로서 상당한 이유가 있어야 한다. [♠12 사시] [♣12 변시]
[2] 의붓아버지의 강간행위에 의하여 정조를 유린당한 후 계속적으로 성관계를 강요받아 온 피고인이 상피고인과 사전에 공모하여 범행을 준비하고 의붓아버지가 제대로 반항할 수 없는 상태에서 식칼로 심장을 찔러 살해한 행위는 사회통념상 상당성을 결여하여 정당방위가 성립하지 아니한다.
[3] 피고인 김○은이 약 12살때부터 의붓아버지인 피해자의 강간행위에 의하여 정조를 유린당한 후 계속적으로 이 사건 범행 무렵까지 피해자와의 성관계를 강요 받아왔고, 그 밖에 피해자로부터 행동의 자유를 간섭받아 왔으며, 또한 그러한 침해행위가 그 후에도 반복하여 계속될 염려가 있었다면, 피고인들의 이 사건 범행당시 피고인 김○은의 신체나 자유 등에 대한 현재의 부당한 침해상태가 있었다고 볼 여지가 없는 것은 아니나, 그렇다고 하여도 판시와 같은 경위로 이루어진 피고인

들의 이 사건 살인행위가 형법 제21조 소정의 정당방위나 과잉방위에 해당한다고 하기는 어렵다 [대판 1992.12.22. 92도2540]. [♠ 00, 04, 05사시]

判例 정당방위에 해당하지 않는 경우 (침해의 현재성이 인정되나 상당성이 부정되는 경우)

피고인이 피해자로부터 갑작스럽게 뺨을 맞는 등 폭행을 당하여 서로 멱살을 잡고 다투자 주위 사람들이 싸움을 제지하였으나 피해자에게 대항하기 위하여 깨어진 병으로 피해자를 찌를 듯이 겨누어 협박한 경우, 피고인의 행위는 자기의 법익에 대한 현재의 부당한 침해를 방어하기 위한 것이라고 볼 수 있으나, 맨손으로 공격하는 상대방에 대하여 위험한 물건인 깨어진 병을 가지고 대항한다는 것은 사회통념상 그 정도를 초과한 방어행위로서 상당성이 결여된 것이고, 또 주위사람들이 싸움을 제지하였다는 상황에 비추어 야간의 공포나 당황으로 인한 것이었다고 보기도 어렵다[대판 1991.5.28. 91도80].

③ 판단기준

㉮ 침해의 현재성은 피침해자의 주관에 의하여 결정되는 것이 아니라 객관적인 상황에 따라 결정하여야 한다. [♠ 12 사시]

㉯ 침해의 현재성은 방어행위시가 아니라 침해행위시(방어효과의 발생시)를 기준으로 판단한다(예 도둑의 침입에 대비하여 자동보안장치를 미리 설치한 경우에도 이러한 장치는 침해와 동시에 작동되므로 침해의 현재성이 인정된다). [♠ 10, 11, 15 사시]

(3) 침해의 부당성

① 침해행위가 부당하다고 함은 객관적으로 법질서와 모순되는 위법한 것을 의미한다.

判例 경찰관의 불법한 체포에 대항하여 상해를 가한 경우 = 정당방위 O

경찰관의 행위가 적법한 공무집행을 벗어나 불법하게 체포한 것으로 볼 수밖에 없다면, 그 체포를 면하려고 반항하는 과정에서 경찰관에게 상해를 가한 것은 불법 체포로 인한 신체에 대한 현재의 부당한 침해에서 벗어나기 위한 행위로서 정당방위에 해당하여 위법성이 조각된다[대판 2000.7.4. 99도4341].

동지판례 피고인이 경찰관의 불심검문에 응하여 이미 운전면허증을 교부한 상태이고, 경찰관뿐 아니라 인근 주민도 욕설을 직접 들었으므로 피고인이 도망하거나 증거를 인멸할 염려가 있다고 보기는 어렵고, 피고인의 모욕 범행은 불심검문에 항의하는 과정에서 저지른 일시적, 우발적인 행위로서 사안 자체가 경미할 뿐 아니라, 피해자인 경찰관이 범행현장에서 즉시 범인을 체포할 급박한 사정이 있다고 보기도 어렵다면, 경찰관이 피고인을 체포한 행위는 적법한 공무집행이라고 볼 수 없고, 따라서 피고인이 체포를 면하려고 반항하는 과정에서 상해를 가한 것은 불법체포로 인한 신체에 대한 현재의 부당한 침해에서 벗어나기 위한 행위로서 정당방위에 해당한다 [대판 2011.5.26. 2011도3682]. [♣ 18 변시]

② 위법은 형법상의 불법을 의미하는 것이 아니므로 구성요건해당성이 없는 행위도 객관적으로 위법하면 이에 대한 정당방위가 가능하다(예 미수범 · 과실범처벌규정이 없는

미수행위 · 과실행위, 무과실에 의한 침해행위에 대한 정당방위도 가능).

③ 위법하지 아니한 적법한 침해(예 정당방위 · 긴급피난 · 징계권행사)에 대해서는 정당방위를 할 수 없다. 다만 경우에 따라 긴급피난은 가능하다.

判例 적법한 침해에 대한 정당방위(성립불가)

1. 공직선거 후보자 합동연설회장에서 후보자 甲이 적시한 연설 내용이 다른 후보자 乙에 대한 명예훼손 또는 후보자비방의 요건에 해당되나 그 위법성이 조각되는 경우,[1] 甲의 연설 도중에 乙이 마이크를 빼앗고 욕설을 하는 등 물리적으로 甲의 연설을 방해한 행위는 甲의 '위법하지 않은 정당한 침해'에 대하여 이루어진 것일 뿐만 아니라 '상당성'을 결여하여 정당방위의 요건을 갖추지 못하였다[대판 2003.11.13. 2003도3606]. [♠ 07 사시]
2. 피고인이 피해자를 살해하려고 먼저 가격한 이상 피해자의 반격이 있었더라도 피해자를 살해한 행위가 정당방위에 해당한다고 볼 수 없다[대판 1983.9.13. 83도1467].

④ 침해는 위법하면 족하고 유책한 것일 필요는 없으므로 정신병자 · 형사미성년자의 공격에 대하여도 정당방위가 가능하다. 다만 이 경우 정당방위가 제한될 수 있다(후술함).

⑤ 싸움과 정당방위의 성립여부

㉮ **원 칙** : 싸움에 있어서는 공격과 방어가 교차되기 때문에 i) 일방의 행위만을 부당한 침해행위라고 볼 수 없고, ii) 공격의사와 방어의사가 교차되고 있으며, iii) 상호간에 침해를 유발한 것이기 때문에 정당방위는 성립하지 않는다.

判例 싸움의 경우 가해행위의 성질과 정당방위 및 과잉방위의 성립여부 (불성립)

1. 피해자 일행 중 1명의 뺨을 때린 데에서 비롯된 가해자 등의 행위는 피해자 일행의 부당한 공격을 방위하기 위한 것이라기보다는 서로 공격할 의사로 싸우다가 먼저 공격을 받고 이에 대항하여 가해하게 된 것이라고 봄이 상당하고 이와 같은 싸움의 경우 가해행위는 방어행위인 동시에 공격행위의 성격을 가지므로 정당방위 또는 과잉방위행위라고 볼 수 없다[대판 1993.8.24. 92도1329]. [♠ 08 사시]
2. 싸움이 벌어졌다가 일단 끝이 난 후 그 일방의 동생이 상대방의 잘못을 따지기 위해 형과 함께 상대방이 있는 술집으로 갔다가 재차 싸움이 벌어져 그 와중에서 상대방의 1인이 쥐고 있던 칼을 빼앗아 동인(同人)과 다른 사람들을 찔러 살상을 입힌 경우 그 행위와 흉기의 성질상 피고인의 위와 같은 행위에는 적어도 살인에 관한 미필적인 고의가 있었던 것이라고 하지 않을 수 없고 또 그것이 정당방위나 과잉방위에 해당한다고 할 수도 없다 할 것이다[대판 1968.11.12. 68도912].
3. 언쟁 중 흥분 끝에 싸우다가 상해를 입힌 행위는 서로 상대방의 상해행위를 유발한 것이어서 정당방위는 성립하지 아니한다[대판 1984.6.26. 83도3090].

1) 형법 제310조와 공직선거법 제251조 단서에 의하여 위법성이 조각된다.

판 례 연 습

【싸움과 정당방위의 인정여부】 ※ 몸무게가 더 나가는 처남 사건

술에 만취된 A가 누나인 X女와 말다툼을 하다가 X女의 머리채를 잡고 때리자, X女의 남편 甲은 A와 싸우게 되었는데, 그 과정에서 몸무게가 85kg 이상이나 되는 A가 62kg의 甲을 침대 위에 넘어뜨리고 甲의 가슴 위에 올라타 목부분을 누르자 호흡이 곤란하게 된 甲이 안간힘을 쓰면서 허둥대다가 그 곳 침대 위에 놓여있던 과도로 A의 다리를 찔러 상해를 가하였다. 甲에게 정당방위 또는 과잉방위가 인정되는가?

판결요지

가해자의 행위가 피해자의 부당한 공격을 방위하기 위한 것이라기보다는 서로 공격할 의사로 싸우다가 먼저 공격을 받고 이에 대항하여 가해하게 된 것이라고 봄이 상당한 경우, 그 가해행위는 방어행위인 동시에 공격행위의 성격을 가지므로 정당방위 또는 과잉방위행위라고 볼 수 없다[대판 2000.3.28. 2000도228]. [♣14 변시]

정답 (불인정)

㉯ 예 외 : ⅰ) 그 싸움에서 예상할 수 있는 정도를 초과한 과도한 공격이나, ⅱ) 싸움이 중지된 후 다시 상대방이 공격을 해오는 경우에는 정당방위가 성립할 수 있다(판례).

判例 싸움과 관련이 있으나 정당방위가 인정된 경우

1. **(예상을 초과한 공격)** 싸움을 함에 있어서 격투자의 행위는 서로 상대방에 대하여 공격을 함과 동시에 방어를 하는 것이므로 그 중 일방 당사자의 행위만을 부당한 침해라고 하고 다른 당사자의 행위만을 정당방위에 해당하는 행위라고 할 수는 없을 것이나, 격투를 하는 자 중의 한 사람의 공격이 그 격투에서 당연히 예상할 수 있는 정도를 초과하여 살인의 흉기 등을 사용하여 온 경우에는 이는 역시 부당한 침해라고 아니할 수 없으므로 이에 대하여도 정당방위를 허용하여야 한다[대판 1968.5.7. 68도370].
2. **(외관상 싸움)** A는 식당에서 甲과 함께 술을 마시던 중 甲이 자신에게 욕설을 하였다는 이유로 주먹으로 甲의 얼굴을 수회 때리고 발로 甲의 가슴을 걷어 찬 후 甲이 식당 밖으로 피신하자 따라나가 의자로 甲의 팔부위를 수회 내리치는 바람에 甲이 전치 4주의 상처를 입었고, 그 과정에서 甲은 A의 손과 멱살 등을 잡고 밀쳤다. … 甲의 행위는 상대방의 부당한 공격에서 벗어나거나 이를 방어하려고 한 행위였다고 봄이 상당하다[대판 1996.12.23. 96도2745].

   동지판례 피고인이 방안에서 피해자로부터 깨진 병으로 찔리고 이유 없이 폭행을 당하여 이를 피하여 방밖 홀로 도망쳐 나오자 피해자가 피고인을 쫓아 나와서까지 폭행을 하였다면 이때 피고인이 방안에서 피해자를 껴안거나 두 손으로 멱살부분을 잡아 흔든 일이 있고 홀 밖에서 서로 붙잡고 밀고 당긴 일이 있다고 하여도 특별한 사정이 없는 한 이는 피해자에 대항하여 폭행을 가한 것이라기보다는 피해자의 부당한 공격에서 벗어나거나 이를 방어하려고 한 행위였다고 보는 것이 상당하다[대판 1989.10.10. 89도623].
3. **(중지 후 재침)** 싸움이 중지된 후 다시 피해자들이 새로이 도발한 별개의 가해행위를 방어하기 위하여 단도로써 상대방의 복부에 자상을 입힌 행위는 정당방위에 해당한다[대판 1957.3.8. 4290형상18].

판 례 연 습

【싸움과 위법성조각의 가능성 】※ 외관상 싸움(정당방위 인정 가능)

甲(女)과 자신의 남편과의 관계를 의심하게 된 A가 자신의 아들 등과 함께 甲의 아파트에 찾아가 현관문을 발로 차는 등 소란을 피우다가, 출입문을 열어주자 곧바로 甲을 밀치고 신발을 신은 채로 거실로 들어가 A 일행이 서로 합세하여 甲을 구타하기 시작하였다. 이에 甲은 이를 벗어나기 위하여 손을 휘저으며 발버둥치는 과정에서 A 등에게 상해를 가하였다. 이 경우 甲의 행위는 위법성이 조각이 인정되는가?

판결요지

[1] 맞붙어 싸움을 하는 사람 사이에서는 공격행위와 방어행위가 연달아 행하여지고 방어행위가 동시에 공격행위인 양면적 성격을 띠어서 어느 한쪽 당사자의 행위만을 가려내어 방어를 위한 '정당행위'라거나 '정당방위'에 해당한다고 보기 어려운 것이 보통이다. 그러나 겉으로는 서로 싸움을 하는 것처럼 보이더라도 실제로는 한쪽 당사자가 일방적으로 위법한 공격을 가하고 상대방은 이러한 공격으로부터 자신을 보호하고 이를 벗어나기 위한 저항수단으로서 유형력을 행사한 경우에는, 그 행위가 새로운 적극적 공격이라고 평가되지 아니하는 한, 이는 사회관념상 허용될 수 있는 상당성이 있는 것으로서 위법성이 조각된다. [♣ 23 변시]

[2] 자신의 남편과 甲이 불륜을 저지른 것으로 생각하고 이를 따지기 위하여 甲의 집을 찾아가 甲을 폭행하기에 이른 것이라는 것만으로 A 등의 위 공격행위가 적법하다고 할 수 없고, 甲은 그러한 위법한 공격으로부터 자신을 보호하고 이를 벗어나기 위한 사회관념상 상당성 있는 방어행위로서 유형력의 행사에 이르렀다고 할 것이어서 위 행위의 위법성이 조각된다고 판단한 원심판결에 법리오해의 위법이 없다고 한 사례[대판 2010.2.11. 2009도12958]. [♠ 11 사시] [♣ 14, 17 변시]

동지판례 A女(54세)는 甲女(66세)가 자신이 첩의 자식이라는 헛소문을 퍼뜨렸다며 먼저 甲女를 폭행하였고, A女의 남편(59세)도 이에 가세하여 甲女를 폭행하자, 甲女는 이에 대항하여 A女의 팔을 잡아 비틀고 다리를 무는 등으로 하여 A女에게 전치 2주의 상해를 가하였다. … 甲女의 행위는 사회통념상 허용될 만한 상당성이 있는 행위로서 위법성이 조각된다고 보아야 할 것이다[대판 1999.10.12. 99도3377]. [♠ 07, 10 사시]

판례해설 외관상 싸움의 사례에 대하여 동지판례의 경우 "사회통념상 허용될 만한 상당성이 있는 행위"라고 표현하여 위법성이 조각되는 근거가 정당행위인지 정당방위인지 분명하지 않았으나, 기본판례의 경우 "사회관념상 상당성 있는 방어행위"라고 표현함으로써 위법성 조각의 근거를 정당방위로 보고 있다. 다만 사법시험에서는 동지판례의 사례에 대하여 '정당방위를 인정하였다'는 지문이 옳은 것으로 출제된 바 있다.

정답 (인정)

2. 자기 또는 타인의 법익을 방위하기 위한 행위

(1) 자기 또는 타인의 법익

① 법익의 범위

㉮ 법익에는 법에 의하여 보호되는 모든 개인적 법익이 포함된다(예 생명, 신체, 자유, 명예, 재산).

㈏ 법익은 형법에 의하여 보호되는 것임을 요하지 아니한다(예 가족관계, 애정관계).

判例 **(요약 : 아버지의 신체와 신분도 정당방위로 보호할 수 있는 법익에 해당한다)** 타인이 보는 자리에서 자식으로부터 인륜상 용납할 수 없는 폭언과 함께 폭행을 가하려는 피해자를 1회 구타한 것이 지면에 넘어져서 머리부분에 상처를 입은 결과로 사망에 이르렀다 하여도 이는 아버지의 신체와 신분에 대한 현재의 부당한 침해를 방위하기 위한 행위로서 아버지로서는 아들에게 일격을 가하지 아니할 수 없는 상당한 이유가 있는 경우에 해당한다[대판 1974.5.14. 73도2401]. [♠ 15 사시]

② **법익의 주체** : 자기 이외에 타인의 법익을 방어하기 위한 정당방위(긴급구조)도 인정된다. 타인에는 자기 이외의 자연인 · 법인 · 법인격 없는 단체 · 국가도 포함된다.

判例 **타인을 위한 정당방위도 가능하다는 판례**

1. 자기의 법익뿐 아니라 타인의 법익에 대한 현재의 부당한 침해를 방위하기 위한 행위도 상당한 이유가 있으면 형법 제21조의 정당방위에 해당하여 위법성이 조각된다[대판 2017.3.15. 2013도2168].
2. 차량통행문제를 둘러싸고 피고인의 부(父)와 다툼이 있던 피해자가 그 소유의 차량에 올라타 문 안으로 운전해 들어가려 하자 피고인의 부(父)가 양팔을 벌리고 이를 제지하였으나 위 피해자가 이에 불응하고 그대로 차를 피고인의 부(父) 앞쪽으로 약 3m 가량 전진시키자 위 차의 운전석 부근 옆에 서 있던 피고인이 부(父)가 위 차에 다치겠으므로 이에 당황하여 위 차를 정지시키기 위하여 운전석 옆 창문을 통하여 피해자의 머리털을 잡아당겨 그의 흉부가 위 차의 창문틀에 부딪혀 약간의 상처를 입게 한 행위는 부(父)의 생명, 신체에 대한 현재의 부당한 침해를 방위하기 위한 행위로서 정당방위에 해당한다[대판 1986.10.14. 86도1091]. [♠ 00 사시] [♣ 23 변시]

③ **국가적 · 사회적 법익**

㈎ 국가의 개인적 법익이 문제되는 경우(예 국가소유의 건물이나 물건에 대한 절도 · 손괴 · 방화)에는 정당방위가 가능하다.

㈏ 국가적 · 사회적 법익의 보호는 국가의 임무이며 개인이 정당방위로 보호할 대상이 아니므로 이러한 법익에 대해서는 원칙적으로 정당방위가 허용되지 아니한다(통설). 따라서 무면허운전자를 저지하기 위한 폭행이나 음란영화의 상영을 저지하기 위하여 영화관의 전선을 절단하는 행위는 정당방위가 성립할 수 없다. [♠ 09 사시]

判例 **국가적 · 사회적 법익에 대한 정당방위 = 성립 불가능**

국군보안사령부의 민간인에 대한 정치사찰을 폭로한다는 명목으로 군무를 이탈한 행위는 정당방위나 정당행위에 해당하지 아니한다[대판 1993.6.8. 93도766]. [♣ 17 변시]

(2) 방위하기 위한 행위

① 방위행위라고 하기 위하여는 정당방위상황에 대한 인식과 방어행위를 실현한다는 의사(방위의사)가 있어야 하며 이는 정당방위의 주관적 정당화요소에 해당한다. [♣ 12 변시]

② 방위의사는 방위행위의 유일한 동기가 될 것을 요하지 아니하며 복수심 · 증오심과 같은 다른 동기가 함께 작용한 경우에도 방위의사가 주된 기능을 하는 경우라면 정당방위가 성립할 수 있다.

③ 방위행위에는 보호방위(예 공격을 막는 것)뿐만 아니라 공격방위(예 공격하는 자에 대하여 반격하는 것)를 포함한다.

④ 방위행위의 상대방은 침해자에 제한되며 제3자에 대한 반격은 정당방위는 될 수 없고 긴급피난이 성립할 수 있을 뿐이다(다수설).

3. 상당한 이유

(1) 의 의

① 정당방위가 성립하기 위해서는 방위행위가 상당한 이유가 있어야 한다.

判例 상당성의 결여로 정당방위가 인정되지 않은 경우

1. 전투경찰대원이 상관의 다소 심한 기합에 격분하여 상관을 사살한 행위는 자신의 신체에 대한 침해를 방위하기 위한 상당한 방법이었다고 볼 수 없다[대판 1984.6.12. 84도683].
2. 과수원의 과일이 자주 도난당하는 것을 참다못한 신체 장애인인 과수원 주인이 멀리서 과일을 훔쳐 달아나는 피해자를 뒤쫓아 갈 수 없는 상황에서 피해자의 다리를 향해 엽총을 쏘아 상해를 입힌 경우, 긴박성과 상당성을 결하여 정당방위라고 할 수 없다[대판 1957.5.10. 4290형상73].
3. 시위참가자들이 경찰관들의 위법한 제지 행위에 대항하는 과정에서 공동하여 경찰관들에게 PVC파이프를 휘두르거나 진압방패와 채증장비를 빼앗는 등의 폭행행위를 한 것이 정당행위나 정당방위에 해당하지 아니한다고 한 사례[대판 2009.6.11. 2009도2114]. [♠ 13 사시]

판결이유 위 폭행행위는 소극적인 방어행위를 넘어서 공격의 의사를 포함하여 이루어진 것으로서 그 수단과 방법에 있어서 상당성이 인정된다고 보기 어려우며 긴급하고 불가피한 수단이었다고 볼 수도 없으므로, 이를 사회상규에 위배되지 아니하는 정당행위나 현재의 부당한 침해를 방어하기 위한 정당방위에 해당한다고 볼 수 없다.

② 상당한 이유는 정당방위의 필요성과 요구성(정당방위의 사회윤리적 제한)을 그 내용으로 한다(다수설).

(2) 방위의 필요성

① **보충성의 원칙** : 정당방위는 '不正 대 正'의 관계이므로 보충성의 원칙이 적용되지 않는다.

判例 **(요약 : 보충의 원칙은 정당방위의 요건이 아님)** 정당방위에 있어서는 반드시 방위행위에 보충의 원칙은 적용되지 않으나 방위에 필요한 한도 내의 행위로서 사회윤리에 위배되지 않는 상당성 있는 행위임을 요한다[대판 1991.9.10. 91다19913].

② **균형성의 원칙** : 정당방위는 이익교량의 사상에 근거하고 있지 아니하므로 균형성의 원칙이 적용되지 아니한다.

判例 **강제추행에 혀 절단상으로 대항 = 정당방위○**

甲과 乙이 인적이 드문 심야에 혼자 귀가중인 丙女에게 뒤에서 느닷없이 달려들어 양팔을 붙잡고 어두운 골목길로 끌고 들어가 담벽에 쓰러뜨린 후 甲이 음부를 만지며 반항하는 丙女의 옆구리를 무릎으로 차고 억지로 키스를 함으로써 丙女가 정조와 신체를 지키려는 일념에서 엉겁결에 甲의 혀를 깨물어 설절단상을 입혔다면 丙女의 범행은 자기의 신체에 대한 현재의 부당한 침해에서 벗어나려고 한 행위로서 위법성이 결여된 행위이다[대판 1989.8.8. 89도358]. [♠ 00, 01, 05 사시]

③ **적합성의 원칙** : 방위자는 침해의 즉각적 배제가 확실한 수단을 사용할 수 있으나 여러 수단 중에서 공격자에게 피해가 가장 적은 수단을 선택하여야 한다(최소침해의 원칙).

判例 **적합성의 원칙(최소침해의 원칙)에 위반된 행위 = 정당방위×**

야간에 술이 취한 상태에서 병원에 있던 과도로 대형 유리창문을 쳐 깨뜨리고 자신의 복부에 칼을 대고 할복 자살하겠다고 난동을 부린 피해자가 출동한 2명의 경찰관들에게 칼을 들고 항거하였다고 하여도 위 경찰관 등이 공포를 발사하거나 소지한 가스총과 경찰봉을 사용하여 위 망인의 항거를 억제할 시간적 여유와 보충적 수단이 있었다고 보여지고, 또 부득이 총을 발사할 수밖에 없었다고 하더라도 하체부위를 향하여 발사함으로써 그 위해를 최소한도로 줄일 여지가 있었다고 보여지므로, 칼빈소총을 1회 발사하여 피해자의 왼쪽 가슴 아래 부위를 관통하여 사망케 한 경찰관의 총기사용행위는 경찰관직무집행법 제11조 소정의 총기사용 한계를 벗어난 것이다[대판 1991.9.10. 91다19913].

(3) 정당방위의 제한

① 정당방위의 제한의 의의와 근거

㉮ 정당방위는 법질서 전체의 입장에서 요구된 행위여야 하므로, 요구되지 않은 방위행위는 사회윤리적 관점에서 제한을 받는다.

㉯ 정당방위의 제한의 근거에 대하여는 정당방위의 기본원리에서 찾는 견해, 즉 자기 또는 법질서를 방어할 이익이 없을 때에는 정당방위가 제한된다고 보는 견해가 다수설이다.

② 유 형

㉮ **책임 없는 자의 침해에 대한 방위 :** 유아 · 정신병자 · 명정자 · 금지착오에 빠진 자의 공격에 대하여는 정당방위가 전면적으로 금지되거나 공격을 회피할 수 없는 때에만 정당방위가 허용된다(보충성의 발현).

㉯ **보증관계에 있는 자의 침해에 대한 방위 :** 부부나 부자관계와 같은 긴밀한 인적 관계에 있는 사람 사이에서의 정당방위는 제한된다. 따라서 술에 취한 남편의 폭행을 막기 위하여 우산으로 남편을 찔러 살해한 처의 행위는 정당방위가 성립할 수 없다.

判例 **(변태남편 상해치사 사건 : 정당방위 및 과잉방위 부정)** 이혼소송 중인 남편이 찾아와 가위로 폭행하고 변태적 성행위를 강요하는 데에 격분하여 처가 칼로 남편의 복부를 찔러 사망에 이르게 한 경우, 그 행위는 방위행위로서의 한도를 넘어선 것으로 사회통념상 용인될 수 없다는 이유로 정당방위나 과잉방위에 해당하지 않는다고 본 사례[대판 2001.5.15. 2001도1089]. [♠ 02, 05 사시] [♣ 19 변시]

판례해설 처에게 상해치사죄가 인정되었다.

㉰ **극히 경미한 침해에 대한 방위 :** 공격받는 법익과 반격으로 침해되는 법익 사이에 현저한 불균형이 있는 경우에는 정당방위가 허용되지 않는다.

判例 **침해법익과 보전법익간의 현저한 불균형 = 정당방위×**

1. **(밤 18개를 주워간다고 상해한 사건)** 피고인이 그 소유의 밤나무 단지에서 피해자가 밤 18개를 푸대에 주워 담는 것을 보고 푸대를 빼앗으려다 반항하는 피해자의 뺨 · 팔목을 때려 상처를 입혔다면 위 행위가 비록 피해자의 절취행위를 방지하기 위한 것이었다 하여도 긴박성과 상당성을 결여하여 정당방위라고 볼 수 없다[대판 1984.9.25. 84도1611]. [♠ 05, 11 사시]
2. **(작은 상처를 입자 큰 칼로 복부를 찌른 사건)** 피고인은 피고인으로부터 뺨을 한차례 얻어맞은 피해자로부터 손톱깎이 칼에 찔려 파열상을 입게 되자 이에 격분하여 길이 약 20cm의 과도를 가지고 피해자의 복부를 찌른 것이므로 피고인의 위 행위는 피해자를 공격하기 위한 것이지 피고인의 주장과 같이 상대방의 부당한 침해로부터 자기의 법익을 보호하기 위한 방위행위라고는 인정할 수 없으므로 정당방위는 물론 과잉방위도 성립되지 아니한다[대판 1968.12.24. 68도1229].

㉱ **도발된 침해에 대한 방위 :** ⅰ) **목적에 의한 도발 :** 정당방위상황을 이용하여 공격자를 침해할 목적으로 공격을 유발한 경우 정당방위가 성립할 수 없다.
ⅱ) **책임 있는 도발 :** 의도적 도발은 아니지만 도발행위가 위법하거나 사회윤리적으로 정당화되지 않는 경우(**예** 타인의 처와 간통하다가 그 남편에게 적발되어 공격을 받은 경우)에는 정당방위가 제한된다. 그러나 도발행위가 적법하거나 사회윤리적으로 정당화되는 행위인 경우(**예** 정치집회에서의 정당한 비판발언이 상대방의 폭행을 유발한 경우)에는 정당방위는 제한되지 않는다.

判例 도발된 침해에 대한 정당방위(성립불가)

1. **(목적에 의한 도발)** 피고인이 피해자를 살해하려고 먼저 가격한 이상 피해자의 반격이 있었더라도 피해자를 살해한 행위가 정당방위에 해당한다고 볼 수 없다[대판 1983.9.13. 83도1467].
2. **(책임 있는 도발)** 피고인이 나보고 그러느냐고 하면서 자동차에서 내리자 부락민들이 계속하여 투석을 하고, 피해자가 피고인의 안면과 복부 등을 구타하므로 피고인이 순간적으로 분개한 나머지 마침 소지하고 있던 칼로 피해자의 유방 하부에 자상을 입힌 경우, 당시 그 차에 탔던 사람들은 그대로 통과하여 모두 무사히 위험을 모면하였던 점이 기록상 명백하므로, 피고인 역시 그의 행동여하에 따라서는 침해를 용이하게 피할 수 있었음에도 불구하고 그 소란스런 분위기 속에서 일련의 연속적 공격방위의 투쟁행위를 예견하면서 이를 피하지 않고 수많은 부락민에게 마치 대항이라도 할 듯이 차에서 내린 끝에 봉변을 당하고 일시 분개하여 칼을 휘둘렀다 함은, 결국 침해를 방위하기 위한 상당한 행위라 할 수 없다[대판 1966.3.5. 66도63].

   동지판례 당일 피고인의 형인 甲과 戊 사이에 싸움이 벌어졌다가 그것이 일단 제지된 후 피고인은 피해자들의 비행을 따지기 위하여 그들이 술을 마시고 있던 술집으로 甲과 함께 찾아가서 그 집 문전에서 먼저 甲과 戊 사이에 싸움이 시작되자 피해자들이 뛰어나오는 것을 보고 피고인도 甲에게 가세하여 그들과 싸우게 되었던 것이고 그 싸움 중에 피해자 乙이 쥐고 있던 칼을 빼앗아 동인을 찌르고 다른 피해자들이 달려들므로 그들에 대하여도 그 칼을 휘두르며 공격하여 피해자들에게 판시와 같은 살상을 입히게 된 것이라면 그 행위와 흉기의 성질상 피고인의 위와 같은 행위에는 적어도 살인에 관한 미필적 고의가 있었던 것이라고 하지 않을 수 없고 또 그것이 정당방위나 과잉방위에 해당한다고 할 수도 없다 할 것이다[대판 1968.11.12. 68도912].

判例 정당방위가 인정된 경우

1. 절도범으로 오인받은 자가 야간에 군중들로부터 무차별 구타를 당하자 이를 방어하기 위하여 소지하고 있던 손톱깎이 칼을 휘둘러 상해를 입힌 행위는 정당방위에 해당한다[대판 1970.9.17. 70도1473]. [♠ 01 사시]
2. 현행범인으로서의 요건을 갖추고 있었다고 인정되지 않는 상황에서 경찰관들이 동행을 거부하는 자를 체포하거나 강제로 연행하려고 하였다면, 이는 적법한 공무집행이라고 볼 수 없고,[2] 그 체포를 면하려고 반항하는 과정에서 경찰관에게 상해를 가한 것은 불법 체포로 인한 신체에 대한 현재의 부당한 침해에서 벗어나기 위한 행위로서 정당방위에 해당한다[대판 2002.5.10. 2001도300]. [♠ 13 사시]

   동지판례 i) 경찰관의 행위가 적법한 공무집행을 벗어나 불법하게 체포한 것으로 볼 수밖에 없다면, 그 체포를 면하려고 반항하는 과정에서 경찰관에게 상해를 가한 것은 불법 체포로 인한 신체에 대한 현재의 부당한 침해에서 벗어나기 위한 행위로서 정당방위에 해당하여 위법성이 조각된다[대판 2000.7.4. 99도4341]. [♠ 05 사시] ii) 경찰관이 임의동행을 요구하며 손목을 잡고 뒤로 꺾어 올리는 등으로 제압하자 거기에서 벗어나려고 몸싸움을 하는 과정에서 경찰관에게 경미한 상해를 입힌 경우, 위법성이 결여된 행위이다[대판 1999.12.28. 98도138].[3]

---

2) 임의동행 요구를 받은 당해인은 경찰관의 동행요구를 거절할 수 있다(경찰관직무집행법 제3조 제2항).
3) 명시적으로 정당방위를 인정한 것은 아니다. 위법성이 조각되었다는 정도로 알아두면 족하다.

3. 피고인 경영의 주점에서 A 등 3인이 통금시간이 지나도록 외상술을 마시면서 접대부와 동침시켜 줄 것을 요구하고 이를 거절한데 불만을 품고 내실까지 들어와 피고인의 처가 있는 데서 소변까지 하므로 피고인이 항의하자 A가 그 일행과 함께 피고인을 집단구타하므로 피고인이 A를 업어치기식으로 넘어뜨려 그에게 전치 12일의 상해를 입힌 경우에는 피고인의 A에 대한 위 폭행행위는 정당방위로 죄가 되지 아니한다[대판 1981.8.25. 80도800].
4. 검사가 참고인 조사를 받는 줄 알고 검찰청에 자진출석한 변호사사무실 사무장을 합리적 근거 없이 긴급체포하자 그 변호사가 이를 제지하는 과정에서 위 검사에게 상해를 가한 것은 정당방위에 해당한다[대판 2006.9.8. 2006도148]. [♠ 15 사시] [♣ 17 변시]

Ⅲ. 과잉방위와 오상방위

1. 과잉방위

제21조(정당방위) ② 방위행위가 그 정도를 초과한 경우에는 정황에 따라 그 형을 감경하거나 면제할 수 있다.
③ 제2항의 경우에 야간이나 그 밖의 불안한 상태에서 공포를 느끼거나 경악하거나 흥분하거나 당황하였기 때문에 그 행위를 하였을 때에는 벌하지 아니한다.

(1) 의 의

과잉방위란 현재의 부당한 침해를 방위하기 위한 행위를 하였으나, 그 방위행위가 상당성의 정도를 넘은 경우를 말한다.

(2) 법적 성질

긴급상황으로 인하여 적법행위의 기대가능성이 감소·소멸되기 때문에 책임이 감소·소멸된다(다수설).

(3) 성립요건

① 현재의 부당한 침해와 방어의사가 존재하여야 한다.

② 방위행위가 상당성을 초과하여야 한다. 방어행위를 하는 자에게 정당방위상황에 대한 인식과 방어의사만 있으면 족하고 상당성 초과(과잉성)에 대한 인식여부는 불문한다(다수설).

③ 과잉행위는 공포·경악·흥분·당황과 같은 심리적 열약감(심약적 충동)에서 비롯된 것이어야 한다. 그러므로 적개심·호전성·복수심과 같은 공격성향적 충동에서 비롯된 경우에는 과잉방위가 성립하지 않는다.

判例 상당성 초과 + 공격성향적 충동 = 정당방위×, 과잉방위×

1. **(작은 상처에 큰 칼 사건)** 피고인은 피고인으로부터 뺨을 한차례 얻어맞은 피해자로부터 손톱깎이 칼에 찔려 약 1cm의 파열상을 입게 되자 이에 격분하여 길이 약 20cm의 과도를 가지고 피해자의 복부를 찌른 것이므로 피고인의 위 행위는 피해자를 공격하기 위한 것이지 피고인의 주장과 같이 상대방의 부당한 침해로부터 자기의 법익을 보호하기 위한 방위행위라고는 인정할 수 없으므로 정당방위는 물론 과잉방위도 성립되지 아니한다[대판 1968.12.24. 68도1229].
2. **(구타에 난자 사건)** 피고인이 피해자를 7군데나 식칼로 찔러 사망케 한 행위가 피해자의 구타행위로 말미암아 유발된 범행이었다 하더라도 그와 같은 사정만으로는 위 행위가 정당방위 또는 과잉방위에 해당된다고 볼 수 없다[대판 1983.9.27. 83도1906].

   동지판례 피고인이 길이 26cm의 과도로 피해자의 복부와 같이 인체의 중요한 부분을 3, 4회 찔러 상해를 입힌 행위는 비록 그와 같은 행위가 피해자의 구타행위에 기인한 것이라 하여도 정당방위나 과잉방위에 해당한다고 볼 수 없다[대판 1989.12.12. 89도2049].

(4) 효 과

① 형벌감면적 과잉방위(제21조 제2항) : 형을 감경하거나 면제할 수 있다.(임의적 감면)

判例 상당성 초과 + 심약적 충동 = 과잉방위○

이유 없이 집단구타를 당하게 된 피고인이 더 이상 도피하기 어려운 상황에서 이를 방어하기 위하여 곡괭이자루를 마구 휘두른 결과 그 중 1명을 사망케 하고 다른 사람에게 상해를 입힌 것은 반격적인 행위를 하려던 것이 그 정도가 지나친 행위를 한 것이 명백하므로 과잉방위에 해당한다[대판 1985.9.10. 85도1370].

② 면책적 과잉방위(제21조 제3항) : 과잉방위가 야간이나 그 밖의 불안한 상태에서 공포를 느끼거나 경악하거나 흥분하거나 당황하였기 때문에 그 행위를 하였을 때에는 적법행위의 기대가능성이 없어 책임이 조각되어 벌하지 아니한다. [♠ 14 사시]

判例 제21조 제3항의 과잉방위(면책적 과잉방위)가 성립하는 경우

1. **(오빠 살해 사건)** 당시 평소 흉포한 성격인데다가 술까지 몹시 취한 피해자가 심하게 행패를 부리던 끝에 피고인들을 모두 죽여버리겠다면서 식칼을 들고 어머니에게 달려들어 찌를듯이 면전에 칼을 들이대다가 남동생으로부터 제지를 받자, 다시 남동생의 목을 손으로 졸라 숨쉬기를 어렵게 한 위급한 상황에서 피고인이 순간적으로 남동생을 구하기 위하여 피해자에게 달려들어 그의 목을 조르면서 뒤로 넘어뜨린 행위는 어머니, 남동생의 생명, 신체에 대한 현재의 부당한 침해를 방위하기 위한 상당한 행위라 할 것이고, 나아가 위 사건 당시 피해자가 피고인의 위와

같은 방위행위로 말미암아 뒤로 넘어져 피고인의 몸 아래 깔려 더 이상 침해행위를 계속하는 것이 불가능하거나 또는 적어도 현저히 곤란한 상태에 빠졌음에도 피고인이 피해자의 몸위에 타고 앉아 그의 목을 계속하여 졸라 누름으로써 결국 피해자로 하여금 질식하여 사망에 이르게 한 행위는 정당방위의 요건인 상당성을 결여한 행위라고 보아야 할 것이나, 극히 짧은 시간내에 계속하여 행하여진 피고인의 위와 같은 일련의 행위는 이를 전체로서 하나의 행위로 보아야 할 것이므로, 방위의사에서 비롯된 피고인의 위와 같이 연속된 전후행위는 하나로서 형법 제21조 제2항 소정의 과잉방위에 해당한다 할 것이고, 당시 야간에 흉포한 성격에 술까지 취한 피해자가 식칼을 들고 피고인을 포함한 가족들의 생명, 신체를 위협하는 불의의 행패와 폭행을 하여 온 불안스러운 상태하에서 공포, 경악, 흥분 또는 당황 등으로 말미암아 저질러진 것이라고 보아야 할 것이다. 과잉방위가 야간 기타 불안스러운 상태하에서 공포, 경악, 흥분 또는 당황으로 인한 것이어서 벌할 수 없다[대판 1986.11.11. 86도1862].

2. **(극장구경 사건)** 甲은 22:40경 처(妻)와 함께 극장구경을 마치고 귀가 중이었는데, 술에 취한 A가 甲의 질녀들에게 음경을 내놓고 소변을 보면서 키스를 하려고 하였다. 이에 甲이 달려들어 말리자 A가 甲의 뺨을 때리고 돌을 들어 구타하려고 하므로 甲이 피하였다. 그러자 이번에는 A가 甲의 처(妻)를 땅에 넘어뜨리고 깔고 앉아서 돌로 때리려 하였다. 그 순간 甲은 발로 A의 복부를 걷어차 A가 사망하고 말았다면, 甲의 행위는 형법 제21조 제3항이 적용되어 무죄이다[대판 1974.2.26. 73도2380].
3. **(별다른 이유없이 수인으로부터 폭행을 당한 사건)** 甲이 일행인 A 등 6명으로부터 별다른 이유없이 폭행을 당하고 처(妻)까지 위협을 당하자 A 등으로 하여금 더 이상 가해행위를 하지 못하도록 겁을 주려는 목적에서 빈 맥주병을 집어들었음에도 불구하고 물러서지 않고 甲을 뒤에서 끌어안은 A와 함께 넘어져 뒹굴며 옥신각신 하는 과정에서 깨어진 맥주병에 A가 상해를 입은 경우, 甲의 행위는 형법 제21조 제3항에 의하여 벌할 수 없다[대판 2005.7.8. 2005도2807].

判例 면책적 과잉방위에 해당하지 않는 경우

1. 피고인이 피해자로부터 갑작스럽게 뺨을 맞는 등 폭행을 당하여 서로 멱살을 잡고 다투자 주위 사람들이 싸움을 제지하였으나 피해자에게 대항하기 위하여 깨어진 병으로 피해자를 찌를 듯이 겨누어 협박한 경우, 피고인의 행위는 자기의 법익에 대한 현재의 부당한 침해를 방어하기 위한 것이라고 볼 수 있으나, 맨손으로 공격하는 상대방에 대하여 위험한 물건인 깨어진 병을 가지고 대항한다는 것은 사회통념상 그 정도를 초과한 방어행위로서 상당성이 결여된 것이고, 또 주위사람들이 싸움을 제지하였다는 상황에 비추어 야간의 공포나 당황으로 인한 것이었다고 보기도 어렵다[대판 1991.5.28. 91도80].
2. 피고인이 피해자와 말다툼을 하다가 건초더미에 있던 낫을 들고 반항하는 피해자로부터 낫을 빼앗아 그 낫으로 피해자의 가슴, 배, 등, 뒤통수, 목, 왼쪽 허벅지 부위 등을 10여 차례 찔러 피해자로 하여금 다발성 자상에 의한 기흉 등으로 사망하게 한 경우, 정당방위나 과잉방위 또는 면책적 과잉방위가 성립할 수 없다[대판 2007.4.26. 2007도1794]. [♠ 14 사시] [♣ 17 변시]

2. 오상방위

(1) 의 의

현재의 부당한 침해가 존재하지 않음에도 불구하고 그것이 존재하는 것으로 오인하고 방위행위를 한 경우이다.

(2) 법적 성질 및 효과

① 오상방위는 위법성조각사유의 전제사실에 대한 착오(허용구성요건의 착오)에 해당한다.

② 법효과제한적 책임설(다수설)에 의하면 과실범으로 처벌이 가능하다. (상세한 것은 책임론에서 후술함)

판 례 연 습

【오상방위】 ※ 배희칠랑 사건

상병 甲이 동료 A(배희칠랑)가 초소근무 교대시간이 늦었다는 이유로 A를 구타하여 코피를 흘리게 하자, 흥분한 A는 "월남에서는 사람 하나를 죽인 것은 파리를 죽인 것이나 같았다. 너 하나 못 죽일 줄 아느냐"라고 하면서 소지하고 있던 소총을 甲의 등 뒤에 겨누며 실탄을 장전하는 등 발사할 듯이 위협을 하였다. 이에 甲은 위험하다고 느낀 나머지 뒤로 돌아서면서 소지하고 있던 소총을 발사하여 A를 사망케 하였다. 판례의 입장에서 甲의 죄책을 논하시오.

판결요지

싸움을 함에 있어서 격투를 하는 자 중의 한 사람의 공격이 그 격투에서 당연히 예상할 수 있는 정도를 초과하여 살인의 흉기 등을 사용하여온 경우에는 이를 '부당한 침해'라고 아니할 수 없으므로 이에 대하여는 정당방위를 허용하여야 한다고 해석하여야 할 것이다[대판 1968.5.7. 68도370].

판결이유 가사 피해자인 배희칠랑에게 피고인을 살해할 의사가 없고 객관적으로 급박하고 부당한 침해가 없었다고 가정하더라도 원심이 인정한 사실 자체로 보아도 피고인으로서는 현재의 급박하고도 부당한 침해가 있는 것으로 오인하는데 대한 정당한 사유가 있는 경우에 해당된다고 아니할 수 없다.

판례해설 위 판결요지는 A가 甲을 살해할 의사가 있었다는 가정하에 싸움에서 초과된 공격으로 보아 정당방위가 인정된다는 취지이다. 한편 판결이유는 A가 甲을 살해할 의사가 없었으나 甲은 A가 살해할 의사가 있었다고 착오한 경우(오상방위)를 가정하여 내린 결론이다. 판례는 오상방위(위법성조각사유의 전제사실에 관한 착오)의 경우 착오에 정당한 이유가 있으면 위법성을 조각을 인정하는데, 甲의 착오에 대하여 정당한 이유를 인정할 수 있다고 본 것이다. 결국 판례는 어느 경우라도 위법성이 조각된다고 판시한 것이다.

|**보충해설**| 만약 A가 甲을 살해할 의사가 없었던 경우였다면 오상방위(위법성조각사유의 전제사실에 관한 착오)의 문제가 된다. 법효과제한적 책임설(다수설)에 의하면 과실치사죄의 성립여부가 문제된다. 그런데 위 사례의 경우 사건의 경과를 보면, 甲이 A가 자신을 살해할 의사가 있었다고 오인한 것은 과실이 없다(정당한 이유가 있다)고 평가되어야 하므로 법효과제한적 책임설에 의할 때 甲에게 과실치사죄가 성립할 수 없고 무죄이다.

判例 복싱클럽 사건

甲은 관장 乙이 운영하는 복싱클럽에 회원등록을 하였던 자로서 등록을 취소하는 문제로 乙로부터 질책을 들은 다음 약 1시간이 지난 후 다시 복싱클럽을 찾아와 乙에게 항의하는 과정에서 乙이 甲의 멱살을 잡아당기거나 바닥에 넘어뜨린 후 목을 조르는 등 乙과 甲이 뒤엉켜 몸싸움을 벌였는데, 코치인 피고인이 이를 지켜보던 중 甲이 왼손을 주머니에 넣어 불상의 물건을 꺼내 움켜쥐자 甲의 왼손 주먹을 강제로 펴게 함으로써 甲에게 약 4주간의 치료가 필요한 손가락 골절상을 입혔다는 상해의 공소사실로 기소된 사안에서, ① 乙과 甲은 외형상 신체적 차이가 크지 않고, 당시 甲은 제압된 상태였더라도 상당한 정도의 물리력을 행사할 수 있는 능력이 있었을 뿐더러 그 직전까지도 乙과 몸싸움을 하는 등 급박한 상황이 계속되고 있었으며, 몸싸움은 일시적 · 우발적으로 발생한 것이라기보다는 甲이 乙에 대한 항의 내지 보복의 감정을 가진 상태에서 계획적 · 의도적으로 다시 찾아옴에 따라 발생하였고, 더구나 코치로서 관장과 회원 사이의 시비를 말리거나 더 커지는 것을 막아야 하는 위치에 있던 피고인의 입장에서, 둘 사이의 몸싸움이 격화되는 과정에서 甲이 왼손을 주머니에 넣어 특정한 물건을 움켜쥔 채 꺼내는 것을 목격하자, 이를 甲이 상대방의 생명 · 신체에 위해를 가하려는 것으로 충분히 오인할 만한 객관적인 정황이 있었던 점, ② 피고인은 일관하여 '甲이 호신용 작은 칼 같은 흉기를 꺼내는 것으로 오인하여 이를 확인하려고 하였다.'는 취지로 진술하였고, 甲 역시 수사과정에서 '피고인에게 상해의 의도가 있었다기보다는 손에 쥐고 있던 물건이 무엇인지 확인하기 위해서였다고 생각한다.'라고 같은 취지로 진술하였으며, 甲이 가지고 있던 '휴대용 녹음기'와 피고인이 착각하였다고 주장하는 '호신용 작은 칼'은 크기 · 길이 등 외형상 큰 차이가 없어 이를 쥔 상태의 주먹이나 손 모양만으로는 양자를 구별하는 것이 쉽지 않았으므로, 당시 피고인은 甲의 주먹이나 손 모양만으로 그가 움켜쥔 물건이 무엇인지조차 알기 어려웠던 점, ③ 甲은 당시 왼손으로 휴대용 녹음기를 움켜쥔 상태에서 이를 활용함에 별다른 장애가 없었으므로, 만일 몸싸움을 하느라 신체적으로 뒤엉킨 상황에서 甲이 실제로 위험한 물건을 꺼내어 움켜쥐고 있었다면 그 자체로 乙의 생명 · 신체에 관한 급박한 침해나 위험이 초래될 우려가 매우 높은 상황이었던 점, ④ 형법 제20조의 사회상규에 의한 정당행위를 인정하기 위한 요건들 중 행위의 '긴급성'과 '보충성'은 다른 실효성 있는 적법한 수단이 없는 경우를 의미하지 '일체의 법률적인 적법한 수단이 존재하지 않을 것'을 의미하지는 않는다는 판례 법리에 비추어, 피고인의 행위는 적어도 주관적으로는 그 정당성에 대한 인식하에 이루어진 것이라고 보기에 충분한 점 등을 종합하면, 피고인이 당시 죄가 되지 않는 것으로 오인한 것에 대해 '정당한 이유'를 부정하여 공소사실을 유죄로 인정한 원심판결에는 위법성조각사유의 전제사실에 관한 착오, 정당한 이유의 존부에 관한 법리오해의 잘못이 있다고 한 사례[대판 2023.11.2. 2023도10768].

3. 오상과잉방위

(1) 의 의

현재의 부당한 침해가 존재하지 않음에도 불구하고 존재한다고 오인하고 상당성을 초과하는 방위행위를 한 경우이다.

(2) 법적 성질 및 효과

오상방위와 동일하게 취급하여 법효과제한적 책임설에 따라 과실범의 문제로 해결해야 한다(다수설).

(3) 제21조 제2 · 제3항의 적용여부

동규정은 과잉방위에 대해서만 적용되므로 오상과잉방위에는 적용할 수 없다(다수설).

오상방위 · 과잉방위 · 오상과잉방위의 구별

	오상방위	과잉방위	오상과잉방위
정당방위상황	부존재	존 재	부존재
상당성	인 정	결 여	결 여
법적 효과	과실범(다수설)	임의적 감면 또는 불가벌	과실범(다수설)
제21조 제2 · 제3항의 적용	부적용	적 용	부적용

제3절 긴급피난

긴급피난의 성립요건과 관련하여 정당방위와의 차이점, 특히 상당한 이유에 관한 부분을 숙지하여야 한다.

제22조(긴급피난) ① 자기 또는 타인의 법익에 대한 현재의 위난을 피하기 위한 행위는 상당한 이유가 있는 때에는 벌하지 아니한다. [♠ 15 사시]

Ⅰ. 긴급피난의 의의와 본질

1. 긴급피난의 의의

① 자기 또는 타인의 법익에 대한 현재의 위난을 피하기 위한 상당한 이유가 있는 행위를 말한다(제22조 제1항). (예 甲이 맹견에게 물릴 위험에 처하자 A의 주거에 침입한 경우)

② 긴급피난은 위난을 야기한 자 뿐만 아니라[1] 이와 무관한 제3자[2]에게도 가능하기 때문에 正 대 正의 관계로 표현된다.

③ 긴급피난은 정당한 제3자의 희생에도 불구하고 이를 통한 가치의 재분배가 전체 법질서에 의하여 허용될 수 있는 경우를 말한다.

2. 긴급피난의 본질

	긴급피난의 유형	긴급피난의 성격	법적 근거	정당방위의 가능성
책임조각설[3]	긴급피난	책임조각사유	제22조 제1항	가 능
위법성조각설 (다수설)	정당화적 긴급피난 (우월이익 보전)	위법성조각사유	제22조 제1항	불가능, 다만 긴급피난은 가능 [♠ 03, 09, 14 사시]
	면책적 긴급피난 (동가치이익 보전)	책임조각사유	기대불가능성에 기초한 초법규적 책임조각사유	가 능
이분설	정당화적 긴급피난 (우월이익 보전)	위법성조각사유	제22조 제1항	불가능, 다만 긴급피난은 가능
	면책적 긴급피난 (동가치이익 보전)	책임조각사유	제22조 제1항	가 능

1) 위난을 야기한 자에 대한 긴급피난을 방어적 긴급피난이라고 한다.

2) 위난과 무관한 제3자에 대한 긴급피난을 공격적 긴급피난이라고 한다. 따라서 긴급피난을 '정 대 정(正 對 正)'의 관계라고 말하는 것은 '공격적 긴급피난'의 경우 피난자의 정당화된 행위와 위난과 관계없이 침해되는 제3자의 법익과의 관계를 염두에 둔 것이다. [♠ 14 사시]

3. 위법성조각의 근거

긴급피난이 위법성을 조각하는 근거는 '이익교량의 원칙'과 '목적설'에서 찾을 수 있다.

Ⅱ. 긴급피난의 성립요건

1. 자기 또는 타인의 법익에 대한 현재의 위난

(1) 자기 또는 타인의 법익

① 자기 또는 타인의 모든 개인적 법익이 긴급피난에 의하여 보호될 수 있다(예 진료환자가 에이즈 환자임을 알고 의사가 그의 처에게 이 사실을 알려준 경우). [♠ 00, 09 사시]

② 형법상 보호되는 법익에 한정되지 않는다. [♠ 11 사시]

③ 정당방위와 달리 긴급피난으로 보호할 수 있는 법익에는 개인적 법익뿐만 아니라 국가적 법익과 사회적 법익도 포함된다(다수설). [♠ 00, 03, 09 사시]

(2) 현재의 위난

① 의 의 : 현재의 위난이란 그 침해가 즉시 또는 곧 발생할 것으로 예견되는 경우를 말한다. 따라서 예방적 긴급피난이나 지속적 위난에 대한 긴급피난도 위난의 현재성이 인정된다.

② 위난의 원인 : 위난의 원인은 불문하므로 ⅰ) 위난이 사람의 행위에 의한 것이든 동물 · 자연현상에 의한 것이든 긴급피난이 가능하다(행위성 불요). 따라서 甲이 산행을 하다가 야생 멧돼지에게 쫓겨 급히 도망치며 달리던 중 마침 乙의 전원주택을 발견하고 그 집으로 뛰어들어가 몸을 숨겨 위기를 모면하였다면 甲의 주거침입행위는 긴급피난에 해당하여 위법성이 조각된다(무죄). [♣ 12 변시] ⅱ) 위난의 원인은 적법 · 위법을 불문한다(위법성 불요). [♠ 00, 03 사시] 따라서 현재의 위법한 침해가 있는 상황에서 이를 방어하기 위하여 정당한 제3자의 법익에 대한 침해를 가한 경우 긴급피난이 성립할 수 있다. [♠ 11 사시] 예를 들면 강도범의 공격에 대하여 친구의 우산으로 강도범을 때려 강도범이 상해를 입고 친구의 우산이 부러진 경우, 강도범에 대한 상해행위에 대해서는 정당방위가 성립하고 친구의 우산의 손괴행위에 대하여는 긴급피난이 성립한다. [♠ 10 사시] ⅲ) 위난의 원인은 불문하므로 긴급피난에 대하여도 긴급피난이 가능하다. [♠ 13, 15 사시]

---

3) 긴급피난은 적법한 제3자의 법익을 침해한 것이므로 위법하지만 자기유지의 본능으로서 적법행위의 기대가능성이 없으므로 책임이 조각된다는 견해이다. 책임조각설에 대하여는 타인의 법익에 대한 긴급피난은 기대불가능성으로 설명할 수 없다는 비판이 있다.

③ 자초위난

㉮ 목적 또는 고의에 의하여 위난을 자초한 경우 : 긴급피난이 허용되지 않는다.

> **判例** **(강간을 기도한 자는 손가락이 깨물려도 긴급피난이 허용되지 않는다는 사건)** 스스로 야기한 강간범행의 와중에서 피해자가 피고인의 손가락을 깨물며 반항하자 물린 손가락을 비틀며 잡아 뽑다가 피해자에게 치아결손의 상해를 입힌 경우를 가리켜 법에 의하여 용인되는 피난행위라 할 수 없다[대판 1995.1.12. 94도2781]. [♠ 01, 05, 07, 13 사시] ※ 피고인에게는 강간치상죄가 성립한다.

㉯ 과실에 의하여 위난을 자초한 경우 : 상당성이 인정되는 한 긴급피난이 가능하며 다만 위난을 자초한 점은 이익교량의 요소로 고려할 수 있다.

④ 사회적 긴급피난 : 경제적 궁핍상태로 인하여 야기된 절도행위 등은 긴급피난이 성립할 수 없다.

⑤ 지속적 위난이 현재의 위난에 포함되는지의 여부

긍정설 (다수설)	긴급피난에서의 위난의 현재성은 정당방위에서의 침해의 현재성 보다 넓은 개념이므로 지속적 위난도 현재의 위난에 포함된다. [♠ 03, 09 사시]
부정설	긴급피난의 상당성은 정당방위의 상당성보다 엄격한 개념이므로 긴급피난에서의 위난의 현재성을 정당방위에서의 침해의 현재성 보다 넓게 파악할 수 없다. 따라서 지속적 위난이 현재의 침해가 될 수 없으면 현재의 위난도 될 수 없다.

2. 위난을 피하기 위한 행위

(1) 피난의사

① 행위자는 현재의 위난을 인식하고 우월적 이익을 보호한다는 의사가 있어야 한다. 피난의사는 긴급피난의 주관적 정당화요소에 해당한다.

② 피난의사가 피난행위의 유일한 동기일 것은 요하지 않는다.

(2) 피난행위의 종류

① 방어적 긴급피난 : 위난의 원인을 유발한 당사자에 대하여 직접 반격하여 법익을 보전하는 경우이다.

② 공격적 긴급피난 : 위난과 관계없는 제3자의 법익을 희생시키고 법익을 보전하는 경우이다.

(3) 피난행위의 상대방

위난의 원인은 물론 위난과 관계없는 제3자에 대해서도 긴급피난이 가능하다.

3. 상당한 이유

(1) 해석의 원리

긴급피난은 正 대 正의 관계이므로 정당방위보다 엄격한 요건이 요구된다.

(2) 보충성의 원칙

① 긴급피난은 피난행위에 의하지 않고는 달리 위난을 피할 수 없을 것을 요한다. 즉 피난행위가 최후의 수단이어야 한다. [♠ 00 사시]

判例 보충성의 원칙이 준수된 사례 (긴급피난 성립)

차량충돌 사고장소가 편도 1차선의 아스팔트 포장도로이고, 피고인 운전차량이 제한속도(시속 60km)의 범위 안에서 운행하였으며(시속 40 내지 50km), 비가 내려 노면이 미끄러운 상태였고, 피고인이 우회전을 하다가 전방에 정차하고 있는 버스를 발견하고 급제동조치를 취하였으나 빗길 때문에 미끄러져 미치지 못하고 중앙선을 침범하기에 이른 것이라면, 피고인은 버스를 피하기 위하여 다른 적절한 조치를 취할 방도가 없는 상황에서 부득이 중앙선을 침범하게 된 것이어서 교통사고처리특례법 제3조 제2항 단서 제2호에 해당되지 않는다[대판 1990.5.8. 90도606].

判例 보충성의 원칙이 흠결된 사례 (긴급피난 불성립)

집회장소 사용 승낙을 하지 않은 甲대학교 측의 집회 저지 협조요청에 따라 경찰관들이 甲대학교 출입문에서 신고된 甲대학교에서의 집회에 참가하려는 자의 출입을 저지한 것은 경찰관직무집행법 제6조의 주거침입행위에 대한 사전 제지조치로 볼 수 있고, 비록 그 때문에 소정의 신고 없이 乙대학교로 장소를 옮겨서 집회를 하였다 하여 그 신고 없이 한 집회가 긴급피난에 해당한다고도 할 수 없다[대판 1990.8.14. 90도870]. [♠ 11 사시]

② 피난방법도 피해자에게 상대적으로 가장 경미한 손해를 주는 방법이어야 한다(상대적 최소피난의 원칙).

(3) 균형성의 원리

① 의 의 : 긴급피난에 의하여 보호되는 이익이 침해되는 이익보다 본질적으로 우월한 것이어야 한다.

② 판단기준 : 법익의 가치,[4] 법익에 대한 위험정도,[5] 법익의 보호가치[6] 등을 함께 고려하여야 한다.

---

4) 이익교량의 가장 중요한 요소에 해당한다. 사람의 생명 〉 태아의 생명, 인격적 법익 〉 재산적 법익

5) 불을 끄기 위하여 길을 막고 있는 사람을 밀어서 넘어뜨려 경미한 상처를 입히는 것은 적법하다.

6) 재물을 손괴하고 있는 정신병자를 일시 감금하는 것은 적법하다.

判例 선박과 선원들의 안전 〉 피조개 양식장 침해

선박의 이동에도 새로운 공유수면점용허가가 있어야 하고 휴지선을 이동하는 데는 예인선이 따로 필요한 관계로 비용이 많이 들어 다른 해상으로 이동을 하지 못하고 있는 사이에 태풍을 만나게 된 위급한 상황에서 선박과 선원들의 안전을 위하여 사회통념상 가장 적절하고 필요불가결하다고 인정되는 조치(피조개 양식장에 피해를 입혔음)를 취하였다면 형법상 긴급피난으로서 위법성이 없어서 범죄가 성립되지 아니한다고 보아야 하고 미리 선박을 이동시켜 놓아야 할 책임을 다하지 아니함으로써 위와 같은 긴급한 위난을 당하였다는 점만으로는 긴급피난을 인정하는데 아무런 방해가 되지 아니한다[대판 1987.1.20. 85도221]. [♠ 02 사시] [♣ 14, 18 변시]

(4) 적합성의 원리

① **사회윤리적 적합성** : 다른 사람을 구하기 위하여 강제로 채혈을 하거나 장기를 적출하는 것은 긴급피난이 성립할 수 없다. [♠ 14 사시][7]

② **법적 절차 적합성** : 위난을 피하기 위한 법적 절차가 존재한다면 이에 따르지 않은 피난행위는 적합성이 없다. 따라서 진범인이 아님에도 구속기소된 피고인이 도주하거나 위증을 교사하는 것은 긴급피난이 성립할 수 없다.

사 례 연 습

【다급한 출산으로 인한 중앙선 침범】

甲은 만삭인 자기 부인이 거듭되는 진통으로 출산하려고 하자 병원으로 데려가기 위해 차를 몰다가 급한 마음에 병원에 빨리 도착하기 위하여 앞이 잘 보이지 않는 커브길의 중앙선을 넘어 진행하는 바람에 마침 마주 오던 차량과 충돌하여 그 차량의 운전자에게 중상을 입혔다.
이 경우 甲에게 긴급피난이 성립하는지의 여부를 검토하시오.

사례해설 위의 사례는 상당성의 요건을 충족시키기 어려우므로 위법성이 조각되지 않는다.

비교사례 "甲은 고열로 혼수상태에 빠진 자기 아들을 병원으로 데려가기 위해 교통신호를 무시하고 과속으로 차를 몰았다." 이 사례의 경우는 환자의 생명을 구조하기 위한 경미한 도로교통법위반에 해당하여 상당성(특히 균형성)을 인정할 수 있으므로 긴급피난에 해당한다.

정답 (긴급피난이 성립하지 않음)

---

7) 강제채혈은 긴급피난의 상당성 요건 중 적합성의 원리에 관한 것이지 보충성 원칙에 관한 것이 아니다…라는 취지의 지문이 출제되었다.

判例 긴급피난이 성립하지 않는 경우

1. 군인이 갑자기 기절한 모친의 치료를 위하여 군무를 이탈한 경우, 군무이탈행위는 범행의 동기에 불과하므로 이를 법률상 긴급피난에 해당한다고 할 수 없다[대판 1969.6.10. 69도690].
2. 아파트 입주자대표회의 회장이 다수 입주민들의 민원에 따라 위성방송 수신을 방해하는 케이블TV방송의 시험방송 송출을 중단시키기 위하여 위 케이블TV방송의 방송안테나를 절단하도록 지시한 행위를 긴급피난 내지는 정당행위에 해당한다고 볼 수 없다[대판 2006.4.12. 2005도9396]. [♣ 18, 19 변시]
3. 서로 싸우다가 상해를 입힌 경우에는 정당방위 또는 긴급피난에 해당될 수 없다[대판 1966.11.22. 66도1150].
4. 타인의 집 대문 앞에 은신하고 있다가 경찰관의 명령에 따라 순순히 손을 들고 나오면서 그대로 도주하는 범인을 경찰관이 뒤따라 추격하면서 등부위에 권총을 발사하여 사망케 한 경우 이와 같은 총기사용은 현재의 부당한 침해를 방지하거나 현재의 위난을 피하기 위한 상당성 있는 행위라고 볼 수 없다[대판 1991.5.28. 91다10084].
5. 피고인이 상관인 피해자로부터 빰을 한대 얻어맞고 홧김에 그 뒤통수를 대검 뒷자루로 한번 치자 그도 야전삽으로 대항하던 중 위 대검으로 다시 쇄골부분을 찔러 사망케 한 경우 … 피해자의 행위는 급박한 경우에 해당한다 할 수 없어 긴급피난이 성립되지 아니한다[대판 1970.8.18. 70도1364].
6. 甲 정당 당직자인 피고인들 등이 국회 외교통상 상임위원회 회의장 앞 복도에서 출입이 봉쇄된 회의장 출입구를 뚫을 목적으로 회의장 출입문 및 그 안쪽에 쌓여있던 책상, 탁자 등 집기를 손상하거나, 국회의 심의를 방해할 목적으로 소방호스를 이용하여 회의장 내에 물을 분사한 사안에서, 피고인들의 위와 같은 행위는 공용물건손상죄 및 국회회의장소동죄의 구성요건에 해당하고, 국민의 대의기관인 국회에서 서로의 의견을 경청하고 진지한 토론과 양보를 통하여 더욱 바람직한 결론을 도출하는 합법적 절차를 외면한 채 곧바로 폭력적 행동으로 나아가 방법이나 수단에 있어서도 상당성의 요건을 갖추지 못하여 이를 위법성이 조각되는 정당행위나 긴급피난의 요건을 갖춘 행위로 평가하기 어렵다고 한 사례[대판 2013.6.13. 2010도13609]. [♣ 18 변시]
7. [1] 형법 제22조 제1항의 긴급피난에서 '상당한 이유 있는 행위'에 해당하려면, 첫째 피난행위는 위난에 처한 법익을 보호하기 위한 유일한 수단이어야 하고, 둘째 피해자에게 가장 경미한 손해를 주는 방법을 택하여야 하며, 셋째 피난행위에 의하여 보전되는 이익은 이로 인하여 침해되는 이익보다 우월해야 하고, 넷째 피난행위는 그 자체가 사회윤리나 법질서 전체의 정신에 비추어 적합한 수단일 것을 요하는 등의 요건을 갖추어야 한다.
   [2] 피고인이 피해자의 개가 자신의 애완견을 물어뜯는 공격을 하자 소지하고 있던 기계톱으로 피해자의 개를 절개하여 죽인 경우, 피고인으로서는 자신의 진돗개를 보호하기 위하여 몽둥이나 기계톱 등을 휘둘러 피해자의 개들을 쫓아버리는 방법으로 자신의 재물을 보호할 수 있었을 것이므로 피해견을 기계톱으로 내리쳐 등 부분을 절개한 것은 피난행위의 상당성을 넘은 행위로서 형법 제22조 제1항에서 정한 긴급피난의 요건을 갖춘 행위로 보기 어려울 뿐 아니라, 그 당시 피해견이 피고인을 공격하지도 않았고 피해견이 평소 공격적인 성향을 가지고 있었다고 볼 자료도 없는 이상 형법 제22조 제3항에서 정한 책임조각적 과잉피난에도 해당하지 아니한다[대판 2016.1.28. 2014도2477]. [♣ 17, 18 변시]

Ⅲ. 긴급피난의 특칙

제22조(긴급피난) ② 위난을 피하지 못할 책임이 있는 자에 대하여는 전항의 규정을 적용하지 아니한다.

① 직무를 수행함에 있어서 마땅히 일정한 위난을 감수해야 할 의무가 있는 자(예 군인, 소방관, 경찰관)에게는 긴급피난이 원칙적으로 허용되지 않는다. [♠ 00 사시]

② 위난을 피하지 못할 책임 있는 자에 대한 긴급피난의 제한은 절대적인 것이 아니라 직무수행상 의무적으로 감수해야 할 범위 내에서 긴급피난을 인정하지 않는 것이다. [♠ 03 사시] 따라서 타인을 위한 긴급피난이나 감수할 범위를 넘는 자기의 위난에 대해서는 긴급피난이 허용된다(예 소방대원이 진화작업을 하고 있다가 질식될 위험에 빠지자 옆집 창문을 부수고 탈출한 경우). [♠ 02 사시]

Ⅳ. 과잉피난과 오상피난

제22조(긴급피난) ③ 전조 제2항(임의적 감면의 과잉방위)과 제3항(면책적 과잉방위)의 규정은 본조에 준용한다.

1. 과잉피난(면책적 과잉피난)

피난행위가 상당성을 결한 경우로 그 효과는 과잉방위(면책적 과잉방위)와 동일하다.

2. 오상피난

현재의 위난이 존재하지 않음에도 불구하고 그것이 존재하는 것으로 오인하고 피난행위를 한 경우이다. 그 효과는 오상방위와 동일하다.

Ⅴ. 의무의 충돌

1. 의무의 충돌의 의의와 종류

(1) 의무의 충돌의 의의

① 개 념 : 의무의 충돌이란 동시에 이행하여야 할 수 개의 의무 중 행위자가 일부의 의무는 이행하였으나, 이행하지 못하고 방치한 부분이 구성요건을 실현하는 경우를 말한다.

② 적용범위

㉮ 작위의무와 작위의무의 충돌 : 의무의 충돌에 해당한다(예 父가 익사 직전의 두 아이를 모두 구조해야하는 경우).

㉯ 작위의무와 부작위의무의 충돌 : 긴급피난의 일종으로 보는 견해와 의무의 충돌에 해당한다는 견해가 있다(예 위급한 상태에 빠진 아들을 생명을 구해야하는 의무와 도로교통법상 제한최고속도를 위반하지 않아야 하는 의무).

㉰ 부작위의무와 부작위의무의 충돌 : 수 개의 부작위의무일지라도 동시에 이행할 수 있으므로 의무의 충돌이 아니다.

(2) 의무의 충돌의 종류

① 논리적 충돌과 실질적 충돌

㉮ 논리적 충돌 : ⅰ) 법규 사이에 모순(예 전염병예방법에 따른 의사의 신고의무와 형법상의 비밀유지의무의 충돌)때문에 법적 의무가 논리적으로 충돌하는 경우를 말한다. ⅱ) 논리적 충돌은 하나의 의무가 다른 의무를 제한하고 있을 뿐 의무가 충돌하는 것이 아니다.

㉯ 실질적 충돌 : 행위자의 일신상의 사정(예 물에 빠진 두 아들을 구조해야하는 父라는 지위)으로 인하여 법적 의무가 충돌하는 경우로서 의무의 충돌이라 함은 이 경우를 말한다.

② 해결할 수 있는 충돌과 해결할 수 없는 충돌 : 전자는 의무간의 형량이 가능한 경우이나 후자는 의무간의 형량이 불가능한 경우이다.

2. 의무의 충돌의 법적 성질

정당행위설, 초법규적 위법성조각사유설, 긴급피난설(다수설) 등의 견해가 있다.

3. 의무의 충돌의 성립요건

(1) 법적 의무의 충돌

① 두 개 이상의 법적 의무가 충돌하여야 한다. 따라서 도덕적 · 종교적 의무는 여기의 의무에 포함되지 않는다.

② 법적 의무는 실정법뿐만 아니라 관습법상의 의무 또는 법질서 전체정신에서 도출되는 의무도 포함한다.

③ 의무의 불이행이 구성요건에 해당해야 한다.

④ 의무의 충돌상황이 행위자의 고의 · 과실로 야기된 경우에도 이익의 교량이 인정되면 위법성이 조각될 수 있다[이재상, 252면].

(2) 상당한 이유

① 의 의

㉮ 행위자가 충돌하는 의무 중 하나를 이행하였어야 하며, 그 의무의 이행에 상당한 이유가 있어야 한다.

㉯ 상당한 이유가 인정되기 위하여는 보충성과 균형성이 인정되어야 한다.

② **높은 가치와 낮은 가치의 의무의 충돌** : 높은 가치의 의무를 이행하면 위법성이 조각된다.

③ 같은 가치의 의무의 충돌

위법성조각설 (다수설)	법은 불가능을 요구할 수 없고 어느 의무를 이행하느냐는 행위자가 선택할 수밖에 없으므로 위법성이 조각된다[김성돈, 618면].
책임조각설	같은 가치의 의무 가운데 어느 것도 포기할 수 없으므로 충돌하는 의무 중 어느 하나의 의무만 이행한 경우에는 위법성은 조각될 수 없고, 책임이 조각될 뿐이다[배종대, 398면].
이분설	동가치의무가 충돌하는 경우에는 위법성이 조각되지만, 생명 대 생명과 같이 이익교량이 불가능한 의무가 충돌하는 경우에는 책임이 조각된다.

(3) 주관적 정당화사유

① 행위자에게 의무의 충돌에 대한 인식이 있어야 할 뿐만 아니라 높은 가치 또는 적어도 같은 가치의 의무를 이행한다는 인식이 있어야 한다.

② 이행한 의무를 선택한 동기는 문제되지 않는다.

제4절 자구행위

위법성론에서 출제가능성이 높지 않은 부분에 속한다. 자구행위가 인정되지 않는 경우 및 관련판례를 잘 정리해 두면 족하다. 면책적 과잉자구행위에 관한 규정 또는 준용규정이 존재하지 않는다는 점이 자주 출제된다.

제23조(자구행위) ① 법률에서 정한 절차에 따라서는 청구권을 보전할 수 없는 경우에 그 청구권의 실행이 불가능해지거나 현저히 곤란해지는 상황을 피하기 위하여 한 행위는 상당한 이유가 있는 때에는 벌하지 아니한다.

Ⅰ. 자구행위의 의의

1. 자구행위의 개념

① 자구행위란 권리자가 그 권리를 침해당한 때에 공권력의 발동에 의하지 않고 자력에 의하여 그 권리를 보전하는 행위를 말한다(예 채무를 변제하지 않고 외국으로 도주하는 채무자를 채권자가 체포하는 경우).

② 자구행위는 청구권을 직접 실현하는 것이 아니라 채권자로서의 지위를 확보하기 위한 보전적 성격을 가지고 있다.

2. 자구행위의 법적 성질

자구행위는 사후적 긴급행위로서 국가권력의 대행이라는 점에서 위법성이 조각된다.

Ⅱ. 자구행위의 성립요건

1. 법률에서 정한 절차에 따라서는 청구권을 보전할 수 없는 경우일 것

(1) 청구권

① 청구권의 범위 : 청구권에는 재산적 청구권과 비재산적 청구권이 모두 포함되나 원상회복이 불가능한 권리는 포함되지 않는다. 따라서 생명, 신체, 자유, 명예 등은 자구행위의 대상이 되지 않는다. [♠ 03, 08, 15 사시]

判例 원상회복이 불가능한 권리인 명예훼손에 대한 자구행위는 인정될 수 없다는 사례

피해자가 다른 친구들 앞에서 피고인의 전과사실을 폭로함으로써 명예를 훼손하기 때문에 동인을 구타하였다 하더라도 그 소행은 자구행위에 해당한다고 할 수 없다[대판 1969.12.30. 69도2138]. [♠ 15 사시]

② **자기의 청구권** : 청구권은 원칙적으로 자기의 청구권임을 요하나 다만 예외적으로 청구권자로부터 자구행위의 실행을 위임받은 자는 자구행위를 할 수 있다(예 여관주인이 종업원에게 숙박비를 지불하지 않고 도주한 손님을 붙들어 오게 한 경우). [♠14 사시]

(2) 청구권에 대한 불법한 침해

① 불법한 침해

㉮ 자구행위는 침해된 권리를 보전하기 위한 행위이므로 청구권에 대한 불법한 침해가 있어야 한다.

> **判例** **(요약 : 적법한 강제집행에 대한 자구행위는 인정되지 않는다)** 채권자가 가옥명도강제집행에 의하여 적법하게 점유를 이전받아 점유하고 있는 방실에 채무자가 무단히 침입한 때에는 주거침입죄가 성립하고 적법한 강제집행에 대한 정당방위나 자구행위는 인정될 수 없다[대판 1962.8.23. 62도93].

㉯ 자구행위는 사후적 긴급행위이므로 과거의 침해에 대해서만 가능하다.

② 정당방위와의 한계

㉮ **절취재물의 탈환과정에서의 폭행·협박** : ⅰ) 절도범인을 현장에서부터 추적하여 재물을 탈환하는 경우 범죄가 형식적으로 기수에 달한 때에도 법익침해가 현장에서 계속되는 상태에 있으면 현재의 침해라고 할 수 있으므로 정당방위에 해당한다. ⅱ) 상당한 시일이 경과한 후 도품을 탈환하는 경우는 과거의 침해에 대한 것이므로 자구행위에 해당한다.[1)]

㉯ **퇴거불응자에 대한 강제퇴거행위** : 퇴거불응도 현재의 부당한 침해에 해당하므로 정당방위가 성립한다.

(3) 법정절차에 의한 청구권 보전의 불가능(제1보충성)

① **법률에서 정한 절차** : 민사소송법상의 가압류·가처분 등의 보전절차뿐만 아니라 경찰 기타 국가 공권력에 의한 구제절차가 마련되어 있는 경우에는 자구행위를 할 수 없다.

② **청구권 보전의 불가능** : 자구행위는 시간적·장소적 관계로 공적 구제를 기다릴 여유가 없고 후일 법정절차에 의할지라도 그 실효를 거두지 못할 긴급한 사정이 있는 경우에 한하여 할 수 있다(보충성). 따라서 가옥명도청구, 토지반환청구 또는 점유사용권을 회복하기 위한 자구행위는 허용되지 않는다.

---

1) 재물을 절취하고자 물색하던 중에 발각된 자가 빈손으로 도망가는 것을 알면서도 추적하여 그의 멱살을 잡고 붙잡은 행위는 보전해야할 청구권이 존재하지 아니하므로 자구행위가 성립할 수 없으며 현행범체포로서 정당행위에 해당한다. [♠13 사시]

判例 법정절차에 의하여 청구권 보전이 가능 = 자구행위×

1. 소유권의 귀속에 관한 분쟁이 있어 민사소송이 계속중인 건조물에 관하여 현실적으로 관리인이 있음에도 위 건조물의 자물쇠를 쇠톱으로 절단하고 침입한 행위 … 는 법정절차에 의하여 그 권리를 보전하기가 곤란하고 그 권리의 실행불능이나 현저한 실행곤란을 피하기 위해 상당한 이유가 있는 행위라고 할 수 없다[대판 1985.7.9. 85도707]. [♠ 12, 13 사시]
2. 절의 출입구와 마당으로 약 10년 전부터 사용하고 또 그곳을 통하여서만 출입할 수 있는 대지를 전 주지의 가족으로부터 매수하여 등기를 마쳤다는 구실로 불법침입하여 담장을 쌓기 위한 호를 파놓았기 때문에 그 절의 주지가 신도들과 더불어 그 호를 메워버린 행위 … 는 피고인의 점유배제청구권을 보존할 수 있는 법정절차가 없다거나 그와 같은 방법이 있다고 하더라도 그 방법에 의하여 그 청구권을 보존할 수 없는 경우에 해당한다고는 볼 수 없으므로 자구행위라고는 할 수 없다[대판 1970.7.21. 70도996].
3. 피고인이 甲에게 채무 없이 단순히 잠시 빌려준 피고인 발행의 약속어음을 甲이 乙에게 배서양도하여 乙이 소지하고 있던 중 피고인이 이를 찢어버린 것 … 은 피고인이 이 어음으로부터 오는 재산상의 손실을 방지하고자 한 행위였다 하더라도, 피고인은 이러한 경우 적법한 절차에 의하여 이를 다툴 성질의 것이라 할 것이므로, 이에 의하지 아니한 피고인의 행위는 문서손괴죄에 해당하고 이를 자구행위 또는 긴급피난이라고 볼 수 없다[대판 1975.5.27. 74도3559].
4. 암장된 분묘라 하더라도 당국의 허가없이 자구행위로 발굴하여 개장할 수 없다[대판 1976.10.29. 76도2828].

2. 청구권의 실행불능 또는 현저한 실행곤란을 피하기 위한 행위(제2보충성)

(1) 청구권의 실행불능 또는 현저한 실행곤란

법정절차에 의하여 청구권의 보전이 불가능하여도 충분한 물적 담보나 인적 담보가 확보되어 있는 때에는 청구권의 실행이 가능하므로 자구행위가 허용되지 않는다.

(2) 피하기 위한 행위

① 청구권 보전을 위하여 필요한 행위로서 재물의 탈환 · 손괴, 의무자의 체포, 저항의 제거, 강요 · 감금 · 주거침입 등이 포함된다.

② 자구행위는 청구권을 직접 실현하는 수단이 아니라 채권자로서의 지위를 확보하는 청구권의 보전수단이다. 따라서 청구권 보전의 범위를 벗어나 재산을 임의로 처분하거나 이행을 받아 스스로 변제에 충당하는 행위는 자구행위가 될 수 없다. [♠ 02 사시] 그러나 행위자가 자기의 소유물을 탈환하는 경우는 자구행위에 해당한다.

判例 청구권 보전의 범위를 초과한 '강제적 채권 추심'의 경우 = 자구행위×

피고인이 피해자에게 석고를 납품한 대금을 받지 못하고 있던 중 피해자가 화랑을 폐쇄하고 도주하자, 피고인이 야간에 폐쇄된 화랑의 베니아판 문을 미리 준비한 드라이버로 뜯어내고 피해자의 물건을 몰래 가지고 나왔다면, 위와 같은 피고인의 강제적 채권추심 내지 이를 목적으로 하는 물품의 취거행위를 형법 제23조 소정의 자구행위라고 볼 수 없다[대판 1984.12.26. 84도2582]. [♠ 08, 11 사시]

동지판례 甲이 유일한 재산인 가옥을 방매하고 그 대금을 받은 즉시 부산방면으로 떠나려는 급박한 순간에 있어서 각 채권자가 자기들의 채권을 그 때에 추심하지 아니하면 앞으로 영구히 추심할 기회를 얻기 어려우므로 부득이 甲이 가옥대금을 받은 현장에서 피고인 등이 각자의 채권을 추심한 것으로서 이는 자구행위이니 죄가 성립되지 아니하며 운운하나 이는 독자적 견해로서 이를 채용할 수 없다[대판 1966.7.26. 66도469].

(3) 자구의사

행위자는 청구권의 실행불능 또는 현저한 실행곤란을 피하기 위한 의사로 행위할 것을 요한다.

3. 상당한 이유

① 보충성의 원칙

㉮ 이중의 보충성을 요한다.

㉯ 자구행위는 상대방에게 가장 경미한 피해를 주는 방법을 사용하여야 한다(최소침해의 원칙).

② **균형성의 원칙** : 자구행위는 不正 대 正의 관계이므로 긴급피난과 같은 엄격한 이익형량은 요하지 않는다.

③ **적합성의 원칙** : 자구행위는 사회윤리적 견지에서 용인될 수 있어야 하고, 권리남용에 해당하지 않아야 한다. 따라서 해외로 도피하는 채무자의 출국을 저지하기 위해 비행기를 파괴하는 경우 자구행위에 해당하지 아니한다.

判例 상당성이 없는 행위 = 자구행위×

주민들이 농기계 등으로 그 주변의 농경지나 임야에 통행하기 위해 이용하는 자신 소유의 도로에 깊이 1m 정도의 구덩이를 판 행위는 일반교통방해죄에 해당하고 자구행위나 정당행위에 해당하지 않는다[대판 2007.3.15. 2006도9418].

판결이유 불특정 다수인이 통행할 우려가 있다는 사정만으로는 피고인이 법정절차에 의하여 자신의 청구권을 보전하는 것이 불가능한 경우에 해당한다고 볼 수 없을 뿐 아니라, 이미 불특정 다수인이 통행하고 있는 육상의 통로에 구덩이를 판 행위가 피고인의 청구권의 실행불능이나 현저한 실행곤란을 피하기 위한 상당한 이유가 있는 행위라고도 할 수 없다.

동지판례 토지소유권자가 피해자가 운영하는 회사에 대하여 그 토지의 인도 등을 구할 권리가 있다는 이유만으로 위 회사로 들어가는 진입로를 폐쇄한 것은 정당한 행위 또는 자력구제에 해당하지 않는다[대판 2007.5.10. 2006도4328].
[♠ 10 사시]

Ⅲ. 과잉자구행위와 오상자구행위

제23조(자구행위) ② 제1항의 행위가 그 정도를 초과한 경우에는 정황에 따라 그 형을 감경하거나 면제할 수 있다.

1. 과잉자구행위

① 자구행위가 상당성의 정도를 초과한 경우이다.

② 과잉자구행위는 정황에 의하여 형을 감경하거나 면제할 수 있다(임의적 감면). 그러나 긴급피난의 경우와는 달리 형법 제21조 제3항(면책적 과잉방위)은 준용되지 않는다. 즉 면책적 자구행위는 인정되지 않는다. [♠11, 12 사시] [♣12 변시]

2. 오상자구행위

오상방위나 오상긴급피난과 동일하게 취급된다.

정당방위, 긴급피난, 자구행위의 비교

	정당방위	긴급피난	자구행위
본질적 차이	부정 vs 정	정 vs 정	부정 vs 정
법익 범위	국가적, 사회적 법익은 제외	국가적, 사회적 법익도 포함	자기의 청구권
시 기	사전적 긴급행위	사전적 긴급행위	사후적 긴급행위
보충성	×	○	○
균형성	×	○	엄격한 것은 아님
적합성	○	○	○
침해의 원인	사람의 행위	제한 없음	타인의 침해
행위의 대상	침해자	침해자, 제3자	과거의 침해자
주체 제한	없 음	제22조 제2항	없 음
근 거	자기보호의 원리 법질서수호의 원리	이익교량의 원리 목적설	국가권력의 대행
과잉행위	제21조 제2항 · 제3항	제22조 제3항 : 제21조 제2항 · 제3항을 준용	제23조 제2항 : 제21조 제3항은 준용되지 아니함

제5절 피해자의 승낙

각 범죄에서 피해자의 동의가 어떠한 법적 의미를 갖는지가 출제될 수 있다. 그리고 자궁적출사건에 대한 판례와 동의하에 보험사기 목적의 상해를 가한 경우 위법성이 조각될 수 없다는 판례는 언제라도 출제될 수 있는 부분이다.

제24조(피해자의 승낙) 처분할 수 있는 자의 승낙에 의하여 그 법익을 훼손한 행위는 법률에 특별한 규정이 없는 한 벌하지 아니한다. [♠ 11 사시]

Ⅰ. 서 론

1. 피해자의 승낙의 의의

피해자의 승낙이란 법익의 주체가 상대방에게 자기의 법익에 대한 침해를 허용하는 것을 말하며, 승낙을 받은 법익침해행위는 원칙적으로 위법성이 조각된다.

2. 피해자의 승낙과 양해의 구별

피해자가 침해에 대하여 동의한 법익의 가치가 ⅰ) 개인의 의사와 독립해서는 존재의의가 약한 경우 그 동의는 양해로서 구성요건해당성조각사유가 되며, ⅱ) 개인의 의사를 초월해서 공동체를 위해서도 중요한 비중을 가지고 있는 경우 그 동의는 승낙으로서 위법성조각사유가 된다(다수설).

3. 피해자의 동의의 형법상 취급 [♠ 06 사시]

	형법규정
구성요건해당성을 조각하는 경우[1]	① 절도죄 ② 주거침입죄 ③ 강간죄 ④ 강제추행죄 ⑤ 비밀침해죄 · 업무상비밀누설죄 [♠ 05 사시]
위법성을 조각하는 경우	① 상해죄 ② 폭행죄
감경적 구성요건에 해당하는 경우	① 보통살인죄에 대한 승낙살인죄[2] ② 부동의낙태죄에 대한 동의낙태죄 ③ 타인소유일반건조물(일반물건)방화죄에 대한 자기소유일반건조물(일반물건)방화죄
범죄 성립에 영향이 없는 경우	① 13세 미만자에 대한 간음 · 추행죄 ② 아동혹사죄 ③ 미성년자 약취유인죄 ④ 피구금자에 대한 간음죄 [♠ 05 사시] ⑤ 유기죄[3] ⑥ 무고죄 [♠ 08 사시]

1) 주로 각칙상 개인의 자유 · 재산 · 사생활의 평온을 해하는 죄가 여기에 포함되나, 개인적 법익을 침해하는 범죄가 아닌 경우에도 구성요건해당성이 조각되는 경우가 있다(예 문서위조죄).

2) 살인의 죄에 있어서 피해자의 승낙은 감경적 구성요건에 해당한다. 따라서 피해자가 승낙하지 않았음에도 불구하고 승낙이 있다고 오인한 경우는 승낙살인의 인식으로 보통살인죄를 범한 경우로서 구성요건적 착오에 해당

判例 작성권자의 지시 또는 승낙에 의한 기안문서 작성 = 구성요건해당성 조각

공문서의 위조라 함은 행사할 목적으로 공무원 또는 공무소의 문서를 정당한 작성권한 없는 자가 작성권한 있는 자의 명의로 작성하는 것을 말하므로, 공문서인 기안문서의 작성권한자가 직접 이에 서명하지 않고 피고인에게 지시하여 자기의 서명을 흉내내어 기안문서의 결재란에 대신 서명케 한 경우라면 피고인의 기안문서 작성행위는 작성권자의 지시 또는 승낙에 의한 것으로서 공문서위조죄의 구성요건해당성이 조각된다[대판 1983.5.24. 82도1426]. [♠ 08, 09 사시]

判例 피무고자의 승낙에 의한 무고 = 무고죄 성립

무고죄는 국가의 형사사법권 또는 징계권의 적정한 행사를 주된 보호법익으로 하고, 개인의 부당하게 처벌 또는 징계받지 아니할 이익을 부수적으로 보호하는 죄이므로, 무고에 있어서 피무고자의 승낙이 있었다고 하더라도 무고죄의 성립에는 영향을 미치지 못한다[대판 2005.9.30. 2005도2712]. [♠ 05, 15 사시]

Ⅱ. 양 해

1. 양해의 의의

양해란 구성요건이 피해자의 의사에 반하는 때에만 실현될 수 있는 범죄에 있어서 피해자가 그 법익의 침해에 동의한 경우를 말한다.

2. 양해의 법적 성격과 유효요건

(1) 양해의 법적 성격

① **사실성질설**(일률적 취급설) : 양해를 순수한 사실적 성질을 가진 것으로 이해하는 견해이다.

② **개별적 검토설** : 양해의 성질은 구성요건의 내용과 기능, 그 보호법익의 본질에 따라 개별적으로 검토해야 한다는 견해이다(다수설).

(2) 양해의 유효요건

① 양해자에게 최소한 자연적 의사능력은 있어야 한다.

② 양해는 적어도 행위시에 있어야 한다. 사후양해는 양해가 될 수 없다.

③ 양해는 외부에 표시되어야 하나 묵시적 동의로도 가능하다. 그러나 단순한 방치 혹은 수동적 인내는 양해로 간주될 수 없다.

하며 위법성조각사유의 전제사실에 관한 착오가 되는 것이 아니다. [♠ 05 사시]

3) 유기죄의 유기에 대한 피해자의 동의는 유기죄의 성립에 영향이 없으나, 유기하여 살해하는 것에 대한 동의는 살인에 대한 동의이므로 감경적 구성요건에 해당하는 사유가 된다. [♠ 06 사시]

④ 행위자는 행위시에 양해가 있다는 사실을 인식하고 행위하여야 한다.

⑤ 승낙과 달리 양해의 경우는 사회상규에 반하지 않는 것이 그 요건에 해당하지 않는다. [♠ 09 사시]

判例 양해가 성립하지 않는 경우 (양해가 될 일이 따로 있다는 사건)

피해자에게 소를 함부로 끌고 가게 되어 미안하다고 양해를 구하는 취지의 편지를 써 놓고 가지고 나왔다 하여 범죄가 안된다고는 볼 수 없고, 피고인이 이렇게 오인한 데 대하여 정당한 이유가 있는 것으로 보기 어렵다[대판 1970.7.24. 70도1149].

3. 양해의 효과

(1) 구성요건해당성 조각

判例 (요약 : 동거녀의 지갑에서 동거남이 돈을 꺼내가는 것을 묵시적으로 동의한 경우 '절취'에 해당하지 아니하여 절도죄가 성립하지 않는다) 절도죄는 타인이 점유하는 재물을 절취하는 행위 즉 점유자의 의사에 의하지 아니하고 그 점유를 취득함으로 성립하는 범죄인 바, 피해자는 당시 피고인과 동거 중에 있었고 피고인이 돈 60,000원을 지갑에서 꺼내가는 것을 피해자가 현장에서 이를 목격하고도 만류하지 아니한 사정 등에 비추어 볼 때 피해자가 이를 허용하는 묵시적 의사가 있었다고 봄이 상당하고 달리 소론이 지적하는 증거들만으로는 피고인이 위 돈 60,000원을 절취하였다고 인정하기에는 부족하다 할 것이다[대판 1985.11.28. 85도1487].

(2) 양해에 대한 착오 [♠ 09 사시]

① 행위자가 양해가 있는 것으로 오인한 경우 : 구성요건적 착오로서 고의가 조각되며 과실범의 성립이 문제된다. [♠ 15 사시]

② 행위자가 양해가 없는 것으로 오인한 경우 : 반전된 구성요건적 착오로서 불능미수 또는 불능범의 문제가 된다.

(3) 하자 있는 양해의 효과 [♠ 09 사시]

判例 절도죄의 경우

(밍크 사건) 피고인이 피해자에게 이 사건 밍크 45마리에 관하여 자기에게 그 권리가 있다고 주장하면서 이를 가져간 데 대하여 피해자의 묵시적인 동의가 있었다면 피고인의 주장이 후에 허위임이 밝혀졌더라도 피고인의 행위는 절도죄의 절취행위에는 해당하지 않는다[대판 1990.8.10. 90도1211].

判例 **주거침입죄의 경우 – 초원복집 사건 판례변경**

(손님을 가장하여 녹음·녹화장치를 설치하러 음식점에 들어감 - 주거침입죄 불성립)

[1] 주거침입죄는 사실상 주거의 평온을 보호법익으로 한다. 주거침입죄의 구성요건적 행위인 침입은 주거침입죄의 보호법익과의 관계에서 해석하여야 하므로, 침입이란 주거의 사실상 평온상태를 해치는 행위 태양으로 주거에 들어가는 것을 의미하고, 침입에 해당하는지는 출입 당시 객관적·외형적으로 드러난 행위 태양을 기준으로 판단함이 원칙이다. 사실상의 평온상태를 해치는 행위 태양으로 주거에 들어가는 것이라면 대체로 거주자의 의사에 반하겠지만, 단순히 주거에 들어가는 행위 자체가 거주자의 의사에 반한다는 주관적 사정만으로는 바로 침입에 해당한다고 볼 수 없다. 거주자의 의사에 반하는지는 사실상의 평온상태를 해치는 행위 태양인지를 평가할 때 고려할 요소 중 하나이지만 주된 평가 요소가 될 수는 없다. 따라서 침입행위에 해당하는지는 거주자의 의사에 반하는지가 아니라 사실상의 평온상태를 해치는 행위 태양인지에 따라 판단되어야 한다.

[2] 행위자가 거주자의 승낙을 받아 주거에 들어갔으나 범죄나 불법행위 등(이하 '범죄 등'이라 한다)을 목적으로 한 출입이거나 거주자가 행위자의 실제 출입 목적을 알았더라면 출입을 승낙하지 않았을 것이라는 사정이 인정되는 경우 행위자의 출입행위가 주거침입죄에서 규정하는 침입행위에 해당하려면, 출입하려는 주거 등의 형태와 용도·성질, 외부인에 대한 출입의 통제·관리 방식과 상태, 행위자의 출입 경위와 방법 등을 종합적으로 고려하여 행위자의 출입 당시 객관적·외형적으로 드러난 행위 태양에 비추어 주거의 사실상 평온상태가 침해되었다고 평가되어야 한다. 이 때 거주자의 의사도 고려되지만 주거 등의 형태와 용도·성질, 외부인에 대한 출입의 통제·관리 방식과 상태 등 출입 당시 상황에 따라 그 정도는 달리 평가될 수 있다. 일반인의 출입이 허용된 음식점에 영업주의 승낙을 받아 통상적인 출입방법으로 들어갔다면 특별한 사정이 없는 한 주거침입죄에서 규정하는 침입행위에 해당하지 않는다. 설령 행위자가 범죄 등을 목적으로 음식점에 출입하였거나 영업주가 행위자의 실제 출입 목적을 알았더라면 출입을 승낙하지 않았을 것이라는 사정이 인정되더라도 그러한 사정만으로는 출입 당시 객관적·외형적으로 드러난 행위 태양에 비추어 사실상의 평온상태를 해치는 방법으로 음식점에 들어갔다고 평가할 수 없으므로 침입행위에 해당하지 않는다.

[사실관계] 피고인들이 공모하여, 甲, 乙이 운영하는 각 음식점에서 인터넷 언론사 기자 丙을 만나 식사를 대접하면서 丙이 부적절한 요구를 하는 장면 등을 확보할 목적으로 녹음·녹화장치를 설치하거나 장치의 작동 여부 확인 및 이를 제거하기 위하여 각 음식점의 방실에 들어감으로써 甲, 乙의 주거에 침입하였다는 내용으로 기소된 사안[대판(전) 2022.3.24. 2017도18272].

Ⅲ. 피해자의 승낙

1. 승낙의 의의

피해자의 승낙이란 법익의 주체가 상대방에게 자기의 법익에 대한 침해를 허용하는 것을 말하며, 승낙을 받은 법익침해행위는 원칙적으로 위법성이 조각된다.

2. 위법성조각의 근거

이익포기설 (이익흠결설)	① 법익에 대한 처분권을 가진 법익주체가 스스로 이익을 포기한 이상 법공동체는 개입할 여지가 없다는 견해이다. [♠ 04 사시] ② 비 판 : 승낙살인죄와 같이 피해자가 스스로 법익을 포기하였음에도 그 승낙이 위법성을 조각하지 않는 것으로 규정한 경우를 설명할 수 없다. [♠ 08 사시]
법률정책설 (다수설)	법익보호에 대한 사회적 이익과 자기의 법익처분이라는 개인의 자유를 교량하여 후자가 중요하다고 인정될 경우에는 위법성이 조각된다는 견해이다.

3. 피해자의 승낙의 요건

(1) 법익을 처분할 수 있는 자의 유효한 승낙의 존재

① 승낙의 주체 : 승낙자는 법익의 소지자여야 하나 법익에 대하여 처분권이 인정된 자(예 법정대리인)도 승낙자가 될 수 있다.

② 승낙능력 : ⅰ) 피해자에게는 법익의 의미와 그 침해의 결과를 인식하고 이성적으로 판단할 수 있는 자연적 의사능력과 판단능력이 있어야 한다. ⅱ) 민법상의 행위능력과 구별되며, 형법의 독자적인 기준에 의하여 결정된다.[4]

③ 승낙의 대상법익

㉮ 국가적 · 사회적 법익 : 개인이 처분할 수 있는 법익이 아니므로 승낙대상이 아니다(예 무고죄, 위증죄). [♠ 05 사시]

㉯ 개인적 법익 : 원칙적으로 승낙의 대상이 되나, 생명과 같이 비대체적인 절대성을 가진 법익은 승낙의 대상이 아니며 감경적 구성요건에 해당하는 범죄가 성립한다(예 살인에 대하여 피해자의 승낙이 있는 경우 승낙살인죄가 성립한다).

---

4) 형법은 간음 · 추행의 경우 13세 이상, 아동혹사의 경우 16세 이상으로 승낙연령을 규정하고 있다.

④ 유효한 승낙

㉮ **승낙의 유효성** : i) 승낙은 자유로운 의사결정에 의한 진지한 승낙이어야 한다. 따라서 기망 · 착오 · 강제 등에 의한 하자 있는 승낙은 효력이 없다. 그러나 단순한 동기의 착오만으로는 승낙의 효과가 부정되지 않는다.[5] ii) 의사의 의료행위와 같이 피해자가 상황을 판단하기 어려운 때에는 설명의무가 요구된다.

判例 부정확 또는 불충분한 설명에 의한 승낙 = 승낙이 무효(위법성조각×)

(자궁적출 사건) [1] 산부인과 전문의 수련과정 2년차인 의사가 자신의 시진, 촉진결과 등을 과신한 나머지 초음파검사 등 피해자의 병증이 자궁외 임신인지, 자궁근종인지를 판별하기 위한 정밀한 진단방법을 실시하지 아니한 채 피해자의 병명을 자궁근종으로 오진하고 이에 근거하여 의학에 대한 전문지식이 없는 피해자에게 자궁적출술의 불가피성만을 강조하였을 뿐 위와 같은 진단상의 과오가 없었으면 당연히 설명받았을 자궁외 임신에 관한 내용을 설명받지 못한 피해자로부터 수술승낙을 받았다면 위 승낙은 부정확 또는 불충분한 설명을 근거로 이루어진 것으로서 수술의 위법성을 조각할 유효한 승낙이라고 볼 수 없다.

[2] 난소의 제거로 이미 임신불능 상태에 있는 피해자의 자궁을 적출했다 하더라도 그 경우 자궁을 제거한 것이 신체의 완전성을 해한 것이 아니라거나 생활기능에 아무런 장애를 주는 것이 아니라거나 건강상태를 불량하게 변경한 것이 아니라고 할 수 없고 이는 업무상과실치상죄에 있어서의 상해에 해당한다[대판 1993.7.27. 92도2345]. [♠ 04, 05, 07, 13 사시] [♣ 16, 21 변시]

㉯ **승낙의 표시방법** : 승낙은 민법의 법률행위와 같은 형식을 가질 필요는 없지만 어떤 방법으로든 외부에서 인식할 수 있도록 표시되면 족하다. 따라서 승낙은 명시적 승낙 묵시적 승낙을 불문한다. [♣ 21 변시]

判例 상황상 묵시적 승낙이 인정된 경우(계주업무 대행 사건)

피고인이 계원들로 하여금 공소외 甲 대신 피고인을 계주로 믿게 하여 계금을 지급하고 불입금을 지급받아 위계를 사용하여 공소외 甲의 계운영업무를 방해하였다고 하여도 피고인에 대하여 다액의 채무를 부담하고 있던 공소외 甲으로서는 채권확보를 위한 피고인의 요구를 거절할 수 없었기 때문에 피고인이 계주의 업무를 대행하는데 대하여 이를 승인 내지 묵인한 사실이 인정된다면 피고인의 행위는 이른바 위 공소외 甲의 승낙이 있었던 것으로서 위법성이 조각되어 업무방해죄가 성립되지 않는다[대판 1983.2.8. 82도2486].

5) 산부인과 의사가 임부인 자신에게 호의적인 줄 알고 제왕절개수술을 승낙하였으나 실은 그렇게 호의적이지 않았던 경우 그 착오는 승낙의 유효성에 영향을 미치지 아니한다.

㉰ **승낙의 상대방** : 특정되어 있을 필요는 없으나, 특정되어 있는 경우에 제3자에 대해서는 승낙의 효력이 미치지 않는다.

㉱ **승낙의 시기** : ⅰ) 승낙은 법익침해 이전에 표시되어야 하며 법익침해시까지 계속되어야 한다. 사후승낙은 위법성을 조각할 수 없다. [♠ 12 사시] [♣ 16 변시] ⅱ) 승낙은 자유롭게 철회할 수 있으나, 철회 이전의 행위에 대해서는 영향을 미치지 못한다. [♠ 03 사시]

判例 피해자의 승낙의 철회시기와 철회방법

[1] 위법성조각사유로서의 피해자의 승낙은 언제든지 자유롭게 철회할 수 있다고 할 것이고, 그 철회의 방법에는 아무런 제한이 없다. [♣ 16 변시]
[2] 피고인이 甲의 상가건물에 대한 임대차계약 당시 甲의 모(母) 乙에게서 인테리어 공사 승낙을 받았는데, 이후 乙이 임대차보증금 잔금 미지급을 이유로 즉시 공사를 중단하고 퇴거할 것을 요구하자 도끼를 집어 던져 상가 유리창을 손괴한 경우, 乙이 위 의사표시로써 시설물 철거에 대한 동의를 철회하였다고 보아야 하므로 피고인의 행위는 무죄라고 할 수 없다[대판 2011.5.13. 2010도9962].

판례해설 손괴에 대한 동의의 법적효과에 대하여는 구성요건해당성이 조각되는 양해에 해당한다는 견해도 있으나 본 판례는 손괴에 대한 동의가 위법성이 조각되는 피해자 승낙에 해당한다는 취지로 판시하고 있다.

(2) 승낙에 의한 법익침해행위

① 법익침해행위는 고의행위뿐만 아니라 과실행위에 의할 수도 있다(예 음주운전에 의한 사고를 승인하고 동승하였다가 운전자의 과실로 상해를 입은 경우). 즉 고의범은 물론 과실범의 경우도 피해자 승낙에 의하여 위법성이 조각될 수 있다. [♣ 13 변시]

② 행위자는 피해자의 승낙이 있었다는 사실을 인식하고 행위를 하였어야 한다(주관적 정당화요소).

③ 승낙사실의 존부에 관한 착오는 주관적 정당화요소의 흠결의 문제(예 피해자의 승낙이 있음에도 없는 것으로 알고 상해한 경우)[♣ 21 변시] 또는 위법성조각사유의 객관적 전제사실에 대한 착오(예 피해자의 승낙이 없음에도 있는 줄 알고 상해한 경우)의 문제가 된다.

(3) 상당성(사회상규 적합성)[6]

判例 피해자의 승낙이 위법성을 조각하기 위한 추가적 요건 = 사회상규 적합성

형법 제24조의 규정에 의하여 위법성이 조각되는 피해자의 승낙은 개인적 법익을 훼손하는 경우에 법률상 이를 처분할 수 있는 사람의 승낙을 말할 뿐만 아니라 그 승낙이 윤리적, 도덕적으로 사회상규에 반하는 것이 아니어야 한다[대판 1985.12.10. 85도1892; 동지 대판 2008.12.11. 2008도9606]. [♠ 04, 12, 13 사시] [♣ 12, 21 변시]

6) 다음의 판례에서 보듯이 대법원은 피해자의 승낙에 대한 '사회상규적 · 윤리적 한계에 의한 제약'을 상해죄 이외에 폭행치사죄와 같은 범죄에서도 인정하고 있다. [♣ 16 변시]

[사실관계] (사망을 초래한 안수기도 : 사회상규 적합성이 없어 위법성이 조각되지 않음) 甲은 A로부터 자신의 몸속에 있는 잡귀를 물리쳐 달라는 부탁을 받고 A의 집에서 안수기도를 시행하던 중 연락을 받고 나중에 참석한 乙과 함께 A의 몸에서 잡귀를 물리친다면서 뺨 등을 때리고 팔과 다리를 붙잡고 배와 가슴을 손과 무릎으로 힘껏 누르고 밟는 등의 행위를 하여 A를 사망케 하였다. 대법원은 甲과 乙에게 폭행치사죄의 공동정범의 성립을 인정하였다.

判例 사회상규 적합성을 일탈한 경우의 피해자의 승낙 = 위법성조각×

1. **(보험사기 목적으로 동의하에 상해한 경우 – 상해죄 성립)** 甲이 乙과 공모하여 보험사기를 목적으로 乙에게 상해를 가한 사안에서, 피해자의 승낙으로 위법성이 조각되지 아니한다고 한 사례 [대판 2008.12.11. 2008도9606]. [♠ 10, 11, 15 사시] [♣ 23 변시]
2. **(사망을 초래한 장난권투 사건 – 폭행치사죄 성립)** 피할만한 여유도 없는 좁은 장소와 상급자인 피고인이 하급자인 피해자로부터 아프게 반격을 받을 정도의 상황에서 신체가 보다 더 건강한 피고인이 피해자에게 약 1분 이상 가슴과 배를 때렸다면 사망의 결과에 대한 예견가능성을 부정할 수도 없을 것이며 위와 같은 상황에서 이루어진 폭행이 장난권투로서 피해자의 승낙에 의한 사회상규에 어긋나지 않는 것이라고도 볼 수 없다[대판 1989.11.28. 89도201].

(4) 법률에 특별한 규정이 없을 것

승낙살인죄나 동의낙태죄와 같이 승낙(동의)에도 불구하고 처벌하는 규정이 있는 경우에는 위법성이 조각되지 않는다(제24조).

Ⅳ. 추정적 승낙

1. 추정적 승낙의 의의와 법적 성질

(1) 의 의

추정적 승낙이란 피해자의 현실적인 승낙이 없었다고 하더라도 행위 당시의 모든 객관적 사정에 비추어 볼 때 만일 피해자가 행위의 내용을 알았더라면 당연히 승낙하였을 것으로 예견되는 경우를 말한다(예 비어 있는 이웃집에 고장난 수도를 고쳐주기 위하여 침입하는 경우).[7] [♣ 12 변시]

(2) 법적 성질

추정적 승낙의 법적 성질에 대하여는 사무관리설, 긴급피난설, 승낙의 대체물설, 정당행위설, 독자적 위법성조각사유설(다수설) 등의 견해가 있다.

2. 추정적 승낙의 유형

(1) 피해자의 이익을 위한 경우

① 행위자가 높은 가치의 이익을 구조하기 위하여 낮은 가치의 이익을 침해하는 경우이다(예 주인의 장기간 여행으로 비어있는 옆집에 수도관이 파열된 것을 발견하고서 이웃 주민이 이를 고치기 위해 옆집의 문을 열고 들어간 경우). [♠ 10 사시]

② 이 경우에도 위법성을 조각하는 근거는 피해자의 추정적 의사에 일치한다는 데 있다.

(2) 행위자나 제3자의 이익을 위한 경우

① 행위자가 자기의 이익 또는 제3자의 이익을 위하여 행위하였지만 피해자의 승낙이 추정되는 경우이다.

② 친지의 집을 방문하여 응접실에서 기다리던 중 마침 탁자 위에 놓인 담배를 허락 없이 피운 경우와 가정부가 주인의 헌옷을 걸인에게 주는 경우가 그 예이다. [♠ 10 사시]

3. 추정적 승낙의 요건

(1) 법익주체의 처분할 수 있는 법익

① 추정적 승낙의 경우도 피해자는 처분능력이 있어야 하며, 처분가능한 법익에 대하여만 추정적 승낙이 가능하다. 따라서 개인적 법익에 대하여만 추정적 승낙이 가능하다.

② 승낙의 추정은 행위시에 있어야 한다.

---

7) 묵시적 승낙이란 현실적 승낙의 일종에 해당하므로 추정적 승낙과 구별하여야 한다. [♠ 04 사시]

判例 추정적 승낙을 인정하지 않은 경우

1. **(상황이 비정상적인 경우)** 개별적 · 집단적 협의과정을 통하여 해고의 효력을 다투는 해고근로자가 평소 정문 경비실에서 출입명패를 발급받아 이를 패용하고 회사 구내로 출입하였다 하더라도, 이는 어디까지나 회사의 업무가 정상적으로 수행되고 있는 경우에 복직협의 등에 관련하여 필요한 범위내의 출입에 한정된 것이라고 봄이 상당하므로, 이와 달리 노조원들에 의해 회사가 점거되어 회사의 업무가 정상적으로 수행되지 아니할 때에 당시 노조간부들이 무단으로 점거하여 노조 임시사무실로 사용하고 있던 사무실에 출입한 행위는 특별한 사정이 없는 한 관리자인 회사측의 의사 내지 추정적 의사에 반하는 것이라고 보아야 한다[대판 1994.2.8. 93도120]. [♠ 07 사시]
2. **(분쟁자 상호간의 경우)** 피고인과 피해자 사이에 건물의 소유권에 대한 분쟁이 계속되고 있는 상황이라면 피고인이 그 건물에 침입하는 것에 대한 피해자의 추정적 승낙이 있었다거나 피고인의 이 사건 범행이 사회상규에 위배되지 않는다고 볼 수 없다[대판 1989.9.12. 89도889].
3. **(강폭한 권리행사의 경우)** 채권자들이 채무자인 피해자에 대한 채권을 우선적으로 확보할 목적으로 시정장치를 쇠톱으로 절단한 후 가구점에 침입하여 피해자의 물건을 무단으로 절취한 경우 자구행위의 성립과 추정적 승낙의 존재를 인정할 수 없다[대판 2006.3.24. 2005도8081]. [♠ 12 사시]

(2) 승낙의 불가능(보충성)

행위시의 일정한 장애사유(예 피해자의 부재, 의식불명)로 인하여 피해자의 현실적 승낙을 얻을 수 없는 경우를 말한다. 따라서 피해자의 현실적 승낙이 가능하면 추정적 승낙은 인정되지 않는다. [♠ 10 사시]

(3) 승낙의 추정의 정도

① 객관적으로 승낙이 추정되어야 한다. 따라서 행위자가 승낙을 기대하거나 예측한 것만으로는 승낙이 추정된다고 단정 할 수 없다.

② 명시적으로 피해자가 반대의사를 표시한 경우에는 그것이 명백히 불합리한 경우라도 추정적 승낙이 인정되지 않는다(예 식물인간 상태의 환자가 의식불명이 되기 전에 결코 자신을 안락사시켜서는 안된다는 의사를 명시한 적이 있다면 안락사의 시술은 추정적 승낙에 의하여 위법성이 조각될 수 없다). [♠ 02 사시]

(4) 양심에 따른 심사

① 행위자는 모든 사정을 양심에 따라 심사한 후 승낙을 추정하여야 한다(다수설).

② 추정적 승낙의 주관적 정당화요소에 해당한다.

(5) 착오문제

① 추정적 승낙은 피해자의 가정적 진의에 기초한 것이기 때문에 양심적 심사를 거친 행위가 피해자의 진의와 합치되지 않더라도 위법성이 조각된다.

② 양심적 심사는 없었으나 피해자의 진의와 합치하는 것으로 판명된 경우에는 위법성 조각의 인정여부에 대하여 견해가 대립되어 있다.

제6절 정당행위

관련 판례가 아주 많은 부분이지만 어렵지 않은 부분이다. 특히 노동쟁의와 관련한 판례가 중요하다.

제20조(정당행위) 법령에 의한 행위 또는 업무로 인한 행위 기타 사회상규에 위배되지 아니하는 행위는 벌하지 아니한다.

Ⅰ. 서 론

1. 정당행위의 의의

① 정당행위란 사회상규에 위배되지 아니하여 국가적 · 사회적으로 정당시되는 행위를 말한다.

② 초법규적 위법성조각사유를 실정법상의 일반적 위법성조각사유로 규정한 것이다.

2. 정당행위의 구조

법령에 의한 행위 또는 업무로 인한 행위는 사회상규에 위배되지 않는 행위의 예시적 규정에 지나지 않는다(통설).

Ⅱ. 법령에 의한 행위

1. 의 의

법령에 근거하여 권리 또는 의무로서 행하여지는 행위를 말한다.

判例 법령에 근거하여 위법성이 조각되는 경우

민사소송법 제335조에 따른 법원의 감정인 지정결정 또는 같은 법 제341조 제1항에 따른 법원의 감정촉탁을 받은 경우에는 감정평가업자가 아닌 사람이더라도 그 감정사항에 포함된 토지 등의 감정평가를 할 수 있고, 이러한 행위는 법령에 근거한 법원의 적법한 결정이나 촉탁에 따른 것으로 형법 제20조의 정당행위에 해당하여 위법성이 조각된다고 보아야 한다[대판 2021.10.14. 2017도10634].

判例 구성요건해당성을 조각하는 사유인 경우 = 위조사유×(정당행위×), 책조사유×

1. 병역법 제88조 제1항은 국방의 의무를 실현하기 위하여 현역입영 또는 소집통지서를 받고도 정당한 사유 없이 이에 응하지 않은 사람을 처벌함으로써 입영기피를 억제하고 병력구성을 확보하기 위한 규정이다. 위 조항에 따르면 정당한 사유가 있는 경우에는 피고인을 벌할 수 없는데, 여기에서 정당한 사유는 구성요건해당성을 조각하는 사유이다. 이는 형법상 위법성조각사유인 정당행위나 책임조각사유인 기대불가능성과는 구별된다[대판 2018.11.1. 2016도10912 ; 대판 2020.9.3. 2020도8055 ; 대판 2020.7.9. 2019도17322 ; 대판(전) 2020.7.23. 2018도14415].

   관련판례 여호와의 증인 신도로서 우울장애 등 기분장애 4급의 징병신체검사 결과에 따라 군사교육소집 대상자에서 제외된 피고인이 국가기관에서 사회복무요원으로 복무하던 중 종교적 신념을 이유로 통틀어 8일 이상 복무를 이탈하여 구 병역법 제89조의2 제1호 위반으로 기소된 사안에서, 병역법령 및 제반 사정을 종합하면, 피고인이 종교적 신념을 이유로 사회복무요원의 복무 이행을 거부하는 것은 구 병역법 제89조의2 제1호의 '정당한 사유'에 해당하지 않는다[대판 2023.3.16. 2020도15554].

2. 성충동약물치료법 제10조 제1항 제1호는 성충동 약물치료 명령을 받은 사람은 치료기간 동안 보호관찰관의 지시에 따라 성실히 약물치료에 응하여야 한다고 규정하고, 제35조 제2항은 "이 법에 따른 약물치료를 받아야 하는 사람이 정당한 사유 없이 제10조 제1항 각호의 준수사항을 위반한 때에는 3년 이하의 징역 또는 1천만 원 이하의 벌금에 처한다."라고 규정한다. 정당한 사유는 구성요건해당성을 조각하는 사유로, 정당한 사유가 없다는 사실을 검사가 증명하여야 하고, 이는 형법상 위법성조각사유인 정당행위나 책임조각사유인 기대불가능성과는 구별된다[대판 2021.8.19. 2020도16111].

2. 종 류

(1) 공무원의 직무집행행위

① 공무원의 직무집행이 법적 요건과 절차에 따라 적법하게 행해진 경우 및 상관의 직무상 적법한 명령에 의한 행위는 정당행위로서 위법성이 조각된다.

判例 **(정당행위로 인정되지 않는 경우)** 법정의 절차 없이 피해자를 경찰서보호실에 감금한 행위는 수사목적달성을 위하여 적절한 행위라고 믿고 한 정당행위라 할 수 없고 직무상의 권능을 행사함에 있어서 법정의 조건을 구비하지 아니하고 이를 행사한 것은 곧 직권을 남용하여 불법감금한 것에 해당한다[대판 1971.3.9. 70도2406].

② 상관의 위법한 명령에 의한 행위

쟁점연구 **[상관의 구속력 있는 위법한 명령에 따른 행위의 법적 효과]**

1. 문제점

상관의 명령이 위법하지만 구속력이 있는 경우 이에 복종한 부하의 행위가 위법성이나 책임이 조각될 수 있는지가 문제된다.

2. 학 설

위법한 명령에 따른 행위는 위법성이 조각될 수 없고 다만 구속력으로 인하여 적법행위의 기대가능성이 없는 경우라면 책임이 조각될 수 있을 뿐이라는 견해가 있다.

3. 판 례

상관의 명령에 따라 물고문 행위를 한 경우와 같이 중대하고도 위법한 명령에 따른 행위는 명령에 대한 절대복종이 불문율로 되어 있다 할지라도 정당행위 또는 강요된 행위로서 적법행위에 대한 기대가능성이 없는 경우에 해당한다고 할 수 없어 책임이 조각될 수도 없다고 판시한 바 있다[대판 1988.2.23. 87도2358].

4. 검 토 (판례 지지)

위법한 명령이 구속력이 있다고 하여 그 명령에 따른 행위를 적법하다고 볼 수 없다는 점, 구속력 있는 위법한 명령에 따른 행위가 강요된 행위로서 적법행위에 대한 기대가능성이 없는 경우에 해당한다고 할 수 없으므로 책임도 조각될 수 없다고 보는 것이 타당하다.

判例 명백히 위법한 명령에 따른 공무원의 행위 = 정당행위×

1. **(상관의 명령에 따라 물고문을 한 경우)** 설령 대공수사단 직원은 상관의 명령에 절대 복종하여야 한다는 것이 불문률로 되어 있다 할지라도, 국민의 기본권인 신체의 자유를 침해하는 고문행위 등이 금지되어 있는 우리의 국법질서에 비추어 볼 때 그와 같은 불문률이 있다는 것만으로는 고문행위와 같은 중대하고도 명백한 위법명령에 따른 행위가 정당한 행위에 해당하거나 강요된 행위로서 적법행위에 대한 기대가능성이 없는 경우에 해당하게 되는 것이라고는 볼 수 없다[대판 1988.2.23. 87도2358]. [♠ 01, 15 사시]

2. **(대통령 선거를 앞두고 상관의 명령에 따라 허위사실을 유포한 경우)** 공무원이 그 직무를 수행함에 즈음하여 상관은 하관에 대하여 범죄행위 등 위법한 행위를 하도록 명령할 직권이 없는 것이며, 또한 하관은 소속상관의 적법한 명령에 복종할 의무는 있으나 그 명령이 대통령 선거를 앞두고 특정후보에 대하여 반대하는 여론을 조성할 목적으로 확인되지도 않은 허위의 사실을 담은 책자를 발간·배포하거나 기사를 게재하도록 하라는 것과 같이 명백히 위법 내지 불법한 명령인 때에는 이는 벌써 직무상의 지시명령이라 할 수 없으므로 이에 따라야 할 의무가 없다. 따라서 이러한 위법 내지 불법한 명령에 따른 행위는 정당한 직무집행행위라고 볼 수 없다[대판 1999.4.23. 99도636].

(2) 징계행위

① 법령상 허용된 징계권의 적법한 행사는 정당행위로서 위법성이 조각된다(예 학교장의 징계·처벌(교육법 제76조), 친권자·후견인의 징계(민법 제915, 제945조)).

② 징계권자의 징계행위가 위법성이 조각되기 위하여는 i) 징계사유가 존재하고, ii) 교육목적이 있어야 하며, iii) 상당한 정도의 징계여야 한다.

判例 교육목적이 없고 상당한 정도의 징계에 해당하지 않는 경우 = 위법성조각×

친권자는 자(子)를 보호하고 교양할 권리의무가 있고(민법 제913조) 그 자를 보호 또는 교양하기 위하여 필요한 징계를 할 수 있기는 하지만(민법 제915조) 인격의 건전한 육성을 위하여 필요한 범위 안에서 상당한 방법으로 행사되어야만 할 것인데, 스스로의 감정을 이기지 못하고 야구방망이로 때릴 듯이 피해자에게 "죽여 버린다."고 말하여 협박하는 것은 그 자체로 피해자의 인격 성장에 장해를 가져올 우려가 커서 이를 교양권의 행사라고 보기도 어렵다[대판 2002.2.8. 2001도6468].

동지판례 4세인 아들이 대소변을 가리지 못한다고 닭장에 가두고 전신을 구타한 것은 친권자의 징계권행사에 해당한다고 볼 수 없다[대판 1969.2.4. 68도1793].

③ 체벌의 허용여부

㉮ **친권자의 체벌** : 징계권 행사의 요건을 갖춘 친권자의 체벌은 허용된다(판례).

判例 (징계권 범위에 속하는 폭행은 위법성 조각) 폭행행위가 친권자로서의 징계권의 범위에 속하는 경우 위법성이 조각되어 무죄의 판결을 할 수 있다[대판 1986.7.8. 84도2922].

㉯ **학교장(교사)의 체벌** : 징계권 행사의 요건을 갖춘 학교장(교사)의 체벌은 허용된다(판례).

判例 체벌의 허용여부 = 헌재는 불가피한 경우 허용

비록 체벌이 교육적으로 효과가 있는지에 관하여는 별론으로 하더라도 교사가 학교장이 정하는 학칙에 따라 불가피한 경우 체벌을 가하는 것이 금지되어 있지는 않다고 보여진다[헌재 2000.1.27. 99헌마481].

判例 학교장의 교육목적의 적정한 체벌 = 정당행위 ○

중학교 교장직무대리자가 훈계의 목적으로 교칙위반학생의 뺨을 몇 차례 때린 정도는 감호교육상의 견지에서 볼 때 징계의 방법으로서 사회 관념상 비난의 대상이 될만큼 사회상규를 벗어난 것으로는 볼 수 없어 처벌의 대상이 되지 아니한다[대판 1976.4.27. 75도115].

判例 교사의 감정에서 비롯된 지나친 징계행위 = 정당행위×

[1] 초·중등교육법령에 따르면 교사는 학교장의 위임을 받아 교육상 필요하다고 인정할 때에는 징계를 할 수 있고 징계를 하지 않는 경우에는 그 밖의 방법으로 지도를 할 수 있는데 그 지도에 있어서는 교육상 불가피한 경우에만 신체적 고통을 가하는 방법인 이른바 체벌로 할 수 있고 그 외의 경우에는 훈육, 훈계의 방법만이 허용되어 있는바, 교사가 학생을 징계 아닌 방법으로 지도하는 경

우에도 징계하는 경우와 마찬가지로 교육상의 필요가 있어야 될 뿐만 아니라 특히 학생에게 신체적, 정신적 고통을 가하는 체벌, 비하(卑下)하는 말 등의 언행은 교육상 불가피한 때에만 허용되는 것이어서, 학생에 대한 폭행, 욕설에 해당되는 지도행위는 학생의 잘못된 언행을 교정하려는 목적에서 나온 것이었으며 다른 교육적 수단으로는 교정이 불가능하였던 경우로서 그 방법과 정도에서 사회통념상 용인될 수 있을 만한 객관적 타당성을 갖추었던 경우에만 법령에 의한 정당행위로 볼 수 있을 것이고, 교정의 목적에서 나온 지도행위가 아니어서 학생에게 체벌, 훈계 등의 교육적 의미를 알리지도 않은 채 지도교사의 성격 또는 감정에서 비롯된 지도행위라든가, 다른 사람이 없는 곳에서 개별적으로 훈계, 훈육의 방법으로 지도 · 교정될 수 있는 상황이었음에도 낯모르는 사람들이 있는 데서 공개적으로 학생에게 체벌 · 모욕을 가하는 지도행위라든가, 학생의 신체나 정신건강에 위험한 물건 또는 지도교사의 신체를 이용하여 학생의 신체 중 부상의 위험성이 있는 부위를 때리거나 학생의 성별, 연령, 개인적 사정에서 견디기 어려운 모욕감을 주어 방법 · 정도가 지나치게 된 지도행위 등은 특별한 사정이 없는 한 사회통념상 객관적 타당성을 갖추었다고 보기 어렵다.
[2] 여자중학교 교사의 학생에 대한 지도행위가 당시의 상황, 동기, 그 수단, 방법 등에 비추어 사회통념상 객관적 타당성을 갖추지 못하여 정당행위로 볼 수 없다고 한 사례[대판 2004.6.10. 2001도5380]. [♠ 06 사시]

判例 **징계권의 범위를 일탈한 교사의 징계행위 = 정당행위×**

1. **(징계사유가 없었던 경우)** 교사가 피해자인 학생이 욕설을 하였는지도 확인하지 못할 정도로 침착성과 냉정성을 잃은 상태에서 욕설을 하지도 아니한 학생을 오인하여 구타하였다면 그 교사가 비록 교육상 학생을 훈계하기 위하여 한 것이라 하더라도 이는 징계권의 범위를 일탈한 위법한 폭력행위이다[대판 1980.9.9. 80도762]. [♠ 01 사시]
2. **(상해의 결과를 초래한 경우)** 교사가 국민학교 5학년생을 징계하기 위하여 나무 지휘봉으로 때려 6주간의 치료를 받아야 할 상해를 입힌 경우, 위 징계행위는 그 방법 및 정도가 교사의 징계권행사의 허용한도를 넘어선 것으로서 정당한 행위로 볼 수 없다[대판 1990.10.30. 90도1456]. [♠ 04 사시]
   동지판례 교사가 학생을 엎드리게 한 후 몽둥이와 당구 큐대로 그의 둔부를 때려 3주간의 치료를 요하는 상처를 입혔다면 비록 학생주임을 맡고 있는 교사로서 제자를 훈계하기 위한 것이었다 하더라도 이는 징계의 범위를 넘는 것으로서 형법 제20조의 정당행위에는 해당하지 아니한다[대판 1991.5.14. 91도513].

(3) 현행범인의 체포

현행범인을 체포하는 행위는 법령(형사소송법 제212조)[1]에 의한 행위로서 위법성이 조각된다.

判例 **현행범인 체포행위의 적정한 한계의 기준 및 정당행위로 인정된 사례**

[1] **(적정한 현행범 체포행위의 범위)** 적정한 한계를 벗어나는 현행범인 체포행위는 그 부분에 관한

1) 형사소송법 제212조(현행범인의 체포) 현행범인은 누구든지 영장 없이 체포할 수 있다.

한 법령에 의한 행위로 될 수 없다고 할 것이나, 적정한 한계를 벗어나는 행위인가 여부는 결국 정당행위의 일반적 요건을 갖추었는지 여부에 따라 결정되어야 할 것이지 그 행위가 소극적인 방어행위인가 적극적인 공격행위인가에 따라 결정되어야 하는 것은 아니다.

[2] **(차량손괴의 현행범 체포 사건)** 피고인의 차를 손괴하고 도망하려는 피해자를 도망하지 못하게 멱살을 잡고 흔들어 피해자에게 전치 14일의 흉부찰과상을 가한 경우, (행위 자체로서는 다소 공격적인 행위로 보이더라도 사회통념상 허용될 수 있는 행위로서) 정당행위에 해당한다고 본 사례[대판 1999.1.26. 98도3029]. [♠ 11 사시]

判例 사인의 현행범 체포(주거침입까지는 허용되지 않음)

현행범인을 추적하여 그 범인의 부(父)의 집에 들어가서 동인과 시비 끝에 상해를 입힌 경우에 주거침입죄가 성립한다[대판 1965.12.21. 65도899]. [♠ 03 사시]

(4) 노동쟁의 행위

① 근로자의 노동쟁의 행위는 법령상의 요건을 구비한 경우 위법성이 조각된다.

② 요건(판례)

判例 쟁의행위가 형법상 정당행위가 되기 위한 요건

근로자의 쟁의행위가 형법상 정당행위가 되기 위하여는 첫째, 그 주체가 단체교섭의 주체로 될 수 있는 자이어야 하고, 둘째, 그 목적이 근로조건의 향상을 위한 노사간의 자치적 교섭을 조성하는 데에 있어야 하며, 셋째, 사용자가 근로자의 근로조건 개선에 관한 구체적인 요구에 대하여 단체교섭을 거부하였을 때 개시하되 특별한 사정이 없는 한 조합원의 찬성결정 등 법령이 규정한 절차를 거쳐야 하고, 넷째, 그 수단과 방법이 사용자의 재산권과 조화를 이루어야 함은 물론 폭력의 행사에 해당되지 아니하여야 한다는 여러 조건을 모두 구비하여야 한다[대판 2001.10.25. 99도4837]. 이러한 기준은 쟁의행위의 목적을 알리는 등 적법한 쟁의행위에 통상 수반되는 부수적 행위가 형법상 정당행위에 해당하는지 여부를 판단할 때에도 동일하게 적용된다[대판 2022.10.27. 2019도10516]. [♠ 04 사시]

관련판례 노동조합의 조합활동이 정당성을 갖추어 형법 제20조의 정당행위에 해당하기 위해서는, 첫째 주체의 측면에서 행위의 성질상 노동조합의 활동으로 볼 수 있거나 노동조합의 묵시적인 수권 혹은 승인을 받았다고 볼 수 있는 것이어야 하고, 둘째 목적의 측면에서 근로조건의 유지·개선과 근로자의 경제적 지위의 향상을 도모하기 위하여 필요하고 근로자들의 단결 강화에 도움이 되는 행위이어야 하며, 셋째 시기의 측면에서 취업규칙이나 단체협약에 별도의 허용규정이 있거나 관행이나 사용자의 승낙이 있는 경우 외에는 원칙적으로 근무시간 외에 행하여져야 하고, 넷째 수단·방법의 측면에서 사업장 내 조합활동에서는 사용자의 시설관리권에 바탕을 둔 합리적인 규율이나 제약에 따라야 하며 폭력과 파괴행위 등의 방법에 의하지 않는 것이어야 한다[대판 2020.7.29. 2017도2478]. 또한, 노동조합법 및 헌법 제33조 제1항이 노동3권을 기본권으로 보장한 취지 등을 고려하면, 연장근로의 집단적 거부와 같이 사용자의 업무를 저해함과 동시에 근로자들의 권리행사로서의 성격을 아울러 가지는 행위가 노동조합법상 쟁의행위에 해당하는지는 해당 사업장의 단체협약이나 취업규칙의 내용, 연장근로를 할 것인지에 대한 근로자들의 동의 방식 등 근로관계를 둘러싼 여러 관행과 사정을 종합적으로 고려하여 엄격하게 제한적으로 판단하여야 한다. 이는 휴일근로 거부의 경우도 마찬가지이다[대판 2022.6.9. 2016도11744].

判例 소수근로자의 위법행위의 경우 전체 쟁의행위의 위법성 인정여부(소극)

노동조합이 주도한 쟁의행위 자체의 정당성과 이를 구성하거나 여기에 부수되는 개개 행위의 정당성은 구별하여야 하므로, 일부 소수의 근로자가 폭력행위 등의 위법행위를 하였더라도, 전체로서의 쟁의행위마저 당연히 위법하게 되는 것은 아니다[대판 2017.7.11. 2013도7896].

㉮ **주 체** : 쟁의행위의 주체는 단체교섭의 주체로 될 수 있는 자이어야 한다.

判例 주체 요건의 흠결로 위법성이 조각되지 않는 경우

(노동조합이 아닌 일부조합원 집단의 쟁의행위) 현행법상 적어도 노동조합이 결성된 사업장에 있어서의 쟁의행위가 노동조합법 제2조 소정의 형사상 책임이 면제되는 정당행위가 되기 위하여는 반드시 그 쟁의행위의 주체가 단체교섭이나 단체협약을 체결할 능력이 있는 노동조합일 것이 요구되고, 일부 조합원 집단이 노동조합의 승인 없이 또는 그 지시에 반하여 쟁의행위를 하는 경우에는 형사상 책임이 면제될 수 없다[대판 1995.10.12. 95도1016].

㉯ **목 적**(판례)

判例 목적의 정당성의 판단방법

쟁의행위에서 추구되는 목적이 여러 가지이고 그 중 일부가 정당하지 못한 경우에는 주된 목적 내지 진정한 목적의 당부에 의하여 그 쟁의행위 목적의 당부를 판단하여야 하므로 부당한 요구사항을 뺐더라면 쟁의행위를 하지 않았을 것이라고 인정되는 경우에만 그 쟁의행위 전체가 정당성을 가지지 못한다[대판 2002.2.26. 99도5380].

判例 목적의 정당성이 인정되지 않는 경우

1. **(경영자의 전권사항에 관여할 목적)** 정리해고나 사업조직의 통폐합 등 기업의 구조조정의 실시 여부는 경영주체의 고도의 경영상 결단에 속하는 사항으로서 이는 원칙적으로 단체교섭의 대상이 될 수 없고, 그것이 긴박한 경영상의 필요나 합리적 이유 없이 불순한 의도로 추진되는 등의 특별한 사정이 없는 한, 노동조합이 실질적으로 그 실시 자체를 반대하기 위하여 쟁의행위에 나아간다면, 비록 그 실시로 인하여 근로자들의 지위나 근로조건의 변경이 필연적으로 수반된다고 하더라도 그 쟁의행위는 목적의 정당성을 인정할 수 없다[대판 2001.4.24. 99도4893], [대판 2011.1.27. 2010도11030], [대판 2014.11.13. 2011도393].
[♠ 07, 13 사시]

동지판례 ⅰ) 구조조정이나 합병 등 기업의 경쟁력을 강화하기 위한 경영주체의 경영상의 조치 또는 경영권의 본질에 속하는 공장의 이전 조치 반대 목적[대판 2003.11.13. 2003도687].
ⅱ) 공기업의 구조조정의 일환으로 추진되는 조폐창의 통폐합 조치 반대 목적[대판 2003.12.11. 2001도3429]. [♠10 사시] [♣20 변시]
ⅲ) 과학기술원의 시설부문 민영화계획 반대 목적[대판 2003.12.26. 2001도3380].
ⅳ) 한국철도공사의 신규사업 외주화 계획을 철회시킬 목적[대판 2007.5.10. 2006도9478].

2. **(공권력 개입에 대한 항의 목적)** 공권력 개입에 대한 항의를 주목적으로 공권력 격퇴를 위한 노동자 출정식을 개최한 경우 그 쟁의행위는 그 목적의 정당성을 인정할 수 없다[대판 1993.1.29. 90도450].
3. **(형사재판에 관여할 목적)** 피고인이 노동조합의 위원장으로서 조합원들과 함께 한 집단조퇴, 월차휴가신청에 의한 결근 및 집회 등 쟁의행위가 주로 구속 근로자에 대한 항소심 구형량이 1심보다 무거워진 것에 대한 항의와 석방 촉구를 목적으로 이루어진 것이라면 피고인의 행위는 근로조건의 유지 또는 향상을 주된 목적으로 한 쟁의행위라고 볼 수 없어 노동쟁의조정법의 적용대상인 쟁의행위에 해당하지 않는다[대판 1991.1.29. 90도2852].
4. **(대표성이 없는 대표자인 경우)** 노동조합의 대표자 또는 수임자가 단체교섭의 결과에 따라 사용자와 단체협약의 내용을 합의한 후 다시 협약안의 가부에 관하여 조합원 총회의 의결을 거친 후에만 단체협약을 체결할 것임을 명백히 하였다면 노사 쌍방간의 타협과 양보의 결과로 임금이나 그 밖의 근로조건 등에 대하여 합의를 도출하더라도 노동조합의 조합원 총회에서 그 단체협약안을 받아들이기를 거부하여 단체교섭의 성과를 무로 돌릴 위험성이 있으므로 사용자측으로서는 최종적인 결정 권한이 없는 교섭대표와의 교섭 내지 협상을 회피하거나 설령 교섭에 임한다 하더라도 성실한 자세로 최후의 양보안을 제출하는 것을 꺼리게 될 것이고, 그와 같은 사용자측의 단체교섭 회피 또는 해태를 정당한 이유가 없는 것이라고 비난하기도 어렵다 할 것이므로, 사용자측의 단체교섭 회피가 같은법 제39조 제3호가 정하는 부당노동행위에 해당한다고 보기도 어렵고, 그에 대항하여 단행된 쟁의행위는 그 목적에 있어서 정당한 쟁의행위라고 볼 수 없다[대판 1998.1.20. 97도588].

㉰ 절 차(판례)

判例 절차위반의 경우 정당성이 결여되었다고 판단하기 위한 기준

쟁의행위가 냉각기간이나 사전신고의 규정이 정한 시기와 절차에 따르지 아니하였다고 하여 무조건 정당성이 결여된 쟁의행위라고 볼 것이 아니라 그 위반행위로 말미암아 사회, 경제적 안정이나 사용자의 사업운영에 예기치 않은 혼란이나 손해를 끼치는 등 부당한 결과를 초래할 우려가 있는지의 여부 등 구체적 사정을 살펴서 그 정당성 유무를 가려 형사상 죄책유무를 판단하여야 한다[대판 1992.9.22. 92도1855].

判例 쟁의행위의 찬반을 결정하는 투표절차의 위반 = 실질적 정당성을 갖추었더라도 특단의 사정이 없는 한 정당성 X

쟁의행위를 함에 있어 조합원의 직접 · 비밀 · 무기명투표에 의한 찬성결정이라는 절차를 거쳐야 한다는 노동조합 및 노동관계조정법 제41조 제1항의 규정은 노동조합의 자주적이고 민주적인 운영을 도모함과 아울러 쟁의행위에 참가한 근로자들이 사후에 그 쟁의행위의 정당성 유무와 관련하여 어떠한 불이익을 당하지 않도록 그 개시에 관한 조합의사의 결정에 보다 신중을 기하기 위하여 마련된 규정이므로 위의 절차를 위반한 쟁의행위는 그 절차를 따를 수 없는 객관적인 사정이 인정되지 아니하는 한 정당성이 상실된다[대판(전) 2001.10.25. 99도4837]. [♠ 04 사시]

관련판례 근로조건에 관한 노동관계 당사자 간 주장의 불일치로 인하여 근로자들이 조정전치절차 및 찬반투표절차를 거쳐 정당한 쟁의행위를 개시한 후 쟁의사항과 밀접하게 관련된 새로운 쟁의사항이 부가된 경우에는, 근로자들이 새로이 부가된 사항에 대하여 쟁의행위를 위한 별도의 조정절차 및 찬반투표절차를 거쳐야 할 의무가 있다고 할 수 없다[대판 2012.1.27. 2009도8917].

判例 노노법 시행령 제17조의 서면신고절차를 준수하지 않은 쟁의행위 = 정당행위 인정 가능

노동조합 및 노동관계조정법 시행령 제17조에서 규정하고 있는 쟁의행위의 일시 · 장소 · 참가인원 및 그 방법에 관한 서면신고의무는 쟁의행위를 함에 있어 그 세부적 · 형식적 절차를 규정한 것으로서 쟁의행위에 적법성을 부여하기 위하여 필요한 본질적인 요소는 아니므로, 신고절차의 미준수만을 이유로 쟁의행위의 정당성을 부정할 수는 없다[대판 2007.12.28. 2007도5204].

判例 조정이 종료되지 아니한 채 조정기간이 도과한 후의 쟁의행위 = 정당성O

노동쟁의는 특별한 사정이 없는 한 그 절차에 있어 조정절차를 거쳐야 하는 것이지만, 이는 반드시 노동위원회가 조정결정을 한 뒤에 쟁의행위를 하여야만 그 절차가 정당한 것은 아니라고 할 것이고, 노동조합이 노동위원회에 노동쟁의 조정신청을 하여 조정절차가 마쳐지거나 조정이 종료되지 아니한 채 조정기간이 끝나면 조정절차를 거친 것으로서 쟁의행위를 할 수 있다[대판 2003.12.26. 2001도1863]. [♠ 14 사시]

判例 기타 절차위반을 이유로 쟁의행위의 정당성을 부정한 경우

1. **(적법한 절차를 거치지 않고 단체협약을 위반한 경우 : 정시출근투쟁 사건)** 단체협약에 따른 공사 사장의 지시로 09:00 이전에 출근하여 업무준비를 한 후 09 : 00부터 근무를 하도록 되어 있음에도 피고인이 쟁의행위의 적법한 절차를 거치지도 아니한 채 조합원들로 하여금 집단으로 09:00 정각에 출근하도록 지시를 하여 이에 따라 수백, 수천 명의 조합원들이 집단적으로 09:00 정각에 출근함으로써 전화고장수리가 지연되는 등으로 위 공사의 업무수행에 지장을 초래하였다면 … 형법 제20조 소정의 정당행위에 해당한다고 볼 수 없다[대판 1996.5.10. 96도419].

2. **(통상적인 연장근로를 정당한 절차에 위배하여 집단 거부한 경우)** 근로자들을 선동하여 근로자들이 통상적으로 해 오던 연장근로를 정당한 절차에 위배하여 집단적으로 거부하도록 함으로써 회사업무의 정상운영을 방해한 경우, 업무방해죄의 형사책임을 면할 수 없다[대판 1996.2.27. 95도2970].

관련판례 노동조합법 및 헌법 제33조 제1항이 노동3권을 기본권으로 보장한 취지 등을 고려하면, 연장근로의 집단적 거부와 같이 사용자의 업무를 저해함과 동시에 근로자들의 권리행사로서의 성격을 아울러 가지는 행위가 노동조합법상 쟁의행위에 해당하는지는 해당 사업장의 단체협약이나 취업규칙의 내용, 연장근로를 할 것인지에 대한 근로자들의 동의 방식 등 근로관계를 둘러싼 여러 관행과 사정을 종합적으로 고려하여 엄격하게 제한적으로 판단하여야 한다. 이는 휴일근로 거부의 경우도 마찬가지이다[대판 2022.6.9. 2016도11744].

㉣ 수단 · 방법(판례)

判例 쟁의행위의 수단으로서 직장점거의 한계(병존적 점거 = 허용 ○, 배타적 점거 = 허용 ×)

[1] 직장 또는 사업장 시설의 점거는 적극적인 쟁의행위의 한 형태로서 그 점거의 범위가 직장 또는 사업장 시설의 일부분이고 사용자 측의 출입이나 관리지배를 배제하지 않는 병존적인 점거에 지나지 않을 때에는 정당한 쟁의행위로 볼 수 있으나, 이와 달리 직장 또는 사업장 시설을 전면적, 배타적으로 점거하여 조합원 이외의 자의 출입을 저지하거나 사용자 측의 관리지배를 배제하여 업무의 중단 또는 혼란을 야기케 하는 것과 같은 행위는 이미 정당성의 한계를 벗어난 것이라고 볼 수밖에 없다.
[2] 노동조합의 조합원들이 쟁의행위로 사용자인 서울특별시건축사회의 사무실 일부를 점거하였으나 이러한 점거행위는 노동관계 법령에 따른 정당한 행위로서 위법성이 조각되어 업무방해죄의 책임을 물을 수 없다[대판 2007.12.28. 2007도5204; 동지 대판 1991.6.11. 91도383].

判例 수단 · 방법의 상당성이 인정되지 않아 정당행위로 인정되지 않은 경우

1. **(정문 점거 후 차량의 전면통제)** [대판 1991.7.9. 91도1051].
2. **(협박과 손괴의 경우)** [대판 1992.5.8. 91도3051].
3. **(북과 꽹과리로 업무를 방해한 경우)** [대판 1991.7.12. 91도897].

判例 수급인 소속 근로자의 쟁의행위가 도급인의 사업장에서 일어난 경우 위법성 조각여부

[1] 쟁의행위가 정당행위로 위법성이 조각되는 것은 사용자에 대한 관계에서 인정되는 것이므로, 제3자의 법익을 침해한 경우에는 원칙적으로 정당성이 인정되지 않는다. 그런데 도급인은 원칙적으로 수급인 소속 근로자의 사용자가 아니므로, 수급인 소속 근로자의 쟁의행위가 도급인의 사업장에서 일어나 도급인의 형법상 보호되는 법익을 침해한 경우에는 사용자인 수급인에 대한 관계에

서 쟁의행위의 정당성을 갖추었다는 사정만으로 사용자가 아닌 도급인에 대한 관계에서까지 법령에 의한 정당한 행위로서 법익 침해의 위법성이 조각된다고 볼 수는 없다.
그러나 사용자인 수급인에 대한 정당성을 갖춘 쟁의행위가 도급인의 사업장에서 이루어져 형법상 보호되는 도급인의 법익을 침해한 경우, 그것이 항상 위법하다고 볼 것은 아니고, 법질서 전체의 정신이나 그 배후에 놓여있는 사회윤리 내지 사회통념에 비추어 용인될 수 있는 행위에 해당하는 경우에는 형법 제20조의 '사회상규에 위배되지 아니하는 행위'로서 위법성이 조각된다.
[2] 사용자는 쟁의행위 기간 중 그 쟁의행위로 중단된 업무의 수행을 위하여 당해 사업과 관계없는 자를 채용 또는 대체할 수 없다(노동조합 및 노동관계조정법 제43조 제1항). 사용자가 당해 사업과 관계없는 자를 쟁의행위로 중단된 업무의 수행을 위하여 채용 또는 대체하는 경우, 쟁의행위에 참가한 근로자들이 위법한 대체근로를 저지하기 위하여 상당한 정도의 실력을 행사하는 것은 쟁의행위가 실효를 거둘 수 있도록 하기 위하여 마련된 위 규정의 취지에 비추어 정당행위로서 위법성이 조각된다[대판 2020.9.3. 2015도1927].

判例 기타 쟁의행위가 정당행위로 인정된 경우

1. **(업무시간 외에 구호 및 노래를 부르는 방법에 의한 시위)** 쟁의행위의 목적이 위법하지 아니하고 시위행위가 병원의 업무개시 전이거나 점심시간을 이용하여 현관로비에서 이루어졌고 쟁의행위의 방법이 단지 구호를 외치거나 노래를 부르는 것에 그쳤고 폭력행위를 수반하지 아니한 경우[대판 1992.12.8. 92도1645].
2. **(근무시간 중 투표 후 여흥을 즐긴 사건)** 쟁의행위에 대한 찬반투표 실시를 위하여 전체 조합원이 참석할 수 있도록 근무시간 중에 노동조합 임시총회를 개최하고 3시간에 걸친 투표 후 1시간의 여흥시간을 가진 경우[대판 1994.2.22. 93도613].

判例 기타 쟁의행위가 정당행위로 인정되지 않은 경우

1. 노동조합측에서 회사측의 단체협약 체결권한에 대한 의문을 해소시켜 줄 수 있음에도 불구하고 이를 해소시키지 않은 채 단체교섭만을 요구하였다면 단체교섭을 위한 진지한 노력을 다하였다고 볼 수 없고 따라서 그러한 상황에서 가진 단체교섭이 결렬되었다고 하더라도 이를 이유로 하는 쟁의행위는 그 목적과 시기, 절차에 있어서 정당한 쟁의행위라고 볼 수 없다[대판 2000.5.12. 98도3299].
2. 정당한 쟁의행위의 목적이 없이 업무방해의 수단으로 이용하기 위하여 다수의 근로자가 집단적으로 일시에 월차유급유가를 신청하여 일제히 결근함으로써 회사업무의 정상적인 운영을 저해한 경우[대판 1991.1.29. 90도2852].
3. 지하철공사노동조합원이 승객들에게 무임승차를 권유하는 등의 행위로 무임승차토록 하여 지하철공사에 운임 금 16억원 상당의 손해를 입힌 경우[대판 1990.5.15. 90도357].
4. 단체협약이 체결된 직후 노동조합의 조합원들이 자신들에게 불리하다는 이유만으로 위 단체협약의 무효화를 주장하면서 쟁의행위를 한 경우[대판 2007.5.10. 2005도8005].

(5) 기타 법령에 의한 행위

한국마사회법에 의한 승마투표권 발매행위(제38조), 의사의 전염병 신고행위(제4조 제1항), 장기 등 이식에 관한 법률상의 요건과 절차를 갖춘 뇌사자의 장기 적출행위 등도 법령에 의한 행위로서 위법성이 조각된다. [♠ 03 사시]

判例 폐광지원법에 의한 카지노 출입 = 법령에 의한 행위로서 위법성 조각

도박죄의 보호법익보다 좀더 높은 국가이익을 위하여 예외적으로 내국인의 출입을 허용하는 폐광지역개발지원에 관한 특별법 등에 따라 카지노에 출입하는 것은 법령에 의한 행위로 위법성이 조각된다[대판 2004.4.23. 2002도2518].

判例 민법상 자력구제에 해당하지 않는 경우

[1] 민법 제209조 제2항 전단은 '점유물이 침탈되었을 경우에 부동산일 때에는 점유자는 침탈 후 직시 가해자를 배제하여 이를 탈환할 수 있다'고 하여 자력구제권 중 부동산에 관한 자력탈환권에 관하여 규정하고 있다. 여기에서 '직시'란 '객관적으로 가능한 한 신속히' 또는 '사회관념상 가해자를 배제하여 점유를 회복하는 데 필요하다고 인정되는 범위 안에서 되도록 속히'라는 뜻으로, 자력탈환권의 행사가 '직시'에 이루어졌는지는 물리적 시간의 장단은 물론 침탈자가 확립된 점유를 취득하여 자력탈환권의 행사를 허용하는 것이 오히려 법적 안정 내지 평화를 해하거나 자력탈환권의 남용에 이르는 것은 아닌지 함께 살펴 판단하여야 한다.
[2] 집행관이 집행채권자 甲 조합 소유 아파트에서 유치권을 주장하는 피고인을 상대로 부동산인도 집행을 실시하자, 피고인이 이에 불만을 갖고 아파트 출입문과 잠금 장치를 훼손하며 강제로 개방하고 아파트에 들어갔다고 하여 재물손괴 및 건조물침입으로 기소된 사안에서, 피고인이 아파트에 들어갈 당시에는 이미 甲 조합이 집행관으로부터 아파트를 인도받은 후 출입문의 잠금 장치를 교체하는 등으로 그 점유가 확립된 상태여서 점유권 침해의 현장성 내지 추적가능성이 있다고 보기 어려워 점유를 실력에 의하여 탈환한 피고인의 행위가 민법상 자력구제에 해당하지 않는다고 본 사례[대판 2017.9.7. 2017도9999].

Ⅲ. 업무로 인한 행위

1. 의 의

① 업무란 사람이 사회생활상의 지위에 의하여 계속·반복의 의사로 행하는 사무를 말한다.

② 법령에 규정이 없는 경우에도 업무의 내용이 사회윤리상 정당하다고 인정되는 때에는 위법성이 조각된다. 이 경우 업무는 사회상규상 보호할 가치가 있는 것이면 족하고, 반드시 그 업무의 기초가 된 계약·행정행위 등이 적법하여야 하는 것은 아니다.

判例 업무로 인한 정당행위에 해당하는 경우

1. **(신임 조합장의 업무로 인한 행위)** 조합의 긴급이사회에서 불신임을 받아 조합장직을 사임한 피해자가 그 후 개최된 대의원총회에서 피고인 등의 음모로 조합장직을 박탈당한 것이라고 대의원들을 선동하여 회의 진행이 어렵게 되자, 새조합장이 되어 사회를 보던 피고인이 그 회의진행의 질서유지를 위한 필요조처로서 이사회의 불신임결의과정에 대한 진상보고를 하면서 피해자는 긴급이사회에서 불신임을 받고 쫓겨나간 사람이라고 발언한 것이라면, 피고인에게 명예훼손의 범의가 있다고 볼 수 없을 뿐만 아니라 그러한 발언은 업무로 인한 행위이고 사회상규에 위배되지 아니한 행위이다[대판 1990.4.27. 89도1467]. [♠ 02 사시]

2. **(재건축 조합장의 업무로 인한 행위)** 재건축조합의 조합장이 조합탈퇴의 의사표시를 한 자를 상대로 "사업시행구역 안에 있는 그 소유의 건물을 명도하고 이를 재건축사업에 제공하여 행하는 업무를 방해하여서는 아니된다"는 가처분의 판결을 받아 위 건물을 철거한 것은 형법 제20조에 정한 업무로 인한 정당행위에 해당한다[대판 1998.2.13. 97도2877].

3. **(신문기자의 일상적인 업무 범위에 속하는 행위)** [1] 신문기자가 기사 작성을 위한 자료를 수집하기 위해 취재활동을 하면서 취재원에게 취재에 응해줄 것을 요청하고 취재한 내용을 관계 법령에 저촉되지 않는 범위 내에서 보도하는 것은 신문기자의 일상적 업무 범위에 속하는 것으로서, 특별한 사정이 없는 한 사회통념상 용인되는 행위라고 보아야 한다.
[2] 신문기자인 피고인이 고소인에게 2회에 걸쳐 증여세 포탈에 대한 취재를 요구하면서 이에 응하지 않으면 자신이 취재한 내용대로 보도하겠다고 말하여 협박하였다는 취지로 기소된 사안에서, 피고인이 취재와 보도를 빙자하여 고소인에게 부당한 요구를 하기 위한 취지는 아니었던 점, 당시 피고인이 고소인에게 취재를 요구하였다가 거절당하자 인터뷰 협조요청서와 서면질의 내용을 그 자리에 두고 나왔을 뿐 폭언을 하거나 보도하지 않는 데 대한 대가를 요구하지 않은 점 등에 비추어, 위 행위가 설령 협박죄에서 말하는 해악의 고지에 해당하더라도 특별한 사정이 없는 한 기사 작성을 위한 자료를 수집하고 보도하기 위한 것으로서 신문기자의 일상적 업무 범위에 속하여 사회상규에 반하지 아니하는 행위라고 보는 것이 타당하다고 한 사례[대판 2011.7.14. 2011도639].
[♠ 12, 14 사시]

判例 업무로 인한 정당행위로 인정되지 않은 경우

회사의 관리사원으로 근무하는 자들이 해고에 항의하는 농성을 제지하기 위하여 그 주동자라고 생각되는 해고근로자들을 다른 근로자와 분산시켜 귀가시키거나 불응시에는 경찰에 고발, 인계할 목적으로 간부사원회의의 지시에 따라 위 근로자들을 봉고차에 강제로 태운 다음 그곳에서 내리지 못하게 하여 감금행위를 한 경우 … 이는 정당한 업무행위라거나 사회상규에 위배되지 않는 정당한 행위라고 보기는 어렵고 또 현재의 부당한 침해를 방위하기 위하여 상당성이 인정되는 정당방위 행위라고 볼 수도 없다[대판 1989.12.12, 89도875].

2. 종 류

(1) 의사의 치료행위

① 의 의 : 주관적으로 치료의 목적을 가지고 객관적으로는 의술의 법칙에 맞추어 행하여지는 신체침해행위를 말한다.

② 가벌성조각의 근거

㉮ **정당행위설** : 의사의 치료행위는 상해죄의 구성요건에 해당하지만[2] 업무로 인한 행위로서 위법성을 조각한다는 견해이다.

㉯ **피해자의 승낙설** : 환자의 승낙에 의한 치료행위는 피해자의 승낙에 의하여 위법성이 조각되고, 승낙이 없는 경우에는 추정적 승낙 또는 긴급피난에 의하여 (상해죄의) 위법성이 조각된다는 견해이다. 다만 피해자의 승낙이 있는 경우라도 의사가 의료행위 과정에서 과실로 치료대상자에게 상해를 입힌 경우라면 업무상과실치상죄의 위법성이 조각되지 아니한다. [♠ 13 사시]

㉰ **구성요건해당성조각설** : ⅰ) 성공한 치료행위는 상해라고 할 수 없으므로 상해죄의 구성요건해당성이 인정될 수 없고, ⅱ) 실패한 치료행위의 경우에도 치료의사가 존재하고 의술법칙에 적합하게 행해졌다면 상해의 고의 또는 과실을 인정할 수 없으므로 행위불법을 결하게 되어 상해죄 또는 업무상과실치상죄의 구성요건해당성이 없으며, ⅲ) 의술법칙에 반하여 실패한 치료행위는 상해죄 또는 업무상과실치상죄의 구성요건해당성과 위법성을 조각할 수 없다는 견해이다.

判例 의사의 행위가 업무로 인한 행위로서 정당행위로 인정된 경우

의사가 인공분만기인 '샤촌'을 사용하면 통상 약간의 상해정도가 있을 수 있으므로 그 상해가 있다 하여 '샤촌'을 거칠고 험하게 사용한 결과라고는 보기 어려워 의사의 정당업무의 범위를 넘은 위법행위라고 할 수 없다[대판 1978.11.14, 78도2388].

---

2) 다만 판례는 업무상과실치상죄의 구성요건해당성을 인정한다.

(2) 안락사

① 진정 안락사 : 생명단축을 수반하지 않고, 임종시의 고통을 제거하기 위하여 적당량의 마취제나 진정제를 사용하여 안락하게 자연사하도록 하는 경우이다.

② 부진정 안락사(생명을 단축시키는 안락사)

㉮ 소극적 안락사 : 생명연장을 위한 적극적인 수단을 취하지 않음으로써 환자로 하여금 빨리 죽음에 이르도록 하는 경우이다(예 산소호흡기의 제거와 같은 치료의 중단).

㉯ 간접적 안락사 : 고통을 완화시키기 위한 처치가 필수적으로 생명단축의 부수효과를 가져오는 경우이다(예 말기 암환자에 대한 모르핀 주사).

㉰ 적극적 안락사 : 처음부터 생명단축을 목적으로 적극적 수단을 사용하여 생명을 단절시키는 경우이다(예 독극물의 주사).

③ 법적 취급

㉮ 진정안락사 : 살해라고 할 수 없어 살인죄의 구성요건해당성이 없다.

㉯ 소극적 안락사와 간접적 안락사 : 일정한 요건(사기임박, 육체적 고통 극심, 고통완화 목적, 피해자의 촉탁 또는 승낙, 의사가 윤리적 방법으로 시행할 것)을 구비한 경우에 사회상규에 위배되지 않는 행위로서 위법성이 조각될 수 있다(다수설).

㉰ 적극적 안락사 : 위법성이 조각될 수 없으며 살인죄에 해당한다(다수설).

(3) 성직자의 업무행위

判例 사제가 범인을 적극적으로 은닉·도피케 한 경우 = 정당한 직무 ×

성직자라 하여 초법규적인 존재일 수는 없으며 성직자의 직무상 행위가 사회상규에 반하지 아니한다 하여 그에 적법성이 부여되는 것은 그것이 성직자의 행위이기 때문이 아니라 그 직무로 인한 행위에 정당·적법성을 인정하기 때문인 바, 사제가 죄 지은 자를 능동적으로 고발하지 않는 것에 그치지 아니하고 은신처 마련, 도피자금 제공 등 범인을 적극적으로 은닉·도피케 하는 행위는 사제의 정당한 직무에 속하는 것이라고 할 수 없다[대판 1983.3.8, 82도3248]. [♠ 01 사시]

(4) 변호사의 업무행위

변호사의 법정에서의 변론은 정당한 업무행위에 속하므로 명예훼손죄가 성립하지 않는다.

(5) 기타의 업무로 인한 행위

判例 불법 감청(녹음)에 의하여 수집된 사실을 언론기관이 공개하는 경우 정당행위의 성립요건

불법 감청·녹음 등에 관여하지 아니한 언론기관이, 그 통신 또는 대화의 내용이 불법 감청·녹음 등에 의하여 수집된 것이라는 사정을 알면서도 이를 보도하여 공개하는 행위가 형법 제20조의 정당행위로서 위법성이 조각된다고 하기 위해서는, 첫째 보도의 목적이 불법 감청·녹음 등의 범죄가 저질러졌다는 사실 자체를 고발하기 위한 것으로 그 과정에서 불가피하게 통신 또는 대화의 내용을 공개할 수밖에 없는 경우이거나, 불법 감청 · 녹음 등에 의하여 수집된 통신 또는 대화의 내용이 이를 공개하지 아니하면 공중의 생명 · 신체 · 재산 기타 공익에 대한 중대한 침해가 발생할 가능성이 현저한 경우 등과 같이 비상한 공적 관심의 대상이 되는 경우에 해당하여야 하고, 둘째 언론기관이 불법 감청 · 녹음 등의 결과물을 취득할 때 위법한 방법을 사용하거나 적극적 · 주도적으로 관여하여서는 아니 되며, 셋째 보도가 불법 감청 · 녹음 등의 사실을 고발하거나 비상한 공적 관심사항을 알리기 위한 목적을 달성하는 데 필요한 부분에 한정되는 등 통신비밀의 침해를 최소화하는 방법으로 이루어져야 하고, 넷째 언론이 그 내용을 보도함으로써 얻어지는 이익 및 가치가 통신비밀의 보호에 의하여 달성되는 이익 및 가치를 초과하여야 한다[대판(전) 2011.3.17. 2006도8839]. ※ 판례가 적시한 요건을 충족하는 경우에만 위법성이 조각된다는 취지이다. [♠14 사시]

Ⅳ. 사회상규에 위배되지 않는 행위

1. 사회상규의 의미

① 사회상규란 국가질서의 존엄성을 기초로 한 국민일반의 건전한 도의감 또는 공정하게 사유하는 일반인의 건전한 윤리감정을 의미한다.

② 위법성조각의 기준이 되는 사회상규와 구성요건해당성 배제의 기준이 되는 사회상당성을 구별하는 것이 일반적이나 판례는 양자를 구별하고 있지 아니하다.

判例 사회상규의 개념의 도출원리 및 사회상당성과의 관계

1. 사회상규에 위배되지 아니하는 행위는 초법규적인 법익교량의 원칙이나 목적과 수단의 정당성에 관한 원칙 또는 사회적 상당성의 원리 등에 의하여 도출된 개념이다[대판 1971.6.22. 71도827].

   동지판례 '사회상규에 반하지 않는 행위'라 함은 국가질서의 존중이라는 인식을 바탕으로 한 국민일반의 건전한 도의적 감정에 반하지 아니한 행위로서 초법규적인 기준에 의하여 이를 평가할 것이다[대판 1983.11.22. 83도2224]. [♣19 변시]

2. 형법 제20조가 사회상규에 위배되지 아니하는 행위는 처벌하지 아니한다고 규정한 것은 사회상규 개념을 가장 기본적인 위법성 판단의 기준으로 삼아 이를 명문화 한 것으로서 그에 따르면 행위가 법규정의 문언상 일응 범죄 구성요건에 해당된다고 보이는 경우에도 그것이 극히 정상적인 생활형태의 하나로서 역사적으로 생성된 사회생활질서의 범위안에 있는 것이라고 생각되는 경우에 한하여 그 위법성이 조각되어 처벌할 수 없게 되는 것이다[대판 1983.2.8. 82도357].

2. 사회상규의 판단기준과 적용례(판례)

(1) 사회상규의 판단기준

i) 형법 제20조 소정의 '사회상규에 위배되지 아니하는 행위'라 함은 법질서 전체의 정신이나

그 배후에 놓여 있는 사회윤리 내지 사회통념에 비추어 용인될 수 있는 행위를 말하고, 이와 같은 정당행위를 인정하려면 첫째, 그 행위의 동기나 목적의 정당성, 둘째, 행위의 수단이나 방법의 상당성, 셋째, 보호이익과 침해이익과의 법익균형성, 넷째, 긴급성, 다섯째, 그 행위 외에 다른 수단이나 방법이 없다는 보충성 등의 요건을 갖추어야 한다[대판 2001.2.23. 2000도4415]. 위 '목적 · 동기', '수단', '법익균형', '긴급성', '보충성'은 불가분적으로 연관되어 하나의 행위를 이루는 요소들로 종합적으로 평가되어야 한다. '목적의 정당성'과 '수단의 상당성' 요건은 행위의 측면에서 사회상규의 판단 기준이 된다. 사회상규에 위배되지 아니하는 행위로 평가되려면 행위의 동기와 목적을 고려하여 그것이 법질서의 정신이나 사회윤리에 비추어 용인될 수 있어야 한다. 수단의 상당성 · 적합성도 고려되어야 한다. 또한 보호이익과 침해이익 사이의 법익균형은 결과의 측면에서 사회상규에 위배되는지를 판단하기 위한 기준이다. 이에 비하여 행위의 긴급성과 보충성은 수단의 상당성을 판단할 때 고려요소의 하나로 참작하여야 하고 이를 넘어 독립적인 요건으로 요구할 것은 아니다. 또한 그 내용 역시 다른 실효성 있는 적법한 수단이 없는 경우를 의미하고 '일체의 법률적인 적법한 수단이 존재하지 않을 것'을 의미하는 것은 아니라고 보아야 한다[대판 2023.5.18. 2017도2760].

ⅱ) 甲 대학교는 학교법인의 전 이사장 乙이 부정입학과 관련된 금품수수 등의 혐의로 구속되었다가 甲 대학교 총장으로 선임됨에 따라 학내 갈등을 빚던 중, 총학생회 간부인 피고인들이 총장 乙과의 면담을 요구하면서 총장실 입구에서 진입을 시도하거나, 교무위원회 회의실에 들어가 총장의 사퇴를 요구하면서 이를 막는 학교 교직원들과 실랑이를 벌임으로써 위력으로 업무를 방해하였다는 내용으로 기소된 사안에서, 행위의 목적 및 경위 등에 비추어 보면, 피고인들이 분쟁의 중심에 있는 乙을 직접 찾아가 면담하는 이외에는 다른 방도가 없다는 판단 아래 乙과 면담을 추진하는 과정에서 피고인들을 막아서는 사람들과 길지 않은 시간 동안 실랑이를 벌인 것은 사회상규에 위배되지 아니하는 정당행위에 해당한다고 한 사례[대판 2023.5.18. 2017도2760].[3]

(2) 요건 일반을 적용한 사례 – 중국 민항기 납치 사건(사회상규에 위배)

중공(중국)의 정치, 사회현실에 불만을 품고 자유중국(대만)으로 탈출하고자 민항기를 납치한 이 사건에서 그 수단이나 방법에 있어 민간항공기를 납치한 행위는 상당하다 할 수 없고 피고인들이 보호하려는 이익은 피고인들의 자유였음에 반하여 피고인들의 행위로 침해되는 법익은 승객 등 불특정다수인의 생명, 신체의 위험과 항공여행의 수단인 항공기의 안전에 대한 세계인의 신뢰에 대한 침해인 점에 비추어 현저히 균형을 잃었다 할 것이며, 그 당시의 상황에 비추어 항공기납치행위가 긴급, 부득이한 것이라고 인정하기 어려우므로 피고인들의 행위를 사회상규에 위배되지 아니한 행위로서 위법성이 조각되는 행위라고 할 수 없다 할 것이다[대판 1984.5.22. 84도39].

---

3) 나아가 학습권 침해가 예정된 이상 긴급성이 인정되고, 피고인들이 선택할 수 있는 법률적 수단이 더 이상 존재하지 않는다거나 다른 구제절차를 모두 취해본 후에야 면담 추진 등이 가능하다고 할 것은 아니어서 보충성도 인정되며, 만약 긴급성 · 보충성이 별도로 갖추어지지 않았다고 보아 정당행위 성립을 부정한다면 일반적 · 보충적 위법성조각사유로서의 정당행위를 규정한 입법 취지 및 사회상규의 의미에 배치될 수 있다[대판 2023.5.18. 2017도2760].

(3) 수단의 상당성이 인정되지 않아 정당행위로 인정되지 않은 경우

1. 甲 주식회사 감사인 피고인이 회사 경영진과의 불화로 한 달 가까이 결근하다가 자신의 출입카드가 정지되어 있는데도 이른 아침에 경비원에게서 출입증을 받아 컴퓨터 하드디스크를 절취하기 위해 회사 감사실에 들어간 경우, 위 방실침입 행위는 수단, 방법의 상당성을 결하는 것으로서 정당행위에 해당하지 않는다[대판 2011.8.18. 2010도9570]. [♠ 13 사시] [♣ 16 변시]

2. **(김구선생의 암살범을 살해한 사건)** 피고인이 백범 김구의 암살범인 안두희를 살해한 범행의 동기나 목적은 주관적으로는 정당성을 가진다고 하더라도 우리 법질서 전체의 관점에서는 사회적으로 용인될 수 있을 만한 정당성을 가진다고 볼 수 없고, 나아가 피고인은 그 처단의 방법으로 살인을 선택하였으나 우리 나라의 현재 상황이 위 안두희를 살해하여야 할 만큼 긴박한 상황이라고 볼 수 없을 뿐만 아니라 민족정기를 세우기 위하여서는 위 안두희를 살해하지 아니하면 안된다는 필연성이 있다고 받아들이기도 어려우므로 결국 피고인의 각 범행은 정당행위에 해당한다고 볼 수 없는 것이다[대판 1997.11.14. 97도2118].

3. **(종교적 신념에 반한다고 단군상을 제거하거나 손괴한 사건)** 자신의 종교적 신념에 반하는 상징물(단군상)이 공공의 시설 내에 설치된 경우에 적법한 절차나 방법으로써 이를 비판하거나 그 시정을 촉구하는 것은 각자의 종교적 자유의 영역에 속하는 것이지만 폭력적인 방법으로 타인의 재산인 상징물을 제거하거나 손괴하는 것은 결코 허용될 수 없다[대판 2001.9.4. 2001도3167].

3. 사회상규에 위배되지 않는 행위

(1) 소극적인 저항행위

判例 소극적 저항행위로서 정당행위에 해당되는 경우

1. **(소극적 저항의 결과 피해자가 사망한 경우)** 피고인이 자기의 앞가슴을 잡고 있는 피해자의 손을 떼어 내기 위하여 피해자의 손을 뿌리쳤는데 그 결과로 피해자가 사망한 경우, 피고인의 행위는 피해자의 불법적인 공격으로부터 벗어나기 위한 본능적인 소극적 방어행위에 지나지 아니하여 사회통념상 허용될 상당성이 있는 위법성이 결여된 행위라고 볼 여지가 있다[대판 1987.10.26. 87도464].

동지판례 i) 피고인이 술이 취해서 시비하려는 피해자를 피해서 문밖으로 나오려는 순간 피해자가 뒤따라 나오며 피고인의 오른팔을 잡자 피고인이 잡힌 팔을 빼기 위하여 뿌리쳐 피해자가 사망한 경우[대판 1980.9.24. 80도1898]. [♠ 07 사시]

ii) 피해자가 술에 취한 상태에서 별다른 이유 없이 함께 술을 마시던 피고인의 뒤통수를 때리므로 피고인도 순간적으로 이에 대항하여 손으로 피해자의 얼굴을 1회 때리고 피해자가 주먹으로 피고인의 눈을 강하게 때리므로 더 이상 때리는 것을 제지하려고 피해자를 붙잡자 피해자가 원발성 쇼크로 사망한 경우[대판 1991.1.15. 89도2239].

iii) 피해자가 술에 만취하여 아무런 연고도 없는 가정주부인 피고인의 집에 들어가 유리창을 깨고 아무데나 소변을 보는 등 행패를 부리고 나가자, 피고인이 유리창 값을 받으러 피해자를 뒤따라 가며 그 어깨를 붙잡았으나, 상스러운 욕설을 계속하므로 더 이상 참지 못하고 잡고 있던 손으로 피해자의 어깨부분을 밀치자 술에 취하여 비틀거리던 피해자가 몸을 제대로 가누지 못하고 앞으로 넘어져 시멘트 바닥에 이마를 부딪쳐 1차성

쇼크로 사망한 경우[대판 1992.3.10. 92도37]. [♠ 04 사시]

2. **(소극적 저항의 결과 피해자가 상해를 입은 경우)** 분쟁이 있던 옆집 사람이 야간에 술에 만취된 채 시비를 하며 거실로 들어오려 하므로 이를 제지하며 밀어내는 과정에서 2주 상해를 입힌 피고인의 행위는 정당행위로서 무죄이다[대판 1995.2.28. 94도2746]. [♠ 14 사시]

동지판례 i) 피해자가 술에 취하여 피고인에게 아무런 이유 없이 시비를 걸면서 얼굴을 때리다가 피고인이 이를 뿌리치고 현장에서 도망가는 바람에 그가 땅에 넘어져 상처를 입은 사실이 인정되는 경우[대판 1990.5.22. 90도748].

ii) 피고인은 위 피해자로부터 며칠 간에 걸쳐 집요한 괴롭힘을 당해 온 데다가 피해자가 피고인이 교수로 재직하고 있는 대학교의 강의실 출입구에서 피고인의 진로를 막아서면서 피고인을 물리적으로 저지하려 하자, 극도로 흥분된 상태에서 그 행패에서 벗어나기 위하여 위 피해자의 팔을 뿌리쳐서 피해자가 상해를 입게 된 경우[대판 1995.8.22. 95도936].

iii) 피해자가 피고인의 고소로 조사받는 것을 따지기 위하여 야간에 피고인의 집에 침입한 상태에서 문을 닫으려는 피고인과 열려는 피해자 사이의 실랑이가 계속되는 과정에서 문짝이 떨어져 그 앞에 있던 피해자가 넘어져 2주간의 치료를 요하는 상해를 입게 된 경우[대판 2000.3.10. 99도4273].

3. **(저항을 위하여 뿌리치거나 가벼운 폭행을 한 경우)** 공소외인들이 합세하여 피고인을 강제로 영등포경찰서에 연행하려 하므로 이를 모면하려고 피고인이 팔꿈치로 그들 중 1인을 뿌리치면서 그의 가슴을 잡고 벽에 밀어붙인 행위는 소극적인 저항으로 사회상규에 위반되지 아니한다[대판 1982.2.23. 81도2958]. [♠ 02 사시]

동지판례 i) 택시운전사가 승객의 요구로 택시를 출발시키려 할 때 피해자가 부부싸움 끝에 도망 나온 위 승객을 택시로부터 강제로 끌어내리려고 운전사에게 폭언과 함께 택시 안으로 몸을 들이밀면서 양손으로 운전사의 멱살을 세게 잡아 상의단추가 떨어질 정도로 심하게 흔들어 대었고, 이에 운전사가 위 피해자의 손을 뿌리치면서 택시를 출발시켜 운행하였을 뿐인 경우[대판 1989.11.14. 89도1426].

ii) 피해자가 갑자기 달려 나와 정당한 이유 없이 피고인의 멱살을 잡고 파출소로 가자면서 계속하여 끌어당기므로 피고인이 그와 같은 피해자의 행위를 제지하기 위하여 그의 양팔부분의 옷자락을 잡고 밀친 경우[대판 1990.1.23. 89도1328]. [♠ 01 사시]

iii) 남자인 피해자가 비좁은 여자 화장실 내에 주저앉아 있는 피고인의 물건을 빼앗으려고 다가오는 것을 저지하기 위하여 피해자의 어깨를 순간적으로 밀친 경우[대판 1992.3.27. 91도2831].

iv) 피해자가 양손으로 피고인의 넥타이를 잡고 늘어져 후경부피하출혈상을 입을 정도로 목이 졸리게 된 피고인이 피해자를 떼어놓기 위하여 왼손으로 자신의 목 부근 넥타이를 잡은 상태에서 오른손으로 피해자의 손을 잡아 비틀면서 서로 밀고 당기고 한 경우[대판 1996.5.28. 96도979].

v) 피해자가 채권변제를 요구하면서 고함치고 욕설하며 안방에까지 뛰어 들어와 피고인이 가만히 있는데도 피고인의 런닝샤쓰를 잡아당기며 찢기까지 하는 등의 상황 하에서 그를 뿌리치기 위하여 방밖으로 밀어낸 경우[대판 1985.11.12. 85도1978].

vi) 술에 취해 행패를 부리는 자의 뺨을 2회 때린 행위[대판 1989.5.23. 88도1376].

4. **(경우에 따라 소극적 방어행위 또는 적극적 반격행위로 판단될 수 있는 경우)** 피해자가 주전자로 피고인의 얼굴을 때린 다음 또 다시 때리려고 하여 이를 피하고자 피해자를 밀어 넘어뜨린 것이라면 이러한 행위는 피해자의 불법적인 공격으로부터 벗어나기 위한 부득이한 저항의 수단으로서 소극적인 방어행위에 지나지 않는다고 볼 여지가 있을 것이나, 이와 달리 술에 취한 피해자가 피고인을 때렸다가 피고인의 반항하는 기세에 겁을 먹고 주춤주춤 피하는 것을 피고인이 밀

어서 넘어뜨렸다면 이러한 피고인의 행위는 피해자의 공격으로부터 벗어나기 위한 부득이한 소극적 저항의 수단이라기보다는 보복을 위한 적극적 반격행위라고 보지 않을 수 없다[대판 1985.3.12. 84도2929].

5. **(소극적 방어행위에 해당하는 경우)** 당시 피고인(34세)은 실내 어린이 놀이터 벽에 기대어 앉아 자신의 딸(4세)이 노는 모습을 보고 있었는데, 피해자(2세)가 다가와 딸이 가지고 놀고 있는 블록을 발로 차고 손으로 집어 들면서 쌓아놓은 블록을 무너뜨리고, 이에 딸이 울자 피고인이 피해자에게 '하지 마, 그러면 안 되는 거야'라고 말하면서 몇 차례 피해자를 제지한 사실, 그러자 피해자는 피고인의 딸을 한참 쳐다보고 있다가 갑자기 딸의 눈 쪽을 향해 오른손을 뻗었고 이를 본 피고인이 왼손을 내밀어 피해자의 행동을 제지하였는데, 이로 인해 피해자가 바닥에 넘어져 엉덩방아를 찧은 사실, 그 어린이 놀이터는 실내에 설치되어 있는 것으로서, 바닥에는 충격방지용 고무매트가 깔려 있었던 사실, 한편 피고인의 딸은 그 전에도 또래 아이들과 놀다가 다쳐서 당시에는 얼굴에 손톱 자국의 흉터가 몇 군데 남아 있는 상태였던 사실 등을 알 수 있다. 이러한 사실관계에서 알 수 있는 피고인의 이 사건 행위의 동기와 수단 및 그로 인한 피해의 정도 등의 사정을 앞서 본 법리에 비추어 살펴보면, 피고인의 이러한 행위는 피해자의 갑작스런 행동에 놀라서 자신의 어린 딸이 다시 얼굴에 상처를 입지 않도록 보호하기 위한 것으로 딸에 대한 피해자의 돌발적인 공격을 막기 위한 본능적이고 소극적인 방어행위라고 평가할 수 있고, 따라서 이를 사회상규에 위배되는 행위라고 보기는 어렵다고 할 것이다[대판 2014.3.27. 2012도11204].

(2) 징계권 없는 자의 징계행위

① 징계권 없는 자의 연소자에 대한 징계행위

判例 맞을 짓을 했고 알맞게 혼내준 사건

피고인이 연소자가 동네 어른들이 모여 있는 추석주연의 좌석에서 60세가 넘은 어른에게 담배를 청하는 등 불손한 행동을 하고, 타인을 넘어뜨리고 그 배 위에 올라타고 목을 조르자 이를 제지하기 위하여 방빗자루로 엉덩이를 2회 때린 경우 … 피해자의 행위에 의해 침해당한 피고인 등의 법익과 피고인 등의 폭력행위로 인해 피해자가 입은 피해자의 신체상 침해된 법익을 교량하여 피고인 등의 행위가 그 목적이나 수단이 상당하다고 인정될 때에는 이는 사회상규에 위배되지 않는 정당행위에 해당한다고 한 사례[대판 1978.12.13. 78도2617].

비교판례 (너무 심하게 혼내준 사건) 채무변제 추궁에 대해서 자신은 잘못한 것이 없다고 나이가 더 많은 채권자에게 대드는 채무자를 폭행하여 그에게 우안면부찰과상 등을 입혀 피가 흐르게 한 경우, 피해자에게 신체의 완전성을 훼손하는 상해를 입힌 경우에 해당한다고 봄이 상당하며, 범행의 동기, 범행수단과 방법, 상해의 정도 등 제반 사정에 비추어 사회상규에 어긋나지 않는다고 볼 수는 없다[대판 2000.2.25. 99도4305].

② 군 상관의 체벌

判例 군 상관의 체벌이 정당행위에 해당하지 않는 경우

1. **(상해행위)** 군대의 기합의 정도가 상해행위에 이르면 이미 정당행위라고는 볼 수 없다[대판 1967.4.25. 67도418].

비교판례 군대 내의 질서를 지키려는 목적에서 지휘관이 야간에 술에 취해 소란을 피우는 부하에게 가한 경미한 폭행은 … 위법성을 결여한다[대판 1978.4.11. 77도3149].

2. **(감금과 구타)** 상관인 피고인이 군 내부에서 부하인 방위병들의 훈련 중에 그들에게 군인정신을 환기시키기 위하여 한 일이라 하더라도 감금과 구타행위는 징계권 내지 훈계권의 범위를 넘어선 것으로 위법하다[대판 1984.6.12. 84도799].
3. **(송판으로 어깨를 구타)** 소속대 대대장에게 폭언으로 반항하는 등의 행패를 상관으로서 제지하기 위하여 길이 50cm 되는 송판으로 그 부하의 좌측 어깨를 3회 구타하였다 하더라도 이와 같은 구타행위는 훈계권의 범위를 넘는 위법한 폭행행위로서 정당행위라 할 수 없다[대판 1971.4.6. 71도179].
4. **(부대지침상 허용되지 않는 얼차려 – 원산폭격)** [1] 상사 계급의 피고인이 그의 잦은 폭력으로 신체에 위해를 느끼고 겁을 먹은 상태에 있던 부대원들에게 청소 불량 등을 이유로 40분 내지 50분간 머리박아(속칭 '원산폭격')를 시키거나 양손을 깍지 낀 상태에서 약 2시간 동안 팔굽혀펴기를 50~60회 정도 하게 한 행위는 형법 제324조에서 정한 강요죄에 해당한다.
[2] 상사 계급의 피고인이 부대원들에게 얼차려를 지시할 당시 얼차려의 결정권자도 아니었고 소속 부대의 얼차려 지침상 허용되는 얼차려도 아니라는 등의 이유로, 피고인의 얼차려 지시 행위를 형법 제20조의 정당행위로 볼 수 없다고 한 사례[대판 2006.4.27. 2003도4151].

(3) 권리의 실행행위

사회통념상 인용된 범위를 일탈하지 않은 경우라면 사회상규에 위배되지 아니한다.

判例 권리를 실행하기 위한 행위가 정당행위에 해당하는 경우

1. **(고소 또는 진정하겠다고 한 경우)** 피해자가 공소외 X를 대리하여 동인 소유의 여관을 피고인에게 매도하고 피고인으로 부터 계약금과 잔대금 일부를 수령하였는데 그 후 위 X가 많은 부채로 도피해 버리고 동인의 채권자들이 채무변제를 요구하면서 위 여관을 점거하여 피고인에게 여관을 명도하기가 어렵게 되자 피고인이 피해자에게 여관을 명도 해주든 명도소송비용을 내놓지 않으면 고소하여 구속시키겠다고 말한 경우[대판 1994.6.26. 84도648].
동지판례 i) 피해자로부터 범인으로 오인되어 경찰에 끌려가 구타당하여 입원한 피고인이 피해자에게 그 치료비를 요구하고 이를 변상하지 않으면 무고죄로 고소하겠다고 언명한 경우[대판 1971.11.9. 71도1629].
ii) 피고인이 공사한 건물의 대장상 평수 보다 실제상의 평수가 많아 실제상의 평수에 따른 공사금의 지급을 요구하면서 그렇지 않으면 구청장에게 진정하여서라도 대장상의 건물평수가 부족함을 밝히겠다고 한 경우[대판 1979.10.30. 79도1660].
2. **(합의금을 받은 경우)** 피고인이 그 소유건물에 인접한 대지 위에 건축허가조건에 위반되게 건물을 신축, 사용하는 소유자로부터 일조권 침해 등으로 인한 손해배상에 관한 합의금을 받은 경우[대판 1990.8.14. 90도114].
3. **(손해배상을 요구하면서 경미한 욕설 등을 한 경우 공갈죄 불성립)** 피고인 등이 비료를 매수하여 시비한 결과 딸기묘목 또는 사과나무묘목이 고사하자 그 비료를 생산한 회사에게 손해배상을

요구하면서 사장 이하 간부들에게 욕설을 하거나 응접탁자 등을 들었다 놓았다 하거나 현수막을 만들어 보이면서 시위를 할 듯한 태도를 보인 경우[대판 1980.11.25. 79도2565].

4. **(입주자대표회의 소집공고문을 뜯어낸 행위)** 甲 아파트 입주자대표회의 회장인 피고인이 자신의 승인 없이 동대표들이 관리소장과 함께 게시한 입주자대표회의 소집공고문을 뜯어내 제거함으로써 그 효용을 해하였다고 하여 재물손괴로 기소된 사안에서, 피고인이 위 공고문을 손괴한 조치는, 그에 선행하는 위법한 공고문 작성 및 게시에 따른 위법상태의 구체적 실현이 임박한 상황하에서 그 위법성을 바로잡기 위한 것으로 사회통념상 허용되는 범위를 크게 넘어서지 않는 행위로 볼 수 있다[대판 2021.12.30. 2021도9680].

判例 권리실행행위가 수단의 상당성이 결여되어 정당행위에 해당하지 않는 경우

1. **(기망에 의한 권리 행사 : 사기죄 성립)** 자기앞수표를 갈취당한 자가 이를 분실하였다고 허위로 공시최고신청을 하여 제권판결을 선고받은 경우, 그 수표를 갈취하여 소지하고 있는 자에 대한 사기죄가 성립된다[대판 2003.12.26. 2003도4914]. [♠ 07 사시]

   동지판례 i) 채권자가 피해자에 대한 채권을 변제받기 위하여 피해자에게 환전하여 주겠다고 기망하여 약속어음을 교부받은 경우[대판 1982.9.14. 82도1679].

   ii) 甲이 피해자의 처에 대한 채권을 회수하기 위하여 피해자의 처와 공모하여 제3자를 매수인으로 내세워 피해자와의 사이에 피해자 소유의 부동산에 관한 매매계약을 체결하고, 그 매매대금을 위 채권에 충당한 경우[대판 1991.9.10. 91도376].

   iii) 토지매도인이 매수인에게 소유권이전등기에 필요한 서류 등을 넘겨주지 않겠다는 태도를 취하자 매매계약중개인이 매수인 앞으로 소유권이전등기를 하기 위하여 기망수단에 의하여 등기에 필요한 인감증명서를 교부받은 경우[대판 1992.11.24. 92도391].

2. **(남편명의의 임의의 항소장 작성 : 사문서위조죄 성립)** 행방불명된 남편에 대하여 불리한 민사판결이 선고되자 적법한 다른 방법(추완항소 – 저자 주)을 강구하지 아니하고 남편 명의의 항소장을 임의로 작성하여 법원에 제출한 경우[대판 1994.11.8. 94도1657].

3. **(피해보상을 받기 위하여 경찰관에게 상해 등 강폭한 행위를 한 경우)**
   고추값 폭락으로 인한 생존대책의 요구를 관철한다는 명목으로 경운기를 동원, 철도 건널목을 점거하여 열차의 운행을 막고, 철길에서 물러날 것을 요구하는 경찰관들에게 돌을 던져 상해를 입히는 등의 시위행위를 한 경우[대판 1989.12.26. 89도1512].

   동지판례 피해어민들이 그들의 피해보상 주장을 관철하기 위하여 집단적인 시위를 하고, 선박의 입·출항 업무를 방해하며 이를 진압하려는 경찰관들을 대나무 사앗대 등을 들고 구타하여 상해를 입히는 등의 행위를 한 경우[대판 1991.5.10. 91도346].

4. **(적법한 구제절차를 밟지 않은 방실수색 : 방실수색죄 성립)** 회사측이 회사 운영을 부실하게 하여 소수주주들에게 손해를 입게 하였다고 하더라도 위와 같은 사정만으로 주주총회에 참석한 주주가 강제로 사무실을 뒤져 회계장부를 찾아내는 것이 사회통념상 용인되는 정당행위로 되는 것은 아니다. … 회사의 정기주주총회에 적법하게 참석한 주주라고 할지라도 회사의 구체적인 회

계장부나 서류철 등을 열람하기 위하여는 별도로 상법 제466조 등에 정해진 바에 따라 회사에 대하여 그 열람을 청구하여야 하고, 만일 회사에서 정당한 이유 없이 이를 거부하는 경우에는 법원에 그 이행을 청구하여 그 결과에 따라 회계장부 등을 열람할 수 있을 뿐 주주총회 장소라고 하여 회사측의 의사에 반하여 회사의 회계장부를 강제로 찾아 열람할 수는 없다고 할 것이다 [대판 2001.9.7. 2001도2917]. [♠ 04, 08 사시]

동지판례 피고인이 피해자가 운영하는 병원 곳곳을 돌아다니며 자신의 모친이 위 병원에서 주사를 맞다가 죽었으니 살인병원이라고 소리를 지르고, 그러한 내용이 적힌 베니어판을 목에 걸고 상복을 입은 채 여러 날에 걸쳐 위 병원 앞에서 1인 시위를 벌인 행위 … 는 피해자를 고소하여 형사처벌을 요구하거나 민사상의 손해배상청구의 소를 제기하는 등 적법한 구체절차가 있음에도 이를 밟지 아니한 경우이므로 … 사회상규에 위배되지 아니하는 행위로서 정당행위에 해당한다고 할 수 없다[대판 2004.11.25. 2004도6408].

5. **(권리행사를 빙자하여 비리를 관계기관에 고발 하겠다고 협박한 경우)** 수급인이 권리행사에 빙자하여 도급인측에 대하여 비리를 관계기관에 고발하겠다는 내용의 협박 내지 사무실의 장시간 무단점거 및 직원들에 대한 폭행 등의 위법수단을 써서 기성고 공사대금 명목으로 금 80,000,000원을 교부받은 행위는 사회통념상 허용되는 범위를 넘는 것으로서 이는 공갈죄에 해당한다[대판 1991.12.13. 91도2127].

6. **(권리행사의 수단으로 협박한 경우 : 공갈죄 성립)** 피해자의 기망에 의하여 부동산을 비싸게 매수한 피고인이라도 그 계약을 취소함이 없이 등기를 피고인 앞으로 둔 채 피해자의 전매차익을 받아낼 셈으로 피해자를 협박하여 재산상의 이득을 얻거나 돈을 받은 경우[대판 1991.9.24. 91도1824].

동지판례 피고인이 피해자를 상대로 목재대금청구소송 계속중 피해자에게 피해자의 양도소득세포탈사실을 관계기관에 진정하여 일을 벌이려 한다고 말하여 겁을 먹은 피해자로부터 목재대금을 지급하겠다는 약속을 받아낸 행위는 사회상규에 어긋나지 않는다고 할 수 없다[대판 1990.11.23. 90도1864].

(4) 관례화된 행위

의사의 낙태나 공무원의 허위공문서작성 등의 행위가 단순히 일반화된 관례라는 이유만으로 사회상규에 위배되지 않는 행위라고 할 수 없다(판례, 통설).

判例 **(요약 : 관례에 따라 허위공문서를 작성한 경우 위법성이 조각될 수 없다)** 광주전매지청 관하 광주전매서장인 피고인이 홍삼판매할당량을 충실히 이행함으로써 국고수입을 늘린다는 일념하에서 법령에 위반하여 지정판매인 이외의 자에게 판매하고 이를 법령상 허용된 절차와 부합시키기 위하여 허위의 공문서인 매도신청서와 영수증을 작성케 하였다면, 설사 그것이 광주전매지청 관하에 일반화된 관례였고, 상급관청이 이를 묵인하였다는 사정이 있다 하더라도 이를 전혀 정상적인 행위라고 하거나 그 목적과 수단의 관계에서 보아 사회적 상당성이 있다고 단정할 수는 없고, 그 법익침해정도가 경미하여 가벌적 위법성이 없다고 할 수도 없다[대판 1983.2.8. 82도357].

(5) 무면허자의 의료행위

判例 무면허의료행위의 위법성조각의 기준

구체적인 경우에 있어서 개별적으로 보아 법질서 전체의 정신이나 그 배후에 놓여 있는 사회윤리 내지 사회통념에 비추어 용인될 수 있는 행위에 해당한다고 인정되는 경우에는 형법 제20조 소정의 사회상규에 위배되지 아니하는 행위로서 위법성이 조각된다고 할 것이다[대판 2000.4.25. 98도2389]. [♠ 02 사시]

관련판례 자격기본법에 의한 민간자격관리자로부터 대체의학자격증을 수여받은 자가 사업자등록을 한 후 침술원을 개설하여 면허 또는 자격 없이 침술행위를 하는 것은 의료법 제25조의 무면허 의료행위(한방의료행위)에 해당되어 같은법 제66조에 의하여 처벌되어야 하는 것이며, 그 침술행위가 광범위하고 보편화된 민간요법이고 그 시술로 인한 위험성이 적다는 사정만으로 그것이 바로 사회상규에 위배되지 아니하는 행위에 해당한다고 보기는 어렵다[대판 2003.5.13. 2003도939]. [♠ 14 사시]

判例 무면허자의 일반적 의료행위가 정당행위에 해당하지 않는 경우

1. 외국에서 침구사자격을 취득하였으나 국내에서 침술행위를 할 수 있는 면허나 자격을 취득하지 못한 자가 단순한 수지침 정도의 수준을 넘어 체침을 시술한 경우, 사회상규에 위배되지 아니하는 무면허의료행위로 인정될 수 없다[대판 2002.12.26. 2002도5077].
2. 의사가 모발이식시술을 하면서 이에 관하여 어느 정도 지식을 가지고 있는 간호조무사로 하여금 모발이식시술행위 중 일정 부분을 직접 하도록 맡겨둔 채 별반 관여하지 않은 것은 정당행위에 해당하지 않는다[대판 2007.6.28. 2005도8317]. [♠ 13, 15 사시] [♣ 16 변시]

判例 무면허자가 민간요법으로 행해져 온 의료행위를 한 경우 정당행위의 인정여부(비교)

1-0. **(인정 : 무료로 1회적인 수지침을 시술한 사건)** 공소외인이 스스로 수지침 한 봉지를 사 가지고 피고인을 찾아와서 수지침 시술을 부탁하므로, 피고인은 아무런 대가를 받지 아니하고 이 사건 시술행위를 한 경우 사회통념상 허용될 만한 정도의 상당성이 있는 것으로서 형법 제20조 소정의 정당행위에 해당한다[대판 2000.4.25. 98도2389]. [♠ 02 사시]

1-1. **(부정 : 영리목적으로 반복하여 부항뜸 시술을 한 사건)** 피고인이 행한 부항 시술행위가 보건위생상 위해가 발생할 우려가 전혀 없다고 볼 수 없는 데다가, 피고인이 한의사 자격이나 이에 관한 어떠한 면허도 없이 영리를 목적으로 위와 같은 치료행위를 한 것이고, 단순히 수지침 정도의 수준에 그치지 아니하고 부항침과 부항을 이용하여 체내의 혈액을 밖으로 배출되도록 한 것이므로, 이러한 피고인의 시술행위는 의료법을 포함한 법질서 전체의 정신이나 사회통념에 비추어 용인될 수 있는 행위에 해당한다고 볼 수는 없다[대판 2004.10.28. 2004도3405]. [♣ 19 변시]

判例 기타 정당행위로 인정된 경우

(1) 명예훼손 또는 모욕행위가 정당행위에 해당하는 경우

1. 피고인이 소속한 교단협의회에서 조사위원회를 구성하여 피고인이 목사로 있는 교회의 이단성 여부에 대한 조사활동을 하고 보고서를 그 교회 사무국장에게 작성토록 하자, 피고인이 조사보고서의 관련 자료에 피해자를 명예훼손죄로 고소했던 고소장의 사본을 첨부한 경우, 이는 자신의 주장의 정당성을 입증하기 위한 자료의 제출행위로서 정당한 행위로 볼 것이지, 고소장의 내용에 다소 피해자의 명예를 훼손하는 내용이 들어 있다 하더라도 이를 이유로 고소장을 첨부한 행위가 위법하다고까지는 할 수 없다[대판 1995.3.17. 93도923].
2. 골프클럽 경기보조원들의 구직편의를 위해 제작된 인터넷 사이트 내 회원 게시판에 특정 골프클럽의 운영상 불합리성을 비난하는 글을 게시하면서 위 클럽담당자에 대하여 한심하고 불쌍한 인간이라는 등 경멸적 표현을 한 사안에서, 게시의 동기와 경위, 모욕적 표현의 정도와 비중 등에 비추어 사회상규에 위배되지 않는다고 보아 모욕죄의 성립을 부정한 사례[대판 2008.7.10. 2008도1433].

(2) 단전조치가 정당행위에 해당하는 경우

1. 시장번영회 회장이 이사회의 결의와 시장번영회의 관리규정에 따라서 관리비 체납자의 점포에 대하여 실시한 단전조치는 정당행위로서 업무방해죄를 구성하지 아니한다[대판 2004.8.20. 2003도4732].
2. 시장번영회의 회장으로서 시장번영회에서 제정하여 시행중인 관리규정을 위반하여 칸막이를 천장에까지 설치한 일부 점포주들에 대하여 단전조치를 한 피고인의 행위는 법익권형성,[4] 긴급성, 보충성을 갖춘 행위로서 사회통념상 허용될 만한 정도의 상당성이 있는 것이므로 형법 제20조 소정의 정당행위에 해당한다[대판 1994.4.15. 93도2899]. [♣ 13 변시]

(3) 선거관련 행위가 정당행위에 해당하는 경우

후보자의 회계책임자가 자원봉사자인 후보자의 배우자, 직계혈족 등에게 식사를 제공한 행위는 지극히 정상적인 생활형태의 하나로서 역사적으로 생성된 사회질서의 범위 안에 있는 것이어서 사회상규에 위배되지 아니하여 위법성이 조각된다[대판 1999.10.22. 99도2971].

(4) 집행관의 정당한 직무범위 내의 행위로서 정당행위에 해당하는 경우

채무자의 아들인 A가 집행력 있는 판결정본과 신분증을 확인하고도 주거에 들어오지 못하게 하고 피고인 甲들을 문밖으로까지 밀쳐 내고 문을 닫으려고 하면서 적법한 집행을 방해하는 등 저항하므로 이를 배제하고 채무자의 주거에 들어가기 위하여 A를 떠민 것은 정당한 직무범위 내에 속하는 위력의 행사라고 할 것이고, 이로 인하여 상해를 가하였다 하더라도 사회통념상 허용될 수 있는 상당성이 있는 행위로서 위법성이 조각된다[대판 1993.10.12. 93도875]. [♠ 15 사시]

(5) 기타의 경우

4) '권형'이란 '사물의 균형'이라는 의미이므로 '법익권형성'은 '법익균형성'의 의미이다.

1. **(삼보일배 행진 사건)** 삼보일배 행진은 통상적인 행진에 비해 다소 진행속도가 느려져 다른 사람들의 통행의 불편이 오래 지속된다는 점은 있을 것이나, 삼보일배 행진 자체가 타인에게 혐오감을 주거나 폭력성을 내포한 행위라고 볼 수도 없으므로 위와 같은 사정은 삼보일배 없이 천천히 진행하는 경우와 달리 볼 것이 아니고, 시위시간이 다소 늘어나는 점은 구 집시법의 다른 규정에 의해서 충분히 제한될 수 있는 부분이므로, 특별한 사정이 없는 한 시위주최자나 참가자들이 시위방법의 하나로서 삼보일배의 방식으로 행진하는 것은 표현의 자유의 영역을 벗어나지 않는다고 볼 것인바, … 신고내용에 포함되지 않은 삼보일배 행진을 한 것은 사회상규에 반하지 아니하는 행위로서 위법성이 조각된다고 볼 것이다[대판 2009.7.23. 2009도840; 동지 대판 2010.4.8. 2009도11395].
   [♠ 14 사시]

2. 사용자가, 적법한 직장폐쇄 기간 중 일방적으로 업무에 복귀하겠다고 하면서 자신의 퇴거요구에 불응한 채 계속하여 사업장 내로 진입을 시도하는 해고 근로자를 폭행·협박한 것은 사업장 내의 평온과 노동조합의 업무방해행위를 방지하기 위한 정당방위 내지 정당행위에 해당한다[대판 2005.6.9. 2004도7218]. [♠ 15 사시]

   비교판례 근로자의 쟁의행위 등 구체적인 사정에 비추어 직장폐쇄의 개시 자체는 정당하다고 할 수 있지만, 어느 시점 이후에 근로자가 쟁의행위를 중단하고 진정으로 업무에 복귀할 의사를 표시하였음에도 사용자가 직장폐쇄를 계속 유지하면서 근로자의 쟁의행위에 대한 방어적인 목적에서 벗어나 적극적으로 노동조합의 조직력을 약화시키기 위한 목적 등을 갖는 공격적 직장폐쇄의 성격으로 변질되었다고 볼 수 있는 경우에는, 그 이후의 직장폐쇄는 정당성을 상실한 것으로 보아야 한다[대판 2017.7.11. 2013도7896].

3. '회사의 직원이 회사의 이익을 빼돌린다'는 소문을 확인할 목적으로, 비밀번호를 설정함으로써 비밀장치를 한 전자기록인 피해자가 사용하던 '개인용 컴퓨터의 하드디스크'를 떼어내어 다른 컴퓨터에 연결한 다음 의심이 드는 단어로 파일을 검색하여 메신저 대화 내용, 이메일 등을 출력한 사안에서, 피해자의 범죄 혐의를 구체적이고 합리적으로 의심할 수 있는 상황에서 피고인이 긴급히 확인하고 대처할 필요가 있었고, 그 열람의 범위를 범죄 혐의와 관련된 범위로 제한하였으며, 피해자가 입사시 회사 소유의 컴퓨터를 무단 사용하지 않고 업무 관련 결과물을 모두 회사에 귀속시키겠다고 약정하였고, 검색 결과 범죄행위를 확인할 수 있는 여러 자료가 발견된 사정 등에 비추어, 피고인의 그러한 행위는 사회통념상 허용될 수 있는 상당성이 있는 행위로서 형법 제20조의 '정당행위'라고 본 사례[대판 2009.12.24. 2007도6243].

判例 기타 정당행위로 인정되지 않은 경우

(1) 선거관련 사건

1. **(특정인 지지 목적의 술값 대납)** 제3자가 정당추천 후보자 선출을 위한 당내 경선에서 특정인을 지지하도록 부탁할 목적하에 타인의 술값 40,000원을 지불한 행위[대판 1996.6.14. 96도405].
   [♠ 01 사시]

2. **(안타깝지만 그래도 법은 지켜야한다는 사건)** 후보자가 선거구 내 거주자에 대한 결혼축의금으로서 중앙선거관리위원회규칙이 정한 금액인 금 3만원을 초과하여 금 5만원을 지급한 사

유가 후보자가 모친상시 그로부터 받은 같은 금액의 부의금에 대한 답례취지였던 경우 [대판 1999.5.25. 99도983].

3. **(시민단체 낙선운동 사건)** 피고인들이 확성장치 사용, 연설회 개최, 불법행렬, 서명날인운동, 선거운동기간 전 집회 개최 등의 방법으로 특정 후보자에 대한 낙선운동을 한 경우 [대판 2004.4.27. 2002도315]. [♠ 08, 14 사시]
4. 지방자치단체장이 특정한 시책을 홍보함과 아울러 관광 일정이 상당 부분 포함된 '버스 투어'를 주도적으로 기획한 후 선거구민 중 여론형성층을 선별하여 그 행사에 참가하도록 한 경우[대판 2009.12.10. 2009도9925].

(2) 기 타

1. 간통 현장을 직접 목격하고 그 사진을 촬영하기 위하여 상간자의 주거에 침입한 행위 [대판 2003.9.26. 2003도3000]. [♠ 04 사시]
2. 기도원 운영자가 정신분열증 환자의 치료 목적으로 안수기도를 하면서 장시간 환자의 신체를 강제로 제압하는 등 과도한 유형력을 행사한 경우 '정당행위'에 해당하지 않는다[대판 2008.8.21. 2008도2695]. [♠ 11 사시]
3. 사무실 임차인이 임대차계약 종료 후 갱신계약 여부에 관한 의사표시나 명도의무를 지체하고 있다는 이유로 임대인이 단전조치를 취한 경우[대판 2006.4.26. 2005도8074].
4. 사단법인 진주민속예술보존회의 이사장이 이사회 또는 임시총회의 의장으로서 의안에 관하여 발언하다가 타인의 명예를 훼손하는 내용의 허위사실을 말하였다면 사회상규에 반하지 아니한다고 할 수 없으므로 위법성이 조각되지 아니한다[대판 1990.12.26. 90도2473].
5. 피해자가 불특정 · 다수인의 통행로로 이용되어 오던 기존 통로의 일부 소유자인 피고인으로부터 사용승낙을 받지 아니한 채 통로를 활용하여 공사차량을 통행하게 함으로써 피고인의 영업에 다소 피해가 발생하자 피고인이 공사차량을 통행하지 못하도록 자신 소유의 승용차를 통로에 주차시켜 놓은 행위[대판 2005.9.29. 2005도4688]. [♠ 13 사시]
6. 택시 운전사인 피고인이 고객인 가정주부들에게 입에 담지 못할 욕설을 퍼부은 데서 발단이 되어 가정주부인 피해자 등으로부터 핸드백과 하이힐 등으로 얻어맞게 되자 그 때문에 입은 상처를 고발하기 위해 파출소로 끌고 감을 빙자하여 피해자의 손목을 잡아 틀어 상해를 가한 경우[대판 1991.12.27. 91도1169]. [♠ 12 사시]
7. 채권자가 채권관리를 위하여 근저당권이 설정된 회사의 공장건물에 무단침입하고 건물에 부착되어 있던 자물쇠를 손괴한 행위[대판 2005.4.28. 2005도381].
8. 남북정상회담의 개최과정에서 법정절차를 준수하지 아니하고 대북송금을 한 행위[대판 2004.3.26. 2003도7878].
9. 조산사가 산모의 분만과정 중 별다른 응급상황이 없음에도 독자적 판단으로 포도당 또는 옥시토신을 투여한 행위에 대하여, 조산원에서 산모의 분만을 돕거나 분만 후의 처치를 위하여 옥시토신과 포도당이 일반적으로 사용되고 있고, 위 약물들을 산모의 건강을 위해 투여하였다고 하더라도, 지도의사로부터 지시를 받지 못할 정도의 긴급상황을 인정할 수 없는 이상 정당한 응급의료행위라거나 사회상규에 반하지 않는 행위라고 볼 수 없다는 이유로 의료법 위반죄를 인정한 사례[대판 2007.9.6. 2005도9670]. [♠ 15 사시]

10. 특정 인터넷 홈페이지에 甲이 게시한 글을 乙이 운영하는 인터넷 카페 게시판에 퍼온 뒤, 甲을 지칭하면서 모욕적인 표현을 사용하여 댓글을 달거나 허위사실을 적시한 행위는, 사회상규에 위배되지 않는 정당행위로 볼 수 없다고 한 사례[대판 2009.10.29. 2009도4783].

11. 집시법 제6조 제1항이 옥외집회 또는 시위를 주최하고자 하는 자로 하여금 관할경찰서장에게 그 목적과 일시·장소 등을 적은 신고서를 제출하도록 규정한 취지는 그 신고를 받은 관할경찰서장이 그 신고에 의하여 옥외집회 또는 시위의 성격과 규모 등을 미리 파악함으로써 적법한 옥외집회 또는 시위를 보호하는 한편 그로 인한 공공의 안녕질서를 유지하기 위한 사전조치를 마련할 수 있게 하려는 데 있다. 따라서 옥외집회 또는 시위가 개최될 것이라는 것을 관할경찰서장이 알고 있었다거나 그 옥외집회 또는 시위가 평화롭게 이루어진다고 하여 그 신고의무가 면제되는 것이라고는 할 수 없다. 따라서 위와 같은 신고서를 제출함이 없이 이루어진 옥외집회 또는 시위를 가리켜 사회상규에 반하지 아니하는 정당한 행위라고 할 수는 없다[대판 2012.6.28. 2010도15181].

判例 경우에 따라 정당행위여부가 달라지는 사건

아파트 입주자대표회의의 임원 또는 아파트관리회사의 직원들인 피고인들이 기존 관리회사의 직원들로부터 계속 업무집행을 제지받던 중 저수조 청소를 위하여 출입문에 설치된 자물쇠를 손괴하고 중앙공급실에 침입한 행위는 정당행위에 해당하나, 관리비 고지서를 빼앗거나 사무실의 집기 등을 들어낸 행위는 정당행위에 해당하지 않는다[대판 2006.4.13. 2003도3902]. [♠ 11 사시]

判例 오상정당행위(판례는 오인에 정당한 이유가 인정되면 위법성조각을 인정함)

소속 중대장의 당번병이 근무시간 중은 물론 근무시간 후에도 밤늦게까지 수시로 영외에 있는 중대장의 관사에 머물면서 집안일을 도와주고 그 자녀들을 보살피며 중대장 또는 그 처의 심부름으로 관사를 떠나서까지 시키는 일을 해오고 있었다면, 중대장과 함께 외출나간 그 처로부터 비가 오고 밤이 늦어 혼자 귀가할 수 없으니 우산을 들고 마중을 나오라는 연락을 받고 당번병으로서 당연히 해야 할 일로 생각하고 동인을 마중하여 한 시간 후 귀가하였다면, 당번병의 관사이탈행위는 중대장의 직접적인 허가가 없었다 하더라도 당번병으로서의 그 임무범위 내에 속하는 일로 오인하고 한 행위로서 그 오인에 정당한 이유가 있어 위법성이 없다고 볼 것이다[대판 1986.10.28. 86도1406].

제4장 책 임 론

제1절 책임이론

책임의 근거에 관한 양 입장의 차이점을 알아두어야 한다. 책임의 본질론은 범죄체계와 관련된 것으로서 범죄체계론 전체에 영향을 미치는 것이므로 숙지해 두어야 한다. 기능적 책임론은 그 의미를 이해한 후 Roxin의 견해와 Jakobs의 견해의 차이점도 알아 두어야 한다.

Ⅰ. 책임의 의의

1. 책임의 개념

① 책임이란 법규범의 요구에 따라 적법하게 행위할 수 있었음에도 불구하고 불법을 결의하고 위법한 행위를 하였다는 것에 대하여 행위자에게 가해지는 비난가능성을 말한다(통설).

② 형법에 있어서 행위자의 책임문제는 행위의 위법성이 확정된 후에 비로소 문제된다. 따라서 책임 없는 불법은 존재할 수 있지만 불법 없는 형사책임은 생각할 여지가 없다. [♠ 10 사시]

2. 구별개념

① 형사책임은 어디까지나 법적 책임이며 따라서 도덕적 · 윤리적 책임과는 구별된다.

② 형사책임은 민사책임과도 구별된다. 형사책임은 민사책임과 달리 정책적 목적에 의해 그 내용이 기능적으로 결정될 수 없다. [♠ 99 사시]

3. 책임주의

① 의 의 : 책임주의란 "책임 없으면 범죄는 성립할 수 없고 형벌의 양도 책임에 상응하여 결정하여야 한다"는 원칙을 말한다. 책임주의는 국가의 자의적인 형벌권 행사로부터 개인의 자유와 권리를 보장하는 기능을 담당한다[정성근 · 박광민, 289면].

② 내 용 : ⅰ) 책임은 형벌의 전제와 근거가 되므로 책임이 없으면 형벌을 과할 수 없다(책임의 형벌근거적 기능). [♠ 10 사시] ⅱ) 책임의 정도를 넘는 형벌은 과해질 수 없다(책임의 형벌제한적 기능). [♠ 10 사시] ⅲ) 책임원칙은 불법과 책임의 일치를 요구한다. 따라서 불법이 인정되더라도 책임이 없는 행위자는 처벌할 수 없으며, 불법의 정도에 못 미치는 책임에 대해서는 책임의 한도 내에서 처벌해야 한다(불법과 책임의 일치).
ⅳ) 행위와 책임능력은 동시에 존재하여야 한다(행위와 책임의 동시존재원칙). 책임능력이 있는 자만이 규범합치적으로 행위할 수 있기 때문이다.

Ⅱ. 책임의 근거

1. 도의적 책임론과 사회적 책임론

	도의적 책임론[1]	사회적 책임론
의 의	책임이란 자유의사를 가진 자가 자유로운 의사에 의하여 적법한 행위를 할 수 있었음에도 불구하고 위법행위를 한 데 대한 윤리적 비난이라고 보는 견해이다.	책임의 근거를 소질과 환경에 의해서 결정된 행위자의 반사회적 성격에 두고 책임이란 인간의 반사회적 성격에 대하여 가하여지는 사회적 비난이라고 보는 견해이다.
인간관	비결정론(자유의사 긍정)	결정론(자유의사 부정)
책임의 근거	의사책임론(자유의사 있는 자의 위법한 의사형성)	성격책임론(소질과 환경에 의하여 결정된 행위자의 반사회적 성격) [♣19 변시]
책임비난의 대상	행위 책임론(행위자의 개인적 특성은 불고려) [♣13 변시]	행위자 책임론(사회적으로 위험한 성격을 가진 행위자)
형벌과 보안처분의 관계 및 대체가능성	① 이원론(자유의사를 가진 자에게 과하는 형벌과 책임무능력자에게 과하는 보안처분은 질적으로 구별된다) [♠06 사시] ② 양자는 질적 차이가 있으므로 대체불가	① 일원론(사회방위처분이라는 점에서 양자는 질적인 차이가 없고 다만 양적 차이가 있을 뿐이다) ② 양자는 질적 차이가 없으므로 대체가능
책임능력의 의미	범죄능력	형벌(적응)능력[2] [♠00 사시] [♣13 변시]

2. 인격적 책임론

① 소질과 환경의 영향을 받으면서도 어느 정도의 상대적 자유의사를 가진 인간상을 전제로 하여(상대적 비결정론), 구체적인 행위와 그 배후에 잠재되어 있는 행위자의 인격에 책임의 근거가 있다는 견해이다.

② 도의적 책임론과 사회적 책임론의 대립을 지양하는 제3의 입장이다.

Ⅲ. 책임의 본질 [♠00 사시]

	책임의 본질	책임의 구성요소	비 판
심리적 책임론 (고전적 범죄체계론) (인과적 행위론)	① 행위·결과에 대한 행위자의 심리적 관계로서의 고의·과실을 책임의 본질이라고 본다. ② 범죄 성립의 모든 객관적·외적 요소는 구성요건과 위법성단계에, 주관	고의, 과실(책임능력은 심리적 관계가 아니므로 책임의 구성 요소는 아니고 그 전제일 뿐이다)	① 행위나 결과에 대하여 행위자의 심리관계가 있을 수 없는 인식 없는 과실에 대하여 책임을 인정할 수 없게 된다. [♠06 사시] ② 고의나 과실이 있는 경우이지만 책임능력이 부정되거나 기대불가능성 때문에 책임이 조각되는 경우를 설명할 수 없

---

1) 형법 제10조는 책임의 근거를 인간의 의사자유에서 구하는 도의적 책임론에 입각한 규정으로 해석된다. [♠06 사시]

2) 이와 같이 책임능력을 형벌능력으로 이해하게 되면 상습범인은 형벌적응능력이 없으므로 오히려 책임무능력자가 된다는 문제가 있다. [♠04 사시]

		적·내적 요소는 책임단계에 배치한다. [♣ 13 변시]		다.[3] [♠ 00, 07, 11 사시]
규범적 책임론	복합적 책임개념 (신고전적 범죄체계론) (인과적 행위론)	일반인의 관점에서 적법한 다른 행위가 가능했음에도 위법한 행위로 나온 행위자에 대한 비난가능성을 책임의 본질로 본다.[4][5] [♠ 03, 06 사시] [♣ 13 변시]	① 고의(범죄사실의 인식+위법성의 인식), 과실 ※ 위법성의 인식은 고의의 요소(고의설) ② 책임능력 ③ 기대가능성	규범적 평가를 의미하는 책임개념에 평가의 대상인 심리적 사실인 고의·과실을 포함시킴으로써 '평가의 객체'와 '객체의 평가'를 혼동했다.
	순수한 규범적 책임개념 (목적적 범죄체계론) (목적적 행위론)		① 책임능력 ② 위법성의 인식 ※ 고의(사실의 인식)와 위법성의 인식의 분리(책임설) ③ 기대가능성	① '평가의 객체'와 '객체의 평가'를 구분하여 책임의 고유한 평가객체인 행위의사를 책임에서 제외함으로써 책임은 고유한 판단대상을 상실하게 되어 책임개념의 공허화를 초래하였다. [♠ 04, 08 사시] ② 고유한 판단대상이 없는 책임판단은 위법성판단에 대하여 독자적인 법적 판단이 될 수 없다.
	신복합적 책임개념 (합일태적 범죄체계론) (사회적 행위론)		① 책임형식으로서의 고의(심정반가치)·과실 ② 책임능력 ③ 위법성의 인식 ④ 기대가능성	
기능적 책임론 (예방적 책임론)		① 책임의 내용으로서 형벌의 예방목적을 강조한다. [♠ 10 사시] ② 책임의 내용을 형벌의 예방목적에 의하여 보충하거나 대체해야 한다는 이론을 말한다. ③ 책임을 형벌목적을 달성하기 위한 수단으로 파악한다는 점에서 기능적 책임론이라고도 한다.	Roxin (벌책성론, 답책성론) : 책임은 예방의 필요성을 한계로 하고 예방의 필요성도 책임에 의하여 제한되어야 한다는 견해(책임과 예방의 상호제한적 기능 인정) [♣ 13 변시] Jakobs (사회적 기능이론) : 책임의 내용은 일반인의 법충실훈련 및 규범신뢰 유지라는 적극적 일반예방의 목적에 의하여 결정되어야 한다는 견해(책임개념을 일반예방목적으로 대체)	① 기능적 책임론은 형법과 형사정책의 과제를 혼동함으로써 일반예방에 대한 관계에서 책임주의가 가지고 있는 제한적 기능을 무력화 시켰다. [♠ 06, 07, 08 사시] ② 기능적 책임론에 의하는 경우에도 무엇이 법충실훈련 또는 규범신뢰를 유지시키는가에 대한 명확한 기준이 없으므로 책임개념을 입법자나 법관의 재량에 맡겨 범죄의 성립여부를 불명확하게 한다. ③ 형벌목적의 고려는 형벌론에서 충분히 이루어 질 수 있으므로 이를 책임판단에서 검토할 특별한 이유가 없다. [♠ 08 사시]

3) 심리적 책임론은 악벽마 사건의 마차 운행자가 과실로 사람을 사상케 한 경우나 형사미성년자가 추리소설을 읽고 고의로 살인을 한 경우 형사처벌할 수 없는 이유를 설명하기 곤란하다는 비판을 받고 있다. [♠ 04 사시]

제2절 책임능력

출 제 point ➔ 심신장애 판단과 관련된 판례를 잘 정리해 두어야 하며, 원인에 있어서 자유로운 행위와 관련된 학설의 내용, 비판점 및 판례내용은 매년 출제될 수 있으므로 숙지하여야 할 것이다.

Ⅰ. 책임능력의 의의

1. 책임능력의 개념

① 책임능력이란 행위자가 법규범의 명령과 금지를 인식하고 법규범에 따라 행동할 수 있는 능력을 말한다.

② 책임능력은 법과 불법을 분별 · 통찰할 수 있는 지적 능력(사물변별능력)과 이에 따라 의사를 결정하고 행동을 제어할 수 있는 의지적 능력(의사결정능력)으로 구성된다.

2. 책임능력의 본질

① 도의적 책임론은 책임능력은 범죄능력을 의미한다고 본다. 따라서 책임능력이 요구되는 시점은 행위시이다.

② 사회적 책임론은 책임능력은 형벌능력(형벌적응능력)을 의미한다고 본다. 따라서 책임능력이 요구되는 시점은 재판시 또는 형벌부과시이다.

3. 책임능력의 규정방법

(1) 생물학적 방법

① 형법이 행위자의 비정상적 상태를 기술하고 이에 일치하는지 여부에 따라 책임무능력 또는 한정책임능력을 인정하는 방법을 말한다.

② 형법 제9조(형사미성년자), 형법 제11조(청각 및 언어 장애인)의 규정은 생물학적 방법에 의한 규정에 해당한다.

(2) 심리적 또는 규범적 방법

행위자의 사물변별능력 또는 의사결정능력의 유무나 정도에 따라 책임능력 유무나 정도를 결정하는 방법을 말한다.

---

4) 규범적 책임론에서는 위법성이 '일반적인 당위'를 문제삼는 것임에 반하여 책임은 행위자가 '달리 행위할 수 있었다'라고 하는 '개인적인 가능'을 문제삼는다. [♠ 07 사시]

5) 규범적 책임론이 가정하는 일반인의 관점에서의 타행위가능성은 국가에 필요한 허구라고 비판받기도 한다. 이는 현실의 인간(행위자)이 허상의 평균인과 차이가 있다고 하여 비난한다는 것은 문제가 있다는 지적에 해당한다[배종대, 436면]. [♠ 99, 08 사시]

(3) 혼합적 또는 결합적 방법

① 행위자의 비정상적인 상태를 책임무능력의 생물학적 기초로 규정하고, 이러한 생물학적 요소가 행위자의 변별능력과 의사결정능력에 영향을 미쳤느냐라는 심리학적 문제를 검토하는 방법을 말한다.

② 형법 제10조 제1항(심신상실)과 제2항(심신미약)은 혼합적 방법에 의한 규정에 해당한다.

Ⅱ. 책임무능력자

1. 형사미성년자

제9조(형사미성년자) 14세 되지 아니한 자의 행위는 벌하지 아니한다.

① 14세 되지 아니한 자는 개인의 정신적 · 도덕적 발육상태와 관계없이 절대적 책임무능력자이다(제9조). 따라서 만 14세 미만의 행위자는 의사를 결정할 능력이 있더라도 책임능력이 부정된다. [♠ 09, 13 사시]

② 연령의 산정은 호적이 절대적 기준이 되는 것이 아니므로 다른 증거에 의하여 실제연령의 입증이 가능하다.

③ 형사미성년자의 행위는 책임이 조각되므로 형벌을 과할 수 없으나, 소년법의 규정에 따른 보호처분(예 보호자 또는 보호자를 대신하여 소년을 보호할 수 있는 자에게 감호 위탁, 수강명령, 사회봉사명령, 소년원 송치 등)은 가능하다. [♠ 00, 03 사시]

소년법상의 특별규정

보호처분	형벌법령에 저촉되는 행위를 한 10세 이상 14세 미만의 소년과 형벌법령에 저촉되는 행위를 할 우려가 있는 10세 이상의 소년에 대하여는 보호처분이 가능하다(제4조 제1항 제2호 · 제3호, 제32조 제1항).
사형 · 무기형의 금지	죄를 범할 당시(범행 당시) 18세 미만인 소년에 대하여 사형 또는 무기형으로 처할 경우에는 15년의 유기징역으로 한다(제59조).
상대적 부정기형의 선고	소년이 법정형으로 장기 2년 이상의 유기형에 해당하는 죄를 범한 경우에는 그 형의 범위에서 장기와 단기를 정하여 선고한다. 다만, 장기는 10년, 단기는 5년을 초과하지 못한다(제60조 제1항). 그러나 형의 집행유예나 선고유예를 선고할 때에는 그러하지 아니한다(제60조 제3항).

判例 소년법 제60조 제2항의 소년인지의 여부의 판단시기 = 사실심 판결 선고시

소년법이 적용되는 '소년'이란 심판시에 19세 미만인 사람을 말하므로, 소년법의 적용을 받으려면 심판시에 19세 미만이어야 한다. 따라서 소년법 제60조 제2항(소년에 대한 임의적 감경)의 적용대상인 '소년'인지의 여부도 심판시, 즉 사실심판결 선고시를 기준으로 판단되어야 한다[대판 2009.5.28. 2009도2682].

[♠ 14 사시] [♣ 14 변시]

判例 상대적 부정기형의 선고대상인 소년인가의 판단시기 = 항소심 판결 선고시O, 상고심 판결시×

피고인이 항소심 판결선고 당시 소년법 제2조 소정의 소년이어서 부정기형이 선고되었다면 그 후 상고심에서 와서 성년이 되었다고 하더라도 부정기형을 선고한 항소심판결을 파기할 사유가 되지 않는다[대판 1990.9.28. 90도1772].

判例 법정형 중 무기징역을 선택한 경우 = 상대적 부정기형 선고 불가

법정형 중에서 무기징역을 선택한 후 작량감경한 결과 유기징역을 선고하게 되었을 경우에는 피고인이 미성년자라 하더라도 부정기형을 선고할 수 없는 것이므로, 피고인에게 법정형 중 무기징역형을 선택한 후 작량감경을 하여 징역 10년의 정기형을 선고한 판결은 위법이 없다[대판 1991.4.9. 91도357].

判例 기타 소년법과 관련한 판례정리

1. **(소년법에 의한 보호처분 = 상습성 인정 자료 O)** 상습성을 인정하는 자료에는 아무런 제한이 없으므로 과거에 소년법에 의한 보호처분을 받은 사실도 상습성 인정의 자료로 삼을 수 있다[대판 1990.6.26. 90도887].
2. **(소년법 제53조의 형의 의미 = 법정형 ×, 처단형 O)** 소년법 제53조(개정법 제59조) 소정의 "사형 또는 무기형으로 처할 것인 때에는 15년의 유기징역으로 한다"라는 규정은 소년에 대한 처단형이 사형 또는 무기형일 때에 15년의 유기징역으로 한다는 것이지 법정형이 사형 또는 무기형인 경우를 의미하는 것은 아니다[대판 1986.12.23. 86도2314].

2. 심신상실자

제10조(심신장애인) ① 심신장애로 인하여 사물을 변별할 능력이 없거나 의사를 결정할 능력이 없는 자의 행위는 벌하지 아니한다.

(1) 의 의

심신상실자란 심신장애로 인하여 사물을 변별할 능력이 없거나 (사물을 변별할 능력이 있더라도) 의사를 결정할 능력이 없는 자를 말한다. [♠ 09 사시]

判例 심신장애의 인정요건

형법 제10조에 규정된 심신장애는 정신병 또는 비정상적 정신상태와 같은 정신적 장애가 있는 외에 이와 같은 정신적 장애로 말미암아 사물에 대한 변별능력이나 그에 따른 행위통제능력이 결여 또는 감소되었음을 요하므로, 정신적 장애가 있는 자라고 하여도 범행 당시 정상적인 사물변별능력과 행위통제능력이 있었다면 심신장애로 볼 수 없다[대판 2013.1.24. 2012도12689]. [♠ 11 사시] [♣ 15, 20 변시]

(2) 요 건

① 생물학적 요소(심신장애)

㉮ 심신장애란 정신장애 또는 정신기능의 장애를 의미하며, 반드시 신체기관의 손상이나 신체적인 질병에 의한 장애만 뜻하는 것은 아니다. [♠ 09 사시]

㉯ 심신장애는 정신병(예 정신분열증, 조울증, 간질), 정신박약(예 백치와 같은 선천적 지능박약), 중대한 의식장애(예 음주로 인한 명정상태)와 중대한 정신병질(예 충동조절장애)을 그 내용으로 한다.

判例 충동조절장애(원칙적으로 심신장애 ×, 다만 정신병과 동등한 경우는 심신장애 O)

(정신병정도에 이른 생리도벽 사건 : 심신장애로 인정받음) 자신의 충동을 억제하지 못하여 범죄를 저지르게 되는 현상은 정상인에게서도 얼마든지 찾아볼 수 있는 일로서, 특단의 사정이 없는 한 위와 같은 성격적 결함을 가진 자에 대하여 자신의 충동을 억제하고 법을 준수하도록 요구하는 것이 기대할 수 없는 행위를 요구하는 것이라고는 할 수 없으므로, 원칙적으로 충동조절장애와 같은 성격적 결함은 형의 감면사유인 심신장애에 해당하지 아니한다고 봄이 상당하지만, 그 이상으로 사물을 변별할 수 있는 능력에 장애를 가져오는 원래의 의미의 정신병이 도벽의 원인이라거나 혹은 도벽의 원인이 충동조절장애와 같은 성격적 결함이라 할지라도 그것이 매우 심각하여 원래의 의미의 정신병을 가진 사람과 동등하다고 평가할 수 있는 경우에는 그로 인한 절도 범행은 심신장애로 인한 범행으로 보아야 한다[대판 1999.4.27. 99도693; 동지 대판 2009.2.26. 2008도9867]. [♠ 00, 01, 04, 09, 12, 13 사시] [♣ 17, 19, 21, 23 변시]

동지판례 i) 소아기호증과 같은 질환이 있다는 사정만으로는 형의 감면사유인 심신장애에 해당하지 아니한다고 봄이 상당하고, 다만 그 증상이 매우 심각하여 원래의 의미의 정신병이 있는 사람과 동등하다고 평가할 수 있거나, 다른 심신장애사유와 경합된 경우 등에는 심신장애를 인정할 여지가 있다[대판 2007.2.8. 2006도7900]. [♠ 11, 15 사시] [♣ 15, 21 변시] ii) 무생물인 옷 등을 성적 각성과 희열의 자극제로 믿고 이를 성적 흥분을 고취시키는 데 쓰는 성주물성애증이라는 정신질환이 있는 경우에도 그 사정만으로는 절도 범행에 대한 형의 감면사유인 심신장애에 해당한다고 볼 수 없고, 다만 그 증상이 매우 심각하여 원래의 의미의 정신병이 있는 사람과 동등하다고 평가할 수 있거나, 다른 심신장애사유와 경합된 경우 심신장애를 인정할 여지가 있다[대판 2013.1.24. 2012도12689]. [♣ 15, 20 변시]

㉰ 심신장애의 판단방법과 판단의 기준시

判例 심신장애의 판단방법

1. **(법률적 판단 O, 전문감정인의 의견에 기속 X, 법원의 독자적 판단 O)** 형법 제10조 제1항, 제2항에 규정된 심신장애의 유무 및 정도의 판단은 법률적 판단으로서 반드시 전문감정인의 의견에 기속되어야 하는 것은 아니고, 정신분열증의 종류와 정도, 범행의 동기, 경위, 수단과 태양, 범행 전후의 피고인의 행동, 반성의 정도 등 여러 사정을 종합하여 법원이 독자적으로 판단할 수 있다[대판 1999.1.26. 98도3812; 동지 대판 2007.2.8. 2006도7900]. [♠ 00, 01, 09, 11 사시] [♣ 17, 20, 21 변시]

   동지판례 형법 제10조에서 말하는 사물을 변별할 능력 또는 의사를 결정할 능력은 자유의사를 전제로 한 의사결정의 능력에 관한 것으로서, 그 능력의 유무와 정도는 감정사항에 속하는 사실문제라 할지라도 그 능력에 관한 확정된 사실이 심신상실 또는 심신미약에 해당하는 여부는 법률문제에 속한다[대판 1968.4.30. 68도400].

2. **(정신장애의 정도는 전문가에의 감정이 바람직 그러나 필수 X)** 피고인의 정신장애의 정도는 전문가의 감정에 의하여 가리는 것이 원칙적으로 바람직한 것이지만 기록에 나타난 제반자료와 공판정에서의 피고인의 태도 등을 종합하여 그 정도가 판단되는 경우에는 전문가의 감정에 의하지 않고 이를 인정하였다 하여 위법이라 할 수 없다[대판 1987.7.21. 87도1141; 동지 대판 1984.5.22. 84도545]. [♠ 00, 09, 13 사시]

   관련판례 i) **(심신장애의 의심이 드는 경우는 전문가에게 감정시켜야 함)** 피고인에게 우울증 기타 정신병이 있고 특히 생리도벽이 발동하여 절도 범행을 저지른 의심이 드는 경우 전문가에게 피고인의 정신상태를 감정시키는 등의 방법으로 심신장애 여부를 심리하여야 한다[대판 1999.4.27. 99도693]. [♠ 14 사시]

   ii) **(심신장애의 의심이 드는 경우에도 감정 × = 위법)** 피고인이 생리기간 중에 심각한 충동조절장애에 빠져 절도 범행을 저지른 것으로 의심이 되는데도 전문가에게 피고인의 정신상태를 감정시키는 등의 방법으로 심신장애 여부를 심리하지 아니한 채 선고한 원심판결을 심리미진과 심신장애에 관한 법리오해의 위법이 있다는 이유로 파기한 사례[대판 2002.5.24. 2002도1541]. [♠ 14 사시]

   iii) **(전문가에게 감정시킨 경우에도 그 결과는 참고자료에 불과)** 피고인이 범행 당시 그 심신장애의 정도가 단순히 사물을 변별할 능력이나 의사를 결정할 능력이 미약한 상태에 그쳤는지 아니면 그러한 능력이 상실된 상태이었는지 여부가 불분명하므로 원심으로서는 먼저 피고인의 정신상태에 관하여 충실한 정보획득 및 관계 상황의 포괄적인 조사·분석을 위하여 피고인의 정신장애의 내용 및 그 정도 등에 관하여 정신의로 하여금 감정을 하게 한 다음, 그 감정결과를 중요한 참고자료로 삼아 범행의 경위, 수단, 범행 전후의 행동 등 제반 사정을 종합하여 범행 당시의 심신상실 여부를 경험칙에 비추어 규범적으로 판단하여 그 당시 심신상실의 상태에 있었던 것으로 인정되는 경우에는 무죄를 선고하여야 한다[대판 1998.4.10. 98도549].

   iv) **(심신상실이라는 전문가의 의견 배척하고 심신미약만 인정 가능)** 형법 제10조에 규정된 심신장애의 유무 및 정도의 판단은 법률적 판단으로서 반드시 전문감정인의 의견에 기속되어야 하는 것은 아니고, 정신질환의 종류와 정도, 범행의 동기, 경위, 수단과 태양, 범행 전후의 피고인의 행동 등 여러 사정을 종합하여 법원이 독자적으로 판단할 수 있다[대판 1999.8.24. 99도1194]. 따라서 피고인이 편집형 정신분열증환자로서 심신상실의 상태에 있었다는 감정인의 의견을 배척하고 제반 사정을 종합하여 심신미약으로만 인정할 수 있다[대판 1994.5.13. 94도581].
   [♠ 00, 04, 15 사시]

判例 심신장애의 존부의 판단시 = 범죄행위시

피고인이 평소 간질병 증세가 있었더라도 범행 당시에는 간질병이 발작하지 아니하였다면 이는 책임감면 사유인 심신장애 내지는 심신미약의 경우에 해당하지 아니한다[대판 1983.10.11. 83도1897]. [♠ 04, 11, 13, 14, 15 사시]

② **심리적 요소**(사물변별능력 또는 의사결정능력의 흠결)

㉮ **사물변별능력** : 법과 불법을 구별할 수 있는 능력(지적능력)을 의미한다.

㉯ **의사결정능력** : 사물을 변별하고 이에 따라 자신의 행위를 조종할 수 있는 능력(의지적 능력)을 의미한다.

㉰ 사물변별능력이 있다고 하여 곧 의사결정능력이 인정되는 것은 아니다.

㉱ 사물변별능력과 의사결정능력이 기억능력과 일치하는 것은 아니다.

㉲ **판단 기준시** : 사물변별능력이나 의사결정능력의 존부는 행위시를 기준으로 판단한다.

判例 기억능력과 책임능력과의 관계

1. 범행을 기억하고 있지 않다는 사실만으로 바로 범행당시 심신상실상태에 있었다고 단정할 수는 없다[대판 1985.5.2. 85도361]. [♠ 04 사시]

   관련판례 i) 행위자가 범행 전후 사정을 비교적 사리에 맞도록 기억하고 있다하여 반드시 범행당시 사물변별능력을 갖추고 있었다고 할 수도 없다[대판 1969.10.14. 69도1265].

   ii) 사물변별능력과 기억능력은 일치하는 것은 아니며, 다만 범행 당시의 사정을 자세히 기억하고 있다는 것은 사물변별능력 판단에 중요한 자료가 될 수 있다[대판 1978.1.31. 77도3428]. [♠ 04 사시]

2. 범행당시 정신분열증으로 심신장애의 상태에 있었던 피고인이 피해자를 살해한다는 명확한 의식이 있었고 범행의 경위를 소상하게 기억하고 있다고 하여 범행당시 사물의 변별능력이나 의사결정능력이 결여된 정도가 아니라 미약한 상태에 있었다고 단정할 수는 없는 것인바, 피고인이 피해자를 살해할 만한 다른 동기가 전혀 없고, 오직 피해자를 '사탄'이라고 생각하고 피해자를 죽여야만 피고인 자신이 천당에 갈 수 있다고 믿어 살해하기에 이른 것이라면, 피고인은 범행당시 정신분열증에 의한 망상에 지배되어 사물의 선악과 시비를 구별할 만한 판단능력이 결여된 상태에 있었던 것으로 볼 여지가 없지 않다[대판 1990.8.14. 90도1328]. [♠ 15 사시]

判例 심신상실을 인정한 경우(편집형 정신분열증, 만성형 정신분열증)

1. 편집형 정신분열증 환자는 자기의 행동을 알 때도 있고 모를 때도 있으나 사물에 대한 판단력이 없는 것이 특징이고 또 사물을 변별하고 그에 따라서 자신의 의사결정을 하거나 자기의 의지를 제어할 능력이 없으므로 심신상실의 상태에 있는 자라고 봄이 상당하다[대판 1980.5.27. 80도656].
2. 피고인이 심한 만성형 정신분열증에 따른 망상의 지배로 말미암아 아무런 관계도 없는 생면부지의 행인들의 머리를 이유 없이 도끼로 내리쳐 상해를 가한 경우, 피고인은 범행 당시 심신상실상태에 있었다고 볼 수 있다[대판 1991.5.28. 91도636].
3. 편집성정신병을 앓는 자가 그의 아들이 단순히 자신의 말을 잘 듣지 않는다는 이유만으로 그를 가문의 역적이니 죽여야 된다는 심한 망상에 빠져 아들을 살해한 경우에는 피고인의 행위는 심신상실자의 행위에 해당한다[대판 1984.8.24. 84도1510].

(3) 심신상실의 효과

① 심신상실자는 책임능력이 없기 때문에 책임이 조각되어 처벌되지 아니한다. 다만 행위시에 사물변별능력과 의사결정능력이 없었던 경우일지라도 그 행위가 원인에 있어서 자유로운 행위에 해당하는 경우는 가벌성이 인정된다. [♠ 00, 04 사시]

② 심신상실자가 금고 이상의 형에 해당하는 죄를 범하고 치료감호시설에서의 치료가 필요하고 재범의 위험이 있다고 인정되는 때에는 치료감호에 처한다(치료감호법 제2조 제1항 제1호).

Ⅲ. 한정책임능력자[1]

1. 심신미약자

제10조(심신장애인) ② 심신장애로 인하여 전항의 능력이 미약한 자의 행위는 형을 감경할 수 있다. 〈개정 2018.12.18〉

(1) 의 의

심신미약자란 심신장애로 인하여 사물의 변별이나 의사를 결정할 능력이 미약한 자를 말한다.

(2) 요 건

① 심신장애의 정도가 심신상실에 이르지 않아야 한다(예 경미한 정신분열증, 가벼운 명정).

② 사물변별능력 또는 의사결정능력이 미약하여야 한다.

1) 한정책임능력자는 책임능력자의 일종이다.

③ 심신장애의 정도 및 사물변별능력 또는 의사결정능력의 판단방법 및 그 기준시는 심신상실과 동일하다.

判例 고정적 정신질환자의 행위와 발작적 정신질환자의 행위에 대한 평가방법(비교)

1-0. **(고정적 정신질환자)** 정신적 장애가 있는 자라고 하여도 범행 당시 정상적인 사물판별능력이나 행위통제능력이 있었다면 심신장애로 볼 수 없음은 물론이나, 정신적 장애가 정신분열증과 같은 고정적 정신질환의 경우에는 범행의 충동을 느끼고 범행에 이르게 된 과정에 있어서의 범인의 의식상태가 정상인과 같아 보이는 경우에도 범행의 충동을 억제하지 못한 것이 흔히 정신질환과 연관이 있을 수 있고, 이러한 경우에는 정신질환으로 말미암아 행위통제능력이 저하된 것이어서 심신미약이라고 볼 여지가 있다[대판 1992.8.18. 92도1425]. [♠ 04 사시]

1-1. **(발작적 정신질환자)** 피고인이 평소 간질병 증세가 있었더라도 범행 당시에는 간질병이 발작하지 아니하였다면 이는 책임감면 사유인 심신장애 내지는 심신미약의 경우에 해당하지 아니한다[대판 1983.10.11. 83도1897]. [♠ 04, 11, 13, 14 사시]

判例 심신미약과 상습성과의 관계

행위자가 범죄행위 당시 심신미약 등 정신적 장애상태에 있었다고 하여 일률적으로 그 행위자의 상습성이 부정되는 것은 아니다. 심신미약 등의 사정은 상습성을 부정할 것인지 여부를 판단하는데 자료가 되는 여러 가지 사정들 중의 하나일 뿐이다. 따라서 행위자가 범죄행위 당시 심신미약 등 정신적 장애상태에 있었다는 이유만으로 그 범죄행위가 상습성이 발현된 것이 아니라고 단정할 수 없고 다른 사정을 종합하여 상습성을 인정할 수 있어 심신미약의 점이 상습성을 부정하는 자료로 삼을 수 없는 경우가 있는가 하면, 경우에 따라서는 심신미약 등 정신적 장애상태에 있었다는 점이 다른 사정들과 함께 참작되어 그 행위자의 상습성을 부정하는 자료가 될 수도 있다[대판 2009.2.12. 2008도11550].

(3) 효 과

① 심신미약자의 행위는 형을 감경할 수 있다(임의적 감경).

② 심신미약자가 금고 이상의 형에 해당하는 죄를 범하고 치료감호시설에서의 치료가 필요하고 재범의 위험이 있다고 인정되는 때에는 치료감호에 처한다(치료감호법 제2조 제1항 제1호). [♠ 08 사시]

2. 청각 및 언어 장애인(농아자) [♠ 09, 13 사시]

제11조(청각 및 언어 장애인) 듣거나 말하는 데 모두 장애가 있는 사람의 행위에 대해서는 형을 감경한다.

① 청각기능과 발음기능 모두에 선천적 또는 후천적으로 장애가 있는 자를 말한다.
② 청각 및 언어 장애인의 행위는 형을 감경한다(필요적 감경).

Ⅳ. 원인에 있어서 자유로운 행위

제10조(심신장애자) ③ 위험의 발생을 예견하고 자의로 심신장애를 야기한 자의 행위에는 전 2항의 규정을 적용하지 아니한다.

1. 서 론

(1) 의 의

① 원인에 있어서 자유로운 행위란 책임능력이 있는 자가 고의 또는 과실로 자신을 심신장애상태(심신상실 또는 심신미약)에 빠지게 한 후, 이 상태에서 범죄를 실현하는 것을 말한다.
② 원인에 있어서 자유로운 행위의 예로는 ⅰ) 살인을 할 목적으로 용기를 얻기 위하여 음주하여 명정상태에서 살인을 저지른 경우(고의범), ⅱ) 자동차를 운전해야 한다는 것을 생각하지 않고 음주하여 명정상태에서 운전하다가 사고를 낸 경우(과실범)를 들 수 있다.
③ 원인에 있어서 자유로운 행위의 요체는 ⅰ) 심신장애상태하에서 자신이 구성요건적 행위를 실현하리라는 것을 인식 · 인용하였거나(고의) 예견할 수 있었음(과실)에도 불구하고, ⅱ) 자신의 심신장애상태를 스스로 자유롭게(유책하게) 야기했다는 점에 있다[임웅, 282면].

(2) 쟁 점

① 형법은 제10조 제3항의 규정을 두어 원인에 있어서 자유로운 행위자를 완전한 책임능력자로 처벌할 수 있음을 입법적으로 해결하고 있다.
② '행위와 책임의 동시존재의 원칙'과 관련하여 완전한 책임능력자로 처벌할 수 있는 이론적 근거가 무엇인지가 문제된다.
③ 죄형법정주의 명확성의 원칙(실행행위의 정형성과 명확성)과 관련하여 원인설정행위와 심신장애상태하의 행위 중 어느 것을 실행행위로 볼 것인지가 문제된다.

2. 가벌성의 이론구성

(1) 원인설정행위에서 책임의 근거를 인정하는 견해

① 원인설정행위를 실행행위로 보는 견해(일치설, 구성요건모델)

② 원인행위와 실행행위의 불가분적 관련에서 책임의 근거를 인정하는 견해(예외설)

(2) 책임능력결함상태에서의 실행행위에 책임의 근거를 인정하는 견해(반무의식상태설)

가벌성의 이론구성 [♠ 02, 05, 06, 08, 09, 12, 15 사시] [♣ 14 변시]

	이론구성	특 징	비 판
일치설 (구성요건모델) (원인설정행위설)	원인에 있어서 자유로운 행위는 자신을 도구로 이용하는 간접정범과 유사하므로, 원인설정행위가 실행행위(실행의 착수)이고 원인설정행위시에 완전한 책임능력 상태에 있었던 이상 완전한 책임능력자로 처벌이 가능하다.	① 원인설정행위를 실행행위로 본다. ② 책임능력과 행위의 동시존재의 원칙에 충실하다. [♠ 04 사시]	① 구성요건적 행위정형성 무시(예비와 미수의 구별이 곤란해지며, 예비를 미수로 보아 가벌성을 확장할 위험 있음) ② 원인에 있어서 자유로운 행위를 구조적으로 간접정범과 동일시할 수 없다. 즉 간접정범은 도구가 반드시 책임능력의 결함과 관련될 필요가 없으며, 고의범인 한정책임능력자를 이용한 간접정범은 있을 수 없다.
예외설 (불가분적 연관설)	심신장애상태하에서의 행위가 실행행위이고, 완전한 책임능력은 원인설정행위시에 갖추어져 있지만 양 행위는 불가분의 연관을 갖는 것이므로 전체적으로 보아 완전한 책임능력자로 처벌이 가능하다.	① 심신장애상태하에서의 행위를 실행행위로 본다. ② 원인에 있어서 자유로운 행위를 책임능력과 행위의 동시존재의 원칙에 대한 예외로 본다.	책임주의의 예외를 쉽게 인정
반무의식 상태설	원인설정행위는 단순한 예비행위에 불과하고 심신장애상태하에서의 행위가 실행행위이며, 실행행위는 반무의식적 상태에서 이루어지므로 행위의 주관적 요소를 인정할 수 있다.	책임능력과 행위의 동시존재의 원칙이 유지될 수 있다.	'반무의식적 상태에서의 행위'라는 개념을 인정하면 대부분의 경우 책임능력이 인정되어 법적 안정을 해할 위험이 있다.

쟁점연구 **[원인에 있어서 자유로운 행위의 가벌성의 이론구성]**

1. 학 설

① **일치설** : 원인에 있어서 자유로운 행위는 자신을 도구로 이용하는 간접정범과 유사하므로, 원인설정행위가 실행행위(실행의 착수)이고 원인설정행위시에 책임능력 상태에 있었던 이상 책임능력자로 처벌이 가능하다는 견해이다.

② **예외설** : 심신장애상태하에서의 행위가 실행행위이고, 책임능력은 원인설정행위시에 갖추어져 있지만 양 행위는 불가분의 연관을 갖는 것이므로 전체적으로 보아 책임능력자로 처벌이 가능하다는 견해이다.

2. 검 토

일치설은 구성요건적 행위정형성을 구비하였다고 볼 수 없는 원인설정행위를 실행행위로 본다는 점과 그 결과 원인설정행위시에 실행의 착수를 인정하게 되어 가벌성의 범위가 지나치게 확장된다는 점에서 문제가 있다. 따라서 예외설이 타당하다.

사 례 연 습

【원인에 있어서 자유로운 행위】 ※ 학설의 근거와 비판 [♠ 09 사시]

다음은 원인에 있어서 자유로운 행위에 관한 견해 〈보기 1〉과 연결되는 내용 또는 그 비판 〈보기 2〉이다. 양자를 올바르게 연결하라.

〈보기 1〉

ㄱ. 가벌성의 근거를 자신을 도구로 이용하는 간접정범으로 이해하는 견해

ㄴ. 가벌성의 근거를 원인설정행위와 실행행위의 불가분적 관련에서 찾는 견해

ㄷ. 가벌성의 근거를 책임능력결함상태에서의 실행행위로 이해하는 견해

〈보기 2〉

a. 甲이 주취상태로 乙을 살해하려는 계획을 가지고 음주하다가 명정상태에 빠져 그대로 잠이 들어버린 경우에도 살인미수죄를 인정해야 한다는 비판을 받는다.

b. 원인행위가 책임비난의 근거이고 곧 실행행위다. 따라서 행위와 책임의 동시존재원칙이 그대로 유지될 수 있다.

c. 책임능력결함상태에서의 실행행위에 실행의 착수가 있고 책임비난의 근거는 원인행위에 있다.

d. 반무의식상태에서의 행위라는 개념을 인정하면 사실상 모든 행위에 책임능력이 인정된다는 비판을 받는다.

|**해**|**설**| ㄱ.(일치설) – a, b와 연결된다.

ㄴ.(예외설) – c와 연결된다.

ㄷ.(반무의식상태설) – d와 연결된다.

3. 원인에 있어서 자유로운 행위의 유형[2)]

(1) 고의에 의한 원인에 있어서 자유로운 행위

① 의 의

㉮ 행위자가 심신장애상태에서 행할 범죄에 대하여 고의를 가지고 심신장애상태를 고의로 야기한 후 그 상태하에서 의도했던 범죄를 실행한 경우이다(고의와 고의의 조합).

㉯ 작위범과 부작위범이 모두 가능하다. 전자의 예로서는 사람을 살해할 의사를 가지고 고의로 음주한 후 명정상태에서 총격을 가하여 사람을 살해한 경우, 후자의 예로서는 전철수가 열차를 충돌시킬 의사를 가지고 고의로 음주한 후 잠이 들어 기차를 전철하지 아니하여 사고가 발생한 경우를 들 수 있다.

② **법적 효과** : 형법 제10조 제1항과 제2항의 적용이 배제되어 실현된 결과에 대해서 완전한 책임능력자로서 고의범의 책임을 진다. [♠ 00 사시]

判例 고의 원자행위 + 심신미약의 상태에서 살인 = 살인죄, 형의 감경 ×

피고인들은 상습적으로 대마초를 흡연하는 자들로서 이 사건 각 살인범행 당시에도 대마초를 흡연하여 그로 인하여 심신이 다소 미약한 상태에 있었음은 인정되나, 이는 위 피고인들이 피해자들을 살해할 의사를 가지고 범행을 공모한 후에 대마초를 흡연하고 범행에 이른 것으로 대마초 흡연시에 이미 범행을 예견하고도 자의로 위와 같은 심신장애를 야기한 경우에 해당하므로 형법 제10조 제3항에 의하여 심신장애로 인한 감경 등을 할 수 없다[대판 1996.6.11. 96도857]. [♣ 21 변시]

(2) 과실에 의한 원인에 있어서 자유로운 행위

① 의 의 : ⅰ) 행위자가 고의 또는 과실로 책임능력결함상태를 야기하고 그러한 상태에서 구성요건을 실현하였으나 책임능력결함상태의 야기시에 구성요건의 실현에 대하여 예견할 수 있었던 경우와 ⅱ) 과실로 책임능력결함상태를 야기하고 그러한 상태에서 구성요건을 실현하였으나 책임능력결함상태의 야기 이전에 구성요건실현에 대하여 고의를 가지고 있었던 경우를 말한다.

② 유 형

㉮ 고의와 과실의 조합(예 특정인을 살해할 고의를 가졌으나 과실로 음주대취한 상태에서 그를 살해한 경우)

㉯ 과실과 고의의 조합(예 취중에 폭행의 습벽이 있는 자가 폭행의 고의 없이 고의로 음주대취한 상태에서 폭행한 경우)

㉰ 과실과 과실의 조합(예 자동차를 운전해야할 자가 과실로 음주대취한 상태에서 교통사고를 발생케한 경우)

---

2) 위험의 발생에 대한 고의, 과실과 심신장애의 야기에 대한 고의, 과실여부로 분류한 것이다.

원인에 있어서 자유로운 행위의 유형(4유형설)[3)]

	심신장애 상태하의 행위	원인설정행위
고의에 의한 원인에 있어서 자유로운 행위	고 의	고 의
과실에 의한 원인에 있어서 자유로운 행위	고 의	과 실
	과 실	고 의
	과 실	과 실

③ **법적 효과** : 형법 제10조 제1항과 제2항의 적용이 배제되어 실현된 결과에 대해서 완전한 책임능력자로서 과실범의 책임을 진다.

判例 과실 원자행위 = 심신장애로 인한 형의 감경 등×

형법 제10조 제3항은 "위험의 발생을 예견하고 자의로 심신장애를 야기한 자의 행위에는 전 2항의 규정을 적용하지 아니한다"고 규정하고 있는 바, 이 규정은 고의에 의한 원인에 있어서의 자유로운 행위만이 아니라 과실에 의한 원인에 있어서의 자유로운 행위까지도 포함하는 것으로서 위험의 발생을 예견할 수 있었는데도 자의로 심신장애를 야기한 경우도 그 적용대상이 된다고 할 것이어서, 피고인이 음주운전을 할 의사를 가지고 음주만취한 후 운전을 결행하여 교통사고를 일으켰다면 피고인은 음주시에 교통사고를 일으킬 위험성을 예견하였는데도 자의로 심신장애를 야기한 경우에 해당하므로 위 법조항에 의하여 심신장애로 인한 감경 등을 할 수 없다[대판 1992.7.28. 92도999]. [♠ 99, 02, 03, 05, 09, 12 사시] [♣ 19, 21, 23 변시]

4. 착오의 문제

(1) 구체적 사실의 착오 중 객체의 착오

① 甲이 A를 살해할 의도로 음주만취한 상태에서 B를 A로 오인하여 살해한 경우이다.

② '일치설'에 의하면 심신장애상태하의 객체의 착오를 정상적인 상태하에서의 객체의 착오와 동일하게 취급할 수 없으므로 전체적으로 방법의 착오로 본다. 그러나 '예외설'에 따르면 실행행위를 기준으로 고의를 판단하므로 객체의 착오가 된다.

(2) 구체적 사실의 착오 중 방법의 착오

① 甲이 A를 살해할 의도로 음주만취한 상태에서 A를 향하여 총격을 가하였으나 빗나가 B가 사망한 경우이다.

② '일치설'이나 '예외설' 어느 견해에 의하더라도, 甲이 A에 대해 살인의 실행에 착수하였으나 잘못하여 B가 사망한 경우이므로 甲의 착오는 구체적 사실의 착오 중 방법의 착오에 해당한다.

3) 그 밖에 범행결의 여부, 심신장애상태 야기의사 여부, 심신장애상태행위시의 구성요건적 고의 여부에 따라 원인에 있어서 자유로운 행위의 유형을 8가지로 나누는 견해도 있다(8유형설).

5. 형법의 규정

(1) 제10조 제3항의 적용요건

① 위험발생의 예견 : '예견'에는 구성요건에 해당하는 범죄사실을 인식한 경우(고의)뿐만 아니라 그 예견가능성이 있었던 경우(과실)도 포함된다(판례). 그러므로 위험의 발생에 대한 예견가능성마저 인정되지 않는 경우는 원인에 있어서 자유로운 행위라고 할 수 없다(예 강간할 의사로 일부러 만취하여 심신상실 상태에서 강간을 한 후 피해자의 재물을 절취한 경우, 절취행위는 원인에 있어서 자유로운 행위가 아니므로 심신상실이 그대로 인정되어 절도죄가 성립하지 아니한다).

쟁점연구

1. 문제점

위험의 발생의 '예견'에 고의(예견) 이외에 과실(예견가능성)도 포함될 수 있는지 문제된다.

2. 학 설

과실이 포함될 수 있다는 견해와 포함될 수 없다는 견해가 있다.

3. 판 례

위험의 발생에 대한 과실 즉 예견가능성이 있었던 경우도 포함된다는 입장이다.

4. 검 토 (판례 지지)

원인에 있어서 자유로운 행위는 과실에 의한 경우가 대부분이므로 이를 배제하는 것은 입법취지에 반하므로 과실도 포함된다는 견해가 타당하다.

② 자의에 의한 심신장애상태의 야기 : ⅰ) '자의'에는 고의 이외에 과실도 포함된다(다수설). ⅱ) '심신장애'에는 심신상실과 심신미약이 모두 포함된다.

쟁점연구

1. 문제점

'자의'에 의한 심신장애 야기에서 '자의'의 의미가 무엇인지가 문제된다.

2. 학 설

고의만을 의미한다는 견해, 고의 및 과실을 의미한다는 견해(다수설), 고의 및 과실과 무관하며 '자유로이' 또는 '스스로'라는 의미라는 견해가 있다.

3. 검 토

자의로라는 개념이 고의 및 과실과 필연적으로 결부되는 개념이 아니므로 '스스로'라는 의미로 보는 것이 타당하다. 다만 스스로 즉 '비자의'가 아니한 고의 및 과실도 포함된다고 본다.

(2) 제10조 제3항의 효과

원인에 있어서 자유로운 행위에 대하여는 심신상실상태에서의 행위일지라도 책임이 조각되지 아니하며, 심신미약상태에서의 행위일지라도 형을 감경할 수 없다. [♠ 00 사시]

제3절 위법성의 인식

출 제 point ➡ 위법성의 인식의 체계적 지위에 관한 각 학설의 내용과 비판점이 출제될 수 있다. 특히 엄격고의설과 제한적 고의설, 엄격책임설과 제한적 책임설의 차이점을 잘 알아 두어야 한다.

Ⅰ. 위법성의 인식의 의의

1. 위법성의 인식의 개념

① 위법성의 인식이란 행위자가 자신의 행위가 공동사회의 질서에 반하고 법적으로 금지되어 있다는 것을 인식하는 것을 말한다(통설). 따라서 위법성의 인식은 책임비난의 핵심이 된다.

② 위법성의 인식은 사회윤리적 가치위반 또는 반도덕성의 인식을 의미하는 것이 아니다. 따라서 확신범 또는 양심범도 그가 침해한 규범이 일반적 구속력을 가진다는 것을 인식한 이상 위법성의 인식이 인정된다.

2. 위법성의 인식의 내용과 태양

(1) 위법성의 인식의 내용

① 법적 금지의 인식 : 위법성의 인식은 행위가 법적으로 금지되고 있다는 인식을 의미한다. 따라서 ⅰ) 가벌성의 인식이나 금지하고 있는 구체적인 법규정의 인식까지 요구하는 것은 아니며, ⅱ) 행위자가 위반한 규범이 형법규범인가 민법규범인가 또는 행정법규범인가를 인식할 필요도 없다.

判例 위법성의 인식(사회정의와 조리에 반한다는 인식으로 족함, 법조문 인식 불요)

범죄의 성립에 있어서 위법의 인식은 그 범죄사실이 사회정의와 조리에 어긋난다는 것을 인식하는 것으로서 족하고 구체적인 해당 법조문까지 인식할 것을 요하는 것은 아니므로 설사 형법상의 허위공문서작성죄에 해당되는 줄 몰랐다고 가정하더라도 그와 같은 사유만으로서는 위법성의 인식이 없었다고 할 수 없다[대판 1987.3.24. 86도2673]. [♠ 03, 13 사시]

② 구성요건관련성의 인식 : 위법성의 인식은 구성요건에 해당하는 구체적인 행위가 전체 법질서에 반한다는 인식이므로 행위자가 위반한 형벌규정의 특수한 불법내용을 인식할 것을 요한다. 따라서 ⅰ) 개개의 구성요건을 떠난 일반적 위법성의 인식은 있을 수 없으며, ⅱ) 실체적 경합은 물론 상상적 경합에 있어서도 위법성의 인식은 개개의 구성요건에 따라 분리해서 판단될 수 있다.[1)]

---

1) 예컨대 13세 미만의 사람을 강제추행한 경우 강제추행(제298조)에 대한 위법성의 인식은 있으나 13세 미만자추

(2) 위법성의 인식의 태양

① 행위자가 행위의 위법성을 분명히 인식한 경우(위법성의 확정적 인식)는 물론이고 행위자가 자신의 행위가 법질서에 반할 가능성을 인식하면서도 이를 수인하는 경우(위법성의 미필적 인식)도 위법성의 인식이 인정된다.

② 행위자가 행위의 위법성을 현실적으로 인식한 경우(위법성의 현실적 인식)는 물론이고 행위자가 행위의 위법성을 현실적으로는 인식하지 못했지만 인식이 가능했던 경우(위법성의 잠재적 인식)도 위법성의 인식이 인정된다.[2)]

Ⅱ. 위법성의 인식의 체계적 지위 [♠ 00 사시]

<table>
<tr><th colspan="3"></th><th>내 용</th><th>비 판</th></tr>
<tr><td colspan="3">위법성 인식 불요설</td><td>① 고의의 성립에는 구성요건적 사실의 인식이 있으면 족하고 위법성의 인식은 불필요하며 위법성의 인식은 별개의 책임요소가 되지도 못한다는 견해이다.
② 법률의 착오는 고의를 조각하지 못한다.
③ “법률의 부지는 용서받지 못한다.”</td><td>① 위법성의 인식이 결여되었음에도 처벌하는 것은 책임주의를 무시한 것
② 법의 의사결정규범성 무시</td></tr>
<tr><td rowspan="3">위법성인식필요설</td><td rowspan="3">고의설</td><td colspan="3">① 고의를 책임요소로 이해하고(인과적 행위론), 고의의 내용으로서 구성요건에 해당하는 객관적 사실의 인식 이외에 다시 위법성의 인식이 필요하다는 견해이다.
② 위법성의 인식의 정도와 관련하여 엄격고의설과 제한적 고의설로 나누어진다. [♠ 13 사시]</td></tr>
<tr><td>엄격고의설</td><td>① 고의가 성립하기 위하여는 현실적인 위법성의 인식이 필요하다는 견해이다.
② 위법성의 현실적 인식이 결여되면 고의범은 성립할 수 없고 과실범의 성부만 문제된다.</td><td>확신범 · 상습범 · 격정범 등은 현실적인 위법성의 인식이 없는 경우가 대부분이므로 고의범으로 처벌할 수 없고, 과실범 처벌규정이 없으면 처벌하지 못한다는 중대한 형사정책적 결함이 있다. [♠ 08 사시]</td></tr>
<tr><td>제한적 고의설</td><td>① 고의가 성립하기 위하여는 현실적인 위법성의 인식까지 필요한 것은 아니며 위법성의 인식가능성이 있으면 족하다는 견해이다(위법성인식가능성설).
② 엄격고의설의 형사정책적 결함을 시정하기 위한 견해이다.</td><td>위법성의 인식가능성 즉 착오의 회피가능성이라는 과실적 요소를 고의의 내용에 포함시키는 잘못이 있다.[3)]</td></tr>
</table>

행(제305조)에 대한 위법성의 인식은 없을 수도 있다[임웅, 293면].

2) 고의는 모든 객관적 행위사정에 관한 현재적 인식이 있어야 하며 잠재적 인식으로는 족하지 않다는 점에서 위법성의 인식과 구별된다[김일수, 395면].

3) 제한적 고의설에 대한 이러한 비판 때문에 위법성을 현실적으로 인식하지 못한 이유가 법적대성 · 법맹목성에 있는 경우(고도의 회피가능성이 있는 경우)에만 고의의 성립을 인정해야 한다는 견해도 있다(법적대성이론 : Mezger). 그러나 이 견해는 '법적대성'이라는 개념이 모호하다는 비판을 받는다.

<table>
<tr><td rowspan="3">위법성인식필요설</td><td rowspan="3">책임설</td><td colspan="3">① 고의는 구성요건의 주관적 요소에 속하며 위법성의 인식은 고의와 분리된 독자적 책임요소로 보는 견해이다.
② 위법성의 인식이 결여되면 금지착오문제로서 착오가 회피불가능했던 경우는 책임을 조각하지만 회피가능성이 있었던 경우는 책임을 감경할 수 있을 뿐이라고 한다. [♣16 변시]
③ 책임설은 위법성조각사유의 전제사실의 착오를 어떻게 처리할 것인가와 관련하여 엄격책임설과 제한적 책임설로 나누어진다. [♠13 사시]</td></tr>
<tr><td>엄격책임설</td><td>위조전사착오를 포함한 모든 위법성조각사유에 관한 착오를 금지착오로 본다. 따라서 위조전사착오의 경우 착오에 정당한 이유를 인정할 수 있는지 여부에 따라 고의범의 성립여부를 결정한다.</td><td>① 행위정황에 관한 착오인 위조전사착오를 규범평가에 관한 착오인 금지착오와 동일시할 수 없다.
② 위전착의 경우에 착오에 정당한 이유가 없다고 하여 고의범을 인정하는 것은 일반인의 법감정에 반한다.</td></tr>
<tr><td>제한적 책임설 (다수설)</td><td colspan="2">위법성 조각사유의 존재와 한계에 관한 착오는 금지착오로 보나, 위조전사착오는 구성요건적 착오는 아니지만 구성요건적 착오와 동일한 법적 효과를 인정하여 과실범의 문제로 처리한다.</td></tr>
<tr><td colspan="3">자연범 · 법정범 구별설</td><td colspan="2">자연범의 경우 행위내용 자체가 반사회적인 것이므로 고의의 성립에 위법성의 인식이 필요하지 아니하나, 법정범에 있어서는 행위자체가 반사회적인 것은 아니므로 고의의 성립에 위법성의 인식이 필요하다는 견해이다.</td></tr>
</table>

엄격고의설, 제한적 고의설, 책임설의 비교

	현실적 위법성의 인식이 있는 경우	현실적 위법성의 인식이 없었으나 인식가능성은 있었던 경우	현실적 위법성의 인식이 없었고 인식가능성도 없었던 경우
엄격고의설	고의책임	과실책임	불가벌
제한적 고의설	고의책임	고의책임	불가벌
책임설	고의범	고의범 (위법성의 착오에 정당한 이유가 없는 경우임)	불가벌 (위법성의 착오에 정당한 이유가 있는 경우임)

엄격책임설과 제한적 책임설의 비교[4]

	위법성조각사유의 존재에 대한 착오	위법성조각사유의 한계에 대한 착오	위법성조각사유의 전제사실에 대한 착오
엄격책임설	위법성의 착오	위법성의 착오	위법성의 착오 (고의범의 성립여부의 문제)
제한적 책임설	위법성의 착오	위법성의 착오	구성요건적 착오는 아니지만 구성요건적 착오와 동일한 효과 인정 (과실범의 성립여부의 문제)

4) 결국 엄격책임설과 제한적 책임설은 위법성조각사유의 전제사실의 착오(오상행위)의 법적 성격을 어떻게 이해할 것인가에 대하여만 결론을 달리한다. [♠00 사시]

제4절 법률의 착오

법률의 착오의 경우 착오에 정당한 이유가 있는지 여부에 관한 판례가 출제되어 왔다. 특히 위법성조각사유의 전제사실에 관한 착오는 형법에서 가장 어려운 논점으로서 형법의 핵심이라고 해도 과언이 아닌 부분이며 선택형, 사례형으로 매년 출제가 가능한 매우 중요한 부분이므로 완벽하게 이해하여 두어야 한다.

제16조(법률의 착오) 자기의 행위가 법령에 의하여 죄가 되지 아니하는 것으로 오인한 행위는 그 오인에 정당한 이유가 있는 때에 한하여 벌하지 아니한다.

Ⅰ. 법률의 착오의 의의와 태양

1. 법률의 착오의 의의

법률의 착오란 행위자가 행위시에 구성요건적 사실은 인식하였으나 책임비난에 필요한 위법성의 인식이 없는 경우를 말한다.

2. 구별개념

	인식 vs 실재	법적 성격(적용법조), 법적 효과
위법성 관련착오 (범죄사실의인식○)	(B1) 위법 × ≠ 위법 ○	① 예 친구의 돈을 절취하면서 위법하지 않다고 생각한 경우 ② 위법성의 착오(책임설을 전제함)(제16조) ③ 고의범의 책임인정 문제, 책임론의 과제
	(B2) 위법 ○ ≠ 위법 ×	① 예 동성애를 하면서 위법하다고 생각한 경우 ② 반전된 위법성의 착오 [♠ 00 사시] ③ 환각범, 무조건 불가벌, 책임론의 관련문제 [♠ 08 사시]

3. 법률의 착오의 태양 [♠ 99, 05, 11[1] 사시]

	형 태	내 용
직접적 금지착오 (금지규범 관련착오)	법률의 부지	① 행위자가 금지규범의 존재를 알지 못한 경우 ② 예 도박이 허용된 나라에서 온 외국인이 도박금지규정이 있는 줄 모르고 우리나라에서 도박한 경우 ③ 대법원은 통설과 달리 법률의 부지를 법률의 착오로 보지 아니한다.
	효력의 착오	① 행위자가 금지규범이 효력이 없다고 오인한 경우 ② 예 도박죄 규정이 위헌무효라고 오인하고 도박을 한 경우
	포섭의 착오	① 행위자가 금지규범을 너무 좁게 해석하여 자기의 행위가 허용된다고 믿은 경우 ② 예 국립대학 교수는 공무원이 아니므로 증뢰죄가 성립하지 않는다고 오인하고 뇌물을 공여한 경우

간접적 금지착오 (위법성조각사유에 대한 착오 : 금지는 인식했으나, 위법성 조각사유에 해당하여 허용된다고 오인한 경우)	존재에 대한 착오	① 위법성조각사유가 없음에도 불구하고 존재하는 것으로 오인한 경우 ② 예 아내를 구타한 남편이 자신에게 아내에 대한 징계권이 있다고 믿은 경우
	한계에 대한 착오	① 위법성조각사유의 법적 한계를 오인한 경우 ② 예 私人이 현행범을 체포하면서 주거침입까지도 허용된다고 믿은 경우
	위법성조각사유의 전제사실에 관한 착오 (허용구성요건의 착오)	① 위법성조각사유의 전제사실이 존재하지 아니함에도 불구하고 그것이 존재한다고 오인하고 행위를 한 경우 ② 예 야간에 전보를 배달하러 온 사람을 강도로 오인하고 정당방위의 의사로 폭행한 경우

쟁점연구 **[법률의 부지를 법률의 착오로 볼 수 있는지 여부]**

1. 문제점

법률의 부지란 행위자가 자기의 행위의 의미는 알고 있으나 자기행위를 법적으로 금지하고 있는 금지규범의 존재를 알지 못하고 행위한 경우 말한다. 이러한 법률의 부지가 법률의 착오에 해당하는지 문제된다.

2. 학 설

단순한 법률의 부지만으로는 법률의 착오에 해당하지 않는다는 견해도 있으나, 법률의 부지도 법률의 착오에 해당한다는 것이 통설이다.

3. 판 례

단순한 법률의 부지의 경우는 법률의 착오에 해당하지 않는다는 입장이다[대판 1985.4.9. 85도25].

4. 검 토 (판례 지지)

형법 제16조는 단순한 법률의 부지의 경우를 말하는 것이 아니고 일반적으로 범죄가 되는 행위이지만 자기의 특수한 경우에는 법령에 의하여 허용된 행위로서 죄가 되지 아니한다고 그릇 인식하고 그와 같이 그릇 인식함에 있어서 정당한 이유가 있는 경우에는 벌하지 아니한다는 취지라고 보아야 한다. 따라서 단순한 법률의 부지는 법률의 착오에 해당하지 아니한다.

1) "마네킹을 사람으로 오인하고 상해하기 위하여 돌로 친 경우"가 반전된 사실의 착오에 해당한다는 지문이 출제되었다.

判例 법률의 부지 = 법률의 착오 ×

형법 제16조에 의하여 처벌하지 아니하는 경우란 단순한 법률의 부지의 경우를 말하는 것이 아니고, 일반적으로 범죄가 되는 행위이지만 자기의 특수한 경우에는 법령에 의하여 허용된 행위로서 죄가 되지 아니한다고 그릇 인식하고 그와 같이 인식함에 있어 정당한 이유가 있는 경우에는 벌하지 아니한다는 취지이므로, 피고인이 자신의 행위가 건축법상의 허가대상인 줄을 몰랐다는 사정은 단순한 법률의 부지에 불과하고 특히 법령에 의하여 허용된 행위로서 죄가 되지 않는다고 적극적으로 그릇 인식한 경우가 아니어서 이를 법률의 착오에 기인한 행위라고 할 수 없다[대판 2011.10.13. 2010도15260].
[♠ 00, 02, 12 사시] [♣ 16 변시]

判例 법률의 부지에 해당하는 경우

1. **(천지창조 디스코클럽 사건)** 유흥접객업소의 업주가 경찰당국의 단속대상에서 제외되어 있는 '만 18세 이상의 고등학생이 아닌 미성년자'는 출입이 허용되는 것으로 알고 있었더라도 이는 미성년자보호법 규정을 알지 못한 단순한 법률의 부지에 해당하고 특히 법령에 의하여 허용된 행위로서 죄가 되지 않는다고 적극적으로 그릇 인식한 경우는 아니므로 비록 경찰당국이 단속대상에서 제외하였다 하여 이를 법률의 착오에 기인한 행위라고 할 수 없다[대판 1985.4.9. 85도25].
2. 금융실명거래에 관한 법률의 제정사실이나 그 금지의 내용을 전혀 모르고 마을금고사무실에서 경리원이 전화를 받는 사이에 대출원장을 인쇄소에서 복사한 경우[대판 1985.5.14. 84도1271].
3. 피고인이 자신의 행위가 국토이용관리법상의 거래허가대상인 줄을 몰랐던 경우[대판 1992.4.24. 92도245].
4. '건축법상의 허가대상인 줄을 모르고' 허가 없이 근린생활 건축물을 교회로 용도변경하여 사용한 경우[대판 1995.8.25. 95도1351].
5. 피고인이 동해시청 앞 잔디광장이 옥외장소에 해당함을 몰랐다는 것은 단순한 법률의 부지를 주장하는 것에 불과하여 범죄의 성립에 방해가 되지 않는다[대판 2006.2.10. 2005도3490].

判例 반전된 포섭의 착오(환각범)

무역거래법 제33조 제1호 소정의 "사위 기타 부정한 행위로써 수입허가를 받은 자"라 함은 정상적인 절차에 의하여는 수입허가를 받을 수 없는 물품임에도 불구하고 위계 기타 사회통념상 부정이라고 인정되는 행위로써 수입허가를 받은 자를 의미하므로, 수입자동승인품목을 가사 수입제한품목이나 수입금지품목으로 잘못 알고 반제품인양 가장하여 수입허가 신청을 하였더라도 그 수입물품이 수입자동승인품목인 이상 이를 사위 기타 부정한 행위로써 수입허가를 받은 경우에 해당한다고 볼 수 없다[대판 1983.7.12. 82도2114].

4. 법률의 착오의 효과[2] [♠ 12 사시]

(1) 고의설

위법성의 인식이 책임고의의 내용이므로 법률의 착오의 경우에는 책임고의가 조각되고, 과실이 있으면 과실범으로 처벌된다.

(2) 책임설

위법성의 인식은 고의와 분리된 독자적 책임요소이므로 법률의 착오(금지착오)의 경우에는 정당한 이유가 있는 경우에 한하여 책임이 조각되며,[3] 정당한 이유가 없는 경우에는 고의범이 성립할 수 있다.

Ⅱ. 형법 제16조와 정당한 이유

1. 정당한 이유의 의의와 판단기준

(1) 의 의

정당한 이유가 있는 때란 행위자에게 착오의 회피가능성이 없는 경우, 즉 착오가 불가피한 경우를 의미한다(통설). 다만 판례는 오인에 과실이 없는 경우라고 하고 있다.

(2) 판단기준

判例 제16조의 정당한 이유 판단 기준 = 행위자의 지적 인식능력

[1] 형법 제16조에서 … 정당한 이유가 있는지 여부는 행위자에게 자기 행위의 위법의 가능성에 대해 심사숙고하거나 조회할 수 있는 계기가 있어 자신의 지적능력을 다하여 이를 회피하기 위한 진지한 노력을 다하였더라면 스스로의 행위에 대하여 위법성을 인식할 수 있는 가능성이 있었음에도 이를 다하지 못한 결과 자기 행위의 위법성을 인식하지 못한 것인지 여부에 따라 판단하여야 할 것이고, 이러한 위법성의 인식에 필요한 노력의 정도는 구체적인 행위정황과 행위자 개인의 인식능력 그리고 행위자가 속한 사회집단에 따라 달리 평가되어야 한다. [♠ 15 사시] [♣ 16, 19 변시]
[2] 국회의원이 의정보고서를 발간하는 과정에서 선거법규에 저촉되지 않는다고 오인한 것에 형법 제16조의 정당한 이유가 없다고 한 사례[대판 2006.3.24. 2005도3717]. [♠ 13 사시] [♣ 14 변시]

관련판례 i) 초등학교 교사인 피고인이 13세 미만인 아동·청소년들로 하여금 성적인 호기심을 갖도록 하고 이를 이용하여 성적 행위를 한 것이 죄가 되지 않는다고 오인한 데에 정당한 이유가 있다고 볼 수 없다[대판 2015.2.12. 2014도11501].
ii) 사립학교인 甲 외국인학교 경영자로서 외국인인 피고인이, 외국인으로서 국어에 능숙하지 못하였다거나 甲

---

2) '법률의 착오에 정당한 이유가 있는 것으로 판단될 경우에는 그 형을 감경하여야 한다'는 오(誤)선지가 2012년 사시에 출제되었다.

3) 법률의 착오에 정당한 이유가 인정되더라도 책임이 조각되는 것일 뿐 위법성은 인정된다. 따라서 착오를 한 자에 대하여 정당방위는 허용된다. [♠ 14 사시]

학교 설립 · 운영협약의 당사자에 불과한 관할청의 소속 공무원들이 참석한 甲 학교 학교운영위원회에서 乙 학교에 대한 자금 대여 안건을 보고하였다는 것만으로는, 甲 학교의 교비회계에 속하는 수입을 수회에 걸쳐 乙 외국인학교에 대여하는 행위가 법률상 허용되는 것으로서 죄가 되지 않는다고 그릇 인식하고 있었더라도 그와 같이 그릇된 인식에 정당한 이유가 인정되지 아니한다[대판 2017.3.15. 2014도12773].

비교판례 광역시의회의원이 선거구민들에게 의정보고서를 배부하기에 앞서 미리 관할 선거관리위원회 소속 공무원들에게 자문을 구하고 그들의 지적에 따라 수정한 의정보고서를 배부한 경우, 형법 제16조에 해당하여[4] 벌할 수 없다[대판 2005.6.10. 2005도835; 동지 대판 2008.10.23. 2008도5526]. [♠ 13, 14 사시]

2. 구체적 고찰

判例 착오에 정당한 이유를 부정한 경우(스스로 함부로 생각한 경우 : 조회의무에 위반 한 것임)

1. **(스스로 잘못 해석한 경우)** 피고인이 사안을 달리하는 사건에 관한 대법원의 판례의 취지를 오해하여 자신의 행위가 무허가 의약품의 제조 · 판매행위에 해당하지 아니하는 것으로 오인한 경우[대판 1995.7.28. 95도1081].

1-1. 부동산중개업자가 아파트 분양권의 매매를 중개하면서 중개수수료 산정에 관한 지방자치단체의 조례를 잘못 해석하여 법에서 허용하는 금액을 초과한 중개수수료를 수수한 경우가 법률의 착오에 해당하지 않는다고 한 사례[대판 2005.5.27. 2004도62].

판례해설 판결요지는 "법률의 착오에 해당하지 않는다"라고 표현하고 있으나 법률의 착오에 해당하지만 정당한 이유가 있는 경우에 해당하지 않는다는 의미이다.

1-2. 공무원이 그 직무에 관하여 실시한 봉인 등의 표시의 효용을 해하면서 법규의 해석을 잘못하여 그 봉인 등의 표시가 법률상 효력이 없다고 믿은 경우[대판 2000.4.21. 99도5563]. [♠ 02, 14 사시]

2. **(스스로 잘못 판단한 경우)** 일본 영주권을 가진 재일교포가 영리를 목적으로 관세물품을 구입한 것이 아니라거나 국내 입국시 관세신고를 하지 않아도 되는 것으로 착오하였다는 등의 사정만으로는 형법 제16조의 법률의 착오에 해당하지 않는다[대판 2007.5.11. 2006도1993].

2-1. 마약취급의 면허가 없는 피고인이 제약회사에 근무한다는 자로부터 마약이 없어 약을 제조하지 못하니 구해달라는 거짓 부탁을 받고 제약회사에서 쓰는 마약은 구해주어도 죄가 되지 아니하는 것으로 믿고 생아편을 구해준 경우[대판 1983.9.13. 83도1927].

3. **(의례로 또는 관례로 인하여 잘못 판단한 경우)** 도의회의원 선거에 출마하려는 자가 공직선거법에 관하여 잘 알고 있지도 않으면서 스스로의 생각에 따라 기부행위 금지기간에 기부행위 등의 사전선거운동을 하는 것이 의례적인 행위로서 합법적이라고 잘못 판단한 경우[대판 1996.5.10. 96도620]. [♠ 02 사시]

3-1. 공직선거법에 관하여 비전문가인 스스로의 사고에 의하여 피고인의 행위들이 의례적인 행위로서 합법적이라고 잘못 판단하였다는 사정만으로는 피고인의 행위가 죄가 되지 아니하는 것으로 오인한 데 정당한 이유가 있다고 볼 수 없다[대판 1996.5.10. 96도620].

---

4) '제16조에 해당한다'는 것은 피고인의 착오가 '법률의 착오'로서 그 '착오에 정당한 이유가 있다'는 의미이다.

3-2. 비록 피고인이 그 주장과 같이 종전부터 이어져 내려온 관행에 따라 선수등록업무를 처리하였다고 하더라도, 위 인정과 같은 사정에 비추어 보면, 피고인으로서는 자신의 행위가 법령에 의하여 죄가 되지 아니하는 것으로 오인한 데에 정당한 이유가 있다고 볼 수 없다[대판 2003.7.25. 2002도6006].

3-3. 수사처리의 관례상 일부 상치된 내용을 일치시키기 위하여 적법하게 작성된 참고인 진술조서를 찢어버리고 진술인의 진술도 듣지 아니하고 그 내용을 일치시킨 새로운 진술조서를 작성한 경우[대판 1978.6.27. 76도2196].

3-4. 피고인이 공무원에게 금원을 공여하면서 관례에 따른 것이므로 뇌물죄가 되지 않는다고 생각한 경우[대판 1995.6.30. 94도1017].

判例 착오에 정당한 이유를 부정한 경우(조회의무를 이행하였으나 회신 전에 위법행위를 한 경우)

피고인들이 법 위반이 되는지의 여부에 관하여 질의를 한 바는 있으나, 관계 공무원이 법에 위반되지 않는다는 확실한 답변을 하지 아니한 상황에서, 피고인들이 법 위반 행위를 한 경우[대판 2003.4.1. 2003도451].

判例 착오에 정당한 이유를 인정한 경우 (책임 기관 또는 전문가의 회신을 신뢰한 경우)

1. 부대장의 허가를 받아 부대 내에 유류를 저장하는 것이 죄로 되지 않는 것으로 믿었던 경우[대판 1971.10.12. 71도1356].
2. 국민학교 교장이 도교육위원회의 지시에 따라 꽃양귀비를 교과식물로 비치하기 위하여 교무실 앞 화단에 심은 경우[대판 1972.3.31. 72도64].
3. 허가를 담당하는 공무원이 허가를 요하지 않는다고 잘못 알려 준 것을 믿고 채광작업을 위하여 허가 없이 산림을 훼손한 경우[대판 1993.9.14. 92도1560]. [♠ 06 사시]
4. 미숫가루제조행위에는 별도의 허가가 필요하지 않다는 서울시의 공문과 구청의 질의회신을 믿고 허가 없이 미숫가루를 제조한 경우[대판 1983.2.22. 81도2763].
5. 허가를 담당하는 공무원이 허가를 요하지 않는 것으로 잘못 알려 주어 이를 믿었기 때문에 허가를 받지 아니한 경우[대판 1995.7.11. 94도1814]. [♠ 02 사시]
6. 관할관청이 장의사영업허가를 받은 상인에게 장의소요기구, 물품을 판매하는 도매업에 대하여는 영업허가가 필요 없는 것으로 해석하여 영업허가를 해 주지 않고 있어 피고인 역시 영업허가 없이 도매를 해 온 경우[대판 1989.2.28. 88도1141]. [♠ 15 사시]
7. 국유재산을 대부받아 주유소를 경영하는 자가 담당 공무원에게 위 국유지상에 건축물을 건축할 수 있는지의 여부를 문의하여, 위 국유재산을 불하받을 것이 확실하고 또 만일 건축을 한 뒤에 위 국유재산을 불하받지 못하게 되면 건물을 즉시 철거하겠다는 각서를 제출하면 건축허가가 될 수 있다는 답변을 듣고, 건축허가를 받고 건물을 신축한 경우[대판 1993.10.12. 93도1888]. [♠ 06 사시]

8. 음반등법과 그 시행령 규정의 반대해석의 가능성 및 비디오물감상실의 관할부서의 행정지도 내용 등을 고려할 때[5] … 피고인이 자신의 비디오물감상실에 18세 이상 19세 미만의 청소년을 출입시킨 행위는 관련 법률에 의하여 허용된다고 믿었고, 그렇게 믿었던 것에 대하여 정당한 이유가 있는 경우에 해당한다[대판 2002.5.17. 2001도4077]. [♠ 06 사시]

9. 교통부장관의 허가를 얻어 설립된 사단법인 한국교통사고상담센타의 하부직원이 목적사업인 교통사고 피해자의 위임을 받아 사고 회사와의 사이에 화해의 중재나 알선을 하고 피해자로부터 교통부장관이 승인한 조정수수료를 받은 경우[대판 1975.3.25. 74도2882]. [♠ 02 사시]

10. 채권자가 관할공무원과 변호사에게 문의 확인하여 자기의 채권이 경제의 안정과 성장에 관한 긴급명령에 의해 신고해야 할 기업사채에 해당하지 않는다고 믿고 신고를 하지 않은 경우[대판 1976.1.13. 74도3680].

비교판례 피고인이 변호사에게 상세한 내용의 문의를 하지는 않았지만 자문을 받은 후 압류물을 집달관의 승인 없이 관할구역 밖으로 옮긴 경우 자신의 행위가 죄가 되지 않는다고 믿는 데에 정당한 이유가 있다고 할 수 없다[대판 1992.5.26. 91도894].

判例 착오에 정당한 이유를 부정한 경우(허가 또는 자격을 가진 자가 그 범위를 넘는 행위를 한 경우)

1. 활법(정부공인체육종목)의 사회체육지도자 자격증을 취득한 자가 당국의 인가를 받아 활법원을 설립·운영하면서 척추질환자들에게 신체불균형상태를 교정하는 시술을 하면서 자신의 행위가 무면허 의료행위에 해당하지 아니하여 죄가 되지 않는다고 믿은 경우[대판 1995.4.7. 94도1325; 동지 대판 2002.5.10. 2000도2807]. [♠ 06 사시]

2. 피고인이 탐정업을 세무서에 사업자등록 신청을 하자 세무서가 이를 받아 주어 사업자등록을 한 후 특정인 소재탐지, 사생활 조사 등의 행위를 하면서 죄가 되지 않는다고 믿은 경우[대판 1994.8.26. 94도780]. [♠ 06, 15 사시]

3. 자격기본법에 의한 민간자격관리자로부터 대체의학자격증을 수여받은 자가 사업자등록을 한 후 침술원을 개설하여 자신의 행위가 무면허 의료행위에 해당되지 아니한다고 믿고 체침시술을 한 경우[대판 2003.5.13. 2003도939].

4. 일반음식점 영업허가를 받은 자가 실제로는 주로 주류를 조리·판매하는 영업을 하더라도 일반음식점 영업허가를 받은 이상 청소년보호법의 규정에 저촉되지 않는다고 믿고 19세 미만의 청소년을 고용한 경우[대판 2004.2.12. 2003도6282]. [♠ 06 사시]

---

5) 음반·비디오물 및 게임물에 관한 법률 및 동시행령은 18세 미만자의 비디오방 출입을 금지하고 출입문에는 "18세 미만 출입금지"라는 표시를 부착하여야 한다고 규정하고 있었으며, 위 사건 전에 비디오물감상실의 관할부서는 업주들을 상대로 실시한 교육과정을 통하여 음반등법 및 그 시행령에서 규정한 '만 18세 미만의 연소자' 출입금지표시를 업소출입구에 부착하라고 행정지도를 하였을 뿐 청소년보호법에서 금지하고 있는 '만 18세 이상 19세 미만'의 청소년 출입문제에 관하여는 특별한 언급을 하지 않았다.

5. 관할 환경청장으로부터 임차차량에 대하여 특정 폐기물 수집 · 운반차량증을 발급받은 자가 무허가업자에게 폐기물운반차량을 운전사와 함께 임차하는 형식으로 폐기물 처리를 위탁한 경우 [대판 1998.6.23. 97도1189].

判例 정당한 이유의 인정여부(비교판례)

1-0. **(검찰의 무혐의 결정을 신뢰하고 유사한 행위를 한 경우 : 착오에 정당한 이유 인정)** 가감삼십전대보초와 한약 가지 수에만 차이가 있는 십전대보초를 제조하고 그 효능에 관하여 광고를 한 사실에 대하여 이전에 검찰의 혐의없음 결정을 받은 적이 있었던 피고인이 한의사 약사 한약업사 면허나 의약품판매업 허가 없이 의약품인 가감삼십전대보초를 판매한 경우[대판 1995.8.25. 95도717].

비교판례[6] i) 피고인이 한국무도교육협회의 정관에 따라 무도교습소를 운영하였고, 위 협회가 소속회원을 교육함에 있어서는 학원설립인가를 받을 필요가 없다고 한 검찰의 무혐의결정내용을 통지받은 사실만으로 피고인이 인가를 받지 않고 교습소를 운영한 것이 법률의 착오에 해당한다고 볼 수 없다고 한 사례[대판 1992.8.18. 92도1140].

ii) 숙박업소의 업주들과 공모하여 위성방송수신기 등을 이용하여 일본의 음란한 위성방송프로그램을 수신하여 숙박업소의 손님들로 하여금 시청하게 하여 구 풍속영업의 규제에 관한 법률 제3조 제2호 위반행위를 한 피고인이 그 이전에 그와 유사한 행위로 '혐의없음' 처분을 받은 전력이 있다거나 일정한 시청차단장치를 설치하였다는 등의 사정만으로는, 형법 제16조의 정당한 이유가 있다고 볼 수 없다고 한 사례[대판 2010.7.15. 2008도11679]. [♠ 15 사시]

1-1. **(검사의 무혐의 결정이 번복되었음에도 행위를 계속한 경우 : 착오에 정당한 이유 부정)** 검사가 피고인들의 행위에 대하여 범죄혐의 없다고 무혐의 처리하였다가 고소인의 항고를 받아들여 재기수사명령에 의한 재수사 결과 기소에 이르렀다. 이러한 사정하에서 검사의 불기소처분 전후에 피고인들이 자신들의 행위가 죄가 되지 않는다고 그릇 인식하고 위법행위를 한 경우[대판 1995.6.16. 94도1793].

判例 정당한 이유의 인정여부(※ 암기하는 것이 간편한 경우)

(1) 정당한 이유 인정

1. 이복동생의 이름으로 해병대에 지원입대하여 근무 중 휴가시, 위 동생이 군에 복무중임을 알았고, 다른 사람의 이름으로 군생활을 할 필요가 없다고 생각하여 귀대치 않다가 징병검사를 받고 예비역으로 복무하던 중에 군무이탈자의 자진복귀명령에 위반한 경우[대판 1974.7.23. 74도1399].
2. 주민등록지를 이전한 자가 이미 같은 주소에 예비군 대원신고가 되어 있었으므로 재차 동일 주소에 대원신고를 할 필요가 없다고 보아 대원신고를 하지 않은 경우[대판 1974.11.12. 74도2676].

---

6) 기본판례와 달리 검사의 '혐의 없음' 결정을 신뢰하였음에도 착오에 정당한 이유가 부정된 사례이다. 따라서 검사의 '혐의 없음' 결정에 대한 신뢰가 그 착오에 정당한 이유를 인정하는 절대적인 기준이 되는 것은 아니다. [♣ 16 변시]

(2) 정당한 이유 부정

1. 당국에 신고 후에 매장해야 한다는 것을 모르고 신고 없이 시체를 매장한 경우[대판 1979.8.28. 79도1671].
2. 장애인복지법 제50조 제1항에 의해 보장구제조허가를 받았고 또 한국보장구협회에서 다리교정기와 비슷한 기구를 제작·판매하고 있던 자가 다리교정기가 의료용구에 해당되지 않는다고 믿은 경우[대판 1995.12.26. 95도2188].
3. 정기간행물을 등록하지 않고 발행한 피고인들이 정기간행물의 등록을 강제하는 법률규정이 있다는 것을 몰랐고 또 그 간행물이 발행될 당시뿐만 아니라 그 발행이 중단되고 오랜 기간이 지난 다음에도 이에 대하여 문제가 제기된 바 없었다는 사정만으로는 피고인들이 그 행위가 죄가 되지 아니한다고 믿은 데 정당한 이유가 있다고 할 수 없다[대판 1994.12.9. 93도3223].
4. 부동산중개업자가 부동산중개업협회의 자문을 통하여 인원수의 제한 없이 중개보조원을 채용하는 것이 허용되는 것으로 믿고서 제한인원을 초과하여 중개보조원을 채용함으로써 부동산중개업법 위반행위에 이르게 된 경우[대판 2000.8.18. 2000도2943].
5. 법률 위반 행위 중간에 일시적으로 판례에 따라 그 행위가 처벌대상이 되지 않는 것으로 해석되었던 적이 있었다고 하더라도 그것만으로 자신의 행위가 처벌되지 않는 것으로 믿은 데에 정당한 이유가 있다고 할 수 없다[대판 2021.11.25. 2021도10903].[7] [♣ 23 변시]

判例 정당한 이유가 부정된 경우(책임있는 기관 회신 · 또는 전문가의 조언이라도 착오해서는 안되는 경우)

1. 가처분결정으로 직무집행정지 중에 있던 종단대표자가 종단소유의 보관금을 소송비용으로 사용함에 있어 변호사의 조언이 있었다는 것만으로 보관금인출사용행위가 법률의 착오에 의한 것이라 할 수 없다[대판 1990.10.16. 90도1604].
2. 건축업면허 없이 시공할 수 없는 건축공사를 피고인이 타인의 건설업면허를 대여받아 그 명의로 시공하였으나 위 면허의 대여가 감독관청의 주선에 의하여 이루어진 경우[대판 1987.12.22. 86도1175].
3. 약 23년 경력의 형사계 강력반장이 검사의 수사지휘를 받아 적법한 것이라 믿고 허위의 공문서를 작성한 경우[대판 1995.11.10. 95도2088]. [♠ 99 사시]
4. 유선비디오방송 또는 유선방송설비는 허가대상이 되지 않는다는 '체신부장관의 회신을 믿고' 당국의 허가없이 유선비디오방송설비를 설치한 경우[대판 1989.2.14. 87도1860], [대판 1987.4.14. 87도160].

7) [사실관계] 피고인들이 이 사건 사이트를 운영하던 도중에 대법원 2015.3.12. 선고 2012도13748 판결이 선고되었지만, 이 판결은 대법원 2021.9.9. 선고 2017도19025 전원합의체 판결로 변경되었다.

判例 정당한 이유의 인정여부(변리사와 관련된 판례)

1. **(정당한 이유 인정)** 변리사에게 문의 및 감정의뢰를 하여 이미 의장등록 되어 있는 타인의 상품(발가락 삽입부가 5개로 형성된 양말)과 피고인의 상품이 유사하지 않다는 전문적인 감정결과를 받아 특허국에 등록한 후 상품을 생산하였으나, 그 후 피고인의 의장등록이 취소된 경우라면 그 때까지의 상품생산행위는, 의장법 위반행위가 법령에 의하여 죄가 되지 않는다고 오인함에 정당한 이유가 있는 때에 해당한다[대판 1982.1.19. 81도646].
2. **(정당한 이유 부정)** i) 피고인이 변리사로부터 타인의 등록상표가 상품의 품질이나 원재료를 보통으로 표시하는 방법으로 사용하는 상표로서 효력이 없다는 자문과 감정을 받아 자신이 제작한 물통의 의장등록을 하고 그 등록상표와 유사한 상표를 사용한 경우, 설사 피고인이 위와 같은 경위로 자기의 행위가 죄가 되지 아니한다고 믿었다 하더라도 이러한 경우에는 누구에게도 그 위법의 인식을 기대할 수 없다고 단정할 수 없으므로 피고인은 상표법 위반의 죄책을 면할 수 없다[대판 1995.7.28. 95도702]. [♠ 02 사시] ※ "BIO TANK" 등록상표와 관련된 사건이다.
   ii) 甲은 변리사로부터 자신의 행위가 A의 상표권을 침해하지 않는다는 취지의 회답과 감정결과를 통보받았고, 특허청도 甲의 상표출원을 받아들여서 이를 등록하여 주기까지 하였다. 그리고 甲은 이 사건과 유사한 대법원의 판례들을 잘못 이해함으로써 자신의 행위는 죄가 되지 않는다고 확신을 하고 결국 A의 상표권을 침해하는 행위를 한 경우[대판 1998.10.13. 97도3337].

Ⅲ. 위법성조각사유의 전제사실의 착오

1. 의 의

① 위법성조각사유의 전제사실에 대한 착오란 행위자가 존재하지 않는 위법성조각사유의 객관적 전제사실이 존재한다고 오신하고 행위를 한 경우를 말한다(허용구성요건의 착오, 허용상황의 착오).

② i) 한밤중에 전보를 배달하러 온 우편배달부를 강도로 오인하고 상해를 입힌 경우(오상방위), ii) 전시에 아군을 적군으로 오인하고 폭격을 가한 경우(오상정당행위)가 그 예이다.

2. 법적 효과 [♠ 99, 00, 01, 03(2문제), 04(2문제), 05(2문제), 06, 07, 08(2문제), 09(2문제), 10, 12, 14, 15 사시]

[♣ 12, 14, 17, 21 변시]

	학 설	비 판
고의설	① 엄격고의설 : 현실적 위법성의 인식이 없으므로 고의가 조각되고 단지 과실범만 문제가 된다는 견해이다. ② 제한적 고의설 : 위법성의 인식가능성이 있었던 경우에는 고의범, 인식가능성마저 없었던 경우라면 불가벌	고의를 책임요소로 보고 이와는 이질적인 위법성의 인식을 고의의 내용으로 보는 것은 부당하다.

<table>
<tr><td>소극적구성요건표지이론</td><td>① 위법성조각사유는 소극적 구성요건표지로서 적극적 구성요건표지인 구성요건해당성과 더불어 불법구성요건을 형성하므로, 구성요건표지에 관한 착오와 같이 구성요건적 착오가 된다는 견해이다.
② 과실범의 성립여부만 문제된다.
③ 형법 제13조를 직접적용</td><td>① 상대방에 대한 침해를 인식·인용했음에도 불구하고 고의가 조각된다고 보는 것은 부당하다.
② 고의의 성질상 존재하지 않는 것에 대한 인식, 즉 위법성조각사유의 부존재에 대한 인식까지 요구하는 것은 부당하다.
③ 착오로 행위한 자를 이용한 경우에 공범성립을 인정할 수 없다.</td></tr>
<tr><td>엄격책임설</td><td>① 행위자가 구성요건적 사실 그 자체는 인식했으므로 구성요건적 고의는 조각될 수 없고, 착오로 위법성을 인식하지 못한 것이므로 금지착오가 된다는 견해이다.
② 착오에 정당한 이유가 없으면 고의범으로 처벌되고, 정당한 이유가 있으면 책임이 조각되어 처벌받지 않게 된다.</td><td>① 위법성조각사유의 전제사실에 대한 착오와 금지착오는 위법성의 인식이 없다는 점에서 동일한 점이 있으나 전자는 사실의 오인에 기인한 것이나 후자는 평가의 오류에 기인한 것이므로 양자를 동일시 할 수 없다.
② 착오가 회피가능한 경우 행위자를 고의범으로 처벌하는 것은 법감정에 반하고 형사정책적으로 바람직하지 않다.</td></tr>
<tr><td>제한적책임설</td><td>① 유추적용설 : 위법성조각사유의 객관적 전제사실은 구성요건의 객관적 요소와 유사성이 있으며, 행위자에게 구성요건적 불법을 실현하려는 의사가 없어 행위반가치가 부정되기 때문에 구성요건적 착오에 관한 규정을 유추적용하여 고의가 조각된다는 견해이다. 따라서 이 견해에 의하면 과실범의 성립여부만 문제된다.
② 법효과제한적 책임설(다수설) : 객체를 침해한다는 사실에 대한 인식·인용은 있으므로 구성요건적 고의는 조각되지 아니하나, 착오로 인하여 행위자의 심정반가치를 인정할 수 없으므로 책임고의가 조각되어 그 법적 효과에 있어서만 구성요건적 고의가 조각된 것처럼 과실범의 문제로 취급하자는 견해이다.</td><td>① 유추적용설 : ⅰ) 위법성단계에서의 문제를 가지고 이에 선행하는 단계인 구성요건의 주관적 요소(고의)에 영향을 미치게 하는 것은 체계구성논리에 반한다. ⅱ) 착오로 행위한 자를 이용한 경우에 공범성립을 인정할 수 없다.
② 법효과제한적 책임설 : ⅰ) 고의적인 행위불법은 그대로 인정하면서 처벌은 과실범으로 하는 이론구성은 논리일관성이 없고, ⅱ) 고의행위에 대하여 과실책임을 인정하는 것은 모순이다.
※(주의) 법효과제한적 책임설에 의하면 오상행위자에 가담한 자에 대하여 공범성립을 인정할 수 있다.</td></tr>
</table>

判例 오상정당행위(판례는 오인에 정당한 이유가 인정되면 위법성조각을 인정함)

당번병의 관사이탈행위는 중대장의 직접적인 허가가 없었다 하더라도 당번병으로서의 그 임무범위 내에 속하는 일로 오인하고 한 행위로서 그 오인에 정당한 이유가 있어 위법성이 없다고 볼 것이다[대판 1986.10.28. 86도1406].

학설의 핵심정리

	착오의 성질	법적 효과의 이론구성	공범성립
엄격고의설		고의책임 조각 → (과실범)	
소극적 구성요건표지이론	구성요건적 착오 (제13조 직접적용)	고의불법 조각 → (과실범)	불가능

엄격책임설	위법성의 착오	고의불법 인정[8] → 정당한 이유 유무에 따라 책임결정 → (고의범)	가 능 [♣18 변시]
유추적용설	제3의 착오 (제13조 유추적용)	고의불법 조각 → (과실범)	불가능
법효과제한적 책임설	제3의 착오	고의불법 인정, 고의책임 조각(심정반가치 탈락) → (과실범)	가 능

쟁점연구 **[위법성조각사유의 전제사실의 착오의 법적 효과]**

1. 문제점

위법성조각사유의 전제사실에 대한 착오에 빠져 행위한 자를 고의범으로 처벌할 것인지 과실범으로 처벌할 것인지 문제가 된다. (예컨대 甲이 한밤중에 전보를 배달하러 온 우편배달부 A를 강도로 오인하고 상해를 입힌 경우)

2. 학 설

① **소극적 구성요건요소이론** : 위법성조각사유의 요건은 소극적구성요건요소가 되므로 위법성을 조각하는 행위상황에 대한 착오는 구성요건적착오가 되고 따라서 고의를 조각하게 되며, 만약 행위자에게 과실이 있고 과실범처벌규정이 있는 경우에는 과실범으로 처벌된다고 한다.

② **유추적용설** : 위법성조각사유의 객관적 전제사실은 구성요건의 객관적 요소와 유사성이 있으므로 구성요건적 착오에 관한 규정을 유추적용하여 고의가 조각된다는 견해이다. 이 견해에 의하면 과실범의 성립여부만 문제된다.

③ **법효과제한적 책임설** : 법효과제한적책임설은 객체를 침해한다는 사실에 대한 인식 · 인용은 있으므로 구성요건적 고의는 조각되지 아니하나(고의불법 인정), 착오로 인하여 행위자의 심정반가치를 인정할 수 없으므로 책임고의가 조각되어 그 법적 효과에 있어서만 구성요건적 고의가 조각된 것처럼 과실범의 문제로 취급하자는 견해이다.

④ **엄격책임설** : 엄격책임설은 위법성조각사유의 전제사실의 착오를 포함한 모든 위법성조각사유에 관한 착오를 금지의 착오라고 해석한다. 따라서 착오에 정당한 이유가 없으면 고의범으로 처벌되고, 정당한 이유가 있으면 책임이 조각되어 처벌받지 않게 된다.

3. 판 례

대법원은 위법성조각사유의 전제사실의 착오의 경우 그 착오에 정당한 이유가 있는지 여부를 검토한 후 정당한 이유가 있으면 위법성을 조각하고, 정당한 이유가 없으면 고의범의 성립을 인정하고 있다.

4. 검 토 (법효과제한적 책임설 지지)

소극적구성요건표지이론과 유추적용설은 착오로 행위한 자에 가담한 자에 대하여 공범성립을 인정할 수 없다는 문제점이 있으며, 엄격책임설은 착오에 정당한 이유가 인정되지 않는 경

8) 아무런 악의 없이 자신에게 접근하는 상대방에게 지레 겁을 먹고 먼저 공격하여 상해를 입힌 경우(오상방위)엄격책임설은 위법성의 착오의 문제로 보아 고의범의 불법을 인정한 후(고의범의 구성요건해당성을 인정한다는 의미이다) 착오에 정당한 이유가 있는가의 여부에 따라 책임을 인정할 것인가의 문제로 해결한다. [♠ 09 사시]

우 행위자를 고의범으로 처벌하게 되어 법감정에 반한다. 또한 판례는 객관적으로 위법성조각사유가 구비되어 있지 않음에도 위법성 조각을 인정하는 문제가 있다. 따라서 위법성조각사유의 전제사실의 착오는 법효과제한적 책임설에 따라 해결하는 것이 타당하다. 법효과제한적 책임설에 따르면 위 예의 경우 甲에게는 상해의 불법은 인정되나 고의책임이 인정되지 않으므로 상해죄가 성립할 수 없다. 다만 오인에 과실이 인정되므로 과실치상죄의 죄책이 인정된다.[9]

사 례 연 습

【위조전사 착오】 ※ 법적 효과1 [♠99 사시]

강도 甲이 골목길에서 乙을 칼로 위협하며 금품을 요구하던 중, 乙은 "강도야"하고 소리치면서 甲의 손목을 붙들고 반항하였다. 이 때 그곳을 지나가던 행인 丙은 오히려 피해자 乙이 甲을 칼로 찌르려는 것으로 오인하여 주위에 있던 벽돌로 乙의 뒷머리를 쳐 전치 3주의 상해를 입혔다. 만약 丙에게 乙을 강도로 오인한 점에 대한 과실이 인정된다면, 각 학설에 따른 丙의 죄책에 관한 기술 중 옳지 않은 것은?

① 법효과제한적 책임설에 의하면 고의상해죄의 성립과 처벌이 인정됨
② 소극적 구성요건요소이론에 의하면 과실치상죄에 해당함
③ 엄격책임설에 의하면 고의상해죄에 해당함
④ 유추적용설에 의하면 과실치상죄의 성립과 처벌이 인정됨
⑤ 위법성의 인식의 체계적 지위에 관한 이론인 엄격고의설에 의하면 고의는 범죄사실에 대한 인식 이외에 현실적인 위법성의 인식을 필요로 하므로 과실치상죄에 해당함
⑥ 법효과제한적 책임설에 의하면 상해의 구성요건적 고의가 부인되므로 과실치상죄로 처벌됨

|해|설| ① **(틀림)** 위법성조각사유의 전제사실에 대한 착오(허용구성요건의 착오)에 관한 문제이다. 법효과제한적 책임설(다수설)에 따르면 허용구성요건의 착오에서 고의가 조각되는 것은 아니지만 고의책임과 고의형벌을 조각하여 법효과에 있어서 구성요건적 착오와 같이 취급한다. 따라서 사안의 경우 법효과제한적 책임설에 의하면 고의상해행위가 인정되지만 과실치상죄의 처벌을 인정하게 된다.
②③④⑤ **(옳음)** 학설 중에서 엄격책임설(고의범의 법적효과 인정 가능)을 제외한 나머지 학설은 각기 이론구성은 달리하지만 위법성조각사유의 전제사실에 대한 착오의 경우 과실범의 법적 효과를 인정한다는 점을 기억하면 쉽게 문제를 해결할 수 있다.
⑥ **(틀림)** 법효과제한적 책임설은 구성요건적 고의는 인정되나 책임고의가 조각되어 과실치상으로 처벌된다는 견해이다.

정답 (①, ⑥)

---

9) 판례를 지지하고 싶은 수험생의 경우 검토에서 판례에 대한 비판을 삭제한 후 법효과제한적 책임설은 고의행위에 과실책임을 인정하는 문제점이 있다는 점을 지적한 후 판례가 타당하다고 기술하면 충분하다.

제5절 기대가능성

출 제 point ➡ 기대가능성의 판단기준에 대한 판례의 입장을 정리해 두어야 한다. 형법 제12조의 '강요에 의한 행위'의 성립요건에 관한 판례 및 기대가능성 유무에 관한 판례가 종종 출제되고 있다.

Ⅰ. 서 론

1. 기대가능성의 의의

① 기대가능성이란 행위시의 구체적 사정으로 보아 행위자가 범죄행위를 하지 않고 적법행위를 할 것을 기대할 수 있는 가능성을 의미한다.

② 행위자에게 적법행위의 기대가능성이 없는 경우에는 책임이 조각된다.

2. 기대가능성이론의 발전

(1) 규범적 책임론

규범적 책임론은 책임의 본질을 불법에 대한 비난가능성으로 보는데 이러한 비난가능성은 적법행위의 기대가능성을 전제로 하므로 기대가능성은 규범적 책임론의 핵심개념이 될 수밖에 없다. 따라서 규범적 책임론의 입장에서는 적법행위에 대한 기대가능성이 없으면 책임을 물을 수 없게 된다. [♣12 변시]

(2) 기대가능성이론의 전개

① 독일제국법원은 악벽마(Leinenfänger)사건[1]에서 마부에게 적법행위의 기대가능성이 없다는 이유로 무죄를 선고하였고 이 판결을 이론적으로 체계화한 것이 Frank의 규범적 책임론이다.

② 우리나라에서도 기대불가능성을 일반적인 초법규적 책임조각사유로 보고 있다(판례, 통설). [♠13 사시]

Ⅱ. 기대가능성의 체계적 지위

① 고의 · 과실의 구성요소설,[2] 독립된 책임요소설,[3] 소극적 책임요소설(다수설)의 견해가 다투어지고 있다.

② 소극적 책임요소설은 책임조건(고의 · 과실)과 책임능력이 존재하면 원칙적으로 책임이 인정되고 기대가능성은 그것이 없는 때에 책임이 조각될 뿐이라고 해석하는 견해이다.

---

1) 마부가 주인의 명령에 따라 악습이 있는 말을 몰다가 통행인에게 상해를 입힌 사건이다. 독일제국법원은 마부에 대하여 해고의 위험을 무릅쓰고 말의 사용을 거부할 것을 기대할 수 없다는 이유로 무죄를 선고하였다.

2) 기대가능성을 책임의 심리적 요소인 고의 · 과실의 구성요소로 파악하여 기대가능성이 없으면 고의나 과실이 조각된다는 견해이다.

3) 기대가능성을 책임조건(고의 · 과실) 및 책임능력과 병렬적 위치에 있는 독립된 책임요소라고 하는 견해이다.

Ⅲ. 기대가능성이론의 기능

1. 초법규적 책임조각사유의 인정여부

기대불가능한 사정을 모두 실정법에 규정한다는 것은 불가능하고, 책임조각사유는 가벌성을 확장하는 것이 아니므로 실정법상의 근거가 반드시 필요한 것은 아니므로 초법규적 책임조각사유를 인정할 수 있다(다수설)[오영근, 433면].

2. 기대가능성이론의 적용범위

적법행위의 기대가능성이 없는 경우 부작위범과 과실범에 있어서는 구성요건해당성이 인정되지 않는다는 견해도 있으나, 적법행위의 기대가능성이 없는 경우에는 구성요건에 해당하는 위법한 행위의 책임이 조각될 뿐이다(다수설).

Ⅳ. 기대가능성의 판단기준

	내 용	비 판
행위자표준설	행위 당시의 행위자의 구체적 사정하에서 행위자의 능력을 기준으로 적법행위의 기대가능성의 유무를 판단해야 한다는 견해이다.	① 극단적인 경우 어떤 행위자에게도 기대가능성이 없다고 하게 되어 책임비난이 불가능하게 된다. ② 확신범은 항상 기대가능성이 없으므로 책임이 조각되어 처벌하지 못하게 된다.
평균인표준설 **(판례, 통설)**	사회일반의 평균인이 행위자의 입장에 있었을 경우를 기준으로 적법행위의 기대가능성의 유무를 판단해야 한다는 견해이다.	평균인(통상인)이라는 개념이 불명확하다.
국가표준설	적법행위를 기대하고 있는 국가가 법질서 내지 현실을 지배하고 있는 국가이념에 따라 판단해야 한다는 견해이다.	국가는 항상 국민에게 법질서의 준수를 기대하고 있기 때문에 기대가능성이 없어 책임이 조각되는 경우란 거의 없게 된다. [♠ 08 사시]

判例 기대가능성의 판단기준 = 사회평균인

기대가능성은 행위자가 특정한 행위를 하여야 할 시기에 적법행위를 이행할 수 있었으리라고 기대할 만한 가능성을 일컫는 것으로서 그 특정행위를 할 당시 행위자가 처하였던 구체적 상황 아래서 사회평균인을 기준으로 그 적법행위를 기대할 가능성의 유무로써 판단되어야 할 것인 바, 양심적 병역거부자의 양심상의 결정이 적법행위로 나아갈 동기의 형성을 강하게 압박할 것이라고 보이기는 하지만 그렇다고 하여 그가 적법행위로 나아가는 것이 실제로 전혀 불가능하다고 할 수는 없다고 할 것인바, 법규범은 개인으로 하여금 자기의 양심의 실현이 헌법에 합치하는 법률에 반하는 매우 드문 경우에는 뒤로 물러나야 한다는 것을 원칙적으로 요구하기 때문이다[대판(전) 2004.7.15. 2004도2965]. [♠ 08, 15 사시] [♣ 12, 18 변시]

判例 기대가능성이 인정되는 경우

1. **(상위자의 범법행위에 가담)** 직장의 상사가 범법행위를 하는데 가담한 부하에게 직무상 지휘 · 복종관계에 있다 하여 범법행위에 가담하지 않을 기대가능성이 없다고 할 수 없다[대판 1999.7.23. 99도1911]. [♠ 14 사시] [♣ 18, 23 변시]

   동지판례 i) 탄약창고의 보초근무를 하던 피고인이 그 창고 내에서 포탄피를 절취하는 현장을 목격하고도 그것을 제지하지 않았으며 상관에게 보고하지도 않고 묵인한 행위는 그 절취자들이 비록 피고인을 명령 · 지휘할 수 있는 상급자들이었다 할지라도 기대가능성이 없는 불가피한 행위이었다고는 할 수 없다[대판 1966.7.26. 66도914]. ii) 피고인이 비서라는 특수신분 때문에 주종관계에 있는 공동피고인들의 지시를 거절할 수 없어 뇌물을 공여한 것이었다 하더라도 그와 같은 사정만으로는 피고인에게 뇌물공여 이외의 반대행위를 기대할 수 없는 경우였다고 볼 수 없다[대판 1983.3.8. 82도2873].

2. **(고의에 의한 부정시험)** 甲이 출제교수들로부터 대학원신입생전형시험문제를 제출받아 알게 된 것을 乙, 丙 등에게 그 시험문제를 알려주었고 그렇게 알게 된 乙, 丙 등이 그 답안쪽지를 작성한 다음 이를 답안지에 그대로 베껴 써서 그 정을 모르는 시험감독관에게 제출한 경우에 이들에게 위계에 의한 업무방해죄를 인정하였다고 하여 기대가능성에 대한 법리를 오해한 것이라고 볼 수 없다[대판 1991.11.12. 91도2211]. [♠ 15 사시]

   비교판례 **(우연히 알게된 답을 기재한 부정시험)** 입학시험에 응시한 수험생으로서 자기 자신이 부정한 방법으로 탐지한 것이 아니고 우연한 기회에 미리 출제될 시험문제를 알게 되어 그에 대한 답을 암기하였을 경우, 그 암기한 답에 해당된 문제가 출제되었다 하여도 위와 같은 경위로서 암기한 답을 그 입학시험 답안지에 기재하여서는 아니된다는 것을 그 일반 수험자에게 기대한다는 것은 보통의 경우 도저히 불가능하다 할 것이다[대판 1966.3.22. 65도1164].

3. 처자가 생활고로 행방불명이 된 사정이 있다고 하더라도 그 사정만으로서 군에 귀대할 수 있는 기대가능성이 없어 군무이탈의 범의나 책임이 없다고 할 수 없다[대판 1969.12.23. 69도2084].

4. 전방 철책선을 순찰 중이던 소대장이 상관인 중대장이 월북을 기도하면서 철책문을 열라고 소총으로 위협하자 중대장에게 사격을 가하라는 공격지휘를 하지 않고 다만 "연락하라."고만 두세 번 소리치고 도주한 경우, 피고인과 같은 지위에서 근무하는 장교로서는 아무도 피고인이 취한 행동 이상의 행위를 기대할 수 없었다고는 볼 수 없다[대판 1970.11.24. 70도1984].

5. 당직자 회의장소가 아닌 음식점에서 참석 당직자만이 아닌 일반당원도 포함시켜 술 등 음식을 제공한 행위를 공직선거법 제142조 제3항에 의하여 허용되는 기부행위라고 볼 수 없고, 이를 의례적이거나 직무상의 행위로 사회상규에 위배되지 아니하거나 기대가능성이 없는 행위로 볼 수도 없다[대판 1998.6.9. 97도856].

6. 단지 당국이 피고인이 간부로 있는 전국교직원노동조합이나 기타 단체에 대하여 모든 옥내외 집회를 부당하게 금지하고 있다고 하여 그 집회신고의 기대가능성이 없다 할 수 없으므로, 위와 같은 이유만으로 관할경찰서장에게 신고하지 않고 옥외집회를 주최한 것이 죄가 되지 않는다고 할 수 없다[대판 1992.8.14. 92도1246]. [♠ 14 사시]

7. 국토이용관리법 제21조의7 제1항에 의하면 신고지역으로 지정된 구역 안에 있는 토지 등의 거래계약을 체결하고자 하는 당사자는 공동으로 그 조항 소정의 신고를 하게 되어 있지 이전등기시에 하게 되어 있지는 않으므로 매수인이 토지를 미등기 전매하는 경우라고 하여 매도인의 당초의 거래에 대한 신고의 기대가능성이 없다고 할 수는 없다[대판 1990.10.30. 90도1798].
8. 불법 건축물이라는 이유로 일반음식점 영업신고의 접수가 거부되었고, 이전에 무신고 영업행위로 형사처벌까지 받았음에도 계속하여 일반음식점 영업행위를 한 피고인의 행위는, 식품위생법상 무신고 영업행위로서 정당행위 또는 적법행위에 대한 기대가능성이 없는 경우에 해당하지 아니한다[대판 2009.4.23. 2008도6829].

判例 기대가능성이 인정되지 않는 경우

수학여행을 온 대학교 3학년생 34명이 지도교수의 인솔하에 피고인 경영의 나이트클럽에 찾아와 단체입장을 원하므로 그들 중 일부만의 학생증을 제시받아 확인하여 본 즉 그들이 모두 같은 대학교 같은 학과 소속의 3학년 학생들로서 성년자임이 틀림없어 나머지 학생들의 연령을 개별적, 기계적으로 일일이 증명서로 확인하지 아니하고 그들의 단체입장을 허용함으로써 그들 중에 섞여 있던 미성년자(19세 4개월 남짓 된 여학생) 1인을 위 업소에 출입시킨 결과가 된 경우[대판 1987.1.20. 86도874].

Ⅴ. 기대가능성에 대한 착오

1. 기대가능성의 존재와 한계에 대한 착오

행위자가 스스로 판단할 성질의 것이 아니기 때문에 법적으로 아무런 의미가 없다.

2. 기대가능성의 기초가 되는 사정에 대한 착오

행위자가 적법행위의 기대가 불가능한 사정이 존재하지 아니함에도 불구하고 존재한다고 오신한 경우를 말한다(예 자신의 생명에 대한 협박이 없음에도 불구하고 존재한다고 오신하여 위법행위를 한 경우). 착오에 정당한 이유가 있으면 책임이 조각되고 정당한 이유가 없으면 책임이 조각되지 않는다(다수설).

Ⅵ. 기대불가능성으로 인한 책임조각사유

	책임조각사유	책임감면사유	책임감경사유
총칙규정	① 강요된 행위 ② 면책적 과잉방위 ③ 면책적 과잉피난	① 과잉방위 ② 과잉피난 ③ 과잉자구행위	
각칙규정	④ 친족간 범인은닉죄 (제151조 제2항) ⑤ 친족간 증거인멸죄 (제155조 제4항)		① 도주원조죄보다 단순도주죄가 법정형이 경함 ② 위조통화행사죄보다 위조통화취득 후 지정행사죄가 법정형이 경함
초법규적 책임조각 사유	① 절대적 구속력이 있는 상관의 위법한 명령에 따른 행위(통설) ② 면책적 긴급피난(동가치법익 내지 비교형량이 불가능한 법익간의 충돌) ③ 의무의 충돌시 부득이 낮은 가치의 의무를 이행한 행위, 다만 의무의 서열을 잘못 알고 낮은 가치의 의무를 이행한 경우에는 금지착오의 문제가 된다. ④ 생명 · 신체 이외의 법익(예 자유, 비밀, 명예, 정조, 재산)에 대한 강요된 행위		

Ⅶ. 강요된 행위

제12조(강요된 행위) 저항할 수 없는 폭력이나 자기 또는 친족의 생명, 신체에 대한 위해를 방어할 방법이 없는 협박에 의하여 강요된 행위는 벌하지 아니한다. [♠ 15 사시] [♣ 18 변시]

1. 의의와 법적 성질

(1) 의 의

강요된 행위란 저항할 수 없는 폭력이나 자기 또는 친족의 생명 · 신체에 대한 위해를 방어할 방법이 없는 협박에 의한 행위를 말한다. (예 계속되는 남편의 폭행을 견디다 못한 그 처가 남편의 요구대로 타인을 무고한 경우)

(2) 법적 성질

강요된 행위는 적법행위의 기대가능성이 없다는 점을 고려하여 책임조각사유로 규정한 것이다. [♠ 10, 12 사시] [♣ 12 변시]

2. 제12조의 적용요건

(1) 강제상태

① 저항할 수 없는 폭력

㉮ 폭력의 수단은 제한이 없으며 직접폭력 · 간접폭력(예 감금, 마취)을 불문한다.

㉯ i) 제12조의 폭력에는 강제적 폭력(심리적 폭력)[4]은 포함되나 절대적 폭력[5]은 포함되지 아니한다(판례 · 통설). [♠ 00, 10 사시] ii) 절대적 폭력에 의한 경우 피강요자의 의사를 인정할 수 없어 피강요자의 행위는 형법상의 행위라고 할 수 없으므로 구성요건해당성이 조각된다.

判例 **(저항할 수 없는 폭력의 의미)** 형법 제12조 소정의 저항할 수 없는 폭력은, 심리적인 의미에 있어서 육체적으로 어떤 행위를 절대적으로 하지 아니할 수 없게 하는 경우와 윤리적 의미에 있어서 강압된 경우를 말하고, 협박이란 자기 또는 친족의 생명 · 신체에 대한 위해를 달리 막을 방법이 없는 협박을 말하며, 강요라 함은 피강요자의 자유스런 의사결정을 하지 못하게 하면서 특정한 행위를 하게 하는 것을 말한다[대판 1983.12.13. 83도2276]. [♠ 10, 11 사시] [♣ 17, 18 변시]

㉰ 물리적 힘의 열세로 폭력에 저항할 수 없는 경우뿐만 아니라 폭력을 제거할 힘은 있더라도 이를 거부할 수 없는 경우도 포함한다.

㉱ 물건에 대한 유형력의 행사라도 간접적으로 사람의 의사형성에 영향을 미칠 수 있으면 폭력에 해당된다. [♠ 00 사시]

② 자기 또는 친족의 생명 · 신체에 대한 위해를 방어할 방법이 없는 협박

㉮ 친족의 범위는 민법에 의해서 결정된다. 다만 제12조의 취지에 비추어 사실상의 부부와 사생아도 포함된다(통설).

㉯ 생명 · 신체 이외의 법익(예 자유, 재산, 명예, 비밀)에 대한 위해는 제12조가 적용될 수 없으며 초법규적 책임조각사유가 될 수 있을 뿐이다(통설).

㉰ 협박은 명시적 · 묵시적인 것을 불문한다. [♠ 10 사시]

判例 강요된 행위로 인정되는 경우

1. **(납북된 상태에서 국가보안법 위반행위를 한 사건)** 북괴에 납북된 피고인들이 앞으로 대한민국으로 돌아갈 수 있을 것인지조차 명백히 알 수 없는 상태에서 그들 요구대로 강연을 하는 등 북괴의 활동을 찬양 고무하고 정보를 제공한 것은 피고인들의 생명, 신체에 대한 위해를 방어할 방법이 없는 협박에 의하여 강요된 행위이며 이를 거부할 기대가능성이 없다고 봄이 상당하다[대판 1971.12.14. 71도1657].
2. 18세 소년이 취직할 수 있다는 감언에 속아 도일하여 지리나 인정 등이 생소한 일본국에서 조총련 간부들의 감시 내지 감금하에 강요에 못이겨 공산주의자가 되어 북한에 갈 것을 서약한 행위는 강요된 행위라고 볼 수밖에 없다[대판 1972.5.9. 71도1178]. [♠ 04 사시]

---

4) 피강요자에 대하여 의사형성에 영향을 미치는 심리적 폭력을 말한다.

5) 피강요자에 대하여 육체적 면에서 절대적으로 저항할 수 없도록 하는 물리적 폭력을 말한다(예 강제로 남의 손을 꺾어 타인을 폭행하게 하는 경우).

判例 강요된 행위로 인정되지 않는 경우

1. **(김현희 사건)** 형법 제12조에서 말하는 강요된 행위는 저항할 수 없는 폭력이나 생명 · 신체에 위해를 가하겠다는 협박 등 다른 사람의 강요행위에 의하여 이루어진 행위를 의미하는 것이지 어떤 사람의 성장교육과정을 통하여 형성된 내재적인 관념 내지 확신으로 인하여 행위자 스스로의 의사결정이 사실상 강제되는 결과를 낳게 하는 경우까지 의미한다고 볼 수는 없다[대판 1990.3.27. 89도1670].
   [♠10 사시]
2. **(납북된 후 남한에 잠입한 후에도 자수하지 않은 사건)** 북괴에 가게된 것이 자의에 의한 것이 아니었다고 하더라도 북괴로부터 무전기 외 난수표, 공작금을 받고 남한에 잠입한 점, 잠입 후 바로 수사기관에 자수하지 아니한 점 등에 비추어 보면 피고인의 북괴지역에서의 행위 내지 남한에서의 간첩방조행위가 강요된 행위라고는 볼 수 없다[대판 1968.9.24. 68도841].
3. 공범자가 자기를 따라다니지 아니하면 때려준다고 말하였다고 하더라도 그 정도의 사유만으로는 피고인의 5회에 걸친 절취행위가 강요된 행위에 해당한다고 볼 수 없다[대판 1968.4.2. 68도221].
4. 단체사이의 상하관계에서 오는 구속력 때문에 이루어진 행위라는 사유만으로는 그 행위를 강요된 행위라 볼 수 없다[대판 1986.9.23. 86도1547].
5. 휘발유 등 군용물의 불법매각이 상사인 포대장이나 인사계 상사의 지시에 의한 것이라 하여도 그 같은 지시가 저항할 수 없는 폭력이나 자기 또는 친족의 생명, 신체에 대한 위해를 방어할 방법이 없는 협박에 상당한 것이라고 인정되지 않은 이상 강요된 행위로서 책임성이 조각된다고 할 수 없다[대판 1983.12.13. 83도2543].

③ 자초한 강제상태 : 피강요자의 책임 있는 사유로 인하여 강제상태가 야기된 때에는 적법행위에 대한 기대가능성이 없었다고 할 수 없어 강요된 행위에 해당하지 않는다.

判例 자진월북 = 강요된 행위×

반국가단체의 지배하에 있는 북한지역으로 탈출하는 자는 특별한 사정이 없는 한 북한집단구성원과의 회합이 있을 것이라는 사실을 예측할 수 있고 자의로 북한에 탈출한 이상 그 구성원과의 회합은 예측하였던 행위이므로 강요된 행위라고는 인정할 수 없다[대판 1973.1.30. 72도2585]. [♠00, 03 사시]

동지판례 피고인이 단신 월북하여 조선노동당에 가입하고 남파되어 간첩행위를 한 것은 북한공산 도배의 강요에 의하여 저질러진 행위에 해당한다고 할 수 없다[대판 1958.9.26. 4291형상351].

判例 납북 경험이 있는 자의 월선조업 중 납북 = 강요된 행위×

피고인이 그 전에 선원으로 월선조업을 하다가 납북되었다가 돌아온 경험이 있는 자로서 월선하자고 상의하여 월선조업을 하다가 납치되어 북괴의 물음에 답하여 제공한 사실을 강요된 행위라 할 수 없다[대판 1971.2.23. 70도2629].

(2) 강요된 행위

① 피강요자의 행위는 구성요건에 해당하는 위법한 행위여야 하며, 폭력 · 협박과의 사이에 인과관계가 인정되어야 한다. 인과관계가 없을 경우에는 피강요자의 책임이 조각되지 않고, 피강요자가 강요자와 공범이 될 수 있다. [♠ 00 사시]

② 피강요자는 강요된 상태에서 부득이 위난을 피하기 위하여 행위를 한다는 인식이 있어야 한다.

3. 강요된 행위의 효과

(1) 피강요자의 책임

① 강요된 행위는 책임이 조각된다.

② 강요된 행위의 경우에도 위법성은 조각되지 않으므로 이에 대한 정당방위는 가능하다. [♠ 11 사시]

(2) 강요자의 책임

① 행위자를 자유 없이 행위하는 도구로 이용하였기 때문에 강요한 범죄의 간접정범이 성립한다(통설).

② 강요자는 강요행위 자체에 대하여 강요죄(직접정범)가 성립한다. [♠ 00 사시]

③ 위 양죄는 상상적 경합범이 성립한다.

제5장 미 수 론

제1절 미수범의 일반이론

1. 범죄의 실현단계

(1) 범죄의사

범죄의사는 그것이 외부에 실현되지 않는 때에는 형법적 평가의 대상이 될 수 없다.

(2) 예비 · 음모

① 예비란 범죄의사의 실현을 위한 준비행위로서 실행의 착수 전의 행위를 말한다.

② 음모란 2인 이상이 일정한 범죄의 실현을 위하여 서로 의사를 교환하고 합의하는 것을 말한다. 따라서 단순한 범죄의사의 표시 · 전달은 음모라고 할 수 없다.

③ 예비와 음모는 법률에 특별한 규정이 없는 한 벌하지 아니한다(제28조).

判例 **음모 = 범죄실행의 합의 + 합의에 실질적 위험성 O**

형법상 음모죄가 성립하는 경우의 음모란 2인 이상의 자 사이에 성립한 범죄실행의 합의를 말하는 것으로, 범죄실행의 합의가 있다고 하기 위하여는 단순히 범죄결심을 외부에 표시 · 전달하는 것만으로는 부족하고, 객관적으로 보아 특정한 범죄의 실행을 위한 준비행위라는 것이 명백히 인식되고, 그 합의에 실질적인 위험성이 인정될 때에 비로소 음모죄가 성립한다[대판 1999.11.12. 99도3801].

(3) 미 수

① 범죄의 실행에 착수하여 행위를 종료하지 못하였거나 결과가 발생하지 아니한 경우를 말한다(제25조 제1항).

② 미수는 실행에 착수하였다는 점에서 예비나 음모와 구별된다.

③ 미수에는 장애미수(제25조), 중지미수(제26조), 불능미수(제27조)가 있다.

④ 미수범을 처벌할 죄는 각칙의 해당 죄에서 정한다(제29조).

제250조(살인) ① 사람을 살해한 자는 사형, 무기 또는 5년 이상의 징역에 처한다.
제254조(미수범) 본죄의 미수범은 처벌한다.

(4) 기 수

① 실행에 착수한 행위가 구성요건의 모든 표지를 충족시킨 경우를 말한다.

② 형법이 원칙적으로 처벌대상으로 하는 범죄형태이다.

判例 범죄의 기수시기

(1) 개인적 법익에 관한 죄

1. **주거침입죄** : 야간에 타인의 집의 창문을 열고 집 안으로 얼굴을 들이미는 등의 행위를 하였다면 피고인이 자신의 신체의 일부가 집 안으로 들어간다는 인식하에 하였더라도 주거침입죄의 범의는 인정되고, 또한 비록 신체의 일부만이 집 안으로 들어갔다고 하더라도 사실상 주거의 평온을 해하였다면 주거침입죄는 기수에 이르렀다[대판 1995.9.15. 94도2561]. [♠ 00, 03, 04 사시]
2. **공갈죄** : 부동산에 대한 공갈죄는 그 부동산에 관하여 소유권이전등기를 경료받거나 또는 인도를 받은 때에 기수로 되는 것이고, 소유권이전등기에 필요한 서류를 교부받은 때에 기수로 되어 그 범행이 완료되는 것은 아니다[대판 1992.9.14. 92도1506]. [♠ 07, 15 사시]
3. **강간치상죄** : 강간의 기수·미수를 묻지 않고 피해자에게 상해를 입힌 때[대판 1984.7.24. 84도1209].

(2) 사회적 법익에 관한 죄

1. **방화죄** : 불이 매개물을 떠나 독자적으로 연소할 수 있는 상태에 이른 때[대판 1970.3.24. 70도330]. [♠ 08 사시]
2. **선박매몰죄** : 사람이 현존하는 선박에 대해 매몰행위의 실행을 개시하고 그로 인하여 선박을 매몰시켰을 때 … 매몰의 결과발생시 사람이 현존하지 않았거나 범인이 선박에 있는 사람을 안전하게 대피시켰다고 하더라도 선박매몰죄의 기수로 보아야 할 것이지 이를 미수로 볼 것은 아니다[대판 2000.6.23. 99도4688].

(3) 국가적 법익에 관한 죄

1. **내란죄** : 다수인이 결합하여 국토를 참절하거나 국헌을 문란할 목적으로 한 지방의 평온을 해할 정도의 폭행·협박행위를 한 때[대판(전) 1997.4.17. 96도3376].
2. **간첩죄** : 간첩이 국가기밀을 탐지·수집한 때[대판 1963.12.12. 63도312]. [♠ 11 사시]

(4) 기 타

1. **진정부작위범** : 일정기간 내에 잘못된 상태를 바로잡으라는 행정청의 지시를 이행하지 않았다는 것을 구성요건으로 하는 범죄인 진정부작위범의 경우 그 의무 이행기간이 경과한 때[대판 1994.4.26. 93도1731]. [♣ 23 변시]
2. **정치자금법위반죄** : 정치자금법에 정하지 않은 방법으로 정치자금을 기부받음으로써 정치자금부정수수죄가 기수에 이른 이후에 정치자금을 기부받은 사람이 실제로 그 자금을 정치활동을 위하여 사용하였는지는 범죄의 성립에 영향을 미치지 않는다[대판 2018.5.11. 2018도4075].

(5) 종 료

기수 이후에 보호법익에 대한 침해가 실질적으로 끝난 경우를 말한다.

2. 미수의 처벌근거

(1) 객관설과 주관설

	객관설	주관설
처벌근거	구성요건적 결과실현(결과불법)에 근접한 위험성	행위에 의하여 표현된 법적대적 의사
논 거	예비, 미수, 기수의 모든 단계에서 고의는 동일하므로 예비와 미수의 한계는 객관적 측면에서 찾아야 한다.	행위자가 실행에 착수하여 법적대적 의사를 표현한 이상 보호법익에 대한 직접적인 위험이 없어도 원칙적으로 처벌되어야 한다.
이론적 배경	객관주의 범죄이론	주관주의 범죄이론
미수범의 불법	구성요건적 결과를 야기할 위험성이라는 결과반가치	범죄의사에 의하여 나타난 행위반가치
불능범의 취급	법익침해의 위험성이 없으므로 불가벌	법적대적 의사가 존재하므로 가벌성 인정
미수범의 처벌	법익침해의 위험성이 있는 미수는 법익이 침해된 기수보다 필요적으로 감경	기수와 미수는 법적대적 의사가 동일하므로 동일하게 처벌 [♠ 04 사시] [♣ 18 변시]
장애미수범 규정의 의미	처벌확장사유	처벌축소사유

(2) 절충설

① 미수의 처벌근거

㉮ 미수의 처벌근거는 범죄의사에 있지만, 미수의 가벌성은 행위자의 법적대적 의사에 기한 범죄행위가 일반인에게 법질서의 효력과 법적 안정성을 침해한다는 인상을 주었을 때 인정된다는 견해이다(인상설, 통설).

㉯ 주관설에 의한 미수범의 범위를 객관적 표준에 의하여 제한하고자 하는 주관주의와 객관주의의 절충적 입장이다.

② **미수범의 불법** : 행위반가치와 결과반가치의 결합에 있다고 본다.

③ **불능범의 취급** : 법적 평온상태가 교란된다는 인상을 주지 않으므로 가벌성을 인정하지 아니한다.

④ **미수범의 처벌** : 기수범에 대하여 임의적 감경을 인정한다.

判例 미수를 기수에 준해서 처벌하는 법의 위헌여부(합헌)

어느 범죄에 대해서 미수를 기수에 준해서 또는 방조범을 정범에 준해서 처벌하는 것은 그 범죄에 대한 형사정책적인 필요에 대한 입법적인 합리적 고려에 의한 것으로서 헌법 제9조의 평등의 원칙에 위배된다고 할 수 없다[대판 1980.1.29. 79도2663].

판례해설 특가법위반죄와 관세법위반죄의 경우에 미수를 기수에 준하여 처벌하도록 규정한 예가 있다.

제2절 장애미수

실행의 착수는 형법에서 가장 중요한 개념에 해당한다. 실행의 착수시기, 인정여부에 관한 판례는 거의 매년 출제되고 있다고 해도 과언이 아니다. 실행의 착수는 각종 논점에서 요건에 해당하므로 사례형에서도 매년 출제될 수 있는 부분이다.

제25조(미수범) ① 범죄의 실행에 착수하여 행위를 종료하지 못하였거나 결과가 발생하지 아니한 때에는 미수범으로 처벌한다.
② 미수범의 형은 기수범보다 감경할 수 있다.

Ⅰ. 의 의

행위자가 범죄의 실행에 착수하였으나 의외의 장애사유로 인하여 범죄를 완성하지 못한 경우를 말한다.

Ⅱ. 장애미수의 성립요건

1. 주관적 구성요건

(1) 고 의

① 미수범의 경우에도 기수범과 같은 고의, 즉 특정한 구성요건의 실현에 대한 인식과 의사가 있어야 한다.

㉮ 실현의사가 없는 과실범의 미수는 있을 수 없으며 형법은 과실범의 미수를 처벌하는 규정을 두고 있지 않다.

㉯ 행위자가 처음부터 미수에 그치겠다는 고의를 가진 경우에는 기수의 고의가 없는 경우여서 미수범이 성립할 수 없다.

② 구성요건 실현의사는 무조건적인 확정적 행위의사여야 한다.

㉮ 행위자가 범죄를 행할 것인가를 결의하지 않은 조건부 행위의사(미필적 행위의사)는 고의로 인정되지 아니한다(예 보석가게에서의 절도를 계획한 자가 경보장치가 있을지도 모른다는 생각에서 최종결정을 내리지 못하고 경보장치의 유무를 확인하기 위하여 기웃거린 경우[김성돈, 468면]).

㉯ 행위의사가 확정적이면 그 실행이 일정한 조건에 좌우되는 경우(조건부 범행결의)에도 고의는 인정된다(예 장롱을 뒤져 보아서 금품이 있으면 훔치고 그렇지 않으면 그만두겠다고 결의한 경우[배종대, 428면]). [♣16 변시]

(2) 특별한 주관적 구성요건요소

고의 이외에 특별한 주관적 구성요건요소를 요하는 범죄(예 목적범, 영득죄)의 경우에는 그러한 요소(예 목적, 불법영득의사)도 미수범의 주관적 구성요건요소가 된다. [♣18 변시]

2. 실행의 착수

(1) 의 의

① 구성요건을 실현하는 행위를 직접적으로 개시하는 것을 말한다.

② 실행의 착수는 예비 · 음모와 미수를 구별하는 기준이 된다.

(2) 학설의 검토 [♠05, 07, 08, 09 사시]

	내 용	비 판
형식적 객관설	구성요건에 해당하는 정형적인 행위 또는 그 일부행위를 시작한 때에 실행의 착수가 있다고 보는 견해이다. 예 절도죄(재물을 손으로 잡을 때), 살인죄(권총의 방아쇠를 당길 때)[1]	① 실행의 착수를 인정하는 시점이 너무 늦다(형사정책적 결함). ② 간접정범의 실행의 착수를 설명하기 곤란하다.
실질적 객관설	① Frank의 공식 : 자연적으로 보아 구성요건적 행위와 필연적 결합관계에 있는 구성요건 실현의 전 단계의 행위도 실행의 착수가 인정된다는 견해이다. ② 행위가 보호법익에 대하여 직접적인 위험을 야기시킨 때 또는 법익침해에 밀접한 행위가 있을 때에 실행의 착수가 있다고 보는 견해이다.	① 기준이 명백하지 못하다. ② 행위자의 범죄계획을 고려하지 아니하므로 실행의 착수시점을 판단하기 곤란하다.
주관설	행위자의 범죄의사를 기본으로 실행의 착수시기를 결정하려는 견해로, 범죄적 의사(범의)가 그 수행적 행위에 의하여 확정적으로 나타난 때 또는 범의의 비약적 표동이 있는 때 실행의 착수가 있다고 보는 견해이다.	① 범죄의사의 표현이라는 점에 있어서는 예비와 미수가 동일하므로 미수를 예비의 단계까지 확장할 우려가 있다(미수범의 처벌범위가 지나치게 확대). ② 범죄의사에만 의존하여 실행의 착수를 판단하므로 구성요건적 행위정형성을 도외시하여 죄형법정주의에 반할 우려가 있다.
절충설 (주관적 객관설) (다수설)	행위자의 주관적인 범죄계획(주관적 기준)에 비추어 구성요건 실현에 대한 직접적 행위(객관적 기준)가 있을 때 실행의 착수가 있다고 보는 견해이다.	

1) 강도할 생각으로 복면을 하고 아파트 벨을 눌러 나오는 사람이 있으면 폭행하여 집 안으로 들어갈 계획이었으나 벨을 눌러도 나오지 않아 그만둔 경우, 형식적 객관설에 따르면 강도죄의 실행의 착수가 인정되지 않으므로 강도예비죄가 성립할 뿐이다. [♠04 사시]

사례연습

【실질적 객관설과 주관적 객관설의 차이】 [♠ 05 사시]

아래 〈문장〉의 (　) 안에 들어갈 말을 〈보기 1〉과 〈보기 2〉에서 순서대로 골라 넣어 문장을 완성하시오.

〈문 장〉

실행의 착수에 대한 (　)에 따르면 미수의 범위는 범죄에 대한 행위자의 주관적 표상과 구성요건을 실현하기 위한 직접적 행위, 즉 행위자의 전체범죄계획에 비추어 볼 때 직접적으로 보호객체에 대한 위험이라는 두 개의 표준에 의해 결정된다. 그러므로 살해의 의사로 독약이 든 음식물을 피해자의 냉장고에 넣어둔 행위는 이 학설에 의하면 (　).

〈보기 1〉

㉠ 형식적 객관설　㉡ 실질적 객관설　㉢ 주관설　㉣ 주관적 객관설

〈보기 2〉

a. 아직 구성요건에 규정되어 있는 살해행위가 아니므로 실행의 착수를 인정할 수 없다.
b. 구성요건적 행위와 필연적으로 결합되어 있어 법적 관점이 아닌 자연적 관점에서는 살해행위의 일부로 보이므로 실행의 착수를 인정할 수 있다.
c. 구성요건을 실현하는 행위는 아니지만 당해 구성요건이 보호하려는 법익을 침해하는 밀접한 행위가 있어 실행에 착수한 행위이다.
d. 피해자가 스스로 이 음식을 곧바로 꺼내먹고 죽을 것으로 생각하고 넣어 두었다면 실행에 착수한 것이다.
e. 자기가 이 음식을 꺼내 피해자에게 제공하려고 넣어 두었다면 실행의 착수를 인정할 수 있다.

|해|설| 주어진 문장은 보호객체에 대한 위험(객관적 요소)이 있는가를 행위자의 범죄계획(주관적 요소)에 비추어 판단하는 주관적 객관설에 대한 설명이다. 〈보기 2〉의 a는 형식적 객관설, b와 c는 실질적 객관설에 관한 설명이다. d와 e가 행위자의 범죄계획이 나타나 있는 경우로서 주관적 객관설과 관련성을 가지지만, d의 경우 행위자의 범죄계획에 비추어 보면 별도의 중간행위의 개입 없이 보호객체에 대한 위험이 인정되므로 실행의 착수가 인정되는 반면 e의 경우는 별도의 중간행위의 개입이 없이는 보호객체에 대한 위험이 인정되지 아니하므로 실행의 착수가 인정되지 아니한다. 따라서 ㉣-d의 연결이 옳다.

(3) 구체적 고찰(주관적 객관설)

① 구성요건적 행위의 개시

㉮ 구성요건적 행위가 개시된 때에 실행의 착수가 인정된다(**예** 사기죄의 경우 기망행위를 개시한 때).

㈏ **결합범의 경우 :** i) 원칙적으로 결합범의 일부를 이루는 행위가 개시된 때 (예 강도죄와 강간죄 : 폭행 또는 협박행위가 개시된 때)에 실행의 착수가 인정되나, ii) 강도살인죄의 경우는 살해행위가 개시된 때 실행의 착수가 인정된다.

② **구성요건 실현을 위한 직접적 행위**

㈎ 구성요건적 행위가 개시되지 아니한 때에도 구성요건의 실현을 위한 직접적 행위가 있으면(예 단순절도의 경우 절취할 재물을 물색하거나 그 재물에 접근한 때) 실행의 착수가 인정된다.

㈏ 직접성은 구성요건적 행위와 시간적 · 장소적으로 접근한 경우 또는 구성요건의 실현을 위하여 별도의 실행행위가 더 이상 필요하지 않게 된 때에 인정할 수 있다.

判例 주거침입죄의 실행의 착수시기(침입의 범의로 시정장치를 부수거나 문을 여는 경우)

주거침입의 범의로써 예컨대 주거로 들어가는 문의 시정장치를 부수거나 문을 여는 등 침입을 위한 구체적 행위를 시작하였다면 주거침입죄의 실행의 착수는 있었다고 보아야 한다[대판 1995.9.15. 94도2561].

③ **범죄의사의 고려 :** 구성요건의 실현을 위한 직접적 행위가 있었는가는 행위자의 범죄의사 내지 범죄계획을 고려하여 판단하여야 한다.

判例 국가보안법상 탈출죄의 실행의 착수시기

우리나라 내륙에서 반국가단체의 지배하에 있는 지역으로 탈출하려는 탈출죄의 착수가 있었다고 하기 위하여는 북괴지역으로 탈출할 목적아래 일반인의 출입이 통제되어 있는 지역까지 들어가 휴전선을 향하여 북상하는 정도에 이르러야 탈출죄의 실행에 착수하였다고 볼 것이다[대판 1987.5.26. 87도712].

判例 단순절도(절취재물의 물색행위를 시작한 때)

절도죄의 실행의 착수시기는 재물에 대한 타인의 사실상의 지배를 침해하는 데에 밀접한 행위를 개시한 때라고 보아야 하므로, 야간이 아닌 주간에 절도의 목적으로 타인의 주거(방 안)에 침입하였다고 하여도 아직 절취할 물건의 물색행위를 시작하기 전이라면 주거침입죄만 성립할 뿐 절도죄의 실행에 착수한 것으로 볼 수 없는 것이어서 절도미수죄는 성립하지 않는다[대판 1992.9.8. 92도1650]. [♠ 00 사시] [♣ 13 변시]

判例 실행의 착수 인정여부에 대한 비교판례군

1-0. **(인정)** 소매치기가 피해자의 양복 상의 주머니로부터 금품을 절취하려고 그 주머니에 손을 뻗쳐 그 겉을 더듬은 때에는 절도의 범행은 예비단계를 넘어 실행에 착수하였다고 봄이 상당하다[대판 1984.12.11. 84도2524]. [♠ 99, 09 사시]

1-1. **(부정)** 소를 흥정하고 있는 피해자의 뒤에 접근하여 그가 들고 있던 가방으로 돈이 들어있는 피해자의 하의 왼쪽 주머니를 스치면서 지나간 경우 … 피고인의 행위는 단지 피해자의 주의력을 흐트려 주머니 속에 들은 금원을 절취하기 위한 예비단계의 행위에 불과한 것이고 이로써 실행의 착수에 이른 것이라고는 볼 수 없다[대판 1986.11.11. 86도1109].

2-0. **(인정)** 절도죄의 실행의 착수시기는 재물에 대한 타인의 사실상의 지배를 침해하는 데 밀접한 행위가 개시된 때라 할 것인바 피해자 소유 자동차 안에 들어있는 밍크코트를 발견하고 이를 절취할 생각으로 공범이 위 차 옆에서 망을 보는 사이 위 차 오른쪽 앞문을 열려고 앞문 손잡이를 잡아당기다가 피해자에게 발각되었다면 절도의 실행에 착수하였다고 봄이 상당하다[대판 1986.12.23. 86도2256].

동지판례 야간에 손전등과 박스 포장용 노끈을 이용하여 도로에 주차된 차량의 문을 열고 현금 등을 훔치기로 마음먹고, 차량의 문이 잠겨 있는지 확인하기 위해 양손으로 운전석 문의 손잡이를 잡고 열려고 하던 중 경찰관에게 발각된 사안에서, 절도죄의 실행에 착수한 것으로 보아야 한다고 한 사례[대판 2009.9.24. 2009도5595]. [♠ 11 사시]

판결이유 피고인의 행위는 승합차량 내의 재물을 절취할 목적으로 승합차량 내에 침입하려는 행위에 착수한 것으로 볼 수 있고, 그로써 차량 내에 있는 재물에 대한 피해자의 사실상의 지배를 침해하는 데에 밀접한 행위가 개시된 것으로 보아 절도죄의 실행에 착수한 것으로 봄이 상당하다.

유사판례 피고인이 고속버스 안에서 금품을 절취하기 위하여 그 버스 선반 위에 올려 놓은 피해자의 007 손가방을 왼손에 신문용지를 들고 위 가방을 가리며 오른손으로 열었으나 위 고속버스터미날의 보안원에게 발각되어 그 뜻을 이루지 못한 경우에 007 손가방의 한쪽 걸쇠만 열었다 하여도 절도범행의 실행에 착수하였다 할 것이다[대판 1983.10.25. 83도2432].

2-1. **(부정)** 노상에 세워 놓은 자동차 안에 있는 물건을 훔칠 생각으로 자동차의 유리창을 통하여 그 내부를 손전등으로 비추어 본 것에 불과하다면 비록 유리창을 따기 위해 면장갑을 끼고 있었고 칼을 소지하고 있었다 하더라도 절도의 예비행위로 볼 수는 있겠으나 타인의 재물에 대한 지배를 침해하는 데 밀접한 행위를 한 것이라고는 볼 수 없어 절취행위의 착수에 이른 것이었다고 볼 수 없다[대판 1985.4.23. 85도464]. [♠ 99, 00, 07, 09 사시] [♣ 14, 15 변시]

3-0. **(인정)** 야간에 타인의 재물을 절취할 목적으로 주거에 침입한 경우에는 야간주거침입절도죄의 실행에 착수한 것이라고 볼 것이다[대판 1984.12.26. 84도2433]. [♠ 00 사시]

3-1. **(부정)** 절도의 목적으로 피해자의 집 현관을 통하여 그 집 마루 위에 올라서서 창고문 쪽으로 향하다가 피해자에게 발각·체포되었다면 아직 절도행위의 실행에 착수하였다고 볼 수 없다[대판 1986.10.28. 86도1753].

判例 **단순절도와 합동절도의 실행의 착수 인정여부**

(1) 실행의 착수 인정

1. **(재물인 구리를 물색한 경우)** 범인들이 함께 담을 넘어 마당에 들어가 그 중 1명이 그곳에 있는 구리를 찾기 위하여 담에 붙어 걸어가다가 잡혔다면 절취 대상품에 대한 물색행위가 없었다고 할 수 없다[대판 1989.9.12. 89도1153]. [♠ 00 사시]
2. **(재물물색을 지나 재물에 접촉한 경우)** 피고인이 오전 11시경 피해자가에 침입하여 동가(同家) 응접실 책상 위에 놓여 있던 라디오 1대를 훔치려고 동 라디오선을 건드리다가 피해자에게 발견되어 절도의 목적을 달하지 못하였다는 것이므로 위와 같은 라디오선을 건드리려고 하는 행위는 본건 라디오에 대한 사실상의 지배를 침해하는 데 밀접한 행위라 할 수 있으므로 원심이 절도미수죄로 처단하였음은 정당하다[대판 1966.5.3. 66도383].

(2) 실행의 착수 부정

1. **(범행의 기회를 엿본 경우)** 평소 잘 아는 피해자에게 전화채권을 사주겠다고 하면서 골목길로 유인하여 돈을 절취하려고 기회를 엿본 행위만으로는 절취의 예비행위는 될지언정 행위의 방법, 태양 및 주변상황 등에 비추어 볼 때 타인의 재물에 대한 사실상 지배를 침해하는 데 밀접한 행위가 개시되었다고 단정할 수 없다[대판 1983.3.8. 82도2944].
2. **(시정장치만 손괴한 경우)** 피해자의 집 부엌문에 시정된 열쇠고리의 장식을 뜯는 행위만으로는 절도죄의 실행행위에 착수한 것이라고 볼 수 없다[대판 1989.2.28. 88도1165].
3. **(절도행위의 재개를 위한 준비행위에 가담하는 경우)** 피고인들이 甲의 절도행위가 중단된 후 甲의 요청으로 절도현장에서 벗어난 장소에서 절도행위의 재개를 위한 준비행위에 가담하는 경우…아직 절도행위의 실행에 착수하였다고 볼 수 없다[대판 1999.9.17. 98도3077].

判例 **실행의 착수가 부정된 경우**

1. **(사기죄 : 보조금 자체의 지급을 청구한 경우가 아닌 경우)** 태풍 피해복구보조금 지원절차가 행정당국에 의한 실사를 거쳐 피해자로 확인된 경우에 한하여 보조금 지원신청을 할 수 있도록 되어 있는 경우, 허위의 피해신고만으로는 위 보조금 편취범행의 실행에 착수한 것이라고 볼 수 없다. 왜냐하면 피해신고는 국가가 보조금의 지원 여부 및 정도를 결정함에 있어 그 직권조사를 개시하기 위한 참고자료에 불과하기 때문이다[대판 1999.3.12. 98도3443].[2] [♠ 00 사시]

동지판례 장애인단체의 지회장이 지방자치단체로부터 보조금을 더 많이 지원받기 위하여 허위의 보조금 정산보고서를 제출한 경우, 보조금 정산보고서는 보조금의 지원 여부 및 금액을 결정하기 위한 참고자료에 불과

2) "보험금을 사취할 목적으로 화재보험에 가입된 자기 가옥을 방화한 경우, 사기죄의 실행의 착수시기는 방화한 때가 아니라 보험회사에 보험금을 청구한 때이다."라는 사례는 위 판례와 동일한 법리가 적용된 것이라고 할 수 있다. [♠ 04 사시]

하고 직접적인 서류라고 할 수 없으므로 보조금 편취범행(기망)의 실행에 착수한 것으로 보기 어렵다[대판 2003.6.13. 2003도1279]. [♠ 06, 11 사시]

비교판례 보험금 편취를 위하여 보험회사에 보험금을 신청하고 보험금을 타기 위하여 보험회사 직원에게 여러 차례 독촉을 하다가 범행이 발각되었다면 … 사기미수죄에 해당한다[대판 2001.11.27. 2001도4392]. [♠ 14 사시]

2. **(병역기피죄)** [1] 병역법 제86조에 정한 '사위행위'라 함은 병역의무를 감면 받을 조건에 해당하지 않거나 그러한 신체적 상태가 아님에도 불구하고 병무행정당국을 기망하여 병역의무를 감면받으려고 시도하는 행위를 가리키는 것이므로, 다른 행위 태양인 도망·잠적 또는 신체손상에 상응할 정도로 병역의무의 이행을 면탈하고 병무행정의 적정성을 침해할 직접적인 위험이 있는 단계에 이르렀을 때에 비로소 사위행위의 실행을 한 것이라고 보아야 한다.
[2] 입영대상자가 병역면제처분을 받을 목적으로 병원으로부터 허위의 병사용진단서를 발급받았다고 하더라도 이러한 행위만으로는 사위행위의 실행에 착수하였다고 볼 수 없다[대판 2005.9.28. 2005도3065]. [♠ 06 사시]

동지판례 병역을 기피할 목적으로 사위의 방법으로 병사용진단서를 발급 받은 것만으로는 병역법 제86조에서 규정하고 있는 사위행위의 실행에 이르렀다고 할 수 없다. 실행의 착수가 인정되려면 관할 병무청에 제출하거나 징병검사장에 출석하여 사위의 방법으로 신체검사를 받는 등의 행위에까지 이르러야 한다[대판 2005.10.13. 2005도2200].

3. **(통화위조죄)** 피고인이 행사할 목적으로 미리 준비한 물건들과 옵세트인쇄기를 사용하여 한국은행권 100원권을 사진 찍어 그 필름 원판 7매와 이를 확대하여 현상한 인화지 7매를 만들었음에 그쳤다면 아직 통화위조의 착수에는 이르지 아니하였고 그 준비단계에 불과하다[대판 1966.12.6. 66도1317]. [♠ 99 사시]

4. **(외화밀반출죄)** 외국환거래법 제28조 제1항 제3호에서 규정하는, 신고를 하지 아니하거나 허위로 신고하고 지급수단·귀금속 또는 증권을 수출하는 행위는 지급수단 등을 국외로 반출하기 위한 행위에 근접·밀착하는 행위가 행하여진 때에 그 실행의 착수가 있다고 할 것인데, 피고인이 일화 500만¥은 기탁화물로 부치고 일화 400만¥은 휴대용 가방에 넣어 국외로 반출하려고 하는 경우에, 500만¥에 대하여는 기탁화물로 부칠 때 이미 국외로 반출하기 위한 행위에 근접·밀착한 행위가 이루어졌다고 보아 실행의 착수가 있었다고 할 것이지만, 휴대용 가방에 넣어 비행기에 탑승하려고 한 나머지 400만¥에 대하여는 그 휴대용 가방을 보안검색대에 올려놓거나 이를 휴대하고 통과하는 때에 비로소 실행의 착수가 있다고 볼 것이고, 피고인이 휴대용 가방을 가지고 보안검색대에 나아가지 않은 채 공항 내에서 탑승을 기다리고 있던 중에 체포되었다면 일화 400만¥에 대하여는 실행의 착수가 있다고 볼 수 없다[대판 2001.7.27. 2000도4298].

5. **(비지정문화재의 수출죄)** 비지정문화재의 수출미수죄가 성립하기 위하여는 비지정문화재를 국외로 반출하는 행위에 근접·밀착하는 행위가 행하여진 때에 그 실행의 착수가 있는 것으로 보아야 한다. 따라서 수출할 사람에게 비지정문화재를 판매하려다가 가격절충이 되지 않아 계약이 성사되지 못한 단계에서는 국외로 반출하는 행위에 근접·밀착하는 행위가 있었다고 볼 수 없어 비지정문화재수출미수죄가 성립하지 않는다[대판 1999.11.26. 99도2461].

6. **(범죄수익은닉죄)** [1] 범죄수익은닉의 규제 및 처벌 등에 관한 법률 제3조 제1항 제3호에서 정한 범죄수익 등의 은닉에 관한 죄의 미수범으로 처벌하려면 그 실행에 착수한 것으로 인정되어야 하고, 위와 같은 은닉행위의 실행에 착수하는 것은 범죄수익 등이 생겼을 때 비로소 가능하므로, 아직 범죄수익 등이 생기지 않은 상태에서는 범죄수익 등의 은닉에 관한 죄의 실행에 착수하였다고 인정하기 어렵다.

   [2] 은행강도 범행으로 강취할 돈을 송금받을 계좌를 개설한 것만으로는 범죄수익 등의 은닉에 관한 죄의 실행에 착수한 것으로 볼 수 없다고 한 사례[대판 2007.1.11. 2006도5288].

   동지판례 필로폰을 매수하려는 자에게서 필로폰을 구해 달라는 부탁과 함께 돈을 지급받았다고 하더라도, 당시 필로폰을 소지 또는 입수한 상태에 있었거나 그것이 가능하였다는 등 매매행위에 근접·밀착한 상태에서 대금을 지급받은 것이 아니라 단순히 필로폰을 구해 달라는 부탁과 함께 대금 명목으로 돈을 지급받은 것에 불과한 경우에는 필로폰 매매행위의 실행의 착수에 이른 것이라고 볼 수 없다[대판 2015.3.20. 2014도16920].

7. **(필로폰제조죄)**[3] 피고인이 히로뽕 제조원료 구입비로 금 3,000,000원을 제1심 공동피고인에게 제공하였는데 공동피고인이 그로써 구입할 원료를 물색 중 적발되었다면 피고인의 소위는 히로뽕제조에 착수하였다고 볼 수 없다[대판 1983.11.22. 83도2590].

8. **(공정증서원본부실기재죄)** [1] 공전자기록등부실기재죄에 있어서의 실행의 착수 시기는 공무원에 대하여 허위의 신고를 하는 때라고 보아야 할 것이다.

   [2] 위장결혼의 당사자 및 브로커와 공모한 피고인이 허위로 결혼사진을 찍고 혼인신고에 필요한 서류를 준비하여 위장결혼의 당사자에게 건네준 것만으로는 공전자기록등부실기재죄의 실행에 착수한 것으로 볼 수 없다[대판 2009.9.24. 2009도4998]. [♠14 사시] [♣12 변시]

(4) 범죄유형별 실행의 착수시기

범죄유형별 실행의 착수시기

	실행의 착수시기
간접정범	이용자의 이용행위시(다수설)
공동정범	공동정범 중 1인이 공동의 범행계획에 따라 실행에 착수한 때
교사범	정범이 실행에 착수한 때
종 범	정범이 실행에 착수한 때

① **공동정범** : 공모자의 전체행위를 기초로 판단해야 한다. 따라서 공동정범 중 1인이 공동의 범행계획에 따라 실행에 착수하면 모든 공동정범에 대하여 실행의 착수가 인정된다(다수설). 합동범의 경우도 동일하다. [♠10 사시]

② **공 범**(교사범·종범) : 정범의 실행행위가 있을 때 공범에게도 실행의 착수가 인정된다(공범종속성설, 통설). [♠10 사시]

3) 이러한 죄명은 올바른 표현은 아니지만 판례를 쉽게 정리할 수 있도록 하기 위하여 사용하였다.

③ 간접정범

주관설 (이용행위시설) (다수설)	간접정범의 경우 피이용자는 이용자의 도구에 불과하기 때문에 이용자의 행위는 이용행위로 끝나고 그 후 피이용자의 행위는 이용행위의 결과로서 인과관계의 일부를 형성할 뿐이므로 이용자가 우월한 지위에서 이용자가 피이용자를 이용하는 행위를 개시한 때에 실행의 착수를 인정해야 한다는 견해이다.
객관설 (피이용자의 실행행위시설)	보호법익을 직접적으로 위태롭게 하는 실행행위 없이는 실행의 착수를 인정할 수 없으므로 피이용자의 실행행위가 있어야 실행의 착수를 인정할 수 있다는 견해이다.
이분설	피이용자가 선의의 도구인 경우에는 이용자의 이용행위시에 실행의 착수를 인정하고, 피이용자가 악의의 도구인 경우에는 피이용자의 실행행위시에 실행의 착수를 인정하는 견해이다.
개별설	간접정범의 이용행위가 법익침해의 위험성을 직접적으로 초래하였거나, 이용자로서의 행위를 완료하여 피이용자의 손에 범행의 실현여부가 달려 있을 때에 실행의 착수를 인정하는 견해이다.

④ 원인에 있어서 자유로운 행위 : 원인설정행위시에 실행의 착수가 인정된다는 견해(원인설정행위시설)와 심신장애상태에서 구성요건에 해당하는 행위를 한 때 실행의 착수가 인정된다는 견해(실행행위시설)가 나뉘어져 있다.

⑤ 부진정부작위범 : 구조의무를 지체하여 보호법익에 직접적인 위험이 발생하거나 위험이 증대될 때에 실행의 착수가 인정된다(다수설). 그 밖에 최초행위가능시설, 최후행위가능시설이 있다.

3. 범죄의 미완성

① 의외의 장애사유로 인하여 구성요건적 결과가 발생하지 않아야 한다. 다만 결과가 발생한 때에도 인과관계나 객관적 귀속이 부정되면 미수가 된다.

② 형법은 범죄의 미완성의 유형을 착수미수(행위자가 실행에 착수하였으나 실행행위를 종료하지 못한 경우)와 실행미수(실행행위는 종료하였으나 구성요건적 결과가 발생하지 않은 경우)로 구별하고 있다(제25조).

Ⅲ. 장애미수의 처벌

① 장애미수범의 형은 기수범보다 감경할 수 있다(임의적 감경).

② 감경할 수 있는 형은 주형에 한하며 부가형 또는 보안처분에 대해서는 감경할 수 없다.

제3절 중지미수

자의성 판단의 기준 및 자의성 인정여부에 관한 판례, 착수미수와 실행미수 개념을 정리해 두어야 한다. 논점이 풍부하여 매년 출제가 된다고 해도 과언이 아닌 부분이다. 관련문제로서 예비의 중지범의 인정여부에 관한 논의는 선택형 사례형 모두 출제 대상이다.

제26조(중지범) 범인이 실행에 착수한 행위를 자의로 중지하거나 그 행위로 인한 결과의 발생을 자의로 방지한 경우에는 형을 감경하거나 면제한다.

Ⅰ. 서 론

1. 중지미수의 개념

① 중지미수란 범죄의 실행에 착수한 자가 그 범죄가 완성되기 전에 자의로 실행행위를 중지하거나 실행행위로 인한 결과의 발생을 방지한 경우를 말한다.

② 미수범 가운데 가장 관대하게 취급되어 형의 필요적 감면이 인정된다.

2. 중지미수의 법적 성격(형의 필요적 감면의 근거) [♠ 99 사시]

	내 용	비 판
형사정책설	이미 범죄의 실행에 나아간 자에게 '되돌아오는 황금의 다리(Liszt)'를 놓아 범죄의 완성을 방지하려는 형사정책적인 고려에서 중지미수를 관대하게 취급한다고 보는 견해이다.	① 유리한 취급이 알려져 있지 않으면 효과가 없다. ② 필요적 감면사유에 지나지 않아 형사정책적 효과가 크다고 할 수 없다.
법률설	범죄의 중지·방지가 ① 위법성을 감소·소멸시키기 때문이라거나(위법성 감소·소멸설) ② 위법하나 책임비난을 감소·소멸시키기 때문에(책임 감소·소멸설) 중지미수를 관대하게 처벌한다는 견해이다.	① 위법성(책임) 소멸시에는 무죄판결을 하여야 하나 현행형법은 유죄판결의 일종인 형면제판결을 하도록 규정하고 있으므로 실정법에 맞지 아니하다. [♠ 08, 12 사시] ② 위법성이 소멸되면 중지의 효과가 다른 공범에게도 미치게 되어 중지미수의 일신전속성에 반한다.
결합설	중지미수에 대한 형의 면제는 형사정책설에 의하고, 형의 감경은 책임감소설에 의하여 설명하는 견해가 일반적이다.	일관성 있는 설명을 하지 못한다.
보상설	행위자가 자의로 범죄완성을 중지한 것에 대한 공적을 보상하여 중지미수의 형을 감경·면제하는 것이라는 견해이다(공적설, 은사설).	중지미수의 감면은 은사의 문제가 아니라 형법적 문제이다.
형벌목적설	중지미수자는 범죄의 위험성이 현저히 약화된 경우이므로 형벌의 예방목적에 비추어 처벌의 필요성이 없거나 감소한 것으로 보는 견해이다.	중지가 우연한 외적 상황에 의하여 일어난 경우는 행위자의 위험성이 중지로 인하여 반드시 약화되었다고 볼 수 없다.
책임이행설	행위자가 그에게 부과된 원상회복에 대한 의무인 책임을 이행하여 범죄가 기수에 이르는 것을 방지한 데에 형벌감면의 근거가 있다는 견해이다.	의무합치적으로 중지했으면 중지미수로 특별취급한다는 동어반복에 불과하다.

Ⅱ. 중지미수의 성립요건

1. 주관적 요건

(1) 일반적 주관적 요건

장애미수와 마찬가지로 기수의 고의, 확정적 행위의사, 특수한 주관적 구성요건요소가 필요하다.

(2) 중지미수의 특유한 주관적 요건(자의성) [♠ 06 사시]

① 학 설

	내 용	비 판
객관설	외부적 사정에 의한 범죄의 미완성은 장애미수이고, 내부적 동기에 의한 범죄의 미완성은 중지미수라는 견해이다.	자의의 범위가 확대되어 중지범의 범위가 부당하게 확대된다는 불합리가 있다.
Frank의 공식	할 수 있었음에도 하기를 원하지 않아서 중지한 경우는 중지미수이고, 하려고 하였지만 할 수가 없어서 중지한 경우는 장애미수라는 견해이다. [♣ 16 변시]	자의성과 가능성을 혼동하였으며, 가능성은 다의적 개념이어서 명백한 기준이 되지 못하고, 해석에 따라서는 자의성의 범위가 부당하게 확대된다.
절충설 (다수설)	일반 사회관념상 범죄수행에 장애가 될 만한 사유가 있어 타율적으로 중지한 경우는 장애미수이고, 그러한 사유가 없음에도 불구하고 자율적 동기에 의하여 중지한 경우는 중지미수라는 견해이다. 이때 자율적 동기는 반드시 윤리적인 것을 의미하지는 않는다.	
규범설	범인의 범행중지의 동기가 형의 필요적 감면의 보상을 받을 만한 가치가 있다고 평가되는(법으로의 회귀) 경우에는 중지미수이고, 그렇지 않은 경우에는 장애미수라는 견해이다.[1] 이 견해에 의하면 강간의 착수 후 피해자가 자발적으로 응해주겠다고 하여 강간을 중지한 경우에는 자의성이 부정되며, 상황이 불리하다고 판단하였거나 후일 보다 유리한 기회를 노리려고 중지한 경우에도 자의성이 부정된다.	범행중지의 동기를 판단하기 어려우며, 자의성의 가능한 문언의 의미를 넘어 행위자에게 불리한 유추해석이다.
주관설	윤리적 동기(후회, 동정, 연민, 양심의 가책 등)에 의하여 중지한 경우는 중지미수이고, 그 이외의 사유로 중지한 경우는 모두 장애미수라는 견해이다.	자의성과 윤리성을 혼동하는 견해로서 중지미수의 범위가 부당하게 축소된다.

1) 규범설 중에는 발각이나 처벌의 위험성을 이성적으로 판단하여 중지한 경우 자의성을 부정하고, 비이성적 이유로 중지한 경우 자의성을 인정하는 견해도 있다.

② 판 례

중지가 일반 사회통념상 범죄를 완수함에 장애가 되는 사정에 의한 것이 아닌 경우 자의성을 인정하여 중지미수에 해당한다고 판시하고 있다.

判例 자의에 의한 중지의 요건

범죄의 실행행위에 착수하고 그 범죄가 완수되기 전에 자기의 자유로운 의사에 따라 범죄의 실행행위를 중지한 경우에 그 중지가 일반 사회통념상 범죄를 완수함에 장애가 되는 사정에 의한 것이 아니라면 이는 중지미수에 해당한다[대판 1999.4.13. 99도640]. [♠ 00, 02, 11 사시] [♣ 20 변시]

③ 검 토 (절충설 지지)

ⅰ) 객관설은 구체적인 경우 중지가 외부적 사정에 기인한 것인지 내부적 동기에 기인한 것인지를 구별하기 어렵다는 점에서 문제가 있고, ⅱ) 프랑크 공식은 결국 가능성여부에 따라 자의성을 판단하고 있는데 이는 가능성과 자의성은 서로 다른 개념이라는 점에 문제가 있고, ⅲ) 주관설은 윤리성과 자의성을 혼동하였다는 점에서 문제가 있고, ⅳ) 규범설은 제26조가 합법적 동기에 의한 중지를 자의성의 요건으로 하고 있지 않음에도 이를 요건으로 요구하여 자의성의 범위를 지나치게 좁게 해석한다는 점에서 문제가 있다. 따라서 절충설이 타당하다.

(3) 자의성의 판단기준

자의성의 판단은 객관적 · 외부적 사실이 아니라 행위자가 주관적으로 인식한 사실을 기초로 판단하여야 한다. 따라서 ⅰ) 객관적으로 장애사유가 있었으나 이를 모르고 스스로 중지한 경우에도 자의성이 인정되나(예 경찰관이 다가오는 소리를 낙엽이 떨어지는 소리로 알고 스스로 중지한 경우), ⅱ) 객관적으로는 장애사유가 없었으나 행위자가 장애사유가 있다고 오인하고 중지한 경우에는 자의성이 인정되지 않는다(예 낙엽이 떨어지는 소리를 경찰관이 다가오는 소리로 잘못 알고 중지한 경우).

(4) 자의성의 인정여부

判例 강간의 중지와 자의성 인정여부

1. **(인정 : 간곡한 부탁 사건)** 피고인이 피해자를 강간하려다 피해자의 다음 번에 만나 친해지면 응해주겠다는 취지의 간곡한 부탁으로 인하여 그 목적을 이루지 못한 후 피해자를 자신의 차에 태워 집에까지 데려다 주었다면 피고인은 자의로 피해자에 대한 강간행위를 중지한 것이고 피해자의 다음에 만나 친해지면 응해주겠다는 취지의 간곡한 부탁은 사회통념상 범죄실행에 대한 장애라고 여겨지지는 아니하므로 피고인의 행위는 중지미수에 해당한다[대판 1993.10.12. 93도1851]. [♠ 99, 00, 05 사시]

2. **(부정)** 강도가 강간하려고 하였으나 잠자던 피해자의 어린 딸이 잠에서 깨어 우는 바람에 도주하였고, 또 피해자가 시장에 간 남편이 곧 돌아온다고 하면서 임신중이라고 말하자 도주한 경우에는 자의로 강간행위를 중지하였다고 볼 수 없다[대판 1993.4.13. 93도347]. [♠ 99, 00, 01, 03, 04, 05, 08, 11 사시]

3. **(부정)** 피고인들이 피해자를 강간하려고 하던 중 피해자가 수술한 지 얼마 안되어 배가 아프다면서 애원하는 바람에 그 뜻을 이루지 못하였다면 피고인들이 간음행위를 중단한 것은 피해자를 불쌍히 여겨서가 아니라 피해자의 신체조건상 강간을 하기에 지장이 있다고 본 데 기인한 것이므로 이는 일반의 경험상 강간행위를 수행함에 장애가 되는 외부적 사정에 의하여 범행을 중지한 것에 지나지 않는 것이므로 중지범의 요건인 자의성을 결여하였다[대판 1992.7.28. 92도917]. [♠ 99, 00, 05 사시]

判例 공포심에 의한 중지 = 자의성 ×

1. 피고인이 피해자를 살해하려고 그의 목 부위와 왼쪽 가슴 부위를 칼로 수 회 찔렀으나 피해자의 가슴 부위에서 많은 피가 흘러나오는 것을 발견하고 겁을 먹고 그만 두는 바람에 미수에 그친 것이라면, 위와 같은 경우 많은 피가 흘러나오는 것에 놀라거나 두려움을 느끼는 것은 일반 사회통념상 범죄를 완수함에 장애가 되는 사정에 해당한다고 보아야 할 것이므로, 이를 자의에 의한 중지미수라고 볼 수 없다[대판 1999.4.13. 99도640]. [♠ 00, 02, 05 사시]

2. 피고인이 장롱 안에 있는 옷가지에 불을 놓아 건물을 소훼하려 하였으나 불길이 치솟는 것을 보고 겁이 나서 물을 부어 불을 끈 것이라면, 위와 같은 경우 치솟는 불길에 놀라거나 자신의 신체안전에 대한 위해 또는 범행 발각시의 처벌 등에 두려움을 느끼는 것은 일반 사회통념상 범죄를 완수함에 장애가 되는 사정에 해당한다고 보아야 할 것이므로, 이를 자의에 의한 중지미수라고는 볼 수 없다[대판 1997.6.13. 97도957]. [♠ 99, 00, 02, 07 사시] [♣ 23 변시]

3. 범행 당일 미리 제보를 받은 세관직원들이 범행현장 주변에 잠복근무를 하고 있어 그들이 왔다 갔다 하는 것을 본 피고인이 범행의 발각을 두려워 한 나머지 자신이 분담하기로 한 실행행위에 이르지 못한 경우 이는 피고인의 자의에 의한 범행의 중지가 아니어서 형법 제26조 소정의 중지범에 해당한다고 볼 수 없다[대판 1986.1.21. 85도2339]. [♠ 99 사시]

4. 원료불량으로 인한 제조상의 애로, 제품의 판로문제, 범행 탄로시의 처벌공포, 원심 공동피고인의 포악성 등으로 인하여 히로뽕 제조를 단념한 경우, 그와 같은 사정이 있었다는 사정만으로는 이를 중지미수라 할 수 없다[대판 1985.11.12. 85도2002].

5. 피고인이 甲에게 위조한 예금통장 사본 등을 보여주면서 외국회사에서 투자금을 받았다고 거짓말하며 자금 대여를 요청하였으나, 甲과 함께 그 입금 여부를 확인하기 위해 은행에 가던 중 은행 입구에서 차용을 포기하고 돌아갔다면, 이는 피고인이 범행이 발각될 것이 두려워 범행을 중지한 것으로서 일반 사회통념상 범죄를 완수함에 장애가 되는 사정에 해당하여 자의에 의한 중지미수로 볼 수 없다고 한 사례[대판 2011.11.10. 2011도10539]. [♠ 14, 15 사시] [♣ 16 변시]

쟁점연구 **[공포심에 의한 중지와 자의성의 인정여부]**

1. 문제점

공포심에 의한 중지나 결과의 방지의 경우 자의성을 인정할 수 있는지 문제된다.

2. 학 설

① 공포심으로 인한 범행중지의 경우 공포심의 정도를 구별하여 단순한 공포심 정도일 경우(치솟는 불길 사건)에는 자율적 결의가 가능하므로 자의성을 인정하나, 극도의 공포심일 경우(흐르는 피 사건)에는 공포심이 정신적인 장애사유로 작용하였으므로 자의성을 부정하는 견해, ② 위 두 개의 판례사안 모두 행위자가 인식한 사정(피가 흘러나온다, 불길이 치솟는다)은 범죄수행의 객관적인 장애사유에 해당하지 않음에도 행위자가 자율적으로 중지한 경우이므로 자의성을 인정해야 한다는 견해가 있다.

3. 판 례

범행 도중 두려움을 느끼고 중지하였다면 이는 일반 사회통념상 범죄를 완수함에 장애가 되는 사정에 해당한다고 보아 자의에 의한 중지미수라고는 볼 수 없다고 판시한 바 있다.

4. 검 토 (판례 지지)

피가 흘러나오는 것에 놀라거나 두려움을 느끼거나, 치솟는 불길에 놀라거나 하는 것은 일반 사회통념상 범죄를 완수함에 장애가 되는 사정에 해당한다고 보아야 할 것이므로 자의성을 인정할 수 없다고 보아야 한다. 따라서 판례의 입장이 타당하다.

判例 **기타 자의성이 인정되는 경우**

피고인이 청산가리를 탄 술을 피해자 2명에게 나누어 주어 마시게 하였다가 먼저 마신 피해자 1명이 술을 토하자 즉시 다른 피해자의 술을 거두어 가지고 밖으로 나가서 쏟아버림으로써 그 술을 마시지 못하게 한 경우, 이는 중지미수에 해당한다[대구지법 1975.12.3. 75노502].

2. 객관적 요건

(1) 실행의 착수

중지미수의 경우도 최소한 실행의 착수가 있어야 성립할 수 있다. [♠ 14 사시][2)]

(2) 실행의 중지 또는 결과발생의 방지

① 착수미수와 실행미수는 중지미수의 성립요건에서 차이가 있다. [♠ 04, 12 사시]

② **착수미수** : 행위자가 실행에 착수하였으나 실행행위를 종료하지 못한 경우이다(미종료미수).

2) 보험사기의 경우 보험사고를 일으킨 것만으로는 사기죄 실행의 착수가 인정되지 않으며 보험금을 청구한 때에 실행의 착수가 인정된다. 따라서 교통사고를 가장하여 보험금을 청구하기 위해 자해를 하였다고 하더라도 보험금 청구를 단념한 이상 사기죄의 실행의 착수가 인정되지 않으므로 사기의 중지미수로 처벌할 수 없다.

③ **실행미수** : 행위자가 실행에 착수하여 실행행위를 종료하였으나 결과가 발생하지 아니한 경우이다(종료미수).

(3) 착수미수와 실행미수의 구별기준

쟁점연구

1. 학 설

① **객관설** : 객관적으로 결과발생의 가능성이 있는 행위가 종료되었으면 행위가 종료(실행미수)된다고 보는 견해이다.

② **주관설** : i) 착수시 행위자의 계획이 실행을 계속하도록 되어 있는 때에는 객관적으로 결과발생의 가능성이 있는 행위가 종료하여도 실행은 종료되었다고 볼 수 없다(착수미수)는 견해(착수시 행위자 의사 기준설)와 ii) 행위자가 중지시에 지금까지의 행위로는 결과가 발생하지 않는다고 확신하였거나 또는 적어도 그렇게 신뢰하고(추가적 행위가 필요하다고 생각하고서) 더 이상의 행위를 하지 아니하였다면 실행은 종료되지 않으며(착수미수), 구성요건적 결과를 발생시키기 위하여는 추가적 행위가 불필요하다고 생각하고 더 이상의 행위를 하지 않았다면 행위가 종료(실행미수)된다는 견해(중지시 행위자 의사 기준설)가 있다. [♠ 11 사시]

③ **절충설** : 행위자의 범죄계획과 행위당시의 객관적 사정을 고려하여 법익침해의 위험성이 있는 행위가 종료되었다고 인정되면 실행행위는 종료된 것으로 보는 견해이다.

2. 검 토 (중지시 의사 기준설지지)

i) 객관설은 행위자의 주관적 요소를 고려하지 않고 객관적 요소만으로 실행의 의미(행위종료여부)를 판단한다는 점에서 문제가 있고, ii) 주관설 중 착수시의 행위자의 의사를 기준으로 하는 견해는 치밀한 계획을 세운 범인에게 유리한 결과 초래한다는 점에서 문제가 있고, iii) 절충설은 법익침해의 위험성이 있는 행위의 종료의 기준이 명백하지 못하다. 따라서 주관설 중 중지시의 행위자의 의사를 고려하는 견해가 타당하다.

(4) 착수미수의 중지범

① **실행행위의 중지** : 착수미수의 경우 실행행위를 중지하는 것으로 족하며 범행자체의 종국적 포기를 요하지 아니한다(다수설).

② **중지의 유형** : 작위범의 경우 부작위가, 부작위범의 경우 작위의무의 이행이 실행행위의 중지가 된다.

③ **결과의 불발생** : 행위자가 실행행위를 중지하였음에도 불구하고 결과가 발생한 경우에는 범죄는 이미 기수에 이른 것이므로 중지미수가 성립할 수 없다.

(5) 실행미수의 중지범

① **결과발생의 방지** : i) 결과발생을 적극적으로 방지(작위)하여야 한다. [♣ 18 변시] ii) 방지행위는 결과발생을 방지하는 데 객관적으로 상당한 행위여야 한다. iii) 원칙적으로 방지행위는 범인 자신이 하여야 하나 제3자의 조력을 받은 경우에도 중지미수가 성립할 수 있다. [♠ 04 사시] 다만 후자의 경우 제3자는 범인에 의하여 행위하였

을 것과 제3자의 결과방지는 범인 자신의 결과방지와 동일시 될 수 있어야 한다.[3)]

② **결과의 불발생** : 행위자가 결과방지를 위한 노력을 하였음에도 불구하고 결과가 발생한 경우에는 범죄가 이미 기수에 이른 것이므로 중지미수가 성립할 수 없다(예 방화의 고의로 매개물에 점화한 후 곧 후회하고 불을 끄려고 하였으나 현주건조물이 소훼된 경우 : 현주건조물방화죄의 기수, 甲이 乙의 집에서 100만원을 훔쳤으나 乙이 매우 가난한 사람이라는 것을 알고 다음날 乙이 없는 사이 100만원을 제자리에 돌려 놓은 경우 : 절도죄의 기수). [♠ 03, 04 사시] [♣ 14, 15 변시]

③ **인과관계** : 결과불발생과 방지행위 사이에는 인과관계가 있어야 한다.

㉮ 불능미수의 중지미수 성립여부 [♠ 02, 09, 10 사시]

쟁점연구

1. 문제점

결과발생이 불가능함에도 행위자가 이를 모르고 방지행위를 하였을 경우에도 중지미수 성립될 수 있는지, 즉 불능미수의 경우에도 중지미수가 성립될 수 있는지 문제된다.

2. 학 설

① **부정설** : 결과의 발생은 처음부터 불가능하였다면 행위자의 방지행위에 의하여 결과가 발생하지 않은 것이 아니므로(인과관계가 없으므로) 불능미수의 중지미수를 인정할 수 없다는 견해이다.

② **긍정설** : 불능미수의 형은 임의적 감면이지만 중지미수의 형은 필요적 감면이므로, 불능미수에 대하여 중지미수를 인정하지 않는 경우에는 결과방지를 위한 노력이 동일함에도 불구하고 결과발생의 위험성이 적은 경우(불능미수)를 결과발생의 위험성이 큰 경우(가능미수)보다 무겁게 취급하는 것이 되어 균형이 맞지 않으므로 불능미수의 경우에도 중지미수의 성립을 인정해야 한다는 견해이다.[4)]

3. 검 토 (긍정설 지지)

불능미수의 중지미수를 인정하는 것이 형의 불균형을 시정하여 불합리한 결과를 방지할 수 있다는 점에서 긍정설이 타당하다.

㉯ **결과방지의 의제** : 행위자가 자의로 중지하였으나 그 이후 일반적인 생활위험이 실현되어 범행의 결과가 발생한 경우, 즉 발생한 결과가 행위자의 행위와 인과관계가 없거나 객관적 귀속이 부정되면 결과가 발생한 경우에 해당되지 않으므로(결과방지가 의제됨) 중지미수가 성립할 수 있다(예 살인을 기도한 후 곧 후회하고 피해자를 병원으로 데리고 가다가 다른 운전자의 과실에 기인한 교통사고로 피해자가 사망한 경우). [♠ 10 사시]

---

3) 독살을 기도한 자가 의사의 도움을 받아 피해자를 살린 경우는 중지미수가 성립하나, 방화한 후 불길이 치솟는 것을 보고 겁이 나서 이 사실을 이웃사람들에게 알리고 도주하였는데 이후 불길이 이웃사람들에 의해 진화된 경우에는 중지미수가 성립할 수 없다. [♠ 03, 05 사시]

4) 불능미수와 중지미수의 관계에 있어서 중지미수를 양형에 관한 특별규정으로 보면 형법 제26조(중지범)를 적용할 수 있다는 것도 적극설의 논거가 될 수 있다. [♠ 10 사시]

判例 기수에 이르러 중지미수가 성립할 수 없는 경우

1. 대마관리법 제19조 제1항 제2호, 제4조 제3호 위반의 죄는 대마를 매매함으로써 성립하는 것이므로 설사 피고인이 대마 2상자를 사가지고 돌아오다 이 장사를 다시 하게 되면 내 인생을 망치게 된다는 생각이 들어 이를 불태웠다고 하더라도 이는 양형에 참작되는 사유는 될 수 있을지언정 이미 성립한 죄에는 아무 소장이 없어 이를 가리켜 중지미수에 해당된다고 할 수 없다[대판 1983.12.27. 83도2629]. [♠ 99 사시]
2. 방화 후 후회하고 진지한 소화행위를 하여 반소(半燒)에 그친 경우, 피고인 등의 범행과정에 설사 소론과 같은 사정이 있었다고 하더라도 그와 같은 사정이 있었다는 사정만으로는 이를 중지미수라 할 수 없다[대판 1985.11.12. 85도2002]. [♠ 99 사시]

判例 기타 중지미수가 성립하지 않는 경우

피고인이 기밀탐지 임무를 부여받고 대한민국에 입국, 기밀을 탐지 수집 중 경찰관이 피고인의 행적을 탐문하고 갔다는 말을 전해 듣고 지령사항 수행을 보류하고 있던 중 체포된 경우 … 피고인은 기밀탐지의 기회를 노리다가 검거된 것이므로 이를 중지범으로 볼 수는 없다[대판 1984.9.11. 84도1381]. [♠ 00 사시]

Ⅲ. 중지미수의 처벌

① 중지미수범은 기수범에 대하여 형을 감경 또는 면제한다(필요적 감면).

② **법조경합** : 중한 죄의 미수범으로 처벌하고 경한 죄는 이에 흡수된다(예 살인행위를 중지하였으나 상해의 결과가 발생한 경우 살인죄의 중지미수로 처벌). [♠ 99 사시]

③ **상상적 경합** : ⅰ) 원래 수죄의 경우이므로 일죄의 중지는 다른 죄의 처벌에 영향을 미치지 않는다. ⅱ) 중지한 범죄에 대하여만 중지미수의 효과가 인정된다.

Ⅳ. 관련문제

1. 예비의 중지

(1) 의의

예비의 중지란 이미 예비행위를 한 자가 실행의 착수를 포기하는 것을 말한다.

(2) 중지범 규정의 준용여부

쟁점연구

1. 문제점

예비를 거쳐 실행에 착수한 이후에 중지하면 형을 감경 또는 면제함에 반하여, 실행의 착수 이전에 중지한 경우에는 감면규정이 없으므로 형의 균형상 문제가 있다. 여기서 중지미수의 규정을 예비에 대하여도 준용할 수 있는지가 문제된다.

2. 학 설

① **준용부정설** : 중지미수는 실행의 착수 이후의 개념이므로 실행의 착수가 있기 전인 예비·음모에 대하여는 중지미수의 규정을 준용할 여지가 없다는 견해이다. 예비의 중지를 중지미수로 인정하면 결과적으로 모든 예비행위가 중지미수규정이 준용될 우려가 있다는 점을 논거로 한다.

② **준용긍정설** : 형의 불균형을 시정하기 위하여 예비에 대하여도 중지미수의 규정을 준용해야 한다는 견해이다. [♠10 사시]

3. 판 례

중지범은 범죄의 실행에 착수한 후 자의로 그 행위를 중지한 때를 말하는 것이므로, 실행의 착수가 있기 전인 예비·음모의 행위를 처벌하는 경우에 있어서는 중지범의 관념은 이를 인정할 수 없다는 입장이다.

4. 검 토 (판례 지지)

중지범은 범죄의 실행에 착수한 후 자의로 그 행위를 중지한 때를 말하는 것이므로, 실행의 착수가 있기 전인 예비의 단계에 있어서는 중지범의 관념은 인정할 수 없다고 보는 것이 타당하다. 준용긍정설에서 지적하는 형의 불균형은 양형단계에서 시정하면 족하다.

判例 예비의 중지범(부정)

중지범은 범죄의 실행에 착수한 후 자의로 그 행위를 중지한 때를 말하는 것이고, 실행의 착수가 있기 전인 예비·음모의 행위를 처벌하는 경우에 있어서는 중지범의 관념은 이를 인정할 수 없는 것이다[대판 1999.4.9. 99도424]. [♠99, 00, 02, 03, 04, 05, 11, 12, 13, 15 사시] [♣12, 15. 21 변시]

2. 공범과 중지미수[5)]

(1) 공범과 중지미수의 성립요건

5) 공동정범이나 간접정범에 있어서도 공범(교사범, 종범)의 중지미수와 동일한 문제가 제기된다.

判例 공범과 중지미수의 성립요건 및 성립여부

(1) 중지미수 인정 (타공범자의 기수를 방지한 경우)

[1] 공동정범 중 1인의 자의에 의한 실행중지만으로는 그의 중지미수를 인정할 수 없으며, 공동정범 전원의 실행행위를 중지시키거나 모든 결과발생을 완전히 방지한 경우 공동정범 중 '중지시키거나 방지한 자'만 중지미수가 되고, 그렇지 않은 자는 장애미수가 된다.

[2] 甲은 乙과 함께 A가 경영하는 천광상회 사무실의 금품을 절취하기로 공모한 후 甲은 그 부근 포장마차에 있고 乙은 사무실 안으로 들어가 물건을 물색하고 있는 동안 甲은 자신의 범행전력 등을 생각하여 가책을 느낀 나머지 스스로 결의를 바꾸어 A에게 乙의 침입사실을 알려 그와 함께 乙을 체포하였다면 피고인(甲)의 소위는 중지미수의 요건을 갖추었다고 할 것이다 [대판 1986.3.11. 85도2831]. [♣ 21 변시]

(2) 중지미수 부정 (타공범자의 기수를 방지하지 아니한 경우) [♣ 16 변시]

1. 甲과 乙이 합동하여 A女를 텐트 안으로 끌고 간 후 차례로 성관계를 하기로 하고, 甲이 밖에서 망을 보고 乙이 먼저 강간한 후, 이어 甲이 강간하려 하였으나 A女가 반항을 하며 강간을 하지 말아 달라고 사정을 하여 강간을 하지 않았다고 하더라도, 甲이 다른 공범의 범행을 중지하게 하지 아니한 이상 자기만의 범의를 철회, 포기하여도 중지미수에 해당하지는 않는다고 할 것이다[대판 2005.2.25. 2004도8259]. [♠ 03, 04, 05, 13 사시] [♣ 15 변시]
2. 피고인(丙)이 丁 중위와 범행을 공모하여 동 중위는 엔진오일을 매각 처분하고, 피고인은 송증정리를 하기로 한 것은 사후에 범행이 용이하게 탄로나지 아니 하도록 하는 안전방법의 하나이지, 위 중위가 보관한 위 군용물을 횡령하는데 있어 송증정리가 없으면, 절대 불가능한 것은 아니며, 피고인이 후에 범의를 철회하고 송증정리를 거절하였다 하여도 공범자인 위 중위의 범죄 실행을 중지케 하였다는 것이 아님이 원판결 및 1심 판결에 의하여 확정된 사실이므로 피고인에게 중지미수를 인정할 수 없다[대판 1969.2.25. 68도1676]. [♠ 04 사시]
3. 위조약속어음인 정을 알고 그것을 행사할 의사가 있는 자임을 알면서 그 위조약속어음을 교부하였다면 후에 이를 다시 회수하려고 노력하였다 하더라도 위 자가 이를 행사하였다면 피고인은 위 자와 위조약속어음의 행사죄와 사기죄의 공동정범에 해당한다[대판 1970.2.10. 69도2070]. [♣ 14 변시]

(2) 중지미수의 효과가 미치는 범위

① 형의 감면의 법적 성질 : 중지미수에 있어서의 형의 면제는 인적 처벌조각사유이고, 형의 감경은 책임감경사유이다. 따라서 중지미수는 인적 감면사유에 해당한다.

② 일신전속성 : 중지미수의 효과는 자의로 중지한 자에게만 미친다. 따라서 자의로 중지한 자는 중지미수가 되지만 중지를 당한 다른 가담자는 장애미수가 된다. [♠ 10, 11, 14, 15 사시] [♣ 16 변시]

제4절 불능미수

출 제 point  성립요건과 관련하여 위험성 판단에 관한 판례를 정리해 두어야 하며, 판례가 특정 사안에서 불능범, 불능미수범, 미수범 중 어느 것을 인정하였는지가 자주 출제된다.

제27조(불능범) 실행의 수단 또는 대상의 착오로 인하여 결과의 발생이 불가능하더라도 위험성이 있는 때에는 처벌한다. 단 형을 감경 또는 면제할 수 있다. [♠ 14 사시]

Ⅰ. 불능미수의 의의

1. 불능미수와 불능범

(1) 불능미수

① 불능미수란 행위자가 의도한 결과의 발생은 사실상 불가능하지만 위험성이 인정되어 미수범으로 처벌되는 경우를 의미한다.

② 객관적으로 결과발생이 불가능함에도 행위자는 결과발생이 가능하다고 오인한 것(적극적 착오)으로서 반전된 구성요건적 착오에 해당한다.

(2) 불능범

불능범은 사실상 결과의 발생이 불가능할 뿐만 아니라 위험성이 없기 때문에 가벌성이 인정되지 않은 경우를 말한다.

불능미수와 불능범의 구별

불능미수	결과발생 불가능	위험성 – 有	임의적 감면	미수범의 일종
불능범		위험성 – 無	불가벌	범죄불성립

判例 불능미수와 불능범의 구별(불능범에 해당하지 않는 사례)

권총에 탄자를 충전하여 발사하였으나 탄자가 불량하여 불발된 경우에도 이러한 총탄을 충전하여 발사하는 행위는 결과발생을 초래할 위험이 내포되어 있었다 할 것이므로 이를 불능범이라 할 수 없다[대판 1954.1.30. 4286형상103].

2. 구성요건의 흠결이론(사실의 흠결이론)

(1) 의 의

객관적 구성요건요소 가운데 결과(인과관계)가 흠결된 경우에만 미수가 성립할 수 있으며, 그 이외의 구성요건요소(행위주체 · 객체 · 수단 · 행위상황 등)가 흠결된 때에는 불가벌적 불능범이 된다는 이론이다.

(2) 인정여부

형법 제27조는 수단과 대상의 착오(흠결)가 있는 경우에도 위험성이 있으면 불능미수범으로 처벌하도록 하고 있으므로 형법상 구성요건의 흠결이론이 적용될 수 없다.

Ⅱ. 불능미수의 성립요건

1. 주관적 요건

① 장애미수와 마찬가지로 기수의 고의, 확정적 행위의사가 있어야 한다. 따라서 결과발생이 불가능함을 인식하고 실행에 착수하였다면 기수의 고의가 인정되지 않으므로 위험성이 인정된다고 하더라도 불능미수가 성립할 수 없다. [♠ 04, 08, 12 사시] [♣ 14, 19 변시]
② 특별한 주관적 구성요건요소를 필요로 하는 경우도 있다.

2. 객관적 요건

(1) 실행의 착수

불능미수도 미수범이므로 행위자가 실행에 착수하였을 것을 요한다.

(2) 결과발생의 불가능

① 의 의 : ⅰ) 불능미수는 실행의 수단 또는 대상의 착오로 인하여 결과의 발생이 불가능할 것을 요한다. ⅱ) 결과의 발생이 가능한 장애미수(제25조)와 구별된다. ⅲ) '결과발생의 불가능'은 사실적 · 자연과학적 개념이나, '위험성'은 규범적 · 평가적 개념에 해당한다.

② 실행의 수단 또는 대상의 착오

㉮ ⅰ) 수단의 착오는 수단의 불가능성을 의미한다(예 설탕을 독약으로 오인하고 살인을 기도한 경우). ⅱ) 수단의 착오는 구성요건적 착오에서의 방법의 착오와 구별된다.

㉯ ⅰ) 대상의 착오는 객체의 불가능성을 의미하며 그 원인은 사실상 불가능한 경우(예 사체를 살아있는 사람으로 오인하고 살해를 기도한 경우)와 법률상 불가능한 경우(예 자기소유물을 타인소유물로 오인하고 절취한 경우)를 모두 포함한다. ⅱ) 대상의 착오는 구성요건적 착오에서의 객체의 착오와 구별된다.

③ 주체의 착오와 불능미수의 성립여부

㉮ 신분 없는 자가 신분 있는 것으로 오인하고 진정신분범을 범한 경우(주체의 불가능)를 말한다.

㉯ ⅰ) 신분범에 있어서는 신분자의 특수의무가 불법을 형성하는 것이므로 신분 없는 자의 행위는 미수범의 행위반가치를 결여하였다는 점, ⅱ) 제27조는 수단 · 대상의 착오만을 규정하고 있으므로 이를 주체의 착오에 확대적용하는 것은 죄형법정주의에 반한다는 점에서 불능미수가 성립할 수 없다(다수설). [♣ 19 변시]

(3) 위험성 판단의 기준

① 학 설 [♠ 03, 04, 05, 08, 10, 11, 15 사시]

	내 용	비 판
구객관설	① 행위당시에 객관적으로 존재하였던 수단과 대상을 놓고 판단하여 결과발생이 개념적으로 불가능한 절대적 불능의 경우에는 위험성이 없어 불가벌이지만 구체적인 특수한 경우에만 불가능한 상대적 불능의 경우에는 위험성이 인정되므로 불능미수범으로 처벌하여야 한다는 견해이다. ② 절대적 불능의 예 : 설탕으로 살해를 기도한 경우(수단), 사체에 대한 살해기도(대상) ③ 상대적 불능의 예 : 치사량에 미달하는 독약으로 살해를 기도한 경우(수단), 부재중인 사람을 살해하기 위한 발포(대상)	절대적 불능과 상대적 불능의 구별기준이 명확하지 못하다.
법률적 불능·사실적 불능설	① 법률적 불능은 절대적 불능이고, 사실적 불능은 상대적 불능으로 이해하는 견해가 있다. ② 법률적 불능을 구성요건의 흠결과 같은 의미로 보고, 사실적 불능을 단순한 사실상의 범죄요건이 결여된 경우로 보는 견해가 있다.	①의 견해는 구객관설과 같은 문제점이 있다. ②의 견해는 구성요건흠결이론과 같은 문제점이 있다.
구체적 위험설 (신객관설)	① 행위당시에 행위자가 인식한 사정과 일반인이 인식할 수 있었던 사정을 기초로 일반적 경험법칙에 따라 객관적·사후적으로 판단하여 결과발생의 개연성이 있는 경우는 구체적 위험성이 있으므로 불능미수이고, 결과발생의 개연성이 없는 경우는 구체적 위험성이 없으므로 불능범이 된다는 견해이다. ② 위험성판단의 기초(행위자가 인식한 사정과 일반인이 인식할 수 있었던 사정), 판단기준(일반인의 관점) ③ 일반인과 행위자가 모두 오인할 수 있는 사정에 기초한 경우에는 구체적 위험성을 인정한다. 예컨대 일반적으로 임신한 것으로 여겨지지만 실제 임신하지 않은 여자에 대한 낙태행위, 치사량 미달의 독으로 독살을 기도하는 행위, 총에 탄알이 들어 있다고 생각하고 사살을 기도하였으나 빈총이었던 경우 구체적 위험을 인정한다.	① 행위자가 인식한 사정과 일반인이 인식할 수 있었던 사정이 일치하지 않는 경우 어느 사정을 기초로 할 것인가가 명백하지 아니하다.[1)] ② 법익침해의 위험이라는 결과반가치에 치중하여 행위반가치를 고려하지 않고 있다.
추상적 위험설	① 행위당시에 행위자가 인식한 사정을 기초로 하여, 행위자가 생각한 대로의 사정이 존재하였으면 일반인의 판단에서 결과발생의 위험성이 있는 경우는 불능미수이고, 위험성이 없는 경우는 불능범이 된다는 견해이다. ② 위험성판단의 기초(행위자가 인식한 사정), 판단기준(일반인의 관점)	행위자가 경솔하게 잘못 안 경우에도 그 사정만을 기초로 위험성을 판단하게 되어 주관적인 경향에 치우칠 위험이 있다.

주관설	① 주관적으로 범죄의사가 확실하게 표현된 이상 그 것이 객관적으로 절대불능인 경우에도 미수로 처벌해야 한다는 견해이다. ② 미신범의 경우는 실행행위의 정형성이 없기 때문에 가벌적 미수에서 제외된다고 본다. ③ 위험성판단의 기초(행위자가 인식한 사정), 판단기준(행위자의 관점)	객관적 요소를 전혀 고려하지 않고 있다는 문제점이 있으며 미신범을 불능미수범과 구별하여야 할 근거와 한계를 명백히 할 수 없다.
인상설	행위자의 법적대적 의사의 실행이 일반인의 법적 안정감이나 사회적 평온상태를 교란하는 인상을 줄 경우에는 위험성이 인정되어 불능미수가 된다는 견해이다.	법동요적 인상만으로 처벌하는 것은 주관설에 치우쳐 처벌범위를 확대할 우려가 있다.

② 판 례 : 개별사안에 따라 위험성 판단의 기준을 달리하고 있다.

③ 검 토 (추상적 위험설 지지)

i) 구개관설은 절대적 불능과 상대적 불능의 구별기준이 명확하지 못하다는 문제점이 있고, ii) 구체적 위험설은 행위자가 인식한 사정과 일반인이 인식할 수 있었던 사정이 일치하지 않는 경우 어느 사정을 기초로 할 것인가가 명백하지 아니하다는 문제점이 있고, iii) 주관설은 행위자의 의사 이외에는 객관적 요소를 전혀 고려하지 않아 불능미수의 성립범위가 지나치게 확장될 수 있다는 문제점이 있다. 따라서 추상적 위험설이 타당하다.

判例 추상적 위험설의 입장인 판례

불능범의 판단기준으로서 위험성 판단은 피고인이 행위 당시에 인식한 사정을 놓고 이것이 객관적으로 일반인의 판단으로 보아 결과발생의 가능성이 있느냐를 따져야 하므로 히로뽕제조를 위하여 에페트린에 빙초산을 혼합한 행위가 불능범이 아니라고 인정하려면 위와 같은 사정을 놓고 객관적으로 제약방법을 아는 과학적 일반인의 판단으로 보아 결과발생의 가능성이 있어야 한다 [대판 1978.3.28. 77도4049]. [♠ 08 사시] [♣ 20, 21 변시]

---

1) 이러한 비판에 대하여, 구체적 위험설을 주장하는 학자들은 행위자가 인식한 사정과 일반인이 인식할 수 있었던 사정이 일치하지 않는 경우 일반인이 인식한 사정을 기초로 행위의 위험성 여부를 판단하여야 한다는 입장이다 [김일수 · 서보학 530면, 오영근 595면]. 예컨대 i) 명백히 사정거리 밖에 있는 자에 대하여 사정거리 안에 있는 것으로 오인하고 총격을 가한 경우, [♠ 11 사시] ii) 일반인은 그저 뚱뚱한 사람으로 알고 있는데 행위자만 임신한 여자로 오인하고 낙태를 기도한 경우 구체적 위험성이 인정되지 않아 불능범이 된다고 한다.

사 례 연 습

【불능미수의 위험성 판단】

아래의 사례에 대하여 추상적 위험설에 의할 때 甲에게 불능미수를 인정할 수 있는지 여부를 판단하라.

A. 甲은 유황분말에 살인력이 있다고 생각하고 A에게 유황분말을 먹였으나 A는 설사를 하는데 그치고 말았다.

B. 甲女는 바람난 남편 A를 살해하기 위하여 설탕을 독약으로 오인하고 A가 마실 커피잔에 집어넣어 마시게 하였다.

|**해**|**설**| 추상적 위험설에 의할 경우 (1) A의 경우 행위자가 인식한 사정은 '유황분말'로 살인을 한다는 것이며 이를 일반인의 입장에서 판단하면 (유황분말은 객관적으로 살인력이 없으며 일반인은 이러한 지식을 가지고 있다고 보아야 한다) 위험성이 인정되지 않아 불능미수가 성립할 수 없다(불능범 인정). (2) B의 경우 행위자가 인식한 사정은 '독약'으로 살인을 한다는 것이므로 이를 일반인의 입장에서 판단하면 위험성이 인정되어 불능미수가 성립한다. 참고로 A의 경우를 주관설에 의하여 판단하면 판단자가 행위자이고 행위자는 '유황분말에 살인력이 있다고 생각'하는 사람이므로 위험성을 인정하게 되어 불능미수가 된다.

判例 불능범을 인정하지 않고 미수로서 가벌성을 인정한 판례

1. [1] 불능범은 범죄행위의 성질상 결과발생 또는 법익침해의 가능성이 절대로 있을 수 없는 경우를 말한다.
   [2] 일정량 이상을 먹으면 사람이 죽을 수도 있는 '초우뿌리'나 '부자' 달인 물을 마시게 하여 피해자를 살해하려다 미수에 그친 행위가 불능범이 아닌 살인미수죄에 해당한다고 본 사례 [대판 2007.7.26. 2007도3687]. [♠ 08 사시] [♣ 23 변시]

2. 불능범은 범죄행위의 성질상 결과발생의 위험이 절대로 불능한 경우를 말하는 것인바 향정신성의약품인 메스암페타민 속칭 '히로뽕' 제조를 위해 그 원료인 염산에페트린 및 수종의 약품을 교반하여 '히로뽕' 제조를 시도하였으나 그 약품배합 미숙으로 그 완제품을 제조하지 못하였다면 위 소위는 그 성질상 결과발생의 위험성이 있다고 할 것이므로 이를 습관성의약품제조 미수범으로 처단한 것은 정당하다[대판 1985.3.26. 85도206]. [♠ 03 사시]

2-1. 불능범은 범죄행위의 성질상 결과발생 또는 법익침해의 가능성이 절대로 있을 수 없는 경우를 말하는 것인바, 피고인이 다른 공범자들과 공모하여 향정신성의약품인 메스암페타민을 매수하려 하였으나 매도인이 소금을 대신 교부함으로써 미수에 그친 경우, 위 매매행위가 성사될 가능성이 있었다고 보이므로 향정신성의약품의 매매미수범으로 처단함은 정당하다[대판 1998.10.23. 98도2313].

3. 소매치기가 피해자의 주머니에 손을 넣어 금품을 절취하려 한 경우 비록 그 주머니 속에 금품이 들어있지 않았었다 하더라도 위 소위는 절도라는 결과발생의 위험성을 충분히 내포하고 있으므로 이는 절도미수에 해당한다[대판 1986.11.25. 86도2090].
4. 권총에 탄자를 충전하여 발사하였으나 탄자가 불량하여 불발된 경우에도 이러한 총탄을 충전하여 발사하는 행위는 결과발생을 초래할 위험이 내포되어 있었다 할 것이므로 이를 불능범이라 할 수 없다[대판 1954.1.30. 4286형상103].
5. 피고인이 우물과 펌프에 혼입한 농약(스미치온)이 악취가 나서 보통의 경우 마시기가 어렵고 또 그 혼입한 농약의 분량으로 보아 사람을 치사에 이르게 할 정도는 아니라고 하더라도 위 농약을 혼입하였다면, 이 경우 살인의 결과가 발생할 위험성이 절대로 없다고 단정할 수는 없는 이상 피고인에게 살인미수의 죄책을 인정하였음은 정당하다[대판 1973.4.30. 73도354].
6. 피고인이 원심 상피고인에게 피해자를 살해하라고 하면서 준 원비-디 병에 성인 남자를 죽게 하기에 족한 용량의 농약이 들어 있었고, 또 피고인이 피해자 소유 승용차의 브레이크호스를 잘라 브레이크액을 유출시켜 주된 제동기능을 완전히 상실시킴으로써 그 때문에 피해자가 그 자동차를 몰고 가다가 반대차선의 자동차와의 충돌을 피하기 위하여 브레이크 페달을 밟았으나 전혀 제동이 되지 아니하여 사이드브레이크를 잡아당김과 동시에 인도에 부딪치게 함으로써 겨우 위기를 모면하였다면 피고인의 위 행위는 어느 것이나 사망의 결과발생에 대한 위험성을 배제할 수 없다 할 것이므로 각 살인미수죄를 구성한다[대판 1990.7.24. 90도1149].

判例 불능범을 인정한 판례

1. 소송비용을 편취할 의사로 소송비용의 지급을 구하는 손해배상청구의 소를 제기한 경우, 사기죄의 불능범에 해당한다[대판 2005.12.8. 2005도8105]. [♠ 06, 08, 10, 12, 14 사시] [♣ 12, 13, 15, 23 변시]

   판결이유 민사소송법상 소송비용의 청구는 소송비용액 확정절차에 의하도록 규정하고 있으므로, 위 절차에 의하지 아니하고 손해배상금 청구의 소 등으로 소송비용의 지급을 구하는 것은 소의 이익이 없는 부적법한 소로서 허용될 수 없다고 할 것이다. 따라서 소송비용을 편취할 의사로 소송비용의 지급을 구하는 손해배상청구의 소를 제기하였다고 하더라도 이는 객관적으로 소송비용의 청구방법에 관한 법률적 지식을 가진 일반인의 판단으로 보아 결과 발생의 가능성이 없어 위험성이 인정되지 않는다고 할 것이다.

2. 임대인과 임대차계약을 체결한 임차인이 임차건물에 거주하기는 하였으나 그의 처만이 전입신고를 마친 후에 경매절차에서 배당을 받기 위하여 임대차계약서상의 임차인 명의를 처로 변경하여 경매법원에 배당요구를 한 경우, 실제의 임차인이 전세계약서상의 임차인 명의를 처의 명의로 변경하지 아니하였다 하더라도 소액임대차보증금에 대한 우선변제권 행사로서 배당금을 수령할 권리가 있다 할 것이어서, 경매법원이 실제의 임차인을 처로 오인하여 배당결정을 하였더라도 이로써 재물의 편취라는 결과의 발생은 불가능하다 할 것이고, 이러한 임차인의 행위를 객관적으로 결과발생의 가능성이 있는 행위라고 볼 수도 없으므로 형사소송법 제325조에 의하여 무죄를 선고하여야 한다[대판 2002.2.8. 2001도6669].

判例 준강간죄의 불능미수가 성립하는 사례

[다수의견] 형법 제300조는 준강간죄의 미수범을 처벌한다. 또한 형법 제27조는 "실행의 수단 또는 대상의 착오로 인하여 결과의 발생이 불가능하더라도 위험성이 있는 때에는 처벌한다. 단, 형을 감경 또는 면제할 수 있다."라고 규정하여 불능미수범을 처벌하고 있다.

따라서 피고인이 피해자가 심신상실 또는 항거불능의 상태에 있다고 인식하고 그러한 상태를 이용하여 간음할 의사로 피해자를 간음하였으나 피해자가 실제로는 심신상실 또는 항거불능의 상태에 있지 않은 경우에는, 실행의 수단 또는 대상의 착오로 인하여 준강간죄에서 규정하고 있는 구성요건적 결과의 발생이 처음부터 불가능하였고 실제로 그러한 결과가 발생하였다고 할 수 없다. 피고인이 준강간의 실행에 착수하였으나 범죄가 기수에 이르지 못하였으므로 준강간죄의 미수범이 성립한다. 피고인이 행위 당시에 인식한 사정을 놓고 일반인이 객관적으로 판단하여 보았을 때 준강간의 결과가 발생할 위험성이 있었으므로 준강간죄의 불능미수가 성립한다. 구체적인 이유는 다음과 같다.

① 형법 제27조에서 규정하고 있는 불능미수는 행위자에게 범죄의사가 있고 실행의 착수라고 볼 수 있는 행위가 있지만 실행의 수단이나 대상의 착오로 처음부터 구성요건이 충족될 가능성이 없는 경우이다. 다만 결과적으로 구성요건의 충족은 불가능하지만, 그 행위의 위험성이 있으면 불능미수로 처벌한다. 불능미수는 행위자가 실제로 존재하지 않는 사실을 존재한다고 오인하였다는 측면에서 존재하는 사실을 인식하지 못한 사실의 착오와 다르다. [♣20 변시]

② 장애미수 또는 중지미수는 범죄의 실행에 착수할 당시 실행행위를 놓고 판단하였을 때 행위자가 의도한 범죄의 기수가 성립할 가능성이 있었으므로 처음부터 기수가 될 가능성이 객관적으로 배제되는 불능미수와 구별된다. [♣20 변시]

③ 형법 제27조에서 정한 '실행의 수단 또는 대상의 착오'는 행위자가 시도한 행위방법 또는 행위객체로는 결과의 발생이 처음부터 불가능하다는 것을 의미한다. 그리고 '결과 발생의 불가능'은 실행의 수단 또는 대상의 원시적 불가능성으로 인하여 범죄가 기수에 이를 수 없는 것을 의미한다고 보아야 한다.

한편 불능범과 구별되는 불능미수의 성립요건인 '위험성'은 피고인이 행위 당시에 인식한 사정을 놓고 일반인이 객관적으로 판단하여 결과 발생의 가능성이 있는지 여부를 따져야 한다. [♣20, 21 변시]

[반대(소수)의견] 형법 제27조의 입법 취지는, 행위자가 의도한 대로 구성요건을 실현하는 것이 객관적으로 보아 애당초 가능하지 않았기 때문에 원칙적으로 미수범으로도 처벌의 대상이 되지 않을 것이지만 규범적 관점에서 보아 위험성 요건을 충족하는 예외적인 경우에는 미수범으로 보아 형사처벌을 가능하게 하자는 데 있다. 그렇기 때문에 형법 제27조에서 말하는 결과 발생의 불가능 여부는 실행의 수단이나 대상을 착오한 행위자가 아니라 그 행위 자체의 의미를 통찰력이 있는 일반인의 기준에서 보아 어떠한 조건하에서도 결과 발생의 개연성이 존재하지 않는지를 기준으로 판단하여야 한다. 따라서 일정한 조건하에서는 결과 발생의 개연성이 존재하지만 특별히 그 행위 당시의 사정으로 인해 결과 발생이 이루어지지 못한 경우는 불능미수가 아니라 장애미수가 될 뿐이다 [대판(전) 2019.3.28. 2018도16002].

判例 결과의 발생이 불가능의 의미와 불능미수가 성립하지 않는 경우

[1] 형법 제27조(불능범)에서 '결과의 발생이 불가능'하다는 것은 범죄행위의 성질상 어떠한 경우에도 구성요건의 실현이 불가능하다는 것을 의미한다.
[2] 마약류 관리에 관한 법률에서 정한 향정신성의약품 수입행위로 인한 위해 발생의 위험은 향정신성의약품의 양륙 또는 지상반입에 의하여 발생하고 그 의약품을 선박이나 항공기로부터 양륙 또는 지상에 반입함으로써 기수에 달한다. 그리고 국제우편 등을 통하여 향정신성의약품을 수입하는 경우에는 국내에 거주하는 사람이 수신인으로 명시되어 발신국의 우체국 등에 향정신성의약품이 들어 있는 우편물을 제출할 때에 범죄의 실행에 착수하였다고 볼 수 있다. 따라서 피고인(甲)이 공소외인(乙)에게 필로폰을 받을 국내 주소를 알려주었다고 하더라도 공소외인(乙)이 필로폰이 들어 있는 우편물을 발신국의 우체국 등에 제출하였다는 사실이 밝혀지지 않은 이상 피고인(甲)의 이러한 행위는 향정신성의약품 수입의 예비행위라고 볼 수 있을지언정 이를 가지고 향정신성의약품 수입행위의 실행에 착수하였다고 할 수는 없다[대판 2019.5.16. 2019도97].

판결이유 피고인(甲)은 베트남에 거주하는 공소외인(乙)으로부터 필로폰을 수입하기 위하여 워터볼의 액체에 필로폰을 용해하여 은닉한 다음 이를 국제우편을 통해 받는 방식으로 필로폰을 수입하고자 하였다. 이러한 행위가 범죄의 성질상 그 실행의 수단 또는 대상의 착오로 인하여 결과의 발생이 불가능한 경우가 아님은 너무도 분명하다.

판례해설 사안은 향정신성의약품 수입행위의 실행에 착수하였다고 할 수 없을 뿐만 아니라 더 나아가 실행의 수단 또는 대상의 착오로 인하여 결과의 발생이 불가능한 경우가 아니어서 불능미수가 인정될 수 없다는 취지의 판례이다.

判例 장애미수와 불능미수의 경합사유가 있는 경우

피고인이 피해자를 독살하려 하였으나 동인이 토함으로써 그 목적을 이루지 못한 경우에는 피고인이 사용한 독의 양이 치사량 미달이어서 결과발생이 불가능한 경우도 있을 것이고, 한편 형법은 장애미수와 불능미수를 구별하여 처벌하고 있으므로 원심으로서는 이 사건 독약의 치사량을 좀 더 심리하여 피고인의 소위가 위 미수 중 어느 경우에 해당하는지 가렸어야 할 것이다[대판 1984.2.14. 83도2967].

판례해설 장애미수와 불능미수의 사유가 경합하면 행위자에게 유리한 불능미수를 인정하여야 한다는 취지의 판례이다.

判例 결과발생의 가능성을 인정한 경우

이 사건 농약의 치사추정량이 쥐에 대한 것을 인체에 대하여 추정하는 극히 일반적·추상적인 것이어서 마시는 사람의 연령, 체질, 영양 기타의 신체의 상황여하에 따라 상당한 차이가 있을 수 있는 것이라면 피고인이 요구르트 한 병마다 섞은 농약 1.6cc가 그 치사량에 약간 미달한다 하더라도 이를 마시는 경우 사망의 결과발생 가능성을 배제할 수는 없다고 할 것이다[대판 1984.2.28. 83도3331].

Ⅲ. 불능미수의 처벌

불능미수범은 미수범을 처벌하는 규정이 있으면 처벌할 수 있으나 임의적 감면사유에 해당한다(제27조). [♠ 00 사시]

Ⅳ. 관련문제

1. 환각범

(1) 의 의

① 환각범은 사실상 허용되고 있는 행위를 금지되거나 처벌된다고 오인한 경우이며, 반전된 금지의 착오라고 할 수 있다(반전된 금지의 착오, 금지의 적극적 착오). 반전된 금지착오의 경우 그 착오에 정당한 이유가 있고 없음을 불문하고 또는 위험성이 있고 없음을 불문하고 절대 불가벌이다. [♠ 00, 12 사시]

② 반전된 구성요건적 착오에 해당하는 불능미수는 행위반가치와 결과반가치가 존재하는 가벌적 범죄현상이지만 환각범은 행위자가 의도한 행위를 처벌하는 구성요건이 존재하지 않아 가벌성이 인정되지 않는다. [♠ 08 사시] [♣ 19 변시]

(2) 환각범의 유형

① 협의의 반전된 금지착오 : 금지규범이 존재하지 아니함에도 존재한다고 오인하고 행위를 한 경우이다(예 동성애에 대한 처벌규정이 존재하는 것으로 오인하고 이를 범한 경우).

② 반전된 위법성조각사유의 착오(반전된 허용착오) : 행위자가 인정되는 위법성조각사유를 인식하지 못하였거나 그 한계를 오인하여 위법성조각사유에 해당하지 아니하여 처벌된다고 오인한 경우이다(예 타인을 위한 정당방위와 사인의 현행범 체포가 처벌된다고 오인하거나, 진실한 사실로서 오로지 공공의 이익을 위한 명예훼손사실의 적시도 처벌된다고 오인한 경우).

③ 반전된 포섭의 착오 : 자신의 행위에는 적용되지 않는 금지규정임에도 불구하고 해석을 잘못하여 적용된다고 오인한 경우이다(예 명의인이 없는 문서도 문서에 해당한다고 오인하고 이를 작성하는 경우).

④ 반전된 가벌성의 착오 : 인적 처벌조각사유가 존재함에도 불구하고 자기의 행위가 처벌받는다고 인식한 경우이다(예 어머니의 물건을 절취하면서 처벌된다고 오인한 경우).

2. 미신범

주술적 방법에 의한 살인과 같이 비과학적 · 미신적 수단이나 방법에 의하여 범죄를 실현하려는 경우를 말한다. 미신범은 행위자가 의도한 결과를 처벌하는 구성요건이 존재한다는 점에서 그렇지 않은 환각범과 구별된다.

제5절 예비죄

출제 point 예비인가 미수인가에 관한 판례가 중요하며, 예비죄의 공동정범은 인정하나 예비죄의 종범을 부정하는 판례의 입장을 알아두어야 한다. 예비죄의 종범의 인정여부는 사례형에도 출제될 수 있으므로 정리해 두어야 한다.

제28조(음모, 예비) 범죄의 음모 또는 예비행위가 실행의 착수에 이르지 아니한 때에는 법률에 특별한 규정이 없는 한 벌하지 아니한다.

Ⅰ. 서 설

1. 예비의 의의

① 예비란 범죄실현을 위한 준비행위로서 아직 실행의 착수에 이르지 않은 일체의 행위를 말하며, 예비행위를 내용으로 하는 범죄를 예비죄라고 한다.

② 형법은 예비를 법률에 특별한 규정이 있는 예외적인 경우에만 처벌하고 있다(제28조).

2. 예비와의 구별개념

① **미수와의 구별** : 예비는 실행의 착수 이전의 준비행위이나 미수는 실행의 착수 이후의 개념이다.

② **음모와의 구별** : ⅰ) 판례는 음모를 예비에 선행하는 범죄발전의 일단계라고 한다. ⅱ) 학설로는 음모는 심리적 준비행위임에 대하여 예비는 범죄실현을 위한 물적 준비행위 또는 그 이외의 준비행위를 의미하며 시간적 선후관계는 없다는 견해가 있다. ⅲ) 형법은 음모와 예비를 항상 함께 규정하고 있으므로 양자를 구별할 실익은 없다.

判例 밀항단속법의 예비에 해당하지 않는 사건

일본으로 밀항하고자 도항비로 일화 100만엔을 주기로 약속한 바 있었으나 그 후 이 밀항을 포기하였다면 이는 밀항의 음모에 지나지 않는 것으로 밀항의 예비 정도에는 이르지 아니한 것이다 [대판 1986.6.24. 86도437]. [♠ 99 사시]

Ⅱ. 예비죄의 법적 성격

1. 기본범죄에 대한 관계

① **발현형태설** : 효과적인 법익보호가 필요한 경우에 미수 이전의 단계까지 구성요건을 확장한 기본범죄의 수정적 구성요건이라는 견해이다(다수설).

② 독립범죄설 : 예비죄는 독자적인 불법성을 지니고 있으므로 기본범죄와는 독립된 범죄형태라는 견해이다[배종대, 553면].

判例 **예비죄를 독립된 범죄로 보지 않은 사건**

형법각칙의 예비죄를 처단하는 규정을 바로 독립된 구성요건개념에 포함시킬 수는 없다고 하는 것이 죄형법정주의의 원칙에도 합당하는 해석이라 할 것이다[대판 1976.5.25. 75도1549].

2. 예비죄의 예비행위의 실행행위성

예비죄의 실행행위성의 인정여부

구분	내용
독립범죄설	논리적 귀결로서 당연히 예비죄의 실행행위성을 인정한다[배종대, 553면]. [♠ 02 사시]
발현형태설	① 부정설 : 기본적 구성요건에 해당하는 정범의 행위만이 실행행위이고 예비죄의 예비행위의 실행행위성은 인정할 수 없다는 견해이다. 이 견해는 예비행위는 무한정·무정형적이므로 실행의 착수 이전의 예비행위에는 실행행위성을 인정할 수 없다는 것을 논거로 하고 있다[오영근, 488면]. ② 긍정설(다수설) : 수정적 구성요건인 예비죄의 예비행위도 실행행위성을 인정할 수 있다는 견해이다. 이 견해는 실행행위의 개념도 상대적·기능적으로 파악하여야 한다는 것을 논거로 한다.

Ⅲ. 예비죄의 성립요건

1. 주관적 요건

(1) 예비의 고의

① 예비죄는 고의범이므로 예비죄가 성립하기 위하여는 고의가 있어야 한다. 따라서 과실에 의한 예비는 예비죄로 처벌될 수 없다. 한편 과실범의 예비는 처벌규정이 없으므로 불가벌이다. [♠ 13 사시]

② 예비의 고의의 내용에 관하여는 ⅰ) 준비행위에 대한 고의를 의미한다는 견해(예비고의설, 판례·다수설)와, ⅱ) 실행의 고의, 즉 기본적 구성요건에 관한 고의를 의미한다는 견해(실행고의설)가 대립하고 있다.

判例 **(요약 : 살인예비죄의 경우 살인의 목적 이외에 살인의 준비에 관한 고의를 요한다)** 형법 제255조, 제250조의 살인예비죄가 성립하기 위하여는 형법 제255조에서 명문으로 요구하는 살인죄를 범할 목적 외에도 살인의 준비에 관한 고의가 있어야 한다[대판 2009.10.29. 2009도7150]. [♣ 21 변시]

(2) 기본범죄를 범할 목적

예비죄는 목적범이므로 고의 이외에 기본범죄를 범할 목적이 있을 것을 요한다.

2. 객관적 요건

(1) 실행의 착수에 이르지 않은 외부적 준비행위

① 예비행위는 범죄의 실행을 목적으로 하는 외부적 준비행위일 것을 요한다. 따라서 단순한 범죄계획이나 범죄의사의 표시 또는 내심의 준비는 예비가 될 수 없다.

② 예비행위는 수단 · 방법에 제한이 없으나(예비행위의 무한정 · 무정형성) 다음과 같은 요건을 구비하여야 한다. ⅰ) 특정한 범죄의 실현을 위한 준비행위라는 것이 객관적으로 명확하여야 한다. 따라서 살해의 목적으로 흉기를 준비하였더라도 살해의 대상자가 확정되지 않은 경우나, '언젠가 용돈이 궁해지면 강도를 해버리자'고 모의한 경우에는 예비죄가 성립하지 않는다. [♠ 99, 00 사시] ⅱ) 기본범죄의 실현에 객관적으로 적합한 행위여야 하며(따라서 결과발생이 불가능한 불능예비는 예비가 될 수 없다), ⅲ) 실행의 착수와 시간적 · 장소적으로 밀접한 준비행위여야 한다.

判例 예비행위에 해당하는 경우

1. 강도에 공할 흉기를 휴대하고 통행인의 출현을 대기하는 행위는 강도예비에 해당된다[대판 1948.8.17. 4281형상80]. [♠ 14 사시]
2. 관세를 포탈할 목적으로 수입할 물품의 수량과 가격이 낮게 기재된 계약서를 첨부하여 수입예정 물량 전부에 대한 과세가격 사전심사를 신청함으로써 과세가격을 허위로 신고하고 이에 따른 과세가격 사전심사서를 미리 받아 두는 행위는 관세포탈죄의 실현을 위한 외부적인 준비행위에 해당한다[대판 1999.4.9. 99도424].

判例 예비행위에 해당하지 않는 경우

살해의 용도에 공하기 위한 흉기를 준비하였다고 하더라도 그 흉기로서 살해할 대상자가 확정되지 아니한 경우 살인예비죄로 다스릴 수 없다[대판 1959.9.1. 4292형상387]. [♠ 00 사시]

(2) 물적 예비와 인적 예비

예비에는 물적 예비(예 범행도구의 구입, 범행장소의 물색 · 답사 · 잠입, 범행장소에서의 대기[1]) 뿐만 아니라 인적 예비(예 범행 전에 알리바이 조작을 위해 대인접촉을 하거나 장물을 처분할

---

1) 예를 들어 칼을 사용하여 강도할 목적으로 도로에서 숨어 대기하고 있었지만 통행인이 없어서 목적을 다하지 못한 경우 강도예비에 해당한다. [♠ 99 사시]

사람을 확보하는 것)도 포함된다(다수설).

(3) 자기예비와 타인예비

① **자기예비** : 자기가 스스로 또는 타인과 공동하여 실행행위를 할 목적으로 준비행위를 하는 경우를 말하며 예비행위에 해당한다.

② **타인예비의 예비죄(정범) 인정여부**

쟁점연구

1. 학 설

① **긍정설** : 타인예비도 자기예비와 마찬가지로 법익침해의 실질적 위험성을 지니고 있고, 예비죄의 "… 의 죄를 범할 목적"에는 자기가 죄를 범할 목적인 경우 이외에 타인에게 죄를 범하게 할 목적도 포함된다고 보아 타인예비도 예비죄(정범)로 처벌해야 한다는 견해이다.

② **부정설** : 타인예비는 자기예비보다 법익침해가 더 간접적이므로 양자를 동일하게 평가할 수 없다는 점, 예비죄의 "… 의 죄를 범할 목적"은 스스로 범할 목적으로 해석하는 것이 타당하며 타인으로 하여금 죄를 범하게 할 목적으로 해석할 수 없다고 보아 타인예비는 예비로 볼 수 없다는 견해이다.

2. 검 토 (부정설 지지)

타인예비를 예비에 포함시키면 예외적으로 처벌되는 예비죄의 예비의 범위가 지나치게 확대될 우려가 있으므로 타인예비는 예비죄의 예비에 포함되지 않는다고 보는 것이 타당하다.

判例 예비가 인정되는 경우

1. 甲이 행사할 목적으로 미리 준비한 물건들과 옵셋트인쇄기를 사용하여 한국은행권 100원권을 사진찍어 그 필림원판 7매와 이를 확대하여 현상한 인화지 7매를 만들었다면 … 피고인의 행위는 아직 통화위조의 착수에는 이르지 아니 하였고 그 예비단계에 불과하다고 봄이 상당할 것이다[대판 1966.12.6. 66도1317]. [♠ 99, 14 사시]

2. 피고인들이 실제 북한과의 범민족단합대회추진을 위한 예비회담을 하기 위하여 판문점을 향하여 출발하려 하였다면 비록 피고인들이 위 회담의 주체는 아니었다고 하더라도 그 주체와의 의사의 연락하에 위 행위를 하였고 당국의 제지가 없었더라면 위 회담이 반드시 불가능하지는 아니하였던 것이므로 위 피고인들의 소위는 국가보안법 제8조 제4항, 제1항 회합예비죄에 해당하고, 회합장소인 판문점 평화의 집으로 가던 중 그에 훨씬 못 미치는 검문소에서 경찰의 저지로 그 뜻을 이루지 못한 것이라면 아직 반국가단체의 구성원과 회합죄의 실행에 착수하였다고 볼 수 없다[대판 1990.8.28. 90도1217]. [♠ 06 사시]

   판례해설 실행의 착수는 부정되었다는 점도 알아두어야 한다.

3. 국가보안법의 규정은 남북교류협력에 관한 법률 제3조 소정의 남북교류와 협력을 목적으로 하는 행위에 관하여는 정당하다고 인정되는 범위 안에서는 적용이 배제되나, 피고인이 북한공작원들과의 사전 연락하에 주도한 민중당의 방북신청은 그러한 정을 모르는 다른 민중당 인사들

에게는 남북교류협력의 목적이 있었다 할 수 있음은 별론으로 하고, 피고인 자신에 대한 관계에서는 위 법률 소정의 남북교류협력을 목적으로 한 것이라고 볼 수 없으므로, 피고인의 위 법률에 의한 방북신청은 국가보안법상의 탈출예비에 해당한다[대판 1993.10.8. 93도1951].

Ⅳ. 관련문제

1. 예비죄의 공범

(1) 예비죄의 공동정범

2인 이상이 공동하여 기본범죄를 실현하고자 하였으나 가벌적 예비행위에 그친 경우 예비죄의 공동정범이 성립한다(판례, 통설).

(2) 예비의 교사와 방조

① **쟁 점** : 기수의 고의로 정범을 교사·방조하였으나 정범이 예비에 그친 경우 교사자·방조자에 대한 법적효과가 어떠한지가 문제된다.

② **형법의 규정** : 형법은 예비의 교사에 대하여 효과없는 교사의 일종으로서 음모 또는 예비에 준하여 처벌하는 특별규정을 두고 있으나(제31조 제2항), 예비의 방조(예 살인의 고의로 권총을 구입하고자 하는 자에게 자금을 제공하여 권총을 구입하게 한 자)에 관하여는 처벌규정을 두고 있지 아니하다.

③ **예비의 방조의 경우 예비죄의 종범의 성립**(가벌성 인정)**여부**

사 례 연 습

【예비의 종범】※ 손도끼 사건

乙은 친구 甲이 용돈이 궁해 강도범행을 위하여 손도끼를 구입하려고 한다는 것을 알면서도 손도끼를 구해 甲에게 건네주었다. 甲은 손도끼를 가방에 넣고 다니면서 강도의 기회를 엿보다가 경찰의 불심검문에 의하여 체포되었다. 乙에게 강도예비죄의 종범이 성립할 수 있는가?[2)]

사례해결

1. 학 설

① **긍정설** : 정범이 예비죄로 처벌되는 이상 그에 가담한 자에게 예비죄의 종범이 성립한다는 것은 공범종속성설의 당연한 이론적 귀결이고, 예비행위의 실행행위성을 인정한다면 이에 대한 종범의 성립은 가능하다는 견해이다.

---

2) 이러한 논의는 타인예비를 예비죄의 예비행위로 보지 않는다는 전제하에서 시작된 것이라는 점을 주의하여야 한다. 만약 타인예비를 예비죄의 예비행위로 본다면 위의 사례에서 乙에게는 이미 강도예비죄(정범)가 성립하고 甲과의 공모여부에 따라 강도예비죄의 공동정범이 성립하기 때문이다.

② **부정설** : 예비의 실행행위성을 인정할 수 없다는 것을 전제로 예비죄의 종범의 성립을 부정하는 견해이다.

2. 판 례

정범이 예비단계에 그친 경우에 정범에 가담한 자에 대하여 종범의 성립을 부정하고 있다.

3. 검 토 (판례 지지)

형법 제32조(종범) 제1항의 타인의 범죄란 정범이 범죄의 실행에 착수한 경우를 말하는 것이므로 종범이 처벌되기 위하여는 정범의 실행의 착수가 있는 경우에만 가능하다고 보아야 하므로 정범이 실행의 착수에 이르지 아니한 예비의 단계에 그친 경우에는 이에 방조한 행위는 예비죄의 종범이 성립할 수 없다고 보는 것이 타당하다.[3)]

4. 결 론 (판례 지지)

甲에게는 강도예비죄의 종범이 성립할 수 없다.

判例 예비의 종범을 부정한 판례

형법 제32조 제1항 소정 타인의 범죄란 정범이 범죄의 실현에 착수한 경우를 말하는 것이므로 종범이 처벌되기 위하여는 정범의 실행의 착수가 있는 경우에만 가능하고 형법 전체의 정신에 비추어 정범이 실행의 착수에 이르지 아니한 예비의 단계에 그친 경우에는 이에 가공하는 행위가 예비의 공동정범이 되는 경우를 제외하고는 종범의 성립을 부정하고 있다고 보는 것이 타당하다[대판 1976.5.25. 75도1549; 동지 대판 1979.5.22. 79도522]. [♠ 99, 00, 02, 03, 06, 09, 10, 11, 12, 13, 14, 15 사시] [♣ 12, 14, 15, 17, 21 변시]

동지판례 예비행위의 방조행위는 방조범으로서 처단할 수 없는 것이고 그와 같은 법리는 특정범죄가중처벌등에관한법률 및 관세법에 규정된 무면허수입 등 예비죄의 방조행위에 있어서도 마찬가지이다[대판 1979.11.27. 79도2201]. [♠ 11 사시]

2. 예비죄의 미수

예비는 실행의 착수(미수)의 전단계이기 때문에 예비죄의 미수는 있을 수 없다(다수설).

3. 예비죄의 중지범(상세한 것은 중지미수 참고)

判例 예비의 중지범을 부정한 판례

중지범은 범죄의 실행에 착수한 후 자의로 그 행위를 중지한 때를 말하는 것이고 실행의 착수가 있기 전인 예비·음모의 행위를 처벌하는 경우에 있어서 중지범의 관념은 이를 인정할 수 없다[대판 1999.4.9. 99도424]. [♠ 00, 02, 03 사시]

---

3) 예비의 종범을 인정하는 것은 형법이 기도된 교사에 대해서는 이를 처벌하는 특별규정을 두면서도 기도된 방조에 대하여는 처벌규정을 두고 있지 않은 취지에도 반한다는 것도 부정설의 논거이다[이재상, 407면; 오영근, 495면; 정성근·박광민, 375면].

4. 예비죄의 죄수

① 하나의 범죄실행을 위하여 수 개의 예비행위가 있었던 경우라도 하나의 예비죄가 성립한다.

② 예비행위 후에 실행에 착수하여 미수 또는 기수가 된 경우에는 기본범죄의 미수 또는 기수만 성립한다(보충관계).

예비죄와 관련된 각종개념의 인정여부 정리

예비죄의 공동정범	인 정(판례)
예비죄의 종범	부 정(판례)
예비의 중지	부 정(판례)
과실범에 대한 예비죄	부 정
과실에 의한 예비죄	부 정
예비의 미수	부 정(다수설)
타인예비	부 정(다수설)

참고 : 형법상 예비 · 음모를 처벌하는 주요 범죄

	법 익	형법규정
예비 음모	개인적 법익에 대한 죄	① 살인죄(제250조 제1항), ② 강도죄(제333조) ③ 강간죄(제305조의3) ④ 각종 약취 · 유인죄와 인신매매죄(제287조, 288조, 289조 등)
	사회적 법익에 대한 죄	① 현주건조물방화죄 등(제164조), ② 현주건조물일수죄 등(제177조) ③ 기차등전복죄(제187조), ④ 통화위조죄(제207조 제1, 2, 3항) ⑤ 유가증권위조죄(제214조), ⑥ 폭발물사용죄(제119조)
	국가적 법익에 대한 죄	① 내란죄(제87조), ② 내란목적살인죄(제88조), ③ 간첩죄(제98조) ④ 외국에 대한 사전죄(제111조), ⑤ 도주원조죄(제147조) ⑥ 간수자도주원조죄(제148조)

제6장 공 범 론

제1절 공범이론

출 제
point

필요적 공범의 의의 및 총칙규정의 적용여부에 관한 판례의 입장, 공범독립성설과 공범종속성설을 비교하여 이해해 두어야 하며 공범의 종속형식을 적용했을 때 공범의 성립여부에 관한 문제가 중요한 출제대상이다.

Ⅰ. 서 설

1. 범죄참가형태

(1) 정 범

① **직접정범과 간접정범** : 행위자 자신이 직접 범죄를 실행하는 경우를 직접정범이라고 하며, 행위자가 타인을 이용하여 범죄를 실행하는 경우를 간접정범이라고 한다.

② **단독정범과 공동정범** : 일인이 단독으로 범죄를 실행하는 경우를 단독정범이라고 하며, 수인이 공동하여 범죄를 실행하는 경우를 공동정범이라고 한다.

(2) 공 범(교사범, 종범)

① 타인이 정범으로 범하는 범죄에 가담하는 자를 말한다.

② ⅰ) 타인을 교사하여 범죄를 실행하게 하는 자를 교사범이라고 하며, 타인의 범죄를 방조하는 자를 종범이라고 한다. ⅱ) 교사범과 종범을 협의의 공범이라고 한다.

2. 공범의 입법방식

(1) 단일정범체계

구성요건실현에 기여한 자들을 모두 정범으로 간주하고, 양형의 단계에서 통일적으로 정해진 형벌의 범위 안에서 각자의 구체적인 범죄기여도에 따라 형량을 정하는 방법이다.

(2) 정범과 공범의 분리방식

정범과 공범을 분리하여 각칙의 구성요건을 총칙상의 정범 · 공범이론에 의하여 보완하게 하는 방법으로서, 현행 형법이 취하고 있는 방식이다.

3. 임의적 공범과 필요적 공범

(1) 의의와 종류

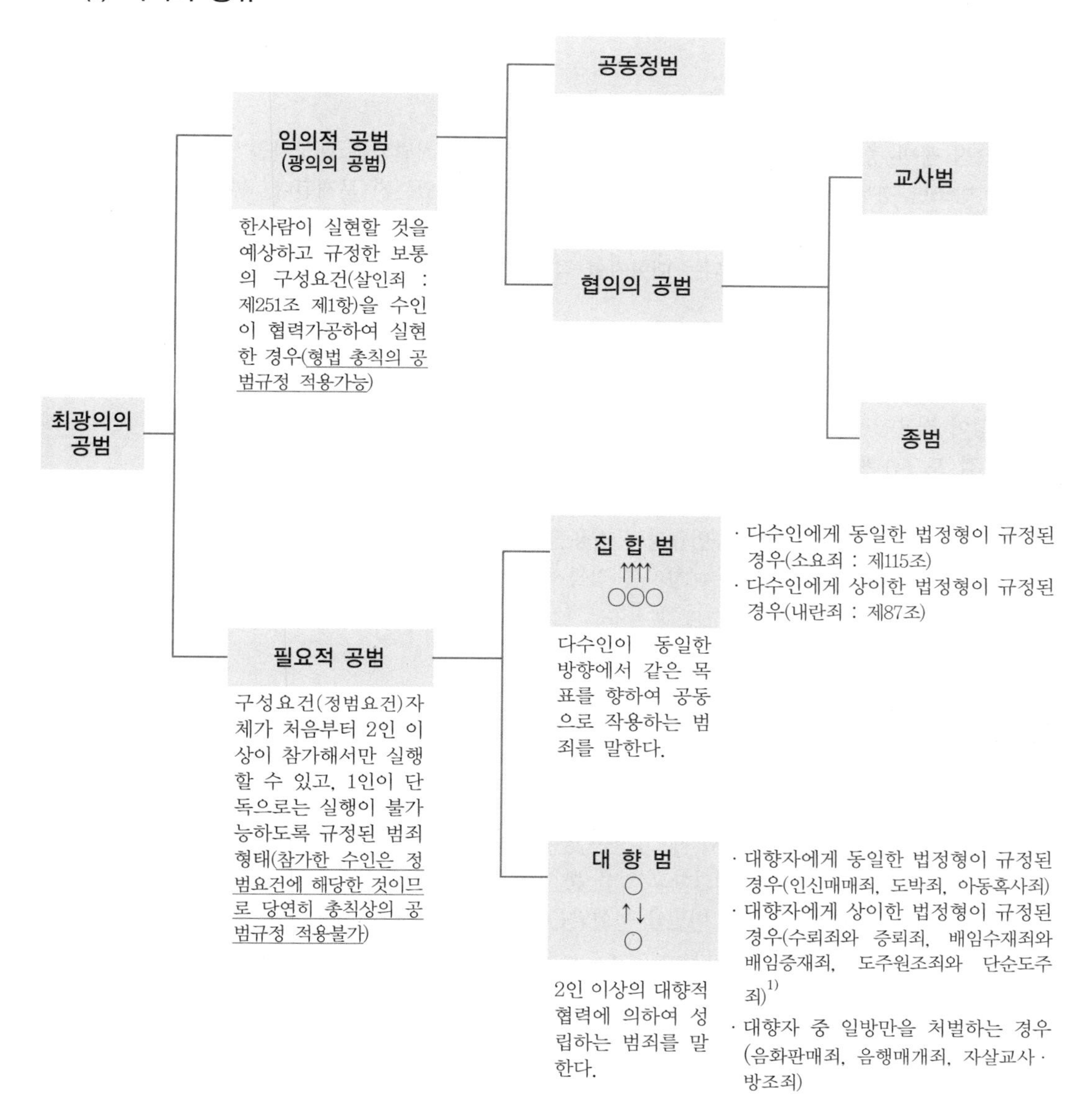

---

1) '대향범은 대향자 쌍방의 불법내용이 같으므로 형법상 쌍방을 처벌하는 경우 전부 쌍방의 법정형이 같다'는 오선지가 2015년 변시에서 출제되었다. [♣ 15 변시]

(2) 필요적 공범에 대한 공범규정의 적용여부

① 내부참가자

쟁점연구

1. 문제점

필요적 공범 중 대향범의 경우 처벌되지 않는 대향자가 처벌되는 대향자를 적극적으로 교사·방조한 경우 공범규정이 적용되어 공범이 성립할 수 있는지 문제된다.

2. 학 설

처벌되지 않는 대향자가 처벌되는 대향자를 적극적으로 교사·방조한 경우 공범이 성립할 수 있다는 견해가 있다.

3. 판 례

2인 이상 서로 대향된 행위의 존재를 필요로 하는 대향범에 대하여는 공범에 관한 형법총칙 규정이 적용될 수 없다는 입장이다[대판 2011.4.28. 2009도3642].

4. 검 토 (판례 지지)

형법이 대향자 일방을 처벌하는 규정을 두고 있지 않은 이상 그 대향자의 행위를 불문에 부친다는 취지로 보아야 하므로 공범규정이 적용될 수 없다고 보는 것이 타당하다. 따라서 처벌되지 않는 대향자가 처벌되는 대향자를 적극적으로 교사·방조한 경우일자라도 공범이 성립할 수 없다.

判例 필요적 공범 중 처벌규정이 없는 내부자에 대한 형법총칙상의 공범규정 적용여부(소극)

1. [1] 2인 이상 서로 대향된 행위의 존재를 필요로 하는 대향범에 대하여는 공범에 관한 형법총칙 규정이 적용될 수 없는데, 형법 제127조는 공무원 또는 공무원이었던 자가 법령에 의한 직무상 비밀을 누설하는 행위만을 처벌하고 있을 뿐 직무상 비밀을 누설받은 상대방을 처벌하는 규정이 없는 점에 비추어, 직무상 비밀을 누설받은 자에 대하여는 공범에 관한 형법총칙 규정이 적용될 수 없다고 보는 것이 타당하다.[2)] [♠ 15 사시] [♣ 19 변시]

   [2] 변호사 사무실 직원인 피고인 甲이 법원공무원인 피고인 乙에게 부탁하여, 수사 중인 사건의 체포영장 발부자 53명의 명단을 누설받은 경우, 피고인 乙이 직무상 비밀을 누설한 행위와 피고인 甲이 이를 누설받은 행위는 대향범 관계에 있으므로 공범에 관한 형법총칙 규정이 적용될 수 없어 피고인 甲의 행위는 공무상비밀누설교사죄에 해당하지 아니한다[대판 2011.4.28. 2009도3642]. [♠ 12, 13 사시] [♣ 15 변시]

2. 뇌물수수죄는 필요적 공범으로서 형법총칙의 공범이 아니므로 따로 형법 제30조를 적용할 필요가 없다[대판 1971.3.9. 70도2536].

2) 위와 같은 법리는 구 정보통신망 이용촉진 및 정보보호 등에 관한 법률 제49조의 '비밀누설' 경우에도 마찬가지로 적용된다[대판 2017.6.19. 2017도4240].

3. 매도 · 매수와 같이 2인 이상의 서로 대향된 행위의 존재를 필요로 하는 관계에 있어서는 공범이나 방조범에 관한 형법총칙 규정의 적용이 있을 수 없고, 따라서 매도인에게 따로 처벌규정이 없는 이상 매도인의 매도행위는 그와 대향적 행위의 존재를 필요로 하는 상대방의 매수범행에 대하여 공범이나 방조범관계가 성립되지 아니한다[대판 2001.12.28. 2001도5158]. [♠ 03, 05, 09 사시] [♣ 17, 21 변시]

4. 자가용화물자동차 소유자의 유상운송이라는 범죄가 성립하는 데 당연히 예상될 뿐만 아니라 위와 같은 범죄의 성립에 없어서는 아니 되는 상대방의 행위를 따로 처벌하는 규정이 없는 이상, 그 입법 취지에 비추어 볼 때, 자가용화물자동차의 소유자에게 대가를 지급하고 운송을 의뢰하여 화물운송이라는 용역을 제공받은 상대방의 행위가, 자가용화물자동차 소유자와의 관계에서, 일반적인 형법 총칙상의 공모, 교사 또는 방조에 해당된다고 하더라도 자가용화물자동차 소유자의 유상운송행위의 상대방을 자가용화물자동차 소유자의 유상운송행위의 공범으로 처벌할 수 없다[대판 2005.11.25. 2004도8819]. [♠ 08 사시]

5. 변호사 아닌 자가 변호사를 고용하여 법률사무소를 개설 · 운영하는 행위에 있어서는 변호사 아닌 자는 변호사를 고용하고 변호사는 변호사 아닌 자에게 고용된다는 서로 대향적인 행위의 존재가 반드시 필요하고, 나아가 변호사 아닌 자에게 고용된 변호사가 고용의 취지에 따라 법률사무소의 개설 · 운영에 어느 정도 관여할 것도 당연히 예상되는바, 이와 같이 변호사가 변호사 아닌 자에게 고용되어 법률사무소의 개설 · 운영에 관여하는 행위는 위 범죄가 성립하는 데 당연히 예상될 뿐만 아니라 범죄의 성립에 없어서는 아니 되는 것인데도 이를 처벌하는 규정이 없는 이상, 그 입법 취지에 비추어 볼 때 변호사 아닌 자에게 고용되어 법률사무소의 개설 · 운영에 관여한 변호사의 행위가 일반적인 형법 총칙상의 공모, 교사 또는 방조에 해당된다고 하더라도 변호사를 변호사 아닌 자의 공범으로서 처벌할 수는 없다[대판 2004.10.28. 2004도3994]. [♣ 16 변시]

6. [1] 甲 주식회사 임원인 피고인들이 회사 직원들 및 그 가족들에게 수여할 목적으로 전문의약품인 타미플루 39,600정 등을 제약회사로부터 매수하여 취득한 경우, 불특정 또는 다수인에게 무상으로 의약품을 양도하는 수여행위도 '판매'에 포함되므로 위와 같은 행위는 같은법 제44조 제1항 위반행위에 해당하며, 사회상규에 위배되지 아니하는 정당행위로서 위법성이 조각될 수 없다.
[2] 2인 이상의 서로 대향된 행위의 존재를 필요로 하는 대향범에 대하여는 공범에 관한 형법총칙 규정이 적용될 수 없는데, 구 의료법 제17조 제1항 본문은 의료업에 종사하고 직접 진찰한 의사가 아니면 처방전을 작성하여 환자 등에게 교부하지 못한다고 규정하면서 제89조에서는 위 조항 본문을 위반한 자를 처벌하고 있을 뿐, 위와 같이 작성된 처방전을 교부받은 상대방을 처벌하는 규정이 따로 없는 점에 비추어, 위와 같이 작성된 처방전을 교부받은 자에 대하여는 공범에 관한 형법총칙 규정이 적용될 수 없다고 보아야 한다[대판 2011.10.13. 2011도6287]. [♣ 18 변시]

7. 사용자는 쟁의행위 기간 중 그 쟁의행위로 중단된 업무의 수행을 위하여 당해 사업과 관계없는 자를 채용 또는 대체할 수 없고, 이를 위반한 자는 1년 이하의 징역 또는 1천만 원 이하의 벌금으로 처벌된다(노동조합법 제91조, 제43조 제1항). 여기서 처벌되는 '사용자'는 사업주, 사업의 경영담당자 또는 그 사업의 근로자에 관한 사항에 대하여 사업주를 위하여 행동하는 자를 말한다(노동조합법 제2조 제2호). 노동조합법 제91조, 제43조 제1항은 사용자의 위와 같은 행위를 처벌하도록 규정하고 있으므로, 사용자에게 채용 또는 대체되는 자에 대하여 위 법조항을 바로 적용하여 처벌할 수 없음은 문언상 분명하다. 나아가 채용 또는 대체하는 행위와 채용 또는 대

체되는 행위는 2인 이상의 서로 대향된 행위의 존재를 필요로 하는 관계에 있음에도 채용 또는 대체되는 자를 따로 처벌하지 않는 노동조합법 문언의 내용과 체계, 법 제정과 개정 경위 등을 통해 알 수 있는 입법 취지에 비추어 보면, 쟁의행위 기간 중 그 쟁의행위로 중단된 업무의 수행을 위하여 당해 사업과 관계없는 자를 채용 또는 대체하는 사용자에게 채용 또는 대체되는 자의 행위에 대하여는 일반적인 형법 총칙상의 공범 규정을 적용하여 공동정범, 교사범 또는 방조범으로 처벌할 수 없다고 판단된다[대판 2020.6.11. 2016도3048].

8. 2인 이상의 서로 대향된 행위의 존재를 필요로 하는 대향범에 대하여 공범에 관한 형법 총칙 규정이 적용될 수 없다. 이러한 법리는 해당 처벌규정의 구성요건 자체에서 2인 이상의 서로 대향적 행위의 존재를 필요로 하는 필요적 공범인 대향범을 전제로 한다. 구성요건상으로는 단독으로 실행할 수 있는 형식으로 되어 있는데 단지 구성요건이 대향범의 형태로 실행되는 경우에도 대향범에 관한 법리가 적용된다고 볼 수는 없다[대판 2022.6.30. 2020도7866].

판례해설 마약거래방지법 제7조 제1항은 '마약류범죄의 발견 또는 불법수익 등의 출처에 관한 수사를 방해하거나 불법수익 등의 몰수를 회피할 목적으로 불법수익 등의 성질, 소재, 출처 또는 귀속관계를 숨기거나 가장한 자'를 불법수익 등의 은닉 및 가장죄로 형사처벌하고 있는데, 마약거래방지법 제7조 제1항에서 정한 '불법수익 등의 출처 또는 귀속관계를 숨기거나 가장하는 행위'는 처벌규정의 구성요건 자체에서 2인 이상의 서로 대향된 행위의 존재를 필요로 하지 않으므로 정범의 이러한 행위에 가담하는 행위에는 형법 총칙의 공범 규정이 적용된다.

判例 필요적 공범에 해당하는 범죄의 성립요건

1. **(협력자 전부가 책임이 있을 것을 요하지 않음)** 필요적 공범이라는 것은 법률상 범죄의 실행이 다수인의 협력을 필요로 하는 것을 가리키는 것으로서 이러한 범죄의 성립에는 행위의 공동을 필요로 하는 것에 불과하고 반드시 협력자 전부가 책임이 있음을 필요로 하는 것은 아니다[대판 1987.12.22. 87도1699]. [♠ 05 사시]

2. **(협력자 전부에게 범죄가 성립함을 요하지 않음)** 구 정치자금법 제45조 제1항의 정치자금을 기부한 자와 기부받은 자는 이른바 대향범(對向犯)인 필요적 공범관계에 있다. 필요적 공범관계는 행위자들이 서로 대향적 행위를 하는 것을 전제로 하는데, 각자의 행위가 범죄구성요건에 해당하면 그에 따른 처벌을 받을 뿐이고 반드시 협력자 전부에게 범죄가 성립해야 하는 것은 아니다. 따라서 정치자금을 기부하는 자의 범죄가 성립하지 않더라도 정치자금을 기부받는 자가 정치자금법이 정하지 않은 방법으로 정치자금을 제공받는다는 의사를 가지고 받으면 정치자금부정수수죄가 성립한다[대판 2017.11.14. 2017도3449].

判例 필요적 공범 중 대향범에 해당하지 않는 경우

1. [1] 신용정보의 이용 및 보호에 관한 법률은 제50조 제2항 제7호, 제40조 제4호에서 신용정보회사 등이 아니면서 특정인의 소재 및 연락처를 알아내거나 금융거래 등 상거래관계 외의 사생활

등을 조사하는 행위를 업으로 하는 자를 처벌하는 규정을 두고 있는바, 사생활 조사 등을 업으로 하는 행위에 그러한 행위를 의뢰하는 대향된 행위의 존재가 반드시 필요하다거나 의뢰인의 관여행위가 당연히 예상된다고 볼 수 없고, 따라서 사생활 조사 등을 업으로 하는 행위와 그 의뢰행위는 대향범의 관계에 있다고 할 수 없다.

[2] 피고인들이 공소외인에 대하여 한 사생활 조사 등의 의뢰행위가 형법총칙상 교사행위에 해당한다 하더라도 피고인들을 공범에 관한 형법총칙의 규정을 적용하여 처벌할 수 없다고 판단한 원심판결에 위법이 있다고 한 사례[대판 2012.9.13. 2012도5525].

2. [1] 특정범죄 가중처벌 등에 관한 법률 제8조의2 제1항, 조세범 처벌법 제10조 제3항 제3호의 처벌대상인 '재화 또는 용역을 공급하는 자가 허위의 매출처별 세금계산서합계표를 정부에 제출하는 행위'와 '재화 또는 용역을 공급받는 자가 허위의 매입처별 세금계산서합계표를 정부에 제출하는 행위'가 서로 대향된 행위의 존재를 필요로 하는 대향범의 관계에 있다고 할 수는 없다.

[2] 재화 또는 용역을 공급받는 자가 이를 공급하는 자의 허위 매출처별 세금계산서합계표 제출행위에 가담하는 경우에 공범에 관한 형법총칙의 규정이 적용될 수 없는 것은 아니므로, 재화 또는 용역을 공급받는 자가 이를 공급하는 자의 허위 매출처별 세금계산서합계표 제출행위에 가담하였다면 그 가담 정도에 따라 그 범행의 공동정범이나 교사범 또는 종범이 될 수 있다[대판 2014.12.11. 2014도11515].

② 외부관여자

㉮ **집합범의 경우** : 집단 외부에서 관여한 자도 협의의 공범 이외에 집단 내부의 자들과 연계하여 본질적 기능을 담당한 경우에는 공동정범이 될 수 있다는 견해와[김일수 · 서보학, 636면; 배종대, 572면], 외부관여자에 대하여는 총칙상 협의의 공범에 관한 규정은 적용되지만, 공동정범에 관한 규정은 적용되지 않는다는 견해가 있다(다수설).

㉯ **대향범의 경우** : ⅰ) 대향자 쌍방을 모두 처벌하는 경우에는 각 대향자에게 관여한 외부관여자에 대해서는 총칙상의 공동정범, 교사범, 종범의 성립이 모두 가능하다. ⅱ) 대향자의 일방만을 처벌하는 경우에는 처벌되는 대향자에게 관여한 외부관여자에 대해서는 총칙상의 공범규정(공동정범, 교사범, 종범)이 적용되나, 처벌되지 않는 대향자에게 관여한 외부관여자에 대해서는 총칙상의 공범규정이 적용되지 않는다.

判例 대향범 중 처벌되지 않는 자에 행위에만에 가담한 경우 그 상대방에 대한 공범의 성립여부

금품 등의 수수와 같이 2인 이상의 서로 대향된 행위의 존재를 필요로 하는 관계에 있어서는 공범이나 방조범에 관한 형법총칙 규정의 적용이 있을 수 없다. 따라서 금품 등을 공여한 자에게 따로 처벌규정이 없는 이상,[3] 그 공여행위는 그와 대향적 행위의 존재를 필요로 하는 상대방의 범행에

3) 변호사법 제111조 제1항은 공무원이 취급하는 사건 또는 사무에 관하여 청탁 한다는 명목으로 금품을 받은 자에 대하여는 처벌규정을 두고 있으나 금품을 공여한 자에 대하여는 처벌규정을 두고 있지 아니하다.

대하여 공범관계가 성립되지 아니하고, 오로지 금품 등을 공여한 자의 행위에 대하여만 관여하여 그 공여행위를 교사하거나 방조한 행위도 상대방의 범행에 대하여 공범관계가 성립되지 아니한다 [대판 2014.1.16. 2013도6969].

Ⅱ. 정범과 공범의 구별

1. 정범의 개념〈제한적 정범개념과 확장적 정범개념〉 [♠ 02, 03, 05, 08 사시]

	제한적 정범개념	확장적 정범개념
내 용	① 구성요건에 해당하는 행위를 스스로 행한 자만이 정범이고, 구성요건적 행위 이외의 행위로 결과야기에 기여한 자는 정범이 될 수 없다고 보는 이론을 말한다. ② 정범개념은 구성요건에 의하여 결정하여야 한다는 점을 논거로 한다.	구성요건적 결과의 발생에 조건을 설정한 자는 그것이 구성요건에 해당하는 행위인가의 여부를 불문하고 모두 정범으로 보는 이론을 말한다.
특 징	① 인과관계에 관한 학설 중 원인설에 기초 ② 정범 · 공범의 구별에 있어 객관설과 결합(행위라는 객관적 요소에 의하여 정범을 구별하고 있기 때문) ③ 정범에 해당하지 않는 경우는 원칙적으로 불가벌, 따라서 형법 총칙상의 공범규정은 형벌확장사유가 됨 ④ (실행 없는)공동정범과 간접정범의 정범성 부정(공범의 일종으로 보게 됨) ⑤ 형법의 보장적 기능 중시	① 인과관계에 관한 학설 중 조건설에 기초 ② 정범 · 공범의 구별에 있어 주관설과 결합(객관적 요소인 행위를 등가적으로 보기 때문) ③ 교사범 · 종범도 정범에 해당. 따라서 형법 총칙상의 공범규정은 형벌축소사유가 됨 [♠ 11 사시] ④ 공동정범이나 간접정범의 개념 불필요(일반적인 정범과 동일하게 취급됨) ⑤ 형법의 보장적 기능 침해(죄형법정주의에 반할 우려가 있음)
형법의 태도	① 형법은 정범개념을 전제로 하면서 협의의 공범을 정범에 종속시켜서 처벌하고 있으므로 원칙적으로 제한적 정범개념의 입장이라고 할 수 있다. ② 통설에 따르면 과실범에 있어서는 공범이 인정되지 않고 정범만 인정되므로 확장적 정범개념을 따르고 있다고 할 수 있다(다만, 예외적으로 판례는 과실범의 공동정범을 인정함).	

제한적 정범개념과 확장적 정범개념의 비교

	제한적 정범개념	확장적 정범개념
인과관계론과의 관련성	원인설	조건설
정범 · 공범의 구별 학설	객관설	주관설
공범규정의 의미	형벌확장사유	형벌축소사유
간접정범 인정요부	필 요	불요(간접정범은 이미 정범)

2. 정범과 공범의 구별기준 [♠12 사시]

		내 용	비 판
객관설	형식적 객관설	① 구성요건해당행위를 직접 실행한 자는 정범, 그 밖의 방법으로 가담한 자는 공범 ② 제한적 정범개념이론에 입각한 견해	스스로 실행행위를 하지 않는 간접정범과 조직범죄의 배후조종자의 정범성을 인정할 수 없는 결함이 있다.
	실질적 객관설	① 인과관계론의 원인설의 입장에서 가담행위의 위험성의 정도에 따라 정범과 공범을 구별 ② 위험성정도의 판단방법에 따라 다음과 같은 견해가 있다. ㉮ 필연설 : 결과발생에 필요 불가결한 행위여부를 기준으로 함 ㉯ 동시설 : 가담시점 기준, 행위시에 가담(정범), 행위전후에 가담(공범) ㉰ 직접설 : 행위자의 행위가 결과야기에 직접적 인과관계 인정(정범), 간접적 인과관계 인정(공범)	① 원인과 조건의 구별이 곤란함 ② 동시설은 간접정범의 정범성 설명 곤란
주관설	공 통	인과관계론의 조건설에 기초	
	의사설 (고의설)	정범의 고의를 가진 자(정범), 공범의 고의를 가진 자(공범)	순환론에 빠져 있다.
	이익설 (목적설)	범죄의 결과가 자기의 이익을 위한 경우(정범), 타인의 이익을 위한 경우(공범)	촉탁·승낙살인, 제3자를 위한 강도·사기·배임 등의 행위를 정범으로 규정하고 있는 형법과 불일치
행위지배설	공 통	① 제한적 정범개념이론을 기초로 함 ② 객관적 요소와 주관적 요소로 이루어진 행위지배, 즉 '구성요건에 해당하는 사건진행의 장악'의 유무를 정범과 공범의 구별기준으로 함	
	Welzel (목적적 행위지배설)	자신의 의사결정을 근거로 목적적으로 범행을 실행하는 자(정범), 단순한 가담자(공범)	고의적으로 활동하는 공범에게도 이미 목적적 범행지배가 있다고 할 수 있으므로 정범과 공범의 구별이 곤란
	Roxin (행위지배설) (다수설)	행위지배의 개념을 유형화하여 직접정범은 실행지배, 간접정범은 의사지배, 공동정범은 기능적 행위지배가 있어야 정범성이 인정될 수 있다고 봄	① 지배범에 한해 적용될 수 있다는 한계가 있음 ② 의무범·신분범·자수범은 행위지배에 의하여 정범성이 인정되는 것이 아님

判例 공동정범과 종범의 구별기준 (기능적 행위지배 유무)

공동정범의 본질은 분업적 역할분담에 의한 기능적 행위지배에 있으므로 공동정범은 공동의사에 의한 기능적 행위지배가 있음에 반하여 종범은 그 행위지배가 없는 점에서 양자가 구별된다 [대판 1989.4.11. 88도1247]. [♠06 사시] [♣18 변시]

判例 공동정범과 종범의 구별기준 (기능적 행위지배가 인정되지 않아 공동정범이 성립할 수 없는 경우)

[1] 게임산업진흥에 관한 법률 제26조 제2항에서 '청소년게임제공업 등을 영위하고자 하는 자'란 청소년게임제공업 등을 영위함으로 인한 권리의무의 귀속주체가 되는 자(이하 '영업자'라고 한다)를 의미하므로, 영업활동에 지배적으로 관여하지 아니한 채 단순히 영업자의 직원으로 일하거나 영업을 위하여 보조한 경우, 또는 영업자에게 영업장소 등을 임대하고 사용대가를 받은 경우 등에는 같은 법 제45조 위반에 대한 본질적인 기여를 통한 기능적 행위지배를 인정하기 어려워, 이들을 방조범으로 처벌할 수 있는지는 별론으로 하고 공동정범으로 처벌할 수는 없다.
[2] 피고인이 무등록 영업자인 甲, 乙의 부탁으로 자신이 운영하는 가게 옆에 크레인 게임기들을 설치할 장소와 이용할 전력을 제공하고 대가를 받았다고 하여, 게임산업진흥에 관한 법률 제45조(무등록 청소년게임제공업 영위) 위반죄의 공모공동정범에 해당한다고 할 수 없다[대판 2011.11.10. 2010도11631].

Ⅲ. 공범의 종속성과 처벌의 근거

1. 공범종속성설과 공범독립성설 [♠ 15 사시]

	공범종속성설(판례 · 통설)	공범독립성설
의 의	공범의 본질은 타인의 구성요건실현에 가담하는 데 있으므로 공범은 정범의 현실적인 실행행위가 있어야 그에 종속하여 성립한다는 견해이다.	범죄는 행위자의 반사회적 징표이고, 공범행위(교사행위 · 방조행위) 자체가 반사회적인 범죄실행행위로서의 실질을 가지므로 공범은 정범과 관계없이 독립하여 성립한다는 견해이다.
범죄이론	객관주의	주관주의
공범의 미수	① 정범의 행위가 가벌적 미수(실행의 착수)로 된 때에만 공범도 미수로 처벌된다. ② 미수범의 공범은 인정하나 공범의 미수(정범이 실행에 착수하지 않은 경우)는 부정한다.	① 정범의 실행의 착수가 없어도 공범은 미수로 처벌된다. ② 미수범의 공범과 공범의 미수 모두 인정한다.
	기도된 교사(제31조 제2항, 제3항)를 특별규정으로 이해	기도된 교사(제31조 제2항, 제3항)를 독립성설에 근거한 규정으로 이해
간접정범	간접정범 개념 긍정 (종속요건을 갖추지 못한 경우에 처벌의 흠결을 피하기 위해 간접정범의 개념이 필요)	간접정범 개념 부정 (교사 · 방조행위가 있는 이상 공범이 성립할 수 있으므로 이용자는 공범에 해당한다.)
공범과 신분	제33조의 본문을 당연규정(원칙규정)으로 본다. [♠ 08 사시]	제33조의 본문을 예외규정으로 보고 단서를 원칙적 규정으로 본다.
자살관여죄	자살이 범죄가 아님에도 불구하고 교사 · 방조자를 처벌하는 제252조 제2항을 특별규정으로 본다. [♠ 08 사시]	제252조 제2항은 독립성설에 의해서만 설명이 가능하므로 동 조항은 공범독립성설의 유력한 근거로 본다.

判例 공범의 성립요건(정범의 실행행위 – 실행의 착수 – 를 요함)

> 정범의 성립은 교사범, 방조범의 구성요건의 일부를 형성하고 교사범, 방조범이 성립함에는 먼저 정범의 범죄행위가 인정되는 것이 그 전제요건이 되는 것은 공범의 종속성에 연유하는 당연한 귀결이다[대판 1981.11.24. 81도2422]. [♠ 02, 05 사시]

2. 종속성의 정도 [♠ 03, 08, 11 사시] [♣ 17 변시]

최소한 종속형식	① 정범의 행위가 구성요건에 해당하기만 하면 공범의 성립을 인정한다. 공범의 성립범위를 가장 넓게 인정한다. ② 비판 : 정범의 불법 없이 공범의 불법을 인정하는 문제점이 있다.
제한적 종속형식 **(통 설)**	① 정범의 행위가 구성요건에 해당하고 위법하면 공범의 성립을 인정한다.[4)5)] ② 공범의 처벌근거는 정범의 책임에 가담하는 것이 아니라 정범의 불법을 야기·촉진한 데 있는 것이므로 제한적 종속형식을 취하는 것이 개인책임의 원리와 일치한다는 점과 형법 제31조와 제32조의 범죄라는 개념도 상대적으로 이해하여야 한다는 점을 논거로 한다.
극단적 종속형식	① 정범의 행위가 구성요건에 해당하고 위법·유책하면 공범의 성립을 인정한다. [♠ 10 사시] ② 형법 제31조가 '타인을 교사하여 죄를 범하게 한 자', 제32조가 '타인의 범죄를 방조한 자'라고 규정한 것은 정범의 행위의 완전한 범죄성을 전제로 한 것이라는 점을 논거로 한다. ③ 비판 : 책임의 연대성을 인정하므로 개인책임(책임 개별화)의 원칙에 반한다.
초극단적 종속형식 **(확장적 종속형식)**	① 정범의 행위가 구성요건에 해당하고 위법·유책할 뿐만 아니라 가벌성의 조건까지 모두 갖추어야 공범의 성립을 인정한다. 공범의 성립 범위를 가장 좁게 인정한다. ② 비판 : 책임의 연대성을 인정하므로 개인책임(책임 개별화)의 원칙에 반하며, 타인의 가벌성에까지 종속을 인정하는 것은 공범의 고유범성에 반한다.

	구×	구○+위×	구○+위○+책×	구○+위○+책○+가×	구○+위○+책○+가○
최소한 종속형식					
제한적 종속형식(통설)				공 범	
극단적 종속형식					
초극단적(확장적) 종속형식					

4) 따라서 제한적 종속형식을 전제할 경우 긴급피난을 위법성조각사유로 이해하는 입장에 따르면 긴급피난행위를 한 자는 위법성이 인정될 수 없으므로 그에 대한 교사범의 성립은 인정될 수 없다. [♠ 14 사시]

5) 甲이 乙에게 A의 주거에 침입할 것을 교사하였는데 乙이 A의 승낙을 얻어 정당하게 주거에 들어간 경우, 乙의 행위는 양해에 의한 행위로서 구성요건해당성이 조각된다. 따라서 공범종속성설 중 제한적 종속형식에 의하면 정범인 乙의 행위가 구성요건해당성 및 위법성을 구비하지 못한 경우여서 甲은 주거침입죄의 교사범이 성립하지 않는다. [♣ 14 변시]

3. 공범의 처벌근거

(1) 쟁 점

공범의 행위는 규범에 위반한 행위이지만 구성요건에 해당하지 않음에도 처벌되는 이유가 무엇인지가 문제된다.

(2) 학 설

	내 용	비 판
책임가담설 [♠ 03,10 사시]	① 공범은 자신에 의하여 야기된 법익침해로 인하여 처벌되는 것이 아니라, 정범으로 하여금 유책한 범죄를 저지르게 하여 정범을 타락시켰기 때문에 처벌된다는 견해이다. ② 극단적 종속형식과 관련된 이론이다.	· 개인책임원칙에 반한다. · 통설인 제한적 종속형식과 배치
불법가담설	① 공범은 정범으로 하여금 불법한 범죄를 저지르게 하여 정범의 사회적 일체성을 해체시킴으로써 법적 평온을 침해하였기 때문에 처벌된다는 견해이다. ② 책임가담설을 제한적 종속형식에 따라 변형시킨 이론이다.	· 교사범의 처벌근거일 뿐 종범의 처벌근거는 될 수 없다.
순수야기설	① 공범의 불법을 정범의 불법에서 찾지 않고, 공범은 독자적인 공범구성요건을 실현함으로써 스스로 법익을 침해했기 때문에 처벌된다는 견해이다(공범의 독자적 불법 인정). ② 공범독립성설과 상통하는 이론이다.	· 결과반가치 고려하지 않음 · 공범종속성설(통설)과 배치
종속야기설 **(다수설)**	① 공범의 처벌근거는 정범의 법익침해를 야기하거나 촉진했다는 점에 있지만, 공범은 실행행위를 하지 않았으므로 공범의 불법은 그 근거와 정도에 있어서 모두 정범의 불법에 종속된다는 견해이다. 따라서 이 견해에 의하면 정범의 실행행위가 없을 경우 정범을 교사한 자를 교사범으로 처벌할 수 없게 된다. [♠ 02 사시] ② 공범의 종속성을 강조하는 견해이다.	· 공범의 독자적 불법요소 무시
혼합야기설	① **종속적 법익침해설** : 공범의 불법이 일부는 정범의 행위에서, 일부는 자신의 독자적인 법익침해에서 도출된다고 함으로써 공범은 종속적이지만 동시에 독립된 법익침해성을 내포하고 있다는 견해이다. ② **행위반가치 · 결과반가치 구별설** : 공범의 불법 중 행위반가치는 공범 자신의 행위에서 독립적으로 인정되고, 결과반가치는 정범에 종속된다는 견해이다.	· 순수야기설과 종속적 야기설의 타협을 시도하기 때문에 순수야기설의 단점을 그대로 안고 있음

제2절 간접정범

간접정범 인정여부에 관한 판례가 출제되고 있으며, 관련문제에서 신분범에 대한 간접정범의 성립여부가 자주 출제되는 부분이다.

제34조(간접정범) ① 어느 행위로 인하여 처벌되지 아니하는 자 또는 과실범으로 처벌되는 자를 교사 또는 방조하여 범죄행위의 결과를 발생하게 한 자는 교사 또는 방조의 예에 의하여 처벌한다.

Ⅰ. 간접정범의 의의

1. 간접정범의 개념

① 간접정범이란 타인을 생명 있는 도구로 이용하여 간접적으로 범죄를 실행하는 형태의 범죄를 말한다(예 甲이 정신병자 乙을 교사하여 A를 살해하게 한 경우 – 甲은 살인죄의 간접정범).

② 이용자가 사람이 아닌 동물을 이용하거나 사람을 이용하더라도 생명 없는 도구로 이용한 경우에는 간접정범이 아니라 직접정범이 성립한다(예 타인을 상해할 의도로 자기가 기르는 개로 하여금 물어뜯게 한 경우 또는 사람을 갑자기 밀어 넘어지게 하여 타인의 재물을 손괴하게 한 경우에는 각각 상해죄와 손괴죄의 직접정범이 성립). [♠ 00 사시]

2. 간접정범의 본질

간접정범의 개념을 인정할 것인가 또 인정한다면 그 본질을 어떻게 볼 것인지가 문제된다.

학설사적 관점에서의 간접정범의 본질

		내 용
공범설	제한적 정범개념	구성요건에 해당하는 행위를 스스로 실행한 자만이 정범이라고 보므로 간접정범은 공범의 일종으로 본다.
	공범독립성설	자기의 범죄수행을 위하여 타인의 행위를 이용하는 것이 공범이므로 간접정범은 공범으로 보아야 하고 별도로 간접정범의 개념은 인정할 필요가 없다고 본다.
정범설	확장적 정범개념	구성요건적 결과발생에 기여한 자는 모두 정범이라고 보므로 간접정범개념을 특별히 인정할 필요가 없으며 간접정범은 당연히 정범이라고 보게 된다.
	도구이론	기구나 동물을 도구로 사용하는 경우 정범이 되듯이 간접정범은 사람을 도구로 이용한다는 점에서 정범에 해당된다고 본다.
	행위지배설 (통 설)	간접정범은 피이용자에 대한 의사지배로 인하여 정범이 된다고 본다.

Ⅱ. 간접정범의 성립요건

1. 피이용자의 범위

		사 례
처벌되지 아니하는 자	구성요건해당성이 없는 자	(1) 객관적 구성요건에 해당하지 않는 경우 ① 이용자의 강요 · 기망에 의하여 피이용자가 자살 또는 자상한 경우 ② 진정신분범에서 신분자가 '신분 없는 고의 있는 도구'를 이용한 경우(고의 있는 도구이지만 규범적 · 심리적 지배 또는 사회적 지배를 인정)(다수설) 예 공무원이 처를 이용하여 뇌물을 받게 한 경우 [♠ 00 사시] (2) 주관적 구성요건에 해당하지 않는 경우 ① 피이용자의 고의 없는 행위를 이용한 경우 [♠ 00, 01 사시] 예 의사가 사정을 모르는 간호사로 하여금 환자에게 독약을 주사하게 한 경우 [♠ 00 사시] ② 목적범에서 '목적 없는 고의 있는 도구'를 이용한 경우(고의 있는 도구이지만 규범적 · 심리적 지배 또는 사회적 지배를 인정)(다수설) [♠ 00, 11 사시] 예 행사의 목적으로 행사의 목적이 없는 자로 하여금 통화를 위조하게 한 경우 [♠ 15 사시]
	위법성이 없는 자	① 정당방위를 이용한 경우 예 甲이 乙을 살해하기 위하여 乙을 사주하여 丙을 공격하게 하고, 丙의 정당방위를 이용하여 乙을 살해한 경우 ② 긴급피난을 이용한 경우 예 낙태에 착수한 임부가 생명의 위험이 발생하자 의사를 찾아가서 의사의 임부 생명을 구하기 위한 낙태수술을 이용하여 낙태한 경우[1] ③ 정당행위를 이용한 경우 예 甲이 허위사실을 신고하여 수사기관으로 하여금 무고한 사람을 체포 · 구금시킨 경우
	책임이 없는 자	〈주의〉 책임이 없는 자를 이용한 경우에 제한적 종속형식에 의하면 간접정범과 공범의 성립이 모두 가능하나 정범개념의 우위성에 의하여 의사지배를 기준으로 먼저 간접정범의 성립여부를 심사해야 한다(정범개념의 우위성, 다수설).[2] ① 책임무능력자를 이용한 경우 예 시비변별능력이 없는 형사미성년자 또는 정신이상자를 사주하여 금품을 절취한 경우 ② 피이용자의 강요된 행위를 이용한 경우(자유 없는 도구로서 이용한 경우) ③ 피이용자의 정당한 이유 있는(회피불가능한) 위법성의 착오를 이용한 경우 ④ 피이용자의 기대불가능성으로 인한 초법규적 책임조각사유를 이용한 경우
과실범으로 처벌되는 자		과실범 처벌규정이 있는 경우에 한해 피이용자는 과실범으로 처벌되나 이용자는 간접정범으로 처벌된다. 예 의사가 간호사의 과실을 이용하여 환자에게 독약을 투여하게 한 경우
정범 배후의 정범이론		① 고의의 정범으로 처벌되는 자를 이용한 때에도 극히 제한된 예외적 상황에서는 간접정범이 성립할 수 있다는 이론이다. 예 조직적 권력구조를 이용한 범죄실행(조직지배 : 김현희에게 KAL기 폭파를 명령한 북한대남공작부) ② 다수설은 형법 제34조 제1항의 규정과 일치하지 않으며, 배후의 정범은 교사범 또는 공동정범으로 처벌이 가능하므로 동이론을 인정하지 않는다.

1) 다만 자초위난에 대해서도 긴급피난이 가능하다는 견해에 의하면 임부도 긴급피난으로 위법성이 조각된다.

2) 甲이 심신상실자 A를 이용할 생각으로 타인의 자동차를 손괴하도록 사주하고, 이에 따라 A가 타인의 자동차를 손괴한 사례의 경우, 정범개념 우위성을 전제하면 甲은 책임능력이 없어 처벌되지 아니하는 자를 이용한 간접정

判例 피해자의 자살·자상을 이용한 경우

1. **(자살의 의미를 모르는 – 의사지배가 가능한 – 어린 아이들을 자살하게 한 경우)**
   피고인이 7세, 3세 남짓된 어린 자식들에 대하여 함께 죽자고 권유하여 물속에 따라 들어오게 하여 결국 익사하게 하였다면 비록 피해자들을 물속에 직접 밀어서 빠뜨리지는 않았다고 하더라도 자살의 의미를 이해할 능력이 없고 피고인의 말이라면 무엇이나 복종하는 어린 자식들을 권유하여 익사하게 한 이상 살인죄의 범의는 있었음이 분명하다[대판 1987.1.20. 86도2395]. [♠ 02 사시]
2. **(강요에 의하여 자상케 한 경우)** 피고인이 피해자를 협박하여 그로 하여금 자상케 한 경우에 피고인에게 상해의 결과에 대한 인식이 있고 또 그 협박의 정도가 피해자의 의사결정의 자유를 상실케 함에 족한 것인 이상 피고인의 행위는 중상해죄를 구성한다[대판 1970.9.22. 70도1638]. [♠ 09, 15 사시]

判例 고의 없는 도구를 이용한 경우

1. 경찰서 보안과장인 피고인이 甲의 음주운전을 눈감아주기 위하여 그에 대한 음주운전자 적발보고서를 찢어버리고, 부하로 하여금 일련번호가 동일한 가짜 음주운전 적발보고서에 乙에 대한 음주운전 사실을 기재케 하여 그 정을 모르는 담당 경찰관으로 하여금 주취운전자 음주측정처리부에 乙에 대한 음주운전 사실을 기재하도록 한 이상, 乙이 음주운전으로 인하여 처벌을 받았는지 여부와는 관계없이 허위공문서작성 및 동 행사죄의 간접정범으로서의 죄책을 면할 수 없다[대판 1996.10.11. 95도1706]. [♠ 02, 06, 10 사시]
   동지판례 제조허가 없는 식용유를 무허가 식용유 제조의 범의가 없는 자에게 의뢰하여 제조케 한 자는 무허가 식용유제조의 간접정범에 해당한다[대판 1983.5.24. 83도200].
2. 피고인이 축산업협동조합이 점유하는 타인 소유의 창고의 패널을 점유자인 조합으로부터 명시적인 허락을 받지 않은 채 (정을 모르는) 소유자인 위 타인으로 하여금 취거하게 하여 영득한 경우 소유자를 도구로 이용한 절도죄의 간접정범이 성립될 수 있다[대판 2006.9.28. 2006도2963]. [♠ 11 사시]

判例 목적 없는 도구를 이용한 경우

피고인들은 12·12 군사반란으로 군의 지휘권을 장악한 후, 국무위원들을 강압·외포시키는 등의 폭력적 불법수단을 동원하여 비상계엄의 전국확대를 의결·선포하게 하였음을 알 수 있다. 이는 피고인들에 의하여 국헌문란의 목적을 달성하기 위한 수단으로 이루어진 것이므로 내란죄의 폭동에 해당하고, 또한 이는 피고인들에 의하여 국헌문란의 목적을 달성하기 위하여 그러한 목적이 없는 대통령을 이용하여 이루어진 것이므로 피고인들이 간접정범의 방법으로 내란죄를 실행한 것으로 보아야 할 것이다[대판(전) 1997.4.17. 96도3376]. [♠ 08, 11 사시]

범에 해당되게 되어 공범은 성립할 수 없게 된다. [♠ 10 사시]

判例 피이용자의 정당행위를 이용한 경우

감금죄는 간접정범의 형태로도 행하여질 수 있는 것이므로, 인신구속에 관한 직무를 행하는 자 또는 이를 보조하는 자가 피해자를 구속하기 위하여 진술조서 등을 허위로 작성한 후 이를 기록에 첨부하여 구속영장을 신청하고, 진술조서 등이 허위로 작성된 정을 모르는 검사와 영장전담판사를 기망하여 구속영장을 발부받은 후 그 영장에 의하여 피해자를 구금하였다면 형법 제124조 제1항의 직권남용감금죄가 성립한다[대판 2006.5.25. 2003도3945]. [♠ 08, 11 사시]

2. 이용행위

(1) 교사 또는 방조

① 간접정범은 의사지배를 하는 정범이므로 교사 · 방조란 교사범이나 종범에 있어서와 같은 의미가 아니라 사주 또는 이용의 의미이다.

判例 간접정범의 이용행위의 의미(타인의 의사를 부당하게 억압하여야만 하는 것은 아님)

[1] 처벌되지 아니하는 타인의 행위를 적극적으로 유발하고 이를 이용하여 자신의 범죄를 실현한 자는 형법 제34조 제1항이 정하는 간접정범의 죄책을 지게 되고, 그 과정에서 타인의 의사를 부당하게 억압하여야만 간접정범에 해당하는 것은 아니다. [♣ 19 변시]
[2] 정유회사 경영자의 청탁으로 국회의원이 위 경영자와 지역구 지방자치단체장 사이에 정유공장의 지역구 유치와 관련한 간담회를 주선하고 위 경영자는 정유회사 소속 직원들로 하여금 국회의원이 사실상 지배 · 장악하고 있던 후원회에 후원금을 기부하게 한 경우, 국회의원에게는 정치자금법위반죄가, 경영자에게는 정치자금법 위반죄의 간접정범이 성립한다[대판 2008.9.11. 2007도7204]. [♠ 10 사시]

② 부작위를 통해서는 피이용자에 대한 의사지배를 인정하기 곤란하므로 부작위에 의한 간접정범은 성립할 수 없다(다수설).

(2) 실행의 착수

간접정범의 실행의 착수시기는 이용자가 피이용자를 이용하기 시작한 때이다(다수설).[3]

(3) 결과의 발생

① 범죄행위의 결과를 발생케 한 때라 함은 구성요건에 해당하는 사실을 실현하는 것을 말한다.

② 범죄행위의 결과가 발생하지 아니한 때에는 간접정범의 미수로 처벌된다.

3) 간접정범의 기수시기는 실행의 착수시기를 어느 때에 인정하는가와 논리적 연관관계가 존재하는 것은 아니며, 피이용자가 (기수의)구성요건을 실현한 때가 간접정범의 기수시기이다.

Ⅲ. 간접정범의 처벌

1. 간접정범의 기수의 처벌

① 간접정범은 교사 또는 방조의 예(공범의 예)에 의하여 처벌한다(제34조 제1항).

② 간접정범의 이용행위가 외형상 교사에 해당할 때에는 교사의 예에 의하여 정범과 동일한 형으로 처벌하고, 방조에 해당할 때에는 방조의 예에 의하여 정범의 형보다 감경한다. [♣ 18 변시]

2. 간접정범의 미수의 처벌

일반적인 미수범의 처벌규정에 의하여 처벌되어야 한다.

현행형법 제34조 제1항 규정의 법적 성질 [♠ 07, 14 사시]

	공범설	정범설(다수설)
논 거	① 간접정범의 행위를 교사 또는 방조라고 규정하고 있다. ② 간접정범을 교사 또는 방조의 예에 의하여 처벌하고 있다. ③ 간접정범은 공범종속성설에 의할 때 협의의 공범이 성립하지 않는 불비점을 보완하기 위한 제도에 불과하다.	① 간접정범의 행위를 교사 또는 방조로 규정한 것은 이용행위의 형태를 분류한 것에 불과하다. ② 간접정범이 정범인가 공범인가는 간접정범의 본질이 정범성을 구비하였는가에 따라 결정되어야 하며 정범의 본질을 갖추고 있는 범죄가 공범으로 처벌된다고 하여 정범이 공범으로 되는 것은 아니다. ③ 간접정범이 정범인가 또는 공범인가는 정범개념의 요소(우위성)에 의하여 밝혀야 하며 이를 공범이 성립하지 않는 경우의 보완책으로 볼 수 없다. ④ 간접정범의 표제어가 간접'정범'으로 되어 있다.

Ⅳ. 관련문제

1. 간접정범과 착오

(1) 피이용자의 성질에 대한 착오

	이용자의 관점	객관적 법상태	처벌(다수설)
이용자가 피이용자에게 고의·책임능력이 없는 것으로 알고 이용했으나 사실은 고의·책임능력이 있었던 경우	간접정범	교사범	교사범
이용자가 피이용자에게 고의·책임능력이 있는 것으로 알고 교사·방조하였으나 사실은 고의·책임능력이 없었던 경우	교사범	간접정범	교사범

(2) 실행행위의 착오

① **구체적 사실의 착오** : 甲이 정신병자인 乙을 사주하여 丙을 살해하려고 하였으나 乙이 丁을 살해한 경우 법정적 부합설에 의하면 甲은 丁에 대한 살인죄의 간접정범이 성립한다.

② **추상적 사실의 착오 :** i) 피이용자가 간접정범이 기도한 범위를 초과하여 실행한 때에는 간접정범은 초과부분에 대하여 원칙적으로 책임을 지지 않는다. ii) 간접정범이 결과에 대하여 미필적 고의가 있었거나 결과적 가중범의 결과를 예견할 수 있었던 때에는 전체에 대한 간접정범이나 결과적 가중범의 간접정범이 성립할 수 있다.

2. 간접정범의 한계

(1) 신분범과 간접정범

① 진정신분범에 있어서 신분자가 비신분자를 이용한 경우에 간접정범이 성립할 수 있다.

② 진정신분범에 있어서 비신분자가 신분자를 이용하더라도 비신분자는 진정신분범의 정범적격이 없으므로 간접정범이 될 수 없다(다수설).

判例 진정신분범에 있어서 비신분자가 신분자를 이용한 경우(간접정범 불성립)

공무원 아닌 자가 허위공문서작성의 간접정범[4]일 때에는 본법 제228조(공정증서원본부실기재죄)의 경우를 제외하고는 이를 처단하지 못하므로 면장의 거주확인증 발급을 위한 허위사실의 신고는 허위공문서작성죄가 되지 않는다[대판 1971.1.26. 70도2598; 동지 대판 2006.5.11. 2006도1663]. [♠ 10 사시]

동지판례 부정수표단속법의 목적이 부정수표 등의 발행을 단속 처벌함에 있고(제1조), 허위신고죄를 규정한 위 법 제4조가 '수표금액의 지급 또는 거래정지처분을 면하게 할 목적'이 아니라 '수표금액의 지급 또는 거래정지처분을 면할 목적'을 요건으로 하고 있는데 수표금액의 지급책임을 부담하는 자 또는 거래정지처분을 당하는 자는 오로지 발행인에 국한되는 점에 비추어 볼 때 발행인 아닌 자는 위 법조가 정한 허위신고죄의 주체가 될 수 없고, 허위신고의 고의 없는 발행인을 이용하여 간접정범의 형태로 허위신고죄를 범할 수도 없다[대판 1992.11.10. 92도1342]. [♠ 11 사시] [♣ 18 변시]

判例 일반범에서 고의 없는 도구를 이용한 경우(간접정범 성립)

보증인이 아닌 자가 허위 보증서 작성의 고의 없는 보증인들을 이용하여 허위의 보증서를 작성하게 한 경우, 부동산소유권 이전등기 등에 관한 특별조치법 제13조 제1항 제3호[5]에 정한 '허위보증서작성죄'의 간접정범이 성립한다[대판 2009.12.24. 2009도7815].

판례해설 본 판례에서 '허위보증서작성죄'는 진정신분범이 아니라는 점을 주의하여여 한다. 따라서 진정신분범에 있어서 비신분자가 신분자를 이용한 경우 간접정범이 성립할 수 없다는 판례와 반드시 구별하여야 한다.

---

4) 공무원 아닌 자가 공무원을 이용하여 허위공문서를 작성하게 하였다는 사실적 의미이지 허위공문서작성죄의 간접정범(또는 간접정범의 성립)이라는 의미가 아님을 주의하여야 한다.

5) 제13조(벌칙)

① 다음 각 호의 어느 하나에 해당하는 사람은 1년 이상 10년 이하의 징역 또는 500만원 이상 1억원 이하의 벌금에 처하거나 이를 병과할 수 있다.

3. 허위의 보증서를 작성한 사람

判例 진정신분범인 허위공문서작성죄에 있어서 보조자가 신분자를 이용한 경우

1. **(보조자가 작성권한자에게 결재를 받은 경우 허위공문서작성죄의 간접정범 성립)** 허위공문서작성죄의 주체는 직무상 그 문서를 작성할 권한이 있는 공무원에 한하고 작성권자를 보조하는 직무에 종사하는 공무원은 허위공문서작성죄의 주체가 되지 못하나 이러한 보조직무에 종사하는 공무원이 허위공문서를 기안하여 허위인 정을 모르는 작성권자에게 제출하고 그로 하여금 그 내용이 진실한 것으로 오신케 하여 서명 또는 기명날인케 함으로써 공문서를 완성한 때에는 허위공문서작성죄의 간접정범이 성립된다 할 것인바, 면의 호적계장이 정을 모른 면장의 결재를 받아 허위내용의 호적부를 작성한 경우 허위공문서작성, 동행사죄의 간접정범이 성립된다 [대판 1990.10.30. 90도1912]. [♠ 14 사시]

   비교판례 (보조자가 작성권한자의 결재없이 임의로 공문서를 작성한 경우 공문서위조죄 성립) i) 허위공문서작성죄의 주체는 그 문서를 작성할 권한이 있는 명의인인 공무원에 한하고, 그 공무원의 문서작성을 보조하는 직무에 종사하는 공무원은 위 죄의 주체가 되지 못하므로 보조공무원이 허위공문서를 기안하여 그 정을 모르는 작성권자의 결재를 받아 공문서를 완성한 때에는 허위공문서작성죄의 간접정범이 되고, 이러한 결재를 거치지 않고 임의로 허위내용의 공문서를 완성한 때에는 공문서위조죄가 성립한다[대판 1981.7.28. 81도898]. [♠ 02, 08 사시] ii) 면사무소 호적계장이 면장의 결재 없이 호적의 출생년란, 주민등록번호란에 허위내용의 호적정정 기재를 한 경우에는 공문서위조 및 동행사죄를 구성하는 것은 별론으로 하고 형법 제227조가 규정한 허위공문서작성죄에 해당할 수는 없다[대판 1990.10.12. 90도1790].

2. **(보조자와 공모한 자는 허위공문서작성죄의 간접정범의 공범성립)** 공문서의 작성권한이 있는 공무원의 직무를 보좌하는 자가 그 직위를 이용하여 행사할 목적으로 허위의 내용이 기재된 문서 초안을 그 정을 모르는 상사에게 제출하여 결재하도록 하는 등의 방법으로 작성권한이 있는 공무원으로 하여금 허위의 공문서를 작성하게 한 경우에는 간접정범이 성립되고 이와 공모한 자 역시 그 간접정범의 공범으로서의 죄책을 면할 수 없는 것이고, 여기서 말하는 공범은 반드시 공무원의 신분이 있는 자로 한정되는 것은 아니라고 할 것이다[대판 1992.1.17. 91도2837; 동지 대판 1990.2.27. 89도1816]. [♠ 00, 02, 06, 08 사시] [♣ 15, 23 변시]

3. **(2명의 보조자가 작성권한자에게 결재를 받은 경우 2명의 보조자는 허위공문서작성죄의 공동정범은 성립할 수 없으나 허위공문서작성죄의 간접정범은 성립한다)** 공무원 甲이 허위의 사실을 기재한 자동차운송사업변경(증차)허가신청 검토조서를 작성한 다음 이를 자동차운송사업변경(증차)허가신청 검토보고에 첨부하여 결재를 상신하였고, 담당계장으로서 그와 같은 사정을 알고 있는 중간 결재자인 乙과 그와 같은 사정을 알지 못하는 최종 결재자인 담당과장이 차례로 위 검토보고에 결재를 하여 자동차운송사업 변경허가가 이루어진 경우, 공문서인 위 검토보고의 작성자는 담당과장이라고 보아야 하므로, 위 검토보고의 내용 중 일부에 불과한 위 검토조서의 작성자인 甲은 물론 담당과장의 업무상 보조자이자 중간 결재자인 乙은 허위공문서작성죄의 주체가 될 수 없어 甲과 乙의 행위가 공동정범에 해당할 수는 없지만, 이는 허위의 정을 모르는 작성권자인 담당과장으로 하여금 허위의 공문서를 결재·작성하게 한 경우에 해당하여 허위공문서작성죄 간접정범에 해당한다[대판 2011.5.13. 2011도1415].

(2) 자수범과 간접정범

자수범의 경우 간접정범이 성립할 수 없다.

3. 과실에 의한 간접정범

간접정범의 의사지배를 인정할 수 없기 때문에 과실에 의한 간접정범은 인정될 수 없다(통설).

Ⅴ. 특수교사 · 방조

제34조(특수한 교사 · 방조에 대한 형의 가중) ② 자기의 지휘, 감독을 받는 자를 교사 또는 방조하여 전항의 결과를 발생하게 한 자는 교사인 때에는 정범에 정한 형의 장기 또는 다액에 그 2분의 1까지 가중하고 방조인 때에는 정범의 형으로 처벌한다. [♣ 15 변시]

제3절 공동정범

공범론에서 가장 복잡하고 난해한 부분에 해당하며 출제빈도도 가장 높은 부분이다. 승계적 공동정범에서 후행가담자의 죄책의 범위, 공모관계 이탈, 공범의 초과행위에 대한 나머지 공범의 죄책의 범위는 사례형으로 출제가능성이 매우 높은 부분이다. 공동정범의 성립요건과 관련한 각종 판례는 거의 매년 선택형으로 출제된다고 해도 과언이 아니다.

제30조(공동정범) 2인 이상이 공동하여 죄를 범한 때에는 각자를 그 죄의 정범으로 처벌한다.

Ⅰ. 공동정범의 의의와 본질

1. 공동정범의 의의

① 공동정범이란 2인 이상이 공동하여 죄를 범한 경우를 말한다.

② 공동정범의 정범성은 공동의 범행계획에 의한 분업적 행위실행에 의하여 전체범죄를 지배하였다는 기능적 행위지배에 있다. 따라서 공동자는 전체계획의 일부만을 실행했을지라도 그 결과 전부에 대해서 정범으로서 책임을 진다(일부실행 · 전부책임의 원리).

判例 **(공동정범의 성립요건)** 형법 제30조의 공동정범은 2인 이상이 공동하여 죄를 범하는 것으로서, 공동정범이 성립하기 위하여는 주관적 요건인 공동가공의 의사와 객관적 요건인 공동의사에 의한 기능적 행위지배를 통한 범죄의 실행사실이 필요하다[대판 2001.11.9. 2001도4792], [대판 2013.11.28. 2011도7229]. [♠ 01 사시]

2. 공동정범의 본질

	범죄공동설 (객관주의 범죄론의 입장)	행위공동설(판례) (주관주의 범죄론의 입장)
내 용	수인이 공동으로 '특정한 범죄(1개의 범죄)'를 행하는 것이 공동정범이라고 보며, 각 공동행위자의 고의까지도 동일한 범죄사실에 속할 것이 요구됨(고의공동설)	수인이 '행위를 공동'으로 하여 각자가 범죄를 수행하는 것이라고 이해하며, 특정한 객관적 구성요건에 관계없이 사실적 행위자체에 관하여 공동성을 논한다.
이종 · 수개의 구성요건사이의 공동정범	부 정	긍 정
승계적 공동정범	부 정(전체범죄에 대한 종범 성립)	긍 정
편면적 공동정범	부 정	긍 정(판례는 부정)
가담자의 고의가 다른 부분적 공동정범	부 정	긍 정
과실범의 공동정범	부 정	긍 정
고의범과 과실범의 공동정범	부 정 [♠ 00 사시]	긍 정

Ⅱ. 공동정범의 성립요건

1. 주관적 요건

(1) 공동가공의 의사(공모)

① 의 의

㉮ 공동가공의 의사란 2인 이상의 자가 공동으로 수립한 범행계획에 따라 공동으로 범죄를 실행하려는 의사를 말한다.

㉯ 공동가공의 의사는 기능적 행위지배의 본질적 요건으로서 개별적인 행위를 분업적 실행의 의미를 갖게 하여 공동자에 의해 실행된 행위 전체에 대한 책임인정을 가능하게 한다.

㉰ **동시범** : ⅰ) 2인 이상이 죄를 범한 경우라고 하더라도 공동가공의 의사가 없는 경우 동시범이 성립한다. ⅱ) 동시범은 단독정범이 병존하는 것에 불과하므로 각자는 자기가 실행한 행위에 대하여 책임을 지는 데 그친다.

판 례 연 습

【공동가공의 의사의 성립요건】

의과대학부속병원장 甲은 병원직원들이 보건복지부장관이 정한 기준을 위반하여 환자들로부터 진료비를 과다하게 징수하고 있는 사실에 관하여 대략의 인식이 있었으나, 병원장으로 취임한 후 병원 진료과목의 수가항목 전부에 관하여 전면 재검토하여 관련 부서에 수가 조정이나 삭제를 지시·요청하지 아니하였다. 甲에 대하여 사기죄의 공동정범의 성립여부를 검토하시오.

판결요지

[1] 공모공동정범이 성립하기 위하여는 2인 이상의 사람이 특정한 범죄행위를 하기 위하여 일체가 되어 서로 다른 사람의 행위를 이용하여 자기의 의사를 실행에 옮기는 것을 내용으로 하는 공모를 하고 이에 따라 범행을 실행한 사실이 인정되어야 하는바, …그 의사는 타인의 범행을 인식하면서도 이를 제지하지 아니하고 용인하는 것만으로 부족하고 공동의 의사로 특정한 범죄행위를 하기 위하여 일체가 되어 서로 다른 사람의 행위를 이용하여 자기의 의사를 실행에 옮기는 것이어야 한다.
[2] 피고인이 직원들과 공모하여 환자들로부터 진료비를 과다 징수하여 이를 편취하였다고는 볼 수 없다고 한 원심의 판단을 수긍한 사례[대판 2005.3.11. 2002도5112]. **정답 (사기죄의 공동정범 불성립)**

判例 공동가공의 의사가 인정되지 않는 경우

1. **(공모의 의사표시를 한 것으로 볼 수 없는 사례)** 전자제품 등을 밀수입해 올테니 이를 팔아달라는 제의를 받고 승낙한 경우, 그 승낙은 물품을 밀수입해 오면 이를 취득하거나 그 매각알선을 하겠다는 의사표시로 볼 수 있을 뿐 밀수입 범행을 공동으로 하겠다는 공모의 의사를 표시한 것으로는 볼 수 없다[대판 2000.4.7. 2000도576]. [♠ 02, 04, 05사시]

2. **(공모의 의사표시를 한 것으로 볼 수 없는 사례)** 오토바이를 절취하여 오면 그 물건을 사주겠다고 한 경우 … 절도죄에 있어 공동정범의 성립을 인정하기 위하여 필요한 공동가공의 의사가 있었다고 보기는 어렵다[대판 1997.9.30. 97도1940].

동지판례 피고인이 제3자에게 "황소를 훔쳐오면 문제없이 팔아주겠다"고 말한 것은 제3자가 황소를 절취하여 오면 이 장물에 관하여 매각 알선을 하겠다는 의사표시를 한 것이라고 볼 수 있을 뿐, 피고인이 바로 제3자의 황소절취행위를 공동으로 하겠다는 이른바 공모의 의사를 표시한 것이라고 볼 수는 없다[대판 1975.2.24. 74도2228].

3. **(공모의 의사표시를 한 것으로 볼 수 없는 사례)** 피고인이 甲 주식회사의 임원 등이 유상증자에 관한 납입가장을 위해 돈을 빌린다는 것을 알고 돈을 빌려준 경우, 피고인이 상법 제622조에서 정한 지위에 있지 아니할 뿐만 아니라, 그와 같은 지위에 있는 자들이 가장납입을 하도록 범의를 유발한 것도 아니고 이미 가장납입을 하기로 마음먹고 있는 임원 등에게 그 대금을 대여해 준 것에 불과하므로, 피고인에게 납입가장죄에 대한 공동정범의 죄책을 물을 수 없다[대판 2011.7.14. 2011도3180].

4. **(제지하지 아니하고 용인한 것에 지나지 않아 공모를 인정할 수 없는 사례)** 피해자 일행을 한 사람씩 나누어 강간하자는 피고인 일행의 제의에 아무런 대답도 하지 않고 따라 다니다가 자신의 강간 상대방으로 남겨진 공소외인에게 일체의 신체적 접촉도 시도하지 않은 채 다른 일행이 인근 숲 속에서 강간을 마칠 때까지 공소외인과 함께 이야기만 나눈 경우, 피고인에게 다른 일행의 강간 범행에 공동으로 가공할 의사가 있었다고 볼 수 없다[대판 2003.3.28. 2002도7477]. [♠ 07 사시]

동지판례 ⅰ) 주식회사의 이사가 회사의 고문인 甲에게 X의 문제를 해결하기 위해서는 3억원을 주는 수밖에 없다고 보고하자, 甲이 아무런 말도 없이 창 밖만 쳐다보고 있으므로 이에 동의한 것으로 알고 이사가 X에게 공금 3억원을 교부하고 甲에게는 이 사실을 보고하지 않은 경우 … 위 인정사실만으로는 피고인 甲이 상피고인 이사와 공모하여 판시 범행을 저질렀다고 인정하기에 부족하다[대판 1999.9.17. 99도2889]. ⅱ) 영화사 대표인 甲이 전 대표와 체결된 대관계약에 따라 영화(공연윤리위원회의 심의를 받지 않았음)가 상영되는 것을 적극적으로 제지하지 못한 경우 … 피고인은 이 사건 영화의 제작이나 상영, 또는 그 준비행위에 관여하지 않았음은 물론, 위 영화가 상영될 것을 알면서 위 영화제작사측과 대관계약을 체결한 당사자도 아니고 단지 전 대표와 체결된 대관계약에 따라 영화가 상영되는 것을 적극적으로 제지하지 못하였을 뿐이므로 위 피고인을 공연윤리위원회의 심의 없이 위 영화를 상영한 공범이라고 볼 수는 없다[대판 1993.3.9. 92도3204].

判例 **(참고) 도로교통법 위반(공동위험행위) 범행의 성립요건**

도로교통법 제46조 제1항은 "자동차 등의 운전자는 도로에서 2명 이상이 공동으로 2대 이상의 자동차 등을 정당한 사유 없이 앞뒤로 또는 좌우로 줄지어 통행하면서 다른 사람에게 위해를 끼치거나 교통상의 위험을 발생하게 하여서는 아니 된다."라고 규정하고 있고, 제150조 제1호에서는 이를 위반한 사람에 대한 처벌규정을 두고 있다.
위와 같은 도로교통법 위반(공동위험행위) 범행에서는 '2명 이상이 공동으로' 범행에 가담하는 것이 구성요건의 내용을 이루기 때문에 행위자의 고의의 내용으로서 '공동의사'가 필요하고, 위와 같은 공동의사는 반드시 위반행위에 관계된 운전자 전부 사이의 의사 연락이 필요한 것은 아니고 다른 사람에게 위해를 끼치거나 교통상의 위험을 발생하게 하는 것과 같은 사태의 발생을 예견하고 그 행위에 가담할 의사로 족하다. 또한 공동의사는 사전 공모뿐 아니라 현장에서의 공모에 의한 것도 포함된다[대판 2021.10.14. 2018도10327].

㉣ **편면적 공동정범** : ⅰ) 공동정범은 모두 각자의 역할분담과 공동작용에 대한 상호이해가 있어야 한다. ⅱ) 의사의 상호이해 없이 어느 일방만이 공동가공의 의사를 가진 편면적 공동정범은 인정될 수 없다(판례).[1] 따라서 甲이 A녀를 강간하고 있을 때, 乙 스스로 甲의 강간행위에 가담할 의사로 甲이 모르는 사이에 망을 보아준 경우라도 乙은 강간죄의 공동정범이 될 수 없다. [♣12 변시]

判例 편면적 공동정범(부정)

공동정범은 행위자 상호간에 범죄행위를 공동으로 한다는 공동가공의 의사를 가지고 범죄를 공동실행하는 경우에 성립하는 것으로서, 여기에서의 공동가공의 의사는 공동행위자 상호간에 있어야 하며 행위자 일방의 가공의사만으로는 공동정범관계가 성립할 수 없다[대판 1985.5.14. 84도2118].

② **공동의사의 연락 방법** : 의사연락은 명시적 · 묵시적, 직접적 · 간접적인 방법을 불문한다. 따라서 공동정범자간에 서로 면식이 있을 것도 요하지 않는다.

判例 공동의사의 연락방법과 공모의 성립범위

1. 2인 이상이 범죄에 공동 가공하는 공범관계에서 공모는 법률상 어떤 정형을 요구하는 것이 아니고 2인 이상이 공모하여 어느 범죄에 공동가공하여 그 범죄를 실현하려는 의사의 결합만 있으면 되는 것으로서, 비록 전체의 모의과정이 없었다고 하더라도 수인 사이에 순차적으로 또는 암묵적으로 상통하여 그 의사의 결합이 이루어지면 공모관계가 성립하고, 이러한 공모가 이루어진 이상 실행행위에 직접 관여하지 아니한 자라도 다른 공모자의 행위에 대하여 공동정범으로서의 형사책임을 지는 것이다. 따라서 사기의 공모공동정범이 그 기망방법을 구체적으로 몰랐다고 하더라도 공모관계를 부정할 수 없다[대판 2013.8.23. 2013도5080]. [♠01, 07 사시] [♣13 변시]
2. 공모공동정범에서, 공범자들 사이에 그 알선 등과 관련하여 금품이나 이익을 수수하기로 명시적 또는 암묵적인 공모관계가 성립하고 그 공모 내용에 따라 공범자 중 1인이 금품이나 이익을 수수하였다면, 사전에 특정 금액 이하로만 받기로 약정하였다든가 수수한 금액이 공모 과정에서 도저히 예상할 수 없는 고액이라는 등과 같은 특별한 사정이 없는 한, 그 수수한 금품이나 이익 전부에 관하여 위 각 죄의 공모공동정범이 성립하는 것이며, 수수할 금품이나 이익의 규모나 정도 등에 대하여 사전에 서로 의사의 연락이 있거나 수수한 금품 등의 구체적 금액을 공범자가 알아야 공모공동정범이 성립하는 것은 아니다[대판 2010.10.14. 2010도387]. [♣13 변시]

   동지판례 배임증재의 공모공동정범이 다른 공모공동정범에 의하여 수재자에게 재물 또는 재산상 이익이 제공되는 방법을 구체적으로 몰랐다고 하더라도 공모관계를 부정할 수 없다[대판 2015.7.23. 2015도3080].
3. 공모공동정범의 경우, 공모자들이 그 공모한 범행을 수행하거나 목적 달성을 위해 나아가는 도중에 부수적인 다른 범죄가 파생되리라고 예상하거나 충분히 예상할 수 있는데도 그러한 가능

1) 편면적 공동정범은 동시범이 되거나 종범이 될 수 있을 뿐이다.

성을 외면한 채 이를 방지하기에 족한 합리적인 조치를 취하지 아니하고 공모한 범행에 나아갔다가 결국 그와 같이 예상되던 범행들이 발생하였다면, 비록 그 파생적인 범행 하나하나에 대하여 개별적인 의사의 연락이 없었다 하더라도 당초의 공모자들 사이에 그 범행 전부에 대하여 암묵적인 공모는 물론 그에 대한 기능적 행위지배가 존재한다고 보아야 한다[대판 2010.12.23. 2010도7412], [대판 2013.9.12. 2013도6570].
[♣15, 21 변시]

判例 공동가공의 의사(공모)가 인정되는 경우

1. 한총련의장 甲이 변사체검시에 응하지 아니한다는 방침을 결정한 후, 한총련산하 남총련의장 乙이 위의 방침에 따라 甲(한총련의장)에게 보고도 없이 변사체검시방해행위를 한 경우 … 甲과 乙은 순차적으로 또는 암묵적으로 검시방해를 공모하였다고 볼 수 있다[대판 1998.7.28. 98도1395].
2. 신문의 부실공사 관련 기사에 대한 해당 건설업체의 반박광고가 있었음에도 재차 부실공사 관련 기사가 나가는 등 그 신문사 기자들과 그 건설업체 대표이사의 감정이 악화되어 있는 상태에서, 그 신문사 사주 및 광고국장이 보도자제를 요청하는 그 건설업체 대표이사에게 자사 신문에 사과광고를 싣지 않으면 그 건설업체의 신용을 해치는 기사가 계속 게재될 것 같다는 기자들의 분위기를 전달하는 방식으로 사과광고를 게재토록 하면서 과다한 광고료를 받은 행위는 … 신문사 사주 및 광고국장 사이에 광고료 갈취에 대한 사전모의는 없었더라도 암묵적인 의사연락에 의한 공범관계가 존재하고, 동일 장소에서 동일 기회에 상호 다른 자의 범행을 인식하고 이를 이용한 경우에 해당하므로 "2인 이상이 공동하여 공갈죄를 범한 때"에 해당한다[대판 1997.2.14. 96도1959].
3. 안수기도에 참여하여 목사가 안수기도의 방법으로 폭행을 함에 있어서 시종일관 폭행행위를 보조하였을 뿐 아니라 더 나아가 스스로 피해자를 폭행하기도 한 점에 비추어 목사의 폭행행위를 인식하고서도 이를 안수기도의 한 방법으로 알고 묵인함으로써 폭행행위에 관하여 묵시적으로 의사가 상통하였고 나아가 그 행위에 공동가공함으로써 공동정범의 책임을 면할 수 없다[대판 1994.8.23. 94도1484].
4. 이른바 딱지어음을 발행하여 매매한 이상 사기의 실행행위에 직접 관여하지 아니하였다고 하더라도 공동정범으로서의 책임을 면하지 못하고, 딱지어음의 전전유통경로나 중간 소지인들 및 그 기망방법을 구체적으로 몰랐다고 하더라도 공모관계를 부정할 수는 없다[대판 1997.9.12. 97도1706].

   동지판례 피고인이 甲 등과 공모하여 실제 영업활동을 하지 않는 회사들을 인수하여 회사 명의로 은행 당좌계좌를 개설하고 다량의 어음 용지를 확보한 다음 지급기일에 부도가 예정되어 있어 결제될 가능성이 없는 이른바 딱지어음을 대량 발행한 후 일정한 가격으로 시중에 유통시켰는데, 乙 등이 딱지어음임을 알면서 그 중 일부를 취득하여 이러한 사실을 숨긴 채 피해자들에게 어음할인을 의뢰하거나 채무이행을 유예하는 대가로 교부하여 어음할인금을 편취하거나 채무이행의 유예를 받은 경우, 피고인 등은 乙 등과 적어도 순차적·암묵적으로 의사가 상통하여 공모관계가 성립되었으므로, 피고인에게 사기죄의 공동정범을 인정할 수 있다[대판 2011.12.22. 2011도9721].

判例 공동가공의 의사가 인정되지 않는 경우

甲이 乙과 함께 술집에서 같이 자다가 깨어 옆에서 잠든 접대부를 강간하려다가 접대부의 반항으로 목적을 이루지 못하고 포기한 뒤, 뒤이어 잠을 깬 乙이 접대부를 강간코자 하였으나 역시 접대부의 반항으로 목적을 이루지 못하고 접대부를 구타하는 것을 적극 만류한 사실이 인정된다면, 甲에 대하여는 乙의 강간치상행위에 대한 공모공동정범의 죄책을 물을 수 없다[대판 1983.9.27. 83도1787].

③ **공동가공의 의사의 성립시기** : 공동정범은 공동의사의 성립시기에 따라 ⅰ) 예모적 공동정범(공동의사가 실행행위의 개시 이전에 성립), ⅱ) 우연적 공동정범(공동의사가 실행행위시에 성립), ⅲ) 승계적 공동정범(선행자의 실행행위가 일부 종료된 후 그 행위의 종료 전에 후행가담자와 공동의사가 성립)으로 구별된다. [♠ 00 사시]

判例 공동가공의 의사의 성립시기

1. **(사전모의를 요하지 않음)** 공동정범의 성립에 필요로 하는 범죄를 공동 실행할 의사는 범죄행위시에 존재하면 족하고 반드시 사전모의가 있어야만 하는 것은 아니다[대판 1985.8.20. 84도1373].

   동지판례 형법상 공모라 함은 반드시 사전에 이루어질 필요는 없고, 사전모의가 없었더라도 우연히 모인 장소에서 수인이 각자 상호간의 행위를 인식하고 암묵적으로 의사의 투합, 연락하에 범행에 공동가공하면 수인은 각자 공동정범의 책임을 면할 수 없다[대판 1987.10.13. 87도1240]. [♣ 18, 21 변시]

2. **(실행행위 중에도 성립 가능)** 공범자가 공갈행위의 실행에 착수한 후 그 범행을 인식하면서 그와 공동의 범의를 가지고 그 후의 공갈행위를 계속하여 재물의 교부나 재산상 이익의 취득에 이른 때에는 공갈죄의 공동정범이 성립한다[대판 1997.2.14. 96도1959]. [♠ 13, 14 사시]

3. **(상태범의 경우 기수, 즉 행위종료 이전이면 성립 가능)** 배임죄는 본인에게 손해를 가한 때에 기수가 되는 것이므로 본인에게 손해가 발생하기 이전에 업무상배임행위로 취득할 유류를 그 배임행위자로부터 미리 이를 매수하기로 합의 내지 응탁한 피고인들의 행위는 배임으로 취득한 장물을 취득한 행위에 지나지 않는 것이 아니라 모두 배임행위 자체의 공동정범이 된다[대판 1987.4.28. 83도1568].

4. **(상태범의 경우 기수, 즉 행위종료 이후이면 성립 불가능)** 회사직원이 영업비밀을 경쟁업체에 유출하거나 스스로의 이익을 위하여 이용할 목적으로 무단으로 반출한 때 업무상배임죄의 기수에 이르렀다고 할 것이고, 그 이후에 위 직원과 접촉하여 영업비밀을 취득하려고 한 자는 업무상배임죄의 공동정범이 될 수 없다[대판 2003.10.30. 2003도4382]. [♣ 12, 17 변시]

   동지판례 횡령죄가 기수가 된 후에 그 내용을 지득하고 그 이익을 공동취득할 것을 승낙한 사실이 있더라도 횡령죄의 공동정범관계는 성립될 수 없다[대판 1953.8.4. 4286형상20].

5. **(계속범의 경우 기수 이후라도 행위종료 이전이면 성립 가능)** 범인도피죄는 범인을 도피하게 함으로써 기수에 이르지만 범인도피행위가 계속되는 동안에는 범죄행위도 계속되고 행위가 끝날 때 비로소 범죄행위가 종료되고, 공범자의 범인도피행위의 도중에 그 범행을 인식하면서 그와

공동의 범의를 가지고 기왕의 범인도피상태를 이용하여 스스로 범인도피행위를 계속한 자에 대하여는 범인도피죄의 공동정범이 성립한다[대판 1995.9.5. 95도577], [대판 2017.3.15. 2015도1456].

동지판례 [1] 집회 및 시위에 관한 법률에 따른 신고 없이 이루어진 집회에 참석한 참가자들이 차로 위를 행진하는 등으로 도로 교통을 방해함으로써 통행을 불가능하게 하거나 현저하게 곤란하게 하는 경우에 일반교통방해죄가 성립한다. 그러나 이 경우에도 참가자 모두에게 당연히 일반교통방해죄가 성립하는 것은 아니고, 실제로 참가자가 집회·시위에 가담하여 교통방해를 유발하는 직접적인 행위를 하였거나, 참가자의 참가 경위나 관여 정도 등에 비추어 참가자에게 공모공동정범의 죄책을 물을 수 있는 경우라야 일반교통방해죄가 성립한다.

[2] 일반교통방해죄는 이른바 추상적 위험범으로서 교통이 불가능하거나 또는 현저히 곤란한 상태가 발생하면 바로 기수가 되고 교통방해의 결과가 현실적으로 발생하여야 하는 것은 아니다. 또한 일반교통방해죄에서 교통방해 행위는 계속범의 성질을 가지는 것이어서 교통방해의 상태가 계속되는 한 위법상태는 계속 존재한다. 따라서 교통방해를 유발한 집회에 참가한 경우 참가 당시 이미 다른 참가자들에 의해 교통의 흐름이 차단된 상태였더라도 교통방해를 유발한 다른 참가자들과 암묵적·순차적으로 공모하여 교통방해의 위법상태를 지속시켰다고 평가할 수 있다면 일반교통방해죄가 성립한다[대판 2018.5.11. 2017도9146]. [♣ 19 변시]

(2) 승계적 공동정범

① 쟁 점 : ⅰ) 선행자와 후행가담자 사이에 공동정범이 성립할 수 있는가, ⅱ) 후행가담자의 책임의 범위는 어디까지인가 하는 것이 문제된다.

② 공동정범의 성립가능성 : 공동정범의 경우 공동의사가 사전에 있을 것을 요하지 않으므로 행위 도중에 공동의사가 성립한 경우에도 공동정범이 성립할 수 있다(판례, 통설).

③ 후행가담자의 귀책범위

쟁점연구

1. 학 설

① 적극설 : 후행가담자에게 참가 이전의 피참가자의 행위를 이용하려는 의사가 있는 이상 공동가공의 의사와 실행행위의 공동이 사실상 존재하므로 범행 전체에 대해 공동정범 의 책임을 진다는 견해이다.

② 소극설 : 후행가담자에게 가담 이후의 행위에 대해서만 공동정범의 책임을 인정하는 견해이다.

2. 판 례

포괄적 일죄의 일부에 공동정범으로 가담한 자는 비록 그가 그때에 이미 이루어진 종전의 범행을 알았다 하여도 그 가담 이후의 범행에 대해서만 공동정범으로서 책임을 진다고 판시한 바 있다.

3. 검 토 (소극설 지지)

형법상 공동실행의 의사는 소급될 수 없고, 후행가담자의 행위와 선행사실 사이에 인과관계를 인정할 수 없으며, 선행사실에 대하여 후행가담자의 기능적인 역할분담이 인정될 수 없으므로, 선행사실에 대하여 후행가담자의 책임을 인정하는 것은 자기책임의 원칙에 반한다는 점에서 적극설은 문제가 있다. 따라서 소극설이 타당하다. [♠ 05 사시]

判例 승계적 공동정범에서 후행가담자의 귀책의 범위 (가담 이후의 부분만 책임을 진다)

포괄적 일죄의 일부에 공동정범으로 가담한 자는 비록 그가 그때에 이미 이루어진 종전의 범행을 알았다 하여도 그 가담 이후의 범행에 대해서만 공동정범으로서 책임을 진다[대판 1982.6.8. 82도884], [대판 2019.8.29. 2019도8357].
[♠ 02, 09, 10, 11, 14 사시] [♣ 13 변시]

비교판례 **(승계적 방조자의 귀책의 범위)**특정범죄 가중처벌 등에 관한 법률 제5조의2 제2항 제1호 소정의 죄는 형법 제287조의 미성년자 약취, 유인행위와 약취 또는 유인한 미성년자의 부모 기타 그 미성년자의 안전을 염려하는 자의 우려를 이용하여 재물이나 재산상의 이익을 취득하거나 이를 요구하는 행위가 결합된 단순일죄의 범죄라고 봄이 상당하므로 비록 타인이 미성년자를 약취 · 유인한 행위에는 가담한 바 없다 하더라도 사후에 그 사실을 알면서 약취 · 유인한 미성년자의 부모 기타 그 미성년자의 안전을 염려하는 자의 우려를 이용하여 재물이나 재산상의 이익을 취득하거나 요구하는 타인의 행위에 가담하여 이를 방조한 때에는 단순히 재물 등 요구행위의 종범이 되는데 그치는 것이 아니라 결합범인 위 특정범죄 가중처벌 등에 관한 법률 제5조의2 제2항 제1호 위반죄의 종범에 해당한다[대판 1982.11.23. 82도2024].

判例 공동정범의 성립범위(결합범의 경우)

운전자가 아닌 동승자가 교통사고 후 운전자와 공모하여 운전자의 도주행위에 가담하였다 하더라도, 동승자에게 과실범의 공동정범의 책임을 물을 수 있는 특별한 경우가 아닌 한, 특정범죄 가중처벌 등에 관한 법률위반(도주차량)죄의 공동정범으로 처벌할 수는 없다[대판 2007.7.26. 2007도2919].

(3) 과실범의 공동정범

① **쟁 점** : 2인 이상이 공동의 과실에 의하여 과실범의 구성요건적 결과를 발생케 한 경우(예 공사장에서 甲과 乙이 함께 철재를 운반하다가 실수로 떨어뜨려 丙에게 상처를 입힌 경우)에 과실범의 공동정범이 성립할 수 있는지 문제된다(과실범의 공동정범을 부정할 경우에는 동시범 문제가 된다).

② 인정여부

判例 과실범의 공동정범 인정여부(인정)

(요약 : 판례는 행위공동설의 입장에서 과실범의 공동정범도 인정한다) 형법 제30조에 '공동하여 죄를 범한 때'의 '죄'는 고의범이고 과실범이고를 불문한다고 해석하여야 할 것이고 따라서 공동정범의 주관적 요건인 공동의 의사도 고의를 공동으로 가질 의사임을 필요로 하지 않고 고의 행위이고 과실 행위이고 간에 그 행위를 공동으로 할 의사이면 족하다고 해석하여야 할 것이므로 2인 이상이 어떠한 과실 행위를 서로의 의사연락 아래 하여 범죄되는 결과를 발생케 한 것이라면 여기에 과실범의 공동정범이 성립되는 것이다[대판 1962.3.29. 4294형상598]. [♠ 00, 02, 03, 09, 12 사시] [♣ 15 변시]

쟁점연구 **[과실범의 공동정범 인정여부]**

1. 학 설

공동정범의 본질은 기능적 행위지배에 있고, 기능적 행위지배는 공동의 결의에 기초한 역할분담을 의미하므로 과실범의 경우 이러한 행위지배가 인정되지 않으므로 공동정범이 성립할 수 없다고 보는 견해가 있다.

2. 판 례

2인 이상이 어떠한 과실 행위를 서로의 의사연락 아래 하여 범죄가 되는 결과를 발생케 한 경우 과실범의 공동정범이 성립할 수 있다는 입장이다.

3. 검 토 (판례 지지)

형법 제30조에 '공동하여 죄를 범한 때'의 '죄'는 고의범이고 과실범이고를 불문한다고 보아야 하므로 과실범의 공동정범이 성립할 수 있다는 판례의 입장이 타당하다.

		내 용	비 판
긍정설	행위 공동설 (판례)	공동정범의 공동은 특정한 범죄의 공동이 아니라 사실적인 행위의 공동을 의미하고, 공동의 의사도 행위를 공동으로 할 의사이면 족하므로 고의를 달리하는 공동정범은 물론 과실범의 공동정범도 인정한다.	형법상 무의미한 사실행위를 공동으로 하는 것으로써 공동정범을 인정한다.
	공동 행위 주체설	공동행위를 하겠다는 의사의 결합에 의하여 공동행위주체가 성립되면 실행행위는 공동행위주체의 행위가 되며, 각자가 실행행위를 분담하는 이상 과실에 의한 결과를 낸 경우에도 공동의 책임을 져야 한다는 견해이다.	① 과실범의 경우 어떻게 공동행위주체가 성립하는가를 설명하지 못한다. ② 단체책임을 인정하여 책임주의에 반할 우려가 있다.
	과실 공동 · 기능적 행위 지배설	주의의무위반의 공동과 기능적 행위지배가 있으면 의사의 연락이 없을지라도 과실범의 공동정범이 성립한다는 견해이다.	① 행위지배는 고의범을 전제로 하는 개념이므로 과실범의 경우 기능적 행위지배를 인정할 수 없다. ② 주의의무위반의 공동을 공동의 범행결의로 볼 수 없다.
	과실 공동 · 행위 공동설	과실행위를 함께 한다는 의사의 연락은 불필요하지만, 과실범의 구성요건인 주의의무위반과 구성요건을 실현하는 행위의 공동이 있으면 과실범의 공동정범이 성립한다는 견해이다.	① 고의범 사이와 과실범 사이의 공동정범의 요건을 달리하는 논거가 확실하지 않다. ② 주의의무의 공동위반을 공동정범의 주관적 요건으로 대치하는 것은 형사처벌의 범위를 확대할 위험이 있다.
부정설	범죄 공동설	공동정범이 성립하기 위하여는 행위자 상호간의 고의의 공동을 요하므로 과실범의 공동정범은 인정할 수 없고 단지 동시범이 될 뿐이라는 견해이다.	공동정범의 성립범위를 너무 좁게 해석하는 것은 부당하다.
	공동 의사 주체설	2인 이상의 공동의사주체는 일정한 범죄목적을 요하므로 공동정범은 고의범에만 인정되고 과실범에서는 부정된다는 견해이다.	공동의사주체를 인정하는 것은 단체책임을 인정하는 것이 되어 개인책임의 원칙에 반한다.
	목적적 행위 지배설	공동정범은 정범의 일종이므로 범죄의사와 목적적 행위지배가 있어야 하는데, 과실범에서는 이것이 결여되어 있으므로 공동정범이 인정될 수 없다는 견해이다. [♠ 02 사시]	정범요소를 주관적 요소에 치중하여 파악하는 것은 부당하다.
	기능적 행위 지배설 (다수설)	공동정범의 본질은 기능적 행위지배에 있고, 기능적 행위지배는 공동의 결의에 기초한 역할분담을 의미하는데, 과실범에는 이러한 공동의 범행결의가 불가능하므로 공동정범이 성립할 여지가 없다는 견해이다.	

判例 과실범의 공동정범의 성립이 인정된 경우

1. 짚차의 선임 탑승자가 운전병을 데리고 주점에 들어가서 같이 음주한 다음 운전케 한 결과 위 운전병이 음주로 인하여 취한 탓으로 사고가 발생한 경우[대판 1979.8.21. 79도1249]. [♠ 00 사시]
2. 산판에서 구입한 장작의 화물주가 트럭운전사의 화물자동차를 빌려 장작을 반출증 없이 적재하여 오다가 검문소 앞에서 검문을 피할 목적으로 트럭운전사에게 "그대로 가자"라고 말하여, 이들이 알지 못하는 사이에 이미 검문을 위하여 화물자동차에 일단 올라와 있던 경찰관이 자동차가 속도를 내어 달리게 되자 차에서 떨어져 사망한 경우[대판 1962.3.29. 61형상98]. [♠ 02 사시]
3. 정기관사의 지휘감독을 받는 부기관사가 열차의 퇴행에 관하여 정기관사와 상론, 동의한 후 퇴행하다가 다른 열차와 충돌한 경우[대판 1982.6.8. 82도781].
4. 식품회사 대표이사와 공장장이 먼저 제조한 빵을 늦게 배식하여 수명의 아동이 식중독에 걸려 사망케 한 경우[대판 1978.9.26. 78도2082].
5. 트러스 제작책임자의 과실과 건설공사 현장감독자의 과실 및 감독공무원의 과실이 합쳐져서 성수대교가 붕괴하여 통행 중이던 자동차에 타고 있던 승객들이 추락사한 경우[대판 1997.11.28. 97도1740].

   판례해설 업무상과실치사상죄, 업무상과실일반교통방해죄, 업무상과실자동차추락죄의 공동정범이 성립한다.
6. 건축계획의 수립, 건축설계, 건축공사공정, 건물 완공 후의 유지관리 등에 있어서의 과실이 복합적으로 작용하여 건물(삼풍백화점)이 붕괴되어 많은 사람이 사상에 이른 경우[대판 1996.8.23. 96도1231].

   ※ 각 단계별 관련자들을 업무상과실치사상죄의 공동정범으로 처단한 사례.
7. 터널굴착공사를 도급받은 건설회사의 현장소장과 위 공사를 발주한 한국전력공사의 지소장의 과실이 경합하여 붕괴사고가 나는 바람에 통과하던 열차가 전복된 경우[대판 1994.5.24. 94도660].
8. 예인선 정기용선자의 현장소장 甲은 사고의 위험성이 높은 해상에서 철골 구조물 및 해상크레인 운반작업을 함에 있어 선적작업이 지연되어 정조시점에 맞추어 출항할 수 없게 되었음에도, 출항을 연기하거나 대책을 강구하지 않고 예인선 선장 乙의 출항연기 건의를 묵살한 채 출항을 강행하도록 지시하였고, 예인선 선장 乙은 甲의 지시에 따라 사고의 위험이 큰 시점에 출항하였고 해상에 강조류가 흐르고 있었음에도 무리하게 예인선을 운항한 결과 무동력 부선에 적재된 철골 구조물이 해상에 추락하여 해상의 선박교통을 방해한 사안에서, 甲과 乙을 업무상과실일반교통방해죄의 공동정범으로 처벌한 사례[대판 2009.6.11. 2008도11784].

判例 과실범의 공동정범의 성립이 부정된 경우

1. 운전수가 불의의 발병으로 자동차를 운전할 수 없게 되자 동승한 운전경험이 있는 차주가 운전하다가 사고를 일으킨 경우에 차주의 운전상의 과실행위에 운전수와의 상호간의 의사연락이 있었다고 보거나 운전행위를 저지하지 않은 원인행위가 차주의 운전상의 부주의로 인한 결과발생에까지 미친다고 볼 수 없다[대판 1974.7.23. 74도778].

2. 전문적인 운전교습자가 아닌 피고인이 운전자의 부탁으로 차량운전행위를 살펴보고 잘못된 점이 있으면 이를 지적하여 교정해 주려고 차량의 조수석에 동승하였으나 운행 중에 사고가 발생한 경우[대판 1984.3.13. 82도3136].

2. 객관적 요건

(1) 공동가공의 사실(공동의 실행행위)

① 의 의 : 공동정범이 성립하기 위하여는 공동의 행위계획에 따른 실행행위의 분담, 즉 객관적 행위기여가 있어야 한다.

② 공동가공의 정도 : 공동의 실행행위로 인정되기 위하여는 전체계획에 의하여 결과를 실현하는데 불가결한 요건이 되는 기능을 분담하여야 한다. 따라서 범죄수행에 불가결한 행위라면 구성요건의 전부 또는 일부를 실행한 경우뿐만 아니라 구성요건적 행위 이외의 행위일지라도 공동의 실행행위로 인정될 수 있다(예 망보는 행위, 장물을 처분하는 역할을 수행한 경우, 공모자가 도피할 수 있도록 자동차를 대기하고 있는 경우).

判例 공동의 실행으로 인정되는 경우(공동정범의 성립이 인정된 경우)

1. **(공범자에게 행위결정을 강화하도록 협력하는 행위)** 공모에 의한 범죄의 공동실행은 모든 공범자가 스스로 범죄의 구성요건을 실현하는 것을 전제로 하지 아니하고, 그 실현행위를 하는 공범자에게 그 행위결정을 강화하도록 협력하는 것으로도 가능하며, 이에 해당하는지 여부는 행위 결과에 대한 각자의 이해 정도, 행위 가담의 크기, 범행지배에 대한 의지 등을 종합적으로 고려하여 판단하여야 한다[대판 2006.12.22. 2006도1623].
2. **(공범자의 강간 중 피해자의 자녀를 감시하는 행위)** 피고인이 공범들과 함께 강도범행을 저지른 후 피해자의 신고를 막기 위하여 공범들이 묶여있는 피해자를 옆방으로 끌고 가 강간범행을 할 때에 피고인은 자녀들을 감시하고 있었다면 공범들의 강도강간범죄에 공동가공한 것이라 하겠으므로 비록 피고인이 직접 강간행위를 하지 않았다 하더라도 강도강간의 공동죄책을 면할 수 없다[대판 1986.1.21. 85도2411].
3. **(폭력단체의 수괴가 범행현장에서 지시를 하는 행위)** 부하들이 흉기를 들고 싸움을 하고 있는 도중에 폭력단체의 두목급 수괴의 지위에 있는 乙이 그 현장에 모습을 나타내고 더우기나 부하들이 흉기들을 소지하고 있어 살상의 결과를 초래할 것을 예견하면서도 전부 죽이라는 고함을 친 행위는 부하들의 행위에 큰 영향을 미치는 것으로서 乙은 이로써 위 싸움에 가세한 것이라고 보지 아니할 수 없고, 나아가 부하들이 칼, 야구방망이 등으로 피해자들을 난타, 난자하여 사망케 한 것이라면 乙은 살인죄의 공동정범으로서의 죄책을 면할 수 없다[대판 1987.10.13. 87도1240].
4. 화염병과 돌맹이를 진압 경찰관을 향하여 무차별 던지는 시위 현장에 피고인도 이에 적극 참여하여 돌맹이를 던지는 등의 행위로 다른 사람의 화염병 투척을 용이하게 하고 이로 인하여 타인의 생명 신체에 대한 위험을 발생케 하였다면 비록 피고인 자신이 직접 화염병 투척의 행위는 하지 아니하였다 하더라도 그 화염병 투척(사용)의 공동정범으로서의 죄책을 면할 수는 없는 것이다[대판 1992.3.31. 91도3279].

5. 공동피고인이 위조된 부동산임대차계약서를 담보로 제공하고 피해자로부터 돈을 빌려 편취할 것을 계획하면서 피해자가 계약서상의 임대인에게 전화를 하여 확인할 것에 대비하여 피고인에게 미리 전화를 하여 임대인 행세를 하여달라고 부탁하였고, 피고인은 위와 같은 사정을 잘 알면서도 이를 승낙하여 실제로 피해자의 남편으로부터 전화를 받자 자신이 실제의 임대인인 것처럼 행세하여 전세금액 등을 확인함으로써 위조사문서의 행사에 관하여 역할분담을 한 경우, 피고인의 행위는 위조사문서행사에 있어서 기능적 행위지배의 공동정범 요건을 갖추었다고 할 것이다[대판 2010.1.28. 2009도10139].
6. 상명하복 관계에 있는 자들 사이에 있어서도 범행에 공동 가공한 이상 공동정범이 성립하는 데 아무런 지장이 없는 것이다[대판 2012.1.27. 2010도10739]. [♣21 변시]

③ **공동가공의 방법** : 공동의 실행행위는 작위 · 부작위를 불문하며 반드시 현장에서 행하여짐을 요하지 않는다.

判例 (주의) 폭처법 제2조 제2항의 '2인 이상이 공동하여'의 의미

폭처법 제2조 제2항의 '2인 이상이 공동하여 전항 게기의 죄를 범한 때'라고 함은 그 수인간에 소위 공범관계가 존재하는 것을 요건으로 하는 것이고 수인이 동일 장소에서 동일 기회에 상호 다른 자의 범행을 인식하고 이를 이용하여 범행을 한 경우임을 요한다고 할 것이므로 폭행의 실행범과의 공모사실은 인정되나 그와 공동하여 범행에 가담하였거나 범행장소에 있었다고 인정되지 아니하는 경우에는 '공동하여' 죄를 범한 때에 해당하지 않고, 여러 사람이 공동하여 범행을 공모하였다면 그중 2인 이상이 범행장소에서 실제 범죄의 실행에 이르렀어야 나머지 공모자에게도 공모공동정범이 성립할 수 있을 뿐이다[대판 1990.10.30. 90도2022], [대판 1994.4.12. 94도128]. [♣19 변시]

[사실관계] 원심은 이 사건 범행 전날 피고인 3은 '싸워서라도 돈을 받아내라', 피고인 2는 '무조건 고개를 낮추고 싸워', '영상으로 찍을 거니까 너가 이겨야 돼'라는 등의 말을 피고인 1에게 하였고, 범행 당일 피고인들 모두 피해자와의 싸움 현장에 나가 피고인 1이 직접 피해자를 폭행하자, 피고인 2는 그 모습을 휴대전화기로 촬영하고, 피고인 3은 이를 옆에서 지켜보았다는 제1심 인정 사실을 인용하면서, 피고인들이 폭력행위처벌법 제2조 제2항 제1호에 따라 공동하여 피해자를 폭행한 것이라고 판단하였다. 그러나 원심이 인정한 사실관계에 의하더라도, 피고인들 상호 간에 공동으로 피해자를 폭행하자는 공동가공의 의사로 공범관계의 성립에 이르렀다고 볼 수 없을 뿐만 아니라, 피고인 3, 피고인 2는 이 사건 현장에서 피고인 1의 폭행을 인식하고 이를 이용하여 피해자의 신체에 대한 유형력을 행사하는 폭행의 실행행위에 가담한 것이 아니라 단지 피고인 1이 피해자를 폭행하는 모습을 지켜보거나 이를 동영상으로 촬영하였다는 것에 불과하다. 따라서 피고인 1의 단독범행에 의한 폭행과 피고인 3, 피고인 2의 폭행 교사 또는 방조로 인한 죄책 유무는 별론으로 하고, 피고인들에게 2명 이상이 공동하여 피해자를 폭행한 경우 성립하는 폭력행위처벌법 위반(공동폭행)죄의 죄책을 물을 수는 없다[대판 2023.8.31. 2023도6355].

판례해설 판례는 형법 제30조의 공동정범의 '2인 이상이 공동하여'와 폭처법 제2조 제2항의 '2인 이상이 공동하여'의 의미를 달리 사용하고 있음을 주의하여야 한다.

④ **공동가공의 시기 :** 공동의 실행행위는 범죄의 실행의 착수 이후 종료 이전에 있어야 한다. 다만 예비 · 음모단계에서의 행위기여일지라도 전체범죄의 수행에 불가결한 행위인 경우(예 두목이 범죄계획을 수립 · 지시하고 부하가 실행한 경우)에는 실행행위의 분담이 인정된다.

(2) 공모공동정범

① **의 의 :** 2인 이상의 자가 범죄를 공모한 후 그 공모자 가운데 일부가 공모에 따라 범죄의 실행에 나아간 때에는 실행행위를 담당하지 아니한 공모자에게도 공동정범이 성립한다는 이론이다. 판례에 의하여 확립된 이론으로서 처음에는 지능범(예 사기죄)에게만 적용되어 오다가 실력범(예 폭행죄, 상해죄)에도 확대 적용되고 있다.

② **인정여부**

쟁점연구

1. 문제점

공모공동정범이론은 직접 실행행위에 가담하지 않은 집단적 · 조직적 범죄의 배후조종자를 공동정범으로 처벌할 수 있는 장점은 있으나, 공동정범의 객관적 요건을 완화시켜 책임주의에 반할 수 있다는 문제점이 있어 그 인정여부에 대하여는 견해가 대립되고 있다.

2. 학 설

공모공동정범을 긍정하면 공동정범, 교사범, 종범의 개념적 구별이 불명확해지므로 공모공동정범은 인정할 수 없고, 공모자는 가공의 정도에 따라 교사 또는 방조의 책임을 지게 하면 족하다는 견해가 있다.

3. 판 례

판례는 일정한 요건하에 공모공동정범을 인정하고 있다.

4. 검 토 (판례 지지)

범죄의 집단화현상으로 볼 때 범행의 모의만 하고 실행행위는 분담하지 않아도 그 범행에 중요한 소임을 하는 것을 간과할 수 없기 때문에 이러한 자를 처벌하기 위하여 공모공동정범을 긍정하는 견해가 타당하다. 다만 공모공동정범이 인정되기 위해서는 단순한 공모자에 그치는 것이 아니라 범죄에 대한 본질적 기여를 통한 기능적 행위지배가 존재하여야 한다.

判例 공모공동정범의 인정근거

공모공동정범은 공모에 의하여 수인간에 공동의사주체가 형성되어 범죄의 실행행위가 있으면 그 실행행위를 분담하지 않았다고 하더라도 공동의사주체로서 정범의 죄책을 지게 하는 것이니 이는 범죄의 집단화현상으로 볼 때 범행의 모의만 하고 실행행위는 분담하지 않아도 그 범행에 중요한 소임을 하는 것을 간과할 수 없기 때문이다[대판 1983.3.8, 82도3248].

判例 공모공동정범에서 공모자가 되기 위한 요건

1. 공모공동정범에 있어서 공모는 2인 이상의 자가 협력해서 공동의 범의를 실현시키는 의사에 대한 연락을 말하는 것으로서 실행행위를 담당하지 아니하는 공모자에게 그 실행자를 통하여 자기의 범죄를 실현시킨다는 주관적 의사가 있어야 함은 물론이나, 반드시 배후에서 범죄를 기획하고 그 실행행위를 부하 또는 자기가 지배할 수 있는 사람에게 실행하게 하는 실질상의 괴수의 위치에 있어야 할 필요는 없다고 할 것이다[대판 1980.5.20. 80도306].
2. [1] 형법 제30조의 공동정범은 공동가공의 의사와 그 공동의사에 기한 기능적 행위지배를 통한 범죄 실행이라는 주관적 · 객관적 요건을 충족함으로써 성립하는바, 공모자 중 구성요건 행위 일부를 직접 분담하여 실행하지 않은 자라도 경우에 따라 이른바 공모공동정범으로서의 죄책을 질 수도 있는 것이기는 하나, 이를 위해서는 전체 범죄에서 그가 차지하는 지위, 역할이나 범죄 경과에 대한 지배 내지 장악력 등을 종합해 볼 때, 단순한 공모자에 그치는 것이 아니라 범죄에 대한 본질적 기여를 통한 기능적 행위지배가 존재하는 것으로 인정되는 경우여야 한다. [♣ 21 변시]
   [2] 전국노점상총연합회가 주관한 도로행진시위에 참가한 피고인이 다른 시위 참가자들과 함께 경찰관 등에 대한 특수공무집행방해 행위를 하던 중 체포된 사안에서, 단순 가담자인 피고인에게 체포된 이후에 이루어진 다른 시위참가자들의 범행에 대하여는 본질적 기여를 통한 기능적 행위지배가 존재한다고 보기 어려워 공모공동정범의 죄책을 인정할 수 없다고 한 사례[대판 2009.6.23. 2009도2994].

判例 공모공동정범이 성립하는 경우

1. 국회의원 후보자 甲과 그 유세위원인 乙·丙이 상대후보를 국회의원에 당선되지 못하게 할 목적으로 허위사실을 공표할 것을 공모한 후 乙만이 실행에 나아간 경우라도 甲·乙·丙 모두 허위사실공표죄의 공모공동정범이 성립된다[대결 2002.4.10. 2001모193]. [♠ 07 사시]
2. 몽둥이 등을 든 일부 조합원들이 집회 장소를 지키고 있던 용역경비원들을 폭행하거나 상해를 가한 경우, 조합 간부가 현장에서 노조원들을 지휘하는 역할을 하였으나 직접 상해나 폭행을 하지 않았다고 하더라도 폭력행위 등 처벌에 관한 법률 위반죄의 공모공동정범이 성립한다[대판 2009.8.20. 2008도11138].
3. 피고인들이 공소외인과 암묵적으로 상통하여 피해자를 살해하기로 공모하였다고 인정되고, 피고인들이 직접 삽으로 피해자를 내려쳐 살해하지 아니하였다는 것만으로는 위 공소외인의 살인행위에 대하여 공동정범으로서의 책임을 면하지 못한다[대판 2004.3.11. 2004도126].
4. 유가증권의 허위작성행위 자체에는 직접 관여한 바 없다 하더라도 타인에게 그 작성을 부탁하여 의사연락이 되고 그 타인으로 하여금 범행을 하게 하였다면 공모공동정범에 의한 허위유가증권작성죄가 성립한다[대판 1985.8.20. 83도2575].
5. 건설 관련 회사의 유일한 지배자가 회사 대표의 지위에서 장기간에 걸쳐 건설공사 현장소장들의 뇌물공여행위를 보고받고 이를 확인 · 결재하는 등의 방법으로 위 행위에 관여한 경우, 비록 사전에 구체적인 대상 및 액수를 정하여 뇌물공여를 지시하지 아니하였다고 하더라도 그 핵심

적 경과를 계획적으로 조종하거나 촉진하는 등으로 기능적 행위지배를 하였다면 공모공동정범의 죄책을 인정하여야 한다[대판 2010.7.15. 2010도3544].

6. 미신고 옥외집회 또는 시위의 주최에 관하여 공동가공의 의사와 공동의사에 기한 기능적 행위지배를 통하여 그 실행을 공모한 자는 비록 구체적 실행행위에 직접 관여하지 아니하였더라도 다른 공범자의 미신고 옥외집회 또는 시위의 주최행위에 대하여 공모공동정범으로서의 죄책을 면할 수 없다 사례[대판 2011.9.29. 2009도2821].

判例 공모공동정범에서 직접 실행행위에 관여하지 않은 공모자에 대한 법적 효과

공모에 참여한 사실이 인정되는 이상 직접 실행행위에 관여하지 않았더라도 다른 사람의 행위를 자기의사의 수단으로 하여 범죄를 하였다는 점에서 자기가 직접 실행행위를 분담한 경우와 형사책임의 성립에 차이를 둘 이유가 없는 것이다[대판 1988.4.12. 87도2368; 동지 대판 2004.3.11. 2004도126].

(3) 공모관계의 이탈

① 실행의 착수 전의 이탈

判例 실행의 착수 전의 공모관계 이탈의 요건과 효과

1. [1] 공모공동정범에 있어서 공모자 중의 1인이 다른 공모자가 실행행위에 이르기 전에 그 공모관계에서 이탈한 때에는 그 이후의 다른 공모자의 행위에 관하여는 공동정범으로서의 책임은 지지 않는다 할 것이나, 공모관계에서의 이탈은 공모자가 공모에 의하여 담당한 기능적 행위지배를 해소하는 것이 필요하므로 공모자가 공모에 주도적으로 참여하여 다른 공모자의 실행에 영향을 미친 때에는 범행을 저지하기 위하여 적극적으로 노력하는 등 실행에 미친 영향력을 제거하지 아니하는 한 공모자가 구속되었다는 등의 사유만으로 공모관계에서 이탈하였다고 할 수 없다. [♣ 15 변시]
   [2] 甲이 乙과 공모하여 가출 청소년 A(여, 16세)에게 낙태수술비를 벌도록 해 주겠다고 유인하였고, 乙로 하여금 A의 성매매 홍보용 나체사진을 찍도록 하였으며, A가 중도에 약속을 어길 경우 민형사상 책임을 진다는 각서를 작성하도록 한 후, 甲이 별건으로 체포되어 구치소에 수감 중인 동안 A가 乙의 관리 아래 12회에 걸쳐 불특정 다수 남성의 성매수 행위의 상대방이 된 대가로 받은 돈을 A, 乙 및 甲의 처 등이 나누어 사용한 사안에서, A의 성매매 기간 동안 甲이 수감되어 있었다 하더라도 위 甲은 乙과 함께 미성년자유인죄, 구 청소년의 성보호에 관한 법률 위반죄의 책임을 진다고 한 원심판단을 수긍한 사례[대판 2010.9.9. 2010도6924]. [♣ 13 변시]

2. 구체적인 살해방법이 확정되어 피고인을 제외한 나머지 공범들이 피해자의 팔, 다리를 묶어 저수지 안으로 던지는 순간에 피해자에 대한 살인행위의 실행의 착수가 있다 할 것이고 따라서 피고인은 살해모의에는 가담하였으나 다른 공모자들이 실행행위에 이르기 전에 그 공모관계에서 이탈한 이후의 다른 공모자의 행위에 관하여는 공동정범으로서의 책임을 지지 않는다 할 것이고, 그 이탈의 표시는 반드시 명시적임을 요하지 않는다[대판 1986.1.21. 85도2371]. [♠ 00, 01, 02, 03, 14 사시] [♣ 12 변시]

判例 공모관계의 이탈로 인정되지 않은 경우

1. **(실행의 착수 후인 경우)** 해군이 다시 구출작전에 나설 경우 선원들을 '인간방패'로 사용하는 것에 관하여 사전 공모한 해적들이, 해군의 위협사격에 의하여 총알이 빗발치는 윙브리지로 선원들을 내몬 것은 살해행위의 실행에 착수한 것이므로 비록 해적들이 당시 총을 버리고 도망갔다고 하더라도 그것만으로는 공모관계에서 이탈한 것으로 볼 수 없다[대판 2011.12.22. 2011도12927].
2. **(공범에게 미친 영향력을 제거하지 않은 경우)** 다른 3명의 공모자들과 강도 모의를 하면서 삽을 들고 사람을 때리는 시늉을 하는 등 그 모의를 주도한 피고인이 함께 범행 대상을 물색하다가 다른 공모자들이 강도의 대상을 지목하고 뒤쫓아 가자 단지 "어?"라고만 하고 비대한 체격 때문에 뒤따라가지 못한 채 범행현장에서 200m 정도 떨어진 곳에 앉아 있었으나 위 공모자들이 피해자를 쫓아가 강도상해의 범행을 한 사안에서, 피고인에게 공동가공의 의사와 공동의사에 기한 기능적 행위지배를 통한 범죄의 실행사실이 인정되므로 강도상해죄의 공모관계에 있고, 다른 공모자가 강도상해죄의 실행에 착수하기까지 범행을 만류하는 등으로 그 공모관계에서 이탈하였다고 볼 수 없으므로 강도상해죄의 공동정범으로서의 죄책을 진다고 한 사례[대판 2008.4.10. 2008도1274].
[♠ 13, 14 사시] [♣ 14 변시]

判例 실행의 착수 전의 합동관계 이탈로 인정된 경우

피고인이 다른 피고인들과 택시강도를 하기로 모의한 일이 있다고 하여도 다른 피고인들이 피해자에 대한 폭행에 착수하기 전에 겁을 먹고 미리 현장에서 도주해 버렸다면 다른 피고인들과의 사이에 강도의 실행행위를 분담한 협동관계가 있었다고 보기는 어려우므로 피고인을 특수강도의 합동범으로 다스릴 수는 없다[대판 1985.3.26. 84도2956].

② 실행의 착수 후의 이탈 : 공동정범과 중지미수의 문제가 된다(상세한 것은 중지미수 참고).

판 례 연 습

【공모관계의 이탈】 ※ 망보다가 담배사러 간 사건, 시라소니파 사건

다음 사례 중 甲에게 괄호 안의 범죄가 성립하는 경우는?

A. 甲 등이 금품을 강취할 것을 공모하고 甲은 집 밖에서 망을 보기로 하였다. 다른 공범자들은 집 안으로 들어가 피해자들로부터 금품을 강취하는 과정에서 이들에게 상해를 입혔다. 망을 보던 甲은 다른 공모자들이 피해자의 집에 침입하여 실행에 착수한 후 담배를 사기 위해서 현장을 떠나 망을 보지 않았다(강도상해죄의 공동정범).
B. '시라소니'파 조직원 甲은 먼저 공격해온 반대파에 대한 보복 공격을 위해 다른 조직원들이 여러 대의 차에 분승하여 출발하려고 할 때 사태의 심각성을 실감하고 범행에 휘말리기 싫어서 그곳에서 택시를 타고 집으로 와 버렸다. 그러나 다른 조직원들은 공모한대로 반대파 두목을 살해하였다(살인죄의 공동정범).

판결요지

※ A는 실행에 착수한 후 이탈한 경우이고, B는 실행에 착수하기 전에 이탈한 경우이다.

A. 행위자 상호간에 범죄의 실행을 공모하였다면 다른 공모자가 이미 실행에 착수한 이후에는 그 공모관계에서 이탈하였다고 하더라도 공동정범의 책임을 면할 수 없는 것이므로 피고인 등이 금품을 강취할 것을 공모하고 피고인은 집 밖에서 망을 보기로 하였으나, 다른 공모자들이 피해자의 집에 침입한 후 담배를 사기 위해서 망을 보지 않았다고 하더라도, 피고인은 판시 강도상해죄의 공동정범의 죄책을 면할 수가 없다[대판 1984.1.31. 83도2941]. ※ 甲은 강도상해죄의 공동정범

B. 피고인에게 범행에 가담하려는 의사가 있었다고 보기 어렵고, 가사 공모관계가 인정된다 하더라도 다른 조직원들이 범행에 이르기 전에 그 공모관계에서 이탈한 것이라 할 것이므로 피고인은 위 공모관계에서 이탈한 이후의 행위에 대하여는 공동정범으로의 책임을 지지 않는다[대판 1996.1.26. 94도2654]. [♠ 06 사시] ※ 甲은 무죄

정답 (A)

判例 포괄일죄의 범행 일부를 실행한 공범관계서 이탈한 경우 이탈자의 죄책의 범위

피고인이 포괄일죄의 관계에 있는 범행의 일부를 실행한 후 공범관계에서 이탈하였으나 다른 공범자에 의하여 나머지 범행이 이루어진 경우, 피고인이 관여하지 않은 부분에 대하여도 죄책을 부담한다[대판 2011.1.13. 2010도9927], [대판 2002.8.27. 2001도513]. [♠ 04, 12 사시]

Ⅲ. 공동정범의 처벌

1. 일부실행 · 전부책임

① 공동정범은 각자를 그 죄의 정범으로 처벌한다(제30조).

② 일부만을 실행한 자라도 공동의 범행결의 안에서 발생한 결과 전체에 대해서 단독으로 야기한 경우와 동일하게 책임을 진다.

判例 (강도의 공모자의 죄책의 범위 : 예견가능한 범위의 탈취행위에 대하여 책임을 진다) 피고인들이 재물을 강취할 의사로 피해자에 대하여 폭행을 가한 이상, 다른 피고인이 나머지 피고인들 몰래 피해자가 도망가면서 남겨 둔 옷에서 500만원권 자기앞수표 4장 합계 2,000만원을 꺼내어 사용하였다 할지라도 이러한 피고인의 강도행위를 나머지 피고인들이 예측할 수 있었다 할 것이므로, 다른 피고인의 강도행위에 대하여 나머지 피고인들도 책임을 면할 수 없다[대판 2004.10.27. 2004도4437].[2)]

③ 동일한 법정형의 범위 내에서 양형은 각자에게 달라질 수 있다.

2) 본 판례는 합동범에 관한 것이지만 공동정범과 그 취지를 같이하는 것이어서 인용하였다.

2. 공동정범의 인과관계

① 공동자 전원의 행위와 발생한 결과를 종합적 · 전체적으로 고려하여 인과관계를 판단한다.

② 공동자의 행위에 의한 결과임이 판명된 경우에는 그 결과가 다른 공동자의 행위에 의한 것이든, 누구의 행위에 의한 것인지가 판명되지 않은 경우이든 공동자는 결과에 대하여 모두 책임을 진다(예 살인을 공모한 甲과 乙이 함께 발포하여 한 발의 총알만 명중하여 피해자가 사망한 경우 그 총알이 누구의 것인지 불문하고 甲과 乙은 모두 살인죄의 공동정범의 책임을 진다).

3. 부작위범 사이의 공동정범

判例 부작위범 사이의 공동정범은 다수의 부작위범에게 공통된 의무가 부여되어 있고 그 의무를 공통으로 이행할 수 있을 때에만 성립한다[대판 2008.3.27. 2008도89]. [♠ 09 사시]

4. 결과적 가중범을 실현한 경우의 책임의 범위

다른 공동자가 행한 초과부분에 대하여 고의 없는 공동자인 경우에도 그 결과를 예견할 수 있었을 때에는 결과적 가중범의 공동정범이 성립할 수 있다(판례).[3]

判例 **공모자중 1인이 초과실행한 경우 나머지 공모자의 죄책**

1. 강도의 공범자 중 1인이 강도의 기회에 피해자에게 폭행 또는 상해를 가하여 살해한 경우 다른 공모자가 살인의 공모를 하지 아니하였다고 하여도 그 살인행위나 치사의 결과를 예견할 수 없었던 경우가 아니면 강도치사죄의 죄책을 면할 수 없다[대판 1991.11.12. 91도2156]. [♠ 99, 07 사시] [♣ 14 변시]

   비교판례 수인이 합동하여 강도를 한 경우에 그 범인 가운데 일부가 그 기회에 피해자에게 상해를 가했을 때에는 나머지 범인도 이를 예기하지 못한 것으로 볼 수 없는 경우에는 강도상해의 죄책을 면할 수 없다[4] [대판 1990.2.13. 89도2426].

2. 피고인들이 등산용 칼을 이용하여 노상강도를 하기로 공모한 사건에서, 범행 당시 차안에서 망을 보고 있던 피고인 甲이나, 등산용 칼을 휴대하고 있던 피고인 乙과 함께 차에서 내려 피해자로부터 금품을 강취하려 했던 피고인 丙으로서는, 그때 우연히 현장을 목격하게 된 다른 피해자를 피고인 乙이 소지중인 등산용 칼로 살해하여 강도살인행위에 이를 것을 전혀 예상하지 못하였다고 할 수 없으므로 피고인들 모두는 강도치사죄로 의율 처단함이 옳다[대판 1990.11.27. 90도2262]. [♠ 99 사시]

   동지판례 강도의 공범자 중 1인이 강도의 기회에 피해자에게 폭행 또는 상해를 가하여 살해한 경우에 다른 공범자는 강도의 수단으로 폭행 또는 상해가 가해지리라는 점에 대하여 상호 인식이 있었다면 살해에 대하여 공모한 바가 없다고 하여도 강도치사죄의 죄책을 진다 [대판 2014.7.24. 2014도6206]. [♣ 16 변시]

---

3) 다수설은 결과적 가중범의 공동정범을 인정하지 아니하므로 결과를 예견할 수 있었던 자에게 개별적으로 결과적 가중범이 성립한다고 한다.

4) 강도치상죄가 아니라 강도상해죄를 인정한다는 점을 주의하여야 한다.

Ⅳ. 공동정범과 신분범 및 착오

1. 공동정범과 신분

비신분자는 단독으로는 진정신분범의 정범이 될 수 없으나, 신분자와 공동하여서는 진정신분범의 공동정범이 될 수 있다(제33조 본문).[5)]

2. 공동정범과 착오

공동정범의 착오에 관하여는 사실의 착오에 대한 이론이 그대로 적용된다.

Ⅴ. 동시범

제19조(독립행위의 경합) 동시 또는 이시의 독립행위가 경합한 경우에 그 결과발생의 원인된 행위가 판명되지 아니한 때에는 각 행위를 미수범으로 처벌한다.

1. 동시범의 의의

(1) 개 념

① 동시범이란 2인 이상이 공동가공의 의사 없이 동시 또는 이시에 동일객체에 대해서 각자 구성요건적 결과를 실현한 경우를 말한다.

② 동시범은 단독정범이 우연히 경합된 경우이므로 공동정범과 달리 일부실행 · 전부책임의 원칙이 아니라 개별책임의 원칙이 적용된다.

(2) 동시범의 인정범위

범죄공동설에 의하면 특정한 범죄에 대하여 동일한 고의를 가진 경우에만 공동정범이 성립하므로 동시범의 성립범위가 넓어지게 된다. 그러나 행위공동설에 의하면 행위를 공동으로 할 의사만 있으면 공동정범이 성립하므로 동시범의 성립범위가 좁아지게 된다.

2. 동시범의 유형

① **원인행위가 판명된 동시범** : 결과를 발생시킨 자는 기수범, 나머지는 미수범으로 처벌된다.[6)]

② **원인행위가 판명되지 아니한 동시범** : 귀책의 범위는 원칙적으로 형법 총칙의 제19조(독립행위의 경합)에 의하여 해결하여야 하나, 제263조에 특례규정을 두고 있다.

---

5) 상세한 것은 '공범과 신분'에서 기술하기로 한다.

6) 독립된 행위가 누적되어 결과가 발생한 경우(누적적 인과관계)에는 합법칙적 조건설에 의하면 인과관계는 인정되나 객관적 귀속이 부정되어 각자는 미수범으로 처벌된다.

3. 제19조의 독립행위의 경합

(1) 성립요건

① 다수인의 동시 또는 이시의 실행행위가 있을 것 : i) 실행행위의 존재 자체가 불분명한 경우와 ii) 실행의 착수 이전의 예비행위에는 제19조가 적용될 수 없다. iii) 다수인의 행위는 동시·이시를 불문하며, 동일한 장소에서 행하여질 것임을 요하지 않는다.

② 공동가공의 의사가 존재하지 아니할 것 : 공동가공의 의사가 존재하면 공동정범이 성립하며 다수인의 행위를 포괄하여 결과에 대한 인과관계를 전체적으로 고찰하게 된다.

判例 공동정범과 동시범의 관계(배척관계)

2인 이상이 상호의사의 연락이 없이 동시에 범죄구성요건에 해당하는 행위를 하였을 때에는 원칙적으로 각인에 대하여 그 죄를 논하여야 하나, 그 결과발생의 원인이 된 행위가 분명하지 아니한 때에는 각 행위자를 미수범으로 처벌하고(독립행위의 경합), 이 독립행위가 경합하여 특히 상해의 경우에는 공동정범의 예에 따라 처단(동시범)하는 것이므로, 상호의사의 연락이 있어 공동정범이 성립한다면, 독립행위경합 등의 문제는 아예 제기될 여지가 없다[대판 1997.11.28. 97도1740]. [♠ 00, 12 사시] [♣ 18, 20 변시]

③ 행위객체의 동일성 : 행위의 객체가 동일하면 각자의 구성요건적 행위가 동일할 필요도 없다(예 동일한 객체에 대한 살인과 상해의 동시범도 가능).

④ 경합한 독립행위로 인하여 결과가 발생할 것 : i) 결과가 발생하지 않은 경우에는 각 행위자는 당연히 미수범이 되며 제19조를 적용할 여지가 없다. ii) 행위를 하였는지가 불분명한 경우에는 제19조를 적용할 수 없다.

⑤ 인과관계가 판명되지 아니할 것 : 인과관계가 판명되면 그에 따라 각자 책임을 지게 되며 제19조가 적용될 수 없다.

判例 과실의 동시범의 인과관계 증명책임

선행 교통사고와 후행 교통사고 중 어느 쪽이 원인이 되어 피해자가 사망에 이르게 되었는지 밝혀지지 않은 경우 후행 교통사고를 일으킨 사람의 과실과 피해자의 사망 사이에 인과관계가 인정되기 위해서는 후행 교통사고를 일으킨 사람이 주의의무를 게을리하지 않았다면 피해자가 사망에 이르지 않았을 것이라는 사실이 증명되어야 하고, 그 증명책임은 검사에게 있다[대판 2007.10.26. 2005도8822].

(2) 효 과

① 형법 제19조는 '의심스러울 때는 피고인의 이익으로'라는 원칙에 따라 각 행위자를 미수범으로 처벌한다.

② 경합된 독립행위가 고의행위인 경우에는 미수범 처벌규정이 있는 경우에 한해 미수범으로 처벌된다.

③ 경합된 독립행위가 과실행위인 경우에는 과실범의 미수를 처벌하는 규정이 없으므로 처벌할 수 없다. [♠ 12 사시]

4. 제263조의 동시범의 특례 [♠ 00, 03 사시]

제263조(동시범) 독립행위가 경합하여 상해의 결과를 발생하게 한 경우에 있어서 원인된 행위가 판명되지 아니한 때에는 공동정범의 예에 의한다.

(1) 의 의

① 독립행위가 경합하여 '상해의 결과'를 발생하게 한 경우에 있어서 원인된 행위가 판명되지 아니한 때에는 공동정범의 예에 의하도록 한 규정을 말한다.

② 검사의 입증곤란을 구제하기 위하여 'in dubio pro reo원칙'의 예외를 인정한 규정이다.

(2) 법적 성질

① 법률상 추정설,[7] 법률상 의제설,[8] 이원설,[9] 거증책임전환설(다수설)의 견해가 대립하고 있다.

② 거증책임전환설은 제263조를 피고인에게 자기의 행위로 인하여 상해의 결과가 발생하지 않았음을 증명하도록 거증책임을 전환한 규정이라고 보고 있다.

判例 제263조가 책임주의원칙에 위반하는지 여부 (위반이 아님), 입증책임의 소재

동시범의 특례에 관한 형법 제263조를 적용하기 위하여 검사는 실제로 발생한 상해를 야기할 수 있는 구체적인 위험성을 가진 가해행위의 존재를 입증하여야 하므로 이를 통하여 상해의 결과에 대하여 아무런 책임이 없는 피고인이 형법 제263조로 처벌되는 것을 막을 수 있고, 피고인도 자신의 행위와 상해의 결과 사이에 개별 인과관계가 존재하지 않음을 입증하여 상해의 결과에 대한 책임에서 벗어날 수 있으므로 형법 제263조는 책임주의원칙에 반한다고 볼 수 없다[헌재 2018.3.29. 2017헌가10].

(3) 적용요건

① 2인 이상의 행위가 공동가공의 의사 없이 행하여져야 한다.

判例 (요약 : 공동정범이 성립하는 경우 동시범이 될 수 없다) 상호의사의 연락이 있어 공동정범이 성립한다면, 독립행위경합 등의 문제는 아예 제기될 여지가 없다[대판 1997.11.28. 97도1740]. [♣ 18, 20 변시]

---

7) 입증의 곤란을 구제하기 위하여 법률상 공동정범의 책임을 추정한 것이라는 견해이다.

8) 입증의 곤란을 구제하기 위하여 동시범을 공동정범으로 의제한 것이라는 견해이다.

9) 소송법상으로는 거증책임의 전환규정인 동시에 실체법상으로는 공동정범의 범위를 확장시키는 일종의 의제라는 견해이다.

判例 **(요약 : 가해행위를 한 것 자체가 불분명한 경우 동시범이 될 수 없다)** 상해죄에 있어서의 동시범은 두 사람 이상이 가해행위를 하여 상해의 결과를 가져올 경우에 그 상해가 어느 사람의 가해행위로 인한 것인지가 분명치 않다면 가해자 모두를 공동정범으로 본다는 것이므로 가해행위를 한 것 자체가 분명치 않은 사람에 대하여는 동시범으로 다스릴 수 없다[대판 1984.5.15. 84도488]. [♠ 13 사시] [♣ 18 변시]

判例 **(요약 : 이시의 독립행위가 경합한 경우에도 제263조가 적용될 수 있다)** 시간적 차이가 있는 독립된 상해행위나 폭행행위가 경합하여 사망의 결과가 일어나고 그 사망의 원인된 행위가 판명되지 않은 경우에는 공동정범의 예에 의하여 처벌할 것이다[대판 2000.7.28. 2000도2466]. [♠ 01, 02, 15 사시] [♣ 18, 20 변시]

② 상해의 결과가 발생하여야 하며 그 원인은 상해행위이든 폭행행위이든 불문한다(판례, 통설). 다만 판례는 사망의 결과가 발생한 경우에도 제263조가 적용될 수 있다는 입장이다.

③ 상해의 결과의 원인행위가 판명되지 않아야 한다. 원인행위가 판명된 동시범의 경우 원인력을 부여했는가 여부에 따라 기수 또는 미수의 책임을 지며 제263조가 적용될 수 없다. [♠ 10 사시] [♣ 20 변시] 따라서 동시범의 독립행위가 누적되어 결과가 발생한 경우(누적적 인과관계의 경우) 인과관계는 인정(판명)된 경우이므로 제263조가 적용되지 않으며 다만 객관적 귀속이 부정되어 각 행위자는 미수의 책임을 질 수 있을 뿐이다.

(4) 적용범위

① 상해죄 · 폭행치상죄 : 제263조는 '상해의 결과를 발생하게 한 경우'에 적용되므로 당연히 적용된다.

② 상해치사죄 · 폭행치사죄가 제263조가 적용되는지 여부

쟁점연구

1. 문제점

독립행위가 경합하여 상해의 결과가 발생한 경우뿐만 아니라 '사망'의 결과가 발생한 경우 예컨대 폭행치사죄나 상해치사죄의 경우에도 제263조가 적용될 수 있는지가 문제된다.

2. 학 설

제263조가 명문으로 상해의 결과를 발생하게 한 경우라고 밝히고 있으므로 사망의 결과가 발생한 경우도 동조를 적용하는 것은 유추해석금지원칙에 반하여 허용될 수 없다는 견해가 있다.

3. 판 례

상해치사죄와 폭행치사죄의 경우에도 제263조를 적용하고 있다.

4. 검 토 (판례 지지)

사망의 결과가 발생한 경우는 이미 상해의 결과를 포함하고 있다고 보아야 하므로 판례의 입장이 타당하다. 따라서 폭행치사죄나 상해치사죄의 경우에도 제263조가 적용될 수 있다.

判例 **(요약 : 상해치사나 폭행치사의 경우에도 제263조가 적용될 수 있다)** 시간적 차이가 있는 독립된 상해행위나 폭행행위가 경합하여 사망의 결과가 일어나고 그 사망의 원인된 행위가 판명되지 않은 경우에는 공동정범의 예에 의하여 처벌할 것이다[대판 2000.7.28. 2000도2466].

③ **강간치상죄 · 강도치상죄** : 형법 제263조의 동시범은 상해와 폭행죄에 관한 특별규정이므로 보호법익을 달리하는 이들 범죄에 대하여는 적용되지 아니한다(판례, 통설).

判例 **(요약 : 강간치상죄에는 제263조가 적용될 수 없다)** 형법 제263조의 동시범은 상해와 폭행죄에 관한 특별규정으로서 동 규정은 그 보호법익을 달리하는 강간치상죄에는 적용할 수 없다[대판 1984.4.24. 84도372]. [♠ 14 사시]

④ **과실치상죄** : 제263조의 적용여부에 관하여 학설의 다툼이 있다.

判例 과실치사죄의 동시범

이시의 독립행위가 경합하여 치사의 결과가 발생하였는데 그 결과발생의 원인행위가 판명되지 아니한 경우 업무상과실치사죄에는 미수범의 처벌규정이 없기 때문에 형법 제19조를 적용할 수 없고, 범죄의 증명이 없는 것으로 보아 무죄를 선고하여야 한다[광주고법 1961.2.20. 4293형공817]. [♠ 00 사시][10][11] [♣ 20 변시]

(5) 효 과

① **인과관계의 판단** : 원인된 행위가 판명되지 아니한 때에는 공동정범의 예에 의한다(제263조). 따라서 공동정범과 마찬가지로 경합한 독립행위를 전체적으로 보아 결과와의 인과관계를 판단하게 되어 각 행위자를 발생한 결과에 대하여 기수로 처벌한다(예 甲과 乙이 의사연락 없이 각각 상해의 고의로 A에게 돌을 던져 상처를 발생하게 하였지만 인과관계가 판명되지 않은 경우 : 甲과 乙은 상해기수죄로 처벌).

② **법적 성질의 변경여부** : 제263조가 적용되는 경우 위의 예에서 甲과 乙이 동시범(독립한 정범)이 되는가 공동정범이 되는가에 관하여는, i) 제263조는 동시범을 공동정범으로 의제하는 규정이라는 견해[김성돈, 713면], ii) 의사연락이 없는 이상 동시범에 불과하며 인과관계의 판단만 공동정범과 마찬가지로 판단하도록 한 규정이라고 보는 견해가 나뉘어져 있다.

---

10) 동일취지의 사례가 출제되었다. 독립한 과실행위와 과실행위가 경합하여 화재가 발생한 경우, 그 원인된 행위가 판명되지 않았다면 모두 실화죄로 처벌된다(×).

11) 이와 같이 인과관계의 입증이 곤란한 사례에서 과실범의 공동정범을 인정하게 되면 과실범의 미수로 무죄가 되는 형사처벌의 흠결을 피할 수 있게 되나 책임원칙에 반할 우려가 있다는 단점이 있다. [♠ 03 사시]

제4절 교사범

교사범의 성립요건과 관련한 판례가 주요 출제대상이다. 그리고 각종 개념(미수의 교사, 교사의 미수, 실패한 교사, 효과 없는 교사, 기도된 교사)과 그 법적 효과도 잘 정리해 두어야 한다. 교사의 착오 부분도 출제가능한 부분이며 특히 정범의 객체의 착오시 교사자의 죄책은 사례형으로 출제가능한 중요한 쟁점이므로 잘 정리해 두어야 한다.

제31조(교사범) ① 타인을 교사하여 죄를 범하게 한 자는 죄를 실행한 자와 동일한 형으로 처벌한다.
[♠ 15 사시]

Ⅰ. 교사범의 의의

① 교사범이란 타인으로 하여금 범죄를 결의하게 하여 실행하도록 한 자를 말한다.

② 교사범은 피교사자인 정범의 실행행위가 있을 경우에 그에 종속해서 성립하며(공범종속성설 : 판례 · 통설), 종속의 정도는 제한적 종속형식이 적용된다(통설).

③ 교사행위가 각칙상 독립된 구성요건적 행위로 특별히 규정된 경우에는 교사행위 자체가 정범의 실행행위에 해당하므로 형법총칙상의 교사범규정은 적용되지 않는다(예 자살교사죄).
[♠ 13 사시]

Ⅱ. 교사범의 성립요건

1. 교사자에 관한 요건

(1) 교사행위

① 의 의 : 교사행위란 범죄의 결의가 없는 타인(정범)에게 범죄의 결의를 가지게 하는 일체의 행위를 말한다.

② 피교사자가 이미 범죄를 결의하고 있는 경우 교사의 성립여부

㉮ 교사자가 교사한 범죄와 동일한 범죄를 피교사자가 이미 결의하고 있을 때는 교사행위라고 할 수 없으며 실패한 교사 또는 종범의 성립이 가능할 뿐이다.

判例 **(요약 : 피교사자가 이미 동일한 범죄의 결의를 가지고 있는 경우 교사범이 성립할 수 없다)**
교사범이란 타인(정범)으로 하여금 범죄를 결의하게 하여 그 죄를 범하게 한 때에 성립하는 것이고 피교사자는 교사자의 교사에 의하여 범죄실행을 하여야 하는 것이므로, 피교사자가 이미 (동일한) 범죄의 결의를 가지고 있을 때에는 교사범이 성립할 여지가 없다[대판 1991.5.14. 91도542], [대판 2012.8.30. 2010도13694]. [♠ 10 사시]

㉯ 교사자가 정범이 결의하고 있는 범죄를 초과하는 범죄를 결의케 한 경우(예 절도를 결의한 자에게 강도를 교사한 경우, 상해를 결의한 자에게 살인을 교사한 경우)에는

원래의 결의와는 다른 불법내용을 결의케 한 경우이므로 전체범죄에 대한 교사가 성립한다(다수설).

㉰ 피교사자가 결의한 범죄보다 경미한 범죄를 결의케 한 경우에는 위험감소의 경우로서 객관적 귀속이 부정되기 때문에 교사가 성립할 수는 없고 방조만 성립할 수 있다(다수설)(예 甲이 이미 흉기휴대 특수강도를 결심하고 있는 乙을 설득하여 단순강도죄를 범하도록 한 경우 甲은 특수강도죄의 교사범으로 처벌되지 않음은 물론이고 단순강도죄의 교사범으로도 처벌되지 않는다).

㉱ 교사자가 피교사자가 결의한 범죄와는 질적으로 차이가 있는 범죄를 결의케 한 경우에는 교사가 성립한다.

③ 교사행위의 수단 · 방법

㉮ 범죄결의에 영향을 미칠 수 있는 것이면 족하며 수단 · 방법에는 제한이 없다(예 명령, 지시, 설득, 애원, 요청, 유혹, 이익제공, 위협 등).

判例 **(요약 : 정범의 습벽과 함께 교사행위가 원인이 된 경우에도 교사범은 성립한다)** 교사범의 교사가 정범이 죄를 범한 유일한 조건일 필요는 없으므로, 교사행위에 의하여 정범이 실행을 결의하게 된 이상 비록 정범에게 범죄의 습벽이 있어 그 습벽과 함께 교사행위가 원인이 되어 정범이 범죄를 실행한 경우에도 교사범의 성립에 영향이 없다[대판 1991.5.14. 91도542].

㉯ 교사는 명시적 · 묵시적, 직접적 · 간접적(연쇄적), 단독적 · 공동적인 것을 불문한다.

判例 교사의 방법

1. **(묵시적 교사)** 피고인이 甲 · 乙 · 丙이 절취하여 온 장물을 상습으로 19회에 걸쳐 시가의 3분의 1 내지 4분의 1의 가격으로 매수하여 취득하여 오다가 甲 · 乙에게 일제 드라이버 1개를 사주면서 "丙이 구속되어 도망다니려면 돈도 필요할텐데 열심히 일을 하라"고 말하였다면 그 취지는 종전에 丙과 같이 하던 범위의 절도를 다시 계속하면 그 장물을 매수하여 주겠다는 것으로서 절도의 교사가 있었다고 보아야 한다[대판 1991.5.14. 91도542]. [♠ 02 사시]
2. **(묵시적 교사)** 대리응시자들의 시험장의 입장은 시험관리자의 승낙 또는 그 추정된 의사에 반한 불법침입이라 아니할 수 없고 이와 같은 침입을 교사한 이상 주거침입교사죄가 성립된다[대판 1967.12.19. 67도1281].

㉰ 부작위에 의한 교사는 인정되지 아니한다(통설). 부작위는 피교사자의 범죄결의에 영향을 줄 수 없기 때문이다.

㉱ 과실에 의한 교사는 인정되지 아니한다(통설). 교사범은 고의범을 전제로 하기 때문이다.

㉲ 단순히 범죄를 유발할 수 있는 상황을 만든 것만으로는 교사행위라고 할 수 없다(예 甲이 乙에게 乙의 처 A의 간통현장을 알려줌으로써 처의 간통현장을 목격하고 흥분

한 乙을 통하여 A를 폭행하려는 목적을 달성한 경우 甲은 폭행죄의 교사범으로 처벌되지 않는다). [♠ 02 사시]

④ 교사행위의 내용

㉮ 교사는 특정한 범죄에 대한 결의를 가지게 하는 것임을 요하므로 막연히 죄를 범하라고 하는 것과 같이 범죄일반을 교사하는 것은 교사라고 할 수 없다.

㉯ 범행의 장소 · 방법 등 구체적인 사항까지 지시할 필요는 없다.

(2) 교사자의 고의

① 이중의 고의 : 교사자에게 고의가 인정되기 위하여는 정범에게 범죄의 결의를 가지게 한다는 사실(교사의 고의) 및 정범을 통하여 범죄를 실현한다는 사실(정범의 고의)에 대한 인식과 의사가 있어야 한다.

② 고의의 내용 : ⅰ) 교사자는 특정한 정범에 대한 인식과 특정한 범죄에 대한 인식이 있어야 한다. ⅱ) 정범이 특정되어 있으면 수인이라도 무방하다. ⅲ) 교사자는 정범의 행위가 구성요건에 해당하고 위법하게 된다는 것을 인식해야 한다. 그러므로 진정신분범에 대한 교사의 경우에는 정범의 신분도 인식해야 한다. 그러나 가벌성에 대한 인식은 요하지 않는다.

③ 기수의 고의 : ⅰ) 교사자는 피교사자의 행위가 기수에 이를 것을 인식하고 교사하여야 교사범이 성립할 수 있다. 따라서 교사자가 피교사자의 행위가 미수에 그칠 것을 예견하면서 교사하는 경우, 즉 미수의 교사의 경우(예 甲이 丙의 금고가 텅 비어있다는 것을 알면서 乙에게 그 금고 안의 돈을 절취할 것을 교사한 경우)에는 교사의 고의가 인정되지 않기 때문에 교사범이 성립할 수 없다(통설).[1)] ⅱ) 교사자가 미수를 교사했으나 피교사자의 행위가 기수에 이른 경우 또는 다른 구성요건에 해당하는 결과가 발생한 경우 교사자는 경우에 따라서 과실범이 성립할 수 있을 뿐이다(과실범설, 다수설).[2)]

2. 피교사자에 관한 요건

(1) 피교사자의 범행결의

① 교사자의 교사행위에도 불구하고 피교사자가 범행을 승낙하지 아니하거나 피교사자의 범행결의가 교사자의 교사행위에 의하여 생긴 것으로 보기 어려운 경우에는 이른바 실패한 교사로서 형법 제31조 제3항에 의하여 교사자를 음모 또는 예비에 준하여 처벌할 수 있을 뿐이다(판례).

② 과실범에 대한 교사범은 성립할 수 없다. 피교사자에게 범행결의가 있을 수 없기 때문이다. 다만 과실범에 대한 교사는 간접정범이 성립할 수 있다(제34조 제1항).

③ 편면적 교사에 의한 범행결의는 있을 수 없으므로 교사범이 성립할 수 없다. [♠ 14 사시]

---

1) 교사범에서 교사의 고의는 정범이 실행에 착수할 것을 인식하면 족하므로 미수의 교사도 교사의 고의가 있고 정범의 실행행위가 미수에 그쳤으므로 교사의 미수와 같이 가벌적이라는 견해도 있다.

2) 과실교사는 형법상 인정되지 않으므로 이 경우 교사자의 교사행위가 범행을 촉발하였고 결국 기수에 이르게 하였다는 점에서 방조범에 해당한다는 견해도 있다.

(2) 피교사자의 실행행위

① 피교사자가 적어도 범죄의 실행행위에 나아갈 것을 요하며, 실행행위는 불법요소를 구비해야 한다. 그러나 실행행위에 대하여 책임이 있을 것을 요하는 것은 아니다(제한적 종속형식).

判例 **(요약 : 교사범이 성립하려면 정범의 실행행위가 있어야 한다)** 교사범이 성립하기 위하여는 교사자의 교사행위와 정범의 실행행위가 있어야 하는 것이므로, 정범의 성립은 교사범의 구성요건의 일부를 형성하고 교사범이 성립함에는 정범의 범죄행위가 인정되는 것이 그 전제요건이 된다[대판 2000.2.25. 99도1252]. [♠ 09 사시]

② 교사행위와 정범의 결의가 있어도 정범의 실행행위가 없는 때에는 교사범이 성립할 수 없으며 효과 없는 교사에 해당되어 교사자 및 피교사자는 제31조 제2항에 의하여 예비 · 음모에 준하여 처벌된다. [♠ 03, 10, 14 사시]

判例 **기도된 교사의 법적 효과(음모와 예비에 준하여 처벌)**

권총 등을 교부하면서 사람을 살해하라고 한 자는 피교사자의 범죄실행결의의 유무와 관계없이 그 행위 자체가 독립하여 살인예비죄를 구성한다[대판 1950.4.18. 4283형상10].

判例 **교사범이 성립하는 경우**

1. 백송을 도벌하여 상자를 만들어 달라고 말하면서 도벌자금을 교부한 이상 피고인의 위 청탁으로 공소외인들이 도벌의 범의를 일으켰다고 볼 수 있어 교사죄가 성립한다[대판 1969.4.22. 69도255].
2. [1] 피교사자가 범죄의 실행에 착수한 경우 피교사자가 교사자의 교사행위 당시에는 일응 범행을 승낙하지 아니한 것으로 보여진다 하더라도 이후 그 교사행위에 의하여 범행을 결의한 것으로 인정되는 이상 교사범의 성립에는 영향이 없다.
   [2] 피고인이 결혼을 전제로 교제하던 여성 甲의 임신 사실을 알고 수회에 걸쳐 낙태를 권유하였다가 거부당하자, 甲에게 출산 여부는 알아서 하되 더 이상 결혼을 진행하지 않겠다고 통보하고, 이후에도 아이에 대한 친권을 행사할 의사가 없다고 하면서 낙태할 병원을 물색해 주기도 하였는데, 그 후 甲이 피고인에게 알리지 아니한 채 자신이 알아본 병원에서 낙태시술을 받은 사안에서, 피고인은 甲에게 직접 낙태를 권유할 당시뿐만 아니라 출산 여부는 알아서 하라고 통보한 이후에도 계속 낙태를 교사하였고, 甲은 이로 인하여 낙태를 결의 · 실행하게 되었다고 보는 것이 타당하며, 甲이 당초 아이를 낳을 것처럼 말한 사실이 있다는 사정만으로 피고인의 낙태교사행위와 甲의 낙태결의 사이에 인과관계가 단절되는 것은 아니라는 이유로, 피고인에게 낙태교사죄를 인정한 원심판단을 정당하다고 한 사례[대판 2013.9.12. 2012도2744]. [♠ 14 사시]

判例 교사범이 성립하지 않는 경우

피고인이 연소한 자에게 "밥값을 구하여 오라"고 말한 것은 절도범행을 교사한 것이라고 볼 수 없다 [대판 1984.5.15. 84도418].

3. 교사범의 공범관계로부터의 이탈

判例 교사범의 공범관계로부터의 이탈 요건(교사행위 철회 + 피교사자의 범행결의 해소)

교사범이란 정범인 피교사자로 하여금 범죄를 결의하게 하여 그 죄를 범하게 한 때에 성립하는 것이고, 교사범을 처벌하는 이유는 이와 같이 교사범이 피교사자로 하여금 범죄 실행을 결의하게 하였다는 데에 있다. 따라서 교사범이 그 공범 관계로부터 이탈하기 위해서는 피교사자가 범죄의 실행행위에 나아가기 전에 교사범에 의하여 형성된 피교사자의 범죄 실행의 결의를 해소하는 것이 필요하고, 이때 교사범이 피교사자에게 교사행위를 철회한다는 의사를 표시하고 이에 피교사자도 그 의사에 따르기로 하거나 또는 교사범이 명시적으로 교사행위를 철회함과 아울러 피교사자의 범죄 실행을 방지하기 위한 진지한 노력을 다하여 당초 피교사자가 범죄를 결의하게 된 사정을 제거하는 등 제반 사정에 비추어 객관적·실질적으로 보아 교사범에게 교사의 고의가 계속 존재한다고 보기 어렵고 당초의 교사행위에 의하여 형성된 피교사자의 범죄 실행의 결의가 더 이상 유지되지 않는 것으로 평가할 수 있다면, 설사 그 후 피교사자가 범죄를 저지르더라도 이는 당초의 교사행위에 의한 것이 아니라 새로운 범죄 실행의 결의에 따른 것이므로 교사자는 형법 제31조 제2항에 의한 죄책을 부담함은 별론으로 하고 형법 제31조 제1항에 의한 교사범으로서의 죄책을 부담하지는 않는다고 할 수 있다[대판 2012.11.15. 2012도7407]. [♣ 23 변시]

판결이유 피고인의 만류행위가 있었지만 피교사자가 이를 명시적으로 거절하고 당초와 같은 범죄 실행의 결의를 그대로 유지한 것으로 보이는 이상, 피고인이 공범관계에서 이탈한 것으로 볼 수도 없다. [♠ 14 사시]

Ⅲ. 교사의 착오

1. 실행행위에 대한 착오

(1) 구체적 사실의 착오

① 甲이 乙에게 A를 살해할 것을 교사하였는데 乙이 착오로 B를 살해한 경우를 말한다.

② 법정적 부합설은 乙의 객체의 착오 · 방법의 착오를 불문하고 甲에게 B에 대한 살인죄의 교사범의 성립을 인정한다. [♠ 03 사시] [♣ 14, 17 변시]

③ 구체적 부합설은 정범의 방법의 착오의 경우 교사자에게도 방법의 착오를 인정한다는 점에서는 문제가 없으나, 정범의 객체의 착오의 경우 ⅰ) 교사자에게는 방법의 착오가 된다는 견해(甲에게 A에 대한 살인미수죄의 교사범과 B에 대한 과실치사죄의 상상적 경합 인정), ⅱ) 교사자는 피교사자의 착오의 위험을 부담해야 한다는 견해(甲에게 B에 대한 살인죄의 교사범 인정)가 있다.

쟁점연구

1. 문제점 [정범의 객체의 착오와 교사자의 죄책]

甲이 乙에게 A를 살해할 것을 교사하였는데 乙이 B를 A로 오인하여 살해한 경우와 같이 피교사자가 객체의 착오를 한 경우 甲의 죄책 여하가 문제된다. 이는 정범이 객체의 착오를 한 경우 교사자에게도 객체의 착오가 되는지 아니면 방법의 착오가 되는지가 선결문제가 된다.

2. 학 설

① **객체의 착오로 보는 견해** : 정범의 객체의 착오의 경우에도 공범종속이론에 따라 착오의 이론이 그대로 적용되어 교사자에게도 동일하게 객체의 착오가 된다는 견해이다.

② **방법의 착오로 보는 견해** : 정범의 객체의 착오는 교사자의 입장에서는 의도하지 않았던 객체에 대하여 결과가 발생하는 것이므로 착오의 구조의 동일성을 근거로 방법의 착오로 보는 견해이다.

3. 검 토 (객체의 착오로 보는 견해 지지)

정범의 객체의 착오의 경우에도 공범종속이론에 따라 착오의 이론이 그대로 적용된다고 보아야 하므로 교사자에게도 동일하게 객체의 착오가 된다고 보는 것이 타당하다.

(2) 추상적 사실의 착오 [♠ 03 사시]

<table>
<tr><th colspan="3"></th><th>사 례</th><th>교사자의 책임</th></tr>
<tr><td rowspan="10">실행
행위에
대한
착오</td><td colspan="2" rowspan="2">교사내용보다
적게 실행한
경우</td><td>강도교사 → 절도</td><td>절도의 교사범이 되는 동시에 강도예비 · 음모(제31조 제2항)가 되어 양죄의 상상적 경합범에 해당한다. 따라서 형법 제40조에 의하여 형이 중한 강도 예비 · 음모죄로 처벌된다. [♣ 14 변시]</td></tr>
<tr><td>살인교사 → 미수에 그침</td><td>살인미수죄의 교사범</td></tr>
<tr><td rowspan="8">교사
내용을
초과하여
실행한
경우</td><td rowspan="3">질적 초과</td><td>강간교사 → 방화</td><td rowspan="3">질적 초과에 본질적인 차이가 있는 경우로서 발생한 결과에 대하여는 교사범이 성립하지 않는다. [♣ 21 변시] 다만 교사한 범죄의 예비 · 음모가 처벌되는 경우에 한하여 제31조 제2항, 제3항에 의해 예비 · 음모에 준하여 처벌 [♣ 17 변시]
*강간죄 예비 · 음모 규정 신설 주의!</td></tr>
<tr><td>상해교사 → 절도</td></tr>
<tr><td>강도교사 → 강간</td></tr>
<tr><td rowspan="3">비본질적
초과(착오)</td><td>사기교사 → 공갈</td><td rowspan="3">질적 초과이지만 본질적인 차이가 없는 경우로서 교사한 범죄에 대한 교사범 성립</td></tr>
<tr><td>공갈교사 → 강도</td></tr>
<tr><td>허위공문서작성교사
→ 공문서위조</td></tr>
<tr><td rowspan="2">양적초과
(구성요건을
달리하지만
공통적 요소를
포함하는
범죄실행)</td><td>절도교사 → 강도</td><td>절도죄의 교사범</td></tr>
<tr><td>상해교사 → 살인</td><td>결과에 대하여 피교사자의 예견가능성이 있었는지 여부와 관계없이 교사자에게 예견가능성이 있는 때에는 제15조 제2항에 의해 상해치사죄(결과적 가중범)의 교사범 성립(판례)</td></tr>
</table>

2. 피교사자의 성질에 대한 착오

피교사자의 책임능력에 대한 인식은 교사자의 고의의 내용에 포함되지 않으므로 이에 대한 착오는 교사범의 고의를 조각하지 않는다. 따라서 피교사자를 책임능력자로 알았으나 책임무능력자였던 경우나 그 반대의 경우에는 모두 교사범이 성립한다.

Ⅳ. 교사범의 처벌

① 교사범은 정범과 동일한 형으로 처벌한다(제31조 제1항). 동일한 형이란 법정형을 의미하므로 구체적인 선고형은 정범과 달라질 수도 있으며 교사범이 정범의 선고형보다 무거울 수도 있다. [♠ 14 사시]

② 공범은 그 성립에 있어서 정범에 종속될 뿐이며 처벌에 있어서는 종속되지 않는다. 따라서 교사범의 처벌을 위해 반드시 정범이 먼저 처벌되어야 하는 것은 아니다.

Ⅴ. 관련문제

1. 교사의 교사

쟁점연구

1. 문제점

타인에게 제3자를 교사하도록 하여 범죄를 실행하게 한 경우(甲이 乙에게 丙을 시켜 A를 살해하도록 교사한 경우)와 타인을 교사를 하였으나 그 자가 직접 실행하지 않고 다시 제3자를 교사하여 범죄를 실행하게 한 경우(甲이 乙에게 A를 살해하도록 교사하였으나 乙이 다시 丙에게 A를 살해하도록 교사한 경우)를 간접교사라고 하며, 제31조 제1항의 해석과 관련하여 간접교사의 가벌성을 인정할 수 있는지가 문제된다.

2. 학 설

① **가벌성을 부정하는 견해** : 형벌법규는 엄격해석이 원칙이므로 제31조 제1항을 '타인을 교사하여'의 의미를 직접교사에 제한하여야 하고 간접교사를 포함하는 것을 해석할 수 없어 간접교사를 처벌할 수 없다는 견해이다.

② **가벌성을 긍정하는 견해** : 형법 제31조 제1항은 '타인을 교사하여 죄를 범한 자'를 교사범으로 규정하고 있을 뿐 교사의 방법을 제한하고 있지 않으므로 간접교사의 경우도 가벌성을 인정할 수 있다는 견해이다. 판례도 간접교사의 가벌성을 긍정하고 있다.[3]

3. 검 토

형법 제31조 제1항이 교사의 방법을 제한하고 있지 않은 이상 피교사자가 반드시 정범이어야 하는 것은 아니므로 간접교사도 타인을 교사하여 죄를 범한 것으로 보아야 한다. 따라서 가벌성을 인정하는 견해가 타당하다.

判例 간접교사

피고인이 甲이 乙에게 범죄를 저지르도록 요청한다 함을 알면서 甲의 부탁을 받고 甲의 요청을 乙에게 전달하여 乙로 하여금 범의를 야기케 하는 것은 교사에 해당한다[대판 1974.1.29. 73도3104].

3) 교사가 수인을 거쳐 순차적으로 계속되는 경우를 연쇄교사라고 하며, 교사행위로 인하여 실행행위가 있었다고 인정되면 교사범으로 처벌이 가능하다(다수설).

2. 교사의 미수 [♠ 12 사시]

제31조(교사범) ② 교사를 받은 자가 범죄의 실행을 승낙하고 실행의 착수에 이르지 아니한 때에는 교사자와 피교사자를 음모 또는 예비에 준하여 처벌한다. [♣ 18 변시]
③ 교사를 받은 자가 범죄의 실행을 승낙하지 아니한 때에도 교사자에 대하여는 전항과 같다.

교사의 미수

		내 용	처 벌
기도된 교사	공범이론	① 공범독립성설 : 교사행위 자체를 실행행위로 보므로 교사한 범죄의 미수범으로 처벌 ② 공범종속성설 : 피교사자의 실행행위를 기준으로 실행의 착수를 논하므로 기도된 교사는 가벌성을 인정할 수 없음	
	실패한 교사	피교사자가 승낙하지 않거나 이미 결의하고 있는 때	교사자만을 예비·음모에 준하여 처벌 (제31조 제3항) [♠ 15 사시]
	효과 없는 교사	피교사자가 승낙하고 예비에 그친 경우 또는 실행에 착수하지 않은 경우	교사자·피교사자를 모두 예비·음모에 준하여 처벌(제31조 제2항) [♠ 13, 15 사시] [♣ 21 변시]
협의의 교사의 미수		피교사자가 범죄의 실행에 착수했으나 미수에 그친 경우, 공범종속성설·공범독립성설 모두 미수로 처벌	교사자·피교사자 모두 미수범으로 처벌 (제31조 제1항) [♠ 15 사시]

교사의 미수와 미수의 교사의 구별

	가벌성 여부
교사의 미수	교사자에게 기수의 고의 있음, 가벌성 인정
미수의 교사	교사자에게 기수의 고의 없음, 가벌성 부정

3. 예비의 교사

(1) 기수의 고의가 없는 경우

구성요건적 결과를 실현할 의사 없이 단지 예비에만 그치게 할 의사로 교사한 경우로서 기수의 고의가 없으므로 미수의 교사와 마찬가지로 불가벌이다.

(2) 기수의 고의가 있는 경우

구성요건적 결과를 실현할 의사로 교사하였으나 정범의 행위가 단지 예비에 그친 경우로서 교사자·피교사자 모두 예비·음모에 준하여 처벌된다(제31조 제2항).

제5절 종 범

출 제 point  방조범의 인정여부에 관한 판례를 정리해 두어야 하며, 교사범과의 차이점을 잘 이해해 두어야 한다.

제32조(종범) ① 타인의 범죄를 방조한 자는 종범으로 처벌한다.
② 종범의 형은 정범의 형보다 감경한다.

Ⅰ. 종범의 의의

① 종범이란 타인의 범죄를 방조한 자를 말한다(제32조 제1항).

② 종범은 피방조자인 정범의 실행행위가 있을 경우에 그에 종속해서 성립하며(공범종속성설 : 판례 · 통설), 종속의 정도는 제한적 종속형식이 적용된다(통설).

判例 종범 성립의 종속성

방조죄는 정범의 범죄에 종속하여 성립하는 것으로서 방조의 대상이 되는 정범의 실행행위의 착수가 없는 이상 방조죄만이 독립하여 성립될 수 없다[대판 1979.2.27. 78도3113].

③ 방조행위가 각칙상 독립된 구성요건적 행위로 특별히 규정된 경우에는 방조행위 자체가 정범의 실행행위에 해당하므로 제32조는 적용되지 않는다(예 간첩방조죄, 도주원조죄, 자살방조죄, 도박장소등개설죄). [♠14 사시]

判例 **(요약 : 간첩방조죄의 경우 종범감경을 할 수 없다)** 간첩방조죄는 본범인 간첩죄와 동등한 독립죄로서 간첩본범에 대한 형과 동일한 형으로 처단할 것이요 형법 총칙 제32조에서 말하는 소위 감경할 종범의 예외에 속한다 할 것이다[대판 1958.12.29. 4291형상441; 동지 대판 1986.9.23. 86도1429].

Ⅱ. 종범의 성립요건

1. 방조자에 관한 요건

(1) 방조행위

① 의 의 : 방조행위란 정범의 실행행위를 가능 · 용이하게 해주거나 정범의 범행결의를 강화시키는 행위를 말한다.

② **방조의 수단 · 방법** : 정범의 실행행위를 돕는 것이면 족하고 제한이 없다. 따라서 i) 정신적 방조[1](예 조언, 격려, 정보제공, 장물처분 · 알리바이증명의 약속)와 물질적 방조[2](예 범행도구의 대여, 범죄자금의 제공, 범죄장소의 제공) 모두 가능하다. ii) 방조범이 보증인지위에 있는 경우 부작위에 의한 방조도 가능하다(예 아파트의 수위가 절도범을 방치한 경우). iii) 단독방조는 물론 공동방조도 가능하다.

判例 방조행위의 수단 · 방법

형법상 방조행위는 정범이 범행을 한다는 정을 알면서 그 실행행위를 용이하게 하는 행위로서 그것은 정범의 실행에 대하여 물질적 방법이건, 정신적 방법이건, 직접적이건, 간접적이건 가리지 아니한다[대판 1982.9.14. 80도2566; 동지 대판 1986.12.9. 86도198].

判例 방조행위에 해당하는 경우

1. 의사인 피고인이 입원치료를 받을 필요가 없는 환자들이 보험금 수령을 위하여 입원치료를 받으려고 하는 사실을 알면서도 입원을 허가하여 형식상으로 입원치료를 받도록 한 후 입원확인서를 발급하여 준 경우, 사기방조죄가 성립한다[대판 2006.1.12. 2004도6557]. [♠ 09 사시]
2. 자동차운전면허가 없는 자에게 승용차를 제공하여 그로 하여금 무면허운전을 하게 하였다면 이는 도로교통법위반(무면허운전) 범행의 방조행위에 해당한다[대판 2000.8.18. 2000도1914]. [♠ 09 사시]
3. 도박하는 자리에서 도금으로 사용하리라는 정을 알면서 채무변제조로 금원을 교부하였다면 도박을 방조한 행위에 해당한다[대판 1970.7.28. 70도1218].
4. 주식의 입 · 출고 절차 등 주식의 관리에 관한 일체의 절차를 정확하게 알고 있는 증권회사의 중견직원들이 (이미 주식인출을 계획하고 있던) 정범에게 피해자의 주식을 인출하여 오면 관리하여 주겠다고 하고, 나아가서 부정한 방법으로 인출해 온 주식을 자신들이 관리하는 증권계좌에 입고하여 관리 운용하여 주었다면, 이러한 행위는 정범의 일련의 부정한 주식 인출절차에 관련된 출고전표인 사문서의 위조, 동행사, 사기 등 상호 연관된 일련의 범행 전부에 대하여 방조행위가 된다[대판 1995.9.29. 95도456].
5. (판례변경으로 삭제함)
6. 덕적도 핵폐기장 설치 반대 시위의 일환으로 행하여진 대학생들의 인천시청 기습점거 시위에 대하여 전혀 모르고 있다가 시위 직전에 주동자로부터 지시를 받고 시위현장 사진촬영행위를 한 행위는 이로 인하여 시위대들이 정신적으로 크게 고무되고 그 범행결의도 강화된 것이므로 폭력행위, 시위, 공용물건손상 등 범행의 방조행위가 된다[대판 1997.1.24. 96도2427].

---

1) 언어방조, 지적 방조라고도 한다.
2) 거동방조, 기술적 방조라고도 한다.

7. 기간통신사업자의 담당직원이 무등록업자에게 060회선을 임대하여 실시간 1:1 증권상담서비스 사업을 영위하게 한 것은 구 증권거래법상 무등록 투자자문업 행위의 방조행위에 해당한다[대판 2007.11.29. 2006도119].
8. 소리바다 서비스를 운영하여 그 이용자들로 하여금 구 저작권법상 복제권의 침해행위를 할 수 있도록 한 것은 그 방조범에 해당한다[대판 2007.12.14. 2005도872].

判例 방조행위에 해당하지 않는 경우

1. 이미 스스로 입영기피를 결심하고 집을 나서는 자에게 피고인이 이별을 안타까워하는 뜻에서 "잘되겠지 몸조심하라"고 하고 악수를 나눈 행위는 입영기피의 범죄의사를 강화시킨 방조행위에 해당한다고 볼 수 없다[대판 1983.4.12. 82도43].
2. 웨이타인 피고인들은 손님들을 단순히 출입구로 안내를 하였을 뿐 미성년자인 여부의 판단과 출입허용 여부는 2층 출입구에서 주인이 결정하게 되어 있었다면 피고인들의 위 안내행위가 곧 미성년자를 크럽에 출입시킨 행위 또는 그 방조행위로 볼 수 없다[대판 1984.8.21. 84도781].
3. [1] 공중송신권을 침해하는 게시물이나 그 게시물이 위치한 웹페이지 등(이하 통틀어 '침해 게시물 등'이라 한다)에 연결되는 링크를 한 행위라도, 전송권(공중송신권) 침해행위의 구성요건인 '전송(공중송신)'에 해당하지 않기 때문에 전송권 침해가 성립하지 않는다. 이는 대법원의 확립된 판례이다.
   [2] 방조란 정범의 범죄 실현과 밀접한 관련이 있는 행위를 말한다. 방조범은 정범의 실행을 방조한다는 이른바 방조의 고의와 정범의 행위가 구성요건에 해당하는 행위인 점에 대한 정범의 고의가 있어야 한다. 방조범은 정범에 종속하여 성립하는 범죄이므로 방조행위와 정범의 범죄 실현 사이에는 인과관계가 필요하다. 방조범이 성립하려면 방조행위가 정범의 범죄 실현과 밀접한 관련이 있고 정범으로 하여금 구체적 위험을 실현시키거나 범죄 결과를 발생시킬 기회를 높이는 등으로 정범의 범죄 실현에 현실적인 기여를 하였다고 평가할 수 있어야 한다. 정범의 범죄 실현과 밀접한 관련이 없는 행위를 도와준 데 지나지 않는 경우에는 방조범이 성립하지 않는다. 정범이 침해 게시물을 인터넷 웹사이트 서버 등에 업로드하여 공중의 구성원이 개별적으로 선택한 시간과 장소에서 접근할 수 있도록 이용에 제공하면, 공중에게 침해 게시물을 실제로 송신하지 않더라도 공중송신권 침해는 기수에 이른다. 그런데 정범이 침해 게시물을 서버에서 삭제하는 등으로 게시를 철회하지 않으면 이를 공중의 구성원이 개별적으로 선택한 시간과 장소에서 접근할 수 있도록 이용에 제공하는 가벌적인 위법행위가 계속 반복되고 있어 공중송신권 침해의 범죄행위가 종료되지 않았으므로, 그러한 정범의 범죄행위는 방조의 대상이 될 수 있다.
   [3] 링크 행위자가 정범이 공중송신권을 침해한다는 사실을 충분히 인식하면서 그러한 침해 게시물 등에 연결되는 링크를 인터넷 사이트에 영리적·계속적으로 게시하는 등으로 공중의 구성원이 개별적으로 선택한 시간과 장소에서 침해 게시물에 쉽게 접근할 수 있도록 하는 정도의 링크 행위를 한 경우에는 방조 요건을 충족하여 침해 게시물을 공중의 이용에 제공하는 정범의 범죄를 용이하게 하였다고 볼 수 있으므로 공중송신권 침해의 방조범이 성립할 수 있다[대판(전) 2021.9.9. 2017도19025].

[사실관계] 피고인은 성명불상자들이 해외에 서버가 있는 동영상 공유사이트 등에 공중이 개별적으로 선택한 시간과 장소에서 접근하게 할 목적으로 저작권자의 영상저작물인 드라마 · 영화 등의 동영상을 임의로 업로드하고 계속하여 이를 게시하여 이용에 제공하고, 위 게시물에 접근한 이용자들이 이 사건 영상저작물을 클릭하면 개별적으로 송신이 이루어지게 하는 방법으로 저작권자의 전송권을 침해하고 있다는 사실을 알고 있었음에도 총 450회에 걸쳐, 자신이 개설하여 운영하면서 광고 수익을 얻는 이른바 '다시보기 링크 사이트' 게시판에 이 사건 영상저작물과 연결되는 링크를 게시하고, 이 사건 사이트를 이용하는 사람들이 제목 등으로 이 사건 영상저작물을 검색하여 게시된 링크를 찾을 수 있게 한 뒤 이들이 링크를 클릭하면 성명불상자들이 이용제공 중인 이 사건 영상저작물의 재생 준비화면으로 이동하여 개별적으로 송신이 이루어지게 하였다. 이로써 피고인은 영리를 목적으로 또는 상습으로 성명불상자들의 전송권 침해행위를 용이하게 하여 방조하였다.

판례해설 저작권자의 공중송신권을 침해하는 웹페이지 등으로 링크를 하는 행위만으로는 어떠한 경우에도 공중송신권 침해의 방조행위에 해당하지 않는다는 취지로 판단한 종전 판례인 대법원 2015.3.12. 선고 2012도13748 등은 폐기되었다.

③ **방조행위의 시기** : ⅰ) 정범이 실행에 착수하기 이전인 예비행위의 단계[3](예 살인을 결의한 자에게 범행도구를 마련해 주는 행위), ⅱ) 정범의 실행행위 후 결과가 발생하기 이전의 단계(예 방화에 의하여 건물에 불이 붙은 후에 휘발유를 뿌려 그 건물이 전소하도록 돕는 행위), ⅲ) 정범의 행위가 기수가 된 후 그 종료 이전의 단계(예 감금죄의 경우)에서 방조가 가능하다. 그러나 범죄행위가 종료된 후에는 방조가 성립할 수 없다(예 범죄가 종료된 이후에 범인을 은닉하거나 증거를 인멸하는 행위 : 범인은닉죄나 증거인멸죄 성립). [♠ 11 사시]

判例 방조행위의 시기

1. 종범은 정범의 실행행위 중에 이를 방조하는 경우는 물론이고 실행의 착수 전에 장래의 실행행위를 예상하고 이를 용이하게 하는 행위를 하여 방조한 경우에도 정범이 그 실행행위에 나아갔다면 성립한다[대판(전) 1997.4.17. 96도3377; 동지 대판 2007.12.14. 2005도872].[4] [♠ 00, 02, 03, 07, 09, 13, 14 사시] [♣ 12, 15, 17 변시]
2. 진료부는 환자의 계속적인 진료에 참고로 공하여지는 진료상황부이므로 간호보조원의 무면허 진료행위가 있은 후에 이를 의사가 진료부에다 기재하는 행위는 정범의 사실행위 종료 후의 단순한 사후행위에 불과하다고 볼 수 없고 보건범죄단속에 관한 특별조치법상 무면허 의료행위의 방조에 해당한다[대판 1982.4.27. 82도122]. [♠ 04, 11 사시] [♣ 12 변시]

---

3) 다만 정범의 실행의 착수가 있어야 종범이 성립할 수 있다.

4) 피고인이 전OO, 노OO이 기업인들로부터 뇌물을 수수하기 전에 그 면담을 주선하였더라도 수뢰죄의 종범의 성립이 가능하다고 판시한 사건이다.

④ 방조행위의 인과관계

㉮ 방조행위와 정범의 범행 사이에 인과관계가 있어야 하는가에 대하여 i) 인과관계불요설(정범행위촉진설, 위험증대설), ii) 인과관계필요설(다수설 : 합법칙적 조건설, 기회증대설, 상당인과관계설)의 견해가 대립되고 있다.

㉯ 공범의 처벌근거가 타인의 불법을 야기 또는 촉진하는 데 있기 때문에 방조행위는 정범의 범죄에 대하여 인과관계가 있을 것을 요하며, 적어도 그 범죄의 실행의 방법이나 수단에 영향을 미쳤을 것을 요한다고 해야 한다(인과관계필요설, 다수설).

㉰ 정범의 실행행위와 직접 관련성이 없는 행위를 도와준 데 지나지 않는 때에는 이를 방조행위라 할 수 없다.

㉱ 범행에 사용할 흉기를 제공하였으나 정범이 이를 사용하지 않고 범행을 한 경우에 인과관계가 없으므로 물질적 방조라고는 할 수 없으나, 흉기의 제공이 정범의 범행결의를 강화하였다면 정신적 방조에 의한 종범은 성립할 수 있다(다수설).

判例 방조행위의 인과관계

[1] 쟁의행위가 업무방해죄에 해당하는 경우 제3자가 그러한 정을 알면서 쟁의행위의 실행을 용이하게 한 경우에는 업무방해방조죄가 성립할 수 있다.
[2] 방조범은 정범에 종속하여 성립하는 범죄이므로 방조행위와 정범의 범죄 실현 사이에는 인과관계가 필요하다. 방조범이 성립하려면 방조행위가 정범의 범죄 실현과 밀접한 관련이 있고 정범으로 하여금 구체적 위험을 실현시키거나 범죄결과를 발생시킬 기회를 높이는 등으로 정범의 범죄 실현에 현실적인 기여를 하였다고 평가할 수 있어야 한다. 정범의 범죄 실현과 밀접한 관련이 없는 행위를 도와준 데 지나지 않는 경우에는 방조범이 성립하지 않는다[대판 2021.9.16. 2015도12632].
[사실관계] 피고인 2의 이 사건 집회 참가 및 이 사건 공문 전달 행위가 비정규직지회의 집단적 노무제공 거부를 포함한 쟁의행위를 전체적으로 보아 거기에 일부 도움을 준 측면이 있었다고 하더라도 업무방해 정범의 실행행위에 해당하는 이 사건 생산라인 점거로 인한 범죄 실현과 밀접한 관련성이 있다고는 단정하기 어렵다. 따라서 피고인 2의 위와 같은 조력행위는 방조범의 성립을 인정할 정도로 업무방해행위와 인과관계가 있다고 볼 수 없다.

관련판례 박사방 운영진이 음란물 배포 목적의 텔레그램 그룹(이하 '미션방'이라 한다)을 만들고 특정 시간대에 미션방 참여자들이 인터넷 포털사이트에 일제히 특정 검색어를 입력함으로써 실시간 급상승 검색어로 노출되도록 하는 이른바 '실검챌린지'를 지시하여 불특정 다수의 텔레그램 사용자들로 하여금 정해진 시간에 미션방에 참여하게 한 다음 특정 시점에 미션방에 피해자 甲(여, 18세)에 대한 음란물을 게시한 것과 관련하여, 피고인이 박사방 운영진의 지시에 따라 4회에 걸쳐 검색어를 입력하고 미션방과 박사방 관련 채널에 검색사실을 올려 인증함으로써 박사방 운영진에 의한 아동·청소년 이용 음란물 배포행위를 방조하였다는 내용으로 기소된 사안에서, 피고인이 미션방에 참여하여 박사방 운영진의 지시 및 공지 내용을 인식하였다거나 검색어 자체만으로 '아동·청소년 이용 음란물 배포'의 범죄행위를 위한 것임을 알았다고 보기 어려운 이상 방조의 고의는 물론 정범의 고의가 있었다고 단정하기 어렵고, 나아가 검색 경위 및 피고인의 검색 시점으로부터 약 21시간 내지 24시간이 지난 시점에서야 박사방 운영진이 아동·청소년 이용 음란물을 배포한 사정에 비추어, 박사방 운영진의 미션방에 적극 참여하여 그 지시에 따라 검색어 입력 및 인증을 한 경우가 아니라 당시 다양한 경로로 접하게 된 검색어를 입력하는 등의 행위는, 박사방의 운영진이 특정 검색어가 당시 화제가 되고 있음에 편승하여 이에 관심을 가진 사람을 미션방으로 유도하여 음란물 판매를 촉진하려는 의도로 시작한 실검챌린지 등에 단순히 이용된 것으로 볼 여지가 있고, 달리 피고인의 각 행위와 정범의 범죄 실현 사이에 밀접한 관련성 등 인과관계를 인정하거나 피고인의 각 행위가 정범의 범죄 실현에 현실적인 기여를 하였다고 단정하기 어렵다는 이유로, 이와 달리 보아 공소사실을 유죄로 인정한 원심의 판단에 '방조'에 관한 법리오해 등의 잘못이 있다고 한 사례[대판 2023.10.18. 2022도15537].

(2) 방조자의 고의

① **이중의 고의** : 종범은 정범의 실행을 방조한다는 인식(방조의 고의)과 정범의 행위가 구성요건에 해당하는 행위라는 인식(정범의 고의)이 있어야 한다. 따라서 과실에 의한 방조는 있을 수 없다. [♠ 10, 11, 12 사시]

判例 **(요약 : 종범의 고의는 방조의 고의와 정범의 고의가 있어야 한다)** 형법상 방조행위는 정범이 범행을 한다는 정을 알면서 그 실행행위를 용이하게 하는 직접·간접의 행위를 말하므로, 방조범은 정범의 실행을 방조한다는 이른바 방조의 고의와 정범의 행위가 구성요건에 해당하는 행위인 점에 대한 정범의 고의가 있어야 하며, 또한 방조범에 있어서 정범의 고의는 정범에 의하여 실현되는 범죄의 구체적 내용을 인식할 것을 요하는 것은 아니고 미필적 인식 또는 예견으로 족하다. 그리고 이와 같은 고의는 내심적 사실이므로 피고인이 이를 부정하는 경우에는 사물의 성질상 고의와 상당한 관련성이 있는 간접사실을 증명하는 방법에 의하여 입증할 수밖에 없다[대판 2005.4.29. 2003도6056; 동지 대판 2010.3.25. 2008도4228]. [♠ 06, 10, 11, 12 사시] [♣ 12, 19, 21, 23 변시]

② **고의의 내용** : 방조자는 특정한 정범에 대한 인식과 특정한 범죄에 대한 인식이 있어야 한다.

判例 **방조범의 고의의 정도와 고의의 내용**

정범에 의하여 실행되는 침해행위에 대한 미필적 고의가 있는 것으로 충분하고 정범의 침해행위가 실행되는 일시·장소·객체 등을 구체적으로 인식할 필요가 없으며, 나아가 정범이 누구인지 확정적으로 인식할 필요도 없다[대판 2007.12.14. 2005도872]. [♠ 14 사시]

③ **기수의 고의** : 종범의 고의는 구성요건적 결과를 실현할 고의, 즉 기수의 고의가 있어야 한다. 따라서 미수의 방조는 방조행위가 될 수 없다(예 낙태약을 구하는 임부에게 약사가 소화제를 낙태약이라고 속이고 교부한 경우). [♠ 00 사시]

④ **편면적 종범** : 정범이 방조행위를 인식하지 못한 경우(편면적 종범)에도 종범이 성립할 수 있다. [♠ 15 사시]

判例 **편면적 종범(성립이 가능하나, 정범의 실행행위가 없으면 성립할 수 없다)**

편면적 종범에서도 정범의 범죄행위 없이 방조범만이 성립될 수 없다[대판 1974.5.28. 74도509]. [♠ 08, 10, 14, 15 사시]

2. 피방조자에 관한 요건

(1) 실행행위의 정도

① 정범의 실행행위는 적어도 실행에 착수하였을 것을 요하며, 구성요건에 해당하는 위법한 행위임을 요한다. 그러나 유책할 것까지 요하는 것은 아니다(제한적 종속형식).

判例 방조행위를 하였으나 정범의 실행의 착수가 없는 경우 = 종범 성립 불가

정범이 사위의 방법으로 병사용 진단서를 발급받아 관할 병무청에 제출하는 단계에까지 이르지 아니하였으므로 병역법 제86조가 규정하고 있는 '사위행위'의 실행에 이르렀다고 볼 수 없고, 따라서 피고인이 정범의 사위행위를 방조하였다는 이 부분 공소사실은 범죄가 되지 아니하는 경우에 해당하여 무죄이다[대판 2005.11.9. 2005도1995].

② 형법은 기도된 교사와는 달리 기도된 방조를 처벌하는 규정을 두고 있지 않다. 따라서 정범이 예비의 단계에 그친 경우인 예비의 종범은 인정되지 아니한다(판례). [♠ 00, 10 사시]

(2) 고의에 의한 실행행위

정범의 실행행위는 고의에 의한 것이어야 한다. 따라서 과실범에 대한 방조의 경우 종범이 성립할 수 없다. 다만 과실범에 대한 방조는 간접정범이 성립할 수 있다(제34조 제1항). [♠ 10, 11 사시]

Ⅲ. 종범의 착오

① 종범의 착오에 관하여는 원칙적으로 교사의 착오에 관한 이론이 그대로 적용된다.

② 교사범의 경우와는 달리 종범에 있어서는 기도된 방조를 처벌하는 규정이 없으므로 정범이 질적 초과행위를 한 경우 종범은 언제나 처벌받지 아니한다.

判例 양적차이에 불과한 착오(구성요건이 중첩되는 한도 내에서는 방조자의 죄책 인정)

방조자의 인식과 정범의 실행간에 착오가 있고 양자의 구성요건을 달리한 경우에는 원칙적으로 방조자의 고의는 조각되는 것이나 그 구성요건이 중첩되는 부분이 있는 경우에는 그 중복되는 한도 내에서는 방조자의 죄책을 인정하여야 할 것이다[대판 1985.2.26. 84도2987]. [♠ 00, 06 사시]

Ⅳ. 종범의 처벌

① 종범은 정범의 형보다 감경한다(제32조 제2항).

判例 **종범에 대한 선고형이 정범보다 가볍지 않더라도 위법이라 할 수 없음**

형법 제32조 제2항은 "종범의 형은 정범의 형보다 감경한다."라고 규정하고 있다. 여기서 감경한다는 것은 법정형을 정범보다 감경한다는 것이지 선고형을 감경한다는 것이 아니므로, 종범에 대한 선고형이 정범보다 가볍지 않다 하더라도 위법이라 할 수 없다[대판 2015.8.27. 2015도8408]. [♠ 14 사시]

② 정범이 미수에 그친 경우 종범은 2중으로 형이 감경될 수 있다.

Ⅴ. 관련문제

1. 종범의 종범, 교사의 종범, 종범의 교사 (모두 종범에 해당함)

① 종범의 종범 : 종범의 종범은 정범에 대한 간접방조 내지 연쇄방조가 되므로 종범의 방조는 물론 그 이상의 방조에 대하여도 종범이 성립한다. 판례도 종범의 종범을 간접종범으로 인정하고 있다.

判例 **(요약 : 간접방조도 종범이 성립할 수 있으며 이 경우 정범이 누구인지를 알 필요가 없다)** 형법이 방조행위를 종범으로 처벌하는 까닭은 정범의 실행을 용이하게 하는 점에 있으므로 그 방조행위가 정범의 실행에 대하여 간접적이거나 직접적이거나를 가리지 아니하고 정범이 범행을 한다는 점을 알면서 그 실행행위를 용이하게 한 이상 종범으로 처벌함이 마땅하며 간접적으로 정범을 방조하는 경우 방조자에 있어 정범이 누구에 의하여 실행되어지는가를 확지할 필요가 없다[대판 1977.9.28. 76도4133]. [♠ 02, 11, 14 사시] [♣ 12, 21 변시]

② 교사의 종범 : 교사범을 방조한 경우로서 결국 정범에 대한 방조에 해당하므로 종범이 성립할 수 있다. 다만 종범이 성립하기 위하여는 정범이 실행에 착수하였을 것을 요한다.

③ 종범의 교사 : 종범을 교사한 자도 실질적으로 정범을 방조한 것이므로 종범이 성립한다.

2. 방조의 미수

① 협의의 방조의 미수 : 정범이 실행에 착수하였으나 미수에 그친 경우는 정범과 종범 모두 미수범으로 처벌된다.

② 기도된 방조(실패한 방조와 효과 없는 방조) : 처벌 규정이 없으므로 불가벌이다.

교사범과 종범의 구별

	교사범	종 범
정범의 범행결의	교사에 의하여 비로소 결의	방조 이전에 이미 결의
부작위에 의한 …	교사 불가능	방조 가능
부작위범에 대한 …	가능	가능
편면적 …	부정	인정
기도된 … (교사, 방조)	예비·음모에 준하여 처벌(제31조 제2항, 제3항)	명문규정 없음, 불가벌
정범의 질적착오의 효과	교사한 범죄의 예비·음모로 처벌이 가능	불가벌
과실범에 대한 …	성립불가	성립불가
과실에 의한 …	불가능	불가능

다수인의 범죄참가형태와 법적 효과

	형 태	법적 효과(처벌)
정 범	간접정범	교사·방조의 예로 처벌(제34조 제1항)
	공동정범	전부책임 : 각자를 정범으로 처벌(제30조)
	동시범	개별책임 : 각칙상의 정범으로 처벌
	합동범	전부책임 : 각칙상의 정범으로 가중처벌
협의의 공범	교사범	정범과 동일한 형으로 처벌(제31조 제1항)
	종 범	정범의 형을 필요적 감경하여 처벌(제32조 제2항)

제6절 공범과 신분

전체적으로 각 부분이 모두 출제가능하므로 잘 이해해 두어야 한다. 사례형에서도 단골로 출제되는 부분이다. 제33조 해석론과 관련한 통설과 판례(소수설)의 입장 차이를 잘 이해해 두어야 한다. 소극적 신분에 관한 판례도 종종 출제되고 있다.

제33조(공범과 신분) 신분이 있어야 성립되는 범죄에 신분 없는 사람이 가담한 경우에는 그 신분 없는 사람에게도 제30조부터 제32조까지의 규정을 적용한다. 다만, 신분 때문에 형의 경중이 달라지는 경우에 신분이 없는 사람은 무거운 형으로 벌하지 아니한다.

Ⅰ. 공범과 신분의 의의

공범과 신분이란 신분이 범죄의 성립이나 형의 가감에 영향을 미치는 경우에, 신분자와 비신분자가 공범관계에 있을 때 비신분자를 신분자에 대하여 종속적으로 취급할 것인가 아니면 독립적으로 취급할 것인가의 문제를 말한다.

Ⅱ. 신분범의 의의와 종류

1. 신분의 의의

① **개 념** : 신분이란 일정한 범죄에 관한 특별한 인적 표지를 말한다.

② **유 형** : i) 인적 성질(예 성별, 연령, 심신장애), ii) 인적 지위(예 공무원, 의사, 친족, 직계존속), iii) 인적 상태(예 업무성, 상습성)로 나눌 수 있다.

③ **성 질** : i) 신분요소는 행위자관련요소여야 한다(다수설). 따라서 누구에게나 존재할 수 있는 행위관련적 표지는 신분개념에 포함되지 않는다(예 고의, 불법영득의사, 목적). 다만 판례는 모해목적을 부진정신분으로 보고 있다. ii) 신분은 계속성을 가질 필요는 없다(다수설).

判例 **(요약 : 모해목적도 부진정신분에 해당한다)** 모해목적 위증죄의 '모해할 목적'은 형법 제33조 단서 소정의 '신분관계로 인하여 형의 경중이 있는 경우'에 해당한다고 봄이 상당하다 [대판 1994.12.23. 93도1002]. [♠ 02, 05 사시] [♣ 16 변시]

2. 신분의 종류(형식적 분류 : 통설)[1)]

구분		내 용	예
구성적 신분 (진정 신분범)		행위자에게 일정한 신분이 있어야 범죄가 성립하는 경우의 신분	단순수뢰죄, 단순횡령죄, 단순배임죄, 위증죄의 주체가 되는 신분
가감적 신분 (부진정 신분범)		신분이 없어도 기본범죄는 성립하지만, 신분에 의하여 형이 가중 또는 감경되는 경우의 신분	존속살해죄의 직계비속 영아살해죄의 직계존속
소극적 신분 (제33조 적용대상이 아니므로 이론으로 해결)	불구성적 신분	일반인에게 금지된 행위를 특정 신분자에게만 허용하고 있는 경우의 신분	의료법위반에 있어서의 의사 변호사법위반에 있어서의 변호사
	책임조각 신분	책임이 조각되는 경우의 신분	형사미성년자
	형벌조각 신분	형벌이 면제되는 경우의 신분	친족상도례의 친족

Ⅲ. 형법 제33조의 해석론 [♠ 00, 02, 03, 05, 06 사시]

1. 제33조의 성격

본문은 비신분자도 신분범의 공동정범 · 교사범 · 종범이 될 수 있다고 함으로써 신분의 연대성을 규정하고 있으며, 단서는 비신분자는 신분범의 형으로 처벌되지 않는다는 책임의 개별화를 규정하고 있다(다수설).

2. 제33조의 적용범위

(1) 가담의 방향과의 관계

본문은 비신분자가 신분자의 범행에 가담한 경우에만 적용되고, 단서는 비신분자가 신분자의 범행에 가담한 경우는 물론 신분자가 비신분자의 범행에 가담한 경우에도 적용된다.

(2) 피가담신분범죄와의 관계

① 통 설 : 본문은 진정신분범의 공범성립과 과형의 문제를, 단서는 부진정신분범의 공범성립과 과형의 문제를 규정한 것으로 이해한다.

② 소수설(판례) : 본문은 진정신분범과 부진정신분범에 대한 공범의 성립문제를, 단서는 부진정신분범에 한하여 과형의 문제를 각각 규정한 것으로 이해한다.

---

1) 실질적 분류방법(소수설) : i) 위법신분(업무상 횡령죄에서 보관자), ii) 책임신분(업무상 횡령죄에서 업무자), iii) 형벌조각신분(친족상도례의 친족).

③ 제3설 : 본문은 위법신분(예 업무상횡령죄의 보관자라는 신분)의 연대적 작용을, 단서는 책임신분(예 업무상횡령죄의 업무자라는 신분)의 개별화 작용을 규정한 것으로 이해한다[정성근·박광민, 593면].

제33조의 성격과 적용범위

		본 문	단 서
성 격		신분의 연대적 작용을 규정	책임(신분)의 개별화 작용을 규정
적용범위	통 설	진정신분범에 가담한 비신분자인 공범의 성립과 과형의 문제를 규정	부진정신분범에 가담한 비신분자인 공범의 성립과 과형의 문제를 규정
	소수설(판례)	진정신분범과 부진정신분범에 대한 공범의 성립의 문제를 규정	부진정신분범의 과형의 문제를 규정

쟁점연구

1. 학 설

① 제1설(통설) : 본문은 진정신분범의 공범성립과 과형의 문제를, 단서는 부진정신분범의 공범성립과 과형의 문제를 규정한 것으로 이해한다.

② 제2설(소수설) : 본문은 진정신분범과 부진정신분범에 대한 공범의 성립문제를, 단서는 부진정신분범에 한하여 과형의 문제를 각각 규정한 것으로 이해한다.

2. 판 례

은행원이 아닌 자가 은행원들과 공모하여 업무상배임죄를 저질렀다 하여도, 이는 업무상 타인의 사무를 처리하는 신분관계로 인하여 형의 경중이 있는 경우이므로, 그러한 신분관계가 없는 자에 대하여서는 형법 제33조 단서에 의하여 단순배임죄로 처벌되어야 한다고 판시하여 제2설과 동일한 결론을 내리고 있다.

3. 검 토

(제1설 지지의 경우) 제2설은 제33조 본문은 '신분관계로 인하여 성립될 범죄'라고 규정하고 있는 바 부진정신분범은 여기에 해당하지 않는다는 점, 범죄의 성립과 처벌은 분리될 수 없다는 점에서 문제가 있다. 따라서 제1설이 타당하다.

(제2설 지지의 경우) 제1설은 제33조 단서의 '중한 형으로 벌하지 아니한다'를 '중한 죄가 성립하지 아니한다'는 의미까지 포함되는 것으로 해석한다는 점에서 문제가 있다고 본다. 따라서 제2설이 타당하다.

3. 형법 제33조 본문의 해석

신분이 있어야 성립되는 범죄에 신분 없는 사람이 가담한 경우에는 그 신분 없는 사람에게도 제30조부터 제32조까지의 규정을 적용한다(제33조).

(1) 비신분자가 신분자에게 가공한 경우(판례, 통설)

진정신분범에 가담한 비신분자에게도 제30조(공동정범) · 제31조(교사범) · 제32조(종범)가 적용된다.[2] (예 공무원이 아닌 甲이 공무원 乙과 함께 수뢰한 경우 또는 乙의 수뢰를 교사 · 방조한 경우 : 甲은 수뢰죄의 공동정범 · 교사범 · 종범이 성립). [♣ 12 변시] (예 甲이 乙을 사주하여 법정에서 위증하게 한 경우 甲은 위증죄의 교사범이 성립). [♣ 12 변시]

判例 진정신분범에 있어서 비신분자가 신분자에게 가공한 경우

1. **(수뢰죄)** 정부관리기업체의 과장대리급 이상의 직원이 아닌 직원도 다른 과장대리급 이상인 직원과 함께 뇌물수수죄의 공동정범이 될 수 있다[대판 1992.8.14. 91도3191]. [♠ 07 사시]

   동지판례 특정범죄 가중처벌 등에 관한 법률 제4조 제2항, 같은법 시행령 제3조 제1호 소정의 정부관리기업체의 간부직원이 아닌 직원도 공무원인 다른 간부직원인 직원과 함께 뇌물수수죄의 공동정범이 될 수 있다[대판 1999.8.20. 99도1557].

2. **(직무유기죄)** 쟁의행위에 참가한 일부 조합원이 병가중이어서 직무유기죄의 주체로 될 수는 없다 하더라도 직무유기죄의 주체가 되는 다른 조합원들과의 공범관계가 인정된다면, 그 쟁의행위에 참가한 조합원들 모두 직무유기죄로 처단되어야 한다[대판 1997.4.22. 95도748].
3. **(허위공문서작성죄)** 공무원이 아닌 자는 형법 제228조의 경우를 제외하고는 허위공문서작성죄의 간접정범으로 처벌할 수 없으나, 공무원이 아닌 자가 공무원과 공동하여 허위공문서작성죄를 범한 때에는 공무원이 아닌 자도 형법 제33조, 제30조에 의하여 허위공문서작성죄의 공동정범이 된다[대판 2006.5.11. 2006도1663; 동지 대판 1971.6.8. 71도795].
4. **(허위공문서작성죄)** 피고인이 건축물조사 및 가옥대장 정리업무를 담당하는 지방행정서기를 교사하여 무허가건물을 허가받은 건축물인 것처럼 가옥대장 등에 등재케 하여 허위공문서 등을 작성케 한 사실이 인정된다면 허위공문서작성죄의 교사범으로 처단한 것은 정당하다[대판 1983.12.13. 83도1458].
5. **(배임죄)** 점포의 임차인이 임대인이 그 점포를 타에 매도한 사실을 알고 있으면서 점포의 임대차계약 당시 "타인에게 점포를 매도할 경우 우선적으로 임차인에게 매도한다"는 특약을 구실로 임차인이 매매대금을 일방적으로 결정하여 공탁하고 임대인과 공모하여 임차인 명의로 소유권이전등기를 경료하였다면 임대인의 배임행위에 적극가담한 것으로서 배임죄의 공동정범에 해당한다[대판 1983.7.12. 82도180].
6. **(기타)** 신분관계가 없는 사람이 신분관계로 인하여 성립될 범죄에 가공한 경우에는 신분관계가 있는 사람과 공범이 성립한다. 이 경우 신분관계가 없는 사람에게 공동가공의 의사와 이에 기초한 기능적 행위지배를 통한 범죄의 실행이라는 주관적 · 객관적 요건이 충족되면 공동정범으로 처벌한다[대판(전) 2019.8.29. 2018도13792]. [♣ 20 변시]

---

2) 간접정범이 공범의 예에 따라 처벌되므로 간접정범에 대하여도 제33조 본문이 적용될 수 있다는 견해도 있다(소수설). 이에 대하여 제33조 본문은 진정신분범의 경우 비신분자와 신분자가 공동한 경우 비신분자에게도 공동정범을 인정할 수 있는 특별규정의 의미를 가지므로 실질상 단독정범에 해당하는 간접정범의 경우 비신분자가 신분자를 이용한 경우라도 비신분자에게는 정범적격이 인정되지 않으므로 비신분자에게는 간접정범이 성립할 수 없다는 비판이 있다[이재상, 498면 이하].

7. **(기타)** 형법 제33조 본문은 "신분관계로 인하여 성립될 범죄에 가공한 행위는 신분관계가 없는 자에게도 전3조의 규정을 적용한다."고 규정하고 있으므로, 비신분자라 하더라도 신분범의 공범으로 처벌될 수 있다. 따라서 지방공무원의 신분을 가지지 아니하는 사람도 구 지방공무원법을 위반하여 처벌되는 지방공무원의 범행에 가공한다면 형법 제33조 본문에 의해서 공범으로 처벌받을 수 있다[대판 2012.6.14. 2010도14409].

8. **(기타)** 피해아동 甲의 친모인 피고인 乙이 자신과 연인관계인 피고인 丙과 공모하여 甲을 지속적으로 학대함으로써 사망에 이르게 하였다는 공소사실에 대하여 구 아동학대범죄의 처벌 등에 관한 특례법 제4조, 제2조 제4호 (가)목, 형법 제257조 제1항, 제30조를 적용법조로 공소가 제기된 사안에서, 구 아동학대범죄의 처벌 등에 관한 특례법 제4조, 제2조 제4호 (가)목 내지 (다)목은 보호자가 같은 법 제2조 제4호 (가)목 내지 (다)목에서 정한 아동학대범죄를 범하여 그 아동을 사망에 이르게 한 경우를 처벌하는 규정으로 형법 제33조 본문의 '신분관계로 인하여 성립될 범죄'에 해당하므로, 피고인 丙에 대해 형법 제33조 본문에 따라 구 아동학대범죄의 처벌 등에 관한 특례법 위반(아동학대치사)죄의 공동정범이 성립하고 같은 법 제4조에서 정한 형에 따라 과형이 이루어져야 한다는 이유로, 이와 달리 피고인 丙 대하여 형법 제33조 단서를 적용하여 형법 제259조 제1항의 상해치사죄에서 정한 형으로 처단한 원심판단에 법리오해의 위법이 있다[대판 2021.9.16. 2021도5000].

判例 제33조의 적용이 배제되는 경우

1. **(중요)** 형법 제323조의 권리행사방해죄는 타인의 점유 또는 권리의 목적이 된 자기의 물건을 취거, 은닉 또는 손괴하여 타인의 권리행사를 방해함으로써 성립하므로 그 취거, 은닉 또는 손괴한 물건이 자기의 물건이 아니라면 권리행사방해죄가 성립할 수 없다.
   물건의 소유자가 아닌 사람은 형법 제33조 본문에 따라 소유자의 권리행사방해 범행에 가담한 경우에 한하여 그의 공범이 될 수 있을 뿐이다. 그러나 권리행사방해죄의 공범으로 기소된 물건의 소유자에게 고의가 없는 등으로 범죄가 성립하지 않는다면 공동정범이 성립할 여지가 없다[대판 2017.5.30. 2017도4578]. [♣ 20, 21 변시]

2. 공직선거법 제257조 제1항 제1호 소정의 각 기부행위제한위반의 죄는 법 제113조(후보자 등의 기부행위 제한), 제114조(정당 및 후보자의 가족 등의 기부행위 제한), 제115조(제3자의 기부행위 제한)에 각기 한정적으로 열거되어 규정하고 있는 신분관계가 있어야만 성립하는 범죄이고, 죄형법정주의의 원칙상 유추해석은 할 수 없으므로 위 각 해당 신분관계가 없는 자의 기부행위는 위 각 해당 법조항위반의 범죄로는 되지 아니하며, 또한 위 각 법조항을 구분하여 기부행위의 주체 및 그 주체에 따라 기부행위제한의 요건을 각기 달리 규정한 취지는 각 기부행위의 주체자에 대하여 그 신분에 따라 각 해당법조로 처벌하려는 것이고, 각 기부행위의 주체로 인정되지 아니하는 자가 기부행위의 주체자 등과 공모하여 기부행위를 하였다고 하더라도 그 신분에 따라 각 해당법조로 처벌하여야 하지 기부행위의 주체자의 해당법조의 공동정범으로 처벌할 수도 없다[대판 2008.3.13. 2007도9507; 동지 대판 2006.1.26. 2005도8250], [동지 대판 1997.12.26. 97도2249].

(2) 신분자가 비신분자에게 가공한 경우

① 형법 제33조는 비신분자가 신분자에게 관여하는 경우에만 적용될 수 있으며 신분자가 비신분자에게 관여하는 경우에는 적용할 수 없다(통설). 따라서 이 문제는 이론에 의하여 해결하여야 한다.

② 진정신분범에서 신분자가 비신분자를 교사·방조하여 범죄를 실행케 한 경우 '신분 없는 고의 있는 도구'를 이용한 간접정범이 성립한다(통설)(예 공무원이 정을 모르는 비공무원을 교사(이용)하여 뇌물을 수수한 경우 : 수뢰죄의 간접정범이 성립).

4. 형법 제33조 단서의 해석

신분 때문에 형의 경중이 달라지는 경우에 신분이 없는 사람은 무거운 형으로 벌하지 아니한다(제33조).

判例 형의 경중이 있는 경우에 해당되지 않아 제33조 단서가 적용되지 않는 경우

군용물에 관한 횡령죄에 있어서는 업무상횡령이던 단순횡령이던 간에 군형법 제75조에 의하여 그 법정형이 동일하게 되어 양죄 사이에 형의 경중이 없게 되었으므로 법률적용에 있어서 형법 제33조 단서의 적용을 받지 않는다[대판 1965.8.24. 65도493].

(1) 비신분자가 신분자에게 가공한 경우

① 가중적 신분범에 가공한 경우 : 통설에 의하면 비신분자에게는 보통범죄의 공동정범·교사범·종범이 성립하고 보통범죄의 형으로 처벌받는다(예 甲과 乙이 공동하여 乙의 父인 丙을 살해한 경우 : 甲은 보통살인죄의 공동정범이 성립하고 보통살인죄로 처벌된다). 그러나 판례나 소수설에 의하면 비신분자에게도 제33조 본문에 의하여 부진정신분범이 성립하며, 다만 처벌은 제33조 단서에 의하여 부진정신분범이 아닌 보통(일반)범죄로 처벌된다(예 甲과 乙이 공동하여 乙의 父인 丙을 살해한 경우 : 甲에게도 존속살해죄의 공동정범이 성립하고 다만 보통살인죄로 처벌된다). [♠ 13, 15 사시][3)]

判例 가중적 신분범에 가공한 경우

실자와 더불어 남편을 살해한 처는 존속살해죄의 공동정범이다[대판 1961.8.2. 4294형상284]. [♠ 15 사시] [♣ 12 변시]

② 감경적 신분범에 가공한 경우 : 이 경우의 법적 효과에 대해서는 i) 제33조 단서가 명문으로 "무거운 형으로 벌하지 아니한다"고 규정하고 있는 이상 비신분자는 언제나 무거운 형으로 처벌할 수 없고 따라서 가벼운 범죄로 처벌해야 한다는 견해와,

---

3) 乙이 乙의 父를 살해한 경우 이에 방조로 가담한 甲은 판례나 소수설에 의하면 존속살해죄의 종범이 성립하나 보통살인죄의 종범으로 처벌된다. 따라서 甲에 대한 처단형의 범위를 정함에 있어서는 보통살인죄의 법정형에 대하여 종범감경을 하여야 한다.

ii) 형의 감경은 언제나 신분 있는 자에 한하며 공범에게는 미칠 수 없으므로 제33조 단서는 책임의 개별화를 규정한 것으로 보아 비신분자는 항상 보통(일반)범죄로 처벌해야 한다는 견해(다수설)가 나뉘어져 있다. 예컨대 甲이 영아의 직계존속인 乙의 영아살해에 가담한 경우 i)의 견해에 의하면 甲은 영아살해죄의 공범으로 처벌되며, ii)의 견해에 의하면 甲은 보통살인죄의 공범으로 처벌된다.[4)]

(2) 신분자가 비신분자에게 가공한 경우

제33조 단서는 '신분 때문에 형의 경중이 달라지는 경우'라고 할 뿐 신분이 정범과 공범 누구에게 있는가는 불문하므로 이 경우에도 단서가 적용되어 성립과 처벌이 모두 개별화된다(판례, 통설). 따라서 甲이 자기의 장인(丈人) A를 친구 乙에게 감금하도록 교사하여 실행하도록 한 경우 乙은 단순감금죄의 죄책을 지고 甲은 존속감금죄의 죄책을 진다. [♠ 12 사시]

판 례 연 습

【모해목적이 있는 자가 모해목적이 없는 증인에게 위증을 교사한 경우】

甲이 A를 모해할 목적으로 乙에게 위증을 교사하였다. 이에 乙은 모해의 목적이 없었으나 위증을 하였다. 판례에 의할 때 甲의 죄책은?

판결요지

[1] 형법 제33조 소정의 이른바 신분관계라 함은 남녀의 성별, 내·외국인의 구별, 친족관계, 공무원인 자격과 같은 관계뿐만 아니라 널리 일정한 범죄행위에 관련된 범인의 인적관계인 특수한 지위 또는 상태를 지칭하는 것이다.

[2] 형법 제152조 제1항과 제2항은 위증을 한 범인이 형사사건의 피고인 등을 '모해할 목적'을 가지고 있었는가 아니면 그러한 목적이 없었는가 하는 범인의 특수한 상태의 차이에 따라 범인에게 과할 형의 경중을 구별하고 있으므로, 이는 바로 형법 제33조 단서 소정의 "신분관계로 인하여 형의 경중이 있는 경우"에 해당한다고 봄이 상당하다. [♣ 19 변시]

[3] 피고인이 A를 모해할 목적으로 乙에게 위증을 교사한 이상, 가사 정범인 乙에게 모해의 목적이 없었다고 하더라도, 형법 제33조 단서의 규정에 의하여 피고인을 모해위증교사죄로 처단할 수 있다. [♠ 13, 14 사시] [♣ 23 변시]

---

4) 비신분자가 신분자의 가중적 신분범에 가담한 경우에는 i)의 견해나 ii)의 견해 모두 결론이 동일하므로 이러한 논의의 실익이 없다. 예를 들면 甲이 乙의 존속살해에 가담한 경우 i)의 견해에 의하면 甲은 경한 범죄인 보통살인죄로 처벌되어야 하고, ii)의 견해에 따르더라도 甲은 책임개별화에 의하여 보통살인죄로 처벌받기 때문이다.

[4] 형법 제31조 제1항은 협의의 공범의 일종인 교사범이 그 성립과 처벌에 있어서 정범에 종속한다는 일반적인 원칙을 선언한 것에 불과하고, 신분관계로 인하여 형의 경중이 있는 경우에 신분이 있는 자가 신분이 없는 자를 교사하여 죄를 범하게 한 때에는 형법 제33조 단서가 형법 제31조 제1항에 우선하여 적용됨으로써 신분이 있는 교사범이 신분이 없는 정범보다 중하게 처벌된다 [대판 1994.12.23. 93도1002]. [♠ 99, 02, 11 사시] [♣ 14, 16, 17 변시] **정답 (모해위증교사죄)**

5. 비신분자가 이중적 신분자의 범죄에 가담한 경우

(1) 쟁 점

비보관자(비업무자)인 甲이 업무상 보관자인 乙의 횡령에 가담한 경우와 같이 피가담범죄가 진정신분범의 성격과 부진정신분범의 성격을 동시에 가지고 있을 경우 비신분자인 가담자를 어떻게 처리할 것인지가 문제된다.

(2) 통설에 의한 해결

통설은 진정신분범의 신분은 본문에 의해 연대적으로 작용한다고 보므로 비보관자인 甲은 제33조 본문에 의하여 '보관자'의 신분을 가지게 된다. 다만 부진정신분범의 신분은 단서에 의해 개별화된다고 보므로 비업무자인 甲은 '업무자'의 신분은 가질 수 없다. 따라서 甲은 단순횡령죄의 공범이 성립하고 단순횡령죄의 공범의 형으로 처벌된다.

(3) 판례(소수설)에 의한 결론

판례(소수설)에 의하면 진정신분범의 신분과 부진정신분범의 신분을 불문하고 본문에 의해 연대적으로 작용한다고 보므로 비보관자인 동시에 비업무자인 甲은 제33조 본문에 의하여 '보관자' 및 '업무자'의 신분을 모두 가지게 된다. 다만 판례(소수설)는 부진정신분범의 과형은 단서에 의하여 개별화된다고 보므로 비업무자인 甲은 그 처벌에 있어서는 '업무자'로서 처벌되지 않는다. 따라서 甲은 업무상횡령죄의 공범이 성립하지만 단순횡령죄의 공범의 형으로 처벌된다.[5]

判例 비신분자가 이중적 신분자의 범죄에 가담한 경우

1. **(업무상배임죄에 가담한 경우)** 업무상의 임무라는 신분관계가 없는 자가 그러한 신분관계 있는 자와 공모하여 업무상배임죄를 저질렀다면, 그러한 신분관계가 없는 공범에 대하여는 형법 제33조 단서에 따라 단순배임죄에서 정한 형으로 처단하여야 한다. 이 경우에는 신분관계 없는 공범에게도 같은 조 본문에 따라 일단 신분범인 업무상배임죄가 성립하고 다만 과형에서만 같은 조 단서에 따라 무거운 형이 아닌 단순배임죄의 법정형이 적용된다[대판 2018.8.30. 2018도10047], [대판 1986.10.28. 86도1517].
[♠ 00, 06, 08, 11, 13 사시] [♣ 12, 16, 21, 23 변시]

5) 이와 같이 판례(소수설)에 의하면 성립하는 범죄와 처벌되는 범죄가 분리된다는 점에서 비판을 받기도 한다.

동지판례 은행원이 아닌 자가 은행원들과 공모하여 업무상배임죄를 저질렀다 하여도, 이는 업무상 타인의 사무를 처리하는 신분관계로 인하여 형의 경중이 있는 경우이므로, 그러한 신분관계가 없는 자에 대하여서는 형법 제33조 단서에 의하여 형법 제355조 제2항(단순배임죄)에 따라 처단하여야 한다[대판 1986.10.28. 86도1517].

2. **(업무상횡령죄에 가담한 경우)** 면의 예산과는 별도로 면장이 면민들로부터 모금하여 그 개인명의로 예금하여 보관하고 있던 체육대회성금의 업무상 점유보관자는 면장뿐이므로 면의 총무계장이 면장과 공모하여 업무상횡령죄를 저질렀다 하여도 업무상 보관책임 있는 신분관계가 없는 총무계장에 대하여는 형법 제33조 단서에 의하여 형법 제355조 제1항(단순횡령죄)에 따라 처단하여야 한다[대판 1989.10.10. 87도1901].
3. **(상호신용금고법상의 특별배임죄에 가담한 경우)** 상호신용금고법 제39조 제1항 제2호 위반죄는 상호신용금고의 사용인이 그 업무에 위배하여 배임행위를 한 때에 성립하는 것으로서, 이는 위와 같은 지위에 있는 자의 배임행위에 대한 형법상의 배임 내지 업무상배임죄의 가중규정이고, 따라서 형법 제355조 제2항의 배임죄와의 관계에서는 신분관계로 인하여 형의 경중이 있는 경우라고 할 것이다. 그리고 위와 같은 신분관계가 없는 자가 그러한 신분관계에 있는 자와 공모하여 위 상호신용금고법위반죄를 저질렀다면, 신분관계가 없는 자에게도 일단 업무상배임으로 인한 상호신용금고법 제39조 제1항 제2호 위반죄가 성립한 다음 형법 제33조 단서에 의하여 중한 형이 아닌 형법 제355조 제2항(단순배임죄)에 정한 형으로 처벌되는 것이다[대판 1997.12.26. 97도2609].
   [♠ 11 사시]
4. 피고인이 국가정보원장 등과 공모하여 국가정보원장 특별사업비에 대한 국고손실 범행을 저질러 그에게 특정범죄 가중처벌 등에 관한 법률 위반(국고등손실)죄가 성립한다고 하더라도, 피고인은 회계관계직원 또는 국가정보원장 특별사업비의 업무상 보관자가 아니므로 형법 제355조 제1항의 횡령죄에 정한 형으로 처벌된다고 본 사안임[대판 2020.10.29. 2020도3972].

제33조의 적용요건과 효과[6]

	가담의 방향	통 설	판 례
구성적 신분 (진정신분범)	비신분자 → 신분자 (※ 공동정범 포함)	성립과 처벌 : 제33조 본문 적용(비 = 신)	
	신분자 → 비신분자	제33조 적용 안됨, 이론에 의하여 신분자는 간접정범 성립	
가감적 신분 (부진정신분범)	비신분자 → 신분자	성립과 처벌 : 제33조 단서 적용(비 = 비)	① 성립 : 제33조 본문 적용(비 = 신) ② 처벌 : 제33조 단서 적용(비 = 비)
	신분자 → 비신분자	성립과 처벌 : 제33조 단서 적용(비 = 비)	

6) 제33조 단서의 "중한 형으로 벌하지 아니한다."의 의미를 책임개별화의 의미로 보는 입장에서 만들어진 도표이다. 본 도표에서 '비'는 '비신분자'를 '신'은 '신분자'를 의미한다.

Ⅳ. 소극적 신분과 공범

1. 형법 제33조의 적용여부

형법 제33조는 소극적 신분과 공범의 관계에 대해서는 규정하고 있지 아니하므로 공범의 종속성이라는 일반이론에 따라 해결하여야 한다.

2. 유형과 법적 효과

(1) 불구성적 신분과 공범

① 비신분자가 신분자에게 가공한 경우 : 신분자의 적법행위에 관여한 것이므로 비신분자에게도 범죄가 성립하지 않는다.

② 신분자가 비신분자에게 가공한 경우 : 정범인 비신분자의 불법효과가 신분자에게도 연대적으로 미치므로 신분자에게도 그 범죄의 공범이 성립한다(판례).

判例 소극적 신분과 공범의 성립여부

1. 의료인일지라도 의료인 아닌 자의 의료행위에 공모하여 가공하면 의료법 제25조 제1항이 규정하는 무면허의료행위의 공동정범으로서의 책임을 진다[대판 1986.2.11. 85도448]. [♠ 11, 12 사시] [♣ 16 변시]

동지판례 ⅰ) 의사가 (무면허)의료행위가 실시되는 데 간호사와 함께 공모하여 그 공동의사에 의한 기능적 행위지배가 있었다면, 의사도 무면허의료행위의 공동정범으로서의 죄책을 진다[대판 2012.5.10. 2010도5964]. ⅱ) 의원의 원장이자 유일한 의사인 피고인 甲이, 의사면허 없는 乙이 자신이 수술한 환자들에 대해 재수술을 맡아 하고 있다는 사실을 알면서도 월 1,000만원이라는 급여를 안정적으로 지급받으며 원장으로 계속 근무함으로써 乙의 무면허의료행위가 가능하도록 한 이상, 의원을 실질적으로 운영한 丙 등과 적어도 묵시적인 의사연결 아래 그 무면허의료행위에 가담하였다고 보아 甲에게 무면허의료행위에 대한 공동정범으로서의 죄책이 있다고 판단한 조치는 옳다[대판 2007.5.31. 2007도1977]. [♣ 16 변시] ⅲ) 피고인 甲 등이 자신들이 운영하는 병원의 모든 시술에서 특별한 제한 없이 프로포폴을 투여하여 준다는 소문을 듣고 찾아온 사람들에게 환자에 대한 진료 및 간호사와 간호조무사에 대한 구체적인 지시·감독 없이 간호사와 간호조무사로 하여금 프로포폴을 제한 없이 투약하게 한 경우 甲 등은 무면허의료행위의 공동정범으로서의 죄책을 진다[대판 2014.9.4. 2012도16119]. [♣ 16 변시] ⅳ) 의료인이 의료인의 자격이 없는 일반인의 의료기관 개설행위에 공모하여 가공하면 구 의료법 제87조 제1항 제2호, 제33조 제2항 위반죄의 공동정범에 해당한다[대판 2017.4.7. 2017도378].

2. 치과의사가 환자의 대량유치를 위해 치과기공사들에게 내원환자들에게 진료행위를 하도록 지시하여 동인들이 각 단독으로 전항과 같은 진료행위를 하였다면 무면허의료행위의 교사범에 해당한다[대판 1986.7.8. 86도749]. [♣ 21 변시]

(2) 책임조각적 신분 및 처벌조각적 신분과 공범

비신분자가 신분자에게 가공한 경우와 신분자가 비신분자에게 가공한 경우를 불문하고 신분자는 책임(처벌)이 조각되어 처벌받지 않으나, 비신분자는 범죄의 성립과 처벌에 영향이 없다.

소극적 신분과 공범의 성립여부

	가담의 방향	사 례	법적 효과
불구성적 신분	비신분자 → 신분자	일반인이 의사의 의료행위에 가담한 경우	정범인 신분자의 불법이 부정되므로 비신분자도 공범 불성립
	신분자 → 비신분자 (※공동정범 포함)	의사가 일반인에게 무면허의료행위를 교사한 경우	정범인 비신분자의 불법이 인정되므로 신분자도 공범(공동정범) 성립
책임 · 처벌 조각신분 (독립적 신분)	비신분자 → 신분자 신분자 → 비신분자	① 형사미성년자와 성년자가 공모 후 절도를 한 경우 ② 甲이 乙에게 乙의 父의 금품을 절취하도록 교사한 경우	가담의 방향에 관계없이 신분자는 책임 · 처벌이 조각되나, 비신분자는 책임 · 처벌이 인정된다.

제7장 죄 수 론

출 제 point  판례를 중심으로 출제되고 있는 부분이며, 매년 1문제 이상이 출제된다고 보아도 무방할 것이다. ① 법조경합에서 불가벌적 사후행위의 인정여부 ② 포괄일죄를 인정하였는지 아니면 수죄를 인정하였는지 ③ 수죄에서는 상상적 경합과 실체적 경합 중 어느 것을 인정하였는지가 중요하며, 사후적 경합범의 요건에 관한 판례도 자주 출제된다.

제1절 죄수이론

Ⅰ. 죄수론의 의의

죄수론이란 범죄의 수를 결정하고 각 경우에 어떻게 처벌할 것인가의 문제를 다루는 이론을 말한다.

Ⅱ. 죄수결정의 기준

	내용	비 판
의사 표준설	① 범죄의사의 수를 기준으로 죄수를 결정하는 견해이다(주관주의 범죄이론). ② 상상적 경합 및 연속범도 의사의 단일성이 인정되는 한도에서는 일죄로 취급	① 범죄의 수를 단지 범죄의사에 의하여 결정하는 것은 범죄의 정형성을 무시하는 것이다. ② 범죄의사가 1개라고 하여 다수의 결과가 발생한 때에도 일죄라고 보는 것은 부당하다.
행위 표준설	① 자연적 의미의 행위의 수에 따라 죄수를 결정하는 견해이다(객관주의 범죄이론). ② 연속범은 수죄, 상상적 경합은 일죄 [♠ 15 사시]	① 결합범을 설명하기 곤란하다. ② 구성요건을 전제하지 않는 자연적 의미의 행위는 죄수결정에 아무런 의미를 가질 수 없다.
구성요건 표준설	① 구성요건에 해당하는 횟수를 기준으로 죄수를 결정하는 견해이다(객관주의 범죄이론). ② 상상적 경합은 본질상 수죄이지만, 과형상 일죄로 취급	① 반복된 행위가 동일한 구성요건을 수회 충족할 경우 죄수를 결정하기가 곤란하다. ② 구체적 적용에 있어서 구성요건에 해당하는 횟수를 판단하기 어렵다.
법익 표준설	① 침해되는 보호법익(또는 결과)의 수를 기준으로 죄수를 결정하는 견해이다(객관주의 범죄이론). ② 일신전속적 법익(예 생명, 신체, 자유, 명예)은 피해주체마다 1개의 죄가 성립, 비전속적 법익(예 재산권, 공공의 안전)은 포괄적으로 1개의 죄가 성립(예 절도죄의 경우 관리를 기준으로 1개의 죄 성립) ③ 상상적 경합은 실질상은 수죄이지만, 과형상 일죄로 취급	① 포괄일죄와 같이 수개의 법익침해가 1개의 범죄를 구성하는 경우를 설명 못한다. ② 유가증권 위조와 행사처럼 여러 태양의 행위로 동일한 법익을 침해하는 경우 수죄의 성립을 인정할 수 없다.

判例 의사표준설의 입장인 판례[1]

피고인이 뇌물수수의 단일한 범의의 계속하에 일정기간 동종행위를 같은 장소에서 반복한 것이 분명하다면 피고인의 수회에 걸친 뇌물수수행위는 포괄일죄를 구성한다고 해석함이 상당하다[대판 1982.10.26. 81도1409].

判例 행위표준설의 입장인 판례

1. 미성년자의제강간죄 또는 미성년자의제강제추행죄는 행위시마다 한 개의 범죄가 성립한다[대판 1982.12.14. 82도2442].
2. 상관으로부터 집총을 하고 군사교육을 받으라는 명령을 수회 받고도 그때마다 이를 거부한 경우에는 그 명령 횟수만큼의 항명죄가 즉시 성립하는 것이지, 집총거부의 의사가 단일하고 계속된 것이며 피해법익이 동일하다고 하여 수회의 명령거부행위에 대하여 하나의 항명죄만 성립한다고 할 수는 없다[대판 1992.9.14. 92도1534].

判例 법익표준설의 입장인 판례

1. **(비전속적 법익, 같은 관리하의 별개 소유자 물건 절취 = 1죄)** 단일범의로의 절취한 시간과 장소가 접착되어 있고 같은 관리인의 관리하에 있는 방 안에서 소유자를 달리하는 두 사람의 물건을 절취한 경우에는 1개의 절도죄가 성립한다[대판 1970.7.21. 70도1133].

   비교판례 (다른 관리하의 별개 소유자 물건 절취 = 수죄) 절도범이 甲의 집에 침입하여 그 집의 방안에서 그 소유의 재물을 절취하고 그 무렵 그 집에 세들어 사는 乙의 방에 침입하여 재물을 절취하려다 미수에 그쳤다면 위 두 범죄는 그 범행장소와 물품의 관리자를 달리하고 있어서 별개의 범죄를 구성한다[대판 1989.8.8. 89도664].
   [♠ 15 사시]

2. **(비전속적 법익, 공동관리하의 가족 물건에 대한 강도 = 1죄)** 강도가 시간적으로 접착된 상황에서 가족을 이루는 수인에게 폭행·협박을 가하여 집안에 있는 재물을 탈취한 경우 그 재물은 가족의 공동점유 아래 있는 것으로서, 이를 탈취하는 행위는 그 소유자가 누구인지에 불구하고 단일한 강도죄의 죄책을 진다[대판 1996.7.30. 96도1285].

   비교판례 (개별적 관리하의 각 개인에 대한 강도 = 수죄) 강도가 동일한 장소에서 동일한 방법으로 시간적으로 접착된 상황에서 수인의 재물을 강취하였다고 하더라도 수인의 피해자들에게 폭행 또는 협박을 가하여 그들로부터 그들이 각기 점유관리하고 있는 재물을 각각 강취하였다면 피해자들의 수에 따라 수개의 강도죄를 구성하는 것이다[대판 1991.6.25. 91도643].

---

1) 판례가 어느 학설의 입장인지가 중요한 것이 아니라 죄수 자체의 판단이 중요하다.

判例 구성요건표준설의 입장인 판례

1. 예금통장과 인장을 절취한 행위와 저금환급금수령증을 위조한 행위는 각각 별개의 범죄구성요건을 충족하는 각 독립된 행위라고 할 것이므로 경합범이 성립한다[대판 1968.12.24. 68도1501].
2. 조세포탈범의 죄수는 위반사실의 구성요건 충족 횟수를 기준으로 1죄가 성립하는 것이 원칙이다[대판 2001.3.13. 2000도4880].

Ⅲ. 수죄의 처벌

1. 병과주의

① **의 의** : 각 죄에 대하여 독자적인 형을 확정한 후 이를 합산하여 형을 부과하는 방법이다(영미법의 태도).

② **형법규정** : 경합범 중 각 죄에 정한 형이 무기징역이나 무기금고 이외의 이종의 형인 때에는 병과한다(제38조 제1항 제3호).

③ **비 판** : ⅰ) 유기형의 병과는 실제상 무기형으로 형벌을 변화시키고, ⅱ) 가산되는 형은 같은 기간의 분리된 형벌보다 더 큰 고통을 준다.

2. 흡수주의

① **의 의** : 수죄 가운데 가장 중한 죄에 정한 형으로 처벌하고 다른 경한 죄에 정한 형은 이에 흡수시키는 방법이다.

② **결합주의**(전체적 대조주의) : 경한 죄에 정한 형의 하한이 중한 죄에 정한 형의 하한보다 높은 경우에는 상한은 중한 죄에 정한 형으로, 하한은 경한 죄에 정한 형으로 처벌한다.

③ **형법규정** : ⅰ) 상상적 경합범(제40조)과 ⅱ) 경합범 중 가장 중한 죄에 정한 형이 사형 또는 무기징역이나 무기금고인 때(제38조 제1항 제1호)에는 가장 중한 죄에 정한 형으로 처벌한다.

3. 가중주의

① **의 의** : 수죄 가운데 가장 중한 죄에 정한 형을 가중한 후 하나의 전체형을 만들어 선고하는 방법이다. 다만 전체형은 개개의 형의 합계를 초과할 수 없다.

② **형법규정** : 경합범 중 각 죄에 정한 형이 사형 또는 무기징역이나 무기금고 이외의 동종의 형인 때에는 가장 중한 죄에 정한 장기 또는 그 다액에 그 2분의 1까지 가중하되 각 죄에 정한 형의 장기 또는 다액을 합산한 형기 또는 액수를 초과할 수 없다(제38조 제1항 제2호).

제2절 일 죄

Ⅰ. 서 론

1. 일죄의 의의

범죄행위가 1개의 구성요건을 1회 충족시킨 경우를 말한다(단순일죄).

2. 일죄의 종류

본래의 의미의 일죄(단순일죄)와 법조경합 및 포괄일죄가 있다.

判例 일죄가 성립하는 경우

피고인이 수개의 선거비용 항목을 허위기재한 하나의 선거비용 보전청구서를 제출하여 대한민국으로부터 선거비용을 과다 보전받아 이를 편취하였다면 이는 일죄로 평가되어야 하고, 각 선거비용 항목에 따라 별개의 사기죄가 성립하는 것은 아니다[대판 2017.5.30. 2016도21713].

Ⅱ. 법조경합

1. 법조경합의 본질

① 법조경합이란 한 개 또는 수 개의 행위가 외관상 수 개의 형벌법규(구성요건)에 해당하는 것처럼 보이나 형벌법규의 논리적 관계로 인하여 하나의 형벌법규만이 적용되고 다른 법규의 적용이 배척되어 일죄만 성립하는 경우를 말한다.

② 적용되는 구성요건의 불법내용이 배척되는 구성요건을 완전히 포섭하므로 수 개의 구성요건을 적용하여 이중평가 되는 것을 방지하기 위함이다(이중평가금지의 원칙).

2. 법조경합의 태양

	내 용	예
특별관계	① 어느 구성요건이 다른 구성요건의 모든 요소를 포함하는 이외에 다른 요소를 구비해야 성립하는 경우를 말한다. ② 특별법의 구성요건을 충족하는 행위는 일반법의 구성요건을 충족하지만, 반대로 일반법의 구성요건을 충족하는 행위는 특별법의 구성요건을 충족하지 못한다[대판 2005.2.17. 2004도6940]. [♠12 사시] ③ 일반법은 배제되고 특별법만 적용된다.	① 가중적 · 감경적 구성요건과 기본적 구성요건과의 관계 : 존속살해죄 · 영아살해죄 〉 보통살인죄 ② 결합범과 그 내용인 범죄 : 강도죄 〉 폭행죄 · 협박죄 · 절도죄 ③ 결과적 가중범과 그 내용인 범죄 : 상해치사죄 〉 상해죄 · 과실치사죄 ④ 특별형벌법규와 일반형벌법규 : 산림절도죄 〉 형법상 절도죄

보충관계	① 어떤 구성요건이 다른 구성요건의 적용이 없을 때에만 보충적으로 적용되는 경우를 말한다. ② 수개의 구성요건이 동일한 법익에 대한 서로 다른 침해단계에 적용되는 경우에 주로 인정된다. ③ 보충법은 배제되고 기본법만 적용된다.	① **명시적 보충관계** : 형법이 인정하는 보충관계 ㉠ 외환유치죄 · 모병이적죄 · 간첩죄 〉 일반이적죄 ㉡ 현주건조물(공용건조물)방화죄 〉 일반건조물(일반물건)방화죄 ② **묵시적 보충관계** : 해석상 인정되는 보충관계 ㉠ 불가벌적 사전행위 : 예비 〈 미수 〈 기수, 상해죄 〈 살인죄 ㉡ 가벼운 침해방법과 무거운 침해방법 : 종범 〈 교사범 〈 정범, 과실범 〈 고의범, 부작위범 〈 작위범
흡수관계	① 어느 구성요건에 해당하는 행위의 불법과 책임내용이 다른 행위의 불법과 책임을 포함하면서 특별관계나 보충관계에 해당하지 않는 경우를 말한다. ② 피흡수법은 배제되고 흡수법만 적용된다.	① 전형적 또는 불가벌적 수반행위 ㉠ 살인에 수반된 재물손괴 ㉡ 감금의 수단인 폭행 · 협박 ㉢ 사문서위조에 수반된 인장위조 ② 불가벌적 사후행위(상세한 것은 후술)
택일관계	① 성질상 양립할 수 없는 두 개의 구성요건중에서 어느 하나만 적용되는 경우를 말한다. ② 택일관계는 외견상으로도 하나의 범죄만 성립한다는 점에서, 외견상 수개의 구성요건에 해당하는 법조경합에 포함될 수 없다(다수설).	예 절도죄와 횡령죄, 강도죄와 공갈죄

3. 법조경합의 처리

① 법조경합의 경우에 행위자는 적용된 법률에 의하여만 처벌되며 배제된 법률은 적용되지 않는다.

② 배제되는 범죄에 대하여 제3자가 공동정범 · 공범으로 가담하는 것은 가능하다.

判例 불가벌적 수반행위의 의의

'불가벌적 수반행위'란 법조경합의 한 형태인 흡수관계에 속하는 것으로서, 행위자가 특정한 죄를 범하면 비록 논리 필연적인 것은 아니지만 일반적 · 전형적으로 다른 구성요건을 충족하고 이때 그 구성요건의 불법이나 책임 내용이 주된 범죄에 비하여 경미하기 때문에 처벌이 별도로 고려되지 않는 경우를 말한다[대판 2012.10.11. 2012도1895].

判例 흡수관계인 경우(불가벌적 수반행위로 인정된 경우)

1. **(인장위조죄는 사문서위조죄에 흡수된다)** 행사의 목적으로 타인의 인장을 위조하고 그 위조한 인장을 사용하여 권리의무 또는 사실증명에 관한 타인의 사문서를 위조한 경우에는 인장위조죄는 사문서위조죄에 흡수되고 따로 인장위조죄가 성립하는 것은 아니다[대판 1978.9.26. 78도1787]. [♠ 08 사시] [♣ 12 변시]
2. **(신용카드부정사용죄가 성립하면 사문서위조 및 동행사죄는 이에 흡수된다)** 신용카드업법상의 신용카드부정사용죄의 구성요건적 행위는 신용카드의 본래용도인 대금결제를 위하여 가맹점에 신용카드를 제시하고 매출표에 서명하여 이를 교부하는 일련의 행위를 가리키고 단순히 신용카드를 제시하는 행위만을 가리키는 것은 아니라고 할 것이므로, 위 매출표의 서명 및 교부가 별도로 사문서위조 및 동행사의 죄의 구성요건을 충족한다고 하여도 이 사문서위조 및 동행사의 죄는 위 신용카드부정사용죄에 흡수되어 신용카드부정사용죄의 1죄만이 성립되고 별도로 사문서위조 및 동행사의 죄는 성립하지 않는다[대판 1992.6.9. 92도77]. [♣ 15 변시]
3. 반란의 진행과정에서 그에 수반하여 일어난 지휘관계엄지역수소이탈 및 불법진퇴는 반란 자체를 실행하는 전형적인 행위이므로 반란죄에 흡수되어 별죄를 구성하지 아니한다[대판(전) 1997.4.17. 96도3376].
4. 향정신성의약품관리법 제42조 제1항 제1호가 규정하는 향정신성의약품수수의 죄가 성립되는 경우에는 그 수수행위의 결과로서 그에 당연히 수반되는 향정신성의약품의 소지행위는 수수죄의 불가벌적 수반행위로서 수수죄에 흡수되고 별도의 범죄를 구성하지 않는다[대판 1990.1.25. 89도1211].

   관련판례 아동·청소년이용음란물을 제작한 자가 그 음란물을 소지하게 되는 경우 청소년성보호법 위반(음란물소지)죄는 청소년성보호법 위반(음란물제작·배포등)죄에 흡수된다고 봄이 타당하다. 다만 아동·청소년이용음란물을 제작한 자가 제작에 수반된 소지행위를 벗어나 사회통념상 새로운 소지가 있었다고 평가할 수 있는 별도의 소지행위를 개시하였다면 이는 청소년성보호법 위반(음란물제작·배포등)죄와 별개의 청소년성보호법 위반(음란물소지)죄에 해당한다[대판 2021.7.8. 2021도2993].
5. 음주로 인한 특정범죄 가중처벌 등에 관한 법률 위반(위험운전치사상)죄는 … 형법 제268조에서 규정하고 있는 업무상과실치사상죄의 특례를 규정하여 가중처벌함으로써 피해자의 생명·신체의 안전이라는 개인적 법익을 보호하기 위한 것이다. 따라서 그 죄가 성립하는 때에는 차의 운전자가 형법 제268조의 죄(업무상과실치사상죄)를 범한 것을 내용으로 하는 교통사고처리특례법 위반죄는 그 죄에 흡수되어 별죄를 구성하지 아니한다[대판 2008.12.11. 2008도9182]. [♣ 18, 21 변시]

   비교판례 i) 음주 또는 약물의 영향으로 정상적인 운전이 곤란한 상태에서 자동차를 운전하여 사람을 상해에 이르게 함과 동시에 다른 사람의 재물을 손괴한 때에는 특정범죄가중처벌 등에 관한 법률위반(위험운전치사상)죄 외에 업무상과실재물손괴로 인한 도로교통법위반죄가 성립하고, 위 두죄는 1개의 운전행위로 인한 것으로서 상상적 경합관계에 있다[대판 2009.12.24. 2009도10845]. [♣ 13 변시]

   ii) 음주로 인한 특정범죄 가중처벌 등에 관한 법률 위반(위험운전치사상)죄[1]와 도로교통법 위반(음주운전)죄는 입법 취지와 보호법익 및 적용영역을 달리하는 별개의 범죄이므로,[2] 양 죄가 모두 성립하는 경우 두 죄는

---

1) 음주 또는 약물의 영향으로 정상적인 운전이 곤란한 상태에서 자동차 등을 운전하여 사람을 상해 또는 사망에 이르게 한 자에게 성립하는 범죄이다.

2) 음주운전죄는 원활한 교통을 확보함을 목적으로 하며, 추상적 위험범의 성질을 갖고, 혈중 알코올농도가 기준치

실체적 경합관계에 있다[대판 2008.11.13. 2008도7143]. [♠ 12, 13, 23 변시]

判例 흡수관계가 아닌 경우(불가벌적 수반행위로 인정되지 않은 경우)

1. 감금행위가 강간죄나 강도죄의 수단이 된 경우에도 감금죄는 강간죄나 강도죄에 흡수되지 아니하고 별죄를 구성한다[대판 1997.1.21. 96도2715]. [♠ 02, 08, 11, 13 사시] [♣ 17 변시]
2. 수인이 공모공동하여 향정신성의약품을 매수한 후 그 공범자 사이에 그 중 일부를 수수하는 경우에 있어서 그 매수의 범행 당시 공범들이 각자 그 구입자금을 갹출하여 그 금액에 상응하는 분량을 분배하기로 약정하고, 그 약정에 따라 이를 수수하는 경우와 같이 그 수수행위와 매매행위가 불가분의 관계에 있는 것이라거나 매매행위에 수반되는 필연적 결과로서 일시적으로 행하여진 것에 지나지 않는다고 평가되지 아니하는 한, 그 수수행위는 매매행위에 포괄 흡수되지 아니하고 향정신성의약품매매죄와는 별도로 향정신성의약품수수죄가 성립하고, 두 죄는 실체적 경합관계에 있다[대판 1998.10.13. 98도2584].
3. 업무상배임죄가 배임수재죄에 흡수되는 관계에 있다거나 결과적 가중범의 관계에 있다고는 할 수 없다[대판 1984.11.27. 84도1906].
4. 흡연할 목적으로 대마를 매입한 후 흡연할 기회를 포착하기 위하여 이틀 이상 하의주머니에 넣고 다님으로써 소지한 행위는 매매행위의 불가분의 필연적 결과라고 평가될 수 없다[대판 1990.7.27. 90도543].
   동지판례 전매를 목적으로 매수한 향정신성의약품(히로뽕)을 다른 사람에게 팔기 위하여 20일간 보관하며 소유한 행위는 매매행위와 불가분의 필연적 결과로 평가될 수 없고 오히려 사회통념상 매수행위와는 독립한 별개의 소유행위를 구성한다[대판 1997.2.28. 96도2839].
5. **(중요)** 업무방해죄와 폭행죄는 구성요건과 보호법익을 달리하고 있고, 업무방해죄의 성립에 일반적 · 전형적으로 사람에 대한 폭행행위를 수반하는 것은 아니며, 폭행행위가 업무방해죄에 비하여 별도로 고려되지 않을 만큼 경미한 것이라고 할 수도 없으므로, 설령 피해자에 대한 폭행행위가 동일한 피해자에 대한 업무방해죄의 수단이 되었다고 하더라도 그러한 폭행행위가 이른바 '불가벌적 수반행위'에 해당하여 업무방해죄에 대하여 흡수관계에 있다고 볼 수는 없다[대판 2012.10.11. 2012도1895]. [♠ 14 사시] [♣ 14, 20 변시]
6. 회계보고 허위기재로 인한 지방교육자치에 관한 법률 위반죄와 증빙서류 허위기재로 인한 지방교육자치에 관한 법률 위반죄는 각 행위 주체, 행위 객체 등 구체적인 구성요건에 있어 차이가 있고, 증빙서류 허위기재 행위가 회계보고 허위기재로 인한 지방교육자치에 관한 법률 위반죄에 비하여 별도로 고려되지 않을 만큼 경미한 것이라고 할 수도 없으므로, 증빙서류 허위기재 행위가 이른바 '불가벌적 수반행위'에 해당하여 회계보고 허위기재로 인한 지방교육자치에 관한 법률 위반죄에 대하여 흡수관계에 있다고 볼 수는 없다[대판 2017.5.30. 2016도21713].

이상일 경우에 성립하나, 위험운전치사상죄는 피해자의 생명 · 신체의 안전이라는 개인적 법익의 보호를 목적으로 하며, 결과범의 성질을 갖고, 혈중알코올농도가 기준치를 초과하였는지 여부와는 상관없이 운전자가 음주의 영향으로 실제 정상적인 운전이 곤란한 상태에 있어야만 한다.

判例 선거운동과 관련하여 금품제공을 약속한 후 이를 제공한 경우 죄수관계

공직선거법은 선거운동과 관련하여 금품 기타 이익의 제공 또는 그 제공의 의사를 표시하거나 그 제공을 약속하는 행위를 처벌 대상으로 하고 있는데, 선거운동과 관련하여 금품제공을 약속한 후 이를 제공한 경우 그 약속은 제공에 흡수되나, 금품제공을 약속한 후 실제로는 그 일부만을 제공한 경우에 있어서는 금품제공약속행위 전부가 금품제공행위에 흡수된다고 볼 수는 없고, 금품제공약속행위 전부와 금품제공행위를 포괄하여 공직선거법 제135조 제3항, 제230조 제1항 제4호 위반죄의 1죄가 성립한다고 보는 것이 타당하다[대판 2013.2.28. 2012도15689].

判例 형법의 구성요건과 행정적 처벌법규의 구성요건의 관계(법조경합×, 수죄○)

1개의 행위로서 형법의 구성요건과 행정적 처벌법규의 구성요건에 각 해당하는 경우에 이 양자간의 관계는 특별관계 또는 흡수관계로 볼 것이 아니라 상상적 경합으로 보아야 할 것이다[대판 1961.10.12. 60도9664].

判例 법조경합관계가 인정되지 않아 수죄가 성립되는 경우

1. **(특별관계 부정)** 자동차관리법 제78조, 제71조(자동차등록번호판 부정사용죄)는 형법 제238조 제1항 소정의 공기호부정사용죄의 특별법 관계에 있지 아니하다[대판 1997.6.27. 97도1085]. [♠ 04 사시]
2. **(특별관계 부정)** 구 정치자금에 관한 법률 제30조 제2항 제5호, 제13조 제3호의 규정(정치자금수수죄)이 형법 제132조(알선수뢰죄)의 규정에 대하여 특별관계에 있다고는 볼 수 없다[대판 2005.2.17. 2004도6940].
3. **(흡수관계 부정)** 공직선거법상의 선거의 자유방해죄와 형법상의 업무방해죄는 그 보호법익과 구성요건을 서로 달리하는 것이므로, 위 양죄의 관계를 위 선거의 자유방해죄가 성립할 경우 업무방해죄가 이에 흡수되는 법조경합관계라고 볼 수는 없다[대판 2006.6.15. 2006도1667].

4. 불가벌적 사후행위

(1) 의 의

범죄에 의하여 획득한 위법한 이익을 확보하거나 사용·처분하는 구성요건에 해당하는 사후행위가 이미 주된 범죄에 의하여 완전히 평가된 것이기 때문에 별죄를 구성하지 않는 경우를 말한다(예 절도범이 절취한 재물을 손괴한 경우).

(2) 요 건

① 사후행위는 범죄의 구성요건해당성이 인정되어야 한다(학설).[3] 따라서 구성요건해당성이 없는 사후행위는 당연 불가벌이며 불가벌적 사후행위가 아니다(예 절도범이 절취한

3) 판례는 사후행위가 구성요건에 해당하지 않는 경우에도 불가벌적 사후행위를 인정하는 경우가 있다.

물건의 경우 절도범 자신의 입장에서는 장물에 해당하지 않으므로 이를 취득 · 운반하더라도 장물죄의 구성요건해당성이 없으므로 당연 불가벌인 것이지 불가벌적 사후행위에 해당하지 않는다).

② 가벌적 사전범죄를 범한 자의 사후행위여야 한다. 따라서 제3자의 사후행위는 불가벌적 사후행위라고 할 수 없다(주체의 동일성).

③ 사후행위는 주된 범죄와 동일한 보호법익 · 동일한 행위객체에 대한 것이어야 한다. 따라서 다른 사람의 새로운 법익을 침해한 경우에는 불가벌적 사후행위가 될 수 없다(침해법익 · 피해자의 동일성)(예 절취한 예금통장으로 창구를 통해 예금을 인출하는 경우 : 별도의 사기죄 성립).

④ 사후행위는 주된 범죄의 침해의 양을 초과하지 않아야 한다.[4] 따라서 피해자와 침해법익이 동일하더라도 주된 범죄에 의하여 침해된 법익의 범위를 초과한 때에는 불가벌적 사후행위가 아니다(침해의 양의 동일성)(예 절도범이 절취한 재물을 피해자를 기망하여 다시 매각한 경우 : 별도의 사기죄 성립, 절도를 교사한 후에 그 장물을 매수한 경우 : 장물매수행위는 절도교사와 달리 장물죄라는 새로운 법익을 침해한 것이다. 따라서 장물매수행위는 불가벌적 사후행위가 아니다). [♠ 99 사시]

⑤ 주된 범죄는 재산죄에 제한되는 것은 아니다(예 간첩이 탐지 · 수집한 국가기밀을 적국에 누설한 경우 : 불가벌적 사후행위에 해당).[5]

判例 불가벌적 사후행위로 인정된 경우

형법 제98조 제1항의 간첩행위는 기밀에 속한 사항 또는 도서, 물건을 탐지 · 수집한 때에 기수가 되는 것이므로 간첩이 이미 탐지 · 수집하여 지득하고 있는 사항을 타인에게 보고 · 누설하는 행위는 간첩의 사후행위로서 위 조항에 의하여 처단의 대상이 되는 간첩행위 자체라고 할 수 없다[대판(전) 2011.1.20. 2008재도11]. [♠ 11 사시]

⑥ 주된 범죄가 공소시효의 완성, 고소의 부존재, 인적 처벌조각사유의 존재 등으로 인하여 불가벌인 때에도 사후행위는 불가벌이다. 그러나 주된 범죄가 범죄성립요건을 갖추지 못하였거나 범죄의 증명이 없기 때문에 불가벌인 때에는 사후행위가 처벌될 수 있다.

(3) 효 과

① 사후행위에 대하여는 별죄가 성립하지 않는다.

② 사후행위에 가담한 제3자는 공동정범 및 공범의 성립이 가능하다. 제3자는 처벌받는 주된 범죄가 없기 때문이다.

---

4) 그러나 사후행위의 법정형이 무거워지는 경우에도 불가벌적 사후행위가 될 수 있다(예 점유이탈물횡령에 의하여 영득한 재물을 사후에 손괴하는 경우, 전자의 죄는 1년 이하 징역이나 후자의 죄는 3년 이하의 징역에 해당한다).

5) 판례는 이를 포괄일죄로 보는 경우도 있다[대판 1982.4.27. 82도285].

判例 불가벌적 사후행위로 인정된 경우

1. **(편취한 약속어음을 채권변제에 충당한 경우)** 피고인이 당초부터 피해자를 기망하여 약속어음을 교부받은 경우에는 그 교부받은 즉시 사기죄가 성립하고 그 후 이를 피해자에 대한 피고인의 채권의 변제에 충당하였다 하더라도 불가벌적 사후행위가 됨에 그칠 뿐 별도로 횡령죄를 구성하지 않는다[대판 1983.4.26. 82도3079]. [♠ 99, 05, 09 사시]
2. **(절취한 열차승차권을 기망을 통하여 환불받은 경우)** 열차승차권은 그 자체에 권리가 화체되어 있는 무기명증권이므로 이를 사용하여 승차하거나 권면가액으로 양도할 수 있고 매입금액의 환불을 받을 수 있으므로 열차승차권을 절취한 자가 환불을 받음에 있어 비록 기망행위가 수반한다 하더라도 절도죄 외에 따로 사기죄가 성립하지 아니한다[대판 1975.8.29. 75도1996]. [♠ 99, 14 사시]
3. **(절취한 자기앞수표의 환금행위)** 금융기관발행의 자기앞수표는 그 액면금을 즉시 지급받을 수 있어 현금에 대신하는 기능을 하고 있으므로 절취한 자기앞수표를 현금 대신으로 교부한 행위는 절도행위에 대한 가벌적 평가에 당연히 포함되는 것으로 봄이 상당하다 할 것이므로 절취한 자기앞수표를 음식대금으로 교부하고 거스름돈을 환불받은 행위는 절도의 불가벌적 사후처분행위로서 사기죄가 되지 아니한다[대판 1987.1.20. 86도1728]. [♠ 07, 10, 15 사시] [♣ 16, 21 변시]

   동지판례 금융기관 발행의 자기앞수표는 즉시 지급받을 수 있어 현금에 대신하는 기능을 하고 있는 점에서 현금적인 성격이 강하므로 절취한 자기앞수표의 환금행위는 절취행위에 대한 수반한 당연의 경과라 하여 절도행위에 대한 가벌적 평가에 당연히 포함된다 봄이 상당하므로 사기죄가 성립하지 아니한다[대판 1982.7.27. 82도822; 동지 대판 1993.11.23. 93도213]. [♠ 03 사시]
4. **(장물보관죄를 범한 자가 장물을 영득한 경우)** 절도범인으로부터 장물보관의뢰를 받은 자가 그 정을 알면서 이를 인도받아 보관하고 있다가 임의처분하였다 하여도 장물보관죄가 성립되는 때에는 이미 그 소유자의 소유물추구권을 침해하였으므로 그 후의 횡령행위는 불가벌적 사후행위에 불과하여 별도로 횡령죄가 성립하지 않는다[대판 1976.11.23. 76도3067]. [♠ 01, 02, 04, 09, 10 사시] [♣ 16, 20 변시]

   동지판례 피고인이 업무상 과실로 장물을 보관하고 있다가 처분한 행위는 업무상과실장물보관죄의 가벌적 평가에 포함되고 별도로 횡령죄를 구성하지 않는다[대판 2004.4.9. 2003도8219]. [♠ 05, 14 사시] [♣ 23 변시]
5. **(횡령행위 완료후에 횡령물을 재차 처분한 경우)** 횡령죄는 상태범이므로 횡령행위의 완료후에 행하여진 횡령물의 처분행위는 그것이 그 횡령행위에 의하여 평가되어 버린 것으로 볼 수 있는 범위 내의 것이라면 새로운 법익의 침해를 수반하지 않은 이른바 불가벌적 사후행위로서 별개의 범죄를 구성하지 않는다[대판 1978.11.28. 78도2175].

   동지판례 미등기건물의 관리를 위임받아 보관하고 있는 자가 임의로 건물에 대하여 자신의 명의로 보존등기를 하는 것은 객관적으로 불법영득의 의사를 외부에 발현시키는 행위로서 이미 횡령죄는 완성되었다 할 것이므로, 횡령행위의 완성 후 근저당권설정등기를 한 행위는 피해자에 대한 새로운 법익의 침해를 수반하지 않는 불가벌적 사후행위로서 별도의 횡령죄를 구성하지 않는다[대판 1993.3.9. 92도2999].
6. (판례변경으로 삭제함)
7. 甲이 乙과 공동으로 불하받은 부동산을 丙에게 자의로 매도하여 乙에 대한 배임행위로 처벌받은 후 丙에 대한 소유권이전등기의무를 지닌 채 다시 丙에 대한 재매도행위는 이미 배임행위로서

이루어진 甲의 丙에 대한 매도행위의 불가벌적 사후행위이다[대판 1970.11.24. 70도1998].

8. 피고인들이 절취한 원목에 관하여 합법적으로 생산된 것인 것처럼 관계당국을 기망하여 산림법 소정의 연고권자로 인정받아 수의계약의 방법으로 이를 매수하였다 하더라도 이는 새로운 법익의 침해가 있는 것이라고 할 수 없고 상태범인 산림절도죄의 성질상 하나의 불가벌적사후행위로서 별도로 사기죄가 구성되지 않는다[대판 1974.10.22. 74도2441].

9. 주식회사 대표이사인 甲이 자신의 채권자 乙에게 차용금에 대한 담보로 회사 명의 정기예금에 질권을 설정하여 주었는데, 그 후 乙이 차용금과 정기예금의 변제기가 모두 도래한 이후 甲의 동의하에 정기예금 계좌에 입금되어 있던 회사 자금을 전액 인출하였다고 하더라도, 민법 제353조에 의하면 질권자는 질권의 목적이 된 채권을 직접 청구할 수 있으므로, 甲의 예금인출동의행위는 이미 배임행위로써 이루어진 질권설정행위의 사후조처에 불과하여 새로운 법익의 침해를 수반하지 않는 이른바 불가벌적 사후행위에 해당하고, 별도의 횡령죄를 구성하지 않는다[대판 2012.11.29. 2012도10980]. [♠ 13 사시]

10. 甲 종친회 회장인 피고인이 위조한 종친회 규약 등을 공탁관에게 제출하는 방법으로 공탁관을 기망하여 甲 종친회를 피공탁자로 하여 공탁된 수용보상금을 출급받았다면, 甲 종친회를 피해자로 한 사기죄가 성립하고, 그 후 甲 종친회에 대하여 공탁금 반환을 거부한 행위는 새로운 법익의 침해를 수반하지 않는 불가벌적 사후행위에 해당할 뿐 별도의 횡령죄가 성립하지 않는다고 한 사례[대판 2015.9.10. 2015도8592].

판결이유 공익사업의 시행자가 수용보상금을 공탁한 경우 피공탁자는 그 공탁금에 관하여 출급청구권을 가진다. 한편 공탁관의 공탁금출급인가처분에 따라 공탁금이 출급되었다면, 설령 이를 출급받은 사람이 진정한 출급청구권자가 아니라고 하더라도 이로써 공탁법상의 공탁절차는 종료되었다고 할 것이고, 따라서 진정한 출급청구권자는 공탁금출급청구를 하거나 국가를 상대로 하여 민사소송으로 공탁금의 지급을 구할 수 없다. 이러한 법리에 따르면 피고인이 공탁관을 기망하여 공탁금을 출급받음으로써 종친회가 공탁금출급청구권을 상실하는 손해를 입었으므로, 종친회가 사기죄의 피해자가 될 수 있을 뿐이다. 따라서 피고인이 그 후 종친회에 대하여 공탁금의 반환을 거부하였더라도, 그 행위는 새로운 법익의 침해를 수반하지 않는 불가벌적 사후행위에 해당할 뿐이고, 별도의 횡령죄가 성립하지 아니한다.

判例 불가벌적 사후행위로 인정되지 않은 경우(실체적 경합범에 해당)

1. 절도범인이 그 절취한 장물을 자기 것인 양 제3자를 기망하여 금원을 편취한 경우에는 새로운 법익의 침해가 있으므로 사기죄가 성립된다[대판 1980.11.25. 80도2310]. [♠ 08, 13 사시]

동지판례 절취한 전당표로 전당포에 가서 기망하여 전당물을 편취하는 것은 새로운 법익을 침해하는 행위로서 사기죄를 구성한다[대판 1980.10.14. 80도2155]. [♠ 99 사시]

동지판례 편취한 약속어음을 그와 같은 사실을 모르는 제3자에게 편취사실을 숨기고 할인받는 행위는 당초의 어음 편취와는 별개의 새로운 법익을 침해하는 행위로서 기망행위와 할인금의 교부행위 사이에 상당인과관계가 있어 새로운 사기죄를 구성한다 할 것이고, 설령 그 약속어음을 취득한 제3자가 선의이고 약속어음의 발행인이나 배서인이 어음금을 지급할 의사와 능력이 있었다 하더라도 이러한 사정은 사기죄의 성립에 영향이 없다[대판 2005.9.30. 2005도5236.]. [♠ 08, 10 사시]

2. 절취(또는 강취)한 은행예금통장을 이용하여 은행원을 기망해서 진실한 명의인이 예금을 찾는 것으로 오신시켜 예금을 편취한 것이라면 새로운 법익의 침해로 절도죄 외에 따로 사기죄가 성립한다[대판 1974.11.26. 74도2817], [대판 1990.7.10. 90도1176]. [♣ 17 변시]

3. 대표이사가 회사의 상가분양 사업을 수행하면서 수분양자들을 기망하여 편취한 분양대금은 회사의 소유로 귀속되는 것이므로, 대표이사가 그 분양대금을 횡령하는 것은 사기 범행이 침해한 것과는 다른 법익을 침해하는 것이어서 회사를 피해자로 하는 별도의 횡령죄가 성립된다[대판 2005.4.29. 2005도741]. [♠ 08, 14 사시]

동지판례 대표이사가 회사의 대표기관으로서 피해자들을 기망하여 대부받은 금원은 그 회사에 귀속되는 것인데, 그 후 대표이사가 이를 보관하고 있으면서 횡령한 것이라면 이는 위 사기범행과는 침해법익을 달리하므로 횡령죄가 성립되는 것이고, 이를 단순한 불가벌적 사후행위로만 볼 수 없다[대판 1989.12.24. 89도1605]. [♠ 05 사시]

4. 대마취급자가 아닌 자가 절취한 대마를 흡입할 목적으로 소지하는 행위는 절도죄의 보호법익과는 다른 새로운 법익을 침해하는 행위이므로 절도죄의 불가벌적 사후행위로서 절도죄에 포괄흡수된다고 할 수 없고 절도죄 외에 별개의 죄를 구성한다고 할 것이며, 절도죄와 무허가대마소지죄는 경합범의 관계에 있다[대판 1999.4.13. 98도3619]. [♠ 01, 05 사시]

5. 신용카드를 절취한 후 이를 사용한 경우 신용카드의 부정사용행위는 새로운 법익의 침해로 보아야 하고 그 법익침해가 절도범행보다 큰 것이 대부분이므로 위와 같은 부정사용행위가 절도범행의 불가벌적 사후행위가 되는 것은 아니다[대판 1996.7.12. 96도1181]. [♠ 02, 07 사시]

6. 자동차를 절취한 후 자동차등록번호판을 떼어내는 행위는 새로운 법익의 침해로 보아야 하므로 위와 같은 번호판을 떼어내는 행위가 절도범행의 불가벌적 사후행위가 되는 것은 아니다[대판 2007.9.6. 2007도4739]. [♠ 10, 15 사시] [♣ 20 변시] ※ 자동차관리법위반죄의 별죄가 성립한다.

7. 사람을 살해한 다음 그 범죄의 흔적을 은폐하기 위하여 그 시체를 다른 장소로 옮겨 유기하였을 때에는 살인죄와 사체유기죄의 경합범이 성립하고 사체유기를 불가벌적 사후행위라 할 수 없다[대판 1984.11.27. 84도2263]. [♠ 99, 01, 05 사시] [♣ 12 변시]

비교판례 살인의 목적으로 사람을 살해한 자가 그 살해의 목적을 수행함에 있어 사후 사체의 발견이 불가능 또는 심히 곤란하게 하려는 의사로 인적이 드문 장소로 피해자를 유인하거나 실신한 피해자를 끌고가서 그곳에서 살해하고 사체를 그대로 둔 채 도주한 경우에는 비록 결과적으로 사체의 발견이 현저하게 곤란을 받게 되는 사정이 있다 하더라도 별도로 사체은닉죄가 성립되지 아니한다[대판 1986.6.24. 86도891]. [♣ 12, 19 변시]

8. (판례변경으로 삭제함)

9. 예금통장과 인장을 갈취한 후 예금 인출에 관한 사문서를 위조한 후 이를 행사하여 예금을 인출한 행위는 공갈죄 외에 별도로 사문서위조, 동행사 및 사기죄가 성립한다[대판 1979.10.30. 79도489].

10. 판매목적으로 향정신성의약품(히로뽕)을 제조하여 이를 판매한 경우에 그 제조행위와 제조품의 판매행위는 각각 독립된 가벌적 행위로서 별개의 죄를 구성한다고 봄이 상당하고 판매행위가 판매목적의 제조행위에 흡수되는 불가벌적 사후행위라고 볼 수 없으므로 경합범으로 처단하여야 한다[대판 1983.11.8. 83도2031].

11. 조세포탈행위는 횡령범행과는 전혀 다른 새로운 법익을 침해하는 행위로서 이를 횡령의 불가벌적 사후행위라고 볼 수 없다[대판 1992.3.10. 92도147].

12. 배임죄는 재산상 이익을 객체로 하는 범죄이므로, 1인 회사의 주주가 자신의 개인채무를 담보하기 위하여 회사 소유의 부동산에 대하여 근저당권설정등기를 마쳐 주어 배임죄가 성립한 이후에 그 부동산에 대하여 새로운 담보권을 설정해 주는 행위는 선순위 근저당권의 담보가치를 공제한 나머지 담보가치 상당의 재산상 이익을 침해하는 행위로서 별도의 배임죄가 성립한다[대판 2005.10.28. 2005도4915]. [♠ 09 사시]

13. 부정한 이익을 얻거나 기업에 손해를 가할 목적으로 그 기업에 유용한 영업비밀이 담겨 있는 타인의 재물을 절취한 후 그 영업비밀을 사용하는 경우, 영업비밀의 부정사용행위는 새로운 법익의 침해로 보아야 하므로 위와 같은 부정사용행위가 절도범행의 불가벌적 사후행위가 되는 것은 아니다[대판 2008.9.11. 2008도5364]. [♠ 10 사시]

14. 채무자 甲이 자신의 부동산에 A명의로 허위의 금전채권에 기한 담보가등기를 설정하고 이를 B에게 양도하여 B명의의 본등기를 경료하게 한 사안에서, A명의 담보가등기 설정행위로 강제집행면탈죄가 성립한다고 하여 그 후 B명의로 이루어진 가등기 양도 및 본등기 경료행위가 불가벌적 사후행위가 되는 것은 아니라고 한 사례[대판 2008.5.8. 2008도198].

판결이유 위와 같은 담보가등기 설정행위를 강제집행면탈 행위로 본다고 하더라도, 그 가등기를 양도하여 본등기를 경료하게 함으로써 소유권을 상실케 하는 행위는 면탈의 방법과 법익침해의 정도가 훨씬 중하다는 점을 고려할 때 이를 불가벌적 사후행위로 볼 수는 없다고 할 것이다.

15. 사기죄에서 피해자에게 그 대가가 지급된 경우, 피해자를 기망하여 그가 보유하고 있는 그 대가를 다시 편취하거나 피해자로부터 그 대가를 위탁받아 보관 중 횡령하였다면, 이는 새로운 법익의 침해가 발생한 경우이므로, 기존에 성립한 사기죄와는 별도의 새로운 사기죄나 횡령죄가 성립한다[대판 2009.10.29. 2009도7052]. [♠ 13 사시]

16. (판례변경으로 삭제)

17. [1] 배임죄와 횡령죄의 구성요건적 차이에 비추어 보면, 회사에 대한 관계에서 타인의 사무를 처리하는 자가 임무에 위배하여 회사로 하여금 자신의 채무에 관하여 연대보증채무를 부담하게 한 다음, 회사의 금전을 보관하는 자의 지위에서 회사의 이익이 아닌 자신의 채무를 변제하려는 의사로 회사의 자금을 자기의 소유인 경우와 같이 임의로 인출한 후 개인채무의 변제에 사용한 행위는, 연대보증채무 부담으로 인한 배임죄와 다른 새로운 보호법익을 침해하는 것으로서 배임 범행의 불가벌적 사후행위가 되는 것이 아니라 별죄인 횡령죄를 구성한다고 보아야 하며, 횡령행위로 인출한 자금이 선행 임무위배행위로 인하여 회사가 부담하게 된 연대보증채무의 변제에 사용되었다 하더라도 달리 볼 것은 아니다.

[2] A 주식회사의 대표이사와 실질적 운영자인 甲 등이 공모하여, 자신들이 B에 대해 부담하는 개인채무 지급을 위하여 A 회사로 하여금 약속어음을 공동발행하게 하고 위 채무에 대하여 연대보증하게 한 후에 A 회사를 위하여 보관 중인 돈을 임의로 인출하여 B에게 지급하여 위 채무를 변제한 경우, 약속어음금채무와 연대보증채무 부담으로 인한 회사에 대한 배임죄와 다른 새로운 보호법익을 침해하는 것으로서 배임 범행의 불가벌적 사후행위가 되는 것이 아니라 별죄인 횡령죄를 구성한다[대판 2011.4.14. 2011도277].

18. (중요) 타인의 부동산을 보관 중인 자가 불법영득의사를 가지고 그 부동산에 근저당권설정등기를 경료함으로써 일단 횡령행위가 기수에 이르렀다 하더라도 그 후 같은 부동산에 별개의 근저당권을 설정하여 새로운 법익침해의 위험을 추가함으로써 법익침해의 위험을 증가시키거나 해당 부동산을 매각함으로써 기존의 근저당권과 관계없이 법익침해의 결과를 발생시켰다면 이는 당초의 근저당권 실행을 위한 임의경매에 의한 매각 등 그 근저당권으로 인해 당연히 예상될 수 있는 범위를 넘어 새로운 법익침해의 위험을 추가시키거나 법익침해의 결과를 발생시킨 것이므로 특별한 사정이 없는 한 불가벌적 사후행위로 볼 수 없고, 별도로 횡령죄를 구성한다 할 것이다[대판(전) 2013.2.21. 2010도10500]. [♣15, 16, 20 변시]

19. 무역거래자가 외화도피의 목적으로 물품 등의 수입 가격을 조작하는 방법으로 피해은행을 기망하여 피해은행으로 하여금 신용장을 개설하게 한 후 그 신용장대금을 수령한 경우에, 이러한 외화도피 목적의 수입 가격 조작행위는 사기범행과는 별도로 대외무역법 제43조[6]가 보호하는 새로운 법익을 침해한 것으로 보아야 하므로, 위와 같은 수입 가격 조작행위가 사기범행의 불가벌적 사후행위가 되는 것은 아니다[대판 2012.9.27. 2010도16946].

20. 甲 회사에 대한 관계에서 타인의 사무를 처리하는 자가 임무에 위배하는 행위로써 회사로 하여금 회사가 펀드 운영사에 지급하여야 할 펀드출자금을 정해진 시점보다 선지급하도록 하여 배임죄를 범한 다음, 그와 같이 선지급된 펀드출자금을 보관하는 자와 공모하여 펀드출자금을 임의로 인출한 후 자신의 투자금으로 사용하기 위하여 임의로 송금하도록 한 행위는 펀드출자금 선지급으로 인한 배임죄와는 다른 새로운 보호법익을 침해하는 행위로서 배임 범행의 불가벌적 사후행위가 되는 것이 아니라 별죄로서 횡령죄를 구성한다고 보아야 한다[대판 2014.12.11. 2014도10036].

Ⅲ. 포괄일죄

1. 포괄일죄의 의의

수개의 행위가 포괄적으로 한 개의 구성요건에 해당하여 일죄를 구성하는 경우를 말한다.

判例 포괄일죄의 의의

이른바 포괄일죄라는 것은 일반적으로 각기 따로 존재하는 수개의 행위가 당해 구성요건을 한번 충족하여 본래적으로 일죄라는 것으로 이 수개의 행위가 혹은 흡수되고 혹은 사후행위가 되고 혹은 위법상태가 상당 정도 시간적으로 경과하는 등으로 본래적으로 일죄의 관계가 이루어지는 것이므로 별개의 죄가 따로 성립하지 않음은 물론 과형상의 일죄와도 이 점에서 그 개념 등을 달리하는 것이다[대판 1982.11.23. 82도2201]. [♠10 사시]

6) 무역거래자는 외화도피의 목적으로 물품 등의 수출 또는 수입 가격을 조작하여서는 아니 된다.

2. 포괄일죄의 유형

	내 용	예
협의	1개의 구성요건에 동일한 법익을 침해하는 수종의 행위태양이 규정되어 있는 경우에, 이 수종의 태양에 해당하는 일련의 행위가 포괄하여 일죄가 되는 경우이다.	① 수뢰죄(뇌물의 요구 · 약속 · 수수) ② 체포 · 감금죄(체포와 감금) ③ 장물죄(장물의 취득 · 양도 · 운반 · 보관)
결합범	개별적으로 독립된 범죄의 구성요건에 해당하는 수개의 행위가 결합하여 한 개의 범죄를 구성하는 경우이다.	① 강도죄(폭행 · 협박죄와 절도죄) ② 강도살인죄(강도죄와 살인죄)
계속범	위법상태를 야기하는 행위와 야기된 위법상태를 유지하는 행위가 포괄하여 1개의 구성요건을 실현하는 경우이다.	① 감금죄 ② 주거침입죄 ③ 퇴거불응죄
접속범	① 단독으로도 범죄가 될 수 있는 수개의 행위가 동일한 기회에 동일한 법익에 대하여 불가분적으로 접속하여 행해졌을 때 포괄하여 일죄로 되는 경우이다. ② 요 건[7] : 행위의 시간적 · 장소적 접속, 범의의 단일성, 침해법익의 동일성, 행위태양의 동종성	① 절도범이 대기해 놓은 자동차에 쌀가마니를 수회 반출하여 싣는 방법으로 절취한 경우 ② 동일한 기회에 같은 부녀를 수회 간음한 경우 ③ 하나의 문서에 동일인에 대하여 수개의 명예훼손 사실을 적시한 경우
연속범	① 연속하여 행하여진 수 개의 행위가 동종의 범죄에 해당하는 경우로서 포괄일죄에 해당한다(판례, 다수설). ② 요 건 : 행위의 시간적 · 장소적 계속성, 범의의 단일성(범의의 계속성으로 족하며 전체고의는 불요), 침해법익의 동일성, 피해자의 동일성(비전속적 법익의 경우 피해자의 동일성은 요하지 않으나 전속적 법익의 경우 피해자가 다른 때에는 연속범이 아니라 실체적 경합범 성립), 금지기초의 동일성(기본적 구성요건 사이, 기본적 구성요건과 가중적 구성요건 사이, 기수와 미수 사이의 연속범 가능), 침해행위의 동종성(고의 · 과실, 작위 · 부작위, 정범 · 공범은 행위의 동종성이 없으므로 연속범 성립 불가)	① 절도범이 창고에서 수일에 걸쳐 매일 밤 쌀 한 가마씩 훔친 경우 ② 단일한 범의가 계속된 가운데 신용카드 부정사용행위를 동일한 방법으로 반복한 경우
집합범	다수의 동종의 행위가 동일한 의사의 경향에 따라 반복될 것이 당연히 예상되어 있기 때문에 수개의 행위가 일괄하여 일죄를 구성하는 경우이다.	① 영업범[8](무면허의료행위) ② 직업범[9] ③ 상습범

7) 피해자의 동일성은 요하지 않으나, 전속적 법익의 경우 피해자를 달리할 때에는 불법의 단순한 양적 증가가 아니므로 포괄일죄가 되지 않는다.

8) 범행의 반복을 경제적 수입원으로 삼는 경우

9) 범죄의 반복이 경제적 · 직업적 활동이 된 경우, 영업범과 직업범의 구별실익은 없다.

判例 포괄일죄 인정요건

(1) 인정요건

1. 동일 죄명에 해당하는 수개의 행위를 단일하고 계속된 범의 아래 일정기간 계속하여 행하고 그 피해법익도 동일한 경우에는 이들 각 행위를 통틀어 포괄일죄로 처단하여야 할 것이고, 이는 방조범의 경우에도 마찬가지이다[대판 2010.11.25. 2010도1588].

2. **(포괄일죄의 범행 도중 공범자의 변동이 있는 경우 : 포괄일죄 성립 가능)** 수개의 업무상 횡령행위라 하더라도 피해법익이 단일하고, 범죄의 태양이 동일하며, 단일 범의의 발현에 기인하는 일련의 행위라고 인정될 때에는 포괄하여 1개의 범죄가 성립하고, 또한 수개의 업무상 횡령행위 도중에 공범자의 변동이 있는 경우라 하더라도 그 수개의 행위가 위와 같은 기준을 충족하는 것이라면 별개의 죄가 되는 것이 아니라 포괄일죄가 된다[대판 2009.2.12. 2006도6994].

3. 타인의 사무를 처리하는 자가 동일인으로부터 그 직무에 관하여 부정한 청탁을 받고 여러 차례에 걸쳐 금품을 수수한 경우, 그것이 단일하고도 계속된 범의 아래 일정기간 반복하여 이루어진 것이고 그 피해법익도 동일한 때에는 이를 포괄일죄로 보아야 한다. 다만, 여러 사람으로부터 각각 부정한 청탁을 받고 그들로부터 각각 금품을 수수한 경우에는 비록 그 청탁이 동종의 것이라고 하더라도 단일하고 계속된 범의 아래 이루어진 범행으로 보기 어려워 그 전체를 포괄일죄로 볼 수 없다[대판 2008.12.11. 2008도6987]. [♠ 10, 15 사시]

(2) 구체적인 적용례

1. **(1인에 대한 수회의 편취 : 범의의 단일성과 계속성의 인정여부에 따라 포괄일죄 또는 실체적 경합)** 단일한 범의의 발동에 의하여 상대방을 기망하고 그 결과 착오에 빠져 있는 동일인으로부터 일정 기간 동안 동일한 방법에 의하여 금원을 편취한 경우에는 이를 포괄적으로 관찰하여 일죄로 처단하는 것이 가능할 것이나, 범의의 단일성과 계속성이 인정되지 아니하거나 범행방법이 동일하지 않은 경우에는 각 범행은 실체적 경합범에 해당한다[대판 2004.6.25. 2004도1751].

   비교판례 **(수인의 피해자에 대한 개별적 기망에 의한 편취 : 실체적 경합)** 단일한 범의의 발동에 의하여 상대방을 기망하고 그 결과 착오에 빠져 있는 동일인으로부터 어떤 기간동안 동일한 방법에 의하여 금원을 편취한 경우에는 이를 포괄적으로 관찰하여 일죄로 처단하는 것이 상당하나, 수인의 피해자에 대하여 각별로 기망행위를 하여 각각 재물을 편취한 경우에는 비록 범의가 단일하고 범행방법이 동일하더라도 각피해자의 피해법익은 독립한 것이므로 이를 포괄일죄로 파악할 수는 없고 피해자별로 독립한 수개의 사기죄가 성립된다[대판 1989.6.13. 89도582].

2. 여러 개의 뇌물수수행위가 있는 경우에 그것이 단일하고 계속된 범의하에 동종의 범행을 일정 기간 반복하여 행한 것이고, 그 피해법익도 동일한 경우에는 각 범행을 통틀어 포괄일죄로 볼 것이다[대판 1998.2.10. 97도2836].

判例 포괄일죄가 인정된 경우

(1) 계속범

직무유기죄는 그 직무를 수행하여야 하는 작위의무의 존재와 그에 대한 위반을 전제로 하고 있는바, 그 작위의무를 수행하지 아니함으로써 구성요건에 해당하는 사실이 있었고 그 후에도 계속하여 그 작위의무를 수행하지 아니하는 위법한 부작위상태가 계속되는 한 가벌적 위법상태는 계속 존재하고 있다고 할 것이며 형법 제122조 후단은 이를 전체적으로 보아 1죄로 처벌하는 취지로 해석되므로 이를 즉시범이라고 할 수 없다[대판 1997.8.29. 97도675]. [♣ 20 변시]

판례해설 직무유기죄는 계속범이므로 위법상태가 계속되는 범위 내에서는 일죄가 성립한다는 취지이다.

(2) 접속범

1. 하나의 사건에 관하여 한 번 선서한 증인이 같은 기일에 여러 가지 사실에 관하여 기억에 반하는 허위의 진술을 한 경우 이는 하나의 범죄의사에 의하여 계속하여 허위의 진술을 한 것으로서 포괄하여 1개의 위증죄를 구성하는 것이고 각 진술마다 수 개의 위증죄를 구성하는 것이 아니다[대판 1998.4.14. 97도3340]. [♠ 00 사시] [♣ 13, 19 변시]

   동지판례 하나의 소송사건에서 동일한 선서 하에 이루어진 법원의 감정명령에 따라 감정인이 동일한 감정명령사항에 대하여 수차례에 걸쳐 허위의 감정보고서를 제출하는 경우에는 각 감정보고서 제출행위시마다 각기 허위감정죄가 성립한다 할 것이나, 이는 단일한 범의 하에 계속하여 허위의 감정을 한 것으로서 포괄하여 1개의 허위감정죄를 구성한다[대판 2000.11.28. 2000도1089]. [♠ 10 사시]

2. 피해자를 폭행하여 1회 간음하고 200m쯤 오다가 다시 1회 간음한 경우에 있어 피고인의 의사 및 그 범행시각과 장소로 보아 두 번째의 간음행위는 처음 한 행위의 계속으로 볼 수 있어 이를 단순일죄로 처벌한 것은 정당하다[대판 1970.9.29. 70도1516].

(3) 연속범

1. 뇌물을 여러 차례에 걸쳐 수수함으로써 그 행위가 여러 개이더라도 그것이 단일하고 계속적 범의에 의하여 이루어지고 동일법익을 침해한 때에는 포괄일죄로 처벌함이 상당하다[대판 1999.1.29. 98도3584].

   동지판례 공무원이 약 1년 반 사이에 전후 17회에 걸쳐 정기적으로 동일한 납품업자로부터 뇌물을 수수한 것이라면, 공무원이 직무에 관하여 뇌물을 수수한다는 단일한 범의 아래 계속하여 일정기간 동종행위를 반복한 것이 분명하므로, 뇌물수수의 포괄일죄로 보아 특정범죄 가중처벌 등에 관한 법률에 의율하여야 한다[대판 1990.9.25. 90도1588].

   동지판례 **(중요)** 수뢰후부정처사죄를 정한 형법 제131조 제1항은 공무원 또는 중재인이 형법 제129조(수뢰, 사전수뢰) 및 제130조(제3자뇌물제공)의 죄를 범하여 부정한 행위를 하는 것을 구성요건으로 하고 있다. 여기에서 '형법 제129조 및 제130조의 죄를 범하여'란 반드시 뇌물수수 등의 행위가 완료된 이후에 부정한 행위가 이루어져야 함을 의미하는 것은 아니고, 결합범 또는 결과적 가중범 등에서의 기본행위와 마찬가지로 뇌물수수 등의 행위를 하는 중에 부정한 행위를 한 경우도 포함하는 것으로 보아야 한다. 따라서 단일하고도 계속된 범의 아래 일정 기간 반복하여 일련의 뇌물수수 행위와 부정한 행위가 행하여졌고 그 뇌물수수 행위와 부정한 행위 사이에 인과관계가 인정되며 피해법익도 동일하다면, 최후의 부정한 행위 이후에 저질러진 뇌물수수 행위도 최후의 부정한 행위 이전의 뇌물수수 행위 및 부정한 행위와 함께 수뢰후부정처사죄의 포괄일죄로 처벌함이 타당하다[대판 2021.2.4. 2020도12103].

2. 업무상 횡령사실은 비록 범행일시는 1979.4. 일자불상경부터 1983.7. 말경에 이르는 약 4년 3개월간에 걸친 것이라 하여도 그 기간 내의 횡령범행이 전기간을 통하여 접속되어 있고 그 횡령사실이 모두 한국상업은행을 위하여 업무상 보관관리하고 있는 돈을 횡령한 것이라면 그 피해법익이 단일하다 할 것이므로 이를 일죄로 파악한 것은 정당하다[대판 1984.8.14. 84도1139].

판례해설 '접속'이라는 표현에도 불구하고 연속범에 해당하는 판례이다.

(4) 집합범

1. 무허가유료직업소개행위는 범죄구성요건의 성질상 동종행위의 반복이 예상되는데, 반복된 수개의 행위 상호간에 일시 장소의 근접, 방법의 유사성, 기회의 동일, 범의의 계속 등 밀접한 관계가 있어 전체를 1개의 행위로 평가함이 상당한 경우에는 포괄적으로 한 개의 범죄를 구성한다[대판 1993.3.26. 92도3405].

동지판례 i) 무면허의료행위는 그 범죄의 구성요건의 성질상 동종행위의 반복이 예상되는 것이므로 반복된 수개의 행위는 포괄적으로 한 개의 범죄로서 처단되어야 할 것이다[대판 1966.9.20. 66도928]. ii) 약국개설자가 아님에도 단일하고 계속된 범의하에 일정기간 계속하여 의약품을 판매하거나 판매의 목적으로 취득함으로써 약사법 제35조 제1항에 위반된 행위를 한 경우, 약사법의 관련 조항의 내용 및 법리 등에 비추어 이는 모두 포괄하여 약사법 제74조 제1항 제1호, 제35조 제1항 소정의 일죄를 구성한다[대판 2001.8.21. 2001도3312].

2. 무면허 의료행위는 그 범죄의 구성요건의 성질상 동종범죄의 반복이 예상되는 것이므로 반복된 수개의 행위는 포괄적으로 한 개의 범죄를 구성하는 점, 영리를 목적으로 무면허 의료행위를 업으로 한 자가 일부 돈을 받지 않고 무면허 의료행위를 한 경우에 그 행위에 대한 평가는 이미 보건범죄단속에 관한 특별조치법 위반죄의 구성요건적 평가에 포함되어 있다고 보는 것이 타당한 점, 보건범죄단속에 관한 특별조치법 위반죄 외에 돈을 받지 않고 한 무면허 의료행위에 대하여 별개로 의료법 위반죄가 성립한다고 본다면 전부 돈을 받고 무면허 의료행위를 한 경우에는 보건범죄단속에 관한 특별조치법 위반죄 1죄로서 그 법정형기 내에서 처단하게 되는 반면 일부 돈을 받지 아니하고 무면허 의료행위를 한 경우에는 보건범죄단속에 관한 특별조치법 위반죄와 의료법 위반죄의 경합범이 되어 처단형이 오히려 무겁게 되는 불합리한 결과가 되는 점 등에 비추어, 영리를 목적으로 무면허 의료행위를 업으로 하는 자가 일부 돈을 받지 아니하고 무면허 의료행위를 한 경우에도 보건범죄단속에 관한 특별조치법 위반죄의 1죄만이 성립하고 별개로 의료법 위반죄를 구성하지 않는다고 보아야 한다[대판 2010.5.13. 2010도2468].

참고판례 영업범이란 집합범의 일종으로 구성요건의 성질에서 이미 동종행위가 반복될 것으로 당연히 예상되는 범죄를 가리키는 것인바, 피고인의 판시 사기 범행이 비록 동종의 행위를 반복한 것으로 되어 있더라도 구성요건의 성질상 동종행위가 반복될 것이 예상되는 범죄라고 볼 수는 없어 영업범이라고 할 수는 없다[대판 2004.7.22. 2004도2390].

3. 여러 해 동안 수회에 걸쳐 이루어진 부정의약품 제조·판매행위 등을 포괄일죄에 해당한다고 보는 이상, 그 기간 중 어느 일정 연도의 연간 소매가격이 보건범죄단속법 제3조 제1항 제2호에서 정한 1천만원을 넘은 경우에는 다른 연도의 연간 소매가격이 위 금액에 미달한다고 하더라도 그 전체를 보건범죄단속법 제3조 제1항 제2호 위반의 포괄일죄로 처단함이 타

당하다. 이러한 법리는 여러 해 동안 수회에 걸쳐 이루어진 부정의약품 제조·판매행위 등의 연간 소매가격이 모두 1천만원을 넘는 경우에도 마찬가지이다[대판 2021.1.14. 2020도10979].

(5) 상습범

1. 장물취득죄는 상습장물알선죄와 포괄일죄의 관계에 있다[대판 1975.1.14. 73도1848].[10)]
2. 직계존속인 피해자를 폭행하고, 상해를 가한 것이 존속에 대한 동일한 폭력습벽의 발현에 의한 것으로 인정되는 경우, 그 중 법정형이 더 중한 상습존속상해죄에 나머지 행위들을 포괄시켜 하나의 죄만이 성립한다[대판 2003.2.28. 2002도7335].[11)] [♠ 08 사시]
3. (법개정으로 삭제함)
4. 상습도박의 죄나 상습도박방조의 죄에 있어서의 상습성은 행위의 속성이 아니라 행위자의 속성으로서 도박을 반복해서 거듭하는 습벽을 말하는 것인바, 도박의 습벽이 있는 자가 타인의 도박을 방조하면 상습도박방조의죄에 해당하는 것이며, 도박의 습벽이 있는 자가 도박을 하고 또 도박방조를 하였을 경우 상습도박방조의 죄는 무거운 상습도박의 죄에 포괄시켜 1죄로서 처단하여야 할 것이다[대판 1984.4.24. 84도195]. [♠ 02, 08, 11, 13 사시] [♣ 16 변시]
5. 상습사기죄에 있어서의 상습성이라 함은 반복하여 사기행위를 하는 습벽으로서 행위자의 속성을 말하고, 여기서 말하는 사기행위의 습벽은 행위자의 사기습벽의 발현으로 인정되는 한 동종의 수법에 의한 사기범행의 습벽만을 의미하는 것이 아니라 이종의 수법에 의한 사기범행을 포괄하는 사기의 습벽도 포함한다[대판 2000.2.11. 99도4797].

(6) 기 타

1. 농업협동조합법상의 호별방문죄는 연속적으로 두 집 이상을 방문함으로써 성립하는 범죄로서 선거운동을 위하여 다수의 조합원을 호별로 방문한 때에는 포괄일죄로 보아야 한다[대판 2007.7.12. 2007도2191; 동지 대판 2010.7.8. 2009도14558].
2. 약국개설자가 처방전 알선의 대가로 일정기간 동안 동일한 의료기관개설자에게 수회에 걸쳐 금원을 제공한 행위는 이들 각 행위를 통틀어 포괄일죄로 처단하여야 한다[대판 2003.12.26. 2003도6288].
3. [1] 음주운전으로 인한 도로교통법 위반죄의 보호법익과 처벌방법을 고려할 때, 혈중알콜농도 0.05% 이상의 음주상태로 동일한 차량을 일정기간 계속하여 운전하다가 1회 음주측정을 받았다면 이러한 음주운전행위는 동일 죄명에 해당하는 연속된 행위로서 단일하고 계속된 범의하에 일정기간 계속하여 행하고 그 피해법익도 동일한 경우이므로 포괄일죄에 해당한다. [2] 음주상태로 자동차를 운전하다가 제1차 사고를 내고 그대로 진행하여 제2차 사고를 낸 후 음주측정을 받아 도로교통법 위반(음주운전)죄로 약식명령을 받아 확정되었는데, 그 후 제1차 사고 당시의 음주운전으로 기소된 사안에서 위 공소사실이 약식명령이 확정된 도로교통

---

10) 제363조(상습범) : ① 상습으로 전조의 죄(장물 취득, 양도, 운반, 보관 또는 알선)를 범한 자는 1년 이상 10년 이하의 유기징역에 처한다.

11) 제264조(상습범) : 상습으로 제257조(상해, 존속상해), 제258조(중상해, 존속중상해), 제260조(폭행, 존속폭행), 제261조(특수폭행)의 죄를 범한 때에는 그 죄에 정한 형의 2분의 1까지 가중한다.

법 위반(음주운전)죄와 포괄일죄 관계에 있다고 본 사례[대판 2007.7.26. 2007도4404].

4. **(예비와 미수의 반복 후 기수 : 기수의 포괄일죄)** 살해의 목적으로 동일인에게 일시 장소를 달리하고 수차에 걸쳐 단순한 예비행위를 하거나 또는 공격을 가하였으나 미수에 그치다가 드디어 그 목적을 달성한 경우에 그 예비행위 내지 공격행위가 동일한 의사발동에서 나왔고 그 사이에 범의의 갱신이 없는 한 각 행위가 같은 일시 장소에서 행하여졌거나 또는 다른 장소에서 행하여졌거나를 막론하고 또 그 방법이 동일하거나 여부를 가릴 것 없이 그 살해의 목적을 달성할 때까지의 행위는 모두 실행행위의 일부로서 이를 포괄적으로 보고 단순한 한 개의 살인기수죄로 처단하여야 한다[대판 1965.9.28. 65도695].

5. **(예비와 미수를 기수에 준하여 처벌하는 경우 : 예비, 미수, 기수는 기수의 포괄일죄 성립)** 관세법 제182조 제2항은 위 죄를 범할 목적으로 예비를 한 자와 미수범을 본죄에 준하여 처벌한다고 규정하고 있어서 예비나 미수를 기수와 구별할 실익이 없으므로, 동일한 기회를 이용하여 단일한 의사로 다량의 물품에 대한 밀수입의 예비를 하고 그 물품 중 일부만 양륙에 착수하였거나 일부만 양륙을 완료하였더라도 양륙의 착수나 완료 여부에 따라 물품을 나누어 예비죄, 미수죄, 기수죄의 수죄가 성립하는 것이 아니라 포괄하여 1개의 관세법위반죄가 성립한다고 보아야 한다[대판 2000.4.25. 99도5479].

6. 주식시세조종의 목적으로 허위매수주문행위, 고가매수주문행위 및 통정매매행위 등을 반복한 경우, 이는 시세조종 등 불공정거래의 금지를 규정하고 있는 증권거래법 제188조의4에 해당하는 수개의 행위를 단일하고 계속된 범의 하에서 일정기간 계속하여 반복한 범행이라 할 것이고… 피해법익의 동일성도 인정되므로, 증권거래법 제188조의4 소정의 불공정거래행위금지위반의 포괄일죄가 성립한다[대판 2002.7.26. 2002도1855].

7. **(매우 중요)** 절도범이 체포를 면탈할 목적으로 체포하려는 여러 명의 피해자에게 같은 기회에 폭행을 가하여 그 중 1인에게만 상해를 가하였다면 이러한 행위는 포괄하여 하나의 강도상해죄만 성립한다[대판 2001.8.21. 2001도3447]. [♠ 05, 08, 09, 11, 14 사시] [♣ 12, 14 변시]

8. 피고인이 공소외인과 공모하여 피해은행을 기망하여 피해은행으로 하여금 신용장을 개설하게 하였고 그 후 공소외인이 그 신용장대금을 수령하였는데, 위와 같이 신용장 개설로 인한 이익 편취에 그치지 않고 나아가 신용장대금의 수령을 통한 재물 편취에까지 나아간 경우 포괄하여 하나의 재물 편취로 인한 사기죄만이 성립한다[대판 2012.9.27. 2010도16946].[12]

9. 범죄단체의 구성이나 가입은 범죄행위의 실행 여부와 관계없이 범죄단체 구성원으로서의 활동을 예정하는 것이고, 범죄단체 구성원으로서의 활동은 범죄단체의 구성이나 가입을 당연히 전제로 하는 것이므로, 양자는 모두 범죄단체의 생성 및 존속·유지를 도모하는, 범죄행위에 대한 일련의 예비·음모 과정에 해당한다는 점에서 범의의 단일성과 계속성을 인정할 수 있을 뿐만 아니라 피해법익도 다르지 않다. 따라서 범죄단체를 구성하거나 이에 가입한 자가 더 나아가 구성원으로 활동하는 경우, 이는 포괄일죄의 관계에 있다[대판 2015.9.10. 2015도7081].

비교판례 범죄단체 등에 소속된 조직원이 저지른 폭력행위 등 처벌에 관한 법률(이하 '폭력행위처벌법'이라 한다) 위반(단체 등의 공동강요)죄 등의 개별적 범행과 폭력행위처벌법 위반(단체 등의 활동)죄는 범

12) 신용장 개설은행은 대금지급을 확약하는 당사자의 지위에 놓이게 된다.

행의 목적이나 행위 등 측면에서 일부 중첩되는 부분이 있더라도, 일반적으로 구성요건을 달리하는 별개의 범죄로서 범행의 상대방, 범행 수단 내지 방법, 결과 등이 다를 뿐만 아니라 그 보호법익이 일치한다고 볼 수 없다. 또한 폭력행위처벌법 위반(단체 등의 구성·활동)죄와 위 개별적 범행은 특별한 사정이 없는 한 법률상 1개의 행위로 평가되는 경우로 보기 어려워 상상적 경합이 아닌 실체적 경합관계에 있다고 보아야 한다[대판 2022.9.7. 2022도6993].

10. 형법상 직권남용권리행사방해죄는 국가기능의 공정한 행사라는 국가적 법익을 보호하는 데 주된 목적이 있고, 직권남용으로 인한 국가정보원법 위반죄도 마찬가지이다. 따라서 국가정보원 직원이 동일한 사안에 관한 일련의 직무집행 과정에서 단일하고 계속된 범의로 일정 기간 계속하여 저지른 직권남용행위에 대하여는 설령 그 상대방이 수인이라고 하더라도 포괄일죄가 성립할 수 있다고 봄이 타당하다. 다만 각 직권남용 범행이 포괄일죄가 되느냐 경합범이 되느냐에 따라 공소시효의 완성 여부, 기판력이 미치는 범위 등이 달라질 수 있으므로, 개별 사안에서 포괄일죄의 성립 여부는 직무집행 대상의 동일 여부, 범행의 태양과 동기, 각 범행 사이의 시간적 간격, 범의의 단절이나 갱신 여부 등을 세밀하게 살펴 판단하여야 한다[대판 2021.3.11. 2020도12583].

判例 포괄일죄가 부정된 경우(실체적 경합)

(1) 범의의 단일성 부정

1. 피해자를 1회 강간하여 상처를 입게 한 후 약 1시간 후에 장소를 옮겨 같은 피해자를 다시 1회 강간한 행위는 그 범행시간과 장소를 달리하고 있을 뿐만 아니라 각 별개의 범의에서 이루어진 행위로서 형법 제37조 전단의 실체적 경합범에 해당한다[대판 1987.5.12. 87도694].

   동지판례 피고인이 이 사건 범행 당일 02:00경 피고인 운전의 화물차량 안에서 위험한 물건인 쇠말뚝을 피해자에게 들이대며 강간하려고 하였으나 마침 그곳을 지나가던 사람에게 발각되어 그 뜻을 이루지 못하고 미수에 그치자, 다시 1시간 30분 가량 위 차량을 운전, 이동하여 정차한 후 이미 겁을 먹고 항거불능 상태에 있던 동 피해자를 1회 간음하였다면 피고인의 두 번에 걸친 행위는 그 범행시간과 장소를 달리하고 있을 뿐만 아니라, 별개의 범의하에 이루어진 것으로서 1개의 강간미수죄와 1개의 강간죄가 별개로 성립한다[대판 1996.9.6. 96도1763].

2. 컴퓨터로 음란 동영상을 제공한 제1범죄행위로 서버컴퓨터가 압수된 이후 다시 장비를 갖추어 동종의 제2범죄행위를 하고 제2범죄행위로 인하여 약식명령을 받아 확정된 사안에서, 피고인에게 범의의 갱신이 있어 제1범죄행위는 약식명령이 확정된 제2범죄행위와 실체적 경합관계에 있다고 보아야 할 것이라는 이유로, 포괄일죄를 구성한다고 판단한 원심판결을 파기한 사례[대판 2005.9.30. 2005도4051].

   동지판례 음반·비디오물 및 게임물에 관한 법률 위반의 범죄사실로 인하여 피고인이 운영한 게임장이 단속되어 관련 증거물이 압수된 후에도 영업을 재개하여 동일한 범죄를 다시 범하였다면 영업을 재개할 때마다 범의의 갱신이 있고 별개의 범죄가 성립한다[대판 2010.11.11. 2007도8645].

3. 신용협동조합의 전무가 수개의 거래처로부터 각기 다른 일시에 조합정관상의 1인당 대출한도를 초과하여 대출을 하여 달라는 부탁을 받고 이에 응하여 각기 다른 범의 하

에 부당대출을 하여 줌으로써 수개의 업무상 배임행위를 범한 경우, 그것은 포괄일죄에 해당하지 않는다[대판 1997.9.26. 97도1469]. [♠ 13 사시]

4. 히로뽕 완제품을 제조할 때 함께 만든 액체 히로뽕 반제품을 땅에 묻어 두었다가 약 1년 9월 후에 앞서 제조시의 공범 아닌 자 등의 요구에 따라 그들과 함께 위 반제품으로 그 완제품을 제조한 경우 포괄일죄을 이룬다고 할 수 없으므로 형법 제37조 전단의 경합범으로 의율처단하여야 한다[대판 1991.2.26. 90도2900]. [♠ 13 사시]

   동지판례 피고인의 첫 번째 히로뽕 제조행위와 두 번째의 히로뽕 제조행위를 서로 비교하여 보면 그 사이에 약 9개월의 간격이 있고 범행장소도 상이하여 범의의 단일성과 계속성을 인정하기 어려우므로 이들 두 죄를 포괄일죄라고 보기는 어려우니 경합가중을 한 원심조치는 정당하다[대판 1982.11.9. 82도2055].

5. 피고인이 미성년자를 유인하여 금원을 취득할 마음을 먹고 공소외 甲으로 하여금 피해자를 유인토록 하였으나 동인의 거절로 미수에 그치고, 같은 달 2차에 걸쳐 다시 피해자를 유인하였으나 마음이 약해져 각 실행을 중지하여 미수에 그치고, 다음 달 드디어 동 피해자를 린치, 살해하고 금원을 요구하는 내용의 협박편지를 피해자의 집 마루에 갖다 놓고 피해자의 안전을 염려하는 부모로부터 재물을 취득하려 했다면, 피고인은 당초의 범의를 철회 내지 방기하였다가 다시 범의를 일으켜 위 마지막의 약취유인 살해에 이른 것이라고 하지 않을 수 없으니, 그간에 범의의 갱신이 있어 그간의 범행이 단일한 의사발동에 인한 것이라고는 할 수 없으므로 위 각 미수죄와 기수죄를 경합범으로 의율한 원심판단은 정당하다[대판 1983.1.18. 82도2761].

6. 여신전문금융업법 제70조 제2항 제3호는 '물품의 판매 또는 용역의 제공을 가장하거나 실제 매출금액을 초과하여 신용카드 매출전표를 작성하고 자금을 융통하여 준 자'를 처벌하도록 규정하고 있는바, 그 구성요건 및 보호법익에 비추어 볼 때 위 규정 위반의 죄는 신용카드를 이용한 자금융통행위 1회마다 하나의 죄가 성립한다고 할 것이고, 일정기간 다수인을 상대로 동종의 자금융통행위를 계속하였다고 하더라도 그 범의가 단일하다고 할 수 없으므로 이를 포괄하여 하나의 죄가 성립한다고 할 수 없다[대판 2001.6.12. 2000도3559].

7. 의료기관의 개설자 명의는 의료기관을 특정하고 동일성을 식별하는 데에 중요한 표지가 되는 것이므로, 비의료인이 의료기관을 개설하여 운영하는 도중 개설자 명의를 다른 의료인 등으로 변경한 경우에는 그 범의가 단일하다거나 범행방법이 종전과 동일하다고 보기 어렵다. 따라서 개설자 명의별로 별개의 범죄가 성립하고 각 죄는 실체적 경합범의 관계에 있다고 보아야 한다[대판 2018.11.29. 2018도10779].

(2) 전속적 법익의 경우(수죄 성립)

1. 피고인이 단일한 범의로 동일한 장소에서 동일한 방법으로 시간적으로 접착된 상황에서 처와 자식들을 살해하였다고 하더라도 휴대하고 있던 권총에 실탄 6발을 장전하여 처와 자식들의 머리에 각기 1발씩 순차로 발사하여 살해하였다면 피해자들의 수에 따라 수개의 살인죄를 구성한다[대판 1991.8.27. 91도1637].

2. 강도가 한 개의 강도범행을 하는 기회에 수명의 피해자에게 각 폭행을 가하여 각 상해를 입힌 경우에는 각 피해자별로 수개의 강도상해죄가 성립하며 이들은 실체적 경합범의 관계에 있다[대판 1987.5.26. 87도527]. [♠ 04, 12 사시]

(3) 보호법익이나 행위태양이 다른 경우

1. 아파트의 각 세대를 분양받은 각 피해자에 대하여 소유권이전등기절차를 이행하여 주어야 할 업무상의 임무가 있었다면, 각 피해자의 보호법익은 독립된 것이므로, 범의가 단일하고 제3자 앞으로 각 소유권이전등기 및 근저당권설정등기를 한 각 행위시기가 근접하여 있으며 피해자들이 모두 위 회사로부터 소유권이전등기를 받을 동일한 권리를 가진 자라고 하여도, 각 공소사실이 포괄일죄의 관계에 있다고는 할 수 없고 피해자별로 독립한 수개의 업무상 배임죄의 관계에 있다[대판 1994.5.13. 93도3358].
2. 변호사가 아니면서 금품 · 향응 또는 그 밖의 이익을 받거나 받을 것을 약속하고 또는 제3자에게 이를 공여하게 하거나 공여하게 할 것을 약속하고 법률사건에 관하여 감정 · 대리 · 중재 · 화해 · 청탁 · 법률상담 또는 법률 관계 문서 작성, 그 밖의 법률사무를 취급하거나 이러한 행위를 알선하는 변호사법 제109조 제1호 위반행위에서 당사자와 내용을 달리하는 법률사건에 관한 법률사무 취급은 각기 별개의 행위라고 할 것이므로, 변호사가 아닌 사람이 각기 다른 법률사건에 관한 법률사무를 취급하여 저지르는 위 변호사법위반의 각 범행은 특별한 사정이 없는 한 실체적 경합범이 되는 것이지 포괄일죄가 되는 것이 아니다[대판 2015.1.15. 2011도14198].
3. 포괄일죄라 함은 각기 따로 존재하는 수개의 행위가 한 개의 구성요건을 한번 충족하는 경우를 말하므로 구성요건을 달리하고 있는 횡령, 배임 등의 행위와 사기의 행위는 포괄일죄를 구성할 수 없다[대판 1988.2.9. 87도58]. [♠ 15 사시]

(3-1) 보호법익에 대한 침해의 정도가 다른 경우

피고인이 자신의 집에 메스암페타민 0.8g을 숨겨두어 소지하다가(이하 '1차 소지행위'라 한다), 그 후 수차에 걸쳐 투약하고 남은 0.38g을 평소 자신의 지배 · 관리 아래에 있지 않을 뿐 아니라 일반 투숙객들의 사용에 제공되는 모텔 화장실 천장에 숨겨두어 소지한(이하 '2차 소지행위'라 한다) 경우, 1차 소지행위와 2차 소지행위는 소지의 장소와 태양 등에 현저한 차이와 변화가 존재하고, 2차 소지행위는 1차 소지행위보다 수사기관의 압수 · 수색 등에 의하여 발각될 위험성이 훨씬 낮은 것이어서, 그만큼 메스암페타민의 오 · 남용으로 인한 보건상의 위해로 이어질 가능성이 상대적으로 높아 이들 소지행위는 그 소지죄의 보호법익과 관련하여서도 법익침해의 동일성을 달리할 정도의 차이를 보이고 있으므로, 비록 1차 소지행위와 2차 소지행위가 시간적으로 하나의 계속성을 가지는 소지행위에 포섭되는 것이라 하더라도, 2차 소지행위는 1차 소지행위와 별개의 독립한 범죄에 해당한다[대판 2011.2.10. 2010도16742].

(4) 범행방법의 동일성 부정

석유를 수입하는 것처럼 가장하여 신용장 개설은행들로 하여금 신용장을 개설하게 하고 신용장 대금 상당액의 지급을 보증하게 함으로써 동액 상당의 재산상 이익을 취득한 행위는 피해자들인 신용장 개설은행별로 각각 포괄하여 1죄가 성립하고, 분식회계에 의한 재무제표 및 감사보고서 등으로 은행으로 하여금 신용장을 개설하게 하여 신용장 대금 상당액의 지급을 보증하게 함으로써 동액 상당의 재산상 이익을 취득한 행위도 포괄하여 1죄가 성립한다고 할 것이나, 위와 같이 '가장거래에 의한 사기죄'와 '분식회계에 의한 사기죄'는 범행 방법이 동일하지 않아 그 피해자가 동일하더라도 포괄일죄가 성립한다고 할 수 없다[대판 2010.5.27. 2007도10056].

(5) 상습범이 인정되지 않은 경우

형법 제341조나 특정범죄 가중처벌 등에 관한 법률에서 강도, 특수강도, 약취강도, 해상강도의 각 죄에 관해서는 상습범가중처벌규정을 두고 있으나 강도상해, 강도강간 등 각 죄에 관해서는 상습범가중처벌규정을 두고 있지 아니하므로 특수강도죄와 그 후에 범한 강도강간 및 강도상해 등 죄는 포괄일죄의 관계에 있지 아니하다[대판 1992.4.14. 92도297].[13] [♠ 15 사시]

동지판례 강도죄와 강도상해죄는 따로 규정되어 있고 상습강도죄에 강도상해죄가 포괄흡수 될 수는 없는 것이므로 위 2죄는 상상적 경합범 관계가 아니다[대판 1990.9.28. 90도1365].

(6) 기 타

1. **(여러날에 걸친 무면허운전행위 : 실체적 경합)** 무면허운전으로 인한 도로교통법위반죄에 있어서는 어느 날에 운전을 시작하여 다음날까지 동일한 기회에 일련의 과정에서 계속 운전을 한 경우 등 특별한 경우를 제외하고는 사회통념상 운전한 날을 기준으로 운전한 날마다 1개의 운전행위가 있다고 보는 것이 상당하므로 운전한 날마다 무면허운전으로 인한 도로교통법위반의 1죄가 성립한다고 보아야 할 것이고, 비록 계속적으로 무면허운전을 할 의사를 가지고 여러 날에 걸쳐 무면허운전행위를 반복하였다 하더라도 이를 포괄하여 일죄로 볼 수는 없다[대판 2002.7.23. 2001도6281]. [♠ 05, 13, 15 사시]

   비교판례 **(같은 날에 걸친 무면허운전행위 : 포괄일죄)** 같은 날 무면허운전 행위를 여러 차례 반복한 경우라도 그 범의의 단일성 내지 계속성이 인정되지 않거나 범행 방법 등이 동일하지 않은 경우 각 무면허운전 범행은 실체적 경합 관계에 있다고 볼 수 있으나, 그와 같은 특별한 사정이 없다면 각 무면허운전 행위는 동일 죄명에 해당하는 수 개의 동종 행위가 동일한 의사에 의하여 반복되거나 접속·연속하여 행하여진 것으로 봄이 상당하고 그로 인한 피해법익도 동일한 이상, 각 무면허운전 행위를 통틀어 포괄일죄로 처단하여야 한다[대판 2022.10.27. 2022도8806].

2. **(필연적 관련성이 없는 전후의 행위 : 실체적 경합)** 수개의 행위태양이 동일한 법익을 침해하는 일련의 행위로서 각 행위 간의 필연적 관련성이 당연히 예상되어 있는 경우는 포괄일죄라고 볼 수 있을 것이다. … 그러나 일반적으로 물건의 제조행위와 판매행위는 독립된 행위로서 그 판매행위가 제조행위에 수반되는 필연적 결과라거나 반대로 제조행위가 판매행위의 필연적 수단이라고 볼 수는 없으므로, 제조행위와 판매행위는 당해 행위 사이에서 각각 포괄일죄의 관계에 있을 뿐, 그 제조행위와 판매행위는 서로 독립한 가벌적 행위로서 별개의 죄를 구성한다고 보아야 한다[대판 2007.2.22. 2006도7834].

3. **(당사자와 내용을 달리하는 법률사건에 관한 변호사법위반행위)** 변호사가 아니면서 금품·향응 또는 그 밖의 이익을 받거나 받을 것을 약속하고 또는 제3자에게 이를 공여하게 하거나 공여하게 할 것을 약속하고 법률사건에 관하여 감정·대리·중재·화해·청탁·법률상담 또는 법률 관계 문서 작성, 그 밖의 법률사무를 취급하거나 이러한 행위를 알선하는 변호사법 제109조 제1호 위반행위에서 당사자와 내용을 달리하는 법률사건에 관한 법률사무 취급은 각기 별개의 행위라고 할 것이므로, 변호사가 아닌 사람이 각기 다른 법률사건에 관한 법률

13) 제341조(상습범) : 상습으로 제333조(강도), 제334조(특수강도), 제336조(인질강도) 또는 제340조 제1항(해상강도)의 죄를 범한 자는 무기 또는 10년 이상의 징역에 처한다.

사무를 취급하여 저지르는 위 변호사법위반의 각 범행은 특별한 사정이 없는 한 실체적 경합범이 되는 것이지 포괄일죄가 되는 것이 아니다[대판 2015.1.15. 2011도14198].

判例 상습범이 포괄일죄가 되기 위한 요건 및 저작재산권 침해행위의 죄수

[1] 상습범이란 어느 기본적 구성요건에 해당하는 행위를 한 자가 범죄행위를 반복하여 저지르는 습벽, 즉 상습성이라는 행위자적 속성을 갖추었다고 인정되는 경우에 이를 가중처벌 사유로 삼고 있는 범죄유형을 가리키므로, 상습성이 있는 자가 같은 종류의 죄를 반복하여 저질렀다 하더라도 상습범을 별도의 범죄유형으로 처벌하는 규정이 없는 한 각 죄는 원칙적으로 별개의 범죄로서 경합범으로 처단할 것이다. [♣ 20 변시]
[2] 저작재산권 침해행위는 저작권자가 같더라도 저작물별로 침해되는 법익이 다르므로, 각각의 저작물에 대한 침해행위는 원칙적으로 각 별개의 죄를 구성한다. 다만 단일하고도 계속된 범의 아래 동일한 저작물에 대한 침해행위가 일정기간 반복하여 행하여진 경우에는 포괄하여 하나의 범죄가 성립한다고 볼 수 있다[대판 2012.5.10. 2011도12131], [대판 2013.8.23. 2011도1957]. [♣ 14 변시]

3. 포괄일죄의 처리

(1) 실체법상 효과

① 포괄일죄는 실체법상 일죄이므로 하나의 죄로 처벌된다.

判例 포괄일죄의 일부에 대한 확정판결의 효과

1. 상습범의 중간에 동종의 상습범의 확정판결이 있는 경우, 확정판결 전후의 범행은 두 개의 죄로 분단된다[대판 2000.3.10. 99도2744]. [♠ 09 사시] [♣ 12, 14 변시]
2. 다른 사람의 주택에 무단 침입한 범죄사실로 이미 유죄판결을 받은 사람이 그 판결이 확정된 후에도 퇴거하지 않은 채 계속하여 당해 주택에 거주한 경우, 위 판결 확정 이후의 행위는 별도의 주거침입죄를 구성한다[대판 2008.5.8. 2007도11322]. [♠ 14 사시]

② 구성요건을 달리하는 행위가 포괄일죄인 경우에는 가장 중한 죄의 일죄로 처벌된다(판례).

判例 상습범의 처벌 – 법정형이 중한 죄로 처벌

세 번의 특수절도사실, 한 번의 특수절도미수사실, 한 번의 절도사실 등 7가지 사실이 상습적으로 반복한 것으로 볼 수 있다면 … 법정형이 가장 중한 상습특수절도죄에 나머지 죄를 포괄시켜 하나의 죄만이 성립한다[대판 1975.5.27. 75도1184].

③ 포괄일죄는 일죄이므로 포괄일죄에 속하는 부분행위가 진행 중 법률의 변경이 있는 때에는 최후의 행위시법이 행위시법으로 인정된다(판례).

④ 포괄일죄의 일부에 가담한 자는 그 부분에 대해서 공동정범 또는 공범이 성립된다(판례).

(2) 소송법상 효과

포괄일죄의 공소시효는 최종의 범죄행위가 종료한 때로부터 진행한다(판례).

判例 포괄일죄의 소송법상 효과

[1] 상습성을 갖춘 자가 여러 개의 죄를 반복하여 저지른 경우에는 각 죄를 별죄로 보아 경합범으로 처단할 것이 아니라 그 모두를 포괄하여 상습범이라고 하는 하나의 죄로 처단하는 것이 상습범의 본질 또는 상습범 가중처벌규정의 입법취지에 부합한다.
[2] 상습범으로서 포괄적 일죄의 관계에 있는 여러 개의 범죄사실 중 일부에 대하여 유죄판결이 확정된 경우에, 그 확정판결의 사실심판결 선고 전에 저질러진 나머지 범죄에 대하여 새로이 공소가 제기되었다면 그 새로운 공소는 확정판결이 있었던 사건과 동일한 사건에 대하여 다시 제기된 데 해당하므로 이에 대하여는 판결로써 면소의 선고를 하여야 하는 것인바(형사소송법 제326조 제1호), 다만 이러한 법리가 적용되기 위해서는 전의 확정판결에서 당해 피고인이 상습범으로 기소되어 처단되었을 것을 필요로 하는 것이고, 상습범 아닌 기본 구성요건의 범죄로 처단되는 데 그친 경우에는, 가사 뒤에 기소된 사건에서 비로소 드러났거나 새로 저질러진 범죄사실과 전의 판결에서 이미 유죄로 확정된 범죄사실 등을 종합하여 비로소 그 모두가 상습범으로서의 포괄적 일죄에 해당하는 것으로 판단된다 하더라도 뒤늦게 앞서의 확정판결을 상습범의 일부에 대한 확정판결이라고 보아 그 기판력이 그 사실심판결 선고 전의 나머지 범죄에 미친다고 보아서는 아니 된다 [대판(전) 2004.9.16. 2001도3206]. [♣14 변시]

제3절 수 죄

제40조(상상적 경합) 한 개의 행위가 여러 개의 죄에 해당하는 경우에는 가장 무거운 죄에 대하여 정한 형으로 처벌한다.

Ⅰ. 상상적 경합

1. 상상적 경합의 의의와 본질

(1) 의 의

상상적 경합이란 한 개의 행위가 여러 개의 죄에 해당하는 경우를 말한다(예 1개의 폭탄을 투척하여 수인을 살해한 경우).

(2) 본 질

일죄설(행위표준설, 의사표준설), 수죄설(구성요건표준설, 법익표준설)의 다툼이 있으나 형법 제40조는 명문으로 "수개의 죄"라고 명시하고 있으므로 수죄설이 타당하다(판례, 통설).

(3) 견련범

① 범죄의 수단과 목적인 행위가 수개의 죄명에 해당하는 경우이다(예 주거침입죄와 절도죄 · 강간죄의 관계).

② 원칙적으로 경합범이 되나, 행위의 동일성이 인정되는 범위에서 예외적으로 상상적 경합이 성립할 수 있다(다수설).

判例 **(견련범이지만 실체적 경합이 인정된 사례)** 피고인이 예금통장을 강취하고 예금자 명의의 예금청구서를 위조한 다음 이를 은행원에게 제출 행사하여 예금인출금 명목의 금원을 교부받았다면 강도, 사문서위조, 동행사, 사기의 각 범죄가 성립하고 이들은 실체적 경합관계에 있다 할 것이다[대판 1991.9.10. 91도1722]. [♠ 05, 08 사시] [♣ 17 변시]

2. 상상적 경합의 요건

(1) 한 개의 행위가 있을 것

① 행위의 단일성 : 한 개의 행위란 법적 평가를 떠나 사회관념상 행위가 사물자연의 상태로서 한 개로 평가되는 것을 말한다(판례).

判例 **한 개의 행위가 수 개의 죄에 해당하여 상상적 경합이 인정되는 경우**

1. 피고인이 여관에서 종업원을 칼로 찔러 상해를 가하고 객실로 끌고 들어가는 등 폭행 · 협박을

하고 있던 중, 마침 다른 방에서 나오던 여관의 주인도 같은 방에 밀어 넣은 후, 주인으로부터 금품을 강취하고, 1층 안내실에서 종업원 소유의 현금을 꺼내갔다면, 여관 종업원과 주인에 대한 각 강도행위가 각별로 강도죄를 구성하되 피고인이 피해자인 종업원과 주인을 폭행·협박한 행위는 법률상 1개의 행위로 평가되는 것이 상당하므로 위 2죄는 상상적 경합범관계에 있다고 할 것이다[대판 1991.6.25. 91도643].

동지판례 여러 사람의 권리의 목적이 된 자기의 물건을 취거, 은닉 또는 손괴함으로써 그 여러 사람의 권리행사를 방해하였다면 권리자별로 각각 권리행사방해죄가 성립하고 각 죄는 서로 상상적 경합범의 관계에 있다[대판 2022.5.12. 2021도16876].

2. 당좌수표를 조합 이사장 명의로 발행하여 그 소지인이 지급제시기간 내에 지급제시하였으나 거래정지처분의 사유로 지급되지 아니하게 한 사실(부정수표단속법위반죄)과 동일한 수표를 발행하여 조합에 대하여 재산상 손해를 가한 사실(업무상배임죄)은 사회적 사실관계가 기본적인 점에서 동일하다고 할 것이어서 1개의 행위가 수 개의 죄에 해당하는 경우로서 형법 제40조에 정해진 상상적 경합관계에 있다[대판 2004.5.13. 2004도1299]. [♠11 사시]

② 행위의 동일성

㉮ 수죄 사이에 객관적 실행행위의 동일성이 인정되어야 한다.

㉯ **행위가 완전히 동일한 경우** : 한 개의 행위로 인정된다(**예** 폭탄을 일회 투척하여 수인을 살해 한 경우). ⅰ) 고의범과 과실범,[1] 부작위범과 부작위범[2] 간에는 상상적 경합이 성립할 수 있으나, ⅱ) 통설은 작위범과 부작위범 간에는 실행행위의 동일성을 인정할 수 없으므로 한 개의 행위가 될 수 없어 상상적 경합이 인정될 수 없다고 한다. 그러나 판례는 하나의 행위가 부작위범인 직무유기죄와 작위범인 범인도피죄의 구성요건을 동시에 충족하는 경우를 인정하고 있다.

判例 상상적 경합이 인정된 경우(행위의 완전한 동일성)

1. 피고인이 자동차운전면허를 받지 아니하고 술에 취한 상태로 승용차를 운전하였다는 것은 사회관념상 1개의 운전행위라 할 것이므로, 이로 인한 도로교통법위반(음주운전)죄와 도로교통법위반(무면허운전)죄는 형법 제40조의 상상적 경합관계에 있다고 할 것이다[대판 2012.7.5. 2012도5108], [대판 1987.2.24. 86도2731]. [♠99, 01, 09 사시] [♣17, 21 변시]

2. 자동차운전자가 타 차량을 들이받아 그 차량을 손괴하고 동시에 동 차량에 타고 있던 승객에게 상해를 입힌 경우, 이는 동일한 업무상과실로 발생한 수개의 결과로서 형법 제40조 소정의 상상적 경합관계에 있다[대판 1986.2.11. 85도2658].

---

1) **예** 폭탄을 일회 투척하여 고의로 재물을 손괴하고 과실로 사람을 치사케 한 경우

2) **예** 아버지가 구조가능성이 충분함에도 불구하고 두 아들을 익사하도록 방치한 경우

判例 하나의 행위가 작위범과 부작위범의 구성요건을 동시에 충족하는 경우의 공소제기 방법

하나의 행위가 부작위범인 직무유기죄와 작위범인 범인도피죄의 구성요건을 동시에 충족하는 경우 공소제기권자는 재량에 의하여 작위범인 범인도피죄로 공소를 제기하지 않고 부작위범인 직무유기죄로만 공소를 제기할 수도 있다[대판 1999.11.26. 99도1904]. [♠ 10 사시] [♣ 12, 13 변시]

㈐ **행위의 부분적 동일성** : 실행행위가 부분적으로 동일한 경우에도 한 개의 행위로 인정될 수 있다. 그러나 단지 행위의 동시성이 인정된다고 하여 한 개의 행위로 인정되는 것은 아니다. (예 주거에 침입하여 강간한 경우에는 주거침입과 강간이 동시성은 인정되나 별개의 행위이므로 실체적 경합이 인정된다).

判例 상상적 경합이 인정된 경우(행위의 부분적 동일성)

1. **(체포를 면탈할 목적으로 경찰관에게 폭행 · 협박한 경우 : 절도범은 상상적 경합, 강도범은 실체적 경합)** 절도범인이 체포를 면탈할 목적으로 경찰관에게 폭행 · 협박을 가한 때에는 준강도죄와 공무집행방해죄를 구성하고 양죄는 상상적 경합관계에 있으나, 강도범인이 체포를 면탈할 목적으로 경찰관에게 폭행을 가한 때에는 강도죄와 공무집행방해죄는 실체적 경합관계에 있고 상상적 경합관계에 있는 것이 아니다[대판 1992.7.28 92도917]. [♠ 00, 01, 03, 04, 06, 07, 08, 09, 11, 12, 13, 14 사시] [♣ 15, 17, 19 변시]
2. 강도가 재물강취의 뜻을 재물의 부재로 이루지 못한 채 미수에 그쳤으나 그 자리에서 항거불능의 상태에 빠진 피해자를 간음할 것을 결의하고 실행에 착수했으나 역시 미수에 그쳤더라도 반항을 억압하기 위한 폭행으로 피해자에게 상해를 입힌 경우에는 강도강간미수죄와 강도치상죄가 성립되고 이는 1개의 행위가 2개의 죄명에 해당되어 상상적 경합관계가 성립된다[대판 1988.6.28. 88도820]. [♠ 01, 08, 09, 12 사시]

판 례 연 습

아래의 각 사안에 의할 때 甲과 乙의 죄책은?

〈사안 1〉

甲은 화물자동차를 운행하던 중 A女(17세)의 부탁으로 A女를 운전석 옆에 태우고 가다가 강간의사가 생겨 목적지에 데려다 주지 않고 하차요구를 거절한 채 강제로 여관까지 데리고 가서 A를 강간하려 했으나 미수에 그치고 말았다.

〈사안 2〉

乙 등은 B女를 자신의 승용차에 태우고 가던 중 B女의 얼굴을 때려 상처를 낸 후 B女로부터 현금이 든 가방을 빼앗았다. 가방을 빼앗긴 B女가 차에서 내려달라고 하였지만, 乙은 요구를 무시한 채 20여분 정도 차를 더 몰고 가다가 다른 차와 충돌하였다. 이때 B女는 겨우 풀려났다.

판결요지

〈사안 1〉 피고인이 피해자가 자동차에서 내릴 수 없는 상태를 이용하여 강간하려고 결의하고, 주행 중인 자동차에서 탈출 불가능하게 하여 외포케 하고 50km를 운행하여, 여관 앞까지 강제로 연행하여 강간하려다 미수에 그친 경우 위 협박은 감금죄의 실행의 착수임과 동시에 강간미수죄의 실행의 착수라고 할 것이고, 감금과 강간미수의 두 행위가 시간적·장소적으로 중복될 뿐 아니라 감금행위 그 자체가 강간의 수단인 협박행위를 이루고 있는 경우로서 이 사건 감금과 강간미수죄는 일개의 행위에 의하여 실현된 경우로서 형법 제40조의 상상적 경합이라고 해석함이 상당할 것이다[대판 1983.4.26. 83도323]. [♠ 99 사시]

〈사안 2〉 감금행위가 단순히 강도상해 범행의 수단이 되는 데 그치지 아니하고 강도상해의 범행이 끝난 뒤에도 계속된 경우에는 1개의 행위가 감금죄와 강도상해죄에 해당하는 경우라고 볼 수 없고, 이 경우 감금죄와 강도상해죄는 형법 제37조의 경합범 관계에 있다[대판 2003.1.10. 2002도4380]. [♠ 05, 07, 11, 12, 13, 15 사시] [♣ 14, 17, 18 변시]

정답 (甲 : 감금죄와 강간미수죄의 상상적 경합, 乙 : 강도상해죄와 감금죄의 실체적 경합)

判例 상상적 경합과 포괄일죄의 구별

상상적 경합은 1개의 행위가 실질적으로 수개의 구성요건을 충족하는 경우를 말하고, 법조경합은 1개의 행위가 외관상 수개의 죄의 구성요건에 해당하는 것처럼 보이나 실질적으로 1죄만을 구성하는 경우를 말하며, 실질적으로 1죄인가 또는 수죄인가는 구성요건적 평가와 보호법익의 측면에서 고찰하여 판단하여야 한다[대판 2000.7.7. 2000도1899], [대판 2011.11.24. 2010도8568]. [♠ 12 사시]

③ 연결효과에 의한 상상적 경합

㉮ **쟁 점** : 2개의 독립적 행위가 제3의 행위와 각각 상상적 경합관계에 있을 때, 이 2개의 행위가 제3의 행위에 의하여 연결되어 상상적 경합관계가 성립할 수 있는가의 문제이다.

㉯ **인정여부** : 긍정설, 부정설, 제한적 긍정설의 다툼이 있다. 판례는 인정여부에 대하여 명시적으로 밝히지 아니한 채 다음과 같이 처리하고 있다.

判例 연결효과에 의한 상상적 경합의 인정여부가 문제되는 사례

[1] 예비군 중대장이 그 소속예비군으로부터 금원을 교부받고 그 예비군이 예비군훈련에 불참하였음에도 불구하고 참석한 것처럼 허위내용의 중대학급편성명부를 작성·행사한 경우라면 수뢰후부정처사죄 외에 별도로 허위공문서작성 및 동행사죄가 성립하고 이들 죄와 수뢰후부정처사죄는 각각 상상적 경합관계에 있다고 할 것이다.

[2] 허위공문서작성죄와 동행사죄가 수뢰후부정처사죄와 각각 상상적 경합관계에 있을 때에는 허

위공문서작성죄와 동행사죄 상호간은 실체적 경합범관계에 있다고 할지라도 상상적 경합범관계에 있는 수뢰후 부정처사죄와 대비하여 가장 중한 죄에 정한 형으로 처단하면 족한 것이고 따로 경합 가중을 할 필요가 없다[대판 1983.7.26. 83도1378].

동지판례 i) 형법 제131조 제1항의 수뢰후부정처사죄에 있어서 공무원이 수뢰후 행한 부정행위가 공도화변조 및 동행사죄와 같이 보호법익을 달리하는 별개 범죄의 구성요건을 충족하는 경우에는 수뢰후부정처사죄 외에 별도로 공도화변조 및 동행사죄가 성립하고 이들 죄와 수뢰후부정처사죄는 각각 상상적 경합 관계에 있다고 할 것인바, 이와 같이 공도화변조죄와 동행사죄가 수뢰후부정처사죄와 각각 상상적 경합범 관계에 있을 때에는 공도화변조죄와 동행사죄 상호간은 실체적 경합범 관계에 있다고 할지라도 상상적 경합범 관계에 있는 수뢰후부정처사죄와 대비하여 가장 중한 죄에 정한 형으로 처단하면 족한 것이고 따로이 경합범 가중을 할 필요가 없다[대판 2001.2.9. 2000도1216].
[♠ 03 사시] [♣ 17 변시]
ii) 회사 명의의 합의서를 임의로 작성·교부하여 회사에 재산상 손해를 가한 경우, 사문서위조·동 행사죄와 업무상배임죄는 상상적 경합관계에 있다[대판 2009.4.9. 2008도5634].

(2) 여러 개의 죄에 해당할 것

① 의 의 : 여러 개의 죄에 해당한다 함은 한 개의 행위로 여러 개의 범죄가 성립하여야 한다는 것을 말한다.

② 유 형 : 이종의 상상적 경합(예 현주건조물방화치사죄와 존속살해죄의 상상적 경합)은 물론 동종의 상상적 경합도 가능하다(예 1개의 폭탄을 투척하여 수인을 살해한 경우 : 수개의 살인죄의 상상적 경합).

判例 상상적 경합이 인정된 경우

1. 1개의 행위에 관하여 사기죄와 업무상배임죄의 각 구성요건이 모두 구비된 때에는 양 죄를 법조경합 관계로 볼 것이 아니라 상상적 경합관계로 봄이 상당하다 할 것이고, 나아가 업무상배임죄가 아닌 단순배임죄라고 하여 양 죄의 관계를 달리 보아야 할 이유도 없다. 따라서 타인의 사무를 처리하는 자가 본인을 기망하여 재물을 교부받은 경우, 사기죄와 배임죄의 상상적 경합에 해당한다[대판(전) 2002.7.18. 2002도669]. [♠ 03, 04, 06, 08, 11, 13, 14 사시] [♣ 12 변시]
2. 문서에 2인 이상의 작성명의인이 있을 때에는 각 명의자마다 1개의 문서가 성립되므로 2인 이상의 연명으로 된 문서를 위조한 때에는 작성명의인의 수대로 수개의 문서위조죄가 성립하고 또 그 연명문서를 위조하는 행위는 자연적 관찰이나 사회통념상 하나의 행위라 할 것이어서 위 수개의 문서위조죄는 형법 제40조가 규정하는 상상적 경합범에 해당한다[대판 1987.7.21. 87도564; 동지 대판 1956.3.2. 4288형상343].
[♠ 99, 01, 03, 15 사시]
3. 한국소비자보호원을 비방할 목적으로 18회에 걸쳐서 출판물에 의하여 공연히 허위의 사실을 적시·유포함으로써 한국소비자보호원의 명예를 훼손하고 업무를 방해하였다는 각 죄는 1개의 행위가 2개의 죄에 해당하는 형법 제40조 소정의 상상적 경합의 관계에 있다[대판 1993.4.13. 92도3035].
[♠ 04, 07 사시]

동지판례 허위사실을 유포한 1개의 행위가 형법 제314조 제1항의 허위사실 유포에 의한 업무방해죄 뿐 아니라 형법 제307조 제2항의 허위사실적시에 의한 명예훼손죄에도 해당하는 경우 그 2개의 죄는 상상적 경합관계에 있다[대판 2007.11.15. 2007도7140]. [♠ 15 사시]

4. [1] 동일한 공무를 집행하는 여럿의 공무원에 대하여 폭행·협박 행위를 한 경우에는 공무를 집행하는 공무원의 수에 따라 여럿의 공무집행방해죄가 성립하고, 위와 같은 폭행·협박 행위가 동일한 장소에서 동일한 기회에 이루어진 것으로서 사회관념상 1개의 행위로 평가되는 경우에는 여럿의 공무집행방해죄는 상상적 경합의 관계에 있다.
[2] 범죄 피해 신고를 받고 출동한 두 명의 경찰관에게 욕설을 하면서 차례로 폭행을 하여 신고처리 및 수사 업무에 관한 정당한 직무집행을 방해한 경우, 동일한 장소에서 동일한 기회에 이루어진 폭행 행위는 사회관념상 1개의 행위에 해당하므로, 위 공무집행방해죄는 형법 제40조에 정한 상상적 경합의 관계에 있다[대판 2009.6.25. 2009도3505]. [♠ 10, 11, 12, 13, 14 사시]
5. 공갈죄에 있어서 공갈행위의 수단으로 상해행위가 행하여진 경우에는 공갈죄와 별도로 상해죄가 성립하고, 이들 죄는 상상적 경합관계에 있다[대판 2008.1.24. 2007도9580].
6. 차의 운전자가 업무상 과실로 사람을 상해에 이르게 함과 동시에 물건을 손괴하고 도주한 경우 특정범죄가중처벌등에관한법률위반(도주치상)죄와 도로교통법위반(사고후미조치)죄는 상상적 경합범 관계에 있다[대판 1993.5.11. 93도49]. [♣ 21 변시]

6-1. 형법 제307조의 명예훼손죄와 공직선거법 제251조의 후보자비방죄는 상상적 경합의 관계에 있다[대판 1998.3.24. 97도2956]. [♠ 06 사시]

7. 정당법의 규정이 공직선거법의 규정에 대하여 특별법의 관계에 있다고 볼 수 없고, 이들은 각기 독립된 별개의 구성요건으로서 1개의 행위가 각 구성요건을 충족하는 경우에는 상상적 경합의 관계에 있다고 보아야 한다[대판 2003.4.8. 2002도6033]. [♠ 04 사시]
8. 피고인이 피해자를 협박함으로써 금원을 갈취하고 이로 인하여 법정 중개수수료 상한을 초과한 금품을 받은 것은 1개의 행위가 수개의 죄에 해당하는 상상적 경합의 경우에 해당한다[대판 1996.10.15. 96도1301].
9. 밀수품이 강도행위에 의하여 취득된 경우에는 관세법 위반(관세장물취득)죄와 강도죄가 성립하고, 양 죄는 상상적 경합범의 관계에 있다 할 것이다[대판 1982.12.28. 81도1875].
10. 의료법 제68조, 제16조 제1항의 진료거부로 인한 의료법위반죄와 같은법 제67조, 제16조 제2항의 응급조치불이행으로 인한 의료법위반죄는 그 규제내용이나 같은법 시행규칙 제10조 등의 관계규정에 비추어 포괄일죄의 관계에 있는 것이 아니라 상상적 경합관계에 있다[대판 1993.9.14. 93도1790].
11. 무허가 카지노영업으로 인한 관광진흥법위반죄와 도박개장죄는 상상적 경합범 관계에 있다[대판 2009.12.10. 2009도11151].
12. 동일인 한도초과 대출로 상호저축은행에 손해를 가하여 상호저축은행법 위반죄와 업무상배임죄가 모두 성립한 경우, 두 죄는 형법 제40조에서 정한 상상적 경합관계에 있다[대판 2011.2.24. 2010도13801].
13. 피고인 등이 피해자들을 유인하여 사기도박을 하여 도금을 편취한 행위는 사회관념상 1개의 행위로 평가함이 상당하므로, 피해자들에 대한 각 사기죄는 상상적 경합의 관계에 있다[대판 2011.1.13. 2010도9330]. [♠ 12 사시]

비교판례 사기죄에서 동일한 피해자에 대하여 수회에 걸쳐 기망행위를 하여 금원을 편취한 경우에 그 범의가 단일하고 범행 방법이 동일하다면 사기죄의 포괄일죄만이 성립한다. 따라서 피해자의 도박이 피고인들의 기망행위에 의하여 이루어졌다면 그로써 사기죄는 성립하며, 이로 인하여 피고인들이 취득한 재물이나 재산상 이익은 도박 당일 피해자가 잃은 도금 상당액이라 할 것이다[대판 2015.10.29. 2015도10948].

14. 불법 집회 및 시위와 그로 인하여 성립하는 일반교통방해는 상상적 경합관계에 있다[대판 2011.8.25. 2008도10960].
15. 채권자들에 의한 복수의 강제집행이 예상되는 경우 재산을 은닉 또는 허위양도함으로써 채권자들을 해하였다면 채권자별로 각각 강제집행면탈죄가 성립하고, 상호 상상적 경합범의 관계에 있다[대판 2011.12.8. 2010도4129].
16. 형법 제139조의 인권옹호직무명령불준수죄와 형법 제122조의 직무유기죄의 각 구성요건과 보호법익 등을 비교하여 볼 때, 인권옹호직무명령불준수죄가 직무유기죄에 대하여 법조경합 중 특별관계에 있다고 보기는 어렵고 양 죄를 상상적 경합관계로 보아야 한다[대판 2010.10.28. 2008도11999].
17. 주거에 침입하여 강간 범행을 하는 과정에서 한 폭행행위가 단순한 폭행이 아니라 자기의 형사사건의 수사 또는 재판과 관련하여 수사단서를 제공하고 진술한 것에 대한 보복의 목적을 가지고 한 것이었다면, 특정범죄 가중처벌 등에 관한 법률 위반(보복범죄등)죄가 성폭력범죄의 처벌 등에 관한 특례법 위반(주거침입강간등)죄에 흡수되는 법조경합의 관계에 있다고 볼 수 없고 양죄는 상상적 경합관계에 있다[대판 2012.3.15. 2012도544].
18. 여러 개의 위탁관계에 의하여 보관하던 여러 개의 재물을 1개의 행위에 의하여 횡령한 경우 위탁관계별로 수개의 횡령죄가 성립하고, 그 사이에는 상상적 경합의 관계가 있는 것으로 보아야 한다[대판 2013.10.31. 2013도10020].

    [사실관계] 甲이 A회사와 사이에 렌탈(임대차)계약을 체결하고 그로부터 컴퓨터 본체 24대, 모니터 1대를 받아 보관하였고, B회사와 사이에 리스(임대차)계약을 체결하고 그로부터 컴퓨터 본체 13대, 모니터 41대, 그래픽카드 13개, 마우스 11개를 보관하다가 C업체에 이를 한꺼번에 처분한 사건이다.

19. 국회의원 선거에서 정당의 공천을 받게 하여 줄 의사나 능력이 없음에도 이를 해 줄 수 있는 것처럼 기망하여 공천과 관련하여 금품을 받은 경우 공직선거법상 공천 관련 금품 수수죄와 사기죄가 모두 성립하고 양자는 상상적 경합의 관계에 있다[대판 2013.9.26. 2013도7876].
20. 공무원이 직무관련자에게 제3자와 계약을 체결하도록 요구하여 계약 체결을 하게 한 행위가 제3자뇌물수수죄의 구성요건과 직권남용권리행사방해죄의 구성요건에 모두 해당하는 경우에는, 제3자뇌물수수죄와 직권남용권리행사방해죄가 각각 성립하되, 이는 사회 관념상 하나의 행위가 수 개의 죄에 해당하는 경우이므로 두 죄는 형법 제40조의 상상적 경합관계에 있다[대판 2017.3.15. 2016도19659]. [♣ 20 변시]

判例 관계적 죄수판단

1. 단일하고 계속된 범의 아래 같은 장소에서 반복하여 여러 사람으로부터 계 불입금을 편취한 행위는 피해자별로 포괄하여 1개의 사기죄가 성립하고 이들 포괄일죄 상호간은 상상적 경합관계에 있다[대판 1990.1.25. 89도252].
2. 운전면허 없이 운전을 하다가 두 사람을 한꺼번에 치어 사상케 한 경우에 이 업무상 과실치사상의 행위는 상상적 경합죄에 해당하고 이와 무면허운전에 대한 도로교통법위반죄와는 실체적 경합관계에 있다[대판 1972.10.31. 72도2001]. [♣ 21 변시]
3. 피고인이 토끼를 사람 형상으로 표현한 캐릭터 모양의 인형을 수입·판매함으로써, 일본 甲 유한회사의 저작재산권을 침해하고, 甲 회사 등과의 상품화 계약에 따라 乙이 국내에서 판매하는 인형과 혼동하게 하며, 乙의 상표권을 침해하였다고 하여, 저작권법 위반, 부정경쟁방지 및 영업비밀보호에 관한 법률(이하 '부정경쟁방지법'이라고 한다) 위반, 상표법 위반으로 기소된 사안에서, 저작권법위반죄와 부정경쟁방지법위반죄는 1개의 행위가 수개의 죄에 해당하는 형법 제40조의 상상적 경합관계에 있고, 상표법위반죄는 나머지 죄들과 구성요건과 행위태양 등을 달리하여 형법 제37조 전단의 실체적 경합관계에 있다고 한 사례[대판 2015.12.10. 2015도11550].

3. 상상적 경합의 법적 효과

(1) 실체법적 효과

判例 상상적 경합의 처벌 – 전체적 대조주의

[1] 형법 제40조가 규정하는 1개의 행위가 수개의 죄에 해당하는 경우에는 "가장 중한 죄에 정한 형으로 처벌한다."함은 그 수개의 죄명 중 가장 중한 형을 규정한 법조에 의하여 처단한다는 취지와 함께 다른 법조의 최하한의 형보다 가볍게 처단할 수는 없다는 취지 즉, 각 법조의 상한과 하한을 모두 중한 형의 범위 내에서 처단한다는 것을 포함하는 것으로 새겨야 한다.
[2] 공무원이 취급하는 사건에 관하여 청탁 또는 알선을 할 의사와 능력이 없음에도 청탁 또는 알선을 한다고 기망하고 금품을 교부받은 경우, 사기죄와 변호사법 위반죄가 상상적 경합의 관계에 있다. [♣ 20, 21 변시]
[3] 상상적 경합의 관계에 있는 사기죄와 변호사법 위반죄에 대하여 형이 더 무거운 사기죄에 정한 형으로 처벌하기로 하면서도, 필요적 몰수·추징에 관한 구 변호사법 제116조, 제111조에 의하여 청탁 명목으로 받은 금품 상당액을 추징한 원심의 조치를 수긍한 사례[대판 2006.1.27. 2005도8704; 동지 대판 1984.2.28. 83도3160]. [♠ 07 사시] [♣ 21 변시]

동지판례 상상적 경합관계에 있는 업무상배임죄와 영업비밀 국외누설로 인한 구 부정경쟁방지 및 영업비밀보호에 관한 법률(2007.12.21. 법률 제8767호로 개정되기 전의 것) 위반죄에 대하여 형이 더 무거운 업무상배임죄에 정한 형으로 처벌하기로 하면서, 징역형과 벌금형을 병과할 수 있도록 규정한 위 특별법에 의하여 벌금형을 병과할 수 있다고 한 사례[대판 2008.12.24. 2008도9169].

(2) 소송법적 효과

공소시효와 친고죄에서의 고소는 각 범죄별로 논한다.

判例 상상적 경합과 공소시효의 적용(각 죄별로 판단)

1개의 행위가 여러 개의 죄에 해당하는 경우 형법 제40조는 이를 과형상 일죄로 처벌한다는 것에 지나지 아니하고, 공소시효를 적용함에 있어서는 각 죄마다 따로 따져야 할 것인바, 공무원이 취급하는 사건에 관하여 청탁 또는 알선을 할 의사와 능력이 없음에도 청탁 또는 알선을 한다고 기망하여 금품을 교부받은 경우에 성립하는 사기죄와 변호사법 위반죄는 상상적 경합의 관계에 있으므로, 변호사법 위반죄의 공소시효가 완성되었다고 하여 그 죄와 상상적 경합관계에 있는 사기죄의 공소시효까지 완성되는 것은 아니다[대판 2006.12.8. 2006도6356]. [♣12 변시]

判例 상상적 경합과 그 중 1죄의 확정판결의 기판력이 미치는 범위

형법 제40조의 상상적 경합관계의 경우에는 그 중 1죄에 대한 확정판결의 기판력은 다른 죄에 대하여도 미친다[대판 2011.2.24. 2010도13801].

Ⅱ. 실체적 경합

제37조(경합범) 판결이 확정되지 아니한 수개의 죄 또는 금고 이상의 형에 처한 판결이 확정된 죄와 그 판결확정 전에 범한 죄를 경합범으로 한다.

1. 의 의

실체적 경합이란 판결이 확정되지 아니한 수개의 죄 또는 금고 이상의 형에 처한 판결이 확정된 죄와 그 판결확정 전에 범한 죄를 말한다. 일반적으로 경합범이라 함은 실체적 경합을 의미한다.

2. 유 형

① 동시적 경합범과 사후적 경합범 : 동시적 경합범은 판결이 확정되지 아니한 수개의 죄로서 동시심판이 가능한 경우이고(제37조 전단), 사후적 경합범은 금고 이상의 형에 처한 판결이 확정된 죄와 그 판결확정 전에 범한 죄로서 동시심판이 가능했던 경우이다(제37조 후단).

② 동종의 경합범과 이종의 경합범 : 동종의 경합범의 예로서는 수개의 행위로 수인을 살해한 경우가 있으며, 이종의 경합범의 예로는 사람을 살해한 후 사체를 유기한 경우가 있다.

3. 실체적 경합의 요건

(1) 동시적 경합범의 요건

① 수개의 행위에 의하여 수죄가 성립해야 한다.

② 수죄는 모두 판결이 확정되지 않아야 한다. 따라서 경합범 중 일죄에 대한 부분만 파기환송되고 다른 죄가 금고 이상의 형이 확정된 때에는 파기환송된 범죄와 확정된 범죄는 동시적 경합범이 될 수 없다(판례). [♠10 사시]

③ 수죄가 동시에 판결되어야 한다. 따라서 수죄는 병합심리되어야 하며 항소심에서 병합심리되는 경우도 동시적 경합범이 된다.

(2) 사후적 경합범

① 수개의 행위에 의하여 수죄가 성립해야 한다.

② 금고 이상의 형에 처한 판결이 확정된 죄와 그 판결확정 전에 범한 죄이어야 한다.

㉮ 판결확정 전후의 죄는 경합범이 아니다(예 ⅰ) 甲이 A, B, C죄를 범한 후 C죄에 대하여 금고 이상의 형에 처한 확정판결을 받은 후 다시 D, E죄를 범한 경우에 A, B, C죄는 사후적 경합범이고 D, E죄는 동시적 경합범이나, A, B, C죄와 D, E죄는 경합범이 아니다. ⅱ) 甲이 A, B, C, D, E죄를 범한 후 C죄에 대하여 금고 이상의 형에 처한 확정판결을 받은 경우 C죄와 A, B, D, E죄는 사후적 경합범이다).[3] [♠ 02 사시]

㉯ 확정판결은 금고 이상의 형에 처하는 것임을 요한다. 따라서 수죄 중 어느 죄에 대하여 벌금형 · 약식명령[4]이 확정된 경우라도 그 전후의 범죄는 동시적 경합범이 될 수 있다.[5] [♣ 15 변시]

㉰ '판결이 확정된 죄'라 함은 어느 죄에 대하여 확정판결이 있었던 사실 그 자체를 의미하므로 형의 선고의 효력이 상실되었는지 여부는 불문한다(판례).

判例 판결이 확정된 죄가 일반사면을 받은 경우(사후적 경합범의 기준범죄 O)

1. **(판결이 확정된 죄가 일반사면을 받은 경우)** 형법 제37조 후단의 경합범에 있어서 "판결이 확정된 죄"라 함은 수개의 독립된 죄 중의 어느 죄에 대하여 확정판결이 있었던 사실 그 자체를 의미하고 일반사면으로 형의 선고의 효력이 상실된 여부는 묻지 않는다고 해석할 것이므로, 사면됨으로써 형의 선고의 효력이 상실되었다고 하더라도 확정판결을 받은 죄의 존재가 이에 의하여 소멸되지 않는 이상 형법 제37조 후단의 판결이 확정된 죄에 해당한다(대판 1996.3.8. 95도2114). [♠ 09, 10 사시] [♣ 17 변시]

---

3) 죄를 범한 순서가 아니라 금고 이상의 형에 처한 확정판결 이전의 범죄인지가 기준이 된다.

4) 형사소송법(제448조) ①지방법원은 그 관할에 속한 사건에 대하여 검사의 청구가 있는 때에는 공판절차없이 약식명령으로 피고인을 벌금, 과료 또는 몰수에 처할 수 있다.

5) 개정형법은 사후적 경합범의 요건을 강화함으로써 그 성립을 어렵게 하여 동시적 경합범의 성립가능성을 넓힌 것이다.

2. **(집행유예 · 선고유예 기간의 경과로 형의 선고가 실효되거나 면소된 경우)** 형법 제37조 후단의 경합범에 있어서 판결이 확정된 죄라 함은 수개의 독립한 죄 중의 어느 죄에 대하여 확정판결이 있었던 경우를 의미하며 여기에서의 확정판결에는 집행유예의 판결과 선고유예의 판결도 포함되고 집행유예의 선고나 형의 선고유예를 받은 후 그 유예기간이 경과하여 형의 선고가 실효되었거나 면소된 것으로 간주되었다 하더라도 마찬가지이다[대판 1992.11.24. 92도1417]. [♠ 02 사시]

㉣ 확정판결 '전에 범한 죄'인가는 범죄의 종료시를 기준으로 판단한다. 따라서 포괄일죄의 중간에 다른 종류의 범죄에 대한 확정판결이 있었던 경우에는 그 판결확정 후의 범죄가 되며 확정된 범죄와 포괄일죄의 사이에는 사후적 경합범이 성립하지 않는다.

判例 확정판결 '전에 범한 죄'의 의미 = 판결확정 전에 성립하여 종료된 범죄

형법 제37조 후단의 '판결확정 전에 범한 죄'라 함은 그 범죄가 판결확정 전에 성립하여 종료된 것을 말한다[대판 2007.1.25. 2004도45].

判例 다른 종류의 죄의 확정 판결 전후에 걸친 포괄일죄의 경우(확정된 죄와 포괄일죄는 사후적 경합범 X)

포괄일죄로 되는 개개의 범죄행위가 다른 종류의 죄의 확정판결의 전후에 걸쳐서 행하여진 경우에는 그 죄는 2죄로 분리되지 않고 확정판결 후인 최종의 범죄행위시에 완성되는 것이다[대판 2001.8.21. 2001도3312]. [♠ 99. 10, 15 사시] [♣ 15 변시]

判例 경합범 관계의 성립여부

1. 수개의 마약류관리에 관한 법률 위반(향정)죄의 중간에 (징역 8월에 집행유예 2년을 선고한) 확정판결이 존재하는 경우 확정판결 전후의 범죄는 서로 경합범 관계에 있지 않게 되었다면 형법 제39조 제1항에 따라 2개의 주문으로 형을 선고하여야 한다[대판 2010.11.25. 2010도10985]. [♣ 15, 17 변시]
2. 아직 판결을 받지 아니한 수개의 죄가 판결 확정을 전후하여 저질러진 경우 판결 확정 전에 범한 죄를 이미 판결이 확정된 죄와 동시에 판결할 수 없었던 경우라고 하여 마치 확정된 판결이 존재하지 않는 것처럼 그 수개의 죄 사이에 형법 제37조 전단의 경합범 관계가 인정되어 형법 제38조가 적용된다고 볼 수도 없으므로, 판결 확정을 전후한 각각의 범죄에 대하여 별도로 형을 정하여 선고할 수밖에 없다[대판 2014.3.27. 2014도469].
3. 피고인이 범한 甲죄, 乙죄, 丙죄의 범행일시는 모두 피고인의 丁죄 등에 대한 판결(이하 '제1판결'이라 한다) 확정 이후이고, 그 중 甲죄와 乙죄의 범행일시는 피고인의 戊죄에 대한 판결(이하 '제2판결'이라 한다) 확정 전인 반면 丙죄의 범행일시는 그 이후인데, 戊죄의 범행일시가 제1판결 확정 전인 사안에서, 戊죄와 甲죄 및 乙죄는 처음부터 동시에 판결할 수 없었던 경우여서, 경

합범 중 판결을 받지 아니한 죄에 대하여 형을 선고할 때는 그 죄와 판결이 확정된 죄를 동시에 판결할 경우와 형평을 고려하도록 한 형법 제39조 제1항은 여기에 적용될 여지가 없으나, 그렇다고 마치 확정된 제2판결이 존재하지 않는 것처럼 甲죄 및 乙죄와 丙죄 사이에 형법 제37조 전단의 경합범 관계가 인정되어 형법 제38조가 적용된다고 볼 수도 없으므로, 확정된 제2판결의 존재로 인하여 이를 전후한 甲죄 및 乙죄와 丙죄 사이에는 형법 제37조 전·후단의 어느 경합범 관계도 성립할 수 없고, 결국 각각의 범죄에 대하여 별도로 형을 정하여 선고할 수밖에 없다는 이유로, 같은 취지의 원심판단을 정당하다고 한 사례[대판 2011.6.10. 2011도2351].

동지판례 i) [1] 형법 제37조 후단 및 제39조 제1항의 문언, 입법취지 등에 비추어 보면, 아직 판결을 받지 아니한 죄가 이미 판결이 확정된 죄와 동시에 판결할 수 없었던 경우에는 형법 제39조 제1항에 따라 동시에 판결할 경우와 형평을 고려하여 형을 선고하거나 그 형을 감경 또는 면제할 수 없다고 해석함이 상당하다.
[2] 피고인을 금고 이상의 형에 처한 甲죄에 대한 판결이 확정되고, 그 후에 甲죄 판결확정일 이전에 저질러진 乙죄에 대하여 금고 이상의 형에 처하는 판결이 확정되었는데, 피고인의 정보통신망 이용촉진 및 정보보호 등에 관한 법률(이하 '정보통신망법'이라고 한다) 위반 범행이 甲죄 판결확정일과 乙죄 판결확정일 사이에 저질러진 경우, 정보통신망법 위반죄와 판결이 확정된 乙죄는 처음부터 동시에 판결을 선고할 수 없었으므로 정보통신망법 위반죄에 대하여 형법 제39조 제1항에 따라 乙죄와 동시에 판결할 경우와 형평을 고려하여 형을 선고한 것은 위법하다[대판 2012.9.27. 2012도9295].
ii) 형법 제37조 후단 및 제39조 제1항의 문언, 입법 취지 등에 비추어 보면, 아직 판결을 받지 아니한 죄가 이미 판결이 확정된 죄와 동시에 판결할 수 없었던 경우에는 형법 제39조 제1항에 따라 동시에 판결할 경우와 형평을 고려하여 형을 선고하거나 그 형을 감경 또는 면제할 수 없다. 한편 공직선거법 제18조 제1항 제3호에서 '선거범'이란 공직선거법 제16장 벌칙에 규정된 죄와 국민투표법 위반의 죄를 범한 자를 말하는데(공직선거법 제18조 제2항), 공직선거법 제18조 제1항 제3호에 규정된 죄와 다른 죄의 경합범에 대하여는 이를 분리 선고하여야 한다(공직선거법 제18조 제3항 전단). 따라서 판결이 확정된 선거범죄와 확정되지 아니한 다른 죄는 동시에 판결할 수 없었던 경우에 해당하므로 형법 제39조 제1항에 따라 동시에 판결할 경우와의 형평을 고려하여 형을 선고하거나 그 형을 감경 또는 면제할 수 없다고 해석함이 타당하다[대판 2021.10.14. 2021도8719].

判例 실체적 경합관계가 인정되는 경우

1. 피고인이 슈퍼마켓 사무실에서 식칼을 들고 피해자를 협박한 행위와 식칼을 들고 매장을 돌아다니며 손님을 내쫓아 그의 영업을 방해한 행위는 별개의 행위이다[대판 1991.1.29. 90도2445]. [♠ 01 사시]
2. [1] 본인에 대한 배임행위가 본인 이외의 제3자에 대한 사기죄를 구성한다 하더라도 그로 인하여 본인에게 손해가 생긴 때에는 사기죄와 함께 배임죄가 성립한다.
[2] 피고인이 전세임대차계약을 체결할 권한이 없음에도 임차인들을 속이고 전세임대차계약을 체결하여 임차인들로부터 전세보증금 명목으로 돈을 교부받은 행위는 사기죄에 해당하고, 전세임대차계약이 아닌 월세임대차계약을 체결하여야 할 업무상 임무를 위반하여 전세임대차계약을 체결하여 건물주로 하여금 전세보증금반환채무를 부담하게 한 행위는 사기죄와 별도로 업무상 배임죄에 해당한다. 나아가 각 죄는 서로 구성요건 및 그 행위의 태양과 보호법익을 달리하고 있어 상상적 경합범의 관계가 아니라 실체적 경합범의 관계에 있다[대판 2010.11.11. 2010도10690]. [♠ 12 사시] [♣ 18, 20 변시]

3. 피해자를 2회 강간하여 2주간 치료를 요하는 상처를 입힌 자가 피해자에게 용서를 구하였으나 피해자가 이에 불응하면서 위 강간사실을 부모에게 알리겠다고 하자 피해자를 살해하여 위 범행을 은폐시키기로 마음먹고 철사줄과 양손으로 피해자의 목을 졸라 질식 사망케 하였다면, 동인의 위와 같은 소위는 강간치상죄와 살인죄의 경합범이 된다[대판 1987.1.20. 86도2360]. [♠ 02 사시]
4. 피고인이 여관에 들어가 1층 안내실에 있던 여관의 관리인을 칼로 찔러 상해를 가하고 그로부터 금품을 강취한 다음 각 객실에 들어가 각 투숙객들로부터 금품을 강취하였다면, 피고인의 위와 같은 각 행위는 비록 시간적으로 접착된 상황에서 동일한 방법으로 이루어지기는 하였으나 포괄하여 1개의 강도상해죄만을 구성하는 것이 아니라 실체적 경합범의 관계에 있는 것이라고 할 것이다[대판 1991.6.25. 91도643]. [♠ 04 사시]
5. 통화위조죄에 관한 규정은 공공의 거래상의 신용 및 안전을 보호하는 공공적인 법익을 보호함을 목적으로 하고 있고, 사기죄는 개인의 재산법익에 대한 죄이어서 양 죄는 그 보호법익을 달리하고 있으므로 위조통화를 행사하여 재물을 불법영득한 때에는 위조통화행사죄와 사기죄의 양 죄의 실체적 경합관계에 해당한다[대판 1979.7.10. 79도840]. [♠ 07, 10, 11, 13 사시] [♣ 12 변시]

   동지판례 위조사문서행사죄와 이로 인한 사기죄와는 상상적 경합관계에 있다고 볼 수 없다[대판 1981.7.28. 81도529].
6. 사기의 수단으로 발행한 수표가 지급거절된 경우 부정수표단속법위반죄와 사기죄는 그 행위의 태양과 보호법익을 달리하므로 실체적 경합범의 관계에 있다[대판 2004.6.25. 2004도1751]. [♠ 07, 08 사시]
7. 무등록영업행위나 금전거래를 통한 형법 제347조 제1항의 사기죄와 방문판매 등에 관한 법률 제28조 제1항(다단계판매업을 하는 행위) 및 같은법률 제45조 제2항 제1호(다단계조직을 이용하여 금전거래만을 하는 행위)의 각 위반죄는 법률상 1개의 행위로 평가되는 경우에 해당하지 않으며, 또 각 그 구성요건을 달리하는 별개의 범죄로서, 서로 보호법익을 달리하고 있어 양 죄를 각 상상적 경합관계로 볼 것이 아니라 실체적 경합관계로 봄이 상당하다[대판 2001.3.27. 2000도5318]. [♠ 04 사시]

   동지판례 구 방문판매 등에 관한 법률(2012.2.17. 법률 제11324호로 전부 개정되기 전의 것, 이하 '방판법'이라 한다) 제54조 제1항 제3호 및 제32조 제1항 제2호[6]를 위반한 행위는 그 자체가 사기행위에 해당한다거나 사기행위를 반드시 포함한다고 할 수 없고, 위 방판법 위반죄는 형법 제347조 제1항의 사기죄와 그 구성요건을 달리하는 별개의 범죄로서 서로 보호법익이 다르므로, 두 죄는 법조경합 관계가 아니라 실체적 경합 관계로 봄이 상당하다[대판 2013.6.27. 2013도2510].
8. 일정기간 동안 수 차례의 관세부정환급행위가 있은 경우에도 범죄행위자는 새로운 시기와 수단, 방법을 택하여 다시 관세부정환급행위를 하는 것이어서 그 때마다 범의가 갱신된다고 보아야 할 것이므로, … 관세부정환급행위는 그 행위의 태양, 수법, 품목 등이 동일하다 하더라도 원칙적으로 별도로 각각 1개의 관세부정환급죄를 구성한다(실체적 경합)[대판 2002.7.23. 2000도1094]. [♠ 05 사시]

   동지판례 관세법상 … 무신고수입행위의 특성상 동일한 물품을 계속하여 밀수입하는 경우에도 범죄행위자는 그 때마다 새로운 시기와 수단, 방법을 택하여 다시 무신고수입행위를 하는 것이어서 그 때마다 범의가 갱신된다고 보아야 할 것이므로, 서로 다른 시기에 수회에 걸쳐 이루어진 무신고수입행위는 그 행위의 태양, 수법,

---

6) 구 방문판매 등에 관한 법률(2012. 2. 17. 법률 제11324호로 전부 개정되기 전의 것, 이하 '방판법'이라 한다) 제54조 제1항 제3호 및 제32조 제1항 제2호는 "허위 또는 과장된 사실을 알리거나 그 밖의 기만적인 방법으로 소비자를 유인 또는 거래하거나 계약의 해지 또는 해제를 방해하는 행위를 한 계속거래업자등"을 처벌하고 있다.

품목 등이 동일하다 하더라도 원칙적으로 별도로 각각 1개의 무신고수입으로 인한 관세법위반죄를 구성한다 (실체적 경합)[대판 2000.5.26. 2000도1338].

9. **(후단부 내용을 주의할 것)** 사기죄에서 수인의 피해자에 대하여 각 피해자별로 기망행위를 하여 각각 재물을 편취한 경우에 그 범의가 단일하고 범행방법이 동일하다고 하더라도 포괄일죄가 성립하는 것이 아니라 피해자별로 1개씩의 죄가 성립하는 것으로 보아야 한다. 다만 피해자들이 하나의 동업체를 구성하는 등으로 피해 법익이 동일하다고 볼 수 있는 사정이 있는 경우에는 피해자가 복수이더라도 이들에 대한 사기죄를 포괄하여 일죄로 볼 수도 있다[대판 2011.4.14. 2011도769].

동지판례 다수의 계를 조직하여 수인의 계원들을 개별적으로 기망하여 계불입금을 편취한 사안에서, 각 피해자별로 독립하여 사기죄가 성립하고 그 사기죄 상호간은 실체적 경합범 관계에 있다고 한 원심판단을 수긍한 사례[대판 2010.4.29. 2010도2810].

10. 강도가 한 개의 강도범행을 하는 기회에 수명의 피해자에게 각 폭행을 가하여 각 상해를 입힌 경우에는 각 피해자별로 수개의 강도상해죄가 성립하며 이들은 실체적 경합범의 관계에 있다 [대판 1987.5.26. 87도527]. [♠ 12 사시] [♣ 20 변시]

11. 소비자들이 신선하지 아니한 것으로 판단하여 구매하지 아니할 것을 염려하여 포장지를 교체하면서 가공일자가 재포장일자로 기재된 바코드라벨을 부착하여 냉장매대에 진열해 놓음으로써 그것이 마치 당일 가공된 신선한 상품인 것처럼 소비자들을 기망하여 판매하여 그 대금 상당액을 편취한 경우 피해자별로 1개씩의 사기죄가 성립한다[대판 1995.8.22. 95도594].
[♠ 03 사시]

12. 피해자에 대한 피고인의 행위는 흉기로 찔러 죽인다고 해악을 고지하여 협박한 후 다시 주먹과 발로 수회 구타하여 상해를 입힘으로써 다른 법익을 침해한 것이라 할 것이니 이와 같은 경우에는 위 행위들이 같은 무렵에 같은 장소에서 저질러진 것이라 하더라도 위 두 행위는 별개 독립의 행위로서 실체적 경합범의 관계에 있다고 해석함이 타당하다[대판 1982.6.8. 82도486].

13. 법원을 기망하여 승소판결을 받고 그 확정판결에 의하여 소유권이전등기를 경료한 경우에는 사기죄와 별도로 공정증서원본부실기재죄가 성립하고 양죄는 실체적 경합범 관계에 있다[대판 1983.4.26. 83도188].
[♠ 13 사시]

14. 주취운전과 음주측정거부의 각 도로교통법위반죄는 실체적 경합관계에 있는 것으로 보아야 한다[대판 2004.11.12. 2004도5257].

15. '토지거래허가 없이 토지거래계약을 체결하였다'는 확정판결의 범죄사실(국토의 계획 및 이용에 관한 법률 위반죄)과 '토지거래허가구역에서 해제될 것처럼 기망하여 토지매매대금을 편취하였다'는 (사기죄) 공소사실은 그 행위의 태양이나 보호법익 등에 있어 다를 뿐 아니라 죄질에도 현저한 차이가 있으므로 1죄 내지 상상적 경합관계에 있다고 볼 수 없다[대판 2010.10.28. 2010도11165].
※ 실체적 경합

16. 형법 제347조 제1항의 사기죄와 무허가 의약품 제조행위를 처벌하는 보건범죄단속에 관한 특별조치법 제3조 제1항 제2호 위반죄를 실체적 경합관계로 봄이 상당하다[대판 2004.1.15. 2001도1429].

17. 유사수신행위의 규제에 관한 법률 제3조에서 금지하고 있는 유사수신행위 그 자체에는 기망행위가 포함되어 있지 않고, 이러한 위 법률 위반죄와 특정경제범죄 가중처벌 등에 관한 법률 위

반(사기)죄는 각 그 구성요건을 달리하는 별개의 범죄로서, 서로 행위의 태양이나 보호법익을 달리하고 있어 양 죄는 상상적 경합관계가 아니라 실체적 경합관계로 봄이 상당할 뿐만 아니라, 그 기본적 사실관계에 있어서도 동일하다고 볼 수 없다[대판 2008.2.29. 2007도10414].

18. 건물제공행위와 성매매알선행위의 경우 성매매알선행위가 건물제공행위의 필연적 결과라거나 반대로 건물제공행위가 성매매알선행위에 수반되는 필연적 수단이라고도 볼 수 없다. 따라서 '영업으로 성매매를 알선한 행위'와 '영업으로 성매매에 제공되는 건물을 제공하는 행위'는 당해 행위 사이에서 각각 포괄일죄를 구성할 뿐,[7] 서로 독립된 가벌적 행위로서 별개의 죄를 구성한다고 보아야 한다[대판 2011.5.26. 2010도6090].

19. 회사의 대표이사가 업무상 보관하던 회사 자금을 빼돌려 횡령한 다음 그 중 일부를 더 많은 장비 납품 등의 계약을 체결할 수 있도록 해달라는 취지의 묵시적 청탁과 함께 배임증재에 공여한 경우, 위 횡령의 범행과 배임증재의 범행은 서로 범의 및 행위의 태양과 보호법익을 달리하는 별개의 행위이다[대판 2010.5.13. 2009도13463]. [♣19 변시]

19-1. 피고인이 세금계산서합계표를 허위기재하여 정부에 제출하는 방법으로 부가가치세를 포탈하였다고 하며 구 특정범죄 가중처벌 등에 관한 법률(2010.1.1. 법률 제9919호로 개정되기 전의 것) 위반(조세) 등으로 기소된 사안에서, 허위기재 세금계산서합계표 제출행위와 사기 기타 부정한 행위로써 부가가치세를 포탈한 행위가 별개의 행위로서 별개의 죄를 구성한다고 보아 형법 제37조 전단 경합범으로 처단한 원심의 조치를 수긍한 사례[대판 2011.12.8. 2011도9242].

20. 초병이 일단 그 수소를 이탈하면 그 이탈행위와 동시에 수소이탈죄는 완성되고, 그 후 다시 부대에 복귀하기 전이라도 별도로 군무를 기피할 목적을 일으켜 그 직무를 이탈하였다면 초병의 수소이탈죄와 군무이탈죄가 각각 독립하여 성립하고, 그 두 죄는 서로 실체적 경합범의 관계에 있다[대판 1981.10.13. 81도2397].

21. 상호신용금고가 실질적으로 동일한 채무자에게 동일인 대출한도를 초과하여 대출한 것으로 인정된다면 위 대출행위는 상호신용금고법 규정에 위배되는 행위로서 대출한도를 초과하는 대출시마다 같은 죄가 성립한다 할 것이므로, 각 초과대출행위는 실질적인 경합범에 해당한다[대판 2004.4.28. 2004도927].

22. ○○작가협회 회원이 타인의 명의를 도용하여 협회 교육원장을 비방하는 내용의 호소문을 작성한 후 이를 협회 회원들에게 우편으로 송달한 경우, 사문서위조죄와 명예훼손죄가 각 성립하고, 이는 실체적 경합관계라고 한 사례[대판 2009.4.23. 2008도8527].

23. 형법 제331조 제2항(흉기를 휴대하거나 2인 이상이 합동하여 타인의 재물을 절취한 경우)의 특수절도에 있어서 주거침입은 그 구성요건이 아니므로, 절도범인이 그 범행수단으로 주거침입을 한 경우에 그 주거침입행위는 절도죄에 흡수되지 아니하고 별개로 주거침입죄를 구성하여 절도죄와는 실체적 경합의 관계에 있게 된다[대판 2009.12.24. 2009도9667]. [♣13, 16 변시]

24. 경찰서 생활질서계에 근무하는 피고인 甲이 사행성 게임장 업주인 피고인 乙로부터 뇌물을 수수하면서, 피고인 乙의 자녀 명의 은행 계좌에 관한 현금카드를 받은 뒤 피고인 乙이 위 계좌에 돈을 입금하면 피고인 甲이 현금카드로 돈을 인출하였다면 甲에게는 수뢰죄와 범죄수익은닉의 규제 및 처벌 등에 관한 법률 위반죄(범죄수익 등의 취득 또는 처분에 관한 사실을 가장하는 행위)

7) 예컨대 성매매의 알선이 반복된 경우 그 자체는 포괄일죄를 구성한다는 의미이다.

가 성립하고 두 죄는 실체적 경합범 관계에 있다[대판 2012.9.27. 2012도6079].

25. 미성년자인 피해자를 약취한 후에 강간을 목적으로 피해자에게 가혹한 행위 및 상해를 가하고 나아가 그 피해자에 대한 강간 및 살인미수를 범하였다면, 이에 대하여는 약취한 미성년자에 대한 상해 등으로 인한 특정범죄 가중처벌 등에 관한 법률 위반죄 및 미성년자인 피해자에 대한 강간 및 살인미수행위로 인한 성폭력범죄의 처벌 등에 관한 특례법 위반죄가 각 성립하고, 설령 상해의 결과가 피해자에 대한 강간 및 살인미수행위 과정에서 발생한 것이라 하더라도 위 각 죄는 서로 형법 제37조 전단의 실체적 경합범 관계에 있다[대판 2014.2.27. 2013도12301].

26. 범죄단체 등에 소속된 조직원이 저지른 폭력행위 등 처벌에 관한 법률(이하 '폭력행위처벌법'이라 한다) 위반(단체 등의 공동강요)죄 등의 개별적 범행과 폭력행위처벌법 위반(단체 등의 활동)죄는 범행의 목적이나 행위 등 측면에서 일부 중첩되는 부분이 있더라도, 일반적으로 구성요건을 달리하는 별개의 범죄로서 범행의 상대방, 범행 수단 내지 방법, 결과 등이 다를 뿐만 아니라 그 보호법익이 일치한다고 볼 수 없다. 또한 폭력행위처벌법 위반(단체 등의 구성·활동)죄와 위 개별적 범행은 특별한 사정이 없는 한 법률상 1개의 행위로 평가되는 경우로 보기 어려워 상상적 경합이 아닌 실체적 경합관계에 있다고 보아야 한다[대판 2022.9.7. 2022도6993].

판 례 연 습

【신용카드범죄와 죄수판단】 [♠ 07, 10, 12 사시]

아래의 사안에 기초하여 다음 〈보기〉 내용의 옳고 그름을 판단하시오.

〈사 안〉

1. 甲은 A 소유의 비씨카드 1매를 절취하여, 당일 10:40경부터 당일 13:00경까지 약 2시간 20분 동안에 걸쳐 같은 동에 있는 카드가맹점 7곳에서 물품을 구입한 후 그 대금을 절취한 카드로 결제하였다.
2. 甲은 이어서 위 절취한 신용카드를 현금인출기에 주입하고 비밀번호를 조작하여 현금서비스를 제공받았다.

〈보 기〉

A. 사실관계 1의 점에서 甲이 절취한 신용카드를 부정사용한 행위는 절도죄의 불가벌적 사후행위에 해당하지 아니한다.

B. 사실관계 1의 점에서 사기죄에 관하여만 한정하여 고찰하면 甲에게는 7개의 사기죄가 성립하고 실체적 경합관계에 해당한다.

C. 사실관계 1의 점에서 신용카드부정사용죄만을 한정하여 고찰하면 甲에게는 7개의 신용카드부정사용죄의 실체적 경합범이 성립한다.

D. 사실관계 1의 점에서 甲이 물품을 구입하면서 행한 매출전표에의 서명 및 교부는 별도로 사문서위조 및 동행사의 죄가 성립한다.

E. 사실관계 2의 점에서 甲이 절취한 신용카드를 현금인출기에 주입하고 비밀번호를 조작하여 현금서비스를 제공받은 행위는 신용카드부정사용죄 이외에 절도죄가 성립하며 양죄는 상상적 경합관계에 있다.

판결요지

A. (옳음), B. (옳음), C. (틀림)

[1] 신용카드를 절취한 후 이를 사용한 경우 신용카드의 부정사용행위는 새로운 법익의 침해로 보아야 하고 그 법익침해가 절도범행보다 큰 것이 대부분이므로 위와 같은 부정사용행위가 절도범행의 불가벌적 사후행위가 되는 것은 아니다.

[2] 단일하고 계속된 범의 하에 동종의 범행을 동일하거나 유사한 방법으로 일정 기간 반복하여 행하고 그 피해법익도 동일한 경우에는 각 범행을 통틀어 포괄일죄로 볼 것이다.

[3] 피고인은 절취한 카드로 가맹점들로부터 물품을 구입하겠다는 단일한 범의를 가지고 그 범의가 계속된 가운데 동종의 범행인 신용카드 부정사용행위를 동일한 방법으로 반복하여 행하였고, 또 위 신용카드의 각 부정사용의 피해법익도 모두 위 신용카드를 사용한 거래의 안전 및 이에 대한 공중의 신뢰인 것으로 동일하므로, 피고인이 동일한 신용카드를 위와 같이 부정사용한 행위는 포괄하여 일죄에 해당하고, 신용카드를 부정사용한 결과가 사기죄의 구성요건에 해당하고 그 각 사기죄가 실체적 경합관계에 해당한다고 하여도 신용카드부정사용죄와 사기죄는 그 보호법익이나 행위의 태양이 전혀 달라 실체적 경합관계에 있으므로 신용카드 부정사용행위를 포괄일죄로 취급하는데 아무런 지장이 없다[대판 1996.7.12. 96도1181]. [♣ 21 변시]

D. (틀림) 신용카드업법 제25조 제1항은 신용카드를 위조 · 변조하거나 도난 · 분실 또는 위조 · 변조된 신용카드를 사용한 자를 처벌하고 있는 바, 위 부정사용죄의 구성요건적 행위인 신용카드의 사용이라 함은 신용카드의 소지인이 신용카드의 본래 용도인 대금결제를 위하여 가맹점에 신용카드를 제시하고 매출표에 서명하여 이를 교부하는 일련의 행위를 가리키고 단순히 신용카드를 제시하는 행위만을 가리키는 것은 아니라고 할 것이므로, 위 매출표의 서명 및 교부가 별도로 사문서위조 및 동행사의 죄의 구성요건을 충족한다고 하여도 이 사문서위조 및 동행사의 죄는 위 신용카드부정사용죄에 흡수되어 신용카드부정사용죄의 1죄만이 성립하고 별도로 사문서위조 및 동행사의 죄는 성립하지 않는다[대판 1992.6.9. 92도77].

E. (틀림) [1] 신용카드회원이 대금결제를 위하여 가맹점에 신용카드를 제시하고 매출표에 서명하는 일련의 행위뿐 아니라 신용카드를 현금인출기에 주입하고 비밀번호를 조작하여 현금서비스를 제공받는 일련의 행위도 신용카드의 본래 용도에 따라 사용하는 것으로 보아야 한다.

[2] 신용카드업법 제25조 제1항 소정의 부정사용이라 함은 도난 · 분실 또는 위조 · 변조된 신용카드를 진정한 카드로서 신용카드의 본래의 용법에 따라 사용하는 경우를 말하는 것이므로, 절취한 신용카드를 현금인출기에 주입하고 비밀번호를 조작하여 현금서비스를 제공받으려는 일련의 행위는 그 부정사용의 개념에 포함된다. [♠ 15 사시]

[3] 피해자 명의의 신용카드를 부정사용하여 현금자동인출기에서 현금을 인출하고 그 현금을 취득까지 한 행위는 신용카드업법 제25조 제1항의 부정사용죄에 해당할 뿐 아니라 그 현금을 취득함으로써 현금자동인출기 관리자의 의사에 반하여 그의 지배를 배제하고 그 현금을 자기의 지배 하에 옮겨 놓는 것이 되므로 별도로 절도죄를 구성하고, 위 양 죄의 관계는 그 보호법익이나 행위태양이 전혀 달라 실체적 경합관계에 있는 것으로 보아야 한다[대판 1995.7.28. 95도997].[8]

8) (주의!) 신용카드부정사용죄와 절도죄의 관계를 상상적 경합관계로 오인하기 쉽다.

4. 실체적 경합의 법적 효과

(1) 동시적 경합범의 처벌

제38조(경합범과 처벌례) ① 경합범을 동시에 판결할 때에는 다음 각 호의 구분에 따라 처벌한다.

1. 가장 무거운 죄에 대하여 정한 형이 사형, 무기징역, 무기금고인 경우에는 가장 무거운 죄에 대하여 정한 형으로 처벌한다.
2. 각 죄에 대하여 정한 형이 사형, 무기징역, 무기금고 외의 같은 종류의 형인 경우에는 가장 무거운 죄에 대하여 정한 형의 장기 또는 다액에 그 2분의 1까지 가중하되 각 죄에 대하여 정한 형의 장기 또는 다액을 합산한 형기 또는 액수를 초과할 수 없다. 다만, 과료와 과료, 몰수와 몰수는 병과할 수 있다. [♠ 02 사시] [♣ 17 변시]
3. 각 죄에 대하여 정한 형이 무기징역, 무기금고 외의 다른 종류의 형인 경우에는 병과한다. [♣ 17, 21 변시]

② 제1항 각 호의 경우에 징역과 금고는 같은 종류의 형으로 보아 징역형으로 처벌한다.

判例 흡수주의

형법 제38조 제1항 제1호는 경합범 중 가장 중한 죄에 정한 형이 사형 또는 무기징역이나 무기금고인 때에는 가장 중한 죄에 정한 형으로 처벌하도록 규정하고 있으므로, 경합범 중 가장 중한 죄의 소정형에서 무기징역형을 선택한 이상 무기징역형으로만 처벌하고 따로이 경합범가중을 하거나 가장 중한 죄가 누범이라 하여 누범가중을 할 수 없다[대판(전) 1992.10.13. 92도1428].

判例 선택형이 있는 경우 가중의 순서 (형종 선택 후 가중)

경합범의 각죄에 선택형이 규정되어 있는 경우에는 먼저 형종을 선택한 후, 가장 중한 죄에 정한 선택된 형의 장기 또는 다액의 2분의 1까지를 가중한다[대판 1971.2.23. 71도1834].

判例 가중주의의 적용과 단기의 결정방법 (가장 중한 단기를 하한으로 함)

경합범의 처벌에 관하여 형법 제38조 제1항 제2호 본문은 각 죄에 정한 형이 사형 또는 무기징역이나 무기금고 이외의 동종의 형인 때에는 가장 중한 죄에 정한 장기 또는 다액에 그 2분의 1까지 가중하도록 규정하고 그 단기에 대하여는 명문을 두고 있지 않고 있으나 가장 중한 죄 아닌 죄에 정한 형의 단기가 가장 중한 죄에 정한 형의 단기보다 중한 때에는 위 본문의 규정취지에 비추어 그 중한 단기를 하한으로 한다고 새겨야 할 것이다[대판 1985.4.23. 84도2890]. [♠ 02 사시] [♣ 17 변시]

判例 가중주의의 적용과 상한의 결정방법

1. 甲이 범한 A죄 및 B죄의 벌금형의 다액은 각 10,000,000원이고, C죄의 벌금형의 다액은 6,000,000원인 경우, 위 3개의 죄에 대하여 경합범 가중한 처단형은 가장 중한 죄에 정한 벌금형의 다액인 10,000,000원에 그 2분의 1까지 가중한 15,000,000원 이하이므로 원심으로서는 그 범위 내에서 선고형을 정하여야 함에도 불구하고, 피고인에 대하여 벌금 20,000,000원을 선고한 원심의 조치에는 처단형의 범위를 초과하여 선고형을 정한 위법이 있다[대판 2008.10.23. 2008도7543].
2. 피고인이 실체적 경합범으로 범한 부정경쟁방지 및 영업비밀보호에 관한 법률 위반죄의 벌금형은 '그 재산상 이득액의 2배 이상 10배 이하에 상당하는 벌금'이고, 구 국가기술자격법 위반죄의 벌금형 상한은 500만원, 입찰방해죄의 벌금형 상한은 700만원인 경우, 피고인이 부정경쟁방지 및 영업비밀보호에 관한 법률 위반죄에 관하여 이득액으로 70만원이 인정되었다면 피고인에 대하여 벌금 1,500만원을 선고한 것은 위법하다[대판 2012.5.10. 2012도675].

   판례해설 부정경쟁방지법 위반의 죄에 관하여 그 이득액으로 인정한 70만원을 기준으로 그 벌금형의 상한을 그 10배인 700만원으로 보는 경우에는, 위 피고인의 이상 각 죄에 관하여 경합범에 관한 형법 제37조 전단, 제38조 제1항 제2호를 적용하면, 위 피고인에 대한 벌금형의 상한은 1,050만원(= 700만원 + 700만원 × 2분의 1)이다.

사 례 연 습

【동시적 경합범의 처벌례】 ※ 가중주의 [♠ 03 사시]

성년인 피고인 甲이 괄호 안의 법정형을 갖는 A죄(1년 이상 5년 이하의 징역), B죄(15년 이하의 징역), C죄(1년 이하의 징역)를 범하였고, 위 각 죄가 형법 제37조 전단의 경합범관계에 있다고 가정하는 경우, 법원이 경합범 가중을 하여 甲에게 선고할 수 있는 징역형(처단형)의 범위는? (다만, 다른 가중감경사유는 없는 것으로 보고 다툼이 있으면 판례에 의함)

|해|설| 각 죄가 형법 제37조 전단의 경합범관계에 있고 각 죄의 형이 징역형으로서 동종의 형으로 규정되어 있으므로 형법 제38조 제1항 2호에 따라 가중주의가 적용된다. 따라서 형의 상한은 가장 중한 죄(B죄)에 정한 장기의 2분의 1을 가중하면 22년 6월이 되나, 각 죄에 정한 형의 장기를 합산한 형기(21년)를 초과할 수 없으므로 21년이 된다. 한편 형의 하한은 각 죄의 하한 중 가장 중한 A죄의 하한인 1년이 된다. 따라서 처단형은 1년 이상 21년 이하의 징역이 된다.

判例 병과주의의 적용범위

제38조 제1항 제3호는 각죄에 정한 형이 이종인 경우뿐만 아니라 일죄에 대하여 이종의 형을 병과할 것을 규정한 경우에도 적용된다[대판 1955.6.10. 4287형상210].

判例 동시적 경합법의 처벌

판결이 확정되지 아니한 수개의 죄를 동시에 판결할 때에는 형법 제38조가 정하는 처벌례에 따라 처벌하여야 하므로, 경합범으로 공소제기된 수개의 죄에 대하여 형법 제38조의 적용을 배제하고 위 처벌례와 달리 따로 형을 선고하려면 예외를 인정한 명문의 규정이 있어야 한다[대판 2011.8.18. 2011도6311].

(2) 사후적 경합범의 처벌

제39조(판결을 받지 아니한 경합범) ① 경합범중 판결을 받지 아니한 죄가 있는 때에는 그 죄와 판결이 확정된 죄를 동시에 판결할 경우와 형평을 고려하여 그 죄에 대하여 형을 선고한다. 이 경우 그 형을 감경 또는 면제할 수 있다. [♠14 사시] [♣17 변시]

제39조 제1항은 이미 확정판결이 있는 범죄는 일사부재리의 원칙상 다시 판결할 수 없으므로 아직 판결을 받지 아니한 죄에 대해서만 형을 선고하도록 하되, 사후적 경합범이 동시적 경합범으로 처벌되는 경우보다 불리하지 않도록 형평을 고려하여 형을 선고하도록 하고 이 경우 그 형을 감경 또는 면제할 수 있도록 규정한 것이다.

判例 제39조 제1항의 감경 또는 면제의 성질(임의적 감면, 법원의 재량사항)

[1] 형법 제37조의 후단 경합범에 대하여 심판하는 법원은 판결이 확정된 죄와 후단 경합범의 죄를 동시에 판결할 경우와 형평을 고려하여 후단 경합범의 처단형의 범위 내에서 후단 경합범의 선고형을 정할 수 있는 것이고, 그 죄와 판결이 확정된 죄에 대한 선고형의 총합이 두 죄에 대하여 형법 제38조를 적용하여 산출한 처단형의 범위 내에 속하도록 후단 경합범에 대한 형을 정하여야 하는 제한을 받는 것은 아니며, 후단 경합범에 대한 형을 감경 또는 면제할 것인지는 원칙적으로 그 죄에 대하여 심판하는 법원이 재량에 따라 판단할 수 있다. [♣15 변시]
[2] 무기징역에 처하는 판결이 확정된 죄와 형법 제37조의 후단 경합범의 관계에 있는 죄에 대하여 공소가 제기된 경우, 법원은 두 죄를 동시에 판결할 경우와 형평을 고려하여 후단 경합범에 대한 처단형의 범위 내에서 후단 경합범에 대한 선고형을 정할 수 있고, 형법 제38조 제1항 제1호가 형법 제37조의 전단 경합범 중 가장 중한 죄에 정한 처단형이 무기징역인 때에는 흡수주의를 취하였다고 하여 뒤에 공소제기된 후단 경합범에 대한 형을 필요적으로 면제하여야 하는 것은 아니다[대판 2008.9.11. 2006도8376; 동지 대판 2007.10.25. 2007도6868].

判例 **제39조 제1항이 적용될 수 없는 경우**

형법 제37조 후단, 제39조 제1항의 문언과 입법 취지 등에 비추어 보면, 아직 판결을 받지 않은 죄가 이미 판결이 확정된 죄와 동시에 판결할 수 없었던 경우에는 형법 제39조 제1항에 따라 동시에 판결할 경우와 형평을 고려하여 형을 선고하거나 그 형을 감경 또는 면제할 수 없다고 해석함이 타당하다[대판 2018.6.28. 2018도1733].

判例 **제39조 제1항에 의한 감경의 범위 (매우 중요)**

[다수의견] 형법 제37조 후단 경합범(이하 '후단 경합범'이라 한다)에 대하여 형법 제39조 제1항에 의하여 형을 감경할 때에도 법률상 감경에 관한 형법 제55조 제1항이 적용되어 유기징역을 감경할 때에는 그 형기의 2분의 1 미만으로는 감경할 수 없다. 그 이유는 다음과 같다.
① 처단형은 선고형의 최종적인 기준이 되므로 그 범위는 법률에 따라서 엄격하게 정하여야 하고, 별도의 명시적인 규정이 없는 이상 형법 제56조에서 열거하고 있는 가중 · 감경할 사유에 해당하지 않는 다른 성질의 감경 사유를 인정할 수는 없다.
② 후단 경합범에 따른 감경을 새로운 유형의 감경이 아니라 일반 법률상 감경의 하나로 보고, 후단 경합범에 대한 감경에 있어 형법 제55조 제1항에 따라야 한다고 보는 것은 문언적 · 체계적 해석에 합치될 뿐 아니라 입법자의 의사와 입법연혁 등을 고려한 목적론적 해석에도 부합한다.

[대법관 이기택의 반대의견] ① '감경'과 '면제'가 함께 규정된 경우에 '감경 또는 면제'는 분절(분절)적인 의미가 아니라 일체(일체)로서의 단일한 개념으로 이해되어야 한다. 따라서 '감경 또는 면제'에 의한 처단형의 범위는 그 하한은 '0'이 되고, 그 상한은 장기나 다액의 2분의 1로 되며, 달리 그 중간에 공백의 여지는 없다.
② 법정형에 하한이 설정된 경우 '감경 또는 면제'의 법률효과를 위와 같이 일체로서의 단일한 개념으로 이해하여 처단형이 '0'부터 상한까지 연속되는 것으로 보지 않고, 다수의견과 같이 '감경 또는 면제'를 분절적 의미로 이해하게 되면 '0'부터 형법 제55조 제1항에 따라 감경된 하한 사이에 처단형의 공백이 생기는 결과를 초래하여 부당하다[대판(전) 2019.4.18. 2017도14609].

(3) 경합범에 대한 형의 집행

제39조(형의 집행과 경합범) ③ 경합범에 의한 판결의 선고를 받은 자가 경합범 중의 어떤 죄에 대하여 사면 또는 형의 집행이 면제된 때에는 다른 죄에 대하여 다시 형을 정한다.
④ 전 3항의 형의 집행에 있어서는 이미 집행한 형기를 통산한다.

"다시 형을 정한다"는 것은 그 죄에 대하여 다시 심판한다는 것이 아니라 형의 집행부분만 다시 정한다는 의미이다.

제 3 편 형벌론

• 제1장 형 벌
• 제2장 보안처분

제1장 형 벌

① 몰수와 관련한 판례 ②누범, 선고유예, 집행유예의 요건에 관한 판례가 자주 출제되고 있다. ③ 판례 이외에 법조문도 자주 출제되는 부분이므로 중요 법조문(기출표시가 있음)도 잘 정리해 두어야 한다.

제1절 형벌의 종류

Ⅰ. 형벌의 의의와 종류

1. 의 의

① 형벌이란 국가가 범죄에 대한 법률효과로서 범죄자에 대하여 책임을 전제로 과하는 법익의 박탈을 말한다.

② 형벌은 행위자의 책임을 기초로 과거의 범죄행위를 대상으로 부과되나, 보안처분은 행위자의 위험성을 기초로 장래의 범죄예방을 목적으로 부과된다는 점에서 구별된다.

2. 형벌의 종류

제41조(형의 종류) 형의 종류는 다음과 같다.
1. 사형 2. 징역 3. 금고 4. 자격상실 5. 자격정지 6. 벌금 7. 구류 8. 과료 9. 몰수

박탈되는 법익의 종류에 따라 생명형(사형), 자유형(징역 · 금고 · 구류), 명예형(자격상실 · 자격정지), 재산형(벌금 · 과료 · 몰수)으로 분류된다.

Ⅱ. 사 형

1. 사형제도의 의의

① 사형의 개념 : 수형자의 생명을 박탈하는 것을 내용으로 하는 형벌이다.

② 사형의 집행방법

제66조(사형) 사형은 교정시설 안에서 교수하여 집행한다.[1]

---

1) 군형법은 총살형을 인정하고 있다(군형법 제3조).

2. 사형존폐론

(1) 사형폐지론

① 사형은 인간의 존엄과 가치의 전제가 되는 생명을 박탈하는 것이기 때문에 헌법에 반한다.

② 오판에 의하여 사형이 집행된 경우 회복이 불가능하다.

③ 사형은 일반인이 기대하는 것보다 위하력이 작다.

④ 형벌의 목적을 개선과 교육에 있다고 볼 때 사형은 이러한 목적을 달성할 수 없는 무의미한 형벌이다.

(2) 사형존치론

① 사형이 위하적 효과를 가지는 것을 부정할 수 없다.

② 형벌의 본질이 응보에 있는 이상 극악한 범죄를 범한 자에 대하여 사형을 선고하는 것이 오히려 적절하다.

③ 사형의 폐지는 아직 시기상조이다.

判例 사형의 위헌성 여부(합헌)

형법 등에 사형이라는 처벌의 종류를 규정하였다 하여 이것이 헌법에 위반된다고 할 수 없다[대판 1991.2.26. 90도2906].

判例 사형의 선고 요건

[1] 사형은 인간의 생명을 박탈하는 냉엄한 궁극의 형벌로서 사법제도가 상정할 수 있는 극히 예외적인 형벌이라는 점을 감안할 때, 사형의 선고는 범행에 대한 책임의 정도와 형벌의 목적에 비추어 누구라도 그것이 정당하다고 인정할 수 있는 특별한 사정이 있는 경우에만 허용되어야 한다.
[2] 우리 헌법은 제110조 제4항에서 법률에 의하여 사형이 형벌로서 선고될 수 있음을 전제로 하여 사형제도를 인정하고 있고 현행 법제상 다수의 범죄에 관하여 사형이 법정형으로 규정되어 있기는 하지만, 법관이 사형을 선고함에 있어서는 앞서 든 사항 등 고려할 수 있는 모든 양형의 조건들을 엄격하고도 철저히 심리하여 의문의 여지가 없을 정도로 사형의 선고가 정당화될 수 있을 때에만 비로소 그 사형의 선고가 허용된다[대판(전) 2016.2.19. 2015도12980].

동지판례 무기징역형 집행 중인 피고인이 다른 재소자들과 공모하여 피해자를 살해하였다고 기소된 사안에서, 피고인이 범행 당시 20대의 나이라는 사정은 종래부터 다수의 판례에서 사형 선고가 정당화되기 어려운 사정 중 하나로 밝혀온 점, 범행 당시 코로나바이러스감염증-19의 영향으로 교도소 수용자들의 밀집도가 더 높아지고 운동이 제한되었던 시기로, 위 범행이 교도소에서 저지른 범죄라는 점을 불리한 정상으로만 볼 것이 아니라, 교도소의 특성이 수용자들의 심리와 행동에 영향을 미칠 여지가 있음을 고려하고 특히 당시 교정기관이 예측할 수 없었던 상황으로 수용자들에 대한 관리 · 감독이 어려울 수 있었다는 점을 감안할 필요가 있는 점, 위 범행은 장기간 누적된 폭행으로 인한 것으로, 이러한 폭행은 개개의 행위 시마다 피해자를 살해하기 위한 확정적인 고의에 따른 것이라기보다는 피해자를 괴롭히려는 목적과 미필적인 고의하에 이루어진 것이어서, 피고인이 미필적 고의로 범행을 저질렀다는 점은 중요한 양형요소에 해당하고, 여기에 피고인이 살인 범행에 흉기나 위험한 물건을 사용하지 않은 것과 피해자가 한 사람에 그친 것 또한 중요한 사정으로 다른 유사사건에서의 양형과 그 형평성을 비교할 수 있는 점 등을 종합하면, 사형 선고로 피고인에게 미치는 영향의 중대성이 다른 형벌과 비교할 수 없고, 법원의 신중한 양형판단 필요성 또한 다른 형의 경우와 비교할 수 없이 높으므로, 사형의 선택기준이나 다른 유사사건과의 일반적 양형의 균형상 피고인에 대하여 사형을 선택한 원심판단에 법리오해 등의 위법이 있다고 한 사례[대판 2023.7.13. 2023도2043].

Ⅲ. 자유형

1. 자유형의 의의

수형자의 신체의 자유를 박탈하는 것을 내용으로 하는 형벌이다.

2. 형법상 자유형의 종류

제42조(징역 또는 금고의 기간) 징역 또는 금고는 무기 또는 유기로 하고 유기는 1개월 이상 30년 이하로 한다. 단 유기징역 또는 유기금고에 대하여 형을 가중하는 때에는 50년까지로 한다. [♠ 15 사시] [♣ 17 변시]

제46조(구류) 구류는 1일 이상 30일 미만으로 한다.

제67조(징역) 징역은 교정시설에 수용하여 집행하며, 정해진 노역에 복무하게 한다.

제68조(금고와 구류) 금고와 구류는 교정시설에 수용하여 집행한다.

(1) 징 역

① 의 의 : 수형자를 교정시설에 수용하여 정해진 노역에 복무하게 하는 것을 내용으로 하는 형벌이다.

② 종 류

㉮ **유기징역** : 원칙적으로 1개월 이상 30년 이하이나, 형을 가중하는 때는 50년까지로 한다.

㉯ **무기징역** : 종신형이지만, 20년이 경과한 후에는 가석방이 가능하다(제72조 제1항).

(2) 금 고

① 의 의 : 수형자를 교정시설에 수용하여 자유를 박탈하는 것을 내용으로 하는 형벌로서 정해진 노역에 복무하지 않는다는 점에서 징역과 구별된다.

② 종 류 : 유기와 무기가 있으며, 그 형기는 징역과 동일하다.

(3) 구 류

수형자를 교정시설에 수용하는 것을 내용으로 하는 형벌이다. 다만 그 기간이 1일 이상 30일 미만이라는 점에서 징역 · 금고와 구별된다.

3. 단기자유형의 폐지론

6월 이하의 단기의 자유형은 수형자의 개선 · 교화를 통한 사회복귀적 효과를 기대할 수 없고 오히려 혼거구금에 의하여 다른 수형자로부터 악영향을 받을 우려가 있으므로 폐지하거나 제한해야 한다는 주장이다.

Ⅳ. 재산형

1. 벌 금

(1) 의 의

① 범죄인에 대하여 일정한 금액의 지급의무를 강제적으로 부담하게 하는 것을 내용으로 하는 형벌이다.

② 벌금은 일정한 금액의 지급의무를 부담케 하는 채권적 효과를 발생시킨다는 점에서, 재산권을 일방적으로 국가에 귀속시키는 물권적 효과를 가진 몰수와 구별된다.

③ 벌금형은 일신전속적 성질을 가지므로 제3자의 대납, 국가에 대한 채권과의 상계가 인정되지 아니한다.

(2) 내 용

제45조(벌금) 벌금은 5만원 이상으로 한다.[2] 다만, 감경하는 경우에는 5만원 미만으로 할 수 있다.

제69조(벌금) ① 벌금은 판결확정일로부터 30일 내에 납입하여야 한다. 단 벌금을 선고할 때에는 동시에 그 금액을 완납할 때까지 노역장에 유치할 것을 명할 수 있다.
② 벌금을 납입하지 아니한 자는 1일 이상 3년 이하의 기간 노역장에 유치하여 작업에 복무하게 한다.

제70조(노역장 유치) ① 벌금을 선고할 때에는 이를 납입하지 아니하는 경우의 노역장 유치기간을 정하여 동시에 선고하여야 한다.
② 선고하는 벌금이 1억원 이상 5억원 미만인 경우에는 300일 이상, 5억원 이상 50억원 미만인 경우에는 500일 이상, 50억원 이상인 경우에는 1천일 이상의 유치기간을 정하여야 한다.

제71조(유치일수의 공제) 벌금의 선고를 받은 사람이 그 금액의 일부를 납입한 경우에는 벌금액과 노역장 유치기간의 일수에 비례하여 납입금액에 해당하는 일수를 뺀다.

---

2) 따라서 벌금의 상한은 제한이 없다.

判例 수표금액을 기준으로 벌금형이 정하여지는 경우 보충권의 상한액이 수표금액×

부정수표단속법 제5조는 "수표를 위조 또는 변조한 자는 1년 이상의 유기징역과 수표금액의 10배 이하의 벌금에 처한다."고 규정하고 있는바, 수표금액란이 백지인 채로 수표가 위조된 후 그 수표금액이 아직 보충되지 아니한 경우에는 벌금액수의 상한을 정하는 기준이 되는 수표금액이 정하여져 있지 아니하여 병과할 벌금형의 상한을 정할 수 없으므로 결국 벌금형을 병과할 수 없고, 설령 수표금액이 백지인 수표를 위조한 사람이 그 위조수표를 교부하면서 보충권을 수여한 경우라 할지라도 그 수표의 금액이 실제로 보충되기 전까지는 수표금액이 얼마로 정하여질지 알 수 없으므로 그 보충권의 상한액을 수표금액으로 보아 이를 기준으로 벌금형을 병과할 수도 없다[대판 2005.9.28. 2005도3947].

判例 노역장유치기간이 다른 선택형인 징역형의 장기를 초과한 경우(위법×)

벌금형에 대한 노역장유치기간의 산정에는 형법 제69조 제2항에 따른 제한이 있을 뿐 그 밖의 다른 제한이 없으므로, 징역형과 벌금형 가운데서 벌금형을 선택하여 선고하면서 그에 대한 노역장유치기간을 환산한 결과 선택형의 하나로 되어 있는 징역형의 장기보다 유치기간이 더 길 수 있게 되었다 하더라도 이를 위법이라고 할 수는 없다[대판 2000.11.24. 2000도3945]. [♠ 11 사시]

동지판례 징역과 벌금형이 병과된 경우에 벌금형의 환형유치기간이 3년을 넘지 않는 한 징역형의 기간보다 길다 하더라도 위법이라 할 수 없다[대판 1971.3.30. 71도251]. [♠ 15 사시]

判例 노역장유치기간과 관련한 판례

1. 형법 제69조 제2항, 제70조 제1항에 의하면 벌금을 선고할 때에는 납입하지 아니하는 경우의 유치기간을 정하여 동시에 선고하여야 하고, 그 유치기간은 1일 이상 3년 이하의 기간 내로만 정할 수 있으며, 3년을 초과하는 기간을 벌금을 납입하지 아니하는 경우의 유치기간으로 정할 수 없다[대판 2016.8.25. 2016도6466].
2. [1] 형법이 2014.5.14. 법률 제12575호로 개정되면서 "선고하는 벌금이 1억 원 이상 5억 원 미만인 경우에는 300일 이상, 5억 원 이상 50억 원 미만인 경우에는 500일 이상, 50억 원 이상인 경우에는 1,000일 이상의 유치기간을 정하여야 한다."고 규정한 제70조 제2항이 신설되었다. 그리고 그 부칙 제1조는 개정된 형법을 공포한 날부터 시행한다고 규정하고, 제2조 제1항은 "제70조 제2항의 개정규정은 이 법 시행 후 최초로 공소가 제기되는 경우부터 적용한다."고 규정하고 있다.
   [2] 피고인이 특정범죄 가중처벌 등에 관한 법률 위반(허위세금계산서교부등)으로 기소되었는데, 원심이 벌금 24억 원을 병과하면서 800만 원을 1일로 환산한 기간 노역장유치를 명한 사안에서, 2014.5.14. 법률 제12575호로 개정된 형법 시행 후에 공소가 제기되었으므로 개정 형법 제70조 제2항에 따라 500일 이상의 유치기간을 정하였어야 함에도, 300일의 유치기간만을 정한 것은 심판이 법령에 위반한 경우에 해당한다고 한 사례[대판 2014.12.24. 2014오2].

(3) 장단점

① **장 점** : i) 수형자에 대한 부정적 영향을 피할 수 있다. ii) 소비사상에 지배되고 있는 현대 자본주의사회에서 적합한 형벌이 될 수 있다. iii) 오판의 경우 회복이 용이하다. iv) 집행비용이 저렴하다.

② **단 점** : i) 범죄인 가족의 생계에 영향을 주어 형벌의 일신전속성에 반한다. ii) 자력 있는 자에 대해서는 일반예방이나 특별예방의 효과를 기대할 수 없다. iii) 자력이 없는 자에 대하여는 결국 노역장 유치로 전환되어 벌금형이 자유형으로 전환되게 된다.

(4) 벌금형의 개선방안

① **일수벌금형제도의 도입** : 형법은 '총액벌금형제도'를 채택하고 있어 피고인의 빈부차이를 고려할 수 없는 단점이 있다. 따라서 피고인의 불법과 책임에 따른 '일수(日數)'와 피고인의 경제사정을 고려하여 '일수정액'을 결정한 후 벌금형을 정할 수 있게 하는 일수벌금형제도를 도입하여야 한다.

② **기 타** : 벌금의 납부기일 연장 및 분납제도, 벌금형의 집행유예제도를 도입하는 방안이 있다.

2. 과 료

(1) 의 의

① 범죄인에 대하여 일정한 금액의 지급의무를 강제적으로 부담하게 하는 것을 내용으로 하는 형벌이라는 점에서 벌금형과 동일하다. 다만 금액이 적다는 점과 그에 따라 노역장유치기간에서 차이가 있다는 점에서 구별된다.

② 과료는 재산형으로 형벌이지만 과태료는 형법상의 형벌이 아니라 행정상의 제재에 불과하다는 점에서 양자는 구별된다.

(2) 내 용

제47조(과료) 과료는 2천원 이상 5만원 미만으로 한다.

제69조(벌금과 과료) ① 과료는 판결확정일로부터 30일 내에 납입하여야 한다.
② 과료를 납입하지 아니한 자는 1일 이상 30일 미만의 기간 노역장에 유치하여 작업에 복무하게 한다.

제70조(노역장유치) ① 과료를 선고할 때에는 이를 납입하지 아니하는 경우의 노역장 유치기간을 정하여 동시에 선고하여야 한다.

제71조(유치일수의 공제) 과료의 선고를 받은 사람이 그 금액의 일부를 납입한 경우에는 벌금 또는 과료액과 노역장 유치기간의 일수에 비례하여 납입금액에 해당하는 일수를 뺀다.

3. 몰 수

(1) 의 의

① **개 념** : 범죄반복의 방지 또는 범죄에 의한 이득을 금지할 목적으로 범죄행위와 관련된 재산을 박탈하는 재산형이다.

② 성 질

제49조(몰수의 부가성) 몰수는 타형에 부가하여 과한다. 단 행위자에게 유죄의 재판을 아니할 때에도 몰수의 요건이 있는 때에는 몰수만을 선고할 수 있다.

㉮ **대물적 보안처분성** : 몰수는 형식적으로는 형벌의 일종이지만, 실질적으로는 대물적 보안처분에 속한다(통설).

㉯ **부가성** : 몰수는 원칙적으로 다른 형에 부가하여 과한다. 다만 예외적으로 행위자에게 유죄의 재판을 아니할 때에도 몰수의 요건이 있는 때에는 몰수만을 선고할 수 있다(제49조).

判例 몰수나 추징이 불가능한 경우

1. **(공소사실에 관하여 공소시효가 완성된 경우)** 형법 제49조 단서는 행위자에게 유죄의 재판을 하지 아니할 때에도 몰수의 요건이 있는 때에는 몰수만을 선고할 수 있다고 규정하고 있으므로 몰수뿐만 아니라 몰수에 갈음하는 추징도 위 규정에 근거하여 선고할 수 있다고 할 것이나 우리 법제상 공소의 제기 없이 별도로 몰수나 추징만을 선고할 수 있는 제도가 마련되어 있지 아니하므로 위 규정에 근거하여 몰수나 추징을 선고하기 위하여서는 몰수나 추징의 요건이 공소가 제기된 공소사실과 관련되어 있어야 하고, 공소사실이 인정되지 않는 경우에 이와 별개의 공소가 제기되지 아니한 범죄사실을 법원이 인정하여 그에 관하여 몰수나 추징을 선고하는 것은 불고불리의 원칙에 위반되어 불가능하며, 몰수나 추징이 공소사실과 관련이 있다 하더라도 그 공소사실에 관하여 이미 공소시효가 완성되어 유죄의 선고를 할 수 없는 경우에는 몰수나 추징도 할 수 없다[대판 1992.7.28. 92도700; 동지 대판 2008.11.13. 2006도4885], [동지 대판 2010.5.13. 2009도11732]. [♠14 사시]
2. **(면소의 경우)** 형법 제49조 단서는 행위자에게 유죄의 재판을 하지 아니할 때에도 몰수의 요건이 있는 때에는 몰수만을 선고할 수 있다고 규정하고 있으나, 우리 법제상 공소의 제기 없이 별도로 몰수만을 선고할 수 있는 제도가 마련되어 있지 아니하므로 실체판단에 들어가 공소사실을 인정하는 경우가 아닌 면소의 경우에는 원칙적으로 몰수도 할 수 없다[대판 2007.7.26. 2007도4556].
3. **(공소제기된 범죄사실과 관련이 없는 경우)** [1] 마약류 관리에 관한 법률 제67조의 몰수나 추징을 선고하기 위해서는 몰수나 추징의 요건이 공소가 제기된 범죄사실과 관련되어 있어야 하므로, 법원으로서는 범죄사실에서 인정되지 아니한 사실에 관하여는 몰수나 추징을 선고할 수 없다. [2] 법원이 범죄사실에서 피고인이 수수한 필로폰 양을 특정할 수 없다고 판단한 경우, 그 추징의 대상이 되는 수수한 필로폰의 양을 특정할 수 없으므로 피고인에게 추징을 명할 수는 없다[대판 2016.12.15. 2016도16170].

참고판례 「부패재산의 몰수 및 회복에 관한 특례법」(이하 '부패재산몰수법') 제6조 제1항, 제3조 제1항, 제2조 제3호에서 정한 몰수·추징의 원인이 되는 범죄사실은 공소제기된 범죄사실에 한정되고, '범죄피해재산'은 그 공소제기 된 범죄사실 피해자로부터 취득한 재산 또는 그 재산의 보유·처분에 의하여 얻은 재산에 한정되며, 그 피해자의 피해회복이 심히 곤란하다고 인정되는 경우에만 몰수·추징이 허용된다고 보아야 한다[대판 2022.11.17. 2022도8662].[3]

[사실관계] 피고인에 대하여 피해자 1명에 대한 사기죄로 기소된 사안에서, "부패재산몰수법에서 정한 몰수·추징의 원인이 되는 범죄사실은 기소된 범죄사실에 한정되고, '범죄피해재산'은 그 기소된 범죄사실 피해자로부터 취득한 재산 또는 그 재산의 보유·처분에 의하여 얻은 재산에 한정되며, 그 피해자의 피해회복이 심히 곤란하다고 인정되는 경우에만 몰수·추징이 허용된다"고 판단하고, 이와 달리 "기소되지 않은 범죄사실이라고 하더라도 '범죄피해재산'에 대한 몰수의 특례를 인정하고 있는 부패재산몰수법에서 정한 범죄사실로 취득한 돈이라고 인정된다면 몰수가 가능하다"고 판단한 원심 판결의 몰수 부분을 파기·환송함.

③ **종 류** : 형법 총칙상의 몰수는 임의적 몰수(제48조)이나, 뇌물죄의 뇌물(제134조), 아편에 관한 죄의 아편·몰핀이나 그 화합물, 아편흡식기(제206조), 배임수재죄의 취득한 재물(제357조 제3항) 등은 필요적 몰수의 대상이다.

(2) 몰수의 요건과 효과

제48조(몰수의 대상과 추징) ① 범인 외의 자의 소유에 속하지 아니하거나 범죄 후 범인 외의 자가 사정을 알면서 취득한 다음 각 호의 물건은 전부 또는 일부를 몰수할 수 있다.
1. 범죄행위에 제공하였거나 제공하려고 한 물건
2. 범죄행위로 인하여 생겼거나 취득한 물건
3. 제1호 또는 제2호의 대가로 취득한 물건 [♣ 21 변시]

① **대물적 요건**(몰수의 대상)

㉮ **범죄행위에 제공하였거나 제공하려고 한 물건** : 살인에 사용한 권총, 살인에 사용하려고 준비하였으나 실제로 사용하지 못한 흉기는 몰수 할 수 있다. 그러나 우연히 범행에 도움을 준 물건은 범죄행위에 제공된 물건이 아니다(예 피해자를 발로 찰 때 신고 있던 구두).

判例 **범죄행위에 제공된 물건의 범위**

[1] 형법 제48조 제1항 제1호의 "범죄행위에 제공한 물건"은, 가령 살인행위에 사용한 칼 등 범죄의 실행행위 자체에 사용한 물건에만 한정되는 것이 아니며, 실행행위의 착수 전의 행위 또는 실행행위의 종료 후의 행위에 사용한 물건이더라도 그것이 범죄행위의 수행에 실질적으로 기여하였다고 인정되는 한 위 법조 소정의 제공한 물건에 포함된다.
[2] 대형할인매장에서 수회 상품을 절취하여 자신의 승용차에 싣고 간 경우, 위 승용차는 형법 제48조 제1항 제1호에 정한 범죄행위에 제공한 물건으로 보아 몰수할 수 있다고 한 사례[대판 2006.9.14. 2006도4075].

판례해설 대법원은 절취 물품의 부피가 전기밥솥·DVD플레이어 등 상당한 크기의 것이어서 대중교통수단을 타고 운반하기에 곤란한 것이었으므로, 승용차는 단순히 범행장소에 도착하는 데 사용한 교통수단을 넘어서 장물운반에 사용한 자동차라고 보아야 하므로, 범죄행위에 제공한 물건으로 보아 몰수할 수 있다고 판시하였다.

3) 대법원은 이 판결을 통해 특별법인 부패재산몰수법에 따른 몰수·추징에 있어서도 기소되지 않은 범죄피해재산은 몰수·추징의 대상의 되지 않는다는 점을 최초로 판시함.

判例 '범죄행위에 제공하려고 한 물건'에서 범죄의 의미 = 기소된 당해 범죄

[1] 형법상의 몰수가 공소사실에 대하여 형사재판을 받는 피고인에 대한 유죄판결에서 다른 형에 부가하여 선고되는 형인 점에 비추어, 어떠한 물건을 '범죄행위에 제공하려고 한 물건'으로서 몰수하기 위하여는 그 물건이 유죄로 인정되는 당해 범죄행위에 제공하려고 한 물건이어야 한다.
[2] 피고인이 체포될 당시 이 사건 외국환거래법위반의 범행과 같은 방법으로 중국 교통은행의 계좌로 송금하려고 하였으나 미처 송금하지 못하고 소지하고 있던 각 자기앞수표 또는 현금은, 피고인이 장차 실행하려고 한, 이 사건 범행과 동종의 외국환거래법위반의 범행에 제공하려고 한 물건으로 볼 수 있을 뿐, 원심이 유죄로 인정한 판시 외국환거래법위반의 범행에 제공하려고 한 물건이라고는 볼 수 없어 피고인으로부터 이를 몰수할 수 없다[대판 2008.2.14. 2007도10034].

判例 범죄행위에 제공된 물건에 해당하여 몰수가 가능한 경우

1. 피해자로 하여금 사기도박에 참여하도록 유인하기 위하여 고액의 수표를 제시해 보인 경우, 형법 제48조 소정의 몰수가 임의적 몰수에 불과하여 법관의 자유재량에 맡겨져 있고, 위 수표가 직접적으로 도박자금으로 사용되지 아니하였다 할지라도, 위 수표가 피해자로 하여금 사기도박에 참여하도록 만들기 위한 수단으로 사용된 이상, 이를 몰수할 수 있고, 그렇다고 하여 피고인에게 극히 가혹한 결과가 된다고 볼 수는 없다[대판 2002.9.24. 2002도3589]. [♠ 04, 11, 12 사시]
2. '황금성' 게임기(이하 '이 사건 게임기'라고 한다)는 기판과 본체가 서로 물리적으로 결합되어야만 비로소 그 기능을 발휘할 수 있는 기계로서, 피고인들이 이 사건 게임기를 이용하여 손님들로 하여금 사행행위를 하게 한 사실을 알 수 있으므로, 이 사건 게임기는 본체를 포함한 그 전부가 범죄행위에 제공된 물건으로서 몰수의 대상이 된다 할 것이며, 이 사건 게임기가 당국으로부터 적법하게 등급심사를 받은 것이라고 하여 달리 볼 것은 아니라 할 것이다[대판 2006.12.8. 2006도6400].

判例 범죄행위에 제공된 물건이 아닌 경우

관세법 제188조 제1호 소정의 물품에 대한 수입신고를 함에 있어서 주요사항을 허위로 신고한 경우에 위 물건은 신고의 대상물에 지나지 않아 신고로서 이루어지는 허위신고죄의 범죄행위 자체에 제공되는 물건이라고 할 수 없으므로 형법 제48조 제1항 소정의 몰수요건에 해당한다고 볼 수 없다[대판 1974.6.11. 74도352].

참고판례 피고인이 그 소유의 토지개발채권을 구 외국환관리법 제19조 소정의 허가 없이 휴대하여 외국으로 출국하려다가 적발되어 미수에 그친 경우, 위 채권은 허가 없는 수출미수행위로 인하여 비로소 취득하게 된 것에 해당한다고 할 수 없으므로 구 외국환관리법 제33조에 따라 이를 몰수하거나 그 가액을 추징할 수 없다고 할 것이나, 다만 위 채권은 피고인의 허가 없는 수출미수행위에 제공된 것에는 해당된다고 할 것이고, 따라서 형법 제48조 제1항 제1호, 제2항에 의한 몰수 또는 추징의 대상이 되는 것으로 보아야 한다[대판 2002.9.4. 2000도515].

㉯ 범죄행위로 인하여 생하였거나 이로 인하여 취득한 물건 : 문서위조행위에 의하여 위조된 문서, 도박에 의하여 취득한 금품은 몰수할 수 있다.

判例 범죄행위로 인하여 물건을 취득하면서 그 대가를 지급한 경우의 몰수 대상

범죄행위로 인하여 물건을 취득하면서 그 대가를 지급하였다고 하더라도 범죄행위로 취득한 것은 물건 자체이고 이는 몰수되어야 할 것이나, 이미 처분되어 없다면 그 가액 상당을 추징할 것이고, 그 가액에서 이를 취득하기 위한 대가로 지급한 금원을 뺀 나머지를 추징해야 하는 것은 아니다[대판 2005.7.15. 2003도4293].

判例 범죄행위로 인하여 취득한 물건에 해당하지 않는 경우

1. [1] 형법 제48조가 규정하는 몰수·추징의 대상은 범인이 범죄행위로 인하여 취득한 물건을 뜻하고, 여기서 '취득'이란 해당 범죄행위로 인하여 결과적으로 이를 취득한 때를 말한다고 제한적으로 해석함이 타당하다.
   [2] 원심이 피고인들에게 '사업장폐기물배출업체로부터 인수받은 폐기물을 폐기물관리법에 따라 허가 또는 승인을 받거나 신고한 폐기물처리시설이 아닌 곳에 매립하였다.'는 범죄행위를 인정하면서 피고인들이 사업장폐기물배출업체로부터 받은 돈을 형법 제48조에 따라 몰수·추징한 사안에서, 위 돈을 형법 제48조의 몰수·추징의 대상으로 보기 위해서는 피고인들의 위와 같은 범죄행위로 인하여 취득하였다는 점, 즉 위 돈이 피고인들과 사업장폐기물배출업체 사이에 피고인들의 범죄행위를 전제로 수수되었다는 점이 인정되어야 한다는 이유로, 사업장폐기물배출업체로부터 정상적인 절차에 따라 폐기물이 처리되는 것을 전제로 돈을 받았다는 피고인들 주장에 관하여 심리하지 아니한 채 막연히 피고인들이 폐기물을 불법적으로 매립할 목적으로 돈을 받고 폐기물을 인수하였다는 사정만을 근거로 위 돈이 범죄행위로 인하여 생하였거나 이로 인하여 취득된 것이라고 본 원심판결에 몰수·추징에 관한 법리오해 및 심리미진의 잘못이 있다고 한 사례[대판 2021.7.21. 2020도10970].
2. 부동산의 소유권을 이전받을 것을 내용으로 하는 계약(1차 계약)을 체결한 자가 그 부동산에 대하여 다시 제3자와 소유권이전을 내용으로 하는 계약(전매계약)을 체결한 것이 부동산등기 특별조치법 제8조 제1호 위반행위에 해당하는 경우, 전매계약에 의하여 제3자로부터 받은 대금은 위 조항의 처벌대상인 '1차 계약에 따른 소유권이전등기를 하지 않은 행위'로 취득한 것이 아니므로 형법 제48조에 의한 몰수나 추징의 대상이 될 수 없다[대판 2007.12.14. 2007도7353].
3. [1] 형법 제48조 제1항은 '범죄행위로 인하여 생하였거나 이로 인하여 취득한 물건'으로서 범인 이외의 자의 소유에 속하지 아니하거나 범죄 후 범인 이외의 자가 정을 알면서 취득한 물건의 전부 또는 일부를 몰수할 수 있다고 규정하면서(제2호), 제2항에서는 제1항에 기재한 물건을 몰수하기 불능한 때에는 그 가액을 추징하도록 규정하고 있다. 이와 같이 형법 제48조는 몰수의 대상을 '물건'으로 한정하고 있다. 이는 범죄행위에 의하여 생긴 재산 및 범죄행위의 보수로 얻은 재산을 범죄수익으로 몰수할 수 있도록 한 범죄수익은닉의 규제 및 처벌 등에 관한 법률이나

범죄행위로 취득한 재산상 이익의 가액을 추징할 수 있도록 한 형법 제357조 등의 규정과는 구별된다. 민법 제98조는 물건에 관하여 '유체물 및 전기 기타 관리할 수 있는 자연력'을 의미한다고 정의하는데, 형법이 민법이 정의한 '물건'과 다른 내용으로 '물건'의 개념을 정의하고 있다고 볼 만한 사정도 존재하지 아니한다.

[2] 피고인이 甲, 乙과 공모하여 정보통신망을 통하여 음란한 화상 또는 영상을 배포하고, 도박사이트를 홍보하였다는 공소사실로 기소되었는데, 원심이 공소사실을 유죄로 인정하면서 피고인이 범죄행위에 이용한 웹사이트 매각을 통해 취득한 대가를 형법 제48조에 따라 추징한 사안에서, 위 웹사이트는 범죄행위에 제공된 무형의 재산에 해당할 뿐 형법 제48조 제1항 제2호에서 정한 '범죄행위로 인하여 생하였거나 이로 인하여 취득한 물건'에 해당하지 않으므로, 피고인이 위 웹사이트 매각을 통해 취득한 대가는 형법 제48조 제1항 제2호, 제2항이 규정한 추징의 대상에 해당하지 않는다는 이유로, 이와 달리 보아 위 웹사이트 매각대금을 추징한 원심판결에 형법 제48조에서 정한 몰수·추징에 관한 법리오해의 잘못이 있다고 한 사례[대판 2021.10.14. 2021도7168]. [♣ 23 변시]

判例 범죄행위에 제공하려 하였거나 그 범행으로 인하여 취득한 물건에 해당하는 경우

1. 오락실업자, 상품권업자 및 환전소 운영자가 공모하여 사행성 전자식 유기기구에서 경품으로 배출된 상품권을 현금으로 환전하면서 그 수수료를 일정한 비율로 나누어 가지는 방식으로 영업을 한 경우, 환전소 운영자가 환전소에 보관하던 현금 전부가 위와 같은 상품권의 환전을 통한 범죄행위에 제공하려 하였거나 그 범행으로 인하여 취득한 물건에 해당하여 형법 제48조 제1항 제1호 또는 제2호의 규정에 의하여 몰수의 대상이 되고, 환전소 운영자가 위 환전소 내에 보관하고 있던 현금 중 일부를 생활비 등의 용도로 소비하였다고 하여 달리 볼 것이 아니라고 한 사례[대판 2006.10.13. 2006도3302].
2. 전자기록은 일정한 저장매체에 전자방식이나 자기방식에 의하여 저장된 기록으로서 저장매체를 매개로 존재하는 물건이므로 형법 제48조 제1항 각호의 사유가 있는 때에는 이를 몰수할 수 있다. 휴대전화기는 형법 제48조 제1항 제1호가 정하는 '범죄행위에 제공된 물건'에, 이 사건 동영상은 이 사건 휴대전화기에 저장된 전자기록으로서 형법 제48조 제1항 제2호가 정하는 '범죄행위로 인하여 생긴 물건'에 각각 해당하고, 이러한 경우 이 사건 휴대전화기와 이 사건 동영상의 몰수 여부는 법원의 재량이므로, 법원이 이 사건 휴대전화기를 몰수하지 않고 이 사건 휴대전화기 중 이 사건 동영상만을 몰수하였다고 하여 이를 위법하다고까지 할 수는 없다[대판 2017.10.23. 2017도5905].
[♣ 23 변시]

㉰ **전 2호의 대가로 취득한 물건** : 인신매매의 매득금은 몰수할 수 있다. 다만 장물의 대가로 취득한 금전도 그 장물피해자가 있을 때에는 몰수하여서는 안 되고, 피해자의 교부청구가 있을 때 환부하여야 한다[대판 1966.9.6. 66도853].

判例 몰수할 물건의 대가 = 몰수 가능

관세법 제198조 제2항에 따라 몰수하여야 할 압수물이 멸실, 파손 또는 부패의 염려가 있거나 보관하기에 불편하여 이를 형사소송법 제132조의 규정에 따라 매각하여 그 대가를 보관하는 경우에는, 몰수와의 관계에서는 그 대가보관금을 몰수 대상인 압수물과 동일시할 수 있다[대판 1996.11.12. 96도2477].

㉣ 몰수의 대상인 물건의 의미

判例 몰수의 대상인 물건의 범위

형법 제48조 제1항은 '범죄행위로 인하여 생하였거나 이로 인하여 취득한 물건'으로서 범인 이외의 자의 소유에 속하지 아니하거나 범죄 후 범인 이외의 자가 정을 알면서 취득한 물건의 전부 또는 일부를 몰수할 수 있다고 규정하면서(제2호), 제2항에서는 제1항에 기재한 물건을 몰수하기 불능한 때에는 그 가액을 추징하도록 규정하고 있다. 이와 같이 형법 제48조는 몰수의 대상을 '물건'으로 한정하고 있다. 이는 범죄행위에 의하여 생긴 재산 및 범죄행위의 보수로 얻은 재산을 범죄수익으로 몰수할 수 있도록 한 범죄수익은닉의 규제 및 처벌 등에 관한 법률이나 범죄행위로 취득한 재산상 이익의 가액을 추징할 수 있도록 한 형법 제357조 등의 규정과는 구별된다. 민법 제98조는 물건에 관하여 '유체물 및 전기 기타 관리할 수 있는 자연력'을 의미한다고 정의하는데, 형법이 민법이 정의한 '물건'과 다른 내용으로 '물건'의 개념을 정의하고 있다고 볼 만한 사정도 존재하지 아니한다[대판 2021.10.14. 2021도7168].

비교판례 몰수의 대상인 물건은 유체물에 한하지 않고 권리 또는 이익도 포함한다[대판 1976.9.28. 75도3607].[4]

비교판례 [1] 범죄수익은닉규제법의 입법 취지 및 법률 규정의 내용을 종합하여 보면, 범죄수익은닉규제법에 정한 중대범죄에 해당하는 범죄행위에 의하여 취득한 것으로 재산적 가치가 인정되는 무형재산도 몰수할 수 있다. [2] 비트코인은 경제적인 가치를 디지털로 표상하여 전자적으로 이전, 저장 및 거래가 가능하도록 한, 이른바 '가상화폐'의 일종인 점, 피고인은 음란사이트를 운영하면서 사진과 영상을 이용하는 이용자 및 음란사이트에 광고를 원하는 광고주들로부터 비트코인을 대가로 지급받아 재산적 가치가 있는 것으로 취급한 점에 비추어 비트코인은 재산적 가치가 있는 무형의 재산이라고 보아야 하고, 몰수의 대상인 비트코인이 특정되어 있는 이상, 피고인이 취득한 비트코인을 몰수할 수 있다[대판 2018.5.30. 2018도3619].

4) 검사는 대판 1976.9.28. 75도3607 판결을 들어 형법 제48조 제1항 각 호의 '물건'에는 유체물 뿐 아니라 권리 또는 이익도 포함된다고 주장하나, 위 판결은 뇌물에 대한 필요적 몰수 또는 추징을 규정한 형법 제134조에 관한 것으로, 위 판결에서 설시된 뇌물의 개념을 형법 제48조 제1항 각 호의 '물건'에 그대로 적용할 수는 없다(서울중앙지방법원 2018.8.16. 2017노1296).

② 대인적 요건

㉮ **범인 이외의 자의 소유에 속하지 아니할 것 :** ⅰ) 범인에는 공범자도 포함된다(판례). 따라서 범인 및 공범자의 소유물건 · 무주물 · 소유자불명의 물건 · 금제품은 몰수할 수 있다. [♠ 00 사시] ⅱ) 허위기재부분이 있는 공문서, 매각위탁을 받은 엽총은 범인 이외의 자의 소유에 속하므로 몰수할 수 없다.

㉯ **범죄 후 범인 이외의 자가 사정을 알면서 취득한 물건 :** 범인 이외의 자의 소유일지라도 몰수할 수 있다.

判例 장물처분의 대가(장물이 범인 이외의 자의 소유이므로 장물처분의 대가는 몰수 불가능)

장물을 처분하여 그 대가로 취득한 압수물은 몰수할 것이 아니라 피해자에게 교부하여야 할 것이다 [대판 1969.1.21. 68도1672]. [♠ 12 사시]

判例 형법 제48조 제1항의 '범인'의 범위

[1] 형법 제48조 제1항의 '범인'에는 공범자도 포함되므로 피고인의 소유물은 물론 공범자의 소유물도 그 공범자의 소추 여부를 불문하고 몰수할 수 있고, 여기에서의 공범자에는 공동정범, 교사범, 방조범에 해당하는 자는 물론 필요적 공범관계에 있는 자도 포함된다. [♣ 19 변시]

[2] 형법 제48조 제1항의 '범인'에 해당하는 공범자는 반드시 유죄의 죄책을 지는 자에 국한된다고 볼 수 없고 공범에 해당하는 행위를 한 자이면 족하므로 이러한 자의 소유물도 형법 제48조 제1항의 '범인 이외의 자의 소유에 속하지 아니하는 물건'으로서 이를 피고인으로부터 몰수할 수 있다 [대판 2006.11.23. 2006도5586], [대판 1984.5.29. 83도2680; 동지 대판 2000.5.12. 2000도745]. [♠ 04, 05, 11, 12 사시]

동지판례 형법 제48조 제1항의 범인에는 공범자도 포함된다고 해석되므로, 범인 자신의 소유물은 물론 공범자의 소유물에 대하여도 이를 몰수할 수 있다 할 것인바, 설령 甲이 운영하는 환전소에서 압수한 현금의 실제 소유자가 乙이라고 하더라도, 원심이 乙과 공범관계에 있는 甲으로부터 위 현금을 몰수한 조치는 정당하다[대판 2007.3.15. 2006도8929].

비교판례 뇌물공여죄와 뇌물수수죄 사이와 같은 이른바 대향범 관계에 있는 자는 강학상으로는 필요적 공범이라고 불리고 있으나, 서로 대향된 행위의 존재를 필요로 할 뿐 각자 자신의 구성요건을 실현하고 별도의 형벌규정에 따라 처벌되는 것이어서, 2인 이상이 가공하여 공동의 구성요건을 실현하는 공범관계에 있는 자와는 본질적으로 다르며, 대향범 관계에 있는 자 사이에서는 각자 상대방의 범행에 대하여 형법 총칙의 공범규정이 적용되지 아니한다. 이러한 점들에 비추어 보면, 공범 사이의 처벌에 형평을 기하기 위하여 공범 중 1인에 대한 공소의 제기로 다른 공범자에 대하여도 공소시효가 정지되도록 규정하고 있는 형사소송법 제253조 제2항에서 말하는 '공범'에는 뇌물공여죄와 뇌물수수죄 사이와 같은 대향범 관계에 있는 자는 포함되지 않는다[대판 2015.2.12. 2012도4842]. [♣ 17 변시]

判例 범인 이외의 자의 소유여서 몰수할 수 없는 경우

1. 피고인이 다른 공동피고인들에게 도박자금으로 금원을 대여하였다면 그 금원은 그때부터 피고인의 소유가 아니라 동 공동피고인들의 소유에 귀속하게 되므로 그것을 동 공동피고인들로부터 형법 제48조 제1항 제1호나 제2호를 적용하여 몰수함은 모르되 피고인으로부터 몰수할 성질의 것은 아니다[대판 1982.9.28. 82도1669].
2. 강도상해의 범행에 사용된 자동차가 피고인의 처 소유라면 이를 몰수할 수 없다[대판 1990.10.10. 90도1904].
3. 군 피.엑스(P.X)에서 공무원인 군인이 그 권한에 의하여 작성한 월간판매실적보고서의 내용에 일부 허위기재된 부분이 있더라도 이는 공무소인 소관 육군부대의 소유에 속하는 것이므로 이를 허위공문서 작성의 범행으로 인하여 생긴 물건으로 누구의 소유도 불허하는 것이라 하여 형법 제48조 제1항 제1호를 적용, 몰수하였음은 부당하다[대판 1983.6.14. 83도808]. [♠ 12 사시]

判例 관세법상 몰수대상이 되는 선박인지를 판단하는 방법

밀수전용의 선박 · 자동차 기타 운반기구가 관세법 제183조에 의하여 몰수대상이 되는지의 여부를 판단함에 있어 당해 운반기구가 누구의 소유에 속하는가 하는 것은 그 공부상의 명의 여하에 불구하고 권리의 실질적인 귀속관계에 따라 판단하여야 한다[대판 1999.12.10. 99도3478]. [♠ 12 사시]

③ 몰수와 압수와의 관계

判例 압수절차가 위법한 경우 몰수의 가능성 (가능)

[1] 몰수는 반드시 압수되어 있는 물건에 대하여서만 하는 것이 아니므로, 몰수대상물건이 압수되어 있는가 하는 점 및 적법한 절차에 의하여 압수되었는가 하는 점은 몰수의 요건이 아니다. [♠ 14 사시]
[2] 금품선거사건을 수사 중인 수사기관이 피고인의 주거에 대한 압수 · 수색을 실시하고 이미 그 집행을 종료함으로써 효력을 상실한 압수 · 수색영장에 기하여 다시 압수 · 수색을 실시하면서 몰수대상물건을 압수한 경우, 압수 자체가 위법하게 됨은 별론으로 하더라도 그것이 위 물건의 몰수의 효력에는 영향을 미칠 수 없다[대판 2003.5.30. 2003도705]. [♠ 12 사시]

判例 압수되어 있지 않은 물건(환부된 물건)에 대한 몰수의 가능성 (가능)

몰수는 압수되어 있는 물건에 대해서만 하는 것이 아니므로 판결선고 전 검찰에 의하여 압수된 후 피고인에게 환부된 물건에 대하여도 피고인으로부터 몰수할 수 있다[대판 1977.5.24. 76도4001].

형법상의 몰수

필요적 몰수의 대상 (각칙)	배임수재로 취득한 재물, 아편에 관한 죄에 제공한 아편이나 아편흡식기구, 수뢰죄의 뇌물
임의적 몰수의 가능성 (총칙)	① 강도의 수단으로 사용한 피해자 소유의 칼(×) : 범인 이외의 자의 소유이므로 몰수할 수 없다. ② 살인의 도구로 사용한 무주물인 칼(○) : 무주물은 범인 이외의 자의 소유물이 아니므로 몰수할 수 있다. ③ 도박죄에 있어서의 도금(○) : 범죄행위에 제공되었거나 범죄행위로 인하여 취득한 물건이므로 몰수할 수 있다. ④ 범인을 은닉한 사례로 받은 금전(○) : 범인은닉죄로 인하여 취득한 물건이므로 몰수할 수 있다. ⑤ 피해자를 발로 찰 때 신은 뾰족구두(×) : 우연히 범죄에 도움을 준 것에 불과하므로 몰수할 수 없다. ⑥ 살인행위에 사용한 칼의 칼집(○) : 종물인 칼집은 주물인 칼의 몰수시에 함께 몰수할 수 있다(종물 · 주물 이론). ⑦ 절취한 현금을 보관해 둔 절도범의 금고(×) : 절도범죄에 제공된 재물도 아니며, 또한 절도범은 절취한 재물에 대하여 장물보관죄가 성립하지 않으므로 장물죄에 제공한 재물이라고 볼 수도 없다.

④ 몰수의 효과

判例 제3자의 소유에 속하는 물건에 대한 몰수 판결의 효력(제3자의 소유권에 영향X)

형사법상 몰수는 공소사실에 관하여 형사재판을 받는 피고인에 대한 유죄의 판결에서 다른 형에 부가하여 선고되는 형인 점에 비추어, 피고인 이외의 제3자의 소유에 속하는 물건에 대하여 몰수를 선고한 판결의 효력은 원칙적으로 몰수의 원인이 된 사실에 관하여 유죄의 판결을 받은 피고인에 대한 관계에서 그 물건을 소지하지 못하게 하는 데 그치고 그 사건에서 재판을 받지 아니한 제3자의 소유권에 어떤 영향을 미치는 것은 아니다[대판 1999.5.11. 99다12161].

(3) 추징 · 폐기

제48조(몰수의 대상과 추징) ② 제1항 각 호의 물건을 몰수할 수 없을 때에는 그 가액을 추징한다.
③ 문서, 도화, 전자기록 등 특수매체기록 또는 유가증권의 일부가 몰수의 대상이 된 경우에는 그 부분을 폐기한다.

① **추징의 성질** : 몰수에 갈음하는 사법처분이나, 실질적으로는 부가형의 성질을 가진다.

判例 징역형에 대한 특별사면은 그 징역형에 부가된 추징의 효력에는 효력이 미치지 않음

형법 제48조, 제49조, 사면법 제5조 제1항 제2호, 제7조 등의 규정 내용 및 취지에 비추어 보면, 추징은 부가형이지만 징역형의 집행유예와 추징의 선고를 받은 사람에 대하여 징역형의 선고의 효력을 상실케 하는 동시에 복권하는 특별사면이 있은 경우에 추징에 대하여도 형 선고의 효력이 상실된다고 볼 수는 없다[대결 1996.5.14. 96모14].

② **추징의 원인** : ⅰ) 몰수의 대상인 물건을 몰수하기 불능한 경우여야 한다. ⅱ) 몰수하기 불능한 원인은 사실상(예 소비, 분실, 훼손) · 법률상(예 혼동, 선의취득)의 원인을 불문한다.

③ **추징가액의 산정시기**

判例 추징의 가액산정 기준 = 재판선고시의 가격

몰수의 취지가 범죄에 의한 이득의 박탈을 그 목적으로 하는 것이고 추징도 이러한 몰수의 취지를 관철하기 위한 것이라는 점을 고려하면 몰수하기 불능한 때에 추징하여야 할 가액은 범인이 그 물건을 보유하고 있다가 몰수의 선고를 받았더라면 잃었을 이득상당액을 의미한다고 보아야 할 것이므로 그 가액산정은 재판선고시의 가격을 기준으로 하여야 할 것이다[대판 1991.5.28. 91도352].
[♠ 04, 05 사시]

判例 판결선고시의 주가를 알 수 없는 경우 = 주식의 시가가 가장 낮을 때를 기준으로 함

피고인이 범죄행위로 취득한 주식이, 판결 선고 전에 그 발행회사가 다른 회사에 합병됨으로써 판결 선고시의 주가를 알 수 없을 뿐만 아니라, 무상증자 받은 주식과 다시 매입한 주식까지 섞어서 처분되어 그 처분가액을 정확히 알 수 없는 경우, 주식의 시가가 가장 낮을 때를 기준으로 산정한 가액을 추징하여야 한다[대판 2005.7.15. 2003도4293].

④ **공동피고인에 대한 추징**

㉮ **개별적 추징의 원칙** : 추징은 개별적 추징을 원칙으로 하나, 개별적 추징액을 알 수 없으면 평등분할액을 추징해야 한다(판례). 추징의 범위는 실질적으로 범인에게 귀속된 이익에 한정된다(판례).

判例 수인이 뇌물을 수수한 경우 추징의 방법 = 개별추징의 원칙, 예외적 평등 추징

수인이 공모하여 뇌물을 수수한 경우에 몰수불능으로 그 가액을 추징하려면 개별적으로 추징하여야 하고 수수금품을 개별적으로 알 수 없을 때에는 평등하게 추징하여야 한다[대판 1975.4.22. 73도1963].

判例 추징의 범위

1. 구 변호사법(1993.3.10. 법률 제4544호로 개정되기 전의 것) 제82조의 규정에 의한 필요적 몰수 또는 추징은, 금품 기타 이익을 범인 또는 제3자로부터 박탈하여 그들로 하여금 부정한 이익을 보유하지 못하게 함에 그 목적이 있는 것이므로, 수인이 공동하여 공무원이 취급하는 사건 또는 사무에 관하여 청탁을 한다는 명목으로 받은 금품을 분배한 경우에는 각자로부터 실제로 분배받은 금품만을 개별적으로 몰수하거나 그 가액을 추징하여야 하고, 위와 같은 청탁을 한다는 명목으로 받은 금품 중의 일부를 실제로 금품을 받은 취지에 따라 청탁과 관련하여 관계공무원에게 뇌물로 공여한 경우에도 그 부분의 이익은 실질적으로 피고인에게 귀속된 것이 아니므로 그 부분을 제외한 나머지 금품만을 몰수하거나 그 가액을 추징하여야 한다[대판 1993.12.28. 93도1569].

   동지판례 i) 정치자금에 관한 법률 제30조 제3항의 규정에 의한 필요적 몰수 또는 추징은 같은법 제30조 제1항 및 제2항을 위반한 자에게 제공된 금품 기타 재산상 이익을 그들로부터 박탈하여 그들로 하여금 부정한 이익을 보유하지 못하게 함에 그 목적이 있는 것이므로, 대통령 선거와 관련하여 같은법 제30조 제1항을 위반하여 정치자금을 수수하거나 같은법 제30조 제2항 제6호, 제14조에 위반하여 정치자금의 기부알선을 하는 과정에서 알선자가 정치자금을 받은 경우에, 교부받은 금품을 제공한 자의 뜻에 따라 당이나 후보자 본인에게 전달한 경우에는 그 부분의 이익은 실질적으로 범인에게 귀속된 것이 아니어서 이를 제외한 나머지 금품만을 몰수하거나 그 가액을 추징하여야 한다[대판 2004.4.27. 2004도482].

   ii) 수인이 공모하여 도박개장을 하여 이익을 얻은 경우 실질적으로 귀속된 이익이 없는 피고인에 대하여는 추징을 할 수 없다[대판 2007.10.11. 2007도6019].

   iii) 마약거래방지법 제6조를 위반하여 마약류를 수출입 · 제조 · 매매하는 행위 등을 업으로 하는 범죄행위의 정범이 그 범죄행위로 얻은 수익은 몰수 · 추징의 대상이 된다. 그러나 위 정범으로부터 대가를 받고 판매할 마약을 공급하는 방법으로 위 범행을 용이하게 한 방조범은 정범의 위 범죄행위로 인한 수익을 정범과 공동으로 취득하였다고 평가할 수 없다면 위 몰수 · 추징 규정에 의하여 정범과 같이 추징할 수는 없고, 그 방조범으로부터는 방조행위로 얻은 재산 등에 한하여 몰수, 추징할 수 있다고 보아야 한다[대판 2021.4.29. 2020도16369].

   참고판례 변호사가 형사사건 피고인으로부터 담당 판사에 대한 교제 명목으로 받은 돈의 일부를 공동 변호 명목으로 다른 변호사에게 지급한 경우, 이는 변호사법 위반으로 취득한 재물의 소비방법에 불과하므로 위 돈을 추징에서 제외할 수 없다[대판 2006.11.23. 2005도3255].

2. 구 변호사법 제94조의 규정에 의한 필요적 몰수 또는 추징에 있어서 이자 및 반환에 관한 약정을 하지 아니하고 금원을 차용하였다면 이 경우 위 법조에서 규정한 몰수 또는 추징의 대상이 되는 것은 차용한 금원 그 자체가 아니라 위 금융이익 상당액이다[대판 2001.5.29. 2001도1570].

동지판례 정치자금법 제45조 제3항의 규정에 의한 필요적 몰수 또는 추징은 같은법 제45조 제1항 및 제2항을 위반한 자에게 제공된 금품 기타 재산상 이익을 박탈하여 그들로 하여금 부정한 이익을 보유하지 못하게 함에 그 목적이 있고, 금품의 무상대여를 통하여 위법한 정치자금을 기부받은 경우 범인이 받은 부정한 이익은 무상 대여금에 대한 금융이익 상당액이라 할 것이므로, 여기서 몰수 또는 추징의 대상이 되는 것은 무상으로 대여받은 금품 그 자체가 아니라 위 금융이익 상당액이다[대판 2007.3.30. 2006도7241].

㈏ 징벌적 성질의 추징

判例 징벌적 성질의 추징(부진정연대채무의 성질을 갖는다)

1. 마약류관리에 관한 법률 제67조에 의한 몰수나 추징은 범죄행위로 인한 이득의 박탈을 목적으로 하는 것이 아니라 징벌적 성질의 처분이므로, 그 범행으로 인하여 이득을 취득한 바 없다 하더라도 법원은 그 가액의 추징을 명하여야 하고, 그 추징의 범위에 관하여는 죄를 범한 자가 여러 사람일 때에는 각자에 대하여 그가 취급한 범위 내에서 의약품 가액 전액의 추징을 명하여야 한다[대판 2001.12.28. 2001도5158; 동지 대판 2010.8.26. 2010도7251].
2. [1] 구 향정신성의약품 관리법 제47조 제1항에 의한 몰수나 추징은 범죄행위로 인한 이득의 박탈을 목적으로 하는 것이 아니라 징벌적 성질의 처분이므로 그 범행으로 인하여 이득을 취득한 바 없다 하더라도 법원은 그 가액의 추징을 명하여야 하지만, 다만 그 추징의 범위에 관하여는 피고인을 기준으로 하여 그가 취급한 범위 내에서 의약품 가액 전액의 추징을 명하면 되는 것이지 동일한 의약품을 취급한 피고인의 일련의 행위가 별죄를 구성한다고 하여 그 행위마다 따로 그 가액을 추징하여야 하는 것은 아니다.
   [2] 히로뽕을 수수하여 그 중 일부를 직접 투약한 경우에는 수수한 히로뽕의 가액만을 추징할 수 있고 직접 투약한 부분에 대한 가액을 별도로 추징할 수 없다[대판 2000.9.8. 2000도546; 동지 대판 1999.7.9. 99도1695]. [♠ 04 사시]
3. 관세법상 추징은 일반 형사법에서의 추징과는 달리 징벌적 성격을 띠고 있어 여러 사람이 공모하여 관세를 포탈하거나 관세장물을 알선 · 운반 · 취득한 경우에는 범칙자의 1인이 그 물품을 소유하거나 점유하였다면 그 물품의 범칙 당시의 국내도매가격 상당의 가액 전액을 그 물품의 소유 또는 점유사실의 유무를 불문하고 범칙자 전원으로부터 각각 추징할 수 있고, 범인이 밀수품을 소유하거나 점유한 사실이 있다면 압수 또는 몰수가 가능한 시기에 범인이 이를 소유하거나 점유한 사실이 있는지 여부에 상관없이 관세법 제282조에 따라 몰수 또는 추징할 수 있다[대판 2007.12.28. 2007도8401].
4. 특정경제범죄 가중처벌 등에 관한 법률 제10조 제3항, 제1항에 의한 몰수 · 추징은 소위 징벌적 성격의 처분이라고 보는 것이 상당하므로 그 도피재산이 피고인들이 아닌 회사의 소유라거나 피고인들이 이를 점유하고 그로 인하여 이득을 취한 바가 없다고 하더라도 피고인들 모두에 대하여 그 도피재산의 가액 전부의 추징을 명하여야 한다[대판 2005.4.29. 2002도7262]. [♠ 12 사시]

사 례 연 습

【징벌적 성질의 추징】 ※ 외국환관리법 위반 사건

甲과 乙은 공범으로 외국환관리법을 위반하여 甲은 500만원의 이익을 얻었고, 乙은 300만원의 이익을 얻었다. 법원이 甲으로부터 200만원을 추징한 경우, 乙로부터 추징할 수 있는 금액은?

|**해**|**설**| 외국환관리법상의 몰수와 추징은 일반 형사법의 경우와 달리 범죄사실에 대한 징벌적 제재의 성격을 띠고 있다고 할 것이므로, 여러 사람이 공모하여 범칙행위를 한 경우 몰수대상인 외국환 등을 몰수할 수 없을 때에는 각 범칙자 전원에 대하여 그 취득한 외국환 등의 가액 전부의 추징을 명하여야 하고, 그 중 한사람이 추징금 전액을 납부하였을 때는 다른 사람의 추징의 집행을 면할 것이나 그 일부라도 납부되지 아니하였을 때는 그 범위 내에서 각 범칙자는 추징의 집행을 면할 수 없다[대판 1998.5.21. 95도2002].

※ 설문의 경우 법원은 총 추징금 800만원 중 甲에게서 추징한 200만원을 제외하고 乙에게 600만원을 추징할 수 있다.

정답 (600만원)

⑤ 추징판결의 집행

判例 피고인의 차명재산이라는 이유만으로 제3자 명의로 등기되어 있는 부동산에 관하여 피고인에 대한 추징판결을 곧바로 집행할 수 있는지 여부(허용되지 않음)

피고인의 차명재산이라는 이유만으로 제3자 명의로 등기되어 있는 부동산에 관하여 피고인에 대한 추징판결을 곧바로 집행하는 것은 허용되지 아니한다. 그 이유는 다음과 같다.

형사소송법은, 추징의 집행은 민사집행법의 집행에 관한 규정을 준용하거나 국세징수법에 따른 국세체납처분의 예에 따르도록 규정하고 있다(제477조). 따라서 추징의 집행은 민사집행법에 의한 집행이나 국세징수법에 따른 국세체납처분의 일반원칙에 따라 이루어져야 하는데, 민사집행법에 의한 집행이나 국세체납처분을 할 때에 '채무자가 사실상 소유하는 재산'이라는 이유로 제3자 명의로 등기되어 있는 부동산에 관하여 곧바로 집행이나 체납처분을 하는 것은 허용되지 않는다. 피고인이 범죄행위를 통하여 취득한 불법수익 등을 철저히 환수할 필요성이 크더라도 추징의 집행 역시 형의 집행이므로 법률에서 정한 절차에 따라야 하고, 피고인이 제3자 명의로 부동산을 은닉하고 있다면 적법한 절차를 통하여 피고인 명의로 그 등기를 회복한 후 추징판결을 집행하여야 한다[대결 2021.4.9. 2020모4058].

Ⅴ. 명예형

1. 의 의

범인의 명예 또는 자격을 박탈하는 것을 내용으로 하는 형벌이다(자격형).

2. 형법상의 명예형

제43조(형의 선고와 자격상실) ① 사형, 무기징역 또는 무기금고의 판결을 받은 자는 다음에 기재한 자격을 상실한다.
1. 공무원이 되는 자격
2. 공법상의 선거권과 피선거권
3. 법률로 요건을 정한 공법상의 업무에 관한 자격
4. 법인의 이사, 감사 또는 지배인 기타 법인의 업무에 관한 검사역이나 재산관리인이 되는 자격

제43조(자격정지) ② 유기징역 또는 유기금고의 판결을 받은 자는 그 형의 집행이 종료하거나 면제될 때까지 전항 제1호 내지 제3호에 기재된 자격이 정지된다. 다만, 다른 법률에 특별한 규정이 있는 경우에는 그 법률에 따른다. 〈개정 2016.1.6〉

제44조(자격정지) ① 전조에 기재한 자격의 전부 또는 일부에 대한 정지는 1년 이상 15년 이하로 한다.
② 유기징역 또는 유기금고에 자격정지를 병과한 때에는 징역 또는 금고의 집행을 종료하거나 면제된 날로부터 정지기간을 기산한다.

(1) **자격상실** : 법적 요건을 구비하면 일정한 자격이 당연히 상실되는 경우이다.

(2) **자격정지** : 일정기간 동안 일정한 자격의 전부 또는 일부를 정지시키는 것을 말한다.

자격상실과 자격정지

		요 건	상실 또는 정지되는 자격, 정지기간의 기산점
자격 상실		사형·무기징역·무기금고의 판결을 받은 경우(제43조 제1항)	① 공무원이 되는 자격(제1호) ② 공법상의 선거권과 피선거권(제2호) ③ 법률로 요건을 정한 공법상의 업무에 관한 자격(제3호) ④ 법인의 이사, 감사 또는 지배인 기타 법인의 업무에 관한 검사역이나 재산관리인이 되는 자격(제4호)
자격 정지	당연 정지	유기징역·유기금고의 판결을 받은 경우 그 형의 집행이 종료하거나 면제될 때까지(제43조 제2항)	제1호 내지 제3호에 기재된 자격
	선고 정지	자격정지가 선택형인 경우	판결이 확정된 날로부터 기산
		자격정지가 유기형에 병과된 경우	유기형의 집행의 종료 또는 면제된 날로부터 기산

Ⅵ. 형의 경중

제50조(형의 경중) ① 형의 경중은 제41조 각 호의 순서(1. 사형 2. 징역 3. 금고 4. 자격상실 5. 자격정지 6. 벌금 7. 구류 8. 과료 9. 몰수)에 따른다. 다만, 무기금고와 유기징역은 무기금고를 무거운 것으로 하고 유기금고의 장기가 유기징역의 장기를 초과하는 때에는 유기금고를 무거운 것으로 한다.
② 같은 종류의 형은 장기가 긴 것과 다액이 많은 것을 무거운 것으로 하고 장기 또는 다액이 같은 경우에는 단기가 긴 것과 소액이 많은 것을 무거운 것으로 한다.
③ 제1항 및 제2항을 제외하고는 죄질과 범정을 고려하여 경중을 정한다.

제2절 형의 양정

Ⅰ. 의 의

형의 양정(양형)이란 법관이 구체적인 사건에서 행위자에 대하여 선고할 형벌의 종류와 양을 정하는 과정을 말한다.

Ⅱ. 형의 양정의 단계

1. 법정형

① **개 념** : 법정형이란 개개의 구성요건에 규정되어 있는 형벌을 말한다.

② **규정방식** : ⅰ) 절대적 전단형주의,[1] 절대적 법정형주의,[2] 상대적 법정형주의[3]가 있다. ⅱ) 형법은 상대적 법정형주의에 입각해 있다. 다만 여적죄에 대하여는 사형만을 규정하고 있다.

2. 처단형

① **개 념** : 처단형이란 법정형을 가중 · 감경하여 처벌의 범위가 구체화된 형벌의 범위를 말한다.

② **결정방법** : 먼저 형종을 선택하고, 그 다음 선택한 형에 필요한 가중 · 감경을 한다.

3. 선고형

① **개 념** : 선고형이란 법원이 처단형의 범위 내에서 구체적으로 형을 양정하여 피고인에게 선고하는 형을 말한다.

② **자유형의 선고형식** : 형법은 정기형의 선고를 원칙으로 하고 있으나, 소년법 제60조는 상대적 부정기형의 선고를 명문으로 인정하고 있다.

---

1) 형벌을 법률에 정하지 않고 법관의 자유재량에 맡기는 방식이다.

2) 형벌의 종류와 분량을 법률에 엄격히 규정하여 법관의 재량을 전혀 인정하지 않는 방식이다.

3) 법률에 형벌의 종류와 범위를 정하고 그 범위 내에서 형의 적용을 법관의 재량에 맡기는 방식이다.

Ⅲ. 형의 가중 · 감경 · 면제

제53조(정상참작감경) 범죄의 정상에 참작할 만한 사유가 있는 경우에는 그 형을 감경할 수 있다.

1. 형의 가중

형의 가중은 법률상의 가중만 인정되고 재판상의 가중은 인정되지 않는다.

2. 형의 감경

① 형의 감경은 법률상 감경과 재판상 감경(제53조 작량감경)이 모두 인정된다.

② 법률상의 감경사유가 수개 있을 경우에는 거듭 감경할 수 있으나 정상참작감경(작량감경)사유가 수개 있는 경우라도 거듭 감경할 수는 없다.

判例 작량감경의 방법

작량감경은 범죄의 모든 정상을 종합적으로 관찰하여 형을 감경함이 상당하다고 인정될 때에 1회에 한하여 적용되는 것이고, 정상 하나하나에 거듭 작량감경할 수 있음을 규정한 취지가 아니다[대판 1964.4.7. 63도410].

判例 징역형과 벌금형을 병과하는 경우에 택일적 작량감경의 가능성

1-0. **(가능)** 형법 제38조 제1항 제3호에 의하여 징역형과 벌금형을 병과하는 경우에는 각 형에 대한 범죄의 정상에 차이가 있을 수 있으므로 징역형에만 작량감경을 하고 벌금형에는 작량감경을 하지 아니하였다고 하여 이를 위법하다고 할 수 없다[대판 2006.3.23. 2006도1076].

1-1. **(불가능)** 하나의 죄에 대하여 징역형과 벌금형을 병과하는 경우, 특별한 규정이 없는 한 징역형에만 작량감경을 하고 벌금형에는 작량감경을 하지 않는 것은 위법하다[대판 2009.2.12. 2008도6551].

3. 형의 면제

① 범죄가 성립하여 형벌권은 발생하였으나 일정한 사유로 인하여 형벌을 과하지 않는 경우를 말한다.

② 법률상의 면제는 인정되나 재판상의 면제는 인정되지 않는다.

③ 형면제판결은 판결확정 전의 사유를 원인으로 한다는 점에서, 판결확정 후의 사유를 원인으로 하는 형집행의 면제와 구별된다.

형법의 가중 · 감경 · 감면사유 [♣16 변시]

	분 류	사 유
법률상 가중 사유	일반적(총칙상) 가중사유	특수교사 · 방조(교사 – 정범의 형의 장기 · 다액의 1/2 가중, 방조 – 정범의 형으로 가중), 누범(장기의 2배 가중), 경합범(장기 · 다액의 1/2 가중) [♣16 변시][4]
	특별한(각칙상) 가중사유	상습범(형의 1/2 가중, 다만 별도의 법정형을 규정하고 있는 범죄도 있다)[5] 특수범죄(특수공무방해죄, 특수 체포 · 감금죄 – 형의 1/2 가중)
법률상 감면 사유	일반적 · 필요적 감경사유	청각 및 언어 장애인, 방조범
	일반적 · 필요적 감면사유	중지미수
	일반적 · 임의적 감경사유	심신미약, 장애미수
	일반적 · 임의적 감면사유	불능미수, 과잉방위, 과잉피난, 과잉자구행위, 자수 또는 자복
	특별한 필요적 감면사유	① 다음 범죄를 목적으로 한 예비 · 음모죄의 자수 : 내란죄, 외환죄, 외국에 대한 사전죄, 통화위조죄, 방화죄, 폭발물사용죄 ② 자백 · 자수 경우 : 위증죄, 무고죄, 허위감정 · 번역 · 통역죄

4. 자수와 자복

제52조(자수, 자복) ① 죄를 지은 후 수사기관에 자수한 경우에는 형을 감경하거나 면제할 수 있다.
② 피해자의 의사에 반하여 처벌할 수 없는 범죄의 경우에는 피해자에게 죄를 자복하였을 때에도 형을 감경하거나 면제할 수 있다.

(1) 자수와 자복의 구별

	자 수	자 복
개 념	범인 스스로 자기의 범죄사실을 수사기관에 신고하여 그 처분을 구하는 의사표시	반의사불벌죄에서 피해자에게 자기의 범죄사실을 고지하는 것
주 체	범인 또는 제3자를 통해서도 가능	
대상범죄	모든 범죄	반의사불벌죄
상대방	수사기관	피해자
시 기	범죄사실의 발각 전후를 불문(소송단계이전)	
효 과	총칙상 임의적 감면사유 (각칙상 필요적 감면인 경우도 있음)	총칙상 임의적 감면사유 [♠14 사시] (각칙에는 규정이 없음)
	자수 · 자복은 자수 · 자복한 자에게만 효력이 미치며 그 공범자에게는 효력이 미치지 아니한다(일신전속성).	

4) 형법총칙은 일반적 가중사유로 경합범 가중, 누범 가중, 특수교사 · 방조의 세 가지 경우를 인정하고 있다는 지문이 옳은 지문으로 출제되었다.

5) 상습도박죄, 상습장물죄, 상습강도죄

(2) 자수의 요건

判例 자수의 요건

1. **(자발성이 있는 범죄사실의 신고)** 제52조 제1항의 자수라 함은 범인이 스스로 수사책임이 있는 관서에 자기의 범행을 고하고 그 처분을 구하는 의사표시를 하는 것을 말하므로, 수사기관의 직무상의 질문 또는 조사에 응하여 범죄사실을 진술하는 것은 자백일 뿐 자수로는 되지 않는다[대판 1982.9.28. 82도1965].
2. **(범죄사실을 부인하지 아니하고 뉘우침이 있을 것)** 형법 제52조 제1항 소정의 자수를 형의 감경사유로 삼는 주된 이유는 범인이 그 죄를 뉘우치고 있다는 점에 있으므로 범죄사실을 부인하거나 죄의 뉘우침이 없는 자수는 그 외형은 자수일지라도 법률상 형의 감경사유가 되는 진정한 자수라고는 할 수 없다[대판 1994.10.14. 94도2130]. [♠ 00 사시]

   참고판례 일단 자수가 성립한 이상 자수의 효력은 확정적으로 발생하고 그 후에 범인이 번복하여 수사기관이나 법정에서 범행을 부인한다고 하여 일단 발생한 형법 제52조 제1항 소정의 자수의 효력이 소멸하는 것은 아니라고 할 것이다[대판 1999.7.9. 99도1695]. [♠ 02 사시]
3. **(자수자의 인식정도)** 자수를 위하여는, 범인이 자기의 범행으로서 범죄성립요건을 갖춘 객관적 사실을 자발적으로 수사관서에 신고하여 그 처분에 맡기면 족하고, 더 나아가 법적으로 그 요건을 완전히 갖춘 범죄행위라고 적극적으로 인식하고 있을 필요까지는 없다[대판 1995.6.30. 94도1017].

判例 자수에 해당하지 않는 경우

(1) 자발성이 결여된 경우

1. 경찰관이 피고인의 강도상해 등의 범행에 관하여 수사를 하던 중 국립과학수사연구소의 유전자검색감정의뢰회보 등을 토대로 피고인의 여죄를 추궁한 끝에 피고인이 강도강간의 범죄사실과 특수강도의 범죄사실을 자백한 경우, 이를 자수라고 할 수 없다[대판 2006.9.21. 2006도4883].
2. 세관 검색시 금속탐지기에 의해 대마 휴대 사실이 발각될 상황에서 세관 검색원의 추궁에 의하여 대마 수입 범행을 시인한 경우, 자발성이 결여되어 자수에 해당하지 않는다[대판 1999.4.13. 98도4560].
3. 피고인이 수사기관에 자진 출석하여 처음 조사를 받으면서는 돈을 차용하였을 뿐이라며 범죄사실을 부인하다가 제2회 조사를 받으면서 비로소 업무와 관련하여 돈을 수수하였다고 자백한 행위를 자수라고 할 수 없고, 설령 자수하였다고 하더라도 자수한 이에 대하여는 법원이 임의로 형을 감경할 수 있음에 불과한 것이다[대판 2011.12.22. 2011도12041].

(2) 자수의 상대방 적격이 결여된 경우

1. 경찰관에게 검거되기 전에 친지에게 전화로 자수의사를 전달하였더라도 그것만으로는 자수로 볼 수 없다[대판 1985.9.24. 85도1489].
2. 제3자에게 자수의사를 경찰서에 전달하여 달라고 말한 경우를 자수로 볼 수 없다[대판 1967.1.24. 66도1662].

(3) 범죄사실을 신고하지 않은 경우

1. 수사기관에의 신고가 자발적이라고 하더라도 그 신고의 내용이 자기의 범행을 명백히 부인하는 등의 내용으로 자기의 범행으로서 범죄성립요건을 갖추지 아니한 사실일 경우에는 자수는 성립하지 않고, 일단 자수가 성립하지 아니한 이상 그 이후의 수사과정이나 재판과정에서 범행을 시인하였다고 하더라도 새롭게 자수가 성립할 여지는 없다고 할 것이다[대판 1993.6.11. 93도1054].
2. 자수서를 소지하고 수사기관에 자발적으로 출석하였으나 자수서를 제출하지 아니하고 범행사실도 부인하였다면 자수가 성립하지 아니하고, 그 이후 구속까지 된 상태에서 자수서를 제출하고 피의자신문 당시 범행사실을 시인한 것은 자수에 해당한다고 인정할 수 없다[대판 2004.10.14. 2003도3133].
3. 피고인이 범죄사실을 신고하지 않고 수사권이 있는 공무원을 만났다거나 자기의 주소를 수사권이 있는 공무원에게 알린 사실이 있다고 하더라도 이는 피고인 본인이 자기의 범죄 사실을 신고한 것이 아니므로 자수라고 할 수 없다[대판 1963.10.22. 63도247].

判例 자수의 시기

(혐의사실 보도 후의 자수도 가능) 신문지상에 혐의사실이 보도되기 시작하였는데도 수사기관으로부터 공식소환이 없으므로 자진출석하여 사실을 밝히고 처벌을 받고자 담당 검사에게 전화를 걸어 조사를 받게 해달라고 요청하여 출석시간을 지정받은 다음 자진출석하여 혐의사실을 모두 인정하는 내용의 진술서를 작성하고 검찰 수사과정에서 혐의사실을 모두 자백한 경우 피고인은 수사책임 있는 관서에 자기의 범죄사실을 자수한 것으로 보아야 하고 법정에서 수수한 금원의 직무관련성에 대하여만 수사기관에서의 자백과 차이가 나는 진술을 하였다 하더라도 자수의 효력에는 영향이 없다[대판 1994.9.9. 94도619].

判例 자수의 효력

1. **(자수 후 범행사실의 부인은 자수의 효력에 영향 ×)** 피고인이 검찰의 소환에 따라 자진 출석하여 검사에게 범죄사실에 관하여 자백함으로써 형법상 자수의 효력이 발생하였다면, 그 후에 검찰이나 법정에서 범죄사실을 일부 부인하였다고 하더라도 일단 발생한 자수의 효력이 소멸하는 것은 아니다[대판 2002.8.23. 2002도46].
2. **(수개의 범죄의 경우 자수한 범죄에 대해서만 효력 발생)** 수개의 범죄사실 중 일부에 관하여만 자수한 경우에는 그 부분 범죄사실에 대하여만 자수의 효력이 있다[대판 1994.10.14. 94도2130]. [♠12 사시]

3. **(수뢰액을 실제보다 적게 신고하여 적용법조와 법정형이 달라지게 된 경우 : 자수 효력 ×)** 피고인이 검찰에 자수서를 제출하고 제1회 피의자신문을 받으면서 5,000만원이 아닌 3,000만원만을 받았다고 신고하고 이를 초과하는 금원의 수수사실을 부인한 경우, 비록 당시의 신고가 자발적이라고 하더라도 이는 그 신고된 내용에 해당하는 특정범죄 가중처벌 등에 관한 법률 제2조 제1항 제2호, 형법 제129조 위반죄에 비하여 뇌물죄의 보호법익에 대한 침해 또는 침해 위험의 정도 및 그 위법성이 상대적으로 높기 때문에 적용법조와 법정형을 달리하는 이 사건 특정범죄 가중처벌 등에 관한 법률 제2조 제1항 제1호, 형법 제129조 위반죄의 범죄성립요건에 관하여 신고한 것이라고 할 수 없으므로 이 사건 죄에 관한 자수가 성립하였다고 할 수 없고, 그 이후 검찰에 의한 보강수사와 추궁에 따라 5,000만원을 받은 사실을 자백하였다고 하더라도 달리 볼 수는 없으며, 나아가 이 사건 죄 중 피고인이 당초부터 시인한 3,000만원 부분에 한하여 자수의 효력을 인정하여 그 부분에 관하여 법률상 감경을 할 수 있는 것도 아니다[대판 2004.6.24. 2004도2003].

5. 형의 가감례

(1) 형종의 선택

제54조(선택형과 작량감경) 한 개의 죄에 정한 형이 여러 종류인 때에는 먼저 적용할 형을 정하고 그 형을 감경한다.

(2) 가중 · 감경의 순서

제56조(가중, 감경의 순서) 형을 가중, 감경할 사유가 경합하는 경우에는 다음 각 호의 순서에 따른다. [♠ 14, 15 사시] [♣ 17 변시]

1. 각칙 조문에 따른 가중
2. 제34조 제2항(특수교사방조)에 따른 가중
3. 누범 가중
4. 법률상 감경
5. 경합범 가중
6. 정상참작감경

判例 형의 가중 · 감경순서

1. **(법률상 감경 〉 작량감경)** 법률상 감경사유가 있을 때에는 작량감경보다 우선하여 하여야 할 것이고, 작량감경은 이와 같은 법률상 감경을 다하고도 그 처단형보다 낮은 형을 선고하고자 할 때에 하는 것이 옳다[대판 1994.3.8. 93도3608].
2. **(심신미약의 법률상 감경 〉 경합범 가중)** 시간 · 장소가 계속 접근한 관련성 있는 범죄이고 피고인이 양 범행당시 심신미약 상태에 있었음을 인정하는 한, 양 죄 공히 감경하여야 할 것이고 위 양죄를 경합범으로 인정하여 가중하는 이상 형법 제56조 소정의 순서에 따라 법률상 감경을 먼저 하고 경합가중을 후에 하여야 한다[대판 1960.9.30. 4293형상509].

(3) 형의 가중 · 감경의 정도 및 방법 [♣17 변시][6)]

제42조(징역 또는 금고의 기간) 유기징역 또는 유기금고에 대하여 형을 가중하는 때에는 50년까지로 한다. [♠ 15 사시]

제55조(법률상의 감경) ① 법률상의 감경은 다음과 같다.[7)]
1. 사형을 감경할 때에는 무기 또는 20년 이상 50년 이하의 징역 또는 금고로 한다. [♠ 15 사시]
2. 무기징역 또는 무기금고를 감경할 때에는 10년 이상 50년 이하의 징역 또는 금고로 한다. [♠ 15 사시]
3. 유기징역 또는 유기금고를 감경할 때에는 그 형기의 2분의 1로 한다.
4. 자격상실을 감경할 때에는 7년 이상의 자격정지로 한다.
5. 자격정지를 감경할 때에는 그 형기의 2분의 1로 한다.
6. 벌금을 감경할 때에는 그 다액의 2분의 1로 한다.
7. 구류를 감경할 때에는 그 장기의 2분의 1로 한다.
8. 과료를 감경할 때에는 그 다액의 2분의 1로 한다.

② 법률상 감경할 사유가 수개 있는 때에는 거듭 감경할 수 있다.

判例 감경의 대상인 '형기'의 의미 = 장기와 단기를 모두 포함

형법 제55조 제1항 제3호에 의하여 형기를 감경할 경우 여기서의 형기라 함은 장기와 단기를 모두 포함하는 것이다[대판 1983.11.8. 83도2370].

관련판례 형법은 제264조에서 상습으로 제258조의2의 죄를 범한 때에는 그 죄에 정한 형의 2분의 1까지 가중한다고 규정하고, 제258조의2 제1항(특수상해죄)에서 위험한 물건을 휴대하여 상해죄를 범한 때에는 1년 이상 10년 이하의 징역에 처한다고 규정하고 있다. 위와 같은 형법 각 규정의 문언, 형의 장기만을 가중하는 형법 규정에서 그 죄에 정한 형의 장기를 가중한다고 명시하고 있는 점, 형법 제264조에서 상습범을 가중처벌하는 입법 취지 등을 종합하면, 형법 제264조는 상습특수상해죄를 범한 때에 형법 제258조의2 제1항에서 정한 법정형의 단기와 장기를 모두 가중하여 1년 6개월 이상 15년 이하의 징역에 처한다는 의미로 새겨야 한다[대판 2017.6.29. 2016도18194].

判例 벌금을 감경할 때의 '다액'의 2분의 1이라는 문구는 '금액'의 2분의 1이라는 의미

형법 제55조 제1항 제6호의 벌금을 감경할 때의 '다액'의 2분의 1이라는 문구는 '금액'의 2분의 1이라고 해석하여 그 상한과 함께 하한도 2분의 1로 내려가는 것으로 해석하여야 한다[대판 1978.4.25. 78도246]. [♠ 12 사시]

6) 처단형을 결정하는 문제가 상당히 고난이도로 출제되었다. 한번 출제된 이상 반복되어 출제될 수 있으므로 처단형을 도출하는 과정과 관련한 법조문과 관련판례를 잘 정리해 두어야 한다.

7) 개정 전에는 사형을 감경할 때에는 무기 또는 10년 이상, 무기징역 또는 무기금고를 감경할 때에는 7년 이상의 징역 또는 금고로 한다고 규정하고 있었다.

判例 **작량감경의 방법**

형법 제53조에 의한 작량감경에 있어서도 일정한 범위를 정하여 그 범위 내에서만 각 범죄사정에 적합한 양형을 하여야 하고 작량감경의 방법도 동법 제55조(법률상 감경) 소정방법에 따라야 한다[대판 1964.10.28. 64도454].[♠ 15 사시] [♣ 17 변시]

判例 **임의적 감경의 의미와 처단형의 범위 (매우 중요)**

[다수의견] 필요적 감경의 경우에는 감경사유의 존재가 인정되면 반드시 형법 제55조 제1항에 따른 법률상 감경을 하여야 함에 반해, 임의적 감경의 경우에는 감경사유의 존재가 인정되더라도 법관이 형법 제55조 제1항에 따른 법률상 감경을 할 수도 있고 하지 않을 수도 있다. 나아가 임의적 감경사유의 존재가 인정되고 법관이 그에 따라 징역형에 대해 법률상 감경을 하는 이상 형법 제55조 제1항 제3호에 따라 상한과 하한을 모두 2분의 1로 감경한다. 이러한 현재 판례와 실무의 해석은 여전히 타당하다. 구체적인 이유는 다음과 같다.

① 형법은 필요적 감경의 경우에는 문언상 형을 '감경한다.'라고 표현하고, 임의적 감경의 경우에는 작량감경과 마찬가지로 문언상 형을 '감경할 수 있다.'라고 표현하고 있다. '할 수 있다.'는 말은 어떠한 명제에 대한 가능성이나 일반적인 능력을 나타내는 말로서 '하지 않을 수도 있다.'는 의미를 포함한다. '할 수 있다.'는 문언의 의미에 비추어 보면 입법자는 임의적 감경의 경우 정황 등에 따라 형을 감경하거나 감경하지 않을 수 있도록 한 것이고 그 권한 내지 재량을 법관에게 부여한 것이다. 이러한 해석은 문언상 자연스러울 뿐만 아니라 일상의 언어 사용에 가까운 것으로 누구나 쉽게 이해할 수 있다. 법문과 입법자의 의사에 부합하는 이상, 죄형법정주의 원칙상 허용되지 않는 유추해석에 해당하지도 않는다.
한편 형법 제55조 제1항은 형벌의 종류에 따라 법률상 감경의 방법을 규정하고 있는데, 형법 제55조 제1항 제3호는 "유기징역 또는 유기금고를 감경할 때에는 그 형기의 2분의 1로 한다."라고 규정하고 있다. 이와 같이 유기징역형을 감경할 경우에는 '단기'나 '장기'의 어느 하나만 2분의 1로 감경하는 것이 아니라 '형기' 즉 법정형의 장기와 단기를 모두 2분의 1로 감경함을 의미한다는 것은 법문상 명확하다. 처단형은 선고형의 최종적인 기준이 되므로 그 범위는 법률에 따라서 엄격하게 정하여야 하고, 별도의 명시적인 규정이 없는 이상 형법 제56조에서 열거하고 있는 가중·감경할 사유에 해당하지 않는 다른 성질의 감경사유를 인정할 수는 없다. 따라서 유기징역형에 대한 법률상 감경을 하면서 형법 제55조 제1항 제3호에서 정한 것과 같이 장기와 단기를 모두 2분의 1로 감경하는 것이 아닌 장기 또는 단기 중 어느 하나만을 2분의 1로 감경하는 방식이나 2분의 1보다 넓은 범위의 감경을 하는 방식 등은 죄형법정주의 원칙상 허용될 수 없다.

② 법률상 감경사유는 구성요건해당성, 위법성, 책임 등 범죄의 성립요건과 관련이 있거나 불법의 정도나 보호법익의 침해 정도 등과 관련 있는 사유들이 대부분이다. 입법자는 범죄의 성립 및 처벌과 관련된 중요한 사항들을 법률상 감경의 요건으로 정한 뒤 해당 요건이 범죄의 성립 또는 처벌범위의 결정에 일반적으로 미치는 영향이나 중요성을 종합적으로 고려하여 필요적 감경, 임의적

감경으로 구별하여 규정하였다.
위와 같이 필요적 감경사유와 임의적 감경사유가 구별되어 규정되어 있는 취지를 고려하면 그 법률효과도 명확히 구별되어야 한다.

[대법관 이기택의 별개의견] 임의적 감경은 다음과 같이 새롭게 해석되어야 한다(이하 '새로운 해석론'이라 한다).
다수의견은 '할 수 있다.'는 문언에 비추어 그 의미가 '하거나 하지 않을 수 있는 재량 내지 권한'이라고 해석하는 것이 타당하다고 주장하나 '할 수 있다.'라는 말은 문맥에 따라 추측, 능력, 가능성, 허가 등 다양한 의미를 나타내지만 그 기저에는 '잠재적 혹은 실제적 가능성'의 의미로 수렴한다. 이와 같이 '할 수 있다.'의 의미가 다의적으로 해석되는 이상, 이를 입법자의 의사에 최대한 부합되게 해석해야 한다. '할 수 있다.'는 것은 감경을 '하는 경우의 범위'와 '하지 않는 경우의 범위' 모두에 걸쳐서 선고형을 정할 수 있다는 의미로 보아야 한다. 즉 감경을 하는 경우와 하지 않는 경우가 모두 가능하다는 점을 고려하여 두 경우의 범위를 합하여 처단형을 정하여야 한다. 그렇다면 감경을 하지 않은 범위의 상한과 감경을 한 범위의 하한 사이의 범위가 임의적 감경의 처단형 범위가 된다. 이를 간단히 법정형의 하한만 감경된다고 이해할 수도 있다.
새로운 해석론에 따른 임의적 감경 방식은 법관의 재량이 개입할 여지가 없이 감경한 구간과 감경하지 않은 구간을 합한 영역이 처단형 범위로 '당연확정'되고, 그에 따라 처단형의 범위는 감경하지 않은 구간의 상한과 감경한 구간의 하한이라고 보는 것이다. 결과적으로는 법정형의 하한만 2분의 1로 감경하는 것과 동일한 결론에 이른다[대판(전) 2021.1.21. 2018도5475]. [♣ 23 변시]

Ⅳ. 양 형

1. 의 의

양형이란 법원이 처단형의 범위에서 구체적으로 선고할 형을 정하는 것을 말한다.

2. 양형의 기준

(1) 일반적 기준

① 행위자의 책임과 일반예방 및 특별예방의 목적을 고려해야 한다.
② 예방목적은 행위자의 책임의 범위를 초과하여 고려될 수 없다.

(2) 양형책임의 개념

양형책임에는 범죄 전후의 행위자의 태도도 포함되므로, 범죄성립요건인 비난가능성으로서의 책임과 구별된다.

(3) 양형의 기준에 대한 이론

① 유일형이론 : 책임은 고정된 일정한 크기를 가진 것이므로 정당한 형벌은 하나일 수밖에 없다는 견해이다.

② **단계이론 :** 형량은 불법과 책임에 의하여 결정하고, 형벌의 종류와 집행여부는 예방목적을 고려하여 결정해야 한다는 견해이다.

③ **범위이론 :** 책임과 일치하는 정확한 형벌을 결정할 수 없으므로 책임에 적합한 형벌의 상한과 하한의 범위 내에서 특별예방과 일반예방을 고려하여 형벌을 결정해야 한다는 견해이다(다수설).

3. 양형의 조건

(1) 양형판단의 자료

제51조(양형의 조건) 형을 정함에 있어서는 다음 사항을 참작하여야 한다.
1. 범인의 연령, 성행, 지능과 환경
2. 피해자에 대한 관계
3. 범행의 동기, 수단과 결과
4. 범행 후의 정황[8)]

(2) 이중평가의 금지

법적 구성요건요소로 되어 있는 형의 가중·감경사유를 다시 양형의 참작사유로 삼을 수 없다는 원칙을 말한다(예 특수폭행죄의 경우 위험한 물건이라는 범행수단이 구성요건상의 가중사유로 되어 있으므로 이러한 범행수단을 다시 양형에서 고려해서는 안 된다). [♣16 변시]

Ⅴ. 판결선고전 구금 및 판결의 공시

제57조(판결선고전 구금일수의 통산) ① 판결선고전의 구금일수는 그 전부를 유기징역, 유기금고, 벌금이나 과료에 관한 유치 또는 구류에 산입한다.
② 전항의 경우에는 구금일수의 1일은 징역, 금고, 벌금이나 과료에 관한 유치 또는 구류의 기간의 1일로 계산한다.

① 판결선고전 구금이란 범죄의 혐의를 받고 있는 자를 재판이 확정될 때까지 구금하는 것을 말한다(미결구금).

② 미결구금은 형의 집행은 아니지만 자유를 구속한다는 점에서 자유형과 차이가 없으므로 형법은 미결구금일수를 형기에 산입하도록 규정하고 있다(제57조).

---

8) 범행 후의 뉘우침, 공판절차에서의 태도, 피해의 변상노력 등이 고려된다.

判例 미결구금일수의 일부산입을 허용하는 규정의 위헌 여부(위헌)

헌법상 무죄추정의 원칙에 따라, 유죄판결이 확정되기 전에 피의자 또는 피고인을 죄 있는 자에 준하여 취급함으로써 법률적 · 사실적 측면에서 유형 · 무형의 불이익을 주어서는 아니되고, 특히 미결구금은 신체의 자유를 침해받는 피의자 또는 피고인의 입장에서 보면 실질적으로 자유형의 집행과 다를 바 없으므로, 인권보호 및 공평의 원칙상 형기에 전부 산입되어야 한다. 그러나 형법 제57조 제1항 부분은 미결구금의 이러한 본질을 충실히 고려하지 못하고 법관으로 하여금 미결구금일수 중 일부를 형기에 산입하지 않을 수 있게 허용하였는바, 이는 헌법상 무죄추정의 원칙 및 적법절차의 원칙 등을 위배하여 합리성과 정당성 없이 신체의 자유를 지나치게 제한함으로써 헌법에 위반된다[헌재 2009.6.25. 2007헌바25].

관련판례 형법 제57조 제1항 중 "또는 일부" 부분은 헌법재판소 2009.6.25. 선고 2007헌바25 사건의 위헌결정으로 효력이 상실되었다. 그리하여 판결선고 전 미결구금일수는 그 전부가 법률상 당연히 본형에 산입하게 되었으므로, 판결에서 별도로 미결구금일수 산입에 관한 사항을 판단할 필요가 없다고 할 것이다[대판 2009.12.10. 2009도11448].

判例 미결구금이라고 볼 수 없는 경우

1. 형의 집행과 구속영장의 집행이 경합하고 있는 경우에는 구속 여부와 관계없이 피고인 또는 피의자는 형의 집행에 의하여 구금을 당하고 있는 것이어서, 구속은 관념상은 존재하지만 사실상은 형의 집행에 의한 구금만이 존재하는 것에 불과하므로 즉, 구속에 의하여 자유를 박탈하는 것이 아니므로, 이러한 경우의 미결구금은 본형에 통산하여서는 아니된다[대판 2001.10.26. 2001도4583].
2. 피고인이 미결구금일수로서 본형에의 산입을 요구하는 일수는 공소의 목적을 달성하기 위하여 어쩔 수 없이 이루어진 강제처분기간이 아니라, 피고인이 필리핀 당국에 의하여 이민법위반 혐의(체류자격 외 활동)로 체포된 후 필리핀에서 강제로 출국되기까지의 기간에 불과하여 형법 제57조에 의하여 본형에 산입될 미결구금일수에 해당하지 않는다[대판 2003.2.11. 2002도6606].

   동지판례 피고인이 범행 후 미국으로 도주하였다가 대한민국정부와 미합중국정부 간의 범죄인 인도조약에 따라 체포되어 인도절차를 밟기 위한 절차에 해당하는 기간에 불과하여 본형에 산입될 미결구금일수에 해당하지 않는다[대판 2005.10.28. 2005도5822; 동지 대판 2009.5.28. 2009도1446].
3. 정식재판청구기간을 도과한 약식명령에 기하여 피고인을 노역장에 유치하는 것은 형의 집행이므로 그 유치기간은 형법 제57조가 규정한 미결구금일수에 해당하지 아니한다. 따라서 비록 정식재판청구권회복결정에 의하여 사건을 공판절차에 의하여 심리하는 경우라 하더라도 법원은 노역장 유치기간을 미결구금일수로 보아 이를 본형에 산입할 수는 없고, 그 유치기간은 나중에 본형의 집행단계에서 그에 상응하는 벌금형이 집행된 것으로 간주될 뿐이다[대판 2007.5.9. 2007도2517].

2. 판결의 공시

제58조(판결의 공시) ① 피해자의 이익을 위하여 필요하다고 인정할 때에는 피해자의 청구가 있는 경우에 한하여 피고인의 부담으로 판결공시의 취지를 선고할 수 있다.
② 피고사건에 대하여 무죄의 판결을 선고하는 경우에는 무죄판결공시의 취지를 선고하여야 한다. 다만, 무죄판결을 받은 피고인이 무죄판결공시 취지의 선고에 동의하지 아니하거나 피고인의 동의를 받을 수 없는 경우에는 그러하지 아니하다. 〈개정 2014.12.30〉
③ 피고사건에 대하여 면소의 판결을 선고하는 경우에는 면소판결공시의 취지를 선고할 수 있다. 〈신설 2014.12.30〉

(1) 의 의

판결의 공시란 피해자의 이익이나 피고인의 명예회복을 위하여 판결의 선고와 함께 관보 또는 일간신문 등을 통하여 판결의 전부 또는 일부를 공적으로 알리는 제도이다.

(2) 종 류

① 피해자의 이익을 위한 공시 : 제58조 제1항

② 피고인의 이익을 위한 공시 : 제58조 제2항, 제3항

제3절 누 범

제35조(누범) ① 금고 이상의 형을 선고받아 그 집행이 종료되거나 면제된 후 3년 내에 금고 이상에 해당하는 죄를 지은 사람은 누범으로 처벌한다.
② 누범의 형은 그 죄에 대하여 정한 형의 장기의 2배까지 가중한다. [♣17 변시]

Ⅰ. 서 론

1. 누범의 의의

(1) 개 념

금고 이상의 형을 선고받아 그 집행이 종료되거나 면제된 후 3년 내에 금고 이상에 해당하는 범죄를 다시 범한 경우이다.

(2) 구별개념

상습범과의 구별

	누 범	상습범
의 미	반복된 범죄	반복된 범죄에 징표된 범죄적 경향
전과의 요부	필 요	불 요
죄질의 동일성	불 요	필 요
가중처벌의 근거	행위책임[1] (초범자보다 책임이 가중)	행위자책임 (행위자의 상습성)
규정방식	총칙의 일반규정(제35조)	각칙에서 개별적으로 규정

判例 상습의 의미

범죄에 있어서의 상습이란 범죄자의 어떤 버릇, 범죄의 경향을 의미하는 것으로서 행위의 본질을 이루는 성질이 아니고, 행위자의 특성을 이루는 성질을 의미하는 것이다[대판 2006.5.11. 2004도6176].

1) 가중처벌의 근거에 대하여는 행위자책임이라는 견해도 있다.

判例 장물취득의 전과가 없어도 장물취득의 습벽 인정 가능(전과는 상습성의 중요한 판단자료에 불과함)

상습 장물취득에 있어서의 상습성이라 함은 반복하여 장물취득행위를 하는 습벽으로서 행위자의 속성을 말하고, 이러한 습벽의 유무를 판단함에 있어서는 장물취득의 전과가 중요한 판단자료가 되나 장물취득의 전과가 없다고 하더라도 범행의 회수, 수단과 방법, 동기 등 제반 사정을 참작하여 장물취득의 습벽이 인정되는 경우에는 상습성을 인정하여야 할 것이다[대판 2007.2.8. 2006도6955].

判例 상습범과 누범의 관계

상습범과 누범은 서로 다른 개념으로서 누범에 해당한다고 하여 반드시 상습범이 되는 것이 아니며, 반대로 상습범에 해당한다고 하여 반드시 누범이 되는 것도 아니다. 또한, 행위자책임에 형벌가중의 본질이 있는 상습범과 행위책임에 형벌가중의 본질이 있는 누범을 단지 평면적으로 비교하여 그 경중을 가릴 수는 없고, 사안에 따라서는 폭력행위 등 처벌에 관한 법률 제3조 제4항에 정한 누범의 책임이 상습범의 경우보다 오히려 더 무거운 경우도 얼마든지 있을 수 있다. 이상과 같은 점을 고려하면, 같은법 제3조 제4항의 누범에 대하여 같은법 제3조 제3항의 상습범과 동일한 법정형을 정하였다고 하여 이를 두고 평등원칙에 반하는 위헌적인 규정이라고 할 수는 없다[대판 2007.8.22. 2007도4913].

관련판례 상습범을 가중처벌하는 특가법위반 행위에 대해서도 누범가중을 할 수 있다[대판 1982.10.12. 82도1865].

2. 누범가중의 위헌성여부

判例 누범가중 규정의 위헌여부(합헌)

누범가중에 관한 형법의 규정이 일사부재리원칙과 저촉되는 것으로 볼 수 없고[대판 1970.9.29. 70도1656], 국민의 평등권을 규정한 헌법에 위배하는 것이라고 할 수 없다[대판 1983.4.12. 83도420].

Ⅱ. 누범가중의 요건

1. 전범에 대해 금고 이상의 형을 받았을 것

① 전범의 형은 금고 이상의 형으로서 선고형을 의미한다. [♠14 사시]

② 전범에 적용된 법률이 형법 · 특별법인가를 불문하며, 전범이 고의범 · 과실범인지도 불문한다.

③ 금고 이상의 형의 선고는 유효하여야 한다. 따라서 형선고의 효력이 상실된 때에는 누범전과가 될 수 없다.

判例 누범전과에 해당하지 않는 경우(일반사면, 집행유예기간 경과, 재심판결이 확정된 경우 종전의 확정판결)

1. 일반사면에 의하여 형의 선고의 효력이 상실된 범죄는 누범전과로 인정될 수 없다[대판 1965.11.30. 65도910]. [♠ 08 사시]

   관련판례 형의 실효 등에 관한 법률에 의하여 형이 실효된 경우에는 형의 선고에 의한 법적 효과가 장래에 향하여 소멸되므로 형이 실효된 후에는 그 전과를 특정범죄 가중처벌 등에 관한 법률 제5조의4 제5항 소정의 징역형의 선고를 받은 경우(누범전과)로 볼 수는 없다[대판 2002.10.22. 2002감도39; 동지 대판 2010.3.25. 2010도8].

2. 집행유예의 판결을 받고 그 기간 경과 후 다시 범죄를 저지른 행위는 집행유예죄와의 사이에 누범관계가 성립하지 아니한다[대판 1970.9.22. 70도1627]. [♠ 14 사시]

3. [1] 유죄의 확정판결에 대하여 재심개시결정이 확정되어 법원이 그 사건에 대하여 다시 심판을 한 후 재심의 판결을 선고하고 그 재심판결이 확정된 때에는 종전의 확정판결은 당연히 효력을 상실한다.

   [2] 피고인이 폭처법위반죄 등으로 징역 8월을 선고받아 판결이 확정되어 그 집행을 종료한 후 3년 내에 상해죄 등을 범하였더라도, 피고인이 확정판결에 대해 재심을 청구하여 재심개시결정이 이루어져 재심심판절차에서 징역 8월을 선고한 재심판결이 확정됨으로써 그 전의 확정판결이 효력을 상실한 경우 더 이상 상해죄 등은 확정판결에 의한 형의 집행이 끝난 후 3년 내에 이루어진 것이 아니다(누범이 아니다)[대판 2017.9.21. 2017도4019].

判例 누범전과에 해당하는 경우(특별사면, 복권)

형의 선고를 받은 자가 특별사면을 받아 형의 집행을 면제받고 또 후에 복권이 되었다 하더라도 형의 선고의 효력이 상실되는 것은 아니라 할 것이므로 특별사면으로 출소한 후 3년 내에 다시 죄를 범한 자에 대한 누범가중은 적법하다[대판 1986.11.11. 86도2004]. [♠ 11, 15 사시]

관련판례 누범가중의 사유가 되는 전과에 적용된 법률조항에 대하여 위헌결정이 있어 재심이 가능하다는 이유만으로 그 전과의 법률적 효력에 영향이 있다고 할 수 없다[대판 2017.3.22. 2016도9032].

관련판례 특정범죄 가중처벌 등에 관한 법률 제5조의4 제5항 제1호(이하 '처벌조항'이라 한다)[2]의 문언 내용 및 입법 취지, 형법 제37조 후단과 제39조 제1항의 규정은 법원이 형법 제37조 후단 경합범(이하 '후단 경합범'이라고 한다)인 판결을 받지 아니한 죄에 대한 판결을 선고할 경우 판결이 확정된 죄와 동시에 판결할 경우와의 형평을 고려하여야 한다는 형의 양정(형법 제51조)에 관한 추가적인 고려사항과 형평에 맞지 않는다고 판단되는 경우에는 형의 임의적 감면을 할 수 있음을 제시한 것일 뿐 판결이 확정된 죄에 대한 형의 선고와 그 판결확정 전에

---

2) 특정범죄 가중처벌 등에 관한 법률 제5조의4 제5항 제1호(이하 '처벌조항'이라 한다)는 '형법 제329조부터 제331조까지의 죄 또는 그 미수죄로 세 번 이상 징역형을 받은 사람이 다시 이들 죄(미수범을 포함한다)를 범하여 누범으로 처벌하는 경우에는 2년 이상 20년 이하의 징역에 처한다.'라고 규정하고 있다. 처벌조항은 전범과 후범이 모두 동종의 절도 고의범일 것이라는 실질적 관련성을 요구하고, 전범에 대하여 '3회 이상의 징역형'을 선고받아 형이 아직 실효되지 아니하여야 하며, 후범을 '누범'으로 처벌하는 경우여야 하는 등 상당히 엄격한 구성요건을 설정하고 있다.

범한 죄에 대한 형의 선고를 하나의 형의 선고와 동일하게 취급하라는 것이 아닌 점 등을 고려하면, 처벌조항 중 '세 번 이상 징역형을 받은 사람'은 그 문언대로 형법 제329조 등의 죄로 세 번 이상 징역형을 받은 사실이 인정되는 사람으로 해석하면 충분하고, 전범 중 일부가 나머지 전범과 사이에 후단 경합범의 관계에 있다고 하여 이를 처벌조항에 규정된 처벌받은 형의 수를 산정할 때 제외할 것은 아니다[대판 2020.3.12. 2019도17381].

2. 전범의 형집행 종료 또는 면제 후 3년 이내[3]에 후범이 행해질 것[4]

① 형집행의 종료는 형기가 만료된 경우를 의미하며, 형집행을 면제받은 경우로는 형의 시효가 완성된 때(제77조), 특별사면에 의하여 형의 집행이 면제된 때(사면법 제5조), 외국에서 형의 집행을 받았을 때(제7조) 등을 들 수 있다.

② ⅰ) 전범의 형집행 종료 또는 면제 이전에 범한 죄, 즉 전범의 형의 집행전 · 집행중 · 집행정지중에 범한 죄 또는 집행유예기간중 · 가석방기간중에 범한 죄는 누범이 될 수 없다.
ⅱ) 전범의 형집행 종료 또는 면제 후 3년 이후에 범한 죄는 누범이 될 수 없다.

判例 금지충격기간 중의 범죄(누범기간 이전의 범죄) = 누범×

1. 금고 이상의 형을 받고 그 형의 집행유예기간 중에 금고 이상에 해당하는 죄를 범하였다 하더라도 이는 누범가중의 요건을 충족시킨 것이라 할 수 없다[대판 1983.8.23. 83도1600]. [♠ 04 사시]
2. 가석방은 가석방의 처분을 받은 후 그 처분의 실효 또는 취소됨이 없이 무기에 있어서는 10년, 유기형에 있어서는 그 잔형기를 경과한 때에는 형의 집행을 종료한 것으로 간주되는 것이므로 아직 가석방기간 중일 때에는 형집행 종료라고 볼 수 없기 때문에 가석방기간중의 재범에 대하여는 그 가석방된 전과사실 때문에 누범가중처벌되지 아니한다[대판 1976.9.14. 76도2071]. [♠ 07 사시] [♣ 21 변시]

判例 누범기간 이내의 범죄인가의 판단 기준

1. **(실행의 착수가 있었는가를 기준으로 함)** 누범기간 내에 범죄의 실행행위를 하였는지 여부를 기준으로 결정하여야 하므로 형집행 종료 또는 면제 후 3년의 기간 내에 실행의 착수가 있으면 족하고, 그 기간 내에 기수에까지 이르러야 되는 것은 아니다[대판(전) 2006.4.7. 2005도9858]. [♠ 08, 09, 15 사시]
2. **(상습범의 경우 : 일부행위가 누범기간 내이면 족함)** 상습범 중 일부 행위가 누범기간 내에 이루어진 이상 나머지 행위가 누범기간 경과후에 행하여졌더라도 그 행위 전부가 누범관계에 있는 것이다[대판 1985.7.9. 85도1000]. [♠ 06, 08, 15 사시]
3. **(포괄일죄의 경우 : 일부행위가 누범기간 내이면 족함)** 포괄일죄의 일부 범행이 누범기간 내에 이루어진 이상 나머지 범행이 누범기간 경과 후에 이루어졌더라도 그 범행 전부가 누범에 해당한다고 보아야 한다[대판 2012.3.29. 2011도14135].

---

3) 이를 누범시효라고 하며 그 기산점은 전범의 형의 집행종료 또는 형 집행의 면제를 받은 날이다.
4) 누범이 성립하기 위하여는 후범이 범하여진 시기가 누범기간 내이면 족하므로 후범에 대한 형을 선고하는 시기는 누범성립에 영향이 없다.

3. 후범은 금고 이상에 해당하는 죄일 것

判例 후범인 '금고 이상의 형'의 의미 = 선고형○, 법정형×

형법 제35조 제1항에 규정된 '금고 이상에 해당하는 죄'라 함은 유기금고형이나 유기징역형으로 처단할 경우에 해당하는 죄를 의미하는 것으로서 법정형 중 벌금형을 선택한 경우에는 누범가중을 할 수 없다[대판 1982.9.14. 82도1702].[5] [♠14, 15 사시][6] [♣17 변시]

判例 누범성립을 위한 전범과 후범과의 관계

형법 제35조는 누범에 해당하는 전과사실과 새로이 범한 범죄 사이에 일정한 상관관계가 있다고 인정되어야만 적용되는 것은 아니다[대판 2008.12.24. 2006도1427].[7]

Ⅲ. 누범의 효과

1. 가중처벌

① 누범의 형은 그 죄에 대하여 정한 형의 장기의 2배까지 가중한다(제35조 제2항). 단기는 가중하지 않으며,[8] 장기도 50년을 초과할 수 없다(제42조). [♠14 사시]

② 누범이 경합범인 경우에는 각 죄에 대하여 먼저 누범가중을 한 후에 경합범으로 처벌하여야 한다. [♠14 사시]

判例 누범에 대한 가중적 구성요건이 있는 경우 형법상의 누범가중의 가능성(가능)

(폭처법상의 누범에 대한 형법상의 누범가중 가능) 폭력행위 등 처벌에 관한 법률 제3조 제4항에 해당하여 처벌하는 경우에도 형법 제35조의 누범가중 규정의 적용은 면할 수 없다[대판 2007.8.22. 2007도4913].
[♠15 사시]

---

5) 예컨대 다른 요건을 모두 구비한 경우이고 후범으로서 절도죄(6년 이하의 징역 또는 1천만원 이하의 벌금)를 범한 경우를 가정하면, 법관이 절도죄에 대하여 징역형을 선택하여 선고하는 경우에는 누범이 되어 장기가 2배 가중되어 처단형은 12년 이하의 징역형이 되나, 법관이 절도죄에 대하여 벌금형을 선택하여 선고하는 경우에는 누범이 될 수 없어 처단형은 변경되지 아니하므로 여전히 1천만원 이하의 벌금이다.

6) 사형이나 무기징역형을 선택하는 경우 누범가중할 수 없다는 내용이 옳은 지문으로 출제되었다.

7) 후범은 전범과 동종의 범죄일 것을 요하지 않으며, 고의범인가 과실범인가도 불문한다.

8) 누범에 해당하는 경우라도 장기만 2배를 가중하며 가중한 형이 처단형의 상한이 될 뿐이다. 그리고 처단형의 범위 안에서 선고형을 선택한 경우 그 죄의 법정형을 초과할 수도 있고 그렇지 않을 수도 있다. 따라서 누범 가중을 하는 경우 반드시 그 죄의 법정형을 초과하여 선고하여야 하는 것은 아니다. [♠14 사시]

2. 소송법적 효과

누범가중의 사유가 되는 전과사실은 형벌권의 범위에 관한 중요한 사실이므로 엄격한 증명을 요하며, 누범의 시기를 유죄판결에 명시하여야 한다(판례).

Ⅳ. 판결선고후의 누범발각

第36條(판결선고후의 누범발각) 판결선고후 누범인 것이 발각된 때에는 그 선고한 형을 통산하여 다시 형을 정할 수 있다. 단 선고한 형의 집행을 종료하거나 그 집행이 면제된 후에는 예외로 한다.[9)]

9) 이미 자유를 회복하여 사회에 복귀하여 있는 범죄인의 현상태를 존중하여야 한다는 것을 근거로 하는 규정이다.

제4절 집행유예 · 선고유예 · 가석방

Ⅰ. 집행유예

1. 집행유예의 의의와 법적 성질

① 집행유예란 형을 선고함에 있어서 일정한 기간 동안 형의 집행을 유예하고 그 유예기간을 경과한 때에는 형의 선고의 효력을 잃게 하는 제도를 말한다.

② 집행유예의 법적 성질에 대하여는 형법의 제3원설,[1] 형집행의 변형설(다수설)의 견해가 대립되고 있다.

2. 집행유예의 요건

제62조(집행유예의 요건) ① 3년 이하의 징역이나 금고 또는 500만원 이하의 벌금의 형을 선고할 경우에 제51조의 사항을 참작하여 그 정상에 참작할 만한 사유가 있는 때에는 1년 이상 5년 이하의 기간 형의 집행을 유예할 수 있다. 다만, 금고 이상의 형을 선고한 판결이 확정된 때부터 그 집행을 종료하거나 면제된 후 3년까지의 기간에 범한 죄에 대하여 형을 선고하는 경우에는 그러하지 아니하다. 〈개정 2016.1.6〉〈시행일 2018.1.7〉 **[♣ 18 변시]**
② 형을 병과할 경우에는 그 형의 일부에 대하여 집행을 유예할 수 있다.

(1) 3년 이하의 징역이나 금고 또는 500만원 이하의 벌금의 형을 선고할 경우일 것

① 여기의 형은 법정형이 아니라 선고형을 의미한다.

② 500만원 이하의 벌금의 형을 선고할 경우에도 집행을 유예 할 수 있다. 그러나 벌금의 미납에 따른 노역장유치에 대해서는 집행유예를 할 수 없다.

(2) 정상에 참작할 만한 사유가 있을 것

① 정상에 참작할 만한 사유가 있다는 것은 형을 집행하지 아니하고 형을 선고하는 것만으로도 피고인에게 경고기능을 다하여 장래에 재범의 위험성이 없다고 인정되는 경우이다.

② 재범의 위험성 여부는 형법 제51조의 사항을 종합하여 판결선고시를 기준으로 판단한다.

(3) 금고 이상의 형을 선고한 판결이 확정된 때부터 그 집행을 종료하거나 면제된 후 3년까지의 기간에 범한 죄가 아닐 것(집행유예의 결격기간 내의 범죄가 아닐 것)

① '금고 이상의 형'을 선고한 판결이 확정된 때의 의미

---

1) 형벌 및 보안처분과는 구별되는 제3의 독립된 형사제재라는 견해이다.

㉮ 학 설(집행유예의 포함 여부)

포함설	① '금고 이상의 형'이란 실형뿐만 아니라 집행유예도 포함된다는 견해이다. ② 이 견해에 의하면 집행유예기간 중에 범한 죄에 대해서는 다시 집행유예를 할 수 없음이 원칙이나, 집행유예기간이 경과하면 형의 선고는 효력을 상실하므로 그 후에 범한 죄에 대해서는 당연히 다시 집행유예가 가능하다고 본다[이재상, 593면].
불포함설	① '금고 이상의 형'이란 실형만을 의미하고 집행유예는 포함되지 않는다는 견해이다. ② 이 견해에 의하면 집행유예기간 중에 범한 죄에 대해서는 다시 집행유예가 가능하게 된다.

㉯ 판 례

判例 집행유예기간 중에 범한 범죄에 대한 집행유예의 가능성(제한적 가능)

[1] 형법 제62조 제1항 단서에서 규정한 '금고 이상의 형을 선고한 판결이 확정된 때'는 실형뿐 아니라 형의 집행유예를 선고한 판결이 확정된 경우도 포함된다고 해석되며, 형의 집행유예를 선고받은 자가 형법 제65조에 의하여 그 선고가 실효 또는 취소됨이 없이 정해진 유예기간을 무사히 경과하여 형의 선고가 효력을 잃게 되었다고 하더라도, 형의 선고의 법률적 효과가 없어진다는 것일 뿐, 형의 선고가 있었다는 기왕의 사실 자체까지 없어지는 것은 아니라 할 것이고, 더구나 집행유예 기간 중에 죄를 범하였다는 역사적 사실마저 소급적으로 소멸되는 것은 아니다.
[2] 형벌법규는 그 규정 내용이 명확하여야 할 뿐만 아니라 그 해석에 있어서도 엄격함을 요하고, 명문규정의 의미를 피고인에게 불리한 방향으로 지나치게 확장해석하거나 유추해석하는 것은 죄형법정주의의 원칙에 어긋나는 것으로서 허용되지 아니한다. 따라서 위 단서 조항이 형의 집행종료나 집행면제 시점을 기준으로 집행유예 결격기간의 종기를 규정하고 있는 만큼, 이를 무시한 채 유예기간이 경과되어 집행 가능성이 소멸되었기 때문에 집행종료나 집행면제의 시기를 특정할 수 없게 된 경우까지를 위 단서 조항의 요건에 포함된다고 볼 수는 없고, 상고이유의 주장과 같이 집행유예를 선고한 판결의 경우에는 그 유예기간의 장단 및 경과 여부를 불문하고 일률적으로 그 판결의 확정시로부터 3년간이 결격기간으로 되는 것으로 유추해석할 수도 없다. 또한, 이와 달리 집행유예 기간이 경과한 때를 위 결격기간의 종기에 해당하는 것으로 해석하는 것도 같은 이유로 허용될 수 없다 할 것이다.
[3] 집행유예 기간 중에 범한 죄에 대하여 형을 선고할 때에, 집행유예의 결격사유를 정하는 형법 제62조 제1항 단서 소정의 요건에 해당하는 경우란, 이미 집행유예가 실효 또는 취소된 경우와 그 선고 시점에 미처 유예기간이 경과하지 아니하여 형 선고의 효력이 실효되지 아니한 채로 남아 있는 경우로 국한되고, 집행유예가 실효 또는 취소됨이 없이 유예기간을 경과한 때에는, 형의 선고가 이미 그 효력을 잃게 되어 '금고 이상의 형을 선고'한 경우에 해당한다고 보기 어려울 뿐 아니라, 집행의 가능성이 더 이상 존재하지 아니하여 집행종료나 집행면제의 개념도 상정하기 어려우므로 위 단서 소정의 요건에 해당하지 않는다고 할 것이므로, 집행유예 기간 중에 범한 범죄라고 할지라도 집행유예가 실효 취소됨이 없이 그 유예기간이 경과한 경우에는 이에 대해 다시 집행유예의 선고가 가능하다[대판 2007.2.8. 2006도6196]. [♠ 04, 08, 09 사시] [♣ 20 변시]

관련판례 구 형법(2005.3.31. 법률 제7427호로 개정되기 전의 것) 시행 중 범한 범죄에 대하여 형을 선고함에 있어, 범죄 당시 집행유예기간 중이었고 그 유예기간 경과 전에 집행유예 취소결정이 확정되었다면 구 형법 제62조의 규정에 의하든 현행 형법 제62조에 의하든 모두 집행유예의 결격사유에 해당하므로, 종전 규정이 피고인에게 더 유리하다고 할 수 없다[대판 2007.7.27. 2007도768].

② 금고 이상의 형을 선고한 판결이 확정되기 전에 범한 죄와 금고 이상의 형에 대한 집행을 종료하거나 면제된 후 3년 이후에 범한 죄, 즉 결격기간의 전후에 범한 죄에 대하여는 판결선고시기를 불문하고 집행유예를 선고할 수 있다.[2)] [♠ 10 사시]

3. 집행유예와 보호관찰, 사회봉사명령 및 수강명령

제62조의2(보호관찰, 사회봉사 · 수강명령) ① 형의 집행을 유예하는 경우에는 보호관찰을 받을 것을 명하거나 사회봉사 또는 수강을 명할 수 있다.
② 제1항의 규정에 의한 보호관찰의 기간은 집행을 유예한 기간으로 한다. 다만 법원은 유예기간의 범위 내에서 보호관찰기간을 정할 수 있다.
③ 사회봉사명령 또는 수강명령은 집행유예기간 내에 이를 집행한다.

(1) 보호관찰

① 보호관찰이란 범죄인의 재범방지와 사회복귀를 촉진하기 위하여 교정시설에 수용되지 않은 자유상태에 있는 범죄인을 지도 · 감독하는 제도이다.

② 보호관찰의 부과여부는 법원의 재량이며(제62조의2 제1항), 보호관찰기간은 제62조의2 제2항이 규정하고 있다.

(2) 사회봉사명령 및 수강명령

① ⅰ) 사회봉사명령은 유죄가 인정된 범죄인에 대하여 일정기간 내에 지정된 시간 동안 무보수로 근로에 종사하도록 하는 제도이며, ⅱ) 수강명령은 일정한 시간 동안 지정된 장소에 출석하여 강의, 훈련 또는 상담 등을 받도록 하는 제도이다.

② 사회봉사명령과 수강명령은 ⅰ) 집행유예기간 내에 집행하며, ⅱ) 보호관찰과 동시에 명할 수 있다(판례).

---

2) 개정법률은 집행유예의 결격사유를 판결선고시가 아니라 범행시를 기준으로 판단하도록 규정하고 있다.

判例 **보호관찰대상자에 대한 특별준수사항을 사회봉사 · 수강명령대상자에게 적용할 수 있는지 여부**

[1] 사회봉사 · 수강명령대상자에 대한 특별준수사항은 보호관찰대상자에 대한 것과 같을 수 없고, 따라서 보호관찰대상자에 대한 특별준수사항을 사회봉사 · 수강명령대상자에게 그대로 적용하는 것은 적합하지 않다.

[2] 형법 제64조 제2항이 준수사항이나 명령의 위반 정도가 무거운 때에 집행유예의 선고를 취소할 수 있도록 규정하고 있고, 집행유예의 취소는 자유형의 선고와 마찬가지로 자유를 박탈하는 결과를 가져올 뿐만 아니라 사회봉사 · 수강명령의 실패와 다름 아니기 때문에 사회봉사 · 수강명령의 목적을 도저히 달성할 수 없을 정도에 이르렀다고 판단될 때 하여야 하는 것이 바람직하다는 사정을 보태어 보면, 법원이 보호관찰대상자에게 특별히 부과할 수 있는 '재범의 기회나 충동을 줄 수 있는 장소에 출입하지 아니할 것'이라는 사항을 만연히 사회봉사 · 수강명령대상자에게 부과하고 사회봉사 · 수강명령대상자가 재범한 것을 집행유예 취소사유로 삼는 것은 신중하여야 한다[대결 2009.3.30. 2008모1116].

관련판례 보호관찰법 제32조 제3항이 보호관찰 대상자에게 과할 수 있는 특별준수사항으로 정한 "범죄행위로 인한 손해를 회복하기 위하여 노력할 것(제4호)" 등 같은 항 제1호부터 제9호까지의 사항은 보호관찰 대상자에 한해 부과할 수 있을 뿐, 사회봉사명령 · 수강명령 대상자에 대해서는 부과할 수 없다[대판 2020.11.5. 2017도18291].

판 례 연 습

【집행유예시의 사회봉사명령의 범위】

다음 중 법원이 형의 집행을 유예하는 경우 명할 수 있는 사회봉사에 해당하는 것은?

A. 일정한 금원의 출연을 내용으로 하는 사회봉사명령
B. 피고인에게 자신의 범죄행위와 관련하여 어떤 말이나 글을 공개적으로 발표하도록 명하는 내용의 사회봉사명령
C. 재벌그룹 회장의 횡령행위 등에 대하여 집행유예를 선고하면서 사회봉사명령으로서 금전출연을 주된 내용으로 하는 사회공헌계획의 성실한 이행, 준법경영을 주제로 하는 강연과 기고를 명하는 것
D. 자유형의 집행을 대체하기 위한 것으로서 500시간 내에서 시간 단위로 부과될 수 있는 일 또는 근로활동

판결요지

[1] 형법과 보호관찰 등에 관한 법률의 관계 규정을 종합하면, 사회봉사는 형의 집행을 유예하면서 부가적으로 명하는 것이고 집행유예 되는 형은 자유형에 한정되고 있는 점 등에 비추어, 법원이 형의 집행을 유예하는 경우 명할 수 있는 사회봉사는 자유형의 집행을 대체하기 위한 것으로서 500시간 내에서 시간 단위로 부과될 수 있는 일 또는 근로활동을 의미하는 것으로 해석되므로, 법원이 형법 제62조의2의 규정에 의한 사회봉사명령으로 피고인에게 일정한 금원을 출연하거나 이와 동일시할 수 있는 행위를 명하는 것은 허용될 수 없다.

[2] 법원이 피고인에게 유죄로 인정된 범죄행위를 뉘우치거나 그 범죄행위를 공개하는 취지의 말이나 글을 발표하도록 하는 내용의 사회봉사를 명하고 이를 위반할 경우 형법 제64조 제2항에 의하여 집행유예의 선고를 취소할 수 있도록 함으로써 그 이행을 강제하는 것은, 헌법이 보호하는 피고인의 양심의 자유, 명예 및 인격에 대한 심각하고 중대한 침해에 해당하므로 허용될 수 없고, 또 법원이 명하는 사회봉사의 의미나 내용은 피고인이나 집행 담당 기관이 쉽게 이해할 수 있어 집행 과정에서 그 의미나 내용에 관한 다툼이 발생하지 않을 정도로 특정되어야 하므로, 피고인으로 하여금 자신의 범죄행위와 관련하여 어떤 말이나 글을 공개적으로 발표하라는 사회봉사를 명하는 것은 경우에 따라 피고인의 명예나 인격에 대한 심각하고 중대한 침해를 초래할 수 있고, 그 말이나 글이 어떤 의미나 내용이어야 하는 것인지 쉽게 이해할 수 없어 집행 과정에서 그 의미나 내용에 관한 다툼이 발생할 가능성이 적지 않으며, 유죄로 인정된 범죄행위를 뉘우치거나 그 범죄행위를 공개하는 취지의 말이나 글을 발표하도록 하는 취지의 것으로도 해석될 가능성이 적지 않으므로 이러한 사회봉사명령은 위법하다.

[3] 재벌그룹 회장의 횡령행위 등에 대하여 집행유예를 선고하면서 사회봉사명령으로서 일정액의 금전출연을 주된 내용으로 하는 사회공헌계획의 성실한 이행을 명하는 것은 시간 단위로 부과될 수 있는 일 또는 근로활동이 아닌 것을 명하는 것이어서 허용될 수 없고, 준법경영을 주제로 하는 강연과 기고를 명하는 것은 헌법상 양심의 자유 등에 대한 심각하고 중대한 침해가능성, 사회봉사명령의 의미나 내용에 대한 다툼의 여지 등의 문제가 있어 허용될 수 없다[대판 2008.4.11. 2007도8373]. [♠ 11 사시] [♣ 14 변시]

정답 (D)

4. 집행유예의 선고 및 유예기간 경과의 효과

(1) 집행유예의 선고

① 집행유예의 요건이 구비된 경우 1년 이상 5년 이하의 범위 내에서 법원의 재량으로 집행유예를 선고할 수 있다.

② 형을 병과할 경우에는 그 형의 일부에 대하여 집행을 유예할 수 있다(제62조 제2항). 그러나 하나의 형의 일부에 대한 집행유예는 허용되지 아니한다(판례).

判例 형을 병과하면서 일부의 형에 대해서만 집행유예(허용○)

형법 제37조 후단의 경합범 관계에 있는 두 개의 범죄에 대하여 하나의 판결로 두 개의 자유형을 선고하는 경우 그 두 개의 자유형은 각각 별개의 형이므로 형법 제62조 제1항에 정한 집행유예의 요건에 해당하면 그 각 자유형에 대하여 각각 집행유예를 선고할 수 있는 것이고, 또 그 두 개의 징역형 중 하나의 징역형에 대하여는 실형을 선고하면서 다른 징역형에 대하여 집행유예를 선고하는 것도 우리 형법상 이러한 조치를 금하는 명문의 규정이 없는 이상 허용되는 것으로 보아야 한다[대판 2001.10.12. 2001도3579]. [♠ 02, 11 사시] [♣ 14 변시]

判例 하나의 자유형의 일부에 대한 집행유예(허용×)

집행유예의 요건에 관한 형법 제62조 제1항이 '형'의 집행을 유예할 수 있다고만 규정하고 있다고 하더라도, 이는 같은조 제2항이 그 형의 '일부'에 대하여 집행을 유예할 수 있는 때를 형을 '병과'할 경우로 한정하고 있는 점에 비추어 보면, 조문의 체계적 해석상 하나의 형의 전부에 대한 집행유예에 관한 규정이라 할 것이고, 또한 하나의 자유형에 대한 일부집행유예에 관하여는 그 요건, 효력 및 일부 실형에 대한 집행의 시기와 절차, 방법 등을 입법에 의해 명확하게 할 필요가 있어, 그 인정을 위하여는 별도의 근거 규정이 필요하므로 하나의 자유형 중 일부에 대해서는 실형을, 나머지에 대해서는 집행유예를 선고하는 것은 허용되지 않는다[대판 2007.2.22. 2006도8555]. [♠ 08 사시]

(2) 집행유예기간 경과의 효과

제65조(집행유예의 효과) 집행유예의 선고를 받은 후 그 선고의 실효 또는 취소됨이 없이 유예기간을 경과한 때에는 형의 선고는 효력을 잃는다. [♠ 14 사시]

判例 집행유예기간의 시기 = 집행유예를 선고한 판결 확정일

[1] 우리 형법이 집행유예기간의 시기(始期)에 관하여 명문의 규정을 두고 있지는 않지만 형사소송법 제459조가 "재판은 이 법률에 특별한 규정이 없으면 확정한 후에 집행한다."고 규정한 취지나 집행유예 제도의 본질 등에 비추어 보면 집행유예를 함에 있어 그 집행유예기간의 시기는 집행유예를 선고한 판결 확정일로 하여야 하고 법원이 판결 확정일 이후의 시점을 임의로 선택할 수는 없다. [♠ 14 사시]
[2] 형법 제37조 후단의 경합범 관계에 있는 죄에 대하여 두 개의 징역형을 선고하면서 하나의 징역형에 대하여만 집행유예를 선고하고 그 집행유예기간의 시기를 다른 하나의 징역형의 집행종료일로 한 것은 위법하다[대판 2002.2.26. 2000도4637]. [♠ 09, 14 사시]

判例 집행유예기간 경과의 효과

1. 형법 제65조 소정의 "형의 선고는 효력을 잃는다"는 취지는 형의 선고의 법률적 효과가 없어진다는 것일 뿐 형의 선고가 있었다는 기왕의 사실 자체까지 없어진다는 뜻이 아니다[대결 1983.4.2. 83모8].
[♠ 00 사시] [♣ 14 변시]
2. [1] 폭력행위 등 처벌에 관한 법률(이하 '폭력행위처벌법'이라 한다) 제2조 제3항은 "이 법(형법 각 해당 조항 및 각 해당 조항의 상습범, 특수범, 상습특수범, 각 해당 조항의 상습범의 미수범, 특수범의 미수범, 상습특수범의 미수범을 포함한다)을 위반하여 2회 이상 징역형을 받은 사람이 다시 제2항 각 호에 규정된 죄를 범하여 누범으로 처벌할 경우에는 다음 각 호의 구분에 따라 가중처벌한다."라고 규정하고 있다. 그런데 형의 실효 등에 관한 법률에 따라 형이 실효된 경우

에는 형의 선고에 의한 법적 효과가 장래를 향하여 소멸하므로 형이 실효된 후에는 그 전과를 폭력행위처벌법 제2조 제3항에서 말하는 '징역형을 받은 경우'라고 할 수 없다.

[2] 형법 제65조는 "집행유예의 선고를 받은 후 그 선고의 실효 또는 취소됨이 없이 유예기간을 경과한 때에는 형의 선고는 효력을 잃는다."라고 규정하고 있다. 여기서 '형의 선고가 효력을 잃는다'는 의미는 형의 실효와 마찬가지로 형의 선고에 의한 법적 효과가 장래를 향하여 소멸한다는 취지이다. 따라서 형법 제65조에 따라 형의 선고가 효력을 잃는 경우에도 그 전과는 폭력행위 등 처벌에 관한 법률 제2조 제3항에서 말하는 '징역형을 받은 경우'라고 할 수 없다.

[3] 어느 징역형의 실효기간이 경과하기 전에 별도의 집행유예 선고가 있었지만 집행유예가 실효 또는 취소됨이 없이 유예기간이 경과하였고 그 무렵 집행유예 전에 선고되었던 징역형도 자체의 실효기간이 경과하였다면 그 징역형 역시 실효되어 폭력행위 등 처벌에 관한 법률 제2조 제3항에서 말하는 '징역형을 받은 경우'에 해당한다고 할 수 없다[대판 2016.6.23. 2016도5032]. [♣ 18, 23 변시]

3. 특정범죄 가중처벌 등에 관한 법률(이하 '특정범죄가중법'이라 한다) 제5조의4 제5항은 "형법 제329조부터 제331조까지, 제333조부터 제336조까지 및 제340조 · 제362조의 죄 또는 그 미수죄로 세 번 이상 징역형을 받은 사람이 다시 이들 죄를 범하여 누범으로 처벌하는 경우에는 다음 각 호의 구분에 따라 가중처벌한다."라고 규정하고, 같은 항 제1호는 "형법 제329조부터 제331조까지의 죄(미수범을 포함한다)를 범한 경우에는 2년 이상 20년 이하의 징역에 처한다."라고 규정한다. 징역형의 집행유예를 선고한 판결이 확정된 후 선고의 실효 또는 취소 없이 유예기간을 경과함에 따라 형 선고의 효력이 소멸되어 그 확정판결이 특정범죄가중법 제5조의4 제5항에서 정한 "징역형"에 해당하지 않음에도, 위 확정판결에 적용된 형벌 규정에 대한 위헌결정 취지에 따른 재심판결에서 다시 징역형의 집행유예가 선고 · 확정된 후 유예기간이 경과되지 않은 경우라면, 특정범죄가중법 제5조의4 제5항의 입법 취지에 비추어 위 재심판결은 위 조항에서 정한 "징역형"에 포함되지 아니한다[대판 2022.7.28. 2020도13705].

판례해설 형의 집행을 유예하는 판결을 선고받아 선고의 실효 또는 취소 없이 유예기간을 도과함에 따라 특정범죄가중법 제5조의4 제5항의 구성요건인 "징역형"에 해당하지 않게 되었음에도, 그 확정판결에 적용된 형벌 규정에 대한 위헌결정에 따른 재심절차에서 다시 징역형의 집행유예가 선고되었다는 우연한 사정변경만으로 위 조항의 구성요건에 해당한다거나 그 입법 취지에 저촉되는 불법성 · 비난가능성이 새로 발생하였다고 볼 수는 없다.

5. 집행유예의 실효와 취소

(1) 집행유예의 실효

제63조(집행유예의 실효) 집행유예의 선고를 받은 자가 유예기간 중 고의로 범한 죄로 금고 이상의 실형을 선고받아 그 판결이 확정된 때에는 집행유예의 선고는 효력을 잃는다. 〈개정 2005.7.29〉 [♠ 08, 10, 11, 14 사시] [♣ 18, 20 변시]

① 집행유예기간 이전(집행유예의 판결확정 전)에 범한 범죄에 대하여는 그 판결확정시기가 집행유예기간 이내인가를 불문하고 집행유예가 실효되지 아니한다.

② 집행유예의 실효요건이 구비되면 집행유예의 선고는 효력을 잃으므로 선고된 형이 집행된다. [♣20 변시]

(2) 집행유예의 취소

① 결격사유의 발각으로 인한 필요적 취소

제64조(집행유예의 취소) ① 집행유예의 선고를 받은 후 제62조 단행의 사유가 발각된 때에는 집행유예의 선고를 취소한다. [♣18 변시]

判例 집행유예결격사유의 발각의 의미 = 결격사유에 대한 악의·과실에 의한 부지도 포함

[1] 형법 제64조 제1항에 의하면 집행유예의 선고를 받은 후 형법 제62조 단행의 사유가 발각된 때에는 집행유예의 선고를 취소한다고 규정되어 있는바, 여기에서 집행유예를 선고받은 후 형법 제62조 단행의 사유가(*저자 주 – 개정형법의 취지에 맞게 판례내용을 일부 수정했음) 발각된 때라 함은 집행유예 선고의 판결이 확정된 후에 비로소 위와 같은 사유가 발각된 경우를 말하고 그 판결확정 전에 결격사유가 발각된 경우에는 이를 취소할 수 없으며, 이때 판결확정 전에 발각되었다고 함은 검사가 명확하게 그 결격사유를 안 경우만을 말하는 것이 아니라 당연히 그 결격사유를 알 수 있는 객관적 상황이 존재함에도 부주의로 알지 못한 경우도 포함된다.
[2] 집행유예 선고의 판결확정 전에 이미 수사단계에서 검사가 집행유예 결격사유가 되는 전과의 존재를 당연히 알 수 있는 객관적 상황이 존재하였음에도 부주의로 알지 못한 경우에 해당한다고 하여 집행유예의 선고를 취소할 수 없다고 본 사례[대결 2001.6.27. 2001모135].

判例 집행유예기간 경과 후에 취소사유가 발각된 경우 = 취소×, 유예기간 경과의 효과 인정

집행유예의 선고를 받은 후 그 선고의 실효 또는 취소됨이 없이 유예기간을 경과한 때에는 형법 제65조가 정하는 바에 따라 형의 선고는 효력을 잃는 것이고, 그와 같이 유예기간이 경과함으로써 형의 선고가 효력을 잃은 후에는 형법 제62조 단행의 사유가 발각되었다고 하더라도 그와 같은 이유로 집행유예를 취소할 수 없고 그대로 유예기간 경과의 효과가 발생한다[대결 1999.1.12. 98모151].

② 준수사항 등의 위반을 이유로 한 임의적 취소

제64조(집행유예의 취소) ② 제62조의2의 규정에 의하여 보호관찰이나 사회봉사 또는 수강을 명한 집행유예를 받은 자가 준수사항이나 명령을 위반하고 그 정도가 무거운 때에는 집행유예의 선고를 취소할 수 있다.[3]

---

3) 취소는 임의적이다.

判例 **준수사항의 위반사실이 범죄인 경우 = 기소나 재판의 확정여부 불문하고 취소 가능**

형법 제62조의2의 규정에 의하여 보호관찰이나 사회봉사 또는 수강을 명한 집행유예를 받은 자가 준수사항이나 명령을 위반한 경우에 그 위반사실이 동시에 범죄행위로 되더라도 그 기소나 재판의 확정여부 등 형사절차와는 별도로 법원이 보호관찰 등에 관한 법률에 의한 검사의 청구에 의하여 형법 제64조 제2항에 규정된 집행유예 취소의 요건에 해당하는가를 심리하여 준수사항이나 명령 위반사실이 인정되고 위반의 정도가 무거운 때에는 집행유예를 취소할 수 있다[대결 1999.3.10. 99모33]. [♠ 15 사시]

Ⅱ. 선고유예

1. 선고유예의 의의

(1) 의 의

① 선고유예란 경미한 범죄자에 대하여 일정한 기간 동안 형의 선고를 유예하고 그것이 실효됨이 없이 유예기간을 경과한 때에는 면소된 것으로 간주하는 제도이다.

② 경미한 범죄자에게 처벌받았다는 오점을 남기지 않음으로써 사회복귀를 용이하게 하는 특별예방적 목적을 달성하기 위한 제도이다.

(2) 법적 성질

형벌도 보안처분도 아닌 제3의 형사제재 내지는 형법이 규정하고 있는 고유한 종류의 제재로서의 성질을 가진다.

2. 선고유예의 요건

제59조(선고유예의 요건) ① 1년 이하의 징역이나 금고, 자격정지 또는 벌금의 형을 선고할 경우에 제51조의 사항을 고려하여 뉘우치는 정상이 뚜렷할 때에는 그 형의 선고를 유예할 수 있다. 다만, 자격정지 이상의 형을 받은 전과가 있는 사람에 대해서는 예외로 한다.
② 형을 병과할 경우에도 형의 전부 또는 일부에 대하여 선고를 유예할 수 있다.

(1) 1년 이하의 징역이나 금고, 자격정지 또는 벌금의 형을 선고할 경우일 것

判例 부가형인 몰수·추징에 대한 선고유예의 가능성

1. **(주형을 선고유예하는 경우에만 부가형에 대하여 선고유예 가능)** 형법 제59조에 의하더라도 몰수는 선고유예의 대상으로 규정되어 있지 아니하고 다만 몰수 또는 이에 갈음하는 추징은 부가형적 성질을 띠고 있어 그 주형에 대하여 선고를 유예하는 경우에는 그 부가할 몰수·추징에 대하여도 선고를 유예할 수 있으나, 그 주형에 대하여 선고를 유예하지 아니하면서 이에 부가할 몰수·추징에 대하여서만 선고를 유예할 수는 없다[대판 1988.6.21. 88도551; 동지 대판 1978.4.25. 76도2262]. [♠ 00, 05, 11, 12, 13, 14 사시]

동지판례 필요적 몰수의 경우라도 주형을 선고유예하는 경우에는 몰수나 또는 몰수에 가름하는 추징도 선고유예를 할 수 있다[대판 1978.4.25. 76도2262]. [♠ 06 사시]

2. **(주형을 선고유예하더라도 부가형에 대하여 선고유예를 인정하지 않을 수도 있음)** 형법 제59조에 의하여 형의 선고를 유예하는 경우에 그 몰수 요건이 있는 때에는 몰수형만을 선고할 수 있는 바, 추징은 그 성질상 몰수와 달리 취급할 것이 못되므로 주형을 선고유예하고 추징을 선고하더라도 위법한 것이 아니다[대판 1981.4.14. 81도614; 동지 대판 1990.4.27. 89도2291].

동지판례 형법 제59조에 의하여 형의 선고유예를 하는 경우에도 몰수의 요건이 있는 때에는 몰수형만의 선고를 할 수 있다고 해석함이 상당하다[대판(전) 1973.12.11. 73도1133].

① 구류형에 대하여는 선고유예를 할 수 없다[대판 1993.6.22. 93오1]. [♠ 00, 04, 06 사시]

② ⅰ) 형을 병과할 경우에 형의 전부 또는 일부에 대한 선고유예도 가능하다(제59조 제2항). 따라서 징역형과 벌금형을 병과하는 경우에 징역형은 집행을 유예하고 벌금형의 선고만을 유예할 수도 있다[대판 1976.6.8. 74도1266]. [♠ 06, 11 사시] 그러나 ⅱ) 하나의 형의 일부에 대한 선고유예는 허용되지 아니한다.[4]

判例 양벌규정의 적용대상자에 대한 선고유예의 가능성

회사 대표자의 위반행위에 대하여 징역형의 형량을 작량감경하고 병과하는 벌금형에 대하여 선고유예를 한 이상 양벌규정에 따라 그 회사를 처단함에 있어서도 같은 조치를 취하여야 한다는 논지는 독자적인 견해에 지나지 아니하여 받아들일 수 없다[대판 1995.12.12. 95도1893]. [♣ 13, 21 변시]

판례해설 양벌규정의 경우 위반행위를 한 대표자에 대하여 선고를 유예하고 법인에 대하여 선고를 유예하지 않아도 무방하다는 취지이다.

(2) 뉘우치는 정상(개전의 정상)이 현저할 것

'뉘우치는 정상이 현저'하다는 것은 행위자에게 형을 선고하지 않아도 재범의 위험이 없다고 인정되는 경우를 말하며, 형법 제51조의 사항을 참작하여 판결선고시를 기준으로 판단한다.

判例 범죄사실을 자백하지 않고 부인할 경우에 선고유예의 가능성(가능)

선고유예의 요건 중 '개전의 정상이 현저한 때'라고 함은, 반성의 정도를 포함하여 널리 형법 제51조가 규정하는 양형의 조건을 종합적으로 참작하여 볼 때 형을 선고하지 않더라도 피고인이 다시 범행을 저지르지 않으리라는 사정이 현저하게 기대되는 경우를 가리킨다고 해석할 것이고, 이와 달리 여기서의 '개전의 정상이 현저한 때'가 반드시 피고인이 죄를 깊이 뉘우치는 경우만을 뜻하는 것으로 제한하여 해석하거나, 피고인이 범죄사실을 자백하지 않고 부인할 경우에는 언제나 선고유예를 할 수 없다고 해석할 것은 아니다[대판(전) 2003.2.20. 2001도6138]. [♠ 05, 10 사시] [♣ 14 변시]

4) 1년의 징역형 중 6개월의 징역형은 선고유예하고 6개월의 징역형만 선고하는 것은 허용되지 아니한다.

(3) 자격정지 이상의 형을 받은 전과가 없을 것

① "자격정지 이상의 형을 받은 전과"라 함은 자격정지 이상의 형을 선고받은 범죄경력 자체를 의미하고 그 형의 효력이 상실된 여부는 묻지 않는다(판례). 한편 벌금·구류·과료 등의 전과가 있는 자에 대해서는 선고유예가 가능하다.

判例 선고유예 결격사유인 "자격정지 이상의 형을 받은 전과"의 의미(범죄경력 자체를 의미)

형법 제59조 제1항 단행에서 정한 "자격정지 이상의 형을 받은 전과"라 함은 자격정지 이상의 형을 선고받은 범죄경력 자체를 의미하는 것이고, 그 형의 효력이 상실된 여부는 묻지 않는 것으로 해석함이 상당하다고 할 것이다. 따라서 형의 집행유예를 선고받은 자는 형법 제65조에 의하여 그 선고가 실효 또는 취소됨이 없이 정해진 유예기간을 무사히 경과하여 형의 선고가 효력을 잃게 되었다고 하더라도 형의 선고의 법률적 효과가 없어진다는 것일 뿐, 형의 선고가 있었다는 기왕의 사실 자체까지 없어지는 것은 아니므로, 선고유예 결격사유인 "자격정지 이상의 형을 받은 전과가 있는 자"에 해당한다고 보아야 할 것이다[대판 2003.12.26. 2003도3768], [대판 2012.6.28. 2011도10570]. [♠ 05, 06, 10, 11 사시]

동지판례 일단 자격정지 이상의 형을 선고받은 이상 그 후 그 형이 구 형의 실효 등에 관한 법률 제7조에 따라 추후 실효되었다 하여도 이는 형법 제59조 제1항 단행에서 정한 선고유예 결격사유인 "자격정지 이상의 형을 받은 전과가 있는" 경우에 해당한다고 보아야 한다[대판 2004.10.14. 2004도4869].

② 자격정지 이상의 전과는 선고유예를 할 수 있는지가 문제된 당해 범죄를 범하기 이전의 것으로 제한되지 않는다(판례). 따라서 당해 범죄를 범한 이후의 자격정지 이상의 전과가 존재하는 경우에도 선고유예를 할 수 없다.

判例 자격정지 이상의 전과의 존재시기(범행 이전의 것으로 제한되지 않음)

형법은 선고유예의 예외사유를 '자격정지 이상의 형을 받은 전과'라고만 규정하고 있을 뿐 그 전과를 범행 이전의 것으로 제한하거나 형법 제37조 후단 경합범 규정상의 금고 이상의 형에 처한 판결에 의한 전과를 제외하고 있지 아니한 점, 형법 제39조 제1항은 경합범 중 판결을 받지 아니한 죄가 있는 때에는 그 죄와 판결이 확정된 죄를 동시에 판결할 경우와 형평을 고려하여 그 죄에 대하여 형을 선고하여야 하는데 이미 판결이 확정된 죄에 대하여 금고 이상의 형이 선고되었다면 나머지 죄가 위 판결이 확정된 죄와 동시에 판결되었다고 하더라도 선고유예가 선고되었을 수 없을 것인데 나중에 별도로 판결이 선고된다는 이유만으로 선고유예가 가능하다고 하는 것은 불합리한 점 등을 종합하여 보면, 형법 제39조 제1항에 의하여 형법 제37조 후단 경합범 중 판결을 받지 아니한 죄에 대하여 형을 선고하는 경우에 있어서 형법 제37조 후단에 규정된 금고 이상의 형에 처한 판결이 확정된 죄의 형도 형법 제59조 제1항 단서에서 정한 '자격정지 이상의 형을 받은 전과'에 포함된다고 봄이 상당하다[대판 2010.7.8. 2010도931]. [♠ 14 변시]

판례해설 甲에게는 A죄를 범한 후에 B죄에 대하여 금고 이상의 형을 선고받아 판결이 확정된 전과가 있었으나, A죄를 범할 당시에는 벌금형 외에 처벌받은 전력이 없었다. 이 경우 형법은 선고유예의 예외사유를 '자격정지 이상의 형을 받은 전과'라고만 규정하고 있을 뿐 그 전과를 범행 이전의 것으로 제한하거나 형법 제37조 후단 경합범 규정상의 금고 이상의 형에 처한 판결에 의한 전과를 제외하고 있지 아니하므로 甲의 A죄에 대하여는 선고유예를 할 수 없다.

3. 선고유예와 보호관찰

제59조의2(보호관찰) ① 형의 선고를 유예하는 경우에 재범방지를 위하여 지도 및 원호가 필요한 때에는 보호관찰을 받을 것을 명할 수 있다.[5] [♠ 13 사시]
② 제1항의 규정에 의한 보호관찰의 기간은 1년으로 한다. [♠ 13 사시]

4. 형의 선고유예와 유예기간 경과의 효과

제60조(선고유예의 효과) 형의 선고유예를 받은 날로부터 2년을 경과한 때에는 면소된 것으로 간주한다. [♠ 14 사시]

① 선고유예의 판결을 할 것인가는 법원의 재량에 속한다.

判例 선고유예 판결시의 처리사항

형법 제59조에 의하여 형의 선고를 유예하는 판결을 할 경우에도 선고가 유예된 형에 대한 판단을 하여야 하는 것이므로 선고유예 판결에서도 그 판결이유에서는 선고할 형의 종류와 양 즉 선고형을 정해 놓아야 하고 그 선고를 유예하는 형이 벌금형일 경우에는 그 벌금액 뿐만 아니라 환형유치처분까지 해 두어야 한다[대판 1988.1.19. 86도2654], [대판 2015.1.29. 2014도15120].[♠ 06, 13 사시]

② 선고유예기간은 2년으로 법정되어 있으며, 유예기간을 경과한 때에는 면소된 것으로 간주한다(제60조). [♠ 13 사시]

5. 선고유예의 실효[6]

제61조(선고유예의 실효) ① 형의 선고유예를 받은 자가 유예기간 중 자격정지 이상의 형에 처한 판결이 확정되거나 자격정지 이상의 형에 처한 전과가 발견된 때에는 유예한 형을 선고한다.[7)8)]
② 제59조의2의 규정에 의하여 보호관찰을 명한 선고유예를 받은 자가 보호관찰기간중에 준수사항을 위반하고 그 정도가 무거운 때에는 유예한 형을 선고할 수 있다.[9]

---

5) 선고유예시의 보호관찰의 부과는 임의적이다.
6) 집행유예와 달리 취소제도는 없다는 점을 주의하여야 한다.
7) 필요적 실효사유이다.
8) 유예한 형의 선고는 검사의 청구에 의하여 그 범죄사실에 대한 최종판결을 한 법원이 한다(형소법 제336조).

判例 선고유예 결격사유의 발각의 의미 = 결격사유에 대한 악의·과실에 의한 부지도 포함

형법 제61조 제1항에서 말하는 '형의 선고유예를 받은 자가 자격정지 이상의 형에 처한 전과가 발견된 때'란 형의 선고유예의 판결이 확정된 후에 비로소 위와 같은 전과가 발견된 경우를 말하고 그 판결확정 전에 이러한 전과가 발견된 경우에는 이를 취소할 수 없으며,[10] 이때 판결확정 전에 발견되었다고 함은 검사가 명확하게 그 결격사유를 안 경우만을 말하는 것이 아니라 당연히 그 결격사유를 알 수 있는 객관적 상황이 존재함에도 부주의로 알지 못한 경우도 포함한다[대결 2008.2.14. 2007모845].

判例 선고유예기간 경과 후의 선고유예 실효결정의 가능성(불가능)

형법 제60조, 제61조 제1항, 형사소송법 제335조, 제336조 제1항의 각 규정에 의하면, 형의 선고유예를 받은 자가 유예기간 중 자격정지 이상의 형에 처한 판결이 확정되더라도 검사의 청구에 의한 선고유예 실효의 결정에 의하여 비로소 선고유예가 실효되는 것이고, 또한 형의 선고유예의 판결이 확정된 후 2년을 경과한 때에는 형법 제60조가 정하는 바에 따라 면소된 것으로 간주되고, 그와 같이 유예기간이 경과함으로써 면소된 것으로 간주된 후에는 실효시킬 선고유예의 판결이 존재하지 아니하므로 선고유예 실효의 결정을 할 수 없으며, 이는 원결정에 대한 집행정지의 효력이 있는 즉시항고 또는 재항고로 인하여 아직 그 선고유예 실효 결정의 효력이 발생하기 전 상태에서 상소심에서 절차 진행 중에 그 유예기간이 그대로 경과한 경우에도 마찬가지이다[대결 2007.6.28. 2007모348].

Ⅲ. 가석방

1. 가석방의 의의와 법적 성질

(1) 의 의

① 가석방이란 자유형을 집행받고 있는 자가 개전의 정이 현저하다고 인정되는 때에 형기만료전에 조건부로 수형자를 석방하고 일정한 기간을 경과한 때에는 형의 집행을 종료한 것으로 간주하는 제도이다.

② 가석방제도는 수형자의 사회복귀를 위한 자발적인 노력을 촉진하고, 형집행기간을 단축함에 의하여 수형자의 사회복귀를 용이하게 하며, 정기형제도의 결함을 보완하여 수형자의 개선가능성을 고려한 형집행을 가능하게 한다는 점에 존재의의가 있다.

---

9) 임의적 실효사유이다.

10) 선고유예의 경우에는 집행유예의 경우와 달리 취소제도가 존재하지 않는다. 따라서 위의 '취소할 수 없으며'는 '실효사유가 될 수 없으며'의 의미로 받아들이는 것이 타당할 것이다.

(2) 법적 성질

가석방은 수형자의 사회복귀를 위한 잔여형기에 대한 변형된 형집행방법에 해당한다 [김성돈, 917면].

2. 가석방의 요건

제72조(가석방의 요건) ① 징역이나 금고의 집행 중에 있는 사람이[11] 행상이 양호하여 뉘우침이 뚜렷한 때에는 무기형은 20년, 유기형은 형기의 3분의 1이 지난 후 행정처분으로 가석방을 할 수 있다.
② 제1항의 경우에 벌금이나 과료가 병과되어 있는 때에는 그 금액을 완납하여야 한다.

제73조(판결선고 전 구금과 가석방) ① 형기에 산입된 판결선고 전 구금일수는 가석방을 하는 경우 집행한 기간에 산입한다.
② 제72조제2항의 경우에 벌금이나 과료에 관한 노역장 유치기간에 산입된 판결선고 전 구금일수는 그에 해당하는 금액이 납입된 것으로 본다.

判例 사형집행 대기기간을 형의 집행기간에 산입할 수 있는지의 여부(불가능)

사형집행을 위한 구금은 미결구금도 아니고 형의 집행기간도 아니며 특별감형은 형을 변경하는 효과만 있을 뿐이고 이로 인하여 형의 선고에 의한 기성의 효과는 변경되지 아니하므로 사형이 무기징역으로 특별감형된 경우 사형의 판결확정일에 소급하여 무기징역형이 확정된 것으로 보아 무기징역형의 형기 기산일을 사형의 판결 확정일로 인정할 수도 없고 사형집행 대기기간이 미결구금이나 형의 집행기간으로 변경된다고 볼 여지도 없으며, 또한 특별감형은 수형 중의 행상도 조사하여 이루어지는 것으로서 사형집행 대기기간까지를 참작하여 되었다고 볼 것이므로 사형집행 대기기간을 처음부터 무기징역을 받은 경우와 동일하게 가석방요건 중의 하나인 형의 집행기간에 다시 산입할 수는 없다[대결 1991.3.4. 90모59]. [♠ 15 사시]

判例 수개의 형과 가석방의 요건

형법 제72조 제1항에서의 "형기"라 함은 1개의 판결로 수개의 형이 확정된 수형자의 경우에도 "각 형의 형기를 합산한 형기"나 "최종적으로 집행되는 형의 형기"를 의미하는 것이 아니라 언제나 "각 형의 형기"를 의미하고, 그 당연한 귀결로서 수개의 형이 확정된 수형자에 대하여는 각형의 형기를 모두 3분의 1 이상씩 경과한 후가 아니면 가석방이 불가능하게 되는 것이다[헌재 1995.3.23. 93헌마12].

---

11) 노역장에 유치된 자에 대하여 가석방이 가능하다는 것이 다수설이다.

3. 가석방기간과 보호관찰

제73조의2(가석방의 기간 및 보호관찰) ① 가석방의 기간은 무기형에 있어서는 10년으로 하고, 유기형에 있어서는 남은 형기로 하되, 그 기간은 10년을 초과할 수 없다.
② 가석방된 자는 가석방기간 중 보호관찰을 받는다. 다만 가석방을 허가한 행정관청이 필요가 없다고 인정한 때에는 그러하지 아니하다.[12)]

4. 가석방처분 및 가석방기간 경과의 효과

(1) 가석방처분

법무부장관은 가석방심사위원회의 가석방신청이 적정하다고 인정되면 가석방을 허가할 수 있다(수용자처우법 제122조).

(2) 가석방기간 경과의 효과

제76조(가석방의 효과) ① 가석방의 처분을 받은 후 그 처분이 실효 또는 취소되지 아니하고 가석방기간을 경과한 때에는 형의 집행을 종료한 것으로 본다.[13)]

5. 가석방의 실효 및 취소의 요건과 효과

제74조(가석방의 실효) 가석방 기간 중 고의로 지은 죄로 금고 이상의 형을 선고받아 그 판결이 확정된 경우에 가석방 처분은 효력을 잃는다.
제75조(가석방의 취소) 가석방의 처분을 받은 자가 감시에 관한 규칙을 위배하거나, 보호관찰의 준수사항을 위반하고 그 정도가 무거운 때에는 가석방처분을 취소할 수 있다.[14)]
제76조(가석방 (실효 및 취소)의 효과) ② 전 2조의 경우에는 가석방 중의 일수는 형기에 산입하지 아니한다.[15)]

---

12) 집행유예나 선고유예의 경우에 보호관찰의 부과가 임의적인 것과는 달리 가석방의 경우에는 보호관찰은 당연 부과되는 것이 원칙이다.

13) 가석방기간을 경과한 경우라고 하더라도 형선고의 효력이 상실되는 것은 아니다. 따라서 가석방기간이 경과한 범죄일지라도 누범전과가 될 수 있다.

14) 취소권자는 법무부장관이다.

15) 따라서 가석방 당시의 잔형기의 형을 집행한다.

선고유예 · 집행유예 · 가석방의 비교

구분		선고유예	집행유예	가석방
요건		① 1년 이하의 징역 · 금고, 자격정지, 벌금의 형을 선고할 경우일 것 ② 개전의 정상이 현저할 것 ③ 자격정지 이상의 형을 받은 전과가 없을 것	① 3년 이하의 징역 · 금고의 형을 선고할 경우일 것 ② 정상에 참작할 만한 사유가 있을 것 ③ 금고 이상의 형이 확정된 때부터 그 집행을 종료하거나 면제된 후 3년까지의 기간에 범한 죄가 아닐 것	① 징역 또는 금고의 집행 중에 있는 자로 무기에 있어서는 20년, 유기에 있어서는 형기의 1/3을 경과하였을 것 ② 개전의 정상이 현저할 것 ③ 벌금 또는 과료의 병과가 있을 때는 그 금액을 완납할 것
기간		2년	1년 이상 5년 이하	무기형은 10년, 유기형은 잔여형기 (단, 10년을 초과할 수 없음)
결정		법원의 재량	법원의 재량	행정기관(법무부장관)의 재량처분
보안처분	내용	보호관찰	보호관찰 · 사회봉사 · 수강명령	보호관찰
	성질	사법처분	사법처분	행정처분
	재량여부	임의적	임의적	필요적(예외 있음)
	기간	1년(단축불가)	원 칙 : 집행유예기간(단축 가능)	가석방기간(단축 불가능)
효과		면소된 것으로 간주	형선고의 효력상실	형집행을 종료한 것으로 간주
실효		① 유예기간 중 자격정지이상의 형에 처한 판결이 확정되거나 자격정지 이상의 형에 처한 전과가 발견된 경우(필요적 실효) ② 보호관찰부 선고유예를 받은 자가 보호관찰기간 중 준수사항을 위반하고 그 정도가 무거운 경우(임의적 실효)	유예기간 중 고의로 범한 죄로 금고 이상의 실형을 선고받아 그 판결이 확정된 때	가석방 중 금고 이상의 형을 선고받아 그 판결이 확정된 때 (단, 과실범은 제외)
취소		취소제도 없음	① 선고 후 제62조 단행사유(결격기간 내의 범죄라는 것)가 발각된 경우(필요적 취소) ② 보호관찰, 사회봉사 또는 수강을 명한 집행유예를 받은 자가 준수사항이나 명령을 위반하고 그 정도가 무거운 경우(임의적 취소)	가석방처분을 받은 자가 감시에 관한 규칙을 위배하거나, 보호관찰의 준수사항을 위반하고 그 정도가 무거운 경우(임의적 취소)

제5절 형의 시효 · 소멸 · 기간

Ⅰ. 형의 시효

1. 형의 시효의 의의

① 형의 시효란 형을 선고하는 재판이 확정된 후 그 집행을 받음이 없이 일정기간을 경과한 때에는 그 집행이 면제되는 것을 말한다(제77조).

② 형의 시효는 확정된 형벌의 집행권이 소멸된다는 점에서, 미확정의 형벌권인 공소권을 소멸시키는 공소시효와 구별된다.

③ 형의 시효제도를 인정한 취지는 시간경과로 인하여 형의 선고와 집행에 대한 사회일반인의 규범의식의 요구가 감소되었고, 일정한 기간 동안 계속된 평온상태를 유지 · 존중할 필요가 있다는 점에 있다.

2. 시효의 기간 및 효과

제78조(형의 시효의 기간) 시효는 형을 선고하는 재판이 확정된 후 그 집행을 받지 아니하고 다음 각 호의 구분에 따른 기간이 지나면 완성된다. 〈개정 2017. 12. 12., 2020. 12. 8., 2023. 8. 8.〉[1)]

1. 삭제 〈2023. 8. 8.〉[2)]
2. 무기의 징역 또는 금고: 20년
3. 10년 이상의 징역 또는 금고: 15년
4. 3년 이상의 징역이나 금고 또는 10년 이상의 자격정지: 10년
5. 3년 미만의 징역이나 금고 또는 5년 이상의 자격정지: 7년 〈개정 2017.12.12〉
6. 5년 미만의 자격정지, 벌금, 몰수 또는 추징: 5년 〈개정 2017.12.12〉
7. 구류 또는 과료: 1년

제77조(시효의 효과) 형(사형은 제외한다)을 선고받은 자에 대해서는 시효가 완성되면 그 집행이 면제된다.[3)] 〈개정 2023. 8. 8.〉

3. 시효의 정지와 중단

제79조(시효의 정지) ① 시효는 형의 집행의 유예나 정지 또는 가석방 기타 집행할 수 없는 기간[4)]은 진행되지 아니한다.

② 시효는 형이 확정된 후 그 형의 집행을 받지 아니한 사람이 형의 집행을 면할 목적으로 국외에 있는 기간 동안은 진행되지 아니한다. 〈신설 2014. 5. 14., 2023. 8. 8.〉

제80조(시효의 중단) 시효는 징역, 금고 및 구류의 경우에는 수형자를 체포한 때, 벌금, 과료, 몰수 및 추징의 경우에는 강제처분을 개시한 때에 중단된다.〈개정 2023. 8. 8.〉

---

1) 시효의 초일은 판결이 확정된 날로부터 진행하고, 그 말일의 24시에 시효가 종료된다.

判例 시효의 중단과 관련된 판례정리

1. 검사의 명령에 의하여 집행관이 벌금형의 집행에 임하였으나 압류대상물건의 평가액이 집행비용에도 미달하여 집행이 불능이 된 경우에도 벌금형의 시효는 중단된다[대판 1979.3.29. 78도8].
   동지판례 수형자의 재산이라고 추정되는 채권에 대하여 압류신청을 한 이상 피압류채권이 존재하지 아니하거나 압류채권을 환가하여도 집행비용 외에 잉여가 없다는 이유로 집행불능이 되었다고 하더라도 이미 발생한 시효중단의 효력이 소멸하지는 않는다[대결 2009.6.25. 2008모1396].
2. 수형자가 벌금의 일부를 납부한 경우에는 이로써 집행행위가 개시된 것으로 보아 그 벌금형의 시효가 중단된다고 봄이 상당하고, 이 경우 벌금의 일부 납부란 수형자 본인이 스스로 벌금을 일부 납부한 경우, 즉 벌금의 일부를 수형자 본인 또는 그 대리인이나 사자가 수형자 본인의 의사에 따라 이를 납부한 경우를 말하는 것이고, 수형자 본인의 의사와는 무관하게 제3자가 이를 납부한 경우는 포함되지 아니한다[대결 2001.8.23. 2001모91]. [♠12 사시]
3. [1] 형법 제80조에서 추징에 있어서의 시효는 강제처분을 개시함으로 인하여 중단된다고 규정하고 있는바, 여기에서 유체동산 경매의 방법으로 추징형을 집행하는 경우에는 검찰징수사무규칙 제17조에 의한 검사의 징수명령서를 집행관이 수령하는 때에 강제처분의 개시가 있는 것으로 보아야 하고, 다만 집행관이 그 후에 집행에 착수하지 못하면 시효중단의 효력이 없어진다.
   [2] 집행관이 추징의 시효 만료 전에 징수명령서를 수령하고, 그 후 상당한 기간이 경과되기 전에 징수명령이 집행되었다면 추징의 시효가 완성된 후의 집행이 아니다[대결 2006.1.17. 2004모524].

Ⅱ. 형의 소멸 등

1. 형의 소멸

① 유죄판결의 확정에 의하여 발생한 형의 집행권을 소멸시키는 제도를 말한다.[6)]

② 형의 소멸은 유죄판결확정 후의 형의 집행권을 소멸시킨다는 점에서, 확정판결 전에 검사의 형벌청구권을 소멸시키는 공소권의 소멸과 구별된다.

③ 형의 소멸의 사유로는 형집행의 종료, 형집행의 면제, 가석방기간의 경과, 형의 시효의 완성, 범인의 사망, 집행유예기간의 경과 등이 있다.

---

2) [개정이유] 형의 시효가 완성되면 집행이 면제되는 형에서 사형을 제외하여 형 집행의 공백을 방지하고, 법인에 대해 벌금형 등이 선고된 경우에도 형의 시효가 적용된다는 점을 명확히 하는 등 현행 제도의 운영상 나타난 일부 미비점을 개선·보완함.

3) 시효의 완성으로 당연히 집행면제의 효과가 발생하며, 별도의 재판을 요하지 아니한다.

4) 천재지변 기타 사변으로 인하여 형을 집행할 수 없는 기간을 말하며, 형을 선고 받은 자가 도주하거나 소재불명인 기간은 포함되지 않는다.

5) 시효의 정지는 정지사유가 소멸한 때로부터 잔여시효기간이 진행하나, 시효가 중단된 때에는 시효의 효과는 시효개시시로 소급하여 상실되므로 시효가 완성되려면 다시 시효의 전기간이 경과되어야 한다.

6) 형이 소멸되어도 전과사실은 남게 된다. 전과사실로 인한 사회생활상의 불이익을 없애기 위하여 형법은 형의 실효와 복권제도를 두고 있다.

2. 형의 실효[7]

(1) 형법상의 실효(재판상의 실효)

제81조(형의 실효) 징역 또는 금고의 집행을 종료하거나 집행이 면제된 자가 피해자의 손해를 보상하고 자격정지 이상의 형을 받음이 없이 7년을 경과한 때에는 본인 또는 검사의 신청에 의하여 그 재판의 실효를 선고할 수 있다.

(2) 형의 실효 등에 관한 법률상의 실효(당연실효)

형의 실효 등에 관한 법률상의 요건을 구비한 경우 형의 선고효과는 당연히 실효된다.

(3) 형의 실효의 효과

형이 실효되면 형의 선고에 의한 법적 효과는 장래에 향하여 소멸한다.

判例 (형의 실효의 효과) 형의 실효 등에 관한 법률에 의하여 형이 실효된 경우에는 형의 선고에 의한 법적 효과가 장래에 향하여 소멸되므로 형이 실효된 후에는 그 전과를 특정범죄가중처벌 등에 관한 법률 제5조의4 제5항 소정의 징역형의 선고를 받은 경우로 볼 수는 없다[대판 2002.10.22. 2002감도39].

3. 복 권

제82조(복권) 자격정지의 선고를 받은 자가 피해자의 손해를 보상하고 자격정지 이상의 형을 받음이 없이 정지기간의 2분의 1을 경과한 때에는 본인 또는 검사의 신청에 의하여 자격의 회복을 선고할 수 있다.

判例 복권의 효과 = 누범전과 O

복권은 사면의 경우와 같이 형의 언도의 효력을 상실시키는 것이 아니고, 다만 형의 언도의 효력으로 인하여 상실 또는 정지된 자격을 회복시키는 것에 그치는 것이므로 복권이 있었다 하더라도 그 전과사실은 누범가중사유에 해당한다[대판 1981.4.14. 81도543]. [♠ 00, 08 사시]

4. 사 면

(1) 의 의

사면이란 국가원수의 특권에 의하여 형벌권을 소멸시키거나 그 효력을 제한하는 제도를 말한다.

(2) 종 류

① 일반사면

7) 전과사실을 말소시켜 수형자의 사회복귀를 용이하게 하는 제도이다.

㉮ 일반사면은 죄를 범한 자에 대하여 미리 죄 또는 형의 종류를 정하여 대통령령으로 행하는 사면이다(사면법 제3조 제1호, 제8조).

㉯ 일반사면을 받으면 형의 선고를 받은 자에 대해서는 그 선고의 효력이 상실되고, 형의 선고를 받지 않은 자에 대해서는 공소권이 상실된다(사면법 제5조 제1항).

判例 일반사면의 효과 = 누범전과 ×, 사후적 경합범의 판결이 확정된 죄 O

사면법 제5조 제1항 제1호 소정의 '일반사면은 형의 언도의 효력이 상실된다.'는 의미는 형법 제65조 소정의 '형의 선고는 효력을 잃는다.'는 의미와 마찬가지로 단지 형의 선고의 법률적 효과가 없어진다는 것일 뿐 형의 선고가 있었다는 기왕의 사실 자체의 모든 효과까지 소멸한다는 뜻은 아니다[대판 1995.12.22. 95도2446].

② 특별사면

㉮ 특별사면은 형의 선고를 받은 특정인에 대하여 대통령이 행하는 사면을 말한다(사면법 제3조 제2호, 제9조).

㉯ 특별사면을 받으면 원칙적으로 형의 집행이 면제되지만, 특별한 사정이 있는 경우에는 장래를 향하여 형의 선고의 효력을 상실하게 할 수 있다(사면법 제5조 제2호).

判例 병과형의 일부에 대한 특별사면의 효과 = 개별적인 효력만 인정

형법 제41조, 사면법 관련 규정의 내용 및 취지에 비추어 보면, 여러 개의 형이 병과된 사람에 대하여 그 병과형 중 일부의 집행을 면제하거나 그에 대한 형의 선고의 효력을 상실케 하는 특별사면이 있은 경우, 그 특별사면의 효력이 병과된 나머지 형에까지 미치는 것은 아니므로 징역형의 집행유예와 벌금형이 병과된 신청인에 대하여 징역형의 집행유예의 효력을 상실케 하는 내용의 특별사면이 그 벌금형의 선고의 효력까지 상실케 하는 것은 아니다[대결 1997.10.13. 96모33]. [♠ 11 사시]

Ⅲ. 형의 기간

제83조(기간의 계산) 연 또는 월로 정한 기간은 연 또는 월 단위로 계산한다.

제85조(형의 집행과 시효기간의 초일) 형의 집행과 시효기간의 초일은 시간을 계산함이 없이 1일로 산정한다.

제86조(석방일) 석방은 형기 종료일에 하여야 한다.

제84조(형기의 기산) ① 형기는 판결이 확정된 날로부터 기산한다.

② 징역, 금고, 구류와 유치에 있어서는 구속되지 아니한 일수는 형기에 산입하지 아니한다.

제2장 보안처분

Ⅰ. 서 론

1. 보안처분의 의의

보안처분이란 형벌로는 행위자의 사회복귀와 범죄의 예방이 불가능하거나 행위자의 특수한 위험성으로 인하여 형벌의 목적을 달성할 수 없는 경우에 형벌을 대체하거나 보완하기 위한 예방적 성질을 가지는 형사제재를 말한다.

형벌과 보안처분의 구별

	형 벌	보안처분
본 질	응보 · 일반예방	특별예방(사회방위처분)
기 초	행위책임	행위자의 위험성
목 적	과거범죄의 진압(회고적 성격)	장래의 범죄에 대한 예방목적(전망적 성격)
제한원리	책임주의	비례성의 원칙

2. 연 혁

① Klein이 보안처분의 필요성을 최초로 주장하였으며, 근대의 형사입법에 도입한 것은 Carl Stoos에 의한 스위스 형법예비초안이 그 효시라고 할 수 있다.

② 현대형법에 있어서 보안처분을 인정하지 않는 국가는 없다고 할 수 있을 정도로 대부분의 국가의 형법에 규정되어 있다.

Ⅱ. 보안처분의 정당화 조건[김성돈, 926면 이하]

1. 보안처분법정주의

헌법 제12조 제1항은 "누구든지 … 법률과 적법한 절차에 의하지 않고는 … 보안처분 … 을 받지 아니한다"고 규정하여 보안처분에 대한 헌법적 근거를 마련함과 동시에 보안처분의 법률적 근거와 절차의 적법성을 요구하고 있다.

2. 비례성의 원칙

형벌이 책임주의에 의하여 제한을 받는 것처럼, 보안처분은 비례성의 원칙을 준수하는 범위에서 정당화될 수 있다. 따라서 보안처분은 행위자에 의하여 행하여진 범죄와 장래에 기대될 범죄 및 위험성의 정도와 균형이 유지되어야 한다.

3. 법적 요건

보안처분은 형사제재의 일종이므로 보안처분을 선고하기 위하여는 적어도 행위자의 행위가 구성요건에 해당하고 위법성이 인정되어야 한다.

4. 재범의 위험성

① 보안처분은 장래에 위험한 범죄자로부터 사회를 방위하기 위한 특별예방목적을 추구하기 위한 수단이므로 행위자에게 재범의 위험성이 있어야 한다.
② 재범의 위험성은 단순한 가능성으로 족하지 않고 개연성 정도로 입증되어야 한다.
③ 재범의 위험성은 보안처분의 선고시를 기준으로 판단한다.

Ⅲ. 형벌과 보안처분의 관계

1. 의 의

형벌과 보안처분을 어떻게 적용 · 집행할 것인가의 문제를 말한다.

2. 입법주의

	이원주의(병과주의)	일원주의(택일주의)	대체주의
내 용	① 형벌과 보안처분을 동시에 선고하고 중복적으로 집행하는 방식이다. ② 형벌을 먼저 집행한 후 보안처분을 집행하는 방식이 보통이다.	① 형벌과 보안처분 중 어느 하나만을 적용하는 방식이다. ② 응보와 일반예방목적이 강조되는 경우는 형벌을, 특별예방목적이 강조되는 경우는 보안처분을 과한다.	① 형벌과 보안처분을 모두 선고하되 보안처분의 집행기간을 형기에 산입하는 방식이다. ② i) 형벌보다 보안처분을 우선 집행하고, ii) 보안처분의 집행기간을 형기에 산입하고, iii) 보안처분집행 후 형벌집행의 유예여부를 심사하는 방식이 보통이다.
관련규정	폐지된 구 사회보호법상의 보호감호		치료감호법상의 치료감호 (제18조)

Ⅳ. 보안처분의 종류

1. 대인적 보안처분

(1) **자유박탈적 보안처분** : 보호감호, 치료감호, 소년원 송치처분 등이 있다.

(2) **자유제한적 보안처분** : 보호관찰, 보안관찰 등이 있다.

2. 대물적 보안처분

몰수, 영업장폐쇄명령, 법인의 해산명령 등이 있다.

Ⅴ. 현행법상의 보안처분

1. 치료감호법상의 보안처분[1)]

(1) 치료감호

① 의 의 : 심신장애자와 마약류 · 알코올중독자 등을 치료감호시설에 수용하여 치료하는 보안처분을 말한다.

② 요 건

㉮ 치료감호대상자 : ⅰ) 심신상실자, 심신미약자, 마약류 · 알코올중독자(습벽자 포함)로서 ⅱ) 금고 이상의 형에 해당하는 죄를 범하고 ⅲ) 치료감호시설에서의 치료가 필요하고[2)] 재범의 위험성이 있는 자를 말한다(제2조 제1항).

㉯ 재범의 위험성 : ⅰ) 장래에 중대한 범죄를 범할 상당한 개연성이 있어야 한다. ⅱ) 판단의 시기는 판결선고시를 기준으로 하여야 한다.

判例 재범의 위험성의 판단시점(판결시)

성폭력범죄의 재범의 위험성 유무의 판단은 장래에 대한 가정적 판단이므로 판결시를 기준으로 하여야 한다[대판 2010.12.9. 2010도7410].

1) 치료감호법은 재범을 방지하고 사회복귀를 촉진하는 것을 목적으로 한다(제1조).

2) '치료의 필요성'은 사회보호법에서 치료감호법으로 대체되면서 추가된 요건이다.

判例 상습의 습벽에 의한 범죄와 재범의 위험성(필연성이 인정되는 것은 아님)

당해 범행이 상습의 습벽에 의한 것이라 하여 재범의 위험성이 반드시 있다고 할 수 없다[대판 1999.5.14. 99도791].

判例 개전의 정이 인정되어 작량감경한 경우 재범의 위험성의 인정 가능성(인정 가능)

개전의 정이 있어 작량감경을 하였다고 하더라도 잠재적인 재범의 위험성은 범행 후의 개전의 정과는 반드시 일치하는 것은 아니라고 할 것이므로 작량감경을 하였다고 해서 재범의 위험성을 인정 못할 바 아니다[대판 1983.3.8. 83도59].

判例 재범의 위험성의 정도(상당한 개연성) 위험성의 판단시기(판결시)

구 특정 범죄자에 대한 위치추적 전자장치 부착 등에 관한 법률(2010.4.15. 법률 제10257호로 개정되기 전의 것) 제5조 제1항에 정한 성폭력범죄의 재범의 위험성이라 함은 재범할 가능성만으로는 부족하고 피부착명령청구자가 장래에 다시 성폭력범죄를 범하여 법적 평온을 깨뜨릴 상당한 개연성이 있음을 의미한다[대판 2010.12.9. 2010도7410].

동지판례 특정 범죄자에 대한 위치추적 전자장치 부착 등에 관한 법률 제5조 제3항에 규정된 '살인범죄를 다시 범할 위험성'이란 재범할 가능성만으로는 부족하고 피부착명령청구자가 장래에 다시 살인범죄를 범하여 법적 평온을 깨뜨릴 상당한 개연성이 있음을 의미하며, 그에 대한 판단은 장래에 대한 가정적 판단이므로 판결시를 기준으로 하여야 한다[대판 2012.5.10. 2012도2289].

③ **절 차** : 검사의 치료감호청구에 의하여 청구가 이유가 있으면 법원이 판결로써 치료감호를 선고한다.

判例 형벌과 치료감호처분의 중복 적용가능성(배제규정이 없는 한 긍정)

형벌과 치료감호처분은 신체의 자유를 박탈하는 수용처분이라는 점에서 유사하기는 하나 그 본질과 목적 및 기능에 있어서 서로 다른 독자적 의의를 가진 제도인 바, 명시적인 배제 조항 등이 없는 이상 어느 한쪽의 적용 대상이라는 이유로 다른 쪽의 적용 배제를 주장할 수 없는 것이다. 특정범죄 가중처벌 등에 관한 법률 제5조의4 제6항이 2005.8.4 사회보호법상 보호감호제도 폐지를 즈음하여 마련되었다고 하여 달리 볼 것은 아니다[대판 2007.8.23. 2007도3820,2007감도8].

判例 법원의 검사에 대한 치료감호청구요구의 법적 성질 = 의무사항 ×

치료감호법 제4조 제1항은 "검사는 치료감호대상자가 치료감호를 받을 필요가 있는 경우 관할 법원에 치료감호를 청구할 수 있다."고 규정하고, 같은법 제4조 제7항은 "법원은 공소제기된 사건의 심리결과 치료감호에 처함이 상당하다고 인정할 때에는 검사에게 치료감호청구를 요구할 수 있다."고 규정하고 있는 바, 그 규정 형식 등에 비추어 치료감호법 제4조 제7항이 법원에 대하여 치료감호청구 요구에 관한 의무를 부과하고 있는 것으로 볼 수 없다[대판 2006.9.14. 2006도4211].

관련판례 법원으로서는 피고인에 대한 정신감정을 실시함에 있어 그 장애가 장차 사회적 행동에 있어서 미칠 영향 등에 관하여도 아울러 감정하게 하고, 그 감정의견을 참작하여 객관적으로 판단한 결과 정신질환이 계속되어 피고인을 치료감호에 처함이 상당하다고 인정될 때에는 치료 후의 사회복귀와 사회안전을 도모하기 위하여 별도로 보호처분이 실시될 수 있도록 검사에게 치료감호청구를 요구할 수 있다[대판 1998.4.10. 98도549].

④ 내 용

㉮ **수용기간** : 치료감호기간은 15년을 초과할 수 없다. 다만 약물, 알코올중독 등의 수용은 2년을 초과할 수 없다(제16조 제2항).

㉯ **집행순서** : 치료감호와 형이 병과된 경우에는 치료감호를 먼저 집행한다. 이 경우 치료감호의 집행기간은 형기에 산입한다(제18조).

(2) 보호관찰

① 의 의 : 보호관찰은 가종료 또는 치료위탁된 피치료감호자를 감호시설 밖에서 지도 · 감독하는 보안처분이다.

② 요 건 : 피치료감호자에 대한 치료감호가 가종료된 때 및 피치료감호자가 치료위탁된 때에 개시된다(제32조 제1항).

③ 기 간 : ⅰ) 보호관찰의 기간은 3년이며, ⅱ) 보호관찰기간이 만료된 때, 보호관찰기간이 만료전이라도 치료감호의 종료결정이 있거나 피보호관찰자가 다시 치료감호의 집행을 받게 되어 재수용되거나 새로운 범죄로 금고 이상의 형의 집행을 받게 된 때에는 치료감호가 종료된다.

2. 기타의 보안처분

(1) 형법상의 보안처분

보호관찰(집행유예, 선고유예, 가석방), 사회봉사 · 수강명령(집행유예)

(2) 소년법상의 보호처분

(3) 보안관찰법상의 보안관찰처분

(4) 보호관찰 등에 관한 법률상의 보호관찰처분

현행법상의 보안처분

<table>
<tr><th colspan="2">종 류</th><th>내 용</th></tr>
<tr><td rowspan="2">형 법</td><td>보호관찰</td><td>① 선고유예시 법원의 재량으로 보호관찰을 명할 수 있다(제59조의2).
② 집행유예시 법원의 재량으로 보호관찰을 명할 수 있다(제62조의2).
③ 가석방된 자는 가석방기간 중 보호관찰을 받는다. 다만 해당관청의 판단에 따라 보호관찰을 부과하지 않을 수 있다(제73조의2).</td></tr>
<tr><td>사회봉사명령
수강명령</td><td>집행유예시 법원의 재량으로 사회봉사 또는 수강을 명할 수 있다(제62조의2).</td></tr>
<tr><td>소년법
(제32조)</td><td>보호처분</td><td>① 보호자 또는 적당자에게 감호위탁
② 수강명령
③ 사회봉사명령
④ 보호관찰관의 (단기)보호관찰
⑤ 보호관찰관의 (장기)보호관찰</td></tr>
<tr><td>보안
관찰법</td><td>보안관찰
처분</td><td>① 보안관찰해당범죄 : 내란목적살인(미수)죄와 동 예비 · 음모 · 선동 · 선전죄, 외환죄, 간첩죄, 모병 · 시설제공 · 시설관리 · 물건제공이적죄와 동 미수범 및 예비 · 음모 · 선동 · 선전죄 등
② 기 간 : 2년</td></tr>
<tr><td>보호관찰등에
관한법률</td><td>보호관찰
처분</td><td>보호관찰, 수강명령</td></tr>
<tr><td rowspan="2">치료
감호법</td><td>치료감호
(대체주의)</td><td>① 성폭력범죄자, 심신장애자, 마약류 · 알코올중독자, 정신성적 장애자를 치료감호시설에 수용하여 치료하는 보안처분(제2조, 제2조의2)
② 기 간 : 원칙(15년이 상한), 중독자(2년)</td></tr>
<tr><td>보호관찰</td><td>① 가종료 · 치료위탁된 피치료감호자를 감호시설 밖에서 지도 · 감독
② 기 간 : 3년</td></tr>
<tr><td colspan="2">기타 법률</td><td>① 국가보안법 : 공소보류자에 대한 감시 · 보도(제20조)
② 성매매처벌법 : 보호처분(제14조)
③ 마약법 : 마약중독자의 치료보호(제40조)
④ 감염예방법 : 감염병에 관한 강제처분(제42조)
⑤ 모자보건법 : 일정한 환자에 대한 인공임신중절수술(제14조)</td></tr>
</table>

각 론

제1편 개인적 법익에 관한 죄
제2편 사회적 법익에 관한 죄
제3편 국가적 법익에 관한 죄

제 1 편 개인적 법익에 관한 죄

- 제1장 생명과 신체에 대한 죄
- 제2장 자유에 대한 죄
- 제3장 명예와 신용에 대한 죄
- 제4장 사생활의 평온에 대한 죄
- 제5장 재산에 대한 죄

제1장 생명과 신체에 대한 죄

제1절 살인의 죄

사람의 시기에 관한 판례, 존속살해죄에서 존비속관계의 인정여부에 관한 판례가 자주 출제되는 부분이다.

Ⅰ. 총 설

1. 의 의

살인의 죄는 사람을 살해함으로써 그 생명을 침해하는 것을 내용으로 하는 범죄를 말한다.

2. 보호법익

보호법익은 사람의 생명이며, 보호의 정도는 침해범이다.

Ⅱ. 보통살인죄

제250조(살인) ① 사람을 살해한 자는 사형, 무기 또는 5년 이상의 징역에 처한다.
제254조(미수범) 본죄의 미수범은 처벌한다.

1. 의 의

보통살인죄는 고의로 사람을 살해함으로써 성립하는 범죄로서 살인의 죄의 기본적 구성요건이다.

2. 구성요건

(1) 객관적 구성요건

① 주 체 : 피해자 이외의 모든 자연인이다. 따라서 법인은 살인죄의 주체가 될 수 없다.

② 객 체 : 사람이다. ⅰ) 사람은 살아 있는(생명 있는) 사람을 말한다. 따라서 자연인에 한하고 법인은 제외된다. ⅱ) 사람은 '타인'에 한한다. 따라서 자살은 살인죄의 구성요건해당성이 없다. ⅲ) 살아 있는 자연인인 이상 그 생존능력의 유무를 불문한다.

判例 자살 도중인 자 = 살인죄의 객체 O

피해자가 자살 도중이라도 이에 가공하여 살해의 목적을 달한 경우에는 살인죄가 된다[대판 1948.5.14. 4181형상38].

㉮ 사람의 시기

쟁점연구 **[자연분만의 경우 사람의 시기]**

1. 학 설

① **진통설** : 규칙적인 진통을 수반하면서 태아의 분만이 개시될 때라는 견해이다.

② **일부노출설** : 태아의 신체의 일부가 모체로부터 노출된 때라는 견해이다.

③ **전부노출설** : 분만이 완성되어 태아가 모체로부터 완전히 분리된 때라는 견해이다.

④ **독립호흡설** : 태아가 모체에서 완전히 분리되어 태반에 의한 호흡을 그치고 자신의 폐로 독립하여 호흡할 때라는 견해이다.

2. 판 례

사람의 시기는 규칙적인 진통을 동반하면서 태아가 태반으로부터 이탈하기 시작한 때, 즉 분만이 개시된 때라고 판시하고 있다.

3. 검 토 (판례 지지)

모체로부터 노출되기 전의 분만 중인 영아의 생명도 형법이 보호할 필요가 있다는 점에서 진통설이 타당하다.

쟁점연구 **[제왕절개의 경우 사람의 시기]**

1. 학 설

제왕절개의 경우 사람의 시기를 자궁절개시라고 보는 견해가 있다.

2. 판 례

규칙적인 진통을 동반하면서 분만이 개시된 때(소위 진통설 또는 분만개시설)가 사람의 시기라는 전제하에, 제왕절개 수술의 경우 '의학적으로 제왕절개 수술이 가능하였고 규범적으로 수술이 필요하였던 시기'는 판단하는 사람 및 상황에 따라 다를 수 있어 분만개시 시점 즉, 사람의 시기도 불명확하게 되므로 이 시점을 분만의 시기로 볼 수는 없다고 판시한 바 있다.

3. 검 토 (판례 지지)

i) 자궁절개시설은 자궁절개의 시점에 따라 사람의 시기가 달라질 수 있다는 문제점이 있으며, ii) 의학적으로 제왕절개 수술이 가능하였고 규범적으로 수술이 필요하였던 시기는 그 시기 판단에 따라 다를 수 있으므로 문제가 있다. 따라서 제왕절개의 경우에도 자연분만의 경우와 마찬가지로 진통시가 사람의 시기라고 보는 것이 타당하다.

判例 사람의 시기 = 자연분만과 제왕절개의 구별없이 모두 분만개시시(진통시)

1. **(자연분만의 경우)** 사람의 생명과 신체의 안전을 보호법익으로 하고 있는 형법상의 해석으로서는 사람의 시기는 규칙적인 진통을 동반하면서 태아가 태반으로부터 이탈하기 시작한 때, 다시 말하면 분만이 개시된 때(소위 진통설 또는 분만개시설)라고 봄이 타당하며, 이는 형법 제251조(영아살해)에서 분만 중의 태아도 살인죄의 객체가 된다고 규정하고 있는 점을 미루어 보더라도 그 근거를 찾을 수 있는 바이니 조산원이 분만 중인 태아를 질식사에 이르게 한 경우에는 업무상과실치사죄가 성립한다[대판 1982.10.12. 81도2621].
2. **(제왕절개에 의한 출생의 경우)** [1] 사람의 생명과 신체의 안전을 보호법익으로 하고 있는 형법의 해석으로는 규칙적인 진통을 동반하면서 분만이 개시된 때(소위 진통설 또는 분만개시설)가 사람의 시기라고 봄이 타당하다.
   [2] 제왕절개 수술의 경우 '의학적으로 제왕절개 수술이 가능하였고 규범적으로 수술이 필요하였던 시기'는 판단하는 사람 및 상황에 따라 다를 수 있어 분만개시 시점 즉, 사람의 시기도 불명확하게 되므로 이 시점을 분만의 시기로 볼 수는 없다[대판 2007.6.29. 2005도3832]. [♠ 10 사시] [♣ 18 변시]

㈏ 사람의 종기

쟁점연구

1. 학 설

i) 호흡이 영구적으로 그쳤을 때라는 견해, ii) 심장의 고동이 영구적으로 정지한 때라는 견해, iii) 뇌의 기능이 회복될 수 없는 상태로 훼멸된 때라는라는 견해가 있다.

2. 검 토 (뇌사설 지지)

형법이 사람의 생명을 보호하는 것은 생명이 인격적 활동의 전제가 되기 때문이다. 인격적 활동은 호흡이나 심장의 고동이 아니라 뇌의 활동에 있으므로, 뇌의 기능이 훼멸된 경우 사람의 생명을 보호하기 위한 전제가 소멸되었다고 보는 것이 타당하다. 따라서 뇌사설이 타당하다.

③ 행 위 : 살해이다. i) 살해란 고의로 사람의 생명을 자연적인 사기에 앞서서 단절시키는 것을 말한다. ii) 살해의 수단·방법에는 제한이 없다. 따라서 유형(예 독살, 자(刺)살, 사살)·무형(예 정신적 고통, 충격), 직접·간접(예 독약의 우송, 정신병자의 이용), 작위·부작위의 방법을 불문한다.

判例 보라매 병원 사건(전담의와 3년차 수련의 = 작위에 의한 살인죄의 종범)

의사인 피고인들이 그 지시를 받는 인턴에게 피해자를 집으로 후송하고 호흡보조 장치를 제거할 것을 지시하는 등의 적극적 행위를 통하여 피해자 처의 부작위에 의한 살인행위를 도운 이상 이는 작위에 의한 방조범으로 봄이 상당하다[대판 2004.6.24. 2002도995]. [♣ 21 변시]

㉮ **미신적 방법에 의한 살해**(미신범) : 실행행위성과 인과관계를 인정할 수 없으므로 살인죄가 성립하지 않는다(통설).

㉯ **강요 · 기망에 의하여 자살하게 한 경우** : 자살자가 자살의 의미를 이해할 수 있는 경우에는 위계 · 위력에 의한 살인죄가 성립하나, 자살자가 자살의 의미를 이해할 수 없는 경우에는 살인죄의 간접정범이 성립한다.

㉰ **무고나 위증의 방법 또는 재판을 이용하여 사형을 당하게 한 경우** : 법원의 직권에 의한 실체진실발견의무를 인정하고 있는 현행 형사소송법상 고발인이나 증인이 재판을 지배하였다고 할 수 없으므로 살인죄의 간접정범이 성립할 수 없다(다수설).[1]

④ **착수 및 기수시기** : 생명을 위태롭게 하는 행위를 개시한 때에 실행의 착수가 인정되며(예 살해의사로 권총을 겨누거나 칼을 쳐들었을 때), 살해행위로 사망의 결과가 발생한 때 기수가 된다.

判例 살해의사로 낫을 들고 피해자에게 다가서려고 하였다면 실행의 착수 인정

피고인이 격분하여 피해자를 살해할 것을 마음먹고 밖으로 나가 낫을 들고 피해자에게 다가서려고 하였으나 제3자가 이를 제지하여 그 틈을 타서 피해자가 도망함으로써 살인의 목적을 이루지 못한 경우, 피고인이 낫을 들고 피해자에게 접근함으로써 살인의 실행행위에 착수하였다고 할 것이므로 이는 살인미수에 해당한다[대판 1986.2.25. 85도2773].

(2) 주관적 구성요건

① **고 의** : 미필적 고의로도 충분하다.

② **고의로 에이즈를 감염시킨 경우** : 살인의 고의를 인정하는 견해와 중상해의 고의를 인정하는 견해(다수설)가 나뉘어져 있다.

判例 살인의 고의를 인정하는 방법

범행 결과가 매우 중대하고 범행 동기나 방법 및 범행 정황에 비난 가능성이 크다는 사정이 있더라도, 이를 양형에 불리한 요소로 고려하여 형을 무겁게 정하는 것은 별론, 그러한 사정을 이유로 살인의 고의를 쉽게 인정할 것은 아니고 이를 인정할 때에는 신중을 기하여야 한다[대판 2015.10.29. 2015도5355].

---

1) 소송사기에서처럼 법원에 대한 기망이 인정되는 이상 살인죄의 간접정범의 성립을 긍정할 수 있다는 반대의 견해도 적지 않다.

判例 살인죄에 있어서 범의의 인정 기준

살인죄에 있어서의 범의는 반드시 살해의 목적이나 계획적인 살해의 의도가 있어야만 인정되는 것은 아니고 자기의 행위로 인하여 타인의 사망의 결과를 발생시킬 만한 가능 또는 위험이 있음을 인식하거나 예견하면 족한 것이고 그 인식 또는 예견은 확정적인 것은 물론 불확정적인 것이라도 이른바 미필적 고의로도 인정되는 것이다[대판 2000.8.18. 2000도2231]. [♠ 02, 06 사시] [♣ 12 변시]

判例 살인의 고의가 인정되는 경우

1. 건장한 체격의 군인이 왜소한 체격의 피해자를 폭행하고 특히 급소인 목을 설골이 부러질 정도로 세게 졸라 사망케 한 경우[대판 2001.3.9. 2000도5590]. [♣ 18 변시]
2. 피고인이 9세의 여자 어린이에 불과하여 항거를 쉽게 제압할 수 있는 피해자의 목을 감아서 졸라 실신시킨 후 그곳을 떠나버린 경우[대판 1994.12.22. 94도2511]. [♣ 12 변시]
3. 가로 15㎝, 세로 16㎝, 길이 153㎝, 무게 7㎏의 각이 진 목재로 길바닥에 누워 있던 피해자의 머리를 때려 피해자가 외상성뇌지주막하출혈로 사망한 경우[대판 1998.6.9. 98도980].
4. 피고인이 교통사고를 가장하여 피해자들을 살해하고 보험금을 수령하여 자신의 경제적 곤란을 해결하고 신변을 정리하는 한편, 그 범행을 은폐할 목적으로 피해자들을 승용차에 태운 후에 고의로 승용차를 저수지에 추락시켜 피해자들을 사망하게 한 경우[대판 2001.11.27. 2001도4392].
5. 계획적인 의도가 없었다 하더라도 길이 30㎝의 과도로 피해자를 힘껏 찔러 사망케 한 경우라면 피고인의 범의가 순간적 발생이라 할지라도 살해의 결과가 발생하리라는 인식이 있었다고 봄이 상당하다[대판 1987.12.7. 87도2195].
6. 시위대원 3명과 같이 시내버스를 탈취한 후, 술에 취한 채 탈취한 버스를 운전하여 그때 시위대를 진압하기 위하여 차도를 차단하여 포진하고 있는 충남경찰국 기동대원을 향하여 시속 50㎞의 속력으로 돌진한 경우[대판 1988.6.14. 88도692].

判例 살인의 고의를 속단할 수 없는 경우

경찰관이 질주하는 화물자동차의 승강구에 뛰어올라 동 차에 적재되어 있는 임산물에 대한 부정성 여부를 조사하기 위하여 정차를 명함에 있어 화주가 이를 피하기 위하여 경찰관을 폭행하여 동 차로부터 추락시킨 결과 사망케 한 경우 위 사실만으로는 가해자가 피해자를 살해할 것을 결의하였다고 속단할 수는 없다[대판 1957.5.24. 4290형상56].

3. 위법성

정당행위 및 정당방위에 의한 위법성조각은 가능하나, 피해자 승낙이 있는 경우는 위법성이 조각되는 것이 아니라 승낙살인죄(제252조 제1항)가 성립한다.

4. 죄수 및 타죄와의 관계

(1) 죄 수

① 죄수결정의 기준 : 생명은 전속적 법익이므로 피해자의 수에 따라 결정한다.

② 동일한 장소에서 동일한 방법에 의하여 시간적으로 접착되어 수인을 살해한 경우 : 수개의 살인죄의 실체적 경합범이 성립한다.

③ 1개의 행위로 수인을 살해한 경우 : 수개의 살인죄의 상상적 경합범이 성립한다.

④ 범의의 갱신이 없이 동일인을 살해할 의사로 예비, 미수를 거듭하다가 성공한 경우 : 일시 · 장소 · 방법의 동일성 여부를 불문하고 포괄적으로 1개의 살인기수죄가 성립한다(판례).

(2) 타죄와의 관계

① 살인행위에 수반하여 피해자의 의복을 손괴한 경우 : 손괴죄는 불가벌적 수반행위로서 살인죄에 흡수된다(법조경합 중 흡수관계).

② 사람을 살해한 후 사체를 유기한 경우 : 살인죄와 사체유기죄의 실체적 경합범이 성립한다.

Ⅲ. 존속살해죄

제250조(존속살해) ② 자기 또는 배우자의 직계존속을 살해한 자는 사형, 무기 또는 7년 이상의 징역에 처한다.
제254조(미수범) 본죄의 미수범은 처벌한다.

1. 서 설

(1) 의 의

자기 또는 배우자의 직계존속을 살해함으로써 성립하는 범죄이다. 신분관계로 인하여 형이 가중되는 부진정신분범이다.

(2) 가중처벌의 합헌성 여부

위헌설과 합헌설(다수설)의 견해가 대립되고 있다. 한편 헌법재판소는 상해치사죄에 대하여 가중처벌하고 있는 존속상해치사죄의 규정을 위헌이 아니라고 판시한 바 있다[헌재 2002.3.28. 2000헌바53].

2. 구성요건

(1) 객관적 구성요건

① 주 체 : 피해자의 직계비속 또는 그 직계비속의 배우자이다.

② 객 체 : 자기 또는 배우자의 직계존속이다.

㉮ **직계존속** : 직계존속은 법률상의 개념이므로 민법에 의하여 정해진다. 그러나 반드시 호적부[2]의 기재가 기준이 되는 것은 아니다.

존속살해죄와 보통살인죄의 구별

혼인 외의 자가	인지 전의 생부를 살해한 경우	보통살인죄
	인지 후의 생부를 살해한 경우	존속살해죄
	인지 전의 생모를 살해한 경우	존속살해죄(주의)
	인지 후의 생모를 살해한 경우	존속살해죄
양자가	실부모를 살해한 경우	존속살해죄
	양부모를 살해한 경우	존속살해죄
친양자가	실부모를 살해한 경우	보통살인죄(주의)
	양부모를 살해한 경우	존속살해죄
계자가 계모를 살해한 경우		보통살인죄
서자가 적모를 살해한 경우		보통살인죄
남편의 사망 후 그 처가 시부모를 살해한 경우		보통살인죄
동일한 기회에 배우자를 먼저 살해하고 계속하여 그의 직계존속을 살해한 경우		배우자에 대한 보통살인죄와 존속살해죄

判例 존비속 관계가 인정되는 경우

1. 혼인외의 출생자와 생모간에는 그 생모의 인지나 출생신고를 기다리지 않고 子의 출생으로 당연히 법률상의 친족관계가 생기는 것이라 해석된다[대판 1980.9.9. 80도1731]. [♠ 04 사시]
2. 양자가 양가친족과 법정혈족 관계를 맺더라도 친생부모와의 자연혈족 관계는 소멸하지 않는다[대판 1967.1.31. 66도1483]. [♠ 02 사시]

---

2) 호적부의 명칭이 '가족관계등록부'로 변경되었다. 본서에서는 기존의 판례에서 호적부라는 용어를 사용한 것이 있어 편의상 호적부라는 명칭을 그대로 사용하기로 한다.

判例 무효행위의 전환에 의하여 존비속관계가 인정되는 경우

1. **(인지의 효력이 인정된 경우)** 혼인신고가 위법하여 무효인 경우에도 무효인 혼인 중 출생한 자를 그 호적에 출생신고하여 등재한 이상 그 자에 대한 인지의 효력이 있다[대판 1971.11.15. 71다1983]. [♠ 02 사시]
2. **(입양의 효력이 인정된 경우)** [1] 당사자가 입양의 의사로 친생자 출생신고를 하고 거기에 입양의 실질적 요건이 구비되어 있다면 그 형식에 다소 잘못이 있더라도 입양의 효력이 발생하고, 이 경우의 허위의 친생자 출생신고는 법률상의 친자관계인 양친자관계를 공시하는 입양신고의 기능을 하게 되는 것이다.
   [2] 피해자는 그의 남편인 공소외인과 공동으로 피고인 겸 피치료감호청구인(이하 '피고인'이라 한다)을 입양할 의사로 1978.3.16. 피고인을 친생자로 출생신고를 하고 피고인을 양육하여 오다가 위 공소외인이 1984년경 사망한 후에도 계속하여 피고인을 양육하여 온 사실을 알 수 있는 바, 그렇다면 위 법률규정과 법리에 비추어 피고인을 친생자로 한 출생신고는 피해자와 피고인 사이에서도 입양신고로서 효력이 있으므로 피고인은 피해자의 양자라고 할 것이고, 피고인이 피해자를 살해한 경우 존속살해죄가 성립한다[대판 2007.11.29. 2007도8333]. [♠ 12 사시]
   비교판례 피살자(女)가 그의 문전에 버려진 영아인 피고인을 주어다 기르고 그 부(夫)와의 친생자인것처럼 출생신고를 하였으나 입양요건을 갖추지 아니하였다면 피고인과의 사이에 모자관계가 성립될 리 없으므로, 피고인이 동녀(同女)를 살해하였다고 하여도 존속살해죄로 처벌할 수 없다[대판 1981.10.13. 81도2466].

㈏ 배우자 : 법률상의 배우자,[3] 현재의 배우자, 생존하는 배우자를 의미한다.

i) 따라서 사실혼관계에 있는 자, 과거 또는 장래의 배우자, 사망한 배우자는 포함하지 아니한다. ii) 다만 배우자의 신분관계는 살해행위의 착수시에 존재하면 족하므로 동일한 기회에 배우자를 먼저 살해하고 계속하여 그의 직계존속을 살해한 때에도 존속살해죄가 성립한다.

③ 행 위 : 보통살인죄의 경우와 마찬가지로 살해이다.

(2) 주관적 구성요건

① 고 의 : 직계존속을 살해한다는 사실에 대한 인식과 의사가 있어야 한다.

② 착 오

인 식	실 재	죄 책
보통살인	존속살해	제15조 제1항에 의하여 보통살인죄의 죄책을 진다(판례, 통설).
존속살해	보통살인	① 제1설 : 보통살인죄(죄질부합설) ② 제2설 : 존속살해미수죄와 과실치사죄의 상상적 경합인정 ③ 제3설 : 존속살해미수죄와 보통살인죄의 상상적 경합인정

3) 이혼합의 후 별거 중인 경우에도 법률상 이혼이 성립되지 않는 한 배우자관계가 인정된다.

3. 공범관계

	죄 책
甲과 乙이 공동으로 乙의 父를 살해한 경우(비신부)	① 판례 : 甲은 존속살해죄의 공동정범 성립 (단, 보통살인죄의 공동정범으로 처벌) ② 통설 : 甲은 보통살인죄의 공동정범 성립 · 처벌
甲이 乙을 교사 · 방조하여 乙이 乙의 父를 살해한 경우(비신부)	① 판례 : 甲은 존속살해죄의 교사 · 방조범 성립 (단, 보통살인죄의 교사 · 방조로 처벌) ② 통설 : 甲은 보통살인죄의 교사 · 방조범 성립 · 처벌
甲이 乙을 교사 · 방조하여 乙이 甲의 父를 살해한 경우(신비부)	통설과 판례 모두 乙은 보통살인죄 성립 · 처벌 甲은 존속살해죄의 교사 · 방조범 성립 · 처벌

Ⅳ. 영아살해죄[4)]

제251조(영아살해)[5)] 삭제 〈2023. 8. 8.〉 [시행일 : 2024. 2. 9.]
부칙 〈법률 제19582호, 2023. 8. 8.〉
제1조(시행일) 이 법은 공포한 날부터 시행한다. 다만, 제251조, 제254조, 제272조 및 제275조의 개정규정은 공포 후 6개월이 경과한 날부터 시행한다.

Ⅴ. 촉탁 · 승낙살인죄

제252조(촉탁, 승낙에 의한 살인 등) ① 사람의 촉탁이나 승낙을 받아 그를 살해한 자는 1년 이상 10년 이하의 징역에 처한다.
제254조(미수범) 본죄의 미수범은 처벌한다.

1. 의 의

① 피해자의 촉탁 또는 승낙을 받아 그를 살해함으로써 성립하는 범죄이다.

② 형을 감경하는 이유에 대하여 학설의 다툼이 있으나 다수설은 피해자의 촉탁 · 승낙으로 인하여 불법이 감경되기 때문이라고 본다.

---

4) [개정이유] 영아살해죄 및 영아유기죄를 폐지함으로써 저항 능력이 없거나 현저히 부족한 사회적 약자인 영아를 범죄로부터 두텁게 보호하려 함.

5) [시행 2023. 8. 8.] [법률 제19582호, 2023. 8. 8. 일부개정]

2. 구성요건

(1) 객관적 구성요건

① 객 체 : 촉탁 또는 승낙을 한 자이다. 다만 죽음의 의미를 이해할 능력이 있고, 살해에 대한 촉탁 · 승낙의 효과를 판단할 능력이 있는 자에 국한된다. 따라서 정신병자 · 유아는 촉탁 · 승낙살인죄의 객체가 될 수 없다.

② 행 위 : 촉탁 또는 승낙을 받아 살해하는 것이다.

㉮ 촉탁 · 승낙 : 촉탁은 이미 죽음을 결의한 자로부터 살해의 부탁을 받는 것을 말하며, 승낙이란 이미 살해의사를 가진 자가 피해자의 살해에 대한 동의를 얻는 것을 말한다. 따라서 단순한 양해 · 수인의 정도를 넘어서는 것이어야 한다.

㉯ 요 건 : ⅰ) 촉탁은 명시적이어야 하나, 승낙은 명시적 · 묵시적인 것을 불문한다. ⅱ) 상대방은 특정될 것을 요하지 않는다. 따라서 수인 · 일반인에 대한 촉탁 · 승낙도 가능하다. ⅲ) 촉탁 · 승낙은 진지한 것(자유의사에 의한 하자 없는 것)이어야 한다. 따라서 위계 · 위력에 의하여 촉탁 · 승낙이 있는 때에는 위계 · 위력에 의한 살인죄(제253조)가 성립한다. ⅳ) 촉탁 · 승낙은 살해행위 이전에 있을 것을 요한다.

③ 착수시기 : 촉탁 · 승낙을 받고 살해행위를 개시했을 때 실행의 착수가 인정된다.

(2) 주관적 구성요건

① 고 의 : 피해자의 촉탁 · 승낙을 받았다는 인식이 있어야 한다.

② 착 오 : ⅰ) 피해자의 촉탁 · 승낙이 없음에도 불구하고 있는 것으로 오인하고 살해한 경우 : 제15조 제1항에 의하여 촉탁 · 승낙살인죄가 성립한다. [♠13 사시] ⅱ) 촉탁 · 승낙이 있음에도 없는 것으로 오인하고 살해한 경우 : 보통살인죄의 기수가 성립한다(다수설).

Ⅵ. 자살교사 · 방조죄

제252조(촉탁, 승낙에 의한 살인 등) ② 사람을 교사하거나 방조하여 자살하게 한 자도 제1항의 형에 처한다.
제254조(미수범) 본죄의 미수범은 처벌한다.

1. 의 의

① 사람을 교사하거나 방조하여 자살하게 함으로써 성립하는 범죄이다(자살관여죄).

② 자살 자체는 처벌하지 않지만 타인의 자살에 관여한 행위는 처벌의 필요성이 있다고 보

아 특별히 독립된 범죄(정범)로 규정한 것이다(공범종속성설, 특별규정설).[6] 따라서 자살교사·방조죄에는 총칙상의 공범규정이 적용되지 않는다.

2. 구성요건

(1) 객관적 구성요건

① 주 체 : 자연인이면 모두 본죄의 주체가 된다. 다만 자살자 본인은 필요적 공범에 해당하나 불가벌이다.

② 객 체 : 행위자 이외의 자연인이다. 자살의 의미를 이해할 능력이 있고, 자살을 판단할 능력이 있는 자에 국한된다. 따라서 자살의 의미를 이해할 수 있는 능력이 없는 자(예 유아, 정신병자)를 교사·방조하여 자살하게 한 경우에는 살인죄의 간접정범이 성립한다. 다만 자살의 의미를 이해할 수 있는 능력이 있는 자라도 위계·위력에 의하여 자살하게 한 때에는 위계·위력에 의한 살인죄가 성립한다.

判例 자살의 의미를 이해할 수 없는 자를 권유하여 자살케 한 경우 = 살인죄의 간접정범

피고인이 7세, 3세 남짓 된 어린 자식들에 대하여 함께 죽자고 권유하여 물속에 따라 들어오게 하여 결국 익사하게 하였다면 비록 피해자들을 물속에 직접 밀어서 빠뜨리지는 않았다고 하더라도 자살의 의미를 이해할 능력이 없고 피고인의 말이라면 무엇이나 복종하는 어린 자식들을 권유하여 익사하게 한 이상 살인죄의 범의는 있었음이 분명하고 살인죄의 법리를 오해한 위법이 없다[대판 1987.1.20. 86도2395]. [♠ 02 사시]

③ 행 위 : 자살을 교사 또는 방조하여 자살하게 하는 것이다.

㉮ 자살의 교사·방조 : 수단·방법에 제한이 없다.

判例 자살방조죄가 성립하는 경우

피해자가 피고인과 말다툼을 하다가 '죽고 싶다' 또는 '같이 죽자'고 하며 피고인에게 기름을 사오라고 하자 피고인이 휘발유 1병을 사다주었는데 피해자가 몸에 휘발유를 뿌리고 불을 붙여 자살한 경우, 자살방조죄가 인정 된다[대판 2010.4.29. 2010도2328].

判例 자살방조죄가 인정되지 않은 경우(자살용 청산염의 판매광고가 사기목적이었던 경우)

[1] 자살방조죄가 성립하기 위해서는 그 방조 상대방의 구체적인 자살의 실행을 원조하여 이를 용이하게 하는 행위의 존재 및 그 점에 대한 행위자의 인식이 요구된다.

6) 공범독립성설에 의하면 정범의 실행행위가 없어도 공범행위만으로도 가벌성이 인정되므로 자살교사·방조죄를 당연규정으로 본다.

[2] 피고인이 인터넷 사이트 내 자살관련 카페게시판에 청산염 등 자살용 유독물의 판매광고를 한 행위가 단지 금원편취 목적의 사기행각의 일환으로 이루어졌고, 변사자들이 다른 경로로 입수한 청산염을 이용하여 자살한 사정 등에 비추어 피고인의 행위는 자살방조에 해당하지 않는다[대판 2005.6.10. 2005도1373]. [♠ 12 사시]

㉯ **촉탁 · 승낙살인죄와의 구별** : ⅰ) 주도적 역할기준설 : 자살의 주도적 역할을 행위자가 담당하면 촉탁 · 승낙살인이고, 자살자가 담당하면 자살방조라는 견해이다. ⅱ) 행위지배기준설(다수설) : 정범과 공범의 판단기준인 행위지배유무에 따라 행위자에게 행위지배가 있으면 촉탁 · 승낙살인이고, 자살자에게 행위지배가 있으면 자살방조라는 견해이다.

㉰ **실행의 착수시기** : 자살교사 · 방조죄는 독립된 범죄이므로 자살을 교사 · 방조한 때에 실행의 착수가 인정된다(다수설).

(2) 주관적 구성요건

타인에게 자살을 교사 · 방조하여 그로 하여금 자살케 한다는 점에 대한 고의가 있어야 한다.

3. 합의동사(합의정사, 공동자살)

① **진정으로 자살할 의사로 공동자살을 기도한 자 가운데 생존자의 죄책** : 생존자의 행위가 사망자에 대하여 자살의 교사 · 방조로 인정되면 자살교사 · 방조죄가 성립한다(통설).

② **생존자가 죽을 의사 없이 함께 죽자고 상대방을 기망하여 자살하게 한 경우[7]의 죄책** : 위계에 의한 살인죄(제253조)가 성립한다.

③ **자살한 자가 자살의 의미를 이해할 수 없는 경우 생존자의 죄책** : 살인죄의 간접정범이 성립한다.

4. 죄수 및 타죄와의 관계

① 자살을 교사한 후 자살을 방조한 경우에는 포괄일죄로서 자살교사죄만 성립한다.

② 타인을 교사하여 자살을 결의하게 한 후 그의 촉탁을 받아 살해한 경우 촉탁살인죄가 성립한다(다수설, 법조경합의 보충관계).

---

7) 이와 달리 독약을 탄 음료수를 커피라고 기망하여 상대방을 살해한 경우는 살인죄가 성립할 뿐이다.

Ⅶ. 위계 · 위력에 의한 살인죄

제253조(위계 등에 의한 촉탁살인 등) 전조의 경우에 위계 또는 위력으로써 촉탁 또는 승낙하게 하거나 자살을 결의하게 한 때에는 제250조의 예에 의한다.
제254조(미수범) 본죄의 미수범은 처벌한다.

① 위계 또는 위력으로써 사람의 촉탁 또는 승낙을 받아 그를 살해하거나 자살을 결의하게 하여 자살하게 함으로써 성립하는 범죄이다.

② 이론상 살인죄의 간접정범에 해당되지만 별개의 독립된 구성요건(정범)으로 규정한 것이다.

③ 위계란 목적이나 수단을 상대방에게 알리지 아니하고 그의 부지나 착오를 이용하여 목적을 달성하는 것을 말한다(예 합의동사를 가장하여 자살케 한 경우).

④ 위력이란 사람의 의사를 제압하기에 족한 세력으로서 무형적 · 유형적 힘을 말한다(예 폭행 · 협박, 정치적 · 경제적 · 사회적 지위의 이용).

Ⅷ. 살인예비 · 음모죄

제255조(예비, 음모) 제250조(보통살인죄, 존속살해죄)와 제253조(위계 · 위력에 의한 살인죄)의 죄를 범할 목적으로 예비 또는 음모한 자는 10년 이하의 징역에 처한다. [♠ 14, 15 사시][8] [♣ 17 변시]

判例 살인예비죄가 성립하는 경우

[1] 형법 제255조, 제250조의 살인예비죄가 성립하기 위하여는 … 실행의 착수까지에는 이르지 아니하는 살인죄의 실현을 위한 준비행위가 있어야 한다. 여기서의 준비행위는 물적인 것에 한정되지 아니하며, 특별한 정형이 있는 것도 아니지만, 단순히 범행의 의사 또는 계획만으로는 그것이 있다고 할 수 없고 객관적으로 보아서 살인죄의 실현에 실질적으로 기여할 수 있는 외적 행위를 필요로 한다. [♣ 18 변시]
[2] **(인적 예비가 인정된 경우)** 甲이 乙을 살해하기 위하여 丙, 丁 등을 고용하면서 그들에게 대가의 지급을 약속한 경우, 甲에게는 살인죄를 범할 목적 및 살인의 준비에 관한 고의뿐만 아니라 살인죄의 실현을 위한 준비행위를 하였음을 인정할 수 있다는 이유로 살인예비죄의 성립을 인정한 사례 [대판 2009.10.29. 2009도7150]. [♠ 12, 14 사시]

8) 촉탁승낙살인죄, 자살교사방조죄, 영아살해죄의 경우 예비 또는 음모를 처벌하는 규정이 없다는 점이 출제되었다.

제2절 상해와 폭행의 죄

상해와 폭행의 인정여부에 관한 판례, 상해의 동시범의 특례규정, 특수폭행에서 '흉기휴대'와 관련한 판례를 정리해 두어야 한다.

Ⅰ. 총 설

1. 의의

상해와 폭행의 죄란 사람의 신체에 대한 침해를 내용으로 하는 범죄를 말한다.

2. 상해죄와 폭행죄의 구별

	상해의 죄	폭행의 죄
보호법익	신체의 건강	신체의 건재
보호정도	침해범 · 결과범	추상적 위험범 · 거동범
수 단	유형적 · 무형적 방법	유형적 방법
미 수	처 벌	불 벌
소송조건	없 음	반의사불벌죄
동시범의 특례	적 용	· 판례는 폭행치사죄에도 적용 · 통설은 폭행치상죄에만 적용

Ⅱ. 상해죄

제257조(상해) ① 사람의 신체를 상해한 자는 7년 이하의 징역, 10년 이하의 자격정지 또는 1천만원 이하의 벌금에 처한다.
③ 미수범은 처벌한다.

1. 의 의

상해죄란 고의로 사람의 신체를 상해함으로써 성립하는 범죄이다.

2. 구성요건

(1) 객관적 구성요건

① 객 체 : 사람의 신체이다. i) 사람은 행위자 이외의 타인으로서 생존하는 자연인을 의미한다. 따라서 ii) 자상은 상해죄의 구성요건해당성이 없다. 다만 강요 · 기망에 의하여 자상케한 경우에는 상해죄의 간접정범이 성립할 수 있다.

判例 낙태에 의한 태아 사망 = 임산부의 신체훼손 ×, 낙태행위 = 임산부에 대한 상해 ×

현행 형법이 사람에 대한 상해 및 과실치사상의 죄에 관한 규정과는 별도로 태아를 독립된 행위객체로 하는 낙태죄, 부동의 낙태죄, 낙태치상 및 낙태치사의 죄 등에 관한 규정을 두어 포태한 부녀의 자기낙태행위 및 제3자의 부동의 낙태행위, 낙태로 인하여 위 부녀에게 상해 또는 사망에 이르게 한 행위 등에 대하여 처벌하도록 한 점, 과실낙태행위 및 낙태미수 행위에 대하여 따로 처벌규정을 두지 아니한 점 등에 비추어 보면, 우리 형법은 태아를 임산부 신체의 일부로 보거나, 낙태행위가 임산부의 태아양육, 출산기능의 침해라는 측면에서 낙태죄와는 별개로 임산부에 대한 상해죄를 구성하는 것으로 보지는 않는다고 해석된다. 따라서 태아를 사망에 이르게 하는 행위가 임산부 신체의 일부를 훼손하는 것이라거나 태아의 사망으로 인하여 그 태아를 양육·출산하는 임산부의 생리적 기능이 침해되어 임산부에 대한 상해가 된다고 볼 수는 없다

[대판 2007.6.29, 2005도3832; 동지 대판 2009.7.9, 2009도1025]. [♠10, 12 사시]

② 행 위 : 상해이다.

쟁점연구 **[상해의 개념]**

1. 학 설

① **신체의 완전성침해설** : 상해를 신체의 완전성에 대한 침해로 보는 견해이다. 이 견해에 의하면 모발·손톱의 절단, 일시적 인사불성에 빠지게 하는 경우도 상해에 해당하게 된다.

② **생리적 기능훼손설** : 상해란 생리적 기능의 훼손을 의미한다고 해석하는 견해이다. 이 견해에 의하면 모발·손톱의 절단, 일시적 인사불성에 빠지게 하는 경우에는 상해에 해당하지 아니한다.

③ **절충설** : 상해란 생리적 기능의 훼손 이외에 신체외관에 중대한 변경을 가하는 경우를 포함한다는 견해이다.

2. 판 례

신체의 완전성침해설과 생리적 기능훼손설의 입장이 분기하고 있다.

3. 검 토 (생리적 기능훼손설 지지)

i) 신체의 완전성 침해설에 의하면 신체의 완전성을 보호법익으로 하는 폭행죄와 상해죄의 구별이 불분명하게 될 뿐만 아니라 상해의 범위가 지나치게 넓어진다는 문제점이 있다. ii) 절충설은 신체의 외관에 대한 중대한 변화의 기준이 분명하지 않으므로 상해의 범위가 불분명하게 된다는 문제가 있다. 따라서 생리적 기능훼손설이 타당하다.

判例 상해에 해당하는 경우

(1) 정리를 요하는 판례

1. **(장시간의 기절)** 오랜 시간 동안의 협박과 폭행을 이기지 못하고 실신하여 범인들이 불러온 구급차 안에서야 정신을 차리게 되었다면, 외부적으로 어떤 상처가 발생하지 않았다고 하더라도 생리적 기능에 훼손을 입어 신체에 대한 상해가 있었다고 봄이 상당하다[대판 1996.12.10. 96도2529]. [♠ 08, 11 사시]
2. **(임신불능의 자궁적출)** 난소의 제거로 이미 임신불능 상태에 있는 피해자의 자궁을 적출했다 하더라도 그 경우 자궁을 제거한 것이 신체의 완전성을 해한 것이 아니라거나 생활기능에 아무런 장애를 주는 것이 아니라거나 건강상태를 불량하게 변경한 것이 아니라고 할 수 없고 이는 업무상 과실치상죄에 있어서의 상해에 해당한다[대판 1993.7.27. 92도2345].
3. **(주의할 것)** 피고인이 강간하려고 피해자의 반항을 억압하는 과정에서 주먹으로 피해자의 얼굴과 머리를 몇 차례 때려 피해자가 코피를 흘리고 콧등이 부었다면 비록 병원에서 치료를 받지 않더라도 일상생활에 지장이 없고, 또 자연적으로 치료될 수 있는 것이라 하더라도 강간치상죄에 있어서의 상해에 해당한다[대판 1991.10.22. 91도1832].
4. **(주의할 것)** 미성년자에 대한 추행행위로 인하여 그 피해자의 외음부 부위에 염증이 발생한 것이라면, 그 증상이 약간의 발적과 경도의 염증이 수반된 정도에 불과하다고 하더라도 그로 인하여 피해자 신체의 건강상태가 불량하게 변경되고 생활기능에 장애가 초래된 것이 아니라고 볼 수 없으니, 이러한 상해는 미성년자의제강제추행치상죄의 상해의 개념에 해당한다[대판 1996.11.22. 96도139]. [♣ 15 변시]
5. 타인의 신체에 폭행을 가하여 보행불능·수면장애·식욕감퇴 등 기능의 장해를 일으킨 때에는 외관상 상처가 없더라도 형법상 상해를 입힌 경우에 해당한다[대판 1969.3.11. 69도161].

(2) 상해에 해당하는 것이 확실하여 일독으로 충분한 판례

1. 피해자가 강제추행 과정에서 가해자로부터 왼쪽 젖가슴을 꽉 움켜잡힘으로 인하여 왼쪽 젖가슴에 약 10일간의 치료를 요하는 좌상을 입고, 심한 압통과 약간의 종창이 있어 그 치료를 위하여 병원에서 주사를 맞고 3일간 투약을 한 경우, 피해자는 위와 같은 상처로 인하여 신체의 건강상태가 불량하게 변경되고 생활기능에 장애가 초래되었다 할 것이어서 이는 강제추행치상죄에 있어서의 상해의 개념에 해당한다[대판 2000.2.11. 99도4794]. [♠ 11, 13 사시]
2. 피고인이 배수로 뚜껑으로 경비차량 뒷유리창을 파손하여 그 유리조각을 튀기는 방법으로 경찰관의 뒷머리 부위에 가한 약 14일간의 치료를 요하는 후두부 찰과상은 상해죄의 상해에 해당한다[대판 2008.11.13. 2007도9794].
3. 정신과적 증상인 외상 후 스트레스 장애도 성폭력범죄의 처벌 및 피해자보호 등에 관한법률 제9조 제1항 소정의 상해에 해당한다[대판 1999.1.26. 98도3732]. [♠ 10 사시]

判例 상해에 해당하지 않는 경우

1. **(일상생활에서 생길 수 있는 극히 경미한 상처 : 동전크기의 멍)** 피고인이 피해자와 연행문제로 시비하는 과정에서 치료도 필요 없는 가벼운 상처를 입었으나, 그 정도의 상처는 일상생활에서 얼마든지 생길 수 있는 극히 경미한 상처이므로 굳이 따로 치료할 필요도 없는 것이어서 그로 인하여 인체의 완전성을 해하거나 건강상태를 불량하게 변경하였다고 보기 어려우므로, 피해자가 약 1주간의 치료를 요하는 좌측 팔 부분의 동전크기의 멍이 든 것은 상해죄에서 말하는 상해에 해당되지 않는다[대판 1996.12.23. 96도2673].

   동지판례 강간 도중 흥분하여 피해자의 왼쪽 어깨를 입으로 빨아서 생긴 동전크기 정도의 반상출혈상은 … 강간치상죄의 상해에 해당한다 할 수 없다[대판 1986.7.8. 85도2042].

2. **(일상생활에 지장이 없고 자연적으로 치유될 수 있는 정도의 상처)** 피해자를 강간하려다가 미수에 그치고 그 과정에서 피해자에게 경부 및 전흉부 피하출혈, 통증으로 약 7일 간의 가료를 요하는 상처가 발생하였으나 그 상처가 굳이 치료를 받지 않더라도 일상생활을 하는 데 아무런 지장이 없고 시일이 경과함에 따라 자연적으로 치유될 수 있는 정도라면 그로 인하여 신체의 완전성이 손상되고 생활기능에 장애가 왔다거나 건강상태가 불량하게 변경되었다고 보기는 어려워 강간치상죄의 상해에 해당하지 않는다고 한 사례[대판 1994.11.4. 94도1311], [대판 2000.2.25. 99도3910].

3. **(음모를 잘라낸 경우)** [1] 강제추행치상죄에 있어서의 상해는 피해자의 신체의 건강상태가 불량하게 변경되고 생활기능에 장애가 초래되는 것을 말하는 것으로서, 신체의 외모에 변화가 생겼다고 하더라도 신체의 생리적 기능에 장애를 초래하지 아니하는 이상 상해에 해당한다고 할 수 없다.

   [2] 음모는 성적성숙함을 나타내거나 치부를 가려주는 등의 시각적 · 감각적인 기능 이외에 특별한 생리적 기능이 없는 것이므로, 피해자의 음모의 모근 부분을 남기고 모간 부분만을 일부 잘라냄으로써 음모의 전체적인 외관에 변형만이 생겼다면, 이로 인하여 피해자에게 수치심을 야기하기는 하겠지만, 병리적으로 보아 피해자의 신체의 건강상태가 불량하게 변경되거나 생활기능에 장애가 초래되었다고 할 수는 없을 것이므로, 그것이 폭행에 해당할 수 있음은 별론으로 하고 강제추행치상죄의 상해에 해당한다고 할 수는 없다[대판 2000.3.23. 99도3099]. [♠ 01 사시]

㉯ 상해의 수단 · 방법 : 제한 없다. 유형적(예 폭행) · 무형적(예 공포 · 경악케 하여 정신장애를 일으키는 것), 직접적 · 간접적, 작위 · 부작위(예 母가 유아에게 수유를 하지 않아 건강이 훼손된 경우)를 불문한다.

(2) 주관적 구성요건

상해의 고의가 있어야 한다. 따라서 폭행의 고의로 상해의 결과가 발생한 경우 폭행치상죄가 성립하고, 상해의 고의로 폭행에 그친 경우 상해죄의 미수범이 성립한다.

判例 상해의 고의

상해죄의 성립에는 상해의 원인인 폭행에 대한 인식이 있으면 충분하고 상해를 가할 의사의 존재까지는 필요하지 않다[대판 2000.7.4. 99도4341].

판례해설 본 판례에 대하여는 이론상 문제가 있다는 지적이 있다.

3. 위법성

(1) 피해자의 승낙

승낙에 의한 상해가 사회상규에 위반되지 않는 경우 위법성이 조각된다.

(2) 의사의 치료행위

① 치료행위(예 외과수술) : 총론 참고

② 치료유사행위(예 성형수술) : 피해자의 승낙에 의해서 위법성이 조각된다.

(3) 징계행위

징계행위로 인한 상해는 위법성이 조각되지 않는다.

4. 죄수 및 타죄와의 관계

(1) 죄 수

상해죄의 보호법익은 일신전속적 성질을 가지므로 피해자의 수에 따라 죄수를 결정한다.

判例 수인의 피해자에 대한 개별적인 상해 = 실체적 경합

상해를 입힌 행위가 동일한 일시 · 장소에서 동일한 목적으로 저질러진 것이라 하더라도 피해자를 달리하고 있으면 피해자별로 각각 별개의 상해죄를 구성한다고 보아야 할 것이고 1개의 행위가 수개의 죄에 해당하는 경우라고 볼 수 없다[대판 1983.4.26. 83도524]. [♠ 13 사시]

(2) 타죄와의 관계

① 살인의 고의로 상해를 입힌 경우에는 살인미수가 된다.

② 공무집행 중의 공무원에게 상해를 가하면 공무집행방해죄와 상해죄의 상상적 경합이 된다.[1)]

---

1) 공무집행방해치상죄의 구성요건이 존재하지 않는다는 점을 주의하여야 한다.

Ⅲ. 존속상해죄

제257조(존속상해) ② 자기 또는 배우자의 직계존속에 대하여 제1항의 죄를 범한 때에는 10년 이하의 징역 또는 1천 500만원 이하의 벌금에 처한다.
③ 미수범은 처벌한다.

判例 친자관계의 판단(호적부의 기재가 절대적 기준이 아님)

피고인은 호적부상 피해자와 母사이에 태어난 친생자로 등재되어 있으나 피해자가 집을 떠난 사이 母가 타인과 정교관계를 맺어 피고인을 출산하였다면 피고인과 피해자 사이에는 친자관계가 없으므로 존속상해죄는 성립될 수 없다[대판 1983.6.28. 83도996]. [♠ 06 사시]

Ⅳ. 중상해죄

제258조(중상해) ① 사람의 신체를 상해하여 생명에 대한 위험을 발생하게 한 자는 1년 이상 10년 이하의 징역에 처한다.
② 신체의 상해로 인하여 불구 또는 불치나 난치의 질병에 이르게 한 자도 전항의 형과 같다.

1. 의 의

① 중상해죄란 사람의 신체를 상해하여 생명에 대한 위험을 발생하게 하거나, 불구 또는 불치나 난치의 질병에 이르게 함으로써 성립하는 범죄이다.

② 중상해죄는 부진정결과적 가중범에 해당한다(다수설). 따라서 결과에 대하여 과실 이외에 고의가 있는 경우에도 성립한다.

2. 구성요건

(1) 객관적 구성요건

① 기본범죄 : 상해이다.

② 결과 : 생명에 대한 위험이 발생(치명상, 구체적 위험범)하거나, 불구(신체조직의 중요부분 절단 또는 기능상실, 예 실명, 혀 절단, 청력상실, 성기절단), 불치 또는 난치의 질병(예 AIDS 감염, 정신병이나 신체마비의 유발)에 이르러야 한다.

㉮ 불구는 신체의 외형적 부분에 한하고 신체내부의 장기상실은 포함되지 않는다(다수설).

㈏ 신체조직의 중요한 부분인가의 판단은 피해자 개인의 사정을 고려하지 않고 '객관적'으로 판단하여야 한다(다수설). 따라서 피아니스트의 새끼손가락이 절단된 경우를 불구라고 할 수 없다.

㈐ 인공적 장치에 의하여 대체될 수 있는 때에는 불치라고 할 수 없다. 그러나 여전히 불구로서 중상해죄가 될 수 있음은 물론이다.

判例 중상해를 인정한 경우

1. 안부(얼굴부위)에 폭력을 가하여 실명케 한 경우[대판 1960.4.6. 4292형상395].
2. 혀를 깨물어 발음을 곤란케 한 경우[부산지법 1965.1.12. 64고6813].

判例 중상해를 부정한 경우

1. [1] 형법상의 중상해는 사람의 신체를 상해하여 생명에 대한 위험을 발생하게 하거나, 신체의 상해로 인하여 불구 또는 불치나 난치의 질병에 이르게 한 경우에 성립한다.
   [2] 1~2개월 간 입원할 정도로 다리가 부러진 상해 또는 3주간의 치료를 요하는 우측흉부자상은 중상해에 해당하지 않는다[대판 2005.12.9. 2005도7527]. [♠ 09, 10, 13 사시]
2. 하구치 2개의 탈락상을 입힌 경우[대판 1960.2.29. 4292형상413].

(2) 주관적 구성요건

기본범죄인 상해에 대한 고의와 결과인 중상해에 대한 과실 또는 고의가 있어야 한다.

3. 적용범위

① 폭행의 고의로 중상해가 발생한 경우 어떻게 처리할 것인지가 문제된다.

② 중상해죄의 성립에는 상해의 고의를 요하므로 이 경우에는 폭행치상죄가 성립할 뿐이다(다수설). 다만 처벌은 중상해죄의 형이 적용된다.

Ⅴ. 존속중상해죄

第258條(존속중상해) ③ 자기 또는 배우자의 직계존속에 대하여 전2항의 죄를 범한 때에는 2년 이상 15년 이하의 징역에 처한다. 〈개정 2016.1.6〉

Ⅴ-Ⅰ. 특수상해죄

제258조의2(특수상해) ① 단체 또는 다중의 위력을 보이거나 위험한 물건을 휴대하여 제257조 제1항 또는 제2항의 죄를 범한 때에는 1년 이상 10년 이하의 징역에 처한다.
② 단체 또는 다중의 위력을 보이거나 위험한 물건을 휴대하여 제258조의 죄를 범한 때에는 2년 이상 20년 이하의 징역에 처한다.
③ 제1항의 미수범은 처벌한다. 〈본조신설 2016.1.6〉[2)]

判例 위험한 물건에 해당하는 경우

피고인이 길이 140cm, 지름 4cm인 대나무를 휴대하여 피해자 갑, 을에게 상해를 입혔다는 내용으로 기소된 사안에서, 피고인이 위 대나무로 갑의 머리를 여러 차례 때려 대나무가 부러졌고, 갑은 두피에 표재성 손상을 입어 사건 당일 병원에서 봉합술을 받은 점 등에 비추어 피고인이 사용한 위 대나무가 '위험한 물건'에 해당한다고 본 원심판단이 정당하다고 한 사례[대판 2017.12.28. 2015도5854].

Ⅵ. 상해치사죄 · 존속상해치사죄

제259조(상해치사) ① 사람의 신체를 상해하여 사망에 이르게 한 자는 3년 이상의 유기징역에 처한다.
② 자기 또는 배우자의 직계존속에 대하여 전항의 죄를 범한 때에는 무기 또는 5년 이상의 징역에 처한다.

Ⅶ. 상해의 동시범특례[3)]

제263조(동시범) 독립행위가 경합하여 상해의 결과를 발생하게 한 경우에 있어서 원인된 행위가 판명되지 아니한 때에는 공동정범의 예에 의한다.

2) 폭처법 제3조 제1항이 삭제되면서 형법에 신설된 조항이다.
3) 총론 참고

Ⅷ. 폭행죄

제260조(폭행) ① 사람의 신체에 대하여 폭행을 가한 자는 2년 이하의 징역, 500만원 이하의 벌금, 구류 또는 과료에 처한다.
③ 피해자의 명시한 의사에 반하여 공소를 제기할 수 없다.

1. 의 의

사람의 신체에 대하여 폭행을 가함으로써 성립하는 범죄이다.

형법상 폭행의 개념

	개념(대상)	해당범죄
최광의	대상을 불문하고(사람에 대한 것이든, 물건에 대한 것이든) 일체의 유형력의 행사를 말한다.	· 내란죄 · 소요죄 · 다중불해산죄
광 의	'사람'에 대한 직접 · 간접의 유형력 행사를 말한다. ※ 물건에 대한 유형력의 행사가 간접적으로 사람에 작용하는 '간접폭행'도 여기에 해당한다.	· 공무집행방해죄 · 특수도주죄 · 강요죄
협 의	사람의 '신체'에 대한 유형력의 행사를 말한다. ※ 반드시 신체에 대한 직접적인 접촉을 요건으로 하는 것은 아니다.	· 폭행죄, 존속폭행죄 · 외국원수 · 사절폭행죄 · 특수공무원폭행죄
최협의	반항을 불가능하게 하거나(강도죄, 준강도죄), 현저히 곤란하게 할 정도 이상(강간죄)의 가장 강력한 유형력의 행사를 말한다. ※(주의) '사람'에 대한 직접 · 간접의 유형력 행사를 불문한다.	· 강도죄, 준강도죄 · 강간죄

判例 광의의 폭행(공무집행방해죄의 폭행)에 해당하는 경우

경찰관이 공무를 집행하고 있는 파출소 사무실의 바닥에 인분이 들어있는 물통을 집어던지고 재떨이에 인분을 퍼 담아 사무실 바닥에 던지는 행위는 동 경찰관에 대한 폭행이다[대판 1981.3.24. 81도326].

2. 구성요건

(1) 객관적 구성요건

① 객 체 : 사람의 신체이다. ⅰ) 사람은 자연인인 타인을 의미하나, ⅱ) 외국원수 · 외국사절에 대한 폭행에 대해서는 특별규정을 두고 있다(제107조 제1항, 제108조 제1항).

② 행 위 : 폭행이다. 폭행죄의 폭행은 사람의 신체에 대한 유형력의 행사를 의미한다(협의의 폭행). 따라서 단순한 욕설이나 폭언은 폭행에 해당하지 아니한다.[4] [♣ 18 변시]

判例 폭행의 의의와 폭행에 해당하는 경우

폭행죄에서 말하는 폭행이란 사람의 신체에 대하여 육체적·정신적으로 고통을 주는 유형력을 행사함을 뜻하는 것으로서 반드시 피해자의 신체에 접촉함을 필요로 하는 것은 아니다. 따라서 자신의 차를 가로막는 피해자를 부딪친 것은 아니라고 하더라도, 피해자를 부딪칠 듯이 차를 조금씩 전진시키는 것을 반복하는 행위 역시 피해자에 대해 위법한 유형력을 행사한 것이라고 보아야 한다 [대판 2016.10.27. 2016도9302]. 판례해설 특수폭행죄가 인정된 사안이다. [♣ 23 변시]

㉮ 유형력이란 보통 물리력을 의미한다(예 주먹에 의한 타격, 침을 뱉는 행위, 손이나 옷을 밀치고 잡아당기는 행위, 투석, 수염이나 모발의 절단, 안수기도를 하면서 가슴과 배를 반복하여 누르거나 때린 경우).

㉯ 유형력은 사람의 신체에 대한 것임을 요한다. 따라서 단순히 물건에 대하여 유형력을 행사한 것은 폭행이 아니다(예 홧김에 방문을 발로 차는 것, 타인의 집 마당에 인분을 던지는 것). 그러나 반드시 사람의 신체에 직접적으로 접촉함을 요하지 않는다. 따라서 사람을 향해 돌을 던졌으나 빗나간 경우에도 폭행에 해당한다.[5]

㉰ 폭행의 수단·방법에는 제한이 없다.

㉱ 폭행죄는 거동범(형식범)이므로 유형력의 행사가 있으면 곧 기수가 된다.

判例 전화를 통한 폭언과 욕설의 반복이 폭행에 해당할 수 있는지 여부 (원칙 소극)

[1] 형법 제260조에 규정된 폭행죄는 사람의 신체에 대한 유형력의 행사를 가리키며, 그 유형력의 행사는 신체적 고통을 주는 물리력의 작용을 의미하므로 신체의 청각기관을 직접적으로 자극하는 음향도 경우에 따라서는 유형력에 포함될 수 있다.
[2] 피해자의 신체에 공간적으로 근접하여 고성으로 폭언이나 욕설을 하거나 동시에 손발이나 물건을 휘두르거나 던지는 행위는 직접 피해자의 신체에 접촉하지 아니하였다 하더라도 피해자에 대한 불법한 유형력의 행사로서 폭행에 해당될 수 있는 것이지만, 거리상 멀리 떨어져 있는 사람에게 전화기를 이용하여 전화하면서 고성을 내거나 그 전화 대화를 녹음 후 듣게 하는 경우에는 특수한 방법으로 수화자의 청각기관을 자극하여 그 수화자로 하여금 고통스럽게 느끼게 할 정도의 음향을 이용하였다는 등의 특별한 사정이 없는 한 신체에 대한 유형력의 행사를 한 것으로 보기 어렵다 [대판 2003.1.10. 2000도5716]. [♣ 18 변시]

4) 아래의 판례에서와 같이 폭언을 수차 '반복'하는 것과는 구별하여야 한다.
5) 이 경우 폭행죄의 기수가 된다(거동범).

判例 폭행에 해당하는 경우

1. 폭행은 그 성질상 반드시 신체상 가해의 결과를 야기함에 족한 완력행사가 있음을 요하지 아니하고 육체상 고통을 수반하는 것도 요하지 아니하므로 폭언을 수차 반복하는 것도 폭행인 것이다[대판 1956.12.21. 4289형상297].
2. 피해자에게 근접하여 욕설을 하면서 때릴 듯이 손발이나 물건을 휘두르거나 던지는 행위는 직접 피해자의 신체에 접촉하지 않았다고 하여도 피해자에 대한 불법한 유형력의 행사로서 폭행에 해당한다[대판 1990.2.13. 89도1406].
3. 피고인이 빚 독촉을 하다가 시비 중 멱살을 잡고 대드는 A의 손을 뿌리치고 그를 뒤로 밀어 넘어트려 뒹굴게 하여 등에 업힌 그 딸 B에게 두개골절등 상해를 입혀 사망하게 한 경우, 어린애를 업은 사람을 넘어뜨린 행위는 그 어린애에 대해서도 역시 폭행이 된다 할 것이므로 폭행치사죄가 성립한다[대판 1972.11.28. 72도2201]. [♣16 변시]
4. 안수기도에 수반하는 신체적 행위가 단순히 손을 얹거나 약간 누르는 정도가 아니라 그것이 지나쳐서 가슴과 배를 반복하여 누르거나 때려 그로 인하여 사망에 이른 것과 같은 정도의 것이라면, 이는 사람의 신체에 대한 유형력의 행사로서 폭행의 개념에 속하는 행위이다[대판 1994.8.23. 94도1484].

判例 폭행에 해당하지 않는 경우

1. 공소외인이 만나주지 않는다는 이유로 시정된 탁구장문과 주방문을 부수고 주방으로 들어가 방문을 열어주지 않으면 모두 죽여버린다고 폭언하면서 시정된 방문을 수회 발로 찬 피고인의 행위는 재물손괴죄 또는 숙소 안의 자에게 해악을 고지하여 외포케 하는 단순협박죄에 해당함은 별론으로 하고 단순히 방문을 발로 몇 번 찼다고 하여 그것이 피해자들의 신체에 대한 유형력의 행사로는 볼 수 없어 폭행죄에 해당한다고 할 수 없다[대판 1984.2.14. 83도3186].
2. 폭행이란 사람에 대한 유형력의 행사 등 불법한 공격을 뜻하고 그 대상은 사람의 신체이므로 비닐봉지에 넣어 둔 인분을 타인가의 앞마당에 던졌을 뿐 사람의 신체에 대하여 공격한 것이 아니면 이 사실만으로는 형법상의 폭행의 범주에 들어간다고 할 수 없다[대판 1977.2.8. 75도2673].
3. 피해자가 시비를 걸려고 양팔을 잡는 것을 피하고자 몸을 틀어 뿌리친 것뿐인 행위는 이를 폭행에 해당한다고 할 수 없을 뿐만 아니라 설사 폭행에 해당한다고 하더라도 위 행위는 피해자의 불법한 공격으로부터 자신을 보호하고 이를 벗어나기 위하여 필요한 최소한도의 방어를 한 것으로서 사회상규에 어긋나지 아니하여 위법성이 없다[대판 1985.10.8. 85도1915].
4. 상대방이 먼저 피고인에게 덤벼들고, 뺨을 꼬집고, 주먹으로 쥐어박았기 때문에 피고인이 상대방을 부둥켜 안은 행위를 유형력의 행사인 폭행으로 볼 수 없다[대판 1977.2.8. 76도3758].
5. 상대방의 시비를 만류하면서 조용히 얘기나 하자며 그의 팔을 2, 3회 끌은 사실만 가지고는 사람의 신체에 대한 불법한 공격이라고 볼 수 없어 형법 제260조 제1항 소정의 폭행죄에 해당한다고 볼 수 없다[대판 1986.10.14. 86도1796].

6. 피고인이 피해자에게 욕설을 한 것만을 가지고 당연히 폭행을 한 것이라고 할 수는 없을 것이고, 피해자 집의 대문을 발로 찬 것이 막바로 또는 당연히 피해자의 신체에 대하여 유형력을 행사한 경우에 해당한다고 할 수도 없다[대판 1991.1.29. 90도2153].
7. 단순히 눈을 부릅뜨고 "이 십팔놈아, 가면 될 것 아니냐"라고 욕설을 한 것만으로는 피해자에게 불쾌감을 주는 데 그칠 뿐 피해자의 신체에 대한 유형력의 행사라고 보기 어려워 폭행죄를 구성한다고 할 수 없다[대판 2001.3.9. 2001도277].

(2) 주관적 구성요건

고의가 있어야 한다.

3. 위법성

判例 소극적 저항행위(정당행위)로서 위법성이 조각되는 경우

1. 귀찮게 싸움을 걸어오는 것을 막으려고 피고인이 피해자의 멱살을 잡고 밀어 넘어뜨렸다면 … 사회통념상 용인되는 행위로서 위법성이 없다[대판 1983.5.24. 83도942].
2. 피해자가 주차 문제로 시비가 되어 공소외인과 서로 다투던 중, 피해자가 피고인(62세)의 딸인 공소외인의 뺨을 때리고 피고인까지 밀어 넘어뜨리자 피고인은 싸움을 말리기 위하여 피해자의 멱살을 잡은 경우, 피고인의 위 행위는 이러한 과정에서 이루어진 소극적인 방어행위로서 사회통념상 허용될 수 있는 정도의 상당성이 있으므로 위법성이 없어 죄가 되지 않는다[대판 1996.2.23. 95도1642].

4. 소추조건

① 반의사불벌죄이다.
② 2인 이상이 공동하여 폭행한 경우 '폭력행위 등 처벌에 관한 법률'이 적용되며 반의사불벌죄에 해당하지 아니한다(동법 제2조 제4항).

判例 폭처법 제2조 제2항의 2인 이상이 공동하여의 의미

폭처법 제2조 제2항의 '2인 이상이 공동하여 상해 또는 폭행의 죄를 범한 때'라 함은 그 수인 사이에 소위 공범관계가 존재하는 것을 요건으로 하고, 또 수인이 동일 장소에서 동일 기회에 상호 다른 자의 범행을 인식하고 이를 이용하여 범행을 한 경우라야 한다[대판 2013.11.28. 2013도4430]. [♣16, 17 변시]

Ⅸ. 존속폭행죄

제260조(존속폭행) ② 자기 또는 배우자의 직계존속에 대하여 제1항의 죄를 범한 때에는 5년 이하의 징역 또는 700만원 이하의 벌금에 처한다.
③ 피해자의 명시한 의사에 반하여 공소를 제기할 수 없다.

Ⅹ. 특수폭행죄

제261조(특수폭행) 단체 또는 다중의 위력을 보이거나 위험한 물건을 휴대하여 제260조 제1항 또는 제2항의 죄를 범한 때에는 5년 이하의 징역 또는 1천만원 이하의 벌금에 처한다.

1. 의 의

단체 또는 다중의 위력을 보이거나 위험한 물건을 휴대하여 사람의 신체에 대하여 폭행을 가함으로써 성립하는 범죄이다.

2. 구성요건

(1) 객관적 구성요건

① 단체 또는 다중의 위력을 보여

㉮ 단체 : 단체라 함은 공동목적을 가진 다수인의 계속적 · 조직적인 결합체를 말한다. i) 공동목적은 반드시 불법할 것을 요하지 아니한다(범죄단체는 물론 노동조합, 사회단체도 포함). ii) 구성원들이 동일 장소에 집합하고 있을 필요는 없다.

㉯ 다중의 의미

判例 다중의 정도

'다중'이라 함은 단체를 이루지 못한 다수인의 집합을 말하는 것으로, 이는 결국 집단적 위력을 보일 정도의 다수 혹은 그에 의해 압력을 느끼게 해 불안을 줄 정도의 다수를 의미한다[대판 2006.2.10. 2005도174].

判例 다중에 해당하는지 여부(3인 = 다중 ×)

불과 3인의 경우에는 그것이 어떤 집단의 힘을 발판 또는 배경으로 한다는 것이 인정되지 않는 한 특수폭행죄의 "다중의 위력"을 보인 것이라고는 할 수 없다[대판 1971.12.21. 71도1930].

判例 다중의 '위력'의 의미

다중의 '위력'이라 함은 다중의 형태로 집결한 다수 인원으로 사람의 의사를 제압하기에 족한 세력을 지칭하는 것으로서, 이 경우 상대방의 의사가 현실적으로 제압될 것을 요하지는 않는다고 할 것이지만 상대방의 의사를 제압할 만한 세력을 인식시킬 정도는 되어야 한다[대판 2006.2.10. 2005도174].

② 위험한 물건을 휴대하여[6]

㉮ 위험한 물건이라 함은 그 물건의 객관적 성질과 사용방법에 따라서는 사람을 살상할 수 있는 물건을 말한다. '휴대'할 수 있는 것이어야 하므로 동산에 제한되며 부동산은 포함되지 않는다.

判例 '위험한 물건' 인가의 판단기준 및 자동차가 위험한 물건에 해당한다고 한 사례[7]

[1] 어떤 물건이 '위험한 물건'에 해당하는지 여부는 구체적인 사안에서 사회통념에 비추어 그 물건을 사용하면 상대방이나 제3자가 생명 또는 신체에 위험을 느낄 수 있는지 여부에 따라 판단하여야 한다. 이러한 판단 기준은 자동차를 사용하여 사람의 생명 또는 신체에 위해를 가하거나 다른 사람의 재물을 손괴한 경우에도 마찬가지로 적용된다.
[2] 甲이 A와 운전 중 발생한 시비로 한차례 다툼이 벌어진 직후 A가 계속하여 甲이 운전하던 자동차를 뒤따라온다고 보고 순간적으로 화가 나 A에게 겁을 주기 위하여 자동차를 정차한 후 4 내지 5m 후진하여 A가 승차하고 있던 자동차와 충돌한 경우, 본래 자동차 자체는 살상용, 파괴용 물건이 아닌 점 등을 감안하더라도, 위 충돌 당시와 같은 상황 하에서는 A는 물론 제3자라도 甲의 자동차와 충돌하면 생명 또는 신체에 살상의 위험을 느꼈을 것이므로, 甲이 자동차를 이용하여 A에게 상해를 가하고, A의 자동차를 손괴한 행위는 '위험한 물건'을 휴대하여 이루어진 범죄라고 봄이 상당하다[대판 2010.11.11. 2010도10256].

判例 위험한 물건의 범위

[1] '위험한 물건'이라 함은 흉기는 아니라고 하더라도 널리 사람의 생명, 신체에 해를 가하는 데 사용할 수 있는 일체의 물건을 포함한다고 풀이할 것이므로, 본래 살상용·파괴용으로 만들어진 것뿐만 아니라 다른 목적으로 만들어진 칼, 가위, 유리병, 각종 공구, 자동차 등은 물론 화학약품 또는 사주된 동물 등도 그것이 사람의 생명·신체에 해를 가하는 데 사용되었다면 '위험한 물건'이라 할 것이며, 한편 이러한 물건을 '휴대하여'라는 말은 소지뿐만 아니라 널리 이용한다는 뜻도 포함하고 있다.

---

6) 특수폭행죄와 직접 관련이 없는 판례도 편의상 이곳에서 정리하여 두었다.

7) 판례에 의하면 위험한 물건은 무기나 폭발물과 같은 것뿐만 아니라, 면도칼, 파리약 유리병, 마요네즈병, 맥주병, 드라이버, 쪽가위, 곡괭이자루, 세멘벽돌, 당구큐대, 승용차도 용법에 따라서는 위험한 물건에 해당할 수 있다.

[2] 피해자에게 농약을 먹이려 하고 당구큐대로 폭행한 사안에서, 농약과 당구큐대가 위험한 물건에 해당한다고 한 사례[대판 2002.9.6. 2002도2812].

비교판례 피고인이 당구공으로는 피해자의 머리를 톡톡 건드린 정도에 불과한 경우, 피고인이 당구공으로 피해자의 머리를 때린 행위로 인하여 사회통념상 피해자나 제3자에게 생명 또는 신체에 위험을 느끼게 하였으리라고 보여지지 아니하므로 위 당구공은 '위험한 물건'에는 해당하지 아니한다[대판 2008.1.17. 2007도9624]. [♣ 13 변시]

判例 위험한 물건에 해당하는 경우

1. 깨어지지 아니한 상태의 맥주병이 사람을 폭행하는데 사용된 경우[대판 1991.12.27. 91도2527]. [♠ 00 사시]
2. 삽날 길이 21cm 가량의 야전삽이 사람을 폭행하는데 사용된 경우[대판 2001.11.30. 2001도5268].
3. 국회의원인 피고인이 한미 자유무역협정 비준동의안의 국회 본회의 심리를 막기 위하여 의장석 앞 발언대 뒤에서 CS최루분말 비산형 최루탄(제조모델 SY-44) 1개를 터뜨리고 최루탄 몸체에 남아있는 최루분말을 국회부의장에게 뿌려 국회부의장과 국회의원 등을 폭행하였다는 내용으로 기소된 사안에서, 위 최루탄과 최루분말은 사회통념에 비추어 상대방이나 제3자로 하여금 생명 또는 신체에 위험을 느낄 수 있도록 하기에 충분한 물건으로서 '위험한 물건'에 해당한다고 본 원심판단을 수긍한 사례[대판 2014.6.12. 2014도1894].

   판례해설 피해자들과 최루탄 폭발 지점의 물리적 거리가 상당히 근접하였기 때문에 자칫 일부 피해자들의 신체에 파편으로 말미암아 치명적인 피해가 발생할 우려가 있었던 점 등이 고려되었다.

判例 위험한 물건에 해당하지 않는 경우

1. 피고인이 경륜장 사무실에서 술에 취해 소란을 피우면서 '소화기'를 집어던졌지만 특정인을 겨냥하여 던진 것이 아니라면 이는 '위험한 물건'에 해당하지 않는다[대판 2010.4.29. 2010도930].
2. 甲은 이혼 분쟁 과정에서 자신의 아들을 승낙 없이 중형승용차(쏘나타)에 태우고 막 출발하려고 하는 A 등을 상대로 급하게 추격 또는 제지하기 위하여 소형승용차(라노스)로 충격하였다. 그러나 중형승용차(쏘나타)의 손괴 정도가 그다지 심하지 아니하였고 A 등이 입은 상해의 정도가 비교적 경미하였다. 이 경우 소형승용차(라노스)는 '위험한 물건'에 해당하지 않는다[대판 2009.3.26. 2007도3520]. [♣ 13 변시]

판 례 연 습

【위험한 물건인지 여부】

아래의 사안을 고려할 때 甲, 乙, 丙 중 특수폭행죄가 성립하는 경우는?

〈사안 1〉

甲은 A로부터 쇠파이프로 머리를 구타당하자 이에 대항하여 그곳에 있던 각목으로 A의 허리를 구타하였다.

〈사안 2〉

乙은 고속도로상에서 승용차로 B의 승용차 뒤를 바짝 따라붙어 운전을 방해하고, 자기 차량을 B의 차량 앞에서 급제동을 하여 B로 하여금 충돌을 피하기 위하여 급제동하거나 급차로변경을 하게 하고, 자기 차량을 B의 차량의 옆으로 바짝 밀어붙여 B로 하여금 중앙분리대와 충돌할 위험에 처하게 하는 등의 행위를 하였다.

〈사안 3〉

C가 먼저 식칼을 들고 나와 丙을 찌르려고 하자 丙은 이를 저지하기 위하여 그 칼을 뺏은 다음 C를 훈계하면서 위 칼의 칼자루 부분으로 C의 머리를 가볍게 쳤다.

판결요지

〈사안 1〉 용법에 따라서는 사람을 살상할 수 있는 물건이 위험한 물건인지의 여부는 구체적인 사안에 따라서 사회통념에 비추어 그 물건을 사용하면 그 상대방이나 제3자가 곧 위험성을 느낄 수 있는가의 여부에 따라 이를 판단하여야 할 것이므로 쇠파이프(길이 2m, 직경 5cm)로 머리를 구타당하면서 이에 대항하여 그곳에 있던 각목(길이 1m, 직경 5cm)으로 상대방의 허리를 구타한 경우에는 위험한 물건이라고 할 수 없다[대판 1981.7.28. 81도1046].

〈사안 2〉 이는 위험한 물건인 자동차를 이용하여 피해자를 폭행한 것이라고 하지 않을 수 없다[대판 2001.2.23. 2001도271].

동지판례 견인료납부를 요구하는 교통관리직원을 승용차 앞범퍼 부분으로 들이받은 경우, 승용차는 '위험한 물건'에 해당한다[대판 1997.5.30. 97도597]. [♣13 변시]

〈사안 3〉 피해자가 먼저 식칼을 들고 나와 피고인을 찌르려다가 피고인이 이를 저지하기 위하여 그 칼을 뺏은 다음 피해자를 훈계하면서 위 칼의 칼자루 부분으로 피해자의 머리를 가볍게 쳤을 뿐이라면 피해자가 위험성을 느꼈으리라고는 할 수 없다[대판 1989.12.22. 89도1570]. [♣13 변시]

정답 (乙)

㉯ 휴대의 의미에 대하여는 일반적으로 소지, 즉 몸에 지니는 것을 의미한다고 보나, 판례는 소지뿐만 아니라 널리 이용한다는 뜻도 포함되는 것으로 해석하고 있다. i) 반드시 범행 이전부터 소지할 것을 요하지 않고 범행현장에서 소지하는 경우도 휴대가 된다. ii) 위험한 물건을 '휴대'하고 폭행하면 족하므로 휴대를 상대방(피해자)에게 인식시켜야할 필요는 없다(판례, 통설). [♠13 사시]

判例 위험한 물건의 '휴대'의 의미[8]

1. 위험한 물건을 '휴대하여'라는 말은 소지뿐만 아니라 널리 이용한다는 뜻도 포함하는 것인 바, 피고인이 고속도로상에서 승용차로 피해자가 타고 가는 승용차 뒤를 바짝 따라붙어 운전을 방해하고, 피고인 차량을 피해자 차량 앞으로 몰고 가 급제동을 하여 피해자로 하여금 충돌을 피하기 위하여 급제동하거나 급차로변경을 하게 하고, 피고인 차량을 피해자 차량의 옆으로 바짝 밀어붙여 피해자로 하여금 중앙분리대와 충돌할 위험에 처하게 하고, 피해자가 고속도로를 빠져나가려 하자 진로를 가로막아 빠져나가지 못하게 하였다면, 이는 위험한 물건인 자동차를 이용하여 피해자를 폭행한 것이라고 하지 않을 수 없다[대판 2001.2.23. 2001도271; 동지 대판 2002.9.6. 2002도2812].
2. 위험한 물건의 휴대라고 함은 손에 드는 등 몸에 지닌 것을 말하나 이 휴대라 함은 반드시 몸에 지니고 다니는 것을 뜻한다고는 할 수 없으니 범행 현장에서 범행에서 사용할 의도 아래 이를 소지하거나 몸에 지니는 경우도 휴대라고 볼 것이므로 본건에서 피고인이 깨어진 유리조각을 들고 피해자의 얼굴에 던졌다면 이는 위험한 물건을 휴대하였다고 볼 것이다[대판 1982.2.23. 81도3074].
3. 피고인이 이 사건 폭력행위 당시 판시 과도를 범행현장에서 호주머니 속에 지니고 있었던 이상 이는 위험한 물건을 휴대한 경우에 해당한다[대판 1984.4.10. 84도353].

判例 위험한 물건의 '휴대'에 해당하지 않는 경우

1. 폭력행위 등 처벌에 관한 법률 제7조에서 말하는 위험한 물건의 '휴대'라 함은 범죄현장에서 사용할 의도 아래 위험한 물건을 몸 또는 몸 가까이에 소지하는 것을 말하는 것이고, 자기가 기거하는 장소에 보관하였다는 것만으로는 위 법조에서 말하는 위험한 물건의 휴대라고 할 수 없다[대판 1992.5.12. 92도381].

   비교판례 총포 · 도검 · 화약류 등 단속법에서 말하는 '소지'란 같은법 소정의 물건의 보관에 관하여 실력지배관계를 갖는 것을 말한다고 할 것이므로, 몸 또는 몸 가까이에 소지하는 것뿐만 아니라 자신의 실력지배관계가 미치는 장소에 보관하는 경우에도 같은법 소정의 '소지'에 해당한다[대판 1998.8.20. 98도1304].[9]
2. '위험한 물건을 휴대하여 그 죄를 범한 자'란 범행현장에서 그 범행에 사용하려는 의도아래 흉기를 소지하거나 몸에 지니는 경우를 가리키는 것이지 그 범행과는 전혀 무관하게 우연히 위험한 물건을 소지하게 된 경우까지를 포함하는 것은 아니다[대판 1990.4.24. 90도401]. [♠ 02 사시]

③ **폭 행** : 폭행죄와 의미가 동일하다.

---

8) 아래의 대부분의 판례는 폭처법 제3조 제1항의 흉기 기타 위험한 물건 휴대와 관련한 판례이나 동규정은 2016.1.6. 개정으로 삭제되었다. 현행법상으로는 여전히 형법상의 특수범죄(특수폭행죄 등)가 성립하므로 법리의 이해를 위하여 폭처법이라는 표현을 제거하였다.

9) 당국의 허가 없이 분사기를 피고인의 사무실에 보관한 경우에 총포 · 도검 · 화약류 등 단속법 상의 '소지'에 해당한다고 해석하는 경우에도 유추해석금지원칙에 반하지 않는다는 취지의 판례이다.

(2) 주관적 구성요건

고의가 있어야 한다. 행위자가 위험한 물건을 휴대한 사실을 인식하지 못한 경우에는 특수폭행죄가 성립하지 않고 폭행죄가 성립한다.

XI. 폭행치사상죄

제262조(폭행치사상) 제260조와 제261조의 죄(폭행죄, 존속폭행죄, 특수폭행죄)를 지어 사람을 사망이나 상해에 이르게 한 경우에는 제257조부터 제259조까지의 예에 따른다.

判例 폭행치사상죄가 성립하지 않는 경우(소극적 저항행위로서 위법성이 조각되는 경우)

압류표시를 떼어 달라고 매달리는 피해자를 피하기 위하여 이를 뿌리치고 나온 것에 불과하다면 그 과정에서 피해자가 다소의 상처를 입었다고 하더라도 그 사실만으로는 피고인을 상해죄 또는 폭행치상죄로 문의할 수 없다[대판 1985.5.14. 85도466].

判例 특수폭행치상죄의 처벌(특수상해죄의 예가 아니라 상해죄의 예에 의하여 처벌하여야 함)

특수폭행치상죄의 해당규정인 형법 제262조, 제261조는 형법 제정 당시부터 존재하였는데, 형법 제258조의2 특수상해죄의 신설 이전에는 형법 제262조의 "전 2조의 죄를 범하여 사람을 사상에 이르게 한 때에는 제257조 내지 제259조의 예에 의한다."라는 규정 중 '제257조 내지 제259조의 예에 의한다'의 의미는 형법 제260조(폭행, 존속폭행) 또는 제261조(특수폭행)의 죄를 범하여 상해, 중상해, 사망의 결과가 발생한 경우, 그 결과에 따라 상해의 경우에는 형법 제257조, 중상해의 경우에는 형법 제258조, 사망의 경우에는 형법 제259조의 예에 준하여 처벌하는 것으로 해석·적용되어 왔다.

그런데 2016. 1. 6. 형법 개정으로 특수상해죄가 형법 제258조의2로 신설됨에 따라 문언상으로 형법 제262조의 '제257조 내지 제259조의 예에 의한다'는 규정에 형법 제258조의2가 포함되어 특수폭행치상의 경우 특수상해인 형법 제258조의2 제1항의 예에 의하여 처벌하여야 하는 것으로 해석될 여지가 생기게 되었다.

그러나 형벌규정 해석에 관한 법리와 폭력행위 등 처벌에 관한 법률의 개정 경과 및 형법 제258조의2의 신설 경위와 내용, 그 목적, 형법 제262조의 연혁, 문언과 체계 등을 고려할 때, 특수폭행치상의 경우 형법 제258조의2의 신설에도 불구하고 종전과 같이 형법 제257조 제1항의 예에 의하여 처벌하는 것으로 해석함이 타당하다.

판결이유 폭행치상죄와 특수폭행치상죄 사이의 행위불법의 차이를 고려하지 않고 동일한 법정형에 의하여 처벌하는 것으로 해석하여 왔다는 점, 또한 2016.1.6. 형법 개정 과정에서 특수폭행치상죄의 법정형을 상향(특수상해죄로 처벌)시켜야할 만한 사회적 상황의 변경이 있었다고 보기 힘들다[대판 2018.7.24. 2018도3443].

Ⅻ. 상습상해 · 폭행죄

제264조(상습범) 상습으로 제257조(상해죄, 존속상해죄), 제258조(중상해죄, 존속중상해죄), 제258조의2(특수상해죄), 제260조(폭행죄, 존속폭행죄) 또는 제261조(특수폭행죄)의 죄를 범한 때에는 그 죄에 정한 형의 2분의 1까지 가중한다. 〈개정 2016.1.6〉

判例 제264조의 '상습'의 의미

상해죄 및 폭행죄의 상습범에 관한 형법 제264조(상습범)는 "상습으로 제257조(상해, 존속상해), 제258조(중상해, 존속중상해), 제258조의2(특수상해), 제260조(폭행, 존속폭행) 또는 제261조(특수폭행)의 죄를 범한 때에는 그 죄에 정한 형의 2분의 1까지 가중한다."라고 규정하고 있다. 형법 제264조에서 말하는 '상습'이란 위 규정에 열거된 상해 내지 폭행행위의 습벽을 말하는 것이므로, 위 규정에 열거되지 아니한 다른 유형의 범죄까지 고려하여 상습성의 유무를 결정하여서는 아니된다[대판 2018.4.24. 2017도21663].

判例 상습존속폭행죄 (반의사불벌죄가 아님)

폭행죄의 상습성은 폭행 범행을 반복하여 저지르는 습벽을 말하는 것으로서, 동종 전과의 유무와 그 사건 범행의 횟수, 기간, 동기 및 수단과 방법 등을 종합적으로 고려하여 상습성 유무를 결정하여야 하고, 단순폭행, 존속폭행의 범행이 동일한 폭행 습벽의 발현에 의한 것으로 인정되는 경우, 그중 법정형이 더 중한 상습존속폭행죄에 나머지 행위를 포괄하여 하나의 죄만이 성립한다고 봄이 타당하다.

그리고 상습존속폭행죄로 처벌되는 경우에는 형법 제260조 제3항이 적용되지 않으므로, 피해자의 명시한 의사에 반하여도 공소를 제기할 수 있다[대판 2018.4.24. 2017도10956].

제3절 과실치사상의 죄

업무상 과실치사상죄에서의"업무"의 인정여부에 관한 판례, 과실 또는 중과실의 인정여부에 관한 판례가 중요하다.

Ⅰ. 총 설

과실치사죄는 사람의 생명을, 과실치상죄는 사람의 신체의 건강을 보호법익으로 한다. 보호의 정도는 침해범이다.

Ⅱ. 과실치상죄

第266條(과실치상) ① 과실로 인하여 사람의 신체를 상해에 이르게 한 자는 500만원 이하의 벌금, 구류 또는 과료에 처한다.
② 제1항의 죄는 피해자의 명시한 의사에 반하여 공소를 제기할 수 없다.

Ⅲ. 과실치사죄[1)]

第267條(과실치사) 과실로 인하여 사람을 사망에 이르게 한 자는 2년 이하의 금고 또는 700만원 이하의 벌금에 처한다.

判例 과실책임을 인정한 판례 (골프공을 뒤로 날려 보내어 캐디가 상해를 입은 사건)

[1] 골프와 같은 개인 운동경기에 참가하는 자는 자신의 행동으로 인해 다른 사람이 다칠 수도 있으므로, 경기 규칙을 준수하고 주위를 살펴 상해의 결과가 발생하는 것을 미연에 방지해야 할 주의의무가 있다. 이러한 주의의무는 경기보조원에 대하여도 마찬가지로 부담한다.
[2] 운동경기에 참가하는 자가 경기규칙을 준수하는 중에 또는 그 경기의 성격상 당연히 예상되는 정도의 경미한 규칙위반 속에 제3자에게 상해의 결과를 발생시킨 것으로서, 사회적 상당성의 범위를 벗어나지 아니하는 행위라면 과실치상죄가 성립하지 않는다. 그러나 골프경기를 하던 중 골프공을 쳐서 아무도 예상하지 못한 자신의 등 뒤편으로 보내어 등 뒤에 있던 경기보조원(캐디)에게 상해를 입힌 경우에는 주의의무를 현저히 위반하여 사회적 상당성의 범위를 벗어난 행위로서 과실치상죄가 성립한다[대판 2008.10.23. 2008도6940]. [♠14 사시]

1) 과실치상죄와 달리 반의사불벌죄가 아니다.

判例 과실책임을 부정한 판례

(1) 연탄가스 사고와 임대인의 과실판단의 방법

임대차 목적물상의 하자의 정도가 그 목적물을 사용할 수 없을 정도의 파손상태라고 볼 수 없다든지 임대인에게 수선의무가 있는 대규모의 것이라고 볼 수 없어 임차인의 통상의 수선 및 관리의무에 속한다고 보여지는 경우에는 그 하자로 인하여 가스 중독사가 발생하였더라도 임대인에게 과실이 있다 할 수 없으나, 이러한 판단을 함에 있어 단순히 하자 자체의 상태만을 고려할 것이 아니라 그 목적물의 구조 및 전반적인 노후화 상태 등을 아울러 참작하여 대규모적인 수선이 요구되는지를 판단하여야 한다[대판 1993.9.10. 93도196].

(2) 연탄가스 사고가 발생하였으나 임대인의 과실이 부정된 경우(경미한 파손의 경우)

(약간의 문틈 사이 사건) 부엌과 창고 홀로 통하는 방문이 상단부의 문틈과 벽 사이에 약 1.2cm 내지 2cm나 벌어져 있고 그 문틈과 문자체 사이도 두 군데나 0.5cm의 틈이 있는 정도의 하자는 임차목적물을 사용할 수 없을 정도의 것이거나 임대인에게 수선의무가 있는 대규모의 것이 아니고 임차인의 통상의 수선 및 관리의무의 범위에 속하는 것이어서 비록 임차인이 위 문틈으로 새어든 연탄가스에 중독되어 사망하였다 하더라도 임대인에게 그 책임을 물을 수 없다[대판 1986.7.8. 86도383].

(3) 기타의 경우

1. **(유독 혼자서 베란다로 넘어간 사건)** 담임교사가 학교방침에 따라 학생들에게 교실청소를 시켜왔고 유리창을 청소할 때는 교실 안쪽에서 닦을 수 있는 유리창만을 닦도록 지시하였는데도 유독 피해자만이 수업시간이 끝나자마자 베란다로 넘어갔다가 밑으로 떨어져 사망하였다면 담임교사에게 그 사고에 대한 어떤 형사상의 과실책임을 물을 수 없다[대판 1989.3.28. 89도108].
2. **(갑자기 자기 차선으로 넘어온 사건)** 피고인에게는 반대방향 차선도로변으로 오토바이를 운행해 오던 피해자가 갑자기 도로변의 돌에 부딪쳐 넘어지면서 그 충격으로 피고인 운행차선까지 튀어 들어올 것을 미리 예견하여 운전하여야 할 업무상 주의의무를 인정할 수 없다[대판 1984.7.10. 84도813].
   판례해설 총론부분의 연속된 역과사건과 구별하여야 한다.
3. **(발차하려는 순간에 바퀴 밑으로 들어간 사건)** 버스운전사로서는 출발하기에 앞서 버스의 전후좌우를 살펴 버스 주변에 장애물이 있는지를 확인하고 출발할 의무가 있으나, 버스를 발차하려는 순간에 운전사는 버스가 진행할 전방과 진입할 차도 쪽의 좌측을 주시하여야 하고 동시에 우측 후사경을 통하여 버스 우측 뒷바퀴 밑부분까지 주시한다는 것은 사실상 불가능한 일이므로, 이 사건에서 만일 피해자가 발차하려는 순간에 바퀴 밑으로 들어간 것이라면 피고인이 미처 이를 발견하지 못한 점에 과실이 있다고 할 수는 없을 것이다[대판 1984.7.10. 84도687].
4. **(피해자의 잘못으로 사고가 발생한 사건)** 지하철 공사구간 현장안전업무 담당자인 피고인이 공사현장에 인접한 기존의 횡단보도 표시선 안쪽으로 돌출된 강철빔 주위에 라바콘 3개를 설치하고 신호수 1명을 배치하였는데, 피해자가 위 횡단보도를 건너면서 강철빔에 부딪혀 상해를 입은 사안에서, 제반 사정에 비추어 피고인이 안전조치를 취하여야 할 업무상 주의

의무를 위반하였다고 보기 어려운데도, 이와 달리 보아 업무상과실치상죄를 인정한 원심판결에 법리오해 등의 잘못이 있다고 한 사례[대판 2014.4.10. 2012도11361].

판례해설 피해자가 공사진행 중인 사실을 알면서도 만화책을 읽으면서 책을 든 자세로 급히 뛰어가다가 강철빔에 부딪힌 사건이다.

Ⅳ. 업무상과실 · 중과실치사상죄

제268조(업무상과실 · 중과실 치사상) 업무상과실 또는 중대한 과실로 사람을 사망이나 상해에 이르게 한 자는 5년 이하의 금고 또는 2천만원 이하의 벌금에 처한다.

1. 업무상과실치사상죄

(1) 의 의

① 업무상과실치사상죄는 업무상의 과실로 인하여 사람을 사상에 이르게 함으로써 성립하는 범죄이다.

② 업무상과실치사상죄는 업무자라는 신분관계로 인하여 형이 가중되는 부진정신분범이다.

(2) 업무상과실치사상죄의 업무의 개념

① 일반적으로 업무란 '사람이 사회생활상의 지위에 기하여 계속적 반복적으로 종사하는 사무'를 말한다.

㉮ 자연생활 현상은 업무라고 할 수 없다(예 가사로서의 취사 · 육아, 산책).

㉯ 업무는 객관적으로 상당한 횟수 반복하여 행해지거나 반복 · 계속할 의사로 행해진 것이어야 한다. 따라서 호기심으로 단 1회 운전한 것만으로는 업무라고 할 수 없다. 그러나 단 1회의 행위라도 장차 반복할 의사로 행한 것이라면 업무에 해당한다(예 의사가 개업 첫날 의료사고를 낸 경우).

㉰ 사무는 본무 · 겸무 · 부수적 사무, 공무 · 사무, 적법 · 부적법한 사무여부를 불문한다.

判例 업무상과실치사상죄에 있어서의 업무의 기초

(1) 특별한 경험이나 면허를 요하지 않음

업무상과실치사상죄에 있어서의 업무란 사람의 사회생활면에 있어서의 하나의 지위로서 계속적으로 종사하는 사무를 말하고 반복계속의 의사 또는 사실이 있는 한 그 사무에 대한 각별한 경험이나 법규상의 면허를 필요로 하지 아니한다[대판 1961.3.22. 4294형상5].

(2) 무면허 또는 무허가의 업무도 업무성이 인정된다는 판례

1. 운전면허 없이 운전을 하다가 사람을 치어 사상케 한 경우에 업무상과실치사상죄에 해당한다[대판 1972.10.31. 72도2001]. [♠ 03 사시]
2. 골재채취 허가여부는 이 사건 골재채취 업무가 업무상과실치사죄에 있어서의 업무에 해당하는 사실에 아무런 소장도 가져올 수 없다[대판 1985.6.11. 84도2527].

② 업무상과실치사상죄는 생명이나 신체를 보호하기 위한 범죄이므로 그 업무는 생명·신체에 대하여 위험을 초래할 수 있는 업무에 제한된다(예 자동차·선박·항공기 등의 운전, 의료행위, 건설·토목공사).

判例 업무상과실치사상죄에 있어서의 업무의 의의와 업무의 범위(업무에 해당하지 않는 사례)

[1] 업무상과실치상죄에 있어서의 '업무'에는 수행하는 직무 자체가 위험성을 갖기 때문에 안전배려를 의무의 내용으로 하는 경우는 물론 사람의 생명·신체의 위험을 방지하는 것을 의무내용으로 하는 업무도 포함된다. 그러나 안전배려 내지 안전관리 사무에 계속적으로 종사하여 위와 같은 지위로서의 계속성을 가지지 아니한 채 단지 건물의 소유자로서 건물을 비정기적으로 수리하거나 건물의 일부분을 임대하였다는 사정만으로는 업무상과실치상죄에 있어서의 '업무'로 보기 어렵다. [♣ 17 변시]

[2] 4층 건물의 2층 내부 벽면에 설치된 분전반을 통해 3층과 4층으로 가설된 전선이 합선으로 단락되어 화재가 나 상해가 발생한 사안에서, 4층 건물의 소유자로서 위 건물 2층을 임대하였다는 사정만으로 업무상과실치상죄에 있어서의 '업무'에 관한 증명이 있다고 본 원심판결을 심리미진 등을 이유로 파기한 사례.

[3] 전기배선이 벽 내부에 매립 설치되어 건물 구조의 일부를 이루고 있다면 그에 관한 관리책임은 일반적으로 소유자에게 있다고 보아야 할 것이고, 다만 그 전기배선을 임차인이 직접 하였으며 그 이상을 미리 알았거나 알 수 있었다는 등의 특별한 사정이 있는 때에는 임차인에게도 그 부분의 하자로 인한 화재를 예방할 주의의무가 인정될 수 있다[대판 2009.5.28. 2009도1040]. [♣ 18 변시]

동지판례 3층 건물의 소유자로서 건물 각 층을 임대한 피고인이, 건물 2층으로 올라가는 계단참의 전면 벽이 아크릴 소재의 창문 형태로 되어 있고 별도의 고정장치가 없는데도 안전바를 설치하는 등 낙하사고 방지를 위한 관리의무를 소홀히 함으로써, 건물 2층에서 나오던 갑이 신발을 신으려고 아크릴 벽면에 기대는 과정에서 벽면이 떨어지고 개방된 결과 약 4m 아래 1층으로 추락하여 상해를 입었다고 하여 업무상과실치상으로 기소된 사안에서, 피고인이 건물에 대한 수선 등의 관리를 비정기적으로 하였으나 그 이상의 안전배려나 안전관리 사무에 계속적으로 종사하였다고 인정하기 어렵다고 보아 업무상과실치상의 공소사실을 이유에서 무죄로 판단하고 축소사실인 과실치상 부분을 유죄로 인정한 원심판결이 정당하다고 한 사례[대판 2017.12.5. 2016도16738].

判例 업무상과실치사상죄에 있어서의 업무에 해당하는 사례

1. **(자전거로 배달하는 사무)** 피고인이 완구상 점원으로서 완구배달을 하기 위하여 자전거를 타고 소매상을 돌아다니는 일을 하고 있었다고 한다면 그 자전거를 운전하는 업무에 종사하고 있다고 보아야 한다[대판 1972.5.9. 72도701].
2. **(교도관의 사무)** 공휴일 또는 야간에는 소장을 대리하는 당직간부에게는 구치소에 수용된 수용자들의 생명·신체에 대한 위험을 방지할 법령상 내지 조리상의 의무가 있다고 할 것이고, 이와 같은 의무를 직무로서 수행하는 교도관들의 업무는 업무상과실치사죄에서 말하는 업무에 해당한다[대판 2007.5.31. 2006도3493]. [♠ 12 사시]

형법상 업무의 개념

	내 용	형법규정
총 칙	위법성 조각사유의 요소에 해당	· 정당행위의 '업무'
각 칙	과실범의 업무 (형벌가중의 요소)	· 업무상과실치사상죄 · 업무상실화죄
	진정신분범의 업무 (정범요소)	· 업무상과실장물죄[2)] · 업무상비밀누설죄
	부진정신분범의 업무 (형벌가중의 요소)	· 업무상횡령죄와 업무상배임죄 · 업무상동의낙태죄
	보호법익으로서의 업무 (업무 자체가 보호의 대상)	· 업무방해죄
	행위의 태양으로서의 업무 (업무가 구성요건적 행위의 요소)	· 아동혹사죄

(3) 업무상 과실

① '업무상 과실'이란 업무상 요구되는 주의의무를 위반하는 것을 말한다.

判例 업무상 주의의무를 위반한 경우에 해당하지 않는 경우

[1] 업무상과실치상죄를 형법 제266조의 단순 과실치상죄에 비하여 가중처벌하는 것은 사람의 생명·신체에 대한 위험을 초래할 우려가 있거나 이를 방지할 의무가 있는 업무에 종사하는 자에 대해서는 일반인에 비해 그러한 결과발생에 대한 고도의 주의의무가 부과되거나 그 예견가능성이 크다는 점 등의 사정을 고려한 때문이라 할 것이므로 비록 업무에 속하는 행위라 할지라도 그에 수반되는 타인의 생명신체에 대한 위험성의 내용 및 정도가 일반인의 일상생활에 있어 그것과 비교하

2) 단순과실장물죄의 규정이 없으므로 업무상과실장물죄에서의 업무자라는 신분은 형의 가중적 요소가 아니라 진정신분범에서의 신분(정범요소)에 해당한다. 업무상비밀누설죄의 경우도 마찬가지이다. [♣ 19 변시]

여 무거운 주의의무를 부과하거나 고도의 예견가능성을 기대할 정도에 미치지 못하는 경우에는 본죄에 의하여 무겁게 처벌할 수는 없다.
[2] 식당(분식점)의 운영자인 피고인이 식당 밖에서 당겨 열도록 표시되어 있는 출입문을 열고 음식 배달차 밖으로 나가던 중 이웃 가게 손님으로 마침 위 식당 출입문 앞쪽 길가에 서 있던 피해자의 오른발 뒤꿈치 부위를 위 출입문 모서리 부분으로 충격하여 상해를 입게 한 행위는, 비록 위 식당의 운영과 관련한 업무상 행위로는 볼 수 있다 하더라도, 달리 위 사고가 위 출입문 자체의 설치 혹은 관리상의 하자에 기인하거나 영업자로서 위 사고발생과 관련한 별도의 주의의무를 부과할 만한 사정이 존재하지 않는 이상, 피고인이 그 업무상 하여야 할 구체적이고도 직접적인 주의의무를 위반한 때에 해당한다고 보기 어렵고, 오히려 위와 같이 출입문을 여닫는 행위는 음식을 배달하기 위한 경우 이외에도 일상생활에서 얼마든지 자연적으로 행하여질 수 있는 일이라는 점에서 단순히 일상생활상의 주의의무를 위반한 경우에 불과하다[대판 2009.10.29. 2009도5753].

② 주의의무의 범위는 법령에 규정된 것에 한하지 않고, 업무의 성질과 구체적 사정에 비추어 관습·조리·판례가 요구하는 주의의무를 포함한다[임웅, 91면].

判例 자동차 운전자의 주의의무의 내용 – 위반시 업무상과실 인정

1. 횡단보도의 보행자 신호가 녹색신호에서 적색신호로 바뀌는 예비신호 점멸 중에도 그 횡단보도를 건너가는 보행자가 흔히 있고 또 횡단도중에 녹색신호가 적색신호로 바뀐 경우에도 그 교통신호에 따라 정지함이 없이 나머지 횡단보도를 그대로 횡단하는 보행자도 있으므로 보행자 신호가 녹색신호에서 정지신호로 바뀔 무렵 전후에 횡단보도를 통과하는 자동차 운전자는 보행자가 교통신호를 철저히 준수 할 것이라는 신뢰만으로 자동차를 운전할 것이 아니라 좌우에서 이미 횡단보도에 진입한 보행자가 있는지 여부를 살펴보고 또한 그의 동태를 두루 살피면서 서행하는 등 하여 그와 같은 상황에 있는 보행자의 안전을 위해 어느 때라도 정지할 수 있는 태세를 갖추고 자동차를 운전하여야 할 업무상의 주의의무가 있다[대판 1986.5.27. 86도549].
2. 버스 운전사에게는 전날 밤에 주차해 둔 버스를 그 다음날 아침에 출발하기에 앞서 차체 밑에 장애물이 있는지 여부를 확인하여야 할 주의의무가 있다[대판 1988.9.27. 88도833].
3. 자동차를 운행하는 자는 매일 그 운행개시 전에 일상점검의 하나로 제동장치 중 제동파이프에 기름누설이 없고 고정이 확실한 여부를 점검하여야 할 업무상 주의의무가 있다[대판 1985.12.24. 85도1755].
4. 경운기 운전자는 비록 소음이 크게 나고 또 후사경이 없다 할지라도 특히 인가가 있는 길을 통과할 때는 어린아이들이 뒤에 매달리는 것을 쉽게 예상할 수 있으므로 항상 주의하여 경운기의 후방에 있는 적재함을 살펴보는 등 만반의 경계를 함으로써 사고를 미연에 방지해야 할 의무가 있다[대판 1970.11.3. 70도1910].

判例 자동차 운전자의 주의의무 위반을 인정한 경우 – 업무상과실 인정

1. **(도로사정이 비정상적임에도 제한속도만 준수한 사건)** 고속도로의 노면이 결빙된 데다가 짙은 안개로 시계가 20m 정도 이내였다면 고속도로의 제한시속에 관계없이 장애물 발견 즉시 제동 정지할 수 있을 정도로 속도를 줄이는 등의 조치를 취하였어야 할 것이므로 단순히 제한속도를 준수하였다는 사실만으로는 주의의무를 다하였다 할 수 없다[대판 1990.12.26. 89도2589].

   동지판례 위 사고의 경우 피고인이 사전에 사람이 도로에 누워있을 것까지를 예상하여 이에 대비하면서 운전하여야 할 주의의무는 없다고 하더라도, 사고 당시의 도로상황에 맞추어 속도를 줄이고(위 사고지점은 비탈길의 고개마루를 막 지난 지점이므로 피고인으로서는 미리 법정 제한속도보다도 더 감속하여 서행하였어야 할 것이다) 전방시계의 확보를 위하여 선행차량과의 적절한 안전거리를 유지한 채 전방 좌우를 잘 살펴 진로의 안전을 확인하면서 운전하는 등 자동차 운전자에게 요구되는 통상의 주의의무를 다하였더라면, 진행 전방 도로에 누워있는 피해자를 상당한 거리에서 미리 발견하고 좌측의 1차로로 피양하는 등 사고를 미연에 방지할 수 있었음에도 불구하고 위와 같은 주의를 게을리 한 탓으로 피해자를 미리 발견하지 못하고 역과한 것이라고 할 것이므로, 이 사건 사고에 관하여 피고인에게 업무상 과실이 없다고 할 수는 없을 것이다[대판 2001.12.11. 2001도5055].

2. 정지신호를 보내오고 있는 경찰관을 발견한 운전자로서는 마땅히 차량을 정차시켜야 하고, 만일 계속 진행하더라도 속도를 줄이고 경찰관의 동태를 잘 살펴 안전하게 진행하여야 할 업무상 주의의무가 있다고 할 것인데, 그럼에도 불구하고 이에 위배하여 상당한 속도로 계속 진행함으로써 정차를 시키기 위하여 차체를 치는 경찰관으로 하여금 상해를 입게 한 운전자에게는 업무상 주의의무를 다하지 못한 과실이 있다[대판 1994.10.14. 94도2165].

判例 자동차 운전자의 주의의무가 인정되지 않는 경우

1. 甲이 택시를 운전하여 시속 40km 속도로 편도 3차선도로의 1차선을 따라 운행하던 중 차도를 무단횡단하기 위하여 중앙선상에 서있던 피해자가 뒷걸음질을 치다가 반대방향에서 달려오는 乙 운전의 차량에 충격되면서 중앙선을 넘어 甲이 운전하던 위 차량의 전면 바로 앞에 떨어지는 바람에 이를 피하지 못하고 위 피해자를 충격하여 사고가 발생한 경우라면 甲에게 위 피해자가 자기 운행차선으로 튕겨져 나오는 것까지 예상하면서 이에 대비하여야 할 주의의무가 있다고는 할 수 없다[대판 1987.9.22. 87도516].

2. 안내원이 없는 시내버스의 운전사가 버스정류장에서 일단의 승객을 하차시킨 후 통상적으로 버스를 출발시키던 중 뒤늦게 버스 뒷편 좌석에서 일어나 앞쪽으로 걸어 나오던 피해자가 균형을 잃고 넘어진 경우, 위 운전사로서는 승객이 하차한 후 다른 움직임이 없으면 차를 출발시키는 것이 통례이고 특별한 사정이 없는 한 착석한 승객 중 더 내릴 손님이 있는지, 출발 도중 넘어질 우려가 있는 승객이 있는지 등의 여부를 일일이 확인하여야 할 주의의무가 없다[대판 1992.4.28. 92도56].

3. 버스정류장에서 버스를 타려고 뛰어가던 행인끼리 충돌하여 넘어지면서 순간적으로 막 출발하려는 버스의 앞바퀴와 뒷바퀴 사이로 머리가 들어가 사고가 발생한 경우, 위 버스운전사에게 피해자가 다른 행인과 부딪쳐 넘어지면서 동인의 머리가 위 버스 뒷바퀴에 들어 올 것까지 예견하여 사전에 대비하여야 할 주의의무까지는 없다[대판 1986.8.19. 86도1123].

4. 신호등에 의하여 교통정리가 행하여지고 있는 사거리 교차로를 녹색등화에 따라 직진하는 차량의 운전자는 특별한 사정이 없는 한 다른 차량들도 교통법규를 준수하고 충돌을 피하기 위하여 적절한 조치를 취할 것으로 믿고 운전하면 족하고, 다른 차량이 신호를 위반하고 직진하는 차량의 앞을 가로질러 직진할 경우까지 예상하여 그에 따른 사고발생을 미연에 방지할 특별한 조치까지 강구할 업무상의 주의의무는 없다고 할 것이므로, 피고인이 녹색등화에 따라 사거리 교차로를 통과할 무렵 제한속도를 초과하였더라도, 신호를 무시한 채 왼쪽도로에서 사거리 교차로로 가로 질러 진행한 피해자에 대한 업무상 과실치사의 책임이 없다[대판 1990.2.9. 89도1774].

判例 업무상과실치사상죄가 인정되는 경우

(1) 업무상 주의의무가 인정되는 경우

(신생아 집단관리자의 의사 등에의 진료조치의무) [1] 일반인에 의해 제공되는 산후조리 업무와는 달리 신생아의 집단관리 업무를 책임지는 사람으로서는 신생아의 건강관리나 이상증상에 관하여 일반인보다 높은 수준의 지식을 갖추어 신생아를 위생적으로 관리하고 건강상태를 면밀히 살펴 이상증세가 보이면 의사나 한의사 등 전문가에게 진료를 받도록 하는 등 적절한 조치를 취하여야 할 업무상 주의의무가 있다.

[2] 산후조리원에 입소한 신생아가 출생 후 10일 이상이 경과하도록 계속하여 수유량 및 체중이 지나치게 감소하고 잦은 설사 등의 이상증세를 보임에도 불구하고, 산후조리원의 신생아 집단관리를 맡은 책임자가 의사나 한의사 등의 진찰을 받도록 하지 않아 신생아가 탈수 내지 괴사성 장염으로 사망한 사안에서, 위 집단관리 책임자가 산모에게 신생아의 이상증세를 즉시 알리고 적절한 조치를 구하여 산모의 지시를 따른 것만으로는 업무상 주의의무를 다하였다고 볼 수 없다며 신생아 사망에 대한 업무상 과실치사의 죄책을 인정한 사례[대판 2007.11.16. 2005도1796].

(2) 업무상 과실책임이 인정된 경우

1. 갑상선아전절제술 및 전경부임파절청소술을 받은 환자가 기도부종으로 인한 호흡장애로 뇌기능 부분손상상태(식물인간상태)에 이르게 된 경우, 환자의 호흡 곤란을 알고도 환자의 상태를 확인하지 아니한 주치의 겸 당직의사와 그의 활력체크지시를 제대로 이행하지 아니하고 의사를 불러달라는 환자 보호자의 요청을 듣지 아니한 담당 간호사들에게는 업무상과실치상죄가 성립한다[대판 1994.12.22. 93도3030].

2. 골프장의 경기보조원인 피고인이 골프 카트에 피해자 등 승객들을 태우고 진행하기 전에 안전 손잡이를 잡도록 고지하지도 않고, 또한 승객들이 안전 손잡이를 잡았는지 확인하지도 않은 상태에서 만연히 출발하였으며, 각도 70°가 넘는 우로 굽은 길을 속도를 충분히 줄이지 않고 급하게 우회전한 업무상 과실로, 피해자를 골프 카트에서 떨어지게 하여 두개골골절, 지주막하출혈 등의 상해를 입게 하였다고 본 원심판단을 수긍한 사례[대판 2010.7.22. 2010도1911].

判例 건축공사 관련자의 주의의무가 인정되지 않는 경우

1. 주택수리 공사에 관하여 전문적인 지식이 없는 도급인이 주택수리공사 전문업자에게 주택수리를 의뢰하면서 공사에 관한 관리 · 감독 업무 또는 공사의 시공에 있어서 분야별 공사업자나 인부들에 대한 구체적인 작업지시 및 감독 업무를 주택수리업자에게 일임한 경우, 도급인이 공사를 관리하고 감독할 지위에 있다거나 주택수리업자 또는 분야별 공사업자나 인부들에 대하여 공사의 시공이나 개별 작업에 관하여 구체적으로 지시하고 감독할 지위에 있다고 볼 수 없으므로 도급인에게 공사상 필요한 안전조치를 취할 업무상 주의의무가 있다고 할 수 없다[대판 2002.4.12. 2002도3295].

   동지판례 도급계약의 경우 원칙적으로 도급인에게는 수급인의 업무와 관련하여 사고방지에 필요한 안전조치를 취할 주의의무가 없으나, 법령에 의하여 도급인에게 수급인의 업무에 관하여 구체적인 관리 · 감독의무 등이 부여되어 있거나 도급인이 공사의 시공이나 개별 작업에 관하여 구체적으로 지시 · 감독하였다는 등의 특별한 사정이 있는 경우에는 도급인에게도 수급인의 업무와 관련하여 사고방지에 필요한 안전조치를 취할 주의의무가 있다[대판 2016.3.24. 2015도8621]. [♣ 17, 18 변시]

2. 작업현장에 경고표시판 및 안전망의 설치 등 충돌사고에 대비한 안전조치가 취해져 있었을 뿐만 아니라 굴삭기에의 접근을 예방하기 위하여 굴삭기의 전후에 신호수까지 배치해 두었다면 후사경이 붙어 있지 아니한 굴삭기를 운전하여 작업에 열중하고 있는 운전자에게 굴삭기의 후면에서 접근해오는 사람이 있는지의 여부까지 스스로 확인해 가면서 작업에 임해야 할 주의의무가 있다고는 볼 수 없다[대판 1987.9.22. 87도1254].

判例 기타 업무상 주의의무가 인정되지 않는 경우

(안전요원 배치 후 그의 사고방지조치의무위반에 재차 대비할 주의의무는 없다는 사건) 안전조치 위반 수영장의 경영자인 피고인이 수영장 내의 미끄럼틀에 안전요원을 배치하여 안전사고를 당하지 않도록 보살피도록 하였는데, 안전요원이 성인풀 쪽을 지키고 있는 사이에 피해자(9세)가 유아풀로 내려가는 미끄럼틀을 타고 내려가 끝부분에 다다랐을 때 다가오는 어린아이에게 부딪치지 않으려고 몸을 틀다가 미끄럼틀 손잡이에 입부분을 부딪쳐 상해를 입었다면, 안전요원이 사고방지조치의무를 제대로 이행하지 않을 것에 대비하여 피고인이 안전조치지시 외에 안전요원의 지시에 따르지 아니하면 미끄럼틀을 이용할 수 없도록 쇠사슬을 설치하거나, 낙하지점 부근에 다른 사람들이 접근하여 오지 않도록 안전시설을 설치하고, 수영장 내에 안전요원을 충분히 배치하여 미끄럼틀 낙하지점에 다른 사람이 접근하지 못하게 하여 충돌을 방지하게 할 구체적이고 직접적인 업무상 주의의무가 있다고 할 수 없다[대판 1992.11.13. 92도610]. [♠ 07 사시]

判例 기타 업무상 주의의무가 인정되는 경우

1. 도선사는 법률에 의하여 상당히 고도의 주의의무가 부과되어, 해도에 표시된 장애물 뿐 아니라 해도에 표시되어 있지 않고 외관상 쉽게 발견되지 않는 위험물을 포함하여 지방수역에 관한 지식을 가지고 있어야 하며 이를 활용할 의무가 있고 더욱이 강제도선사는 전문지식이 있다고 판단하여 선임된 자이기 때문에 선박이 임의로 승선시킨 도선사보다 고도의 주의의무를 부담하고 있는 점을 고려하여 볼 때, 강제도선사인 피고인이 선택한 항로로 운항중이던 유조선의 수중암초 충돌로 인한 업무상과실치상 및 해양오염방지법 위반사건에 관하여 피고인이 해도를 믿고 항행을 하였다 하여 면책될 수 없다[대판 1995.4.11. 94도3302].
2. 호텔의 사장 또는 영선과장인 피고인들에게는 화재가 발생하면 불이 확대되지 않도록 계단과 복도 등을 차단하는 갑종방화문은 항상 자동개폐되도록 하며, 숙박객들이 신속하게 탈출대피할 수 있도록 각층의 을종방화문(비상문)은 언제라도 내부에서 외부로의 탈출방향으로 밀기만 하면 그대로 열려지도록 설비관리하고, 화재시에는 즉시 전층 각 객실에 이를 알리는 감지기, 수신기, 주경종, 지구경종을 완벽하게 정상적으로 작동하도록 시설관리하여야 할 업무상의 주의의무가 있다 할 것이다[대판 1984.2.28. 83도3007].

2. 중과실치사상죄

(1) 의 의

① 중과실치사상죄란 중대한 과실로 인하여 사람을 사상에 이르게 함으로써 성립하는 범죄이다.

② 주의의무의 위반의 정도가 심하여 단순과실치사상죄 보다 형이 가중된다.

(2) 중과실[3]

① 중과실이란 주의의무 위반의 정도가 심한 경우, 즉 조금만 주의하였더라면 결과의 발생을 회피할 수 있었던 경우이다.

② 중과실 여부는 구체적인 사정에 비추어 사회통념을 고려하여 판단한다(판례).

判例 중과실의 판단기준

중과실은 행위자가 극히 근소한 주의를 함으로써 결과발생을 예견할 수 있었음에도 불구하고 부주의로 이를 예견하지 못한 경우를 말하는 것으로서 중과실과 경과실의 구별은 구체적인 경우에 사회통념을 고려하여 결정할 문제이다[대판 1980.10.14. 79도305].

---

3) 중과실 인정여부에 관한 판례는 총론 참고

3. 관련특별규정

(1) 교통사고처리 특례법

① 차의 교통으로 인한 업무상과실치상죄 또는 중과실치상죄의 경우 일정한 사유를 제외하고는 피해자의 명시한 의사에 반하여 공소를 제기할 수 없다(동법 제3조 제2항 : 반의사불벌죄).

② 교통사고를 일으킨 차가 보험업법 등 일정한 법률의 규정에 따라 보험 또는 공제에 가입한 때에는 일정한 사유를 제외하고는 당해 차의 운전자에 대하여 공소를 제기할 수 없다(동법 제4조 제1항).

判例 교통사고처리 특례법 제3조 제2항 단서 제7호 '도로교통법 제43조를 위반'한 행위의 의미

도로교통법 위반(무면허운전)죄는 도로교통법 제43조를 위반하여 운전면허를 받지 아니하고 자동차를 운전하는 경우에 성립하는 범죄로, 유효한 운전면허가 없음을 알면서도 자동차를 운전하는 경우에만 성립하는 고의범이다. 교통사고처리 특례법 제3조 제2항 단서 제7호는 도로교통법 위반(무면허운전)죄와 동일하게 도로교통법 제43조를 위반하여 운전면허를 받지 아니하고 자동차를 운전하는 행위를 대상으로 교통사고 처벌 특례를 적용하지 않도록 하고 있다. 따라서 위 단서 제7호에서 말하는 '도로교통법 제43조를 위반'한 행위는 도로교통법 위반(무면허운전)죄와 마찬가지로 유효한 운전면허가 없음을 알면서도 자동차를 운전하는 경우만을 의미한다고 보아야 한다[대판 2023.6.29. 2021도17733].

(2) 특정범죄 가중처벌 등에 관한 법률 제5조의3(도주차량 운전자의 가중처벌)

判例 특정범죄 가중처벌 등에 관한 법률상의 '도주'의 의의[4]

특정범죄 가중처벌 등에 관한 법률 제5조의3 제1항이 정하는 '피해자를 구호하는 등 도로교통법 제54조 제1항에 의한 조치를 취하지 아니하고 도주한 때'라고 함은, 사고운전자가 사고로 인하여 피해자가 사상을 당한 사실을 인식하였음에도 불구하고, 피해자를 구호하는 등 도로교통법 제54조 제1항에 규정된 의무를 이행하기 이전에 사고현장을 이탈하여 사고를 낸 자가 누구인지 확정할 수 없는 상태를 초래하는 경우를 말하는 것이다. 그러므로 위 도주운전죄가 성립하려면 피해자에게 사상의 결과가 발생하여야 하고, 생명·신체에 대한 단순한 위험에 그치거나 형법 제257조 제1항에 규정된 '상해'로 평가될 수 없을 정도의 극히 하찮은 상처로서 굳이 치료할 필요가 없는 것이어서 그로 인하여 건강상태를 침해하였다고 보기 어려운 경우에는 위 죄가 성립하지 않는다[대판 2008.10.9. 2008도3078].

---

4) 도주의 '의의'를 잘 알아 두면 도주죄의 인정여부는 쉽게 판단이 가능하다.

判例 특정범죄 가중처벌 등에 관한 법률상의 도주죄의 주체

특가법 제5조의3 제1항 소정의 '차의 교통으로 인하여 형법 제268조의 죄를 범한 당해차량의 운전자'란 차의 교통으로 인한 업무상과실 또는 중대한 과실로 인하여 사람을 사상에 이르게 한 자를 가리키는 것이지 과실이 없는 사고 운전자까지 포함하는 것은 아니다[대판 1991.5.28. 91도711]. [♣ 16 변시]

判例 특정범죄 가중처벌 등에 관한 법률상의 도주죄가 성립하는 경우

1. 사고 운전자가 부근의 택시 기사에게 피해자를 병원으로 이송하여 줄 것을 요청하였으나 경찰관이 온 후 병원으로 가겠다는 피해자의 거부로 병원으로 이송되지 아니한 사이에 피해자의 신고를 받은 경찰관이 사고현장에 도착하였고, 피해자의 병원이송 및 경찰관의 사고현장 도착 이전에 사고 운전자가 사고현장을 이탈하였다면, 비록 그 후 피해자가 택시를 타고 병원에 이송되어 치료를 받았다고 하더라도 운전자는 피해자에 대한 적절한 구호조치를 취하지 않은 채 사고현장을 이탈하였다고 할 것이어서, 설령 운전자가 사고현장을 이탈하기 전에 피해자의 동승자에게 자신의 신원을 알 수 있는 자료를 제공하였다고 하더라도 피고인의 이러한 행위는 '피해자를 구호하는 등 조치를 취하지 아니하고 도주한 때'에 해당한다[대판 2004.3.12. 2004도250]. [♣ 16 변시]
2. 운전자인 피고인이 11세인 피해자의 왼쪽 손부분 등을 차로 들이받아 땅바닥에 넘어뜨려 약 1주일간의 치료를 요하는 상해를 입게 한 사안에서, 스스로 자기 몸의 상처가 어느 정도인지 충분히 파악 하기에는 나이어린 피해자가 집으로 혼자 돌아갈 수 있느냐는 질문에 "예"라 답했다는 이유만으로 아무런 보호조치도 없는 상태에서 피해자를 그냥 돌아가게 했다면 피고인의 소위는 특가법 제5조의3 제1항 제2호(도주죄)에 해당한다고 한 사례[대판 1996.8.20. 96도1461]. [♣ 16 변시]

判例 특정범죄 가중처벌 등에 관한 법률상의 도주죄가 성립하지 않는 경우

[1] 피고인이 교통사고 야기 후 사고 현장에서 다른 사람들과 같이 피해자들을 구급차에 나눠 싣고 자신도 구급차에 동승하여 피해자를 병원 응급실로 후송한 후 간호사가 혈압을 재는 것을 보고 응급실 밖에서 담배를 피우고 있던 중 피고인 자신과 피해자가 타고 온 구급차가 다른 곳으로 가는 것을 보고 응급실에 다시 가 본 결과 위 피해자가 보이지 않자 간호사에게 피해자의 행방을 문의하였으나 그녀가 다른 곳으로 후송하였다고만 이야기하여 하는 수 없이 자신의 사무실로 돌아 간 경우, 피고인이 비록 사고 현장에서나 그 직후 경찰관서 등에 사고 신고를 하지 않았거나 또는 타인에게 자신이 사고 야기자라고 적극적으로 고지하지 아니하였다고 하더라도 피고인의 행위는 특가법 제5조의3 제1항 소정의 도주차량에는 해당되지 아니한다.
[2] 사고운전자가 사고 후 주변사람의 신고로 도착한 구급차에 올라타서 피해자와 함께 병원에 동행하면서 사고와 무관한 사람인 것처럼 행세하였지만 1시간 가량 경과 후 자신의 잘못을 인정하고 가해자임을 밝혔다면, 특가법위반(도주차량)죄가 인정되지 않는다[대판 1996.4.12. 96도358]. [♣ 16 변시]

判例 음주로 인한 특가법위반(위험운전치사상)죄가 성립하기 위한 요건

음주로 인한 특정범죄 가중처벌 등에 관한 법률 위반(위험운전치사상)죄는 도로교통법 위반(음주운전)죄의 경우와는 달리 형식적으로 혈중알코올농도의 법정 최저기준치를 초과하였는지 여부와는 상관없이 운전자가 '음주의 영향으로 실제 정상적인 운전이 곤란한 상태'에 있어야만 하고, 그러한 상태에서 자동차를 운전하다가 사람을 상해 또는 사망에 이르게 한 행위를 처벌대상으로 하고 있는바, 이는 음주로 인한 특정범죄 가중처벌 등에 관한 법률 위반(위험운전치사상)죄는 업무상과실치사상죄의 일종으로 구성요건적 행위와 그 결과 발생 사이에 인과관계가 요구되기 때문이다[대판 2018.1.25. 2017도15519].

(3) 특정범죄 가중처벌 등에 관한 법률 제5조의10(운행 중인 자동차 운전자에 대한 폭행 등의 가중처벌)

判例 특정범죄 가중처벌 등에 관한 법률 제5조의10에서 정한 '자동차'의 의미

[1] 특정범죄 가중처벌 등에 관한 법률(이하 '특정범죄가중법'이라 한다) 제5조의10 제1항은 "운행 중(여객자동차 운수사업법 제2조 제3호에 따른 여객자동차운송사업을 위하여 사용되는 자동차를 운행하는 중 운전자가 여객의 승차·하차 등을 위하여 일시 정차한 경우를 포함한다)인 자동차의 운전자를 폭행하거나 협박한 사람은 5년 이하의 징역 또는 2천만 원 이하의 벌금에 처한다.", 제2항은 "제1항의 죄를 범하여 사람을 상해에 이르게 한 경우에는 3년 이상의 유기징역에 처하고, 사망에 이르게 한 경우에는 무기 또는 5년 이상의 징역에 처한다."라고 규정하여 운행 중인 자동차의 운전자를 폭행·협박하거나 이로 인하여 상해 또는 사망에 이르게 한 경우를 가중처벌하고 있다. 특정범죄가중법 제5조의10의 문언 형식, 입법 취지 및 보호법익, 특정범죄가중법상 다른 자동차 등 관련 범죄의 가중처벌 규정과의 체계적 해석 등을 종합하면, 특정범죄가중법 제5조의10의 '자동차'는 도로교통법상의 자동차를 의미하고 도로교통법상 원동기장치자전거는 '자동차'에 포함되지 않는다.

[2] 자동차관리법 제2조 제1호, 제3조 제1항은 '자동차'의 범위에 모든 이륜자동차가 포함되는 것으로 규정하고, 도로교통법 제2조 제18호 (가)목 단서, 제19호는 자동차관리법 제3조에 정한 이륜자동차 중 원동기장치자전거, 즉 '배기량 125cc 이하(전기를 동력으로 하는 경우에는 최고정격출력 11kW 이하)의 이륜자동차'는 '자동차'의 범위에서 제외한다고 규정하고 있다. 이와 같이 자동차관리법과 도로교통법이 '자동차'의 범위를 달리 정한 것은 자동차관리법은 자동차의 등록, 안전기준 등에 관한 사항을 정하여 자동차를 효율적으로 관리하고 자동차의 성능 및 안전을 확보하는 것을 목적으로 하는 데 비하여 도로교통법은 도로에서 일어나는 교통상의 모든 위험과 장해를 방지하고 제거하여 안전하고 원활한 교통을 확보하는 것을 목적으로 하여 입법 목적이 서로 다르기 때문이다. 특정범죄 가중처벌 등에 관한 법률 제5조의10은 운행 중인 자동차의 운전자를 상대로 폭력 등을 행사하여 운전자나 승객 또는 보행자 등의 안전을 위협하는 행위를 엄중하게 처벌함으로써 교통질서를 확립하고 시민의 안전을 도모하기 위한 것이다. 이와 같은 입법 취지는, 자동차관리법의

입법 취지보다는 도로에서 일어나는 교통상의 모든 위험과 장해를 방지하고 제거하여 안전하고 원활한 교통을 확보하는 것을 목적으로 하는 도로교통법의 입법 취지에 가장 부합한다[대판 2022.4.28. 2022도1013].

제4절 낙태의 죄

낙태의 의의에 관한 판례, 자기낙태죄의 공범관계를 알아두어야 한다.

Ⅰ. 총 설

1. 낙태죄의 의의

(1) 의 의

낙태죄는 태아를 자연분만기에 앞서서 인위적으로 모체 밖으로 배출하거나 태아를 모체 안에서 살해하는 것을 내용으로 하는 범죄이다(판례).[1)]

(2) 보호법익과 보호정도

낙태죄의 주된 보호법익은 태아의 생명이지만, 부차적으로는 임부의 생명 · 신체도 보호법익이 된다(다수설). 보호의 정도는 추상적 위험범이다(다수설).

2. 모자보건법(낙태죄의 특수한 위법성조각사유)

모자보건법 제14조(인공임신중절수술의 허용한계) ① 의사는 다음 각 호의 어느 하나에 해당되는 경우에만 본인과 배우자(사실상의 혼인관계에 있는 자를 포함한다.)의 동의를 받아 인공임신중절수술을 할 수 있다. [♠ 06 사시]
1. 본인 또는 배우자가 대통령령으로 정하는 우생학적 또는 유전학적 정신장애나 신체질환이 있는 경우
2. 본인 또는 배우자가 대통령령으로 정하는 전염성 질환이 있는 경우
3. 강간 또는 준강간에 의하여 임신된 경우
4. 법률상 혼인할 수 없는 혈족 또는 인척 간에 임신된 경우
5. 임신의 지속이 보건의학적 이유로 모체의 건강을 심히 해하고 있거나 해할 우려가 있는 경우

제28조(형법의 적용배제) 이 법에 따른 인공임신중절수술을 받은 자와 수술을 행한 자는 형법 제269조 제1항 · 제2항 및 제270조 제1항에도 불구하고 처벌하지 아니한다.
모자보건법시행령 제15조(인공임신중절수술의 허용한계) ① 법 제14조에 따른 인공임신중절수술은 임신 24주일 이내인 사람만 할 수 있다.

① 일반적 요건 : 인공임신중절수술은 ⅰ) 의사(산부인과 전문의에 제한되지 않는다)가, ⅱ) 본인과 배우자(사실상의 혼인관계에 있는 자를 포함)의 동의를 얻어, ⅲ) 임신한 날로부터 24주 이내에 행한 것이어야 한다(동법 시행령 제15조 제1항).

② 개별적 적응요건 : ⅰ) 우생학적 적응(제1호, 제2호), ⅱ) 윤리적 적응(제3호, 제4호), ⅲ) 의학적 적응(제5호) : 임신의 지속이 모체의 건강을 현재 해하고 있는 경우뿐만 아니라 앞으로 해할 우려가 있는 경우도 포함한다. [♠ 06 사시]

---

1) 낙태죄는 임신중절에 의하여 태아를 살해하는 것을 내용으로 하는 범죄라는 견해도 있다(소수설).

判例 의학적 적응

인공임신중절수술이 허용되는 경우의 하나인 모자보건법 제14조 제1항 제5호 소정의 '임신의 지속이 보건의학적 이유로 모체의 건강을 심히 해하고 있거나 해할 우려가 있는 경우'라 함은 임신의 지속이 모체의 생명과 건강에 심각한 위험을 초래하게 되어 모체의 생명과 건강만이라도 구하기 위하여 인공임신중절수술이 부득이하다고 인정되는 경우를 말한다[대판 2005.4.15. 2003도2780].

Ⅱ. 자기낙태죄

제269조(낙태) ① 부녀가 약물 기타 방법으로 낙태한 때에는 1년 이하의 징역 또는 200만원 이하의 벌금에 처한다.[2)]

1. 의 의

부녀가 약물 기타 방법으로 낙태함으로써 성립하는 범죄이다.

2. 구성요건

(1) 객관적 구성요건

① 주 체 : 부녀이다. i) 부녀란 임부를 말한다(진정신분범). ii) 임부 아닌 자는 자기낙태죄의 간접정범이 될 수 없다.

② 객 체 : 살아있는 태아이다. i) 사태(死胎)는 본죄의 객체가 아니다. ii) 태아의 시기는 수정란이 자궁에 착상한 때이며 태아의 종기는 분만개시 직전이다.

③ 행 위 : 낙태이다.

㉮ 낙태란 태아를 자연분만기에 앞서서 인위적으로 모체 밖으로 배출하거나 태아를 모체 안에서 살해하는 행위를 말한다. 모체 밖으로 배출시키는 경우 태아의 사망 여부는 불문한다(판례).

---

2) 자기낙태죄의 경우 헌재에 의하여 임신한 여성의 자기결정권을 침해한다는 이유로 헌법에 합치되지 아니한다고 선언되어(헌법불합치 결정 : 2017헌바127) 2020.12.31.을 시한으로 입법자가 개정할 때까지 계속 적용되게 되었으나, 개선입법 시한까지 개정이 이루어지지 아니하여 현재(2021.1.3.)로서는 무효인 상태이다. 다만 법무부에서 개정안에 대하여 입법예고를 한 바 있어 개정입법이 이루어질 것으로 생각된다. 개정입법이 이루어지면 독자들에게 별도의 자료를 통하여 소개할 예정이다.

㈏ 수단 · 방법은 제한이 없다. i) 약물뿐만 아니라 '기타 방법'에 의한 낙태도 가능하다. 기타방법에는 '타인으로 하여금' 낙태를 시술하게 하는 경우를 포함하므로 임부가 산부인과의사에게 낙태수술을 의뢰하여 낙태한 경우 의사는 업무상동의낙태죄가 성립하지만 임부는 업무상동의낙태죄의 교사범이 아니라 자기낙태죄가 성립할 뿐이다. [♠13 사시] ii) 자수범이 아니므로 임부에게는 간접정범이 성립할 수 있다. iii) 부녀가 자살을 기도하여 낙태한 때에도 본죄가 성립한다.

낙태의 기수시기 [♠10 사시]

	위험범설(판례)	침해범설
자연적인 분만기에 앞서 태아를 모체 밖으로 배출시킨 후 배출된 태아를 살해한 경우	낙태기수죄와 살인죄(또는 영아살해죄)의 경합범	낙태미수(불가벌) + 살인죄(또는 영아살해죄)

판 례 연 습

【낙태의 의의와 기수시기】

산부인과 의사인 甲은 합법적인 인공임신중절수술이 허용되는 경우가 아님에도, 임신 28주 상태인 乙女와 상담한 후에 약물에 의한 유도분만의 방법으로 낙태시술을 하였으나, 태아가 살아서 미숙아 상태로 출생하자 그 미숙아에게 염화칼륨을 주입하여 사망하게 하였다. 甲과 乙女의 죄책은?
(乙女는 미숙아 살해와 무관한 것으로 가정함)

판결요지

[1] 낙태죄는 태아를 자연분만기에 앞서서 인위적으로 모체 밖으로 배출하거나 모체 안에서 살해함으로써 성립하고, 그 결과 태아가 사망하였는지 여부는 낙태죄의 성립에 영향이 없다.
[2] 산부인과 의사인 피고인이 약물에 의한 유도분만의 방법으로 낙태시술을 하였으나 태아가 살아서 미숙아 상태로 출생하자 그 미숙아에게 염화칼륨을 주입하여 사망하게 한 사안에서, 염화칼륨 주입행위를 낙태를 완성하기 위한 행위에 불과한 것으로 볼 수 없고, 살아서 출생한 미숙아가 정상적으로 생존할 확률이 적다고 하더라도 그 상태에 대한 확인이나 최소한의 의료행위도 없이 적극적으로 염화칼륨을 주입하여 미숙아를 사망에 이르게 하였다면 피고인에게는 미숙아를 살해하려는 범의가 인정된다고 한 원심의 판단을 수긍한 사례[대판 2005.4.15. 2003도2780]. [♠06, 09, 10, 12 사시] [♣18 변시]

정답 (甲 : 업무상촉탁낙태죄와 살인죄, 乙 : 자기낙태죄)

(2) 주관적 구성요건

고의가 있어야 한다. 과실에 의한 낙태는 불가벌이다.

3. 공범관계

	임 부	타 인
임부가 타인에게 낙태를 촉탁하거나 타인과 공동으로 낙태한 때	자기낙태죄의 직접정범	동의낙태죄 또는 업무상동의낙태죄
타인이 임부를 교사하여 낙태하게 한 때	자기낙태죄	자기낙태죄의 교사범
타인이 임부를 교사하여 낙태의 승낙을 받아 낙태를 실행한 때	자기낙태죄	동의낙태죄 또는 업무상동의낙태죄
타인이 임부에게 낙태를 강요한 때	불가벌(책임조각)	부동의낙태죄의 간접정범과 강요죄의 상상적 경합

Ⅲ. 동의낙태죄

제269조(낙태) ② 부녀의 촉탁 또는 승낙을 받아 낙태하게 한 자도 제1항(자기낙태죄)의 형과 같다.

① 주체는 업무상동의낙태죄의 주체를 제외한 자이다.

② '낙태하게 한 자'란 낙태한 자를 의미한다. 따라서 행위자가 스스로 낙태한 경우에만 동의낙태죄가 성립하고, 임부에게 낙태를 교사·방조한 경우에는 자기낙태죄의 공범이 성립할 수 있을 뿐이다.

Ⅳ. 업무상동의낙태죄

제270조(의사 등의 낙태) ① 의사·한의사·조산사·약제사 또는 약종상이 부녀의 촉탁 또는 승낙을 받아 낙태하게 한 때에는 2년 이하의 징역에 처한다.[3)]

1. 의 의

① 의사 등이 부녀의 촉탁 또는 승낙을 받아 낙태함으로써 성립하는 범죄이다.

② 신분관계로 인하여 형을 가중하는 가중적 구성요건이다(부진정신분범).

2. 구성요건

(1) 객관적 구성요건

① 주 체 : 의사·한의사·조산사·약제사·약종상이다.

㉮ 의사 등은 모두 면허 있는 자에 한한다.

---

3) 제270조 중 의사낙태죄 부분도 자기낙태죄와 마찬가지로 헌법불합치결정과 개선 입법시한 도과로 무효인 상태이다.

㉯ 의사는 산부인과 전문의에 제한되지 않으나, 치과의사나 수의사는 제외된다.

② **행 위** : 부녀의 촉탁 또는 승낙을 받아 낙태하는 것이다. 의사 등이 임산부의 촉탁이나 승낙을 받아 낙태한 경우에도 업무상동의낙태죄로 처벌하는 이유는 임산부에게는 태아의 생명에 대한 처분권이 없어서 피해자승낙이론에 의해 정당화될 수 없기 때문이다. [♠ 06 사시]

(2) 주관적 구성요건

고의가 있어야 한다.

3. 위법성

(1) 모자보건법

모자보건법의 규정에 의하여 낙태수술을 행한 자는 형법 제270조 제1항의 규정에 불구하고 처벌하지 아니한다(동법 제28조).

(2) 긴급피난 · 정당행위

모자보건법상의 요건을 갖추지 못했을지라도 긴급피난 · 정당행위의 요건을 구비한 경우 위법성이 조각될 수 있다(판례).

4. 책 임

判例 임부의 촉탁 또는 승낙이 있다고 하여 낙태에 대하여 기대불가능성이 인정 ×

의사가 부녀의 촉탁 또는 승낙을 받으면 일체의 낙태행위가 정상적인 행위이고 형법 제270조 제1항 소정의 업무상촉탁낙태죄에 의한 처벌이 무가치하게 되었다고 할 수는 없으며, 임산부의 촉탁이 있으면 의사로서 낙태를 거절하는 것이 보통의 경우 도저히 기대할 수 없게 되었다고 할 수도 없다[대판 1985.6.11. 84도1958].

Ⅴ. 부동의낙태죄

제270조(부동의낙태) ② 부녀의 촉탁 또는 승낙 없이 낙태하게 한 자는 3년 이하의 징역에 처한다.

1. 의 의

부녀의 촉탁 또는 승낙 없이 낙태함으로써 성립하는 범죄이다.

2. 구성요건

① 주체는 제한이 없다. 업무상동의낙태죄의 주체도 본죄의 주체가 된다.

② 촉탁 · 승낙이 없으면 충분하고 부녀의 의사에 반할 것을 요하지 않으므로 임부가 낙태의 의사가 있었다고 하더라도 임부 모르게 낙태시킨 경우에는 부동의낙태죄가 성립한다.

③ 임부의 촉탁 · 승낙이 없음에도 불구하고 있다고 오인한 경우에는 부동의낙태죄의 고의가 조각되어(업무상) 동의낙태죄가 성립한다.

3. 타죄와의 관계

(1) 상해죄와의 관계

① 낙태에 당연히 수반되는 임부의 신체상해 : 불가벌적 수반행위로서 낙태죄에 흡수된다.

② 낙태에 당연히 수반되는 범위를 초과하는 임부의 신체상해 : 상해의 고의가 있으면 부동의낙태죄와 상해죄의 상상적 경합이 성립하고, 상해의 고의가 없는 경우 낙태치상죄의 성립이 가능하다.

(2) 살인죄와의 관계

낙태하기 위하여 임부를 살해한 경우에는 부동의낙태죄와 살인죄의 상상적 경합이 된다.

(3) 강요죄와의 관계

임부에게 낙태를 강요한 때에는 부동의낙태죄와 강요죄의 상상적 경합이 된다.

Ⅵ. 낙태치사상죄

제269조(낙태) ③ 제2항의 죄(동의낙태죄)를 범하여 부녀를 상해에 이르게 한 때에는 3년 이하의 징역에 처한다. 사망에 이르게 한 때에는 7년 이하의 징역에 처한다.
제270조(의사 등의 낙태, 부동의낙태) ③ 제1항(업무상 동의낙태죄) 또는 제2항의 죄(부동의낙태죄)를 범하여 부녀를 상해에 이르게 한 때에는 5년 이하의 징역에 처한다. 사망에 이르게 한 때에는 10년 이하의 징역에 처한다.

낙태죄의 미수는 처벌하지 아니하므로, 낙태치사상죄는 낙태가 기수에 이른 때에만 성립한다(다수설).

제5절 유기와 학대의 죄

출제 point ➡ 유기죄의 주체의 범위에 관한 판례의 입장은 선택형은 물론 사례형 출제에도 대비해 두어야 한다. 유기죄는 살인죄 및 상해죄에 대하여 보충관계에 있다는 것을 알아두어야 한다.

Ⅰ. 총 설

1. 유기죄의 의의

① 유기의 죄란 노유 · 질병 기타 사정으로 인하여 부조를 요하는 자를 보호할 의무 있는 자가 유기하는 것을 내용으로 하는 범죄이다.

② 형법은 극단의 개인주의 입장에서 '보호의무 없는 자'의 유기는 벌하지 아니하고 '보호의무자'의 유기만을 처벌하고 있다.[1]

2. 보호법익

유기의 죄의 보호법익은 피유기자의 생명 · 신체의 안전이며, 보호정도는 추상적 위험범이다(통설).

Ⅱ. 유기죄

제271조(유기) ① 나이가 많거나 어림, 질병 그 밖의 사정으로 도움이 필요한 사람을 법률상 또는 계약상 보호할 의무가 있는 자가 유기한 경우에는 3년 이하의 징역 또는 500만원 이하의 벌금에 처한다.

1. 의 의

노유 · 질병 기타 사정으로 인하여 도움이 필요한 사람을(요부조자를) 보호할 의무 있는 자가 유기함으로써 성립하는 범죄이다(진정신분범).

2. 구성요건

(1) 객관적 구성요건

① 주 체 : 요부조자를 보호할 법률상 · 계약상 의무 있는 자이다.

㉮ **법률상의 보호의무** : ⅰ) 공법상 · 사법상의 보호의무를 불문한다. 공법상의 보호의무의 예로는 경찰관의 보호조치의무(경찰관직무집행법 제4조), 사고운전자의 구호의무(도로교통법 제54조 제1항) 등이 있으며, 사법상의 보호의무의 예로는 친족관계에 의한 부양의무(민법 제974조), 친권자의 자녀에 대한 보호의무(민법 제

---

1) 독일형법은 '재난, 공동의 위험 또는 곤궁시에 스스로 위험에 빠지거나 보다 중요한 의무를 침해하지 않고 구조할 수 있었음에도 필요한 구조를 하지 아니한 자는 1년 이하의 자유형 또는 벌금에 처한다'라고 규정하고 있다.

913조) 등이 있다. ii) 보호의무는 행위자에게 신분상의 지위로 인해 특별히 주어진 것이어야 한다. 따라서 법적 의무일지라도 누구에게나 과하여져 있는 일반적 의무는 유기죄의 보호의무가 될 수 없다(예 경범죄처벌법 제1조 제7호[2]의 요부조자 등에 대한 신고의무).

判例 제271조 제1항의 '법률상 보호의무'에 해당하는 경우

1. **(부부간의 부양의무 = 사법상의 보호의무)** 유기죄를 범하여 사람을 사망에 이르게 하는 유기치사죄가 성립하기 위해서는 먼저 유기죄가 성립하여야 하므로, 행위자가 유기죄에 관한 형법 제271조 제1항이 정하고 있는 것처럼 "노유, 질병 기타 사정으로 인하여 부조를 요하는 자를 보호할 법률상 또는 계약상 의무 있는 자"에 해당하여야 한다. 여기에서 말하는 법률상 보호의무에는 민법 제826조 제1항에 근거한 부부간의 부양의무도 포함된다[대판 2018.5.11. 2018도4018].
2. **(경찰관 = 공법상의 보호의무)** 국민의 생명과 신체의 안전을 보호하기 위한 응급의 조치를 강구하여야 할 직무를 가진 경찰관인 피고인으로서는 술에 만취된 피해자가 향토예비군 4명에게 떠메어 운반되어 지서 나무의자 위에 눕혀 놓았을 때 숨이 가쁘게 쿨쿨 내품고 자신의 수족과 의사도 자제할 수 없는 상태에 있음에도 불구하고 근 3시간 동안이나 아무런 구호조치를 취하지 아니한 것은 유기죄에 대한 범의를 인정할 수 있다[대판 1972.6.27. 72도863].

判例 법률상의 보호의무 인정여부(사실혼관계는 인정, 단순 동거관계는 부정)

[1] 유기죄가 성립하기 위하여는 행위자가 형법 제271조 제1항이 정한 바에 따라 '노유, 질병 기타 사정으로 인하여 부조를 요하는 자를 보호할 만한 법률상 또는 계약상 의무 있는 자'에 해당하여야 할 뿐만 아니라, 요부조자에 대한 보호책임의 발생원인이 된 사실이 존재한다는 것을 인식하고, 이에 기한 부조의무를 해태한다는 의식이 있음을 요한다.
[2] 형법 제271조 제1항에서 말하는 법률상 보호의무 가운데는 민법 제826조 제1항에 근거한 부부간의 부양의무도 포함되며, 나아가 법률상 부부는 아니지만 사실혼 관계에 있는 경우에도 위 민법 규정의 취지 및 유기죄의 보호법익에 비추어 위와 같은 법률상 보호의무의 존재를 긍정하여야 하지만, 사실혼에 해당하여 법률혼에 준하는 보호를 받기 위하여는 단순한 동거 또는 간헐적인 정교관계를 맺고 있다는 사정만으로는 부족하고, 그 당사자 사이에 주관적으로 혼인의 의사가 있고 객관적으로도 사회관념상 가족질서적인 면에서 부부공동생활을 인정할 만한 혼인생활의 실체가 존재하여야 한다. [♣19 변시]
[3] 동거 또는 내연관계를 맺은 사정만으로는 사실혼관계를 인정할 수 없고, 내연녀가 치사량의 필로폰을 복용하여 부조를 요하는 상태에 있었음을 인식하였다는 점을 인정할 증거가 부족하다는 이유로 유기치사죄의 성립을 부정한 사례[대판 2008.2.14. 2007도3952].

---

2) 경범죄처벌법 제1조 제7호는 '자기가 관리하고 있는 곳에 도움을 받아야 할 노인·어린이·불구자·다친 사람이 있는 것을 알면서 빨리 이를 관계공무원에게 신고하지 아니한 사람'을 경범죄로 처벌하는 규정을 두고 있다.

㈏ 계약상의 보호의무 : 계약은 유기자와 피유기자 사이에 체결된 것임을 요하지 않는다. 따라서 유기자와 제3자 사이에 체결된 계약도 무방하다.

判例 계약상의 보호의무 인정범위 (중요)

[1] 유기죄에 관한 형법 제271조 제1항의 '계약상 의무'는 간호사나 보모와 같이 계약에 기한 주된 급부의무가 부조를 제공하는 것인 경우에 반드시 한정되지 아니하며, 계약의 해석상 계약관계의 목적이 달성될 수 있도록 상대방의 신체 또는 생명에 대하여 주의와 배려를 한다는 부수적 의무의 한 내용으로 상대방을 부조하여야 하는 경우를 배제하는 것은 아니라고 할 것이다. 그러나 위와 같은 부수의무로서의 민사적 부조의무 또는 보호의무가 인정된다고 해서 형법 제271조 소정의 '계약상 의무'가 당연히 긍정된다고는 말할 수 없고, 제반 사정을 고려하여 위 '계약상의 부조의무'의 유무를 신중하게 판단하여야 한다.
[2] 피고인이 자신이 운영하는 주점에 손님으로 와서 수일 동안 식사는 한 끼도 하지 않은 채 계속하여 술을 마시고 만취한 피해자를 주점 내에 그대로 방치하여 저체온증 등으로 사망에 이르게 하였다는 내용으로 기소된 사안에서, 피해자가 피고인의 지배 아래 있는 주점에서 3일 동안 과도하게 술을 마시고 추운 날씨에 난방이 제대로 되지 아니한 주점 내 소파에서 잠을 자면서 정신을 잃은 상태에 있었다면, 피고인은 주점의 운영자로서 피해자의 생명 또는 신체에 대한 위해가 발생하지 아니하도록 피해자를 주점 내실로 옮기거나 인근에 있는 여관에 데려다 주어 쉬게 하거나 피해자의 지인 또는 경찰에 연락하는 등 필요한 조치를 강구하여야 할 계약상의 부조의무를 부담한다고 판단하여 유기치사죄를 인정한 원심판결을 수긍한 사례[대판 2011.11.24, 2011도12302]. [♠14 사시]

㈐ 사무관리 · 관습 · 조리에 근거한 보호의무의 인정여부

쟁점연구

1. 문제점

형법 제271조의 유기죄의 보호의무자를 예시규정으로 보아 사무관리 · 관습 · 조리에 근거한 보호의무를 인정할 수 있는지가 문제된다.

2. 학 설

위 규정을 예시적인 것으로 보아, 유기죄의 보호의무를 부진정부작위범의 작위의무와 동일하게 널리 사무관리 · 관습 · 조리에 의해서도 인정할 수 있다는 견해가 있다.

3. 판 례

형법이 법률상 또는 계약상의 의무 있는 자만을 유기죄의 주체로 규정하고 있어 명문상 사회상규상의 보호책임을 인정할 수 없다고 판시한 바 있다.

4. 검 토 (판례 지지)

제271조를 예시규정으로 보는 견해는 문언의 가능한 의미를 벗어나 유기죄의 주체를 확대하여 가벌성을 지나치게 확장하는 유추해석에 해당하므로 타당하다고 할 수 없다. 따라서 제한적 열거규정이라고 보는 견해가 타당하다.

判例 사회상규상의 보호의무 부정 사건(일정거리 동행 사건 = 법률상 · 계약상의 보호의무 ×)

현행 형법은 유기죄에 있어서 구법과는 달리 보호법익의 범위를 넓힌 반면에 보호책임 없는 자의 유기죄는 없애고 법률상 또는 계약상의 의무 있는 자만을 유기죄의 주체로 규정하고 있어 명문상 사회상규상의 보호책임을 관념할 수 없다고 하겠으니 유기죄의 죄책을 인정하려면 보호책임이 있게된 경위 · 사정 · 관계 등을 설시하여 구성요건이 요구하는 법률상 또는 계약상 보호의무를 밝혀야 하고, 설혹 동행자가 구조를 요하게 되었다 하여도 일정거리를 동행한 사실만으로서는 피고인에게 법률상 · 계약상의 보호의무가 있다고 할 수 없으니 유기죄의 주체가 될 수 없다[대판 1977.1.11. 76도3419].
[♠ 03, 04, 12 사시]

㉣ **범죄행위로 인한 보호의무의 인정여부** : 유기죄에 의하여 발생할 정도의 위험이 이미 다른 범죄에 의하여 발생한 때에는 그 범죄로 인하여 보호의무가 발생하는 것은 아니다.

判例 (강간치상범이 피해자를 방치한 경우 : 유기죄 불성립) 강간치상의 범행을 저지른 자가 그 범행으로 인하여 실신상태에 있는 피해자를 구호하지 아니하고 방치하였다고 하더라도 그 행위는 포괄적으로 단일의 강간치상죄만을 구성한다[대판 1980.6.24. 80도726]. [♠ 13 사시] [♣ 23 변시]

② 객 체 : 노유 · 질병 기타 사정으로 인하여 부조를 요하는 자이다.

㉮ 요부조자란 타인의 조력 없이는 자기의 생명 · 신체에 대한 위험을 스스로 극복할 수 없는 자를 말한다. 따라서 경제적 요부조자라고 하여 유기죄의 요부조자가 되는 것은 아니다.

㉯ 기타 사정으로 인한 요부조자로서는 불구자, 최면술에 걸린 자, 분만중의 부녀를 들 수 있다.

㉰ 요부조자가 부조를 요하는 원인을 유책하게 야기하였는가는 요부조자의 판단에 영향을 미치지 아니한다.

③ 행 위 : 유기이다.

㉮ 유기란 요부조자를 보호 없는 상태에 둠으로써 그의 생명 · 신체에 위험을 가져오는 행위를 말한다. 따라서 요부조자를 적극적으로 보호 없는 상태로 옮기거나(협의의 유기, 장소적 이전), 요부조자를 종래의 상태로 두고 떠나거나(광의의 유기, 장소적 이전은 없으나 장소적으로 격리), 요부조자를 종래의 상태로 두고 생존에 필요한 보호를 하지 않는 것(최광의의 유기, 장소적 격리도 요하지 않음) 모두 유기에 포함된다.

㉯ 유기의 수단 · 방법에는 제한이 없다. 따라서 작위는 물론 부작위에 의한 유기(예 요부조자가 위험에 빠지는 것을 방치한 경우)도 가능하다.

判例 여호와증인 사건(유기치사죄 성립)

생모가 사망의 위험이 예견되는 그 딸에 대하여는 수혈이 최선의 치료방법이라는 의사의 권유를 자신의 종교적 신념이나 후유증 발생의 염려만을 이유로 완강하게 거부하고 방해하였다면 이는 결과적으로 요부조자를 위험한 장소에 두고 떠난 경우와 다름이 없다 할 것이고,[3] 그 때 사리를 변식할 지능이 없다고 보아야 할 11세 남짓한 환자 본인 역시 수혈을 거부하였다고 하더라도 생모의 수혈거부행위가 위법한 점에 영향을 미치지 않는다[대판 1980.9.24. 79도1387].

㉰ 기수시기는 유기로 인하여 요부조자의 생명 · 신체에 대한 추상적 위험이 발생한 때이다. 따라서 유기 후 타인의 구조가 없으면 스스로 구조할 의사로 근처에 머물고 있는 경우 또는 타인의 구조를 기대할 수 있었던 경우[4]에도 유기죄(기수)가 성립한다(통설).

(2) 주관적 구성요건

① 고의가 있어야 한다.

② 유기죄는 살인죄 · 상해죄에 대하여 보충관계에 있으므로 살인 · 상해의 고의로 유기하면 살인죄 · 상해죄가 성립한다.

判例 (유기죄의 고의 인정 요건) 유기죄에 있어서는 행위자가 요부조자에 대한 보호책임의 발생원인이 된 사실이 존재한다는 것을 인식하고 이에 기한 부조의무를 해태한다는 의식이 있음을 요한다[대판 1988.8.9. 86도225].

Ⅲ. 존속유기죄

제271조(존속유기) ② 자기 또는 배우자의 직계존속에 대하여 제1항의 죄(단순유기죄)를 지은 경우에는 10년 이하의 징역 또는 1천500만원 이하의 벌금에 처한다.

---

3) 대법원은 판결이유에서 이러한 생모의 행위의 성질을 치거(置去)에 해당된다고 판시하였다.

4) 다만 유기죄의 보호정도에 관하여 구체적 위험범설(소수설)을 취하면 유기죄의 기수가 성립할 수 없으며, 유기죄는 미수규정이 없으므로 무죄가 된다.

Ⅳ. 중유기죄 · 존속중유기죄

제271조(유기, 존속유기) ③ 제1항의 죄(단순유기죄)를 지어 사람의 생명에 대한 위험을 발생[5]하게 한 때에는 7년 이하의 징역에 처한다.
④ 제2항의 죄(존속유기죄)를 지어 사람의 생명에 대한 위험을 발생하게 한 때에는 2년 이상의 유기징역에 처한다.

Ⅴ. 영아유기죄[6]

제272조(영아유기) 삭제 〈2023. 8. 8.〉 [시행일: 2024. 2. 9.]

Ⅵ. 학대죄

제273조(학대) ① 자기의 보호 또는 감독을 받는 사람을 학대한 자는 2년 이하의 징역 또는 500만원 이하의 벌금에 처한다.

1. 의 의

① 자기의 보호 또는 감독을 받는 사람을 학대함으로써 성립하는 범죄이다.
② 보호법익은 사람의 생명 · 신체의 안전 및 인격권이며(다수설), 보호정도는 추상적 위험범이다.
③ 학대죄는 즉시범 또는 상태범이며(판례), 경향범에 해당한다.

判例 **(학대의 의의와 학대죄의 성질)** 학대죄는 자기의 보호 또는 감독을 받는 사람에게 육체적으로 고통을 주거나 정신적으로 차별대우를 하는 행위가 있음과 동시에 범죄가 완성되는 상태범 또는 즉시범이라 할 것이다[대판 1986.7.8. 84도2922]. [♣ 20 변시]

---

5) 중유기죄(존속중유기죄)는 구체적 위험범이다. 또한 부진정결과적 가중범이므로 위험발생에 대한 고의 · 과실을 불문한다.

6) [개정이유] 영아살해죄 및 영아유기죄를 폐지함으로써 저항 능력이 없거나 현저히 부족한 사회적 약자인 영아를 범죄로부터 두텁게 보호

2. 구성요건

(1) 객관적 구성요건

① 주 체 : 사람을 보호 · 감독하는 자이다.

② 객 체 : 자기의 보호 · 감독을 받는 자이다. 다만 18세 미만의 아동에 대한 학대는 아동복지법이 적용된다.

③ 행 위 : 학대이다. i) 학대란 육체적 · 정신적인 고통을 주는 가혹한 대우를 하는 것을 의미한다(판례, 통설). ii) 의식주를 제공하지 아니하거나, 필요한 휴식 · 수면을 허용하지 않는 경우 학대에 해당한다.

판 례 연 습

【학대의 개념】

甲은 12세인 자기의 딸인 A女와 성관계를 가진 후 매년 4회 내지 8회에 걸쳐 장장 8년간에 걸쳐 이러한 관계를 지속해 왔다. 甲에 대하여 학대죄의 성립여부를 검토하라.

판결요지

형법 제273조 제1항에서 말하는 '학대'라 함은 육체적으로 고통을 주거나 정신적으로 차별대우를 하는 행위를 가리키고, 이러한 학대행위는 형법의 규정체제상 학대와 유기의 죄가 같은 장에 위치하고 있는 점 등에 비추어 단순히 상대방의 인격에 대한 반인륜적 침해만으로는 부족하고 적어도 유기에 준할 정도에 이르러야 한다[대판 2000.4.25. 2000도223].

정답 (학대죄 불성립)

(2) 주관적 구성요건

학대죄는 경향범이므로 고의 이외에 초과주관적 구성요건요소로서 학대성향의 표출이 있어야 한다.

3. 위법성

判例 학대에 해당하는 연속된 폭행행위 중 일부를 분리하여 무죄의 판결이 가능

학대죄는 자기의 보호 또는 감독을 받는 사람에게 육체적으로 고통을 주거나 정신적으로 차별대우를 하는 행위가 있음과 동시에 범죄가 완성되는 상태범 또는 즉시범이라 할 것이고 비록 수십회에 걸쳐서 계속되는 일련의 폭행행위가 있었다 하더라도 그 중 친권자로서의 징계권의 범위에 속하여 위 위법성이 조각되는 부분이 있다면 그 부분을 따로 떼어 무죄의 판결을 할 수 있다[대판 1986.7.8. 84도2922].

Ⅶ. 존속학대죄

제273조(존속학대) ② 자기 또는 배우자의 직계존속에 대하여 제1항의 죄를 범한 때에는 5년 이하의 징역 또는 700만원 이하의 벌금에 처한다.

Ⅷ. 아동혹사죄

제274조(아동혹사) 자기의 보호 또는 감독을 받는 16세 미만의 자를 그 생명 또는 신체에 위험한 업무에 사용할 영업자 또는 그 종업자에게 인도한 자는 5년 이하의 징역에 처한다. 그 인도를 받은 자도 같다.

1. 의 의

① 자기의 보호 또는 감독을 받는 16세 미만의 자를 그 생명 또는 신체에 위험한 업무에 사용할 영업자 또는 그 종업자에게 인도하거나 인도받음으로써 성립하는 범죄이다.

② 보호법익은 아동의 복지권이고, 그 보호의 정도는 추상적 위험범이다.

③ 필요적 공범 중 대향범으로서 대향자 쌍방을 동일한 형으로 처벌한다.

2. 구성요건

(1) 객관적 구성요건

'인도'란 현실적인 인도를 의미한다. 따라서 인도계약을 체결한 것만으로는 아동혹사죄가 성립하지 아니한다. 그러나 인도 후에 현실적으로 위험한 업무에 종사할 것은 요하지 않는다(거동범). [♠ 09 사시]

(2) 주관적 구성요건

아동혹사죄는 경향범이므로 고의 이외에 초과주관적 구성요건요소로서 위험한 행위성향의 표출이 있어야 한다.

3. 위법성

아동혹사죄는 피해자인 아동의 승낙이 있어도 위법성이 조각되지 않는다.

Ⅸ. 유기치사상죄

제275조(유기 등 치사상) ① 제271조 또는 제273조의 죄를 범하여 사람을 상해에 이르게 한 때에는 7년 이하의 징역에 처한다. 사망에 이르게 한 때에는 3년 이상의 유기징역에 처한다. 〈개정 2023. 8. 8.〉
② 자기 또는 배우자의 직계존속에 대하여 제271조 또는 제273조의 죄(존속유기죄, 존속중유기죄, 존속학대죄)를 범하여 상해에 이르게 한 때에는 3년 이상의 유기징역에 처한다. 사망에 이르게 한 때에는 무기 또는 5년 이상의 징역에 처한다.

判例 유기치사죄가 성립하지 않는 경우(인과관계의 탈락)

치사량의 청산가리를 음독했을 경우 미처 인체에 흡수되기 전에 지체없이 병원에서 위세척을 하는 등 응급 치료를 받으면 혹 소생할 가능은 있을지 모르나 이미 이것이 혈관에 흡수되어 피고인이 피해자를 변소에서 발견했을 때의 피해자의 증상처럼 환자의 안색이 변하고 의식을 잃었을 때는 우리의 의학기술과 의료시설로서는 그 치료가 불가능하여 결국 사망하게 되는 것이고 또 일반적으로 병원에서 음독환자에게 위세척 호흡촉진제 강심제주사 등으로 응급가료를 하나 이것이 청산가리 음독인 경우에는 아무런 도움도 되지 못하는 것이므로 피고인의 유기행위와 피해자의 사망간에는 상당인과관계가 없다 할 것이다[대판 1967.10.31. 67도1151]. [♠ 11 사시]

제2장 자유에 대한 죄

제1절 협박의 죄

출 제 point

협박죄의 기수시기에 관한 대법원 전원합의체판결은 매우 중요하며 기타 협박의 인정여부에 관한 판례를 정리해 두어야 한다.

Ⅰ. 총 설

1. 의 의

협박의 죄는 사람을 협박함으로써 성립하는 범죄이다.

2. 보호법익

보호법익은 개인의 의사결정의 자유이며(통설), 보호의 정도는 통설은 침해범이라고 보나, 판례는 위험범으로 보고 있다.

判例 협박죄의 보호정도 = 위험범

협박죄는 사람의 의사결정의 자유를 보호법익으로 하는 위험범이라 봄이 상당하다[대판(전) 2007.9.28. 2007도606].

Ⅱ. 협박죄

제283조(협박) ① 사람을 협박한 자는 3년 이하의 징역, 500만원 이하의 벌금·구류 또는 과료에 처한다.
③ 피해자의 명시한 의사에 반하여 공소를 제기할 수 없다.
제286조(미수범) 미수범은 처벌한다.

1. 의 의

사람을 협박함으로써 성립하는 범죄이다.

형법상 협박의 개념

	개 념	해당 범죄
광 의	사람에게 공포심을 일으키게 할 만한 해악을 고지하는 것을 말하며, 그로 인하여 상대방이 현실적으로 공포심을 느꼈는지는 묻지 않는다.	· 소요죄(제115조) · 다중불해산죄(제116조) · 공무집행방해죄(제136조) · 특수도주죄(제146조)
협 의	상대방이 현실로 공포심을 느낄 수 있는 정도의 해악의 고지가 있을 것을 요하며, 현실적으로 상대방이 공포심을 느껴야 기수가 된다.	· 협박죄(제283조)(통설에 의함) · 공갈죄(제350조) · 강요죄(제324조)
최협의	① 상대방의 반항을 불가능하게 할 정도의 협박 ② 상대방의 반항을 현저히 곤란하게 할 정도(이상)의 협박	①의 예 · 강도죄(제333조) · 준강도죄(제335조) · 점유강취죄(제325조) ②의 예 · 강간죄(제297조)

2. 구성요건

(1) 객관적 구성요건

① 객 체 : 사람이다. i) 사람은 자연인을 의미하므로 법인은 포함되지 않는다. ii) 자연인일지라도 의사결정의 능력이 없는 영아·명정자·정신병자·수면 중인 자는 협박죄의 객체가 될 수 없다(통설). iii) 외국원수·외교사절에 대한 협박은 별죄를 구성한다(제107조 제1항, 제108조 제1항).

判例 협박죄의 객체(법인은 불포함)

협박죄는 사람의 의사결정의 자유를 보호법익으로 하는 범죄로서 협박의 행위 개념 등에 비추어 볼 때, 협박죄는 자연인만을 그 대상으로 예정하고 있을 뿐 법인은 협박죄의 객체가 될 수 없다[대판 2010.7.15. 2010도1017]. [♣ 14, 15 변시]

② 행 위 : 협박이다. 협박이라 함은 사람으로 하여금 공포심을 일으킬 수 있을 정도의 해악을 고지하는 것을 말한다.

判例 협박죄에서 협박의 의미

협박죄에 있어서의 협박이라 함은 사람으로 하여금 공포심을 일으킬 수 있을 정도의 해악을 고지하는 것을 말하고 협박죄가 성립하기 위하여는 적어도 발생 가능한 것으로 생각될 수 있는 정도의 구체적인 해악의 고지가 있어야 한다[대판 2011.5.26. 2011도2412].

㉮ **협박과 경고의 구별 :** i) 협박이라고 하기 위하여는 해악의 발생이 직접·간접으로 행위자에 의해서 좌우될 수 있는 것이어야 한다(해악에 대한 지배가능성을 요함). 따라서 자연발생적인 길흉화복이나 천재지변의 도래를 알리는 것은 경고에 지나지 않으며 협박이 될 수 없다. ii) 해악의 현실적 발생 가능성 및 해악의 실현의사는 필요하지 않다. 다만 명백히 실현의사가 없는 경우에는 협박이라고 할 수 없다.

㉯ **해악의 내용 :** 제한이 없다. i) 모든 법익에 대한 일체의 해악이 포함되며, 고지의 상대방에 대한 해악이든 그와 밀접한 관계가 있는 제3자에 대한 해악이든 불문한다. 제3자에 대한 해악의 경우 제3자에는 자연인뿐만 아니라 법인도 포함된다(판례). ii) 해악의 내용이 범죄가 되거나 불법할 것을 요하지 아니한다. 따라서 해고·형사고소·신문에의 공개도 해악이 될 수 있다. iii) 작위뿐만 아니라 부작위도 해악이 될 수 있다(예 정신병원에 강제감금된 자를 퇴원시켜 주지 않겠다고 고지하는 것). iv) 조건부 해악도 해악의 내용이 될 수 있다. v) 다만 해악은 상대방에게 공포심을 줄 수 있을 정도의 구체적인 것이어야 한다. 따라서 "앞으로 수박이 없어지면 네 책임이다." 또는 "피해자를 찾아서 해결하라."고 한 것만으로는 협박이라고 할 수 없다(판례).

判例 협박에 해당하지 않는 경우 (민사적 법률관계에서 당사자 사이에 이해가 상충되는 경우)

[1] 민사적 법률관계하에서 이해관계가 상충되는 당사자 사이에 권리의 실현·행사 과정에서 이루어진 상대방에 대한 불이익이나 해악의 고지가 일반적으로 보아 공포심을 일으킬 수 있는 정도로서 협박죄의 '협박'에 해당하는지 여부와 그것이 사회상규에 비추어 용인할 수 있는 정도를 넘어선 것인지 여부를 판단할 때에는, 행위자와 상대방의 관계 및 사회경제적 위상의 차이, 고지된 불이익이나 해악의 내용이 당시 상황에 비추어 이해관계가 대립되는 당사자의 권리 실현·행사의 내용으로 통상적으로 예견·수용할 수 있는 범위를 현저히 벗어난 정도에 이르렀는지, 해악의 고지 방법과 그로써 추구하는 목적 사이에 합리적 관련성이 존재하는지 등 여러 사정을 세심히 살펴보아야 한다[대판 2022.12.15. 2022도9187].

[2] 대표이사인 피해자의 경영실패에 따라 임금 체불, 사무실 임대료 체납 등으로 이 사건 회사의 존립이 위태로운 상황에서 피고인들을 포함하여 이 사건 회사에 최종적으로 잔류한 직원들과 투자금 상실의 위기에 놓인 주요 투자자들이 상호 공동의 이해관계 아래 그러한 사정을 공유한 후 대표이사에게 '사임제안서'를 전달한 경우 협박죄가 성립하지 않는다.[1)]

1) 대법원은 피고인들의 '사임제안서' 전달 행위를 협박죄에서의 '협박'으로 볼 수 없고, 설령 '협박'에 해당하더라도 사회통념상 용인할 수 있는 정도이거나 이 사건 회사의 경영 정상화라는 정당한 목적을 위한 상당한 수단에 해당하여 사회상규에 반하지 않는 정당행위에 해당한다고 판시하였다.

判例 **협박에 해당하지 않는 경우** (단순한 폭언과 단순한 감정적 욕설)

1. 같은 동리에 사는 동년배 간에 동장직을 못하게 하였다는 불만의 표시로서 "두고 보자"는 말을 하였다 하더라도 그 정도의 폭언을 본조 소정의 협박에 해당한다고 하기 어렵다[대판 1974.10.8. 74도1892].
2. 피해자의 처와 통화하기 위하여 야간에 피해자의 집에 여러 차례 전화를 하여 피해자가 전화를 받으면 20분 내지 30분동안 아무 말도 하지 않고 있다가 전화를 끊어버리거나 어떤 때에는 "한 번 만나자, 나한테 자신 있나" 등의 말을 한 정도로는 피해자로 하여금 의구심을 가지게 하여 심적인 고통을 가하거나 분노를 일으키는 등 감정을 자극하는 폭언을 한 정도에 그칠 뿐 피해자의 생명이나 신체 등에 대하여 일정한 해악을 고지한 협박에 이른다고 볼 수 없다[부산지법 1985.7.5. 85도638].
3. 피해자와 언쟁 중 "입을 찢어 버릴라"라고 한 말은 당시의 주위 사정 등에 비추어 단순한 감정적인 욕설에 불과하고 피해자에게 해악을 가할 것을 고지한 행위라고 볼 수 없어 협박에 해당하지 않는다[대판 1986.7.22. 86도1140].

判例 **구체적인 해악 고지가 없어 협박에 해당하지 않는 경우**

"앞으로 수박이 없어지면 네 책임으로 한다."고 말하였다고 하더라도 구체적으로 어떠한 법익에 어떠한 해악을 가하겠다는 것인지를 알 수 없어 이를 해악의 고지라고 보기 어렵다[대판 1995.9.29. 94도2187].

判例 **제3자에 대한 법익 침해를 내용으로 하는 해악을 고지한 경우 제3자의 범위** (법인도 포함)

[1] 피해자 본인이나 그 친족뿐만 아니라 그 밖의 '제3자'에 대한 법익 침해를 내용으로 하는 해악을 고지하는 것이라고 하더라도 피해자 본인과 제3자가 밀접한 관계에 있어 그 해악의 내용이 피해자 본인에게 공포심을 일으킬 만한 정도의 것이라면 협박죄가 성립할 수 있다. 이 때 '제3자'에는 자연인뿐만 아니라 법인도 포함된다 할 것이다. [♣12, 13 변시]
[2] 채권추심 회사의 지사장이 회사로부터 자신의 횡령행위에 대한 민·형사상 책임을 추궁당할 지경에 이르자 이를 모면하기 위하여 회사 본사에 '회사의 내부비리 등을 금융감독원 등 관계 기관에 고발하겠다'는 취지의 서면을 보내는 한편, 위 회사 경영지원본부장이자 상무이사에게 전화를 걸어 자신의 횡령행위를 문제삼지 말라고 요구하면서 위 서면의 내용과 같은 취지로 발언한 경우, 위 상무이사에 대한 협박죄가 인정된다[대판 2010.7.15. 2010도1017]. [♣14 변시]

判例 제3자에 대한 법익 침해를 내용으로 하는 해악을 고지하였으나 협박죄가 성립하지 않는 경우

피고인이 혼자 술을 마시던 중 甲 정당이 국회에서 예산안을 강행처리하였다는 것에 화가 나서 공중전화를 이용하여 경찰서에 여러 차례 전화를 걸어 전화를 받은 각 경찰관에게 경찰서 관할구역 내에 있는 甲 정당의 당사를 폭파하겠다는 말을 한 경우, 피고인은 甲 정당에 관한 해악을 고지한 것이므로 각 경찰관 개인에 관한 해악을 고지하였다고 할 수 없고, 다른 특별한 사정이 없는 한 일반적으로 甲 정당에 대한 해악의 고지가 각 경찰관 개인에게 공포심을 일으킬 만큼 서로 밀접한 관계에 있다고 보기 어려우므로 각 경찰관에 대한 협박죄를 구성한다고 볼 수 없다[대판 2012.8.17. 2011도10451].

判例 고지하는 내용이 위법하지 않은 경우 협박죄의 성립가능성 (가능)

[1] 협박죄가 성립하려면 고지된 해악의 내용이 일반적으로 사람으로 하여금 공포심을 일으키게 하기에 충분한 것이어야 하지만, 상대방이 그에 의하여 현실적으로 공포심을 일으킬 것까지 요구하는 것은 아니며, 고지하는 내용이 위법하지 않은 것인 때에도 해악이 될 수 있다.
[2] 피고인 甲 등이 공모하여 K건설의 대표이사에게 K건설의 이중계약체결과 허위세금계산서를 통한 비자금조성의혹을 제기하면서 민사소송과 형사고발을 비롯하여 세무서 등 관계기관과 언론사에 제보하겠다는 취지의 통지문을 보낸 것은 사회 통념상 용인될 수 있을 정도의 것이라거나 사회상규에 반하지 않는 정당행위에 해당한다고 볼 수 없으므로 포괄하여 협박죄가 성립한다고 한 사례[대판 2012.5.24. 2011도5910].

㉰ **해악고지의 방법** : 제한이 없다. ⅰ) 언어 · 문서 · 거동, 직접적 · 간접적, 명시적 · 묵시적인 방법을 불문한다. ⅱ) 문서에 의하는 경우 허무인 명의로 하거나 익명이라도 관계없다.

判例 거동에 의한 협박(가능)

해악고지는 보통 언어에 의하는 것이나 경우에 따라서는 한마디 말도 없이 거동에 의하여서도 할 수 있는 것이므로 가위로 찌를 듯이 하였다면 신체에 대하여 위해를 가할 고지로 못볼 바 아니므로 이를 협박죄로 단정한 원판결은 정당하다[대판 1975.10.7. 74도2727].

判例 제3자로 하여금 해악을 가하도록 하겠다고 한 경우 협박의 성립요건

협박의 경우 행위자가 직접 해악을 가하겠다고 고지하는 것은 물론, 제3자로 하여금 해악을 가하도록 하겠다는 방식으로도 해악의 고지는 얼마든지 가능하지만, 이 경우 고지자가 제3자의 행위를 사실상 지배하거나 제3자에게 영향을 미칠 수 있는 지위에 있는 것으로 믿게 하는 명시적 · 묵시적 언동을 하였거나 제3자의 행위가 고지자의 의사에 의하여 좌우될 수 있는 것으로 상대방이 인식한

경우에 한하여 비로소 고지자가 직접 해악을 가하겠다고 고지한 것과 마찬가지의 행위로 평가할 수 있고, 만약 고지자가 위와 같은 명시적 · 묵시적 언동을 하거나 상대방이 위와 같이 인식을 한 적이 없다면 비록 상대방이 현실적으로 외포심을 느꼈다고 하더라도 이러한 고지자의 행위가 협박죄를 구성한다고 볼 수는 없다[대판 2006.12.8. 2006도6155]. [♠ 09, 11 사시]

참고판례 피고인이 피해자의 장모가 있는 자리에서 서류를 보이면서 "피고인의 요구를 들어주지 않으면 서류를 세무서로 보내 세무조사를 받게 하여 피해자를 망하게 하겠다."라고 말하여 피해자의 장모로 하여금 피해자에게 위와 같은 사실을 전하게 하고, 그 다음날 피해자의 처에게 전화를 하여 "며칠 있으면 국세청에서 조사가 나올 것이니 그렇게 아시오."라고 말한 경우, 위 각 행위는 협박죄에 있어서 해악의 고지에 해당한다고 한 사례[대판 2007.6.1. 2006도1125].

③ 기수시기

判例 협박죄의 기수시기 = 상대방이 고지한 해악의 의미를 인식한 때(현실적 공포심 불요)

[1] 협박죄가 성립하려면 고지된 해악의 내용이 일반적으로 사람으로 하여금 공포심을 일으키게 하기에 충분한 것이어야 하지만, 상대방이 그에 의하여 현실적으로 공포심을 일으킬 것까지 요구하는 것은 아니며, 그와 같은 정도의 해악을 고지함으로써 상대방이 그 의미를 인식한 이상, 상대방이 현실적으로 공포심을 일으켰는지 여부와 관계없이 그로써 구성요건은 충족되어 협박죄의 기수에 이르는 것으로 해석하여야 한다. [♠ 15 사시]
[2] 협박죄는 사람의 의사결정의 자유를 보호법익으로 하는 위험범이므로, 협박죄의 미수 규정은 해악의 고지가 현실적으로 상대방에게 도달하지 아니한 경우나, 도달은 하였으나 상대방이 이를 지각하지 못하였거나 고지된 해악의 의미를 인식하지 못한 경우 등에 적용될 뿐이다. [♣ 15, 20 변시]
[3] 정보보안과 소속 경찰관이 자신의 지위를 내세우면서 타인의 민사분쟁에 개입하여 빨리 채무를 변제하지 않으면 상부에 보고하여 문제를 삼겠다고 말한 사안에서, 객관적으로 상대방이 공포심을 일으키기에 충분한 정도의 해악의 고지에 해당하므로 현실적으로 피해자가 공포심을 일으키지 않았다 하더라도 협박죄의 기수에 이르렀다고 본 사례. [♣ 12, 13 변시]
[4] 정보보안과 소속 경찰관이 자신의 지위를 내세우면서 타인의 민사분쟁에 개입하여 빨리 채무를 변제하지 않으면 상부에 보고하여 문제를 삼겠다고 말한 사안에서, 상대방이 채무를 변제하고 피해 변상을 하는지 여부에 따라 직무집행 여부를 결정하겠다는 취지이더라도 정당한 직무집행이라거나 목적 달성을 위한 상당한 수단으로 인정할 수 없어 정당행위에 해당하지 않는다고 한 사례[대판(전) 2007.9.28. 2007도606]. [♠ 08, 09, 13 사시]

동지판례 공군 중사인 피고인이 상관인 피해자의 비위 등을 기록한 내용을 피해자에게 제시하면서 피해자가 피고인에게 폭언한 사실을 인정하지 아니하면 그 내용을 상부기관에 제출하겠다고 한 행위는 객관적으로 보아 사람으로 하여금 공포심을 일으키게 하기에 충분한 정도의 해악의 고지에 해당한다고 할 것이므로, 피해자가 그 취지를 인식하였음이 명백한 이상 설령 피해자가 현실적으로 공포심을 느끼지 못하였다 하더라도 그와는 무관하게 상관협박죄의 기수에 이르렀다고 보아야 한다[대판 2008.12.11. 2008도8922].

쟁점연구 **[협박죄의 법적 성질과 기수시기]**

1. 문제점

협박죄가 기수가 되기 위해서 협박의 상대방에게 현실적인 공포심이 발생하여야 하는지 문제된다. 이를 해결하기 위해서는 협박죄의 법적 성질이 침해범인지, 위험범인지가 선결적으로 해결되어야 한다.

2. 견해의 대립

i) 협박죄의 미수처벌규정이 존재한다는 점, 협박죄를 위험범으로 보게 되면 기수범으로 처벌되는 범위가 지나치게 넓어질 우려가 있다는 점에서 침해범으로 보아야 한다는 견해이다. 이 견해에 의하면 해악의 고지에 의하여 상대방이 현실적인 공포심이 발생하면 기수가 되고 그렇지 않은 경우 미수가 된다고 본다. 한편 ii) 판례는 협박죄를 위험범으로 보고 해악을 고지함으로써 상대방이 그 의미를 인식한 이상, 상대방이 현실적으로 공포심을 일으켰는지 여부와 관계없이 구성요건은 충족되어 협박죄의 기수가 된다고 판시한 바 있다.

3. 검 토 (판례 지지)

i) 현행 형법상 현주건조물방화죄와 같이 위험범임에도 미수처벌규정을 두고 있는 경우도 있으므로 미수처벌규정이 존재한다고 하여 당해 범죄가 침해범이어야 한다는 논리필연적인 연관성을 인정할 수 없고[김성돈, 형사판례연구 별쇄본, 2009, 박영사, 6면], ii) 협박죄를 침해범으로 보아 해악의 고지에 의하여 현실적인 공포심이 발생한 경우에 기수가 된다고 보게 되면 현실적으로 공포심을 일으켰는지에 대한 판단기준이 모호하다는 문제점이 있다. 따라서 협박죄를 위험범으로 보는 판례의 입장이 타당하다.

(2) 주관적 구성요건

고의가 있어야 한다.

判例 고지한 해악을 실제로 실현할 의사가 없는 경우 = 협박죄의 고의 성립 가능

[1] 협박죄에 있어서의 협박이라 함은 일반적으로 보아 사람으로 하여금 공포심을 일으킬 수 있는 정도의 해악을 고지하는 것을 의미하므로 그 주관적 구성요건으로서의 고의는 행위자가 그러한 정도의 해악을 고지한다는 것을 인식·인용하는 것을 그 내용으로 하고 고지한 해악을 실제로 실현할 의도나 욕구는 필요로 하지 아니하고, 다만 행위자의 언동이 단순한 감정적인 욕설 내지 일시적 분노의 표시에 불과하여 주위사정에 비추어 가해의 의사가 없음이 객관적으로 명백한 때에는 협박행위 내지 협박의 의사를 인정할 수 없다.

[2] 피고인이 피해자인 누나의 집에서 갑자기 온 몸에 연소성이 높은 고무놀을 바르고 라이타 불을 켜는 동작을 하면서 이를 말리려는 피해자 등에게 가위, 송곳을 휘두르면서 '방에 불을 지르겠다' '가족 전부를 죽여 버리겠다'고 소리쳤고 피해자가 피고인의 행위를 약 1시간 가량 말렸으나 듣지 아니하여 무섭고 두려워서 신고를 하였다면, 피고인의 행위는 피해자 등에게 공포심을 일으키기에 충분할 정도의 해악을 고지한 것이고, 나아가 피고인에게 실제로 피해자 등의 신체에 위해를 가할

의사나 불을 놓을 의사가 없었다고 할지라도 위와 같은 해악을 고지한다는 점에 대한 인식·인용은 있었다고 봄이 상당하다[대판 1991.5.10. 90도2102]. [♠ 09 사시]

判例 협박죄의 고의가 부정된 경우

지서에 연행된 피고인이 경찰관으로부터 반공법위반 혐의사실을 추궁당하고 뺨까지 얻어맞게 되자 술김에 흥분하여 항의조로 "내가 너희들의 목을 자른다, 내 동생을 시켜서라도 자른다."라고 말하였다 하여 피고인에게 협박죄를 구성할 만한 해악을 고지할 의사가 인정될 수 없다[대판 1972.8.29. 72도1565].

3. 위법성

(1) 권리행사의 수단으로 해악을 고지한 경우

判例 권리행사 또는 직무집행을 위하여 해악을 고지한 경우 위법성조각 요건

1. 권리행사의 일환으로 상대방에게 일정한 해악을 고지한 경우, 그 해악의 고지가 정당한 권리행사나 직무집행으로서 사회상규에 반하지 아니하는 때에는 협박죄가 성립하지 아니하나, 외관상 권리행사나 직무집행으로 보이더라도 실질적으로 권리나 직무권한의 남용이 되어 사회상규에 반하는 때에는 협박죄가 성립한다고 보아야 할 것인바, 구체적으로는 그 해악의 고지가 정당한 목적을 위한 상당한 수단이라고 볼 수 있으면 위법성이 조각되지만, 위와 같은 관련성이 인정되지 아니하는 경우에는 그 위법성이 조각되지 아니한다[대판(전) 2007.9.28. 2007도606; 동지 대판 1998.3.10. 98도70].
2. 사채업자인 피고인이 채무자 甲에게, 채무를 변제하지 않으면 甲이 숨기고 싶어하는 과거 행적과 사채를 쓴 사실 등을 남편과 시댁에 알리겠다는 등의 문자메시지를 발송한 경우, 피고인의 행위는 정당행위에 해당하지 않으므로 협박죄가 성립한다[대판 2011.5.26. 2011도2412]. [♠ 13 사시] [♣ 23 변시]

判例 정당한 훈계의 범위를 벗어나는 것이 아니어서 위법성이 조각되는 경우

"앞으로 수박이 없어지면 네 책임으로 한다."고 말하였다고 하더라도 그것만으로는 구체적으로 어떠한 법익에 어떠한 해악을 가하겠다는 것인지를 알 수 없어 이를 해악의 고지라고 보기 어렵고, 가사 위와 같이 말한 것이 다소간의 해악의 고지에 해당한다고 가정하더라도, 이는 정당한 훈계의 범위를 벗어나는 것이 아니어서 사회상규에 위배되지 아니하므로 위법성이 없다고 봄이 상당하다[대판 1995.9.29. 94도2187].

(2) 형사고소를 고지한 경우

i) 고소할 의사가 있는가를 기준으로 하여, 고소할 의사 없이 공포심을 일으킬 목적으로 고소하겠다고 한 때에는 협박죄가 성립한다는 견해와 ii) 고소권의 행사를 어떤 목적을 위하여 남용했는가에 따라 판단해야 한다는 견해가 대립되고 있다.

4. 소추조건

① 반의사불벌죄이다.

② 2인 이상이 공동하여 협박한 경우 '폭력행위 등 처벌에 관한 법률'이 적용되며 반의사불벌죄에 해당하지 아니한다(동법 제2조 제4항).

Ⅲ. 존속협박죄

제283조(존속협박) ② 자기 또는 배우자의 직계존속에 대하여 제1항의 죄(협박죄)를 범한 때에는 5년 이하의 징역 또는 700만원 이하의 벌금에 처한다.
③ 피해자의 명시한 의사에 반하여 공소를 제기할 수 없다.
제286조(미수범) 미수범은 처벌한다.

Ⅳ. 특수협박죄

제284조(특수협박) 단체 또는 다중의 위력을 보이거나 위험한 물건을 휴대하여 제283조 제1항(협박죄), 제2항의 죄(존속협박죄)를 범한 때에는 7년 이하의 징역 또는 1천만원 이하의 벌금에 처한다.

判例 위험한 물건에 해당하는 경우

1. 피고인이 미리 준비해 간 회칼을 책상 위에 수회 내리치면서 피해자를 협박한 사실에 대하여 특수협박죄가 성립한다고 한 사례[대판 2017.3.30. 2017도771].
2. 비록 피고인이 위 공기총에 실탄을 장전하지 아니하였다고 하더라도 피고인은 범행 현장에서 공기총과 함께 실탄을 소지하고 있었고 피고인으로서는 언제든지 실탄을 장전하여 발사할 수도 있었던 것이므로 위 공기총은 특수협박죄 소정의 '흉기 기타 위험한 물건'에 해당한다[대판 2002.11.26. 2002도4586].
[♣13 변시]

判例 위험한 물건의 '휴대'에 해당하지 않는 경우 (청산염을 우송한 경우)

위험한 물건의 '휴대'라 함은 범행현장에서 범행에 사용할 의도 아래 위험한 물건을 몸 또는 몸 가까이 소지하는 것을 말하므로 청산염 2g 정도를 협박편지에 동봉 우송하여 피해자에게 도달케 하였다는 것만으로는 특수협박죄의 위험한 물건의 휴대라고 할 수 없다[대판 1985.10.8. 85도1851]. [♠ 02 사시]

判例 특수협박죄가 반의사불벌죄인지 여부(부정)

형법 제283조 제3항은 피해자의 명시한 의사에 반하여 공소를 제기할 수 없는 대상범죄로서 같은 조 제1항 및 제2항에 규정된 형법상 단순협박죄와 존속협박죄만을 규정하고 있을 뿐이므로, 형법 제284조에서 규정하는 단체 또는 다중의 위력을 보이거나 위험한 물건을 휴대한 특수협박죄의 경우에는 형법 제283조 제3항(반의사불벌죄에 관한 규정 - *저자 주)이 적용될 수 없다[대판 2008.7.24. 2008도4658].

[♠ 11 사시]

V. 상습협박죄

제285조(상습범) 상습으로 제283조 제1항(협박죄), 제2항(존속협박죄) 또는 전조의 죄(특수협박죄)를 범한 때에는 그 죄에 정한 형의 2분의 1까지 가중한다.

제2절 강요의 죄

출 제 point

강요죄에서 '권리'의 범위에 관한 판례, 인질강요죄의 경우 강요의 상대방은 인질이 아니라 제3자라는 법규정을 잘 정리해 두어야 한다.

Ⅰ. 총 설

1. 의 의

강요의 죄란 폭행 또는 협박으로 사람의 권리행사를 방해하거나 의무 없는 일을 하게 하는 것을 내용으로 하는 범죄이다.

2. 보호법익

강요의 죄의 보호법익은 사람의 의사결정 및 의사활동의 자유이다. 보호의 정도는 침해범이다.

Ⅱ. 강요죄

제324조(강요) ① 폭행 또는 협박으로 사람의 권리행사를 방해하거나 의무없는 일을 하게 한 자는 5년 이하의 징역 또는 3천만원 이하의 벌금에 처한다. 〈개정 2016.1.6〉
제324조의 5(미수범) 미수범은 처벌한다.

1. 의 의

① 강요죄는 폭행 또는 협박으로 사람의 권리행사를 방해하거나 의무 없는 일을 하게 함으로써 성립하는 범죄이다.

② 강요죄는 재산죄인 권리행사방해죄의 한 형태로 규정되어 있으나 자유에 대한 죄의 일종으로 보는 것이 일반적이다.

2. 구성요건

(1) 객관적 구성요건

① 주 체 : 피해자 이외의 모든 자연인이다.

② 객 체 : 사람이다. 사람은 (법인을 제외한)자연인인 타인을 의미하며 의사결정 및 활동의 자유를 가진 자에 제한된다.

③ 행 위 : 폭행 또는 협박으로 사람의 권리행사를 방해하거나 의무 없는 일을 하게 하는 것이다.

㉮ **폭 행** : ⅰ) 사람에 대한 직접적 · 간접적 유형력의 행사를 말한다(광의의 폭행). [♠11 사시] 따라서 맹인의 길을 인도하는 개를 붙잡거나, 장애인이 타고 가는 휠체어를 손괴하거나, 사람이 타고 가는 자동차 타이어에 펑크를 내는 것도 폭행에 해당한다. ⅱ) 폭행은 강제적 폭력[1]과 절대적 폭력[2]을 모두 포함한다.

㉯ **협 박** : 강요죄의 수단인 협박은 일반적으로 사람으로 하여금 공포심을 일으키게 하는 정도의 해악을 고지하는 것으로 그 방법은 통상 언어에 의하는 것이나 경우에 따라서 한마디 말도 없이 거동에 의하여서도 할 수 있다.

㉰ **폭행 · 협박의 정도와 상대방** : ⅰ) 폭행 · 협박은 객관적으로 사람의 의사결정의 자유를 제한하거나 의사실행의 자유를 방해할 정도여야 한다(판례). [♠11 사시] ⅱ) 폭행 · 협박의 상대방이 반드시 피강요자와 일치할 것을 요하지 않는다. 따라서 삼각강요의 경우에도 피강요자에 대하여는 강요죄가 성립한다. 다만 폭행 · 협박의 상대방에 대해서는 폭행죄 또는 협박죄가 성립한다.

判例 강요죄의 폭행에 해당하지 않는 경우

[1] 강요죄는 폭행 또는 협박으로 사람의 권리행사를 방해하거나 의무 없는 일을 하게 하는 범죄이다(형법 제324조 제1항). 여기에서 폭행은 사람에 대한 직접적인 유형력의 행사뿐만 아니라 간접적인 유형력의 행사도 포함하며, 반드시 사람의 신체에 대한 것에 한정되지 않는다. 사람에 대한 간접적인 유형력의 행사를 강요죄의 폭행으로 평가하기 위해서는 피고인이 유형력을 행사한 의도와 방법, 피고인의 행위와 피해자의 근접성, 유형력이 행사된 객체와 피해자의 관계 등을 종합적으로 고려해야 한다.

[2] 피고인이 甲과 공모하여 甲 소유의 차량을 乙 소유 주택 대문 바로 앞부분에 주차하는 방법으로 乙이 차량을 주택 내부의 주차장에 출입시키지 못하게 함으로써 乙의 차량 운행에 관한 권리행사를 방해하였다는 내용으로 기소된 사안에서, 피고인은 乙로 하여금 주차장을 이용하지 못하게 할 의도로 甲 차량을 乙 주택 대문 앞에 주차하였으나, 주차 당시 피고인과 乙 사이에 물리적 접촉이 있거나 피고인이 乙에게 어떠한 유형력을 행사했다고 볼만한 사정이 없는 점, 피고인의 행위로 乙에게 주택 외부에 있던 乙 차량을 주택 내부의 주차장에 출입시키지 못하는 불편이 발생하였으나, 乙은 차량을 용법에 따라 정상적으로 사용할 수 있었던 점을 종합하면, 피고인이 乙을 폭행하여 차량 운행에 관한 권리행사를 방해하였다고 평가하기 어렵다[대판 2021.11.25. 2018도1346].

判例 강요죄의 협박에 해당하기 위한 요건

강요죄는 폭행 또는 협박으로 사람의 권리행사를 방해하거나 의무 없는 일을 하게 하는 범죄이다. 여기에서 협박은 객관적으로 사람의 의사결정의 자유를 제한하거나 의사실행의 자유를 방해할 정

1) 폭행에 의하여 상대방의 의사에 심리적 영향을 미치는 것을 말한다.
2) 폭행에 의하여 상대방의 의사형성을 불가능하게 하는 경우를 말한다.

도로 겁을 먹게 할 만한 해악을 고지하는 것을 말한다. 이와 같은 협박이 인정되기 위해서는 발생 가능한 것으로 생각할 수 있는 정도의 구체적인 해악의 고지가 있어야 한다.

해악의 고지는 반드시 명시적인 방법이 아니더라도 말이나 행동을 통해서 상대방에게 어떠한 해악을 끼칠 것이라는 인식을 갖도록 하면 충분하고, 제3자를 통해서 간접적으로 할 수도 있다. 행위자가 그의 직업, 지위 등에 기초한 위세를 이용하여 불법적으로 재물의 교부나 재산상 이익을 요구하고 상대방이 불응하면 부당한 불이익을 입을 위험이 있다는 위구심을 일으키게 하는 경우에도 해악의 고지가 된다. 협박받는 사람이 공포심 또는 위구심을 일으킬 정도의 해악을 고지하였는지는 행위 당사자 쌍방의 직무, 사회적 지위, 강요된 권리 · 의무에 관련된 상호관계 등 관련 사정을 고려하여 판단해야 한다.

행위자가 직무상 또는 사실상 상대방에게 영향을 줄 수 있는 직업이나 지위에 있고 직업이나 지위에 기초하여 상대방에게 어떠한 요구를 하였더라도 곧바로 그 요구 행위를 위와 같은 해악의 고지라고 단정하여서는 안 된다. 특히 공무원이 자신의 직무와 관련한 상대방에게 공무원 자신 또는 자신이 지정한 제3자를 위하여 재산적 이익 또는 일체의 유 · 무형의 이익 등을 제공할 것을 요구하고 상대방은 공무원의 지위에 따른 직무에 관하여 어떠한 이익을 기대하며 그에 대한 대가로서 요구에 응하였다면, 다른 사정이 없는 한 공무원의 위 요구 행위를 객관적으로 사람의 의사결정의 자유를 제한하거나 의사실행의 자유를 방해할 정도로 겁을 먹게 할 만한 해악의 고지라고 단정하기는 어렵다.

행위자가 직업이나 지위에 기초하여 상대방에게 어떠한 이익 등의 제공을 요구하였을 때 그 요구행위가 강요죄의 수단으로서 해악의 고지에 해당하는지 여부는 행위자의 지위뿐만 아니라 그 언동의 내용과 경위, 요구 당시의 상황, 행위자와 상대방의 성행 · 경력 · 상호관계 등에 비추어 볼 때 상대방으로 하여금 그 요구에 불응하면 어떠한 해악에 이를 것이라는 인식을 갖게 하였다고 볼 수 있는지, 행위자와 상대방이 행위자의 지위에서 상대방에게 줄 수 있는 해악을 인식하거나 합리적으로 예상할 수 있었는지 등을 종합하여 판단해야 한다. 공무원인 행위자가 상대방에게 어떠한 이익 등의 제공을 요구한 경우 위와 같은 해악의 고지로 인정될 수 없다면 직권남용이나 뇌물 요구 등이 될 수는 있어도 협박을 요건으로 하는 강요죄가 성립하기는 어렵다[대판(전) 2019.8.29. 2018도13792].

判例 강요죄의 협박에 해당하는 경우

1. [1] 강요죄의 수단인 협박은 일반적으로 사람으로 하여금 공포심을 일으키게 하는 정도의 해악을 고지하는 것으로 그 방법은 통상 언어에 의하는 것이나 경우에 따라서 한마디 말도 없이 거동에 의하여서도 할 수 있다.
   [2] 환경단체 소속 회원들이 축산 농가들의 폐수 배출 단속활동을 벌이면서 폐수 배출현장을 사진촬영하거나 지적하는 한편 폐수 배출사실을 확인하는 내용의 사실확인서를 징구하는 과정에서 서명하지 아니할 경우 법에 저촉된다고 겁을 주는 등 행한 일련의 행위가 '협박'에 의한 강요행위에 해당한다고 한 사례[대판 2010.4.29. 2007도7064].
2. 골프시설의 운영자가 골프회원에게 불리하게 변경된 내용의 회칙에 대하여 동의한다는 내용의

등록신청서를 제출하지 아니하면 회원으로 대우하지 아니하겠다고 통지한 것은 강요죄의 협박에 해당한다[대판 2003.9.26. 2003도763]. [♣14 변시]

3. 민주노총 전국건설노조 건설기계지부 소속 노조원인 피고인들이, 현장소장인 피해자 甲이 노조원이 아닌 피해자 乙의 건설장비를 투입하여 수해상습지 개선사업 공사를 진행하자 '민주노총이 어떤 곳인지 아느냐, 현장에서 장비를 빼라'는 취지로 말하거나 공사 발주처에 부실공사가 진행되고 있다는 취지의 진정을 제기하는 방법으로 공사현장에서 사용하던 장비를 철수하게 하고 '현장에서 사용하는 모든 건설장비는 노조와 합의하여 결정한다'는 협약서를 작성하게 함으로써 피해자들에게 의무 없는 일을 하게 하였다고 하여 폭력행위 등 처벌에 관한 법률 위반(공동강요)으로 기소된 사안에서, 피고인들의 행위는 사회통념상 허용되는 정도나 범위를 넘는 것으로서 강요죄의 수단인 협박에 해당한다고 한 사례[대판 2017.10.26. 2015도16696].

判例 강요죄의 협박에 해당하지 않는 경우(단순히 사직할 것을 권유한 경우)

강요죄에서의 협박은 객관적으로 사람의 의사결정의 자유를 제한하거나 의사실행의 자유를 방해할 정도로 겁을 먹게 할 만한 해악을 고지하는 것을 말하는바, 직장에서 상사가 범죄행위를 저지른 부하직원에게 징계절차에 앞서 자진하여 사직할 것을 단순히 권유하였다고 하여 이를 강요죄에서의 협박에 해당한다고 볼 수는 없다[대판 2008.11.27. 2008도7018].

㉣ **권리행사방해** : i) 권리는 반드시 법령에 근거가 있을 것은 요하지 않고, 재산적 권리 · 비재산적 권리를 불문한다(판례). ii) 권리를 행사한다고 볼 수 없는 자에 대한 폭행 · 협박은 강요죄가 성립하지 않는다. 다만 폭행죄 · 협박죄의 성립은 가능하다(판례).

判例 강요죄의 '권리'의 범위

본죄에서 말하는 권리라 함은 재산적 권리 뿐 아니라 비재산적 권리로 볼 수 있는 개인의 계약체결에 대한 자유권도 포함되고 그 계약체결이 법률상 위법 기타 제한이 있다 하더라도 폭력에 의한 권리행사방해죄(강요죄)의 성립에는 영향이 없다[대판 1962.1.25. 4293형상233].

관련판례 형법 제324조 소정의 폭력에 의한 권리행사방해죄(강요죄)는 폭행 또는 협박에 의하여 권리행사가 현실적으로 방해되어야 할 것인바, 피해자의 해외도피를 방지하기 위하여 피해자를 협박하고 이에 피해자가 겁을 먹고 있는 상태를 이용하여 동인 소유의 여권을 교부하게 하여 피해자가 그의 여권을 강제 회수당하였다면 피해자가 해외여행을 할 권리는 사실상 침해되었다고 볼 것이므로 권리행사방해죄의 기수로 보아야 한다[대판 1993.7.27. 93도901]. [♣12 변시]

判例 권리행사를 하는 자가 아닌 자에 대한 폭행 = 강요죄 ×

전답의 점유를 침탈당한 자라도 이를 실력으로 회수할 수는 없는 것이니 그 전답의 점유를 실력으로 회수하려는 자에게 폭행을 가하였다면 이는 단순폭행죄에 해당한다 할 것이고 권리행사를 방해하였다고는 논할 수 없다[대판 1961.11.9. 4294형상357].

판례해설 후단부의 기술은 권리행사방해죄가 성립할 수 없다는 취지가 아니라 강요죄가 성립할 수 없다는 취지이다.

㉶ 의무 없는 일 강요 : 상대방에게 의무가 없음에도 불구하고 일정한 작위 · 부작위 또는 인용을 강요하는 것을 말한다(예 폭행 · 협박에 의하여 계약포기서와 소청취하서에 날인케한 경우와 법률상 의무 없는 사죄장이나 진술서를 작성하도록 한 경우).

判例 폭행 또는 협박으로 의무 없는 일을 하게 한 경우 = 강요죄 ○

타인을 협박하여 법률상 의무 없는 진술서를 작성케 함은 사람의 자유권행사를 방해하는 것으로서 강요죄를 구성한다[대판 1974.5.14. 73도2578].

判例 의무 있는 일을 하게 한 경우 = 강요죄 ×

1. 강요죄에서 '의무 없는 일'이란 법령, 계약 등에 기하여 발생하는 법률상 의무 없는 일을 말하므로, 폭행 또는 협박으로 법률상 의무 있는 일을 하게 한 경우에는 폭행 또는 협박죄만 성립할 뿐 강요죄는 성립하지 아니한다[대판 2008.5.15. 2008도1097]. [♠ 13 사시]

   판례해설 피고인이 의무 있는 일로 알고서 협박한 경우에는 강요의 고의가 인정되지 않아 강요죄가 성립할 수 없게 된다.

2. 군인인 상관 甲이 직무수행을 태만히 하거나 지시사항을 불이행하고 허위보고 등을 한 부하 A에게 근무태도를 교정하고 직무수행을 감독하기 위하여 직무수행 내역을 일지 형식으로 기재하여 보고하고 하루 일과 수행에 대한 자기 평가도 해보라는 명령을 하고 이를 위반하였다는 이유로 4회에 걸친 얼차려의 제재를 부과하였다고 하더라도, 이것이 불성실한 근무태도의 교정과 업무수행에 대한 감독을 위하여 이루어진 것이라면 여전히 공적 업무관련성을 갖고 있다고 보아야 하므로, 그러한 지시가 직무상의 권한을 벗어난 부당한 지시라고 단정할 수 없다. 따라서 甲에게는 강요죄가 성립하지 아니한다[대판 2012.11.29. 2010도1233].

④ 기수시기 : ⅰ) 폭행 · 협박에 의하여 권리행사가 현실적으로 방해되거나 의무 없는 일을 현실적으로 했을 때 기수가 된다. ⅱ) 폭행 · 협박을 하였으나 현실적으로 권리행사가 방해되지 않았거나 의무 없는 일을 행하지 아니한 경우는 미수에 불과하다.

(2) 주관적 구성요건

고의가 있어야 한다.

3. 위법성(위법성의 판단기준)

(1) 목적의 비난가능성

① 범죄를 강요하기 위한 폭행 · 협박은 위법하다.

② 음주운전 · 자살을 저지하기 위한 폭행 · 협박은 위법하지 아니하다.

(2) 수단의 비난가능성

정당한 목적을 달성하기 위한 경우에도 수단 자체가 고도의 불법내용을 가진 경우에는 위법성이 조각되지 아니한다(예 음주운전을 막기 위한 상해).

(3) 목적과 수단의 관련성

폭행 · 협박이 권리행사의 외관을 가질지라도 목적과 강제수단 사이에 내적 관련성이 없는 경우에는 위법성이 조각되지 아니한다.

4. 죄수 및 타죄와의 관계

① **체포 · 감금죄 등 다른 자유에 대한 죄와의 관계** : 강요죄는 개인의 자유를 침해하는 범죄 가운데 가장 일반적인 범죄이므로 체포 · 감금, 약취 · 유인, 강간 · 강제추행의 죄가 성립하는 경우에는 특별규정인 이들 범죄만 성립하고 강요죄의 적용은 배제된다(법조경합의 특별관계).

② **협박죄와의 관계** : 강요죄가 성립하는 경우 협박죄의 적용은 배제된다(보충관계).

③ **공갈죄 · 강도죄와의 관계** : 공갈죄 또는 강도죄가 성립하는 경우에는 강요죄는 성립하지 않는다(보충관계).

判例 강요를 근거로 공갈한 경우 = 공갈죄의 포괄일죄

피고인이 투자금의 회수를 위해 피해자를 강요하여 물품대금을 횡령하였다는 자인서를 받아낸 뒤 이를 근거로 돈을 갈취한 경우 피고인의 주된 범의가 피해자로부터 돈을 갈취하는 데에 있었던 것이라면 피고인은 단일한 공갈의 범의하에 갈취의 방법으로 일단 자인서를 작성케 한 후 이를 근거로 계속하여 갈취행위를 한 것으로 보아야 할 것이므로 위 행위는 포괄하여 공갈죄 일죄만을 구성한다고 보아야 한다[대판 1985.6.25. 84도2083].

Ⅱ-Ⅰ. 특수강요죄

제324조(강요) ② 단체 또는 다중의 위력을 보이거나 위험한 물건을 휴대하여 제1항의 죄를 범한 자는 10년 이하의 징역 또는 5천만원 이하의 벌금에 처한다. 〈신설 2016.1.6〉[3]
제324조의 5(미수범) 미수범은 처벌한다.

Ⅲ. 중강요죄

제326조(중권리행사방해) 제324조(강요죄) 또는 제325조의 죄(점유강취죄, 준점유강취죄)를 범하여 사람의 생명에 대한 위험을 발생하게 한 자는 10년 이하의 징역에 처한다.

Ⅳ. 인질강요죄

제324조의2(인질강요) 사람을 체포 · 감금 · 약취 또는 유인하여 이를 인질로 삼아 제3자에 대하여 권리행사를 방해하거나 의무 없는 일을 하게 한 자는 3년 이상의 유기징역에 처한다.
제324조의5(미수범) 미수범은 처벌한다.
제324조의6(형의 감경) 제324조의2의 죄(인질강요죄)를 범한 자 및 그 죄의 미수범이 인질을 안전한 장소로 풀어준 때에는 그 형을 감경할 수 있다.

1. 의 의

① 사람을 체포 · 감금 · 약취 또는 유인하여 이를 인질로 삼아 제3자에 대하여 권리행사를 방해하거나 의무 없는 일을 하게 함으로써 성립하는 범죄이다.

② 인질을 이용하는 테러활동에 대처하기 위한 규정으로서 보호법익은 인질의 자유와 피강요자의 의사결정 및 의사활동의 자유이며, 보호정도는 침해범이다.

2. 구성요건

(1) 객관적 구성요건

① **체포 · 감금 · 약취 · 유인** : ⅰ) 반드시 강요의 목적으로 체포 · 감금 · 약취 · 유인하였음을 요하지 않는다. ⅱ) 체포 · 감금 · 약취 · 유인하지 않은 자가 강요한 때에는 강요죄가 성립할 뿐이다.

② **인질로 삼아** : 체포 · 감금 · 약취 · 유인된 자의 생명 · 신체 등의 안전에 관한 제3자의 우려를 이용하여 석방이나 생명 · 신체에 대한 안전보장의 대가로 제3자를 강요하기 위하여 체포 · 감금 · 약취 · 유인된 자의 자유를 구속하는 것을 말한다. 인질의 대상

---

3) 폭처법 제3조 제1항이 삭제되면서 형법에 신설된 조항이다.

은 자연인에 한하며 법인은 포함되지 않는다.

③ 강 요 : 형법은 강요의 상대방이 제3자임을 명문으로 규정하고 있다. 따라서 인질에 대한 강요는 인질강요죄가 성립할 수 없다. [♠ 09 사시] 제3자는 자연인 · 법인 · 법인격 없는 단체 · 국가기관을 포함한다.

④ 착수시기

쟁점연구

1. 학 설

① 제1설 : 강요의 수단으로 체포 · 감금 · 약취 · 유인을 개시한 때에 실행의 착수가 있다는 견해이다.

② 제2설 : 강요행위를 개시한 때 실행의 착수가 있다는 견해이다.

2. 검 토 (제2설 지지)

인질강요죄는 인질강요의 목적 없이 체포 · 감금 · 약취 · 유인의 행위를 한 후 비로소 강요의 고의가 생긴 경우에도 성립할 수 있으므로 인질강요죄의 중점은 강요행위에 있다고 보아야 한다는 점에서 강요행위시를 실행의 착수시기로 보는 제2설이 타당하다.

⑤ 기수시기 : 강요행위로 인하여 권리행사가 현실적으로 방해되거나 현실로 의무 없는 일을 행한 때에 기수가 된다.

(2) 주관적 구성요건

고의가 있어야 한다.

3. 위법성

인질강요는 정당한 권리행사의 수단으로 행해졌을지라도 위법성이 조각되지 아니한다.

4. 죄수 및 타죄와의 관계

① 죄수판단의 기준은 인질의 수가 아니라 피강요자의 수이다. 따라서 인질의 수와 상관없이 강요의 상대방이 수인인 경우에는 수개의 인질강요죄가 성립하고, 강요의 상대방이 1인인 경우에는 인질강요죄 1죄가 된다.

② 인질강요죄가 성립하면 체포 · 감금 · 약취 · 유인의 죄는 별도로 성립하지 않는다(통설 : 법조경합의 보충관계).

5. 해방감경(제324조의6)

① 요 건 : 중지미수와 달리 자의성을 요하지 않으며, 기수범에 대해서도 인정된다. 인질의 탈출을 묵인하는 소극적 부작위에 의해서도 가능하다.

② 효 과 : 임의적 감경사유에 해당한다.

Ⅴ. 인질상해 · 치상죄

제324조의3(인질상해 · 치상) 제324조의2의 죄를 범한 자가 인질을 상해하거나 상해에 이르게 한 때에는 무기 또는 5년 이상의 징역에 처한다.

제324조의5(미수범) 미수범은 처벌한다.[4)]

제324조의6(형의 감경) 제324조의3의 죄(인질상해 · 치상죄)를 범한 자 및 그 죄의 미수범이 인질을 안전한 장소로 풀어준 때에는 그 형을 감경할 수 있다.

Ⅵ. 인질살해 · 치사죄

제324조의4(인질살해 · 치사) 제324조의2의 죄를 범한 자가 인질을 살해한 때에는 사형 또는 무기징역에 처한다. 사망에 이르게 한 때에는 무기 또는 10년 이상의 징역에 처한다.

제324조의5(미수범) 미수범은 처벌한다.

4) 결과적 가중범의 미수를 부정하는 견해는 미수범의 규정은 인질상해(인질살해)에 대하여만 적용되며 인질치상(인질치사)에는 적용되지 않는다고 본다.

제3절 체포와 감금의 죄

감금죄의 인정여부에 관한 판례를 정리해 두어야 하며 다른 범죄의 수단성이 높은 범죄이므로 죄수관계에 관한 판례가 중요하다.

Ⅰ. 총 설

1. 의 의

체포와 감금의 죄는 사람을 불법하게 체포 또는 감금함으로써 신체적 활동의 자유(장소선택의 자유)를 침해하는 것을 내용으로 하는 범죄이다.

2. 보호법익

보호법익은 사람의 잠재적 이전의 자유이며(통설), 보호의 정도는 침해범이다.

Ⅱ. 체포 · 감금죄

제276조(체포, 감금) ① 사람을 체포 또는 감금한 자는 5년 이하의 징역 또는 700만원 이하의 벌금에 처한다.
제280조(미수범) 미수범은 처벌한다.

1. 의 의

사람을 체포 또는 감금함으로써 성립하는 범죄이다(계속범).

2. 구성요건

① 주 체 : 제한이 없다. 다만 인신구속에 관한 직무를 행하는 자 및 그 보조자는 불법체포 · 감금죄(제124조)의 주체가 된다.

② 객 체 : 사람이다.

객체의 범위

최광의설	① 신체활동의 자유를 가졌는가를 불문하고 모든 자연인이 본죄의 객체가 된다고 하는 견해이다. ② 명정자 · 수면자 · 정신병자 · 불구자는 물론 출산직후의 영아와 같이 신체활동의 자유가 전혀 없는 자도 본죄의 객체성을 인정한다[오영근 123면].

광의설 (통설)	① 현실적으로 신체활동의 자유가 없는 경우라도 곧 활동이 기대되는 잠재적인 신체활동의 자유를 가진 자이면 본죄의 객체가 된다는 견해이다. ② 명정자 · 수면자 · 정신병자 · 불구자는 본죄의 객체성을 인정하지만 출산직후의 영아에 대하여는 본죄의 객체성을 부정한다.
절충설	신체활동의 의사를 가질 수 없는 유아 · 명정자 · 수면자는 신체활동의 잠재적 자유가 침해될 수 없으므로 본죄의 객체가 될 수 없으나, 최소한 활동의 가능성이 기대되는 정신병자 · 불구자 · 어린아이와 사실상 감금상태에 있음을 인식하지 못한 채 실내에서 업무 중이던 사무원은 본죄의 객체가 될 수 있다는 견해이다[김일수 · 서보학, 134면].
협의설	① 현실적으로 신체활동의 의사를 가질 수 있는 자만이 본죄의 객체가 될 수 있다는 견해이다. ② 현실적인 신체활동의 의사를 가질 수 없는 유아는 물론이고 명정자 · 수면자 · 정신병자 · 불구자도 본죄의 객체성을 부정한다.

判例 감금죄의 객체

정신병자도 감금죄의 객체가 될 수 있다[대판 2002.10.11. 2002도4315]. [♠ 12 사시] [♣ 17 변시]

③ **행 위** : 체포 또는 감금이다.

㉮ **체 포** : 사람의 신체에 대하여 직접적 · 현실적인 구속을 가하여 신체활동의 자유를 박탈하는 행위를 말한다. i) 수단 · 방법에는 제한이 없다. 따라서 유형적 방법(예 포박) · 무형적 방법(예 경찰관 사칭), 작위 · 부작위, 직접적 · 간접적인 방법을 불문한다. ii) 협박에 의하여 일정한 장소에 출석하게 하는 것은 신체에 대한 현실적인 구속이 없으므로 체포라고 할 수 없다(강요죄에 해당). iii) 총을 겨누어 일정한 장소에서 도주할 수 없도록 한 경우 체포죄가 성립한다는 견해와 감금죄가 성립한다는 견해가 대립되어 있다. iv) 부분적인 자유는 있을지라도 전체적으로 보아 자유가 없다고 인정되면 체포에 해당한다(예 긴 밧줄로 사람을 묶어서 한쪽 끝을 잡고 있는 경우).

㉯ **감 금** : 사람을 일정한 장소 밖으로 나가지 못하게 하여 신체활동의 자유를 장소적으로 제한하는 것을 말한다. 장소적 제한이 있다는 점에서 체포와 구별된다. i) 수단 · 방법 : 제한이 없다. 따라서 유형적 방법(예 폭력을 사용하거나 묶는 것) · 무형적 방법(예 협박, 기망, 수치심을 이용[1]), 작위 · 부작위[2], 직접적 · 간접적[3]인 방법을 불문한다. ii) 탈출이 절대적으로 불가능한 경우뿐만 아니라 곤란한 경우도 감금이 된다.[4] iii) 감금된 장소 내에서 어느 정도의 자유가 주어졌을지라도 감금이 된다.

---

1) 목욕중인 부녀의 옷을 일부러 가져가 밖으로 나오지 못하게 하는 경우
2) 방안에 사람이 있는 줄 모르고 잠근 후에 그 사실을 알고서도 문을 열어주지 않은 경우
3) 사람을 무고하여 수사기관으로 하여금 구속하게 하는 경우
4) 동승한 자를 내리지 못하도록 차를 질주하는 경우

判例 감금행위에 해당되어 감금죄(또는 불법감금죄)가 성립하는 경우

1. **(심리적 · 무형적 방법)** 감금죄에 있어서의 감금행위는 사람으로 하여금 일정한 장소 밖으로 나가지 못하도록 하여 신체의 자유를 제한하는 행위를 가리키는 것이고, 그 방법은 반드시 물리적 · 유형적 장애를 사용하는 경우뿐만 아니라 심리적 · 무형적 장애에 의하는 경우도 포함되는 것인바, 설사 피해자가 경찰서 안에서 직장동료인 피의자들과 같이 식사도 하고 사무실 안팎을 내왕하였다 하여도 피해자를 경찰서 밖으로 나가지 못하도록 그 신체의 자유를 제한하는 유형 · 무형의 억압이 있었다면 이는 감금행위에 해당한다[대결 1991.12.30. 91모5].

   동지판례 i) 피해자가 만약 도피하는 경우에는 생명, 신체에 심한 해를 당할지도 모른다는 공포감에서 도피하기를 단념하고 있는 상태하에서 그를 호텔로 데리고 가서 함께 유숙한 후 그와 함께 항공기로 국외에 나간 행위는 감금죄를 구성한다[대판 1991.8.27. 91도1604]. ii) 피고인이 도박자금을 빌려간 피해자가 돈을 갚지 못하자 "재가 내 조직 2년 후배다, 좋은 말로 할 때 돈 주고 가라."는 등의 말을 하여, 이에 겁을 먹은 피해자로 하여금 사무실에서 나가지 못하도록 하였다면 감금죄가 성립한다[대판 2011.9.29. 2010도5962]. iii) 설사 그 장소가 경찰서 내 대기실로서 일반인과 면회인 및 경찰관이 수시로 출입하는 곳이고 여닫이 문만 열면 나갈 수 있도록 된 구조라 하여도 경찰서 밖으로 나가지 못하도록 그 신체의 자유를 제한하는 유형, 무형의 억압이 있었다면 이는 감금에 해당한다[대판 1997.6.13. 97도877]. [♣ 17 변시]

2. **(유형적 방법)** 피고인들이 대한상이군경회원 80여명과 공동으로 호텔 출입문을 봉쇄하며 피해자들의 출입을 방해하였다면 위의 감금죄에 해당한다[대판 1983.9.13. 80도277].

3. **(부분적 자유박탈)** 감금에 있어서의 사람의 행동의 자유의 박탈은 반드시 전면적이어야 할 필요가 없으므로 감금된 특정구역 내부에서 일정한 생활의 자유가 허용되어 있었다고 하더라도 감금죄의 성립에는 아무 소장이 없다[대판 1984.5.15. 84도655]. [♠ 99, 13 사시]

④ **기수시기** : 기수가 되기 위하여 피해자가 현실로 자유박탈에 대한 인식이 있을 것을 요하지 아니한다.

判例 체포죄의 법적 성질과 기수시기

[1] 체포죄는 사람의 신체에 대하여 직접적이고 현실적인 구속을 가하여 신체활동의 자유를 박탈하는 죄로서, 그 실행의 착수 시기는 체포의 고의로 타인의 신체적 활동의 자유를 현실적으로 침해하는 행위를 개시한 때이다.

[2] 체포죄는 계속범으로서 체포의 행위에 확실히 사람의 신체의 자유를 구속한다고 인정할 수 있을 정도의 시간적 계속이 있어야 기수에 이르고, 신체의 자유에 대한 구속이 그와 같은 정도에 이르지 못하고 일시적인 것으로 그친 경우에는 체포죄의 미수범이 성립할 뿐이다.

[3] A가 甲으로부터 강간미수 피해를 입은 후 甲의 집에서 나가려고 하였는데 甲이 A가 나가지 못하도록 현관에서 거실 쪽으로 A를 세 번 밀쳤고, A가 甲을 뿌리치고 현관문을 열고 나와 엘리베이터를 누르고 기다리는데 甲이 팬티 바람으로 쫓아 나왔으며, A가 엘리베이터를 탔는데도 A의 팔을 잡고 끌어내리려고 해서 이를 뿌리쳤고, 甲이 닫히는 엘리베이터 문을 손으로 막으며 엘리베이터

로 들어오려고 하자 A가 버튼을 누르고 손으로 甲의 가슴을 밀어냈다면 甲의 행위는 체포기수죄가 아니라 체포미수죄에 해당한다[대판 2018.2.28. 2017도21249], [대판 2020.3.27. 2016도18713].

判例 감금죄의 고의를 부정한 사례

정신건강의학과 전문의인 피고인 甲, 乙이 각각 피해자의 아들 피고인 丙 등과 공동하여 피해자를 응급이송차량에 강제로 태워 병원으로 데려가 입원시켰다고 하여 폭력행위 등 처벌에 관한 법률 위반(공동감금)으로 기소된 사안에서, 망상장애와 같은 정신질환의 경우 진단적 조사 또는 정확한 진단을 위해 지속적인 관찰이나 특수한 검사가 필요한 때에도 환자의 입원이 고려될 수 있고, 피고인 甲, 乙은 보호의무자인 피고인 丙의 진술뿐만 아니라 피해자를 직접 대면하여 진찰한 결과를 토대로 피해자에게 피해사고나 망상장애의 의심이 있다고 판단하여 입원이 필요하다는 진단을 한 것이므로, 진단 과정에 정신건강의학과 전문의로서 최선의 주의를 다하지 아니하거나 신중하지 못했던 점이 일부 있었더라도 피해자를 정확히 진단하여 치료할 의사로 입원시켰다고 볼 여지 또한 충분하여 피고인 甲, 乙에게 감금죄의 고의가 있었다거나 이들의 행위가 형법상 감금행위에 해당한다고 단정하기 어려움에도 피고인 甲, 乙이 피해자를 입원시킨 행위가 감금죄에 해당한다고 판단한 원심판결에 법리오해의 잘못이 있다고 한 사례[대판 2015.10.29. 2015도8429].

3. 위법성

判例 감금이 정당행위로 인정된 경우

1. 수용시설에 수용 중인 부랑인들의 야간도주를 방지하기 위하여 그 취침시간 중 출입문을 안에서 시정조치한 행위는 형법 제20조의 정당행위에 해당되어 위법성이 조각된다[대판 1988.11.8. 88도1580]. [♠ 99 사시]
2. 정신병자의 어머니의 의뢰 및 승낙하에 그 감호를 위하여 그 보호실문을 야간에 한해서 3일간 시정하여 출입을 못하게 한 감금행위는 그 병자의 신체의 안전과 보호를 위하여 사회통념상 부득이한 조처로서 수긍될 수 있는 것이면 위법성이 없다[대판 1980.2.12. 79도1349]. [♠ 07 사시]

4. 죄수 및 타죄와의 관계

사람을 체포한 자가 감금한 때에는 포괄하여 1개의 감금죄가 성립한다.

判例 감금죄와 타죄와의 관계

1. 감금의 수단으로서 행사된 단순한 협박행위는 감금죄에 흡수되어 따로 협박죄를 구성하지 아니한다[대판 1982.6.22. 82도705]. [♠ 12 사시] [♣ 17 변시]
2. 미성년자를 유인한 자가 계속하여 미성년자를 불법하게 감금하였을 때에는 미성년자유인죄 이외에 감금죄가 별도로 성립한다[대판 1998.5.26. 98도1036].

Ⅲ. 존속체포 · 감금죄

제276조(존속체포, 존속감금) ② 자기 또는 배우자의 직계존속에 대하여 제1항의 죄(체포, 감금)를 범한 때에는 10년 이하의 징역 또는 1천500만원 이하의 벌금에 처한다.
제280조(미수범) 미수범은 처벌한다.

Ⅳ. 중체포 · 감금죄, 존속중체포 · 감금죄

제277조(중체포, 중감금, 존속중체포, 존속중감금) ① 사람을 체포 또는 감금하여 가혹한 행위를 한 자는 7년 이하의 징역에 처한다.
② 자기 또는 배우자의 직계존속에 대하여 전항의 죄를 범한 때에는 2년 이상의 유기징역에 처한다.
제280조(미수범) 미수범은 처벌한다.

① 중체포 · 감금죄는 사람을 체포 또는 감금하여 가혹한 행위를 한 경우에 성립하며 중상해죄, 중유기죄, 중손괴죄 등과 같이 위험을 발생시킬 것을 요건으로 규정하고 있지 않다.[5] [♠ 09, 12 사시]

② 가혹한 행위란 사람에게 육체적 · 정신적으로 고통을 주는 일체의 행위를 말한다(예 폭행 · 협박, 일상생활에 필요한 의식주를 제공하지 않는 것, 수면의 불허, 여자를 발가벗겨 수치심을 일으키게 하는 것).

③ 체포 · 감금의 수단으로 행한 폭행 · 협박은 가혹행위에 포함되지 않는다.

Ⅴ. 특수체포 · 감금죄

제278조(특수체포, 특수감금) 단체 또는 다중의 위력을 보이거나 위험한 물건을 휴대하여 전 2조의 죄(체포 · 감금죄, 존속체포 · 감금죄, 중체포 · 감금죄, 존속중체포 · 감금죄)를 범한 때에는 그 죄에 정한 형의 2분의 1까지 가중한다.
제280조(미수범) 미수범은 처벌한다.

5) 중상해죄와 중유기죄는 생명에 대한 위험의 발생이, 중손괴죄는 생명 또는 신체에 대한 위험의 발생이 구성요건요소로 규정되어 있다.

Ⅵ. 상습체포 · 감금죄

제279조(상습범) 상습으로 제276조(체포 · 감금죄, 존속체포 · 감금죄) 또는 제277조의 죄(중체포 · 감금죄, 존속중체포 · 감금죄)를 범한 때에는 전조의 예에 의한다.
제280조(미수범) 미수범은 처벌한다.

Ⅶ. 체포 · 감금치사상죄

제281조(체포 · 감금 등의 치사상) ① 제276조 내지 제280조의 죄를 범하여 사람을 상해에 이르게 한 때에는 1년 이상의 유기징역에 처한다. 사망에 이르게 한 때에는 3년 이상의 유기징역에 처한다.
② 자기 또는 배우자의 직계존속에 대하여 제276조 내지 제280조의 죄를 범하여 상해에 이르게 한 때에는 2년 이상의 유기징역에 처한다. 사망에 이르게 한 때에는 무기 또는 5년 이상의 징역에 처한다.

判例 감금치사상죄가 성립하는 경우

1. 피해자를 강제로 승용차에 태운 뒤 운전하여 가자 겁에 질린 피해자가 차에서 뛰어 내리다가 상해를 입은 경우, 감금치상죄가 성립한다[대판 2000.5.26. 2000도440].
2. 승용차로 피해자를 가로막아 승차하게 한 후 피해자의 하차 요구를 무시한 채 당초 목적지가 아닌 다른 장소를 향하여 시속 약 60km 내지 70km의 속도로 진행하여 피해자를 차량에서 내리지 못하게 한 행위는 감금죄에 해당하고, 피해자가 그와 같은 감금상태를 벗어날 목적으로 차량을 빠져 나오려다가 길바닥에 떨어져 상해를 입고 그 결과 사망에 이르렀다면 감금행위와 피해자의 사망 사이에는 상당인과관계가 있다고 할 것이므로 감금치사죄에 해당한다[대판 2000.2.11. 99도9286].

判例 체포치상죄가 성립하지 않는 경우

체포치상죄의 상해는 피해자 신체의 건강상태가 불량하게 변경되고 생활기능에 장애가 초래되는 것을 말한다. 피해자가 입은 상처가 극히 경미하여 굳이 치료할 필요가 없고 치료를 받지 않더라도 일상생활을 하는 데 아무런 지장이 없으며 시일이 경과함에 따라 자연적으로 치유될 수 있는 정도라면, 그로 인하여 피해자의 신체의 건강상태가 불량하게 변경되었다거나 생활기능에 장애가 초래된 것으로 보기 어려워 체포치상죄의 상해에 해당한다고 할 수 없다[대판 2020.3.27. 2016도18713].

제4절 약취, 유인 및 인신매매의 죄

약취 · 유인죄는 최근에 새로운 판례가 많이 나와서 이전과는 달리 출제가능성이 많이 높아졌다. 판례를 중심으로 정리해 두면 족하다. 다만 부녀매매죄의 기수시기에 관한 이론도 정리해 둘 필요가 있다.

Ⅰ. 총 설

1. 보호법익

① 보호법익은 피인취자의 자유이다. 다만 미성년자 약취 · 유인죄의 경우 미성년자의 자유권이 주된 보호법익이지만 보호자의 감독권도 부차적인 보호법익이 된다(판례, 통설). 보호의 정도는 침해범이다.

判例 미성년자약취죄의 보호법익 (미성년자의 자유 외에 보호감독자의 감호권도 포함)

형법 제287조에 규정된 미성년자약취죄의 경우, 미성년자의 자유 외에 보호감독자의 감호권도 그 보호법익으로 하고 있다는 점을 고려하면, 피고인과 공범들이 미성년자를 보호 · 감독하고 있던 그 아버지의 감호권을 침해하여 그 미성년자를 자신들의 사실상 지배하로 옮긴 이상 미성년자약취죄가 성립한다 할 것이고, 약취행위에 미성년자의 동의가 있었다 하더라도 본죄의 성립에는 변함이 없다[대판 2003.2.11. 2002도7115]. [♠ 05, 11 사시]

② 약취, 유인, 매매, 이송 등 상해 · 치상죄와 약취, 유인, 매매, 이송 등 살해 · 치사죄는 약취, 유인, 매매, 이송된 자의 신체의 건강과 생명을 보호하기 위한 범죄이다.

2. 형법의 적용범위

제296조의2(세계주의) 제287조부터 제292조까지 및 제294조는 대한민국 영역 밖에서 죄를 범한 외국인에게도 적용한다. [♣ 19 변시]

Ⅱ. 미성년자 약취 · 유인죄

제287조(미성년자의 약취, 유인) 미성년자를 약취 또는 유인한 사람은 10년 이하의 징역에 처한다.
제294조(미수범) 미수범은 처벌한다.
제296조(예비, 음모) 제287조의 죄를 범할 목적으로 예비 또는 음모한 사람은 3년 이하의 징역에 처한다.
제295조의2(형의 감경) 제287조의 죄를 범한 사람이 약취 · 유인된 사람을 안전한 장소로 풀어준 때에는 그 형을 감경할 수 있다.

1. 의 의

미성년자를 약취 · 유인함으로써 성립하는 범죄이다.

2. 구성요건

(1) 객관적 구성요건

① 주 체 : 제한이 없다. 실부모라 할지라도 주체가 될 수 있다.

判例 미성년자를 보호감독하는 자도 본죄의 주체 ○

[1] 미성년자를 보호감독하는 자라 하더라도 다른 보호감독자의 감호권을 침해하거나 자신의 감호권을 남용하여 미성년자 본인의 이익을 침해하는 경우에는 미성년자 약취 · 유인죄의 주체가 될 수 있다.
[2] 외조부가 맡아서 양육해 오던 미성년인 子를 子의 의사에 반하여 사실상 자신의 지배하에 옮긴 경우, 미성년자 약취 · 유인죄가 성립한다[대판 2008.1.31. 2007도8011]. [♣14 변시]

② 객 체 : 미성년자이다. 19세 미만의 자를 말하며 성별 · 의사능력유무는 불문한다.

③ 행 위 : 약취 · 유인이다(인취행위). 약취 · 유인이란 폭행 · 협박, 기망 · 유혹으로 사람을 보호받는 상태 내지 자유로운 생활관계로부터 자기 또는 제3자의 실력적 지배하에 옮기는 것을 말한다.

㉮ 약 취 : 폭행 · 협박을 수단으로 한다. 폭행 · 협박은 미성년자를 실력적 지배하에 둘 수 있는 정도면 충분하고 반항을 억압할 정도임을 요하지 않는다.

㉯ 유 인 : 기망 · 유혹을 수단으로 한다. 기망 · 유혹은 상대방의 하자있는 의사를 이용하는 것이므로 의사능력이 있는 자만이 유인의 객체가 될 수 있다. 따라서 유아는 유인의 객체는 될 수 없으며 다만 약취의 객체가 될 수 있을 뿐이다.

㉰ 폭행 · 협박과 기망 · 유혹은 반드시 피인취자 본인에게 행하여짐을 요하지 않으며 제3자(보호감독자)에 대하여 행하여져도 무방하다.

㉱ 실력적 지배 : ⅰ) 피인취자를 자기 또는 제3자의 실력적 지배하에 두어야 한다. 따라서 기존의 보호상태에서 미성년자를 이탈시킨 경우라도 실력적 지배를 획득하지 못하면 본죄는 성립하지 않는다(예 미성년자를 단순히 달아나게 하는 것).
ⅱ) 보호자의 실력적 지배를 제거함으로써 피인취자를 실력적 지배하에 둘 수도 있으므로 장소적 이전을 요건으로 하지 않는다(다수설). ⅲ) 피인취자와 보호자 사이의 장소적 격리를 요하지 않는다. 본죄는 보호자의 감독권만을 보호법익으로 하는 것은 아니기 때문이다. 따라서 본죄는 이미 지배관계를 떠난 피인취자를 그대로 두는 부작위에 의하여도 성립할 수 있다.

判例 미성년자약취죄가 성립하지 않는 경우(금품강취의 목적으로 미성년자의 보호관계를 일시 침해한 경우)

[1] 형법 제287조에 규정된 약취행위는 폭행 또는 협박을 수단으로 하여 미성년자를 그 의사에 반하여 자유로운 생활관계 또는 보호관계로부터 이탈시켜 범인이나 제3자의 사실상 지배하에 옮기는 행위를 말하는 것이다. 물론, 여기에는 미성년자를 장소적으로 이전시키는 경우뿐만 아니라 장소적 이전 없이 기존의 자유로운 생활관계 또는 부모와의 보호관계로부터 이탈시켜 범인이나 제3자의 사실상 지배하에 두는 경우도 포함된다고 보아야 한다. 다만, 미성년자와 보호자의 일상생활의 장소적 중심인 주거에서 장소적 이전을 전제로 하지 아니한 채 폭행 또는 협박이 이루어진 경우에는, 그로 인하여 미성년자와 부모의 보호관계가 제한 혹은 박탈되는 모든 경우에 형법 제287조의 미성년자약취죄가 성립하는 것으로 볼 수는 없고, 무엇보다 미성년자를 기존의 생활관계 및 보호관계로부터 이탈시킬 의도가 없는 경우에는 실행의 착수조차 인정하기 어려우며, 범행의 목적과 수단, 시간적 간격 등을 고려할 때 사회통념상 실제로 기존의 생활관계 및 보호관계로부터 이탈시킨 것으로 인정되어야만 기수가 성립한다.

[2] 미성년자가 혼자 머무는 주거에 침입하여 그를 감금한 뒤 폭행 또는 협박에 의하여 부모의 출입을 봉쇄하거나, 미성년자와 부모가 거주하는 주거에 침입하여 부모만을 강제로 퇴거시키고 독자적인 생활관계를 형성하기에 이르렀다면 비록 장소적 이전이 없었다 할지라도 형법 제287조의 미성년자약취죄에 해당함이 명백하지만, 강도 범행을 하는 과정에서 혼자 주거에 머무르고 있는 미성년자를 체포·감금하거나 혹은 미성년자와 그의 부모를 함께 체포·감금 또는 폭행·협박을 가하는 경우, 나아가 주거지에 침입하여 미성년자의 신체에 위해를 가할 것처럼 협박하여 부모로부터 금품을 강취하는 경우와 같이, 일시적으로 부모와의 보호관계가 사실상 침해·배제되었다 할지라도, 그 의도가 미성년자를 기존의 생활관계 및 보호관계로부터 이탈시키는 데 있었던 것이 아니라 단지 금품 강취를 위하여 반항을 제압하는 데 있었다거나 금품 강취를 위하여 고지한 해악의 대상이 그곳에 거주하는 미성년자였던 것에 불과하다면, 특별한 사정이 없는 한 미성년자를 약취한다는 범의를 인정하기 곤란할 뿐 아니라, 보통의 경우 시간적 간격이 짧아 그 주거지를 중심으로 영위되었던 기존의 생활관계로부터 완전히 이탈되었다고 평가하기도 곤란하다. [♣ 18 변시]

[3] 미성년자 혼자 머무는 주거에 침입하여 강도 범행을 하는 과정에서 미성년자와 그 부모에게 폭행·협박을 가하여 일시적으로 부모와의 보호관계가 사실상 침해·배제되었더라도, 미성년자가 기존의 생활관계로부터 완전히 이탈되었다거나 새로운 생활관계가 형성되었다고 볼 수 없고 범인의 의도도 위와 같은 생활관계의 이탈이 아니라 단지 금품강취를 위한 반항 억압에 있었으므로, 형법 제287조의 미성년자약취죄가 성립하지 않는다[대판 2008.1.17. 2007도8485]. [♣ 14 변시]

判例 공동양육권자 중 일방에게 미성년자약취죄가 성립하기 위한 요건 (베트남 어머니 사건)

[1] 미성년자약취죄(제287조), 국외이송약취죄(제288조 제3항)의 약취란 폭행, 협박 또는 불법적인 사실상의 힘을 수단으로 사용하여 피해자를 그 의사에 반하여 자유로운 생활관계 또는 보호관계로부터 이탈시켜 자기 또는 제3자의 사실상 지배하에 옮기는 행위를 의미하고, 약취에 해당여부는 행위의 목적과 의도, 행위 당시의 정황, 행위의 태양과 종류, 수단과 방법, 피해자의 상태 등 관련 사정을 종합하여 판단하여야 한다.

[2] 미성년자를 보호 · 감독하는 사람이라고 하더라도 다른 보호감독자의 보호 · 양육권을 침해하거나 자신의 보호 · 양육권을 남용하여 미성년자 본인의 이익을 침해하는 때에는 미성년자에 대한 약취죄의 주체가 될 수 있는데, 그 경우에도 해당 보호감독자에 대하여 약취죄의 성립을 인정할 수 있으려면 그 행위가 위와 같은 의미의 약취에 해당하여야 한다. 그렇지 아니하고 폭행, 협박 또는 불법적인 사실상의 힘을 사용하여 그 미성년자를 평온하던 종전의 보호 · 양육 상태로부터 이탈시켰다고 볼 수 없는 행위에 대하여까지 다른 보호감독자의 보호 · 양육권을 침해하였다는 이유로 미성년자에 대한 약취죄의 성립을 긍정하는 것은 형벌 법규의 문언 범위를 벗어나는 해석으로서 죄형법정주의의 원칙에 비추어 허용될 수 없다고 할 것이다.

[3] 부모가 이혼하였거나 별거하는 상황에서 미성년의 자녀를 부모의 일방이 평온하게 보호 · 양육하고 있는데, 상대방 부모가 폭행, 협박 또는 불법적인 사실상의 힘을 행사하여 그 보호 · 양육 상태를 깨뜨리고 자녀를 탈취하여 자기 또는 제3자의 사실상 지배하에 옮긴 경우, 그와 같은 행위는 특별한 사정이 없는 한 미성년자에 대한 약취죄를 구성한다고 볼 수 있다. 그러나 이와 달리 미성년의 자녀를 부모가 함께 동거하면서 보호 · 양육하여 오던 중 부모의 일방이 상대방 부모나 그 자녀에게 어떠한 폭행, 협박이나 불법적인 사실상의 힘을 행사함이 없이 그 자녀를 데리고 종전의 거소를 벗어나 다른 곳으로 옮겨 자녀에 대한 보호 · 양육을 계속하였다면, 그 행위가 보호 · 양육권의 남용에 해당한다는 등 특별한 사정이 없는 한 설령 이에 관하여 법원의 결정이나 상대방 부모의 동의를 얻지 아니하였다고 하더라도 그러한 행위에 대하여 곧바로 형법상 미성년자에 대한 약취죄의 성립을 인정할 수는 없다고 할 것이다[대판(전) 2013.6.21. 2010도14328].

비교판례 [1] 미성년자를 보호 · 감독하는 사람이라고 하더라도 다른 보호감독자의 보호 · 양육권을 침해하거나 자신의 보호 · 양육권을 남용하여 미성년자 본인의 이익을 침해하는 때에는 미성년자에 대한 약취죄의 주체가 될 수 있으므로, 부모가 이혼하였거나 별거하는 상황에서 미성년의 자녀를 부모의 일방이 평온하게 보호 · 양육하고 있는데, 상대방 부모가 폭행, 협박 또는 불법적인 사실상의 힘을 행사하여 그 보호 · 양육 상태를 깨뜨리고 자녀를 자기 또는 제3자의 사실상 지배하에 옮긴 경우 그와 같은 행위는 특별한 사정이 없는 한 미성년자에 대한 약취죄를 구성한다.

[2] 피고인과 甲은 각각 한국과 프랑스에서 따로 살며 이혼소송 중인 부부로서 자녀인 피해아동 乙(만 5세)은 프랑스에서 甲과 함께 생활하였는데, 피고인이 乙을 면접교섭하기 위하여 그를 보호 · 양육하던 甲으로부터 乙을 인계받아 국내로 데려온 후 면접교섭 기간이 종료하였음에도 乙을 데려다주지 아니한 채 甲과 연락을 두절한 후 법원의 유아인도명령 등에도 불응한 사안에서, 피고인의 행위가 미성년자약취죄의 약취행위에 해당한다고 한 사례[대판 2021.9.9. 2019도16421].

판례해설 乙은 당시 만 5세에 불과한 유아였고 乙이 돌아가야 하는 곳은 외국인 프랑스였으므로, 피고인이 작위의무를 이행하여 乙을 데려다주지 않으면 乙 스스로는 자유로운 생활 및 보호관계로부터의 이탈이라는 위협에 대처할 수 있는 능력이 없는 상태였던 점 등이 고려되었다.

判例 미성년자약취 · 유인죄가 성립하는 경우

피해자가 스스로 가출하여 피고인 등의 한국복음전도회 부산 및 마산 지관에 입관할 것을 호소하였다고 하더라도 피고인들의 독자적인 교리설교에 의하여 하자 있는 의사로 가출하게 된 것이고, 동 피해자의 보호감독권자의 보호관계로부터 이탈시키고 피고인들의 지배하에서 그들 교리에서 말하는 소위 '주의 일(껌팔이 등 행상)'을 하도록 도모한 이상 미성년자 유인죄의 성립에 소장이 없다[대판 1982.4.27. 82도186].

判例 미성년자약취 · 유인죄가 성립하지 않는 경우

미성년자의 아버지의 부탁으로 그 아이들을 보호하고 있는 자는 위 아이를 인도하라는 어머니의 요구를 거부하였다 하여 미성년자약취죄의 죄책을 진다고 볼 수 없다[대판 1974.5.28. 74도840].

④ **착수 및 기수시기** : 약취 · 유인의 수단인 폭행 · 협박 · 기망 · 유혹을 개시한 때 실행의 착수가 인정되며, 피인취자에 대한 실력적 지배가 어느 정도 계속되어야 기수가 된다.

(2) 주관적 구성요건

① 고의가 있어야 한다.

② 본죄는 목적범이 아니다. 다만 미성년자일지라도 영리목적 등 일정한 목적을 가지고 약취 · 유인한 경우에는 성년자와 마찬가지로 영리목적 약취 · 유인죄 등이 성립한다.

3. 위법성

① 피인취자나 보호자 일방의 승낙만으로는 위법성이 조각될 수 없다.

② 피인취자 및 보호자의 승낙이 있는 경우에는 구성요건해당성이 조각된다(다수설).

4. 해방감경(제295조의2)

Ⅲ. 추행 · 간음 · 결혼 · 영리목적 약취 · 유인죄

제288조(추행 등 목적 약취, 유인) ① 추행, 간음, 결혼 또는 영리의 목적으로 사람을 약취 또는 유인한 사람은 1년 이상 10년 이하의 징역에 처한다.
제294조(미수범) 미수범은 처벌한다.
제296조(예비, 음모) 제288조의 죄를 범할 목적으로 예비 또는 음모한 사람은 3년 이하의 징역에 처한다.
제295조의2(형의 감경) 제288조의 죄(미수죄)를 범한 사람이 약취 · 유인된 사람을 안전한 장소로 풀어 준 때에는 그 형을 감경할 수 있다.

1. 의 의

추행 · 간음 · 결혼 또는 영리의 목적으로 사람을 약취 · 유인함으로써 성립하는 범죄이다(목적범).

2. 구성요건

(1) 행위의 객체

성년자 · 미성년자를 불문한다. 따라서 추행 · 간음 또는 영리의 목적으로 미성년자를 약취 또는 유인한 때에는 미성년자 약취 · 유인죄가 성립하는 것이 아니라 추행 · 간음 또는 영리목적 약취 · 유인죄가 성립한다.

(2) 행위

약취 · 유인이다

判例 폭행 · 협박의 정도(실력적 지배가 가능한 정도면 족함, 반항을 억압할 정도 불요)

[1] 형법 제288조에 규정된 약취행위는 피해자를 그 의사에 반하여 자유로운 생활관계 또는 보호관계로부터 범인이나 제3자의 사실상 지배하에 옮기는 행위를 말하는 것으로서, 폭행 또는 협박을 수단으로 사용하는 경우에 그 폭행 또는 협박의 정도는 상대방을 실력적 지배하에 둘 수 있을 정도이면 족하고 반드시 상대방의 반항을 억압할 정도의 것임을 요하지는 아니하고, 뿐만 아니라 약취에는 폭행 또는 협박 이외의 사실상의 힘에 의한 경우도 포함된다.
[2] 술에 만취한 피고인이 간음할 목적으로 초등학교 5학년 여학생의 소매를 잡아끌면서 "우리 집에 같이 자러 가자"고 한 행위가 형법 제288조의 약취행위의 수단인 '폭행'에 해당한다고 한 사례 [대판 2009.7.9. 2009도3816].

판례해설 피해자가 팔을 뿌리치고 휴대폰을 빌려 경찰에 신고하여 간음목적약취죄의 미수에 그친 사건이다. 대법원은 피고인이 술에 많이 취한 상태였다고 하더라도 버스에서 내려 집으로 가는 중이었다는 점 등의 사정에 비추어 심신상실의 상태에까지 이르렀다고는 보기 어려운 이상 이를 이유로 약취행위의 실행행위를 부정할 수도 없다고 판단하였다.

(3) 주관적 구성요건

① 본죄는 목적범이므로 고의 이외에 추행 · 간음 · 결혼 · 영리의 목적이 있어야 한다.

㉮ 추행의 목적이란 피인취자를 추행행위의 주체 또는 객체로 삼으려는 목적을 말한다.

㉯ 간음의 목적이란 결혼이 아닌 성교의 목적을 말한다. 반드시 약취 또는 유인한 자가 추행 · 간음의 당사자가 되어야 하는 것은 아니므로 제3자로 하여금 추행 · 간음하게 할 목적으로 약취 · 유인한 경우에도 본죄가 성립한다.

㉰ 결혼할 목적에서 '결혼'의 의미에 대하여는 i) 법률혼을 의미한다는 견해, 사실혼을 의미한다는 견해, 법률혼뿐만 아니라 사실혼도 포함한다는 견해(다수설)가 대립되고 있다. ii) 다수설에 의하면 결혼할 목적은 법률혼이건 사실혼이건 불문하나 진실로 혼인관계를 맺을 목적을 말하며, 내연관계나 첩관계 또는 단순히 성교할 목적은 결혼할 목적에 해당되지 않는다. 한편 '결혼할 목적'에는 행위자가 피인취자와 결혼할 목적이 있는 경우뿐만 아니라 피인취자를 제3자와 결혼하게 할 목적이 있는 경우도 포함된다. 그러나 행위자가 피인취자가 아닌 제3자와 결혼할 목적으로 약취 · 유인한 경우에는 결혼할 목적에 해당하지 않는다(예 과부와 결혼할 목적으로 그의 딸을 약취 · 유인하는 경우).

㉱ 영리의 목적이란 자기 또는 제3자로 하여금 재산상의 이익을 얻게 할 목적을 말한다. i) 이익은 불법한 이익에 제한되지 않는다. 따라서 피인취자를 일정한 업무에 종사하게 하여 수입을 얻으려는 것도 포함된다. ii) 석방의 대상으로 재물을 취득할 목적으로 사람을 약취 · 유인한 경우에도 영리목적에 해당되어 영리목적약취 · 유인죄가 성립한다(다수설).

② 본죄의 주체는 목적을 가진 자에 제한된다.

(4) 기수시기

추행 · 간음 · 결혼 또는 영리의 목적으로 사람을 약취 · 유인하면 기수가 되고, 목적을 달성하여야 기수가 되는 것은 아니다. 다만 실력적 지배관계가 어느 정도 시간적으로 계속될 것을 요하므로 간음할 목적으로 부녀를 숲으로 끌고 가는 것만으로는 간음목적약취죄의 기수가 되는 것은 아니다.

判例 간음목적유인죄의 기수시기

피고인이 11세에 불과한 어린 나이의 피해자를 유혹하여 위 모텔 앞길에서부터 위 모텔 301호실까지 데리고 간 이상, 그로써 피고인은 피해자를 자유로운 생활관계로부터 이탈시켜 피고인의 사실적 지배 아래로 옮겼다고 할 것이고, 이로써 간음목적유인죄의 기수에 이르른 것으로 보아야 할 것이다[대판 2007.5.11. 2007도2318]. [♠ 09 사시]

판례해설 피해자가 11세인 경우에도 간음목적으로 유인하였다면 미성년자유인죄가 아니라 간음목적유인죄에 해당하며 간음목적 달성 전이라도 동죄는 기수에 해당한다는 취지의 판례이다.

Ⅳ. 노동력 착취 · 성매매와 성적 착취 · 결혼 · 장기적출 목적 약취 · 유인죄

제288조(노동력 착취 등 목적 약취, 유인) ② 노동력 착취, 성매매와 성적 착취, 장기적출을 목적으로 사람을 약취 또는 유인한 사람은 2년 이상 15년 이하의 징역에 처한다. 〈개정 2013.4〉
제294조(미수범) 미수범은 처벌한다.
제296조(예비, 음모) 제288조의 죄를 범할 목적으로 예비 또는 음모한 사람은 3년 이하의 징역에 처한다.
제295조의2(형의 감경) 제288조의 죄(미수죄)를 범한 사람이 약취 · 유인된 사람을 안전한 장소로 풀어 준 때에는 그 형을 감경할 수 있다.

2013년 형법 개정시에 신설된 범죄이다.

Ⅴ. 국외이송목적 약취 · 유인죄 및 피약취 · 유인자 국외이송죄

제288조(국외 이송 목적 약취, 유인 및 국외이송) ③ 국외에 이송할 목적으로 사람을 약취 또는 유인하거나 약취 또는 유인된 사람을 국외에 이송한 사람도 제2항과 동일한 형으로 처벌한다.
제296조(예비, 음모) 제288조의 죄를 범할 목적으로 예비 또는 음모한 사람은 3년 이하의 징역에 처한다.
제294조(미수범) 미수범은 처벌한다.
제295조의2(형의 감경) 제288조의 죄(미수죄)를 범한 사람이 약취 · 유인된 사람을 안전한 장소로 풀어 준 때에는 그 형을 감경할 수 있다.

1. 국외이송목적 약취 · 유인죄

국외이송목적 약취 · 유인죄는 목적범이다. '국외'란 거주국 외가 아니라 대한민국의 영역 외를 의미한다(통설). 따라서 외국에서 대한민국으로 또는 외국에서 외국으로 이송할 목적인 경우에는 본죄가 성립하지 않는다.

2. 피약취 · 유인자국외이송죄

본죄는 목적범에 해당하지 아니한다.

Ⅵ. 인신매매죄

제289조(인신매매) ① 사람을 매매한 사람은 7년 이하의 징역에 처한다. 〈개정 2013.4〉
제294조(미수범) 미수범은 처벌한다.
제296조(예비, 음모) 제289조의 죄를 범할 목적으로 예비 또는 음모한 사람은 3년 이하의 징역에 처한다.
제295조의2(형의 감경) 제289조의 죄(미수죄)를 범한 사람이 매매된 사람을 안전한 장소로 풀어 준 때에는 그 형을 감경할 수 있다.

1. 의 의

사람을 매매함으로써 성립하는 범죄이다.

2. 구성요건

(1) 객관적 구성요건

① 주 체 : 제한이 없다. 매도인과 매수인은 필요적 공범이 된다.

② 객 체 : 사람이다.[1)]

判例 **(사람인 이상 성년, 미성년, 기혼, 미혼 여부를 불문)** 인신매매죄는 사람의 신체의 자유를 그 일차적인 보호법익으로 하는 죄로서 행위의 객체는 사람이고, 사람인 이상 그 나이나 성년·미성년, 기혼 여부 등을 불문한다[대판(전) 1992.1.22. 91도1402].

判例 **아동복지법상 아동매매죄가 성립요건(아동의 동의가 있었는지 여부를 불문)**

아동(아동복지법상 18세 미만자를 말한다)을 마치 물건처럼 대가를 받고 신체를 인계·인수함으로써 아동매매죄가 성립하고, 설령 위와 같은 행위에 대하여 아동이 명시적인 반대 의사를 표시하지 아니하거나 더 나아가 동의·승낙의 의사를 표시하였다 하더라도 이러한 사정은 아동매매죄의 성립에 아무런 영향을 미치지 아니한다[대판 2015.8.27. 2015도6480].

③ 행 위 : 매매이다.

㉮ 매매에는 교환도 포함된다.

㉯ 착수시기는 매매계약을 체결할 때이다.

㉰ 기수시기는 사람의 신체에 대한 사실상의 지배의 이전이 있을 때이다(상태범). 매매대금의 지급은 인신매매죄의 기수요건이 아니다. [♠11 사시]

---

1) 개정 전에는 이와 유사한 규정으로 '부녀매매죄'가 있었으며 '추업에 사용할 목적'을 요하는 목적범으로 규정되어 있었다. 그러나 현행법상의 인신매매죄는 객체가 부녀에 제한되지 않으며, 목적범에 해당하지 아니한다. 다만 추행 등의 목적으로 인신매매를 한 경우에는 가중처벌된다.

(2) 주관적 구성요건

고의가 있어야 한다.

Ⅶ. 추행 · 간음 · 결혼 · 영리목적 인신매매죄

제289조(추행 등 목적 인신매매) ② 추행, 간음, 결혼 또는 영리의 목적으로 사람을 매매한 사람은 1년 이상 10년 이하의 징역에 처한다. <개정 2013.4>
제294조(미수범) 미수범은 처벌한다.
제296조(예비, 음모) 제289조의 죄를 범할 목적으로 예비 또는 음모한 사람은 3년 이하의 징역에 처한다.
제295조의2(형의 감경) 제289조의 죄(미수죄)를 범한 사람이 매매된 사람을 안전한 장소로 풀어 준 때에는 그 형을 감경할 수 있다.

Ⅷ. 노동력 착취 · 성매매와 성적 착취 · 결혼 · 장기적출 목적 인신매매죄

제289조(노동력 착취 등 목적 인신매매) ③ 노동력 착취, 성매매와 성적 착취, 장기적출을 목적으로 사람을 매매한 사람은 2년 이상 15년 이하의 징역에 처한다. <개정 2013.4>
제294조(미수범) 미수범은 처벌한다.
제296조(예비, 음모) 제289조의 죄를 범할 목적으로 예비 또는 음모한 사람은 3년 이하의 징역에 처한다.
제295조의2(형의 감경) 제289조의 죄(미수죄)를 범한 사람이 매매된 사람을 안전한 장소로 풀어 준 때에는 그 형을 감경할 수 있다.

Ⅸ. 국외이송목적 인신매매죄 및 피매매자 국외이송죄

제289조(국외 이송 목적 인신매매 및 국외이송) ④ 국외에 이송할 목적으로 사람을 매매하거나 매매된 사람을 국외로 이송한 사람도 제3항과 동일한 형으로 처벌한다. <개정 2013.4>
제296조(예비, 음모) 제289조의 죄를 범할 목적으로 예비 또는 음모한 사람은 3년 이하의 징역에 처한다.
제294조(미수범) 미수범은 처벌한다.
제295조의2(형의 감경) 제289조의 죄(미수죄)를 범한 사람이 매매된 사람을 안전한 장소로 풀어 준 때에는 그 형을 감경할 수 있다.

X. 약취, 유인, 매매, 이송 등 상해·치상죄

제290조(약취, 유인, 매매, 이송 등 상해·치상) ① 제287조부터 제289조까지의 죄를 범하여 약취, 유인, 매매 또는 이송된 사람을 상해한 때에는 3년 이상 25년 이하의 징역에 처한다.
② 제287조부터 제289조까지의 죄를 범하여 약취, 유인, 매매 또는 이송된 사람을 상해에 이르게 한 때에는 2년 이상 20년 이하의 징역에 처한다. 〈개정 2013.4〉
제294조(미수범) 제290조 제1항의 미수범은 처벌한다.
제296조(예비, 음모) 제290조 제1항의 죄를 범할 목적으로 예비 또는 음모한 사람은 3년 이하의 징역에 처한다.
제295조의2(형의 감경) 제290조의 죄(미수죄)를 범한 사람이 약취, 유인, 매매 또는 이송된 사람을 안전한 장소로 풀어준 때에는 그 형을 감경할 수 있다.

XI. 약취, 유인, 매매, 이송 등 살해·치사죄

제291조(약취, 유인, 매매, 이송 등 살해·치사) ① 제287조부터 제289조까지의 죄를 범하여 약취, 유인, 매매 또는 이송된 사람을 살해한 때에는 사형, 무기 또는 7년 이상의 징역에 처한다.
② 제287조부터 제289조까지의 죄를 범하여 약취, 유인, 매매 또는 이송된 사람을 사망에 이르게 한 때에는 무기 또는 5년 이상의 징역에 처한다. 〈개정 2013.4〉
제294조(미수범) 제291조 제1항의 미수범은 처벌한다.
제296조(예비, 음모) 제291조 제1항의 죄를 범할 목적으로 예비 또는 음모한 사람은 3년 이하의 징역에 처한다.

XII. 피약취·유인·매매·국외이송자 수수·은닉 등 죄

제292조(약취, 유인, 매매, 이송된 사람의 수수 또는 은닉 등) ① 제287조(미성년자 약취·유인죄), 제288조(추행 등 목적 약취·유인죄) 또는 제289조(인신매매등죄)의 죄로 약취, 유인, 매매 또는 이송된 사람을 수수 또는 은닉한 사람은 7년 이하의 징역에 처한다.
② 제287조(미성년자 약취·유인죄), 제288조(추행 등 목적 약취·유인죄) 또는 제289조(인신매매등죄)까지의 죄를 범할 목적으로 사람을 모집, 운송, 전달한 사람도 제1항과 동일한 형으로 처벌한다. 〈개정 2013.4〉
제294조(미수범) 제292조 제1항의 미수범은 처벌한다.
제296조(예비, 음모) 제292조 제1항의 죄를 범할 목적으로 예비 또는 음모한 사람은 3년 이하의 징역에 처한다.
제295조의2(형의 감경) 제292조의 죄(미수죄)를 범한 사람이 약취, 유인, 매매 또는 이송된 사람을 안전한 장소로 풀어준 때에는 그 형을 감경할 수 있다.

제292조 제2항의 죄는 과거에 방조범 형태로 인정되던 약취, 유인, 인신매매 등을 위하여 사람을 모집, 운송, 전달하는 행위를 독자적인 구성요건으로 처벌하도록 한 것이다.

제5절 강간과 추행의 죄

강간죄의 경우 폭행과 협박의 의미(인정여부에 관한 판례), 실행의 착수 인정여부에 관한 판례를 알아두어야 한다. 강제추행죄에서 폭행과 협박의 의미에 관한 판례, 미성년자 의제강간 · 강제추행죄의 미수의 가벌성을 인정한 판례, 미성년자(심신미약자)에 대한 위계간음죄의 위계의 의미에 관한 변경된 판례는 출제가능성이 매우 높다.

Ⅰ. 총 설

1. 의 의

강간과 추행의 죄란 개인의 성적 자유를 침해하는 것을 내용으로 하는 범죄이다.

2. 보호법익

강간과 추행의 죄의 보호법익은 개인의 성적 자기결정의 자유(성행위로부터의 소극적 자유)이다(다수설). 보호의 정도는 침해범이다(다수설).

3. 친고죄 규정의 폐지

2012.12.18. 개정형법에서 강간과 추행의 죄에 대한 친고죄 규정이 폐지되었다. 이러한 개정형법은 개정법 시행 후 최초로 저지른 범죄부터 적용한다(제11574호, 2012.12.18. 개정형법 부칙 제2조). [♠ 15 사시]

Ⅱ. 강간죄

제297조(강간) 폭행 또는 협박으로 사람을 강간한 자는 3년 이상의 유기징역에 처한다. 〈개정 2012.12.18〉
제300조(미수범) 미수범은 처벌한다.

1. 의 의

폭행 또는 협박으로 사람을 강간함으로써 성립하는 범죄이다.

2. 구성요건

(1) 객관적 구성요건

① 주 체 : 객체가 사람이므로 주체는 남녀를 불문한다.

② 객 체 : 사람이다.[1] 사람인 이상 기혼 · 미혼, 성년 · 미성년을 불문하며, 13세 미만의

---

1) 개정 전에는 객체를 '부녀'로 한정하고 있었다. 개정형법은 강간죄의 객체를 '사람'이라고 규정하고 있으므로 남

사람도 포함된다. 따라서 사람에 대하여 폭행 · 협박을 하여 간음한 경우에는 그가 미성년자인가 13세 미만자인가 또는 심신미약자인가를 불문하고 강간죄가 성립한다.

判例 법률상의 처가 강간죄의 객체인 '부녀'에 해당하는지 여부

[1] 민법 제826조 제1항은 부부의 동거의무를 규정하고 있고, 여기에는 배우자와 성생활을 함께 할 의무가 포함된다. 그러나 부부 사이에 민법상의 동거의무가 인정된다고 하더라도 거기에 폭행, 협박에 의하여 강요된 성관계를 감내할 의무가 내포되어 있다고 할 수 없다.
[2] 형법 제297조가 정한 강간죄의 객체인 '부녀'에는 법률상 처가 포함되고, 혼인관계가 파탄된 경우뿐만 아니라 실질적인 혼인관계가 유지되고 있는 경우에도 남편이 반항을 불가능하게 하거나 현저히 곤란하게 할 정도의 폭행이나 협박을 가하여 아내를 간음한 경우에는 강간죄가 성립한다고 보아야 한다[대판(전) 2013.5.16. 2012도14788].

판례해설 개정전의 형법은 강간죄의 객체를 '부녀'로 한정하고 있었으며, 이에 관한 판례에 해당한다. 현행 형법은 강간죄의 객체를 '사람'으로 규정하고 있다.

③ **행 위** : 폭행 또는 협박에 의하여 강간하는 것이다.

㉮ **폭행 · 협박** : i) 폭행 · 협박의 대상은 피해자뿐만 아니라 제3자(**예** 피해자의 자녀)도 포함된다. 다만 제3자에 대한 폭행은 피해자에 대하여는 협박의 의미를 갖는다. ii) 폭행 · 협박은 상대방의 반항을 불가능하게 하는 경우뿐만 아니라 현저히 곤란하게 하는 경우도 포함된다(판례, 통설). 따라서 폭행에는 절대적 폭력(**예** 마취제 · 수면제의 사용) 이외에 강제적 폭력도 포함된다.

判例 강간죄의 폭행 · 협박의 정도와 그 판단기준 = 항거불능 또는 현저히 곤란할 정도

강간죄가 성립하려면 가해자의 폭행 · 협박은 피해자의 항거를 불가능하게 하거나 현저히 곤란하게 할 정도의 것이어야 한다[대판 2007.1.25. 2006도5979; 동지 대판 2000.8.18. 2000도1914]. [♠ 02, 09 사시]

判例 강간죄의 폭행 · 협박의 존부의 판단기준

강간죄가 성립하기 위한 가해자의 폭행 · 협박이 있었는지 여부는 그 폭행 · 협박의 내용과 정도는 물론 유형력을 행사하게 된 경위, 피해자와의 관계, 성교 당시와 그 후의 정황 등 모든 사정을 종합하여 피해자가 성교 당시 처하였던 구체적인 상황을 기준으로 판단하여야 하며, 사후적으로 보아 피해자가 성교 전에 범행 현장을 벗어날 수 있었다거나 피해자가 사력을 다하여 반항하지 않았다는 사정만으로 가해자의 폭행 · 협박이 피해자의 항거를 현저히 곤란하게 할 정도에 이르지 않았다고 섣불리 단정하여서는 안 된다[대판 2018.10.25. 2018도7709].

성에서 여성으로 성전환한 자도 그를 여성으로 볼 수 있는지와 무관하게 강간죄의 객체가 된다.

判例 강간죄의 폭행 또는 협박으로 인정된 경우

甲이 여고생 A女를 여관방으로 유인하여 방문을 걸어 잠근 후 성교할 것을 요구하였으나 A女가 불응하자 "옆방에 내 친구들이 많다. 소리지르면 다 들을 것이니 조용히 해라. 나 한 명하고 할 것이냐, 아니면 여러 명하고 할 것이냐?"라고 말하였고 A女는 어쩔 수 없이 甲의 요구에 응하였다면 이는 강간죄의 협박에 해당한다[대판 2000.8.18. 2000도1914].

判例 강간죄의 폭행 또는 협박으로 인정되지 않은 경우

1. 甲이 말을 듣지 않으면 죽이겠다고 하면서 가정주부 A女에 대하여 간음을 시도하자 A가 "여기는 제청방이니 이런 곳에서 이런 짓하면 벌 받는다"고 하여 장소를 안방으로 옮긴 후 간음하였다[대판 1991.5.28. 91도546].
2. 甲은 애인 A(女, 대학 4학년)의 손목을 비틀어 여관으로 끌고 가서 간음하였던바, 당시 여관주인이 방을 안내하였지만 A는 창피하다는 이유로 구조를 요청하지 않았다[대판 1990.9.29. 90도1562].
3. 甲은 A女와 술을 마신 후 A가 승낙하기에 함께 여관에 갔다. 甲은 A에게 성관계를 요구하였으나 거절당하자 집에 가겠다고 말하였다. 이에 A는 자신은 깨끗한 몸이고 몸을 파는 여자가 아니라고 말하면서 더 이상 거부하지 않았고 甲은 A와 성교하였다. 이 과정에서 A는 상처를 입었다[대판 2001.4.27. 2001도230].
4. 甲과 A(女)는 술을 마신 후 여관에서 잠을 잔 후 아침에 먼저 일어난 甲이 욕정을 느껴 A를 강간하려 하자 A가 거부하였으나 甲이 A의 몸을 누른채 애원하듯이 "한 번만…"이라고 말하였고 A의 반항이 덜해지자 성교를 시도했으나 호출기소리에 그만두고 말았다. 이 과정에서 A에게 상처를 입혔다[대판 1999.9.21. 99도2608].

㉯ **강 간** : 강간이란 폭행 · 협박에 의하여 상대방의 반항을 현저하게 곤란하게 하여 간음하는 것을 말한다. 여기서 간음이란 이성간의 성기에 대한 결합을 의미한다. i) 강간이라고 하기 위하여는 폭행 · 협박과 간음 사이에는 인과관계가 있어야 한다. 따라서 폭행 · 협박은 간음의 종료 이전에 행하여져야 한다. 간음의 종료 후에 피해자의 사후동의는 강간죄의 성립에 영향을 미치지 아니한다. 한편 폭행 · 협박에 착수하기 전 또는 착수 후 간음 전에 피해자가 간음에 동의한 경우에는 전자의 경우는 양해가 되며, 후자의 경우는 강간죄의 미수가 된다. ii) 폭행 · 협박은 행위자가 직접 가한 것이어야 한다. 따라서 제3자가 행한 폭행 · 협박을 이용하여 간음했을 때는 정도에 따라 준강간죄가 성립할 수 있을 뿐이다.

判例 폭행·협박과 간음 사이의 인과관계 인정요건

강간죄에서의 폭행·협박과 간음 사이에는 인과관계가 있어야 하나, 폭행·협박이 반드시 간음행위보다 선행되어야 하는 것은 아니다[대판 2017.10.12. 2016도16948].

[사실관계] '피고인은 2016.2.7. 17:00경 동거하던 피해자의 집에서 피해자에게 성관계를 요구하였는데, 피해자가 생리 중이라는 등의 이유로 이를 거부하자, 피해자에게 성기삽입을 하지 않기로 약속하고 엎드리게 한 후 피해자의 뒤에서 자위행위를 하다가 도저히 안 되겠다며 갑자기 자신의 성기를 피해자의 성기에 삽입하였고, 이에 놀란 피해자가 일어나면서 이를 벗어나려고 하자, 피고인은 양팔로 피해자의 팔과 몸통을 세게 끌어안은 채 가슴으로 피해자의 등을 세게 눌러 움직이지 못하도록 피해자의 반항을 억압한 상태에서 5분간 간음행위를 계속하다가 피해자의 등에 사정하였다. … 이에 대하여 대법원은 "피고인은 피해자의 의사에 반하여 기습적으로 자신의 성기를 피해자의 성기에 삽입하고, 피해자가 움직이지 못하도록 반항을 억압한 다음 간음행위를 계속한 이상, 비록 간음행위를 시작할 때 폭행·협박이 없었다고 하더라도 간음행위와 거의 동시 또는 그 직후에 피해자를 폭행하여 간음한 것으로 볼 수 있고, 이는 강간죄를 구성한다."고 판시하였다.

㈐ **착수시기와 기수시기** : 이성간의 성기가 결합하기 시작하는 순간에 기수가 된다.

判例 강간죄의 실행의 착수시기

강간죄는 부녀를[2] 간음하기 위하여 피해자의 항거를 불능하게 하거나 현저히 곤란하게 할 정도의 폭행 또는 협박을 개시한 때에 그 실행의 착수가 있다고 보아야 할 것이고, 실제로 그와 같은 폭행 또는 협박에 의하여 피해자의 항거가 불능하게 되거나 현저히 곤란하게 되어야만 실행의 착수가 있다고 볼 것은 아니다[대판 2000.6.9. 2000도1253]. [♠ 03, 04, 09 사시]

判例 강간죄의 실행의 착수 인정여부에 대한 비교판례

1-0. **(인정)** 피고인이 간음할 목적으로 새벽 4시에 여자 혼자 있는 방문 앞에 가서 피해자가 방문을 열어주지 않으면 부수고 들어갈 듯한 기세로 방문을 두드리고 피해자가 위험을 느끼고 창문에 걸터 앉아 가까이 오면 뛰어 내리겠다고 하는데도 베란다를 통하여 창문으로 침입하려고 하였다면 강간의 수단으로서의 폭행에 착수하였다고 할 수 있으므로 강간의 착수가 있었다고 할 것이다[대판 1991.4.9. 91도288]. [♠ 09 사시]

1-1. **(부정)** 강간죄의 실행에 착수가 있었다고 하려면 강간의 수단으로서 폭행이나 협박을 한 사실이 있어야 할 터인데 피고인이 강간할 목적으로 피해자의 집에 침입하였다 하더라도 안방에

2) 형법개정에 의하여 강간죄의 객체가 '부녀'에서 '사람'으로 변경되었으나, 본서에서는 형법 개정의 취지에 반하지 않는 이상 기존의 판례는 변경함이 없이 그대로 두기로 하였다. 이하 다른 판례에서도 동일하다.

들어가 누워 자고있는 피해자의 가슴과 엉덩이를 만지면서 간음을 기도하였다는 사실만으로는 강간의 수단으로 피해자에게 폭행이나 협박을 개시하였다고 하기는 어렵다[대판 1990.5.25. 90도607]. [♠ 13 사시]

(2) 주관적 구성요건

고의가 있어야 한다. 강간죄의 객체는 모든 '사람'이므로 피해자가 13세 이상이라는 사실은 고의의 인식대상이 아니다. [♠ 04 사시]

3. 죄수 및 타죄와의 관계

① 동일한 폭행 · 협박을 이용하여 수회 간음한 경우에는 강간죄의 단순일죄가 성립한다.

② 강간죄가 성립하는 경우 폭행 · 협박 및 강제추행은 별죄를 구성하지 아니한다(법조경합).

③ 감금행위 자체가 강간의 수단인 폭행 · 협박행위를 이루고 있는 경우에는 강간죄와 감금죄의 상상적 경합이 된다(판례). 그러나 사람을 감금 중에 강간한 경우에는 양죄의 실체적 경합이 된다.

④ 주거에 침입하여 강간한 경우 주거침입죄와 강간죄의 경합범이 된다.

判例 죄 수

1. **(일죄)** 피해자를 (폭행하여) 1회 간음하고 200m쯤 오다가 다시 1회 간음한 경우에 있어 피고인의 의사 및 그 범행시각과 장소로 보아 두 번째의 간음행위는 처음 한 행위의 계속으로 볼 수 있어 이를 단순일죄로 처벌한 것은 정당하다[대판 1970.9.29. 70도1516].

   비교판례 **(실체적 경합)** 피해자를 1회 강간하여 상처를 입게 한 후 약 1시간 후에 장소를 옮겨 같은 피해자를 다시 1회 강간한 행위는 그 범행시간과 장소를 달리하고 있을 뿐만 아니라 각 별개의 범의에서 이루어진 행위로서 형법 제37조 전단의 실체적 경합범에 해당한다[대판 1987.5.12. 87도694].

2. **(실체적 경합)** 폭행과 강간행위가 불과 1시간 전후에 이루어진 것이기는 하나 강간의 범의를 일으킨 것이 폭행 후의 다른 상해범행의 실행 중이었음이 인정되는 이상 폭행사실은 별개의 독립한 죄를 구성한다[대판 1983.4.12. 83도304].

Ⅲ. 유사강간죄

제297조의2(유사강간) 폭행 또는 협박으로 사람에 대하여 구강, 항문 등 신체(성기는 제외한다)의 내부에 성기를 넣거나 성기, 항문에 손가락 등 신체(성기는 제외한다)의 일부 또는 도구를 넣는 행위를 한 사람은 2년 이상의 유기징역에 처한다.〈신설 2012.12.18.〉 [♣ 16 변시][3]
제300조(미수범) 미수범은 처벌한다.

1. 의 의

① 폭행 또는 협박으로 사람에 대하여 구강, 항문 등 신체(성기는 제외한다)의 내부에 성기를 넣거나 성기, 항문에 손가락 등 신체(성기는 제외한다)의 일부 또는 도구를 넣는 행위를 함으로써 성립하는 범죄이다.

② 폭행 또는 협박에 의한 성기간의 삽입은 유사강간죄가 아니라 강간죄로 처벌된다. 형법 개정 전에는 강제추행죄로 처벌받던 행위를 유사강간죄의 규정을 신설하여 보다 엄하게 처벌하도록 한 것이다.

2. 입법취지

변화된 시대 상황을 반영하여 다양화된 성범죄에 효과적으로 대처하기 위하여 신설된 규정이다.

Ⅳ. 강제추행죄

제298조(강제추행) 폭행 또는 협박으로 사람에 대하여 추행한 자는 10년 이하의 징역 또는 1천500만원 이하의 벌금에 처한다.
제300조(미수범) 미수범은 처벌한다.

1. 의 의

폭행 · 협박으로 사람에 대하여 추행함으로써 성립하는 범죄이다.

判例 강제추행행죄의 법적 성질(자수범이 아니므로 피해자를 도구로 이용하는 간접정범 성립 가능)

강제추행죄는 사람의 성적 자유 내지 성적 자기결정의 자유를 보호하기 위한 죄로서 정범 자신이 직접 범죄를 실행하여야 성립하는 자수범이라고 볼 수 없으므로, 처벌되지 아니하는 타인을 도구로 삼아 피해자를 강제로 추행하는 간접정범의 형태로도 범할 수 있다. 여기서 강제추행에 관한 간

3) 형법은 유사강간죄의 법정형을 강간죄의 법정형보다 낮게 규정하고 있다...라는 지문이 출제되었다. 강간죄의 법정형은 3년 이상의 유기징역이므로 유사강간죄(2년 이상의 유기징역)의 법정형이 강간죄의 법정형보다 낮다.

접정범의 의사를 실현하는 도구로서의 타인에는 피해자도 포함될 수 있으므로, 피해자를 도구로 삼아 피해자의 신체를 이용하여 추행행위를 한 경우에도 강제추행죄의 간접정범에 해당할 수 있다 [대판 2018.2.8. 2016도17733].

2. 구성요건

(1) 객관적 구성요건

① 주 체 : 제한이 없다. 여자도 본죄의 단독정범이 될 수 있다.

② 객 체 : 사람이다.

③ 행 위 : 폭행 · 협박으로 추행하는 것이다.

判例 강제추행죄의 '폭행 또는 협박'의 의미(매우 중요)

[1] **[다수의견]** (가) 형법 및 성폭력범죄의 처벌 등에 관한 특례법(이하 '성폭력처벌법'이라 한다)은 강제추행죄의 구성요건으로 '폭행 또는 협박'을 규정하고 있는데, 대법원은 강제추행죄의 '폭행 또는 협박'의 의미에 관하여 이를 두 가지 유형으로 나누어, 폭행행위 자체가 곧바로 추행에 해당하는 경우(이른바 기습추행형)에는 상대방의 의사를 억압할 정도의 것임을 요하지 않고 상대방의 의사에 반하는 유형력의 행사가 있는 이상 그 힘의 대소강약을 불문한다고 판시하는 한편, 폭행 또는 협박이 추행보다 시간적으로 앞서 그 수단으로 행해진 경우(이른바 폭행 · 협박 선행형)에는 상대방의 항거를 곤란하게 하는 정도의 폭행 또는 협박이 요구된다고 판시하여 왔다(이하 폭행 · 협박 선행형 관련 판례 법리를 '종래의 판례 법리'라 한다).

(나) 강제추행죄의 범죄구성요건과 보호법익, 종래의 판례 법리의 문제점, 성폭력범죄에 대한 사회적 인식, 판례 법리와 재판 실무의 변화에 따라 해석 기준을 명확히 할 필요성 등에 비추어 강제추행죄의 '폭행 또는 협박'의 의미는 다시 정의될 필요가 있다. 강제추행죄의 '폭행 또는 협박'은 상대방의 항거를 곤란하게 할 정도로 강력할 것이 요구되지 아니하고, 상대방의 신체에 대하여 불법한 유형력을 행사(폭행)하거나 일반적으로 보아 상대방으로 하여금 공포심을 일으킬 수 있는 정도의 해악을 고지(협박)하는 것이라고 보아야 한다. 구체적인 이유는 다음과 같다.

① 강제 추행죄에서 추행의 수단이 되는 '폭행 또는 협박'에 대해 피해자의 항거가 곤란할 정도일 것을 요구하는 종래의 판례 법리는 강제추행죄의 범죄구성요건이나 자유롭고 평등한 개인의 성적 자기결정권이라는 보호법익과 부합하지 아니한다. 형법 제298조 및 성폭력처벌법 제5조 제2항 등 강제추행죄에 관한 현행 규정은 **'폭행 또는 협박으로 사람에 대하여 추행을 한 자' 또는 '폭행 또는 협박으로 사람을 강제추행한 경우' 이를 처벌한다고 정하고 있을 뿐, 폭행 · 협박의 정도를 명시적으로 한정하고 있지 아니하다.** '강제추행'에서 '강제(強制)'의 사전적 의미는 '권력이나 위력으로 남의 자유의사를 억눌러 원하지 않는 일을 억지로 시키는 것'으로서, 반드시 상대방의 항거가 곤란할 것을 전제로 한다고 볼 수 없고, 폭행 · 협박을 수단으로 또는 폭행 · 협박의 방법으로 동의하지 않는 상대방에 대하여 추행을 하는 경우 그러한 강제성은 구현된다고 보아야 한다.

강제추행죄는 개인의 성적 자기결정권을 보호법익으로 한다. 종래의 판례 법리는 피해자의 '항거곤란'이라는 상태적 개념을 범죄구성요건에 포함시켜 폭행 또는 협박의 정도가 일반적인 그것보다 더 높은 수준일 것을 요구하였다. 그에 따라 강제추행죄가 성립하기 위해서는 높은 수준의 의사 억압 상태가 필요하다고 보게 되고, 이는 피해자가 실제로 어떠한 항거를 하였는지 살펴보게 하였으며, 반대로 항거가 없었던 경우에는 그러한 사정을 이유로 성적 자기결정권의 침해를 부정하는 결과를 초래하기도 하였다. 하지만 이와 같이 피해자의 '항거곤란'을 요구하는 것은 여전히 피해자에게 '정조'를 수호하는 태도를 요구하는 입장을 전제하고 있다고 볼 수 있고, 개인의 성적 자유 내지 성적 자기결정권을 보호법익으로 하는 현행법의 해석으로 더 이상 타당하다고 보기 어렵다.

② 강제추행죄에서 '폭행 또는 협박'은 형법상 폭행죄 또는 협박죄에서 정한 '폭행 또는 협박'을 의미하는 것으로 분명히 정의되어야 하고, 이는 판례 법리와 재판 실무의 변화에 비추어 볼 때 **법적 안정성 및 판결에 대한 예측가능성**을 높이기 위하여도 필요하다.
그동안 대법원은 개별적 · 구체적인 사건에서 강제추행죄의 성립 요건이나 피해자 진술의 신빙성 등을 심리하면서 고려해야 할 판단 기준과 방법에 관하여 판시하여 왔다. 또한 근래의 재판 실무는 종래의 판례 법리에도 불구하고 가해자의 행위가 폭행죄에서 정한 폭행이나 협박죄에서 정한 협박의 정도에 이르렀다면 사실상 상대방의 항거를 곤란하게 할 정도라고 해석하는 방향으로 변화하여 왔다.
이러한 법원의 판례와 재판 실무는 강제추행죄의 보호법익의 변화를 반영함과 아울러, 종래의 판례 법리에 따른 현실의 수사와 재판 과정에서 자칫 성폭력범죄의 피해자에게 이른바 '피해자다움'을 요구하거나 2차 피해를 야기할 수 있다는 문제 인식을 토대로 형평과 정의에 합당한 형사재판을 실현하기 위한 것인바, 한편 그로 인하여 강제추행죄의 구성요건으로 피해자의 항거가 곤란할 정도의 폭행 또는 협박을 요구하는 종래의 판례 법리는 그 의미가 상당 부분 퇴색하였다. 그렇다면 이제 범죄구성요건의 해석 기준을 명확히 함으로써 사실상 변화된 기준을 적용하고 있는 현재의 재판 실무와 종래의 판례 법리 사이의 불일치를 해소하고, 오해의 소지와 혼란을 방지할 필요가 있다.

③ 강제추행죄의 '폭행 또는 협박'의 의미를 위와 같이 정의한다고 하여 위력에 의한 추행죄와 구별이 불분명해지는 것은 아니다.
위력에 의한 추행죄에서 '위력'이란 사람의 자유의사를 제압하거나 혼란하게 할 만한 일체의 세력을 말하는 것으로, 유형적이든 무형적이든 묻지 아니하는바, 이는 강제추행죄에서의 '폭행 또는 협박'과 개념적으로 구별된다. 그리고 형법 및 성폭력처벌법 등은 미성년자, 심신미약자, 신체적인 또는 정신적인 장애가 있는 사람, 피보호자 · 피감독자, 아동 · 청소년을 위력으로 추행한 사람을 처벌하는 규정(형법 제302조, 성폭력처벌법 제6조 제6항, 제7조 제5항, 제10조 제1항, 아동 · 청소년의 성보호에 관한 법률 제7조 제5항)을 두고 있는바, 위력에 의한 추행죄는 성폭력 범행에 특히 취약한 사람을 보호대상으로 하여 강제추행죄의 '폭행 또는 협박'과 다른 '위력'을 범행수단으로 한 성적 침해 또는 착취행위를 범죄로 규정하여 처벌하려는 것이다.
이러한 위력과 폭행 · 협박의 개념상 차이, 위력에 의한 추행죄와 강제추행죄의 구성요건, 각 보호법익과 체계 등을 고려하면, 위력에 의한 추행죄에서 '위력'은 유형력의 대상이나 내용 등에 비추어 강제추행죄의 '폭행 또는 협박'에 해당하지 아니하는 폭행 · 협박은 물론, 상대방의 자유의사를 제압하거나 혼란하게 할 만한 사회적 · 경제적 · 정치적인 지위나 권세를 이용하는 것을 포함한다. 따라서 강제추행죄의 폭행 또는 협박의 의미를 종래의 판례 법리와 같이 제한 해석하여야만 위력과 구별이 용이해진다고 볼 수는 없다.

(다) 요컨대, 강제추행죄는 상대방의 신체에 대해 불법한 유형력을 행사하거나 상대방으로 하여금 공포심을 일으킬 수 있는 정도의 해악을 고지하여 상대방을 추행한 경우에 성립한다. 어떠한 행위가 강제추행죄의 '폭행 또는 협박'에 해당하는지 여부는 행위의 목적과 의도, 구체적인 행위태양과 내용, 행위의 경위와 행위 당시의 정황, 행위자와 상대방과의 관계, 그 행위가 상대방에게 주는 고통의 유무와 정도 등을 종합하여 판단하여야 한다.
이와 달리 강제추행죄의 폭행 또는 협박이 상대방의 항거를 곤란하게 할 정도일 것을 요한다고 본 대법원 2012. 7. 26. 선고 2011도8805 판결을 비롯하여 같은 취지의 종전 대법원판결은 이 판결의 견해에 배치되는 범위 내에서 모두 변경하기로 한다.

[대법관 이동원의 별개의견] 폭행 · 협박 선행형의 강제추행죄에서 '폭행 또는 협박'의 정도에 관하여 상대방의 항거를 곤란하게 하는 정도의 폭행 또는 협박이 요구된다고 판시한 '종래의 판례 법리'는 여전히 타당하므로 그대로 유지되어야 한다. 다수의견과 같이 강제추행죄의 처벌범위를 확대하는 해석론은 사회적 공감대가 형성된 후 국회의 입법절차를 통하여 해결하는 것이 바람직하다. 그 이유는 다음과 같다.
첫째, 종래의 판례 법리는 형사법 문언과 체계에 부합한다. 강제추행죄의 '폭행 또는 협박'의 정도에 관하여 상대방의 항거를 곤란하게 하는 정도로 제한 해석해야 단순추행죄, 위력에 의한 추행죄와 분명한 구별이 가능하고, 준강제추행죄의 항거불능과도 균형이 맞는다.
둘째, 종래의 판례 법리는 피해자의 현실적 저항을 요구하거나 2차 피해를 야기하는 법리가 아니다. 설령 강제추행 피해자에 대한 조사 · 심리 과정에서 2차 피해를 야기할 위험성이 있다고 하더라도 현행법상의 제도 등을 적극 활용함으로써 그 문제를 해결하여야 하는 것이지 이를 이유로 범죄구성요건의 내용을 달리 정할 것은 아니다.
셋째, 종래의 판례 법리는 대법원이 수십 년 동안 반복적으로 선언한 법리로서 학계의 지지를 받고 있고, '종합판단기준설'의 발전적인 해석을 통하여 구체적 타당성을 도모할 수 있는 법리이다. 판례를 변경하려면 이를 정당화할 명확한 근거가 있어야 한다. 다수의견의 논거는 이에 미치지 못하고 있다.
넷째, 종래의 판례 법리를 전제로 성폭력처벌법 등 특별법에서 일정한 유형의 강제추행에 대해 중범죄로 가중처벌하고 있다. 성범죄 피해자 보호를 입법을 통하여 해결하지 않은 채 다수의견과 같이 해석으로 폭행 · 협박의 정도를 완화할 경우 위 특별법과의 체계상 정합성에 지장을 초래하고, 죄형법정주의나 형벌불소급의 원칙에 실질적으로 어긋날 우려가 있다.
[2] 피고인이 자신의 주거지 방안에서 4촌 친족관계인 피해자 甲(여, 15세)의 학교 과제를 도와주던 중 甲을 양팔로 끌어안은 다음 침대에 쓰러뜨린 후 甲의 가슴을 만지는 등 강제로 추행하였다는 성폭력범죄의 처벌 등에 관한 특례법 위반(친족관계에 의한 강제추행)의 주위적 공소사실로 기소된 사안에서, 당시 피고인은 방안에서 甲의 숙제를 도와주던 중 甲의 왼손을 잡아 자신의 성기 쪽으로 끌어당겼고, 이를 거부하고 자리를 이탈하려는 甲의 의사에 반하여 甲을 끌어안은 다음 침대로 넘어져 甲의 위에 올라탄 후 甲의 가슴을 만졌으며, 방문을 나가려는 甲을 뒤따라가 끌어안았는바, 이러한 피고인의 행위는 甲의 신체에 대하여 불법한 유형력을 행사하여 甲을 강제추행한 것에 해당한다고 볼 여지가 충분하다는 이유로, 이와 달리 피고인의 행위가 甲의 항거를 곤란하게 할 정도

의 폭행 또는 협박에 해당하지 않는다고 보아 위 공소사실을 무죄로 판단한 원심의 조치에 강제추행죄의 폭행에 관한 법리오해 등의 잘못이 있다고 한 사례[대판(전) 2023.9.21. 2018도13877].

관련판례 **(폭행행위 자체가 추행행위라고 인정되는 경우)** 강제추행죄는 상대방에 대하여 폭행 또는 협박을 가하여 항거를 곤란하게 한 뒤에 추행행위를 하는 경우뿐만 아니라 폭행행위 자체가 추행행위라고 인정되는 이른바 기습추행의 경우도 포함된다. 특히 기습추행의 경우 폭행은 반드시 상대방의 의사를 억압할 정도의 것임을 요하지 않고 상대방의 의사에 반하는 유형력의 행사가 있는 이상 그 힘의 대소강약을 불문한다[대판 2002.4.26. 2001도2417].

[♣ 23 변시]

미용업체인 甲 주식회사를 운영하는 피고인이 甲 회사의 가맹점에서 근무하는 乙(여, 27세)을 비롯한 직원들과 노래방에서 회식을 하던 중 乙을 자신의 옆자리에 앉힌 후 갑자기 乙의 볼에 입을 맞추고, 이에 乙이 '하지 마세요'라고 하였음에도 계속하여 오른손으로 乙의 오른쪽 허벅지를 쓰다듬었다면 이는 기습추행으로서 강제추행죄가 성립한다[대판 2020.3.26. 2019도15994]. [♠ 11 사시] [♣ 15, 18 변시]

㉮ 폭행 · 협박의 시기 : 반드시 추행 이전에 행하여질 것을 요하지 않는다.

判例 폭행행위 자체가 추행행위에 해당하는 경우

피해자와 춤을 추면서 피해자의 유방을 만진 행위가 순간적인 행위에 불과하더라도 피해자의 의사에 반하여 행하여진 유형력의 행사에 해당하고 피해자의 성적 자유를 침해할 뿐만 아니라 일반인의 입장에서도 추행행위라고 평가될 수 있는 것으로서, 폭행행위 자체가 추행행위라고 인정되어 강제추행에 해당된다고 한 사례[대판 2002.4.26. 2001도2417]. [♠ 08, 10 사시]

㉯ 추 행

判例 강제추행죄가 성립하는 경우

1. 골프장 여종업원들이 거부의사를 밝혔음에도, 골프장 사장과의 친분관계를 내세워 함께 술을 마시지 않을 경우 신분상의 불이익을 가할 것처럼 협박하여 이른바 러브샷의 방법으로 술을 마시게 한 경우 강제추행죄가 성립한다[대판 2008.3.13. 2007도1005]. [♠ 12 사시]

   동지판례 [1] 추행은 객관적으로 일반인에게 성적 수치심이나 혐오감을 일으키게 하고 선량한 성적 도덕관념에 반하는 행위로서 피해자의 성적 자유를 침해하는 것을 말한다.

   [2] 피고인이 엘리베이터 안에서 피해자를 칼로 위협하는 등의 방법으로 꼼짝하지 못하도록 하여 자신의 실력적인 지배하에 둔 다음 자위행위 모습을 보여준 행위는 강제추행죄의 추행에 해당한다[대판 2010.2.25. 2009도13716].[4] [♠ 12, 13 사시]

---

4) 피고인이 甲(여, 48세)에게 단순히 자신의 바지를 벗어 성기를 보여준 것만으로는 폭행 또는 협박으로 '추행'을 하였다고 볼 수 없으므로 강제추행죄가 성립하지 아니한다는 대판 2012.7.26. 2011도8805는 대법원 2023.9.21. 선고 2018도13877 전원합의체 판결에 의하여 폐기되었음에 유의하여야 한다.

동지판례 한때 내연관계에 있던 A녀가 甲의 머리채를 잡아 폭행을 가하자 이에 대한 보복의 의미에서 甲이 A녀의 입술, 귀, 유두, 가슴을 입으로 깨무는 등의 행위를 하였다면 이는 강제추행죄의 '추행'에 해당한다[대판 2013.9.26. 2013도5856].

2. 직장 상사가 등 뒤에서 피해자의 의사에 명백히 반하여 어깨를 주무른 경우, 여성에 대한 추행에 있어 신체 부위에 따라 본질적인 차이가 있다고 볼 수 없으므로 추행에 해당한다[대판 2004.4.16. 2004도52].

3. 피고인이 피해자의 집 안방에서 갑자기 피해자의 상의를 걷어 올려서 유방을 만지고, 하의를 끄집어 내리는 등의 행위를 한 경우, 피고인의 위와 같은 행위를 강제추행죄로 의율한 원심의 조치는 타당하다[대판 1994.8.23. 94도630].

4. 양부가 취중에 10세의 입양한 딸과 잠을 자다가 다리로 딸의 몸을 누르면서 엉덩이와 가슴을 만진 경우 강제추행죄가 성립한다[대판 2008.4.10. 2007도9487].

5. 피고인이 공터에서 피해자들(만 8세와 만 7세인 여아들)이 놀고 있는 것을 발견하고 다가가 피해자들을 끌어안고 손으로 피해자들의 음부 부위를 갑자기 1회 만졌다면, 피고인이 사탕과 호루라기를 매개로 피해자들에게 접근하면서 피해자들을 끌어안는 것에 대하여 피해자들이 별다른 저항을 하지 않았다고 하더라도 음부를 만지는 행위에 대해서까지 용인하였다고 보기는 어려우므로 피해자들의 의사에 반하여 행하여진 강제추행행위에 해당한다[대판 2012.6.14. 2012도3893].

6. 피고인이 아파트 놀이터의 의자에 앉아 전화통화를 하고 있던 피해자의 뒤로 몰래 다가가 甲의 머리카락 및 옷 위에 소변을 보아 강제추행하였다는 내용으로 기소된 사안에서, 피고인이 처음 보는 여성인 甲의 뒤로 몰래 접근하여 성기를 드러내고 甲을 향한 자세에서 甲의 등 쪽에 소변을 본 행위는 객관적으로 일반인에게 성적 수치심이나 혐오감을 일으키게 하고 선량한 성적 도덕관념에 반하는 행위로서 甲의 성적 자기결정권을 침해하는 추행행위에 해당한다고 볼 여지가 있고, 행위 당시 甲이 이를 인식하지 못하였더라도 마찬가지이다[대판 2021.10.28. 2021도7538].

判例 협박과 추행 사이에 시간적 간격이 있는 경우 강제추행죄의 성립여부(성립 가능)

[1] 협박과 간음 또는 추행 사이에 시간적 간격이 있더라도 협박에 의하여 간음 또는 추행이 이루어진 것으로 인정될 수 있다면 강간죄 또는 강제추행죄가 성립할 수 있다.
[2] 유부녀인 피해자에 대하여 혼인 외 성관계 사실을 폭로하겠다는 등의 내용으로 협박하여 피해자를 간음 또는 추행한 경우, 위와 같은 협박이 피해자를 단순히 외포시킨 정도를 넘어 적어도 피해자의 항거를 현저히 곤란하게 할 정도의 것이었다고 보기에 충분하다는 이유로, 강간죄 및 강제추행죄가 성립한다고 한 사례[대판 2007.1.25. 2006도5979]. [♠10, 13 사시]

判例 군형법상의 강제추행죄에서 '추행'의 의미

[1] 현행 규정의 체계와 문언, 개정 경위와 함께, 동성 간 성행위에 대한 법규범적 평가의 변화에 따라 동성 군인 간 합의에 따른 성행위를 아무런 제한 없이 군기를 침해하는 행위라고 보기 어려운 점

등을 종합하면, 현행 규정의 보호법익에는 '군이라는 공동사회의 건전한 생활과 군기'라는 전통적인 보호법익과 함께 '군인의 성적 자기결정권'도 포함된다고 보아야 한다.

[2] 이 사건과 같이 군인이 자신의 사적 공간인 독신자 숙소에서 자유로운 의사로 합의에 따른 성행위를 한 사안으로서 군인의 성적 자기결정권이라는 법익에 대한 침해는 물론, 군이라는 공동사회의 건전한 생활과 군기라는 법익에 대한 침해를 인정하기 어려운 경우까지 처벌대상으로 삼는 해석은 허용될 수 없다[대판(전) 2022.4.21. 2019도3047].

판례해설 위와 같은 판례변경으로 「군형법 제92조의 추행죄는 군 내부의 건전한 공적생활을 영위하고, 이른바 군대가정의 성적 건강을 유지하기 위하여 제정된 것으로서, 주된 보호법익은 '개인의 성적 자유'가 아니라 '군이라는 공동사회의 건전한 생활과 군기'라는 사회적 법익이다. … 따라서 개인적 성적 자유를 주된 보호법익으로 하는 형법 등에서 말하는 '추행'의 개념과 달리 군형법 제92조에서 말하는 '추행'이라 함은 계간(항문 성교)에 이르지 아니한 동성애 성행위 등 객관적으로 일반인에게 혐오감을 일으키게 하고 선량한 성적 도덕관념에 반하는 성적 만족 행위로서 군이라는 공동사회의 건전한 생활과 군기를 침해하는 것을 의미한다[대판 2008.5.29. 2008도2222].」는 기존의 판례 등의 법리와 결론은 유지될 수 없게 되었다.

(2) 주관적 구성요건

① 고의가 있어야 한다.

判例 강제추행죄의 고의

[1] 강제추행죄의 성립에 필요한 주관적 구성요건요소는 고의만으로 충분하고, 그 외에 성욕을 자극·흥분·만족시키려는 주관적 동기나 목적까지 있어야 하는 것은 아니다.

[2] 피고인은 자신이 대표이사로 있는 회사의 직원인 피해자(여, 27세) 등과 함께 회식을 하며 피해자의 결혼 여부 등에 관하여 이야기하던 중 갑자기 왼팔로 피해자의 머리를 감싸고 피고인의 가슴 쪽으로 끌어당겨 피해자의 머리가 피고인의 가슴에 닿게 하고 주먹으로 피해자의 머리를 2회 쳤다. 이후 피고인은 다른 대화를 하던 중 "이년을 어떻게 해야 계속 붙잡을 수 있지. 머리끄댕이를 잡고 붙잡아야 되나."라고 하면서 갑자기 손가락이 피해자의 두피에 닿도록 양손으로 피해자의 머리카락을 잡고 흔들고, 이후 갑자기 피해자의 어깨를 수회 쳤다. 피고인의 행위는 강제추행죄의 추행에 해당한다[대판 2020.12.24. 2020도7981].

판결이유 피고인에게 성욕의 자극 등 주관적 동기나 목적이 없었다거나 피해자의 이직을 막고 싶은 마음에서 비롯된 동기가 있었다고 하더라도 추행의 고의를 인정하는 데 방해가 되지 않는다.

② 강제추행죄는 목적범이나 경향범에 해당하지 아니하므로 성욕의 흥분·자극 또는 만족을 목적으로 하거나 그러한 경향이 있을 것을 요건으로 하지 아니한다(다수설).

Ⅴ. 준강간죄 · 준유사강간죄 · 준강제추행죄

제299조(준강간, 준강제추행) 사람의 심신상실 또는 항거불능의 상태를 이용하여 간음 또는 추행을 한 자는 제297조, 제297조의2 및 제298조의 예에 의한다.
제300조(미수범) 미수범은 처벌한다.

1. 의 의

① 사람의 심신상실 또는 항거불능의 상태를 이용하여 간음 또는 추행함으로써 성립하는 범죄이다.

② ⅰ) 본죄가 자수범인가에 대하여 긍정설, 부정설(다수설)[5]이 대립한다. ⅱ) 다수설에 의하면 준강간죄의 간접정범이 성립할 수 있다(예 만취한 여자를 정신병자로 하여금 간음하게 한 경우).

2. 구성요건

(1) 행위의 객체

심신상실이나 항거불능의 상태에 있는 사람이다.

① **심신상실** : 정신능력의 상실로 인하여 정상적인 성적 자기결정을 할 수 없는 상태를 말한다.

㉮ **제10조 제1항의 심신상실과의 차이** : 본죄의 심신상실은 심신장애라는 생물학적 기초에 제한되지 않으므로 제10조의 심신상실보다 그 범위가 넓다(다수설). 따라서 수면 중의 부녀 또는 일시 의식을 잃고 있는 부녀도 본죄의 '심신상실'의 상태에 있는 사람에 해당한다.

㉯ **심신미약의 포함여부** : 형법은 심신미약자에 대한 간음 · 추행을 별도로 규정하고 있으므로(제302조), 심신미약자는 본죄의 객체에 포함되지 아니한다(다수설).

② **항거불능** : 심신상실 이외의 사유로 인하여 심리적[6] 또는 육체적[7]으로 반항이 불가능하거나 현저히 곤란한 경우를 말한다.

判例 '알코올 블랙아웃(black out)'의 의미 및 의식상실(passing out)과의 구별

[1] 형법 제299조는 '사람의 심신상실 또는 항거불능의 상태를 이용하여 추행을 한 자'를 처벌하도록 규정한다. 이러한 준강제추행죄는 정신적 · 신체적 사정으로 인하여 성적인 자기방어를 할 수 없는 사람의 성적 자기결정권을 보호해 주는 것을 보호법익으로 하며, 그 성적 자기결정권은 원치

---

5) 다수설(부정설)은 본죄는 성적 거부의사를 제대로 표명할 수 없는 자의 현실적 · 잠재적 성적 자유를 보호하는데 그 목적이 있으므로 자수범으로 볼 수 없다는 입장이다.

6) 의사가 자기를 신뢰한 여자환자를 치료를 가장하여 간음한 경우

7) 포박되어 있는 부녀를 추행한 경우

않는 성적 관계를 거부할 권리라는 소극적 측면을 말한다.

[2] 준강간죄에서 '심신상실'이란 정신기능의 장애로 인하여 성적 행위에 대한 정상적인 판단능력이 없는 상태를 의미하고, '항거불능'의 상태란 심신상실 이외의 원인으로 심리적 또는 물리적으로 반항이 절대적으로 불가능하거나 현저히 곤란한 경우를 의미한다. 이는 준강제추행죄의 경우에도 마찬가지이다. 피해자가 깊은 잠에 빠져 있거나 술·약물 등에 의해 일시적으로 의식을 잃은 상태 또는 완전히 의식을 잃지는 않았더라도 그와 같은 사유로 정상적인 판단능력과 대응·조절능력을 행사할 수 없는 상태에 있었다면 준강간죄 또는 준강제추행죄에서의 심신상실 또는 항거불능 상태에 해당한다.

[3] (가) 의학적 개념으로서의 '알코올 블랙아웃(black out)'은 중증도 이상의 알코올 혈중농도, 특히 단기간 폭음으로 알코올 혈중농도가 급격히 올라간 경우 그 알코올 성분이 외부 자극에 대하여 기록하고 해석하는 인코딩 과정(기억형성에 관여하는 뇌의 특정 기능)에 영향을 미침으로써 행위자가 일정한 시점에 진행되었던 사실에 대한 기억을 상실하는 것을 말한다.

알코올 블랙아웃은 인코딩 손상의 정도에 따라 단편적인 블랙아웃과 전면적인 블랙아웃이 모두 포함한다. 그러나 알코올의 심각한 독성화와 전형적으로 결부된 형태로서의 의식상실의 상태, 즉 알코올의 최면진정작용으로 인하여 수면에 빠지는 의식상실(passing out)과 구별되는 개념이다.

(나) 따라서 음주 후 준강간 또는 준강제추행을 당하였음을 호소한 피해자의 경우, 범행 당시 알코올이 위의 기억형성의 실패만을 야기한 알코올 블랙아웃 상태였다면 피해자는 기억장애 외에 인지기능이나 의식 상태의 장애에 이르렀다고 인정하기 어렵지만, 이에 비하여 피해자가 술에 취해 수면상태에 빠지는 등 의식을 상실한 패싱아웃 상태였다면 심신상실의 상태에 있었음을 인정할 수 있다.

또한 '준강간죄 또는 준강제추행죄에서의 심신상실·항거불능'의 개념에 비추어, 피해자가 의식상실 상태에 빠져 있지는 않지만 알코올의 영향으로 의사를 형성할 능력이나 성적 자기결정권 침해행위에 맞서려는 저항력이 현저하게 저하된 상태였다면 '항거불능'에 해당하여, 이러한 피해자에 대한 성적 행위 역시 준강간죄 또는 준강제추행죄를 구성할 수 있다.

(다) 그런데 법의학 분야에서는 알코올 블랙아웃이 '술을 마시는 동안에 일어난 중요한 사건에 대한 기억상실'로 정의되기도 하며, 일반인 입장에서는 '음주 후 발생한 광범위한 인지기능 장애 또는 의식상실'까지 통칭하기도 한다.

(라) 따라서 음주로 심신상실 상태에 있는 피해자에 대하여 준강간 또는 준강제추행을 하였음을 이유로 기소된 피고인이 '피해자가 범행 당시 의식상실 상태가 아니었고 그 후 기억하지 못할 뿐이다.'라는 취지에서 알코올 블랙아웃을 주장하는 경우, 법원은 피해자의 범행 당시 음주량과 음주속도, 경과한 시간, 피해자의 평소 주량, 피해자가 평소 음주 후 기억장애를 경험하였는지 여부 등 피해자의 신체 및 의식 상태가 범행 당시 알코올 블랙아웃인지 아니면 패싱아웃 또는 행위통제능력이 현저히 저하된 상태였는지를 구분할 수 있는 사정들과 더불어 CCTV나 목격자를 통하여 확인되는 당시 피해자의 상태, 언동, 피고인과의 평소 관계, 만나게 된 경위, 성적 접촉이 이루어진 장소와 방식, 그 계기와 정황, 피해자의 연령·경험 등 특성, 성에 대한 인식 정도, 심리적·정서적 상태, 피해자와 성적 관계를 맺게 된 경위에 대한 피고인의 진술 내용의 합리성, 사건 이후 피고인과 피해자의 반응을 비롯한 제반 사정을 면밀하게 살펴 범행 당시 피해자가 심신상실 또는 항거불능 상태에 있었는지 여부를 판단해야 한다.

또한 피해사실 전후의 객관적 정황상 피해자가 심신상실 등이 의심될 정도로 비정상적인 상태에 있었음이 밝혀진 경우 혹은 피해자와 피고인의 관계 등에 비추어 피해자가 정상적인 상태하에서라면 피고인과 성적 관계를 맺거나 이에 수동적으로나마 동의하리라고 도저히 기대하기 어려운 사정이 인정되는데도, 피해자의 단편적인 모습만으로 피해자가 단순히 '알코올 블랙아웃'에 해당하여 심신상실 상태에 있지 않았다고 단정하여서는 안 된다[대판 2021.2.4. 2018도9781].

判例 심신상실 상태라고 인정되지 않은 경우

피고인이 술에 취하여 안방에서 잠을 자고 있던 피해자를 발견하고 갑자기 욕정을 일으켜 피해자의 옆에 누워 피해자의 몸을 더듬다가 피해자의 바지를 벗기려는 순간 피해자가 어렴풋이 잠에서 깨어났으나 피해자는 잠결에 자신의 바지를 벗기려는 피고인을 자신의 애인으로 착각하여 반항하지 않고 응함에 따라 피해자를 1회 간음한 경우, 피해자가 잠결에 피고인을 자신의 애인으로 잘못 알았다고 하더라도 피해자의 위와 같은 의식상태를 심신상실의 상태에 이르렀다고 보기 어렵다[대판 2000.2.25. 98도4355].

[♣15 변시]

③ **심신상실 · 항거불능의 원인** : 원인은 불문하나 행위자가 간음 · 추행하기 위하여 심신상실 · 항거불능상태를 야기한 경우(예 수면제나 마취제를 먹인 경우)에는 본죄가 성립하는 것이 아니라 강간죄 · 강제추행죄가 성립한다.

(2) 행 위

심신상실 또는 항거불능상태를 이용하여 간음 · 추행하는 것이다.

判例 준강간죄의 실행의 착수가 인정된 경우

피고인의 행위를 전체적으로 관찰할 때, 피고인은 잠을 자고 있는 피해자의 옷을 벗기고 자신의 바지를 내린 상태에서 피해자의 음부 등을 만지는 행위를 한 시점에서 피해자의 항거불능의 상태를 이용하여 간음을 할 의도를 가지고 간음의 수단이라고 할 수 있는 행동을 시작한 것으로서 준강간죄의 실행에 착수하였다고 보아야 할 것이고, 그 후 피고인이 위와 같은 행위를 하는 바람에 피해자가 잠에서 깨어나 피고인이 성기를 삽입하려고 할 때에는 객관적으로 항거불능의 상태에 있지 아니하였다고 하더라도 준강간미수죄의 성립에 지장이 없다[대판 2000.1.14. 99도5187].

(3) 주관적 구성요건

고의가 있어야 한다.

判例 준강간죄의 고의

형법은 폭행 또는 협박의 방법이 아닌 심신상실 또는 항거불능의 상태를 이용하여 간음한 행위를 강간죄에 준하여 처벌하고 있으므로, 준강간의 고의는 피해자가 심신상실 또는 항거불능의 상태에 있다는 것과 그러한 상태를 이용하여 간음한다는 구성요건적 결과 발생의 가능성을 인식하고 그러한 위험을 용인하는 내심의 의사를 말한다[대판(전) 2019.3.28. 2018도16002]. [♣ 23 변시]

Ⅵ. 미성년자의제강간 · 강제추행죄

제305조(미성년자에 대한 간음, 추행) ① 13세 미만의 사람에 대하여 간음 또는 추행을 한 자는 제297조(강간), 제297조의2(유사강간), 제298조(강제추행), 제301조(강간등 상해 · 치상) 또는 제301조의2(강간등 살인 · 치사)의 예에 의한다.
② 13세 이상 16세 미만의 사람에 대하여 간음 또는 추행을 한 19세 이상의 자는 제297조, 제297조의2, 제298조, 제301조 또는 제301조의2의 예에 의한다. 〈신설 2020.5.19.〉

1. 의 의

13세 미만의 사람에 대하여 간음 또는 추행함으로써 성립하는 범죄이다.

2. 구성요건

(1) 객관적 구성요건

① 객 체 : 13세 미만의 사람으로서 남녀를 불문한다.

② 행 위 : 간음 · 추행이다. 다만 폭행 · 협박을 수단으로 13세 미만자를 간음 · 추행한 경우에는 강간죄 · 강제추행죄가 성립한다.

判例 미성년자의제강간 · 강제추행죄의 성립요건

1. 형법 305조 소정의 미성년자에 대한 간음죄는 13세미만의 사람이라는 사실을 알고 간음을 하면 성립되는 것이고, 간음을 함에 있어서 피해자에게 폭행 협박을 가하거나 피해자의 의사에 반하여야 하는 것은 아니다[대판 1975.5.13. 75도855].

2. 형법 제305조에 규정된 13세미만 사람에 대한 의제강간 · 추행죄는 그 성립에 있어 위계 또는 위력이나 폭행 또는 협박의 방법에 의함을 요하지 아니하며 피해자의 동의가 있었다고 하여도 성립하는 것이다[대판 1982.10.12. 82도2183]. [♠ 11, 13, 14 사시] [♣ 16 변시]

(2) 주관적 구성요건

13세 미만자를 간음 · 추행한다는 고의가 있어야 한다.

判例 미성년자의제강제추행죄의 주관적 구성요건요소

[1] 형법 제305조의 미성년자의제강제추행죄의 경우, 그 성립에 필요한 주관적 구성요건요소는 고의만으로 충분하고, 그 외에 성욕을 자극 · 흥분 · 만족시키려는 주관적 동기나 목적까지 있어야 하는 것은 아니다.
[2] 초등학교 4학년 담임교사(남자)가 교실에서 자신이 담당하는 반의 남학생의 성기를 만진 행위는 미성년자의제강제추행죄에서 말하는 '추행'에 해당한다고 한 사례[대판 2006.1.13. 2005도6791]. [♠ 08 사시]

동지판례 초등학교 기간제 교사가 다른 학생들이 지켜보는 가운데 건강검진을 받으러 온 학생의 옷 속으로 손을 넣어 배와 가슴 등의 신체 부위를 만진 행위는, 설사 성욕을 자극 · 흥분 · 만족시키려는 주관적 동기나 목적이 없었더라도 객관적으로 일반인에게 성적 수치심이나 혐오감을 불러일으키고 선량한 성적 도덕관념에 반하는 행위라고 평가할 수 있으므로, 성폭력범죄의 처벌 및 피해자보호 등에 관한 법률 제8조의2 제5항에서 말하는 '추행'에 해당한다고 한 사례[대판 2009.9.24. 2009도2576].

착오와 법적 효과

착오의 유형	법적 효과
13세 미만자를 13세 이상자로 오인하고 동의를 얻어 간음 · 추행한 경우	구성요건적 착오로서 고의가 조각된다.
13세 이상자를 13세 미만자로 오인하고 동의를 얻어 간음 · 추행한 경우	반전된 구성요건적 착오(불능범)에 해당하여 본죄가 성립하지 않는다.
13세 미만자일지라도 동의를 얻어 간음 · 추행한 경우에는 위법하지 않다고 오인하고 행위한 경우	위법성의 착오에 해당한다.
13세 이상자의 동의를 얻어 간음 · 추행한 경우일지라도 위법하다고 오인하고 행위한 경우	반전된 금지착오(환각범)로서 불가벌이다.

(3) 미수범의 처벌

判例 미성년자의제강간 · 강제추행죄의 미수의 가벌성(인정)

미성년자의제강간 · 강제추행죄를 규정한 형법 제305조가 강간죄와 강제추행죄의 미수범의 처벌에 관한 형법 제300조를 명시적으로 인용하고 있지 아니하나, 동조에서 규정한 형법 제297조와 제298조의 '예에 의한다'는 의미는 미성년자의제강간 · 강제추행죄의 처벌에 있어 그 법정형뿐만 아니라 미수범에 관하여도 강간죄와 강제추행죄의 예에 따른다는 취지로 해석되고, 이러한 해석이 형벌법규의 명확성의 원칙에 반하는 것이거나 죄형법정주의에 의하여 금지되는 확장해석이나 유추해석에 해당하는 것으로 볼 수 없다[대판 2007.3.15. 2006도9453]. [♠ 08, 11, 14 사시]

Ⅶ. 강간 등 상해 · 치상죄

제301조(강간 등 상해 · 치상) 제297조, 제297조의2 및 제298조부터 제300조까지의 죄(강간죄, 유사강간죄, 강제추행죄, 준강간 · 준유사강간 · 준강제추행죄, 미성년자의제강간 · 강제추행죄, 이상의 죄의 미수범)를 범한 자가 사람을 상해하거나 상해에 이르게 한 때에는 무기 또는 5년 이상의 징역에 처한다.

1. 의 의

강간죄, 유사강간죄, 강제추행죄, 준강간 · 준유사강간 · 준강제추행죄, 미성년자의제강간 · 강제추행죄 및 그 미수범을 범한 자가 사람을 상해하거나 상해에 이르게 함으로써 성립하는 범죄이다.

2. 구성요건

(1) 객관적 구성요건

① **주 체** : 강간죄 · 유사강간죄 · 강제추행 등의 죄를 범한 자 및 그 미수범이다.

判例 강간이 미수이나 상해의 결과가 발생한 경우 = 강간치상죄 성립

강간이 미수에 그친 경우라도 그 수단이 된 폭행에 의하여 피해자가 상해를 입었으면 강간치상죄가 성립하는 것이다[대판 1988.11.8, 88도1628; 동지 대판 1988.8.23, 88도1212]. [♠04 사시]

② **행 위** : 사람을 상해하거나, 사람을 상해에 이르게 하는 것이다.

㉮ **상해의 개념** : i) 강간상해 · 치상죄에 대하여 무거운 처벌을 하는 점에 비추어 본죄의 상해개념을 상해죄의 그것과 같다고 할 수 없고 상당한 정도에 달할 것을 요한다는 견해(상대적 상해개념 긍정)와 ii) 각칙의 구성요건마다 상해의 개념을 달리 해석하는 것은 실정법상의 근거가 없는 것이며 판단기준이 애매하여 자의적인 법해석이 될 위험이 있으므로 상해개념을 통일적으로 해석해야 한다는 견해(상대적 상해개념 부정, 다수설)[8]가 대립되어 있다.

---

8) 상대적 상해개념을 부정하는 견해는 판례가 강간치상죄에서 상해로 인정하고 있지 않는 사례들은 극히 경미한 부상으로 상해죄의 상해개념에도 포함되지 않는다고 본다.

判例 강간치상죄 또는 강간상해죄의 '상해'의 판단기준

1. [1] 강간치상죄나 강제추행치상죄에 있어서의 상해는 피해자의 신체의 완전성을 훼손하거나 생리적 기능에 장애를 초래하는 것, 즉 피해자의 건강상태가 불량하게 변경되고 생활기능에 장애가 초래되는 것을 말하는 것으로, 여기서의 생리적 기능에는 육체적 기능뿐만 아니라 정신적 기능도 포함된다.
   따라서 수면제(졸피뎀)와 같은 약물을 투약하여 피해자를 일시적으로 수면 또는 의식불명 상태에 이르게 한 경우에도 약물로 인하여 피해자의 건강상태가 불량하게 변경되고 생활기능에 장애가 초래되었다면 자연적으로 의식을 회복하거나 외부적으로 드러난 상처가 없더라도 이는 강간치상죄나 강제추행치상죄에서 말하는 상해에 해당한다.
   [2] **[사실관계]** 甲은 13회에 걸쳐 A(여, 40세)에게 성인 권장용량의 1.5배 내지 2배 정도에 해당하는 양의 졸피뎀 성분의 수면제가 섞인 커피를 주어 마시게 한 다음 A가 곧바로 정신을 잃고 깊이 잠들자 A를 강간하거나 강제로 추행하였다. A는 잠든 후 약 4시간 뒤에 깨어났는데, 잠이 든 이후의 상황에 대해서 제대로 기억하지 못하였고, 가끔 정신이 희미하게 든 경우도 있었으나 자신의 의지대로 생각하거나 행동하지 못한 채 곧바로 기절하다시피 다시 깊은 잠에 빠졌다. 甲에게는 강간치상죄와 강제추행치상죄가 성립한다[대판 2017.6.29. 2017도3196]. [♣ 18 변시]
2. 강간행위에 수반하여 생긴 상해가 극히 경미한 것으로서 굳이 치료할 필요가 없어서 자연적으로 치유되며 일상생활을 하는 데 아무런 지장이 없는 경우에는 강간치상죄의 상해에 해당되지 아니한다고 할 수 있을 터이나, 그러한 논거는 피해자의 반항을 억압할 만한 폭행 또는 협박이 없어도 일상생활 중 발생할 수 있는 것이거나 합의에 따른 성교행위에서도 통상 발생할 수 있는 상해와 같은 정도임을 전제로 하는 것이므로 그러한 정도를 넘는 상해가 그 폭행 또는 협박에 의하여 생긴 경우라면 상해에 해당된다고 할 것이다[대판 2005.5.26. 2005도1039].

判例 강간(강제추행)치상죄에서 상해를 인정한 경우

1. 피해자를 협박하여 억지로 성교하려 하고 그로 인하여 피해자에게 요치 1주일간의 좌둔부찰과상을 입게 한 피고인의 행위는 강간치상죄에 해당한다[대판 1984.7.24. 84도1209].
2. 피고인이 강간하려고 피해자의 반항을 억압하는 과정에서 주먹으로 피해자의 얼굴과 머리를 몇 차례 때려 피해자가 코피를 흘리고 콧등이 부었다면 비록 병원에서 치료를 받지 않더라도 일상생활에 지장이 없고 또 자연적으로 치료될 수 있는 것이라 하더라도 강간치상죄에 있어서의 상해에 해당한다[대판 1991.10.22. 91도1832].
3. 처녀막은 부녀자의 신체에 있어서 생리조직의 일부를 구성하는 것으로서, 그것이 파열되면 정도의 차이는 있어도 생활기능에 장애가 오는 것이라고 보아야 하고, 처녀막 파열이 그와 같은 성질의 것인 한 비록 피해자가 성경험을 가진 여자로서 특이체질로 인해 새로 형성된 처녀막이 파열되었다 하더라도 강간치상죄를 구성하는 상처에 해당된다[대판 1995.7.25. 94도1351].

4. 미성년자에 대한 추행행위로 인하여 그 피해자의 외음부 부위에 염증이 발생한 것이라면, 그 증상이 약간의 발적과 경도의 염증이 수반된 정도에 불과하다고 하더라도 그로 인하여 피해자 신체의 건강상태가 불량하게 변경되고 생활기능에 장애가 초래된 것이 아니라고 볼 수 없으니, 이러한 상해는 미성년자의제강제추행치상죄의 상해의 개념에 해당한다[대판 1996.11.22. 96도1395].
5. 피해자가 강제추행 과정에서 가해자로부터 왼쪽 젖가슴을 꽉 움켜잡힘으로 인하여 왼쪽 젖가슴에 약 10일간의 치료를 요하는 좌상을 입고, 심한 압통과 약간의 종창이 있어 그 치료를 위하여 병원에서 주사를 맞고 3일간 투약을 한 경우, 이는 강제추행치상죄에 있어서의 상해의 개념에 해당한다[대판 2000.2.11. 99도4794].
6. 피해자가 소형승용차 안에서 강간범행을 모면하려고 저항하는 과정에서 피고인과의 물리적 충돌로 인하여 입은 '우측 슬관절 부위 찰과상'은 강간치상죄의 상해에 해당한다[대판 2005.5.26. 2005도1039].

判例 강간(강제추행)치상죄에서 상해를 부정한 경우

1. 성행위시 입으로 빨아서 생긴 반상출혈상은 … 강간치상죄의 상해에 해당한다 할 수 없다[대판 1986.7.8. 85도2042]. [♠ 99 사시]
2. 피고인이 피해자를 강간하려다가 미수에 그치고 그 과정에서 위 피해자의 왼쪽 손바닥에 약 2 ㎝ 정도의 긁힌 가벼운 상처가 발생한 경우라면 … 강간치상죄의 상해에 해당된다고는 할 수 없다[대판 1987.10.26. 87도1880].
3. 피해자가 입은 상처가 3, 4일간의 가료를 요하는 외음부 충혈과 양 상박부 근육통 정도였다면 … 위 상처는 강간치상죄의 상해에 해당된다고는 할 수 없다[대판 1989.1.31. 88도831].

㉯ 인과관계 및 객관적 귀속

判例 강간의 기회성이 인정되는 범위

강간이 미수에 그치거나 간음의 결과 사정을 하지 않은 경우라도 그로 인하여 피해자가 상해를 입었으면 강간치상죄가 성립하는 것이고, 강간치상죄에 있어 상해의 결과는 강간의 수단으로 사용한 폭행으로부터 발생한 경우뿐 아니라 간음행위 그 자체로부터 발생한 경우나 강간에 수반하는 행위에서 발생한 경우도 포함하는 것이다[대판 1999.4.9. 99도519].

判例 고의로 상해를 가한 다음 강제추행한 경우 강제추행치상죄 ×

[1] 강제추행치상죄에서 상해의 결과는 강제추행의 수단으로 사용한 폭행이나 추행행위 그 자체 또는 강제추행에 수반하는 행위로부터 발생한 것이어야 한다. 따라서 상해를 가한 부분을 고의범인 상해죄로 처벌하면서 이를 다시 결과적 가중범인 강제추행치상죄의 상해로 인정하여 이중으로 처벌할 수는 없다.
[2] 피고인이 피해자를 폭행하여 비골 골절 등의 상해를 가한 다음 강제추행한 경우, 피고인의 위 폭행을 강제추행의 수단으로서의 폭행으로 볼 수 없어, 위 상해와 강제추행 사이에 인과관계가 인정되지 않으므로 폭력행위 등 처벌에 관한 법률 위반죄로 처벌한 상해를 다시 결과적 가중범인 강제추행치상죄의 상해로 인정할 수 없다[대판 2009.7.23. 2009도1934]. [♣14 변시]

㉰ **기수시기** : 강간 · 유사강간 · 강제추행의 기수 · 미수를 불문하고 상해의 결과가 발생하면 본죄는 기수가 된다. 강간등상해죄는 고의범이므로 강간의 기회에 고의로 상해하려다가 미수에 그친 경우 강간상해죄의 미수가 가능하나 형법상 이를 처벌하는 규정을 두고 있지 않으므로(입법의 흠결), 강간죄(또는 강간미수죄)와 상해미수죄가 성립할 수 있을 뿐이다.

(2) 주관적 구성요건

① 강간등상해죄는 강간행위와 상해행위에 대한 고의가 있어야 한다.

② 강간등치상죄는 강간행위에 대한 고의와 결과에 대한 예견가능성(과실)이 있어야 한다.

3. 죄수 및 타죄와의 관계

① 강간 이후 새로운 고의가 생겨 피해자를 상해한 경우 강간죄와 상해죄의 실체적 경합범이 된다.

② 강간치상죄를 범한 자가 실신상태에 있는 피해자를 구호하지 않고 방치한 경우에는 포괄하여 단일의 강간치상죄만 성립한다[대판 1980.6.24. 80도7260].

Ⅷ. 강간 등 살인[9] · 치사죄

제301조의2(강간 등 살인 · 치사) 제297조, 제297조의2 및 제298조부터 제300조까지의 죄(강간죄, 유사강간죄, 강제추행죄, 준강간 · 준유사강간죄 · 준강제추행죄, 미성년자의제강간 · 강제추행죄, 이상의 죄의 미수범)를 범한 자가 사람을 살해한 때에는 사형 또는 무기징역에 처한다. 사망에 이르게 한 때에는 무기 또는 10년 이상의 징역에 처한다.

9) 강간살인죄의 경우 미수범 처벌규정이 형법에는 없으나 성폭력 범죄의 처벌 등에 관한 특례법 제14조에는 규정되어 있다.

判例 강간치사죄가 성립하는 경우

피고인들이 의도적으로 피해자를 술에 취하도록 유도하고 수차례 강간한 후 의식불명 상태에 빠진 피해자를 비닐창고로 옮겨 놓아 피해자가 저체온증으로 사망한 사안에서, 위 피해자의 사망과 피고인들의 강간 및 그 수반행위와의 인과관계 그리고 피해자의 사망에 대한 피고인들의 예견가능성이 인정되므로, 위 비닐창고에서 피해자를 재차 강제추행·강간하고 하의를 벗겨 놓은 채 귀가한 피고인이 있다 하더라도 피고인들은 피해자의 사망에 대한 책임을 면한다고 볼 수 없어 강간치사죄가 인정된다고 한 사례[대판 2008.2.29. 2007도1012].

Ⅸ. 미성년자·심신미약자 간음·추행죄

제302조(미성년자 등에 대한 간음) 미성년자 또는 심신미약자에 대하여 위계 또는 위력으로써 간음 또는 추행을 한 자는 5년 이하의 징역에 처한다.

1. 의 의

미성년자 또는 심신미약자에 대하여 위계 또는 위력을 사용하여 간음 또는 추행을 함으로써 성립하는 범죄이다.

2. 객관적 구성요건

(1) 객 체

미성년자 또는 심신미약자이다.

① **미성년자** : ⅰ) 제305조(미성년자의제강간·강제추행죄)와의 관계상 19세 미만 13세 이상인 자를 말한다. ⅱ) 민법상의 성년의제규정(제826조의2)은 형법에는 적용될 수 없으므로 혼인한 미성년자도 포함된다(다수설).

② **심신미약자** : 연령은 불문하므로 성년자인 심신미약자도 객체가 된다.

(2) 행 위

위계·위력에 의하여 간음·추행하는 것이다.

① **위 계** : 상대방을 착오에 빠지게 하여 정상적인 성적 의사결정을 하지 못하게 하는 것을 말한다. 기망·유혹, 상대방의 부지나 신뢰를 이용하는 것도 포함된다(**예** 치료나 종교의식을 빙자하여 상대방이 간음당한다는 사실을 알지 못하게 하는 경우).

判例 제302조의 미성년자 등 추행죄에서 말하는 '추행' 및 '위력'의 의미

형법 제302조는 "미성년자 또는 심신미약자에 대하여 위계 또는 위력으로써 간음 또는 추행을 한 자는 5년 이하의 징역에 처한다."라고 규정하고 있다. 여기의 '추행'이란 객관적으로 피해자와 같은 처지에 있는 일반적 · 평균적인 사람으로 하여금 성적 수치심이나 혐오감을 일으키게 하고 선량한 성적 도덕관념에 반하는 행위로서 구체적인 피해자를 대상으로 하여 피해자의 성적 자유를 침해하는 것을 의미한다. 다음으로 '위력'이란 피해자의 성적 자유의사를 제압하기에 충분한 세력으로서 유형적이든 무형적이든 묻지 않으며, 폭행 · 협박뿐 아니라 행위자의 사회적 · 경제적 · 정치적인 지위나 권세를 이용하는 것도 가능하다[대판 2019.6.13. 2019도3341].

判例 미성년자 등에 대한 '위계'에 의한 간음죄에서 '위계'의 의미에 대한 판례변경

[사실관계] 甲이 자신을 고등학교 2학년으로 가장하여 14세의 A와 온라인으로 교제하던 중, 교제를 지속하고 스토킹하는 여자를 떼어내려면 자신의 선배와 성관계하여야 한다는 취지로 A에게 거짓말을 하고, 이에 응한 A를 그 선배로 가장하여 간음하였다.

[사건의 경과] 원심은, 위계에 의한 간음죄에서 행위자가 간음의 목적으로 상대방에게 일으킨 오인, 착각, 부지는 간음행위 자체에 대한 오인, 착각, 부지를 말하는 것이지 간음행위와 불가분적 관련성이 인정되지 않는 다른 조건에 관한 오인, 착각, 부지를 가리키는 것은 아니라고 보아야 한다는 종전 판례에 따라 이 사건 공소사실을 무죄로 판단함.

그러나 대법원은 행위자가 간음의 목적으로 피해자에게 오인, 착각, 부지를 일으키고 피해자의 그러한 심적 상태를 이용하여 간음의 목적을 달성하였다면 위계와 간음행위 사이의 인과관계를 인정할 수 있다고 보아 이와 다른 취지의 종전 판례를 변경하고, 이 사건 공소사실을 무죄로 판단한 원심판결을 파기하였음.

[판 례] [1] 행위자가 간음의 목적으로 피해자에게 오인, 착각, 부지를 일으키고 피해자의 그러한 심적 상태를 이용하여 간음의 목적을 달성하였다면 위계와 간음행위 사이의 인과관계를 인정할 수 있고, 따라서 위계에 의한 간음죄가 성립한다. 한편 피해자가 오인, 착각, 부지에 빠지게 되는 대상은 간음행위 자체일 수도 있고, 간음행위에 이르게 된 동기이거나 간음행위와 결부된 금전적 · 비금전적 대가와 같은 요소일 수도 있다. [♣23 변시]

[2] 다만 행위자의 위계적 언동이 존재하였다는 사정만으로 위계에 의한 간음죄가 성립하는 것은 아니므로 위계적 언동의 내용 중에 피해자가 성행위를 결심하게 된 중요한 동기를 이룰 만한 사정이 포함되어 있어 피해자의 자발적인 성적 자기결정권의 행사가 없었다고 평가할 수 있어야 한다. 이와 같은 인과관계를 판단함에 있어서는 피해자의 연령 및 행위자와의 관계, 범행에 이르게 된 경위, 범행 당시와 전후의 상황 등 여러 사정을 종합적으로 고려하여야 한다.

[3] 한편 위계에 의한 간음죄가 보호대상으로 삼는 아동 · 청소년, 미성년자, 심신미약자, 피보호자 · 피감독자, 장애인 등의 성적 자기결정 능력은 그 나이, 성장과정, 환경, 지능 내지 정신기능 장애의 정도 등에 따라 개인별로 차이가 있으므로 간음행위와 인과관계가 있는 위계에 해당하는지 여부를 판단함에 있어서는 구체적인 범행 상황에 놓인 피해자의 입장과 관점이 충분히 고려되어야 하고, 일반적 · 평균적 판단능력을 갖춘 성인 또는 충분한 보호와 교육을 받은 또래의 시각에서 인과관계를 쉽사리 부정하여서는 안 된다[대판 (전) 2020.8.27. 2015도9436].

판례해설 위와 같은 판례변경으로 「피고인이 피해자를 여관으로 유인하기 위하여 남자를 소개시켜 주겠다고 거짓말을 하고 피해자가 이에 속아 여관으로 오게 되었고 거기에서 성관계를 하게 되었다 할지라도, 그녀가 여관으로 온 행위와 성교행위 사이에는 불가분의 관련성이 인정되지 아니하는 만큼 이로 인하여 피해자가 간음행위 자체에 대한 착오에 빠졌다거나 이를 알지 못하였다고 할 수는 없다 할 것이어서, 피고인의 위 행위는 형법 제302조 소정의 위계에 의한 심신미약자간음죄에 있어서 위계에 해당하지 아니한다[대판 2002.7.12. 2002도2029].」는 기존의 판례 등의 법리와 결론은 유지될 수 없게 되었다.

동지판례 피고인이 랜덤채팅 애플리케이션을 통해 알게 된 피해자(여, 15세)에게 연예기획사에서 일하는 매니저와 사진작가의 1인 2역을 하면서 거짓말을 하여 피해자로 하여금 모델이 되기 위한 연기 연습 및 사진 촬영 연습의 일환으로 성관계를 한다는 착각에 빠지게 한 후, 마치 자신이 위 매니저가 소개한 사진작가인 것처럼 행세하면서 피해자를 간음한 것을 비롯해, 같은 방법으로 10회에 걸쳐 위계로써 아동 · 청소년인 피해자를 간음하였으며, 이를 기화로 나체 상태의 피해자를 카메라로 촬영하고 간음 영상을 비디오카메라로 녹화한 것을 비롯해, 같은 방법으로 9회에 걸쳐 나체 상태의 피해자를 촬영함으로써 카메라를 이용하여 성적 욕망 또는 수치심을 유발할 수 있는 피해자의 신체를 피해자의 의사에 반하여 촬영하였다. 피고인에게는 아동 · 청소년의 성보호에 관한 법률위반(위계등간음)죄 및 성폭력범죄의 처벌 등에 관한 특례법 위반(카메라등이용촬영)죄가 성립한다[대판 2022.4.28. 2021도9041].

② 위 력 : 사람의 의사를 제압할 수 있는 힘을 말한다. 폭행 · 협박은 물론 지위 · 권세를 이용하는 경우도 포함된다. 다만 폭행 · 협박은 강간죄나 강제추행죄의 정도에 이르지 않아야 한다.

判例 **미성년자에 대한 간음 수단인 폭행이 강간의 정도에 이른 경우 = 강간죄 성립**

피해자가 16세의 미성년자라 하더라도 폭행의 방법으로 강간을 한 이상 본건 소정의 강간죄에 해당되며 이를 본법 제302조 소정의 미성년자 등에 대한 간음죄로 규정할 수 없다[대판 1965.3.30. 65도45].

Ⅹ. 업무상위력 등에 의한 간음죄[10]

제303조(업무상 위력 등에 의한 간음) ① 업무, 고용 기타 관계로 인하여 자기의 보호 또는 감독을 받는 사람[11]에 대하여 위계 또는 위력으로써 간음한 자는 7년 이하의 징역 또는 3천만원 이하의 벌금에 처한다. 〈개정 2018.10.16〉

1. 객 체

① 보호·감독의 원인을 불문하므로 사실상 보호·감독을 받는 관계에 있는 사람도 본죄의 객체에 해당한다.

判例 피감호부녀의 범위 = 사실상 보호 또는 감독을 받는 부녀도 포함

비록 피고인이 직접 피해자를 미장원의 종업원으로 고용한 것은 아니라 하더라도 자기의 처가 경영하는 미장원에 매일같이 출입하면서 미장원 일을 돕고 있었다면 … 피고인은 피해자에 대하여 사실상 자기의 보호 또는 감독을 받는 상황에 있는 부녀의 경우에 해당된다고 못 볼 바 아니다 [대판 1976.2.10. 74도1519]. [♠10 사시]

② '사람'은 제302조(미성년자·심신미약자 간음죄)·제305조(미성년자의제강간죄)와의 관계상 심신미약자가 아닌 19세 이상의 사람에 한정된다(다수설).

2. 타죄와의 관계

피감호자를 위계·위력으로써 간음한 경우에 피감호자가 13세 미만인 때에는 미성년자의제강간죄, 13세 이상의 미성년자 또는 심신미약자인 때에는 미성년자·심신미약자 간음죄가 성립한다.

객체의 연령에 따른 성범죄의 정리

<table>
<tr><th></th><th>13세 미만</th><th>13세～19세 미만</th><th>19세 이상</th></tr>
<tr><td>폭행·협박</td><td colspan="3">강간죄</td></tr>
<tr><td>위 계</td><td rowspan="3">미성년자의제강간·강제추행죄</td><td rowspan="2">미성년자간음·강제추행죄</td><td>업무상위계에 의한 간음죄</td></tr>
<tr><td>위 력</td><td>업무상위력에 의한 간음죄</td></tr>
<tr><td>동 의</td><td colspan="2">무 죄</td></tr>
</table>

10) 피감호자에 대한 '추행'은 형법상 처벌규정이 없으나 '성폭력범죄의 처벌 등에 관한 특례법'에는 처벌규정을 두고 있다(제10조 제1항).

11) 형법 개정에 의하여 객체가 '부녀'에서 '사람'으로 바뀌었다.

XI. 피구금자간음죄[12]

제303조(업무상 위력 등에 의한 간음) ② 법률에 의하여 구금된 사람[13]을 감호하는 자가 그 사람을 간음한 때에는 10년 이하의 징역에 처한다. 〈개정 2018.10.16〉

1. 의 의

① 법률에 의하여 구금된 사람을 감호하는 자가 그 사람을 간음함으로써 성립하는 범죄이다.

② 보호법익은 피구금자의 성적 자기결정의 자유가 주된 것이지만, 피구금자에 대한 인격적 처우와 감호자의 청렴성에 대한 일반인의 신뢰도 부차적 보호법익이 된다.

③ 진정신분범이며 자수범에 해당한다(다수설).

2. 구성요건

(1) 주 체

법률에 의하여 구금된 사람을 감호하는 자이다(예 검찰 · 경찰공무원, 교정직 공무원).

(2) 객 체

법률에 의하여 구금된 사람이다. 형사소송법에 의하여 구금된 사람을 말한다. 형집행 중에 있는 자, 노역장에 유치된 자, 구속된 형사피의자 · 피고인이 포함된다. 그러나 현재 구금중에 있는 자가 아닌 선고유예 · 집행유예 중에 있는 자, 보호관찰을 받는 자는 본죄의 객체가 아니다.

(3) 행 위

간음이다. i) 폭행 · 협박 등 별도의 수단을 요하지 아니한다.[14] 다만 피구금자에 대하여 폭행 · 협박을 사용하여 간음한 경우에는 강간죄가 성립한다. ii) 피구금자의 동의를 얻어 간음한 경우에도 본죄가 성립한다.[15]

3. 타죄와의 관계

① 13세 미만인 피구금자를 간음한 경우에는 미성년자의제강간죄가 성립한다.

② 13세 이상의 미성년자 또는 심신미약자인 피구금자를 간음한 경우에는 피구금자간음죄와 미성년자 · 심신미약자간음죄의 상상적 경합이 인정된다는 견해[박상기, 169면]와 피구금자간음죄만 성립한다는 견해가 나뉘어져 있다.

---

12) 피구금자에 대한 '추행'은 '성폭력범죄의 처벌 등에 관한 특례법'이 적용된다(제10조 제2항).

13) 형법 개정에 의하여 객체가 '부녀'에서 '사람'으로 바뀌었다.

14) 피구금자의 공포 또는 심리적 열약감 때문에 성적 자유가 쉽게 침해될 수 있음을 고려한 규정이기 때문이다.

15) 감호자의 청렴성도 부차적인 보호법익이기 때문이다.

XII. 상습강간등죄

제305조의2(상습범) 상습으로 제297조, 제297조의2, 제298조부터 제300조까지, 제302조, 제303조 또는 제305조의 죄를 범한 자는 그 죄에 정한 형의 2분의 1까지 가중한다.

※ 강간 등 성폭력범죄를 범하는 경향이 있는 자는 다시 성폭력범죄를 저지를 가능성이 대단히 높으므로 성폭력범죄를 억제하고 잠재적 피해자를 보호하기 위하여 성폭력범죄의 상습범을 가중처벌하기 위한 규정이다.

XII-I. 강간등예비음모죄

제305조의3(예비, 음모) 제297조(강간), 제297조의2(유사강간), 제299조(준강간죄에 한정한다), 제301조(강간 등 상해죄에 한정한다) 및 제305조의 죄(미성년자에 대한 간음, 추행)를 범할 목적으로 예비 또는 음모한 사람은 3년 이하의 징역에 처한다. [본조신설 2020.5.19.] [♣ 23 변시]

XIII. 성범죄에 대한 특별형법

1. 성폭력범죄의 처벌 등에 관한 특례법[16)]

(1) 제3조(특수강도강간 등)

주거침입이나 야간주거침입절도 또는 특수절도의 죄를 범한 자가 형법 제297조(강간) 내지 제299조(준강간, 준강제추행)의 죄를 범한 경우 및 특수강도의 죄를 범한 자가 형법 제297조(강간) 내지 제299조(준강간, 준강제추행)의 죄를 범한 경우에 특수강도강간등죄가 성립한다.

判例 특수강도강간죄의 성립여부에 관한 비교판례

1-0. **(특수강도강간죄 인정)** 구 성폭력범죄의 처벌 및 피해자보호 등에 관한 법률 제5조 제2항은 형법 제334조(특수강도) 등의 죄를 범한 자가 형법 제297조(강간) 등의 죄를 범한 경우에 이를 특수강도강간 등의 죄로 가중하여 처벌하는 것이므로, 다른 특별한 사정이 없는 한 특수강간범이 강간행위 종료 전에 특수강도의 행위를 한 이후에 그 자리에서 강간행위를 계속하는 때에도 특수강도가 부녀를 강간한 때에 해당하여 구 성폭력범죄의 처벌 및 피해자보호 등에 관한 법률 제5조 제2항에 정한 특수강도강간죄로 의율할 수 있다[대판 2010.12.9, 2010도9630; 동지 대판 2010.7.15, 2010도3594], [동지 대판 1988.9.9, 88도1240]. [♠ 12, 13 사시] [♣ 13, 18, 19 변시]

16) '성폭력범죄의 처벌 및 피해자보호 등에 관한 법률' 중에서 성폭력범죄의 피해자 보호 등에 관련된 규정을 삭제함으로써 성폭력범죄에 효율적으로 대처하기 위하여 만들어진 법이다. 모든 법조문이 시험과 관련이 있는 것은 아니어서 필요한 법조문만을 정리하였다.

1-1. **(특수강도강간죄 부정)** 강간범이 강간행위 후에 강도의 범의를 일으켜 그 부녀의 재물을 강취하는 경우에는 형법상 강도강간죄가 아니라 강간죄와 강도죄의 경합범이 성립될 수 있을 뿐인바, … 다른 특별한 사정이 없는 한 강간범이 강간의 범행 후에 특수강도의 범의를 일으켜 그 부녀의 재물을 강취한 경우에는 이를 성폭력범죄의처벌및피해자보호등에관한법률 제5조 제2항 소정의 특수강도강간죄로 의율할 수 없다[대판 2002.2.8. 2001도6425]. [♠ 10 사시] [♣ 13 변시]

判例 성폭법위반(주거침입유사강간)죄의 실행의 착수시기

[1] 주거침입강제추행죄[17] 및 주거침입강간죄 등은 사람의 주거 등을 침입한 자가 피해자를 간음, 강제추행 등 성폭력을 행사한 경우에 성립하는 것으로서, 주거침입죄를 범한 후에 사람을 강간하는 등의 행위를 하여야 하는 일종의 신분범이고, 선후가 바뀌어 강간죄 등을 범한 자가 그 피해자의 주거에 침입한 경우에는 이에 해당하지 않고 강간죄 등과 주거침입죄 등의 실체적 경합범이 된다. 그 실행의 착수시기는 주거침입 행위 후 강간죄 등의 실행행위에 나아간 때이다.
[2] 강간죄는 사람을 강간하기 위하여 피해자의 항거를 불능하게 하거나 현저히 곤란하게 할 정도의 폭행 또는 협박을 개시한 때에 그 실행의 착수가 있다고 보아야 할 것이지, 실제 간음행위가 시작되어야만 그 실행의 착수가 있다고 볼 것은 아니다. 유사강간죄의 경우도 이와 같다[대판 2021.8.12. 2020도17796].

판결이유 피고인은 피해자를 화장실로 끌고 들어갈 때 이미 피해자에게 유사강간 등의 성범죄를 의욕하였다고 보인다. 또한 피고인이 피해자의 반항을 억압한 채 피해자를 억지로 끌고 여자화장실로 들어가게 한 이상, 그와 같은 피고인의 강제적인 물리력의 행사는 유사강간을 위하여 피해자의 항거를 불능하게 하거나 현저히 곤란하게 할 정도의 폭행 또는 협박을 개시한 경우에 해당한다고 봄이 타당하다. 구 「성폭력범죄의 처벌 등에 관한 특례법」 위반(주거침입유사강간)죄는 먼저 주거침입죄를 범한 후 유사강간 행위에 나아갈 때 비로소 성립되는데, 피고인은 여자화장실에 들어가기 전에 이미 유사강간죄의 실행행위를 착수하였다. 결국 피고인이 그 실행행위에 착수할 때에는 구 「성폭력범죄의 처벌 등에 관한 특례법」 위반(주거침입유사강간)죄를 범할 수 있는 지위, 즉 '주거침입죄를 범한 자'에 해당되지 아니한다.

관련판례 피고인이 모텔 객실의 문이 살짝 열려 있는 것을 발견하고 객실에 침입한 후 불을 끈 상태로 침대에 누워 있던 甲(여)의 가슴, 허리 및 엉덩이를 만져 甲을 강제추행하였다는 성폭력범죄의 처벌 등에 관한 특례법(이하 '성폭력처벌법'이라 한다) 위반(주거침입강제추행)의 공소사실에 대하여, 원심이 성폭력처벌법 제3조 제1항, 형법 제319조 제1항, 제298조를 적용하여 유죄로 인정하였는데, 원심판결 선고 후 헌법재판소가 성폭력처벌법(2020. 5. 19. 법률 제17264호로 개정된 것) 제3조 제1항 중 '형법 제319조 제1항(주거침입)의 죄를 범한 사람이 같은 법 제298조(강제추행), 제299조(준강제추행) 가운데 제298조의 예에 의하는 부분의 죄를 범한 경우에는 무기징역 또는 7년 이상의 징역에 처한다.'는 부분에 대하여 위헌결정을 선고한 사안에서, 위 법률조항 부분은 헌법재판소법 제47조 제3항 본문에 따라 소급하여 효력을 상실하였고, 위헌결정으로 인하여 형벌에 관한 법률 또는 법률조항이 소급하여 효력을 상실한 경우 해당 법조를 적용하여 기소한 피고사건은 범죄로 되지 아니하는 때에 해당하므로, 공소사실을 유죄로 인정한 원심판결은 그대로 유지될 수 없게 되었다고 한 사례[대판 2023.4.13. 2023도162].

17) 최근 헌법재판소는 2023. 2. 23. 2021헌가9 등 병합결정에서 성폭력범죄의 처벌 등에 관한 특례법(2020. 5. 19. 법률 제17264호로 개정된 것) 제3조 제1항 중 '형법 제319조 제1항(주거침입)의 죄를 범한 사람이 같은 법 제298조(강제추행), 제299조(준강제추행) 가운데 제298조의 예에 의하는 부분의 죄를 범한 경우에는 무기징역 또는 7년 이상의 징역에 처한다.'는 부분은 헌법에 위반된다는 하여 위헌결정을 하였다.

(2) **제4조(특수강간 등)**

흉기 기타 위험한 물건을 휴대하거나 2인 이상이 합동하여 형법 제297조(강간), 제298조(강제추행), 제299조(준강간, 준강제추행)의 죄를 범한 경우에 성립한다.

判例 성폭법상의 합동강간죄의 '합동'의 의미와 합동에 의한 범죄로 인정된 사례

1. 성폭력범죄의 처벌 등에 관한 특례법 제4조 제3항, 제1항의 '2인 이상이 합동하여 형법 제299조의 죄를 범한 경우'에 해당하려면, 피고인들이 공모하여 실행행위를 분담하였음이 인정되어야 하는데, 범죄의 공동가공의사가 암묵리에 서로 상통하고 범의 내용에 대하여 포괄적 또는 개별적인 의사연락이나 인식이 있었다면 공모관계가 성립하고, 시간적으로나 장소적으로 협동관계에 있었다면 실행행위를 분담한 것으로 인정된다[대판 2016.6.9. 2016도4618].
2. 피고인 등이 비록 특정한 1명씩의 피해자만 강간하거나 강간하려고 하였다 하더라도, 사전의 모의에 따라 강간할 목적으로 심야에 인가에서 멀리 떨어져 있어 쉽게 도망할 수 없는 야산으로 피해자들을 유인한 다음 곧바로 암묵적인 합의에 따라 각자 마음에 드는 피해자들을 데리고 불과 100m 이내의 거리에 있는 곳으로 흩어져 동시 또는 순차적으로 피해자들을 각각 강간하였다면, 그 각 강간의 실행행위도 시간적으로나 장소적으로 협동관계에 있었다고 보아야 할 것이므로, 피해자 3명 모두에 대한 특수강간죄 등이 성립된다[대판 2004.8.20. 2004도2870]. [♣13 변시]

判例 성폭법상 '흉기휴대'의 의미

성폭력범죄의 처벌 및 피해자 보호 등에 관한 법률 제6조 제1항 소정의 '흉기 기타 위험한 물건을 휴대하여 강간죄를 범한 자'란 범행 현장에서 그 범행에 사용하려는 의도 아래 흉기를 소지하거나 몸에 지니는 경우를 가리키는 것이고, 그 범행과는 전혀 무관하게 우연히 이를 소지하게 된 경우까지를 포함하는 것은 아니라 할 것이나, 범행 현장에서 범행에 사용하려는 의도 아래 흉기 등 위험한 물건을 소지하거나 몸에 지닌 이상 그 사실을 피해자가 인식하거나 실제로 범행에 사용하였을 것까지 요구되는 것은 아니다[대판 2004.6.11. 2004도2018]. [♣18 변시]

判例 성폭법상 특수강도강제추행죄가 성립하는 경우

같은 시간에 같은 장소에서 피해자 2명을 강제로 추행하여 상해를 입게 함에 있어 그 중 한 피해자의 반항을 억압하는 과정에서 위험한 물건인 깨어진 병조각을 휴대하고 있었다면 비록 다른 피해자의 반항을 억압하는 과정에서는 이를 휴대하지 아니하고 있었다 하더라도 그 범행 역시 특정범죄가중처벌등에관한법률위반죄[18](특수강도강제추행죄)를 구성한다[대판 1992.3.31. 92도265]. [♠12 사시]

---

18) 1994.1.5. 특수강도강제추행죄는 위법에서 삭제되고 성폭법에 통합되었다.

判例 성폭법상 위력에 의한 추행에 해당하는 경우

피고인이 아파트 엘리베이터 내에 13세 미만인 A(여, 11세)와 단둘이 탄 다음 A를 향하여 성기를 꺼내어 잡고 여러 방향으로 움직이다가 이를 보고 놀란 A 쪽으로 가까이 다가감으로써 위력으로 A를 추행하였다고 하여 성폭력범죄의 처벌 등에 관한 특례법 위반으로 기소된 사안에서, 피고인은 나이 어린 A를 범행 대상으로 삼아, 의도적으로 협소하고 폐쇄적인 엘리베이터 내 공간을 이용하여 A가 도움을 청할 수 없고 즉시 도피할 수도 없는 상황을 만들어 범행을 한 점 등 제반 사정에 비추어 볼 때, 비록 피고인이 A의 신체에 직접적인 접촉을 하지 아니하였고 엘리베이터가 멈춘 후 A가 위 상황에서 바로 벗어날 수 있었다고 하더라도, 피고인의 행위는 A의 성적 자유의사를 제압하기에 충분한 세력에 의하여 추행행위에 나아간 것으로서 위력에 의한 추행에 해당한다고 보아야 한다고 한 사례[대판 2013.1.16. 2011도7164].

(3) **제5조(친족관계에 의한 강간 등)**

친족관계에 있는 자가 형법 제297조(강간), 제298조(강제추행), 제299조(준강간, 준강제추행)의 죄를 범한 때에 성립한다. 다만 친족의 범위는 4촌 이내의 혈족 · 인척과 동거하는 친족으로 하며, 사실상의 관계에 의한 친족을 포함한다.

判例 친족관계에 의한 강간죄의 친족관계가 인정되는 경우

1. 피고인과 피해자의 생모인 공소외인 사이에 혼인신고가 없었다 하더라도 법률이 정한 혼인의 실질관계는 모두 갖추어 이른바 사실혼관계가 성립되었다면, 피고인은 공소외인과 전 남편 사이에서 난 딸인 피해자에 대하여 위 법률 제7조 제5항이 규정한 사실상의 관계에 의한 친족(2촌 이내의 인척)에 해당하므로 피고인이 피해자를 강간한 행위에 대하여는 위 법률 제7조 제1항(친족관계에 의한 강간죄)이 적용된다[대판 2000.2.8. 99도5395].
2. 의붓아버지와 의붓딸의 관계는 성폭력범죄의 처벌 등에 관한 특례법 제5조 제4항에서 규정한 '4촌 이내의 인척'으로서 친족관계에 해당한다[대판 2020.11.5. 2020도10806].

(4) **제6조(장애인에 대한 강간 · 강제추행 등)**

신체적인 또는 정신적인 장애가 있는 사람에 대하여 형법 제297조(강간), 제297조의2(유사강간), 제298조(강제추행), 제299조(준강간, 준강제추행)의 죄 등을 범한 사람에 대한 처벌규정을 두고 있다.

判例 성폭법 제6조 관련 판례 정리

1. [1] 성폭력범죄의 처벌 및 피해자보호 등에 관한 법률 제8조[19]의 "신체장애 또는 정신상의 장애

19) 개정전의 법조문에 해당한다.

로 항거불능인 상태에 있음"이라 함은, 신체장애 또는 정신상의 장애 그 자체로 항거불능의 상태에 있는 경우뿐 아니라 신체장애 또는 정신상의 장애가 주된 원인이 되어 심리적 또는 물리적으로 반항이 불가능하거나 현저히 곤란한 상태에 이른 경우를 포함하는 것으로 보아야 한다.

[2] 피고인이 별다른 강제력을 행사하지 않고서 지적 능력이 4~8세에 불과한 정신지체 장애여성을 간음하였고 장애여성도 이에 대하여 별다른 저항행위를 하지 아니한 사안에서, 피해자가 정신장애를 주된 원인으로 항거불능상태에 있었음을 이용하여 간음행위를 한 것으로서 성폭력범죄의 처벌 및 피해자보호 등에 관한 법률 제8조의 '항거불능인 상태'에 해당한다고 본 사례[대판 2014.2.13. 2011도6907].

2. [1] 성폭력처벌법 제6조에서 규정하는 '신체적인 장애가 있는 사람'이란 '신체적 기능이나 구조 등의 문제로 일상생활이나 사회생활에서 상당한 제약을 받는 사람'을 의미한다고 해석할 수 있다. 아울러 본 죄가 성립하려면 행위자도 범행 당시 피해자에게 이러한 신체적인 장애가 있음을 인식하여야 한다.

[2] 신체적 기능의 일부인 언어적 기능이 저하되어 일상생활이나 사회생활에서 상당한 제약을 받는 사람도 성폭력처벌법 제6조에서 정한 장애인에 해당한다고 한 사례[대판 2021.2.25. 2017도16186].

3. 성폭력범죄의 처벌 등에 관한 특례법 제6조에서 정하는 '정신적인 장애가 있는 사람'이란 '정신적인 기능이나 손상 등의 문제로 일상생활이나 사회생활에서 상당한 제약을 받는 사람'을 가리킨다. 장애인복지법에 따른 장애인 등록을 하지 않았다거나 그 등록 기준을 충족하지 못하더라도 여기에 해당할 수 있다[대판 2021.10.28. 2021도9051].

(5) 제7조(13세 미만의 미성년자에 대한 강간, 강제추행 등)

13세 미만의 사람에 대하여 형법 제297조(강간), 제297조의2(유사강간), 제298조(강제추행), 제299조(준강간, 준강제추행)의 죄를 범한 사람 또는 위계 또는 위력으로써 13세 미만의 사람을 간음하거나 추행을 한 사람에 대한 처벌규정을 두고 있다.

判例 13세 미만자라는 것을 알고 강간하였는지 여부에 대한 입증

구 성폭력범죄의 처벌 및 피해자보호 등에 관한 법률 제8조의2 제1항에서 정한 범죄의 성립이 인정되려면, 피고인이 피해자가 13세 미만의 여자임을 알면서 강간하였다는 사실이 검사에 의하여 증명되어야 하는데, 이때 피해자가 13세 미만의 여자라는 객관적 사실이 피고인이 이를 알고 있었다는 점을 추단할 수 있는 근거가 되는 것은 아니다[대판 2012.8.30. 2012도7377].

(6) 제8조(강간 등 상해 · 치상), 제9조(강간 등 살인 · 치사)

강간 등 상해 · 치상죄와 강간 등 살인 · 치사죄에 대하여 형을 가중하고 있는 규정이다.

判例 성폭력특별법상의 특수강간치상죄의 성립요건

[1] 성폭법 제9조 제1항[개정법 제8조]에 의하면 특수강간의 죄를 범한 자뿐만 아니라 특수강간이 미수에 그쳤다고 하더라도 그로 인하여 피해자가 상해를 입었으면 특수강간치상죄가 성립하는 것이고, 같은 법 제12조[개정법 제15조]에서 규정한 특수강간상해죄에 대한 미수범 처벌규정은 특수강간치상죄와 함께 규정된 특수강간상해죄의 미수에 그친 경우, 즉 특수강간의 죄를 범하거나 미수에 그친 자가 피해자에 대하여 상해의 고의를 가지고 피해자에게 상해를 입히려다가 미수에 그친 경우 등에 적용된다. [♣18 변시]
[2] 피고인이 전자충격기를 피해자의 허리에 대고 폭행하여 강간하려다가 미수에 그치고 피해자에게 약 2주간의 치료를 요하는 안면부 좌상 등의 상해를 입게 한 경우, 성폭법 소정의 특수강간치상죄의 기수에 해당한다[대판 2008.4.24. 2007도10058]. [♠11, 12 사시] [♣14 변시]

(7) 제10조(업무상 위력 등에 의한 추행)

업무, 고용이나 그 밖의 관계로 인하여 자기의 보호, 감독을 받는 사람에 대하여 위계 또는 위력으로 추행 하거나(제10조 제1항), 법률에 따라 구금된 사람을 감호하는 사람이 그 사람을 추행한 경우(제10조 제2항)에 대하여 처벌규정을 두고 있다.

判例 업무상 위력 등에 의한 추행죄가 성립하는 경우

[1] '업무상 위력 등에 의한 추행'에 관한 처벌 규정인 성폭력범죄의 처벌 등에 관한 특례법 제10조 제1항에서 정한 '업무, 고용이나 그 밖의 관계로 인하여 자기의 보호, 감독을 받는 사람'에는 직장 안에서 보호 또는 감독을 받거나 사실상 보호 또는 감독을 받는 상황에 있는 사람뿐만 아니라 채용 절차에서 영향력의 범위 안에 있는 사람도 포함된다. 그리고 '위력'이란 피해자의 자유의사를 제압하기에 충분한 힘을 말하고, 유형적이든 무형적이든 묻지 않고 폭행 · 협박뿐만 아니라 사회적 · 경제적 · 정치적인 지위나 권세를 이용하는 것도 가능하며, 현실적으로 피해자의 자유의사가 제압될 필요는 없다.
[2] 편의점 업주인 피고인이 아르바이트 구인 광고를 보고 연락한 甲을 채용을 빌미로 불러내 면접을 한 후 자신의 집으로 유인하여 甲의 성기를 만지고 甲에게 피고인의 성기를 만지게 하였다고 하여 성폭력범죄의 처벌 등에 관한 특례법 위반(업무상위력등에의한추행)으로 기소된 사안에서, 피고인이 채용 권한을 가지고 있는 지위를 이용하여 甲의 자유의사를 제압하여 甲을 추행하였다고 본 원심판단이 정당하다고 한 사례[대판 2020.7.9. 2020도5646].

(8) 제11조(공중 밀집 장소에서의 추행)

대중교통수단, 공연 · 집회 장소, 그 밖에 공중(公衆)이 밀집하는 장소에서 사람을 추행한 경우에 성립한다.

判例 공중밀집장소에서의 추행행위에 해당하는 경우

[1] 공중밀집장소에서의 추행죄를 규정한 성폭력범죄의 처벌 및 피해자보호 등에 관한 법률 제13조의 … '공중이 밀집하는 장소'에는 현실적으로 사람들이 빽빽이 들어서 있어 서로간의 신체적 접촉이 이루어지고 있는 곳만을 의미하는 것이 아니라 이 사건 찜질방 등과 같이 공중의 이용에 상시적으로 제공·개방된 상태에 놓여 있는 곳 일반을 의미한다. … 그 행위 당시의 현실적인 밀집도 내지 혼잡도에 따라 그 규정의 적용여부를 달리한다고 할 수는 없다.
[2] (다른 손님이 없어 한적해진) 찜질방 수면실에서 옆에 누워 있던 피해자의 가슴 등을 손으로 만진 행위는 성폭력범죄의 처벌 및 피해자보호 등에 관한 법률 제13조에서 정한 공중밀집장소에서의 추행행위에 해당한다[대판 2009.10.29. 2009도5704]. [♣13 변시]

判例 공중밀집장소에서의 추행죄의 기수 요건

공중밀집장소에서의 추행죄가 기수에 이르기 위해서는 객관적으로 일반인에게 성적 수치심이나 혐오감을 일으키게 할 만한 행위로서 선량한 성적 도덕관념에 반하는 행위를 행위자가 대상자를 상대로 실행하는 것으로 충분하고, 행위자의 행위로 말미암아 대상자가 성적 수치심이나 혐오감을 반드시 실제로 느껴야 하는 것은 아니다[대판 2020.6.25. 2015도7102].

(9) **제12조(성적 목적을 위한 다중이용장소[20] 침입행위)**

자기의 성적 욕망을 만족시킬 목적으로 화장실, 목욕장 등 불특정 다수가 이용하는 다중이용장소에 침입하거나 같은 장소에서 퇴거의 요구를 받고 응하지 아니하는 사람에 대한 처벌규정을 두고 있다.

(10) **제13조(통신매체를 이용한 음란행위)**

자기 또는 다른 사람의 성적 욕망을 유발하거나 만족시킬 목적으로 전화, 우편, 컴퓨터, 그 밖의 통신매체를 통하여 성적 수치심이나 혐오감을 일으키는 말, 음향, 글, 그림, 영상 또는 물건을 상대방에게 도달하게 한 경우에 성립한다.

判例 통신매체 이용 음란죄에서의 '성적 욕망'의 의미

성폭력범죄의 처벌 등에 관한 특례법 제13조에서 정한 '통신매체 이용 음란죄'의 구성요건 중 '자기 또는 다른 사람의 성적 욕망을 유발하거나 만족시킬 목적'의 '성적 욕망'에는 성행위나 성관계를 직접적인 목적이나 전제로 하는 욕망뿐만 아니라, 상대방을 성적으로 비하하거나 조롱하는 등 상대방에게 성적 수치심을 줌으로써 자신의 심리적 만족을 얻고자 하는 욕망도 포함된다. 또한 이러한

---

20) 개정 전에는 공중화장실 등 공공장소를 침입대상으로 하고 있었으나 '주점의 화장실'이 공중화장실법에 의하면 공중화장실에 해당하지 않아, 주점화장실에 침입하여 용변을 보는 모습을 엿본 경우 처벌할 수 없는 문제점이 발생하여 2017.12.12. 개정되었다.

'성적 욕망'이 상대방에 대한 분노감과 결합되어 있더라도 달리 볼 것은 아니다[대판 2018.9.13. 2018도9775].

判例 통신매체 이용 음란죄에서의 '성적 수치심이나 혐오감을 일으키는 것'의 의미

성폭력처벌법 제13조는 "자기 또는 다른 사람의 성적 욕망을 유발하거나 만족시킬 목적으로 전화, 우편, 컴퓨터, 그 밖의 통신매체를 통하여 '성적 수치심이나 혐오감을 일으키는 말, 음향, 글, 그림, 영상 또는 물건'을 상대방에게 도달하게 한 사람"을 처벌한다. '자기 또는 다른 사람의 성적 욕망을 유발하거나 만족시킬 목적'이 있는지 여부는 피고인과 피해자의 관계, 행위의 동기와 경위, 행위의 수단과 방법, 행위의 내용과 태양, 상대방의 성격과 범위 등 여러 사정을 종합하여 사회통념에 비추어 합리적으로 판단하여야 한다. 또한 '성적 수치심이나 혐오감을 일으키는 것'은 피해자에게 단순한 부끄러움이나 불쾌감을 넘어 인격적 존재로서의 수치심이나 모욕감을 느끼게 하거나 싫어하고 미워하는 감정을 느끼게 하는 것으로서 사회 평균인의 성적 도의관념에 반하는 것을 의미한다. 이와 같은 성적 수치심 또는 혐오감의 유발 여부는 일반적이고 평균적인 사람들을 기준으로 하여 판단함이 타당하고, 특히 성적 수치심의 경우 피해자와 같은 성별과 연령대의 일반적이고 평균적인 사람들을 기준으로 하여 그 유발 여부를 판단하여야 한다[대판 2017.6.8. 2016도21389].

(11) **제14조(카메라 등을 이용한 촬영)**

判例 구 성폭력처벌법 제14조 제2항에서 규정하고 있는 '공공연한 전시'의 의미 및 인식 요부

구 성폭력범죄의 처벌 등에 관한 특례법(2020.5.19. 법률 제17264호로 개정되기 전의 것, 이하 '구 성폭력처벌법'이라 한다)은 제14조 제1항에서 '카메라나 그 밖에 이와 유사한 기능을 갖춘 기계장치를 이용하여 성적 욕망 또는 수치심을 유발할 수 있는 사람의 신체를 촬영대상자의 의사에 반하여 촬영'하는 행위를 처벌하면서, 같은 조 제2항에서 '제1항에 따른 촬영물 또는 복제물을 반포·판매·임대·제공 또는 공공연하게 전시·상영한 자'뿐만 아니라 '제1항의 촬영이 촬영 당시에는 촬영대상자의 의사에 반하지 아니한 경우에도 사후에 그 촬영물 또는 복제물을 촬영대상자의 의사에 반하여 반포·판매·임대·제공 또는 공공연하게 전시·상영한 자'도 5년 이하의 징역 또는 3천만원 이하의 벌금에 처하도록 규정하고 있다. 이는 성적 욕망 또는 수치심을 유발할 수 있는 타인의 신체를 촬영한 촬영물 또는 복제물(이하 '촬영물 등'이라 한다)이 인터넷 등 정보통신망을 통하여 급속도로 광범위하게 유포됨으로써 피해자에게 엄청난 피해와 고통을 초래하는 사회적 문제를 감안하여, 죄책이나 비난 가능성이 촬영 행위 못지않게 크다고 할 수 있는 촬영물 등의 반포 등 유포 행위를 한 자에 대해서도 촬영자와 동일하게 처벌하기 위함이다.

이러한 법률 규정의 내용 및 입법 취지 등에 비추어 볼 때 구 성폭력처벌법 제14조 제2항에서 유포 행위의 한 유형으로 열거하고 있는 '공공연한 전시'란 불특정 또는 다수인이 촬영물 등을 인식할 수 있는 상태에 두는 것을 의미하고, 촬영물 등의 '공공연한 전시'로 인한 범죄는 불특정 또는 다수인이 전시된 촬영물 등을 실제 인식하지 못했다고 하더라도 촬영물 등을 위와 같은 상태에 둠으로써 성립한다[대판 2022.6.9. 2022도1683].

판례해설 피고인은 자신이 운영하는 네이버 밴드를 누구든지 볼 수 있는 전체공개로 전환한 다음 이 사건 촬영물을 피해자의 의사에 반하여 게시한 사실이 인정된다. 이 사건 촬영물은 피고인이 이 사건 밴드를 전체공개로 전환한 이후에는 해당 애플리케이션 등에 대한 별도의 가입절차 없이 인터넷을 사용하는 누구라도 접근할 수 있는 상태에 놓이게 되었으므로 피고인이 이 사건 밴드에 이 사건 촬영물을 게시한 것은 이 사건 촬영물을 공공연하게 전시한 행위에 해당하고, 피고인에게 그러한 고의도 인정된다.

判例 승낙을 받아 촬영한 영상물은 카메라이용촬영죄의 촬영물에 해당하지 않는다고 한 사례

[1] 카메라 등 이용 촬영죄를 정한 성폭력범죄의 처벌 및 피해자보호 등에 관한 법률 제14조의2 제1항 규정에서 말하는 '그 촬영물'이란 성적 욕망 또는 수치심을 유발할 수 있는 타인의 신체를 그 의사에 반하여 촬영한 영상물을 의미하고, 타인의 승낙을 받아 촬영한 영상물은 포함되지 않는다고 해석된다.
[2] 피고인이 피해자의 승낙을 받아 캠코더로 촬영해 두었던 피해자와의 성행위 장면이 담긴 영상물을 반포하였다면 카메라이용촬영죄가 성립하지 아니한다[대판 2009.10.29. 2009도7973].

判例 카메라이용촬영죄에 해당하는 경우

1. 「성폭력범죄의 처벌 등에 관한 특례법」(이하 '성폭력처벌법'이라고 한다) 제14조 제1항은 '카메라나 그 밖에 이와 유사한 기능을 갖춘 기계장치를 이용하여 성적 욕망 또는 수치심을 유발할 수 있는 다른 사람의 신체를 그 의사에 반하여 촬영'하는 행위를 처벌하도록 규정한다. 성폭력처벌법 제14조 제1항에서 정한 '카메라등이용촬영죄'는 이른바 '몰래카메라'의 폐해가 사회문제가 되면서 촬영대상자의 의사에 반하는 촬영 및 반포 등의 행위를 처벌하기 위하여 신설된 조항으로서, 피해자의 성적 자기결정권 및 일반적 인격권 보호, 사회의 건전한 성풍속 확립을 그 보호법익으로 하며([헌재 2016.12.20. 2016헌바153] 등 참조), 구체적으로 인격체인 피해자의 성적 자유와 함부로 촬영당하지 아니할 자유를 보호하기 위한 것이다([대판 2008.9.25. 2008도7007] 참조). 여기에서 '성적 자유'는 소극적으로 자기 의사에 반하여 성적 대상화가 되지 않을 자유를 의미한다([대판 2020.12.24. 2019도16258] 참조). 촬영한 대상이 '성적 욕망 또는 수치심을 유발할 수 있는 다른 사람의 신체'에 해당하는지는 객관적으로 피해자와 같은 성별, 연령대의 일반적이고 평균적인 사람들의 관점에서 성적 욕망 또는 수치심을 유발할 수 있는 신체에 해당하는지를 고려함과 아울러, 피해자의 옷차림, 노출의 정도 등은 물론, 촬영자의 의도와 촬영에 이르게 된 경위, 촬영 장소와 촬영 각도 및 촬영 거리, 촬영된 원판의 이미지, 특정 신체 부위의 부각 여부 등을 종합적으로 고려하여 구체적·개별적으로 결정하여야 한다[대판 2022.3.17. 2021도13203].
[사실관계] 이 사건 엑셀 파일에 정리된 사진 중 피고인이 청바지를 입은 여성을 따라다니면서 계단을 오르는 모습을 바로 뒤에서 엉덩이를 부각하여 촬영한 경우는 성적 수치심을 유발할 수 있다고 볼 여지가 있다. 그러나 특별히 엉덩이를 부각하지 않고 일상복인 청바지를 입은 여성의 뒷모습 전신을 어느 정도 떨어진 거리에서 촬영하였을 뿐이라면 일반적이고 평균적인 사람들의 관점에서 성적 욕망이 유발될 수 있다거나 그와 같은 촬영을 당하였을 때 성적 수치심을 유발할

수 있는 경우에 해당한다고 단정하기 어렵다.

2. 야간에 버스 안에서 휴대폰 카메라로 옆 좌석에 앉은 여성(18세)의 치마 밑으로 드러난 허벅다리 부분을 촬영한 경우, 그 촬영 부위는 성폭력범죄의 처벌 및 피해자보호 등에 관한 법률 제14조의2 제1항의 '성적 욕망 또는 수치심을 유발할 수 있는 타인의 신체'에 해당하므로 위 조항 위반죄의 성립을 인정할 수 있다[대판 2008.9.25. 2008도7007].

3. 피고인이 화장실에서 재래식 변기를 이용하는 여성의 모습을 촬영하였다면, 피해자들의 용변 보는 모습이 촬영되지는 않았다고 하더라도, 용변을 보기 직전의 무릎 아래 맨 다리 부분과 용변을 본 직후의 무릎 아래 맨 다리 부분이 각 촬영되었다는 점, 피해자들은 수사기관에서 피고인의 행동으로 상당한 성적 수치심을 느꼈다고 각 진술한 점 등을 종합적으로 고려하면, 피고인이 촬영한 피해자들의 다리 부분은 성폭력범죄의 처벌 등에 관한 특례법 제14조 제1항의 '수치심을 유발할 수 있는 다른 사람의 신체'에 해당한다고 한 사례[대판 2014.7.24. 2014도6309].

判例 카메라이용촬영죄의 객체에 해당하지 않아 동죄가 성립하지 않는 경우

(타인의 신체 자체가 아닌 신체의 이미지가 담긴 영상) 피고인이 피해자 甲(여, 14세)과 인터넷 화상채팅 등을 하면서 카메라 기능이 내재되어 있는 피고인의 휴대전화를 이용하여 甲의 유방, 음부 등 신체 부위를 甲의 의사에 반하여 촬영하였다고 하더라도 피고인이 촬영한 대상은 甲의 신체 이미지가 담긴 영상일 뿐 甲의 신체 그 자체는 아니라고 할 것이어서 카메라이용촬영죄가 성립하지 아니한다[대판 2013.6.27. 2013도4279]. [♣ 21 변시]

동지판례 피고인이 甲과 성관계하면서 합의하에 촬영한 동영상 파일 중 일부 장면 등을 찍은 사진 3장을 지인 명의의 휴대전화 문자메시지 기능을 이용하여 甲의 처 乙의 휴대전화로 발송함으로써, 촬영 당시 甲의 의사에 반하지 아니하였으나 사후에 그 의사에 반하여 '甲의 신체를 촬영한 촬영물'을 乙에게 제공하였다고 하여 성폭력범죄의 처벌 등에 관한 특례법 위반(카메라등이용촬영)으로 기소된 사안에서, 피고인이 성관계 동영상 파일을 컴퓨터로 재생한 후 모니터에 나타난 영상을 휴대전화 카메라로 촬영한 촬영물은 같은 법 제14조 제2항에서 규정한 촬영물에 해당하지 아니한다고 한 사례[대판 2018.8.30. 2017도3443].

判例 카메라이용촬영물의 반포 등 죄의 주체 (촬영자와 동일인임을 요하지 않음)

성폭력범죄의 처벌 등에 관한 특례법 제14조 제1항 후단의 '타인의 신체를 그 의사에 반하여 촬영한 촬영물'을 반포·판매·임대 또는 공연히 전시·상영한 자가 반드시 촬영물을 촬영한 자와 동일인이어야 하는 것은 아니다[대판 2016.10.13. 2016도6172]. [♣ 21 변시]

判例 카메라이용촬영물의 반포 등 죄의 촬영물의 의미

성폭력처벌법 제14조 제2항[21] 및 제3항[22]의 촬영물은 '다른 사람'을 촬영대상자로 하여 그 신체를

촬영한 촬영물을 뜻하는 것임이 문언상 명백하므로, 자의에 의해 스스로 자신의 신체를 촬영한 촬영물까지 위 조항에서 정한 촬영물에 포함시키는 것은 문언의 통상적인 의미를 벗어난 해석이다 [대판 2018.3.15. 2017도21656].

判例 카메라이용촬영물의 반포와 제공의 구별

[1] 성폭력처벌법 제14조 제2항의 카메라 이용 촬영물의 '반포'는 불특정 또는 다수인에게 무상으로 교부하는 것을 말하고, 계속적·반복적으로 전달하여 불특정 또는 다수인에게 반포하려는 의사를 가지고 있다면 특정한 1인 또는 소수의 사람에게 교부하는 것도 반포에 해당할 수 있다. 한편 '반포'와 별도로 열거된 '제공'은 '반포'에 이르지 아니하는 무상 교부 행위를 말하며, '반포'할 의사 없이 특정한 1인 또는 소수의 사람에게 무상으로 교부하는 것은 '제공'에 해당한다.
[2] 피고인이 피해자와 교제하면서 촬영한 성관계 동영상, 나체사진 등 촬영물을 피해자와 교제하던 다른 남성에게 피해자와 헤어지게 할 의도로 전송한 행위는 불특정 또는 다수인에게 교부하거나 전달할 의사로 전송하였다고 보기 어려우므로 성폭력처벌법 제14조 제2항의 '제공'에 해당할 수는 있어도 '반포'에는 해당하지 아니한다[대판 2016.12.27. 2016도16676].

判例 피해자 본인이 카메라이용촬영물의 제공의 상대방이 될 수 있는지 여부(소극)

성폭력처벌법 제14조 제1항에서 '반포'와 별도로 열거된 '제공'은, '반포'에 이르지 아니하는 무상 교부행위로서 '반포'할 의사 없이 '특정한 1인 또는 소수의 사람'에게 무상으로 교부하는 것을 의미하는데, 성폭력처벌법 제14조 제1항에서 촬영행위뿐만 아니라 촬영물을 반포·판매·임대·제공 또는 공공연하게 전시·상영하는 행위까지 처벌하는 것이 촬영물의 유포행위를 방지함으로써 피해자를 보호하기 위한 것임에 비추어 볼 때, 촬영의 대상이 된 피해자 본인은 성폭력처벌법 제14조 제1항에서 말하는 '제공'의 상대방인 '특정한 1인 또는 소수의 사람'에 포함되지 않는다고 봄이 타당하다. 따라서 피해자 본인에게 촬영물을 교부하는 행위는 다른 특별한 사정이 없는 한 성폭력처벌법 제14조 제1항의 '제공'에 해당한다고 할 수 없다[대판 2018.8.1. 2018도1481]. [♣ 21 변시]

判例 카메라이용촬영죄의 실행에 착수한 것으로 볼 수 없는 경우

「성폭력범죄의 처벌 등에 관한 특례법」(이하 '성폭력처벌법'이라고 한다) 위반(카메라등이용촬영)죄는 카메라 등을 이용하여 성적 욕망 또는 수치심을 유발할 수 있는 타인의 신체를 그 의사에 반하여 촬영함으로써 성립하는 범죄이고, 여기서 '촬영'이란 카메라나 그 밖에 이와 유사한 기능을

---

21) 제1항의 촬영이 촬영 당시에는 촬영대상자의 의사에 반하지 아니하는 경우에도 사후에 그 의사에 반하여 촬영물을 반포·판매·임대·제공 또는 공공연하게 전시·상영한 자...를 처벌하는 조항이다.

22) 영리를 목적으로 제1항의 촬영물을 정보통신망을 이용하여 유포한 자...를 처벌하는 조항이다.

갖춘 기계장치 속에 들어 있는 필름이나 저장장치에 피사체에 대한 영상정보를 입력하는 행위를 의미한다. 따라서 범인이 피해자를 촬영하기 위하여 육안 또는 캠코더의 줌 기능을 이용하여 피해자가 있는지 여부를 탐색하다가 피해자를 발견하지 못하고 촬영을 포기한 경우에는 촬영을 위한 준비행위에 불과하여 성폭력처벌법 위반(카메라등이용촬영)죄의 실행에 착수한 것으로 볼 수 없다. 이에 반하여 범인이 카메라 기능이 설치된 휴대전화를 피해자의 치마 밑으로 들이밀거나, 피해자가 용변을 보고 있는 화장실 칸 밑 공간 사이로 집어넣는 등 카메라 등 이용 촬영 범행에 밀접한 행위를 개시한 경우에는 성폭력처벌법 위반(카메라등이용촬영)죄의 실행에 착수하였다고 볼 수 있다[대판 2021.3.25. 2021도749].

判例 카메라이용촬영죄의 기수에 해당하는 경우

카메라 등 기계장치를 이용하여 동영상 촬영이 이루어졌다면 범행은 촬영 후 일정한 시간이 경과하여 영상정보가 기계장치 내 주기억장치 등에 입력됨으로써 기수에 이르는 것이고, 촬영된 영상정보가 전자파일 등의 형태로 영구저장되지 않은 채 사용자에 의해 강제종료되었다고 하여 미수에 그쳤다고 볼 수는 없다[대판 2011.6.9. 2010도10677]. [♠12 사시]

判例 촬영대상자의 신원이 파악되지 않는 등 촬영대상자의 의사를 명확히 확인할 수 없는 경우, 반포 등을 하였는지 판단하는 기준 및 고려사항

성폭력범죄의 처벌 등에 관한 특례법(이하 '성폭력처벌법'이라 한다)은 제14조 제1항에서 '카메라나 그 밖에 이와 유사한 기능을 갖춘 기계장치를 이용하여 성적 욕망 또는 수치심을 유발할 수 있는 사람의 신체를 촬영대상자의 의사에 반하여 촬영'하는 행위를 처벌하면서, 같은 조 제2항에서 '그 촬영물 또는 복제물(이하 '촬영물 등'이라 한다)을 반포·판매·임대·제공 또는 공공연하게 전시·상영(이하 '반포 등'이라 한다)하거나 촬영 당시에는 촬영대상자의 의사에 반하지 아니한 경우에도 사후에 그 촬영물 등을 촬영대상자의 의사에 반하여 반포 등'을 하는 행위도 처벌대상으로 정하고 있다.

이와 같이 성폭력처벌법 제14조 제2항 위반죄는 반포 등 행위 시를 기준으로 촬영대상자의 의사에 반하여 그 행위를 함으로써 성립하고, 촬영이 촬영대상자의 의사에 반하지 아니하였더라도 그 성립에 지장이 없다. 촬영대상자의 신원이 파악되지 않는 등 촬영대상자의 의사를 명확히 확인할 수 없는 경우 촬영대상자의 의사에 반하여 반포 등을 하였는지 여부는, 촬영물 등을 토대로 확인할 수 있는 촬영대상자와 촬영자의 관계 및 촬영 경위, 그 내용이 성적 욕망 또는 수치심을 유발하는 정도, 촬영대상자의 특정가능성, 촬영물 등의 취득·반포 등이 이루어진 경위 등을 종합하여 판단하여야 한다. 이때 해당 촬영물 등이 인터넷 등 정보통신망을 통하여 급속도로 광범위하게 유포될 경우 피해자에게 심각한 피해와 고통을 초래할 수 있다는 점도 아울러 고려하여야 한다[대판 2023.6.15. 2022도15414][23].

23) [판결이유] 이 사건 사진에 나타난 남녀의 얼굴과 신체적 특징으로 촬영대상자들에 대한 특정이 가능하다. 여기에 앞서 본 이 사건 사진의 내용까지 더해 보면, 위 사진이 촬영대상자들의 의사에 반하여 반포될 경우 촬영

(12) **제18조(고소 제한에 대한 예외)**

성폭력범죄에 대하여는 형사소송법 제224조(고소의 제한)에도 불구하고 자기 또는 배우자의 직계존속을 고소할 수 있다.

2. 아동 · 청소년의 성보호에 관한 법률 등

아동 · 청소년(19세 미만자를 말한다)의 성을 사는 행위 및 아동 · 청소년의 성을 사기 위하여 아동 · 청소년을 유인하거나 성을 팔도록 권유한 행위(제13조) 및 아동 · 청소년에 대한 강간, 유사강간, 강제추행(제7조) 등의 죄에 대한 처벌규정을 두고 있다.

判例 아청법상의 강제추행미수죄에 해당하는 경우

[1] 추행의 고의로 상대방의 의사에 반하는 유형력의 행사, 즉 폭행행위를 하여 실행행위에 착수하였으나 추행의 결과에 이르지 못한 때에는 강제추행미수죄가 성립하며, 이러한 법리는 폭행행위 자체가 추행행위라고 인정되는 이른바 '기습추행'의 경우에도 마찬가지로 적용된다.
[2] 피고인의 팔이 甲(여, 17세)의 몸에 닿지 않았더라도 양팔을 높이 들어 갑자기 뒤에서 껴안으려는 행위는 甲의 의사에 반하는 유형력의 행사로서 폭행행위에 해당하며, 그때 '기습추행'에 관한 실행의 착수가 있는데, 마침 甲이 뒤돌아보면서 소리치는 바람에 몸을 껴안는 추행의 결과에 이르지 못하고 미수에 그쳤으므로, 피고인의 행위는 아동 · 청소년에 대한 강제추행미수죄에 해당한다고 한 사례[대판 2015.9.10. 2015도6980]. [♣ 19 변시]

判例 아동 · 청소년에게 성을 팔도록 권유한 행위에 해당하는 경우

아동 · 청소년의 성보호에 관한 법률 제10조 제2항은 '아동 · 청소년의 성을 사기 위하여 아동 · 청소년을 유인하거나 성을 팔도록 권유한 자'를 처벌하도록 규정하고 있는데, 위 법률조항의 문언 및 체계, 입법 취지 등에 비추어, 아동 · 청소년이 이미 성매매 의사를 가지고 있었던 경우에도 그러한 아동 · 청소년에게 금품이나 그 밖의 재산상 이익, 직무 · 편의제공 등 대가를 제공하거나 약속하는 등의 방법으로 성을 팔도록 권유하는 행위도 위 규정에서 말하는 '성을 팔도록 권유하는 행위'에 포함된다고 보아야 한다[대판 2011.11.10. 2011도3934].

대상자들에게 피해와 고통을 야기할 가능성이 상당하다. 피고인은 이 사건 사진에 등장하는 남녀를 전혀 알지 못하고 이들로부터 위 사진의 반포에 관하여 어떠한 동의나 양해를 받은 사실도 없이 인터넷 검색을 통해 위 사진을 취득한 다음 불특정 다수인이 쉽게 접근할 수 있는 인터넷 사이트에 이를 게시하였다. 이러한 사정을 앞서 본 법리에 비추어 살펴보면, 이 사건 사진의 촬영대상자들, 적어도 여성이 위 사진의 반포에 동의하리라고는 도저히 기대하기 어렵다. 피고인의 이 사건 사진 반포는 촬영대상자들의 의사에 반하여 이루어졌고 피고인도 그러한 사정을 인식하고 있었다고 볼 여지가 충분하다.

判例 아청법상의 고의 인정 요건

아동·청소년의 성을 사는 행위를 알선하는 행위를 업으로 하여 청소년성보호법 제15조 제1항 제2호의 위반죄가 성립하기 위해서는 알선행위를 업으로 하는 사람(당해 피고인에 해당함 – 저자 주)이 아동·청소년을 알선의 대상으로 삼아 그 성을 사는 행위를 알선한다는 것을 인식하여야 하지만, 이에 더하여 알선행위로 아동·청소년의 성을 사는 행위를 한 사람이 행위의 상대방이 아동·청소년임을 인식하여야 한다고 볼 수는 없다[대판 2016.2.18. 2015도15664]. [♣18 변시]

判例 아청법상의 영리목적의 범위

[1] 구 아동·청소년의 성보호에 관한 법률 제11조 제2항은 영리를 목적으로 아동·청소년이용음란물을 공연히 전시한 자는 10년 이하의 징역에 처한다고 규정하고 있다. 위 조항에서 규정하는 '영리의 목적'이란 위 법률이 정한 구체적 위반행위를 함에 있어서 재산적 이득을 얻으려는 의사 또는 이윤을 추구하는 의사를 말하며, 이는 널리 경제적인 이익을 취득할 목적을 말하는 것으로서 반드시 아동·청소년이용음란물 배포 등 위반행위의 직접적인 대가가 아니라 위반행위를 통하여 간접적으로 얻게 될 이익을 위한 경우에도 영리의 목적이 인정된다.
[2] 사설 인터넷 도박사이트를 운영하는 사람이, 먼저 카카오톡 오픈채팅방을 개설하여 아동·청소년이용음란 동영상을 게시하고 1:1대화를 통해 불특정다수를 위 오픈채팅방 회원으로 가입시킨 다음, 그 오픈채팅방에서 자신이 운영하는 도박사이트를 홍보하면서 회원들이 가입 시 입력한 이름, 전화번호 등을 이용하여 전화를 걸어 위 도박사이트 가입을 승인해주는 등의 방법으로 가입을 유도하고 그 도박사이트를 이용하여 도박을 하게 하였다면, 영리를 목적으로 도박공간을 개설한 행위가 인정됨은 물론, 나아가 영리를 목적으로 아동·청소년이용음란물을 공연히 전시한 행위도 인정된다고 할 것이다[대판 2020.9.24. 2020도8978].

判例 아동·청소년 이용 음란물 제작에 해당하는 경우 및 위법성이 조각되기 위한 요건

1. 피고인이 직접 아동·청소년의 면전에서 촬영행위를 하지 않았더라도 아동·청소년이용음란물을 만드는 것을 기획하고 타인으로 하여금 촬영행위를 하게 하거나 만드는 과정에서 구체적인 지시를 하였다면, 특별한 사정이 없는 한 아동·청소년이용음란물 '제작'에 해당한다. 이러한 촬영을 마쳐 재생이 가능한 형태로 저장이 된 때에 제작은 기수에 이르고 반드시 피고인이 그와 같이 제작된 아동·청소년이용음란물을 재생하거나 피고인의 기기로 재생할 수 있는 상태에 이르러야만 하는 것은 아니다. 이러한 법리는 피고인이 아동·청소년으로 하여금 스스로 자신을 대상으로 하는 음란물을 촬영하게 한 경우에도 마찬가지이다[대판 2018.9.13. 2018도9340].
2. 피고인이 아동·청소년으로 하여금 스스로 자신을 대상으로 하는 음란물을 촬영하게 한 경우 피고인이 직접 촬영행위를 하지 않았더라도 그 영상을 만드는 것을 기획하고 촬영행위를 하게

하거나 만드는 과정에서 구체적인 지시를 하였다면, 특별한 사정이 없는 한 아동 · 청소년이용음란물 '제작'에 해당하고, 이러한 촬영을 마쳐 재생이 가능한 형태로 저장이 된 때에 제작은 기수에 이른다[대판 2021.3.25. 2020도18285].

3. 제작한 영상물이 객관적으로 아동 · 청소년이 등장하여 성적 행위를 하는 내용을 표현한 영상물에 해당하는 한 대상이 된 아동 · 청소년의 동의하에 촬영한 것이라거나 사적인 소지 · 보관을 1차적 목적으로 제작한 것이라고 하여 구 아청법 제8조 제1항의 '아동 · 청소년이용음란물'에 해당하지 아니한다거나 이를 '제작'한 것이 아니라고 할 수 없다. [♣19 변시]
다만 아동 · 청소년인 행위자 본인이 사적인 소지를 위하여 자신을 대상으로 '아동 · 청소년이용음란물'에 해당하는 영상 등을 제작하거나 그 밖에 이에 준하는 경우로서, 영상의 제작행위가 헌법상 보장되는 인격권, 행복추구권 또는 사생활의 자유 등을 이루는 사적인 생활 영역에서 사리분별력 있는 사람의 자기결정권의 정당한 행사에 해당한다고 볼 수 있는 예외적인 경우에는 위법성이 없다고 볼 수 있을 것이다. 아동 · 청소년은 성적 가치관과 판단능력이 충분히 형성되지 아니하여 성적 자기결정권을 행사하고 자신을 보호할 능력이 부족한 경우가 대부분이므로 영상의 제작행위가 이에 해당하는지 여부는 아동 · 청소년의 나이와 지적 · 사회적 능력, 제작의 목적과 그 동기 및 경위, 촬영 과정에서 강제력이나 위계 혹은 대가가 결부되었는지 여부, 아동 · 청소년의 동의나 관여가 자발적이고 진지하게 이루어졌는지 여부, 아동 · 청소년과 영상 등에 등장하는 다른 인물과의 관계, 영상 등에 표현된 성적 행위의 내용과 태양 등을 종합적으로 고려하여 신중하게 판단하여야 한다[대판 2015.2.12. 2014도11501].

판결이유 (1) 30대의 기혼인 초등학교 교사로서 피해자들과는 처음부터 그들이 아동 · 청소년임을 알고도 단지 성적 행위를 목적으로 접근하여 스마트폰 채팅 애플리케이션을 통하여 몇 차례 연락하고 만난 사이에 불과한 사실, 피고인은 단기간 내에 만 12세에 불과한 아동들을 비롯한 여러 피해자를 만나 성적 행위를 하고 그 중 일부를 동영상으로 촬영하여 보관해 온 사실, 원심 판시 별지 범죄일람표 기재 행위 중에는 피해자의 항문에 손가락을 집어넣는 등의 변태적인 성적 행위가 포함되어 있는 사실, 피고인은 수사기관에서 동영상 촬영 당시 피해자들의 동의 여부에 관한 질문에 대하여 '동의를 구한 애들도 있고 그냥 촬영한 것도 있습니다.'라고 진술하는 등 진지하게 피해자들의 동의를 구한 것으로 보이지 아니하는 사실, 피해자 공소외인(여, 12세)의 경우에는 위 피해자가 사진을 찍지 말라고 몇 번이나 만류하였음에도 이를 무시하고 계속 촬영하기도 한 사실 등을 알 수 있다.
이러한 사실관계를 앞서 본 법리에 비추어 살펴보면, 피고인이 원심 판시와 같은 동영상을 각 촬영한 행위는 구 아청법 제8조 제1항에서 규정하는 아동 · 청소년이용음란물의 제작에 해당하고, 설령 피고인이 이에 대하여 일부 피해자들의 동의를 받았다고 하더라도 사리분별력이 충분한 아동 · 청소년이 성적 행위에 관한 자기결정권을 자발적이고 진지하게 행사한 것으로 보기 어려우므로 예외적으로 위법성이 조각되는 사유에 해당하지 아니한다.

판례해설 대법원은 촬영의 대상이 된 청소년이 17세인 사안에서 그 청소년의 동의를 받은 경우 위법성이 조각된다는 취지로 판시한 바 있다. 즉 "13세 이상 청소년의 진정한 동의가 있고 촬영자가 제 3자거나 영상 유포 목적이 없다면 보호받아야 할 사생활이라고 판단한 원심은 정당하다"고 판시하였다. 즉 촬영대상자인 아동이나 청소년의 동의를 받아도 '아동 · 청소년이용음란물'을 '제작'한 것은 동일하나 그 대상자가 사리분별력이 있는지 여부에 따라 위법성 조각은 달라질 수 있다는 것을 주의하여야 한다.

判例 아동 · 청소년성착취물 등을 구입한 후 직접 다운로드받을 수 있는 인터넷 주소를 제공받은 경우

형벌법규의 해석은 엄격하여야 하고 문언의 의미를 피고인에게 불리한 방향으로 지나치게 확장해석하는 것은 죄형법정주의 원칙에 어긋나는 것이다. 구 아동 · 청소년의 성보호에 관한 법률(2020. 6. 2. 법률 제17338호로 개정되기 전의 것) 제11조 제5항은 "아동 · 청소년이용음란물임을 알면서 이를 소지한 자는 1년 이하의 징역 또는 2천만 원 이하의 벌금에 처한다."라고 규정하고 있다. 여기서 '소지'란 아동 · 청소년이용음란물을 자기가 지배할 수 있는 상태에 두고 지배관계를 지속시키는 행위를 말하고, 인터넷 주소(URL)는 인터넷에서 링크하고자 하는 웹페이지나 웹사이트 등의 서버에 저장된 개개의 영상물 등의 웹 위치 정보 또는 경로를 나타낸 것에 불과하다. 따라서 아동 · 청소년이용음란물 파일을 구입하여 시청할 수 있는 상태 또는 접근할 수 있는 상태만으로 곧바로 이를 소지로 보는 것은 소지에 대한 문언 해석의 한계를 넘어서는 것이어서 허용될 수 없으므로, 피고인이 자신이 지배하지 않는 서버 등에 저장된 아동 · 청소년이용음란물에 접근하여 다운로드받을 수 있는 인터넷 주소 등을 제공받은 것에 그친다면 특별한 사정이 없는 한 아동 · 청소년이용음란물을 '소지'한 것으로 평가하기는 어렵다. 한편 2020. 6. 2. 법률 제17338호로 개정된 아동 · 청소년의 성보호에 관한 법률 제11조 제5항은 아동 · 청소년성착취물을 구입하거나 시청한 사람을 처벌하는 규정을 신설하였고, 2020. 5. 19. 법률 제17264호로 개정된 성폭력범죄의 처벌 등에 관한 특례법 제14조 제4항은 카메라 등을 이용하여 성적 욕망 또는 수치심을 유발할 수 있는 사람의 신체를 촬영대상자의 의사에 반하여 촬영한 촬영물 또는 복제물을 소지 · 구입 · 저장 또는 시청한 사람을 처벌하는 규정을 신설하였다. 따라서 아동 · 청소년성착취물 등을 구입한 다음 직접 다운로드받을 수 있는 인터넷 주소를 제공받았다면 위 규정에 따라 처벌되므로 처벌공백의 문제도 더 이상 발생하지 않는다[대판 2023.6.29. 2022도6278].

判例 아동 · 청소년성착취물의 '배포' 및 '공연히 전시'하는 행위의 의미

[1] 아동 · 청소년의 성보호에 관한 법률 제11조 제3항은 "아동 · 청소년성착취물을 배포 · 제공하거나 이를 목적으로 광고 · 소개하거나 공연히 전시 또는 상영한 자는 3년 이상의 징역에 처한다."라고 규정하고 있다. 여기서 아동 · 청소년성착취물의 '배포'란 아동 · 청소년성착취물을 불특정 또는 다수인에게 교부하는 것을 의미하고, '공연히 전시'하는 행위란 불특정 또는 다수인이 실제로 아동 · 청소년성착취물을 인식할 수 있는 상태에 두는 것을 의미한다.

자신의 웹사이트에 아동 · 청소년성착취물이 저장된 다른 웹사이트로 연결되는 링크를 해 놓는 행위자의 의사, 그 행위자가 운영하는 웹사이트의 성격 및 사용된 링크기술의 구체적인 방식, 아동 · 청소년성착취물이 담겨져 있는 다른 웹사이트의 성격 및 다른 웹사이트 등이 아동 · 청소년성착취물을 실제로 전시한 방법 등 제반 사정을 종합하여 볼 때, 링크의 게시를 포함한 일련의 행위가 불특정 또는 다수인에게 다른 웹사이트 등을 단순히 소개 · 연결하는 정도를 넘어 링크를 이용하여 별다른 제한 없이 아동 · 청소년성착취물에 바로 접할 수 있는 상태를 실제로 조성한다면, 이는 아동 · 청소년성착취물을 직접 '배포'하거나 '공연히 전시'한 것과 실질적으로 다를 바 없다고 평가할 수 있으므로, 위와 같은 행위는 전체적으로 보아 아동 · 청소년성착취물을 배포하거나 공연히 전시

한다는 구성요건을 충족한다.
[2] 아동 · 청소년의 성보호에 관한 법률 제11조 제5항은 "아동 · 청소년성착취물을 구입하거나 아동 · 청소년성착취물임을 알면서 이를 소지 · 시청한 자는 1년 이상의 징역에 처한다."라고 규정하고 있다. 여기서 '소지'란 아동 · 청소년성착취물을 자기가 지배할 수 있는 상태에 두고 지배관계를 지속시키는 행위를 말한다.
아동 · 청소년성착취물 파일을 구입하여 시청할 수 있는 상태 또는 접근할 수 있는 상태만으로 곧바로 이를 소지로 보는 것은 소지에 대한 문언 해석의 한계를 넘어서는 것이어서 허용될 수 없으므로, 피고인이 자신이 지배하지 않는 서버 등에 저장된 아동 · 청소년성착취물에 접근하였지만 위 성착취물을 다운로드하는 등 실제로 지배할 수 있는 상태로 나아가지는 않았다면 특별한 사정이 없는 한 아동 · 청소년성착취물을 '소지'한 것으로 평가하기는 어렵다[대판 2023.10.12. 2023도5757].

제3장 명예와 신용에 대한 죄

제1절 명예에 관한 죄

공연성의 인정여부, 사실의 적시에서 사실의 의미, 위법성조각사유인 형법 제310조의 해석론과 관련한 이론 및 판례를 잘 정리해 두어야 한다.

Ⅰ. 총 설

1. 명예의 개념과 보호법익

(1) 명예의 개념

명예는 ⅰ) 사람의 내면적 인격가치(내적 명예), ⅱ) 사람의 인격가치에 대한 사회적 평가(외적 명예), ⅲ) 인격적 가치에 대한 자기 자신의 주관적인 평가(주관적 명예, 명예감정)로 나누어진다.

(2) 보호법익

명예훼손죄는 물론 모욕죄의 보호법익도 외적 명예이다(판례, 통설).[1] 판례와 통설에 의하면 명예훼손죄와 모욕죄는 보호법익은 동일하나 구체적 사실적시의 유무에 의하여 구별된다. 보호의 정도는 추상적 위험범이다. [♣ 23 변시]

判例 명예훼손죄와 모욕죄의 보호법익(외적 명예), 양죄의 차이점(구체적 사실의 적시여부)

명예훼손죄와 모욕죄의 보호법익은 다같이 사람의 가치에 대한 사회적 평가인 이른바 외부적 명예인 점에서는 차이가 없으나 다만 명예훼손은 사람의 사회적 평가를 저하시킬 만한 구체적 사실의 적시를 하여 명예를 침해함을 요하는 것으로서 구체적 사실이 아닌 단순한 추상적 판단이나 경멸적 감정의 표현으로서 사회적 평가를 저하시키는 모욕죄와 다르다[대판 1987.5.12. 87도739].

2. 명예의 주체

(1) 자연인, 사자, 법인 기타의 단체

① 자연인은 모두 명예의 주체가 된다. 따라서 유아 · 정신병자 · 범죄자를 불문한다.

② 사자(死者)의 명예의 주체성 인정여부

1) 모욕죄의 보호법익은 명예감정이라는 견해(소수설)도 있다.

쟁점연구 **[사자도 명예의 주체가 될 수 있는지 여부]**

1. 문제점

사자(死者)도 명예의 주체가 될 수 있는지가 문제된다. 이는 사자명예훼손죄의 보호법익이 무엇인지와 관련된다.

2. 학 설

사자는 사람이 아니며 사자에 대하여는 사회에서의 존재와 활동의 전제가 되는 명예를 보호할 필요가 없으므로 사자는 명예의 주체가 될 수 없다는 견해이다. 이 견해는 사자명예훼손죄의 보호법익은 유족의 명예 또는 유족의 사자에 대한 추모감정이라고 본다.

3. 판 례

사자명예훼손죄는 사자에 대한 사회적 · 역사적 평가를 보호법익으로 하는 것이라고 보아 사자도 명예의 주체가 된다는 취지로 판시하고 있다.

4. 검 토 (판례 지지)

사자명예훼손죄의 보호법익을 유족의 명예로 보는 경우 유족이 없는 사자에 대해서는 사자명예훼손죄가 성립할 수 없어 부당하고, 유족이 있는 경우에는 사자명예훼손죄를 별도로 규정한 이유를 설명하기 어렵다는 점, 형법 제308조가 '사자의 명예를 훼손한 자'라고 명문으로 규정하고 있는 점을 고려할 때 사자도 명예의 주체가 될 수 있다는 견해가 타당하다.

判例 사자명예훼손죄의 보호법익

사자명예훼손죄는 사자에 대한 사회적 · 역사적 평가를 보호법익으로 하는 것이다[대판 1983.10.25. 83도1520].

③ **법인 기타의 단체** : ⅰ) 법인(예 주식회사)은 물론 법인격 없는 단체일지라도 법에 의하여 인정된 사회적 기능을 담당하고, 통일된 의사를 형성할 수 있으면 명예의 주체가 된다. 공법상의 단체 · 사법상의 단체를 불문한다(예 정당, 노동조합, 종교단체, 종친회, 향우회). ⅱ) 개인적인 취미생활을 위한 단체(예 등산클럽, 낚시클럽)나 통일된 의사를 가지고 대외적으로 활동하는 단체가 아닌 경우(예 가족, 동리)는 명예의 주체가 될 수 없다. 그러나 구성원 각자에 대해서 집합명칭에 의한 명예훼손은 가능하다.

判例 국가나 지방자치단체가 명예의 주체가 될 수 있는지 여부(부정)

국가나 지방자치단체는 국민에 대한 관계에서 형벌의 수단을 통해 보호되는 외부적 명예의 주체가 될 수는 없고, 따라서 명예훼손죄나 모욕죄의 피해자가 될 수 없다[대판 2016.12.27. 2014도15290].

(2) 집합명칭에 의한 명예훼손

① 개 념 : 집합명칭에 의하여 다수인을 지칭하여 명예훼손죄를 범할 수 있는가의 문제이다.

② 명예훼손죄의 성립요건[오영근, 240면 이하]

㉮ 집단이 특정되어야 한다. 따라서 '상인들은 매국노이다', '서울사람은 부동산 투기꾼이다' 등의 표현은 명예훼손죄가 성립할 수 없다. '상인', '서울사람'이라는 개념에 포함될 수 있는 범위가 불명확하기 때문이다.

㉯ 집단이 특정된 경우에도 그 구성원의 수가 어느 정도 제한되어야 한다. 따라서 '16대 국회의원은 모두 뇌물을 받았다', 'K고등학교 교사들은 전부 촌지를 받았다'와 같은 경우는 구성원 전원에 대한 명예훼손죄가 성립할 수 있으나, '대학교수들 중 열심히 연구하는 사람은 하나도 없다'와 같은 경우는 명예훼손죄가 성립할 수 없다.

㉰ 구성원 모두를 지칭하는 것이어야 하고 예외를 인정하는 평균적 판단이어서는 안된다. '강남구 소재 소아과의사들이 관악구 소재 소아과의사들에 비해 과잉진료비청구율이 높다'고 한 것은 예외를 인정하는 평균적 판단이기 때문에 명예훼손죄가 성립할 수 없다.

③ 특정된 집단의 구성원 중 일부만을 지칭한 경우 : 집단의 구성원의 일부를 지칭했지만 그 중 누구인가가 명백하지 않아서 구성원 모두가 혐의를 받는 경우(예 '모당 소속 국회의원 2명이 간첩이다'라는 발언)에는 명예훼손죄의 성립을 긍정하는 견해와 그 국회의원 2명이 특정될 수 있는 경우에만 명예훼손죄가 성립하고 그렇지 않은 경우에 구성원 전원에 대한 명예훼손죄는 성립할 수 없다는 견해가 대립되고 있다.

判例 집합명칭에 의한 명예훼손의 요건(집단의 규모가 소규모, 구성원의 특정이 가능할 것)

[1] 명예훼손죄는 어떤 특정한 사람 또는 인격을 보유하는 단체에 대하여 그 명예를 훼손함으로써 성립하는 것이므로 그 피해자는 특정한 것임을 요하고, 다만 서울시민 또는 경기도민이라 함과 같은 막연한 표시에 의해서는 명예훼손죄를 구성하지 아니한다 할 것이지만, 집합적 명사를 쓴 경우에도 그것에 의하여 그 범위에 속하는 특정인을 가리키는 것이 명백하면, 이를 각자의 명예를 훼손하는 행위라고 볼 수 있다.
[2] 3.19 동지회는 그 집단의 규모가 비교적 작고 그 구성원이 특정되어 있으므로 피고인이 3.19 동지회 소속 교사들에 대한 허위의 사실을 적시함으로써 3.19 동지회 소속 교사들 모두에 대한 명예가 훼손되었다고 할 것이고, 따라서 3.19 동지회 소속 교사인 피해자의 명예 역시 훼손되었다고 보아야 할 것이다[대판 2000.10.10. 99도5407].

判例 집합명칭에 의한 모욕의 요건

[1] 모욕죄는 특정한 사람 또는 인격을 보유하는 단체에 대하여 사회적 평가를 저하시킬 만한 경멸적 감정을 표현함으로써 성립하므로 그 피해자는 특정되어야 한다.
[2] 이른바 집단표시에 의한 모욕은, 모욕의 내용이 집단에 속한 특정인에 대한 것이라고는 해석되기 힘들고, 집단표시에 의한 비난이 개별구성원에 이르러서는 비난의 정도가 희석되어 구성원 개개인의 사회적 평가에 영향을 미칠 정도에 이르지 아니한 경우에는 구성원 개개인에 대한 모욕이 성립되지 않는다고 봄이 원칙이고, 비난의 정도가 희석되지 않아 구성원 개개인의 사회적 평가를 저하시킬 만한 것으로 평가될 경우에는 예외적으로 구성원 개개인에 대한 모욕이 성립할 수 있다. 한편 구성원 개개인에 대한 것으로 여겨질 정도로 구성원 수가 적거나 당시의 주위 정황 등으로 보아 집단 내 개별구성원을 지칭하는 것으로 여겨질 수 있는 때에는 집단 내 개별구성원이 피해자로서 특정된다고 보아야 할 것인데, 구체적인 기준으로는 집단의 크기, 집단의 성격과 집단 내에서의 피해자의 지위 등을 들 수 있다[대판 2014.3.27. 2011도15631]. [♣16, 21 변시]

판결이유 ① 피고인을 수사기관에 고소한 여성 아나운서는 154명이고, OO연합회에 등록된 여성 아나운서의 수는 295명에 이르며, 피고인의 발언 대상인 '여성 아나운서'라는 집단은 직업과 성별로만 분류된 집단의 명칭으로서 그 중에는 이 사건 고소인들이 속한 공중파 방송 아나운서들로 구성된 OO연합회에 등록된 사람뿐만 아니라 유선방송에 소속되어 있거나 그 밖의 다양한 형태로 활동하는 여성 아나운서들이 존재하므로 '여성 아나운서'라는 집단 자체의 경계가 불분명하고 그 조직화 및 결속력의 정도 또한 견고하다고 볼 수 없는 점, ② 피고인의 발언 대상이 그 중 피고인을 고소한 여성 아나운서들이 속한 OO연합회만을 구체적으로 지칭한다고 보기도 어려운 점, ③ 피고인의 이 사건 발언은, 비록 그 발언 내용이 매우 부적절하고 저속하기는 하지만, 앞서 본 여성 아나운서 집단의 규모와 조직 체계, 대외적으로 구성원의 개성이 부각되는 정도에 더하여 그 발언의 경위와 상대방, 발언 당시의 상황, 그 표현의 구체적 방식과 정도 및 맥락 등을 고려해 보면 위 발언으로 인하여 곧바로 피해자들을 비롯한 여성 아나운서들에 대한 기존의 사회적 평가를 근본적으로 변동시킬 것으로 보이지는 아니하는 점, ④ 피해자들을 비롯한 여성 아나운서들은 방송을 통해 대중에게 널리 알려진 사람들이어서 그 생활 범위 내에 있는 사람들이 문제된 발언과 피해자들을 연결시킬 가능성이 있다는 이유만으로 곧바로 그 집단 구성원 개개인에 대한 모욕이 된다고 평가하게 되면 모욕죄의 성립 범위를 지나치게 확대시킬 우려가 있는 점 등을 종합해 보면, 피고인의 이 사건 발언은 여성 아나운서 일반을 대상으로 한 것으로서 그 개별구성원인 피해자들에 이르러서는 비난의 정도가 희석되어 피해자 개개인의 사회적 평가에 영향을 미칠 정도에까지는 이르지 아니하므로 형법상 모욕죄에 해당한다고 보기는 어렵다고 볼 여지가 충분하다.

3. 명예의 내용

명예는 긍정적 · 적극적 가치여야 한다. 따라서 부정적 · 소극적 가치(예 악명)는 명예가 될 수 없다.

Ⅱ. 명예훼손죄

제307조(명예훼손) ① 공연히 사실을 적시하여 사람의 명예를 훼손한 자는 2년 이하의 징역이나 금고 또는 500만원 이하의 벌금에 처한다.
② 공연히 허위의 사실을 적시하여 사람의 명예를 훼손한 자는 5년 이하의 징역, 10년 이하의 자격정지 또는 1천만원 이하의 벌금에 처한다.
제312조(피해자의 의사) ② 본죄는 피해자의 명시한 의사에 반하여 공소를 제기할 수 없다.

1. 의 의

공연히 사실 또는 허위의 사실을 적시하여 사람의 명예를 훼손함으로써 성립하는 범죄이다.

2. 객관적 구성요건

(1) 공연성

① 공연성의 개념 : 불특정 또는 다수인이 인식할 수 있는 상태를 의미한다(판례, 통설). ⅰ) 불특정인이란 상대방이 구체적으로 특정되어 있지 않다는 의미가 아니라, 특수한 관계(예 가족관계, 긴밀한 친구사이, 동업관계)로 한정된 범위에 속하는 사람이 아닌 경우를 말한다(예 거리의 통행인, 광장의 사람들). ⅱ) 다수인이란 명예가 사회적으로 훼손되었다고 평가될 수 있을 정도의 상당한 다수의 사람을 뜻한다.

② 전파성이론의 인정여부

쟁점연구

1. 문제점
공연성이란 불특정 또는 다수인이 인식할 수 있는 상태를 의미한다(판례, 통설). 그런데 '인식할 수 있는 상태'의 의미가 무엇인지가 문제된다.
2. 학 설
불특정인 또는 다수인이 '직접' 인식할 수 있는 상태에서 사실을 적시한 경우에 공연성을 인정할 수 있다는 견해가 있다(통설).
3. 판 례
'개별적으로 한사람에 대하여 사실을 유포하였다고 하더라도 그로부터 불특정 또는 다수인에게 전파될 가능성이 있다면 공연성의 요건을 충족하지만 이와 달리 전파될 가능성이 없다면 공연성을 결한다'고 하여 전파성이론을 긍정한다.
4. 검 토 (판례 지지)
명예훼손죄의 구성요건인 공연성은 불특정 또는 다수인이 인식할 수 있는 상태를 의미할 뿐 그 인식의 과정이 직접적인지 간접적인지를 제한하고 있지 않으므로 전파가능성이 있는 경우에도 공연성을 인정하는 것이 타당하다.

判例 공연성의 인정범위 (전파성이론 긍정)

1. 명예훼손죄의 구성요건으로서 공연성은 '불특정 또는 다수인이 인식할 수 있는 상태'를 의미하고, 개별적으로 소수의 사람에게 사실을 적시하였더라도 그 상대방이 불특정 또는 다수인에게 적시된 사실을 전파할 가능성이 있는 때에도 공연성이 인정된다. 이와 달리 전파될 가능성이 없다면 특정한 한 사람에 대한 사실의 유포는 공연성을 결한다. 개별적인 소수에 대한 발언을 불특정 또는 다수인에게 전파될 가능성을 이유로 공연성을 인정하기 위해서는 막연히 전파될 가능성이 있다는 것만으로 부족하고, 고도의 가능성 내지 개연성이 필요하며, 이에 대한 검사의 엄격한 증명을 요한다. 특히 발언 상대방이 발언자나 피해자의 배우자, 친척, 친구 등 사적으로 친밀한 관계에 있는 경우 또는 직무상 비밀유지의무 또는 이를 처리해야 할 공무원이나 이와 유사한 지위에 있는 경우에는 그러한 관계나 신분으로 인하여 비밀의 보장이 상당히 높은 정도로 기대되는 경우로서 공연성이 부정되고, 공연성을 인정하기 위해서는 그러한 관계나 신분에도 불구하고 불특정 또는 다수인에게 전파될 수 있다고 볼 만한 특별한 사정이 존재하여야 한다 [대판 2020.12.30. 2015도15619], [대판 2020.12.30. 2015도12933].

판례해설 i) 피고인들과 피해자는 골프장의 경기도우미(캐디)인데 피고인들이 피해자에 대한 허위사실을 적시하여 골프장 운영 회사의 접수 직원 통하여 위 회사에 전달한 사실이 인정된다 하더라도, 이는 피해자에 대한 출입금지처분을 요청하기 위하여 그 담당자에게 요청서를 제출한 것이므로, 피고인들이 적시한 허위사실이 담당자인 공소외인를 통하여 불특정 또는 다수인에게 전파될 가능성이 있다고 보이지 않는다는 이유를 들어 공연성을 부정한 사례이다[대판 2020.12.30. 2015도15619].

ii) 관광버스회사를 운영하는 피고인은 자신의 사무실에서 피고인의 초등학교 동창으로서 친한 친구 A와 둘이 있는 자리에서 B에 관하여 "신랑하고 이혼했는데. 아들이 하나가 장애인이래. 그런데 C(회사의 운전기사)가 그래도 살아보겠다고 돈 갖다 바치는 거지. 그런데 이년이."라고 허위의 사실을 말한 사건이다. 대법원은 특별히 공연성이나 전파가능성을 인정할 만한 사정에 대하여 검사의 증명이 없다는 이유로 무죄취지로 판시하였다[대판 2020.12.30. 2015도12933].

2. 명예훼손죄는 추상적 위험범으로 불특정 또는 다수인이 적시된 사실을 실제 인식하지 못하였다고 하더라도 인식할 수 있는 상태에 놓인 것으로도 명예가 훼손된 것으로 보아야 한다. 발언 상대방이 이미 알고 있는 사실을 적시하였더라도 공연성 즉 전파될 가능성이 없다고 볼 수 없다. 따라서 피고인들이 피해자에 대한 허위사실을 적시한 서명자료를 만들어 여러 명의 동료들에게 읽게 하고 서명을 받았다면 불특정 또는 다수인이 인식할 수 있는 상태에 해당하고, 설령 그 내용이 동료들 사이에 만연한 소문이었다고 하더라도 명예훼손죄를 구성한다[대판 2020.12.30. 2015도15619].

判例 전파가능성 법리에 관한 대법원 판례의 유지 여부(적극)

[다수견해] 대법원은 명예훼손죄의 공연성에 관하여 개별적으로 소수의 사람에게 사실을 적시하였더라도 그 상대방이 불특정 또는 다수인에게 적시된 사실을 전파할 가능성이 있는 때에는 공연성이 인정된다고 일관되게 판시하여, 이른바 전파가능성 이론은 공연성에 관한 확립된 법리로 정착되었다.

전파가능성 법리에 따르더라도 객관적 기준에 따라 전파가능성을 판단할 수 있고, 행위자도 발언 당시 공연성 여부를 충분히 예견할 수 있으며, 상대방의 전파의사만으로 전파가능성을 판단하거나 실제 전파되었다는 결과를 가지고 책임을 묻는 것이 아니라는 점.

명예훼손죄는 추상적 위험범으로서 특정인의 사회적 평가를 침해할 위험이 발생한 것으로 족하고 침해의 결과를 요구하지 않으므로, 다수의 사람에게 사실을 적시한 경우뿐만 아니라 소수의 사람에게 발언하였다고 하더라도 그로 인해 불특정 또는 다수인이 인식할 수 있는 상태를 초래한 경우에도 공연히 발언한 것으로 해석할 수 있다는 점.

정보통신망을 이용한 명예훼손은 '행위 상대방' 범위와 경계가 불분명해지고, 명예훼손 내용을 소수에게만 보냈음에도 행위 자체로 불특정 또는 다수인이 인식할 수 있는 상태를 형성하는 경우가 다수 발생하게 된다는 점에서 전파가능성 법리는 정보통신망 등 다양한 유형의 명예훼손 처벌규정에서의 공연성 개념에 부합한다고 볼 수 있다는 점에서 현재에도 여전히 법리적으로나 현실적인 측면에 비추어 타당하므로 유지되어야 한다[대판 (전) 2020.11.19. 2020도5813].

[참고 : 소수견해] 다수의견에 대하여, 전파가능성 법리는 명예훼손죄의 가벌성 범위를 지나치게 확대하여 죄형법정주의에서 금지하는 유추해석에 해당하고, 수범자의 예견가능성을 침해하여 행위자에 대한 결과책임을 묻게 된다는 등의 이유로 전파가능성 법리를 적용하여 공연성을 긍정해 온 기존의 대법원 판례 전부 폐기되어야 한다는 반대의견이 있음.

判例 공연성을 인정한 판례

1. 직장의 전산망에 설치된 전자게시판에 타인의 명예를 훼손하는 내용의 글을 게시한 행위는 명예훼손죄를 구성한다[대판 2000.5.12. 99도5734]. [♠ 02 사시]
2. 피고인이 경찰관으로부터 고문을 받았다는 허위사실을 4인에게 순차로 유포한 것이긴 하나 각 그들로부터 불특정 또는 다수인에게 충분히 전파될 가능성이 있던 경우라고 보기에 넉넉하다[대판 1985.12.10. 84도2380]. [♠ 05 사시]
3. 피고인의 말을 들은 사람은 한 사람씩에 불과하였으나 그들은 피고인과 특별한 친분관계가 있는 자가 아니며, 그 범행의 내용도 지방의회 의원선거를 앞둔 시점에 현역 시의회 의원이면서 다시 그 후보자가 되고자 하는 자를 비방한 것이어서 피고인이 적시한 사실이 전파될 가능성이 많으므로 피고인의 판시 범행은 행위 당시에 이미 공연성을 갖추었다[대판 1996.7.12. 96도1007]. [♠ 02 사시]
4. 동네 골목에서 동네사람 1인 및 피해자의 시어머니가 있는 자리에서 피해자에 대하여 "시커멓게 생긴 놈하고 매일같이 붙어 다닌다. 점방 마치면 여관에 가서 누워 자고 아침에 들어온다"고 말한 경우에는 말의 전파가능성이 없어서 공연성이 결여되었다는 주장은 허용될 수 없다[대판 1983.10.11. 83도2222].
5. 피고인이 행정서사 사무실에서 피해자와 같은 교회를 다니는 세 사람에게 "피해자가 처자식이 있는 남자와 살고 있다는 데 아느냐"고 한 경우에 피고인이 그들에게 적시한 사실은 그들을 통하여 불특정 또는 다수인에게 전파될 가능성이 충분히 있었다고 보기에 넉넉하다[대판 1985.4.23. 85도431].
6. 진정서와 고소장을 특정 사람들에게 개별적으로 우송하여도 다수인(19명, 193명)에게 배포하였고, 또 그 내용이 다른 사람에게 전파될 가능성도 있어 공연성의 요건이 충족된다[대판 1991.6.25. 91도347]. [♣ 14 변시]

7. 명예훼손의 발언(피해자들이 전과가 많다는 내용)을 들은 사람들이 피해자들과는 일면식이 없다거나 이미 피해자들의 전과사실을 알고 있었다고 하더라도 공연성 즉 발언이 전파될 가능성이 없다고 볼 수 없다[대판 1993.3.23. 92도455].
8. 피고인들이 출판물 15부를 피고인들이 소속된 교회의 교인 15인에게 배부한 이상 공연성의 요건은 충족된 것이라고 볼 수 있으며, 배부 받은 사람 중 일부가 위 출판물작성에 가담한 사람들이라고 하여도 결론이 달라지지 않는다[대판 1984.2.28. 83도3124].
9. 개인 블로그의 비공개 대화방에서 상대방으로부터 비밀을 지키겠다는 말을 듣고 일대일로 대화하였다고 하더라도, 그 사정만으로 대화 상대방이 대화내용을 불특정 또는 다수에게 전파할 가능성이 없다고 할 수 없으므로, 명예훼손죄의 요건인 공연성을 인정할 여지가 있다[대판 2008.2.14. 2007도8155]. [♣ 16 변시, 23 변시]

判例 공연성을 부정한 판례

(1) 들은 사람이 피해자에 대하여 보호관계에 있어 공연성이 부정된 경우

1. 이혼소송 계속 중인 처가 남편의 친구에게 서신을 보내면서 남편의 명예를 훼손하는 문구가 기재된 서신을 동봉한 경우에는 공연성이 결여되었다[대판 2000.2.11. 99도4579]. [♠ 02, 10 사시]
2. 피고인이 다방에서 피해자와 동업관계로 친한 사이인 공소외인에 대하여 피해자의 험담을 한 경우에 있어서 다방 내의 좌석이 다른 손님의 자리와 멀리 떨어져 있고 그 당시 공소외인은 피고인에게 왜 피해자에 관해서 그런 말을 하느냐고 힐책까지 한 사실이 있다면 전파될 가능성이 있다고 볼 수 없다[대판 1984.2.28. 83도891].
3. 중학교 교사에 대해 "전과범으로서 교사직을 팔아가며 이웃을 해치고 고발을 일삼는 악덕교사"라는 취지의 진정서를 그가 근무하는 학교법인 이사장 앞으로 제출한 행위 자체는 위 진정서의 내용과 진정서의 수취인인 학교법인 이사장과 위 교사의 관계 등에 비추어 볼 때 위 이사장이 위 진정서 내용을 타에 전파할 가능성이 있다고 보기 어려우므로 명예훼손죄의 구성요건인 공연성이 있다고 보기 어렵다[대판 1983.10.25. 83도2190].
4. 조합장으로 취임한 피고인이 조합의 원만한 운영을 위하여 피해자의 측근이며 피해자의 불신임을 적극 반대하였던 甲에게 조합운영에 대한 협조를 구하기 위하여 동인과 단둘이 있는 자리에서 이사회가 피해자를 불신임하게 된 사유를 설명하는 과정에서 피해자에 대한 여자관계의 소문이 돌고 있다는 취지의 말을 한 것이라면 그것은 전파될 가능성이 있다고 할 수 없다[대판 1990.4.27. 89도1467].
5. 피해자의 친척 한 사람에게 피해자가 불륜을 저질렀다고 말한 경우, 피고인이 식당 방안에서 한 사람에게 대하여 한 행위는 그 상대방과 피해자와의 신분관계로 보아 전파될 가능성이 없다[대판 1981.10.27. 81도1023].
6. 피고인을 명예훼손죄로 고소할 수 있도록 그 증거자료를 미리 은밀하게 수집, 확보하기 위하여 피고인의 발언을 유도하였다고 의심되는 사람들에게 한 피해자의 여자 문제 등 사생활

에 관한 피고인의 발언은 이들이 수사기관 이외의 다른 사람들에게 전파할 가능성이 있다고 단정하기는 어렵다[대판 1996.4.12. 94도3309].

7. A가 경영하는 회사 직원으로 근무하던 甲이 회사의 사장실에서 A의 남편인 X와 단둘이 있는 자리에서 A가 회사공금을 빼돌리고 있다는 말을 하였고, 같은 장소에서 X의 전처의 아들 Y에게도 동일한 말을 한 경우 … 공연성을 인정할 수 없다[대판 1989.7.11. 89도886].

8. 피고인이 자신의 아들 등에게 폭행을 당하여 입원한 피해자의 병실로 찾아가 그의 모(母) 甲과 대화하던 중 甲의 이웃 乙 및 피고인의 일행 丙 등이 있는 자리에서 "학교에 알아보니 피해자에게 원래 정신병이 있었다고 하더라."라고 허위사실을 말하여 피해자의 명예를 훼손하였다는 내용으로 기소된 사안에서, 피고인이 丙과 함께 피해자의 병문안을 가서 피고인·甲·乙·丙 4명이 있는 자리에서 피해자에 대한 폭행사건에 관하여 대화를 나누던 중 위 발언을 한 것이라면 불특정 또는 다수인이 인식할 수 있는 상태라고 할 수 없고, 또 그 자리에 있던 사람들의 관계 등 여러 사정에 비추어 피고인의 발언이 불특정 또는 다수인에게 전파될 가능성이 있다고 보기도 어려워 공연성이 없다는 이유로, 이와 달리 보아 피고인에게 유죄를 인정한 원심판단에 법리오해 및 심리미진의 위법이 있다고 한 사례[대판 2011.9.8. 2010도7497]. [♣ 14, 15 변시]

(2) 공연성이 부정된 주의하여야 할 판례

1. **(공연성 부정 – 귀엣말 사건)** 어느 사람에게 귀엣말 등 그 사람만 들을 수 있는 방법으로 그 사람 본인의 사회적 가치 내지 평가를 떨어뜨릴 만한 사실을 이야기하였다면, 위와 같은 이야기가 불특정 또는 다수인에게 전파될 가능성이 있다고 볼 수 없어 명예훼손의 구성요건인 공연성을 충족하지 못하는 것이며, 그 사람이 들은 말을 스스로 다른 사람들에게 전파하였더라도 위와 같은 결론에는 영향이 없다[대판 2005.12.9. 2004도2880].

2. **(공연성 부정 – 기사화하여 보도하지 않은 사건)** 통상 기자가 아닌 보통 사람에게 사실을 적시할 경우에는 그 자체로서 적시된 사실이 외부에 공표되는 것이므로 그 때부터 곧 전파가능성을 따져 공연성 여부를 판단하여야 할 것이지만, 그와는 달리 기자를 통해 사실을 적시하는 경우에는 기사화되어 보도되어야만 적시된 사실이 외부에 공표된다고 보아야 할 것이므로 기자가 취재를 한 상태에서 아직 기사화하여 보도하지 아니한 경우에는 전파가능성이 없으므로 공연성이 없다고 보아야 한다[대판 2000.5.16. 99도5622]. [♠ 08, 10 사시] [♣ 23 변시]

(3) 들은 사람과 피해자와는 무관한 자이나 상황상 전파가능성이 없어 공연성이 부정된 경우[2]

1. 피고인이 집에서 피고인의 처로부터 전날 피고인이 외박한 사실에 대하여 추궁당하자 이를 모면하기 위하여 처에게 피해자와 여관방에서 동침한 사실이 있다고 말한 사실만으로써는 명예훼손죄의 구성요건인 공연성이 있다 할 수 없다[대판 1984.3.27. 84도86].

2. 피고인이 평소 유혹하려던 과부와 단둘이 마주치게 되자 남편 있는 여자도 서방질을 하는데

2) 채권자인 甲과 그의 아내 乙이 빚을 갚지 못하고 있는 채무자 A를 찾아가 함께 심한 욕설을 하였다고 하더라도 현장에 甲, 乙, A만 있었다면 모욕죄는 성립하지 않는다. 불특정 또는 다수인이 인식할 수 있는 상태라고 할 수 없고 또 불특정 또는 다수인에게 전파될 가능성이 있다고 보기도 어려워 공연성이 없으므로 모욕죄가 성립하지 아니한다. [♣ 17 변시]

과부가 서방을 두는 것이 무슨 잘못이냐고 말한 경우, 피고인에게 공연히 피해자의 명예를 훼손할 범의가 있었던 것으로 단정키 어렵고, 또 객관적으로 위와 같은 발설내용의 전파가능성, 즉 공연성도 인정하기 어렵다[대판 1982.2.9. 81도2152].

3. 명예훼손죄에 있어서의 공연성이라 함은 불특정 또는 다수인이 인식할 수 있는 상태를 가리키는 것인바, 피고인이 자기 집에서 피해자와 서로 다투다가 피해자에게 한 욕설을 피고인의 남편 외에 들은 사람이 없다고 한다면 그 욕설을 불특정 또는 다수인이 인식할 수 있는 상태였다고 할 수는 없으므로 공연성을 인정하기 어렵다[대판 1985.11.26. 85도2037].

③ 사실의 적시

㉮ **사 실** : 현실적으로 발생하고 증명할 수 있는 과거와 현재의 상태이다. ⅰ) 장래의 사실은 의견진술에 불과하며 사실에 포함되지 않는다. ⅱ) 공지의 사실도 포함된다. ⅲ) 사실은 악행이나 추문에 제한되지 않으며, 사람의 사회적 평가를 저하시킬 만한 것이면 족하다(예 인격, 기술, 지능, 학력, 경력, 건강, 신분, 가문). ⅳ) 직접 경험한 사실뿐만 아니라 추측·소문에 의한 사실도 포함된다. ⅴ) 적시된 사실은 피해자에 대한 것이어야 한다. 따라서 처의 도박사실을 적시한 경우 남편에 대한 명예훼손죄는 성립하지 아니한다.

判例 제307조 제1항의 '사실'의 의미(중요)

형법 제307조 제1항, 제2항, 제310조의 체계와 문언 및 내용에 의하면, 제307조 제1항의 '사실'은 제2항의 '허위의 사실'과 반대되는 '진실한 사실'을 말하는 것이 아니라 가치판단이나 평가를 내용으로 하는 '의견'에 대치되는 개념이다. 따라서 제307조 제1항의 명예훼손죄는 적시된 사실이 진실한 사실인 경우이든 허위의 사실인 경우이든 모두 성립될 수 있고, 특히 적시된 사실이 허위의 사실이라고 하더라도 행위자에게 허위성에 대한 인식이 없는 경우에는 제307조 제2항의 명예훼손죄가 아니라 제307조 제1항의 명예훼손죄가 성립될 수 있다. 제307조 제1항의 법정형이 2년 이하의 징역 등으로 되어 있는 반면 제307조 제2항의 법정형은 5년 이하의 징역 등으로 되어 있는 것은 적시된 사실이 객관적으로 허위일 뿐 아니라 행위자가 그 사실의 허위성에 대한 주관적 인식을 하면서 명예훼손행위를 하였다는 점에서 가벌성이 높다고 본 것이다[대판 2017.4.26. 2016도18024]. [♣ 21 변시]

判例 '사실의 적시'의 의미

[1] 명예훼손죄에 있어서의 '사실의 적시'란 가치판단이나 평가를 내용으로 하는 의견표현에 대치되는 개념으로서 시간과 공간적으로 구체적인 과거 또는 현재의 사실관계에 관한 보고 내지 진술을 의미하는 것이며, 그 표현내용이 증거에 의한 입증이 가능한 것을 말한다.
[2] 목사가 예배 중 특정인을 가리켜 "이단 중에 이단이다"라고 설교한 부분이 명예훼손죄에서 말하는 '사실의 적시'에 해당하지 않는다고 한 사례[대판 2008.10.9. 2007도1220; 동지 대판 1998.3.24. 97도2956].

판결이유 어느 교리가 정통 교리이고 어느 교리가 여기에 배치되는 교리인지 여부는 교단을 구성하는 대다수의 목회자나 신도들이 평가하는 관념에 따라 달라지는 것이므로, 특정인에 대하여 "이단 중에 이단이다"라고 설교한 것은, 사실을 적시한 것으로 보기 어렵다.

동지판례 '박OO 때문에 호텔 직원들의 근로조건 등 처우가 악화되었고 박OO이 퇴사하여야만 처우가 개선될 수 있다'는 대자보의 내용은 호텔 직원들의 근로조건 등 처우의 악화 내지 답보상태를 박OO의 탓으로 돌리는 원망의 감정을 드러낸 것이거나 현 상황에 대한 책임의 귀속이나 해결 방안에 관한 피고인들의 주관적 평가 또는 판단을 표시한 것에 불과하여 그것이 아무리 객관적 타당성을 결여하였더라도 이에 대하여 찬반의 견해가 제기되는 것은 몰라도 그 진위를 따질 수는 없고, 따라서 이를 들어 명예훼손죄를 구성하는 구체적 사실로서 허위사실의 적시가 있었다고 볼 수 없다[대판 2012.6.28. 2012도2270].

관련판례 다른 사람의 말이나 글을 비평하면서 사용한 표현이 겉으로 보기에 증거에 의해 입증 가능한 구체적인 사실관계를 서술하는 형태를 취하고 있더라도, 글의 집필의도, 논리적 흐름, 서술체계 및 전개방식, 해당 글과 비평의 대상이 된 말 또는 글의 전체적인 내용 등을 종합하여 볼 때, 평균적인 독자의 관점에서 문제 된 부분이 실제로는 비평자의 주관적 의견에 해당하고, 다만 비평자가 자신의 의견을 강조하기 위한 수단으로 그와 같은 표현을 사용한 것이라고 이해된다면 명예훼손죄에서 말하는 사실의 적시에 해당한다고 볼 수 없다[대판 2017.5.11. 2016도19255].

判例 **MBC PD 수첩 '광우병 보도 사건' – 명예훼손죄 및 업무방해죄의 성립여부**

[1] 방송국 프로듀서 등 피고인들이 특정 프로그램 방송보도를 통하여 '미국산 쇠고기 수입을 위한 제2차 한미 전문가 기술협의'(이른바 '한미 쇠고기 수입 협상')의 협상단 대표와 주무부처 장관이 미국산 쇠고기 실태를 제대로 파악하지 못하였다는 취지의 발언을 한 경우, 명예훼손죄의 사실적시에 관한 법리 및 대법원 2011. 9. 2. 선고 2009다52649 전원합의체 판결에서 정부 협상단의 미국산 쇠고기 실태 파악 관련 방송보도에 관하여, 정부가 미국 도축시스템의 실태 중 아무 것도 본 적이 없다는 구체적 사실을 적시한 것이 아니라, 미국산 쇠고기 수입위생조건 협상에 필요한 만큼 미국 도축시스템의 실태를 제대로 알지 못하였다는 주관적 평가를 내린 것이라고 판시한 점 등에 비추어, 이 부분 보도내용은 비판 내지 의견 제시로 보아야 하므로 명예훼손죄에서 말하는 '사실의 적시'에 해당하지 않는다.

[2] 언론보도로 인한 명예훼손이 문제되는 경우에는 그 보도로 인한 피해자가 공적인 존재인지 사적인 존재인지, 그 보도가 공적인 관심사안에 관한 것인지 순수한 사적인 영역에 속하는 사안에 관한 것인지, 그 보도가 객관적으로 국민이 알아야 할 공공성, 사회성을 갖춘 사안에 관한 것으로 여론형성이나 공개토론에 기여하는 것인지 아닌지 등을 따져보아 공적 존재에 대한 공적 관심사안과 사적인 영역에 속하는 사안 간 심사기준에 차이를 두어야 하는데, 당해 표현이 사적인 영역에 속하는 사안에 관한 것인 경우에는 언론의 자유보다 명예의 보호라는 인격권이 우선할 수 있으나, 공공적 · 사회적인 의미를 가진 사안에 관한 것인 경우에는 그 평가를 달리하여야 하고 언론의 자유에 대한 제한이 완화되어야 한다. 특히 정부 또는 국가기관의 정책결정이나 업무수행과 관련된 사항은 항상 국민의 감시와 비판의 대상이 되어야 하고, 이러한 감시와 비판은 이를 주요 임무로 하는 언론보도의 자유가 충분히 보장될 때 비로소 정상적으로 수행될 수 있으며, 정부 또는 국가기관은 형법상 명예훼손죄의 피해자가 될 수 없으므로, 정부 또는 국가기관의 정책결정 또는 업무수행과 관련된 사항을 주된 내용으로 하는 언론보도로 인하여 그 정책결정이나 업무수행에 관여한 공직자

에 대한 사회적 평가가 다소 저하될 수 있더라도, 그 보도의 내용이 공직자 개인에 대한 악의적이거나 심히 경솔한 공격으로서 현저히 상당성을 잃은 것으로 평가되지 않는 한, 그 보도로 인하여 곧바로 공직자 개인에 대한 명예훼손이 된다고 할 수 없다. [♣14 변시]

[3] 방송국 프로듀서 등 피고인들이 특정 프로그램 방송보도를 통하여 '미국산 쇠고기 수입을 위한 제2차 한미 전문가 기술협의'(이른바 '한미 쇠고기 수입 협상')의 협상단 대표와 주무부처 장관이 협상을 졸속으로 체결하여 국민을 인간광우병(vCJD) 위험에 빠뜨리게 하였다는 취지로 표현하는 등 그 자질 및 공직수행 자세를 비하하여 이들의 명예를 훼손하였다는 내용으로 기소된 사안에서, 보도내용 중 일부가 객관적 사실과 다른 허위사실 적시에 해당한다고 하면서도, 위 방송보도가 국민의 먹을거리와 이에 대한 정부 정책에 관한 여론형성이나 공개토론에 이바지할 수 있는 공공성 및 사회성을 지닌 사안을 대상으로 하고 있는 점, 허위사실의 적시로 인정되는 방송보도 내용은 미국산 쇠고기의 광우병 위험성에 관한 것으로 공직자인 피해자들의 명예와 직접적인 연관을 갖는 것이 아닐 뿐만 아니라 피해자들에 대한 악의적이거나 현저히 상당성을 잃은 공격으로 볼 수 없는 점 등의 사정에 비추어, 피고인들에게 명예훼손의 고의를 인정하기 어렵고 달리 이를 인정할 증거가 없다고 본 원심판단을 수긍한 사례.

[4] 방송국 프로듀서 등 피고인들이 특정 프로그램 방송보도를 통하여 미국산 쇠고기는 광우병 위험성이 매우 높은 위험한 식품이고 우리나라 사람들이 유전적으로 광우병에 몹시 취약하다는 취지의 허위사실을 유포하여 미국산 쇠고기 수입·판매업자들의 업무를 방해하였다는 내용으로 기소된 사안에서, 방송보도의 전체적인 취지와 내용이 미국산 쇠고기의 식품 안전성 문제 및 쇠고기 수입 협상의 문제점을 지적하고 협상체결과 관련한 정부 태도를 비판한 것이라는 전제에서, 피고인들에게 업무방해의 고의가 있었다고 볼 수 없고 달리 이를 인정할 증거가 없다고 본 원심판단을 수긍한 사례[대판 2011.9.2. 2010도17237].

判例 장래의 일을 적시한 경우에도 명예훼손죄가 성립할 수 있는 요건

명예훼손죄가 성립하기 위하여는 사실의 적시가 있어야 하는데, 여기에서 적시의 대상이 되는 사실이란 현실적으로 발생하고 증명할 수 있는 과거 또는 현재의 사실을 말하며, 장래의 일을 적시하더라도 그것이 과거 또는 현재의 사실을 기초로 하거나 이에 대한 주장을 포함하는 경우에는 명예훼손죄가 성립한다[대판 2003.5.13. 2002도7420]. [♠10 사시] [♣16 변시]

[사실관계] 甲은 경찰관을 상대로 진정한 사건이 혐의가 인정되지 않아 내사종결 처리되자 공연히 "사건을 조사한 경찰관이 내일부로 검찰청에서 구속영장이 떨어진다."고 말하였다.

判例 공지의 사실도 명예훼손죄를 구성한다는 판례

명예훼손죄가 성립하기 위하여는 반드시 숨겨진 사실을 적발하는 행위만에 한하지 아니하고 이미 사회의 일부에 잘 알려진 사실이라고 하더라도 이를 적시하여 사람의 사회적 평가를 저하시킬 만한 행위를 한 때에는 명예훼손죄를 구성한다[대판 1994.4.12. 93도3535].

判例 가치중립적인 표현을 사용한 경우라도 명예훼손죄가 성립할 수 있다는 판례

[1] 가치중립적인 표현을 사용하였다 하더라도 사회 통념상 그로 인하여 특정인의 사회적 평가가 저하되었다고 판단된다면 명예훼손죄가 성립할 수 있다.
[2] 우리나라 유명 소주회사가 일본의 주류회사에 지분이 50% 넘어가 일본 기업이 되었다고 하는 사실적시는 가치중립적 표현으로서 명예훼손적 표현이 아니라고 한 사례[대판 2008.11.27. 2008도6728].

판결이유 피고인의 판시 발언 중 사실을 적시한 부분인 '(주)진로가 일본 아사히 맥주에 지분이 50% 넘어가 일본 기업이 됐다'는 부분은 가치중립적인 표현으로서, 우리나라와 일본의 특수한 역사적 배경과 소주라는 상품의 특수성 때문에 '참이슬' 소주를 생산하는 공소사실 기재 피해자 회사의 대주주 내지 지배주주가 일본 회사라고 적시하는 경우 일부 소비자들이 '참이슬' 소주의 구매에 소극적이 될 여지가 있다 하더라도 이를 사회통념상 공소사실 기재 피해자 회사의 사회적 가치 내지 평가가 침해될 가능성이 있는 명예훼손적 표현이라고 볼 수 없다[대판 2007.10.25. 2007도5077].

判例 사실의 적시의 정도

명예훼손죄가 성립하기 위하여, 적시된 사실은 특정인의 사회적 가치 내지 평가가 침해될 가능성이 있을 정도로 구체성을 띠어야 한다. 그리고 특정인의 사회적 가치나 평가를 저하시키기에 충분한 구체적인 사실의 적시가 있다고 하기 위해서는, 반드시 그러한 구체적인 사실이 직접적으로 명시되어 있을 것을 요구하는 것은 아니지만, 적어도 적시된 내용 중의 특정 문구에 의하여 그러한 사실이 곧바로 유추될 수 있을 정도는 되어야 한다[대판 2011.8.18. 2011도6904].

관련판례 피고인이 초등학생인 딸 甲에 대한 학교폭력을 신고하여 교장이 가해학생인 乙에 대하여 학교폭력대책자치위원회의 의결에 따라 '피해학생에 대한 접촉, 보복행위의 금지' 등의 조치를 하였는데, 그 후 피고인이 자신의 카카오톡 계정 프로필 상태메시지에 "학교폭력범은 접촉금지!!!"라는 글과 주먹 모양의 그림말 세 개를 게시한 경우 … 피고인은 '학교폭력범' 자체를 표현의 대상으로 삼았을 뿐 특정인을 '학교폭력범'으로 지칭하지 않았으며, 피고인이 '학교폭력범'이라는 단어를 사용하였다고 하여 실제 일어난 학교폭력 사건에 관해 언급한 것이라고 단정할 수 없으므로, 피고인이 상태메시지를 통해 乙의 학교폭력 사건이나 그 사건으로 乙이 받은 조치에 대해 기재함으로써 乙의 사회적 가치나 평가를 저하시키기에 충분한 구체적인 사실을 드러냈다고 볼 수 없다[대판 2020.5.28. 2019도12750].

判例 명예훼손죄의 '사실의 적시'에 해당하는 경우

1. 甲이 인터넷 홈페이지에 "민생법안이 널려 있어도 국회에 앉아 있으면 하품만 하는 년이지 아니지 국회 출석율 꼴지이지"라는 국회의원 A에 관한 시(詩)를 게시하였다면 그 내용이 일반 독자에게 그 표현 자체로서 사실의 적시라고 이해될 여지가 충분하고 피해자의 의정활동에 관한 것으로서 명예에 관련된 사실이라고 볼 수 있다[대판 2007.5.10. 2007도1307].
2. 피고인은 인터넷 포탈사이트의 피해자에 대한 기사란에 그녀가 재벌과 사이에 아이를 낳거나 아이를 낳아준 대가로 수십억 원을 받은 사실이 없음에도 불구하고, 그러한 사실이 있는 것처럼 댓글이 붙어 있던 상황에서, 추가로 "지고지순이 뜻이 뭔지나 아니? 모 재벌님하고의 관계는 끝났나?"라는 내용의 댓글을 게시하였다는 것인바, 피고인의 위와 같은 행위는 간접적이고 우회적인 표현을 통하여 위와 같은 허위 사실의 존재를 구체적으로 암시하는 방법으로 사실을 적시한 경우에 해당한다고 하지 않을 수 없으므로 구 정보통신망 이용촉진 및 정보보호 등에 관한 법률 제61조 제2항의 명예훼손죄가 성립한다[대판 2008.7.10. 2008도2422]. [♣14 변시]

判例 고발사실만으로는 고발인의 사회적 가치나 평가가 침해될 가능성이 없다고 본 판례

[1] 명예훼손죄가 성립하기 위해서는 사실의 적시가 있어야 하고, 적시된 사실은 이로써 특정인의 사회적 가치 내지 평가가 침해될 가능성이 있을 정도로 구체성을 띠어야 한다. 비록 허위의 사실을 적시하였더라도 그 허위의 사실이 특정인의 사회적 가치 내지 평가를 침해할 수 있는 내용이 아니라면 형법 제307조 소정의 명예훼손죄는 성립하지 않는다.

[2] 누구든지 범죄가 있다고 생각하는 때에는 고발할 수 있는 것이므로 어떤 사람이 범죄를 고발하였다는 사실이 주위에 알려졌다고 하여 그 고발사실 자체만으로 고발인의 사회적 가치나 평가가 침해될 가능성이 있다고 볼 수는 없다. 다만, 그 고발의 동기나 경위가 불순하다거나 온당하지 못하다는 등의 사정이 함께 알려진 경우에는 고발인의 명예가 침해될 가능성이 있다.

[3] 甲이 제3자에게 乙이 丙을 선거법 위반으로 고발하였다는 말만 하고 그 고발의 동기나 경위에 관하여 언급하지 않았다면, 그 자체만으로는 乙의 사회적 가치나 평가를 침해하기에 충분한 구체적 사실이 적시되었다고 보기 어렵다고 한 사례[대판 2009.9.24. 2009도6687; 동지 대판 1994.6.28. 93도696]. [♠10 사시]

判例 허위사실을 적시하였더라도 허위사실 적시에 의한 명예훼손죄로 처벌할 수 없는 경우

1. [1] 타 종교의 신앙의 대상에 대한 모욕이 곧바로 그 신앙의 대상을 신봉하는 종교단체나 신도들에 대한 명예훼손이 되는 것은 아니고, 종교적 목적을 위한 언론·출판의 자유를 행사하는 과정에서 타 종교의 신앙의 대상을 우스꽝스럽게 묘사하거나 다소 모욕적이고 불쾌하게 느껴지는 표현을 사용하였더라도 그것이 그 종교를 신봉하는 신도들에 대한 증오의 감정을 드러내는 것이거나 그 자체로 폭행·협박 등을 유발할 우려가 있는 정도가 아닌 이상 허용된다고 보아야 한다.

[2] 사회 평균인의 입장에서 허위의 사실을 적시한 발언을 들었을 경우와 비교하여 오히려 진실한 사실을 듣는 경우에 피해자의 사회적 가치 내지 평가가 더 크게 침해될 것으로 예상되거나, 양자 사이에 별다른 차이가 없을 것이라고 보는 것이 합리적인 경우라면, 형법 제307조 제2항의 허위사실 적시에 의한 명예훼손죄로 처벌할 수는 없다[대판 2014.9.4. 2012도13718].

2. 이 사건 글은 허위의 사실을 근거로 삼아 마치 이 사건 기동대 소속 어느 누군가가 작성한 것처럼 되어 있지만, 그 전체적인 내용은 경찰 상부에서 내린 진압명령이 불법적이어서 이에 불복하기로 결정하였다는 취지로서, 이러한 진압명령에 집단적으로 거부행위를 하겠다는 것이 이 사건 기동대 소속 전경들의 사회적 가치나 평가를 객관적으로 저하시키는 표현에 해당한다고 보기 어려워 형법 제307조 제2항의 허위사실적시 명예훼손죄가 성립하지 아니한다[대판 2014.3.27. 2011도11226].

判例 진실한 사실인지 허위의 사실인지의 판단방법

1. 형법 제307조 제2항을 적용하기 위하여 적시된 사실이 허위의 사실인지 여부를 판단함에 있어서는 적시된 사실의 내용 전체의 취지를 살펴볼 때 중요한 부분이 객관적 사실과 합치되는 경우에는 세부에 있어서 진실과 약간 차이가 나거나 다소 과장된 표현이 있다 하더라도 이를 허위의 사실이라고 볼 수는 없다[대판 2000.2.25. 99도4757]. [♠ 10 사시]

2. 허위사실 적시로 인한 출판물에 의한 명예훼손과 관련하여, 타인의 발언을 비판할 의도로 출판물에 그 타인의 발언을 그대로 소개한 후 그 중 일부분을 부각, 적시하면서 이에 대한 다소 과장되거나 편파적인 내용의 비판을 덧붙인 경우라 해도 위 소개된 타인의 발언과의 전체적, 객관적 해석에도 불구하고 위 비판적 내용의 사실적시가 허위라고 읽혀지지 않는 한 위 일부 사실적시 부분만을 따로 떼어 허위사실이라고 단정하여서는 안 된다[대판 2007.1.26. 2004도1632].

3. 객관적으로 피해자의 사회적 평가를 저하시키는 사실에 관한 보도내용이 소문이나 제3자의 말, 보도를 인용하는 방법으로 단정적인 표현이 아닌 전문 또는 추측한 것을 기사화한 형태로 표현되었지만, 그 표현 전체의 취지로 보아 그 사실이 존재할 수 있다는 것을 암시하는 이상, 형법 제307조에서 규정하는 '사실의 적시'가 있는 것이고, 이러한 경우 특별한 사정이 없는 한 보도내용에 적시된 사실의 주된 부분은 암시된 사실 자체라고 보아야 하므로, 암시된 사실 자체가 허위라면 그에 관한 소문 등이 있다는 사실 자체는 진실이라 하더라도 허위의 사실을 적시한 것으로 보아야 할 것이다. 따라서 위와 같은 보도내용으로 인한 위 각 법 규정에 의한 명예훼손죄의 성립 여부나 형법 제310조의 위법성조각사유의 존부 등을 판단함에 있어서, 객관적으로 피해자의 명예를 훼손하는 보도내용에 해당하는지, 그 내용이 진실한지, 거기에 피해자를 비방할 목적이 있는지, 보도내용이 공공의 이익에 관한 것인지 여부 등은 원칙적으로 그 보도내용의 주된 부분인 암시된 사실 자체를 기준으로 살펴보아야 하고, 그 보도내용에 인용된 소문 등의 내용이나 표현방식, 그 신빙성 등에 비추어 암시된 사실이 무엇이고, 그것이 진실인지 여부 등에 대해 구체적으로 심리 · 판단하지 아니한 채 그러한 소문, 제3자의 말 등의 존부에 대한 심리 · 판단만으로 바로 위 보도로 인한 위 각 법 규정의 명예훼손죄의 성립 여부나 위법성조각사유의 존부 등을 판단할 수는 없다[대판 2008.11.27. 2007도5312]. [♠ 12 사시]

判例 허위사실의 적시라고 단정할 수 없는 경우

[1] 민사재판에서 법원은 당사자 사이에 다툼이 있는 사실관계에 대하여 처분권주의와 변론주의, 그리고 자유심증주의의 원칙에 따라 신빙성이 있다고 보이는 당사자의 주장과 증거를 받아들여 사실을 인정하는 것이어서, 민사판결의 사실인정이 항상 진실한 사실에 해당한다고 단정할 수는 없다. 따라서 다른 특별한 사정이 없는 한, 그 진실이 무엇인지 확인할 수 없는 과거의 역사적 사실관계 등에 대하여 민사판결을 통하여 어떠한 사실인정이 있었다는 이유만으로, 이후 그와 반대되는 사실의 주장이나 견해의 개진 등을 형법상 명예훼손죄 등에 있어서 '허위의 사실 적시'라는 구성요건에 해당한다고 쉽게 단정하여서는 아니 된다. 판결에 대한 자유로운 견해 개진과 비판, 토론 등 헌법이 보장한 표현의 자유를 침해하는 위헌적인 법률해석이 되어 허용될 수 없기 때문이다.
[2] 피해자 종중이 모시는 선조 A가 B, C 중 누구의 아들인지에 관하여 논란이 있던 상황에서 관련 민사판결에 의하여 B의 아들인 것으로 어느 정도 정리가 되었음에도 피고인이 이와 다른 내용을 기재한 책을 출간하여 관련 종중 임원 등에게 배포함으로써 허위사실 적시로 인한 출판물에 의한 명예훼손으로 기소된 사안에서, 피고인이 위 책에서 사용한 표현은 결국 A가 B의 아들이 될 수 없다는 견해를 주장하면서 반대 주장의 근거가 빈약하다고 지적하는 평가 내지 이를 감정적 · 과장적으로 표현한 것에 불과하여 형법상 명예훼손죄에서의 '사실의 적시'라 보기 어렵고, 나아가 민사판결의 사실인정은 상대적이어서 이와 다른 내용을 기재하였다고 하여 바로 명예훼손죄에서의 '허위사실 적시'에 해당한다고 쉽게 단정하는 것은 헌법이 정한 표현의 자유를 침해하는 위헌적 해석이 되기 쉽다는 이유 등을 들어 이 사건 공소사실을 유죄로 인정한 원심판단을 파기환송 한 사례 [대판 2017.12.5. 2017도15628].

判例 (참고) 공직선거법상의 허위사실의 공표에 해당하지 않는다고 한 사례

[1] 후보자 등이 후보자 토론회에 참여하여 질문 · 답변을 하거나 주장 · 반론을 하는 것은, 그것이 토론회의 주제나 맥락과 관련 없이 일방적으로 허위의 사실을 드러내어 알리려는 의도에서 적극적으로 허위사실을 표명한 것이라는 등의 특별한 사정이 없는 한 공직선거법 제250조 제1항에 의하여 허위사실공표죄로 처벌할 수 없다고 보아야 한다.
[2] 공직선거법은 '허위의 사실'과 '사실의 왜곡'을 구분하여 규정하고 있으므로(제8조의4 제1항, 제8조의6 제4항, 제96조 제1항, 제2항 제1호, 제108조 제5항 제2호 등 참조), 적극적으로 표현된 내용에 허위가 없다면 법적으로 공개의무를 부담하지 않는 사항에 관하여 일부 사실을 묵비하였다는 이유만으로 전체 진술을 곧바로 허위로 평가하는 데에는 신중하여야 하고, 토론 중 질문 · 답변이나 주장 · 반론하는 과정에서 한 표현이 선거인의 정확한 판단을 그르칠 정도로 의도적으로 사실을 왜곡한 것이 아닌 한, 일부 부정확 또는 다소 과장되었거나 다의적으로 해석될 여지가 있는 경우에도 허위사실 공표행위로 평가하여서는 안 된다.
[3] 지방자치단체장 선거의 후보자인 피고인이, 사실은 시장으로 재직할 당시 수회에 걸쳐 관할 보건소장 등에게 자신의 친형 甲에 대하여 정신보건법에 따른 강제입원 절차를 진행하도록 지시하였음에도 방송사 초청 공직선거 후보자 토론회에서 상대 후보자 乙이 위 강제입원 절차 관여 여부에

대하여 한 질문에 이를 부인하면서 甲을 정신병원에 입원시키려고 한 적이 없다는 취지로 발언(답변)을 함으로써 허위사실을 공표하였다고 하여 공직선거법 위반으로 기소된 사안에서, 피고인의 발언은 공직선거법 제250조 제1항에서 정한 허위사실의 공표에 해당하지 않는다고 한 사례[대판(전) 2020.7.16. 2019도13328].

判例 학문적 연구에 따른 의견 표현과 명예훼손죄에서의 사실의 적시

[1] 정신적 자유의 핵심인 학문의 자유는 기존의 인식과 방법을 답습하지 아니하고 끊임없이 문제를 제기하거나 비판을 가함으로써 새로운 인식을 얻기 위한 활동을 보장하는 데에 그 본질이 있다. 학문적 표현의 자유는 학문의 자유의 근간을 이룬다. 학문적 표현행위는 연구 결과를 대외적으로 공개하고 학술적 대화와 토론을 통해 새롭고 다양한 비판과 자극을 받아들여 연구 성과를 발전시키는 행위로서 그 자체가 진리를 탐구하는 학문적 과정이며 이러한 과정을 자유롭게 거칠 수 있어야만 궁극적으로 학문이 발전할 수 있다. 헌법 제22조 제1항이 학문의 자유를 특별히 보호하는 취지에 비추어 보면, 학문적 표현의 자유에 대한 제한은 필요 최소한에 그쳐야 한다. 따라서 학문적 표현행위는 기본적 연구윤리를 위반하거나 해당 학문 분야에서 통상적으로 용인되는 범위를 심각하게 벗어나 학문적 과정이라고 보기 어려운 행위의 결과라거나, 논지나 맥락과 무관한 표현으로 타인의 권리를 침해하는 등의 특별한 사정이 없는 한 원칙적으로 학문적 연구를 위한 정당한 행위로 보는 것이 타당하다.
한편 헌법 제10조는 인간의 존엄과 가치를 규정하고 있고, 인격권에 대한 보호 근거도 같은 조항에서 찾을 수 있다. 학문 연구도 헌법질서 내에서 이루어질 때에 보호받을 수 있으므로, 인간의 존엄성 및 그로부터 도출되는 인격권에 대한 존중에 바탕을 두어야 한다. 따라서 연구자들은 연구 주제의 선택, 연구의 실행뿐만 아니라 연구 결과 발표에 이르기까지 타인의 명예를 보호하고, 개인의 자유와 자기결정권을 존중하며, 사생활의 비밀을 보호하는 것을 소홀히 하여서는 안 된다. 특히 사회적 약자나 소수자와 같이, 연구에 대한 의견을 표출하거나 연구 결과를 반박하는 데에 한계가 있는 개인이나 집단을 대상으로 연구를 하는 경우에는, 연구의 전 과정에 걸쳐 이들의 권리를 존중하여야 할 특별한 책임을 부담한다.
[2] 대법원은 명예훼손죄에서 '사실의 적시'에 관하여, 객관적으로 피해자의 사회적 평가를 저하시키는 사실에 관한 발언이 보도, 소문이나 제3자의 말을 인용하는 방법으로 단정적인 표현이 아닌 전문 또는 추측의 형태로 표현되었더라도, 표현 전체의 취지로 보아 사실이 존재할 수 있다는 것을 암시하는 방식으로 이루어진 경우에는 사실의 적시로 인정하여 왔다.
하지만 학문적 표현의 자유를 실질적으로 보장하기 위해서는, 학문적 연구 결과 발표에 사용된 표현의 적절성은 형사 법정에서 가려지기보다 자유로운 공개토론이나 학계 내부의 동료평가 과정을 통하여 검증되는 것이 바람직하다. 그러므로 학문적 연구에 따른 의견 표현을 명예훼손죄에서 사실의 적시로 평가하는 데에는 신중할 필요가 있다. 역사학 또는 역사적 사실을 연구 대상으로 삼는 학문 영역에서의 '역사적 사실'과 같이, 그것이 분명한 윤곽과 형태를 지닌 고정적인 사실이 아니라 사후적 연구, 검토, 비판의 끊임없는 과정 속에서 재구성되는 사실인 경우에는 더욱 그러하다. 이러한 점에서 볼 때, 학문적 표현을 그 자체로 이해하지 않고, 표현에 숨겨진 배경이나 배후를 선불리 단정하는 방법으로 암시에 의한 사실 적시를 인정하는 것은 허용된다고 보기 어렵다[대판 2023.10.26. 2017도18697].

㉯ **적 시** : 명예훼손적 사실을 표시 · 주장 · 전달하는 일체의 행위를 말한다. 적시의 방법은 구두 · 문서 · 도화 등 제한이 없다. 다만 출판물을 수단으로 하는 경우에 비방의 목적이 있으면 출판물에 의한 명예훼손죄(제309조)가 성립한다.

判例 피해자의 특정 (성명을 명시함을 요하지 않음)

사람의 성명을 명시한 바 없는 허위사실의 적시행위도 그 표현의 내용을 주위사정과 종합 판단하여 그것이 특정인을 지목하는 것인가를 알아차릴 수 있는 경우에는 그 특정인에 대한 제307조 제2항의 명예훼손죄를 구성한다[대판 1982.11.9. 82도1256].

判例 명예훼손죄에 있어서 '사실의 적시'의 정도

명예훼손죄에 있어서 '사실의 적시'라 함은 사람의 사회적 평가를 저하시키는데 충분한 구체적 사실을 적시하는 것을 말하므로, 이를 적시하지 아니하고 단지 모멸적인 언사를 사용하여 타인의 사회적 평가를 경멸하는 자기의 추상적 판단을 표시하는 것(빨갱이 계집년, '만신(무당)', 첩년이라고 말한 것)은 사람을 모욕한 경우에 해당하고 명예훼손죄에 해당하지 아니한다[대판 1981.11.24. 81도2280].

判例 사실의 적시의 방법

1. 명예훼손죄에 있어서의 사실의 적시는 사실을 직접적으로 표현한 경우에 한정될 것은 아니고, 간접적이고 우회적인 표현에 의하더라도 그 표현의 전취지에 비추어 그와 같은 사실의 존재를 암시하고 또 이로써 특정인의 사회적 가치 내지 평가가 침해될 가능성이 있을 정도의 구체성이 있으면 족한 것이다[대판 1991.5.14. 91도420]. [♠ 05 사시]
2. 명예훼손죄에 있어서의 사실의 적시는 그 사실의 적시자가 스스로 실험한 것으로 적시하든 타인으로부터 전문한 것으로 적시하든 불문한다[대판 1985.4.23. 85도431].

判例 구체적 사실의 적시에 해당하지 않아 명예훼손죄가 성립할 수 없는 경우

1. "애꾸눈, 병신"이라는 발언 내용[대판 1994.10.25. 94도1770].
2. "아무것도 아닌 똥꼬다리 같은 놈"이라는 구절, "잘 운영되어 가는 어촌계를 파괴하려 한다"는 구절[대판 1989.3.14. 88도1397].
3. "늙은 화냥년의 간나, 너가 화냥질을 했잖아"라고 한 피고인의 발언내용[대판 1987.5.12. 87도739].
4. 피고인이 피해자를 직접 대면하는 등으로 피해자의 외모에 대하여 알고 있는 바가 없었으면서, 온라인게임 채팅창에 피해자를 지칭하며 '뻐꺼, 대머리'라고 표현한 경우 … 피고인이 피해자에 대한 경멸적 감정을 표현하여 모욕을 주기 위하여 사용한 것일 수는 있을지언정 객관적으로 그

표현 자체가 상대방의 사회적 가치나 평가를 저하시키는 것이라거나 그에 충분한 구체적 사실을 드러낸 것으로 보기는 어렵다 할 것이다[대판 2011.10.27. 2011도9033].

5. 피고인이 세월호 참사 국민대책회의 공동위원장이자 '4월 16일의 약속 국민연대' 상임운영위원으로서 언론사 기자와 시민 등을 상대로 기자회견을 하던 중 '세월호 참사 당일 7시간 동안 대통령 甲이 마약이나 보톡스를 했다는 의혹이 사실인지 청와대를 압수 · 수색해서 확인했으면 좋겠다.'는 취지로 발언함으로써 허위사실을 적시하여 甲의 명예를 훼손하였다는 내용으로 기소된 사안에서, 위 발언은 '甲이 마약을 하거나 보톡스 주사를 맞고 있어 직무수행을 하지 않았다.'는 구체적인 사실을 적시하였다고 단정하기 어렵고, 피고인이 공적 인물과 관련된 공적 관심사항에 대한 의혹 제기 방식으로 표현행위를 한 것으로서 대통령인 甲 개인에 대한 악의적이거나 심히 경솔한 공격으로서 현저히 상당성을 잃은 것으로 평가할 수 없어 명예훼손죄로 처벌할 수 없다고 한 사례[대판 2021.3.25. 2016도14995].

6. 피고인이 동 주민자치위원에게 전화를 걸어 '어제 열린 당산제(마을제사) 행사에 남편과 이혼한 甲도 참석을 하여, 이에 대해 행사에 참여한 사람들 사이에 안 좋게 평가하는 말이 많았다.'는 취지로 말하고, 동 주민들과 함께한 저녁식사 모임에서 '甲은 이혼했다는 사람이 왜 당산제에 왔는지 모르겠다.'는 취지로 말한 경우, 피고인의 위 발언은 甲의 사회적 가치나 평가를 침해하는 구체적인 사실의 적시에 해당하지 않고 甲의 당산제 참여에 관한 의견표현에 지나지 않는다[대판 2022.5.13. 2020도15642].

④ **명예훼손** : 본죄는 추상적 위험범이므로 현실적으로 명예가 훼손될 것을 요하지 아니하며, 단순히 명예를 해할 일반적 위험만 있으면 기수가 된다. 따라서 명예훼손적 사실을 적시하여 불특정 또는 다수인이 직접 인식할 수 있는 상태에 이르면 기수가 되며, 현실적으로 상대방이 이를 인식할 것은 요하지 않는다.[3] [♣ 15, 21 변시]

3. 주관적 구성요건

(1) 고 의

적시한 사실이 진실인가 허위인가에 대한 인식도 고의의 내용이 된다.

判例 제307조 명예훼손죄의 고의의 성립요건

1. 전파가능성을 이유로 명예훼손죄의 공연성을 인정하는 경우에는 적어도 범죄구성요건의 주관적 요소로서 미필적 고의가 필요하므로, 전파가능성에 대한 인식이 있음은 물론, 나아가 그 위험을 용인하는 내심의 의사가 있어야 한다[대판 2020.1.30. 2016도21547].

3) 예컨대 甲이 A에 대한 명예훼손의 내용이 담긴 유인물을 작성하여 직장 게시판에 게시하였다가 A가 불쌍하다는 생각이 들어 다른 사람들이 보기 전에 떼어 냈다고 하더라도 게시한 시점에서 이미 명예훼손죄는 기수가 된 것이므로 명예훼손죄의 중지미수범이 성립할 수 없다(또한 명예훼손죄는 미수규정 자체가 없다).

2. 형법 제307조 제2항의 명예훼손죄에 있어서의 범의는 그 구성요건사실 즉 적시한 사실이 허위인 점과 그 사실이 사람의 사회적 평가를 저하시킬 만한 것이라는 점을 인식하는 것을 말하고 특히 비방의 목적이 있음을 요하지 않는다[대판 1991.3.27. 91도156].

判例 제307조 명예훼손죄의 고의가 부정되는 경우

1. 불미스러운 소문의 진위를 확인하고자 질문을 하는 과정에서 타인의 명예를 훼손하는 발언을 한 경우, 명예훼손의 고의를 인정할 수 없다[대판 2018.6.15. 2018도4200].

2. 명예훼손 사실을 발설한 것이 정말이냐는 질문에 대답하는 과정에서 타인의 명예를 훼손하는 사실을 발설하게 된 것이라면, 그 발설내용과 동기에 비추어 명예훼손의 범의를 인정할 수 없다[대판 2010.10.28. 2010도2877].

判例 명예훼손 및 공연성에 대한 고의가 인정되지 않는다고 한 사례

[사실관계] 피고인은 마트 영업을 시작하면서 을을 점장으로 고용하여 관리를 맡겼는데, 재고조사 후 일부 품목과 금액의 손실이 발견되자 그때부터 을을 의심하여 마트 관계자들을 상대로 을의 비리 여부를 확인하고 다니던 중 을이 납품업자들로부터 현금으로 입점비를 받았다는 이야기를 듣고 마트에 아이스크림을 납품하는 업체 직원인 갑을 아무도 없는 사무실로 불러 진위를 확인하면서 '다른 업체에서는 마트에 입점하기 위하여 입점비를 준다고 하던데, 입점비를 얼마나 줬냐? 점장을이 여러 군데 업체에서 입점비를 돈으로 받아 해먹었고, 지금 뒷조사 중이다.'라고 말하였다. 그 후 피고인은 이와 같은 사실을 을에게 말하지 말고 혼자만 알고 있으라고 당부하였으며, 갑이 그 후 을에게는 이야기하였으나 을 외의 다른 사람들에게 이야기한 적은 없었다.

[판 례] 피고인에게 명예훼손의 고의를 인정하기 어렵고, 피고인에게 전파가능성에 대한 인식과 그 위험을 용인하는 내심의 의사가 있었다고 보기도 어렵다[대판 2018.6.15. 2018도4200].

동지판례 작업장의 책임자인 피고인이 甲으로부터 작업장에서 발생한 성추행 사건에 대해 보고받은 사실이 있음에도, 직원 5명이 있는 회의 자리에서 상급자로부터 경과보고를 요구받으면서 과태료 처분에 관한 책임을 추궁받자 이에 대답하는 과정에서 '甲은 성추행 사건에 대해 애초에 보고한 사실이 없다. 그런데도 이를 수사기관 등에 신고하지 않았다고 과태료 처분을 받는 것은 억울하다.'는 취지로 발언한 경우, 위와 같이 회의 자리에서 상급자로부터 책임을 추궁당하며 질문을 받게 되자 이에 대답하는 과정에서 타인의 명예를 훼손하는 듯한 사실을 발설하게 된 것이라면 그 발설 내용과 경위·동기 및 상황 등에 비추어 명예훼손의 고의를 인정하기 어렵고, 또한 질문에 대하여 단순한 확인 취지의 답변을 소극적으로 한 것에 불과하다면 이를 명예훼손에서 말하는 사실의 적시라고 단정할 수도 없다는 이유로, 이와 달리 보아 피고인에게 유죄를 인정한 원심판결에 명예훼손죄의 고의와 사실의 적시에 관한 법리오해의 잘못이 있다[대판 2022.4.14. 2021도17744].

(2) 착 오

判例 제307조 명예훼손죄의 고의가 부정되는 경우

형법 제307조 제2항의 허위사실적시에 의한 명예훼손죄가 성립하려면 그 적시된 사실이 객관적으로 진실에 부합하지 아니하여 허위일 뿐만 아니라 그 적시된 사실이 허위라는 것을 피고인이 인식하고서 이를 적시한 경우여야 한다. 따라서 피고인이 자신의 발언내용을 진실한 것으로 알고 있었다면 그것이 객관적으로 허위의 사실로 밝혀지더라도 형법 제307조 제2항의 허위사실적시 명예훼손죄에 해당하지 않는다[대판 2011.5.13. 2009도14442]. [♣15 변시]

① **허위사실을 진실한 사실로 오인하고 적시하여 명예를 훼손한 경우** : 제15조 제1항이 적용되어 제307조 제1항의 명예훼손죄가 성립한다.

② **진실한 사실을 허위사실로 오인하고 적시하여 명예를 훼손한 경우** : 중한 고의는 경한 고의를 포함하므로 제307조 제1항의 명예훼손죄가 성립한다.

4. 위법성

(1) 정당행위

① 형사재판에서 검사의 기소요지의 진술, 피고인과 변호인의 정당한 방어권의 행사, 증인의 증언 등이 명예훼손적 내용을 담고 있더라도 법령에 의한 행위로서 위법성이 조각된다.

② 신문·라디오·TV 등 보도기관의 보도와 학술논문·예술작품에 대한 공정한 논평은 명예훼손적 내용을 담고 있더라도 업무로 인한 행위로서 위법성이 조각된다.

判例 정당행위로 위법성이 조각되는 경우

1. 피고인이 소속한 교단 협의회에서 조사위원회를 구성하여 피고인이 목사로 있는 교회의 이단성 여부에 대한 조사활동을 하고 보고서를 그 교회 사무국장에게 작성토록 하자, 피고인이 조사보고서의 관련자료에 피해자를 명예훼손죄로 고소했던 고소장의 사본을 첨부한 경우, 이는 자신의 주장의 정당성을 입증하기 위한 자료의 제출행위로서 정당한 행위로 볼 것이지, 고소장의 내용에 다소 피해자의 명예를 훼손하는 내용이 들어 있다 하더라도 이를 이유로 고소장을 첨부한 행위가 위법하다고까지는 할 수 없다[대판 1995.3.17. 93도923].
2. 과수원을 경영하는 피고인이 사과를 절취당한 피해자의 입장에서 재발방지를 위하여 과수원의 관리자와 같은 동네 새마을 지도자에게 각각 그들만이 있는 자리에서 개별적으로 피해자가 피고인 소유의 과수원에서 사과를 훔쳐간 사실을 말한 경우, 이를 통상적인 사회생활면으로 보나 사회통념상 위와 같은 피고인의 행위를 위법하다고는 말하기 어렵다[대판 1986.10.14. 86도1341].

(2) 형법 제310조에 의한 위법성조각사유

제310조(위법성의 조각) 제307조 제1항의 행위가 진실한 사실로서 오로지 공공의 이익에 관한 때에는 처벌하지 아니한다.

① 의 의 : 제310조는 개인의 명예보호와 언론의 자유의 보장을 조화시키기 위한 규정이다.

判例 제310조가 적용되지 않는 경우

허위사실 적시에 의한 명예훼손죄에 해당하는 행위에 대하여는 위법성조각에 관한 형법 제310조는 적용될 여지가 없다[대판 2012.5.9. 2010도2690].

② 요 건

㉮ 진실한 사실

判例 '진실한 사실'의 의미

형법 제310조에서 '진실한 사실'이란 그 내용 전체의 취지를 살펴볼 때 중요한 부분이 객관적 사실과 합치되는 사실이라는 의미로서 일부 자세한 부분이 진실과 약간 차이가 나거나 다소 과장된 표현이 있다고 하더라도 무방하다[대판 2001.10.9. 2001도3594]. [♠ 12 사시]

㉯ 공공의 이익

判例 제310조의 공공의 이익의 범위

1. **(일반적 범위)** 형법 제310조에서 '오로지 공공의 이익에 관한 때'에서 공공의 이익에 관한 것에는 널리 국가·사회 기타 일반 다수인의 이익에 관한 것뿐만 아니라 특정한 사회집단이나 그 구성원 전체의 관심과 이익에 관한 것도 포함하는 것이다[대판 2004.10.15. 2004도3912].
2. **(개인의 사적 신상도 공공의 이익에 관한 것에 포함될 수 있음)** 개인의 사적인 신상에 관한 사실이라고 하더라도 그가 관계하는 사회적 활동의 성질이나 이를 통하여 사회에 미치는 영향력의 정도 등의 여하에 따라서는 그 사회적 활동에 대한 비판 내지 평가의 한 자료가 될 수 있는 것이므로 개인의 사적인 신상에 관하여 적시된 사실도 그 적시의 주요한 동기가 공공의 이익을 위한 것이라면 위와 같은 의미에서 형법 제310조 소정의 공공의 이익에 관한 것으로 볼 수 있는 경우가 있다[대판 1996.4.12. 94도3309]. [♠ 02 사시]

判例 공공의 이익이 인정되지 않은 경우

1. 회사의 대표이사에게 압력을 가하여 단체협상에서 양보를 얻어내기 위한 방법의 하나로 현수막과 피켓을 들고 확성기를 사용하여 반복해서 불특정 다수의 행인을 상대로 소리치면서 거리행진을 함으로써 위 대표이사의 명예를 훼손한 행위는 공공의 이익을 위하여 사실을 적시한 것으로 볼 수 없어 위법성이 조각되지 아니한다[대판 2004.10.15. 2004도3912].

   동지판례 피고인들이 공소외 주식회사 사용자측에 압력을 가하여 단체협상에서 양보를 얻어내기 위한 방법의 하나로 피해자의 지역구나 소속 정당의 중앙당사 앞에서 그가 노동조합을 탄압하는 악덕 기업주라고 비방하는 집회를 개최하고 피해자를 모욕하거나 명예를 훼손하는 발언 등을 하였음이 인정되는바, 이와 같은 피고인들의 이 사건 행위의 동기 및 목적 등에 비추어 볼 때 원심 판시 내용과 같은 사실의 적시는 공공의 이익을 위한 것이라고 볼 수 없다[대판 2001.6.12. 2001도1012].

2. 피고인이 자신과 관련된 선거범죄 사건의 제보자를 전파가능성이 있는 같은 당 당원들에게 알리는 행위는 공소외인의 제보로 인하여 수사를 받거나 처벌을 받게 될 피고인들 및 그들과 이해를 같이 하는 자들의 개인적인 이해관계에 부합하는 행위일 뿐 선거범죄의 처벌을 통하여 공명정대한 선거문화를 정착하려는 공공의 이익에 반하는 행위이다[대판 2006.5.25. 2005도2049].

3. 회사에서 징계 업무를 담당하는 직원인 피고인이 피해자에 대한 징계절차 회부 사실이 기재된 문서를 근무현장 방재실, 기계실, 관리사무실의 각 게시판에 게시함으로써 공연히 피해자의 명예를 훼손하였다는 내용으로 기소된 사안에서, 징계혐의 사실은 징계절차를 거친 다음 확정되는 것이므로 징계절차에 회부되었을 뿐인 단계에서 그 사실을 공개함으로써 피해자의 명예를 훼손하는 경우, 이를 사회적으로 상당한 행위라고 보기는 어려운 점, 피해자에 대한 징계 의결이 있기 전에 징계절차에 회부되었다는 사실이 공개되는 경우 피해자가 입게 되는 피해의 정도는 가볍지 않은 점 등을 종합하면, 피해자에 대한 징계절차 회부 사실을 공지하는 것이 회사 내부의 원활하고 능률적인 운영의 도모라는 공공의 이익에 관한 것으로 볼 수 없다는 이유로, 이와 달리 본 원심판단에 명예훼손죄에서의 '공공의 이익'에 관한 법리오해의 잘못이 있다고 한 사례[대판 2021.8.26. 2021도6416].

判例 공공의 이익이 인정된 경우

1. 아파트 동대표인 피고인이 자신에 대한 부정비리 의혹을 해명하기 위하여 그 의혹제기자가 명예훼손죄로 입건된 사실 등을 기재한 문서를 아파트 입주민들에게 배포한 경우, 위 문서 배포행위는 오로지 공공의 이익을 위하여 진실한 사실을 적시한 경우로서 형법 제310조의 위법성조각사유에 해당한다[대판 2005.7.15. 2004도1388].

2. 특정 상가건물관리회의 회장이 위 관리회의 결산보고를 하면서 전 관리회장이 체납관리비 등을 둘러싼 분쟁으로 자신을 폭행하여 유죄판결을 받은 사실을 알린 사안에서, 건물관리회원 전체의 관심과 이익에 관한 것으로서 형법 제310조에 의하여 위법성이 조각된다고 한 사례[대판 2008.11.13. 2008도6342].

㉰ **주관적 정당화요소** : 행위자가 사실적시의 진실성과 공익성을 인식하고 그것을 추구하기 위한 것이라는 동기 · 목적이 있어야 한다.

判例 형법 제310조에서 '오로지 공공의 이익에 관한 때'의 의미

1. 형법 제310조의 '오로지 공공의 이익에 관한 때'라 함은 적시된 사실이 객관적으로 볼 때 공공의 이익에 관한 것으로서 행위자도 공공의 이익을 위하여 그 사실을 적시한 것이어야 하고, 행위자의 주요한 목적이나 동기가 공공의 이익을 위한 것이라면 부수적으로 다른 사익적 목적이나 동기가 내포되어 있더라도 형법 제310조의 적용을 배제할 수 없다[대판 1996.10.25. 95도1473]. [♠ 07 사시] [♣ 16 변시]

관련판례 게시글의 전체적인 취지 · 내용에 비추어 중요한 부분은 '乙이 술을 마신 상태에서 음주운전을 하였고 피고인도 이를 끝까지 제지하지 않았으며, 피고인 역시 음주운전 차량에 동승하였다.'는 점으로서 객관적 사실과 합치되므로, 비록 乙이 마신 술의 종류 · 양과 같은 세부적 부분이 객관적 사실과 정확히 일치하지 않더라도 게시글의 중요한 부분은 '진실한 사실'에 해당하는 점, 피고인은 사회적으로 음주운전에 엄격해진 분위기와 달리 농활 과정의 관성적인 음주운전 문화가 해당 개인은 물론 농활에 참여한 학내 구성원 등의 안전을 위협하고 이로 인해 총학생회의 자치활동에마저 부정적인 사회적 인식을 초래할 수 있다는 문제의식 아래 게시글을 올린 것으로 보이므로, 게시글은 주된 의도 · 목적의 측면에서 공익성이 충분히 인정되는 점, 게시글을 올린 시점이 乙의 음주운전 행위일로부터 약 4개월이 경과되었고, 乙의 甲 대학교 단과대학 학생회장 출마 시점으로부터 약 2주일 전이라는 점에서 그 의도 · 목적상 乙의 출마와 관련성이 있다고 볼 여지도 있으나, 게시글의 중요 부분은 객관적인 사실로서 乙의 준법의식 · 도덕성 · 윤리성과 직결되는 부분이어서 단과대학 학생회장으로서의 적격 여부와 상당한 관련성이 있을 뿐만 아니라 단과대학 구성원 전체의 관심과 이익에 관한 사항에 해당하는 점 등을 종합하면, 피고인의 행위는 형법 제310조에 따라 위법성이 조각된다고 봄이 타당하다[대판 2023.2.2. 2022도13425].

[사실관계] A대학교 총학생회장인 甲이 총학생회 주관의 농활 사전답사 과정에서 乙을 비롯한 학생회 임원진의 음주 및 음주운전 사실이 있었음을 계기로 음주운전 및 이를 묵인하는 관행을 공론화하여 '총학생회장으로서 음주운전을 끝까지 막지 못하여 사과드립니다.'라는 제목의 글을 써 페이스북 등에 게시함으로써 음주운전자로 특정된 乙의 명예를 훼손하였다는 내용으로 기소된 사안에서, 게시글의 전체적인 취지 · 내용에 비추어 중요한 부분이 '진실한 사실'에 해당하고, 게시글은 주된 의도 · 목적의 측면에서 공익성이 충분히 인정되는 점 등을 종합하면, 甲의 행위는 형법 제310조에 따라 위법성이 조각된다 한 사례.

2. 피고인의 주요한 동기나 목적이 공공의 이익을 위한 것이라면 '甲의 막장 대응' 등과 같이 다소 과장된 표현이 사용되었고, 부수적으로 산후조리원 이용대금 환불과 같은 다른 사익적 목적이나 동기가 내포되어 있다는 사정만으로 피고인에게 甲을 비방할 목적이 있었다고 보기 어렵다[대판 2012.11.29. 2012도10392].

③ **효 과**

㉮ **실체법적 효과** : 제310조의 요건을 구비한 경우 위법성이 조각된다(판례, 통설).

判例 제310조의 실체법적 효과 = 위법성조각사유

교회담임목사를 출교처분한다는 취지의 교단산하 재판위원회의 판결문은 성질상 교회나 교단 소속신자들 사이에서는 당연히 전파 · 고지될 수 있는 것이므로 위 판결문을 복사하여 예배를 보러온 신도들에게 배포한 행위에 의하여 그 목사의 개인적인 명예가 훼손된다 하여도 그것은 진실한 사실로서 오로지 교단 또는 그 산하교회 소속신자들의 이익에 관한 때에 해당하거나 적어도 사회상규에 위배되지 아니하는 행위에 해당하여 위법성이 없다[대판 1989.2.14. 88도899]. [♠ 02, 11 사시]

㉯ 소송법적 효과

判例 제310조의 소송법적 효과 = 위법성조각의 요건을 행위자(피고인)가 증명할 책임 있음

공연히 사실을 적시하여 사람의 명예를 훼손한 행위가 형법 제310조의 규정에 따라서 위법성이 조각되어 처벌대상이 되지 않기 위하여는 그것이 진실한 사실로서 오로지 공공의 이익에 관한 때에 해당된다는 점을 행위자가 증명하여야 하는 것이나, 그 증명은 유죄의 인정에 있어 요구되는 것과 같이 법관으로 하여금 의심할 여지가 없을 정도의 확신을 가지게 하는 증명력을 가진 엄격한 증거에 의하여야 하는 것은 아니다[대판 1996.10.25. 95도1473]. [♠ 12 사시] [♣ 21 변시]

判例 공적 관심사안에 대하여 진실한 사실을 공표한 경우 = 원칙적으로 공익성의 증명 인정

형법 제310조에서 말하는 공공의 이익에 관한 것인지 여부를 판단함에는 명예를 훼손당한 자가 공무원 내지 공인인지, 그 표현이 객관적으로 국민이 알아야 할 공공성, 사회성을 갖춘 공적 관심사안에 관한 것으로 사회의 여론형성 내지 공개토론에 기여하는 것인지, 피해자가 그와 같은 명예훼손적 표현의 위험을 자초한 것인지 여부 등의 사정도 적극 고려되어야 한다. 따라서 이러한 공적 관심사안에 관하여 진실하거나 진실이라고 봄에 상당한 사실을 공표한 경우에는 그것이 악의적이거나 현저히 상당성을 잃은 공격에 해당하지 않는 한 원칙적으로 공공의 이익에 관한 것이라는 증명이 있는 것으로 보아야 한다[대판 2007.1.26. 2004도1632]. [♠ 12 사시]

④ 적시사실의 진실성 또는 공익성에 대한 착오

㉮ 허위사실을 진실로 오인하고 공공의 이익을 위하여 적시한 경우

허위사실을 진실로 오인하고 공공의 이익을 위하여 적시한 경우의 법적 효과

[♠ 09, 13 사시] [♣ 13 변시]

위법성조각사유의 전제사실에 대한 착오설 (다수설)	① 제310조는 위법성조각사유를 규정한 것이므로 적시사실의 진실성 및 공익성은 위법성조각사유의 전제사실에 해당하고 이에 대한 착오는 위법성조각사유의 전제사실에 대한 착오의 문제로서 취급해야 한다는 견해이다[이재상, 89면]. ② i) 법효과제한적 책임설에 따르면 제307조 제1항의 구성요건해당성 및 위법성은 인정되지만 고의책임이 조각되어 과실범의 성부가 문제된다. 그러나 명예훼손죄는 과실범의 처벌규정이 없으므로 무죄가 된다. ii) 유추적용설은 위법성조각사유의 전제사실에 대한 착오의 경우 구성요건착오의 규정을 유추적용하여 구성요건착오와 동일한 효과를 인정한다. 따라서 제307조 제1항의 범죄에 대한 구성요건적 고의를 인정하지 않으므로 과실범의 성부가 문제된다. 그러나 명예훼손죄는 과실범의 처벌규정이 없으므로 무죄가 된다. iii) 엄격책임설에 따르면 제307조 제1항의 구성요건해당성 및 위법성이 인정되며 오인에 정당한 이유가 인정되지 않으면 제307조 제1항의 죄가 성립하고 오인에 정당한 이유가 인정되면 책임이 조각되어 무죄가 된다.
허용된 위험의 법리원용설	① 성실한 검토의무를 제310조의 적용에 필요한 특별한 주관적 정당화요소로 파악하고, 이러한 검토의무를 성실히 이행하였다면 진실성에 대해 착오를 일으켰을지라도 행위반가치가 탈락하여 위법성이 조각된다는 견해이다. 이 견해에 의하더라도 행위자가 성실한 검토의무를 다하지 못하고 사실의 진실성을 경신하였다면 행위반가치가 긍정되어 제307조 제1항의 명예훼손죄의 책임을 지게 된다[김일수·서보학, 197면; 임웅, 203면]. ② 이 견해는 언론보도와 관련해서는 일종의 허용된 위험의 법리를 적용하여야 한다는 견해라고 할 수 있다.
제15조 제1항의 구성요건적 착오로서의 의미만 부여하는 설	적시사실의 진실성 또는 허위성 여부는 제307조 제1항과 제2항 사이에 놓여있는 형벌가감적 요소에 해당하므로, 제310조의 진실성의 표지는 제310조가 적용되어 정당화될 수 있는 구성요건을 다시 한정하여 진실한 사실을 진실이라 믿고 적시한 경우만을 제310조의 적용대상으로 지정해 주는 역할만 한다고 보는 견해이다[손동권, 195면]. 따라서 이 견해에 의하면 허위사실을 진실이라 믿은 것은 제15조 제1항이 적용되는 사실의 착오에 해당할 뿐(제307조 제1항의 구성요건해당성이 인정 됨) 위법성조각사유의 전제사실의 착오는 일어날 수 없다고 한다[손동권, 195면]. 다만 행위자가 적시한 사실이 허위이고 공익성도 없음에도 불구하고 주관적으로 진실하고 공익성도 있다고 착각한 경우에는 자신의 행위가 제310조의 요건을 모두 충족하여 허용되는 것으로 착오하는 것이므로 위법성의 착오가 되어 그 착오에 정당한 이유가 있으면 책임이 조각된다고 한다[손동권, 197면].

判例 허위사실을 진실로 오인하고 공공의 이익을 위하여 적시한 경우

일부 허위사실이 포함된 신문기사를 보도한 경우일지라도 기사작성의 목적이 공공의 이익에 관한 것이고 그 기사내용을 작성자가 진실하다고 믿었으며 그와 같이 믿은 데에 객관적인 상당한 이유가 있는 경우에는 진실한 것이라는 증명이 없다고 할지라도 위법성이 없다고 보아야 한다[대판 1996.8.23. 94도3191].
[♠ 07, 12, 13 사시]

동지판례 공연히 사실을 적시하여 사람의 명예를 훼손한 행위가 처벌되지 않기 위하여는 적시된 사실이 객관적으로 볼 때 공공의 이익에 관한 것으로서 행위자도 공공의 이익을 위하여 그 사실을 적시한 것이어야 될 뿐만 아니라, 그 적시된 사실이 진실한 것이거나 적어도 행위자가 그 사실을 진실한 것으로 믿었고, 또 그렇게 믿을 만한 상당한 이유가 있어야 한다[대판 2000.2.25. 98도2188].

쟁점연구 **[허위사실을 진실로 오인하고 공익을 위하여 적시한 경우의 법적 효과]**

1. 학 설

① 위법성조각사유의 전제사실에 대한 착오로 보는 견해

② 허용된 위험의 법리 원용설

③ 제15조 제1항의 착오설

2. 판 례

행위자가 진실하다고 믿었으며 그와 같이 믿은 데에 객관적인 상당한 이유가 있는 경우에는 위법성이 없다고 판시하고 있다.

3. 검 토 (위법성조각사유의 전제사실의 착오로 보는 견해 지지)

형법 제310조는 '위법성 조각'이라는 제목하에 적시된 사실이 '진실'할 것과 '공공의 이익'에 관한 것일 것을 요건으로 하고 있으므로 '진실성'은 위법성 조각사유의 객관적 요건(전제사실)에 해당한다고 보는 것이 타당하다. 따라서 적시된 사실이 객관적으로 허위인 경우에는 위법성이 조각될 수 없다고 보아야 하므로 허용된 위험의 법리 원용설은 문제가 있고, 진실성을 위법성조각사유로서 고려하지 않는 제15조 제1항의 착오설도 문제가 있다. 따라서 진실성에 대한 착오는 위법성조각사유의 전제사실의 착오 문제로 보는 것이 타당하다.

㈏ 객관적으로 진실한 사실을 허위라고 오인하고 적시한 경우 : 이 경우 행위자의 행위는 제307조 제1항의 구성요건해당성이 인정된다. 다만 ⅰ) 적시된 사실이 공공의 이익에 관한 것이 아니라면 제310조의 객관적 요건이 흠결되어 제310조가 적용될 수 없으므로 제307조 제1항의 죄가 성립한다[김일수·서보학, 198면]. ⅱ) 적시된 사실이 공공의 이익에 관한 것이라 하더라도 행위자가 진실한 사실을 공공의 이익을 위한다는 의사 즉 주관적 정당화의사 없이 적시한 경우이므로 위법성은 조각될 수 없다. 다만 주관적 정당화요소가 결여된 경우의 효과에 관하여 불능미수설을 따르더라도 이 경우는 제307조 제1항의 죄가 성립한다고 보아야 한다. 왜냐하면 명예훼손죄는 순수한 거동범이므로 행위반가치가 불법의 주된 요소이므로 부차적 요소에 불과한 결과반가치의 탈락은 기수불법의 성립에 영향을 주지 못하기 때문이다[이정원, 242면].

㉰ 객관적으로 진실하고 공공의 이익에 관한 사실을 진실한 사실로 인식하고 적시하였지만 공공의 이익을 위한다는 의사로 적시한 것이 아닌 경우 : 이 경우도 주관적 정당화요소가 결여된 경우에 해당한다. 앞서 본 바와 같이 불능미수설을 따르더라도 제307조 제1항의 죄가 성립한다.

5. 소추조건

반의사불벌죄이다.

6. 죄수 및 타죄와의 관계

① 본죄의 보호법익은 일신전속적 법익이므로 피해자의 수를 기준으로 죄수를 결정한다.
② 1개의 문서로써 수인의 명예를 훼손한 경우에는 수개의 명예훼손죄의 상상적 경합이 된다.

Ⅲ. 사자의 명예훼손죄

제308조(사자의 명예훼손) 공연히 허위의 사실을 적시하여 사자의 명예를 훼손한 자는 2년 이하의 징역이나 금고 또는 500만원 이하의 벌금에 처한다.
제312조(고소) ① 본죄는 고소가 있어야 공소를 제기할 수 있다.

1. 의 의

① 공연히 허위의 사실을 적시하여 사자의 명예를 훼손함으로써 성립하는 범죄이다.
② 보호법익은 역사적 존재로서의 사자 자신의 명예이다(판례, 다수설).

判例 사자명예훼손죄의 보호법익과 사자명예훼손죄가 성립하는 경우

1. 사자명예훼손죄는 사자에 대한 사회적·역사적 평가를 보호법익으로 하는 것이므로 그 구성요건으로서의 사실의 적시는 허위의 사실일 것을 요하는바 피고인이 사망자의 사망사실을 알면서 위 망인은 사망한 것이 아니고 빚 때문에 도망다니며 죽은 척 하는 나쁜 놈이라고 함은 공연히 허위의 사실을 적시한 행위로서 사자의 명예를 훼손하였다고 볼 것이다[대판 1983.10.25. 83도1520]. [♠ 05 사시]
2. **(조현오 경찰청장 사건)** 서울지방경찰청장인 甲은 서울지방경찰청 소속 팀장급 398명을 상대로 기동부대 지휘요원 특별교양을 실시하던 중, '10만원권 수표로 거액이 입금된 차명계좌가 뛰어내리기 전날 발견되었고 그로 인하여 N 전 대통령이 자살하였다'는 취지의 발언을 하였으나, 甲이 말한 '차명계좌'는 발견되지 않았다면, 甲이 만난 지 몇 번 되지 않은 사람으로부터 그러한 이야기를 듣고 그대로 믿었다고 주장하고 있다고 하더라도 甲에게는 사자명예훼손죄가 성립한다[대판 2014.3.13. 2013도12430].

判例 **사자명예훼손죄가 성립하지 않는 경우**

[1] 합리적인 시청자라면 역사적 사실의 서술을 주로 하는 기록물이 아닌 허구적 성격의 역사드라마의 경우 이를 당연한 전제로 시청할 것으로 예상되는 이상, 위 허구적 묘사가 역사적 개연성을 잃지 않고 있는 한 그 부분만 따로 떼어 역사적 진실성에 대한 증명이 없다는 이유로 허위라거나 연출자에게 그 허위의 점에 대한 인식이 있었다고 단정하여서는 아니될 것이다.
[2] 역사드라마 '서울 1945'의 특정 장면이 공연히 허위사실을 적시하여 망인인 이승만 등의 명예를 훼손하였다는 공소사실에 대하여, 구체적인 허위사실의 적시가 있었다고 보기 어렵다는 이유로 무죄를 선고한 원심판단을 정당하다고 한 사례[대판 2010.4.29. 2007도8411].

판례해설 연출자들이 드라마에서 연출한 장면이 마치 '이승만 등이 친일파인 것처럼 묘사하는 등'함으로써 공연히 허위사실을 적시하여 이승만 등의 명예를 훼손하였다는 이유로 공소제기되었으나, 대법원은 문제의 장면은 이승만의 배역이 직접 하는 대사나 행동이 아니라 이승만 및 그가 속한 한민당과 대립적 입장에 있는 조선공산당 간부의 대사를 통한 이승만에 대한 묘사의 형식으로 이루어져 이승만에 대한 추측 또는 평가에 불과한 것이므로 구체적인 허위사실의 적시가 있었다고 보기 어렵다고 하여 원심의 무죄판결이 정당하다고 판시하였다.

2. 주관적 구성요건요소

(1) 고 의

고의가 있어야 한다. 허위라는 점에 대해서는 확정적 인식을 요한다.

(2) 착 오

착오의 유형	법적 효과
생존자로 인식하고 진실한 사실을 적시하였으나 사자였던 경우	제307조 제1항의 죄의 불능미수의 성립여부가 문제되나 미수범 처벌규정이 없으므로 무죄이다.
사자로 인식하고 진실한 사실을 적시하였으나 생존자였던 경우	제307조 제1항의 고의가 없으므로 과실범의 문제가 되나 처벌규정이 없으므로 무죄이다.
생존자로 인식하고 허위사실을 적시하였으나 사자였던 경우	사자명예훼손죄가 성립한다(죄질부합설).[4]
사자로 인식하고 허위사실을 적시하였으나 생존자였던 경우	구성요건적 착오로서 제15조 제1항에 의하여 사자명예훼손죄가 성립한다.

3. 소추조건

사자명예훼손죄는 일반명예훼손죄와는 달리 친고죄이다.

4) 이와는 달리 제307조 제2항의 불능미수나 사자명예훼손죄의 과실범이 문제될 수 있으나 처벌규정이 없으므로 불가벌이라는 견해도 있다[김일수, 199면].

Ⅳ. 출판물에 의한 명예훼손죄

제309조(출판물 등에 의한 명예훼손) ① 사람을 비방할 목적으로 신문, 잡지 또는 라디오 기타 출판물에 의하여 제307조 제1항의 죄(사실적시 명예훼손죄)를 범한 자는 3년 이하의 징역이나 금고 또는 700만원 이하의 벌금에 처한다.
② 제1항의 방법으로 제307조 제2항의 죄(허위사실적시 명예훼손죄)를 범한 자는 7년 이하의 징역, 10년 이하의 자격정지 또는 1천500만원 이하의 벌금에 처한다.

제312조(피해자의 의사) ② 본죄는 피해자의 명시한 의사에 반하여 공소를 제기할 수 없다.

1. 의 의

① 사람을 비방할 목적으로 신문, 잡지 또는 라디오 기타 출판물에 의하여 사실 또는 허위사실을 적시하여 사람의 명예를 훼손함으로써 성립하는 범죄이다.

② 본죄는 비방의 목적을 필요로 한다는 점 및 명예훼손의 방법이 출판물 등에 의한다는 점에서 제307조의 명예훼손죄에 대하여 행위반가치가 높아 불법이 가중된 구성요건이다.

2. 구성요건

(1) 객관적 구성요건

① 신문 · 잡지 · 라디오 기타 출판물

判例 출판물에 의한 명예훼손죄의 '기타 출판물'의 요건

형법 제309조 제1항 소정의 '기타 출판물'에 해당한다고 하기 위하여는, 사실적시의 방법으로서 출판물 등을 이용하는 경우 그 성질상 다수인이 견문할 수 있는 높은 전파성과 신뢰성 및 장기간의 보존가능성 등 피해자에 대한 법익침해의 정도가 더욱 크다는 데 그 가중처벌의 이유가 있는 점에 비추어 보면, 그것이 등록 · 출판된 제본 인쇄물이나 제작물은 아니라고 할지라도 적어도 그와 같은 정도의 효용과 기능을 가지고 사실상 출판물로 유통 · 통용될 수 있는 외관을 가진 인쇄물로 볼 수 있어야 한다[대판 1998.10.9. 97도158]. [♠ 07, 09 사시]

判例 출판물에 해당하지 않는 경우

1. 가로 약 25㎝, 세로 약 30㎝ 되는 모조지 위에 싸인펜으로 특정인의 인적사항, 인상, 말씨 등을 기재하고 위 사람은 정신분열증 환자로서 무단가출하였으니 연락해 달라는 취지의 내용을 기재한 광고문은 형법 제309조에서 말하는 출판물에 해당한다고 보기 어렵다[대판 1986.3.25. 85도1143].

유사판례 피고인이 배포한 이 사건 인쇄물은 가로 25㎝ 세로 35㎝ 정도되는 일정한 제호가 표시되었다고 볼 수 없는 낱장의 종이에 단지 단편적으로 피고인의 주장을 광고하는 문안이 인쇄되어 있는 것에 불과한 것인바, 이 사건 인쇄물이 등록된 간행물과 동일한 정도의 높은 전파성, 신뢰성, 보존가능성 등을 가지고 사실상

유통·통용될 수 있는 출판물이라고는 보기 어렵다 할 것이다[대판 1998.10.9. 97도158].

2. 컴퓨터 워드프로세서로 작성되어 프린트된 A4 용지 7쪽 분량의 인쇄물은 형법 제309조 제1항 소정의 '기타 출판물'에 해당하지 않는다[대판 2000.2.11. 99도3048]. [♠ 10 사시] [♣ 15 변시]

② 사실 또는 허위사실의 적시

㉮ 출판물은 그 자체가 높은 전파성을 가지고 있기 때문에 본죄의 경우 '공연히' 사실(허위사실)을 적시할 것을 요하지 않는다.

㉯ 본죄는 간접정범의 형식으로도 범할 수 있다(판례).

判例 출판물에 의한 명예훼손죄의 간접정범 성립여부에 관한 비교판례

1-0. **(성립) (허위의 기사를 기자에게 제보한 경우)** [1] 타인을 비방할 목적으로 허위사실인 기사의 재료를 신문기자에게 제공한 경우에 그 기사를 신문지상에 게재하느냐의 여부는 오로지 당해 신문의 편집인의 권한에 속한다고 할 것이나, 그 기사를 편집인이 신문지상에 게재한 이상 기사의 게재는 기사재료를 제공한 자의 행위에 기인한 것이므로, 그 기사재료를 제공한 자는 형법 제309조 제2항 소정의 출판물에 의한 명예훼손죄의 죄책을 면할 수 없는 것이다.
[2] 甲이 신문사 기자인 乙에게 연예인 A의 실명을 거론하면서 허위사실을 적시함으로써 A를 비방할 목적으로 기사의 자료를 제공하자, 이를 진실한 것으로 오신한 乙이 기사를 작성하여 공표한 경우, 甲에게 출판물에 의한 명예훼손죄가 성립한다[대판 2009.11.12. 2009도8949; 동지 대판 1994.4.12. 93도3535].

1-1. **(불성립) (허위의 기사를 기사의 취재·작성과 직접적인 연관이 없는 자에게 제보한 경우)**
[1] 출판물에 의한 명예훼손죄는 간접정범에 의하여 범하여질 수도 있으므로 타인을 비방할 목적으로 허위의 기사 재료를 그 정을 모르는 기자에게 제공하여 신문 등에 보도되게 한 경우에도 성립할 수 있으나 제보자가 기사의 취재·작성과 직접적인 연관이 없는 자에게 허위의 사실을 알렸을 뿐인 경우에는, 제보자가 피제보자에게 그 알리는 사실이 기사화 되도록 특별히 부탁하였다거나 피제보자가 이를 기사화 할 것이 고도로 예상되는 등의 특별한 사정이 없는 한, 피제보자가 언론에 공개하거나 기자들에게 취재됨으로써 그 사실이 신문에 게재되어 일반 공중에게 배포되더라도 제보자에게 출판·배포된 기사에 관하여 출판물에 의한 명예훼손죄의 책임을 물을 수는 없다. [♠ 10 사시]
[2] 의사가 의료기기 회사와의 분쟁을 정치적으로 해결하기 위하여 국회의원에게 허위의 사실을 제보하였을 뿐인데, 위 국회의원의 발표로 그 사실이 일간신문에 게재된 경우 출판물에 의한 명예훼손이 성립하지 아니한다[대판 2002.6.28. 2000도3045]. [♠ 05, 15 사시]

③ 기수시기 : 본죄는 추상적 위험범이므로 출판물에 의하여 사실을 적시함으로써 불특정 또는 다수인이 인식할 수 있는 상태에 이르면 기수가 된다. 현실적으로 인식하였는지 여부 및 비방의 목적달성 여부는 불문한다.

(2) 주관적 구성요건

① 고의 이외에 비방의 목적이 있어야 한다. 특히 제309조 제2항의 경우 적시사실이

허위라는 인식이 있어야 고의가 성립할 수 있다.

判例 비방의 목적이 인정되는 경우

1. 감사원에 근무하는 감사주사가, 감사사항에 대한 감사가 종료된 후 감사반원들의 토론을 거쳐 감사지적사항으로 선정하지 않기로 하여 감사가 종결된 것임에도, 일일감사상황보고서의 일부를 변조하여 제시하면서 자신의 상사인 감사원 국장이 고위층의 압력을 받고 감사기간 중 자신이 감사를 진행 중인 사항에 대한 감사활동을 중단시켰다고 기자회견을 한 경우, 그 적시사실의 허위성에 대한 인식은 물론 상사에 대한 비방의 목적도 있었다[대판 2002.8.23. 2000도329].
2. 대간첩작전시의 기념촬영사진을 광주민주화운동 관련화보로 제공하여 월간잡지에 게재케 한 경우, 이 사건 사진이 월간잡지에 광주민주화운동 관련화보의 일부로 게재될 경우 마치 위 피해자들이 1980.5. 광주민주화운동 당시 공수부대원으로 광주에 출동하여 광주시민을 사살하고 사살된 시민들의 앞에서 기념촬영을 한 것처럼 보여지게 되는 사실에 비추어 보면 이 사건 사진을 교부할 당시 피고인에게는 위 피해자들을 비방할 목적이 있었다고 보는 것이 타당하다[대판 2003.12.26. 2003도6036].
3. 언론매체가 피해자의 명예를 현저하게 훼손할 수 있는 보도내용의 주된 부분이 허위임을 충분히 인식하면서도 이를 보도하였다면 특별한 사정이 없는 한 거기에는 사람을 비방할 목적이 있다고 볼 것이다[대판 2008.11.27. 2007도5312].

判例 출판물에 의한 적시사실이 허위라는 인식이 없는 경우

형법 제309조 제2항의 출판물 등에 의한 명예훼손죄가 성립하려면 그 적시하는 사실이 허위이어야 할 뿐 아니라 범인이 그와 같은 사실이 허위라고 인식을 하여야만 된다 할 것이고, 만일 범인이 그와 같은 사실이 허위라는 인식을 하지 못하였다면 형법 제309조 제1항의 죄로서 벌하는 것은 별론으로 하고 형법 제309조 제2항의 죄로서는 벌할 수 없다[대판 1994.10.28. 94도2186].

② 비방의 목적

判例 비방의 목적과 드러낸 사실이 거짓인지 여부와 관계 (별개의 구성요건, 별도 판단 필요)

비방할 목적이 있는지 여부는 피고인이 드러낸 사실이 거짓인지 여부와 별개의 구성요건으로서, 드러낸 사실이 거짓이라고 해서 비방할 목적이 당연히 인정되는 것은 아니다. 그리고 이 규정에서 정한 모든 구성요건에 대한 증명책임은 검사에게 있다[대판 2020.12.10. 2020도11471; 동지 대판 2022.7.28. 2022도4171].[5)]

판결이유 피고인이 고등학교 동창인 甲으로부터 사기 범행을 당했던 사실과 관련하여 같은 학교 동창 10여 명이 참여하던 단체 채팅방에서 '甲이 내 돈을 갚지 못해 사기죄로 감방에서 몇 개월 살다가 나왔다. 집에서도 포기한 애다. 너희들도 조심해라.'라는 내용의 글을 게시함으로써 甲의 명예를 훼손하였다고 하여 정보통신망 이용촉진 및 정보보호 등에 관한 법률 위반(명예훼손)으로 기소된 사안에서, 피고인이 드러낸 사실의 내용, 게시 글의 작

---

5) 정보통신망 이용촉진 및 정보보호 등에 관한 법률과 관련된 판례이지만 법리를 인용하여 두었다.

성 경위와 동기 등 제반 사정을 종합하면, 게시 글은 채팅방에 참여한 고등학교 동창들로 구성된 사회집단의 이익에 관한 사항으로 볼 수 있고, 피고인의 주요한 동기와 목적은 공공의 이익을 위한 것으로 볼 여지가 있고 피고인에게 甲을 비방할 목적이 있다는 사실이 합리적 의심의 여지가 없을 정도로 증명되었다고 볼 수 없다.

判例 비방의 목적과 공공의 이익의 관계 (상호 상반관계, 공익성이 인정되면 비방목적은 부정 됨)

1. 형법 제309조 제1항 소정의 출판물에 의한 명예훼손죄에서 '비방할 목적'이란 가해의 의사 내지 목적을 요하는 것으로서 공공의 이익을 위한 것과는 행위자의 주관적 의도의 방향에 있어 서로 상반되는 관계에 있다고 할 것이므로, 적시한 사실이 공공의 이익에 관한 것인 경우에는 특별한 사정이 없는 한 비방할 목적은 부인된다고 봄이 상당하다[대판 2005.4.29. 2003도2137].[6] [♣ 23 변시]
2. 대한항공 858기 폭파사건에 관한 소설을 집필, 출간한 행위에 비방의 목적을 인정할 수 없어 출판물에 의한 명예훼손죄가 성립하지 않는다고 한 사례[대판 2009.6.11. 2009도156].

   판결이유 피고인들이 이 사건 소설을 집필, 출간한 행위는 대한항공 858기 폭파사건에 관한 새로운 진상 규명의 필요성을 사회적으로 호소하기 위한 목적으로 공공의 이익을 위한 것으로 봄이 상당하며 비방의 목적을 인정할 수 없다.
3. **[사실관계]** A가 운영하는 성형외과에서 턱부위 고주파시술을 받았다가 그 결과에 불만을 품은 甲은 인터넷 포털사이트 네이버의 지식검색 질문·답변 게시판에 "아.. A씨가 가슴전문이라.. 눈이랑 턱은 그렇게 망쳐놨구나... 몰랐네..."라는 글을, "내 눈은 지방제거를 잘못 했다고... 모양도 이상하다고 다른 병원에서 그러던데... 인생 망쳤음... ㅠ.ㅠ"이라는 글을 각 게시하였다.

   [판 례] 판례는 위 각 표현물이 '피고인이 피해자로부터 눈, 턱을 수술받았으나 수술 후 결과가 좋지 못하다', '피고인이 피해자 운영의 ㅇㅇ성형외과에서 눈 수술을 받았으나 지방제거를 잘못 하여 모양이 이상해졌고, 다른 병원에서도 모두 이를 인정한다'라는 취지의 피해자의 명예를 훼손할 만한 구체적인 사실을 적시한 것이라고 판단하였다. 그러나 그 표현물은 전체적으로 보아 성형시술을 받을 것을 고려하고 있는 다수의 인터넷 사용자들의 의사결정에 도움이 되는 정보 및 의견의 제공이라는 공공의 이익에 관한 것이어서 구 정보통신망 이용촉진 및 정보보호 등에 관한 법률 제61조 제1항에 정한 비방할 목적이 있었다고 보기 어렵다고 판단하였다[대판 2009.5.28. 2008도8812].
   [♣ 14 변시]

判例 출판물의 적시사실이 공공의 이익에 관한 것인 경우(제307조 제1항 및 제310조 적용가능)

출판물에 의하여 적시한 사실이 공공의 이익에 관한 것인 경우에는 특별한 사정이 없는 한 비방 목적은 부인된다고 봄이 상당하므로 이와 같은 경우에는 형법 제307조 제1항 소정의 명예훼손죄의 성립 여부가 문제될 수 있고 이에 대하여는 다시 형법 제310조에 의한 위법성 조각 여부가 문제로 될 수 있다[대판 2003.12.26. 2003도6036]. [♠ 13 사시]

6) 출판물에 의한 명예훼손죄의 이와 같은 법리는 정통망법위반(명예훼손)죄에도 그대로 적용될 수 있다.

3. 위법성

사 례 연 습

【출판물에 의한 명예훼손죄(비방의 목적이 없는 경우)】

한국노총 강원지역본부 사무처장 甲은 강원도민일보 기자인 乙로 하여금 화천군의 청소대행업체 재계약과 관련하여 기존의 청소대행업체의 부당노동행위 등을 지적하는 인터뷰기사를 게재케 하였다. 그런데 甲의 인터뷰 내용은 사실이었다. 甲의 죄책은?

|해|설| 출판물에 의한 명예훼손죄에 있어서 비방의 목적이 있다고 보기 어렵고, 나아가 형법 제307조 제1항의 명예훼손죄에 해당한다고 하더라도 형법 제310조에 의하여 위법성이 조각된다[대판 2003.12.26. 2003도6036].

정답 : (무죄)

4. 소추조건

반의사불벌죄이다.

Ⅴ. 모욕죄

제311조(모욕) 공연히 사람을 모욕한 자는 1년 이하의 징역이나 금고 또는 200만원 이하의 벌금에 처한다.
제312조(고소) ① 본죄는 고소가 있어야 공소를 제기할 수 있다.

1. 의 의

① 공연히 사람을 모욕함으로써 성립하는 범죄이다.
② 보호법익은 외적 명예이다(판례, 통설).

2. 구성요건

(1) 객관적 구성요건

① 객 체 : 사람이다. ⅰ) 자연인은 물론 법인, 법인격 없는 단체도 포함된다. ⅱ) 자연인인 이상 유아·정신병자도 포함되나, 사자(死者)는 제외된다.
② 행 위 : 공연히 모욕하는 것이다.
㉮ 공연성

判例 전파가능성 법리가 모욕죄에도 동일하게 적용되는지(적극)

1. [1] 형법 제311조(모욕)는 '공연히 사람을 모욕한 자'를 처벌한다고 규정하는바, 형법 제307조(명예훼손)가 '공연히 사실 또는 허위의 사실을 적시하여 사람의 명예를 훼손한 자'를 처벌한다고

규정하는 것과 마찬가지로 '공연성'을 요건으로 한다. 대법원 2020.11.19. 선고 2020도5813 전원합의체 판결은 명예훼손죄의 구성요건인 공연성이란 '불특정 또는 다수인이 인식할 수 있는 상태'를 의미하는데, 개별적으로 소수의 사람에게 사실을 적시하였더라도 그 상대방이 불특정 또는 다수인에게 적시된 사실을 전파할 가능성이 있는 때에는 공연성이 인정된다는 종전 대법원의 일관된 판시를 재확인하였고, 이러한 법리는 모욕죄에도 동일하게 적용된다.

[2] 공연성의 존부는 발언자와 상대방 또는 피해자 사이의 관계나 지위, 발언의 경위와 상황, 발언 내용, 상대방에게 발언을 전달한 방법과 장소 등 행위 당시의 객관적 제반 사정에 관하여 심리한 다음, 그로부터 발언을 들은 상대방이 불특정 또는 다수인에게 전파할 가능성이 있는지 여부를 검토하여 종합적으로 판단하여야 한다(앞서 본 대법원 2020도5813 전원합의체 판결 등 참조). 발언 상대방이 발언자나 피해자의 배우자, 친척, 친구 등 사적으로 친밀한 관계에 있어 그러한 관계로 인하여 비밀의 보장이 상당히 높은 정도로 기대되는 경우에는 공연성이 부정된다.

[3] 피고인들이 자신들의 주거지인 아파트에서 위층에 사는 피해자가 손님들을 데리고 와 시끄럽게 한다는 이유로 그 음향이 거실에 울려 퍼지는 인터폰으로 피해자에게 전화하여 손님과 그 자녀들이 듣고 있는 가운데 욕설을 하여 피해자를 모욕한 사안에서, 위와 같은 법리에 따라 전파가능성 이론에 따른 공연성 인정 여부 등을 판단해야 하는데, 원심이 위와 같은 법리에 따른 심리를 하지 않은 채 모욕죄의 공연성 및 미필적 고의가 없다는 이유로 무죄 판단을 한 것은 잘못이라고 보아 원심을 파기환송한 사례[대판 2022.6.16. 2021도15122].

2. 공연성은 명예훼손죄와 모욕죄의 구성요건으로서, 명예훼손이나 모욕에 해당하는 표현을 특정 소수에게 한 경우 공연성이 부정되는 유력한 사정이 될 수 있으므로, 전파될 가능성에 관해서는 검사의 엄격한 증명이 필요하다. 명예훼손죄와 모욕죄에서 전파가능성을 이유로 공연성을 인정하는 경우에는 적어도 범죄구성요건의 주관적 요소로서 미필적 고의가 필요하므로, 전파가능성에 대한 인식이 있음은 물론 나아가 위험을 용인하는 내심의 의사가 있어야 한다. 친밀하고 사적인 관계뿐만 아니라 공적인 관계에서도 조직 등의 업무와 관련하여 사실의 확인 또는 규명 과정에서 발언하게 된 것이거나, 상대방의 가해에 대하여 대응하는 과정에서 발언하게 된 경우와 수사·소송 등 공적인 절차에서 당사자 사이에 공방을 하던 중 발언하게 된 경우 등이라면 발언자의 전파가능성에 대한 인식과 위험을 용인하는 내심의 의사를 인정하는 것은 신중하여야 한다. 공연성의 존부는 발언자와 상대방 또는 피해자 사이의 관계나 지위, 대화를 하게 된 경위와 상황, 사실적시의 내용, 적시의 방법과 장소 등 행위 당시의 객관적 사정에 관하여 심리한 다음, 그로부터 상대방이 불특정인 또는 다수인에게 전파할 가능성이 있는지를 검토하여 종합적으로 판단해야 한다[대판 2022.7.28. 2020도8336].

판결이유 빌라를 관리하고 있는 피고인들이 빌라 아랫집에 거주하는 甲으로부터 누수 문제로 공사 요청을 받게 되자, 甲과 전화통화를 하면서 빌라를 임차하여 거주하고 있는 피해자들에 대하여 누수 공사 협조의 대가로 과도하고 부당한 요구를 하거나 막말과 욕설을 하였다는 취지로 발언하고, '무식한 것들', '이중인격자' 등으로 말하여 명예훼손죄와 모욕죄로 기소된 사안에서, 위 발언들은 신속한 누수 공사 진행을 요청하는 甲에게 임차인인 피해자들의 협조 문제로 공사가 지연되는 상황을 설명하는 과정에서 나온 것으로서, 이에 관한 피고인들의 진술내용을 종합해 보더라도 피고인들이 전파가능성에 대한 인식과 위험을 용인하는 내심의 의사에 기하여 위 발언들을 하였다고 단정하기 어렵다.

判例 공연성이 인정되지 않는 경우

피고인이 각 피해자에게 "사이비 기자" 운운 또는 "너 이 쌍년 왔구나"라고 말한 장소가 여관방 안이고 그 곳에는 피고인과 그의 처, 피해자들과 그들의 딸, 사위, 매형밖에 없었고 피고인이 피고인의 딸과 피해자들의 아들간의 파탄된 혼인관계를 수습하기 위하여 만나 얘기하던 중 감정이 격화되어 위와 같은 발설을 한 사실이 인정된다면, 위 발언은 불특정 또는 다수인이 인식할 수 있는 상태, 또는 불특정 다수인에게 전파될 가능성이 있는 상태에서 이루어진 것이라 보기 어려우므로 이는 공연성이 없다 할 것이다[대판 1984.4.10. 83도49].

判例 참고판례 : 군형법상 상관모욕죄의 성립요건

[1] 군형법 제48조, 제52조의2에서 규정한 상관에 대한 폭행 · 협박 · 상해의 죄와 제64조 제1항에서 규정한 상관모욕죄는 모두 상관의 신체, 명예 등의 개인적 법익뿐만 아니라 군 조직의 위계질서 및 통수체계 유지도 보호법익으로 하는 점 등에 비추어 보면, 이들 죄에서의 상관에는 명령복종 관계가 없는 경우의 상위 계급자와 상위 서열자도 포함되고, 상관이 반드시 직무수행 중일 것을 요하지 아니한다.
[2] 군형법 제64조 제1항은 '상관을 그 면전에서 모욕한 사람'을 처벌한다고 규정하고 있을 뿐 제64조 제2항과 달리 공연한 방법으로 모욕할 것을 요구하지 아니하므로, 상관을 면전에서 모욕한 경우에는 공연성을 갖추지 아니하더라도 군형법 제64조 제1항의 상관모욕죄가 성립한다[대판 2015.9.24. 2015도11286].

㈏ **모 욕** : ⅰ) 구체적 사실을 적시하지 아니하고 타인의 사회적 평가를 경멸하는 추상적 판단을 표시하는 것이다(예 빨갱이 계집년, 만신(무당), 첩년). ⅱ) 수단 · 방법에는 제한이 없으므로 언어 · 서면 · 거동(예 침을 뱉거나, 뺨을 때리는 것)을 불문한다. 그러나 단순한 농담 · 불친절 또는 무례만으로는 모욕이라고 할 수 없다. 부작위에 의한 모욕도 가능하다(예 경의를 표시할 의무가 있는 자가 이를 이행하지 않은 경우).

判例 모욕의 의의

명예훼손죄에 있어서 '사실의 적시'라 함은 사람의 사회적 평가를 저하시키는데 충분한 구체적 사실을 적시하는 것을 말하므로, 이를 적시하지 아니하고 단지 모멸적인 언사를 사용하여 타인의 사회적 평가를 경멸하는, 자기의 추상적 판단을 표시하는 것("빨갱이 계집년", "만신(무당)", "첩년"이라고 말한 것)은 사람을 모욕한 경우에 해당하고, 명예훼손죄에는 해당하지 아니한다[대판 1981.11.24. 81도2280].

判例 모욕에 해당하는 경우

1. 피고인이 게시한 글들 중 '듣보잡', '함량미달', '함량이 모자라도 창피한 줄 모를 정도로 멍청하

게 충성할 사람', '싼 맛에 갖다 쓰는 거죠', '비욘 드보르잡', '개집' 등이라고 한 부분은 피해자를 비하하여 사회적 평가를 저하시킬 만한 추상적 판단이나 경멸적 감정을 표현한 것으로서 모욕적인 언사에 해당한다[대판 2011.12.22. 2010도10130].

2. 동네사람 4명과 구청직원 2명 등이 있는 자리에서 피해자가 듣는 가운데 구청직원에게 피해자를 가리키면서 "저 망할 년 저기 오네"라고 피해자를 경멸하는 욕설 섞인 표현을 하였다면 피해자를 모욕하였다고 볼 수 있다[대판 1990.9.25. 90도873]. [♠ 05 사시]

3. [1] 모욕의 수단과 방법에는 제한이 없으므로 언어적 수단이 아닌 비언어적 · 시각적 수단만을 사용하여 표현을 하더라도 그것이 사람의 사회적 평가를 저하시킬 만한 추상적 판단이나 경멸적 감정을 전달하는 것이라면 모욕죄가 성립한다. 최근 영상 편집 · 합성 기술이 발전함에 따라 합성 사진 등을 이용한 모욕 범행의 가능성이 높아지고 있고, 시각적 수단만을 사용한 모욕이라 하더라도 그 행위로 인하여 피해자가 입는 피해나 범행의 가벌성 정도는 언어적 수단을 사용한 경우와 비교하여 차이가 없다.
[2] 피고인이 자신의 유튜브 채널에 甲의 방송 영상을 게시하면서 甲의 얼굴에 '개' 얼굴을 합성하는 방법으로 甲을 모욕하였다는 내용으로 기소된 사안에서, 원심판단 중 피고인이 甲을 '개'로 지칭하지는 않은 점 및 효과음, 자막을 사용하지 않았다는 사정을 무죄의 근거로 든 것은 적절하지 않으나, 영상의 전체적인 내용을 살펴볼 때, 피고인이 甲의 얼굴을 가리는 용도로 동물 그림을 사용하면서 甲에 대한 부정적인 감정을 다소 해학적으로 표현하려 한 것에 불과하다고 볼 여지도 상당하므로, 해당 영상이 甲을 불쾌하게 할 수 있는 표현이기는 하지만 객관적으로 甲의 인격적 가치에 대한 사회적 평가를 저하시킬 만한 모욕적 표현을 한 경우에 해당한다고 단정하기 어렵다는 취지에서 공소사실을 무죄로 판단한 것은 수긍할 수 있다고 한 사례[대판 2023.2.2. 2022도4719].

判例 모욕에 해당하지 않는 경우

1. "부모가 그런 식이니 자식도 그런 것이다"와 같은 표현으로 인하여 상대방의 기분이 다소 상할 수 있다고 하더라도 그 내용이 너무나 막연하여 그것만으로 곧 상대방의 명예감정을 해하여 형법상 모욕죄를 구성한다고 보기는 어렵다[대판 2007.2.21. 2006도8915].

2. [1] 어떠한 표현이 상대방의 인격적 가치에 대한 사회적 평가를 저하시킬 만한 것이 아니라면 표현이 다소 무례한 방법으로 표시되었다 하더라도 모욕죄의 구성요건에 해당한다고 볼 수 없다.
[2] 아파트 입주자대표회의 감사인 피고인이 관리소장 甲의 외부특별감사에 관한 업무처리에 항의하기 위해 관리소장실을 방문한 자리에서 甲과 언쟁을 하다가 "야, 이따위로 일할래.", "나이 처먹은 게 무슨 자랑이냐."라고 말한 사안에서, 피고인과 甲의 관계, 피고인이 발언을 하게 된 경위와 발언의 횟수, 발언의 의미와 전체적인 맥락, 발언을 한 장소와 발언 전후의 정황 등에 비추어 볼 때, 피고인의 발언은 상대방을 불쾌하게 할 수 있는 무례하고 저속한 표현이기는 하지만 객관적으로 甲의 인격적 가치에 대한 사회적 평가를 저하시킬 만한 모욕적 언사에 해당하지 않는다고 한 사례[대판 2015.9.10. 2015도2229].

3. 피고인이 택시 기사와 요금 문제로 시비가 벌어져 112 신고를 한 후, 신고를 받고 출동한 경찰

관 甲에게 늦게 도착한 데 대하여 항의하는 과정에서 "아이 씨발!"이라고 말하였더라도, 이를 모욕적 언사에 해당한다고 단정하기 어렵다[대판 2015.12.24. 2015도6622].

판결이유 피고인의 위 "아이 씨발!"이라는 발언은 구체적으로 상대방을 지칭하지 않은 채 단순히 발언자 자신의 불만이나 분노한 감정을 표출하기 위하여 흔히 쓰는 말로서 상대방을 불쾌하게 할 수 있는 무례하고 저속한 표현에 불과하다.

4. 甲 주식회사 해고자 신분으로 노동조합 사무장직을 맡아 노조활동을 하는 피고인이 노사 관계자 140여 명이 있는 가운데 큰 소리로 피고인보다 15세 연장자로서 갑 회사 부사장인 乙을 향해 "야 ○○아, ○○이 여기 있네, 니 이름이 ○○이잖아, ○○아 나오니까 좋지?" 등으로 여러 차례 乙의 이름을 불렀더라도, 제반 사정을 종합하면, 피고인의 위 발언은 상대방을 불쾌하게 할 수 있는 무례하고 예의에 벗어난 표현이기는 하지만 객관적으로 乙의 인격적 가치에 대한 사회적 평가를 저하시킬 만한 모욕적 언사에 해당하지 않는다고 한 사례[대판 2018.11.29. 2017도2661].
5. 피고인은 A가 인터넷 포털 사이트 '○○'의 다른 카페에서 다른 회원을 강제탈퇴시킨 후 보여준 태도에 대하여 불만을 가지고 '○○'의 카페인 '△△본부'에 접속하여 '자칭 타칭 A하면 떠오르는 키워드!!!'라는 제목하에 '선무당이 사람 잡는다, 자승자박, 아전인수, 사필귀정, 자업자득, 자중지란, 공황장애 ㅋ'라는 게시글을 게시하였다. 그러나 이는 상대방을 불쾌하게 할 수 있는 무례한 표현이기는 하나, 상대방의 인격적 가치에 대한 사회적 평가를 저하시킬 만한 표현에 해당한다고 보기는 어렵다[대판 2018.5.30. 2016도20890].
6. 사업소 소장인 피고인이 직원들에게 甲이 관리하는 다른 사업소의 문제를 지적하는 내용의 카카오톡 문자메시지를 발송하면서 "甲은 정말 야비한 사람인 것 같습니다."라고 표현하여 甲을 모욕하였다는 내용으로 기소된 사안에서, 제반 사정에 비추어 볼 때 위 표현은 피고인의 甲에 대한 부정적·비판적 의견이나 감정이 담긴 경미한 수준의 추상적 표현에 불과할 뿐 甲의 외부적 명예를 침해할 만한 표현이라고 단정하기 어렵다[대판 2022.8.31. 2019도7370].

判例 모욕죄의 기수시기(추상적 위험범)

[1] 모욕죄는 피해자의 외부적 명예를 저하시킬 만한 추상적 판단이나 경멸적 감정을 공연히 표시함으로써 성립하므로, 피해자의 외부적 명예가 현실적으로 침해되거나 구체적·현실적으로 침해될 위험이 발생하여야 하는 것도 아니다.
[2] 甲은 A가 운영하는 '순대국집'에서, 식당 영업 업무를 방해하고 A에게 폭행을 하던 중 112 신고를 받고 출동한 경찰관 P로부터 제지를 당하자 A와 손님들이 있는 가운데 A에게 큰 소리로 "순경새끼, 씨발 개새끼야, 좆도 아닌 새끼는 꺼져 새끼야."라고 욕설하였다. 이 경우 甲이 근거 없이 터무니없는 욕설을 한다는 사정을 인식할 수 있었다고 하더라도, 그 현장에 식당 손님이나 인근 상인 등 여러 사람이 있어 공연성 및 전파가능성도 있었다고 보이는 이상, 경찰관 P 개인의 외부적 명예를 저하시킬 만한 추상적 위험을 부정할 수는 없다고 할 것이다[대판 2016.10.13. 2016도9674].

㉰ 기수시기 : 본죄는 추상적 위험범이므로 피해자의 외적 명예를 저하시킬 만한 추상적 판단을 표시한 때 기수가 된다.

(2) 주관적 구성요건

고의가 있어야 한다.

3. 위법성

判例 모욕죄의 경우에도 형법 제310조가 적용될 수 있는지 여부 (적용 안됨)

형법 제310조에 의하여 위법성이 조각되는 것은 그 법문이 명백히 규정하고 있는 바와 같이 명예훼손죄에 한하고, 모욕죄에 있어서는 사실이 진실이라 하더라도 위법성을 조각하지 아니한다고 해석하여야 함은 형법 제310조의 규정의 위치로 보아 자명하다[대판 1959.12.23. 4291형상539].

判例 사회상규에 위배되지 않는 행위로서 위법성이 조각되는 경우

1. [1] 피고인이 방송국 시사프로그램을 시청한 후 방송국 홈페이지의 시청자 의견란에 작성·게시한 글 중 특히, "그렇게 소중한 자식을 범법행위의 변명의 방패로 쓰시다니 정말 대단하십니다."는 등의 표현은 그 게시글 전체를 두고 보더라도, 그 출연자인 피해자에 대한 사회적 평가를 훼손할 만한 모욕적 언사이다.
   [2] 피고인이 방송국 홈페이지의 시청자 의견란에 작성·게시한 글 중 일부의 표현은 이미 방송된 프로그램에 나타난 기본적인 사실을 전제로 한 뒤, 그 사실관계나 이를 둘러싼 문제에 관한 자신의 판단과 나아가 이러한 경우에 피해자가 취한 태도와 주장한 내용이 합당한가 하는 점에 대하여 자신의 의견을 개진하고, 피해자에게 자신의 의견에 대한 반박이나 반론을 구하면서, 자신의 판단과 의견의 타당함을 강조하는 과정에서 부분적으로 그와 같은 표현을 사용한 것으로서 사회상규에 위배되지 않는다고 봄이 상당하다[대판 2003.11.28. 2003도3972].
2. [1] 모욕죄에서 말하는 모욕이란 사실을 적시하지 아니하고 사람의 사회적 평가를 저하시킬 만한 추상적 판단이나 경멸적 감정을 표현하는 것을 의미한다.
   다만 어떤 글이 모욕적 표현을 담고 있는 경우에도 그 글이 객관적으로 타당성이 있는 사실을 전제로 하여 그 사실관계나 이를 둘러싼 문제에 관한 자신의 판단과 피해자의 태도 등이 합당한가 하는 데 대한 자신의 의견을 밝히고, 자신의 판단과 의견이 타당함을 강조하는 과정에서 부분적으로 모욕적인 표현이 사용된 것에 불과하다면 사회상규에 위배되지 않는 행위로서 형법 제20조에 의하여 위법성이 조각될 수 있다. 그리고 특정 사안에 대한 의견을 공유하는 인터넷 게시판 등의 공간에서 작성된 단문의 글에 모욕적 표현이 포함되어 있더라도, 그 글이 동조하는 다른 의견들과 연속적·전체적인 측면에서 볼 때, 그 내용이 객관적으로 타당성이 있는 사정에 기초하여 관련 사안에 대한 자신의 판단 내지 피해자의 태도 등이 합당한가 하는 데 대한 자신의 의견을 강조하거나 압축하여 표현한 것이라고 평가할 수 있고, 그 표현도 주로 피해자의 행위에 대한 것으로서 지나치게 악의적이지 않다면, 다른 특별한 사정이 없는 한 그 글을 작성한 행위는 사회상규에 위배되지 않는 행위로서 위법성이 조각된다고 보아야 한다.

[2] 인터넷 신문사 소속 기자 甲이 작성한 기사가 인터넷 포털 사이트의 '핫이슈' 난에 게재되자, 피고인이 "이런걸 기레기라고 하죠?"라는 댓글을 게시함으로써 공연히 甲을 모욕하였다는 내용으로 기소된 사안에서, '기레기'는 모욕적 표현에 해당하나, 위 댓글의 내용, 작성 시기와 위치, 위 댓글 전후로 게시된 다른 댓글의 내용과 흐름 등을 종합하면, 위 댓글을 작성한 행위는 사회상규에 위배되지 않는 행위로서 형법 제20조에 의하여 위법성이 조각된다고 한 사례[대판 2021.3.25. 2017도17643].

판례해설 '기레기'는 모욕적 표현에 해당한다는 점을 주의하여야 한다.

동지판례 피고인이 자신의 페이스북에 甲에 대한 비판적인 글을 게시하면서 "철면피, 파렴치, 양두구육, 극우 부패세력"이라는 표현을 사용하여 甲을 모욕하였다는 내용으로 기소된 사안에서, 피고인이 사용한 위 표현이 모욕적 표현으로서 모욕죄의 구성요건에는 해당하나, 제반 사정을 종합할 때 피고인이 甲의 공적 활동과 관련한 자신의 의견을 담은 게시글을 작성하면서 위 표현을 한 것은 사회상규에 위배되지 않는 행위로서 위법성이 조각된다고 볼 여지가 크다고 한 사례[대판 2022.8.25. 2020도16897].

동지판례 지역버스노동조합 조합원인 피고인이 자신의 페이스북에 집회 일정을 알리면서 노동조합 집행부인 피해자 甲과 乙을 지칭하며 "버스노조 악의 축, 甲과 乙 구속수사하라!!"라는 표현을 적시하여 피해자들을 모욕하였다는 내용으로 기소된 사안에서, 위 표현이 피해자들의 사회적인 평가를 저해시킬 만한 경멸적인 표현에 해당하는 것으로 보이지만, 제반 사정을 종합할 때 피고인이 노동조합 집행부의 공적 활동과 관련한 자신의 의견을 담은 게시글을 작성하면서 그러한 표현을 한 것은 사회상규에 위배되지 않는 정당행위로서 위법성이 조각된다고 볼 여지가 크다고 한 사례[대판 2022.10.27. 2019도14421].

비교판례 피고인들이 소속 노동조합 위원장 甲을 '어용', '앞잡이' 등으로 지칭하여 표현한 현수막, 피켓 등을 장기간 반복하여 일반인의 왕래가 잦은 도로변 등에 게시한 사안에서, '어용'이란 자신의 이익을 위하여 권력자나 권력 기관에 영합하여 줏대 없이 행동하는 것을 낮잡아 이르는 말, '앞잡이'란 남의 사주를 받고 끄나풀 노릇을 하는 사람을 뜻하는 말로서 언제나 위 표현들이 지칭된 상대방에 대한 모욕에 해당한다거나 사회상규에 비추어 허용되지 않는 것은 아니지만, 제반 사정에 비추어 피고인들의 위 행위는 甲에 대한 모욕적 표현으로서 사회상규에 위배되지 않는 행위로 보기 어렵다[대판 2021.9.9. 2016도88].

비교판례 피고인이 인터넷 포털사이트 뉴스 댓글난에 연예인인 피해자를 '국민호텔녀'로 지칭하는 댓글을 게시하여 모욕죄로 기소된 사안에서, '국민호텔녀'라는 표현은 피해자의 사생활을 들추어 피해자가 종전에 대중에게 호소하던 청순한 이미지와 반대의 이미지를 암시하면서 피해자를 성적 대상화하는 방법으로 비하하는 것으로서 여성 연예인인 피해자의 사회적 평가를 저하시킬 만한 모멸적인 표현으로 평가할 수 있고, 정당한 비판의 범위를 벗어난 것으로서 정당행위로 보기도 어렵다고 한 사례[대판 2022.12.15. 2017도19229].

3. 부사관 교육생이던 피고인이 동기들과 함께 사용하는 단체채팅방에서 지도관이던 피해자가 목욕탕 청소 담당에게 과실 지적을 많이 한다는 이유로 "도라이 ㅋㅋㅋ 습기가 그렇게 많은데"라는 글을 게시하여 공연히 상관인 피해자를 모욕하였다는 내용으로 기소된 사안에서, '도라이'는 상관인 피해자를 경멸적으로 비난한 것으로 모욕적인 언사라고 볼 수 있으나, 피고인의 위 표현은 동기 교육생들끼리 고충을 토로하고 의견을 교환하는 사이버공간에서 상관인 피해자에 대하여 일부 부적절한 표현을 사용하게 된 것에 불과하고 이로 인하여 군의 조직질서와 정당한 지휘체계가 문란하게 되었다고 보이지 않으므로, 이러한 행위는 사회상규에 위배되지 않는다고 한 사례[대판 2021.8.19. 2020도14576].

판례해설 '도라이'라는 표현이 모욕적인 언사에 해당한다는 점은 유의하여야 한다.

4. 소추조건

친고죄이다.

5. 타죄와의 관계

① 외국원수 또는 외국사절에 대해 모욕한 경우에는 외국원수·외국사절에 대한 모욕죄(제107조 제2항, 제108조 제2항)가 성립한다(법조경합). 이 때에는 공연성은 요건이 아니다.

② 1개의 행위로 동일인에 대하여 명예훼손과 모욕을 한 경우에는 명예훼손죄만 성립한다(통설).

명예훼손죄와 모욕죄의 구별

<table>
<tr><th></th><th>명예훼손죄</th><th>모욕죄</th></tr>
<tr><td>보호법익</td><td>외적 명예</td><td>외적 명예(통설), 명예감정(소수설)</td></tr>
<tr><td>행위방법</td><td>구체적 사실의 적시</td><td>구체적인 사실을 적시하지 않고 경멸의 의사를 표시(추상적 사실의 적시)</td></tr>
<tr><td>행위상황</td><td colspan="2">공연성</td></tr>
<tr><td rowspan="2">명예의 주체
(행위객체)</td><td colspan="2">자연인(유아, 정신병자 포함), 법인</td></tr>
<tr><td>※ 사자 : 사자명예훼손죄(○)</td><td>※ 사자 : 사자모욕죄(×)</td></tr>
<tr><td>형법 제310조
적용여부</td><td>적용된다.
(다만, 제307조 제1항에 한함)</td><td>적용되지 아니한다.
(판례, 다수설)</td></tr>
<tr><td>소추방법</td><td>반의사불벌죄(다만 사자명예훼손죄는 친고죄)</td><td>친고죄</td></tr>
</table>

제2절 신용·업무와 경매에 관한 죄

업무방해죄의 업무의 인정여부에 관한 판례 및 업무방해죄의 업무에는 공무가 포함되지 않는다는 대법원 전원합의체판결을 잘 정리해 두어야 한다.

Ⅰ. 총 설

1. 의 의

신용·업무와 경매에 관한 죄란 사람의 신용을 훼손하거나, 업무를 방해하거나, 경매·입찰의 공정성을 침해하는 것을 내용으로 하는 범죄이다.

2. 보호법익

신용훼손죄는 신용을, 업무방해죄는 업무를,[1] 그리고 경매·입찰방해죄는 경매·입찰의 공정성을 보호법익으로 한다. 보호의 정도는 모두 추상적 위험범이다.

3. 본 질

사람의 경제생활에 있어서의 자유라는 인격적 법익을 보호하는 범죄로서의 성격과 함께 재산적 법익을 보호하는 범죄로서의 성질도 지니고 있다(다수설).[2]

Ⅱ. 신용훼손죄

제313조(신용훼손) 허위의 사실을 유포하거나 기타 위계로써 사람의 신용을 훼손한 자는 5년 이하의 징역 또는 1천500만원 이하의 벌금에 처한다.

1. 의 의

신용훼손죄란 허위의 사실을 유포하거나 기타 위계로써 사람의 신용을 훼손함으로써 성립하는 범죄이다. 보호의 정도는 추상적 위험범이다.

---

1) 본죄의 보호법익을 개인의 경제적·사회적 활동의 안전과 자유라는 견해도 있다.
2) 본죄를 재산죄의 일종으로 보는 견해도 있다.

判例 보호의 정도 (추상적 위험범)

형법 제313조의 신용훼손죄는 허위의 사실을 유포하거나 기타 위계로써 사람의 신용을 저하시킬 염려가 있는 상태를 발생시키는 경우에 성립하는 것이다[대판 2006.12.7. 2006도3400].

명예훼손죄와 신용훼손죄의 차이점

	명예훼손죄	신용훼손죄
보호법익(객체)	외적명예(판례, 통설)	신 용
행 위	사실 또는 허위사실 적시	허위사실 유포, 기타 위계
공연성	필 요	불 요
독립한 위법성조각사유	제310조	없 음

2. 객관적 구성요건

허위사실을 유포하거나 기타 위계로써 신용을 훼손하는 것이다.

① **허위사실의 유포** : i) 객관적 진실과 다른 내용의 사실을 불특정 또는 다수인에게 전파시키는 것을 말한다. ii) 유포의 방법은 제한이 없으며, 공연히 유포할 것을 요하지 않는다.

判例 허위사실의 유포의 의미(의견 또는 가치판단은 포함 ×)

[1] 형법상 신용훼손죄는 허위사실의 유포 기타 위계로써 사람의 신용을 훼손할 것을 요하고, 여기서 허위사실의 유포라 함은 객관적으로 보아 진실과 부합하지 않는 과거 또는 현재의 사실을 유포하는 것으로서(미래의 사실도 증거에 의한 입증이 가능할 때에는 여기의 사실에 포함된다) 피고인의 단순한 의견이나 가치판단을 표시하는 것은 이에 해당하지 않는다.
[2] 피해자가 "계주로서 계불입금을 모아서 도망가더라도 책임지고 도와줄 사람이 없다"는 취지의 피고인의 말은 피고인의 피해자에 대한 개인적 의견이나 평가를 진술한 것에 불과하여 이를 허위사실의 유포라고 할 수 없다[대판 1983.2.8. 82도2486].

② 위 계

判例 위계의 의미

형법 제313조의 신용훼손죄에서 '위계'라 함은 행위자의 행위목적을 달성하기 위하여 상대방에게 오인·착각 또는 부지를 일으키게 하여 이를 이용하는 것을 말한다[대판 2006.12.6. 2006도3400].

③ 신용의 훼손

判例 신용훼손의 의미와 신용훼손죄가 성립하지 않는 경우

1. [1] 신용훼손죄는 허위의 사실을 유포하거나 기타 위계로써 사람의 지불능력 또는 지불의사에 대한 타인의 신뢰에 위해를 가하는 것을 말하는 것이다.
   [2] 어느 사람의 "점포의 물건값이 유달리 비싸다"고 말하였을 때 그 물건의 값은 그 사람의 지불의사에 대한 사회적 신뢰를 훼손하는 것이라고는 볼 수 없다[대판 1969.1.21. 68도1660].
2. 퀵서비스 운영자인 피고인이 배달업무를 하면서, 손님의 불만이 예상되는 경우에는 평소 경쟁관계에 있는 피해자 운영의 퀵서비스 명의로 된 영수증을 작성·교부함으로써 손님들로 하여금 불친절하고 배달을 지연시킨 사업체가 피해자 운영의 퀵서비스인 것처럼 인식하게 한 경우, 퀵서비스의 주된 계약내용이 신속하고 친절한 배달이라 하더라도, 그 사정만으로 위 행위가 피해자의 경제적 신용, 즉 지급능력이나 지급의사에 대한 사회적 신뢰를 저해하는 행위에 해당한다고 보기는 어려우므로 신용훼손죄가 성립하지 아니한다[대판 2011.5.13. 2009도5549]. [♣ 12 변시]

判例 신용훼손죄가 성립하는 경우

甲이 은행 본점 앞으로 'A가 대출금을 연체하여 위 은행의 지점장이 연체이자를 대납하였다'는 등의 허위의 내용을 기재한 편지를 송부하였다면 … 이는 은행의 오인 또는 착각 등을 일으켜 위계로써 피해자의 신용을 훼손한 것이다[대판 2006.12.7. 2006도3400].

④ 기수시기 : 신용훼손죄는 추상적 위험범이므로 허위사실의 유포, 기타 위계의 행사가 있으면 기수가 되며, 현실적인 신용훼손의 결과발생은 요하지 않는다.

3. 주관적 구성요건

判例 고의의 정도 = 미필적 인식으로 족함

신용훼손죄에 있어서의 범의는 반드시 확정적인 고의를 요하는 것은 아니고, 허위사실을 유포하거나 기타 위계를 사용한다는 점과 그 결과 다른 사람의 신용을 저하시킬 염려가 있는 상태가 발생한다는 점에 대한 미필적 인식으로도 족하다 할 것이다[대판 2006.12.6. 2006도3400].

判例 유포한 사실이 허위라는 점에 대한 인식 정도 = 적극적 인식을 요함

제313조의 신용훼손죄가 성립하려면 행위자에게 행위 당시 자신이 유포한 사실이 허위라는 점을 적극적으로 인식하였을 것을 요한다[대판 2006.5.24. 2004도1313].

4. 죄수 및 타죄와의 관계(명예훼손죄와의 관계)

① 공연히 진실한 사실을 적시하여 명예와 신용을 훼손한 경우 : 진실한 사실의 적시에 의하여는 신용훼손죄는 성립할 수 없으므로 명예훼손죄만 성립한다.

② 공연히 허위사실을 적시하여 명예와 신용을 훼손한 경우 : 신용훼손죄와 명예훼손죄의 상상적 경합이 된다는 견해와, 신용훼손죄만 성립한다는 견해(법조경합 중 특별관계)가 대립되어 있다.

Ⅲ. 업무방해죄

제314조(업무방해) ① 제313조의 방법 또는 위력으로써 사람의 업무를 방해한 자는 5년 이하의 징역 또는 1천500만원 이하의 벌금에 처한다.

1. 의 의

업무방해죄란 허위의 사실을 유포하거나 위계 또는 위력으로써 사람의 업무를 방해함으로써 성립하는 범죄이다.

2. 보호법익

본죄의 보호법익은 사람의 업무이다.

(1) 업무의 의의

① 업무란 사람이 직업 또는 사회생활상의 지위에 기하여 계속적으로 종사하는 사무나 사업의 일체를 말한다.

② 반드시 경제적인 사무에 제한되지 않는다. 육체적 · 정신적 사무(예 시험출제 관리업무), 주된 업무 · 부수적 업무를 모두 포함하며 보수의 유무도 불문한다.

判例 업무방해죄의 업무의 의의와 범위

업무방해죄에 있어서의 업무란 직업 또는 사회생활상의 지위에 기하여 계속적으로 종사하는 사무나 사업의 일체를 의미하고, 그 업무가 주된 것이든 부수적인 것이든 가리지 아니하며, 일회적인 사무라 하더라도 그 자체가 어느 정도 계속하여 행해지는 것이거나 혹은 그것이 직업 또는 사회생활상의 지위에서 계속적으로 행하여 온 본래의 업무수행과 밀접불가분의 관계에서 이루어진 경우에도 이에 해당한다 할 것이다[대판 2005.4.15. 2004도8701].

判例 1회성(일시적) 사무일지라도 업무라고 볼 수 있는 경우

1. **(상사의 명에 의하여 수행하는 사무)** 경비원은 상사의 명령에 의하여 주로 경비업무 등 노무를 제공하는 직분을 가지고 있다고 할 것이니만치 상사의 명에 의하여 그 직장의 업무를 수행한다면 그것이 설사 일시적인 것이라 할지라도 업무방해죄의 업무에 해당한다고 할 것이다[대판 1971.5.24. 71도399].
2. **(본래의 업무수행의 일환으로 행하여진 사무)** 종중 정기총회를 주재하는 종중 회장의 의사진행업무 자체는 1회성을 갖는 것이라고 하더라도 그것이 종중 회장으로서의 사회적인 지위에서 계속적으로 행하여 온 종중 업무수행의 일환으로 행하여진 것이라면 그와 같은 의사진행업무도 형법 제314조 소정의 업무방해죄에 의하여 보호되는 업무에 해당된다[대판 1995.10.12. 95도1589]. [♣ 23 변시]
3. **(행위 그 자체가 계속성을 지니고 있고 본래의 업무수행과 밀접한 관계에 있는 경우)** 회사가 일련의 경영상 계획의 일환으로서 시간적·절차적으로 일정기간의 소요가 예상되는 사업장 이전을 추진·실시하는 행위는 그 자체로서 일정기간 계속성을 지닌 업무의 성격을 지니고 있을 뿐만 아니라 회사의 본래 업무인 목적사업의 경영과 밀접불가분의 관계에서 그에 수반하여 이루어지는 것으로 볼 수 있으므로 이 점에서도 업무방해죄에 의한 보호의 대상이 되는 업무에 해당한다[대판 2005.4.15. 2004도8701].

判例 1회성 사무로서 업무라고 볼 수 없는 경우

1. 계속하여 행하는 사무가 아닌 공장의 이전과 같은 일회적인 사무는 업무방해죄의 객체가 되는 업무에 해당되지 않는다[대판 1989.9.12. 88도1752].
2. 건물임대인이 구청장의 조경공사 촉구지시에 따라 임대건물 앞에서 시행하는 1회적인 조경공사는 건물임대 업무와 밀접불가분의 관계에 있는 계속적인 부수적 업무라고 볼 수 없고, 단순한 1회적인 사무에 지나지 않으므로 업무방해죄의 업무에 해당되지 않는다[대판 1993.2.9. 92도2929].

判例 부수적 업무도 업무방해죄의 '업무'에 해당할 수 있다는 판례

공장정문의 정상적인 개폐 업무는 위 회사의 주된 업무와 밀접불가분의 관계에 있으면서 계속적으로 수행되어지는 회사의 부수적 업무라 할 것이므로 이는 업무방해죄에서 보호의 대상으로 삼고 있는 업무에 해당된다[대판 1992.2.11. 91도1834].

判例 업무라고 볼 수 없는 경우(권리의 행사에 불과한 경우)

1. **(주주로서 주주총회에서 의결권 등을 행사하는 것)** 형법상 업무방해죄의 보호대상이 되는 '업무'라 함은 직업 기타 사회생활상의 지위에 기하여 계속적으로 종사하는 사무 또는 사업을 말하는 것인데, 주주로서 주주총회에서 의결권 등을 행사하는 것은 주식의 보유자로서 그 자격에서 권

리를 행사하는 것에 불과할 뿐 그것이 '직업 기타 사회생활상의 지위에 기하여 계속적으로 종사하는 사무 또는 사업'에 해당한다고 할 수 없다[대판 2004.10.28. 2004도1256]. [♠ 05, 10, 11, 13 사시]

관련판례 업무방해죄의 보호대상이 되는 "업무"라 함은 직업 또는 사회생활상의 지위에 기하여 계속적으로 종사하는 사무나 사업을 말하는 것으로, 이러한 주된 업무와 밀접불가분의 관계에 있는 부수적인 업무도 이에 포함된다(대판 1993.2.9. 92도2929 등 참조). 피고인들이 공모하여 이사회에서 '급여규정 일부 개정안'에 대하여 허위로 설명 또는 보고하거나 개정안과 관련하여 허위의 자료를 작성하여 제시하였는데, 위와 같은 행위로 위계로써 甲 농협 감사의 甲 농협의 재산과 업무집행상황에 대한 감사, 이사회에 대한 의견 진술 등에 관한 업무를 방해하였다는 내용으로 기소된 사안에서 이사회가 의안 심의 및 결의에 관한 업무와 관련하여 특정 안건의 심의 및 의결 절차의 편의상 이사회 구성원이 아닌 감사 등의 의견을 청취하는 것은 그 실질에 있어 이사회 구성원인 이사들의 의안 심의 및 결의에 관한 계속적 업무 혹은 그와 밀접불가분의 관계에 있는 업무에 해당할 뿐, 그와 같은 경위로 이사회에 출석하여 의견을 진술한 이사회 구성원 아닌 감사의 업무를 방해한 경우에 해당한다고 볼 수 없다[대판 2023.9.27. 2023도9332].

2. **(초등학교 학생들이 권리의 행사로서 수업을 듣는 것)** [1] 형법상 업무방해죄의 보호대상이 되는 '업무'라 함은 직업 기타 사회생활상의 지위에 기하여 계속적으로 종사하는 사무 또는 사업을 말하는 것인데, 초등학생들이 학교에 등교하여 교실에서 수업을 듣는 것은 헌법 제31조가 정하고 있는 무상으로 초등교육을 받을 권리 및 초·중등교육법 제12, 13조가 정하고 있는 국가의 의무교육 실시의무와 부모들의 취학의무 등에 기하여 학생들 본인의 권리를 행사하는 것이거나 국가 내지 부모들의 의무를 이행하는 것에 불과할 뿐 그것이 '직업 기타 사회생활상의 지위에 기하여 계속적으로 종사하는 사무 또는 사업'에 해당한다고 할 수 없다.
   [2] 피고인이 초등학교 교실 안에서 교사에게 욕설을 하거나 학생들에게 욕설을 하여 수업을 할 수 없게 한 경우라도 학생들의 권리행사나 국가 내지 부모들의 의무이행을 방해한 것에 해당하는지 여부는 별론으로 하고 학생들의 업무를 방해하였다고 볼 수는 없다[대판 2013.6.14. 2013도3829]. [♣ 20, 23 변시]

(2) 업무의 주체

判例 업무의 주체성의 인정여부

1. **(부정)** [1] 업무방해죄에 있어서의 행위의 객체는 타인의 업무이고, 여기서 타인이라 함은 범인 이외의 자연인과 법인 및 법인격 없는 단체를 가리키므로, 법적 성질이 영조물에 불과한 대학교 자체는 업무방해죄에 있어서의 업무의 주체가 될 수 없다.
   [2] 대학편입학 업무의 주체는 대학교가 아닌 총장이고, 성적평가업무의 주체는 대학교가 아닌 담당교수이다[대판 1999.1.15. 98도663].

   판례해설 사립대 체육학과 교수인 甲이 총장 등이 날인하지 아니하여 乙에 대한편입학 사정이 이루어지지 아니한 상태에서 乙을 합격자로 발표하게 하였고, 그 후 甲 자신이 강의하는 강좌에서 과락으로 평가되어야 할 乙의 성적을 B 또는 C학점으로 평가받게 한 경우 … 甲에게는 부정편입학과 관련하여 대학교가 아닌 총장에 대한 업무방해죄가 성립하며, 성적평가업무의 주체는 담당교수 甲 자신이므로 성적의 부정평가에 대하여는 업무방해죄가 성립할 수 없다.

2. **(인정)** 정당의 지구당은 창당업무에서 업무의 주체가 될 수 있다[대판 1994.4.12. 94도128].

3. **(부정)** 주택재개발정비사업조합(이하 '조합'이라 한다) 구역 내 건물의 소유자인 피고인들이 위 건물에 대한 건물명도소송 확정판결에 따른 강제집행을 보상액이 적다는 이유로 위력으로 방해함으로써 집행관에게 집행위임을 한 조합의 이주·철거업무를 방해하였다는 내용으로 기소된 사안에서, 위 강제집행은 특별한 사정이 없는 한 집행위임을 한 조합의 업무가 아닌 집행관의 고유한 직무에 해당하고, 설령 피고인들이 집행관의 강제집행 업무를 방해하였더라도 이를 채권자인 조합의 업무를 직접 방해한 것으로 볼 만한 증거도 부족하므로, 피고인들이 조합의 업무를 방해하였다고 볼 수 없다[대판 2023.4.27. 2020도34].

(3) 보호법익으로서의 업무

判例 보호가치 있는 업무 (업무의 기초인 계약·행정행위 등이 반드시 적법할 것을 요하지 않음)

1. [1] 형법상 업무방해죄의 보호대상이 되는 '업무'라 함은 직업 또는 계속적으로 종사하는 사무나 사업을 말하는 것으로서 타인의 위법한 행위에 의한 침해로부터 보호할 가치가 있는 것이면 되고, 그 업무의 기초가 된 계약 또는 행정행위 등이 반드시 적법하여야 하는 것은 아니므로, 법률상 보호할 가치가 있는 업무인지 여부는 그 사무가 사실상 평온하게 이루어져 사회적 활동의 기반이 되고 있느냐에 따라 결정되는 것이고, 그 업무의 개시나 수행과정에 실체상 또는 절차상의 하자가 있다고 하더라도 그 정도가 반사회성을 띠는 데까지 이르지 아니한 이상 업무방해죄의 보호대상이 된다고 보아야 할 것이다. [♠ 04, 05 사시]
   [2] 한국도로공사가 고속도로 통행료 자동징수시스템을 도입하기로 결정하고 제조구매 입찰을 실시하면서 업체 선정을 위한 현장성능시험을 시행한 사안에서, 당시 입찰에 참가한 회사의 하이패스 시스템이 시험에 관한 기본가정 내지 도로공사의 제안요청서상 요구되는 기술적 조건을 충족하지 못하였고 입찰참여조건을 위반하여 성능시험 자체가 부적합한 것으로 드러났다고 하더라도, 위 시험의 개시나 수행과정에서의 하자 정도가 반사회성을 띠는 데까지 이르렀다고 볼 수 없다는 이유로, 도로공사의 위 성능시험 업무는 업무방해죄의 보호대상이 된다고 한 사례[대판 2010.5.27. 2008도2344; 동지 대판 2007.8.22. 2006도3687].
2. 어떠한 업무의 양도·양수 여부를 둘러싸고 분쟁이 발생한 경우에 양수인의 업무에 대한 양도인의 업무방해죄가 인정되려면, 당해 업무에 관한 양도·양수 합의의 존재가 인정되어야 함은 물론이고, 더 나아가 그 합의에 따라 당해 업무가 실제로 양수인에게 양도된 후 사실상 평온하게 이루어져 양수인의 사회적 활동의 기반이 됨으로써 타인, 특히 양도인의 위법한 행위에 의한 침해로부터 보호할 가치가 있는 업무라고 볼 수 있을 정도에 이르러야 한다[대판 2013.8.23. 2011도4763].

判例 보호가치가 인정될 수 있는 업무인 경우(무자격자에 의해 개설된 의료기관에 고용된 의료인의 업무)

[1] 의료인이나 의료법인이 아닌 자가 의료기관을 개설하여 운영하는 행위는 업무방해죄의 보호대상이 되는 업무에 해당하지 않는다. 그러나 무자격자에 의해 개설된 의료기관에 고용된 의료인이 환자를 진료한다고 하여 그 진료행위 또한 당연히 반사회성을 띠는 행위라고 볼 수는 없다. 이때

의료인의 진료 업무가 업무방해죄의 보호대상이 되는 업무인지는 의료기관의 개설·운영 형태, 해당 의료기관에서 이루어지는 진료의 내용과 방식, 피고인의 행위로 인하여 방해되는 업무의 내용 등 사정을 종합적으로 고려하여 판단해야 한다.
[2] 의료인인 甲의 명의로 의료인이 아닌 乙이 개설하여 운영하는 丙 병원에서, 피고인이 단독으로 또는 공모하여 11회에 걸쳐 큰 소리를 지르거나 환자 진료 예약이 있는 甲을 붙잡고 있는 등의 방법으로 위력으로써 甲의 진료 업무를 방해하였다는 내용으로 기소된 사안에서, 피고인의 행위와 당시의 주변 상황 등을 종합하면, 공소사실 전부 또는 그중 일부는 피고인이 甲의 환자에 대한 진료행위를 방해한 것으로 볼 여지가 있으므로, 피고인이 丙 병원의 일반적인 운영 외에 甲의 진료행위를 방해한 것인지에 대해 더 세밀하게 심리하여 업무방해죄 성립 여부를 판단하였어야 함에도, 원심이 丙 병원의 운영에 관한 업무는 업무방해죄의 보호대상이 되는 업무에 해당하지 않는다고 전제한 다음, 甲의 진료행위도 丙 병원의 운영에 관한 업무에 포함되어 별개의 보호가치 있는 업무로 볼 수 없다고 단정하여 공소사실을 무죄로 판단한 것에 업무방해죄의 업무에 관한 법리오해의 잘못이 있다고 한 사례[대판 2023.3.16. 2021도16482].

判例 보호가치가 인정되는 업무인 경우(방해시 업무방해죄 성립)

1. 건물의 전차인이 임대인의 승낙 없이 전차하였다고 하더라도 전차인이 불법침탈 등의 방법에 의하여 위 건물의 점유를 개시한 것이 아니고 그 동안 평온하게 음식점 등 영업을 하면서 점유를 계속하여 온 이상 전차인의 업무를 업무방해죄에 의하여 보호받지 못하는 권리라고 단정할 수 없다[대판 1986.12.23. 86도1372]. [♠ 05 사시] [♣ 23 변시]
2. 피고인이 선착장 앞에 위치한 자신의 어업구역 내에 양식장을 설치한다는 구실로 밧줄을 매어 공유수면 점용허가 없이 폐석을 운반하는 선박의 출입을 방해한 경우, 위 회사의 폐석운반 업무를 업무방해죄에 의하여 보호하여야 할 대상이 되지 못하는 업무라고 단정하기는 어렵다[대판 1996.11.12. 96도2214].
3. 아파트관리사무실의 경리가 관리단 총회에서 새로이 선임된 관리인에 의하여 재임명되어 경리업무를 수행하여 온 경우, 위 관리인 선임에 무효사유가 있다고 하더라도 위 경리의 아파트관리업무가 업무방해죄의 보호대상에서 제외된다고 보기는 어렵다[대판 2006.3.9. 2006도382].
4. 본당을 사실상 점유·관리하고 있던 목사로부터 사전 승인을 얻어 본당에서 임시노회를 진행한 이상 비록 위 목사가 법적으로 본당에 대한 관리권한이 없다 할지라도 그러한 사유만으로써 노회장으로서의 임시노회 진행업무를 업무방해죄의 보호대상인 업무가 되지 못하는 것으로 볼 수 없다[대판 2009.2.12. 2008도11486].

判例 보호가치가 인정되지 않는 업무(위법의 정도가 중한 경우)

형법상 업무방해죄의 보호대상이 되는 '업무'라고 함은 … 타인의 위법한 침해로부터 형법상 보호할 가치가 있는 것이어야 하므로, 어떤 사무나 활동자체가 위법의 정도가 중하여 사회생활상 도저히 용인될 수 없는 정도로 반사회성을 띠는 경우에는 업무방해죄의 보호대상이 되는 '업무'에 해당한다고 볼 수 없다[대판 2001.11.30. 2001도2015].

判例 보호가치가 인정되지 않는 업무에 해당하는 경우(방해시 업무방해죄 불성립)

1. 의료인이나 의료법인이 아닌 자가 의료기관을 개설하여 운영하는 행위는 그 위법의 정도가 중하여 사회생활상 도저히 용인될 수 없는 정도로 반사회성을 띠고 있으므로 업무방해죄의 보호대상이 되는 '업무'에 해당하지 않는다[대판 2001.11.30. 2001도2015]. [♠ 02, 04, 05, 15 사시] [♣ 17 변시]

   동지판례 공인중개사인 피고인이 동업관계의 종료로 부동산중개업을 그만두기로 한 이상 공인중개사가 아닌 피해자의 중개업은 법에 의하여 금지된 행위로서 형사처벌의 대상이 되는 범죄행위에 해당하는 것으로서 업무방해죄의 보호대상이 되는 업무라고 볼 수 없다[대판 2007.1.12. 2006도6599].

1-1. [1] 성매매알선 등 행위는 법에 의하여 원천적으로 금지된 행위로서 형사처벌의 대상이 되는 중대한 범죄행위일 뿐 아니라 정의관념상 용인될 수 없는 정도로 반사회성을 띠는 경우에 해당하므로, 업무방해죄의 보호대상이 되는 업무라고 볼 수 없다.

   [2] 폭력조직 간부인 피고인이 조직원들과 공모하여 甲이 운영하는 성매매업소 앞에 속칭 '병풍'을 치거나 차량을 주차해 놓아 성매매업소 운영업무를 방해하였다고 하더라도 업무방해죄가 성립하지 아니한다[대판 2011.10.13. 2011도7081]. [♠ 12, 14 사시] [♣ 13, 14 변시]

2. 법원의 직무집행정지 가처분결정에 의하여 그 직무집행이 정지된 자가 법원의 결정에 반하여 직무를 수행함으로써 업무를 계속 행하는 경우 그 업무는 국법질서와 재판의 존엄성을 무시하는 것으로서 사실상 평온하게 이루어지는 사회적 활동의 기반이 되는 것이라 할 수 없고, 비록 그 업무가 반사회성을 띠는 경우라고까지는 할 수 없다고 하더라도 법적 보호라는 측면에서는 그와 동등한 평가를 받을 수밖에 없으므로, 그 업무자체는 법의 보호를 받을 가치를 상실하였다고 하지 않을 수 없어 업무방해죄에서 말하는 업무에 해당하지 않는다[대판 2002.8.23. 2001도5592]. [♠ 03, 06, 07, 08 사시] [♣ 17, 23 변시]

3. 점유자의 승낙을 얻거나 합법적인 절차에 의함이 없이 강제경작 하기에 이르렀다면 그 경작하는 농사를 정당한 업무수행이라 할 수 없는 것이므로 종전의 점유경작자가 그 토지를 점유할 권원을 대항할 수 없다 할지라도 위 강제경작 하려는 행위를 방해하였다 한들 업무방해죄가 성립되지 아니한다[대판 1975.12.23. 74도3255].

4. 회사운영권의 양도·양수합의의 존부 및 효력에 관한 다툼이 있는 상황에서 양수인이 비정상적으로 위 회사의 임원변경 등기를 마친 것만으로는 회사대표 이사로서 정상적인 업무에 종사하기 시작하였다거나 그 업무가 양도인에 대한 관계에서 보호할 가치가 있는 정도에 이르렀다고 보기 어려워, 양도인의 침해행위가 양수인의 '업무'에 대한 업무방해죄를 구성하는 것으로 볼 수 없다고 한 사례[대판 2007.8.22. 2006도3687].

5. 백화점 입주상인들이 영업을 하지 않고 매장 내에서 점거 농성만을 하면서 매장 내의 기존의 전기시설에 임의로 전선을 연결하여 각종 전열기구를 사용함으로써 화재위험이 높아 백화점 경영회사의 대표이사인 피고인이 부득이 단전조치를 취하였다면, 그 단전조치 당시 보호받을 업무가 존재하지 않았을 뿐만 아니라 화재예방 등 건물의 안전한 유지·관리를 위한 정당한 권한 행사의 범위 내의 행위에 해당하므로 피고인의 단전조치가 업무방해죄를 구성한다고 볼 수 없다[대판 1995.6.30. 94도3136].

6. 도로관리청 또는 그로부터 권한을 위임받아 과적차량 단속을 위한 적재량 측정의 업무를 수행하는 자라고 하더라도, 적재량 측정을 강제할 수 있는 법령상의 근거가 없는 한, 측정에 불응하는 자를 고발하는 것은 별론으로 하고, 측정을 강제하기 위한 조치를 취할 권한은 없으므로, 이를 위한 조치가 정당한 업무집행이라고 볼 수는 없다[대판 2010.6.10. 2010도935].

(4) 공무의 포함여부

쟁점연구

1. 문제점

업무방해죄의 업무에 공무가 포함될 수 있는지가 문제된다.

2. 학 설

공무를 업무방해죄의 업무에서 제외한다면 허위사실의 유포나 폭행 또는 협박에 해당하지 않는 위력을 사용하여 공무를 방해한 자를 처벌하지 못하게 되어 공무가 일반 업무보다 경시되는 결과를 초래하므로 업무방해죄의 업무에는 공무도 포함되어야 한다는 견해가 있다. 다만 이 견해는 공무의 방해에 대하여 공무집행방해죄가 성립하는 경우에는 법조경합 중 특별관계에 해당하므로 공무집행방해죄만 성립한다고 한다[임웅, 219면].

3. 판 례

공무원이 직무상 수행하는 공무를 방해하는 행위에 대해서는 업무방해죄로 처벌할 수 없다는 입장이다.

4. 검 토 (판례 지지)

형법이 업무방해죄와는 별도로 공무집행방해죄를 규정하고 있는 것은 사적업무와 공무를 구별하여 공무에 관해서는 공무원에 대한 폭행 · 협박 또는 위계의 방법으로 그 집행을 방해하는 경우에 한하여 처벌하겠다는 취지라고 보아야 하므로, 업무방해죄의 업무에는 공무가 포함되지 않는다는 판례의 입장이 타당하다.

判例 업무방해죄의 업무에 공무가 포함되는지 여부 (불포함)

[1] **[다수의견]** 형법은 공무집행방해죄 외에도 여러 가지 유형의 공무방해행위를 처벌하는 규정을 개별적 · 구체적으로 마련하여 두고 있으므로, 이러한 처벌조항 이외에 공무의 집행을 업무방해죄에 의하여 보호받도록 하여야 할 현실적 필요가 적다. 또한 형법이 업무방해죄와는 별도로 공무집행방해죄를 규정하고 있는 것은 사적업무와 공무를 구별하여 공무에 관해서는 공무원에 대한 폭행 · 협박 또는 위계의 방법으로 그 집행을 방해하는 경우에 한하여 처벌하겠다는 취지라고 보아야 한다. 따라서 공무원이 직무상 수행하는 공무를 방해하는 행위에 대해서는 업무방해죄로 의율할 수는 없다고 해석함이 상당하다.

[대법관 양승태, 대법관 안대희, 대법관 차한성 반대의견] 공무에 대하여는 업무방해죄가 성립하지 아니한다고 보게 되면 입법자가 예상하지 아니한 형벌의 불균형을 초래하고 현실적으로 공공기관

에서 많은 민원인들의 감정적인 소란행위를 조장하는 결과를 초래하게 될 위험이 있다. 따라서 업무방해죄에 있어 '업무'에는 공무원이 직무상 수행하는 공무도 당연히 포함되는 것으로서 직무를 집행하는 공무원에게 폭행 또는 협박의 정도에 이르지 않는 위력을 가하여 그의 공무 수행을 방해한 경우에는 업무방해죄가 성립한다고 보아야 한다.
[2] 지방경찰청 민원실에서 민원인들이 진정사건의 처리와 관련하여 지방경찰청장과의 면담 등을 요구하면서 이를 제지하는 경찰관들에게 큰소리로 욕설을 하고 행패를 부린 행위에 대하여, 경찰관들의 수사 관련 업무를 방해한 것이라는 이유로 업무방해죄의 성립을 인정한 원심판결에, 업무방해죄의 성립범위에 관한 법리를 오해한 위법이 있다고 한 사례[대판(전) 2009.11.19. 2009도4166]. [♠10, 12 사시] [♣20 변시]
동지판례 i) 경찰청 민원실에서 말똥을 책상 및 민원실 바닥에 뿌리고 소리를 지르는 등 난동을 부린 행위가 '위력'으로 경찰관의 민원접수 업무를 방해한 것이라는 이유로 업무방해에 해당한다고 본 원심판결에 법리오해의 위법이 있다고 한 사례[대판 2010.2.25. 2008도9049]. ii) 피고인이 甲 등과 공모하여 위력으로 시장 乙 및 丙 회사 관계자 등의 기자회견 업무를 방해하였다는 내용으로 기소된 사안에서, 공소사실 중 공무원 乙의 기자회견 업무에 대한 업무방해의 점을 유죄로 인정한 원심판결에 업무방해죄 성립범위에 관한 법리오해의 위법이 있다고 한 사례[대판 2011.7.28. 2009도11104]. [♠14 사시]

업무상 과실치사상죄와 업무방해죄에서 업무의 차이점

		업무상 과실치사상죄	업무방해죄
공통점		보수의 유무, 영리목적의 유무, 주종불문	
차이점	성 격	형의 가중요소	보호법익
	내 용	생명 · 신체에 위험을 초래할 수 있는 업무	제한 없음
	보호가치	불필요	필 요
	공무포함여부	포 함	불포함(판례)

3. 행 위

허위사실의 유포 기타 위계 · 위력으로써 업무를 방해하는 것이다.

① 허위사실의 유포 · 위계

判例 허위사실 유포와 관련한 판례정리

(1) 허위사실 유포의 의미와 허위에 대한 인식의 정도

허위사실을 유포하는 방법에 의하여 타인의 업무를 방해함으로써 성립하는 업무방해죄에 있어, 허위사실을 유포한다고 함은 실제의 객관적 사실과 서로 다른 사항을 내용으로 하는 사실을 불특정 다수인에게 전파시키는 것을 말하고, 특히 이러한 경우 그 행위자에게 행위 당시 자신이 유포한 사실이 허위라는 점을 적극적으로 인식하였을 것을 요한다[대판 1994.1.28. 93도1278; 동지 대판 2008.11.27. 2008도6728].

(2) '허위사실을 유포'의 범위

업무방해죄에서 '허위사실의 유포'란 객관적으로 진실과 부합하지 않는 사실을 유포하는 것으로서 단순한 의견이나 가치판단을 표시하는 것은 이에 해당하지 않는다. 유포한 대상이 사실과

의견 가운데 어느 것에 속하는지 판단할 때는 언어의 통상적 의미와 용법, 증명가능성, 문제 된 말이 사용된 문맥, 당시의 사회적 상황 등 전체적 정황을 고려해서 판단해야 한다. 의견표현과 사실 적시가 혼재되어 있는 경우에는 이를 전체적으로 보아 허위사실을 유포하여 업무를 방해한 것인지 등을 판단해야지, 의견표현과 사실 적시 부분을 분리하여 별개로 범죄의 성립 여부를 판단해서는 안 된다. 반드시 기본적 사실이 거짓이어야 하는 것은 아니고 비록 기본적 사실은 진실이더라도 이에 거짓이 덧붙여져 타인의 업무를 방해할 위험이 있는 경우도 업무방해에 해당한다. 그러나 그 내용 전체의 취지를 살펴볼 때 중요한 부분이 객관적 사실과 합치되고 단지 세부적으로 약간의 차이가 있거나 다소 과장된 표현이 있는 정도에 지나지 않아 타인의 업무를 방해할 위험이 없는 경우는 이에 해당하지 않는다[대판 2021.9.30. 2021도6634].

(3) 허위사실 유포에 의한 업무방해죄가 성립하는 경우

1. 피고인의 구속 형사사건의 변호인으로 선임된 변호사가 피고인에게 무죄판결을 받아주겠다고 약속한 일이 없고 피고인이 범죄사실을 자백하여 유죄의 선고를 받고 확정되었는데도 피고인이 사람의 통행이 빈번한 변호사 사무실 앞에서 등에 붉은색 페인트로 "무죄라고 약속하고 이백만원에 선임했다. 사건담당변호사"라는 등을 기재한 흰까운을 입고 주변을 배회하는 등 하였다면 이는 공연히 허위의 사실을 적시하여 유포함으로써 변호사로서의 업무의 경영을 저해하는 경우에 해당하므로 업무방해죄를 구성한다[대판 1991.8.27. 91도1344].
2. 피해자가 대표이사인 회사의 소방사업부장이 소속 직원들에게 허위의 사실을 유포하는 등의 방법을 사용하여 직원들로부터 사표를 제출받은 경우, 직원들이 집단적으로 사표를 제출함으로써 일시적으로나마 소방사업부의 업무에서 이탈하거나 업무를 중단할 위험이 생겼고 그로 인하여 피해자의 소방사업부 업무의 경영을 저해할 위험성이 발생하였다고 볼 것이므로, 업무방해죄가 성립된다[대판 2002.3.29. 2000도3231].

(4) 허위사실유포에 의한 업무방해죄가 성립하지 않는 경우

어장의 대표자였던 피고인 甲이 어장측에 대한 허위의 채권을 주장하면서 후임대표자 A에게 그 인장을 인도하기를 거절함으로써 A가 만기도래한 어장 소유의 수산업협동조합 예탁금을 인출하지 못하였고 어장 소유 선박의 검사를 받지 못한 결과를 초래하였다 하여, 피고인의 위 허위주장을 가리켜 허위사실을 유포하거나 기타 위계로써 타인의 업무를 방해한 경우에 해당한다고는 할 수 없다[대판 1984.7.10. 84도638].

判例 위계와 관련한 판례정리

(1) 위계의 의미

1. 위계에 의한 업무방해죄에 있어서 위계라 함은 행위자의 행위목적을 달성하기 위하여 상대방에게 오인·착각 또는 부지를 일으키게 하여 이를 이용하는 것을 말하며, 상대방이 이에 따라 그릇된 행위나 처분을 하였다면 위계에 의한 업무방해죄가 성립된다[대판 1992.6.9. 91도2221].

관련판례 형법 제314조 제1항 소정의 위계에 의한 업무방해죄에 있어서의 '위계'라 함은 행위자의 행위목적을 달성하기 위하여 상대방에게 오인·착각 또는 부지를 일으키게 하여 이를 이용하는 것을 말하므로,

인터넷 자유게시판 등에 실제의 객관적인 사실을 게시하는 행위는, 설령 그로 인하여 피해자의 업무가 방해된다고 하더라도, 위 법조항 소정의 '위계'에 해당하지 않는다[대판 2007.6.29. 2006도3839].

2. [1] 업무방해죄에 있어서 행위의 객체는 타인의 업무이고, 여기서 타인이라 함은 범인 이외의 자연인과 법인 및 법인격 없는 단체를 가리킨다.

[2] 지방공사 사장이 신규직원 채용권한을 행사하는 것은 공사의 기관으로서 공사의 업무를 집행하는 것이므로, 위 권한의 귀속주체인 사장 본인에 대한 관계에서도 업무방해죄의 객체인 타인의 업무에 해당한다. [♣ 17, 20 변시]

[3] 신규직원 채용권한을 가지고 있는 지방공사 사장이 시험업무 담당자들에게 지시하여 상호 공모 내지 양해하에 시험성적조작 등의 부정한 행위를 한 경우, 시험업무 담당자 및 법인인 공사에게 신규직원 채용업무와 관련하여 오인·착각 또는 부지를 일으키게 한 것이 아니므로, '위계'에 의한 업무방해죄에 해당하지 않는다[대판 2007.12.27. 2005도6404]. [♠ 10 사시] [♣ 23 변시]

판결이유 공사의 신규직원 채용시험업무 담당자들이 필기시험성적을 조작한 것과 응시자격 요건을 변경한 것은 피고인의 부정한 지시에 따른 결과일 뿐이지 피고인의 행위에 의해 위 시험업무 담당자들이 오인·착각 또는 부지를 일으킨 결과가 아니고, 이와 같이 신규직원 채용권한을 갖고 있는 피고인 및 위 시험업무 담당자들이 모두 공모 내지 양해하에 위와 같은 부정한 행위를 하였다면 법인인 이 사건 공사에게 위 신규직원 채용업무와 관련하여 오인·착각 또는 부지를 일으키게 하였다고 볼 수는 없다. 그렇다면 이 사건에서는 피고인의 위 시험업무 담당자들에 대한 부정한 지시나 이에 따른 업무 담당자들의 부정행위로 말미암아 공사의 신규직원 채용업무와 관련하여 오인·착각 또는 부지를 일으킨 상대방이 있다고 할 수 없으므로, 피고인 등의 위 부정행위가 곧 위계에 의한 업무방해죄에 있어서의 '위계'에 해당한다고 할 수 없다.

동지판례 위계에 의한 업무방해죄에서 '위계'란 행위자가 행위 목적을 달성하기 위하여 상대방에게 오인, 착각 또는 부지를 일으키게 하여 이를 이용하는 것을 말한다. 컴퓨터 등 정보처리장치에 정보를 입력하는 등의 행위도 그 입력된 정보 등을 바탕으로 업무를 담당하는 사람의 오인, 착각 또는 부지를 일으킬 목적으로 행해진 경우에는 여기서 말하는 위계에 해당할 수 있으나[대판 2013.11.28. 2013도5117 참조], 위와 같은 행위로 말미암아 업무과 관련하여 오인, 착각 또는 부지를 일으킨 상대방이 없었던 경우에는 위계가 있었다고 볼 수 없다[대판 2007.12.27. 2005도6404 참조]. 따라서 검사가 제출한 증거들만으로는 피고인이 위계로 써 피해자 은행들의 자동화기기를 통한 무통장·무카드 입금거래에 관한 업무를 방해하였음이 인정되지 않는다[대판 2022.2.11. 2021도12394].

판례해설 자동화기기에 허위의 정보를 입력하였으나 오인, 착각, 부지를 일으킨 것은 기계이지 사람이 아니므로 오인, 착각 또는 부지를 일으킨 상대방이 없어 위계가 성립하지 않는다.

[사실관계] 전화금융사기 조직의 현금 수거책인 피고인이 무매체 입금거래의 '1인 1일 100만원' 한도 제한을 회피하기 위하여 은행 자동화기기에 제3자의 주민등록번호를 입력하는 방법으로 이른바 '쪼개기 송금'을 한 사안.

비교판례 수산업협동조합의 신규직원 채용에 응시한 A와 B가 필기시험에서 합격선에 못 미치는 점수를 받게 되자, 채점업무 담당자들이 조합장인 피고인의 지시에 따라 점수조작행위를 통하여 이들을 필기시험에 합격시킴으로써 필기시험 합격자를 대상으로 하는 면접시험에 응시할 수 있도록 한 경우, 위 점수조작행위에 공모 또는 양해하였다고 볼 수 없는 일부 면접위원들이 조합의 신규직원 채용업무로서 수행한 면접업무는 위 점수조작행위에 의하여 방해되었다고 보아야 한다[대판 2010.3.25. 2009도8506]. [♣ 13 변시]

(2) 심사제도와 위계에 의한 업무방해죄의 한계

[1] 상대방으로부터 신청을 받아 상대방이 일정한 자격요건 등을 갖춘 경우에 한하여 그에 대한 수용 여부를 결정하는 업무에 있어서는 신청서에 기재된 사유가 사실과 부합하지 않을 수 있음

을 전제로 그 자격요건 등을 심사·판단하는 것이므로, 그 업무담당자가 사실을 충분히 확인하지 아니한 채 신청인이 제출한 허위의 신청사유나 허위의 소명자료를 가볍게 믿고 이를 수용하였다면 이는 업무담당자의 불충분한 심사에 기인한 것으로서 신청인의 위계가 업무방해의 위험성을 발생시켰다고 할 수 없어 위계에 의한 업무방해죄를 구성하지 않지만, 신청인이 업무담당자에게 허위의 주장을 하면서 이에 부합하는 허위의 소명자료를 첨부하여 제출한 경우 그 수리 여부를 결정하는 업무담당자가 관계 규정이 정한 바에 따라 그 요건의 존부에 관하여 나름대로 충분히 심사를 하였음에도 신청사유 및 소명자료가 허위임을 발견하지 못하여 그 신청을 수리하게 될 정도에 이르렀다면, 이는 업무담당자의 불충분한 심사가 아니라 신청인의 위계행위에 의하여 업무방해의 위험성이 발생한 것이어서 위계에 의한 업무방해죄가 성립한다.

[2] 대한주택공사가 시행하는 택지개발사업의 공동택지용지 수의공급업무와 관련하여 택지개발예정지구 지정공고일 이후에 대상토지를 매수하여 관련 규정상 신청자격이 없는 자가 계약일자를 위 공고일 이전으로 허위기재한 매매계약서를 기초로 소유권이전등기를 마친 후 그 등기부등본과 계약일자를 허위로 기재한 소유토지조서를 첨부하여 수의공급 신청을 한 경우, 위 공사의 택지공급업무의 적정성과 공정성을 해할 위험을 초래한 것에 해당하여 위계에 의한 업무방해죄를 구성한다고 한 사례[대판 2007.12.27. 2007도5030].

동지판례 甲이 허위의 사실을 기재하여 乙의 미국방문비자 신청서를 제출한 후, 그 소명을 위하여 허위로 작성한 서류를 제출하고, 乙로 하여금 비자면접 때 허위의 답변을 하도록 연습을 시켜 면접을 하게 하고, 乙의 회사재직 여부를 묻는 미국대사관 직원의 문의전화에 대하여 허위답변을 하여 신청사유 및 소명자료가 허위임을 발견하지 못하여 그 신청을 수리하게 될 정도에 이르렀다면 이는 업무담당자의 불충분한 심사가 아니라 신청인의 위계행위에 의하여 업무방해의 위험성이 발생된 것이어서 이에 대하여 위계에 의한 업무방해죄가 성립된다[대판 2004.3.26. 2003도7927].[♠ 06, 09 사시]

동지판례 계좌개설 신청인이 접근매체를 양도할 의사로 금융기관에 법인 명의 계좌를 개설하면서 예금거래신청서 등에 금융거래의 목적이나 접근매체의 양도의사 유무 등에 관한 사실을 허위로 기재하였으나, 계좌개설 심사업무를 담당하는 금융기관의 업무담당자가 단순히 예금거래신청서 등에 기재된 계좌개설 신청인의 허위 답변만을 그대로 믿고 그 내용의 진실 여부를 확인할 수 있는 증빙자료의 요구 등 추가적인 확인조치 없이 법인 명의의 계좌를 개설해 준 경우, 신청인에게 위계에 의한 업무방해죄가 성립하지 않는다[대판 2023.8.31. 2021도17151].

비교판례 대학교 시간강사 임용과 관련하여 허위학력이 기재된 이력서만을 제출한 사안에서 임용심사업무 담당자가 불충분한 심사로 인하여 허위학력이 기재된 이력서를 믿은 것이므로 위계에 의한 업무방해죄를 구성하지 않는다고 한 사례[대판 2009.1.30. 2008도6950].

判例 위계에 의한 업무방해죄가 성립하지 않는 경우

1. 피고인이 피해자 게임회사들이 제작한 모바일게임의 이용자들의 게임머니나 능력치를 높게 할 수 있는 변조된 게임프로그램을 해외 인터넷 사이트에서 다운로드받은 다음, 위와 같은 게임프로그램을 제공한다는 것을 나타내는 문구가 게임프로그램 실행 시 화면에 나올 수 있도록 게임프로그램을 변조한 후 자신이 직접 개설한 모바일 어플리케이션 공유사이트 게시판에 위와 같이 변조한 게임프로그램들을 게시·유포하여 위계로써 피해자 게임회사들의 정상적인 영업업무를 방해하였다는 내용으로 기소된 사안에서, 피고인이 어떠한 방법으로 변조된 게임프로그램을

실행하여 게임서버에 접속하였는지에 관하여 전혀 특정하지 아니한 채 변조된 게임프로그램을 게시·유포하였다는 사실만으로는 위계에 의한 업무방해죄가 성립하지 않는다고 한 사례[대판 2017.2.21. 2016도15144].

판결이유 게임이용자가 이 사건 공소사실과 같이 변조된 게임프로그램을 자신의 모바일 기기에 설치하고 이를 실행하여 게임서버에 접속하는 경우, 게임회사로서는 위와 같이 변조된 게임프로그램을 설치·실행하여 서버에 접속한 게임이용자와 정상적인 게임프로그램을 설치·실행하여 서버에 접속한 게임이용자를 구별할 수 없게 되므로, 게임이용자가 변조된 게임프로그램을 설치·실행하여 게임서버에 접속하여야 비로소 게임회사에 대한 위계에 의한 업무방해죄가 성립한다고 할 것이다.

2. 피고인이 그가 경영하던 공장을 공소외 (甲)에게 양도하면서 미수 외상대금 채권의 수금권을 포기하기로 약정하고도 이를 외상채무자들에게 고지하지 아니하고 외상대금을 수령하였다 하여 이로써 위계로 위 공소외인의 공장경영의무를 방해한 것이라 할 수 없다[대판 1984.5.9. 83도2270].

判例 위계에 의한 업무방해죄가 성립하는 경우

1. **(부정시험 사건)** 교수인 피고인 甲이 출제교수들로부터 대학원 신입생 전형시험 문제를 제출받아 피고인 乙·丙에게 그 시험문제를 알려주자 그들이 답안쪽지를 작성한 다음 이를 답안지에 그대로 베껴써서 그 정을 모르는 시험감독관에게 제출한 경우, 위계로써 입시감독업무를 방해한 것이므로 업무방해죄에 해당한다[대판 1991.11.12. 91도2211]. [♠ 09 사시] [♣ 17 변시]
2. **(부정시험 사건)** 더 이상 채점결과를 변경할 수 없는 단계에서 일부 응시생들을 합격시킬 목적만으로 채점결과를 변경한 행위는 채점행위의 범위를 벗어난 것으로 채점을 담당한 교수의 권한에 속하는 것이 아님이 분명하고, 따라서 위와 같은 행위는 결국 아무 권한도 없이 이미 확정된 채점결과를 임의로 변경하여 대학원위원회의 합격자 사정업무를 위계로써 방해한 것에 해당한다[대판 1993.12.28. 93도2669].
3. **(부정시험 사건)** 학부모들이 대학교 교무처장 등에게 자녀들의 부정입학을 청탁하면서 그 대가로 대학교측에 기부금명목의 금품을 제공하고 이에 따라 교무처장 등이 그들의 실제 입학시험 성적을 임의로 고쳐 그 석차가 모집정원의 범위 내에 들도록 사정부를 허위로 작성한 다음 이를 그 정을 모르는 입학사정위원들에게 제출하여 그들로 하여금 그 사정부에 따라 입학사정을 하게 함으로써 자녀들을 합격자로 사정처리 하게 한 것은 위계로써 입학사정위원들의 사정업무를 방해한 것이다[대판 1994.3.11. 93도2305].

   동지판례 대학교 총장이 신입생을 추가로 모집함에 있어 기부금을 낸 학부모나 교직원 자녀들의 성적 또는 지망학과를 고쳐 석차가 추가로 모집하는 인원의 범위 내에 들도록 사정부를 허위로 작성한 다음 그 정을 모르는 입학사정위원들에게 제출하여 허위로 작성된 사정부에 따라 입학사정을 하게 함으로써 위 자녀들을 합격자로 사정하게 하였다면 이는 위계로써 입학사정업무를 방해하였다고 할 것이다[대판 1993.5.11. 92도255].
4. **(논문을 대부분 대작시킨 사건)** 단순히 통계처리와 분석, 외국자료의 번역과 타자만을 타인에게 의뢰한 것이 아니라 전체 논문의 초안작성을 의뢰하고, 그에 따라 작성된 논문의 내용에 약간의 수정만을 가하여 제출한 경우에는 위계로써 위 대학원의 학사업무를 방해한 것이다[대판 1996.7.30. 94도2708].

5. **(전산조작을 통한 실명전환 사건)** 금융실명거래 및 비밀보장에 관한 긴급재정명령을 위반한 행위는 위계로 회사의 실명전환업무 및 전산처리업무를 방해한 것으로서 업무방해죄를 구성한다[대판 1995.11.14. 95도1729].

   비교판례 **(차명실명전환 사건)** 실명전환사무를 처리하는 금융기관의 업무는 실명전환을 청구하는 자가 권리자의 외관을 가지고 있는지 여부를 확인하고 그의 명의가 위 긴급명령에서 정하고 있는 주민등록표상의 명의 등 실명인지 여부를 확인하는 것일 뿐이지, 나아가 그가 과연 금융자산의 실질적인 권리자인지 여부를 조사·확인하는 것까지 그 업무라고 할 수는 없다. 따라서 기존의 비실명예금을 합의차명에 의하여 명의대여자의 실명으로 전환한 행위는 위 긴급명령에 따른 금융기관의 실명전환에 관한 업무를 방해한 것이라 할 수 없다[대판(전) 1997.4.17. 96도3377].

6. **(위장취업 사건)** 피고인이 노동운동을 하기 위하여 노동현장에 취업하고자 하나 자신이 대학교에 입학한 학력과 국가보안법위반죄의 처벌전력 때문에 쉽사리 입사할 수 없음을 알고, 타인 명의로 허위의 학력과 경력을 기재한 이력서를 작성하고, 동인의 고등학교 생활기록부 등 서류를 작성·제출하여 시험에 합격하였다면 피고인은 위계에 의하여 위 회사의 근로자로서의 적격자를 채용하는 업무를 방해한 것이다[대판 1992.6.9. 91도2221]. [♣ 17 변시]

7. A사 직원들이 한국도로공사가 B사의 고속도로 통행요금징수 기계화시스템의 성능에 대한 현장평가시에 인위적으로 각종 소형화물차 16대의 타이어 공기압을 낮추어 접지면을 증가시킨 후 위 설비가 설치되어 있는 톨게이트를 통과하도록 한 경우, 피고인들의 행위는 위계를 사용하여 한국도로공사의 현장시험 업무에 지장을 줄 위험을 발생케 한 것으로서, 이에 의하여 실지로 업무방해의 결과가 발생하였는지 여부에 상관없이 업무방해죄를 구성한다[대판 1994.6.14. 93도288].

8. 전용실시권 없이 의장권만을 경락에 의하여 취득한 자가 전용실시권에 기하여 그 권리범위에 속하는 물품을 제조판매하는 거래에 관하여 자기에게만 실시권이 있는 양 주장하면서 물품의 제조판매의 중지와 불응시 제재하겠다는 통고문을 내용증명우편으로 발송하였다면 이는 업무방해죄의 구성요건을 충족할 수 있다[대판 1977.4.26. 76도2446].

9. **(서류배달업무방해 사건)** 피고인이 서류배달업 회사가 고객으로부터 배달을 의뢰받은 서류의 포장 안에 특정종교를 비방하는 내용의 전단을 집어넣어 함께 배달되게 한 경우, 위 회사의 서류배달업무를 방해한 것으로 업무방해죄가 성립한다[대판 1999.5.14. 98도3767]. [♠ 02, 06, 09, 15 사시]

10. 특정 회사가 제공하는 게임사이트에서 정상적인 포커게임을 하고 있는 것처럼 가장하면서 통상적인 업무처리 과정에서 적발해 내기 어려운 사설 프로그램을 이용하여 약관상 양도가 금지되는 포커머니를 약속된 상대방에게 이전해 준 사안에서, 이는 형법 제314조 제2항에 정한 '부정한 명령의 입력'에 해당하지는 않지만 회사의 정상적인 게임사이트 운영업무를 방해한 것이므로 위계에 의한 업무방해죄를 구성한다고 한 사례[대판 2009.10.15. 2007도9334]. [♠ 10 사시]

11. 한국자산관리공사가 공적자금을 회수하기 위하여 공적자금 투입업체의 출자전환주식을 매각하기로 하고 그 매각업무의 주간사를 선정하는 과정에서 우선 공사 내부구성원들이 1차 선정위원회를 구성하여 후보기관을 심사·선정하면서, 위 선정위원회가 준수해야 하는 매각심사소위원회의 평가표에 따를 경우 甲 업체의 제안서 심사결과가 경쟁상대인 乙 업체보다 불리하다고 판단되자, 위 평가표의 평가항목별 배점을 甲 업체에 유리하게 수정하여 甲 업체를 1순위로, 乙 업체를 2순위로 선정한 다음, 이러한 사실을 고지하지 않은 채 별도의 민간전문가가 참여한

2차 선정위원회에 위 심사결과와 수정된 평가표를 제출하여 평가절차를 진행하게 한 경우, 위 평가표의 임의 수정 및 제출행위는 위계에 해당하고 이로 인하여 위 2차 선정위원회의 민간전문가가 매각 주간사를 선정하는 업무의 적정성 내지 공정성을 해할 위험이 발생하였으므로 위계에 의한 업무방해죄가 성립한다[대판 2008.1.17. 2006도1721].

12. 피고인들이 공모한 후 마치 특정 지역에서 甲 주식회사의 농기계 판매권한이 있는 것처럼 광고하여 농기계를 판매한 행위는 위계로써 위 지역에 대한 농기계 위탁판매권한을 취득한 乙의 업무를 방해한 것이다[대판 2011.7.14. 2011도3782].

13. X 상호저축은행 경영진인 甲이 저축은행의 영업정지가 임박한 상황에서 X 저축은행에 파견되어 있던 금융감독원 감독관에게 알리지 아니한 채 영업마감 후에 특정 고액 예금채권자들에게 영업정지 예정사실을 알려주어 예금을 인출하도록 함으로써 파견감독관의 상시감독업무를 방해하였다는 내용으로 기소된 사안에서, 甲이 영업정지 예정사실 통지에 관한 파견감독관의 부지를 이용하여 예금채권자들로 하여금 예금을 인출하도록 한 것이 업무방해죄의 위계에 해당한다고 본 원심판단을 수긍한 사례[대판 2013.1.24. 2012도10629].

14. [1] 위계에 의한 업무방해죄에서 '위계'란 행위자가 행위목적을 달성하기 위하여 상대방에게 오인, 착각 또는 부지를 일으키게 하여 이를 이용하는 것을 말하고, 업무방해죄의 성립에는 업무방해의 결과가 실제로 발생함을 요하지 않고 업무방해의 결과를 초래할 위험이 발생하면 족하며, 업무수행 자체가 아니라 업무의 적정성 내지 공정성이 방해된 경우에도 업무방해죄가 성립한다. 나아가 컴퓨터 등 정보처리장치에 정보를 입력하는 등의 행위가 그 입력된 정보 등을 바탕으로 업무를 담당하는 사람의 오인, 착각 또는 부지를 일으킬 목적으로 행해진 경우에는 그 행위가 업무를 담당하는 사람을 직접적인 대상으로 이루어진 것이 아니라고 하여 위계가 아니라고 할 수는 없다.

    [2] 甲 정당의 제19대 국회의원 비례대표 후보자 추천을 위한 당내 경선과정에서 피고인들이 선거권자들로부터 인증번호만을 전달받은 뒤 그들 명의로 특정 후보자에게 전자투표를 함으로써 위계로써 甲 정당의 경선관리 업무를 방해하였다는 내용으로 기소된 사안에서, 국회의원 비례대표 후보자 명단을 확정하기 위한 당내 경선은 정당의 대표자나 대의원을 선출하는 절차와 달리 국회의원 당선으로 연결될 수 있는 중요한 절차로서 직접투표의 원칙이 그러한 경선절차의 민주성을 확보하기 위한 최소한의 기준이 된다고 할 수 있는 점 등 제반 사정을 종합할 때, 당내 경선에도 직접 · 평등 · 비밀투표 등 일반적인 선거원칙이 그대로 적용되고 대리투표는 허용되지 않는다는 이유로 피고인들에게 유죄를 인정한 사례[대판 2013.11.28. 2013도5117].

15. 피고인이 자신이 저작자가 아님에도 공저자로 표시되어 발행된 서적을 마치 자신의 저서인 것처럼 업적보고서에 연구업적으로 기재하여 ○○대학교 교원업적평가 담당자에게 제출함으로써 교원업적평가 결과를 왜곡한 이상 위계에 의한 업무방해죄가 성립하고, 피고인이 교원재계약을 위한 기준 점수를 월등히 초과하고 있었다 하더라도 달리 볼 것은 아니다.

    또한 교원업적평가와 관련하여 방대한 자료가 제출되는 현실을 감안할 때 담당자들로서는 정상적으로 업무를 처리하는 과정에서 저작권법위반 여부를 밝혀내는 것이 현실적으로 불가능해 보이는 점 등에 비추어 보면 ○○대학교의 교원업적평가가 방해된 것이 ○○대학교 측의 불충분한 심사에 기인한 것이라고 볼 수 없다[대판 2017.10.26. 2016도16031].

16. 사립고등학교 학생이 실제로 봉사활동을 한 사실이 없음에도 부모가 (다른 학교 교사인 상피고인과 공모하여) 외부기관으로부터 허위의 봉사활동내용이 기재된 확인서를 발급받은 후 이를 학교에 제출하여 학생으로 하여금 봉사상을 받도록 한 사안에서, 허위의 봉사활동확인서 제출로써 학교장의 봉사상 심사 및 선정업무 방해의 결과를 초래할 위험이 발생하였다고 한 사례 [대판 2020.9.24. 2017도19283].

② 위 력

判例 위력의 의미와 위력이 가해지는 상대방 적격 (업무에 종사 중인 사람에게 직접 가해질 필요 없음)

[1] 업무방해죄의 '위력'이란 사람의 자유의사를 제압·혼란케 할 만한 일체의 세력으로, 유형적이든 무형적이든 묻지 아니하므로, 폭력·협박은 물론 사회적·경제적·정치적 지위와 권세에 의한 압박 등도 이에 포함되고, 현실적으로 피해자의 자유의사가 제압될 것을 요하는 것은 아니지만, 범인의 위세, 사람의 수, 주위의 상황 등에 비추어 피해자의 자유의사를 제압하기 족한 세력을 의미하는 것으로서, 위력에 해당하는지는 범행의 일시·장소, 범행의 동기, 목적, 인원수, 세력의 태양, 업무의 종류, 피해자의 지위 등 제반 사정을 고려하여 객관적으로 판단하여야 한다. 또한, 업무방해죄의 위력은 반드시 업무에 종사 중인 사람에게 직접 가해지는 세력만을 의미하는 것은 아니고, 사람의 자유의사를 제압하기에 족한 일정한 물적 상태를 만들어 사람으로 하여금 자유로운 행동을 불가능하게 하거나 현저히 곤란하게 하는 행위도 이에 포함될 수 있다.
[2] 피고인이 피해자들이 경작 중이던 농작물을 트랙터를 이용하여 갈아엎은 다음 그곳에 이랑을 만들고 새로운 농작물을 심어 피해자의 자유로운 논밭 경작 행위를 불가능하게 하거나 현저히 곤란하게 한 경우, 위력에 의한 업무방해죄에 해당한다고 한 사례[대판 2009.9.10. 2009도5732]. [♠10 사시]

判例 정당한 권한의 행사가 업무방해죄를 구성하는 위력에 해당하는지 여부(부정)

어떤 행위의 결과 상대방의 업무에 지장이 초래되었다 하더라도 행위자가 가지는 정당한 권한을 행사한 것으로 볼 수 있는 경우에는, 행위의 내용이나 수단 등이 사회통념상 허용될 수 없는 등 특별한 사정이 없는 한 업무방해죄를 구성하는 위력을 행사한 것이라고 할 수 없다. 따라서 제3자로 하여금 상대방에게 어떤 조치를 취하게 하는 등으로 상대방의 업무에 곤란을 야기하거나 그러한 위험이 초래되게 하였다 하더라도, 행위자가 제3자의 의사결정에 관여할 수 있는 권한을 가지고 있거나 그에 대하여 업무상 지시를 할 수 있는 지위에 있는 경우에는 특별한 사정이 없는 한 업무방해죄를 구성하지 아니한다 [대판 2013.2.28. 2011도16718].
[사실관계] ○○조합과 ○○조합새마을금고는 상호간 업무적으로 밀접하게 연관되어 있고 조합이 새마을금고의 업무에 직·간접적으로 관여할 권한을 가지고 있다고 볼 만한 사정도 상당하다면, ○○조합 이사장 지위에 있는 피고인이 조합 이사회 결의에 따라 이사장 명의로 새마을금고에 공문을 보내 ○○개인택시신문에 게재하던 광고를 중단하도록 한 행위는 특별한 사정이 없는 한 위력에 의한 업무방해죄에 해당한다고 할 수 없다.

判例 쟁의행위로서 업무거부(파업)가 위력에 해당하기 위한 요건

[1] 업무방해죄는 위계 또는 위력으로써 사람의 업무를 방해한 경우에 성립하며(형법 제314조 제1항), '위력'이란 사람의 자유의사를 제압·혼란케 할 만한 일체의 세력을 말한다. 쟁의행위로서 파업도, 단순히 근로계약에 따른 노무의 제공을 거부하는 부작위에 그치지 아니하고 이를 넘어서 사용자에게 압력을 가하여 근로자의 주장을 관철하고자 집단적으로 노무제공을 중단하는 실력행사이므로, 업무방해죄에서 말하는 위력에 해당하는 요소를 포함하고 있다.

[2] 근로자는 원칙적으로 헌법상 보장된 기본권으로서 근로조건 향상을 위한 자주적인 단결권·단체교섭권 및 단체행동권을 가지므로(헌법 제33조 제1항), 쟁의행위로서 파업이 언제나 업무방해죄에 해당하는 것으로 볼 것은 아니고, 전후 사정과 경위 등에 비추어 사용자가 예측할 수 없는 시기에 전격적으로 이루어져 사용자의 사업운영에 심대한 혼란 내지 막대한 손해를 초래하는 등으로 사용자의 사업계속에 관한 자유의사가 제압·혼란될 수 있다고 평가할 수 있는 경우에 비로소 집단적 노무제공의 거부가 위력에 해당하여 업무방해죄가 성립한다고 보는 것이 타당하다[대판(전) 2011.3.17. 2007도482].

[♣ 13 변시]

동지판례 i) 근로자 100명 중 2명이 지역집회 참가를 이유로 2시간 파업에 참여하는 등 그 파업 규모에 비추어 사용자의 사업운영에 심대한 혼란이나 막대한 손해가 초래되었다고 볼 수 없는 사업장의 경우 사용자의 사업계속에 관한 자유의사가 제압·혼란될 수 있다고 평가할 수 있는 경우에 해당하지 아니한다고 볼 여지가 있다[대판 2011.10.27. 2009도3390]. ii) 철도노동조합과 산하 지방본부 간부인 피고인들이 '구내식당 외주화 반대' 등 한국철도공사의 경영권에 속하는 사항을 주장하면서 업무 관련 규정을 지나치게 철저히 준수하는 등의 방법으로 안전운행투쟁을 전개하여 열차가 지연 운행되도록 하였다고 하더라도, 열차 지연 운행 횟수나 정도 등에 비추어 안전운행투쟁으로 말미암아 한국철도공사의 사업운영에 심대한 혼란 내지 막대한 손해가 초래될 위험이 있었다고 하기 어렵고, 그 결과 한국철도공사의 사업계속에 관한 자유의사가 제압·혼란될 수 있다고 평가할 수 있는 경우에 해당하지 않는다고 볼 여지가 충분하다[대판 2014.8.20. 2011도468].

判例 위력의 행사의 상대방이 피해자가 아닌 제3자인 경우 업무방해죄의 성립요건

[1] 소비자가 구매력을 무기로 상품이나 용역에 대한 자신들의 선호를 시장에 실질적으로 반영하기 위한 집단적 시도인 소비자불매운동은 본래 '공정한 가격으로 양질의 상품 또는 용역을 적절한 유통구조를 통해 적절한 시기에 안전하게 구입하거나 사용할 소비자의 제반 권익을 증진할 목적'에서 행해지는 소비자보호운동의 일환으로서 헌법 제124조를 통하여 제도로서 보장되나, 그와는 다른 측면에서 일반 시민들이 특정한 사회, 경제적 또는 정치적 대의나 가치를 주장·옹호하거나 이를 진작시키기 위한 수단으로서 소비자불매운동을 선택하는 경우도 있을 수 있고, 이러한 소비자불매운동 역시 반드시 헌법 제124조는 아니더라도 헌법 제21조에 따라 보장되는 정치적 표현의 자

유나 헌법 제10조에 내재된 일반적 행동의 자유의 관점 등에서 보호받을 가능성이 있으므로, 단순히 소비자불매운동이 헌법 제124조에 따라 보장되는 소비자보호운동의 요건을 갖추지 못하였다는 이유만으로 이에 대하여 아무런 헌법적 보호도 주어지지 아니한다거나 소비자불매운동에 본질적으로 내재되어 있는 집단행위로서의 성격과 대상 기업에 대한 불이익 또는 피해의 가능성만을 들어 곧바로 형법 제314조 제1항의 업무방해죄에서 말하는 위력의 행사에 해당한다고 단정하여서는 아니 된다. 다만 그 소비자불매운동이 헌법상 보장되는 정치적 표현의 자유나 일반적 행동의 자유 등의 점에서도 전체 법질서상 용인될 수 없을 정도로 사회적 상당성을 갖추지 못한 때에는 그 행위 자체가 위법한 세력의 행사로서 형법 제314조 제1항의 업무방해죄에서 말하는 위력의 개념에 포섭될 수 있고, 그러한 관점에서 어떠한 소비자불매운동이 위력에 의한 업무방해죄를 구성하는지 여부는 해당 소비자불매운동의 목적, 불매운동에 이르게 된 경위, 대상 기업의 선정이유 및 불매운동의 목적과의 연관성, 대상 기업의 사회·경제적 지위와 거기에 비교되는 불매운동의 규모 및 영향력, 불매운동 참여자의 자발성, 불매운동 실행과정에서 다른 폭력행위나 위법행위의 수반 여부, 불매운동의 기간 및 그로 인하여 대상 기업이 입은 불이익이나 피해의 정도, 그에 대한 대상 기업의 반응이나 태도 등 제반 사정을 종합적·실질적으로 고려하여 판단하여야 한다.

[2] 업무방해죄의 위력은 원칙적으로 피해자에게 행사되어야 하므로, 그 위력 행사의 상대방이 피해자가 아닌 제3자인 경우 그로 인하여 피해자의 자유의사가 제압될 가능성이 직접적으로 발생함으로써 이를 실질적으로 피해자에 대한 위력의 행사와 동일시할 수 있는 특별한 사정이 있는 경우가 아니라면 피해자에 대한 업무방해죄가 성립한다고 볼 수 없다. 이때 제3자에 대한 위력의 행사로 피해자의 자유의사가 직접 제압될 가능성이 있는지는 위력 행사의 의도나 목적, 위력 행사의 상대방인 제3자와 피해자의 관계, 위력의 행사 장소나 방법 등 태양, 제3자에 대한 위력의 행사에 관한 피해자의 인식 여부, 제3자에 대한 위력의 행사로 피해자가 입게 되는 불이익이나 피해의 정도, 피해자에 의한 위력의 배제나 제3자에 대한 보호의 가능성 등을 종합적으로 고려하여 판단하여야 한다.

[3] 인터넷카페의 운영진인 피고인들이 카페 회원들과 공모하여, 특정 신문들에 광고를 게재하는 광고주들에게 불매운동의 일환으로 지속적·집단적으로 항의전화를 하거나 광고주들의 홈페이지에 항의글을 게시하는 등의 방법으로 광고중단을 압박함으로써 위력으로 광고주들 및 신문사들의 업무를 방해하였다는 내용으로 기소된 사안에서, 원심이 피고인들이 벌인 불매운동의 목적, 그 조직과정, 대상 기업의 선정경위, 불매운동의 규모 및 영향력, 불매운동의 실행 형태, 불매운동의 기간, 대상 기업인 광고주들이 입은 불이익이나 피해의 정도 등에 비추어 피고인들의 위 행위가 광고주들의 자유의사를 제압할 만한 세력으로서 위력에 해당한다고 본 것은 정당하나, 나아가 피고인들의 행위로 신문사들이 실제 입은 불이익이나 피해의 정도, 그로 인하여 신문사들의 영업활동이나 보도에 관한 자유의사가 제압될 만한 상황에 이르렀는지 등을 구체적으로 심리하여 살펴보지 아니한 채, 신문사들에 대한 직접적인 위력의 행사가 있었다고 보아 유죄를 인정한 원심판결에 업무방해죄의 구성요건인 위력의 대상 등에 관한 법리를 오해하여 심리를 다하지 아니한 잘못이 있다고 한 사례[대판 2013.3.14. 2010도410].

判例 위력에 의한 업무방해죄가 성립하는 경우

1. 피고인이 자신의 명의로 등록되어 있는 피해자 운영의 학원에 대하여 피해자의 승낙을 받지 아니하고 폐원신고를 하였다고 하더라도 피해자에게 사전에 통고를 한 뒤 폐원신고를 하였다면 위계를 사용하여 피해자의 업무를 방해한 것으로 보기는 어렵고, 오히려 피해자가 운영하고 있는 학원이 자신의 명의로 등록되어 있는 지위를 이용하여 임의로 폐원신고를 함으로써 피해자의 업무를 위력으로써 방해한 것이다[대판 2005.3.25. 2003도5004].

   동지판례 자신의 명의로 사업자등록이 되어 있고 자신이 상주하여 지게차 판매 등을 하고 있는 지위를 이용하여, 피해자의 사업장 출입을 금지하기 위하여 출입문에 설치된 자물쇠의 비밀번호를 변경한 행위는 위력에 의한 업무방해죄가 성립한다고 한 사례[대판 2009.4.23. 2007도9924].

2. 피고인이 피해자의 물건을 임의로 철거 · 폐기할 수 있다는 임대차계약 조항에 따라 간판업자를 동원하여 피해자가 영업 중인 식당 점포의 간판을 철거한 등의 행위는 위력을 사용하여 피해자의 업무를 방해한 행위에 해당한다[대판 2005.3.10. 2004도341].[3] [♠ 08 사시]

3. 피해자가 시장번영회를 상대로 잦은 진정을 하고 협조를 하지 않는다는 이유로 시장번영회 총회결의에 의하여 피해자 소유점포에 대하여 정당한 권한 없이 단전조치를 한 것이라면 그 결의에 참가한 회원의 위력에 의한 업무방해행위가 성립하고 피해자에게 사전통고를 한 여부나 피고인이 회장의 자격으로 단전조치를 한 여부는 위 죄의 성립에 아무런 영향이 없다[대판 1983.11.8. 83도1798].

4. 신고한 옥외집회에서 고성능 확성기 등을 사용하여 발생된 소음이 82.9dB 내지 100.1dB에 이르고, 사무실 내에서의 전화통화 · 대화 등이 어려웠으며, 밖에서는 부근을 통행하기조차 곤란하였고, 인근 상인들도 소음으로 인한 고통을 호소하는 정도에 이르렀다면 이는 위력으로 인근 상인 및 사무실 종사자들의 업무를 방해한 업무방해죄를 구성한다[대판 2004.10.15. 2004도4467].

5. 회사에서 휴업공고를 하였다 하더라도 비상대책위원회 의장인 피고인 등이 근로자들로 하여금 작업을 거부하게 함과 아울러 회사로 통하는 모든 출입문에 바리케이트 등을 설치하고 다수의 근로자들로 하여금 위 회사의 관리직사원을 포함한 모든 출입자의 출입을 통제하였다면 위력으로 회사의 업무를 방해한 것이며 그 위법성이 조각되지 아니한다[대판 1991.6.11. 91도753]. [♠ 99 사시]

6. 피고인을 포함한 집회 참가자 약 1,500명이 당초 신고한 집회장소를 벗어나 피해자 회사가 운영하는 매장을 둘러싸고 합성을 지르며 매장점거를 계속 시도하였고, 그 과정에서 이를 저지하는 경찰과 충돌하여 폭력을 행사하였고, 위와 같은 매장점거 시도행위로 인하여 피해자 회사의 매장을 방문한 손님들의 출입이 현저히 곤란해졌다면 피고인의 행위는 위력으로써 피해자 회사의 업무를 방해한 업무방해죄를 구성하고, 이는 형법 제20조의 정당행위에 해당하지 아니한다[대판 2011.10.13. 2009도5698].

---

3) 강제철거권은 국가 또는 공공단체의 고유한 권한이므로 사인(私人)이 계약에 의하여 처분할 수 없으며, 그러한 계약은 민법 제103조 위반으로서 무효이다.

判例 위력에 의한 업무방해죄가 성립하지 않는 경우

1. 종손인 74세의 甲은 자신의 동의도 없이 종중이 자기소유의 토지를 매도하기로 결의하고 측량하려 하자, 종중원들과 측량기사에게 "내 허락 없이 측량을 하면 가만두지 않겠다"고 측량을 반대하면서 소리치며 시비를 한 경우, 甲은 피해자의 자유의사를 제압하기에 족한 위력을 행사한 것으로 볼 수 없으므로 업무방해죄가 성립하지 않는다[대판 1999.5.28. 99도495].
2. 계약갱신 및 체납임 · 관리비 상당액 독려차 나온 사원에게 "너희들이 무엇인데 상인협의회에서 하는 일을 방해하며 협의회에서 돌리는 유인물을 압수하느냐 당장 해임시켜야 하겠다"고 한 정도의 욕설을 한 행위만으로는 업무방해죄의 위력을 행사한 것으로 보기 어렵다[대판 1983.10.11. 82도2584].
3. 피고인이 출장배치를 받은 골프장의 경기보조원들을 상대로 출장을 거부할 것을 순차 지시한 사안에서, 피고인의 지시로 출장을 거부한 골프장의 경기보조원들이 약 18명에 불과하고, 그 기간도 2008.9.16. 07:00경부터 07:40경까지 40분에 불과하다면, 전체 경기보조원들 숫자 및 골프장 운영시간과 비교하여 경기보조원들의 출장거부 규모가 그리 크지 않다고 볼 수 있다는 이유로, 피고인의 행위가 골프장 운영자의 자유의사를 제압 · 혼란케 할 정도의 위력에 해당한다고 보기에 부족하다고 한 사례[대판 2013.5.23. 2011도12440].
4. [1] 업무방해죄의 '위력'이란 사람의 자유의사를 제압 · 혼란하게 할 만한 일체의 세력으로, 유형적이든 무형적이든 묻지 아니하고, 현실적으로 피해자의 자유의사가 제압되어야만 하는 것도 아니지만, 범인의 위세, 사람 수, 주위의 상황 등에 비추어 피해자의 자유의사를 제압하기 족한 정도가 되어야 하는 것으로서, 그러한 위력에 해당하는지는 범행의 일시 · 장소, 범행의 동기, 목적, 인원수, 세력의 태양, 업무의 종류, 피해자의 지위 등 제반 사정을 고려하여 객관적으로 판단하여야 하고, 피해자 등의 의사에 의해 결정되는 것은 아니다.
   [2] 마트산업노동조합 간부와 조합원인 피고인들이 공모하여, 대형마트 지점 2층 매장 안에서 '부당해고'라고 쓰인 피켓을 들고 지점장 甲과 대표이사 등 임직원들을 따라다니며 "강제전배 멈추어라, 통합운영 하지마라, 직원들이 아파한다, 부당해고 그만하라."라고 고성을 지르는 방법으로 약 30분간 甲의 현장점검 업무를 방해하였다는 내용으로 기소된 사안에서, 제반 사정을 종합하면 피고인들이 甲 등의 자유의사를 제압하기에 족한 위력을 행사하였다고 단정하기 어렵다는 이유로, 이와 달리 본 원심판단에 법리오해의 잘못이 있다고 한 사례[대판 2022.9.7. 2021도9055].

③ 업무방해

判例 업무방해의 의미(범위)

1. 업무방해죄의 업무방해는 널리 그 경영을 저해하는 경우에도 성립하는데, 업무로서 행해져 온 회사의 경영행위에는 그 목적 사업의 직접적인 수행뿐만 아니라, 그 확장 · 축소 · 전환 · 폐지 등의 행위도 정당한 경영권 행사의 일환으로서 이에 포함된다[대판 2005.4.15. 2004도8701]. [♠ 12 사시]
2. 업무수행 자체가 아니라 업무의 적정성 내지 공정성이 방해된 경우에도 업무방해죄가 성립한다

[대판 2008.1.17. 2006도1721; 동지 대판 2010.3.25. 2009도8506]. [♠ 12 사시]

관련판례 단순한 노무제공의 거부라고 하더라도 그것이 정당한 쟁의행위가 아니면서 위력으로 업무의 정상적인 운영을 방해할 정도에 이르면 형법상 업무방해죄가 성립될 수 있다[대판 2003.12.26. 2001도1863].

判例 업무방해죄의 성립요건(추상적 위험범)

업무방해죄의 성립에 있어서 업무방해의 결과가 실제로 발생함을 요하는 것은 아니고 업무방해의 결과를 초래할 위험이 발생하면 족하다[대판 2004.3.26. 2003도7927; 동지 대판 2010.3.25. 2008도4228]. [♠ 12 사시] [♣ 13 변시]

判例 업무방해의 추상적 위험이 인정되어 업무방해죄가 성립하는 경우

대부업체 직원이 대출금을 회수하기 위하여 소액의 지연이자를 문제삼아 법적 조치를 거론하면서 소규모 간판업자인 채무자의 휴대전화로 수백 회에 이르는 전화공세를 한 것이 사회통념상 허용한도를 벗어난 채권추심행위로서 채무자의 간판업 업무가 방해되는 결과를 초래할 위험이 있었다고 보아 업무방해죄를 구성한다고 한 사례[대판 2005.5.27. 2004도8447]. [♠ 06 사시] [♣ 17, 18 변시]

判例 업무방해의 추상적 위험이 인정되지 않아 업무방해죄가 성립하지 않는 경우

1. [1] 객관적으로 보아 당해 출제교사가 출제할 것이라고 예측되는 순수한 예상문제를 선정하여 수험생이나 그 교습자에게 주는 행위를 가지고 시험실시 업무를 방해하는 행위라고 할 수는 없다. [2] 시험의 출제위원이 문제를 선정하여 시험실시자에게 제출하기 전에 이를 유출하였다고 하더라도 이러한 행위자체는 위계를 사용하여 시험실시자의 업무를 방해하는 행위가 아니라 그 준비단계에 불과한 것이고, 그 후 그와 같이 유출된 문제가 시험실시자에게 제출되지도 아니하였다면 그러한 문제유출로 인하여 시험실시 업무가 방해될 추상적인 위험조차도 있다고 할 수 없으므로 업무방해죄가 성립한다고 할 수 없다[대판 1999.12.10. 99도3487]. [♠ 02, 06, 10 사시] [♣ 20 변시]
2. 학부모들로부터 부정합격의 청탁을 받은 甲교수가 수험생으로 하여금 답안지에 비밀표시를 하도록 해 놓고 채점위원이 될 것으로 예상되는 乙 교수에게 비밀표시된 답안지를 부정채점하여 달라고 부탁하여 乙이 이를 승낙하였으나, 그 후 乙이 아닌 丙이 채점위원이 되자 乙은 丙 교수에게 부정채점을 청탁하였으나 丙이 그 제의를 거절하고 즉시 교무처장에게 신고하였다면 더 이상 입시부정행위를 할 수 없게 되었으므로, 乙의 범행 가담 이후 그 대학교 총장의 입시관리업무가 방해될 만한 행위가 없다 할 것이니 업무방해죄의 기수로 논할 수 없음이 명백하므로 丙에게 부정청탁을 하였으나 뜻을 못 이룬 乙의 행위를 형법 제314조를 적용하여 업무방해죄의 죄책을 지울 수 없다[대판 1994.12.2. 94도2510].
3. [1] 형법상 업무방해죄에서 말하는 '위력'은 반드시 유형력의 행사에 국한되지 아니하므로 폭력·협박은 물론 사회적·경제적·정치적 지위와 권세에 의한 압박 등도 이에 포함되지만, 적어

도 그러한 위력으로 인하여 피해자의 자유의사를 제압하기에 충분하다고 평가될 정도의 세력에는 이르러야 한다. 한편 어떤 행위의 결과 상대방의 업무에 지장이 초래되었더라도 행위자가 상대방의 의사결정에 관여할 수 있는 권한을 가지고 있거나 업무상의 지시를 할 수 있는 지위에 있는 경우에는 그 행위의 내용이나 수단이 사회통념상 허용될 수 없는 등 특별한 사정이 없는 한 위력을 행사한 것이라고 할 수 없다. 또한 업무방해죄의 성립에는 업무방해의 결과가 실제로 발생할 것을 요하지 아니하지만 업무방해의 결과를 초래할 위험은 발생하여야 하고, 그 위험의 발생이 위계 또는 위력으로 인한 것인지 신중하게 판단되어야 한다.

[2] 특성화고등학교인 甲 고등학교의 교장인 피고인이 신입생 입학 사정회의(이하 '사정회의'라고 한다) 과정에서 면접위원인 피해자들에게 "참 선생님들이 말을 안 듣네. 중학교는 이 정도면 교장 선생님한테 권한을 줘서 끝내는데. 왜 그러는 거죠?" 등 특정 학생을 합격시키라는 취지의 발언을 하여 특정 학생의 면접 점수를 상향시켜 신입생으로 선발되도록 함으로써 위력으로 피해자들의 신입생 면접 업무를 방해하였다는 내용으로 기소된 사안에서, 피고인은 학교 교장이자 전형위원회 위원장으로서 사정회의에 참석하여 자신의 의견을 밝힌 후 계속하여 논의가 길어지자 발언을 한 것인바, 그 발언에 다소 과도한 표현이 사용되었더라도 그것만으로 그 행위의 내용이나 수단이 사회통념상 허용할 수 없는 것이었다거나 피해자들의 자유의사를 제압하기에 충분한 위력을 행사하였다고 단정하기 어렵고, 그로 인하여 피해자들의 신입생 면접 업무가 방해될 위험이 발생하였다고 보기도 어렵다고 한 사례[대판 2023.3.30. 2019도7446].

判例 기타 업무방해죄가 인정되지 않은 경우

1. 도급인의 공사계약 해제가 적법하고 수급인이 스스로 공사를 중단한 상태에서 도급인이 공사현장에 남아 있는 수급인 소유의 공사자재 등을 다른 곳에 옮겨 놓았다고 하여 도급인이 수급인의 공사업무를 방해한 것으로 볼 수는 없다[대판 1999.1.29. 98도3240]. [♠ 02, 15 사시]
2. 대하양식장에 관한 권리 일체를 양도하고 그 대금일부를 지급받은 자가 양도잔대금의 지급관계 등을 둘러싸고 분규가 끊임없이 계속되자 양수인의 대하 포획행위를 중지시키기 위하여 수문을 잠그고 또 수문여닫이용 손잡이를 회사창고에 보관한 경우, 양식대하에 대한 소유권이 피고인에게 귀속되는지의 여부에 관계없이 양식대하에 대한 현재의 관리상태를 유지하려 한 피고인의 위와 같은 행위를 형법상의 업무방해죄에 해당한다고 할 수 없다[대판 1994.4.12. 93도2690].

④ 고의

判例 업무방해의 고의

업무방해의 고의는 반드시 업무방해의 목적이나 계획적인 업무방해의 의도가 있어야만 하는 것이 아니고, 자신의 행위로 인하여 타인의 업무가 방해될 가능성 또는 위험에 대한 인식이나 예견으로 충분하며, 그 인식이나 예견은 확정적인 것은 물론 불확정적인 것이라도 이른바 미필적 고의로도 인정된다[대판 2018.7.24. 2015도12094]. [♣ 23 변시]

4. 죄수 및 타죄와의 관계

1개의 행위로 신용을 훼손하고 업무도 방해한 경우에 양죄는 독립된 범죄이므로 신용훼손죄와 업무방해죄의 상상적 경합이 된다.

Ⅳ. 컴퓨터 업무방해죄

제314조(업무방해) ② 컴퓨터 등 정보처리장치 또는 전자기록 등 특수매체기록을 손괴하거나 정보처리장치에 허위의 정보 또는 부정한 명령을 입력하거나 기타 방법으로 정보처리에 장애를 발생하게 하여 사람의 업무를 방해한 자도 제1항의 형과 같다.

1. 의 의

① 컴퓨터 등 정보처리장치 또는 전자기록 등 특수매체기록을 손괴하거나 정보처리장치에 허위의 정보 또는 부정한 명령을 입력하거나 기타 방법으로 정보처리에 장애를 발생하게 하여 사람의 업무를 방해함으로써 성립하는 범죄이다.

② 보호법익은 '사람의 업무'이며 업무에는 공무도 포함된다(다수설).

③ 본죄는 '정보처리에 장애를 발생하게' 할 것을 필요로 하는 '결과범'이면서, 법익(업무)에 대하여 침해의 위험이 있음으로써 성립하는 추상적 위험범이다.

2. 구성요건

(1) 행위의 객체

컴퓨터 등 정보처리장치와 전자기록 등 특수매체기록이다.

① **컴퓨터 등 정보처리장치** : 정보처리장치란 자동적으로 계산이나 데이터처리를 할 수 있는 전자장치를 말한다. ⅰ) 타인의 업무에 사용되는 것이면 족하다. 따라서 사무(私務) 이외에 공무에 사용되는 것(예 관공서에서 사용하는 것)도 포함된다. ⅱ) 독자적인 정보처리능력을 갖고 있지 못한 자동판매기 · 자동개찰기 · 휴대용계산기 등은 본죄의 객체가 아니다. ⅲ) 소유권의 귀속을 불문하므로 행위자의 소유인 경우에도 본죄가 성립할 수 있다.

② **전자기록 등 특수매체기록** : 정보처리장치에 의해 정보처리에 사용되는 기록을 말한다. ⅰ) 전자기록, 전기적 기록, 광기술을 이용한 기록을 포함한다(예 컴퓨터 내의 ROM, RAM, IC카드 속의 기록, 자기디스크, 자기드럼 등). ⅱ) '기록'은 어느 정도 영속성이 있어야 하므로 통신 중의 데이터나 중앙처리장치(C.P.U) 또는 RAM에서 처리 중인 데이터는 본죄의 객체가 아니다.

(2) 행 위

① **컴퓨터 등 정보처리장치 또는 전자기록 등 특수매체기록을 손괴** : ⅰ) '컴퓨터 등 정보처리장치'란 자동적으로 계산이나 데이터처리를 할 수 있는 전자장치로서 하드웨어와 소프트웨어를 모두 포함한다(판례). ⅱ) 컴퓨터 등 정보처리장치의 손괴란 물리적으로 그 효용을 해하는 것을 말한다. ⅲ) 전자기록 등 특수매체기록의 손괴란 기록된 내용을 소거하는 것을 말한다.

② **정보처리장치에 허위의 정보 또는 부정한 명령을 입력** : ⅰ) 허위정보의 입력이란 진실에 반하는 정보를 입력하는 것이다(예 시험성적에 대한 전산기록을 조작하거나 변경하는 것). ⅱ) 부정한 명령의 입력이란 주어서는 안 되는 명령을 입력하는 것을 말한다(예 시험성적을 처리하면 항상 합격점이 나오도록 프로그램을 조작하는 것).

判例 부정한 명령의 입력에 해당하는 경우

[1] 정보처리 장치를 관리 운영할 권한이 없는 자가 그 정보처리장치에 입력되어 있던 관리자의 아이디와 비밀번호를 무단으로 변경하는 행위는 정보처리장치에 부정한 명령을 입력하여 정당한 아이디와 비밀번호로 정보처리 장치에 접속할 수 없게 만드는 행위로서 정보처리에 장애를 현실적으로 발생시킬 뿐 아니라 이로 인하여 업무방해의 위험을 초래할 수 있으므로 컴퓨터 등 장애 업무방해죄를 구성한다.
[2] 대학의 컴퓨터시스템 서버를 관리하던 피고인이 전보발령을 받아 더 이상 웹서버를 관리 운영할 권한이 없는 상태에서 웹서버에 접속하여 홈페이지 관리자의 아이디와 비밀번호를 무단으로 변경한 행위는 피고인이 웹서버를 관리 운영할 정당한 권한이 있는 동안 입력하여 두었던 홈페이지 관리자의 아이디와 비밀번호를 단지 후임자 등에게 알려 주지 아니한 행위와는 달리, 정보처리장치에 부정한 명령을 입력하여 정보처리에 현실적 장애를 발생시킴으로써 피해 대학에 업무방해의 위험을 초래하는 행위에 해당하여 컴퓨터 등 장애 업무방해죄를 구성한다고 한 사례[대판 2006.3.10. 2005도382]. [♠ 08 사시]

③ **기타 방법** : 컴퓨터의 정보처리에 장애를 초래하는 가해수단으로서 컴퓨터의 작동에 직접 · 간접으로 영향을 미치는 일체의 행위를 말한다(예 전원이나 통신회선의 절단, 온도 · 습도 등 작동환경의 파괴, 입출력장치의 손괴, 처리불능의 대량정보의 입력).

(3) 정보처리에 장애의 발생과 업무방해

① 정보처리에 장애가 발생한다는 것은 정보처리장치가 정상적인 기능을 수행하지 못하게 됨을 의미한다. 정보처리에 장애가 발생하지 않으면 이론상 본죄의 미수가 되나 처벌규정을 두고 있지 아니하다.

② 업무를 방해한다는 것은 업무가 현실적으로 방해될 필요는 없고, 업무가 방해될 위험이 있음으로써 족하다(추상적 위험범).

判例 컴퓨터 등 장애 업무방해죄의 성립요건

1. **(정보처리에 장애가 현실적으로 발생할 것을 요함)** [1] 형법 제314조 제2항은 '컴퓨터 등 정보처리장치 또는 전자기록 등 특수매체기록을 손괴하거나 정보처리장치에 허위의 정보 또는 부정한 명령을 입력하거나 기타 방법으로 정보처리에 장애를 발생하게 하여 사람의 업무를 방해한 자'를 처벌하도록 규정하고 있는바, 여기에서 '컴퓨터 등 정보처리장치'란 자동적으로 계산이나 데이터처리를 할 수 있는 전자장치로서 하드웨어와 소프트웨어를 모두 포함하고, '기타 방법'이란 컴퓨터의 정보처리에 장애를 초래하는 가해수단으로서 컴퓨터의 작동에 직접·간접으로 영향을 미치는 일체의 행위를 말하며, 위 죄가 성립하기 위해서는 위와 같은 가해행위의 결과 정보처리장치가 그 사용목적에 부합하는 기능을 하지 못하거나 사용목적과 다른 기능을 하는 등 정보처리의 장애가 현실적으로 발생하였을 것을 요한다고 할 것이다.
   [2] 메인컴퓨터의 비밀번호는 시스템관리자가 시스템에 접근하기 위하여 사용하는 보안수단에 불과하므로, 단순히 메인 컴퓨터의 비밀번호를 알려주지 아니한 것만으로는 정보처리장치의 작동에 직접 영향을 주어 그 사용목적에 부합하는 기능을 하지 못하게 하거나 사용목적과 다른 기능을 하게 하였다고 볼 수 없어 형법 제314조 제2항에 의한 컴퓨터 등 장애 업무방해죄로 의율할 수 없다[대판 2004.7.8. 2002도631]. [♠ 15 사시] [♣ 17 변시]

   동지판례 피고인들이 불특정 다수의 인터넷 이용자들에게 배포한 '업링크솔루션'이라는 프로그램은, 甲 회사의 네이버 포털사이트 서버가 이용자의 컴퓨터에 정보를 전송하는 데에는 아무런 영향을 주지 않고, 다만 이용자의 동의에 따라 위 프로그램이 설치된 컴퓨터 화면에서만 네이버 화면이 전송받은 원래 모습과는 달리 피고인들의 광고가 대체 혹은 삽입된 형태로 나타나도록 하는 것에 불과하므로, 이것만으로는 정보처리장치의 작동에 직접·간접으로 영향을 주어 그 사용목적에 부합하는 기능을 하지 못하게 하거나 사용목적과 다른 기능을 하게 하였다고 볼 수 없어 컴퓨터 등 장애 업무방해죄로 의율할 수 없다고 본 원심판단을 수긍한 사례[대판 2010.9.30. 2009도12238]. [♠ 14 사시]

2. **(업무방해의 결과가 실제로 발생할 것을 요하지는 않음)** 형법 제314조 제2항의 '컴퓨터 등 장애 업무방해죄'가 성립하기 위해서는 가해행위 결과 정보처리장치가 그 사용목적에 부합하는 기능을 하지 못하거나 사용목적과 다른 기능을 하는 등 정보처리에 장애가 현실적으로 발생하였을 것을 요하나, 정보처리에 장애를 발생하게 하여 업무방해의 결과를 초래할 위험이 발생한 이상, 나아가 업무방해의 결과가 실제로 발생하지 않더라도 위 죄가 성립한다. 따라서 포털사이트 운영회사의 통계집계시스템 서버에 허위의 클릭정보를 전송하여 검색순위 결정 과정에서 위와 같이 전송된 허위의 클릭정보가 실제로 통계에 반영됨으로써 정보처리에 장애가 현실적으로 발생하였다면 그로 인하여 실제로 검색순위의 변동을 초래하지는 않았다 하더라도 '컴퓨터 등 장애 업무방해죄'가 성립한다[대판 2009.4.9. 2008도11978]. [♠ 12, 14 사시] [♣ 16 변시]

判例 컴퓨터 등 장애 업무방해죄가 성립하는 경우

1. [1] 컴퓨터와 하드디스크는 형법 제314조 제2항에 규정된 '컴퓨터 등 정보처리장치'에 해당하고, 업무수행을 위해서가 아니라 담당직원의 정상적인 업무수행을 방해할 의도에서 그 담당 직원의 의사와는 상관없이 함부로 컴퓨터에 비밀번호를 설정한 행위는 같은 항의 '허위의 정보 또는 부

정한 명령의 입력'에 해당하며 컴퓨터의 하드디스크를 분리 · 보관한 행위는 같은 항의 '손괴'에 해당하므로, 피고인이 컴퓨터에 비밀번호를 설정하고 하드디스크를 분리 · 보관함으로써 조합의 정보처리에 관한 업무를 방해한 행위는 형법 제314조 제2항의 컴퓨터 등 장애 업무방해죄에 해당한다고 할 것이다. [♠ 14 사시] [♣ 23 변시]

[2] 주택재건축조합 조합장인 피고인이 자신에 대한 감사활동을 방해하기 위하여 조합 사무실에 있던 컴퓨터에 비밀번호를 설정하고 하드디스크를 분리 · 보관함으로써 조합 업무를 방해하였다는 내용으로 기소된 사안에서, 위와 같은 방법으로 조합의 정보처리에 관한 업무를 방해한 행위는 형법 제314조 제2항의 컴퓨터 등 장애 업무방해죄에 해당한다고 한 사례.

[3] 피고인의 행위는 사회상규에 위배되지 아니하는 정당행위에 해당한다고 볼 수는 없다 [대판 2012.5.24. 2011도7943].

2. 甲 주식회사 대표이사인 피고인이, 악성프로그램이 설치된 피해 컴퓨터 사용자들이 실제로 인터넷 포털사이트 '네이버' 검색창에 해당 검색어로 검색하거나 검색 결과에서 해당 스폰서링크를 클릭하지 않았음에도 악성프로그램을 이용하여 그와 같이 검색하고 클릭한 것처럼 네이버의 관련 시스템 서버에 허위의 신호를 발송하는 방법으로 정보처리에 장애를 발생하게 하였다면, 피고인의 행위는 객관적으로 진실에 반하는 내용의 정보인 '허위의 정보'를 입력한 것에 해당하고, 그 결과 네이버의 관련 시스템 서버에서 실제적으로 검색어가 입력되거나 특정 스폰서링크가 클릭된 것으로 인식하여 그에 따른 정보처리가 이루어졌으므로 이는 네이버의 관련 시스템 등 정보처리장치가 그 사용목적에 부합하는 기능을 하지 못하거나 사용목적과 다른 기능을 함으로써 정보처리의 장애가 현실적으로 발생하였고, 이로 인하여 네이버의 검색어 제공서비스 등의 업무나 네이버의 스폰서링크 광고주들의 광고 업무가 방해되었으므로 컴퓨터등장애업무방해죄가 성립한다[대판 2013.3.28. 2010도14607].

(4) 주관적 구성요건

고의가 있어야 한다.

3. 죄수 및 타죄와의 관계

① 컴퓨터업무방해죄가 성립한 때에는 업무방해죄가 성립하지 아니한다(법조경합의 특별관계).

② 본죄의 업무방해가 동시에 배임에 해당하는 때에는 본죄와 배임죄의 상상적 경합이 된다.

③ 손괴행위에 의하여 컴퓨터업무방해죄를 범한 경우에 손괴는 본죄에 흡수된다는 견해와 손괴죄와의 상상적 경합범이 된다는 견해가 대립하고 있다.

Ⅴ. 경매 · 입찰방해죄

제315조(경매, 입찰의 방해) 위계 또는 위력 기타 방법으로 경매 또는 입찰의 공정을 해한 자는 2년 이하의 징역 또는 700만원 이하의 벌금에 처한다.

1. 의 의

위계 또는 위력 기타 방법으로 경매 또는 입찰의 공정을 해함으로써 성립하는 범죄이다.

2. 구성요건

(1) 경매 · 입찰

① 경매란 매도인이 다수의 매수인으로부터 구두로 청약을 받고 최고가격을 제시하는 청약자에게 승낙(경락)을 함으로써 성립하는 형식의 매매이다.

② 입찰이란 경쟁계약에 참가한 다수인으로 하여금 문서로 계약내용을 제시하게 하여 가장 유리한 청약을 한 자와 계약을 체결(낙찰)하는 형식의 매매를 말한다.

③ 국가 · 공공단체가 행하는 경매 · 입찰 이외에 사인이 행하는 것도 포함된다.

④ 경매 · 입찰 방해죄가 성립하기 위하여는 경매 · 입찰이 현실적으로 존재하여야 한다(판례).

判例 입찰방해죄의 객체인 입찰의 의미

입찰시행자가 입찰을 실시할 법적 의무에 기하여 시행한 입찰이라야만 입찰방해죄의 객체가 되는 것은 아니다[대판 2007.5.31. 2006도8070].

判例 입찰방해죄의 성립의 전제(적법하고 유효한 입찰의 존재)

1. 입찰방해죄가 성립하려면 최소한 적법하고 유효한 입찰 절차의 존재가 전제되어야 하는 것인데 … 입찰방해죄의 대상인 재입찰 절차가 처음부터 존재하였다고 할 수 없으므로, 입찰방해죄가 성립할 수 없다[대판 2005.9.9. 2005도3857].[4] [♠ 09 사시]

동지판례 건설산업기본법 제95조 제3호에서 규정하고 있는 입찰방해 행위가 있다고 인정하기 위하여는 그 방해의 대상인 입찰이 현실적으로 존재하여야 한다고 볼 것이므로, 실제로 실시된 입찰절차에서 실질적으로는 단독입찰을 하면서 마치 경쟁입찰을 한 것처럼 가장하는 경우와는 달리, 실제로는 수의계약을 체결하면서 입찰절차를 거쳤다는 증빙을 남기기 위하여 입찰을 전혀 시행하지 아니한 채 형식적인 입찰서류만을 작성하여 입찰

---

4) [사실관계] 조직폭력범죄단체의 두목인 甲이 조직원인 乙 등에게 지시하여 乙 등이 재입찰 장소에서 다른 입찰 참가자들에게 甲이 보내서 왔다며 양보를 종용함으로써 응찰을 포기하도록 하였으나, 1차 입찰가대로 물품(고철)을 가져가기로 합의가 되어 재입찰이 실시되지 않았다.

이 있었던 것처럼 조작한 행위는 위 규정에서 말하는 입찰방해행위에 해당한다고 할 수 없다[대판 2001.2.9. 2000도4700].

2. [1] 입찰방해 행위가 있다고 하기 위해서는 그 방해의 대상이 되는 입찰절차가 존재하여야 하므로, 위와 같이 공정한 자유경쟁을 통한 적정한 가격형성을 목적으로 하는 입찰절차가 아니라 공적·사적 경제주체의 임의의 선택에 따른 계약체결의 과정에 공정한 경쟁을 해하는 행위가 개재되었다 하여 입찰방해죄로 처벌할 수는 없다.
[2] 한국토지공사 지역본부가 중고자동차매매단지를 분양하기 위하여 유자격 신청자들을 대상으로 무작위 공개추첨하여 1인의 수분양자를 선정하는 절차를 진행하는데, 신청자격이 없는 피고인이 총 12인의 신청자 중 9인의 신청자의 자격과 명의를 빌려 그 당첨확률을 약 75%까지 인위적으로 높여 분양을 신청한 사안에서, 위 분양절차는 공정한 자유경쟁을 통한 적정한 가격형성을 목적으로 하는 입찰절차에 해당하지 않고, 피고인이 분양절차에 참가한 것은 9인의 신청자와 맺은 합작투자의 약정에 따른 것으로서 위 분양업무의 주체인 한국토지공사가 예정하고 있던 범위 내의 행위이므로, 위 추첨방식이 분양업무의 적정성과 공정성 등을 방해하는 행위라고 볼 수 없어 입찰방해죄나 업무방해죄가 성립하지 않는다고 한 사례[대판 2008.5.29. 2007도5037; 동지 대판 2023.9.21. 2022도8459].

동지판례 한국토지공사 지사가 폐기물최종처리시설 부지를 분양하면서 일정 요건을 갖춘 분양신청자를 대상으로 추첨을 통해 1인의 분양대상자를 선정하는 방식으로 분양절차를 진행한 사안에서, 이는 입찰방해죄의 입찰절차에 해당하지 않는다고 한 사례[대판 2008.12.24. 2007도9287].

(2) 위계·위력 기타 방법

判例 위계·위력에 의한 입찰방해죄와 관련한 판례정리

(1) 위력의 의미

형법 제315조 소정의 입찰방해죄에 있어 '위력'이란 사람의 자유의사를 제압·혼란케 할 만한 일체의 유형적 또는 무형적 세력을 말하는 것으로서, 폭행·협박은 물론 사회적·경제적·정치적 지위와 권세에 의한 압력 등을 포함하는 것이다[대판 2000.7.6. 99도4079].

(2) 위력의 정도

[1] 입찰방해죄는 위계 또는 위력 기타의 방법으로 입찰의 공정을 해하는 경우에 성립하는 것으로서, 입찰의 공정을 해할 행위를 하면 족하고 현실적으로 입찰의 공정을 해한 결과가 발생할 필요가 없으며, 위력의 사용은 폭행·협박의 정도에 이르러야만 되는 것도 아니다.
[2] 입찰장소의 주변을 에워싸고 사람들의 출입을 막는 등 위력을 사용하여 입찰에 참가하려는 사람을 참석하지 못하도록 한 행위는 입찰방해죄를 구성한다[대판 1993.2.23. 92도3395]. [♠ 01 사시]

동지판례 피고인들이 공모하여 경매신청에 나서려는 성명불상의 2~3인의 사람들을 경매법정 밖으로 밀어내어 공소외인이 단독으로 경매절차에 참여토록 하였으면 경매방해죄가 성립되는 것이다[대판 1990.10.30. 90도2022].

(3) 위계에 의한 입찰방해가 성립하는 경우

1. 피고인들이 한국전기공사협회 부산지부 소속 일부 회원으로 구성된 협력회의 회장과 총무로서 공모하여, 위 지부회원들만이 수주할 수 있는 한국전력공사에서 발주하는 일정 공사금액 이하의 부산시내 전기공사를 자유경쟁에 기하여 입찰할 경우 예정가에 훨씬 못미치는 가격

으로 수주를 하게 되는 결과를 방지하고 이를 개개회사의 이익으로 돌리고자 각 회원사들의 동의를 얻어 회원사들이 추첨에 기하여 순번제로 단독응찰하고 나머지 일부 회원사는 이에 들러리를 서는 방식으로 사실상 단독으로 입찰하였다면, 피고인들의 행위는 위계로써 입찰의 공정을 해한 경우에 해당한다[대판 1991.10.22. 91도1961].

2. 지명경쟁입찰의 시행자인 법인의 대표자가 특정인과 공모하여 그 특정인이 낙찰자로 선정될 수 있도록 예정가격을 알려 주고, 그 특정인은 나머지 입찰참가인들과 담합하여 입찰에 응하였다면 입찰의 실시 없이 서류상으로만 입찰의 근거를 조작한 경우와는 달리 현실로 실시된 입찰의 공정을 해하는 것으로 평가되어 입찰방해죄가 성립한다[대판 2007.5.31. 2006도8070].

(3) 경매 · 입찰의 공정을 해할 것

① 적정한 가격을 형성하는 공정한 자유경쟁이 방해될 우려가 있는 상태를 발생시키는 것을 말한다.

② 공정을 해하는 행위에는 경매나 입찰의 가격결정에 악영향을 주는 것, 경쟁방법의 공정성을 깨뜨리는 것 등이 포함된다.

判例 입찰의 공정을 해하는 행위의 범위

[1] 형법 제315조의 입찰방해죄는 입찰의 공정을 해하는 죄인바, 입찰의 공정을 해하는 행위란 '공정한 자유경쟁을 방해할 염려가 있는 상태를 발생시키는 것 즉, 공정한 자유경쟁을 통한 적정한 가격형성에 부당한 영향을 주는 상태를 발생시키는 것'을 의미하며 한편, 입찰방해미수죄는 따로 처벌규정이 없어 처벌되지 아니한다.
[2] 입찰방해죄는 위태범으로서 결과의 불공정이 현실적으로 나타나는 것을 요하는 것이 아니고, 그 행위에는 가격을 결정하는 데 있어서 뿐 아니라, 적법하고 공정한 경쟁방법을 해하는 행위도 포함되므로, 그 행위가 설사 동종업자 사이의 무모한 출혈경쟁을 방지하기 위한 수단에 불과하여 입찰가격에 있어 입찰실시자의 이익을 해하거나 입찰자에게 부당한 이익을 얻게 하는 것이 아니었다 하더라도 실질적으로는 단독입찰을 하면서 경쟁입찰인 것 같이 가장하였다면 그 입찰가격으로써 낙찰하게 한 점에서 경쟁입찰의 방법을 해한 것이 되어 입찰의 공정을 해한 것으로 되었다 할 것이다[대판 2003.9.26. 2002도3924]. [♠ 12 사시]

동지판례 일부 입찰참가자들이 가격을 합의하고, 낙찰이 되면 특정 업체가 모든 공사를 하기로 합의하는 등 담합하여 투찰행위를 한 사안에서, 이는 '적법하고 공정한 경쟁방법'을 해하는 행위로서 입찰의 공정을 해하는 경우에 해당하며, 결과적으로 위 투찰에 참여한 업체의 수가 많아서 실제로 가격형성에 부당한 영향을 주지 않았다고 하더라도 입찰방해죄가 성립한다고 한 사례[대판 2009.5.14. 2008도11361].

③ 적정한 가격 또는 공정한 가격은 경매 · 입찰의 구체적 진행과정에서 얻어지는 가격을 의미한다(경쟁가격설 : 판례, 다수설).[5]

(4) 담합행위

① 의 의 : 경매 · 입찰의 참가자가 상호 통모하여 특정인을 경락자 또는 낙찰자로 하기

5) 평균적인 시장가격을 기준으로 해야 한다는 견해(시장가격설)도 있다.

위하여 나머지 참가자는 일정한 가격 이상 또는 그 이하로 호가 · 입찰하지 않을 것을 협약하는 것을 말한다.

② 담합과 경매 · 입찰방해죄의 성립여부

判例 담합행위가 입찰방해죄가 되기 위한 요건(입찰참가자 전원과의 사이에 담합을 불요)

담합행위가 입찰방해죄로 되기 위하여는 반드시 입찰참가자 전원과의 사이에 담합이 이루어져야 하는 것은 아니고, 입찰참가자들 중 일부와의 사이에만 담합이 이루어진 경우라고 하더라도 그것이 입찰의 공정을 해하는 것으로 평가되는 이상 입찰방해죄는 성립한다[대판 2006.6.9. 2005도8498]. [♠ 09 사시]

判例 경매 · 입찰방해죄가 성립하는 경우(3. 주의)

1. [1] 입찰자들 상호간에 특정업체가 낙찰받기로 하는 담합이 이루어진 상태에서 그 특정업체를 포함한 다른 입찰자들은 당초의 합의에 따라 입찰에 참가하였으나 일부 입찰자는 자신이 낙찰받기 위하여 당초의 합의에 따르지 아니한 채 오히려 낙찰받기로 한 특정업체보다 저가로 입찰하였다면, 이러한 일부 입찰자의 행위는 위와 같은 담합을 이용하여 낙찰을 받은 것이라는 점에서 적법하고 공정한 경쟁방법을 해한 것이 되고, 따라서 이러한 일부 입찰자의 행위 역시 입찰방해죄에 해당한다.
   [2] 피고인이 서울특별시도시철도공사가 발주한 시각장애인용 음성유도기 제작설치 입찰에 관한 담합에 가담하기로 하였다가 자신이 낙찰받기 위하여 당초의 합의에 따르지 아니한 채 낙찰받기로 한 특정업체보다 저가로 입찰한 사안에서, 이러한 피고인의 행위는 입찰방해죄에 해당한다고 본 사례[대판 2010.10.14. 2010도4940].
2. 단독입찰하면서 경쟁입찰인 것 같이 가장하였다면 그 입찰가격으로서 낙찰하게 한 점에서 경쟁입찰의 방법을 해한 것이 되어 입찰의 공정을 해한 것이 된다[대판 1988.3.8. 87도2646]. [♠ 04 사시]
3. 고속도로 휴게소 운영권 입찰에서 여러 회사가 각자 입찰에 참가하되 누구라도 낙찰될 경우 동업하여 새로운 회사를 설립하고 그 회사로 하여금 휴게소를 운영하기로 합의한 후 입찰에 참가한 경우 입찰방해죄가 성립한다[대판 2006.12.22. 2004도2581].
4. 공정한 가격을 해할 목적이거나 또는 부정한 이익을 얻을 목적으로 수인의 입찰자간에 그 중 1인을 입찰케 하고 그 나머지는 입찰을 포기할 것을 모의한 행위도 역시 담합에 해당한다[대판 1956.2.17. 4288형상118].

判例 경매 · 입찰방해죄가 성립하지 않는 경우

1. 부동산경매에 있어 각 일부를 점유하는 자들이 합의하여 1인을 대표로 가격을 예정함이 없이 단독으로 입찰케 하는 신탁입찰은 고가경매를 방해하는 불법행위라 할 수 없다[대판 1957.10.21. 4290민상368].
2. 주문자의 예정가격 내에서 무모한 경쟁을 방지하고자 담합한 경우에는 담합자끼리 금품의 수수

가 있었다 하더라도 입찰 자체의 공정을 해하였다고 볼 수 없다[대판 1971.4.20. 70도2241].

3. 입찰자 일부와 담합이 있고 담합금이 수수되었다 하더라도 타입찰자와는 담합이 이루어지지 않아 입찰시행자의 이익을 해함이 없이 자유로운 경쟁을 한 것과 동일한 결과로 되는 경우에는 입찰의 공정을 해할 위험성이 없다[대판 1983.1.18. 81도824].

[사실관계] 입찰에 참가한 5개 회사 가운데 2개 회사 사이에 담합이 이루어졌으나 나머지 회사들이 이에 응하지 아니하여 전체적으로 담합이 이루어지지 않았다.

4. 일부 입찰자가 단순히 정보를 교환하여 응찰가격을 조정하는 행위는 … 담합행위에 포함되지 않는다[대판 1997.3.28. 95도1199].

③ 기수시기

判例 담합행위로 인한 입찰방해죄의 기수여부(담합행위를 한 때 – 추상적 위험범)

1. **(기수에 해당하는 경우)** 입찰방해죄는 위계 또는 위력 기타의 방법으로 입찰의 공정을 해하는 경우에 성립하는 위태범으로서, 입찰의 공정을 해할 행위를 하면 그것으로 족한 것이지 현실적으로 입찰의 공정을 해한 결과가 발생할 필요는 없는 것인바, … 담합행위를 한 경우에는 담합자 상호간에 금품의 수수와 상관 없이 입찰의 공정을 해할 위험성이 있다 할 것이고, 담합자 상호간에 담합의 대가에 관한 다툼이 있었고, 실제의 낙찰단가가 낙찰예정단가보다 낮아 입찰시행자에게 유리하게 결정되었다고 하여 그러한 위험성이 없었다거나 입찰방해죄가 미수에 그친 것이라고 할 수는 없다[대판 1994.5.24. 94도600].

2. **(기수에 해당하지 않는 경우)** 입찰자들의 전부 또는 일부 사이에서 담합을 시도하는 행위가 있었을 뿐 실제로 담합이 이루어지지 못하였다면, … 이로써 공정한 자유경쟁을 방해할 염려가 있는 상태 즉, 공정한 자유경쟁을 통한 적정한 가격형성에 부당한 영향을 주는 상태를 발생시켜 그 입찰의 공정을 해하였다고 볼 수 없어, 이는 입찰방해미수행위에 불과하고 입찰방해죄의 기수에 이르렀다고 할 수는 없다[대판 2003.9.26. 2002도3924].[6]

6) 입찰방해죄의 경우 미수범 처벌규정이 없다. 본 판례에서 입찰방해미수행위라는 표현은 입찰방해죄의 기수가 아니라는 의미에 불과하다.

제4장 사생활의 평온에 대한 죄

제1절 비밀침해의 죄

구성요건을 이해하여 두고 서랍사건 및 최근 선고된 키로그 프로그램에 대한 판례를 알아두면 족하다.

Ⅰ. 총 설

1. 의 의

비밀침해의 죄란 개인의 사생활에 있어서의 비밀(privacy)을 침해하는 것을 내용으로 하는 범죄이다.

2. 구성요건의 체계

비밀침해죄(제316조)와 업무상 비밀누설죄(제317조)는 독립적 구성요건으로서 후자가 전자의 가중적 구성요건에 해당하는 것이 아니다.

Ⅱ. 비밀침해죄

제316조(비밀침해) ① 봉함 기타 비밀장치한 사람의 편지, 문서 또는 도화를 개봉한 자는 3년 이하의 징역이나 금고 또는 500만원 이하의 벌금에 처한다.
② 봉함 기타 비밀장치한 사람의 편지, 문서, 도화 또는 전자기록 등 특수매체기록을 기술적 수단을 이용하여 그 내용을 알아낸 자도 제1항의 형과 같다.
제318조(고소) 본죄는 고소가 있어야 공소를 제기할 수 있다.

1. 의 의

① 봉함 기타 비밀장치한 사람의 편지, 문서 또는 도화를 개봉하거나, 봉함 기타 비밀장치한 사람의 편지, 문서, 도화 또는 전자기록 등 특수매체기록을 기술적 수단을 이용하여 그 내용을 알아냄으로써 성립하는 범죄이다.

② 보호법익은 개인의 비밀이다. ⅰ) 비밀은 내용상의 비밀이 아니라 단순히 봉한 상태이기 때문에 비밀이라고 인정하는 형식적인 의미에 불과한 것이다. ⅱ) 비밀의 주체에는 자연인 이외에 법인 · 법인격 없는 단체도 포함된다(다수설).

③ 보호의 정도는 제316조 제1항의 경우 추상적 위험범이며, 제316조 제2항의 경우 침해범이다(다수설).

2. 객관적 구성요건

(1) 행위의 객체

봉함 기타 비밀장치한 타인의 편지 · 문서 · 도화 또는 전자기록 등 특수매체기록이다.

① **편지 · 문서 · 도화 또는 전자기록 등 특수매체기록 :** ⅰ) 편지는 반드시 우편물이어야 하는 것은 아니며, 발송 전후를 불문한다. 다만 수신인의 열람 이후에는 본죄의 객체가 아니다. ⅱ) 문서는 공문서 · 사문서를 불문한다.

② **봉함 기타 비밀장치 :** ⅰ) 비밀장치하지 않은 편지(예 우편엽서, 무봉서장) 등은 본죄의 객체가 될 수 없다. ⅱ) 봉함 기타 비밀장치란 봉투를 풀로 붙이는 것, 봉인, 끈으로 묶는 것, 컴퓨터에 password 장치를 해두는 것 등을 말한다.

判例 전자기록 등 특수매체기록에 봉함 기타 비밀장치가 되어 있지 아니한 경우(전자기록등내용탐지죄 불성립)

[1] 그 자체로서 객관적 · 고정적 의미를 가지면서 독립적으로 쓰이는 것이 아니라 개인 또는 법인이 전자적 방식에 의한 정보의 생성 · 처리 · 저장 · 출력을 목적으로 구축하여 설치 · 운영하는 시스템에서 쓰임으로써 예정된 증명적 기능을 수행하는 것은 전자기록에 포함된다. 이처럼 개정 형법이 전자기록 등 특수매체기록을 위 각 범죄의 행위 객체로 신설 · 추가한 입법취지, 전자기록등내용탐지죄의 보호법익과 그 침해행위의 태양 및 가벌성 등에 비추어 볼 때, 이 사건 아이디 등은 전자방식에 의하여 피해자의 노트북 컴퓨터에 저장된 기록으로서 형법 제316조 제2항의 '전자기록 등 특수매체기록'에 해당한다.

[2] 형법 제316조 제2항 소정의 전자기록등내용탐지죄는 봉함 기타 비밀장치한 전자기록 등 특수매체기록을 기술적 수단을 이용하여 그 내용을 알아낸 자를 처벌하는 규정인바, 전자기록 등 특수매체기록에 해당하더라도 봉함 기타 비밀장치가 되어 있지 아니한 것은 이를 기술적 수단을 동원해서 알아냈더라도 전자기록등내용탐지죄가 성립하지 않는다[대판 2022.3.31. 2021도8900].

[사실관계] 피고인이 사무실에서 직장 동료인 피해자의 노트북 컴퓨터에 '(프로그램명 생략)'이라는 프로그램을 몰래 설치한 사실, 위 프로그램은 그것이 설치된 컴퓨터의 사용자가 키보드로 입력하는 내용이나 방문한 웹사이트 등을 탐지해 이를 텍스트 파일 형식으로 저장한 후 이메일 등의 방법으로 프로그램 설치자에게 전송해 주는 속칭 '키로그' 프로그램인 사실, 피고인은 위 프로그램을 사용함으로써 피해자가 네이트온, 카카오톡, 구글 계정에 접속하는 과정에서 컴퓨터 키보드에 입력한 이 사건 아이디 등을 알아낸 사안.

판례해설 이 사건 아이디 등이 형법 제316조 제2항에 규정된 전자기록 등 특수매체기록에는 해당하더라도 이에 대하여 별도의 보안장치가 설정되어 있지 않은 등 비밀장치가 된 것으로 볼 수 없는 이상, 이 사건 아이디 등을 위 프로그램을 이용하여 알아냈더라도 전자기록등내용탐지죄가 성립하지 않는다.

判例 서랍의 아랫칸에 잠금장치가 되어 있는 경우 '비밀장치'에 해당한다고 한 사례

[1] 형법 제316조 제1항의 비밀침해죄는 봉함 기타 비밀장치한 사람의 편지, 문서 또는 도화를 개봉하는 행위를 처벌하는 죄이고, 이때 '봉함 기타 비밀장치가 되어 있는 문서'란 '기타 비밀장치'라는 일반 조항을 사용하여 널리 비밀을 보호하고자 하는 위 규정의 취지에 비추어 볼 때, 반드시 문서 자체에 비밀장치가 되어 있는 것만을 의미하는 것은 아니고, 봉함 이외의 방법으로 외부 포장을 만들어서 그 안의 내용을 알 수 없게 만드는 일체의 장치를 가리키는 것으로, 잠금장치 있는 용기나 서랍 등도 포함한다.
[2] 서랍이 2단으로 되어 있어 그 중 아랫칸의 윗부분이 막혀 있지 않아 윗칸을 밖으로 빼내면 아랫칸의 내용물을 쉽게 볼 수 있는 구조로 되어 있는 서랍이라고 하더라도, 피해자가 아랫칸에 잠금장치를 하였고 통상적으로 서랍의 윗칸을 빼어 잠금장치 된 아랫칸 내용물을 볼 수 있는 구조라거나 그와 같은 방법으로 볼 수 있다는 것을 예상할 수 없어 객관적으로 그 내용물을 쉽게 볼 수 없도록 외부에 의사를 표시하였다면, 형법 제316조 제1항의 규정 취지에 비추어 아랫칸은 윗칸에 잠금장치가 되어 있는지 여부에 관계없이 그 자체로서 형법 제316조 제1항에 규정하고 있는 비밀장치에 해당한다[대판 2008.11.27. 2008도907].

(2) 행 위

개봉하거나(제1항), 기술적 수단을 이용하여 내용을 알아내는 것이다(제2항).

① **개 봉** : ⅰ) 개봉의 방법에는 제한이 없다. 따라서 반드시 비밀장치를 제거하거나 손괴해야 하는 것은 아니다. ⅱ) 편지 등을 개봉한 이상 그 내용을 읽지 못하였다고 하더라도 본죄의 기수에 해당한다(추상적 위험범).

② **기술적 수단을 이용하여 내용을 알아내는 것** : ⅰ) 기술적 수단이란 어느 정도의 수준에 오른 것을 말하므로 단순히 불빛에 비추어 보는 것만으로는 기술적 수단을 이용한 것이라고 볼 수 없다. 투시기를 사용하거나 약물의 사용 또는 해킹을 하는 것은 기술적 수단에 해당한다. ⅱ) 기술적 수단을 이용하여 내용을 지득했을 때 기수가 된다(침해범).

3. 주관적 구성요건

고의가 있어야 한다.

判例 비밀침해죄의 고의가 인정되는 경우

피고인이 대체집행사건의 채무자의 승계인 甲 앞으로 우송된 결정정본을 평소 동명으로 호명되고 있는 자기의 장남 앞으로 온 신서인 줄 알고서 개피하였다고 주장하나, 피고인이 당초 건물철거 등의 대체집행신청을 하면서 채무자의 승계인 甲의 주소로 표기한 장소에서는 피고인의 장남이 이미 10여년 전에 살다가 타처로 이사하여 버렸고, 위 봉합우편물이 바로 피고인신청의 대체집행사건을 처리한 법원의 소송서류였다는 점, 그 수신인 또한 피고인이 대체집행신청을 한 사건의 상대방주소와 성명으로 표시되어 발송된 문서라는 점을 고려해 볼 때 피고인은 위 서류가 바로 대체집행사건의 채무자의 승계인 甲에게 송달되는 소송서류라는 사실을 능히 알고 있었다고 봄이 경험칙에 합치된다고 할 것이니 피고인에게 신서개피[1]의 고의가 있었음을 부정할 수 없다[대판 1984.6.12. 84도620].

4. 위법성

(1) 피해자의 동의

구성요건해당성을 조각한다는 견해와 위법성을 조각한다는 견해가 나뉘어져 있다.

(2) 정당행위

① 수형자의 서신수발에 대한 검열행위(수용자처우법 제43조 제4항), 피고인의 우편물 및 전신에 대한 압수 또는 제출명령(형사소송법 제107조 및 제120조) 및 우편법(제28조 제2항), 통신비밀보호법(제3조, 제5조)에 의한 행위 등은 법령에 의한 행위로서 위법성이 조각된다.

② 친권자가 미성년의 자녀에게 온 편지를 개봉하는 것은 민법에 의한 친권의 행사로서 위법성이 조각된다(제913조, 다수설).

(3) 추정적 승낙

성년자녀나 배우자의 편지 등의 개봉은 추정적 승낙에 의하여 위법성이 조각될 수 있다.

5. 소추조건

친고죄이다.

1) 서신개피죄 또는 신서개피죄라는 죄명에서 비밀침해죄라는 죄명으로 개정되었다.

Ⅲ. 업무상 비밀누설죄

제317조(업무상 비밀누설) ① 의사, 한의사, 치과의사, 약제사, 약종상, 조산사, 변호사, 변리사, 공인회계사, 공증인, 대서업자나 그 직무상 보조자 또는 차등의 직에 있던 자가 그 업무처리 중 지득한 타인의 비밀을 누설한 때에는 3년 이하의 징역이나 금고, 10년 이하의 자격정지 또는 700만원 이하의 벌금에 처한다.
② 종교의 직에 있는 자 또는 있던 자가 그 직무상 지득한 사람의 비밀을 누설한 때에도 전항의 형과 같다.

제318조(고소) 본죄는 고소가 있어야 공소를 제기할 수 있다.

1. 의 의

① 의사 등과 종교의 직에 있는 자 등이 업무처리 중 또는 직무상 지득한 타인의 비밀을 누설함으로써 성립하는 범죄이다.

② 주된 보호법익은 개인의 비밀이며, 특정직업종사자들의 비밀준수에 대한 일반인의 신뢰도 부차적 보호법익이 된다. 보호의 정도는 추상적 위험범이다(다수설).

2. 객관적 구성요건

(1) 행위의 주체

의사, 한의사, 치과의사, 약제사, 약종상, 조산사, 변호사, 변리사, 공인회계사, 공증인, 대서업자나 그 직무상 보조자 또는 차등의 직에 있던 자와(제1항), 종교의 직에 있는 자 또는 있던 자이다(제2항).[2] 따라서 여기에 열거되지 않은 자는 본죄의 주체가 될 수 없다(다수설).

(2) 행위의 객체

업무처리 중 또는 직무상 지득한 타인의 비밀이다.

① **비 밀** : ⅰ) 특정인 또는 일정범위의 사람에게만 알려져 있는 사실로서 타인에게 알려지지 않음으로써 본인에게 이익이 있는 사실을 말한다. 따라서 공지의 사실은 비밀이 아니다. ⅱ) 비밀의 주체에는 자연인 · 법인 · 법인격 없는 단체가 포함된다. 그러나 본죄는 개인의 비밀을 보호하기 위한 죄이므로 국가 · 공공단체는 포함되지 않는다(다수설). ⅲ) 개인의 비밀인 이상 사생활에 관한 것이건 공적 생활에 관한 것이건 불문한다. ⅳ) 비밀이라고 하기 위하여는 본인이 비밀로 할 것을 원할 뿐만 아니라, 객관적으로도 비밀로 할 이익이 있어야 한다(통설).

---

2) 변호사 아닌 변호인이나 소송대리인 · counsellor · 세무사 · 흥신소에 종사하는 자는 본죄의 주체에 포함될 수 없다. 이러한 문제점 때문에 기타 조항을 두어 타인의 비밀을 취급하게 되는 새로운 직업종사자를 주체로 할 수 있도록 해야 한다는 입법론이 제기되고 있다. 한편 법무사도 본죄의 주체가 될 수 없다(임웅, 박상기).

② **업무처리 중 · 직무상 지득한 비밀** : 업무처리나 직무와 관계없이 알게 된 비밀은 본죄의 비밀에 해당하지 않는다.

(3) 행 위

비밀을 누설하는 것이다. ⅰ) 누설이란 비밀을 알지 못하는 사람으로 하여금 비밀을 알게 하는 일체의 행위를 말한다. 따라서 이미 비밀을 아는 사람에 대한 고지는 누설이라고 할 수 없어 불가벌이다. ⅱ) 누설의 방법은 제한이 없으므로 부작위에 의한 누설도 가능하다(예 타인의 비밀이 기재된 서류를 방치하여 제3자가 열람하도록 한 경우). ⅲ) 누설은 공연성을 요하지 않으므로 특정 소수인이 알게 하여도 누설에 해당한다. ⅳ) 기수시기는 누설행위에 의하여 비밀이 상대방에게 도달한 때이다(추상적 위험범).

判例 누설에 해당하지 않는 경우(소송에서 증거로 제출하는 경우)

병원에서 분실된 진료기록의 일부를 당사자가 증거로 제출하는 것은 형법 제317조 제1항 소정의 업무상 비밀누설죄에 해당된다고 볼 수 없다[대판 1992.5.22. 91다39320]. [♠ 04 사시]

3. 주관적 구성요건

① 자기의 신분에 대한 인식과 업무처리상 알게 된(또는 직무상 지득한) 비밀을 누설한다는 고의가 있어야 한다.

② 비밀인식에 대한 착오는 구성요건적 착오로서 고의가 부정되며, 비밀준수의무에 관한 착오는 위법성의 착오가 된다.

4. 위법성(증언거부권자의 증언)

본죄의 주체로서 증언거부권이 있는 자가 증언거부권을 행사하지 아니하고 증언을 하면서 업무상 지득한 타인의 비밀을 누설한 경우 위법성이 조각될 수 있다(다수설).[3]

5. 소추조건

친고죄이다.

3) 다수설의 논거는 ⅰ) 증언거부권을 포기하면 증언의무가 있기 때문이라는 견해와 ⅱ) 실체적 진실발견이라는 이익과 개인의 비밀보호라는 이익을 비교형량하여 긴급피난 혹은 사회상규에 위배되지 않는 행위로 위법성이 조각될 수 있다는 견해가 있다.

제2절 주거침입의 죄

주거침입죄의 보호법익에 관한 논의와 그 실익, 침입의 의의, 기수시기에 관한 이론과 판례를 잘 알아두어야 한다. 다른 범죄의 수단으로 범하는 경우가 많기 때문에 매년 사례형으로 출제된다고 보아도 무방하다. 관련범죄와의 죄수판단을 판례를 중심으로 정리해 두어야 한다.

Ⅰ. 총 설

1. 의 의

주거침입의 죄란 사람의 주거 또는 관리하는 장소의 평온과 안전을 침해하는 것을 내용으로 하는 범죄이다.

2. 보호법익

보호법익은 주거를 지배하고 있는 공동생활자 모두의 사실상의 평온이다(판례, 다수설).[1] 보호의 정도는 침해범이다(판례).

判例 보호법익(사실상의 주거의 평온)

주거침입죄는 사실상의 주거의 평온을 보호법익으로 하는 것이므로 그 거주자 또는 간수자가 건조물 등에 거주 또는 간수할 권리를 가지고 있는 여부는 범죄의 성립을 좌우하는 것이 아니며 점유할 권리 없는 자의 점유라고 하더라도 그 주거의 평온은 보호되어야 할 것이므로 권리자가 그 권리를 실현함에 있어 법에 정하여진 절차에 의하지 아니하고 그 주거 또는 건조물에 침입한 경우에는 주거침입죄가 성립한다[대판 1984.4.24. 83도1429]. [♠ 99, 08 사시]

判例 사실상의 평온을 침해하여 주거침입죄가 성립하는 경우

1. 근저당권설정등기가 되어 있지 아니한 별개 독립의 이 사건 건물이 근저당권의 목적으로 된 대지 및 건물과 일괄하여 경매된 경우 이 사건 건물에 대한 경락허가결정이 당연무효라고 하더라도 이에 기한 인도명령에 의한 집행으로서 일단 이 사건 건물의 점유가 경락인에게 이전된 이상 이 사건 건물의 소유자인 피고인이 위 무효인 인도집행에 반하여 위 건물에 들어간 경우에도 주거침입죄는 성립한다[대판 1984.4.14. 83도1429].

   동지판례 소유자가 무효인 경락허가결정에 의하여 점유를 이전받은 자의 주거에 들어간 경우, 주거침입죄는 사실상의 주거의 평온을 보호법익으로 하는 것이므로 그 거주자 또는 간수자가 건조물 등에 거주 또는 간수

---

1) 소수설로서는 주거권설(사람이 주거의 평온을 확보하고 권한 없는 타인의 침입에 의하여 이를 방해받지 않을 권리)등이 있다.

할 권리를 가지고 있는가의 여부는 범죄의 성립을 좌우하는 것이 아니며, 점유할 권리없는 자의 점유라고 하더라도 그 주거의 평온은 보호되어야 할 것이므로, 권리자가 그 권리실행으로서 자력구제의 수단으로 건조물에 침입한 경우에도 주거침입죄가 성립한다 할 것이다[대판 1985.3.26. 85도122]. [♠ 13 사시] [♣ 12 변시]

2. **(주의)** 피고인 소유의 집을 동거 중인 자가 공소외인에게 멋대로 매각하고 명도를 하였다 하여도 피고인이 위 공소외인이 점유하고 있는 위 주거에 무단히 들어갔다면 주거침입죄가 된다[대판 1969.12.23. 69도2098].

Ⅱ. 주거침입죄

제319조(주거침입) ① 사람의 주거, 관리하는 건조물, 선박이나 항공기 또는 점유하는 방실에 침입한 자는 3년 이하의 징역 또는 500만원 이하의 벌금에 처한다.
제322조(미수범) 미수범은 처벌한다.

1. 의 의

사람의 주거 등에 침입함으로써 성립하는 범죄이다.

2. 구성요건

(1) 객관적 구성요건

① **객 체** : 사람의 주거, 관리하는 건조물 · 선박 · 항공기 또는 점유하는 방실이다.

㉮ **사람의 주거** : ⅰ) 주거란 사람이 기거하고 침식에 사용되는 장소를 의미한다(다수설). 별장과 같이 일시적으로 사용되는 것도 포함되며, 설비 · 구조여하를 불문하므로 동산인 주거용차량, 천막집 · 판자집, 토굴이라도 주거가 될 수 있다. 주택건조물뿐만 아니라 부속물도 포함된다(예 계단, 복도, 지하실, 정원). 주거인 한 거주자가 항상 현존할 것을 요하지 아니한다. ⅱ) 주거는 타인의 주거를 의미한다. 공동주거의 경우 공동생활에서 이탈한 후에는 타인의 주거에 해당하므로 가출한 탕자가 범죄의 목적으로 그의 아버지 집에 침입한 경우 및 별거 중인 처가 남편의 아파트에 함부로 침입한 경우 주거침입에 해당한다.

判例 주거, 건조물의 범위

1. **(위요지도 포함)** [1] 주거침입죄에 있어서 주거라 함은 단순히 가옥 자체만을 말하는 것이 아니라 그 위요지를 포함한다. [♠ 13 사시] [♣ 12 변시]
[2] 이미 수일 전에 2차례에 걸쳐 피해자를 강간하였던 피고인이 대문을 몰래 열고 들어와 담장

과 피해자가 거주하던 방 사이의 좁은 통로에서 창문을 통하여 방안을 엿본 경우 주거침입죄에 해당한다[대판 2001.4.24. 2001도1092].

2. **(위요지의 요건)** [1] 위요지라고 함은 건조물에 인접한 그 주변의 토지로서 외부와의 경계에 담 등이 설치되어 그 토지가 건조물의 이용에 제공되고 또 외부인이 함부로 출입할 수 없다는 점이 객관적으로 명확하게 드러나야 한다. 따라서 건조물의 이용에 기여하는 인접의 부속 토지라고 하더라도 인적 또는 물적 설비 등에 의한 구획 내지 통제가 없어 통상의 보행으로 그 경계를 쉽사리 넘을 수 있는 정도라고 한다면 일반적으로 외부인의 출입이 제한된다는 사정이 객관적으로 명확하게 드러났다고 보기 어려우므로, 이는 다른 특별한 사정이 없는 한 주거침입죄의 객체에 속하지 아니한다고 봄이 상당하다.
   [2] 차량 통행이 빈번한 도로에 바로 접하여 있고, 도로에서 주거용 건물, 축사 4동 및 비닐하우스 2동으로 이루어진 시설로 들어가는 입구 등에 그 출입을 통제하는 문이나 담 기타 인적·물적 설비가 전혀 없고 노폭 5m 정도의 통로를 통하여 누구나 축사 앞 공터에 이르기까지 자유롭게 드나들 수 있었다면, 차를 몰고 위 통로로 진입하여 축사 앞 공터까지 들어간 행위는 주거침입에 해당하지 아니한다[대판 2010.4.29. 2009도14643].

3. **(위요지의 요건)** 건조물침입죄에서 침입행위의 객체인 '건조물'은 건조물침입죄가 사실상 주거의 평온을 보호법익으로 하는 점에 비추어 엄격한 의미에서의 건조물 그 자체뿐만이 아니라 그에 부속하는 위요지를 포함한다고 할 것이나, 여기서 위요지라고 함은 건조물에 인접한 그 주변의 토지로서 외부와의 경계에 담 등이 설치되어 그 토지가 건조물의 이용에 제공되고 또 외부인이 함부로 출입할 수 없다는 점이 객관적으로 명확하게 드러나야 한다. 그러나 관리자가 일정한 토지와 외부의 경계에 인적 또는 물적 설비를 갖추고 외부인의 출입을 제한하고 있더라도 그 토지에 인접하여 건조물로서의 요건을 갖춘 구조물이 존재하지 않는다면 이러한 토지는 건조물침입죄의 객체인 위요지에 해당하지 않는다고 봄이 타당하다[대판 2017.12.22. 2017도690].
   판결이유 이 사건 타워는 건조물침입죄의 객체인 건조물로서의 요건을 갖추었다고 볼 수 없고(타워는 아직 신축 중인 상태의 철골구조물로 기둥과 계단 외에 벽이나 천정이라고 볼 수 있는 시설은 갖추어지지 않았다), 이에 따라 이 사건 공사현장도 이러한 건조물의 이용을 위하여 제공되는 토지, 즉 위요지라고 볼 수 없으므로, 피고인들이 이 사건 공사현장에 출입한 행위는 건조물침입죄가 성립할 수 없다. 이 사건 공사현장에는 현장사무실이나 경비실 외에 별도의 건조물은 없었던 것으로 보이는데, 이 사건 공사현장이 현장사무실이나 경비실의 이용을 위하여 제공된 토지라고 보기 어려울 뿐만 아니라, 당시 피고인들은 그 현장사무실이나 경비실에 출입하지도 않았다.

3-1. **(위요지에 해당하는 경우)** 골프장 부지에 설치된 사드(THAAD: 고고도 미사일 방어 체계)기지는 더 이상 골프장으로 사용되고 있지 않을 뿐만 아니라 이미 사드발사대 2대가 반입되어 이를 운용하기 위한 병력이 골프장으로 이용될 당시의 클럽하우스, 골프텔 등의 건축물에 주둔하고 있었고, 군 당국은 외부인 출입을 엄격히 금지하기 위하여 사드기지의 경계에 외곽 철조망과 내곽 철조망을 2중으로 설치하여 외부인의 접근을 철저하게 통제하고 있었으므로, 위 사드기지의 부지는 기지 내 건물의 위요지에 해당한다고 한 사례[대판 2020.3.12. 2019도16484].

4. **(공동주택의 내부에 있는 엘리베이터, 공용계단과 복도도 포함)** 다가구용 단독주택이나 다세대주택·연립주택·아파트 등 공동주택의 내부에 있는 엘리베이터, 공용계단과 복도는 특별한 사정이 없는 한 주거침입죄의 객체인 '사람의 주거'에 해당하고, 위 장소에 거주자의 명시적·묵시적

의사에 반하여 침입하는 행위는 주거침입죄를 구성한다[대판 2009.9.10. 2009도4335]. [♣ 12, 19 변시]

동지판례 다가구용 단독주택인 빌라의 잠기지 않은 대문을 열고 들어가 공용 계단으로 빌라 3층까지 올라갔다가 1층으로 내려온 경우, 주거인 공용 계단에 들어간 행위가 거주자의 의사에 반한 것이라면 주거에 침입한 것이라고 보아야 한다[대판 2009.8.20. 2009도3452]. [♠ 10 사시]

㉯ 관리하는 건조물 · 선박 · 항공기 : ⅰ) 관리란 타인의 침입을 방지하기 위한 인적 · 물적 설비를 갖추는 것을 말한다(예 경비원을 두는 것, 시정장치나 못질을 해두는 것). 따라서 단순히 출입금지의 표시를 세워둔 것만으로는 관리라고 할 수 없다. ⅱ) 건조물이란 주거를 제외한 일체의 건물을 의미한다(예 폐쇄된 별장, 공장, 창고). 다만 건조물이라고 하기 위하여는 주위벽 또는 기둥과 지붕 또는 천정으로 구성된 구조물로서 사람이 기거하거나 출입할 수 있는 장소일 것을 요한다(판례). 따라서 개집, 토지에 정착되지 않은 천막은 건조물이라고 할 수 없다.

判例 건조물의 요건

1. 건조물은 주위벽 또는 기둥과 지붕 또는 천정으로 구성된 구조물로서 사람이 기거하거나 출입할 수 있는 장소를 말하며 반드시 영구적인 구조물일 것을 요하지 않는다[대판 1989.2.28. 88도2430].
2. 피고인들이 건물신축 공사현장에 무단으로 들어간 뒤 타워크레인에 올라가 이를 점거한 사안에서, 타워크레인은 건설기계의 일종으로서 작업을 위하여 토지에 고정되었을 뿐이고 운전실은 기계를 운전하기 위한 작업공간 그 자체이지 건조물침입죄의 객체인 건조물에 해당하지 아니하고, 피고인들이 위 공사현장에 컨테이너 박스 등으로 가설된 현장사무실 또는 경비실 자체에 들어가지 아니하였다면, 피고인들이 위 공사현장의 구내에 들어간 행위를 위 공사현장 구내에 있는 건조물인 위 각 현장사무실 또는 경비실에 침입한 행위로 보거나, 위 공사현장 구내에 있는 건축 중인 건물에 침입한 행위로 볼 수 없다고 한 원심의 판단을 수긍한 사례[대판 2005.10.7. 2005도5351].

동지판례 **(건조물에 해당하지 않는 경우)** 건조물침입죄의 객체인 관리하는 건조물은 주위벽, 기둥과 지붕 또는 천정으로 구성된 구조물로서 사람이 기거하거나 출입할 수 있는 장소를 말하므로, 물탱크시설은 이에 해당하지 않는다고 본 사례[대판 2007.12.13. 2007도7247].

비교판례 **(건조물에 해당하는 경우)** 선박건조자재운반용으로 도크에 고정되어 82m 높이에 설치되어 있으며 약 10평 정도되는 방실 등이 있고 평소 그 운전을 위해 1~2명의 직원이 근무하며 인가자 이외의 출입이 금지되는 "골리앗크레인"에 출입통제를 위해 출입문이 잠긴 채 간수인이 없었다 하여도 피고인 등 70명 정도의 근로자가 함께 위 "골리앗크레인"에 들어가서 농성을 하였다면, 피고인 등이 다중의 위력을 보여 간수하는 건조물에 침입한 것이다[대판 1991.6.11. 91도753].

判例 출입이 가능한 건조물의 종물이 아닌 건조물에 들어간 경우(주거침입죄 성립)

피해자 소유의 축사 건물 및 그 부지를 임의경매절차에서 매수한 사람이 위 부지 밖에 설치된 피해자 소유 소독시설을 통로로 삼아 위 축사건물에 출입한 경우, 위 소독시설은 축사출입차량의 소독을 위하여 설치한 것이기는 하나 별개의 토지 위에 존재하는 독립한 건조물로서 축사 자체의 효용에 제공된 종물이 아니므로, 위 출입행위는 건조물침입죄를 구성한다[대판 2007.12.13. 2007도7247].

㉰ **점유하는 방실** : 점포, 사무실, 연구실, 여관의 객실 등이 포함된다(예 화장실).

② 행 위 : 침입하는 것이다.

㉮ 침 입 : i) 침입이란 주거의 사실상 평온상태를 해치는 행위 태양으로 주거에 들어가는 것을 의미하고, 침입에 해당하는지는 출입 당시 객관적 · 외형적으로 드러난 행위 태양을 기준으로 판단함이 원칙이며, 침입행위에 해당하는지는 거주자의 의사에 반하는지가 아니라 사실상의 평온상태를 해치는 행위 태양인지에 따라 판단되어야 한다(판례). ii) 신체적 침입을 의미하므로 밖에서 돌을 던지거나 들여다 보는 것, 전화를 거는 것은 침입이 아니다. iii) 침입의 방법은 불문한다. 공공연히 또는 은밀히 행해졌는가, 폭력적으로 행해졌는가를 불문한다.

주거침입죄 최신판례 정리[2)]

장소	사건		침입여부
공동거주	① 상간녀 판례(전합)		×
공동거주	② 별거 중 남편 사건(전합)		×
공동거주	③ 스마트키 사건		×
공동주택	④ 헤어진 남친 아파트 공동현관문 비밀번호 사건		○
공동주택	⑤ 아파트 입주자대표회의 지하주차장 용역계약 사건		○
공중개방	상시허용	⑥ 음식점 녹화물 설치사건(초원복집 판례변경)(전합)	×
공중개방	상시허용	⑦ 시청 1층 로비사건	×
공중개방	상시허용	⑧ 대형마트 2층 매장사건	×
공중개방	승낙허용	⑨ 교도소 · 구치소 녹화장비 사건	×
공동주택+ 공중개방	⑩ 추행목적 아파트 1층 및 상가 1층 출입사건		아파트 1층 ○ 상가 1층 ×

2) 수험을 위하여 편의상 공동거주와 공동주택 및 공중개방으로 분류하였다. 제12회 변호사시험에서 공동거주와 관련된 전합 판례가 출제되었으므로 제13회 이후의 시험에서는 그 이하의 판례들의 출제가 유력하다. 따라서 사실관계까지 숙지하여 철저하게 대비하여야 한다.

① **[상간녀 사건]** 배우자 있는 사람과의 혼외 성관계 목적으로 다른 배우자가 부재중인 주거에 출입한 경우 주거침입죄의 불성립[대판(전) 2020도12630].

② **[별거 중 남편 사건]** 가정불화로 처(乙)와 일시 별거 중인 남편 甲이 그의 부모(丙, 丁)와 함께 주거지에 들어가려고 하는데 처로부터 집을 돌보아 달라는 부탁을 받은 처제(戊)가 출입을 못 하게 하자, 출입문에 설치된 잠금장치를 손괴하고 주거지에 들어간 경우, 甲, 丙, 丁은 폭력행위 등 처벌에 관한 법률위반(공동주거침입)죄 불성립[대판(전) 2020도6085]. → 폭처법 공동재물손괴는 인정에 유의!

③ **[스마트키 사건]** 甲이 야간에 피해자로부터 교부받은 스마트키를 이용하여 피해 회사 사무실에 절도 목적으로 출입한 경우 야간건조물침입절도 불성립[대판 2023.6.29. 2023도3351].

④ **[헤어진 남친 아파트 공동현관문 비밀번호 사건]** 피고인이 교제하다 헤어진 피해자의 주거가 속해 있는 아파트 동의 출입구에 설치된 공동출입문에 피해자나 다른 입주자의 승낙 없이 비밀번호를 입력하는 방법으로 아파트의 공용 부분에 출입한 경우 주거침입죄 성립[대판 2021도15507].

⑤ **[아파트 입주자대표회의 지하주차장 용역계약 사건]** 입주자대표회의가 입주자 등이 아닌 자(이하 '외부인')의 단지 안 주차장에 대한 출입을 금지하는 결정을 하고 그 사실을 외부인에게 통보하였음에도 외부인이 입주자대표회의의 결정에 반하여 그 주차장에 들어갔다면, 출입 당시 관리자로부터 구체적인 제지를 받지 않았다고 하더라도 그 주차장의 관리권자인 입주자대표회의의 의사에 반하여 들어간 것이므로 건조물침입죄가 성립[대판 2017도21323].

⑥ **[음식점 녹화물 설치사건]** 피고인들이 공모하여 피해자가 운영하는 음식점에서 인터넷 언론사 기자를 만나 식사를 대접하면서 기자가 부적절한 요구를 하는 장면 등을 확보할 목적으로 녹음·녹화장치를 설치하거나 장치의 작동 여부 확인 및 이를 제거하기 위하여 각 음식점의 방실에 들어간 경우 주거침입죄 불성립[대판(전) 2017도18272].

⑦ **[시청 1층 로비 사건]** 피고인들이 공동하여 ○○시청에 이르러 150여 명의 조합원들과 함께 시청 1층 로비로 들어가 바닥에 앉아 구호를 외치며 소란을 피운 경우 건조물 침입죄 불성립[대판 2021도7087].

⑧ **[대형마트 2층 매장사건]** 마트산업노동조합 간부와 조합원인 피고인들이 공동하여, 대형마트 지점에 방문한 대표이사 등에게 해고와 전보 인사발령에 항의하기 위하여 지점장 甲의 의사에 반하여 정문을 통해 지점 2층 매장으로 들어간 경우 폭력행위 등 처벌에 관한 법률 위반(공동주거침입)죄 불성립[대판 2021도9055].

⑨ **[교도소·구치소 녹화장비 사건]** 교도관 H에게 F의 지인인 것처럼 신분을 속이고 접견신청서를 작성·제출하여 접견을 허가받은 후, 반입이 금지되어 있는 명함지갑 모양의 녹음·녹화 장비를 소지하고 접견실로 들어가 약 10분간 F를 접견하면서 그 장면을 촬영하고 대화내용을 녹음한 경우 건조물침입죄 불성립[교도소 녹화사건도 동일][대판 2018도15213; 대판 2019도333].[3] → 위계에 의한 공무집행방해죄는 성립하지 않음에 유의!

---

3) 관리자에 의해 출입이 통제되는 건조물에 관리자의 승낙을 받아 건조물에 통상적인 출입방법으로 들어갔다면, 이러한 승낙의 의사표시에 기망이나 착오 등의 하자가 있더라도 특별한 사정이 없는 한 형법 제319조 제1항에서 정한 건조물침입죄가 성립하지 않는다. 이러한 경우 관리자의 현실적인 승낙이 있었으므로 가정적·추정적 의사는 고려할 필요가 없다. 단순히 승낙의 동기에 착오가 있다고 해서 승낙의 유효성에 영향을 미치지 않으므로, 관리자가 행위자의 실제 출입 목적을 알았더라면 출입을 승낙하지 않았을 사정이 있더라도 건조물침입죄가

⑩ [추행목적 아파트 1층 및 상가 1층 출입사건] 피고인이 추행하기로 마음먹고 피해자를 뒤따라가 피해자의 주거지인 아파트에 들어가 아파트 1층 계단을 오르는 피해자의 뒤에서 갑자기 피해자의 교복 치마 안으로 손을 넣어 피해자의 음부와 허벅지를 만진 경우 주거침입죄 성립. 피고인이 추행하기로 마음먹고, 피해자를 뒤따라 상가 1층에 들어가, 그곳에서 엘리베이터를 기다리는 피해자의 뒤에서 갑자기 피해자의 교복 치마 안으로 손을 넣어 피해자의 음부를 만진 경우 주거침입죄 불성립[대판 2022도3801]. ➜ 아파트 1층과 상가를 정확하게 구별할 것

判例 침입의 의미

주거침입죄는 사실상의 주거의 평온을 보호법익으로 하는 것이므로 그 거주자 또는 관리자가 건조물 등에 거주 또는 관리할 권한을 가지고 있는가 여부는 범죄의 성립을 좌우하는 것이 아니고, 그 거주자나 관리자와의 관계 등으로 평소 그 건조물에 출입이 허용된 사람이라 하더라도 주거에 들어간 행위가 거주자나 관리자의 명시적 또는 추정적 의사에 반함에도 불구하고 감행된 것이라면 주거침입죄는 성립하며, 출입문을 통한 정상적인 출입이 아닌 경우 특별한 사정이 없는 한 그 침입방법 자체에 의하여 위와 같은 의사에 반하는 것으로 보아야 한다[대판 2007.8.23. 2007도2595].

判例 제지를 받지는 않았으나 주거자 등의 의사에 반하여 들어간 경우 (주거침입죄 성립)

1. 입주자대표회의가 입주자 등이 아닌 자(이하 '외부인'이라 한다)의 단지 안 주차장에 대한 출입을 금지하는 결정을 하고 그 사실을 외부인에게 통보하였음에도 외부인이 입주자대표회의의 결정에 반하여 그 주차장에 들어갔다면, 출입 당시 관리자로부터 구체적인 제지를 받지 않았다고 하더라도 그 주차장의 관리권자인 입주자대표회의의 의사에 반하여 들어간 것이므로 건조물침입죄가 성립한다.
   설령 외부인이 일부 입주자 등의 승낙을 받고 단지 안의 주차장에 들어갔다고 하더라도 개별 입주자 등은 그 주차장에 대한 본질적인 권리가 침해되지 않는 한 입주자대표회의의 단지 안의 주차장 관리에 관한 결정에 따를 의무가 있으므로 건조물침입죄의 성립에 영향이 없다. 외부인의 단지 안 주차장 출입을 금지하는 입주자대표회의의 결정이 개별 입주자 등의 본질적인 권리를 침해하는지 여부는 주차장의 유지 및 운영에 관한 입주자대표회의에서 제정 · 개정한 제 규정의 내용, 주차장의 본래 사용용도와 목적, 입주자 등 사이의 관계, 입주자 등과 외부인 사이의 관계, 외부인의 출입 목적과 출입 방법 등을 종합적으로 고려하여 판단하여야 한다[대판 2021.1.14. 2017도21323].
   판결이유 이 사건 아파트의 입주자대표회의는 입주자 등의 재산상의 피해나 각종 사고 등을 예방하기 위하여 이 사건 아파트 단지 내를 통행하는 차량의 통행을 제한할 수 있고, 입주자 등은 입주자대표회의의 이러한 결정에 따를 의무가 있다. 따라서 입주자대표회의가 일부 입주자 등과 세차용역계약을 체결한 피고인에 대하여 세차영업을 위하여 이 사건 아파트의 지하주차장으로 출입하는 것을 금지하였다고 하더라도 그것이 일부

성립한다고 볼 수 없다. 나아가 관리자의 현실적인 승낙을 받아 통상적인 출입방법에 따라 건조물에 들어간 경우에는 출입 당시 객관적 · 외형적으로 드러난 행위태양에 비추어 사실상의 평온상태를 해치는 모습으로 건조물에 들어간 것이라고 평가할 수도 없다[대판 2022.3.31. 2018도15213].

입주자 등의 지하주차장에 대한 본질적인 권리를 침해한 것이라고 볼 수 없으므로, 피고인이 피고인과 세차용역계약을 체결한 일부 입주자 등의 승낙을 받고 이 사건 아파트의 지하주차장에 출입하였다고 하여도 건조물침입죄의 성립에 영향이 없다.

동지판례 [1] 주거침입죄는 사실상 주거의 평온을 보호법익으로 한다. 주거침입죄의 구성요건적 행위인 침입은 주거침입죄의 보호법익과의 관계에서 해석하여야 하므로, 침입이란 거주자가 주거에서 누리는 사실상의 평온상태를 해치는 행위태양으로 주거에 들어가는 것을 의미하고, 침입에 해당하는지 여부는 출입 당시 객관적·외형적으로 드러난 행위태양을 기준으로 판단함이 원칙이다. 사실상의 평온을 해치는 행위태양으로 주거에 들어가는 것이라면 특별한 사정이 없는 한 거주자의 의사에 반하는 것이겠지만, 단순히 주거에 들어가는 행위 자체가 거주자의 의사에 반한다는 거주자의 주관적 사정만으로 바로 침입에 해당한다고 볼 수 없다. 따라서 침입에 해당한다고 인정하기 위해서는 거주자의 의사에 반한다는 사정만으로는 부족하고, 주거의 형태와 용도·성질, 외부인의 출입에 대한 통제·관리 상태, 출입의 경위와 태양 등을 종합적으로 고려하여 객관적·외형적으로 판단할 때 주거의 사실상의 평온상태를 해치는 경우에 이르러야 한다.

[2] 다가구용 단독주택이나 다세대주택·연립주택·아파트와 같은 공동주택 내부의 엘리베이터, 공용 계단, 복도 등 공용 부분도 그 거주자들의 사실상 주거의 평온을 보호할 필요성이 있어 주거침입죄의 객체인 '사람의 주거'에 해당한다. 거주자가 아닌 외부인이 공동주택의 공용 부분에 출입한 것이 공동주택 거주자들에 대한 주거침입에 해당하는지 여부를 판단함에 있어서도 그 공용 부분이 일반 공중에 출입이 허용된 공간이 아니고 주거로 사용되는 각 가구 또는 세대의 전용 부분에 필수적으로 부속하는 부분으로서 거주자들 또는 관리자에 의하여 외부인의 출입에 대한 통제·관리가 예정되어 있어 거주자들의 사실상 주거의 평온을 보호할 필요성이 있는 부분인지, 공동주택의 거주자들이나 관리자가 평소 외부인이 그곳에 출입하는 것을 통제·관리하였는지 등의 사정과 외부인의 출입 목적 및 경위, 출입의 태양과 출입한 시간 등을 종합적으로 고려하여 '주거의 사실상의 평온상태를 침해하였는지'의 관점에서 객관적·외형적으로 판단하여야 한다. 따라서 아파트 등 공동주택의 공동현관에 출입하는 경우에도, 그것이 주거로 사용하는 각 세대의 전용 부분에 필수적으로 부속하는 부분으로 거주자와 관리자에게만 부여된 비밀번호를 출입문에 입력하여야만 출입할 수 있거나, 외부인의 출입을 통제·관리하기 위한 취지의 표시나 경비원이 존재하는 등 외형적으로 외부인의 무단출입을 통제·관리하고 있는 사정이 존재하고, 외부인이 이를 인식하고서도 그 출입에 관한 거주자나 관리자의 승낙이 없음은 물론, 거주자와의 관계 기타 출입의 필요 등에 비추어 보더라도 정당한 이유 없이 비밀번호를 임의로 입력하거나 조작하는 등의 방법으로 거주자나 관리자 모르게 공동현관에 출입한 경우와 같이, 그 출입 목적 및 경위, 출입의 태양과 출입한 시간 등을 종합적으로 고려할 때 공동주택 거주자의 사실상 주거의 평온상태를 해치는 행위태양으로 볼 수 있는 경우라면 공동주택 거주자들에 대한 주거침입에 해당할 것이다[대판 2022.1.27. 2021도15507].

[사실관계] 피고인이 교제하다 헤어진 피해자의 주거가 속해 있는 아파트 동의 출입구에 설치된 공동출입문에 피해자나 다른 입주자의 승낙 없이 비밀번호를 입력하는 방법으로 아파트의 공용부분에 출입한 사안.

2. 대학교가 한국대학총학생회연합의 행사개최를 불허하고 외부인의 출입을 금지하는 한편 경찰에 시설물 보호를 위한 경비지원을 요청하였음에도 피고인이 다른 많은 학생들과 함께 위 행사에 참여하거나 주최하기 위하여 대학교에 들어간 것이라면, 들어갈 당시 경찰공무원 또는 대학교의 교직원들로부터 구체적으로 출입을 제지당하지 아니하였다고 하더라도 대학교 관리자의 의사에 반하여 다중의 위력으로써 건조물인 대학교에 침입한 것이다[대판 2003.5.13. 2003도604].[4] [♠ 08 사시]

4) 특수주거침입죄가 성립한 사례이다.

㉯ 출입에 대한 의사결정의 주체

判例 건조물에 대한 거주 또는 간수할 권리의 귀속자 (사실상의 점유자 · 간수자)

주거침입죄는 사실상의 주거의 평온을 보호법익으로 하는 것이므로 그 거주자 또는 간수자가 건조물 등에 거주 또는 간수할 권리를 가지고 있는가의 여부는 범죄의 성립을 좌우하는 것이 아니며, 점유할 권리 없는 자의 점유라고 하더라도 그 주거의 평온은 보호되어야 할 것이므로, 권리자가 그 권리실행으로서 자력구제의 수단으로 건조물에 침입한 경우에도 주거침입죄가 성립한다 할 것이다[대판 1985.3.26. 85도122]. [♠ 03 사시]

관련판례 적법한 임대차기간이 종료한 후 계속 점유(사실상 불법점유) 하고 있는 건물에 대하여 소유자가 마음대로 건물출입문에 판자를 대어 폐쇄한 것을 임차인이 자력으로 판자를 뜯어 위 건물에 들어갔다고 해서 건조물침입죄가 된다고 볼 수 없다[대판 1973.6.26. 73도460].

判例 배우자 있는 사람과의 혼외 성관계 목적으로 다른 배우자가 부재중인 주거에 출입한 경우 주거침입죄의 성립여부 (매우 중요)

[1] **[다수의견]** 외부인이 공동거주자의 일부가 부재중에 주거 내에 현재하는 거주자의 현실적인 승낙을 받아 통상적인 출입방법에 따라 공동주거에 들어간 경우라면 그것이 부재중인 다른 거주자의 추정적 의사에 반하는 경우에도 주거침입죄가 성립하지 않는다고 보아야 한다. 구체적인 이유는 다음과 같다.

(가) 주거침입죄의 보호법익은 사적 생활관계에 있어서 사실상 누리고 있는 주거의 평온, 즉 '사실상 주거의 평온'으로서, 주거를 점유할 법적 권한이 없더라도 사실상의 권한이 있는 거주자가 주거에서 누리는 사실적 지배 · 관리관계가 평온하게 유지되는 상태를 말한다. 외부인이 무단으로 주거에 출입하게 되면 이러한 사실상 주거의 평온이 깨어지는 것이다. 이러한 보호법익은 주거를 점유하는 사실상태를 바탕으로 발생하는 것으로서 사실적 성질을 가진다.

한편 공동주거의 경우에는 여러 사람이 하나의 생활공간에서 거주하는 성질에 비추어 공동거주자 각자는 다른 거주자와의 관계로 인하여 주거에서 누리는 사실상 주거의 평온이라는 법익이 일정 부분 제약될 수밖에 없고, 공동거주자는 공동주거관계를 형성하면서 이러한 사정을 서로 용인하였다고 보아야 한다.

부재중인 일부 공동거주자에 대하여 주거침입죄가 성립하는지를 판단할 때에도 이러한 주거침입죄의 보호법익의 내용과 성질, 공동주거관계의 특성을 고려하여야 한다. 공동거주자 개개인은 각자 사실상 주거의 평온을 누릴 수 있으므로 어느 거주자가 부재중이라고 하더라도 사실상의 평온상태를 해치는 행위태양으로 들어가거나 그 거주자가 독자적으로 사용하는 공간에 들어간 경우에는 그 거주자의 사실상 주거의 평온을 침해하는 결과를 가져올 수 있다. 그러나 공동거주자 중 주거 내에 현재하는 거주자의 현실적인 승낙을 받아 통상적인 출입방법에 따라 들어갔다면, 설령 그것이 부재중인 다른 거주자의 의사에 반하는 것으로 추정된다고 하더라도 주거침입죄의 보호법익인 사실상 주거의 평온을 깨트렸다고 볼 수는 없다. 만일 외부인의 출입에 대하여 공동거주자 중 주거 내에 현재하는 거주자의 승낙을 받아 통상적인 출입방법에 따라 들어갔음에도 불구하고 그것이 부재중인 다른 거주자의 의사에 반하는 것으로 추정된다는 사정만으로 주거침입죄의 성립을 인정하게 되면, 주거침입죄를 의사의 자유를 침해하는 범죄의 일종으로 보는 것이 되어 주거침입죄가 보호하고자 하는 법익의 범위를 넘어서게 되고, '평온의 침해' 내용이 주관화·관념화되며, 출입 당시 현실적으로 존재하지 않는, 부재중인 거주자의 추정적 의사에 따라 주거침입죄의 성립 여부가 좌우되어 범죄 성립 여부가 명확하지 않고 가벌성의 범위가 지나치게 넓어지게 되어 부당한 결과를 가져오게 된다.

(나) 주거침입죄의 구성요건적 행위인 침입은 주거침입죄의 보호법익과의 관계에서 해석하여야 한다. 따라서 침입이란 '거주자가 주거에서 누리는 사실상의 평온상태를 해치는 행위태양으로 주거에 들어가는 것'을 의미하고, 침입에 해당하는지 여부는 출입 당시 객관적·외형적으로 드러난 행위태양을 기준으로 판단함이 원칙이다. 사실상의 평온상태를 해치는 행위태양으로 주거에 들어가는 것이라면 대체로 거주자의 의사에 반하는 것이겠지만, 단순히 주거에 들어가는 행위 자체가 거주자의 의사에 반한다는 거주자의 주관적 사정만으로 바로 침입에 해당한다고 볼 수는 없다. 외부인이 공동거주자 중 주거 내에 현재하는 거주자로부터 현실적인 승낙을 받아 통상적인 출입방법에 따라 주거에 들어간 경우라면, 특별한 사정이 없는 한 사실상의 평온상태를 해치는 행위태양으로 주거에 들어간 것이라고 볼 수 없으므로 주거침입죄에서 규정하고 있는 침입행위에 해당하지 않는다.

[대법관 김재형의 별개의견] (가) 주거침입죄의 보호법익은 주거권이다. 주거침입죄가 주거의 평온을 보호하기 위한 것이라고 해서 그 보호법익을 주거권으로 파악하는 데 장애가 되지 않는다. 주거침입죄의 보호법익에 관하여 대법원판결에서 '사실상 주거의 평온'이라는 표현을 사용한 사안들은 그 보호법익을 주거권으로 보더라도 사안의 해결에 영향이 없다.

(나) 주거침입죄에서 말하는 침입은 이른바 의사침해설에 따라 '거주자의 의사에 반하여 주거에 들어가는 것'이라고 본 판례가 타당하다.

(다) 동등한 권한이 있는 공동주거권자 중 한 사람의 승낙을 받고 주거에 들어간 경우에는 어느 한 쪽의 의사나 권리를 우선시할 수 없어 원칙적으로 주거침입죄가 성립하지 않는다. 다른 공동주거권자의 의사에 반한다고 해서 형법 제319조 제1항이 정한 침입에 해당하는 것으로 보아 주거침입죄로 처벌하는 것은 죄형법정주의가 정한 명확성의 원칙이나 형법의 보충성 원칙에 반할 수 있다. 평온한 방법으로 주거에 들어갔는지 여부가 주거침입죄의 성립 여부를 판단하는 기준이라고 볼 근거도 없다.

(라) 부부인 공동주거권자 중 남편의 부재중에 아내의 승낙을 받아 혼외 성관계를 가질 목적으로 주거에 들어갔다고 해서 주거침입죄로 처벌할 수 없다. 주거침입죄는 목적범이 아닌 데다가 현재 혼외 성관계는 형사처벌의 대상이 아니기 때문에 이러한 목적의 유무에 따라 주거침입죄의 성립이 좌우된다고 볼 수 없다.

[대법관 안철상의 별개의견] 외부인이 공동거주자 중 한 사람의 승낙을 받아 공동주거에 출입한 경우에는 그것이 다른 거주자의 의사에 반하더라도 특별한 사정이 없는 한 주거침입죄가 성립하지

않는다. 공동거주자 중 한 사람의 승낙에 따른 외부인의 공동주거 출입행위 그 자체는 외부인의 출입을 승낙한 공동거주자의 통상적인 공동주거의 이용행위 내지 이에 수반되는 행위에 해당한다고 할 것이고, 다른 거주자는 외부인의 출입이 그의 의사에 반하더라도 여러 사람이 함께 거주함으로써 사생활이 제약될 수밖에 없는 공동주거의 특성에 비추어 공동거주자 중 한 사람의 승낙을 받은 외부인의 출입을 용인하여야 하기 때문이다. 즉, 공동거주자 중 한 사람이 다른 거주자의 의사에 반하여 공동주거에 출입하더라도 주거침입죄가 성립하지 않는 것과 마찬가지로, 공동거주자 중 한 사람의 승낙에 따라 공동주거에 출입한 외부인이 다른 거주자의 의사에 반하여 공동주거에 출입하더라도 주거침입죄가 성립하지 않는다고 보아야 한다.

[대법관 이기택, 대법관 이동원의 반대의견] 공동거주자 중 한 사람의 부재중에 주거 내에 현재하는 다른 거주자의 승낙을 받아 주거에 들어간 경우 주거침입죄가 성립하는지 여부는 부재중인 거주자가 만일 그 자리에 있었다면 피고인의 출입을 거부하였을 것임이 명백한지 여부에 따라야 한다. 즉, 부재중인 거주자가 그 자리에 있었다면 피고인의 출입을 거부하였을 것임이 명백한 경우에는 주거침입죄가 성립하고, 그렇지 않을 경우에는 주거침입죄가 성립하지 않는다고 보아야 한다. 구체적인 이유는 다음과 같다.

(가) 주거침입죄는 거주자의 의사에 반하여 주거에 들어가는 경우에 성립한다. 주거침입죄는 사람의 주거에 침입한 경우, 즉 거주자 외의 사람이 거주자의 승낙 없이 무단으로 주거에 출입하는 경우에 성립하는 것이다. 거주자는 주거에 대한 출입이 자신의 의사대로 통제되고 지배 · 관리되어야 주거 내에서 평온을 누릴 수 있다. 이러한 점에서 주거침입죄의 보호법익인 '사실상 주거의 평온'은 '법익의 귀속주체인 거주자의 주거에 대한 지배 · 관리, 즉 주거에 대한 출입의 통제가 자유롭게 유지되는 상태'를 말한다고 할 것이다. 이러한 주거에 대한 지배 · 관리 내지 출입통제의 방식은 거주자의 의사 및 의사 표명을 통하여 이루어지게 된다. 따라서 주거침입죄에 있어 침입은 '거주자의 의사에 반하여 주거에 들어가는 것'이라고 해석하여야 한다.

(나) 부재중인 거주자의 경우에도 그의 '사실상 주거의 평온'이라는 법익은 보호되므로 그의 법익이 침해된 경우에는 주거침입죄가 성립한다.

(다) 공동주거에 있어서도 외부인의 출입이 공동거주자 중 부재중인 거주자의 의사에 반하는 것이 명백한 경우에는 그 거주자에 대한 관계에서 사실상 주거의 평온이 깨어졌다고 보아 주거침입죄의 성립을 인정하는 것이 주거침입죄의 법적 성질과 보호법익의 실체에 부합하는 해석이다.

(라) 외부인의 출입이 부재중인 거주자의 의사에 반하는 것이 명백한 경우에 해당하는지에 대한 판단은 우리 사회에서 건전한 상식을 가지고 있는 일반 국민의 의사를 기준으로 객관적으로 하고 그에 관한 증명책임은 검사가 부담하므로, 외부인의 출입이 부재중인 거주자의 의사에 반하는 것이 명백한 경우에는 주거침입죄가 성립한다고 보더라도 처벌 범위가 확장되는 것이 아니다.

[2] 피고인이 甲의 부재중에 甲의 처 乙과 혼외 성관계를 가질 목적으로 乙이 열어 준 현관 출입문을 통하여 甲과 乙이 공동으로 거주하는 아파트에 3회에 걸쳐 들어간 사안에서, 피고인이 乙로부터 현실적인 승낙을 받아 통상적인 출입방법에 따라 주거에 들어갔으므로 주거의 사실상 평온상태를 해치는 행위태양으로 주거에 들어간 것이 아니어서 주거에 침입한 것으로 볼 수 없고, 설령 피고인의 주거 출입이 부재중인 甲의 의사에 반하는 것으로 추정되더라도 그것이 사실상 주거의 평온을

보호법익으로 하는 주거침입죄의 성립 여부에 영향을 미치지 않는다는 이유로, 같은 취지에서 피고인에게 무죄를 선고한 원심의 판단이 정당하다고 한 사례[대판(전) 2021.9.9. 2020도12630].

判例 **가정불화로 처(乙)와 일시 별거 중인 남편 甲이 그의 부모(丙, 丁)와 함께 주거지에 들어가려고 하는데 처로부터 집을 돌보아 달라는 부탁을 받은 처제(戊)가 출입을 못하게 하자, 출입문에 설치된 잠금장치를 손괴하고 주거지에 들어간 경우, 甲, 丙, 丁은 폭력행위 등 처벌에 관한 법률위반(공동주거침입)죄가 성립하지 아니한다고 한 사례**

[1] **[다수의견]** (가) 형법은 제319조 제1항에서 '사람의 주거, 관리하는 건조물, 선박이나 항공기 또는 점유하는 방실에 침입한 자'를 주거침입죄로 처벌한다고 규정하고 있는바, 주거침입죄는 주거에 거주하는 거주자, 건조물이나 선박, 항공기의 관리자, 방실의 점유자 이외의 사람이 위 주거, 건조물, 선박이나 항공기, 방실(이하 '주거 등'이라 한다)에 침입한 경우에 성립한다. 따라서 주거침입죄의 객체는 행위자 이외의 사람, 즉 '타인'이 거주하는 주거 등이라고 할 것이므로 행위자 자신이 단독으로 또는 다른 사람과 공동으로 거주하거나 관리 또는 점유하는 주거 등에 임의로 출입하더라도 주거침입죄를 구성하지 않는다. 다만 다른 사람과 공동으로 주거에 거주하거나 건조물을 관리하던 사람이 공동생활관계에서 이탈하거나 주거 등에 대한 사실상의 지배·관리를 상실한 경우 등 특별한 사정이 있는 경우에 주거침입죄가 성립할 수 있을 뿐이다.

(나) 주거침입죄가 사실상 주거의 평온을 보호법익으로 하는 이상, 공동주거에서 생활하는 공동거주자 개개인은 각자 사실상 주거의 평온을 누릴 수 있다고 할 것이다. 그런데 공동거주자 각자는 특별한 사정이 없는 한 공동주거관계의 취지 및 특성에 맞추어 공동주거 중 공동생활의 장소로 설정한 부분에 출입하여 공동의 공간을 이용할 수 있는 것과 같은 이유로, 다른 공동거주자가 이에 출입하여 이용하는 것을 용인할 수인의무도 있다. 그것이 공동거주자가 공동주거를 이용하는 보편적인 모습이기도 하다. 이처럼 공동거주자 각자가 공동생활의 장소에서 누리는 사실상 주거의 평온이라는 법익은 공동거주자 상호 간의 관계로 인하여 일정 부분 제약될 수밖에 없고, 공동거주자는 이러한 사정에 대한 상호 용인하에 공동주거관계를 형성하기로 하였다고 보아야 한다. 따라서 공동거주자 상호 간에는 특별한 사정이 없는 한 다른 공동거주자가 공동생활의 장소에 자유로이 출입하고 이를 이용하는 것을 금지할 수 없다.

공동거주자 중 한 사람이 법률적인 근거 기타 정당한 이유 없이 다른 공동거주자가 공동생활의 장소에 출입하는 것을 금지한 경우, 다른 공동거주자가 이에 대항하여 공동생활의 장소에 들어갔더라도 이는 사전 양해된 공동주거의 취지 및 특성에 맞추어 공동생활의 장소를 이용하기 위한 방편에 불과할 뿐, 그의 출입을 금지한 공동거주자의 사실상 주거의 평온이라는 법익을 침해하는 행위라고는 볼 수 없으므로 주거침입죄는 성립하지 않는다. 설령 그 공동거주자가 공동생활의 장소에 출입하기 위하여 출입문의 잠금장치를 손괴하는 등 다소간의 물리력을 행사하여 그 출입을 금지한 공동거주자의 사실상 평온상태를 해쳤더라도 그러한 행위 자체를 처벌하는 별도의 규정에 따라 처벌될 수 있음은 별론으로 하고, 주거침입죄가 성립하지 아니함은 마찬가지이다.

(다) 공동거주자 각자가 상호 용인한 통상적인 공동생활 장소의 출입 및 이용행위의 내용과 범위는 공동주거의 형태와 성질, 공동주거를 형성하게 된 경위 등에 따라 개별적·구체적으로 살펴보아야

한다. 공동거주자 중 한 사람의 승낙에 따른 외부인의 공동생활 장소의 출입 및 이용행위가 외부인의 출입을 승낙한 공동거주자의 통상적인 공동생활 장소의 출입 및 이용행위의 일환이자 이에 수반되는 행위로 평가할 수 있는 경우에는 이러한 외부인의 행위는 전체적으로 그 공동거주자의 행위와 동일하게 평가할 수 있다. 따라서 공동거주자 중 한 사람이 법률적인 근거 기타 정당한 이유 없이 다른 공동거주자가 공동생활의 장소에 출입하는 것을 금지하고, 이에 대항하여 다른 공동거주자가 공동생활의 장소에 들어가는 과정에서 그의 출입을 금지한 공동거주자의 사실상 평온상태를 해쳤더라도 주거침입죄가 성립하지 않는 경우로서, 그 공동거주자의 승낙을 받아 공동생활의 장소에 함께 들어간 외부인의 출입 및 이용행위가 전체적으로 그의 출입을 승낙한 공동거주자의 통상적인 공동생활 장소의 출입 및 이용행위의 일환이자 이에 수반되는 행위로 평가할 수 있는 경우라면, 이를 금지하는 공동거주자의 사실상 평온상태를 해쳤음에도 불구하고 그 외부인에 대하여도 역시 주거침입죄가 성립하지 않는다고 봄이 타당하다.

[대법관 이기택의 별개의견] (가) 대법원 2021.9.9. 선고 2020도12630 전원합의체 판결의 법리에 따라 살펴본다. 주거침입죄의 구성요건적 행위인 침입의 의미가 '거주자가 주거에서 누리는 사실상의 평온상태를 해치는 행위태양으로 주거에 들어가는 것'을 의미하고, 이에 해당하는지 여부는 출입 당시 객관적 · 외형적으로 드러난 행위태양을 기준으로 판단함이 원칙이다.

하지만 침입에 해당하는지 여부는 기본적으로 거주자의 의사해석의 문제이다. 사실상의 평온을 해치는 행위태양으로 주거에 들어가는 것이라면 대체로 거주자의 의사에 반하는 것으로 해석된다.

(나) 행위자의 출입이 거주자의 의사에 반하는지는 출입 당시의 객관적 사정을 구체적으로 고려하여 거주자의 진정한 의사를 합리적으로 해석하여 판단하여야 한다. 거주자의 의사에 반하는지는 외부적으로 드러난 의사를 기준으로 판단하는 것이 원칙이라고 할 것이나, 그 외 출입 당시의 상황 등 구체적인 사실관계에 따라 달리 판단될 수 있는 경우가 있을 수 있다. 결국 거주자의 의사에 반하는지에 관한 해석은 사실인정의 영역이라고 할 것이다.

(다) 거주자가 명시적으로 출입금지의 의사를 표시한 경우 그러한 출입금지의 의사에 반하여 주거에 들어간 경우에는 대체로 침입에 해당한다고 볼 수 있을 것이다.

한편 거주자의 출입금지에 관한 의사에는 그 이유가 있기 마련이다. 거주자의 의사에 반하는지를 판단함에 있어서도 거주자가 출입을 금지한 이유를 알아야 비로소 그 진정한 의사가 확인되는 경우가 있다. 이러한 경우 단순히 외부적으로 표시한 출입금지의 의사를 기준으로 하여 거주자의 의사에 반하는 것이라고 해석할 경우 부당한 결론에 이르게 되는 경우가 있을 수 있다. 이렇게 되면 주거침입죄의 가벌성의 범위가 부당하게 넓어질 수 있다. 그만큼 거주자의 의사에 반하는지를 판단함에 있어 거주자의 진정한 의사가 중요한 이유이다.

거주자가 명시적으로 출입금지의 의사를 표시하였더라도 그러한 의사에 전제나 배경이 있는 경우가 있을 수 있다. 가령 거주자가 출입이 허용되는 신분이나 자격을 전제로 출입 허용 여부를 정한 경우를 생각해 볼 수 있다. 이러한 경우에는 출입이 허용되는 신분이나 자격이 있는 사람이 출입한 경우에는 침입이라고 볼 수 없으나 출입이 허용되지 않는 신분이나 출입 자격이 없는 경우에는 침입이라고 볼 수 있다.

[대법관 조재연, 대법관 민유숙, 대법관 이동원의 반대의견] (가) 대법원은 2021.9.9. 선고 2020도

12630 전원합의체 판결로 주거침입죄의 보호법익이 '주거권'이 아니고 '사실상 주거의 평온'이라는 점을 재확인하였다. 이는 공동주거의 경우에도 동일하다.

(나) 주거 내에 현재하는 공동거주자가 출입을 금지하였는데도 불구하고 폭력적인 방법 또는 비정상적인 경로로 공동주거에 출입한 경우는 출입 당시 객관적 · 외형적으로 드러난 행위태양에 비추어 주거 내에 현재하는 공동거주자의 평온상태를 명백히 해치는 것이어서 침입행위에 해당하므로 주거침입죄가 성립한다. 그러한 주거침입행위자가 스스로 집을 나간 공동거주자이거나, 그 공동거주자로부터 승낙을 받은 외부인이라 하여도 마찬가지이다.

(다) 다수의견은 행위자가 공동으로 거주하거나 관리 또는 점유하는 주거 등에 다른 공동거주자의 사실상 평온상태를 해치는 행위태양으로 출입하더라도 주거침입죄를 구성하지 않는다고 하나, 찬성할 수 없다.

[2] 피고인 甲은 처 乙과의 불화로 인해 乙과 공동생활을 영위하던 아파트에서 짐 일부를 챙겨 나왔는데, 그 후 자신의 부모인 피고인 丙, 丁과 함께 아파트에 찾아가 출입문을 열 것을 요구하였으나 乙은 외출한 상태로 乙의 동생인 戊가 출입문에 설치된 체인형 걸쇠를 걸어 "언니가 귀가하면 오라."며 문을 열어 주지 않자 공동하여 걸쇠를 손괴한 후 아파트에 침입하였다고 하여 폭력행위 등 처벌에 관한 법률 위반(공동주거침입)으로 기소된 사안에서, 검사가 제출한 증거만으로는 피고인 甲이 아파트에서의 공동생활관계에서 이탈하였다거나 그에 대한 지배 · 관리를 상실하였다고 보기 어렵고, 공동거주자인 乙이나 그로부터 출입관리를 위탁받은 戊가 공동거주자인 피고인 甲의 출입을 금지할 법률적인 근거 기타 정당한 이유가 인정되지 않으므로, 아파트에 대한 공동거주자의 지위를 계속 유지하고 있던 피고인 甲이 아파트에 출입하는 과정에서 정당한 이유 없이 이를 금지하는 戊의 조치에 대항하여 걸쇠를 손괴하는 등 물리력을 행사하였다고 하여 주거침입죄가 성립한다고 볼 수 없고, 한편 피고인 丙, 丁은 공동거주자이자 아들인 피고인 甲의 공동주거인 아파트에 출입함에 있어 戊의 정당한 이유 없는 출입금지 조치에 대항하여 아파트에 출입하는 데에 가담한 것으로 볼 수 있고, 그 과정에서 피고인 甲이 걸쇠를 손괴하는 등 물리력을 행사하고 피고인 丙도 이에 가담함으로써 공동으로 재물손괴 범죄를 저질렀으나 피고인 丙의 행위는 그 실질에 있어 피고인 甲의 행위에 편승, 가담한 것에 불과하므로, 피고인 丙, 丁이 아파트에 출입한 행위 자체는 전체적으로 공동거주자인 피고인 甲이 아파트에 출입하고 이를 이용하는 행위의 일환이자 이에 수반되어 이루어진 것에 해당한다고 평가할 수 있어 피고인 丙, 丁에 대하여도 같은 법 위반(공동주거침입)죄가 성립하지 않는다고 한 사례[대판(전) 2021.9.9. 2020도6085].

동지판례 피고인이 야간에 스마트키를 이용하여 피해 회사의 문을 열고 들어가 피해 회사 및 피해자의 재물을 절취한 사실로 야간건조물침입죄로 기소된 사안에서, 피고인은 피해 회사의 설립 당시부터 피고인의 직원 5명이 파견 근무 중인 상황에서 업무상 편의를 위해 피해자로부터 피해 회사의 출입을 위한 스마트키를 교부 받았고, 피해 회사에는 피고인의 지문까지 등록되어 있었으며, 피고인은 그 이후 피해 회사에 여러 차례 출입을 하는 과정에서 스마트키를 사용하여온 점 등에 비추어 적어도 피해자가 피고인에게 피해 회사에 대한 출입권한을 부여한 이상, 피해 회사는 피해자가 단독으로 관리 · 점유하는 건조물에 해당된다고 보기 어렵다. 즉, 피고인은 피해자와 공동으로 관리 · 점유하는 피해 회사 사무실에 임의로 출입한 것이므로 원칙적으로 건조물침입죄가 성립한다고 볼 수 없다. 또한 피고인이 피해자와의 관계에서 피해 회사에 대한 출입과 관련하여 공동생활관계에서 이탈하였거나 이에 관한 사실상의 지배 · 관리를 상실한 경우 등의 특별한 사정이 있다고 보기도 어렵다. 비록 피고인이 공소사실 기재와 같이 일요일 야간에 피해 회사 사무실에 절도 목적으로 출입하였으나, 피고인은 피해자로부터 교부받은 스마트키를 이용하여 피해회사에서 예정한 통상적인 출입방법에 따라 위 사무실에 들어간 것일 뿐 그 당시 객관적·외형적으로 드러난 행위태양을 기준으로 볼 때 사실상의 평온상태를 해치는 방법으로 피해 회사에 들어갔다고 볼 만한 사정도 보이지 않는다[대판 2023.6.29. 2023도3351].

㉰ 주거자 등의 동의 : ⅰ) 침입은 주거자의 의사에 반하여 들어가는 것을 의미한다. ⅱ) 동의의 방법은 명시적이거나 묵시적임을 불문한다.

쟁점연구 **[일반공중에 개방된 장소에 범죄목적으로 들어간 경우 주거침입죄의 성립여부]**

1. 문제점

공중의 출입이 허용된 장소(예 백화점, 음식점)에 범죄목적을 가지고 들어간 경우 주거침입죄가 성립하는지가 문제된다.

2. 견해의 대립

일반인의 출입이 허용된 장소라 하더라도 영업주의 명시적 또는 추정적 의사에 반하여 들어간 것이라면 주거침입죄가 성립한다고 보아야 한다는 견해가 있다.

3. 판 례

일반인의 출입이 허용된 음식점에 영업주의 승낙을 받아 통상적인 출입방법으로 들어갔다면 특별한 사정이 없는 한 주거침입죄에서 규정하는 침입행위에 해당하지 않고, 설령 행위자가 범죄 등을 목적으로 음식점에 출입하였거나 영업주가 행위자의 실제 출입 목적을 알았더라면 출입을 승낙하지 않았을 것이라는 사정이 인정되더라도 그러한 사정만으로는 출입 당시 객관적·외형적으로 드러난 행위 태양에 비추어 사실상의 평온상태를 해치는 방법으로 음식점에 들어갔다고 평가할 수 없으므로 침입행위에 해당하지 않는다고 판시한 바 있다.

4. 검 토 (판례 지지)

주거침입죄는 사실상 주거의 평온을 보호법익으로 하므로 주거침입죄의 구성요건적 행위인 침입은 주거침입죄의 보호법익과의 관계에서 해석하여야 하고, 거주자의 의사에 반하는지는 사실상의 평온상태를 해치는 행위 태양인지를 평가할 때 고려할 요소 중 하나이지만 주된 평가 요소가 될 수는 없으므로 침입행위에 해당하는지는 거주자의 의사에 반하는지가 아니라 사실상의 평온상태를 해치는 행위 태양인지에 따라 판단되어야 한다고 보는 것이 타당하다. 따라서 행위자가 범죄 등을 목적으로 출입하였거나 영업주가 행위자의 실제 출입 목적을 알았더라면 출입을 승낙하지 않았을 것이라는 사정이 인정되더라도 출입 당시 객관적·외형적으로 드러난 행위 태양에 비추어 사실상의 평온상태를 해치는 방법으로 들어간 것이 아니라면 주거침입죄는 성립하지 않는다.

判例 일반인의 출입이 허용된 장소에 불법목적으로 들어간 경우 (주거침입죄 불성립 - 매우 중요)

(초원복집 사건 판례변경) [1] [다수의견] (가) 주거침입죄는 사실상 주거의 평온을 보호법익으로 한다. 주거침입죄의 구성요건적 행위인 침입은 주거침입죄의 보호법익과의 관계에서 해석하여야 하므로, 침입이란 주거의 사실상 평온상태를 해치는 행위태양으로 주거에 들어가는 것을 의미하고,

침입에 해당하는지는 출입 당시 객관적 · 외형적으로 드러난 행위태양을 기준으로 판단함이 원칙이다. 사실상의 평온상태를 해치는 행위태양으로 주거에 들어가는 것이라면 대체로 거주자의 의사에 반하겠지만, 단순히 주거에 들어가는 행위 자체가 거주자의 의사에 반한다는 주관적 사정만으로는 바로 침입에 해당한다고 볼 수 없다. 거주자의 의사에 반하는지는 사실상의 평온상태를 해치는 행위태양인지를 평가할 때 고려할 요소 중 하나이지만 주된 평가 요소가 될 수는 없다. 따라서 침입행위에 해당하는지는 거주자의 의사에 반하는지가 아니라 사실상의 평온상태를 해치는 행위태양인지에 따라 판단되어야 한다.

(나) 행위자가 거주자의 승낙을 받아 주거에 들어갔으나 범죄나 불법행위 등(이하 '범죄 등'이라 한다)을 목적으로 한 출입이거나 거주자가 행위자의 실제 출입 목적을 알았더라면 출입을 승낙하지 않았을 것이라는 사정이 인정되는 경우 행위자의 출입행위가 주거침입죄에서 규정하는 침입행위에 해당하려면, 출입하려는 주거 등의 형태와 용도 · 성질, 외부인에 대한 출입의 통제 · 관리 방식과 상태, 행위자의 출입 경위와 방법 등을 종합적으로 고려하여 행위자의 출입 당시 객관적 · 외형적으로 드러난 행위태양에 비추어 주거의 사실상 평온상태가 침해되었다고 평가되어야 한다. 이때 거주자의 의사도 고려되지만 주거 등의 형태와 용도 · 성질, 외부인에 대한 출입의 통제 · 관리 방식과 상태 등 출입 당시 상황에 따라 그 정도는 달리 평가될 수 있다.

일반인의 출입이 허용된 음식점에 영업주의 승낙을 받아 통상적인 출입방법으로 들어갔다면 특별한 사정이 없는 한 주거침입죄에서 규정하는 침입행위에 해당하지 않는다. 설령 행위자가 범죄 등을 목적으로 음식점에 출입하였거나 영업주가 행위자의 실제 출입 목적을 알았더라면 출입을 승낙하지 않았을 것이라는 사정이 인정되더라도 그러한 사정만으로는 출입 당시 객관적 · 외형적으로 드러난 행위태양에 비추어 사실상의 평온상태를 해치는 방법으로 음식점에 들어갔다고 평가할 수 없으므로 침입행위에 해당하지 않는다.

[대법관 김재형, 대법관 안철상의 별개의견] (가) 다수의견이 침입 여부의 판단 기준으로 제시하는 '사실상의 평온상태를 해치는 모습'은 그 의미가 추상적이고 불명확하여 다양한 해석이 가능하다. 이러한 기준으로 주거침입죄의 성립 여부를 판단하게 되면 일반 국민으로서는 어떠한 출입행위가 침입에 해당하는지를 예측할 수 없게 되어 형법상 죄형법정주의, 특히 명확성 원칙으로 지키고자 하는 가치가 침해될 수 있다.

(나) 주거침입죄에서 침입 여부는 원칙적으로 거주자의 의사를 기초로 판단해야 한다는 견지에서 거주자의 의사를 어떻게 평가할지를 검토하고, 침입의 두 판단 기준인 '거주자의 의사'와 '사실상 평온 침해' 사이의 관계를 어떻게 설정할 것인지에 관하여 기준을 제시하고자 한다. 결론을 제시하면 다음과 같다.

첫째, 주거침입죄에서 침입은 '거주자의 의사에 반하여 주거에 들어가는 것'을 뜻한다. 거주자의 의사를 고려하지 않고 주거침입죄의 성립 여부를 판단할 수 없다.

둘째, 주거침입죄의 성립 여부는 거주자의 의사에 반하는지를 기초로 하고 사실상의 평온상태가 침해되었는지를 함께 고려하여 판단하여야 한다.

셋째, '거주자의 의사에 반하지 않으면서 사실상의 평온상태를 해치는 모습으로 주거에 침입한다.'는 것은 성립할 수 없는 명제이다. 거주자의 의사에 반하지 않는다면 주거침입죄는 성립할 수 없다.

넷째, 거주자로부터 현실적인 승낙을 받아 통상적인 출입방법에 따라 주거에 들어간 경우 주거침입죄가 성립하지 않는다. 거주자가 행위자의 진정한 출입 목적을 알았더라면 출입을 승낙하지 않았을 것이라는 이유로 주거침입죄의 성립을 인정해서는 안 된다.

[2] 피고인들이 공모하여, 甲, 乙이 운영하는 각 음식점에서 인터넷 언론사 기자 丙을 만나 식사를 대접하면서 丙이 부적절한 요구를 하는 장면 등을 확보할 목적으로 녹음·녹화장치를 설치하거나 장치의 작동 여부 확인 및 이를 제거하기 위하여 각 음식점의 방실에 들어감으로써 甲, 乙의 주거에 침입하였다는 내용으로 기소된 사안에서, 피고인들은 丙을 만나 식사하기에 앞서 丙과의 대화 내용과 장면을 녹음·녹화하기 위한 장치를 설치하기 위해 각 음식점 영업주로부터 승낙을 받아 각 음식점의 방실에 미리 들어간 다음 녹음·녹화장치를 설치하고 그 작동 여부를 확인하거나 丙과의 식사를 마친 후 이를 제거하였는데, 피고인들이 각 음식점 영업주로부터 승낙을 받아 통상적인 출입방법에 따라 각 음식점의 방실에 들어간 이상 사실상의 평온상태를 해치는 행위태양으로 음식점의 방실에 들어갔다고 볼 수 없어 주거침입죄에서 규정하는 침입행위에 해당하지 아니하고, 설령 다른 손님인 丙과의 대화 내용과 장면을 녹음·녹화하기 위한 장치를 설치하거나 장치의 작동 여부 확인 및 이를 제거할 목적으로 각 음식점의 방실에 들어간 것이어서 음식점 영업주가 이러한 사정을 알았더라면 피고인들의 출입을 승낙하지 않았을 것이라는 사정이 인정되더라도, 그러한 사정만으로는 사실상의 평온상태를 해치는 행위태양으로 각 음식점의 방실에 출입하였다고 평가할 수 없어 피고인들에게 주거침입죄가 성립하지 않는다[대판(전) 2022.3.24. 2017도18272].

判例 관리자에 의해 출입이 통제되는 건조물에 관리자의 승낙을 받아 건조물에 통상적인 출입방법으로 들어간 경우(주거침입죄 불성립)

관리자에 의해 출입이 통제되는 건조물에 관리자의 승낙을 받아 건조물에 통상적인 출입방법으로 들어갔다면, 이러한 승낙의 의사표시에 기망이나 착오 등의 하자가 있더라도 특별한 사정이 없는 한 형법 제319조 제1항에서 정한 건조물침입죄가 성립하지 않는다. 이러한 경우 관리자의 현실적인 승낙이 있었으므로 가정적·추정적 의사는 고려할 필요가 없다. 단순히 승낙의 동기에 착오가 있다고 해서 승낙의 유효성에 영향을 미치지 않으므로, 관리자가 행위자의 실제 출입 목적을 알았더라면 출입을 승낙하지 않았을 사정이 있더라도 건조물침입죄가 성립한다고 볼 수 없다. 나아가 관리자의 현실적인 승낙을 받아 통상적인 출입방법에 따라 건조물에 들어간 경우에는 출입 당시 객관적·외형적으로 드러난 행위태양에 비추어 사실상의 평온상태를 해치는 모습으로 건조물에 들어간 것이라고 평가할 수도 없다[대판 2022.3.31. 2018도15213].

[사실관계] 피고인들은 C언론 시사프로그램 'D'의 제작을 맡고 있는 사람들로서, 보이스피싱 사건을 취재·방송하기 위하여 E구치소에 수용중인 피의자 F를 접견하면서 이를 촬영하기로 마음먹었다. 피고인들은 2015.8.14. 14:03경 G에 있는 E구치소에 이르러 위와 같은 목적을 숨기고 구치소 정문을 통과하여 침입한 다음, 구치소 민원실에서 교도관 H에게 F의 지인인 것처럼 신분을 속이고 접견신청서를 작성·제출하여 접견을 허가받은 후, 반입이 금지되어 있는 명함지갑 모양의 녹음·녹화 장비를 소지하고 접견실로 들어가 약 10분간 F를 접견하면서 그 장면을 촬영하고 대화내용을 녹음하였다. 이로써 피고인들은 공동하여 E구치소장이 관리하는 건조물에 침입하고, 공모하여 위

계로써 접견업무를 담당하는 교도관의 정당한 직무집행을 방해하였다.

동지판례 [1] 원심은, 피고인들이 위계로써 접견업무를 담당하는 교도관의 정당한 직무집행을 방해하였다고 볼 수 없다는 이유로 이 부분 공소사실을 유죄로 판단한 제1심판결을 파기하고 무죄를 선고하였다. 이러한 원심 판단에 상고이유 주장과 같이 논리와 경험의 법칙을 위반하여 자유심증주의의 한계를 벗어나거나 위계에 의한 공무집행방해죄에 관한 법리를 오해한 잘못이 없다.
[2] 그럼에도 교도소 관리자의 추정적 의사를 주된 근거로 건조물침입죄의 성립을 인정한 원심 판단에는 본죄의 성립에 관한 법리를 오해하여 판결에 영향을 미친 잘못이 있다. 이를 지적하는 취지의 상고이유 주장은 이유 있다[대판 2022.4.14. 2019도333].

[사실관계] 피고인 A는 2016.4.1. 15:23경, 피고인 B는 2016.4.2. 11:55경 및 2016.4.4. 10:26경 진주교도소에 이르러 취재와 방송을 위해 수용자를 접견하며 그 대화 내용과 장면을 녹음·녹화할 목적과 그 장비를 숨기고 교도소 정문을 통과하여 건조물에 침입하였다는 것이다.
[판례해설] 위 대판 2018도15213의 법리가 그대로 적용된다.

동지판례 [1] 일반적으로 출입이 허용되어 개방된 시청사 로비에 관리자의 출입 제한이나 제지가 없는 상태에서 통상적인 방법으로 들어간 이상 사실상의 평온상태를 해치는 행위 태양으로 시청 1층 로비에 들어갔다고 볼 수 없으므로 건조물침입죄에서 규정하는 침입행위에 해당하지 않는다.
[2] 피고인들이 공동하여 ○○시청에 이르러 150여 명의 조합원들과 함께 시청 1층 로비로 들어가 바닥에 앉아 구호를 외치며 소란을 피움으로써 시청 건물 관리자의 의사에 반하여 건조물에 침입하였다고 기소된 사안에서, 당시 피고인들 등 조합원들은 시청 1층 중앙현관을 통해 1층 로비에 들어가면서 공무원 등으로부터 아무런 제지를 받지 않았고, 다수의 힘 또는 위세를 이용하여 들어간 정황이 없었다는 이유 등을 들어, 관리자의 의사를 주된 근거로 유죄를 인정한 원심판결을 파기환송한 사례[대판 2021.6.16. 2021도7087].

동지판례 [1] 일반적으로 출입이 허용되어 개방된 건조물에 관리자의 출입 제한이나 제지가 없는 상태에서 통상적인 방법으로 들어갔다면, 사실상의 평온상태를 해치는 행위 태양으로 그 건조물에 들어갔다고 볼 수 없으므로 건조물침입죄에서 규정하는 침입행위에 해당하지 않는다.
[2] 마트산업노동조합 간부와 조합원인 피고인들이 공동하여, 대형마트 지점에 방문한 대표이사 등에게 해고와 전보 인사발령에 항의하기 위하여 지점장 甲의 의사에 반하여 정문을 통해 지점 2층 매장으로 들어감으로써 건조물에 침입하였다고 하여 폭력행위 등 처벌에 관한 법률 위반(공동주거침입)으로 기소된 사안에서, 제반 사정에 비추어 피고인들에 대하여 건조물침입죄가 성립하지 않는다는 이유로, 이와 달리 본 원심판단에 법리오해의 잘못이 있다고 한 사례[대판 2022.9.7. 2021도9055].

동지판례 피고인이 추행하기로 마음먹고 피해자를 뒤따라가 피해자의 주거지인 아파트에 들어가 아파트 1층 계단을 오르는 피해자의 뒤에서 갑자기 피해자의 교복 치마 안으로 손을 넣어 피해자의 음부와 허벅지를 만진 경우 주거침입죄 성립.
피고인이 추행하기로 마음먹고, 피해자를 뒤따라 상가 1층에 들어가, 그곳에서 엘리베이터를 기다리는 피해자의 뒤에서 갑자기 피해자의 교복 치마 안으로 손을 넣어 피해자의 음부를 만진 경우 주거침입죄 불성립[대판 2022.8.25. 2022도3801].[5]

5) 최근 헌법재판소는 2023. 2. 23. 2021헌가9 등 병합결정에서 성폭력범죄의 처벌 등에 관한 특례법(2020. 5. 19. 법률 제17264호로 개정된 것) 제3조 제1항 중 '형법 제319조 제1항(주거침입)의 죄를 범한 사람이 같은 법 제298조(강제추행), 제299조(준강제추행) 가운데 제298조의 예에 의하는 부분의 죄를 범한 경우에는 무기징역 또는 7년 이상의 징역에 처한다.'는 부분은 헌법에 위반된다는 위헌결정을 하였다.

判例 출입에 관하여 관리자나 소유자의 묵시적 승낙이 인정되는 경우(공용으로 사용되는 계단과 복도)

다방, 당구장, 독서실 등의 영업소가 들어서 있는 건물 중 공용으로 사용되는 계단과 복도는 주야간을 막론하고 관리자의 명시적 승낙이 없어도 누구나 자유롭게 통행할 수 있는 곳이라 할 것이므로 관리자가 1층 출입문을 특별히 시정하지 않는 한 범죄의 목적으로 위 건물에 들어가는 경우 이외에는 그 출입에 관하여 관리자나 소유자의 묵시적 승낙이 있다고 봄이 상당하여 그 출입행위는 주거침입죄를 구성하지 않는다[대판 1985.2.8. 84도2917].

判例 피해자가 출입을 승낙하였다고 볼 수 없는 경우 (주거침입죄 성립)

1. 피고인이 피해자가 사용 중인 공중화장실의 용변칸에 노크하여 남편으로 오인한 피해자가 용변칸 문을 열자 강간할 의도로 용변칸에 들어간 것이라면 피해자가 명시적 또는 묵시적으로 이를 승낙하였다고 볼 수 없어 주거침입죄에 해당한다[대판 2003.5.30. 2003도1256]. [♠ 04, 11, 13 사시] [♣ 12 변시]
2. 대리 응시자들의 시험장의 입장은 시험관리자의 승낙 또는 추정된 의사에 반한 불법침입이라 아니할 수 없고 이와 같은 침입을 교사한 이상 주거침입 교사죄가 성립된다[대판 1967.12.19. 67도1281][6].
3. 노조원들에 의한 회사 점거중 해고근로자가 노조 임시사무실에 들어간 경우, 위 회사에서 해고근로자들의 출입을 허락해 왔다고 하더라도 이는 어디까지나 회사의 업무가 정상적으로 수행되고 있는 경우에 복직협의 등에 관련하여 필요한 범위내의 출입에 한정된 것이라고 봄이 상당할 것인바, … 그렇다면 오히려 특별한 사정이 없는 한 피고인의 위와 같은 출입행위는 관리자인 회사측의 의사 내지 추정적 의사에 반하는 것이라 아니할 수 없다[대판 1994.2.8. 93도120].

判例 출입에 대한 적법한 동의라고 볼 수 없는 경우 (학생회관의 출입에 학생회가 동의한 경우)

직장노조원들이 농성을 목적으로 학생회의 동의를 얻어 학생회관에 들어간 경우, 학생회관의 관리권은 그 대학 당국에 귀속된다고 보아야 하므로 학생회의 동의가 있어 그 침입이 위법하지 않다고 믿었다 하더라도 이에 정당사유가 있다고 볼 수 없어 주거침입죄를 구성한다[대판 1995.4.14. 95도12].

判例 기망·협박에 의한 동의 (무효 : 주거침입죄 성립)

피고인이 피해자의 옛 애인 및 '사진 찍은 자'로 1인 2역을 수행하면서 설령 그 정을 알지 못하는 피해자로부터 승낙을 얻고 피해자의 주거에 들어갔다고 하더라도, 그 승낙의 의사표시는 기망 및 협박에 의한 것으로서 무효이므로 주거침입죄가 성립한다[대판 2007.1.25. 2006도5979].

---

6) 초원복집 사건을 변경한 2017도18272 전원합의체 판결에서 폐기되지 않았음에 유의하여야 한다.

判例 평소 출입이 가능한 자가 범죄목적으로 들어간 경우 (주거침입죄 성립)

1. 피고인이 피해자와 이웃 사이어서 평소 그 주거에 무상출입하던 관계에 있었다 하더라도 범죄의 목적으로 피해자의 승낙 없이 그 주거에 들어간 경우에는 주거침입죄가 성립된다[대판 1983.7.12. 83도1394].
2. 피고인이 피해자인 금남여객자동차주식회사에서 버스차장으로 근무하는 관계로 그 회사의 차고나 사무실에 출입할 수 있다 하더라도 절취의 목적으로 들어간 것이라면 이는 주거권자의 의사에 반한 것으로서 주거침입죄가 성립된다[대판 1979.10.30. 79도1882].

判例 범죄목적 없이 들어간 후 범죄를 한 경우 (주거침입죄 불성립)

피고인이 인근 동리에 사는 고모의 아들인 피해자의 집에 잠시 들어가 있는 동안에 동 피해자에게 돈을 갚기 위하여 찾아온 동 피해자의 이질의 돈을 절취하였다면 피고인이 당초부터 불법목적을 가지고 위 피해자의 집에 들어갔거나 그의 의사에 반하여 그의 집에 들어간 것이 아니어서 주거침입죄가 성립하지 아니한다[대판 1984.2.14. 83도2897]. [♠ 13 사시]

判例 일반적으로 개방되어 있는 장소의 출입이 주거침입죄를 구성하는 경우 (비정상적 출입)

1. 주거침입죄에 있어서 침입이라 함은 거주자 또는 간수자의 의사에 반하여 들어가면 족한 것이고 어떤 저항을 받는 것을 요하지 않으며, 일반적으로 개방되어 있는 장소라도 필요한 때는 관리자가 그 출입을 금지 내지 제한할 수 있는 것이므로 그 출입금지 내지 제한하는 의사에 반하여 주거 또는 건조물 구내에 들어간다면 주거침입죄를 구성한다[대판 1983.3.8. 82도1363]. [♠ 00 사시]
2. 일반적으로 개방되어 있는 장소라 하더라도 관리자가 필요에 따라 그 출입을 제한할 수 있는 것이므로 관리자의 출입제지에도 불구하고 다중이 고함이나 소란을 피우면서 건조물에 출입하는 것은 사실상의 주거의 평온을 해하는 것으로서 건조물침입죄를 구성한다[대판 1996.5.10. 96도419]. [♠ 09 사시]
3. 일반적으로 출입이 허가된 건물이라 하여도 피고인이 출입이 금지된 시간에 그 건물 담벽에 있던 드럼통을 딛고 담벽을 넘어 들어간 후 그 곳 마당에 있던 아이스박스통과 삽을 같은 건물 화장실 유리창문 아래에 놓고 올라가 위 창문을 연 후 이를 통해 들어간 것이라면 그 침입방법 자체가 일반적인 허가에 해당되지 않는 것이 분명하게 나타난 것이므로 건조물침입죄가 성립되는 것이다[대판 1990.3.13. 90도173].

㉣ **부작위에 의한 침입** : 허가를 받고 들어온 자가 그 시간을 넘어서 머무르거나, 주거자의 의사에 반하여 침입한 것을 사후에 알고도 그대로 머문 경우에 부작위에 의한 주거침입죄가 성립한다.

㉤ **착수시기**

判例 주거침입죄의 실행의 착수시기

주거침입죄의 실행의 착수는 주거자, 관리자, 점유자 등의 의사에 반하여 주거나 관리하는 건조물 등에 들어가는 행위, 즉 구성요건의 일부를 실현하는 행위까지 요구하는 것은 아니고 범죄구성요건의 실현에 이르는 현실적 위험성을 포함하는 행위를 개시하는 것으로 족하다[대판 2008.4.10. 2008도146].

判例 주거침입죄의 실행의 착수로 인정되지 않는 경우

침입대상인 아파트에 사람이 있는지를 확인하기 위해 그 집의 초인종을 누른 행위만으로는 침입의 현실적 위험성을 포함하는 행위를 시작하였다거나, 주거의 사실상의 평온을 침해할 객관적인 위험성을 포함하는 행위를 한 것으로 볼 수 없다 할 것이다[대판 2008.4.10. 2008도146].

㉳ 기수시기

쟁점연구

1. 문제점

침입자의 신체의 일부가 주거에 들어간 경우에도 주거침입죄(기수)가 성립할 수 있는지 문제된다.

2. 학 설

형법이 주거침입죄의 미수범을 처벌하는 규정을 두고 있는 이상 신체가 전부 들어간 경우에는 기수, 신체의 일부가 들어간 경우에는 미수라고 보는 것이 자연스러운 해석이라고 보는 견해가 있다.

3. 판 례

판례는 신체의 일부만 타인의 주거 안으로 들어갔다고 하더라도 거주자가 누리는 사실상의 주거의 평온을 해할 수 있는 정도에 이르렀다면 범죄구성요건을 충족하는 것이라고 보아야 한다고 판시한 바 있다.

4. 검 토 (판례 지지)

주거침입죄는 사실상의 주거의 평온을 보호법익으로 하는 것이므로, 반드시 행위자의 신체의 전부가 범행의 목적인 타인의 주거 안으로 들어가야만 성립하는 것이 아니라 신체의 일부만 타인의 주거 안으로 들어갔다고 하더라도 거주자가 누리는 사실상의 주거의 평온을 해할 수 있는 정도에 이르렀다면 범죄구성요건을 충족하는 것이라고 보는 것이 타당하다.

(2) 주관적 구성요건

고의가 있어야 한다.

판 례 연 습

【주거침입죄(침입의 의의, 기수시기, 고의)】 ※ 얼굴만 들이민 사건

甲은 자정무렵에 A(女)의 집에서 강간할 생각을 가지고 일단 A(女)가 집에 있는지를 확인하기 위하여 그 집 담벽에 발을 딛고 창문을 열고 안으로 얼굴을 들이밀자 A(女)가 소리치는 바람에 도주하다가 체포되었다. 甲의 죄책은?

판결요지

[1] 주거침입죄는 사실상의 주거의 평온을 보호법익으로 하는 것이므로, 반드시 행위자의 신체의 전부가 범행의 목적인 타인의 주거 안으로 들어가야만 성립하는 것이 아니라 신체의 일부만 타인의 주거 안으로 들어갔다고 하더라도 거주자가 누리는 사실상의 주거의 평온을 해할 수 있는 정도에 이르렀다면 범죄구성요건을 충족하는 것이라고 보아야 하고, 따라서 주거침입죄의 범의는 반드시 신체의 전부가 타인의 주거 안으로 들어간다는 인식이 있어야만 하는 것이 아니라 신체의 일부라도 타인의 주거 안으로 들어간다는 인식이 있으면 족하다.

[2] 위 [1]항의 범의로써 예컨대 주거로 들어가는 문의 시정장치를 부수거나 문을 여는 등 침입을 위한 구체적 행위를 시작하였다면 주거침입죄의 실행의 착수는 있었다고 보아야 하고, 신체의 극히 일부분이 주거 안으로 들어갔지만 사실상 주거의 평온을 해하는 정도에 이르지 아니하였다면 주거침입죄의 미수에 그친다.

[3] 야간에 타인의 집의 창문을 열고 집 안으로 얼굴을 들이미는 등의 행위를 하였다면 피고인이 자신의 신체의 일부가 집 안으로 들어간다는 인식하에 하였더라도 주거침입죄의 범의는 인정되고, 또한 비록 신체의 일부만이 집 안으로 들어갔다고 하더라도 사실상 주거의 평온을 해하였다면 주거침입죄는 기수에 이르렀다[대판 1995.9.15. 94도2561]. [♠99, 03, 04, 07 사시]

동지판례 주거침입죄는 사실상의 주거의 평온을 보호법익으로 하는 것으로 거주자가 누리는 사실상의 주거의 평온을 해할 수 있는 정도에 이르렀다면 범죄구성요건을 충족하는 것이라고 보아야 한다[대판 2001.4.24. 2001도1092].

문제해설 판례에 의하면 甲의 행위는 주거침입죄의 기수에 해당한다. 한편 다수설은 '침입'을 신체의 전부의 침입으로 보고 있다. 따라서 다수설에 의하면 甲에게는 신체 전부의 침입의 고의가 인정되지 않으므로 주거침입죄의 기수범은 물론 미수범도 성립할 수 없다.

♣ 판례평석

[판례에 찬성하는 견해] 판례의 입장은 주거의 태양이 단독주택 위주에서 아파트와 같은 집단 거주형태로 바뀐 현실과 헌법상 보장된 사생활 비밀보호의 기초가 되는 주거의 보호를 두텁게 할 필요성이 있다는 점에서 타당하다고 본다[강용현, 형사판례연구(4), 242면].

[판례에 반대하는 견해] 대상판결이 사실상의 평온을 침해하였는지 여부를 가지고 기수와 미수를 결정하려고 한 것은 주거침입죄를 침해범으로 해석한 것이라고 볼 수 있으나, 침해범으로 본다고 하더라도 신체의 전부침입시에 사실상의 평온이 침해되었다고 해석하는 것이 타당하다. 강간범이 집 안으로 얼굴을 들이 밀었을 때 사실상 주거의 평온이 침해된 것이라면, 강간범이 창 밖에서 징

그러운 얼굴로 주거의 내부를 살펴보고 있을 때나 신체의 극히 일부분인 손이 창문 안으로 들어간 경우에는 왜 주거의 평온이 침해되지 않는 것인지를 설명하기 곤란하다. 따라서 위 대상판결에 의하면 사실상 평온을 침해하는 시기에 대하여 명확한 기준을 제시할 수 없어 법적 안정성을 해하는 문제점이 있다[오영근, 형사판례연구(8), 246면].

3. 위법성

判例 공동주거의 경우 위법성이 조각되기 위한 요건(중요)

2인 이상이 하나의 공간에서 공동생활을 하고 있는 경우에는 각자 주거의 평온을 누릴 권리가 있으므로, 사용자가 제3자와 공동으로 관리 · 사용하는 공간을 사용자에 대한 쟁의행위를 이유로 관리자의 의사에 반하여 침입 · 점거한 경우, 비록 그 공간의 점거가 사용자에 대한 관계에서 정당한 쟁의행위로 평가될 여지가 있다 하여도 이를 공동으로 관리 · 사용하는 제3자의 명시적 또는 추정적인 승낙이 없는 이상 위 제3자에 대하여서까지 이를 정당행위라고 하여 주거침입의 위법성이 조각된다고 볼 수는 없다[대판 2010.3.11. 2009도5008]. [♠ 12 사시]

判例 주거침입죄가 성립하는 경우(정당행위에 해당되지 않는 경우)

타인점유하의 건물에 소유자가 침입한 경우, 주거침입죄의 성립에는 아무런 장애가 되지 아니하고 또 이 사건 범행당시 피고인과 피해자 사이에는 이 사건 가옥의 소유권에 대한 분쟁이 있어 현재까지도 그 분쟁이 계속되고 있는 사실에 비추어 볼 때, 피고인이 이 사건 가옥에 침입하는 것에 대한 피해자의 추정적 승낙이 있었다거나, 피고인의 이 사건 범행이 사회상규에 위배되지 아니한다고 볼 수 없다[대판 1989.9.12. 89도889].

判例 주거침입죄가 성립하지 않는 경우(정당행위에 해당되는 경우)

연립주택 아래층에 사는 피해자가 위층 피고인의 집으로 통하는 상수도관의 밸브를 임의로 잠근 후 이를 피고인에게 알리지 않아 하루 동안 수돗물이 나오지 않은 고통을 겪었던 피고인이 상수도관의 밸브를 확인하고 이를 열기 위하여 부득이 피해자의 집에 들어간 행위는 사회상규에 위배되지 아니하는 행위로서 정당행위에 해당한다[대판 2004.2.13. 2003도7393].

判例 노동쟁의행위와 주거침입죄의 성립여부

(1) 건조물침입죄가 성립하는 경우

1. 해고를 당한 후 해고처분무효확인소송을 제기하여 그 효력을 다툼으로써 노동조합의 조합원

인 근로자의 지위를 그대로 갖고 있다 하더라도 회사가 조합의 대의원이 아닌 피고인에게 회사 내의 조합대의원회의에 참석하는 것을 허락하지 아니하였는데도 그 의사에 반하여 함부로 거기에 들어가고 회사경비원들의 출입통제업무를 방해한 것은 건조물침입죄와 업무방해죄에 해당한다[대판 1991.9.10. 91도1666].

2. 해고되어 회사의 근로자도 아닌 피고인이 시위근로자 570명과 함께 회사건물 본관 앞까지 이동한 다음 무단점거를 저지하려는 관리직사원 등 400여명을 힘으로 밀어붙이고 동 건물을 점거하였는데 이러한 집단행위가 적법한 쟁의행위도 아니었으며, 또한 쟁의행위에 당연히 수반되는 범위에 든다고 할 수 없는 관리직 사원 600여명의 업무영역에 관하여 방해를 한 경우에 있어서 원심이 위 피고인의 행위를 건조물침입죄 및 업무방해죄로 각 의율처단한 것은 옳다[대판 1990.6.12. 90도672].

(2) 건조물침입죄가 성립하지 않는 경우

1. 해고된 근로자라도 상당한 기간 내에 그 해고의 효력을 다투는 자에 대하여는 근로자 또는 조합원으로서의 지위를 인정하여야 할 것이므로, 이러한 해고근로자가 조합원의 자격으로서 회사 내 노조사무실에 들어가는 것은 정당한 행위로서 회사측에서도 이를 제지할 수 없는 것이므로 노조사무실 출입목적으로 경비원의 제지를 뿌리치고 회사 내로 들어가는 것은 건조물침입죄로 벌할 수 없다[대판 1991.11.8. 91도326]. [♠ 99 사시]
2. 사용자의 직장폐쇄가 정당한 쟁의행위로 인정되지 아니하는 때에는 다른 특별한 사정이 없는 한 근로자가 평소 출입이 허용되는 사업장 안에 들어가는 행위는 주거침입죄를 구성하지 아니한다[대판 2002.9.24. 2002도2243].

4. 죄수 및 타죄와의 관계

① 주거침입의 수단으로 범한 폭행죄 · 손괴죄는 주거침입죄와 상상적 경합이 된다(다수설).
② 주거침입시에 범한 다른 범죄와 주거침입죄는 실체적 경합이 된다.

Ⅲ. 퇴거불응죄

제319조(퇴거불응) ② 전항의 장소에서 퇴거요구를 받고 응하지 아니한 자도 전항의 형과 같다.
제322조(미수범) 미수범은 처벌한다.

1. 의 의

사람의 주거 등의 장소에서 주거자 등의 퇴거요구를 받고 응하지 아니함으로써 성립하는 범죄이다.

2. 구성요건

(1) 행위주체

① 타인의 주거 등에 적법하게 또는 과실로 들어갔다가 퇴거요구를 받은 자이다.

② 처음부터 주거자의 의사에 반하여 들어간 자는 주거침입죄가 성립하며 본죄의 주체가 될 수 없다.

(2) 객 체

判例 **(건조물은 위요지를 포함한다)** 퇴거불응죄에 있어서 '건조물'이라 함은 단순히 건조물 그 자체만을 말하는 것이 아니고 위요지를 포함하고, 화단의 설치, 수목의 식재 등으로 담장의 설치를 대체하는 경우에도 건조물에 인접한 그 주변 토지가 건물, 화단, 수목 등으로 둘러싸여 건조물의 이용에 제공되었다는 것이 명확히 드러난다면 위요지가 될 수 있다[대판 2010.3.11. 2009도12609].

(3) 행 위

① 퇴거불응은 신체가 주거에서 나아가지 아니함을 의미한다(판례).

判例 **퇴거불응죄에서 퇴거불응의 의미**

주거침입죄와 퇴거불응죄는 모두 사실상의 주거의 평온을 그 보호법익으로 하고, 주거침입죄에서의 침입이 신체적 침해로서 행위자의 신체가 주거에 들어가야 함을 의미하는 것과 마찬가지로 퇴거불응죄의 퇴거 역시 행위자의 신체가 주거에서 나감을 의미하므로, 정당한 퇴거요구를 받고 건물에서 나가면서 가재도구 등을 남겨둔 경우 퇴거불응죄를 구성하지 않는다고 한 사례[대판 2007.11.15. 2007도6990].

② 퇴거요구는 1회로도 족하며, 반드시 명시적일 것을 요하지 않는다.

③ 퇴거요구를 받고 응하지 않음으로써 즉시 기수가 된다(다수설). 따라서 퇴거불응죄의 미수는 처벌규정에도 불구하고 사실상 성립할 여지가 없다(다수설).

④ 주거침입죄를 계속범으로 보면 불법하게 주거에 침입한 자가 퇴거요구를 받고 불응한 것은 주거침입의 계속에 해당할 뿐 퇴거불응죄가 별도로 성립하지 아니한다. [♠ 13 사시]

判例 **퇴거불응죄가 성립하는 경우**

1. 피고인이 예배의 목적이 아니라 교회의 예배를 방해하여 교회의 평온을 해할 목적으로 교회에 출입하는 것이 판명되어 위 교회 건물의 관리주체라고 할 수 있는 교회 당회에서 피고인에 대한 교회출입금지의결을 하고, 이에 따라 위 교회의 관리인이 피고인에게 퇴거를 요구하였음에도 이에 응하여 퇴거를 하지 아니한 행위는 퇴거불응죄에 해당한다[대판 1992.4.28. 91도2309]. [♠ 99 사시]
2. **(직장폐쇄가 적법한 경우임에도 퇴거를 불응한 경우 : 퇴거불응죄 성립)** 근로자들의 직장점거가 개시 당시 적법한 것이었다 하더라도 … 적법히 직장폐쇄를 단행한 사용자로부터 퇴거요구를

받고도 불응한 채 직장점거를 계속한 행위는 퇴거불응죄를 구성한다[대판 1991.8.13. 91도1324]. [♠ 07 사시]

비교판례 (직장폐쇄가 적법하지 아니한 경우에 퇴거를 불응한 경우 : 퇴거불응죄 불성립)

ⅰ) 사용자의 직장폐쇄는 노사간의 교섭태도, 경과, 근로자측 쟁의행위의 태양, 그로 인하여 사용자측이 받는 타격의 정도 등에 관한 구체적 사정에 비추어 형평상 근로자측의 쟁의행위에 대한 대항·방위 수단으로서 상당성이 인정되는 경우에 한하여 정당한 쟁의행위로 평가받을 수 있는 것이고, 사용자의 직장폐쇄가 정당한 쟁의행위로 인정되지 아니하는 때에는 적법한 쟁의행위로서 사업장을 점거 중인 근로자들이 직장폐쇄를 단행한 사용자로부터 퇴거 요구를 받고 이에 불응한 채 직장점거를 계속하더라도 퇴거불응죄가 성립하지 아니한다[대판 2007.3.29. 2006도9307]. [♠ 12, 13 사시]

ⅱ) 사용자측의 노사간 교섭에 소극적인 태도, 노동조합의 파업이 노사간 교섭력의 균형과 사용자측 업무수행에 미치는 영향 등에 비추어 노동조합이 파업을 시작한 지 불과 4시간 만에 사용자가 바로 직장폐쇄 조치를 취한 것은 정당한 쟁의행위로 인정되지 아니하므로, 사용자측 시설을 정당하게 점거한 조합원들이 사용자로부터 퇴거요구를 받고 이에 불응하였더라도 퇴거불응죄가 성립하지 아니한다[대판 2007.12.28. 2007도5204].

Ⅳ. 특수주거침입죄

제320조(특수주거침입) 단체 또는 다중의 위력을 보이거나 위험한 물건을 휴대하여 전조의 죄(주거침입죄, 퇴거불응죄)를 범한 때에는 5년 이하의 징역에 처한다.

제322조(미수범) 미수범은 처벌한다.

判例 **특수주거침입죄에서의 흉기휴대 여부의 판단기준(침입자가 휴대할 것을 요함)**

수인이 흉기를 휴대하여 타인의 건조물에 침입하기로 공모한 후 그 중 일부는 밖에서 망을 보고 나머지 일부만이 건조물 안으로 들어갔을 경우에 있어서 특수주거침입죄의 구성요건이 충족되었다고 볼 수 있는지의 여부는 직접 건조물에 들어간 범인을 기준으로 하여 그 범인이 흉기를 휴대하였다고 볼 수 있느냐의 여부에 따라 결정되어야 한다[대판 1994.10.11. 94도1991]. [♠ 02 사시]

Ⅴ. 주거·신체수색죄

제321조(주거·신체수색) 사람의 신체, 주거, 관리하는 건조물, 자동차, 선박이나 항공기 또는 점유하는 방실을 수색한 자는 3년 이하의 징역에 처한다.

제322조(미수범) 미수범은 처벌한다.

① 적법한 근거 없이 주거에 침입하여 수색한 때에는 본죄와 주거침입죄의 실체적 경합이 된다.

② 절도·강도 등의 목적으로 재물을 수색한 경우에 수색은 절도죄·강도죄에 흡수된다(불가벌적 수반행위).

제5장 재산에 대한 죄

제1절 재산죄의 기본개념

재물의 개념, 점유의 의의와 요건, 불법영득의사 부분은 아무리 중요성을 강조해도 지나치지 않은 부분이다. 친족상도례는 그 적용요건 및 장물죄에서의 변형적용에 대하여 알아두어야 한다. 친족상도례의 적용여부에 관한 판례 및 친족상도례가 적용되지 않는 범죄에 대하여도 자주 출제가 되고 있다.

Ⅰ. 재산죄의 분류

객체	재물죄	절도죄, 횡령죄, 장물죄, 손괴죄
	이득죄	배임죄, 컴퓨터등사용사기죄
	재물죄 + 이득죄	강도죄, 사기죄, 공갈죄
영득의사 요부	영득죄 (불법영득의사 필요)	절도죄, 강도죄, 사기죄, 공갈죄, 횡령죄 (장물죄 : 학설 대립)
	비영득죄(불법영득의사 불요)	손괴죄
침해방법	탈취죄(소유자의 의사에 반하여 재물을 영득하는 죄)	절도죄, 강도죄, 횡령죄, 장물죄
	편취죄 (소유자의 하자 있는 의사표시에 기하여 재물을 영득하는 죄)	사기죄, 공갈죄

Ⅱ. 재산죄의 객체

1. 재 물

제346조(동력) 본장의 죄에 있어서 관리할 수 있는 동력은 재물로 간주한다.

(1) 재물의 개념(유체성설과 관리가능성설)

	동력규정의 성격	동력규정이 없는 경우 동력의 취급	근 거
유체성설	예외규정	유체물이 아니므로 재물이 아님	① 예외(동력)규정을 둔 취지로 보아 형법은 유체성설에 입각하고 있다고 볼 수 있다. ② 일상용어상 재물은 유체물을 의미한다. ③ 관리가능성설에 의하면 재물의 범위가 부당하게 확대된다.
관리 가능성설 (판례, 통설)	당연규정	관리가능성이 있으므로 당연히 재물임	① 동력규정은 주의규정일 뿐이므로 형법은 여전히 관리가능성설에 입각하고 있다. ② 관리가능한 무체물(동력)도 재산죄에 의하여 보호할 필요가 있다.

(2) 재물의 범위(관리가능성설)

유체물	관리할 수 있는	동 력
1. 물질성 ① 일정한 공간을 차지하고 있는 물체여야 한다(권리 : ×, 권리가 화체된 문서 : ○). ② 고체 · 액체 · 기체를 불문하나 관리할 수 있는 것이어야 한다(해 · 달 · 별 : ×). 2. 소유권의 객체성 : 재물은 민법상 권리의 객체에 제한된다(살아 있는 사람, 살아 있는 인체의 일부나 인체에 부착된 치료보조장치 : ×).	① 관리는 물리적 관리에 한하며 사무적 관리는 포함하지 아니한다(판례). ② 물리적 관리가 불가능한 정보, 권리, 전파, 전화통화는 재물에 해당하지 않는다.	① 자연적 에너지(전기, 수력, 인공난기, 인공냉기 : ○) ② 인력과 우마의 견인력의 포함여부 : 법적안정성 확보 및 재물의 범위가 확대되는 것을 방지하기 위해 부정하는 견해가 다수설이다.

判例 관리가능성설에 입각한 판례(광업권은 횡령죄의 객체인 재물이 아니라는 판례)

횡령죄에 있어서의 재물은 동산, 부동산의 유체물에 한정되지 아니하고 관리할 수 있는 동력도 재물로 간주되지만, 여기에서 말하는 관리란 물리적 또는 물질적 관리를 가리킨다고 볼 것이고, 재물과 재산상 이익을 구별하고 횡령과 배임을 별개의 죄로 규정한 현행 형법의 규정에 비추어 볼 때 사무적으로 관리가 가능한 채권이나 그 밖의 권리 등은 재물에 포함된다고 해석할 수 없다[대판 1994.3.8. 93도2272].

判例 정보 = 재물 ×, 정보의 복사나 출력행위 = 절도죄 ×

[1] 절도죄의 객체는 관리가능한 동력을 포함한 '재물'에 한한다 할 것이고, 또 절도죄가 성립하기 위해서는 그 재물의 소유자 기타 점유자의 점유 내지 이용가능성을 배제하고 이를 자신의 점유하에 배타적으로 이전하는 행위가 있어야만 할 것인바, 컴퓨터에 저장되어 있는 '정보' 그 자체는 유체물이라고 볼 수도 없고, 물질성을 가진 동력도 아니므로 재물이 될 수 없다 할 것이며, 또 이를 복사하거나 출력하였다 할지라도 그 정보 자체가 감소하거나 피해자의 점유 및 이용가능성을 감소시키는 것이 아니므로 그 복사나 출력 행위를 가지고 절도죄를 구성한다고 볼 수도 없다.
[2] 피고인이 컴퓨터에 저장된 정보를 출력하여 생성한 문서는 피해 회사의 업무를 위하여 생성되어 피해 회사에 의하여 보관되고 있던 문서가 아니라, 피고인이 가지고 갈 목적으로 피해 회사의 업무와 관계없이 새로이 생성시킨 문서라 할 것이므로, 이는 피해 회사 소유의 문서라고 볼 수는 없다 할 것이어서, 이를 가지고 간 행위를 들어 피해 회사 소유의 문서를 절취한 것으로 볼 수는 없다[대판 2002.7.12. 2002도745]. [♠ 13 사시] [♣ 17, 20 변시]

判例 복사하여 정보를 빼내간 경우 = 절도죄 ×

회사 직원이 업무와 관련하여 다른 사람이 작성한 회사의 문서를 복사기를 이용하여 복사를 한 후 원본은 제자리에 갖다 놓고 그 사본만 가져간 경우, 그 회사 소유의 문서의 사본을 절취한 것으로 볼 수는 없다[대판 1996.8.23. 95도192]. [♠ 01 사시]

비교판례 **(복사본 자체는 재물에 해당함)** 원주주명부를 복사하여 놓은 복사본은 피해자 회사에 있어서는 소유권의 대상이라 할 수 있는 주관적 가치뿐만 아니라 그 경제적 가치도 있다 할 것이어서, 절도죄의 객체가 되는 재물에 해당한다[대판 2004.10.28. 2004도5183].

判例 전화기의 무단사용에 의한 무형적인 이익의 취득 = 절도죄 ×

타인의 전화기를 무단으로 사용하여 전화통화를 하는 행위는 … 전기통신사업자에 의하여 가능하게 된 전화기의 음향송수신기능을 부당하게 이용하는 것으로, 이러한 내용의 역무는 무형적인 이익에 불과하고 물리적 관리의 대상이 될 수 없어 재물이 아니라고 할 것이므로 절도죄의 객체가 되지 아니한다[대판 1998.6.23. 98도700]. [♠ 01, 04, 13 사시]

判例 도전(盜電)행위 = 절도죄 O

피고인이 정식 인가도 없이 남전회사 공작물인 저압간선(100볼트) 중간 2개소의 복피를 박탈하고 이에 전선을 접선시켜 피고인 점포 2층에 전등장치를 하고 3개월간 전등 2개를 무단사용한 경우에는 절도죄가 성립한다[대판 1958.10.31. 4291형상361].

(3) 재물의 경제적 가치성의 요부

① 재물성의 인정기준 : 반드시 객관적인 금전적 교환가치를 가질 필요는 없고 소유자·점유자가 주관적인 가치를 가지고 있음으로써 족하다(판례). 따라서 애인의 사진, 심문기일소환장, 백지의 자동차출고의뢰서 용지, 주권포기각서, 발행자가 회수하여 세 조각으로 찢어버린 약속어음도 재물에 해당한다.

② 경제적 가치와 주관적 가치가 없는 물건 : 재물성 자체가 인정되지 않는다(다수설).[1)]

判例 주관적 가치가 있는 물건 = 재물 O

1. **(백지의 자동차출고의뢰서 용지 = 재물 O)** 재산죄의 객체인 재물은 반드시 객관적인 금전적 교환가치를 가질 필요는 없고 소유자·점유자가 주관적인 가치를 가지고 있음으로써 족하다고 할

1) 소수설 : 재물성은 인정되지만 피해자의 승낙이나 추정적 승낙에 의하여 구성요건해당성 또는 위법성이 조각된다(이재상).

것이고, 이 경우 주관적 · 경제적 가치의 유무를 판별함에 있어서는 그것이 타인에 의하여 이용되지 않는다고 하는 소극적 관계에 있어서 그 가치가 성립하더라도 관계없다 할 것이므로, 피고인이 절취한 백지의 자동차출고의뢰서 용지도 그것이 어떠한 권리도 표창하고 있지 않다 하더라도 경제적 가치가 없다고는 할 수 없어 이는 절도죄의 객체가 되는 재물에 해당한다[대판 1996.5.10. 95도307].

동지판례 피고인이 근무하던 회사를 퇴사하면서 가져간 서류가 이미 공개된 기술내용에 관한 것이고 외국회사에서 선전용으로 무료로 배부해 주는 것이며 동 회사연구실 직원들이 사본하여 사물처럼 사용하던 것이라도 위 서류들이 회사의 목적업무 중 기술분야에 관한 문서들로서 국내에서 쉽게 구할 수 있는 것도 아니며 연구실 직원들의 업무수행을 위하여 필요한 경우에만 사용이 허용된 것이라면 위 서류들은 위 회사에 있어서는 소유권의 대상으로 할 수 있는 주관적 가치뿐만 아니라 그 경제적 가치도 있는 것으로 재물에 해당한다 할 것이어서 이를 취거하는 행위는 절도에 해당하고 비록 그것이 문서의 사본에 불과하고 또 인수인계 품목에 포함되지 아니 하였다 하여 그 위법성이 조각된다 할 수 없다[대판 1986.9.23. 86도1205]. [♠ 04 사시]

2. **(발행자가 회수하여 세 조각으로 찢어버린 약속어음)** 재산죄의 객체인 재물은 반드시 객관적인 금전적 교환 가치를 가질 필요는 없고 소유자 · 점유자가 주관적인 가치를 가지고 있음으로서 족하고, 주관적 · 경제적 가치 유무의 판별은 그것이 타인에 의하여 이용되지 않는다고 하는 소극적 관계에 있어서 그 가치가 성립하는 경우가 있을 수 있는 것이니 발행자가 회수하여 세 조각으로 찢어버림으로서 폐지로 되어 쓸모없는 것처럼 보이는 약속어음의 소지를 침해하여 가져갔다면 절도죄가 성립한다[대판 1976.1.27. 74도3442].

判例 재물성이 인정되는 경우

1. 주권포기각서[대판 1996.9.10. 95도2747].
2. 주민등록증[대판 1971.10.19. 70도1399].
3. 법원으로부터 송달된 심문기일소환장[대판 2000.2.25. 99도5775]. [♠ 13 사시]
4. 폐지로서 소각할 예정인 도시계획구조변경계획서[대판 1981.3.24. 80도2902].
5. 사실상 퇴사하면서 회사의 승낙 없이 가지고 간 부동산매매계약서 사본들[대판 2007.8.23. 2007도2595].

(4) 부동산의 재물성

① 사기죄 · 공갈죄 및 횡령죄의 객체인 재물에 부동산이 포함된다는 점에는 이론이 없으나, 부동산이 절도죄의 객체가 될 수 있느냐가 문제된다.[2)]

② '절취'는 점유의 이전을 개념요소로 하는데, 부동산은 가동성이 없으므로 점유이전이 불가능하여 그 대상이 될 수 없기 때문에 절도죄의 객체인 재물이 될 수 없다(다수설). 다만 정착물이 토지에서 분리되거나, 건물의 일부가 건물에서 떨어진 때에는 가동물건으로서 절도죄의 객체가 될 수 있다.

2) 강도죄의 경우에도 부동산이 재물에 해당하는가 재산상의 이익에 해당하는가의 다툼이 있지만 어느 경우로 보더라도 객체성이 인정된다는 점에서는 동일하다.

(5) 금제품의 재물성

쟁점연구

1. 문제점

위조된 유가증권과 같은 금제품도 재물로 인정하여 절도죄의 객체성을 인정할 수 있는지가 문제된다.

2. 학 설

① **절충설** : 절도죄의 보호법익은 소유권이므로 소유권의 객체가 될 수 없는 절대적 금제품(예 위조지폐, 아편흡식기)은 재물이 아니지만 단순히 점유가 금지되어 있는 상대적 금제품(예 권총 등 불법무기)은 재물이 될 수 있다는 견해이다.

② **적극설** : 금제품은 사인에 대한 관계에서 소유가 금지되는 것이므로 국가의 소유는 인정될 수 있으므로 적법한 절차에 따라 몰수되기까지는 그 소유 또는 점유를 보호해야 하므로 재물이 될 수 있다는 견해이다.

3. 판 례

위조된 유가증권이라고 하더라도 형법상 재물로서 절도죄의 객체가 된다고 판시한 바 있다.

4. 검 토 (판례 지지)

위조된 유가증권과 같은 금제품이라고 하더라도 절차에 따라 몰수되기까지는 그 소지자의 점유를 보호하여야 하므로, 위조된 유가증권도 형법상 재물로서 절도죄의 객체가 된다고 보는 것이 타당하다.

判例 금제품(위조된 유가증권) = 재물 O

유가증권도 그것이 정상적으로 발행된 것은 물론 비록 작성권한 없는 자에 의하여 위조된 것이라고 하더라도 절차에 따라 몰수되기까지는 그 소지자의 점유를 보호하여야 한다는 점에서 형법상 재물로서 절도죄의 객체가 된다[대판 1998.11.24. 98도2967]. [♠ 02, 04 사시]

판례해설 위조된 리프트탑승권도 절도죄의 객체가 될 수 있다는 취지의 판례이다.

2. 재산상 이익

(1) 의 의

재산상 이익이란 재물 이외의 일체의 재산적 가치 있는 이익을 말한다.

(2) 재산상 이익의 범위

쟁점연구

1. 학 설

i) 법질서에 의해 승인된 범위 내에서 개인이 갖고 있는 경제적 가치 있는 모든 재화를 재산상 이익으로 보는 견해(법률적 경제적 재산설)와 ii) 사법적 측면과는 무관하게 경제적 교환가치만 있으면 재산상 이익으로 보는 견해(경제적 재산설)가 있다.

2. 판 례

사기죄의 객체가 되는 재산상 이익이 반드시 사법상 보호되는 경제적 이익만을 의미하지 아니한다고 판시한 바 있다[대판 2001.10.23. 2001도2991].

3. 검 토 (판례 지지)

형법의 보호대상이 되는 재산상 이익은 형법의 독자적 입장에서 파악해야 한다는 점에서 사법상의 권리가 인정되지 않은 것일지라도 형법적 보호가치가 인정된다면 재산상 이익으로 보는 것이 타당하다.

判例 매음료 면탈 = 재산상 이익의 취득 O

일반적으로 부녀와의 성행위 자체는 경제적으로 평가할 수 없고, 부녀가 상대방으로부터 금품이나 재산상 이익을 받을 것을 약속하고 성행위를 하는 약속 자체는 선량한 풍속 기타 사회질서에 위반한 사항을 내용으로 하는 법률행위로서 무효이나, 사기죄의 객체가 되는 재산상 이익이 반드시 사법상 보호되는 경제적 이익만을 의미하지 아니하고, 부녀가 금품 등을 받을 것을 전제로 성행위를 하는 경우 그 행위의 대가는 사기죄의 객체인 경제적 이익에 해당하므로, 부녀를 기망하여 성행위 대가의 지급을 면하는 경우 사기죄가 성립한다[대판 2001.10.23. 2001도2991]. [♠ 03, 10 사시]

동지판례 형법 제347조(사기죄)의 재산상 이익처분은 그 재산상의 이익을 법률상 유효하게 취득함을 필요로 하지 아니하고 그 이익 취득이 법률상 무효라고 하여도 외형상 취득한 것이면 충분하므로 피전부채권이 법률상으로 유효하지 않고 전부명령이 효력을 발생할 수 없다고 하여도 피전부채권이나 전부명령이 외형상 존재하는 한 재산상 이익취득으로 보아 사기죄로 인정할 수 있다[대판 2015.2.12. 2014도10086].

判例 재산상 이익의 취득의 요건(사법상 유효함을 요하지 않음)

[1] 형법 제333조 후단의 강도죄(이른바 강제이득죄)의 요건이 되는 재산상 이익이란 재물 이외의 재산상의 이익을 말하는 것으로서 그 재산상의 이익은 반드시 사법상 유효한 재산상의 이득만을 의미하는 것이 아니고 외견상 재산상의 이득을 얻을 것이라고 인정할 수 있는 사실관계만 있으면 여기에 해당한다.

[2] 피고인들이 폭행·협박으로 피해자로 하여금 매출전표에 서명을 하게 한 다음 이를 교부받아 소지함으로써 이미 외관상 각 매출전표를 제출하여 신용카드회사들로부터 그 금액을 지급받을 수 있는 상태가 되었는바, 피해자가 각 매출전표에 허위 서명한 탓으로 피고인들이 신용카드회사들에

게 각 매출전표를 제출하여도 신용카드회사들이 신용카드 가맹점 규약 또는 약관의 규정을 들어 그 금액의 지급을 거절할 가능성이 있다 하더라도 그로 인하여 피고인들이 각 매출전표상의 금액을 지급받을 가능성이 있는 상태이므로 결국 피고인들이 "재산상 이익"을 취득하였다고 볼 수 있다 [대판 1997.2.25. 96도3411]. [♠ 02, 09 사시]

Ⅲ. 형법상의 점유

1. 점유의 의의

(1) 개 념

형법상의 점유란 사실상의 재물지배를 의미한다.

(2) 민법상의 점유와의 구별

	형법상의 점유	민법상의 점유
성 질	사실적 개념	규범적 개념
간접점유	부 정	긍 정
상속에 의한 점유의 이전	부 정(판례)	긍 정
법인의 점유	부 정	긍 정
점유보조자의 점유	긍정(가능)	부 정

判例 점유보조자의 점유 (사실상 지배력이 인정되는 경우 보관자 ○)

민법상의 점유보조자라고 할지라도 그 물건에 대하여 사실상 지배력을 행사하는 경우에는 형법상 보관의 주체로 볼 수 있는 것이다[대판 1982.3.9. 81도3396].

判例 상속에 의한 점유 (부정)

[1] 절도죄란 재물에 대한 타인의 점유를 침해함으로써 성립하는 것이다. 여기서의 '점유'라고 함은 현실적으로 어떠한 재물을 지배하는 순수한 사실상의 관계를 말하는 것으로서, 민법상의 점유와 반드시 일치하는 것이 아니다. 물론 이러한 현실적 지배라고 하여도 점유자가 반드시 직접 소지하거나 항상 감수(監守)하여야 하는 것은 아니고, 재물을 사실상으로 지배하는지 여부는 재물의 크기·형상, 그 개성의 유무, 점유자와 재물과의 시간적·장소적 관계 등을 종합하여 사회통념에 비추어 결정되어야 한다. 그렇게 보면 종전 점유자의 점유가 그의 사망으로 인한 상속에 의하여 당연히 그 상속인에게 이전된다는 민법 제193조는 절도죄의 요건으로서의 '타인의 점유'와 관련하여서

> 는 적용의 여지가 없고, 재물을 점유하는 소유자로부터 이를 상속받아 그 소유권을 취득하였다고 하더라도 상속인이 그 재물에 관하여 위에서 본 의미에서의 사실상의 지배를 가지게 되어야만 이를 점유하는 것으로서 그때부터 비로소 상속인에 대한 절도죄가 성립할 수 있다.
> [2] 피고인이 내연관계에 있는 甲과 아파트에서 동거하다가, 甲의 사망으로 甲의 상속인인 乙 및 丙 소유에 속하게 된 부동산 등기권리증 등 서류들이 들어 있는 가방을 위 아파트에서 가지고 간 경우라고 하더라도, 피고인이 甲의 사망 전부터 아파트에서 甲과 함께 거주하였고, 甲의 자식인 乙 및 丙은 위 아파트에서 전혀 거주한 일이 없이 다른 곳에서 거주 · 생활하다가 甲의 사망으로 아파트 등의 소유권을 상속하였으나, 乙 및 丙이 甲 사망 후 피고인이 가방을 가지고 가기까지 그들의 소유권 등에 기하여 아파트 또는 그곳에 있던 가방의 인도 등을 요구한 일이 전혀 없다면, 피고인이 가방을 들고 나온 시점에 乙 및 丙이 아파트에 있던 가방을 사실상 지배하여 점유하고 있었다고 볼 수 없어 피고인의 행위는 乙 등의 가방에 대한 점유를 침해하여 절도죄를 구성한다고 할 수 없다 [대판 2012.4.26. 2010도6334]. [♠ 15 사시]

2. 점유의 기능

(1) 보호의 객체로서의 점유

점유가 보호법익이 되기 때문에 적법한 점유일 것을 요한다(예 권리행사방해죄의 점유).

(2) 행위의 주체로서의 점유

점유가 신분요소로서의 기능을 갖는 경우를 말한다(예 횡령죄의 점유).

(3) 행위의 대상으로서의 점유

탈취죄의 점유와 같이 행위의 객체가 되는 점유를 말한다(예 절도죄의 점유).

3. 점유의 요건(행위의 객체로서의 점유의 요건) [♠ 10 사시]

요 소	의 미	사 례
객관적 · 물리적 요소 (사실상의 재물지배)	재물에 대한 장소적 · 시간적 작용가능성	① 손에 쥐고 있는 물건 ② 주머니 속에 있는 물건 ③ 자기의 집 또는 공장이나 가게에 있는 물건
	사실상 처분가능성	점유는 재물에 대한 지배가 적법할 것을 요하지 아니하므로 불법한 점유이더라도 사회통념상 사실상 평온한 점유가 설정되었다고 판단되면 점유로 인정된다. 따라서 절도범도 절취한 장물에 대한 점유가 인정된다.

주관적 · 정신적 요소 **(지배의사)**	사실상의 지배의사 내지 처분의사	① 정신병자도 점유가 인정된다. ② 법인은 자연적 지배의사를 가질 수 없으므로 법인의 점유는 인정되지 않는다.
	일반적 지배의사	① 점유의사가 일정한 범위에 미치는 이상 그 범위에 있는 재물에 대해서는 일반적 지배의사가 인정된다. ② 자신의 가게 안에서 잃어버린 반지(주인의 점유) [♠ 07 사시] ③ 여관에서 분실한 물건(여관주인의 점유) ④ 문 앞에 배달된 신문(주인의 점유) [♠ 07 사시]
	잠재적 지배의사	① 점유의사는 현실적 의사임을 요하지 않으며 잠재적 의사로 족하다. ② 수면자 · 의식상실자도 점유가 인정된다. ③ 통설은 사자의 점유를 인정하지 않는다. 다만 판례는 사자의 생전점유가 일정시간 계속되는 것으로 보고 있다.
사회적 · 규범적 요소	확대되는 경우	① 일단 개시된 점유는 시간적 · 장소적 지배관계의 분리나 일시적 정지에 의하여 없어지지 않는다(정신적 점유 인정). ② 농토에 두고 온 농기구, 방목하는 가축, 아파트 주차장에 주차해둔 승용차, 회귀성이 있는 가축(닭이나 개)
	축소되는 경우	① 사실상의 재물지배가 있고 지배의사가 인정되는 경우에도 점유가 인정되지 않는다. ② 음식점에서 손님이 가지고 있는 식기의 점유는 음식점 주인에게 있다.

判例 타인의 점유하에 있는지 여부의 판단기준

절취란 타인이 점유하고 있는 재물을 점유자의 의사에 반하여 그 점유를 배제하고 자기 또는 제3자의 점유로 옮기는 것을 말하고, 어떤 물건이 타인의 점유하에 있는지 여부는, 객관적인 요소로서의 관리범위 내지 사실적 관리가능성 외에 주관적 요소로서의 지배의사를 참작하여 결정하되 궁극적으로는 당해 물건의 형상과 그 밖의 구체적인 사정에 따라 사회통념에 비추어 규범적 관점에서 판단하여야 한다[대판 2008.7.10. 2008도3252].

判例 타인의 점유성이 부정된 경우 = 절도죄 ×

1. 임차인이 임대계약 종료 후 식당건물에서 퇴거하면서 종전부터 사용하던 냉장고의 전원을 켜 둔 채 그대로 두었다가 약 1개월 후 철거해 가는 바람에 그 기간 동안 전기가 소비된 사안에서, 임차인이 퇴거 후에도 냉장고에 관한 점유 · 관리를 그대로 보유하고 있었다고 보아야 하므로, 냉

장고를 통하여 전기를 계속 사용하였다고 하더라도 이는 당초부터 자기의 점유·관리하에 있던 전기를 사용한 것일 뿐 타인의 점유·관리하에 있던 전기가 아니어서 절도죄가 성립하지 않는다고 한 사례[대판 2008.7.10. 2008도3252]. [♠ 13 사시]

1-1. 甲은 강제경매 절차에서 피고인 소유이던 토지 및 그 지상 건물을 매수한 후 법원으로부터 인도명령을 받아 인도집행을 하였는데, 피고인이 인도집행 전에 건물 외벽에 설치된 전기코드에 선을 연결하여 피고인이 점유하며 창고로 사용 중인 컨테이너로 전기를 공급받아 사용하였다고 하여 절도로 기소된 사안에서, 피고인은 인도명령의 집행이 이루어지기 전까지는 당초부터 피고인이 점유·관리하던 전기를 사용한 것에 불과할 뿐 타인이 점유·관리하던 전기를 사용한 것이라고 할 수 없고, 피고인에게 절도의 범의도 인정할 수 없다고 한 사례[대판 2016.12.15. 2016도15492].

2. 상사와의 의견 충돌 끝에 항의의 표시로 사표를 제출한 다음 평소 피고인이 전적으로 보관, 관리해 오던 이른바 비자금 관계 서류 및 금품이 든 가방을 들고 나온 경우, 불법영득의 의사가 있다고 할 수 없을 뿐만 아니라, 그 서류 및 금품이 타인의 점유하에 있던 물건이라고도 볼 수 없다[대판 1995.9.5. 94도3033].[3] [♣ 14 변시]

3. 육군 사병인 피고인이 소속 대대 위병소 앞 탄약고 출입문 서북방 20m 떨어진 언덕 위 소로에서 더덕을 찾기 위하여 나무막대로 땅을 파다가 땅속 20cm 깊이에서 탄통 8개를 발견하고 뚜껑을 열어 그 안에 군용물인 탄약이 들어 있음을 확인하고도 이를 지휘관에게 보고하는 등의 절차를 거치지 아니하고 전역일에 이를 가지고 나갈 목적으로 그 자리에 다시 파묻어 은닉한 경우, 그것이 위 부대를 관리하는 대대장의 점유하에 있다거나 피고인이 위 탄통에 대한 타인의 점유를 침탈하여 새로운 점유를 취득한 것이라고 보기 어렵다[대판 1999.11.12. 99도3801].

判例 타인의 점유가 인정되는 경우

1. **(강간의 피해현장에 피해자가 두고간 물건)** 강간을 당한 피해자가 도피하면서 현장에 두고 간 손가방은 사회통념상 피해자의 지배하에 있는 물건이라고 보아야 하므로 피고인이 그 손가방 안에 들어 있는 피해자 소유의 돈을 꺼낸 행위는 절도죄에 해당한다[대판 1984.2.28. 84도38]. [♠ 09 사시]
2. **(당구장 내의 유실물)** 어떤 물건을 잃어버린 장소가 당구장과 같이 타인의 관리 아래 있을 때에는 그 물건은 일응 그 관리자의 점유에 속한다 할 것이고, 이를 그 관리자가 아닌 제3자가 취거하는 것은 유실물횡령이 아니라 절도죄에 해당한다[대판 1988.4.25. 88도409]. [♠ 07 사시]
3. **(PC방 내의 유실물)** 피해자가 피씨방에 두고 간 핸드폰은 피씨방 관리자의 점유하에 있어서 제3자가 이를 취한 행위는 절도죄를 구성한다[대판 2007.3.15. 2006도9338]. [♣ 14 변시]
4. **(기절한 자의 물건)** 설사 피해자가 졸도하여 의식을 상실한 경우에도 현장에 일실된 피해자의 물건은 자연히 그 지배하에 있는 것으로 보아야 할 것이다[대판 1956.8.17. 4289형상170].

3) 사표 제출 후에도 피고인은 정상적으로 근무한 경우였다.

判例 점유이탈물에 해당하는 경우

1. **(고속버스 승객이 두고 내린 물건)** 고속버스 운전사는 고속버스의 관수자로서 차내에 있는 승객의 물건을 점유하는 것이 아니라 승객이 잊고 내린 유실물을 교부받을 권능을 가질 뿐이므로 유실물을 현실적으로 발견하지 않는 한 이에 대한 점유를 개시하였다고 할 수 없고, 그 사이에 다른 승객이 유실물을 발견하고 이를 가져갔다면 절도에 해당하지 아니하고 점유이탈물횡령죄에 해당한다[대판 1993.3.16. 92도3170]. [♠ 10 사시]

   쟁점정리 위 사안에 대하여는 고속버스의 경우 운전자가 수시로 변경되기 때문에 운전자를 유실물의 관리자로 볼 수 없으므로 점유이탈물횡령죄를 인정하는 견해와 고속버스 안은 운전자의 배타적 지배영역에 속하고 그 범위 내에서는 일반적 지배의사를 인정할 수 있으므로 운전자가 유실물의 존재를 인식하였지 여부를 불문하고 운전자의 새로운 점유가 인정되므로 절도죄를 인정하는 견해가 나뉘어져 있다. 생각건대 고속버스의 운전자는 수시로 변경되므로 고속버스를 운전자의 배타적 지배영역이라고 볼 수 없다. 따라서 고속버스 운전자를 승객의 유실물에 대한 관리자라고 볼 수 없다고 보아야 하므로 점유이탈물횡령죄를 인정하는 견해가 타당하다.

2. **(승객이 놓고 내린 지하철 전동차 바닥이나 선반 위에 있던 물건)** 승객이 놓고 내린 지하철의 전동차 바닥이나 선반 위에 있던 물건을 가지고 간 경우, 지하철의 승무원은 유실물법상 전동차의 관수자로서 승객이 잊고 내린 유실물을 교부받을 권능을 가질 뿐 전동차 안에 있는 승객의 물건을 점유한다고 할 수 없고, 그 유실물을 현실적으로 발견하지 않는 한 이에 대한 점유를 개시하였다고 할 수도 없으므로, 그 사이에 위와 같은 유실물을 발견하고 가져간 행위는 점유이탈물횡령죄에 해당함은 별론으로 하고 절도죄에 해당하지는 않는다[대판 1999.11.26. 99도3963]. [♠ 01 사시]

4. 점유의 주체

(1) 자연인과 법인

① 자연인은 의사능력 · 책임능력의 유무를 불문하고 점유의 주체가 된다.

② 법인은 점유의사를 인정할 수 없으므로 점유의 주체가 될 수 없다.

(2) 사자의 점유

① 탈취의사로 사람을 살해한 후 피해자의 재물을 영득한 경우 : 강도살인죄가 성립한다.[4)]

② 살해 후 영득의사가 생겨 피해자의 재물을 영득한 경우

---

4) 다만 이론 구성에 있어 사자의 점유를 침해한 것으로 보는 견해와 사자의 생전점유 침해한 것으로 보는 견해(다수설)가 나뉘어져 있다.

쟁점연구

1. 문제점

살해 후 영득의사가 생겨 피해자의 재물을 영득한 경우, 살인이 재물탈취의 수단이 아니므로 강도살인죄는 성립할 수 없으나, 살인죄가 성립하는 것에는 문제가 없다. 다만 재물의 영득이 절도죄에 해당하는지 점유이탈물횡령죄에 해당하는지가 문제된다.

2. 학 설

사자는 점유의사가 없으므로 사자의 점유를 인정할 수 없고, 상속에 의한 점유의 이전도 인정되지 않으므로 상속인의 점유도 인정되지 않으므로, 사자의 재물을 영득한 행위는 점유이탈물횡령죄에 해당한다는 견해가 있다.

3. 판 례

피해자를 살해한 방에서 사망한 피해자 곁에 4시간 30분쯤 있다가 그곳 피해자의 자취방 벽에 걸려 있던 피해자가 소지하는 물건들을 영득의 의사로 가지고 나온 경우 피해자가 생전에 가진 점유는 사망 후에도 여전히 계속되는 것으로 보아야 하므로 절도죄가 성립한다고 판시한 바 있다.

4. 검 토 (판례 지지)

피해자의 사망과 시간적 · 장소적 근접성이 인정되는 동안에는 사자의 생전점유가 인정된다고 보는 것이 타당하다. 따라서 살해 후 시간적 · 장소적 근접성이 인정되는 범위내에서 영득의사가 생겨 피해자의 재물을 영득한 경우 절도죄가 성립한다.

判例 사자의 생전점유 인정

피해자를 살해한 방에서 사망한 피해자 곁에 4시간 30분 쯤 있다가 그곳 피해자의 자취방 벽에 걸려 있던 피해자가 소지하는 물건들을 영득의 의사로 가지고 나온 경우 피해자가 생전에 가진 점유는 사망 후에도 여전히 계속되는 것으로 보아야 한다[대판 1993.9.28. 93도2143]. [♣17 변시]

③ 피해자의 사망과 무관한 자가 사자의 휴대품을 영득한 경우 : 점유이탈물횡령죄가 성립한다(통설).

5. 타인의 점유

(1) 점유의 타인성

① 절도죄 · 강도죄 · 사기죄 · 공갈죄의 객체는 타인이 점유하는 재물이다. 자기점유의 재물에 대해서는 횡령죄, 타인의 점유를 이탈한 재물에 대해서는 점유이탈물횡령죄가 성립한다.

② 타인의 점유란 그 재물이 행위자의 단독점유에 속하지 않는 것을 말한다. 여기에는 타인의 단독점유와 타인과 행위자의 공동점유가 포함된다.

(2) 공동점유

① **대등관계에 의한 공동점유** : 공동점유자 상호간에는 점유의 타인성이 인정된다 (예 동업관계에 의한 동업자의 공동점유, 부부간의 공동점유).

判例 타인의 점유가 인정되는 경우

1. **(부부가 공동보관 중인 물건의 점유)** 인장이 들은 돈궤짝을 사실상 별개 가옥에 별거 중인 남편이 그 거주가옥에 보관중이었다면 처가 그 돈궤짝의 열쇠를 소지하고 있었다고 하더라도 그 안에 들은 인장은 처의 단독보관하에 있는 것이 아니라 남편과 공동보관 중에 있다고 보아야 할 것이므로, 공동보관자 중의 1인인 처가 다른 보관자인 남편의 동의 없이 불법영득의 의사로 위 인장을 취거한 이상 절도죄를 구성한다[대판 1984.1.31. 83도3027].
2. **(공동점유에 속하는 합유물의 점유)** 조합원의 1인이 조합원의 공동점유에 속하는 합유의 물건을 다른 조합원의 승낙 없이 조합원의 점유를 배제하고 단독으로 자신의 지배하에 옮긴다는 인식이 있었다면 절도죄에 있어서 불법영득의 의사가 있었다고 볼 것이다[대판 1982.12.28. 82도2058].
3. **(교회가 분열된 후 분열되기 전의 교회의 재산에 대한 점유 : 총유)** 하나의 교회가 두 개 이상으로 분열된 경우 그 재산의 처분에 관하여 교회 장정 등에 규정이 없는 한 분열 당시 교인들의 총의에 따라 그 귀속을 정하여야 하고 그와 같은 절차 없이 위 재산에 대하여 다른 교파의 점유를 배제하고 자기 교파만의 지배에 옮긴다는 인식 아래 이를 가지고 갔다면 절도죄를 구성한다 [대판 1998.7.10. 98도126].

② **상하관계에 의한 공동점유** : 원칙적으로 상위자의 단독점유가 인정되나 예외적으로 어느 정도의 처분권이 위임되어 있는 경우에는 하위자의 점유가 인정된다. 따라서 i) 상점의 상품에 대하여 주인의 특별한 위임이 있는 경우 종업원의 점유가 인정된다. ii) 금전을 관리하는 출납직원이 독자적 책임아래 타인의 협조 없이 금전인출이 가능한 경우에는 출납직원의 점유가 인정된다(예 은행 여직원). [♠ 07 사시] iii) 재물의 운반을 위탁한 경우 운반자(수탁자)에 대한 현실적인 감독 · 통제가능성이 없는 경우에는 운반자의 점유가 인정된다.

判例 절도죄가 아니라 횡령죄가 성립하는 경우(자기의 점유가 인정되는 경우)

1. **(위임을 받은 점유보조자의 점유)** 피해자는 당일 피고인에게 금고 열쇠와 오토바이 열쇠를 맡기고 금고 안의 돈은 배달될 가스대금으로 지급할 것을 지시하고 외출하였던바, 피고인은 혼자서 점포를 지키다가 금고 안에서 현금을 꺼내어 오토바이를 타고 도주하였다면 피고인은 점원으로서는 평소는 점포주인인 위 피해자의 점유를 보조하는 자에 지나지 않으나 위 범행 당시는 위 피해자의 위탁을 받아 금고 안의 현금과 오토바이를 사실상 지배하에 두고 보관한 것이라고 보겠으니 피고인의 위 범행은 자기의 보관하에 있는 타인의 재물을 영득한 것으로서 횡령죄에 해당한다[대판 1982.3.9. 81도3396].

유사판례 피해자가 그 소유의 오토바이를 타고 심부름을 다녀오라고 하여서 그 오토바이를 타고 가다가 마음이 변하여 이를 반환하지 아니한 채 그대로 타고 가버렸다면 횡령죄를 구성함은 별론으로 하고 적어도 절도죄를 구성하지는 아니한다[대판 1986.8.19. 86도1093]. [♠ 99, 09 사시]

2. 운수회사 소속의 화물자동차 운전수가 지시에 의하여 커피 3상자를 화물자동차로 운송하던 도중에 자의로 매각 처분한 경우, 피고인은 위 운송 중 본건 커피를 사실상 점유하고 있었다고 할 것이므로 이를 타에 처분 영득한 행위는 횡령죄에 해당한다[대판 1957.10.20. 4290형상281].
3. 피해자가 의류 48장을 매수하여 지게 짐꾼이었던 피고인에게 단독으로 운반해 줄 것을 의뢰한 것이라면 피고인의 그 운반을 위한 위 물건의 소지관계는 피해자의 위탁에 의한 보관관계에 있다고 할 것이므로 이를 영득한 행위를 횡령죄로 의율한 것은 정당하다[대판 1982.12.23. 82도2394].
4. 동회의 사환이 동직원으로부터 시청금고에 입금하도록 교부 받은 현금과 예금에서 찾은 돈을 사생활비에 소비한 경우에는 절도죄가 아니라 횡령죄가 성립된다[대판 1968.10.29. 68도1222].

判例 횡령죄가 아니라 절도죄가 성립하는 경우(타인의 점유가 인정되는 경우)

1. 피고인이 경리담당직원 甲의 요청으로 甲과 동행하여 은행에 가서 같이 찾은 현금 200여만원 중 50만원을 그의 부탁으로 피고인이 소지하고 피해자와 동행하여 사무실에 당도하여 위 50만원을 피해자에게 교부할 때 그 중 10만원을 현금처럼 가장한 돈뭉치와 바꿔치기 한 경우, 피고인의 운반을 위한 소지는 피고인의 독립적인 소지에 속하는 것이 아니고 피해자 甲의 점유에 속하는 점유의 기관으로서 소지함에 지나지 않으므로 그 소지 중에 있는 돈 10만원을 꺼내어 이를 영득한 행위는 피해자의 점유를 침탈함에 돌아가기 때문에 절도죄가 성립한다[대판 1966.1.31. 65도1178]. [♠ 99 사시]
2. 피고인들은 열차사무소 취급수로서 합동하여 그들이 승무한 화차 내에서 동 화차에 적재해 운송 중인 철도청의 수탁화물 중 이사짐 포장을 풀고 그 속에 묶어 넣어 둔 탁상용 시계 1개 외 의류 9점을 빼내어 절취하였다는 것인바, 이 운송 중의 화물은 교통부의 기관에 의하여 점유 보관되는 것이라 해석되고 피고인들의 점유 보관하에 있는 것이라 볼 수 없는 바이어서 원판결이 피고인들의 본건 범행을 소론 업무상 횡령으로 보지 아니하고 특수절도로 보았음이 정당하다[대판 1969.7.8. 69도798].
3. 산지기로서 종중 소유의 분묘를 간수하고 있는 자는 그 분묘에 설치된 석등이나 문관석 등을 점유하고 있다고는 할 수 없으므로 이러한 물건 등을 반출하여 가는 행위는 횡령죄가 아니고 절도죄를 구성한다[대판 1985.3.26. 84도3024].

(3) 임치된 포장물의 점유

봉함된 포장물을 위탁받은 경우 그 점유관계에 대하여는, i) 봉함된 용기가 부동산에 부착되어 있거나 커서 움직일 수 없을 때에는 위탁자의 단독점유이고, 봉함물이 독자적으로 움직일 수 있는 때에는 수탁자의 단독점유이지만 봉함물에 대하여 수탁자 내지 위탁자가 자유로이 접근할 수 있는 때에는 수탁자와 위탁자의 공동점유에 속한다는 견해와 ii) 형식적 위탁관계인 경우에는 위탁자에게 점유가 인정되고, 실질적 위탁관계인 경우에는 수탁자에게 점유가 인정된다는 견해(다수설)가 대립되고 있다.

判例 보관 중인 정부소유의 가마니 속의 미곡 = 정부의 점유(타인의 점유)

피고인이 보관계약에 의하여 보관 중인 정부소유의 미곡 가마니에서 삭대를 사용하여 약간량씩을 발취한 경우에, 피고인이 발취한 포장함 입내의 보관 중의 정부소유미의 점유는 정부에 있다 할 것이므로 이를 발취한 행위는 절도죄에 해당한다[대판 1956.1.27. 4288형상375].

Ⅳ. 불법영득의사

1. 의 의

① 불법영득의사라 함은 권리자를 배제하고 타인의 물건을 자기의 소유물과 같이 그 경제적 용법에 따라 이용·처분할 의사를 말한다(판례).

② 불법영득의사는 고의 이외의 초과주관적 구성요건요소이다(다수설).

2. 불법영득의사의 요부와 내용

(1) 불법영득의사의 요부

절도죄가 성립하기 위해서는 불법영득의사가 필요하다(판례, 통설).

(2) 불법영득의사의 내용

① 판 례

i) 권리자를 배제한다는 소극적 요소, ii) 타인의 재물에 대하여 소유자와 유사한 지위를 취득한다는 적극적 요소, iii) 경제적 용법에 따라 그 재물을 이용·처분하는 경제적 요소를 그 내용으로 한다(경제적 용법설).

判例 판례 = 3요소설(배제, 취득, 경제적 이용)

절도죄의 성립에 필요한 불법영득의 의사라 함은 권리자를 배제하고 타인의 물건을 자기의 소유물과 같이 그 경제적 용법에 따라 이용·처분하려는 의사를 말한다[대판 2000.10.13. 2000도3655].

② 다수설

i) 권리자를 배제한다는 소극적 요소, ii) 타인의 재물에 대하여 소유자와 유사한 지위를 취득한다는 적극적 요소로 족하다고 본다(소유자 의사설).

(3) 불법영득의사의 개념요소

① **소극적 요소** : ⅰ) 권리자를 배제한다는 의사는 계속적 · 지속적이어야 한다.[5)] ⅱ) 계속적 · 지속적 배제의사가 없는 경우 사용절도로서 원칙적으로 불가벌이다.

判例 불법영득의사의 소극적 요소인 배제의사가 결여된 경우(반환한 경우 = 사용절도 O)

1. 피고인이 피해자의 인감도장을 그의 책상서랍에서 몰래 꺼내어 가서 그것을 차용금증서의 연대보증인란에 찍고 난 후 곧 제자리에 넣어둔 사실만으로는 위 도장에 대한 불법영득의 의사가 있었다고 인정할 수 없다[대판 1987.12.8. 87도1959].
2. 피해자의 승낙 없이 혼인신고서를 작성하기 위하여 피해자의 도장을 몰래 꺼내어 사용한 후 곧 바로 제자리에 갖다 놓은 경우, 도장에 대한 불법영득의 의사가 있었다고 볼 수 없다 [대판 2000.3.28. 2000도493]. [♠ 13 사시]
3. 피고인이 타인 소유의 버스요금함 서랍 견본 1개를 그에 대한 최초 고안자로서의 권리를 확보하겠다는 생각으로 가지고 나가 변리사에게 의장출원을 의뢰하고 그 도면을 작성한 뒤 당일 이를 원래 있던 곳에 가져다 두었다면 불법영득의사를 인정할 수 없다[대판 1991.6.11. 91도878].

② **적극적 요소** : ⅰ) 타인의 재물에 대하여 소유자와 유사한 지위를 취득한다는 의사는 일시적이어도 무방하다. ⅱ) 손괴의 의사로 재물을 취거하거나, 소유자에게 돌려주고 현상금을 받기 위하여 소유자가 분실한 물건을 소지하고 있는 제3자로부터 절취한 경우에는 이러한 적극적 요소가 인정되지 아니하므로 절도죄는 성립할 수 없다.

判例 불법영득의사의 적극적 요소인 취득의사가 결여된 경우 (절도죄 ×)

1. 피고인 등이 소속 중대 M16소총 1정이 부족하자 이를 분실한 줄 알고 그 보충을 위하여 타부대의 소총 1정을 취거하였다면 그 행위는 자기 또는 타인을 위한 영득의사에 의한 행위라고는 할 수 없으므로, 그 행위는 형법 제329조의 절도죄로 처단할 수 없다[대판 1977.6.7. 77도1069]. [♠ 07, 15 사시]
2. 피고인이 살해된 피해자의 주머니에서 꺼낸 지갑을 살해도구로 이용한 골프채와 옷 등 다른 증거품들과 함께 자신의 차량에 싣고 가다가 쓰레기 소각장에서 태워버린 경우, 이는 살인 범행의 증거를 인멸하기 위한 행위로서 불법영득의 의사가 있었다고 보기 어렵다[대판 2000.10.13. 2000도3655]. [♠ 15 사시]

判例 불법영득의사가 인정되지 않은 경우

1. 내연관계에 있던 여자가 계속 회피하며 만나주지 않자 내연관계를 회복시켜 볼 목적으로 그녀의 물건을 가져와 보관한 후 이를 찾으러 오면 그 때 그 물건을 반환하면서 타일러 다시 내연관계를 지속시킬 생각으로 물건을 가져 왔고 그녀의 가족에게 그 사실을 그녀에게 연락하라고 말하

5) 배제의사는 영구적이어야 한다는 견해도 있다(이재상).

였으며 그 후 이를 보관하고 있으면서 이용 내지 소비하지 아니한 경우 불법영득의 의사가 있다고 할 수 없다[대판 1992.5.12. 92도280].

2. 피고인이 피해자의 전화번호를 알아두기 위하여 피해자가 떨어뜨린 전화요금영수증을 습득한 후 돌려주지 않은 경우에 그에게 불법영득의 의사가 있다고 인정하기 어렵다[대판 1989.11.28. 89도1679].

3. 사촌형제인 피해자와의 분규로 재단법인 이사장직을 사임한 뒤 피해자의 집무실에 찾아가 잘못을 나무라는 과정에서 화가 나서 피해자를 혼내주려고 피해자의 가방을 들고 나온 경우 불법영득의 의사가 있다고 할 수 없다[대판 1993.4.13. 93도328].

4. 피고인이 피해자 등과 말다툼을 하면서 시비하는 중에 그들 중 일행이 피고인을 식칼로 찔러 죽이겠다고 위협을 하여 주위를 살펴보니 식칼이 있어 이를 가지고 파출소에 가져가 협박의 증거물로 제시하였다면 가사 피고인의 위 협박의 신고내용이 허위라고 하더라도 불법영득의 의사가 있었다고 할 수는 없다[대판 1986.7.8. 86도354].

동지판례 가구회사의 디자이너인 피고인이 자신이 제작한 가구 디자인 도면을 가지고 나온 경우 평소 위 회사에서 채택한 도면은 그 유출과 반출을 엄격히 통제하고 있으나 채택하지 아니 한 도면들은 대부분 작성한 디자이너에게 반환하여 각자가 자기의 서랍 또는 집에 보관하거나 폐기하는 등 디자이너 개인에게 임의처분이 허용되어 왔고, 피고인은 회사로부터 부당하게 징계를 받았다고 생각하고 노동위원회에 구제신청을 하면서 자신이 그 동안 회사업무에 충실하였다는 사실을 입증하기 위한 자료로 삼기 위하여 이를 가지고 나온 것이라면 피고인에게 위 도면들에 대한 불법영득의 의사가 있었다고 볼 수 없다[대판 1992.3.27. 91도2831].

3. 불법영득의사의 대상

(1) 학설과 판례

사례해결

1. 학 설

① **물체설** : 불법영득의사의 대상을 재물 자체로 보는 견해이다. 이 견해에 의하면 타인의 예금통장을 절취하여 예금을 인출한 다음 반환한 경우에는 예금통장에 대한 불법영득의사를 인정하지 않는다.

② **가치설** : 불법영득의사의 대상을 물체 속에 들어 있는 가치로 보는 견해이다. 이 견해에 의하면 타인의 예금통장을 절취하여 예금을 인출한 다음 반환한 경우에도 예금통장에 대한 불법영득의사를 인정한다.

③ **절충설** : 불법영득의사의 대상을 물체 또는 물체가 가지는 가치로 보는 견해이다.

2. 판 례

절도죄의 성립에 필요한 불법영득의 의사라 함은 목적물의 물질을 영득할 의사이거나 또는 그 물질의 가치만을 영득할 의사이든 적어도 그 재물에 대한 영득의 의사가 있어야 한다고 판시한 바 있다.

3. 검 토 (절충설 지지)

i) 물체설은 물건 자체는 소유자에게 두고 그 가치만 취득한 경우 불법영득의사를 인정할 수 없다는 문제가 있고, ii) 가치설은 경제적 가치가 없는 재물을 절취한 때에는 불법영득의사를 인정할 수 없게 되어 절도죄의 객체인 재물이 경제적 가치를 요하지 않는다는 것과 모순된다는 점, 가치설을 일관하게 되면 절도죄가 영득죄가 아닌 이득죄로 변질된다는 점에서 부당하다. 따라서 절충설이 타당하다. 다만 절충설에 의하더라도 가치설의 단점이 나타나므로 가치는 재물의 단순한 사용가치가 아니라 특수한 기능가치를 의미한다고 해야한다.

判例 불법영득의사의 대상 = 물질 또는 가치(절충설)

절도죄의 성립에 필요한 불법영득의 의사라 함은 권리자를 배제하고 타인의 물건을 자기의 소유물과 같이 그 경제적 용법에 따라 이용·처분할 의사를 말하는 것으로, 영구적으로 그 물건의 경제적 이익을 보유할 의사가 필요한 것은 아니지만 단순한 점유의 침해만으로는 절도죄를 구성할 수 없고 소유권 또는 이에 준하는 본권을 침해하는 의사 즉 목적물의 물질을 영득할 의사이거나 또는 그 물질의 가치만을 영득할 의사이든 적어도 그 재물에 대한 영득의 의사가 있어야 한다[대판 1992.9.8. 91도3149].

(2) 가치의 범위

① 재물의 단순한 사용가치가 아니라 재물의 특수한 기능가치를 의미한다. 따라서 물체의 단순한 가치만을 침해한 경우에는 불법영득의사가 인정되지 않는다.

判例 일시적 사용 후 반환 (단순한 가치만을 침해한 경우) = 불법영득의사 부정

타인의 재물의 사용으로 인한 가치의 소모가 무시할 수 있을 정도로 경미하고 또 사용 후 곧 반환한 것과 같은 때에는 그 소유권 또는 본권을 침해할 의사가 있다고 할 수 없어 불법영득의 의사를 인정할 수 없다[대판 2000.3.28. 2000도493]. [♠ 01 사시]

관련판례 동네 선배로부터 차량을 빌렸다가 반환하지 아니한 보조열쇠를 이용하여 그 후 3차례에 걸쳐 위 차량을 2~3시간 정도 운행한 후 원래 주차된 곳에 갖다 놓아 반환한 경우, 피해자와의 친분관계, 차량의 운행경위, 운행시간, 운행 후의 정황 등에 비추어 불법영득의 의사가 있었다고 볼 수 없다[대판 1992.4.24. 92도118].

② 물체 자체는 반환한 경우에도 그 물체의 특수한 기능가치를 침해함으로써 재물의 가치를 감소·소멸시킨 때 또는 물체 자체를 곧 반환하지 않고 장시간 점유하고 있는 경우에는 불법영득의사가 인정된다(판례).

判例 불법영득의사 인정되는 경우

[1] 타인의 재물을 점유자의 승낙 없이 무단 사용하는 경우에 있어서 그 사용으로 인하여 물건 자

체가 가지는 경제적 가치가 상당한 정도로 소모되거나 또는 사용 후 그 재물을 본래 있었던 장소가 아닌 다른 장소에 버리거나 곧 반환하지 아니하고 장시간 점유하고 있는 것과 같은 때에는 그 소유권 또는 본권을 침해할 의사가 있다고 보아 불법영득의 의사를 인정할 수 있을 것이다.
[2] 甲 주식회사 감사인 피고인이 회사 경영진과의 불화로 한 달 가까이 결근하다가 회사 감사실에 침입하여 자신이 사용하던 컴퓨터에서 하드디스크를 떼어간 후 4개월 가까이 지난 시점에 반환한 경우, 피고인이 하드디스크를 일시 보관 후 반환하였다고 평가하기 어려워 불법영득의사를 인정할 수 있다[대판 2011.8.18. 2010도9570]. [♣14 변시]

判例 불법영득의사가 인정되는 경우(경제적 가치를 소모시킨 경우) (중요)

예금통장은 예금채권을 표창하는 유가증권이 아니고 그 자체에 예금액 상당의 경제적 가치가 화체되어 있는 것도 아니지만, 이를 소지함으로써 예금채권의 행사자격을 증명할 수 있는 자격증권으로서 예금계약사실 뿐 아니라 예금액에 대한 증명기능이 있고 이러한 증명기능은 예금통장 자체가 가지는 경제적 가치라고 보아야 하므로, 예금통장을 사용하여 예금을 인출하게 되면 그 인출된 예금액에 대하여는 예금통장 자체의 예금액 증명기능이 상실되고 이에 따라 그 상실된 기능에 상응한 경제적 가치도 소모된다. 그렇다면 타인의 예금통장을 무단사용하여 예금을 인출한 후 바로 예금통장을 반환하였다 하더라도 그 사용으로 인한 위와 같은 경제적 가치의 소모가 무시할 수 있을 정도로 경미한 경우가 아닌 이상, 예금통장 자체가 가지는 예금액 증명기능의 경제적 가치에 대한 불법영득의 의사를 인정할 수 있으므로 절도죄가 성립한다[대판 2010.5.27. 2009도9008]. [♠12 사시]

판결이유 이 사건 통장 자체가 가지는 예금액 증명기능의 경제적 가치는 피고인이 이 사건 통장을 무단사용하여 예금 1,000만원을 인출함으로써 상당한 정도로 소모되었다고 할 수 있으므로, 피고인이 그 사용 후 바로 이 사건 통장을 제자리에 갖다 놓았다 하더라도 그 소모된 가치에 대한 불법영득의 의사가 인정된다. 그리고 피고인이 피해자로부터 자신의 월급 등을 제대로 받지 못할 것을 염려하여 이 사건 통장을 무단사용하게 되었다고 하여 달리 볼 수 없다.

判例 불법영득의사가 인정되지 않는 경우 (단순한 가치만을 침해한 경우)

1. 신용카드업자가 발행한 신용카드는 이를 소지함으로써 신용구매가 가능하고 금융의 편의를 받을 수 있다는 점에서 경제적 가치가 있다 하더라도, 그 자체에 경제적 가치가 화체되어 있거나 특정의 재산권을 표창하는 유가증권이라고 볼 수 없고, 단지 신용카드회원이 그 제시를 통하여 신용카드회원이라는 사실을 증명하거나 현금자동지급기 등에 주입하는 등의 방법으로 신용카드업자로부터 서비스를 받을 수 있는 증표로서의 가치를 갖는 것이어서, 이를 사용하여 현금자동지급기에서 현금을 인출하였다 하더라도 신용카드 자체가 가지는 경제적 가치가 인출된 예금액만큼 소모되었다고 할 수 없으므로 이를 일시 사용하고 곧 반환한 경우에는 불법영득의 의사가 없다[대판 1999.7.9. 99도857]. [♠02 사시]
2. 피해자로부터 지갑을 잠시 건네받아 임의로 지갑에서 현금카드를 꺼내어 현금자동인출기에서

현금을 인출하고 곧바로 피해자에게 현금카드를 반환한 경우, 그 현금카드 자체가 가지는 경제적 가치가 인출된 예금액 만큼 소모되었다고 할 수는 없을 것인바, 현금카드에 대해서는 불법영득의사가 없다[대판 1998.11.10. 98도2642]. [♣20 변시]

3. 은행이 발급한 직불카드를 사용하여 타인의 예금계좌에서 자기의 예금계좌로 돈을 이체시켰다 하더라도 직불카드 자체가 가지는 경제적 가치가 계좌이체된 금액만큼 소모되었다고 할 수는 없으므로, 이를 일시 사용하고 곧 반환한 경우에는 그 직불카드에 대한 불법영득의 의사는 없다고 보아야 한다[대판 2006.3.9. 2005도7819].

判例 불법영득의사가 인정되는 경우

1. 피고인이 소총 소지자를 총기로 협박하여 그 소총을 교부받아 실탄을 장전한 후 소속 부대 하급자에게 건네주어 그로 하여금 소속 부대원들이 내무반에서 나오는지 여부를 감시하도록 지시한 경우, 피고인은 그 소총을 소지자로부터 자기의 지배하에 이전하여 그 소유자가 아니라면 할 수 없는 사용처분행위를 하였다고 할 것이므로, 비록 피고인의 지시에 따라 그 소총을 소지하고 있던 하급자가 나중에 피고인이 위병소를 빠져나갈 때 뒤따라 나가면서 그 소총에서 탄창을 제거한 후 그 소총을 원래의 소지자에게 던져 준 사실이 있다고 하더라도, 그러한 사정만으로는 피고인에게 그 소총에 대한 군용물특수강도죄의 불법영득의사가 없었다고 할 수 없다[대판 1995.7.11. 95도910].
2. 피고인이 현금 등이 들어 있는 피해자의 지갑을 가져갈 당시에 피해자의 승낙을 받지 않았다면 가사 피고인이 후일 변제할 의사가 있었다고 하더라도 불법영득의사가 있었다고 할 것이다[대판 1999.4.9. 99도519].
3. 회사의 총무과장이 회사의 물품대금채권을 확보할 목적으로 채무자의 승낙을 받지 아니한 채 그의 의사에 반하여 부산에 있는 그의 점포 앞에 세워놓은 그의 소유인 자동차를 운전하여 광주에 있는 위 회사로 옮겨놓은 다음, 광주지방법원의 가압류결정과 감수보존명령에 따라 집달관이 보존하게 될 때까지 위 회사의 지배하에 두었다면, 위 자동차의 권리자를 배제하고 타인의 물건을 자기의 소유인 것과 마찬가지로 그 경제적 용법에 따라 이용하거나 처분할 의사로 자동차를 광주로 운전하여 간 것으로 보지 않을 수 없으므로 불법영득의 의사가 있었다고 볼 수 밖에 없다[대판 1990.5.25. 90도573].
4. 피고인이 길가에 시동을 걸어 놓은 채 세워둔 모르는 사람의 자동차를 함부로 운전하고 약 200m 가량 갔다면 불법영득의 의사가 있었다 할 것이다[대판 1992.9.22. 92도1949].
5. 피해자가 경영하는 주점의 잠겨 있는 샷타문을 열고 그곳 주방 안에 있던 맥주 등을 꺼내어 마셨다면 타인의 재물에 대한 불법영득의 의사가 있었다고 할 것이고 주점까지 가게 된 동기가 주점점원의 초청에 의한 것이었다 하더라도 피해자의 승낙 없이 재물을 취거하는 행위는 절도죄를 구성한다[대판 1986.9.9. 86도1439].

判例 불법영득의사의 입증방법

업무상횡령죄에서 불법영득의사를 검사가 입증하여야 하는 것으로서, 불법영득의 의사는 피고인이 이를 부인하는 경우 사물의 성질상 그와 상당한 관련성이 있는 간접사실 또는 정황사실을 증명하는 방법에 의하여 이를 입증할 수밖에 없다[대판 2010.6.24. 2008도6756].

4. 절도와 사용절도의 한계

(1) 사용절도의 의의

사용절도란 타인의 재물을 일시적으로 사용한 후에 소유자에게 반환하는 것을 말한다(예 옆자리에 있는 법전을 잠시 읽어본 후 되돌려 놓은 경우).

(2) 사용절도의 성립요건

① **일시적 사용** : 타인의 재물에 대하여 특수한 기능가치를 감소 · 소멸시키지 않을 정도의 사용에 그쳐야 한다. 따라서 자동차를 장시간 사용하여 타이어를 마모시키거나 배터리를 못 쓰게 한 경우에는 절도죄가 성립한다.

② **반환의사** : 재물을 소유자의 지배범위에 돌려놓아 권리자가 이를 확실하게 취득할 수 있도록 해야 반환의사가 인정된다. 따라서 재물을 일시적으로 사용한 후 방치한 경우에는 절도죄가 성립한다.

判例 일시적 사용 후 방치 = 불법영득의사 O, 절도죄 O

소유자의 승낙 없이 오토바이를 타고 가서 다른 장소에 버린 경우, 자동차 등 불법사용죄가 아닌 절도죄가 성립한다고 한 사례[대판 2002.9.6. 2002도3465]. [♠ 13 사시]

동지판례 ⅰ) 피고인이 길가에 세워져 있는 오토바이를 소유자의 승낙 없이 타고 가서 용무를 마친 약 1시간 50분 후 본래 있던 곳에서 약 7, 8m 되는 장소에 방치하였다면 불법영득의 의사가 있었다고 할 것이다[대판 1981.10.13. 81도2394]. ⅱ) 피고인이 甲의 영업점 내에 있는 甲 소유의 휴대전화를 허락 없이 가지고 나와 이를 이용하여 통화를 하고 문자메시지를 주고받은 다음 약 1~2시간 후 甲에게 아무런 말을 하지 않고 위 영업점 정문 옆 화분에 놓아두고 간 경우, 피고인은 甲의 휴대전화를 자신의 소유물과 같이 경제적 용법에 따라 이용하다가 본래의 장소와 다른 곳에 유기한 것이므로 피고인에게 불법영득의사가 인정되어 절도죄가 성립한다[대판 2012.7.12. 2012도1132]. [♣ 14, 16 변시]

(3) 사용절도의 효과

사용절도는 절도죄로 처벌할 수 없다. 다만 특별한 규정이 있는 경우에는 예외적으로 처벌될 수 있다(예 자동차 등 불법사용죄).

判例 자동차의 일시사용 중 유류의 소비(절도죄 ×)

불법영득의 의사 없이 타인의 자동차를 일시 사용하는 경우 휘발유가 소비되는 것은 필연적인 것이므로 자동차의 사용방법, 사용시간, 주행거리 그 밖의 구체적인 상황으로 보아 자동차 그 자체의 일시 사용이 주목적이고 소비된 휘발유의 소비는 그 양이 매우 적은 것임이 명백한 경우에는 그 휘발유의 소비는 자동차의 일시사용 가운데 포함되는 것으로서 이에 대하여는 별도의 절도죄가 성립되지 아니한다[대판 1984.4.24. 84도311].

5. 불법영득의사의 '불법'의 의미

쟁점연구

1. 문제점

불법영득의사에서 불법은 위법함을 의미하지만 어떠한 경우에 위법을 인정할 수 있는지 문제된다. 이는 권리자가 권리행사의 수단으로 재물을 임의취거한 경우에 불법영득의사를 인정할 수 있는가의 문제이기도 하다.

2. 견해의 대립

① **취거행위의 불법설** : 불법이란 취거행위가 불법함을 의미하므로 취거행위가 적법하지 않으면 불법영득의사를 인정해야 한다는 견해이다. 이에 의하면 행위자에게 반환청구권이 있는 경우에도 재물을 임의취거한 경우 위법성조각사유가 없는 한 불법영득의사가 인정되어 절도죄가 성립한다.

② **영득의 불법설** : 불법이란 영득이 실질적으로 소유권질서와 모순·충돌되는 상태를 의미한다는 견해이다(통설). 이에 의하면 항변의 여지가 없는 반환청구권이 행위자에게 있는 경우에는 불법영득의사가 인정되지 않아 절도죄가 성립하지 않는다.

3. 판 례

약정에 기한 인도 등의 청구권이 인정된다고 하더라도, 취거 당시에 점유 이전에 관한 점유자의 명시적·묵시적인 동의가 없었다면, 특별한 사정이 없는 한 불법영득의 의사가 인정된다고 판시한 바 있다.

4. 검 토 (판례 지지)

불법이란 취거행위가 불법함을 의미한다고 보는 타당하다. 따라서 취거 당시에 청구권이 인정된다고 하더라도 점유 이전에 관한 점유자의 명시적·묵시적인 동의가 없었다면, 특별한 사정이 없는 한 불법영득의 의사가 인정된다고 보는 것이 타당하다.

判例 불법영득의사가 인정되는 경우 (판례는 행위불법설의 입장)

1. [1] 형법상 절취란 타인이 점유하고 있는 자기 이외의 자의 소유물을 점유자의 의사에 반하여 그 점유를 배제하고 자기 또는 제3자의 점유로 옮기는 것을 말하는 것으로, 비록 약정에 기한 인도

등의 청구권이 인정된다고 하더라도, 취거 당시에 점유 이전에 관한 점유자의 명시적·묵시적인 동의가 있었던 것으로 인정되지 않는 한, 점유자의 의사에 반하여 점유를 배제하는 행위를 함으로써 절도죄는 성립하는 것이고, 그러한 경우에 특별한 사정이 없는 한 불법영득의 의사가 없었다고 할 수는 없다.

[2] 굴삭기 매수인이 약정된 기일에 대금채무를 이행하지 아니하면 굴삭기를 회수하여 가도 좋다는 약정을 하고 각서와 매매계약서 및 양도증명서 등을 작성하여 판매회사 담당자에게 교부한 후 그 채무를 불이행하자 그 담당자가 굴삭기를 취거하여 매도한 경우, 굴삭기에 대한 소유권 등록 없이 매수인의 위와 같은 약정 및 각서 등의 작성, 교부만으로 굴삭기에 대한 소유권이 판매회사로 이전될 수는 없으므로 굴삭기 취거 당시 그 소유권은 여전히 매수인에게 남아 있고, 매수인의 의사표시 중에 자신의 동의나 승낙 없이 현실적으로 자신의 점유를 배제하고 굴삭기를 가져가도 좋다는 의사까지 포함되어 있었던 것으로 보기는 어렵다는 이유로, 그 굴삭기 취거 행위는 절도죄에 해당하고 불법영득의 의사도 인정된다고 한 사례[대판 2001.10.26. 2001도4546]. [♣15 변시]

동지판례 피해자와 사이에 피해자 소유인 쇄석장비들에 관하여 점유개정의 방법에 의한 양도담보부 금전소비대차계약을 체결하였는데 피해자가 변제기일이 지나도 채무를 변제하지 아니하자 채권자 회사의 직원들인 피고인들이 합동하여 피해자의 의사에 반하여 쇄석장비들을 임의로 분해하여 가지고 간 행위에 대하여 절도죄를 인정한 사례[대판 2005.6.23. 2005도2861].

2. 타인이 점유하는 물건에 대하여 피고인에게 반환청구권이 있다고 하여도 절취라 함은 재물을 절취하는 행위, 즉 점유자의 의사에 의하지 아니하고 그 점유를 취득하는 행위이므로 피고인이 위 점유자의 승낙을 받지 않고 그 물건을 가져갔다면 그 물건의 반환청구권이 피고인에게 있다고 하여도 절도행위가 되는 것이다[대판 1973.2.28. 72도2538].

동지판례 A회사가 공소외 甲에게 철재를 외상 판매하고 그 대금지급을 위하여 받은 약속어음이 부도되어 동 물품의 반환청구권을 가지고 있다 하여도, A회사의 사원인 피고인이 위 甲으로부터 피해자 乙이 위 철재를 매수하여 점유하고 있는 사실을 알고서도 운반하여 갔다면 절도죄의 성립에 영향이 없다[대판 1983.11.22. 83도2539].

3. 피고인이 피해회사 차고 내 책상서랍을 관리자의 승낙 없이 공구로 뜯어서 열고 그 안에서 꺼낸 위 회사 소유의 여객운송수입금을 위 회사에 대하여 가지고 있던 유류대금채권의 변제에 충당하였다면 이는 피고인이 자기 채권의 추심을 위하여 타인의 점유하에 있는 타인소유의 금원을 불법하게 탈취한 것이라고 보지 않을 수 없으니 불법영득의 의사를 인정하기에 충분하다[대판 1983.4.12. 83도297].

Ⅴ. 친족상도례

제328조(친족간의 범행과 고소) ① 직계혈족, 배우자, 동거친족, 동거가족 또는 그 배우자간의 제323조의 죄는 그 형을 면제한다.
② 제1항 이외의 친족간에 제323조의 죄를 범한 때에는 고소가 있어야 공소를 제기할 수 있다.
③ 전2항의 신분관계가 없는 공범에 대하여는 전2항을 적용하지 아니한다.

제344조(친족간의 범행) 제328조의 규정은 제329조 내지 제332조의 죄 또는 미수범에 준용한다.

1. 의 의

① 친족상도례란 친족간의 재산범죄에 대하여 친족관계라는 특수사정을 고려하여 특별취급하도록 한 규정을 말한다(제328조).

② '법은 가능한 한 가정에 들어가지 않는다'라고 하는 법언의 정신에 기초하여 친족간의 정의(情義)를 존중하고자 형사정책적 견지에서 인정된 것이다.

2. 적용범죄의 범위

(1) 형법상의 재산죄

친족상도례

		친족의 범위	법적 효과	법적 성격
친족상도례	권리행사방해죄(제323조)	직계혈족, 배우자, 동거친족, 동거가족 또는 그 배우자간	형을 면제한다(제328조 제1항).	인적 처벌조각사유
		위 이외의 친족간	고소가 있어야 공소를 제기할 수 있다(제328조 제2항).	상대적 친고죄
	장물죄(변형적용)	장물범과 피해자간에 직계혈족, 배우자, 동거친족, 동거가족 또는 그 배우자의 관계가 있는 경우	형을 면제한다(제365조 제1항, 제328조 제1항).	인적 처벌조각사유
		장물범과 피해자간에 위 이외의 친족관계가 있는 경우	고소가 있어야 공소를 제기할 수 있다(제365조 제1항, 제328조 제2항).	상대적 친고죄 [♠ 07 사시]
		장물범과 본범간에 직계혈족, 배우자, 동거친족, 동거가족 또는 그 배우자의 관계가 있는 경우	형을 감경 또는 면제한다(제365조 제2항).	면제(인적 처벌조각사유)감경(책임감경사유)
친족상도례 규정의 준용여부		① 절도죄(제344조), 사기죄(제354조), 공갈죄(제354조), 횡령죄(제361조), 배임죄(제361조), 장물죄(제365조)에 준용된다. ② 강도죄와 손괴죄 및 강제집행면탈죄, 점유강취죄, 준점유강취죄 등에 대하여는 준용규정이 없다. [♠ 07, 08 사시] [♣ 19, 20 변시]		

(2) 특별형법상의 재산죄

친족상도례규정(제328조)의 적용을 배제한다는 명시적인 규정이 없는 한 적용된다(판례).

判例 특별형법상의 재산범죄에 대한 친족상도례규정의 적용여부 (배제규정이 없는 한 적용)

형법상 사기죄(또는 횡령죄)의 성질은 특정경제범죄 가중처벌 등에 관한 법률 제3조 제1항에 의해 가중처벌되는 경우에도 그대로 유지되고 동법률에 친족상도례의 적용을 배제한다는 명시적인 규정이 없으므로, 형법 제354조(친족상도례 준용규정)는 동법률 제3조 제1항 위반죄에도 그대로 적용된다[대판 2010.2.11. 2009도12627; 동지 대판 2000.10.13. 99오1], [대판 2013.9.13. 2013도7754]. [♠ 06, 07, 08, 14 사시] [♣ 13, 18 변시]

3. 친족의 의의와 친족관계의 존재범위

(1) 친족의 의의와 범위

친족의 개념과 범위는 민법에 따른다.

① 입양의 경우 생가를 중심으로 한 종전의 친족관계는 소멸되지 않는다[대판 1967.1.31. 66도1483].

② 배우자는 법률상의 배우자를 의미하며, 사실상의 배우자는 포함되지 아니한다(다수설).

判例 제328조 제1항의 '그 배우자'의 범위

[1] 형법 제354조에 의하여 준용되는 제328조 제1항에서 "직계혈족, 배우자, 동거친족, 동거가족 또는 그 배우자 간의 제323조의 죄는 그 형을 면제한다."고 규정하고 있는바, 여기서 '그 배우자'는 동거가족의 배우자만을 의미하는 것이 아니라, 직계혈족, 동거친족, 동거가족 모두의 배우자를 의미하는 것으로 볼 것이다.
[2] 피고인이 상습으로 재물을 편취하였다고 하여 특정경제범죄 가중처벌 등에 관한 법률 위반(사기)으로 기소된 사안에서, 피고인이 피해자 甲의 직계혈족의 배우자임을 이유로 형법 제354조, 제328조 제1항에 따라 갑에 대한 상습사기의 공소사실에 대하여 형을 면제한 원심판단을 정당하다고 한 사례[대판 2011.5.13. 2011도1765]. [♣19 변시]

③ 일시적으로 숙박하고 있는 경우는 동거친족 또는 동거가족에 포함되지 아니한다.

判例 친족에 해당하지 않는 경우

1. **(사기를 목적으로 혼인신고한 경우 - 혼인 무효)** 사기죄를 범하는 자가 금원을 편취하기 위한 수단으로 피해자와 혼인신고를 한 것이라면 그 혼인은 무효이므로, 그러한 피해자에 대한 사기죄에서는 친족상도례를 적용할 수 없다[대판 2015.11.27. 2014도17894]. [♣20 변시]
2. **(사돈지간은 친족이 아님)** 피고인이 백화점 내 점포에 입점시켜 주겠다고 속여 피해자로부터 입점비 명목으로 돈을 편취한 경우, 피고인의 딸과 피해자의 아들이 혼인하여 피고인과 피해자가 사돈지간이라고 하더라도 민법상 친족으로 볼 수 없으므로, 위 범죄를 친족상도례가 적용되는 친고죄라고 할 수 없다[대판 2011.4.28. 2011도2170]. [♣18, 20변시]

(2) 친족관계의 존재범위

① 인적 범위

쟁점연구

1. 문제점

절도죄의 경우 재물의 소유자와 점유자가 다른 경우 친족상도례 규정이 적용될 수 있는 요건에 대하여 견해가 대립되고 있다.

2. 학 설

절도죄의 보호법익은 소유권이므로 행위자와 소유자 사이에 친족관계가 존재하면 친족상도례 규정이 적용될 수 있다는 견해가 있다(소유자관계설).

3. 판 례

친족상도례에 관한 규정은 범인과 피해물건의 소유자 및 점유자 모두 사이에 친족관계가 있는 경우에만 적용된다고 판시한 바 있다(소유자 · 점유자관계설).

4. 검 토 (판례 지지)

소유자관계설에 의할 경우 소유자로부터 임차하여 사용하고 있는 물건을 절취한 경우 임차인과는 친족관계가 없더라도 소유자와 친족관계가 있으면 친족상도례 규정이 적용될 수 있다는 문제점이 있으며, 친족상도례 규정은 친족간의 정의를 고려한 규정이므로 소유자 및 점유자 모두 친족관계가 존재하여야 친족상도례 규정이 적용될 수 있다는 견해가 타당하다.

判例 친족상도례규정의 적용요건 (삼각범죄의 경우)

1. **(절도죄의 경우)** 형법 제344조에 의하여 준용되는 형법 제328조 제1항에 정한 친족간의 범행에 관한 규정은 범인과 피해물건의 소유자 및 점유자 쌍방간에 같은 규정에 정한 친족관계가 있는 경우에만 적용되는 것이며, 단지 절도범인과 피해물건의 소유자간에만 친족관계가 있거나 절도범인과 피해물건의 점유자간에만 친족관계가 있는 경우에는 그 적용이 없다고 보아야 한다 [대판 2014.9.25. 2014도8984], [대판 1980.11.11. 80도131]. [♠ 06, 09 사시] [♣ 18 변시]

판례해설 甲과 甲의 처 乙은 乙 명의로 등록된 자동차를 甲이 소유하기로 약정하였다. 그 후 乙은 자동차매매업자를 통하여 A에게 자동차를 매도하였고 A는 자동차매매업자에게 매매대금을 모두 지급하고 자동차를 인도받아 노상에 주차해 두었는데 자동차 매매 사실을 알고 있었던 甲은 A가 주차해 둔 자동차를 발견하고 임의로 운전하여 가버렸다. 이 경우 甲에게 절도죄가 성립한다. 한편 소유자인 乙과 친족관계에 있으나 점유자인 A와는 친족관계가 아니므로 친족상도례규정이 적용될 수 없다.

2. **(횡령죄의 경우)** 횡령범인이 위탁자가 소유자를 위해 보관하고 있는 물건을 위탁자로부터 보관받아 이를 횡령한 경우에 형법 제361조에 의하여 준용되는 제328조 제2항의 친족간의 범행에 관한 조문은 범인과 피해물건의 소유자 및 위탁자 쌍방 사이에 같은 조문에 정한 친족관계가 있는 경우에만 적용되고, 단지 횡령범인과 피해물건의 소유자간에만 친족관계가 있거나 횡령범인과 피해물건의 위탁자간에만 친족관계가 있는 경우에는 적용되지 않는다[대판 2008.7.24. 2008도3438]. [♠ 14 사시] [♣ 12, 20 변시]

3. **(소송사기의 경우)** 사기죄의 보호법익은 재산권이라고 할 것이므로 사기죄에 있어서는 재산상의 권리를 가지는 자가 아니면 피해자가 될 수 없다. 그러므로 법원을 기망하여 제3자로부터 재물을 편취한 경우에 피기망자인 법원은 피해자가 될 수 없고 재물을 편취당한 제3자가 피해자라고 할 것이므로 피해자인 제3자와 사기죄를 범한 자가 직계혈족의 관계에 있을 때에는 그 범인에 대하여는 형법 제354조에 의하여 준용되는 형법 제328조 제1항에 의하여 그 형을 면제하여야 할 것이다[대판 2014.9.26. 2014도8076], [대판 1976.4.13. 75도781]. [♠ 07, 11 사시] [♣ 18, 23 변시]

관련판례 피고인 등이 공모하여, 피해자 甲, 乙 등을 기망하여 甲, 乙 및 병과 부동산 매매계약을 체결하고 소유권을 이전받은 다음 잔금을 지급하지 않아 같은 금액 상당의 재산상 이익을 편취하였다는 내용으로 기소된 사안에서, 甲은 피고인의 8촌 혈족, 丙은 피고인의 부친이나, 위 부동산이 甲, 乙, 丙의 합유로 등기되어 있어 피고인에게 형법상 친족상도례 규정이 적용되지 않는다고 한 사례[대판 2015.6.11. 2015도3160]. [♣ 18 변시]

4. **(절취한 예금통장으로 자금이체를 한 경우의 피해자 = 예금주 ×, 금융기관 O)**

[1] 권한 없이 컴퓨터 등 정보처리장치를 이용하여 예금계좌 명의인이 거래하는 금융기관의 계좌 예금 잔고 중 일부를 자신이 거래하는 다른 금융기관에 개설된 그 명의 계좌로 이체한 경우, 예금계좌 명의인의 거래 금융기관에 대한 예금반환 채권은 이러한 행위로 인하여 영향을 받을 이유가 없는 것이므로, 거래 금융기관으로서는 예금계좌 명의인에 대한 예금반환 채무를 여전히 부담하면서도 환거래관계상 다른 금융기관에 대하여 자금이체로 인한 이체자금 상당액 결제 채무를 추가 부담하게 됨으로써 이체된 예금 상당액의 채무를 이중으로 지급해야 할 위험에 처하게 된다. 따라서 친척 소유 예금통장을 절취한 자가 그 친척 거래 금융기관에 설치된 현금자동지급기에 예금통장을 넣고 조작하는 방법으로 친척 명의 계좌의 예금 잔고를 자신이 거래하는 다른 금융기관에 개설된 자기 계좌로 이체한 경우, 그 범행으로 인한 피해자는 이체된 예금 상당액의 채무를 이중으로 지급해야 할 위험에 처하게 되는 그 친척 거래 금융기관이라 할 것이고, 거래 약관의 면책 조항이나 채권의 준점유자에 대한 법리 적용 등에 의하여 위와 같은 범행으로 인한 피해가 최종적으로는 예금 명의인인 친척에게 전가될 수 있다고 하여, 자금이체 거래의 직접적인 당사자이자 이중지급 위험의 원칙적인 부담자인 거래 금융기관을 위와 같은 컴퓨터 등 사용사기 범행의 피해자에 해당하지 않는다고 볼 수는 없으므로, 위와 같은 경우에는 친족 사이의 범행을 전제로 하는 친족상도례를 적용할 수 없다.

[2] 손자가 할아버지 소유 농업협동조합 예금통장을 절취하여 이를 현금자동지급기에 넣고 조작하는 방법으로 예금 잔고를 자신의 거래 은행 계좌로 이체한 경우, 위 농업협동조합이 컴퓨터 등 사용사기 범행 부분의 피해자이므로 친족상도례를 적용할 수 없다[대판 2007.3.15. 2006도2704]. [♠ 08, 09, 11, 14 사시] [♣ 18 변시]

② **친족관계 존부의 판단시점** : 친족관계는 행위시에만 존재하면 족하므로, 행위 후에 친족관계가 소멸해도 친족상도례가 적용된다. [♣ 19 변시]

判例 친족관계의 존부 판단 = 원칙적으로 범행당시, 민법상 인지의 소급효는 인정

형법 제344조, 제328조 제1항 소정의 친족간의 범행에 관한 규정이 적용되기 위한 친족관계는 원칙적으로 범행당시에 존재하여야 하는 것이지만, 父가 혼인 외의 출생자를 인지하는 경우에 있어서는 민법 제860조에 의하여 그 자의 출생시에 소급하여 인지의 효력이 생기는 것이며, 이와 같은 인지의 소급효는 친족상도례에 관한 규정의 적용에도 미친다고 보아야 할 것이므로, 인지가 범행 후에 이루어진 경우라고 하더라도 그 소급효에 따라 형성되는 친족관계를 기초로 하여 친족상도례의 규정이 적용된다[대판 1997.1.24. 96도1731]. [♠ 01, 04, 11, 14 사시] [♣ 12, 16 변시]

③ **친족관계의 착오** : 친족관계는 객관적 구성요건요소가 아니므로 이에 대한 착오는 고의가 조각되지 않는다. 친족상도례는 객관적으로 친족관계가 인정되면 행위자가 범행당시에 객관적인 친족관계의 존부를 알고 있었는가 여부를 불문하고 적용된다. [♠ 01, 07, 12 사시] [♣ 17 변시]

判例 친족관계의 착오 = 범죄의 성립 · 처벌에 영향 ×

피고인이 그 본가의 소유물로 오신하여 이를 절취하였다 할지라도 그 오신은 형의 면제사유에 관한 것으로서 범죄의 구성요건 사실에 관한 제15조 제1항은 적용되지 않는 것이므로 그 오신은 본건 범죄의 성립이나 처벌에 아무런 영향도 미치지 아니한다[대판 1966.6.28. 66도104]. [♠ 09, 12 사시]

4. 공범의 경우 친족상도례의 적용여부

신분관계가 없는 공범에 대하여는 친족상도례 규정이 적용되지 아니한다(제328조 제3항). [♣ 20 변시] 따라서 특수절도죄를 범한 범인 중 1인이 친족상도례에 해당되어 형의 면제를 받게 된다고 하여 친족관계가 없는 다른 공범도 형의 면제를 받는 것은 아니다. [♠ 01 사시]

5. 법적 효과 및 법적 성질

(1) 제328조 제1항의 친족간의 범죄(형의 면제)

직계혈족, 배우자, 동거친족, 동거가족 또는 그 배우자간의 범죄는 그 형을 면제하며 인적처벌조각사유에 해당한다(통설). [♣ 21 변시]

(2) 제328조 제1항 이외의 친족간의 범죄(상대적 친고죄)

고소가 있어야 공소를 제기할 수 있으며(상대적 친고죄) 소추조건에 해당한다.[6]

6) 고소가 없음에도 불구하고 공소제기된 경우에는 공소기각판결을 하여야 한다(형사소송법 제327조).

判例 절도죄의 피고인이 피해자의 외사촌 동생인 경우 = 친고죄 ○

절도죄의 피고인이 피해자의 외사촌 동생이라면 형법 제344조, 제328조 제2항에 의하여 피해자의 고소가 있어야 처벌할 수 있다[대판 1991.7.12. 91도1077].

(3) 장물죄의 특칙

제365조(친족간의 범행) ① 전3조의 죄(장물죄, 상습장물죄, 업무상과실 · 중과실장물죄)를 범한 자와 피해자간에 제328조 제1항, 제2항의 신분관계가 있는 때에는 동조의 규정을 준용한다.
② 전3조의 죄를 범한 자와 본범간에 제328조 제1항의 신분관계가 있는 때에는 그 형을 감경 또는 면제한다. 단 신분관계가 없는 공범에 대하여는 예외로 한다.

사 례 연 습

【친족상도례】 [♠ 06 사시]

다음의 〈보기〉 중 고소가 있어야만 甲 또는 乙이 처벌되는 경우는? (다툼이 있으면 판례에 의함)

〈 보기 〉

ㄱ. 甲과 乙이 합동하여 A를 강간하기로 하고 甲만이 A를 강간하고 乙은 방 밖에서 망을 본 경우 乙
ㄴ. 甲과 乙이 甲과 따로 사는 甲의 숙부 A의 집에서 그의 고려청자를 절취한 경우 甲
ㄷ. 甲과 乙이 乙과 같이 사는 乙의 숙부 A를 폭행 · 협박하여 A의 외제승용차를 강취한 경우 乙
ㄹ. 甲이 고향에서 일시 상경한 이종사촌 동생 A의 지갑에서 현금을 절취한 경우 甲
ㅁ. 甲이 자신과 싸운 형 A가 마시는 커피잔에 분뇨를 넣어 사용하지 못하도록 만든 경우 甲
ㅂ. 甲이 원한이 있던 A의 사망한 부친이 일제시대 때 경찰로서 친일활동을 하였다는 허위의 사실을 공표한 경우 甲

|**해**|**설**| ※ 친고죄인 것은 'ㄴ, ㄹ, ㅂ' 이다.

ㄱ. 합동하여 강간한 경우 성폭법상의 특수강간죄에 해당하며 친고죄가 아니다.
ㄴ. 甲과 피해자인 A는 비동거 친족으로서 제328조 제2항의 신분관계에 있으므로 甲의 절도죄는 친고죄에 해당한다. 그러나 乙에게는 이러한 신분관계가 없으므로 친고죄에 해당하지 아니한다(제328조 제3항).
ㄷ. 강도죄는 친족상도례의 규정이 적용되지 아니한다.
ㄹ. 일시적으로 숙박을 함께하는 경우는 동거친족이라고 할 수 없으므로 甲과 A는 비동거 친족으로서 제328조 제2항의 신분관계에 있으므로 甲의 절도죄는 친고죄에 해당한다.
ㅁ. 甲의 행위는 손괴죄에 해당하여 친족상도례의 규정이 적용되지 아니한다.
ㅂ. 사자명예훼손죄는 친고죄에 해당한다(제312조, 제308조).

제2절 절도의 죄

기본적 구성요건과 변형구성요건의 실행의 착수시기를 판례를 중심으로 알아두어야 하며 특히 합동범에서 '합동'의 의미에 관한 학설 및 판례를 잘 정리해 두어야 한다. 절도죄(특히 횡령죄 및 사기죄와의 구별)의 성부에 관한 판례는 출제빈도가 높은 편이다.

Ⅰ. 총 설

1. 의 의

절도의 죄란 타인의 재물을 절취하는 것을 내용으로 하는 범죄이다.

2. 보호법익

① 보호법익에 대하여는 소유권설(다수설), 점유설, 소유권 및 점유설(판례)의 견해가 대립되고 있다.

判例 절도죄의 피해자 = 재물의 점유자 및 재물의 소유자

절도죄는 재물의 점유를 침탈하므로 인하여 성립하는 범죄이므로 재물의 점유자가 절도죄의 피해자가 되는 것이나 절도죄는 점유자의 점유를 침탈하므로 인하여 그 재물의 소유자를 해하게 되는 것이므로 재물의 소유자도 절도죄의 피해자로 보아야 할 것이다[대판 1980.11.11. 80도131].

② 보호의 정도는 침해범이다(다수설).

Ⅱ. 절도죄

제329조(절도) 타인의 재물을 절취한 자는 6년 이하의 징역 또는 1천만원 이하의 벌금에 처한다.
제342조(미수범) 미수범은 처벌한다.

1. 의 의

타인이 점유하는 타인의 재물을 절취함으로써 성립하는 범죄로서, 즉시범 · 상태범에 해당한다.

2. 구성요건

(1) 객관적 구성요건

① 객 체 : 타인이 점유하는 타인의 재물이다.

㉮ 타인의 점유란 타인의 단독점유, 행위자와 타인의 공동점유를 말한다.
㉯ 타인의 재물이란 타인의 단독소유, 행위자와 타인의 공동소유를 말한다.
㉰ 타인소유·자기점유의 재물에 대해서는 횡령죄가, 자기소유·타인점유의 재물에 대해서는 권리행사방해죄가 성립할 수 있을 뿐이다.
㉱ 무주물은 선점의 대상일 뿐이며 절도죄의 객체가 될 수 없다.

判例 10년간 방치된 물건 = 타인이 점유하는 물건 ×

육지로부터 멀리 떨어진 섬에서 광산을 개발하기 위하여 발전기, 경운기 엔진을 섬으로 반입하였다가 광업권 설정이 취소됨으로써 광산개발이 불가능하게 되자 육지로 그 물건들을 반출하는 것을 포기하고 그대로 유기하여 둔 채 섬을 떠난 후 10년 동안 그 물건들을 관리하지 않고 있었다면, 그 섬에 거주하는 피고인이 그 소유자가 섬을 떠난지 7년이 경과한 뒤 노후된 물건들을 피고인 집 가까이에 옮겨 놓았다 하더라도, 그 물건들의 반입 경위, 그 소유자가 섬을 떠나게 된 경위, 그 물건들을 옮긴 시점과 그간의 관리상황 등에 비추어 볼 때 피고인이 그 물건들을 옮겨 갈 당시 원소유자나 그 상속인이 그 물건들을 점유할 의사로 사실상 지배하고 있었다고는 볼 수 없으므로, 그 물건들을 절도죄의 객체인 타인이 점유하는 물건으로 볼 수 없다[대판 1994.10.11. 94도1481]. [♠ 10 사시] [♣ 13 변시]

判例 양식어업 면허구역 내에서 자연서식하는 바지락 = 면허자의 소유권·점유권 인정 ×

[1] 어업권의 취득만으로 당연히 그 지역 내에서 자연 번식하는 수산동식물의 소유권이나 점유권까지 취득한다고는 볼 수 없다.
[2] 어업권자와 어업권행사계약을 체결하고 어업권을 행사하는 피해자의 양식장에서 '자연산' 모시조개(또는 바지락)를 무단 채취한 행위는 절도죄에 해당하지 아니한다[대판 2010.4.8. 2009도11827], [대판 1983.2.8. 82도686]. [♠ 99 사시]

判例 등기 또는 등록으로 공시되는 객체에 대한 소유권유보부매매의 효력 (효력 없음)

소유권유보부매매는 동산을 매매함에 있어 매매목적물을 인도하면서 대금완납시까지 소유권을 매도인에게 유보하기로 특약한 것을 말하며, 이러한 내용의 계약은 동산의 매도인이 매매대금을 다 수령할 때까지 그 대금채권에 대한 담보의 효과를 취득·유지하려는 의도에서 비롯된 것이다. 따라서 부동산과 같이 등기에 의하여 소유권이 이전되는 경우에는 등기를 대금완납시까지 미룸으로써 담보의 기능을 할 수 있기 때문에 굳이 위와 같은 소유권유보부매매의 개념을 원용할 필요성이 없으며, 일단 매도인이 매수인에게 소유권이전등기를 경료하여 준 이상은 특별한 사정이 없는 한 매수인에게 소유권이 귀속되는 것이다. 한편 자동차, 중기, 건설기계 등은 비록 동산이기는 하나 부동산과 마찬가지로 등록에 의하여 소유권이 이전되고, 등록이 부동산 등기와 마찬가지로 소유권 이전의 요건이므로, 역시 소유권유보부매매의 개념을 원용할 필요성이 없는 것이다[대판 2010.2.25. 2009도5064].

동지판례 乙이 甲회사로부터 중기를 甲회사에 소유권을 유보하고 할부로 매수한 다음 丙회사에 이를 지입하고 중기등록원부에 丙회사를 소유자로 등록한 후 乙의 甲에 대한 할부매매대금 채무를 담보하기 위하여 甲명의로 근저당권 설정등록을 하였으며 위 중기는 乙이 이를 점유하고 있었는데 甲의 회사원인 피고인들이 합동하여 승낙 없이 위 중기를 가져간 경우, 지입자가 사실상의 처분관리권을 가지고 있다고 하여도 이는 지입자와 지입받은 회사와의 내부관계에 지나지 않는 것이고 대외적으로는 자동차등록원부상의 소유자 등록이 원인무효가 아닌 한 지입받은 회사가 소유권자로서의 권리(처분권 등)를 가지고 의무(공과금 등 납세의무, 중기보유자의 손해배상 책임 등)를 지는 것이므로 피고인들의 중기취거행위는 지입받은 회사인 丙의 중기등록원부상의 소유권을 침해한 것으로서 특수절도죄에 해당한다[대판 1989.11.14. 89도773].

判例 절도죄가 성립하는 경우 (타인의 소유인 경우)

1. 타인의 토지상에 권원 없이 식재한 수목의 소유권은 토지소유자에게 귀속하고 권원에 의하여 식재한 경우에는 그 소유권이 식재한 자에게 있으므로, 권원 없이 식재한 감나무에서 감을 수확한 것은 절도죄에 해당한다[대판 1998.4.24. 97도3425]. [♠ 01 , 02 사시] [♣ 13 변시]

   비교판례 타인소유의 토지에 이를 사용·수익할 만한 권한 없이 농작물을 경작한 경우 그 농작물의 소유권은 경작한 사람에게 귀속된다. 그러므로 토지소유자가 경작자가 경작한 콩을 뽑아버린 경우 재물손괴죄가 성립한다[대판 1999.6.25. 99도3891]. ※ 수목과 농작물의 소유권 귀속을 구별하여야 한다.

2. 명의대여 약정에 따른 신청에 의하여 발급된 영업허가증과 사업자등록증은 피해자가 인도받음으로써 피해자의 소유가 되었다고 할 것이므로, 이를 명의대여자가 가지고 간 행위는 절도죄에 해당한다[대판 2004.3.12. 2002도5090]. [♠ 06 사시]

3. 피고인이 피고인과 피해자의 동업자금으로 구입하여 피해자가 관리하고 있던 다이야포크레인 1대를 그의 허락 없이 공소외인으로 하여금 운전하여 가도록 한 행위는 절도죄를 구성한다[대판 1990.9.11. 90도1021].

4. [1] 자동차나 중기(또는 건설기계)의 소유권의 득실변경은 등록을 함으로써 그 효력이 생기고 그와 같은 등록이 없는 한 대외적 관계에서는 물론 당사자의 대내적 관계에 있어서도 그 소유권을 취득할 수 없는 것이 원칙이지만, 당사자 사이에 그 소유권을 그 등록 명의자 아닌 자가 보유하기로 약정하였다는 등의 특별한 사정이 있는 경우에는 그 내부관계에 있어서는 그 등록 명의자 아닌 자가 소유권을 보유하게 된다.

   [2] 자동차 명의신탁관계에서 제3자가 명의수탁자로부터 승용차를 가져가 매도할 것을 허락받고 인감증명 등을 교부받아 위 승용차를 명의신탁자 몰래 가져간 경우, 위 제3자와 명의수탁자의 공모·가공에 의한 절도죄의 공모공동정범이 성립한다[대판 2007.1.11. 2006도4498]. [♣ 14 변시]

   동지판례 피고인이 자신의 명의로 등록된 자동차를 사실혼 관계에 있던 甲에게 증여하여 甲만이 이를 운행·관리하여 오다가 서로 별거하면서 재산분할 내지 위자료 명목으로 甲이 소유하기로 하였는데, 피고인이 이를 임의로 운전해 간 사안에서, 자동차 등록명의와 관계없이 피고인과 甲 사이에서는 甲을 소유자로 보아야 한다는 이유로 절도죄를 인정한 원심판단을 정당하다고 한 사례[대판 2013.2.28. 2012도15303]. [♠ 14 사시] [♣ 20 변시]

5. [1] 당사자 사이에 자동차의 소유권을 등록명의자 아닌 자가 보유하기로 약정한 경우, 약정 당사자 사이의 내부관계에서는 등록명의자 아닌 자가 소유권을 보유하게 된다고 하더라도 제3자에

대한 관계에서는 어디까지나 등록명의자가 자동차의 소유자라고 할 것이다. [♣21 변시]

[2] 피고인이 자신의 모(母) 甲 명의로 구입·등록하여 甲에게 명의신탁한 자동차를 乙에게 담보로 제공한 후 乙 몰래 가져간 경우, 乙에 대한 관계에서 자동차의 소유자는 甲이고 피고인은 소유자가 아니므로 乙이 점유하고 있는 자동차를 임의로 가져간 이상 절도죄가 성립한다 [대판 2012.4.26. 2010도11771]. [♣14, 15 변시]

判例 점유개정방식에 의한 동산의 이중양도담보의 법적 효과(뒤의 채권자는 양도담보권을 취득 ×)

[1] 금전채무를 담보하기 위하여 채무자가 그 소유의 동산을 채권자에게 양도하되 점유개정의 방법으로 인도하고 채무자가 이를 계속 점유하기로 약정한 경우 특별한 사정이 없는 한 그 동산의 소유권은 신탁적으로 이전되는 것에 불과하여, 채권자와 채무자 사이의 대내적 관계에서는 채무자가 소유권을 보유하나 대외적인 관계에서의 채무자는 동산의 소유권을 이미 채권자에게 양도한 무권리자가 되는 것이어서 다시 다른 채권자와 사이에 양도담보설정계약을 체결하고 점유개정의 방법으로 인도하더라도 선의취득이 인정되지 않는 한 나중에 설정계약을 체결한 채권자로서는 양도담보권을 취득할 수 없는데, 현실의 인도가 아닌 점유개정의 방법으로는 선의취득이 인정되지 아니하므로 결국 뒤의 채권자는 적법하게 양도담보권을 취득할 수 없다.

[2] 돈사에서 대량으로 사육되는 돼지에 대한 (점유개정방식에 의한) 이중의 양도담보설정계약이 체결된 경우 뒤에 양도담보설정계약을 체결한 이중양수 채권자가 임의로 돼지를 반출한 행위는 절도죄를 구성한다[대판 2007.2.22. 2006도8649].

비교판례 [1] 금전채무를 담보하기 위하여 채무자가 그 소유의 동산을 채권자에게 양도하되 점유개정에 의하여 채무자가 이를 계속 점유하기로 한 경우, 특별한 사정이 없는 한 동산의 소유권은 신탁적으로 이전되고, 채권자와 채무자 사이의 대내적 관계에서 채무자는 의연히 소유권을 보유하나 대외적인 관계에 있어서 채무자는 동산의 소유권을 이미 채권자에게 양도한 무권리자가 된다. 따라서 동산에 관하여 양도담보계약이 이루어지고 채권자가 점유개정의 방법으로 인도를 받았다면, 그 정산절차를 마치기 전이라도 양도담보권자인 채권자는 제3자에 대한 관계에 있어서는 담보목적물의 소유자로서 그 권리를 행사할 수 있다.

[2] 양도담보권자인 채권자가 제3자에게 담보목적물인 동산을 매각한 경우, 제3자는 채권자와 채무자 사이의 정산절차 종결 여부와 관계없이 양도담보 목적물을 인도받음으로써 소유권을 취득하게 되고, 양도담보의 설정자가 담보목적물을 점유하고 있는 경우에는 그 목적물의 인도는 채권자로부터 목적물반환청구권을 양도받는 방법으로도 가능하다. 채권자가 양도담보 목적물을 위와 같은 방법으로 제3자에게 처분하여 그 목적물의 소유권을 취득하게 한 다음 그 제3자로 하여금 그 목적물을 취거하게 한 경우, 그 제3자로서는 자기의 소유물을 취거한 것에 불과하므로, 채권자의 이 같은 행위는 절도죄를 구성하지 않는다[대판 2008.11.27. 2006도423]. [♣14 변시]

判例 절도죄가 성립하지 않는 경우(타인소유라고 볼 수 없는 경우)

[1] 두 사람으로 된 동업관계 즉, 조합관계에 있어 그 중 1인이 탈퇴하면 조합관계는 해산됨이 없이 종료되어 청산이 뒤따르지 아니하며 조합원의 합유에 속한 조합재산은 남은 조합원의 단독소유에 속하고, 탈퇴자와 남은 자 사이에 탈퇴로 인한 계산을 하여야 한다.

[2] 두 사람으로 된 생강농사 동업관계에 불화가 생겨 그 중 1인이 나오지 않자, 남은 동업인이 혼자

생강 밭을 경작하여 생강을 반출한 행위가 절도죄를 구성하지 않는다고 한 사례[대판 2009.2.12. 2008도11804].

판결이유 공소외인이 묵시적으로 동업탈퇴의 의사표시를 한 것이라고 보아야 할 것이다.

② 행 위 : 절취이다.

㉮ 절취란 타인점유의 재물에 대하여 점유자의 의사에 반하여 그 점유자의 점유를 배제하고 자기 또는 제3자의 점유로 옮기는 것을 말한다.

㉯ 점유배제의 수단 · 방법은 제한이 없다. ⅰ) 직접 · 간접을 불문하며, 은밀히 행하여질 필요도 없다. 따라서 날치기와 같이 공연히 점유를 침해하는 경우도 절취에 해당한다. ⅱ) 기망을 수단으로 한 절도도 가능하다(책략절도).[1]

判例 절도죄가 성립하는 경우 (책략절도)

1. 피해자가 가지고 있는 책을 잠깐 보겠다고 하며 동인이 있는 자리에서 보는 척 하다가 가져갔다면 위 책은 아직 피해자의 점유하에 있었다고 할 것이므로 절도죄가 성립한다[대판 1983.2.22. 82도3115]. [♠ 04 사시]
2. 피고인이 피해자 경영의 금방에서 마치 귀금속을 구입할 것처럼 가장하여 피해자로부터 순금목걸이 등을 건네받은 다음 화장실에 갔다 오겠다는 핑계를 대고 도주한 것이라면 위 순금목걸이 등은 도주하기 전까지는 아직 피해자의 점유하에 있었다고 할 것이므로 이를 절도죄로 의율 처단한 것은 정당하다[대판 1994.8.12. 94도1487]. [♠ 02 사시] [♣ 13 변시]
3. **(신부의 축의금 사건)** 피해자가 결혼예식장에서 신부측 축의금 접수인인 것처럼 행세하는 피고인에게 축의금을 내어 놓자 이를 교부받아 가로챈 사안에서, 피해자의 교부행위의 취지는 신부측에 전달하는 것일 뿐 피고인에게 그 처분권을 주는 것이 아니므로, 이를 피고인에게 교부한 것이라고 볼 수 없고 단지 신부측 접수대에 교부하는 취지에 불과하므로 피고인이 그 돈을 가져간 것은 신부측 접수처의 점유를 침탈하여 범한 절취행위라고 보는 것이 정당하다고 한 사례[대판 1996.10.15. 96도2227]. [♠ 02, 13 사시]

비교판례 [1] 형법상 '절취'란 타인이 점유하고 있는 자기 이외의 자의 소유물을 점유자의 의사에 반하여 점유를 배제하고 자기 또는 제3자의 점유로 옮기는 것을 말한다. 이에 반해 기망의 방법으로 타인으로 하여금 처분행위를 하도록 하여 재물 또는 재산상 이익을 취득한 경우에는 절도죄가 아니라 사기죄가 성립한다. 사기죄에서 처분행위는 행위자의 기망행위에 의한 피기망자의 착오와 행위자 등의 착오에 빠진 피해자의 행위를 재물 또는 재산상 이익의 취득이라는 최종적 결과를 중간에서 매개 · 연결하는 한편, 이용하여 재산을 취득하는 것을 본질적 특성으로 하는 사기죄와 피해자의 행위에 의하지 아니하고 행위자가 탈취의 방법으로 재물을 취득하는 절도죄를 구분하는 역할을 한다. 처분행위가 갖는 이러한 역할과 기능을 고려하면 피기망자의 의사에 기초한 어떤 행위를 통해 행위자 등이 재물 또는 재산상의 이익을 취득하였다고 평가할 수 있는 경우라면, 사기죄에서 말하는 처분행위가 인정된다. 한편 사기죄가 성립되려면 피기망자가 착오에 빠져 어떠한 재산상의 처분행위를 하도록 유발하여 재산적 이득을 얻을 것을 요하고, 피기망자와 재산상의 피해자가 같은 사람이 아닌 경우에는 피기망자가 피해자를 위하여 그 재산을 처분할 수 있는 권능을 갖거나 그 지위에 있어야 한다.
[2] 피해자 甲은 드라이버를 구매하기 위해 특정 매장에 방문하였다가 지갑을 떨어뜨렸는데, 10분쯤 후 피고인이 같은 매장에서 우산을 구매하고 계산을 마친 뒤, 지갑을 발견하여 습득한 매장 주인 乙로부터 "이 지갑이

1) 경찰관이라는 거짓말에 속아서 압수해 가는 것을 묵인하는 경우도 비자의적 교부로서 절도죄가 된다(김일수).

선생님 지갑이 맞느냐?"라는 질문을 받자 "내 것이 맞다."라고 대답한 후 이를 교부받아 가지고 간 사안에서, 乙은 지갑을 습득하여 진정한 소유자에게 돌려주어야 하는 지위에 있으므로 甲을 위하여 이를 처분할 수 있는 권능을 갖거나 그 지위에 있었으며, 이러한 처분 권능과 지위에 기초하여 지갑의 소유자라고 주장하는 피고인에게 지갑을 교부하였고 이를 통해 피고인이 지갑을 취득하여 자유로운 처분이 가능한 상태가 되었으므로, 乙의 행위는 사기죄에서 말하는 처분행위에 해당하고 피고인의 행위를 절취행위로 평가할 수 없다는 이유로, 피고인에 대한 주위적 공소사실인 절도 부분을 이유에서 무죄로 판단하면서 예비적 공소사실인 사기 부분을 유죄로 인정한 원심의 판단이 정당하다고 한 사례[대판 2022.12.29. 2022도12494].

判例 절도죄가 아니라 사기죄가 성립하는 경우 (책략절도와 구별할 것)

자전거를 살 의사도 없이 시운전을 빙자하여 교부받은 자전거를 타고 도주한 때에는 사기죄를 구성한다[대판 1968.5.21. 68도480].

㉰ 실행의 착수시기

判例 실행의 착수가 인정된 경우

1. 금품을 훔칠 목적으로 피해자의 집에 담을 넘어 침입하여 그 집 부엌에서 금품을 물색하던 중에 발각되어 도주한 것이라면 이는 절취행위에 착수한 것이라고 보아야 한다[대판 1987.1.20. 86도2199].
2. 금품을 절취하기 위하여 고속버스 선반 위에 놓여진 손가방의 한쪽 걸쇠만 열었다 하여도 절도범행의 실행에 착수하였다 할 것이다[대판 1983.10.25. 83도2432].
3. 주간에 절도의 목적으로 방 안까지 들어갔다가 절취할 재물을 찾지 못하여 거실로 돌아나온 경우, 절도죄의 실행 착수가 인정된다고 한 사례[대판 2003.6.24. 2003도1985]. [♠ 05 사시] [♣ 13 변시]

判例 실행의 착수가 부정된 경우

절도죄의 실행의 착수시기는 재물에 대한 타인의 사실상의 지배를 침해하는 데에 밀접한 행위를 개시한 때라고 보아야 하므로, 야간이 아닌 주간에 절도의 목적으로 타인의 주거에 침입하였다고 하여도 아직 절취할 물건의 물색행위를 시작하기 전이라면 주거침입죄만 성립할 뿐 절도죄의 실행에 착수한 것으로 볼 수 없는 것이어서 절도미수죄는 성립하지 않는다[대판 1992.9.8. 92도1650], [대판 2012.9.27. 2012도9386].

㉱ **점유의 취득** : ⅰ) 행위자 또는 제3자가 재물에 대하여 방해받지 않는 사실상의 지배를 갖는 것을 말한다. 종국적이고 확실한 점유를 가질 것은 요하지 않는다. ⅱ) 기수시기에 대하여는 접촉설, 취득설(판례, 통설), 이전설, 은닉설의 견해가 대립되고 있다. ⅲ) 취득설에 의하면 쉽게 운반할 수 있는 재물은 손에 잡거나 호주머니 또는 가방에 넣었을 때 기수가 되나, 쉽게 운반할 수 없는 재물은 피해자의 지배범위를 벗어났을 때 기수가 된다.

判例 절도죄의 기수가 인정된 경우

1. 창고에서 동판과 전선을 밖으로 들고 나와 손수레에 싣고 운반해 가다가 방범대원들에게 발각되어 체포되었다면 절도의 기수에 해당한다[대판 1984.2.14. 83도3242].
2. 본건에 있어서 피고인은 소유자의 도둑이야 하는 고함소리에 당황하여 라디오와 탁상시계를 가지고 나오다가 탁상시계는 그 집 방문 밖에 떨어뜨리고 라디오는 방에 던진 채 달아났다는 것이므로 피고인은 소유자의 물건에 대한 소지를 침해하고 피고인 자신의 지배 내로 옮겼다고 볼 수 있으니 이는 절도의 기수이고 미수가 아니라고 할 것이다[대판 1964.4.22. 64도112].

판 례 연 습

【절도죄의 기수시기】 ※ 영산홍 나무 사건

甲은 A가 운영하는 연구소 마당에 승용차를 세워 두고, 마당 뒤편에서 A 소유의 영산홍 1그루를 캔 다음, 남편인 乙에게 전화를 걸어 영산홍을 차에 싣는 것을 도와 달라고 말하여, 乙을 그곳으로 오게 하여 캐낸 영산홍을 함께 승용차까지 운반하여 주차된 승용차 바로 뒤에서 영산홍을 함께 잡고 있다가 A에게 발각되었다. 위 영산홍은 상당히 클 뿐만 아니라 뿌리 부분의 흙까지 함께 캐내어져 甲이 혼자서 이를 운반하기는 어려웠다. 甲과 乙의 행위에 대하여 특수절도죄의 성립여부를 검토하시오.

판결요지

[1] 입목을 절취하기 위하여 캐낸 때에 소유자의 입목에 대한 점유가 침해되어 범인의 사실적 지배하에 놓이게 되므로 범인이 그 점유를 취득하고 절도죄는 기수에 이른다. 이를 운반하거나 반출하는 등의 행위는 필요하지 않다.
[2] 절도범인이 혼자 입목을 땅에서 완전히 캐낸 후에 비로소 제3자가 가담하여 함께 입목을 운반한 사안에서, 특수절도죄의 성립을 부정한 사례[대판 2008.10.23. 2008도6080]. [♠ 10 사시] [♣ 13 변시]

판례해설 원심은 "甲이 영산홍을 땅에서 캐낸 것만으로는 그 절취행위가 완성되지 않았음을 전제로 하여, 甲이 캐낸 영산홍을 乙과 함께 승용차까지 운반함으로써 비로소 절취행위를 완성하였다는 이유로 피고인들이 합동하여 절취행위를 하였다고 보아 특수절도죄로 의율하였으나, 원심판결은 절도죄의 기수시기에 관한 법리를 오해한 위법이 있고, 이는 판결 결과에 영향을 미쳤음이 분명하다"하여 대법원에서 파기되었다. 사안에서 乙은 특수절도죄(정범)가 성립하지 아니하여 본범의 정범이 아니므로 장물운반죄가 성립할 수 있다. [♣ 13 변시]

비교판례 자동차를 절취할 생각으로 자동차의 조수석 문을 열고 들어가 시동을 걸려고 시도하는 등 차 안의 기기를 이것저것 만지다가 핸드브레이크를 풀게 되었는데 그 장소가 내리막길인 관계로 자동차가 시동이 걸리지 않은 상태에서 약 10m 전진하다가 가로수를 들이받는 바람에 멈추게 되었다면 절도의 기수에 해당한다고 볼 수 없다[대판 1994.9.9. 94도1522]. [♣ 13 변시]

(2) 주관적 구성요건

고의와 불법영득의사가 있어야 한다. 따라서 평소 주의가 산만한 甲이 음식점에서 다른 사람의 우산을 자기 것인 줄 알고 가지고 나온 경우 甲에게는 재물의 타인성에 대한 인식이 없으므로 절도죄의 고의가 인정되지 않아 절도죄로 처벌할 수 없다. [♣13 변시]

判例 불법영득의사가 인정되는 경우 (중요)

형법상 절취란 타인이 점유하고 있는 자기 이외의 자의 소유물을 점유자의 의사에 반하여 점유를 배제하고 자기 또는 제3자의 점유로 옮기는 것을 말한다. 그리고 절도죄의 성립에 필요한 불법영득의 의사란 타인의 물건을 그 권리자를 배제하고 자기의 소유물과 같이 그 경제적 용법에 따라 이용·처분하고자 하는 의사를 말하는 것으로서, 단순히 타인의 점유만을 침해하였다고 하여 그로써 곧 절도죄가 성립하는 것은 아니나, 재물의 소유권 또는 이에 준하는 본권을 침해하는 의사가 있으면 되고 반드시 영구적으로 보유할 의사가 필요한 것은 아니며, 그것이 물건 자체를 영득할 의사인지 물건의 가치만을 영득할 의사인지를 불문한다. 따라서 어떠한 물건을 점유자의 의사에 반하여 취거하는 행위가 결과적으로 소유자의 이익으로 된다는 사정 또는 소유자의 추정적 승낙이 있다고 볼 만한 사정이 있다고 하더라도, 다른 특별한 사정이 없는 한 그러한 사유만으로 불법영득의 의사가 없다고 할 수는 없다(대판 2014.2.21. 2013도14139). [♠15 사시] [♣16 변시]

[사실관계] ① 甲은 2011년 9월경 승용차의 소유자인 H캐피탈로부터 A명의로 위 승용차를 리스하여 운행하던 중, 사채업자로부터 1,300만원을 빌리면서 위 승용차를 인도하였다. ② 위 사채업자는 甲이 차용금을 변제하지 못하자 위 승용차를 매도하였고 B가 위 승용차를 매수하여 점유하였다. ③ 甲은 위 승용차를 회수하기 위해서 B와 만나기로 약속을 한 다음 2012.10.22.경 약속장소에 주차되어 있던 위 승용차를 미리 가지고 있던 보조열쇠를 이용하여 임의로 가져갔다. ④ 그 후 甲은 약 한 달 뒤인 2012.11.23.경 위 승용차를 H캐피탈에 반납하였다.

판례해설 (1) 甲이 사실관계 ③에서 승용차를 임의로 가져간 행위는 '절취'에 해당한다. (2) 甲이 승용차를 임의로 가져간 것이 소유자인 H캐피탈의 의사에 반하는 것이라고는 보기 어렵고 실제로 위 승용차가 H캐피탈에 반납된 사정이 있다고 하더라도 甲에게 불법영득의 의사가 인정된다.

3. 죄수 및 타죄와의 관계

① 절도죄의 죄수는 절취의 수, 즉 점유침해의 수에 따라 결정한다.
② 주간에 주거에 침입하여 절도한 경우에는 주거침입죄와 절도죄의 실체적 경합이 된다.

Ⅲ. 야간주거침입절도죄

제330조(야간주거침입절도) 야간에 사람의 주거, 관리하는 건조물, 선박, 항공기 또는 점유하는 방실(방실)에 침입하여 타인의 재물을 절취한 자는 10년 이하의 징역에 처한다.

제342조(미수범) 미수범은 처벌한다.

1. 의 의

야간에 사람의 주거 등에 침입하여 타인의 재물을 절취함으로써 성립하는 범죄이다.

2. 성 격

야간주거침입절도죄는 법적 성격에 대하여는 학설 다툼이 있다.

쟁점연구

1. 문제점

야간주거침입절도죄의 실행행위인 주거침입과 절취행위가 언제 이루어져야 하는지가 문제된다.

2. 학 설

i) 주거침입이 야간에 이루어져야 한다는 견해, ii) 절취행위가 야간에 이루어져야 한다는 견해, iii) 주거침입과 절취행위 중 어느 하나만 야간에 이루어지면 된다는 견해, iv) 주거침입과 절도행위 모두 야간에 이루어져야 한다는 견해가 나뉘어지고 있다.

3. 판 례

형법은 야간에 이루어지는 주거침입행위의 위험성에 주목하여 그러한 행위를 수반한 절도를 야간주거침입절도죄로 중하게 처벌하고 있는 것으로 보아야 하고, 따라서 주거침입이 주간에 이루어진 경우에는 야간주거침입절도죄가 성립하지 않는다고 해석하는 것이 타당하다고 판시한 바 있다.

4. 검 토 (판례 지지)

야간주거침입절도죄를 가중처벌하는 이유는 절취가 야간에 이루진 것을 고려한 것이 아니라 주거침입이 야간에 이루어짐으로써 불안감을 높인다는 데 있다고 할 수 있으므로 주거침입이 야간에 이루어지면 절취의 시점을 묻지 않고 야간주거침입절도죄가 성립한다고 해야 한다.

判例 주간에 주거에 침입하여 야간에 절도한 경우(야간주거침입절도죄 불성립)

형법은 제329조에서 절도죄를 규정하고 곧바로 제330조에서 야간주거침입절도죄를 규정하고 있을 뿐, 야간절도죄에 관하여는 처벌규정을 별도로 두고 있지 아니하다. 이러한 형법 제330조의 규정형식과 그 구성요건의 문언에 비추어 보면, 형법은 야간에 이루어지는 주거침입행위의 위험성에 주목하여 그러한 행위를 수반한 절도를 야간주거침입절도죄로 중하게 처벌하고 있는 것으로 보아야 하고, 따라서 주거침입이 주간에 이루어진 경우에는 야간주거침입절도죄가 성립하지 않는다고 해석하는 것이 타당하다[대판 2011.4.14. 2011도300]. [♠ 12, 14 사시] [♣ 16, 19, 21 변시]

판결이유 **(1) 원심의 판단**

원심은, ① 형법 제330조는 "야간에 사람의 주거, 간수하는 저택, 건조물이나 선박 또는 점유하는 방실에 침입하여 타인의 재물을 절취한 자는 10년 이하의 징역에 처한다."고 규정하고 있는바, 그 문언에 비추어 '야간에'는 '침입하여'를 수식하거나 '침입하여'와 '절취한'을 모두 수식하는 것으로 해석하여야지, '침입하여'를 수식하지 않고

'절취한'만을 수식한다고 해석하기는 어려운 점, ② 만일 주간에 방실에 침입하여 야간에 타인의 재물을 절취한 경우에도 야간방실침입절도죄가 성립한다고 한다면, 주간에 방실에 침입하여 잠복하고 있다가 발각된 경우, 행위자가 야간절도를 계획했다고 진술하면 야간방실침입절도미수죄가 성립하고, 주간절도를 계획했다고 진술하면 절도죄는 실행의 착수가 없어 무죄가 되는바, 범죄의 성립이 행위자의 주장에 따라 달라지는 불합리한 결과가 초래되는 점 등을 근거로, 주간에 방실에 침입하여 야간에 재물을 절취한 경우에도 야간방실침입절도죄가 성립한다고 해석하는 것은 형벌법규를 지나치게 유추 또는 확장해석하여 죄형법정주의의 원칙을 위반하는 것으로서 허용할 수 없다고 판단하여, 이 부분 공소사실을 무죄로 인정한 제1심판결을 그대로 유지하였다.

(2) 대법원의 판단

형법은 제329조에서 절도죄를 규정하고 곧바로 제330조에서 야간주거침입절도죄를 규정하고 있을 뿐, 야간절도죄에 관하여는 처벌규정을 별도로 두고 있지 아니하다. 이러한 형법 제330조의 규정형식과 그 구성요건의 문언에 비추어 보면, 형법은 야간에 이루어지는 주거침입행위의 위험성에 주목하여 그러한 행위를 수반한 절도를 야간주거침입절도죄로 중하게 처벌하고 있는 것으로 보아야 한다. 따라서 주거침입이 주간에 이루어진 경우에는 야간주거침입절도죄가 성립하지 않는다고 해석함이 상당하다.

이와 달리 만일 주거침입의 시점과는 무관하게 절취행위가 야간에 이루어지면 야간주거침입절도죄가 성립한다고 해석하거나, 주거침입 또는 절취 중 어느 것이라도 야간에 이루어지면 야간주거침입절도죄가 성립한다고 해석한다면, 이는 이 사건과 같이 주간에 주거에 침입하여 야간에 재물을 절취한 경우에도 야간주거침입절도죄의 성립을 인정하여 결국 야간절도를 주간절도보다 엄하게 처벌하는 결과가 되는바, 앞서 본 바와 같이 현행법상 야간절도라는 이유만으로 주간절도보다 가중하여 처벌하는 규정은 없을 뿐만 아니라, 재산범죄 일반에 관하여 야간에 범죄가 행하여졌다고 하여 가중처벌하는 규정이 존재하지 아니한다. 또한 절도행위가 야간에 이루어졌다고 하여 절도행위 자체만으로 주간절도에 비하여 피해자의 심리적 불안감이나 피해 증대 등의 위험성이 커진다고 보기도 어렵다. 나아가, 예컨대 일몰 전에 주거에 침입하였으나 시간을 지체하는 등의 이유로 절취행위가 일몰 후에 이루어진 경우 야간주거침입절도죄로 가중처벌하는 것은 주거침입이 일몰 후에 이루어진 경우와 그 행위의 위험성을 비교하여 볼 때 가혹하다 할 것이다.

한편 야간주거침입절도죄는 주거에 침입한 단계에서 이미 실행에 착수한 것으로 보아야 한다는 것이 대법원의 확립된 판례인바([대판 2006.9.14. 2006도2824] 등 참조), 만일 주간에 주거에 침입하여 야간에 재물을 절취한 경우에도 야간주거침입절도죄의 성립을 인정한다면, 원심이 적절히 지적하고 있는 바와 같이 행위자가 주간에 주거에 침입하여 절도의 실행에는 착수하지 않은 상태에서 발각된 경우 야간에 절취할 의사였다고 하면 야간주거침입절도의 미수죄가 되고 주간절도를 계획하였다고 하면 주거침입죄만 인정된다는 결론에 이르는데, 결국 행위자의 주장에 따라 범죄의 성립이 좌우되는 불합리한 결과를 초래하게 된다.

위와 같은 여러 점들을 종합하여 보면, 주간에 사람의 주거 등에 침입하여 야간에 타인의 재물을 절취한 행위는 형법 제330조의 야간주거침입절도죄를 구성하지 않는 것으로 봄이 상당하다.

3. 구성요건

(1) 객관적 구성요건

① 행위상황 : 야간이다.

判例 야간의 의미

야간주거침입절도죄에 대하여 정하는 형법 제330조에서 '야간에'라고 함은 일몰 후부터 다음날 일출 전까지를 말한다[대판 2015.8.27. 2015도5381].

② **행 위** : 야간에 주거 등에 침입하여 타인의 재물을 절취하는 것이다. i) 착수시기는 절도의 의사로 주거 등에 침입할 때이며, ii) 기수시기는 재물취득시이다.

判例 알미늄샷시로 된 담배점포 = 주거침입죄의 객체 ○

야간주거침입절도죄에 있어서 침입행위의 객체인 건조물은 주위벽 또는 기둥과 지붕 또는 천정으로 구성된 구조물로서 사람이 기거하거나 출입할 수 있는 장소를 말하며 반드시 영구적인 구조물일 것을 요하지 않는 것인바, 이 사건 담배점포는 알미늄샷시로 된 구조물이긴 하나 주위 벽과 지붕으로 구성되어 사람이 그 내부에서 기거하거나 출입할 수 있을 뿐 아니라 실제로 피해자는 그 내부에 담배, 복권 기타 잡화 등을 진열해 놓고 판매하는 일상생활을 영위해 오면서 침식의 장소로도 사용해 왔음을 알 수 있으므로, 위 점포는 주거침입의 객체가 될 수 있는 건조물에 해당한다고 할 것이다[대판 1989.2.28. 88도2430].

判例 실행의 착수시기 및 실행의 착수가 인정된 경우

1. **(들어갈 의사로 문을 당기는 때)** [1] 야간에 타인의 재물을 절취할 목적으로 사람의 주거에 침입한 경우에는 주거에 침입한 단계에서 이미 형법 제330조에서 규정한 야간주거침입절도죄라는 범죄행위의 실행에 착수한 것이라고 보아야 한다.
   [2] 주거침입죄의 실행의 착수는 주거자, 관리자, 점유자 등의 의사에 반하여 주거나 관리하는 건조물 등에 들어가는 행위, 즉 구성요건의 일부를 실현하는 행위까지 요구하는 것은 아니고 범죄구성요건의 실현에 이르는 현실적 위험성을 포함하는 행위를 개시하는 것으로 족하므로, 출입문이 열려 있으면 안으로 들어가겠다는 의사 아래 출입문을 당겨보는 행위는 바로 주거의 사실상의 평온을 침해할 객관적인 위험성을 포함하는 행위를 한 것으로 볼 수 있어 그것으로 주거침입의 실행에 착수한 것으로 보아야 한다[대판 2006.9.14. 2006도2824]. [♠ 00, 14 사시]
2. **(들어갈 의사로 창문을 열려고 시도한 때)** 야간에 아파트에 침입하여 물건을 훔칠 의도하에 아파트의 베란다 철제난간까지 올라가 유리창문을 열려고 시도하였다면 야간주거침입절도죄의 실행에 착수한 것으로 보아야 한다[대판 2003.10.24. 2003도4417]. [♠ 06, 07, 10, 15 사시]
3. **(월담 침입한 때)** 야간에 타인 집에 절도의 목적으로 월담 침입하여 그 집 마루 밑에 숨어 있다가 그 목적을 달성하지 못한 피고인의 행위는 야간주거침입 절도죄의 미수행위에 해당한다[대판 1970.4.28. 70도507].

判例 야간주거침입절도죄의 실행의 착수로 인정되지 않는 경우

야간에 다세대주택에 침입하여 물건을 절취하기 위하여 가스배관을 타고 오르다가 순찰 중이던 경찰관에게 발각되어 그냥 뛰어내렸다면, 야간주거침입절도죄의 실행의 착수에 이르지 못했다[대판 2008.3.27. 2008도917]. [♣ 13 변시] [♣ 19 변시]

判例 야간주거침입절도의 기수에 해당하는 경우

피고인이 피해자 경영의 까페에서 야간에 아무도 없는 그곳 내실에 침입하여 장식장 안에 들어있던 정기적금통장 등을 꺼내들고 까페로 나오던 중 발각되어 돌려준 경우 피고인은 피해자의 재물에 대한 소지(점유)를 침해하고, 일단 피고인 자신의 지배내에 옮겼다고 볼 수 있으니 절도의 미수에 그친 것이 아니라 야간주거침입절도의 기수라고 할 것이다[대판 1991.4.23. 91도476]. [♠ 03 사시] [♣ 14 변시]

(2) 주관적 구성요건

주거침입 및 절도의 고의와 불법영득의사가 있어야 한다.

Ⅳ. 특수절도죄

제331조(특수절도) ① 야간에 문이나 담 그 밖의 건조물의 일부를 손괴하고 제330조의 장소에 침입하여 타인의 재물을 절취한 자는 1년 이상 10년 이하의 징역에 처한다. [♣ 20 변시]
② 흉기를 휴대하거나 2명 이상이 합동하여 타인의 재물을 절취한 자도 제1항의 형에 처한다.
제342조(미수범) 미수범은 처벌한다.

1. 성 격

제331조 제1항은 범행의 강폭성, 제2항은 수단의 위험성 내지 집단성(제2항 후단) 때문에 형이 가중된다.

2. 구성요건

(1) 야간손괴후주거침입절도

① 본죄는 야간에 문 등을 손괴하고 주거 등에 침입하여 재물을 절취할 것을 요한다. 따라서 주간에 문 등을 손괴하고 침입한 때에는 본죄가 성립하지 아니한다[대판 1971.2.23. 70도2699].

② 문이나 담(장벽) 그 밖의 건조물이란 권한 없는 사람의 침입을 방지하기 위한 인공적 시설물을 의미한다. 따라서 자연적 장애물은 여기에 포함되지 않는다.

③ 야간에 방문고리를 파괴하고 방에 침입하여 재물을 절취한 경우는 본죄에 해당하나 문을 열쇠로 열고 들어간 경우는 손괴라고 할 수 없으므로 특수절도죄가 성립하지 아니한다.

判例 손괴의 의미 및 손괴행위로 인정되어 특수절도죄가 성립하는 경우

[1] 형법 제331조 제1항에 정한 '문호 또는 장벽 기타 건조물의 일부'라 함은 주거 등에 대한 침입을 방지하기 위하여 설치된 일체의 위장시설(圍障施設)을 말하고, '손괴'라 함은 물리적으로 위와 같은

위장시설을 훼손하여 그 효용을 상실시키는 것을 말한다.
[2] 야간에 불이 꺼져 있는 상점의 출입문을 손으로 열어보려고 하였으나 출입문의 하단에 부착되어 있던 잠금 고리가 잠겨져 있어 열리지 않았는데, 출입문을 발로 걷어차자 잠금 고리의 아래쪽 부착 부분이 출입문에서 떨어져 출입문과의 사이가 뜨게 되면서 출입문이 열려 상점 안으로 침입하여 재물을 절취하였다면, 이는 물리적으로 위장시설을 훼손하여 그 효용을 상실시키는 행위에 해당한다[대판 2004.10.15. 2004도4505].

④ 실행의 착수시기는 야간에 주거침입 목적으로 건조물 등의 일부를 손괴하기 시작한 때이며, 기수시기는 재물취득시이다.

判例 특수절도죄의 실행의 착수가 인정되는 경우

1. 야간에 절도의 목적으로 출입문에 장치된 자물통 고리를 절단하고 출입문을 손괴한 뒤 집안으로 침입하려다가 발각된 경우 특수절도죄의 실행에 착수한 것이다[대판 1986.9.9. 86도1273]. [♣13, 16, 20 변시]
   동지판례 현실적으로 절취목적물에 접근하지 못하였다 하더라도 야간에 타인의 주거에 침입하여 건조물의 일부인 방문고리를 손괴하였다면 형법 제331조의 특수절도죄의 실행에 착수한 것이다[대판 1977.7.25. 77도1802].
2. 야간에 두 사람이 공모 합동하여 타인의 재물을 절취하려고 한 사람은 망을 보고 또 한 사람은 기구를 가지고 출입문의 자물쇠를 떼어내거나 출입문의 환기창문을 열었다면 특수절도죄의 실행에 착수한 것이다[대판 1986.7.8. 86도843]. [♠02, 06 사시]

判例 특수절도죄에서 '손괴'의 의미와 손괴에 해당하지 않는 경우

[1] 형법 제331조 제1항은 야간에 문호 또는 장벽 기타 건조물의 일부를 손괴하고 형법 제330조의 장소에 침입하여 타인의 재물을 절취한 자는 1년 이상 10년 이하의 징역에 처한다고 규정하고 있다. 형법 제331조 제1항에 정한 '손괴'는 물리적으로 문호 또는 장벽 기타 건조물의 일부를 훼손하여 그 효용을 상실시키는 것을 말한다.
[2] 피고인이 창문과 방충망을 창틀에서 분리한 사실만으로는 형법 제331조 제1항의 특수절도죄의 손괴에 해당하지 아니한다고 한 사례[대판 2015.10.29. 2015도7559]. [♣17 변시]

(2) 흉기휴대절도

① 흉기인가의 여부는 기구의 객관적 성질에 따라 결정된다. 따라서 장난감 권총은 흉기라고 할 수 없다.

② 실행의 착수 및 기수시기는 원칙적으로 절도죄와 동일하나, 본죄의 행위가 야간에 주거에 침입하여 행해진 경우에는 야간주거침입절도죄와 동일하다.

判例 특수절도죄에서 '흉기'의 의미

[1] 형법은 흉기와 위험한 물건을 분명하게 구분하여 규정하고 있는바, 형벌법규는 문언에 따라 엄격하게 해석 · 적용하여야 하고 피고인에게 불리한 방향으로 지나치게 확장해석하거나 유추해석해서는 아니 된다. 그리고 형법 제331조 제2항에서 '흉기를 휴대하여 타인의 재물을 절취한' 행위를 특수절도죄로 가중하여 처벌하는 것은 흉기의 휴대로 인하여 피해자 등에 대한 위해의 위험이 커진다는 점 등을 고려한 것으로 볼 수 있다. 이에 비추어 위 형법 조항에서 규정한 흉기는 본래 살상용 · 파괴용으로 만들어진 것이거나 이에 준할 정도의 위험성을 가진 것으로 봄이 상당하고, 그러한 위험성을 가진 물건에 해당하는지 여부는 그 물건의 본래의 용도, 크기와 모양, 개조 여부, 구체적 범행 과정에서 그 물건을 사용한 방법 등 제반 사정에 비추어 사회통념에 따라 객관적으로 판단할 것이다.

[2] 피고인이 절도 범행을 함에 있어서 택시 운전석 창문을 파손하는 데 사용한 드라이버가 일반적인 드라이버와 동일한 것으로 특별히 개조된 바는 없는 것으로 보이고, 그 크기와 모양 등 제반 사정에 비추어 보더라도 피고인의 범행이 흉기를 휴대하여 타인의 재물을 절취한 경우에 해당한다고 보기는 어렵다는 이유로 피고인의 범행이 형법 제331조 제2항이 규정한 특수절도죄에 해당한다고 본 원심판결을 위법하다고 본 사례[대판 2012.6.14. 2012도4175].

(3) 합동절도

① 합동의 의의

쟁점연구

1. 학 설

① **공모공동정범설** : 공모공동정범을 합동범에 한하여 인정해야 한다는 견해로서, 합동범에는 공동정범과 공모공동정범이 포함된다고 본다.

② **가중적 공동정범설** : 합동범은 그 본질에 있어서는 공동정범이지만 집단범죄에 대한 대책상 특별히 형을 가중한 것이라고 해석하는 견해이다.

③ **현장설** : 합동이란 다수인의 시간적 · 장소적 협동을 의미한다는 견해이다. 이 견해는 합동범을 가중처벌하는 것은 2인 이상이 현장에서 범죄를 범할 경우 그 집단성으로 인하여 피해가 커지는 반면 단속 및 검거가 어려워진다는 점을 고려한 것이라고 본다.

④ **현장적 공동정범설** : 합동은 다수인의 시간적 · 장소적 협동(현장성)을 의미하지만, 배후 거물이나 두목이 현장에 있지 않더라도 합동범에 기능적 행위지배를 하여 정범성의 요소를 갖추었다면 합동범의 공동정범이 될 수 있다고 한다.

2. 판 례

2인 이상이 합동하여 타인의 재물을 절취한 경우의 특수절도죄가 성립하기 위하여는 주관적 요건으로서의 공모와 객관적 요건으로서의 실행행위의 분담이 있어야 하고, 그 실행행위에 있어서는 시간적으로나 장소적으로 협동관계에 있음을 요한다고 판시하고 있어 현장설의 입장에 서 있다.

3. 검 토 (판례 지지)

i) 공모공동정범설은 합동을 공모로 이해한 결과 합동범의 범위가 지나치게 넓어질 수 있다는 문제점이 있고, ii) 가중적 공동정범설은 합동을 공동으로 이해하고 있는 바 양자를 구별하여 규정한 입법취지를 무시하게 되고, 절도죄 · 강도죄 · 도주죄에 대해서만 공동정범을 가중처벌할 이유가 없다는 점에서 문제가 있고. 따라서 합동은 2인 이상이 그 실행행위에 있어서 시간적으로나 장소적으로 협동관계에 있음을 의미한다고 보는 것이 타당하다.

判例 합동의 의미(현장설)와 합동으로 인정된 경우(특수절도죄 성립)

1. [1] 형법 제331조 제2항 후단의 2인 이상이 합동하여 타인의 재물을 절취한 경우의 특수절도죄가 성립하기 위하여는 주관적 요건으로서의 공모와 객관적 요건으로서의 실행행위의 분담이 있어야 하고, 그 실행행위에 있어서는 시간적으로나 장소적으로 협동관계에 있음을 요한다. [♣ 18 변시]
   [2] 피고인이 피해자의 형과 범행을 모의하고 피해자의 형이 피해자의 집에서 절취행위를 하는 동안 피고인은 그 집 안의 가까운 곳에 대기하고 있다가 절취품을 가지고 같이 나온 경우 시간적 · 장소적으로 협동관계가 있었다고 보아야 한다[대판 1996.3.22. 96도313].

   동지판례 피고인 1은 그 창고앞에서 망을 보고 피고인 2는 창고에 침입하여 가죽 약 1만평을 절취한 것이라면 시간적으로나 장소적으로 협동관계에 있으므로 특수절도가 성립한다[대판 1989.3.14. 88도837]. [♣ 12 변시]

2. 피고인은 공소외인 등과 실행행위의 분담을 공모하고 위 공소외인들의 절취행위 장소 부근에서 피고인이 운전하는 차량 내에 대기하여 실행행위를 분담한 사실이 인정되고 다만 위 공소외인들이 범행대상을 물색하는 과정에서 절취행위장소가 피고인이 대기중인 차량으로부터 다소 떨어지게 된 때가 있었으나 그렇다고 하여 시간적 · 장소적 협동관계에서 일탈하였다고는 보여지지 아니하므로 피고인에 대하여 합동절도의 상습성을 인정하고 특정범죄 가중처벌 등에 관한 법률 제5조의4 제1항, 형법 제331조를 적용하여 유죄로 인정한 원심판결은 정당하다[대판 1988.9.13. 88도1197]. [♠ 02 사시]

   비교판례 甲이 공모한 내용대로 국도상에서 乙과 丙 등이 당일 마을에서 절취하여 온 황소를 대기하던 트럭에 싣고 운반한 행위는 시간적으로나 장소적으로 절취행위와 협동관계가 있다고 할 수 없다[대판 1976.7.27. 75도2720]. [♠ 02 사시]

② 합동범의 공동정범 인정여부

쟁점연구

1. 학 설

현장에서 시간적 · 장소적으로 협동한 자만이 합동범의 정범이 될 수 있으므로 범행현장에 존재하지 아니한 범인에 대하여는 합동범의 공동정범이될 수 없다는 견해가 있다. 이 견해에 의하면 현장에서 협동하지 아니한 자는 단순절도의 공동정범과 합동절도의 교사 또는 방조의 상상적 경합범이 된다고 한다.

2. 판 례

합동범에 대해 현장이 아닌 곳에서 역할분담을 한 자에 대하여 합동범의 공동정범을 인정한 바 있다.

3. 검 토 (판례 지지)

합동범에 대하여 공동정범의 일반이론이 적용되어야 하므로 현장에 있지 아니한 자도 현장의 합동범에 기능적 행위지배를 하고 있는 이상 합동범의 공동정범이 될 수 있다는 견해가 타당하다.

判例 합동범의 공동정범 (인정)

(삐끼주점 사건) [1] 3인 이상의 범인이 합동절도의 범행을 공모한 후 적어도 2인 이상의 범인이 범행 현장에서 시간적, 장소적으로 협동관계를 이루어 절도의 실행행위를 분담하여 절도 범행을 한 경우에는 공동정범의 일반 이론에 비추어 그 공모에는 참여하였으나 현장에서 절도의 실행행위를 직접 분담하지 아니한 다른 범인에 대하여도 그가 현장에서 절도 범행을 실행한 위 2인 이상의 범인의 행위를 자기 의사의 수단으로 하여 합동절도의 범행을 하였다고 평가할 수 있는 정범성의 표지를 갖추고 있다고 보여지는 한 그 다른 범인에 대하여 합동절도의 공동정범의 성립을 부정할 이유가 없다고 할 것이다. 형법 제331조 제2항 후단의 규정이 위와 같이 3인 이상이 공모하고 적어도 2인 이상이 합동절도의 범행을 실행한 경우에 대하여 공동정범의 성립을 부정하는 취지라고 해석할 이유가 없을 뿐만 아니라, 만일 공동정범의 성립가능성을 제한한다면 직접 실행행위에 참여하지 아니하면서 배후에서 합동절도의 범행을 조종하는 수괴는 그 행위의 기여도가 강력함에도 불구하고 공동정범으로 처벌받지 아니하는 불합리한 현상이 나타날 수 있다. 그러므로 합동절도에서도 공동정범과 교사범 · 종범의 구별기준은 일반원칙에 따라야 하고, 그 결과 범행현장에 존재하지 아니한 범인도 공동정범이 될 수 있으며, 반대로 상황에 따라서는 장소적으로 협동한 범인도 방조만 한 경우에는 종범으로 처벌될 수도 있다.

[2] 삐끼주점의 지배인인 甲이 A로부터 신용카드를 강취하고 신용카드의 비밀번호를 알아낸 후 현금자동지급기에서 인출한 돈을 삐끼주점의 분배관례에 따라 분배할 것을 전제로 하여 甲은 주점 내에서 A를 감시하는 동안 삐끼 乙 · 丙 및 업주인 丁은 A의 신용카드를 이용하여 현금자동지급기에서 현금을 인출하기로 공모한 후 그대로 실행에 옮겼다면 甲에게는 합동절도의 범행에 대하여 공동정범으로서의 죄책이 인정된다[대판(전) 1998.5.21. 98도321]. [♠ 02, 04, 05, 10, 15 사시] [♣ 12, 13, 23 변시]

동지판례 甲이 피고인에게 절도범행을 함께 저지르자고 제의하자, 피고인은 乙을 甲에게 소개하여 주었으며, 乙에게 범행 도구인 면장갑과 쇼핑백을 구입하여 건네주었고, 甲과 乙이 X회사의 사무실 금고에서 현금을 절취하여 나올 때까지 X회사로부터 200m 정도 떨어진 주유소 앞에서 기다리다가 함께 절취한 현금을 운반한 후 그 중 일부(3분지 1)를 분배받았다. 이 경우 피고인이 甲과 乙의 범행에 대하여 망을 보아준 일은 없었다고 하더라도 피고인에게는 합동절도의 범행에 대하여 공동정범으로서의 죄책이 인정된다[대판 2011.5.13. 2011도2368]. [♣13 변시]

③ **합동범의 교사범 · 종범** : 현장성을 결여한 자일지라도 합동범에 대한 교사 · 방조는 가능하다.

④ **실행의 착수와 기수시기** : 흉기휴대의 특수절도죄와 동일하다.

判例 합동에 의한 특수절도의 실행의 착수시기 (절취할 물건을 물색하기 시작한 때)

1. [1] 2인 이상이 합동하여 야간이 아닌 주간에 절도의 목적으로 타인의 주거에 침입하였다 하여도 아직 절취할 물건의 물색행위를 시작하기 전이라면 특수절도죄의 실행에는 착수한 것으로 볼 수 없는 것이어서 그 미수죄가 성립하지 않는다.
   [2] 피고인들이 '주간에' 아파트 출입문 시정장치를 손괴하다가 발각되어 도주하였다면, '실행의 착수'가 없었으므로 형법 제331조 제2항의 특수절도죄의 미수가 성립되지 않는다[대판 2009.12.24. 2009도9667]. [♣13, 16 변시]
2. 피고인이 아파트 신축공사 현장 안에 있는 건축자재 등을 훔칠 생각으로 공범과 함께 위 공사현장 안으로 들어간 후 창문을 통하여 신축 중인 아파트의 지하실 안쪽을 살핀 행위는, 지하실에 실제로 값비싼 동파이프가 보관되어 있었다고 하더라도, 특수절도죄의 실행의 착수에 해당하지 않는다[대판 2010.4.29. 2009도14554]. [♠11, 13 사시]

判例 특수절도의 기수에 해당하는 경우

피고인 甲이 공동피고인 乙과 같이 피해자 집에 침입하여 乙이 피해자 집 광에서 자루에 담아 내주는 백미 1두 5승을 받아 그 집을 나오려고 하다가 피해자에게 발각되어 체포되었으니 위 장물에 대한 사실적 지배는 피고인들에게 이미 이동되었다고 할 것이므로 원심이 이를 특수절도의 기수로 인정하여 처단하였음은 정당하다[대판 1964.12.8. 64도577].

Ⅴ. 자동차 등 불법사용죄

제331조의2(자동차 등 불법사용) 권리자의 동의 없이 타인의 자동차, 선박, 항공기 또는 원동기장치자전거를 일시 사용한 자는 3년 이하의 징역, 500만원 이하의 벌금, 구류 또는 과료에 처한다.

제342조(미수범) 미수범은 처벌한다.

1. 의 의

① 권리자의 동의 없이 타인의 자동차, 선박, 항공기 또는 원동기장치자전거를 일시 사용함으로써 성립하는 범죄이다.

② 자동차 등의 불법사용으로 인한 실해와 피해자의 감정을 고려하여 사용절도를 예외적으로 처벌하는 규정이다. 보호법익에 대하여는 사용권설과 소유권설의 다툼이 있다.

2. 구성요건

(1) 객관적 구성요건

① **행위의 객체** : 자동차, 선박, 항공기 또는 원동기장치자전거이다. 따라서 일반 자전거는 객체가 될 수 없다.

② **행 위** : 권리자의 동의 없이 일시 사용하는 것이다.

㉮ 권리자는 소유자를 의미한다는 견해와 사용자를 의미한다는 견해가 있다.

㉯ 권리자의 동의가 있는 경우 구성요건해당성이 조각된다(양해).

㉰ 사용이란 자동차 등을 그 본래의 용도인 교통수단으로 사용하는 것을 말한다. 따라서 자동차 안에서 잠을 잔 경우, 장물을 은닉한 경우, 라디오를 들은 경우는 본죄가 성립하지 아니한다.

㉱ 불법사용이란 사용의 개시가 불법한 경우를 말한다. 따라서 정당하게 사용을 개시한 후 권한의 범위를 넘어서서 사용한 경우(예 자동차를 빌린 사람이 권한 없이 처로 하여금 운전하게 한 경우)에는 본죄에 해당하지 않는다(통설).

判例 불법영득의사가 인정되지 않아 특수절도죄가 성립하지 않는 경우

1. 피고인들이 친구의 근무처인 세차장에 들렀다가 이 사건 승용차를 발견하고는 취득한 승용차 열쇠로 문을 열고 시동을 걸고서 아는 여자를 만나러 가기 위해 위 차를 운행하여 갔다가 위 세차장으로 되돌아 오던 중 위 승용차가 운행정지처분을 당하여 앞 번호판이 없었던 관계로 때마침 순찰중이던 방범대원에게 검문을 당하여 입건되었고 피고인들이 검거장소까지 운행한 거리는 약 2km 정도로서 그에 소요된 시간을 약 10분정도라면 피고인들은 위 승용차를 불법영득하려 한 것이 아니고 잠깐 동안 사용할 의사로 위와 같이 무단운행한 것이라 인정되므로 피고인들에게 불법영득의 의사가 있다고 보기 어렵다[대판 1984.4.24. 84도311].

2. 甲이 자기의 삼촌이 운영하는 카센터에서 종업원으로 일하는 乙과 함께 카센터에 있던 삼촌의 친구의 자동차를 하루만 운전하다가 돌려주기로 하고 몰래 운전하여 나갔다가 며칠동안 자신들이 사는 도시 인근을 돌아다니다가 불심검문에 걸려 체포되었다면 피고인 등은 위 차량을 반환할 의사를 가지고 피해자의 동의 없이 일시 사용한 것이라고 볼 여지가 충분히 있고, 만일 사실이 그러하다면 피고인 등의 위와 같은 행위에 대하여 형법 제331조의2에서 규정하고 있는 자동차등불법사용죄의 죄책을 물을 수 있음은 별론으로 하고, 특수절도죄로 의율·처벌할 수는 없다[대판 1998.9.4. 98도2181].

(2) 주관적 구성요건

고의가 있어야 하나, 사용절도이므로 불법영득의사가 없어야 한다.

3. 절도죄와의 관계

본죄는 절도죄에 대하여 보충관계에 있다. 따라서 자동차의 사용이 절도죄에 해당하는 경우는 본죄가 성립하지 아니한다.

Ⅵ. 상습절도죄

제332조(상습범) 상습으로 제329조 내지 제331조의2의 죄(절도죄, 야간주거침입절도죄, 특수절도죄, 자동차 등 불법사용죄)를 범한 자는 그 죄에 정한 형의 2분의 1까지 가중한다.

제342조(미수범) 미수범은 처벌한다.

判例 절도죄에 있어서 상습성의 인정기준과 상습성이 부정된 경우

1. 절도죄에 있어서 상습성의 인정은 절도행위를 여러 번 하였다는 것만으로 반드시 인정된다고는 볼 수 없고 그 범행이 절도습성이 발현한 것으로 인정되는 경우에만 상습성의 인정이 가능한 것이고 수회의 범행이 우발적 동기나 급박한 경제적 사정에서 생한 것으로써 범인이 평소에 가지고 있던 절도습성의 발현이라고 볼 수 없는 경우에는 이를 상습절도로 인정할 수 없다[대판 1976.4.13. 76도259].
2. 3차례에 걸친 전과사실이 있으나 최종 범행일로부터는 6년이 훨씬 지나고 출소일로부터는 3년이 지난 후에 이 사건 범행을 단 1회 범한 것이라면 상기 전과가 있고 그 범죄의 태양이 동종이었다 하여 이것만으로 이 사건 범행을 상습성의 발현이라고 인정하기에는 부족하다[대판 1987.9.8. 87도1371].

判例 상습절도범의 처벌(법정형이 중한 죄로 처벌)

2·3회의 절도, 4회의 야간주거침입절도, 1회의 야간주거침입절도미수의 범죄사실이 상습적으로 반복된 것이라면 이러한 경우에는 그 중 법정형이 가장 무거운 상습야간주거침입절도에 나머지 행위를 포괄시켜 하나의 상습야간주거침입절도죄만이 성립한다[대판 1976.5.25. 76도1124].

동지판례 형법 제331조의2에 규정된 자동차등불법사용죄는 불법영득의 의사가 없는 이른바 사용절도행위 중 타인의 자동차 등과 같은 일정한 교통수단을 일시 사용한 행위를 처벌하기 위하여 마련된 규정으로서, 통상의 절도죄와 비교하여 볼 때 불법영득의 의사가 없다는 점에서 구성요건이 완화되어 있는 대신 형량도 낮고 구류 또는 과료가 선택형으로 규정되어 있으나, 주관적인 요건을 제외한 나머지 범죄의 구성요건이나 태양이 절도죄와 동일하고, 이러한 이유로 이 조항은 형법 제38장 '절도와 강도의 죄'에서 각 유형별 절도죄 규정의 마지막에 규정되어 있으며, 상습절도죄에 관한 제332조에서 다른 절도죄와 함께 구성요건의 하나로 열거되어 있다. 따라서 절도의 습벽이 있는 자가 절도, 야간주거침입절도, 특수절도죄의 전부 또는 일부와 함께 자동차등불법사용죄를 범한 경우에는 이들 행위를 포괄하여 형법상 상습절도죄의 1죄만 성립한다[대판 2002.4.26. 2002도429].

判例 상습절도죄가 성립하는 경우 그 수단인 주거침입이 별도의 주거침입죄를 구성하는지 여부

(형법상의 상습(단순)절도의 경우 - 주거침입죄 성립) 형법 제330조에 규정된 야간주거침입절도죄 및 형법 제331조 제1항에 규정된 특수절도(야간손괴침입절도)죄를 제외하고 일반적으로 주거침입은 절도죄의 구성요건이 아니므로 절도범인이 범행수단으로 주거침입을 한 경우에 주거침입행위는 절도죄에 흡수되지 아니하고 별개로 주거침입죄를 구성하여 절도죄와는 실체적 경합의 관계에 서는 것이 원칙이다. 또 형법 제332조는 상습으로 단순절도(형법 제329조), 야간주거침입절도(형법 제330조)와 특수절도(형법 제331조) 및 자동차 등 불법사용(형법 제331조의2)의 죄를 범한 자는 그 죄에 정한 각 형의 2분의 1을 가중하여 처벌하도록 규정하고 있으므로, 위 규정은 주거침입을 구성요건으로 하지 않는 상습단순절도와 주거침입을 구성요건으로 하고 있는 상습야간주거침입절도 또는 상습특수절도(야간손괴침입절도)에 대한 취급을 달리하여, 주거침입을 구성요건으로 하고 있는 상습야간주거침입절도 또는 상습특수절도(야간손괴침입절도)를 더 무거운 법정형을 기준으로 가중처벌하고 있다. 따라서 상습으로 단순절도를 범한 범인이 상습적인 절도범행의 수단으로 주간(낮)에 주거침입을 한 경우에 주간 주거침입행위의 위법성에 대한 평가가 형법 제332조, 제329조의 구성요건적 평가에 포함되어 있다고 볼 수 없다. 그러므로 형법 제332조에 규정된 상습절도죄를 범한 범인이 범행의 수단으로 주간에 주거침입을 한 경우 주간 주거침입행위는 상습절도죄와 별개로 주거침입죄를 구성한다. 또 형법 제332조에 규정된 상습절도죄를 범한 범인이 그 범행 외에 상습적인 절도의 목적으로 주간에 주거침입을 하였다가 절도에 이르지 아니하고 주거침입에 그친 경우에도 주간 주거침입행위는 상습절도죄와 별개로 주거침입죄를 구성한다[대판 2015.10.15. 2015도8169]. [♣ 17, 18 변시]

비교판례 **(특가법 제5조4 제6항 위반죄의 경우 -주거침입죄 불성립)** 특정범죄 가중처벌 등에 관한 법률 제5조의4 제6항[2]에 규정된 상습절도 등 죄를 범한 범인이 그 범행의 수단으로 주거침입을 한 경우에 주거침입행위는 상습절도 등 죄에 흡수되어 위 조문에 규정된 상습절도 등 죄의 1죄만이 성립하고 별개로 주거침입죄를 구성하지 않는다.
또한 위 상습절도 등 죄를 범한 범인이 그 범행 외에 상습적인 절도의 목적으로 주거침입을 하였다가 절도에 이르지 아니하고 주거침입에 그친 경우에도 그것이 절도상습성의 발현이라고 보이는 이상 주거침입행위는 다른 상습절도 등 죄에 흡수되어 위 조문에 규정된 상습절도 등 죄의 1죄만을 구성하고 상습절도 등 죄와 별개로 주거침입죄를 구성하지 않는다[대판 2017.7.11. 2017도4044].

2) 상습적으로 「형법」 제329조부터 제331조까지의 죄나 그 미수죄로 두 번 이상 실형을 선고받고 그 집행이 끝나거나 면제된 후 3년 이내에 다시 상습적으로 「형법」 제329조부터 제331조까지의 죄나 그 미수죄를 범한 경우에는 3년 이상 25년 이하의 징역에 처한다.

判例 특가법 제5조4 제5항 위반죄에 관한 판례

특정범죄 가중처벌 등에 관한 법률 제5조의4 제5항('형법 제329조부터 제331조까지의 죄 또는 그 미수죄로 세 번 이상 징역형을 받은 사람이 다시 이들 죄를 범하여 누범으로 처벌하는 경우에는 2년 이상 20년 이하의 징역에 처한다.')에서 정한 '징역형'에는 형법 제332조 상습절도죄로 처벌받은 전력도 포함된다. 그 이유는 다음과 같다.
특정범죄가중법은 형법에 규정된 특정범죄에 대한 가중처벌 등을 규정함으로써 건전한 사회질서의 유지와 국민경제의 발전에 이바지함을 그 목적으로 한다(제1조 참조). 이 사건 처벌규정은 '형법 제329조부터 제331조까지의 죄 또는 그 미수죄로 세 번 이상 징역형을 받은 사람이 다시 이들 죄를 범하여 누범으로 처벌하는 경우에는 2년 이상 20년 이하의 징역에 처한다.'고 규정하고 있는데, 형법 제332조(상습범)는 '상습으로 제329조 내지 제331조의2의 죄를 범한 자는 그 죄에 정한 형의 2분의 1까지 가중한다.'고 규정하고 있는 등 상습절도죄의 구성요건에 '형법 제329조부터 제331조까지의 죄'를 포함하고 있다. 그리고 상습절도죄의 전과를 이 사건 처벌규정에서 정한 '징역형'에 포함하지 않을 경우 단순 절도죄의 전력이 세 번인 자가 절도를 저지른 경우에는 이 사건 조항으로 가중처벌 받는 반면, 세 번의 절도 전력 중 상습절도의 전력이 있는 자가 절도를 저지른 경우에는 단순 절도죄로 처벌받게 되는 데에 그치는 처벌의 불균형이 발생한다. 이러한 특정범죄가중법의 목적, 이 사건 처벌규정과 형법 제332조의 내용, 처벌의 불균형 등에 비추어 보면, 이 사건 처벌규정에서 정한 '징역형'에는 절도의 습벽이 인정되어 형법 제329조부터 제331조까지의 죄 또는 그 미수죄의 형보다 가중 처벌되는 형법 제332조의 상습절도죄로 처벌받은 전력도 포함되는 것으로 해석해야 한다[대판 2021.6.3. 2021도1349].

제3절 강도의 죄

재산상 이익에 관한 판례의 입장을 정리해 두어야 한다. 강도의 수단인 폭행·협박의 의미, 인정여부와 그에 따른 강도죄의 성부에 관한 판례, 준강도죄의 경우 절도의 기회성의 인정여부와 기수시기 및 그 처벌에 관한 전원합의체 판례(사례형 대비 필요), 채무면탈살인이 강도살인죄가 되기 위한 요건에 관한 판례, 강도예비죄의 강도할 목적의 의미에 관한 판례가 중요하다.

Ⅰ. 총 설

1. 의 의

강도의 죄란 폭행 또는 협박으로 타인의 재물을 강취하거나 또는 재산상의 이익을 취득하거나 제3자로 하여금 이를 취득하게 하는 것을 내용으로 하는 범죄이다.

2. 보호법익

주된 보호법익은 재산권이나, 의사결정 및 의사활동의 자유도 보호법익이 된다. 보호의 정도는 침해범이다.

Ⅱ. 강도죄

제333조(강도) 폭행 또는 협박으로 타인의 재물을 강취하거나 기타 재산상의 이익을 취득하거나 제3자로 하여금 이를 취득하게 한 자는 3년 이상의 유기징역에 처한다.
제342조(미수범) 본죄의 미수범은 처벌한다.

1. 의 의

① 폭행 또는 협박으로 타인의 재물을 강취하거나 기타 재산상의 이익을 취득하거나 제3자로 하여금 이를 취득하게 함으로써 성립하는 범죄이다.

② 재산죄와 폭행죄 또는 협박죄와의 결합범이며, 상태범이다.

2. 구성요건

(1) 객관적 구성요건

① 객 체 : 타인의 재물 또는 재산상의 이익이다.

㉮ 부동산은 재물에 해당한다는 견해와 재산상 이익에 해당한다는 견해(다수설)가 나뉘어져 있다.

㉯ 재산상 이익은 재물 이외의 일체의 재산적 가치 있는 이익을 말한다.

判例 찢어진 어음 = 강도죄의 객체 O

찢어진 어음이라 하더라도 그것이 아직 객관적인 경제적 가치 내지 금전적 교환가치를 가지고 있는 경우에는 피해자가 재사용 가능하거나 적어도 피해자에게는 그 어음의 원인채권을 변제받기 위한 증거 내지 수단으로 쓸 수 있는 사정이 있다 할 것이므로 그 어음조각은 여전히 강도죄의 객체인 재물에 해당한다 할 것이고, 가사 위 어음이 피해자가 이를 부당한 방법으로 소지하게 된 것이라 하여도 범행의 성립에 아무런 소장이 없다[대판 1987.10.13. 87도1240].

㉰ 확정적 취득의 요부

判例 재산상 이익의 취득 요건(사법상 유효함을 요하지 않음)

재산상의 이익은 반드시 사법상 유효한 재산상의 이득만을 의미하는 것이 아니고 외견상 재산상의 이득을 얻을 것이라고 인정할 수 있는 사실관계만 있으면 된다[대판 1994.2.22. 93도428]. [♣ 20 변시]

② 폭행 · 협박

㉮ 폭행은 사람에 대한 유형력의 행사를 말한다. i) 사람에 대한 것이 아닌 단순한 물건에 대한 유형력의 행사는 강도죄의 폭행이라고 할 수 없다. ii) 물건에 대한 유형력의 행사일지라도 간접적으로 사람에 대하여 작용하는 경우에는 강도죄의 폭행에 해당한다. iii) 살상행위와 같은 폭력 이외에 마취제를 사용하는 것도 강도죄의 폭행에 해당한다(혼취강도). iv) 폭력은 절대적 폭력 · 강제적 폭력을 불문한다. v) 사람의 신체에 직접 유형력이 미쳐야 할 것을 요하지 아니한다. 따라서 권총을 겨누는 것도 폭행이 될 수 있다. vi) 폭행 · 협박은 반항을 억압함에 객관적으로 적합한 수단임을 요하지 아니하며, 사실상 반항을 억압할 정도면 족하므로 장난감 권총도 폭행 · 협박의 수단이 될 수 있다.

㉯ 협박은 해악을 고지하여 상대방에게 공포심을 일으키는 것을 말하며, 해악의 내용에는 제한이 없다.

㉰ 폭행 · 협박의 정도(최협의)

判例 강도죄의 폭행 · 협박의 정도 = 상대방의 반항을 억압하거나 항거불능케 할 정도의 것

강도죄에 있어서 폭행과 협박의 정도는 사회통념상 객관적으로 상대방의 반항을 억압하거나 항거불능케 할 정도의 것이라야 한다[대판 2001.3.23. 2001도359].

判例 강도죄의 폭행 · 협박에 해당되는 경우

1. 택시 운전사에게 안면에 주머니 칼을 들이대고 금품을 강요한 사실은 피해자의 반항을 억압할 정도의 폭행, 협박이라고 인정된다[대판 1967.11.28. 67도1283].
2. 피해자의 뒤를 따라가다가 그 등을 발로 세게 차서 상해를 입힌 연후 물건을 빼앗은 것이라면 비록 느닷없이 한 것이라 하더라도 피해자의 반항을 억압할 수 있을 정도의 폭력행위에 해당한다고 볼 수 있을 것이다[대판 1972.1.31. 71도2114].
3. 피해자가 맞은 편에서 걸어오고 있는 것을 발견하고 접근하여 미리 준비한 돌멩이로 안면을 1회 강타하여 전치 3주간의 안면부좌상 및 피하출혈상 등을 입히고 가방을 빼앗은 것이라면 피해자의 반항을 억압할 수 있을 정도의 폭행행위에 해당한다[대판 1986.12.23. 86도2203].
4. "아티반"(신경안정제) 4알을 탄 우유나 사와가 들어 있는 갑을 휴대하고 다니다가 사람에게 마시게 하여 졸음에 빠지게 하고 그 틈에 그 사람의 돈이나 물건을 빼앗은 경우에 그 수단은 강도죄에서 요구하는 남의 항거를 억압할 정도의 폭행에 해당된다[대판 1979.9.25. 79도1735].

㉣ 폭행 · 협박의 상대방

判例 **(폭행, 협박의 상대방은 탈취당한 재물의 소유자 또는 점유자일 필요 없음)** 폭행, 협박당한 자가 탈취당한 재물의 소유자 또는 점유자일 것을 요하지 않는다[대판 2010.12.9. 2010도9630].

③ 재물의 강취

㉮ 폭행 · 협박에 의하여 상대방의 의사에 반하여 타인의 재물을 자기 또는 제3자의 점유로 옮기는 것을 말한다. 피해자의 의사에 반한 재물의 교부도 강취에 해당한다.

㉯ 폭행 · 협박은 재물강취의 수단이어야 하므로, 폭행 · 협박은 취거행위 이전에 취거행위의 수단으로 행해져야 한다. 따라서 폭행 · 협박이 취거행위 이전에 있었더라도 취거의 수단이 아니었거나, 취거 이후에 폭행 · 협박을 한 경우에는 강도죄는 성립할 수 없다(후자는 경우에 따라 준강도죄가 성립할 수 있을 뿐이다).

判例 폭행 또는 협박이 있었으나 재물을 취거하기 위한 수단이 아니었던 경우 = 강도죄×

1. [1] 형법 제333조의 강도죄는 사람의 반항을 억압함에 충분한 폭행 또는 협박을 사용하여 타인의 재물을 강취하거나 재산상의 이익을 취득함으로써 성립하는 범죄이므로, 피고인이 타인에 대하여 반항을 억압함에 충분한 정도의 폭행 또는 협박을 가한 사실이 있다 해도 그 타인이 재물 취거의 사실을 알지 못하는 사이에 그 틈을 이용하여 피고인이 우발적으로 타인의 재물을 취거한 경우에는 위 폭행이나 협박이 재물 탈취의 방법으로 사용된 것이 아님은 물론, 그 폭행 또

는 협박으로 조성된 피해자의 반항억압의 상태를 이용하여 재물을 취득하는 경우에도 해당하지 아니하여 양자 사이에 인과관계가 존재하지 아니한다 할 것이므로, 위 폭행 또는 협박에 의한 반항억압의 상태가 처음부터 재물 탈취의 계획하에 이루어졌다거나 양자가 시간적으로 극히 밀접되어 있는 등 전체적 · 실질적으로 단일한 재물 탈취의 범의의 실현행위로 평가할 수 있는 경우에 해당하지 아니하는 한 강도죄의 성립을 인정하여서는 안 될 것이다.

[2] 주점 도우미인 피해자와의 윤락행위 도중 시비 끝에 피해자를 이불로 덮어씌우고 폭행한 후 이불 속에 들어 있는 피해자를 두고 나가다가 탁자 위의 피해자 손가방 안에서 현금을 가져간 경우, 폭행에 의한 강도죄가 성립하지 않는다[대판 2009.1.30. 2008도10308]. [♠ 14 사시]

2. 타인에게 상해를 가하여 혼미상태에 빠지게 한 경우에 우발적으로 그의 재물을 도취하는 행위는 폭행을 도취의 수단으로 사용한 것이 아니므로 강도죄가 성립하지 아니한다[대판 1956.8.17. 4289형상170].

判例 강간의 수단인 폭행 · 협박에 의하여 억압된 상태를 이용한 재물의 탈취 (강도죄 성립)

강도죄는 재물탈취의 방법으로 폭행, 협박을 사용하는 행위를 처벌하는 것이므로 폭행, 협박으로 타인의 재물을 탈취한 이상 피해자가 우연히 재물탈취 사실을 알지 못하였다고 하더라도 강도죄는 성립하고, 폭행, 협박당한 자가 탈취당한 재물의 소유자 또는 점유자일 것을 요하지도 아니하며, 강간범인이 부녀를 강간할 목적으로 폭행, 협박에 의하여 반항을 억압한 후 반항억압 상태가 계속 중임을 이용하여 재물을 탈취하는 경우에는 재물탈취를 위한 새로운 폭행, 협박이 없더라도 강도죄가 성립한다[대판 2010.12.9. 2010도9630]. [♠ 15 사시]

㈐ 폭행 · 협박은 재물강취의 수단이어야 하므로 양자 사이에는 인과관계가 있어야 한다(통설).

判例 폭행 · 협박과 재물강취 사이에 인과관계 인정되지 않는 경우(특수강도 기수 성립 ×)

반항 불가능한 정도에 이른 폭행, 협박이 있은 후 그로부터 상당한 시간이 경과한 후 폭행, 협박이 있은 곳과는 다른 장소에서 금원을 교부받은 범죄사실은 특수강도죄의 미수로 처벌할 수는 있을지언정 이를 특수강도죄의 기수로 처벌할 수는 없다[대판 1995.3.28. 95도91].

[사실관계] 甲은 강도의 의사로 01:00경 A의 집에서 A에게 칼을 들이대면서 돈을 요구하였으나 A가 돈이 없다고 하자 A를 풀어주었다. 같은 날 甲은 다시 A에게 돈을 요구하였고 A는 甲의 행패가 두려워 같은 날 19:00경 A의 집이 아닌 다른 장소에서 甲에게 돈을 건네주었다.

④ 재산상 이익의 취득

㈎ 이익취득의 형태는 제한이 없다. 따라서 채무면제 또는 채무이행연기의 승낙을 받은 경우, 대가를 지급하지 않고 노무를 제공하게 한 경우, 소유권이전등기 또는 저당권설정등기말소의 의사표시를 하게 하는 것도 재산상 이득의 취득에 해당한다.

㉯ 피해자의 처분행위의 요부

쟁점연구

1. 문제점

채무면탈과 같은 이익강취죄가 성립하기 위해서 피해자의 처분행위가 있어야 하는지가 문제된다.

2. 학 설

피해자의 처분행위를 요한다는 견해가 있다. 피해자의 처분행위를 요하지 않게 되면 어떤 이익을 목적으로 사람을 살해하면 거의 대부분 강도살인죄가 되는 부당한 결과를 초래하게 된다는 것을 논거로 한다.

3. 판 례

강도죄가 성립하기 위한 재산상의 이득행위는 재물강취와 마찬가지로 상대방의 반항을 억압할 폭행 또는 협박의 수단으로 재산상의 이익을 취득하면 족한 것으로서 반드시 상대방의 의사에 의한 처분행위를 필요로 하지 않는다고 판시한 바 있다.

4. 검 토 (판례 지지)

강도죄는 상대방의 의사를 억압한 상태에서 이루어지는 것이므로 외형상 피해자의 처분행위가 있더라도 이는 피해자의 의사에 반하는 것이므로 법률상의 처분행위라고 볼 수 없다는 점, 적극설에 의하면 상대방이 전혀 처분행위를 할 수 없을 정도로 억압을 한 경우 오히려 강도죄가 성립할 수 없게 된다는 문제점이 있으므로 피해자의 처분행위를 필요로 하지 않는다는 판례가 타당하다.

判例 이익강취죄가 성립하기 위한 요건(상대방의 처분행위를 요하지 않음)

형법 제333조의 재산상의 이득행위는 재물강취와 마찬가지로 상대방의 반항을 억압할 폭행 또는 협박의 수단으로 재산상의 이익을 취득하면 족한 것으로서 반드시 상대방의 의사에 의한 처분행위를 필요로 하지 않는다고 해석함이 상당하다[대판 1964.9.8. 64도310].

判例 강도살인죄가 성립하는 경우

1. 행위자가 채무를 면할 목적으로 피해자를 살해하였고, 또 상속인도 없음을 알고 피해자를 살해함으로써 사실상 그 채권의 추궁을 면한 것과 같은 입장에 놓이리라는 것을 알고 살해하였다면 이는 강도살인죄가 되는 것이다[대판 1971.4.6. 71도287].
2. 술집에 피고인과 술집 주인 두 사람밖에 없는 상황에서 술값의 지급을 요구하는 술집 주인을 살해하고 곧바로 피해자가 소지하던 현금을 탈취한 경우 강도살인죄가 성립한다[대판 1999.3.9. 99도242]. [♠ 00 사시]

판례해설 별도로 절도죄가 성립하는 것이 아니라는 것을 주의하여야 한다.

동지판례 i) 채무면탈의 목적으로 채권자를 살해하고 동인의 반항능력이 완전히 상실된 것을 이용하여 즉석에서 동인이 소지하고 있던 재물까지 탈취하였다면 살인행위와 재물탈취행위는 서로 밀접하게 관련되어 있어 살인행위를 이용한 재물탈취행위라고 볼 것이므로 이는 강도살인죄에 해당한다[대판 1985.10.22. 85도1527]. ii) 택시를 타고 목적지에 도착한 후 갑자기 요금면탈의 목적으로 운전수를 살해하려고 하다가 도주한 경우, 채무면탈의 목적으로 살해행위에 착수한 피고인의 본건 범행을 강도살인미수로 인정한 것은 적법하다[대판 1964.9.8. 64도310].

判例 강도살인죄가 성립하지 않는 경우

강도살인죄가 성립하려면 먼저 강도죄의 성립이 인정되어야 하고, 강도죄가 성립하려면 불법영득(또는 불법이득)의 의사가 있어야 하며, 형법 제333조 후단 소정의 이른바 강제이득죄의 성립요건인 '재산상 이익의 취득'을 인정하기 위하여는 재산상 이익이 사실상 피해자에 대하여 불이익하게 범인 또는 제3자 앞으로 이전되었다고 볼 만한 상태가 이루어져야 하는데, 채무의 존재가 명백할 뿐만 아니라 채권자의 상속인이 존재하고 그 상속인에게 채권의 존재를 확인할 방법이 확보되어 있는 경우에는 비록 그 채무를 면탈할 의사로 채권자를 살해하더라도 일시적으로 채권자측의 추급을 면한 것에 불과하여 재산상 이익의 지배가 채권자측으로부터 범인 앞으로 이전되었다고 보기는 어려우므로, 이러한 경우에는 강도살인죄가 성립할 수 없다[대판 2004.6.24. 2004도1098; 동지 대판 2010.9.30. 2010도7405]. [♠ 05, 07 사시]

⑤ 실행의 착수 및 기수시기

㉮ 착수시기 : 강도의 의사로 상대방의 반항을 억압할 정도의 폭행 · 협박이 개시된 때이다. 따라서 강도의 의사로 재물을 물색하다가 체포된 경우에는 강도예비에 불과하다.

㉯ 기수시기 : 재물 또는 재산상 이익을 취득한 때이다.

(2) 주관적 구성요건

고의와 불법영득(또는 이득)의사가 있어야 한다.

判例 불법영득의사가 인정되지 않는 경우

1. 불법영득의 의사라 함은 권리자를 배제하여 타인의 물건을 자기의 물건과 같이 그 경제적 용법에 따라 이용처분하는 의사를 말하는 것이므로, 강간하는 과정에서 피해자들이 도망가지 못하게 하기 위해 손가방을 빼앗은 것에 불과하다면 불법영득의 의사가 있었다고 할 수 없다[대판 1985.8.13. 85도1170].
2. 강도살인죄가 성립하려면 먼저 강도죄의 성립이 인정되어야 하고 강도죄가 성립하려면 불법영득의 의사가 있어야 하는 것인바, 피해자를 강간한 후 항거불능 상태에 있는 피해자에게 돈을 내놓으라고 하여 피해자가 서랍 안에서 꺼내주는 돈을 받는 즉시 '팁'이라고 하면서 피해자의 브래지어 속으로 그 돈을 집어넣어 준 것이라면 이는 불법영득을 하려 한 것이 아니라 피해자를 희롱하기 위하여 돈을 뺏은 다음 그대로 돌려주려고 한 의도였다고 할 것이므로 불법영득의 의사가 있었다고 보기 어렵다[대판 1986.6.24. 86도776].

3. 위법성

(1) 권리행사와 강도죄의 성립여부

判例 강취에 의한 권리행사 = 강도죄 성립

채권자로부터 채무자에 대한 외상물품 대금채권의 회수를 의뢰받았다 하더라도 채무자의 반항을 억압할 정도의 폭행과 협박을 가하여 재물 및 재산상 이득을 취득한 이상 이는 정당한 권리행사라고 볼 수 없음이 명백하여 강도죄가 성립함에는 아무런 지장이 없다[대판 1995.12.12. 95도2385]. [♠ 01 사시]

(2) 위법하게 소지한 재물의 강취와 강도죄의 성부

피해자의 재물의 소지가 위법하다고 하여 강취행위의 위법성이 조각되는 것은 아니다. 따라서 도박에서 돈을 잃은 자가 도전(賭錢)을 강취한 경우에도 강도죄가 성립한다.

4. 죄수 및 타죄와의 관계

判例 죄수 판단(총론 죄수론과 중복)

[1] **(상상적 경합)** 피고인이 여관에서 종업원을 칼로 찔러 상해를 가하고 객실로 끌고 들어가는 등 폭행 · 협박을 하고 있던 중, 마침 다른 방에서 나오던 여관의 주인도 같은 방에 밀어넣은 후, 주인으로부터 금품을 강취하고, 1층 안내실에서 종업원 소유의 현금을 꺼내 갔다면, 여관 종업원과 주인에 대한 각 강도행위가 각별도 강도죄를 구성하되 피고인이 피해자인 종업원과 주인을 폭행 · 협박한 행위는 법률상 1개의 행위로 평가되는 것이 상당하므로 위 2죄는 상상적 경합범관계에 있다고 할 것이다.
[2] **(실체적 경합)** 피고인이 여관에 들어가 1층 안내실에 있던 여관의 관리인을 칼로 찔러 상해를 가하고, 그로부터 금품을 강취한 다음, 각 객실에 들어가 각 투숙객들로부터 강취한 각 행위는 비록 시간적으로 접착된 상황에서 동일한 방법으로 이루어지기는 하였으나 포괄하여 1개의 강도상해죄만을 구성하는 것이 아니라 실체적 경합범의 관계에 있는 것이라고 할 것이다[대판 1991.6.25. 91도643]. [♠ 99, 04 사시]

Ⅲ. 특수강도죄

제334조(특수강도) ① 야간에 사람의 주거, 관리하는 건조물, 선박이나 항공기 또는 점유하는 방실에 침입하여 제333조의 죄(강도죄)를 범한 자는 무기 또는 5년 이상의 징역에 처한다.
② 흉기를 휴대하거나 2인 이상이 합동하여 전조의 죄(강도죄)를 범한 자도 전항의 형과 같다. [♣14 변시]
제342조(미수범) 본죄의 미수범은 처벌한다.

1. 형의 가중이유

제334조 제1항은 야간이라는 행위상황, 제2항은 수단의 위험성 내지 집단성 때문에 형이 가중된다.

2. 구성요건

(1) 특수강도의 유형

특수강도죄의 유형으로는 야간주거침입강도, 흉기휴대강도, 합동강도가 있으며, 특수절도죄의 이론이 대부분 그대로 적용된다.

(2) 실행의 착수시기

① 야간주거침입강도의 경우

쟁점연구

1. 학 설
① **주거침입시설** : 야간주거침입강도에 의한 특수강도죄는 주거침입죄와 강도죄의 결합범으로 보아 시간적으로 주거침입행위가 선행하므로 주거침입을 한 때에 실행에 착수한 것으로 보는 견해이다.
② **폭행·협박시설**(다수설) : 특수강도죄는 강도죄에 대한 가중적 구성요건이므로 강도의 실행의 착수 즉 폭행·협박을 개시한 때에 실행의 착수를 인정해야 한다는 견해이다.
2. 판 례
실행의 착수시기에 대하여 주거침입시로 본 경우와 폭행·협박시로 본 경우로 입장이 나뉘어져 있다.
3. 검 토 (폭행·협박시설 지지)
야간주거침강도에 의한 특수강도의 실행의 착수시기를 주거침입시로 보게 되면 야간에 주거에 침입한 후 범인이 체포된 경우 야간주거침입절도죄의 미수인지 특수강도의 미수인지를 구별하기가 곤란해진다는 문제점이 있으므로 실행의 착수시기는 폭행, 협박의 개시시라고 보는 것이 타당하다.

判例 특수강도의 실행의 착수시기 (판례의 입장이 나뉨)

1. **(주거침입시설의 입장 : 헛기침에 놀란 사건)** 형법 제334조 제1항 소정의 야간주거침입강도죄는 주거침입과 강도의 결합범으로서 시간적으로 주거침입행위가 선행되므로 주거침입을 한 때에 본죄의 실행에 착수한 것으로 볼 것인바, 같은조 제2항 소정의 흉기휴대 · 합동강도죄에 있어서도 그 강도행위가 야간에 주거에 침입하여 이루어지는 경우에는 주거침입을 한 때에 실행에 착수한 것으로 보는 것이 타당하다[대판 1992.7.28. 92도917].
2. **(폭행 · 협박시설의 입장 : 욕정 사건)** [1] 특수강도의 실행의 착수는 강도의 실행행위 즉 사람의 반항을 억압할 수 있는 정도의 폭행 또는 협박에 나아갈 때에 있다 할 것이다.
   [2] 강도의 범의로 야간에 칼을 휴대한 채 타인의 주거에 침입하여 집안의 동정을 살피다가 피해자를 발견하고 갑자기 욕정을 일으켜 칼로 협박하여 강간한 경우, 야간에 흉기를 휴대한 채 타인의 주거에 침입하여 집안의 동정을 살피는 것만으로는 특수강도의 실행에 착수한 것이라고 할 수 없으므로 위의 특수강도에 착수하기도 전에 저질러진 위와 같은 강간행위가 구 특정범죄 가중처벌 등에 관한 법률 제5조의6 제1항 소정의 특수강도강간죄에 해당한다고 할 수 없다[대판 1991.11.22. 91도2296].

② 흉기휴대강도 및 합동강도 : 폭행 · 협박시에 실행의 착수가 인정된다.

判例 합동에 의한 특수강도죄의 성립요건

1. 형법 제334조 제2항 소정의 "합동하여"라 함은 주관적 요건으로서의 공모와 객관적 요건으로서의 범행현장에서의 범행의 실행의 분담이 있어야 하나, 그 공모나 모의는 반드시 사전에 이루어진 것만을 필요로 하는 것이 아니고 범행현장에서 암묵리에 의사상통하는 것도 포함된다[대판 1988.11.22. 88도1557].
2. 형법 제334조 제2항의 특수강도죄에 있어 실행행위의 분담은 반드시 동시에 동일장소에서 실행행위를 특정하여 분담하는 것만을 뜻하는 것이 아니라 시간적으로나 장소적으로 서로 협동관계에 있다고 볼 수 있으면 충분하다[대판 1992.7.28. 92도917]. [♣19 변시]

Ⅳ. 준강도죄 · 준특수강도죄

제335조(준강도) 절도가 재물의 탈환에 항거하거나 체포를 면탈하거나 범죄의 흔적을 인멸할 목적으로 폭행 또는 협박한 때에는 제333조(강도죄) 및 제334조(특수강도죄)의 예에 따른다.
제342조(미수범) 본죄의 미수범은 처벌한다.

1. 의 의

① 절도가 재물의 탈환을 항거하거나 체포를 면탈하거나 범죄의 흔적(죄적)을 인멸할 목적으로 폭행 또는 협박을 가함으로써 성립하는 범죄이다(사후강도죄).

② 절도죄와 강도죄의 가중적 구성요건이 아니라 그 위험성 때문에 강도죄와 같이 처벌하는 독립된 범죄이다.

강도죄와 준강도죄의 비교

	강도죄	준강도죄
주 체	제한 없음	절도(기수 · 미수 불문)
폭행 · 협박의 정도	상대방의 반항을 불가능케 할 정도	
주관적 요건	고의, 불법영득의사	고의, 불법영득의사, 목적
기수요건	재물 또는 재산상 이익의 취득(강취)	절도가 기수일 것

2. 구성요건

(1) 객관적 구성요건

① 주 체 : 절도이다.

㉮ 절도에는 단순절도 이외에 야간주거침입절도 · 특수절도 · 상습절도가 모두 포함된다. 준강도죄가 신분범인가에 대하여 긍정하는 견해도 있으나 다수설은 절도는 행위관련적 표지일 뿐이고 행위자관련적 표지라고 할 수 없으므로 신분범이 아니라고 본다.

㉯ 절도는 절도죄의 정범만을 의미하므로 절도죄의 공범은 본죄의 주체가 될 수 없다.

㉰ 절도의 기수 · 미수는 불문한다[대판 2003.10.24. 2003도4417]. [♣15 변시] 따라서 절도의 예비단계에서 폭행 · 협박을 한 경우에는 준강도죄가 성립하지 않는다.[1)]

㉱ 재물에 대한 강도가 본죄의 주체가 될 수 있는가에 대하여는 긍정설(다수설), 부정설의 견해가 나뉘어져 있다.

判例 준강도죄의 주체인 절도가 될 수 없어 준강도죄가 성립할 수 없는 경우(중요)

[1] 형법 제335조는 '절도'가 재물의 탈환을 항거하거나 체포를 면탈하거나 죄적을 인멸한 목적으로 폭행 또는 협박을 가한 때에 준강도가 성립한다고 규정하고 있으므로, 준강도죄의 주체는 절도범인이고, 절도죄의 객체는 재물이다.
[2] 피고인이 술집 운영자로부터 술값의 지급을 요구받자 술값의 지급을 면하기로 마음먹고, 술집 운영자를 유인 · 폭행하고 도주하였다는 범죄사실에는 그 자체로 절도의 실행에 착수하였다는 내용이 포함되어 있지 않으므로 준강도죄가 성립할 수 없다고 한 사례[대판 2014.5.16. 2014도2521]. [♣15 변시]

1) 절도의사로 주간에 타인의 주거에 침입하였다가 발각되어 폭행을 가한 경우에는 주거침입죄와 폭행죄가 성립하나, 절도의사로 야간에 타인의 주거에 침입하였다가 발각되어 폭행을 가한 경우에는 준강도죄가 성립한다.

② 객 체 : 타인소유 · 타인점유의 재물이다.

③ 폭행 · 협박

㉮ **폭행 · 협박의 정도** : 강도죄와의 균형상 상대방의 반항을 억압할 정도의 것이어야 한다.

判例 준강도죄의 폭행의 정도(반항을 억압할 정도, 현실적으로 반항을 억압하였음을 불요)

1. **(반항을 억압할 정도)** 형법 제335조의 준강도죄의 구성요건인 폭행은 같은법 제333조(강도죄)의 폭행의 정도와의 균형상 상대방의 반항을 억압할 정도 즉 반항을 억압하는 수단으로서 일반적, 객관적으로 가능하다고 인정하는 정도면 족하다[대판 1985.5.14. 85도619].
2. **(현실적으로 반항을 억압하였음을 불요)** 준강도죄에 있어서의 폭행이나 협박은 상대방의 반항을 억압하는 수단으로서 일반적 객관적으로 가능하다고 인정하는 정도의 것이면 되고 반드시 현실적으로 반항을 억압하였음을 필요로 하는 것은 아니다[대판 1981.3.24. 81도409]. [♠ 06 사시]

判例 준강도죄의 폭행에 해당하지 않는 경우

1. **(잡은 손을 뿌리친 정도)** 피고인이 옷을 잡히자 체포를 면하려고 충동적으로 저항을 시도하여 잡은 손을 뿌리친 정도의 폭행을 준강도죄로 의율할 수는 없다[대판 1985.5.14. 85도619]. [♠ 07 사시]
2. **(솥뚜껑으로 막으려는 정도)** 피고인을 체포하려는 (절도의) 피해자가 체포에 필요한 정도를 넘어서서 발로 차며 전치 3개월을 요하는 중상을 입힐 정도로 심한 폭력을 가해오자 피고인이 이를 피하기 위하여 엉겁결에 솥뚜껑을 들어 위 폭력을 막아내려다가 그 솥뚜껑에 스치어 피해자가 상처를 입게 되었다면 피고인의 위 행위는 일반적, 객관적으로 피해자의 체포의사를 제압할 정도의 폭행에 해당하지 않는다고 할 것이므로 준강도상해죄는 성립되지 않는다[대판 1990.4.24. 90도193].

判例 준강도죄의 폭행에 해당하는 경우

피고인이 오토바이를 절취하여 끌고 가다가 추격하여온 피해자에게 멱살을 잡히게 되자 체포를 면탈할 목적으로 피해자의 얼굴을 주먹으로 때리고 놓아주지 않으면 죽여버리겠다고 협박한 행위는 준강도죄를 구성한다 할 것이다[대판 1983.3.8. 82도2838].

㉯ **폭행 · 협박의 상대방** : 재물의 소유자 · 점유자 이외에 제3자도 폭행 · 협박의 상대방이 될 수 있다.

判例 준강도죄의 폭행·협박의 상대방 = 절도의 피해자에 제한 ×, 제3자(경찰관) O

절도범인이 체포를 면탈할 목적으로 경찰관에게 폭행·협박을 가한 때에는 준강도죄와 공무집행방해죄를 구성하고 양죄는 상상적 경합관계에 있다[대판 1992.7.28. 92도917]. [♠ 07, 09 사시] [♣ 17 변시]

㉰ **폭행·협박의 시기** : 절도의 기회에 행해져야 한다. 따라서 폭행·협박은 절도와 시간적·장소적 근접성[2]이 인정되어야 한다.

判例 절도의 기회성의 의미

1. 준강도죄에 있어서의 폭행 또는 협박은 절도의 실행에 착수하여 그 실행중이거나 그 실행 직후 또는 실행의 범의를 포기한 직후로서 사회통념상 범죄행위가 완료되지 아니하였다고 인정될 만한 단계에서 행하여짐을 요한다[대판 1984.9.11. 84도1398].
2. 준강도는 절도범인이 절도의 기회에 재물탈환의 항거 등의 목적으로 폭행 또는 협박을 가함으로써 성립되는 것으로서, 여기서 절도의 기회라고 함은 절도범인과 피해자측이 절도의 현장에 있는 경우와 절도에 잇달아 또는 절도의 시간·장소에 접착하여 피해자측이 범인을 체포할 수 있는 상황, 범인이 죄적인멸에 나올 가능성이 높은 상황에 있는 경우를 말하고, 그러한 의미에서 피해자측이 추적태세에 있는 경우나 범인이 일단 체포되어 아직 신병확보가 확실하다고 할 수 없는 경우에는 절도의 기회에 해당한다[대판 2001.10.23. 2001도4142].

判例 절도의 기회성이 인정되지 않는 경우(준강도죄 불성립)

(절도범행의 종료 후 시간적·장소적으로 근접성이 탈락한 후 폭행을 한 경우) 피해자의 집에서 절도범행을 마친지 10분 가량 지나 피해자의 집에서 200m 가량 떨어진 버스정류장이 있는 곳에서 피고인을 절도범인이라고 의심하고 뒤쫓아 온 피해자에게 붙잡혀 피해자의 집으로 돌아왔을 때 비로소 피해자를 폭행한 경우, 그 폭행은 사회통념상 절도범행이 이미 완료된 이후에 행하여졌으므로 준강도죄가 성립하지 않는다[대판 1999.2.26. 98도3321]. [♠ 05, 11 사시]

判例 절도의 기회성이 인정되는 경우(준강도죄 성립)

(1) 절도가 추격(추적)을 받던 중 폭행을 한 경우

(추격을 받던 중 절도의 장소에서 200m 떨어진 곳에서 폭행을 한 경우) 야간에 절도의 목적으로 피해자의 집에 담을 넘어 들어갔다가 발각되어 추격당하던 중 폭행을 가하였다면 그 장소가 피해장소로부터 200m 떨어진 곳이더라도 준강도죄가 성립한다[대판 1984.9.11. 84도1398]. [♣ 15 변시][3]

2) 시간적 근접성의 인정기준에 대하여는 학설 다툼이 심하므로 판례를 정리해두면 족하다.

동지판례 **(추적을 받던 중 폭행)** 절도범행의 종료 후 얼마되지 아니한 단계이고 안전지대에로 이탈하지 못하고 피해자측에 의하여 체포될 가능성이 남아 있는 단계에서 추적당하여 체포되려하자 구타한 경우에는 절도행위와 그 체포를 면탈하기 위한 구타행위와의 사이에 시간상 및 거리상 극히 근접한 관계에 있다 할 것이므로 준강도죄가 성립한다[대판 1982.7.13. 82도1352].

(2) 절도가 체포되었으나 신병확보가 확실하지 않은 상태에서 폭행을 한 경우

1. 절도범인이 일단 체포되었으나 아직 신병확보가 확실하지 않은 단계에서 체포상태를 면하기 위해 폭행하여 상해를 가한 경우, 그 행위는 절도의 기회에 체포를 면탈할 목적으로 폭행하여 상해를 가한 것으로서 강도상해죄에 해당한다[대판 2001.10.23. 2001도4142]. [♠05, 09 사시]

   판례해설 준강도에 의한 강도상해죄가 성립한다.

2. 절도범행이 종료되고 피해자가 절도범인의 체포사실을 파출소에 신고전화를 하려는데 피고인이 잘해보자고 하면서 폭행을 하였다 하더라도 그곳이 체포현장이고 주위사람에게 도주를 방지케 부탁한 상태 아래 일어난 것이라면 준강도죄가 성립한다[대판 1984.7.24. 84도1167].

3. 피고인의 폭행사실은 피고인의 절도행위 직후 동 범행장소로부터 야경원에 의하여 피고인이 파출소로 연행하는 도중에 있었다는 것이므로 이를 사후강도(* 저자 주 – 준강도)로 인정하였음에 위법이 있다고 할 수 없다[대판 1967.1.31. 66도1501].

㉣ 기수 · 미수의 판단기준

쟁점연구

1. 문제점

준강도죄의 기수시기를 절취행위 또는 폭행 · 협박행위 중 어느 것을 기준으로 볼 것인지가 문제된다.

2. 학 설

① **폭행 · 협박행위기준설** : 준강도죄의 구성요건적 행위는 폭행 · 협박이므로 기수 · 미수의 기준은 폭행 · 협박행위를 기준으로 판단하여야 한다는 견해이다. 이 견해에 의하면 절도가 기수이더라도 폭행 · 협박에 의하여 상대방의 반항이 억압되지 않았다면 준강도죄의 미수가 된다.

② **절취행위기준설** : 강도죄는 재산권과 자유권을 보호법익으로 하지만 재산죄에 그 본질이 있고, 강도죄의 경우 재물을 강취하여야 기수가 됨에도 불구하고, 폭행 · 협박을 기준으로 준강도죄의 기수 · 미수를 결정하면 재물을 절취하지 못한 자도 준강도죄의 기수가 되어 강도죄의 기수의 형으로 처벌받게 되어 형의 불균형을 초래하므로, 준강도죄의 기수 · 미수는 절취행위를 기준으로 하여야 한다는 견해이다.

---

3) 야간에 절도의 목적으로 피해자의 집에 담을 넘어 들어갔다가 발각되어 추격당하던 중 주먹으로 피해자의 얼굴을 때려 비골 골절상을 입혔다면 강도상해죄를 구성한다는 옳은 지문이 출제되었다.

3. 판 례

준강도죄의 기수 여부는 절도행위의 기수 여부를 기준으로 하여 판단하여야 한다고 판시하고 있다.

4. 검 토 (절취행위기준설 지지)

폭행 · 협박행위기준설에 의하여 기수 · 미수를 판단하는 경우 절도의 기수, 미수를 불문하고 양자 모두 준강도기수죄가 될 수 있어 형의 불균형이 발생한다는 문제점이 있다. 따라서 절취행위기준설이 타당하다.

판 례 연 습

【준강도죄의 기수 · 미수의 판단】 ※ 절도의 기수 · 미수여부에 따라 준강도 기수 · 미수 결정

甲과 乙은 합동하여 양주를 절취하기로 공모한 후 A가 운영하는 주점에서 乙은 망을 보고 甲은 주점의 잠금장치를 뜯고 침입하여 진열장에 있던 양주 40여 병을 미리 준비한 바구니에 담고 있던 중, 계단에서 서성거리고 있던 乙을 수상히 여긴 주점 종업원 B가 주점으로 돌아오려는 소리를 듣고서 양주를 그대로 둔 채 출입문을 열고 나오다가 B가 甲을 붙잡자 체포를 면탈할 목적으로 甲의 목을 잡고 있던 B의 오른손을 깨물었다. 甲과 乙의 죄책은?

판결요지

[1] **[다수의견]** 형법 제335조에서 절도가 재물의 탈환을 항거하거나 체포를 면탈하거나 죄적을 인멸할 목적으로 폭행 또는 협박을 가한 때에 준강도로서 강도죄의 예에 따라 처벌하는 취지는, 강도죄와 준강도죄의 구성요건인 재물탈취와 폭행 · 협박 사이에 시간적 순서상 전후의 차이가 있을 뿐 실질적으로 위법성이 같다고 보기 때문인바, 이와 같은 준강도죄의 입법 취지, 강도죄와의 균형 등을 종합적으로 고려해 보면, 준강도죄의 기수여부는 절도행위의 기수 여부를 기준으로 하여 판단하여야 한다. [♠ 05, 08, 09, 12 사시] [♣ 15, 17, 19, 23 변시]

[별개의견] 폭행 · 협박행위를 기준으로 하여 준강도죄의 미수범을 인정하는 외에 절취행위가 미수에 그친 경우에도 이를 준강도죄의 미수범이라고 보아 강도죄의 미수범과 사이의 균형을 유지함이 상당하다.

[반대의견] 강도죄와 준강도죄는 그 취지와 본질을 달리한다고 보아야 하며, 준강도죄의 주체는 절도이고 여기에는 기수는 물론 형법상 처벌규정이 있는 미수도 포함되는 것이지만, 준강도죄의 기수 · 미수의 구별은 구성요건적 행위인 폭행 또는 협박이 종료되었는가 하는 점에 따라 결정된다고 해석하는 것이 법규정의 문언 및 미수론의 법리에 부합한다.

[2] 절도미수범이 체포를 면탈할 목적으로 폭행한 행위에 대하여 준강도미수죄로 의율한 원심판결을 수긍한 사례[대판(전) 2004.11.18. 2004도5074].

정답 (준강도죄의 미수)

(2) 주관적 구성요건

① 고의와 불법영득의사가 있어야 한다.

② 목 적 : ⅰ) 재물의 탈환을 항거하거나 체포를 면탈하거나 범죄의 흔적을 인멸할 목적이 있어야 한다. 그러나 기수가 되기 위하여 목적의 달성을 요하는 것은 아니다. ⅱ) 재물의 탈환을 항거할 목적의 경우에는 절도가 기수일 것을 요하나 체포를 면탈할 목적 또는 범죄의 흔적을 인멸할 목적의 경우에는 절도의 기수 · 미수를 불문한다. ⅲ) 절도가 발각되자 재물을 강취할 목적으로 폭행 · 협박을 한 경우에는 준강도죄가 아니라 강도죄가 성립하며, 절도가 발각되자 발각된 것에 대한 분을 풀려는 목적으로 폭행 · 협박을 가한 경우에는 강도죄가 성립하지 아니한다.

判例 준강도죄에 있어서의 '재물의 탈환을 항거할 목적'의 의미

[1] 준강도죄에 있어서의 '재물의 탈환을 항거할 목적'이라 함은 일단 절도가 재물을 자기의 배타적 지배하에 옮긴 뒤 탈취한 재물을 피해자측으로부터 탈환당하지 않기 위하여 대항하는 것을 말한다. [2] 피해자의 상해가 차량을 이용한 날치기 수법의 절도시 점유탈취의 과정에서 우연히 가해진 것에 불과하고, 그에 수반된 강제력 행사도 피해자의 반항을 억압하기 위한 목적 또는 정도의 것은 아니었던 것으로 보아 강도치상죄로 의율한 원심판결을 파기한 사례[대판 2003.7.25. 2003도2316]. [♣14 변시]

3. 처 벌

① 준강도죄에 해당하는 때에는 강도죄 · 특수강도죄 예에 따른다(제335조).

② 준강도죄를 강도죄로 처벌할 것인가 또는 특수강도죄로 처벌할 것인가의 판단기준

쟁점연구

1. 문제점

형법 제335조는 준강도를 단순강도 또는 특수강도의 예에 따른다고 규정하고 있으나 단순강도 또는 특수강도의 예에 의할 기준을 제시하고 있지 않아 그 기준이 어떠한지가 문제된다.

2. 견해의 대립

① **절도의 태양기준설 (대법원 소수견해)** : 준강도죄를 규정한 형법 제335조는 범죄의 주체를 절도라고 규정한 후, 그 행위를 폭행 · 협박으로만 규정하고 있고 행위의 정도 · 방법에 대하여는 언급이 없으므로 행위로서는 단순강도의 준강도냐 또는 특수강도의 준강도이냐를 구별지을 근거가 없으므로 행위의 주체인 절도의 태양에 따라 구별지어야 한다는 견해이다.

② **폭행 · 협박의 태양기준설 (대법원 다수견해)** : 준강도죄는 절도범인이 일정한 목적으로서 폭행 또는 협박을 하는 행위가 재물탈취의 수단으로서 폭행, 협박을 가하는 강도죄와 같은 실질적 위법성을 가진다는 이유로 중하게 처벌되도록 되어 있는 것이고, 강도죄에 있어서의 재물탈취의 수단인 폭행 또는 협박의 유형을 흉기를 휴대하고 하는 경우와 그렇지 않은 경우로 나누어 흉기를 휴대하고 하는 경우를 특수강도로 하고, 그렇지 않은 경우를 단순강도로

하여 처벌을 달리하고 있으므로, 준강도죄의 경우도 폭행 · 협박의 행위의 태양에 따라 판단해야 한다는 견해이다.

3. 검 토 (판례 다수견해 지지)

준강도죄는 강도죄와 같은 실질적 위험성으로 인하여 중하게 처벌되는 것이고, 강도죄가 폭행 · 협박의 행위태양에 따라 단순강도와 특수강도로 달리 처벌하고 있는 이상 이러한 기준에 따라 준강도를 단순강도 또는 특수강도의 예에 따라 처벌할 것을 판단하는 것이 타당하다.

判例 준강도를 강도죄 또는 특수강도죄 중 어느 예로 처벌할 것인가의 기준(폭행 · 협박시의 행위태양)

[다수의견] 준강도에 관한 형법 제335조를 보면 절도가 재물의 탈환을 항거하거나, 체포를 면탈하거나, 죄적을 인멸할 목적으로 폭행 또는 협박을 가한 때에는 형법 제333조와 형법 제334조의 예에 의한다고 규정하고 있는바, 이 조문은 절도범인이 절도기수 후 또는 절도의 착수 후 그 수행의 범의를 포기한 후에 소정의 목적으로서 폭행 또는 협박을 하는 행위가 그 태양에 있어서 재물탈취의 수단으로서 폭행, 협박을 가하는 강도죄와 같이 보여질 수 있는 실질적 위법성을 지니게 됨에 비추어 이를 엄벌하기 위한 취지로 규정되어 있는 것이며, 강도죄에 있어서의 재물탈취의 수단인 폭행 또는 협박의 유형을 흉기를 휴대하고 하는 경우와 그렇지 않은 경우로 나누어 흉기를 휴대하고 하는 경우를 특수강도로 하고, 그렇지 않은 경우를 단순강도로 하여 처벌을 달리하고 있음에 비추어 보면 <u>절도범인이 처음에는 흉기를 휴대하지 아니하였으나 체포를 면탈할 목적으로 폭행 또는 협박을 가할 때에 비로소 흉기를 휴대사용하게 된 경우에는 형법 제334조의 예에 의한 준강도(특수강도의 준강도)가 되는 것으로 해석하여야 할 것</u>이므로 처음에 흉기를 휴대하지 않았던 절도범인인 피고인이 체포를 면탈할 목적으로 추적하는 사람에 대하여 비로소 흉기를 휴대하여 흉기로서 협박을 가한 소위를 특수강도의 예에 의한 준강도로 의율한 원심의 조처는 정당하다.
[소수의견] 준강도죄를 규정한 형법 제335조에는 범죄의 주체는 절도범인이요, 목적이 있어야 하며, 행위는 폭행 · 협박으로만 되어 있지 행위의 정도 · 방법 따위에 대하여는 언급이 없으므로 목적이나 행위로서는 단순강도의 준강도냐 또는 특수강도의 준강도이냐를 구별지을 근거가 없으므로 <u>행위의 주체인 절도의 태양에 따라 구별지어야 한다</u>[대판(전) 1973.11.13. 73도1553]. [♠ 06, 07, 09 사시]

판례해설 절도범인이 처음에는 흉기를 휴대하지 아니하였으나 체포를 면탈할 목적으로 폭행 또는 협박을 가할 때에 비로소 흉기를 휴대 사용하게 된 경우에는 형법 제334조의 예에 의한 준강도(특수강도의 준강도)가 된다.

4. 죄 수

判例 절도가 체포하려는 수인에 대한 폭행 중 1인에게 상해를 입힌 경우(강도상해죄의 포괄일죄)

절도범이 체포를 면탈할 목적으로 체포하려는 여러 명의 피해자에게 같은 기회에 폭행을 가하여 그 중 1인에게만 상해를 가하였다면 이러한 행위는 포괄하여 하나의 강도상해죄만 성립한다[대판 2001.8.21. 2001도3447].
[♠ 05, 08, 09, 11, 14 사시] [♣ 12, 14, 15, 17 변시]

동지판례 절도가 체포를 면탈할 목적으로 추격하여 온 수인에 대하여 같은 기회에 동시 또는 이시에 폭행 또는 협박을 하였다 하더라도 준강도의 포괄일죄가 성립한다. 더 나아가 준강도행위가 진전하여 상해행위를 수반한 경우에도 일괄하여 준강도상해죄의 일죄가 성립하는 것이지 별도로 준강도죄의 성립이 있는 것은 아니다 [대판 1966.12.6. 66도1392]. [♣ 19 변시]

5. 준강도죄와 공동정범

判例 준강도(준강도에 의한 강도상해죄)의 공동정범의 인정여부(인정)

준강도가 성립하려면 절도가 절도행위의 실행중 또는 실행직후에 체포를 면탈할 목적으로 폭행, 협박을 한 때에 성립하고 이로써 상해를 가하였을 때에는 강도상해죄가 성립되는 것이고, 공모합동하여 절도를 한 경우 범인 중의 하나가 체포를 면탈할 목적으로 폭행을 하여 상해를 가한 때에는 나머지 범인도 이를 예기하지 못한 것으로 볼 수 없다면 강도상해죄의 죄책을 면할 수 없다[대판 1984.2.28. 83도3321; 동지 대판 1984.12.26. 84도2552].

判例 폭행(상해)에 대한 예견가능성을 긍정한 경우 (준강도에 의한 강도상해죄의 공동정범 성립)

특수절도의 범인들이 범행이 발각되어 각기 다른 길로 도주하다가 그 중 1인이 체포를 면탈할 목적으로 폭행하여 상해를 가한 때에는, 나머지 범인도 위 공범이 추격하는 피해자에게 체포되지 아니하려고 위와 같이 폭행할 것을 전연 예기하지 못한 것으로는 볼 수 없다 할 것이므로 그 폭행의 결과로 발생한 상해에 관하여 형법 제337조, 제335조의 강도상해죄의 책임을 면할 수 없다[대판 1984.10.10. 84도1887].

동지판례 피고인과 원심피고인들이 타인의 재물을 절취하기로 공모한 다음 피고인은 망을 보고 원심피고인들이 재물을 절취한 다음 달아나려다가 피해자에게 발각되자 체포를 면탈할 목적으로 피해자를 때려 상해를 입혔다면 피고인도 이를 전연 예견하지 못했다고 볼 수 없어 강도상해죄의 죄책을 면할 수 없다[대판 1989.12.12. 89도1991].

동지판례 피고인들이 합동하여 절도범행을 하는 도중에, 사전에 구체적인 의사연락이 없었다고 하여도, 피고인이 체포를 면탈할 목적으로 피해자를 힘껏 떠밀어 콘크리트바닥에 넘어뜨려 상처를 입게 함으로써 추적을 할 수 없게 한 경우, 폭행의 정도가 피해자의 추적을 억압할 정도의 것이었던 이상 피고인들은 강도상해의 죄책을 면할 수 없다[대판 1991.11.26. 91도2267].

判例 폭행(상해)에 대한 예견가능성을 부정한 경우(준강도에 의한 강도상해죄의 공동정범 불성립)

1. 절도를 공모한 피고인이 다른 공모자(甲)의 폭행행위에 대하여 사전양해나 의사의 연락이 전혀 없었고, 범행장소가 빈 가게로 알고 있었고, 위 甲이 담배창구를 통하여 가게에 들어가 물건을 절취하고 피고인은 밖에서 망을 보던 중 예기치 않았던 인기척 소리가 나므로 도주해버린 이후에 위 甲이 창구에 몸이 걸려 빠져나오지 못하게 되어 피해자에게 붙들리자 체포를 면탈할 목적으로 피해자에게 폭행을 가하여 상해를 입힌 것이고, 피고인은 그 동안 상당한 거리를 도주하였을 것으로 추정되는 상황하에서는 피고인이 위 甲의 폭행행위를 전혀 예기할 수 없었다고 보여

지므로 피고인에게 준강도상해죄의 공동책임을 지울 수 없다[대판 1984.2.28. 83도3321]. [♠ 06, 07 사시]

2. A가 피고인 甲과 乙이 A의 집에서 물건을 훔쳐 나왔다는 연락을 받고 도주로를 따라 추격하자 甲과 乙이 이를 보고 도주하므로 1㎞ 가량 추격하여 피고인 甲을 체포하여 같이 추격하여 온 동리 사람들에게 인계하고 1㎞를 더 추격하여 乙을 체포하여 가지고 간 나무 몽둥이로 乙을 1회 구타하자 乙이 몽둥이를 빼앗아 A를 구타 상해를 가하고 도주하였다면, 피고인 甲으로서는 사전에 乙과의 사이에 상의한 바 없었음은 물론 체포 현장에 있어서도 甲과의 사이에 전혀 의사 연락 없이 乙이 A로부터 그가 가지고 간 몽둥이로 구타당하자 돌연 이를 빼앗아 A를 구타하여 상해를 가한 것으로서 피고인 甲이 이를 예기하지 못하였다고 할 것이므로 동 구타상해행위를 공모 또는 예기하지 못한 피고인에게까지 준강도상해의 죄책을 물을 수 없다[대판 1982.7.13. 82도1352]. [♣ 17 변시]

Ⅴ. 인질강도죄

제336조(인질강도) 사람을 체포·감금·약취 또는 유인하여 이를 인질로 삼아 재물 또는 재산상의 이익을 취득하거나 제3자로 하여금 이를 취득하게 한 자는 3년 이상의 유기징역에 처한다.
제342조(미수범) 본죄의 미수범은 처벌한다.

1. 의 의

사람을 체포·감금·약취·유인하여 이를 인질로 삼아 재물 또는 재산상의 이익을 취득하거나 제3자로 하여금 이를 취득하게 함으로써 성립하는 범죄이다.

2. 실행의 착수시기

석방이나 안전보장의 대가로 재물 또는 재산상의 이익을 요구한 때 실행의 착수가 인정된다(다수설).

인질강도죄와 인질강요죄의 차이점

	인질강도죄	인질강요죄
범죄의 성질	재산죄	자유에 대한 죄
불법영득(이득)의사	필 요	불필요
상대방	인질 또는 제3자	제3자
해방감경규정	부적용	적 용
예비·음모	처 벌	불처벌

Ⅵ. 강도상해 · 치상죄

제337조(강도상해 · 치상) 강도가 사람을 상해하거나 상해에 이르게 한 때에는 무기 또는 7년 이상의 징역에 처한다.
제342조(미수범) 미수범은 처벌한다.

1. 의 의

강도가 사람을 상해하거나 상해에 이르게 함으로써 성립하는 범죄이다.

2. 구성요건

① **주체** : 강도에는 단순강도, 특수강도, 준강도 및 인질강도를 포함하며 그 기수와 미수를 불문한다.
② **상해**(치상) **상대방** : 강도의 피해자 이외에 제3자도 포함된다.
③ **상해**(치상) **발생원인** : 강도의 기회에 발생된 것이면 족하다(판례, 통설).

判例 강도의 기회에 상해한 경우 = 강도상해죄 성립

강도범인이 강도를 하는 기회에 범행의 현장에서 사람을 상해한 이상, 재물강취의 수단인 폭행으로 인하여 상해의 결과가 발생한 것이 아니고, 재물의 탈환을 항거하거나 체포를 면탈하거나 죄적을 인멸할 목적으로 폭행을 가한 것이 아니라고 하더라도 강도상해죄가 성립한다[대판 1992.4.14. 92도408].

判例 강도의 기회성이 인정되어 강도상해(또는 강도치상)죄가 성립하는 경우

1. 강도치상죄에 있어서의 상해는 강도의 기회에 범인의 행위로 인하여 발생한 것이면 족한 것이므로, 피고인이 택시를 타고 가다가 요금지급을 면할 목적으로 소지한 과도로 운전수를 협박하자 이에 놀란 운전수가 택시를 급우회전하면서 그 충격으로 피고인이 겨누고 있던 과도에 어깨부분이 찔려 상처를 입었다면, 피고인의 위 행위를 강도치상죄에 의율함은 정당하다[대판 1985.1.15. 84도2397].
[♠ 04, 05, 08 사시]
2. 강도가 재물강취의 수단으로서 한 폭행에 의하여 상해를 입힌 경우가 아니라도 강도의 기회에 상해를 입힌 것이라면 강도상해죄가 성립한다 할 것인바, 강취현장에서 피고인의 발을 붙잡고 늘어지는 피해자를 30m쯤 끌고가서 폭행함으로써 상해한 피고인의 행위는 강도상해죄에 해당한다 할 것이다[대판 1984.6.26. 84도970].
3. 피고인이 피해자로부터 재물을 강취하고 피해자가 운전하는 자동차에 함께 타고 도주하다가 단속 경찰관이 뒤따라오자 피해자를 칼로 찔러 상해를 가하였다면 강도상해죄를 구성한다 할 것

이고, 강취와 상해 사이에 1시간 20분이라는 시간적 간격이 있었다는 것만으로는 강도상해죄의 성립에 영향이 없다[대판 1992.1.21. 91도2727].

4. 형법 제337조의 강도상해죄는 강도범인이 강도의 기회에 상해행위를 함으로써 성립하므로 강도범행의 실행 중이거나 실행 직후 또는 실행의 범의를 포기한 직후로서 사회통념상 범죄행위가 완료되지 아니하였다고 볼 수 있는 단계에서 상해가 행하여짐을 요건으로 한다. 그러나 반드시 강도범행의 수단으로 한 폭행에 의하여 상해를 입힐 것을 요하는 것은 아니고 상해행위가 강도가 기수에 이르기 전에 행하여져야만 하는 것은 아니므로, 강도범행 이후에도 피해자를 계속 끌고 다니거나 차량에 태우고 함께 이동하는 등으로 강도범행으로 인한 피해자의 심리적 저항불능 상태가 해소되지 않은 상태에서 강도범인의 상해행위가 있었다면 강취행위와 상해행위 사이에 다소의 시간적·공간적 간격이 있었다는 것만으로는 강도상해죄의 성립에 영향이 없다[대판 2014.9.26. 2014도9567]. [♣ 16, 18변시]

判例 강도상해죄가 성립하지 않는 경우(피해자가 적극적 체포과정에서 스스로 상해를 입은 경우)

강도상해죄는 강도가 사람을 상해한 경우에 성립하는 것이므로 도주하는 강도를 체포하기 위해 뒤에서 덮쳐 오른손으로 목을 잡고, 왼손으로 앞부분을 잡는 순간 강도가 들고 있던 벽돌에 끼어있는 철사에 찔려 부상을 입었다거나 또는 도망하려는 공범을 뒤에서 양팔로 목을 감싸잡고 내려오다 같이 넘어져 부상을 입은 경우라면 위 부상들은 피해자들의 적극적인 체포행위 과정에서 스스로의 행위의 결과로 입은 상처이어서 위 상해의 결과에 대하여 강도상해죄로 의율할 수 없다[대판 1985.7.9. 85도1109]. [♠ 99, 11 사시]

判例 강도상해죄에 있어서 상해의 의미 및 상해에 해당하지 않는 경우

1. **(상해의 의미)** 강도상해죄에 있어서의 상해는 피해자의 신체의 건강상태가 불량하게 변경되고 생활기능에 장애가 초래되는 것을 말하는 것으로서, 피해자가 입은 상처가 극히 경미하여 굳이 치료할 필요가 없고 치료를 받지 않더라도 일상생활을 하는 데 아무런 지장이 없으며 시일이 경과함에 따라 자연적으로 치유될 수 있는 정도라면, 그로 인하여 피해자의 신체의 건강상태가 불량하게 변경되었다거나 생활기능에 장애가 초래된 것으로 보기 어려워 강도상해죄에 있어서의 상해에 해당한다고 할 수 없다[대판 2003.7.11. 2003도2313].
2. **(상해에 해당하지 않는 경우)** 약물을 탄 오렌지를 먹자마자 정신이 혼미해지고, 그 후 기억을 잃었다는 것은 강도죄에 있어서 항거불능 상태를 말하는 것은 될지언정 이것만으로는 약물중독 상해를 인정할 자료가 되지 못한다[대판 1984.12.11. 84도2324].

판 례 연 습

【강도치상죄의 성립여부】

〈사안 1〉

甲, 乙 등은 자동차를 이용하여 날치기를 하기로 공모하였다. 甲이 승용차를 운전하여 A(女)에게 접근하고 함께 차를 타고 있던 공모자들 중 乙이 A(女)의 손가방을 낚아채자, 甲이 승용차를 운전하여 가버림으로써 A(女)에게 손가락 골절상을 입게 하였다.

〈사안 2〉

날치기범 丙은 B(女)가 현금인출기에서 돈을 인출하여 가방에 넣고 나오는 것을 발견하고 B(女)의 뒤쪽으로 접근하여 B(女)의 왼팔에 끼고 있던 손가방의 끈을 오른손으로 잡아당겼으나 B(女)는 가방을 놓지 않으려고 버티다가 몸이 돌려지면서 등을 바닥 쪽으로 하여 넘어졌으나 계속하여 B(女)를 5m 가량 끌고 감으로써 무릎 등에 상해를 입혔다.

판결요지

〈사안 1〉

[1] 날치기와 같이 강력적으로 재물을 절취하는 행위는 때로는 피해자를 전도시키거나 부상케 하는 경우가 있고, 구체적인 상황에 따라서는 이를 강도로 인정하여야 할 때가 있다 할 것이나, 그와 같은 결과가 피해자의 반항억압을 목적으로 함이 없이 점유탈취의 과정에서 우연히 가해진 경우라면 이는 절도에 불과한 것으로 보아야 한다.

[2] 준강도죄에 있어서의 '재물의 탈환을 항거할 목적'이라 함은 일단 절도가 재물을 자기의 배타적 지배하에 옮긴 뒤 탈취한 재물을 피해자측으로부터 탈환당하지 않기 위하여 대항하는 것을 말한다.

[3] 피해자의 상해가 차량을 이용한 날치기 수법의 절도시 점유탈취의 과정에서 우연히 가해진 것에 불과하고, 그에 수반된 강제력 행사도 피해자의 반항을 억압하기 위한 목적 또는 정도의 것은 아니었던 것으로 보아 강도치상죄로 의율한 원심판결을 파기한 사례[대판 2003.7.25. 2003도2316]. [♠ 04 사시]

〈사안 2〉

[1] 소위 '날치기'와 같이 강제력을 사용하여 재물을 절취하는 행위가 때로는 피해자를 넘어뜨리거나 상해를 입게 하는 경우가 있고, 그 강제력의 행사가 사회통념상 객관적으로 상대방의 반항을 억압하거나 항거 불능케 할 정도의 것이라면 이는 강도죄의 폭행에 해당한다. 그러므로 날치기 수법의 점유탈취 과정에서 이를 알아채고 재물을 뺏기지 않으려는 상대방의 반항에 부딪혔음에도 계속하여 피해자를 끌고 가면서 억지로 재물을 빼앗은 행위는 피해자의 반항을 억압한 후 재물을 강취한 것으로서 강도에 해당한다.

[2] 날치기 수법으로 피해자가 들고 있던 가방을 탈취하면서 가방을 놓지 않고 버티는 피해자를 5m 가량 끌고 감으로써 피해자의 무릎 등에 상해를 입힌 경우, 반항을 억압하기 위한 목적으로 가해진 강제력으로서 그 반항을 억압할 정도에 해당한다고 보아 강도치상죄의 성립을 인정한 사례[대판 2007.12.13. 2007도7601]. [♠ 11 사시] [♣ 14, 18, 23 변시]

정답 (甲: 강도치상죄 불성립, 丙: 강도치상죄 성립)

③ 기수시기

㉮ 강도상해죄의 기수 · 미수는 상해의 기수 · 미수에 따라 결정되며, 강도의 기수 · 미수와는 무관하다.

㉯ 강도치상죄는 상해의 결과가 발생한 때 기수가 된다. 강도의 기수 · 미수는 불문한다.

判例 준강도에 의한 강도상해죄의 기수의 요건 (절도의 목적달성은 기수요건이 아님)

피고인이 절취품을 물색중 피해자가 잠에서 깨어나 "도둑이야"고 고함치자 체포를 면탈할 목적으로 그녀에게 이불을 덮어 씌우고 입과 목을 졸라 상해를 입혔다면 절도의 목적달성여부에 관계없이 강도상해죄가 성립한다[대판 1985.5.28. 85도682]. [♣ 15 변시]

④ 불법이득의사

判例 강도상해죄의 불법이득의사의 판단당법

강도상해죄가 성립하려면 먼저 강도죄의 성립이 인정되어야 하고, 강도죄가 성립하려면 불법영득 또는 불법이득의 의사가 있어야 한다. 채권자를 폭행 · 협박하여 채무를 면탈함으로써 성립하는 강도죄에서 불법이득의사는 단순 폭력범죄와 구별되는 중요한 구성요건 표지이다. 폭행 · 협박 당시 피고인에게 채무를 면탈하려는 불법이득의사가 있었는지는 신중하고 면밀하게 심리 · 판단되어야 한다. 불법이득의사는 마음속에 있는 의사이므로, 피고인과 피해자의 관계, 채무의 종류와 액수, 폭행에 이르게 된 경위, 폭행의 정도와 방법, 폭행 이후의 정황 등 범행 전후의 객관적인 사정을 종합하여 불법이득의사가 있었는지를 판단할 수밖에 없다[대판 2021.6.30. 2020도4539].

[사실관계] 술을 마신 피고인이 술값 지급을 요구받자 술값 일부를 지급하고 나가려고 하는 과정에서 시비가 붙어 피해자를 때려 실신케 하였으나 현장에서 도주 하지 않고 있다가 체포된 사건이다. 대법원은 피고인이 술값 채무를 면탈할 의사가 있었다면 그때 현장을 벗어나는 것이 자연스럽다는 등의 이유로 피고인에게 불법이득의 의사가 있었다고 보기 어렵다고 판시하였다.

3. 공범관계

判例 강도상해죄(준강도상해죄)의 공동정범이 인정된 경우

1. 강도합동범 중 1인이 피고인과 공모한대로 과도를 들고 강도를 하기 위하여 피해자의 거소로 들어가 피해자를 향하여 칼을 휘두른 이상 이미 강도의 실행행위에 착수한 것임이 명백하고, 그가 피해자들을 과도로 찔러 상해를 가하였다면 대문 밖에서 망을 본 공범인 피고인이 구체적으로 상해를 가할 것까지 공모하지 않았다 하더라도 피고인은 상해의 결과에 대하여도 공범으로서의 책임을 면할 수 없다[대판 1998.4.14. 98도356]. [♠ 02, 03, 14 사시] [♣ 12 변시]
2. 합동하여 절도를 한 경우 범인 중 1인이 체포를 면탈할 목적으로 폭행을 하여 상해를 가한 때에

는 나머지 범인도 이를 예기하지 못한 것으로 볼 수 없으면 준강도상해죄의 죄책을 면할 수 없다[대판 1982.7.13. 82도1352].

Ⅶ. 강도살인 · 치사죄

제338조(강도살인 · 치사) 강도가 사람을 살해한 때에는 사형 또는 무기징역에 처한다. 사망에 이르게 한 때에는 무기 또는 10년 이상의 징역에 처한다.
제342조(미수범) 미수범은 처벌한다.

判例 강도살인죄의 주체 = 준강도 포함

강도살인죄의 주체인 강도는 준강도죄의 강도범인을 포함한다고 할 것이므로 절도가 체포를 면탈할 목적으로 사람을 살해한 때에는 강도살인죄가 성립한다[대판 1987.9.22. 87도1592].

判例 강도의 기회의 의미 및 강도의 기회에 살인한 경우로 볼 수 없는 경우(강도살인죄 ×)

[1] 강도살인죄는 강도범인이 강도의 기회에 살인행위를 함으로써 성립하는 것이므로, 강도범행의 실행중이거나 그 실행 직후 또는 실행의 범의를 포기한 직후로서 사회통념상 범죄행위가 완료되지 아니하였다고 볼 수 있는 단계에서 살인이 행하여짐을 요건으로 한다.
[2] 피고인이 피해자 소유의 돈과 신용카드에 대하여 불법영득의 의사를 갖게 된 것이 살해 후 상당한 시간이 지난 후로서 살인의 범죄행위가 이미 완료된 후의 일이라면, 살해 후 상당한 시간이 지난 후에 별도의 범의에 터잡아 이루어진 재물 취거행위를 그보다 앞선 살인행위와 합쳐서 강도살인죄로 처단할 수 없다[대판 2004.6.24. 2004도1098]. **판례해설** 불법영득의사 없는 단순살인은 강도를 목적으로 한 살인, 즉 강도의 기회에 살인한 것이라고 볼 수 없으므로 강도살인죄가 성립할 수 없다는 취지의 판례이다.

判例 강도의 기회에 살인한 경우로 볼 수 있는 경우 (강도살인죄 O)

강도범행 직후 신고를 받고 출동한 경찰관이 위 범행 현장으로부터 약 150m 지점에서 화물차를 타고 도주하는 피고인을 발견하고 순찰차로 추적하여 격투 끝에 피고인을 붙잡았으나, 피고인이 너무 힘이 세고 반항이 심하여 수갑도 채우지 못한 채 피고인을 순찰차에 억지로 밀어 넣고서 파출소로 연행하고자 하였는데, 그 순간 피고인이 체포를 면하기 위하여 소지하고 있던 과도로써 옆에 앉아 있던 경찰관을 찔러 사망케 하였다면 피고인의 위 살인행위는 강도행위와 시간상 및 거리상 극히 근접하여 사회통념상 범죄행위가 완료되지 아니한 상태에서 이루어진 것이라고 보여지므로 (위 살인행위 당시에 피고인이 체포되어 신체가 완전히 구속된 상태이었다고 볼 수 없다), 원심이 피고인을 강도살인죄로 적용하여 처벌한 것은 옳다[대판 1996.7.12. 96도1108]. [♠ 07 사시]

判例 강도살인죄의 미수 · 기수의 판단기준 (살인행위의 미 · 기수에 의함)

1. **(강도의 살인행위가 미수이면 강도살인미수죄 성립)** 채무면탈의 목적을 가지고 살해행위에 착수하였다가 미수에 그친 경우에는 강도살인미수죄가 성립된다[대판 1964.9.8. 64도310].

2. **(강도의 미 · 기수를 불문하고 피해자가 살해된 경우 강도살인(기수)죄 성립)** 재물강취의 목적과 수단으로 사람을 살해한 이상 그 살해행위가 강취행위의 전후를 불문하고 또 강취행위의 기수이거나 미수임을 구별치 않고 강도살인죄가 성립한다[대판 1957.10.11. 4290형상313].

判例 합동하여 강도를 하던 1인이 사람을 살해한 경우 다른 공범자의 죄책

강도살인죄는 고의범이고 강도치사죄는 이른바 결과적 가중범으로서 살인의 고의까지 요하는 것이 아니므로, 수인이 합동하여 강도를 한 경우 그 중 1인이 사람을 살해하는 행위를 하였다면 그 범인은 강도살인죄의 기수 또는 미수의 죄책을 지는 것이고 다른 공범자도 살해행위에 관한 고의의 공동이 있었으면 그 또한 강도살인죄의 기수 또는 미수의 죄책을 지는 것이 당연하다 하겠으나, 고의의 공동이 없었으면 피해자가 사망한 경우에는 강도치사의, 강도살인이 미수에 그치고 피해자가 상해만 입은 경우에는 강도상해 또는 치상의, 피해자가 아무런 상해를 입지 아니한 경우에는 강도의 죄책만 진다고 보아야 할 것이다[대판 1991.11.12. 91도2156]. [♠ 99, 07 사시]

判例 합동하여 강도를 하던 1인이 사람을 살해한 경우 다른 공범자의 죄책에 대한 비교판례

1-0. **(살인행위의 예견이 가능하여 강도치사죄가 인정된 경우 : 등산용 칼 사건)** 피고인들이 등산용 칼을 이용하여 노상강도를 하기로 공모한 사건에서 범행 당시 차안에서 망을 보고 있던 피고인 甲이나 등산용 칼을 휴대하고 있던 피고인 乙과 함께 차에서 내려 피해자로부터 금품을 강취하려 했던 피고인 丙으로서는 그때 우연히 현장을 목격하게 된 다른 피해자를 피고인 乙이 소지중인 등산용 칼로 살해하여 강도살인행위에 이를 것을 전혀 예상하지 못하였다고 할 수 없으므로 피고인들 모두는 강도치사죄로 의율처단함이 옳다[대판 1990.11.27. 90도2262].

1-1. **(주의 : 살인행위의 예견이 가능한 경우임에도 강도살인죄가 인정된 경우 : 과도와 쇠파이프 사건)** 수인이 합동하여 강도를 한 경우 1인이 강취하는 과정에서 간수자를 강타 · 사망케 한 때에는 나머지 범인도 이를 예기하지 못한 것으로 볼 수 없는 경우에는 강도살인죄의 죄책을 면할 수 없다 할 것인바, 피고인들이 사전에 금품강취범행을 모의하고 전원이 범행현장에 임하여 각자 범죄의 실행을 분담하였으며 그 과정에 피고인(甲)을 제외한 나머지 3명이 모두 과도 또는 쇠파이프 등을 휴대하였고 쇠파이프를 휴대한 피고인(乙)이 위 피해자를 감시하였던 상황에 비추어 피고인(乙)이 피해자를 강타 · 살해하리라는 점에 관하여 나머지 피고인들도 예기할 수 없었다고는 보여지지 아니하므로 피고인들을 모두 강도살인죄의 정범으로 처단함은 정당하다[대판 1984.2.28. 83도3162].

Ⅷ. 강도강간죄

제339조(강도강간) 강도가 사람을 강간한 때에는 무기 또는 10년 이상의 징역에 처한다.
제342조(미수범) 본죄의 미수범은 처벌한다.

判例 강도의 피해자와 강간의 피해자가 다른 경우(강도강간죄 성립)

피고인이 강도하기로 모의를 한 후 피해자 甲男으로부터 금품을 빼앗고 이어서 피해자 乙女를 강간하였다면 강도강간죄를 구성한다[대판 1991.11.12. 91도2241].

Ⅸ. 해상강도죄, 해상강도상해 · 치상 · 살인 · 치사 · 강간죄

제340조(해상강도) ① 다중의 위력으로 해상에서 선박을 강취하거나 선박 내에 침입하여 타인의 재물을 강취한 자는 무기 또는 7년 이상의 징역에 처한다.
② 제1항의 죄를 범한 자가 사람을 상해하거나 상해에 이르게 한 때에는 무기 또는 10년 이상의 징역에 처한다.
③ 제1항의 죄를 범한 자가 사람을 살해 또는 사망에 이르게 하거나 강간한 때에는 사형 또는 무기징역에 처한다.
제342조(미수범) 본죄의 미수범은 처벌한다.

判例 해상강도살인죄가 인정되는 경우 (선박에 대한 불법영득의사가 인정된 사례임)

[1] 선장을 비롯한 일부 선원들을 살해하는 등의 방법으로 선박의 지배권을 장악하여 목적지까지 항해한 후 선박을 매도하거나 침몰시키려고 한 경우에는 선박에 대한 불법영득의 의사가 있으므로 해상강도살인죄가 성립한다.
[2] 사람을 살해한 자가 그 사체를 다른 장소로 옮겨 유기하였을 때에는 별도로 사체유기죄가 성립하고, 이와 같은 사체유기를 불가벌적 사후행위로 볼 수는 없다[대판 1997.7.25. 97도1142]. [♠ 99 사시]
판례해설 피고인들의 죄책은 해상강도살인죄와 사체유기죄의 실체적 경합에 해당한다.

判例 해상강도범에게 살인의 공모가 인정되지 않은 경우 (삼호주얼리호 납치 사건)

소말리아 해적인 피고인들 등이 공모하여 아라비아해 인근 공해상에서 대한민국 해운회사가 운항 중인 선박 '삼호주얼리호'를 납치하여 대한민국 국민인 선원 등에게 해상강도 등 범행을 저질렀다는 내용으로 국내법원에 기소된 사안에서, [1] 해적들의 공모내용에는 납치한 이 사건 선박을 소말리아로 끌고 가는 과정에서 이를 회복하려는 행위를 총격 등 무력으로 저지하는 것도 포함되고 당시 해군의 리브 보트를 향하여 총격을 가한 것은 위 공모내용에 부합하는 행위이므로, 이 부분 범행에 관하여 이 사건 해적들 사이에는 암묵적인 공모가 존재한다고 보아야 하며, 나아가 당시 리브 보트를 향하여 기관총으로 사격을 한 피고인들에게는 위와 같은 공모에 따라 살해의 고의로 군인들을 향하여 총격을 가하였으므로 당연히 해상강도살인범죄(실제 군인들은 상해를 입어 해상강도살인미수죄가 성립하였음)의 공동정범으로서 책임을 지고, 피고인 3은 해적들 내부의 업무분담에 따라 조타실 내에서 통신장비를 감시하는 역할을 하는 한편 소총을 소지한 채 외부 경계활동에도 가담한 이상 군인들에 대한 총격행위에 가담하였는지 여부와 관계없이 공동정범으로서의 책임을 부담하여야 한다고 한 사례.

[2] 피고인 甲(두목)이 선장 乙을 살해할 의도로 乙에게 총격을 가하여 미수에 그친 사실을 충분히 인정할 수 있다고 본 다음, 이 사건 해적들의 공모내용은 선박 납치, 소말리아로의 운항 강제, 석방대가 요구 등 본래 목적의 달성에 차질이 생기는 상황이 발생한 때에는 인질 등을 살상하여서라도 본래 목적을 달성하려는 것에 있을 뿐, 본래 목적 달성이 무산되고 자신들의 생존 여부도 장담할 수 없는 상황에서 보복하기 위하여 그 원인을 제공한 이를 살해하는 것까지 공모한 것으로는 볼 수 없고, 당시 피고인 甲을 제외한 나머지 해적들은 두목의 지시에 따라 무기를 조타실 밖으로 버리고 조타실 내에서 몸을 숙여 총알을 피하거나 선실로 내려가 피신함으로써 저항을 포기하였고, 이로써 해적행위에 관한 공모관계는 실질적으로 종료하였으므로, 그 이후 자신의 생존을 위하여 피신하여 있던 나머지 피고인들로서는 피고인 甲이 乙에게 총격을 가하여 살해하려고 할 것이라는 점까지 예상할 수는 없었다고 본 원심판단을 수긍한 사례[대판 2011.12.22. 2011도12927]. [♣18 변시]

Ⅹ. 상습강도죄

제341조(상습범) 상습으로 제333조(강도죄), 제334조(특수강도죄), 제336조(인질강도죄) 또는 전조 제1항의 죄(해상강도죄)를 범한 자는 무기 또는 10년 이상의 징역에 처한다.
제342조(미수범) 본죄의 미수범은 처벌한다.

判例 특수강도의 상습성이 인정된 경우

비록 피고인에게 강도의 전과사실이 없다 하더라도 불과 3개월여 사이에 16회에 걸쳐 특수강도행위를 반복하였고 여러 사람이 한밤중에 칼을 협박의 도구로 사용하며 피해자들을 묶어놓는 등 그 범행의 수단·방법이 범행을 거듭함에 따라 전문화, 대형화해가고 있다면 특수강도의 상습성을 인정할 수 있다[대판 1986.6.10. 86도778].

判例 상습강도죄와 강도상해, 강도살인, 강도강간죄와의 관계 (포괄일죄 ×, 실체적 경합 ○)

형법은 제341조에서 강도, 특수강도, 약취강도, 해상강도의 각죄에 관해서는 상습범 가중규정을 두고 있으나, 강도상해, 강도살인, 강도강간 등의 각죄에 관해서는 상습범 가중규정을 두고 있지 않으므로 강도상해죄가 상습강도죄의 확정판결 전에 범한 것이라 하더라도 상습강도죄와 강도상해, 강도살인, 강도강간죄는 포괄적 일죄의 관계에 있기보다는 실체적 경합관계에 있다고 해석함이 마땅하다 할 것이므로 특수강도의 상습범에 대한 가중죄인 특정범죄 가중처벌 등에 관한 법률 위반죄의 기판력은 강도상해죄에 미치지 않는다[대판 1982.10.12. 82도1764].

判例 강도미수에 의한 강도상해죄와 강도강간죄가 성립하는 경우 강도미수죄의 성립여부 (불성립)

강도가 피해자에게 상해를 입혔으나 재물의 강취에는 이르지 못하고 그 자리에서 항거불능 상태에 빠진 피해자를 간음한 경우에는 강도상해죄와 강도강간죄만 성립하고, 그 실행행위의 일부인 강도미수 행위는 위 각 죄에 흡수되어 별개의 범죄를 구성하지 않는다[대판 2010.4.29. 2010도1099]. [♠ 15 사시]

XI. 강도예비 · 음모죄

제343조(예비, 음모) 강도할 목적으로 예비 또는 음모한 자는 7년 이하의 징역에 처한다.

判例 '준강도할 목적'의 예비 · 음모(강도예비 · 음모죄 ×), '강도를 할 목적'이 있어야 강도예비 · 음모죄 ○

[1] 甲은 상습으로 심야의 인적이 드문 주택가 주차장이나 길가에 주차된 자동차를 골라 그 문을 열고 동전 등 물건을 훔치는 범행을 계속해 온 자로서, 어느 날 주택가를 배회하며 범행 대상을 물색하다가 체포되었다. 그런데 그 당시 甲은 뜻하지 않게 절도 범행이 발각되었을 경우 체포를 면탈하는데 도움이 될 수 있을 것이라는 생각에서 흉기를 휴대하고 있었다. 이 경우 甲에게는 강도예비죄가 성립하지 아니한다.
[2] 강도예비 · 음모죄가 성립하기 위하여는 예비 · 음모 행위자에게 미필적으로라도 '강도'를 할 목적이 있음이 인정되어야 하고 그에 이르지 않고 단순히 '준강도'할 목적이 있음에 그치는 경우에는 강도예비 · 음모죄로 처벌할 수 없다[대판 2006.9.14. 2004도6432]. [♠ 07, 08, 09, 11, 12, 14 사시] [♣ 14, 15, 17 변시]

판결이유 강도예비 · 음모죄에 관한 형법 제343조는 "강도할 목적으로 예비 또는 음모한 자는 7년 이하의 징역에 처한다"고 규정하고 있는 바, 그 법정형이 단순 절도죄의 법정형을 초과하는 등 상당히 무겁게 정해져 있고, 원래 예비 · 음모는 법률에 특별한 규정이 있는 경우에 한하여 예외적으로 처벌의 대상이 된다는 점(형법 제28조)을 고려하면, 강도예비 · 음모죄로 인정되는 경우는 위 법정형에 상당한 정도의 위법성이 나타나는 유형의 행위로 한정함이 바람직하다 할 것이다. 그런데 준강도죄에 관한 형법 제335조는 "절도가 재물의 탈환을 항거하거나 체포를 면탈하거나 죄적을 인멸할 목적으로 폭행 또는 협박을 가한 때에는 전2조의 예에 의한다"라고 규정하고 있을 뿐 준강도를 항상 강도와 같이 취급할 것을 명시하고 있는 것은 아니고, 절도범이 준강도를 할 목적을 가진다고 하더라도 이는 절도범으로서는 결코 원하지 않는 극단적인 상황인 절도 범행의 발각을 전제로 한 것이라는 점에서 본질적으로 극히 예외적이고 제한적이라는 한계를 가질 수밖에 없으며, 형법은 흉기를 휴대한 절도를 특수절도라는 가중적 구성요건(형법 제331조 제2항)으로 처벌하면서도 그 예비행위에 대한 처벌조항은 마련하지 않고 있는데, 만약 준강도를 할 목적을 가진 경우까지 강도예비로 처벌할 수 있다고 본다면 흉기를 휴대한 특수절도를 준비하는 행위는 거의 모두가 강도예비로 처벌받을 수밖에 없게 되어 형법이 흉기를 휴대한 특수절도의 예비행위에 대한 처벌조항을 두지 않은 것과 배치되는 결과를 초래하게 된다는 점 및 정당한 이유 없이 흉기 기타 위험한 물건을 휴대하는 행위 자체를 처벌하는 조항을 폭력행위 등 처벌에 관한 법률 제7조에 따로 마련하고 있다는 점 등을 고려하면, 강도예비 · 음모죄가 성립하기 위해서는 예비 · 음모 행위자에게 미필적으로라도 '강도'를 할 목적이 있음이 인정되어야 하고 그에 이르지 않고 단순히 '준강도'할 목적이 있음에 그치는 경우에는 강도예비 · 음모죄로 처벌할 수 없다고 봄이 상당하다.

判例 강도음모로 인정되지 않는 경우

[1] 형법상 음모죄가 성립하는 경우의 음모란 2인 이상의 자 사이에 성립한 범죄실행의 합의를 말하는 것으로, 범죄실행의 합의가 있다고 하기 위하여는 단순히 범죄결심을 외부에 표시 · 전달하는 것만으로는 부족하고, 객관적으로 보아 특정한 범죄의 실행을 위한 준비행위라는 것이 명백히 인식되고, 그 합의에 실질적인 위험성이 인정될 때에 비로소 음모죄가 성립한다고 할 것이다.
[2] 피고인들이 수회에 걸쳐 "총을 훔쳐 전역 후 은행이나 현금수송차량을 털어 한탕 하자."는 말을 나눈 정도만으로는 강도음모를 인정하기에 부족하다고 할 것이다[대판 1999.11.12. 99도3801].

判例 죄수

특정범죄 가중처벌 등에 관한 법률 제5조의4 제3항에 규정된 상습강도죄를 범한 범인이 그 범행 외에 상습적인 강도의 목적으로 강도예비를 하였다가 강도에 이르지 아니하고 강도예비에 그친 경우에도 그것이 강도상습성의 발현이라고 보여지는 경우에는 강도예비행위는 상습강도죄에 흡수되어 위 법조에 규정된 상습강도죄의 1죄만을 구성하고 이 상습강도죄와 별개로 강도예비죄를 구성하지 아니한다[대판 2003.3.28. 2003도665]. [♠ 08 사시]

제4절 사기의 죄

사기죄는 모든 쟁점이 출제가능하며 매년 출제된다고 해도 과언이 아니다. 소송사기죄, 신용카드 범죄, 불법원인급여와 사기죄의 성부, 컴퓨터등사용사기죄의 성부와 죄수에 관한 판례는 모두 중요하다. 완전히 숙지하여야 할 부분이라고 할 수 있다.

Ⅰ. 총 설

1. 의 의

사기의 죄란 사람을 기망하여 재물을 교부받거나 재산상의 이익을 취득하거나 제3자로 하여금 취득하게 함으로써 성립하는 범죄이다.

2. 보호법익

① 보호법익에 대하여는 전체로서의 재산권이라는 견해(다수설), 재산권 이외에 거래의 진실성도 보호법익에 해당한다는 견해가 대립되고 있다. 보호의 정도는 침해범이다.

② 사기죄의 보호법익은 '개인의 재산권'이다. 따라서 공무원의 자격을 사칭하거나 기망에 의하여 부녀의 정조를 유린하거나 또는 공무원을 기망하여 세금을 포탈하였다고 하더라도 이는 '개인의 재산권'을 침해한 경우가 아니므로 사기죄가 성립하지 않는다.

判例 기망에 의하여 조세를 포탈한 경우 = 사기죄 ×

[1] 기망행위에 의하여 국가적 또는 공공적 법익을 침해한 경우라도 그와 동시에 형법상 사기죄의 보호법익인 재산권을 침해하는 것과 동일하게 평가할 수 있는 때에는 당해 행정법규에서 사기죄의 특별관계에 해당하는 처벌규정을 별도로 두고 있지 않는 한 사기죄가 성립할 수 있다. 그런데 기망행위에 의하여 조세를 포탈하거나 조세의 환급·공제를 받은 경우에는 조세범처벌법 제9조에서 이러한 행위를 처벌하는 규정을 별도로 두고 있을 뿐만 아니라, 조세를 강제적으로 징수하는 국가 또는 지방자치단체의 직접적인 권력작용을 사기죄의 보호법익인 재산권과 동일하게 평가할 수 없는 것이므로 조세범처벌법 위반죄가 성립함은 별론으로 하고, 형법상 사기죄는 성립하지 않는다.
[♣17 변시]

[2] 주유소 운영자가 농·어민 등에게 조세제한특례법에 정한 면세유를 공급한 것처럼 위조한 면세유류공급확인서로 정유회사를 기망하여 면세유를 공급받음으로써 면세유와 정상유의 가격 차이 상당의 이득을 취득한 사안에서, 정유회사에 대하여 사기죄를 구성하는 것은 별론으로 하고, 국가 또는 지방자치단체를 기망하여 국세 및 지방세의 환급세액 상당을 편취한 것으로 볼 수 없다고 한 사례[대판 2008.11.27. 2008도7303], [대판 2021.11.11. 2021도7831].

Ⅱ. 사기죄

제347조(사기) ① 사람을 기망하여 재물의 교부를 받거나 재산상의 이익을 취득한 자는 10년 이하의 징역 또는 2천만원 이하의 벌금에 처한다.
② 전항의 방법으로 제3자로 하여금 재물의 교부를 받게 하거나 재산상의 이익을 취득하게 한 때에도 전항의 형과 같다.
제352조(미수범) 본죄의 미수범은 처벌한다.

1. 의 의

사람을 기망하여 재물의 교부를 받거나 재산상의 이익을 취득하거나 제3자로 하여금 취득하게 함으로써 성립하는 범죄이다.

2. 구성요건

(1) 객관적 구성요건

① 객 체 : 재물 또는 재산상의 이익이다.

㉮ 재물은 타인소유 · 타인점유의 재물을 말하며,[1] 동산 · 부동산을 불문한다.

判例 사기죄의 객체에 해당하는 경우

1. **(무효인 약속어음공정증서)** 약속어음공정증서에 증서를 무효로 하는 사유가 존재한다고 하더라도 그 증서 자체에 이를 무효로 하는 사유의 기재가 없고 외형상 권리의무를 증명함에 족한 체제를 구비하고 있는 한 그 증서는 형법상의 재물로서 사기죄의 객체가 됨에 아무런 지장이 없다[대판 1995.12.22. 94도3013].
2. **(자금부족으로 지급장소에서 지급되지 아니하는 약속어음)** 약속어음은 그 자체가 재산적 가치를 지닌 유가증권으로서 만기에 지급장소에서 어음금이 지급되지 아니하는 때라도 소지인은 배서인, 발행인 기타 어음채무자에 대하여 소구권을 행사할 수 있어서 그 효용이 소멸된 것이 아니므로 발행인의 자금부족으로 지급장소에서 지급되지 아니하는 약속어음이라도 사기죄의 객체가 된다[대판 1985.3.9. 85도951]. [♠ 99 사시]
3. **(인감증명서)** [1] 인감증명서는 인감과 함께 소지함으로써 인감 자체의 동일성을 증명함과 동시에 거래행위자의 동일성과 거래행위가 행위자의 의사에 의한 것임을 확인하는 자료로서 개인의 권리의무에 관계되는 일에 사용되는 등 일반인의 거래상 극히 중요한 기능을 가진다. 따라서 그 문서는 다른 특별한 사정이 없는 한 재산적 가치를 가지는 것이어서 형법상의 '재물'에 해당한다고 할 것이다. 이는 그 내용 중에 재물이나 재산상 이익의 처분에 관한 사항이 포함되어 있지

---

1) 따라서 자기가 보관(점유)하는 타인소유의 재물을 기망을 통하여 영득하는 경우 사기죄가 아니라 횡령죄가 성립한다.

아니하다고 하여 달리 볼 것이 아니다. 따라서 위 용도로 발급되어 그 소지인에게 재산적 가치가 있는 것으로 인정되는 인감증명서를 그 소지인을 기망하여 편취하는 것은 그 소지인에 대한 관계에서 사기죄가 성립한다고 할 것이다.
[2] 피고인이 피해자에게서 매수한 재개발아파트 수분양권을 이미 매도하였는데도 마치 자신이 피해자의 입주권을 정당하게 보유하고 있는 것처럼 피해자의 딸과 사위에게 거짓말하여 피해자 명의의 인감증명서 3장을 교부받은 경우, 위 인감증명서는 피해자측이 발급받아 소지하게 된 피해자 명의의 것으로서 재물성이 인정된다 할 것이므로, 피고인이 피해자측을 기망하여 이를 교부받은 이상 재물에 대한 편취행위가 성립한다고 보아야 한다[대판 2011.11.10. 2011도9919]. [♠ 15 사시]

㉯ 재산상 이익 : ⅰ) 적극적 · 소극적 이익, 일시적 · 영속적 이익을 불문한다. ⅱ) 외관상 재산적 이익을 취득했다고 볼 수 있는 사실관계만 있으면 족하므로 이익의 취득이 사법상 유효할 것도 요하지 않는다(판례). ⅲ) 기망에 의하여 이익을 취득한 경우라도 재산상 이익을 취득한 것이 아니면 사기죄는 성립하지 않는다. ⅳ) 재산상 이익은 구체적 이익일 것을 요한다.

判例 비트코인 = 사기죄의 객체인 이익 O

가상화폐의 일종인 '비트코인'은 경제적인 가치를 디지털로 표상하여 전자적으로 이전, 저장과 거래가 가능하도록 한 가상자산의 일종으로 사기죄의 객체인 재산상 이익에 해당한다[대판 2021.11.11. 2021도9855].

判例 성행위 대가 = 사기죄의 객체인 이익 O

일반적으로 부녀와의 성행위 자체는 경제적으로 평가할 수 없고, 부녀가 상대방으로부터 금품이나 재산상 이익을 받을 것을 약속하고 성행위를 하는 약속 자체는 선량한 풍속 기타 사회질서에 위반한 사항을 내용으로 하는 법률행위로서 무효이나, 사기죄의 객체가 되는 재산상의 이익이 반드시 사법상 보호되는 경제적 이익만을 의미하지 아니하고, 부녀가 금품 등을 받을 것을 전제로 성행위를 하는 경우 그 행위의 대가는 사기죄의 객체인 경제적 이익에 해당하므로, 부녀를 기망하여 성행위 대가의 지급을 면하는 경우 사기죄가 성립한다[대판 2001.10.23. 2001도2991]. [♠ 03, 10 사시] [♣ 20 변시]

判例 교통사고처리특례법상의 보험가입사실증명원 = 사기죄의 객체 ×

보험가입사실증명원은 교통사고를 일으킨 차가 교통사고처리특례법 제4조에서 정한 취지의 보험에 가입하였음을 보험회사가 증명하는 내용의 문서일 뿐이고 거기에 재물이나 재산상의 이익의 처분에 관한 사항을 포함하고 있는 것은 아니므로, 이러한 문서의 불법취득에 의해 침해된 또는 침해될 우려가 있는 법익은 보험가입사실증명원인 서면 그 자체가 아니고 그 문서가 교통사고처리특례법 제4조에 정한 보험에 가입한 사실의 진위에 관한 내용이라고 할 것이고, 따라서 이러한 증명에 의하여 사기죄에서 말하는 재물이나 재산상의 이익이 침해된 것으로 볼 것은 아니어서 보험가입사실증명원은 사기죄의 객체가 되지 아니한다[대판 1997.3.28. 96도2625]. [♠ 10 사시]

判例 재산상 이익을 취득한 경우(사기죄 성립)

1. 공소외 甲이 피고인의 허언에 기망되어 연대채무를 부담하였기 때문에 피고인이 의도한 대로 금 200만원을 차용할 수 있었다면 재산상 불법의 이익을 취득한 것이 되므로 공소외 甲을 피기망자 및 피해자로 하는 사기죄가 성립한다[대판 1982.10.26. 82도2217].
2. 사기죄에 있어서 채무이행을 연기받는 것도 재산상의 이익이 되므로, 채무자가 채권자에 대하여 소정기일까지 지급할 의사와 능력이 없음에도 종전 채무의 변제기를 늦출 목적에서 어음을 발행 교부한 경우에는 사기죄가 성립한다[대판 1997.7.25. 97도1095]. [♠ 00, 01 사시]
3. 풀카고트럭 2세트와 카고트럭 4대를 할부로 매입하여 출고받은 뒤 그 할부매매계약의 연대보증인을 구할 수 없자 피해자에게 거짓말을 하여 풀카고트럭 1대에 대한 연대보증용 인감증명서를 교부받은 후, 피해자로부터 그 서류에 대한 반환을 요구받고도 반환하지 않고 있다가 자동차 회사 판매 영업소 직원에게 교부하면서 풀카고트럭 1세트와 카고트럭 4대의 매매계약 연대보증인으로 처리하라고 하여, 피해자를 연대보증 하는 약속어음 공정증서를 작성하게 하고, 피해자를 연대보증인으로 하여 자신이 경영하는 회사와 보증보험회사 간에 그 차량들의 할부판매보증보험계약을 체결하게 함으로써 그 차량매매대금 중 선지급금을 제외한 나머지 금액 상당의 재산상의 이익을 편취한 피고인의 행위를 사기죄로 처단한 원심판결을 수긍한 사례[대판 1995.8.25. 94도2132].
4. 아파트 소유권이전등기청구권을 가압류 당한 아파트 수분양권자가 위 청구권을 행사하거나 아파트를 매도할 수 없게 되자 가압류채권자에게 가압류를 해제하여 주면 아파트 매도대금으로 채무를 변제하겠다고 거짓말하여 이에 속은 채권자로부터 가압류해제신청서를 받아 가압류를 해제한 후 아파트를 매도하였으면서도 위 채무를 변제하지 아니한 사안에서, 위 수분양권자로서는 가압류가 해제됨으로써 아파트 매도가 용이해져 매도대금을 수령할 수 있게 된 이익이 있으므로 가압류청구금액 상당의 재산상의 이익을 취득한 사기죄가 성립한다고 한 사례[대판 2007.7.26. 2007도3160].
5. 부동산가압류결정을 받아 부동산에 관한 가압류집행까지 마친 자가 그 가압류를 해제하면 소유자는 가압류의 부담이 없는 부동산을 소유하는 이익을 얻게 되므로, 가압류를 해제하는 것 역시 사기죄에서 말하는 재산적 처분행위에 해당하고, 그 이후 가압류의 피보전채권이 존재하지 않는 것으로 밝혀졌다[2]고 하더라도 가압류의 해제로 인한 재산상의 이익이 없었다고 할 수 없다[대판 2007.9.20. 2007도5507]. [♠ 10, 14 사시]
6. 피고인과 피해자들 사이의 매매계약이 토지거래허가를 받지 아니하여 유동적 무효의 상태에 있었다 하더라도, 피고인이 대출금 및 매매대금을 정산해 줄 것처럼 피해자를 기망하여 그로 하여

---

2) A는 B 작성의 사실확인서를 제출하여 3,000만원 채권을 피보전권리로 하는 이 사건 부동산가압류결정을 받았는데, B가 甲에게 위 사실확인서가 본인의 의사와 관계없이 A에 의하여 임의로 작성된 것이라는 내용의 확인서를 다시 작성하여 준 사실이 인정되었다.

금 근저당권을 설정하게 함으로써 재산상의 이익을 취득한 이상 피고인으로서는 사기죄의 죄책을 면할 수 없다[대판 2008.2.14. 2007도10658]. [♠10 사시]

7. 甲이 일제시대 사정(査定)받은 토지에 대하여 소유자 미복구를 원인으로 국가 명의의 소유권보존등기가 되어 있는 상태에서, 피고인이 제1심 공동피고인과 공모하여 乙이 사정명의인 甲의 소유권을 대습상속한 것처럼 상속인의 사망 시기 등을 조작한 다음 乙을 원고로 하여 국가를 상대로 소유권보존등기 말소등기 청구소송을 제기하여 이를 일부 인용하는 취지의 화해권고결정이 확정된 사안에서, 위 부동산에 대하여 민법 제1053조 이하의 절차에 따른 국가귀속 절차가 이루어지거나 국가가 소유권을 가지게 된 다른 특별한 사정이 있지 않는 한 당연히 국가 소유가 되는 것은 아니라고 할 것이나, 이미 국가 명의로 소유권보존등기가 되어 있는 상태에서 소유권보존등기의 말소 청구를 하고 청구의 일부인용 판결에 준하는 화해권고결정이 확정된 이상, 청구인용부분에 대하여는 법원을 기망하여 유리한 결정을 받음으로써 '대상 토지의 소유명의를 얻을 수 있는 지위'라는 재산상 이익을 취득하였다고 할 것이고, 이는 사기죄의 대상인 재산상 이익의 편취에 해당한다는 이유로, 위 청구인용 부분에 대하여 사기죄, 그리고 화해권고결정에 의하여 등기말소청구를 포기한 부분에 대하여 사기미수죄를 각 인정한 원심판단을 수긍한 사례[대판 2011.12.13. 2011도8873].

8. [1] 경제적 이익을 기대할 수 있는 자금운용의 권한 내지 지위의 획득도 그 자체로 경제적 가치가 있는 것으로 평가할 수 있다면 사기죄의 객체인 재산상의 이익에 포함된다.

   [2] 피고인이 자신이 개발한 주식운용프로그램을 이용하면 상당한 수익을 낼 수 있고 만일 손해가 발생하더라도 원금과 은행 정기예금 이자 상당의 반환은 보장하겠다는 취지로 피해자 甲을 기망하여 甲의 자금이 예치된 甲 명의 주식계좌에 대한 사용권한을 부여받아 재산상 이익을 취득하였다는 내용으로 기소된 사안에서, 주식운용에 따른 수익금이 발생할 경우 피고인이 그 중 1/2에 해당하는 돈을 매달 지급받기로 약정한 점 등 제반 사정을 종합하면, 피고인은 장래의 수익 발생을 조건으로 한 수익분배청구권을 취득하였을 뿐 아니라 그러한 경제적 이익을 기대할 수 있는 자금운용의 권한과 지위를 획득하였고, 이는 주식거래의 특성 등에 비추어 충분히 경제적 가치가 있다고 평가할 수 있으므로 甲을 기망하여 그러한 권한과 지위를 획득한 것 자체를 사기죄의 객체인 재산상 이익을 취득한 것으로 볼 수 있다는 이유로, 피고인에게 사기죄를 인정한 원심판단의 결론을 정당하다고 한 사례[대판 2012.9.27. 2011도282].

判例 재산상 이익을 취득하지 못한 경우(사기죄 불성립)

1. 피고인이 병원에서 그 처를 입원시켜 가료 중 치료를 다 받고 나서 처와 함께 극장구경을 하고 돌아와서 치료비를 지급하고 퇴원하겠다고 거짓말을 하고 나간 후 그대로 도주하였다 하여도 도주하기 전까지는 그 치료비를 지급할 의사와 능력이 있어서 입원치료를 받았으나 임시 그 채무의 이행을 피하기 위하여 도주한 것이라면 사기죄가 될 수 없다고 볼 것이다[대판 1970.9.22. 70도1615].

2. 부재자 재산관리인으로 선임되었다는 것만으로서는 어떤 재산권이나 재산상의 이득을 얻은 것이라고 볼 수 없으므로 법원을 기망하여 부재자 재산관리인으로 선임되었다 한들 그 소행은 사기죄에 해당한다고 볼 수 없다[대판 1973.9.25. 73도1080].

② 기망행위

㉮ **의 의** : 거래관계에서 지켜야 할 신의칙에 반하는 행위로서 사람으로 하여금 착오를 일으키게 하는 일체의 행위를 말한다.

㉯ **기망행위의 대상** : ⅰ) 사실에 관한 내적 사실(예 변제의사)·외적 사실(예 변제능력)을 불문한다. ⅱ) 순수한 가치판단 내지 의견의 진술은 기망행위의 대상에서 제외된다(다수설).

判例 기망행위의 대상

사기죄의 요건으로서의 기망은 널리 재산상의 거래관계에서 서로 지켜야 할 신의와 성실의 의무를 저버리는 모든 적극적 또는 소극적 행위를 말하는 것으로서, 반드시 법률행위의 중요부분에 관한 것임을 요하지 않는다[대판 2007.10.25. 2005도1991].

㉰ **기망행위의 수단·방법** : 제한이 없으므로 명시·묵시, 작위·부작위에 의한 기망이 가능하다. ⅰ) 명시적 기망행위란 언어나 문서에 의하여 허위의 주장을 하는 것을 말한다. ⅱ) 묵시적 기망행위란 거동에 의하여 허위의 주장을 하는 것을 말한다. 묵시적 기망행위는 행위자의 거동이 특정한 설명가치를 가질 때 인정된다.

判例 기망행위에 해당되는 경우 (사기죄 또는 사기미수죄 성립 ○)

1. 수입 소갈비를 국내산 소갈비인 것처럼 속여서 판 행위를 사기죄로 인정한 사례[대판 1991.12.24. 91도671]. [♠ 01 사시]
2. 피고인이 접속 후 매 30초당 정보이용료 1,000원이 부과되는 060 회선을 임차하여 휴대폰 사용자들인 피해자들에게 음악편지도착 등의 문자메세지를 무작위로 보내어 마치 아는 사람으로부터 음악 및 음성메세지가 도착한 것으로 오인하게 하여 통화버튼을 눌러 접속하게 한 후 정보이용료가 부과되게 한 행위는 사기죄의 구성요건에 해당한다[대판 2004.10.15. 2004도4705]. [♠ 09 사시]
3. 신생 수입브랜드의 시계를 마치 오랜 전통을 지닌 브랜드의 제품인 것처럼 허위광고 함으로써 그 품질과 명성을 오인한 구매자들에게 고가로 판매한 행위는 사기죄의 '기망행위'에 해당한다[대판 2008.7.10. 2008도1664].
4. 융통어음을 할인함에 있어 그 상대방에 대하여 그 어음이 이른바 진성어음인 것처럼 하기 위하여 적극적인 위장수단을 강구하는 것은 명백한 기망행위에 해당되어 상대방으로 하여금 그 뜻을 오신케 하고 할인명목으로 돈을 교부케 한 행위도 사기죄를 구성하고, 그 할인을 받음에 있어 일부의 담보를 제공하였다 하여 결론이 달라지는 것은 아니므로, 담보가액을 공제하지 아니한 편취 금액 전부에 대하여 사기죄가 성립한다[대판 1997.7.25. 97도1095].

5. 피고인은 동일한 부동산을 피해자와 함께 매수하면서 매도인과 공모하여, 사실은 그 부동산의 평당 매수단가를 피해자보다 싸게 매수하면서도 피해자에게는 자신이 마치 피해자와 같은 값으로 매수하는 것처럼 말하여 피해자를 착오에 빠뜨려 그 부동산을 비싼 값에 매수케 하고, 그 매매차액을 분배, 교부받은 경우 이는 사기죄의 구성요건인 기망행위에 해당한다고 할 것이고, 위 피해자가 만일 동일한 부동산을 피고인과 함께 매수하면서 피고인의 평당 매수단가 보다 비싸게 매수한다는 사실을 사전에 알았더라면 그 매매계약에 임하지 않았으리라는 점은 경험법칙상 쉽게 추측할 수 있다 하겠으므로, 피고인의 위 기망행위와 피해자의 매수행위 사이에 인과관계가 있다고 보아야 한다[대판 1992.3.10. 91도2746].
6. 특별한 자금공급 없이는 도산이 불가피한 상황에서 신용과대조작, 변태적 지급보증 및 재력과시 등의 방법으로 변제자력을 가장하여 대출, 지급보증 및 어음할인을 받은 행위는 사기죄에 해당한다[대판 1997.2.14. 96도2904].
7. 자신이 하나님인 사실이 알려져 세계 각국에서 금은보화가 모이면 마지막 날에 1인당 1,000억원 씩을 나누어 주겠으며, 헌금하지 않는 신도는 하나님이 깍쟁이 하나님이므로 영생할 수 없다는 취지의 설교를 사실인 것처럼 계속하여 기망당한 신도들로부터 헌금명목으로 고액의 금원을 교부받은 것은 형법상 사기죄에 해당한다[대판 1995.4.28. 95도250].
8. 피고인 乙이 내과에서 실질적으로 통원치료를 받았을 뿐임에도 의사 甲이 원무과 직원으로 하여금 입원치료를 받은 것처럼 허위사실을 기재한 요양급여비용 청구서를 작성하게 한 후 이를 국민건강보험공단에 발송하여 입원치료에 대한 요양급여비용을 지급받은 경우 사기죄가 성립한다[대판 2006.1.12. 2004도6557].
9. 요양급여대상이 아닌 전화 진찰을 요양급여대상으로 되어 있던 내원 진찰인 것으로 하여 요양급여비용을 청구한 것은 사기죄의 기망행위에 해당한다[대판 2013.4.26. 2011도10797].
10. 기업회계기준이 개정되었지만 그 부칙에 따라 개정 전의 기업회계기준을 적용하여야 할 경우, 개정된 기업회계기준을 적용하여 작성한 재무제표를 금융기관에 제출하는 행위는 사기죄의 기망행위에 해당한다[대판 2007.6.1. 2006도1813].
11. 치료의 실질이 통원치료이거나 필요 이상의 장기입원을 한 후 이러한 사정을 알리지 않은 채 보험회사에 대하여 보험약관에 정한 입원기간을 충족시켰다고 주장하면서 보험금을 청구하는 행위는 사기죄에 있어서의 기망행위에 해당한다[대판 2007.6.15. 2007도2941].
12. 차용금 사기죄로 기소된 피고인이 파산신청을 하여 면책허가결정이 확정된 경우, 피고인이 파산신청 2년 전부터 불과 40여 일 전까지 여러 사람들로부터 돈을 빌려서 채무변제와 생활비 등으로 사용한 것은 사기죄를 구성한다[대판 2007.11.29. 2007도8549].
13. 명의신탁자가 매도인 명의를 수탁자로 하여 제3자에게 신탁재산을 매도하는 계약을 체결하면서 수탁자가 위 신탁재산의 매도를 반대하며 매도에 따른 절차이행에 협조하기를 거절하고 있는 사정을 숨긴 경우, 매수인인 제3자에 대한 기망행위가 된다[대판 2007.11.30. 2007도4812].

14. 부동산 소유권이전등기절차 이행을 구하는 소를 제기하여 동시이행 조건 없이 이행을 명하는 승소확정판결을 받은 피고인이, 부동산 소유권을 이전받더라도 매매잔금을 공탁할 의사나 능력이 없음에도 피해자에게 매매잔금을 공탁해 줄 것처럼 거짓말을 하여 그러한 내용으로 합의한 후 그에 따라 부동산 소유권을 임의로 이전받은 사안에서, 피고인의 행위는 사회통념상 권리행사의 수단으로서 용인할 수 있는 범위를 벗어난 것으로 사기죄의 기망행위에 해당한다고 한 사례[대판 2011.3.10. 2010도14856]. [♠ 15 사시]

15. 투자금의 편취에 의한 사기죄의 성립 여부에 있어 투자약정 당시 투자받은 사람이 투자자로부터 투자금을 지급받아 투자자에게 설명한 투자사업에 사용하더라도 일정 기간 내에 원금을 반환할 의사나 능력이 없음에도 마치 일정 기간 내에 투자자에게 원금을 반환할 것처럼 거짓말을 한 경우에는 투자를 받는 사람과 투자자의 관계, 거래의 상황, 투자자의 경험, 지식, 성격, 직업 등 행위 당시의 구체적인 사정에 비추어 투자자가 원금반환 약정을 전적으로 믿고 투자를 한 경우라면 사기죄의 요건으로서 기망행위에 해당할 수 있고, 이때 투자금 약정 당시를 기준으로 피해자로부터 투자금을 편취할 고의가 있었는지 여부를 판단하여야 할 것이다[대판 2013.9.26. 2013도3631].

16. 비의료인이 개설한 의료기관은 국민건강보험법상 요양급여비용을 청구할 수 있는 요양기관에 해당되지 아니하므로 비의료인이 개설한 의료기관이 의료법에 의하여 적법하게 개설된 요양기관인 것처럼 국민건강보험공단에 요양급여비용의 지급을 청구하는 것은 기망에 해당하고 더 나아가 요양급여비용을 지급받은 경우, 의료기관 개설인인 비의료인이 개설 명의를 빌려준 의료인으로 하여금 환자들에게 요양급여를 제공하게 하였더라도 사기죄가 성립한다[대판 2015.7.9. 2014도11843]. [♣ 16 변시]

비교판례 i) [1] 피해자가 보험회사 등에게 갖는 직접청구권과 의료기관의 자동차보험진료수가 청구의 인정 근거, 범위 및 성격에다가 자동차손해배상 보장법의 입법 목적 등을 종합적으로 고려하면, 설령 개설자격이 없는 비의료인이 의료법 제33조 제2항을 위반하여 개설한 의료기관이라고 하더라도, 면허를 갖춘 의료인을 통해 피해자에 대한 진료가 이루어지고 보험회사 등에 자동차손해배상 보장법에 따라 자동차보험진료수가를 청구한 것이라면 보험회사 등으로서는 특별한 사정이 없는 한 그 지급을 거부할 수 없다고 보아야 한다. 따라서 피해자를 진료한 의료기관이 위 의료법 규정에 위반되어 개설된 것이라는 사정은 피해자나 해당 의료기관에 대한 보험회사 등의 자동차보험진료수가 지급의무에 영향을 미칠 수 있는 사유가 아니어서, 해당 의료기관이 보험회사 등에 이를 고지하지 아니한 채 그 지급을 청구하였다고 하여 사기죄에서 말하는 기망이 있다고 볼 수는 없다.

[2] 특별한 사정이 없는 한 피보험자를 진료한 의료기관이 의료법 제33조 제2항에 위반되어 개설된 것이라는 사정은 해당 피보험자에 대한 보험회사의 실손의료비 지급의무에 영향을 미칠 수 있는 사유가 아니라고 보아야 하고, 설령 해당 의료기관이 보험회사 등에 이를 고지하지 아니한 채 보험수익자에게 진료사실증명 등을 발급해 주었다 하더라도, 그러한 사실만으로는 사기죄에서 말하는 기망이 있다고 볼 수는 없다 [대판 2018.4.10. 2017도17699].

ii) 의료인으로서 자격과 면허를 보유한 사람이 의료법에 따라 의료기관을 개설하여 건강보험의 가입자 또는 피부양자에게 국민건강보험법에서 정한 요양급여를 실시하고 국민건강보험공단으로부터 요양급여비용을 지급받았다면, 설령 그 의료기관이 다른 의료인의 명의로 개설·운영되어 의료법 제4조 제2항을 위반하였더라도 그 자체만으로는 국민건강보험법상 요양급여비용을 청구할 수 있는 요양기관에서 제외되지 아니하므로, 달리 요양급여비용을 적법하게 지급받을 수 있는 자격 내지 요건이 흠결되지 않는 한 국민건강보험공단을 피해자로 하는 사기죄를 구성한다고 할 수 없다[대판 2019.5.30. 2019도1839].

17. 연구책임자가 처음부터 소속 학생연구원들에 대한 개별 지급의사 없이 공동관리계좌를 관리하면서 사실상 그 처분권을 가질 의도하에 이를 숨기고 산학협력단에 연구비를 신청하여 이를 지급받았다면 이는 산학협력단에 대한 관계에 있어 기망에 의한 편취행위에 해당한다. 다만 연구책임자가 원래 용도에 부합하게 학생연구원들의 사실상 처분권 귀속하에 학생연구원들의 공동비용 충당 등을 위하여 학생연구원들의 자발적인 의사에 근거하여 공동관리계좌를 조성하고 실제로 그와 같이 운용한 경우라면, 비록 공동관리계좌의 조성 및 운영이 관련 법령이나 규정 등에 위반되더라도 그러한 사정만으로 불법영득의사가 추단되어 사기죄가 성립한다고 단정할 수 없다. 이 경우 사기죄 성립 여부는 공동관리계좌 개설의 경위, 실질적 관리 및 처분권의 귀속, 연구비가 온전히 법률상 귀속자인 학생연구원들의 공동비용을 위하여 사용되었는지 여부 등을 종합적으로 고려하여 판단하여야 한다[대판 2021.9.9. 2021도8468].

判例 기도비 명목의 대가를 교부받은 경우라도 사기죄가 성립하는 경우(중요)

[1] 피고인이 피해자에게 불행을 고지하거나 길흉화복에 관한 어떠한 결과를 약속하고 기도비 등의 명목으로 대가를 교부받은 경우에 전통적인 관습 또는 종교행위로서 허용될 수 있는 한계를 벗어났다면 사기죄에 해당한다.
[2] 피고인이 피해자에게 '피해자의 처가 정신분열병에 걸린 것은 귀신이 들린 것이니 피고인이 기도를 하여 낫게 해줄 수 있다', '피해자의 아들에 액운이 있으니 피고인이 골프공에 피해자의 아들 이름을 적어 골프채로 쳐서 액운을 몰아내야 한다', '피해자의 딸과 가족들에게 귀신이 씌었다'는 등의 말을 하며 돈을 요구하여 피해자로부터 기도비와 차용금 명목으로 합계 1억 889만원을 교부받은 것에 대하여, 피고인이 골프채로 골프공을 치는 행위 등 그 주장하는 행위들이 경험칙상 전통적인 관습에 의한 무속행위나 통상적인 종교행위의 형태라고 볼 수 없다고 한 사례[대판 2017.11.9. 2016도12460].

判例 기망행위에 해당되지 않는 경우(사기죄 성립 ×)

1. 사기죄가 성립하기 위하여는 기망행위와 이에 기한 피해자의 처분행위가 있어야 할 것인바, 타인의 일반전화를 무단으로 이용하여 전화통화를 하는 행위는 전기통신사업자인 한국전기통신공사가 일반전화 가입자인 타인에게 통신을 매개하여 주는 역무를 부당하게 이용하는 것에 불과하여 한국전기통신공사에 대한 기망행위에 해당한다고 볼 수 없을 뿐만 아니라, 이에 따라 제공되는 역무도 일반전화 가입자와 한국전기통신공사 사이에 체결된 서비스이용계약에 따라 제공되는 것으로서 한국전기통신공사가 착오에 빠져 처분행위를 한 것이라고 볼 수 없으므로, 결국 위와 같은 행위는 형법 제347조의 사기죄를 구성하지 아니한다[대판 1999.6.25. 98도3891].
2. 채무자는 채권자로부터 채권의 양도통지를 받지 않은 이상 채무금은 원래의 채권자에게 반환할 의무가 있는 것이므로, 채권양도 통지 전에는 그 채무자가 채권자에게 그 채무금을 반환하면 유효한 변제가 되는 것이고 채권자에 대하여 위 채무금의 지급을 거부할 권리를 유보하고 양수인

에게만 지급해야 할 특별한 사정이 없는 한 채무자로서는 양수인이 채무의 지급을 구한다 하더라도 이를 거부할 권리가 있으므로 채권자가 위 채권의 양도사실을 밝히지 아니하고 직접 위 외상대금을 수령하였다 하여 기망수단을 써서 채무자를 착오에 빠뜨려 그 대금을 편취한 것이라 할 수 없다[대판 1984.5.9. 83도2270].

3. 공사대금채권과 대여금채권을 합산하여 임대차보증금반환채권으로 전환하기로 합의하여 임대차계약을 체결하고, 실제로 임차인이 임대차목적물에 거주하면서 주민등록전입신고를 하고 확정일자를 받은 경우, 임차인이 이에 기하여 경매법원으로부터 배당을 받은 행위는 사기죄로 의율할 수 없다[대판 2004.7.22. 2003도6412].

4. 매도인이 매수인에게 토지의 매수를 권유하면서 언급한 내용이 객관적 사실에 부합하거나 비록 확정된 것은 아닐지라도 연구용역 보고서와 신문스크랩 등에 기초한 것인 경우, 사기죄에 있어서 기망행위에 해당한다고 보기는 어렵다[대판 2007.1.25. 2004도45].

5. **(중요) [사실관계]** B는 차용금채무의 담보로 자기 명의로 된 승용차와 소유권이전등록에 필요한 일체의 서류를 甲에게 건네주면서 승용차의 처분에 이의를 제기하지 않기로 하였다. 이에 甲은 위 자동차를 양도한 후 다시 절취할 의사를 가지고 A에게 매매대금 7,500,000원을 받고 승용차를 인도하고 소유권이전등록에 필요한 일체의 서류를 교부한 후 승용차에 미리 부착해 놓은 GPS로 승용차의 위치를 추적하여 A가 주차해 놓은 승용차를 되찾아왔다.

   [판 례] 피고인이 A 등에게 자동차를 인도하고 소유권이전등록에 필요한 일체의 서류를 교부함으로써 A 등이 언제든지 자동차의 소유권이전등록을 마칠 수 있게 된 이상, 피고인이 자동차를 양도한 후 다시 절취할 의사를 가지고 있었더라도 자동차의 소유권을 이전하여 줄 의사가 없었다고 볼 수 없고, 피고인이 자동차를 매도할 당시 곧바로 다시 절취할 의사를 가지고 있으면서도 이를 숨긴 것을 기망이라고 할 수 없어, 결국 피고인이 자동차를 매도할 당시 기망행위가 없었으므로, 피고인에게 사기죄를 인정할 수 없다고 한 사례[대판 2016.3.24. 2015도17452]. [♣ 18 변시]

6. 피고인이 설립한 甲 주식회사는 설립 자본금을 가장납입하고, 자격증 대여자를 보유 건설기술자로 등록하는 등 자본금 요건과 기술자 보유 요건을 가장하여 전문건설업을 부정 등록한 무자격 건설업자로 전문공사를 하도급 받을 수 없었음에도, 이를 바탕으로 공사 발주기관을 기망하여 특허 사용협약을 체결하고, 해당 공사를 낙찰받은 건설회사 담당자를 기망하여 하도급 계약을 체결한 후, 각 계약들에 따른 공사대금을 지급받아 편취하였다는 이유로 특정경제범죄 가중처벌 등에 관한 법률 위반(사기) 및 사기죄로 기소된 사안에서, 피고인이 발주기관 또는 건설회사들로부터 공사대금을 지급받은 행위가 사기죄에서의 기망행위로 인한 재물의 편취에 해당한다고 보기 어렵다[대판 2023.1.12. 2017도14104].

   동지판례 산림사업법인 설립 또는 법인 인수 과정에서 자격증 대여가 있었다는 사정만으로는 피고인에게 병해충 방제 또는 숲가꾸기 공사를 완성할 의사나 능력이 없었다고 단정하기 어렵다. 또한 피고인이 운영하는 한국임업은 이러한 공사 완성의 대가로 발주처로부터 공사대금을 지급받은 것이므로, 설령 피고인이 발주처에 대하여 기술자격증 대여 사실을 숨기는 등의 행위를 하였다고 하더라도 그 행위와 공사대금 지급 사이에 상당인과관계를 인정하기도 어렵다[대판 2022.7.14. 2017도20911].

判例 초과보험계약의 체결이 기망에 해당하기 위한 요건

보험계약자가 보험계약 체결 시 보험금액이 목적물의 가액을 현저하게 초과하는 초과보험 상태를 의도적으로 유발한 후 보험사고가 발생하자 초과보험 사실을 알지 못하는 보험자에게 목적물의 가액을 묵비한 채 보험금을 청구하여 보험금을 교부받은 경우, 보험자가 보험금액이 목적물의 가액을 현저하게 초과한다는 것을 알았더라면 같은 조건으로 보험계약을 체결하지 않았을 뿐만 아니라 협정보험가액에 따른 보험금을 그대로 지급하지 아니하였을 관계가 인정된다면, 보험계약자가 초과보험 사실을 알지 못하는 보험자에게 목적물의 가액을 묵비한 채 보험금을 청구한 행위는 사기죄의 실행행위로서의 기망행위에 해당한다[대판 2015.7.23. 2015도6905].

判例 공사도급계약의 체결이 기망에 해당하는지의 판단기준

사기죄의 보호법익은 재산권이므로, 기망행위에 의하여 국가적 또는 공공적 법익이 침해되었다는 사정만으로 사기죄가 성립한다고 할 수 없다. 따라서 공사도급계약 당시 관련 영업 또는 업무를 규제하는 행정법규나 입찰 참가자격, 계약절차 등에 관한 규정을 위반한 사정이 있는 때에는 그러한 사정만으로 공사도급계약을 체결한 행위가 기망행위에 해당한다고 단정해서는 안 되고, 그 위반으로 말미암아 계약 내용대로 이행되더라도 공사의 완성이 불가능하였다고 평가할 수 있을 만큼 그 위법이 공사의 내용에 본질적인 것인지 여부를 심리 · 판단하여야 한다[대판 2019.12.27. 2015도10570], [대판 2021.10.14. 2016도16343].

判例 사기죄가 성립하는 경우 (무권한자의 재물처분 · 취득행위)

(타인의 소유물을 임대한 후 보증금을 수령한 경우) 채권의 담보로 가옥소유권을 채권자에게 이전등기하여 놓고도 이런 사실을 숨긴 채 공소외 甲과 공모하여 甲의 소유인 양 타인에게 임대하고 그 임대보증금 등 명목으로 금원을 수령한 행위는 사기죄를 구성한다[대판 1984.1.31. 83도1501].

判例 사기죄가 성립하지 않는 경우

[1] 국민건강보험법 제48조 제1항 제1호에서는 고의 또는 중대한 과실로 인한 범죄행위에 기인하거나 고의로 보험사고를 발생시킨 경우 이에 대한 보험급여를 제한하도록 규정하고 있는데, 위 법 제48조 제1항 제1호에 규정된 '고의 또는 중대한 과실로 인한 범죄행위에 기인한 경우'는 '고의 또는 중대한 과실로 인한 자기의 범죄행위에 전적으로 기인하여 보험사고가 발생하였거나 고의 또는 중대한 과실로 인한 자신의 범죄행위가 주된 원인이 되어 보험사고가 발생한 경우'를 말하는 것으로 해석함이 상당하다.

[2] 타인의 폭행으로 상해를 입고 병원에서 치료를 받으면서, 상해를 입은 경위에 관하여 거짓말을 하여 국민건강보험공단으로부터 보험급여 처리를 받은 경우, 위 상해는 '전적으로 또는 주로 피고

인의 범죄행위에 기인하여 입은 상해'라고 할 수 없으므로 사기죄가 성립하지 아니한다[대판 2010.6.10. 2010도1777].

관련판례 피고인이 남편의 폭행으로 목을 다쳤을 뿐인데도 교통사고로 상해를 입었다는 취지로 보험금을 청구하여 다수의 보험회사들로부터 보험금을 교부받아 편취하였다는 내용으로 기소된 사안에서, 피고인이 위와 같이 상해를 입고 수술을 받았으나 후유장해가 남은 것은 사실이고 이는 일반재해에 해당되므로, 피고인의 교통재해를 이유로 한 보험금청구가 보험회사에 대한 기망에 해당할 수 있으려면 각 보험약관상 교통재해만이 보험사고로 규정되어 있을 뿐 일반재해는 보험사고로 규정되어 있지 않거나 교통재해의 보험금이 일반재해의 보험금보다 다액으로 규정되어 있는 경우에 해당한다는 점이 전제되어야 한다고 한 사례[대판 2011.2.24. 2010도17512].

㉣ 부작위에 의한 기망의 요건과 고지의무의 발생요건

判例 부작위에 의한 기망의 의미 및 신의칙상 고지의무의 인정요건

사기죄의 요건으로서의 기망은 널리 재산상의 거래관계에 있어 서로 지켜야 할 신의와 성실의 의무를 저버리는 모든 적극적 또는 소극적 행위를 말하는 것이고, 이러한 소극적 행위로서의 부작위에 의한 기망은 법률상 고지의무 있는 자가 일정한 사실에 관하여 상대방이 착오에 빠져 있음을 알면서도 이를 고지하지 아니함을 말하는 것으로서, 일반거래의 경험칙상 상대방이 그 사실을 알았더라면 당해 법률행위를 하지 않았을 것이 명백한 경우에는 신의칙에 비추어 그 사실을 고지할 법률상 의무가 인정되는 것이다[대판 1998.12.8. 98도3263]. [♣ 23 변시]

동지판례 **(가수 조영남씨 사건)** 피고인이 미술작품의 창작과정, 특히 조수 등 다른 사람이 관여한 사정을 알리지 않은 것이 신의칙상 고지의무 위반으로서 사기죄에서의 기망행위에 해당하고 그 그림을 판매한 것이 판매대금의 편취행위라고 보려면 두 가지의 전제, 즉 미술작품의 거래에서 창작과정을 알려주는 것, 특히 작가가 조수의 도움을 받았는지 등 다른 관여자가 있음을 알려주는 것이 관행이라는 것 및 미술작품을 구매한 사람이 이러한 사정에 관한 고지를 받았더라면 거래에 임하지 아니하였을 것이라는 관계가 인정되어야 한다[대판 2020.6.25. 2018도13696].

判例 고지의무를 인정한 경우 (고지의무 위반의 경우 기망에 해당하여 사기죄 성립 O)

1. 부동산매매에 있어서 매매목적물에 관하여 소유권귀속에 관한 분쟁이 있어 재심소송이 계속중에 있다면 이러한 사정들은 특별한 사정이 없는 한 매수인으로서는 매매계약의 체결 여부를 결정짓는 매우 중요한 요소이므로 매도인은 거래의 신의성실의 원칙상 매수인에게 고지할 의무가 있다 할 것이고 매도인이 매수인에게 소송계속사실을 숨기고 매도하여 대금을 교부받았다면 이는 사기죄를 구성한다[대판 1986.9.9. 86도956].
2. 토지가 정주시에 의하여 협의매수되거나 수용될 것이라는 점을 알고 있었던 피고인에게는 이러한 사정을 모르고 위 토지를 매수하려는 피해자에게 위와 같은 사정을 고지할 신의칙상 의무가 있으므로, 이러한 사정을 고지하지 아니한 피고인의 행위는 부작위에 의한 사기죄를 구성한다[대판 1993.7.13. 93도14]. [♠ 08 사시] [♣ 14, 18 변시]
3. 물품의 국내 독점판매계약을 체결하면서 그 물건이 이미 다른 사람에 의하여 판매되고 있음을 고지하지 않은 경우, 이는 고지할 사실을 묵비함으로써 상대방을 기망한 것이 되어 사기죄를 구

성한다[대판 1996.7.30. 96도1081].

4. 가맹점주가 용역의 제공을 가장한 허위의 매출전표임을 고지하지 아니한 채 신용카드회사에게 제출하여 대금을 청구한 행위는 사기죄의 실행행위로서의 기망행위에 해당한다[대판 1999.2.12. 98도3549].

5. 토지를 매도함에 있어서 채무담보를 위한 가등기와 근저당권설정등기가 경료되어 있는 사실을 숨기고 이를 고지하지 아니하여 매수인이 이를 알지 못한 탓으로 그 토지를 매수하였다면 이는 사기죄를 구성한다[대판 1981.8.20. 81도1638].

6. 비록 토지의 소유자로 등기되어 있다고 하더라도 자신이 진정한 소유자가 아닌 사실을 알게 된 이상, 당해 토지의 수용보상금을 수령함에 있어서 당해 토지를 수용한 기업자나 공탁공무원에게 그러한 사실을 고지하여야 할 의무가 있다고 보아야 할 것이고, 이러한 사실을 고지하지 아니한 채 수용보상금으로 공탁된 공탁금의 출급을 신청하여 이를 수령한 이상 기망행위가 없다고 할 수 없다[대판 1994.10.14. 94도1911].

7. 수표나 어음이 지급기일에 결제되지 않으리라는 점을 예견하였거나 지급기일에 지급될 수 있다는 확신이 없으면서도 그러한 내용을 수취인에게 고지하지 아니하고 이를 속여서 할인을 받으면 사기죄가 성립한다[대판 1998.12.9. 98도3282].

8. '주식거래의 목적물이 증자 전의 주식이 아니라 증자 후의 주식'이라는 점은 주식거래 여부나 그 내용을 결정하는 데 중요한 사항이므로 주식매도인인 피고인이 피해자들에게 이를 제대로 알리지 않은 것은 피해자들을 기망한 것이다[대판 2006.10.27. 2004도6503].

9. 부동산매매에 있어서 매매목적물에 관하여 유언으로 재단법인에 출연되었는지의 여부가 문제되고 다른 부동산에 관하여는 이미 위 유언이 유효하다는 판결까지 있었다면 이러한 사정들은 매매계약의 체결여부를 결정짓는 매우 중요한 요소이므로, 매도인은 거래의 신의성실의 원칙상 매수인에게 이를 고지할 법률상의 의무가 있다고할 것이고 매도인이 매수인에게 위와 같은 사실을 숨기고 매도하여 대금을 교부받았다면 이는 사기죄를 구성한다[대판 1992.8.14. 91도2202].

10. 사채업자가 대출희망자로부터 대출을 의뢰받은 다음 대출희망자가 자동차의 실제 구입자가 아니어서 자동차할부금융의 대상이 되지 아니함에도 그가 실제로 자동차를 할부로 구입하는 것처럼 그 명의의 대출신청서 등 관련 서류를 작성한 후 이를 할부금융회사에 제출하여 자동차할부금융으로 대출금을 받은 경우, 사채업자로서는 신의성실의 원칙상 사전에 할부금융회사에게 자동차를 구입하여 보유할 의사 없이 자동차할부금융대출의 방법으로 자금을 융통하려는 사정을 고지할 의무가 있다 할 것임에도, 이를 고지하지 아니한 채 대출의뢰인들 명의로 자동차할부금융을 신청하여 그 대출금을 지급하도록 한 행위는 고지할 사실을 묵비함으로써 거래상대방인 할부금융회사를 기망한 것이 되어 사기죄를 구성한다[대판 2004.4.9. 2003도7828].

判例 고지의무를 부정한 경우 (불고지의 경우 기망에 해당하지 아니하여 사기죄 성립 ×)

1. [1] 부동산을 매매함에 있어서 매매로 인한 법률관계에 아무런 영향도 미칠 수 없는 것이어서 매수인의 권리의 실현에 장애가 되지 아니하는 사유까지 매도인이 매수인에게 고지할 의무가 있다고는 볼 수 없다.

[2] 부동산중개업자인 피고인이 아파트 입주권을 매도하면서 그 입주권을 2억 5,000만 원에 확보하여 2억 9,500만 원에 전매한다는 사실을 매수인에게 고지하지 않았으나, 매수인이 아파트 입주권을 2억 9,500만 원에 매입하면 시세차익을 볼 수 있다고 판단하여 입주권 가격에 대하여 아무런 문의도 하지 않고 매매계약을 체결한 경우, 피고인이 매수인을 기망하여 차액 4,500만 원을 편취하였다고 보기 어려워 사기죄가 성립하지 않는다[대판 2011.1.27. 2010도5124]. [♠ 15 사시]

2. 채무자는 채권자로부터 채권의 양도통지를 받지 않은 이상 채무금은 원래의 채권자에게 반환할 의무가 있는 것이므로, 채권양도 통지 전에는 그 채무자가 채권자에게 그 채무금을 반환하면 유효한 변제가 되는 것이고 채권자에 대하여 위 채무금의 지급을 거부할 권리를 유보하고 양수인에게만 지급해야 할 특별한 사정이 없는 한 채무자로서는 양수인이 채무의 지급을 구한다 하더라도 이를 거부할 권리가 있으므로 채권자가 위 채권의 양도사실을 밝히지 아니하고 직접 위 외상대금을 수령하였다 하여 기망수단을 써서 채무자를 착오에 빠뜨려 그 대금을 편취한 것이라 할 수 없다[대판 1984.5.9. 83도2270].

3. 토지의 공유자 겸 명의수탁자인 피고인이 나머지 공유자들로부터 그들 소유 지분에 관하여 매도가격 및 처분기한을 특정하여 처분권한을 위임받고 그 처분에 따른 양도소득세 등 일체의 경비를 피고인이 부담하기로 약정한 경우, 피고인이 위 매도위임가격보다 훨씬 고가로 매도하였다 하더라도 그와 같은 사실을 위임인에게 고지할 법률상 의무가 없다[대판 1999.5.25. 98도2792].

쟁점연구 **[과다지급금을 영득한 경우 사기죄의 성립여부]**

1. 문제점

매매잔금을 지급함에 있어 착오에 빠져 지급해야 할 금액을 초과하는 돈을 교부하는 경우 매수인이 이를 수령하여 영득한 자에 대하여 부작위에 의한 사기죄가 성립할 수 있는지 문제된다.

2. 학 설

거래관행상 행위자에게 수령액이 더 많다는 것을 고지해야 할 의무가 없으므로 부작위에 의한 사기죄가 되지 않는다는 견해가 있다.

3. 판 례

매도인이 매매잔금을 교부받기 전 또는 교부받던 중에 초과 사실을 알게 되었을 경우에는 매수인의 그 착오를 제거하여야 할 신의칙상 의무를 지므로 고지의무를 이행하지 아니하고 수령한 경우에는 사기죄에 해당될 것이지만, 매매잔금을 건네주고 받는 행위를 끝마친 후에야 비로소 알게 되었을 경우에는 초과 사실을 고지하여야 할 법률상 의무의 불이행은 더 이상 그 초과된 금액 편취의 수단으로서의 의미는 없으므로, 교부하는 돈을 그대로 받은 그 행위는 점유이탈물횡령죄가 될 수 있음은 별론으로 하고 사기죄를 구성할 수는 없다고 판시하고 있다.

4. 검 토 (판례 지지)

거래현장에서 금액이 초과되어 지급된다는 사실을 알았을 경우에는 신의칙상 매수인의 착오를 제거하여야 할 고지의무가 있다고 보아야 하므로 판례가 타당하다고 본다.

判例 과다지급금의 영득과 사기죄의 성립여부

매수인이 매도인에게 매매잔금을 지급함에 있어 착오에 빠져 지급해야 할 금액을 초과하는 돈을 교부하는 경우, 매도인이 사실대로 고지하였다면 매수인이 그와 같이 초과하여 교부하지 아니하였을 것임은 경험칙상 명백하므로, 매도인이 매매잔금을 교부받기 전 또는 교부받던 중에 그 사실을 알게 되었을 경우에는 특별한 사정이 없는 한 매도인으로서는 매수인에게 사실대로 고지하여 매수인의 그 착오를 제거하여야 할 신의칙상 의무를 지므로 그 의무를 이행하지 아니하고 매수인이 건네주는 돈을 그대로 수령한 경우에는 사기죄에 해당될 것이지만, 그 사실을 미리 알지 못하고 매매잔금을 건네주고 받는 행위를 끝마친 후에야 비로소 알게 되었을 경우에는 주고 받는 행위는 이미 종료되어 버린 후이므로 매수인의 착오 상태를 제거하기 위하여 그 사실을 고지하여야 할 법률상 의무의 불이행은 더 이상 그 초과된 금액 편취의 수단으로서의 의미는 없으므로, 교부하는 돈을 그대로 받은 그 행위는 점유이탈물횡령죄가 될 수 있음은 별론으로 하고 사기죄를 구성할 수는 없다 [대판 2004.5.27. 2003도4531]. [♠ 06, 07, 15 사시]

㉤ 기망행위의 정도 : ⅰ) 거래관계에 있어서 신의칙에 반하는 정도에 이르러야 한다. 따라서 거래목적을 달성하는데 지장이 없다면 사기죄의 기망행위가 있다고 할 수 없다.

判例 사기죄가 성립하지 않는 경우 (거래목적을 달성하는데 지장이 없는 사항을 고지하지 않은 경우)

1. **(부동산의 이중매매 또는 이중양도담보에 있어서 제1계약사실의 불고지)** 부동산을 매매함에 있어서, 매매로 인한 법률관계에 아무런 영향도 미칠 수 없는 것이어서 매수인의 권리실현에 장애가 되지 아니하는 사유까지 매도인이 매수인에게 고지할 의무가 있다고는 볼 수 없는 것인바, 부동산의 이중매매에 있어서 매도인이 제1의 매매계약을 일방적으로 해제할 수 없는 처지에 있었다는 사정만으로는, 바로 제2의 매매계약의 효력이나 그 매매계약에 따르는 채무의 이행에 장애를 가져오는 것이라고 할 수 없음은 물론, 제2의 매수인의 매매목적물에 대한 권리의 실현에 장애가 된다고 볼 수도 없는 것이므로 매도인이 제2의 매수인에게 그와 같은 사정을 고지하지 아니하였다고 하여 제2의 매수인을 기망한 것이라고 평가할 수는 없을 것이다. 그리고 이러한 법리는 부동산의 이중양도담보에 있어서도 마찬가지라고 할 것이다[대판 1991.12.24. 91도2698; 동지 대판 2008.5.8. 2008도1652], [대판 2012.1.26. 2011도15179]. [♠ 15 사시]
2. **(명의수탁 부동산임을 불고지)** 부동산의 명의수탁자가 부동산을 제3자에게 매도하고 매매를 원인으로 한 소유권이전등기까지 마쳐 준 경우, 명의신탁의 법리상 대외적으로 수탁자에게 그 부동산의 처분권한이 있는 것임이 분명하고, 제3자로서도 자기 명의의 소유권이전등기가 마쳐진 이상 무슨 실질적인 재산상의 손해가 있을 리 없으므로 그 명의신탁 사실과 관련하여 신의칙상 고지의무가 있다거나 기망행위가 있었다고 볼 수도 없어서 그 제3자에 대한 사기죄가 성립될 여지가 없고, 나아가 그 처분시 매도인(명의수탁자)의 소유라는 말을 하였다고 하더라도 역시 사기죄가 성립하지 않으며, 이는 자동차의 명의수탁자가 처분한 경우에도 마찬가지이다 [대판 2007.1.11. 2006도4498]. [♠ 09 사시] [♣ 14, 15, 20 변시]

동지판례 피고인 단독명의로 소유권이전등기가 되어 있는 부동산 중 1/2 지분은 타인으로부터 명의신탁 받은 것임에도 불구하고 피고인이 그의 승낙 없이 위 부동산 전부를 피해자에게 매도하여 그 소유권이전등기를 마쳐준 경우, 매수인은 유효하게 위 부동산의 소유권을 취득하므로 매수인인 피해자에 대하여 사기죄를 구성하지 않는다[대판 1990.11.13. 90도1961].

3. **(신탁금지약정 사실을 고지하지 아니하고 담보신탁한 경우)** [1] 어떤 법률행위를 하려는 사람이 그 법률행위에 따른 상대방의 법률상 지위에 아무런 영향도 미칠 수 없는 사유까지 상대방에게 고지할 의무가 있다고 볼 수는 없다.
   [2] 피고인이 부동산에 대해 甲과 신탁금지약정을 체결한 사실을 乙 은행에 알리지 아니한 채 위 부동산을 담보신탁하고 乙 은행에서 대출을 받은 경우, 신탁금지약정 사실을 고지하지 아니하였다고 하여 乙 은행을 기망하였다고 평가할 수 없으므로 사기죄가 성립하지 아니한다[대판 2012.4.13. 2011도2989].
   판결이유 甲의 동의 없이 이를 신탁할 수 없다는 취지의 약정을 체결하였다는 사정만으로는 신탁계약의 효력과 그 신탁계약에 따르는 채무의 이행에 장애를 가져오거나 수탁자와 우선수익자의 권리실현에 장애가 된다고 볼 수 없고, 따라서 피고인이 피해자에게 이 사건 신탁금지약정을 체결한 사실을 고지하지 아니하였다고 하여 피해자를 기망한 것이라고 평가할 수는 없을 것이다.

4. **(대물변제예약물임을 불고지)** 채무자가 채무담보의 뜻으로 대물변제를 예약한 물건을 그 변제기 후에 채권자측으로부터의 예약완결권 행사 전에 제3자에게 대물변제 하였다면 위 채권자에 대한 관계에 있어 배임이 됨은 모르거니와 위 제3자에 대한 관계에 있어 사기죄는 성립하지 아니한다[대판 1980.7.8. 79도2734].

判例 과장광고와 사기죄의 성립여부

(1) 과장광고의 허용한계

일반적으로 상품의 선전, 광고에 있어 다소의 과장, 허위가 수반되는 것은 그것이 일반 상거래의 관행과 신의칙에 비추어 시인될 수 있는 한 기망성이 결여된다고 하겠으나 거래에 있어서 중요한 사항에 관하여 구체적 사실을 거래상의 신의성실의 의무에 비추어 비난받을 정도의 방법으로 허위로 고지한 경우에는 과장 · 허위광고의 한계를 넘어 사기죄의 기망행위에 해당한다[대판 1992.9.14. 91도2994].

(2) 과장광고가 기망행위에 해당하여 사기죄가 성립하는 경우

1. 식육식당을 경영하는 자가 음식점에서 한우만을 취급한다는 취지의 상호를 사용하면서 광고선전판, 식단표 등에도 한우만을 사용한다고 기재하고서 수입 쇠갈비를 판매한 경우, 이러한 광고는 그 사술의 정도가 사회적으로 용인될 수 있는 상술의 정도를 넘는 것이고, 따라서 피고인의 기망행위 및 편취의 범의를 인정하기에 넉넉하다[대판 1997.9.9. 97도1561]. [♠ 07 사시]
2. 종전에 출하한 일이 없던 신상품에 대하여 첫 출하시부터 종전가격 및 할인가격을 비교표시하여 막바로 세일에 들어가는 이른바 변칙세일은 진실규명이 가능한 구체적 사실인 가격조건에 관하여 기망이 이루어진 경우로서 그 사술의 정도를 넘은 것이어서 사기죄의 기망행위를 구성한다[대판 1992.9.14. 91도2994]. [♠ 01 사시]

3. 백화점의 식품매장에서 당일 판매되지 못하고 남은 생식품들에 대하여 그 다음날 아침 포장지를 교체하면서 가공일자가 재포장일자로 기재된 바코드라벨을 부착하여 재판매하는 행위 내지 판매기법은 제품의 신선도에 대한 소비자들의 신뢰를 배신하고 그들의 생식품 구매동기에 있어서 중요한 요소인 가공일자에 대한 착오를 이용하여 재고상품을 종전 가격에 판매하고자 하는 것으로서 그 사술의 정도가 사회적으로 용인될 수 있는 상술의 정도를 넘은 기망행위에 해당한다[대판 1995.7.28. 95도1157].
4. 오리, 하명, 누에, 동충하초, 녹용 등 여러 가지 재료를 혼합하여 제조 · 가공한 '녹동달오리골드'라는 제품이 당뇨병, 관절염, 신경통 등의 성인병 치료에 특별한 효능이 있는 좋은 약이라는 허위의 강의식 선전 · 광고행위를 하여 이에 속은 노인들로 하여금 위 제품을 고가에 구입하도록 한 것은 그 사술의 정도가 사회적으로 용인될 수 있는 상술의 정도를 넘은 것이어서 사기죄의 기망행위를 구성한다[대판 2004.1.15. 2001도1429].
5. 통신판매에 있어 … 감정인의 감정을 받은 것처럼 허위 내용의 광고를 한 것은 진실규명이 가능하고 구매의 결정에 있어 가장 중요한 요소로서 구체적 사실인 판매물품의 품질에 관하여 기망한 것으로서 그 사술의 정도가 사회적으로 용인될 수 있는 상술의 정도를 넘은 것이어서 사기죄의 기망행위를 구성한다[대판 2002.2.5. 2001도5789].

(3) 과장광고가 기망행위에 해당하지 아니하여 사기죄가 성립하지 않는 경우

1. 연립주택을 분양함에 있어 평형의 수치를 다소 과장하여 광고를 하였으나, 그 분양가의 결정방법, 분양계약 체결의 경위, 피분양자가 그 분양계약서나 건축물관리대장 등에 의하여 그 공급면적을 평으로 환산하여 쉽게 확인할 수 있었던 경우에는 사회적으로 용인될 수 있는 상술의 정도를 넘은 기망행위에 해당하지 않는다[대판 1995.7.28. 95다19515].
2. 피고인들이 매수인들에게 토지의 매수를 권유하면서 언급한 내용이 객관적 사실에 부합하거나 비록 확정된 것은 아닐지라도 연구용역 보고서와 신문스크랩 등에 기초한 것인 경우 사기죄에 있어서 기망행위에 해당한다고 보기는 어렵다[대판 2007.1.25. 2004도45].

㉶ 기망행위의 상대방 : 기망행위의 상대방은 사람이며, 사기죄의 성질상 사람은 자연인이어야 하며 사실상의 재산적 처분능력이 있는 자여야 하나 재산상의 피해자와 동일인일 필요는 없다(삼각사기).

判例 사람을 기망한 경우가 아니어서 사기죄가 성립할 수 없는 경우

피고인이, 휴대전화 문자메시지를 발송하더라도 이용대금을 납부할 의사와 능력이 없는데도, 이동통신 판매대리점의 컴퓨터를 이용하여 이동통신회사들의 전산망에 접속한 다음 전산상으로 사용정지된 휴대전화를 사용할 수 있도록 하거나 유심칩 읽기를 통해 문자메시지 발송한도를 해제하고 광고성 문자를 대량 발송한 경우, 이는 전산상 자동으로 처리된 것일 뿐 사기죄 구성요건인 '사람을 기망하여 재산상 이득을 취득한 경우'에 해당한다고 볼 수 없으므로 피고인에게 사기죄가 인정되지 아니한다[대판 2011.7.28. 2011도5299].

判例 법인에 대한 사기죄에 있어서의 피기망자(자연인인 법인의 임원 또는 직원)

법인도 사기죄의 피해자가 될 수 있음은 당연하고 다만, 이 경우 현실적인 피기망자와 처분행위자는 사기 범행의 성질상 자연인이어야 하는 것이나, 그 자연인은 법인의 임원 또는 직원으로서 당해 업무를 담당한 자 또는 그 업무에 관여한 다수의 자로 파악할 수 있으면 족하고 반드시 그 자연인의 이름 등이 특정되어야 하는 것은 아니다[대판 2006.3.24. 2006도282].

㉳ 실행의 착수시기 : 기망행위를 개시한 때이며, 기망행위로 인하여 상대방이 착오에 빠졌는가는 불문한다.

判例 사기죄의 실행의 착수시기(기망행위의 개시시)

1. 사기미수죄는 재물을 교부받거나 재산상의 이익을 취득하기 위하여 상대방을 착오에 빠뜨리려는 기망수단을 사용한 사실이 있으면 족하고 상대방이 착오에 빠지지 아니하여 그 목적을 이루지 못하면 사기미수죄를 구성하는 것이므로 피고인이 이미 전에 금원을 편취당한 바 있던 피해자에게 다시 금원차용을 요구한 행위는 사기미수죄에 해당한다[대판 1988.3.22. 87도2539].
2. 사기죄는 편취의 의사로 기망행위를 개시한 때에 실행에 착수한 것으로 보아야 하므로, 사기도박에 있어서도 사기적인 방법으로 도금을 편취하려고 하는 자가 상대방에게 도박에 참가할 것을 권유하는 등 기망행위를 개시한 때에 실행의 착수가 있는 것으로 보아야 한다[대판 2011.1.13. 2010도9330]. [♣ 20 변시]

判例 사기죄의 실행의 착수를 부정한 경우

1. 장해보상지급청구권자에게 보상금을 찾아주겠다고 거짓말을 하여 동인을 보상금 지급기관까지 유인한 것만으로는 사기죄에 있어서의 기망행위의 착수에 이르렀다고 보기 어렵다[대판 1980.5.12. 78도2259].
2. **(중요)** 생명보험계약은 사람의 생명에 관한 '우연한 사고'에 대하여 보험금을 지급하기로 하는 약정을 말하고, 여기서 '우연한 사고'라 함은 사고가 피보험자가 예측할 수 없는 원인에 의하여 발생하는 것으로서 고의에 의한 것이 아니고 예견하지 않았는데 우연히 발생하고 통상적인 과정으로는 기대할 수 없는 결과를 가져오는 사고를 의미한다. 따라서 보험계약자가 상법상 고지의무를 위반하여 보험자와 생명보험계약을 체결한다고 하더라도 그 보험금은 보험계약의 체결만으로 지급되는 것이 아니라 우연한 사고가 발생하여야만 지급되는 것이므로, 상법상 고지의무를 위반하여 보험계약을 체결하였다는 사정만으로 보험계약자에게 미필적으로나마 보험금 편취를 위한 고의의 기망행위가 있었다고 단정하여서는 아니 되고, 더 나아가 보험사고가 이미 발생하였음에도 이를 묵비한 채 보험계약을 체결하거나 보험사고 발생의 개연성이 농후함을 인식하면서도 보험계약을 체결하는 경우 또는 보험사고를 임의로 조작하려는 의도를 갖고 보험계약을 체결하는 경우와 같이 그 행위가 '보험사고의 우연성'과 같은 보험의 본질을 해할 정도에 이르러

야 비로소 보험금 편취를 위한 고의의 기망행위를 인정할 수 있다고 할 것이다[대판 2012.11.15. 2010도6910].

판결이유 피고인이 이 사건 보험계약을 체결하면서 고의 또는 중대한 과실로 인하여 '계약 전 알릴 의무사항' 또는 '계약 전 고객면담보고서의 질문사항'에 대하여 답하면서 망 공소외 1의 과거 항암치료 전력 등을 고지하지 아니함으로써 상법상 고지의무를 위반하였다고 하더라도, 이 사건 보험사고가 피고인의 의사나 어떠한 행위에 의하여 그 발생 여부가 좌우될 수 있는 성질의 것이 아닌 이상, 보험계약 체결 당시 이미 이 사건 보험사고가 발생하여 피고인이 이를 알고 있었다거나 보험사고의 발생가능성을 예견할 만한 상황 속에서 피고인이 이를 인식하고 보험계약의 체결에 나아간 경우가 아니라면 위와 같은 고지의무 위반의 점만으로는 이 사건 보험계약 체결 행위가 보험금 편취를 위한 고의의 기망행위에 해당한다고 볼 수 없다.

동지판례 [1] 타인의 사망을 보험사고로 하는 생명보험계약을 체결함에 있어 제3자가 피보험자인 것처럼 가장하여 체결하는 등으로 그 유효 요건이 갖추어지지 못한 경우에도, 그 보험계약 체결 당시에 이미 보험사고가 발생하였음에도 이를 숨겼다거나 보험사고의 구체적 발생 가능성을 예견할 만한 사정을 인식하고 있었던 경우 또는 고의로 보험사고를 일으키려는 의도를 가지고 보험계약을 체결한 경우와 같이 보험사고의 우연성과 같은 보험의 본질을 해칠 정도라고 볼 수 있는 특별한 사정이 없는 한, 그와 같이 하자 있는 보험계약을 체결한 행위만으로는 미필적으로라도 보험금을 편취하려는 의사에 의한 기망행위의 실행에 착수한 것으로 볼 것은 아니다. 그러므로 그와 같이 기망행위의 실행의 착수로 인정할 수 없는 경우에 피보험자 본인임을 가장하는 등으로 보험계약을 체결한 행위는 단지 장차의 보험금 편취를 위한 예비행위에 지나지 않는다 할 것이다. [♣16 변시]

[2] 피고인이 공범의 부탁을 받고 그 공범의 배우자인 것처럼 가장하여 그 배우자 명의로 3개의 생명보험계약을 체결한 다음 그 이후로는 아무런 관여를 하지 않았는데, 그 공범은 배우자가 살해되어 살인교사로 기소되었다가 무죄판결을 받은 후 보험회사에 보험금을 청구하여 8억 원의 보험금을 지급받았고, 피고인은 위 공범의 보험사기 범행의 공동정범으로 기소된 사안에서 원심은 피고인을 공범의 보험사기에 대한 공동정범으로 인정하였으나, 피고인이 보험계약 체결에 관여한 사실은 알 수 있으나, 나아가 그 보험계약 체결 당시 피고인의 보험계약 체결행위 자체로 보험사고의 우연성 등 보험의 본질을 해칠 정도에 이른 것으로 볼 수 있는 특별한 사정을 인정할 만한 자료는 발견할 수 없고, 그 후 공범의 보험금 청구에 가담하였다는 점을 인정할 만한 증거도 없다는 이유로, 피고인의 행위는 보험금 편취를 위한 예비행위에 불과하여 위 공범의 사기범행에 대한 종범으로 인정될 여지가 있을 뿐이라는 이유로 원심을 파기한 사례[대판 2013.11.14. 2013도7494].

비교판례 i) 특정 질병을 앓고 있는 사람이 보험회사가 정한 약관에 그 질병에 대한 고지의무를 규정하고 있음을 알면서도 이를 고지하지 아니한 채 그 사실을 모르는 보험회사와 그 질병을 담보하는 보험계약을 체결한 다음 바로 그 질병의 발병을 사유로 하여 보험금을 청구하였다면 특별한 사정이 없는 한 사기죄에 있어서의 기망행위 내지 편취의 범의를 인정할 수 있고, 보험회사가 그 사실을 알지 못한 데에 과실이 있다거나 고지의무위반을 이유로 보험계약을 해제할 수 있다고 하여 사기죄의 성립에 영향이 생기는 것은 아니다[대판 2007.4.11. 2007도967]. [♠14 사시] [♣13, 18 변시]

ii) 피고인이, 甲에게 이미 당뇨병과 고혈압이 발병한 상태임을 숨기고 乙 생명보험 주식회사와 피고인을 보험계약자로, 甲을 피보험자로 하는 2건의 보험계약을 체결한 다음, 고지의무 위반을 이유로 乙 회사로부터 일방적 해약이나 보험금 지급거절을 당할 수 없는 이른바 면책기간 2년을 도과한 이후 甲의 보험사고 발생을 이유로 乙 회사에 보험금을 청구하여 보험금을 수령하였다면 사기죄는 기수에 해당한다[대판 2019.4.3. 2014도2754].

③ 착오의 야기

㉮ 착오는 반드시 법률행위의 중요부분에 대한 것임을 요하지 않고 동기의 착오로도 족하다(판례, 통설).

判例 용도를 속인 차금행위가 기망에 해당하는 경우 (사기죄 성립)

1. 국민주택건설자금을 융자받고자 하는 민간사업자가 사실은 국민주택건설자금으로 사용할 의사가 없으면서도 국민주택건설자금으로 사용할 것처럼 용도를 속여 자금융자승인을 받아 국민주택건설자금을 대출받은 경우에는, 대출받을 당시 자금의 일부를 지급받는 대신 이로써 같은 은행에 대한 기존채무의 변제에 갈음하기로 하였다 하더라도 대출금 전액에 대하여 사기죄가 성립한다[대판 2002.7.26. 2002도2620].
2. 명의상의 학원 원장에 불과한 자가 외환위기 후 신규창업 자금을 지원하기 위한 생계형 창업특별보증제도의 목적 및 대출금의 용도에 반하여 창업자금 대출금 중 일부를 개인적인 용도로 사용할 생각이었음에도 불구하고 이를 속이고 위 대출금을 위 학원 운전자금 용도로 사용하겠다면서 보증을 신청한 행위는 사기죄의 기망행위에 해당한다[대판 2003.12.12. 2003도4450].

판 례 연 습

【사기죄의 기망에 해당하는 경우】 ※ 개발제한구역 해제 사기사건

甲은 A에게 "돈을 빌려주면 이를 접대비용으로 사용하여 토지에 대한 개발제한구역 지정을 해제받고 토지소유자로부터 상당한 금액의 커미션을 받아 그 중 일부를 위 차용금과 함께 돌려주겠다"고 거짓말하여, A로부터 금원을 차용한 다음, 이를 생활비로 소비하였다. 甲의 죄책은?

판결요지

사기죄의 실행행위로서의 기망은 반드시 법률행위의 중요 부분에 관한 허위표시임을 요하지 아니하고 상대방을 착오에 빠지게 하여 행위자가 희망하는 재산적 처분행위를 하도록 하기 위한 판단의 기초가 되는 사실에 관한 것이면 족한 것이므로, 용도를 속이고 돈을 빌린 경우에 있어서 만일 진정한 용도를 고지하였더라면 상대방이 돈을 빌려주지 않았을 것이라는 관계에 있는 때에는 사기죄의 실행행위인 기망은 있는 것으로 보아야 한다[대판 1996.2.27. 95도2828]. [♠ 11 사시]

보충해설 본 판례는 불법원인급여물에 대하여 사기죄의 성립을 긍정한 것이기도 하다.

비교판례 피고인이 말한 차용금 용도의 목적이 실현 안되더라도 어차피 금원을 대여하기로 합의하여 이를 교부한 경우에는 피고인이 말한 차용금 용도가 거짓이었다 하여도 이 기망행위와 피해자의 재산적 처분행위와의 사이에는 상당인과관계가 있다고 보기 어렵고, 위 금원이 차용금에 불과하다면 피고인이 당초부터 변제할 의사와 능력이 없이 차용한 것이라고 인정되지 않는 한 사기죄를 구성한다고 볼 수 없다[대판 1984.1.17. 83도2818].

정답 (사기죄)

㈏ 사실에 대한 적극적 착오이든 소극적 부지인가는 불문한다. 그러나 사실 그 자체에 관하여 아무런 관념이 없을 때, 즉 전혀 모르고 있는 때에는 착오라고 할 수 없으므로[3] 적어도 일반적인 관념은 있을 것을 요한다.

3) 차장이 무임승차한 사실 자체를 알지 못하는 경우는 착오라고 할 수 없다.

㉰ 기망행위와 착오 사이에는 인과관계가 있어야 한다. 피해자의 과실이 개입하여 착오에 빠진 경우에도 인과관계가 인정된다.

判例 사기죄의 성립을 위한 인과관계

사기죄는 타인을 기망하여 착오에 빠뜨리고 처분행위를 유발하여 재물을 교부받거나 재산상 이익을 얻음으로써 성립하는 것으로, 기망행위와 상대방의 착오 및 재물의 교부 또는 재산상 이익의 공여 사이에 순차적인 인과관계가 있어야 한다[대판 2017.12.5. 2017도14423].

判例 기망행위와 착오 내지 처분행위와 인과관계가 인정되는 경우

구회사채를 지급보증한 금융기관이 회사의 요청에 따라 자신의 자금으로 구회사채를 우선 상환한 다음 그 직후 회사가 발행하는 신회사채를 지급보증하는 방법으로 자금을 조달하여 위 구회사채 우선상환 자금을 변제받기로 하는 포괄적 약정을 체결한 경우, 금융기관의 신회사채에 대한 지급보증과 회사의 재무상황에 대한 기망행위 사이에 인과관계가 인정된다[대판 2007.6.1. 2006도1813].

判例 기망행위와 금융기관의 대출행위 사이에 인과관계가 인정되지 않는 경우

일반 사인이나 회사가 금원을 대여한 경우와는 달리 전문적으로 대출을 취급하면서 차용인에 대한 체계적인 신용조사를 행하는 금융기관이 금원을 대출한 경우에는, 비록 대출 신청 당시 차용인에게 변제기 안에 대출금을 변제할 능력이 없었고, 금융기관으로서 자체 신용조사 결과에는 관계없이 '변제기 안에 대출금을 변제하겠다'는 취지의 차용인 말만을 그대로 믿고 대출하였다고 하더라도, 차용인의 이러한 기망행위와 금융기관의 대출행위 사이에 인과관계를 인정할 수는 없다[대판 2000.6.27. 2000도1155]. [♣18 변시]

判例 기망행위와 착오 내지 처분행위와 인과관계가 인정되는지 여부

사기죄가 성립하려면 행위자의 기망행위, 피기망자의 착오와 그에 따른 처분행위, 그리고 행위자 등의 재물이나 재산상 이익의 취득이 있고, 그 사이에 순차적인 인과관계가 존재하여야 한다.
피해자 법인이나 단체의 대표자 또는 실질적으로 의사결정을 하는 최종결재권자 등이 기망행위자와 동일인이거나 기망행위자와 공모하는 등 기망행위임을 알고 있었던 경우에는 기망행위로 인한 착오가 있다고 볼 수 없고, 재물 교부 등의 처분행위가 있었더라도 기망행위와 인과관계가 있다고 보기 어렵다. 이러한 경우에는 사안에 따라 업무상횡령죄 또는 업무상배임죄 등이 성립하는 것은 별론으로 하고 사기죄가 성립한다고 볼 수 없다.
반면에 피해자 법인이나 단체의 업무를 처리하는 실무자인 일반 직원이나 구성원 등이 기망행위임을 알고 있었더라도, 피해자 법인이나 단체의 대표자 또는 실질적으로 의사결정을 하는 최종결재권자 등이 기망행위임을 알지 못한 채 착오에 빠져 처분행위에 이른 경우라면, 피해자 법인에 대한 사기죄의 성립에 영향이 없다[대판 2017.9.26. 2017도8449]. [♣18, 23 변시]

判例 착오의 원인 중에 피기망자 측의 과실이 있는 경우 사기죄의 성부 (성립)

[1] 사기죄가 성립하기 위해서는 기망행위와 상대방의 착오 및 재물의 교부 또는 재산상의 이익의 공여와의 사이에 순차적인 인과관계가 있어야 하지만, 착오에 빠진 원인 중에 피기망자 측에 과실이 있는 경우에도 사기죄가 성립한다.
[2] 대출이 새마을금고의 재무상태 등에 대한 실사를 거쳐 실행됨으로써 새마을금고가 위 대출이 가능하다는 착오에 빠지는 원인 중에 새마을금고 측의 과실이 있더라도 사기죄의 성립이 인정된다고 한 사례[대판 2009.6.23. 2008도1697]. [♠11, 13 사시] [♣23 변시]

④ 처분행위

㉮ 의 의 : 직접 재산상의 손해를 초래하는 작위 또는 부작위를 말한다. 사기죄의 기술되지 않은 구성요건요소이다. 작위 · 부작위, 법률행위 · 사실행위를 불문하며, 법률행위인 경우에는 유효 · 무효 내지 취소가능성 여부를 불문한다.

判例 서명사취와 처분행위의 인정여부

[1] **[다수의견]** 사기죄에서 처분행위는 행위자의 기망행위에 의한 피기망자의 착오와 행위자 등의 재물 또는 재산상 이익의 취득이라는 최종적 결과를 중간에서 매개 · 연결하는 한편, 착오에 빠진 피해자의 행위를 이용하여 재산을 취득하는 것을 본질적 특성으로 하는 사기죄와 피해자의 행위에 의하지 아니하고 행위자가 탈취의 방법으로 재물을 취득하는 절도죄를 구분하는 역할을 한다. 처분행위가 갖는 이러한 역할과 기능을 고려하면, 피기망자의 의사에 기초한 어떤 행위를 통해 행위자 등이 재물 또는 재산상의 이익을 취득하였다고 평가할 수 있는 경우라면 사기죄에서 말하는 처분행위가 인정된다.
사기죄에서 피기망자의 처분의사는 기망행위로 착오에 빠진 상태에서 형성된 하자 있는 의사이므로 불완전하거나 결함이 있을 수밖에 없다. 처분행위의 법적 의미나 경제적 효과 등에 대한 피기망자의 주관적 인식과 실제로 초래되는 결과가 일치하지 않는 것이 오히려 당연하고, 이 점이 사기죄의 본질적 속성이다. 따라서 처분의사는 착오에 빠진 피기망자가 어떤 행위를 한다는 인식이 있으면 충분하고, 그 행위가 가져오는 결과에 대한 인식까지 필요하다고 볼 것은 아니다.
사기죄의 성립요소로서 기망행위는 널리 거래관계에서 지켜야 할 신의칙에 반하는 행위로서 사람으로 하여금 착오를 일으키게 하는 것을 말하고, 착오는 사실과 일치하지 않는 인식을 의미하는 것으로, 사실에 관한 것이든, 법률관계에 관한 것이든, 법률효과에 관한 것이든 상관없다. 또한 사실과 일치하지 않는 하자 있는 피기망자의 인식은 처분행위의 동기, 의도, 목적에 관한 것이든, 처분행위 자체에 관한 것이든 제한이 없다. 따라서 피기망자가 기망당한 결과 자신의 작위 또는 부작위가 갖는 의미를 제대로 인식하지 못하여 그러한 행위가 초래하는 결과를 인식하지 못하였더라도 그와 같은 착오 상태에서 재산상 손해를 초래하는 행위를 하기에 이르렀다면 피기망자의 처분행위와 그에 상응하는 처분의사가 있다고 보아야 한다.
피해자의 처분행위에 처분의사가 필요하다고 보는 근거는 처분행위를 피해자가 인식하고 한 것이라는 점이 인정될 때 처분행위를 피해자가 한 행위라고 볼 수 있기 때문이다. 다시 말하여 사기죄에서 피해자의 처분의사가 갖는 기능은 피해자의 처분행위가 존재한다는 객관적 측면에 상응하여 이를 주관적 측면에서 확인하는 역할을 하는 것일 뿐이다. 따라서 처분행위라고 평가되는 어떤 행위를 피해자가 인식하고 한 것이라면 피해자의 처분의사가 있다고 할 수 있다. 결국 피해자가 처분행위로 인한 결과까지 인식할 필요가 있는 것은 아니다.
결론적으로 사기죄의 본질과 구조, 처분행위와 그 의사적 요소로서 처분의사의 기능과 역할, 기망행위와 착오의 의미 등에 비추어 보면, 비록 피기망자가 처분행위의 의미나 내용을 인식하지 못하였더라도, 피기망자의 작위 또는 부작위가 직접 재산상 손해를 초래하는 재산적 처분행위로 평가되고, 이러한 작위 또는 부작위를 피기망자가 인식하고 한 것이라면 처분행위에 상응하는 처분의사는 인정된다. 다시 말하면 피기망자가 자신의 작위 또는 부작위에 따른 결과까지 인식하여야 처분의사를 인정할 수 있는 것은 아니다.
[대법관 이상훈, 대법관 김용덕, 대법관 김소영, 대법관 조희대, 대법관 박상옥, 대법관 이기택의 반대의견] 사기죄의 처분의사 판단에서 피기망자에게 처분결과에 대한 인식이 필요 없는 것으로 해석하는 다수의견에 의하면 사기죄 성립 여부가 불분명해지고, 그 결과 처벌 범위 역시 확대될 우려가 있다.
[2] **[다수의견]** 이른바 '서명사취' 사기는 기망행위에 의해 유발된 착오로 인하여 피기망자가 내심의 의사와 다른 처분문서에 서명 또는 날인함으로써 재산상 손해를 초래한 경우이다. 여기서는 행위자의 기망행위 태양 자체가 피기망자가 자신의 처분행위의 의미나 내용을 제대로 인식할 수 없는 상황을 이용하거나 피기망자로 하여금 자신의 행위로 인한 결과를 인식하지 못하게 하는 것을 핵심적인 내용으로 하고, 이로 말미암아 피기망자는 착오에 빠져 처분문서에 대한 자신의 서명 또는 날인행위가 초래하는 결과를 인식하지 못하는 특수성이 있다. 피기망자의 하자 있는 처분행위를 이용하는 것이 사기죄의 본질인데, 서명사취 사안에서는 그 하자가 의사표시 자체의 성립과정에 존재한다.
이러한 서명사취 사안에서 피기망자가 처분문서의 내용을 제대로 인식하지 못하고 처분문서에 서명 또는 날인함으로써 내심의 의사와 처분문서를 통하여 객관적·외부적으로 인식되는 의사가 일치하지 않게 되었더라도, 피기망자의 행위에 의하여 행위자 등이 재물이나 재산상 이익을 취득하는 결과가 초래되었다고 할 수 있는 것은 그러한 재산의 이전을 내용으로 하는 처분문서가 피기망자에 의하여 작성되었다고 볼 수 있기 때문이다. 이처럼 피기망자가 행위자의 기망행위로 인하여 착오에 빠진 결과 내심의 의사와 다른 효과를 발생시키는 내용의 처분문서에 서명 또는 날인함으로써 처분문서의 내용에 따른 재산상 손해가 초래되었다면 그와 같은 처분문서에 서명 또는 날인을 한 피기망자의 행위는 사기죄에서 말하는 처분행위에 해당한다. 아울러 비록 피기망자가 처분결과, 즉 문서의 구체적 내용과 법적 효과를 미처 인식하지 못하였더라도, 어떤 문서에 스스로 서명 또는 날인함으로써 처분문서에 서명 또는 날인하는 행위에 관한 인식이 있었던 이상 피기망자의 처분의사 역시 인정된다.

[대법관 이상훈, 대법관 김용덕, 대법관 김소영, 대법관 조희대, 대법관 박상옥, 대법관 이기택의 반대의견] 사기죄에서 말하는 처분행위가 인정되기 위해서는 처분결과에 대한 피기망자의 주관적인 인식이 필요하고, 서명사취 사안의 경우 피기망자에게는 자신이 서명 또는 날인하는 처분문서의 내용과 법적 효과에 대하여 아무런 인식이 없으므로 처분의사와 그에 기한 처분행위를 부정함이 옳다.

[3] 피고인 등이 토지의 소유자이자 매도인인 피해자 갑 등에게 토지거래허가 등에 필요한 서류라고 속여 근저당권설정계약서 등에 서명 · 날인하게 하고 인감증명서를 교부받은 다음, 이를 이용하여 갑 등의 소유 토지에 피고인을 채무자로 한 근저당권을 을 등에게 설정하여 주고 돈을 차용하는 방법으로 재산상 이익을 취득하였다고 하여 특정경제범죄 가중처벌 등에 관한 법률 위반(사기) 및 사기로 기소된 사안에서, 甲 등은 피고인 등의 기망행위로 착오에 빠진 결과 토지거래허가 등에 필요한 서류로 잘못 알고 처분문서인 근저당권설정계약서 등에 서명 또는 날인함으로써 재산상 손해를 초래하는 행위를 하였으므로 甲 등의 행위는 사기죄에서 말하는 처분행위에 해당하고, 甲 등이 비록 자신들이 서명 또는 날인하는 문서의 정확한 내용과 문서의 작성행위가 어떤 결과를 초래하는지를 미처 인식하지 못하였더라도 토지거래허가 등에 관한 서류로 알고 그와 다른 근저당권설정계약에 관한 내용이 기재되어 있는 문서에 스스로 서명 또는 날인함으로써 그 문서에 서명 또는 날인하는 행위에 관한 인식이 있었던 이상 처분의사도 인정됨에도, 甲 등에게 그 소유 토지들에 근저당권 등을 설정하여 줄 의사가 없었다는 이유만으로 갑 등의 처분행위가 없다고 보아 공소사실을 무죄로 판단한 원심판결에 사기죄의 처분행위에 관한 법리오해의 잘못이 있다고 한 사례 [대판(전) 2017.2.16. 2016도13362].

判例 부작위에 의한 처분행위에 해당하는 경우

1. [1] 사기죄는 타인을 기망하여 착오를 일으키게 하고 그로 인한 처분행위를 유발하여 재물 · 재산상의 이득을 얻음으로써 성립하고, 여기서 처분행위라 함은 재산적 처분행위로서 피해자가 자유의사로 직접 재산상 손해를 초래하는 작위에 나아가거나 또는 부작위에 이른 것을 말하므로, 피해자가 착오에 빠진 결과 채권의 존재를 알지 못하여 채권을 행사하지 아니하였다면 그와 같은 부작위도 재산의 처분행위에 해당한다.

   [2] 출판사 경영자가 출고현황표를 조작하는 방법으로 실제출판부수를 속여 작가에게 인세의 일부만을 지급한 경우, 작가가 나머지 인세에 대한 청구권의 존재 자체를 알지 못하는 착오에 빠져 이를 행사하지 아니한 것이라면 사기죄에 있어 부작위에 의한 처분행위에 해당한다[대판 2007.7.11. 2005도9221].

2. 피고인이 점포에 대한 권리금을 지급한 것처럼 허위의 사용내역서를 작성 · 교부하여 동업자들을 기망하고 출자금 지급을 면제받으려 하였으나 미수에 그친 사안에서, 동업자들이 피고인에 대한 출자의무를 명시적으로 면제하지 않았더라도, 착오에 빠져 이를 면제해 주는 결과에 이를 수 있어, 이는 부작위에 의한 처분행위에 해당한다고 한 사례[대판 2009.3.26. 2008도6641].

   판결이유 비록 동업자들이 피고인에 대하여 출자의무를 명시적으로 면제하지 아니하더라도, 피고인의 기망행위에 의하여 피고인이 출자금 전액에 대한 출자의무를 이행하였다는 착오에 빠진 결과 이를 면제해 주는 결과에 이를 수 있는 만큼 이는 부작위에 의한 처분행위에 해당한다.

判例 처분행위를 할 권한이 없는 자의 행위여서 재산적 처분행위가 인정되지 않은 경우 (사기죄×)

[1] 사기죄는 타인을 기망하여 착오에 빠뜨리게 하고 그 처분행위를 유발하여 재물, 재산상의 이익을 얻음으로써 성립한다. 여기서 처분행위라 함은 범인 등에게 재물을 교부하거나 재산상의 이익을 부여하는 재산적 처분행위를 의미하며, 그것은 피기망자가 처분의사를 가지고 그 의사에 지배된 행위를 하여야 하고, 피기망자는 재물 또는 재산상의 이익에 대한 처분행위를 할 권한이 있는 자여야 한다.
[2] 피고인이 甲에게 사업자등록 명의를 빌려주면 세금이나 채무는 모두 자신이 변제하겠다고 속여 그로부터 명의를 대여받아 호텔을 운영하면서 갑으로 하여금 호텔에 관한 각종 세금 및 채무 등을 부담하게 함으로써 재산상 이익을 편취하였다는 내용으로 기소된 사안에서, 甲이 명의를 대여하였다는 것만으로 피고인이 위와 같은 채무를 면하는 재산상 이익을 취득하는 甲의 재산적 처분행위가 있었다고 보기 어렵다는 이유로, 이와 달리 보아 사기죄를 인정한 원심판결에 법리오해의 위법이 있다고 한 사례[대판 2012.6.28. 2012도4773].

판결이유 타인 명의로 사업자등록을 하고 사업을 영위한 경우에 그 명의자는 실제의 사업자가 아닌 명의의 귀속자에 불과하므로, 그에 대하여 한 조세부과처분은 위법하고, 이와 같이 과세의 대상이 되는 소득 · 수익 · 재산 · 행위 또는 거래의 귀속이 그 명의와 달리 사실상 귀속되는 자가 따로 있는 때에는 사실상 귀속되는 자를 납세의무자로 한다는 실질과세의 원칙상 과세관청은 타인의 명의로 사업자등록을 하고 실제로 사업을 영위한 자에 대해 세법을 적용하여 과세할 수 있음은 당연하다.
한편 타인에게 사업자등록 명의를 대여한 경우 그 명의대여자는 상법 제24조에 의해 자기를 영업주로 오인하여 거래한 제3자에 대하여 그 타인과 연대하여 변제할 책임을 지기는 하나, 이러한 명의대여자의 책임은 명의자를 사업주로 오인하여 거래한 제3자를 보호하기 위한 것으로 거래 상대방이 명의대여 사실을 알지 못하였고 알지 못한 데 대하여 중대한 과실이 없는 경우에 명의를 차용한 자와 연대하여 변제할 책임을 지는 법정책임인 것이지, 명의대여자가 거래 상대방에게 채무부담을 하기로 하는 내용의 법률행위 등 처분행위에 기한 책임은 아니다. 그리고 명의대여자가 상법 제24조에 의한 명의대여자 책임을 부담한다고 하더라도 명의차용자와 연대하여 변제할 책임이 있는 것일 뿐, 명의차용자가 거래 상대방에 대하여 그 거래로 인한 채무를 면하게 되는 것은 아니다.

判例 채권자(피기망자)가 채무를 확정적으로 소멸 또는 면제시키는 처분행위가 없는 경우 (사기죄×)

1. 사기죄에 있어서 '재산상의 이익'이란 채권을 취득하거나 담보를 제공받는 등의 적극적 이익뿐만 아니라 채무를 면제받는 등의 소극적 이익까지 포함하는 것이기는 하지만, 단순한 채무변제 유예의 정도를 넘어서 채무의 면제라고 하는 재산상 이익에 관한 사기죄가 성립하기 위해서는 채무자의 기망행위로 인하여 그 채무를 확정적으로 소멸 내지 면제시키는 채권자의 처분행위가 있어야만 하는 것이므로, 단지 채무의 이행을 위하여 채권 기타 재산적 권리의 양도가 있었다는 사정만으로 그러한 처분행위가 있었다고 단정하여서는 안될 것이고, 그것이 기존 채무의 확정적인 소멸 내지 면제를 전제로 이루어진 것인지 여부를 적극적으로 살핀 다음, 채무면제를 목적으로 하는 사기죄의 성립여부를 판단하여야 할 것이다[대판 2009.2.12. 2008도10971].
2. 기존채무에 관하여 약속어음을 발행한 경우에는 당사자 사이에 특별한 약정이 없으면 채무의 확보 또는 그 지급방법으로 이를 발행한 것으로 추정할 것인바, 피고인이 피해자에게 위조한 약

속어음을 마치 진정한 어음인 것처럼 기망하여 밀린 물품대금 채무의 변제조로 이를 교부하였다 하여도 이로 인하여 피해자가 피고인의 물품대금 채무를 소멸시키는 등 어떠한 처분행위를 한 사실을 인정할 증거가 없다면 사기죄가 성립될 수 없다[대판 1982.9.28. 82도1759]. [♠ 05 사시]

동지판례 위조된 약속어음을 진정한 약속어음인 것처럼 속여 기왕의 물품대금채무의 변제를 위하여 채권자에게 교부하였다고 하여도 어음이 결제되지 않는 한 물품대금채무가 소멸되지 아니하므로 사기죄는 성립되지 않는다[대판 1983.4.12. 82도2938].

3. 자기의 채권자에 대한 채무이행으로 채권을 양도하였다 하더라도 위 채권이 존재하지 않는다면 이를 양도하였다 하여 권리이전의 효력을 발생할 수 없는 것이고 따라서 채권자에 대한 기존의 채무도 소멸하는 것이 아니므로 채무면탈의 효과도 발생할 수 없어 위 채권의 양도로써 재산상의 이득을 취하였다고는 볼 수 없으므로 사기죄는 성립하지 않는다[대판 1985.3.12. 85도74].
4. 피고인이 피해자에게 교부한 보관증이 도합 10가마의 백미 보관증이었다면 피고인이 이를 100가마의 보관증이라고 거짓말을 하였고, 한문판독능력이 없는 피해자가 이를 그대로 믿고 교부받았다고 하여 이것만 가지고 나머지 90가마의 채무가 소멸할리 없고, 이것만 가지고 피고인이 위 채무를 면탈하였다고 할 수 없어 이로 인하여 재산상의 이익을 취득하였다고 할 수 없을 것이며, 피해자가 나머지 백미의 채무를 면제하였다거나 이로 인하여 피고인의 나머지 채무가 소멸하거나, 피해자가 나머지 채권의 권리행사를 할 수 없는 등의 사정이 인정되지 아니하는 한 적어도 이익사기죄에 해당한다고 할 수 없다[대판 1990.12.26. 90도2073].

判例 채권자(피기망자)가 채무를 확정적으로 소멸 또는 면제시키는 처분행위가 인정된 경우 (사기죄)

(중요) [1] 사기죄에서 '재산상의 이익'이란 채권을 취득하거나 담보를 제공받는 등의 적극적 이익뿐만 아니라 채무를 면제받는 등의 소극적 이익까지 포함하며, 채무자의 기망행위로 인하여 채권자가 채무를 확정적으로 소멸 내지 면제시키는 특약 등 처분행위를 한 경우에는 채무의 면제라고 하는 재산상 이익에 관한 사기죄가 성립하고, 후에 재산적 처분행위가 사기를 이유로 민법에 따라 취소될 수 있다고 하여 달리 볼 것은 아니다.
[2] 피고인이 피해자들을 기망하여 부동산을 매도하면서 매매대금 중 일부를 피해자들의 피고인에 대한 기존 채권과 상계하는 방법으로 지급받아 채무 소멸의 재산상 이익을 취득하였다는 내용으로 기소된 사안에서, 피고인이 상계에 의하여 기존 채무가 소멸되는 재산상 이익을 취득하였다고 보아 사기죄를 인정한 원심판단을 정당하다고 한 사례[대판 2012.4.13. 2012도1101]. [♠ 15 사시]

判例 기망에 의하여 물품을 공급받은 경우 물품대금에 대한 별도의 사기죄가 성립하기 위한 요건

일반적으로 물품거래 관계에 있어서 물품대금을 변제할 의사나 능력이 없음에도 피해자를 기망하여 물품을 공급받는 경우 피해자의 착오에 의한 재산적 처분행위는 물품의 교부로서 이로써 재물에 대한 사기죄가 성립하고, 그 이후에 물품대금채무를 변제하지 아니한 것은 채무불이행에 불과하여 별도로 재산상 이익을 편취한 것이라고는 볼 수 없으며, 다만 또 다른 기망 행위에 의하여 그 채무변제의 유예를 받거나 채무를 면제받은 경우 등 피해자의 별개의 처분행위가 있는 경우에 한하여 재산상 이익 편취에 의한 사기죄가 성립할 수 있을 것이다[대판 2005.11.24. 2005도7481].

동지판례 피고인이 피해자들을 기망하여 투자금 명목의 돈을 편취하는 과정에서 이자 지급 약정하에 대여금을 교부받았으나 이자를 지급하지 않은 경우, 위 이자 부분에 대해서도 사기죄가 성립하기 위하여는 피고인의 기망행위로 인해 이자 부분에 관한 별도의 처분행위가 있어야 하므로, 이에 대하여 피해자들의 처분행위가 없었다면 이자 부분에 대하여는 사기죄가 성립하지 아니한다[대판 2011.4.14. 2011도769].

判例 착오에 의한 처분행위를 한 것이라고 볼 수 없어 사기죄가 성립하지 않는 경우(중요)

[1] 송금의뢰인이 수취인의 예금계좌에 계좌이체 등을 한 이후, 수취인이 은행에 대하여 예금반환을 청구함에 따라 은행이 수취인에게 그 예금을 지급하는 행위는 계좌이체금액 상당의 예금계약의 성립 및 그 예금채권 취득에 따른 것으로서 은행이 착오에 빠져 처분행위를 한 것이라고 볼 수 없으므로, 결국 이러한 행위는 은행을 피해자로 한 형법 제347조의 사기죄에 해당하지 않는다고 봄이 상당하다.

[2] 예금주인 피고인이 제3자에게 편취당한 송금의뢰인으로부터 자신의 은행계좌에 계좌송금된 돈을 출금한 사안에서, 피고인은 예금주로서 은행에 대하여 예금반환을 청구할 수 있는 권한을 가진 자이므로, 위 은행을 피해자로 한 사기죄가 성립하지 않는다는 원심의 판단을 정당하다고 한 사례[대판 2010.5.27. 2010도3498]. [♠ 11, 12 사시]

判例 재산적 처분행위에 해당하는 경우

1. **(배당이의 소송에서 항소의 취하)** 사기죄는 타인을 기망하여 착오에 빠뜨리게 하고 그 처분행위를 유발하여 재물이나 재산상의 이득을 얻음으로써 성립하는 것이므로 여기에 처분행위라고 하는 것은 재산적 처분행위를 의미하는 것이라고 할 것인바, 배당이의 소송의 제1심에서 패소판결을 받고 항소한 자가 그 항소를 취하하면 그 즉시 제1심판결이 확정되고 상대방이 배당금을 수령할 수 있는 이익을 얻게 되는 것이므로 위 항소를 취하하는 것 역시 사기죄에서 말하는 재산적 처분행위에 해당한다[대판 2002.11.22. 2000도4419]. [♠ 04 사시]

2. **(가등기의 말소)** [1] 사기죄에서 처분행위라 함은 재산적 처분행위를 의미한다고 할 것인바, 부동산 위에 소유권이전청구권 보전의 가등기를 마친 자가 그 가등기를 말소하면 부동산 소유자는 가등기의 부담이 없는 부동산을 소유하게 되는 이익을 얻게 되는 것이므로, 가등기를 말소하는 것 역시 사기죄에서 말하는 재산적 처분행위에 해당하고, 설령 그 후 위 가등기에 의하여 보전하고자 하였던 소유권이전청구권이 존재하지 않아 위 가등기가 무효임이 밝혀졌다고 하더라도 가등기의 말소로 인한 재산상의 이익이 없었던 것으로 볼 수 없다.

   [2] 피고인에게 피해자 명의의 가등기 말소를 구할 권리가 인정된다 하더라도 피고인이 기망행위를 사용하여 피해자로 하여금 위 가등기를 말소하게 한 경우 그 기망행위가 사회통념상 권리행사의 수단으로서 용인될 수 없는 것이라면 피고인의 위와 같은 행위는 사기죄를 구성한다[대판 2008.1.24. 2007도9417].

㉯ 처분의사의 요부

필요설 (판례, 다수설)	처분의사를 요구하지 않게 되면 사기죄와 절도죄의 구별이 어려우므로 처분의사가 있어야 처분행위가 인정될 수 있다는 견해이다.
불요설	처분행위는 객관적으로 손해를 초래할 수 있는 행위이면 족하며 처분의사를 필요로 하지 않는다는 견해이다. 이 견해에 의하면 기망행위에 의하여 청구권이 있음을 알지 못하여 이를 행사하지 못한 때에도 처분행위가 인정될 수 있다.
절충설	이득사기죄(사기이득)의 경우에는 처분행위의 인식이 필요 없지만 재물사기죄(사기취재)의 경우에는 절도죄와의 구별을 위해 처분행위의 인식이 필요하다는 견해이다.

㉰ **처분효과의 직접성** : 처분행위가 직접 재물의 교부를 결과한 때에는 사기죄가 성립하나, 행위자가 별도의 행위에 의하여 재물을 취거한 경우에는 절도죄(책략절도)가 성립한다.

判例 처분행위가 인정되지 않아 사기죄가 성립하지 않는 경우

1. 사기죄는 타인을 기망하여 착오에 빠뜨리고 그로 인한 처분행위로 재물의 교부를 받거나 재산상의 이익을 취득한 때에 성립하는 것이므로, 피고인이 피해자에게 부동산매도용인감증명 및 등기의무자본인확인서면의 진실한 용도를 속이고 그 서류들을 교부받아 피고인 등 명의로 위 부동산에 관한 소유권이전등기를 경료하였다 하여도 피해자의 위 부동산에 관한 처분행위가 있었다고 할 수 없을 것이고 따라서 사기죄를 구성하지 않는다[대판 2001.7.13. 2001도1289]. [♠ 02, 10 사시]

   동지판례 피고인이 진실한 용도를 속이고 피해자로부터 그 인감도장을 교부받아 이 사건 부동산에 관한 소유권이전등기절차에 필요한 관계서류를 작성하여 그 명의로 소유권이전등기를 마쳤다 하여도 피해자의 처분행위가 있었다고 할 수 없고, 또 인감도장이라는 재물을 영득할 의사가 없었던 것이라면 피고인에 대한 이 건 사기공소사실에 관하여 무죄를 선고한 것은 옳고 사기죄의 법리를 오해한 위법이 없다[대판 1990.2.27. 89도335].

2. 토지의 일부만을 매수한 자가 그 부분만을 분할 이전하겠다고 거짓말하여 소유자로부터 인장을 교부받아 토지전부에 관하여 소유권이전등기를 필한 경우에는 매수하지 아니한 부분에 관한 등기에 대하여는 위 소유자의 처분 행위가 없었을 뿐만 아니라 등기 공무원에게는 그 처분권한이 있다고 볼 수 없어 사기죄가 성립하지 않는다[대판 1982.3.9. 81도1732].

3. 자기가 점유하는 타인의 재물을 횡령하기 위하여 기망수단을 쓴 경우에는 피기망자에 의한 재산처분행위가 없으므로 일반적으로 횡령죄만 성립되고 사기죄는 성립되지 아니한다[대판 1980.12.9. 80도1177].
   [♠ 08 사시] [♣ 16, 17 변시]

   [사실관계] 토지매각 위임을 받은 피고인이 6억원에 매도하였음에도 3억원에 매도하였다고 위임자를 속인 다음 3억원만 교부하고 나머지 3억원을 취득한 사건이다.

4. 피고인이 甲의 병원에서 그 처를 입원시켜 가료 중 치료를 다 받고 나서 甲에게 妻와 함께 극장구경을 하고 돌아와서 치료비를 지급하고 퇴원하겠다고 거짓말을 하고 나간 후 그대로 도주하였다 하여도 도주하기 전까지는 그 치료비를 지급할 의사와 능력을 가지고 입원치료를 받았으나 임시 그 채무의 이행을 피하기 위하여 도주한 것이라면 사기죄가 될 수 없다고 볼 것이다

[대판 1970.9.22. 70도1615]. [♠ 03 사시]

판례해설 병원관계자가 치료비 지급을 면제하거나 유예하는 처분행위가 없어 사기죄가 성립할 수 없다.

㉱ **처분행위자** : 처분행위자는 피기망자와 일치하여야 하지만, 처분행위자와 재산상의 피해자는 일치할 필요는 없다(삼각사기).

쟁점연구 **[삼각사기의 경우 처분행위자(피기망자)의 요건]**

1. 문제점

처분행위자와 피해자가 일치하지 않는 경우에 양자 사이에 어떤 관계가 있어야 (삼각)사기죄가 성립할 수 있는지가 문제된다. 이는 삼각사기죄와 절도죄의 간접정범과의 구별을 위한 기준의 문제이기도 하다.

2. 학 설

재산처분자와 피해자 사이에 일정한 법적 관계가 있어야 한다는 견해가 있다(예 재산피해자의 대리인 · 재산관리인). 이 견해에 의하면 법률, 계약 또는 최소한 묵시적 위임에 의하여 법적으로 처분할 권한이 있는 자가 아니면 처분행위를 할 수 없다(권한설).

3. 판 례

사기죄가 성립되려면 피기망자와 재산상의 피해자가 같은 사람이 아닌 경우에는 피기망자가 피해자를 위하여 그 재산을 처분할 수 있는 권능을 갖거나 그 지위에 있어야한다고 판시하고 있다(사실상의 지위설).

4. 검 토 (판례 지지)

사기죄의 성립되기 위하여 처분행위가 유효할 필요가 없으므로 권한설은 타당하다고 할 수 없다. 따라서 판례가 타당하다.

判例 삼각사기가 성립하기 위한 피기망자(처분행위자)의 요건

1. **(지위설의 입장)** 사기죄가 성립되려면 피기망자와 재산상의 피해자가 같은 사람이 아닌 경우에는 피기망자가 피해자를 위하여 그 재산을 처분할 수 있는 권능을 갖거나 그 지위에 있어야 하지만, 여기에서 피해자를 위하여 재산을 처분할 수 있는 권능이나 지위라 함은 반드시 사법상의 위임이나 대리권의 범위와 일치하여야 하는 것은 아니고, 피해자의 의사에 기하여 재산을 처분할 수 있는 서류 등이 교부된 경우에는 피기망자의 처분행위가 설사 피해자의 진정한 의도와 어긋나는 경우라고 할지라도 위와 같은 권능을 갖거나 그 지위에 있는 것으로 보아야 한다 [대판 1994.10.11. 94도1575]. [♠ 04 사시] [♣ 12 변시]
2. 사기죄는 타인을 기망하여 착오에 빠뜨리고 그 처분행위를 유발하여 재물을 교부받거나 재산상의 이익을 얻음으로써 성립하는 것이므로 피기망자는 재물 또는 재산상 이익에 대한 처분행위를 할 권한이 있어야 한다. 이 경우 재산상 피해자가 법인인 경우에는 피기망자가 법인의 최종 의사결정권자가 아니라도 내부적인 권한 위임 등에 의하여 실질적으로 법인의 의사를 결정할 권한을 부여받아 처분행위를 할 권한을 가지고 있는 경우 또는 상대방의 기망행위 사실을 인식

하지 못하고 의사결정권자에게 보고하여 처분행위의 결정을 하도록 한 경우 등에는 사기죄가 성립하기 위한 기망행위의 상대방이 된다 할 것이다. 따라서 권한의 위임이 있는 경우에는 그 권한을 위임받은 사람을 기준으로 기망행위가 있었는지 여부를 판단하여야 한다[대판 2012.5.24. 2010도1080].

판례해설 법인으로부터 처분행위의 권한을 위임받은 최고결재권자가 피고인의 기망사실이 허위라는 점을 알고 있었다면 피고인의 기망행위는 인정될 수 없다는 취지의 판례이다.

관련판례 i) 용도를 속여 국민주택 건설자금을 대출받음에 있어, 기금 대출사무를 위탁받은 은행의 일선 담당 직원이 대출금이 지정된 용도에 사용되지 않을 것이라는 점을 알고 있었다 하더라도, 대출 신청액이 일정한 금액을 초과하는 경우에는 은행장이 대출 승인 여부를 결정할 권한이 있으므로, 은행장을 피기망자라고 보아 사기죄의 성립을 인정한 사례[대판 2002.7.26. 2002도2620].

ii) 리스회사의 지점장이 실제로 리스물건을 설치하지 않은 채 이루어지는 이른바 '공(空)리스'라는 사실을 알면서도 경영위원회 위원들에게 허위서류를 제출하여 여신승인을 받아 타인으로 하여금 6억원의 리스자금을 대출받게 한 경우, 피해자 국민리스 주식회사의 경우 5억원을 초과하는 리스자금의 여신은 경영위원회에서 전적인 결정권한을 가지고 있으므로 경영위원회의 위원들을 피기망자로 하는 사기죄가 성립한다[대판 2001.4.27. 99도484].

判例 **직접사기 및 삼각사기 불성립 사례(피해자의 처분행위가 인정 ×, 피기망자가 처분권능 · 지위 ×)**

1. 타인명의의 등기서류를 위조하여 등기공무원에게 제출함으로써 피고인 명의로 피해자 소유의 부동산에 대한 소유권이전등기를 마쳤다고 하여도 피해자의 처분행위가 없을 뿐 아니라 등기공무원에게는 위 부동산의 처분권한이 있다고 볼 수 없어 사기죄가 성립하지 않는다[대판 1981.7.28. 81도529].
2. 토지의 일부만을 매수한 자가 그 부분만을 분할 이전하겠다고 거짓말하여 소유자로부터 인장을 교부받아 토지전부에 관하여 소유권이전등기를 필한 경우에는 매수하지 아니한 부분에 관한 등기에 대하여는 위 소유자의 처분 행위가 없었을 뿐만 아니라 등기공무원에게는 그 처분권한이 있다고 볼 수 없어 사기죄가 성립하지 않는다[대판 1982.3.9. 81도1732].

동지판례 양도증서 등 특허 관련 명의변경 서류를 위조하여 일본국 특허청 공무원에게 제출함으로써 특허의 출원자를 자신의 명의로 변경한 사안에서, 특허권에 관한 처분행위가 있었다고 볼 수 없으므로 사기죄를 구성하지 않는다고 한 사례[대판 2007.11.16. 2007도3475].

판례해설 피해자의 이 사건 특허를 받을 수 있는 권리에 관한 처분행위가 있었다고 할 수 없을 뿐만 아니라 일본국 특허청 공무원에게 이 사건 특허를 받을 수 있는 권리의 처분권한이 있다고도 볼 수 없으므로, 사기죄를 구성한다고 보기 어렵다.

⑤ 재산상의 손해

㉮ i) 다수설은 사기죄가 재산죄인 이상 재산상 손해를 요한다고 보나, ii) 판례는 피해자의 전체 재산상에 손해가 없다고 하여도 사기죄의 성립에는 영향이 없다는 입장이다.[4)]

---

4) 그 밖에 사기취재죄의 경우에는 손해발생을 요하지 않지만 사기이득죄의 경우에는 손해발생을 요한다는 견해도 있다.

判例 사기죄의 성립과 '재산상의 손해'와의 관계

1. **(현실적 손해발생을 요하지 않음)** 형법 제347조의 사기죄는 타인을 기망하여 그로 인한 하자있는 의사에 기하여 재물의 교부를 받거나 재산상의 이익을 취득함으로써 성립하고, 사기죄의 본질은 기망에 의한 재물이나 재산상 이익의 취득에 있고 이로써 상대방의 재산이 침해되는 것이므로, 상대방에게 현실적으로 재산상 손해가 발생함을 요하지 아니하고, 그 교부받은 재물이나 재산상 이익의 가액이 얼마인지는 문제되지 아니한다[대판 2010.12.9. 2010도12928], [대판 2014.10.15. 2014도9099].

   동지판례 주유소 운영자가 농민들에게 면세유를 공급한 것처럼 부당하게 발급받은 면세유류공급확인서로 석유정제업자를 기망하여 부가가치세 등에 상당한 석유류를 취득한 사안에서, 석유정제업자에게 현실적인 재산상 손해가 없더라도 사기죄가 성립한다고 한 사례[대판 2009.1.15. 2006도6687].

2. **(전체재산상의 손해가 있을 것을 요하지 않음)** [1] 재물편취를 내용으로 하는 사기죄에 있어서는 기망으로 인한 재물의 교부가 있으면 그 자체로 피해자의 재산침해가 되어 이로써 곧 사기죄는 성립하고, 상당한 대가가 지급되었다거나 피해자의 전체 재산상에 손해가 없다고 하여도 사기죄의 성립에는 영향이 없다. [♣ 20 변시]

   [2] 피고인들은 그 정을 모르는 甲을 통하여 피해자 은행들을 기망하고, 또한 피해자 은행들은 甲으로부터 교부받은 수출관계 서류들을 보고 이에 속은 나머지 진정한 수출이 이루어진 것으로 판단하여 이를 매입한 후 저리의 수출금융을 제공하게 되었던 것이므로, 비록 피해자 은행들이 수출입대행업체인 甲과의 약정에 의하여 위와 같이 편취당한 금원을 변상받을 수 있게 되어 있다고 하더라도 기망행위가 없었더라면 지출하지 않았을 금원을 기망당하여 지출한 이상 그 금원의 지출 자체가 재산상 손해가 되는 것이어서, 피해자 은행들은 위 피고인들의 기망행위로 인한 사기의 피해자가 아니라고 할 수 없다[대판 1999.7.9. 99도1040; 동지 대판 1982.6.22. 82도777].

   동지판례 분식회계에 의한 재무제표 등으로 금융기관을 기망하여 대출을 받았다면 사기죄는 성립하고, 변제의사와 변제능력의 유무 그리고 충분한 담보가 제공되었다거나 피해자의 전체 재산상에 손해가 없고, 사후에 대출금이 상환되었다고 하더라도 사기죄의 성립에는 영향이 없다[대판 2005.4.29. 2002도7262]. [♠ 10 사시]

   동지판례 피해자가 피고인의 기망에 의하여 당해 부동산의 소유권을 취득할 수 없게 될지도 모른다는 사정을 알지 못한 채 이를 매수하였다면 이미 재산의 침해가 있었다 할 것이고, 그 이후 피해자가 매수인 명의변경절차나 국가에 대한 민사소송 등을 통하여 소유권이전등기를 경료받아 재산상의 손해가 없게 되었다 하더라도 이는 사기죄의 성립에 아무런 영향을 미칠 수 없다[대판 1994.10.21. 94도2048].

   동지판례 피고인이 다방의 임대차보증금 등을 타에 담보로 제공하고도 이를 은폐하는 등 피해자를 기망하여 피해자와 다방 전대차계약을 맺고 계약금을 수령하였다면 사기죄는 성립하는 것이고, 피고인이 추후 잔대금까지 수령하였다거나 또는 위 담보채무를 전대차계약 기간만료 전에 변제함으로써 피해자에게 위 담보와 관련하여 손해를 끼치지 않았다는 등의 사유는 계약금에 대한 사기죄의 성립에 영향을 끼치는 것은 아니다[대판 1991.11.12. 91도2270].

   동지판례 변제의 의사나 능력이 없음에도 이를 숨긴 채 피해자에게 금원 대여를 요청하여 이에 속은 피해자로부터 동인의 배서가 된 약속어음을 교부받아 이를 금융기관에서 할인한 후 그 할인금을 사용하였다면, 그 후 위 약속어음이 지급기일에 지급거절되고 피고인이 금융기관에 대하여 그 상환채무를 지게 되었다고 하더라도 피해자에 대한 사기죄가 성립한다고 할 것이다[대판 2007.4.12. 2007도1033].

동지판례 콘도회원권 판매 등의 대리점 영업을 하는 甲이 위조한 회원증 등을 마치 사용가능한 것으로 A 등에게 말하거나 위조된 사실을 숨긴 채 판매하고 그 대금을 지급받았다면, 그 후 A 등이 진정한 회원증 등을 교부받았다고 하더라도 사기죄가 성립한다[대판 2009.10.15. 2009도7459].

동지판례 기망을 통하여 취득한 재물 또는 재산상 이득을 사후에 반환하거나 변상했다고 하더라도 이는 사기죄의 성립에 영향을 미치지 않는다[대판 2015.11.26. 2015도3012].

㉯ 기망행위에 의하여 발생된 취소권, 손해배상청구권은 손해를 산정하는 데 고려되지 않는다.

㉰ 재산상의 손해는 현실적 재산감소에 제한되지 않으며, 재산의 위험만으로도 손해를 인정할 수 있다(다수설, 예 지불능력이 없는 자와 금전대여계약을 체결한 경우).

判例 사기죄의 기수시기

1. 타인의 명의를 빌려 예금계좌를 개설한 후, 통장과 도장은 명의인에게 보관시키고 자신은 위 계좌의 현금인출카드를 소지한 채, 명의인을 기망하여 위 예금계좌로 돈을 송금하게 한 경우, 자신은 통장의 현금인출카드를 소지하고 있으면서 언제든지 카드를 이용하여 차명계좌 통장으로부터 금원을 인출할 수 있었고, 명의인을 기망하여 위 통장으로 돈을 송금받은 이상, 이로써 송금받은 돈을 자신의 지배하에 두게 되어 편취행위는 기수에 이르렀다고 할 것이고, 이후 편취금을 인출하지 않고 있던 중 명의인이 이를 인출하여 갔다 하더라도 이는 범죄성립 후의 사정일 뿐 사기죄의 성립에 영향이 없다[대판 2003.7.25. 2003도2252]. [♠ 04, 08 사시]

2. [1] 사기죄에 있어서 '재물의 교부'란 범인의 기망에 따라 피해자가 착오로 재물에 대한 사실상의 지배를 범인에게 이전하는 것을 의미하는데, 재물의 교부가 있었다고 하기 위하여 반드시 재물의 현실의 인도가 필요한 것은 아니고 재물이 범인의 사실상의 지배 아래에 들어가 그의 자유로운 처분이 가능한 상태에 놓인 경우에도 재물의 교부가 있었다고 보아야 한다.
[2] 피고인의 주문에 따라 제작된 도자기 중 실제로 배달된 것뿐만 아니라 피고인이 지정하는 장소로의 배달을 위하여 피해자가 보관 중인 도자기도 피고인에게 모두 교부된 것이므로 사기죄의 기수가 된다[대판 2003.5.16. 2001도1825]. [♠ 04 사시]

비교판례 재물에 대한 사기죄에 있어서 처분행위란, 범인의 기망에 따라 피해자가 착오로 재물에 대한 사실상의 지배를 범인에게 이전하는 것을 의미하므로, 외관상 재물의 교부에 해당하는 행위가 있었다고 하더라도, 재물이 범인의 사실상의 지배 아래에 들어가 그의 자유로운 처분이 가능한 상태에 놓이지 않고 여전히 피해자의 지배 아래에 있는 것으로 평가된다면, 그 재물에 대한 처분행위가 있었다고 볼 수 없다.
[사실관계] 밀수업자가 금괴를 빼돌릴 것을 공모한 운반책들에게 이러한 공모 사실을 모르고 금괴를 교부하였으나 운반책들의 이동이 밀수업자에 의하여 관리 또는 감독되고 있었던 사안이다[대판 2018.8.1. 2018도7030].

3. 어음·수표의 발행인이 그 지급기일에 결제되지 않으리라는 정을 예견하면서도 이를 발행하고, 거래상대방을 속여 그 할인을 받거나 물품을 매수하였다면 위 발행인의 사기행위는 이로써 완성되는 것이고, 위 거래상대방이 그 어음·수표를 타에 양도함으로써 전전유통되고 최후소지인이 지급기일에 지급제시하였으나 부도되었다고 하더라도 특별한 사정이 없는 한 그 최후소지인

에 대한 관계에서 발행인의 행위를 사기죄로 의율할 수 없다[대판 1998.2.10. 97도3040].

4. 사기범행으로 당좌수표 등 유가증권을 편취할 경우에는 유가증권을 교부받은 단계에서 재물편취의 기수가 된다[대판 1985.12.24. 85도2317].

5. 사기죄는 사람을 적극적으로 기망하거나 소극적으로 고지할 의무가 있는 사항을 묵비하여 이에 속은 타인으로부터 재물의 교부를 받거나 재산상의 이득을 취득한 경우에 성립하고, 이미 취득한 재물 또는 재산상 이득을 사후에 반환하거나 변상했다고 하더라도 이는 범죄의 성립에 영향을 미치지 않는다[대판 2015.11.26. 2015도3012].

判例 피고인이 예금주에 해당하여 사기미수죄가 성립할 수 없는 경우

[1] 금융실명거래 및 비밀보장에 관한 법률에 따라 실명확인 절차를 거쳐 예금계약을 체결하고 실명확인 사실이 예금계약서 등에 명확히 기재되어 있는 경우에는, 일반적으로 예금계약서에 예금주로 기재된 예금명의자나 그를 대리한 행위자 및 금융기관의 의사는 예금명의자를 예금계약의 당사자로 보려는 것이라고 해석하는 것이 경험법칙에 합당하고, 예금계약의 당사자에 관한 법률관계를 명확히 할 수 있어 합리적이다. 그리고 이와 같은 예금계약 당사자의 해석에 관한 법리는, 예금명의자 본인이 금융기관에 출석하여 예금계약을 체결한 경우나 그의 위임에 의하여 자금 출연자 등의 제3자(이하 '출연자 등'이라 한다)가 대리인으로서 예금계약을 체결한 경우 모두 마찬가지로 적용된다고 보아야 한다. 따라서 본인인 예금명의자의 의사에 따라 그의 실명확인 절차가 이루어지고 그를 예금주로 하여 예금계약서를 작성하였음에도, 위에서 본 바와 달리 예금명의자가 아닌 출연자 등을 예금계약의 당사자라고 볼 수 있는 경우는, 금융기관과 출연자 등 사이에 실명확인 절차를 거쳐 서면으로 이루어진 예금명의자와의 예금계약을 부정하여 그의 예금반환청구권을 배제하고, 출연자 등과 예금계약을 체결하여 그에게 예금반환청구권을 귀속시키겠다는 명확한 의사의 합치가 있는 극히 예외적인 경우로 제한되어야 하고, 이러한 의사의 합치는 위 법률에 따라 실명확인 절차를 거쳐 작성된 예금계약서 등의 증명력을 번복하기에 충분할 정도의 명확한 증명력을 가진 구체적이고 객관적인 증거에 의하여 매우 엄격하게 인정하여야 한다.
[2] 甲이 금융기관에 피고인 명의로 예금을 하면서 자신만이 이를 인출할 수 있게 해달라고 요청하여 금융기관 직원이 예금관련 전산시스템에 '甲이 예금, 인출 예정'이라고 입력하였고 피고인도 이의를 제기하지 않았는데, 그 후 피고인이 금융기관을 상대로 예금 지급을 구하는 소를 제기하였다가 금융기관의 변제공탁으로 패소한 경우, 제반 사정에 비추어 금융기관과 甲 사이에 실명확인 절차를 거쳐 서면으로 이루어진 피고인 명의의 예금계약을 부정하여 예금명의자인 피고인의 예금반환청구권을 배제하고, 甲에게 이를 귀속시키겠다는 명확한 의사의 합치가 있었다고 인정할 수 없어 예금주는 여전히 피고인이므로, 피고인에게 사기미수죄가 인정되지 아니한다[대판 2011.5.13. 2009도5386].

⑥ 재물을 교부받거나 재산상 이익의 취득

㉮ 피기망자의 처분행위로 인하여 재물을 교부받거나 재산상 이익을 취득하여야 하며 이는 피해자의 입장에서 손해의 발생과 동일한 의미이다.

判例 편취액 (재산상 이익, 손해)의 계산방법

1. 재물편취를 내용으로 하는 사기죄에서는 기망으로 인한 재물교부가 있으면 그 자체로써 피해자의 재산침해가 되어 이로써 곧 사기죄가 성립하는 것이고, 상당한 대가가 지급되었다거나 피해자의 전체 재산상에 손해가 없다 하여도 사기죄의 성립에는 그 영향이 없으므로 사기죄에 있어서 그 대가가 일부 지급된 경우에도 그 편취액은 피해자로부터 교부된 재물의 가치로부터 그 대가를 공제한 차액이 아니라 교부받은 재물 전부이다[대판 2007.1.25. 2006도7470; 동지 대판 1995.3.24. 95도203]. [♣ 20 변시]

1-1. 담보로 제공할 목적물의 가액을 허위로 부풀려 금융기관으로부터 대출을 받은 경우 그 대출이 기망행위에 의하여 이루어진 이상 그로써 사기죄는 성립하고, 이 경우 사기죄의 이득액에서 담보물의 실제 가액을 전제로 한 대출가능금액을 공제하여야 하는 것은 아니다[대판 2019.4.3. 2018도19772].

2. 재물을 편취한 후 예금계좌 등으로 그 일부를 수당 등의 명목으로 입금해 주어 피해자가 이를 현실적으로 수령한 다음, 일정기간 후 이를 가지고 다시 물품을 구매하는 형식으로 재투자 하였다면, 이는 새로운 법익의 침해가 발생한 경우라고 할 것이어서 그 재구매 금액은 편취액에서 제외할 성질의 것이 아니다[대판 2005.10.28. 2005도5774].

비교판례 재물편취를 내용으로 하는 사기죄에 있어서는 기망으로 인한 재물교부가 있으면 그 자체로써 피해자의 재산침해가 되어 이로써 곧 사기죄가 성립하고, 그 후 피해자를 기망하여 편취한 재물의 반환을 회피할 목적으로 현실적인 자금의 수수 없이 기존 차입원리금을 새로이 투자하는 형식을 취하였다 하더라도 이는 새로운 법익을 침해하는 것이 아니므로 별도로 사기죄를 구성하지 않는다[대판 2000.11.10. 2000도3483].

3. 사람을 기망하여 부동산의 소유권을 이전받거나 제3자로 하여금 이전받게 함으로써 이를 편취한 경우에 특정경제범죄 가중처벌 등에 관한 법률 제3조의 적용을 전제로 하여 그 부동산의 가액을 산정함에 있어서는, 그 부동산에 아무런 부담이 없는 때에는 그 부동산의 시가 상당액이 곧 그 가액이라고 볼 것이지만, 그 부동산에 근저당권설정등기가 경료되어 있거나 압류 또는 가압류 등이 이루어져 있는 때에는 특별한 사정이 없는 한 아무런 부담이 없는 상태에서의 그 부동산의 시가 상당액에서 근저당권의 채권최고액 범위 내에서의 피담보채권액, 압류에 걸린 집행채권액, 가압류에 걸린 청구금액 범위 내에서의 피보전채권액 등을 뺀 실제의 교환가치를 그 부동산의 가액으로 보아야 한다[대판(전) 2007.4.18. 2005도7288]. [♣ 21 변시] ※ 변시 기록형에서 중요한 판례임

4. 신용보증기금에 따른 신용보증을 받고자 하는 자가 사실은 주택사업자로부터 주택을 분양받은 사실이 없으면서도 분양받은 사실이 있는 것처럼 위 기금의 관리기관을 속여 신용보증서를 발급받은 경우에는, 그 편취액은 신용보증액 상당이다[대판 2005.11.9. 2005도6026; 동지 대판 2008.2.28. 2007도10416], [동지 대판 2007.4.26. 2007도1274].

5. 어음·수표의 할인에 의한 사기죄에서 피고인이 피해자로부터 수령한 현금액이 피고인이 피해자에게 교부한 어음 등의 액면금보다 적을 경우, 피고인이 취득한 재산상의 이익액은, 원칙적으로, 위 어음 등의 액면금이 아니라 피고인이 수령한 현금액이다[대판 2009.7.23. 2009도2384]. [♠ 14 사시]

6. 자금중개업자인 피고인이 대출의뢰인으로부터 5억 원을 대출해 달라는 부탁과 함께 금액란이 공란으로 되어 있는 백지어음, 영수증 등의 서류를 교부받았음에도, 개인적인 채무를 변제하기 위해 사채업자인 피해자에게 위임 범위를 초과한 10억 원의 대출의뢰를 받은 것처럼 거짓말을 하여 피해자로부터 선이자를 공제한 8억 8,000만 원을 교부받았다면, 피고인이 피해자로부터

교부받은 돈 전액을 사기죄의 편취액 또는 구 특정경제범죄 가중처벌 등에 관한 법률 제3조 제1항에서 정한 "이득액"으로 보아야 하는 것이지, 위임받은 범위를 초과하는 금액만을 편취액 또는 이득액으로 보아야 하는 것은 아니다[대판 2012.4.13. 2012도216]. ※ 변시 기록형에서 중요한 판례임

7. 피해자가 피고인의 허위 변제약속에 속아 그 요청에 따라 3,300만 원을 쌈지의 은행계좌에 입금하였다면, 피해자가 교부한 위 돈이 쌈지가 발행한 약속어음의 결제자금으로 사용됨으로써 결과적으로 위 약속어음과 관련한 피해자의 제3자에 대한 채무 또한 같은 금액만큼 감소되었다고 하더라도 사기죄의 요건인 재물의 편취가 없었다고 볼 수 없다[대판 2012.6.14. 2012도3647].
8. 보험금을 지급받을 수 있는 사유가 있다 하더라도 이를 기화로 실제 지급받을 수 있는 보험금보다 다액의 보험금을 편취할 의사로 장기간의 입원 등을 통하여 과다한 보험금을 지급받는 경우에는 지급받은 보험금 전체에 대하여 사기죄가 성립한다[대판 2009.5.28. 2008도4665]. [♠ 13 사시]
9. 피고인이 보험금을 편취할 의사로 허위로 보험사고를 신고하거나 고의로 보험사고를 유발한 경우 보험금에 관한 사기죄가 성립하고, 나아가 설령 피고인이 보험사고에 해당할 수 있는 사고로 경미한 상해를 입었다고 하더라도 이를 기화로 보험금을 편취할 의사로 상해를 과장하여 병원에 장기간 입원하고 이를 이유로 실제 피해에 비하여 과다한 보험금을 지급받는 경우에는 보험금 전체에 대해 사기죄가 성립한다[대판 2011.2.24. 2010도17512]. [♠ 12 사시]

㉯ 재산상 이익은 피해자가 입은 재산상 손해에서 직접 비롯된 것이어야 한다(자료의 동일성).

判例 사기죄가 성립하지 않는 경우

피고인이 甲에게 '각 5,000만 원씩 출자하여 회사를 설립하되, 우선 자본금 1억 원에 대한 잔고증명은 甲의 돈으로 발급받고 회사가 설립되면 바로 출자금 5,000만 원을 납부하겠다'고 속여 甲으로 하여금 5,000만 원을 투자하게 하고 甲 명의 은행계좌의 예금잔고증명서(1억 원)를 제출하여 乙 주식회사를 설립하게 한 후 그 주식 10,000주(1주의 금액 5,000원, 합계 5,000만 원)를 편취하였다는 내용으로 기소된 사안에서, 피고인과 甲은 乙 회사를 설립하면서 각 발기인으로서 10,000주씩을 인수한 것으로 볼 여지가 있어 피고인이 甲으로부터 乙 회사 주식 10,000주를 취득한 것이 아니므로 甲을 피해자로 볼 수 없고, 甲의 예금잔고증명서를 이용하여 주금을 가장납입하였다면 피고인은 乙 회사에 주금 상당의 체당금 반환책임을 부담할 뿐이어서 甲에 대한 사기죄가 성립한다고 보기 어렵다고 한 사례[대판 2018.2.8. 2017도19799].

(2) 주관적 구성요건

고의와 불법영득(이득)의사가 있어야 한다.

判例 사기죄의 고의의 내용

사기죄의 성립에 있어서 피해자에게 손해를 가하려는 목적을 필요로 하지는 않지만 적어도 타인의

재물 또는 이익을 침해한다는 의사와 피기망자로 하여금 어떠한 처분을 하게 한다는 의사는 있어야 한다[대판 1998.4.24. 97도3054].

判例 사기죄의 고의의 존부판단 시기

사기죄의 성립 여부는 그 행위 당시를 기준으로 판단하여야 하고, 그 행위 이후의 경제사정의 변화 등으로 인하여 피고인이 채무불이행 상태에 이르게 된다고 하여 이를 사기죄로 처벌할 수는 없다[대판 2008.9.25. 2008도5618].

동지판례 i) 차용금의 편취나 공사대금 상당의 재산상 이익의 편취에 의한 사기죄의 성립 여부는 금원차용 당시나 도급계약 당시를 기준으로 판단하여야 하고, 금원차용이나 도급계약 이후 경제사정의 변화로 차용금이나 공사대금을 변제할 수 없게 되었다 하여 이를 사기죄로 처벌할 수 없다[대판 1997.4.11. 97도249]. ii) 공사도급계약에서 편취에 의한 사기죄의 성립 여부는 계약 당시를 기준으로 피고인에게 공사를 완성할 의사나 능력이 없음에도 피해자에게 공사를 완성할 것처럼 거짓말을 하여 피해자로부터 공사대금 등을 편취할 고의가 있었는지에 의하여 판단하여야 한다[대판 2019.12.27. 2015도10570].

判例 사기의 고의가 인정된 경우

1. 변제의 의사가 없거나 약속한 변제기일 내에 변제할 능력이 없음에도 불구하고 변제할 것처럼 가장하여 금원을 차용하거나 물품을 구입한 경우에는 편취의 범의를 인정할 수 있다[대판 1986.9.9. 86도1227].
2. 타인으로부터 돈을 차용하면서 충분한 담보를 제공하였다면 특별한 사정이 없는 한 그 차용금을 변제할 의사와 능력이 없었다고 볼 수는 없다. 그러나 시세조종된 주식임을 잘 알면서도 이를 숨긴 채 담보로 제공하였다면 대출받을 당시 담보가치가 충분히 있었다고 하더라도 편취의 범의가 인정된다[대판 2004.5.28. 2004도1465].
3. 쇼핑몰 상가 분양사업을 계획하면서 사채와 분양대금만으로 사업부지 매입 및 공사대금을 충당할 수 있다는 막연한 구상 외에 체계적인 사업계획 없이 무리하게 쇼핑몰 상가 분양을 강행한 경우 편취의 범의를 인정할 수 있다[대판 2005.4.29. 2005도741].
4. [1] 농어촌구조개선 특별회계기금을 재원으로 하여 임업후계자육성을 위해 이루어지는 정책자금대출로서 그 대출의 조건 및 용도가 임야매수자금으로 한정되어 있는 정책자금을 대출받음에 있어 임야매수자금을 실제보다 부풀린 허위의 계약서를 제출함으로써 대출취급기관을 기망하였다면, 피고인에게 대출받을 자금을 상환할 의사와 능력이 있었는지 여부를 불문하고 편취의 고의가 인정된다. [2] 임야매수자금으로 대출받은 돈을 임야매수를 위해 사용하지는 않더라도 임업경영의 목적으로 사용하는 한 산림조합이나 정부가 이를 용인하여 왔다거나, 정책자금을 대출받은 사람들이 대출의 조건 및 용도에 위반하여 자금을 사용하는 관행이 있다고는 인정할 수 없을 뿐만 아니라, 설령 그러한 관행이 존재한다고 하더라도 이는 법에 어긋나는 것이므로 그러한 관행을 이유로 대출 조건과 용도가 임야매수자금으로 한정된 정책자금을 실제보다 부풀려 대출받아 편취한 행위가 사회상규에 위배되지 않는 정당한 행위라거나 비난가능성이 없다고 할 수는 없다

[대판 2007.4.27. 2006도7634]. [♠ 15 사시]

4-1. 타인으로부터 금전을 차용함에 있어서 그 차용한 금전의 용도나 변제할 자금의 마련방법에 관하여 사실대로 고지하였더라면 상대방이 응하지 않았을 경우에 그 용도나 변제자금의 마련방법에 관하여 진실에 반하는 사실을 고지하여 금전을 교부받은 경우에는 사기죄가 성립하고, 이 경우 차용금채무에 대한 담보를 제공하였다는 사정만으로는 결론을 달리 할 것은 아니다 [대판 2005.9.15. 2003도5382].

5. 의료기관이 보험회사가 진료수가를 삭감할 것을 미리 예상하고, 허위로 과다하게 진료수가를 청구하여 보험회사로부터 실제 발생하지 않은 진료비를 지급받았다면, 허위·과다청구 부분에 대한 편취의사 및 불법영득의사가 인정된다[대판 2008.2.29. 2006도5945].

判例 사기죄의 고의가 부정된 경우

1. 어음의 발행인이 그 지급기일에 결제되지 않으리라는 점을 예견하였거나 지급기일에 지급될 수 있다는 확신이 없으면서도 그러한 내용을 상대방에게 고지하지 아니한 채 이를 속여 어음을 발행·교부하고 상대방으로부터 그 대가를 교부받았다면 사기죄가 성립하는 것이지만, 이와 달리 어음의 발행인들이 각자 자력이 부족한 상태에서 자금을 편법으로 확보하기 위하여 서로 동액의 융통어음을 발행하여 교환한 경우에는, 특별한 사정이 없는 한 쌍방은 그 상대방의 부실한 자력상태를 용인함과 동시에, 상대방이 발행한 어음이 지급기일에 결제되지 아니할 때에는 자기가 발행한 어음도 결제하지 않겠다는 약정 하에 서로 어음을 교환하는 것이므로, 자기가 발행한 어음이 그 지급기일에 결제되지 않으리라는 점을 예견하였거나 지급기일에 지급될 수 있다는 확신 없이 상대방으로부터 어음을 교부받았다고 하더라도 사기죄가 성립하는 것은 아니다 [대판 2002.4.23. 2001도6570].

2. 부도 이후 물품을 계속 공급하여 주면 영업을 재개하여 부도 당시의 기발생 물품대금채무를 줄여가겠다고 약속하여 피해자들이 계속하여 물품을 공급하였고, 그 후 다시 거래가 중단되었으나 중단 당시의 잔존 물품대금액이 부도 당시의 기발생 물품대금액보다 줄어든 경우, 위 부도 이후에 공급받은 물품에 대하여는 피고인에게 기망의 의사나 불법영득의 의사가 있었다고 보기 어렵다[대판 2002.9.24. 2002도3488].

3. 공사대금채권과 대여금채권을 합산하여 임대차보증금반환채권으로 전환하기로 합의하여 임대차계약을 체결하고, 실제로 임차인이 임대차목적물에 거주하면서 주민등록전입신고를 하고 확정일자를 받은 경우, 임차인이 이에 기하여 경매법원으로부터 배당을 받은 행위를 사기죄로 의율할 수 없다[대판 2004.7.22. 2003도6412].

4. 소비대차 거래에서, 대주와 차주 사이의 친척·친지와 같은 인적 관계 및 계속적인 거래 관계 등에 의하여 대주가 차주의 신용 상태를 인식하고 있어 장래의 변제 지체 또는 변제불능에 대한 위험을 예상하고 있었거나 충분히 예상할 수 있는 경우에는, 차주가 차용 당시 구체적인 변제의사, 변제능력, 차용 조건 등과 관련하여 소비대차 여부를 결정지을 수 있는 중요한 사항에 관하여 허위 사실을 말하였다는 등의 다른 사정이 없다면, 차주가 그 후 제대로 변제하지 못하였다

는 사실만을 가지고 변제능력에 관하여 대주를 기망하였다거나 차주에게 편취의 범의가 있었다고 단정할 수 없다[대판 2016.4.28. 2012도14516].

5. 기업경영자가 파산에 의한 채무불이행의 가능성을 인식할 수 있었다고 하더라도 그러한 사태를 피할 수 있는 가능성이 있다고 믿었고, 계약이행을 위해 노력할 의사가 있었을 때에는 사기죄의 고의가 있었다고 단정하여서는 안 된다[대판 2016.6.9. 2015도18555].

判例 제3자로 하여금 재물의 교부를 받게 한 경우에 사기죄의 성립요건

[1] 범인이 기망행위에 의해 스스로 재물을 취득하지 않고 제3자로 하여금 재물의 교부를 받게 한 경우에 사기죄가 성립하려면, 그 제3자가 범인과 사이에 정을 모르는 도구 또는 범인의 이익을 위해 행동하는 대리인의 관계에 있거나, 그렇지 않다면 적어도 불법영득의사와의 관련상 범인에게 그 제3자로 하여금 재물을 취득하게 할 의사가 있어야 한다. 한편, 재물편취를 내용으로 하는 사기죄에 있어서는 기망으로 인한 재물교부가 있으면 그 자체로써 피해자의 재산침해가 되어 곧 사기죄는 성립하는 것이고, 그로 인한 이익이 결과적으로 누구에게 귀속하는지는 사기죄의 성부에 아무런 영향이 없다.
[2] 甲이 Y에게 이중매도한 택지분양권을 순차 매수한 A · B에게 이중매도 사실을 숨긴 채 자신의 명의로 형식적인 매매계약서를 작성해 준 사안에서, 甲이 직접 매매대금을 수령하지 않았더라도 A · B에 대한 사기죄가 성립한다고 판단한 사례[대판 2009.1.30. 2008도9985]. [♠ 11 사시]

3. 위법성

判例 위법성이 조각되지 않는 경우 (사기죄 성립)

피고인의 행위가 피해자에 대하여 채권을 변제받기 위한 방편이었다 하더라도 피해자에게 환전하여 주겠다고 기망하여 약속어음을 교부받은 행위는 위법성을 조각할 만한 정당한 권리행사 방법이라고 볼 수는 없고, 교부받은 재물이 불가분인 경우에는 그 전부에 대하여 사기죄가 성립된다[대판 1982.9.14. 82도1679].

4. 죄수 및 타죄와의 관계

判例 죄수 및 타죄와의 관계

1. **(중요)** 간접정범을 통한 범행에서 피이용자는 간접정범의 의사를 실현하는 수단으로서의 지위를 가질 뿐이므로, 피해자에 대한 사기범행을 실현하는 수단으로서 타인을 기망하여 그를 피해자로부터 편취한 재물이나 재산상 이익을 전달하는 도구로서만 이용한 경우에는 편취의 대상인 재물 또는 재산상 이익에 관하여 피해자에 대한 사기죄가 성립할 뿐 도구로 이용된 타인에 대한 사기죄가 별도로 성립한다고 할 수 없다[대판 2017.5.31. 2017도3894]. [♣ 18, 20 변시]

2. **(특가법상의 알선수재죄가 성립하는 경우 별도의 사기죄의 성립여부 : 성립)** 공무원이 취급하는 사건에 관하여 청탁 또는 알선을 할 의사와 능력이 없음에도 청탁 또는 알선을 한다고 기망하고 금품을 교부받은 경우, 구 변호사법 위반죄 내지 특정범죄 가중처벌 등에 관한 법률 위반(알선수재)죄가 성립하는 것과 상관없이 사기죄가 성립한다[대판 2008.2.28. 2007도10004].

동지판례 금융회사 등의 임직원의 직무에 속하는 사항에 관하여 알선을 할 의사나 능력이 없음에도 이를 알선을 한다고 기망하고, 이에 속은 피해자로부터 알선 명목으로 금품을 받은 경우, 특정경제범죄 가중처벌 등에 관한 법률 위반(알선수재)죄가 성립하는지 여부와 상관없이, 그 행위는 다른 사람을 속여 재물을 받은 행위로서 사기죄를 구성한다[대판 2016.9.28. 2016도6470].

5. 관련문제

(1) 소송사기

① 의 의 : 법원을 기망하여 자기에게 유리한 판결을 얻음으로써 상대방의 재물 또는 재산상 이익을 취득하는 것을 내용으로 하는 범죄이다.

② 성립요건

㉮ 주 체 : 원고뿐만 아니라 피고도 주체가 될 수 있다.

判例 주체(원고뿐만 아니라 피고도 가능)

원고 뿐만 아니라 피고라 하더라도 허위내용의 서류를 작성하여 이를 증거로 제출하거나 위증을 시키는 등의 적극적인 방법으로 법원을 기망하여 착오에 빠지게 한 결과 승소확정판결을 받음으로써 자기의 재산상의 의무이행을 면하게 된 경우에는 그 재산가액 상당에 대하여 사기죄가 성립한다[대판 1998.2.27. 97도2786]. [♠ 99, 02, 04, 06 사시]

㉯ 기망행위

判例 기망에 해당하는 경우

1. 허위의 내용으로 소송을 제기하여 법원을 기망한다는 고의가 있는 경우에 법원을 기망하는 것은 반드시 허위의 증거를 이용하지 않더라도 당사자의 주장이 법원을 기망하기에 충분한 것이라면 기망수단이 된다[대판 2011.9.8. 2011도7262].

2. 원고인 피고인과 피고 甲이 공모하여 민사소송에서 법원에 대하여 위조된 문서를 증거로 제출하면서 피고인이 동일한 전 소송에서 모두 패소확정된 사실을 감춘 가운데, 피고인은 다른 피고들에게 피고인이 승소하더라도 피고 甲에 대하여서만 권리행사를 하고 다른 피고들에게는 집행을 하지 아니하겠다는 등으로 이들을 회유하여 이들의 적극적인 방어행위를 방해하고, 피고 甲은 원고인 피고인의 주장 사실을 단순히 부인하였을 뿐 동일한 전소에서의 피고인의 패소판결 내용을 구체적으로 알고 있으면서도 이를 적극적으로 주장 입증하지 아니하는 등 불성실하게

소송을 진행하여 이러한 사정 등을 모르는 법원을 기망하였다면 소송사기가 된다[대판 1991.8.27. 91도1524].

3. [1] 기망행위를 수단으로 한 권리행사의 경우 그 권리행사에 속하는 행위와 그 수단에 속하는 기망행위를 전체적으로 관찰하여 그와 같은 기망행위가 사회통념상 권리행사의 수단으로서 용인할 수 없는 정도라면 그 권리행사에 속하는 행위는 사기죄를 구성한다.
[2] 비록 점유자가 자주점유로 추정받는다고 하더라도 자주점유의 권원에 관한 처분문서를 위조하고, 그 성립에 관한 위증을 교사하는 행위에 의하여 적극적으로 법원을 기망하여 착오에 빠지게 함으로써 승소판결을 받고 등기까지 했던 것이라면 그 행위는 정당한 권리행사라 할 수 없어 사기죄를 구성한다[대판 1997.10.14. 96도1405]. [♠ 99, 09 사시]

判例 기망에 해당하지 않는 경우

1. 당사자주의 소송구조하에서는 자기에게 유리한 주장이나 증거는 각자가 자신의 책임하에 변론에 현출하여야 하는 것이고, 비록 자기가 상대방에게 유리한 증거를 가지고 있다거나 상대방에게 유리한 사실을 알고 있다고 하더라도 상대방을 위하여 이를 현출하여야 할 의무가 있다고 보기는 어려울 것이므로 상대방에게 유리한 증거를 제출하지 않거나 상대방에게 유리한 사실을 진술하지 않는 행위만으로는 소송사기에 있어 기망이 된다고 할 수 없다[대판 2002.6.28. 2001도1610].
2. 기한 미도래의 채권을 소송에 의하여 청구함에 있어서 기한의 이익이 상실되었다는 허위의 증거를 조작하는 등의 적극적인 사술을 사용하지 아니한 채 단지 즉시 지급을 구하는 취지의 지급명령신청은 법원을 기망하여 부당한 이득을 편취하려는 기망행위에 해당하지 아니한다[대판 1982.7.27. 82도1160].
3. 소송사기에서 말하는 증거의 조작이란 처분문서 등을 거짓으로 만들어내거나 증인의 허위 증언을 유도하는 등으로 객관적 · 제3자적 증거를 조작하는 행위를 말하는 것이므로, 피고인이 소송제기에 앞서 그 명의로 피해자에 대한 일방적인 권리주장을 기재한 통고서 등을 작성하여 내용증명우편으로 발송한 다음, 이를 법원에 증거로 제출하였다 하더라도, 증거를 조작하였다고 볼 수는 없다[대판 2004.3.25. 2003도7700].
4. **(주의)** [1] 채권에 대한 압류 및 전부(추심)명령을 신청한 경우, 집행력 있는 정본의 존부, 집행개시의 요건 구비 여부 등은 법원의 심사 대상이지만 피압류채권의 존부는 그 심사 대상이 아니다.
[2] 피고인(甲회사 운영자)이 '甲회사의 乙에 대한 채권'이 존재하지 않는다는 사실을 알면서 그 사실을 모르는 丙(甲회사에 대한 채권자)에게 '甲회사의 乙에 대한 채권'의 압류 및 전부(추심)명령을 신청하게 하여 그 명령을 받게 한 사안에서, 丙이 甲회사에 대하여 진정한 채권을 가지고 있는 이상, 위와 같은 사정만으로는 법원을 기망하였다고 볼 수 없고, 丙이 乙을 상대로 전부(추심)금 소송을 제기하지 않은 이상 소송사기의 실행에 착수하였다고 볼 수도 없다고 한 사례[대판 2009.12.10. 2009도9982]. [♠ 12, 15 사시]
5. 甲은 乙에 대한 손해배상채권에 기하여 피고인을 상대로 '피고인이 乙로부터 부동산을 매수한 것은 사해행위에 해당한다.'는 이유로 사해행위취소소송을 제기하여 제1심에서 승소판결을 받고, 피고인은 이에 대해 추완항소를 제기하였는데, 피고인은 선행 사해행위취소소송을 제기한 채권자 丙과의 사이에 성립한 조정 결과에 따른 가액배상금의 변제를 완료하였으므로 이를 사

해행위 대상 부동산의 담보가치에서 공제하여야 한다고 주장하며 해당 금융거래내역을 증거로 제출하였으나, 사실은 미리 丙으로부터 송금받은 금원을 거의 그대로 재송금한 거래내역에 불과하여 실제 채무변제가 완료되지는 않았고, 피고인의 항소는 기각된 사안에서, 제반 사정을 종합하면 피고인이 丙과 조정조서상의 가액배상금이 지급된 것으로 하고 위 금원의 별개 채무를 이행하기로 새로운 약정을 한 것이라거나 또는 선행 사해행위취소소송 당사자였던 丙의 채권액이 사해행위 대상 부동산의 담보가치에서 제외되어야 한다는 판단으로 위 가액배상의 변제를 주장하고 해당 금융거래내역을 제출한 것이라고 볼 여지가 크고, 이러한 주장이 법원에서 받아들여지지 않았더라도 그것이 객관적으로 허위임이 명백하다거나 피고인이 허위의 주장과 증명으로써 법원을 기망한다는 인식을 하고 있었다고 단정하기 어려우므로 피고인이 허위 주장 및 증거 제출의 고의로 사기죄의 실행에 착수하였다고 볼 수 없어 사기미수죄는 성립할 수 없다고 한 사례[대판 2022.5.26. 2022도1227].

判例 간접형태의 소송사기(성립 가능)

자기에게 유리한 판결을 얻기 위하여 소송상의 주장이 사실과 다름이 객관적으로 명백하거나 증거가 조작되어 있다는 정을 인식하지 못하는 제3자를 이용하여 그로 하여금 소송의 당사자가 되게 하고 법원을 기망하여 소송 상대방의 재물 또는 재산상 이익을 취득하려 하였다면 간접정범의 형태에 의한 소송사기죄가 성립하게 된다[대판 2007.9.6. 2006도3591]. [♠ 08, 11 사시] [♣ 23 변시]

㉰ **판결의 처분행위성** : 법원의 재판은 피해자의 처분행위에 갈음하는 내용과 효력이 있어야 한다. 따라서 판결이 그 내용에 따른 효력이 생기지 아니하여 상대방에게 그 효력이 미치지 아니하는 경우 사기죄가 성립하지 아니한다(판례).

判例 소송사기죄가 성립하지 않는 경우(판결의 효력이 상대방에게 미치지 못하는 경우)

1. **(사자 상대 소송)** 소송사기에 있어서 피기망자인 법원의 재판은 피해자의 처분행위에 갈음하는 내용과 효력이 있는 것이어야 하고, 그렇지 아니하는 경우에는 착오에 의한 재물의 교부행위가 있다고 할 수 없어서 사기죄는 성립되지 아니한다고 할 것이므로, 피고인의 제소가 사망한 자를 상대로 한 것이라면 이와 같은 사망한 자에 대한 판결은 그 내용에 따른 효력이 생기지 아니하여 상속인에게 그 효력이 미치지 아니하고 따라서 사기죄를 구성한다고 할 수 없고, 나아가 피고인의 행위가 소송사기죄의 불능미수에 해당한다고 볼 수도 없다[대판 2002.1.11. 2000도1881]. [♠ 07, 15 사시] [♣ 15 변시]
   판례해설 결국 소송사기의 불능범에 해당한다는 취지의 판례이다.
2. **(허무인 상대 소송)** 실재하고 있지 아니한 자에 대하여 판결이 선고되더라도 그 판결은 피해자의 처분행위에 갈음하는 내용과 효력을 인정할 수 없고, 따라서 착오에 의한 재물의 교부행위를 상정할 수 없는 것이므로 사기죄의 성립을 시인할 수 없다[대판 1992.12.11. 92도743].
3. **(무권한자 상대 소송)** 피고인이 타인 소유의 부동산에 관하여 아무런 권한이 없는 자를 상대로

소유권확인 등의 소송을 제기하여 승소판결을 받고 그 확정판결을 이용하여 그 부동산에 관한 소유권보존등기를 경료하게 되었다 하더라도 그 판결의 효력은 소송당사자에게만 미치고 제3자인 부동산 소유자에게는 미치지 아니하여 위 판결로 인하여 위 부동산에 대한 제3자의 소유권이 피고인에게 이전되는 것도 아니므로 사기죄를 구성한다고 볼 수 없고, 나아가 피고인의 행위가 소송사기죄의 불능미수에 해당한다고 볼 수도 없다[대판 1985.10.8. 84도2642]. [♠ 03 사시]

4. **(공모에 의한 의제자백 소송)** 소송사기에 있어 피기망자인 법원의 재판은 피해자의 처분행위에 갈음하는 내용과 효력이 있는 것이어야 하므로, 피고인이 타인과 공모하여 그 공모자를 상대로 제소하여 의제자백의 판결을 받아 이에 기하여 부동산의 소유권이전등기를 하였다고 하더라도 이는 소송 상대방의 의사에 부합하는 것으로서 착오에 의한 재산적 처분행위가 있다고 할 수 없어 동인으로부터 부동산을 편취한 것이라고 볼 수 없고, 또 그 부동산의 진정한 소유자가 따로 있다고 하더라도 피고인이 의제자백판결에 기하여 그 진정한 소유자로부터 소유권을 이전받은 것이 아니므로 그 소유자로부터 부동산을 편취한 것이라고 볼 여지도 없다[대판 1997.12.23. 97도2430].

관련판례 자기의 비용과 노력으로 건물을 신축하여 그 소유권을 원시취득한 미등기건물의 소유자가 있고 그에 대한 채권담보 등을 위하여 건축허가명의만을 가진 자가 따로 있는 상황에서, 건축허가명의자에 대한 채권자가 위 명의자와 공모하여 명의자를 상대로 위 건물에 관한 강제경매를 신청하여 법원의 경매개시결정이 내려지고, 그에 따라 위 명의자 앞으로 촉탁에 의한 소유권보존등기가 되고 나아가 그 경매절차에서 건물이 매각되었다고 하더라도, 위와 같은 경매신청행위 등이 진정한 소유자에 대한 관계에서 사기죄가 된다고 볼 수는 없다. 왜냐하면 위 경매절차에서 한 법원의 재판이나 법원의 촉탁에 의한 소유권보존등기의 효력은 그 재판의 당사자도 아닌 위 진정한 소유자에게는 미치지 아니하는 것이어서, 피기망자인 법원의 재판이 피해자의 처분행위에 갈음하는 내용과 효력이 있는 것이라고 보기는 어렵기 때문이다[대판 2013.11.28. 2013도459]. [♣ 23 변시]

㉣ **고 의** : 허위 주장과 입증으로써 법원을 기망한다는 인식이 있어야 한다(판례).

判例 소송사기의 고의의 내용

소송사기는 법원을 기망하여 자기에게 유리한 판결을 얻음으로써 상대방의 재물 또는 재산상 이익을 취득하는 것을 내용으로 하는 범죄로서, 원고측에 의한 소송사기가 성립하기 위하여는 제소 당시에 그 주장과 같은 채권이 존재하지 아니하다는 것만으로는 부족하고 그 주장의 채권이 존재하지 아니한 사실을 잘 알고 있으면서도 허위의 주장과 입증으로써 법원을 기망한다는 인식을 하고 있어야만 하는 것이고, 이와 마찬가지로, 피고측에 의한 소송사기가 성립하기 위하여는 원고 주장과 같은 채무가 존재한다는 것만으로는 부족하고 그 주장의 채무가 존재한다는 사실을 잘 알고 있으면서도 허위의 주장과 입증으로써 법원을 기망한다는 인식을 하고 있어야만 한다[대판 2004.3.12. 2003도333].

判例 소송사기의 고의가 부정되는 경우

1. 단순히 사실을 잘못 인식하거나 법률적인 평가를 잘못하여 존재하지도 않는 권리를 존재한다고 믿고 제소한 경우에는 사기죄가 성립되지 않는다[대판 1993.9.28. 93도1941], [대판 2018.12.28. 2018도13305].

2. 채권자의 가압류의 피보전채권액에 터잡아 배당표가 작성되어 가압류채권자에 대한 배당액이 공탁된 다음 위 가압류의 본안소송 확정판결에서 채권자에게 인용된 금액 중 일부가 변제되어 위 잔존채권액이 가압류의 피보전채권액보다 작아졌다고 하더라도 원리금 산정 및 일부 변제에 따른 충당과정이 간단치 아니하여 잔존채권액을 쉽게 확정할 수 없는 등 그 배당금이 위 잔존채권액을 초과하는 것이 명백하지 아니한 이상 위 확정판결에서 인용된 금액 전부가 잔존하는 것처럼 위 확정판결정본을 그대로 집행법원에 제출하여 실제 배당받아야 할 금액을 초과한 금액을 수령하였다고 하더라도 채권자에게 사기의 고의를 인정할 수는 없다[대판 2002.6.28. 2001도1610].

㉤ 실행의 착수시기 및 기수시기

判例 소송사기의 실행의 착수시기

1. **(원고의 경우)** 소송사기는 법원을 속여 자기에게 유리한 판결을 얻음으로써 상대방의 재물 또는 재산상 이익을 취득하는 범죄로서, 자신의 소송상 주장이 허위임을 잘 알면서도 이를 기초로 하여 상대방에게 금전 지급을 구하는 소송상 청구에 나아간 이상 이미 소송사기 실행의 착수에 이른 것이고, 승소하더라도 판결을 실제 집행할 의사가 없었다고 하여 달리 볼 것은 아니다[대판(전) 2008.4.17. 2004도4899].

동지판례 i) 甲과 乙이 공동소유하고 있던 부동산의 매각처분에 관하여 甲이 乙에게 그 권한을 위임하고 다시 변호사에게 그 취지를 확인하는 내용의 서면을 작성 교부함으로써 매매에 관하여 이의를 제기하지 아니하겠다고 다짐하였음에도 불구하고 甲이 법원에 乙이 아무런 권원 없이 위 부동산을 불법매도하였다고 허위의 사실을 주장하여 소를 제기하였다면 이는 법관으로 하여금 착오에 빠지게 함으로써 본인에게 유리한 재판을 하게 하고 그 효과로서 위 부동산을 영득하려 한 것이니 위 행위에 대하여 사기미수의 죄가 성립된다[대판 1987.5.12. 87도417]. [♠ 09 사시] ii) 소송사기는 법원을 기망하여 자기에게 유리한 판결을 얻고 이에 터잡아 상대방으로부터 재물의 교부를 받거나 재산상 이익을 취득하는 것을 말하는 것으로서 소송에서 주장하는 권리가 존재하지 않는 사실을 알고 있으면서도 법원을 기망한다는 인식을 가지고 소를 제기하면 이로써 실행의 착수가 있었다고 할 것이고, 피해자에 대한 직접적인 기망이 있어야 하는 것은 아니다[대판 1993.9.14. 93도915]. iii) 소유권이전등기말소청구사건에 대한 재심의 소가 계속 중 재심원고를 승소시키기 위하여 재심피고명의로 허위의 내용을 기재한 준비서면과 자술서를 작성하여 법원에 제출한 행위는 허위의 증거를 조작하고 적극적으로 사술을 사용하여 법원을 기망하는 행위로서 소송사기의 실행의 착수에 해당한다[대판 1988.9.20. 87도964].

2. **(피고의 경우)** 방어적인 위치에 있는 피고라 하더라도 적극적인 방법으로 법원을 기망할 의사를 가지고 허위내용의 서류를 증거로 제출하거나 그에 따른 주장을 담은 답변서나 준비서면을 제출한 경우에 사기죄의 실행의 착수가 있다고 볼 것이다[대판 1998.2.27. 97도2786].

관련판례 甲은 乙에 대한 손해배상채권에 기하여 피고인을 상대로 '피고인이 乙로부터 부동산을 매수한 것은 사해행위에 해당한다.'는 이유로 사해행위취소소송을 제기하여 제1심에서 승소판결을 받고, 피고인은 이에 대해 추완항소를 제기하였는데, 피고인은 선행 사해행위취소소송을 제기한 채권자 丙과의 사이에 성립한 조정결과에 따른 가액배상금의 변제를 완료하였으므로 이를 사해행위 대상 부동산의 담보가치에서 공제하여야 한다고 주장하며 해당 금융거래내역을 증거로 제출하였으나, 사실은 미리 丙으로부터 송금받은 금원을 거의 그대로 재송금한 거래내역에 불과하여 실제 채무변제가 완료되지는 않았고, 피고인의 항소는 기각된 사안에서, 제반 사정을 종합하면 피고인이 丙과 조정조서상의 가액배상금이 지급된 것으로 하고 위 금원의 별개 채무를 이행하기로 새로운 약정을 한 것이라거나 또는 선행 사해행위취소소송 당사자였던 丙의 채권액이 사해행위 대상 부동산의 담보가치에서 제외되어야 한다는 판단으로 위 가액배상의 변제를 주장하고 해당 금융거래내역을 제출한 것이라고 볼 여지가 크고, 이러한 주장이 법원에서 받아들여지지 않았더라도 그것이 객관적으로 허위임이 명백하다거나 피고인이 허위의 주장과 증명으로써 법원을 기망한다는 인식을 하고 있었다고 단정하기 어렵다는 이유로, 이와 달리 피고인이 허위 주장 및 증거 제출의 고의로 사기죄의 실행에 착수하였다고 보아 사기미수죄를 인정한 원심판단에 소송사기에 관한 법리오해의 잘못이 있다고 한 사례[대판 2022.5.26. 2022도1227].

判例 실행의 착수에 해당하는 경우

1. 피고인이 특정 권원에 기하여 민사소송을 진행하던 중 법원에 조작된 증거를 제출하면서 종전에 주장하던 특정 권원과 별개의 허위의 권원을 추가로 주장하는 경우에 그 당시로서는 종전의 특정 권원의 인정 여부가 확정되지 아니하였고, 만약 종전의 특정 권원이 배척될 때에는 조작된 증거에 의하여 법원을 기망하여 추가된 허위의 권원을 인정받아 승소판결을 받을 가능성이 있으므로, 가사 나중에 법원이 종전의 특정 권원을 인정하여 피고인에게 승소판결을 선고하였다고 하더라도, 피고인의 이러한 행위는 특별한 사정이 없는 한 소송사기의 실행의 착수에 해당된다[대판 2004.6.25. 2003도7124].
2. 지급명령신청에 대해 상대방이 이의신청을 하면 지급명령은 이의의 범위 안에서 그 효력을 잃게 되고 지급명령을 신청한 때에 소를 제기한 것으로 보게 되는 것이지만 이로써 이미 실행에 착수한 사기의 범행 자체가 없었던 것으로 되는 것은 아니다[대판 2004.6.24. 2002도4151].
3. 피고인이 피해자와 사이에 온천의 시공에 필요한 비용을 포함한 일체의 비용을 자신이 부담하기로 약정하였음에도 피해자를 상대로 공사대금청구의 소를 제기하면서 시공 외의 비용은 모두 피해자가 부담한다는 내용으로 변조한 인증합의서를 소장에 첨부하여 제출한 경우, 소송사기의 실행에 착수하였다[대판 2005.3.24. 2003도2144].
4. 소송사기는 법원을 기망하여 자기에게 유리한 판결을 얻고 이에 터잡아 상대방으로부터 재물의 교부를 받거나 재산상 이익을 취득하는 것을 말하는 것으로서 소송에서 주장하는 권리가 존재하지 않는 사실을 알고 있으면서도 법원을 기망한다는 인식을 가지고 소를 제기하면 이로써 실행의 착수가 있고 소장의 유효한 송달을 요하지 아니한다고 할 것인바, 이러한 법리는 제소자가 상대방의 주소를 허위로 기재함으로써 그 허위주소로 소송서류가 송달되어 그로 인하여 상대방 아닌 다른 사람이 그 서류를 받아 소송이 진행된 경우에도 마찬가지로 적용된다[대판 2006.11.10. 2006도5811]. [♠ 07, 13 사시]

判例 실행의 착수에 해당하는지 여부에 대한 비교판례 (매우 중요)

1-0. **(착수 부정) (소의 제기 없이 가압류 신청한 경우)** 가압류는 강제집행의 보전방법에 불과하고 그 기초가 되는 허위의 채권에 의하여 실지로 청구의 의사표시를 한 것이라고 할 수 없으므로 소의 제기 없이 가압류신청을 한 것만으로는 사기죄의 실행에 착수한 것이라고 할 수 없다[대판 1982.10.26. 82도1529]. [♠ 99, 01, 08 사시] [♣ 14, 19 변시]

1-1. **(착수 인정) (허위 근원에 기하여 소유권이전등기청구권에 대하여 압류신청을 한 경우)** [1] 강제집행절차를 통한 소송사기는 집행절차의 개시신청을 한 때 또는 진행 중인 집행절차에 배당신청을 한 때에 실행에 착수하였다고 볼 것이다.

[2] 민사집행법 제244조에서 규정하는 부동산에 관한 권리이전청구권에 대한 강제집행은 그 자체를 처분하여 대금으로 채권에 만족을 기하는 것이 아니고, 부동산에 관한 권리이전청구권을 압류하여 청구권의 내용을 실현시키고 부동산을 채무자의 책임재산으로 귀속시킨 다음 다시 부동산에 대한 경매를 실시하여 매각대금으로 채권에 만족을 기하는 것이다. 이러한 경우 소유권이전등기청구권에 대한 압류는 당해 부동산에 대한 경매의 실시를 위한 사전 단계로서의 의미를 가지나, 전체로서의 강제집행절차를 위한 일련의 시작행위라고 할 수 있으므로, 허위 채권에 기한 공정증서를 집행권원으로 하여 채무자의 소유권이전등기청구권에 대하여 압류신청을 한 시점에 소송사기의 실행에 착수하였다고 볼 것이다[대판 2015.2.12. 2014도10086]. [♣ 23 변시]

2-0. **(착수 부정) (허위 근거에 기하여 유치권 신고를 한 경우)** 유치권자가 경매절차에서 유치권을 신고하는 경우 법원은 이를 매각물건명세서에 기재하고 그 내용을 매각기일공고에 적시하나, 이는 경매목적물에 대하여 유치권 신고가 있음을 입찰예정자들에게 고지하는 것에 불과할 뿐 처분행위로 볼 수는 없고, 또한 유치권자는 권리신고 후 이해관계인으로서 경매절차에서 이의신청권 등 몇 가지 권리를 얻게 되지만 이는 법률의 규정에 따른 것으로서 재물 또는 재산상 이득을 취득하는 것으로 볼 수도 없으므로, 허위 공사대금채권을 근거로 유치권 신고를 하였더라도 이를 소송사기 실행의 착수가 있다고 볼 수는 없다[대판 2009.9.24. 2009도5900].

2-1. **(착수 인정) (허위 근거에 기하여 유치권에 기한 경매신청을 한 경우)** 유치권에 의한 경매를 신청한 유치권자는 일반채권자와 마찬가지로 피담보채권액에 기초하여 배당을 받게 되는 결과 피담보채권인 공사대금 채권을 실제와 달리 허위로 크게 부풀려 유치권에 의한 경매를 신청할 경우 정당한 채권액에 의하여 경매를 신청한 경우보다 더 많은 배당금을 받을 수도 있으므로, 이는 법원을 기망하여 배당이라는 법원의 처분행위에 의하여 재산상 이익을 취득하려는 행위로서, 불능범에 해당한다고 볼 수 없고, 소송사기죄의 실행의 착수에 해당한다고 할 것이다[대판 2012.11.15. 2012도9603]. [♠ 14 사시] [♣ 15 변시]

동지판례 (허위 근거에 기하여 임차권등기명령을 신청을 한 경우) [1] 형법 제347조에서 말하는 재산상 이익 취득은 그 재산상의 이익을 법률상 유효하게 취득함을 필요로 하지 아니하고 그 이익 취득이 법률상 무효라 하여도 외형상 취득한 것이면 족한 것이다. 임차권등기의 기초가 되는 임대차계약이 통정허위표시로서 무효라 하더라도, 장차 피신청인의 이의신청 또는 취소신청에 의한 법원의 재판을 거쳐 그 임차권등기가 말소될 때까지는 신청인은 외형상으로 우선변제권 있는 임차인으로서 부동산 담보권에 유사한 권리를 취득하게 된다 할 것이니, 이러한 이익은 재산적 가치가 있는 구체적 이익으로서 사기죄의 객체인 재산상 이익에 해당한다고 봄이 상당하다. [♣ 17 변시]

[2] 법원의 임차권등기명령을 이용한 소송사기의 경우 피해자인 피신청인이 직접 처분행위를 하였는지 여부는 사기죄의 성부에 아무런 영향을 주지 못한다.

[3] 진정한 임차권자가 아니면서 허위의 임대차계약서를 법원에 제출하여 임차권등기명령을 신청하면 그로써 소송사기의 실행행위에 착수한 것으로 보아야 하고, 나아가 그 임차보증금 반환채권에 관하여 현실적으로 청구의 의사표시를 하여야만 사기죄의 실행의 착수가 있다고 볼 것은 아니다[대판 2012.5.24. 2010도12732]. [♠ 14 사시] [♣ 15 변시]

3-0. **(착수 부정) (매수한 일이 없었던 자가 타인 명의로 소유권이전등기말소의 소를 제기한 경우)** 피고인이 타인인 甲 명의로, 甲이 이 건 임야를 매수한 일이 없음에도 매수한 것처럼 허위의 사실을 주장하여 위 임야에 대한 소유권이전등기를 거친 자들을 상대로 각 그 소유권이전등기말소를 구하는 소송을 제기하였다가 취하하였다고 하여도, 위 소송의 결과 원고로 된 甲이 승소한다고 가정하더라도 위 피고들의 등기가 말소될 뿐이고 이것만으로 피고인이 위 임야에 관한 어떠한 권리를 취득하거나 의무를 면하는 것은 아니므로 법원을 기망하여 재물이나 재산상 이익을 편취한 것이라고 보기 어려우니 위 소(訴) 제기 행위를 가리켜 사기의 실행에 착수한 것이라고 할 수 없다[대판 1981.12.8. 81도1451; 동지 대판 2009.4.9. 2009도128]. [♠ 06, 14, 15 사시]

관련판례 부동산소유권 이전등기 등에 관한 특별조치법에 의거하여 임야의 사실상의 양수자가 확인서발급신청을 하자 피고인이 위조된 계약서 사본을 첨부하여 위 임야의 소유자라고 허위 주장하여 이의신청을 한 결과 위 확인서발급신청이 기각되었다 하더라도 위 임야를 편취하려는 기망행위에 나아간 것이라고 보기 어렵다[대판 1982.3.8. 81도2767].

3-1. **(착수 인정) (소유자로 등기된 적이 있는 자가 소유권이전등기말소의 소를 제기한 경우)** 부동산 등기부상 소유자로 등기된 적이 있는 자가 자기 이후에 소유권이전등기를 경료한 등기명의인들을 상대로 허위의 사실을 주장하면서 그들 명의의 소유권이전등기의 말소를 구하는 소송을 제기한 경우 그 소송에서 승소한다면 등기명의인들의 등기가 말소됨으로써 그 소송을 제기한 자의 등기명의가 회복되는 것이므로 이는 법원을 기망하여 재물이나 재산상 이익을 편취한 것이라고 할 것이고 따라서 등기명의인들 전부 또는 일부를 상대로 하는 그와 같은 말소등기청구 소송의 제기는 사기의 실행에 착수한 것이라고 보아야 한다[대판 2003.7.22. 2003도1951]. [♣ 15 변시]

4-0. **(착수 부정) (부동산 경매가격 하락을 목적으로 허위근거에 기하여 소유권보존등기 말소의 소를 제기한 경우)** 예고등기로 인한 경매대상 부동산의 경매가격 하락 등을 목적으로 허위의 채권을 주장하며 채권자대위의 방식에 의한 원인무효로 인한 소유권보존등기 말소청구소송을 제기한 경우, (부동산에 대한) 소송사기의 불법영득의사 및 실행의 착수가 인정되지 아니한다[대판 2009.4.9. 2009도128].

판결이유 피고인 등이 위 소유권보존등기말소청구 소송을 제기한 것은 예고등기가 경료되도록 하여 경매대상 부동산에 대한 경매가격의 하락 등을 위한 것이라 할 것이고, 소송을 통하여 법원을 기망하여 승소판결을 얻음으로써 재물 또는 재산상 이익을 취득하고자 하는 의사가 여기에 포함되어 있다고 할 수 없다.

4-1. **(착수 인정) (피고인이 소유권보존등기를 할 목적으로 허위근거에 기하여 상대방의 소유권보존등기 말소의 소를 제기한 경우)** 피고인 또는 그와 공모한 자가 자신이 토지의 소유자라고 허위의 주장을 하면서 소유권보존등기 명의자를 상대로 보존등기의 말소를 구하는 소송을 제기한 경우 그 소송에서 위 토지가 피고인 또는 그와 공모한 자의 소유임을 인정하여 보존등기 말소를 명하는 내용의 승소확정판결을 받는다면, 이에 터 잡아 언제든지 단독으로 상대방의 소유권보존등기를 말소시킨 후 위 판결을 부동산등기법 제130조 제2호 소정의 소유권을 증명하는 판결로 하여 자기 앞으로의 소유권보존등기를 신청하여 그 등기를 마칠 수 있게 되므로, 이는 법원을 기망하여 유리한 판결을 얻음으로써 '대상 토지의 소유권에 대한 방해를 제거하고 그 소유명의를 얻을 수 있는 지위'라는 재산상 이익을 취득한 것이고, 그 경우 기수시기는 위 판결이 확정된 때이다[대판(전) 2006.4.7. 2005도9858]. [♠ 12 사시] [♣ 23 변시]

판례해설 본 판례 이전까지만 해도 소유권보존등기 명의자를 상대로 그 보존등기의 말소를 구하는 소송을 제기한 경우, 설령 승소한다고 하더라도 상대방의 소유권보존등기가 말소될 뿐이고 이로써 원고가 당해 부동산에 대하여 어떠한 권리를 회복 또는 취득하거나 의무를 면하는 것은 아니므로 허위주장을 하면서 소유권보존등기말소 소송을 제기한 경우에는 피고인의 범의가 재물인 부동산의 취득에 있는지 여부와 무관하게, 실행의 착수조차 없다는 것이 대법원의 입장이었으나 위 대전합판으로 그 법리가 변경되었다. 즉 위 2005도9858 판례는 허위주장을 하면서 소유권보존등기말소 소송을 제기한 경우 실행의 착수가 인정된다는 전제하에서 내려진 결론이다.

判例 제권판결 사건에서 사기죄의 인정여부에 관한 비교판례

1-0. **(인정)** 가계수표발행인이 자기가 발행한 가계수표를 타인이 교부받아 소지하고 있는 사실을 알면서도, 또한 그 수표가 적법히 지급 제시되어 수표상의 소구의무를 부담하고 있음에도 불구하고 허위의 분실사유를 들어 공시최고 신청을 하고 이에 따라 법원으로부터 제권판결을 받음으로써 수표상의 채무를 면하여 그 수표금 상당의 재산상 이득을 취득하였다면 이러한 행위는 사기죄에 해당한다[대판 1999.4.9. 99도364]. [♠ 00, 01, 04, 09 사시]

동지판례 발행인이 어음소지인에 대하여 처음부터 그 어음상 채무를 부담하지 않았다는 등의 특별한 사정이 없는 한 원인관계상의 채무가 존속하고 있더라도 사위의 방법으로 얻어낸 제권판결로 그 어음채무를 면하게 된 데 대하여 사기죄가 성립한다고 한 사례[대판 1995.9.15. 94도3213].

동지판례 자기앞수표를 갈취당한 자가 이를 분실하였다고 허위로 공시최고신청을 하여 제권판결을 선고받은 경우, 그 수표를 갈취하여 소지하고 있는 자에 대한 사기죄가 성립된다[대판 2003.12.26. 2003도4914]. [♠ 15 사시]

동지판례 주권을 교부한 자가 이를 분실하였다고 허위로 공시최고 신청을 하여 제권판결을 선고받아 확정되었다면, 사기죄가 성립한다[대판 2007.5.30. 2006도8488].

1-1. **(부정)** 甲 주식회사의 실질적 경영자인 피고인이, 전(前) 대표이사 乙이 지방자치단체에 기부금을 납부하기로 약정하고 골프장사업을 승인받으면서 그 이행을 위해 약속어음을 발행·교부한 사실을 잘 알고 있음에도, 위 어음을 분실하였다는 허위 사유를 들어 법원을 기망하고 제권판결을 선고받음으로써 어음금 상당의 재산상 이익을 편취하였다는 공소사실에 대하여, 위 기부금 증여계약은 지방자치단체장의 공무수행과 결부된 금전적 대가로서 그 조건이나 동기가 사회질서에 반하여 무효이므로 지방자치단체로서는 위 어음금의 지급을 청구할 수 없음에도, 위 증여가 유효하다고 판단하여 피고인을 유죄로 인정한 원심판결에 민법 제103조에 관한 법리오해 또는 증여의 효력에 관한 심리미진의 위법이 있다고 한 사례[대판 2010.1.28. 2007도9331].

判例 소송사기미수죄에 있어서 범죄행위의 종료시기(패소의 종국판결을 선고받고 소송이 종료된 때)

공소시효는 범죄행위가 종료한 때로부터 진행하는 것으로서, 법원을 기망하여 유리한 판결을 얻어내고 이에 터잡아 상대방으로부터 재물이나 재산상 이익을 취득하려고 소송을 제기하였다가 법원으로부터 패소의 종국판결을 선고받고 그 판결이 확정되는 등 법원으로부터 유리한 판결을 받지 못하고 소송이 종료됨으로써 미수에 그친 경우에, 그러한 소송사기미수죄에 있어서 범죄행위의 종료시기는 위와 같이 소송이 종료된 때라고 할 것이다[대판 2000.2.11. 99도4459].

判例 소송사기의 기수시기

1. **(승소판결이 확정된 때)** 피고인 또는 그와 공모한 자가 자신이 토지의 소유자라고 허위의 주장을 하면서 소유권보존등기 명의자를 상대로 보존등기의 말소를 구하는 소송을 제기한 경우 기수시기는 위 판결이 확정된 때이다[대판(전) 2006.4.7. 2005도9858]. [♠ 12 사시]

   동지판례 신축 중인 다세대주택 4동의 건축주 명의변경을 목적으로 하는 사기소송을 제기하여 4동 전부에 대하여 승소판결을 선고받아 그 판결이 확정된 이상 승소판결을 받은 후 3동에 관하여만 건축주 명의변경이 이루어졌다 하더라도 4동 전부에 대하여 건축허가에 따른 재산상 이익을 취득한 사기죄의 기수에 이른 것으로 보아야 한다[대판 1997.7.11. 95도1874].

2. **(지급명령이 확정된 경우)** [1] 지급명령신청에 대해 상대방이 이의신청을 하면 지급명령은 이의의 범위 안에서 그 효력을 잃게 되고 지급명령을 신청한 때에 소를 제기한 것으로 보게 되는 것이지만 이로써 이미 실행에 착수한 사기의 범행 자체가 없었던 것으로 되는 것은 아니다.
   [2] 지급명령을 송달받은 채무자가 2주일 이내에 이의신청을 하지 않는 경우에는 지급명령은 확정되고, 이와 같이 확정된 지급명령에 대해서는 항고를 제기하는 등 동일한 절차 내에서는 불복절차가 따로 없어서 이를 취소하기 위하여는 재심의 소를 제기하거나 위 법 제505조에 따라 청구이의의 소로써 강제집행의 불허를 소구할 길이 열려 있을 뿐인데, 이는 피해자가 별도의 소로써 피해구제를 받을 수 있는 것에 불과하므로 허위의 내용으로 신청한 지급명령이 그대로 확정된 경우에는 소송사기의 방법으로 승소 판결을 받아 확정된 경우와 마찬가지로 사기죄는 이미 기수에 이르렀다고 볼 것이다[대판 2004.6.24. 2002도4151]. [♠ 08 사시]

判例 사기죄가 성립하는 경우

1. **(채권소멸 후의 재차 강제집행)** 민사판결의 주문에 표시된 채권을 변제받거나 상계하여 그 채권이 소멸되었음에도 불구하고, 판결정본을 소지하고 있음을 기화로 이를 근거로 하여 강제집행을 하였다면 사기죄를 구성한다[대판 1992.12.22. 92도2218].

   비교판례 채무자에 대하여 승소확정판결을 받은 후 대여금 전액을 변제받고서도 위 판결정본으로 채무자 소유의 동산에 압류집행한 경우에는 사기미수죄가 성립한다[대판 1988.4.12. 87도2394].[5]

2. **(채권소멸 후의 재차 강제집행)** 채무자가 강제집행을 승낙한 취지의 기재가 있는 약속어음 공정증서에 있어서 그 약속어음의 원인관계가 소멸하였음에도 불구하고, 약속어음 공정증서 정본을 소지하고 있음을 기화로 이를 근거로 하여 강제집행을 하였다면 사기죄를 구성한다[대판 1999.12.10. 99도2213]. [♠ 01, 02 사시]

3. [1] 근저당권자가 집행법원을 기망하여 원인무효이거나 피담보채권이 존재하지 않는 근저당권에 기해 채무자 또는 물상보증인 소유의 부동산에 대하여 임의경매신청을 함으로써 경매절차가 진행된 결과 부동산이 매각되었더라도 그 경매절차는 무효로서 채무자나 물상보증인은 부동산

5) 압류집행을 한 것에 불과하고 강제집행을 완료한 것이 아니므로 사기미수죄에 해당한다.

의 소유권을 잃지 않고, 매수인은 부동산의 소유권을 취득할 수 없다. 이러한 경우에 허위의 근저당권자가 매각대금에 대한 배당절차에서 배당금을 지급받기에 이르렀다면 집행법원의 배당표 작성과 이에 따른 배당금 교부행위는 매수인에 대한 관계에서 그의 재산을 처분하여 직접 재산상 손해를 야기하는 행위로서 매수인의 처분행위에 갈음하는 내용과 효력을 가지므로 매수인에 대한 사기죄가 성립한다.

[2] 피고인이 A에 대한 대여금 채권이 없음에도 A 명의의 차용증을 허위로 작성하고 A 소유의 부동산에 관하여 피고인 앞으로 근저당권설정등기를 마친 다음, 그에 기하여 부동산임의경매를 신청하여 배당금을 교부받아 편취하였다는 내용으로 기소된 사안에서, 공소사실에 따른 실제 피해자는 부동산 매수인 B이므로 B에 대한 관계에서 사기죄가 성립한다고 한 사례[대판 2017.6.19. 2013도564].

판례해설 사기죄의 피해자가 누구인지를 잘 알아두어야 한다.

判例 재판상 화해(사기죄 불성립)

재판상 화해는 그것으로 인하여 새로운 법률관계가 창설되는 것이므로 화해의 내용이 실제 법률관계와 일치하지 않는다고 하여 사기죄가 성립할 여지는 없다[대판 1968.2.27. 67도1579].

判例 기타 사기죄가 성립하는 경우

사실상 분열된 종중의 일파가 소유관계가 불분명한 종중재산에 대하여 처분금지가처분신청을 하면서 그 보증금으로 공탁한 공탁금을 그 의사에 반하여 다른 분열된 종중의 일파가 가처분취하서를 제출하여 처분금지가처분등기를 말소하게 하고 공탁금을 회수한 경우, 사기죄가 성립한다[대판 1998.2.27. 97도1993].

(2) 불법원인급여와 사기죄의 성부

쟁점연구

1. 문제점

통화위조자금을 마련한다고 속이거나 공무원에게 뇌물로 공여할 것이라고 속여 상대방으로부터 금원을 편취한 경우 즉 사람을 기망하여 반환청구권이 없는 불법한 급여를 하게 한 경우에도 사기죄가 성립할 수 있는지가 문제된다.

2. 학 설

기망을 통하여 불법원인급여케 한 경우 상대방의 재산처분은 법이 금지하는 행위를 실현하기 위한 것이기 때문에 상대방에게는 민법상 반환청구권이 인정되지 않아 법이 보호해야 할 재산상 손해가 없으므로 사기죄가 성립하지 않는다는 견해가 있다.

3. 판 례

민법 제746조의 불법원인급여에 해당하여 급여자가 수익자에 대한 반환청구권을 행사할 수 없다고 하더라도, 수익자가 기망을 통하여 급여자로 하여금 불법원인급여에 해당하는 재물을 제공하도록 하였다면 사기죄가 성립한다고 판시한 바 있다.

4. 검 토 (판례 지지)

민법상 반환청구권이 없는 경우에도 형법상 보호가치가 있으면 재산범죄가 성립할 수 있다는 점, 기망에 의하여 불법원인급여를 하게 한 경우 피해자에게 경제적 가치에 손해를 입혔다고 하여야 하므로 사기죄가 성립한다고 보는 것이 타당하다.

判例 기망을 통하여 불법원인급여를 하도록 한 경우 = 사기죄 성립

1. 민법 제746조의 불법원인급여에 해당하여 급여자가 수익자에 대한 반환청구권을 행사할 수 없다고 하더라도, 수익자가 기망을 통하여 급여자로 하여금 불법원인급여에 해당하는 재물을 제공하도록 하였다면 사기죄가 성립한다[대판 2006.11.23. 2006도6795; 동지 대판 2005.5.14. 2004도677]. [♠ 07, 09, 11 사시] [♣ 13 변시]
2. 사실은 대법관에게 로비자금으로 쓸 의사도 없고 대법원에서 피고인의 상고가 기각되더라도 피해자에게 변호사비용을 제외한 나머지 돈을 돌려줄 의사가 없음에도 피해자에게 "대법원에는 판사가 많기 때문에 로비자금이 많이 필요하고 상고기각되더라도 착수금만 제외하고 나머지 돈은 다 돌려 받을 수 있으니 1억 5천만원만 빌려달라"고 거짓말하여 이에 속은 피해자로부터 액면금 1억 5천만원인 약속어음 1매를 교부받아 이를 편취한 경우, … 용도를 속이고 돈을 빌린 경우에 만일 진정한 용도를 고지하였더라면 상대방이 빌려 주지 않았을 것이라는 관계에 있는 때에는 사기죄의 실행행위인 기망은 있는 것으로 보아야 한다[대판 1995.9.15. 95도707]. [♣ 12 변시]

Ⅲ. 컴퓨터 등 사용사기죄

제347조의2(컴퓨터 등 사용사기) 컴퓨터 등 정보처리장치에 허위의 정보 또는 부정한 명령을 입력하거나 권한 없이 정보를 입력·변경하여 정보처리를 하게 함으로써 재산상의 이익을 취득하거나 제3자로 하여금 취득하게 한 자는 10년 이하의 징역 또는 2천만원 이하의 벌금에 처한다

제352조(미수범) 본죄의 미수범은 처벌한다.

1. 의 의

컴퓨터 등 정보처리장치에 허위의 정보 또는 부정한 명령을 입력하거나 권한 없이 정보를 입력·변경하여 정보처리를 하게 함으로써 재산상의 이익을 취득하거나 제3자로 하여금 취득하게 함으로써 성립하는 범죄이다.

2. 구성요건

(1) 객관적 구성요건

① **행 위** : 컴퓨터 등 정보처리장치에 허위정보 또는 부정한 명령을 입력하거나 권한 없이 정보를 입력 · 변경하여 정보처리를 하게 하는 것이다.

㉮ **컴퓨터 등 정보처리장치** : 중앙컴퓨터 뿐만 아니라 네트워크 시스템에서의 단말장치도 포함된다.

㉯ **허위정보나 부정한 명령의 입력** : ⅰ) 허위정보의 입력이란 진실에 반하는 내용의 정보를 입력하는 것을 말한다(예 허위의 입금데이터를 입력하여 예금의 잔고를 증액시키는 것). ⅱ) 부정한 명령의 입력이란 사무처리 목적에 비추어 지시해서는 안 될 명령을 시스템에 입력하는 것을 말한다(예 예금을 인출해도 잔고가 감소되지 않게 프로그램을 조작하는 것).

判例 부정한 명령에 해당하는 경우

[1] 형법 제347조의2에서 '부정한 명령의 입력'은 당해 사무처리시스템에 예정되어 있는 사무처리의 목적에 비추어 지시해서는 안 될 명령을 입력하는 것을 의미한다. 따라서 설령 '허위의 정보'를 입력한 경우가 아니라고 하더라도, 당해 사무처리시스템의 프로그램을 구성하는 개개의 명령을 부정하게 변개 · 삭제하는 행위는 물론 프로그램 자체에서 발생하는 오류를 적극적으로 이용하여 그 사무처리의 목적에 비추어 정당하지 아니한 사무처리를 하게 하는 행위도 특별한 사정이 없는 한 위 '부정한 명령의 입력'에 해당한다고 보아야 한다.
[2] 피고인이 甲 주식회사에서 운영하는 전자복권구매시스템에서 은행환불명령을 입력하여 가상계좌 잔액이 1,000원 이하로 되었을 때 복권 구매명령을 입력하면 가상계좌로 복권 구매요청금과 동일한 액수의 가상현금이 입금되는 프로그램 오류를 이용하여 잔액을 1,000원 이하로 만들고 다시 복권 구매명령을 입력하는 행위를 반복함으로써 피고인의 가상계좌로 구매요청금 상당의 금액이 입금되게 한 사안에서, 피고인의 행위는 형법 제347조의2에서 정한 '허위의 정보 입력'에 해당하지는 않더라도, 프로그램 자체에서 발생하는 오류를 적극적으로 이용하여 사무처리의 목적에 비추어 정당하지 아니한 사무처리를 하게 한 행위로서 '부정한 명령의 입력'에 해당한다고 한 사례 [대판 2013.11.14. 2011도4440]. [♣16 변시]

㉰ **권한 없이 정보를 입력 · 변경** : 절취한 신용카드를 사용하여 자기 계좌로 금전을 이체하는 경우가 그 예이다.

判例 컴사기죄가 성립하는 경우(권한 없이 정보를 입력하여 재산상의 이익을 취득한 경우)

1. **(금융기관 직원의 무자원 송금행위)** 금융기관 직원이 범죄의 목적으로 전산단말기를 이용하여 다른 공범들이 지정한 특정계좌에 무자원 송금의 방식으로 거액을 입금한 것은 형법 제347조의2

에서 정하는 컴퓨터 등 사용사기죄에서의 '권한 없이 정보를 입력하여 정보처리를 하게 한 경우'에 해당한다고 할 것이고, 이는 그 직원이 평상시 금융기관의 여·수신업무를 처리할 권한이 있었다고 하여도 마찬가지이다[대판 2006.1.26. 2005도8507].

2. **(권한 없이 인터넷뱅킹을 통하여 돈을 이체한 경우)** 甲이 권한 없이 회사의 아이디와 패스워드를 입력하여 인터넷뱅킹에 접속한 다음 위 회사의 예금계좌로부터 자신의 예금계좌로 돈을 이체하는 내용의 정보를 입력하여 자신의 예금액을 증액시킨 경우에는 컴퓨터등사용사기죄가 성립한다[대판 2004.4.16. 2004도353].

㉣ 정보처리를 하게 할 것

判例 정보처리를 하게 한다는 것의 의미

형법 제347조의2는 컴퓨터 등 정보처리장치에 허위의 정보 또는 부정한 명령을 입력하거나 권한 없이 정보를 입력·변경하여 정보처리를 하게 함으로써 재산상의 이익을 취득하거나 제3자로 하여금 취득하게 하는 행위를 처벌하고 있다. 이는 재산변동에 관한 사무가 사람의 개입 없이 컴퓨터 등에 의하여 기계적·자동적으로 처리되는 경우가 증가함에 따라 이를 악용하여 불법적인 이익을 취하는 행위도 증가하였으나 이들 새로운 유형의 행위는 사람에 대한 기망행위나 상대방의 처분행위 등을 수반하지 않아 기존 사기죄로는 처벌할 수 없다는 점 등을 고려하여 신설한 규정이다. 여기서 '정보처리'는 사기죄에서 피해자의 처분행위에 상응하므로 입력된 허위의 정보 등에 의하여 계산이나 데이터의 처리가 이루어짐으로써 직접적으로 재산처분의 결과를 초래하여야 하고, 행위자나 제3자의 '재산상 이익 취득'은 사람의 처분행위가 개재됨이 없이 컴퓨터 등에 의한 정보처리 과정에서 이루어져야 한다.

[2] 시설공사 발주처인 지방자치단체의 재무관이 낙찰하한가 이상 공사예정가격 이하로서 낙찰하한가에 가장 근접한 입찰금액으로 투찰한 입찰자 순서대로 계약이행경험, 기술능력, 재무상태, 신인도 등을 종합적으로 심사하는 적격심사를 거쳐 일정 점수 이상인 자를 낙찰자로 결정하는 전자입찰에서, 甲 등이 악성프로그램을 이용하여 사전에 낙찰하한가를 알아내어 이를 토대로 특정 건설사에 낙찰가능성이 높은 입찰금액을 알려주었다고 하더라도 컴퓨터등사용사기죄 또는 그 미수죄의 구성요건에 해당된다고 할 수 없다고 한 사례[대판 2014.3.13. 2013도16099].

판례해설 위 사안의 경우 최종적인 낙찰(재산처분 행위에 해당함)은 재무관의 처분행위가 개재되어야 하므로 '정보처리'를 하게 한 경우에 해당하지 않는다는 취지이다.

㉤ 실행의 착수시기와 기수시기 : 착수시기는 정보처리장치에 허위정보 또는 부정한 명령을 입력한 때이며, 기수시기는 피해자에게 재산상 손해가 발생한 때이다.

判例 컴사기죄의 기수에 해당하는 경우(허위정보를 입력하여 계좌에 입금절차를 완료한 때)

금융기관 직원이 전산단말기를 이용하여 다른 공범들이 지정한 특정계좌에 돈이 입금된 것처럼 허위의 정보를 입력하는 방법으로 위 계좌로 입금되도록 한 경우, 이러한 입금절차를 완료함으로써 장차 그 계좌에서 이를 인출하여 갈 수 있는 재산상 이익을 취득하였으므로 형법 제347조의2에서 정하는 컴퓨터 등 사용사기죄는 기수에 이르렀고, 그 후 그러한 입금이 취소되어 현실적으로 인출되지 못하였다고 하더라도 이미 성립한 컴퓨터 등 사용사기죄에 어떤 영향이 있다고 할 수는 없다[대판 2006.9.14. 2006도4127]. [♠ 07, 13 사시] [♣ 12 변시]

② 재산상 이익의 취득

判例 타인의 신용카드로 인터넷상에서 신용정보조회 요금을 지급한 경우(재산상 이익 취득, 컴사기죄 O)

타인의 인적 사항을 도용하여 타인 명의로 발급받은 신용카드의 번호와 그 비밀번호를 인터넷사이트에 입력함으로써 재산상 이익을 취득(신용정보조회 요금을 지급)한 행위는 구 형법 제347조의2 소정의 컴퓨터 등 사용사기죄에 해당한다[대판 2003.1.10. 2002도2363].

쟁점연구 [컴퓨터사용사기죄의 객체]

1. 문제점

컴퓨터등사용사기죄의 객체인 재산상의 이익에 재물이 포함될 수 있는지가 문제된다.

2. 학 설

재물은 재산상의 이익의 특수한 경우이므로 당연히 재산상의 이익에 포함된다는 견해이다.

3. 판 례

컴퓨터등사용사기죄의 객체는 재산상의 이익으로만 한정된다는 전제하에, 절취한 타인의 신용카드로 현금자동지급기에서 현금을 인출하는 행위가 재물에 관한 범죄임이 분명한 이상 이를 위 컴퓨터등사용사기죄로 처벌할 수는 없다고 판시한 바 있다.

4. 검 토 (판례 지지)

형법은 재산범죄의 객체가 재물인지 재산상의 이익인지에 따라 이를 재물죄와 이득죄로 명시하여 규정하고 있는데, 형법 제347조가 사기죄의 객체를 재물과 재산상 이득으로 규정한 것과 달리 형법 제347조의2는 컴퓨터등사용사기죄의 객체를 재산상의 이익으로 한정하여 규정하고 있으므로, 재산상의 이익에 재물이 포함될 수 없다고 보는 것이 타당하다.

判例 컴사기죄의 객체(재물 ×, 재산상의 이익 O), 절취한 카드로 현금인출(컴사기죄 ×, 절도죄 O)

형법 제347조가 일반 사기죄를 재물죄 겸 이득죄로 규정한 것과 달리 형법 제347조의2는 컴퓨터등사용사기죄의 객체를 재물이 아닌 재산상의 이익으로만 한정하여 규정하고 있으므로, 절취한 타인의 신용카드로 현금자동지급기에서 현금을 인출하는 행위가 재물에 관한 범죄임이 분명한 이상 이를 위 컴퓨터등사용사기죄로 처벌할 수는 없다고 할 것이고, 입법자의 의도가 이와 달리 이를 위 죄로 처벌하고자 하는 데 있었다거나 유사한 사례와 비교하여 처벌상의 불균형이 발생할 우려가 있다는 이유만으로 그와 달리 볼 수는 없다[대판 2003.5.13. 2003도1178].

동지판례 형법 제347조의2에서 규정하는 컴퓨터등사용사기죄의 객체는 재물이 아닌 재산상의 이익에 한정되어 있으므로, 타인의 명의를 모용하여 발급받은 신용카드로 현금자동지급기에서 현금을 인출하는 행위를 이 법조항(컴사기죄)을 적용하여 처벌할 수는 없다[대판 2002.7.12. 2002도2134]. [♠ 01, 04 사시] [♣ 12, 15 변시]

사 례 연 습

【위임에 기초하여 현금카드로 초과인출한 경우의 죄책】

甲은 피씨방에 게임을 하러 온 A로부터 그 소유의 현금카드로 20,000원을 인출해 오라는 부탁을 받자 현금자동인출기에 위 현금카드를 넣고 인출금액을 50,000원으로 입력하여 그 금액을 인출한 후 그 중 20,000원만 A에게 건네주고 30,000원은 자신이 취득하였다. 甲에게 절도죄 및 컴퓨터사용사기죄의 성립여부를 논하시오. (기타 범죄는 논외로 함)

♠ 판례연구

1. 절도죄의 성립여부 (판례 지지)

절도죄에 있어서 절취란 재물의 점유자의 의사에 반하여 그 점유자의 지배를 배제하고 자신의 지배로 옮겨놓는 행위를 의미한다. 그런데 현금카드를 절취한 때와 같이 현금카드 자체를 사용할 권한이 없는 경우와 달리 피고인(甲)이 예금명의인(A)으로부터 그 현금카드를 사용할 권한을 일단 부여받은 이상 이를 기화로 그 위임 범위를 벗어나 추가로 금원을 인출하였다고 하더라도 현금자동지급기 관리자로서는 예금명의인의 계산으로 인출자에게 적법하게 현금을 지급할 수밖에 없다. 따라서 이러한 경우 현금자동지급기 관리자에게 예금명의인과 그로부터 현금 인출을 위임받은 자 사이의 내부적인 위임관계까지 관여하여 그 위임받은 범위를 초과하는 금액에 대하여는 그 인출행위를 승낙하지 않겠다는 의사까지 있다고 보기는 어렵다. 그러므로 위 현금인출 행위가 현금자동지급기 관리자의 의사에 반하여 그가 점유하고 있는 현금을 절취한 경우에 해당한다고 볼 수 없다(2005도3516 판결이유).

2. 컴퓨터사용사기죄의 성립여부 (판례 지지)

甲은 위임의 범위를 초과하여 3만원을 더 인출하였으므로 '컴퓨터 등 정보처리장치에 권한 없이 정보를 입력하여 정보처리를 하게 하였고' 초과하여 인출한 3만원은 재물에 해당하지만 '재산상 이익'은 재물까지 포함하는 개념으로 볼 수 있으므로(편의상 재물 포함설을 취하였음) 甲이 초과 인출한 3만원을 취득한 것은 컴퓨터사용사기죄가 성립한다[대판 2006.3.24. 2005도3516].

判例 위임의 금액을 초과하여 현금카드로 현금을 인출한 경우(초과액에 대한 컴사기죄 성립)

예금주인 현금카드 소유자로부터 일정한 금액의 현금을 인출해 오라는 부탁을 받으면서 이와 함께 현금카드를 건네받은 것을 기화로 그 위임을 받은 금액을 초과하여 현금을 인출하는 방법으로 그 차액 상당을 위법하게 이득할 의사로 현금자동지급기에 그 초과된 금액이 인출되도록 입력하여 그 초과된 금액의 현금을 인출한 경우에는 그 인출된 현금에 대한 점유를 취득함으로써 이 때에 그 인출한 현금 총액 중 인출을 위임받은 금액을 넘는 부분의 비율에 상당하는 재산상 이익을 취득한 것으로 볼 수 있으므로 이러한 행위는 그 차액 상당액에 관하여 형법 제347조의2(컴퓨터등사용사기)

에 규정된 '컴퓨터 등 정보처리장치에 권한 없이 정보를 입력하여 정보처리를 하게 함으로써 재산상의 이익을 취득'하는 행위로서 컴퓨터 등 사용사기죄에 해당된다[대판 2006.3.24. 2005도3516]. [♠ 07 사시] [♣ 18 변시] ※ 위의 판례와 반드시 구별하여야 한다.

(2) 주관적 구성요건

고의 이외에 불법이득 의사가 필요하다.

3. 죄 수

오퍼레이터를 기망하여 컴퓨터에 허위정보를 입력시켜 재산상 이익을 취득한 때에는 사기죄만 성립한다(보충관계).

判例 실체적 경합에 해당하는 경우

타인의 명의를 모용하여 발급받은 신용카드를 이용하여 현금자동지급기에서 현금을 인출한 행위와 ARS 전화서비스 등으로 신용대출을 받은 행위를 포괄적으로 카드회사에 대한 사기죄가 된다고 판단한 원심판결을 파기한 사례[대판 2006.7.27. 2006도3126].

판례해설 현금인출행위는 절도죄에 해당하고 ARS 전화서비스 등으로 신용대출을 받은 행위는 컴사기죄가 성립하며 양 죄는 실체적 경합에 해당한다(기타의 범죄는 논외로 함).

判例 컴퓨터사용사기죄는 성립할 수 있어도 절도죄는 성립하지 않는 경우

절취한 타인의 신용카드를 이용하여 현금지급기에서 계좌이체를 한 행위는 컴퓨터등사용사기죄에 해당함은 별론으로 하고 이를 절취행위라고 볼 수는 없고, 한편 위 계좌이체 후 현금지급기에서 현금을 인출한 행위는 자신의 신용카드나 현금카드를 이용한 것이어서 이러한 현금인출이 현금지급기 관리자의 의사에 반한다고 볼 수 없어 절취행위에 해당하지 않으므로 절도죄를 구성하지 않는다[대판 2008.6.12. 2008도2440]. [♠ 10, 14 사시] [♣ 17, 21 변시]

Ⅳ. 준사기죄

제348조(준사기) ① 미성년자의 사리분별력 부족 또는 사람의 심신장애를 이용하여 재물을 교부받거나 재산상 이익을 취득한 자는 10년 이하의 징역 또는 2천만원 이하의 벌금에 처한다.
② 제1항의 방법으로 제3자로 하여금 재물을 교부받게 하거나 재산상 이익을 취득하게 한 경우에도 제1항의 형에 처한다.
제352조(미수범) 본죄의 미수범은 처벌한다.

① **미성년자 :** 모든 미성년자가 아니라 지려천박한 미성년자에 제한된다.

② **심신장애 :** ⅰ) 정신기능의 장애로 말미암아 재산상의 거래능력이 없는 경우를 말하며, 심신미약 이외에 심신상실도 포함된다. ⅱ) 의사능력이 완전히 결여된 심신상실자에 대해서는 준사기죄가 아니라 절도죄가 성립할 수 있을 뿐이다.

③ **이용하여 :** 심신장애 등의 상태를 이용하여야 본죄가 성립한다. 따라서 심신장애자 등에 대하여 기망을 수단으로 사용한 경우에는 사기죄가 성립한다.

Ⅴ. 편의시설부정이용죄

제348조의2(편의시설부정이용) 부정한 방법으로 대가를 지급하지 아니하고 자동판매기, 공중전화 기타 유료자동설비를 이용하여 재물 또는 재산상의 이익을 취득한 자는 3년 이하의 징역, 500만원 이하의 벌금, 구류 또는 과료에 처한다.
제352조(미수범) 본죄의 미수범은 처벌한다.

1. 유료자동설비

대가를 지불하면 물건 또는 편익을 제공하는 자동기계설비를 말한다(예 공중전화, 자동판매기).

2. 부정이용

대가를 지급하지 아니하고 자동설비의 메커니즘을 비정상적으로 조종하여 재물 또는 재산상 이익을 얻는 것을 말한다(예 공중전화기에 가짜동전을 투입하여 통화하는 경우). 따라서 후불로라도 대가가 지급되거나 자동설비를 작동시키지 않은 경우는 부정이용에 해당하지 않는다(예 자판기를 손괴하고 물건을 가져간 경우에는 손괴죄와 절도죄가 성립할 뿐 편의시설부정이용죄는 성립할 수 없다).

判例 절취한 후불식 공중전화카드를 사용한 경우(편의시설부정이용죄 ×, 사문서부정행사죄 ○)

1. 타인의 전화카드(한국통신의 후불식 통신카드)를 절취하여 전화통화에 이용한 경우에는 통신카드서비스 이용계약을 한 피해자가 그 통신요금을 납부할 책임을 부담하게 되므로, 이러한 경우에는 피고인이 '대가를 지급하지 아니하고' 공중전화를 이용한 경우에 해당한다고 볼 수 없어 편의시설부정이용의 죄를 구성하지 않는다[대판 2001.9.25. 2001도3625]. [♠ 05 사시] [♣ 17 변시]
2. 사용자에 관한 각종 정보가 전자기록되어 있는 자기띠가 카드번호와 카드발행자 등이 문자로 인쇄된 플라스틱 카드에 부착되어 있는 전화카드의 경우 그 자기띠 부분은 카드의 나머지 부분과 불가분적으로 결합되어 전체가 하나의 문서를 구성하므로, 전화카드를 공중전화기에 넣어 사용하는 경우 비록 전화기가 전화카드로부터 판독할 수 있는 부분은 자기띠 부분에 수록된 전자기록에 한정된다고 할지라도, 전화카드 전체가 하나의 문서로서 사용된 것으로 보아야 하고

그 자기띠 부분만 사용된 것으로 볼 수는 없으므로 절취한 전화카드를 공중전화기에 넣어 사용한 것은 권리의무에 관한 타인의 사문서를 부정행사한 경우에 해당한다[대판 2002.6.25. 2002도461].

사 례 연 습

【절취한 후불식 공중전화카드의 사용에 대한 죄책】

甲은 A녀로부터 절취한 전화카드(한국통신의 후불식 통신카드)를 공중전화기에 넣어 사용하여 약 60만원에 해당하는 통화를 하였다. 甲에게 편의시설부정이용죄 및 사문서부정행사죄의 성립여부를 논하시오. (기타 범죄는 논외로 함)

♠ 판례연구

1. 편의시설부정이용죄의 성립여부

① 학설

편의시설부정이용죄의 '대가를 지급하지 아니하고'라는 의미는 행위자가 대가를 지급하지 아니한다는 것을 의미하는 것으로 보아야 하므로, 甲이 대가를 지급하지 않은 이상 편의시설부정이용죄가 성립한다는 견해가 있다.

② 판례

타인의 전화카드(한국통신의 후불식 통신카드)를 절취하여 전화통화에 이용한 경우에 편의시설부정이용의 죄를 구성하지 않는다고 판시한 바 있다.

③ 검토 (판례 지지)

甲이 A의 전화카드를 절취하여 전화통화에 이용한 경우 통신카드서비스 이용계약을 한 A가 그 통신요금을 납부할 책임을 부담하게 되므로, 이러한 경우에는 甲이 '대가를 지급하지 아니하고' 공중전화를 이용한 경우에 해당한다고 볼 수 없다. 따라서 甲에게는 편의시설부정이용죄가 성립하지 아니한다.

2. 사문서부정행사죄의 성립여부

① 학설

후불식전화카드는 문자부분과 전자기록부분이 결합되어 하나의 문서를 형성하고 있는바, 전화기가 전화카드로부터 판독할 수 있는 부분은 자기띠 부분에 수록된 전자기록에 한정되므로, 절취한 전화카드를 이용하여 통화를 한 것은 자기띠 부분의 전자기록만 권한 없이 사용한 것이므로 타인의 사문서를 부정행사한 경우에 해당한다하지 않는다는 견해가 있다.

② 판례 : 판례는 절취한 후불식 전화카드를 공중전화기에 넣어 사용한 경우 사문서부정행사죄에 해당한다는 입장이다.

③ 검토 (판례 지지)

전화카드의 자기띠 부분은 독자적인 의미를 가지는 것이 아니고 그 밖의 부분과 불가분적으로 결합하여 하나의 전화카드를 구성하고 있다고 보아야 한다. 따라서 전화카드를 공중전화기에 넣어 사용하는 경우 전화카드 전체가 하나의 문서로서 사용된 것으로 보아야 하므로 甲이 절취한 후불식 전화카드를 공중전화기에 넣어 사용한 것은 사문서부정행사죄에 해당한다.

Ⅵ. 부당이득죄

제349조(부당이득) ① 사람의 곤궁하고 절박한 상태를 이용하여 현저하게 부당한 이익을 취득한 자는 3년 이하의 징역 또는 1천만원 이하의 벌금에 처한다.
② 제1항의 방법으로 제3자로 하여금 부당한 이익을 취득하게 한 경우에도 제1항의 형에 처한다.

① **곤궁하고 절박한 상태(궁박상태)** : ⅰ) 경제적인 곤궁상태에 한하지 않고 생명이나 명예에 대한 정신적 · 육체적인 것도 포함한다. ⅱ) 궁박상태는 반드시 객관적으로 존재할 필요는 없으며, 상상에 의한 궁박상태로도 족하다.

判例 궁박상태의 의미 및 궁박상태를 인정할 수 없는 경우

1. [1] 개발사업 등이 추진되는 사업부지 중 일부의 매매와 관련된 이른바 '알박기' 사건에서 부당이득죄의 성립 여부가 문제되는 경우, 그 범죄의 성립을 인정하기 위해서는 피고인이 피해자의 개발사업 등이 추진되는 상황을 미리 알고 그 사업부지 내의 부동산을 매수한 경우이거나 피해자에게 협조할 듯한 태도를 보여 사업을 추진하도록 한 후에 협조를 거부하는 경우 등과 같이, 피해자가 궁박한 상태에 빠지게 된 데에 피고인이 적극적으로 원인을 제공하였거나 상당한 책임을 부담하는 정도에 이르러야 한다. 이러한 정도에 이르지 않은 상태에서 단지 개발사업 등이 추진되기 오래 전부터 사업부지 내의 부동산을 소유하여 온 피고인이 이를 매도하라는 피해자의 제안을 거부하다가 수용하는 과정에서 큰 이득을 취하였다는 사정만으로 함부로 부당이득죄의 성립을 인정해서는 안 된다.
   [2] 아파트 건축사업이 추진되기 수년 전부터 사업부지 내 일부 부동산을 소유하여 온 피고인이 사업자의 매도 제안을 거부하다가 인근 토지 시가의 40배가 넘는 대금을 받고 매도한 사안에서, 부당이득죄의 성립을 부정한 사례[대판 2009.1.15. 2008도8577]. [♠13 사시]

   동지판례 ⅰ) 아파트 신축사업이 추진되기 수년 전 사업부지 중 일부 토지를 취득하여 거주 또는 영업장소로 사용하던 피고인이 이를 사업자에게 매도하면서 시가 상승 등을 이유로 대금의 증액을 요구하여 종전보다 1.5 내지 3배가량 높은 대금을 받은 사안에서, 부당이득죄의 성립을 부정한 사례[대판 2009.1.15. 2008도1246].
   ⅱ) 피고인이 주상복합건물 신축사업 부지 중 일부 부동산을 매수하였다가,[6] 위 사업의 시행사에 주변 부지의 평당 매매가보다 약 2.4배 이상 비싼 금액에 다시 매도한 사안에서, 부당이득죄의 성립을 부정한 원심판단을 수긍한 사례[대판 2010.5.27. 2010도778].

2. 공동주택 및 판매시설 건축사업의 대상이 된 대지지분 등 부동산의 소유자가 사업자의 매도 제안을 거부하다가 통상 가격의 약 45배의 대금에 이를 매도한 사안에서, 부당이득죄의 성립을 부정한 사례[대판 2008.12.11. 2008도7823].

   판결이유 피고인은 이 사건 사업이 시작되기 오랜 전부터 이 사건 상가를 소유하여 왔고, 이를 매도하라는 위 회사의 제의를 거부한 것 외에는 달리 책임을 져야 할 만한 사정도 없다.

6) 피고인이 부동산을 이른바 '알박기'의 목적으로 매수하였다고 단정할 증거가 없었다는 등의 이유로 부당이득죄의 성립이 부정되었다.

3. 피고인이 피해자인 재건축조합에게 토지를 시세보다 비싼 가격으로 매도하였더라도 그 매매대금이 현저하게 부당하다고 단정할 수 없거나, 위 조합이 재건축사업을 추진함에 있어서 위 토지가 반드시 필요한 것은 아니었고, 이를 매입하지 아니하고도 재건축을 추진할 대안이 있었음에도 재건축조합의 이익에 가장 부합한다는 판단하에 피고인을 설득하여 위 토지를 매입하게 된 사정 등에 비추어 재건축조합의 궁박 상태를 인정하기에는 부족하다는 이유로 피고인에 대하여 무죄를 선고한 원심판결을 수긍한 사례[대판 2005.4.15. 2004도1246].

② 현저히 부당한 이익 : 급부와 반대급부 사이에 상당성이 없는 경우를 말한다.

判例 현저하게 부당한 이득에 해당하지 않는 경우

1. 300만원의 변제에 갈음하여 합계 600여만원의 이득을 취득함으로써 지급받을 300만원을 공제한 300만원의 이득을 취득한 것만으로는 본조의 현저하게 부당한 이득을 취득한 것이라고 보기 어렵다[대판 1972.10.31. 72도1803].

비교판례 甲건설회사의 공동주택신축사업 계획을 미리 알고 있던 乙이 사업부지 내의 토지소유자 丙을 회유하여 甲과 맺은 토지매매 약정을 깨고 자신에게 이를 매도 및 이전등기하게 한 다음 이를 甲에게 재매도하면서 2배 이상의 매매대금과 양도소득세를 부담시킨 사안에서, 위 토지가 전체 사업부지 내에서 갖는 중요성, 乙의 자력, 甲의 사업진행정도 등을 고려할 때 부당이득죄가 성립한다고 한 사례[대판 2008.5.29. 2008도2612].

2. 피고인이 토지지분을 시가의 약 10배에 해당하는 가격으로 매도함으로써 사회통념상 과도한 이득을 취하였다는 사정만으로는 현저하게 부당한 이득을 취득하였다고 단정할 수 없다고 한 사례[대판 2006.9.8. 2006도3366].

Ⅶ. 상습사기죄

제351조(상습범) 상습으로 제347조 내지 전조의 죄를 범한 자는 그 죄에 정한 형의 2분의 1까지 가중한다.
제352조(미수범) 본죄의 미수범은 처벌한다.

Ⅷ. 신용카드와 관련한 범죄

1. 신용카드의 의의와 구별개념

(1) 신용카드의 의의

신용카드라 함은 이를 제시함으로써 반복하여 신용카드 가맹점에서 물품의 구입 또는 용역의 제공을 받을 수 있는 증표로서 신용카드업자가 발행한 것을 말한다.

(2) 구별개념

① **직불카드** : 직불카드회원과 신용카드가맹점간에 전자 또는 자기적 방법에 의하여 금융거래계좌에 이체하는 등의 방법으로 물품 또는 용역의 제공과 그 대가의 지급을 동시에 이행할 수 있도록 신용카드업자가 발행한 증표를 말한다(여신전문금융업법 제2조 제6호).

② **선불카드** : 신용카드업자에게 미리 일정금액을 지불하고 그 일정금액이 전자 또는 자기적 방법에 의하여 기록된 카드를 발급받아 소지자의 제시에 따라 지급한 금액의 범위 내에서 물품이나 용역을 제공받을 수 있는 카드를 말한다(여신전문금융업법 제2조 제8호) (예 공중전화카드, 버스카드).

③ **현금카드** : 예금계좌를 가진 예금주가 예금잔고의 범위 내에서 현금자동지급기에서 예금을 인출하는 수단으로 사용되는 카드를 말한다. 다만 대부분의 현금카드는 신용카드에 그 기능이 부가되어 함께 사용되고 있는 것이 일반적이다. 현금카드는 현금인출기능만 있고 신용기능이 없다는 점에서 신용카드와 구별된다.

④ **회원권카드** : 일반적으로 특정한 시설 이용을 목적으로 하여 고객이 그 시설 경영기업과 체결한 회원계약상의 지위를 나타낸 카드를 말한다.

(3) 여신전문금융업법의 규제대상

判例 여신전문금융업법에서 그 위조행위를 처벌하고 있는 '신용카드 등'의 범위

여신전문금융업법의 규정들을 종합하여 보면, 위 법 제70조 제1항 제1호에서 그 위조행위를 처벌하고 있는 '신용카드 등'은 신용카드업자가 발행한 신용카드 · 직불카드 또는 선불카드만을 의미할 뿐, 회원권카드나 현금카드 등은 신용카드 기능을 겸하고 있다는 등의 특별한 사정이 없는 한 이에 해당할 여지가 없는 것이다[대판 2010.6.10. 2010도3409].

2. 신용카드의 법적 성질

① **재물성 인정** : 신용카드는 이를 소지함으로써 신용구매가 가능하고 금융의 편의를 받을 수 있다는 점에서 경제적 가치가 있을 뿐만 아니라 물리적으로 관리가 가능하므로 재물에 해당한다(통설). 판례도 신용카드를 절취한 경우 절도죄를 인정한다[대판 1996.7.12. 96도1181].

② **유가증권성 부정** : 판례는 신용카드는 유가증권으로 볼 수 없다는 입장이다.

3. 신용카드와 관련한 각종 범죄의 성립여부

(1) 신용카드를 불법영득한 경우

신용카드도 재산죄의 객체인 재물에 해당하므로 신용카드를 절취 · 강취 · 갈취한 경우에는 각각 절도죄[대판 1996.7.12. 96도1181], 강도죄[대판 1997.1.21. 96도2715], 공갈죄[대판 1996.9.20. 95도1728]가 성립한다.

(2) 정상적으로 발급 받은 자기신용카드를 사용한 경우

判例 변제할 의사나 능력이 없는 상황에서 신용카드를 사용한 경우(사기죄 기망과 편취의 고의 인정)

카드회원이 일시적인 자금궁색 등의 이유로 그 채무를 일시적으로 이행하지 못하게 되는 상황이 아니라 이미 과다한 부채의 누적 등으로 신용카드 사용으로 인한 대출금채무를 변제할 의사나 능력이 없는 상황에 처하였음에도 불구하고 신용카드를 사용하였다면 사기죄에 있어서 기망행위 내지 편취의 범의를 인정할 수 있다[대판 2005.8.19. 2004도6859].

(3) 대금결제의 의사와 능력없이 자기명의의 신용카드를 발급받은 후 사용한 경우[7)]

判例 현금서비스를 받고 물품을 구입한 경우(사기죄의 포괄일죄)

대금결제의 의사와 능력이 없으면서도 자기명의로 카드를 발급받은 후 현금서비스도 받고, 여러 가맹점에서 물품도 구입한 경우 … 카드사용으로 인한 카드회사의 손해는 그것이 자동지급기에 의한 인출행위이든 가맹점을 통한 물품구입행위이든 불문하고 모두가 피해자인 카드회사의 기망당한 의사표시에 따른 카드발급에 터잡아 이루어지는 사기의 포괄일죄이다[대판 1996.4.9. 95도2466].

[♠ 02, 03, 08, 10 사시]

(4) 절취한 신용카드를 이용하여 현금자동지급기에서 현금서비스를 받은 경우

쟁점연구

1. 문제점

절취한 신용카드를 이용하여 현금자동지급기에서 현금서비스를 받은 경우 절도죄 및 컴퓨터사용사기죄의 성립여부를 검토하라.

2. 절도죄의 성립여부

① 학설

은행이 현금지급기를 설치한 것은 신용카드의 소지자가 지급기의 지시에 따라 비밀번호를 입력하는 등 기계를 조작한 경우 무조건적으로 현금을 지급하겠다는 의사를 표시한 것이므로 절취한 신용카드로 현금서비스를 받는 것도 지급기관리자의 의사에 반하여 현금을 인출한 것이라고 볼 수 없으므로 절도죄가 성립하지 않는다는 견해가 있다.

② 판례

절취한 신용카드를 이용하여 현금자동지급기에서 현금서비스를 받은 경우 절도죄의 성립을 인정한다.

7) 자기명의의 신용카드를 사용한 경우에는 비록 그 신용카드를 부정하게 발급받은 경우일지라도 신용카드부정사용죄에 해당하지 아니한다. [♠ 10 사시]

③ 검토 (판례 지지)

은행이 현금자동지급기를 설치한 것은 정당한 카드소지자에게만 현금을 지급하겠다는 의사를 표시한 것으로 보아야 하고, 현금인출시에 비밀번호를 요구하는 것은 정당한 카드소지자인지 여부를 확인하기 위한 절차로 보아야 한다. 따라서 절취한 신용카드를 이용하여 현금자동지급기에서 현금서비스를 받은 경우 절도죄의 성립을 인정하는 견해가 타당하다.

3. 컴퓨터사용사기죄의 성립여부

① 학설

절취한 타인의 신용카드를 사용하여 비밀번호를 입력하는 행위는 권한 없이 정보를 입력한 경우에 해당하고, 현금도 재산상의 이익에 포함되므로 컴퓨터사용사기죄에 해당한다는 견해가 있다.

② 판례

절취한 타인의 신용카드로 현금자동지급기에서 현금을 인출하는 행위가 재물에 관한 범죄임이 분명한 이상 컴퓨터등사용사기죄로 처벌할 수는 없다는 입장이다.

③ 검토 (판례 지지)

형법은 재산범죄의 객체가 재물인지 재산상의 이익인지에 따라 이를 재물죄와 이득죄로 명시하여 규정하고 있는데, 형법 제347조가 사기죄의 객체를 재물과 재산상 이득으로 규정한 것과 달리 형법 제347조의2는 컴퓨터등사용사기죄의 객체를 재산상 이익으로 한정하여 규정하고 있으므로, 재산상의 이익에 재물이 포함될 수 없다고 보는 것이 타당하다. 따라서 절취한 신용카드를 이용하여 현금자동지급기에서 현금서비스를 받은 경우 컴퓨터사용사기죄는 성립할 수 없다고 보는 판례가 타당하다.

判例 현금자동자급기에서 현금대출(현금서비스)을 받은 경우 = 절도죄

피고인이 타인의 명의를 모용하여 신용카드를 발급받은 경우, 비록 카드회사가 피고인으로부터 기망을 당한 나머지 피고인에게 피모용자 명의로 발급된 신용카드를 교부하고, 사실상 피고인이 지정한 비밀번호를 입력하여 현금자동지급기에 의한 현금대출(현금서비스)을 받을 수 있도록 하였다 할지라도, 카드회사의 내심의 의사는 물론 표시된 의사도 어디까지나 카드명의인인 피모용자에게 이를 허용하는데 있을 뿐 피고인에게 이를 허용한 것은 아니라는 점에서, 피고인이 타인의 명의를 모용하여 발급받은 신용카드를 사용하여 현금자동지급기에서 현금대출을 받는 행위는 카드회사에 의하여 미리 포괄적으로 허용된 행위가 아니라, 현금자동지급기의 관리자의 의사에 반하여 그의 지배를 배제한 채 그 현금을 자기의 지배하에 옮겨 놓는 행위로서 절도죄에 해당한다[대판 2006.7.27. 2006도3126]. [♠ 08, 13 사시] [♣ 15 변시]

判例 물품을 구입한 경우 = 사기죄

피고인이 공소외인의 명의를 모용하여 신용카드를 발급받은 다음 이를 사용하여 물품을 구입하였다면 이는 사기죄에 해당한다[대판 2006.7.27. 2006도3126].

判例 ARS 전화서비스나 인터넷 등을 통하여 신용대출을 받은 경우 = 컴퓨터사용사기죄

타인의 명의를 모용하여 발급받은 신용카드의 번호와 그 비밀번호를 이용하여 ARS 전화서비스나 인터넷 등을 통하여 신용대출을 받는 방법으로 재산상 이익을 취득하는 행위 역시 미리 포괄적으로 허용된 행위가 아닌 이상, 컴퓨터 등 정보처리장치에 권한 없이 정보를 입력하여 정보처리를 하게 함으로써 재산상 이익을 취득하는 행위로서 컴퓨터 등 사용사기죄에 해당한다[대판 2006.7.27. 2006도3126]. [♠ 08, 14 사시]

(5) 범죄 등으로 취득한 타인의 신용카드를 사용한 경우

判例 신용카드부정사용죄의 객체인 분실 또는 도난된 신용카드의 의미

여신전문금융업법 제70조 제1항 제3호는 분실 또는 도난된 신용카드를 사용한 자를 처벌하도록 규정하고 있는데, 여기서 분실 또는 도난된 신용카드라 함은 소유자 또는 점유자의 의사에 기하지 않고 그의 점유를 이탈하거나 그의 의사에 반하여 점유가 배제된 신용카드를 가리키는 것으로서, 소유자 또는 점유자의 점유를 이탈한 신용카드를 취득하거나 그 점유를 배제하는 행위를 한 자가 반드시 유죄의 처벌을 받을 것을 요하지 아니한다[대판 1999.7.9. 99도857].

判例 강취한 신용카드로 물품을 구입한 경우 = 신용카드부정사용죄와 사기죄 성립

강취한 신용카드를 가지고 자신이 그 신용카드의 정당한 소지인인양 가맹점의 점주를 속이고 그에 속은 점주로부터 주류 등을 제공받아 이를 취득한 것이라면 신용카드부정사용죄와 별도로 사기죄가 성립한다[대판 1997.1.21. 96도2715]. [♠ 02, 08, 14 사시]

判例 편취한 신용카드로 물품을 구입한 경우 = 신용카드부정사용죄 성립(중요)

[1] 법률을 해석할 때 입법취지와 목적, 제·개정 연혁, 법질서 전체와의 조화, 다른 법령과의 관계 등을 고려하는 체계적·논리적 해석 방법을 사용할 수 있으나, 문언 자체가 비교적 명확한 개념으로 구성되어 있다면 원칙적으로 이러한 해석 방법은 활용할 필요가 없거나 제한되어야 한다.
[2] 여신전문금융업법 제70조 제1항 제4호에서는 '강취·횡령하거나, 사람을 기망하거나 공갈하여 취득한 신용카드나 직불카드를 판매하거나 사용한 자'를 처벌하도록 규정하고 있는데, 여기에서 '사용'은 강취·횡령, 기망 또는 공갈로 취득한 신용카드나 직불카드를 진정한 카드로서 본래의 용법에 따라 사용하는 경우를 말한다. 그리고 '기망하거나 공갈하여 취득한 신용카드나 직불카드'는 문언상 '기망이나 공갈을 수단으로 하여 다른 사람으로부터 취득한 신용카드나 직불카드'라는 의미이므로, '신용카드나 직불카드의 소유자 또는 점유자를 기망하거나 공갈하여 그들의 자유로운 의사에 의하지 않고 점유가 배제되어 그들로부터 사실상 처분권을 취득한 신용카드나 직불카드'라고

해석되어야 한다[대판 2022.12.16. 2022도10629].

[판례해설] 피고인은 교도소에 수용 중인 피해자를 기망하여 2019. 2. 22. 이 사건 신용카드를 교부받은 뒤, 2019. 2. 26.부터 같은 해 3. 25.까지 약 1개월간 총 23회에 걸쳐 피고인의 의사에 따라 이 사건 신용카드를 사용하였으므로, 피해자는 피고인으로부터 기망당함으로써 피해자의 자유로운 의사에 의하지 않고 이 사건 신용카드에 대한 점유를 상실하였고, 피고인은 이 사건 신용카드에 대한 사실상 처분권을 취득하였다고 보아야 한다. 따라서 이 사건 신용카드는 피고인이 이 사건 신용카드의 소유자인 피해자를 기망하여 취득한 신용카드에 해당하고, 이를 사용한 피고인의 행위는 기망하여 취득한 신용카드 사용으로 인한 여신전문금융업법 위반죄에 해당한다.[8)]

비교판례 **(폭행 · 협박으로 지불금액을 합의한 후 피해자가 결제하라고 건네준 신용카드를 사용한 경우 : 신용카드부정사용죄 불성립)** [1] 여신전문금융업법 제70조 제1항 제4호에 의하면, "강취 · 횡령하거나 사람을 기망 · 공갈하여 취득한 신용카드 또는 직불카드를 판매하거나 사용한 자"에 대하여 "7년 이하의 징역 또는 5천만원 이하의 벌금에 처한다"고 규정하고 있는 바, 여기서 강취, 횡령, 기망 또는 공갈로 취득한 신용카드는 소유자 또는 점유자의 의사에 기하지 않고, 그의 점유를 이탈하거나 그의 의사에 반하여 점유가 배제된 신용카드를 가리킨다. [2] 유흥주점 업주가 과다한 술값 청구에 항의하는 피해자들을 폭행 또는 협박하여 피해자들로부터 일정 금액을 지급받기로 합의한 다음, 피해자들이 결제하라고 건네준 신용카드로 합의에 따라 현금서비스를 받거나 물품을 구입한 경우,[9)] 신용카드에 대한 피해자들의 점유가 피해자들의 의사에 기하지 않고 이탈하였거나 배제되었다고 보기 어려워 여신전문금융업법상의 신용카드 부정사용에 해당하지 않는다[대판 2006.7.6. 2006도654]. [♠ 07 사시]

判例 **절취한 신용카드로 자동지급기에서 현금서비스를 받은 경우(신용카드부정사용죄와 절도죄)**

절취한 타인의 신용카드를 부정사용하여 현금자동인출기에서 현금을 인출하고 그 현금을 취득까지 한 행위는 신용카드업법 제25조 제1항의 부정사용죄에 해당할 뿐 아니라 그 현금을 취득함으로써 현금자동인출기 관리자의 의사에 반하여 그의 지배를 배제하고 그 현금을 자기의 지배하에 옮겨 놓는 것이 되므로 별도로 절도죄를 구성하고, 위 양 죄의 관계는 그 보호법익이나 행위태양이 전혀 달라 실체적 경합관계에 있는 것으로 보아야 한다[대판 1995.7.28. 95도997]. [♣ 15, 16 변시]

判例 **신용카드부정사용죄와 관련한 판례정리**

1. **(절취한 신용카드로 현금서비스를 제공받는 경우 : 신용카드 부정사용에 해당 함)** 신용카드업법 제25조 제1항 소정의 부정사용이라 함은 도난 · 분실 또는 위조 · 변조된 신용카드를 진정한 카드로서 신용카드의 본래의 용법에 따라 사용하는 경우를 말하는 것이므로, 절취한 신용카드를

---

8) 원심은, 기망하여 취득한 신용카드 사용으로 인한 여신전문금융업법 위반죄는 신용카드 자체를 기망하여 취득한 후 소유자 또는 점유자의 의사에 의하지 않고 신용카드를 사용한 경우에 인정된다고 전제한 뒤, 판시와 같은 사정에 의하여 인정되는 피고인의 신용카드 사용 동기 및 경위에 비추어 보면 피해자가 피고인에게 신용카드 사용 권한을 준 것으로 보이므로 비록 신용카드 사용대금에 대한 피고인의 편취행위가 인정된다고 하더라도 신용카드 부정사용이라고 할 수 없다고 보아, 이 부분 공소사실을 무죄로 판단하였다.

9) 매출전표에 피해자들 본인이 서명까지 한 경우이다.

현금인출기에 주입하고 비밀번호를 조작하여 현금서비스를 제공받으려는 일련의 행위는 그 부정사용의 개념에 포함된다[대판 1995.7.28. 95도997].

비교판례 **(절취한 직불카드로 자동지급기에서 예금을 인출한 경우 : 직불카드 부정사용에 해당하지 않음)** 여신전문금융업법 제70조 제1항 소정의 부정사용이라 함은 위조·변조 또는 도난·분실된 신용카드나 직불카드를 진정한 카드로서 신용카드나 직불카드의 본래의 용법에 따라 사용하는 경우를 말하는 것이므로, 절취한 직불카드를 온라인 현금자동지급기에 넣고 비밀번호 등을 입력하여 피해자의 예금을 인출한 행위는 여신전문금융업법 제70조 제1항 소정의 부정사용의 개념에 포함될 수 없다[대판 2003.11.14. 2003도3977].

2. **(신용카드부정사용죄의 기수시기 및 기수에 해당하지 않는 경우)** 신용카드업법 제25조 제1항 소정의 신용카드부정사용죄의 구성요건적 행위인 신용카드의 사용이라 함은 신용카드의 소지인이 신용카드의 본래 용도인 대금결제를 위하여 가맹점에 신용카드를 제시하고 매출표에 서명하여 이를 교부하는 일련의 행위를 가리키므로, 단순히 신용카드를 제시하는 행위만으로는 신용카드부정사용죄의 실행에 착수한 것에 불과하고 그 사용행위를 완성한 것으로 볼 수 없다[대판 1993.11.23. 93도604; 동지 대판 1992.6.9. 92도77].

동지판례 신용카드를 절취한 사람이 대금을 결제하기 위하여 신용카드를 제시하고 카드회사의 승인까지 받았다고 하더라도 매출전표에 서명한 사실이 없고 도난카드임이 밝혀져 최종적으로 매출취소로 거래가 종결되었다면, 신용카드 부정사용의 미수행위에 불과하다 할 것인데 여신전문금융업법에서 위와 같은 미수행위를 처벌하는 규정을 두고 있지 아니한 이상 피고인을 위 법률 위반죄로 처벌할 수 없으므로 무죄가 된다[대판 2008.2.14. 2007도8767]. [♠ 10, 14 사시] [♣ 18 변시]

(6) 범죄로 취득한 타인의 현금카드 또는 직불카드를 사용한 경우

判例 갈취한 현금카드로 자동지급기에서 수 회 예금을 인출한 경우 = 공갈죄의 포괄일죄

예금주인 현금카드 소유자를 협박하여 그 카드를 갈취하였고, 하자 있는 의사표시이기는 하지만 피해자의 승낙에 의하여 현금카드를 사용할 권한을 부여받아 이를 이용하여 현금을 인출한 이상, 피해자가 그 승낙의 의사표시를 취소하기까지는 현금카드를 적법, 유효하게 사용할 수 있고, 은행의 경우에도 피해자의 지급정지 신청이 없는 한 피해자의 의사에 따라 그의 계산으로 적법하게 예금을 지급할 수밖에 없는 것이므로, 피고인이 피해자로부터 현금카드를 사용한 예금인출의 승낙을 받고 현금카드를 교부받은 행위와 이를 사용하여 현금자동지급기에서 예금을 여러 번 인출한 행위들은 모두 피해자의 예금을 갈취하고자 하는 피고인의 단일하고 계속된 범의 아래에서 이루어진 일련의 행위로서 포괄하여 하나의 공갈죄를 구성한다고 볼 것이지, 현금지급기에서 피해자의 예금을 취득한 행위를 현금지급기 관리자의 의사에 반하여 그가 점유하고 있는 현금을 절취한 것이라 하여 이를 현금카드 갈취행위와 분리하여 따로 절도죄로 처단할 수는 없다[대판 1996.9.20. 95도1728]. [♠ 99, 01, 04, 08, 13 , 14 사시] [♣ 12, 15, 18 변시]

동지판례 **(편취한 현금카드로 자동지급기에서 수 회 예금을 인출한 경우 = 사기죄의 포괄일죄)**
예금주인 현금카드 소유자로부터 그 카드를 편취하여, 비록 하자 있는 의사표시이기는 하지만 현금카드 소유자의 승낙에 의하여 사용권한을 부여받은 이상, 그 소유자가 승낙의 의사표시를 취소하기까지는 현금카드를 적법, 유효하게 사용할 수 있으며, 은행 등 금융기관은 현금카드 소유자의 지급정지 신청이 없는 한 카드 소유자의 의사에 따라 그의 계산으로 적법하게 예금을 지급할 수밖에 없는 것이므로, 피고인이 현금카드의 소유자로부터 현금카드를 사용한 예금인출의 승낙을 받고 현금카드를 교부받은 행위와 이를 사용하여 현금자동지급기에서 예금을 여러 번 인출한 행위들은 모두 현금카드 소유자의 예금을 편취하고자 하는 피고인의 단일하고 계속된 범의 아래에서 이루어진 일련의 행위로서 포괄하여 하나의 사기죄를 구성한다고 볼 것이지, 현금자동지급기에서 카드 소유자의 예금을 인출, 취득한 행위를 현금자동지급기 관리자의 의사에 반하여 그가 점유하고 있는 현금을 절취한 것이라 하여 이를 현금카드 편취행위와 분리하여 따로 절도죄로 처단할 수는 없다[대판 2005.9.30. 2005도5869].

비교판례 **(강취한 현금카드로 자동지급기에서 예금을 인출한 경우 = 강도죄와 절도죄의 실체적 경합)**
강도죄는 공갈죄와는 달리 피해자의 반항을 억압할 정도로 강력한 정도의 폭행·협박을 수단으로 재물을 탈취하여야 성립하므로, 피해자로부터 현금카드를 강취하였다고 인정되는 경우에는 피해자로부터 현금카드의 사용에 관한 승낙의 의사표시가 있었다고 볼 여지가 없다. 따라서 강취한 현금카드를 사용하여 현금자동지급기에서 예금을 인출한 행위는 피해자의 승낙에 기한 것이라고 할 수 없으므로, 현금자동지급기 관리자의 의사에 반하여 그의 지배를 배제하고 그 현금을 자기의 지배하에 옮겨 놓는 것이 되어서 강도죄와는 별도로 절도죄를 구성한다고 할 것이다[대판 2007.5.10. 2007도1375]. [♠ 09, 12, 13 사시] [♣ 15, 21 변시]

(7) 기타 카드의 사용과 관련한 판례정리

判例 **사기죄의 고의가 인정되는 경우(허위매출전표에 의하여 대금을 청구한 경우)**

신용카드회사가 가맹점의 용역의 제공을 가장한 허위 내용의 매출전표에 의한 대금청구에 대하여는 이를 거절할 수 있는 등 매출전표가 허위임을 알았더라면 가맹점주에게 그 대금의 지급을 하지 아니하였을 관계가 인정된다면, 가맹점주가 용역의 제공을 가장한 허위의 매출전표임을 고지하지 아니한 채 신용카드회사에게 제출하여 대금을 청구한 행위는 사기죄의 실행행위로서의 기망행위에 해당하고, 가맹점주에게 이러한 기망행위에 대한 범의가 있었다면, 비록 당시 그에게 신용카드 이용대금을 변제할 의사와 능력이 있었다고 하더라도 사기죄의 범의가 있었음을 인정할 수 있다[대판 1999.2.12. 98도3549], [대판 2013.7.26. 2012도4438].[10]

10) 허위의 납품내역임을 고지하지 않은 경우이다.

신용카드 관련범죄 정리(판례)

<table>
<tr><th></th><th>현금서비스 인출</th><th>물품구입</th></tr>
<tr><td rowspan="2">절취한 타인명의의 신용카드</td><td>절도죄</td><td>사기죄</td></tr>
<tr><td colspan="2">신용카드부정사용죄 성립</td></tr>
<tr><td rowspan="2">자기명의 신용카드</td><td colspan="2">지급의사와 능력 없는 상태에서 카드 발급 후 사용(사기죄의 포괄일죄)</td></tr>
<tr><td colspan="2">신용카드부정사용죄 불성립</td></tr>
</table>

<table>
<tr><th rowspan="3">종류</th><th rowspan="3">명의</th><th rowspan="3" colspan="3">취득태양과 성립범죄</th><th colspan="8">카드사용범죄</th></tr>
<tr><th colspan="4">형법
(재산죄)</th><th colspan="4">여전법
(신카부정사용죄)</th></tr>
<tr><th>물품 구입</th><th>현금 서비스</th><th>예금 인출</th><th>계좌 이체</th><th>물품 구입</th><th>현금 서비스</th><th>예금 인출</th><th>계좌 이체</th></tr>
<tr><td rowspan="4">신용카드
(재물 O, 유가증권 X)</td><td rowspan="2">타인</td><td>승낙 무효</td><td>도난
분실
강취
횡령</td><td>절도
점유물이탈
횡령
강도
횡령</td><td>사기
(가맹점)</td><td>절도
(지급기)</td><td>절도
(지급기)</td><td>컴사
(은행)</td><td colspan="2">○</td><td colspan="2" rowspan="2">×
(∵본래용법대로 사용이 아니므로)</td></tr>
<tr><td>승낙 유효</td><td>갈취
편취</td><td>공갈
사기</td><td colspan="4">공갈 · 사기 포괄일죄[11]
(단, 물품구입의 경우 별도 사기죄 성립 可)</td><td colspan="2">○
(2022도10629)
★★★</td></tr>
<tr><td>타인 명의 모용</td><td colspan="2">부정발급</td><td>사기
(카드회사)</td><td>사기
(가맹점)</td><td>절도
(지급기)</td><td>–</td><td>컴사
(은행)</td><td colspan="2">절도</td><td colspan="2">–</td></tr>
<tr><td>자기</td><td colspan="2">부정발급</td><td>사기
(∵의사나 능력×)</td><td colspan="2">포괄하여 하나의 사기죄
(카드회사)</td><td colspan="2">×
(∵자기예금인출)</td><td colspan="4">×</td></tr>
<tr><td rowspan="2">현금카드</td><td rowspan="2">타인</td><td colspan="3">갈취</td><td colspan="8">예금인출</td></tr>
<tr><td colspan="3">편취</td><td colspan="8">포괄하여 하나의 공갈죄 · 사기죄</td></tr>
</table>

11) 갈취 · 편취한 신용카드의 경우 현금서비스와 물품구입의 경우의 수를 나누어 정리를 해두어야 한다. 양자 모두 명시적인 판례는 존재하지 않으나 ① **갈취 · 편취한 신용카드로 현금서비스**를 받은 경우 갈취 · 편취한 현금카드로 예금인출을 한 경우 절도죄가 성립할 수 없다는 판례의 취지(95도1728; 2005도5869)에 비추어 별도의 절도죄는 성립하지 않을 것이다. 한편, ② **갈취 · 편취한 신용카드로 물품을 구입**한 경우 갈취한 은행통장과 도장으로 은행직원을 기망하여 예금을 인출한 경우 사기죄가 성립한다는 판례(79도489)의 취지에 비추어 별도의 사기죄가 성립할 것이다.

제5절 공갈의 죄

출 제 point ➔ 공갈죄의 객체성 인정여부에 관한 판례, 부작위에 의한 처분에 관한 판례를 정리해 두어야 한다.

Ⅰ. 총 설

① 공갈의 죄란 사람을 공갈하여 재물의 교부를 받거나 재산상의 이익을 취득하거나 제3자로 하여금 취득하게 하는 것을 내용으로 하는 범죄이다.

② 주된 보호법익은 재산권이고 자유권(의사결정의 자유)도 부차적인 보호법익이 된다. 보호의 정도는 침해범이다.

Ⅱ. 공갈죄

제350조(공갈) ① 사람을 공갈하여 재물의 교부를 받거나 재산상의 이익을 취득한 자는 10년 이하의 징역 또는 2천만원 이하의 벌금에 처한다.
② 전항의 방법으로 제3자로 하여금 재물의 교부를 받게 하거나 재산상의 이익을 취득하게 한 때에도 전항의 형과 같다.
제352조(미수범) 본죄의 미수범은 처벌한다.

1. 의 의

사람을 공갈하여 재물의 교부를 받거나 재산상의 이익을 취득하거나 제3자로 하여금 취득하게 함으로써 성립하는 범죄이다.

강도죄와의 구별

	공갈죄	강도죄
폭행 · 협박의 정도	공포심을 생기게 할 정도	반항을 억압할 수 있을 정도
처분행위	처분행위를 요함(판례)	불필요(탈취죄)
친족상도례	적 용	부적용

2. 구성요건

(1) 객관적 구성요건

① 객 체 : 타인의 재물 또는 재산상의 이익이다.

判例 재산상 이익에 해당하는 경우

공갈죄는 사람을 공갈하여 재물의 교부를 받거나 재산상의 이익을 취득함으로써 성립하고, 채무의 변제 또는 채권양도 등을 약속받는 것도 여기의 재산상의 이익에 해당한다[대판 2010.12.9. 2010도10187].

判例 이성간의 정교(재산상의 이익 ×), 공갈에 의한 정교(공갈죄 ×)

부녀와의 정교 그 자체는 이를 경제적으로 평가할 수 없는 것이므로 부녀를 공갈하여 정교를 맺었다고 하여도 특단의 사정이 없는 한 이로써 재산상 이익을 취득한 것이라고 볼 수는 없는 것이며, 부녀가 주점접대부라 할지라도 피고인과 매음을 전제로 정교를 맺은 것이 아닌 이상 피고인이 매음대가의 지급을 면하였다고 볼 여지가 없으니 공갈죄가 성립하지 아니한다[대판 1983.2.8. 82도2714]. [♠ 09 사시]

判例 공갈죄의 객체인 '타인'의 재물이라고 할 수 없는 경우(중요)

[1] 공갈죄의 객체인 재물은 타인의 재물을 의미하므로, 사람을 공갈하여 자기의 재물을 교부받는 경우에는 공갈죄가 성립하지 아니한다. 그리고 타인의 재물인지는 민법, 상법, 기타의 실체법에 의하여 결정되는데, 금전을 도난당한 경우 절도범이 절취한 금전만 소지하고 있는 때 등과 같이 구체적으로 절취된 금전을 특정할 수 있어 객관적으로 다른 금전 등과 구분됨이 명백한 예외적인 경우에는 절도 피해자에 대한 관계에서 그 금전이 절도범인 타인의 재물이라고 할 수 없다.
[2] 甲이 乙의 돈을 절취한 다음 다른 금전과 섞거나 교환하지 않고 쇼핑백 등에 넣어 자신의 집에 숨겨두었는데, 피고인이 乙의 지시로 폭력조직원 丙과 함께 甲에게 겁을 주어 쇼핑백 등에 들어 있던 절취된 돈을 교부받아 왔다면, 피고인 등이 甲에게서 되찾은 돈은 절취 대상인 당해 금전이라고 구체적으로 특정할 수 있어 객관적으로 甲의 다른 재산과 구분됨이 명백하므로 이를 타인인 甲의 재물이라고 볼 수 없고, 따라서 비록 피고인 등이 甲을 공갈하여 돈을 교부받았더라도 타인의 재물을 갈취한 행위로서 공갈죄가 성립할 수 없다[대판 2012.8.30. 2012도6157]. [♠ 13 사시] [♣ 18 변시]

② 행 위 : 공갈

㉮ 공갈이란 재물을 교부받거나 재산상의 이익을 취득하기 위하여 폭행 또는 협박으로 외포심을 일으키게 하는 것을 말한다. 폭행 · 협박은 사람의 의사 내지 자유를 제한하는 정도로 충분하며, 반드시 상대방의 반항을 억압할 정도에 이를 것을 요하지 않는다.

㉯ 폭행은 사람에 대한 일체의 유형력의 행사를 말한다(광의의 폭행). 공갈죄의 폭력은 상대방의 의사형성에 영향을 미치는 강제적 폭력(심리적 폭력)에 한하며, 상대방의 의사형성의 여지를 없애는 절대적 폭력(물리적 폭력)은 제외된다.

㉰ 협박은 객관적으로 사람의 의사결정의 자유를 제한하거나 의사실행의 자유를 방해할 정도로 겁을 먹게 할 만한 해악을 고지하는 것을 말한다(협의의 협박).

判例 협박의 의미와 길흉화복의 고지가 예외적으로 공갈죄의 협박이 될 수 있기 위한 요건

[1] 공갈죄의 수단으로서의 협박은 객관적으로 사람의 의사결정의 자유를 제한하거나 의사실행의 자유를 방해할 정도로 겁을 먹게 할 만한 해악을 고지하는 것을 말하고, 그 해악에는 인위적인 것뿐만 아니라 천재지변 또는 신력이나 길흉화복에 관한 것도 포함될 수 있으나, 다만 천재지변 또는 신력이나 길흉화복을 해악으로 고지하는 경우에는 상대방으로 하여금 행위자 자신이 그 천재지변 또는 신력이나 길흉화복을 사실상 지배하거나 그에 영향을 미칠 수 있는 것으로 믿게 하는 명시적 또는 묵시적 행위가 있어야 공갈죄가 성립한다.
[2] 조상천도제를 지내지 아니하면 좋지 않은 일이 생긴다는 취지의 해악의 고지는 길흉화복이나 천재지변의 예고로서 행위자에 의하여 직·간접적으로 좌우될 수 없는 것이고 가해자가 현실적으로 특정되어 있지도 않으며 해악의 발생가능성이 합리적으로 예견될 수 있는 것이 아니므로 협박으로 평가될 수 없다고 한 사례[대판 2002.2.8. 2000도3245].
[사실관계] 甲이 A에게 조상천도를 하지 않으면 큰일난다."고 겁을 주자 이에 외포된 A가 甲의 예금계좌로 83만원을 송금하였으나 甲의 해악고지를 협박으로 볼 수 없다하여 공갈죄의 성립을 부정한 사례이다.

判例 공갈죄의 협박의 방법 및 협박의 정도

강요죄나 공갈죄의 수단인 협박이 되기 위하여 해악의 고지는 반드시 명시적인 방법이 아니더라도 말이나 행동을 통해서 상대방으로 하여금 어떠한 해악에 이르게 할 것이라는 인식을 갖게 하는 것이면 족하고, 피공갈자 이외의 제3자를 통해서 간접적으로 할 수도 있으며, 행위자가 그의 직업, 지위 등에 기하여 불법한 위세를 이용하여 재물의 교부나 재산상 이익을 요구하고 상대방으로 하여금 그 요구에 응하지 않을 때에는 부당한 불이익을 당할 위험이 있다는 위구심을 일으키게 하는 경우에도 해악의 고지가 된다[대판 2013.4.11. 2010도13774]. [♠14 사시]

判例 공갈행위에 해당하는 경우

1. 신문의 부실공사 관련 기사에 대한 해당 건설업체의 반박광고가 있었음에도 재차 부실공사 관련 기사가 나가는 등 그 신문사 기자들과 그 건설업체 대표이사의 감정이 악화되어 있는 상태에서, 그 신문사 사주 및 광고국장이 보도자제를 요청하는 그 건설업체 대표이사에게 자사 신문에 사과광고를 싣지 않으면 그 건설업체의 신용을 해치는 기사가 계속 게재될 것 같다는 기자들의 분위기를 전달하는 방식으로 사과광고를 게재토록 하면서 과다한 광고료를 받은 행위는 공갈죄의 구성요건에 해당한다[대판 1997.2.14. 96도1959].

2. 방송기자인 피고인이 피해자에게 피해자 경영의 건설회사가 건축한 아파트의 진입도로미비 등 공사하자에 관하여 방송으로 계속 보도할 것 같은 태도를 보임으로써 피해자가 위 방송으로 말미암아 그의 아파트건축사업의 큰 타격을 받고 자신이 경영하는 회사의 신용에 커다란 손실을 입게 될 것을 우려하여 방송을 하지 말아달라는 취지로 돈 200만원을 피고인에게 교부한 경우 공갈죄의 구성요건이 충족되고 또 인과관계도 인정된다고 할 것이다[대판 1991.5.28. 91도80].

3. 피해자의 정신병원에서의 퇴원 요구를 거절해 온 피해자의 배우자가 피해자에 대하여 재산이전 요구를 한 경우, 그 배우자가 재산이전 요구에 응하지 않으면 퇴원시켜 주지 않겠다고 말한 바 없더라도 이는 암묵적 의사표시로서 공갈죄의 수단인 해악의 고지에 해당하고 이러한 해악의 고지가 권리의 실현수단으로 사용되었더라도 그 수단방법이 사회통념상 허용되는 정도나 범위를 넘는 것으로서 공갈죄를 구성한다[대판 2001.2.23. 2000도4415].

4. 피해자의 유혹으로 간통관계를 갖게 되었다 하더라도 이를 미끼로 판시와 같이 협박하여 금원의 교부를 받은 사실이 인정되는 이상 범죄의 성립에는 영향이 없다 할 것이므로 이를 공갈죄로 의율한 조치는 정당하다[대판 1984.5.9. 84도573].

5. 종업원이 주인을 협박하여 그 업소에 취직을 하여 그 주인으로부터 월급 상당액을 교부받은 경우 그 종업원이 주인에게 종업원으로서 상당한 근로를 제공한 바가 없다면 이는 갈취행위로 보아야 한다[대판 1991.10.11. 91도1755].

6. 폭력배와 잘 알고 있다는 지위를 이용하여 불법한 위세를 보임으로써 해악의 고지를 하였다고 본 사례[대판 2003.5.13. 2003도709].

7. 피고인이 甲 주식회사가 특정 신문들에 광고를 편중했다는 이유로 기자회견을 열어 甲 회사에 대하여 불매운동을 하겠다고 하면서 특정 신문들에 대한 광고를 중단할 것과 다른 신문들에 대해서도 특정 신문들과 동등하게 광고를 집행할 것을 요구하고 甲 회사 인터넷 홈페이지에 '甲 회사는 앞으로 특정 언론사에 편중하지 않고 동등한 광고 집행을 하겠다'는 내용의 팝업창을 띄우게 한 사안에서, 위 요구사항에 응하지 않을 경우 甲 회사에 예상되는 피해의 심각성 등 제반 사정을 고려할 때, 피고인의 행위는 甲 회사의 의사결정권자로 하여금 그 요구를 수용하지 아니할 경우 불매운동이 지속되어 영업에 타격을 입게 될 것이라는 겁을 먹게 하여 의사결정 및 의사실행의 자유를 침해한 것으로 강요죄나 공갈죄의 수단으로서의 협박에 해당한다고 본 원심판단을 수긍한 사례[대판 2013.4.11. 2010도13774].

判例 공갈행위에 해당하지 않는 경우

1. 지역신문의 발행인이 시정에 관한 비판기사 및 사설을 보도하고 관련 공무원에게 광고의뢰 및 직보배정을 타신문사와 같은 수준으로 높게 해달라고 요청한 사실만으로 공갈죄의 수단으로서 그 상대방을 협박하였다고 볼 수 없다고 한 사례[대판 2002.12.10. 2001도7095]. [♠07 사시]

2. 가출자의 가족에 대하여 가출자의 소재를 알려주는 조건으로 보험가입을 요구한 피고인의 행위는 가출자를 찾으려고 하는 그 가족들의 안타까운 심정을 이용하여 보험가입을 권유 내지 요구하는

언동으로 도의상 비난할 수 있을지언정 그로 인하여 가족들에 새로운 외포심을 일으키게 되거나 외포심이 더하여 진다고는 볼 수 없어 이를 공갈죄에 있어서의 협박이라 단정할 수 없다[대판 1976.4.27. 75도2818].

3. 피고인이 소방도로를 무단점용하고 있어 자릿세 등을 지급받을 정당한 권원이 없었다 하더라도 피해자가 이를 알면서 피고인과 자릿세를 지급하기로 약정하여 이를 지급하여 온 이상 피고인이 소방도로 무단점용으로 인한 도로법상의 처벌을 받는 것은 별론으로 하되 공갈죄로 문의할 수는 없다[대판 1985.5.14. 84도2289].

4. 공동광업권자의 1인이 광업권지분을 매수한 자에게 매도대금을 더 내지 않으면 징역가는 한이 있더라도 다른 데 매도하겠다고 말하여 금원을 교부케 하였다 하여도 그 사실만으로서 해악의 고지라고 볼 수 없다[대판 1969.12.9. 69도1552].

5. 처분권주의, 변론주의의 원리를 채택하고 있는 민사소송에 있어 부당한 제소나 그 소송의 유지가 있다 하더라도 상대방은 이에 응소하여 방어권을 충분히 행사할 수 있는 것이고 소의 취하는 상대방이 이를 강제할 수 없는 것이므로, 토지매도인이 그 매매대금을 지급받기 위하여 매수인을 상대로 하여 당해토지에 관한 소유권이전등기말소청구소송을 제기하고 위 대금을 변제받지 못하면 위 소송을 취하하지 아니하고 예고등기도 말소하지 않겠다는 취지를 알렸다고 하여 이를 지목하여 공갈행위라고 단정할 수는 없다[대판 1989.2.28. 87도690].

6. A(女)는 甲과 동거하면서 甲 명의의 국민은행 계좌를 이용하여 인터넷 게임머니를 환전해주는 사업을 함께 영위하였으나 A는 甲과 헤어질 목적으로 가출하면서 甲의 휴대전화와 장부 및 국민은행 통장을 들고 친정으로 가버렸으며, 그 바람에 게임머니를 구입하기 위하여 대금을 입금하였음에도 甲이 그 입금한 고객을 확인할 수 없어서 게임머니 아이템을 공급해 주지 못하자, 고객들이 甲을 사기죄로 고소하겠다고 위협을 하자 甲은 예금통장 등의 반환을 요구하는 내용의 문자를 보내거나 메모를 친정집에 붙이고, A를 상대로 게임머니 환전 사업을 하면서 번 돈 중 절반의 지급을 구하는 민사소송을 제기한 후 그 소장 부본 수령을 재촉하면서 판결 결과에 따라 빨리 손해배상금을 정산할 것을 요구한 것은 정당한 권리행사라 할 것이고, 그러한 정당한 권리행사를 하면서 다소 위협적인 언사를 사용하였다고 하여도 이는 사회통념상 용인될 정도의 것으로서 공갈죄의 수단인 협박에 해당한다고 보기 어렵다[대판 2013.9.13. 2013도6809].

㉣ 공갈의 상대방

判例 삼각공갈의 성립요건(피공갈자가 피해자의 재산의 처분에 대한 법률상의 권한 · 지위에 있음을 요함)

[1] 공갈죄에 있어서 공갈의 상대방은 재산상의 피해자와 동일함을 요하지는 아니하나, 공갈의 목적이 된 재물 기타 재산상의 이익을 처분할 수 있는 사실상 또는 법률상의 권한을 갖거나 그러한 지위에 있음을 요한다. [♠ 15 사시]
[2] 피고인이 주점의 종업원에게 신체에 위해를 가할 듯한 태도를 보여 이에 겁을 먹은 종업원으로부터 주류를 제공받은 경우 종업원은 주류에 대한 사실상의 처분권자이므로 피고인에게는 공갈죄가 성립한다[대판 2005.9.29. 2005도4738].

㉮ 외포심의 야기 : 공갈행위로 인하여 피공갈자에게 외포심이 야기되어야 한다.

判例 14세 또는 15세 되는 아이들을 공갈한 경우 (준사기죄 ×, 공갈죄 ○)

14세 또는 15세 되는 아이들은 의사능력이 있다고 할 것이므로 이들을 공갈하여 금원을 갈취하였다면 이는 준사기죄가 되는 것이 아니고 공갈죄에 해당한다[대판 1968.1.31. 67도1319].

③ 처분행위

사 례 연 습

【부작위에 의한 처분의 요건】

甲은 A가 운전하는 택시를 타고 간 후 목적지가 다르다는 이유로 택시요금의 지급을 면하고자 이를 요구하는 A를 폭행하고 달아났다. 甲에게 공갈죄가 성립할 수 있는지를 검토하라.

판결요지

[1] 재산상 이익의 취득으로 인한 공갈죄가 성립하려면 폭행 또는 협박과 같은 공갈행위로 인하여 피공갈자가 재산상 이익을 공여하는 처분행위가 있어야 한다. 물론 그러한 처분행위는 반드시 작위에 한하지 아니하고 부작위로도 족하여서, 피공갈자가 외포심을 일으켜 묵인하고 있는 동안에 공갈자가 직접 재산상의 이익을 탈취한 경우에도 공갈죄가 성립할 수 있다. 그러나 폭행의 상대방이 위와 같은 의미에서의 처분행위를 한 바 없고, 단지 행위자가 법적으로 의무 있는 재산상 이익의 공여를 면하기 위하여 상대방을 폭행하고 현장에서 도주함으로써 상대방이 행위자로부터 원래라면 얻을 수 있었던 재산상 이익의 실현에 장애가 발생한 것에 불과하다면, 그 행위자에게 공갈죄의 죄책을 물을 수 없다. [♠ 15 사시]

[2] 피고인이 피해자가 운전하는 택시를 타고 간 후 피해자가 피고인에게 계속해서 택시요금의 지급을 요구하였으나 피고인이 이를 면하고자 피해자를 폭행하고 달아났을 뿐, 피해자가 폭행을 당하여 외포심을 일으켜 수동적 · 소극적으로라도 피고인이 택시요금 지급을 면하는 것을 용인하여 이익을 공여하는 처분행위를 하였다고 할 수 없으므로, 공갈죄가 성립할 수 없다고 한 사례[대판 2012.1.27. 2011도16044].

④ 재산상의 손해 · 재산상 이익의 취득 : 사기죄와 동일하다.

判例 공갈죄가 성립하기 위하여 피해자의 전체 재산의 감소가 필요한지 여부 (불요)

피공갈자의 하자 있는 의사에 기하여 이루어지는 재물의 교부 자체가 공갈죄에서의 재산상 손해에 해당하므로, 반드시 피해자의 전체 재산의 감소가 요구되는 것도 아니다[대판 2013.4.11. 2010도13774].

⑤ **실행의 착수시기와 기수시기** : 실행의 착수시기는 폭행 또는 협박을 개시한 때이며, 기수시기는 피해자에게 재산상의 손해가 발생한 때이다.

判例 실행에 착수한 것으로 인정된 사례

피해자의 고용인을 통하여 피해자에게 피해자가 경영하는 기업체의 탈세사실을 국세청이나 정보부에 고발한다는 말을 전하였다면 이는 공갈죄의 행위에 착수한 것이라 할 것이다[대판 1969.7.29. 69도984].

判例 공갈죄의 기수에 해당하는 경우

피해자들을 공갈하여 피해자들로 하여금 지정한 예금구좌에 돈을 입금케 한 이상, 위 돈은 범인이 자유로이 처분할 수 있는 상태에 놓인 것으로서 공갈죄는 이미 기수에 이르렀다 할 것이다[대판 1985.9.24. 85도1687]. [♠ 11, 15 사시] [♣ 23 변시]

(2) 주관적 구성요건

고의와 불법영득(이득)의사가 필요하다.

3. 위법성

권리실현의 수단으로 공갈을 한 경우 공갈죄가 성립하는지가 문제된다.

判例 권리행사와 위법성 판단의 기준

[1] 공갈죄가 성립하기 위하여 고지된 해악의 실현은 반드시 그 자체가 위법한 것임을 필요로 하지 않으며, 해악의 고지가 권리실현의 수단으로 사용된 경우라고 하여도 그것이 권리행사를 빙자하여 협박을 수단으로 상대방을 겁을 먹게 하였고 그 권리 실행의 수단 방법이 사회 통념상 허용되는 정도나 범위를 넘는다면 공갈죄가 성립한다.
[2] 피고인 甲 등이 공모하여 주식회사 K건설의 명예회장에게 K건설의 이중계약과 비자금 조성을 언급하면서 甲이 지배인으로 근무하던 세진설비와 수의계약 등을 요구하는 내용의 호소문을 보낸 행위는 단순한 협상이나 권리실현의 수단으로 한 행위가 아니라 사회 통념상 허용되는 범위를 넘는 것이므로 공갈미수죄가 성립한다고 한 사례[대판 2012.5.24. 2011도5910].

判例 공갈죄가 성립하는 경우

1. 피해자의 기망에 의하여 부동산을 비싸게 매수한 피고인이라도 그 계약을 취소함이 없이 등기를 피고인 앞으로 둔 채 피해자의 전매차익을 받아낼 셈으로 피해자를 협박하여 재산상의 이득을 얻거나 돈을 받았다면 이는 정당한 권리행사의 범위를 넘은 것으로서 사회통념상 용인될 수 없으므로 공갈죄를 구성한다[대판 1991.9.24. 91도1824]. [♣ 13 변시]

2. 피고인이 교통사고로 2주일간의 치료를 요하는 상해를 당하여 그로 인한 손해배상청구권이 있음을 기화로 사고차량의 운전사가 바뀐 것을 알고서 그 운전사의 사용자에게 과다한 금원을 요구하면서 이에 응하지 않으면 수사기관에 신고할 듯한 태도를 보여 이에 겁을 먹은 동인으로부터 금 3,500,000원을 교부받은 것이라면 이는 손해배상을 받기 위한 수단으로서 사회통념상 허용되는 범위를 넘은 것으로 공갈죄가 성립한다고 할 것이다[대판 1990.3.27. 89도2036].
3. 수급인이 권리행사에 빙자하여 도급인측에 대하여 비리를 관계기관에 고발하겠다는 내용의 협박 내지 사무실의 장시간 무단점거 및 직원들에 대한 폭행 등의 위법수단을 써서 기성고 공사대금 명목으로 금 80,000,000원을 교부받은 행위는 사회통념상 허용되는 범위를 넘는 것으로서 이는 공갈죄에 해당한다[대판 1991.12.13. 91도2127].
4. 피고인이 乙로부터 피해자 甲에 대한 외상대금채권회수의 의뢰를 받고 이를 승낙한 다음 위 외상대금을 받아 주기 위하여 甲에게 乙의 채무를 당장 갚고 나서 영업을 하라고 요구하고, 이를 갚기 전에는 영업을 할 수 없다 하면서 개새끼라고 욕을 하고 눈을 치켜뜨고 죽어볼래 하면서 甲의 멱살을 2·3번 잡아 흔드는 등 겁을 먹게 하여 甲으로 하여금 금원을 乙에게 교부하게 하였다면, 피고인의 위 행위는 공갈죄를 구성하는 것으로 이 행위가 단순히 채권회수를 위한 권리행사로서 사회통념상 용인된 행위라고는 할 수 없다[대판 1987.10.26. 87도1656].
5. 피고인이 장시간에 걸쳐 피해자의 건물건축공사 현장사무실 내에서 다른 일행 3인과 합세하여 과격한 언사와 함께 집기를 손괴하고 건물 창문에 위 피해자의 신용을 해치는 불온한 내용을 기재하거나 같은 취지를 담은 현수막을 건물 외벽에 게시할 듯한 태도를 보이는 등의 행위를 취하였다면, 이는 사회통념상 허용될 수 있는 범위를 훨씬 넘는 것이어서 피고인의 위 행위는 공갈죄를 구성한다[대판 1995.3.10. 94도2422].
6. 피고인이 피해자와의 동거를 정산하는 과정에서 피해자에 대하여 금전채권이 있다고 하더라도, 그 권리행사를 빙자하여 사회통념상 용인되기 어려운 정도를 넘는 협박을 수단으로 사용하였다면, 공갈죄가 성립한다[대판 1996.9.24. 96도2151].

判例 공갈죄가 성립하지 않는 경우

1. 피해자가 공소외 甲을 대리하여 동인 소유의 여관을 피고인에게 매도하고 피고인으로부터 계약금과 잔대금 일부를 수령하였는데 그 후 위 甲이 많은 부채로 도피해 버리고 동인의 채권자들이 채무변제를 요구하면서 위 여관을 점거하여 피고인에게 여관을 명도하기가 어렵게 되자 피고인은 피해자에게 여관을 명도해 주든가 명도소송비용을 내놓지 않으면 고소하여 구속시키겠다고 말한 경우 매수인으로서 정당한 권리행사라 할 것이며 위와 같이 다소 위협적인 말을 하였다고 하여도 이는 사회통념상 용인될 정도의 것으로서 협박으로 볼 수 없다[대판 1984.6.26. 84도648].
2. 피해자로부터 범인으로 오인되어 경찰에 끌려가 구타당하여 입원한 경우에 피해자에게 그 치료비를 요구하고 응하지 않으면 무고죄로 고소하겠다고 언명하였다 하여 이것이 곧 범법행위가 된다고 볼 수 없다[대판 1971.11.9. 71도1629].

3. 피고인이 공사한 건물의 대장상 평수보다 실제상의 평수가 많아 실제상의 평수에 따른 공사금의 지급을 요구하면서 그렇지 않으면 구청장에게 진정하여서라도 대장상의 건물평수가 부족함을 밝히겠다고 하는 의사표시는 사회상규에 어긋나지 아니하며 협박을 하여 부당한 이득을 얻으려는 의사가 있었다고 볼 수 없다[대판 1979.10.30. 79도1660].
4. 국가안전기획부 직원이 아들 담임선생의 부탁을 받고 그 담임선생의 채무자에게 채무변제를 독촉하는 과정에서 다소 위협적인 말을 하였다 하더라도 사회통념상 허용되는 범위를 넘어선 것이라고 할 수 없어 공갈죄가 성립되지 아니한다[대판 1993.12.24. 93도2339].

4. 죄수 및 타죄와의 관계

判例 동일인에 대하여 여러 차례에 걸친 협박으로 갈취한 경우 = 수죄 성립 (행위표준설)

동일인에 대하여 여러 차례에 걸쳐 금전갈취를 위한 협박의 서신이나 전화를 한 경우에 포괄일죄가 아니라 1개의 협박행위마다 1개의 공갈미수죄가 성립한다[대판 1958.4.11. 4290형상360].

判例 공갈죄의 수단인 협박 (공갈죄에 흡수)

공갈죄의 수단으로서 한 협박은 공갈죄에 흡수될 뿐 별도로 협박죄를 구성하지 않으므로, 그 범죄사실에 대한 피해자의 고소는 결국 공갈죄에 대한 것이라 할 것이어서 그 후 고소가 취소되었다 하여 공갈죄로 처벌하는 데에 아무런 장애가 되지 아니한다[대판 1996.9.24. 96도2151]. [♣ 18 변시]

Ⅱ-Ⅰ. 특수공갈죄

제350조의2(특수공갈) 단체 또는 다중의 위력을 보이거나 위험한 물건을 휴대하여 제350조의 죄를 범한 자는 1년 이상 15년 이하의 징역에 처한다. 〈개정 2016.1.6〉[1]
제352조(미수범) 본죄의 미수범은 처벌한다.

Ⅲ. 상습공갈죄

제351조(상습범) 상습으로 전조의 죄(공갈죄)를 범한 자는 그 죄에 정한 형의 2분의 1까지 가중한다.
제352조(미수범) 본죄의 미수범은 처벌한다.

1) 폭처법 제3조 제1항이 삭제되면서 형법에 신설된 조항이다.

제6절 횡령의 죄

사기죄와 더불어 거의 매년 출제되고 있는 부분이다. 횡령죄의 성립요건과 관련하여 타인의 재물을 보관하는 자인지 여부에 관한 판례, 불법원급여와 횡령죄의 성부에 관한 판례, 명의신탁에 관한 판례는 매우 중요하다. 전합판례의 경우 사례형에도 대비하여야 한다.

Ⅰ. 총 설

1. 의 의

① 횡령의 죄란 자기가 보관하는 타인의 재물이나 점유이탈물을 불법하게 영득하는 것을 내용으로 하는 범죄이다.

② 보호법익은 소유권이며, 보호의 정도는 침해범이다(다수설). 판례는 위험범으로 보고 있다[대판 1975.4.22. 75도123].

2. 횡령죄의 본질

(1) 월권행위설

① 위탁물에 대하여 권한을 초월하는 행위를 함으로써 위탁에 의한 신임관계를 깨뜨리는 데 횡령죄의 본질이 있다는 견해이다(불법처분설). 따라서 횡령죄가 성립하기 위하여 불법영득의사가 있을 것을 요하지 않는다고 한다.

② 이 견해에 의하면 일시 사용목적이나 손괴 · 은닉의 목적으로 점유물을 처분한 경우에도 횡령죄가 성립한다.[1] [♠ 06 사시]

(2) 영득행위설

① 위탁물을 불법하게 영득하는 데 횡령죄의 본질이 있다는 견해이다(판례, 다수설). 따라서 횡령죄가 성립하기 위하여 불법영득의사가 있어야 한다고 본다.

② 이 견해에 의하면 일시 사용목적이나 손괴 · 은닉의 목적으로 점유물을 처분한 경우에는 횡령죄가 성립하지 않는다.

Ⅱ. 횡령죄

제355조(횡령) ① 타인의 재물을 보관하는 자가 그 재물을 횡령하거나 그 반환을 거부한 때에는 5년 이하의 징역 또는 1천500만원 이하의 벌금에 처한다.
제359조(미수범) 미수범은 처벌한다.

---

1) 이와 같이 월권행위설에 의하면 자기점유 · 타인소유물을 손괴한 경우에 횡령죄(5년 이하의 징역)를 인정하게 되어 타인점유 · 타인소유물을 손괴한 경우에 성립하는 손괴죄(3년 이하의 징역)보다 중하게 처벌받는 문제점이 발생한다.

1. 의 의

타인의 재물을 보관하는 자가 그 재물을 횡령하거나 그 반환을 거부함으로써 성립하는 범죄이다.

2. 구성요건

(1) 객관적 구성요건

① 주 체 : 위탁관계에 의하여 타인의 재물을 보관하는 자이다.

㉮ 보 관 : 재물이 사실상 지배하에 있거나 법률상 지배 · 처분이 가능한 상태를 말한다. i) 부동산의 보관 : 원칙적으로 등기부상의 소유명의인(예 부동산의 명의수탁자, 건축허가명의수탁자)에 대하여 인정되지만, 등기부상의 명의인이 아니라도 소유자의 위임에 의거해서 실제로 타인의 부동산을 관리 · 지배하면서 제3자에게 유효하게 처분할 수 있는 지위에 있는 자는 그 부동산에 대한 지배력을 가지고 있는 자로서 횡령죄의 성립에 있어 그 부동산을 보관하는 자에 해당한다. 그러나 등기가 원인무효인 경우에는 법률상 유효하게 처분할 권능이 인정되지 않으므로 보관자가 될 수 없다[대판 1989.2.28. 88도1368]. [♠13 사시] 또한 등기서류의 보관자[2] 및 부동산 임차인[3]도 보관자에 해당하지 않는다. ii) 동산의 보관 : 타인의 금전을 위탁받아 은행에 예금한 자, 창고증권의 소지인, 위임을 받은 점유보조자도 보관자에 해당한다. iii) 법률상 권한에 의한 보관 : 미성년자의 법정대리인이나 후견인은 등기명의인이 아니더라도 미성년자 소유의 부동산에 대한 보관자가 된다. 부동산의 명의수탁자의 지위를 포괄승계한 상속인도 보관자에 해당한다.

判例 횡령죄에 있어서 보관의 의미

횡령죄에 있어서 보관이라 함은 재물이 사실상 지배하에 있는 경우뿐만 아니라 법률상의 지배 · 처분이 가능한 상태를 모두 가리키는 것이다[대판 2000.8.18. 2000도1856].

判例 타인의 금전을 위탁받아 은행에 예금한 자(보관자 ○)

타인의 금전을 위탁받아 보관하는 자가 보관방법으로 금융기관에 자신의 명의로 예치한 경우, 금융실명거래 및 비밀보장에 관한 긴급재정경제명령이 시행된 이후 금융기관으로서는 특별한 사정이 없는 한 실명확인을 한 예금명의자만을 예금주로 인정할 수밖에 없으므로 수탁자 명의의 예금에 입금된 금전은 수탁자만이 법률상 지배 · 처분할 수 있을 뿐이고 위탁자로서는 위 예금의 예금

2) 타인의 사무처리자로서 배임죄의 주체가 될 수 있을 뿐이다.

3) 법률상 처분권한이 없으므로 횡령죄의 주체가 될 수 없고, 임차물을 임의로 처분한 경우에는 사기죄가 성립한다.

주가 자신이라고 주장할 수는 없으나, 그렇다고 하여 보관을 위탁받은 위 금전이 수탁자 소유로 된다거나 위탁자가 위 금전의 반환을 구할 수 없는 것은 아니므로 수탁자가 이를 함부로 인출하여 소비하거나 또는 위탁자로부터 반환요구를 받았음에도 이를 영득할 의사로 반환을 거부하는 경우에는 횡령죄가 성립한다[대판 2000.8.18. 2000도1856]. [♠ 05, 08 사시]

동지판례 [1] 타인의 금전을 위탁받아 보관하는 자는 보관방법으로서 이를 은행 등의 금융기관에 예치한 경우에도 보관자의 지위에 영향이 없고, 수표발행 권한을 위임받은 자는 그 수표자금으로서 예치된 금원에 대하여 이를 보관하는 지위에 있다 할 것이다.

[2] 회사로부터 수표발행 권한을 위임받은 자가 업무상의 임무에 위배하여 자기 또는 제3자의 용도에 충당하기 위하여 수표를 발행하고 그 수표를 이용하여 거래은행으로부터 회사의 예금을 인출하는 행위는 불법영득의 의사를 실현하는 행위로서 업무상횡령죄가 성립한다[대판 1983.9.13. 82도75].

判例 부동산의 보관자 (등기부상의 명의인, 부동산의 실제 관리 · 지배자)

부동산의 보관은 원칙적으로 등기부상의 소유명의인에 대하여 인정되지만, 등기부상의 명의인이 아니라도 소유자의 위임에 의거해서 실제로 타인의 부동산을 관리 · 지배하면서 제3자에게 유효하게 처분할 수 있는 지위에 있는 자는 그 부동산에 대한 지배력을 가지고 있는 자로서 횡령죄의 성립에 있어 그 부동산을 보관하는 자에 해당한다고 보아야 할 것이므로, 등기부상 소유명의인의 배우자로서 소유명의인의 위임에 의하여 그 부동산의 실질적인 지배 · 관리권 및 대외적인 처분권을 갖고 있는 경우에는 그 부동산의 보관자에 해당한다고 할 것이다[대판 1993.3.9. 92도2999].

判例 소유권 취득에 등록이 필요한 차량의 보관자(등록명의자, 차량의 실제 관리 · 지배자)

[1] 횡령죄는 타인의 재물을 보관하는 사람이 그 재물을 횡령하거나 반환을 거부한 때에 성립한다. 횡령죄에서 재물의 보관은 재물에 대한 사실상 또는 법률상 지배력이 있는 상태를 의미하며, 횡령행위는 불법영득의사를 실현하는 일체의 행위를 말한다. 따라서 소유권의 취득에 등록이 필요한 타인 소유의 차량을 인도 받아 보관하고 있는 사람이 이를 사실상 처분하면 횡령죄가 성립하며, 그 보관 위임자나 보관자가 차량의 등록명의자일 필요는 없다.[4] 그리고 이와 같은 법리는 지입회사에 소유권이 있는 차량에 대하여 지입회사로부터 운행관리권을 위임받은 지입차주가 지입회사의 승낙 없이 그 보관 중인 차량을 사실상 처분하거나 지입차주로부터 차량 보관을 위임받은 사람이 지입차주의 승낙 없이 그 보관 중인 차량을 사실상 처분한 경우에도 마찬가지로 적용된다. [♣ 19 변시]

[2] X주식회사가 지입한 4대의 차량은 등록명의자인 각 지입회사 소유이고 나머지 2대의 차량은 X주식회사의 소유임을 전제로 하여 X주식회사의 대표이사인 甲이 보관하다가 사실상 처분하는 방법으로 횡령한 위 차량들을 乙이 구입하여 장물을 취득하였다는 공소사실을 유죄로 인정한 원심을 수긍한 사례[대판(전) 2015.6.25. 2015도1944].

4) 이러한 취지와 어긋나는 기존의 판례(78도1714)는 본 판례에 의하여 폐기되었음을 주의하여야 한다.

判例 부동산의 공동상속인 중 1인은 다른 공동상속인의 지분에 대하여 보관자 ×

부동산에 관한 횡령죄에 있어서 타인의 재물을 보관하는 자의 지위는 동산의 경우와는 달리 부동산에 대한 점유의 여부가 아니라 부동산을 제3자에게 유효하게 처분할 수 있는 권능의 유무에 따라 결정하여야 하므로, 부동산을 공동으로 상속한 자들 중 1인이 부동산을 혼자 점유하던 중 다른 공동상속인의 상속지분을 임의로 처분하여도 그에게는 그 처분권능이 없어 횡령죄가 성립하지 아니한다[대판 2000.4.11. 2000도565]. [♠ 04, 08, 13 사시] [♣ 23 변시]

동지판례 [1] 부동산에 관한 횡령죄에 있어서 타인의 재물을 보관하는 자의 지위는 동산의 경우와는 달리 부동산에 대한 점유의 여부가 아니라 부동산을 제3자에게 유효하게 처분할 수 있는 권능의 유무에 따라 결정하여야 하므로, 부동산의 공유자 중 1인이 다른 공유자의 지분을 임의로 처분하거나 임대하여도 그에게는 그 처분권능이 없어 횡령죄가 성립하지 아니한다.
[2] 구분소유자 전원의 공유에 속하는 공용부분인 지하주차장 일부를 그 중 1인이 독점 임대하고 수령한 임차료를 임의로 소비한 경우, 횡령죄가 성립하지 아니한다[대판 2004.5.27. 2003도6988].

관련판례 건물에 대한 과반수 지분을 가진 공유자들이 과반수 지분권에 기하여 건물의 사용·수익에 대한 결정에 따라 위 건물의 임대수익을 분배하면서 피해자를 제외한 경우, 피고인들이 피해자에 대하여 그 지분 상당액을 보관하는 지위에 있었다고 볼 수 없어 횡령죄가 성립하지 않는다[대판 2009.6.11. 2009도2461].

판결이유 피고인들이 피해자에게 이 사건 지분 상당액을 배분하지 않고 다른 공유자들에게 배분한 것은 공유자의 과반수로써 적법하게 결정된 이 사건 건물의 사용·수익 방법에 따른 것으로서, 이 사건 지분 상당액은 위 방법에 따라 배분받은 다른 공유자들에게 귀속되는 것일 뿐, 피해자에게 곧바로 귀속된다고 보기 어려우므로(다만, 이로 인하여 피해자의 공유 지분이 침해당하였다면 다른 공유자들 상대로 부당이득반환을 구할 수 있을 뿐이다), 결국 피고인들이 피해자를 위하여 이 사건 지분 상당액을 보관하는 지위에 있었다고 볼 수 없다.

判例 공동명의 예금채권자가 보관자에 해당하는지 여부 (사안에 따라 판단해야 함)

은행에 공동명의로 예금을 하고 은행에 대하여 그 권리를 함께 행사하기로 한 경우에 만일 동업자금을 공동명의로 예금한 경우라면 채권의 준합유관계에 있다고 볼 것이나, 공동명의 예금채권자들 각자가 분담하여 출연한 돈을 동업 이외의 특정 목적을 위하여 공동명의로 예치해 둠으로써 그 목적이 달성되기 전에는 공동명의 예금채권자가 단독으로 예금을 인출할 수 없도록 방지·감시하고자 하는 등의 목적으로 공동명의로 예금을 개설한 경우라면 하나의 예금채권이 분량적으로 분할되어 각 공동명의 예금채권자들에게 귀속되므로 각 공동명의 예금채권자는 예금을 법률상으로 지배·처분할 수 있는 지위에 있고, 따라서 횡령죄에서의 보관자에 해당한다[대판 2008.12.11. 2008도8279].

判例 원인무효인 소유권이전등기의 명의자(보관자 ×)

[1] 횡령죄의 주체는 타인의 재물을 보관하는 자이어야 하고, 여기서 보관이라 함은 위탁관계에 의하여 재물을 점유하는 것을 의미하므로, 결국 횡령죄가 성립하기 위하여는 그 재물의 보관자가 재

물의 소유자(또는 기타의 본권자)와 사이에 법률상 또는 사실상의 위탁신임관계가 존재하여야 하고, 또한 부동산의 경우 보관자의 지위는 점유를 기준으로 할 것이 아니라 그 부동산을 제3자에게 유효하게 처분할 수 있는 권능의 유무를 기준으로 결정하여야 하므로, 원인무효인 소유권이전등기의 명의자는 횡령죄의 주체인 타인의 재물을 보관하는 자에 해당한다고 할 수 없다. [♠13 사시]

[2] 임야의 진정한 소유자와는 전혀 무관하게 신탁자로부터 임야지분을 명의신탁 받아 지분이전등기를 경료한 수탁자가 신탁받은 지분을 임의로 처분한 사안에서, 소유자와 수탁자 사이에 위 임야지분에 관한 법률상 또는 사실상의 위탁신임관계가 성립하였다고 할 수 없고, 또한 어차피 원인무효인 소유권이전등기의 명의자에 불과하여 위 임야 지분을 제3자에게 유효하게 처분할 수 있는 권능을 갖지 아니한 수탁자로서는 위 임야 지분을 보관하는 자의 지위에 있다고도 할 수 없으므로, 그 처분행위가 신탁자에 대해서나 또는 소유자에 대하여 위 임야 지분을 횡령한 것으로 된다고 할 수 없다고 한 사례[대판 2007.5.31. 2007도1082].

관련판례 [1] 구 농지개혁법(1994.12.22. 법률 제4817호로 폐지)상 농지를 매수할 수 있는 자는 농가이거나 농가가 되려는 자에 한하므로 농지를 명의신탁하는 경우에도 수탁자가 위 법률에 의하여 그 농지를 매수할 수 없는 경우라면 그 명의신탁은 무효이지만, 수탁자가 적법하게 그 농지를 매수할 수 있는 경우에는 비록 신탁자가 그 당시 농지매매증명을 발급 받을 수 없어 그 농지를 매수할 수 없었다 하더라도 그 후 농지매매증명을 발급받을 수 있게 되었다면 수탁자에 대하여 명의신탁을 해지하고 그 농지의 반환을 구할 수 있으므로, 그 이후에는 수탁자는 신탁자를 위하여 그 농지를 보관하는 자의 지위에 서게 된다.

[2] 물품제조 회사가 농지를 매수하여 피고인 명의로 소유권이전등기를 마침으로써 소유명의를 신탁하여 두었는데 피고인이 그 후 이를 타인에게 처분함으로써 횡령하였다는 공소사실에 대하여, 제조업을 하는 일반 법인은 농지에 관한 매매계약을 체결하였더라도 당시 시행되던 구 농지개혁법(1994. 12. 22. 법률 제4817호 농지법 부칙 제2조로 폐지)상의 농지매매증명을 발급받을 수가 없어 소유권을 취득할 수 없으므로, 매도인들이 매수인인 물품제조 회사에 대하여 부담하는 소유권이전등기의무는 원시적으로 이행불능이다. 따라서 이 농지 매매계약은 채권계약으로서도 무효로 보아야 하며, 위 법이 폐지되고 농지법이 시행되었다고 하여 위 매매계약이 유효하게 될 수는 없는 것이므로, 피고인은 애초부터 명의수탁자가 아니라 원인무효인 소유권이전등기의 명의자에 불과하여 위 토지를 제3자에게 유효하게 처분할 수 있는 권능을 가지지 아니한다는 이유로 횡령죄의 성립을 부정한 원심판단을 수긍한 사례[대판 2010.6.24. 2009도9242; 동지 대판 1998.7.28. 97도3283].

判例 기타 보관자의 지위가 인정되는 경우

피고인이 피해회사로부터 상품을 양도받으면서, 그 대금 지급에 관하여 피고인이 매일 그날의 매출액 전부를 피해회사에 송금하되 그 대금을 모두 지급하기 전까지는 피해회사가 위 상품에 대한 소유권을 가지기로 하는 상품거래계약을 체결한 후, 상품의 판매대금 중 일부 금원만 피해회사에 송금하고 나머지 금원은 매장 인테리어 비용, 홍보비용 등에 사용함으로써 위 나머지 금원을 횡령하였다는 공소사실에 대하여, 상품의 판매대금 중 공급가에 해당하는 금원만을 피해회사를 위하여 보관하고 있었다고 본 원심판결은 횡령죄에 있어 '보관자의 지위'에 관한 법리를 오해한 것이라고 한 사례[대판 2010.1.14. 2009도7737].

판결이유 기록 등에 나타난 여러 사정을 종합하여 보면, 이 사건 상품거래계약은 상품을 판매한 돈으로 피고인의 매수대금을 지급하기 위하여 체결된 것으로서, 피고인의 상품판매행위는 그러한 목적을 위하여 피해회사의 구체적 위임에 따른 것이고, 그와 같은 사정으로 대금의 지급방법까지 구체적으로 지정하였으며, 나아가 대금 전액을 지급할 때까지 상품의 소유권을 피해회사에 유보하기로 한 것은 그 판매대금을 곧바로 피해회사에 귀속시키려고 한 것이라고 봄이 상당하므로, 결국 대금을 전액 지급하기 전까지는 피고인은 피해회사를 위하여 상품 및 그 판매대금 전액을 보관하는 지위에 있다고 할 것이다.

㈏ **위탁관계** : 횡령죄의 본질은 신임관계에 위배하여 타인의 재물을 영득한다는 배신성에 있으므로 보관은 위탁관계에 의한 것임을 요한다. 따라서 절도범이 피해자로부터 도품에 대한 반환요구를 받고 이를 거절하더라도 절도죄 이외에 횡령죄는 성립하지 않는다. [♠ 04 사시]

判例 위탁관계의 설정 근거 또는 설정의 방법

1. 횡령죄에 있어서의 재물의 보관이라 함은 재물에 대한 사실상 또는 법률상 지배력이 있는 상태를 의미하므로 그 보관이 위탁관계에 기인하여야 할 것임은 물론이나 그것이 반드시 사용대차·임대차·위임 등의 계약에 의하여 설정되는 것임을 요하지 아니하고, 사무관리·관습·조리·신의칙에 의해서도 성립된다[대판 1987.10.13. 87도1778].

   동지판례 임차인이 이사하면서 그가 소유하거나 타인으로부터 위탁받아 보관 중이던 물건들을 임대인의 방해로 옮기지 못하고 그 임차공장 내에 그대로 두었다면 임대인은 사무관리 또는 조리상 당연히 임차인을 위하여 위 물건들을 보관하는 지위에 있다 할 것이므로 임대인이 그 후 이를 임의로 매각하거나 반환을 거부하였다면 횡령죄를 구성한다[대판 1985.4.9. 84도300].

2. [1] 횡령죄에서 위탁관계는 사실상의 관계이면 족하고 위탁자에게 유효한 처분을 할 권한이 있는지 또는 수탁자가 법률상 그 재물을 수탁할 권리가 있는지 여부를 불문하는 것이다.

   [2] 피고인이 종중의 회장으로부터 담보 대출을 받아달라는 부탁과 함께 종중 소유의 임야를 이전받은 다음 임야를 담보로 금원을 대출받아 임의로 사용하고 자신의 개인적인 대출금 채무를 담보하기 위하여 임야에 근저당권을 설정하였다면 비록 피고인이 임야를 이전받는 과정에서 적법한 종중총회의 결의가 없었다고 하더라도 피고인은 임야나 위 대출금에 관하여 사실상 종중의 위탁에 따라 이를 보관하는 지위에 있다고 보아야 할 것이어서 피고인의 위 행위가 종중에 대한 관계에서 횡령죄를 구성한다고 한 사례[대판 2005.6.24. 2005도2413].

3. 채무자가 채무총액에 관한 지불각서를 써 줄 것으로 믿고 채권자가 채무자에게 그 액면금 등을 확인할 수 있도록 가계수표들을 교부하였다면 채권자와 채무자 사이에는 만약 합의가 결렬되어 채무자가 채권자에게 지불각서를 써 주지 아니하는 경우에는 곧바로 그 가계수표들을 채권자에게 반환하기로 하는 조리에 의한 위탁관계가 발생하였다[대판 1996.5.14. 96도410].

4. 甲회사가 공사를 중단한 후 丙회사가 공사현장을 인수하고 甲회사가 공사를 위하여 설치해 두었던 형틀을 잔여공사를 위하여 사용한 것이라면 甲회사로부터 위탁받은 여부에 불구하고 위 형틀을 보관하고 있었다고 볼 것이므로 결국 피고인은 타인의 재산을 보관하고 있는 자로서 그 반환을 거부한 경우에 해당한다 할 것이니, 이는 형법 제355조 제1항 후단의 횡령죄가 구성된다[대판 1969.12.9. 69도1923].

5. [1] 업무상횡령죄에서 '업무'는 법령, 계약에 의한 것뿐만 아니라 관례를 좇거나 사실상의 것이거나를 묻지 않고 같은 행위를 반복할 지위에 따른 사무를 가리키며, 타인의 재물을 보관하는 것을 주된 내용으로 하는 업무뿐 아니라 본래의 업무수행과 관련하여 타인의 재물을 보관하는 경우도 포함된다.
[2] 학교법인 이사장인 피고인이, 학교법인이 설치·운영하는 대학의 교비회계자금 및 대학 산학협력단 자금을 횡령하였다는 내용으로 기소된 사안에서, 피고인이 대학과 산학협력단 운영에 직·간접적으로 영향력을 행사하였고, 대학 교비나 산학협력단 자금에 관하여 입출금을 지시하기도 하였던 점 등을 종합할 때 자금에 관하여 사실상 보관자의 지위에 있었다고 본 원심판단을 수긍한 사례[대판 2011.10.13. 2009도13751].

6. 위탁관계가 있는지는 재물의 보관자와 소유자 사이의 관계, 재물을 보관하게 된 경위 등에 비추어 볼 때 보관자에게 재물의 보관 상태를 그대로 유지해야 할 의무를 부과하여 그 보관 상태를 형사법적으로 보호할 필요가 있는지 등을 고려하여 규범적으로 판단해야 한다. 재물의 위탁행위가 범죄의 실행행위나 준비행위 등과 같이 범죄 실현의 수단으로서 이루어진 경우 그 행위 자체가 처벌 대상인지와 상관없이 그러한 행위를 통해 형성된 위탁관계는 횡령죄로 보호할 만한 가치 있는 신임에 의한 것이 아니라고 봄이 타당하다[대판 2022.6.30. 2017도21286].

판례해설 이 사건 동업약정은 무자격자인 피고인, 공소외 2, 피해자가 필요한 자금을 투자하여 시설을 갖추고 의료기관을 개설할 자격이 있는 의료소비자생활협동조합 명의로 의료기관 개설신고를 하고, 의료기관의 운영과 손익 등을 자신들에게 귀속시키기로 하는 약정으로서, 의료법 제87조에 따라 처벌되는 무자격자의 의료기관 개설·운영행위를 목적으로 한다. 피해자는 이 사건 동업약정에 따라 의료기관 개설·운영을 위한 투자금 명목으로 이 사건 금원을 피고인에게 지급하였다. 이 사건 금원은 의료기관을 개설할 자격이 없는 자(이하 '무자격자'라 한다)의 의료기관 개설·운영이라는 범죄의 실현을 위해 교부되었으므로, 해당 금원에 관하여 피고인과 피해자 사이에 횡령죄로 보호할 만한 신임에 의한 위탁관계는 인정되지 않는다.

㉰ 착오로 송금된 금전과 횡령죄의 성립여부

쟁점연구

1. 문제점
송금 절차의 착오로 인하여 자기 명의의 은행 계좌에 입금된 돈을 창구직원을 통하여 임의로 인출하여 소비한 자의 죄책이 어떠한지 견해가 대립되고 있다.

2. 학 설
점유이탈물횡령죄가 성립한다는 견해와 사기죄가 성립한다는 견해가 있다.

3. 판 례
송금착오의 경우에 송금인과 예금주 사이에 별다른 거래관계가 없더라도 신의칙상 보관관계가 성립한다고 보아 횡령죄가 성립한다고 한다.

4. 검 토 (판례 지지)
송금착오의 경우에 송금인과 예금주 사이에 별다른 거래관계가 없더라도 신의칙상 보관관계가 성립한다고 보아야 하므로 횡령죄가 성립한다고 보는 것이 타당하다.

判例 착오로 송금된 돈을 임의로 사용한 경우(횡령죄 ○, 점유이탈물횡령죄 ×)

1. 횡령죄에 있어서 타인을 위하여 재물을 보관하게 된 원인은 반드시 소유자의 위탁행위에 기인한 것임을 필요로 하지 않는다[대판 1985.9.10. 84도2644].
2. 어떤 예금계좌에 돈이 착오로 잘못 송금되어 입금된 경우에는 그 예금주와 송금인 사이에 (별다른 거래관계가 없는 경우에도) 신의칙상 보관관계가 성립한다고 할 것이므로, 피고인이 송금 절차의 착오로 인하여 피고인 명의의 은행 계좌에 입금된 돈을 임의로 인출하여 소비한 행위는 횡령죄에 해당하고, 이는 송금인과 피고인 사이에 별다른 거래관계가 없다고 하더라도 마찬가지이다[대판 2010.12.9. 2010도891]. [♠ 11, 12 사시] [♣ 14, 16 변시]

동지판례 i) 횡령죄에 있어서 재물을 보관하게 된 원인은 반드시 당사자의 위탁행위에 기인한 것임을 필요로 하지 않는 것이므로, 송금절차의 착오로 인하여 금원이 피고인의 은행 개인구좌에 입금돼 있음을 기화로 피고인이 이를 임의로 인출·소비한 행위는 횡령죄에 해당한다[대판 1968.7.24. 66도1705]. [♠ 02 사시] ii) 피고인이 자신 명의의 계좌에 착오로 송금된 돈을 다른 계좌로 이체하는 등 임의로 사용한 경우 횡령죄가 성립한다[대판 2005.10.28. 2005도5975].

判例 위탁관계가 없는 재물을 처분한 경우(횡령죄 ×)

1. **(갈취한 재물의 처분)** 형법 제355조 제1항의 횡령죄는 불법영득의 의사 없이 목적물의 점유를 시작한 경우라야 하고 타인을 공갈하여 재물을 교부케 한 경우에는 공갈죄를 구성하는 외에 그것을 소비하고 타에 처분하였다 하더라도 횡령죄를 구성하지는 않는다[대판 1986.2.11. 85도2513]. [♠ 12 사시]
2. **(위탁관계 없는 공동채권의 변제 수령)** 채무자 법인의 대표이사인 피고인을 비롯한 공동상속인들이 피상속인의 채무자 법인에 대한 대여금채권을 공동상속한 경우, 피고인이 다른 공동상속인들로부터 위 대여금채권의 변제수령에 관한 권한을 위임받은 바가 없음에도 단독으로 피상속인의 채무자 법인에 대한 채권을 변제받는 것으로 회계처리하면서 채무자 법인의 자금을 인출하였다면, 그 인출금액 중 피고인의 상속분을 초과하는 부분에 대하여는 권한 없이 채무자 법인 소유의 금원을 인출한 것이어서 채무자 법인에 대한 업무상횡령죄가 성립한다 할 것이고, 피고인이 위와 같이 인출한 금원에 대하여 다른 공동상속인들과 사이에 어떠한 위탁관계를 맺고 있다고 할 수 없으므로 다른 공동상속인들을 위하여 위 인출금원을 보관하는 자의 지위에 있다고 할 수 없다[대판 2006.6.30. 2005도5338].
3. **(보충권의 한도를 넘어 보충한 약속어음)** 발행인으로부터 일정한 금액의 범위 내에서 액면을 보충·할인하여 달라는 의뢰를 받고 액면 백지인 약속어음을 교부받아 보관중이던 자가 발행인과의 합의에 의하여 정해진 보충권의 한도를 넘어 보충을 한 경우에는 발행인의 서명날인 있는 기존의 약속어음 용지를 이용하여 새로운 별개의 약속어음을 발행한 것에 해당하여 이러한 보충권의 남용행위로 인하여 생겨난 새로운 약속어음에 대하여는 발행인과의 관계에서 보관자의 지위에 있다 할 수 없으므로, 설사 그 약속어음을 자신의 채무변제조로 제3자에게 교부하여 임의로 사용하였다고 하더라도, 발행인으로 하여금 제3자에 대하여 어음상의 채무를 부담하는 손해

를 입게 한 데에 대한 배임죄가 성립될 수 있음은 별론으로 하고, 보관자의 지위에 있음을 전제로 횡령죄가 성립될 수는 없다[대판 1995.1.19. 94도2760]. [♣ 21 변시]

4. **(중요)** 전기통신금융사기(이른바 보이스피싱 범죄)의 범인이 피해자를 기망하여 피해자의 돈을 사기이용계좌로 송금·이체받았다면 이로써 편취행위는 기수에 이른다. [♣ 21 변시] 따라서 범인이 피해자의 돈을 보유하게 되었더라도 이로 인하여 피해자와 사이에 어떠한 위탁 또는 신임관계가 존재한다고 할 수 없는 이상 피해자의 돈을 보관하는 지위에 있다고 볼 수 없으며, 나아가 그 후에 범인이 사기이용계좌에서 현금을 인출하였더라도 이는 이미 성립한 사기범행의 실행행위에 지나지 아니하여 새로운 법익을 침해한다고 보기도 어려우므로, 위와 같은 인출행위는 사기의 피해자에 대하여 따로 횡령죄를 구성하지 아니한다. 그리고 이러한 법리는 사기범행에 이용되리라는 사정을 알고서도 자신 명의 계좌의 접근매체를 양도함으로써 사기범행을 방조한 종범이 사기이용계좌로 송금된 피해자의 돈을 임의로 인출한 경우에도 마찬가지로 적용된다[대판(전) 2017.5.31. 2017도3045]. [♣ 21 변시]

5. **(중요)** [1] **[다수의견]** 송금의뢰인이 다른 사람의 예금계좌에 자금을 송금·이체한 경우 특별한 사정이 없는 한 송금의뢰인과 계좌명의인 사이에 그 원인이 되는 법률관계가 존재하는지 여부에 관계없이 계좌명의인(수취인)과 수취은행 사이에는 그 자금에 대하여 예금계약이 성립하고, 계좌명의인은 수취은행에 대하여 그 금액 상당의 예금채권을 취득한다. 이때 송금의뢰인과 계좌명의인 사이에 송금·이체의 원인이 된 법률관계가 존재하지 않음에도 송금·이체에 의하여 계좌명의인이 그 금액 상당의 예금채권을 취득한 경우 계좌명의인은 송금의뢰인에게 그 금액 상당의 돈을 반환하여야 한다. 이와 같이 계좌명의인이 송금·이체의 원인이 되는 법률관계가 존재하지 않음에도 계좌이체에 의하여 취득한 예금채권 상당의 돈은 송금의뢰인에게 반환하여야 할 성격의 것이므로, 계좌명의인은 그와 같이 송금·이체된 돈에 대하여 송금의뢰인을 위하여 보관하는 지위에 있다고 보아야 한다. 따라서 계좌명의인이 그와 같이 송금·이체된 돈을 그대로 보관하지 않고 영득할 의사로 인출하면 횡령죄가 성립한다.
이러한 법리는 계좌명의인이 개설한 예금계좌가 전기통신금융사기 범행에 이용되어 그 계좌에 피해자가 사기피해금을 송금·이체한 경우에도 마찬가지로 적용된다. 계좌명의인은 피해자와 사이에 아무런 법률관계 없이 송금·이체된 사기피해금 상당의 돈을 피해자에게 반환하여야 하므로, 피해자를 위하여 사기피해금을 보관하는 지위에 있다고 보아야 하고, 만약 계좌명의인이 그 돈을 영득할 의사로 인출하면 피해자에 대한 횡령죄가 성립한다. 이때 계좌명의인이 사기의 공범이라면 자신이 가담한 범행의 결과 피해금을 보관하게 된 것일 뿐이어서 피해자와 사이에 위탁관계가 없고, 그가 송금·이체된 돈을 인출하더라도 이는 자신이 저지른 사기범행의 실행행위에 지나지 아니하여 새로운 법익을 침해한다고 볼 수 없으므로 사기죄 외에 별도로 횡령죄를 구성하지 않는다. [♣ 23 변시]
한편 계좌명의인의 인출행위는 전기통신금융사기의 범인에 대한 관계에서는 횡령죄가 되지 않는다.
① 계좌명의인이 전기통신금융사기의 범인에게 예금계좌에 연결된 접근매체를 양도하였다 하더라도 은행에 대하여 여전히 예금계약의 당사자로서 예금반환청구권을 가지는 이상 그 계좌에 송금·이체된 돈이 그 접근매체를 교부받은 사람에게 귀속되었다고 볼 수는 없다. 접근매체를

교부받은 사람은 계좌명의인의 예금반환청구권을 자신이 사실상 행사할 수 있게 된 것일 뿐 예금 자체를 취득한 것이 아니다. 판례는 전기통신금융사기 범행으로 피해자의 돈이 사기이용계좌로 송금·이체되었다면 이로써 편취행위는 기수에 이른다고 보고 있는데, 이는 사기범이 접근매체를 이용하여 그 돈을 인출할 수 있는 상태에 이르렀다는 의미일 뿐 사기범이 그 돈을 취득하였다는 것은 아니다.

② 또한 계좌명의인과 전기통신금융사기의 범인 사이의 관계는 횡령죄로 보호할 만한 가치가 있는 위탁관계가 아니다. 사기범이 제3자 명의 사기이용계좌로 돈을 송금·이체하게 하는 행위는 그 자체로 범죄행위에 해당한다. 그리고 사기범이 그 계좌를 이용하는 것도 전기통신금융사기 범행의 실행행위에 해당하므로 계좌명의인과 사기범 사이의 관계를 횡령죄로 보호하는 것은 그 범행으로 송금·이체된 돈을 사기범에게 귀속시키는 결과가 되어 옳지 않다.

[대법관 김소영, 대법관 박상옥, 대법관 이기택, 대법관 김재형의 별개의견] 다수의견의 논리는 다음과 같은 이유로 동의하기 어렵다.

① 계좌명의인과 사기피해자 사이에는 아무런 위탁관계가 존재하지 않는다.

사기이용계좌에 사기피해자로부터 돈이 송금·이체되면 전기통신금융사기 행위는 종료되고 전기통신금융사기 범죄는 이미 기수에 이른다. 사기죄는 재물을 교부받거나 재산상 이익을 취득함으로써 성립하므로 기수에 이르렀다는 것은 재물 또는 재산상 이익을 취득하였다는 것이다. 사기피해자는 돈을 송금·이체함으로써 그 돈에 대한 소유권을 상실한다. 한편 사기피해자가 사후에 전기통신금융사기 범인을 상대로 불법행위를 원인으로 한 손해배상청구, 부당이득반환청구 등 채권적 청구권을 가지거나 전기통신금융사기 피해 방지 및 피해금 환급에 관한 특별법(이하 '통신사기피해환급법'이라 한다)에 따른 피해환급금을 지급받을 수 있다 하더라도 이는 사후적으로 손해를 회복하는 수단에 불과하다. 사기피해자에게 위와 같은 피해회복 수단이 있다는 사정만으로 이미 사기이용계좌로 송금·이체된 돈에 대한 소유권이 남아 있다고 볼 수는 없다. 그러한 상태에서 계좌명의인이 송금·이체된 돈을 인출한다고 해서 사기피해자에게 이미 발생한 소유권 침해를 초과하는 어떠한 새로운 법익침해가 발생하는 것은 아니다.

다수의견은 계좌명의인과 사기피해자 사이에 위탁관계가 성립한다고 보면서 그 근거로 착오송금에 관한 판례를 들고 있다. 그러나 전기통신금융사기 범행에 따른 송금·이체는 착오송금과 다르므로 착오송금에 관한 법리를 적용할 수 없다. 대법원이 신의칙상 보관관계의 성립을 인정한 착오송금 사안은 송금인이 스스로 착오에 빠져 잘못 송금한 경우이다. 반면 사기피해자로부터 돈이 사기이용계좌로 송금·이체된 것은 타인 명의 계좌의 접근매체를 양수받은 사람(이하 '접근매체 양수인'이라 한다)의 전기통신금융사기 범행이 원인이 되어 이루어진 결과이다. 이는 계좌명의인이 접근매체 양수인에게 접근매체를 양도하여 사기이용계좌를 사용하게 하되 자신은 그 계좌에 입금된 돈을 임의로 인출하지 않기로 하는 약정에 따른 신임관계에 기초한다. 계좌명의인의 접근매체 양도, 접근매체 양수인의 기망을 수단으로 한 송금·이체 원인 제공, 그에 따른 사기피해자의 송금·이체가 원인과 결과로 결합되어 이루어졌다. 송금인과 계좌명의인 사이의 양자 관계가 아니라 접근매체 양수인까지 존재하는 3자 사이의 관계이고 접근매체 양수인이 송금·이체의 원인과 결과에 직접 관여하고 있다는 점에서 착오송금의 경우와 다르다.

② 계좌명의인과 접근매체 양수인 사이의 위탁관계를 인정할 수 있으므로 계좌명의인이 그 계좌에 입금된 돈을 인출하면 접근매체 양수인에 대한 횡령죄가 성립한다.

계좌명의인과 접근매체 양수인 사이에는 그 계좌에 송금·이체된 돈의 보관에 관한 약정이 있다고 볼 수 있다.
대법원은 부동산 실권리자명의 등기에 관한 법률(이하 '부동산실명법'이라 한다)을 위반하여 중간생략등기형 명의신탁이 이루어진 사안에서, 횡령죄에서 위탁신임관계는 횡령죄로 보호할 만한 가치 있는 신임에 의한 것으로 한정함이 타당하다고 판결하였다. 그러나 중간생략등기형 명의신탁 사안은 위탁신임약정 자체가 부동산실명법에 따라서 무효인 경우이다. 반면 사기피해자로부터 돈이 송금·이체된 사안에서는 계좌명의인이 전기통신금융사기 범행을 알지 못한 이상 접근매체 양수인과 사이의 약정이 무효라거나 돈의 보관이 불법원인급여에 해당한다고 볼 뚜렷한 근거는 없다. 이와 같이 원인관계가 무효이거나 돈의 보관이 불법원인급여에 해당한다고 보기 어려운 경우에까지 횡령죄의 성립을 부정할 것은 아니다.
③ 다수의견에 따르더라도 사기피해자를 더 강하게 보호하는 것이 아니고, 오히려 법률관계가 복잡해진다. 굳이 계좌명의인과 사기피해자 사이에 위탁관계를 인정하지 않더라도 민사적으로 사기피해자를 보호할 수 있다. 사기피해자는 계좌명의인을 상대로 부당이득반환청구를 할 수 있고, 계좌명의인에게 과실이 있는 경우 불법행위를 원인으로 한 손해배상청구를 할 수도 있다. 그리고 접근매체 양수인에 대한 불법행위를 원인으로 한 손해배상청구권을 피보전채권으로 삼아 접근매체 양수인을 대위하여 계좌명의인을 상대로 위탁관계에 따른 돈의 반환을 청구할 수도 있다. 아울러 통신사기피해환급법에 따른 피해환급금을 지급받을 수도 있다.
④ 결론적으로, 전기통신금융사기 범행을 알지 못하는 계좌명의인이 그 계좌에 송금·이체된 돈을 인출한 경우 접근매체 양수인에 대한 횡령죄가 성립하고, 송금인에 대하여는 횡령죄가 성립하지 않는다.

[대법관 조희대의 반대의견] 송금인과 접근매체 양수인 중 누구에 대하여도 횡령죄가 성립하지 않는다고 보아야 한다. 그 이유는 아래와 같다.
① 계좌명의인과 접근매체 양수인 사이의 위탁관계는 형법상 보호할 만한 가치 있는 신임에 의한 것이 아니므로 접근매체 양수인에 대한 횡령죄가 성립하지 않는다.
② 계좌명의인과 송금인 사이에는 아무런 위탁관계가 없으므로 송금인에 대한 횡령죄가 성립하지 않는다.
다수의견은 착오송금에 관한 판례 법리를 근거로 계좌명의인과 송금인 사이의 위탁관계를 인정하나, 착오송금은 송금인과 계좌명의인 양자 사이의 법률관계에 관한 사안이므로 송금인과 별도로 계좌명의인과 접근매체 양수인 사이에 위탁관계가 존재하는 이 사건에 적용할 수는 없다. 그리고 다수의견은 송금인이 계좌명의인에게 부당이득반환청구권을 가진다는 대법원판결을 근거로 곧바로 착오송금에 관한 판례를 이 사건에도 적용할 수 있다고 한다. 그러나 착오송금에 관한 판례의 사안은 부당이득반환에 관한 권리·의무 또는 그 발생원인 사실이 있다는 것을 계좌명의인이 알고 있었던 경우이다. 설령 송금인이 계좌명의인에게 부당이득반환청구권을 가진다 하더라도 계좌명의인이 그러한 권리·의무 또는 그 발생원인 사실이 있다는 것을 알지 못한 상태에서 그 돈을 인출하였다면 계좌명의인에게 송금인에 대한 횡령죄를 인정할 수는 없다.
계좌명의인은 접근매체 양수인과 사이에 계약에 의한 위탁관계에 있고 그 위탁관계가 형법상 보호할 만한 신임에 의한 것이 아니라면 무죄가 될 뿐이다. 계좌명의인과 송금인 사이에서 없던 위탁관계가 생겨나고 행위자에게 그에 대한 고의까지 있다고 볼 수는 없다.

[2] 피고인 甲, 乙이 공모하여, 피고인 甲 명의로 개설된 예금계좌의 접근매체를 보이스피싱 조직원 丙에게 양도함으로써 丙의 丁에 대한 전기통신금융사기 범행을 방조하고, 사기피해자 丁이 丙에게 속아 위 계좌로 송금한 사기피해금 중 일부를 별도의 접근매체를 이용하여 임의로 인출함으로써 주위적으로는 丙의 재물을, 예비적으로는 丁의 재물을 횡령하였다는 내용으로 기소되었는데, 원심이 피고인들에 대한 사기방조 및 횡령의 공소사실을 모두 무죄로 판단한 사안에서, 피고인들에게 사기방조죄가 성립하지 않는 이상 사기피해금 중 일부를 임의로 인출한 행위는 사기피해자 丁에 대한 횡령죄가 성립한다고 한 사례[대판(전) 2018.7.19. 2017도17494].

判例 단순한 민사상의 채무자 (보관자 ×)

1. 부동산 매수인이 매매대금의 완납 전에 그 매매목적물을 담보로 하여 금전을 차용함에 있어 매도인의 승낙을 받는 한편 매도인과 사이에 그 차용금액의 일부는 매도인에게 매매대금으로 우선 교부하여 주기로 약정한 다음 금전을 차용하여 이를 전부 임의로 소비한 경우에 매도인과 매수인 사이의 위의 약정은 매매잔대금의 지급방법의 하나를 정한 것에 불과한 것이므로, 이로써 매수인이 대금완납 시까지 매도인을 위하여 위 매매목적물을 관리하거나 담보 제공하여 차용한 금전을 보관하여야 하는 지위에 있다고 볼 수 없고, 매수인이 차용금액의 일부를 매도인에게 지급하지 아니하였다고 하더라도 이는 단순한 민사상의 채무불이행에 지나지 아니할 뿐 횡령죄는 성립하지 아니한다[대판 2005.9.28. 2005도4809].
2. 피고인과 함께 신문사를 경영하기로 했던 고소인 등이 경영의 어려움을 이유로 차례로 동업관계에서 탈퇴하고 피고인 단독으로 경영하게 된 이후에는 피고인이 고소인의 금원을 보관하는 자의 지위에 있지 아니하고, 단순히 위 고소인과의 관계에서 피고인이 그의 투자금 반환조로 금원을 일부 지급키로 한 민사상 채무자의 지위에 있음에 그칠 뿐이므로, 공소사실이 피고인의 단독 경영 이후에 금원 소비를 문제로 하고 있는 한 피고인이 보관자의 지위에 있음을 인정할 자료가 없고, 달리 피고인이 고소인을 위하여 금원을 보관하고 있었다고 볼 증거가 없으므로 업무상횡령죄가 성립하지 않는다[대판 1996.5.28. 96도140].

判例 보관자 지위의 승계여부에 대한 비교판례

1-0. **(승계 인정)** 횡령죄에 있어 부동산에 대한 보관자의 지위는 그 부동산에 대한 점유를 기준으로 할 것이 아니라 그 부동산을 유효하게 처분할 수 있는 권능이 있는지의 여부를 기준으로 하여 결정하여야 할 것이고, 위 임야의 사정명의자로서 명의수탁자인 조부가 사망함에 따라 그의 자인 부가, 또 위 부가 사망함에 따라 피고인이 각 그 상속인이 됨으로써 피고인은 위 임야의 수탁관리자로서의 지위를 포괄 승계한 것이어서, 피고인은 위 임야를 유효하게 처분할 수 있는 보관자로서의 지위를 취득하였다고 할 것이다[대판 1996.1.23. 95도784].

1-1. **(승계 부정)** 부동산의 소유명의 및 관리를 위탁받은 자가 자기명의로의 소유권이전등기를 생략한 채 그 子에게 소유권이전등기를 하여 주고 사망하였다면 비록 子가 그러한 사정을 알고

있었다고 하더라도 그로써 곧 그 子가 위탁자와의 관계에 있어 등기명의 및 관리의 수탁자로서의 지위를 취득하거나 승계하게 된다고는 할 수 없어 위탁자에게 그 부동산의 반환을 거부한다 하더라도 횡령죄를 구성하지는 않는다[대판 1987.2.10. 86도2349].

判例 불법원인급여의 의의와 불법원인급여에 해당하지 않는다고 한 사례

[1] 민법 제746조가 불법의 원인으로 인하여 재산을 급여하거나 노무를 제공한 때에는 그 이익의 반환을 청구하지 못한다고 규정한 뜻은 급여를 한 사람은 그 원인행위가 법률상 무효임을 내세워 상대방에게 부당이득반환청구를 할 수 없고, 또 급여한 물건의 소유권이 자기에게 있다고 하여 소유권에 기한 반환청구도 할 수 없어서 결국, 급여한 물건의 소유권은 급여를 받은 상대방에게 귀속된다는 의미이다.
[2] 병원에서 의약품 선정 · 구매업무를 담당하는 약국장이 병원을 대신하여 제약회사로부터 의약품 제공의 대가로 기부금 명목의 돈을 받아 보관중 임의소비한 사안에서, 위 돈은 병원이 약국장에게 불법원인급여를 한 것에 해당하지 않아 여전히 반환청구권을 가지므로, 업무상 횡령죄가 성립한다고 본 사례[대판 2008.10.9. 2007도2511].

판결이유 피고인이 병원을 대신하여 제약회사들로부터 의약품을 공급받는 대가로 그 의약품 매출액에 비례하여 기부금 명목의 금원을 제공받은 다음 병원을 위하여 보관하여 왔던 것뿐이라면, 다른 특별한 사정이 없는 한 이를 두고 선량한 풍속 기타 사회질서에 반하는 행위로서 불법원인급여에 해당한다고 보기는 어려우므로, 위 병원이 병원을 대신하여 위 제약회사들로부터 위와 같은 금원을 제공받아 보관하고 있던 피고인에 대해 그 반환을 구하지 못한다고 할 수는 없다.

㉣ 불법원인급여물과 횡령죄의 성립여부

쟁점연구

1. 문제점

뇌물로 전해달라는 부탁을 받고 수령한 금전을 영득한 경우와 같이 급여가 불법한 원인으로 이루어져 급여자가 급여물에 대하여 반환을 청구할 수 없는 경우 횡령죄가 성립할 수 있는지가 문제된다.

2. 학 설

① **긍정설** : 불법원인급여의 경우 민법상 반환청구권 행사가 불가능하더라도 여전히 타인의 재물이 되며, 이 경우에도 신임관계를 전제로 한 위탁관계가 인정되므로 횡령죄가 성립한다는 견해이다.

② **부정설** : 불법원인급여의 경우 보호받을 만한 위탁관계가 인정되지 않고, 위탁물의 소유권은 수탁자에게 귀속하므로 타인의 재물이 아니므로 횡령죄가 성립할 수 없다는 견해이다.

3. 판 례

전달하여 달라고 교부받은 뇌물을 임의로 소비한 경우 횡령죄가 성립하지 않는다고 하나, 다만 포주가 윤락녀와 화대를 나누어가지고 약속한 후 그 화대를 보관하던 중에 영득한 사건에서 포주의 불법성이 윤락녀의 그것보다 현저하게 큰 경우이므로 민법 제746조 본문의 적용은 배제되어 윤락녀가 포주에게 보관한 화대 전부의 반환을 청구할 수 있고, 따라서 포주의 행위는 횡령죄를 구성한다고 판시한 바 있다.

4. 검 토 (판례 지지)

횡령죄의 성립여부는 피해자의 보호필요성이 아니라 행위자의 가벌성을 기준으로 결정되어야 한다. 따라서 횡령죄의 본질은 '신임관계에 의하여 위탁된' '타인소유의 재물을 영득'하는 것이므로 이를 기준으로 판단되어야 한다. 불법원인급여물에 대하여는 형법이 보호할 가치있는 신임관계가 존재하지 아니한다고 보아야 하고 또한 불법원인급여물에 대하여는 급여와 동시에 소유권이 수급자에게 이전된다고 보아야 한다. 따라서 불법원인급여물을 수급자가 영득한 경우에는 원칙적으로 횡령죄가 성립하지 않는다고 보는 것이 타당하다. 다만 민법 제746조 단서에 비추어 불법원인급여라 할지라도 수익자의 불법성이 급여자의 그것보다 현저히 크기 때문에 예외적으로 급여자의 반환청구가 허용되는 경우에는 수급자에게 횡령죄가 성립할 수 있다고 보아야 한다.

判例 불법원인급여물에 대한 횡령죄의 성립여부에 관한 비교판례

1-0. **(횡령죄 불성립 : 일반적인 경우)** 甲이 乙로부터 제3자에 대한 뇌물공여 또는 배임증재의 목적으로 전달하여 달라고 교부받은 금전은 불법원인급여물에 해당하여 그 소유권은 甲에게 귀속되는 것으로서 甲이 위 금전을 제3자에게 전달하지 않고 임의로 소비하였다고 하더라도 횡령죄가 성립하지 않는다[대판 1999.6.11. 99도275]. [♠ 09 사시] [♣ 12, 23 변시]

동지판례 i) 조합장이조합으로부터 공무원에게 뇌물로 전달하여 달라고 금원을 교부받은 것은 불법원인으로 인하여 지급받은 것으로서 이를 뇌물로 전달하지 않고 타에 소비하였다고 해서 타인의 재물을 보관중 횡령하였다고 볼 수는 없다[대판 1988.9.20. 86도628]. [♠ 06 사시] [♣ 14 변시] ii) 성매매알선 등 행위에 관하여 동업계약을 체결한 당사자 일방이 상대방에게 그 동업계약에 따라 성매매의 권유 · 유인 · 강요의 수단으로 이용되는 선불금 등 명목으로 사업자금을 제공하였다면 그 사업자금 역시 불법원인급여에 해당하여 반환을 청구할 수 없다고 보아야 할 것이다[대판 2013.8.14. 2013도321].[5] iii) 피고인이 갑으로부터 범죄수익 등의 은닉범행 등을 위해 교부받은 수표는 불법의 원인으로 급여한 물건에 해당하여 소유권이 피고인에게 귀속되고, 따라서 피고인이 그중 교환하지 못한 수표와 이미 교환한 현금을 임의로 소비하였더라도 횡령죄가 성립하지 않는다[대판 2017.4.26. 2016도18035]. iv) 피고인이 乙로부터 범죄수익 등의 은닉을 위해 교부받은 무기명 양도성예금증서는 불법의 원인으로 급여한 물건에 해당하여 소유권이 피고인에게 귀속되므로, 피고인에 대하여 횡령죄가 성립하지

---

5) 피해자가 피고인의 성매매알선 등 행위 사실을 알면서 동업계약에 따라 위 돈을 지급하였다고(즉 불법원인급여라고) 쉽게 단정할 수 없다고 하여 횡령죄를 인정한 원심판결에 대하여 파기환송한 사안이다. 위와 같은 법리가 인정되더라도 위 법리가 적용될 수 있는 요건을 구비하여야만 횡령죄가 성립할 수 있다는 것을 주의하여야 한다.

않는다[대판 2017.10.26. 2017도9254].

1-1. **(횡령죄 성립 : 수익자의 불법성이 급여자의 그것보다 현저히 큰 경우 – 포주사건)**

[1] 민법 제746조에 의하면 불법의 원인으로 인한 급여가 있고, 그 불법원인이 급여자에게 있는 경우에는 수익자에게 불법원인이 있는지 여부, 그 불법성이 급여자의 그것보다 큰지 여부를 막론하고 급여자는 불법원인급여의 반환을 구할 수 없는 것이 원칙이나, 수익자의 불법성이 급여자의 그것보다 현저히 큰 데 반하여 급여자의 불법성은 미약한 경우에도 급여자의 반환청구가 허용되지 않는다면 공평에 반하고 신의성실의 원칙에도 어긋나므로, 이러한 경우에는 민법 제746조 본문의 적용이 배제되어 급여자의 반환청구는 허용된다.

[2] 포주인 피고인이 피해자가 손님을 상대로 윤락행위를 할 수 있도록 업소를 제공하고, 윤락녀인 피해자가 윤락행위의 상대방으로부터 받은 화대를 피고인에게 보관하도록 하였다가 이를 분배하기로 한 약정은 선량한 풍속 기타 사회질서에 위반되는 것이고, 따라서 피해자가 그 약정에 기하여 피고인에게 화대를 교부한 것은 불법원인급여에 해당한다고 할 것이나, 피고인과 피해자의 사회적 지위, 그 약정에 이르게 된 경위, 급여의 성격 등을 종합해 볼 때 피고인측의 불법성이 피해자측의 그것보다 현저하게 크다고 봄이 상당하므로 민법 제746조 본문의 적용은 배제되어 피해자가 피고인에게 보관한 화대 전부의 반환을 청구할 수 있고, 따라서 피고인이 이를 임의로 소비한 행위는 횡령죄를 구성한다[대판 1999.9.17. 98도2036]. [♠ 09 사시] [♣ 19 변시]

② **객 체** : 자기가 보관하는 타인의 재물이다.

㉮ 타인의 재물

判例 횡령죄의 객체인 재물에 해당하지 않는 경우

1. **(광업권)** 광업권은 재물인 광물을 취득할 수 있는 권리에 불과하지 재물 그 자체는 아니므로 횡령죄의 객체가 된다고 할 수 없다[대판 1994.3.8. 93도2272]. [♣ 16 변시]

2. **(주식)** 상법상 주식은 자본구성의 단위 또는 주주의 지위(주주권)를 의미하고, 주주권을 표창하는 유가증권인 주권(株券)과는 구분이 되는바, 주권은 유가증권으로서 재물에 해당되므로 횡령죄의 객체가 될 수 있으나, 자본의 구성단위 또는 주주권을 의미하는 주식은 재물이 아니므로 횡령죄의 객체가 될 수 없다[대판 2005.2.18. 2002도2822].[6]

관련판례 횡령죄의 객체인 타인의 재물이라 함은 부동산, 동산은 물론 유가증권 등을 포함하는 개념인바, 증권예탁결제원에 예탁되어 계좌간 대체 기재의 방식에 의하여 양도되는 주권은 유가증권으로서 재물에 해당되므로 횡령죄의 객체가 될 수 있다[대판 2007.10.11. 2007도6406].

관련판례 피고인이 피해자로부터 보관을 요청받은 주식이 계좌 간 대체 방식으로 양도가능하게 되었더라도 주권이 발행되지 않았다면 횡령죄의 대상인 재물에 해당한다고 보기 어렵다[대판 2023.6.1. 2020도2884].

---

6) 대법원 판례에서 간혹 '주식'에 대하여 재물죄를 인정한다는 표현이 있다. 그러나 이는 '주권'이라는 용어를 '주식'으로 잘못 표기한 것으로 이해하여야 한다.

判例 재물의 타인성이 인정되는 경우(횡령죄 성립)

1. **(공동소유인 현금)** 피고인과 甲이 이 사건 임대목적물을 공동으로 임대한 것이라면 그 보증금반환채무는 성질상 불가분채무에 해당하므로, 위 임대보증금 잔금은 이를 정산하기까지는 피고인과 甲의 공동소유에 귀속한다고 할 것이고, 공동소유자 1인에 불과한 피고인이 甲의 승낙 없이 위 임대보증금 잔금을 임의로 처분하였다면 횡령죄가 성립한다[대판 2001.10.30. 2001도2095].

   동지판례 공유물의 매각대금도 정산하기까지는 각 공유자의 공유에 귀속한다고 할 것이므로 공유자 1인이 그 매각대금을 임의로 소비하였다면 횡령죄가 성립된다[대판 1983.8.23. 80도1161].

2. **(합유물 : 동업재산)** 동업자 사이에 손익분배의 정산이 되지 아니하였다면 동업자의 한 사람이 임의로 동업자들의 합유에 속하는 동업재산을 처분할 권한이 없는 것이므로, 동업자의 한 사람이 동업재산을 보관 중 임의로 횡령하였다면 지분비율에 관계없이 임의로 횡령한 금액 전부에 대하여 횡령죄의 죄책을 부담한다[대판 2000.11.10. 2000도3013; 동지 대판 2009.10.15. 2009도7423]. [♣ 15, 23 변시]

   동지판례 동업재산은 동업자의 합유에 속하므로 동업관계가 존속하는 한 동업자는 동업재산에 대한 그 지분을 임의로 처분할 권한이 없고 동업자의 한 사람이 그 지분을 임의로 처분하거나 또는 동업재산의 처분으로 얻은 대금을 보관 중 임의로 소비하였다면 횡령죄의 죄책을 면할 수 없다[대판 1982.9.28. 81도2777]. [♣ 12 변시]

   동지판례 동업체에 속하는 재산을 다른 동업자들의 동의 없이 임의로 처분하거나 반출하는 행위는 이를 다른 동업자들에게 통지를 하였다 하더라도 횡령죄를 구성한다[대판 1993.2.23. 92도387]. [♣ 14 변시]

   동지판례 피고인이 동업재산인 교회건물의 매각대금을 매수인으로부터 받아 보관 중 임의로 소비하였다면 지분 비율에 관계없이 임의로 소비한 금액 전부에 대해 횡령죄의 죄책을 부담한다[대판 1996.3.22. 95도2824].

3. **(1인주주와 1인회사 소유의 금원)** 피고인이 사실상 자기 소유인 1인주주 회사들 중의 한 개 회사 소유의 금원을 자기 소유의 다른 회사의 채무변제를 위하여 지출하거나 그 다른 회사의 어음결제대금으로 사용한 경우, 주식회사의 주식이 사실상 1인의 주주에 귀속하는 1인회사에 있어서는 행위의 주체와 그 본인 및 다른 회사와는 별개의 인격체이므로, 그 법인인 주식회사 소유의 금원은 임의로 소비하면 횡령죄가 성립되고 그 본인 및 주식회사에게 손해가 발생하였을 때에는 배임죄가 성립한다[대판 1996.8.23. 96도1525; 동지 대판 2010.4.29. 2007도6553].

   동지판례 출자지분이 2인의 사원에게 귀속하고 있는 유한회사의 대표사원이 다른 사원의 승낙을 얻어 회사 소유재산을 개인용도에 소비한 경우, 행위의 주체인 대표사원과 그 본인인 유한회사는 별개의 인격체이어서 비록 유한회사의 손해가 궁극적으로는 위 사원들의 손해에 귀착된다고 하더라도 회사의 재산을 사원의 개인용도에 소비하는 행위는 본인의 위탁의 취지에 반함이 명백하여 횡령죄를 구성한다[대판 1986.9.9. 86도280].

   동지판례 주식회사는 주주와 독립된 별개의 권리주체로서 그 이해가 반드시 일치하는 것은 아니므로, 회사 소유 재산을 주주나 대표이사가 제3자의 자금 조달을 위하여 담보로 제공하는 등 사적인 용도로 임의 처분하였다면 그 처분에 관하여 주주총회나 이사회의 결의가 있었는지 여부와는 관계없이 횡령죄의 죄책을 면할 수는 없는 것이다[대판 2005.8.19. 2005도3045]. [♣ 14 변시]

4. **(공동사용의 묵시적 합의가 인정된 경우)** 피고인이 2천원을 내어 피해자를 통하여 구입한 복권 4장을 피고인과 피해자를 포함한 4명이 한 장씩 나누어 그 당첨 여부를 확인하였다면, 피고인과 피해자를 포함한 4명 사이에는 어느 누구의 복권이 당첨되더라도 당첨금을 공평하게 나누거나 공동으로 사용하기로 하는 묵시적인 합의가 있었다고 보아야 하므로 그 당첨금 전액은 같은 4명의 공유라고 봄이 상당하여 피고인으로서는 피해자의 당첨금 반환요구에 따라 그의 몫을 반

환할 의무가 있고 피고인이 이를 거부하고 있는 이상 불법영득의사가 있다는 이유로 횡령죄가 성립될 수 있다고 한 사례[대판 2000.11.10. 2000도4335].

5. **(사용자가 국민연금 보험료 중 근로자가 부담하는 기여금을 원천공제한 경우 기여금은 근로자 소유)** 회사의 대표이사인 피고인이 5명의 근로자들의 급여에서 국민연금 보험료 중 근로자 기여금을 공제한 후 이를 업무상 보관하던 중 회사 운영 자금으로 임의로 사용하였다면, 원천공제의 취지상 사용자가 근로자에게 위 기여금을 공제한 임금을 지급하면 그 즉시 사용자는 공제된 기여금을 근로자를 위하여 보관하는 것으로 보아야하므로 업무상횡령죄가 성립한다[대판 2011.2.10. 2010도13284].

6. **(사단법인의 지부나 지회가 보관하고 있는 재산은 사단법인의 소유)** 사단법인의 지부나 지회가 독립된 별개의 법인격이나 권리주체가 아니라 사단법인에 소속된 하부조직에 불과하다면, 사단법인의 지부나 지회가 사단법인과는 별도의 독립채산제 방식으로 운영되고 있다고 하더라도 그 지부나 지회가 보관하고 있는 재산은 사단법인의 소유일 뿐 법인격도 없고 권리주체도 아닌 지부나 지회의 소유가 되는 것은 아니다. 따라서 지부가 보관하고 있는 자금을 임의로 사용하는 경우 협회 소유의 자금을 횡령한 것으로 보아야 한다[대판 2012.1.27. 2010도10739]. [♠13 사시]

7. 운송회사와 소속 근로자 사이에 근로자가 운송회사로부터 일정액의 급여를 받으면서 당일 운송수입금을 전부 운송회사에 납입하되, 운송회사는 근로자가 납입한 운송수입금을 월 단위로 정산하여 그 운송수입금이 월간 운송수입금 기준액인 사납금을 초과하는 경우에는 그 초과금액에 대하여 운송회사와 근로자에게 일정 비율로 배분하여 정산하고, 사납금에 미달되는 경우에는 그 부족금액에 대하여 근로자의 급여에서 공제하여 정산하기로 하는 약정이 체결되었다면, 근로자가 사납금 초과 수입금을 개인 자신에게 직접 귀속시키는 경우와는 달리, 근로자가 애초 거둔 운송수입금 전액은 운송회사의 관리와 지배 아래 있다고 봄이 상당하므로 근로자가 운송수입금을 임의로 소비하였다면 횡령죄를 구성한다. 이는 근로자가 운송회사에 대하여 사납금을 초과하는 운송수입금의 일부를 배분받을 권리를 가지고 있다고 하더라도 다른 특별한 사정이 없는 한 다를 바 없다고 할 것이다[대판 2014.4.30. 2013도8799].

8. **(타인의 소유인 이상 누구의 소유인지는 불문)** 횡령죄의 객체가 타인의 재물에 속하는 이상 구체적으로 누구의 소유인지는 횡령죄의 성립 여부에 영향이 없다. 주식회사는 주주와 독립된 별개의 권리주체로서 그 이해가 반드시 일치하는 것은 아니므로, 주주나 대표이사 또는 그에 준하여 회사 자금의 보관이나 운용에 관한 사실상의 사무를 처리하는 자가 회사 소유의 재산을 사적인 용도로 함부로 처분하였다면 횡령죄가 성립한다[대판 2019.12.24. 2019도9773].

判例 어음 · 수표의 소유권귀속(보관자의 지위 인정여부)에 관한 비교판례

1-0. **(보관자의 지위가 인정된 경우 : '할인을 위하여' 배서양도의 형식으로 위탁된 약속어음 – 위탁자의 소유, 수탁자는 보관자)**
약속어음을 할인을 위하여 교부받은 수탁자는 위탁의 취지에 따라 보관하는 것에 불과하고 위 약속어음을 교부할 당시에 그 할인의 편의를 위하여 배서양도의 형식을 취하였다 하더라도 다를 바 없다 할 것이므로 배서양도의 형식으로 위탁된 약속어음을 수탁자가 자신의 채무

변제에 충당하였다면 이와 같은 수탁자의 행위는 위탁의 취지에 반하는 것으로서 횡령죄를 구성한다[대판 1983.4.26. 82도3079].

동지판례 약속어음을 할인을 위하여 교부받은 경우에 수탁자가 그 약속어음을 할인하였을 때에는 그로 인하여 생긴 돈을, 그 할인이 불가능하거나 할인하여 줄 의사를 철회하였을 때에는 약속어음 그 자체를 위탁자에게 반환하여야 하고 그 약속어음이 수탁자의 점유하에 있는 동안에도 다른 특별한 사정이 없는 이상 그 소유권은 위탁자에게 있고, 수탁자는 위탁의 취지에 따라 이를 단지 보관하는 것이다[대판 1999.7.23. 99도1911].

1-1. **(보관자의 지위가 부정된 경우 : 채권자가 채권의 '지급의 담보로' 받은 수표 – 채권자의 소유, 채권자는 보관자가 아님)** 채권자가 그 채권의 지급을 담보하기 위하여 채무자로부터 수표를 발행·교부받아 이를 소지한 경우에는, 단순히 보관의 위탁관계에 따라 수표를 소지하고 있는 경우와는 달리 그 수표상의 권리가 채권자에게 유효하게 귀속되고, 채권자와 채무자 사이의 수표 반환에 관한 약정은 원인관계상의 인적 항변사유에 불과하므로, 채권자는 횡령죄의 주체인 타인의 재물을 보관하는 자의 지위에 있다고 볼 수 없다[대판 2000.2.11. 99도4979].

判例 재물의 타인성이 인정되지 않는 경우(횡령죄 불성립)

1. **(익명조합의 출자금은 영업자 소유)** 조합 또는 내적 조합과 달리 익명조합의 경우에는 익명조합원이 영업을 위하여 출자한 금전 기타의 재산은 상대편인 영업자의 재산이 되므로 영업자는 타인의 재물을 보관하는 자의 지위에 있지 않고, 따라서 영업자가 영업이익금 등을 임의로 소비하였더라도 횡령죄가 성립할 수는 없다[대판 2011.11.24. 2010도5014]. [♠ 02 사시] [♣ 21 변시]
2. **(입사보증금은 사용자 소유)** 소위 입사보증금은 고용계약과 관련하여 피용자가 장래 부담하게 될지도 모르는 손해배상 채무의 담보로서 제공되는 신원보증금으로서 일단 그 소유권은 사용자에게 이전되는 것이니 사용자가 이를 소비하여도 횡령죄를 구성하지 아니한다[대판 1979.6.12. 79도656].
3. **(가맹점의 물품판매대금은 가맹점주 소유)** 가맹점주인 피고인이 판매하여 보관 중인 물품판매 대금은 피고인의 소유라 할 것이어서 피고인이 이를 임의 소비한 행위는 프랜차이즈 계약상의 채무불이행에 지나지 아니하므로, 결국 횡령죄는 성립하지 아니한다[대판 1998.4.14. 98도292]. [♠ 02 사시] [♣ 16 변시]
4. **(수인이 대금을 분담하여 1인명의로 낙찰을 받은 경우, 낙찰명의자 소유)** 부동산 입찰절차에서 수인이 대금을 분담하되 그 중 1인 명의로 낙찰받기로 약정하여 그에 따라 낙찰이 이루어진 경우, 그 입찰절차에서 낙찰인의 지위에 서게 되는 사람은 어디까지나 그 명의인이므로 입찰목적부동산의 소유권은 경락대금을 실질적으로 부담한 자가 누구인가와 상관없이 그 명의인이 취득한다 할 것이므로 그 부동산은 횡령죄의 객체인 타인의 재물이라고 볼 수 없어 명의인이 이를 임의로 처분하더라도 횡령죄를 구성하지 않는다[대판 2000.9.8. 2000도258]. [♠ 05, 14 사시] [♣ 23 변시]
5. **(Y회사가 매입자금을 조달하고 그 직원인 피고인명의로 낙찰을 받은 경우, 피고인의 소유)** X교육청이 Y주식회사가 사용해 오던 교육청 토지를 매도하면서 관련 법령에 따라 공개경쟁입찰절차를 거쳐 Y회사의 직원인 피고인을 낙찰자로 선정한 다음, 매수인을 피고인으로 명시한 계약서를 작성하고 X교육청 교육장과 피고인이 각 기명·날인한 경우, 매수인의 지위에 있는 자는 계

약에서 표시된 바에 따라 '피고인'으로 봄이 상당하다[대판 2010.1.28. 2009도11868].

6. **(지급된 물품납품대금은 매도인 소유)** 물건납품을 위한 선매대금은 매수인으로부터 매도인에게 교부되면 그 소유권이 매도인에게 이전되는 것이고 따라서 매수인을 위하여 그 대금을 보관하는 지위에 있지 아니하므로 매도인이 그 대금으로 교부받은 돈을 임의로 소비하였다 하더라도 이는 횡령죄를 구성하지 아니한다[대판 1986.6.24. 86도631].

7. **(지입차주들이 낸 보험료나 세금은 회사 소유)** 지입차주들이 차량위탁관리료와 산업재해보상보험료 및 제세공과금을 합한 일정 금액을 일괄하여 납입하는 지입료는 일단 지입회사의 소유로 되어 회사가 그 지입료 등을 가지고 그 운영비와 전체 차량의 제세공과금 및 보험료에 충당할 수 있는 것이므로 지입차주들이 낸 보험료나 세금을 회사가 항목유용하였다 하더라도 횡령죄가 되지 아니한다[대판 1997.9.5. 97도1592].

8. **(주택개량재개발조합의 조합장이 상가조합원들로부터 부가가치세 명목으로 징수한 매출세액은 조합 소유)** 주택개량재개발조합의 조합장이 상가조합원들로부터 부가가치세 명목으로 징수한 매출세액을 조합이 지급하여야 할 건축비 등으로 사용한 행위는 상가조합원들에 대한 상가분양이 부가가치세 부과대상인지 여부에 관계없이 횡령죄에 해당한다고 할 수 없다[대판 1999.11.26. 99도1969].

9. **(개인적 필요에 의하여 작성된 노트에 회사기밀이 기재된 경우라도 노트는 작성자 소유)** 노트에 피고인이 근무하던 회사의 영업상의 주요사항이 기재되어 있고 그 업무내용과 관련성이 있기는 하였으나, 이는 직무수행상의 일환으로 작성된 것은 아니고 개인적인 필요에 의하여 작성된 것으로서 그 노트에 기재된 내용이 회사의 기밀사항이라 하여도 이 노트는 피고인의 소유에 속한다고 볼 것이어서 퇴직시에 이를 회사에 반환하지 아니하고 가지고 나온 행위가 횡령죄를 구성한다고 할 수 없다[대판 1994.5.24. 94도763].

10. **(대표이사가 적법하게 수령한 권한이 있는 보수를 타인명의로 수령한 경우에도 대표이사의 소유)** 횡령죄가 성립하기 위하여는 피고인이 타인의 재물을 보관하는 자의 지위에 있어야 하고, 타인의 재물인가의 여부는 민법 · 상법 · 기타의 실체법에 의하여 결정되어야 하는바, 주식회사의 대표이사가 적법하게 수령할 권한이 있는 보수가 압류당할 우려가 있자 이를 피하기 위하여 비록 실제 근무하지 않는 근로자의 임금 명목으로 보수를 조성하여 타인의 명의로 이를 수령하였다 하더라도 그 수령과 동시에 그 금원에 대한 소유권을 취득하였다고 보아야 할 것이므로, 위 보수를 소비하는 것은 자신의 재물을 소비한 것에 불과하고, 이를 가지고 타인의 재물을 보관하는 자가 그 재물을 횡령한 경우에 해당한다고 볼 수 없다[대판 2003.10.10. 2003도3516]. [♠ 07 사시]

11. **(집행채무자가 제3채무자로부터 임의변제를 받아 수령한 금전은 집행채무자의 소유)** 집행채무자가 제3채무자에 대하여 가지는 금전채권에 관하여 압류 및 추심명령이 행하여져서 제3채무자는 집행채무자에게 그 채권금을 지급하는 것이, 집행채무자는 이를 수령하는 것이 각 금지된다고 하더라도(민사집행법 제227조 제1항 참조), 제3채무자가 위와 같은 금지에도 불구하고 압류채무를 스스로 변제하였거나 또는 그에 관하여 민법 제487조에 기한 변제공탁을 하였다면, 집행채무자가 그로써 수령한 금전은 자기 채권에 관한 원래의 이행으로 또는 변제공탁 등과 같이 변제에 갈음하는 방법을 통하여 취득한 것으로서 역시 그의 소유에 속한다고 할 것이고, 그가 단지 집행채권자 또는 제3채무자의 금전을 '보관'하는 관계에 있다고 할 수 없다. 따라서 집행채무자가 그 금전을 집행채권자에게 반환하는 것을 거부하였다고 하여 그에게 횡령의 죄책을 물을

수는 없다[대판 2012.1.12. 2011도12604].

12. **(사인이 설립하여 운영하는 사립학교의 수업료 등으로 조성된 교비는 설치 · 운영자의 소유)** 피고인이 甲 사립학교 경영자 乙과 공모하여 학생이나 학부모가 납부한 수업료 기타 납부금을 교비회계 아닌 다른 회계에 임의로 사용하였다고 하더라도, 甲 학교는 사인(私人)인 乙 등이 설립하여 운영하는 학교로서 수업료 등으로 조성된 교비는 특별한 사정이 없는 한 甲 학교의 설치 · 경영자인 乙 등의 소유에 속하므로, 피고인이 乙과 공모하여 이를 임의로 사용하였더라도 사립학교법 위반죄가 성립하는 것 외에 따로 횡령죄가 성립하지 않는다[대판 2012.5.10. 2011도12408].

㉯ **할부판매와 위탁매매** : i) 할부매매의 경우 대금을 완납하기까지는 목적물에 대한 소유권이 매도인에게 있다. ii) 위탁매매의 경우 위탁물의 소유권은 위탁자에게 있고, 그 판매대금도 수령과 동시에 위탁자에게 귀속한다(판례).

判例 소유권유보부 매매에 있어서 소유자 = 매도인

동산의 매매계약을 체결하면서, 매도인이 대금을 모두 지급받기 전에 목적물을 매수인에게 인도하기는 하지만 대금이 모두 지급될 때까지는 목적물의 소유권은 매도인에게 유보되며 대금이 모두 지급된 때에 그 소유권이 매수인에게 이전된다는 내용의 이른바 소유권유보의 특약을 한 경우, 목적물의 소유권을 이전한다는 당사자 사이의 물권적 합의는 매매계약을 체결하고 목적물을 인도한 때 이미 성립하지만 대금이 모두 지급되는 것을 정지조건으로 하므로, 목적물이 매수인에게 인도되었다고 하더라도 특별한 사정이 없는 한 매도인은 대금이 모두 지급될 때까지 매수인뿐만 아니라 제3자에 대하여도 유보된 목적물의 소유권을 주장할 수 있으며, 이와 같은 법리는 소유권유보의 특약을 한 매매계약이 매수인의 목적물 판매를 예정하고 있다 하더라도 다를 바 없다[대판 2007.6.1. 2006도8400].

判例 위탁매매의 경우 위탁물의 판매대금의 소유자 = 원칙적으로 위탁자

통상 위탁판매의 경우에 위탁판매인이 위탁물을 매매하고 수령한 금원은 위탁자의 소유에 속하여 위탁판매인이 함부로 이를 소비하거나 인도를 거부하는 때에는 횡령죄가 성립한다고 할 것이나, 위탁판매인과 위탁자간에 판매대금에서 각종 비용이나 수수료 등을 공제한 이익을 분배하기로 하는 등 그 대금처분에 관하여 특별한 약정이 있는 경우에는 이에 관한 정산관계가 밝혀지지 않는 한 위탁물을 판매하여 이를 소비하거나 인도를 거부하였다 하여 곧바로 횡령죄가 성립한다고는 할 수 없다[대판 1990.3.27. 89도813]. [♠ 04 사시] [♣ 12 변시]

判例 위탁매매인이 위탁품이나 그 판매대금을 임의로 소비한 경우 (횡령죄 성립)

금은방을 운영하는 피고인이, 甲이 맡긴 금을 시세에 따라 사고파는 방법으로 운용하여 매달 일정한 이익금을 지급하는 한편 甲의 요청이 있으면 언제든지 보관 중인 금과 현금을 반환하기로 甲과

약정하였는데, 그 후 경제사정이 악화되자 이를 자신의 개인채무 변제 등에 사용한 사안에서, 甲이 매매를 위탁하거나 피고인이 그 결과로 취득한 금이나 현금은 모두 甲의 소유라는 이유로 횡령죄를 인정한 사례[대판 2013.3.28. 2012도16191].

㉰ 목적 · 용도를 정하여 위탁한 금전을 임의소비한 경우 횡령죄의 성립여부

쟁점연구

1. 문제점

목적 · 용도가 특정되어 위탁된 금전을 수탁자가 목적 · 용도 이외에 임의로 사용한 경우 횡령죄가 성립할 것인지 배임죄가 성립할 것인지에 대하여 견해가 대립되어 있다.

2. 학 설

① **배임죄설** : 금전은 고도의 유통성과 대체성을 가지고 있으므로 물건으로서가 아니라 가치로 파악되어야 하며 따라서 금전은 특정물로 위탁된 경우를 제외하고는 점유의 이전과 함께 소유권도 이전된다고 보아야 하므로 수탁자의 임의처분은 배임죄가 성립한다는 견해이다[이재상, 396면].

② **횡령죄설** : 금전도 정해진 목적 · 용도에 사용되기까지는 소유권이 위탁자에게 유보되어 있으므로 수탁자의 임의처분은 횡령죄가 성립한다는 견해이다[이정원, 450면; 정성근 · 박광민, 392면].

3. 판 례

환전하여 달라는 부탁과 함께 교부받은 돈을 그 목적과 용도에 사용하지 않고 마음대로 피고인의 위탁자에 대한 채권에 상계충당함은 상계정산하기로 하였다는 특별한 약정이 없는 한 당초 위탁한 취지에 반하는 것으로서 횡령죄를 구성한다고 판시한 바 있다. 다만 금전의 특정성이 요구되지 않는 경우 수탁자가 위탁의 취지에 반하지 않고 필요한 시기에 다른 금전으로 대체시킬 수 있는 상태에 있는 한 이를 일시 사용하더라도 횡령죄를 구성한다고 할 수 없다고 한다.

4. 검 토 (판례 지지)

위탁자가 목적 · 용도를 특정하여 위탁한 경우에는 수탁자의 자유로운 처분을 금지한다는 의미이므로, 목적 · 용도가 특정되어 위탁된 금전은 그 용도에 사용할 때까지는 소유권이 위탁자에게 유보되어 있다고 보아야 한다. 따라서 횡령죄설이 타당하다.

判例 목적 · 용도를 정하여 위탁된 금전의 소유관계 및 횡령죄의 성립여부

(1) 정해진 목적 · 용도에 사용할 때까지는 위탁자 소유임(수탁자는 보관자)

목적과 용도를 정하여 위탁한 금전은 정해진 목적과 용도에 사용할 때까지는 이에 대한 소유권이 위탁자에게 유보되어 있다고 보아야 할 것이나, 특별히 그 금전의 특정성이 요구되지 않는 경우 수탁자가 위탁의 취지에 반하지 않고 필요한 시기에 다른 금전으로 대체시킬 수 있는 상태에 있는 한 이를 일시 사용하더라도 횡령죄를 구성한다고 할 수 없고, 수탁자가 그 위탁의 취지에 반하여 다른 용도에 소비할 때 비로소 횡령죄를 구성한다[대판 1995.10.12. 94도2076].

(2) 목적 · 용도가 특정되어 위탁된 금전을 수탁자가 목적 · 용도 이외에 사용한 경우(횡령죄 성립)

1. 환전하여 달라는 부탁과 함께 교부받은 돈을 그 목적과 용도에 사용하지 않고 마음대로 피고인의 위탁자에 대한 채권에 상계충당함은 상계정산하기로 하였다는 특별한 약정이 없는 한 당초 위탁한 취지에 반하는 것으로서 횡령죄를 구성한다고 볼 것이고, 위탁자에 대한 채권의 존재는 횡령죄의 성립에 영향을 미치는 것이 아니며, 또한 상계할 수 있는 반대채권이 있어 그에 상계충당하였다는 것만으로는 용도 내지 목적을 특정하여 위탁한 돈의 반환을 거절할 정당한 사유가 되지 못한다[대판 1997.9.26. 97도1520]. [♠ 07 사시]
2. 피고인이 교회신축공사를 감독하면서 위 교회로부터 레미콘대금을 지급하라는 명목으로 금원을 받았으면서도 거기에 사용하지 아니하고 이를 마음대로 피고인이 받을 채권과 상계처리하였다면 상계정산하기로 하였다는 특별한 약정이 없는 한 이는 금원을 위탁한 취지에 반하는 것이어서 횡령죄를 구성한다[대판 1989.1.31. 88도1992]. [♠ 02 사시]
3. [1] 사립학교법 제73조의2, 제29조 제6항에서는 교비회계에 속하는 수입을 다른 회계에 전출하거나 대여할 수 없도록 하고 있는바, 이 경우 다른 회계란 당해 학교의 다른 회계나 소속 학교법인의 다른 회계에 한정되는 것이 아니라 당해 교비회계 이외의 다른 모든 회계를 포함한다.
   [2] 사립학교법 제29조 및 같은법 시행령에 의해 학교법인의 회계는 학교회계와 법인회계로 구분되고 학교회계 중 특히 교비회계에 속하는 수입은 다른 회계에 전출하거나 대여할 수 없는 등 용도가 엄격히 제한되어 있기 때문에 교비회계자금을 다른 용도에 사용하였다면 그 자체로서 횡령죄가 성립한다[대판 2005.9.28. 2005도3929].
4. 타인에 대한 채무의 변제를 위하여 위탁받은 금원을 함부로 자신의 위탁자에 대한 채권에 충당함은 당초의 금원위탁의 취지에 위반되는 것으로서 횡령죄를 구성한다고 볼 것이고, 위탁자에 대한 채권의 존재는 횡령죄의 성립에 영향을 미치는 것이 아니다[대판 1984.11.13. 84도1199].
5. 甲이 乙에게 위 약속어음 회수용으로 용도를 특정하여 돈을 지급한 경우, 乙이 이 돈을 甲의 의사에 반하여 어음회수용으로 사용하지 아니하고 소비한 것이라면 횡령죄가 성립한다[대판 1989.11.14. 89도968].
6. 피해자들로부터 토지를 매입하여 주겠다는 명목으로 금원을 교부받아 보관하던 중 피고인이 건축하는 자동차매매센터 건축비용 등에 임의로 소비한 경우, 수탁자가 그 위탁의 취지에 반하여 다른 용도에 소비할 때 비로소 횡령죄를 구성한다[대판 2002.10.11. 2002도2939].
7. 마을 이장인 피고인이 경로당 화장실 개 · 보수 공사를 위하여 업무상 보관 중이던 공사비를 그 용도 외에 다른 용도로 사용한 이상 횡령죄는 성립하고, 피고인이 과거 마을을 위하여 개인 돈을 지출하였다고 하여 이에 충당할 수는 없다[대판 2010.9.30. 2010도7012]. [♠ 13 사시]
8. 상가 관리회사의 임직원들인 피고인들이 상가를 사실상 관리하면서, 상가의 입주자들로부터 관리비 명목의 금원을 징수하여 이를 업무상 보관하던 중, 금원을 본인들과 관련된 경조사비로 지출한 행위는 횡령행위에 해당한다[대판 2012.5.24. 2011도11450].

(3) 용도가 특정되어 위탁된 금전에 해당되지 않는 경우

1. 피고인들이 보험을 유치하면서 보험회사로부터 지급받은 시책비 중 일부를 개인적인 용도로

사용한 경우, 피고인들이 소비한 금전은 모두 통상적인 실적급여로서의 성질을 가진 시책비에 해당하여 그 목적이나 용도가 특정되어 위탁된 금전이라고 보기 어려우므로 횡령죄를 구성하지 않는다[대판 2006.3.9. 2003도6733].

2. 타인으로부터 용도나 목적이 엄격히 제한된 자금을 위탁받아 집행하면서 제한된 용도 이외의 목적으로 자금을 사용하는 것은 사용행위 자체로서 불법영득의 의사를 실현한 것이 되어 횡령죄가 성립하나, 회사의 경영자가 회사를 위하여 자금을 지출할 때, 법령의 규정 또는 회사 내부의 규정에 의해 자금의 용도가 엄격하게 제한되어 있는 것이 아닐 뿐 아니라 자금을 집행하기 위한 회사 내부의 정상적인 절차도 거쳤다면, 원래 사용될 이외의 목적으로 자금을 지출하였다는 사정만으로 지출행위에 불법영득의 의사가 있었다고 단정할 수 없다[대판 2012.5.24. 2012도535].

(4) 목적 · 용도가 특정되어 있으나 금전의 특정성이 인정되지 않는 경우 (횡령죄 불성립)

[1] 목적과 용도를 정하여 위탁한 금전은 정해진 목적과 용도에 사용할 때까지는 이에 대한 소유권이 위탁자에게 유보되어 있다고 보아야 할 것이나, 특별히 그 금전의 특정성이 요구되지 않는 경우 수탁자가 위탁의 취지에 반하지 않고 필요한 시기에 다른 금전으로 대체시킬 수 있는 상태에 있는 한 이를 일시 사용하더라도 횡령죄를 구성한다고 할 수 없고, 수탁자가 그 위탁의 취지에 반하여 다른 용도에 소비할 때 비로소 횡령죄를 구성한다.

[2] 골프회원권 매매중개업체를 운영하는 자가 매수의뢰와 함께 입금받아 보관하던 금원을 일시적으로 다른 회원권의 매입대금 등으로 임의로 소비한 경우, 위 매입대금은 그 목적과 용도를 정하여 위탁된 금전으로서 골프회원권 매입시까지 그 소유권이 위탁자에게 유보되어 있으나, 다른 회사자금과 함께 보관된 이상 그 특정성을 인정하기 어렵고, 피고인의 불법영득의사를 추단할 수 없으므로 횡령죄를 구성하지 아니한다[대판 2008.3.14. 2007도7568].

判例 금전의 수수를 수반하는 사무처리자가 수령한 금전(원칙적으로 위임자의 소유, 수임자는 보관자)

금전의 수수를 수반하는 사무처리를 위임받은 자가 그 행위에 기하여 위임자를 위하여 제3자로부터 수령한 금전은 목적이나 용도를 한정하여 위탁된 금전과 마찬가지로 달리 특별한 사정이 없는 한 그 수령과 동시에 위임자의 소유에 속하고, 위임을 받은 자는 이를 위임자를 위하여 보관하는 관계에 있다고 보아야 한다[대판 1997.3.28. 96도3155; 동지 대판 1996.6.14. 96도106]. [♠ 06 사시]

비교판례 (특별한 사정이 있어 수임자가 소유자가 되는 경우) 횡령죄는 타인의 재물을 보관하는 자가 그 재물을 횡령하는 것을 처벌하는 범죄이므로, 횡령죄가 성립되기 위해서는 횡령의 대상이 된 재물이 타인의 소유일 것을 요한다 할 것이므로, 금전의 수수를 수반하는 사무처리를 위임받은 자가 그 행위에 기하여 위임자를 위하여 제3자로부터 수령한 금전이라고 하더라도 이것이 위임자의 소유에 속하지 아니한 경우라면, 그 반환을 거부하는 수임자를 횡령죄로 처벌할 수 없는 것이다[대판 2007.7.26. 2007도1840].

판례해설 甲이 대방건설과 사이에 공탁금을 수령하여 그 중 4,100만원을 대방건설에게 반환하기로 약정한 후 배당절차에서 甲 자신의 명의로 금원을 수령한 후 4,100만원의 반환을 거부한 사건이다. 대법원은 이 경우 수령한 금원은 甲의 소유이고 대방건설의 소유에 속하지 아니하므로 甲은 타인의 재물을 보관하는 자에 해당하지 않으며 따라서 그 반환거부가 횡령죄를 구성하는 것은 아니라고 판시하였다.

비교판례 (수령한 금전에 대하여 정산절차가 남아 있는 경우 : 위임자의 소유로 단정할 수 없음) 수령한 금전이 사무처리의 위임에 따라 위임자를 위하여 수령한 것인지 여부는 수령의 원인이 된 법률관계의 성질과 당사자의 의사에 의하여 판단되어야 하며, 만일 당사자 사이에 별도의 채권·채무가 존재하여 수령한 금전에 관한 정산절차가 남아 있는 등 위임자에게 반환하여야 할 금액을 쉽게 확정할 수 없는 사정이 있다면, 이러한 경우에는 수령한 금전의 소유권을 바로 위임자의 소유로 귀속시키기로 하는 약정이 있었다고 쉽사리 단정하여서는 안 된다[대판 2005.11.10. 2005도3627].

判例 수임자가 위임자를 위해 수령한 금전을 임의로 소비한 경우(횡령죄 성립)

1. 문화예술진흥법에 의하여 입장료와 함께 문화예술진흥기금을 받은 극장 경영자는 한국문화예술진흥원을 위하여 그 기금을 보관하고 있는 자의 지위에 있으므로, 이를 별도로 관리하지 아니하고 자신의 예금통장에 혼합보관하면서 임의로 자신의 극장운영자금 등으로 소비하였다면, 횡령죄의 고의나 불법영득의 의사가 있다고 보아 업무상횡령죄가 성립한다고 본 사례[대판 1997.3.28. 96도3155].
2. 위탁자로부터 당좌수표 할인을 의뢰받은 피고인이 제3자를 기망하여 당좌수표를 할인받은 다음 그 할인금을 임의소비한 경우, 제3자에 대한 사기죄와 별도로 위탁자에 대한 횡령죄가 성립한다[대판 1998.4.10. 97도3057].
3. 매도인은 피해자로부터 이 사건 대지를 타에 매각하여 달라는 요청을 받고 이에 따라 이 사건 대지를 매각, 그 대금을 수령하였다는 것이므로, 그 매각대금은 피해자의 소유에 속하며, 매도인은 이를 그를 위하여 보관하는 관계에 있다고 볼 것이어서, 매도인이 그 매각대금을 임의로 소비하였다면 횡령죄가 성립한다[대판 1995.11.24. 95도1923].
4. 피고인이 아파트에 대한 사실상의 처분권을 가진 피해자로부터 아파트를 타에 매도하여 달라는 요청을 받고 이에 따라 위 아파트를 매도한 다음 그 대금을 수령한 후 그 매도대금을 임의로 소비한 경우, 위 아파트 매도대금은 피해자의 소유에 속하며, 피고인은 이를 피해자를 위하여 보관하는 관계에 있다고 볼 것이어서, 피고인이 그 매도대금을 임의로 소비하였다면 이로써 횡령죄가 성립한다고 본 사례[대판 2003.9.26. 2003도3394].
5. 피고인이 금전의 수수를 수반하는 부동산의 매도에 관한 사무의 위탁의 취지에 반하여 부동산의 매매계약금으로 수령한 돈을 자신의 피해자에 대한 채권의 변제에 충당한다는 명목으로 그 반환을 거부하면서 자기의 소유인 것 같이 이를 처분하였다면 피고인이 위 매매계약금의 반환을 거부한 데에는 정당한 사유가 있다고 할 수 없어 불법영득의 의사가 인정된다[대판 2004.3.12. 2004도134].
6. 피해자로부터 토지를 타에 담보로 제공하여 금원을 대출받아 달라는 요청을 받고 토지를 신협에 담보로 제공하고 금원을 수령하였다면, 그 대출금의 소유를 우선 피고인에게 귀속시키기로 약정하는 등 특별한 사정이 없는 한, 그 대출금은 당연히 피해자에게 귀속된다 할 것이고, 피고인이 그 대출금을 임의로 자신의 채무변제 등에 소비함은 금전위탁의 취지에 반하는 것으로서 횡령죄를 구성한다[대판 1996.6.14. 96도106].
7. 피고인이 달력의 제작납품주문을 받아오면 피해자가 그의 비용으로 그의 시설을 이용하여 제작납품하고 그 대금의 2 내지 15%에 해당하는 금원을 이익배당금 명목으로 피고인에게 지급하기로 하는 내용의 계약을 체결한 후, 피고인이 주문을 받아와 피해자가 달력을 제작하여 피고인으

로 하여금 납품하고 그 대금을 수령하여 오도록 한바, 피고인이 그 대금으로 수령한 약속어음을 임의처분하고 피해자에게 지급하는 것을 거부하고 있는 경우에는, 피해자가 제작한 달력을 피고인이 공급하고 받은 대금은 위 두 사람 사이의 내부관계에 있어서는 바로 위 피해자의 소유로 귀속한다고 할 것이므로 피고인이 이를 소비하거나 현금으로 할인하고도 이를 피해자에게 지급하지 않는 행위는 횡령죄에 해당한다[대판 1990.5.25. 90도578].

8. 의류유통 판매업체인 甲 주식회사 대표이사 및 실질적 운영자인 피고인들이 공모하여, 甲 회사가 乙 유한회사 등과 체결한 투자약정과 乙 회사와 체결한 위탁판매 및 구매계약의 사무처리 위임에 따라 투자금으로 구입한 의류의 판매대금을 甲 회사 명의 미지정계좌로 입금받아 임의로 소비한 경우, 甲 회사는 위임자인 乙 회사를 위하여 위 대금을 보관하는 지위에 있으므로 피고인들의 행위가 횡령죄를 구성한다[대판 2011.6.10. 2010도17202].

㉣ 채권양도의 경우

쟁점연구

1. 문제점

채권양도인이 채권양도 통지 전에 채무자로부터 변제받은 금전을 채권양수인에게 교부하지 않고 임의로 소비한 경우 어떠한 죄책을 부담하는지 문제된다.

2. 횡령죄의 성립여부

① 학설

변제받은 금전은 채권양도인의 소유이므로 횡령죄가 성립할 수 없다는 견해와 변제받은 금전은 채권양수인의 소유이므로 횡령죄가 성립한다는 견해가 나뉘어져 있다.

② 판례

통상의 권리이전계약에 따른 이익대립관계에 있을 뿐 보관자 지위가 인정될 수 있는 신임관계에 있다고 볼 수 없어 횡령죄가 성립하지 않는다고 보아 횡령죄의 성립을 부정한다.

③ 검토 (판례 지지)

채권양도인이 양도한 채권을 추심하여 금전을 수령한 경우 금전의 소유권 귀속은 채권의 이전과는 별개의 문제이고, 채권 자체와 채권의 목적물인 금전은 엄연히 구별되므로 채권양도인과 채권양수인 사이에 어떠한 위탁관계도 설정된 적이 없다고 보는 것이 타당하다. 따라서 양도인이 수령한 금전의 소유권은 양도인의 소유에 속한다고 보아야 하므로 횡령죄의 성립을 부정하는 것이 타당하다.

判例 채권양도인이 양도통지 전에 채무자로부터 수령한 금전을 임의로 소비한 경우(횡령죄 불성립 – 판례변경)

(중요) [1] **[다수의견]** 채권양도인이 채무자에게 채권양도 통지를 하는 등으로 채권양도의 대항요건을 갖추어 주지 않은 채 채무자로부터 채권을 추심하여 금전을 수령한 경우, 특별한 사정이 없는

한 금전의 소유권은 채권양수인이 아니라 채권양도인에게 귀속하고 채권양도인이 채권양수인을 위하여 양도 채권의 보전에 관한 사무를 처리하는 신임관계가 존재한다고 볼 수 없다. 따라서 채권양도인이 위와 같이 양도한 채권을 추심하여 수령한 금전에 관하여 채권양수인을 위해 보관하는 자의 지위에 있다고 볼 수 없으므로, 채권양도인이 위 금전을 임의로 처분하더라도 횡령죄는 성립하지 않는다. 구체적인 이유는 다음과 같다.

(가) 채권양도에 의하여 양도된 채권이 동일성을 잃지 않고 채권양도인으로부터 채권양수인에게 이전되더라도, 채권양도인이 양도한 채권을 추심하여 금전을 수령한 경우 금전의 소유권 귀속은 채권의 이전과는 별개의 문제이다. 채권 자체와 채권의 목적물인 금전은 엄연히 구별되므로, 채권양도에 따라 채권이 이전되었다는 사정만으로 채권의 목적물인 금전의 소유권까지 당연히 채권양수인에게 귀속한다고 볼 수 없다.

채권양도인이 채권양도 후에 스스로 양도한 채권을 추심하여 수령한 금전에 대해서는 채권양도인과 채권양수인 사이에 어떠한 위탁관계가 설정된 적이 없다. 채권양수인은 채권양도계약에 따라 채권양도인으로부터 채권을 이전받을 뿐이고, 별도의 약정이나 그 밖의 특별한 사정이 인정되지 않는 한 채권양도인에게 채권의 추심이나 수령을 위임하거나 채권의 목적물인 금전을 위탁한 것이 아니다.

채권양도의 대항요건을 갖추기 전 채권양도인과 채무자, 채권양수인 세 당사자의 법률관계와 의사를 구체적으로 살펴보더라도 채권양도인이 채무자로부터 채권양수인을 위하여 대신 금전을 수령하였다거나, 그 밖에 다른 원인으로 채권양도인이 수령한 금전의 소유권이 수령과 동시에 채권양수인의 소유로 되었다고 볼 수 없다. 금전의 교부행위가 변제의 성질을 가지는 경우에는 특별한 사정이 없는 한 금전이 상대방에게 교부됨으로써 그 소유권이 상대방에게 이전된다. 따라서 채무자가 채권양도인에게 금전을 지급한 것은 자신의 채권자인 채권양도인에게 금전의 소유권을 이전함으로써 유효한 변제를 하여 채권을 소멸시킬 의사에 따른 것이고, 채권양도인 역시 자신이 금전의 소유권을 취득할 의사로 수령한 것이 분명하다. 채권양수인의 의사는 자신이 채권을 온전히 이전받아 행사할 수 있도록 대항요건을 갖추어 달라는 것이지, 채권양도인으로 하여금 대신 채권을 추심하거나 금전을 수령해 달라는 것이 아니다.

횡령죄에서 재물의 타인성과 관련하여 대법원 판례가 유지해 온 형법상 금전 소유권 개념에 관한 법리에 비추어 보더라도, 채권양도인이 채권양도 통지를 하기 전에 채무자로부터 채권을 추심하여 금전을 수령한 경우 금전의 소유권은 채권양도인에게 귀속할 뿐이고 채권양수인에게 귀속한다고 볼 수 없다.

(나) 채권양도인은 채권양수인과 사이에 채권양도계약 또는 채권양도의 원인이 된 계약에 따른 채권·채무관계에 있을 뿐이고, 채권양수인을 위하여 타인의 사무를 처리하는 자의 지위에 있다고 볼 수 없다.

채권양도인과 채권양수인의 양도에 관한 의사 합치에 따라 채권이 양수인에게 이전되고, 채권양도인은 채권양도계약 또는 채권양도의 원인이 된 계약에 기초하여 채권양수인이 목적물인 채권에 관하여 완전한 권리나 이익을 누릴 수 있도록 할 의무를 부담한다. 즉, 채권양도인은 채무자에게 채권양도 통지를 하거나 채무자로부터 승낙을 받음으로써 채권양수인이 채무자에 대한 대항요건을 갖추도록 할 계약상 채무를 진다. 이와 같이 채권양도인이 채권양수인으로 하여금 채권에 관한 완전한 권리를 취득하게 해 주지 않은 채 이를 다시 제3자에게 처분하거나 직접 추심하여 채무자로부터 유효한 변제를 수령함으로써 채권 자체를 소멸시키는 행위는 권리이전계약에 따른 자신의 채무를 불이행한 것에 지나지 않는다.

따라서 채권양도인이 채권양수인에게 채권양도와 관련하여 부담하는 의무는 일반적인 권리이전계약에 따른 급부의무에 지나지 않으므로, 채권양도인이 채권양수인을 위하여 어떠한 재산상 사무를 대행하거나 맡아 처리한다고 볼 수 없다. 채권양도인과 채권양수인은 통상의 계약에 따른 이익대립관계에 있을 뿐 횡령죄의 보관자 지위를 인정할 수 있는 신임관계에 있다고 할 수 없다.

(다) 최근 10여 년 동안 판례의 흐름을 보면, 대법원은 타인의 재산을 보호 또는 관리하는 것이 전형적·본질적 내용이 아닌 통상의 계약관계에서 배임죄나 횡령죄의 성립을 부정해 왔다. 종전 판례는 채권양도인이 채권양도 통지를 하는 등으로 채권양수인에게 완전한 권리를 이전해 주지 않은 채 자신이 채무자로부터 채권을 추심하고 금전을 수령하여 사용한 행위에 대하여 횡령죄의 성립을 인정하였다. 이러한 결론은 최근 판례의 흐름에 배치되는 것이어서 그대로 유지되기 어렵다.

종전 판례를 유지하게 되면 대법원 선례와의 관계에서 해결하기 어려운 형사처벌의 불균형이 발생한다. 즉, 부동산 임차권, 일반 동산, 권리이전에 등기·등록을 필요로 하는 동산, 주권 발행 전 주식, 수분양권 등의 양도와는 달리 금전채권 양도의 경우만 그 불이행을 배임죄나 횡령죄로 처벌하는 것은 지나치게 자의적인 구별이다. 금전채권 양도의 경우에는 부동산 매매와 같은 거래 현실의 특수성을 인정할 만한 예외적 사정도 없다. 그런데도 당사자 관계가 동일한 권리이전계약 가운데 금전채권 양도의 경우만 차별적 취급을 하는 것은 부당하다.

금전채권 양도에 관하여 배임죄가 문제 되는 경우와 횡령죄가 문제 되는 경우를 달리 취급하여 횡령죄의 경우에만 성립을 인정하는 것도 마찬가지로 부당하다. 채권양도인이 채권양도 통지를 하기 전에 양도 채권 자체를 제3자에게 처분·환가하여 배임죄로 기소된 경우에는 무죄라고 하면서도, 양도 채권을 직접 추심하여 수령한 금전을 사용함으로써 횡령죄로 기소된 경우에는 유죄라고 할 정당한 근거를 찾을 수 없다. 위 두 경우 모두 권리이전계약을 불이행한 행위의 본질이 서로 같고, 이로 말미암아 채권양도인이 얻는 경제적 이익과 채권양수인에게 발생하는 채권 상실의 결과가 같다. 그런데도 형사처벌에 관해서 두 경우를 달리 취급하는 것은 받아들이기 어려운 결론이다.

[대법관 조재연, 대법관 민유숙, 대법관 이동원, 대법관 노태악의 반대의견] 종전 판례의 법리는 권리의 귀속자인 채권양수인의 재산권을 보호하기 위한 것으로서 여전히 타당하므로 그대로 유지되어야 한다. 채권양도인이 이미 채권양수인에게 귀속된 재산을 임의로 처분하였다면 형사법의 개입이 정당화될 정도의 배신적 행위로서 횡령죄가 성립한다. 다수의견은 이러한 분명하고 타당한 결론을 변경하고자 하는 것으로 다음과 같은 이유로 받아들일 수 없다.

첫째, 채권양수인에 대한 재산권의 준물권적 이전·귀속 상태를 고려하여 채권양도 당사자 및 채무자 사이의 법률관계와 의사를 실질적으로 살펴보면, 채권양도인이 채권양도 통지를 하기 전에 양도된 채권을 추심하거나 채무자의 변제제공에 응하여(이하 반대의견에서는 금전을 수령한 것이 추심한 것이든 변제제공에 응한 것이든 구별하지 않고 통틀어 추심한 것이라고만 기재한다) 금전을 수령한 경우 원칙적으로 그 금전은 채권양수인을 위하여 수령한 것으로서 채권양수인의 소유에 속한다.

둘째, 채권양도인이 채권양수인에게 대항요건 구비의무를 불이행하거나 추심한 금전을 전달하지 않는다면 채권양수인에게 귀속된 재산권은 유지 · 보전될 수 없으므로, 채권양도인은 실질적으로 채권양수인의 재산 보호 내지 관리를 대행하는 지위에 있다. 따라서 채권양도인이 양도된 채권을 추심하여 채무자로부터 수령한 금전에 관하여 채권양수인을 위하여 보관하는 지위에 있다고 볼 수 있다.

셋째, 종전 판례를 변경할 경우 횡령죄에 관한 선례들과 비교하여 배신성이 보다 가벼운 사안에서는 처벌이 긍정되고 배신성이 중대하고 명백한 사안에서는 처벌이 부정됨으로써 형사처벌의 공백과 불균형이 발생한다. 동일한 구성요건인 횡령죄 내에서의 이러한 체계상 혼란은 심각하게 고려되어야 할 문제이다.

[대법관 김선수의 별개의견] 별개의견의 요지는 다음과 같다.

첫째, 종전 판례는 여전히 타당하므로 변경할 필요가 없다. 채권양도인이 채권양도의 대가를 모두 수령하여 채권양수인을 위하여 대항요건을 갖추어 주어야 할 의무가 있음에도 채권양도 통지를 하지 않은 채 채무자로부터 채권을 추심하여 금전을 수령 · 사용한 경우에 원칙적으로 횡령죄의 성립을 긍정한 종전 판례의 취지는 타당하므로 유지되어야 한다.

둘째, 채권양도인이 채권양수인으로부터 채권양도의 원인이 된 계약에 따른 채권양도의 대가를 확정적으로 지급받지 못한 경우와 같이, 채권양도의 대항요건을 충족시켜 완전한 권리를 이전할 의무를 이행하지 않은 것에 정당한 항변사유가 인정되는 경우에는 종전 판례가 적용되지 아니하므로 횡령죄가 성립하지 아니한다.

[2] 건물의 임차인인 피고인이 임대인 甲에 대한 임대차보증금반환채권을 乙에게 양도하였는데도 甲에게 채권양도 통지를 하지 않고 甲으로부터 남아 있던 임대차보증금을 반환받아 보관하던 중 개인적인 용도로 사용하여 이를 횡령하였다는 내용으로 기소된 사안에서, 피고인이 乙과 임대차보증금반환채권에 관한 채권양도계약을 체결하고 甲에게 채권양도 통지를 하기 전에 甲으로부터 채권을 추심하여 남아 있던 임대차보증금을 수령하였더라도 임대차보증금으로 받은 금전의 소유권은 피고인에게 귀속할 뿐 乙에게 귀속한다고 볼 수 없고, 나아가 채권양도계약을 체결한 피고인과 乙은 통상의 권리이전계약에 따른 이익대립관계에 있을 뿐 피고인이 乙을 위한 보관자 지위가 인정될 수 있는 신임관계에 있다고 볼 수 없어 횡령죄가 성립하지 않는다는 이유로, 이와 달리 보아 공소사실을 유죄로 인정한 원심판결에 채권양도에서 횡령죄의 성립 등에 관한 법리오해의 잘못이 있다고 한 사례[대판(전) 2022.6.23. 2017도3829].

判例 **채무자가 기존 금전채무를 담보하기 위하여 다른 금전채권을 채권자에게 양도한 후 제3채무자에게 채권양도 통지를 하지 않은 채 자신이 사용할 의도로 제3채무자로부터 변제를 받아 변제금을 수령한 경우, 채권자와의 위탁신임관계에 의하여 채권자를 위해 위 변제금을 보관하는 지위에 있는지 여부(부정) 및 채무자가 이를 임의로 소비하면 횡령죄가 성립하는지 여부(불성립)**

채무자가 기존 금전채무를 담보하기 위하여 다른 금전채권을 채권자에게 양도하는 경우, 채무자가 채권자에 대하여 부담하는 '담보 목적 채권의 담보가치를 유지 · 보전할 의무'는 채권 양도담보계약에 따라 부담하게 된 채무의 한 내용에 불과하다.

또한 통상의 채권양도계약은 그 자체가 채권자 지위의 이전을 내용으로 하는 주된 계약이고, 그 당사자 사이의 본질적 관계는 양수인이 채권자 지위를 온전히 확보하여 채무자로부터 유효하게 채권의 변제를 받는 것이다. 그런데 채권 양도담보계약은 피담보채권의 발생을 위한 계약(예컨대 금전소비대차계약 등)의 종된 계약으로, 채권 양도담보계약에 따라 채무자가 부담하는 위와 같은 의무는 담보 목적을 달성하기 위한 것에 불과하고, 그 당사자 사이의 본질적이고 주된 관계는 피담보채권의 실현이다. 이처럼 채권 양도담보계약의 목적이나 본질적 내용을 통상의 채권양도계약과 같이 볼 수는 없다.

따라서 채무자가 채권 양도담보계약에 따라 담보 목적 채권의 담보가치를 유지·보전할 의무는 계약에 따른 자신의 채무에 불과하고, 채권자와 채무자 사이에 채무자가 채권자를 위하여 담보가치의 유지·보전사무를 처리함으로써 채무자의 사무처리를 통해 채권자가 담보 목적을 달성한다는 신임관계가 존재한다고 볼 수 없다. 그러므로 채무자가 제3채무자에게 채권양도 통지를 하지 않은 채 자신이 사용할 의도로 제3채무자로부터 변제를 받아 변제금을 수령한 경우, 이는 단순한 민사상 채무불이행에 해당할 뿐, 채무자가 채권자와의 위탁신임관계에 의하여 채권자를 위해 위 변제금을 보관하는 지위에 있다고 볼 수 없고, 채무자가 이를 임의로 소비하더라도 횡령죄는 성립하지 않는다[대판 2021.2.25. 2020도12927].

판례해설 2022.6.23. 선고된 2017도3829 전원합의체 판결로 변경되기 전까지는 채권양도담보계약과 채권양도계약을 반드시 구별해야 했으나, 채권양도계약 사안인 97도666 전원합의체 판결이 2017도3829 전원합의체 판결로 변경됨에 따라 일반적인 채권 양도계약 역시 채무자가 이를 임의로 소비하더라도 횡령죄가 성립하지 않는 것으로 변경되었다.

㉮ 매도담보의 경우

判例 매도담보에 있어서 담보물의 처분과 그 죄책

(동산의 매도담보에 있어서 '채무자'의 변제기 전의 임의처분)(횡령죄 성립)
형법 제323조의 권리행사방해죄는 타인의 권리의 목적이 된 자기의 물건에 대해서만 성립되는 것이고 타인의 권리의 목적이 된 타인의 물건에 대해서는 성립되지 아니하는 것인바, 그러므로 타인에게 매도담보로 제공한 동산을 그대로 계속하여 점유하고 있는 경우에 그 동산을 임의로 처분하였다면 횡령죄가 되는 것이고 권리행사방해죄는 성립되지 않는 것이다[대판 1962.2.8. 4294형상470].

비교판례 **(채무자가 채권자의 승낙을 받고 매도담보목적물을 처분한 후 매각대금을 소비한 경우 : 횡령죄 불성립)** 채무의 담보로 하기 위하여 매매의 형식을 취하여 동산을 담보로 제공하고 이를 계속 사용하고 있다가 채권자의 승낙을 받고 이를 매각하였다면 그 매각대금은 채무자의 소유이므로 이를 채무자가 소비하였다 하더라도 횡령죄가 성립하지 아니한다[대판 1977.11.7. 77도1715].

判例 변제기 이후 채권자가 담보권 실행을 위하여 담보물을 처분한 경우

담보로 제공된 부동산을 담보권의 실행으로 타에 매도한 것은 횡령죄로 문의할 수 없다[대판 1979.7.10. 79도1125].

㉥ 점유개정 방식의 동산의 이중양도담보의 경우

判例 점유개정방식의 동산의 양도담보에 있어서 목적물의 임의처분과 그 죄책

1. **(채권자의 임의처분 : 횡령죄 성립)** 채무자가 채무이행의 담보를 위하여 동산에 관한 양도담보계약을 체결하고 점유개정의 방법으로 여전히 그 동산을 점유하는 경우 그 동산의 소유권은 여전히 채무자에게 남아있고, 채권자는 단지 양도담보물권을 취득하는 데 지나지 않으므로 그 동산을 다른 사유에 의하여 보관하게 된 채권자는 타인 소유의 물건을 보관하는 자로서 횡령죄의 주체가 될 수 있다[대판 1989.4.11. 88도906]. [♣12 변시]
2. **(채무자의 임의처분 : 횡령죄 불성립)** 채무자가 채권자에게 동산을 양도담보로 제공하고 점유개정의 방법으로 점유하고 있는 경우에는 그 동산의 소유권은 여전히 채무자에게 유보되어 있는 것이어서 채무자는 자기의 물건을 보관하고 있는 셈이 되므로, 양도담보의 목적물을 제3자에게 처분하거나 담보로 제공하였다 하더라도 횡령죄를 구성하지 아니한다[대판 2009.2.12. 2008도10971]. [♠15 사시]

㉦ 부동산의 명의신탁

判例 종중소유 부동산의 명의수탁자의 임의처분 = 횡령죄

종중소유의 부동산을 명의신탁 받아 소유권등기를 거친 사람이 이를 임의로 처분하면 횡령죄가 성립한다[대판(전) 1971.6.22. 71도740].

2자간의 명의신탁의 경우

쟁점연구

1. 2자간의 명의신탁

① 부동산의 소유자(신탁자)가 등기명의를 타인에게 신탁하기로 하는 약정을 맺고 등기명의를 그 타인(수탁자)에게 이전하는 형식의 명의신탁을 말한다.

② 부동산실명법에 의하면 명의신탁약정 및 소유권이전등기에 의한 물권변동은 무효이다.

2. 판 례

양자간 명의신탁의 경우 명의수탁자가 신탁받은 부동산을 임의로 처분하여도 명의신탁자에 대한 관계에서 횡령죄가 성립하지 아니한다다는 입장이다.

3. 검 토 (판례 지지)

횡령죄가 성립하기 위한 재물의 보관자와 재물의 소유자 사이에 위탁관계는 횡령죄로 보호할 만한 가치 있는 신임에 의한 것이어야 한다. 양자간의 명의신탁은 부동산실명법에 반하여 범죄를 구성하는 불법적인 관계에 지나지 아니하므로 형법상 보호할 만한 가치 있는 신임에 의한 위탁관계라고 할 수 없다.

또한 명의수탁자의 신탁자에 대한 말소등기의무의를 부담하는 것은 명의신탁자가 소유권에 기한 방해배제청구로 말소를 구하는 것에 대하여 상대방으로서 응할 처지에 있음에 불과하고, 명의수탁자에 의한 유효한 처분가능성은 거래 상대방인 제3자를 보호하기 위하여 명의신탁약정의 무효에 대한 예외를 설정한 취지일 뿐이므로 명의신탁자와 명의수탁자 사이에 위 처분행위를 유효하게 만드는 어떠한 위탁관계가 존재함을 전제한 것이라고는 볼 수 없으므로, 명의수탁자가 명의신탁자에 대한 관계에서 '타인의 재물을 보관하는 자'의 지위에 있다고 볼 수도 없다. 따라서 부동산실명법에 위반한 양자간 명의신탁의 경우 명의수탁자가 신탁받은 부동산을 임의로 처분하여도 명의신탁자에 대한 관계에서 횡령죄가 성립하지 아니한다.

判例 2자간의 명의신탁에서 수탁자의 임의처분의 법적 효과(횡령죄 불성립)

[1] 형법 제355조 제1항이 정한 횡령죄에서 보관이란 위탁관계에 의하여 재물을 점유하는 것을 뜻하므로 횡령죄가 성립하기 위하여는 재물의 보관자와 재물의 소유자(또는 기타의 본권자) 사이에 법률상 또는 사실상의 위탁관계가 존재하여야 한다. 이러한 위탁관계는 사용대차 · 임대차 · 위임 등의 계약에 의하여서뿐만 아니라 사무관리 · 관습 · 조리 · 신의칙 등에 의해서도 성립될 수 있으나, 횡령죄의 본질이 신임관계에 기초하여 위탁된 타인의 물건을 위법하게 영득하는 데 있음에 비추어 볼 때 위탁관계는 횡령죄로 보호할 만한 가치 있는 신임에 의한 것으로 한정함이 타당하다. 위탁관계가 있는지 여부는 재물의 보관자와 소유자 사이의 관계, 재물을 보관하게 된 경위 등에 비추어 볼 때 보관자에게 재물의 보관 상태를 그대로 유지하여야 할 의무를 부과하여 그 보관 상태를 형사법적으로 보호할 필요가 있는지 등을 고려하여 규범적으로 판단하여야 한다.

[2] 「부동산 실권리자명의 등기에 관한 법률」의 명의신탁관계에 대한 규율 내용 및 태도 등에 비추어 보면, 부동산실명법에 위반하여 명의신탁자가 그 소유인 부동산의 등기명의를 명의수탁자에게 이전하는 이른바 양자간 명의신탁의 경우, 계약인 명의신탁약정과 그에 부수한 위임약정, 명의신탁약정을 전제로 한 명의신탁 부동산 및 그 처분대금 반환약정은 모두 무효이다.
나아가 명의신탁자와 명의수탁자 사이에 무효인 명의신탁약정 등에 기초하여 존재한다고 주장될 수 있는 사실상의 위탁관계라는 것은 부동산실명법에 반하여 범죄를 구성하는 불법적인 관계에 지나지 아니할 뿐 이를 형법상 보호할 만한 가치 있는 신임에 의한 것이라고 할 수 없다.
명의수탁자가 명의신탁자에 대하여 소유권이전등기말소의무를 부담하게 되나, 위 소유권이전등기는 처음부터 원인무효여서 명의수탁자는 명의신탁자가 소유권에 기한 방해배제청구로 말소를 구하는 것에 대하여 상대방으로서 응할 처지에 있음에 불과하다. 명의수탁자가 제3자와 한 처분행위가 부동산실명법 제4조 제3항에 따라 유효하게 될 가능성이 있다고 하더라도 이는 거래 상대방인 제3자를 보호하기 위하여 명의신탁약정의 무효에 대한 예외를 설정한 취지일 뿐 명의신탁자와 명의수탁자 사이에 위 처분행위를 유효하게 만드는 어떠한 위탁관계가 존재함을 전제한 것이라고는 볼 수 없다. 따라서 말소등기의무의 존재나 명의수탁자에 의한 유효한 처분가능성을 들어 명의수탁자가 명의신탁자에 대한 관계에서 '타인의 재물을 보관하는 자'의 지위에 있다고 볼 수도 없다.
[3] 부동산실명법에 위반한 양자간 명의신탁의 경우 명의수탁자가 신탁받은 부동산을 임의로 처분

하여도 명의신탁자에 대한 관계에서 횡령죄가 성립하지 아니한다.
이러한 법리는 부동산 명의신탁이 부동산실명법 시행 전에 이루어졌고 같은 법이 정한 유예기간 이내에 실명등기를 하지 아니함으로써 그 명의신탁약정 및 이에 따라 행하여진 등기에 의한 물권변동이 무효로 된 후에 처분행위가 이루어진 경우에도 마찬가지로 적용된다[대판(전) 2021.2.18. 2016도18761].

3자간의 명의신탁의 경우

쟁점연구

1. 3자간의 명의신탁

① 신탁자와 수탁자가 명의신탁약정을 맺고 신탁자가 매매계약의 당사자가 되어 매도인과 매매계약을 체결하되 등기는 매도인으로부터 수탁자 앞으로 직접 이전하는 형식의 명의신탁을 말한다(중간생략등기형 명의신탁).
② 신탁자와 매수인이 동일하다.
③ 부동산실명법에 의하면 명의신탁약정 및 소유권이전등기에 의한 물권변동은 무효이다.

2. 학 설 (수탁자의 수탁부동산의 임의처분의 법적 효과)

① **횡령죄설** : 명의신탁약정이 무효인 이상 소유권은 매도인에게 남아있다고 보아야 하므로 매도인에 대한 횡령죄가 성립한다는 견해[정성근 · 박광민, 404면]. 신탁자는 수탁자 명의의 등기에 대한 말소를 구하는 한편 매도인에 대하여 매매계약에 기한 소유권이전등기청구권을 행사하여 그 부동산에 대한 소유권을 취득할 수 있으므로 신탁자에 대한 횡령죄가 성립한다는 견해가 있다[배종대, 490면].
② **배임죄설** : 수탁자가 신탁자와의 신임관계를 위배하여 신탁자가 소유권을 취득하지 못하게 되는 재산상의 손해를 끼친 것이므로 배임죄가 성립한다는 견해이다[김일수 · 서보학, 366면].

3. 판 례

신탁자에 대한 횡령죄의 성립을 부정한다.

4. 검 토 (판례 지지)

3자간의 명의신탁약정의 경우, 부동산실명법에 의하면 명의수탁자 명의의 소유권이전등기는 무효이고 신탁부동산의 소유권은 매도인이 그대로 보유하게 되므로 명의신탁자는 부동산의 소유자라고 할 수 없다는 점, 형사처벌까지 하고 있는 부동산실명법의 명의신탁관계에 대한 규정에 비추어 볼 때 위탁신임관계를 인정할 수 없다는 점을 고려할 때 명의수탁자는 명의신탁자의 재물을 보관하는 자라고 볼 수 없어 수탁자의 수탁부동산의 임의처분은 신탁자에 대하여 횡령죄가 성립할 수 없다고 보는 것이 타당하다.

判例 3자간의 명의신탁과 수탁자의 임의처분의 법적 효과(신탁자에 대한 횡령죄 불성립) (매우 중요)

[1] 부동산을 매수한 명의신탁자가 자신의 명의로 소유권이전등기를 하지 아니하고 명의수탁자와 맺은 명의신탁약정에 따라 매도인으로부터 바로 명의수탁자에게 중간생략의 소유권이전등기를 마친 경우, 부동산 실권리자명의 등기에 관한 법률(이하 '부동산실명법'이라 한다) 제4조 제2항 본문

에 의하여 명의수탁자 명의의 소유권이전등기는 무효이고, 신탁부동산의 소유권은 매도인이 그대로 보유하게 된다. 따라서 명의신탁자로서는 매도인에 대한 소유권이전등기청구권을 가질 뿐 신탁부동산의 소유권을 가지지 아니하고, 명의수탁자 역시 명의신탁자에 대하여 직접 신탁부동산의 소유권을 이전할 의무를 부담하지는 아니하므로, 신탁부동산의 소유자도 아닌 명의신탁자에 대한 관계에서 명의수탁자가 횡령죄에서 말하는 '타인의 재물을 보관하는 자'의 지위에 있다고 볼 수는 없다. 명의신탁자가 매매계약의 당사자로서 매도인을 대위하여 신탁부동산을 이전받아 취득할 수 있는 권리 기타 법적 가능성을 가지고 있기는 하지만, 명의신탁자가 이러한 권리 등을 보유하였음을 이유로 명의신탁자를 사실상 또는 실질적 소유권자로 보아 민사상 소유권이론과 달리 횡령죄가 보호하는 신탁부동산의 소유자라고 평가할 수는 없다. 명의수탁자에 대한 관계에서 명의신탁자를 사실상 또는 실질적 소유권자라고 형법적으로 평가하는 것은 부동산실명법이 명의신탁약정을 무효로 하고 있음에도 불구하고 무효인 명의신탁약정에 따른 소유권의 상대적 귀속을 인정하는 것과 다름이 없어서 부동산실명법의 규정과 취지에 명백히 반하여 허용될 수 없다.

[2] 부동산에 관한 소유권과 그 밖의 물권을 실체적 권리관계와 일치하도록 실권리자 명의로 등기하게 함으로써 부동산등기제도를 악용한 투기 · 탈세 · 탈법행위 등 반사회적 행위를 방지하고 부동산 거래의 정상화와 부동산 가격의 안정을 도모하여 국민경제의 건전한 발전에 이바지함을 목적으로 하고 있는 부동산실명법의 입법취지와 아울러, 명의신탁약정에 따른 명의수탁자 명의의 등기를 금지하고 이를 위반한 명의신탁자와 명의수탁자 쌍방을 형사처벌까지 하고 있는 부동산실명법의 명의신탁관계에 대한 규율 내용 및 태도 등에 비추어 볼 때, 명의신탁자와 명의수탁자 사이에 그 위탁신임관계를 근거지우는 계약인 명의신탁약정 또는 이에 부수한 위임약정이 무효임에도 불구하고 횡령죄 성립을 위한 사무관리 · 관습 · 조리 · 신의칙에 기초한 위탁신임관계가 있다고 할 수는 없다. 또한 명의신탁자와 명의수탁자 사이에 존재한다고 주장될 수 있는 사실상의 위탁관계라는 것도 부동산실명법에 반하여 범죄를 구성하는 불법적인 관계에 지나지 아니할 뿐 이를 형법상 보호할 만한 가치 있는 신임에 의한 것이라고 할 수 없다.

[3] 명의신탁자가 매수한 부동산에 관하여 부동산실명법을 위반하여 명의수탁자와 맺은 명의신탁약정에 따라 매도인으로부터 바로 명의수탁자 명의로 소유권이전등기를 마친 이른바 중간생략등기형 명의신탁을 한 경우, 명의신탁자는 신탁부동산의 소유권을 가지지 아니하고, 명의신탁자와 명의수탁자 사이에 위탁신임관계를 인정할 수도 없다. 따라서 명의수탁자가 명의신탁자의 재물을 보관하는 자라고 할 수 없으므로, 명의수탁자가 신탁받은 부동산을 임의로 처분하여도 명의신탁자에 대한 관계에서 횡령죄가 성립하지 아니한다[대판(전) 2016.5.19. 2014도6992]. [♣18, 19 변시]

동지판례 [1] 부동산을 증여받은 명의신탁자가 자신의 명의로 소유권이전등기를 하지 아니하고 명의수탁자와 맺은 명의신탁약정에 따라 증여자로부터 바로 명의수탁자에게 중간생략의 소유권이전등기를 마친 경우, 부동산 실권리자명의 등기에 관한 법률(이하 '부동산실명법'이라 한다) 제4조 제2항 본문에 의하여 명의수탁자 명의의 소유권이전등기는 무효이고, 신탁부동산의 소유권은 증여자가 그대로 보유하게 된다. 따라서 명의신탁자로서는 증여자에 대한 소유권이전등기청구권을 가질 뿐 신탁부동산의 소유권을 가지지 아니하고, 명의수탁자 역시 명의신탁자에 대하여 직접 신탁부동산의 소유권을 이전할 의무를 부담하지는 아니하므로, 신탁부동산의 소유자도 아닌 명의신탁자에 대한 관계에서 명의수탁자가 횡령죄에서 말하는 '타인의 재물을 보관하는 자'의 지위에 있다고 볼 수는 없다.

[2] 명의신탁약정에 따른 명의수탁자 명의의 등기를 금지하고 이를 위반한 명의신탁자와 명의수탁자 쌍방을 형사

처벌까지 하고 있는 부동산실명법의 명의신탁관계에 대한 규율 내용 및 태도 등에 비추어 볼 때, 명의신탁자와 명의수탁자 사이에 그 위탁신임관계를 근거지우는 계약인 명의신탁약정 또는 이에 부수한 위임약정이 무효임에도 불구하고 횡령죄 성립을 위한 사무관리 · 관습 · 조리 · 신의칙에 기초한 위탁신임관계가 있다고 할 수는 없다. 또한 명의신탁자와 명의수탁자 사이에 존재한다고 주장될 수 있는 사실상의 위탁관계라는 것도 부동산실명법에 반하여 범죄를 구성하는 불법적인 관계에 지나지 아니할 뿐 이를 형법상 보호할 만한 가치 있는 신임에 의한 것이라고 할 수 없다. 따라서 명의수탁자가 신탁받은 부동산을 임의로 처분하여도 명의신탁자에 대한 관계에서 횡령죄가 성립하지 아니한다[대판 2016.5.26. 2015도89]. [♣ 17 변시]

계약명의신탁의 경우

쟁점연구

1. 계약명의신탁

① 신탁자와 수탁자가 부동산의 매수위임과 함께 명의신탁약정을 맺고 수탁자가 매매계약의 당사자가 되어 매도인과 매매계약을 체결한 후 수탁자 앞으로 이전등기하는 형식의 명의신탁을 말한다.

② 수탁자와 매수인이 동일하다.

③ 부동산실명법에 의하면 명의신탁약정은 무효이다. 그러나 소유권이전등기에 의한 물권변동은 매도인이 명의신탁사실을 모르는 경우(선의인 경우)에는 유효하지만, 매도인이 명의신탁사실을 알고 있었던 경우(악의인 경우)에는 무효이다.

2. 매도인이 악의인 경우 (수탁자의 수탁부동산의 임의처분의 법적 효과)

① 매도인에 대한 횡령죄설

소유권이전등기가 무효인 이상 신탁부동산의 소유권은 매도인에게 있으므로 매도인에 대한 횡령죄가 성립한다는 견해이다[박상기, 382면; 오영근, 471면].

② 신탁자에 대한 배임죄설

수탁자는 신탁자의 재산상(부동산매입) 사무를 처리하는 자로서 사실상의 신임관계를 위배하였으므로 신탁자에 대한 배임죄가 성립한다는 견해이다[이재상, 394면].

③ **판례** : 횡령죄 및 배임죄의 성립을 부정한다.

④ **검토** (판례 지지)

ⅰ) 수탁자 명의의 소유권이전등기는 무효이고 부동산의 소유권은 매도인이 그대로 보유하게 되므로, 명의수탁자는 부동산 취득을 위한 계약의 당사자도 아닌 명의신탁자에 대한 관계에서 횡령죄에서 '타인의 재물을 보관하는 자'의 지위에 있다고 볼 수 없고, 또한 명의수탁자가 명의신탁자에 대하여 매매대금 등을 부당이득으로 반환할 의무를 부담한다고 하더라도 이를 두고 배임죄에서 '타인의 사무를 처리하는 자'의 지위에 있다고 보기도 어렵다. 따라서 신탁자에 대한 횡령죄나 배임죄가 성립할 수 없다. ⅱ) 명의수탁자는 매도인에 대하여 소유권이전등기말소의무를 부담하게 되나, 위 소유권이전등기는 처음부터 원인무효여서 명의수탁자는 매도인이 소유권에 기한 방해배제청구로 말소를 구하는 것에 대하여 상대방으로서 응할 처지에 있음에 불과하고, 그가 제3자와 한 처분행위가 부동산실명법 제4조 제3항에 따라

유효하게 될 가능성이 있다고 하더라도 이는 거래 상대방인 제3자를 보호하기 위하여 명의신탁약정의 무효에 대한 예외를 설정한 취지일 뿐 매도인과 명의수탁자 사이에 위 처분행위를 유효하게 만드는 어떠한 신임관계가 존재함을 전제한 것이라고는 볼 수 없으므로, 말소등기의무의 존재나 명의수탁자에 의한 유효한 처분가능성을 들어 명의수탁자가 매도인에 대한 관계에서 횡령죄에서 '타인의 재물을 보관하는 자' 또는 배임죄에서 '타인의 사무를 처리하는 자'의 지위에 있다고 볼 수도 없다. 따라서 매도인에 대한 횡령죄나 배임죄가 성립할 수 없다.

3. 계약명의 신탁에서 매도인이 선의인 경우 (수탁자의 부동산의 임의처분의 법적 효과)

① 학설

ⅰ) **횡령죄설 :** 수탁자는 제3자에 대한 관계에서만 소유권을 취득할 뿐이며, 신탁자와 수탁자 사이의 내부적 관계에서는 수탁자가 신탁자에 대해 소유권을 주장할 수 없으므로 신탁부동산의 소유권은 신탁자에게 유보되어 있다고 보아 신탁자에 대한 횡령죄가 성립한다는 견해이다[김성천·김형준, 493면].

ⅱ) **배임죄설 :** 소유권이전등기는 유효하므로 소유권은 수탁자에게 있고 따라서 횡령죄는 성립할 수 없으며, 다만 신탁자와 수탁자 사이의 명의신탁약정이 무효일지라도 부동산매입에 대한 사실상의 신임관계는 인정되므로 배임죄가 성립한다는 견해이다[이재상, 394면; 배종대, 491면].

② 판례

횡령죄 및 배임죄의 성립을 부정한다.

③ 검토

ⅰ) 매도인이 선의인 경우 물권변동은 유효하므로 수탁자가 신탁부동산의 소유권을 취득한다. 따라서 수탁자가 이를 임의로 처분하더라도 소유자로서의 처분에 해당하여 횡령죄가 성립할 수는 없다고 보아야 한다. ⅱ) 수탁자가 유효하게 당해 부동산의 소유권을 취득하고 그 부동산의 처분대금도 당연히 수탁자에게 귀속 하는 이상 수탁부동산 및 그 처분대금에 대하여 '타인의 재산을 보전·관리하는 자'의 지위에 있다고는 볼 수 없으므로, 배임죄가 성립할 수도 없다고 보는 것이 타당하다. 따라서 횡령죄 및 배임죄가 성립할 수 없다는 보는 판례가 타당하다.

判例 계약명의신탁과 관련한 판례정리

(1) 매도인이 선의인 계약명의신탁에서 수탁자의 임의처분(횡령죄 및 배임죄 불성립, 무죄)

1. **(횡령죄 불성립)** 횡령죄는 타인의 재물을 보관하는 자가 그 재물을 횡령하는 경우에 성립하는 범죄인 바, 부동산실권리자명의등기에 관한 법률(이하 '부동산실명법'이라 한다) 제2조 제1호 및 제4조의 규정에 의하면, 신탁자와 수탁자가 명의신탁약정을 맺고 이에 따라 수탁자가 당사자가 되어 명의신탁약정이 있다는 사실을 알지 못하는 소유자와 사이에서 부동산에 관한 매매계약을 체결한 후 그 매매계약에 기하여 당해 부동산의 소유권이전등기를 수탁자 명의로 경료한 경우에는 그 소유권이전등기에 의한 당해 부동산에 관한 물권변동은 유효하고, 한편 신탁자와 수탁자 사이의 명의신탁약정은 무효이므로, 결국 수탁자는 전소유자인 매도인 뿐

만 아니라 신탁자에 대한 관계에서도 유효하게 당해 부동산의 소유권을 취득하는 것으로 보아야 할 것이고, 따라서 그 수탁자는 타인의 재물을 보관하는 자라고 볼 수 없다[대판 2000.3.24. 98도4347]. [♠ 01 사시] [♣ 12, 15 변시]

2. **(배임죄 불성립)** 매도인이 선의인 계약명의신탁에 있어서, 수탁자는 전소유자인 매도인뿐만 아니라 신탁자에 대한 관계에서도 유효하게 당해 부동산의 소유권을 취득하고, 그 부동산의 처분대금도 당연히 수탁자에게 귀속된다고 하는 이상 신탁자는 수탁자에 대하여 부당이득반환청구권을 행사하는 것은 별론이나 수탁부동산의 반환이나 처분대금의 반환은 물론 불법행위를 원인으로 한 손해배상청구 등도 할 수 없게 된다. 따라서 단지 부당이득반환의무만을 부담하는 수탁자인 피고인이 이 사건 부동산을 위 피해자의 허락 없이 매도하여서는 아니되고, 매도하더라도 그 대금을 위 피해자에게 전달해 주거나 위 피해자를 위하여 사용할 임무가 있는 등 위 수탁부동산 및 그 처분대금에 대하여 '타인의 재산을 보전·관리하는 자'의 지위에 있다고는 볼 수 없으므로, 피고인이 이 사건 부동산을 임의로 매도하여 그 처분대금을 반환하지 아니하고 소비하였다 하여 이를 배임죄로 처벌할 수는 없다[대판 2001.9.25. 2001도2722; 동지 대판 2009.9.10. 2009도4501]. [♠ 05, 15 사시]

(2) (중요) 매도인이 악의인 계약명의신탁에서 수탁자의 임의처분(횡령죄 및 배임죄 불성립, 무죄)

명의신탁자와 명의수탁자가 이른바 계약명의신탁 약정을 맺고 명의수탁자가 당사자가 되어 명의신탁 약정이 있다는 사실을 알고 있는 소유자와 부동산에 관한 매매계약을 체결한 후 매매계약에 따라 부동산의 소유권이전등기를 명의수탁자 명의로 마친 경우에는 부동산 실권리자명의 등기에 관한 법률(이하 '부동산실명법'이라 한다) 제4조 제2항 본문에 의하여 수탁자 명의의 소유권이전등기는 무효이고 부동산의 소유권은 매도인이 그대로 보유하게 되므로, 명의수탁자는 부동산 취득을 위한 계약의 당사자도 아닌 명의신탁자에 대한 관계에서 횡령죄에서 '타인의 재물을 보관하는 자'의 지위에 있다고 볼 수 없고, 또한 명의수탁자가 명의신탁자에 대하여 매매대금 등을 부당이득으로 반환할 의무를 부담한다고 하더라도 이를 두고 배임죄에서 '타인의 사무를 처리하는 자'의 지위에 있다고 보기도 어렵다. 한편 위 경우 명의수탁자는 매도인에 대하여 소유권이전등기말소의무를 부담하게 되나, 위 소유권이전등기는 처음부터 원인무효여서 명의수탁자는 매도인이 소유권에 기한 방해배제청구로 말소를 구하는 것에 대하여 상대방으로서 응할 처지에 있음에 불과하고, 그가 제3자와 한 처분행위가 부동산실명법 제4조 제3항에 따라 유효하게 될 가능성이 있다고 하더라도 이는 거래 상대방인 제3자를 보호하기 위하여 명의신탁 약정의 무효에 대한 예외를 설정한 취지일 뿐 매도인과 명의수탁자 사이에 위 처분행위를 유효하게 만드는 어떠한 신임관계가 존재함을 전제한 것이라고는 볼 수 없으므로, 말소등기의무의 존재나 명의수탁자에 의한 유효한 처분가능성을 들어 명의수탁자가 매도인에 대한 관계에서 횡령죄에서 '타인의 재물을 보관하는 자' 또는 배임죄에서 '타인의 사무를 처리하는 자'의 지위에 있다고 볼 수도 없다[대판 2012.11.29. 2011도7361]. [♠ 13, 15 사시] [♣ 15 변시]

동지판례 피고인이 甲과 체결한 명의신탁약정에 따라 甲이 조합측으로부터 분양받은 아파트에 관하여 피고인 명의로 소유권보존등기를 마친 후 甲의 허락 없이 이를 乙에게 매도하여 횡령하였다는 내용으로 기소된 사안에서, 제반 사정에 비추어 아파트 분양계약에서 매수인 명의의 대여는 甲과 피고인의 내부적인 관계에 불과하여 아파트 분양계약의 매수인 지위에 있는 것은 피고인이고 나아가 매도인인 조합측은 甲과 피고인의 명의대여관계를 알고 있었으므로 아파트 소유권은 매도인에게 있고, 아파트 분양계약의 당사자가 아닌 甲은 달리 아파트 자체를 취득할 법적 가능성이 없으므로 결국 피고인이 甲에 대한 관계에서 '아파트를 보관하는 자'의 지위에 있다고 볼 수 없다고 한 사례[대판 2012.12.13. 2010도10515].

③ 행 위 : 횡령하거나 반환을 거부하는 것이다.

㉮ 횡령 또는 반환거부란 재물에 대한 불법영득의사를 객관적으로 인식할 수 있도록 표현하는 행위를 말한다. 법률행위(예 매매, 담보제공) · 사실행위(예 소비), 작위 · 부작위(예 교도관이 형기만료된 자에게 영치물을 반환하지 않는 경우)를 불문한다.

判例 횡령죄의 '반환의 거부'의 의미와 판단기준

횡령죄에서 '반환의 거부'라고 함은 보관물에 대하여 소유자의 권리를 배제하는 의사표시를 하는 행위를 뜻하므로, 타인의 재물을 보관하는 자가 단순히 반환을 거부한 사실만으로는 횡령죄를 구성하는 것은 아니며, 반환거부의 이유 및 주관적인 의사 등을 종합하여 반환거부행위가 횡령행위와 같다고 볼 수 있을 정도이어야만 횡령죄가 성립한다[대판 1992.11.27. 92도2079], [대판 2013.8.23. 2011도7637].

判例 보관자의 임의처분 행위가 무효인 경우 횡령죄의 성립여부에 관한 비교판례

1-0. **(임의처분 행위가 사법상 무효인 경우 : 횡령죄 성립)** 횡령죄는 다른 사람의 재물에 관한 소유권 등 본권을 그 보호법익으로 하고 본권이 침해될 위험성이 있으면 그 침해의 결과가 발생되지 아니하더라도 성립하는 이른바 위태범이므로, 다른 사람의 재물을 보관하는 사람이 그 사람의 동의 없이 함부로 이를 담보로 제공하는 행위는 불법영득의 의사를 표현하는 횡령행위로서 사법(私法)상 그 담보제공행위가 무효이거나 그 재물에 대한 소유권이 침해되는 결과가 발생하는지 여부에 관계없이 횡령죄를 구성한다[대판 2002.11.13. 2002도2219].

1-1. **(임의처분 행위가 강행규정위반으로 무효인 경우 : 횡령죄 불성립)** 공장저당법에 따라 공장재단을 구성하는 기계를 타인에게 양도담보로 제공하였다 하여도 공장저당법의 강행성에 비추어 위 양도는 무효이므로 양도인이 위 기계에 대하여 다시 근저당권을 설정한 행위는 횡령죄를 구성하지 아니한다[대판 1978.11.28. 75도2713].

判例 단체의 대표자 개인의 변호사 비용을 단체의 비용으로 지출할 수 있는지 여부

원칙적으로 단체의 비용으로 지출할 수 있는 변호사 선임료는 단체 자체가 소송당사자가 된 경우에 한하므로 단체의 대표자 개인이 당사자가 된 민 · 형사사건의 변호사 비용은 단체의 비용으로 지출할 수 없고, 예외적으로 분쟁에 대한 실질적인 이해관계는 단체에게 있으나 법적인 이유로 그 대표자의 지위에 있는 개인이 소송 기타 법적 절차의 당사자가 되었다거나 대표자로서 단체를 위해 적법하게 행한 직무행위 또는 대표자의 지위에 있음으로 말미암아 의무적으로 행한 행위 등과 관련하여 분쟁이 발생한 경우와 같이, 당해 법적 분쟁이 단체와 업무적인 관련이 깊고 당시의 제반 사정에 비추어 단체의 이익을 위하여 소송을 수행하거나 고소에 대응하여야 할 특별한 필요성이 있는 경우에 한하여 단체의 비용으로 변호사 선임료를 지출할 수 있다[대판 2011.9.29. 2011도4677]. [♠13 사시]

判例 횡령죄(업무상 횡령죄)의 성립을 인정한 경우

(1) 법인(단체)의 자금으로 그 구성원의 형사사건에서의 변호사비용을 지급한 경우(횡령죄 성립)

1. 주식회사는 그 구성분자인 주주와 독립된 별개의 권리주체로서 그 이해가 반드시 일치하는 것은 아니므로 주주총회의 의결권에는 스스로 한계가 있고 그 한계를 벗어나는 사항에 대하여서는 비록 그 의결이 있었다 해도 범죄를 구성할 수 있는 것인바, 형사재판을 받는 대표이사의 개인적인 변호사비용과 그의 정신적, 육체적 손해에 대한 보상금을 요양비 또는 퇴직위로금 명목으로 가장하여 회사자금으로 지급하였다면 이는 주식회사 제도의 목적에 비추어 볼 때 주주총회의 결의에 관계없이 횡령에 해당한다[대판 1990.2.23. 89도2466].

   비교판례 i) 법인의 이사를 상대로 한 이사직무집행정지가처분결정이 된 경우, 당해 법인의 업무를 수행하는 이사의 직무집행이 정지당함으로써 사실상 법인의 업무수행에 지장을 받게 될 것은 명백하므로 법인으로서는 그 이사 자격의 부존재가 객관적으로 명백하여 항쟁의 여지가 없는 경우가 아닌 한 위 가처분에 대항하여 항쟁할 필요가 있다고 할 것이고, 이와 같이 필요한 한도 내에서 법인의 대표자가 법인 경비에서 당해 가처분 사건의 피신청인인 이사의 소송비용을 지급하더라도 이는 법인의 업무수행을 위하여 필요한 비용을 지급한 것에 해당하고, 법인의 경비를 횡령한 것이라고는 볼 수 없다[대판 2009.3.12. 2008도10826; 동지 대판 2003.5.30. 2003도1174]. [♠08 사시]

   ii) [1] 상가관리운영위원회의 운영위원장이 그에 대하여 제기된 직무집행정지가처분 신청에 대응하기 위하여 선임한 변호사의 선임료를 상가 관리비에서 지급한 경우 업무상횡령죄가 성립하지 아니한다.
   [2] 법인 자체가 소송당사자가 된 경우에는 원칙적으로 그 소송의 수행이 법인의 업무수행이라고 볼 수 있으므로 그 소송에서 법인이 형식적으로 소송당사자가 되어 있을 뿐 실질적인 당사자가 따로 있고 법인으로서는 그 소송의 결과에 있어서 별다른 이해관계가 없다고 볼 만한 특별한 사정이 없는 한 그 변호사 선임료를 법인의 비용으로 지출할 수 있다[대판 2019.5.30. 2016도5816].

2. 법인의 구성원은 적법한 방법으로 그 법인을 위한 업무를 수행하여야 하므로, 법인의 구성원이 업무수행에 있어 관계 법령을 위반함으로써 형사재판을 받게 되었다면 그의 개인적인 변호사비용을 법인자금으로 지급한다는 것은 횡령에 해당하며, 그 변호사비용을 법인이 부담하는 것이 관례라고 하여도 마찬가지이다[대판 2003.5.30. 2002도235].

3. 재건축조합 조합장이 조합장 개인을 위하여 자신의 위법행위에 관한 형사사건의 변호인을 선임하는 것을 재건축조합의 업무라고 볼 수 없으므로, 그가 재건축조합의 자금으로 자신의 변호사 비용을 지출하였다면 이는 횡령에 해당하고, 위 형사사건의 변호사선임료를 지출함에 있어 이사 및 대의원회의 승인을 받았다 하여도 횡령죄의 성립에 영향을 미치지 아니한다[대판 2006.10.26. 2004도6280]. [♠07 사시]

4. 회사의 대표이사가 자신이 당사자일 뿐만 아니라 자신의 경영권을 방어하기 위한 목적으로 신주를 발행하는 과정에서 저지른 배임행위에 대한 소송을 수행하면서 그 변호사 비용을 회사의 자금으로 지급한 사안에서, 업무상횡령죄의 성립을 인정한 사례[대판 2008.6.26. 2007도9679].

(2) 기타 횡령죄(업무상횡령죄)의 성립을 인정한 경우

1. 양식어업면허권자가 그 어업면허권을 양도한 후 아직도 어업면허권이 자기앞으로 되어 있음을 틈타서 어업권손실보상금을 수령하여 일부는 자기 이름으로 예금하고 일부는 생활비 등에 소비하였다면 이는 횡령죄를 구성한다[대판 1993.8.24. 93도1578].

2. 회사의 대표이사 혹은 그에 준하여 회사 자금의 보관이나 운용에 관한 사실상의 사무를 처리하여 온 자가 회사를 위한 지출 이외의 용도로 거액의 회사 자금을 가지급금 등의 명목으로 인출, 사용함에 있어서 이자나 변제기의 약정이 없음은 물론 이사회 결의 등 적법한 절차도 거치지 아니하는 것은 통상 용인될 수 있는 범위를 벗어나 대표이사 등의 지위를 이용하여 회사 자금을 사적인 용도로 임의로 대여, 처분하는 것과 다름없어 횡령죄를 구성한다고 볼 수 있다[대판 2006.4.27. 2003도135].

3. 피고인이 동업약정에 따라 주택건축사업 등을 목적으로 하는 주식회사를 설립하고 그 사업을 공동으로 영위하기 위하여 자신이 매수한 토지를 위 회사에 출자하였음에도, 토지의 매수자금에 상당하는 금액이 위 회사의 회계장부상 피고인으로부터의 단기차입금으로 계상되어 있다는 이유만으로 다른 동업자들의 반대에 불구하고 위 회사 명의로 금융기관에 예치중인 돈을 임의로 인출하여 자신의 채무변제에 사용한 행위는 업무상횡령죄를 구성한다[대판 2005.4.15. 2003도7773].

4. 사회복지법인의 이사가 설립자를 대리하여 선교지원금 명목의 금원을 수령하고, 그 금원에 대하여 설립자 개인 명의로 영수증을 작성한 후 그 현금 3억원을 자신의 집 물탱크 안에 보관하고 있었다면 위 금원에 대한 업무상횡령죄가 성립한다[대판 2005.5.26. 2004도1925].

5. 타인을 위하여 금전 등을 보관·관리하는 자가 개인적 용도로 사용할 자금을 마련하기 위하여, 적정한 금액보다 과다하게 부풀린 금액으로 공사계약을 체결하기로 공사업자 등과 사전에 약정하고 그에 따라 과다 지급된 공사대금 중의 일부를 공사업자로부터 되돌려 받는 행위는 그 타인에 대한 관계에서 과다하게 부풀려 지급된 공사대금 상당액의 횡령이 된다[대판 2015.12.10. 2013도13444].

判例 횡령죄(업무상횡령죄)의 성립을 부정한 경우

1. 회사가 신주를 발행하여 실제로는 타인으로부터 제3자 명의로 자금을 빌려 자기의 계산으로 신주를 인수하면서도 제3자 명의를 차용한 경우, 이는 상법 등에서 허용하지 않는 자기주식의 취득에 해당하므로 회사의 신주인수행위는 무효라고 보아야 할 것이지만, 신주인수대금의 납입을 위하여 회사가 제3자 명의로 금원을 차용한 행위의 효력은 부정할 수가 없고 그 차용원리금의 상환의무는 회사가 부담한다고 보아야 하므로, 회사의 대표이사가 가지급금의 형식으로 회사의 자금을 인출하여 위 차용원리금 채무의 변제에 사용하였다고 하더라도 이는 업무상횡령죄에 해당한다고 볼 수 없다[대판 2005.2.18. 2002도2822].

2. 사찰창건 이래 사찰재산에 대한 관리처분권한이 부여되어 사찰의 운영을 책임지고 있었던 자가 병원치료비와 장학금지급 등을 위하여 사찰재산을 사용하였다 하더라도 업무상횡령죄에 해당되지 아니한다[대판 2001.5.8. 99도4699].

㉯ 기수시기

判例 횡령죄의 기수시기

1. **(표현설의 입장)** 횡령죄에 있어서의 행위자는 이미 타인의 재물을 점유하고 있으므로 점유를 자기를 위한 점유로 변개하는 의사를 일으키면 곧 영득의 의사가 있었다고 할 수 있지만, 단순한 내심의 의사만으로는 횡령행위가 있었다고 할 수 없고 영득의 의사가 외부에 인식될 수 있는 객관적 행위가 있을 때 횡령죄가 성립한다[대판 1993.3.9. 92도2999]. [♠ 00 사시]

   동지판례 [1] 피고인이 피해자와 수출용포리에스텔 죠오셋트 임직계약을 체결하고 그 원료인 원사를 공급받아 보관 중 임의로 죠오셋트가 아닌 시판용 이태리 깔깔이를 제직하여 타에 판매할 의사로 위 원사를 연사한 경우에는 횡령죄의 기수가 된다.
   [2] 피고인이 자기의 점유하에 있는 피해자 소유의 원사에 대해서 불법영득의 의사로 연사의 가공행위를 한 이상 그 불법영득의 의사가 객관적으로 외부에 표현된 것이라고 보겠으므로 이로써 횡령죄는 기수가 된다고 할 것이다[대판 1981.5.26. 81도673].

2. **(실현설의 입장 – 명의수탁자의 임의 처분의 경우)** 타인소유의 부동산을 보관 중인 명의수탁자가 위 신탁관계에 위반하여 이를 담보로 제공하고 근저당권을 설정하는 경우에는 후에 이를 반환하였는지 여부에 관계없이 위 부동산에 관한 근저당권설정등기를 마치는 때에 위 부동산에 관한 횡령죄의 기수가 된다[대판 1985.9.10. 85도86].

判例 횡령죄의 기수에 해당하지 않는 경우(미수 인정)

[1] 횡령죄는 소유권 등 본권이 침해될 위험이 있으면 그 침해의 결과가 발생하지 않더라도 성립하는 위험범인데, 여기서 위험범이라는 것은 횡령죄가 개인적 법익침해를 전제로 하는 재산범죄임을 감안할 때 단순히 사회 일반에 대한 막연한 추상적 위험이 발생하는 것만으로는 부족하고 소유자의 본권 침해에 대한 구체적 위험이 발생하는 수준에 이를 것을 요하기 때문에 이러한 단계에 있지 않은 경우에는 횡령죄의 미수범의 책임을 진다.
[2] 피고인이 피해자로부터 위탁받아 식재·관리하여 오던 나무들을 피해자 모르게 제3자에게 매도하는 계약을 체결하고 제3자로부터 계약금을 수령한 상태에서 피해자에게 적발되어 위 계약이 더 이행되지 아니하고 무위로 그친 경우, 피고인의 행위는 횡령기수가 아니라 횡령미수에 해당한다[대판 2012.8.17. 2011도9113]. [♠ 15 사시] [♣ 23 변시]

(2) 주관적 구성요건

고의와 불법영득의사가 있어야 한다.

判例 횡령의 고의가 부정된 경우

1. 상호신용금고의 경영자가 장부상 직원들의 봉급을 인상한 것처럼 하여 실제로는 종전과 같은 액수를 지급하면서 그 차액으로 회사의 부외부채를 변제한 경우, 이는 회사의 채무를 변제한 것이

어서 횡령의 범의가 있었다고 볼 수 없다[대판 1986.6.24. 86도538].

2. 양도담보권자와 채무자 사이에 변제할 채무액에 관하여 다툼이 있었다면 채무가 잔존한 것으로 믿고 담보부동산을 처분한 양도담보권자에게 위 부동산에 관한 횡령의 범의가 있다고 볼 수 없고, 그가 담보부동산을 처분한 후 정산의무를 이행하지 아니한 것만으로는 범죄행위가 되지 아니한다[대판 1992.7.14. 92도279].
3. 甲이 A와의 동업관계가 실제로 종료되어 동업관계를 끝낸 후에 그 관계종료를 믿고, 甲 혼자서 동업관계에 따라 매수한 부동산의 전매 및 관리를 도맡아 처리하면서 그에 따른 금전을 임의로 소비한 경우 횡령의 범의가 있었다고 볼 수 없다[대판 1985.8.13. 85도1230].

判例 횡령죄에서 불법영득의사의 의의와 재물영득 후 반환한 경우 불법영득의사의 인정여부(인정)

횡령죄에 있어서 불법영득의 의사라 함은 자기 또는 제3자의 이익을 꾀할 목적으로 임무에 위배하여 보관하는 타인의 재물을 자기의 소유인 경우와 같이 처분을 하는 의사를 말하고, 사후에 이를 반환하거나 변상·보전하는 의사가 있다 하더라도 불법영득의 의사를 인정함에는 지장이 없는 것이고, 그와 같이 사후에 변상하거나 보전한 금액을 횡령금액에서 공제해야 하는 것도 아니다. 따라서 주식회사의 대표이사가 자신의 다른 횡령사실을 감추기 위한 목적으로 가공의 공사대금을 지급한 것처럼 허위로 회계처리하면서 가공의 공사대금에 대한 부가가치세 명목으로 회사 자금을 임의로 지출한 경우에는 그로써 횡령죄는 기수에 이른다. 그 후에 그 지출액 상당을 매입세액으로 환급받아 회사에 다시 입금하였다고 하더라도 이미 성립한 횡령죄에 영향을 미치지 아니한다[대판 2008.11.13. 2006도4885; 동지 대판 2005.8.9. 2005도3045], [대판 2012.1.27. 2011도14247]. [♠12 사시]

동지판례 ⅰ) 대표이사가 회사에 귀속된 대출금을 인출하여 임의로 사용한 행위는 업무상횡령에 해당하고, 그 후 개인자금으로 대출금 상당액을 상환하였다는 등의 사정은 범죄 성립에 영향을 미치지 아니한다[대판 2010.5.27. 2010도369].
ⅱ) 횡령의 범행을 한 자가 물건의 소유자에 대하여 별도의 금전채권을 가지고 있었다고 하더라도 횡령 범행 전에 상계 정산하였다는 등 특별한 사정이 없는 한 그러한 사유만으로 이미 성립한 업무상횡령죄에 영향을 미칠 수는 없다[대판 2014.5.16. 2013도15895].

判例 불법영득의사가 인정되기 위한 영득의 주체(보관자 자신 또는 제3자)

1. 업무상횡령죄에 있어서 불법영득의 의사라 함은 타인의 재물을 보관하는 자가 자기 또는 제3자의 이익을 꾀할 목적으로 업무상의 임무에 위배하여 보관하는 타인의 재물을 자기의 소유인 경우와 같이 사실상 또는 법률상 처분하는 의사를 의미하므로, 반드시 자기 스스로 영득하여야만 하는 것은 아니다[대판 2015.9.10. 2014도12619].
2. 보관자가 자기 또는 제3자의 이익을 위한 것이 아니라 소유자의 이익을 위하여 이를 처분한 경우에는 특별한 사정이 없는 한 불법영득의 의사를 인정할 수 없다[대판 2017.2.15. 2013도14777].

判例 비자금 조성과 불법영득의사의 인정여부

법인의 운영자 또는 관리자가 법인의 자금을 이용하여 비자금을 조성하였다고 하더라도 그것이 당해 비자금의 소유자인 법인 이외의 제3자가 이를 발견하기 곤란하게 하기 위한 장부상의 분식에 불과하거나 법인의 운영에 필요한 자금을 조달하는 수단으로 인정되는 경우에는 불법영득의 의사를 인정하기 어렵다. 다만 법인의 운영자 또는 관리자가 법인을 위한 목적이 아니라 법인과는 아무런 관련이 없거나 개인적인 용도로 착복할 목적으로 법인의 자금을 빼내어 별도로 비자금을 조성하였다면 그 조성행위 자체로써 불법영득의 의사가 실현된 것으로 볼 수 있다[대판 2010.12.9. 2010도11015].

判例 불법영득의사가 인정된 경우

1. 타인으로부터 용도가 엄격히 제한된 자금을 위탁받아 집행하면서 그 제한된 용도 이외의 목적으로 자금을 사용하는 것은 그 사용이 개인적인 목적에서 비롯된 경우는 물론 결과적으로 자금을 위탁한 본인을 위하는 면이 있더라도 그 사용행위 자체로서 불법영득의 의사를 실현한 것이 되어 횡령죄가 성립한다[대판 2008.2.29. 2007도9755; 동지 대판 2000.3.14. 99도4923], [동지 대판 1999.7.9. 98도4088]. [♠ 05 사시] [♣ 12 변시]

   비교판례 단체의 대표자가 단체를 위하여 자금을 지출하면서 법령의 규정 또는 단체 내부 규정으로 그 자금의 용도가 엄격하게 제한된 것이 아닐 뿐 아니라 그 자금을 집행하기 위한 단체 내부의 정상적인 절차를 거쳤다면, 본래 사용될 이외의 목적으로 자금을 지출하였다는 사정만으로 그 지출행위에 불법영득의사가 있었다고 단정할 수 없다[대판 2013.2.15. 2011도13606].

2. 회사의 공동대표이사가 회사의 공금을 기분풀이 하기 위하여 술을 마시고 술값으로 지급하고, 잡비로 소비하였다면 이는 불법영득의 의사가 있는 것이라고 하지 않을 수 없다[대판 1986.7.8. 85도2212].
3. 회사의 대표이사가 보관 중인 회사 재산을 처분하여 그 대금을 정치자금으로 기부한 경우 그것이 회사의 이익을 도모할 목적으로 합리적인 범위 내에서 이루어졌다면 그 이사에게 횡령죄에 있어서 요구되는 불법영득의 의사가 있다고 할 수 없을 것이나, 그것이 회사의 이익을 도모할 목적보다는 후보자 개인의 이익을 도모할 목적이나 기타 다른 목적으로 행하여졌다면 그 이사는 회사에 대하여 횡령죄의 죄책을 면하지 못한다[대판 2005.5.26. 2003도5519]. [♠ 13 사시]
4. 보석가게를 운영하는 피고인이 손님이 요구하는 다이아몬드가 자신의 가게에 구비되어 있지 않자, 타인의 보석가게에서 다이아몬드 1개를 잠시 빌려왔으나 거래가 성사되지 않았다면 피고인은 위 다이아몬드 대금이나 다이아몬드 자체를 피해자에게 반환하여야 할 횡령죄 소정의 '타인의 재물을 보관하는 자'의 지위에 있다 할 것인바, 그와 같은 지위에 있는 피고인이 피해자로부터 다이아몬드를 교부받은 사실조차 부인하는 이상, 피고인의 위 다이아몬드에 대한 불법영득의사가 객관적으로 외부에 드러났다 할 것이다[대판 2002.3.29. 2001도6550].
5. 피고인이 금전의 수수를 수반하는 부동산의 매도에 관한 사무의 위탁의 취지에 반하여 부동산의 매매계약금으로 수령한 돈을 자신의 피해자에 대한 채권의 변제에 충당한다는 명목으로 그 반환을 거부하면서 자기의 소유인 것 같이 이를 처분하였다면 피고인이 위 매매계약금의 반환을

거부한 데에는 정당한 사유가 있다고 할 수 없어 불법영득의 의사가 인정된다[대판 2004.3.12. 2004도134].

6. 회사가 기업활동을 하면서 형사상의 범죄를 수단으로 하여서는 안 되므로 뇌물공여를 금지하는 법률 규정은 회사가 기업활동을 할 때 준수하여야 하고, 따라서 회사의 이사 등이 업무상의 임무에 위배하여 보관 중인 회사의 자금으로 뇌물을 공여하였다면 이는 오로지 회사의 이익을 도모할 목적이라기보다는 뇌물공여 상대방의 이익을 도모할 목적이나 기타 다른 목적으로 행하여진 것이라고 보아야 하므로, 그 이사 등은 회사에 대하여 업무상횡령죄의 죄책을 면하지 못한다. 그리고 특별한 사정이 없는 한 이러한 법리는 회사의 이사 등이 회사의 자금으로 부정한 청탁을 하고 배임증재를 한 경우에도 마찬가지로 적용된다[대판 2013.4.25. 2011도9238].

判例 불법영득의사가 인정되지 않은 경우

1. 회사에 대하여 개인적인 채권을 가지고 있는 대표이사가 회사를 위하여 보관하고 있는 회사 소유의 금전으로 자신의 채권의 변제에 충당하는 행위는 회사와 이사의 이해가 충돌하는 자기거래행위에 해당하지 않는다고 할 것이므로, 대표이사가 이사회의 승인 등의 절차 없이 그와 같이 자신의 회사에 대한 채권을 변제하였더라도 이는 대표이사의 권한 내에서 한 회사채무의 이행행위로서 유효하며, 따라서 그에게는 불법영득의 의사가 인정되지 아니하여 횡령죄의 죄책을 물을 수 없다[대판 1999.9.2. 98도2296; 동지 대판 2002.7.26. 2001도5459]. [♠ 08, 15 사시]
2. 종중의 이사들이 보험회사에 예치된 종중의 금원 중 일부를 인출하여 종중의 임원 등에게 대여하는 데 동의한 경우 종중규약상 종중원에 대한 종중재산의 대여를 금지하는 규정이 없고 위 종중원들이 위 금원에 대하여 보험회사에서 지급되는 금리 이상의 이자를 지급할 것을 조건으로 하였다면 위 동의 속에 불법영득의 의사 즉 종중재산을 보관하는 자가 그 위탁의 취지에 반하여 자기 또는 제3자의 이익을 위하여 이를 자기의 소유인 것 같이 처분하려는 의사가 있었다고 볼 수 없다[대판 1992.5.22. 92도564].
3. 보관자의 지위에 있는 등기명의자가 명의이전을 거부하면서 부동산의 진정한 소유자가 밝혀진 후에 명의이전을 하겠다는 의사를 표시하였다면 불법영득의 의사를 가지고 그 반환을 거부한 것이라고 단정할 수 없다[대판 2002.9.4. 2000도637].
4. **(가장납입금을 인출한 경우)** 회사의 경영자가 주금을 납입하고 인출할 당시에 그의 주관적 의사는 단지 회사설립요건을 갖출 의도하에 편의상 주금이 납입된 것과 같은 외관을 일시적으로 만들어 내고자 하는 것에 불과하고 회사 소유의 금원을 회사의 목적 외의 용도에 임의로 사용하고자 하는 것은 아니므로, 이에 대하여 상법상 주금가장납입죄가 성립함은 별론으로 하고 그 자금의 인출행위에 회사 재산에 대한 불법영득 의사를 인정할 수 없어 업무상횡령죄가 성립한다고 볼 수 없다[대판 2003.8.22. 2003도2807; 동지 대판 2009.6.25. 2008도10096].
5. **(실질상 가장납입금을 인출한 경우)** 甲 주식회사의 사실상 경영자인 피고인이, 乙에게서 돈을 차용하여 가장납입의 방법으로 甲 회사의 유상증자에 참여한 후 乙이 납입한 주금 해당액을 바로 인출하여 자기앞수표로 반환하였는데, 이후 회계감사에 대비하여 위 수표를 乙에게서 잠시 돌려받아 甲 회사 계좌에 입금한 뒤 다시 해당 금액을 인출하여 변제한 경우, 피고인이 주금 가장납입의 방법에 의한 납입금에 해당하는 금액을 자기앞수표로 인출한 것이 甲 회사에 실질적으

로 귀속되는 회사 자금의 횡령행위라고 볼 수 없으며, 나아가 회계감사에 대비하여 수표를 甲 회사에 일시 반환하도록 하였다가 다시 인출하여 돌려준 사정만으로는 위 돈이 甲 회사에 실질적으로 귀속된 것으로 볼 수 없고, 오히려 위 인출 및 반환과 재인출 경위에 비추어 이는 즉시 반환이 예정된 일시 차용에 불과하여 그 실질은 위 가장납입금의 당초 약정에 따른 종국적 인출행위라고 보는 것이 타당하므로, 피고인에게 甲 회사의 돈을 임의로 유용한다는 불법영득의사가 존재한다고 볼 수 없다[대판 2011.9.8. 2011도7262]. [♠13 사시]

6. **(소유자의 이익을 위하여 재물을 처분한 경우)** 보관자가 자기 또는 제3자의 이익을 위하여 소유자의 이익에 반하여 재물을 처분한 경우에는 재물에 대한 불법영득의사를 인정할 수 있으나, 그와 달리 소유자의 이익을 위하여 재물을 처분한 경우에는 특별한 사정이 없는 한 그 재물에 대하여는 불법영득의사를 인정할 수 없다[대판 2016.8.30. 2013도658].

7. **(중요) (반환거부에 정당한 이유가 있는 경우)** [1]형법 제355조 제1항에서 정하는 '반환의 거부'란 보관물에 대하여 소유자의 권리를 배제하는 의사표시를 하는 행위를 뜻하므로, '반환의 거부'가 횡령죄를 구성하려면 타인의 재물을 보관하는 자가 단순히 반환을 거부한 사실만으로는 부족하고 반환거부의 이유와 주관적인 의사들을 종합하여 반환거부행위가 횡령행위와 같다고 볼 수 있을 정도이어야 한다. 횡령죄에서 불법영득의 의사는 타인의 재물을 보관하는 자가 그 취지에 반하여 정당한 권원 없이 스스로 소유권자와 같이 이를 처분하는 의사를 말하므로 비록 반환을 거부하였더라도 반환거부에 정당한 이유가 다면 불법영득의 의사가 있다고 할 수 없다.

   [2] 주류업체 甲 주식회사의 사내이사인 피고인이 피해자를 상대로 주류대금 청구소송을 제기한 민사 분쟁 중 피해자가 착오로 피고인이 관리하는 甲 회사 명의 계좌로 금원을 송금하여 피고인이 이를 보관하게 되었는데, 피고인은 피해자로부터 위 금원이 착오송금된 것이라는 사정을 문자메시지를 통해 고지받아 위 금원을 반환해야 할 의무가 있었음에도, 피해자와 상계 정산에 관한 합의 없이 피고인이 주장하는 주류대금 채권액을 임의로 상계 정산한 후 반환을 거부하여 횡령죄로 기소된 사안에서, 어떤 예금계좌에 금원이 착오로 잘못 송금되어 입금된 경우 수취인과 송금인 사이에 신의칙상 보관관계가 성립하기는 하나, 특별한 사정이 없는 한 이러한 이유만으로 송금인이 착오로 송금한 금전이 위탁자가 목적과 용도를 정하여 명시적으로 위탁한 금전과 동일하다거나, 송금인이 수취인에게 금원의 수수를 수반하는 사무처리를 위임하였다고 보아 수취인의 송금인에 대한 상계권 행사가 당초 위임한 취지에 반한다고 평가할 수는 없는 점, 관련 민사사건의 진행경과에 비추어 甲 회사가 반환거부 일시경 피해자에 대하여 반환거부 금액에 상응하는 물품대금채권을 보유하고 있었던 것으로 보이는 점, 피고인은 착오송금된 금원 중 甲 회사의 물품대금채권액에 상응한 금액을 제외한 나머지는 송금 다음 날 반환하였고, 나머지에 대해서도 반환을 요청하는 피해자에게 甲 회사의 물품대금채권을 자동채권으로 하여 상계권을 행사한다는 의사를 충분히 밝힌 것으로 보여, 피고인이 불법영득의사를 가지고 반환을 거부한 것이라고 단정하기 어려운 점을 종합하면, 피고인이 피해자의 착오로 甲 회사 명의 계좌로 송금된 금원 중 甲 회사의 피해자에 대한 채권액에 상응하는 부분에 관하여 반환을 거부한 행위는 정당한 상계권의 행사로 볼 여지가 있으므로, 피고인의 반환거부행위가 횡령행위와 같다고 보아 불법영득의사를 인정한 원심판결에 법리오해의 잘못이 있다고 한 사례[대판 2022.12.29. 2021도2088].

判例 불법영득의사의 입증에 관한 판례정리

1. 불법영득의 의사에 관한 입증책임은 어디까지나 검사에게 있는 것이므로, 임직원이 판공비 등을 불법영득의 의사로 횡령한 것으로 인정하려면 판공비 등이 업무와 관련 없이 개인적인 이익을 위하여 지출되었다거나 또는 업무와 관련되더라도 합리적인 범위를 넘어 지나치게 과다하게 지출되었다는 점이 증명되어야 할 것이고, 단지 판공비 등을 사용한 임직원이 그 행방이나 사용처를 제대로 설명하지 못하거나 사후적으로 그 사용에 관한 증빙자료를 제출하지 못하고 있다고 하여 함부로 불법영득의 의사로 이를 횡령하였다고 추단하여서는 아니된다[대판 2010.6.24. 2007도5899].

비교판례 주식회사의 대표이사가 회사 자금을 인출하여 사용하였는데 그 사용처에 관한 증빙자료를 제시하지 못하고 있고 그 인출사유와 자금의 사용처에 관하여 납득할 만한 합리적인 설명을 하지 못하고 있다면, 이 부분은 그가 불법영득의 의사로 회사 자금을 인출하여 개인적 용도로 사용한 것으로 추단할 수 있다[대판 2015.1.15. 2014도9691].

판례해설 기본판례는 '판공비 사용'이고, 비교판례는 '회사자금 인출 사용'이라는 점에서 차이가 있다.

2. 피고인들이 보관 · 관리하고 있던 회사의 비자금이 인출 · 사용되었음에도 피고인들이 그 행방이나 사용처를 제대로 설명하지 못하거나, 피고인들이 주장하는 사용처에 사용된 자금이 그 비자금과는 다른 자금으로 충당된 것으로 드러나는 등 피고인들이 주장하는 사용처에 비자금이 사용되었다는 점을 인정할 수 있는 자료가 부족하고 오히려 피고인들이 비자금을 개인적인 용도에 사용하였다는 점에 대한 신빙성 있는 자료가 많은 경우 등에는 피고인들이 그 돈을 불법영득의 의사로써 횡령한 것이라고 추단할 수 있다[대판 2012.8.23. 2011도14045]. [♣ 16 변시]

判例 금원의 전용과 관련하여 불법영득의사가 인정되는 경우

1. **(학교법인의 교비회계 전용)** [1] 보조금의 예산 및 관리에 관한 법률의 규정 취지에 비추어 보면, 위 법률에 의한 국가보조금은 그 용도가 엄격히 제한된 자금으로 봄이 상당하므로, 사립학교에서 이를 전용하여 학교법인의 수익용 자산 취득비용으로 사용한 경우, 횡령죄가 성립한다.
[2] 사립학교의 경우, 사립학교법 제29조 및 같은법 시행령에 의해 학교법인의 회계가 학교회계와 법인회계로 구분되고 학교회계 중 특히, 교비회계에 속하는 수입은 다른 회계에 전출하거나 대여할 수 없는 등 용도가 엄격히 제한되어 있기 때문에 교비회계자금을 다른 용도에 사용하였다면 그 자체로서 횡령죄가 성립한다[대판 2004.12.24. 2003도4570; 동지 대판 2005.9.28. 2005도3929].

동지판례 i) 교육인적자원부장관으로부터 학교 캠퍼스 이전승인의 조건으로 법인부담금을 부담하게 된 학교법인이, 교비회계 자금을 수당지급과 기부금모집 등의 방법을 가장하여 법인회계로 전출한 사안에서, 업무상횡령죄의 성립을 긍정한 사례[대판 2010.3.11. 2009도6482]. ii) 수개의 학교법인을 운영하는 자가 각 학교법인의 금원을 다른 학교법인을 위하여 사용한 경우[대판 2000.12.8. 99도214]. [♠ 07 사시] iii) 甲 학교의 교비회계자금을 같은 학교법인에 속하는 乙 학교의 교비회계에 사용한 경우[대판 2002.5.10. 2001도1779]. [♠ 05 사시] iv) 학교법인 이사장인 피고인이 산하 대학의 건물 중 일부를 정관 기타 규정상 근거 없이 주거용으로 사용하다가 거실 확장 공사 및 인테리어 공사를 한 후 그 공사대금을 대학 교비회계에 속하는 수입으로 지급하게 한 경우, 위 비용 지출은 학교의 교육에 직접 필요한 용도가 아닌 다른 용도에 교비회계자금을 사용한 것이어서 사립학교법상 허용되는 교비회계의 세출에 포함되지 않으므로 횡령죄가 성립한다[대판 2012.5.10. 2011도12408].

2. **(회사자금의 용도외 사용)** 회사의 경영자가 자금을 지출함에 있어 그 자금의 용도가 엄격히 제한되어 있는 경우 그 용도 외의 사용은 그것이 회사를 위한 것이라도 그 사용행위 자체로서 불법영득의 의사를 실현한 것이라 할 것이다[대판 1997.4.22. 96도8].

동지판례 i) 집합건물의 관리회사가 구분소유자들로부터 특별수선충당금의 명목으로 금원을 납부받아 보관하던 중 이를 일반경비로 사용한 경우 횡령죄를 구성한다[대판 2004.5.27. 2003도6988]. [♠ 05 사시] ii) 임대인 회사 대표이사가 임차인으로부터 수도요금 등 납부라는 특정한 목적으로 위탁받은 돈을 은행대출이자 용도 등으로 임의 소비한 경우, 횡령죄가 성립한다[대판 2008.10.9. 2008도3787].

3. **(보관금의 용도외 사용)** 주상복합상가의 매수인들로부터 우수상인유치비 명목으로 금원을 납부받아 보관하던 중 그 용도와 무관하게 일반경비로 사용한 경우 횡령죄를 구성한다[대판 2002.8.23. 2002도366].

동지판례 학교법인 이사장인 피고인이, 학교법인이 설치·운영하는 대학 산학협력단이 용도를 특정하여 교부받은 보조금 중 3억 원을 대학 교비계좌로 송금하여 교직원 급여 등으로 사용한 사안에서, 위 행위는 국고보조금으로 교부된 산학협력단 자금을 지정된 용도 외의 용도에 사용한 것으로서 업무상횡령죄에 해당한다고 본 원심판단을 수긍한 사례[대판 2011.10.13. 2009도13751]. [♠ 13 사시]

判例 금원의 전용과 관련하여 불법영득의사가 부정된 경우

1. [1] 예산을 집행할 직책에 있는 자가 자기 자신의 이익을 위한 것이 아니고 경비부족을 메꾸기 위하여 예산을 전용한 경우라면, 그 예산의 항목유용 자체가 위법한 목적을 가지고 있다거나 예산의 용도가 엄격하게 제한되어 있는 경우는 별론[7]으로 하고 그것이 본래 책정되거나 영달되어 있어야 할 필요경비이기 때문에 일정한 절차를 거치면 그 지출이 허용될 수 있었던 때에는 그 간격을 메우기 위한 유용이 있었다는 것만으로 바로 그 유용자에게 불법영득의 의사가 있었다고 단정할 수는 없다.

   [2] 법인의 대표자가 법인의 예비비를 전용하여 기관운영판공비, 회의비 등으로 사용한 경우, 이사회에서 사전에 예비비의 전용결의가 이루어지지 아니하였다는 사정만으로 불법영득의 의사를 단정할 수 없다[대판 2002.2.5. 2001도5439].

2. 사립학교에 있어서 학교교육에 직접 필요한 시설, 설비를 위한 경비 등과 같이 원래 교비회계에 속하는 자금으로 지출할 수 있는 항목에 관한 차입금을 상환하기 위하여 교비회계 자금을 지출한 경우, 이러한 차입금 상환행위에 관하여 교비회계 자금을 임의로 횡령하고자 하는 불법영득의 의사가 있다고 보기는 어렵고, 만일 그 행위자가 이러한 차입을 하거나 지출을 하는 과정에서 사립학교법의 관련 규정을 제대로 준수하지 아니하였다면 이에 대하여 사립학교법에 따른 형사적 제재 등이 부과될 수 있을 뿐이다[대판 2006.4.28. 2005도4085].

---

7) '장흥군 사회단체보조금 지원에 관한 조례' 등의 규정에 비추어 위 조례상의 보조금은 그 용도가 엄격히 제한된 자금으로 보아야 하고, 위와 같은 보조금을 집행할 직책에 있는 자가 자기 자신의 이익을 위한 것이 아니고 경비부족을 메우기 위하여 보조금을 전용하였더라도, 업무상횡령죄의 '불법영득의사'를 부인할 수 없다[대판 2010.9.30. 2010도987].

判例 불법영득의사가 인정되는 범위

[1] 오피스텔 등 신축·분양사업의 시행사인 甲 주식회사와 시공사인 乙 주식회사가 동업계약을 체결하여 조합을 구성하였는데, 甲 회사의 대표이사인 피고인이 조합 사업과 관련된 부가가치세를 납부한 후 돌려받은 환급금을 공동 운영계좌에 입금하지 않고 개인적인 용도에 임의로 사용하였다면, 위 부가가치세 환급금은 동업재산이므로 甲 회사와 乙 회사의 이익분배비율과 관계없이 그 전액에 대하여 횡령죄의 죄책을 부담한다.
[2] 오피스텔 등 신축·분양사업의 시행사인 甲 주식회사와 시공사인 乙 주식회사가 동업계약을 체결하여 조합을 구성하였는데, 甲 회사의 대표이사인 피고인이 조합 사업과 관련된 부가가치세 환급금 등을 동업재산에 귀속시키지 않고 甲 회사 운영자금 등에 임의로 사용하였다고 하더라도, 피고인이 위 돈을 조합 사업과 직·간접적으로 관련된 비용에 지출하였다면 그 전부에 대하여 횡령죄의 죄책을 부담한다고 볼 수 없다[대판 2011.5.26. 2011도1904].

3. 공범관계

判例 횡령죄의 공동정범 인정여부에 대한 비교판례

1-0. **(인정 : 적극가담의 경우)** 주식회사의 재산을 임의로 처분하려는 대표이사의 횡령행위를 주선하고 그 처분행위를 적극적으로 종용한 경우에는 대표이사의 횡령행위에 가담한 공동정범의 죄책을 면할 수 없다[대판 2005.8.19. 2005도3045].

1-1. **(부정 : 단순 악의의 경우)** 채권자가 채무자로부터 채권확보를 위하여 담보물을 제공받을 때 그 물건이 채무자가 보관 중인 타인의 물건임을 알았다고 하여도 그것만으로 채권자가 채무자의 불법영득행위인 횡령행위에 공모가담한 것으로 단정할 수 없다[대판 1992.9.8. 92도1396], [대판 2002.6.14. 2001도3534].

동지판례 부동산의 수탁자가 신탁자의 승낙없이 매각처분함으로써 횡령죄가 성립하는 경우에 매수인이 그 정을 알고 있었다 하더라도 수탁자와 짜고 불법영득할 것을 공모한 것이 아닌한 그 횡령죄의 공동정범이 되지 아니한다[대판 1979.11.27. 79도2410]. [♣ 16 변시]

4. 죄 수[8)]

判例 횡령죄의 포괄일죄에 해당하는 경우

상공회의소 회장인 피고인이 상공회의소 전무이사인 원심 공동피고인과 경리부장에게 지시하여 약 70일 사이에 4회에 걸쳐 상공회의소의 공금 합계 14억원을 원심 공동피고인의 계좌로 송금하게 한 후 피고인이 개인용도로 유용한 경우, 위 4회의 횡령행위를 통틀어 특정경제범죄 가중처벌 등에 관한 법률 위반(횡령)죄로 의율하여 처단한 것은 정당하고, 피고인이 횡령한 금원을 반환한 후

---

8) 위탁관계의 수를 기준으로 결정한다.

다시 횡령하는 행위를 반복하였다고 하여 포괄일죄의 성립에 지장이 있거나, 피고인이 횡령행위로 취득한 재물의 가액이 줄어드는 것이라고는 볼 수 없다[대판 2006.6.2. 2005도3431].

判例 횡령죄와 타죄와의 관계

1. **(명의수탁자가 자기소유라고 속이고 제3자에게 처분한 경우 : 횡령죄 O, 사기죄 ×)** 명의신탁된 종중소유의 토지를 그 개인의 소유라고 거짓말을 해서 타에 매도하고 대금을 받았다 하여도 이는 횡령죄에 해당하고 사기죄가 되지 아니한다[대판 1970.9.29. 70도1668].
2. **(자기점유 · 타인소유물을 기망에 의하여 횡령한 경우 : 횡령죄 O, 사기죄 ×)** 사기죄는 타인이 점유하는 재물을 그의 처분행위에 의하여 취득함으로써 성립하는 죄이므로 자기가 점유하는 타인의 재물에 대하여는 이것을 영득함에 기망행위를 한다 하여도 사기죄는 성립하지 아니하고 횡령죄만을 구성한다[대판 1987.12.22. 87도2168]. [♠13 사시]
3. **(횡령죄가 성립할 뿐 강제집행면탈죄가 성립하지 않는 경우)** [1] 수개의 회사 소유 자금을 지분 비율을 알 수 없는 상태로 구분 없이 함께 보관하던 사람이 그 자금 중 일부를 횡령한 경우, 수개의 회사는 횡령된 자금에 대하여 지분 비율을 알 수 없는 공동 소유자의 지위에 있다고 할 것이니 수개의 회사는 모두 횡령죄의 피해자에 해당한다.
   [2] 회사 대표가 계열회사들 소유 자금 중 일부를 임의로 빼돌려 자기 소유 자금과 구분없이 거주지 안방에 보관한 행위는 계열회사들에 대한 횡령행위의 일부를 구성하는 것일 뿐이고 나아가 이를 일률적으로 회사 대표 개인의 채권자들에 대한 강제집행면탈행위로서의 은닉행위로 평가할 수는 없다[대판 2007.6.1. 2006도1813].
4. **(횡령죄가 성립할 뿐 배임수재죄가 성립하지 않는 경우)** 타인을 위하여 금전 등을 보관 · 관리하는 자가 개인적 용도로 사용할 자금을 마련하기 위하여, 적정한 금액보다 과다하게 부풀린 금액으로 공사계약을 체결하기로 공사업자 등과 사전에 약정하고 그에 따라 과다지급된 공사대금 중의 일부를 공사업자로부터 되돌려받는 행위는 그 타인에 대한 관계에서 횡령에 해당한다[대판 2010.5.27. 2010도3399].

Ⅲ. 업무상횡령죄

제356조(업무상 횡령) 업무상의 임무에 위배하여 제355조의 죄(횡령죄)를 범한 자는 10년 이하의 징역 또는 3천만원 이하의 벌금에 처한다.
제359조(미수범) 미수범은 처벌한다.

判例 업무상횡령죄의 보관자로 볼 수 있는 경우

피고인이 등기부상으로 공소외 회사의 대표이사를 사임한 후에도 계속하여 사실상 대표이사 업무를 행하여 왔고 회사원들도 피고인을 대표이사의 일을 하는 사람으로 상대해 왔다면 피고인은 위 회사 소유 금전을 보관할 업무상의 지위에 있다 할 것이다[대판 1982.1.12. 80도1970].

判例 업무상횡령죄가 성립하는 경우

1. 합자회사의 영업에 의하여 수입된 금원은 결산기에 이르러 출자자들에게 이익분배 등 적법하게 처분되기까지는 위 회사의 재산이지 결코 출자사원의 소유라고 할 수 없으므로 피고인과 공소외 甲 2인의 출자사원으로 구성된 합자회사에서 대표사원인 피고인이 회사수입금액을 사용에 소비하였다면 회사의 손익분배를 균등하게 하기로 하였고 그가 소비한 금액이 타사원에게 가불하여준 금액보다 적은 경우라 하더라도 횡령죄의 성립에 아무런 지장이 없다[대판 1982.12.28. 81도863].
2. [1] 주식회사의 주주 겸 대표이사가 장차 신주발행절차에서 자신이 취득하게 될 주식을 타인에게 매도하고자 하면서 다만 양도소득세 등의 부담을 피하기 위해 주식매수인이 회사에 대해 직접 신주를 인수하는 절차를 취한 경우, 회사에 대한 관계에서 신주인수인은 대표이사가 아니라 주식매수인이므로 대표이사가 주식매수인으로부터 받은 주식매매대금은 신주인수대금으로서 이를 보관 중 개인적인 용도로 사용하였다면 횡령죄를 구성한다.
   [2] 주식회사의 대표이사가 타인을 기망하여 회사가 발행하는 신주를 인수하게 한 다음 그로부터 납입받은 신주인수대금을 보관하던 중 횡령한 행위는 사기죄와는 전혀 다른 새로운 보호법익을 침해하는 행위로서 별죄를 구성한다. [♠ 10 사시]
   [3] 주식매도인이 주식매수인에게 주식거래의 목적물이 증자 전의 주식이 아니라 증자 후의 주식이라는 점을 제대로 알리지 않은 것이 사기죄의 기망행위에 해당한다고 본 사례[대판 2006.10.27. 2004도6503].
   판결이유 '주식거래의 목적물이 증자 전의 주식이 아니라 증자 후의 주식'이라는 점은 주식거래 여부나 그 내용을 결정하는 데 중요한 사항이므로 주식매도인인 甲은 주식매수인인 A에게 이를 고지할 의무가 있다.
3. 주식회사의 주식이 사실상 1인의 주주에 귀속하는 1인 회사에 있어서도 회사와 주주는 분명히 별개의 인격이어서 1인 회사의 재산이 곧바로 그 1인 주주의 소유라고 볼 수 없으므로, 피고인이 회사의 사실상 1인 주주라고 하더라도 회사의 금원을 업무상 보관중 이를 임의로 처분한 경우 횡령죄가 성립한다[대판 2010.4.29. 2007도6553]. [♣ 16 변시]
4. 관광지조성사업조합의 조합장인 피고인이 정관에서 정한 절차를 거치지 않고 조합 명의의 계좌에서 급여 명목의 보수를 수령하여 개인 채무 변제 등에 사용함으로써 횡령하였다는 내용으로 기소된 사안에서, 조합 정관인 개발규약이 조합 임원의 보수는 이사회 결의에 따라 지급할 수 있고, 조합 상근임원에 대한 보수는 총회의 인준을 받은 보수규정에 따라야 한다고 규정하고 있음에 비추어, 피고인이 정관에서 정하고 있는 이사회 결의를 거치거나 총회 인준을 받은 보수규정에 따라 보수를 지급받은 것이 아닌 이상 조합에 대하여 보수채권을 주장할 수 없다는 이유로, 피고인이 조합장 직무대행자 또는 조합장으로 근무하여 보수채권을 갖고 있으므로 이사회 결의 등 절차를 거치지 않았더라도 민사상 정산의 문제일 뿐 횡령죄가 성립할 수 없다는 피고인 주장을 배척한 사례[대판 2013.8.30. 2013도2761].

判例 고문의 위촉과 그에 대한 급여 지급이 업무상횡령죄가 성립하기 위한 요건

회사 운영자나 대표 등이 그 내부 절차를 거쳐 고문 등을 위촉하고 급여를 지급한 행위가 업무상횡령으로 인정되기 위해서는 그와 같이 고문 등을 위촉할 필요성이나 정당성이 명백히 결여되거나 그 지급되는 급여가 합리적인 수준을 현저히 벗어나는 경우이어야 한다[대판 2013.6.27. 2012도4848].

判例 업무상횡령죄에 있어서의 불법영득의 의사가 부정되는 경우

예산을 집행할 직책에 있는 자가 자신의 이익을 위한 것이 아니고 경비 부족을 메우기 위하여 예산을 유용한 경우, 그 예산의 항목 유용 자체가 위법한 목적을 가지고 있다거나 예산의 용도가 엄격하게 제한되어 있는 경우는 별론으로 하고 그것이 본래 책정되거나 영달되어 있어야 할 필요경비이기 때문에 일정한 절차를 거치면 그 지출이 허용될 수 있었던 때에는 그 간격을 메우기 위한 유용이 있었다는 것만으로 바로 그 유용자에게 불법영득의 의사가 있었다고 단정할 수는 없다[대판 1995.2.10. 94도2911].

Ⅳ. 점유이탈물횡령죄

제360조(점유이탈물횡령) ① 유실물, 표류물 또는 타인의 점유를 이탈한 재물을 횡령한 자는 1년 이하의 징역이나 300만원 이하의 벌금 또는 과료에 처한다.
② 매장물을 횡령한 자도 전항의 형과 같다.

i) 타인의 점유를 이탈한 것이면 행위자 자신의 점유하에 있는가는 불문한다. ii) 점유이탈물도 타인소유물이어야 한다.

判例 점유이탈물횡령의 고의가 부정된 경우

다른 사람의 유실물인 줄 알면서 당국에 신고하거나 피해자의 숙소에 운반하지 아니하고 자기 친구 집에 운반한 사실만으로서는 점유이탈물횡령의 범의를 인정하기 어렵다[대판 1969.8.19. 69도1078].

判例 불법영득의사가 부정된 경우

자전거를 습득하여 소유자가 나타날 때까지 보관을 선언하고 수일간 보관한 경우에는 영득의 의사가 없었다고 보는 것이 타당할 것이다[대판 1957.7.12. 4290형상104].

제7절 배임의 죄

사실상 재산죄에서 가장 난해한 부분이라고 할 수 있다. 배임죄의 성립요건과 관련하여 타인의 사무처리자인지 여부에 관한 판례, 부동산의 이중매매, 동산의 이중매매의 배임죄의 성립여부 기타 배임수증죄에서 '부정한 청탁'의 의미 및 그 인정여부에 관한 판례가 중요하다. (특히 배임죄의 성립여부에 전합판례는 사례형에도 충실히 대비하여 한다)

Ⅰ. 총 설

1. 의 의

① 배임의 죄란 타인의 사무를 처리하는 자가 그 임무에 위배하는 행위로써 재산상의 이익을 취득하거나 제3자로 하여금 이를 취득하게 하여 본인에게 손해를 가하는 것을 내용으로 하는 범죄이다.

② 보호법익은 전체로서의 재산권이며, 보호의 정도는 다수설은 침해범으로 보나 판례는 위험범으로 보고 있다.

2. 배임죄의 본질

배신설 (판례, 통설)	배임죄의 본질을 신임관계에서 발생한 타인의 재산상의 이익을 보호할 의무를 침해하는 것으로 보는 견해이다. 이 견해에 의하면 ⅰ) 배임죄는 대외관계에 있어서 대리권의 존재를 요하지 않으므로 배임행위는 법률행위 · 사실행위를 불문한다. [♠ 04 사시] ⅱ) 횡령죄와 배임죄는 배신성에서 그 본질을 같이하며 횡령죄는 재물을, 배임죄는 재산상 이익을 객체로 한다는 점에서 차이가 있다. 따라서 양죄는 특별법과 일반법관계에 있다.
권한남용설	배임죄의 본질을 대리권의 남용, 즉 타인의 재산을 처분할 법적 권한을 가진 자가 그 대외적 권한을 행사함에 있어서 대내적 의무를 위배하는 것으로 보는 견해이다. 이 견해에 의하면 ⅰ) 배임행위는 법적 대리권이 있는 자의 법률행위에 제한된다. ⅱ) 횡령죄와 배임죄는 침해방법의 성질에 의하여 구별되어, 횡령은 사실행위에 의하여, 배임은 법률행위에 의하여 성립된다.
사무관리설	타인의 재산을 관리하는 법률상 의무가 있는 자가 그 임무에 위반하는 데 배임죄의 본질이 있다는 견해이다.

判例 배임죄의 주체 요건(대리권의 존재를 요하지 않음, 배신설의 입장)

배임죄에 있어서 타인의 사무를 처리하는 자라 함은 양자간의 신임관계에 기초를 둔 타인의 재산보호 내지 관리의무가 있음을 그 본질적 내용으로 하는 것이므로, 배임죄의 성립에 있어 행위자가 대외관계에서 타인의 재산을 처분할 적법한 대리권이 있음을 요하지 아니한다[대판 1999.9.17. 97도3219].

Ⅱ. 배임죄

제355조(배임) ② 타인의 사무를 처리하는 자가 그 임무에 위배하는 행위로써 재산상의 이익을 취득하거나 제3자로 하여금 이를 취득하게 하여 본인에게 손해를 가한 때에도 전항(횡령죄)의 형과 같다.
제359조(미수범) 미수범은 처벌한다.

1. 의 의

타인의 사무를 처리하는 자가 그 임무에 위배하는 행위로써 재산상의 이익을 취득하거나 제3자로 하여금 이를 취득하게 하여 본인에게 손해를 가함으로써 성립하는 범죄이다.

2. 구성요건

(1) 객관적 구성요건

① 주 체 : 타인의 사무를 처리하는 자이다.

㉮ 사무처리의 근거 : 사무처리의 근거, 즉 신임관계의 발생근거는 법령의 규정(예 친권자, 후견인, 파산관재인), 법률행위(예 위임), 관습 또는 사무관리에 의하여도 발생할 수 있다.

判例 사무처리의 근거(법령, 법률행위, 관습, 사무관리, 사실상의 것도 포함)

1. [1] 사무처리의 근거, 즉 신임관계의 발생근거는 법령의 규정, 법률행위, 관습 또는 사무관리에 의하여도 발생할 수 있으므로, 법적인 권한이 소멸된 후에 사무를 처리하거나 그 사무처리자가 그 직에서 해임된 후 사무인계 전에 사무를 처리한 경우도 배임죄에 있어서의 사무를 처리하는 경우에 해당한다.
[2] 주택조합 정산위원회 위원장이 해임되고 후임 위원장이 선출되었는데도 업무 인계를 거부하고 있던 중 정산위원회를 상대로 제기된 소송의 소장부본 및 변론기일소환장을 송달받고도 그 제소사실을 정산위원회에 알려주지도 않고 스스로 응소하지도 않아 의제자백에 의한 패소확정판결을 받게 한 경우, 업무상배임죄의 성립을 인정한 사례[대판 1999.6.22. 99도1095].

2. [1] 업무상배임죄에서 업무의 근거는 법령, 계약, 관습의 어느 것에 의하건 묻지 않고, 사실상의 것도 포함한다.
[2] 미성년자와 친생자관계가 없으나 호적상 친모로 등재되어 있는 자가 미성년자의 상속재산 처분에 관여한 경우, 배임죄에 있어서 타인의 사무를 처리하는 자의 지위에 있다[대판 2002.6.14. 2001도3534].
동지판례 사실상 학교법인의 경영을 주도하고 업무를 총괄하며 학교자금을 보관·관리하는 업무를 취급하고 있는 학교법인의 이사 겸 학교법인이 설립한 고등학교의 교장이 학교재산에 관한 임대차계약을 체결한 경우, 업무상배임죄의 주체가 될 수 있다[대판 2000.3.14. 99도457].

判例 타인의 사무처리자에 해당되지 않는 경우(법률행위가 당연무효인 경우, 배임죄 불성립)

1. **(첩 계약 사건)** 내연의 처와의 불륜관계를 지속하는 대가로서 부동산에 관한 소유권이전등기를 경료해 주기로 계약한 경우, 위 부동산증여계약은 선량한 풍속과 사회질서에 반하는 것으로 무효이어서 위 증여로 인한 소유권이전등기의무가 인정되지 아니하는 이상 동인이 타인의 사무를 처리하는 자에 해당한다고 볼 수 없어 비록 위 등기의무를 이행하지 않는다 하더라도 배임죄를 구성하지 않는다[대판 1986.9.9. 86도1382]. [♠ 99, 03, 05, 11 사시]
2. **(토지거래허가구역 내의 토지에 대하여 거래허가를 받지 않은 매매계약 사건)** 국토이용관리법 제21조의2에 의하여 지정된 토지의 거래계약 허가구역 안에 있는 토지의 매매에 관하여 같은법 제21조의3 제1항에 의한 토지거래허가를 받은 바 없으므로, 그 매매계약은 채권적 효력도 없는 것이어서 매도인에게 매수인에 대한 소유권이전등기에 협력할 의무가 생겼다고 볼 수 없으므로 매도인을 배임죄의 주체인 타인의 사무를 처리하는 자에 해당한다고 할 수 없고, 허가구역 안에 있는 토지의 거래당사자 사이에 그 허가를 받도록 서로 협력할 의무가 있다고 하더라도 이는 아직 타인의 사무로 볼 수는 없다[대판 1996.2.9. 95도2891], [대판 1996.8.23. 96도1514]. [♠ 03 사시]

㉯ 사무처리의 내용

判例 배임죄의 사무의 성질(타인의 재산의 보호 내지 관리의무가 본질적 내용을 이루고 있는 사무)

배임죄에 있어서 타인의 사무라 함은 신임관계에 기초를 둔 타인의 재산의 보호 내지 관리의무가 있을 것을 그 본질적 내용으로 하는 것으로 타인의 재산관리에 관한 사무를 대행하는 경우를 말하므로, 본건과 같이 공소외인의 대지매도대금수령의 확보책으로 피고인들 소유의 본건 건물의 처분은 공소외인의 사전 승낙아래 하겠다는 특약상의 의무는 단순한 채무에 불과하고 공소외인의 재산관리 내지 보전의 사무라고 할 수 없다고 할 것이다[대판 1983.2.8. 81도3137].

㉰ 사무의 타인성

判例 타인의 사무의 의미

1. 배임죄에서 "타인의 사무처리"로 인정되려면, 타인의 재산관리에 관한 사무의 전부 또는 일부를 타인을 위하여 대행하는 경우와 타인의 재산보전행위에 협력하는 경우라야만 되는 것이고, 단순히 타인에 대하여 채무를 부담함에 불과한 경우에는 본인의 사무로 인정될지언정 타인의 사무처리에 해당한다 할 수는 없다[대판 1984.12.26. 84도2127].

   [사실관계] 甲은 A에게 돈 1,300만원을 변제할 것을 약정하면서 그 담보로 甲 소유인 부동산을 타에 매도하거나 타에 추가로 담보설정하지 않겠다는 내용의 지불증을 작성한 후 이를 공증까지 하였으나 甲은 이에 위배하여 B에게 채권최고액 1,500만원에 근저당설정등기를 경료하여 주었다.

2. 배임죄에 있어서 타인의 사무라 함은, 예컨대 위임, 고용 등의 계약상 타인의 재산의 관리, 보전의 임무를 부담하는 데 본인을 위하여 일정한 권한을 행사하는 경우, 등기협력의무와 같이 매매, 담보권설정 등 자기의 거래를 완성하기 위한 자기의 사무인 동시에 상대방의 재산보전에 협력할 의무가 있는 경우 따위를 말한다[대판 1983.2.8. 81도3137].

동지판례 다방영업 허가에 따르는 재산적 이익의 실질적 귀속자인 A가 甲(피고인)에게 다방시설을 포함한 운영권 일체를 임대함에 있어서 임대기간 동안은 다방 영업허가 명의를 甲 명의로 변경하고, 그 임대기간이 종료될 때에는 다시 A 또는 A가 지정하는 제3자 앞으로 명의를 변경하기로 약정하였다면, 甲은 임대기간이 종료되면 위 약정대로 그 허가 명의를 변경할 수 있도록 협력할 의무가 있고, 이 의무이행은 甲 자신의 사무인 동시에 A의 사무라고 할 것인데, 甲이 위 명의환원 약정을 부인하고 자신이 명실상부한 영업허가 명의자라고 주장하면서 영업장소를 이전하고 다방의 상호를 변경하고 A의 명의변경 요구를 거부하는 행위는 배임죄에 해당한다[대판 1981.8.20. 80도1176].

3. 배임죄에 있어서 '타인의 사무를 처리하는 자'라 함은 그 사무의 처리가 오로지 타인의 이익을 보호·관리하는 것만을 내용으로 하여야 할 필요는 없고, 자신의 이익을 도모하는 성질도 아울러 가진다고 하더라도 타인을 위한 사무로서의 성질이 부수적·주변적인 의미를 넘어서 중요한 내용을 이루는 경우에는 여기서 말하는 '타인의 사무를 처리하는 자'에 해당한다. 따라서 위임 등 계약에 기하여 위임인 등으로부터 맡겨진 사무를 처리하는 것이 약정된 보수 등을 얻기 위한 것이라고 하더라도, 또는 매매 등 계약에 기하여 일정한 단계에 이르러 타인에게 소유권등기를 이전하는 것이 대금 등을 얻고 자신의 거래를 완성하기 위한 것이라고 하더라도, 그 사무를 처리하는 이는 상대방과의 신임관계에서 그의 재산적 이익을 보호·관리하여야 할 지위에 있다고 할 것이다[대판 2012.5.10. 2010도3532].

4. [1] 사무의 성질이 타인의 사무가 아니라 자기의 사무에 속하는 것이라면 그 사무를 타인을 위하여 처리하는 경우라도 배임죄의 타인의 사무를 처리하는 자라고 볼 수 없다.
   [2] 아파트 건축공사 시행사가 시공사와의 아파트 건축공사 도급계약을 체결하면서 분양수입금을 공동명의로 개설한 예금계좌로만 수령하고 그 분양수입금으로 공사대금 등을 지급하기로 특약하였음에도, 시행사가 이를 어기고 아파트에 대한 분양수입금을 공동명의 예금계좌에 입금하지 아니한 채 이를 자신의 기존 채무의 변제 등에 사용한 사안에서, 위 특약은 시행사의 수급인인 시공사에 대한 공사대금 채무의 변제를 확보하는 방편으로 약정한 것에 불과할 뿐이고, 위 아파트의 수분양자로부터 분양수입금을 수령할 권한 자체는 여전히 시행사에 있으며, 그 분양수입금으로 시공사에 공사대금을 지급하는 사무는 시행사 자신의 사무에 속하는 것이므로, 시행사의 위 행위는 시공사에 대한 단순한 민사상의 채무불이행에 불과할 뿐 배임죄를 구성한다고 볼 수 없다고 한 사례[대판 2008.3.13. 2008도373].

동지판례 신탁회사와 신축아파트에 대한 부동산관리처분 신탁계약을 체결하고 소유권이전등기까지 경료해 준 아파트 건축분양회사가 임의로 신탁목적물인 아파트를 제3자에게 매도하여 제3자로 하여금 아파트를 임대하고 보증금을 받게 한 사안에서, 신탁계약의 목적은 소유권이전등기의 경료로써 이미 달성되었고 신탁목적물에 대한 보존·관리 및 비용부담 등의 사무는 위탁자인 건축분양회사 자신의 사무에 해당하므로, 위탁자의 위 처분행위는 배임죄를 구성하지 않는다고 한 사례[대판 2009.2.26. 2008도11722].

判例 타인의 사무를 처리하는 자에 해당하는 경우(배임죄 또는 업무상 배임죄 성립 가능)

1. **(계금을 징수한 계주 : 타인의 사무처리자 O)** 계주는 계원들과의 약정에 따라 지정된 곗날에 계원으로부터 월불입금을 징수하여 지정된 계원에게 이를 지급할 임무가 있고, 계주의 이러한 임무는 계주 자신의 사무임과 동시에 타인인 계원들의 사무를 처리하는 것도 되는 것이므로, 계주가 계원들로부터 월불입금을 모두 징수하였음에도 불구하고 그 임무에 위배하여 정당한 사유 없이 이를 지정된 계원에게 지급하지 아니하였다면 다른 특별한 사정이 없는 한 그 지정된 계원에 대한 관계에 있어서 배임죄를 구성한다[대판 1994.3.8. 93도2221; 동지 대판 1987.2.24. 86도1744]. [♠ 99, 01, 02 사시]

   비교판례 ⅰ) **(파계가 된 후 기망을 통하여 계금을 징수한 계주 : 타인의 사무처리자 X)** 계가 파계된 후에 있어서는 계불입금의 청산의무는 있을지언정 계 존속을 전제로 한 위와 같은 계금 지급의무는 인정할 여지가 없는 것이므로 계주가 파계후에 계원들로부터 계가 존속하는 것처럼 계금을 징수하는 것이 계원들과 사이에 사기죄가 성립함은 별론으로 하고 위와 같이 징수한 금원을 계불입금의 청산금이 아니라 계 존속을 전제로 한 계금으로서 계원에게 지급할 업무상 임무가 있다고 볼 수 없다[대판 1982.11.9. 82도2093].

   ⅱ) **(계주가 약정을 위반하여 계금을 징수하지 아니한 경우 : 타인의 사무처리자 X)** 낙찰계의 계주가 계원들과의 약정에 따라 부담하는 계금지급의무가 배임죄에서 말하는 '타인의 사무'에 해당하려면 그 관계의 본질적 내용이 단순한 채권관계상의 의무를 넘어서 신임관계에 기초하여 타인의 재산을 보호 내지 관리하는 데 이르러야 하는바, 계주가 계원들로부터 계불입금을 징수하게 되면 그 계불입금은 실질적으로 낙찰계원에 대한 계금지급을 위하여 계주에게 위탁된 금원의 성격을 지니고 따라서 계주는 이를 낙찰·지급받을 계원과의 사이에서 단순한 채권관계를 넘어 신의칙상 그 계금지급을 위하여 위 계불입금을 보호 내지 관리하여야 하는 신임관계에 들어서게 되므로, 이에 기초한 계주의 계금지급의무는 배임죄에서 말하는 타인의 사무에 해당한다. 그러나 계주가 계원들로부터 계불입금을 징수하지 아니하였다면 그러한 상태에서 부담하는 계금지급의무는 위와 같은 신임관계에 이르지 아니한 단순한 채권관계상의 의무에 불과하여 타인의 사무에 속하지 아니하고, 이는 계주가 계원들과의 약정을 위반하여 계불입금을 징수하지 아니한 경우라 하여 달리 볼 수 없다[대판 2009.8.20. 2009도3143]. [♠ 13 사시]

2. 소위 1인회사에 있어서도 행위의 주체(1인 주주)와 그 본인(1인 회사)은 분명히 별개의 인격이며, 그 본인인 주식회사에 재산상 손해가 발생하였을 때 배임죄는 기수가 되는 것이므로 궁극적으로 그 손해가 주주의 손해가 된다 하더라도 이미 성립한 죄에는 아무 소장이 없다[대판(전) 1983.12.13. 83도2330]. [♠ 02 사시]

3. (판례변경으로 삭제함)

4. 고객과 증권회사와의 사이에 매매거래에 관한 위탁계약이 성립되기 이전에는 증권회사는 매매거래 계좌설정 계약시 고객이 입금한 예탁금을 고객의 주문이 있는 경우에 한하여 그 거래의 결제의 용도로만 사용하여야 하고, 고객의 주문이 없이 무단 매매를 행하여 고객의 계좌에 손해를 가하지 아니하여야 할 의무를 부담하는 자로서, 고객과의 신임관계에 기초를 두고 고객의 재산관리에 관한 사무를 대행하는 타인의 사무를 처리할 지위에 있다[대판 1995.11.21. 94도1598].

5. 피해자가 피고인에게 나중에 국유지 불하를 받아달라고 하면서 피해자 명의로 국유재산대부계약이 체결된 토지 등의 관리를 부탁하였다면 이는 국유재산을 불하받아 주는 사무처리 및 이와 관련된 사무처리를 위임한 것이라고 볼 수 있고, 이러한 위임관계는 단순한 민사상 채무를 부담

하는 경우에 그치는 것이 아니라, 위임계약에 따라 타인의 재산관리에 관한 사무를 대행하는 관계이므로, 배임죄에 있어서 '타인의 사무'에 해당한다[대판 2005.3.25. 2004도6890].

6. 피고인이 甲으로부터 토지를 매수하여 먼저 소유권이전등기를 넘겨받은 다음 매매대금 지급을 담보하기 위해 이를 신탁회사에 처분신탁하고 신탁계약상의 수익권에 관하여 甲에게 권리질권을 설정해 주었으나, 매매대금 일부가 미지급된 상태에서 일부 토지에 관한 신탁계약을 해지하고 이를 제3자에게 처분한 사안에서, 피고인은 배임죄의 주체인 '타인의 사무를 처리하는 자'에 해당하고, 피고인의 배임행위로 甲에게 손해를 가하였다고 본 원심판단을 수긍한 사례[대판 2010.8.26. 2010도4613].

7. 직무발명에 대한 특허를 받을 수 있는 권리 등을 사용자 등에게 승계한다는 취지를 정한 약정 또는 근무규정의 적용을 받는 종업원 등은 사용자 등이 이를 승계하지 아니하기로 확정되기 전까지는 임의로 위와 같은 승계 약정 또는 근무규정의 구속에서 벗어날 수 없는 상태에 있는 것이어서, 종업원 등이 그 발명의 내용에 관한 비밀을 유지한 채 사용자 등의 특허권 등 권리의 취득에 협력하여야 할 의무는 자기사무의 처리라는 측면과 아울러 상대방의 재산보전에 협력하는 타인 사무의 처리라는 성격을 동시에 가지게 되므로, 이러한 경우 그 종업원 등은 배임죄의 주체인 '타인의 사무를 처리하는 자'의 지위에 있다고 할 것이다. 따라서 위와 같은 지위에 있는 종업원 등이 그 임무에 위배하여 직무발명을 완성하고도 그 사실을 사용자 등에게 알지 않은 채 그 발명에 대한 특허를 받을 수 있는 권리를 제3자에게 이중으로 양도하여 제3자가 특허권 등록까지 마치도록 하는 등으로 그 발명의 내용이 공개되도록 하였다면, 이는 사용자 등에게 손해를 가하는 행위로서 배임죄를 구성한다고 할 것이다[대판 2012.11.15. 2012도6676].

8. [1] 회원 가입 시에 일정 금액을 예탁하였다가 탈퇴 등의 경우에 예탁금을 반환받는 이른바 예탁금 회원제로 운영되는 골프장의 회원권을 다른 채무에 대한 담보 목적으로 양도한 경우, 회원권은 양도인과 양수인 사이에서는 동일성을 유지한 채 양도인으로부터 양수인에게 이전하고, 양도인은 양수인에게 귀속된 회원권을 보전하기 위하여 채무자인 골프장 운영 회사에 채권양도 통지를 하거나 채권양도 승낙(필요한 경우에는 명의개서까지)을 받음으로써 양수인으로 하여금 채무자에 대한 대항요건을 갖출 수 있도록 해 줄 의무를 부담하므로, 회원권 양도의 당사자 사이에서는 양도인은 양수인을 위하여 회원권 보전에 관한 사무를 처리하는 자라고 할 것이다.
[2] 피고인이 甲에게서 돈을 차용하면서 피고인 소유의 골프회원권을 담보로 제공한 후 이를 제3자에게 임의로 매도한 사안에서, 피고인과 甲 사이에 골프회원권에 관하여 유효하게 담보계약이 체결되어 피고인이 담보물인 골프회원권을 담보 목적에 맞게 보관·관리할 의무를 부담함으로써 甲의 사무를 처리하는 자의 지위에 있다고 보아 피고인에 대하여 배임죄를 인정한 원심판단을 정당하다고 한 사례[대판 2012.2.23. 2011도16385].

9. **채무자가 변제공탁후 채권자가 담보물인 부동산의 명의회복의무를 이행하지 않은 경우(배임죄)**
[1] 양도담보의 채무자는 채권자가 담보권의 실행을 위하여 양도담보의 목적물처분을 종료할 때까지 피담보채무를 변제하여 목적물을 도로 찾아올 수 있고 양도담보의 피담보채권이 채무자의 변제 등에 의하여 소멸하면 양도담보권자는 담보목적물의 소유자이었던 담보설정자에게 그 권리를 회복시켜 줄 의무를 부담하게 함으로 그 이행은 타인의 재산을 보전하는 형법 제355조 제2항 소정의 타인의 사무라고 할 것이다.

[2] 채무자가 채권자로부터 금원을 차용하면서 담보를 제공한 부동산 위에 채권자가 은행으로부터 금원을 차용하고서 설정한 저당권에 기하여 임의경매절차가 진행되고 있는 동안에 위 채무자가 차용원리금을 변제공탁한 것을 채권자가 아무런 이의도 없이 이를 수령하고서도 위 경매절차에 대하여 손을 쓰지 아니하는 바람에 타인에게 경락되게 하였다면 … 채권자의 미필적 고의를 인정할 수 있다[대판 1988.12.13. 88도184].

동지판례 담보목적으로 피고인 명의로 가등기가 경료된 피해자 소유의 부동산에 대하여 피해자의 아들로부터 채무가 변제공탁된 사실을 통고받고서도 피고인 앞으로 본등기를 경료함과 동시에 제3자 앞으로 가등기를 경료하여 준 경우에는 배임죄가 성립된다[대판 1990.8.10. 90도414].

10. 이른바 지입제는 자동차운송사업면허 등을 가진 운송사업자와 실질적으로 자동차를 소유하고 있는 차주 간의 계약으로 외부적으로는 자동차를 운송사업자 명의로 등록하여 운송사업자에게 귀속시키고 내부적으로는 각 차주들이 독립된 관리 및 계산으로 영업을 하며 운송사업자에 대하여는 지입료를 지불하는 운송사업형태를 말한다.
따라서 지입차주가 자신이 실질적으로 소유하거나 처분권한을 가지는 자동차에 관하여 지입회사와 지입계약을 체결함으로써 지입회사에 그 자동차의 소유권등록 명의를 신탁하고 운송사업용 자동차로서 등록 및 그 유지 관련 사무의 대행을 위임한 경우에는, 특별한 사정이 없는 한 지입회사 측이 지입차주의 실질적 재산인 지입차량에 관한 재산상 사무를 일정한 권한을 가지고 맡아 처리하는 것으로서 당사자 관계의 전형적·본질적 내용이 통상의 계약에서의 이익대립관계를 넘어서 그들 사이의 신임관계에 기초하여 타인의 재산을 보호 또는 관리하는 데에 있으므로, 지입회사 운영자는 지입차주와의 관계에서 '타인의 사무를 처리하는 자'의 지위에 있다[대판 2021.6.24. 2018도14365].

판결이유 지입회사 운영자인 피고인은 지입차주인 피해자들과의 관계에서 '타인의 사무를 처리하는 자'의 지위에 있다고 할 것이고, 지입계약의 이행을 위하여 지입차량의 법률상 소유권이 지입회사에 신탁된다는 사정은 이를 부정할 만한 근거가 될 수 없다. 나아가 일반적인 지입계약의 기본적 내용에 비추어 당사자 사이에 특별한 약정이 없는 한 지입회사 운영자는 지입차주의 실질적 재산인 지입차량을 임의로 처분하지 아니할 의무를 부담한다고 할 것이므로, 피고인이 피해자들의 동의 없이 이 사건 각 버스에 관하여 임의로 이 사건 각 저당권을 설정함으로써 피해자들에게 재산상 손해를 가한 것은 배임죄를 구성한다고 봄이 타당하다.

判例 타인의 사무를 처리하는 자에 해당하지 않는 경우(중요 판례 모음)

(1) 동산의 (점유개정방식의) 양도담보에 있어서 채무자의 임의처분(배임죄 불성립)

[1] 배임죄에서 '타인의 사무를 처리하는 자'라고 하려면, 타인의 재산관리에 관한 사무의 전부 또는 일부를 타인을 위하여 대행하는 경우와 같이 당사자 관계의 전형적·본질적 내용이 통상의 계약에서의 이익대립관계를 넘어서 그들 사이의 신임관계에 기초하여 타인의 재산을 보호 또는 관리하는 데에 있어야 한다. 이익대립관계에 있는 통상의 계약관계에서 채무자의 성실한 급부이행에 의해 상대방이 계약상 권리의 만족 내지 채권의 실현이라는 이익을 얻게 되는 관계에 있다거나, 계약을 이행함에 있어 상대방을 보호하거나 배려할 부수적인 의무가 있다는 것만으로는 채무자를 타인의 사무를 처리하는 자라고 할 수 없고, 위임 등과 같이 계약의 전형적·

본질적인 급부의 내용이 상대방의 재산상 사무를 일정한 권한을 가지고 맡아 처리하는 경우에 해당하여야 한다.

[2] 채무자가 금전채무를 담보하기 위하여 그 소유의 동산을 채권자에게 양도담보로 제공함으로써 채권자인 양도담보권자에 대하여 담보물의 담보가치를 유지 · 보전할 의무 내지 담보물을 타에 처분하거나 멸실, 훼손하는 등으로 담보권 실행에 지장을 초래하는 행위를 하지 않을 의무를 부담하게 되었더라도, 이를 들어 채무자가 통상의 계약에서의 이익대립관계를 넘어서 채권자와의 신임관계에 기초하여 채권자의 사무를 맡아 처리하는 것으로 볼 수 없다. 따라서 채무자를 배임죄의 주체인 '타인의 사무를 처리하는 자'에 해당한다고 할 수 없고, 그가 담보물을 제3자에게 처분하는 등으로 담보가치를 감소 또는 상실시켜 채권자의 담보권 실행이나 이를 통한 채권실현에 위험을 초래하더라도 배임죄가 성립한다고 할 수 없다.

[3] 위와 같은 법리는, 채무자가 동산에 관하여 양도담보설정계약을 체결하여 이를 채권자에게 양도할 의무가 있음에도 제3자에게 처분한 경우에도 적용되고, 주식에 관하여 양도담보설정계약을 체결한 채무자가 제3자에게 해당 주식을 처분한 사안에도 마찬가지로 적용된다.
[대판(전) 2020.2.20. 2019도9756].

[사실관계] X주식회사를 운영하는 甲이 A은행으로부터 1억 5,000만 원을 대출받으면서 위 대출금을 완납할 때까지 골재생산기기인 '크러셔'를 (점유개정방식의) 양도담보로 제공하기로 하는 계약을 체결한 후 크러셔를 다른 사람에게 매각하였다.

판례해설 동산을 (점유개정 방식으로) 양도담보에 제공한 채무자가 담보물을 제3자에게 처분한 사안에 대하여, 대법원은 채무자는 타인의 사무처리자이므로 배임죄가 성립한다는 기존의 판례를 변경하여 배임죄가 성립하지 않는다고 판시하였다.

판례해설 위 대법원판례(다수의견)에 대하여는 다음의 두가지 '소수견해'가 있다.

1) 채무자가 채권담보의 목적으로 점유개정 방식으로 채권자에게 동산을 양도한 경우, 담보목적물인 동산의 소유권은 당사자 사이에 채권자에게 이전하므로, 점유개정에 따라 양도담보 목적물을 직접 점유하는 채무자는 '타인의 재물을 보관하는 자'에 해당하고, 그가 채권자의 허락 없이 제3자에게 담보목적물을 양도하는 등 처분한 경우에는 횡령죄가 성립한다고 보아야 한다.

2) 채무자가 동산에 관하여 점유개정 등으로 양도담보권을 설정한 이후 채권자에 대하여 부담하는 담보물의 보관의무 및 담보가치 유지의무는 '타인의 사무'에 해당하므로, 채무자가 담보목적물인 동산을 임의로 처분한 경우에는 배임죄가 성립한다고 보아야 한다.

동지판례 위와 같은 법리는, 권리이전에 등기 · 등록을 요하는 동산에 관한 양도담보설정계약에도 마찬가지로 적용된다. 따라서 자동차 등에 관하여 양도담보설정계약을 체결한 채무자는 채권자에 대하여 그의 사무를 처리하는 지위에 있지 아니하므로, 채무자가 채권자에게 양도담보설정계약에 따른 의무를 다하지 아니하고 이를 타에 처분하였다고 하더라도 배임죄가 성립하지 아니한다[대판(전) 2022.12.22. 2020도8682].

(2) 부동산의 양도담보에 있어서 채무자의 임의처분(배임죄 불성립)

채무자가 금전채무에 대한 담보로 부동산에 관하여 양도담보설정계약을 체결하고 이에 따라 채권자에게 소유권이전등기를 해 줄 의무는 계약에 따라 부담하게 된 채무자 자신의 의무이다. 채무자가 위와 같은 의무를 이행하는 것은 채무자 자신의 사무에 해당할 뿐이므로, 채무자를 채권자에 대한 관계에서 '타인의 사무를 처리하는 자'라고 할 수 없다[대판(전) 2020.6.18. 2019도14340].

(3) 부동산의 양도담보에 있어서 '채권자'의 변제기일 이전의 임의처분(배임죄 성립)

채권의 (양도)담보를 목적으로 부동산의 소유권이전등기를 마친 채권자는 채무자가 변제기일까지 그 채무를 변제하면 채무자에게 그 소유명의를 환원하여 주기 위하여 그 소유권이전등기를 이행할 의무가 있으므로, 그 변제기일 이전에 그 임무에 위배하여 제3자에게 근저당권을 경료하여 주었다면 변제기일까지 채무자의 채무변제가 없었다고 하더라도 배임죄는 성립되고, 그와 같은 법리는 채무자에게 환매권을 주는 형식을 취하였다고 하여 다를 바가 없다[대판 1995.5.12. 95도283], [대판 1992.7.14. 92도753].

(4) 동산채권담보법에 따른 동산담보로 제공한 담보물을 채무자가 임의처분한 경우(배임죄 불성립)

[다수의견] 채무자가 금전채무를 담보하기 위하여 그 소유의 동산을 채권자에게 동산·채권 등의 담보에 관한 법률(이하 '동산채권담보법'이라 한다)에 따른 동산담보로 제공함으로써 채권자인 동산담보권자에 대하여 담보물의 담보가치를 유지·보전할 의무 또는 담보물을 타에 처분하거나 멸실, 훼손하는 등으로 담보권 실행에 지장을 초래하는 행위를 하지 않을 의무를 부담하게 되었더라도, 이를 들어 채무자가 통상의 계약에서의 이익대립관계를 넘어서 채권자와의 신임관계에 기초하여 채권자의 사무를 맡아 처리하는 것으로 볼 수 없다. 따라서 이러한 경우 채무자를 배임죄의 주체인 '타인의 사무를 처리하는 자'에 해당한다고 할 수 없고, 그가 담보물을 제3자에게 처분하는 등으로 담보가치를 감소 또는 상실시켜 채권자의 담보권 실행이나 이를 통한 채권실현에 위험을 초래하더라도 배임죄가 성립하지 아니한다.

[소수견해] 동산담보권은 저당권과 마찬가지로 동산의 교환가치를 지배하는 물권이다. 동산에 대한 직접적인 사용·수익권이나 처분권은 여전히 담보권설정자에게 남아 있고 담보권자는 목적물이 가지는 교환가치만을 파악할 뿐이다. 담보권설정자는 동산을 사용·수익하거나 처분할 수 있어도 동산의 담보가치, 즉 교환가치를 침해하는 행위를 해서는 안 된다. 담보권설정자가 담보물을 보관하거나 담보가치를 유지할 의무는 담보권자가 동산의 교환가치를 지배할 권리를 확보해 주는 것이기 때문에, 담보권설정자는 배임죄에서 말하는 '타인의 사무를 처리하는 자'에 해당한다고 보아야 한다[대판(전) 2020.8.27. 2019도14770].

(5) 자기 또는 타인의 금전채무를 담보하기 위하여 주식을 채권자에게 양도담보로 제공한 채무자 또는 양도담보설정자

자기 또는 타인의 금전채무를 담보하기 위하여 주식을 채권자에게 양도담보로 제공한 채무자 또는 양도담보설정자(이하 '채무자 등'이라 한다)가 양도담보설정계약에 따라 부담하는 의무, 즉 주식을 담보로 제공할 의무, 주식의 담보가치를 유지·보전하거나 주식을 감소 또는 멸실시키지 않을 소극적 의무 등은 모두 채무자 등이 양도담보설정계약에 따라 부담하게 된 자신의 의무일 뿐이므로, 채무자 등이 통상의 계약에서의 이익대립관계를 넘어서 채권자와의 신임관계에 기초하여 채권자의 사무를 맡아 처리하는 것으로 볼 수 없다. 따라서 채무자 등을 배임죄의 주체인 '타인의 사무를 처리하는 자'에 해당한다고 할 수 없고, 그가 담보물을 제3자에게 처분하는 등으로 담보가치를 감소 또는 상실시켜 채권자의 담보권 실행이나 이를 통한 채권실현에 위험을 초래하더라도 배임죄가 성립한다고 할 수는 없다[대판 2021.1.28. 2014도8714].

(5-1) 채무자가 채권양도담보계약에 따라 '담보 목적 채권의 담보가치를 유지·보전할 의무'를 부담하는 경우

금전채권채무 관계에서 채권자가 채무자의 급부이행에 대한 신뢰를 바탕으로 금전을 대여하고 채무자의 성실한 급부이행에 의해 채권의 만족이라는 이익을 얻게 된다 하더라도, 채권자가 채무자에 대한 신임을 기초로 그의 재산을 보호 또는 관리하는 임무를 부여하였다고 할 수 없고, 금전채무의 이행은 어디까지나 채무자가 자신의 급부의무의 이행으로서 행하는 것이므로 이를 두고 채권자의 사무를 맡아 처리하는 것으로 볼 수 없다. 따라서 금전채권채무의 경우 채무자는 채권자에 대한 관계에서 '타인의 사무를 처리하는 자'에 해당한다고 할 수 없다. 채무자가 기존 금전채무를 담보하기 위하여 다른 금전채권을 채권자에게 양도하는 경우에도 마찬가지이다. 채권양도담보계약에 따라 채무자가 부담하는 '담보 목적 채권의 담보가치를 유지 · 보전할 의무' 등은 담보 목적을 달성하기 위한 것에 불과하며, 채권양도담보계약의 체결에도 불구하고 당사자 관계의 전형적 · 본질적 내용은 여전히 피담보채권인 금전채권의 실현에 있다.

따라서 채무자가 채권양도담보계약에 따라 부담하는 '담보 목적 채권의 담보가치를 유지 · 보전할 의무'를 이행하는 것은 채무자 자신의 사무에 해당할 뿐이고, 채무자가 통상의 계약에서의 이익대립관계를 넘어서 채권자와의 신임관계에 기초하여 채권자의 사무를 맡아 처리한다고 볼 수 없으므로, 이 경우 채무자는 채권자에 대한 관계에서 '타인의 사무를 처리하는 자'에 해당한다고 할 수 없다[대판 2021.7.15. 2015도5184].

(6) **채권 담보를 위한 대물변제예약을 한 채무자가 대물로 변제하기로 한 부동산을 제3자에게 처분한 경우(배임죄 불성립)**

[1] (가) 채무자가 채권자에 대하여 소비대차 등으로 인한 채무를 부담하고 이를 담보하기 위하여 장래에 부동산의 소유권을 이전하기로 하는 내용의 대물변제예약에서, 약정의 내용에 좇은 이행을 하여야 할 채무는 특별한 사정이 없는 한 '자기의 사무'에 해당하는 것이 원칙이다.

(나) 채무자가 대물변제예약에 따라 부동산에 관한 소유권을 이전해 줄 의무는 예약 당시에 확정적으로 발생하는 것이 아니라 채무자가 차용금을 제때에 반환하지 못하여 채권자가 예약완결권을 행사한 후에야 비로소 문제가 되고, 채무자는 예약완결권 행사 이후라도 얼마든지 금전채무를 변제하여 당해 부동산에 관한 소유권이전등기절차를 이행할 의무를 소멸시키고 의무에서 벗어날 수 있다. 한편 채권자는 당해 부동산을 특정물 자체보다는 담보물로서 가치를 평가하고 이로써 기존의 금전채권을 변제받는 데 주된 관심이 있으므로, 채무자의 채무불이행으로 인하여 대물변제예약에 따른 소유권등기를 이전받는 것이 불가능하게 되는 상황이 초래되어도 채권자는 채무자로부터 금전적 손해배상을 받음으로써 대물변제예약을 통해 달성하고자 한 목적을 사실상 이룰 수 있다. 이러한 점에서 대물변제예약의 궁극적 목적은 차용금반환채무의 이행 확보에 있고, 채무자가 대물변제예약에 따라 부동산에 관한 소유권이전등기절차를 이행할 의무는 궁극적 목적을 달성하기 위해 채무자에게 요구되는 부수적 내용이어서 이를 가지고 배임죄에서 말하는 신임관계에 기초하여 채권자의 재산을 보호 또는 관리하여야 하는 '타인의 사무'에 해당한다고 볼 수는 없다.

(다) 그러므로 채권 담보를 위한 대물변제예약 사안에서 채무자가 대물로 변제하기로 한 부동산을 제3자에게 처분하였다고 하더라도 형법상 배임죄가 성립하는 것은 아니다. [♣15 변시]

[2] 채무자인 피고인이 채권자 갑에게 차용금을 변제하지 못할 경우 자신의 어머니 소유 부동산에 대한 유증상속분을 대물변제하기로 약정한 후 유증을 원인으로 위 부동산에 관한 소유권이전등기를 마쳤음에도 이를 제3자에게 매도함으로써 갑에게 손해를 입혔다고 하여 배임으로 기소된 사안에서, 피고인이 대물변제예약에 따라 갑에게 부동산의 소유권이전등기를 마쳐 줄 의무는 민사상

채무에 불과할 뿐 타인의 사무라고 할 수 없어 피고인이 '타인의 사무를 처리하는 자'의 지위에 있다고 볼 수 없는데도, 피고인이 이에 해당된다고 전제하여 유죄를 인정한 원심판결에 배임죄에서 '타인의 사무를 처리하는 자'의 의미에 관한 법리오해의 위법이 있다고 한 사례[대판(전) 2014.8.21. 2014도3363].

[대법관 양창수, 대법관 신영철, 대법관 민일영, 대법관 김용덕의 반대의견] (가) 판례의 축적을 통하여, 등기협력의무 등 거래 상대방의 재산보전에 협력하여야 할 의무가 있는 사람이 고의로 임무를 위반하여 상대방에게 회복하기 어려운 손해를 입힌 경우에는 배임죄로 처벌받을 수 있다는 것이 우리 사회의 확립된 법원칙으로서 자리매김하게 되었고, 이러한 법리는 전형적인 배신행위에 대하여는 형벌법규의 개입이 정당하다는 사회적 합의에 의해 지지되고 있는 것이다.

(나) 담보계약을 체결한 채권자와 채무자 사이에는 담보계약 자체로부터 피담보채권의 발생원인이 된 법률관계와는 별도의 독자적인 신임관계가 발생한다고 보아야 한다. 부동산 매매계약에서 신임관계의 본질이 부동산의 소유권을 이전하는 데 있는 것과 마찬가지로, 담보 목적으로 체결된 대물변제예약에서 신임관계의 본질은 담보로 제공하기로 한 부동산의 담보가치를 채권자에게 취득하게 하는 데 있으며, 이는 결국 배임죄의 성립 여부에 있어 양자가 다르지 않다는 것을 의미한다.

(다) 담보 목적으로 부동산에 관한 대물변제예약을 체결한 채무자가 신임관계를 위반하여 당해 부동산을 제3자에게 처분함으로써 채권자로 하여금 부동산의 소유권 취득을 불가능하게 하거나 현저히 곤란하게 하였다면 이러한 행위는 대물변제예약에서 비롯되는 본질적 · 전형적 신임관계를 위반한 것으로서 배임죄에 해당한다고 보아야 한다. 그리고 그렇게 보는 것이 부동산의 이중매매, 이중근저당권설정, 이중전세권설정에 관하여 배임죄를 인정하여 온 판례의 확립된 태도와 논리적으로 부합한다.

(7) 주권발행 전 주식의 양도인

주권발행 전 주식의 양도는 양도인과 양수인의 의사표시만으로 효력이 발생한다. 그 주식 양수인은 특별한 사정이 없는 한 양도인의 협력을 받을 필요 없이 단독으로 자신이 주식을 양수한 사실을 증명함으로써 회사에 대하여 명의개서를 청구할 수 있다. 따라서 양도인이 양수인으로 하여금 회사 이외의 제3자에게 대항할 수 있도록 확정일자 있는 증서에 의한 양도통지 또는 승낙을 갖추어 주어야 할 채무를 부담한다 하더라도 이는 자기의 사무라고 보아야 하고, 이를 양수인과의 신임관계에 기초하여 양수인의 사무를 맡아 처리하는 것으로 볼 수 없다. 그러므로 주권발행 전 주식에 대한 양도계약에서의 양도인은 양수인에 대하여 그의 사무를 처리하는 지위에 있지 아니하여, 양도인이 위와 같은 제3자에 대한 대항요건을 갖추어 주지 아니하고 이를 타에 처분하였다 하더라도 형법상 배임죄가 성립하는 것은 아니다[대판 2020.6.4. 2015도6057].

(8) 변제기 이후 채권자가 담보권 실행을 위하여 담보물을 처분한 경우

1. **(염가처분의 경우 : 배임죄 불성립)** 담보권자가 변제기 경과 후에 담보권을 실행하기 위하여 담보목적물을 처분하는 행위는 담보계약에 따라 담보권자에게 주어진 권능이어서 자기의 사무처리에 속하는 것이지 타인인 채무자의 사무처리에 속하는 것이라고 할 수 없으므로, 담보권자가 담보권을 실행하기 위하여 담보목적물을 처분함에 있어 시가에 따른 적절한 처분을 하여야 할 의무는 담보계약상의 민사채무일 뿐 그와 같은 형법상의 의무가 있는 것은 아니므로 그에 위반한 경우 배임죄가 성립된다고 할 수 없다[대판 1997.12.23. 97도2430; 동지 대판 1989.10.24. 87도126]. [♠ 02 사시] [♣ 12 변시]

2. **(변제충당 후 잔금을 정산하지 않는 경우 : 배임죄 불성립)** 양도담보가 처분정산형의 경우이건 귀속정산형의 경우이건 간에 담보권자가 변제기 경과 후에 담보권을 실행하여 그 환가대금 또는 평가액을 채권원리금과 담보권 실행비용 등의 변제에 충당하고 환가대금 또는 평가액의 나머지가 있어 이를 담보제공자에게 반환할 의무는 담보계약에 따라 부담하는 자신의 정산의무이므로 그 의무를 이행하는 사무는 곧 자기의 사무처리에 속하는 것이라 할 것이고 이를 부동산매매에 있어서의 매도인의 등기의무와 같이 타인인 채무자의 사무처리에 속하는 것이라고 볼 수는 없어 그 정산의무를 이행하지 아니한 행위는 배임죄를 구성하지 않는다[대판(전) 1985.11.26. 85도1493]. [♠ 01, 02 사시]

(9) 수분양권 매도인이 매매계약에 따라 '매수인에게 수분양권을 이전할 의무'를 부담하는 경우

매매와 같이 당사자 일방이 재산권을 상대방에게 이전할 것을 약정하고 상대방이 그 대금을 지급할 것을 약정함으로써 그 효력이 생기는 계약의 경우(민법 제563조), 쌍방이 그 계약의 내용에 좇은 이행을 하여야 할 채무는 특별한 사정이 없는 한 '자기의 사무'에 해당하는 것이 원칙이다.

또한 수분양권 매매계약의 매도인으로서는 원칙적으로 수분양자 명의변경에 관한 분양자 측의 동의 내지 승낙을 얻어 수분양자 명의변경절차를 이행하면 계약상 의무를 다한 것이 되고, 그 수분양권에 근거하여 목적물에 관한 소유권을 취득한 다음 매수인 앞으로 소유권이전등기를 마쳐 줄 의무까지는 없다. 다만[1] 수분양권 매도인이 스스로 수분양권을 행사하고 목적물의 소유권을 취득하여 매수인에게 목적물에 관한 소유권이전등기절차를 이행할 의무까지 인정되는 경우가 있으나, 이는 수분양자 명의변경절차가 이행되지 못한 채 매도인 명의로 수분양권이 행사되어 수분양권은 소멸하고 목적물만 남게 된 경우 수분양권 매매계약의 목적을 달성하기 위하여 인정되는 의무이므로, 이와 같은 사정만으로 수분양권 매매계약에 따른 당사자 관계의 전형적 · 본질적 내용이 신임관계에 기초하여 매수인의 재산을 보호 또는 관리하는 것으로 변경된다고 보기는 어렵다.

이러한 수분양권 매매계약의 내용과 그 이행의 정도, 그에 따른 계약의 구속력의 정도, 거래의 관행, 신임관계의 유형과 내용, 신뢰위반의 정도 등을 종합적으로 고려해 보면, 수분양권 매매계약에 따른 당사자 관계의 전형적 · 본질적 내용이 통상의 계약에서의 이익대립관계를 넘어서 그들 사이의 신임관계에 기초하여 타인의 재산을 보호 또는 관리하는 데에 있다고 할 수 없다. 따라서 특별한 사정이 없는 한 수분양권 매도인이 수분양권 매매계약에 따라 매수인에게 수분양권을 이전할 의무는 자신의 사무에 해당할 뿐이므로, 매수인에 대한 관계에서 '타인의 사무를 처리하는 자'라고 할 수 없다. 그러므로 수분양권 매도인이 위와 같은 의무를 이행하지 아니하고 수분양권 또는 이에 근거하여 향후 소유권을 취득하게 될 목적물을 미리 제3자에게 처분하였더라도 형법상 배임죄가 성립하는 것은 아니다[대판 2021.7.8. 2014도12104].

(10) 가상자산 권리자의 착오나 가상자산 운영 시스템의 오류 등으로 법률상 원인관계 없이 다른 사람의 가상자산 전자지갑에 가상자산이 이체된 경우

[1] 가상자산 권리자의 착오나 가상자산 운영 시스템의 오류 등으로 법률상 원인관계 없이 다른 사람의 가상자산 전자지갑에 가상자산이 이체된 경우, 가상자산을 이체받은 자는 가상자산의 권리자 등에 대한 부당이득반환의무를 부담하게 될 수 있다. 그러나 이는 당사자 사이의 민

1) 이하의 문장은 주의하여야 한다.

사상 채무에 지나지 않고 이러한 사정만으로 가상자산을 이체받은 사람이 신임관계에 기초하여 가상자산을 보존하거나 관리하는 지위에 있다고 볼 수 없다.

가상자산은 국가에 의해 통제받지 않고 블록체인 등 암호화된 분산원장에 의하여 부여된 경제적인 가치가 디지털로 표상된 정보로서 재산상 이익에 해당한다. 가상자산은 보관되었던 전자지갑의 주소만을 확인할 수 있을 뿐 그 주소를 사용하는 사람의 인적사항을 알 수 없고, 거래내역이 분산 기록되어 있어 다른 계좌로 보낼 때 당사자 이외의 다른 사람이 참여해야 하는 등 일반적인 자산과는 구별되는 특징이 있다. 이와 같은 가상자산에 대해서는 현재까지 관련 법률에 따라 법정화폐에 준하는 규제가 이루어지지 않는 등 법정화폐와 동일하게 취급되고 있지 않고 그 거래에 위험이 수반되므로, 형법을 적용하면서 법정화폐와 동일하게 보호해야 하는 것은 아니다.

원인불명으로 재산상 이익인 가상자산을 이체받은 자가 가상자산을 사용·처분한 경우 이를 형사처벌하는 명문의 규정이 없는 현재의 상황에서 착오송금 시 횡령죄 성립을 긍정한 판례를 유추하여 신의칙을 근거로 피고인을 배임죄로 처벌하는 것은 죄형법정주의에 반한다.

[2] 피고인이 알 수 없는 경위로 갑의 특정 거래소 가상지갑에 들어 있던 비트코인을 자신의 계정으로 이체받은 후 이를 자신의 다른 계정으로 이체하여 재산상 이익을 취득하고 갑에게 손해를 가하였다고 하여 특정경제범죄 가중처벌 등에 관한 법률 위반(배임)의 예비적 공소사실로 기소된 사안에서, 비트코인이 법률상 원인관계 없이 갑으로부터 피고인 명의의 전자지갑으로 이체되었더라도 피고인이 신임관계에 기초하여 갑의 사무를 맡아 처리하는 것으로 볼 수 없는 이상 갑에 대한 관계에서 '타인의 사무를 처리하는 자'에 해당하지 않는다는 이유로, 이와 달리 보아 공소사실을 유죄로 인정한 원심판단에 배임죄에서 '타인의 사무를 처리하는 자'에 관한 법리오해의 잘못이 있다고 한 사례[대판 2021.12.16. 2020도9789].

判例 타인의 사무를 처리하는 자에 해당하지 않는 경우(배임죄 성립 불가능)

1-1. **(단순한 민사 채무자)** 피고인이 월부상환 중인 자동차를 공소외인에게 매도하였으나 자동차등록명의는 피고인의 명의로 남아 있어 그 소유권이 아직 피고인에게 있다면 판매회사에 대하여 할부금을 납부하는 것은 피고인 자신의 사무처리에 불과하고 피고인이 위 매매계약을 체결함에 있어 연체된 할부금을 중도금지급기일까지 완불하여 자동차를 인도받아 사용하는 위 공소외인에게 아무런 손해를 주지 않기로 약정하였다 하여도 이는 단순한 채무를 부담하는 경우에 해당할 뿐, 이로 인하여 피고인이 배임죄에서 말하는 타인의 사무를 처리하는 자에 해당한다고는 볼 수 없다[대판 1983.11.8. 83도2496].

1-2. [1] 이른바 보통예금은 은행 등 법률이 정하는 금융기관을 수치인으로 하는 금전의 소비임치계약으로서, 그 예금계좌에 입금된 금전의 소유권은 금융기관에 이전되고, 예금주는 그 예금계좌를 통한 예금반환채권을 취득하는 것이므로, 금융기관의 임·직원은 예금주로부터 예금계좌를 통한 적법한 예금반환 청구가 있으면 이에 응할 의무가 있을 뿐 예금주와의 사이에서 그의 재산관리에 관한 사무를 처리하는 자의 지위에 있다고 할 수 없다.

[2] 임의로 예금주의 예금계좌에서 5,000만원을 인출한 금융기관의 임·직원에게 (예금주에 대

하여) 업무상배임죄가 성립하지 않는다고 한 사례[대판 2008.4.24. 2008도1408].

1-3. 동업자 甲은 자금만 투자하고 동업자 乙은 노무와 설비를 투자하여 공사를 수급하여 시공하고 그 대금 등을 추심하는 등 일체의 거래행위를 담당하면서 그 이익을 나누어 갖기로 하는 내용의 동업계약이 체결되었다가 그 계약이 종료된 경우 위 공사 시공 등 일체의 행위를 담당하였던 乙이 자금만을 투자한 甲에게 투자금원을 반환하고 또 이익 또는 손해를 부담시키는 내용의 정산의무나 그 정산과정에서 행하는 채권의 추심과 채무의 변제 등의 행위는 모두 乙 자신의 사무이지 자금을 투자한 甲을 위하여 하는 타인의 사무라고 볼 수는 없다고 보아 乙의 제3자에 대한 채권양도행위를 배임죄에 있어서 타인의 사무를 처리하는 자로서의 임무위배행위라고 할 수 없다고 한 사례[대판 1992.4.14. 91도2390].

1-4. 골프시설의 운영자가 일반회원들을 위한 회원의 날을 없애고, 일반회원들 중에서 주말예약에 대하여 우선권이 있는 특별회원을 모집함으로써 일반회원들의 주말예약권을 사실상 제한하거나 박탈하는 결과가 되었다고 하더라도, 이는 일반회원들에 대한 회원가입계약에 따른 민사상의 채무를 불이행한 것에 불과하고, 골프시설의 운영자가 일반회원들의 골프회원권이라는 재산관리에 관한 사무를 대행하거나 그 재산의 보전행위에 협력하는 지위에 있다고 할 수는 없으므로 배임죄의 주체인 타인의 사무를 처리하는 자에 해당하지 아니한다는 이유로 일반회원들에 대한 배임죄를 구성하지 아니한다고 한 사례[대판 2003.9.26. 2003도763].

1-5. 건설회사가 피해자들로부터 이 사건 다세대주택 분양대금의 선지급 명목으로 피해자들 소유 대지들의 소유권을 이전받았다면, 건설회사의 대표이사인 피고인으로서는 피해자들에 대하여 이 사건 다세대주택 중 각 1세대에 관한 소유권이전등기를 경료해 줄 임무가 있고, 이러한 피고인의 임무는 배임죄에 있어서의 타인의 사무에 해당한다고 볼 수 있으나, 다세대주택의 건설 목적 범위 내에서 위 대출금을 관리 · 사용하여야 할 임무는 단순한 채무에 불과하지 피해자들의 재산관리 내지 보전의 사무라고 볼 수 없으므로, 피고인에게 그러한 의무가 있더라도 피고인을 배임죄에 있어서의 타인의 사무를 처리하는 자에 해당한다고 할 수 없다[대판 2007.10.11. 2007도6161].

2-1. **(직접 신임을 준 자가 아닌 자에 대하여는 사무처리자가 되지 않음)** 청산회사의 대표청산인이 처리하는 채무의 변제, 재산의 환가처분 등 회사의 청산의무는 청산인 자신의 사무 또는 청산회사의 업무에 속하는 것이므로, 청산인은 회사의 채권자들에 대한 관계에 있어 직접 그들의 사무를 처리하는 자가 아니다[대판 1990.5.25. 90도6].

동지판례 **(에버랜드 전환사채발행 사건)** 이사가 주식회사의 지배권을 기존 주주의 의사에 반하여 제3자에게 이전하는 것은 기존 주주의 이익을 침해하는 행위일 뿐 지배권의 객체인 주식회사의 이익을 침해하는 것으로 볼 수는 없는데, 주식회사의 이사는 주식회사의 사무를 처리하는 자의 지위에 있다고 할 수 있지만 주식회사와 별개인 주주들에 대한 관계에서 직접 그들의 사무를 처리하는 자의 지위에 있는 것은 아니고, 더욱이 경영권의 이전은 지배주식을 확보하는 데 따르는 부수적인 효과에 불과한 것이어서, 회사 지분비율의 변화가 기존 주주 자신의 선택에 기인한 것이라면 지배권 이전과 관련하여 이사에게 임무위배가 있다고 할 수 없다[대판(전) 2009.5.29. 2007도4949]. [♠ 15 사시]

2-2. 신주발행은 주식회사의 자본조달을 목적으로 하는 것으로서 신주발행과 관련한 대표이사의 업무는 회사의 사무일 뿐이므로 신주발행에 있어서 대표이사가 납입된 주금을 회사를 위하여 사용하도록 관리 · 보관하는 업무 역시 회사에 대한 선관주의의무 내지 충실의무에 기한 것으로서

회사의 사무에 속하는 것이고, 신주발행에 있어서 대표이사가 일반 주주들에 대하여 그들의 신주인수권과 기존 주식의 가치를 보존하는 임무를 대행한다거나 주주의 재산보전 행위에 협력하는 자로서 타인의 사무를 처리하는 자의 지위에 있다고는 볼 수 없을 뿐만 아니라, 납입을 가장하는 방법에 의하여 주금이 납입된 경우 회사의 재산에 대한 지분가치로서의 기존 주식의 가치가 감소하게 될 수는 있으나, 이는 가장납입에 의하여 회사의 실질적 자본의 감소가 초래됨에 따른 것으로서 업무상배임죄에서의 재산상 손해에 해당된다고 보기도 어려우므로, 신주발행에 있어서 대표이사가 납입의 이행을 가장한 경우에는 상법 제628조 제1항에 의한 가장납입죄가 성립하는 이외에 따로 기존 주주에 대한 업무상배임죄를 구성한다고 할 수 없다[대판 2004.5.13. 2002도7340].

동지판례 [1] 주식회사 한국외환은행의 매각 관련 신주발행에서 은행장 甲 및 부행장 乙이 위 은행에 대한 관계에서 사무처리자의 지위에 있으나 위 은행의 기존 주주들에 대한 관계에서는 사무처리자의 지위에 있지 않다. [2] 주식회사 한국외환은행의 매각 관련 신주발행 업무가 위 은행 이사회의 결정 사항으로 그 대표이사 또는 이사의 사무에 속하는 점, 재정경제부 금융정책국장으로서의 업무집행은 국가나 정부, 국민을 위하여 부담하는 공무일 뿐, 달리 특별한 사정이 없는 한 위 은행에 대하여 부담하는 사무의 처리라고 볼 수는 없는 점 등에 비추어, 재정경제부 금융정책국장이 위 신주발행에서 위 은행이나 그 주주들에 대한 사무처리자의 지위에 있다고 볼 수는 없다고 한 사례[대판 2010.10.14. 2010도387].

3-1. **(사무처리의 근거인 계약이 해소된 경우)** 부동산매매계약을 계약의 중요부분에 착오가 있었다거나 기망에 의한 것임을 이유로 취소한 다음 다시 타인에게 매매 또는 임대했다 하더라도 그 경우 매도인을 매수인의 사무를 처리하는 자의 지위에 있다고 할 수 없다[대판 1986.12.9. 86도1671].

3-2. 서면에 의하지 아니한 증여계약이 행하여진 경우 당사자는 그 증여가 이행되기 전까지는 언제든지 이를 해제할 수 있으므로 증여자가 구두의 증여계약에 따라 수증자에 대하여 증여 목적물의 소유권을 이전하여 줄 의무를 부담한다고 하더라도 그 증여자는 수증자의 사무를 처리하는 자의 지위에 있다고 할 수 없다[대판 2005.12.9. 2005도5962]. [♠ 08 사시]

비교판례 서면으로 부동산 증여의 의사를 표시한 증여자는 계약이 취소되거나 해제되지 않는 한 수증자에게 목적부동산의 소유권을 이전할 의무에서 벗어날 수 없다. 그러한 증여자는 '타인의 사무를 처리하는 자'에 해당하고, 그가 수증자에게 증여계약에 따라 부동산의 소유권을 이전하지 않고 부동산을 제3자에게 처분하여 등기를 하는 행위는 수증자와의 신임관계를 저버리는 행위로서 배임죄가 성립한다[대판 2018.12.13. 2016도19308].

4. 채무자가 제3자 소유의 부동산을 채무의 담보로 제공하기로 한 약정에 따라 채권자를 위하여 그 부동산에 근저당권설정등기를 경료하여 준 경우, 이로써 채무자는 담보제공약정상의 의무를 이행한 것이 되고, 그 후 위 근저당권설정등기를 임의로 말소하여서 안 되는 것은 물권의 대세적 효력의 당연한 귀결로서 채무자를 포함한 모든 사람이 부담하는 의무이고 채무자가 그 담보제공약정에 따라 채권자의 재산의 관리보호를 위하여 특별히 부담하는 의무는 아니므로, 채무자가 등기관계 서류를 위조하여 근저당권설정등기를 말소하였다 하더라도 이는 문서에 관한 범죄를 구성할 뿐이고,[2] 달리 배임죄를 구성한다고 할 수 없다[대판 2007.8.24. 2007도3408].

5. [1] 주식회사의 감사 겸 서울사무소장인 피고인의 유가증권위조·행사로 말미암아 회사에 대하여 손해를 가하였다고 하여 피고인에게 배임죄의 책임을 물으려면, 피고인이 위와 같은 지위에 있었다는 것만으로는 부족하고, 피고인이 유가증권의 위조·행사와 관련하여 법령 또는 계약

2) 사문서위조죄 및 동행사죄와 공정증서원본부실기재죄 및 동행사죄가 성립한다.

등에 의하여 구체적으로 어떠한 사무를 처리하는 신분이 있었는지를 먼저 확정하지 아니하면 안 된다.

[2] 주식회사의 감사 겸 서울사무소장의 회사 명의의 유가증권위조 · 행사 행위가 회사의 사무처리와 무관하다는 이유로 배임죄가 성립하지 않는다고 본 사례[대판 1998.10.23. 98도2577].

6. 부동산을 경락한 피고인이 그 경락허가결정이 확정 된 뒤에 그 경매부동산의 소유자들에게 그 경락을 포기하겠노라고 약속하여 놓고 그 경매법원에서 경락대금지급명령이 전달되자 위의 약속을 어기고 그 경락대금을 완납함으로써 그 경락부동산에 대한 소유권을 취득한 경우에 피고인은 제355조 제2항에서 말하는 타인의 사무를 처리하는 자에 해당하지 아니한다[대판 1969.2.25. 69도46].

7. **(주의)** 일정한 신임관계의 고의적 외면에 대한 형사적 징벌을 핵심으로 하는 배임의 관점에서 보면, 부동산매매에서 매수인이 대금을 지급하는 것에 대하여 매도인이 계약상 권리의 만족이라는 이익이 있다고 하여도 대금의 지급은 어디까지나 매수인의 법적 의무로서 행하여지는 것이고, 그 사무의 처리에 관하여 통상의 계약에서의 이익대립관계를 넘는 신임관계가 당사자 사이에 발생한다고 할 수 없다. 따라서 그 대금의 지급은 당사자 사이의 신임관계에 기하여 매수인에게 위탁된 매도인의 사무가 아니라 애초부터 매수인 자신의 사무라고 할 것이다. 또한 매도인이 대금을 모두 지급받지 못한 상태에서 매수인 앞으로 목적물에 관한 소유권이전등기를 경료하였다면, 이는 법이 동시이행의 항변권 등으로 마련한 대금 수령의 보장을 매도인이 자신의 의사에 기하여 포기한 것으로서, 다른 특별한 사정이 없는 한 대금을 받지 못하는 위험을 스스로 인수한 것으로 평가된다. 그리고 그와 같이 미리 부동산을 이전받은 매수인이 이를 담보로 제공하여 매매대금 지급을 위한 자금을 마련하고 이를 매도인에게 제공함으로써 잔금을 지급하기로 당사자 사이에 약정하였다고 하더라도, 이는 기본적으로 매수인이 매매대금의 재원을 마련하는 방편에 관한 것이고, 그 성실한 이행에 의하여 매도인이 대금을 모두 받게 되는 이익을 얻는다는 것만으로 매수인이 신임관계에 기하여 매도인의 사무를 처리하는 것이 된다고 할 수 없다[대판 2011.4.28. 2011도3247]. [♣14 변시]

8. 채무자가 투자금반환채무의 변제를 위하여 담보로 제공한 임차권 등의 권리를 그대로 유지할 계약상 의무가 있다고 하더라도, 이는 기본적으로 투자금반환채무의 변제의 방법에 관한 것이고, 성실한 이행에 의하여 채권자가 계약상 권리의 만족이라는 이익을 얻는다고 하여도 이를 가지고 통상의 계약에서의 이익대립관계를 넘어서 배임죄에서 말하는 신임관계에 기초하여 채권자의 재산을 보호 또는 관리하여야 하는 '타인의 사무'에 해당한다고 볼 수 없다[대판 2015.3.26. 2015도1301].

[사실관계] 피고인이 아울렛 의류매장의 운영과 관련하여 공소외인으로부터 투자를 받으면서 투자금반환채무의 변제를 위하여 의류매장에 관한 임차인 명의와 판매대금의 입금계좌 명의를 공소외인 앞으로 변경해 주었음에도 제3자에게 의류매장에 관한 임차인의 지위 등 권리 일체를 양도한 사건이다. 대법원은 피고인이 의류매장에 관한 임차인 명의와 판매대금의 입금계좌 명의를 공소외인 앞으로 그대로 유지하여야 할 의무는 단순한 민사상의 채무로서 자기의 사무에 불과하여 타인의 사무에 해당하지 않는다고 판시하였다.

9. 피고인이 甲 새마을금고로부터 특정 토지 위에 건물을 신축하는 데 필요한 공사자금을 대출받으면서 이를 담보하기 위하여 乙 신탁회사를 수탁자, 甲 금고를 우선수익자, 피고인을 위탁자 겸 수익자로 한 담보신탁계약 및 자금관리대리사무계약을 체결하였으나 건물이 준공된 후 乙

회사에 신탁등기를 이행하지 아니하고 丙 앞으로 건물의 소유권보존등기를 마쳐준 경우, 피고인은 배임죄에서의 '타인의 사무를 처리하는 자'에 해당하지 않는다[대판 2020.4.29. 2014도9907]. [♣ 21 변시]

판례해설 피고인은 甲 금고와의 관계에서 향후 건물이 준공되면 乙 회사와 건물에 대한 담보신탁계약, 자금관리대리사무계약 등을 체결하고, 그에 따라 신탁등기절차를 이행하여 甲 금고에 우선수익권을 보장할 민사상 의무를 부담함에 불과하다.

判例 '타인'의 사무를 처리하는 자에서 '타인'의 특정 문제

피고인이 甲과 공동으로 토지를 매수하여 그 지상에 창고사업을 하는 내용의 동업약정을 하고 동업재산이 될 토지에 관한 매매계약을 체결하였는데, 이후 소유권이전등기 업무를 처리하면서 甲 몰래 매도인과 사이에 위 매매계약을 해제하고 甲을 배제하는 내용의 새로운 매매계약을 체결한 다음 제3자 명의로 소유권이전등기를 마친 사안에서, 피고인은 '조합의 사무를 처리하는 자'의 지위에 있다고 할 것이므로, 피해자를 '甲'이라고 볼 수 없다[대판 2011.4.28. 2009도14268].

㉣ **사무처리의 독립성** : 사무처리자에게 일정한 범위의 판단의 자유 내지 독립성이 인정되어야 한다. 따라서 본인의 지시에 따라 기계적 사무에 종사하는 자는 본죄의 주체가 아니다.

判例 타인의 사무처리자에 해당하는 경우

1. **(보조기관)** 업무상배임죄에 있어서 타인의 사무를 처리하는 자란 고유의 권한으로서 그 처리를 하는 자에 한하지 않고 그 자의 보조기관으로서 직접 또는 간접으로 그 처리에 관한 사무를 담당하는 자도 포함한다[대판 1999.7.23. 99도1911; 동지 대판 2004.6.24. 2004도520]. [♠ 05 사시]
2. **(업무 담당자의 상급기관)** 업무상배임죄에 있어서 타인의 사무를 처리하는 자라 함은 고유의 권한으로서 그 처리를 하는 자에 한하지 않고, 직접 업무를 담당하고 있는 자가 아니더라도 그 업무 담당자의 상급기관으로서 실행행위자의 행위가 피해자인 본인에 대한 배임행위에 해당한다는 것을 알면서도 실행행위자의 배임행위를 교사하거나 또는 배임행위의 전 과정에 관여하는 등으로 배임행위에 적극 가담한 경우에는 배임죄의 주체가 된다[대판 2004.7.9. 2004도810].

② **객 체** : 재산상의 이익이다.

③ **행 위** : 배임행위, 즉 본인과의 신임관계를 파괴하는 일체의 행위를 말한다. ⅰ) 법률행위 · 사실행위, 작위 · 부작위(**예** 채권추심을 위임받은 자가 추심을 게을리하여 소멸시효가 완성된 경우)를 불문한다. ⅱ) 모험거래의 경우 그것이 일체 금지되어 있는 경우에는 배임행위가 될 수 있다. 그러나 통상의 거래관행을 벗어나지 아니하고, 본인의 추정적 승낙이 인정될 경우에는 배임행위가 될 수 없다.

判例 배임행위의 의미

업무상배임죄에서 임무에 위배하는 행위라 함은 처리하는 사무의 내용, 성질 등 구체적 상황에 비추어 법률의 규정, 계약의 내용 혹은 신의칙상 당연히 할 것으로 기대되는 행위를 하지 않거나 당연히 하지 않아야 할 것으로 기대하는 행위를 함으로써 본인과 사이의 신임관계를 저버리는 일체의 행위를 포함하는 것으로 그러한 행위가 법률상 유효한가 여부는 따져볼 필요가 없고, 행위자가 가사 본인을 위한다는 의사를 가지고 행위를 하였다고 하더라도 그 목적과 취지가 법령이나 사회상규에 위반된 위법한 행위로서 용인할 수 없는 경우에는 그 행위의 결과가 일부 본인을 위하는 측면이 있다고 하더라도 이는 본인과의 신임관계를 저버리는 행위로서 배임죄의 성립을 인정함에 영향이 없다[대판 1999.3.12. 98도4704], [대판 2002.7.22. 2002도1696]. [♠ 03, 07 사시]

判例 배임행위에 해당하는 경우

1. **(기업의 영업비밀을 사외로 유출한 경우)** 기업의 영업비밀을 사외로 유출하지 않을 것을 서약한 회사의 직원이 경제적인 대가를 얻기 위하여 경쟁업체에 영업비밀을 유출하는 행위는 피해자와의 신임관계를 저버리는 행위로서 업무상배임죄를 구성한다[대판 1999.3.12. 98도4704]. [♠ 07, 09 사시]
2. **(일정한 결의에 기초하여 배임행위를 한 경우에도 배임행위는 정당화될 수 없음)** 회사의 대표이사는 이사회 또는 주주총회의 결의가 있더라도 그 결의내용이 회사 채권자를 해하는 불법한 목적이 있는 경우에는 이에 맹종할 것이 아니라 회사를 위하여 성실한 직무수행을 할 의무가 있으므로 대표이사가 임무에 배임하는 행위를 함으로써 주주 또는 회사 채권자에게 손해가 될 행위를 하였다면 그 회사의 이사회 또는 주주총회의 결의가 있었다고 하여 그 배임행위가 정당화될 수는 없다[대판 2000.5.26. 99도2781], [대판 2005.10.28. 2005도4915]. [♠ 05, 09 사시]

   동지판례 i) 배임행위에 해당하는 한 재산처분에 관한 결정권을 가진 학교법인의 이사회의 결의가 있었다거나 감독청의 허가를 받아서 한 것이라고 하여 정당화할 수 없다[대판 2000.3.14. 99도457]. ii) 회사의 임원이 임무에 위배되는 행위로 재산상 이익을 취득하거나 제3자로 하여금 이를 취득하게 하여 회사에 손해를 가한 경우, 임무위배행위에 대하여 사실상 1인 사원이나 대지분을 가진 사원의 양해를 얻었다고 하더라도 배임죄의 성립에는 지장이 없다[대판 2011.3.10. 2008도6335].

   비교판례 사무처리에 대하여 본인의 동의가 있는 때에는 임무에 위배하는 행위라고 할 수 없다[대판 2015.6.11. 2012도1352].
3. **(합리적인 채권회수조치 없이 자금을 대여한 경우)** 회사의 이사 등이 타인에게 회사자금을 대여함에 있어 그 타인이 이미 채무변제능력을 상실하여 그에게 자금을 대여할 경우 회사에 손해가 발생하리라는 정을 충분히 알면서 이에 나아갔거나, 충분한 담보를 제공받는 등 상당하고도 합리적인 채권회수조치를 취하지 아니한 채 만연히 대여해 주었다면, 그와 같은 자금대여는 타인에게 이익을 얻게 하고 회사에 손해를 가하는 행위로서 회사에 대하여 배임행위가 되고, 회사의 이사는 단순히 그것이 경영상의 판단이라는 이유만으로 배임죄의 죄책을 면할 수는 없으며, 이러한 이치는 그 타인이 자금지원 회사의 계열회사라 하여 달라지지 않는다[대판 2000.3.14. 99도4923], [대판 2002.7.22. 2002도1696].

동지판례 ⅰ) 회사의 이사가 타인에게 회사자금을 대여하거나 타인의 채무를 회사 이름으로 지급보증함에 있어 그 타인이 이미 채무변제능력을 상실하여 그를 위하여 자금을 대여하거나 지급보증을 할 경우 회사에 손해가 발생하리라는 점을 충분히 알면서 이에 나아간 경우 업무상배임죄를 구성한다[대판 1999.6.25. 99도1141]. ⅱ) 상호지급보증 관계에 있는 회사 간에 보증회사가 채무변제능력이 없는 피보증회사에 대하여 합리적인 채권회수책 없이 새로 금원을 대여하거나 예금담보를 제공하였다면 업무상배임죄를 구성한다[대판 2004.7.9. 2004도810]. ⅲ) 대기업의 회장 등이 경영상의 판단이라는 이유로 甲 계열회사의 자금으로 재무구조가 상당히 불량한 상태에 있는 乙 계열회사가 발행하는 신주를 액면가격으로 인수한 것은 그 자체로 업무상배임 행위임이 분명하고 배임에 대한 고의도 충분히 인정된다[대판 2004.6.24. 2004도520].

4. **(사무처리자가 사적목적을 달성하기 위하여 본인에게 손해를 가한 경우)** 대기업 또는 대기업의 회장 등 개인이 정치적으로 난처한 상황에서 벗어나기 위하여 자회사 및 협력회사 등으로 하여금 특정 회사의 주식을 매입수량, 가격 및 매입시기를 미리 정하여 매입하게 한 행위가 업무상배임행위에 해당하고 그에 대한 고의도 있었다고 한 사례[대판 2007.3.15. 2004도5742]. [♠ 09 사시]

동지판례 ⅰ) 비등록·비상장 법인의 대표이사가 시세차익을 얻을 의도로 주식 시가보다 현저히 낮은 금액을 전환가격으로 한 전환사채를 발행하고 제3자의 이름을 빌려 이를 인수한 후 전환권을 행사하여 인수한 주식 중 일부를 직원들에게 전환가격 상당에 배분한 경우, 전환사채의 발행·인수로써 주식 시가와 전환가격의 차액 상당의 재산상의 이익을 취득하고 법인에게 손해를 가한 업무상배임죄가 성립한다[대판 2001.9.28. 2001도3191]. ⅱ) 종업원지주제도는 회사의 종업원에 대한 편의제공을 당연한 전제로 하여 성립하는 것인 만큼, 종업원지주제도 하에서 회사의 경영자가 종업원의 자사주 매입을 돕기 위하여 회사자금을 지원하는 것 자체를 들어 회사에 대한 임무위배행위라고 할 수는 없을 것이나, 경영자의 자금지원의 주된 목적이 종업원의 재산형성을 통한 복리증진보다는 안정주주를 확보함으로써 경영자의 회사에 대한 경영권을 계속 유지하고자 하는 데 있다면, 그 자금지원은 경영자의 이익을 위하여 회사재산을 사용하는 것이 되어 회사의 이익에 반하므로 회사에 대한 관계에서 임무위배행위가 된다[대판 1999.6.25. 99도1141]. ⅲ) 비영리 재단법인의 이사장이 설립목적과는 다른 목적으로 기본재산을 매수하여 사용할 의도를 가진 공소외인과 사이에 기본재산의 직접적인 매도는 주무관청의 허가문제 등으로 불가능하자 이사진 등을 교체하는 방법으로 재단법인의 운영을 공소외인에게 넘긴 후 공소외인이 의도하는 사업을 할 수 있게 재단법인의 명칭과 목적을 변경함으로써 사실상 기본재산을 매각하는 효과를 얻되 그 대가로 금원을 받기로 하는 약정을 체결하고 그 일부를 수령한 경우, 주무관청의 허가의 문제로 법률상 유효한 약정인가 여부와 관계없이 재단법인과 사이의 신임관계를 저버린 배임행위에 해당한다[대판 2001.9.28. 99도2639]. ⅳ) 모회사(母會社)와 자회사(子會社)가 모회사의 대주주로부터 그가 소유한 다른 회사의 비상장주식을 매입한 경우, 거래의 목적이 회사의 입장에서 볼 때 경영상의 필요에 의한 정상적인 거래로서 허용될 수 있는 한계를 넘어 주로 주식을 매도하려는 대주주의 개인적인 이익을 위한 것에 불과하다면 그 대주주와 모회사 및 자회사의 임직원들에 대하여 업무상배임죄가 성립한다[대판 2005.4.29. 2005도856].

5. 공장저당권 설정자로부터 그의 금융기관에 대한 피담보채무를 이행인수하면서 공장저당법에 의하여 공장저당권이 설정된 공장기계를 함께 양수한 자는 그 채무 변제시까지 목적물을 담보 목적에 맞게 보관하여야 할 임무가 있다고 할 것이므로 그 임무에 위배하여 제3자에게 임의 매도하였다면 공장저당권자에 대하여 배임죄가 성립한다[대판 2003.7.11. 2003도67].

6. 주식회사의 대표이사가 주주들에게 법인의 가지급금을 지급함에 따라 가지급금에 대한 인정이자를 계산하여 익금에 산입하여야 함에도 주주들로부터 인정이자를 회수하지 않고 회수한 것처럼 회계서류를 조작한 경우, 배임죄가 성립한다[대판 2005.9.29. 2003도4890].

7. 마을의 물류창고 신축 회사로부터 공사에 따른 피해보상 예치금을 받아 보관하던 마을 이장이 탄핵으로 사임한 후에도 후임 이장에게 위 예치금을 인계하지 않고 계속 보관하다가 예치금 반환기간이 종료되자 마을 주민들의 동의 없이 회사에 반환한 행위가 배임행위에 해당한다고 한 사례[대판 2009.2.12. 2008도10915].

판결이유 공소외 회사로 하여금 이를 처분할 수 있는 재산상의 이익을 취득하게 하고 마을 주민들에게 손해배상에 대한 담보를 상실하는 손해를 가한 행위는 형법 제355조 제2항 소정의 배임행위에 해당한다고 할 것이다.

8. 종손이자 종중 부회장인 피고인이 종중으로부터 종중 소유 토지의 매도 여부 및 그 가격 결정에 관한 권한을 사실상 위임받은 후, 종중 소유 토지 및 인접한 피고인 소유 토지에 대하여 X건설 주식회사와 매매협의를 하면서, 피고인 소유 토지에 관하여는 평당 250만 원 정도에 매도하기로 합의하였음에도 종중 회장이나 종중원들에게는 '피고인 소유 토지도 위 토지와 같은 가격으로 매도한다'는 취지로 거짓말하여 종중 소유 토지의 적정매매가격이 평당 100만 원 정도인 것으로 오인하도록 함으로써, 종중으로 하여금 평당 101만 원을 기준으로 매매계약을 체결하도록 한 반면, 피고인 소유 토지에 관하여는 평당 258만 원을 기준으로 매매계약을 체결하였다면 배임죄가 성립한다[대판 2012.9.13. 2012도3840].

判例 배임행위에 해당하지 않는 경우

1. 채권자와 주채무자 사이의 계속적인 거래관계에서 발생하는 불확정한 채무를 기간을 정하여 보증하는 이른바 계속적 보증의 경우에도 보증인은 그 기간 동안 발생한 모든 채무 중 주채무자가 이행하지 아니하는 채무를 전부 이행할 의무가 있는 것이 원칙이므로, 보증인이 약정한 보증기간 및 보증한도액 내에서 대출을 하여 주었다면 비록 주채무자인 법인의 명칭 및 대표이사가 변경되었음에도 종전 대출시에 사용하였던 연대보증관계 서류로써 대출해 주었더라도 배임죄가 성립하지 않는다[대판 2002.6.28. 2000도3716]. [♠ 04 사시]
2. 회사의 대표이사가 타인의 채무를 회사 이름으로 지급보증 또는 연대보증함에 있어 그 타인이 만성적인 적자로 손실액이나 채무액이 누적되어 가고 있는 등 재무구조가 상당히 불량하여 이미 채무변제능력을 상실한 관계로 그를 위하여 지급보증 또는 연대보증을 할 경우에 회사에 손해가 발생할 것이라는 점을 알면서도 이에 나아갔다면 그러한 지급보증 또는 연대보증은 회사에 대하여 배임행위가 된다고 할 것이나, 그 타인이 단순히 채무초과 상태에 있다는 이유만으로는 그러한 지급보증 또는 연대보증이 곧 회사에 대하여 배임행위가 된다고 단정할 수 없다[대판 2004.6.24. 2004도520].
3. 불법매각된 국유지의 환수업무를 처리하는 공무원이 다수의 이해관계가 충돌하고 법적 해결이 용이하지 않은 상황에서 이를 해결하기 위하여 선의의 취득자 보호를 위한 국유재산법상 특례매각에 관한 규정을 유추적용하기로 하면서 문제의 발생 원인과 각종 이해관계 및 파급효과 등을 전반적으로 고려하고 내부 결재를 거쳐 특례매각의 범위를 확장하여 시행한 사안에서, 그로 인해 결과적으로 국가에 재산상 손해가 발생하였다고 하더라도 문제해결을 위한 직무범위 내의 정책판단과 선택이므로 업무상배임죄에 해당하지 않는다고 한 사례[대판 2008.6.26. 2006도2222].
4. **(에버랜드 전환사채발행 사건)** 전환사채 발행을 위한 이사회 결의에는 하자가 있었다 하더라도

실권된 전환사채를 제3자에게 배정하기로 의결한 이사회 결의에는 하자가 없는 경우, 전환사채의 발행절차를 진행한 것이 재산보호의무 위반으로서의 임무위배에 해당하지 않는다고 한 사례[대판(전) 2009.5.29. 2007도4949].

5. 재건축정비사업조합이 당해 판결에 대하여 항소를 제기하는 등으로 다투고 있는 경우 등에도 조합장이 당연히 그 판결의 취지에 따른 조치를 취하여야 할 임무가 있다고 볼 수는 없다 할 것이고, 한편 조합이 아닌 조합 임원들을 상대로 한 직무집행정지 가처분 등이 있다고 하여 조합장에게 반드시 그에 따른 조치를 취하여야 할 임무가 있다고 볼 수도 없다. 따라서 조합장이 위 조치를 취하지 않았다고 하여 배임행위가 되는 것은 아니다[대판 2009.9.10. 2009도4987].

6. **(사기죄와 배임죄가 택일적 관계에 있는 경우)** 아파트 소유권자인 피고인이 가등기권리자 甲에게 아파트에 관한 소유권이전청구권가등기를 말소해 주면 대출은행을 변경한 후 곧바로 다시 가등기를 설정해 주겠다고 속여 가등기를 말소하게 한 후 가등기를 회복시켜주지 아니하고 아파트에 제3자 명의로 근저당권 및 전세권설정등기를 마쳤다면 사기죄가 성립하고 그 이외에 배임죄가 성립하는 것은 아니다[대판 2017.2.15. 2016도15226].

판결이유 피고인이 약속대로 가등기를 회복해주지 않고 제3자에게 근저당권설정등기 등을 마쳐준 행위는 처음부터 가등기를 말소시켜 이익을 취하려는 사기범행에 당연히 예정된 결과에 불과하여 그 사기범행의 실행행위에 포함된 것일 뿐이므로 사기죄와 비양립적 관계에 있는 각 배임죄는 성립하지 않는다.

④ **재산상 손해의 발생** : 배임행위에 의하여 본인에게 손해를 가하여야 한다. 현실적으로 손해를 가한 경우뿐만 아니라 가치의 감소라고 볼 수 있는 재산상의 위험이 발생한 경우도 포함한다. 그러나 재산상의 손해를 가하는 행위에 의하여 동시에 본인에게 재산상의 이익을 준 경우에는 손해가 있다고 할 수 없다.

判例 재산상 손해의 범위

1. 업무상배임죄에서 재산상 손해에는 재산의 처분 등 직접적인 재산의 감소, 보증이나 담보제공 등 채무 부담으로 인한 재산의 감소와 같은 적극적 손해를 야기한 경우는 물론, 객관적으로 보아 취득할 것이 충분히 기대되는데도 임무위배행위로 말미암아 이익을 얻지 못한 경우, 즉 소극적 손해를 야기한 경우도 포함된다[대판 2013.4.26. 2011도6798].

2. 부동산 매도인이 매수인 앞으로 소유권이전등기를 마쳐 주기 전에 제3자로부터 금원을 차용하고 그 담보로 근저당권을 설정해 준 경우 매수인이 입은 손해는 그 근저당권이 설정될 당시의 부동산 교환가치 중 근저당권에 이용되어 상실된 담보가치 상당이다[대판 2018.7.11. 2015도12692].

判例 재산상 손해를 가한 때의 의미와 재산상 손해의 유무에 대한 판단기준

1. [1] 배임죄에 있어 재산상의 손해를 가한 때라 함은 현실적인 손해를 가한 경우뿐만 아니라 재산상 실해 발생의 위험을 초래한 경우도 포함되고, 재산상 손해의 유무에 대한 판단은 본인의 전재산 상태와의 관계에서 법률적 판단에 의하지 아니하고 경제적 관점에서 파악하여야 하며, 따

라서 법률적 판단에 의하여 당해 배임행위가 무효라 하더라도 경제적 관점에서 파악하여 배임행위로 인하여 본인에게 현실적인 손해를 가하였거나 재산상 실해 발생의 위험을 초래한 경우에는 재산상의 손해를 가한 때에 해당되어 배임죄를 구성한다.
[2] 甲 주식회사의 실질적 경영자인 피고인이 자신의 개인사업체가 甲 회사에 골프장 조경용 수목을 매도하였다는 허위의 매매계약을 체결하고 그 매매대금 채권과 甲 회사의 피고인에 대한 채권을 상계처리한 경우, 피고인의 수목 매매대금 채권이 존재하지 아니하여 상계가 법률상 무효라고 하더라도 甲 회사에 재산상 실해 발생의 위험이 초래되었다고 보아야 하므로 업무상배임죄가 성립한다[대판 2012.2.23. 2011도15857].

동지판례 **(손해발생의 위험이 있는 금액 전부를 손해액으로 보아야 함)** i) 배임죄는 현실적인 재산상 손해액이 확정될 필요까지는 없고 단지 재산상 권리의 실행을 불가능하게 할 염려 있는 상태 또는 손해 발생의 위험이 있는 경우에 바로 성립되는 위태범이므로 피고인이 그 업무상 임무에 위배하여 부당한 외상 거래행위를 함으로써 업무상배임죄가 성립하는 경우, 담보물의 가치를 초과하여 외상 거래한 금액이나 실제로 회수가 불가능하게 된 외상거래 금액만이 아니라 재산상 권리의 실행이 불가능하게 될 염려가 있거나 손해 발생의 위험이 있는 외상 거래대금 전액을 그 손해액으로 보아야 할 것이다[대판 2000.4.11. 99도334].
ii) 부실대출에 의한 업무상배임죄가 성립하는 경우에는 담보물의 가치를 초과하여 대출한 금액이나 실제로 회수가 불가능하게 된 금액만을 손해액으로 볼 것은 아니고, 재산상 권리의 실행이 불가능하게 될 염려가 있거나 손해발생의 위험이 있는 대출금 전액을 손해액으로 보아야 할 것이다[대판 2006.4.27. 2004도1130; 동지 대판 2000.3.24. 2000도28].
iii) 배임죄에 있어서 재산상의 손해를 가한 때라 함은 현실적인 손해를 가한 경우뿐만 아니라 재산상 실해 발생의 위험을 초래한 경우도 포함되는바, 주식의 실질가치가 영(零)인 회사가 발행하는 신주를 액면가격으로 인수하는 경우에 그로 인한 손해액은 그 신주 인수대금 전액 상당으로 보아야 한다[대판 2004.6.24. 2004도520].

동지판례 **(손해는 손해발생의 위험도 포함하므로 손해액이 구체적으로 산정되지 않아도 배임죄의 성립이 가능)** i) [1] 업무상배임죄에서 본인에게 손해를 가한 때라 함은 총체적으로 보아 본인의 재산상태에 손해를 가한 경우를 말하고, 실해 발생의 위험을 초래케 한 경우도 포함하는 것이므로 손해액이 구체적으로 명백하게 산정되지 않았더라도 업무상배임죄의 성립에는 영향이 없다.
[2] A, B가 공모하여 甲 회사의 영업비밀인 회로도 등의 기술정보들을 유출한 사안에서, 유출된 기술정보들이 가지는 액수 미상의 시장교환가격 상당의 손해가 발생하였다고 보아 업무상배임죄의 죄책을 인정한 사례[대판 2009.10.29. 2007도6772; 동지 대판 1999.4.13. 98도4022].
ii) 회사가 매입한 비상장주식의 실거래가격이 시가에 근접하거나 적정한 가격으로 볼 수 있는 범위 내에 속하여 실거래가격과의 차이가 명백하지 않은 경우라고 하더라도, 그 거래의 주된 목적이 비상장주식을 매도하려는 매도인의 자금조달에 있고 회사로서는 그 목적 달성에 이용된 것에 불과하다고 보이는 등의 특별한 사정이 있다면, 비상장주식을 현금화함으로써 매도인에게 유동성을 증가시키는 재산상의 이익을 취득하게 하고 반대로 회사에 그에 상응하는 재산상의 손해로서 그 가액을 산정할 수 없는 손해를 가한 것으로 볼 수 있다. 다만, 기업의 경영과 자금운영에 구체적 위험을 초래하지 않았음에도 단지 현금유동성의 상실만을 이유로 배임죄의 성립요건인 재산상 위험이 발생하였다고 인정하는 것은 신중을 기하여야 한다[대판 2008.5.29. 2005도4640]. [♠ 10 사시]
iii) 회사의 대표이사 등이 그 임무에 위배하여 회사가 보유하는 주식을 적정가액 이하로 매도함으로 인하여 회사에 가한 손해액은 통상 그 주식의 실제 매매대금과 그 주식의 적정가액 사이의 차액 상당이라고 봄이 타당하고, 그 주식이 회사의 경영권을 행사할 수 있는 이른바 경영권 프리미엄을 지니고 있는 경우에는 그 가치를 평가하여 주식의 적정가액 산정에 가산하여야 한다[대판 2009.10.29. 2008도11036].
iv) 배임죄에서 '본인에게 손해를 가한 때'란 현실적인 실해를 가한 경우뿐만 아니라 실해 발생의 위험성을 초래한 경우도 포함되며, 위임받은 타인의 사무가 부동산소유권 이전등기의무인 경우에는 임무위배행위로 인하여 매수인이 가지는 소유권이전등기청구권이 이행불능되거나 이행불능에 빠질 위험성이 있으면 배임죄가 성립한다[대판 2011.6.30. 2011도1651].

v) 배임죄에 있어서 손해란 현실적인 손해가 발생한 경우뿐만 아니라 재산상의 위험이 발생된 경우도 포함되므로 피해자와 주택에 대한 전세권설정계약을 맺고 전세금의 중도금까지 지급받고도 임의로 타에 근저당권설정등기를 경료해 줌으로써 전세금반환채무에 대한 담보능력 상실의 위험이 발생되었다고 보여진다면 위 등기 경료행위는 배임죄를 구성한다[대판 1993.9.28. 93도2206].

동지판례 **(배임행위가 사법상 무효이더라도 재산상 손해를 인정할 수 있음)** i) 피고인이 자신이 대표이사로 있는 신용금고에 양도인 명의의 예금이 실제로 입금되지 아니하였음에도 그 예금이 이미 입금된 듯이 입금전표와 거래원장을 작성하고 전산입력까지 마친 다음 예금통장을 명의자들에게 교부한 것이라면, 설사 신용금고와 위 명의자들간에 민사상의 예금계약이 적법하게 체결된 것이 아니어서 신용금고에게 예금반환채무가 발생한 것은 아니라고 하더라도 그 허위의 예금은 신용금고로부터 언제든지 인출될 수 있는 상태에 있게 됨으로써 이미 신용금고에게 재산상 실해 발생의 위험을 초래하였다[대판 1996.9.6. 96도1606]. ii) 주식회사의 대표이사가 회사의 유일한 재산을 처분하면서 주주총회의 특별결의나 이사회의 승인을 거치지 아니하여 그 매매계약이나 소유권이전등기가 법률상 무효라고 하더라도 경제적 관점에서 파악할 때 재산상 손해를 가한 경우에 해당한다[대판 1995.11.21. 94도1375].

2. [1] 배임죄에서 '재산상의 손해를 가한 때'라 함은 현실적인 손해를 가한 경우뿐만 아니라 재산상 실해 발생의 위험을 초래한 경우도 포함되고 일단 손해의 위험성을 발생시킨 이상 사후에 피해가 회복되었다 하여도 배임죄의 성립에 영향을 주는 것은 아니다.
   [2] 재단법인 불교방송의 이사장 직무대리인이 후원회 기부금을 정상 회계처리하지 않고 자신과 친분관계에 있는 신도에게 확실한 담보도 제공받지 아니한 채 대여한 경우, 그 신도가 이자금을 제때에 불입하고 나중에 원금을 변제하였다 하더라도 배임죄가 성립한다[대판 2000.12.8. 99도333].

   [♠ 05, 10, 11 사시]

3. [1] 재산상의 손실을 야기한 임무위배행위가 동시에 그 손실을 보상할 만한 재산상의 이익을 준 경우, 예컨대 배임행위로 인한 급부와 반대급부가 상응하고 다른 재산상 손해도 없는 때에는 전체적 재산가치의 감소, 즉 재산상 손해가 있다고 할 수 없다.
   [2] 피고인이 甲과 공동으로 토지를 매수하여 그 지상에 창고사업을 하는 내용의 동업약정을 하고 동업재산이 될 토지에 관한 매매계약을 체결한 다음 매도인에게 계약금을 지급하였는데, 이후 소유권이전등기 업무를 처리하면서 甲 몰래 매도인과 사이에 위 매매계약을 해제하고 甲을 배제하는 내용의 새로운 매매계약을 체결한 다음 제3자 명의로 소유권이전등기를 마친 사안에서, 피해자인 조합으로서는 장차 취득할 것이 기대되었던 토지의 가치에 상응하는 재산이 감소되었지만 다른 한편으로는 토지의 잔금지급의무를 면하게 되었으므로 토지의 매수대금 상당액이 위 배임행위로 인하여 조합이 입게 된 재산상 손해액에 해당한다고 할 수는 없다고 한 사례[대판 2011.4.28. 2009도14268].

4. [1] 동일 채무를 위해 기존의 담보방법을 새로운 담보방법으로 교체하는 행위를 배임죄로 처단하려면 새로운 담보물의 가치가 기존의 담보물에 비해 더 크다거나 선행 담보제공에 의해 발생한 기존의 손해발생의 위험이 어떤 사유로 소멸하고 그 담보교체로 인해 기존의 손해발생의 위험과는 다른 새로운 손해발생의 위험이 발생하였다고 평가할 수 있는 사정이 있어야 한다.
   [2] 회사의 대표이사가 제3자의 채무를 담보하기 위하여 회사 명의의 백지약속어음을 제공하는

배임행위를 한 후 법적 효력이 더 확실한 채무보증을 위해 이를 회수하고 대신 다른 회사가 발행한 새로운 약속어음을 배서·교부한 경우, 선행 담보제공행위로 백지약속어음을 제공할 때 이미 회사에 그 피담보채무액 상당의 손해발생 위험이 발생하였고, 경제적인 관점에서 볼 때 전후의 담보제공에 의해 발생하는 손해발생의 위험성은 결국 동일하므로, 위 담보교체행위로 선행 담보제공으로 인한 기존의 위험과는 별개로 회사에 새로운 손해발생의 위험을 초래하였다고 보기 어렵다[대판 2008.5.8. 2008도484].

5. 배임죄에 있어서 본인에게 손해를 가한다 함은 총체적으로 보아 본인의 재산상태에 손해를 가하는 경우를 말하는바, 일반경쟁입찰에 의하여 매각할 은닉신고된 국유부동산을 수의계약으로 매각하였다고 하여 바로 국가가 그 부동산 자체를 상실하는 손해를 입었다고 볼 수는 없고, 수의계약에 의한 매각대금이 정당한 객관적 시가가 못되고 일반경쟁입찰의 방식으로 매각할 경우의 예상대금보다 저렴한 금액인 경우에만 국가에 손해가 발생한 것이다[대판 1981.6.23. 80도2934].

6. 업무상배임죄에 있어서 본인에게 손해를 가한다 함은 총체적으로 보아 본인의 재산상태에 손해를 가하는 경우를 말하고, 위와 같은 손해에는 장차 취득할 것이 기대되는 이익을 얻지 못하는 경우도 포함된다 할 것인바, 금융기관이 금원을 대출함에 있어 대출금 중 선이자를 공제한 나머지만 교부하거나 약속어음을 할인함에 있어 만기까지의 선이자를 공제한 경우 금융기관으로서는 대출금채무의 변제기나 약속어음의 만기에 선이자로 공제한 금원을 포함한 대출금 전액이나 약속어음 액면금 상당액을 취득할 것이 기대된다 할 것이므로 배임행위로 인하여 금융기관이 입는 손해는 선이자를 공제한 금액이 아니라 선이자로 공제한 금원을 포함한 대출금 전액이거나 약속어음 액면금 상당액으로 보아야 하고, 이러한 법리는 투신사가 회사채 등을 할인하여 매입하는 경우라고 달리 볼 것은 아니다[대판 2004.7.9. 2004도810]. [♣19. 변시]

7. [1] 조합이 지출하여야 할 비용이 아닌데도 조합장이 대의원회의 결의를 받아 비용을 지출하는 경우, 업무상배임죄가 성립한다.
[2] 조합장이 이사회 결정에 반하여 급여 등을 인상하여 지급한 사안에서, 그와 같이 지급한 금액에서 종전부터 유지되어 온 '정상적인 보수액'과의 차액 상당 금액만이 배임행위로 인하여 조합이 입은 손해에 해당한다고 한 사례[대판 2009.8.20. 2008도12112].

8. **(특경법상의 배임죄에서 손해의 계산 방법)** 타인에 대하여 근저당권설정의무를 부담하는 자가 제3자에게 근저당권을 설정하여 주는 배임행위로 인하여 취득하는 재산상 이익 내지 그 타인의 손해는 그 타인에게 설정하여 주기로 한 근저당권의 담보가치 중 제3자와의 거래에 대한 담보로 이용함으로써 상실된 담보가치 상당으로서, 이를 산정하는 때에 제3자에 대한 근저당권 설정 이후에도 당해 부동산의 담보가치가 남아 있는 경우에는 그 부분을 재산상 이익 내지 손해에 포함시킬 수 없다[대판 2009.9.24. 2008도9213], [대판 2011.1.13. 2009도10541].

9. 배임죄에 있어서 손해액이 구체적으로 명백하게 산정되지 않았더라도 배임죄의 성립에는 영향이 없다고 할 것이나, 발생된 손해액을 구체적으로 산정하여 인정하는 경우에는 이를 잘못 산정하는 것은 위법하고, 매도인이 부동산의 매도 후 그 부동산에 양도담보계약을 체결하고 제3자에게 돈을 차용한 경우에 매수인이 입은 손해액은 그 양도담보권에 의하여 담보되는 피담보채무 상당액이라고 봄이 상당하다[대판 2012.1.26. 2011도15179].

판례해설 매수인이 지급한 계약금 및 중도금의 합계액이 손해액이라고 볼 수 없다고 판시하였다.

10. 재산상 실해 발생의 위험은 구체적 · 현실적인 위험이 야기된 정도에 이르러야 하고 단지 막연한 가능성이 있다는 정도로는 부족하다[대판 2017.10.12. 2017도6151].

判例 재산상 손해가 인정되는 경우(배임죄 또는 업무상배임죄가 성립하는 경우)

1. 자신의 채권자와 부동산양도담보설정계약을 체결한 피고인이 그 소유권이전등기 경료 전에 임의로 기존의 근저당권자인 제3자에게 지상권설정등기를 경료하여 준 경우, 그 지상권 설정이 새로운 채무부담행위에 기한 것이 아니라 기존의 저당권자가 가지는 채권을 저당권과 함께 담보하는 의미밖에 없다고 하더라도 이로써 양도담보권자의 채권에 대한 담보능력 감소의 위험이 발생한 이상 배임죄를 구성한다[대판 1997.6.24. 96도1218]. [♠ 04 사시]
2. [1] 기업인수에 필요한 자금을 마련하기 위하여 그 인수자가 금융기관으로부터 대출을 받고 나중에 피인수회사의 자산을 담보로 제공하는 방식{이른바 LBO(Leveraged Buyout) 방식}을 사용하는 경우, 피인수회사로서는 주채무가 변제되지 아니할 경우에는 담보로 제공되는 자산을 잃게 되는 위험을 부담하게 되므로 인수자만을 위한 담보제공이 무제한 허용된다고 볼 수 없고, 인수자가 피인수회사의 위와 같은 담보제공으로 인한 위험 부담에 상응하는 대가를 지급하는 등의 반대급부를 제공하는 경우에 한하여 허용될 수 있다. 만일 인수자가 피인수회사에 아무런 반대급부를 제공하지 않고 임의로 피인수회사의 재산을 담보로 제공하게 하였다면, 인수자 또는 제3자에게 담보 가치에 상응한 재산상 이익을 취득하게 하고 피인수회사에게 그 재산상 손해를 가하였다고 봄이 상당하다. 부도로 인하여 회사정리절차가 진행 중인 주식회사의 경우에도 그 회사의 주주나 채권자들의 잠재적 이익은 여전히 보호되어야 하므로, 피인수회사가 회사정리절차를 밟고 있는 기업이라고 하더라도 위와 같은 결론에는 아무런 영향이 없다.
   [2] 회사정리절차가 진행 중인 주식회사를 인수하기 위하여 서류상 회사를 설립하고 대출을 받아 피인수회사의 주식 등을 인수하는 과정에서 피인수회사의 자산을 담보로 제공한 행위가 업무상배임죄를 구성한다고 한 사례[대판 2006.11.9. 2004도7027].
   동지판례 이른바 LBO(Leveraged Buyout) 방식의 기업인수 과정에서, 인수자가 제3자가 주채무자인 대출금 채무에 대하여 아무런 대가 없이 피인수회사의 재산을 담보로 제공하였다면, 설사 주채무자인 제3자가 대출원리금 상당의 정리채권 등을 담보로 제공하고 있었다고 하더라도, 피인수회사로서는 이로 인하여 그 담보가치 상당의 재산상 손해를 입었다고 할 것이므로 배임죄가 성립한다고 한 사례[대판 2008.2.28. 2007도5987]. [♣ 14 변시]
3. 온천발견자의 지위는 그것에 터잡아 여러 가지 혜택이 부여되는 등 그 자체로서 상당한 재산상 가치를 갖는 것임에 틀림이 없으므로, 온천개발을 목적으로 설립된 주식회사의 대표이사가 그 회사가 명의신탁의 방법으로 사실상 보유하고 있던 온천발견자의 지위를 그 임무에 위배하여 아무런 대가 없이 타에 양도하였다면, 적어도 회사에 대하여 위 온천발견에 소요된 비용 상당의 손해를 가하고 타인으로 하여금 동액 상당의 이익을 취하게 하였다고 봄이 상당하여 배임죄를 구성한다[대판 2000.11.24. 99도822].
   동지판례 i) 타인 소유의 특허권을 명의신탁받아 관리하는 업무를 수행해 오다가 제3자로부터 특허권을 이전해 달라는 제의를 받고 대금을 지급받고는 그 타인의 승낙도 받지 않은 채 제3자 앞으로 특허권을 이전등록한 경우에는 업무상배임죄가 성립한다[대판 2016.10.13. 2014도17211]. [♣ 18 변시] ii) 동업자들이 동업계약을 체결하고 영업을 해 오다가 중도에 영업활동을 중단하였거나 또는 동업약정기간이 경과되었더라도 그것만으로는 공동으로 취득한 해사채취권이 동업자의 1인인 피고인의 단독소유가 된다고 볼 수 없고 나머지 동업자들의 지분에 관한 한 명의수탁자의 지위에 있다 할 것이므로 이를 임의로 매도한 것은 배임죄에 해당한다[대판 1992.10.27. 91도2346].

판례해설 명의신탁의 대상이 '재물'이 아니라 '권리(이익)'라는 점을 주의하여야 한다.

4. **(새로운 대출금이 기존 대출금의 원리금으로 상환되도록 약정되어 있었던 경우 : 업무상배임죄 성립)** 금융기관이 실제로 거래처에 대출금을 새로 교부한 경우에는 거래처가 그 대출금을 임의로 처분할 수 없다거나 그 밖에 어떠한 이유로든 그 대출금이 기존 대출금의 원리금으로 상환될 수밖에 없다는 등의 특별한 사정이 없는 한 비록 새로운 대출금이 기존 대출금의 원리금으로 상환되도록 약정되어 있다고 하더라도 그 대출과 동시에 이미 손해발생의 위험은 발생하였다고 보아야 할 것이므로 업무상배임죄가 성립한다[대판 2010.1.28. 2009도10730; 동지 대판 2003.10.10. 2003도3516].

비교판례 **(신규자금이 이미 보증을 한 채무의 변제에 사용되도록 한 경우 : 업무상배임죄 불성립)** 이미 타인의 채무에 대하여 보증을 하였는데, 피보증인이 변제자력이 없어 결국 보증인이 그 보증채무를 이행하게 될 우려가 있고, 보증인이 피보증인에게 신규로 자금을 제공하거나 피보증인이 신규로 자금을 차용하는 데 담보를 제공하면서 그 신규자금이 이미 보증을 한 채무의 변제에 사용되도록 한 경우라면, 보증인으로서는 기보증채무와 별도로 새로 손해를 발생시킬 위험을 초래한 것이라고 볼 수 없다[대판 2010.11.25. 2009도9144].

5. 저당권 내지 근저당권의 순위는 저당물건의 가액으로부터 어느 저당권이 우선하여 변제를 받을 수 있는가 하는 재산상의 이해에 관하여 우열을 정하는 것이므로 본건에서 피해자는 제1순위의 근저당권이 설정될 것으로 알고 금원을 대여하고 그런 내용의 근저당권설정에 관한 문서작성을 위촉하였는데도 불구하고 피고인이 후순위인 제2 내지 제3번의 근저당권설정에 관한 문서를 작성하여 그에 따른 신청으로 등기가 경료되었다면 이는 의뢰자인 본인에게 손해를 가하였다고 볼 것이다[대판 1982.11.9. 81도2501].

6. 업무상배임죄는 위태범으로서 그 성립을 위하여 현실로 본인에게 재산상 손해가 발생할 것까지 요하는 것은 아니므로, 타인을 위하여 도급계약을 체결할 임무가 있는 자가 부당하게 높은 가격으로 도급계약을 체결하여 타인에게 부당하게 많은 채무를 부담하게 하였다면 그로써 곧바로 업무상배임죄가 성립하고, 그 이후에 타인이 현실로 채무를 이행하였는지 여부는 업무상배임죄의 성립과는 관계가 없다 할 것이고, 그 경우 배임액은 도급계약의 도급금액 전액에서 정당한 도급금액을 공제한 금액으로 보아야 한다[대판 1999.4.27. 99도883].

판례해설 부정대출을 한 경우의 손해액(배임액) 판단과는 구별하여야 한다.

7. 중소기업진흥기금은 중소기업 진흥이라는 특정한 목적을 위하여 조성되어 중소기업 합리화사업의 실천계획의 승인을 받은 적격 중소기업 등에게 저리로 대출하도록 그 용도가 법정되어 있는 자금이므로, 그 자금을 합리화사업 부적격 업체를 위하여 부당하게 지출되도록 한 것이라면, 진흥공단이 대리대출의 방식을 취하여 대출취급은행에 대출함으로써 은행으로부터의 대출금의 회수가 사실상 보장된다고 하더라도, 이는 결국 특정 목적을 위하여 조성된 기금의 감소를 초래함으로써 기금이 그 목적을 위하여 사용됨을 저해하는 것이라 할 것이므로, 진흥공단은 위와 같은 기금의 대출로 인하여 재산상의 손해를 입었다고 보아야 한다[대판 1997.10.24. 97도2042].

동지판례 경영개선자금을 부적격자에게 대출하거나 적격자에게 대출하더라도 그 지원한도를 초과하여 대출하는 행위는, 비록 충분한 담보가 제공되어 대출금의 회수가 보장된다고 하더라도, 결국 특정 목적을 위하여 조성된 위 경영개선자금의 감소를 초래하여 위 자금이 본래의 목적을 위하여 사용됨을 저해하는 것이므로, 해수어류수산업협동조합은 위와 같은 경영개선자금의 부당대출로 인하여 재산상의 손해를 입었다고 보아야 한다[대판 2007.4.27. 2007도1038].

8. [1] 융통어음의 할인을 금지하는 것은 진성어음의 경우와 달리 융통어음의 경우에는 어음금이 지급되지 아니할 위험성이 높아서 담보의 일종으로 취득한 어음이 전혀 가치가 없어질 가능성이 크다는 점에 기인한다 할 것이므로, 은행 규정에 위배하여 융통어음을 할인하여 준 경우에는 은행의 입장에서는 그 대출 당시에 채권 회수가 곤란해질 위험에 처하게 된 것이라고 하지 아니할 수 없다.
   [2] 타인의 사무를 처리하는 자가 그 임무에 위배하여 채무자에게 기존 대출금에 대한 대출기한을 연장해 준 경우, 기한 연장 당시에는 채무자로부터 대출금을 모두 회수할 수 있었는데 기한을 연장해 주면 채무자의 자금사정이 대출금을 회수할 수 없을 정도로 악화되리라는 사정을 알고 그 기한을 연장해 준 경우에 그 기한연장으로 인한 새로운 손해가 발생하였다고 할 수 있을 것이다[대판 2002.6.28. 2000도3716; 동지 대판 1999.7.9. 99도1864].
9. 회사의 대표이사가 사료첨가제 납품업체와 가격협상을 함에 있어 유리한 위치에 있었음에도 사료첨가제 납품으로 발생하는 이익금을 자신 등이 얻기 위한 의도에서, 납품업자에게 가공의 납품업체를 만들어 사료첨가제를 납품하라고 지시하고 이를 납품받음으로써 통상적인 납품가격과 가격협상을 통하여 더 낮은 수준에서 납품받을 수 있었던 납품가격의 차액 상당의 재산상 이익을 취득한 경우, 업무상배임죄가 성립하고, 이로 인하여 회사에는 '가액을 산정할 수 없는 손해'가 발생하였다고 판단한 사례[대판 2009.10.15. 2009도5655].
10. 재벌그룹 소속 X회사가 골프장 건설 사업을 진행 중인 비상장회사 Y의 주식 전부를 보유하고 Y회사를 위하여 수백억원의 채무보증을 한 상태에서 X회사의 대표이사와 이사들이 Y회사의 주식 전부를 주당 1원으로 계산하여 그룹 회장인 위 대표이사와 그룹 계열사에 매도한 사안에서, 당시 Y회사의 채무 상태는 부채가 자산을 근소하게 초과하고 있었다 하더라도 회원권이 분양되기 전에는 수입을 기대할 수 없는 골프장 사업의 특성상 이는 당연한 것이고 향후 골프장 사업계획을 실행하여 수익을 내고 기업의 가치도 상승할 가능성이 충분하므로, 위 주식 매도행위는 X회사에 주식의 내재된 가치를 포기하면서 신용위험만을 부담시키는 것으로서 X회사에 주식의 적정한 거래가격과 매도가격의 차액 상당에 해당하는 손해를 가한 배임행위에 해당한다고 한 사례[대판 2008.5.15. 2005도7911].
11. 甲이 乙의 자금 지원 등을 통해 丙 주식회사를 인수하여 대표이사가 된 다음 乙의 적극적인 요구에 따라 丙 회사로 하여금 별다른 반대급부도 받지 않고 丁 주식회사의 乙에 대한 금전채무와 그 담보 목적으로 丁 회사가 발행한 약속어음채무를 연대보증하도록 하였는데, 甲은 그 후 乙이 위 연대보증에 기초하여 강제집행을 할 때 丙 회사가 아무런 이의를 제기하지 않기로 하는 약정을 乙과 체결하여 乙이 丙 회사로부터 약속어음금을 추심하도록 하였다. 이 경우 甲과 乙의 배임행위가 직접적인 원인이 되어 丙 회사가 현실적인 손해를 입은 이상 배임행위의 무효 여부와는 관계없이 배임죄의 공동정범의 죄책을 진다[대판 2013.4.11. 2012도15890].
12. 피고인이 영업정지가 임박한 단계에 있는 저축은행 의 특정 예금채권자들에게만 그 사실을 알려주어 그들로 하여금 예금을 인출하도록 하여 위 각 저축은행의 자산이 감소되게 함으로써 유동성을 악화시키는 등의 재산상 손해를 입게 하고 위 특정 예금채권자들에게 다른 고객들과

달리 영업정지 직전에 예금 전액을 인출할 수 있는 재산상 이익을 취득하게 하였다고 보아 업무상배임죄에 해당한다고 본 원심판단을 수긍한 사례[대판 2013.1.24. 2012도10629].

동지판례 A신용협동조합의 이사장 甲이 자신의 부동산을 A조합에게 매도하여 유동성의 장애를 발생시킨 경우, A신용협동조합의 자금을 그 본래의 목적인 금융업무에 사용할 수 없게 되는 유동성의 장애라는 재산상 손해를 가한 것이므로 (비록 재산상 손해의 액수를 구체적으로 산정할 수 없다고 하더라도) 업무상배임죄가 성립한다[대판 2001.11.13. 2001도3531]. [♠ 15 사시]

판례해설 다만 재산상 손해는 인정할 수 있으나 그 가액을 구체적으로 산정할 수 없으므로 재산상 이득액을 기준으로 가중 처벌하는 특정경제범죄가중처벌등에관한법률위반(배임)죄로 의율할 수 없다.

13. [1] 회사가 타인의 사무를 처리하는 일을 영업으로 영위하고 있는 경우, 회사의 대표이사가 그 타인의 사무를 처리하면서 업무상 임무에 위배되는 행위를 함으로써 재산상 이익을 취득하거나 제3자로 하여금 이를 취득하게 하고 그로 인하여 회사로 하여금 그 타인에 대한 손해배상책임 등 채무를 부담하게 한 때에는 회사에 손해를 가하거나 재산상 실해 발생의 위험을 초래한 것으로 볼 수 있으므로, 이러한 행위는 회사에 대한 관계에서 업무상배임죄를 구성한다.

    판례해설 대법원 1984.10.10. 선고 82도2595 판결은 타인의 사무를 처리하는 의무의 주체가 법인인 경우에 그 타인에 대한 관계에서 법인의 대표기관이 배임죄의 주체가 될 수 있다고 한 것일 뿐 그 의무 주체인 법인에 대한 관계에서는 배임죄의 주체가 될 수 없다고 한 것은 아니므로, 위와 같은 판단이 문제가 있는 것은 아니다.

    [2] 주식회사의 임원이 공적 업무수행을 위하여서만 사용이 가능한 법인카드를 개인 용도로 계속적, 반복적으로 사용한 경우 특별한 사정이 없는 한 임원에게는 임무위배의 인식과 그로 인하여 자신이 이익을 취득하고 주식회사에 손해를 가한다는 인식이 있었다고 볼 수 있으므로, 이러한 행위는 업무상배임죄를 구성한다. 위와 같은 법인카드 사용에 대하여 실질적 1인 주주의 양해를 얻었다거나 실질적 1인 주주가 향후 그 법인카드 대금을 변상, 보전해 줄 것이라고 일방적으로 기대하였다는 사정만으로는 업무상배임의 고의나 불법이득의 의사가 부정된다고 볼 수 없다[대판 2014.2.21. 2011도8870].

14. 피해자에게 채권적 권리인 분양권을 담보로 제공한 피고인이 그 분양권을 포기하게 되면 대세적인 권리 주장을 할 수 없는 피해자로서는 담보권을 상실하게 되는 피해를 보게 되므로, 건축주와 분양권한에 관한 협의를 진행하는 피고인으로서는 담보권자의 이익이 침해되지 않도록 노력해야 할 의무가 있다. 따라서 피고인이 피해자로부터 돈을 빌리면서 담보 목적으로 제공한 아파트를 분양계약서에 따라 그 소유권이전등기절차를 이행할 의무가 있음에도 불구하고, 토지주들과의 정산과정에서 피해자의 권리 보호에 필요한 아무런 조치도 취하지 않은 채 분양권, 처분권을 포기함으로써 토지주들이 아파트에 관하여 보존등기를 마치고 가등기를 설정할 수 있도록 한 것은 피해자가 토지주나 가등기권리자에게 소유권이전등기청구권을 주장하지 못하게 되는 손해 발생의 위험을 초래하는 행위라고 인정되므로 형법상 배임죄가 성립한다[대판 2014.5.16. 2013도12003].

15. 甲 조합의 대출업무 등 담당자인 피고인이 甲 조합에 처와 모친 소유의 토지를 담보로 제공하고 그들 명의로 대출을 받은 다음 위임장 등을 위조하여 담보로 제공된 위 토지에 설정된 근저당권설정등기를 말소하였다면, 등기 말소로 甲 조합에 손해가 발생하였다고 할 것이다

[대판 2014.6.12. 2014도2578]. [♠ 15 사시]

판결이유 피해자 조합의 대출업무 등을 담당하던 피고인이 위임장과 해지증서를 위조하여 피해자 조합의 근저당권설정등기를 말소한 것이라면, 그 등기 말소로 피해자 조합은 당장 위 근저당권을 피담보채권과 함께 처분한다거나 피담보채권 회수를 위한 경매 신청을 할 수 없는 등 자산으로서의 근저당권을 운용·처분하지 못해 사실상 담보를 상실한 것과 다를 바 없는 손해가 발생하였다고 할 것이고, 피해자 조합이 위 말소된 근저당권설정등기의 회복등기를 구할 수 있다고 하여 달리 볼 것은 아니다.

16. 한국농어촌공사의 직원이 자금을 농지매매사업의 지원대상에 해당하지 아니하는 농지를 매입하는 데 사용하거나 지원요건을 갖추지 아니한 농업인을 위하여 부당하게 지원하도록 한 것이라면, 매입 농지에 대한 근저당권 설정 등으로 지원금의 회수가 사실상 보장되더라도 특정 목적을 위하여 조성된 기금의 감소를 초래함으로써 기금이 목적을 위하여 사용됨을 저해하였다고 할 것이므로, 이러한 의미에서 한국농어촌공사는 그와 같은 기금의 지원으로 인하여 재산상 손해를 입었다고 보아야 한다[대판 2015.8.13. 2014도5713].

判例 재산상 손해가 인정되지 않는 경우(배임죄 또는 업무상배임죄가 성립하지 않는 경우)

1. **(신규대출을 받은 것처럼 서류상으로만 정리한 경우)** 거래처의 기존대출금에 대한 연체이자에 충당하기 위하여 위 거래처가 신규대출을 받은 것처럼 서류상 정리한 경우에는 대출금원장 등에는 형식적으로 대출금이 거래처에 교부된 것처럼 되어 있으나 실질적으로는 거래처의 기존대출금에 대한 연체이자 정리를 위하여 서류상으로만 위 거래처가 신규대출받는 것으로 기재되었을 뿐 금융기관 측에서 위 거래처에게 대출금이 새로 교부된 것이 아니므로 그로 인하여 금융기관 측에 어떤 새로운 손해가 발생하는 것은 아니라고 할 것이어서 따로 업무상배임죄가 성립된다고 볼 수 없다[대판 2002.6.28. 2000도3716], [대판 2000.6.27. 2000도1155]. [♠ 03, 11, 15 사시]

동지판례 배임죄가 성립하기 위하여는 행위자의 임무위배행위로 인하여 본인에게 재산상 손해가 발생 또는 발생할 염려가 있어야 하는 것인바, 회사가 행한 대출의 실질이 자금 이동 없는 서류상의 채무자 변경에 불과하고 실질적인 담보력에 변화가 없어 이로 인하여 대출 채권을 회수하지 못할 위험이 발생하였거나 발생할 염려가 생긴 것이 아니라면 그 대출행위는 배임죄를 구성한다고 볼 수 없다[대판 2007.6.1. 2006도1813].

2. **(가장납입된 주금의 인출)** 주식회사의 설립업무 또는 증자업무를 담당한 자와 주식인수인이 사전 공모하여 주금납입취급은행 이외의 제3자로부터 납입금에 해당하는 금액을 차입하여 주금을 납입하고 납입취급은행으로부터 납입금보관증명서를 교부받아 회사의 설립등기절차 또는 증자등기절차를 마친 직후 이를 인출하여 위 차용금채무의 변제에 사용하는 경우, 위와 같은 행위는 실질적으로 회사의 자본을 증가시키는 것이 아니고 등기를 위하여 납입을 가장하는 편법에 불과하여 주금의 납입 및 인출의 전 과정에서 회사의 자본금에는 실제 아무런 변동이 없다고 보아야 할 것이므로 그들에게 불법이득의 의사가 있다거나 회사에 재산상 손해가 발생한다고 볼 수는 없으므로, 업무상배임죄가 성립한다고 할 수 없다[대판 2005.4.29. 2005도856].

동지판례 회사의 대표이사가 유상증자를 통한 신주발행을 함에 있어 납입을 가장하는 방법에 의하여 주금이 납입된 상태에서 자기 또는 제3자에게 신주를 발행해 주었고, 이후 그 주식인수인이 그 신주인수대금을 실제로 회사에 납부하지 아니하고 있다 하더라도 그로 인하여 회사에게 그 신주인수대금 상당의 자본이 감소하는 등의 재산상 손해가 발생한 것으로는 보기 어렵다고 할 것이므로, 그 행위가 업무상배임죄에 해당한다고 할 수는 없다[대판 2007.9.6. 2005도1847].

비교판례 **(전환사채 인수대금이 납입되지 않았음에도 - 가장납입되었음에도 - 전환사채를 발행한 경우)** 전환사채는 발행 당시에는 사채의 성질을 갖는 것으로서 사채권자가 전환권을 행사한 때에 비로소 주식으로 전환된다. 전환사채의 발행업무를 담당하는 사람과 전환사채 인수인이 사전 공모하여 제3자에게서 전환사채 인수대금에 해당하는 금액을 차용하여 전환사채 인수대금을 납입하고 전환사채 발행절차를 마친 직후 인출하여 차용금채무의 변제에 사용하는 등 실질적으로 전환사채 인수대금이 납입되지 않았음에도 전환사채를 발행한 경우에, 전환사채의 발행이 주식 발행의 목적을 달성하기 위한 수단으로 이루어졌고 실제로 목적대로 곧 전환권이 행사되어 주식이 발행됨에 따라 실질적으로 신주인수대금의 납입을 가장하는 편법에 불과하다고 평가될 수 있는 등의 특별한 사정이 없는 한, 전환사채의 발행업무를 담당하는 사람은 회사에 대하여 전환사채 인수대금이 모두 납입되어 실질적으로 회사에 귀속되도록 조치할 업무상의 임무를 위반하여, 전환사채 인수인이 인수대금을 납입하지 않고서도 전환사채를 취득하게 하여 인수대금 상당의 이득을 얻게 하고, 회사가 사채상환의무를 부담하면서도 그에 상응하여 취득하여야 할 인수대금 상당의 금전을 취득하지 못하게 하여 같은 금액 상당의 손해를 입게 하였으므로, 업무상배임죄의 죄책을 진다. 그리고 그 후 전환사채의 인수인이 전환사채를 처분하여 대금 중 일부를 회사에 입금하였거나 또는 사채로 보유하는 이익과 주식으로 전환할 경우의 이익을 비교하여 전환권을 행사함으로써 전환사채를 주식으로 전환하였더라도, 이러한 사후적인 사정은 이미 성립된 업무상배임죄에 영향을 주지 못한다[대판 2015.12.10. 2012도235].

3. **(동일인 대출한도를 초과하여 대출한 것만으로 손해발생의 위험을 단정할 수 없음)** 새마을금고(상호저축은행)의 동일인 대출한도 제한규정은 새마을금고 자체의 적정한 운영을 위하여 마련된 것이지 대출채무자의 신용도를 평가해서 대출채권의 회수가능성을 직접적으로 고려하여 만들어진 것은 아니므로 동일인 대출한도를 초과하였다는 사실만으로 곧바로 대출채권을 회수하지 못하게 될 위험이 생겼다고 볼 수 없고, 구 새마을금고법에 비추어 보면 동일인 대출한도를 초과하였다는 사정만으로는 다른 회원들에 대한 대출을 곤란하게 하여 새마을금고의 적정한 자산운용에 장애를 초래한다는 등 어떠한 위험이 발생하였다고 단정할 수도 없다. 따라서 동일인 대출한도를 초과하여 대출함으로써 구 새마을금고법(상호저축은행법)을 위반하였다고 하더라도, 대출한도 제한규정 위반으로 처벌함은 별론으로 하고, 그 사실만으로 특별한 사정이 없는 한 업무상배임죄가 성립한다고 할 수 없고, 일반적으로 이러한 동일인 대출한도 초과대출이라는 임무위배의 점에 더하여 대출 당시의 대출채무자의 재무상태, 다른 금융기관으로부터의 차입금, 기타 채무를 포함한 전반적인 금융거래상황, 사업현황 및 전망과 대출금의 용도, 소요기간 등에 비추어 볼 때 채무상환능력이 부족하거나 제공된 담보의 경제적 가치가 부실해서 대출채권의 회수에 문제가 있는 것으로 판단되는 경우에 재산상 손해가 발생하였다고 보아 업무상배임죄가 성립한다고 해야 한다[대판(전) 2008.6.19. 2006도4876], [대판 2011.8.18. 2009도7813]. [♠ 09, 13 사시]

4. **(담보권설정에 의하여 손해가 방지되는 경우)** 자동차에 대하여 저당권이 설정되는 경우 자동차의 교환가치는 저당권에 포섭되고, 저당권설정자가 자동차를 매도하여 소유자가 달라지더라도 저당권에는 영향이 없으므로, 특별한 사정이 없는 한 저당권설정자가 단순히 저당권의 목적인 자동차를 다른 사람에게 매도한 것만으로는 배임죄에 해당하지 아니하나, 자동차를 담보로 제공하고 점유하는 채무자가 부당히 담보가치를 감소시키는 행위를 한 경우 배임죄의 죄책을 면할 수 없다[대판 2012.9.13. 2010도11665], [대판 2008.8.21. 2008도3651].

5. **(보전된 이익이 손해보다 큰 경우)** [1] 대출한 것이 회수할 수 없는 채권을 회수하여 실질적으로 은행에 이익이 되고 그것이 통상적인 업무집행범위에 속하는 것으로 용인될 수 있는 것이라면 그 대출로 인하여 회수의 확실성이 없는 일부 채권이 발생하였다 하여 이를 가지고 대출업무 담당자로서의 채권확보조치를 하지 아니한 임무위반행위에 해당하고 또 그와 같은 임무위반의 인식이 있었다고 볼 수 없다 할 것이다.

   [2] 이미 신용불량자로 등록되어 있어 추가대출이 불가능한데도 마치 그 연체대출금이 모두 변제된 것처럼 전산조작을 하여 부정대출을 해주었더라도, 이로 인하여 결과적으로 회수한 채권액이 더 많아졌다면 계산상 대출금융기관에게 손해가 아닌 이익이 되었다고 볼 여지가 있다고 한 사례[대판 2008.2.14. 2007도7716].

6. **(특허출원서 발명자란에 피고인의 성명을 임의로 기재한 경우)** 甲 주식회사 직원인 피고인이 대표이사 乙 등이 직무에 관하여 발명한 '재활용 통합 분리수거 시스템'의 특허출원을 하면서 임의로 특허출원서 발명자란에 乙 외에 피고인의 성명을 추가로 기재하여 공동발명자로 등재되게 한 경우, 발명자에 해당하는지는 특허출원서 발명자란 기재 여부와 관계없이 실질적으로 정해지므로 피고인의 행위만으로 곧바로 甲 회사의 특허권 자체나 그와 관련된 권리관계에 어떠한 영향을 미친다고 볼 수 없어, 결국 그로 인하여 甲 회사에 재산상 손해가 발생하였다거나 재산상 손해발생의 위험이 초래되었다고 볼 수 없으므로 업무상배임죄가 성립하지 않는다[대판 2011.12.13. 2011도10525].

7. 피고인이 자문료 명목으로 받은 甲 주식회사의 주권 발행 전 주식을 이미 乙 주식회사에 매도하였음에도, 위 주식을 포기하고 甲 회사에 반환하였더라도, 피고인이 乙 회사에 현실적인 손해를 가하였거나 재산상 실해 발생의 위험을 초래하였다고 보기 어려우므로 배임죄가 성립하지 아니한다[대판 2011.5.13. 2010도16391].

   판결이유 (1) 乙회사가 피고인으로부터 주식을 적법하게 양수하였다면, 乙회사는 주식 양수인으로서 특별한 사정이 없는 한 양도통지 등 피고인의 협력 없이 단독으로 위 주식 양수 사실을 증명하여 甲주식회사에 대하여 명의개서 청구를 하는 등 자신이 적법한 주주임을 주장할 수 있는 것이고, 주식 양수인이 명의개서 여부를 자유로이 결정할 권리를 가지고 있어 주식 양도인인 피고인에게는 명의개서 청구권이 없으므로 피고인에게 乙회사의 명의개서 절차에 협조할 의무가 있다고 보기 어렵고, (2) 피고인이 주식 양도 이후 임의로 甲주식회사에 대하여 그 주식을 포기한다거나 이를 반환한다는 의사표시를 하였을지라도 이는 무권한자의 행위로서 아무런 효력이 없어 乙회사가 자신이 여전히 적법한 주주임을 주장하는 데에 아무런 장애가 없으므로 이로써 분쟁을 야기하는 등 사실상 불편을 초래하였다고 볼 수 있을지언정 피고인이 乙회사에 현실적인 손해를 가하였거나 재산상 실해 발생의 위험을 초래하였다고 보기 어렵다.

7-1. 피고인이 임차인 갑과 아파트에 관한 임대차계약을 체결하면서 자신이 소유권을 취득하는 즉시 갑에게 알려 갑이 전입신고를 하고 확정일자를 받아 1순위 근저당권자 다음으로 대항력을 취득할 수 있도록 하기로 약정하였는데, 그 후 갑에게서 전세금 전액을 수령하고 소유권을 취득하였음에도 취득 사실을 고지하지 않고 다른 2, 3순위 근저당권을 설정해 주었다고 하여 배임으로 기소된 사안에서, 피고인이 '타인의 사무를 처리하는 자'의 지위에 있지 않다고 한 사례[대판 2015.11.26. 2015도4976].

   판결이유 ① 일반적으로 임차인이 전입신고를 하고 확정일자를 받는 것은 임대인의 도움 없이 임차인이 일방적으로 할 수 있는 점, ② 이 사건의 경우 임대인인 피고인 측의 필요에 의하여 '임차인의 전입신고는 피고인 측이 소유권을 취득하고 국민은행에 1순위 근저당권을 설정해 준 후에 하기로' 약정하였던 관계로 피고인이 소유권 취득 사실을 고지하지 않은 상태에서 피해자가 전입신고를 하기는 어려웠던 사정은 있으나, 그렇다고 하여 피고인과 피해자 관계의 본질적 내용이 단순한 채권관계상의 의무를 넘어서 피고인과 피해자 간의 신임관계에 기초하여 피해자의 재산을 보호 내지 관리하는 데 있다고까지 보기는 어렵다는 점에서 피고인이 타인의 사무를 처리하는 자의 지위에 있다고 보기 어렵다.

8. A 주식회사 대표이사인 피고인이 주주총회 의사록을 허위로 작성하고 이를 근거로 피고인을 비롯한 임직원들과 주식매수선택권부여계약을 체결함으로써 A 회사에 재산상 손해를 가하였다고 하며 특정경제범죄 가중처벌 등에 관한 법률 위반(배임)으로 기소된 사안에서, 상법과 정관에 위배되어 법률상 무효인 계약을 체결한 것만으로는 업무상배임죄 구성요건이 완성되거나 범행이 종료되었다고 볼 수 없고, 임직원들이 이후 계약에 기초하여 A 회사에 주식매수선택권을 행사하고, 피고인이 이에 호응하여 주식의 실질가치에 미달하는 금액만을 받고 신주를 발행해 줌으로써 비로소 A 회사에 현실적 손해가 발생하거나 그러한 실해 발생의 위험이 초래되었다고 볼 수 있으므로, 피고인에 대한 업무상배임죄는 피고인이 의도한 배임행위가 모두 실행된 때로서 최종적으로 주식매수선택권이 행사되고 그에 따라 신주가 발행된 시점에 종료되었다고 보아야 한다고 한 사례[대판 2011.11.24. 2010도11394]. [♠ 15 사시]

판결이유 피고인을 포함한 임직원들로서도 이 사건 주식매수선택권이 부여된 경위나 과정을 충분히 알았거나 알 수 있었다고 보지 않을 수 없어 공소외 주식회사가 위 임직원들에 대하여 외관의 신뢰 또는 거래의 안전 등을 이유로 주식매수선택권부여계약에 따른 의무를 이행하여야 하거나 피고인의 사용자로서 불법행위로 인한 손해배상책임을 지게 될 여지가 있다고 생각하기 어렵다.

9. [1] 업무상배임죄의 재산상 실해 발생의 위험은 구체적·현실적인 위험이 야기된 정도에 이르러야 하고 단지 막연한 가능성이 있다는 정도로는 부족하다.

[2] 甲 은행 지점장인 피고인이 업무상 임무에 위배하여 물품대금지급보증서를 발급한 후 乙 주식회사의 거래처인 丙 주식회사에 건네줌으로써 甲 은행에 손해를 가하였다고 하여 특정경제범죄 가중처벌 등에 관한 법률 위반(배임)으로 기소된 사안에서, 丙 회사는 지급보증서가 정상적으로 발급된 것이 아님을 확인하고 乙 회사를 통하여 물품을 주문하였던 사람들에게 물품을 공급하지 않음으로써 乙 회사가 丙 회사에 대하여 아무런 물품대금 채무를 부담하지 않게 된 사정 등에 비추어, 피고인이 甲 은행을 대리하여 乙 회사가 丙 회사에 대해 장래 부담하게 될 물품대금 채무에 대하여 지급보증을 하였더라도, 丙 회사가 乙 회사와 거래를 개시하지 않아 지급보증 대상인 물품대금 지급채무 자체가 현실적으로 발생하지 않은 이상, 보증인인 甲 은행에 경제적인 관점에서 손해가 발생한 것과 같은 정도로 구체적인 위험이 발생하였다고 평가할 수 없다고 한 사례[대판 2015.9.10. 2015도6745].

10. **[사실관계]** 甲은 부동산을 임차하면서 A회사에 전세자금 대출신청을 하여 전세보증금 대출을 받되 그 담보로 임대인 B에 대한 전세보증금반환채권에 관하여 근질권을 설정하여 주었고, 임대인 B는 이에 관한 질권설정승낙서를 작성하여 A회사에 교부하였다. 그 후 甲은 임대차기간 만료 직후 A회사의 동의 없이 임대인 B로부터 전세보증금을 직접 반환받았다.

[판 례] [1] 타인에 대한 채무의 담보로 제3채무자에 대한 채권에 대하여 권리질권을 설정한 경우 질권설정자는 질권자의 동의 없이 질권의 목적된 권리를 소멸하게 하거나 질권자의 이익을 해하는 변경을 할 수 없다(민법 제352조). 또한 질권설정자가 제3채무자에게 질권설정의 사실을 통지하거나 제3채무자가 이를 승낙한 때에는 제3채무자가 질권자의 동의 없이 질권의 목적

인 채무를 변제하더라도 이로써 질권자에게 대항할 수 없고, 질권자는 여전히 제3채무자에 대하여 직접 채무의 변제를 청구하거나 변제할 금액의 공탁을 청구할 수 있다(민법 제353조 제2항, 제3항). 그러므로 이러한 경우 질권설정자가 질권의 목적인 채권의 변제를 받았다고 하여 질권자에 대한 관계에서 타인의 사무를 처리하는 자로서 임무에 위배하는 행위를 하여 질권자에게 손해를 가하거나 손해 발생의 위험을 초래하였다고 할 수 없고, 배임죄가 성립하지도 않는다.

[2] 피해자 회사가 대항요건을 갖춘 이상 임대인은 질권자인 피해자 회사의 동의 없이 질권의 목적인 채무를 변제하더라도 이로써 질권자인 피해자 회사에 대항할 수 없고, 피해자 회사는 여전히 제3채무자인 임대인에게 권리를 행사할 수 있으므로 질권설정자인 피고인이 전세보증금을 반환받았다고 하여 배임죄가 성립하지 않는다고 한 사례[대판 2016.4.29. 2015도5665].

11. 甲 주식회사는 도시개발사업의 시행자인 乙 조합으로부터 기성금 명목으로 체비지를 지급받은 다음 이를 다시 丙에게 매도하였는데, 乙 조합의 조합장인 피고인이 환지처분 전 체비지대장에 소유권 취득자로 등재된 甲 회사와 丙의 명의를 임의로 말소함으로써 재산상 이익을 취득하고 丙에게 손해를 가하였다는 배임의 공소사실로 기소된 사안에서, 乙 조합이 시행한 도시개발사업은 도시개발법에 따라 이루어진 것이므로 체비지대장에의 등재가 환지처분 전 체비지 양수인이 취득하는 채권적 청구권의 공시방법이라고 볼 수 없다는 등의 이유로, 이와 다른 전제에서 피고인의 행위가 배임죄를 구성한다고 본 원심판결에 법리오해의 잘못이 있다고 한 사례[대판 2022.10.14. 2018도13604].

判例 대표권의 남용과 손해의 인정여부(업무상배임죄의 성립여부)

[1] 주식회사의 대표이사가 대표권을 남용하는 등 그 임무에 위배하여 회사 명의로 의무를 부담하는 행위를 하더라도 일단 회사의 행위로서 유효하고, 다만 상대방이 대표이사의 진의를 알았거나 알 수 있었을 때에는 회사에 대하여 무효가 된다. 따라서 (1) 상대방이 대표권남용 사실을 알았거나 알 수 있었던 경우 그 의무부담행위는 원칙적으로 회사에 대하여 효력이 없고, 경제적 관점에서 보아도 이러한 사실만으로는 회사에 현실적인 손해가 발생하였다거나 실해 발생의 위험이 초래되었다고 평가하기 어려우므로, 달리 그 의무부담행위로 인하여 실제로 채무의 이행이 이루어졌다거나 회사가 민법상 불법행위책임을 부담하게 되었다는 등의 사정이 없는 이상 배임죄의 기수에 이른 것은 아니다. 그러나 이 경우에도 대표이사로서는 배임의 범의로 임무위배행위를 함으로써 실행에 착수한 것이므로 배임죄의 미수범이 된다. 그리고 (2) 상대방이 대표권남용 사실을 알지 못하였다는 등의 사정이 있어 그 의무부담행위가 회사에 대하여 유효한 경우에는 회사의 채무가 발생하고 회사는 그 채무를 이행할 의무를 부담하므로, 이러한 채무의 발생은 그 자체로 현실적인 손해 또는 재산상 실해 발생의 위험이라고 할 것이어서 그 채무가 현실적으로 이행되기 전이라도 배임죄의 기수에 이르렀다고 보아야 한다.

[2] 주식회사의 대표이사가 대표권을 남용하는 등 그 임무에 위배하여 약속어음 발행을 한 행위가 배임죄에 해당하는지도 원칙적으로 위에서 살펴본 의무부담행위와 마찬가지로 보아야 한다. 다만 약속어음 발행의 경우 어음법상 발행인은 종전의 소지인에 대한 인적 관계로 인한 항변으로써 소

지인에게 대항하지 못하므로(어음법 제17조, 제77조), 어음발행이 무효라 하더라도 그 어음이 실제로 제3자에게 유통되었다면 회사로서는 어음채무를 부담할 위험이 구체적 · 현실적으로 발생하였다고 보아야 하고, 따라서 그 어음채무가 실제로 이행되기 전이라도 배임죄의 기수범이 된다. 그러나 약속어음 발행이 무효일 뿐만 아니라 그 어음이 유통되지도 않았다면 회사는 어음발행의 상대방에게 어음채무를 부담하지 않기 때문에 특별한 사정이 없는 한 회사에 현실적으로 손해가 발생하였다거나 실해 발생의 위험이 발생하였다고도 볼 수 없으므로, 이때에는 배임죄의 기수범이 아니라 배임미수죄로 처벌하여야 한다. [♣ 19 변시]

[3] 갑 주식회사 대표이사인 피고인이, 자신이 별도로 대표이사를 맡고 있던 을 주식회사의 병 은행에 대한 대출금채무를 담보하기 위해 병 은행에 갑 회사 명의로 액면금 29억 9,000만 원의 약속어음을 발행하여 줌으로써 병 은행에 재산상 이익을 취득하게 하고 갑 회사에 손해를 가하였다고 하여 특정경제범죄 가중처벌 등에 관한 법률 위반(배임)으로 기소된 사안에서, 피고인이 대표권을 남용하여 약속어음을 발행하였고 당시 상대방인 병 은행이 그러한 사실을 알았거나 알 수 있었던 때에 해당하여 그 발행행위가 갑 회사에 대하여 효력이 없다면, 그로 인해 갑 회사가 실제로 약속어음금을 지급하였거나 민사상 손해배상책임 등을 부담하거나 약속어음이 실제로 제3자에게 유통되었다는 등의 특별한 사정이 없는 한 피고인의 약속어음 발행행위로 인해 갑 회사에 현실적인 손해나 재산상 실해 발생의 위험이 초래되었다고 볼 수 없으므로 배임죄기수라고 할 수 없다고 한 사례[대판(전) 2017.7.20. 2014도1104]. [♣ 21 변시]

판결이유 이와 달리 대표이사의 회사명의 약속어음 발행행위가 무효인 경우에도 그 약속어음이 제3자에게 유통되지 아니한다는 특별한 사정이 없는 한 재산상 실해 발생의 위험이 초래된 것으로 보아야 한다는 취지의 대법원 2012. 12. 27. 선고 2012도10822 판결, 대법원 2013. 2. 14. 선고 2011도10302 판결 등은 배임죄의 기수 시점에 관하여 이 판결과 배치되는 부분이 있으므로 그 범위에서 이를 변경하기로 한다.

동지판례 대표이사가 개인의 차용금 채무에 관하여 개인 명의로 작성하여 교부한 차용증에 추가로 회사의 법인인감을 날인하였다고 하더라도 대표이사로서 행한 적법한 대표행위라고 할 수 없으므로 회사가 위 차용증에 기한 차용금 채무를 부담하게 되는 것이 아님은 물론이고, 나아가 금원의 대여자는 위와 같은 행위가 적법한 대표행위가 아님을 알았거나 알 수 있었다 할 것이어서 회사가 대여자에 대하여 사용자책임이나 법인의 불법행위 등에 따른 손해배상의무도 부담할 여지가 없으므로, 결국 회사에 재산상 손해가 발생하였다거나 재산상 실해 발생의 위험이 초래되었다고 볼 수 없으므로 대표이사에게는 업무상배임죄가 성립할 수 없다[대판 2004.4.9. 2004도771]. [♠ 10, 15 사시]

동지판례 i) 甲 주식회사의 실질적 경영자인 피고인이 자신의 개인채무를 담보하기 위하여 甲 회사 소유 부동산에 乙 앞으로 근저당권설정등기를 마친 경우, 乙은 피고인이 개인채무를 담보하기 위하여 근저당권을 설정한다는 사정을 잘 알고 있어서 근저당권 설정행위는 대표권 남용행위로서 무효이므로 甲 회사는 乙에 대하여 무효인 근저당권에 기한 채무는 물론 사용자책임이나 법인의 불법행위 등에 따른 손해배상의무도 부담할 여지가 없고, 근저당권이 그 후 해지를 원인으로 말소되어, 피고인의 근저당권 설정행위로 말미암아 甲 회사에 재산상 손해가 발생하였다거나 재산상 실해 발생의 위험이 초래된 것으로 볼 수 없으므로 업무상배임죄가 성립하지 아니한다[대판 2012.2.23. 2011도15857].

ii) [1] 대표이사가 대표권의 범위 내에서 한 행위는 설사 대표이사가 회사의 영리목적과 관계없이 자기 또는 제3자의 이익을 도모할 목적으로 그 권한을 남용한 것이라 할지라도 일단 회사의 행위로서 유효하지만, 그 행위의 상대방이 대표이사의 진의를 알았거나 알 수 있었을 때에는 회사에 대하여 무효가 되는 것이다.

[2] 대표이사가 대표권을 남용하여 자신의 개인채무에 대하여 회사 명의의 차용증을 작성하여 주었고, 그 상대방도 이와 같은 진의를 알았거나 알 수 있었던 경우, 무효인 차용증을 작성하여 준 것만으로는 회사에 재산상 손해

가 발생하였다거나 재산상 실해 발생의 위험이 초래되었다고 볼 수 없다[대판 2010.5.27. 2010도1490].

iii) 甲 주식회사 대표이사인 피고인이 乙 주식회사 등의 주식에 대한 인위적 주가관리를 하는 과정에서 丙에게서 필요한 자금을 제공받은 후 甲 회사를 채무자로 하는 금전소비대차계약 등의 약정을 체결하였다면, 위 금전소비대차계약 자체가 반사회질서 법률행위에 기초한 것이므로 위 채무부담행위는 甲 회사에 대하여 무효이므로, 피고인에게는 업무상배임죄가 성립하지 아니한다[대판 2011.7.14. 2011도3180].

iv) 甲 주식회사 대표이사인 피고인이 자신의 채권자들에게 甲 회사 명의의 금전소비대차 공정증서와 약속어음 공정증서를 작성해 준 경우, 피고인의 행위는 대표권을 남용한 행위로서 상대방들도 피고인이 甲 회사의 이익과 관계없이 자기 또는 제3자의 이익을 도모할 목적으로 공정증서를 작성해 준다는 것을 알았거나 충분히 알 수 있었으므로 모두 무효이고, 그로 인하여 甲 회사에 재산상 손해가 발생하였다거나 재산상 실해발생의 위험이 초래되었다고 볼 수 없으므로 배임죄가 성립하지 아니한다[대판 2012.5.24. 2012도2142]. [♣ 14 변시]

v) 법인의 대표자 또는 피용자가 법인 명의로 한 채무부담행위가 관련 법령에 위배되어 법률상 효력이 없는 경우에는 그로 인하여 법인에게 어떠한 손해가 발생한다고 할 수 없으므로, 그 행위로 인하여 법인이 민법상 사용자책임 또는 법인의 불법행위책임을 부담하는 등의 특별한 사정이 없는 한 그 대표자 또는 피용자의 행위는 배임죄를 구성하지 아니한다[대판 2012.2.9. 2010도176]. [♣ 17 변시]

vi) 주식회사의 주주총회결의에서 자신이 대표이사로 선임된 것으로 주주총회의사록 등을 위조한 자가 회사를 대표하여 한 대물변제 등의 행위는 법률상 효력이 없어 그로 인하여 회사에 어떠한 손해가 발생한다고 할 수 없으므로, 그 행위로 인하여 회사가 상법 제395조의 표현대표이사책임을 부담하는 등의 특별한 사정이 없는 한 그 대표이사를 사칭한 자의 행위는 배임죄를 구성하지 아니한다[대판 2013.3.28. 2010도7439].

vii) 甲 주식회사 대표이사인 피고인이 甲 회사 설립의 동기가 된 동업약정의 투자금 용도로 부친 乙로부터 2억 원을 차용한 후 乙에게 甲 회사 명의의 차용증을 작성 · 교부하는 한편 甲 회사 명의로 액면금 2억 원의 약속어음을 발행하여 공증해 줌으로써 甲 회사에 재산상 손해를 입게 하고 乙에게 재산상 이익을 취득하게 하였다고 하여 업무상배임으로 기소된 사안에서, 피고인의 행위가 대표이사의 대표권을 남용한 때에 해당하고 그 행위의 상대방인 乙로서는 피고인이 甲 회사의 영리 목적과 관계없이 자기 또는 제3자의 이익을 도모할 목적으로 권한을 남용하여 차용증 등을 작성해 준다는 것을 알았거나 알 수 있었으므로 그 행위가 甲 회사에 대하여 아무런 효력이 없으나, 乙은 피고인이 작성하여 준 약속어음공정증서에 기하여 甲 회사의 丙 재단법인에 대한 임대차보증금반환채권 중 2억 원에 이르기까지의 금액에 대하여 압류 및 전부명령을 받은 다음 확정된 압류 및 전부명령에 기하여 丙 재단법인으로부터 甲 회사의 임대차보증금 중 1억 2,300만 원을 지급받은 사실에 비추어 피고인의 임무위배행위로 인하여 甲 회사에 현실적인 손해가 발생하였거나 실해 발생의 위험이 생겼으므로 배임죄의 기수가 성립하고, 전부명령이 확정된 후 집행권원인 집행증서의 기초가 된 법률행위 중 전부 또는 일부에 무효사유가 있는 것으로 판명되어 집행채권자인 乙이 집행채무자인 甲 회사에 부당이득 상당액을 반환할 의무를 부담하더라도 배임죄의 성립을 부정할 수 없다고 한 사례[대판 2017.9.21. 2014도9960].

⑤ **재산상 이익의 취득** : 배임죄가 성립하려면 자기 또는 제3자가 재산상의 이익을 취득할 것을 요한다. 따라서 본인에게 손해를 가하였다고 할지라도 이익을 취득한 사실이 없으면 배임죄는 성립하지 않는다.

判例 재산상 이익의 가액을 구체적으로 산정할 수 없는 경우 배임죄의 성립여부

형법 제356조의 업무상배임죄는 업무상의 임무에 위배하여 제355조 제2항의 죄를 범한 때에 성립하는데, 취득한 재산상 이익의 가액이 얼마인지는 범죄 성립에 영향을 미치지 아니한다. 그러나 업무상배임으로 취득한 재산상 이익이 있더라도 가액을 구체적으로 산정할 수 없는 경우에는, 재산상 이익의 가액을 기준으로 가중 처벌하는 특정경제범죄법 제3조를 적용할 수 없다[대판 2015.9.10. 2014도12619].

判例 배임죄의 성립요건(본인의 손해 및 배임행위로 인한 이익의 취득)

1. 업무상배임죄는 본인에게 재산상의 손해를 가하는 외에 배임행위로 인하여 행위자 스스로 재산상의 이익을 취득하거나 제3자로 하여금 재산상의 이익을 취득하게 할 것을 요건으로 하므로, 본인에게 손해를 가하였다고 할지라도 행위자 또는 제3자가 재산상 이익을 취득한 사실이 없다면 배임죄가 성립할 수 없다[대판 2007.7.25. 2005도6439].

   동지판례 [1] 배임죄가 성립하려면 배임행위로 인하여 사무처리자가 재산상의 이익을 취득하거나 제3자로 하여금 이를 취득하게 하여 본인에게 손해를 가하였다고 인정되어야 하고 여기서 제3자라 함은 사무처리자 또는 본인을 제외한 자를 말한다.

   [2] 주택조합 조합장이 총회의 승인 없이 발행한 조합 회원증을 담보로 금원을 차용하여 조합운영비로 사용한 후 위 회원증을 매도하게 하여 채무 전액의 변제에 충당한 경우, 총회 승인 없이 발행된 조합 회원증의 매수인들은 조합원 자격을 취득할 수 없고 단지 조합에 대하여 매수대금 상당의 손해배상채권을 취득할 뿐이므로 조합장이나 회원증 매수인들이 어떠한 재산상 이득을 취득한 바 없으므로 업무상배임죄가 성립하지 않는다[대판 1999.7.9. 99도311].

2. 입주자대표회의 회장이 지출결의서에 날인을 거부함으로써 아파트 입주자들에게 그 연체료를 부담시킨 경우, 열 사용요금 납부 연체로 인하여 발생한 연체료는 금전채무 불이행으로 인한 손해배상에 해당하므로, 공급업체가 연체료를 지급받았다는 사실만으로 공급업체가 그에 해당하는 재산상의 이익을 취득하게 된 것으로 단정하기 어렵다[대판 2009.6.25. 2008도3792]. [♣ 14 변시]

   동지판례 [1] 업무상배임죄에서 본인에게 재산상 손해를 가한다 함은 총체적으로 보아 본인의 재산상태에 손해를 가하는 경우, 즉 본인의 전체적 재산가치의 감소를 가져오는 것을 말하고, 이와 같은 법리는 타인의 사무를 처리하는 자 내지 제3자가 취득하는 재산상 이익에 대하여도 동일하게 적용되는 것으로 보아야 한다. 또한 업무상배임죄는 본인에게 재산상 손해를 가하는 외에 임무위배행위로 인하여 행위자 스스로 재산상 이익을 취득하거나 제3자로 하여금 재산상 이익을 취득하게 할 것을 요건으로 하므로, 본인에게 손해를 가하였다고 할지라도 행위자 또는 제3자가 재산상 이익을 취득한 사실이 없다면 배임죄가 성립할 수 없다.

   [2] 甲 새마을금고 임원인 피고인이 새마을금고의 여유자금 운용에 관한 규정을 위반하여 금융기관으로부터 원금 손실의 위험이 있는 금융상품을 매입함으로써 甲 금고에 액수 불상의 재산상 손해를 가하고 금융기관에 수수료 상당의 재산상 이익을 취득하게 하였다고 하여 업무상배임으로 기소된 사안에서, 피고인의 임무위배행위로 인하여 본인인 甲 금고에 발생한 액수 불상의 재산상 손해와 금융기관이 취득한 수수료 상당의 이익 사이에 대응관계가 있는 등 관련성이 있다고 볼 수 없는 점, 금융기관에 지급된 수수료는 판매수수료로서 피고인이 금융상품을 매입하면서 금융기관으로부터 제공받은 용역에 대한 대가로 지급된 것이므로, 금융기관이 제공한 용역에 비하여 지나치게 과도한 수수료를 지급받았다는 등의 특별한 사정이 없는 한, 금융기관이 용역 제공의 대가로 정당하게 지급받은 위 수수료가 피고인의 임무위배행위로 인하여 취득한 재산상 이익에 해당한다고 단정하기 어려운 점 등을 종합하면, 피고인의 임무위배행위로 甲 금고에 액수 불상의 재산상 손해가

발생하였더라도 금융기관이 취득한 수수료 상당의 이익을 그와 관련성 있는 재산상 이익이라고 인정할 수 없고, 또한 위 수수료 상당의 이익은 배임죄에서의 재산상 이익에 해당한다고 볼 수도 없다는 이유로, 이와 달리 보아 공소사실을 유죄로 판단한 원심판결에 배임죄 성립에 관한 법리오해의 잘못이 있다[대판 2021.11.25. 2016도3452].

3. 피고인이 피해 회사의 승낙 없이 임의로 지정 할인율보다 더 높은 할인율을 적용하여 회사가 지정한 가격보다 낮은 가격으로 제품을 판매하는 이른바 덤핑판매로 제3자인 거래처에 재산상의 이익이 발생하였는지 여부는 경제적 관점에서 실질적으로 판단하여야 할 것인바, 피고인이 피해 회사가 정한 할인율 제한을 위반하였다 하더라도 시장에서 거래되는 가격에 따라 제품을 판매하였다면 지정 할인율에 의한 제품가격과 실제 판매시 적용된 할인율에 의한 제품가격의 차액 상당을 거래처가 얻은 재산상의 이익이라고 볼 수는 없다[대판 2009.12.24. 2007도2484]. [♠ 10, 13 사시]

4. 타인의 사무를 처리하는 자가 배임의 범의로, 즉 임무에 위배하는 행위를 한다는 점과 이로 인하여 자기 또는 제3자가 이익을 취득하여 본인에게 손해를 가한다는 점에 대한 인식이나 의사를 가지고 임무에 위배한 행위를 개시한 때 배임죄의 실행에 착수한 것이고, 이러한 행위로 인하여 자기 또는 제3자가 이익을 취득하여 본인에게 손해를 가한 때 배임죄는 기수가 된다(형법 제355조 제2항). 그런데 타인의 사무를 처리하는 자의 임무위배행위는 민사재판에서 법질서에 위배되는 법률행위로서 무효로 판단될 가능성이 적지 않고, 그 결과 본인에게도 아무런 손해가 발생하지 않는 경우가 많다. 이러한 때에는 배임죄의 기수를 인정할 수 없다. 그러나 의무부담행위로 인하여 실제로 채무의 이행이 이루어지거나 본인이 민법상 불법행위책임을 부담하게 되는 등 본인에게 현실적인 손해가 발생하거나 실해 발생의 위험이 생겼다고 볼 수 있는 사정이 있는 때에는 배임죄의 기수를 인정하여야 한다. 다시 말하면, 형사재판에서 배임죄의 객관적 구성요건요소인 손해 발생 또는 배임죄의 보호법익인 피해자의 재산상 이익의 침해 여부는 구체적 사안별로 타인의 사무의 내용과 성질, 임무위배의 중대성 및 본인의 재산 상태에 미치는 영향 등을 종합하여 신중하게 판단하여야 한다[대판 2017.9.21. 2014도9960].

判例 특경법상의 '이득액'의 의미

특정경제범죄 가중처벌 등에 관한 법률 제3조 제1항은 특정재산범죄를 범한 자가 범죄행위로 인하여 취득하거나 제3자로 하여금 취득하게 한 재물 또는 재산상 이익의 가액(이하 '이득액'이라 한다)이 5억 원 이상인 때 가중처벌하고 있는데, 여기서 말하는 '이득액'은 단순일죄의 이득액이나 혹은 포괄일죄가 성립되는 경우 이득액의 합산액을 의미하고, 경합범으로 처벌될 수죄에서 이득액을 합한 금액을 의미하는 것은 아니다[대판 2011.7.28. 2009도8265]. [♣ 19 변시]

⑥ **실행의 착수와 기수시기** : 배임행위를 개시하는 때 실행의 착수가 인정되며, 재산상 손해가 발생한 때 기수가 된다.

判例 배임죄의 착수시기 및 기수시기

1. **(회사 영업비밀의 불법반출 – 반출한 때 기수, 적법한 반출이라도 반환하거나 폐기하지 않은 경우 – 퇴사시에 기수)** 업무상배임죄의 주체는 타인의 사무를 처리하는 지위에 있어야 한다. 따라서 회사직원이 재직 중에 영업비밀 또는 영업상 주요한 자산을 경쟁업체에 유출하거나 스스로의 이익을 위하여 이용할 목적으로 무단으로 반출하였다면 타인의 사무를 처리하는 자로서 업무상의 임무에 위배하여 유출 또는 반출한 것이어서 유출 또는 반출 시에 업무상배임죄의 기수가 된다. 또한 회사직원이 영업비밀 등을 적법하게 반출하여 반출행위가 업무상배임죄에 해당하지 않는 경우라도, 퇴사 시에 영업비밀 등을 회사에 반환하거나 폐기할 의무가 있음에도 경쟁업체에 유출하거나 스스로의 이익을 위하여 이용할 목적으로 이를 반환하거나 폐기하지 아니하였다면, 이러한 행위 역시 퇴사 시에 업무상배임죄의 기수가 된다.
그러나 회사직원이 퇴사한 후에는 특별한 사정이 없는 한 퇴사한 회사직원은 더 이상 업무상배임죄에서 타인의 사무를 처리하는 자의 지위에 있다고 볼 수 없고, 위와 같이 반환하거나 폐기하지 아니한 영업비밀 등을 경쟁업체에 유출하거나 스스로의 이익을 위하여 이용하더라도 이는 이미 성립한 업무상배임 행위의 실행행위에 지나지 아니하므로, 그 유출 내지 이용행위가 부정경쟁방지 및 영업비밀보호에 관한 법률 위반(영업비밀누설등)죄에 해당하는지는 별론으로 하더라도, 따로 업무상배임죄를 구성할 여지는 없다. 그리고 위와 같이 퇴사한 회사직원에 대하여 타인의 사무를 처리하는 자의 지위를 인정할 수 없는 이상 제3자가 위와 같은 유출 내지 이용행위에 공모·가담하였더라도 타인의 사무를 처리하는 자의 지위에 있다는 등의 사정이 없는 한 업무상배임죄의 공범 역시 성립할 수 없다[대판 2017.6.29. 2017도3808].

2. **(무허가건물의 이중양도 : 제2양수인에게 무허가건물의 명의를 변경하여 준 것은 실행의 착수 인정, 무허가건물을 인도한 때 기수,)** [1] 무허가건물대장은 무허가건물의 정비에 관한 행정상의 사무처리의 편의를 위하여 작성 비치되는 것으로써 그 대장에의 기재에 의하여 무허가건물에 관한 권리의 변동이 초래되거나 공시되는 효과가 생기는 것이 아니므로 무허가건물대장에 소유자로 등재되었다는 사정만으로는 그 무허가건물에 대한 소유권 기타의 권리를 취득하거나 권리자로 추정되는 효력은 없다 할 것이나, 무허가건물의 양도인은 특별한 사정이 없는 한 대금수령과 동시에 양수인에게 그 건물을 인도할 의무가 있다 할 것이고, 무허가건물의 양수인은 양도인으로부터 무허가건물을 인도받아 점유함으로써 소유권에 준하는 사용·수익·처분의 포괄적인 권능을 가지게 되므로, 이와 같이 양수인에게 무허가건물을 인도할 의무를 부담하는 양도인이 중도금 또는 잔금까지 수령한 상태에서 양수인의 의사에 반하여 제3자에게 그 무허가건물을 이중으로 양도하고 중도금까지 수령하였다면 이는 양수인에 대한 관계에서 임무위배행위로서 배임죄의 실행의 착수가 있었다고 할 것이고, 더 나아가 제3자로부터 잔금을 수령하고 무허가건물을 인도하였다면 이는 배임죄의 기수에 해당한다.
[2] 피고인이 자신의 처가 A1에 대하여 부담하는 채무의 대물변제명목으로 피고인 소유의 무허가건물을 A1에게 양도하고, 재차 자신의 처가 A2에 대하여 부담하는 채무의 대물변제명목으로 위 무허가건물을 양도하고 무허가건물대장상의 소유자 명의를 A2로 변경하여 준 경우, 배임죄의 실행에 착수하였다고 볼 수 있다[대판 2005.10.28. 2005도5713].

(2) 주관적 구성요건

고의와 불법이득의사가 있어야 한다. 그러나 본인에게 손해를 가할 목적은 요하지 않는다.

判例 배임죄의 고의가 인정되기 위한 요건

1. **(임무위배 및 손해발생에 대한 인식이 필요)** 업무상배임죄가 성립하기 위하여는 행위자가 주관적으로 자기의 행위가 임무에 위배되는 것이라는 인식 외에도 그로 인하여 본인에게 재산상 손해를 발생 또는 발생시킬 염려가 있다는 인식이 있어야 한다[대판 2003.4.25. 2001도4035].
2. **(손해를 가한다는 의사 및 이득에 대한 의사가 필요)** 업무상배임죄의 고의가 인정되려면, 업무상 타인의 사무를 처리하는 자가 본인에게 재산상의 손해를 가한다는 의사가 있어야 하고, 자기 또는 제3자에게 재산상의 이득을 주려는 의사가 있어야 할 뿐만 아니라, 그의 행위가 임무에 위배된다는 인식이 있어야 할 것인바, 피고인이 피해자 본인의 이익을 위한다는 의사도 가지고 있었다 하더라도 이는 부수적일 뿐이고 이득 또는 가해의 의사가 주된 것임이 판명되면 배임죄의 고의가 있었다고 보아야 하고, 피고인이 본인의 이익을 위하여 문제가 된 행위를 하였다고 주장하면서 범의를 부인하고 있는 경우에는 간접사실을 증명하는 방법에 의하여 입증할 수밖에 없다[대판 2006.11.9. 2004도7027; 동지 대판 2010.7.15. 2008도9066].

   비교판례 **(손해를 가한다는 의사나 이득을 얻게 할 목적을 요하지 않는다는 판례)** 배임죄에 있어서 배임의 범의는 배임행위의 결과 본인에게 재산상의 손해가 발생하거나 발생할 염려가 있다는 인식과 자기 또는 제3자가 재산상의 이득을 얻는다는 인식이 있으면 족하고 본인에게 재산상의 손해를 가한다는 의사나 자기 또는 제3자에게 재산상의 이득을 얻게 하려는 목적은 요하지 아니한다[대판 2004.7.9. 2004도810].

判例 경영상의 판단과 배임의 고의의 인정요건

1. 경영상의 판단과 관련하여 … 단순히 본인에게 손해가 발생하였다는 결과만으로 책임을 묻거나 주의의무를 소홀히 한 과실이 있다는 이유로 책임을 물을 수는 없다[대판 2004.7.22. 2002도4229]. [♠ 06 사시]
2. [1] 경영상의 판단과 관련하여 기업의 경영자에게 배임의 고의가 있었다고 하기 위하여는 제반 사정에 비추어 자기 또는 제3자가 재산상 이익을 취득한다는 인식과 본인에게 손해를 가한다는 인식 아래 행하여지는 의도적 행위임이 인정되어야 한다.
   [2] 방송사 사장인 피고인이 방송사의 조세소송 관련 사무를 처리하면서 … 보다 유리한 내용으로 조정안을 관철하지 못한 경우라고 할지라도 배임행위에 해당하지 않는다[대판 2012.1.12. 2010도15129].

判例 배임의 고의가 인정된 경우

1. 새마을금고의 이사장인 피고인이 정관 소정의 대출신청서와 차용금증서 조차 받지 않았을 뿐만 아니라 대출이자에 대한 약정도 없이 소외인들에게 마을금고의 자금을 대출하여 준 것은 그 임무에 위배한 행위로서 피고인에게 배임의 인식 또는 고의가 없었다 할 수 없다[대판 1980.9.9. 79도2637].
2. 재개발조합의 조합원들이 시공회사로부터 이주비를 차용하면서 약속어음을 발행 · 공증하여 주기로 함에 따라 조합장이 조합원들을 대표하여 약속어음공증신청을 이사회의 결의로 선정된 법

무사로 하여금 대행하게 하는 용역계약을 체결함에 있어, 그 법무사가 제시하는 수수료액이 적정한 것인지 조사하여 보지 않고, 그 금액이 과다함에도 불구하고 이를 낮추려는 시도조차 하지 않은 채 이를 그대로 받아들여 용역계약을 체결하였다면, 경험칙상 조합장으로서의 임무에 위배한다는 인식과 법무사의 이익을 위하여 본인인 조합원들에게 재산상의 손해를 가한다는 인식을 가지고 있었다고 볼 수 있다[대판 1997.6.13. 97도618].

3. 금융기관의 임직원들이 대출을 함에 있어 대출채권의 회수를 확실하게 하기 위하여 충분한 담보를 제공받는 등 상당하고도 합리적인 조치를 강구하지 아니한 채 만연히 대출을 해 주었다면 업무위배행위로 제3자로 하여금 재산상 이득을 취득하게 하고 금융기관에 손해를 가한다는 인식이 없었다고 볼 수 없다[대판 2004.3.26. 2003도7878].

判例 배임의 고의가 부정된 경우

1. 대지 및 지상건물의 소유자가 대지를 매도하면서 잔대금 수령 후 일정 기간 내에 매수인을 위하여 그 지상건물을 스스로 철거하고 멸실등기절차를 해주기로 약정하였음에도 매수인으로부터 잔대금을 모두 수령한 뒤에 그 지상건물에 대하여 제3자 앞으로 소유권이전청구권 보전을 위한 가등기를 마쳐주었다면, 그와 같은 매도인의 행위는 대지에 대한 매수인의 소유권행사에 지장을 초래케 하였다는 점에서 매수인 앞으로의 소유권이전등기임무에 위반되는 배임행위라고 할 것이지만, 매도인이 지상건물을 철거하기로 약속한 기한까지 위 가등기를 말소하고 건물철거의무를 이행할 수 있을 것으로 믿었고 객관적으로도 그 이행이 가능하였다는 등의 특별한 사정이 있는 경우에는 배임죄의 고의가 인정되지 않는다고 봄이 상당하다[대판 2006.12.21. 2006도2684]. [♠ 10 사시]
2. 피고인이 컴퓨터에 저장된 자료의 구체적 내용이나 의미를 제대로 인식하지 못한 채 만연히 퇴사한 전직 동료의 편의를 위하여 회사 컴퓨터에 저장된 개인 파일 등을 복사해 준 경우, 배임의 고의가 있었다고 단정하기 어렵다[대판 2009.5.28. 2008도5706].
3. 부동산 매도인인 피고인이 당초계약의 내용에 없는 새로운 요구조건을 내세우는 매수인에게 계약을 이행할 의사가 없는 것으로 판단한 것이 무리가 아니라고 보이므로 계약이 적법히 해제되었는지 여부에 관계없이 매매목적부동산에 관하여 제3자 앞으로 가등기를 경료한 피고인에게 배임의 범의가 없다고 본 사례[대판 1992.10.13. 92도1046].
4. 주택조합 조합장이 주택조합측으로부터 아파트부지의 선정과 매입에 관한 일체의 권한을 위임받아 아파트부지를 구입하는 과정에서 공원용지지정의 해제가 없는 한 아파트를 건축할 수 없음에도 불구하고, 정치자금을 내면 권력층을 통하여 공원용지지정을 해제시켜 주겠다는 甲 등의 계획적인 기망행위에 속아 용도지정의 해제가 가능할 것으로 믿고 용도지정의 해제에 필요하다는 경비조로 금원을 甲 등에게 교부한 경우 주택조합 아파트부지의 구입에 관한 포괄적인 권한을 위임받고 있었으므로 자신이 관리 중인 주택자금을 공원용지지정해제의 경비 등으로 지출하였다는 것만으로 이를 목적 외의 용도에 사용하였다고 볼 수 없고, 주택조합 조합장이 甲 등의 계획적인 기망행위에 속아 공원용지의 용도지정이 해제될 것으로 믿고서 경비를 교부한 것이므로 동인에게 주택조합에 대한 신뢰관계에 위배하여 자신의 업무를 성실히 수행하지 않았

다는 배임의 범의를 인정할 수 없다[대판 1993.1.15. 92도166].

5. 부동산신탁회사의 상무이사인 피고인이 토지개발신탁사업의 개발투자비 상환채권을 담보하기 위해 제공된 공소외인 소유의 부동산에 관한 관리 · 처분신탁계약을 해지하고 소유권이전등기를 환원한 사안에서, 피고인은 결재권자로서 담당 지점장이 보고한 내용을 검토, 확인한 후 이를 승인하였고, 피고인 자신의 개인적인 이익을 취하거나 위탁자로 하여금 재산상의 이익을 취하게 할 의도가 있었다고 볼 사정이 없으므로, 단순히 부동산신탁회사에 손해가 발생하였다는 결과만으로 피고인에게 책임을 묻거나 주의의무를 소홀히 한 과실이 있다는 이유로 피고인에게 배임의 고의가 있었다고 하기는 어렵다[대판 2005.6.9. 2004도2786; 동지 대판 2010.1.14. 2007도10415].

6. 단위농업협동조합의 조합장이 조합규약에 따른 대금회수 확보를 위한 담보취득 등의 조치 없이 조합의 양곡을 외상판매함으로 인하여 위 조합에 손해가 발생하였지만 당시 시장에 양곡의 물량이 많아 현금판매가 어려웠고 기온상승으로 양곡이 변질될 우려가 생겼으며 농협중앙회로부터 재고양곡의 조기판매 추진지시를 받는 등의 사정으로 양곡을 신속히 처분하려다 손해가 발생한 것이라면, 이는 오로지 위 조합의 이익을 위하여 변질의 우려가 있는 위 양곡을 신속히 처분하려다 발생한 손해일 뿐, 자기 또는 제3자를 위한 이득의 의사에서 나온 것이라고 볼 수 없을 뿐만 아니라 위 양곡 외상판매행위가 위 조합에 손해를 가하고 자기 또는 제3자에게 재산상의 이익을 취득하게 한다는 인식 · 인용하에서 행해진 행위라고도 할 수 없다[대판 1992.1.17. 91도1675].

判例 **배임의 고의의 인정여부가 상대적인 경우**

매도인이 부동산을 매도한 후 그 매매계약을 해제하고 이를 다시 제3자에게 매도한 경우에 그 매매계약의 해제가 해제요건을 갖추지 못하여 부적법하더라도 매도인이 그 해제가 적법한 것으로 믿고 그 믿음에 정당한 이유가 있다면 매도인에게 배임죄의 범의를 인정할 수 없는 것이지만 피고인이 들고 있는 계약해제사유가 적법한 것이 아니고 피고인이 이를 적법한 해제사유로 믿었거나 그 믿음에 정당한 사유가 있었다고 보여지지 아니하는 경우 피고인에게 배임의 범의가 있었다고 할 것이다[대판 1990.11.13. 90도153].

判例 **불법이득의사를 부정한 경우**

사립학교의 예산편성에는 학교직원의 연금 및 의료보험부담금은 학교 법인으로부터 전입된 재산수입금으로 충당 지출하게 되어 있고 학교교비 및 육성회비에서의 전용지출은 금지되어 있으나 학교법인의 그 수익사업 운영이 어려워 그 산하학교가 학교법인으로부터 전혀 수익금을 전입받지 못하여 위 부담금을 납부할 재원이 없어 부득이 육성회비 등의 학교교비에서 위 부담금을 지출한 행위는 자기 또는 제3자를 위한 재산상 이득의 의사에서 나온 것이라고는 볼 수 없다[대판 1983.7.26. 83도819].

3. 공 범

判例 배임죄의 공동정범의 성립요건

업무상배임죄의 실행으로 인하여 이익을 얻게 되는 수익자가 소극적으로 실행행위자의 배임행위에 편승하여 이익을 취득하는 데 그치지 않고 배임행위를 교사하거나 또는 배임행위의 전 과정에 관여하는 등으로 실행행위자의 배임행위에 적극 가담한 경우에는 업무상배임죄의 공동정범이 된다[대판 2007.2.8. 2006도483]. [♣19 변시]

동지판례 거래상대방의 대향적 행위의 존재를 필요로 하는 유형의 배임죄에서 거래상대방은 기본적으로 배임행위의 실행행위자와 별개의 이해관계를 가지고 반대편에서 독자적으로 거래에 임한다는 점을 고려하면, 업무상배임죄의 실행으로 이익을 얻게 되는 수익자는 배임죄의 공범이라고 볼 수 없는 것이 원칙이고, 실행행위자의 행위가 피해자 본인에 대한 배임행위에 해당한다는 점을 인식한 상태에서 배임의 의도가 전혀 없었던 실행행위자에게 배임행위를 교사하거나 또는 배임행위의 전 과정에 관여하는 등으로 배임행위에 적극 가담한 경우에 한하여 배임의 실행행위자에 대한 공동정범으로 인정할 수 있다[대판 2016.10.13. 2014도17211]. [♣18 변시]

判例 배임죄의 종범이 성립하지 않는 경우

[1] 거래상대방의 대향적 행위의 존재를 필요로 하는 유형의 배임죄에 있어서 거래상대방으로서는 기본적으로 배임행위의 실행행위자와는 별개의 이해관계를 가지고 반대편에서 독자적으로 거래에 임한다는 점을 감안할 때, 거래상대방이 배임행위를 교사하거나 그 배임행위의 전 과정에 관여하는 등으로 배임행위에 적극가담함으로써 그 실행행위자와의 계약이 반사회적 법률행위에 해당하여 무효로 되는 경우 배임죄의 교사범 또는 공동정범이 될 수 있음은 별론으로 하고, 관여의 정도가 거기에까지 이르지 아니하여 법질서 전체적인 관점에서 살펴볼 때 사회적 상당성을 갖춘 경우에 있어서는 비록 정범의 행위가 배임행위에 해당한다는 점을 알고 거래에 임하였다는 사정이 있어 외견상 방조행위로 평가될 수 있는 행위가 있었다 할지라도 범죄를 구성할 정도의 위법성은 없다고 봄이 상당하다.
[2] 1인 회사의 주주가 개인적 거래에 수반하여 법인 소유의 부동산을 담보로 제공한다는 사정을 거래상대방이 알면서 가등기의 설정을 요구하고 그 가등기를 경료받은 경우, 거래상대방은 배임행위의 방조범에 해당하지 않는다[대판 2005.10.28. 2005도4915]. [♠09, 14 사시]

4. 죄 수

判例 배임죄의 죄수

(부정대출의 약정 후 약정금을 수 회 인출한 경우 : 포괄일죄 ×, 단순일죄 ○) 배임죄의 범의는 피고인이 자인하지 아니하는 경우 사물의 성질상 배임의 범의와 상당한 관련성이 있는 간접사실을 증명하는 방법에 의하여 입증될 수밖에 없으며, 대출에 있어서 부실한 담보를 받고 대출한도 거래약정 또는 여신한도 거래약정을 체결하면 그 때에 그 한도금액 범위 내에서 한 개의 배임죄가 성립한

다고 볼 것이며 그 한도금액을 여러 번에 걸쳐 나누어 인출하였다고 하여 그 여러 번의 인출행위를 포괄하여 배임죄의 일죄가 성립한다고 볼 것은 아니다[대판 2001.2.9. 2000도5000].

5. 이중매매(이중저당)의 형사책임

(1) 부동산의 이중매매

① 의 의 : 甲이 A1에게 자기소유의 부동산에 대하여 매매계약을 체결하였으나 아직 이전등기를 해 주지 않은 상태에서 다시 A2와 매매계약을 체결하고 A2에게 소유권이전등기를 경료해 준 경우를 말한다.

② 횡령죄의 성부 : 부동산 물권변동에 관한 형식주의 하에서는 소유권이전등기를 경료하기까지는 매도인의 소유이므로 甲에게 제1매수인(A1)에 대한 횡령죄는 성립할 수 없다.

③ 사기죄의 성부

㉮ 甲이 애초부터 편취의 의사로 A1과 매매계약을 체결했다면 계약금 등에 대한 사기죄가 성립하며, 甲이 A1에게 이전등기를 경료한 후 A2와 매매계약을 체결하고 계약금 등을 수령하였다고 가정하면 사기죄가 성립한다.

判例 사기죄가 성립하는 경우

타인에게 매도하여 그 소유권이전등기까지 경유해준 부동산을 자기소유라고 하여 재차 매도하였다면 그 자체에 있어 적극적인 거짓말로 매수인을 기망한 것으로 볼 수 있다[대판 1971.8.31. 71도1302].

㉯ 甲이 A1에게서 중도금 이상을 수령하여 계약을 해제할 수 없다는 것을 A2에게 고지하지 아니하고 매매계약을 체결한 후 이전등기를 한 경우, ⅰ) A2를 피기망자로 하고 A1을 피해자로 하는 삼각사기는 성립하지 않는다. A2가 A1의 재산을 처분할 수 있는 권능 또는 지위가 인정되기 않기 때문이다. ⅱ) A2에 대한 사기죄도 성립하지 않는다. A2는 완전한 소유권을 취득하므로 甲의 불고지는 A2에 대한 부작위에 의한 기망이라고 할 수 없기 때문이다.

判例 제2매수인에게 이중매매사실을 고지하지 않은 경우(사기죄 불성립)

이중매매에 있어서 후매수인에게 소유권이전등기까지 마친 경우에 동인에게는 아무런 손해가 없으므로 매도인이 동인에게 이중매매사실을 고지하지 아니하였다 하여도 사기죄를 구성하지 않는다[대판 1971.12.21. 71도1480].

④ 매도인의 배임죄의 성부

㉮ 배임죄의 주체가 되는 시기(등기협력의무의 발생시기)

i) **제1매수인으로부터 계약금만 수령한 경우** : 매도인은 언제든지 계약금의 배액을 지급하고 계약의 해제가 가능하므로 매도인은 단순한 채무자에 지나지 않는다. 따라서 타인의 사무를 처리하는 자가 아니므로 이중으로 매도해도 배임죄는 성립하지 않는다.

判例 계약금만 수령한 경우(타인의 사무처리자 ×)

1. 매도인이 매수인에게 부동산을 매도하고 계약금만을 수수한 상태에서 매수인이 잔대금의 지급을 거절한 이상 매도인으로서는 이행을 최고할 필요 없이 매매계약을 해제할 수 있는 지위에 있었으므로 위 매도인을 타인의 사무를 처리하는 자라고 볼 수 없다[대판 1984.5.15. 84도315]. [♠ 15 사시]
2. 이중매매에 있어서 매도인이 매수인의 사무를 처리하는 자로서 배임죄의 주체가 되기 위하여는 매도인이 계약금을 받은 것만으로는 부족하고 적어도 중도금을 받는 등 매도인이 더 이상 임의로 계약을 해제할 수 없는 상태에 이르러야 하는바, 특별한 사정이 없는 한 매매계약 당시 합의한 계약금이 매매대금 총액에 비하여 다소 과다하다는 사정만으로 매도인이 그 배액을 상환하여 매매계약을 해제할 권한을 유보하지 아니한 것으로 볼 수는 없고, 이러한 경우 매도인이 합의한 계약금 전부를 지급받지 못하고 있다면, 아직 타인의 사무를 처리하는 자의 지위에 있다고 할 수 없으므로 이중으로 제3자에게 처분한 행위에 대하여 배임죄의 책임을 물을 수 없다[대판 1986.7.8. 85도1873; 동지 대판 2007.6.14. 2007도379].

ii) **제1매수인으로부터 중도금 또는 잔금을 수령한 경우** : 중도금을 지급하면 계약의 이행에 착수한 것이 되어 매도인은 계약을 일방적으로 해제할 수 없으므로 이때부터 등기협력의무를 가지고 타인의 사무를 처리하는 자가 된다(판례, 통설). 다만 이 경우에도 매매계약이 선량한 풍속 기타 사회질서에 반하거나 통정허위표시 또는 법률의 규정에 의해 무효가 되어 사실상의 신임관계조차 발생하지 않은 때에는 등기협력의무가 발생하지 않으므로 매도인의 이중매매는 배임죄를 구성하지 않는다(판례, 통설). 또한 제1매수인과의 계약이 적법하게 해제되었거나 매도인에게 해제권이 유보된 경우에도 배임죄는 성립할 수 없다[손동권, 468면].

判例 계약금 및 중도금을 수령한 경우(타인의 사무처리자 O)

부동산매도인이 매수인으로부터 계약금과 중도금까지 수령한 이상 특단의 약정이 없다면 잔금수령과 동시에 매수인 명의로의 소유권이전등기에 협력할 임무가 있으므로 이를 다시 제3자에게 처분함으로써 제1차 매수인에게 잔대금수령과 상환으로 소유권이전등기절차를 이행하는 것이 불가능하게 되었다면 배임죄의 책임을 면할 수 없다[대판 1988.12.13. 88도750]. [♣ 14 변시]

관련판례 (계약금 · 중도금에 갈음하여 양수인 소유의 부동산을 이전받기로 한 후 소유권이전등기소요서류를 교부받은 경우 : 계약금 및 중도금을 이행 받은 경우로 본다) 부동산을 대금 213,000,000원에 양도하면서 양수인으로부터 계약금 및 중도금에 갈음하여 양수인 소유의 부동산을 120,000,000원으로 평가하여 이전받기로 하고 그 소유권이전등기소요서류를 모두 교부받았다면 양도인이 비록 그 부동산에 관하여 자기 앞으로 소유권이전등기를 마치지 않은 상태였다 하더라도 그 이전등기에 필요한 서류를 모두 교부받은 이상 양도인 앞으로의 소유권이전등기는 그 실행여부만이 남아있는 것이고 이는 오로지 양도인의 의사와 행위에 의하여 좌우될 사항이어서 그 상태는 사회통념 내지 신의칙에 비추어 계약금 및 중도금을 이행 받은 경우와 마찬가지라고 봄이 상당하여 이 경우 양도인이 양도부동산을 제3자에게 이중양도하고 소유권이전등기를 마쳤다면 이는 양수인에 대한 배임행위가 된다[대판 1986.10.28. 86도936].

判例 부동산의 이중매매와 배임죄의 성립여부

1.[3] **[다수의견]** 부동산 매매계약에서 계약금만 지급된 단계에서는 어느 당사자나 계약금을 포기하거나 그 배액을 상환함으로써 자유롭게 계약의 구속력에서 벗어날 수 있다. 그러나 중도금이 지급되는 등 계약이 본격적으로 이행되는 단계에 이른 때에는 계약이 취소되거나 해제되지 않는 한 매도인은 매수인에게 부동산의 소유권을 이전해 줄 의무에서 벗어날 수 없다. 따라서 이러한 단계에 이른 때에 매도인은 매수인에 대하여 매수인의 재산보전에 협력하여 재산적 이익을 보호·관리할 신임관계에 있게 된다. 그때부터 매도인은 배임죄에서 말하는 '타인의 사무를 처리하는 자'에 해당한다고 보아야 한다. 그러한 지위에 있는 매도인이 매수인에게 계약 내용에 따라 부동산의 소유권을 이전해 주기 전에 그 부동산을 제3자에게 처분하고 제3자 앞으로 그 처분에 따른 등기를 마쳐 준 행위는 매수인의 부동산 취득 또는 보전에 지장을 초래하는 행위이다. 이는 매수인과의 신임관계를 저버리는 행위로서 배임죄가 성립한다.

[대법관 김창석, 김신, 조희대, 권순일, 박정화의 반대의견] 부동산 매매계약이 체결된 경우, 계약 체결과 동시에 그 계약의 효력으로 매도인에게는 부동산 소유권이전의무가 발생하고, 매수인에게는 매매대금 지급의무가 발생한다. 매도인이나 매수인의 이러한 의무는 매매계약에 따른 각자의 '자기의 사무'일 뿐 '타인의 사무'에 해당한다고 볼 수 없다. 설사 매도인에게 등기협력의무가 있다거나 매수인의 재산취득사무에 협력할 의무가 있다고 주장해도 그 '협력의무'의 본질은 소유권이전의무를 달리 표현한 것에 지나지 않으니 그 부당함은 마찬가지이다[대판(전) 2018.5.17. 2017도4027].

2. **(매도인이 중도금 이상을 수령한 이상 매수인에게 가등기를 경료한 경우라도 여전히 타인의 사무처리자에 해당함)** 부동산 매매계약에서 중도금이 지급되는 등 계약이 본격적으로 이행되는 단계에 이른 경우, 그때부터 매도인은 배임죄에서 말하는 '타인의 사무를 처리하는 자'에 해당하며, 매도인이 매수인에게 순위보전의 효력이 있는 가등기를 마쳐주었다고 하더라도 이는 향후 매수인에게 손해를 회복할 수 있는 방안을 마련하여 준 것일 뿐 그 자체로 물권변동의 효력이 있는 것은 아니어서 매도인으로서는 소유권을 이전하여 줄 의무에서 벗어날 수 없으므로, 그와 같은 가등기로 인하여 매수인의 재산보전에 협력하여 재산적 이익을 보호·관리할 신임관계의 전형적·본질적 내용이 변경된다고 할 수 없다[대판 2020.5.14. 2019도16228].

판례해설 매도인이 매수인에게 가등기를 마쳐주었다고 하더라도 매수인으로부터 계약금, 중도금 및 잔금 중 일부까지 지급받은 이상 매수인의 재산보전에 협력하여야 할 신임관계에 있고 따라서 매도인은 매수인에 대

3) 부동산의 이중매매에 관한 기존의 판례를 재확인한 대법원 전합 판례이다. 다만 사례형에 대비하여 반대견해(소수견해)를 참고하라는 의미에서 소개하였다.

한 관계에서 '타인의 사무를 처리하는 자'에 해당한다고 보아야 한다는 취지이다.

判例 **계약이 무효인 경우여서 타인의 사무처리자라고 볼 수 없는 경우**(배임죄 불성립)

1. 농가가 아니고 농지를 자경하거나 자영할 의사도 없어 농지개혁법상 농지를 취득할 수 없는 자에 대하여 농지를 매도한 계약은 무효이어서 매도인은 소유권이전등기절차를 이행할 임무가 없으므로 매도인이 그 농지를 제3자에게 이중으로 양도하였다 하더라도 배임죄가 성립되지 아니한다[대판 1979.3.27. 79도141], [대판 2011.1.27. 2009도10701].
2. 피고인이 이 사건 부동산에 대한 공소외인과의 분쟁을 피고인의 처남을 내세워 해결할 생각으로 처남에게 허위로 위 부동산에 대한 매매계약서를 작성교부하고 가등기를 경료한 후 위 부동산 중 일부를 타인에게 매도하였다 하여 이중매매에 의한 배임행위가 된다고 할 수 없다[대판 1983.7.12. 82도2941].
3. 공사도급인이 공사비담보조로 수급인에게 아파트를 분양키로 약정한 경우에 수급인이 잔여공사를 완성하지 아니한 이상 위 분양계약은 조건불성취로 효력이 발생하지 아니하며 도급인에게는 소유권이전등기의무가 없다고 보아야 할 것이므로 수급인이 잔여공사를 전혀 하지 않다가 이를 포기하였다면 도급인이 아파트를 보존등기 후 수급인에게 소유권이전등기하여 주지 않고 제3자에게 처분하였다 하여도 배임죄를 구성한다고는 할 수 없다[대판 1984.7.24. 84도815].

㈏ 실행의 착수시기 및 기수시기

判例 **배임죄의 실행의 착수시기**(제2매수인에 대하여 중도금을 수령한 때)

부동산의 이중양도에 있어서 매도인이 제2차 매수인으로부터 계약금만을 지급받고 중도금을 수령한 바 없다면 배임죄의 실행의 착수가 있었다고 볼 수 없다[대판 2003.3.25. 2002도7134; 동지 대판 2010.4.29. 2009도14427]. [♠ 04, 06, 11, 13 사시] [♣ 12 변시]

동지판례 매도인이 부동산을 제1차 매수인에게 매도하고 계약금과 중도금까지 수령한 이상 특단의 약정이 없는 한 잔금수령과 동시에 매수인 명의로의 소유권이전등기에 협력할 임무가 있고 이 임무는 주로 위 매수인을 위하여 부담하는 임무라 할 것이므로, 위 매매계약이 적법하게 해제되지 않은 이상 매도인이 다시 제3자와 사이에 매매계약을 체결하고 계약금과 중도금까지 수령한 것은 제1차 매수인에 대한 소유권이전등기 협력임무의 위배와 밀접한 행위로서 배임죄의 실행착수라고 보아야 할 것이다[대판 1983.10.11. 83도2057]. [♠ 12 사시]

判例 **배임죄의 기수시기**(제2매수인에 대한 이전등기 경료시)

1. 부동산의 매도인이 매수인 앞으로의 소유권이전등기에 협력할 의무가 있음에도 불구하고 같은 부동산을 위 매수인 이외의 자에게 2중으로 매도하여 그 소유권이전등기를 마친 경우에는 1차 매수인에 대한 소유권이전등기의무는 이행불능이 되고 이로써 1차 매수인에게 그 부동산의 소유권을 취득할 수 없는 손해가 발생하는 것이므로 부동산의 이중매매에 있어서 배임죄의 기수

시기는 2차 매수인 앞으로 소유권이전등기를 마친 때라고 할 것이다[대판 1984.11.27. 83도1946]. [♠ 99, 12 사시]

2. 부동산을 이중으로 매도하여 2차 매수인 앞으로 소유권이전등기를 마친 이상 배임죄를 구성하고 1차 매수인이 한 가처분의 효력으로 위 등기가 궁극적으로 말소되었다 하더라도 배임죄의 성립에 영향이 없다[대판 1973.1.16. 72도2494].

判例 이중처분행위가 배임죄에 해당하는 경우

1. 부동산의 매도인이 중도금 수령 후 재차 매도하는 경우뿐만 아니라 제3자에게 가등기를 경료하는 것도 배임행위에 해당한다[대판 1983.6.14. 81도2278]. [♠ 01 사시]

동지판례 ⅰ) 부동산의 매도인으로서 매수인에 대하여 그 앞으로의 소유권이전등기절차에 협력할 의무 있는 자가 그 임무에 위배하여 같은 부동산을 매수인 이외의 제3자에게 이중으로 매도하고 제3자 앞으로 소유권이전청구권 보전을 위한 가등기를 마쳐 주었다면, 이는 매수인에게 손해발생의 위험을 초래하는 행위로서 배임죄를 구성한다[대판 2008.7.10. 2008도3766]. [♠ 10 사시]

ⅱ) [1] 부동산의 매도인이 매수인 앞으로 소유권이전등기 등을 경료하기 이전에 제3자로부터 금원을 차용하고 그 담보로 근저당권설정등기를 해준 경우에는 특별한 사정이 없는 한 매도인은 매수인에게 그 근저당권에 의하여 담보되는 피담보채무 상당액의 손해를 가한 것이라고 할 것이다.

[2] 아파트 건축공사의 시행사가 수분양자들에게 소유권 이전 등기절차를 이행하지 않은 채 분양계약서에 기재된 대출한도금액을 초과한 근저당권설정등기를 경료한 사안에서, 수분양자들에 대한 배임죄의 성립을 인정한 사례[대판 2009.5.28. 2009도2086].

2. 토석채취권을 매도한 자는 그 매수인에게 그들이 토석을 채취할 수 있도록 그에 필요한 서류를 넘겨주어 위 허가를 받는데 협력하여야 할 의무가 있으므로 위 임무에 위배하여 타인에게 토석채취권을 양도하고 소요서류를 교부하여 토석채취허가를 취득케 한 경우에는 배임죄가 성립한다. 가사 그 후에 타인이 그 토석채취권을 포기하고 토석채취를 하지 않았다고 하더라도 이미 성립한 배임죄에는 아무런 소장이 없다[대판 1979.7.10. 79도961].

3. 물권변동에 관하여 형식주의를 취하고 있는 현행 민법하에 있어서는 농지매매에 관하여 소재지관서의 증명이 없는 경우에는 매매에 의한 물권변동의 효과, 즉 소유권이전의 효과를 발생할 수는 없으나 농지매매 당사자 사이에 채권계약으로서의 매매계약은 유효히 성립할 수 있는 것이므로, 농지를 이중으로 매도한 경우에 먼저의 농지매매에 관하여 소재지관서의 증명이 없다는 이유만으로는 배임죄의 성립을 부정할 수 없다[대판 1991.7.9. 91도846].

4. 동백나무는 입목에 관한 법률의 적용을 받을 수 있는 수목의 집단에 속하지 아니하고, 이를 토지와 독립하여 거래하는 경우 명인방법에 의한 거래가 인정되고 있어 매도인은 매수인 명의로의 명인방법의 실시에 협력할 임무가 있는 것인데, 매도인이 위와 같은 명인방법도 실시하지 아니한 채 이미 매도한 입목(동백나무)을 포함한 임야를 이중으로 타에 매도하고 소유권이전등기를 경료해 주었다면, 입목매수인과의 관계에 있어서는 배임죄의 죄책을 면할 수 없다[대판 1993.9.28. 93도2069].

5. 염전의 2분지 1 지분을 매도하고 계약금과 중도금을 받은 자가 잔금과 상환으로 이전등기절차를 하여줄 임무에 위배하여 제3자 앞으로 근저당권설정등기를 하였다면 비록 피해자가 위 근저

당권설정등기를 하기 전에 처분금지가처분을 해 두었다 하더라도 배임죄의 성립에 아무런 영향을 미칠 수 없다[대판 1990.10.16. 90도1702].

6. [1] 임무위배행위 당시 부동산의 소유 명의가 매도인 아닌 제3자 앞으로 되어 있더라도 소유권이전등기를 매수인에게 경료하여 줄 수 있는 지위 즉 매수인을 위한 등기협력임무가 이행가능한 지위에 있으면 배임죄의 성립에 지장이 없다.
   [2] 교회의 대표자가 교인총회를 소집, 개최하여 처분결의를 얻을 수 있음에도 그러한 노력을 하지 아니한 채 이중으로 매매계약을 체결하거나 담보가등기를 설정한 행위가 배임죄에 해당한다고 본 사례[대판 1993.4.9. 92도2431].
7. 위임받은 타인의 사무가 부동산소유권이전등기의무인 경우에 매도인의 임무위배행위로 인하여 매도인의 소유권이전등기의무가 이행불능되거나 이행불능에 빠질 위험성이 있으면 배임죄가 성립하고, 매도인과 매수인 사이에 소유권이전등기절차를 이행하기로 하는 재판상 화해가 성립한 경우에도 마찬가지이다[대판 2007.7.25. 2007도3882].

㉰ **선의의 제2매수인에 대한 죄책** : 매도인이 제1매수인에게 이전등기를 경료한 경우에는 자신의 의무를 이행한 것에 지나지 않으므로 제2매수인에 대해서 배임죄는 성립하지 않는다.

判例 제1매수인에 대한 소유권이전의무의 이행 = 제2매수인에 대한 배임죄 불성립

부동산이 매도되면 형법은 그 부동산을 매도한 자에게 매수인을 위한 업무로서 매수인에게 소유권을 이전해 줄 의무를 성실히 이행할 것을 명하는 동시에 그 임무에 위배하여 이를 타인에게 다시 매도하고 소유권을 이전하는 것을 금하고 있는 것이므로 부동산을 이중으로 매도한 경우에 매도인이 선매수인에게 소유권이전의무를 이행하였다 해서 그를 형법상 후매수인에 대하여 그 임무를 위법하게 위배하였다고는 할 수 없다[대판 1977.10.11. 77도1116; 동지 대판 2010.4.29. 2009도14427].

동지판례 i) 부동산의 이중매매에 있어서 매도인의 선매수인에 대한 매매계약이 특별한 사정에 의하여 선매수인에 대하여 사기죄를 구성하는 경우에도 그 매매계약에 무효의 사유가 있거나 취소되지 않는 한 선매수인에 대한 소유권이전의무가 존재하지 아니하거나 소멸할 리가 없다[대판 1992.12.24. 92도1223]. ii) 아파트 건축분양회사가 수분양자들에게 소유권이전등기절차를 이행하지 않은 채 분양 전 금융기관과 체결한 근저당권설정계약에 따라 근저당권설정등기를 경료해 준 경우 수분양자들에 대한 배임죄가 성립하지 아니한다[대판 2009.2.26. 2008도11722].

⑤ 악의의 제2매수인의 형사책임

㉮ 배임죄의 공범(공동정범)의 성립여부

判例 악의의 제2매수인에게 배임죄의 공범이 성립하기 위한 요건(적극가담을 요함)

이미 타인에게 매도되었으나 소유권이전등기가 경료되지 아니하고 있는 부동산을 이중으로 매수 기타 양수하는 자에 대하여 배임죄의 죄책을 묻기 위하여는 이중으로 양수하는 자가 단지 그 부동산이 이미 타인에게 매도되었음을 알고 이중으로 양수하는 것만으로는 부족하고 먼저 매수한 자를 해할 목적으로 양도를 교사하거나 기타 방법으로 양도행위에 적극 가담한 경우에 한하여 양도인의 배임행위에 대한 공범이 성립된다[대판 1975.6.10. 74도2455].

관련판례 **(적극 가담으로 인정된 경우)** 점포의 임차인이 임대인이 그 점포를 타에 매도한 사실을 알고 있으면서 점포의 임대차 계약 당시 "타인에게 점포를 매도할 경우 우선적으로 임차인에게 매도한다."는 특약을 구실로 임차인이 매매대금을 일방적으로 결정하여 공탁하고 임대인과 공모하여 임차인 명의로 소유권이전등기를 경료하였다면 임대인의 배임행위에 적극 가담한 것으로서 배임죄의 공동정범에 해당한다[대판 1983.7.12. 82도180]. [♠13 사시]

㉯ **장물취득죄의 성립여부** : 이중매매된 부동산은 매도인의 소유로서 재산죄(배임죄)에 제공된 물건일 뿐이며 재산죄(배임죄)에 의하여 영득된 물건이 아니므로 장물취득죄는 성립하지 않는다.

判例 악의의 제2매수인에 대한 장물취득죄의 성립여부(불성립)

형법상 장물죄의 객체인 장물이라 함은 재산권상의 침해를 가져 올 위법행위로 인하여 영득한 물건으로서 피해자가 반환청구권을 가지는 것을 말하고 본건 대지에 관하여 매수인 "甲" 에게 소유권 이전등기를 하여 줄 임무가 있는 소유자가 그 임무에 위반하여 이를 "乙"에게 매도하고 소유권이전등기를 경유하여 준 경우에는 위 부동산소유자가 배임행위로 인하여 영득한 것은 재산상의 이익이고 위 배임범죄에 제공된 대지는 범죄로 인하여 영득한 것 자체는 아니므로 그 취득자 또는 전득자에 대하여 배임죄의 가공여부를 논함은 별문제로 하고 장물취득죄로 처단할 수 없다[대판 1975.12.9. 74도2804]. [♣14 변시]

(2) 동산의 이중매매

判例 동산의 이중매매와 배임죄의 성립여부(불성립)(매우 중요)

[다수의견] [1] 매매와 같이 당사자 일방이 재산권을 상대방에게 이전할 것을 약정하고 상대방이 그 대금을 지급할 것을 약정함으로써 그 효력이 생기는 계약의 경우(민법 제563조), 쌍방이 그 계약의 내용에 좇은 이행을 하여야 할 채무는 특별한 사정이 없는 한 '자기의 사무'에 해당하는 것이 원칙이다. 매매의 목적물이 동산일 경우, 매도인은 매수인에게 계약에 정한 바에 따라 그 목적물인 동산을 인도함으로써 계약의 이행을 완료하게 되고 그때 매수인은 매매목적물에 대한 권리를 취득하게 되는 것이므로, 매도인에게 자기의 사무인 동산인도채무 외에 별도로 매수인의 재산의 보호 내지 관리행위에 협력할 의무가 있다고 할 수 없다. 동산매매계약에서의 매도인은 매수인에 대하여 그의 사무를 처리하는 지위에 있지 아니하므로, 매도인이 목적물을 매수인에게 인도하지 아니하고 이를 타에 처분하였다 하더라도 형법상 배임죄가 성립하는 것은 아니다.

[2] 피고인이 '인쇄기'를 갑에게 양도하기로 하고 계약금 및 중도금을 수령하였음에도 이를 자신의 채권자 을에게 기존 채무 변제에 갈음하여 양도함으로써 재산상 이익을 취득하고 갑에게 동액 상당의 손해를 입혔다는 배임의 공소사실에 대하여, 피고인은 갑에 대하여 그의 사무를 처리하는 지

위에 있지 않다는 이유로 무죄를 선고한 원심판단을 수긍한 사례[대판(전) 2011.1.20. 2008도10479]. [♠ 12, 13, 14, 15 사시] [♣ 12, 15, 16 변시]

[참고 : 소수의견] 동산매매의 경우에도 매매계약의 당사자 사이에 중도금을 수수하는 등으로 계약의 이행이 진행되어 다른 특별한 사정이 없는 한 임의로 계약을 해제할 수 없는 단계에 이른 때에는 그 계약의 내용에 좇은 채무의 이행은 채무자로서의 자기 사무의 처리라는 측면과 아울러 상대방의 재산보전에 협력하는 타인 사무의 처리라는 성격을 동시에 가지게 되므로, 이러한 경우 그 채무자는 배임죄의 주체인 '타인의 사무를 처리하는 자'의 지위에 있다고 보아야 한다.

判例 저당권이 설정된 동산을 임의처분한 경우 및 권리이전에 등기·등록을 요하는 동산에 대한 이중양도의 경우 각 배임죄 성립 여부(소극)

[1] 금전채권채무 관계에서 채권자가 채무자의 급부이행에 대한 신뢰를 바탕으로 금전을 대여하고 채무자의 성실한 급부이행에 의해 채권의 만족이라는 이익을 얻게 된다 하더라도, 채권자가 채무자에 대한 신임을 기초로 그의 재산을 보호 또는 관리하는 임무를 부여하였다고 할 수 없고, 금전채무의 이행은 어디까지나 채무자가 자신의 급부의무의 이행으로서 행하는 것이므로 이를 두고 채권자의 사무를 맡아 처리하는 것으로 볼 수 없다. 따라서 채무자를 채권자에 대한 관계에서 '타인의 사무를 처리하는 자'에 해당한다고 할 수 없다.
채무자가 금전채무를 담보하기 위하여 「자동차 등 특정동산 저당법」 등에 따라 그 소유의 동산에 관하여 채권자에게 저당권을 설정해 주기로 약정하거나 저당권을 설정한 경우에도 마찬가지이다. 채무자가 저당권설정계약에 따라 부담하는 의무, 즉 동산을 담보로 제공할 의무, 담보물의 담보가치를 유지·보전하거나 담보물을 손상, 감소 또는 멸실시키지 않을 소극적 의무, 담보권 실행 시 채권자나 그가 지정하는 자에게 담보물을 현실로 인도할 의무와 같이 채권자의 담보권 실행에 협조할 의무 등은 모두 저당권설정계약에 따라 부담하게 된 채무자 자신의 급부의무이다. 또한 저당권설정계약은 피담보채권의 발생을 위한 계약에 종된 계약으로, 피담보채무가 소멸하면 저당권설정계약상의 권리의무도 소멸하게 된다. 저당권설정계약에 따라 채무자가 부담하는 의무는 담보목적의 달성, 즉 채무불이행 시 담보권 실행을 통한 채권의 실현을 위한 것이므로 저당권설정계약의 체결이나 저당권 설정 전후를 불문하고 당사자 관계의 전형적·본질적 내용은 여전히 금전채권의 실현 내지 피담보채무의 변제에 있다.
따라서 채무자가 위와 같은 급부의무를 이행하는 것은 채무자 자신의 사무에 해당할 뿐이고, 채무자가 통상의 계약에서의 이익대립관계를 넘어서 채권자와의 신임관계에 기초하여 채권자의 사무를 맡아 처리한다고 볼 수 없으므로 채무자를 채권자에 대한 관계에서 배임죄의 주체인 '타인의 사무를 처리하는 자'에 해당한다고 할 수 없다. 그러므로 채무자가 담보물을 제3자에게 처분하는 등으로 담보가치를 감소 또는 상실시켜 채권자의 담보권 실행이나 이를 통한 채권실현에 위험을 초래하더라도 배임죄가 성립하지 아니한다.
위와 같은 법리는, 금전채무를 담보하기 위하여 「공장 및 광업재단 저당법」에 따라 저당권이 설정된 동산을 채무자가 제3자에게 임의로 처분한 사안에도 마찬가지로 적용된다.

[2] 매매와 같이 당사자 일방이 재산권을 상대방에게 이전할 것을 약정하고 상대방이 그 대금을 지

급할 것을 약정함으로써 그 효력이 생기는 계약의 경우(민법 제563조), 쌍방이 그 계약의 내용에 좇은 이행을 하여야 할 채무는 특별한 사정이 없는 한 '자기의 사무'에 해당하는 것이 원칙이다. 동산 매매계약에서의 매도인은 매수인에 대하여 그의 사무를 처리하는 지위에 있지 아니하므로, 매도인이 목적물을 타에 처분하였다 하더라도 형법상 배임죄가 성립하지 아니한다.

위와 같은 법리는 권리이전에 등기·등록을 요하는 동산에 대한 매매계약에서도 동일하게 적용되므로, 자동차 등의 매도인은 매수인에 대하여 그의 사무를 처리하는 지위에 있지 아니하여, 매도인이 매수인에게 소유권이전등록을 하지 아니하고 타에 처분하였다고 하더라도 마찬가지로 배임죄가 성립하지 아니한다.

[3] 피고인은 피해자 메리츠캐피탈 주식회사에게 저당권을 설정해 준 버스를 임의처분하였고, 피해자 이○○에게 버스를 매도하기로 하여 중도금까지 지급받았음에도 버스에 공동근저당권을 설정하였음. 원심은 피고인이 피해자들에 대한 타인의 사무처리자임을 전제로 각 배임의 점에 대하여 유죄로 판단하였음. 반면 대법원은 위와 같은 의무는 저당권설정계약 또는 매매계약에 따른 피고인의 사무일 뿐 타인의 사무라고 볼 수 없다는 이유로 원심을 파기한 사안임[대판(전) 2020.10.22. 2020도6258].

[♣21 변시]

(3) 이중저당

① 의 의 : 이중저당이란 부동산 소유자인 甲이 A1으로부터 금전을 차용하고 1번 저당권을 설정하기로 약속하였으나 아직 저당권설정등기를 경료하지 않은 것을 이용하여 다시 A2로부터 금전을 차용하고 1번 저당권설정등기를 경료해 준 경우를 말한다.

② 저당권설정자의 형사책임

判例 이중저당의 경우 배임죄의 성립여부(배임죄 성립에서 배임죄 불성립으로 판례변경)

[사실관계] 피고인은 甲으로부터 18억 원을 차용하면서 담보로 피고인 소유의 아파트에 甲 명의의 4순위 근저당권을 설정해 주기로 약정하였음에도 제3자에게 채권최고액을 12억 원으로 하는 4순위 근저당권을 설정하여 주었다.

[다수의견] 채무자가 금전채무를 담보하기 위한 저당권설정계약에 따라 채권자에게 그 소유의 부동산에 관하여 저당권을 설정할 의무를 부담하게 되었다고 하더라도, 이를 들어 채무자가 통상의 계약에서 이루어지는 이익대립관계를 넘어서 채권자와의 신임관계에 기초하여 채권자의 사무를 맡아 처리하는 것으로 볼 수 없다.

채무자가 저당권설정계약에 따라 채권자에 대하여 부담하는 저당권을 설정할 의무는 계약에 따라 부담하게 된 채무자 자신의 의무이다. 채무자가 위와 같은 의무를 이행하는 것은 채무자 자신의 사무에 해당할 뿐이므로, 채무자를 채권자에 대한 관계에서 '타인의 사무를 처리하는 자'라고 할 수 없다. 따라서 채무자가 제3자에게 먼저 담보물에 관한 저당권을 설정하거나 담보물을 양도하는 등으로 담보가치를 감소 또는 상실시켜 채권자의 채권실현에 위험을 초래하더라도 배임죄가 성립한다고 할 수 없다[대판(전) 2020.6.18. 2019도14340].

[소수의견] 채무자가 채권자로부터 금원을 차용하는 등 채무를 부담하면서 채무 담보를 위하여 저당권설정계약을 체결한 경우, 위 약정의 내용에 좇아 채권자에게 저당권을 설정하여 줄 의무는 자기의 사무인 동시에 상대방의 재산보전에 협력할 의무에 해당하여 '타인의 사무'에 해당한다.

(4) 기타의 이중처분에 관한 판례정리

判例 임차권의 이중양도 = 배임죄 ×

점포임차권 양도계약을 체결한 후 계약금과 중도금까지 지급받았다 하더라도 잔금을 수령함과 동시에 양수인에게 점포를 명도하여 줄 양도인의 의무는 위 양도계약에 따르는 민사상의 채무에 지나지 아니하여 이를 타인의 사무로 볼 수 없으므로 비록 양도인이 위 임차권을 2중으로 양도하였다 하더라도 배임죄를 구성하지 않는다[대판 1986.9.23. 86도811].

동지판례 양품점의 임차권만의 양도계약을 체결한 경우 양수인에게 그 점포를 명도하여 줄 양도인의 의무는 양도계약에 따른 민사상의 채무에 불과할 뿐 타인의 사무라고 할 수 없으므로 위 점포의 이중양도행위는 배임죄를 구성하지 않는다[대판 1990.9.25. 90도1216].

判例 점유개정방식에 의한 동산의 이중양도

(제1양도담보권자에 대하여 배임죄 불성립) 피고인이 그 소유의 에어콘을 피해자에게 양도담보로 제공하고 점유개정의 방법으로 점유하고 있다가 다시 이를 제3자에게 양도담보로 제공하고 역시 점유개정의 방법으로 점유를 계속한 경우, 뒤의 양도담보권자인 제3자는 처음의 담보권자인 피해자에 대하여 배타적으로 자기의 담보권을 주장할 수 없으므로 처음의 양도담보권자에게 담보권의 상실이나 담보가치의 감소 등 손해가 발생한 것으로 볼 수 없으니 배임죄를 구성하지 않는다 [대판 1990.2.13. 89도1931]. [♣15 변시]

동지판례 동산을 양도담보로 제공하고 점유개정의 방법으로 점유하고 있다가 이를 다시 제3자에게 역시 점유개정의 방법으로 양도하는 경우에는, 제3자가 그 동산을 선의취득할 수가 없으므로, 최초의 양도담보권자에게 어떠한 재산상 손해의 위험이 발생한다고 할 수 없고, 따라서 배임죄가 성립하지 않는다[대판 2007.2.22. 2006도6686].

판 례 연 습

【점유개정방식에 의한 동산의 이중양도담보】

甲은 금전채무를 담보하기 위하여 점유개정의 방식으로 A은행에 대하여 자기소유 동산에 대한 양도담보를 설정한 후 다른 채권자 B에게도 점유개정의 방식으로 위 동산에 대하여 이중으로 양도담보계약을 체결하였다. 그 후 甲은 위 동산을 C에게 매각하고 인도하였다. 이 경우 甲의 B에 대한 배임죄의 성립여부를 검토하시오.

판결요지

금전채무를 담보하기 위하여 채무자가 그 소유의 동산을 채권자에게 양도하되 점유개정에 의하여 채무자가 이를 계속 점유하기로 한 경우 특별한 사정이 없는 한 동산의 소유권은 신탁적으로 이전됨에 불과하여 채권자와 채무자 사이의 대내적 관계에서 채무자는 의연히 소유권을 보유하나 대외적인 관계에 있어서 채무자는 동산의 소유권을 이미 채권자에게 양도한 무권리자가 되는 것이어서 다시 다른 채권자와 사이에 양도담보 설정계약을 체결하고 점유개정의 방법으로 인도를 하더라도 선의취득이 인정되지 않는 한 나중에 설정계약을 체결한 채권자는 양도담보권을 취득할 수 없는데, 현실의 인도가 아닌 점유개정으로는 선의취득이 인정되지 아니하므로, 결국 뒤의 채권자는 양도담보권을 취득할 수 없고, 따라서 이와 같이 채무자가 그 소유의 동산에 대하여 점유개정의 방식으로 채권자들에게 이중의 양도담보 설정계약을 체결한 후 양도담보 설정자가 목적물을 임의로 제3자에게 처분하였다면 양도담보권자라 할 수 없는 뒤의 채권자에 대한 관계에서는, 설정자인 채무자가 타인의 사무를 처리하는 자에 해당한다고 할 수 없어 배임죄가 성립하지 않는다[대판 2004.6.25. 2004도1751].

정답 (B에 대하여 배임죄 불성립)

Ⅲ. 업무상배임죄

제356조(업무상 배임) 업무상의 임무에 위배하여 제355조의 죄(배임죄)를 범한 자는 10년 이하의 징역 또는 3천만원 이하의 벌금에 처한다.
제359조(미수범) 미수범은 처벌한다.

判例 부작위에 의한 업무상배임죄의 실행의 착수시기 및 고의의 성립요건

업무상배임죄는 타인과의 신뢰관계에서 일정한 임무에 따라 사무를 처리할 법적 의무가 있는 자가 그 상황에서 당연히 할 것이 법적으로 요구되는 행위를 하지 않는 부작위에 의해서도 성립할 수 있다. 그러한 부작위를 실행의 착수로 볼 수 있기 위해서는 작위의무가 이행되지 않으면 사무처리의 임무를 부여한 사람이 재산권을 행사할 수 없으리라고 객관적으로 예견되는 등으로 구성요건적 결과 발생의 위험이 구체화한 상황에서 부작위가 이루어져야 한다. 그리고 행위자는 부작위 당시 자신에게 주어진 임무를 위반한다는 점과 그 부작위로 인해 손해가 발생할 위험이 있다는 점을 인식하였어야 한다[대판 2021.5.27. 2020도15529].

판례해설 피고인은 환지 방식에 의한 도시개발사업조합을 위해 환지계획수립 등 이 사건 사업의 진행에 필요한 전반적인 업무를 수행하던 사람이었다. 피고인은 환지예정지의 가치상승을 청산절차에 반영하여 적절한 청산금을 징수할 수 있도록 관련 법령에 따라 환지예정지에 대한 재감정 등의 조치를 할 업무상 의무가 있었으나, 조합이 환지예정지의 가치상승을 청산절차에 반영하지 못할 위험이 구체화한 상황에서 피고인이 그러한 작위의무를 위반하였다고 보기는 어렵다는 이유로, 피고인이 부작위로써 업무상배임죄의 실행에 착수하였다고 볼 수 없다고 한 사례이다.

判例 업무상배임죄가 성립하는 경우

1. 대학교수가 판공비 지출용 법인신용카드를 업무와 무관하게 개인적 용도에 사용한 행위는 업무상횡령죄가 아닌 업무상배임죄를 구성한다[대판 2006.5.26. 2003도8095]. [♠ 14 사시]
2. 재벌그룹 회장과 그룹 구조조정추진본부 임원들이 해외금융자본과 특정 계열사의 분쟁을 해결하는 방편으로 다른 계열사들로 하여금 해외금융자본과 옵션계약을 체결하게 하는 방식으로 다른 계열사들을 특정 계열사의 유상증자에 동원하여 참여시킴으로써 다른 계열사들에 손해를 입힌 사안에서, 다른 계열사들이 옵션계약을 체결하게 된 사정, 재정상태 등 제반 사정에 비추어 업무상배임죄가 성립한다고 한 사례[대판 2008.5.29. 2005도4640]. [♠ 10 사시]
3. 주택개량재개발조합의 상근이사가 보류건축 시설인 아파트를 위 조합총회 또는 대의원회의 결의를 거치지 아니하고 자신의 계산하에 제3자의 명의로 또는 자신과 특수관계에 있는 제3자에게 시가보다 훨씬 낮은 분양가에 처분한 행위는 상근이사의 업무상 임무에 위배되어 업무상배임죄에 해당한다[대판 1991.12.27. 91도196].
4. 회사의 대표이사가 회사가 속한 재벌그룹의 전(前)회장이 부담하여야 할 원천징수 소득세의 납부를 위하여 다른 회사에 회사자금을 대여한 경우, 업무상배임죄가 성립한다[대판 2010.10.28. 2009도1149].
5. 피고인이 甲 회사와 乙 회사의 주식매수청구권 계약과 관련하여 이사회의 결의 없이 甲 회사와 동일 기업집단 내 계열사 명의의 손실보상각서를 작성하여 준 경우 업무상배임죄에 해당한다[대판 2009.10.29. 2009도7783].
6. **(대통령 사저부지 매입 사건)** 공무원이 그 임무에 위배되는 행위로써 제3자로 하여금 재산상의 이익을 취득하게 하여 국가에 손해를 가한 경우에 업무상배임죄가 성립한다[대판 2013.9.27. 2013도6835].

判例 업무상배임죄가 성립하지 않는 경우

회사 직원이 경쟁업체 또는 스스로의 이익을 위하여 이용할 의사로 무단으로 자료를 반출한 행위가 업무상배임죄에 해당하기 위하여는, 그 자료가 반드시 영업비밀에 해당할 필요까지는 없다고 하겠지만 적어도 그 자료가 불특정 다수인에게 공개되어 있지 않아 보유자를 통하지 아니하고는 이를 통상 입수할 수 없고 그 보유자가 자료의 취득이나 개발을 위해 상당한 시간, 노력 및 비용을 들인 것으로서, 그 자료의 사용을 통해 경쟁상의 이익을 얻을 수 있는 정도의 영업상 주요한 자산에는 해당하여야 한다. 또한 비밀유지조치를 취하지 아니한 채 판매 등으로 공지된 제품의 경우, 역설계(reverse engineering)를 통한 정보의 획득이 가능하다는 사정만으로 그 정보가 불특정 다수인에게 공개된 것으로 단정할 수 없으나, 상당한 시간과 노력 및 비용을 들이지 않고도 통상적인 역설계 등의 방법으로 쉽게 입수 가능한 상태에 있는 정보라면 보유자를 통하지 아니하고서는 통상 입수할 수 없는 정보에 해당한다고 보기 어려우므로 영업상 주요한 자산에 해당하지 않는다[대판 2022.6.30. 2018도4794].

判例 **업무상배임죄의 고의의 성립요건**

업무상배임죄의 고의는 업무상 타인의 사무를 처리하는 자가 본인에게 재산상의 손해를 가하고 그로 인하여 자기 또는 제3자의 재산상 이득을 취한다는 의사와 그러한 손익의 초래가 자신의 임무에 위배된다는 인식이 결합되어 성립하는 것이다[대판 2015.11.26. 2014도17180].

Ⅳ. 배임수재죄

제357조(배임수증재) ① 타인의 사무를 처리하는 자가 그 임무에 관하여 부정한 청탁을 받고 재물 또는 재산상의 이익을 취득하거나 제3자로 하여금 이를 취득하게 한 때에는 5년 이하의 징역 또는 1천만원 이하의 벌금에 처한다. 〈개정 2016.5.29.〉 [♣ 23 변시]
③ 범인 또는 그 사정을 아는 제3자가 취득한 제1항의 재물은 몰수한다. 그 재물을 몰수하기 불능하거나 재산상의 이익을 취득한 때에는 그 가액을 추징한다. 〈개정 2016.5.29〉
제359조(미수범) 미수범은 처벌한다.

1. 의 의

① 배임수재죄는 진정신분범에 해당한다.

判例 **타인의 사무처리자의 지위를 취득하기 전에 부정한 청탁을 받은 경우(배임수재죄 불성립)**

[1] 배임수재죄는 타인의 사무를 처리하는 지위를 가진 자에게 부정한 청탁을 행하여야 성립하는 것으로 형법 제357조 제1항에 규정되어 있고, 타인의 사무를 처리하는 자의 지위를 취득하기 전에 부정한 청탁을 받은 행위를 처벌하는 별도의 구성요건이 존재하지 않는 이상, 타인의 사무처리자의 지위를 취득하기 전에 부정한 청탁을 받은 경우에 배임수재죄로는 처벌할 수 없다고 보는 것이 죄형법정주의의 원칙에 부합한다고 할 것이다. [♣ 16, 20 변시]

[2] 시에서 발주한 도시형폐기물종합처리시설 건설사업의 기본설계 적격심의 및 평가위원으로서 그 임무와 관련하여 부정한 청탁을 받고 재물을 취득하였다는 공소사실에 대하여, 청탁을 받을 당시에 위 건설사업에 관한 사무를 처리하는 지위에 있었다고 인정되지 아니하는 이상 배임수재죄로 처벌할 수 없다[대판 2010.7.22. 2009도12878].

判例 **배임수재죄 = 진정신분범**

형법 제357조 제1항 소정의 배임수증죄는 타인의 사무를 처리하는 자가 그 임무에 관하여 부정한 청탁을 받고 재물 또는 재산상의 이익을 얻는 경우에 성립하는 범죄로서 원칙적으로 타인의 사무를 처리하는 자라야 그 범죄의 주체가 될 수 있고, 그러한 신분을 가지지 아니한 자는 신분 있는 자의 범행에 가공한 경우에 한하여 그 주체가 될 수 있다[대판 1999.1.15. 98도663].

② 공무원의 뇌물죄에 상응하는 규정이며, 타인의 사무를 처리하는 자에 대한 뇌물죄라고 할 수 있다. 보호법익은 거래의 청렴성이다.

判例 배임수재죄의 보호법익(사무처리자의 청렴성)

형법 제357조 제1항의 배임수재죄는 타인의 사무를 처리하는 자의 청렴성을 보호법익으로 한다[대판 1997.10.24. 97도2042].

2. 구성요건

(1) 객관적 구성요건

① **타인의 사무를 처리하는 자** : ⅰ) 배임수재죄의 주체로서 타인의 사무를 처리하는 자라 함은 타인과의 대내관계에 있어서 신의성실의 원칙에 비추어 그 사무를 처리할 신임관계가 존재한다고 인정되는 자를 의미하고, 사무처리의 근거, 즉 신임관계의 발생근거는 법령의 규정, 법률행위, 관습 또는 사무관리에 의하여도 발생할 수 있다(판례). ⅱ) 배임수재죄의 주체인 '타인의 사무를 처리하는 자'는 배임죄와 달리 '타인의 재산상의 사무를 처리하는 자'에 제한되지 않는다[오영근, 516면]. [♠ 07 사시]

判例 '타인의 사무를 처리하는 자'의 의미 및 사무처리의 근거(법령, 법률행위, 관습, 사무관리)

배임수재죄의 주체로서 타인의 사무를 처리하는 자라 함은 타인과의 대내관계에 있어서 신의성실의 원칙에 비추어 그 사무를 처리할 신임관계가 존재한다고 인정되는 자를 의미하고, 반드시 제3자에 대한 대외관계에서 그 사무에 관한 권한이 존재할 것을 요하지 않으며, 또 그 사무가 포괄적 위탁사무일 것을 요하는 것도 아니고, 사무처리의 근거, 즉 신임관계의 발생근거는 법령의 규정, 법률행위, 관습 또는 사무관리에 의하여도 발생할 수 있다[대판 2003.2.26. 2002도6834]. [♠ 07 사시]

判例 배임수재죄의 타인의 사무처리자로 인정되는 경우(점포의 임대 · 관리를 담당하는 자)

임대차계약을 체결함에 있어 임차인을 선정하거나 임대보증금 및 차임을 결정하는 권한이 없고 다만 상사에게 임차인을 추천할 수 있는 권한 밖에 없다 하더라도 업무과장으로서 점포 등의 임대 및 관리를 담당하고 있는 이상 타인의 사무를 처리하는 자에 해당한다[대판 1984.8.21. 83도2447].

判例 배임수재죄의 타인의 사무처리자로 인정되지 않는 경우

1. **(수산업협동조합의 총대)** 지역별 수산업협동조합의 총대의 총회에서의 의결권 또는 선거권의 행사는 자기의 사무이고 이를 선출지역 조합원이나 조합의 사무라고 할 수 없는 것이고, 따라서 총대가 조합장선거에 출마한 후보자들로부터 자신을 지지하여 달라는 부탁과 함께 금원을 교부받았더라도 배임수재죄로 처벌할 수 없다[대판 1990.2.27. 89도970].

   비교판례 **(시 · 도 화물자동차운송사업협회 대표자)** 시 · 도 화물자동차운송사업협회 대표자인 피고인들이 A로부터 전국화물자동차운송사업연합회 회장 선거에서 자신을 지지해달라는 취지의 부정한 청탁을 받고 돈을 수수한 경우, 각 지역협회 대표자가 연합회 총회에서 총회의 구성원이 되어 회장 선출에 관한 선거권 내지 의결권을 행사하는 것은 연합회 회원인 각 지역협회 업무집행기관으로서 권한을 행사하는 것에 불과하므로, 이러한 대표자의 권한행사는 자기의 사무를 처리하는 것이 아니라 타인인 '지역협회'의 사무를 처리하는 것으로 보아야하므로, 배임수재죄가 성립한다[대판 2011.8.25. 2009도5618].

2. 은행지점장인 피고인 甲이 자금이 필요한 은행 고객들을 대부업자인 피고인 乙에게 소개해 주고 乙로부터 그에 대한 수수료를 받은 경우, 이러한 대부알선행위는 피고인 甲의 은행지점장의 지위에서 취급하는 사무에는 해당하지 않는다고 할 것이고, 따라서 피고인 甲이 위와 같은 금품을 수수하였다 하더라도 이를 금융기관 임 · 직원의 직무와 관련하여 금품을 수수한 것으로 볼 수는 없으므로 특정경제범죄 가중처벌 등에 관한 법률 위반(수재등)죄가 성립하지 않으며, 같은 이유로 피고인 乙에 대하여도 특정경제범죄 가중처벌 등에 관한 법률 위반(증재등)죄가 성립하지 아니한다[대판 2012.7.5. 2010도13348].

② 임무에 관한 부정한 청탁

㉮ 임무에 관하여란 위탁받은 본래의 사무뿐만 아니라 그와 밀접한 관계가 있는 범위의 사무를 포함한다.

判例 임무관련성이 있는 부정한 청탁을 받고 물품을 수수한 경우(배임수재죄 성립)

○○당 서울시당 위원장인 피고인이 담당하는 업무들은 ○○당의 중구청장 후보자 공천 업무 내지 그와 밀접한 관계가 있는 범위 내의 업무라고 볼 것이므로, ○○당의 공직후보자 선정 업무와 관련하여 피고인이 타인의 사무를 처리하는 자로서 그 임무에 관하여 원심공동피고인으로부터 부정한 청탁을 받고 이 사건 물품을 수령한 경우에는 배임수재죄가 성립한다[대판 2007.4.27. 2006도8136].

判例 부정한 청탁을 받을 때 현실적으로 임무를 담당하고 있지 않았던 경우(배임수재죄 성립 가능)

[1] 타인의 사무를 처리하는 자가 그 신임관계에 기한 사무의 범위에 속한 것으로서 장래에 담당할 것이 합리적으로 기대되는 임무에 관하여 부정한 청탁을 받고 재물 또는 재산상 이익을 취득한 후 그 청탁에 관한 임무를 현실적으로 담당하게 되었다면 이로써 타인의 사무를 처리하는 자의 청렴

성은 훼손되는 것이어서 배임수재죄의 성립을 인정할 수 있는바, 설령 피고인이 위와 같이 부정한 청탁을 받을 당시에는 그 청탁과 관련한 임무로서 현실적으로 담당하고 있던 것이 없었다 하더라도 피고인에게 배임수재죄가 성립하지 않는다고 할 수 없다.
[2] 방송국 예능담당 프로듀서인 피고인이 연예기획사 운영자로부터 상당한 시세차익이 예상되는 주식의 매수기회를 제공받음으로써 피고인이 제작하는 예능프로그램 등에 그 소속 연예인을 출연시키거나 뮤직비디오를 방영해 달라는 청탁을 받고, 이 주식을 매수함으로써 재산상 이익을 취득한 사안에서, 배임수재죄의 성립을 인정한 사례[대판 2010.4.15. 2009도4791].

판 례 연 습

【배임수증죄의 주체】 ※ 체육학과 교수 부정편입학 사건

X대학교(사립) 체육학과 교수인 甲은 자격을 갖추지 못한 乙로부터 편입학을 부탁받았다. 甲은 乙을 편입학 시키기 위하여, 총장 등이 날인하지 아니하여 乙에 대한 편입학 사정이 이루어지지 아니한 상태에서 乙을 합격자로 발표하게 하였다. 그 후 甲은 乙로부터 편입학 사례금을 교부받았다. 甲과 乙의 죄책은?

판결요지

[1] 대학 편입학업무의 주체는 대학교가 아닌 총장이고, 성적평가업무의 주체는 대학교가 아닌 담당교수라고 본 사례.
[2] 대학 편입학업무를 담당하지 아니한 피고인 甲이 피고인 乙로부터 편입학과 관련한 부정한 청탁을 받고 금품을 수수하였다 하더라도 편입학업무를 담당한 교무처장 등이 피고인 甲이 부정한 청탁을 받았음을 알았거나 스스로 부정한 청탁을 받지 않은 경우, 피고인 甲을 배임수재로, 피고인 乙을 배임증재로 처벌할 수 없다고 한 사례[대판 1999.1.15. 98도663].

정답 (甲 : 총장에 대한 업무방해죄, 乙 : 무죄)

㉯ **부정한 청탁** : 배임이 되는 내용의 청탁일 필요는 없으며 사회상규 또는 신의성실의 원칙에 반하는 것을 내용으로 하는 청탁이면 족하다. 또한 부정한 청탁은 명시적임을 요하지 아니한다.

判例 배임수증죄에 있어서 부정한 청탁의 의미 및 부정한 청탁의 방법

1. 배임수증죄에 있어서 부정한 청탁이라 함은 청탁이 사회상규와 신의성실의 원칙에 반하는 것을 말한다[대판 1998.6.9. 96도837; 동지 대판 2005.1.14. 2004도6646]. [♠ 04, 07, 09 사시]
2. 배임수재죄에 있어서 '부정한 청탁'은 이 반드시 명시적임을 요하는 것은 아니다[대판 2006.5.12. 2004도491].

判例 부정한 청탁에 해당하는 경우(배임수재죄 성립)

1. 방송국에서 프로그램의 제작연출 등의 사무를 처리하는 프로듀서가 특정 가수의 노래만을 편파적으로 선곡하여 계속 방송하여서는 아니되고 청취자들의 인기도, 호응도 등을 고려하여 여러 가수들의 노래를 공정성실하게 방송하여야 할 임무가 있음에도 담당 방송프로그램에 특정가수의 노래만을 자주 방송하여 달라는 청탁은 사회상규나 신의성실의 원칙에 반하는 부정한 청탁이라 할 것이다[대판 1991.1.15. 90도2257]. [♠ 09, 11, 15 사시]
2. 대학교수가 특정출판사의 교재를 채택하여 달라는 청탁을 받고 교재 판매대금의 일정비율에 해당하는 금원을 받은 경우에는 배임수증죄가 성립한다[대판 1996.10.11. 95도2090].
3. 신문사의 지국장이 취재기사를 본사에 송고하지 말아 달라는 청탁을 받고 그 묵인사례조로 금품을 교부받은 행위는 배임수재죄가 된다[대판 1970.9.17. 70도1355].
4. 섭외 및 예금 담당의 은행지점차장이 지점장으로부터 중소기업시설자금 대출대상자를 물색하라는 지시를 받고 그 대출적격이 없는 자의 위장대출을 묵인 선처하여 달라는 청탁을 받아 대부담당대리로 하여금 그 대출절차를 밟도록 하여주고 그 청탁의 대가로 금원을 교부받았다면 배임수재죄가 성립한다[대판 1982.2.9. 80도2130].
5. 대학교의 의과대학 부속병원 부대시설의 임차운영자를 선정할 권한을 가진 총장 겸 부속병원장의 직무를 보좌 또는 대행하거나 임차인을 추천할 권한 등이 있는 부총장이 위 부속병원의 부대시설 운영권을 인수하는 데 우선적으로 추천해 달라는 청탁을 받고 그 사례비 명목으로 금 3,000만원을 받았다면, 이는 부정한 청탁을 받고 사례비 명목으로 금원을 받은 것이 되어 배임수재죄를 구성한다[대판 1991.12.20. 91도2543].
6. 종합병원 또는 대학병원 소속 의사들이 의약품수입업자로부터 환자에게 원외처방하여 그들로 하여금 일정한 수입약을 많이 사 먹도록 해달라는 부탁을 받고 금원을 교부받은 경우, 위 의사들은 그 임무에 관하여 부정한 청탁을 받고 금품을 수수하였다고 할 것이므로 위와 같은 행위는 배임수재죄를 구성한다[대판 1991.6.11. 91도413].
7. 한국전력공사 소속 송전배원으로 송전설비관리 및 송전선로공사의 현장감독업무를 하던 피고인 甲이 송전선로 철탑이설공사를 도급받아 시공하는 피고인 乙로부터 공사시공에 하자가 있더라도 묵인하여 달라는 취지의 청탁을 받고 금원을 수령한 경우, 피고인들을 배임수증죄로 의율한 사례[대판 1991.11.26. 91도2418].
8. 아파트 건축회사 협상대표가 각 세대당 금 2백만원의 보상금지급요구문제 등에 관한 협상권한을 위임받은 아파트 입주자 대표들에게 보상금을 전체 금 2천만원으로 대폭 감액하여 조속히 합의하여 달라고 부탁한 것은 배임수재죄에 있어서의 부정한 청탁에 해당한다[대판 1993.3.26. 92도2033].
9. 광고대행업무를 수행하는 주식회사의 대표이사에게 방송사 관계자에게 사례비를 지급하여서라도 특정학원 소속 강사만을 채용하고 특정회사에서 출판되는 교재를 채택하여 특정회사의 이익을 위해 수능과외방송을 하는 내용의 방송협약을 체결해 달라고 부탁하는 것은 사회상규와 신의성실의 원칙에 반하는 것으로서 부정한 청탁에 해당된다[대판 2002.4.9. 99도2165].

10. 회원제 골프장의 예약업무 담당자가 부킹대행업자의 청탁에 따라 회원에게 제공해야 하는 주말부킹권을 부킹대행업자에게 판매하고 그 대금 명목의 금품을 받은 것이 배임수재죄에 해당한다고 한 사례[대판 2008.12.11. 2008도6987].

11. 입찰의 평가위원으로 선정된 자들에 대하여 자신들의 회사가 낙찰 받을 수 있게 설계안에 대하여 좋은 점수를 부여해 달라고 청탁한 것은 입찰의 공정성을 해하는 것으로서 사회상규와 신의성실의 원칙에 반하는 부정한 청탁에 해당한다[대판 2009.5.28. 2009도988].

12. 조영제나 의료재료를 납품받은 병원의 의사로서 실질적으로 조영제 등의 계속사용 여부를 결정할 권한이 있는 대학병원 의사인 피고인이, 의약품인 조영제나 의료재료를 지속적으로 납품할 수 있도록 해달라는 부탁을 받은 경우 사회상규와 신의성실의 원칙에 반하는 부정한 청탁에 해당한다[대판 2011.8.18. 2010도10290].

13. 기자단 간사를 맡고 있는 甲이 기업체들로부터 묵시적으로 부정적인 기사를 자제해 달라는 취지의 청탁을 받은 경우 이는 부정한 청탁에 해당한다[대판 2014.5.16. 2012도11259].

14. [1] 배임수재죄에서 '부정한 청탁'은 반드시 업무상 배임의 내용이 되는 정도에 이를 필요는 없고, 사회상규 또는 신의성실의 원칙에 반하는 것을 내용으로 하면 충분하다. '부정한 청탁'에 해당하는지를 판단할 때에는 청탁의 내용 및 이에 관련한 대가의 액수, 형식, 보호법익인 거래의 청렴성 등을 종합적으로 고찰하여야 하고, 그 청탁이 반드시 명시적으로 이루어져야 하는 것은 아니며 묵시적으로 이루어지더라도 무방하다. 보도의 대상이 되는 자가 언론사 소속 기자에게 소위 '유료 기사' 게재를 청탁하는 행위는 사실상 '광고'를 '언론 보도'인 것처럼 가장하여 달라는 것으로서 언론 보도의 공정성 및 객관성에 대한 공공의 신뢰를 저버리는 것이므로, 배임수재죄의 부정한 청탁에 해당한다. 설령 '유료 기사'의 내용이 객관적 사실과 부합하더라도, 언론 보도를 금전적 거래의 대상으로 삼은 이상 그 자체로 부정한 청탁에 해당한다.
[2] 개정 형법 제357조의 보호법익 및 체계적 위치, 개정 경위, 법문의 문언 등을 종합하여 볼 때, 개정 형법이 적용되는 경우에도 '제3자'에는 다른 특별한 사정이 없는 한 사무처리를 위임한 타인은 포함되지 않는다고 봄이 타당하다. 그러나 배임수재죄의 행위주체가 재물 또는 재산상 이익을 취득하였는지는 증거에 의하여 인정된 사실에 대한 규범적 평가의 문제이다. 부정한 청탁에 따른 재물이나 재산상 이익이 외형상 사무처리를 위임한 타인에게 지급된 것으로 보이더라도 사회통념상 그 타인이 재물 또는 재산상 이익을 받은 것을 부정한 청탁을 받은 사람이 직접 받은 것과 동일하게 평가할 수 있는 경우에는 배임수재죄가 성립될 수 있다[대판 2021.9.30. 2019도17102].

判例 부정한 청탁에 해당하지 않는 경우(배임수재죄 불성립)

1. 청탁한 내용이 단순히 규정이 허용하는 범위 내에서 최대한의 선처를 바란다는 내용에 불과하거나 위탁받은 사무의 적법하고 정상적인 처리범위에 속하는 것이라면 이는 사회상규에 어긋난 부정한 청탁이라고 볼 수 없다[대판 2011.4.14. 2010도8743]. [♣20 변시]

2. 계약관계를 유지시켜 기존권리를 확보하기 위한 부탁행위는 부정한 청탁이라 할 수 없으므로, 계약관계를 유지시켜 달라는 부탁을 받고 사례금명목으로 금원을 교부받은 행위는 배임수재죄에 해당하지 아니한다[대판 1985.10.22. 85도465].

3. 배임수재죄에 있어서의 부정한 청탁이라 함은 반드시 명시적임을 요하지는 않으나 그 청탁의 내용은 어느 정도 구체적이고 특정한 임무행위에 관한 것임을 요하므로, 미리 환심을 사두어 후일 범행이 발각되더라도 이를 누설하지 않게끔 하기 위하여 유류부정처분 대가를 미리 나눠주었다 해도 이는 어떠한 구체적이고도 특정한 임무행위에 관하여 부정한 청탁을 한 것이라고는 보기 어렵다[대판 1983.12.27. 83도2472].

4. 아파트개발사업 시행업체 측으로부터 철거공사를 담당할 업체를 선정할 권한과 함께 명도·이주 업무를 책임지고 수행할 임무를 위임받은 피고인이, 시행업체의 양해하에 철거업체로 선정되면 철거공사 하도급대금 중 일부를 피고인에게 지급하기로 하는 내용의 약정을 철거업체와 체결한 사안에서, 타인의 부탁을 받아 계약과 사무를 처리하는 사람이 특정인으로부터 계약체결의 상대방이 될 수 있게 해달라는 부정한 청탁을 받고 대가를 받은 경우라고 보기 어렵다고 한 사례[대판 2011.4.14. 2010도8743].

5. 사회복지법인의 설립자 내지 운영자가 사회복지법인 운영권을 양도하고 양수인으로부터 양수인 측을 사회복지법인의 임원으로 선임해 주는 대가로 양도대금을 받기로 하는 내용의 '청탁'을 받았다 하더라도, 그 청탁의 내용이 당해 사회복지법인의 설립 목적과 다른 목적으로 기본재산을 매수하여 사용하려는 것으로서 실질적으로 법인의 기본재산을 이전하는 것과 다름이 없어 사회복지법인의 존립에 중대한 위협을 초래할 것임이 명백하다는 등의 특별한 사정이 없는 한 사회상규 또는 신의성실의 원칙에 반하는 것을 내용으로 하는 청탁이라고 할 수 없으므로 이를 배임수재죄의 성립 요건인 '부정한 청탁'에 해당한다고 할수 없다. 나아가 사회복지법인의 설립자 내지 운영자가 자신들이 출연한 재산을 회수하기 위하여 양도대금을 받았다거나 당해 사회복지법인이 국가 또는 지방자치단체로부터 일정한 보조금을 지원받아 왔다는 등의 사정은 위와 같은 결론에 영향을 미칠 수 없다[대판 2013.12.26. 2010도16681].[4)]

판례해설 사회복지사업법에 의하면 사회복지법인이 기본재산을 매도하고자 할 때에는 반드시 보건복지가족부장관의 허가를 받아야 하고, 이를 위반한 자는 형사처벌을 받도록 되어 있다. 그러나 사회복지법인을 운영하던 대표이사가 법인의 임원을 변경하는 방식을 통하여 법인의 운영권을 양수인에게 이전하고 그 대가로 양수인으로부터 운영권 양도에 상응하는 금전을 지급받기로 약정하는 행위에 대하여는 형사처벌하는 규정을 두고 있지 아니하다.

③ 재물 또는 재산상 이익의 취득

判例 배임수재죄의 성립요건(부정한 청탁의 개재)

배임수재죄는 타인의 사무를 처리하는 자가 그 임무에 관하여 부정한 청탁을 받고 재물 또는 재산상 이익을 취득하는 경우에 성립하는 범죄로서, 재물 또는 이익을 공여하는 사람과 취득하는 사람 사이에 부정한 청탁이 개재되지 않는 한 성립하지 않는다. 그리고 부정한 청탁을 받고 나서 사후에

4) 학교법인의 운영권을 양도하는 경우도 마찬가지의 법리가 적용된다[대판 2014.1.23. 2013도11735].

재물 또는 재산상의 이익을 취득하였다고 하더라도 재물 또는 재산상의 이익이 청탁의 대가인 이상 배임수재죄가 성립되며, 또한 부정한 청탁의 결과로 상대방이 얻은 재물 또는 이익의 일부를 상대방으로부터 청탁의 대가로 취득한 경우에도 마찬가지이다[대판 2013.11.14. 2011도11174]. [♣17, 20 변시]

판례해설 배임수증재죄에서 공여 또는 취득하는 재물 또는 재산상 이익은 부정한 청탁에 대한 대가 또는 사례여야 한다는 취지이다.

判例 '타인'의 사무처리자가 그 '타인'에게 재물 등을 취득하게 한 경우(배임수재죄 불성립)

1. [1] 배임수재죄는 타인의 사무를 처리하는 자가 그 임무에 관하여 부정한 청탁을 받고 재물 또는 재산상의 이익을 취득한 경우에 성립하므로, 법문상 '타인'의 사무를 처리하는 자가 그 임무에 관하여 부정한 청탁을 받았다고 하더라도 자신이 아니라 그 '타인'에게 재물 또는 재산상의 이익을 취득하게 한 경우에는 배임수재죄가 성립하지 않는다.
   [2] 조합 이사장이 조합이 주관하는 도자기 축제의 대행기획사를 선정하는 과정에서 기획사로 선정된 회사로부터 조합운영비 지급을 약속받고 위 축제가 끝난 후 조합운영비 명목으로 돈을 교부받아 조합운영비로 사용한 경우 배임수재죄가 성립하지 않는다[대판 2008.4.24. 2006도1202]. [♣17 변시]
   비교판례 개정 형법 제357조의 보호법익 및 체계적 위치, 개정 경위, 법문의 문언 등을 종합하여 볼 때, 개정 형법이 적용되는 경우에도 '제3자'에는 다른 특별한 사정이 없는 한 사무처리를 위임한 타인은 포함되지 않는다고 봄이 타당하다. 그러나 배임수재죄의 행위주체가 재물 또는 재산상 이익을 취득하였는지는 증거에 의하여 인정된 사실에 대한 규범적 평가의 문제이다. 부정한 청탁에 따른 재물이나 재산상 이익이 외형상 사무처리를 위임한 타인에게 지급된 것으로 보이더라도 사회통념상 그 타인이 재물 또는 재산상 이익을 받은 것을 부정한 청탁을 받은 사람이 직접 받은 것과 동일하게 평가할 수 있는 경우에는 배임수재죄가 성립될 수 있다[대판 2021.9.30. 2019도17102].
2. 실질적으로 학교법인의 이사장 직무를 수행하면서 학교공사와 관련하여 공사대금 중 수급인이 학교법인 부담부분 상당액을 학교법인에 기부하는 것을 조건으로 공사계약을 체결한 후 공사를 완성하여 이 부분에 대한 공사대금 지급의무를 면제받거나 그 대금 상당액을 입금받은 다음 다시 수급인에게 공사대금으로 지급한 것으로 처리한 경우, 이러한 행위는 학교공사에 관하여 관계 규정에 따른 공개입찰을 하지 아니하는 대신 특정 공사업자와 수의계약을 체결하면서 공사업자에게 공사대금 중 국고지원 부분만을 지급하기로 하고 학교법인 부담 부분은 면제받은 것으로 볼 것이고, 이러한 경우 공사대금 지급채무는 학교법인이 공사업자에 대하여 부담하는 것이므로 이를 면제받는 것은 학교법인의 이익으로 되는 것일 뿐 실질적으로 학교법인의 이사장 직무를 수행한 자가 면제받은 대금 상당의 이익을 취득하였다고 볼 수는 없고, 따라서 위와 같은 행위는, 공개입찰을 하지 아니하고 수의계약을 체결한 것에 대하여 행정상의 책임 등을 묻는 것은 별론으로 하고, 타인의 사무를 처리하는 자가 그 임무에 위배하여 부정한 청탁을 받고 재물 또는 재산상의 이익을 취득한 경우에 해당한다고 할 수는 없다[대판 2001.2.9. 2000도4700].

判例 **부정한 청탁의 대가로 보는 범위**

배임수·증재죄에 있어서 타인의 업무를 처리하는 자에게 공여한 금품에 부정한 청탁의 대가로서의 성질과 그 외의 행위에 대한 사례로서의 성질이 불가분적으로 결합되어 있는 경우에는 그 전부가 불가분적으로 부정한 청탁의 대가로서의 성질을 갖는 것으로 보아야 한다[대판 2012.5.24. 2012도535]. [♣ 23 변시]

判例 **부정한 청탁에 대한 대가로 수수하였다고 단정할 수 없는 사례**

배임수재죄 및 배임증재죄에서 공여 또는 취득하는 재물 또는 재산상 이익은 부정한 청탁에 대한 대가 또는 사례여야 한다. 따라서 거래상대방의 대향적 행위의 존재를 필요로 하는 유형의 배임죄에서 거래상대방이 양수대금 등 거래에 따른 계약상 의무를 이행하고 배임행위의 실행행위자가 이를 이행받은 것을 두고 부정한 청탁에 대한 대가로 수수하였다고 쉽게 단정하여서는 아니 된다[대판 2016.10.13. 2014도17211].

[사실관계] 甲이 A 등의 공동소유인 특허권에 대하여 A 등으로부터 명의신탁을 받아 관리하는 업무를 맡아오던 乙에게 '특허권 명의이전대금' 1,000만 원을 지급하고 위 특허권에 관하여 甲 앞으로 이전등록한 사건이다.

판결이유 (1) 위 사실관계만으로는 甲이 배임의 의사가 없었던 乙에게 배임의 결의를 하게 하여 교사하였다거나 배임행위의 전 과정에 관여하는 등 배임행위에 적극 가담하였다고 단정하기 어렵다. (본 사안에서 乙에게 업무상 배임죄가 성립함은 물론이다)

(2) 甲이 乙과 체결한 계약에 따른 의무의 이행으로 1,000만 원을 지급하고 乙이 이를 받은 것을 두고 부정한 청탁에 대한 대가로 수수하였다고 단정하기 어렵다.

判例 **수재 당시에도 임무를 현실적으로 담당하고 있을 것을 요하는지의 여부(불요)**

형법 제357조 제1항의 배임수재죄는 타인의 사무를 처리하는 자의 청렴성을 보호법익으로 하는 것으로, 그 임무에 관하여 부정한 청탁을 받고 재물을 수수함으로써 성립하고 반드시 수재 당시에도 그와 관련된 임무를 현실적으로 담당하고 있음을 그 요건으로 하는 것은 아니므로, 타인의 사무를 처리하는 자가 그 임무에 관하여 부정한 청탁을 받은 이상 그 후 사직으로 인하여 그 직무를 담당하지 아니하게 된 상태에서 재물을 수수하게 되었다 하더라도, 그 재물 등의 수수가 부정한 청탁과 관련하여 이루어진 것이라면 배임수재죄가 성립한다[대판 1997.10.24. 97도2042]. [♠ 05, 07, 09 사시]

동지판례 부정한 청탁을 받은 후 사무분담 변경으로 그 직무를 담당하지 아니하게 된 상태에서 재물을 수수하게 되었다 하더라도 여전히 타인의 사무를 처리하는 지위에 있고, 그 재물 등의 수수가 부정한 청탁과 관련하여 이루어진 것이라면 배임수재죄는 성립한다[대판 1987.4.28. 87도414].

判例 배임수재죄의 '제3자'의 범위

개정 형법 제357조 제1항은 구법과 달리 배임수재죄의 구성요건을 '타인의 사무를 처리하는 자가 그 임무에 관하여 부정한 청탁을 받고 재물 또는 재산상의 이익을 취득하거나 제3자로 하여금 이를 취득하게 한 때'라고 규정함으로써 제3자로 하여금 재물이나 재산상 이익을 취득하게 하는 행위를 구성요건에 추가하였다. 동조항의 '제3자'에는 다른 특별한 사정이 없는 한 사무처리를 위임한 타인은 포함되지 않는다고 봄이 타당하다.

그러나 배임수재죄의 행위주체가 재물 또는 재산상 이익을 취득하였는지는 증거에 의하여 인정된 사실에 대한 규범적 평가의 문제이다. 부정한 청탁에 따른 재물이나 재산상 이익이 외형상 사무처리를 위임한 타인에게 지급된 것으로 보이더라도 사회통념상 그 타인이 재물 또는 재산상 이익을 받은 것을 부정한 청탁을 받은 사람이 직접 받은 것과 동일하게 평가할 수 있는 경우에는 배임수재죄가 성립될 수 있다[대판 2021.9.30. 2019도17102].

판례해설 신문사 기자인 피고인들이 홍보성 기사를 작성해 달라는 부탁(부정한 청탁에 해당함)을 받고 각 소속 신문사로 하여금 금원을 취득하게 한 사건이다. 대법원은 사무처리를 위임한 타인은 개정 형법 제357조 제1항의 배임수재죄에 규정한 '제3자'에 포함되지 않는다고 전제한 후, 피고인들이 속한 각 소속 언론사는 사무처리를 위임한 자에 해당하므로, 위 금원이 피고인들 본인 또는 사무처리를 위임한 자가 아닌 제3자에게 사실상 귀속되었다고 평가할 만한 사정이 없다는 이유로 배임수재죄의 성립을 부정하였다.

④ 기수시기 : 재물 또는 재산상 이익을 현실적으로 취득한 때 기수가 되며, 단순한 요구 · 약속만으로는 부족하다.[5)]

判例 배임수재죄의 성립요건이 아닌 경우

1. **(본인에게 손해가 발생할 것을 요하지 않음)** 피고인이 그가 대표이사로 있는 회사가 발주하는 공사에 관하여 입찰경쟁업체로 지명함에 있어서 부적당하다는 정을 알면서도 부정한 청탁을 받고 소외 건설업체를 지명하고 그 사례조로 금원을 수수하여 배임수재죄가 성립하였다면 그 후 위 건설업체가 동 공사를 아무런 하자없이 시공하여 준공검사를 마침으로써 그 회사에 아무런 손해가 발생하지 아니하였더라도 아무런 영향이 없다[대판 1983.12.13. 82도735]. [♠ 07 사시]
2. **(부정한 청탁에 따른 일정한 행위가 현실적으로 행하여질 것을 요하지 않음)** 형법 제357조 제1항에서 규정한 배임수재죄는 타인의 사무를 처리하는 자가 그 임무에 관하여 부정한 청탁을 받고 재물 또는 재산상의 이익을 취득한 경우에 성립하고, 재물 또는 이익의 취득만으로 바로 기수에 이르며, 그 청탁에 상응하는 부정행위 내지 배임행위에 나아갈 것이 요구되지 아니한다 [대판 2010.9.9. 2009도10681]. [♠ 11 사시]

   동지판례 배임수재죄는 타인의 사무를 처리하는 자가 그 임무에 관하여 부정한 청탁을 받고 재물 등을 취득함으로써 성립하는 것이고, 어떠한 임무위배행위나 본인에게 손해를 가할 것을 요건으로 하는 것은 아니다 [대판 2011.2.24. 2010도11784].

5) 요구, 약속은 수뢰죄에서는 기수에 해당하나 본죄에서는 미수에 해당한다.

判例 배임수재죄(기수)가 성립하지 않는 경우

[1] 배임수재죄로 처벌하기 위하여는 타인의 사무를 처리하는 자가 부정한 청탁을 받아들이고 이에 대한 대가로서 재물 또는 재산상의 이익을 받은 데에 대한 범의가 있어야 할 것이고, 또 배임수재죄에서 말하는 '재산상의 이익의 취득'이라 함은 현실적인 취득만을 의미하므로 단순한 요구 또는 약속만을 한 경우에는 이에 포함되지 아니한다. [♣20 변시]

[2] 甲이 피고인에게 골프장 회원권의 공여의 의사표시를 하고 피고인이 이를 승낙하였더라도 그 골프장 회원권에 관하여 피고인 명의로 명의변경이 이루어지지 아니한 경우, 피고인이 현실적으로 재산상 이익을 취득하지 않았으므로 배임수재죄가 성립하지 않는다[대판 1999.1.29. 98도4182]. [♠09 사시]

判例 배임수재죄(기수)가 성립하는 경우

타인의 사무를 처리하는 자가 증재자(贈財者)로부터 돈이 입금된 계좌의 예금통장이나 이를 인출할 수 있는 현금카드나 신용카드를 교부받아 이를 소지하면서 언제든지 위 예금통장 등을 이용하여 예금된 돈을 인출할 수 있어 예금통장의 돈을 자신이 지배하고 입금된 돈에 대한 실질적인 사용권한과 처분권한을 가지고 있는 것으로 평가될 수 있다면, 예금된 돈을 취득한 것으로 보아야 한다[대판 2017.12.5. 2017도11564]. [♣23 변시]

⑤ 몰수 · 추징(필요적 몰수 · 추징)

判例 제357조 제3항의 '범인이 취득한 제1항의 재물'의 의미

형법은 제357조 제1항에서 배임수재죄를, 제2항에서 배임증재죄를 규정하고, 이어 제3항에서 "범인이 취득한 제1항의 재물은 몰수한다. 그 재물을 몰수하기 불능하거나 재산상의 이익을 취득한 때에는 그 가액을 추징한다."라고 규정하고 있다. 배임수재죄와 배임증재죄는 이른바 대향범으로서 위 제3항에서 필요적 몰수 또는 추징을 규정한 것은 범행에 제공된 재물과 재산상 이익을 박탈하여 부정한 이익을 보유하지 못하게 하기 위한 것이므로, 제3항에서 몰수의 대상으로 규정한 '범인이 취득한 제1항의 재물'은 배임수재죄의 범인이 취득한 목적물이자 배임증재죄의 범인이 공여한 목적물을 가리키는 것이지 배임수재죄의 목적물만을 한정하여 가리키는 것이 아니다. 그러므로 수재자가 증재자로부터 받은 재물을 그대로 가지고 있다가 증재자에게 반환하였다면 증재자로부터 이를 몰수하거나 그 가액을 추징하여야 한다[대판 2017.4.7. 2016도18104]. [♣19 변시, 23 변시]

(2) 주관적 구성요건

고의와 불법영득(이득)의사가 필요하다.

判例 불법영득의사가 인정되지 않는 경우

피고인이 증재자로부터 받은 100만원짜리 수표 150매를 소외인을 통하여 은행에 맡기면서 누가 자기에게 일시 보관을 위해 맡긴 것인데 곧 찾아 갈 돈이니 맡아달라고 말한 사실이 인정되고 또 피고인이 그 돈을 반환한 경위에 있어서도 영득의 의사로 받았다가 되돌려 줄 수밖에 없는 특단의 사정변경사실을 찾아 볼 수 없고 자발적으로 반환한 경우라면, 위 수표들이 수표 100매 1억원과 50매 5천만원으로 나누어 다른 날짜에 가명으로 예금된 바 있다 하더라도 피고인에게 배임수재죄에 있어서의 영득의 의사가 있었다고 단정할 수 없다[대판 1984.3.13. 83도1986].

Ⅴ. 배임증재죄

제357조(배임수증죄) ② 제1항의 재물 또는 재산상 이익을 공여한 자는 2년 이하의 징역 또는 500만원 이하의 벌금에 처한다.
제359조(미수범) 미수범은 처벌한다.

1. 의 의

타인의 사무를 처리하는 자에게 그 임무에 관하여 부정한 청탁을 하고 재물 또는 재산상의 이익을 공여함으로써 성립하는 범죄이다.

2. 구성요건

① 타인의 사무처리자

判例 배임증재죄에서, '타인의 사무처리'의 의미

형법 제357조 제2항이 규정하는 배임증재죄에서, '타인의 사무처리'로 인정되려면 타인의 재산관리에 관한 사무의 전부 또는 일부를 타인을 위하여 대행하는 경우와 타인의 재산보전행위에 협력하는 경우라야만 되는 것이고 단순히 타인에 대하여 채무를 부담하는 경우에는 본인의 사무로 될지언정 타인의 사무처리에 해당한다고 볼 수는 없다 할 것이다[대판 2007.6.14. 2007도2178].

② **임무에 관한 부정한 청탁** : 수재자에게는 부정한 청탁이 되어도 증재자에게는 부정한 청탁이 될 수 없는 경우에는 본죄는 성립하지 않는다(판례).

判例 배임증재죄와 부정한 청탁의 의미와 부정한 청탁의 방법

형법 제357조에 규정된 배임증재죄에 있어서의 부정한 청탁이라 함은 청탁이 사회상규와 신의성실의 원칙에 반하는 것을 말하고, 그 청탁이 반드시 명시적으로 이루어져야 하는 것도 아니고 묵시적으로 이루어지더라도 무방하다[대판 2005.6.9. 2005도1732].

判例 부정한 청탁의 상대성(청탁이 항상 수재자와 증재자 쌍방에게 부정한 의미를 갖는 것은 아님)

형법 제357조 제1항의 배임수재죄와 같은조 제2항의 배임증재죄는 통상 필요적 공범의 관계에 있기는 하나 이것은 반드시 수재자와 증재자가 같이 처벌받아야 하는 것을 의미하는 것은 아니고 증재자에게는 정당한 업무에 속하는 청탁이라도 수재자에게는 부정한 청탁이 될 수도 있는 것이다[대판 1991.1.15. 90도2257].

判例 배임증재죄의 부정한 청탁에 해당하는 경우

1. 하도급 받은 자가 감독할 지위에 있는 자에게 공사감독을 까다롭게 하지 말고 잘 보아 달라는 취지로 직접 또는 온라인으로 수 차례에 걸쳐 금원을 교부한 경우[대판 1988.3.8. 87도1445].
2. 피고인이 더 이상 지구당의 공천비리를 조사하지 말아달라는 취지로 중앙당 당기위원회 수석부위원장에게 금원을 교부한 경우[대판 1998.6.9. 96도837].
3. 피고인이 이 사건 한성빌라 쇼핑타운 건설공사를 양수한 위 국제종합건설의 실무책임자인 원심 공동피고인에게 "위 쇼핑타운의 건설공사 양수대금을 한성건설측에 유리하게 책정하여 달라"는 취지의 청탁을 하고, 그 사례비 명목으로 금원을 지급한 경우[대판 1996.3.8. 95도2930].

③ 재물 또는 재산상의 이익을 공여 : 현실적으로 공여하여야 기수가 되며, 공여의 의사표시 또는 약속만으로는 미수가 된다.

④ 주관적 구성요건 : 고의가 있어야 한다.

3. 죄수 및 타죄와의 관계

判例 배임증재죄와 배임죄와의 관계(양죄 모두 성립이 가능)

업무상배임죄와 배임증재죄는 별개의 범죄로서 배임증재죄를 범한 자라 할지라도 그와 별도로 타인의 사무를 처리하는 지위에 있는 사람과 공범으로서는 업무상배임죄를 범할 수도 있는 것이다[대판 1999.4.27. 99도883].

判例 사기의 범행으로 취득한 금전이나 이익의 내부적 분배행위(배임수증재죄 불성립)

공동의 사기 범행으로 인하여 얻은 돈을 공범자끼리 수수한 행위가 공동정범들 사이의 범행에 의하여 취득한 돈이나 재산상 이익의 내부적인 분배행위에 지나지 않는다면 돈의 수수행위가 따로 배임수증재죄를 구성한다고 볼 수는 없다[대판 2016.5.24. 2015도18795]. [♣ 23 변시]

제8절 장물의 죄

환전통화의 장물성 인정여부 등 장물성의 인정여부에 관한 판례, 장물죄의 주체성 인정여부에 관한 판례, 컴퓨터사용사기죄로 취득한 이익이 장물이 될 수 없다는 판례, 장물알선죄의 기수시기에 관한 최근 판례가 중요하다. 기타 친족상도례의 법조문을 명확하게 알아두어야 한다. 사례형에서 재산죄가 논점으로 출제되면 반드시 장물죄도 동시에 논점으로 출제되므로 논점을 놓치지 않도록 하여야 한다.

Ⅰ. 총 설

1. 의 의

① 장물의 죄란 장물을 취득 · 양도 · 운반 · 보관 · 알선하는 것을 내용으로 하는 범죄이다.

② 보호법익은 피해자의 재산권이다(다수설). 보호의 정도에 대하여는 침해범설, 위험범설 등의 대립이 있다.

2. 장물죄의 본질 [♠ 15 사시]

(1) 추구권설

① 본범의 피해자가 점유를 상실한 재물에 대해서 사법상 추구 · 회복하는 것(반환청구권을 행사하는 것)을 곤란하게 하는 데에 장물죄의 본질이 있다는 견해이다.

② 사법상 반환청구권이 없는 불법원인급여물, 시효가 완성된 물건, 대체장물에 대하여 장물성을 부정한다.

判例 장물죄의 본질(추구권설의 입장)

장물이라함은 영득죄에 의하여 취득한 물건 그 자체를 말하는 것으로서 피해자에게 그 회복추구권이 없어진 경우에는 장물성을 잃게 된다고 할 것이다[대판 1972.2.22. 71도2296].

(2) 유지설

① 본범에 의하여 이루어진 위법한 재산상태를 본범과 장물범간의 합의아래 유지 · 존속시키는 데에 장물죄의 본질이 있다는 견해이다.

② 사법상의 반환청구권을 전제로 하지 않고 위법한 재산상태를 유지 · 존속시킨다는 형법의 독자적 기준에 의하여 장물성을 판단하므로 불법원인급여물도 장물성이 인정된다.

③ 유지설에 의할 때에도 시효가 완성된 물건, 대체장물의 경우에는 재산상태의 위법성도 없어지므로 장물성이 부정된다.

④ 본범과의 합의를 전제로 하는 유지설의 입장에서는 장물양도를 장물죄에 포함시킬 수 없다는 비판을 받는다.[1]

1) 장물양도죄는 장물인 정을 모르고 취득했다가 그 정을 알면서 제3자에게 수여하는 경우 성립하므로 양도하는

判例 장물죄의 본질(유지설의 입장)

(갈취장물을 절취한 경우 장물취득죄는 불성립) 타인이 갈취한 재물을 그 타인의 의사에 반하여 절취하였다면 절도죄를 구성하고 장물취득죄가 되지 않는다[대판 1966.12.20. 66도1437].

추구권설과 유지설의 차이점

	추구권설	유지설
반환청구권의 존재	필 요	불 요
본범과의 합의	불 요	필 요
불법원인급여물	장물성 부정	장물성 긍정
취소하지 아니한 경우 (반환청구권 없음)	장물성 부정	장물성 긍정
대체장물	장물성 부정 [♠ 03 사시]	장물성 부정
장물을 갈취한 경우	절도죄와 장물죄의 상상적 경합	절도죄만 성립

(3) 공범설(이익설)

① 본범이 취득한 범죄적 이익에 가담하는 간접영득죄라는 점에 장물죄의 본질이 있다는 견해이다.

② 추구권의 유무와 관계 없이 피해자와의 견련성이 인정되면 대체장물 또는 본범이 소유권을 취득한 재물에 대해서도 장물성을 인정한다.

③ 장물범이 본범으로부터 직접 취득하지 않고 제3자가 개입된 경우에는 장물성이 상실된다.

(4) 결합설

위법상태의 유지는 곧 피해자의 추구권행사를 곤란하게 만든다는 점에서 양자는 표리관계에 있으므로 장물죄는 양자의 결합 내지 조화에 그 본질이 있다는 견해이다(판례, 다수설).

判例 장물죄의 본질

(결합설의 입장) 장물인 정을 모르고 보관하던 중 장물인 정을 알게 되었고, 위 장물을 반환하는 것이 불가능하지 않음에도 불구하고 계속 보관함으로써 피해자의 정당한 반환청구권 행사를 어렵게 하여 위법한 재산상태를 유지시킨 경우에는 장물보관죄에 해당한다[대판 1987.10.13. 87도1633].

자는 본범과의 '합의'가 존재할 수 없기 때문이다.

Ⅱ. 장물죄

제362조(장물의 취득, 알선 등) ① 장물을 취득, 양도, 운반 또는 보관한 자는 7년 이하의 징역 또는 1천500만원 이하의 벌금에 처한다.
② 전항의 행위를 알선한 자도 전항의 형과 같다.

1. 의 의

장물을 취득·양도·운반·보관 또는 이를 알선함으로써 성립하는 범죄이다.

2. 구성요건

(1) 객관적 구성요건

① 주 체 : 본범의 정범(공동정범·간접정범·합동범)을 제외한 모든 자이다.

㉮ 본범의 정범 : 본죄의 주체가 될 수 없다. 장물죄는 타인(본범)이 불법하게 영득한 재물의 처분에 관여하는 범죄이기 때문이다.

判例 본범의 정범에 해당하여 장물죄가 성립할 수 없는 경우

피고인들이 특수강도의 범행을 모의한 이상 그 중 한 피고인이 범행의 실행에 가담하지 아니하고 나머지 피고인들이 강취해 온 장물의 처분을 알선만 하였다 하더라도, 동 피고인은 특수강도의 공동정범이 된다 할 것이므로 장물알선죄로 의율할 것은 아니다[대판 1983.2.22. 82도3103].

判例 본범의 정범에 해당하지 아니하여 장물죄가 성립할 수 있는 경우

(본범과 평소 범죄집단을 이루고 있었던 자일지라도 당해범죄의 정범이 아닌 경우) 장물죄는 타인(본범)이 불법하게 영득한 재물의 처분에 관여하는 범죄이므로 자기의 범죄에 의하여 영득한 물건에 대하여는 성립하지 아니하고 이는 불가벌적 사후행위에 해당하나 여기에서 자기의 범죄라 함은 정범자(공동정범과 합동범을 포함한다)에 한정되는 것이므로 평소 본범과 공동하여 수차 상습으로 절도 등 범행을 자행함으로써 실질적인 범죄집단을 이루고 있었다 하더라도, 당해 범죄행위의 정범자(공동정범이나 합동범)로 되지 아니한 이상 이를 자기의 범죄라고 할 수 없고 따라서 그 장물의 취득을 불가벌적 사후행위라고 할 수 없다[대판 1986.9.9. 86도1273]. [♠12 사시] [♣20 변시]

㉯ 본범의 공범 : 본범의 교사범·종범은 본죄의 주체가 될 수 있다. 이 경우에는 본범에 대한 공범과 장물죄의 경합범이 된다.

判例 횡령죄의 교사범의 경우 장물취득죄가 성립할 수 있다는 사례

> 횡령교사를 한 후 그 횡령한 물건을 취득한 때에는 횡령교사죄와 장물취득죄의 경합범이 성립한다 [대판 1969.6.24. 69도692]. [♠ 08, 09, 14 사시] [♣ 20, 21 변시]

② 객 체 : 장물이다.

判例 장물의 개념

> 장물죄에 있어서의 장물이 되기 위하여는 본범이 절도, 강도, 사기, 공갈, 횡령 등 재산죄에 의하여 영득한 물건이면 족하고 그 중 어느 범죄에 의하여 영득한 것인지를 구체적으로 명시할 것을 요하지 않는다[대판 2000.3.24. 99도5275].

장물의 요건

	내 용
재물성	① 재산상의 이익이나 권리(예 전화가입권)는 장물이 될 수 없음. 관리할 수 있는 동력은 장물에 포함된다(다수설). ② 재물인 이상 동산·부동산 불문, 경제적 가치 불요.
본범의 성질	① 본범으로 되는 재산범죄는 순수 이익죄(컴사기죄와 배임죄 등)와 손괴죄를 제외한 형법상의 모든 재산범죄(따라서 도박죄의 도금, 수뢰죄의 뇌물 : ×), 기타 이와 동일시 할 수 있는 특별법상의 재산죄(산림절도). ② 재산범죄에 의해 영득한 재물을 의미하므로, 재산범죄에 제공된 재물이나 재산범죄에 의해 제작된 물건은 장물이 아님(이중매매·채무자가 처분하는 경우의 양도담보의 목적물인 부동산). ③ 본범이나 제3자가 장물에 대해 소유권을 취득한 때에는 장물성을 상실(제3자가 선의취득한 물건, 단 도품·유실물은 선의취득의 특칙이 있다는 것을 유의하여야 함).
본범의 실현정도	① 본범의 구성요건에 해당하고 위법한 행위에 의해 영득한 것이어야 함. 유책성은 불요(판례, 통설). ② 본범에게 처벌조건이나 소추조건이 없어도 장물죄 성립에 지장 없음. ③ 본범의 행위는 기수에 도달해 있으면 족함(통설).
장물의 동일성	대체장물은 장물이 아님(판례). 다만 다른 재산범죄에 의해 취득한 것일 때에는 장물성 인정(절취장물을 기망에 의하여 매각하여 금전을 취득한 경우, 동 금전은 새로운 사기죄에 의하여 영득한 것이므로 장물이 된다).

判例 국외에서 횡령된 재물을 수입한 후 매도한 자의 죄책(장물취득죄와 사기죄 성립)

[1] 본범의 행위가 우리 형법에 비추어 절도죄 등의 구성요건에 해당하는 위법한 행위라고 인정되는 이상 이에 의하여 영득된 재물은 장물에 해당한다.
[2] 대한민국 국민 또는 외국인이 미국 캘리포니아주에서 미국 리스회사와 미국 캘리포니아주의 법에 따라 차량 이용에 관한 리스계약을 체결하였는데, 이후 자동차수입업자인 피고인이 리스기간 중 위 리스이용자들이 임의로 처분한 위 차량들임을 알면서 수입한 후 이러한 사실을 모르는 사람들에게 판매하고 그 대금을 취득한 경우(다만 국제사법에 의한 준거법인 미국 캘리포니아주의 법에 따르면 위 리스계약에 의하여 차량들의 소유권은 리스회사에 속하고, 리스이용자는 일정 기간 차량의 점유·사용의 권한을 이전받을 뿐이다) (1) 리스이용자들이 위 차량들을 임의로 처분한 행위는 형법상 횡령죄의 구성요건에 해당하는 위법한 행위로 평가되고 이에 의하여 영득된 위 차량들은 장물에 해당하므로 피고인이 차량을 수입한 행위는 장물취득죄가 성립하며, (2) 수입한 차량을 판매하고 그 대금을 취득한 행위는, 장물을 취득한 후 마치 장물이 아닌 것처럼 매수인을 기망하여 매도하는 경우로서 새로운 법익의 침해로 보아야 하므로, 장물취득 범행의 불가벌적 사후행위가 되는 것은 아니라 별도의 사기죄가 성립한다[대판 2011.4.28. 2010도15350]. [♠13 사시]

判例 상대방에 대한 금원의 교부 자체가 횡령행위인 경우 그 상대방의 장물취득죄 성립여부(성립)

乙이 회사 자금으로 甲에게 주식매각 대금조로 금원을 지급한 경우, 그 금원은 단순히 횡령행위에 제공된 물건이 아니라 횡령행위에 의하여 영득된 장물에 해당한다고 할 것이고, 나아가 설령 乙이 甲에게 금원을 교부한 행위 자체가 횡령행위라고 하더라도 이러한 경우 乙의 업무상횡령죄가 기수에 달하는 것과 동시에 그 금원은 장물이 된다[대판 2004.12.9. 2004도5904]. [♠10 사시]

환전통화의 장물성 인정여부

쟁점연구

1. 학 설
가치의 동일성을 물건의 동일성으로 취급하는 것은 장물의 성립범위를 지나치게 확대할 수 있으므로 환전통화 또는 수표의 현금화의 경우 장물성을 인정할 수 없다고 보는 견해이다.

2. 판 례
환전통화 및 수표를 현금화한 경우 장물성을 인정한다.

3. 검 토 (판례 지지)
금전과 수표의 영득은 물체의 영득보다는 가치취득이라는 성질이 강하고 금전을 교환한 경우에도 가치총액의 동일성이 유지되므로 환전통화의 장물성을 인정하는 판례가 타당하다.

判例 장물성이 인정되는 경우

1. **(장물인 현금 또는 자기앞수표를 환전한 금전)** 장물이라 함은 재산범죄로 인하여 취득한 물건 그 자체를 말하고, 그 장물의 처분 대가는 장물성을 상실하는 것이지만, 금전은 고도의 대체성을 가지고 있어 다른 종류의 통화와 쉽게 교환할 수 있고, 그 금전 자체는 별다른 의미가 없고 금액에 의하여 표시되는 금전적 가치가 거래상 의미를 가지고 유통되고 있는 점에 비추어 볼 때, 장물인 현금을 금융기관에 예금의 형태로 보관하였다가 이를 반환받기 위하여 동일한 액수의 현금을 인출한 경우에 예금계약의 성질상 인출된 현금은 당초의 현금과 물리적인 동일성은 상실되었지만 액수에 의하여 표시되는 금전적 가치에는 아무런 변동이 없으므로 장물로서의 성질은 그대로 유지된다고 봄이 상당하고, 자기앞수표도 그 액면금을 즉시 지급받을 수 있는 등 현금에 대신하는 기능을 가지고 거래상 현금과 동일하게 취급되고 있는 점에서 금전의 경우와 동일하게 보아야 한다[대판 2004.3.12. 2004도134; 동지 대판 2000.3.10. 98도2579]. [♠ 02, 04, 05, 14 사시] [♣ 23 변시]
2. **(절취한 위조탑승권)** 甲이 발매할 권한 없이 발매기를 임의 조작함으로써 리프트탑승권을 부정발급한 행위는 유가증권인 리프트탑승권을 위조하는 행위와 발매기로부터 위조되어 나오는 리프트탑승권을 절취하는 행위가 결합된 것이고, 나아가 그와 같이 위조된 리프트탑승권을 판매하는 행위는 일면으로는 위조된 리프트탑승권을 행사하는 행위임과 동시에 절취한 장물인 위조 리프트탑승권의 처분행위에 해당한다 할 것이다. 따라서 이 사건에서 甲이 위 위조된 리프트탑승권을 위와 같은 방법으로 취득하였다는 정을 乙이 알면서 이를 甲으로부터 매수하였다면 그러한 乙의 행위는 위조된 유가증권인 리프트탑승권에 대한 장물취득죄를 구성한다고 할 것이다[대판 1998.11.24. 98도2967].

判例 장물성이 부정되는 경우

1. **(전화가입권)** 전화가입권의 실체는 가입권자가 전화관서로부터 전화역무를 제공받을 하나의 채권적 권리이며 이는 하나의 재산상의 이익은 될지언정 장물의 범주에는 속하지 아니한다[대판 1971.2.23. 70도2589]. [♠ 03 사시]

2-1. **(장물을 팔아서 얻은 돈)** 장물이란 재산죄로 인하여 얻어진 재물(관리할 수 있는 동력도 포함된다)을 말하는 것으로서 영득된 재물 자체를 두고 말한다. 따라서 장물을 팔아서 얻은 돈에는 이미 장물성을 찾아 볼 수 없다 하겠다[대판 1972.6.13. 72도971]. [♠ 15 사시]

2-2. **(장물을 전당잡힌 전당표)** 장물을 전당잡힌 전당표는 그것이 장물 그 자체라고 볼 수 없음은 물론 동일성 있는 변형된 물건이라고 볼 수도 없는 것이다[대판 1973.3.13. 73도58].

3. **(임산물단속에 관한 법률위반죄에 의하여 생긴 임산물)** 장물이라 함은 절도 · 강도 · 사기 · 공갈 · 횡령 등 재산죄인 범죄행위에 의하여 영득된 물건을 말하는 것이므로 산림법 제93조 소정의 절취한 임산물이 아니고 임산물단속에 관한 법률위반죄에 의하여 생긴 임산물은 재산범죄적 행위에 의한 것이 아니기 때문에 장물이 될 수 없다[대판 1975.9.23. 74도1804].

4-1. **(명의수탁자가 임의로 처분한 부동산)** 신탁행위에 있어서는 수탁자가 외부관계에 대하여 소유자로 간주되므로 부동산을 취득한 제3자는 수탁자가 신탁자의 승낙 없이 매각하는 정을 알고 있는 여부에 불구하고 장물취득죄가 성립되지 아니한다[대판 1979.11.27. 79도2410]. [♣ 14 변시]

4-2. **(매도인이 이중매매한 부동산)** 장물이라 함은 재산권상의 침해를 가져올 위법행위로 인하여 영득한 물건으로서 피해자가 반환청구권을 가지는 것을 말하고, 본 건 대지에 관하여 매수인 "甲"에게 소유권 이전등기를 하여 줄 임무가 있는 소유자가 그 임무에 위반하여 이를 "乙"에게 매도하고 소유권이전등기를 경유하여 준 경우에는, 위 부동산소유자가 배임행위로 인하여 영득한 것은 재산상의 이익이고 위 배임죄 범죄에 제공된 대지는 범죄로 인하여 영득한 것 자체는 아니므로 그 취득자 또는 전득자에게 대하여 배임죄의 가공 여부를 논함은 별문제로 하고 장물취득죄로 처단할 수 없다[대판 1975.12.9. 74도2804].

5. [1] 장물에 관한 죄에 있어서의 '장물'이라 함은 재산범죄로 인하여 취득한 물건 그 자체를 말하므로, 재산범죄를 저지른 이후에 별도의 재산범죄의 구성요건에 해당하는 사후행위가 있었다면 비록 그 행위가 불가벌적 사후행위로서 처벌의 대상이 되지 않는다 할지라도 그 사후행위로 인하여 취득한 물건은 재산범죄로 인하여 취득한 물건으로서 장물이 될 수 있다. [♣ 20 변시]
[2] 컴퓨터등사용사기죄의 범행으로 예금채권을 취득한 다음 자기의 현금카드를 사용하여 현금자동지급기에서 현금을 인출한 경우, 현금카드 사용권한 있는 자의 정당한 사용에 의한 것으로서 현금자동지급기 관리자의 의사에 반하거나 기망행위 및 그에 따른 처분행위도 없었으므로, 별도로 절도죄나 사기죄의 구성요건에 해당하지 않는다 할 것이고, 그 결과 그 인출된 현금은 재산범죄에 의하여 취득한 재물이 아니므로 장물이 될 수 없다. [♣ 18 변시]
[3] 장물인 현금 또는 수표를 금융기관에 예금의 형태로 보관하였다가 이를 반환받기 위하여 동일한 액수의 현금 또는 수표를 인출한 경우에 예금계약의 성질상 그 인출된 현금 또는 수표는 당초의 현금 또는 수표와 물리적인 동일성은 상실되었지만 액수에 의하여 표시되는 금전적 가치에는 아무런 변동이 없으므로, 장물로서의 성질은 그대로 유지된다. [♠ 11 사시]
[4] 甲이 권한 없이 인터넷뱅킹으로 타인의 예금계좌에서 자신의 예금계좌로 돈을 이체한 후 그 중 일부를 인출하여 그 정을 아는 乙에게 교부한 경우, 甲이 컴퓨터등사용사기죄에 의하여 취득한 예금채권은 재물이 아니라 재산상 이익이므로, 그가 자신의 예금계좌에서 돈을 인출하였더라도 장물을 금융기관에 예치하였다가 인출한 것으로 볼 수 없다는 이유로 乙의 장물취득죄의 성립을 부정한 사례[대판 2004.4.16. 2004도353]. [♠ 05, 07, 08, 11 사시] [♣ 14, 16, 20 변시]

③ **행 위** : 장물을 취득 · 양도 · 운반 · 보관 또는 이러한 행위를 알선하는 것이다.

㉮ **취 득** : 장물에 대한 점유를 이전받음으로써 사실상의 처분권을 획득하는 것을 말한다. ⅰ) 점유의 이전은 있으나 처분권을 얻지 못하는 보관과 구별된다. 처분권의 획득여부는 거래의 성질에 따라 결정된다(예 매입, 수증 – 취득 / 사용대차, 임대차, 임치 – 보관). ⅱ) 취득의 방법은 불문한다. ⅲ) 점유이전을 받았을 때 기수가 된다. ⅳ) 장물이라는 것에 대한 인식이 있어야 하며 그 기준은 인도시이다.

判例 장물취득죄의 취득의 의미(점유이전 + 처분권 획득)와 취득에 해당하지 않는 경우

장물취득죄에서 '취득'이라고 함은 점유를 이전받음으로써 그 장물에 대하여 사실상의 처분권을 획득하는 것을 의미하는 것이므로, 단순히 보수를 받고 본범을 위하여 장물을 일시 사용하거나 그와 같이 사용할 목적으로 장물을 건네받은 것만으로는 장물을 취득한 것으로 볼 수 없다[대판 2003.5.13. 2003도1366].
[♠ 04, 05 사시] [♣ 12 변시]

判例 장물취득죄가 성립하지 않는 경우(매우 중요)

[1] 사기죄의 객체는 타인이 점유하는 '타인의' 재물 또는 재산상의 이익이므로, 피해자와의 관계에서 살펴보아 그것이 피해자 소유의 재물인지 아니면 피해자가 보유하는 재산상의 이익인지에 따라 '재물'이 객체인지 아니면 '재산상의 이익'이 객체인지 구별하여야 하는 것으로서, 이 사건과 같이 피해자가 본범의 기망행위에 속아 현금을 피고인 명의의 은행 예금계좌로 송금하였다면, 이는 재물에 해당하는 현금을 교부하는 방법이 예금계좌로 송금하는 형식으로 이루어진 것에 불과하여, 피해자의 은행에 대한 예금채권은 당초 발생하지 않는다.
[2] 장물취득죄에서 '취득'이라 함은 장물의 점유를 이전받음으로써 그 장물에 대하여 사실상 처분권을 획득하는 것을 의미하는데, 이 사건의 경우 본범의 사기행위는 피고인이 예금계좌를 개설하여 본범에게 양도한 방조행위가 가공되어 본범에게 편취금이 귀속되는 과정 없이 피고인이 피해자로부터 피고인의 예금계좌로 돈을 송금받아 취득함으로써 종료되는 것이고, 그 후 피고인이 자신의 예금계좌에서 위 돈을 인출하였다 하더라도 이는 예금명의자로서 은행에 예금반환을 청구한 결과일 뿐 본범으로부터 위 돈에 대한 점유를 이전받아 사실상 처분권을 획득한 것은 아니므로, 피고인의 위와 같은 인출행위를 장물취득죄로 벌할 수는 없다.
[3] 사기 범행에 이용되리라는 사정을 알고서도 자신의 명의로 새마을금고 예금계좌를 개설하여 甲에게 이를 양도함으로써 甲이 乙을 속여 乙로 하여금 1,000만 원을 위 계좌로 송금하게 한 사기 범행을 방조한 피고인이 위 계좌로 송금된 돈 중 140만 원을 인출하여 甲이 편취한 장물을 취득하였다는 공소사실에 대하여, 甲이 사기 범행으로 취득한 것은 재산상 이익이어서 장물에 해당하지 않는다는 원심판단은 적절하지 아니하지만, 피고인의 위와 같은 인출행위를 장물취득죄로 벌할 수는 없으므로, 위 '장물취득' 부분을 무죄로 선고한 원심의 결론을 정당하다고 한 사례[대판 2010.12.9. 2010도6256].
[♠ 12, 14 사시] [♣ 12, 14, 15, 21 변시]

판례해설 위 사안은 장물취득죄가 성립하지 않는다는 결론도 중요하지만 그 논거를 정확히 알아야 한다. '장물'의 요건은 구비될 수 있으나 '취득'의 요건이 구비될 수 없다는 취지의 판례이다. 판례의 쟁점[3]을 정확히 이해하여 두기 바란다. 12년 변시에서는 '사기 범행의 피해자로부터 현금을 예금계좌로 송금받은 경우 사기죄의 객체는 재산상 이익이 아니라 재물이다.'라는 지문이 옳은 지문으로 출제된 바 있다.

判例 장물취득죄의 성립여부

1-0. **(계약시에는 장물인 정을 몰랐으나 인도시에 정을 안 경우 : 성립)** 장물취득죄는 매수인이 매매계약 체결시에는 장물의 정을 몰랐다 할지라도 그 후 그 정을 알고 인도를 받은 경우에도 성립된다[대판 1960.2.17. 4292형상496].

1-1. **(취득 당시 장물인 줄을 몰랐던 경우 : 불성립)** 장물취득죄는 취득 당시 장물인 줄을 알면서 이를 취득하여야 성립하는 것이므로 피고인이 위 자전거의 인도를 받은 후에 비로소 장물이 아닌가 하는 의구심을 가졌다고 해서 그 자전거의 수수행위가 장물취득죄를 구성한다고는 할 수 없다[대판 1971.4.20. 71도468].

㉯ 양 도 : 장물인 정을 알지 못하고 취득한 후에 그 정을 알면서 제3자에게 수여하는 것을 말한다. 양수인이 장물인 정을 알고 있었는가는 불문하며, 현실적인 점유이전이 있을 때 기수가 된다.

判例 장물양도죄가 성립하는 경우

[1] 장물인 수입자동차를 신규등록하였다고 하여 그 최초 등록명의인이 해당 수입자동차를 원시취득하게 된다거나 그 장물양도행위가 범죄가 되지 않는다고 볼 수는 없다.
[2] 피고인이 도난차량인 미등록 수입자동차를 취득하여 신규등록을 마친 후 위 자동차가 장물일지도 모른다고 생각하면서 이를 양도한 경우, 피고인의 선의취득 주장은 인정될 수 없으므로 장물양도죄가 성립한다[대판 2011.5.13. 2009도3552]. [♠ 14 사시]

㉰ 운 반 : 장물의 소재를 장소적으로 이전하는 것을 말한다.

判例 장물운반죄의 성립여부에 관한 비교판례

1-0. **(절취한 차량을 운전해 준 경우 : 장물운반죄 성립)** 본범자와 공동하여 장물을 운반한 경우에 본범자는 장물죄에 해당하지 않으나 그 외의 자의 행위는 장물운반죄를 구성하므로, 피고인이 본범이 절취한 차량이라는 정을 알면서도 본범 등으로부터 그들이 위 차량을 이용하여 강도를 하려 함에 있어 차량을 운전해 달라는 부탁을 받고 위 차량을 운전해 준 경우, 피고인은 강도예비와 아울러 장물운반의 고의를 가지고 위와 같은 행위를 하였다고 봄이 상당하다[대판 1999.3.26. 98도3030].
[♠ 01, 03, 04, 05 사시]

1-1. **(절취한 차량에 편승한 경우 : 장물운반죄 불성립)** 타인이 절취, 운전하는 승용차의 뒷좌석에 편승한 것을 가리켜 장물운반행위의 실행을 분담하였다고는 할 수 없다[대판 1983.9.13. 83도1146]. [♠ 05 사시]

㉣ 보 관 : 위탁을 받고 장물을 자기의 점유하에 두는 것을 말한다.

判例 장물보관죄의 성립여부에 관한 비교판례

1-0. **(성립하는 경우 : 모르고 보관 중 알고도 계속 보관한 경우)** 장물인 정을 모르고 보관하던 중 장물인 정을 알게 되었고, 위 장물을 반환하는 것이 불가능하지 않음에도 불구하고 계속 보관함으로써 피해자의 정당한 반환청구권행사를 어렵게 하여 위법한 재산상태를 유지시킨 경우에는 장물보관죄에 해당한다[대판 1987.10.13. 87도1633].

1-1. **(성립하지 않는 경우 : 모르고 보관 중 알고도 계속 보관하였으나 점유할 권한이 있었던 경우)** 장물인 정을 모르고 장물을 보관하였다가 그 후에 장물인 정을 알게 된 경우 그 정을 알고서도 이를 계속하여 보관하는 행위는 장물죄를 구성하는 것이나 이 경우에도 점유할 권한이 있는 때에는 이를 계속하여 보관하더라도 장물보관죄가 성립하지 않는다[대판 1986.1.21. 85도2472]. [♠ 02, 03, 08, 11, 14 사시]

동지판례 전당포영업자가 보석들을 전당잡으면서 인도받을 당시 장물인 정을 몰랐다가 그 후 장물일지도 모른다고 의심하면서(의구심을 가지면서) 소유권포기각서를 받은 행위는 장물취득죄에 해당하지 않고, 또한 전당포영업자가 대여금채권의 담보로 보석들을 전당잡은 경우에는 이를 점유할 권한이 있는 때에 해당하여 장물보관죄 역시 성립하지 않는다고 본 사례[대판 2006.10.13. 2004도6084].

㉤ 알 선 : 장물의 취득 · 양도 · 운반 · 보관을 매개 · 주선하는 것을 말한다.

判例 장물알선죄(기수)의 성립시기[2)]

[1] 형법 제362조 제2항에 정한 장물알선죄에서 '알선'이란 장물을 취득 · 양도 · 운반 · 보관하려는 당사자 사이에 서서 이를 중개하거나 편의를 도모하는 것을 의미한다. 따라서 장물인 정을 알면서, 장물을 취득 · 양도 · 운반 · 보관하려는 당사자 사이에 서서 서로를 연결하여 장물의 취득 · 양도 · 운반 · 보관행위를 중개하거나 편의를 도모하였다면, 그 알선에 의하여 당사자 사이에 실제로 장물의 취득 · 양도 · 운반 · 보관에 관한 계약이 성립하지 아니하였거나 장물의 점유가 현실적으로 이전되지 아니한 경우라도 장물알선죄가 성립한다. [♠ 14 사시]
[2] 장물인 귀금속의 매도를 부탁받은 피고인이 그 귀금속이 장물임을 알면서도 매매를 중개하고 매수인에게 이를 전달하려다가 매수인을 만나기도 전에 체포되었다 하더라도, 위 귀금속의 매매를 중개함으로써 장물알선죄가 성립한다고 한 사례[대판 2009.4.23. 2009도1203]. [♠ 11 사시] [♣ 13, 17 변시]

(2) 주관적 구성요건

고의가 있어야 한다. 불법영득 의사의 요부에 대하여는 필요설, 불요설(다수설) 등의 견해가 대립되고 있다.

2) 장물알선죄의 기수시기에 대하여는 i) 알선행위시설, ii) 계약체결시설, iii) 장물의 점유이전시설의 학설 다툼이 있다.

判例 장물취득죄에 있어서 장물의 인식(확정적 인식 불요, 미필적 인식으로 충분)

장물취득죄에 있어서 장물의 인식은 확정적 인식임을 요하지 않으며 장물일지도 모른다는 의심을 가지는 정도의 미필적 인식으로서도 충분하다[대판 1995.1.20. 94도1968; 동지 대판 2006.10.13. 2004도6084]. [♠ 14 사시]

判例 장물죄의 고의의 내용

장물죄의 고의는 범인이 장물이라는 정을 알면 족하고 그 본범의 범행을 구체적으로 알아야 하는 것이 아니며 또 그 인식은 미필적 인식으로 족하다[대판 1969.1.21. 68도1474].

判例 장물취득죄의 고의의 존재시점(취득 당시)

장물취득죄는 취득 당시 장물인 정을 알면서 재물을 취득하여야 성립하는 것이므로 피고인이 재물을 인도받은 후에 비로소 장물이 아닌가 하는 의구심을 가졌다고 하여 그 재물수수행위가 장물취득죄를 구성한다고 할 수 없다[대판 2006.10.13. 2004도6084].

3. 죄수 및 타죄와의 관계

① 장물을 보관하다가 취득한 경우 장물취득죄만 성립한다.
② 장물을 운반한 후 보관한 경우 장물운반죄만 성립한다.
③ 장물을 취득한 후 양도 · 운반 · 보관한 경우 장물취득죄만 성립한다.

4. 친족상도례 [♠ 08 사시]

제365조(친족간의 범행) ① 전3조의 죄(장물죄, 상습장물죄, 업무상과실 · 중과실장물죄)를 범한 자와 피해자간에 제328조 제1항, 제2항의 신분관계가 있는 때에는 동조의 규정을 준용한다.
② 전3조의 죄를 범한 자와 본범간에 제328조 제1항의 신분관계가 있는 때에는 그 형을 감경 또는 면제한다. 단 신분관계가 없는 공범에 대하여는 예외로 한다. [♠ 14 사시] [♣ 23 변시]

(1) 장물범과 피해자 사이

제328조 제1항의 신분관계가 있을 때에는 형을 면제하고, 제328조 제2항의 신분관계가 있을 때에는 친고죄가 된다(제365조 제1항). 제365조 제1항은 장물죄의 재산범죄로서의 성격이 반영된 것이다.

(2) 장물범과 본범 사이

제328조 제1항의 신분관계가 있는 때에는 그 형을 감경 또는 면제한다(제365조 제2항). 그러나 제328조 제2항의 신분관계가 있을 때에는 친고죄에 해당하지 않는다. 제365조 제2항은 장물죄의 범인비호적 성격이 반영된 규정이다.

Ⅲ. 상습장물죄

제363조(상습범) ① 상습으로 전조의 죄를 범한 자는 1년 이상 10년 이하의 유기징역에 처한다.
② 제1항의 경우에는 10년 이하의 자격정지 또는 1천500만원 이하의 벌금을 병과할 수 있다.

Ⅳ. 업무상과실 · 중과실 장물죄

제364조(업무상 과실, 중과실) 업무상 과실 또는 중대한 과실로 인하여 제362조의 죄를 범한 자는 1년 이하의 금고 또는 500만원 이하의 벌금에 처한다.

判例 업무상과실장물죄가 성립하는 경우

1. 전자대리점을 경영하는 자가 그 취급물품의 판매회사 사원으로부터 그가 소개한 회사 보관창고의 물품반출 업무담당자가 그 창고에서 내어 주는 회사소유 물품을 반출하여 판매 후 그 대금을 달라는 부탁을 받고 이를 반출함에 있어서 그 대금도 확실히 정하지 않고 인수증의 발행 등 정당한 출고절차를 거치지 아니하였다면 전자대리점 경영자로서는 마땅히 그 회사관계자 등에게 위 물품이 정당하게 출고되는 것인지 여부를 확인하여야 할 업무상의 주의의무가 있다 할 것이고, 피고인이 이를 게을리 함으로써 위 물품을 반출하여 운반, 보관한 경우에는 업무상 과실장물운반, 보관의 책임을 면할 수 없다[대판 1987.6.9. 87도915].
2. 금은방을 운영하는 자가 귀금속류를 매수함에 있어 매도자의 신원확인절차를 거쳤다고 하여도 장물인지의 여부를 의심할 만한 특별한 사정이 있거나, 매수물품의 성질과 종류 및 매도자의 신원 등에 좀 더 세심한 주의를 기울였다면 그 물건이 장물임을 알 수 있었음에도 불구하고 이를 게을리하여 장물인 정을 모르고 매수하여 취득한 경우에는 업무상과실장물취득죄가 성립한다[대판 2003.4.25. 2003도348]. [♣18 변시]

判例 업무상과실장물죄가 성립하지 않는 경우(업무상과실이 부정되는 경우)

1. 영업용 택시운전사에게 승객의 소지품의 내용 및 내력 등에 관하여 이를 물어보고 조사할 권한이나 의무가 없으므로 택시운전사가 승객의 물건의 출처와 장물 여부를 따지고 신분에 적합한 소지인 인가를 알아보는 등의 주의를 하지 않고 승객의 물건을 운반하였다 하여도 업무상 과실장물운반죄가 성립하지 않는다[대판 1983.6.28. 83도1144].

2. 전당포영업자인 피고인이 전당의뢰자로부터 목적물을 전당잡으면서 전당포영업법 제15조 소정의 확인방법에 따라 의뢰자의 주민등록증을 제시받아 그의 주소, 성명, 직업, 연령 등 인적사항을 확인하고 전당물대장에 전당물과 전당물주의 특징 등을 기재하는 한편 그의 전화번호까지 적어 두었다면 전당업무처리상의 주의의무를 다한 것으로 보아야 할 것이고 더 나아가 전당물의 구입경위나 출처, 전당의 동기까지 확인해야 할 주의의무는 없다[대판 1984.9.25. 84도1488].

   동지판례 전당포 경영자가 전당물을 입질받음에 있어 입질물품이 실제로 상대방의 소유인지의 여부 또는 전당물의 출처, 전당잡히려는 동기 등을 확인하여야 할 주의의무까지는 없다[대판 1987.2.24. 86도2077].

   비교판례 전당포주가 물품을 전당잡고자 할 때는 전당물주의 주소, 성명, 직업, 연령과 그 물품의 출처, 특징 및 전당잡히려는 동기, 그 신분에 상응한 소지인지의 여부 등을 알아 보아야 할 업무상의 주의의무가 있다 할 것이고 이를 게을리 하여 장물인 정을 모르고 전당잡은 경우에는 비록 주민등록증을 확인하였다 하여도 그 사실만으로는 업무상과실장물취득의 죄책을 면할 수 없다[대판 1985.2.26. 84도2732].[3)]

3. 우표상이 우표 매입시 매도인의 신상을 파악하기 위하여 주민등록증의 제시를 요구하여 이름, 주소, 주민등록번호를 확인한 후 이를 자신의 탁상일지에 기재하였으며, 매입가격도 우체국으로부터 매입하던 가격으로 매입하였다면, 우표상으로서 업무상 요구되는 장물인 여부의 확인에 관한 주의의무를 게을리 하였다고 볼 수 없다[대판 1986.6.24. 86도396].

4. 절도범이 장물을 전당하면서 전당포주에게 위조한 주민등록증을 제시하고 전당포주의 질문에 대하여 전당물의 취득경위나 전당이유 등을 그럴싸하게 꾸며서 진술하여 전당포주가 육안으로는 위조여부를 쉽게 식별할 수 없는 위 주민등록증과 절도범의 말이 진실한 것으로 믿고 전당물대장에 소정 양식대로 기재한 후 통상의 경우와 같이 그 가격에 상응한 한도 내에서 위 절도범이 요구하는 금원을 대출하였다면 전당포주로서는 장물인 여부의 확인에 관하여 의무상 요구되는 주의의무를 다하였다고 볼 것이다[대판 1983.9.27. 83도1857].

---

3) 비교판례는 전당포주가 미성년자로부터 금반지 3개를 단기간에 순차 전당잡은 사건으로서 장물일 가능성이 상당히 높았던 경우여서 고도의 주의의무가 인정되었던 것이다.

제9절 손괴의 죄

출 제 point ➔ 이론이나 판례 모두 어렵지 않은 부분이다. 손괴죄의 인정여부에 관한 판례를 알아두면 족하다.

Ⅰ. 총 설

1. 의 의

손괴의 죄란 타인의 재물, 문서 또는 전자기록 등 특수매체기록을 손괴 또는 은닉 기타 방법으로 그 효용을 해하는 것을 내용으로 하는 범죄이다.

2. 보호법익

재물손괴죄는 소유권의 이용가치를, 공익건조물파괴죄는 공익건조물의 이용에 대한 공공의 이익을, 경계침범죄는 토지경계의 명확성을 보호법익으로 한다. 보호의 정도는 침해범이다.

Ⅱ. 재물손괴죄

제366조(재물손괴 등) 타인의 재물, 문서 또는 전자기록 등 특수매체기록을 손괴 또는 은닉 기타 방법으로 그 효용을 해한 자는 3년 이하의 징역 또는 700만원 이하의 벌금에 처한다.
제371조(미수범) 미수범은 처벌한다.

1. 의 의

① 타인의 재물, 문서 또는 전자기록 등 특수매체기록을 손괴 또는 은닉 기타 방법으로 그 효용을 해함으로써 성립하는 범죄이다.

② 훼기죄(손괴죄)이므로 불법영득의사를 요하지 아니한다.

2. 구성요건

(1) 객관적 구성요건

① 객 체 : 타인의 재물, 문서 또는 전자기록 등 특수매체기록이다.

㉮ 재 물 : ⅰ) 관리할 수 있는 동력도 포함된다(제372조). ⅱ) 경제적 가치 내지 교환가치를 가질 것을 요하지 않는다.

判例 재물손괴죄의 객체가 될 수 있는 경우

1. 재건축사업으로 철거가 예정되어 있었고 그 입주자들이 모두 이사하여 아무도 거주하지 않은 채 비어 있는 아파트라 하더라도, 그 아파트 자체의 객관적 성상이 본래 사용목적인 주거용으로 사용될 수 없는 상태가 아니었고, 더욱이 그 소유자들이 재건축조합으로의 신탁등기 및 인도를 거부하는 방법으로 계속 그 소유권을 행사하고 있는 상황이었다면 위와 같은 사정만으로는 위 아파트가 재물로서의 이용가치나 효용이 없는 물건으로 되었다고 할 수 없으므로, 위 아파트는 재물손괴죄의 객체가 된다고 할 것이다[대판 2010.2.25. 2009도8473]. [♠ 11 사시]
2. 포도주 원액이 부패하여 포도주 원료로서의 효용가치는 상실되었으나, 그 산도가 1.8도 내지 6.2도에 이르고 있어 식초의 제조 등 다른 용도에 사용할 수 있는 경우에는 재물손괴죄의 객체가 될 수 있다[대판 1979.7.24. 78도2138].

㈏ **문 서** : i) 공용서류(제141조 제1항)에 해당하지 않는 모든 서류를 말한다. ii) 편지는 물론 도화 · 유가증권도 포함된다.

判例 손괴죄의 객체인 문서의 의의와 손괴죄의 객체성이 인정되지 않는 경우

손괴죄의 객체인 문서란 거기에 표시된 내용이 적어도 법률상 또는 사회생활상 중요한 사항에 관한 것이어야 하는바, 이미 작성되어 있던 장부의 기재를 새로운 장부로 이기하는 과정에서 누계 등을 잘못 기재하다가 그 부분을 찢어버리고 계속하여 종전장부의 기재내용을 모두 이기하였다면 그 당시 새로운 경리장부는 아직 작성 중에 있어서 손괴죄의 객체가 되는 문서로서의 경리장부가 아니라 할 것이고, 또 그 찢어버린 부분이 진실된 증빙내용을 기재한 것이었다는 등의 특별한 사정이 없는 한 그 이기과정에서 잘못 기재되어 찢어버린 부분 그 자체가 손괴죄의 객체가 되는 재산적 이용가치 내지 효용이 있는 재물이라고도 볼 수 없다[대판 1989.10.24. 88도1296].

判例 손괴죄의 객체인 문서에 해당하는 경우

이건 계산서에 작성명의인의 표시가 없고 그 내용에 있어 표시가 부분적으로 생략되어 몇 개의 계산수식만 기재되어 있기는 하나 계산서의 내용, 형식, 필적 등을 종합하면 그 작성명의인을 쉽게 알 수 있을 뿐 아니라 동 계산서에 기재되어 있는 계산수식만으로서도 그 내용을 객관적으로 이해하기 충분하다면, 위 계산서는 그 작성명의인의 확정적인 의사가 표시된 것이 분명하여 문서에 해당된다[대판 1985.10.22. 85도1677].

㉰ **재물 등의 타인성** : i) 재물 등은 타인소유에 속해야 한다. 자기소유물에 대하여는 권리행사방해죄(제323조) 또는 공무상 보관물무효죄(제142조)가 성립할 수 있을 뿐이다. ii) 타인소유이면 자기점유 · 타인점유를 불문한다. iii) 문서의 경우 타인소유이면 자기명의 · 타인명의를 불문한다.

判例 재물 또는 문서가 타인의 소유여서 손괴죄가 성립하는 경우

1. **(피고인 소유의 토지에 타인이 경작한 농작물)** 피고인이 매수한 토지에 타인이 권한 없이 농작물을 경작한 경우라 하더라도 그 농작물의 소유권은 경작자에게 귀속되므로 경작한 콩을 뽑아버린 행위에 대하여 재물손괴의 죄책을 면할 수 없다[대판 1970.3.10. 70도82].
2. **(자기명의 · 타인소유의 영수증)** 확인서가 소유자의 의사에 반하여 손괴된 것이라면 그 확인서가 피고인 명의로 작성된 것이고 또 그것이 진실에 반하는 허위내용을 기재한 것이라 하더라도 피고인은 문서손괴의 죄책을 면할 수 없다[대판 1982.12.28. 82도1807].

   동지판례 비록 자기명의의 문서라 할지라도 이미 타인(타기관)에 접수되어 있는 문서에 대하여 함부로 이를 무효화시켜 그 용도에 사용하지 못하게 하였다면 형법상의 문서손괴죄를 구성한다[대판 1987.4.14. 87도177].

   동지판례 피고인은 피해자로부터 전세금 2,000,000원을 받고 영수증(문서제목은 계약서라고 되어 있다)을 작성 교부한 뒤에 피해자에게 위 전세금을 반환하겠다고 말하여 피해자로부터 위 영수증을 교부받고 나서 전세금을 반환하기도 전에 이를 찢어버린 경우, 문서손괴죄의 객체는 타인소유의 문서이며 피고인 자신의 점유하에 있는 문서라 할지라도 타인소유인 이상 이를 손괴하는 행위는 문서손괴죄에 해당한다[대판 1984.12.26. 84도2290]. [♠ 14 사시]
3. **(자기명의 · 타인소유의 유가증권)** 약속어음의 수취인이 차용금의 지급담보를 위하여 은행에 보관시킨 약속어음을 은행지점장이 발행인의 부탁을 받고 그 지급기일란의 일자를 지움으로써 그 효용을 해한 경우에는 문서손괴죄가 성립한다[대판 1982.7.27. 82도223].

   동지판례 약속어음의 발행인이 소지인에게 어음의 액면과 지급기일을 개서하여 주겠다고 하여 위 어음을 교부받은 후 위 어음의 수취인란에 타인의 이름을 추가로 기입하여 위 어음배서의 연속성을 상실하게 함으로써 그 효용을 해한 경우에는 문서손괴죄에 해당한다[대판 1985.2.26. 84도2802].

判例 재개발구역 안의 무허가 건물의 소유권의 귀속

구 도시재개발법(2002.12.30. 법률 제6852호로 폐지)에 의한 재개발구역 안의 무허가 건물에 대한 사실상 소유권은 관리처분계획의 인가 · 고시에 의하여 이에 해당하는 아파트 등을 분양받을 조합원의 지위로 잠정적으로 바뀌고, 분양처분의 고시가 있는 경우에는 같은법 제39조 제1항 전문의 규정에 의하여 그에 대한 사실상 소유권이 소멸하고 분양받은 아파트에 대한 소유권만이 남게 되는 것이므로, 관리처분계획의 인가 · 고시 이후 분양처분의 고시 이전에 재개발구역 안의 무허가 건물을 제3자가 임의로 손괴할 경우 특별한 사정이 없는 한 재물손괴죄가 성립한다[대판 2004.5.28. 2004도434].

② **행 위** : 손괴·은닉 기타 방법으로 그 효용을 해하는 것이다.

㉮ **손 괴** : i) 물체 자체가 반드시 소멸될 것을 요하지 아니하며, 그 재물의 원래의 용도에 사용할 수 없게 하는 것이면 충분하다(예 기계의 분해). ii) 재물의 원래의 용도에 사용할 수 없게 하는 것도 반드시 영구적임을 요하지 않고 일시적이라도 충분하다(예 문서에 첩부된 인지를 떼어내는 것). iii) 손괴라고 하기 위하여 반드시 중요부분을 훼손할 필요도 없다(예 자동차 타이어에서 바람을 빼버리는 것도 손괴에 해당). iv) 특수매체기록의 손괴란 기록 그 자체의 소거·변경 이외에 기록매체물의 파손도 포함한다. v) 물체 자체의 효용을 해함이 없이 단순히 재물의 기능을 방해한 것은 손괴가 아니다(예 TV를 못보게 하기 위한 전파방해).

判例 문서손괴죄에서 효용을 해한다는 의미

문서손괴죄는 타인 소유의 문서를 손괴 또는 은닉 기타 방법으로 효용을 해함으로써 성립하고, 문서의 효용을 해한다는 것은 문서를 본래의 사용목적에 제공할 수 없게 하는 상태로 만드는 것은 물론 일시적으로 그것을 이용할 수 없는 상태로 만드는 것도 포함한다. 따라서 소유자의 의사에 따라 어느 장소에 게시 중인 문서를 소유자의 의사에 반하여 떼어내는 것과 같이 소유자의 의사에 따라 형성된 종래의 이용상태를 변경시켜 종래의 상태에 따른 이용을 일시적으로 불가능하게 하는 경우에도 문서손괴죄가 성립할 수 있다. 그러나 문서손괴죄는 문서의 소유자가 문서를 소유하면서 사용하는 것을 보호하려는 것이므로, 어느 문서에 대한 종래의 사용상태가 문서 소유자의 의사에 반하여 또는 문서 소유자의 의사와 무관하게 이루어진 경우에 단순히 종래의 사용상태를 제거하거나 변경시키는 것에 불과하고 손괴, 은닉하는 등으로 새로이 문서 소유자의 문서 사용에 지장을 초래하지 않는 경우에는 문서의 효용, 즉 문서 소유자의 문서에 대한 사용가치를 일시적으로도 해하였다고 할 수 없어서 문서손괴죄가 성립하지 아니한다[대판 2015.11.27. 2014도13083].

判例 재물손괴죄가 성립하는 경우(재물의 효용을 해한 경우)

1. 재물손괴죄에서 손괴 또는 은닉 기타 방법으로 그 효용을 해하는 경우에는 물질적인 파괴행위로 물건 등을 본래의 목적에 사용할 수 없는 상태로 만드는 경우뿐만 아니라 일시적으로 물건 등의 구체적 역할을 할 수 없는 상태로 만들어 효용을 떨어뜨리는 경우도 포함된다. 따라서 자동문을 자동으로 작동하지 않고 수동으로만 개폐가 가능하게 하여 자동잠금장치로서 역할을 할 수 없도록 한 경우에도 재물손괴죄가 성립한다[대판 2016.11.25. 2016도9219].

1-1. 우물에 연결하고 땅 속에 묻어서 수도관적 역할을 하고 있는 고무호스 중 약 1.5m를 발굴하여 우물가에 제쳐 놓음으로써 물이 통하지 못하게 한 행위는 그 고무호스의 구체적인 효용을 해한 것이라 볼 수 있다[대판 1971.1.26. 70도2378].

1-2. 갑이 홍보를 위해 광고판(홍보용 배너와 거치대)을 1층 로비에 설치해 두었는데, 피고인이 을에게 지시하여 을이 위 광고판을 그 장소에서 제거하여 컨테이너로 된 창고로 옮겨 놓아 갑이 사용할 수 없도록 한 경우, 비록 물질적인 형태의 변경이나 멸실, 감손을 초래하지 않은 채 그대로 옮겼더라도 위 광고판은 본래적 역할을 할 수 없는 상태로 되었으므로 피고인의 행위는 재물손괴죄에서의 재물의 효용을 해하는 행위에 해당한다[대판 2018.7.24. 2017도18807].

2. 회사의 경리사무 처리상 필요불가결한 매출계산서 · 매출명세서 등의 반환을 거부함으로써 그 문서들을 일시적으로 그와 같은 용도에 사용할 수 없게 하는 것도 그 문서의 효용을 해한 경우에 해당하며 피고인의 위 문서점유의 개시가 침탈이 아니고 그 문서의 소재도 피해자가 잘 알고 있다 운운의 주장만으로서 원판결을 비난하는 논지는 이유 없다[대판 1971.11.23. 71도1576].

3. 재물손괴죄에 있어서 손괴라 함은 물질적인 파괴행위로 인하여 물건의 본래의 목적에 공할 수 없는 상태로 만드는 경우뿐만 아니라 일시 그 물건이 구체적 역할을 할 수 없는 상태로 만드는 경우도 해당하므로 판결에 의하여 명도받은 토지의 경계에 설치해 놓은 철조망과 경고판을 치워 버림으로써 울타리로서의 역할을 해한 때에는 재물손괴죄가 성립한다[대판 1982.7.13. 80도1057].

4. 피고인이 다른 사람 소유의 광고용 간판을 백색 페인트로 도색하여 광고문안을 지워버린 행위는 재물손괴죄를 구성한다[대판 1991.10.22. 91도2090].

5. 피고인이 평소 자신이 굴삭기를 주차하던 장소에 갑의 차량이 주차되어 있는 것을 발견하고 갑의 차량 앞에 철근콘크리트 구조물을, 뒤에 굴삭기 크러셔를 바짝 붙여 놓아 갑이 17~18시간 동안 차량을 운행할 수 없게 된 사안에서, 차량 앞뒤에 쉽게 제거하기 어려운 구조물 등을 붙여 놓은 행위는 차량에 대한 유형력 행사로 보기에 충분하고, 차량 자체에 물리적 훼손이나 기능적 효용의 멸실 내지 감소가 발생하지 않았더라도 갑이 위 구조물로 인해 차량을 운행할 수 없게 됨으로써 일시적으로 본래의 사용목적에 이용할 수 없게 된 이상 차량 본래의 효용을 해한 경우라고 한 사례[대판 2021.5.7. 2019도13764].

㉯ 은 닉 : 재물 등의 소재를 불명하게 하여 그 발견을 곤란 · 불가능하게 함으로써 그 효용을 해하는 것을 말한다.

判例 문서 또는 재물의 은닉죄에 해당하지 않는 경우

1. 피고인이 피해자를 좀 더 호젓한 곳으로 데리고 가기 위하여 피해자의 가방을 빼앗고 따라오라고 하였는데 피해자가 따라오지 아니하고 그냥 돌아갔기 때문에 위 가방을 돌려주기 위하여 부근 일대를 돌아다니면서 피해자를 찾아 나선 것을 가리켜 재물을 은닉하거나 그 효용을 해한 경우에 해당한다고 할 수는 없다[대판 1992.7.28. 92도1345].

2. 피고인이 자기가 속하고 있는 종중 소유라고 믿고 있는 임야에 대한 소외인 명의의 등기권리증을 그 소지인이 제시하자 이를 가지고 가서 위 종중이 원고가 되어 그 말소등기를 구하는 민사사건에 증거로 제출한 행위는 문서은닉죄에 해당되지 아니한다[대판 1979.8.28. 79도1266].

㉰ **기타 방법** : 손괴 · 은닉 이외의 방법으로 재물 등의 이용가치나 효용을 해하는 일체의 행위를 말한다. 따라서 사실상 · 감정상 그 물건을 본래의 용도에 사용할 수 없게 하는 일체의 행위를 포함한다(예 식기에 방뇨하는 것, 그림에 '입춘불길', '낙방확실'이라고 낙서하는 것, 앵무새에게 욕설을 가르치는 것 등).

判例 기타 방법에 의하여 재물의 효용을 해하는 경우

형법 제366조의 기타방법으로 재물의 효용을 해한다고 함은 사실상으로나 감정상으로 그 재물을 본래의 사용목적에 제공할 수 없는 상태로 만드는 것을 말하며, 일시적으로 그 재물을 이용할 수 없는 상태로 만드는 것도 포함된다. 건조물의 외부에 그림을 그리는 행위 등이 그 건조물의 효용을 해하는 것에 해당하는지 여부는, 건조물의 용도와 기능, 그 행위가 건조물에 미치는 영향과 미관을 해치는 정도, 건조물 이용자들이 느끼는 불쾌감이나 저항감, 원상회복의 난이도와 비용, 그 행위의 목적과 시간적 계속성, 행위 당시의 상황 등 제반 사정을 종합하여 사회통념에 따라 판단하여야 한다.

판결이유 피해자가 철제 담장을 공사장 소음을 막는 것뿐만 아니라 미관상 목적으로 설치하였고, 피고인은 피해자의 허락없이 검은색이나 빨간색 스프레이 페인트를 이용하여 그림을 그린 점, 원상회복 과정에서 어느 정도의 비용을 지출한 점 등을 종합하면 폭력행위 등 처벌에 관한 법률 위반(공동재물손괴등)가 성립한다[대판 2017.12.13. 2017도10474].

判例 재물의 효용을 해하는 정도로 볼 수 없는 경우

갑 주식회사의 직원인 피고인들이 유색 페인트와 래커 스프레이를 이용하여 갑 회사 소유의 도로 바닥에 직접 문구를 기재하거나 도로 위에 놓인 현수막 천에 문구를 기재하여 페인트가 바닥으로 배어 나와 도로에 배게 하는 행위는 위 도로의 효용을 해하는 정도에 이른 것이라고 보기 어렵다[대판 2020.3.27. 2017도20455].

判例 재물손괴죄가 성립하지 않는 경우와 성립하는 경우가 모두 포함된 사례

해고노동자 등이 복직을 요구하는 집회를 개최하던 중 래커 스프레이를 이용하여 회사 건물 외벽과 1층 벽면 등에 낙서한 행위는 건물의 효용을 해한 것으로 볼 수 있으나, 이와 별도로 계란 30여 개를 건물에 투척한 행위는 건물의 효용을 해하는 정도의 것에 해당하지 않는다고 본 사례[대판 2007.6.28. 2007도2590].

③ **실행의 착수와 기수시기** : 착수시기는 효용침해행위를 직접적으로 개시한 때이며, 기수시기는 재물의 효용이 훼손되었을 때이다.

(2) 주관적 구성요건

고의가 있어야 한다. 그러나 불법영득의사는 필요 없다.

判例 손괴의 고의의 내용

재물손괴의 범의를 인정함에 있어서는 반드시 계획적인 손괴의 의도가 있거나 물건의 손괴를 적극적으로 희망하여야 하는 것은 아니고, 소유자의 의사에 반하여 재물의 효용을 상실케 하는 데 대한 인식이 있으면 된다[대판 1993.12.7. 93도2701].

判例 손괴의 고의가 인정되는 경우

피고인이 경락받은 농수산물 저온저장 공장건물 중 공냉식 저온창고를 수냉식으로 개조함에 있어 그 공장에 시설된 피해자 소유의 자재에 관하여 피해자에게 철거를 최고하는 등 적법한 조치를 취함이 없이 이를 일방적으로 철거하게 하여 손괴하였다면 이는 재물손괴의 범의가 없었다고 할 수 없고 이것이 사회상규상 당연히 허용되는 것이라고 할 수도 없다[대판 1990.5.22. 90도700]. [♠ 11 사시]

判例 손괴의 고의가 부정되는 경우

1. 공중전화기가 고장난 것으로 생각하고 파출소에 신고하기 위하여 전화선코드를 빼고 이를 떼어낸 것이라면 위 전화기를 떼어내 전화기의 구체적 역할인 통화를 할 수 없게 함으로써 그 효용을 해하려는 손괴의 범의가 있었다고 볼 수 없다[대판 1986.9.23. 86도941].
2. 甲 소유였다가 약정에 따라 乙 명의로 이전되었으나 권리관계에 다툼이 생긴 토지상에서 甲이 버스공용터미널을 운영하고 있는데 乙이 甲의 영업을 방해하기 위하여 철조망을 설치하려 하자 甲이 위 철조망을 가까운 곳에 마땅한 장소가 없어 터미널로부터 약 200 내지 300m 가량 떨어진 甲 소유의 다른 토지 위에 옮겨 놓았다면 甲의 행위에는 재물의 소재를 불명하게 함으로써 그 발견을 곤란 또는 불가능하게 하여 그 효능을 해하게 하는 재물은닉의 범의가 있다고 할 수 없다[대판 1990.9.25. 90도1591].
3. 임차인이 가재도구를 그대로 둔 채 시골로 내려가 버린 사이에 임대인의 母인 피고인이 임차인의 승낙 없이 가재도구를 옥상에 옮겨놓으면서 그 위에다 비닐장판과 비닐천 등을 덮어씌워 비가 스며들지 않게끔 하고 또한 다른 사람이 열지 못하도록 종이를 바르는 등 조치를 취하였다면 설사 그 무렵 내린 비로 침수되어 그 효용을 해하였다 하더라도 손괴의 범의가 있다고 보기 어렵다[대판 1983.5.10. 83도595].

判例 타인 소유 토지에 권원 없이 건물을 신축한 경우(불법영득의사가 인정되므로 재물손괴죄 불성립)

재물손괴죄(형법 제366조)는 다른 사람의 재물을 손괴 또는 은닉하거나 그 밖의 방법으로 그 효용을 해한 경우에 성립하는 범죄로, 행위자에게 다른 사람의 재물을 자기 소유물처럼 그 경제적 용법에 따라 이용·처분할 의사(불법영득의사)가 없다는 점에서 절도, 강도, 사기, 공갈, 횡령 등 영득죄와 구별된다. 다른 사람의 소유물을 본래의 용법에 따라 무단으로 사용·수익하는 행위는 소유자를 배제한 채 물건의 이용가치를 영득하는 것이고, 그 때문에 소유자가 물건의 효용을 누리지 못하게 되었더라도 효용 자체가 침해된 것이 아니므로 재물손괴죄에 해당하지 않는다[대판 2022.11.30. 2022도1410].

[사실관계] 피고인이 타인 소유 토지에 권원 없이 건물을 신축함으로써 그 토지의 효용을 해하였다는 이유로 재물손괴죄로 기소된 사안.

3. 위법성

判例 재물손괴가 위법성이 조각되는 경우

뽕밭을 유린하는 소의 고삐가 나무에 얽혀 풀 수 없는 상황하에서 고삐를 낫으로 끊고 소를 밭에서 끌어냄은 사회상규상 용인되어 특단의 사정이 없는 한 처벌할 수 없다[대판 1976.12.28. 76도2359].

判例 피해자의 동의가 인정되어 재물손괴죄가 성립되지 않는 경우

쪽파의 매수인이 명인방법을 갖추지 않은 경우, 쪽파에 대한 소유권을 취득하였다고 볼 수 없어 그 소유권은 여전히 매도인에게 있고 매도인과 제3자 사이에 일정 기간 후 임의처분의 약정이 있었다면 그 기간 후에 제3자가 쪽파를 손괴하였더라도 재물손괴죄가 성립하지 않는다[대판 1996.2.23. 95도2754].

[♠ 05 사시]

判例 피해자의 사전승낙이 인정되지 않아 재물손괴죄가 성립할 수 있는 경우

재건축조합의 규약이나 정관에 '조합은 사업의 시행으로서 그 구역 내의 건축물을 철거할 수 있다', '조합원은 그 철거에 응할 의무가 있다'는 취지의 규정이 있고, 조합원이 재건축조합에 가입하면서 '조합원의 권리, 의무 등 조합 정관에 규정된 모든 내용에 동의한다'는 취지의 동의서를 제출하였다고 하더라도, 조합원은 이로써 조합의 건축물 철거를 위한 명도의 의무를 부담하겠다는 의사를 표시한 것일 뿐이므로, 조합원이 그 의무이행을 거절할 경우 재건축조합은 명도청구소송 등 법적 절차를 통하여 그 의무이행을 구하여야 함이 당연하고, 조합원이 위와 같은 동의서를 제출한 것을 '조합원이 스스로 건축물을 명도하지 아니하는 경우 재건축조합이 법적 절차에 의하지 아니한 채 자력으로 건축물을 철거하는 것'에 대해서까지 사전 승낙한 것이라고 볼 수는 없다[대판 2007.9.20. 2007도5207].

Ⅲ. 공익건조물파괴죄

제367조(공익건조물파괴) 공익에 공하는 건조물을 파괴한 자는 10년 이하의 징역 또는 2천만원 이하의 벌금에 처한다.
제371조(미수범) 미수범은 처벌한다.

① 공익에 공하는 건조물인 이상 자기소유·타인소유를 불문한다.
② 파괴는 손괴보다 물질적 훼손의 정도가 더 크다는 점에서 구별된다.

Ⅳ. 중손괴죄·손괴치사상죄

제368조(중손괴) ① 전 2조의 죄를 범하여 사람의 생명 또는 신체에 대하여 위험을 발생하게 한 때에는 1년 이상 10년 이하의 징역에 처한다.
② 제366조 또는 제367조의 죄를 범하여 사람을 상해에 이르게 한 때에는 1년 이상의 유기징역에 처한다. 사망에 이르게 한 때에는 3년 이상의 유기징역에 처한다.

Ⅴ. 특수손괴죄

제369조(특수손괴) ① 단체 또는 다중의 위력을 보이거나 위험한 물건을 휴대하여 제366조의 죄를 범한 때에는 5년 이하의 징역 또는 1천만원 이하의 벌금에 처한다.
② 제1항의 방법으로 제367조의 죄를 범한 때에는 1년 이상의 유기징역 또는 2천만원 이하의 벌금에 처한다.
제371조(미수범) 미수범은 처벌한다.

判例 특수손괴죄의 성립요건

[1] 위험한 물건을 휴대하고 다른 사람의 재물을 손괴하면 상대방이 그 위험한 물건의 존재를 인식하지 못하였거나 그 위험한 물건의 사용으로 생명 또는 신체에 위해를 입지 아니하였다고 하더라도 폭력행위 등 처벌에 관한 법률 제3조 제1항[1] 위반죄가 성립한다.
[2] 자동차를 이용하여 다른 사람의 자동차 2대를 손괴한 경우, 그 자동차의 소유자 등이 실제로 해를 입거나 해를 입을 만한 위치에 있지 아니하였다고 하더라도 폭력행위 등 처벌에 관한 법률 제3조 제1항 위반죄가 성립한다[대판 2003.1.24. 2002도5783].

1) 본 조항은 2016.1.6. 개정으로 삭제되었다. 현행법상으로는 형법상의 특수손괴죄가 성립한다. 법리의 이해를 위해 판례를 그대로 두었다.

Ⅵ. 경계침범죄

제370조(경계침범) 경계표를 손괴, 이동 또는 제거하거나 기타 방법으로 토지의 경계를 인식불능하게 한 자는 3년 이하의 징역 또는 500만원 이하의 벌금에 처한다.

1. 의 의

경계표를 손괴 · 이동 또는 제거하거나 기타 방법으로 토지의 경계를 인식불능하게 함으로써 성립하는 범죄이다.

2. 구성요건

(1) 객관적 구성요건

① 객 체 : 토지의 경계이다. 사법상의 경계 · 공법상의 경계(예 시 · 군의 경계), 자연적 경계 · 인위적 경계를 불문한다. 경계표의 소유는 불문하며, 인위적 · 자연적인 것, 영구적 · 일시적인 것을 모두 포함한다.

判例 경계침범죄의 계표에 해당하는가 여부

(실체상 경계선에 부합하지 않더라도 경계표로 통용되어 왔던 경우에는 계표에 해당하나, 일방적으로 설정된 경계표는 계표에 해당하지 않는다) 형법 제370조의 경계침범죄는 토지의 경계에 관한 권리관계의 안정을 확보하여 사권을 보호하고 사회질서를 유지하려는 데 그 규정목적이 있으므로 비록 실체상의 경계선에 부합되지 않는 경계표라 할지라도 그것이 종전부터 일반적으로 승인되어 왔다거나 이해관계인들의 명시적 또는 묵시적 합의에 의하여 정하여진 것이라면 그와 같은 경계표는 위 법조 소정의 계표에 해당된다 할 것이고, 반대로 기존경계가 진실한 권리상태와 맞지 않는다는 이유로 당사자의 어느 한쪽이 기존경계를 무시하고 일방적으로 경계측량을 하여 이를 실체권리관계에 맞는 경계라고 주장하면서 그 위에 계표를 설치하더라도 이와 같은 경계표는 위 법조에서 말하는 계표에 해당되지 않는다[대판 1986.12.9. 86도1492], [대판 1999.4.9. 99도480].

동지판례 종래 통용되어 오던 사실상의 경계가 법률상의 정당한 경계인지 여부에 대하여 다툼이 있다고 하더라도 사실상의 경계가 법률상 정당한 경계가 아니라는 점이 이미 판결로 확정되었다는 등 경계로서의 객관성을 상실하는 것으로 볼 만한 특단의 사정이 없는 한, 여전히 본조에서 말하는 경계에 해당되는 것이다[대판 1992.12.8. 92도1682].

判例 경계침범죄의 경계표에 해당하는 경우

형법 제370조에서 말하는 경계표는 그것이 어느 정도 객관적으로 통용되는 사실상의 경계를 표시하는 것이라면 영속적인 것이 아니고 일시적인 것이라도 이 죄의 객체에 해당한다[대판 1999.4.9. 99도480].

② **행 위** : 경계표를 손괴 · 이동 또는 제거하거나 기타 방법으로 경계를 인식불능케 하는 것이다. 기타 방법에 해당하는 예로는 경계에 흐르는 유수의 방향을 변경하는 것, 경계인 구거를 매립하는 것, 경계표를 매몰하는 것 등을 들 수 있다.

判例 경계침범죄가 성립하는 경우

1. 피고인 소유토지와의 경계선을 표시하는 위 언덕 위의 아카시아나무 등을 약 30본을 뽑아버리고 위 국유대지를 깎아 내려 약 1m 높이의 석축을 쌓은 행위는 경계침범죄를 구성한다[대판 1980.10.27. 80도225].
2. 피고인이 자기 토지에 인접한 타인 토지 8평을 침범하여 점포를 건축함으로써 피고인 소유토지와 위 토지와의 경계를 인식불능케 하였다면 경계침범죄가 성립한다[대판 1972.2.29. 71도2293].

③ **기수시기** : 본죄는 토지경계에 대한 인식불능의 결과를 초래한 때에 기수가 된다.

判例 경계침범죄의 법적 성질(침해범)

형법 제370조의 경계침범죄는 단순히 계표를 손괴하는 것만으로는 부족하고 계표를 손괴, 이동 또는 제거하거나 기타 방법으로 토지의 경계를 인식불능하게 함으로써 비로소 성립되며, 경계침범죄에 대하여는 미수죄에 관한 규정이 없으므로 계표의 손괴 등의 행위가 있더라도 토지경계의 인식불능의 결과가 발생하지 않은 한 본죄가 성립될 수 없다[대판 1991.9.10. 91도856].

동지판례 피고인이 피해자 소유의 인접한 토지를 침범하여 나무를 심고 도랑을 파내는 등의 행위를 하였지만, 피고인과 피해자 소유의 토지는 이전부터 경계구분이 되어 있지 않았고, 피고인의 행위로 새삼스럽게 토지경계에 대한 인식불능의 결과를 초래하였다고 볼 수 없다면 경계침범죄가 성립하지 아니한다[대판 2010.9.9. 2008도8973].

判例 경계침범죄가 성립하지 않는 경우

1. 피고인이 피해자의 대지와 인접한 대지 위에 2층 스라브주택 및 점포를 신축하고 위 건물의 1층과 2층 사이에 있는 처마가 피해자 소유의 가옥 지붕 위로 나와 경계를 침범하였다는 공소사실은 그 자체가 경계침범의 구성요건에 해당하지 아니한다 할 것이다[대판 1984.2.28. 83도1533].
2. 기왕에 건립되어 있던 담벽의 연장선상에 추가로 담벽을 설치한 행위는 자신이 주장하는 경계를 보다 확실히 하고자 한 행위에 지나지 아니할 뿐 토지경계에 대한 인식불능의 결과를 초래한다고는 볼 수 없으므로 경계침범죄가 성립하지 않는다[대판 1992.12.8. 92도1682].

(2) 주관적 구성요건

① 고의가 있어야 하나 불법영득의사는 필요하지 않다.

② 경계표를 훼손하였더라도 경계침범의 고의가 없는 경우 본죄가 성립할 수 없으며 재물손괴죄가 성립한다.

제10절 권리행사를 방해하는 죄

권리행사방해죄의 점유의 의미에 관한 판례, 행위의 대상이 자기의 소유물인지 여부에 관한 판례, 강제집행면탈죄의 객체의 범위에 관한 판례는 잘 알아 두어야 한다. 최근에 중요한 판례가 많이 나와 이전보다 출제가능성이 높아진 부분이라고 할 수 있다. 특히 강제집행면탈죄는 변시에서 중요하게 취급되는 부분이다.

Ⅰ. 총 설

1. 의 의

권리행사를 방해하는 죄란 타인의 점유 또는 권리의 목적이 된 자기의 물건에 대한 타인의 권리행사를 방해하거나, 강제집행을 면할 목적으로 채권자를 해하는 것을 내용으로 하는 범죄이다.

2. 보호법익

① 권리행사방해죄의 보호법익은 제한물권과 채권이며, 보호의 정도는 추상적 위험범이다.

② 점유강취죄의 보호법익은 제한물권과 자유권이며, 보호의 정도는 침해범이다.

③ 강제집행면탈죄의 보호법익은 강제집행권이 발동될 단계에 있는 채권자의 채권이며, 보호의 정도는 추상적 위험범이다

Ⅱ. 권리행사방해죄

第323조(권리행사방해) 타인의 점유 또는 권리의 목적이 된 자기의 물건 또는 전자기록 등 특수매체기록을 취거, 은닉 또는 손괴하여 타인의 권리행사를 방해한 자는 5년 이하의 징역 또는 700만원 이하의 벌금에 처한다.

1. 의 의

타인의 점유 또는 권리의 목적이 된 자기의 물건 또는 전자기록 등 특수매체기록을 취거, 은닉 또는 손괴하여 타인의 권리행사를 방해함으로써 성립하는 범죄이다.

2. 구성요건

(1) 객관적 구성요건

① 주 체 : 자기의 물건을 타인의 점유 또는 권리의 목적으로 제공한 소유자이다.

② 객 체 : 타인의 점유 또는 권리의 목적이 된 '자기의' 물건 또는 전자기록 등 특수매체기록이다.

㉮ 본죄의 객체는 자기의 소유물이어야 하므로 타인의 물건은 본죄의 객체가 아니다. [♣ 16 변시][1)]

判例 자기의 물건에 해당하는 경우(대표이사의 지위에서 회사의 물건을 취거한 경우)

피고인이 회사 대표이사의 지위에 처하여 그 직무집행행위로서 지입차주 등이 점유하는 버스를 취거한 경우에는, 피고인의 행위는 위 회사의 대표기관으로서의 행위라고 평가되므로 위 회사의 물건도 권리행사방해죄에 있어서 자기의 물건이라고 보아야 한다[대판 1992.1.21. 91도1170]. [♠ 13 사시] [♣ 23 변시]

비교판례 **(회사의 대표이사였던 자와 회사소유의 물건과의 관계 : 자기의 물건 ×)** 회사의 대표이사였던 자가 회사가 타인에게 담보로 제공한 회사소유의 물건을 다른 회사에게 매도한 경우 … 권리행사방해죄가 성립할 여지가 없다[대판 1985.5.28. 85도494].

비교판례 **(회사의 과점주주 또는 부사장과 회사소유의 선박과의 관계 : 자기의 물건 ×)** 이 사건 선박이 공소외 회사 명의로 소유권등기가 경료된 것이라면 위 선박은 피고인의 소유라 할 수 없고 피고인이 위 회사의 과점주주라거나 부사장이라 하여도 피고인의 소유라 할 수 없는 것이므로, 피고인이 타인이 점유중인 위 선박을 취거하였다 하여도 이는 권리행사방해죄를 구성하지 아니한다[대판 1984.6.26. 83도2413].

判例 자기의 물건에 해당하지 않는 경우

1. **(명의신탁된 부동산을 임대차한 경우 명의신탁자는 임차인에 대한 관계에서 그 부동산을 자기소유의 물건 이라고 할 수 없다)** [1] 만일 명의신탁자가 조세포탈, 강제집행의 면탈 또는 법령상 제한의 회피목적으로 명의신탁을 함으로써 명의신탁이 무효로 되는 경우에는 말할 것도 없고, 그러한 목적이 없어서 유효한 명의신탁이 되는 경우에도 제3자인 부동산의 임차인에 대한 관계에서는 명의신탁자는 소유자가 될 수 없으므로, 어느 모로 보나 신탁한 부동산이 권리행사방해죄에서 말하는 '자기의 물건'이라 할 수 없다.
   [2] 피고인이 이른바 중간생략등기형 명의신탁 또는 계약명의신탁의 방식으로 자신의 처에게 등기명의를 신탁하여 놓은 점포에 자물쇠를 채워 점포의 임차인을 출입하지 못하게 한 경우, 그 점포가 권리행사방해죄의 객체인 자기의 물건에 해당하지 않는다고 한 사례[대판 2005.9.9. 2005도626]. [♠ 10 사시]
2. **(매도인이 악의인 계약명의신탁의 경우 명의수탁자는 수탁부동산이 자기 소유의 물건이라고 할 수 없다)** 진흥영농조합법인이 공소외인으로부터 과수원을 매수할 당시 피고인에게 그 매수인 명의를 신탁하였고 공소외인도 그 사실을 알고 있었다면 위 명의신탁약정 및 그에 기하여 이루어진 과수원에 대한 피고인 명의의 소유권이전등기는 모두 무효이므로, 과수원 및 그 지상에 식재된 감귤나무를 피고인의 소유로 볼 수 없다[대판 2007.1.10. 2006도4215].
3. **(자기가 사용하고 있었으나 자동차등록원부에 타인 명의로 등록된 차량 : 자기의 물건 ×)**
   피고인이 피해자에게 담보로 제공한 차량이 그 자동차등록원부에 타인 명의로 등록되어 있는 이상 그 차량은 피고인의 소유는 아니라는 이유로, 피고인이 피해자의 승낙 없이 미리 소지하고

1) 타인이 선의취득한 물건을 피고인이 임의로 취거한 경우 권리행사방해죄가 성립할 수 없다는 취지의 지문이 출제되었다.

있던 위 차량의 보조키를 이용하여 이를 운전하여 간 행위가 권리행사방해죄를 구성하지 않는다고 한 사례[대판 2005.11.10. 2005도6604]. [♠ 06, 10, 13 사시] [♣ 17 변시]

4. **(중기를 회사에 지입한 자와 중기와의 관계 : 자기의 물건 ×)** 피고인이 이 사건 굴삭기를 취거할 당시 그 굴삭기를 공소외 회사에 지입하여 그 회사명의로 중기등록원부에 소유권등록이 되어 있었다면 그 굴삭기는 위 회사의 소유이고 피고인의 소유가 아니라 할 것이므로 피고인이 이를 취거한 행위는 권리행사방해죄를 구성하지 아니한다[대판 1985.9.10. 85도899].

   동지판례 **(택시를 회사에 지입한 자와 택시와의 관계)** 피고인이 택시를 회사에 지입하여 운행하였다고 하더라도, 피고인이 회사와 사이에 위 택시의 소유권을 피고인이 보유하기로 약정하였다는 등의 특별한 사정이 없는 한, 위 택시는 그 등록명의자인 회사의 소유이고 피고인의 소유는 아니라고 할 것이므로 회사의 요구로 위 택시를 회사 차고지에 입고하였다가 회사의 승낙을 받지 않고 이를 가져간 피고인의 행위는 권리행사방해죄에 해당하지 않는다[대판 2003.5.30. 2000도5767]. [♠ 10 사시]

5. **(부동산 경매절차에서 타인명의로 경락받은 부동산 : 자기의 물건 ×)** 부동산경매절차에서 부동산을 매수하려는 사람이 타인과의 명의신탁약정 아래 타인 명의로 매각허가결정을 받아 자신의 부담으로 매수대금을 완납한 때에는 경매목적 부동산의 소유권은 매수대금의 부담 여부와는 관계없이 그 명의인이 취득하게 된다. 따라서 甲이 T회사가 유치권을 행사 중인 건물 501호를 강제경매를 통하여 아들인 A의 명의로 매수한 후 열쇠수리공을 불러 잠금장치를 변경하여 T회사의 유치권 행사를 방해하였다고 하더라도 권리행사방해죄가 성립하지 아니한다[대판 2019.12.27. 2019도14623].

㉯ 타인의 점유

判例 권리행사방해죄의 보호대상인 타인의 점유로 인정되는 범위

[1] 권리행사방해죄에서의 보호대상인 타인의 점유는 반드시 점유할 권원에 기한 점유만을 의미하는 것은 아니고, ⅰ) 일단 적법한 권원에 기하여 점유를 개시하였으나 사후에 점유 권원을 상실한 경우의 점유, ⅱ) 점유 권원의 존부가 외관상 명백하지 아니하여 법정절차를 통하여 권원의 존부가 밝혀질 때까지의 점유, ⅲ) 권원에 기하여 점유를 개시한 것은 아니나 동시이행항변권 등으로 대항할 수 있는 점유 등과 같이 법정절차를 통한 분쟁 해결시까지 잠정적으로 보호할 가치 있는 점유는 모두 포함된다고 볼 것이고, 다만 절도범인의 점유와 같이 점유할 권리 없는 자의 점유임이 외관상 명백한 경우는 포함되지 아니한다.

[2] 렌트카회사의 공동대표이사 중 1인이 회사 보유 차량을 자신의 개인적인 채무담보 명목으로 피해자에게 넘겨 주었는데 다른 공동대표이사인 피고인이 위 차량을 몰래 회수하도록 한 경우, 위 피해자의 점유는 권리행사방해죄의 보호대상인 점유에 해당한다. [♣ 13 변시]

[3] 피해자가 채권 및 담보제공 약정을 이유로 승용차의 반환을 거절하고 있는 경우이든, 이 사건 승용차를 단순히 임차하였다가 그 반환을 거부하고 있는 경우이든 두 경우 모두 권리행사방해죄에서의 보호대상인 점유에 해당하는 것이므로, 피고인이 피해자가 이 사건 승용차를 단순히 임차하였다가 그 반환을 거절하고 있는 것으로 잘못 알고 있었다는 사정만으로는 피고인에게 권리행사방해의 고의가 없었다고 볼 수 없다.

[4] 자동차소유권의 득실변경은 등록을 하여야 그 효력이 생기고(자동차관리법 제6조), 권리행사방해죄의 객체는 자기의 소유물에 한한다. 그런데 이 사건 승용차는 렌트카회사가 구입하여 보유 중이나 이 사건 공소사실 기재 일시까지도 아직 위 회사나 피고인 명의로 신규등록 절차를 마치지 않은 미등록 상태였던 사실을 알 수 있다. 따라서 이 사건 승용차는 이 사건 공소사실 기재 범행 당시 렌트카회사 혹은 피고인의 소유물이라고 할 수 없어 이를 전제로 하는 권리행사방해죄는 성립되지 아니한다[대판 2006.3.23. 2005도4455]. [♠ 10, 13 사시]

判例 권리행사방해죄의 보호대상인 타인의 점유에 해당하는 경우

1. 동시이행항변권의 법리는 경매절차가 무효로 된 경우에도 적용되는 것이므로, 무효인 경매절차에서 경매목적물을 경락받아 이를 점유하고 있는 낙찰자의 점유는 적법한 점유로서 그 점유자는 권리행사방해죄에 있어서의 타인의 물건을 점유하고 있는 자라고 할 것이다[대판 2003.11.28. 2003도4257].
   [♠ 06, 07, 10, 13 사시] [♣ 13 변시]
2. 일단 적법한 권원에 기하여 점유한 이상 설사 그 후에 그 점유물을 소유자에게 명도해야 할 사정이 발생하였다 할지라도 점유자가 임의로 명도를 하지 아니하고 계속 이를 점유하고 있다면, 그 점유자는 의연히 동조 소정의 타인의 물건을 점유하고 있는 자라 할 것이다[대판 1977.9.13. 77도1672].
   동지판례 운수회사 직원인 甲이 회사 대표 등과 공모하여 지입차주들이 점유하는 각 차량 또는 번호판을 지입료 등 연체를 이유로 지입차주들의 동의를 받지 않고 취거한 경우, 지입료 등이 연체된 경우 계약의 일방해지 및 차량의 회수처분이 가능하도록 하고 있는 위수탁계약이 있었다고 하더라도 형법상 정당행위에 해당하지 않으므로 권리행사방해죄가 성립한다[대판 2010.10.14. 2008도6578].
3. [1] 형법 제323조의 권리행사방해죄에 있어서의 타인의 점유라 함은 권원으로 인한 점유, 즉 정당한 원인에 기하여 물건을 점유하는 것을 의미하지만, 반드시 본권에 기한 점유만을 말하는 것이 아니라 유치권 등에 기한 점유도 여기에 해당한다.
   [2] 甲 종합건설회사가 유치권 행사를 위하여 점유하고 있던 주택에 피고인이 그 소유자인 처와 함께 출입문 용접을 해제하고 들어가 거주한 경우, 유치권자인 甲 회사의 권리행사를 방해하였다고 보아야하므로 권리행사방해죄가 성립한다[대판 2011.5.13. 2011도2368].

判例 권리행사방해죄의 보호대상인 타인의 점유로 인정되지 않는 경우(절도범의 점유)

권리행사방해죄에 있어서의 타인의 점유에 절도범인의 점유는 포함되지 않는다[대판 1994.11.11. 94도343].

㉰ 타인의 권리의 목적이란 자기의 소유물이 타인의 제한물권이나 채권의 목적이 되어 있는 것을 의미한다. 이 경우 채권은 반드시 점유를 수반하는 것임을 요하지 않는다(예 가압류된 물건, 정지조건부 대물변제의 예약권이 있는 물건, 특정물인 원목에 대한 인도청구권).

判例 타인의 권리의 목적물에 해당하는 경우(권리행사방해죄 성립 가능)

1. **(타인의 인도청구권의 목적이 된 원목)** 권리행사방해죄의 구성요건 중 타인의 '권리'란 반드시 제한물권만을 의미하는 것이 아니라 물건에 대하여 점유를 수반하지 아니하는 채권도 이에 포함된다고 해석되므로, 피해자가 원목에 대한 인도청구권을 가지고 있었다면 원목은 피해자의 권리의 목적이 된 물건이라고 볼 여지가 있다[대판 1991.4.26. 90도1958].
2. **(채권자가 가압류한 건물)** 가압류된 건물의 소유자가 채권자의 승낙 없이 그 건물을 파괴 철거한 행위는 권리행사방해죄를 구성한다[대판 1960.9.14. 4292형상537].
3. **(공장근저당권이 설정된 선반기계)** 공장근저당권이 설정된 선반기계 등을 이중담보로 제공하기 위하여 이를 다른 장소로 옮긴 경우, 이는 공장저당권의 행사가 방해될 우려가 있는 행위로서 권리행사방해죄에 해당한다[대판 1994.9.27. 94도1439].
4. **(정지조건 있는 대물변제의 예약권의 대상인 물건)** 권리행사방해죄에 있어서 '타인의 권리의 목적이 된 자기의 물건'이라는 요건의 그 권리 중에는 반드시 제한물권이나 물건에 대하여 점유를 수반하는 채권만이 아니라 정지조건 있는 대물변제의 예약권을 가지는 경우도 포함된다고 보는 것이 타당하다[대판 1968.6.18. 68도616].

③ 행 위 : 취거 · 은닉 또는 손괴하여 타인의 권리행사를 방해하는 것이다.

㉮ 취거란 점유자의 의사에 반하여 재물에 대한 점유자의 사실상의 지배를 배제하고 자기 또는 제3자의 사실상의 지배하에 옮기는 것을 말한다. 따라서 점유자의 하자있는 의사에 기하여 점유가 이전된 경우에는 취거로 볼 수 없다(판례).

判例 취거에 해당하지 않는 경우(편취당한 경우) : 권리행사방해죄 불성립

[1] 형법 제323조 소정의 권리행사방해죄에 있어서의 취거라 함은 타인의 점유 또는 권리의 목적이 된 자기의 물건을 그 점유자의 의사에 반하여 그 점유자의 점유로부터 자기 또는 제3자의 점유로 옮기는 것을 말하므로 점유자의 의사나 그의 하자 있는 의사에 기하여 점유가 이전된 경우에는 여기에서 말하는 취거로 볼 수는 없다.
[2] 채무자인 甲이 채무의 담보로 채권자 A에게 제공한 자기소유의 물건을 보관하고 있던 B를 기망하여 물건을 교부받아 간 경우 '취거'에 해당하지 않아 권리행사방해죄가 성립할 수 없다[대판 1988.2.23. 87도1952].

㉯ 본죄의 행위는 취거 · 은닉 또는 손괴에 제한되므로 타인의 권리의 목적이 된 자기소유의 토지를 이전등기하는 것으로는 본죄가 성립하지 않는다(판례).

判例 은닉에 해당하여 권리행사방해죄가 성립하는 경우

공장근저당권이 설정된 선반기계 등을 이중담보로 제공하기 위하여 이를 다른 장소로 옮긴 경우, 이는 공장저당권의 행사가 방해될 우려가 있는 행위로서 권리행사방해죄에 해당한다[대판 1994.9.27. 94도1439].

동지판례 피고인들이 이 사건 건물과 기계·기구에 근저당권을 설정하고도 담보유지의무를 위반하여, 이 사건 건물을 철거 및 멸실등기하고, 이 사건 기계·기구를 양도한 행위는 권리행사방해죄에 해당한다[대판 2021.1.14. 2020도14735].

判例 취거·은닉 또는 손괴에 해당하지 않아 권리행사방해죄가 성립하지 않는 경우

채무의 담보에 제공키 위하여 채권자명의로 등기를 하기로 합의한 바 있는 자기의 소유토지를 타에 매도하여 그 타인 명의로 소유권이전등기를 하여준 행위는 본조 소정의 취거, 은닉 또는 손괴행위의 어느 것에도 해당하지 않으므로 권리행사방해죄가 성립하지 아니한다[대판 1972.6.27. 71도1072].

㉰ 권리행사방해란 타인의 권리행사가 방해될 우려 있는 상태에 이른 것을 말하며, 현실로 권리행사가 방해되었을 것을 요하지 않는다(추상적 위험범).

判例 권리행사방해죄의 성립요건(추상적 위험범)

[1] 형법 제323조의 권리행사방해죄는 타인의 점유 또는 권리의 목적이 된 자기의 물건 또는 전자기록 등 특수매체기록을 취거, 은닉 또는 손괴하여 타인의 권리행사를 방해함으로써 성립한다. 여기서 '은닉'이란 타인의 점유 또는 권리의 목적이 된 자기 물건 등의 소재를 발견하기 불가능하게 하거나 또는 현저히 곤란한 상태에 두는 것을 말하고, 그로 인하여 권리행사가 방해될 우려가 있는 상태에 이르면 권리행사방해죄가 성립하고 현실로 권리행사가 방해되었을 것까지 필요로 하는 것은 아니다.
[2] 피고인이 차량을 구입하면서 피해자로부터 차량 매수대금을 차용하고 담보로 차량에 피해자 명의의 저당권을 설정해 주었는데, 그 후 대부업자로부터 돈을 차용하면서 차량을 대부업자에게 담보로 제공하여 이른바 '대포차'로 유통되게 한 사안에서, 피고인이 피해자의 권리의 목적이 된 피고인의 물건을 은닉하여 권리행사를 방해하였다고 본 원심판단이 정당하다고 한 사례[대판 2016.11.10. 2016도13734].

(2) 주관적 구성요건

고의가 있어야 한다. 본죄는 영득죄가 아니므로 불법영득의사는 필요 없다.

3. 위법성

判例 정당행위에 해당하지 않아 권리행사방해죄가 성립하는 경우

차량대여회사가 대여차량을 실력으로 회수한 행위는 정당행위에 해당되지 않고 권리행사방해죄에 해당한다[대판 1989.7.25. 88도410].

Ⅲ. 점유강취죄

제325조(점유강취) ① 폭행 또는 협박으로 타인의 점유에 속하는 자기의 물건을 강취한 자는 7년 이하의 징역 또는 10년 이하의 자격정지에 처한다.
③ 미수범은 처벌한다.

① 자기소유물을 객체로 하기 때문에 불법영득의사를 요하지 않는다.
② 폭행 · 협박의 정도는 강도죄와 동일하다.
③ 본죄를 범하여 사상의 결과를 발생시킨 경우에는 결과적 가중범의 규정이 없으므로 점유강취죄 이외에 폭행치사상죄(또는 상해죄)가 성립한다.

Ⅳ. 준점유강취죄[2)]

제325조(준점유강취) ② 타인의 점유에 속하는 자기의 물건을 취거(취거)하는 과정에서 그 물건의 탈환에 항거하거나 체포를 면탈하거나 범죄의 흔적을 인멸할 목적으로 폭행 또는 협박한 때에도 제1항의 형에 처한다.
③ 미수범은 처벌한다.

Ⅴ. 중권리행사방해죄

제326조(중권리행사방해) 제325조의 죄(점유강취죄, 준점유강취죄)를 범하여 사람의 생명에 대한 위험을 발생하게 한 자는 10년 이하의 징역에 처한다.

2) 타인의 점유에 속하는 자기의 물건에 대한 준강도죄와 유사한 범죄에 해당한다.

Ⅵ. 강제집행면탈죄

제327조(강제집행면탈) 강제집행을 면할 목적으로 재산을 은닉, 손괴, 허위양도 또는 허위의 채무를 부담하여 채권자를 해한 자는 3년 이하의 징역 또는 1천만원 이하의 벌금에 처한다.

1. 의 의

강제집행을 면할 목적으로 재산을 은닉, 손괴, 허위양도 또는 허위의 채무를 부담하여 채권자를 해함으로써 성립하는 범죄이다.

2. 구성요건

(1) 객관적 구성요건

① **주 체** : 채무자(또는 채무자와 동일시할 수 있는 법정대리인 등)에 제한된다는 견해(진정신분범설)와 채무자 이외에 제3자도 본죄의 주체가 될 수 있다는 견해가 나뉘어져 있다(다수설, 비신분범설).

判例 강제집행면탈죄가 성립하는 경우

(선순위 가등기권자가 채무자와 공모하여 선순위 가등기권자 앞으로 소유권이전의 본등기를 한 경우) 강제집행면탈죄에 있어서 재산의 "은닉"이라 함은 재산의 소유관계를 불명케 하는 행위도 포함하는 것이므로 부동산의 선순위 가등기권자와 그 부동산 소유자(채권자)가 사전모의하여 그 부동산에 관한 다른 채권자의 강제집행을 면할 목적으로 선순위 가등기권자 앞으로 소유권이전의 본등기를 한 경우도 재산의 은닉에 해당한다[대판 1983.5.10. 82도1987].

② **객 체** : ⅰ) 재산에는 재물 이외에 권리도 포함된다. 재물은 동산 · 부동산을 포함하며, 권리는 채권 · 기대권 · 산업재산권(특허권 등)을 모두 포함한다. ⅱ) 강제집행면탈죄의 객체는 '채무자의 재산' 중에서 채권자가 민사집행법상 강제집행 또는 보전처분의 대상으로 삼을 수 있는 것이어야 한다.

判例 강제집행면탈죄의 객체(재산)의 범위

1. **(권리도 포함)** 강제집행면탈죄에 있어서 재산에는 동산 · 부동산뿐만 아니라 재산적 가치가 있어 민사소송법에 의한 강제집행 또는 보전처분이 가능한 특허 내지 실용신안 등을 받을 수 있는 권리도 포함된다[대판 2001.11.27. 2001도4759]. [♠ 15 사시]

2. **(장래의 권리도 포함)** [1] 강제집행면탈죄의 객체인 재산은 채무자의 재산 중에서 채권자가 민사집행법상 강제집행 또는 보전처분의 대상으로 삼을 수 있는 것을 의미하는데, 장래의 권리라도

채무자와 제3채무자 사이에 채무자의 장래청구권이 충분하게 표시되었거나 결정된 법률관계가 존재한다면 재산에 해당하는 것으로 보아야 한다. [♣13 변시]

[2] 피해자 A는 B의 채권자로서 B가 乙 소유 부동산 경매사건에서 지급받을 배당금 채권의 일부에 가압류를 해 두었는데, B 사망 후 甲(피고인)과 乙, B의 상속인 등이 공모하여 乙의 B에 대한 채무가 완제된 것처럼 허위의 채무완제확인서를 작성하여 법원에 제출하는 등의 방법으로 매각허가결정된 乙 소유 부동산의 경매를 취소하였다는 내용으로 기소된 사안에서, B의 상속인들이 乙 소유 부동산의 경매절차에서 배당받을 배당금지급채권은 강제집행면탈죄의 객체인 '재산'에 해당하고, 甲 등이 乙의 B에 대한 채권이 완제된 것처럼 가장하여 B의 상속인 등을 상대로 청구이의의 소를 제기하고 그 판결에 기하여 강제집행정지 및 경매취소에 이르게 한 행위는 소유관계를 불명하게 하는 방법에 의한 '재산의 은닉'에 해당한다는 이유로, 甲에게 강제집행면탈죄를 인정한 원심판단을 수긍한 사례[대판 2011.7.28. 2011도6115].

判例 강제집행면탈죄의 객체(재산)에 해당하지 않는 경우

1. **(채무자의 재산이 아닌 경우)** [1] 강제집행면탈죄의 객체는 채무자의 재산 중에서 채권자가 민사집행법상 강제집행 또는 보전처분의 대상으로 삼을 수 있는 것이어야 한다.
   [2] 명의신탁자와 명의수탁자가 이른바 계약명의신탁 약정을 맺고 명의수탁자가 당사자가 되어 명의신탁 약정이 있다는 사실을 알지 못하는 소유자와 부동산에 관한 매매계약을 체결한 후 그 매매계약에 따라 당해 부동산의 소유권이전등기를 명의수탁자 명의로 마친 경우에는, 명의신탁자와 명의수탁자 사이의 명의신탁 약정의 무효에도 불구하고 부동산 실권리자명의 등기에 관한 법률 제4조 제2항 단서에 의하여 그 명의수탁자는 당해 부동산의 완전한 소유권을 취득한다. 이와 달리 소유자가 계약명의신탁 약정이 있다는 사실을 안 경우에는 수탁자 명의의 소유권이전등기는 무효이고 당해 부동산의 소유권은 매도인이 그대로 보유하게 된다. (계약명의신탁의 경우) 어느 경우든지 명의신탁자는 그 매매계약에 의해서는 당해 부동산의 소유권을 취득하지 못하게 되어, 결국 그 부동산은 명의신탁자에 대한 강제집행이나 보전처분의 대상이 될 수 없다[대판 2009.5.14. 2007도2168]. [♠11, 12 사시] [♣16 변시]
2. **(강제집행 또는 보전처분의 대상이 될 수 없는 경우)** A 주식회사가 소유권보존등기를 마친 다음 B에게 분양한 아파트를, 甲이 공인중개사 C의 중개로 A 주식회사의 승인을 얻어 아파트에 관한 수분양권을 매수하였고 이에 따라 수분양자 명의가 B에서 甲으로 변경되었다. 그 후 甲은 업무상횡령 범행과 관련하여 D회사로부터 강제집행을 당할 것을 우려하여 A 주식회사의 승인을 얻어 아파트에 관한 수분양자 명의를 甲에서 E로 변경한 후 매매를 원인으로 하여 E 명의로 소유권이전등기를 마친 경우 … 甲은 위 수분양권 매매에 따라 A 주식회사에 대하여 아파트에 관한 소유권이전등기청구권을 취득하였을 뿐 그 소유권을 취득한 바 없으므로, 아파트 자체는 甲에 대한 강제집행이나 보전처분의 대상이 될 수 없어 강제집행면탈죄의 객체가 될 수 없다고 할 것이다[대판 2013.4.26. 2013도2034].
3. **(강제집행 또는 보전처분의 대상이 될 수 없는 경우)** 의료법에 의하여 적법하게 개설되지 아니한 의료기관에서 요양급여가 행하여졌다면 해당 의료기관은 국민건강보험법상 요양급여비용을 청

구할 수 있는 요양기관에 해당되지 아니하여 해당 요양급여비용 전부를 청구할 수 없고, 해당 의료기관의 채권자로서도 위 요양급여비용 채권을 대상으로 하여 강제집행 또는 보전처분의 방법으로 채권의 만족을 얻을 수 없는 것이므로, 결국 위와 같은 채권은 강제집행면탈죄의 객체가 되지 아니한다[대판 2017.4.26. 2016도19982].

동지판례 **(강제집행 또는 보전처분의 대상이 될 수 없는 경우)** 甲 주식회사 대표이사 등인 피고인들이 공모하여 회사 채권자들의 강제집행을 면탈할 목적으로 甲 회사가 시공 중인 건물에 관한 건축주 명의를 甲 회사에서 乙 주식회사로 변경하였다는 내용으로 기소된 사안에서, 위 건물은 지하 4층, 지상 12층으로 건축허가를 받았으나 피고인들이 건축주 명의를 변경한 당시에는 지상 8층까지 골조공사가 완료된 채 공사가 중단되었던 사정에 비추어 민사집행법상 강제집행이나 보전처분의 대상이 될 수 있다고 단정하기 어려운데도, 이에 관하여 심리 · 판단하지 아니한 채 위 건물이 강제집행면탈죄의 객체가 될 수 있다고 본 원심판결에 강제집행면탈죄의 객체에 관한 법리오해 등의 위법이 있다고 한 사례[대판 2014.10.27. 2014도9442].

4. **(중요) (강제집행 또는 보전처분의 대상이 될 수 없는 경우)** [1] 형법 제327조는 "강제집행을 면할 목적으로 재산을 은닉, 손괴, 허위양도 또는 허위의 채무를 부담하여 채권자를 해한 자"를 처벌함으로써 강제집행이 임박한 채권자의 권리를 보호하기 위한 것이므로, 강제집행면탈죄의 객체는 채무자의 재산 중에서 채권자가 민사집행법상 강제집행 또는 보전처분의 대상으로 삼을 수 있는 것이어야 한다.
[2] 압류금지채권의 목적물이 채무자의 예금계좌에 입금된 경우에는 그 예금채권에 대하여 더 이상 압류금지의 효력이 미치지 아니하므로 그 예금은 압류금지채권에 해당하지 않지만, 압류금지채권의 목적물이 채무자의 예금계좌에 입금되기 전까지는 여전히 강제집행 또는 보전처분의 대상이 될 수 없으므로, 압류금지채권의 목적물을 수령하는 데 사용하던 기존 예금계좌가 채권자에 의해 압류된 채무자가 압류되지 않은 다른 예금계좌를 통하여 그 목적물을 수령하더라도 강제집행이 임박한 채권자의 권리를 침해할 위험이 있는 행위라고 볼 수 없어 강제집행면탈죄가 성립하지 않는다[대판 2017.8.18. 2017도6229].

판례해설 피고인이 장차 지급될 휴업급여(산업재해보상보험법 제88조 제2항에 의하여 압류가 금지되는 채권에 해당한다) 수령계좌를 기존의 압류된 예금계좌에서 압류가 되지 않은 다른 예금계좌로 변경하여 휴업급여를 수령한 사건이다. 휴업급여는 압류가 금지되는 채권으로서 강제집행면탈죄의 객체에 해당하지 않으므로 피고인의 행위는 강제집행면탈죄가 성립하지 않는다는 취지의 판례이다.

③ **행 위 :** 재산을 은닉, 손괴, 허위양도 또는 허위의 채무를 부담하여 채권자를 해하는 것이다.

判例 강제집행면탈죄의 재산의 은닉에 해당하지 않는 경우(강제집행면탈죄 불성립)

1. 횡령죄의 구성요건으로서의 횡령행위란 불법영득의 의사를 실현하는 행위를 말하고, 강제집행면탈죄에 있어서 은닉이라 함은 강제집행을 면탈할 목적으로 강제집행을 실시하는 자로 하여금 채무자의 재산을 발견하는 것을 불능 또는 곤란하게 만드는 것을 말하는 것이므로, 이와 같은 양죄의 구성요건 및 강제집행면탈죄에 있어 은닉의 개념에 비추어 보면 타인의 재물을 보관하는 자가 보관하고 있는 재물을 영득할 의사로 은닉하였다면 이는 횡령죄를 구성하는 것이고 채권자들의 강제집행을 면탈하는 결과를 가져온다 하여 이와 별도로 강제집행면탈죄를 구성하는

것은 아니다[대판 2000.9.8. 2000도1447]. [♠ 02, 10, 15 사시]

2. 형법 제327조에 규정된 강제집행면탈죄에서 재산의 '은닉'이란 강제집행을 실시하는 자에 대하여 재산의 발견을 불능 또는 곤란케 하는 것을 말하는 것으로서, 재산의 소재를 불명케 하는 경우는 물론 그 소유관계를 불명하게 하는 경우도 포함하나, 채무자가 제3자 명의로 되어 있던 사업자등록을 또 다른 제3자 명의로 변경하였다는 사정만으로는 그 변경이 채권자의 입장에서 볼 때 사업장 내 유체동산에 관한 소유관계를 종전보다 더 불명하게 하여 채권자에게 손해를 입게 할 위험성을 야기한다고 단정할 수 없다[대판 2014.6.12. 2012도2732].

판결이유 피고인이 이 사건 식당에 관한 사업자등록 명의를 공소외 3 주식회사에서 공소외 2로 변경하였다고 하더라도 이들이 제3자의 지위에 있는 이상 피해자가 위 식당에 있는 유체동산이 피고인의 소유임을 입증하여 강제집행에 나아갈 수 있음은 달라진 것이 없다. 한편 피고인이 검찰에서 피고인 자신과 공소외 3 주식회사를 동일시하는 취지의 진술을 하였다고 하여도 피해자가 피고인에 대한 채무명의에 기해 바로 공소외 3 주식회사가 점유하는 동산을 집행할 수 있는 것은 아니므로 피고인의 위와 같은 사업자 명의의 변경이 피해자의 입장에서 볼 때 위 유체동산의 소유관계를 종전보다 더 불분명하게 하는 등의 결과를 초래하였다고 단정할 수 없고, 피해자가 이 사건 식당의 사업자등록이 공소외 2 명의로 되어 있어서 그 내부 유체동산에 대하여 압류집행이 이루어지지 못하였다는 사정만으로 이와 달리 볼 것도 아니다.

判例 강제집행면탈죄의 재산의 은닉에 해당하는 경우(강제집행면탈죄 성립)

1. **(사업장에서 사용하는 금전등록기의 사업자 이름을 변경한 경우)** [1] 형법 제327조에 규정된 강제집행면탈죄에 있어서의 재산의 '은닉'이라 함은 강제집행을 실시하는 자에 대하여 재산의 발견을 불능 또는 곤란케 하는 것을 말하는 것으로서, 재산의 소재를 불명케 하는 경우는 물론 그 소유관계를 불명하게 하는 경우도 포함하나, 재산의 소유관계를 불명하게 하는 데 반드시 공부상의 소유자 명의를 변경하거나 폐업 신고 후 다른 사람 명의로 새로 사업자 등록을 할 것까지 요하는 것은 아니다.
[2] 사업장의 유체동산에 대한 강제집행을 면탈할 목적으로 사업자 등록의 사업자 명의를 변경함이 없이 사업장에서 사용하는 금전등록기의 사업자 이름만을 변경한 경우, 강제집행면탈죄에 있어서 재산의 '은닉'에 해당한다[대판 2003.10.9. 2003도3387]. [♠ 15 사시]

2. **(의제자백판결을 통하여 가압류등기를 말소한 경우)** 강제집행면탈의 한 행위유형인 '재산의 은닉'이라 함은 재산의 소유관계를 불명하게 하는 행위를 포함하는 것으로서, 피고인이 자신의 채권담보의 목적으로 채무자 소유의 선박들에 관하여 가등기를 경료하여 두었다가 채무자와 공모하여 위 선박들을 가압류한 다른 채권자들의 강제집행을 불가능하게 할 목적으로 정확한 청산절차도 거치지 않은 채 의제자백판결을 통하여 선순위 가등기권자인 피고인 앞으로 본등기를 경료함과 동시에 가등기 이후에 경료된 가압류등기 등을 모두 직권말소하게 하였음은 소유관계를 불명하게 하는 방법에 의한 '재산의 은닉'에 해당한다[대판 2000.7.28. 98도4558]. [♠ 05, 15 사시]

3. **(제3자 이의의 소를 통하여 압류집행을 저지한 경우)** 채권자에 의하여 압류된 채무자 소유의 유체동산을 채무자의 母 소유인 것으로 사칭하면서 母의 명의로 제3자 이의의 소를 제기하고, 집행정지결정을 받아 그 집행을 저지하였다면 이는 재산을 은닉한 경우에 해당한다[대판 1992.12.8. 92도1653].

㉮ 진실한 양도인 경우에는 강제집행을 면할 목적으로 행하여졌고 채권자를 해한 경우라고 하더라도 본죄가 성립하지 않는다.

判例 허위양도에 해당하지 않아 강제집행면탈죄가 성립하지 않는 경우

1. **(진실한 양도인 경우)** 강제집행면탈죄에 있어서 허위양도라 함은 실제로 양도의 진의가 없음에도 불구하고 표면상 양도의 형식을 취하여 재산의 소유명의를 변경시키는 것이고, 은닉이라 함은 강제집행을 실시하는 자가 채무자의 재산을 발견하는 것을 불능 또는 곤란하게 만드는 것을 말하는바, 진의에 의하여 재산을 양도하였다면 설령 그것이 강제집행을 면탈할 목적으로 이루어진 것으로서 채권자의 불이익을 초래하는 결과가 되었다고 하더라도 강제집행면탈죄의 허위양도 또는 은닉에는 해당하지 아니한다고 보아야 할 것이다[대판 1998.9.8. 98도1949]. [♠ 12 사시] [♣ 20 변시]

   동지판례 피해자와 사이에 대물변제계약을 체결하였음에도 불구하고 그 집행을 면탈할 목적으로 2중으로 제3자와 사이에 같은 대물변제계약을 체결한 경우, 진실한 양도라면 그것이 강제집행을 면탈할 목적으로 된 것으로서 채권자를 해할 우려가 있는 행위라고 할지라도 위 허위양도에는 해당하지 않는다[대판 1983.9.27. 83도1869].

2. **(정당한 권리행사에 해당하는 명의수탁자의 변경)** 교회의 목사인 피고인 및 공소외 甲의 공동명의로 신탁된 교회소유의 대지가 위 甲의 사업실패로 그 채권자들로부터 강제집행의 우려가 있자 교회건축위원회에서 피고인 및 甲에 대한 명의신탁을 해지한 후 다른 재직회 임원인 공소외 乙 등 5명 앞으로 명의신탁하기로 결정하고 이에 따라 매매를 원인으로 하여 경료된 소유권이전등기는 신탁자의 신탁재산에 대한 정당한 권리행사이고 강제집행면탈죄의 구성요건인 허위양도에 해당하지 아니한다[대판 1983.7.26. 82도1524].

㉯ 진실한 채무부담인 경우에는 본죄가 성립하지 않는다.

判例 장래 발생할 진실한 채무를 담보하기 위하여 부동산에 근저당권을 설정한 경우(강제집행면탈 ×)

피고인이 장래에 발생할 특정의 조건부채권을 담보하기 위한 방편으로 부동산에 대하여 근저당권을 설정한 것이라면, 특별한 사정이 없는 한 이는 장래 발생할 진실한 채무를 담보하기 위한 것으로서, 피고인의 위 행위를 가리켜 강제집행면탈죄 소정의 '허위의 채무를 부담'하는 경우에 해당한다고 할 수 없다[대판 1996.10.25. 96도1531].

判例 허위채무를 부담하여 강제집행면탈죄가 성립하는 경우

1. 피고인이 乙로부터 2회에 걸쳐 금 30,000,000원의 돈을 차용하였다는 내용의 차용증을 작성하여 주고, 이에 기하여 자기소유의 아파트에 대하여 乙 앞으로 소유권이전등기청구권 보전을 위한 가등기까지 마친 경우, 현실적으로 강제집행을 받을 우려가 있는 상태에서 강제집행을 면탈할 목적으로 허위의 채무를 부담하였다면 달리 특별한 사정이 없는 한 채권자를 해할 위험이 발생하였다고 봄이 상당하다[대판 1996.1.26. 95도2526].

2. 허위의 채무를 부담하는 내용의 채무변제계약 공정증서를 작성하고 이에 터 잡아 채권압류 및 추심명령을 받은 경우에는 강제집행면탈죄가 성립한다[대판 2018.6.15. 2016도847].

判例 강제집행면탈행위의 어느 유형에도 포함되지 않는 경우(강제집행면탈죄 불성립)

1. [1] 강제집행면탈죄의 객체는 채무자의 재산 중에서 채권자가 민사집행법상 강제집행 또는 보전처분의 대상으로 삼을 수 있는 것만을 의미하므로, '보전처분 단계에서의 가압류채권자의 지위' 자체는 원칙적으로 민사집행법상 강제집행 또는 보전처분의 대상이 될 수 없어 강제집행면탈죄의 객체에 해당한다고 볼 수 없고, 이는 가압류채무자가 가압류해방금을 공탁한 경우에도 마찬가지이다. [♣ 20 변시]
[2] 채무자가 가압류채권자의 지위에 있으면서 가압류집행해제를 신청함으로써 그 지위를 상실하는 행위는 형법 제327조에서 정한 '은닉 · 손괴 · 허위양도 또는 허위채무부담' 등 강제집행면탈행위의 어느 유형에도 포함되지 않는 것이므로, 이러한 행위를 처벌대상으로 삼을 수 없다[대판 2008.9.11. 2006도8721].
[♠ 15 사시]
2. 채권자가 채무자에 대한 채무명의에 기하여 제3채무자에 대한 매매잔대금채권에 관하여 압류 및 전부명령을 받고 그 명령이 제3채무자에게 송달되자 피고인이 채무자와 공모하여 위 잔대금이 전부명령 송달전에 전액 지급된 양 허위영수증을 발행한 경우 피고인이 채무자로부터 허위영수증을 수취한 것이 제3채무자에 대한 전부명령의 송달로 위 잔대금채권에 대한 집행이 완료된 후라면 이로써는 동채권에 대한 채권자의 강제집행을 방해하였다고는 볼 수 없고 또 위 영수증의 발행 및 그 수취행위는 제3채무자의 재산에 대한 형법 제327조 소정의 어느 행위에도 해당되지 않는다 할 것이므로 강제집행면탈죄는 성립되지 아니한다[대판 1984.6.12. 82도1544].

㉰ 현실적으로 채권자를 해할 것을 요하지 않으며, 채권자를 해할 위험성이 족하다(추상적 위험범).

判例 강제집행면탈죄 = 추상적 위험범

[1] 형법 제327조의 강제집행면탈죄는 위태범으로서, 현실적으로 민사소송법에 의한 강제집행 또는 가압류 · 가처분의 집행을 받을 우려가 있는 객관적인 상태에서, 즉 채권자가 본안 또는 보전소송을 제기하거나 제기할 태세를 보이고 있는 상태에서 주관적으로 강제집행을 면탈하려는 목적으로 재산을 은닉, 손괴, 허위양도하거나 허위의 채무를 부담하여 채권자를 해할 위험이 있으면 성립하는 것이고, 반드시 채권자를 해하는 결과가 야기되거나 행위자가 어떤 이득을 취하여야 범죄가 성립하는 것은 아니다.
[2] 허위의 채무를 부담하는 내용의 채무변제계약 공정증서를 작성한 후 이에 기하여 채권압류 및 추심명령을 받은 때에, 강제집행면탈죄가 성립함과 동시에 그 범죄행위가 종료되어 공소시효가 진행한다고 한 사례[대판 2009.5.28. 2009도875; 동지 대판 2001.11.27. 2001도4759]. [♣ 16 변시]

동지판례 이혼을 요구하는 처로부터 재산분할청구권에 근거한 가압류 등 강제집행을 받을 우려가 있는 상태에서 남편이 이를 면탈할 목적으로 허위의 채무를 부담하고 소유권이전청구권보전가등기를 경료한 경우, 강제집행면탈죄가 성립한다[대판 2008.6.26. 2008도3184]. [♠ 11, 12 사시]

判例 채권자를 해할 위험성이 있다고 본 경우(강제집행면탈죄 성립)

1. 강제집행면탈죄는 이른바 위태범으로서 강제집행을 당할 구체적인 위험이 있는 상태에서 재산을 은닉, 손괴, 허위양도 또는 허위의 채무를 부담하면 바로 성립하는 것이고, 반드시 채권자를 해하는 결과가 야기되거나 이로 인하여 행위자가 어떤 이득을 취하여야 범죄가 성립하는 것은 아니며, 허위양도한 부동산의 시가액보다 그 부동산에 의하여 담보된 채무액이 더 많다고 하여 그 허위양도로 인하여 채권자를 해할 위험이 없다고 할 수 없다[대판 1999.3.2. 98도2474; 동지 대판 2008.5.8. 2008도198]. [♠ 06, 12 사시] [♣ 12 변시]
2. 형법 제327조의 강제집행면탈죄는 현실적으로 강제집행을 받을 우려가 있는 상태에서 강제집행을 면탈할 목적으로 허위채무를 부담하는 등의 행위를 하는 경우에는 달리 특별한 사정이 없는 한 채권자를 해할 위험이 있다고 보아야 할 것이고, 채무자에게 약간의 다른 재산이 있다 하여 채권자를 해할 우려가 없다고 할 수 없다[대판 2008.4.24. 2007도4585]. [♠ 12 사시]

   동지판례 강제집행을 현저히 곤란케 하여 승소 후의 집행의 확실성을 감소케 한 경우에는 설혹 허위양도된 재산 외에 약간의 잉여재산이 있고 또 집행착수 이전이라 하더라도 강제집행면탈죄가 성립된다[대판 1960.10.26. 4293형상672].

   동지판례 피고인이 강제집행을 면할 목적으로 허위채무를 부담하고 근저당권설정등기를 경료하여 줌으로써 채권자를 해하였다고 인정된다면 설혹 피고인이 그 근저당권이 설정된 부동산외에 약간의 다른 재산이 있더라도 강제집행면탈죄가 성립된다[대판 1990.3.23. 89도2506].

判例 채권자를 해할 위험성이 없다고 본 경우

1. **(가압류 목적물을 처분한 경우)** 가압류에는 처분금지적 효력이 있으므로 가압류 후에 목적물의 소유권을 취득한 제3취득자 또는 그 제3취득자에 대한 채권자는 그 소유권 또는 채권으로써 가압류권자에게 대항할 수 없다. 따라서 가압류 후에 목적물의 소유권을 취득한 제3취득자가 다른 사람에 대한 허위의 채무에 기하여 근저당권설정등기 등을 경료하더라도 이로써 가압류채권자의 법률상 지위에 어떤 영향을 미치지 않으므로, 강제집행면탈죄에 해당하지 아니한다[대판 2008.5.29. 2008도2476]. [♠ 15 사시]
2. **(재산을 은닉한 시점에서 집행을 확보하기 위한 충분한 다른 재산이 있었던 경우)** [1] 채권이 존재하는 경우에도 채무자의 재산은닉 등 행위시를 기준으로 채무자에게 채권자의 집행을 확보하기에 충분한 다른 재산이 있었다면 채권자를 해하였거나 해할 우려가 있다고 쉽사리 단정할 것이 아니다. [♣ 20 변시]
   [2] 피고인이 자신을 상대로 사실혼관계해소 청구소송을 제기한 甲에 대한 채무를 면탈하려고 피고인 명의 아파트를 담보로 10억 원을 대출받아 그 중 8억 원을 타인 명의 계좌로 입금하였다

고 하더라도, 피고인의 재산은닉 행위 당시 甲에게는 위자료 4,000만원의 채권이 있었으며 피고인에게는 강제집행을 면탈하기 위하여 대출받아 은닉하였다는 8억원까지 포함시켜 소극재산을 공제하더라도 14억원이 넘는 재산이 있었다면, 피고인에게는 강제집행면탈죄가 성립하지 아니한다[대판 2011.9.8. 2011도5165]. [♣16 변시]

判例 강제집행면탈죄의 성립여부에 관한 비교판례

1. **(불성립)** 피고인이 타인에게 채무를 부담하고 있는 양 가장하는 방편으로 피고인 소유의 부동산들에 관하여 소유권이전청구권보전을 위한 가등기를 경료하여 주었다 하더라도 그와 같은 가등기는 원래 순위보전의 효력밖에 없는 것이므로 그와 같이 각 가등기를 경료한 사실만으로는 피고인이 강제집행을 면탈한 목적으로 허위채무를 부담하여 채권자를 해한 것이라고 할 수 없다[대판 1987.8.18. 87도1260].
2. **(성립)** 재단법인의 이사장인 피고인(甲)이 강제집행을 면탈할 목적으로 재단법인에 대하여 채권을 가지는 양 가장하여 이를 공동피고인(乙)에게 양도함으로써 재단법인으로 하여금 허위의 채무를 부담케 하고 이를 담보한다는 구실하에 재단법인소유 토지를 공동피고인(乙) 명의로 가등기 및 본등기를 경료케 하였다면 강제집행면탈죄를 구성한다[대판 1982.12.14. 80도2403].
3. **(불성립)** 현실적으로 강제집행이 있을 것이 예상되는 권리가 피해자들의 건물에 대한 명도청구권인 경우에 허위의 금전채무를 부담하였다 하여 명도청구권의 집행에 어떠한 장애가 된다고 할 수 없고 또 피고인 등 명의로 경료된 가등기는 본등기를 위한 순위보전의 효력밖에 없는 것이므로 가등기가 경료되었는 사실만으로는 피해자들의 건물에 대한 명도청구권에 기한 강제집행을 불능케 하는 사유에 해당한다고 할 수 없고 그 후 가등기말소청구소송에서 피고인 등이 항쟁을 하였다 하여 가등기가 강제집행에 장애사유가 되었다고는 할 수 없으므로 허위채무부담과 가등기경료 사실만으로는 강제집행면탈죄는 성립되지 않는다[대판 1984.2.14. 83도708].

   동지판례 채권자의 채권이 금전채권이 아니라 토지 소유자로서 그 지상 건물의 소유자에 대하여 가지는 건물철거 및 토지인도청구권인 경우라면, 채무자인 건물 소유자가 제3자에게 허위의 금전채무를 부담하면서 이를 피담보채무로 하여 건물에 관하여 근저당권설정등기를 경료하였다는 것만으로는 직접적으로 토지 소유자의 건물철거 및 토지인도청구권에 기한 강제집행을 불능케 하는 사유에 해당한다고 할 수 없으므로 건물 소유자에게 강제집행면탈죄가 성립한다고 할 수 없고, 이는 건물 소유자가 토지 임차인으로서 임대인인 토지 소유자에 대하여 민법 제643조의 건물매수청구권을 행사함으로써 건물 소유자와 토지 소유자 사이에 건물에 관한 매매관계가 성립하여 토지 소유자가 건물 소유자에 대하여 건물에 관한 소유권이전등기 및 명도청구권을 가지게 된 후에 건물 소유자가 제3자에게 허위의 금전채무를 부담하면서 이를 피담보채무로 하여 건물에 관하여 근저당권설정등기를 경료한 경우에도 마찬가지이다[대판 2008.6.12. 2008도2279].

④ 상 황 : 강제집행을 받을 위험이 있는 객관적 상태가 존재해야 한다.

㉮ 가압류 · 가처분신청이나 민사소송을 제기한 경우 이외에 그러한 기세를 보인 경우에도 강제집행을 받을 위험이 있는 객관적 상태를 인정할 수 있다(판례).

判例 강제집행을 받을 위험이 있는 객관적 상태의 의미(소송을 제기할 기세를 보이는 경우도 포함)

형법 제327조의 강제집행면탈죄는 채무자가 현실적으로 민사소송법에 의한 강제집행 또는 가압류, 가처분의 집행을 받을 우려가 있는 객관적인 상태 즉 적어도 채권자가 민사소송을 제기하거나 가압류, 가처분의 신청을 할 기세를 보이고 있는 상태에서, 채무자가 강제집행을 면탈할 목적으로, 재산을 은닉, 손괴, 허위양도하거나 허위의 채무를 부담하여 채권자를 해할 위험이 있는 경우에 성립한다[대판 1998.9.8. 98도1949]. [♣13, 17, 20 변시]

동지판례 강제집행면탈죄가 성립되려면 행위자의 주관적인 강제집행을 면탈하려는 의도가 객관적으로 강제집행을 당할 급박한 상태하에서 나타나야 한다[대판 1979.9.11. 79도436].

判例 강제집행을 받을 위험이 있는 객관적 상태에 해당하는 경우

(어음이 부도가 난 상황) 약 18억원 정도의 채무초과 상태에 있는 피고인 발행의 약속어음이 부도가 난 경우, 통상 약속어음의 부도는 그 발행인의 신용상태가 파탄상태에 이른 것이 객관적으로 확인되는 의미가 있어 위와 같은 정도의 채무초과상태라면 변제기가 도래하지 아니한 피고인의 다른 일반 채권자들도 채권확보에 나설 것이 예상되는 점 등에 비추어 보면 강제집행을 당할 구체적인 위험이 있는 상태에 있다고 봄이 상당하다[대판 1999.2.9. 96도3141]. [♠06 사시] [♣13 변시]

判例 강제집행을 받을 위험이 있는 객관적 상태에 해당하지 않는 경우

변제기가 도과하였더라도 채무변제의 독촉도 받지 아니하고 채권자들이 법적 절차를 취하기 위한 준비도 하고 있지 않았다면 강제집행을 할 기세를 보이고 있는 상태라고 할 수 없으므로 강제집행면탈죄가 성립하지 아니한다[대판 1975.9.9. 74도1715].

㈏ 강제집행은 민사집행법상의 강제집행이나 동법이 준용되는 가압류 · 가처분만을 의미한다. 따라서 금전채권의 강제집행 이외에 소유권이전등기의 강제집행도 포함되나 벌금 · 과료 · 몰수 등의 재판의 집행, 국세징수법에 의한 체납처분은 본죄의 강제집행에 포함되지 않는다.

判例 강제집행면탈죄의 강제집행의 범위에 속하지 않는 경우

1. 형법 제327조의 강제집행면탈죄가 적용되는 강제집행은 민사집행법의 적용대상인 강제집행 또는 가압류 · 가처분 등의 집행을 가리키는 것이므로, 국세징수법에 의한 체납처분을 면탈할 목적으로 재산을 은닉하는 등의 행위는 위 죄의 규율대상에 포함되지 않는다[대판 2012.4.26. 2010도5693]. [♣13, 17 변시]
2. 형법 제327조의 강제집행면탈죄가 적용되는 강제집행은 민사집행법 제2편의 적용 대상인 '강제

집행' 또는 가압류 · 가처분 등의 집행을 가리키는 것이고, 민사집행법 제3편의 적용 대상인 '담보권 실행 등을 위한 경매'를 면탈할 목적으로 재산을 은닉하는 등의 행위는 위 죄의 규율 대상에 포함되지 않는다[대판 2015.3.26. 2014도14909]. [♣ 17 변시]

判例 **강제집행면탈죄의 강제집행의 범위에 속하는 경우**(의사의 진술에 갈음하는 판결의 강제집행)

강제집행면탈죄는 국가의 강제집행권이 발동될 단계에 있는 채권자의 권리를 보호하기 위한 범죄로서, 여기서의 강제집행에는 광의의 강제집행인 의사의 진술에 갈음하는 판결의 강제집행도 포함되고, 강제집행면탈죄의 성립요건으로서의 채권자의 권리와 행위의 객체인 재산은 국가의 강제집행권이 발동될 수 있으면 충분하다[대판 2015.9.15. 2015도9883].

판결이유 이 사건 토지는 △△교회가 공소외 1 재단법인에 명의신탁한 부동산이고, 이 사건 토지에 관한 제1, 2차 매매계약은 모두 허위여서 그에 기초한 공소외 2와 피고인 1 명의의 각 소유권이전등기는 원인무효이므로, △△교회는 이 사건 토지에 관한 명의신탁계약을 해지하고 공소외 1 법인을 대위하여 공소외 2와 피고인 1에게 위 각 소유권이전등기의 말소를 청구할 권리를 가지는데, 피고인들이 공모하여 이 사건 토지에 관하여 피고인 2 명의로 허위의 가등기를 마쳐 두었다가, △△교회가 이 사건 토지의 소유권을 되찾기 위하여 처분금지가처분을 하자 그 집행을 면탈할 목적으로 이 사건 본등기를 하였다는 이유로, 강제집행면탈죄가 인정된 사건이다.

㉰ 본죄가 성립하기 위하여는 채권자의 채권보호에 본질이 있으므로 강제집행의 전제가 되는 채권이 존재하여야 한다(판례).

判例 **강제집행면탈죄의 성립요건**(채권의 존재)

1. 형법 제327조의 강제집행면탈죄는 채권자의 권리보호를 그 주된 보호법익으로 하고 있는 것이므로 강제집행의 기본이 되는 채권자의 권리, 즉 채권의 존재는 강제집행면탈죄의 성립요건이라 할 것이고, 따라서 그 채권의 존재가 인정되지 않을 때에는 강제집행면탈죄가 성립하지 않는다[대판 2008.5.8. 2008도198; 동지 대판 2010.12.9. 2010도11015]. [♠ 12 사시] [♣ 13 변시]
2. 상계의 의사표시가 있는 경우에는 각 채무는 상계할 수 있는 때에 소급하여 대등액에 관하여 소멸한 것으로 보게 된다. 따라서 상계로 인하여 소멸한 것으로 보게 되는 채권에 관하여는 상계의 효력이 발생하는 시점 이후에는 채권의 존재가 인정되지 않으므로 강제집행면탈죄가 성립하지 않는다[대판 2012.8.30. 2011도2252]. [♣ 16 변시]

判例 **강제집행면탈죄의 성립요건인 채권이 존재하는 경우**(조건부채권의 존재)

강제집행할 채권이 조건부채권이라고 하여도 그 채권자는 이를 피보전권리로 하여 보전처분을 함에는 법률상 아무런 장애가 없다 할 것이므로, 이와 같은 보전처분을 면할 목적으로 위 조항 소정의 행위를 한 이상 강제집행면탈죄는 성립되고 그 후 조건의 불성취로 채권이 소멸되었다 하여도 일단 성립한 범죄에는 영향을 미치지 아니한다[대판 1984.6.12. 82도1544]. [♠ 03 사시]

判例 기타 강제집행면탈죄가 성립하는 경우

채무자인 피고인이 채권자 甲의 가압류집행을 면탈할 목적으로 제3채무자 乙에 대한 채권을 丙에게 허위양도하였다고 하여 강제집행면탈로 기소된 사안에서, 가압류결정 정본이 제3채무자에게 송달된 날짜와 피고인이 채권을 양도한 날짜가 동일하므로 가압류결정 정본이 乙에게 송달되기 전에 채권을 허위로 양도하였다면 강제집행면탈죄가 성립할 수 있다고 한 사례[대판 2012.6.28. 2012도3999]. [♣16, 21 변시]

(2) 주관적 구성요건

고의 이외에 강제집행을 면할 목적이 있어야 한다.

判例 강제집행을 면탈할 목적이 인정되지 않는 경우

본건 부동산을 제외한다 하여도 피고인에게는 채무에 대한 강제집행을 확보할 수 있는 부동산이 있었다고 하므로 원심이 피고인은 강제집행을 면탈할 목적으로 재산을 허위양도하여 채권자를 해한 것은 아니라고 판단한 것은 정당하다[대판 1968.3.26. 67도1577].

판례해설 본 판례의 경우 피고인에게는 채무에 대한 강제집행을 확보할 수 있는 부동산이 있었기 때문에 강제집행면탈죄가 성립하지 않는 것이 아니라, 강제집행을 확보할 수 있는 부동산이 남아 있었다는 점에 비추어 볼 때 강제집행면탈의 목적이 없었다는 것을 이유로 강제집행면탈죄가 성립하지 않는다는 취지이다.

비교판례 피고인이 강제집행을 면할 목적으로 허위채무를 부담하고 근저당권설정등기를 경료하여 줌으로써 채권자를 해하였다고 인정된다면 설혹 피고인이 그 근저당권이 설정된 부동산 외에 약간의 다른 재산이 있더라도 강제집행면탈죄가 성립된다[대판 1990.3.23. 89도2506]. [♣20 변시]

3. 위법성

判例 정당행위에 해당하지 않는 경우

피고인이 회사의 어음 채권자들의 가압류 등을 피하기 위하여 회사의 예금계좌에 입금된 회사 자금을 인출하여 제3자 명의의 다른 계좌로 송금하였다면 강제집행면탈죄를 구성하는 것이고, 이른바 어음 되막기 용도의 자금 조성을 위하여 위와 같은 행위를 하였다는 사정만으로는 피고인의 강제집행면탈 행위가 정당행위에 해당한다고 볼 수 없다[대판 2005.10.13. 2005도4522].

제 2 편 사회적 법익에 관한 죄

- 제1장 공공의 안전과 평온에 대한 죄
- 제2장 공공의 신용에 대한 죄
- 제3장 공중의 건강에 대한 죄
- 제4장 사회의 도덕에 대한 죄

제1장 공공의 안전과 평온에 대한 죄

제1절 공안을 해하는 죄

출제가능성이 낮은 부분이므로 판례만 보아 두면 무방하다.

Ⅰ. 총 설

1. 의 의

공안을 해하는 죄란 공공의 안전과 평온을 해하는 것을 내용으로 하는 범죄를 말한다.

2. 본 질

① 형법은 공안을 해하는 죄를 국가적 법익에 대한 죄의 하나로 배열하고 있다. 공안을 해하는 죄로 규정된 범죄 중에서 전시공수계약불이행죄와 공무원자격사칭죄는 국가의 기능을 보호하기 위한 국가적 법익에 대한 죄임이 명백하다.

② 범죄단체조직죄, 소요죄, 다중불해산죄는 공공의 안전 또는 공공의 평온을 보호법익으로 하는 사회적 법익에 관한 죄이다(사회적 법익설, 통설). 보호의 정도는 추상적 위험범이다(다수설).

Ⅱ. 범죄단체 등의 조직죄

제114조(범죄단체 등의 조직) 사형, 무기 또는 장기 4년 이상의 징역에 해당하는 범죄를 목적으로 하는 단체 또는 집단을 조직하거나, 이에 가입하거나 그 구성원으로 활동한 사람은 그 목적한 죄에 정한 형으로 처벌한다. 다만, 형을 감경할 수 있다. 〈개정 2012.4.〉

1. 성 격

필요적 공범(집합범)에 해당하며, 즉시범이다(판례).

判例 범죄단체조직죄의 성격 = 즉시범

폭력행위 등 처벌에 관한 법률 제4조 소정의 단체 등의 조직죄는 같은법에 규정된 범죄를 목적으로 한 단체 또는 집단을 구성하거나 가입함으로써 즉시 성립하고 그와 동시에 완성되는 즉시범이라 할 것이다[대판 1997.10.10. 97도1829]. [♠ 01 사시]

2. 범 죄

형법상의 범죄뿐만 아니라 특별법상의 범죄도 포함한다. 다만 단체의 조직과 가입을 처벌하는 별도규정이 있는 경우(예 국가보안법상의 반국가단체구성 · 가입죄)와 경범죄처벌법이 적용되는 경범죄는 제외된다.

3. 단체 또는 집단

判例 범죄를 목적으로 하는 단체 또는 집단의 의미

[1] 형법 제114조에서 정한 '범죄를 목적으로 하는 단체'란 특정 다수인이 일정한 범죄를 수행한다는 공동목적 아래 구성한 계속적인 결합체로서 그 단체를 주도하거나 내부의 질서를 유지하는 최소한의 통솔체계를 갖춘 것을 의미한다.
[2] 형법 제114조에서 정한 '범죄를 목적으로 하는 집단'이란 특정 다수인이 사형, 무기 또는 장기 4년 이상의 범죄를 수행한다는 공동목적 아래 구성원들이 정해진 역할분담에 따라 행동함으로써 범죄를 반복적으로 실행할 수 있는 조직체계를 갖춘 계속적인 결합체를 의미한다. '범죄단체'에서 요구되는 '최소한의 통솔체계'를 갖출 필요는 없지만, 범죄의 계획과 실행을 용이하게 할 정도의 조직적 구조를 갖추어야 한다[대판 2020.8.20. 2019도16263].

判例 폭처법상의 범죄단체의 성립요건

폭력행위 등 처벌에 관한 법률 제4조에 정하는 범죄를 목적으로 하는 단체는 다양한 형태로 성립 · 존속할 수 있는 것으로서 정형을 요하는 것이 아닌 이상 그 구성 또는 가입에 있어 반드시 단체의 명칭이나 강령이 명확하게 존재하고 단체 결성식이나 가입식과 같은 특별한 절차가 있어야만 성립되는 것은 아니라고 할 것이다[대판 2007.11.29. 2007도7378].

4. 조직 · 가입 · 구성원으로서의 활동

기수시기는 범죄를 목적으로 하는 단체 또는 집단을 조직하거나 이에 가입하거나 그 구성원으로 활동한 때이다.

判例 폭처법상의 범죄단체의 구성에 해당하지 않는 경우

기존 범죄단체의 두목이 바뀌고 활동 영역과 태양이 변화하였으나 그 조직이 완전히 변경됨으로써 기존의 범죄단체와 동일성이 없는 별개의 단체로 인정될 수 있을 정도에 이르렀다고 볼 수 없는 경우에는 폭력행위 등 처벌에 관한 법률 제4조 제1항 소정의 범죄단체의 구성에 해당하지 않는다[대판 2000.3.24. 2000도102].

5. 고의 · 목적

범죄단체를 조직하거나 가입한다는 점 또는 그 구성원으로서 활동한다는 점에 대한 고의가 있어야 하고, 또한 범죄를 범할 목적이 있어야 한다. 목적한 범죄의 실행 및 달성여부는 범죄의 성립과 무관하다.

判例 폭처법상의 폭력범행을 목적으로 조직되지 않은 경우로 판단된 사건

사북 지역 출신의 청년들에 의하여 자생적으로 조직된 사북청년회라는 단체의 일부 회원들이 사북지역에 내국인 카지노가 들어서면서 폭력 범행을 저지르거나 관여하게 되었다고 하여 사북청년회 자체가 폭력행위 등 처벌에 관한 법률상의 폭력 범행을 목적으로 조직화되었고 사북청년회 자체에서 그러한 폭력 범행을 지시하였거나 의도하였다고 보기 어려워 사북청년회가 폭력행위 등 처벌에 관한 법률에서 정한 범죄단체에 해당하지 아니한다고 한 사례[대판 2004.7.8. 2004도2009].

判例 목적한 범죄의 실행행위를 하지 않은 경우(범죄단체조직죄 성립)

범죄단체조직죄는 범죄를 목적으로 하는 단체를 조직함으로써 성립하는 것이고 그 후 목적한 범죄의 실행행위를 하였는가 여부는 위 죄의 성립에 영향이 없다[대판 1975.9.23. 75도2321].

Ⅲ. 소요죄

제115조(소요) 다중이 집합하여 폭행, 협박 또는 손괴의 행위를 한 자는 1년 이상 10년 이하의 징역이나 금고 또는 1천500만원 이하의 벌금에 처한다.

1. 의 의

다중이 집합하여 폭행 · 협박 또는 손괴행위를 함으로써 성립하는 범죄로, 필요적 공범(집합범)에 해당한다.

2. 구성요건

(1) 객관적 구성요건

① 주 체 : 집합한 다중이라는 견해와 집합한 다중의 구성원인 개인이라는 견해(다수설)가 대립되어 있다.

② 다중의 집합 : i) 다중은 일지방의 평온·안전을 해할 수 있을 정도의 폭행·협박 또는 손괴를 할 수 있을 정도의 다수인임을 요한다. ii) 처음부터 폭행·협박·손괴를 할 목적으로 집합할 필요는 없다.

③ 폭행·협박·손괴 : i) 폭행은 사람 또는 물건에 대한 일체의 유형력의 행사를 말한다(최광의의 폭행). 소극적인 저항·연좌농성 등은 본죄의 폭행에 포함되지 않는다. ii) 협박은 공포심을 일으키게 할 만한 해악을 고지하는 일체의 행위를 말한다(광의의 협박). iii) 폭행·협박·손괴는 집합한 다중의 합동력에 의한 것이어야 한다. 다만 다중의 구성원 전원이 폭행 등을 할 것을 요하지 않는다.

④ 기수시기 : 일지방의 공공의 평온·안전을 해할 위험성이 있는 폭행·협박·손괴행위가 있으면 기수가 된다(추상적 위험범).

(2) 주관적 구성요건

소요에 대한 고의가 있어야 하며, 이는 다중의 합동력으로 폭행·협박·손괴하려는 의사, 즉 공동의사를 말한다(통설).

3. 공범규정의 적용

① 본죄는 필요적 공범이므로 다중의 구성원(내부가담자)은 그 가담정도를 불문하고 모두 본죄의 정범이 된다. 따라서 다중의 구성원에 대하여는 총칙상의 공범규정이 적용되지 않는다.

② 다중의 구성원이 아닌 자에 대하여 교사·방조의 규정은 적용될 수 있으나, 공동정범의 규정은 적용될 수 없다(다수설).

4. 타죄와의 관계

① 폭행죄·협박죄 및 손괴죄는 소요죄에 흡수된다.

② 소요죄보다 법정형이 중한 살인죄·방화죄는 본죄와 상상적 경합이 되지만, 소요죄보다 형이 경한 공무집행방해죄·주거침입죄는 모두 소요죄에 흡수된다(다수설).

判例 1개의 행위에 의한 소요죄와 포고령위반죄 = 상상적 경합

피고인의 행위가 수십명의 군중과 함께 정치적 구호를 외치며 거리를 진행하는 등 다중이 집합하여 폭행, 협박, 손괴행위를 한 것이라면 그 행위자체가 포고령 제10호가 금지한 정치목적의 시위를 한 것이라고 보아야 할 것이므로 소요죄와 위 포고령위반죄는 1개의 행위가 동시에 수개의 죄에 해당하는 형법 제40조의 상상적 경합범의 관계에 있다[대판 1983.6.14. 83도424].

Ⅳ. 다중불해산죄

제116조(다중불해산) 폭행, 협박 또는 손괴의 행위를 할 목적으로 다중이 집합하여 그를 단속할 권한이 있는 공무원으로부터 3회 이상의 해산명령을 받고 해산하지 아니한 자는 2년 이하의 징역이나 금고 또는 300만원 이하의 벌금에 처한다.

1. 성 격

다중불해산죄는 소요죄의 예비단계의 행위를 독립된 구성요건으로 규정한 것이다. 따라서 다중불해산죄를 범한 다중이 나아가 폭행·협박·손괴행위를 한 경우에는 소요죄만 성립한다.

2. 기수시기

3회 이상의 해산명령을 받고 해산하지 아니함으로써 기수가 된다. 그러나 본죄의 완성은 최종의 해산명령을 기준으로 판단해야 하므로 4회 이상의 해산명령에 따라 해산한 경우에는 본죄가 성립하지 않는다(다수설).

3. 목적범

본죄는 폭행·협박·손괴행위를 할 목적이 있어야 한다.

Ⅴ. 전시공수계약불이행죄

제117조(전시공수계약불이행) ① 전쟁, 천재 기타 사변에 있어서 국가 또는 공공단체와 체결한 식량 기타 생활필수품의 공급계약을 정당한 이유 없이 이행하지 아니한 자는 3년 이하의 징역 또는 500만원 이하의 벌금에 처한다.
② 전항의 계약이행을 방해한 자도 전항의 형과 같다.
③ 전2항의 경우에는 그 소정의 벌금을 병과할 수 있다.

Ⅵ. 공무원자격사칭죄

제118조(공무원자격의 사칭) 공무원의 자격을 사칭하여 그 직권을 행사한 자는 3년 이하의 징역 또는 700만원 이하의 벌금에 처한다.

① 공무원의 자격을 사칭한 경우라도 사칭한 공무원의 직권을 행사하여야 본죄가 성립한다.

判例 임시직 공무원(공무원자격사칭죄의 공무원에 해당)

공무원임용령 제43조에 의하면 임용권자는 당해 직위가 임시적 임용이 있는 날로부터 1년 이내에 폐지될 것이 확실한 경우에는 임시직원을 채용할 수 있도록 되어 있고, 이와 같은 임시직원도 형법상의 공무원의 개념에 포함됨이 명백하므로 피고인이 사칭하였다는 경제기획원 감사관이란 법령상의 근거가 없는 것은 아니며, 이는 형법 제118조의 소위 공무원개념에 해당된다고 보아야 할 것이다[대판 1973.5.22. 73도884].

② 직권행사가 없는 단순한 공무원의 자격의 사칭은 경범죄에 해당할 뿐이다(경범죄처벌법 제1조 제8호).

判例 사칭한 자격에 대한 직권행사라고 볼 수 없는 경우(공무원자격사칭죄 불성립)

1. 공무원자격사칭죄가 성립하려면 어떤 직권을 행사할 수 있는 권한을 가진 공무원임을 사칭하고 그 직권을 행사한 사실이 있어야 하는바, 피고인들이 그들이 위임받은 채권을 용이하게 추심하는 방편으로 합동수사반원임을 사칭하고 협박한 사실이 있다고 하여도 위 채권의 추심행위는 개인적인 업무이지 합동수사반의 수사업무의 범위에는 속하지 아니하므로 이를 공무원자격사칭죄로 처벌할 수 없다[대판 1981.9.8. 81도1955].
2. 중앙정보부 직원 아닌 자가 중앙정보부 직원을 사칭하고 청와대에 파견된 감사실장인데 사무실에 대통령사진의 액자가 파손된 채 방치되었다는 사실을 보고 받고 나왔으니 자인서를 작성 제출하라고 말한 행위는 중앙정보부 직원의 직권행사에 해당되지 않는다[대판 1977.12.13. 77도2750].
3. 공무원자격사칭죄가 성립하려면 어떤 직권을 행사할 수 있는 권한을 가진 공무원임을 사칭하고 그 직권을 행사하는 사실이 있어야 하므로 상피고인이 전신전화관서의 관계관에게 청와대민원비서관임을 사칭하여 시외전화선로고장 수리를 하라고 말한 사실이 있다고 하더라도 위와 같은 행위는 청와대민원비서관의 직권을 행사하는 요건을 갖춘 것이라고 할 수 없다[대판 1972.12.26. 72도2552].

제2절 폭발물에 관한 죄

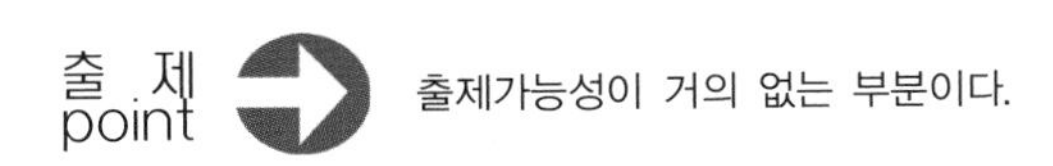

출제가능성이 거의 없는 부분이다.

Ⅰ. 총 설

① 폭발물에 관한 죄는 폭발물을 사용하여 사람의 생명 · 신체 또는 재산을 해하거나 기타 공안을 문란케 하는 것을 내용으로 하는 범죄이다.

② 보호법익은 공공의 안전과 평온이다. 보호의 정도는 구체적 위험범이다.

Ⅱ. 폭발물사용죄

제119조(폭발물사용) ① 폭발물을 사용하여 사람의 생명, 신체 또는 재산을 해하거나 그 밖에 공공의 안전을 문란하게 한 자는 사형, 무기 또는 7년 이상의 징역에 처한다.
③ 미수범은 처벌한다.

① 폭발물은 폭발을 목적으로 제작된 물건이라는 점에서, 폭발을 목적으로 제작되지는 않았지만 물건의 성질상 폭발할 수 있는 물건인 폭발성물건(제172조)과 구별된다.

② 폭발물은 폭발의 파괴력이 사람의 생명 · 신체 · 재산을 해하거나 공안을 문란케 할 정도의 것이어야 하므로, 소총의 실탄이나 화염병은 폭발물이라고 할 수 없다.

判例 폭발물사용죄의 고의의 내용

형법 제119조를 적용하려면 사람의 생명, 신체 또는 재산을 해하거나 기타 공안을 문란한다는 고의가 있어야 한다[대판 1969.7.8. 69도832].

判例 폭발물사용죄에서 폭발물의 의미

폭발물사용죄에서 말하는 폭발물이란 폭발작용의 위력이나 파편의 비산 등으로 사람의 생명, 신체, 재산 및 공공의 안전이나 평온에 직접적이고 구체적인 위험을 초래할 수 있는 정도의 강한 파괴력을 가지는 물건을 의미한다. 따라서 어떠한 물건이 형법 제119조에 규정된 폭발물에 해당하는지는 폭발작용 자체의 위력이 공안을 문란하게 할 수 있는 정도로 고도의 폭발성능을 가지고 있는지에 따라 엄격하게 판단하여야 한다[대판 2012.4.26. 2011도17254].

판례해설 대법원은 고인이 제작한 제작물은 배낭 속에 들어 있는 채로 고속버스터미널 등의 물품보관함 안에 들어 있었으므로 유리꽃병이 화약의 연소로 깨지더라도 그 파편이 외부로 비산할 가능성은 없었고, 제작물에 들어 있는 부탄가스 용기는 내압이 상승할 경우 용기의 상부 및 바닥의 만곡부분이 팽창하면서 측면이 찢어지도록 설계되어 있어 부탄가스통 자체의 폭발은 발생하지 않고, 설사 외부 유리병이 파쇄되더라도 그 파편의 비산거리가 길지는 않은 구조로 되어 있으므로 폭발물사용죄의 폭발물에 해당하지 아니한다고 판시하였다.

Ⅲ. 전시폭발물사용죄

제119조(폭발물사용) ② 전쟁, 천재지변 그 밖의 사변에 있어서 제1항의 죄(폭발물사용죄)를 지은 자는 사형 또는 무기징역에 처한다.
③ 미수범은 처벌한다.

Ⅳ. 폭발물사용 예비 · 음모 · 선동죄

제120조(예비, 음모, 선동) ① 전조 제1항(폭발물사용죄), 제2항(전시폭발물사용죄)의 죄를 범할 목적으로 예비 또는 음모한 자는 2년 이상의 유기징역에 처한다. 단 그 목적한 죄의 실행에 이르기 전에 자수한 때에는 그 형을 감경 또는 면제한다.
② 전조 제1항, 제2항의 죄를 범할 것을 선동한 자도 전항의 형과 같다.

Ⅴ. 전시폭발물 제조 · 수입 · 수출 · 수수 · 소지죄

제121조(전시폭발물제조등) 전쟁 또는 사변에 있어서 정당한 이유 없이 폭발물을 제조, 수입, 수출, 수수 또는 소지한 자는 10년 이하의 징역에 처한다.

제3절 방화와 실화의 죄

방화죄의 실행의 착수시기에 관한 판례를 알아두어야 한다. 무주물이 자기소유일반물건에 해당하는지 여부에 관한 판례, 연소죄의 구성요건(법조문)을 잘 이해하여 두어야 한다. 기타 부분은 출제가능성이 낮은 부분이므로 판례를 중심으로 보아 두면 무방하다.

Ⅰ. 총 설

1. 의의와 본질

(1) 의 의

방화죄와 실화죄는 고의 또는 과실로 불을 놓아 현주건조물 등을 소훼하는 것을 내용으로 하는 공공위험죄를 말한다.

(2) 보호법익

방화죄는 공공의 안전이라는 기본적으로 사회의 이익을 보호법익으로 하지만 부차적으로 개인의 재산권도 보호법익이 된다(이중성격설 : 판례, 다수설).

공공위험죄설	방화죄의 보호법익을 공공의 안전·평온으로 보고 재산죄와의 관련성을 부정하는 견해이다. 자기소유물에 대한 방화가 처벌되고 방화죄는 일반재산범죄와 분리되어 별도로 규정되어 있다는 점을 그 논거로 든다.
이중성격설	방화죄는 기본적으로 공공위험범이지만 부차적으로는 개인의 재산권도 보호하는 재산죄의 성격도 있다고 보는 견해이다. 형법이 목적물의 재산적 귀속관계에 따라서 방화죄의 구성요건과 법정형을 달리 규정하고 있으며 소훼라는 재산침해의 결과를 요구하고 있다는 점을 그 논거로 든다.

(3) 보호정도

① 추상적 위험범 : 현주건조물방화죄(제164조), 공용건조물방화죄(제165조), 타인소유일반건조물방화죄(제166조 제1항).

② 구체적 위험범 : 자기소유일반건조물방화죄(제166조 제2항), 일반물건방화죄(제167조).

2. 공공위험죄의 본질

(1) 공공의 위험의 의의와 기준

① 공공의 위험이란 불특정 또는 다수인의 생명·신체 또는 재산에 대한 위험을 의미한다.

② 공공의 위험은 행위자의 주관을 기초로 할 것이 아니라 객관적으로 판단하여야 한다. 여기서 객관적 판단은 물리적 위험성이 아닌 심리적 위험성, 즉 일반인이 심리적으로 공공의 위험이 있다고 느끼는가를 의미한다.

(2) 방화죄와 피해자의 승낙의 효과

① 일반건조물방화죄와 일반물건방화죄 : 피해자의 승낙에 의하여 '타인성'이 탈락한다.
(예 타인소유일반물건의 방화에 대하여 소유자의 동의가 있으면 자기소유일반물건방화죄 성립)

② **현주건조물방화죄의 경우** : 방화죄는 공공위험죄인 동시에 재산죄로서의 성질을 가지므로 거주자의 동의가 있으면 일반건조물방화죄가 성립한다(통설).[1)]

방화죄와 피해자의 승낙과의 관계

제1설 (통설)	현주건조물방화의 경우 거주자의 동의가 있으면 일반건조물방화죄가 되고, 타인의 물건에 대한 방화는 소유자의 승낙이 있으면 자기물건방화죄가 된다. 왜냐하면 방화죄는 공공위험범인 동시에 재산죄의 성격을 가지므로, 거주자가 동의한 때에는 더 이상 사람이 현존한다고 할 수 없기 때문이다.
제2설	피해자의 승낙이 영향을 미칠 수 있는 것은 일반건조물방화죄와 일반물건방화죄에 한한다. 왜냐하면 거주자가 동의하였다고 하여 현주건조물방화죄에서 규정하는 사람이 현존하지 않는다고 볼 수는 없으며, 공중의 생명과 신체에 대한 위험은 처분할 수 있는 법익이 아니기 때문이다.

(3) 방화죄의 위험의 고의

① **추상적 위험범의 경우** : 공공의 위험은 입법의 동기에 불과하므로 고의의 인식대상이 아니다.

② **구체적 위험범의 경우** : 공공의 위험은 구성요건요소이므로 고의의 인식대상이 된다.

(4) 방화죄의 죄수

① 1개의 방화행위로 수인 소유에 속하는 수개의 건조물을 소훼한 경우에도 1개의 방화죄가 성립한다.

② 수개의 건조물에 대하여 순차로 방화한 때에도 건조물이 같은 지역에 있을 때에는 1죄가 성립한다.

3. 방화죄의 기수시기

判例 방화죄의 기수시기(독립연소설의 입장, 목적물의 중요부분 소실 및 효용상실 불요)

방화죄는 화력이 매개물을 떠나 스스로 연소할 수 있는 상태에 이르렀을 때에 기수가 되고 반드시 목적물의 중요부분이 소실하여 그 본래의 효용을 상실한 때라야만 기수가 되는 것이 아니라고 할 것이다[대판 1970.3.24. 70도330].

판례해설 피고인이 방화하여 지붕 60㎠ 가량이 타버린 경우라면 현주건조물방화죄의 기수에 해당된다는 판례이다.

---

1) 거주자가 동의하였다고 하여 현주건조물방화죄에서 규정하고 있는 사람이 주거로 사용하거나 현존하는 것이 아니라고 할 수 없다는 이유로 피해자의 승낙은 현주건조물방화죄의 성립에 영향이 없다는 견해도 있다(이재상).

쟁점연구 **[방화죄의 기수시기]**

1. 학 설

① **효용상실설** : 방화로 인하여 목적물의 중요부분이 소훼되어 그 본래 효용을 상실한 때 소훼가 된다는 견해이다. 방화죄가 공공위험죄와 재산죄의 성격을 함께 가지고 있다는 점을 강조한다.

② **일부손괴설** : 중요부분이 손괴될 필요는 없고 손괴죄 성립에 필요한 일부손괴가 있으면 소훼가 된다는 견해로서 효용상실설의 내용을 손괴죄의 한도까지 넓히려는 입장이다.

③ **중요부분연소개시설** : 독립연소설의 기수범위가 지나치게 확대되는 단점을 보완하기 위하여 목적물의 중요부분에 불이 붙기 시작한 때 기수가 된다는 견해이다.

2. 판 례

방화죄는 화력이 매개물을 떠나 스스로 연소할 수 있는 상태에 이르렀을 때에 기수가 되고 반드시 목적물의 중요부분이 소실하여 그 본래의 효용을 상실한 때라야만 기수가 되는 것이 아니라는 입장이다(독립연소설).

3. 검 토 (판례 지지)

ⅰ) 효용상실설은 방화죄의 재산죄적 성격은 중시하지만, 공공위험죄적 성격은 고려하지 않으므로 기수의 인정범위가 좁다는 문제가 있고, ⅱ) 일부손괴설은 방화죄를 손괴죄와 동일시하여 방화죄의 공공위험죄적 성질을 고려하지 못하는 문제점이 있고, ⅲ) 중요부분연소개시설은 중요부분의 개념이 불분명하다는 점에서 문제가 있다. 따라서 판례의 입장이 타당하다.

Ⅱ. 현주건조물 등 방화죄

第164조(현주건조물 등에의 방화) ① 불을 놓아 사람이 주거로 사용하거나 사람이 현존하는 건조물, 기차, 전차, 자동차, 선박, 항공기 또는 지하채굴시설을 불태운 자는 무기 또는 3년 이상의 징역에 처한다.

第174조(미수범) 미수범은 처벌한다.

1. 의 의

불을 놓아 사람이 주거로 사용하거나 사람이 현존하는 건조물 등을 불태움(소훼함)으로써 성립하는 범죄이다.

2. 구성요건

(1) 객관적 구성요건

① **객 체** : 사람이 주거로 사용하거나 사람이 현존하는 건조물 · 기차 · 전차 · 자동차 · 선박 · 항공기 · 지하채굴시설이다.

㉮ **사람이 주거로 사용하거나 현존하는** : i) 사람은 범인 이외의 사람을 말한다. 따라서 범인이 혼자 살고 있는 집 또는 혼자 있는 건조물에 방화한 때에는 현주건조물방화죄가 아니라 일반건조물방화죄가 성립한다. [♣15 변시] 범인의 가족도 공범이 아닌 이상 범인 이외의 사람에 포함되므로 처와 함께 살고 있는 집에 방화한 때에도 본죄가 성립한다. [♠09 사시] ii) 건조물이 주거용일 때에는 사람의 현존을 요하지 않고, 사람이 현존하는 건조물인 때에는 주거용임을 요하지 아니한다. iii) 거주자를 모두 살해하고 방화한 경우, 살해행위와 거주행위가 시간적 · 내용적 연관성이 있으므로 살해행위에 착수한 때 사람이 현존한 것이므로 현주건조물방화죄가 성립한다는 견해도 있으나, 거주자가 모두 살해된 경우에는 더 이상 주거로 사용된다고 볼 수 없으므로 일반건조물방화죄가 성립한다고 보는 것이 타당하다.

判例 거주하는 가옥의 일부인 우사 = 현주건조물

사람이 거주하는 가옥의 일부로 되어 있는 우사에 대한 방화는 현주건조물방화에 해당한다 [대판 1967.8.29. 67도925].

㉯ **건조물 · 기차 · 전차 · 자동차 · 선박 · 항공기 · 지하채굴시설** : 건조물 등은 자기소유 · 타인소유를 불문한다.

② **행 위** : 불을 놓아(방화하여) 목적물을 소훼하는 것이다.

㉮ **방 화** : i) 방법에는 제한이 없다. 따라서 부작위에 의한 방화도 가능하다(예 소화의무 있는 자가 쉽게 소화할 수 있음에도 불구하고 화기를 이용하기 위하여 소화하지 않는 경우).[2] ii) 실행의 착수시기는 목적물에 점화하거나 매개물에 발화된 때이다.

判例 실행의 착수시기(매개물에 발화) 및 실행의 착수가 인정된 경우

[1] 매개물을 통한 점화에 의하여 건조물을 소훼함을 내용으로 하는 형태의 방화죄의 경우에, 범인이 그 매개물에 불을 켜서 붙였거나 또는 범인의 행위로 인하여 매개물에 불이 붙게 됨으로써 연소작용이 계속될 수 있는 상태에 이르렀다면 그것이 곧바로 진화되는 등의 사정으로 인하여 목적물인 건조물 자체에는 불이 옮겨 붙지 못하였다고 하더라도 방화죄의 실행의 착수가 있었다고 보아야 할 것이다. [♠11 사시]

2) 다만 화재현장에 있는 자가 공무원의 구조요구에 응하지 아니한 때에는 경범죄처벌법 위반에 해당할 뿐이다.

[2] 피고인이 방화의 의사로 뿌린 휘발유가 인화성이 강한 상태로 주택 주변과 피해자의 몸에 적지 않게 살포되어 있는 사정을 알면서도 라이터를 켜 불꽃을 일으킴으로써 피해자의 몸에 불이 붙은 경우, 비록 외부적 사정에 의하여 불이 방화 목적물인 주택 자체에 옮겨 붙지는 아니하였다 하더라도 현존건조물방화죄의 실행의 착수가 있었다고 봄이 상당하다[대판 2002.3.26. 2001도6641]. [♠ 04, 07, 08, 09, 11 사시] [♣ 12, 20 변시]

判例 실행의 착수가 부정된 경우

피고인이 선박에 침입하여 준비하였던 휘발유 1통을 동 선박 갑판부에 살포하고 소지 중이던 라이타를 꺼내어 점화하려 한 사실은 인정되나, 피고인이 아직 방화목적물 내지 그 도화물체에 점화하지 아니한 이상 방화죄의 착수로 논란하지 못할 것이다[대판 1960.7.22. 4293형상213]. [♠ 11 사시]

㈏ 불태움 : ⅰ) 목적물을 불태움으로써 방화죄는 기수가 된다. ⅱ) 판례는 화력이 매개물을 떠나 목적물에 독립하여 연소할 수 있는 상태에 이르렀을 때에 방화죄의 기수가 된다고 보고 있다(독립연소설).

判例 현주건조물방화죄의 기수에 해당하는 경우

불길이 방안을 태우면서 천정에까지 옮겨 붙었다면 도중에 진화되었다고 하더라도 일단 천정에 옮겨 붙은 때에 이미 현주건조물방화죄의 기수에 이른 것이다[대판 2007.3.15. 2006도9164].

(2) 주관적 구성요건

고의가 있어야하나, 본죄는 추상적 위험범이므로 공공의 위험에 대한 인식은 필요 없다.

3. 죄 수

① 적용법조가 다른 수 개의 건조물을 소훼한 경우 가장 중한 죄의 포괄일죄가 된다.

② 현주건조물방화의 고의를 가지고 인접한 일반건조물에 방화하였으나 현주건조물이 소훼되지 않은 경우에는 현주건조물방화죄의 미수가 되고 일반건조물에 대한 방화는 이에 흡수된다.

Ⅲ. 현주건조물 등 방화치사상죄

제164조(현주건조물 등에의 방화치사상) ② 제1항의 죄를 지어 사람을 상해에 이르게 한 경우에는 무기 또는 5년 이상의 징역에 처한다. 사망에 이르게 한 경우에는 사형, 무기 또는 7년 이상의 징역에 처한다.

判例 현존건조물방화치상죄에 해당하는 경우

피고인을 비롯한 30여 명의 공범들이 화염병 등 소지 공격조와 쇠파이프 소지 방어조로 나누어 이 사건 건물을 집단방화하기로 공모하고 이에 따라 공격조가 위 건물로 침입하여 화염병 수십 개를 1층 민원실 내부로 던져 불을 붙여 위 건물 내부를 소훼케 하는 도중에 공격조의 1인이 위 건조물 내의 피해자를 향하여 불이 붙은 화염병을 던진 사실을 알 수 있는바, 이와 같이 공격조 1인이 방화대상 건물 내에 있는 피해자를 향하여 불붙은 화염병을 던진 행위는 비록 그것이 피해자의 진화행위를 저지하기 위한 것이었다고 하더라도, 공격조에게 부여된 임무 수행을 위하여 이루어진 일련의 방화행위 중의 일부라고 보아야 할 것이고, 따라서 피해자의 화상은 이 사건 방화행위로 인하여 입은 것이라 할 것이므로 피고인을 비롯하여 당초 공모에 참여한 집단원 모두는 위 상해 결과에 대하여 현존건조물방화치상의 죄책을 면할 수 없다[대판 1996.4.12. 96도215].

Ⅳ. 공용건조물 등 방화죄

제165조(공용건조물 등에의 방화) 불을 놓아 공용으로 사용하거나 공익을 위해 사용하는 건조물, 기차, 전차, 자동차, 선박, 항공기 또는 지하채굴시설을 불태운 자는 무기 또는 3년 이상의 징역에 처한다.

제174조(미수범) 미수범은 처벌한다.

1. 공용 또는 공익에 공하는

공용에 공한다는 것은 국가 또는 공공단체의 이익을 위하여 사용된다는 것을 의미하며, 공익에 공한다는 것은 공중의 이익을 위하여 사용된다는 것을 의미한다.

2. 건조물 등

① 공용 또는 공익에 공하는 이상 누구의 소유인가를 불문한다.

② 공용 또는 공익에 공하는 건조물 등 일지라도 사람이 주거로 사용하거나 사람이 현존하는 경우에는 현주건조물 등 방화죄의 객체가 된다.

Ⅴ. 일반건조물 등 방화죄

제166조(일반건조물 등에의 방화) ① 불을 놓아 제164조와 제165조에 기재한 외의 건조물, 기차, 전차, 자동차, 선박, 항공기 또는 지하채굴시설을 불태운 자는 2년 이상의 유기징역에 처한다.
② 자기 소유인 제1항의 물건을 불태워 공공의 위험을 발생하게 한 자는 7년 이하의 징역 또는 1천만 원 이하의 벌금에 처한다.
제174조(미수범) 제1항의 죄의 미수범은 처벌한다.
제176조(타인의 권리대상이 된 자기의 물건) 자기의 소유에 속하는 물건이라도 압류 기타 강제처분을 받거나 타인의 권리 또는 보험의 목적물이 된 때에는 본장의 규정의 적용에 있어서 타인의 물건으로 간주한다.[3] [♣ 15 변시]

Ⅵ. 일반물건방화죄

제167조(일반물건에의 방화) ① 불을 놓아 제164조부터 제166조까지에 기재한 외의 물건을 불태워 공공의 위험을 발생하게 한 자는 1년 이상 10년 이하의 징역에 처한다.
② 제1항의 물건이 자기 소유인 경우에는 3년 이하의 징역 또는 700만원 이하의 벌금에 처한다.
제176조(타인의 권리대상이 된 자기의 물건) 자기의 소유에 속하는 물건이라도 압류 기타 강제처분을 받거나 타인의 권리 또는 보험의 목적물이 된 때에는 본장의 규정의 적용에 있어서 타인의 물건으로 간주한다.

判例 공공의 위험 발생이 인정되지 않아 일반물건방화죄가 성립하지 않는 경우

1. 형법 제167조 제1항의 공공의 위험이란 일반물건을 소훼하고 이로 인하여 불특정 다수인의 생명, 신체, 재산에 위해를 가할 우려 있다고 볼 수 있는 상태를 말하는바 이 사건 현장은 김해평야에 속하는 곳으로 주위에 아무런 농작물이 없는 논으로서 서쪽에 약 50m 폭의 논 1필지를 건너 다른 사람의 비닐하우스 2채가 있을 뿐 가장 가까운 인가는 약 300m 나 떨어져 있음을 인정할 수 있어 피고인의 이사건 범행으로 사람의 생명이나 신체 또는 재산에 구체적으로 위험을 줄 수 있는 상태가 아니며 또 연소되어 나갈만한 자료가 전혀 없으므로 공공의 위험이 발생하였다고는 할 수 없다[대구고법 1979.1.24. 78노941].
2. [1] 형법상 방화죄의 객체인 건조물은 토지에 정착되고 벽 또는 기둥과 지붕 또는 천장으로 구성되어 사람이 내부에 기거하거나 출입할 수 있는 공작물을 말하고, 반드시 사람의 주거용이어야 하는 것은 아니라도 사람이 사실상 기거·취침에 사용할 수 있는 정도는 되어야 한다.

3) 甲이 자신의 창고가 국세징수법에 의한 체납처분에 의해 압류되자 홧김에 불을 놓아 소훼하였다면 타인소유일반건조물방화죄가 성립한다. [♠ 09 사시]

[2] 甲이 지붕과 문짝, 창문이 없고 담장과 일부 벽체가 붕괴된 철거 대상 건물로서 사실상 기거 · 취침에 사용할 수 없는 폐가의 내부와 외부에 쓰레기를 모아놓고 태워 그 불길이 폐가 주변 수목 4~5그루를 태우고 폐가의 벽을 일부 그을리게 하였다면, 甲에게는 형법 제166조의 건조물방화죄 및 제167조의 일반물건방화죄가 성립하지 아니한다고 한 사례[대판 2013.12.12. 2013도3950].

판결이유 이 사건 폐가는 지붕과 문짝, 창문이 없고 담장과 일부 벽체가 붕괴된 철거 대상 건물로서 사실상 기거 · 취침에 사용할 수 없는 상태의 것이므로 형법 제166조의 건조물이 아닌 형법 제167조의 물건에 해당하고, 피고인이 이 사건 폐가의 내부와 외부에 쓰레기를 모아놓고 태워 그 불길이 이 사건 폐가 주변 수목 4~5그루를 태우고 폐가의 벽을 일부 그을리게 하는 정도만으로는 방화죄의 기수에 이르렀다고 보기 어려우며, 일반물건방화죄에 관하여는 미수범의 처벌 규정이 없으므로 피고인은 무죄이다.

判例 '무주물'을 '자기 소유의 물건'에 준하는 것으로 볼 수 있다는 사례

[1] 형법 제167조 제2항은 방화의 객체인 물건이 자기의 소유에 속한 때에는 같은조 제1항보다 감경하여 처벌하는 것으로 규정하고 있는바, 방화죄는 공공의 안전을 제1차적인 보호법익으로 하지만 제2차적으로는 개인의 재산권을 보호하는 것이라고 볼 수 있는 점, 현재 소유자가 없는 물건인 무주물에 방화하는 경우에 타인의 재산권을 침해하지 않는 점은 자기의 소유에 속한 물건을 방화하는 경우와 마찬가지인 점, 무주의 동산을 소유의 의사로 점유하는 경우에 소유권을 취득하는 것에 비추어(민법 제252조) 무주물에 방화하는 행위는 그 무주물을 소유의 의사로 점유하는 것이라고 볼 여지가 있는 점 등을 종합하여 보면, 불을 놓아 무주물을 소훼하여 공공의 위험을 발생하게 한 경우에는 '무주물'을 '자기 소유의 물건'에 준하는 것으로 보아 형법 제167조 제2항을 적용하여 처벌하여야 한다.
[2] 노상에서 전봇대 주변에 놓인 재활용품과 쓰레기 등에 불을 놓아 소훼한 사안에서, 그 재활용품과 쓰레기 등은 '무주물'로서 형법 제167조 제2항에 정한 '자기 소유의 물건'에 준하는 것으로 보아야 하므로, 여기에 불을 붙인 후 불상의 가연물을 집어넣어 그 화염을 키움으로써 전선을 비롯한 주변의 가연물에 손상을 입히거나 바람에 의하여 다른 곳으로 불이 옮아붙을 수 있는 공공의 위험을 발생하게 하였다면, 일반물건방화죄가 성립한다고 한 사례[대판 2009.10.15. 2009도7421].

Ⅶ. 연소죄

제168조(연소) ① 제166조 제2항 또는 전조 제2항의 죄를 범하여 제164조, 제165조 또는 제166조 제1항에 기재한 물건에 연소한 때에는 1년 이상 10년 이하의 징역에 처한다.
② 전조 제2항의 죄를 범하여 전조 제1항에 기재한 물건에 연소한 때에는 5년 이하의 징역에 처한다.

① 자기소유일반건조물방화죄(제166조 제2항) 또는 자기소유일반물건방화죄(제167조 제2항)를 기본범죄로 하는 결과적 가중범에 해당한다(예 甲이 乙의 창고(타인소유 일반건조물)에 불을 지르자 강풍에 의해 불길이 번져 인접하고 있는 丙의 창고를 연소한 경우에는 연소죄가 성립할 수 없다). [♠ 00, 09 사시]

② 처음부터 현주건조물방화죄(제164조), 공용건조물방화죄(제165조), 타인소유일반건조물방화죄(제166조 제1항)에 대한 고의가 있었던 경우 이들 범죄가 성립할 뿐 연소죄가 성립하지 아니한다(예 甲이 乙의 가옥을 방화하기 위하여 甲자신의 창고에 불을 지른 경우에는 현주건조물방화죄(기수 또는 미수)가 성립할 수 있을 뿐 연소죄가 성립할 수 없다).

Ⅷ. 진화방해죄

제169조(진화방해) 화재에 있어서 진화용의 시설 또는 물건을 은닉 또는 손괴하거나 기타 방법으로 진화를 방해한 자는 10년 이하의 징역에 처한다.

1. 화재에 있어서[4]

'화재'란 진화를 하지 않으면 꺼지지 않을 정도의 화재를 말한다. 화재가 완전히 발생한 상태는 물론이고 발생하기 시작한 상태도 포함된다. 화재의 원인은 방화이든 실화이든 천재지변에 의한 것이든 불문한다.

2. 진화용의 시설 또는 물건

① 원래 화재를 방지하기 위하여 만든 물건일 것을 요한다. 따라서 일반통신시설과 같이 일시적으로 소방을 위하여 사용되는 데 불과한 물건은 포함되지 아니한다(통설).

② 소유관계는 불문한다.

4) '화재에 있어서'는 객관적 구성요건요소 중 행위상황에 해당한다. 따라서 행위자가 화재의 상황이 아님에도 화재의 상황이라고 오인하였다고 하더라도 이는 불능미수가 될 수 없다. 형법 제27조는 수단 또는 대상의 착오의 경우에만 불능미수가 인정될 수 있음을 규정하고 있기 때문이다.

3. 기타 방법

① 소방차를 못가게 하거나, 소방관을 폭행 · 협박하는 경우가 그 예이다.

② 공무원의 진화협력요구에 불응한 경우에는 경범죄처벌법 위반에 해당할 뿐이다.

Ⅸ. 폭발성물건파열죄와 폭발성물건파열치사상죄

제172조(폭발성물건파열) ① 보일러, 고압가스 기타 폭발성 있는 물건을 파열시켜 사람의 생명, 신체 또는 재산에 대하여 위험을 발생시킨 자는 1년 이상의 유기징역에 처한다.
② 제1항의 죄를 범하여 사람을 상해에 이르게 한 때에는 무기 또는 3년 이상의 징역에 처한다. 사망에 이르게 한 때에는 무기 또는 5년 이상의 징역에 처한다.
제174조(미수범) 미수범은 처벌한다.

Ⅹ. 가스 · 전기 등 방류죄와 가스 · 전기 등 방류치사상죄

제172조의2(가스 · 전기 등 방류) ① 가스, 전기, 증기 또는 방사선이나 방사성 물질을 방출, 유출 또는 살포시켜 사람의 생명, 신체 또는 재산에 대하여 위험을 발생시킨 자는 1년 이상 10년 이하의 징역에 처한다.
② 제1항의 죄를 범하여 사람을 상해에 이르게 한 때에는 무기 또는 3년 이상의 징역에 처한다. 사망에 이르게 한 때에는 무기 또는 5년 이상의 징역에 처한다.
제174조(미수범) 미수범은 처벌한다.

Ⅺ. 가스 · 전기 등 공급방해죄와 가스 · 전기 등 공급방해치사상죄

제173조(가스 · 전기 등 공급방해) ① 가스, 전기 또는 증기의 공작물을 손괴 또는 제거하거나 기타 방법으로 가스, 전기 또는 증기의 공급이나 사용을 방해하여 공공의 위험을 발생하게 한 자는 1년 이상 10년 이하의 징역에 처한다.
② 공공용의 가스, 전기 또는 증기의 공작물을 손괴 또는 제거하거나 기타 방법으로 가스, 전기 또는 증기의 공급이나 사용을 방해한 자도 전항의 형과 같다.
③ 제1항 또는 제2항의 죄를 범하여 사람을 상해에 이르게 한 때에는 2년 이상의 유기징역에 처한다. 사망에 이르게 한 때에는 무기 또는 3년 이상의 징역에 처한다.
제174조(미수범) 제1항과 제2항의 미수범은 처벌한다.

XII. 방화 등 예비·음모죄

第175조(예비·음모) 제164조 제1항(현주건조물 등 방화죄), 제165조(공용건조물 등 방화죄), 제166조 제1항(타인소유일반건조물 등 방화죄), 제172조 제1항(폭발성물건파열죄), 제172조의2 제1항(가스·전기 등 방류죄), 제173조 제1항과 제2항의 죄(가스·전기 등 공급방해죄)를 범할 목적으로 예비 또는 음모한 자는 5년 이하의 징역에 처한다. 단 그 목적한 죄의 실행에 이르기 전에 자수한 때에는 형을 감경 또는 면제한다.

XIII. 실화죄

第170조(실화) ① 과실로 제164조 또는 제165조에 기재한 물건 또는 타인 소유인 제166조에 기재한 물건을 불태운 자는 1천500만원 이하의 벌금에 처한다.
② 과실로 자기 소유인 제166조의 물건 또는 제167조에 기재한 물건을 불태워 공공의 위험을 발생하게 한 자도 제1항의 형에 처한다. [♠ 12 사시][5)]

XIV. 업무상실화·중실화죄

第171조(업무상실화, 중실화) 업무상과실 또는 중대한 과실로 인하여 제170조의 죄를 범한 자는 3년 이하의 금고 또는 2천만원 이하의 벌금에 처한다.

判例 업무상실화죄에 있어서 업무의 범위

업무상실화죄에 있어서의 업무에는 그 직무상 화재의 원인이 된 화기를 직접 취급하는 것에 그치지 않고 화재의 발견, 방지 등의 의무가 지워진 경우를 포함한다[대판 1983.5.10. 82도2279].

判例 업무상 주의의무가 인정되지 않는 경우

1. 자동차 운전업무에 종사하는 자는 자동차 충돌로 인한 사고발생을 미리 방지하여야 할 의무가 있다고 하는 것은 몰라도, 일반적으로 그 자동차 운전 중 충돌로 인한 기름탱크의 파열로 발생할지 모를 화재를 미리 방지하여야 할 업무상의 주의의무는 없다고 할 것이다[대판 1972.2.22. 71도2231].

5) 이와 같이 구체적 위험범은 과실범의 형태로도 존재한다.

2. 소방법의 규정에 비추어 보면 유조차의 석유를 구판점의 지하 석유탱크에 공급하는 작업은 위험물취급주임의 참여하에 하여야 하고, 작업자는 그의 보완에 관한 지시와 감독하에 일을 하여야 하는 것이며, 그 보안에 관한 책임은 위험물취급주임에게 있는 것이라고 보아야 할 것인바, 유조차의 운전사에게 위험물취급주임의 지시 없이도 석유가 제대로 급유되는지, 어떠한 사유로 인하여 급유장애가 발생하는지 여부를 확인하기 위하여 급유가 끝날 때까지 그와 함께 또는 그와 교대로 급유호스가 주입구에서 빠지려고 할 때는 즉시 대응조치를 할 수 있는 자세를 갖추어야 할 업무상의 주의의무가 있다고 할 수는 없으므로, 유조차운전사가 석유구판점의 위험물취급주임의 지시를 받아 유조차의 석유를 구판점 탱크로 급유하다가 급유호스가 탱크주입구에서 빠지는 바람에 분출된 석유가 화기에 인화되어 화재가 발생한 경우 운전수가 위험물취급주임이 탱크주입구 부분을 이탈하였음을 보고서도 유조차 운전석에 앉아 다른 일을 보고 있었다고 하여 운전사에게 화재발생에 대하여 과실이 있다고 책임을 물을 수는 없다[대판 1990.11.13. 90도2011].

XV. 과실폭발성물건파열 등 죄

제173조의2(과실폭발성물건파열 등) ① 과실로 제172조 제1항(폭발성물건파열죄), 제172조의2 제1항(가스·전기등 방류죄), 제173조 제1항과 제2항의 죄(가스·전기 등 공급방해죄)를 범한 자는 5년 이하의 금고 또는 1천500만원 이하의 벌금에 처한다.

② 업무상과실 또는 중대한 과실로 제1항의 죄를 범한 자는 7년 이하의 금고 또는 2천만원 이하의 벌금에 처한다.

제4절 일수와 수리에 관한 죄

Ⅰ. 총 설

1. 의 의

일수의 죄란 고의 또는 과실로 수해를 일으켜 공공의 안전을 해하는 것을 내용으로 하는 범죄이며, 수리방해죄란 수리권의 침해를 내용으로 하는 범죄이다.

2. 보호법익

① 일수의 죄의 주된 보호법익은 공공의 안전이지만, 부차적으로 개인의 재산권도 보호법익이 된다.

② 수리방해죄는 수리권을 보호법익으로 한다.

3. 보호정도

① 일수죄와 과실일수죄의 경우 객체에 따라 추상적 위험범과 구체적 위험범이 나누어진다.

② 수리방해죄는 추상적 위험범이다.

Ⅱ. 현주건조물 등 일수죄

제177조(현주건조물 등에의 일수) ① 물을 넘겨 사람의 주거에 사용하거나 사람의 현존하는 건조물, 기차, 전차, 자동차, 선박, 항공기 또는 광갱을 침해한 자는 무기 또는 3년 이상의 징역에 처한다.
제182조(미수범) 미수범은 처벌한다.

Ⅲ. 현주건조물일수치사상죄

제177조(현주건조물 등에의 일수) ② 제1항의 죄를 범하여 사람을 상해에 이르게 한 때에는 무기 또는 5년 이상의 징역에 처한다. 사망에 이르게 한 때에는 무기 또는 7년 이상의 징역에 처한다.

Ⅳ. 공용건조물 등 일수죄

제178조(공용건조물 등에의 일수) 물을 넘겨 공용 또는 공익에 공하는 건조물, 기차, 전차, 자동차, 선박, 항공기 또는 광갱을 침해한 자는 무기 또는 2년 이상의 징역에 처한다.
제182조(미수범) 미수범은 처벌한다.

Ⅴ. 일반건조물 등 일수죄

제179조(일반건조물 등에의 일수) ① 물을 넘겨 전2조에 기재한 이외의 건조물, 기차, 전차, 자동차, 선박, 항공기 또는 광갱 기타 타인의 재산을 침해한 자는 1년 이상 10년 이하의 징역에 처한다.
② 자기의 소유에 속하는 전항의 물건을 침해하여 공공의 위험을 발생하게 한 때에는 3년 이하의 징역 또는 700만원 이하의 벌금에 처한다.
③ 제176조의 규정은 본조의 경우에 준용한다.
제176조(타인의 권리대상이 된 자기의 물건) 자기의 소유에 속하는 물건이라도 압류 기타 강제처분을 받거나 타인의 권리 또는 보험의 목적물이 된 때에는 본장의 규정의 적용에 있어서 타인의 물건으로 간주한다.
제182조(미수범) 제1항의 미수범은 처벌한다.

Ⅵ. 방수방해죄[1)]

제180조(방수방해) 수재에 있어서 방수용의 시설 또는 물건을 손괴 또는 은닉하거나 기타 방법으로 방수를 방해한 자는 10년 이하의 징역에 처한다.

1) 방화죄의 진화방해죄와 상응하는 범죄에 해당한다.

Ⅶ. 과실일수죄

제181조(과실일수) 과실로 인하여 제177조 또는 제178조에 기재한 물건을 침해한 자 또는 제179조에 기재한 물건을 침해하여 공공의 위험을 발생하게 한 자는 1천만원 이하의 벌금에 처한다.

① 업무상과실과 중과실의 경우 가중처벌규정이 존재하지 않는다.

② 업무상과실 또는 중과실에 의한 일수의 경우 (단순)과실일수죄로 처벌받는다.

Ⅷ. 일수예비 · 음모죄[2)]

제183조(예비, 음모) 제177조 내지 제179조 제1항의 죄를 범할 목적으로 예비 또는 음모한 자는 3년 이하의 징역에 처한다.

Ⅸ. 수리방해죄

제184조(수리방해) 둑을 무너뜨리거나 수문을 파괴하거나 그 밖의 방법으로 수리를 방해한 자는 5년 이하의 징역 또는 700만원 이하의 벌금에 처한다.

1. 수 리

관개 · 목축 · 수차 · 발전 등 일체의 물의 이용을 말한다. 물은 자연수 · 인공수를 불문하고 물의 이용방법과 종류도 불문한다. 다만 수도에 의한 음용수의 이용은 수도불통죄의 객체에 해당하고, 교통상 이용되는 수로는 일반교통방해죄의 객체에 해당한다.

2. 수리권의 근거

법령 · 계약은 물론 관습에 의하여도 인정될 수 있다.

---

2) 방화죄와 달리 자수자에 대한 필요적 감면규정이 없다.

判例 수리권의 근거

수리방해죄는 타인의 수리권을 보호법익으로 하므로 수리방해죄가 성립하기 위하여는 법령, 계약 또는 관습 등에 의하여 타인의 권리에 속한다고 인정될 수 있는 물의 이용을 방해하는 것이어야 한다[대판 2001.6.26. 2001도404].

判例 수리방해죄가 성립하는 경우

몽리민(蒙利民)들이 계속하여 20년 이상 평온 · 공연하게 본건 유지의 물을 사용하여 소유농지를 경작하여 왔다면 그 유지의 물을 사용할 권리가 있다고 할 것이므로 그 권리를 침해하는 행위는 수리방해죄를 구성한다 할 것이다[대판 1968.2.20. 67도1677].

判例 수리방해죄가 성립하지 않는 경우

1. [1] 원천 내지 자원으로서의 물의 이용이 아니라, 하수나 폐수 등 이용이 끝난 물을 배수로를 통하여 내려보내는 것은 형법 제184조 소정의 수리에 해당한다고 할 수 없다.
   [2] 농촌주택에서 배출되는 생활하수의 배수관(소형 PVC관)을 토사로 막아 하수가 내려가지 못하게 한 경우, 수리방해죄에 해당하지 아니한다[대판 2001.6.26. 2001도404].
2. 수리방해죄가 성립하기 위하여는 행위자가 본조에 규정된 행위방법으로서 수리를 방해할 것이 필요하다 할 것인바, 삽으로 흙을 떠올려 물줄기를 막은 행위만으로 수리방해를 인정할 수 없는 것이다[대판 1975.6.24. 73도2594].

제5절 교통방해의 죄

Ⅰ. 총 설

1. 의 의

교통방해죄란 교통로 또는 교통기관 등 공공의 교통설비를 손괴 또는 불통하게 하여 교통을 방해하는 것을 내용으로 하는 범죄이다.

2. 보호법익과 보호의 정도

① 보호법익 : ⅰ) 판례는 일반교통방해죄의 보호법익을 일반공중의 교통안전이라고 보고 있다. ⅱ) 다수설은 공중의 교통안전뿐만 아니라 공중의 생명 · 신체 · 재산의 안전도 보호법익에 포함된다고 본다.

② 보호의 정도 : 추상적 위험범이다.

Ⅱ. 일반교통방해죄

제185조(일반교통방해) 육로, 수로 또는 교량을 손괴 또는 불통하게 하거나 기타 방법으로 교통을 방해한 자는 10년 이하의 징역 또는 1천500만원 이하의 벌금에 처한다.
제190조(미수범) 미수범은 처벌한다.

※ 기타 방법 : 폭력으로 통행을 차단하거나 허위의 교통표지를 세우는 것이 그 예이다.

判例 일반교통방해죄의 '육로'의 의의

1. 형법 제185조의 육로라 함은 일반공중의 왕래에 공용된 장소로서 특정인에 한하지 않고 불특정 다수인 또는 차마가 자유롭게 통행할 수 있는 공공성을 지닌 장소를 말한다[대판 1988.5.10. 88도262].
2. 형법 제185조의 일반교통방해죄는 일반공중의 교통의 안전을 보호법익으로 하는 범죄로서 여기서의 '육로'라 함은 사실상 일반공중의 왕래에 공용되는 육상의 통로를 널리 일컫는 것으로서 그 부지의 소유관계나 통행권리관계 또는 통행인의 많고 적음 등을 가리지 않는다[대판 2002.4.26. 2001도6903].

判例 일반교통방해죄의 '육로'에 해당하지 않는 경우

1. **(공공성 요건 흠결)** 토지상에 정당한 도로개설이 되기 전까지 소유자가 농작물경작지로서 이용하려고 하였고, 부근 주민들은 큰 도로로 나아가는 간편한 통로로 이용하려고 하여 분쟁이 계속

되었다면 이는 주민들이 자유롭게 통행할 수 있는 공공성이 있는 곳이라고 보기 어려워 형법 제185조의 '육로'로 볼 수 없다[대판 1988.5.10. 88도262].

동지판례 i) 목장 소유자가 목장운영을 위해 목장용지 내에 임도를 개설하고 차량 출입을 통제하면서 인근 주민들의 일부 통행을 부수적으로 묵인한 경우, 위 임도는 공공성을 지닌 장소가 아니어서 일반교통방해죄의 '육로'에 해당하지 않는다고 한 사례[대판 2007.10.11. 2005도7573]. ii) 공로에 출입할 수 있는 다른 도로가 있는 상태에서 토지 소유자로부터 일시적인 사용승낙을 받아 통행하거나 토지 소유자가 개인적으로 사용하면서 부수적으로 타인의 통행을 묵인한 장소에 불과한 도로는 위 규정에서 말하는 육로에 해당하지 않는다[대판 2017.4.7. 2016도12563].

2. **(일반공중의 왕래에 공용된 장소가 아닌 경우)** 토지의 소유자가 자신의 토지의 한쪽 부분을 일시 공터로 두었을 때 인근주민들이 위 토지의 동서쪽에 있는 도로에 이르는 지름길로 일시 이용한 적이 있다 하여도 이를 일반공중의 내왕에 공용되는 도로라고 할 수 없으므로 형법 제185조 소정의 육로로 볼 수 없다[대판 1984.11.13. 84도2192].

判例 일반교통방해죄가 성립하는 경우

1. 인근 상가의 통행로로 이용되고 있는 토지의 사실상 지배권자가 위 토지에 철주와 철망을 설치하고 포장된 아스팔트를 걷어냄으로써 통행로로 이용하지 못하게 한 경우, 이는 일반교통방해죄를 구성하고 자구행위에 해당하지 않는다고 한 사례[대판 2007.12.28. 2007도7717]. [♠ 12 사시] [♣ 14 변시]
2. 주민들에 의하여 공로로 통하는 유일한 통행로로 오랫동안 이용되어 온 폭 2m의 골목길을 자신의 소유라는 이유로 폭 50㎝ 내지 75㎝ 가량만 남겨두고 담장을 설치하여 주민들의 통행을 현저히 곤란하게 한 경우[대판 1994.11.4. 94도2112].
3. 농가의 영농을 위한 경운기나 리어카 등의 통행을 위한 농로로 개설된 도로가 사실상 일반 공중의 왕래에 공용되는 도로로 된 경우 이러한 농로에서 차량의 통행을 방해한 경우[대판 1995.9.15. 95도1475].
4. 불특정 다수인의 통행로로 이용되어 오던 도로의 토지 일부의 소유자가 그 도로의 중간에 바위를 놓아두거나 이를 파헤침으로써 차량의 통행을 못하게 한 경우[대판 2002.4.26. 2001도6903].
5. 피고인들이 적법절차를 거치지 않고 광업소 출입구를 봉쇄하고 바리케이트를 설치하여 통근버스의 운행을 방해한 경우[대판 1990.7.10. 90도755].

判例 일반교통방해죄가 성립하지 않는 경우

1. 약 600명의 노동조합원들이 차도만 설치되어 있을 뿐 보도는 따로 마련되어 있지 아니한 도로 우측의 편도 2차선의 대부분을 차지하면서 대오를 이루어 행진하는 방법으로 시위를 하고 이로 인하여 나머지 편도 2차선으로 상·하행차량이 통행하느라 차량의 소통이 방해된 경우[대판 1992.8.18. 91도2771].

판례해설 교통이 방해되었다고 하더라도 보도가 따로 마련되어 있지 않은 상황이었으므로 이는 시위를 위한 정상적인 도로의 사용에 불과하다는 취지의 판례이다.

비교판례 서울 중구 소공동의 왕복 4차로의 도로 중 편도 3개 차로 쪽에 차량 2, 3대와 간이테이블 수십개를 이용하여 길가쪽 2개 차로를 차지하는 포장마차를 설치하고 영업행위를 한 것은, 비록 행위가 교통량이 상대적으로 적은 야간에 이루어졌다 하더라도 형법 제185조의 일반교통방해죄를 구성한다고 한 사례[대판 2007.12.14. 2006도4662].

2. 포터트럭을 도로변의 노상 주차장에 주차된 차량들 옆으로 바짝 붙여 주차시키기는 하였지만 그 옆으로 다소 불편하기는 하겠으나 다른 차량들이 충분히 지나갈 수 있었을 것으로 보이는 경우[대판 2003.10.10. 2003도4485].

3. 공항 여객터미널 버스정류장 앞 도로 중 공항리무진 버스 외의 다른 차의 주차가 금지된 구역에서 밴 차량을 40분간 불법주차하고 호객행위를 한 것이, 다른 차량들의 통행을 불가능하거나 현저히 곤란하게 한 것으로 볼 수 없는 경우 일반교통방해죄를 구성하지 않는다[대판 2009.7.9. 2009도4266].

判例 경우에 따라 일반교통방해죄의 성립여부가 달라지는 경우

1. 구 집회 및 시위에 관한 법률(2007.5.11. 법률 제8424호로 전문 개정되기 전의 것) 제6조 제1항 및 입법취지에 비추어, 적법한 신고를 마치고 도로에서 집회나 시위를 하는 경우 도로의 교통이 어느 정도 제한될 수밖에 없으므로, 그 집회 또는 시위가 신고된 범위 내에서 행해졌거나 신고된 내용과 다소 다르게 행해졌어도 신고된 범위를 현저히 일탈하지 않는 경우에는, 그로 인하여 도로의 교통이 방해를 받았다고 하더라도 특별한 사정이 없는 한 형법 제185조의 일반교통방해죄가 성립한다고 볼 수 없다. 그러나 그 집회 또는 시위가 당초 신고된 범위를 현저히 일탈하거나 구 집회 및 시위에 관한 법률 제12조에 의한 조건을 중대하게 위반하여 도로 교통을 방해함으로써 통행을 불가능하게 하거나 현저하게 곤란하게 하는 경우에는 일반교통방해죄가 성립한다[대판 2008.11.13. 2006도755].

2. 피고인의 가옥 앞 도로가 폐기물 운반 차량의 통행로로 이용되어 가옥 일부에 균열 등이 발생하자 피고인이 위 도로에 트랙터를 세워두거나 철책 펜스를 설치함으로써 위 차량의 통행을 불가능하게 하거나 위 차량들의 앞을 가로막고 앉아서 통행을 일시적으로 방해한 경우, 전자의 경우에만 일반교통방해죄를 구성한다고 한 사례[대판 2009.1.30. 2008도10560].

판결이유 도로를 가로막고 앉아서 위 차량의 통행을 일시적으로 방해한 행위가 교통을 방해하여 통행을 불가능하게 하거나 현저하게 곤란하게 하는 행위라고 보기는 어렵다.

判例 불법 집회, 시위에 참가한 자의 일반교통방해죄 성립요건

당초 신고된 범위를 현저히 일탈하거나 집회 및 시위에 관한 법률 제12조(교통 소통을 위한 제한)에 의한 조건을 중대하게 위반하여 도로 교통을 방해함으로써 통행을 불가능하게 하거나 현저하게 곤란하게 하는 집회 및 시위에 참가하였다고 하여, 그러한 참가자 모두에게 당연히 일반교통방해죄가 성립한다고 할 수는 없고, 실제로 그 참가자가 위와 같이 신고된 범위의 현저한 일탈 또는 조건의 중대한 위반에 가담하여 교통방해를 유발하는 직접적인 행위를 하였거나, 그렇지 아니할 경우에는 그 참가자의 참가 경위나 관여 정도 등에 비추어 그 참가자에게 공모공동정범으로서의 죄책을 물을 수 있는 경우라야 일반교통방해죄가 성립한다고 할 것이다[대판 2017.12.22. 2017도14879].

Ⅲ. 기차 · 선박 등 교통방해죄

제186조(기차, 선박 등의 교통방해) 궤도, 등대 또는 표지를 손괴하거나 기타 방법으로 기차, 전차, 자동차, 선박 또는 항공기의 교통을 방해한 자는 1년 이상의 유기징역에 처한다.
제190조(미수범) 미수범은 처벌한다.
제191조(예비, 음모) 본죄를 범할 목적으로 예비 또는 음모한 자는 3년 이하의 징역에 처한다.

Ⅳ. 기차 등 전복죄

제187조(기차 등의 전복) 사람의 현존하는 기차, 전차, 자동차, 선박 또는 항공기를 전복, 매몰, 추락 또는 파괴한 자는 무기 또는 3년 이상의 징역에 처한다.
제190조(미수범) 미수범은 처벌한다.
제191조(예비, 음모) 본죄를 범할 목적으로 예비 또는 음모한 자는 3년 이하의 징역에 처한다.

判例 선박의 '파괴'에 해당하지 않는다고 한 사례

[1] 형법이 제187조를 교통방해의 죄 중 하나로서 그 법정형을 높게 정하는 한편 미수, 예비 · 음모까지도 처벌 대상으로 삼고 있는 사정에 덧붙여 '파괴' 외에 다른 구성요건 행위인 전복, 매몰, 추락 행위가 일반적으로 상당한 정도의 손괴를 수반할 것이 당연히 예상되는 사정 등을 고려해 볼 때, 형법 제187조에서 정한 '파괴'란 다른 구성요건 행위인 전복, 매몰, 추락 등과 같은 수준으로 인정할 수 있을 만큼 교통기관으로서의 기능 · 용법의 전부나 일부를 불가능하게 할 정도의 파손을 의미하고, 그 정도에 이르지 아니하는 단순한 손괴는 포함되지 않는다.
[2] 총 길이 338m, 갑판 높이 28.9m, 총 톤수 146,848톤, 유류탱크 13개, 평형수탱크 4개인 대형 유조선의 유류탱크 일부에 구멍이 생기고 선수마스트, 위성통신 안테나, 항해등 등이 파손된 정도에 불과한 것은 형법 제187조에 정한 선박의 '파괴'에 해당하지 않는다고 한 사례[대판 2009.4.23. 2008도11921].

Ⅴ. 교통방해치사상죄

제188조(교통방해치사상) 제185조 내지 제187조의 죄를 범하여 사람을 상해에 이르게 한 때에는 무기 또는 3년 이상의 징역에 처한다. 사망에 이르게 한 때에는 무기 또는 5년 이상의 징역에 처한다.

Ⅵ. 과실교통방해죄, 업무상과실 · 중과실 교통방해죄

제189조(과실) ① 과실로 인하여 제185조 내지 제187조의 죄를 범한 자는 1천만원 이하의 벌금에 처한다.
② 업무상 과실 또는 중대한 과실로 인하여 제185조 내지 제187조의 죄를 범한 자는 3년 이하의 금고 또는 2천만원 이하의 벌금에 처한다.

判例 업무상과실교통방해죄와 관련한 판례정리

1. 형법 제187조에서 말하는 항공기의 "추락"이라 함은 공중에 떠 있는 항공기를 정상시 또는 긴급시의 정해진 항법에 따라 지표 또는 수면에 착륙 또는 착수시키지 못하고, 그 이외의 상태로 지표 또는 수면에 낙하시키는 것을 말하는 것인바, 헬리콥터에 승객 3명을 태우고 운항하던 조종사가 엔진고장이 발생한 경우에 위 항공기를 긴급시의 항법으로서 정해진 절차에 따라 운항하지 못한 과실로 말미암아 사람이 현존하는 위 항공기를 안전하게 비상착수시키지 못하고 해상에 추락시켰다면 업무상 과실항공기추락죄에 해당한다[대판 1990.9.11. 90도1486].
2. 성수대교 붕괴사고에서 교량 건설회사의 트러스 제작 책임자, 교량공사 현장감독, 발주 관청의 공사감독 공무원 등에게는 업무상 과실치사상, 업무상 과실일반교통방해, 업무상 과실자동차추락죄가 성립하고, 위 각 죄는 형법 제40조 소정의 상상적 경합관계에 있다[대판 1997.11.28. 97도1740].
3. 형법 제189조 제2항, 제187조 소정의 업무상 과실자동차파괴등죄는 … 도로교통법 제74조의 구성요건보다 축소 한정되는 관계인 점 등에 비추어 위 양법규는 일반법과 특별법 관계가 아닌 별개의 독립된 구성요건으로 해석함이 상당하다[대판 1983.9.27. 82도671].

제2장 공공의 신용에 대한 죄

위조와 변조 등 각 행위의 성립요건을 잘 이해한 후 객체 즉, 통화, 유가증권, 문서의 의의를 이해하면 전체적인 맥락이 잡히는 부분이다. 문서에 관한 죄는 매년 최소한 1문제 이상 출제된다고 보아도 무방하다. 문서의 요건과 관련하여 문서에 해당하는지 여부, 사자명의의 문서성 인정요건, 공(사)전자기록위작죄와 관련하여 위작의 의미에 관한 전합판례, 공문서부정행사죄의 객체의 요건 및 그 해당여부, 부정행사의 의미에 관한 판례를 정리해 두어야 한다. 초기에는 상당히 어렵게 느껴지는 부분이므로 강의 등을 통하여 잘 정리해 두기를 바란다.

제1절 통화에 관한 죄

Ⅰ. 총 설

1. 의 의

① 통화에 관한 죄란 행사할 목적으로 통화를 위조·변조하거나, 위조·변조한 통화를 행사·수입·수출 또는 취득하거나, 통화유사물을 제조·수입·수출·판매하는 것을 내용으로 하는 범죄이다.

② 통화에 관한 죄는 문서에 관한 죄의 특수한 경우에 해당하므로, 통화에 관한 죄가 성립하는 때에는 문서에 관한 죄는 별도로 성립하지 아니한다.

2. 보호법익

통화에 관한 죄의 보호법익은 통화에 대한 공공의 신용과 안전이며(통설), 보호의 정도는 추상적 위험범이다.

Ⅱ. 내국통화 위조·변조죄

제207조(통화의 위조 등) ① 행사할 목적으로 통용하는 대한민국의 화폐, 지폐 또는 은행권을 위조 또는 변조한 자는 무기 또는 2년 이상의 징역에 처한다.
제212조(미수범) 미수범은 처벌한다.

1. 의 의

행사할 목적으로 통용하는 대한민국의 화폐·지폐 또는 은행권을 위조 또는 변조함으로써 성립하는 범죄이다.

2. 구성요건

(1) 객관적 구성요건

① 객 체 : 통용하는 대한민국의 통화이다.

㉮ **통 화** : ⅰ) 국가 또는 국가에 의하여 발행권한이 부여된 기관에 의해 금액이 표시된 지불수단으로서 강제통용력이 인정된 것을 말한다. ⅱ) 통화의 종류는 화폐 · 지폐 · 은행권이 있으며, 화폐의 경우 명목가치에 가까운 실가를 가질 필요는 없다.

㉯ **통 용** : ⅰ) 법률에 의하여 강제통용력이 인정되는 것을 말한다. 사실상 국내에서 사용되는 것을 의미하는 유통과 구별된다. ⅱ) 강제통용력이 없는 고화 · 폐화는 통화가 아니다. 통용기간을 경과하여 교환기간 중에 있는 구화도 통화에 해당하지 아니한다(다수설). 다만 기념주화도 강제통용력이 있으면 통화에 해당한다.

② 행 위 : 위조 또는 변조하는 것이다.

㉮ **위 조** : ⅰ) 통화의 발행권한이 없는 자가 진정한 통화의 외관을 가지는 물건을 만드는 것을 말한다. ⅱ) 위조라고 하기 위하여 진화가 존재할 것을 요하지 아니한다(다수설).[1] ⅲ) 위화가 진화 이상의 가치를 가지는 경우에도 위조가 될 수 있다. ⅳ) 위조의 정도는 일반인이 진화로 오인할 우려가 있는 외관을 갖추면 족하며, 진화와의 식별이 불가능할 정도에 이를 것은 요하지 않는다.[2]

判例 **통화위조죄가 성립하기 위한 정도에 해당하지 않는 경우**

한국은행권 10원짜리 주화의 표면에 하얀 약칠을 하여 100원짜리 주화와 유사한 색채를 갖도록 색채의 변경만을 한 경우 이는 일반인으로 하여금 진정한 통화로 오신케 할 정도의 새로운 화폐를 만들어 낸 것이라고 볼 수 없다[대판 1979.8.28. 79도639].

㉯ **변 조** : ⅰ) 진정한 통화에 가공하여 그 가치를 변경시키는 것을 말한다. ⅱ) 진정한 통화를 전제로 한다는 점과 진화와의 동일성이 상실되지 않을 것을 요한다는 점에서 위조와 구별된다. 따라서 변조는 같은 종류의 화폐 사이에서만 가능하고(예 금화와 금화), 다른 종류의 화폐로의 변경은 동일성이 상실되어 위조에 해당한다. ⅲ) 변조의 방법에는 명가변경(예 1,000원권을 5,000원권으로 고치는 것)과 진화의 실가를 감소케하는 경우(예 금화를 감량케 하여 실질적 가치를 줄이는 것)가 있다. ⅳ) 변조의 정도는 일반인이 진정한 통화로 오인할 수 있을 정도여야 한다.

---

1) 통화발행이 예정되어 있는 경우에는 진화가 존재하지 않는 경우에도 위화를 진화로 오인할 우려가 있기 때문이다.
2) 위조의 정도에 이르지 아니한 경우라도 통화유사물제조죄(제211조)에는 해당할 수 있다.

判例 통화변조죄가 성립하기 위한 통화변조의 정도 및 통화변조의 정도에 이르지 못한 경우

1. [1] 진정한 통화에 대한 가공행위로 인하여 기존 통화의 명목가치나 실질가치가 변경되었다거나 객관적으로 보아 일반인으로 하여금 기존 통화와 다른 진정한 화폐로 오신하게 할 정도의 새로운 물건을 만들어 낸 것으로 볼 수 없다면 통화가 변조되었다고 볼 수 없다.
   [2] 진정한 통화인 미화 1달러 및 2달러 지폐의 발행연도, 발행번호, 미국 재무부를 상징하는 문양, 재무부장관의 사인, 일부 색상을 고친 것만으로는 통화가 변조되었다고 볼 수 없다고 한 사례[대판 2004.3.26. 2003도5640]. [♠ 10 사시]
2. 피고인들이 한국은행발행 500원짜리 주화의 표면 일부를 깎아내어 손상을 가하였지만 그 크기와 모양 및 대부분의 문양이 그대로 남아 있어 이로써 기존의 500원짜리 주화의 명목가치나 실질가치가 변경되었다거나 객관적으로 보아 일반인으로 하여금 일본국의 500￥짜리 주화로 오신케 할 정도의 새로운 화폐를 만들어 낸 것이라고 볼 수 없고, 일본국의 자동판매기 등이 위와 같이 가공된 주화를 일본국의 500￥짜리 주화로 오인한다는 사정만을 들어 그 명목가치가 일본국의 500￥으로 변경되었다거나 일반인으로 하여금 일본국의 500￥짜리 주화로 오신케 할 정도에 이르렀다고 볼 수도 없다[대판 2002.1.11. 2000도3950]. [♠ 03, 05, 13 사시]

(2) **주관적 구성요건**

고의와 행사할 목적이 있어야 한다.

判例 행사할 목적의 의미와 행사할 목적이 인정되지 않는 경우

형법 제207조에서 정한 '행사할 목적'이란 유가증권위조의 경우와 달리 위조·변조한 통화를 진정한 통화로서 유통에 놓겠다는 목적을 말하므로, 자신의 신용력을 증명하기 위하여 타인에게 보일 목적으로 통화를 위조한 경우에는 행사할 목적이 있다고 할 수 없다[대판 2012.3.29. 2011도7704].

3. 죄수 및 타죄와의 관계

① 동일기회에 인쇄기로 수 개의 통화를 위조한 때에는 1개의 통화위조죄가 성립한다.

② 통화를 위조하고 위조통화를 행사한 때에는 통화위조죄와 위조통화행사죄의 실체적 경합이 된다(다수설).[3]

3) 목적범에 있어서는 목적을 달성할 때까지의 행위가 하나의 행위가 된다고 보아 양죄의 상상적 경합을 인정하는 견해도 있다(이재상, 배종대).

Ⅲ. 내국유통 외국통화 위조 · 변조죄

제207조(통화의 위조 등) ② 행사할 목적으로 내국에서 유통하는 외국의 화폐, 지폐 또는 은행권을 위조 또는 변조한 자는 1년 이상의 유기징역에 처한다.
제212조(미수범) 미수범은 처벌한다.

1. 내 국

대한민국의 영역 내를 말하며, 북한도 포함된다(판례).

2. 유 통

① '통용하는'과 달리 강제통용력이 없이 사실상 거래 대가의 지급수단이 되고 있는 상태를 가리킨다(판례).
② 국내에서 사용이 금지되어 있는가는 문제되지 아니하며, 일부지역에서만 유통되는 경우도 포함된다.

判例 내국에서 유통하는 외국의 화폐에 해당하는 경우

북한에서 통용되는 소련군표는 내국에서 유통하는 외국의 지폐에 해당한다[대판 1948.3.31. 4280형상210].

判例 내국에서 유통하는 외국의 화폐에 해당하지 않는 경우

[1] 형법 제207조 제2항 소정의 내국에서 '유통하는'이란, 같은조 제1항, 제3항 소정의 '통용하는'과 달리 강제통용력이 없이 사실상 거래 대가의 지급수단이 되고 있는 상태를 가리킨다.
[2] 스위스 화폐로서 1998년까지 통용되었으나 현재는 통용되지 않고, 다만 스위스 은행에서 신권과의 교환이 가능한 진폐(眞幣)는 형법 제207조 제2항 소정의 내국에서 '유통하는' 외국의 화폐에 해당하지 아니한다[대판 2003.1.10. 2002도3340]. [♠ 07 사시]

3. 외국통화

외국에서 강제통용력을 가질 것을 요하지 않는다.

Ⅳ. 외국통용 외국통화 위조 · 변조죄

제207조(통화의 위조 등) ③ 행사할 목적으로 외국에서 통용하는 외국의 화폐, 지폐 또는 은행권을 위조 또는 변조한 자는 10년 이하의 징역에 처한다.
제212조(미수범) 미수범은 처벌한다.

判例 외국에서 통용하는 지폐의 범위(통용할 것이라고 오인할 가능성이 있는 지폐는 불포함)

[1] 형법 제207조 제3항의 외국에서 통용하는 지폐에 일반인의 관점에서 통용할 것이라고 오인할 가능성이 있는 지폐까지 포함시키면 이는 위 처벌조항을 문언상의 가능한 의미의 범위를 넘어서까지 유추해석 내지 확장해석하여 적용하는 것이 되어 죄형법정주의의 원칙에 어긋나는 것으로 허용되지 않는다.
[2] 미국에서 발행된 적이 없이 단지 여러 종류의 관광용 기념상품으로 제조, 판매되고 있는 미합중국 100만 달러 지폐와 과거에 발행되어 은행 사이에서 유통되다가 현재는 발행되지 않고 있으나 화폐수집가나 재벌들이 이를 보유하여 오고 있는 미합중국 10만 달러 지폐가 막연히 일반인의 관점에서 미합중국에서 강제통용력을 가졌다고 오인할 수 있다는 이유로 형법 제207조 제3항의 외국에서 통용하는 지폐에 포함된다고 할 수 없다[대판 2004.5.14. 2003도3487].

Ⅴ. 위조 · 변조통화 행사 등 죄

제207조(통화의 위조 등) ④ 위조 또는 변조한 전3항 기재의 통화를 행사하거나 행사할 목적으로 수입 또는 수출한 자는 그 위조 또는 변조의 각죄에 정한 형에 처한다.
제212조(미수범) 미수범은 처벌한다.

1. 객 체

위조 또는 변조한 통화이다.

判例 위조통화행사죄의 객체가 될 수 없는 경우

1. 통화위조죄와 위조통화행사죄의 객체인 위조통화는 그 통화과정에서 일반인이 진정한 통화로 오인할 정도의 외관을 갖추어야 할 것이므로, 한국은행발행 일만원권 지폐의 앞 · 뒷면을 전자복사기로 복사하여 비슷한 크기로 자른 정도의 것은 객관적으로 진정한 통화로 오인할 정도에 이르지 못하여 통화위조죄 및 위조통화행사죄의 객체가 될 수 없다[대판 1986.3.25. 86도255].

2. 위조통화행사죄의 객체인 위조통화는 객관적으로 보아 일반인으로 진정통화로 오신케 할 정도에 이른 것이면 족하고 그 위조의 정도가 반드시 진물에 흡사하여야 한다거나 누구든지 쉽게 그 진부를 식별하기가 불가능한 정도의 것일 필요는 없으나, 이 사건 위조지폐인 한국은행 10,000원권과 같이 전자복사기로 복사하여 그 크기와 모양 및 앞뒤로 복사되어 있는 점은 진정한 통화와 유사하나 그 복사된 정도가 조잡하여 정밀하지 못하고 진정한 통화의 색채를 갖추지 못하고 흑백으로만 되어 있어 객관적으로 이를 진정한 것으로 오인할 염려가 전혀 없는 정도의 것인 경우에는 위조통화행사죄의 객체가 될 수 없다[대판 1985.4.23. 85도570].

3. **(주의)** 형법상 통화에 관한 죄는 문서에 관한 죄에 대하여 특별관계에 있으므로 통화에 관한 죄가 성립하는 때에는 문서에 관한 죄는 별도로 성립하지 않는다. 그러나 위조된 외국의 화폐, 지폐 또는 은행권이 강제통용력을 가지지 않는 경우에는 형법 제207조 제3항에서 정한 '외국에서 통용하는 외국의 화폐 등'에 해당하지 않고, 나아가 그 화폐 등이 국내에서 사실상 거래 대가의 지급수단이 되고 있지 않는 경우에는 형법 제207조 제2항에서 정한 '내국에서 유통하는 외국의 화폐 등'에도 해당하지 않으므로, 그 화폐 등을 행사하더라도 형법 제207조 제4항에서 정한 위조통화행사죄를 구성하지 않는다고 할 것이고, 따라서 이러한 경우에는 형법 제234조에서 정한 위조사문서행사죄 또는 위조사도화행사죄로 의율할 수 있다고 보아야 한다[대판 2013.12.12. 2012도2249].

2. 행 사

① 위조·변조된 통화의 점유 또는 처분권을 타인에게 이전하여 진정한 통화로서 유통될 수 있게 하는 것을 말한다.

② 유통시킬 것을 요하므로 단순히 신용력을 보이기 위하여 위조통화를 제시하는 것은 행사라고 할 수 없다.

③ 진화로서 유통시킬 것을 요하므로 위조통화를 명가 이하의 상품으로 매매하는 것은 행사가 아니다. 그러나 진정한 화폐로서 화폐수집상에게 판매하는 것은 행사에 해당한다.

④ 행사의 방법에는 제한이 없다. 따라서 유상·무상(예 증여)을 불문하며, 사용방법이 위법한 경우에도 행사가 된다(예 도박자금). 또한 상대방에게 진정한 통화임을 알릴 필요도 없다. 따라서 위화를 공중전화기·자동판매기에 넣어 사용하는 경우도 행사에 해당한다.

判例 위조통화행사죄가 성립하는 경우

1. 위조통화의 행사라고 함은 위조통화를 유통 과정에서 진정한 통화로서 사용하는 것을 말하고 그것이 유상인가 무상인가는 묻지 않는 것이므로 진정한 통화라고 하여 위조통화를 다른 사람에게 증여하는 경우에도 위조통화행사죄가 성립된다[대판 1979.7.10. 79도840].

2. 위조통화임을 알고 있는 자에게 그 위조통화를 교부한 경우에 피교부자가 이를 유통시키리라는 것을 예상 내지 인식하면서 교부하였다면, 그 교부행위 자체가 통화에 대한 공공의 신용 또는 거래의 안전을 해할 위험이 있으므로 위조통화행사죄가 성립한다[대판 2003.1.10. 2002도3340]. [♠10 사시]

3. 주관적 구성요건

위조통화행사죄의 경우 고의가 있어야 한다. 그러나 목적범이 아니므로 행사할 목적이 있어야 하는 것은 아니다.

4. 죄 수

위조통화를 행사하여 재물을 편취한 경우 위조통화행사죄와 사기죄는 상상적 경합(다수설)이 된다는 견해와 실체적 경합(판례)이 된다는 견해의 다툼이 있다.

Ⅵ. 위조 · 변조통화 취득죄

제208조(위조통화의 취득) 행사할 목적으로 위조 또는 변조한 제207조 기재의 통화를 취득한 자는 5년 이하의 징역 또는 1천500만원 이하의 벌금에 처한다.
제212조(미수범) 미수범은 처벌한다.

1. 취 득

취득의 방법에는 제한이 없다. 따라서 절도나 도박 등 범죄행위로 취득한 경우도 포함된다. 그러나 위조통화의 보관자가 횡령한 경우에는 점유의 이전이 수반되지 않으므로 취득이라고 할 수 없으며(다수설), 공범자 사이의 위화수수는 취득에 해당하지 않는다.

2. 죄 수

위조통화를 취득한 후 이를 행사한 경우에는 위조통화취득죄와 위조통화행사죄의 실체적 경합이 된다(통설).[4)]

Ⅶ. 위조통화취득후지정행사죄

제210조(위조통화 취득 후의 지정행사) 제207조에 기재한 통화를 취득한 후 그 사정을 알고 행사한 자는 2년 이하의 징역 또는 500만원 이하의 벌금에 처한다.

① 행사의 동기가 유혹적이며, 불행사에 대한 기대가능성이 적다는 점을 고려하여 위조통화취득죄보다 가볍게 처벌하는 구성요건이다.

---

4) 장물취득죄를 범한 후 취득한 장물을 양도한 경우에 양도행위는 불가벌적 사후행위에 해당하는 것과 구별하여야 한다.

② 위조통화인 정을 모르고 취득한 후에 위조통화임을 알고서 행사하여야 본죄가 성립한다. 처음부터 위조통화인 정을 알고 취득한 후에 행사한 경우에는 위조통화취득죄와 위조통화행사죄의 실체적 경합범이 된다.

Ⅷ. 통화유사물제조 · 수입 · 수출죄

제211조(통화유사물의 제조 등) ① 판매할 목적으로 내국 또는 외국에서 통용하거나 유통하는 화폐, 지폐 또는 은행권에 유사한 물건을 제조, 수입 또는 수출한 자는 3년 이하의 징역 또는 700만원 이하의 벌금에 처한다.
② 전항의 물건을 판매한 자도 전항의 형과 같다.
제212조(미수범) 미수범은 처벌한다.

※ 통화유사물 : 통화와 유사한 외관은 갖추었으나 일반인이 진화로 오인할 정도에는 이르지 못한 모조품을 말한다.

Ⅸ. 통화위조 · 변조 예비 · 음모죄

제213조(예비, 음모) 제207조 제1항 내지 제3항의 죄(내국통화 위조 · 변조죄, 내국유통 외국통화 위조 · 변조죄, 외국통용 외국통화 위조 · 변조죄)를 범할 목적으로 예비 또는 음모한 자는 5년 이하의 징역에 처한다. 단 그 목적한 죄의 실행에 이르기 전에 자수한 때에는 그 형을 감경 또는 면제한다.

제2절 유가증권 · 인지와 우표에 관한 죄

Ⅰ. 총 설

1. 의의와 본질

① 유가증권에 관한 죄란 행사할 목적으로 유가증권을 위조 · 변조 또는 허위작성하거나 위조 · 변조 · 허위작성한 유가증권을 행사 · 수입 · 수출하는 것을 내용으로 하는 범죄를 말한다.

② 보호법익은 유가증권에 관한 공공의 신용과 거래의 안전이며, 보호의 정도는 추상적 위험범이다.

2. 유가증권의 의의

(1) 개 념

判例 유가증권의 요건

형법 제214조의 유가증권이란 증권상에 표시된 재산상 권리의 행사와 처분에 그 증권의 점유를 필요로 하는 것을 총칭하는 것으로서 그 명칭에 불구하고 재산권이 증권에 화체된다는 것과 그 권리의 행사와 처분에 증권의 점유를 필요로 한다는 두 가지 요소를 갖추면 족하다[대판 2011.11.10. 2011도9620].

(2) 요 건

① 사법상의 재산권을 표창하는 증권이어야 한다. ⅰ) 사법상의 재산권은 채권 · 물권 · 사원권을 불문한다. ⅱ) 공법적인 지위나 권한을 표창하는 자격증권(예 노인우대증, 여권, 영업허가증)이나 재산권이 화체되어 있지 않은 증거증권(예 영수증, 매매계약서, 차용증서)은 유가증권이 아니다. [♠ 03 사시]

② 권리의 행사 · 처분에 증권의 점유를 필요로 하는 것이어야 한다. 따라서 증권의 점유가 권리행사의 요건이 되지 않는 면책증권(예 공중접객업소의 신발표, 예금통장, 정기예탁금증서, 물품구입증, 무기명예금증서)은 유가증권이 아니다. [♠ 03 사시]

判例 유가증권에 해당하는 경우

1. **(선불식 공중전화카드)** 공중전화카드는 문자로 기재된 부분과 자기기록 부분이 일체로써 공중전화 서비스를 제공받을 수 있는 재산상의 권리를 화체하고 있고, 이를 카드식 공중전화기의 카드투입구에 투입함으로써 그 권리를 행사하는 것으로 볼 수 있으므로, 공중전화카드는 형법 제214조의 유가증권에 해당한다[대판 1998.2.27. 97도2483].

2. **(직장소비조합이 조합원에게 교부한 신용카드)** 직장소비조합이 그 소속 조합원에게 그의 직번(일종의 구좌번호), 구입상품명 등을 기재하여 신용카드를 교부하고 조합원은 이를 사용할 때 연월일, 금액 등을 기입, 제시하고 당해 소비조합과 할부판매약정을 한 상점에서 상품을 신용구입하고 그 상점을 통하여 직장소비조합에 이를 제출시켜 일정기간마다 정산하여 조합원으로부터 수금하는 방식을 취하는 경우에 있어서는 이는 위 신용카드에 의해서만 신용구매의 권리를 행사할 수 있는 점에 있어서 재산권이 증권에 화체되었다고 볼 수 있으니 유가증권이라고 볼 것이다 [대판 1984.11.27. 84도1862].

判例 유가증권에 해당하지 않는 경우

1. **(주의, 카드일련번호식 국제전화카드)** 카드일련번호식 국제전화카드는 그 소지자가 공중전화기 등에 카드를 넣어 그 카드 자체에 내장된 금액을 사용하여 국제전화서비스를 이용하는 것이 아니라, 카드 뒷면의 은박코팅을 벗기면 드러나는 카드일련번호를 전화기에 입력함으로써 카드일련번호에 의해 전산상 관리되는 통화가능금액을 사용하여 국제전화서비스를 이용하는 것으로서, 그 카드 자체에는 카드일련번호가 적혀 있을 뿐 자기띠 등 전자적인 방법으로 통화가능금액에 관한 정보 등은 입력되어 있지 않은 점, 또한 카드의 소지자가 카드를 분실하는 등으로 카드를 실제 소지하고 있지 않더라도 카드일련번호만 알고 있으면 국제전화서비스를 이용하는 데 아무런 지장이 없을 뿐만 아니라 카드일련번호만을 다른 사람에게 알려주는 방법으로 그 사람으로 하여금 카드를 소지할 필요 없이 국제전화서비스를 이용할 수 있도록 하는 것도 가능한 점 등에 비추어 살펴보면, 카드일련번호식 국제전화카드는 재산권이 증권에 화체되어 있다고 할 수 없고 그 권리의 행사와 처분에 증권의 점유를 필요로 한다고 할 수도 없으므로 형법 제214조의 유가증권에 해당한다고 보기 어렵다[대판 2011.11.10. 2011도9620].
2. **(신용카드업자가 발행한 신용카드)** 신용카드업자가 발행한 신용카드는 이를 소지함으로써 신용구매가 가능하고 금융의 편의를 받을 수 있다는 점에서 경제적 가치가 있다 하더라도, 그 자체에 경제적 가치가 화체되어 있거나 특정의 재산권을 표창하는 유가증권이라고 볼 수 없고, 단지 신용카드회원이 그 제시를 통하여 신용카드회원이라는 사실을 증명하거나 현금자동지급기 등에 주입하는 등의 방법으로 신용카드업자로부터 서비스를 받을 수 있는 증표로서의 가치를 갖는 것이다[대판 1999.7.9. 99도857].

   관련판례 일반공중전화카드는 유가증권에 해당한다[대판 1998.2.27. 97도2483].

   관련판례 후불식 공중전화카드는 사문서에 해당한다[대판 2002.6.25. 2002도461].

③ 유가증권은 사법상 유효할 것을 요하지 않는다. 따라서 법률상 무효인 것이더라도 일반인이 유효한 유가증권으로 오인할 정도의 외관을 가지고 있으면 본죄의 객체가 된다
(**예** 발행일자의 기재가 없는 수표, 설립이 실질적으로 무효인 주식회사의 주권, 대표이사의 날인이 없어 상법상 무효인 주권, 위조약속어음을 구입하여 완성한 경우, 무효의 화물상환증, 배서의 연속이 없는 어음, 어음의 기재요건을 결여한 불완전 어음도 유가증권이다).

判例 실체법상 무효인 유가증권의 작출(일반인이 진정한 것으로 오인할 정도이면 유가증권위조죄 성립)

1. 수표의 외관이 일반인으로 하여금 진정한 수표라고 신용하게 할 정도의 것이라면 동 수표가 수표요건을 결하여 실체법상 무효의 것이라 해도 위조죄는 성립한다 할 것이다[대판 1973.6.12. 72도1796]. [♠ 02 사시]
2. 대표이사의 날인이 없어 상법상 무효인 주권이라도 발행인인 대표이사의 기명을 비롯한 그 밖의 주권의 기재요건을 모두 구비하고 회사의 사인까지 날인하였다면 일반인으로 하여금 일견 유효한 주권으로 오신시킬 정도의 외관을 갖추었으므로 형법 제214조 소정의 유가증권에 해당한다[대판 1974.12.24. 74도294].

(3) 유가증권의 종류

① **법률상의 유가증권** : 법률상 일정한 형식을 필요로 하는 유가증권을 말한다(예 어음 · 수표 · 주권 · 사채권 · 공채권 · 화물상환증 · 창고증권 · 선하증권).

② **사실상의 유가증권** : 법률상의 형식을 요구하지 않는 유가증권을 말한다(예 공중전화카드, 리프트탑승권, 할부구매전표, 승차권, 상품권, 극장입장권, 복권, 경마투표권, 직장 소비조합이 그 소속조합원에게 그의 직번 · 구입상품명 등을 기재하여 교부한 신용카드).

(4) 유가증권의 발행자

① 발행자는 사인이건 국가 또는 공공단체이건 외국이건 불문한다.

② 명의인이 실재하지 않아도 상관없다(판례, 통설).

判例 사자 또는 허무인 명의의 유가증권의 작출(유가증권위조죄 성립 가능)

1. 유가증권위조죄에 있어서의 유가증권이라 함은 형식상 일반인으로 하여금 유효한 유가증권이라고 오신할 수 있을 정도의 외관을 갖추고 있으면 되므로 그것이 비록 허무인명의로 작성되었거나 유가증권으로서의 요건의 흠결 등 사유로 무효한 것이라 하여도 유가증권위조죄의 성립에는 아무런 영향이 없다[대판 1979.9.25. 78도1980]. [♠ 02, 08 사시]
2. [1] 약속어음과 같이 유통성을 가진 유가증권의 위조는 일반거래의 신용을 해하게 될 위험성이 매우 크다는 점에서 적어도 행사할 목적으로 외형상 일반인으로 하여금 진정하게 작성된 유가증권이라고 오신케 할 수 있을 정도로 작성된 것이라면 그 발행명의인이 가령 실재하지 않은 사자 또는 허무인이라 하더라도 그 위조죄가 성립된다고 해석함이 상당하다.
[2] 사자 명의로 된 약속어음을 작성함에 있어 사망자의 처로부터 사망자의 인장을 교부받아 생존 당시 작성한 것처럼 약속어음의 발행일자를 그 명의자의 생존 중의 일자로 소급하여 작성한 때에는 발행명의인의 승낙이 있었다고 볼 수 없다[대판 2011.7.14. 2010도1025]. [♠ 13 사시]

(5) **유가증권의 유통성의 요부**

유가증권은 유통성보다 재산권이 화체되어 있는 증권이라는 점이 더 중요하므로 유통성은 유가증권의 요건이 아니다. 따라서 유통성 없는 승차권, 복권, 승마투표권도 유가증권에 해당한다. [♠ 03 사시]

Ⅱ. 유가증권 위조 · 변조죄

제214조(유가증권의 위조등) ① 행사할 목적으로 대한민국 또는 외국의 공채증서 기타 유가증권을 위조 또는 변조한 자는 10년 이하의 징역에 처한다.
제223조(미수범) 본죄의 미수범은 처벌한다.

1. 의 의

행사할 목적으로 대한민국 또는 외국의 공채증서 기타 유가증권을 위조 또는 변조함으로써 성립하는 범죄이다.

2. 구성요건

(1) 객관적 구성요건

① 객 체 : 대한민국 또는 외국의 공채증서 기타 유가증권이다.

㉮ 공채증서 : 국가 또는 지방자치단체가 발행하는 국공채 또는 지방채의 증권을 말한다.

㉯ 유가증권 : 앞의 유가증권의 개념 참고

② 행 위 : 기본적 증권행위에 대하여 위조 또는 변조하는 것이다.

㉮ 위 조 : 작성권한이 없는 자가 타인명의를 사칭하여 그 본인명의의 유가증권을 발행하는 것을 말한다. ⅰ) 명의의 사칭이 아닌 대리인 · 대표자의 자격을 사칭한 경우에는 자격모용에 의한 유가증권작성죄가 성립한다. ⅱ) 본명을 기재하지 않은 경우라도 거래상 발행인 본인을 가리키는 것으로 인식되는 명칭이라면 명의사칭에 해당하지 않으므로 위조라고 할 수 없다. ⅲ) 위조의 방법에는 제한 없다. 따라서 기망수단에 의하여 그 내용을 알지 못하는 타인으로 하여금 약속어음용지에 발행인으로 서명 · 날인케 한 후 임의로 어음요건을 기재하여 어음을 완성한 경우에도 위조에 해당한다(간접정범). ⅳ) 위조의 정도는 일반인으로 하여금 진정한 유가증권으로 오신케 할 정도의 외관을 갖추면 족하다.

判例 유가증권위조죄와 관련한 판례정리

(1) 유가증권위조죄가 성립하기 위한 위조의 정도에 관한 비교판례

1-0. **(위조의 정도에 이른 경우)** 대표이사의 날인이 없어 상법상 무효인 주권이라도 발행인인 대표이사의 기명을 비롯한 그 밖의 주권의 기재요건을 모두 구비하고 회사의 사인까지 날인하였다면 일반인으로 하여금 일견 유효한 주권으로 오신시킬 정도의 외관을 갖추었으므로 형법 제214조 소정의 유가증권에 해당한다[대판 1974.12.24. 74도294].

1-1. **(위조의 정도에 이르지 못한 경우)** 피고인이 위조한 것이라는 위 약속어음은 발행인의 날인이 없고, 발행인 아닌 피고인이 임의로 날인한 무인만이 있으며, 그 작성방식에 비추어 보아도 일반인이 진정하고 유효한 약속어음으로 오신할 정도의 형식과 외관을 갖춘 약속어음이라고 보기 어려우므로 이는 형법 제214조 소정의 유가증권으로 볼 수 없다[대판 1992.6.23. 92도976]. [♠ 08 사시]

동지판례 피고인이 위조한 것이라는 가계수표가 발행인의 날인이 없는 것이라면 이는 일반인이 진정한 것으로 오신할 정도의 형식과 외관을 갖춘 수표라 할 수 없어 부정수표단속법 제5조 소정의 수표위조의 책임을 물을 수 없다[대판 1985.9.10. 85도1501].

(2) 유가증권위조의 방법(유가증권위조죄가 성립하는 경우)

1. 약속어음의 액면금액란에 자의로 합의된 금액의 한도를 엄청나게 넘는 금액을 기입하는 것은 백지 보충권의 범위를 초월하여 서명날인 있는 약속어음용지를 이용한 새로운 약속어음의 발행에 해당되는 것으로서 그 행위는 유가증권위조죄를 구성한다[대판 1972.6.13. 72도897].
2. 찢어버린 타인발행 명의의 어음파지편을 이용하여 이를 조합하여 어음의 외형을 갖춘 경우에는 새로운 어음을 작성한 것으로서 그 행사의 목적이 있는 이상 유가증권위조죄가 성립한다[대판 1976.1.27. 74도3442].
3. 피고인이 폐공중전화카드의 자기기록 부분에 전자정보를 기록하여 사용가능한 공중전화카드를 만든 행위를 유가증권위조죄로 의율한 것은 정당하다[대판 1998.2.27. 97도2483]. [♠ 02, 08 사시]
4. **(위조된 백지어음의 액면란에 권한 없이 금액을 기입한 경우)** 타인이 위조한 지급기일이 백지로 된 약속어음을 그것이 위조약속어음인 정을 알고도 이를 구입하여 행사의 목적으로 기존의 위조어음의 액면란에 금액을 기입하여 그 위조어음을 완성하는 행위는 백지어음형태의 위조행위와는 별개의 유가증권위조죄를 구성한다[대판 1982.6.22. 82도677]. [♠ 02 사시]

비교판례 i) **(위조된 약속어음의 액면금액을 권한 없이 변경한 경우)** [1] 유가증권변조죄에 있어서 변조라 함은 진정으로 성립된 유가증권의 내용에 권한 없는 자가 그 유가증권의 동일성을 해하지 않는 한도에서 변경을 가하는 것을 말하므로, 이미 타인에 의하여 위조된 약속어음의 기재사항을 권한 없이 변경한 경우 유가증권변조죄는 성립하지 아니한다.
[2] 약속어음의 액면금액을 권한 없이 변경하는 것은 유가증권변조에 해당할 뿐 유가증권위조는 아니므로, 약속어음의 액면금액을 권한 없이 변경하는 행위가 당초의 위조와는 별개의 새로운 유가증권위조로 된다고 할 수 없다[대판 2006.1.26. 2005도4764].
ii) 甲이 백지 약속어음의 액면란 등을 부당 보충하여 위조한 후 乙이 甲과 공모하여 금액란을 임의로 변경한 사안에서, 乙의 행위는 유가증권위조나 변조에 해당하지 않는다고 한 사례[대판 2008.12.24. 2008도9494].

(3) 유가증권위조죄가 성립하지 않는 경우(타인명의를 모용한 경우가 아님)

1. 피고인이 그 망부의 사망 후 그의 명의를 거래상 자기를 표시하는 명칭으로 사용하여 온 경우에는 피고인에 의한 망부 명의의 어음 발행은 피고인 자신의 어음 행위라고 볼 것이고 이를 가리켜 타인의 명의를 모용하여 어음을 위조한 것이라고 할 수 없다[대판 1982.9.28. 82도296].

   동지판례 수표에 기재되어야 할 수표행위자의 명칭은 반드시 수표행위자의 본명에 한하는 것은 아니고 상호, 별명 그 밖의 거래상 본인을 가리키는 것으로 인식되는 칭호라면 어느 것이나 다 가능하다고 볼 것이므로, 비록 그 칭호가 본명이 아니라 하더라도 통상 그 명칭을 자기를 표시하는 것으로 거래상 사용하여 그것이 그 행위자를 지칭하는 것으로 인식되어 온 경우에는 그것을 수표상으로도 자기를 표시하는 칭호로 사용할 수 있다[대판 1996.5.10. 96도527]. [♠ 13 사시]

2. 타인의 대리 또는 대표자격으로 문서를 작성하는 경우 그 대표자 또는 대리인은 자기를 위하여 작성하는 것이 아니고 본인을 위하여 작성하는 것으로서 그 문서는 본인의 문서이고 본인에 대하여서만 효력이 생기는 것이므로 회사의 대표이사직에 있는 자가 은행과의 당좌거래 약정이 되어 있는 종전 당좌거래명의를 변경함이 없이 그대로 전 대표이사 명의를 사용하여 회사의 수표를 발행하였다 하여도 유가증권위조죄가 성립되지 아니한다[대판 1975.9.23. 74도1684].

㉯ **변 조** : ⅰ) 진정하게 성립된 유가증권의 내용에 권한 없이 그 증권의 동일성을 해하지 않는 범위에서 변경을 가하는 것을 말한다(**예** 어음의 발행일자 · 액면 또는 지급인의 주소를 변경하는 것). ⅱ) 변경내용의 진실여부는 변조의 성립에 영향이 없다.

判例 유가증권변조죄가 성립하지 않는 경우

(1) 작성권한이 있는 경우

1. 타인에게 속한 자기명의의 유가증권에 무단히 변경을 가하였다 하더라도 그것이 문서손괴죄나 허위유가증권작성죄에 해당되는 경우가 있음은 별론으로 하고 유가증권변조죄를 구성하는 것은 아니다[대판 1978.11.14. 78도1904].
2. 회사의 대표이사로서 주권작성에 관한 일반적인 권한을 가지고 있는 자가 대표권을 남용하여 자기 또는 제3자의 이익을 도모할 목적으로 그들 명의의 주권의 기재사항에 변경을 가한 행위는 유가증권변조죄를 구성하지 아니한다[대판 1980.4.22. 79도3034].
3. 약속어음의 발행인으로부터 어음금액이 백지인 약속어음의 할인을 위임받은 자가 위임 범위 내에서 어음금액을 기재한 후 어음할인을 받으려고 하다가 그 목적을 이루지 못하자 유통되지 아니한 당해 약속어음을 원상태대로 발행인에게 반환하기 위하여 어음금액의 기재를 삭제하는 것은 그 권한 범위 내에 속한다고 할 것이므로, 이를 유가증권변조라고 볼 수 없다[대판 2006.1.13. 2005도6267]. [♠ 08, 13 사시]

(2) 변조의 객체성이 인정되지 않는 경우

1. **(이미 위조된 약속어음)** 유가증권변조죄에 있어서 변조라 함은 진정으로 성립된 유가증권의 내용에 권한 없는 자가 그 유가증권의 동일성을 해하지 않는 한도에서 변경을 가하는 것을 말하므로, 이미 타인에 의하여 위조된 약속어음의 기재사항을 권한 없이 변경하였다고 하더라도 유가증권변조죄는 성립하지 아니한다[대판 2006.1.26. 2005도4764].
2. **(이미 변조된 부분)** 유가증권의 내용 중 권한 없는 자에 의하여 이미 변조된 부분을 다시 권한 없이 변경하였다고 하더라도 유가증권변조죄는 성립하지 않는다[대판 2012.9.27. 2010도15206].

判例 유가증권변조죄의 간접정범이 성립하는 경우

유가증권에 해당하는 이 사건 신용카드를 제시받은 상점점원이 거래된 물품의 금액대로 카드의 금액란을 정정기재하였다 하더라도 그것이 카드소지인이 그 점원에게 자신이 위 금액을 정정기재할 수 있는 권리가 있는 양 기망하여 이루어진 경우에는 간접정범에 의한 유가증권변조죄가 성립한다[대판 1984.11.27. 84도1862].

(2) 주관적 구성요건

고의와 행사할 목적이 있어야 한다.

判例 부정수표단속법상의 수표위조 · 변조죄(행사할 목적을 요하지 않음)

부정수표단속법 제5조의 문언상 본조는 수표의 강한 유통성과 거래수단으로서의 중요성을 감안하여 유가증권 중 수표의 위 · 변조행위에 관하여는 범죄성립요건을 완화하여 초과주관적 구성요건인 '행사할 목적'을 요구하지 아니하여, 형법 제214조 제1항 위반에 해당하는 다른 유가증권위조 · 변조행위보다 그 형을 가중하여 처벌하려는 취지의 규정이라고 해석하여야 한다[대판 2008.2.14. 2007도10100].

3. 죄 수

① 유가증권위조죄의 죄수는 유가증권의 수를 기준으로 결정한다.

② 1매의 유가증권에 대하여 기본적 증권행위와 부수적 증권행위가 모두 위조된 경우에 유가증권위조죄만 성립하고 기재의 위조죄(제214조 제2항)는 이에 흡수된다(법조경합).

判例 유가증권위조죄의 죄수판단의 기준(유가증권의 매수마다 1죄)

유가증권위조죄의 죄수는 원칙적으로 위조된 유가증권의 매수를 기준으로 정할 것이므로, 약속어음 2매의 위조행위는 포괄일죄가 아니라 경합범이다[대판 1983.4.12. 82도2938]. [♠ 03 사시]

Ⅲ. 기재의 위조 · 변조죄

제214조(유가증권의 위조 등) ② 행사할 목적으로 유가증권의 권리 · 의무에 관한 기재를 위조 또는 변조한 자도 전항의 형과 같다.
제223조(미수범) 본죄의 미수범은 처벌한다.

1. 권리 · 의무에 관한 기재

배서 · 인수 · 보증과 같은 부수적 증권행위의 기재사항을 말한다.

2. 기재의 위조

기본적 증권행위가 진정하게 성립한 후 그 부수적 증권행위에 대하여 작성명의를 모용하는 것이다(예 진정하게 작성된 어음에 타인명의를 모용하여 배서한 경우).

3. 기재의 변조

진정하게 성립한 유가증권에 대해 부수적 증권행위에 속한 기재사항의 내용을 권한 없이 변경하는 것이다(예 타인의 진정한 배서명의나 배서일자에 변경을 가하는 것).

判例 기재의 위조에 해당하는 경우

타점포체인의 명의를 사용하여 영업하고 그 체인대표자의 명의를 사용할 수 있는 내용의 명의임대차계약이 체결된 경우에 있어서 명의대여자의 승낙 없이 제1의 명의임차인으로부터 지점의 영업권을 사실상 매수한 제2의 명의임차인이 명의대여자의 승낙 없이 본래의 명의대여자의 명의로 어음을 배서하고 이를 행사하였다면 제2의 명의임차인은 유가증권위조의 책임을 면할 수 없고 위 체인대표자가 명의대여자로 책임을 지는 여부는 유가증권위조죄의 성립에 소장이 없다[대판 1984.2.28. 83도3284].

判例 기재의 변조의 개념 및 기재의 변조에 해당하는 경우

형법 제214조 제2항에 규정된 '유가증권의 권리의무에 관한 기재를 변조한다'는 것은 진정하게 성립된 타인 명의의 부수적 증권행위에 관한 유가증권의 기재내용에 작성권한이 없는 자가 변경을 가하는 것을 말하고[대판 1989.12.8. 88도753], 어음발행인이라 하더라도 어음상에 권리의무를 가진 자가 있는 경우에는 이러한 자의 동의를 받지 아니하고 어음의 기재 내용에 변경을 가하였다면 이는 유가증권의 권리의무에 관한 기재를 변조한 것에 해당한다 할 것이다[대판 2003.1.10. 2001도6553].

Ⅳ. 자격모용에 의한 유가증권작성죄

제215조(자격모용에 의한 유가증권의 작성) 행사할 목적으로 타인의 자격을 모용하여 유가증권을 작성하거나 유가증권의 권리 또는 의무에 관한 사항을 기재한 자는 10년 이하의 징역에 처한다.
제223조(미수범) 본죄의 미수범은 처벌한다.

※ **타인의 자격을 모용하여** : 대리권·대표권이 없는 자가 타인의 대리인·대표자로서의 자격을 사칭하여 유가증권을 작성하는 것을 말한다. i) 대리권·대표권이 있는 자가 권한의 범위내에서 권한을 남용하여 본인·회사명의의 유가증권을 작성한 경우에는 자격모용에 의한 유가증권의 작성죄가 성립하지 아니하고, 경우에 따라 배임죄 또는 허위유가증권작성죄가 성립할 수 있을 뿐이다. ii) 대리권·대표권이 있는 자일지라도 권한을 초월하여 대리인·대표자의 자격을 표시하여 유가증권을 작성한 경우에는 자격모용에 의한 유가증권작성죄가 성립한다. iii) 자격과 명의를 모두 모용한 경우에는 유가증권위조죄가 성립한다.

判例 자격모용유가증권작성죄가 성립하는 경우

1. **(직무집행정지 가처분결정이 난 대표이사가 대표이사명의의 유가증권을 작성한 경우)** 대표이사직무집행정지 가처분결정은 대표이사의 직무집행만을 정지시킬 뿐 대표이사의 자격까지 박탈하는 것은 아니나 가처분결정이 송달되어 일체의 직무집행이 정지됨으로써 직무집행의 권한이 없게 된 대표이사가 그 권한 밖의 일인 대표이사 명의의 유가증권을 작성 행사하는 행위가 회사업무의 중단을 막기 위한 긴급한 인수인계행위라 하더라도 합법적인 권한행사라 할 수 없으므로 이는 자격모용유가증권작성 및 동행사죄에 해당한다[대판 1987.8.18. 87도145].
2. **(전 대표이사가 후임 대표이사의 승낙을 받고 자신이 사용해 오던 회사의 대표이사의 명판을 이용하여 약속어음을 발행한 경우)** 주식회사 대표이사로 재직하던 피고인이 대표이사가 타인으로 변경되었음에도 불구하고 이전부터 사용하여 오던 피고인 명의로 된 위 회사 대표이사의 명판을 이용하여 여전히 피고인을 위 회사의 대표이사로 표시하여 약속어음을 발행, 행사하였다면, 설사 약속어음을 작성, 행사함에 있어 후임 대표이사의 승낙을 얻었다거나 위 회사의 실질적인 대표이사로서의 권한을 행사하는 피고인이 은행과의 당좌계약을 변경하는 데에 시일이 걸려 잠정적으로 전임 대표이사인 그의 명판을 사용한 것이라 하더라도 이는 합법적인 대표이사로서의 권한행사라 할 수 없어 자격모용유가증권작성 및 동행사죄에 해당한다[대판 1991.2.26. 90도577]. [♠ 04 사시]

   비교판례 회사의 대표이사직에 있었던 자가 재직시에 발행한 약속어음의 발행명의인과 일치시키기 위하여 위 약속어음에 대한 회사명의의 지급각서를 작성함에 있어서 당시의 대표이사의 승낙을 받아 작성하였다면 이는 진정한 문서로서 타인의 자격을 모용하여 문서를 작성하였다고 볼 수 없다[대판 1975.11.25. 75도2067].

V. 허위유가증권작성죄

제216조(허위유가증권의 작성 등) 행사할 목적으로 허위의 유가증권을 작성하거나 유가증권에 허위의 사항을 기재한 자는 7년 이하의 징역 또는 3천만원 이하의 벌금에 처한다.
제223조(미수범) 본죄의 미수범은 처벌한다.

※ 허위 작성(기재) : 작성권한 있는 자가 작성명의를 모용하지 않고 기본적 증권행위 또는 부수적 증권행위에 허위내용을 기재하는 것을 말한다.

判例 허위유가증권작성죄가 성립하는 경우

1. 주권발행의 권한을 위임받았다 하더라도 발행일자를 소급시킴으로써 허위내용이 된 때에는 허위유가증권작성죄를 구성한다[대판 1974.1.15. 73도2041].
2. 선하증권 기재의 화물을 인수하거나 확인하지도 아니하고 또한 선적할 선편조차 예약하거나 확보하지 않은 상태에서 수출면장만을 확인한 채 실제로 선적한 일이 없는 화물을 선적하였다는 내용의 선하증권을 발행·교부하였다면 허위유가증권작성죄의 죄책을 면할 수 없다[대판 1995.9.29. 95도803].
[♠ 04 사시]
3. 피고인이 실재하지 아니한 유령회사의 대표라 기재하고 자기명의의 인장을 찍어서 회사명의의 약속어음을 발행한 경우에는 실재하지 아니한 회사명의의 어음을 작성한 이상 허위유가증권작성죄가 성립한다[대판 1970.12.29. 70도2389].
4. 약속어음발행인의 승낙 내지 위임을 받아 약속어음을 작성함에 있어서 발행인의 이름 아래 진실에 반하는 내용인 피고인의 인장을 날인하여 약속어음을 발행 교부하였다면 허위유가증권작성, 동 행사죄가 성립한다[대판 1975.6.10. 74도2594].
5. 수표발행자가 수표에 기재한 지급은행과 전연 당좌거래를 한 일이 없거나 과거의 거래가 정지되었음에도 불구하고 이러한 사유가 없는 것 같이 가장하여 수표를 발행한 경우에는 허위유가증권작성죄가 성립된다[대판 1956.6.26. 4289형상128].

判例 허위유가증권작성죄가 성립하지 않는 경우

1. 은행을 통하여 지급이 이루어지는 약속어음의 발행인이 그 발행을 위하여 은행에 신고된 것이 아닌 발행인의 다른 인장을 날인하였다 하더라도 그것이 발행인의 인장인 이상 그 어음의 효력에는 아무런 영향이 없으므로 허위유가증권작성죄가 성립하지 아니한다[대판 2000.5.30. 2000도883]. [♠ 01, 04 사시]
비교판례 형법 19장 소정의 유가증권은 실체법상 유효한 유가증권만을 지칭하는 것이 아니고 절대적 요건 결여 등 사유로서 실체법상은 무효한 유가증권이라 할지라도 일반인으로 하여금 일견 유효한 유가증권이라고 오신케 할 수 있을 정도의 외관을 구유한 유가증권도 포함하는 것이고 약속어음 작성권자의 승낙 내지 위임을 받아 약속어음을 작성함에 있어서 발행인 명의 아래 진실에 반하는 내용인 피고인의 인장을 날인하여 일견 유효한 듯한 약속어음의 발행은 형법 216조 전단 소정의 허위유가증권작성죄 및 동 행사가 성립한다[대판 1975.6.10. 74도2594].

2. 자기앞수표의 발행인이 수표의뢰인으로부터 수표자금을 입금받지 아니한 채 자기앞수표를 발행하더라도 그 수표의 효력에는 아무런 영향이 없으므로 허위유가증권작성죄가 성립하지 아니한다[대판 2005.10.27. 2005도4528]. [♠ 08 사시]

3. 배서인의 주소기재는 배서의 요건이 아니므로 약속어음 배서인의 주소를 허위로 기재하였다고 하더라도 그것이 배서인의 인적 동일성을 해하여 배서인이 누구인지를 알 수 없는 경우가 아닌 한 어음계약상의 권리관계에 아무런 영향을 미치지 않는다 할 것이고 이러한 약속어음상의 권리에 아무런 영향을 미치지 않는 사항은 그것을 허위로 기재하더라도 형법 제216조 소정의 허위유가증권작성죄에 해당되지 아니한다[대판 1986.6.24. 84도547]. [♠ 04 사시]

4. 발행된 약속어음은 원인채무의 존부와 관계없이 그 어음상의 문언에 따라 어음상의 권리의무관계가 생기는 것이 약속어음의 무인증권성과 설권증권성의 원리에 비추어 명백하다 할 것이므로 원인채무관계가 존재하지 아니하다는 이유만으로는 약속어음의 발행행위를 허위유가증권작성죄로 문의할 수는 없다[대판 1977.5.24. 76도4132].

5. 연수표 발행인이 당좌거래은행에 그 자금이 고갈되었거나 또는 부족함을 알면서 공수표나 과액수표를 발행하였다 하더라도 그 자금은행과의 거래가 계속되고 있는 한 허위의 수표를 발행하였다고 볼 수 없다[대판 1960.11.30. 4293형상787].

6. 피고인이 주권발행 전에 주식을 양도받은 자에 대하여 주권을 발행한 경우에 가사 그 주식양도가 주권발행 전에 이루어진 것이어서 상법 제335조에 의하여 무효라 할지라도 권리의 실체관계에 부합되어 허위의 주권발행의 범의가 있다고 할 수 없다[대판 1982.6.22. 81도1935].

Ⅵ. 위조 등 유가증권행사 · 수입 · 수출죄

제217조(위조유가증권 등의 행사 등) 위조, 변조, 작성 또는 허위기재한 전3조 기재의 유가증권을 행사하거나 행사할 목적으로 수입 또는 수출한 자는 10년 이하의 징역에 처한다.
제223조(미수범) 본죄의 미수범은 처벌한다.

1. 객 체

위조 · 변조 · 작성 또는 허위기재된 유가증권이다. 유가증권은 위조 또는 변조된 유가증권의 원본을 의미하며, 전자복사기 등을 사용하여 기계적으로 복사한 사본은 포함되지 않는다(판례).

判例 위조유가증권행사죄의 객체(위조된 유가증권의 원본 ○, 사본 ×)

위조유가증권행사죄에 있어서의 유가증권이라 함은 위조된 유가증권의 원본을 말하는 것이지 전자복사기 등을 사용하여 기계적으로 복사한 사본은 이에 해당하지 않는다[대판 1998.2.13. 97도2922]. [♠ 07 사시] [♣ 13 변시]

2. 행 사

判例 행사의 의미와 위조 등 유가증권행사죄가 성립하는 경우

1. 위조유가증권행사죄의 처벌목적은 유가증권의 유통질서를 보호하고자 함에 있는 만큼 단순히 문서의 신용성을 보호하고자 하는 위조공·사문서행사죄의 경우와는 달리 교부자가 진정 또는 진실한 유가증권인 것처럼 유가증권을 행사하였을 때 뿐만 아니라 위조유가증권임을 알고 있는 자에게 교부하였더라도 피교부자가 이를 유통시킬 것임을 인식하고 교부하였다면 그 교부행위 자체가 유가증권의 유통질서를 해할 우려가 있어 처벌의 이유와 필요성이 충분히 있다고 할 것이므로 위조유가증권행사죄가 성립한다[대판 1983.6.14. 81도2492]. [♠ 02 사시]
2. **(주의할 것)** 허위작성된 유가증권을 피교부자가 그것을 유통하게 한다는 사실을 인식하고 교부한 때에는 허위작성유가증권행사죄에 해당하고, 행사할 의사가 분명한 자에게 교부하여 그가 이를 행사한 때에는 허위작성유가증권행사죄의 공동정범이 성립된다[대판 1995.9.29. 95도803]. [♠ 04 사시]
3. 허위의 선하증권을 발행하여 타인에게 교부하여 줌으로써 그 타인으로 하여금 이를 행사하여 그 선하증권상의 물품대금을 지급받게 한 행위는 허위유가증권행사죄와 사기죄의 공동정범을 인정하기에 충분하다[대판 1985.8.20. 83도2575]. [♠ 04 사시]
4. 당첨이 된 손님들에게 위조상품권을 직접 교부한 것이 아니라, 미리 오락기에 일련번호가 모두 같은 위조된 상품권을 여러 장 투입해 두고 그 후 오락기 이용자가 게임에서 당첨이 되면 오락기에서 자동으로 그 당첨액수에 상응하는 상품권이 배출되도록 한 경우 위조유가증권행사죄가 성립한다[대판 2007.4.12. 2007도796].

判例 위조 등 유가증권행사죄가 성립하지 않는 경우(공모자 사이의 교부행위)

위조유가증권의 교부자와 피교부자가 서로 유가증권위조를 공모하였거나 위조유가증권을 타에 행사하여 그 이익을 나누어 가질 것을 공모한 공범의 관계에 있다면, 그들 사이의 위조유가증권 교부행위는 그들 이외의 자에게 행사함으로써 범죄를 실현하기 위한 전 단계의 행위에 불과한 것으로서 위조유가증권은 아직 범인들의 수중에 있다고 볼 것이지 행사되었다고 볼 수는 없다고 할 것이다[대판 2003.6.27. 2003도2372; 동지 대판 2007.1.11. 2006도7120]. [♠ 13 사시] [♣ 19 변시]

동지판례 피고인과 甲은 甲이 피고인으로부터 1,500만 원을 차용하는 것처럼 가장하기로 공모한 다음, 피고인이 위조된 100만 원권 자기앞수표 14장 외에 10만 원권 수표 10장이 들어 있는 봉투를 乙을 통해 공범 甲과 그 위조 사실을 모르는 丙이 함께 있는 자리에서 甲에게 교부하자, 甲은 그 자리에서 자신의 연인 丙을 보증인으로 하는 차용증을 작성하여 乙에게 주었는데, 이때 甲은 봉투에서 10만 원권 수표 10장을 꺼내어 丙에게 보여 주었으나 위조된 100만 원권 자기앞수표는 봉투에서 꺼내거나 丙에게 보여 주지도 않은 경우, 乙이나 甲이 위조된 자기앞수표를 丙에게 제시하는 등으로 이를 인식하게 하였다고 할 수 없어 이들이 위 봉투를 丙의 면전에서 주고받은 행위를 위조된 자기앞수표를 행사한 경우에 해당한다고 볼 수 없다[대판 2010.12.9. 2010도12553].

Ⅶ. 인지 · 우표 위조 · 변조죄

제218조(인지 · 우표의 위조 등) ① 행사할 목적으로 대한민국 또는 외국의 인지, 우표 기타 우편요금을 표시하는 증표를 위조 또는 변조한 자는 10년 이하의 징역에 처한다.
제223조(미수범) 본죄의 미수범은 처벌한다.

Ⅷ. 위조 · 변조 인지 · 우표 행사 · 수입 · 수출죄

제218조(인지 · 우표의 위조 등) ② 위조 또는 변조된 대한민국 또는 외국의 인지, 우표 기타 우편요금을 표시하는 증표를 행사하거나 행사할 목적으로 수입 또는 수출한 자도 제1항의 형과 같다.
제223조(미수범) 본죄의 미수범은 처벌한다.

判例 위조우표행사죄의 행사의 범위

위조우표취득죄 및 위조우표행사죄에 관한 형법 제219조 및 제218조 제2항 소정의 행사라 함은 위조된 대한민국 또는 외국의 우표를 진정한 우표로서 사용하는 것으로 반드시 우편요금의 납부용으로 사용하는 것에 한정되지 않고 우표수집의 대상으로서 매매하는 경우도 이에 해당된다[대판 1989.4.11. 88도1105]. [♠ 03 사시]

Ⅸ. 위조 · 변조 인지 · 우표 취득죄

제219조(위조인지 · 우표 등의 취득) 행사할 목적으로 위조 또는 변조한 대한민국 또는 외국의 인지, 우표 기타 우편요금을 표시하는 증표를 취득한 자는 3년 이하의 징역 또는 1천만원 이하의 벌금에 처한다.
제223조(미수범) 본죄의 미수범은 처벌한다.

Ⅹ. 소인말소죄

제221조(소인말소) 행사할 목적으로 대한민국 또는 외국의 인지, 우표 기타 우편요금을 표시하는 증표의 소인 기타 사용의 표지를 말소한 자는 1년 이하의 징역 또는 300만원 이하의 벌금에 처한다.

XI. 인지 · 우표유사물 제조 · 수입 · 수출죄

제222조(인지 · 우표유사물의 제조 등) ① 판매할 목적으로 대한민국 또는 외국의 공채증서, 인지, 우표 기타 우편요금을 표시하는 증표와 유사한 물건을 제조 · 수입 또는 수출한 자는 2년 이하의 징역 또는 500만원 이하의 벌금에 처한다.
② 전항의 물건을 판매한 자도 전항의 형과 같다.
제223조(미수범) 본죄의 미수범은 처벌한다.

Ⅻ. 예비 · 음모죄

제224조(예비, 음모) 제214조, 제215조와 제218조 제1항의 죄를 범할 목적으로 예비 또는 음모한 자는 2년 이하의 징역에 처한다.

제3절 문서에 관한 죄

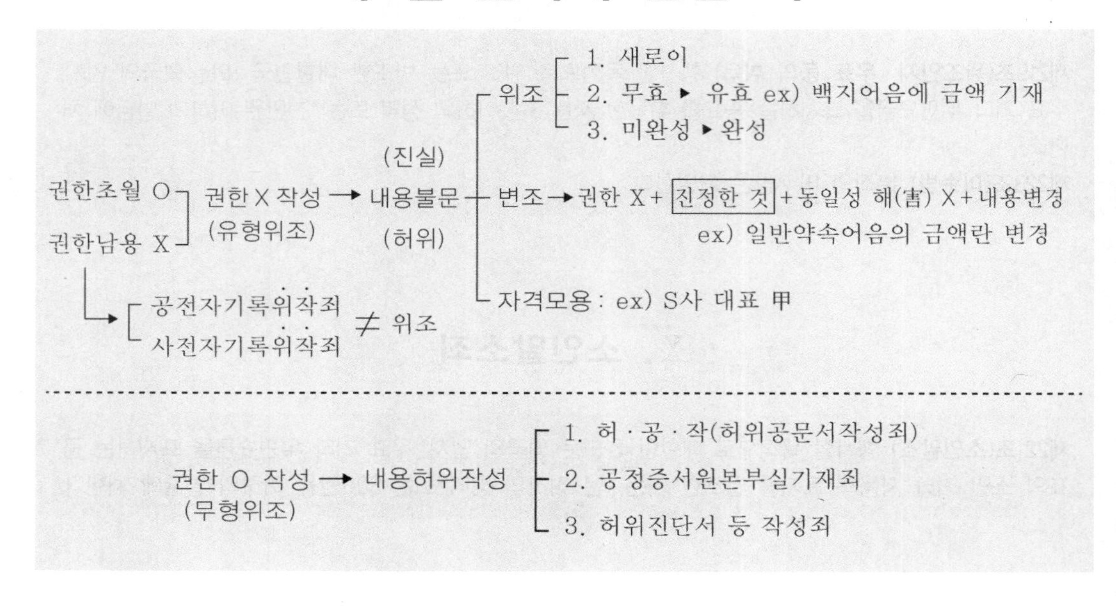

Ⅰ. 총 설

1. 의 의

① 문서에 관한 죄란 행사할 목적으로 문서를 위조 · 변조하거나, 허위의 문서를 작성하거나, 위조 · 변조 · 허위작성된 문서를 행사하거나 문서를 부정행사하는 것을 내용으로 하는 범죄이다.

② 보호법익은 문서의 진정에 대한 공공의 신용이다(판례, 통설). 보호의 정도는 추상적 위험범이다.[1)]

2. 형식주의와 실질주의 및 유형위조와 무형위조

	의 의	처 벌	처벌의 범위	용어상의 구별
유형위조	문서를 작성할 권한이 없는 자가 타인의 명의를 사칭하여 타인명의의 문서(부진정문서)를 작성하는 것을 말한다.	형식주의 (성립의 진정만 문제 삼음)	유형위조는 공문서 · 사문서를 묻지 않고 모두 처벌(형법은 원칙적으로 형식주의의 입장) · 공문서위조죄(제225조) · 사문서위조죄(제231조)	위조, 변조, 자격모용작성

1) 형법 제230조의 공문서부정행사죄는 공문서의 사용에 대한 공공의 신용을 보호법익으로 하는 범죄로서 추상적 위험범이다[대판 2022.10.14. 2020도13344].

무형위조	문서를 작성할 권한이 있는 자가 진실에 반하는 내용의 문서(허위문서)를 작성하는 것을 말한다.	실질주의 (내용의 진정만 문제 삼음)	공문서와 달리 사문서의 경우는 문서내용의 진실성을 특히 보호해야 할 경우에만 예외적으로 처벌(형법은 예외적으로 실질주의 채택) · 허위공문서작성죄(제227조) · 공정증서원본부실기재죄(제228조) · 허위진단서등 작성죄(제233조) · 주 의 : 허위사문서작성에 대하여는 처벌규정이 없다.	허위작성 또는 변개 부실기재(기록)

判例 사문서의 무형위조(불가벌)

1. 피고인들이 작성한 회의록에다 참석한 바 없는 소외인이 참석하여 사회까지 한 것으로 기재한 부분은 사문서의 무형위조에 해당할 뿐이어서 사문서의 유형위조만을 처벌하는 현행 형법하에서는 죄가 되지 아니한다[대판 1984.4.24. 83도2645]. [♠ 99 사시]
2. 매수인으로부터 매도인과의 토지매매계약체결에 관하여 포괄적 권한을 위임받은 자는 위임자 명의로 토지매매계약서를 작성할 적법한 권한이 있다 할 것이므로 매수인으로부터 그 권한을 위임받은 피고인이 실제 매수가격보다 높은 가격을 매매대금으로 기재하여 매수인 명의의 매매계약서를 작성하였다 하여도 그것은 작성권한 있는 자가 허위내용의 문서를 작성한 것일 뿐 사문서위조죄가 성립될 수는 없다[대판 1984.7.10. 84도1146]. [♠ 08 사시] [♣ 18 변시]
3. 이사회를 개최함에 있어 공소외 이사들이 그 참석 및 의결권의 행사에 관한 권한을 피고인에게 위임하였다면 그 이사들이 실제로 이사회에 참석하지도 않았는데 마치 참석하여 의결권을 행사한 것처럼 피고인이 이사회 회의록에 기재하였다 하더라도 이는 이른바 사문서의 무형위조에 해당할 따름이어서 처벌대상이 되지 아니한다[대판 1985.10.22. 85도1732].

3. 문서와 도화의 개념

제237조의2(복사문서 등) 이 장의 죄에 있어서 전자복사기, 모사전송기 기타 이와 유사한 기기를 사용하여 복사한 문서 또는 도화의 사본도 문서 또는 도화로 본다.

(1) 문서의 개념

계속적 기능	1. 의 의 : 의사표시가 물체에 결합되어 계속성을 가져야 한다는 것을 의미한다. 2. 의사표시 ① 표시의 내용 : 사상 또는 관념의 표시. 그러므로 검증의 목적물, 기계적 기록은 문서가 아님. 다만 제237조의2 규정(복사문서의 문서성 인정)에 의한 예외가 있다.

계속적 기능	② **표시의 방법** : i) 문자, 부호(속기용 부호, 전신부호, 맹인의 점자) : 가독적이면 족하고 발음적 부호일 필요 없다. ii) 생략문서(문장형식은 아니지만 자체적으로 일정한 관념 · 의사를 알 수 있는 것)도 문서에 해당한다(예 우체국일부인, 신용장에 날인된 접수일부인). iii) 서명 · 낙관 : 인장의 일종에 해당한다(통설). ③ **표시의 정도** : 작성명의자가 진정하게 작성한 문서로 믿기에 충분할 정도의 형식과 외관을 갖추었으면 족하며 법적 형식이 완전히 구비될 것을 요하지 않는다. 3. 의사표시의 계속성 ① 물체에 의사표시가 고정되어 어느 정도 계속성을 가져야 한다. 그러므로 모래나 눈 위에 쓴 글, 흑판에 백묵으로 쓴 글은 문서가 아니다. 그러나 물체는 반드시 종이임을 요하지 아니하므로 목편, 도자기, 피혁 등에 기재한 것도 문서가 될 수 있다. ② 시각적 방법에 의한 표시를 요한다. 그러므로 청각에 의하여 내용을 파악하는 음반, 녹음테이프는 문서가 아니다.
증명적 기능	1. **증명능력** : 문서의 내용은 법률관계와 사회생활상 중요사항(이력서, 영수증, 추천서, 안내장)을 증명할 수 있을 것을 요한다. 법률관계는 공법관계(호적부), 사법관계(매매계약서)를 불문한다. 2. 증명의사 ① 문서는 법률관계와 사회생활상 중요사항을 증명하기 위한 증명의사가 있어야 한다. i) 목적문서 : 처음부터 증명의사를 가지고 작성된 문서, 공문서는 항상 목적문서이다. ii) 우연문서 : 증명의사 없이 작성했으나 사후에 일정한 증거로서 이용하게 된 문서, 사문서는 목적문서와 우연문서 양자가 포함된다. ② 증명의사는 확정적이어야 한다. 가계약서, 가영수증(○) / 초안, 초고(×)
보장적 기능	1. 명의인의 표시 ① 의사표시의 주체를 의미하며 문서작성자를 의미하는 것이 아니다. ② 명의인은 특정되어야 하나 명시될 필요는 없고 문서의 내용이나 형식에 의하여 누가 명의인인지를 판별할 수 있으면 족하다. 2. 명의인의 실재 요부(사자명의 · 허무인 명의의 문서의 문서성 인정여부) ① **통설** : 공문서 · 사문서를 불문하고 모두 명의인의 실재를 요하지 않는다는 입장이다. ② **판례** : 판례의 변경으로 통설과 동일한 입장이다(사자명의의 경우 작성일자가 생존 중의 일자일 필요 없음). 3. **복본 · 등본 · 초본 · 사본** : 복본(○), 등본 · 초본 · 사본(인증 필요), 사진복사본(○: 판례)

判例 형법상 문서의 개념

형법상 문서에 관한 죄에 있어서 문서라 함은 문자 또는 이에 대신할 수 있는 가독적 부호로 계속적으로 물체 상에 기재된 의사 또는 관념의 표시인 원본 또는 이와 사회적 기능, 신용성 등을 동시할 수 있는 기계적 방법에 의한 복사본으로서 그 내용이 법률상, 사회생활상 주요 사항에 관한 증거로 될 수 있는 것을 말한다[대판 2006.1.26. 2004도788].

判例 문서로 인정되기 위하여 문서작성자로 표시된 사람이 실존하여야 하는지 여부(불요)

1. 문서위조죄는 문서의 진정에 대한 공공의 신용을 그 보호법익으로 하는 것이므로 그 작성된 문서가 일반인으로 하여금 당해 명의인의 권한 내에서 작성된 것이라고 믿을 수 있는 정도의 형식과

외관을 구비하면 성립되는 것이고 자연인 아닌 법인 또는 단체명의의 문서에 있어서는 요건이 구비된 이상 그 문서작성자로 표시된 사람의 실존 여부는 위조죄의 성립에 아무런 지장이 없으며, 기존의 진정문서를 이용하여 문서를 변개하는 경우에도 문서의 중요 부분에 변경을 가하여 새로운 증명력을 가지는 별개의 문서를 작성하는 것은 문서의 변조가 아닌 위조에 해당한다 [대판 2003.9.26. 2003도3729]. [♠ 13 사시]

2. 위조된 문서가 일반인으로 하여금 공무소 또는 공무원의 직무권한 내에서 작성된 것으로 믿을 만한 형식 외관을 갖추고 있으면 설령 그러한 공무소 또는 공무원이 실존하지 아니하여도 공문서위조죄가 성립하는 것이다[대판 1976.9.14. 76도1767].

判例 형법상 문서에 해당하는 경우(작성권한 없이 작성하면 위조죄 성립)

1. **(생략문서)** 구청 세무계장 명의의 소인을 세금 영수필 통지서에 날인하는 의미는 은행 등 수납기관으로부터 그 수납기관에 세금이 정상적으로 입금되었다는 취지의 영수필 통지서가 송부되어 와서 이에 기하여 수납부 정리까지 마쳤으므로 이제 그 영수필 통지서는 보관하면 된다는 점을 확인함에 있는데, 소인이 가지는 의미가 위와 같은 것이라면 이는 하나의 문서로 보아야 한다 [대판 1995.9.5. 95도1269].

   동지판례 **(생략문서 : 은행의 접수일부인)** 신용장에 날인된 은행의 접수일부인은 사실증명에 관한 사문서에 해당되므로 신용장에 허위의 접수인을 날인한 것은 사문서위조에 해당된다[대판 1979.10.30. 77도1879].

2. **(사자 · 허무인명의의 문서)** 문서위조죄는 문서의 진정에 대한 공공의 신용을 그 보호법익으로 하는 것이므로 행사할 목적으로 작성된 문서가 일반인으로 하여금 당해 명의인의 권한 내에서 작성된 문서라고 믿게 할 수 있는 정도의 형식과 외관을 갖추고 있으면 문서위조죄가 성립하는 것이고, 위와 같은 요건을 구비한 이상 그 명의인이 실재하지 않는 허무인이거나 또는 문서의 작성일자 전에 이미 사망하였다고 하더라도 그러한 문서 역시 공공의 신용을 해할 위험성이 있으므로 문서위조죄가 성립한다고 봄이 상당하며, 이는 공문서뿐만 아니라 사문서의 경우에도 마찬가지라고 보아야 한다[대판(전) 2005.2.24. 2002도18]. [♠ 00, 01, 07, 09 사시] [♣ 12, 15, 18, 21 변시]

   동지판례 명의인이 실재하지 않는 허무인이거나 또는 문서의 작성일자 전에 이미 사망하였다고 하더라도 그러한 문서 역시 공공의 신용을 해할 위험성이 있으므로 공문서와 사문서를 가리지 아니하고 문서위조죄가 성립한다고 봄이 상당하며 이러한 법리는 법률적, 사회적으로 자연인과 같이 활동하는 법인 또는 단체에도 그대로 적용된다고 할 것이다[대판 2005.3.2. 2003도4943]. [♠ 10, 15 사시]

   판례해설 해산등기를 마쳐 법인격이 소멸된 법인명의의 사문서를 위조한 경우에도 사문서위조죄가 성립한다는 취지의 판례이다.

3-1. **(복사한 문서의 사본)** [1] 복사한 문서의 사본은 문서위조 및 동행사죄의 객체인 문서에 해당한다. [♣ 12 변시]

   [2] 피고인들이 공모하여 행사할 목적으로 공소외 乙이 제1심 판시 골프장시설공사 도급권을 피고인 甲에게 위임하는 내용의 사실증명에 관한 乙 명의의 위임장 1매를 위조한 다음 이를 전자복사하여 그 사본을 진정하게 성립된 것처럼 피해자 丙에게 제시하여 행사한 경우, 피고인들의 행위는 사문서위조죄 및 위조사문서행사죄에 해당한다[대판(전) 1989.9.12. 87도506].

3-2. **(복사한 문서의 재사본)** 형법 제237조의2에 따라 전자복사기, 모사전송기 기타 이와 유사한 기기를 사용하여 복사한 문서의 사본도 문서원본과 동일한 의미를 가지는 문서로서 이를 다시 복사한 문서의 재사본도 문서위조죄 및 동 행사죄의 객체인 문서에 해당한다 할 것이고, 진정한 문서의 사본을 전자복사기를 이용하여 복사하면서 일부 조작을 가하여 그 사본 내용과 전혀 다르게 만드는 행위는 공공의 신용을 해할 우려가 있는 별개의 문서사본을 창출하는 행위로서 문서위조 행위에 해당한다[대판 2004.10.28. 2004도5183]. [♣ 16 변시]

4. **(작성명의자가 진정하게 작성한 문서로 믿기에 충분할 정도의 형식과 외관을 갖춘 경우)** 사문서의 작성명의자의 인장이 압날되지 아니하고 주민등록번호가 기재되지 않았더라도, 일반인으로 하여금 그 작성명의자가 진정하게 작성한 사문서로 믿기에 충분할 정도의 형식과 외관을 갖추었으면 사문서위조죄 및 동행사죄의 객체가 되는 사문서라고 보아야 한다[대판 1989.8.8. 88도2209]. [♠ 09, 13 사시] [♣ 17 변시]

동지판례 ⅰ) 피고인이 복지사상 후보자 추천과 관련하여 X에 대한 수상후보자 추천서와 경력증명서를 작성하고, 추천서의 추천기관장란에 위 'ㅇㅇㅇ' 원장인 甲의 성명을 기재하고 경력증명서의 하단에 "ㅇㅇ사회복지법인 대표이사 甲"이라고 기재한 다음, 다른 서류에 찍혀 있던 직인을 칼로 오려내어 풀로 붙인 후 이를 복사하여 추천서와 경력증명서 만든 다음, 이들을 사회복지사협회에 발송하였다면 일반인이 명의자의 진정한 사문서로 오신하기에 충분한 정도의 형식과 외관을 갖추었다고 보여지므로 피고인에게는 사문서위조 및 동행사죄가 성립한다[대판 2011.2.10. 2010도8361]. [♣ 16 변시]

ⅱ) 사문서의 작성명의자의 인장이 찍히지 아니하였더라도 그 사람의 상호와 성명이 기재되어 그 명의자의 문서로 믿을 만한 형식과 외관을 갖춘 경우에는 사문서위조죄에 있어서의 사문서에 해당한다고 볼 수 있다[대판 2000.2.11. 99도4819]. [♠ 14 사시]

ⅲ) 문서위조죄는 문서의 진정에 대한 공공의 신용을 그 보호법익으로 하는 것이므로, 피고인이 위조하였다는 국제운전면허증이 그 유효기간을 경과하여 본래의 용법에 따라 사용할 수는 없게 되었다고 하더라도, 이를 행사하는 경우 그 상대방이 유효기간을 쉽게 알 수 없도록 되어 있거나 위 문서 자체가 진정하게 작성된 것으로서 피고인이 명의자로부터 국제운전면허를 받은 것으로 오신하기에 충분한 정도의 형식과 외관을 갖추고 있다면 피고인의 행위는 문서위조죄에 해당한다[대판 1998.4.10. 98도164]. [♣ 23 변시]

ⅳ) 예금청구서에 작성명의자의 기명만 있고 날인이 빠져있다 하여도 일반인이 그 작성명의자에 의하여 작성된 예금청구서라고 오신할 만한 형식과 외관을 갖추고 있는 이상 권한 없이 위 예금청구서를 작성한 행위는 사문서위조죄에 해당하고 날인이 없다하여 이를 미완성문서로 볼 수는 없다[대판 1984.10.23. 84도1729].

ⅴ) 피고인이 근무하던 증권회사에서는 위탁자의 서명이 있으면 날인이 누락된 위탁자 출금청구서라 하여도 출금이 가능하였으므로 권한 없이 위탁자 본인의 의사에 의한 것처럼 가장하여 위탁자의 서명만 있고 날인이 없는 위탁자 출금청구서를 작성·행사한 피고인의 행위를 사문서위조 동행사죄로 의률 처단하였음은 정당하다[대판 1982.10.12. 81도3176].

5. **(간접적으로 권리·의무의 변동에 사실상으로만 영향을 줄 수 있는 문서)** [1] 사문서위조, 동 행사죄의 객체인 사문서는 권리·의무 또는 사실증명에 관한 타인의 문서 또는 도화를 가리키고, 권리·의무에 관한 문서라 함은 권리의무의 발생·변경·소멸에 관한 사항이 기재된 것을 말하며, 사실증명에 관한 문서는 권리·의무에 관한 문서 이외의 문서로서 거래상 중요한 사실을 증명하는 문서를 의미한다. 그리고 거래상 중요한 사실을 증명하는 문서는, 법률관계의 발생·존속·변경·소멸의 전후과정을 증명하는 것이 주된 취지인 문서뿐만 아니라 직접적인 법률관계에 단지 간접적으로만 연관된 의사표시 내지 권리·의무의 변동에 사실상으로만 영향을 줄 수 있는 의사표시를 내용으로 하는 문서도 포함될 수 있다.

[2] A단체 회원이 타인의 명의를 도용하여 A단체 교육원장의 구체적인 잘못을 적시하면서 위 교육원장 임명을 재검토하지 않으면 법적 · 행정적 책임을 묻겠다는 등의 내용이 담긴 호소문을 작성하였다면 그 호소문은 중요한 사실을 증명하는 사실증명에 관한 문서에 해당한다고 한 사례[대판 2009.4.23. 2008도8527]. [♠ 15 사시] [♣ 17 변시]

判例 형법상 문서에 해당하지 않는 경우

1. **(컴퓨터 모니터 화면에 나타나는 이미지)** 컴퓨터 모니터 화면에 나타나는 이미지는 이미지 파일을 보기 위한 프로그램을 실행할 경우에 그때마다 전자적 반응을 일으켜 화면에 나타나는 것에 지나지 않아서 계속적으로 화면에 고정된 것으로는 볼 수 없으므로, 형법상 문서에 관한 죄에 있어서의 문서에는 해당되지 않는다[대판 2010.7.15. 2010도6068], [대판 2011.11.10. 2011도10468]. [♣ 14, 21, 23 변시]
2. **(컴퓨터 스캔 작업을 통하여 만들어진 이미지 파일)** 피고인이 컴퓨터 스캔 작업을 통하여 만들어 낸 공인중개사 자격증의 이미지 파일은 전자기록으로서 전자기록 장치에 전자적 형태로서 고정되어 계속성이 있다고 볼 수는 있으나, 그러한 형태는 그 자체로서 시각적 방법에 의해 이해할 수 있는 것이 아니어서 이를 형법상 문서에 관한 죄에 있어서의 '문서'로 보기 어렵다[대판 2008.4.10. 2008도1013]. [♠ 10 사시] [♣ 14, 17 변시]

   동지판례 국립대학교 교무처장 명의의 '졸업증명서 파일'을 위조하였다는 공소사실에 대하여, 위 파일이 형법상의 문서에 해당하지 않는다는 이유로 무죄에 해당한다고 한 사례[대판 2010.7.15. 2010도6068].
3. **(책임각서 사건)** 작성명의자의 승낙이나 위임이 없이 그 명의를 모용하여 토지사용에 관한 책임각서 등을 작성하면서 작성명의자의 서명이나 날인은 하지 않고 다만 피고인이 자신의 이름으로 보증인란에 서명 · 날인한 경우, 위 책임각서는 진정한 각서로 오신하기에 충분한 정도의 외관과 형식을 갖춘 완성된 문서라고 보기에 부족하다[대판 1997.12.26. 95도2221]. [♠ 99 사시]

判例 문서의 개수의 판단 기준(명의자마다 1개의 문서 성립)과 사문서변조죄가 성립하는 경우

부동산 매매계약서와 같이 문서에 2인 이상의 작성명의인이 있는 때에는 각 명의자마다 1개의 문서가 성립되는 것으로 볼 것이고 피고인이 그 명의자의 한사람이라 하더라도 타 명의자와 합의없이 그 문서의 내용을 변경하였을 때에는 사문서변조죄가 성립된다[대판 1977.7.12. 77도1736]. [♣ 17 변시]

(2) 도화의 개념

① 문자 이외의 상형적 부호에 의하여 사람의 관념 · 의사가 물체에 화체되어 표현된 것을 말한다(예 지적도, 상해부위를 명백히 하기 위한 인체도).

② 도화라고 할수 있기 위하여는 문서와 마찬가지로 계속적 기능 · 증명적 기능 · 보장적 기능을 갖추어야 한다.

判例 도화에 해당하는 경우

담뱃갑의 표면에 그 담배의 제조회사와 담배의 종류를 구별·확인할 수 있는 특유의 도안이 표시되어 있는 경우에는 일반적으로 그 담뱃갑의 도안을 기초로 특정 제조회사가 제조한 특정한 종류의 담배인지 여부를 판단하게 된다는 점에 비추어서도 그 담뱃갑은 적어도 그 담뱃갑 안에 들어 있는 담배가 특정 제조회사가 제조한 특정한 종류의 담배라는 사실을 증명하는 기능을 하고 있으므로, 그러한 담뱃갑은 문서 등 위조의 대상인 도화에 해당한다[대판 2010.7.29. 2010도2705]. [♣12 변시]

4. 문서의 종류

(1) 공문서와 사문서

① 공문서 : i) 공무소 또는 공무원이 그 직무에 관하여 작성한 문서를 말한다. ii) 작성명의인이 공무소·공무원인 경우에도 직무상 작성한 것이 아니면 공문서가 아니다(예 공무원 개인명의의 매매계약서). iii) 판례에 의하면 간이절차에 의한 민사분쟁사건처리특례법에 의하여 합동법률사무소 명의로 작성한 공증문서와 공증인가합동법률사무소 작성의 사서증서에 관한 인증서도 공문서이다. iv) 외국의 공무소·공무원이 작성한 문서는 사문서에 해당한다.

判例 사문서에 해당하지 않는 경우(십지지문 지문대조표)

십지지문 지문대조표는 수사기관이 피의자의 신원을 특정하고 지문대조조회를 하기 위하여 직무상 작성하는 서류로서 비록 자서란에 피의자로 하여금 스스로 성명 등의 인적사항을 기재하도록 하고 있다 하더라도 이를 사문서로 볼 수는 없다[대판 2000.8.22. 2000도2393].

判例 공문서에 해당되는 경우

[1] 지방자치단체의 장 또는 계약담당자가 그 검사를 위임받아 수행한 전문기관으로부터 검사결과를 검사조서로 작성·보고받고 이를 확인하여 승인하는 의미로 검사조서에 결재하였다면 그와 같이 결재된 검사조서는 공무원이 그 직무권한 내에서 작성한 문서로서 허위공문서작성죄의 객체인 공문서에 해당한다.
[2] 자생식물원 조성공사의 감리업체의 책임감리원인 甲이, 이 공사를 감독하는 담당공무원 乙과 공모하여 허위 내용의 준공검사조서를 작성한 다음 준공검사결과보고서에 첨부하여 乙에게 제출하여 공무원들의 결재를 받아 사무실에 비치한 사안에서, 위 '준공검사조서'는 공문서에 해당한다고 한 사례[대판 2010.4.29. 2010도875].

② **사문서** : 사인명의로 작성된 문서 중에서 권리의무 · 사실증명에 관한 문서를 말한다.

判例 공 · 사병존문서(공문서와 사문서의 구별)

1. **(사서증서의 기재내용은 사문서, 사서증서의 인증기재부분은 공문서)** [1] 공증인이 공증인법 제57조 제1항의 규정에 의하여 사서증서에 대하여 하는 인증은 당해 사서증서에 나타난 서명 또는 날인이 작성명의인에 의하여 정당하게 성립하였음을 인증하는 것일 뿐 그 사서증서의 기재 내용을 인증하는 것은 아닌바, 사서증서 인증서 중 인증기재 부분은 공문서에 해당한다고 하겠으나, 위와 같은 내용의 인증이 있었다고 하여 사서증서의 기재 내용이 공문서인 인증기재 부분의 내용을 구성하는 것은 아니라고 할 것이므로, 사서증서의 기재 내용을 일부 변조한 행위는 공문서변조죄가 아니라 사문서변조죄에 해당한다. [♠ 06 사시]
[2] 피고인이 피해자와 사이에 온천의 시공에 필요한 비용을 포함한 일체의 비용을 자신이 부담하기로 약정하였음에도 피해자를 상대로 공사대금청구의 소를 제기하면서 시공 외의 비용은 모두 피해자가 부담한다는 내용으로 변조한 인증합의서를 소장에 첨부하여 제출한 경우, 소송사기의 실행에 착수하였다고 한 사례[대판 2005.3.24. 2003도2144].
2. **(인감증명서의 사용용도란의 기재 : 원칙적으로 사문서)** 인감증명법 제12조 제1항, 동법 시행령(2002.12.31. 대통령령 제17867호로 개정되기 전의 것) 제13조 등 인감증명의 신청과 인감증명서의 발급에 관한 법령의 규정에 의하면, 인감의 증명을 신청함에 있어서 그 용도가 부동산매도용일 경우에는 부동산매수자란에 매수자의 성명(법인인 경우에는 법인명), 주소 및 주민등록번호를 기재하여 신청하여야 하지만 그 이외의 경우에는 신청 당시 사용용도란을 기재하여야 하는 것은 아니고, 필요한 경우에 신청인이 직접 기재하여 사용하도록 되어 있으며, 사용용도에 따른 인감증명서의 유효기간에 관한 종전의 규정도 삭제되어 유효기간의 차이도 없으므로 인감증명서의 사용용도란의 기재는 증명청인 동장이 작성한 증명문구에 의하여 증명되는 부분과는 아무런 관계가 없다고 할 것이므로, 권한 없는 자가 임의로 인감증명서의 사용용도란의 기재를 고쳐 썼다고 하더라도 공무원 또는 공무소의 문서 내용에 대하여 변경을 가하여 새로운 증명력을 작출한 경우라고 볼 수 없으므로 공문서변조죄나 이를 전제로 하는 변조공문서행사죄가 성립되지는 않는다[대판 2004.8.20. 2004도2767].
3. **(공립학교 교사가 작성하는 교원의 인적사항과 전출희망사항 등을 기재하는 부분 : 사문서)** 공립학교 교사가 작성하는 교원의 인적사항과 전출희망사항 등을 기재하는 부분과 학교장이 작성하는 학교장의견란 등으로 구성되어 있는 교원실태조사카드는 학교장의 작성명의 부분은 공문서라고 할 수 있으나, 작성자가 교사 명의로 된 부분은 개인적으로 전출을 희망하는 의사표시를 한 것에 지나지 아니하여 이것을 가리켜 공무원이 직무상 작성한 공문서라고 할 수는 없을 것이므로(* 저자 주 – 사문서에 해당한다는 취지이다) 위 카드의 교사 명의 부분을 명의자의 의사에 반하여 작성하였다고 하여도 공문서를 위조한 것이라고 할 수 없다[대판 1991.9.24. 91도1733].
4. **(이혼의사확인서등본 뒤에 첨부한 후 간인한 이혼신고서 : 사문서)** 구 호적법(2007.5.17. 법률 제8435호로 폐지) 제79조 제1항 및 구 호적법 시행규칙(2007.11.28. 대법원규칙 제2119호로 폐지) 등을 종합하여 볼 때, 가정법원의 서기관 등이 이혼의사확인서등본을 작성한 뒤 이를 이혼의사확인신

청 당사자 쌍방에게 교부하면서 이혼신고서를 확인서등본 뒤에 첨부하여 그 직인을 간인하였다고 하더라도, 그러한 사정만으로 이혼신고서가 공문서인 이혼의사확인서등본의 일부가 되었다고 볼 수 없다. 따라서 당사자가 이혼의사확인서등본과 간인으로 연결된 이혼신고서를 떼어내고 원래 이혼신고서의 내용과는 다른 이혼신고서를 작성하여 이혼의사확인서등본과 함께 호적관서에 제출하였다고 하더라도, 공문서인 이혼의사확인서등본을 변조하였다거나 변조된 이혼의사확인서등본을 행사하였다고 할 수 없다[대판 2009.1.30. 2006도7777].

(2) 문서의 특수형태

① **개별문서** : 개별적으로 의사표시를 내용으로 하는 독립된 문서를 말한다.

② **전체문서** : 개별적인 문서가 계속적인 형태에 의하여 통일된 전체로서 결합하여 독자적인 의사표시 내용을 가지는 경우를 말한다(예 예금통장, 상업장부). 전체문서는 하나의 문서로 취급된다.

③ **결합문서** : 문서가 검증의 목적물과 결합되어 통일된 증명내용을 가지는 경우를 말한다(예 사진을 첨부한 증명서). 결합문서도 하나의 문서로 취급된다.

Ⅱ. 사문서위조 · 변조죄

제231조(사문서 등의 위조 · 변조) 행사할 목적으로 권리 · 의무 또는 사실증명에 관한 타인의 문서 또는 도화를 위조 또는 변조한 자는 5년 이하의 징역 또는 1천만원 이하의 벌금에 처한다.
제235조(미수범) 미수범은 처벌한다.

1. 의 의

행사할 목적으로 권리 · 의무 또는 사실증명에 관한 타인의 문서 또는 도화를 위조 또는 변조함으로써 성립하는 범죄이다.

2. 구성요건

(1) 객관적 구성요건

① 객 체 : 권리 · 의무 또는 사실증명에 관한 타인의 문서 또는 도화이다.

㉮ **권리 · 의무에 관한 문서 · 도화** : 예 사법상 권리 · 의무에 관한 것 – 위임장, 매매계약서; 공법상 권리 · 의무에 관한 것 – 주민등록증발급신청서, 인감증명교부신청서

㉯ **사실증명에 관한 문서 · 도화** : 예 추천서, 인사장, 단체의 신분증, 성적증명서

② 행 위 : 위조 또는 변조하는 것이다.

㉮ 위 조 : 작성권한 없는 자가 타인명의를 모용하여 문서를 작성하는 것을 말한다. i) 명의인의 사전승낙이나 문서작성의 포괄적 위임을 받아 문서를 작성하는 경우는 위조에 해당하지 아니한다. 다만 승낙이나 위임의 취지에 반하여 문서를 작성한 경우에는 위조가 된다. ii) 명의자는 실재함을 요하지 아니한다. 따라서 사자 · 허무인의 명의를 모용하는 것도 위조가 된다. iii) 위조의 방법에는 제한 없다. 따라서 새로운 문서의 작성, 기존의 미완성문서에 가공하여 완성시키는 경우, 기존의 진정문서의 중요부분을 변경하여 동일성을 상실시키는 경우, 무효가 된 문서를 가공하여 새로운 증명력을 가지는 문서를 작출하는 경우와 간접정범의 형태로 위조를 할 수도 있다(예 명의인이 내용을 오신하고 있음을 이용하여 그의 의사와 다른 내용의 문서에 서명 날인케 한 경우). iv) 위조의 객체는 변조와 달리 진정한 문서일 것을 요하지 않는다. 따라서 위조된 문서원본을 복사하여 문서사본을 창출하는 것도 위조가 될 수 있다. v) 위조의 정도는 일반인들이 진정문서로 오인할 정도이면 족하다.

判例 사문서위조죄가 성립하지 않는 경우(문서작성의 권한이 있는 경우)

1. **(명의자의 명시적이거나 묵시적인 승낙이 있는 경우)** 문서의 위조라고 하는 것은 작성권한 없는 자가 타인 명의를 모용하여 문서를 작성하는 것을 말하는 것이므로 사문서를 작성함에 있어 그 명의자의 명시적이거나 묵시적인 승낙(위임)이 있었다면 이는 사문서위조에 해당한다고 할 수 없다[대판 1998.2.24. 97도183; 동지 대판 1988.1.12. 87도2256]. [♠ 05 사시]

2. **(명의자의 포괄적 위임 내지 승낙이 있는 경우)** 고소인의 제3자에 대한 채권의 변제책임을 부담하는 대신 그 채권에 관하여 설정한 가등기에 의한 담보권을 양수한 피고인이 위 가등기를 말소함에 있어서 고소인명의의 가등기말소신청서등을 임의로 작성하였다 하더라도 이는 결국 고소인으로부터의 포괄적 위임 내지 승낙에 기한 것이어서 피고인이 위 가등기말소신청서 등을 위조하였다고 할 수 없다[대판 1984.2.14. 83도2650].

2-1. **(명의자의 포괄적 위임이 있는 경우)** 문서명의인이 문서작성자에게 사전에 문서 작성과 관련한 사무처리의 권한을 포괄적으로 위임함으로써 문서작성자가 위임된 권한의 범위 내에서 그 사무처리를 위하여 문서명의인 명의의 문서를 작성 · 행사한 것이라면, 비록 문서작성자가 개개의 문서 작성에 관하여 문서명의인으로부터 승낙을 받지 않았다고 하더라도 특별한 사정이 없는 한 사문서위조 및 위조사문서행사죄는 성립하지 않는다고 할 것이다[대판 2015.6.11. 2012도1352].

3-1. **(명의인의 승낙이 추정되는 경우)** 사문서의 위 · 변조죄는 작성권한 없는 자가 타인 명의를 모용하여 문서를 작성하는 것을 말하는 것이므로 사문서를 작성 · 수정함에 있어 그 명의자의 명시적이거나 묵시적인 승낙이 있었다면 사문서의 위 · 변조죄에 해당하지 않고, 한편 행위 당시 명의자의 현실적인 승낙은 없었지만 행위 당시의 모든 객관적 사정을 종합하여 명의자가 행위

당시 그 사실을 알았다면 당연히 승낙했을 것이라고 추정되는 경우 역시 사문서의 위·변조죄가 성립하지 않는다[대판 2003.5.30. 2002도235]. [♠ 08, 10 사시] [♣ 19 변시]

3-2. **(승낙이 추정되기 위한 요건)** 행위 당시 명의자의 현실적인 승낙은 없었지만 행위 당시의 모든 객관적 사정을 종합하여 명의자가 행위 당시 그 사실을 알았다면 당연히 승낙했을 것이라고 추정되는 경우 역시 사문서의 위·변조죄가 성립하지 않는다고 할 것이나, 명의자의 명시적인 승낙이나 동의가 없다는 것을 알고 있으면서도 명의자 이외의 자의 의뢰로 문서를 작성하는 경우 명의자가 문서작성 사실을 알았다면 승낙하였을 것이라고 기대하거나 예측한 것만으로는 그 승낙이 추정된다고 단정할 수 없다[대판 2008.4.10. 2007도9987; 동지 대판 2003.5.30. 2002도235]. [♠ 13 사시] [♣ 12 변시][2)]

동지판례 종친회 결의서의 피위조명의자 중 피고인의 형제 2명이 승낙한 경우에는 피고인의 아들들이나 위 형제들의 아들들에 대하여 추정적 승낙을 인정할 여지가 있다[대판 1993.3.9. 92도3101].

판결이유 위 종친회원 중 피고인 등 3형제 이외에는 나이가 젊고 종중 일에 관심이 없었고 곗날에 참석하지 않은 관계로 통상 종친회의 모든 의안을 위 3형제만의 의결로 집행하여 온 것으로 짐작되고, 만일 피고인이 종친회의 통상 관례에 따라 결정된 사항을 집행하기 위하여 이에 필요한 종친회원들 명의의 서류를 임의로 작성한 것이라면 비록 사전에 그들의 현실적인 승낙이 없었다고 하더라도 피고인은 그들이 위와 같은 사정을 알았다면 당연히 승낙하였을 것이라고 믿고 한 행위일 수 있는 것이므로, 그렇다면 원심판결에는 문서작성의 추정적 승낙에 관한 법리를 오해하여 심리를 다하지 아니한 위법이 있다.

4. **(권한을 남용하여 문서를 작성한 경우)** i) 문서위조죄를 구성하는지의 여부는 그 문서의 작성명의로 타인의 명의를 모용하였느냐 아니하였느냐라는 형식에 의하여 결정할 것으로서 그 문서의 내용의 진실여부는 특별한 처벌규정이 있는 경우 이외에는 동 죄의 성립여부에 아무런 소장이 없다고 할 것이므로, 타인의 대표자 또는 대리자가 그 대표명의 또는 대리명의를 써서 또는 직접 본인의 명의를 사용하여 문서를 작성할 권한을 가지는 경우에 그 지위를 남용하여 단순히 자기 또는 제3자의 이익을 도모할 목적으로 마음대로 문서를 작성한 때라고 할지라도 문서위조죄는 성립하지 아니한다[대판 1983.4.12. 83도332].

ii) [1] 원래 주식회사의 지배인은 회사의 영업에 관하여 재판상 또는 재판 외의 모든 행위를 할 권한이 있으므로, 지배인이 직접 주식회사 명의 문서를 작성하는 행위는 위조나 자격모용사문서작성에 해당하지 않는 것이 원칙이고, 이는 문서의 내용이 진실에 반하는 허위이거나 권한을 남용하여 자기 또는 제3자의 이익을 도모할 목적으로 작성된 경우에도 마찬가지이다. 그러나 회사 내부규정 등에 의하여 각 지배인이 회사를 대리할 수 있는 행위의 종류, 내용, 상대방 등을 한정하여 권한을 제한한 경우에 제한된 권한 범위를 벗어나서 회사 명의의 문서를 작성하였다면, 이는 자기 권한 범위 내에서 권한 행사의 절차와 방식 등을 어긴 경우와 달리 문서위조죄에 해당한다.

[2] 주식회사의 지배인이 자신을 그 회사의 대표이사로 표시하여 연대보증채무를 부담하는 취지의 회사 명의의 차용증을 작성·교부한 경우, 그 문서에 일부 허위 내용이 포함되거나 위 연대보증행위가 회사의 이익에 반하는 것이더라도 사문서위조 및 위조사문서행사에 해당하지 않는다[대판 2010.5.13. 2010도1040], [대판 2012.9.27. 2012도7467]. [♠ 13 사시] [♣ 17 변시]

---

2) 추정적 승낙의 개념이 출제되었다.

5. **(세금계산서의 공급자가 공급받는 자 란에 임의로 타인의 명의를 기재한 경우)** 세금계산서는 부가가치세 과세사업자가 재화나 용역을 공급하는 때에 이를 공급받은 자에게 작성 · 교부하여야 하는 계산서이므로(부가가치세법 제16조 제1항), 그 작성권자는 어디까지나 재화나 용역을 공급하는 공급자라고 보아야 할 것이고, 세금계산서상의 공급받는 자는 그 문서 내용의 일부에 불과할 뿐 세금계산서의 작 성명의인은 아니라 할 것이니, 공급받는 자 란에 임의로 다른 사람을 기재하였다 하여 그 사람에 대한 관계에서 사문서위조죄가 성립된다고 할 수 없다[대판 2007.3.14. 2007도169].

동지판례 피고인들이 甲 등과 공모하여, 부동산등기법상의 확인서면(부동산등기법 제49조 제3항, 제2항에 의해 법무사가 주민등록증 등에 의하여 등기의무자가 본인인지 여부를 확인하고 작성하는 서류이다)의 등기의무자란에 등기의무자 乙 대신 甲이 우무인을 날인하여 법무사가 피고인들 등에게 속아 등기의무자를 乙로 하는 내용의 확인서면을 작성하였다고 하더라도, 위 확인서면은 법무사 명의의 문서이고, 작성명의인인 법무사가 피고인들 등에게 속아 등기의무자를 乙로 하는 내용의 확인서면을 작성하였다고 하더라도 이를 피고인들 등이 위조하였다고는 볼 수 없다[대판 2010.11.25. 2010도11509].

6. **(명의자가 연대보증인이 될 것을 허락하여 그를 직접 차주로 하여 문서를 작성한 경우)** 피해자들이 일정한도액에 관한 연대보증인이 될 것을 허락하고 이에 필요한 문서를 작성하는데 쓰일 인감도장과 인감증명서(대출보증용)를 채무자에게 건네준 취지는 채권자에 대해 동액상당의 채무를 부담하겠다는 내용의 문서를 작성하도록 허락한 것으로 보아야 할 것이므로 비록 차용금증서에 동 피해자들을 연대보증인으로 하지 않고 직접 차주로 하였을 지라도 그 문서는 정당한 권한에 기하여 그 권한의 범위 안에서 적법하게 작성된 것으로 보아야 한다[대판 1984.10.10. 84도1566]. [♣18 변시]

判例 사문서위조죄가 성립하는 경우

(1) 무권한 또는 권한초월 또는 위임의 취지에 반하여 문서를 작성한 경우

1. **(권한없이 타인명의 사용)** 주취운전자적발보고서, 주취운전자정황진술보고서의 운전자(확인)란에 타인의 성명을 기재하여 경찰관에게 제출한 경우, 사문서위조 및 동행사죄에 해당한다[대판 2004.12.22. 2004도6483]. [♠12 사시]

동지판례 혼인신고 당시에는 피해자가 피고인과의 동거관계를 청산하고 피고인을 만나주지 아니하는 등으로 피하여 왔다면 당초에는 피해자와 사실혼관계에 있었고 또 피해자에게 혼인의 의사가 있었다 하더라도 위 혼인신고 당시에는 그 혼인의사가 철회되었다고 보아야 할 것이므로 피고인이 일방적으로 혼인신고서를 작성하여 혼인신고를 한 행위는 설사 혼인신고서용지에 피해자 도장이 미리 찍혀 있었다 하더라도 사문서위조 기타 관계법조의 범죄에 해당한다 할 것이다[대판 1987.4.14. 87도399].

2. **(권한을 초과하여 타인명의 사용)** 문서 작성권한의 위임이 있는 경우라고 하더라도 그 위임을 받은 자가 그 위임받은 권한을 초월하여 문서를 작성한 경우는 사문서위조죄가 성립하고, 단지 위임받은 권한의 범위 내에서 이를 남용하여 문서를 작성한 것에 불과하다면 사문서위조죄가 성립하지 아니한다고 할 것이다[대판 2012.6.28. 2010도690]. [♣16 변시]

동지판례 i) 피고인이 공소외 甲으로부터 금 75,000,000원씩의 차용위탁을 받고 백지의 대출신청서 및 영수증에 동인의 날인을 받은 연후에 차용금액을 금 150,000,000원으로 기입하여 공소외 甲 명의의 대출신청서 및 영수증을 작성하였다면 문서위조죄가 성립한다[대판 1982.10.12. 82도2023]. ii) 사문서위조죄는 작성권한 없는 자가 타인의 명의를 모용하여 문서를 작성함으로써 성립하는 것인바, 타인으로부터 그 명의의 문서 작성을 위임받은 경우에도 위임된 권한을 초월하여 내용을 기재함으로써 명의자의 의사에 반하는 사문서를 작성하는 것은 작성권한을 일탈한 것으로서 사문서위조죄에 해당한다[대판 1997.3.28. 96도3191]. iii) 작성명의자의 날인이 정당하게 성립된 사문서라고 하더라도 내용을 기재할 정당한 권한이 없는 자가 내용을 기재하거나 또는 권한을 위임받은 자가 권한을 초과하여 내용을 기재함으로써 날인자의 의사에 반하는 사문서를 작성한 경우에는 사문서위조죄가 성립한다[대판 1992.12.22. 92도2047].

3. **(위임자의 의사에 반하는 명의 사용)** 공동대표이사로 법인등기를 하기로 하여 이사회 의사록 작성 등 그 등기절차를 위임받았음에도 독립대표이사 선임의 이사회 의사록을 작성하여 독립대표이사로 법인등기한 행위는 사문서위조, 동행사, 공정증서원본부실기재, 동행사의 죄에 해당한다[대판 1994.7.29. 93도1091].

동지판례 i) 타인으로부터 약속어음 작성에 사용하라고 인장을 교부받았음에도 그 인장을 사용하여 그 타인 명의의 지급명령 이의신청취하서를 작성한 경우에는 사문서위조죄가 성립한다[대판 1970.9.22. 70도1623]. ii) 피고인 甲이 공소외 乙과의 동업계약에 따라 甲의 명의로 변경하기 위하여 乙의 인장이 날인된 백지의 건축주명의변경신청서를 받아 보관하고 있던 중 그 위임의 취지에 반하여 피고인이 丙 명의로 건축주명의를 변경하는 건축주명의변경신청서를 작성하여 구청에 제출하였다면 사문서위조 및 그 행사죄가 성립한다[대판 1984.6.12. 83도2408].

(2) 실제의 본명 대신 가명을 사용하였으나 문서의 작성명의인과 실제 작성자의 인격이 상이한 경우

[1] 실제의 본명 대신 가명이나 위명을 사용하여 사문서를 작성한 경우에 그 문서의 작성명의인과 실제 작성자 사이에 인격의 동일성이 그대로 유지되는 때에는 위조가 되지 않으나, 명의인과 작성자의 인격이 상이할 때에는 위조죄가 성립할 수 있다.

[2] 피고인이 다방 업주로부터 선불금을 받고 그 반환을 약속하는 내용의 현금보관증을 작성하면서 가명과 허위의 출생연도를 기재하여 이를 교부한 경우일지라도 현금보관증에 표시된 명칭과 주민등록번호 등으로부터 인식되는 인격은 '1954년에 출생한 52세 가량의 여성인 ○○○'이고, 1950년생인 피고인과는 다른 인격인 것이 분명하므로, 문서의 명의인과 작성자 사이에 인격의 동일성이 인정되지 않으므로 피고인의 행위는 사문서 위조, 동행사죄에 해당한다고 보아야 한다[대판 2010.11.11. 2010도1835]. [♠ 12 사시]

(3) 간접정범 형태의 사문서위조죄가 성립하는 경우

1. 명의인을 기망하여 문서를 작성케 하는 경우는 서명, 날인이 정당히 성립된 경우에도 기망자는 명의인을 이용하여 서명 날인자의 의사에 반하는 문서를 작성케 하는 것이므로 사문서위조죄가 성립한다[대판 2000.6.13. 2000도778]. [♠ 02, 03 사시]

2. 권리의무에 관한 사문서인 타인명의의 신탁증서 1통을 작성한 후 마치 이를 다른 내용의 문서인 것처럼 그 타인에게 제시하여 날인을 받은 후 이를 법원에 증거로 제출하여 사용하였다면 사문서위조 및 동행사죄가 성립한다[대판 1983.6.28. 83도1036].

(4) 문서의 명의인이 사망하였으나 생존 중에 문서작성에 관하여 위임한 것처럼 문서를 작성한 경우

[1] 포괄적인 명의사용의 근거가 되는 위임관계 내지 대리관계가 종료된 경우에는 특단의 사정이 없는 한 더 이상 위임받은 사무의 처리와 관련하여 위임인의 명의를 사용하는 것이 허용된다고 볼 수 없다.

[2] 문서명의인이 이미 사망하였는데도 문서명의인이 생존하고 있다는 점이 문서의 중요한 내용을 이루거나 그 점을 전제로 문서가 작성되었다면 이미 문서에 관한 공공의 신용을 해할 위험이 발생하였다 할 것이므로, 그러한 내용의 문서에 관하여 사망한 명의자의 승낙이 추정된다는 이유로 사문서위조죄의 성립을 부정할 수는 없다. [♠14 사시]

[3] 피고인이 자신의 부(父) 甲에게서 甲 소유 부동산의 매매에 관한 권한 일체를 위임받아 이를 매도하였는데, 그 후 甲이 갑자기 사망하자 부동산 소유권 이전에 사용할 목적으로 甲이 '병안 중'이라는 사유로 자신에게 인감증명서 발급을 위임한다는 취지의 인감증명 위임장을 작성한 후 주민센터 담당직원에게 이를 제출한 경우, 인감증명 위임장은 본래 생존한 사람이 타인에게 인감증명서 발급을 위임한다는 취지의 문서라는 점을 고려하면, 이미 사망한 甲이 '병안 중'이라는 사유로 피고인에게 인감증명서 발급을 위임한다는 취지의 인감증명 위임장이 작성됨으로써 문서에 관한 공공의 신용을 해할 위험성이 발생하였다 할 것이고, 피고인이 명의자 甲이 승낙하였을 것이라고 기대하거나 예측한 것만으로는 사망한 甲의 승낙이 추정된다고 단정할 수 없으므로 사문서위조죄가 성립하지 아니한다고 할 수 없다[대판 2011.9.29. 2011도6223]. [♠15 사시] [♣14 변시]

(5) 문서의 원본을 그대로 컬러복사기로 복사한 경우

[1] 문서위조 및 동행사죄의 보호법익은 문서에 대한 공공의 신용이므로 '문서가 원본인지 여부'가 중요한 거래에서 문서의 사본을 진정한 원본인 것처럼 행사할 목적으로 다른 조작을 가함이 없이 문서의 원본을 그대로 컬러복사기로 복사한 후 복사한 문서의 사본을 원본인 것처럼 행사한 행위는 사문서위조죄 및 동행사죄에 해당한다. 또한 사문서위조죄는 명의자가 진정으로 작성한 문서로 볼 수 있을 정도의 형식과 외관을 갖추어 일반인이 명의자의 진정한 사문서로 오신하기에 충분한 정도이면 성립한다.

[2] 변호사인 피고인이 대량의 저작권법 위반 형사고소 사건을 수임하여 피고소인 30명을 각 형사고소하기 위하여 20건 또는 10건의 고소장을 개별적으로 수사관서에 제출하면서 각 하나의 고소위임장에만 소속 변호사회에서 발급받은 진정한 경유증표 원본을 첨부한 후 이를 일체로 하여 컬러복사기로 20장 또는 10장의 고소위임장을 각 복사한 다음 고소위임장과 일체로 복사한 경유증표를 고소장에 첨부하여 접수한 사안에서, 변호사회가 발급한 경유증표는 증표가 첨부된 변호사선임서 등이 변호사회를 경유하였고 소정의 경유회비를 납부하였음을 확인하는 문서이므로 법원, 수사기관 또는 공공기관에 이를 제출할 때에는 원본을 제출하여야 하고 사본으로 원본에 갈음할 수 없으며, 각 고소위임장에 함께 복사되어 있는 변호사회 명의의 경유증표는 원본이 첨부된 고소위임장을 그대로 컬러 복사한 것으로서 일반적으로 문서가 갖추어야 할 형식을 모두 구비하고 있고, 이를 주의 깊게 관찰하지 아니하면 그것이 원본이 아닌 복사본임을 알아차리기 어려울 정도이므로 일반인이 명의자의 진정한 사문서로 오신하기에 충분한 정도의 형식과 외관을 갖추었다는 이유로, 피고인의 행위가 사문서위조죄 및 동행사죄에 해당한다고 한 사례[대판 2016.7.14. 2016도2081].

判例 명의신탁의 경우에 수탁자 명의사용에 대한 포괄적 위임 여부

[1] 신탁자에게 아무런 부담이 없이 재산이 수탁자에게 명의신탁된 경우에는 그 재산의 처분 기타 권한행사에 있어서는 수탁자가 자신의 명의사용을 포괄적으로 신탁자에게 허용하였다고 봄이 상당하므로, 신탁자가 수탁자 명의로 신탁재산의 처분에 필요한 서류를 작성함에 있어 수탁자로부터 개별적인 승낙을 받지 아니하였다 하더라도 사문서위조 · 동행사죄가 성립하지 아니하지만, 수탁자가 명의신탁 받은 사실을 부인하면서 신탁재산이 수탁자 자신의 소유라고 주장하는 등으로 두 사람 사이에 신탁재산의 소유권에 관하여 다툼이 있는 경우에는 더 이상 신탁자가 그 재산의 처분 등과 관련하여 수탁자의 명의를 사용하는 것이 허용된다고 볼 수 없으며, 이는 수탁자가 명의신탁 받은 사실 자체를 부인하는 것은 아니더라도 신탁자의 신탁재산 처분권한을 다투는 등 신탁재산에 관한 처분이나 기타 권한행사에 있어서 신탁자에게 부여하였던 수탁자 명의사용에 대한 포괄적 허용을 철회한 것으로 볼 만한 사정이 있는 경우에도 마찬가지이다.

[2] 수탁자가 신탁자에게 자신에 대한 차용금 채무를 변제하지 않는 한 신탁재산을 타인에게 매도하는 데 필요한 서류 작성에 협조하지 않겠다는 취지의 말을 한 경우, 신탁자에게 부여하였던 수탁자 명의사용에 대한 포괄적 허용을 철회한 것으로 본 사례[대판 2007.11.30. 2007도4812].

동지판례 수탁자가 신탁받은 채권을 자신이 신탁자로부터 증여받았을 뿐 명의신탁받은 것이 아니라고 주장하는 상황에서, 신탁자의 상속인이 수탁자의 동의를 받지 아니하고 그 명의의 채권이전등록청구서를 작성 · 행사한 행위는 사문서위조 및 위조사문서행사죄에 해당한다[대판 2007.3.29. 2006도9425].

동지판례 [1] 신탁자에게 아무런 부담이 지워지지 않은 채 재산이 수탁자에게 명의신탁된 경우에는 특별한 사정이 없는 한 재산의 처분 기타 권한행사에 관해서 수탁자가 자신의 명의사용을 포괄적으로 신탁자에게 허용하였다고 보아야 하므로, 신탁자가 수탁자 명의로 신탁재산의 처분에 필요한 서류를 작성할 때에 수탁자로부터 개별적인 승낙을 받지 않았더라도 사문서위조 · 동행사죄가 성립하지 않는다. 이에 비하여 수탁자가 명의신탁 받은 사실을 부인하여 신탁자와 수탁자 사이에 신탁재산의 소유권에 관하여 다툼이 있는 경우 또는 수탁자가 명의신탁 받은 사실 자체를 부인하지 않더라도 신탁자의 신탁재산 처분권한을 다투는 경우에는 신탁재산에 관한 처분 기타 권한행사에 관해서 신탁자에게 부여하였던 수탁자 명의사용에 대한 포괄적 허용을 철회한 것으로 볼 수 있어 명의사용이 허용되지 않는다.

[2] 주식을 명의신탁한 피고인이 명의수탁자를 변경하기 위해 제3자에게 주식을 양도한 후 수탁자 명의의 증권거래세 과세표준신고서를 작성하여 관할세무서에 제출함으로써 과세표준신고서를 위조하고 이를 행사하였다는 공소사실로 기소된 사안에서, 신탁자에게 아무런 부담이 지워지지 않은 채 재산이 수탁자에게 명의신탁된 경우 특별한 사정이 없는 한 수탁자는 신탁자에게 자신의 명의사용을 포괄적으로 허용했다고 보는 것이 타당하므로, 사법행위와 공법행위를 구별하여 신탁재산의 처분 등과 관련한 사법상 행위에 대하여만 명의사용을 승낙하였다고 제한할 수는 없고, 특히 명의신탁된 주식의 처분 후 수탁자 명의의 과세표준신고를 하는 것은 법령에 따른 절차로서 신고를 하지 않는다면 오히려 수탁자에게 불이익할 수 있다는 점까지 고려한다면, 명의수탁자가 명의신탁 주식의 처분을 허용하였음에도 처분 후 과세표준 등의 신고행위를 위한 명의사용에 대하여는 승낙을 유보하였다고 볼 특별한 사정이 존재하지 않는 한 허용된 범위에 속한다고 보아야 하므로, 수탁자 명의로 과세표준신고를 하는 행위는 공법행위라는 등의 이유로 사문서위조죄 및 위조사문서행사죄가 성립한다고 본 원심판단에 법리오해의 위법이 있다고 한 사례[대판 2022.3.31. 2021도17197].

判例 법인 이사가 사임한 경우 명의사용권의 존부 판단방법

법인의 이사가 사임하는 행위는 상대방 있는 단독행위여서 그 의사표시가 상대방에게 도달함과 동시에 그 효력을 발생하는 것이고, 통상 이사가 사임하면 그 즉시 이사로서의 지위를 상실하므로 자신의 이름을 회사의 이사인 것처럼 사용하도록 허락한 사람이 사임의 의사표시를 하는 경우 그 의사표시에는 명의사용에 대한 기존의 승낙이나 동의를 더 이상 유지하지 않는다는 의사도 포함된 것이고 상대방도 이러한 의사를 인식하였다고 보는 것이 일반적이므로, 그 이후에는 더 이상 그 명의를 사용할 수 없다. 그러나 사임으로 인하여 필요한 이사의 수에 결원이 생기는 등의 사유가 있는 경우에는 명의사용을 곧바로 금지한 것이고 상대방인 1인 회사의 대표이사도 그 금지의 의사를 인식하였다고 단정할 수는 없다[대판 2009.5.14. 2008도11040].

判例 회사의 대표가 타인의 명의를 사용하여 문서를 작성한 경우 사문서위조죄의 성립여부

[1] 주식회사의 대표이사가 그 대표 자격을 표시하는 방식으로 작성한 문서에 표현된 의사 또는 관념이 귀속되는 주체는 대표이사 개인이 아닌 주식회사이므로, 그 문서의 명의자는 주식회사이다. 위와 같은 문서 작성행위가 위조에 해당하는지는 그 작성자가 주식회사 명의의 문서를 적법하게 작성할 권한이 있는지에 따라 판단하여야 하고, 문서에 대표이사로 표시되어 있는 사람으로부터 그 문서 작성에 관하여 위임 또는 승낙을 받았는지에 따라 판단할 것은 아니다.
[2] 원래 주식회사의 적법한 대표이사는 회사의 영업에 관하여 재판상 또는 재판외의 모든 행위를 할 권한이 있으므로, 대표이사가 직접 주식회사 명의 문서를 작성하는 행위는 자격모용사문서작성 또는 위조에 해당하지 않는 것이 원칙이다. 이는 그 문서의 내용이 진실에 반하는 허위이거나 대표권을 남용하여 자기 또는 제3자의 이익을 도모할 목적으로 작성된 경우에도 그러하다.
[3] 주식회사의 적법한 대표이사라 하더라도 그 권한을 포괄적으로 위임하여 다른 사람으로 하여금 대표이사의 업무를 처리하게 하는 것은 허용되지 않는다. 따라서 대표이사로부터 포괄적으로 권한 행사를 위임받은 사람이 주식회사 명의로 문서를 작성하는 행위는 원칙적으로 권한 없는 사람의 문서 작성행위로서 자격모용사문서작성 또는 위조에 해당하고, 대표이사로부터 개별적 · 구체적으로 주식회사 명의의 문서 작성에 관하여 위임 또는 승낙을 받은 경우에만 예외적으로 적법하게 주식회사 명의로 문서를 작성할 수 있다.
[4] A회사의 대표이사 甲이 B회사의 대표이사 乙로부터 포괄적 위임을 받아 두 회사의 대표이사 업무를 처리하면서 두 회사 명의로 허위 내용의 영수증과 세금계산서를 작성한 사안에서, B회사 명의 부분은 乙의 개별적 · 구체적 위임 또는 승낙 없는 행위로서 사문서위조 및 위조사문서행사죄가 성립하지만, A회사 명의 부분은 이미 퇴직한 종전의 대표이사를 승낙 없이 대표이사로 표시하였더라도 이에 해당하지 않는다고 한 사례[대판 2008.11.27. 2006도2016].

동지판례 [1] 주식회사 대표이사의 대표권은 정관이나 주주총회 또는 이사회 결의 등에 의하여 적법하게 제한할 수 있지만, 회사의 운영을 실질적으로 장악 · 통제하고 있는 1인 주주가 적법한 대표이사의 권한 행사를 사실상 제한하고 있다는 것만으로는 대표이사의 대표권을 적법하게 제한하였다고 할 수 없으므로, 대표이사가 권한을 행사하는 과정에서 단순히 그 1인 주주의 위임 또는 승낙을 받지 않았다고 하여 그 대표권 행사가 권한을 넘어서는 행위가 되는 것은 아니다.

[2] 주식회사의 대표이사가 실질적 운영자인 1인 주주의 구체적인 위임이나 승낙을 받지 않고 이미 퇴임한 전 대표이사를 대표이사로 표시하여 회사 명의의 문서를 작성한 사안에서, 문서위조죄의 성립을 부정한 사례 [대판 2008.11.27. 2006도9194]. [♠ 15 사시]

㉯ **변 조** : 권한 없는 자가 이미 진정하게 성립된 타인명의의 문서내용에 그 동일성을 해하지 않을 정도의 변경을 가하는 것을 말한다. i) 자기명의의 문서에 변경을 가하는 행위는 변조에 해당할 수 없으며, 그것이 타인소유인 경우 문서손괴죄가 성립할 수 있을 뿐이다(판례, 통설). ii) 진정하게 성립된 문서가 아닌 위조문서·허위문서의 내용을 변경하는 경우는 변조라고 할 수 없다. 다만 진정하게 성립된 문서인 이상 문서내용의 진실·유효·적법여부는 불문하고 변조의 객체가 될 수 있다. iii) 문서의 중요부분에 변경을 가하여 새로운 증명력을 가지는 별개의 문서를 작성한 경우에는 위조가 된다(예 단체의 신분증의 사진을 교체하는 경우).

判例 사문서변조죄가 성립하지 않는 경우

1. **(작성권한 있는 자의 변경행위)** 甲의 위임을 받아 그 소유부동산을 매도함에 있어서 甲을 대리하여 매수인과 매매계약을 체결한 자가 위 매매계약의 이행문제로 분쟁이 생기자 매수인의 요구에 따라 매매계약서상 매도인 甲 명의 위에 甲이 乙의 대리인이라는 표시로 "乙代"라는 문구를 삽입 기재하였다 하더라도 이는 부동산의 처분권한을 위임받아 매매계약서 작성권한 있는 자가 한 변경행위에 불과하여 비록 그 명의인의 승낙을 받지 아니하였다고 하여 사문서변조죄가 성립되는 것은 아니다[대판 1986.8.19. 86도544].
2. **(새로운 증명력을 창출할 정도의 변경이 아닌 경우)** 피고인의 본명은 박규탁이나 일상거래상 박진우로 통용되어 온 경우에 공소외인 작성의 박진우 앞으로 된 영수증에 피고인이 "박진우"라는 기재 옆에 "규탁"이라고 기입하였다고 하여도 이는 위 영수증의 내용에 영향을 미쳤다고 보여지지 아니하고, 따라서 새로운 증명력을 가한 것이 아니므로 사문서변조죄를 구성하지 아니한다 [대판 1981.10.27. 81도2055].
3. **(진정하게 성립된 타인 명의의 문서가 존재하지 않는 경우)** 사문서변조죄는 권한 없는 자가 이미 진정하게 성립된 타인 명의의 문서 내용에 대하여 동일성을 해하지 않을 정도로 변경을 가하여 새로운 증명력을 작출케 함으로써 공공적 신용을 해할 위험성이 있을 때 성립한다. 따라서 이미 진정하게 성립된 타인 명의의 문서가 존재하지 않는다면 사문서변조죄가 성립할 수 없다 [대판 2017.12.5. 2014도14924].

判例 사문서변조죄가 성립하는 경우

1. **(문서의 내용을 임의로 변경한 경우)** 일련번호 16번까지 투표지를 받은 사람들의 기명 및 서명이 기재되어 있고, 투표 후 확인업무 담당자인 甲, 乙이 그 하단 공백 부분에 서명한 '건물 임시관리단집회 투표지대장'의 일련번호 17번란에 피고인이 자신의 이름을 기명하고 서명하였다면 이

는 완성된 문서의 동일성을 해한 것이어서 사문서변조죄가 성립하고 이를 법원에 증거자료로 제출하였다면 및 동행사죄가 성립한다[대판 2010.1.28. 2009도9997].

동지판례 i) 피고인이 최초 합의서 중 잔금지급조건을 '3개월 분할납입'에서 '6개월 분할납입'으로 고친 수정 합의서를 임의로 작성한 경우, 사문서변조죄가 성립한다[대판 2006.1.26. 2004도788]. ii) 부동산매매계약을 체결함에 있어서 甲을 매수인으로 내세우고 乙은 그 계약의 단순한 입회인의 자격으로서 그 계약을 체결한 이상 그 전에 甲·乙이 서로 돈을 대어 丙으로부터 이 사건 부동산을 공동매수하기로 합의하였었다 하더라도 이는 甲·乙만의 대내적인 합의에 불과하였다 할 것이므로 甲·乙이 마음대로 乙을 매수인이라고 기재하여 그 매매계약서를 고쳤다면 그 행위는 사문서변조죄에 해당한다[대판 1976.8.24. 76도1774].

2. **(변경내용이 진실한 경우)** 변경 내용이 비록 객관적인 진실에 합치하는 것이라 하더라도 이는 그 영수증에 새로운 증명력을 가져오게 한 것임이 분명하므로 사문서변조죄의 구성요건을 충족한다고 보아야 한다[대판 1995.2.24. 94도2092]. [♠ 09 사시]
3. **(변조된 내용이 명의인에게 유리한 경우)** 사문서변조에 있어서 그 변조 당시 명의인의 명시적, 묵시적 승낙 없이 한 것이면 변조된 문서가 명의인에게 유리하여 결과적으로 그 의사에 합치한다 하더라도 사문서변조죄의 구성요건을 충족한다[대판 1985.1.22. 84도2422]. [♣ 17, 23 변시]
4. **(문서의 내용을 임의로 변경한 경우)** [1] 이사회 회의록에 관한 이사의 서명권한에는 서명거부사유를 기재하고 그에 대해 서명할 권한이 포함된다. 이사가 이사회 회의록에 서명함에 있어 이사장이나 다른 이사들의 동의를 받을 필요가 없는 이상 서명거부사유를 기재하고 그에 대한 서명을 함에 있어서도 이사장 등의 동의가 필요 없다고 보아야 한다. 따라서 이사가 이사회 회의록에 서명 대신 서명거부사유를 기재하고 그에 대한 서명을 하면, 특별한 사정이 없는 한 그 내용은 이사회 회의록의 일부가 되고, 이사회 회의록의 작성권한자인 이사장이라 하더라도 임의로 이를 삭제한 경우에는 이사회 회의록 내용에 변경을 가하여 새로운 증명력을 가져오게 되므로 사문서변조에 해당한다.

   [2] 갑 학교법인 이사장인 피고인이 갑 법인의 이사회 회의록 중 '이사장의 이사회 내용 사전 유출로 인한 책임을 물어 회의록 서명을 거부합니다. 을'이라고 기재된 부분 및 그 옆에 있던 이사 을의 서명 부분을 지워 회의록을 변조하고, 이를 행사하였다는 내용으로 기소된 사안에서, 을이 회의록에 대한 서명권한 범위 내에서 회의록에 서명거부사유를 기재하고 그에 대한 서명을 한 이상 위 문구는 회의록의 일부가 되었으므로, 피고인이 임의로 위 문구를 삭제함으로써 회의록의 새로운 증명력을 작출하였다는 이유로, 이와 달리 보아 공소사실을 무죄로 판단한 원심판결에 사문서변조죄 및 변조사문서행사죄의 법리를 오해하는 등의 잘못이 있다고 한 사례[대판 2018.9.13. 2016도20954].

(2) 주관적 구성요건

고의 이외에 행사할 목적이 있어야 한다.

判例 목적의 인식 정도(미필적 인식이 있으면 족함)

문서변조죄에 있어서 행사할 목적이란 변조된 문서를 진정한 문서인 것처럼 사용할 목적을 말하는 것으로 적극적 의욕이나 확정적 인식을 요하지 아니하고 미필적 인식이 있으면 족하다[대판 2006.1.26. 2004도788].

判例 **사문서위조의 고의가 인정되는 경우**

법무사법 제25조에 의하면 법무사가 사건의 위임을 받은 경우에는 주민등록증 · 인감증명서 등 법령에 의하여 작성된 증명서의 제출이나 제시 기타 이에 준하는 확실한 방법으로 위임인이 본인 또는 그 대리인임을 확인하여야 하는바, 법무사가 타인의 권리의무에 중대한 영향을 미칠 수 있는 문서를 작성함에 있어 이 규정에 위반하여 문서명의자 본인의 동의나 승낙이 있었는지에 대한 아무런 확인절차를 거치지 아니하고 오히려 명의자 본인의 동의나 승낙이 없음을 알면서도 권한 없이 문서를 작성한 경우에는 사문서위조 및 동행사죄의 고의를 인정할 수 있다[대판 2008.4.10. 2007도9987].

判例 **사문서변조의 고의가 인정되는 경우**

민사소송에서 피고인이 언제부터 乙 회사에서 급여를 받았는지가 중요한 사항이었는데 甲 은행 발행의 피고인 명의 예금통장 기장내용 중 2006. 4. 25.자 입금자 명의를 가리고 복사하여 이를 법원에 증거로 제출한 경우, 2006. 5. 25.부터 乙 회사에서 급여를 수령하였다는 새로운 증명력이 작출되었으므로 공공적 신용을 해할 위험성이 있었다고 볼 수 있고, 통장 명의자인 甲 은행장이 행위 당시 그러한 사실을 알았다면 이를 당연히 승낙했을 것으로 추정된다고 볼 수 없으므로, 사문서변조 및 동행사의 고의가 없었다고 할 수 없다[대판 2011.9.29. 2010도14587].

3. 죄수 및 타죄와의 관계

본죄의 죄수는 명의인의 수를 기준으로 결정한다(판례).

Ⅲ. 자격모용에 의한 사문서작성죄[3)]

제232조(자격모용에 의한 사문서의 작성) 행사할 목적으로 타인의 자격을 모용하여 권리 · 의무 또는 사실증명에 관한 문서 또는 도화를 작성한 자는 5년 이하의 징역 또는 1천만원 이하의 벌금에 처한다.
제235조(미수범) 미수범은 처벌한다.

判例 **자격모용에 의한 사문서작성죄에서의 '타인'의 범위와 그 타인에 해당하는 경우**

[1] 자격모용에 의한 사문서작성죄에서의 '타인'에는 자연인뿐만 아니라 법인, 법인격 없는 단체를 비롯하여 거래관계에서 독립한 사회적 지위를 갖고 활동하고 있는 존재로 취급될 수 있으면 여기에 해당된다.

3) 자격모용의 법리는 자격모용유가증권작성죄와 동일하다.

[2] 부동산중개사무소를 대표하거나 대리할 권한이 없는 사람이 부동산매매계약서의 공인중개사란에 '○○부동산 대표 △△△(피고인의 이름)'라고 기재한 사안에서, '○○부동산'이라는 표기는 단순히 상호를 가리키는 것이 아니라 독립한 사회적 지위를 가지고 활동하는 존재로 취급될 수 있으므로 자격모용사문서작성죄의 '명의인'에 해당한다[대판 2008.2.14. 2007도9606]. [♠ 12 사시]

判例 자격모용에 의한 사문서작성죄가 성립하는 경우

[1] 자격모용에 의한 사문서작성죄는 문서위조죄와 마찬가지로 문서의 진정에 대한 공공의 신용을 보호법익으로 하는 것으로, 행사할 목적으로 타인의 자격을 모용하여 작성된 문서가 일반인으로 하여금 명의인의 권한 내에서 작성된 문서라고 믿게 할 수 있는 정도의 형식과 외관을 갖추고 있으면 성립한다.
[2] 대표자 또는 대리인의 자격으로 임대차 등 계약을 하는 경우 그 자격을 표시하는 방법에는 특별한 규정이 없다. 피고인 자신을 위한 행위가 아니고 작성명의인을 위하여 법률행위를 한다는 것을 인식할 수 있을 정도의 표시가 있으면 대표 또는 대리관계의 표시로서 충분하다. 일반인이 명의인의 권한 내에서 작성된 문서로 믿게 하기에 충분한 정도인지는 문서의 형식과 외관은 물론 문서의 작성 경위, 종류, 내용과 거래에서 문서가 가지는 기능 등 여러 사정을 종합하여 판단해야 한다.
[3] 피고인이 임대인을 대표하거나 대리할 권한 없이 임차인과 임대차계약을 체결하면서 임대차계약서의 임대인 란에 피모용자의 상호를 기재하고 대표 또는 대리관계의 표시 없이 그 옆의 괄호 안에 피고인의 이름을 기재한 후 피고인의 도장을 날인한 사안에서, 임대차계약서의 형식과 외관, 위 계약서의 작성 경위, 종류, 내용, 거래에서 위 계약서가 가지는 기능 등 여러 가지 사정을 종합하면, 이 사건 임대차계약서는 일반인이 피모용자의 대표자 또는 대리인의 자격을 가진 피고인에 의해 작성된 문서라고 믿게 할 수 있는 정도의 형식과 외관을 갖추고 있다고 본 사례[대판 2017.12.22. 2017도14560].

判例 자격모용에 의한 사문서작성죄가 성립하지 않는 경우

(작성권한 있는 자가 권한을 남용하여 문서를 작성한 경우) [1] 자격모용 사문서작성죄를 구성하는지 여부는 그 문서를 작성함에 있어 타인의 자격을 모용하였는지 아닌지의 형식에 의하여 결정하여야 하고, 그 문서의 내용이 진실한지 아닌지는 이에 아무런 영향을 미칠 수 없으므로, 타인의 대표자 또는 대리자가 그 대표 또는 대리명의로 문서를 작성할 권한을 가지는 경우에 그 지위를 남용하여 단순히 자기 또는 제3자의 이익을 도모할 목적으로 문서를 작성하였다 하더라도 자격모용 사문서작성죄는 성립하지 아니한다.
[2] 토지매수권한을 위임받은 대리인이 매도인측 대표자와 공모하여 매매대금 일부를 착복하기로 하고 위임받은 특정 매매금액보다 낮은 금액을 허위로 기재한 매매계약서를 작성한 경우, 자격모용 사문서작성죄를 구성하지 않는다고 한 사례[대판 2007.10.11. 2007도5838].

判例 자격모용에 의한 사문서작성죄가 성립하는 경우

1. 양식계의 계장이나 그 직무를 대행하는 자가 아닌 자가 양식계의 계장 명의의 내수면사용동의 신청서 하단의 계장란에 자신의 이름을 쓰게 하고 그 옆에 자신의 도장을 날인하여 사실증명에 관한 문서인 위 내수면사용동의신청서 1매를 작성하고 이를 행사하였다면 이는 자격모용에 의한 사문서작성, 동행사죄에 해당한다[대판 1991.10.8. 91도1703].
2. 자격모용에 의한 사문서작성죄를 구성하는지 여부는 그 문서를 작성하면서 타인의 자격을 모용하였는지 아닌지의 형식에 의하여 결정하여야 하고, 그 문서의 내용이 진실한지 아닌지는 이에 아무런 영향을 미칠 수 없는바, 부동산의 양도계약이 중간생략등기의 합의에 의하여 순차 이루어져 최초 양도인으로부터 최종 양수인에게 소유권이전등기청구권이 전전 양도된다고 하여 최초 양도인이 그 후의 양수인에게 최초 양도인을 대리하여 그를 매도인으로 하는 부동산 매매계약서를 작성할 권한까지 수여한 것으로는 볼 수 없으므로, 최종 양수인의 직전 양도인이 최초 양도인으로부터 대리권한을 수여받지 않고 최초 양도인의 대리인으로서 최종 양수인에게 부동산 매매계약서를 작성·교부하였다면 자격모용에 의한 사문서작성 및 동행사죄가 성립한다[대판 2008.5.29. 2008도1506].
3. 공동주택건설사업을 추진하는 단체로부터 공사대행업자 선정권한을 위임받은 변호사인 피고인이 위 단체로부터 위임계약을 해지한다는 취지의 내용증명우편을 수령하고도 제3자와 위 단체 명의로 공동주택단지 개발사업 공동추진계약을 체결하면서 자신을 위 단체의 대리인으로 기재한 계약서를 작성한 경우, 피고인에 대한 자격모용사문서작성 및 동행사의 범죄사실을 유죄로 인정한 원심판결을 수긍한 사례[대판 2005.4.15. 2004도6404].

判例 후임 이사가 유효히 선임되었으나 선임의 효력에 다툼이 있는 경우 문서의 작성권자

[1] 후임 이사가 유효히 선임되었는데도 그 선임의 효력을 둘러싼 다툼이 있다고 하여 그 다툼이 해결되기 전까지는 후임 이사에게는 직무수행권한이 없고 임기가 만료된 구 이사만이 직무수행권한을 가진다고 할 수는 없다.
[2] 후임 이사가 조합장 자격으로 임대차계약서, 지정복장사계약서를 각 작성하고, 전임 이사장과 이사들이 임기만료로 퇴임하였고 피고인 등이 이사장과 이사로 새로 취임하였으므로 그 퇴임 및 취임의 등기를 구한다는 등기신청서를 제출하여 조합 등기부에 그 사실을 기재하게 한 경우, 자격모용사문서작성·자격모용작성사문서행사·공정증서원본부실기재·부실기재공정증서원본행사죄는 성립하지 않는다[대판 1991.2.26. 90도577].

判例 종중 대표자 선임결의가 무효인 경우의 문서의 작성권자

[1] 민법상 법인의 이사 전원 또는 그 일부의 임기가 만료하였다고 하더라도 후임 이사가 선임되지 않았거나 또는 후임 이사가 선임되었다고 하더라도 그 선임결의가 무효이고 임기가 만료하지 아니한 다른 이사만으로는 정상적인 법인의 활동을 할 수 없는 경우에는, 임기가 만료한 구 이사로 하여금 법인의 업무를 수행케 함이 부적당하다고 인정할 만한 특별한 사정이 없는 한, 구 이사는 후임 이사가 선임될 때까지 종전의 직무를 수행할 수 있다.
[2] 종중의 대표자 등 임원 선임결의가 무효인 경우, 전임 이사들이 계속 종전 그 직무를 수행하면서 임원 자격으로 작성한 이사회 의사록 등은 자격을 모용하여 작성한 문서가 아니다.
[3] 종중의 신임 대표자 등이 선임되고 전임 대표자에 대한 직무집행정지가처분결정이 있은 후 위 가처분결정이 취소된 경우, 신임 대표자 선임결의가 무효라 하더라도 전임 대표자가 위 가처분결정을 알면서 가처분결정시부터 취소시 사이에 대표자 자격으로 작성한 이사회 의사록 등은 자격을 모용하여 작성한 문서이다.
[4] 종중의 신임 대표자 등이 선임되고 전임 대표자에 대한 직무집행정지가처분결정이 있은 후 위 가처분결정이 취소된 경우, 위 선임결의가 무효라면 종전 임원의 위 가처분결정 이전에 작성한 이사회 의사록은 '자격을 모용하여 작성한 문서'가 아니고, 이를 위 가처분결정 이후에 행사하였다고 하더라도 자격모용작성사문서행사죄가 성립하지 않는다[대판 2007.7.26. 2005도4072].

判例 고의와 행사의 목적이 인정되는 경우

재건축조합의 조합장이 아닌 사람이 재건축조합 조합장의 직함을 사용하여 재건축사업에 관한 계약서를 작성하였다면, 계약의 상대방이 자격모용사실을 알고 있었다거나 그 계약서에 조합장의 직인이 아닌 다른 인장을 날인하였더라도 자격모용에 의한 사문서작성죄의 범의와 행사의 목적이 인정된다고 본 사례[대판 2007.7.27. 2006도2330].

判例 고의가 인정되지 않는 경우

자격모용사문서작성죄가 성립하기 위하여는 행사할 목적 이외에 정당한 대표권이나 대리권이 없음을 알고도 마치 대표권이나 대리권이 있는 것처럼 가장하여 타인의 자격을 모용한다는 인식 즉 범의가 있어야 할 것인데, 교단이 한국천부교전도관부흥협회와 한국예수교전도관부흥협회로 분열됨으로써 위 각 분열된 교단 모두 원래의 교단과의 동일성을 상실하게 되었다고 하더라도 피고인 등은 자신들이 소속한 한국예수교전도관부흥협회가 원래의 교단의 교리를 따르고 있었으므로 동 교단이 동일성을 그대로 유지한다고 믿었을 것이라고 보이고, 그렇다면 위 한국예수교전도관부흥협회의 회장으로 선출된 피고인이 이 사건 진정서 등을 작성·제출할 당시 타인의 자격을 모용한다는 범의가 있었다고 보기 어렵다[대판 1996.7.12. 93도2628].

Ⅳ. 사전자기록 위작 · 변작죄

제232조의2(사전자기록위작[4] · 변작) 사무처리를 그르치게 할 목적[5]으로 권리 · 의무 또는 사실증명에 관한 타인의 전자기록 등 특수매체 기록을 위작 또는 변작한 자는 5년 이하의 징역 또는 1천만원 이하의 벌금에 처한다.
제235조(미수범) 미수범은 처벌한다.

判例 사전자기록위작 · 변작죄의 객체와 기수시기

1. [1] 컴퓨터의 기억장치 중 하나인 램(RAM, Random Access Memory)이 임시기억장치 또는 임시저장매체이기는 하지만, 위 램(RAM)에 올려진 전자기록 역시 사전자기록위작 · 변작죄에서 말하는 전자기록 등 특수매체기록에 해당한다. [♠ 04, 10 사시]
[2] 램(RAM)에 올려진 전자기록은 원본파일과 불가분적인 것으로 원본파일의 개념적 연장선상에 있는 것이므로, 비록 원본파일의 변경까지 초래하지는 아니하였더라도 이러한 전자기록에 허구의 내용을 권한 없이 수정 · 입력한 것은 그 자체로 그러한 사전자기록을 변작한 행위의 구성요건에 해당된다고 보아야 할 것이며, 그러한 수정입력의 시점에서 사전자기록변작죄의 기수에 이르렀다고 한 사례[대판 2003.10.9. 2000도4993].
2. 법인이 컴퓨터 등 정보처리장치를 이용하여 전자적 방식에 의한 정보의 생성 · 처리 · 저장 · 출력을 목적으로 전산망 시스템을 구축하여 설치 · 운영하는 경우 위 시스템을 설치 · 운영하는 주체는 법인이고, 법인의 임직원은 법인으로부터 정보의 생성 · 처리 · 저장 · 출력의 권한을 위임받아 그 업무를 실행하는 사람에 불과하다. 따라서 법인이 설치 · 운영하는 전산망 시스템에 제공되어 정보의 생성 · 처리 · 저장 · 출력이 이루어지는 전자기록 등 특수매체기록은 그 법인의 임직원과의 관계에서 '타인'의 전자기록 등 특수매체기록에 해당한다[대판(전) 2020.8.27. 2019도11294].

判例 '사무처리를 그르치게 할 목적'의 의미

1. 형법 제232조의2에서 말하는 '사무처리를 그르치게 할 목적'이란 위작 또는 변작된 전자기록이 사용됨으로써 전자적 방식에 의한 정보의 생성 · 처리 · 저장 · 출력을 목적으로 구축 · 설치한 시스템을 운영하는 주체인 개인 또는 법인의 사무처리를 잘못되게 하는 것을 말한다[대판(전) 2020.8.27. 2019도11294].
2. **(사무처리를 그르치게 할 목적이 인정되지 않는 경우)** 새마을금고의 예금 및 입 · 출금업무를 총괄하는 직원이 전 이사장 명의 예금계좌로 상조금이 입금되자 전 이사장에 대한 금고의 채권확보를 위해 내부 결재를 받아 금고의 예금 관련 컴퓨터 프로그램에 접속하여 전 이사장명의 예금계좌의 비밀번호를 동의 없이 입력한 후 위 금원을 위 금고의 가수금계정으로 이체한 경우, 위

4) 위작의 의미는 후술하는 공전자기록위작죄 참고
5) 문서죄의 목적과는 다르다는 것을 주의하여야 한다.

금고의 내부규정이나 여신거래기본약관의 규정에 비추어 이는 위 금고의 업무에 부합하는 행위로서 피해자의 비밀번호를 임의로 사용한 잘못이 있다고 하더라도 사전자기록위작·변작죄의 '사무처리를 그르치게 할 목적'을 인정할 수 없다[대판 2008.6.12. 2008도938].

판결이유 금고의 내부규정이나 여신거래 기본약관이 효율적인 채권관리를 위해 필요한 경우에는 채무자의 예금을 그 채무자에 대한 채권과 상계하거나 상계에 앞서 일시적인 지급정지 조치를 취할 수 있도록 규정하고 있음에 비추어, 채무자의 계좌에 입금된 돈을 그에 대한 채권확보를 위해 필요한 경우 채무자의 동의 없이 일시 위 금고의 가수금 계좌로 이체할 수 있다 할 것이다.

동지판례 甲은 'X 아파트 입주자대표회의'를 반대하는 일부 주민들이 개설한 인터넷 포털사이트 '네이버' 상의 'X 아파트' 카페에 접속한 다음 중립적인 입장을 천명한 X 아파트 원로회의가 마치 입주자대표회의에 반대하는 입장에 있는 듯하게 보일 수 있는 내용의 글을 원로회의 명의로 작성하였다. 이 경우 甲에게는 위 카페의 설치·운영주체의 사무처리를 그르치게 할 목적을 인정하기 어려워 사전자기록위작죄가 성립하지 아니한다[대판 2008.4.24. 2008도294].

V. 공문서 위조·변조죄

제225조(공문서 등의 위조·변조) 행사할 목적으로 공무원 또는 공무소의 문서 또는 도화를 위조 또는 변조한 자는 10년 이하의 징역에 처한다.
제235조(미수범) 미수범은 처벌한다.

판 례 연 습

【공문서위조죄의 간접정범의 성부】 ※ 공사실적 증명서 발급사건

건설회사의 대표이사 甲은 공사실적이 부족하여 낙찰에 탈락될 위기에 처하자, 관공서 등에서 발급하는 공사실적 증명서를 위조하여 위 건설본부에 제출하기로 마음먹고, 공사실적을 허위기재한 다음 그 정을 모르는 구청의 담당직원에게 제출하여 실적사실을 증명한다는 취지로 구청장의 직인을 날인 받은 후 종합건설본부 담당직원에게 허위의 공사실적 증명서를 제출하였다. 甲에게 공문서위조죄의 간접정범의 성립여부를 검토하시오.

판결요지

어느 문서의 작성권한을 갖는 공무원이 그 문서의 기재사항을 인식하고 그 문서를 작성할 의사로써 이에 서명·날인하였다면, 설령 그 서명·날인이 타인의 기망으로 착오에 빠진 결과 그 문서의 기재사항이 진실에 반함을 알지못한 데 기인한다고 하여도, 그 문서의 성립은 진정하며, 여기에 하등 작성명의를 모용한 사실이 있다고 할 수는 없으므로, 공무원 아닌 자가 관공서에 허위내용의 증명원을 제출하여 그 내용이 허위인 정을 모르는 담당공무원으로부터 그 증명원 내용과 같은 증명서를 발급받은 경우 공문서위조죄의 간접정범으로 의율할 수는 없다[대판 2001.3.9. 2000도938]. [♠ 02, 03, 05, 10, 15 사시] [♣ 17, 21 변시]

정답 (불성립)

判例 공문서위조의 실행의 착수에 이르지 못한 경우

[1] 시장 · 군수 · 구청장이 용량별로 제작 · 배포한 '지방자치단체장 관인의 인장'이 인쇄된 지방자치단체장 명의의 종량제 쓰레기봉투는 공문서에 해당한다.
[2] 피고인이 행사할 목적으로 위조하여 진정한 것으로 판매하려고 하였던 것은 부천시장 명의의 공문서인 쓰레기봉투이지, 쓰레기봉투를 위조하는 과정에 필요한 것으로서 쓰레기봉투에 인쇄할 부천시장 명의의 문안이 새겨진 필름이라고 볼 수 없는 점, 쓰레기봉투 비닐에 부천시장 명의의 문안을 인쇄하기 위하여는 위 필름만으로는 불가능하고 위 필름에 근거한 동판을 제작하여야 비로소 가능한 점 등에 비추어 보면, 피고인이 위 동판 제작이전 단계에 불과한 위 필름을 제조하는 행위에 그쳤다면 이는 아직 위 시장명의의 공문서인 종량제 쓰레기봉투를 위조하는 범행의 실행의 착수에 이르지 아니한 것으로서 그 준비단계에 불과한 것으로 보아야 한다[대판 2007.2.23. 2005도7430]. [♠ 10, 14 사시]

判例 공문서위조죄가 성립하지 않는 경우

[1] 형법 제225조의 공문서변조나 위조죄의 객체인 공문서는 공무원 또는 공무소가 그 직무에 관하여 작성하는 문서이고, 그 행위주체가 공무원과 공무소가 아닌 경우에는 형법 또는 기타 특별법에 의하여 공무원 등으로 의제되는 경우를 제외하고는 계약 등에 의하여 공무와 관련되는 업무를 일부 대행하는 경우가 있다 하더라도 공무원 또는 공무소가 될 수는 없다.
[2] 식당의 주 · 부식 구입 업무를 담당하는 공무원이 계약 등에 의하여 공무소의 주 · 부식 구입 · 검수 업무 등을 담당하는 조리장 · 영양사 등의 명의를 위조하여 검수결과보고서를 작성한 경우, 공문서위조죄가 성립하지 아니한다[대판 2008.1.17. 2007도6987].

判例 공문서위조죄가 성립하는 경우

1. [1] 형법 제237조의2에 따라 진정한 문서의 사본을 전자복사기를 이용하여 복사하면서 일부 조작을 가하여 그 사본내용과 전혀 다르게 만드는 행위는 공공의 신용을 해할 우려가 있는 별개의 문서사본을 창출하는 행위로서 문서위조행위에 해당한다.
   [2] 타인의 주민등록증사본의 사진란에 피고인의 사진을 붙여 복사하여 행사한 행위는 공문서위조 및 동행사죄에 해당한다[대판 2000.9.5. 2000도2855]. [♠ 01, 03, 05, 09 사시]
   동지판례 피고인이 행사할 목적으로 타인의 주민등록증에 붙어있는 사진을 떼어내고 그 자리에 피고인의 사진을 붙였다면 이는 기존 공문서의 본질적 또는 중요 부분에 변경을 가하여 새로운 증명력을 가지는 별개의 공문서를 작성한 경우에 해당하므로 공문서위조죄를 구성한다[대판 1991.9.10. 91도1610]. [♠ 99 사시]
2. **(보조공무원의 임의작성)** 공문서 작성권자로부터 일정한 요건이 구비되었는지 여부를 심사하여 그 요건이 구비되었음이 확인될 경우에 한하여 작성권자의 직인을 사용하여 작성권자 명의의 공문서를 작성하라는 포괄적인 권한을 수여받은 업무보조자인 공무원이, 그 위임의 취지에 반

하여 공문서 용지에 허위내용을 기재하고 그 위에 보관하고 있던 작성권자의 직인을 날인하였다면, 그 업무보조자인 공무원에게 공문서위조죄가 성립할 것이고, 그에게 위와 같은 행위를 하도록 지시한 중간결재자인 공무원도 공문서위조죄의 공범으로서의 책임을 면할 수 없다 [대판 1996.4.23. 96도424]. [♠ 11, 14 사시]

3. 유효기간이 경과하여 무효가 된 공문서상에 "정정의 경우에는 무효로 한다"는 기재가 있다고 하더라도 이는 작성권한 없는 자의 정정을 무효로 한다는 취지로 보아야 할 것이므로 권한 없는 자가 그 유효기간과 발행일자를 정정하고 그 부분에 작성권한자의 직인을 압날하여 공문서를 작성하였다면, 이는 형식과 외관에 의하여 효력이 있는 공문서를 위조한 것이 된다[대판 1980.11.11. 80도2126].

4. 군청소재의 도축장 조사원에게 군수명의로된 백지의 지방우육 서울반출증을 보관하면서 적법한 도축신청과 서울축산기업 납세조합에서 발행한 지방우육 서울반입 실수요자확인증의 제출이 있는 경우에 한하여 위 백지반출증에 실수요자증명서의 발행번호와 반출증의 발행일자, 유효기간 등을 보충기재하여 반입실수요자에 교부할 권한만이 위임되어 있었던 경우라면 동 검사원에게 위 반출증의 작성권한이 위임되어 있다고 볼 수 없으므로 동 검사원이 적법한 도축신청과 실수요자확인증의 제출이 없음에도 허위의 반출증을 작성교부하였다면 공문서위조죄가 성립한다 [대판 1984.9.11. 84도368].

5. 공문서의 작성권한 없는 사람이 허위공문서를 기안하여 작성권자의 결재를 받지 않고 공문서를 완성한 경우 공문서위조죄가 성립한다. 나아가 작성권자의 직인 등을 보관하는 담당자는 일반적으로 작성권자의 결재가 있는 때에 한하여 보관 중인 직인 등을 날인할 수 있을 뿐이다. 이러한 경우 다른 공무원 등이 작성권자의 결재를 받지 않고 직인 등을 보관하는 담당자를 기망하여 작성권자의 직인을 날인하도록 하여 공문서를 완성한 때에도 공문서위조죄가 성립한다 [대판 2017.5.17. 2016도13912].

6. 금융위원회의 설치 등에 관한 법률 제29조, 제69조 제1항에서 정한 금융감독원 집행간부인 금융감독원장 명의의 문서는 공문서에 해당한다. 따라서 금융위원회법 제29조, 제69조 제1항에서 정한 금융감독원 집행간부인 금융감독원장 명의의 문서를 위조, 행사한 행위는 사문서위조죄, 위조사문서행사죄에 해당하는 것이 아니라 공문서위조죄, 위조공문서행사죄에 해당한다 [대판 2021.3.11. 2020도14666].

判例 공문서변조죄의 객체에 해당하지 않는 경우(허위로 작성된 공문서)

공문서변조라 함은 권한 없이 이미 진정하게 성립된 공무원 또는 공무소명의의 문서내용에 대하여 그 동일성을 해하지 아니할 정도로 변경을 가하는 것을 말한다 할 것이므로 이미 허위로 작성된 공문서는 형법 제225조 소정의 공문서변조죄의 객체가 되지 아니한다[대판 1986.11.11. 86도1984]. [♠ 00 사시]

判例 공문서변조죄가 성립하는 경우

1. [1] 공문서변조죄는 권한 없는 자가 공무소 또는 공무원이 이미 작성한 문서내용에 대하여 동일성을 해하지 않을 정도로 변경을 가하여 새로운 증명력을 작출케 함으로써 공공적 신용을 해할 위험성이 있을 때 성립한다. 이때 일반인으로 하여금 공무원 또는 공무소의 권한 내에서 작성된 문서라고 믿을 수 있는 형식과 외관을 구비한 문서를 작성하면 공문서변조죄가 성립하는 것이고, 일반인으로 하여금 공무원 또는 공무소의 권한 내에서 작성된 문서라고 믿게 할 수 있는지 여부는 그 문서의 형식과 외관은 물론 그 문서의 작성경위, 종류, 내용 및 일반거래에 있어서 그 문서가 가지는 기능 등 여러 가지 사정을 종합적으로 고려하여 판단하여야 한다.
   [2] 피고인이 인터넷을 통하여 열람·출력한 등기사항전부증명서 하단의 열람 일시 부분을 수정테이프로 지우고 복사해 두었다가 이를 타인에게 교부하여 공문서변조 및 변조공문서행사로 기소된 사안에서, 등기사항전부증명서의 열람 일시는 등기부상 권리관계의 기준 일시를 나타내는 역할을 하는 것으로서 권리관계나 사실관계의 증명에서 중요한 부분에 해당하고, 열람 일시의 기재가 있어 그 일시를 기준으로 한 부동산의 권리관계를 증명하는 등기사항전부증명서와 열람 일시의 기재가 없어 부동산의 권리관계를 증명하는 기준 시점이 표시되지 않은 등기사항전부증명서 사이에는 증명하는 사실이나 증명력에 분명한 차이가 있는 점, 법률가나 관련 분야의 전문가가 아닌 평균인 수준의 사리분별력을 갖는 일반인의 관점에서 볼 때 그 등기사항전부증명서가 조금만 주의를 기울여 살펴보기만 해도 그 열람 일시가 삭제된 것임을 쉽게 알아볼 수 있을 정도로 공문서로서의 형식과 외관을 갖추지 못했다고 보기 어려운 점을 종합하면, 피고인이 등기사항전부증명서의 열람 일시를 삭제하여 복사한 행위는 등기사항전부증명서가 나타내는 권리·사실관계와 다른 새로운 증명력을 가진 문서를 만든 것에 해당하고 그로 인하여 공공적 신용을 해할 위험성도 발생하였다는 이유로, 이와 달리 본 원심판결에 공문서변조에 관한 법리오해의 잘못이 있다고 한 사례[대판 2021.2.25. 2018도19043]. [♣23 변시]

   판례해설 (1) 이 사건 부동산에 관하여 2013. 1. 14. 피고인의 어머니 공소외 1 명의로 상속을 원인으로 한 소유권이전등기가 마쳐졌다. 피고인은 공소외 2로부터 돈을 빌리면서 이 사건 부동산에 관하여 2013. 1. 23. 접수 근저당권설정등기를, 2013. 2. 6. 접수 소유권이전담보가등기를 각각 마쳐 주었다.
   (2) 피고인은 위 근저당권설정등기와 소유권이전담보가등기가 되기 전인 2013. 1. 무렵 인터넷을 통하여 열람한 이 사건 부동산에 관한 등기사항전부증명서를 출력하였다(이하 '변경 전 등기사항전부증명서'라 한다). 피고인은 2015. 8.말 무렵 다시 돈을 빌리면서 담보로 제시하기 위하여 변경 전 등기사항전부증명서 하단의 열람 일시를 수정 테이프로 지우고 복사해 두었다.
   (3) 피고인은 2016. 8. 10. 공소외 3으로부터 돈을 빌리면서 위와 같이 열람 일시를 지우고 복사해 두었던 등기사항전부증명서를 교부하였다.
   (4) 결국 등기사항전부증명서는 권리관계의 기준 시점이 표시되지 않은 것으로서, 타인에게 제시·교부되어 부동산에 관하여 근저당권설정등기 및 소유권이전담보가등기가 존재하지 않는다는 내용의 허위사실을 증명하는 데 이용되었다.

2. 공문서변조죄는 권한 없는 자가 공무소 또는 공무원이 이미 작성한 문서 내용에 대하여 동일성을 해하지 않을 정도로 변경을 가하여 새로운 증명력을 작출케 함으로써 공공적 신용을 해할 위험성이 있을 때 성립하고, 사후에 권한 있는 자의 동의나 추인 등이 있었다고 하더라도 이미 성

립한 범죄에는 아무런 영향이 없다[대판 2012.1.27. 2010도11884].

3. 재산세 과세대장의 작성권한이 있던 자가 인사이동되어 그 권한이 없어진 후 그 기재내용을 변경한 경우 공문서변조죄에 해당한다[대판 1996.11.22. 96도1862]. [♠ 13 사시]

4. 피고인들이 자동차등록증 '비고'란을 임의로 변경하고 이를 행사한 행위는 공문서변조죄 및 변조공문서행사죄에 해당한다[대판 2016.3.24. 2014도6287].

5. 최종 결재권자를 보조하여 문서의 기안업무를 담당한 공무원이 이미 결재를 받아 완성된 공문서에 대하여 적법한 절차를 밟지 않고 그 내용을 변경한 경우 특별한 사정이 없는 한 공문서변조죄가 성립한다[대판 2017.6.8. 2016도5218]. [♣ 21 변시]

判例 공문서변조죄가 성립하지 않는 경우

1. 자신의 주민등록증 비닐커버 위에 검은색 볼펜을 사용하여 주민등록번호 전부를 덧기재하고 투명 테이프를 붙이는 방법으로 주민등록번호 중 출생연도를 나타내는 '71'을 '70'으로 고친 경우, 변조행위가 공문서 자체에 변경을 가한 것이 아니며, 그 변조방법이 조잡하여 공문서에 대한 공공의 위험을 초래할 정도에 이르지 못하였으므로 공문서변조죄가 성립하지 않는다[대판 1997.3.28. 97도30].

2. [1] 공문서변조죄는 권한 없는 자가 공무소 또는 공무원이 이미 작성한 문서내용에 대하여 동일성을 해하지 않을 정도로 변경을 가하여 새로운 증명력을 작출케 함으로써 공공적 신용을 해할 위험성이 있을 때 성립한다.
   [2] 공문서의 일부만을 복사한 행위가 공문서변조죄에 해당되지 않는다고 한 사례[대판 2003.12.26. 2002도7339].
   [사실관계] 검찰총장 甲이 자기 처(妻)의 옷 값 대납사건과 관련하여 대통령의 법무비서관이 대통령에게 보고한 내사결과보고서를 입수한 후 표지를 제외하고 '건의'부분을 가린 채 복사한 사건이다.

3. 인낙조서에 첨부되어 있는 도면 및 그 사본에 임의로 그은 점선은 인낙조서 본문이나 도면에서 그에 대한 설명이 없는 이상 특정한 의미 내용을 갖지 아니한 단순한 도형에 불과하여 그 자체로서 새로운 증명력이 작출케 된다고 할 수 없다는 이유로 그와 같은 점선을 그은 행위가 문서의 손괴에 해당할 수 있음은 별론으로 하고, 공도화로서의 공공적 신용을 해할 위험이 있는 공도화변조죄에 해당한다고 할 수 없다고 한 사례[대판 2000.11.10. 2000도3033].

判例 공문서변조의 고의를 인정한 경우

1. 시장명의로 작성하여 도지사에게 송부한 환지계획인가신청서에 첨부된 당초의 도면에 잘못 표시된 부분이 있다고 하여도 시에서 도시계획 업무를 담당한 공무원이 적법한 절차를 거침이 없이 임의로 위 도면을 정정도면과 바꿔치기 한 행위에 대하여는 공문서변조, 동행사의 범의를 인정하기에 넉넉하며, 도면에 간인이 없다든가 시장의 승인이 예상된다 하여 그 범의를 부정할 수는 없다[대판 1985.6.25. 85도540].

2. 최종 결재권자를 보조하는 기안담당자가 토지가격 감정의뢰서에 첨부된 재산명세서상에 일부 기재가 누락된 토지가 있었으나 그 감정의뢰에 따른 감정을 하는 과정에서 그 누락사실이 발견되어 감정평가사가 그 토지까지 감정하여 작성한 감정평가서를 송부하여 오자, 사후에 이를 일치시킨다는 생각에서 위 재산명세서상에 그 누락된 토지들을 추가기재하였더라도 그 과정에서 적법한 절차를 거침이 없이 임의로 결재된 원문서에 없는 사항을 추가기재한 이상 그러한 행위에 대하여는 공문서변조의 범의를 인정하기에 충분하고, 감정의뢰서에 누락된 토지에 대한 감정까지 하여 작성한 감정평가서에 대하여 위 감정의뢰서 작성명의자인 최종 결재권자의 결재가 있었다고 하여 이로써 위 감정의뢰서 추가기재 행위에 대하여 작성명의자의 승낙이 있었다고 볼 수 없다[대판 1995.3.24. 94도1112].

Ⅵ. 자격모용에 의한 공문서작성죄

제226조(자격모용에 의한 공문서 등의 작성) 행사할 목적으로 공무원 또는 공무소의 자격을 모용하여 문서 또는 도화를 작성한 자는 10년 이하의 징역에 처한다.
제235조(미수범) 미수범은 처벌한다.

判例 자격모용에 의한 공문서작성죄가 성립하는 경우

1. 甲 구청장이 乙 구청장으로 전보된 후 甲 구청장의 권한에 속하는 건축허가에 관한 기안용지의 결재란에 서명을 한 것은 자격모용에 의한 공문서작성죄를 구성한다[대판 1993.4.27. 92도2688]. [♠ 14 사시]
2. 식당의 주 · 부식 구입업무를 담당하는 공무원이 주 · 부식구입요구서의 과장결재란에 권한 없이 자신의 서명을 한 경우, 자격모용공문서작성죄가 성립하고 공문서위조죄는 문제되지 않는다고 한 사례[대판 2008.1.17. 2007도6987].
3. 정당한 대표권이나 대리권이 없는 자가 마치 대표권이나 대리권이 있는 것처럼 가장하여 타인의 자격을 모용하여 문서를 작성하는 경우 자격모용에 의한 문서작성죄가 성립한다고 할 것이므로, 피고인(甲)이 원심인용의 제1심 판시 부동산매매계약서와 영수증을 작성함에 있어 매도인란 또는 영수인란에 '국방부 합참자료실장 이사관 甲'이라는 이름을 기재하고 그 옆에 위 피고인의 도장을 압날한 다음 그 상단에 '국방부장관'이라는 고무인을 압날함으로써 마치 위 피고인이 국방부장관으로부터 적법한 문서작성 권한을 부여받아 그 문서를 작성할 자격이 있는 것처럼 이를 모용하여 위 부동산매매계약서와 영수증을 작성하고 이를 행사하였다고 인정하고 이를 자격모용에 의한 공문서작성 및 동행사죄로 의율처단한 것은 정당하다[대판 1993.7.27. 93도1435].

Ⅶ. 공전자기록 위작 · 변작죄

제227조의2(공전자기록위작 · 변작) 사무처리를 그르치게 할 목적으로 공무원 또는 공무소의 전자기록 등 특수매체 기록을 위작 또는 변작한 자는 10년 이하의 징역에 처한다.
제235조(미수범) 미수범은 처벌한다.

判例 공전자기록위작죄의 '위작'의 의미와 사전자기록위작죄의 '위작'의 의미도 동일한지 여부(적극)

[다수견해] 시스템을 설치 · 운영하는 주체와의 관계에서 전자기록의 생성에 관여할 권한이 없는 사람이 전자기록을 작출하거나 전자기록의 생성에 필요한 단위정보의 입력을 하는 경우는 물론 시스템의 설치 · 운영의 주체로부터 각자의 직무범위에서 개개의 단위정보의 입력권한을 부여받은 사람이 그 권한을 남용하여 허위의 정보를 입력함으로써 시스템 설치 · 운영주체의 의사에 반하는 전자기록을 생성하는 경우도 형법 제227조의2의 공전자기록위작죄에서 말하는 전자기록의 '위작'에 포함된다. 위 법리는 형법 제232조의2의 사전자기록등위작죄에서 행위의 태양으로 규정한 '위작'에 대해서도 마찬가지로 적용된다. 그 이유는 다음과 같다. … 사전자기록등위작죄를 사문서위조죄와 비교해 보면 두 죄는 범행의 목적, 객체, 행위 태양 등 구성요건이 서로 다른 점 등을 종합적으로 고려하면, 형법 제232조의2가 정한 사전자기록등위작죄에서 '위작'의 의미를 작성권한 없는 사람이 행사할 목적으로 타인의 명의를 모용하여 문서를 작성한 경우에 성립하는 사문서위조죄의 '위조'와 반드시 동일하게 해석하여 그 의미를 일치시킬 필요는 없다.

[소수견해] 형법은 문서에 관한 유형위조의 행위 태양을 위조 · 변조라고 규정하고 있고, 공 · 사전자기록의 위작 · 변작은 이러한 형법 조문의 위조 · 변조와 대응한다는 점, 사문서위조죄(제231조)와 사전자기록위작죄(제232조의2)를 비교해 볼 때 두 죄는 행위의 객체가 종이 문서이냐 아니면 전자기록이냐에 따른 차이를 제외하면 구성요건의 형식이 실질적으로 동일하고 법정형도 동일하다는 점 등을 고려하면 형법 제232조의2의 사전자기록등위작죄에서 정한 '위작'이란 전자기록의 생성에 관여할 권한이 없는 사람이 전자기록을 작성하거나 전자기록의 생성에 필요한 단위정보를 입력하는 경우만을 의미한다고 해석하여야 한다[대판(전) 2020.8.27. 2019도11294]. [♣ 23 변시]

判例 공전자기록의 위작에 해당하는 경우

1. 경찰관이 고소사건을 처리하지 아니하였음에도 경찰범죄정보시스템에 그 사건을 검찰에 송치한 것으로 허위사실을 입력한 행위는 공전자기록위작죄에서 말하는 위작에 해당한다[대판 2005.6.9. 2004도6132].
2. 사실은 피고인 1의 업무를 보조하는 공소외 1은 체비지 현장에 출장을 나간 사실이 없고, 피고인 1만이 체비지 현장에 출장을 나갔음에도 불구하고, 피고인 1과 위 공소외 1이 공모하여 마치 공소외 1이 직접 그 출장을 나간 것처럼 부천시청 행정지식관리시스템에 허위의 정보를 입력하여 출장복명서를 생성한 후 이를 그 정을 모르는 위 시청 도시과장에게 전송하였다면 피고인 1에게는 공전자기록등위작 및 위작공전자기록등행사죄가 성립한다[대판 2007.7.27. 2007도3798]. [♠ 10 사시]

判例 공전자기록의 위작에 해당하지 않는 경우

[1] 형법 제227조의2에서 정하는 전자기록의 '위작'이란 전자기록에 관한 시스템을 설치·운영하는 주체와의 관계에서 전자기록의 생성에 관여할 권한이 없는 사람이 전자기록을 작출하거나 전자기록의 생성에 필요한 단위 정보의 입력을 하는 경우는 물론이고, 시스템의 설치·운영 주체로부터 각자의 직무 범위에서 개개의 단위 정보의 입력 권한을 부여받은 사람이 그 권한을 남용하여 허위의 정보를 입력함으로써 시스템 설치·운영 주체의 의사에 반하는 전자기록을 생성하는 경우도 포함한다. 이 때 '허위의 정보'라 함은 진실에 반하는 내용을 의미하는 것으로서, 관계 법령에 의하여 요구되는 자격을 갖추지 못하였음에도 불구하고 고의로 이를 갖춘 것처럼 단위 정보를 입력하였다고 하더라도 그 전제 또는 관련된 사실관계에 대한 내용에 거짓이 없다면 허위의 정보를 입력하였다고 볼 수 없다.

[2] 자동차등록 담당공무원인 피고인이 여객자동차 운수사업법상 차량충당연한 규정에 위배되어 영업용으로 변경 및 이전등록을 할 수 없는 차량인 것을 알면서 자동차등록정보 처리시스템의 자동차등록원부 용도란에 '영업용'이라고 입력하였으나, 변경 및 이전등록에 관한 구체적 등록내용인 최초등록일 등은 사실대로 입력한 경우, 자동차등록원부상 '영업용으로의 용도변경 및 이전'에 관한 등록정보가 확인·공시하는 내용에 자동차가 영업용으로 용도변경되어 이전되었다는 사실 외에 변경 및 이전등록에 필요한 법령상 자격의 구비 사실까지 포함한다고 볼 법적인 근거가 없고, 최초등록일 등 등록과 관련된 사실관계에 대한 내용에 거짓이 있다고 볼 수 없는 이상, 위 행위가 공전자기록등위작죄의 '위작'에 해당한다고 할 수 없다[대판 2011.5.13. 2011도1415].

判例 '사무처리를 그르치게 할 목적'의 의미와 그 목적이 인정되는 경우

[1] 형법 제227조의2는 "사무처리를 그르치게 할 목적으로 공무원 또는 공무소의 전자기록 등 특수매체기록을 위작 또는 변작한 자는 10년 이하의 징역에 처한다."고 규정하고 있는데, 여기에서 "사무처리를 그르치게 할 목적"이란 위작 또는 변작된 전자기록이 사용됨으로써 위와 같은 시스템을 설치·운영하는 주체의 사무처리를 잘못되게 하는 것을 말한다.
[2] 공군 복지근무지원단 예하 지구대의 부대매점 및 창고관리 부사관이 창고 관리병으로 하여금 위 지원단의 업무관리시스템인 복지전산시스템에 자신이 그 전에 이미 횡령한 바 있는 면세주류를 마치 정상적으로 판매한 것처럼 허위로 입력하게 한 사안에서, 공전자기록위작·변작죄의 '사무처리를 그르치게 할 목적'이 있었다는 취지의 원심판단을 수긍한 사례[대판 2010.7.8. 2010도3545].

Ⅷ. 허위진단서 등 작성죄

제233조(허위진단서 등의 작성) 의사, 한의사, 치과의사 또는 조산사가 진단서·검안서 또는 생사에 관한 증명서를 허위로 작성한 때에는 3년 이하의 징역이나 금고, 7년 이하의 자격정지 또는 3천만원 이하의 벌금에 처한다.
제235조(미수범) 미수범은 처벌한다.

1. 성 격

사문서의 무형위조를 예외적으로 처벌하는 구성요건이다.

2. 주 체

진정신분범이므로 의사가 아닌 자가 의사명의를 모용하여 허위의 진단서를 작성한 경우에는 허위진단서작성죄는 성립할 수 없고, 문서위조죄가 성립한다.

判例 의사 아닌 자가 의사 명의의 진단서를 작성한 경우(허위진단서작성죄 ×, 문서위조죄 ○)

피고인이 국립경찰병원장 명의의 진단서에 직인과 계인을 날인하고 환자의 성명과 병명 및 향후치료소견을 기재하였다면 비록 진단서 발행번호나 의사의 서명·날인이 없더라도 이는 공문서로서 형식과 외관을 구비하였으므로 공문서위조죄가 성립한다[대판 1987.9.22. 87도1443].

3. 객 체

진단서, 검안서 또는 생사에 관한 증명서이다.

判例 소견서도 허위진단서작성죄의 객체인 진단서에 해당한다는 판례

비록 그 문서의 명칭이 소견서로 되어 있더라도 그 내용이 의사가 진찰한 결과 알게 된 병명이나 상처의 부위·정도 또는 치료기간 등의 건강상태를 증명하기 위하여 작성된 것이라면 위 진단서에 해당되는 것이다[대판 1990.3.27. 89도2083].

동지판례 [1] 허위 진단서 작성에 해당하는 허위의 기재는 사실에 관한 것이건 판단에 관한 것이건 불문하므로, 현재의 진단명과 증상에 관한 기재뿐만 아니라 현재까지의 진찰 결과로서 발생 가능한 합병증과 향후 치료에 대한 소견을 기재한 경우에도 그로써 환자의 건강상태를 나타내고 있는 이상 허위 진단서 작성의 대상이 될 수 있다. [2] 의사가 환자의 수형(受刑)생활 또는 수감(收監)생활의 가능 여부에 관하여 기재한 의견이 환자의 건강상태에 기초한 향후 치료 소견의 일부로서 의료적 판단을 기재한 것으로 볼 수 있다면, 이는 환자의 건강상태를 나타내고 있다는 점에서 허위 진단서 작성의 대상이 될 수 있다[대판 2017.11.9. 2014도15129].

判例 입퇴원 확인서는 진단서에 해당하지 않는다는 판례

[1] 형법 제233조의 허위진단서작성죄에서 '진단서'란 의사가 진찰의 결과에 관한 판단을 표시하여 사람의 건강상태를 증명하기 위하여 작성하는 문서를 말하고, 위 조항에서 규율하는 진단서에 해당하는지 여부는 서류의 제목, 내용, 작성목적 등을 종합적으로 고려하여 판단하여야 한다.
[2] 의사인 피고인이 환자의 인적사항, 병명, 입원기간 및 그러한 입원사실을 확인하는 내용이 기재된 '입퇴원 확인서'를 허위로 작성하였다고 하여 허위진단서작성으로 기소된 사안에서, 위 '입퇴원 확인서'는 문언의 제목, 내용 등에 비추어 의사의 전문적 지식에 의한 진찰이 없더라도 확인 가능한 환자들의 입원 여부 및 입원기간의 증명이 주된 목적인 서류로서 환자의 건강상태를 증명하기 위한 서류라고 볼 수 없어 허위진단서작성죄에서 규율하는 진단서로 보기 어렵다고 한 사례 [대판 2013.12.12. 2012도3173].

4. 허위작성

① 객관적 진실에 반하는 내용을 기재하는 것을 말한다.
② 허위는 사실에 관한 것이건 판단에 관한 것이건 불문한다.
③ 진찰한 사실이 없음에도 불구하고 진단서를 작성한 경우에도 본죄가 성립한다.

5. 주관적 구성요건

① 고의가 있어야 하나, 목적범이 아니므로 행사할 목적은 요하지 않는다.
② 허위라고 인식했을지라도 객관적 진실과 일치하는 경우에는 본죄가 성립하지 않는다.

判例 허위진단서작성에 관한 고의가 인정되지 않는 경우

허위진단서작성죄는 의사가 사실에 관한 인식이나 판단의 결과를 표현함에 있어서 자기의 인식판단이 진단서에 기재된 내용과 불일치하는 것임을 인식하고서도 일부러 진실 아닌 기재를 하는 것을 말하는 것이므로, 의사가 진찰을 소홀히 한다거나 착오를 일으켜 오진한 결과로 객관적으로 진실에 반한 진단서를 작성한 경우는 허위진단서작성에 관한 인식이 있다고 할 수 없으니 허위진단서작성죄는 성립되지 않는다[대판 1978.12.13. 78도2343]. [♠ 07 사시]

判例 허위성에 대한 인식이 인정되는 경우

사체검안의가 빙초산의 성상이나 이를 마시고 사망하는 경우의 소견에 대하여 알지 못함에도 불구하고 변사자가 '약물음독', '빙초산을 먹고 자살하였다'는 취지로 사체검안서를 작성한 경우, 검안서작성에 있어 허위성에 대한 인식이 있다[대판 2001.6.29. 2001도1319].

判例 공무원인 의사의 허위진단서 작성(허위공문서작성죄 O, 허위진단서작성죄 ×)

형법이 제225조 내지 제230조에서 공문서에 관한 범죄를 규정하고, 이어 제231조 내지 제236조에서 사문서에 관한 범죄를 규정하고 있는 점 등에 비추어 볼 때 형법 제233조 소정의 허위진단서작성죄의 대상은 공무원이 아닌 의사가 사문서로서 진단서를 작성한 경우에 한정되고, 공무원인 의사가 공무소의 명의로 허위진단서를 작성한 경우에는 허위공문서작성죄만이 성립하고, 허위진단서작성죄는 별도로 성립하지 않는다[대판 2004.4.9. 2003도7762]. [♠ 08, 13, 14 사시] [♣ 12, 17 변시]

Ⅸ. 허위공문서작성죄

제227조(허위공문서작성 등) 공무원이 행사할 목적으로 그 직무에 관하여 문서 또는 도화를 허위로 작성하거나 변개한 때에는 7년 이하의 징역 또는 2천만원 이하의 벌금에 처한다.
제235조(미수범) 미수범은 처벌한다.

1. 의 의

공무원이 행사할 목적으로 그 직무에 관하여 문서 또는 도화를 허위로 작성하거나 변개함으로써 성립하는 범죄이다.

2. 구성요건

(1) 객관적 구성요건

① **주 체** : ⅰ) 직무에 관하여 문서 또는 도화를 작성할 권한이 있는 공무원이다. ⅱ) 공문서에 보충기재 할 권한만 위임되어 있는 자가 허위의 공문서를 작성한 때에는 공문서위조죄가 성립한다[대판 1984.9.11. 84도368].

判例 허위공문서작성죄의 주체에 해당하지 아니하는 경우

처벌법규의 개정으로 형법상 뇌물관련 범죄에서만 공무원으로 의제되는 영상물등급위원회 임직원은 허위공문서작성죄 및 동행사죄의 주체에 해당하지 아니한다[대판 2009.3.26. 2008도93].

判例 권한 있는 공무원의 허위공문서작성(공문서위조죄 ×, 허위공문서작성죄 O)

인감증명서 발급업무를 담당하는 공무원이 발급을 신청한 본인이 직접 출두한 바 없음에도 불구하고 본인이 직접 신청하여 발급받은 것처럼 인감증명서에 기재하였다면, 이는 공문서위조죄가 아닌 허위공문서작성죄를 구성한다[대판 1997.7.11. 97도1082].

판례해설 권한 없는 자가 공무원 또는 공무소 명의의 허위문서를 작성한 경우는 공문서위조죄가 성립한다.

동지판례 면사무소 호병계장이 인감증명서 발급신청인 본인이 직접 출두한 바 없는데도 그가 직접 신청 발급받은 것처럼 그 명의의 인감증명서와 인감증명발급대장에 기재하였다면 이는 허위공문서작성죄를 구성한다 할 것이고, 비록 본인으로부터 대리인을 통하여 인감증명을 발급받겠다는 의사를 확인받았다 하더라도 그 범죄의 성립에는 아무런 영향이 없다[대판 1992.10.13. 92도2060]. [♠ 14 사시]

② 객 체 : 공문서 또는 공도화이다.

判例 허위공문서작성죄의 객체

1. 허위공문서작성죄에 있어서 직무에 관한 문서라 함은 공무원이 직무권한 내에서 작성하는 문서를 말하고, 그 문서는 대외적인 것이거나 내부적인 것을 구별하지 아니하며, 그 직무권한이 반드시 법률상 근거가 있음을 필요로 하는 것이 아니고 명령, 내규 또는 관례에 의한 직무집행의 권한으로 작성하는 경우라도 포함되는 것이다[대판 2015.10.29. 2015도9010].
2. 허위공문서작성죄의 객체가 되는 문서는 문서상 작성명의인이 명시된 경우뿐 아니라 작성명의인이 명시되어 있지 않더라도 문서의 형식, 내용 등 문서 자체에 의하여 누가 작성하였는지를 추지할 수 있을 정도의 것이면 된다[대판 2019.3.14. 2018도18646]. [♣ 21 변시]

③ 행 위 : 허위로 작성하거나 변개하는 것이다.

㉮ 공무원이 허위신고임을 알면서 기재한 경우 공무원이 실질적 심사권을 가진 경우는 물론이고, 공무원이 형식적 심사권을 가진 경우(예 호적부를 작성하는 공무원)에도 공무원이 허위임을 안 이상 그 기재를 거부할 수 있다는 점에서 본죄가 성립한다(판례).

㉯ 허위작성은 부작위에 의해서도 가능하다(예 출납부에 고의로 수입사실을 기재하지 않은 경우).

判例 **(호적 공무원이 허위임을 알고 호적부에 기재한 경우 허위공문서작성죄 성립)** 신고사항이 허위인 것이 명백한 경우에는 호적리는 그 기재를 거부할 수 있다고 해석할 것이므로 허위임을 알고 있으면서 이를 호적부에 기재하였다면 허위공문서작성죄가 성립한다[대판 1977.12.27. 77도2155].

判例 허위공문서작성죄가 성립하는 경우

1. 공증담당 변호사가 법무사의 직원으로부터 인증촉탁서류를 제출받았을 뿐 법무사가 공증사무실에 출석하여 사서증서의 날인이 당사자 본인의 것임을 확인한 바 없음에도 마치 그러한 확인을 한 것처럼 인증서에 기재한 경우, 인증촉탁 대리인이 법무사일 경우 그 직원이 공증사무실에 촉탁서류를 제출할 뿐 법무사 본인이 사서증서의 날인 또는 서명이 당사자 본인의 것임을 확인하지 아니하는 것이 업계의 관행이라고 할지라도 그와 같은 업계의 관행이 정당하다고 볼 수 없어 허위공문서작성죄가 성립한다고 한 사례[대판 2007.1.25. 2006도3844].

2. 인감증명서는 각종의 법률행위에 있어서 본인여부 및 본인의 진정한 의사인 여부를 확인케 하는데 일반적으로 사용되는 만큼 그 인감증명서가 본인 또는 대리인 중 누구의 신청에 의하여 발행된 문서이냐 하는 점 역시 그 증명력을 담보함에 필요한 사항이라 할 것이므로 작성권한 있는 공무원이 인감증명서를 발행함에 있어 인감증명서의 인적사항과 인감 및 그 용도를 일치하게 기재하였어도 대리인에 의한 것을 본인신청에 의한 것으로 기재하였다면 그 사항에 관하여는 허위기재한 것으로 보아야 할 것이다[대판 1985.6.25. 85도758].
3. 소유권이전등기와 근저당권설정등기의 신청이 동시에 이루어지고 그와 함께 등본의 교부신청이 있는 경우에는, 등기공무원은 소유권이전등기와 근저당권설정등기 모두에 관하여 등기부에의 기입을 마치고 그에 따른 등기부등본을 교부하여야 함에도 불구하고, 등기공무원이 소유권이전등기만 기입하고, 근저당권설정등기는 기입하지 아니한 채 등기부등본을 발급하였다면 비록 그 등기부등본의 기재가 등기부의 기재와 일치한다 하더라도, 그 등기부등본은 이미 접수된 신청서에 따라 기입하여야 할 사항 중 일부를 고의로 누락한 채 작성되어 내용이 진실하지 아니한 것으로서 허위공문서에 해당한다[대판 1996.10.15. 96도1669].
4. 면사무소 호병계장이 인감증명서 발급신청인 본인이 직접 출두한 바 없는데도 그가 직접 신청·발급 받은 것처럼 그 명의의 인감증명서와 인감증명발급대장에 기재하였다면 이는 허위공문서작성죄를 구성한다 할 것이고, 비록 본인으로부터 대리인을 통하여 인감증명을 발급하겠다는 의사를 확인받았다 하더라도 그 범죄의 성립에는 아무런 영향이 없다[대판 1992.10.13. 92도2060].
5. 공무원인 피고인이 그 직무에 관하여 이 건의 문제로 된 사문서 사본에 '원본대조필 토목기사 甲'이라 기재하고 도장을 날인하였다면 그 기재 자체가 공문서로 되고, 이 경우 피고인이 실제로 원본과 대조함이 없이 '원본대조필'이라고 기재한 이상 그것만으로 곧 허위공문서작성죄가 성립하는 것이고, 피고인이 위 문서작성자에게 전화로 원본과 상위 없다는 사실을 확인하였다거나 객관적으로 그 사본이 원본과 다른 점이 없다고 하더라도 위 죄가 성립한다[대판 1981.9.22. 80도3180].
6. 준공검사조서를 작성함에 있어서 정산설계서를 확인하고 준공검사를 한 것이 아님에도 마치 한 것처럼 준공검사용지에 '정산설계서에 의하여 준공검사'를 하였다는 내용을 기입하였다면 허위공문서작성의 범의가 있었음이 명백하여 그것만으로 곧 허위공문서작성죄가 성립하고, 위 준공검사조서의 내용이 객관적으로 정산설계서 초안이나 그 후에 작성된 정산설계서 원본의 내용과 일치한다거나 공사현장의 준공상태에 부합한다 하더라도 그 성립에 아무런 영향을 미치지 못한다[대판 1983.12.27. 82도3063].
7. 지방공무원인 피고인이 甲으로부터 부탁을 받고 1989.4.15.까지는 甲이 세대주이고, 처(妻)인 乙은 동거가족에 불과하였음에도 불구하고 마치 1988.3.26.부터 乙이 세대주인 것처럼 된 세대별 주민등록표 1장을 작성하여 동사무소의 주민등록표 보관함에 비치한 행위는 허위공문서작성 및 동행사죄에 해당한다[대판 1990.10.16. 90도1199].
8. 준공검사관이 준공검사를 함에 있어 수중, 지하 또는 구조물의 내부 등 시공 후 매몰된 부분의 검사는 공사감독관의 감독조서를 근거로 하여 검사를 행하면 되고, 이를 실제로 검사하지 아니한 채 준공조서를 작성하였다 하더라도 허위준공검사조서작성죄의 죄책을 지지 아니하나, 매몰된 부분의 공사가 완성되지 아니하였다는 것을 알면서도 준공검사조서를 작성한 경우에는 위 죄책을 면하지 못한다[대판 1995.6.13. 95도491].

9. 불법건축물 단속 업무를 담당하고 있는 청원경찰 甲이 실제로 현장확인을 하지 않고 동료 청원경찰인 乙에게 원상복구 여부에 대한 현장확인을 부탁한 다음, 乙이 작성한 출장복명서가 진실한 것인지를 제대로 알지도 못하면서 자신이 직접 현장확인을 하여 보니 원상복구가 완료되었다는 내용의 출장복명서에 자신의 서명을 함으로써 출장복명서를 완성하여 그 정을 모르는 담당공무원에게 제출하였다면 이는 허위공문서작성죄 및 허위작성공문서행사죄에 해당한다[대판 2013.10.24. 2013도5752].

判例 허위공문서작성죄가 성립하지 않는 경우

1. **(법률적용에 위법이 있었으나 문서에 허위내용의 기재가 없었던 경우)** 허위공문서작성죄란 공문서에 진실에 반하는 기재를 하는 때에 성립하는 범죄이므로, 고의로 법령을 잘못 적용하여 공문서를 작성하였다고 하더라도 그 법령적용의 전제가 된 사실관계에 대한 내용에 거짓이 없다면 허위공문서작성죄가 성립될 수 없다. 공문서 작성 과정에서 법령 등을 잘못 적용하였다고 하여 반드시 진실에 반하는 기재를 하여 공문서를 작성하게 되는 것은 아니므로, 공문서 작성 과정에서 법령 등의 적용에 잘못이 있다는 것과 기재된 공문서 내용이 허위인지 여부는 구별되어야 한다. 따라서 당사자로부터 뇌물을 받고 고의로 적용하여서는 안될 조항을 적용하여 과세표준을 결정하고, 그 과세표준에 기하여 세액을 산출하였다고 하더라도 그 세액계산서에 허위내용의 기재가 없다면 허위공문서작성죄에는 해당하지 않는다[대판 1996.5.14. 96도554], [대판 2021.9.16. 2019도18394]. [♠ 02, 09 사시]
2. **(건축허가통보서 사건)** [1] 허위공문서작성죄란 공문서에 진실에 반하는 기재를 하는 때에 성립하는 범죄이므로, 고의로 법령을 잘못 적용하여 공문서를 작성하였다고 하더라도 그 법령적용의 전제가 된 사실관계에 대한 내용에 거짓이 없다면 허위공문서작성죄가 성립될 수 없다.
   [2] 건축담당 공무원이 건축허가신청서를 접수·처리함에 있어 건축법상의 요건을 갖추지 못하고 설계된 사실을 알면서도 기안서인 건축허가통보서를 작성하여 건축허가서의 작성명의인인 군수의 결재를 받아 건축허가서를 작성한 경우, 건축허가서는 그 작성명의인인 군수가 건축허가신청에 대하여 이를 관계 법령에 따라 허가한다는 내용에 불과하고 위 건축허가신청서와 그 첨부서류에 기재된 내용(건축물의 건축계획)이 건축법의 규정에 적합하다는 사실을 확인하거나 증명하는 것은 아니라 할 것이므로 군수가 위 건축허가통보서에 결재하여 위 건축허가신청을 허가하였다면 위 건축허가서에 표현된 허가의 의사표시 내용 자체에 어떠한 허위가 있다고 볼 수는 없다 할 것이어서, 이러한 건축허가에 그 요건을 구비하지 못한 잘못이 있고, 이에 담당 공무원의 위법행위가 개입되었다 하더라도 그 위법행위에 대한 책임을 추궁하는 것은 별론으로 하고 위 건축허가서를 작성한 행위를 허위공문서작성죄로 처벌할 수는 없다[대판 2000.6.27. 2000도1858]. [♠ 07, 09, 15 사시]

   비교판례 i) [1] 허위공문서작성죄란 공문서에 진실에 반하는 기재를 하는 때에 성립하는 범죄이므로, 고의로 법령을 잘못 적용하여 공문서를 작성하였다고 하더라도 그 법령적용의 전제가 된 사실관계에 대한 내용에 거짓이 없다면 허위공문서작성죄가 성립될 수 없다.
   [2] 폐기물관리법 제26조 제2항에 의한 폐기물처리사업계획 적합통보서는 단순히 폐기물처리사업을 관계 법령에 따라 허가한다는 내용이 아니라, 폐기물처리업을 하려는 자가 폐기물관리법 제26조 제1항에 따라 제출한 폐기물처리사업계획이 폐기물관리법 및 관계 법령의 규정에 적합하다는 사실을 확인하거나 증명하는 것이라 할 것이므로, 그 폐기물처리사업계획이 관계 법령의 규정에 적합하지 아니함을 알면서 적합하다는 내용으로

통보서를 작성한 것이라면 그 통보서는 허위의 공문서라고 보지 아니할 수 없다[대판 2003.2.11. 2002도4293].

ii) 농지법 제8조 제1항 소정의 농지취득자격증명은 농지를 취득하는 자가 그 소유권에 관한 등기를 신청할 때에 첨부하여야 할 서류로서(농지법 제8조 제4항), 농지를 취득하는 자에게 농지취득의 자격이 있다는 것을 증명하는 것이므로, 신청인에게 농업경영능력이나 영농의사가 없음을 알거나 이를 제대로 알지 못하면서도 농지취득 자격에 아무런 문제가 없다는 내용으로 농지취득자격증명통보서를 작성하였다면 허위공문서작성죄가 성립한다[대판 2007.1.25. 2006도3996].

3. [1] 문서에 관한 죄의 보호법익은 문서의 증명력과 문서에 들어 있는 의사표시의 안정 · 신용으로, 일정한 법률관계 또는 거래상 중요한 사실에 관한 관계를 표시함으로써 증거가 될 만한 가치가 있는 문서를 그 대상으로 한다. 그중 공무소 또는 공무원이 그 직무에 관하여 진실에 반하는 허위 내용의 문서를 작성할 경우 허위공문서작성죄가 성립하고, 이는 공문서에 특별한 증명력과 신용력이 인정되기 때문에 성립의 진정뿐만 아니라 내용의 진실까지 보호하기 위함이다. 따라서 허위공문서작성죄의 허위는 표시된 내용과 진실이 부합하지 아니하여 그 문서에 대한 공공의 신용을 위태롭게 하는 경우여야 하고, 그 내용이 허위라는 사실에 관한 피고인의 인식이 있어야 한다.

[2] 피고인 갑이 세월호 침몰사고 진상규명을 위한 국정조사특별위원회의 국정조사(이하 '국조특위'라고 한다)절차에서 대통령비서실장으로서 증언한 후 국회의원으로부터 대통령 대면보고 시점 등에 관한 추가 서면질의를 받고, 실무 담당 행정관으로 하여금 '비서실에서는 20~30분 단위로 간단없이 유 · 무선으로 보고를 하였기 때문에, 대통령은 직접 대면보고 받는 것 이상으로 상황을 파악하고 있었다고 생각합니다.'라는 내용의 서면답변서(이하 '답변서'라고 한다)를 작성하여 국회에 제출하도록 함으로써 공문서를 허위로 작성 · 행사하였다는 내용으로 기소된 사안에서, 답변서가 대통령비서실장으로서 최종 작성권한을 갖는 피고인 갑에 의하여 대통령비서실, 국가안보실의 직무권한 범위 내에서 작성된 공문서에 해당한다고 본 원심판단은 정당하나, 답변서는 피고인 갑이 국조특위 이후 추가된 국회 질의에 대하여 기존 증언과 같은 내용의 답변을 담은 문서로서 허위공문서작성죄에서 말하는 '허위'가 있다거나 그에 관한 피고인 갑의 인식이 있었다고 보기 어렵다[대판 2022.8.19. 2020도9714].

(2) 주관적 구성요건

判例 허위공문서작성의 고의가 인정된 경우

[1] 문서에 관한 죄의 보호법익은 문서의 증명력과 문서에 들어 있는 의사표시의 안정 · 신용으로, 일정한 법률관계 또는 거래상 중요한 사실에 관한 관계를 표시함으로써 증거가 될 만한 가치가 있는 문서를 대상으로 한다. 그중 공무소 또는 공무원이 직무에 관하여 진실에 반하는 허위 내용의 문서를 작성할 경우 허위공문서작성죄가 성립하고, 이는 공문서에 특별한 증명력과 신용력이 인정되기 때문에 성립의 진정뿐만 아니라 내용의 진실까지 보호하기 위함이다. 허위공문서작성죄에서 허위란 표시된 내용과 진실이 부합하지 아니하여 그 문서에 대한 공공의 신용을 위태롭게 하는 경우를 말하고, 허위공문서작성죄는 허위공문서를 작성하면서 그 내용이 허위라는 사실을 인식하면 성립한다.

[2] 사법경찰관인 피고인이 검사로부터 '교통사고 피해자들로부터 사고 경위에 대해 구체적인 진술을 청취하여 운전자 甲의 도주 여부에 대해 재수사할 것'을 요청받고, 재수사 결과서의 '재수사 결과'란에 피해자들로부터 진술을 청취하지 않았음에도 진술을 듣고 그 진술내용을 적은 것처럼 기재함으로써 허위공문서를 작성하였다는 내용으로 기소된 사안에서, 재수사 결과서의 작성 경위나 구성형태에 비추어 재수사 결과란의 기재는 피고인이 재수사 요청 취지에 따라 피해자들로부터 구체적인 진술을 듣고 진술내용을 적었음을 의미하는데 피고인은 피해자들로부터 진술을 청취하지 않았고, 특히 피고인은 피해자들이 진술한 바 없는 내용으로 자신의 독자적인 의견이나 추측에 불과한 것을 마치 피해자들로부터 직접 들은 진술인 것처럼 기재하였으므로, 피해자들 진술로 기재된 내용 중 일부가 결과적으로 사실과 부합하는지, 재수사 요청을 받은 사법경찰관이 검사에 의하여 지목된 참고인이나 피의자 등에 대한 재조사 여부와 재조사 방식 등에 대해 재량을 가지는지 등과 무관하게 피고인의 행위는 허위공문서작성죄를 구성하며, 피고인이 피해자들의 진술에 신빙성이 부족하다는 이유에서 자신의 판단에 따라 기재하는 내용이 객관적인 사실에 부합할 것이라고 생각하였다 하여 범의를 부정할 수 없다는 이유로, 이와 달리 보아 공소사실을 무죄로 판단한 원심판결에 심리미진 및 허위공문서작성죄에 관한 법리오해 등의 위법이 있다고 한 사례[대판 2023.3.30. 2022도6886].

判例 허위공문서작성의 고의가 인정되지 않는 경우

1. 공무원이 여러 차례의 출장반복의 번거로움을 회피하고, 민원사무를 신속히 처리한다는 방침에 따라 사전에 출장조사한 다음 출장조사 내용이 변동없다는 확신하에 출장복명서를 작성하고, 다만 그 출장일자를 작성일자로 기재한 것이라면 허위공문서 작성의 범의가 있었다고 볼 수 없다[대판 2001.1.5. 99도4101]. [♠05 사시]
2. 피고인들이 물품(미역) 검사를 하면서 전체량의 일부만을 추출하여 실물검사를 하였음에도 이를 초과하여 외관검사를 행한 수량 중의 일정량을 실물검사한 것처럼 보고서를 작성하였다 하여도 그것이 업무상 관행에 따른 것이라면 허위공문서작성의 인식이 없다고 할 것이다[대판 1982.7.27. 82도1026].

判例 허위공도화작성의 고의가 인정되는 경우

임야도와 지적도상의 경계가 부합하지 아니하여 지적도의 경계표시에 오류가 있음을 쉽게 확인할 수 있고, 또 측량을 하지 않고서도 그 정정이 가능한 경우에 해당한다고 볼 수 없는 경우, 피고인 등이 임야도를 기준으로 하였다 하더라도 토지 및 하천 등의 경계나 면적을 측량하지도 아니한 채 지적도상의 토지 및 하천 등의 경계를 정정한 것은 결코 적법한 업무처리라고 할 수 없고, 따라서 피고인에게 허위공도화작성 등의 범의가 있다[대판 1997.12.26. 96도3057].

3. 허위공문서작성죄의 간접정범의 성부 - (본 쟁점과 관련한 판례는 총론의 간접정범 참고)

(1) 작성권자가 타인을 이용하는 경우

본죄의 간접정범이 성립한다.

(2) **비공무원이 작성권자를 이용하는 경우**

비공무원은 본죄의 정범적격이 없으므로 간접정범이 성립할 수 없다(판례, 통설).

(3) **공문서작성의 보조자가 작성권자를 이용하는 경우**

쟁점연구

1. 학 설

허위공문서작성죄는 그 주체가 작성권한 있는 공무원으로 엄격히 제한되는 진정신분범이므로 신분 없는 자는 보조공무원이라 할지라도 본죄의 간접정범은 성립할 수 없다는 견해가 있다[이재상, 589면].

2. 판 례

보조공무원이 허위내용의 문서를 작성하여 정을 모르는 작성권한 있는 공무원의 결재를 받은 경우 허위공문서작성죄의 간접정범이 성립한다는 입장이다.

3. 검 토 (판례 지지)

공무소에서의 문서작성이 대부분 보조자에 의하여 이루어지고 작성권자는 결재에만 관여하므로 보조자의 허위작성행위를 처벌할 필요성이 있을 뿐만 아니라, 보조자는 사실상의 작성권한을 가지고 있다고 평가할 수 있으므로 간접정범이 성립할 수 있다는 견해가 타당하다.

X. 공정증서원본 등 부실기재죄

제228조(공정증서원본 등의 부실기재) ① 공무원에 대하여 허위신고를 하여 공정증서원본 또는 이와 동일한 전자기록 등 특수매체기록에 부실의 사실을 기재 또는 기록하게 한 자는 5년 이하의 징역 또는 1천만원 이하의 벌금에 처한다.
② 공무원에 대하여 허위신고를 하여 면허증·허가증·등록증 또는 여권에 부실의 사실을 기재하게 한 자는 3년 이하의 징역 또는 700만원 이하의 벌금에 처한다.
제235조(미수범) 미수범은 처벌한다.

1. 의 의

① 공무원에 대하여 허위신고를 하여 공정증서원본 등에 또는 이와 동일한 전자기록 등 특수매체기록이나 면허증·허가증·등록증 또는 여권에 부실의 사실을 기재하게 함으로써 성립하는 범죄이다.

② 허위공문서작성죄의 간접정범 중 특수한 경우를 독립범죄로 규정한 것이다(간접적 무형위조).

2. 구성요건

(1) **객관적 구성요건**

① 주 체 : 제한이 없다. 공무원도 본죄의 주체가 될 수 있다.

② 객 체 : 공정증서원본 등이다.

㉮ **공정증서원본** : 공무원이 직무상 작성하는 문서로서 권리 · 의무에 관한 사실을 증명하는 효력을 갖는 것을 의미한다(판례, 통설). 권리 · 의무는 공법상 · 사법상의 것, 재산상 · 신분상의 것을 불문한다.

判例 공정증서원본의 성질(중요)

[1] 형법 제228조 제1항이 규정하는 공정증서원본부실기재죄의 객체인 공정증서원본은 그 성질상 허위신고에 의해 부실한 사실이 그대로 기재될 수 있는 공문서이어야 한다고 할 것인바, 민사조정법상 조정신청에 의한 조정제도는 원칙적으로 조정신청인의 신청 취지에 구애됨이 없이 조정담당판사 등이 제반 사정을 고려하여 당사자들에게 상호 양보하여 합의하도록 권유 · 주선함으로써 화해에 이르게 하는 제도인 점에 비추어, 그 조정절차에서 작성되는 조정조서는 그 성질상 허위신고에 의해 부실한 사실이 그대로 기재될 수 있는 공문서로 볼 수 없어 공정증서원본에 해당하는 것으로 볼 수 없다. [♠ 14 사시]
[2] 법원에 허위 내용의 조정신청서를 제출하여 판사로 하여금 조정조서에 부실의 사실을 기재하게 하였다는 취지의 공정증서원본부실기재의 공소사실에 대하여, 위 조정조서가 공정증서원본에 해당한다고 판단하여 유죄로 인정한 원심판단에 법리오해의 위법이 있다고 한 사례[대판 2010.6.10, 2010도3232].

㉯ **공정증서원본과 동일한 전자기록 등 특수매체기록 · 면허증 · 허가증 · 등록증 · 여권** : ⅰ) 면허증은 특정한 기능을 가진 자에게 그 기능에 따른 행위를 할 수 있는 권능을 부여하기 위하여 공무소 · 공무원이 작성 · 교부하는 증서를 말한다(예 의사면허증, 자동차운전면허증, 수렵면허증, 침사자격증). 따라서 단순히 일정한 자격을 표시하는 데 불과한 시험합격증서, 교사자격증, 자동차검사증은 면허증에 해당하지 않는다. ⅱ) 등록증은 일정한 자격이나 요건을 갖춘 자에게 그 자격이나 요건에 상응한 활동을 할 수 있는 권능 등을 인정하기 위하여 공무원이 작성한 증서를 말한다(예 변호사 등록증).

判例 공정증서의 의의 및 공정증서원본부실기재죄의 객체에 해당되지 않는 경우

1. **(자동차운전면허대장)** [1] 도로교통법 시행령 제94조와 같은법 시행규칙 제38조, 제77조, 제78조, 제80조, 제98조 등의 규정 취지를 종합하여 보면, 자동차운전면허대장은 운전면허 행정사무집행의 편의를 위하여 범칙자, 교통사고유발자의 인적사항 · 면허번호 등을 기재하거나 운전면허증의 교부 및 재교부 등에 관한 사항을 기재하는 것에 불과하며, 그에 대한 기재를 통해 당해 운전면허 취득자에게 어떠한 권리의무를 부여하거나 변동 또는 상실시키는 효력을 발생하게 하는 것으로 볼 수는 없고, 따라서 자동차운전면허대장은 사실증명에 관한 것에 불과하므로 형법 제228조 제1항에서 말하는 공정증서원본이라고 볼 수 없다.

[2] 자동차운전면허증 재교부신청서의 사진란에 본인의 사진이 아닌 다른 사람의 사진을 붙여 제출함으로써 담당공무원으로 하여금 자동차운전면허대장에 부실의 사실을 기재하여 이를 비치하게 한 경우 공정증서원본부실기재 및 동행사죄가 성립하지 아니한다[대판 2010.6.10. 2010도1125]. [♣21 변시]

2. **(토지대장)** 형법 제228조에서 말하는 공정증서란 권리의무에 관한 공정증서만을 가리키는 것이고 사실증명에 관한 것은 이에 포함되지 아니하므로 권리의무에 변동을 주는 효력이 없는 토지대장은 위에서 말하는 공정증서에 해당하지 아니한다[대판 1988.5.24. 87도2696].

3. **(사업자등록증)** [1] 형법 제228조가 간접적 무형위조를 처벌하면서 모든 공문서를 객체로 하지 않고 '공정증서원본 또는 이와 동일한 전자기록 등 특수매체기록'(제1항), '면허증, 허가증, 등록증 또는 여권'(제2항)으로 그 객체를 제한하고 있는바, 그 취지는 공문서 중 일반사회생활에 있어서 특별한 신빙성을 요하는 공문서에 대한 공공의 신용을 보장하고자 하는 것이므로 위 형법 제228조 제2항의 '등록증'은 공무원이 작성한 모든 등록증을 말하는 것이 아니라, 일정한 자격이나 요건을 갖춘 자에게 그 자격이나 요건에 상응한 활동을 할 수 있는 권능 등을 인정하기 위하여 공무원이 작성한 증서를 말한다.
   [2] 사업자등록증은 단순한 사업사실의 등록을 증명하는 증서에 불과하고 그에 의하여 사업을 할 수 있는 자격이나 요건을 갖추었음을 인정하는 것은 아니라고 할 것이어서 형법 제228조 제1항에 정한 '등록증'에 해당하지 않는다[대판 2005.7.15. 2003도6934]. [♠06, 11, 14 사시]

4. **(시민증)** 정을 모르는 공무원에게 허위신고를 하여 시민증에 부실의 사실을 기재하게 하였다 하더라도 시민증은 공정증서원본, 면허장, 또는 여권이 아니니 공정증서원본부실기재죄가 성립하지 아니한다[대판 1962.1.11. 4294형상193].

判例 공정증서원본부실기재죄의 객체에 해당되는 경우

1. 위조하여 작성된 집행수락부 약속어음 공정증서는 형법 제228조 제1항에서 정한 공정증서원본에 해당한다[대판 2006.6.27. 2006도2864].
2. 공증사무 취급이 인가된 합동법률사무소 명의로 작성된 공증에 관한 문서는 형법상 공정증서 기타 공문서에 해당한다[대판 1977.8.23. 74도2715]. [♠05 사시]

공정증서 원본인 것	공정증서 원본이 아닌 것
· 부동산등기부 · 상업등기부 · 호적부 · 화해조서 · 간이절차에 의한 민사분쟁사건처리특례법에 의하여 합동법률사무소명의로 작성된 공정증서	· 공정증서의 정본(판례), 등본, 초본, 사본 · 주민등록부, 선거인명부, 주민등록증, 시민증(판례) · 인감대장, 임야대장, 가옥대장, 토지대장과 자동차운전면허대장(판례) · 지적도, 임야도 · 공증인이 인증한 사서증서 · 수사기관의 진술조서, 소송상의 각종 조서, 조정조서(판례) · 법원의 판결원본, 지급명령원본 · 감정인의 감정서 · 사업자등록증(판례)

③ **행 위** : 공무원에 대하여 허위신고를 하여 부실의 사실을 기재하게 하는 것이다.

㉮ 공무원이 정을 알면서 부실의 사실을 기재한 경우에는 허위공문서작성죄가 성립하고, 기재하게 한 자는 가담형태에 따라 공동정범 · 교사범 · 종범이 된다.

㉯ **허위신고** : 신고내용이 허위인 경우뿐만 아니라 신고인의 자격을 사칭하는 경우도 포함한다(예 주금을 가장납입하여 증자등기를 신청하는 것, 사자명의로 소유권보존등기신청을 하는 것).

判例 부실의 기재가 법원의 촉탁에 의하여 이루어진 경우 공정증서원본부실기재죄 성립여부(소극)

공정증서원본부실기재죄에 있어서 부실의 기재는 당사자의 허위신고에 의하여 이루어져야 하므로 법원의 촉탁에 의하여 이루어진 경우에는 가령 그 전제절차에 허위적 요소가 있다 하더라도 그것은 법원의 촉탁에 의하여 이루어진 것이지 당사자의 허위신고에 의하여 이루어진 것이 아니므로 공정증서원본부실기재죄를 구성하지 않는다[대판 1983.12.27. 83도2442]. [♣ 19 변시]

㉰ **부실사실의 기재** : 허위의 회사설립등기, 허위매매로 인한 소유권이전등기는 부실의 사실의 기재에 해당한다. 그러나 권리 · 의무와 관계 없는 예고등기를 말소케 한 경우, 등기원인을 명의신탁 대신에 매매라고 기재하는 것은 부실기재가 아니다. 또한 기재절차에 흠이 있더라도 기재내용이 당사자의 의사나 실체권리관계와 일치할 때에도 부실기재라고 할 수 없다(예 중간생략등기).

判例 '부실의 사실'의 의미와 부실의 사실에 해당하지 않는 경우(중요)

[1] 형법 제228조 제1항이 규정하는 공정증서원본부실기재죄나 공전자기록등부실기재죄에서 '부실의 사실'이라 함은 권리의무관계에 중요한 의미를 갖는 사항이 객관적인 진실에 반하는 것을 말한다고 봄이 상당하다.
[2] 부동산등기법이 매매를 원인으로 하는 소유권이전등기를 신청하는 경우에는 등기신청서에 기재된 거래가액을 부동산등기부에 기재하도록 하였는바, 이는 부동산 종합대책의 일환으로 실시된 것으로서, 그 개정 취지는 부동산거래의 투명성을 확보하기 위한 데에 있을 뿐이므로, 부동산등기부에 기재되는 거래가액은 당해 부동산의 권리의무관계에 중요한 의미를 갖는 사항에 해당한다고 볼 수 없다.
[3] 부동산의 거래당사자가 거래가액을 시장 등에게 거짓으로 신고하여 신고필증을 받은 뒤 이를 기초로 사실과 다른 내용의 거래가액이 부동산등기부에 등재되도록 하였다면, '공인중개사의 업무 및 부동산 거래신고에 관한 법률'에 따른 과태료의 제재를 받게 됨은 별론으로 하고, 형법상의 공전자기록등불실기재죄 및 불실기재공전자기록등행사죄가 성립하지는 아니한다[대판 2013.1.24. 2012도12363]. [♣ 14 사시] [♣ 14 변시]

㉱ **실행의 착수와 기수시기** : 공무원에게 허위신고를 한 때에 실행의 착수가 인정되며, 공무원이 현실적으로 부실기재 · 기록을 한 때 기수가 된다.

判例 공정증서원본부실기재죄가 성립하는 경우

1. **(종중대표자의 허위기재)** 비록 종중 소유의 부동산은 종중 총회의 결의를 얻어야 유효하게 처분할 수 있다 하더라도 거래 상대방으로서는 부동산등기부상에 표시된 종중 대표자를 신뢰하고 거래하는 것이 일반적이라는 점 등에 비추어 보면, 종중 대표자의 기재는 당해 부동산의 처분권한과 관련된 중요한 부분의 기재로서 이에 대한 공공의 신용을 보호할 필요가 있으므로 이를 허위로 등재한 경우에는 공정증서원본부실기재죄의 대상이 되는 부실의 기재에 해당한다[대판 2006.1.13. 2005도4790]. [♠ 15 사시]

2. **(등기원인이 확정적 무효인 경우)** 토지거래 허가구역 안의 토지에 관하여 실제로는 매매계약을 체결하고서도 처음부터 토지거래허가를 잠탈하려는 목적으로 등기원인을 '증여'로 하여 소유권이전등기를 경료한 경우, 비록 매도인과 매수인 사이에 실제의 원인과 달리 '증여'를 원인으로 한 소유권이전등기를 경료할 의사의 합치가 있더라도, 허위신고를 하여 공정증서원본에 부실의 사실을 기재하게 한 때에 해당한다고 한 사례[대판 2007.11.30. 2005도9922]. [♠ 09, 11 사시]

판결이유 위 토지거래계약은 확정적 무효이고, 이에 터 잡은 소유권이전등기는 실체관계에 부합하지 아니하며, 그와 같은 소유권이전등기는 토지등기부에 대한 공공의 신용을 해칠 위험성이 큰 점을 감안하면, 비록 피고인과 A 사이에 이 사건 토지에 관하여 실제의 원인과 달리 '증여'를 원인으로 한 소유권이전등기를 경료시킬 의사의 합치가 있더라도, 위 등기를 한 것은 허위신고를 하여 공정증서원본에 부실의 사실을 기재하게 한 때에 해당한다고 할 것이다.

비교판례 부동산을 관리 · 보존할 목적으로 이를 타에 신탁하는 의미로써 소유권이전등기를 함에 있어서 등기 원인은 매매로 가장하였다 하여도 이는 형법 제228조 제1항 혹은 동법 제229조 소정 죄에 해당하지 아니한다[대판 1967.7.11. 65도592].

판례해설 소유권이전등기를 함에 있어서 등기원인을 명의신탁 대신에 매매라고 기재케 한 경우, 공정증서원본부실기재죄가 성립하지 않는다는 취지의 판례이다.

2-1. **(공증 대상이 원인 무효인 경우)** 발행인과 수취인 사이에 통정허위표시로서 무효인 어음발행행위를 공증인에게는 마치 진정한 어음발행행위가 있는 것처럼 허위로 신고함으로써 공증인으로 하여금 어음발행행위에 대하여 집행력 있는 어음공정증서원본을 작성케 하고 이를 비치하게 하였다면, 이러한 행위는 공정증서원본불실기재 및 불실기재공정증서원본행사죄에 해당한다고 보아야 한다[대판 2012.4.26. 2009도5786].

3. **(등기원인이 확정적 무효인 경우)** [1] 일반적으로 하나의 교회가 두 개의 교회로 분열된 경우 교회의 장정 기타 일반적으로 승인된 규정에서 교회가 분열될 경우를 대비하여 미리 재산의 귀속에 관하여 정하여진 바가 없으면 교회의 법률적 성질이 권리능력 없는 사단인 까닭으로 종전 교회의 재산은 분열 당시 교인들의 총유에 속하고, 교인들은 각 교회활동의 목적 범위 내에서 총유권의 대상인 교회재산을 사용 · 수익할 수 있다.

   [2] 교회의 교인들 간에 갈등이 심화되어 교회가 분열된 후에 일방의 교회가 타방의 교회를 배제한 채 소집 · 개최한 당회에서 교회 재산인 부동산을 총회유지재단에 증여하기로 하는 내용의 결의를 하고 등기공무원에게 위 결의에 따른 취지의 등기신청을 하여 위 부동산에 관하여 증여를 원인으로 한 소유권이전등기를 마친 사안에서, 위 당회의 결의가 그 소집 및 결의절차가 부적법하다는 이유로 공정증서원본부실기재죄 및 동행사죄가 성립한다고 한 원심의 판단을 수긍

한 사례[대판 2005.10.28. 2005도3772].

4. **(등기원인이 확정적 무효인 경우)** [1] 종중 소유의 재산은 종중원의 총유에 속하는 것이므로 그 관리 및 처분에 관하여 먼저 종중규약에 정하는 바가 있으면 이에 따라야 하고 그 점에 관한 종중규약이 없으면 종중총회의 결의에 의하여야 하므로, 비록 종중의 대표자에 의한 종중재산의 처분이라고 하더라도 그러한 절차를 거치지 아니한 채 한 행위는 무효라 할 것이다.
   [2] 종중총회의 결의 없이 경료된 근저당권설정등기는 그 원인된 법률행위에 무효에 해당하는 하자가 있으므로 피고인의 행위는 공정증서원본부실기재 및 동행사죄에 해당한다[대판 2005.8.25. 2005도4910].

   동지판례 [1] 교단이 정한 헌법이 지교회를 구속하기 위해서는 지교회가 교단 헌법을 교회 자신의 규약에 준하는 자치규범으로 받아들여야 하고, 그 내용이 지교회의 독립성이나 종교적 자유의 본질이 침해되지 않는 것이어야 하므로, 교단 헌법상에 지교회의 토지나 건물 등 일체의 부동산을 재단법인 기독교대한성결교회 유지재단 명의로 등기하도록 규정되어 있다는 사정만으로 피고인이 교인들의 총회 결의 없이 교회 교인들의 총유에 속하는 교회 부지 및 건물을 기독교대한성결교회 유지재단으로 앞으로 경료한 소유권이전등기가 실체적 권리관계에 부합하는 것이라고 할 수는 없다.
   [2] 지교회가 소속된 교단의 헌법상 지교회의 부동산을 특정 재단법인 앞으로 등기하도록 하는 규정이 있다고 하더라도, 지교회의 대표자가 총회의 결의 없이 지교회 교인들의 총유에 속하는 교회 부지 및 건물을 위 재단법인 앞으로 소유권이전등기를 마친 행위가 공정증서부실기재죄를 구성한다고 본 사례[대판 2008.9.25. 2008도3198].

5. **(위장결혼 후 혼인신고)** 비록 혼인의 계출 자체에 관하여 당사자간에 의사의 합치가 있고 나아가 당사자간에 일응 법률상의 부부라는 신분관계를 설정할 의사는 있었다고 인정되는 경우라도 그것이 단지 다른 목적을 달성하기 위한 방편에 불과한 것으로서 그들간에 참다운 부부관계의 설정을 바라는 효과의사가 없는 경우에는 그 혼인은 무효라고 할 것이어서 해외이주의 목적으로 위장결혼을 하고 혼인신고를 하여 그 사실이 호적부에 기재되었다면 공정증서원본부실기재죄를 구성한다[대판 1985.9.10. 85도1481].

   동지판례 피고인들이 중국 국적의 조선족 여자들과 참다운 부부관계를 설정할 의사 없이 단지 그들의 국내 취업을 위한 입국을 가능하게 할 목적으로 형식상 혼인하기로 한 것이라면, 피고인들과 조선족 여자들 사이에는 혼인의 계출에 관하여는 의사의 합치가 있었으나 참다운 부부관계의 설정을 바라는 효과의사는 없었다고 인정되므로 피고인들의 혼인은 우리 나라의 법에 의하여 혼인으로서의 실질적 성립요건을 갖추지 못하여 그 효력이 없고, 따라서 피고인들이 중국에서 중국의 방식에 따라 혼인식을 거행하였다고 하더라도 우리 나라의 법에 비추어 그 효력이 없는 혼인의 신고를 한 이상 피고인들의 행위는 공정증서원본부실기재 및 동행사죄의 죄책을 면할 수 없다[대판 1996.11.22. 96도2049]. [♠ 05 사시]

6. **(부실기재 후 실체적 권리관계에 사후적 부합)** 등기 경료 당시에는 실체권리관계에 부합하지 아니한 등기인 경우에는 사후에 이해관계인들의 동의 또는 추인 등의 사정으로 실체권리관계에 부합하게 된다 하더라도 공정증서원본부실기재 및 동행사죄의 성립에는 아무런 영향이 없다[대판 2001.11.9. 2001도3959; 동지 대판 1998.4.14. 98도16]. [♣ 13, 23 변시]

   동지판례 사문서위조나 공정증서원본 부실기재가 성립한 후, 사후에 피해자의 동의 또는 추인 등의 사정으로 문서에 기재된 대로 효과의 승인을 받거나, 등기가 실체적 권리관계에 부합하게 되었다 하더라도, 이미 성립한 범죄에는 아무런 영향이 없다[대판 1999.5.14. 99도202]. [♠ 02 사시] [♣ 13 변시]

7. **(물권변동에 합의가 없는 상태에서의 등기이전)** [1] 공정증서원본 등에 기재된 사항이 존재하지 아니하거나 외관상 존재한다고 하더라도 무효에 해당하는 하자가 있다면 그 기재는 부실기재에 해당한다.
   [2] 부동산 매수인이 매도인과 사이에 부동산의 소유권이전에 관한 물권적 합의가 없는 상태에서

서, 소유권이전등기신청에 관한 대리권이 없이 단지 소유권이전등기에 필요한 서류를 보관하고 있을 뿐인 법무사를 기망하여 매수인 명의의 소유권이전등기를 신청하게 한 경우, 이는 단지 소유권이전등기신청절차에 하자가 있는 것에 불과한 것이 아니라 허위의 사실을 신고한 것이라고 보아야 하고, 위 소유권이전등기는 원인무효의 등기로서 부실기재에 해당한다는 이유로, 공정증서원본부실기재죄가 성립한다고 한 사례[대판 2006.3.10. 2005도9402]. [♠ 15 사시]

판례해설 매매잔대금이 1억 3,260만원이나 되는 터에 A가 소유권을 상실할 수도 있는 위험을 감수하면서까지 甲 명의로 먼저 소유권이전등기를 마쳐 주어야 할 특별한 사정이 보이지 않는 점도 물권적 합의가 없었다는 근거가 되었다.

비교판례 **(물권변동에 합의가 있는 상태에서의 등기이전)** 피고인과 매도인과의 사이에 매매계약이 이루어졌고 그 계약금과 대부분의 중도금이 지급되었으며 매도인이 법무사에게 소유권이전등기에 필요한 서류 일체를 맡기고 나중에 잔금지급이 되면 그 등기신청을 하도록 위임하였는데, 피고인이 법무사를 기망하였고 그가 피고인에게 기망당하여 잔금이 모두 지급된 것으로 잘못 알고 등기신청을 하여 그 소유권이전등기를 경료한 것이라면 위 법무사의 등기신청 행위에 하자가 있다고 할 수는 있으나(위 신청이 무효라고는 할 수 없다), 위 소유권이전등기의 원인이 되는 법률관계인 매매 내지는 물권적 합의가 객관적으로 존재하지 아니하는 것이라고는 할 수 없으니, 피고인이 위 법무사를 통하여 등기공무원에게 허위의 사실을 신고하여 등기부에 부실의 사실을 기재하게 한 것이라고는 할 수 없다[대판 1996.6.11. 96도233]. [♠ 99, 06 사시]

8. **(가장납입후 상업등기부 기재)** 당초부터 진실한 주금납입으로 회사의 자금을 확보할 의사 없이 형식상 또는 일시적으로 주금을 납입하고 이 돈을 은행에 예치하여 납입의 외형을 갖추고 주금납입증명서를 교부받아 설립등기나 증자등기의 절차를 마친 다음 바로 그 납입한 돈을 인출한 경우에는, 이를 회사를 위하여 사용하였다는 특별한 사정이 없는 한 실질적으로 회사의 자본이 늘어난 것이 아니어서 납입가장죄 및 공정증서원본부실기재죄와 부실기재공정증서원본행사죄가 성립한다[대판(전) 2004.6.17. 2003도7645]. [♠ 11, 13 사시]

동지판례 공정증서원본부실기재죄는 공무원에 대하여 허위신고를 하여 공정증서원본에 진실에 반하는 사실을 기재하게 함으로써 성립하는 것이므로, 유상증자 등기의 신청시 발행주식 총수 및 자본의 총액이 증가한 사실이 허위임을 알면서 증자등기를 신청하여 상업등기부원본에 그 기재를 하게 한 경우, 등기신청서류로 제출된 주금납입금보관증명서가 위조된 것임을 몰랐다고 하더라도 공정증서원본부실기재죄가 성립한다[대판 2006.10.26. 2006도5147]. [♠ 15 사시]

判例 공정증서원본부실기재죄가 성립하지 않는 경우

(1) 등기원인에 취소사유가 있는 경우

1. [1] 공정증서원본부실기재죄는 공무원에 대하여 허위신고를 함으로써 공정증서원본에 부실의 사실을 기재하게 하는 경우에 성립하는바, 공정증서원본에 기재된 사항이 부존재하거나 외관상 존재한다고 하더라도 무효에 해당되는 하자가 있다면 그 기재는 부실기재에 해당하는 것이나, 기재된 사항이나 그 원인된 법률행위가 객관적으로 존재하고 다만 거기에 취소사유인 하자가 있을 뿐인 경우 취소되기 전에 공정증서원본에 기재된 이상 그 기재는 공정증서원본의 부실기재에 해당하지는 않는다.

   [2] 상속권자들의 지분 286분의 182에 관한 피고인 명의의 소유권이전등기의 원인행위인 증

여계약은 객관적으로 존재하는 것이므로, 설사 거기에 취소사유에 해당되는 기망이라는 하자가 있다고 하더라도 이를 이유로 그 증여계약이 취소되지 아니한 이상 피고인이 등기공무원에게 허위의 사실을 신고하여 등기부에 부실의 사실을 기재하게 한 것이라고 할 수 없다[대판 2004.9.24. 2004도4012].

2. 협의상 이혼의 의사표시가 기망에 의하여 이루어진 것일지라도 그것이 취소되기까지는 유효하게 존재하는 것이므로, 협의상 이혼의사의 합치에 따라 이혼신고를 하여 호적에 그 협의상 이혼사실이 기재되었다면, 이는 공정증서원본부실기재죄에 정한 부실의 사실에 해당하지 않는다[대판 1997.1.24. 95도448].

3. 사위(詐僞)의 방법에 의하여 이혼심판을 받은 경우에는 이혼심판은 형성판결로서 그에 기한 이혼신고는 보고적신고에 불과하므로 재심청구에 의하여 취소되지 않는 이상 공정증서원본부실기재죄 및 동행사죄를 구성하지 아니한다[대판 1993.8.23. 83도1430]. [♠ 00 사시]

4. 주주총회의 소집절차 등에 관한 하자가 주주총회결의의 취소사유에 불과하여 그 취소 전에 주주총회의 결의에 따른 감사변경등기를 한 것이 공정증서원본부실기재죄를 구성하지 않는다고 본 사례[대판 2009.2.12. 2008도10248].

(2) 등기원인이 무효사유가 존재하더라도 소에 의하여만 주장이 가능하고 그 효력도 장래효만 가지는 경우

주식회사의 신주발행의 경우 신주발행에 법률상 무효사유가 존재한다고 하더라도 그 무효는 신주발행무효의 소에 의해서만 주장할 수 있고, 신주발행무효의 판결이 확정되더라도 그 판결은 장래에 대하여만 효력이 있으므로(상법 제429조, 제431조 제1항), 그 신주발행이 판결로써 무효로 확정되기 이전에 그 신주발행사실을 담당 공무원에게 신고하여 공정증서인 법인등기부에 기재하게 하였다고 하여 그 행위가 공무원에 대하여 허위신고를 한 것이라거나 그 기재가 부실기재에 해당하는 것이라고 할 수는 없다[대판 2007.5.30. 2006도8488].

(3) 사법상 무효인 결의이지만 결의에 기초하여 등기를 한 경우

[1] 형법 제228조 제1항에 정하여진 부실의 기재라고 함은, 객관적인 진실에 반하여 존재하지 아니하는 사실을 존재하는 것으로 하거나, 존재하는 사실을 존재하지 아니하는 것으로 기재하는 것을 말하므로 민법상의 사단법인의 총회의 결의에 따라 이사 등의 변경등기를 하는 경우에 있어서 그와 같은 행위가 공정증서원본부실기재의 원인이 되는 행위에 해당하는지 여부는 특별한 사정이 없는 한 총회결의의 사법상 효력의 여부와 관계없이 그와 별도로 현실적으로 사원총회에서 그와 같은 내용의 이사 등 변경에 관한 결의가 있었다고 평가할 수 있는지 여부에 따라서 결정하여야 함이 상당하다.

[2] 재건축조합 임시총회의 소집절차나 결의방법이 법령이나 정관에 위반되어 임원개임결의가 사법상 무효라고 하더라도, 실제로 재건축조합의 조합총회에서 그와 같은 내용의 임원개임결의가 이루어졌고 그 결의에 따라 임원변경등기를 마쳤다면 공정증서원본부실기재죄가 성립하지 아니한다[대판 2004.10.15. 2004도3584]. [♠ 15 사시]

(4) 당사간의 합의와 일치하는 경우

1. 피고인들이 해외로 이주할 목적으로 이혼신고를 하였다 하더라도 일시적이나마 이혼할 의사

가 있었다고 보여지므로 혼인 및 이혼의 효력발생여부에 있어서 형식주의를 취하는 이상 피고인등의 이건 이혼신고는 유효하다 할 것이다[대판 1976.9.14. 76도107].

2. 근저당설정등기는 등기권리자인 채권자와 등기의무자인 근저당권설정자와의 합의를 기초로 이루어지는 것이므로 설사 등기의 편의상 진정한 채무자가 아닌 제3자를 채무자로 등기부상 등재케 하였다 하더라도 그것이 계약당사자간의 합의에 의하여 이루어진 것이라면 당사자 사이에 이와 같은 등기를 경료하게 할 의사가 있었던 것이므로 이 경우 공정증서원본부실기재죄는 성립되지 않는다[대판 1985.10.8. 84도2461].

3. 부동산을 관리보존하는 방법으로 이를 타에 신탁하는 의사로서 그 소유권이전등기를 한 경우에는 그 원인을 매매로 가장하였다 하더라도 이는 공정증서원본부실기재죄에 해당하지 아니하고, 피고인이 부동산에 관하여 가장매매를 원인으로 소유권이전등기를 경료하였더라도, 그 당사자 사이에는 소유권이전등기를 경료시킬 의사는 있었다고 할 것이므로 공정증서원본부실기재죄 및 동행사죄는 성립하지 않고, 또한 등기의무자와 등기권리자(피고인) 간의 소유권이전등기신청의 합의에 따라 소유권이전등기가 된 이상, 등기의무자 명의의 소유권이전등기가 원인이 무효인 등기로서 피고인이 그 점을 알고 있었다고 하더라도, 특별한 사정이 없는 한 바로 피고인이 등기부에 부실의 사실을 기재하게 하였다고 볼 것은 아니다[대판 2009.10.15. 2009도5780; 동지 대판 1991.9.24. 91도1164]. [♠ 07 사시]

(5) 당사자의 의사에 합치되는 등기

부동산의 소유자로 하여금 근저당권자를 자금주라고 믿도록 속여서 근저당권설정등기를 경료케 한 경우라도 정당한 권한 있는 자에 의하여 작성된 문서를 제출하여 그 등기가 이루어진 것이라면 당사자의 의사에 합치되는 등기라 할 것이므로 공정증서원본 부실기재죄가 성립하지 않는다[대판 1982.7.13. 82도39].

(6) 실체권리관계에 부합하는 유효한 등기인 경우

1. 피고인이 그가 점유하고 있는 토지에 대하여 매매를 원인으로 하는 소유권이전등기소송을 제기하여서 의제자백에 의한 승소판결을 받아 경료된 피고인명의의 소유권이전등기가 비록 절차상의 하자가 있다 하더라도 점유에 의한 소유권취득시효가 완성함으로써 결국 위 소유권이전등기가 사실적으로 권리관계에 부합하는 유효한 등기라고 한다면 위의 소송에 있어서 피고인에게 위 토지를 편취하려는 범의가 있었다고 볼 수 없고 또한 위와 같이 경료된 이 등기 역시 부실의 등기라고 할 수 없다[대판 1987.3.10. 86도864]. [♠ 11 사시]

   [사실관계] 피고인이 사망한 자를 상대로 소송을 제기하였으나 이미 토지에 대하여 피고인이 소유권취득시효가 완성되어 있어 소유권이전등기가 실체권리관계와 일치하는 경우였다.

2. 재산상속인은 피상속인의 사망으로 인하여 상속개시된 때로부터 피상속인의 재산에 관한 포괄적 권리의무를 승계하게 되므로 어떤 부동산에 관하여 피상속인에게 실체상의 권리가 없었다 하더라도 재산상속인이 상속을 원인으로 한 소유권이전등기를 경료한 경우에는 그 등기는 당시의 등기부상의 권리관계를 나타내는 것에 불과하므로 그와 같은 등기절차를 밟았다 하여 공정증서원본부실기재나 동행사죄가 성립할 수 없다[대판 1987.4.14. 85도2661].

3. 비록 당사자들의 합의가 없이 경료된 소유권이전등기라 할지라도(이 사건의 경우는 명의신탁해지 원인이면서도 매매를 원인으로 한 이전등기 방법으로) 그것이 민사실체법상의 권리

관계에 부합되어 유효인 등기라 할 수 있는 경우에는 형사상으로도 이러한 등기가 사실관계와 다른 이른바 부실의 등기라고는 볼 수 없다[대판 1980.12.9. 80도1323].

4. 허위의 보증서를 발급받아 부동산소유권이전등기 등에 관한 특별조치법에 의거 소유권이전등기를 거쳤더라도 그것이 권리의 실체관계에 부합하는 등기라면 공정증서에 부실의 사실을 기재하였다고는 할 수 없다[대판 1984.12.11. 84도2285].
5. 피고인 소유의 자동차를 타인에게 명의신탁 하기 위한 것이거나 이른바 권리 이전 과정이 생략된 중간생략의 소유권 이전등록이라도 그러한 소유권 이전등록이 실체적 권리관계에 부합하는 유효한 등록이라면 이를 불실의 사실을 기록하게 하였다고 할 수 없다[대판 2020.11.5. 2019도12042].

(7) 가장납입이 아니라 적법한 납입이 있었던 경우

상법 제628조 제1항의 납입가장죄는 회사의 자본의 충실을 기하려는 법의 취지를 해치는 행위를 단속하려는 것이므로, 주식회사의 설립을 위하여 은행에 납입하였던 주식인수가액을 그 설립등기가 이루어진 후 바로 인출하였다 하더라도 그 인출금을 주식납입금 상당에 해당하는 자산을 양수하는 대금으로 사용한 경우에는 납입가장죄가 성립하지 아니한다[대판 2001.8.21. 2000도5418].

(8) 허위신고 또는 부실의 사실이 기재되지 않는 경우

공증인이 채권양도 · 양수인의 촉탁에 따라 그들의 진술을 청취하여 채권의 양도 · 양수가 진정으로 이루어짐을 확인하고 채권양도의 법률행위에 관한 공정증서를 작성한 경우 그 공정증서가 증명하는 사항은 채권양도의 법률행위가 진정으로 이루어졌다는 것일 뿐 그 공정증서가 나아가 양도되는 채권이 진정하게 존재한다는 사실까지 증명하는 것으로 볼 수는 없으므로, 양도인이 허위의 채권에 관하여 그 정을 모르는 양수인과 실제로 채권양도의 법률행위를 한 이상, 공증인에게 그러한 채권양도의 법률행위에 관한 공정증서를 작성하게 하였다고 하더라도 그 공정증서가 증명하는 사항에 관하여는 부실의 사실을 기재하게 하였다고 볼 것은 아니고, 따라서 공정증서원본부실기재죄가 성립한다고 볼 수 없다[대판 2004.1.27. 2001도5414]. [♠ 11 사시]

비교판례 i) 실제로는 채권 · 채무관계가 존재하지 아니함에도 공증인에게 허위신고를 하여 가장된 금전채권에 대하여 집행력이 있는 공정증서원본을 작성하고 이를 비치하게 한 것이라면 공정증서원본부실기재죄 및 부실기재공정증서원본행사죄의 죄책을 면할 수 없다[대판 2007.7.12. 2007도3005; 동지 대판 2008.12.24. 2008도7836]. [♠ 15 사시] ii) 실제로는 채권 · 채무관계가 존재하지 않는데도 허위의 채무를 가장하고 이를 담보한다는 명목으로 허위의 근저당권설정등기를 마친 것이라면 등기공무원에게 허위신고를 하여 등기부에 불실의 사실을 기재하게 한 때에 해당하므로 공정증서원본 등의 불실기재죄 및 불실기재공정증서원본 등의 행사죄가 성립한다[대판 2017.2.15. 2014도2415]. iii) 발행인과 수취인 사이에 통정허위표시로서 무효인 어음발행행위를 공증인에게는 마치 진정한 어음발행행위가 있는 것처럼 허위로 신고함으로써 공증인으로 하여금 어음발행행위에 대하여 집행력 있는 어음공정증서원본을 작성케 하고 이를 비치하게 하였다면, 이러한 행위는 공정증서원본불실기재 및 불실기재공정증서원본행사죄에 해당한다고 보아야 한다[대판 2012.4.26. 2009도5786].

(9) 절차상 하자가 있더라도 허위신고라고 볼 수 없는 경우

1. **(1인 회사의 1인 주주가 절차를 흠결한 채 해임등기를 한 경우 – 부실의 사실을 기재케 한 경우라고 할 수 없음)** 1인주주회사에 있어서는 그 1인주주의 의사가 바로 주주총회 및 이사회의 결의로서 1인주주는 타인을 이사 등으로 선임하였다 하더라도 언제든지 해임할 수 있으므로, 1인주주인 피고인이 특정인과의 합의가 없이 주주총회의 소집 등 상법 소정의 형식적인 절차도 거치지

않고 특정인을 이사의 지위에서 해임하였다는 내용을 법인등기부에 기재하게 하였다고 하더라도 공정증서원본에 부실의 사항을 기재케 한 것이라고 할 수는 없다[대판 1996.6.11. 95도2817]. [♠ 07, 11 사시]

비교판례 i) **(주총결의절차 없이 대주주의 의결이 있었던 것으로 주총의사록을 작성한 경우 – 결의 부존재)** 총 주식을 한 사람이 소유한 이른바 1인 회사와 달리, 주식의 소유가 실질적으로 분산되어 있는 주식회사의 경우, 실제의 소집절차와 결의절차를 거치지 아니한 채 주주총회의 결의가 있었던 것처럼 주주총회 의사록을 허위로 작성한 것이라면, 설사 1인이 총 주식의 대다수를 가지고 있고 그 지배주주에 의하여 의결이 있었던 것으로 주주총회 의사록이 작성되어 있다 하더라도, 도저히 그 결의가 존재한다고 볼 수 없을 정도로 중대한 하자가 있는 때에 해당하여, 그 주주총회의 결의는 부존재하다고 보아야 한다[대판 2018.6.19. 2017도21783].

판례해설 임시주주총회 결의에 기초한 회사의 법인등기부 변경신청은 허위의 사실을 신고한 때에 해당하고, 그에 따라 이루어진 변경등기도 원인무효의 등기로서 불실의 사실이 기재된 것으로 보아야 한다.

ii) **(1인주주가 이사의 동의 없이 사임등기를 한 경우 – 부실기재죄 성립)** 이른바 1인회사에 있어서 1인주주의 의사는 바로 주주총회나 이사회의 의사와 같은 것이어서 가사 주주총회나 이사회의 결의나 그에 의한 임원변경등기가 불법하게 되었다 하더라도 그것이 1인주주의 의사에 합치되는 이상 이를 가리켜 의사록을 위조하거나 부실의 등기를 한 것이라고는 볼 수 없다 하겠으나 한편 임원의 사임서나 이에 따른 이사사임등기는 위와 같은 주주총회나 이사회의 결의 또는 1인주주의 의사와는 무관하고 오로지 당해 임원의 의사에 따라야 하는 것이므로 당해 임원의 의사에 기하지 아니한 사임서의 작성이나 이에 기한 등기부의 기재를 하였다면 이는 사문서위조 및 공정증서원본부실기재의 죄책을 면할 수 없다[대판 1992.9.14. 92도1564].

2. [1] 주식회사의 임시주주총회가 법령 및 정관상 요구되는 이사회의 결의 및 소집절차 없이 이루어졌다 하더라도, 주주명부상의 주주 전원이 참석하여 총회를 개최하는 데 동의하고 아무런 이의 없이 만장일치로 결의가 이루어졌다면 그 결의는 유효하다.
   [2] 대주주가 적법한 소집절차나 임시주주총회의 개최 없이 나머지 주주들의 의결권을 위임받아 자신이 임시의장이 되어 임시주주총회 의사록을 작성하여 법인등기를 마친 사안에서, 공정증서원본부실기재죄가 성립하지 않는다고 한 사례[대판 2008.6.26. 2008도1044], [대판 2014.5.16. 2013도15895].

(10) 회사설립의 요건과 절차에 따라 회사설립등기를 한 경우

주식회사의 발기인 등이 상법 등 법령에 정한 회사설립의 요건과 절차에 따라 회사설립등기를 함으로써 회사가 성립하였다고 볼 수 있는 경우 회사설립등기와 그 기재 내용은 특별한 사정이 없는 한 공정증서원본 불실기재죄나 공전자기록 등 불실기재죄에서 말하는 불실의 사실에 해당하지 않는다. 발기인 등이 회사를 설립할 당시 회사를 실제로 운영할 의사 없이 회사를 이용한 범죄 의도나 목적이 있었다거나(예〉 회사 명의로 통장을 개설하여 이른바 대포통장을 유통시킬 목적이 있었던 경우), 회사로서의 인적 · 물적 조직 등 영업의 실질을 갖추지 않았다는 이유만으로는 불실의 사실을 법인등기부에 기록하게 한 것으로 볼 수 없다[대판 2020.3.2. 2019도13217]. 위 법리는 유한회사의 설립의 경우도 마찬가지로 적용된다[대판 2020.3.26. 2019도7729].

判例 공전자기록부실기재죄가 성립하지 않는 경우

중고자동차매매업자인 피고인이 여객자동차 운수사업법상 차량충당연한 규정에 위배되어 여객자동차운수사업에 충당될 수 없는 차량인 것을 알면서 영업용으로 변경 및 이전등록신청을 하였으나, 구체적 등록내용인 최초등록일 등은 사실대로 기재한 경우, 자동차등록원부상 '영업용으로의 용도변경 및 이전'에 관한 등록정보가 확인·공시하는 내용에 자동차가 영업용으로 용도변경되어 이전되었다는 사실 외에 변경 및 이전등록에 필요한 법령상 자격의 구비 사실까지 포함한다고 볼 법령상의 근거가 없고, 최초등록일 등 등록과 관련된 사실관계에 대한 내용에 거짓이 있다고 볼 수 없는 이상, 피고인이 허위의 신고를 하였다고 할 수 없다[대판 2011.5.13. 2011도1415].

(2) **주관적 구성요건**

고의가 있어야 한다. 목적범이 아니므로 행사할 목적은 요하지 않는다.

判例 공정증서원본부실기재의 고의가 인정되지 않는 경우

1. 사망한 남편과 이름이 같은 타인의 소유 부동산에 관하여 피고인 앞으로 상속을 원인으로 한 소유권이전등기를 경료한 경우 피고인에게 공정증서원본불실기재 및 동행사죄에 대한 범의가 인정되지 아니한다[대판 1995.4.28. 94도2679].
2. 피고인이 자신의 부친이 적법하게 취득한 토지인 것으로 알고 실체관계에 부합하게 하기 위하여 소유권보존등기를 경료한 경우 등기 당시 부실기재의 점에 대한 고의 내지는 인식이 없었으므로 공정증서원본부실기재 및 동행사죄가 성립하지 않는다[대판 1996.4.26. 95도2468].
3. 정관에 정한 절차에 따라 임시주주총회를 개최하여 당시 임기가 만료되지 아니한 대표이사의 해임을 결의하고, 정관해석에 관하여 "전임자의 잔임기간 경과로 대표이사의 임기가 만료되었으니 해임등기보다 임기만료로 인한 퇴임등기를 하는 편이 낫다"는 법무사의 조언에 따라 그와 같은 내용의 임시주주총회 회의록을 작성하여 등기부상 퇴직사유를 임기만료로 인한 퇴임으로 변경등기한 경우 공정증서원본부실기재의 범의가 인정되지 아니한다[대판 1994.11.4. 93도1033].

3. 죄 수

① 등기부에 부실사실을 기재하게 한 후 그 등기부를 등기소에 비치하게 하면 본죄와 동행사죄의 실체적 경합이 된다.

② 법원을 기망하여 승소판결을 받고 그 확정판결에 기하여 소유권이전등기를 경료한 경우에는 사기죄 이외에 본죄와 동행사죄의 실체적 경합이 된다(판례).

XI. 위조·변조·작성 사문서행사죄

제234조(위조사문서 등의 행사) 제231조 내지 제233조의 죄에 의하여 만들어진 문서, 도화 또는 전자기록 등 특수매체기록을 행사한 자는 그 각죄에 정한 형에 처한다.
제235조(미수범) 미수범은 처벌한다.

1. 행위의 주체

제한이 없다. 반드시 위조·변조한 자가 행사함을 요하지 않는다.

2. 객 체

제231조 내지 제233조의 죄에 의하여 만들어진 문서 등이다.

3. 행 위

행사하는 것이다.

① 위조 등의 행위로 만들어진 문서를 진정문서 또는 내용이 진실한 문서로 사용하는 것을 말한다.
② 행사의 방법에는 제한이 없다. 따라서 문서의 내용을 상대방이 인식할 수 있는 상태에 두는 것으로 족하다(예 제시, 교부, 비치, 열람상태에 두는 것, 우송).
③ 행사의 상대방은 제한이 없다. 명의를 사칭당한 상대방에 대한 행사도 가능하다(판례). 다만 행사의 상대방은 위조·변조 등의 사실을 모를 것을 요한다. 따라서 그 정을 아는 공범자에 대한 제시·교부는 행사라고 할 수 없다.
④ 행사의 객체는 원칙적으로 위조·변조된 문서의 원본일 것을 요한다. 다만 전자복사한 복사본 등은 문서로 간주하므로(제237조의2) 이를 사용할 경우에는 행사가 된다.

4. 기수시기

문서를 상대방이 인식할 수 있는 상태에 둠으로써 기수가 된다. 상대방이 문서내용을 현실적으로 인식할 필요는 없다.

5. 주관적 구성요건

고의가 있어야 한다. 행사할 목적은 요하지 않는다.

判例 위조문서행사죄가 성립하는 경우

1. [1] 위조문서행사죄에 있어서 행사란 위조된 문서를 진정한 문서인 것처럼 그 문서의 효용방법

에 따라 이를 사용하는 것을 말하고, 위조된 문서를 제시 또는 교부하거나 비치하여 열람할 수 있게 두거나 우편물로 발송하여 도달하게 하는 등 위조된 문서를 진정한 문서인 것처럼 사용하는 한 그 행사의 방법에 제한이 없다. 또한, 위조된 문서 그 자체를 직접 상대방에게 제시하거나 이를 기계적인 방법으로 복사하여 그 복사본을 제시하는 경우는 물론, 이를 모사전송의 방법으로 제시하거나 컴퓨터에 연결된 스캐너(scanner)로 읽어 들여 이미지화한 다음 이를 전송하여 컴퓨터 화면상에서 보게 하는 경우도 행사에 해당하여 위조문서행사죄가 성립한다.

[2] 휴대전화 신규 가입신청서를 위조한 후 이를 스캔한 이미지 파일을 제3자에게 이메일로 전송한 사안에서, 이미지 파일 자체는 문서에 관한 죄의 '문서'에 해당하지 않으나, 이를 전송하여 컴퓨터 화면상으로 보게 한 행위는 이미 위조한 가입신청서를 행사한 것에 해당하므로 위조사문서행사죄가 성립한다고 한 사례[대판 2008.10.23. 2008도5200]. [♠ 12 사시] [♣ 12, 14, 19 변시]

비교판례 i) [1] 위조문서행사죄에서 행사란 위조된 문서를 진정한 문서인 것처럼 그 문서의 효용방법에 따라 이를 사용하는 것을 말하고, 위조된 문서를 진정한 문서인 것처럼 사용하는 한 행사의 방법에 제한이 없으므로 위조된 문서를 스캐너 등을 통해 이미지화 한 다음 이를 전송하여 컴퓨터 화면상에서 보게 하는 경우도 행사에 해당하지만, 이는 문서의 형태로 위조가 완성된 것을 전제로 하는 것이므로, 공문서로서의 형식과 외관을 갖춘 문서에 해당하지 않아 공문서위조죄가 성립하지 않는 경우에는 위조공문서행사죄도 성립할 수 없다.
[2] 중국인인 피고인이 콘도미니엄 입주민들의 모임인 甲 시설운영위원회의 대표로 선출된 후 甲 위원회가 대표성을 갖춘 단체라는 외양을 작출할 목적으로, 주민센터에서 가져온 행정용 봉투의 좌측 상단에 미리 제작해 둔 甲 위원회 한자 직인과 한글 직인을 날인한 다음 주민센터에서 발급받은 피고인의 인감증명서 중앙에 있는 '용도'란 부분에 이를 오려 붙이는 방법으로 인감증명서 1매를 작성하고, 이를 휴대전화로 촬영한 사진 파일을 甲 위원회에 가입한 입주민들이 참여하는 메신저 단체대화방에 게재하였다고 하여 공문서위조 및 위조공문서행사로 기소된 사안에서, 피고인이 만든 문서가 공문서로서의 외관과 형식을 갖추었다고 인정하기 어렵고, 이를 사진촬영한 파일을 단체대화방에 게재한 행위가 위조공문서행사죄에 해당할 수도 없다고 한 사례[대판 2020.12.24. 2019도8443].

판결이유 피고인이 만든 문서의 용도란은 인감증명서의 다른 부분과 재질과 색깔이 다른 종이가 붙어 있음이 눈에 띄고, 글자색과 활자체도 다른 점 등을 고려하면 공문서로서의 외관과 형식을 갖추었다고 인정하기 어렵다.

ii) 자신의 이름과 나이를 속이는 용도로 사용할 목적으로 주민등록증의 이름 · 주민등록번호란에 글자를 오려붙인 후 이를 컴퓨터 스캔 장치를 이용하여 이미지 파일로 만들어 컴퓨터 모니터로 출력하는 한편 타인에게 이메일로 전송하여 열람하도록 한 사안에서, 컴퓨터 모니터 화면에 나타나는 이미지는 형법상 문서에 관한 죄의 문서에 해당하지 않으므로 공문서위조 및 위조공문서행사죄를 구성하지 않는다고 한 사례[대판 2007.11.29. 2007도7480]. [♣ 20 변시]

동지판례 피고인이 인터넷을 통하여 열람 · 출력한 등기사항전부증명서 하단의 열람 일시 부분을 수정 테이프로 지우고 복사해 두었다가 이를 타인에게 교부하여 공문서변조 및 변조공문서행사로 기소된 사안에서, 등기사항전부증명서의 열람 일시는 등기부상 권리관계의 기준 일시를 나타내는 역할을 하는 것으로서 권리관계나 사실관계의 증명에서 중요한 부분에 해당하고, 열람 일시의 기재가 있어 그 일시를 기준으로 한 부동산의 권리관계를 증명하는 등기사항전부증명서와 열람 일시의 기재가 없어 부동산의 권리관계를 증명하는 기준 시점이 표시되지 않은 등기사항전부증명서 사이에는 증명하는 사실이나 증명력에 분명한 차이가 있는 점, 법률가나 관련 분야의 전문가가 아닌 평균인 수준의 사리분별력을 갖는 일반인의 관점에서 볼 때 그 등기사항전부증명서가 조금만 주의를 기울여 살펴보기만 해도 그 열람 일시가 삭제된 것임을 쉽게 알아볼 수 있을 정도로 공문서로서의 형식과 외관을 갖추지 못했다고 보기 어려운 점을 종합하면, 피고인이 등기사항전부증명서의 열람 일시를 삭제하여 복사한 행위는 등기사항전부증명서가 나타내는 권리 · 사실관계와 다른 새로운 증명력을 가진 문서를 만든 것에 해당하고 그로 인하여 공공적 신용을 해할 위험성도 발생하였다는 이유로, 이와 달리 본 원심판결에 공문서변조에 관한 법리오해의 잘못이 있다고 한 사례[대판 2021.2.25. 2018도19043]. [♣23 변시]

2. 사진기나 복사기 등을 사용하여 기계적인 방법으로 원본을 복사한 복사문서는 사본이라고 하더라도 문서위조죄 및 위조문서행사죄의 객체인 문서에 해당한다는 것인바, 위조한 문서를 모사전송(facsimile)의 방법으로 타인에게 제시하는 행위도 위조문서행사죄를 구성한다[대판 1994.3.22. 94도4].

3. 위조문서행사죄에 있어서의 행사는 위조된 문서를 진정한 문서인 것처럼 타인에게 제시함으로써 성립하는 것이므로 위 매매계약서를 피고인으로부터 교부받은 변호사가 복사본을 작성하여 원본과 동일한 문서임을 인증한 다음 소장에 첨부하여 법원에 제출함으로써 위조문서행사죄는 성립된다[대판 1988.1.19. 87도1217].

4. 피고인이 위조한 선하증권을 은행에 증빙자료로 제출하여 수입대금이 지급되도록 한 경우, 비록 위 선하증권에 작성명의자의 서명·날인이 되어 있지 않다고 하더라도, 일반인이 명의자의 진정한 사문서로 오신하기에 충분한 정도라면, 위조유가증권행사죄는 성립할 수 없어도 위조사문서행사죄는 성립한다[대판 2010.5.13. 2008도10678].

5. [1] 문서가 위조된 것임을 이미 알고 있는 공범자 등에게 행사하는 경우에는 위조문서행사죄가 성립할 수 없으나 간접정범을 통한 위조문서행사범행에 있어 도구로 이용된 자라고 하더라고 문서가 위조된 것임을 알지 못하는 자에게 행사한 경우에는 위조문서행사죄가 성립한다. [♣20 변시]
[2] 피고인이 위조한 전문건설업등록증 등의 컴퓨터 이미지 파일을 공사 수주에 사용하기 위하여 발주자의 담당직원에게 이메일로 송부하였고, 그 이미지 파일을 프린터로 출력할 당시 담당직원이 위조된 것임을 알지 못하였다면, 피고인의 위와 같은 행위는 형법 제229조의 위조공문서행사죄를 구성한다고 보아야 할 것이다[대판 2012.2.23. 2011도14441]. [♠15 사시] [♣16 변시]

위조문서행사죄 정리(판례)

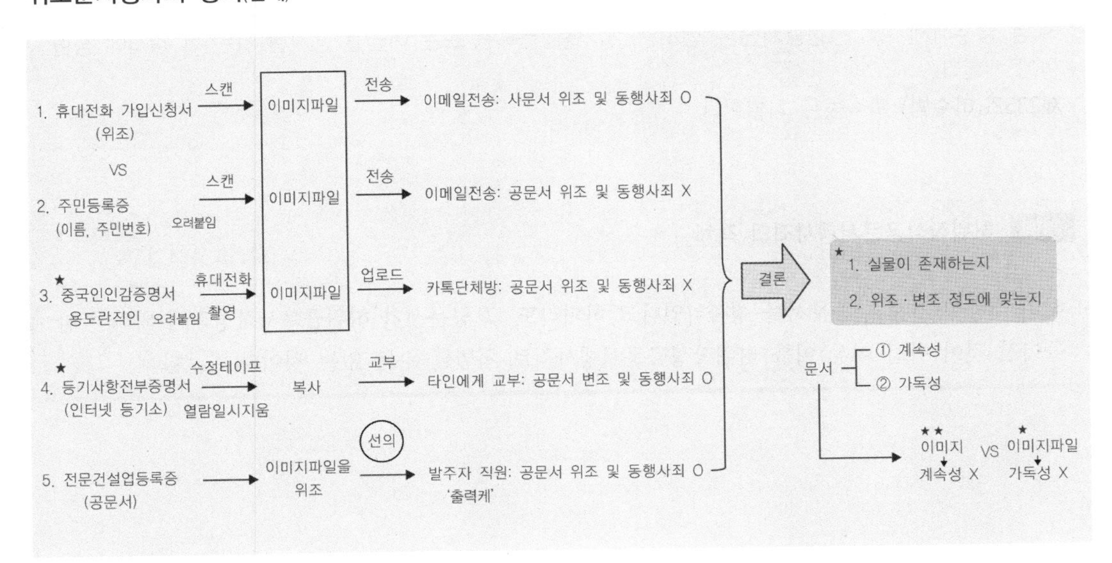

判例 위조문서행사죄가 성립하지 않는 경우

1. 가짜 군인이 군인복장을 갖추고 허위신분증을 항상 휴대하고 배회한 경우 … 위조문서행사죄에 해당하지 아니한다[대판 1956.11.2. 4289형상240].
2. 위조, 변조, 허위작성된 문서의 행사죄는 이와 같은 문서를 진정한 것 또는 그 내용이 진실한 것으로 각 사용하는 것을 말하는 것이므로, 그 문서가 위조, 변조, 허위작성되었다는 정을 아는 공범자 등에게 제시, 교부하는 경우 등에 있어서는 행사죄가 성립할 여지가 없다[대판 1986.2.25. 85도2798].

判例 행사의 상대방 및 기수시기

[1] 위조문서행사죄에 있어서의 행사는 위조된 문서를 진정한 것으로 사용함으로써 문서에 대한 공공의 신용을 해칠 우려가 있는 행위를 말하므로, 행사의 상대방에는 아무런 제한이 없고 위조된 문서의 작성 명의인이라고 하여 행사의 상대방이 될 수 없는 것은 아니다. [♠ 14 사시]
[2] 위조사문서의 행사는 상대방으로 하여금 위조된 문서를 인식할 수 있는 상태에 둠으로써 기수가 되고 상대방이 실제로 그 내용을 인식하여야 하는 것은 아니므로, 위조된 문서를 우송한 경우에는 그 문서가 상대방에게 도달한 때에 기수가 되고 상대방이 실제로 그 문서를 보아야 하는 것은 아니다[대판 2005.1.28. 2004도4663]. [♣ 12 변시]

XII. 위조 · 변조 등 공문서행사죄

제229조(위조 등 공문서의 행사) 제225조 내지 제228조의 죄에 의하여 만들어진 문서, 도화, 전자기록 등 특수매체기록, 공정증서원본, 면허증, 허가증, 등록증 또는 여권을 행사한 자는 그 각죄에 정한 형에 처한다.
제235조(미수범) 미수범은 처벌한다.

判例 허위작성공문서행사죄의 객체

허위 내용이 기재된 공문서를 행사하였다고 하더라도 그 공문서가 허위공문서작성죄에 의하여 만들어진 것이 아닌 이상 이를 허위작성공문서행사죄로 처벌할 수는 없는 것이다[대판 2010.1.14. 2009도9963].

XIII. 사문서부정행사죄

第236條(사문서의 부정행사) 권리 · 의무 또는 사실증명에 관한 타인의 문서 또는 도화를 부정행사한 자는 1년 이하의 징역이나 금고 또는 300만원 이하의 벌금에 처한다.

判例 사문서부정행사죄의 객체 및 부정행사의 의미

1. 사문서부정행사죄는 사용권한자와 용도가 특정되어 작성된 권리의무 또는 사실증명에 관한 타인의 사문서 또는 사도화를 사용권한 없는 자가 사용권한이 있는 것처럼 가장하여 부정한 목적으로 행사하거나 또는 권한 있는 자라도 정당한 용법에 반하여 부정하게 행사하는 경우에 성립한다. 한편 실질적인 채권채무관계 없이 당사자 간의 합의로 작성한 '차용증 및 이행각서'는 그 작성명의인들이 자유의사로 작성한 문서로 그 사용권한자가 특정되어 있다고 할 수 없고 또 그 용도도 다양하므로, 설령 피고인이 그 작성명의인들의 의사에 의하지 아니하고 위 '차용증 및 이행각서'상의 채권이 실제로 존재하는 것처럼 그 지급을 구하는 민사소송을 제기하면서 소지하고 있던 위 '차용증 및 이행각서'를 법원에 제출하였다고 하더라도 그것이 사문서부정행사죄에 해당하지 않는다고 본 사례[대판 2007.3.30. 2007도629]. [♣ 20 변시]
2. 사문서부정행사죄에 있어서의 부정사용이란 사문서를 사용할 권한 없는 자가 그 문서명의자로 가장 행세하여 이를 사용하거나 또는 사용할 권한이 있다 하더라도 문서를 본래의 작성목적 이외의 다른 사실을 직접 증명하는 용도에 이를 사용하는 것을 말하는 것이므로 현금보관증이 자기 수중에 있다는 사실자체를 증명키 위하여 증거로서 법원에 제출하는 행위는 사문서의 부정행사에 해당되지 아니한다[대판 1985.5.28. 84도2999].

   동지판례 형법 제236조 소정의 사문서부정행사죄에 있어서 부정행사란 사용할 권한 없는 자가 문서명의자로 가장 행세하여 이를 사용하거나 또는 사용할 권한이 있더라도 그 문서를 본래의 작성목적 이외의 다른 사실을 직접 증명하는 용도에 이를 사용하는 것을 말하므로 실효된 문서를 증거로 제출하는 행위는 부정행사에 해당하지 아니한다[대판 1978.2.14. 77도2645].

判例 사문서부정행사죄가 성립하는 경우(절취한 후불식 전화카드를 사용한 경우)

사용자에 관한 각종 정보가 전자기록되어 있는 자기띠가 카드번호와 카드발행자 등이 문자로 인쇄된 플라스틱 카드에 부착되어 있는 전화카드의 경우 그 자기띠 부분은 카드의 나머지 부분과 불가분적으로 결합되어 전체가 하나의 문서를 구성하므로, 전화카드를 공중전화기에 넣어 사용하는 경우 비록 전화기가 전화카드로부터 판독할 수 있는 부분은 자기띠 부분에 수록된 전자기록에 한정된다고 할지라도, 전화카드 전체가 하나의 문서로서 사용된 것으로 보아야 하고 그 자기띠 부분만 사용된 것으로 볼 수는 없으므로 절취한 전화카드를 공중전화기에 넣어 사용한 것은 권리의무에 관한 타인의 사문서를 부정행사한 경우에 해당한다[대판 2002.6.25. 2002도461]. [♠ 03 사시]

XIV. 공문서부정행사죄

제230조(공문서 등의 부정행사) 공무원 또는 공무소의 문서 또는 도화를 부정행사한 자는 2년 이하의 징역이나 금고 또는 500만원 이하의 벌금에 처한다.
제235조(미수범) 미수범은 처벌한다.

1. 행위의 객체

진정하게 성립된 공문서로서 사용권자와 사용목적이 특정된 공문서여야 한다.

判例 공문서부정행사죄의 객체의 범위와 이에 해당하지 않는 경우

1. [1] 공문서부정행사죄는 사용권한자와 용도가 특정되어 작성된 공문서 또는 공도화를 사용권한 없는 자가 사용권한이 있는 것처럼 가장하여 부정한 목적으로 행사하거나 또는 권한 있는 자라도 정당한 용법에 반하여 부정하게 행사하는 경우에 성립되는 것이다.
   [2] 주민등록표등본은 그 사용권한자가 특정되어 있다고 할 수 없고, 또 용도도 다양하며, 반드시 본인이나 세대원만이 사용할 수 있는 것이 아니므로, 타인의 주민등록표등본을 그와 아무런 관련 없는 사람이 마치 자신의 것인 것처럼 행사하였다고 하더라도 공문서부정행사죄가 성립되지 아니한다[대판 1999.5.14. 99도206]. [♠ 00, 07 사시] [♣ 14 변시]
2. 인감증명서와 같이 사용권한자가 특정되어 있지 않고 그 용도도 다양한 공문서는 그 명의자 아닌 자가 그 명의자의 의사에 반하여 함부로 행사하더라도 문서 본래의 취지에 따른 용도에 합치된다면 공문서부정행사죄는 성립되지 않는다[대판 1983.6.28. 82도1985].
3. 신원증명서는 금치산 또는 한정치산의 선고를 받고 취소되지 않은 사실의 해당 여부를 증명하는 문서로서 사용권한자가 특정되어 있다고 할 수 없고 또 용도도 다양하며 반드시 피증명인만이 사용할 수 있는 것이 아니므로 문서상의 피증명인의 의사에 의하지 아니하고 사용하였다 하더라도 그것이 문서 본래의 취지에 따른 용도에 합치되는 이상 공문서부정행사죄는 성립되지 아니한다[대판 1993.5.11. 93도127].
4. 화해조서경정신청에 대한 기각결정문을 화해조서정본인 것처럼 등기서류로 제출 행사하였다고 하더라도 공문서부정행사죄는 성립하지 아니한다[대판 1984.2.28. 82도2851].

2. 행 위

부정사용이다. 사용권한자와 용도가 특정되어 작성된 공문서 또는 공도화를 사용권한 없는 자가 사용권한이 있는 것처럼 가장하여 부정한 목적으로 행사하거나 또는 권한 있는 자라도 정당한 용법에 반하여 부정하게 사용하는 것을 말한다[대판 1999.5.14. 99도206]. [♠ 00, 07 사시]

판 례 연 습

【공문서부정행사죄】 ※ 허락의 증표로 주민등록증을 사용한 사건

甲은 이동전화기 대리점 직원에게 기왕에 습득한 타인의 주민등록증을 내보이고 그 타인이 자신의 어머니인데 어머니의 허락을 받았다고 속여 타인의 이름으로 이동전화 가입신청을 하여 이동전화기를 교부받았다. 甲에게는 공문서부정행사죄가 성립한다. ( )

판결요지

[1] 사용권한자와 용도가 특정되어 있는 공문서를 사용권한 없는 자가 사용한 경우에도 그 공문서 본래의 용도에 따른 사용이 아닌 경우에는 형법 제230조의 공문서부정행사죄가 성립되지 아니한다.
[2] 피고인이 기왕에 습득한 타인의 주민등록증을 피고인 가족의 것이라고 제시하면서 그 주민등록증상의 명의 또는 가명으로 이동전화 가입신청을 한 경우, 타인의 주민등록증을 본래의 사용용도인 신분확인용으로 사용한 것이라고 볼 수 없어 공문서부정행사죄가 성립하지 않는다고 한 사례 [대판 2003.2.26. 2002도4935]. [♠ 05, 07, 14 사시] [♣ 14 변시]

정답 (×)

判例 운전면허증의 특정된 용법에 따른 행사라고 볼 수 없어 공문서부정행사죄가 성립하지 않는 경우(매우 중요)

공문서부정행사죄는 공문서에 대한 공공의 신용 등을 보호하기 위한 데 입법취지가 있는 것으로, 공문서에 대한 공공의 신용 등을 해할 위험이 있으면 범죄가 성립하지만, 그러한 위험조차 없는 경우에는 범죄가 성립하지 아니한다.
도로교통법은 자동차등을 운전하려는 사람은 지방경찰청장으로부터 운전면허를 받아야 하고(제80조 제1항), 운전면허의 효력은 본인 또는 대리인이 운전면허증을 발급받은 때부터 발생한다고 규정하고 있으며(제85조 제5항), 이러한 운전면허증의 서식, 재질, 규격 등은 법정되어 있다(도로교통법 제85조 제2항, 도로교통법 시행규칙 제77조 제2항 [별지 제55호 서식]).
도로교통법에 의하면, 운전면허증을 발급받은 사람은 자동차 등을 운전할 때 운전면허증 등을 지니고 있어야 하고(제92조 제1항), 운전자는 운전 중에 교통안전이나 교통질서 유지를 위하여 경찰공무원이 운전면허증 등을 제시할 것을 요구할 때에는 이에 응하여야 한다(제92조 제2항). 도로교통법이 자동차 등의 운전자에 대하여 위와 같은 의무를 부과하는 취지는 경찰공무원으로 하여금 교통안전 등을 위하여 현장에서 운전자의 신원과 면허조건 등을 법령에 따라 발급된 운전면허증의 외관만으로 신속하게 확인할 수 있도록 하고자 하는 데 있다. 만일 경찰공무원이 자동차 등의 운전자로부터 운전면허증의 이미지파일 형태를 제시받는 경우에는 그 입수 경위 등을 추가로 조사·확인하지 않는 한 이러한 목적을 달성할 수 없을 뿐만 아니라, 그 이미지파일을 신용하여 적법한 운전면허증의 제시가 있었던 것으로 취급할 수도 없다.
따라서 도로교통법 제92조 제2항에서 제시의 객체로 규정한 운전면허증은 적법한 운전면허의 존재를 추단 내지 증명할 수 있는 운전면허증 그 자체를 가리키는 것이지, 그 이미지파일 형태는 여기에 해당하지 않는다.

이와 같은 공문서부정행사죄의 구성요건과 그 입법취지, 도로교통법 제92조의 규정 내용과 그 입법취지 등에 비추어 보면, 자동차 등의 운전자가 운전 중에 도로교통법 제92조 제2항에 따라 경찰공무원으로부터 운전면허증의 제시를 요구받은 경우 운전면허증의 특정된 용법에 따른 행사는 도로교통법 관계법령에 따라 발급된 운전면허증 자체를 제시하는 것이라고 보아야 한다. 이 경우 자동차 등의 운전자가 경찰공무원에게 다른 사람의 운전면허증 자체가 아니라 이를 촬영한 이미지파일을 휴대전화 화면 등을 통하여 보여주는 행위는 운전면허증의 특정된 용법에 따른 행사라고 볼 수 없는 것이어서 그로 인하여 경찰공무원이 그릇된 신용을 형성할 위험이 있다고 할 수 없으므로, 이러한 행위는 결국 공문서부정행사죄를 구성하지 아니한다[대판 2019.12.12. 2018도2560].

사 례 연 습

【공문서부정행사죄 등】

甲이 A인 양 공무원에게 허위신고하여 甲 자신의 사진과 지문이 찍힌 공소외 A 명의의 주민등록증을 발급받아 이를 검문경찰관에게 제시하였다. 甲의 죄책은?

♠ 판례연구

1. 주민등록증 발급받은 행위에 대한 죄책

① **허위공문서작성죄의 간접정범의 성립여부** : 일반인이 작성권자인 공무원을 이용한 경우이므로 허위공문서작성죄의 간접정범이 성립할 수 없다.

② **공문서위조죄의 간접정범의 성립여부** : 작성권한을 갖는 공무원이 그 문서의 기재사항을 인식하고 그 문서를 작성할 의사로써 이에 서명 · 날인한 이상, 그 문서의 성립은 진정하므로 공문서위조죄의 간접정범이 성립할 수 없다.

③ **공정증서원본등부실기재죄의 성립여부** : 주민등록증은 일정한 자격이나 요건을 갖춘 자에게 그 자격이나 요건에 상응한 활동을 할 수 있는 권능 등을 인정하기 위하여 작성된 문서가 아니므로 공정증서원본 등에 해당하지 아니한다. 따라서 공정증서원본부실기재죄가 성립할 수 없다.

2. 주민등록증을 제시한 행위에 대한 죄책(판례)

판례는 위 사례에서 작성권한을 갖는 공무원이 그 문서의 기재사항을 인식하고 그 문서를 작성할 의사로써 이에 서명 · 날인한 이상, 그 문서의 성립은 진정하므로 공문서부정행사죄의 객체인 공문서에 해당한다고 보아 공문서부정행사죄의 성립을 인정하였다.

판결요지

피고인이 공소외 A인 양 허위신고하여 피고인의 사진과 지문이 찍힌 공소외 A 명의의 주민등록증을 발급받은 이상 주민등록증의 발행목적상 피고인에게 위 주민등록증에 부착된 사진의 인물이 공소외 A의 신원사항을 가진 사람이라는 허위사실을 증명하는 용도로 이를 사용할 수 있는 권한이 없다는 사실을 인식하고 있었다고도 할 것이므로 이를 검문경찰관에게 제시하여 이러한 허위사실을 증명하는 용도로 사용한 것은 공문서부정행사죄를 구성한다[대판 1982.9.28. 82도1297]. [♣ 21 변시]

判例 공문서부정행사죄가 성립하는 경우

1. 자동차를 임차하려는 피고인들이 자동차 대여업체의 담당직원들로부터 임차할 자동차의 운전에 필요한 운전면허가 있고 또 운전면허증을 소지하고 있는지를 확인하기 위한 운전면허증의 제시 요구를 받자 타인의 운전면허증을 소지하고 있음을 기화로 자신이 타인의 자동차운전면허를 받은 사람들인 것처럼 행세하면서 자동차 대여업체의 직원들에게 이를 제시한 것이라면, 피고인들의 위와 같은 행위는 단순히 신분확인을 위한 것이라고는 할 수 없고, 이는 운전면허증을 사용권한이 없는 자가 사용권한이 있는 것처럼 가장하여 부정한 목적으로 사용한 것이기는 하나 운전면허증의 본래의 용도에 따른 사용행위라고 할 것이므로 공문서부정행사죄에 해당한다 [대판 1998.8.21. 98도1701]. [♠ 02 사시]

2. **[다수의견]** 운전면허증은 운전면허를 받은 사람이 운전면허시험에 합격하여 자동차의 운전이 허락된 사람임을 증명하는 공문서로서, 운전면허증에 표시된 사람이 운전면허시험에 합격한 사람이라는 '자격증명'과 이를 지니고 있으면서 내보이는 사람이 바로 그 사람이라는 '동일인증명'의 기능을 동시에 가지고 있다. 운전면허증의 앞면에는 운전면허를 받은 사람의 성명 · 주민등록번호 · 주소가 기재되고 사진이 첨부되며 뒷면에는 기재사항의 변경내용이 기재될 뿐만 아니라, 정기적으로 반드시 갱신교부되도록 하고 있어, 운전면허증은 운전면허를 받은 사람의 동일성 및 신분을 증명하기에 충분하고 그 기재 내용의 진실성도 담보되어 있다. 그럼에도 불구하고 운전면허증을 제시한 행위에 있어 동일인증명의 측면은 도외시하고, 그 사용목적이 자격증명으로만 한정되어 있다고 해석하는 것은 합리성이 없다. 인감증명법상 인감신고인 본인 확인, 공직선거및선거부정방지법상 선거인 본인 확인, 부동산등기법상 등기의무자 본인 확인 등 여러 법령에 의한 신분 확인절차에서도 운전면허증은 신분증명서의 하나로 인정되고 있다. 또한 주민등록법 자체도 주민등록증이 원칙적인 신분증명서이지만, 주민등록증을 제시하지 아니한 사람에 대하여 신원을 증명하는 증표나 기타 방법에 의하여 신분을 확인하도록 규정하는 등으로 다른 문서의 신분증명서로서의 기능을 예상하고 있다. 한편 우리 사회에서 운전면허증을 발급받을 수 있는 연령의 사람들 중 절반 이상이 운전면허증을 가지고 있고, 특히 경제활동에 종사하는 사람들의 경우에는 그 비율이 훨씬 더 이를 앞지르고 있으며, 금융기관과의 거래에 있어서도 운전면허증에 의한 실명확인이 인정되고 있는 등 현실적으로 운전면허증은 주민등록증과 대등한 신분증명서로 널리 사용되고 있다. 따라서, 제3자로부터 신분확인을 위하여 신분증명서의 제시를 요구받고 다른 사람의 운전면허증을 제시한 행위는 그 사용목적에 따른 행사로서 공문서부정행사죄에 해당한다고 보는 것이 옳다[대판(전) 2001.4.19. 2000도1985]. [♠ 00, 02, 11, 13 사시] [♣ 14, 16 변시]
   [반대의견] 현실 거래와 일부 법령이 정한 분야에서 운전면허증이 그 소지자의 인적사항을 확인하는 데 사용되고는 있지만, 이는 어디까지나 운전면허증의 사실적 내지 부수적 용도에 불과하고 본래의 용도라고 할 수 없으며, 그러한 용도로서 널리 사용된다는 사정만으로 사실적 용도 내지 부수적 용도가 본래의 용도로 승화된다고 할 수는 없다.

判例 공문서부정행사죄가 성립하지 않는 경우(중요)

1. 선박법과 선박법 시행규칙 등 관계 법령에 의하면, 선박국적증서는 한국선박으로서 등록하는 때에 선박번호, 선박의 종류, 명칭, 선적항 등을 수록하여 발급하는 문서이고, 선박검사증서는 선박정기검사 등에 합격한 선박에 대하여 항해구역·최대승선인원 등을 수록하여 발급하는 문서이다. 위 각 문서는 당해 선박이 한국선박임을 증명하고, 법률상 항행할 수 있는 자격이 있음을 증명하기 위하여 선박소유자에게 교부되어 사용되는 것이다. 따라서 어떤 선박이 사고를 낸 것처럼 허위로 사고신고를 하면서 그 선박의 선박국적증서와 선박검사증서를 함께 제출하였다고 하더라도, 선박국적증서와 선박검사증서는 위 선박의 국적과 항행할 수 있는 자격을 증명하기 위한 용도로 사용된 것일 뿐 그 본래의 용도를 벗어나 행사된 것으로 보기는 어려우므로, 이와 같은 행위는 공문서부정행사죄에 해당하지 않는다[대판 2009.2.26. 2008도10851]. [♣ 14, 20 변시]
2. 장애인사용자동차표지를 사용할 권한이 없는 사람이 장애인전용주차구역에 주차하는 등 장애인사용자동차에 대한 지원을 받을 것으로 합리적으로 기대되는 상황이 아닌 경우, 단순히 이를 자동차에 비치하였더라도 공문서부정행사죄가 성립하지 않는다[대판 2022.9.29. 2021도14514].

판례해설 장애인복지법과 장애인등편의법의 규정과 관련 법리에 따르면, 장애인사용자동차표지는 장애인이 이용하는 자동차에 대한 조세감면 등 필요한 지원의 편의를 위하여 장애인이 사용하는 자동차를 대상으로 발급되는 것이고, 장애인전용주차구역 주차표지가 있는 장애인사용자동차표지는 보행상 장애가 있는 사람이 이용하는 자동차에 대한 지원의 편의를 위하여 발급되는 것이다.

[사실관계] 피고인은 실효된 '장애인전용주차구역 주차표지가 있는 장애인사용자동차표지'를 승용차에 비치한 채 이 사건 아파트의 주차장 중 장애인전용주차구역이 아닌 장소에 승용차를 주차한 사실을 알 수 있다. 이는 피고인이 장애인사용자동차에 대한 지원을 받을 것으로 합리적으로 기대되는 상황에서 장애인사용자동차표지를 승용차에 비치한 경우에 해당한다고 볼 수 없고, 달리 이를 인정할 만한 사정도 보이지 않는다.

제4절 인장에 관한 죄

Ⅰ. 총 설

1. 의 의

인장에 관한 죄란 행사할 목적으로 인장 · 서명 · 기명 · 기호를 위조 또는 부정사용하거나, 위조 또는 부정사용한 인장 · 서명 · 기명 · 기호를 행사함으로써 성립하는 범죄이다.

2. 보호법익

보호법익은 인장 등의 진정에 대한 공공의 신용이다. 보호의 정도는 추상적 위험범이다.

Ⅱ. 사인 등 위조 · 부정사용죄

제239조(사인 등의 위조, 부정사용) ① 행사할 목적으로 타인의 인장, 서명, 기명 또는 기호를 위조 또는 부정사용한 자는 3년 이하의 징역에 처한다.
제240조(미수범) 미수범은 처벌한다.

1. 행위의 객체

타인의 인장 · 서명 · 기명 · 기호이다. ⅰ) 인장 등은 법률상 · 거래상 중요사항에 관련된 것이어야 한다. 따라서 명승지의 기념스탬프는 인장에 해당하지 않으며, 연예인의 '싸인'은 서명이 아니다. ⅱ) 인장은 인영 · 인과 양자를 포함한다(통설).

判例 인장에 해당하지 않는 경우(생략문서 : 문서에 해당함)

이른바 생략문서도 그것이 사람 등의 동일성을 나타내는 데에 그치지 않고 그 이외의 사항도 증명 · 표시하는 한 인장이나 기호가 아니라 문서로서 취급하여야 한다[대판 1995.9.5. 95도1269]. [♠ 04 사시]

判例 인장위조죄에 해당하지 않는 경우

형법 제239조 제1항의 사인위조죄는 그 명의인의 의사에 반하여 위법하게 행사할 목적으로 권한 없이 타인의 인장을 위조한 경우에 성립하므로, 타인의 인장을 조각할 당시에 그 명의자로부터 명시적이거나 묵시적인 승낙 내지 위임을 받았다면 인장위조죄가 성립하지 않는다고 할 것이다[대판 2014.9.26. 2014도9213].

2. 행 위

위조 또는 부정사용하는 것이다.

① 위조의 방법에는 제한이 없다. 따라서 타인의 인과를 제조하거나 묘사에 의하여 인영을 작출하는 경우는 물론 기존의 인영을 소재로 새로운 인영을 현출하는 것도 위조가 된다.

② **부정사용** : 진정한 인장 등을 권한 없이 사용하거나, 권한 있는 자가 그 권한을 남용하여 부당하게 사용하는 것을 말한다.

判例 사인 등 위조죄와 관련한 판례정리

1. **(인장위조죄가 성립하지 않는 경우)** 선거무효로 노동조합 지부장직을 상실한 자가 동 조합지부인과 지부장인을 동 지부장 직무대리에게 인계하지 아니하므로, 이에 대한 대응책으로 동 지부의 문서에 사용할 목적으로 동 지부장 직무대리의 승인하에 동 지부장인을 조각한 행위는 부정한 방법으로 정당한 인장인 양 가장하기 위하여 직인 등을 위조한 것이라고 할 수 없다[대판 1981.5.6. 81도721].

2. **(인장위조죄가 성립하지 않는 경우)** 이미 사망한 사람 명의의 문서를 위조하거나 이를 행사하더라도 사문서위조죄나 동행사죄는 성립하지 않는다는 문서위조죄의 법리에 비추어 이와 죄질을 같이하는 인장위조죄의 경우에도 사망자 명의의 인장을 위조·행사하는 행위는 사인위조및 동행사죄가 성립하지 않는다고 해석함이 상당하다[대판 1984.2.28. 82도2064].

   판례해설 문서죄에서 명의인의 실재요부에 대하여 법리가 변경되었으므로 사실상 폐기된 판례로 보아야 한다.

3. **(행사의 목적이 인정되지 않는 경우)** 형법 제239조 제1항 소정의 인장위조죄는 그 명의인의 의사에 반하여 위법하게 행사할 목적이 인정되어야 하며, 타인의 인장을 조각할 당시에는 미처 그 명의인의 승낙을 얻지 아니하였다고 하더라도 인장을 조각하여 그 명의인의 승낙을 얻어 그 명의인의 문서를 작성하는 데 사용할 의도로 인장을 조각하였으나 그 명의인의 승낙을 얻지 못하여 이를 사용하지 아니하고 명의인에게 돌려주었다면, 특별한 사정이 없는 한 행사의 목적이 있었다고 인정할 수 없다[대판 1992.10.27. 92도1578].

4. **(인장부정사용죄가 성립되지 않는 경우)** 피고인이 자기의 乙(이 사건토지의 명의신탁자)에 대한 채권을 담보로 하기 위하여 그 명의수탁자인 丙으로 하여금 위 등기상의 근저당권자인 丁이 금원을 제공한 자금주로 믿도록 속여서 이 건 근저당설정등기를 하게 한 경우, 丙 자신이 丁 명의로 근저당권을 설정하도록 그 등기신청서에 그 인장을 사용한 이상 속아서 위 丁을 자금주로 오인하였다 하더라도 피고인에 대하여 인장부정사용의 죄책을 물을 수 없고, 丙이 丁을 근저당권자로 하여 설정등기를 신청한 것이라면 이는 객관적으로 존재하는 사실에 대하여 한 것이니 丁을 자금주로 오인하였다 하더라도 허위의 등기라고 볼 수 없으므로 공정증서원본부실기재죄가 성립하지 않는다[대판 1982.7.13. 82도39].

判例 사인 등 위조죄와 관련한 판례정리

1. **(인장위조죄가 성립하는 경우)** 아파트 주민대표회 간부들이, 동대표로 당선된 공소외 甲이 사실은 대학을 졸업하지 않았음이 사립대학 교무처장 명의로 된 학력조회 회보서를 통해 확인되자, 甲의 허위학력 사실을 아파트 주민들에게 공고문 형식으로 알리면서 그 공고문의 신뢰성 제고를 위해 공고문 안에 대학 교무처장 명의의 직인을 함께 나타냈다면, 위 공고문에 현출된 직인은 일반인으로 하여금 진정한 직인으로 오신하게 할 정도에 이르렀다고 할 것이다[대판 2010.1.14. 2009도5929].
2. **(사서명위조죄가 성립하는 경우)** [1] 사서명 등 위조죄가 성립하려면 서명 등이 일반인으로 하여금 특정인의 진정한 서명 등으로 오신하게 할 정도에 이르러야 하고, 일반인이 특정인의 진정한 서명 등으로 오신하기에 충분한 정도인지 여부는 서명 등의 형식과 외관, 작성 경위뿐만 아니라 서명 등이 기재된 문서에 서명 등을 할 필요성, 문서의 작성 경위, 종류, 내용 그리고 일반거래에서 문서가 가지는 기능 등도 함께 고려하여 판단하여야 한다.
   [2] 피고인이 음주운전으로 단속되자 동생 갑의 이름을 대며 조사를 받다가 경찰관으로부터 음주운전 단속내역이 입력된 휴대용정보단말기(PDA)에 전자 서명할 것을 요구받자, 운전자 갑의 서명란에 갑의 이름 대신 의미를 알 수 없는 부호(Z자 2개를 합친 것처럼 휘날려 쓴 서명)를 기재하여 이를 경찰전산망에 전송하게 하였다면 이는 사서명위조죄 및 위조사서명행사죄에 해당한다[대판 2020.12.30. 2020도14045].

3. 죄 수

인장 등의 위조·부정사용이 유가증권·문서위조의 수단으로 행해진 경우에는 유가증권위조죄·문서위조죄에 흡수된다.

Ⅲ. 위조사인 등 행사죄

제239조(사인 등의 위조, 부정사용) ② 위조 또는 부정사용한 타인의 인장, 서명, 기명 또는 기호를 행사한 때에도 전항의 형과 같다.
제240조(미수범) 미수범은 처벌한다.

判例 위조사서명행사죄가 성립하는 경우

1. [1] 어떤 문서에 권한 없는 자가 타인의 서명을 기재하는 경우에는 그 문서가 완성되기 전이라도 일반인으로서는 그 문서에 기재된 타인의 서명을 그 명의인의 진정한 서명으로 오신할 수도 있으므로, 일단 서명이 완성된 이상 문서가 완성되지 아니한 경우에도 서명의 위조죄는 성립할 수 있는 것이다.

[2] 수사기관이 수사대상자의 진술을 기재한 후 진술자로 하여금 그의 면전에서 조서의 말미에 서명 등을 하도록 한 후 그 자리에서 바로 회수하는 수사서류의 경우에는, 그 진술자가 그 문서에 서명을 하는 순간 바로 수사기관이 열람할 수 있는 상태에 놓이게 되는 것이므로, 그 진술자가 마치 타인인 양 행세하며 타인의 서명을 기재한 경우 그 서명을 수사기관이 열람하기 전에 즉시 파기하였다는 등의 특별한 사정이 없는 이상 그 서명 기재와 동시에 위조사서명행사죄가 성립하는 것이며, 그와 같이 위조사서명행사죄가 성립된 직후에 수사기관이 위 서명이 위조된 것임을 알게 되었다고 하더라도 이미 성립한 위조사서명행사죄를 부정할 수 없다.

[3] 피고인이 음주운전 등으로 경찰서에서 조사를 받으면서 제3자로 행세하여 피의자신문조서의 진술자란에 제3자의 서명을 기재하였으나 그 이후 피고인의 간인이나 조사 경찰관의 서명날인 등이 완료되기 전에 그 서명위조 사실이 발각되었다고 하더라도 사서명위조죄 및 그 행사죄가 성립한다고 한 사례[대판 2005.12.23. 2005도4478], [대판 2011.3.10. 2011도503]. [♠10 사시] [♣16 변시]

2. 피고인이 경찰에서 피의자로서 조사받으면서 자신의 형인 공소외인의 인적 사항을 밝히면서 자신이 공소외인인 것처럼 행세를 하고, 자신에 대한 피의자신문조서의 말미에 위 공소외인의 서명을 하여 수사기록에 편철하게 한 경우는 사서명위조 및 동행사죄에 해당한다[대판 2005.7.14. 2005도3357].

判例 위조된 인과의 교부 = 위조인장행사죄 ×

형법 제239조 제2항의 위조인장행사죄에 있어서 행사라 함은 위조된 인장을 진정한 것처럼 용법에 따라 사용하는 행위를 말한다 할 것이므로 위조된 인영을 타인에게 열람할 수 있는 상태에 두든지, 인과의 경우에는 날인하여 일반인이 열람할 수 있는 상태에 두면 그것으로 행사가 되는 것이고, 위조된 인과 그 자체를 타인에게 교부한 것만으로는 위조인장행사죄를 구성한다고는 할 수 없다[대판 1984.2.28. 84도90].

判例 공기호위조죄가 성립하는 경우

형법 제238조 제1항에 의하면 행사할 목적으로 공기호인 자동차등록번호판을 위조한 경우에 공기호위조죄가 성립하고, 여기서 '행사할 목적'이란 위조한 자동차등록번호판을 마치 진정한 것처럼 그 용법에 따라 사용할 목적을 말한다. 또한 '위조한 자동차등록번호판을 그 용법에 따라 사용할 목적'이란 위조한 자동차등록번호판을 자동차에 부착하여 운행함으로써 일반인으로 하여금 자동차의 동일성에 관한 오인을 불러일으킬 수 있도록 하는 것을 말한다[대판 2016.4.29. 2015도1413].

판 례 연 습

【공기호부정사용과 부정사용공기호행사의 구별】 [♠01 사시]

甲은 乙의 자동차를 훔쳐 자신의 낡은 자동차 번호판을 떼어 훔친 차에 부착하고 타고 다니다가 경찰로부터 음주단속 검문을 당하여 운전면허증제시를 요구받자 빌려 소지하고 있던 丙의 운전면허증을 자기 것처럼 제시하였다. 그러나 이를 알아차린 경찰관에 의해 체포되었다. 甲의 형법상 죄책은?

판결요지

형법 제238조 제1항에서 규정하고 있는 공기호인 자동차등록번호판의 부정사용이라 함은 진정하게 만들어진 자동차등록번호판을 권한 없는 자가 사용하든가, 권한 있는 자라도 권한을 남용하여 부당하게 사용하는 행위를 말하는 것이고, 같은조 제2항에서 규정하고 있는 그 행사죄는 부정사용한 공기호인 자동차등록번호판을 마치 진정한 것처럼 그 용법에 따라 사용하는 행위를 말하는 것으로 그 행위개념을 달리하고 있다[대판 1997.7.8. 96도3319].

|해|설| 형법상, 甲이 자동차를 훔친 행위는 절도죄, 자동차 번호판을 떼어 훔친 차에 부착한 행위는 공기호부정사용죄, 자동차에 부착하여 운행한 행위는 부정사용공기호행사죄, 丙의 운전면허증을 자기 것처럼 제시한 행위는 공문서부정행사죄에 해당한다. 한편 특별형법까지 고려하면 자동차번호판을 떼어 낸 행위는 자동차관리법위반죄가 추가적으로 성립한다.

Ⅳ. 공인 등 위조·부정사용죄

제238조(공인 등의 위조, 부정사용) ① 행사할 목적으로 공무원 또는 공무소의 인장, 서명, 기명 또는 기호를 위조 또는 부정사용한 자는 5년 이하의 징역에 처한다.
③ 7년 이하의 자격정지를 병과할 수 있다.
제240조(미수범) 미수범은 처벌한다.

判例 관련판례정리

1. 전매청 명의의 기호를 사용하여 '파랑새' 포갑지를 제조한 것은 공기호위조죄에 해당한다[대판 1957.11.1. 4290형상294].
2. 택시미터기의 수리는 계량법 시행규칙에 의하여 검정의무가 면제되는 간이수리에 해당하나, 택시미터기에 적법하게 부착된 검정납봉의 봉인철사를 일단 절단한 후에는 소관 검정기관만이 이를 다시 부착할 수 있는 것이므로 피고인이 임의로 한 검정납봉 재봉인부착행위는 형법 제238조 제2항 소정의 공무소기호부정사용죄에 해당한다[대판 1982.6.8. 82도138].

Ⅴ. 위조공인 등 행사죄

제238조(공인 등의 위조, 부정사용) ② 위조 또는 부정사용한 공무원 또는 공무소의 인장, 서명, 기명 또는 기호를 행사한 자도 전항의 형과 같다.
③ 7년 이하의 자격정지를 병과할 수 있다.
제240조(미수범) 미수범은 처벌한다.

判例 공기호행사죄가 성립하지 않는 경우

형법 제238조 제2항에 규정된 부정사용된 공기호의 행사죄는 위조·변조문서의 행사와 같이 부정사용된 공기호를 이를 진정한 것으로 임의로 공범자 이외의 자에게 보이는 등 사용하는 행위를 말하는 것이니 이는 타인에 대한 외부적 행위라고 할 것이므로 … 부정사용된 공기호 그 자체를 타인에게 제시하는 등 사실 없이 극인이 타기 된 소나무 등을 산판에 적치하였거나 반출하였다 하여 곧 공기호행사죄가 된다고 할 수 없다[대판 1981.12.22. 80도1472].

제3장 공중의 건강에 대한 죄

제1절 먹는 물에 관한 죄

Ⅰ. 총 설

1. 의 의

음용수에 관한 죄란 사람의 음용에 사용하는 정수 또는 그 수원에 오물·독물 기타 건강을 해치는 물건을 넣거나, 수도 기타 시설을 손괴하거나 불통시켜 공중의 음용수이용과 안전을 위태롭게 하는 것을 내용으로 하는 범죄이다.

2. 보호법익

공중의 건강을 보호법익으로 하는 공공위험죄이며, 보호의 정도는 추상적 위험범이다.

Ⅱ. 음용수사용방해죄

第192조(먹는 물의 사용방해) ① 일상생활에서 먹는 물로 사용되는 물에 오물을 넣어 먹는 물로 쓰지 못하게 한 자는 1년 이하의 징역 또는 500만원 이하의 벌금에 처한다.

Ⅲ. 음용수유해물혼입죄

第192조(먹는 물의 사용방해) ② 제1항의 먹는 물에 독물이나 그 밖에 건강을 해하는 물질을 넣은 사람은 10년 이하의 징역에 처한다.
第196조(미수범) 미수범은 처벌한다.
第197조(예비, 음모) 본죄를 범할 목적으로 예비 또는 음모한 자는 2년 이하의 징역에 처한다.

Ⅳ. 수도음용수사용방해죄

第193조(수돗물의 사용방해) ① 수도를 통해 공중이 먹는 물로 사용하는 물 또는 그 수원(수원)에 오물을 넣어 먹는 물로 쓰지 못하게 한 자는 1년 이상 10년 이하의 징역에 처한다.

Ⅴ. 수도음용수유해물혼입죄

제193조(수돗물의 사용방해) ② 제1항의 먹는 물 또는 수원에 독물 그 밖에 건강을 해하는 물질을 넣은 자는 2년 이상의 유기징역에 처한다.
제196조(미수범) 미수범은 처벌한다.
제197조(예비, 음모) 본죄를 범할 목적으로 예비 또는 음모한 자는 2년 이하의 징역에 처한다.

Ⅵ. 음용수혼독치사상죄

제194조(먹는 물 혼독치사상) 제192조제2항 또는 제193조제2항의 죄를 지어 사람을 상해에 이르게 한 경우에는 무기 또는 3년 이상의 징역에 처한다. 사망에 이르게 한 경우에는 무기 또는 5년 이상의 징역에 처한다.

Ⅶ. 수도불통죄

제195조(수도불통) 공중이 먹는 물을 공급하는 수도 그 밖의 시설을 손괴하거나 그 밖의 방법으로 불통하게 한 자는 1년 이상 10년 이하의 징역에 처한다.
제196조(미수범) 미수범은 처벌한다.
제197조(예비, 음모) 본죄를 범할 목적으로 예비 또는 음모한 자는 2년 이하의 징역에 처한다.

判例 관련판례정리

1. 비록 절차를 밟지 않고 임의로 가설한 수도라 할지라도 그것이 현실로 공중생활에 필요한 음용수를 공급하고 있는 시설인 이상 이를 불법하게 손괴하여서 수도를 불통하게 한 때에는 수도불통으로 봄이 상당하다[대판 1957.2.1. 4289형상317].
2. 본건 사설특수가압수도시설은 피고인이 관계당국으로부터 그 명의의 설치허가를 받아 사재로써 시의 상수도관에다가 특수가압간선을 시설한 것으로서 그 시설에 의한 급수를 받고자 하는 자는 시설자와의 계약에 의하여 시설운영위원회에 가입한 후 시의 급수승인을 받아야 하고 그러한 절차를 거치지 않은 자에 대하여는 시설자가 마음대로 단수조치를 할 수 있는 것이므로 그 시설자인 피고인이 불법이용자에 대한 단수조치로서 급수관을 발굴 절단하였다 하여도 수도불통죄에 해당하는 행위라고 할 수 없다[대판 1971.1.26. 70도2654].
3. 사설수도를 설치한 시장 번영회가 수도요금을 체납한 회원에 대하여 사전 경고까지 하고 한 단수행위에는 위법성이 있다고 볼 수 없다[대판 1977.11.22. 77도103].

제2절 아편에 관한 죄

Ⅰ. 총 설

1. 의 의

아편에 관한 죄란 아편을 흡식하거나 아편 또는 아편흡식기구를 제조 · 수입 · 판매 또는 소지하는 것을 내용으로 하는 범죄이다.

2. 보호법익

보호법익은 공중의 건강이며, 보호의 정도는 추상적 위험범이다.

Ⅱ. 아편흡식죄

제201조(아편흡식 등) ① 아편을 흡식하거나 몰핀을 주사한 자는 5년 이하의 징역에 처한다.
제202조(미수범) 미수범은 처벌한다.
제206조(몰수, 추징) 본장의 죄에 제공한 아편, 몰핀이나 그 화합물 또는 아편흡식기는 몰수한다. 그를 몰수하기 불능한 때에는 그 가액을 추징한다.

Ⅲ. 아편흡식장소제공죄

제201조(동장소제공) ② 아편흡식 또는 몰핀 주사의 장소를 제공하여 이익을 취한 자도 전항의 형과 같다.
제202조(미수범) 미수범은 처벌한다.
제206조(몰수, 추징) 본장의 죄에 제공한 아편, 몰핀이나 그 화합물 또는 아편흡식기는 몰수한다. 그를 몰수하기 불능한 때에는 그 가액을 추징한다.

判例 이익을 취득한 때에 해당하는 경우

형법 제201조 제2항 또는 마약법 제6조 제6호에 이른바 이익취득이라 함은 그 장소사용에 관련하여 계정되는 대가적 성질을 띤 일체의 적극적 · 소극적 이득을 포함하는 것으로 해석할 것인바, 타인을 과거에 3년간 사역한 관계로 그 노무에 대한 대가적인 의미로 그 타인의 아편판매를 위한 장소를 제공한 경우는 전술한 바의 이익을 취득한 때에 해당한다[대판 1960.4.6. 4292형상844].

Ⅳ. 아편 등 제조 · 수입 · 판매 · 판매목적소지죄

제198조(아편 등의 제조 등) 아편, 몰핀 또는 그 화합물을 제조, 수입 또는 판매하거나 판매할 목적으로 소지한 자는 10년 이하의 징역에 처한다.
제202조(미수범) 미수범은 처벌한다.
제206조(몰수, 추징) 본장의 죄에 제공한 아편, 몰핀이나 그 화합물 또는 아편흡식기는 몰수한다. 그를 몰수하기 불능한 때에는 그 가액을 추징한다.

Ⅴ. 아편흡식기 제조 · 수입 · 판매 · 판매목적소지죄

제199조(아편흡식기의 제조 등) 아편을 흡식하는 기구를 제조, 수입 또는 판매하거나 판매할 목적으로 소지한 자는 5년 이하의 징역에 처한다.
제202조(미수범) 미수범은 처벌한다.
제206조(몰수, 추징) 본장의 죄에 제공한 아편, 몰핀이나 그 화합물 또는 아편흡식기는 몰수한다. 그를 몰수하기 불능한 때에는 그 가액을 추징한다.

Ⅵ. 세관공무원의 아편 등 수입 · 수입허용죄

제200조(세관공무원의 아편 등의 수입) 세관의 공무원이 아편, 몰핀이나 그 화합물 또는 아편흡식기구를 수입하거나 그 수입을 허용한 때에는 1년 이상의 유기징역에 처한다.
제202조(미수범) 미수범은 처벌한다.
제206조(몰수, 추징) 본장의 죄에 제공한 아편, 몰핀이나 그 화합물 또는 아편흡식기는 몰수한다. 그를 몰수하기 불능한 때에는 그 가액을 추징한다.

Ⅶ. 상습아편흡식 · 제조 · 수입 · 판매죄

제203조(상습범) 상습으로 전5조의 죄를 범한 때에는 각조에 정한 형의 2분의 1까지 가중한다.

Ⅷ. 아편 등 소지죄

제205조(아편 등의 소지) 아편, 몰핀이나 그 화합물 또는 아편흡식기구를 소지한 자는 1년 이하의 징역 또는 500만원 이하의 벌금에 처한다.
제206조(몰수, 추징) 본장의 죄에 제공한 아편, 몰핀이나 그 화합물 또는 아편흡식기는 몰수한다. 그를 몰수하기 불능한 때에는 그 가액을 추징한다.

제4장 사회의 도덕에 대한 죄

도박죄의 경우 우연성의 의미 및 사기도박의 경우 사기죄만 성립한다는 판례, 음란물죄의 경우 음란의 개념 및 음란성의 판단기준에 관한 판례를 알아두면 족하다. 시험에 출제되지 않는 부분은 일독 후 과감하게 생략하여야 한다.

제1절 성풍속에 관한 죄

Ⅰ. 총 설

1. 의 의

성풍속에 관한 죄란 성생활에 관련되는 성도덕 또는 건전한 성풍속을 해하는 행위를 내용으로 하는 범죄이다.

2. 보호법익

① 음행매개죄 : 보호법익은 건전한 성풍속이며, 개인의 성적 자유도 부차적인 보호법익이 된다(통설). 보호의 정도는 침해범이다.

② 음란물죄 · 공연음란죄 : 보호법익은 사회의 건전한 성풍속이다. 보호의 정도는 추상적 위험범이다.

Ⅱ. 음행매개죄

제242조(음행매개) 영리의 목적으로 사람을 매개하여 간음하게 한 자는 3년 이하의 징역 또는 1천500만원 이하의 벌금에 처한다. 〈개정 2012.12.18〉

1. 법적 성질

본죄는 필요적 공범 중 대향범에 해당한다. 처벌규정이 있는 매개자만 처벌되고, 처벌규정이 없는 피매개자는 본죄로 처벌되지 않으며 또한 형법총칙상의 공범규정이 적용되지도 않는다. [♠13 사시]

2. 행위의 객체

사람이다. 따라서 성년, 미성년을 불문하며, 음행의 상습성 여부도 불문한다.[1]

判例 음행매개죄의 객체인 미성년자(음행의 상습유무 불문, 동의 불문)

형법 제242조 소정 미성년자에 대한 음행매개죄의 성립에는 그 미성년자가 음행의 상습이 있거나 그 음행에 자진 동의한 사실은 하등 영향을 미치는 것이 아니다[대판 1955.7.8. 4288형상37]. [♠ 02, 11 사시]

3. 행위

① 사람을 매개하여 간음하게 하는 것이다.

② 매개란 간음을 권유하는 일체의 행위를 말한다. 다만 매개란 피매개자의 자유의사를 전제로 하므로 폭행 · 협박은 매개행위가 될 수 없다. 피매개자에게 간음의사가 있었는지는 불문한다. 따라서 매개행위가 반드시 교사행위일 필요는 없다.

③ 매개에 의하여 간음함으로써 기수가 된다. 따라서 간음을 매개하였으나 간음에 이르지 못한 경우에는 본죄가 성립하지 않는다. 간음이란 부부 사이 이외의 성교를 말한다.

4. 목적범

고의 이외에 영리의 목적이 있어야 한다. 그러나 목적달성 여부는 본죄의 성립에 영향이 없다.

Ⅲ. 음화 등 반포 · 판매 · 임대 · 공연전시죄

제243조(음화반포 등) 음란한 문서, 도화, 필름 기타 물건을 반포, 판매 또는 임대하거나 공연히 전시 또는 상영한 자는 1년 이하의 징역 또는 500만원 이하의 벌금에 처한다.

1. 음란한 물건

음란한 물건이라 함은 성욕을 자극하거나 흥분 또는 만족케 하는 물건들로서 일반인의 정상적인 성적 수치심을 해치고 선량한 성적 도의관념에 반하는 것을 의미한다. 어떤 물건이 음란한 물건에 해당하는지 여부는 행위자의 주관적 의도나 반포, 전시 등이 행하여진 상황에 관계없이 그 물건 자체에 관하여 객관적으로 판단하여야 하며, 작품 전체를 평가하는 전체적 고찰방법에 따라서 판단해야 한다(판례).

判例 음란한 물건의 의미와 음란성을 인정하기 위한 요건

1. 형법 제243조에 규정된 '음란한 도화'라 함은 일반 보통인의 성욕을 자극하여 성적 흥분을 유발하고 정상적인 성적 수치심을 해하여 성적 도의관념에 반하는 것을 가리킨다고 할 것이고, 이는 당해 도화의 성에 관한 노골적이고 상세한 표현의 정도와 그 수법, 당해 도화의 구성 또는 예술

1) 개정 전에는 '미성년 또는 음행의 상습없는 부녀'만을 객체로 하였다.

성, 사상성 등에 의한 성적 자극의 완화의 정도, 이들의 관점으로부터 당해 도화를 전체로서 보았을 때 주로 독자의 호색적 흥미를 돋구는 것으로 인정되느냐의 여부 등을 검토, 종합하여 그 시대의 건전한 사회통념에 비추어 판단하여야 할 것이다[대판 2002.8.23. 2002도2889].

2. 어떠한 물건을 음란하다고 평가하려면 그 물건을 전체적으로 관찰·평가하여 볼 때 단순히 저속하다거나 문란한 느낌을 주는 정도를 넘어 사람의 존엄성과 가치를 심각하게 훼손·왜곡하였다고 평가할 수 있을 정도로 노골적인 방법에 의하여 성적 부위 등을 적나라하게 표현 또는 묘사하는 것이어야 한다[대판 2014.6.12. 2013도6345].

判例 음란성 판단의 주체와 기준

(판단의 주체는 법관, 판단의 기준은 일반보통인의 정서) 형법 제243조 소정의 '음란'이라는 개념 자체가 사회와 시대적 변화에 따라 변동하는 상대적이고도 유동적인 것이고, 그 시대에 있어서 사회의 풍속, 윤리, 종교 등과도 밀접한 관계를 가지는 추상적인 것이므로 결국 구체적인 판단에 있어서는 사회통념상 일반보통인의 정서를 그 판단의 규준으로 삼을 수밖에 없다고 할지라도, 이는 법관이 일정한 가치판단에 의하여 내릴 수 있는 규범적인 개념이라 할 것이어서 그 최종적인 판단의 주체는 어디까지나 당해 사건을 담당하는 법관이라 할 것이니, 음란성을 판단함에 있어 법관이 자신의 정서가 아닌 일반 보통인의 정서를 규준으로 하여 이를 판단하면 족한 것이지 법관이 일일이 일반 보통인을 상대로 과연 당해 문서나 도화 등이 그들의 성욕을 자극하여 성적 흥분을 유발하거나 정상적인 성적 수치심을 해하여 성적 도의관념에 반하는 것인지의 여부를 묻는 절차를 거쳐야만 되는 것은 아니라고 할 것이다[대판 1995.2.10. 94도2266].

判例 음란성 판단의 방법

1. **(주관적 의도와 관계없이 객관적으로 판단)** 음란한 물건이라 함은 성욕을 자극하거나 흥분 또는 만족케 하는 물건들로서 일반인의 정상적인 성적 수치심을 해치고 선량한 성적 도의관념에 반하는 것을 의미하며, 어떤 물건이 음란한 물건에 해당하는지 여부는 행위자의 주관적 의도나 반포, 전시 등이 행하여진 상황에 관계없이 그 물건 자체에 관하여 객관적으로 판단하여야 한다[대판 2003.5.16. 2003도988]. [♠ 02 사시]
2. **(당해문서를 전체적으로 고찰하여 판단)** 형법 제243조의 음화등의반포등죄 및 형법 제244조의 음화등의제조등죄에 규정한 음란한 문서라 함은 … 당해 문서를 전체로서 보았을 때 주로 독자의 호색적 흥미를 돋우는 것으로 인정되느냐의 여부 등의 여러 점을 검토하는 것이 필요하다[대판 1995.6.16. 94도2413].
3. **(정보통신망을 통하여 제공한다고 하여 엄격한 기준으로 음란 여부를 판단할 것을 요하지 않음)** 영상물등급위원회로부터 18세 관람가로 등급분류 받은 비디오물을 편집·변경함이 없이 그대로 옮겨 제작한 동영상을 정보통신망을 통하여 제공한 경우, 정보통신망을 통하여 제공한다는 시청환경 때문에 보다 엄격한 기준으로 음란 여부를 판단할 것은 아니다[대판 2008.3.13. 2006도3558].

判例 음란성이 인정된 경우

1. 공연윤리위원회의 심의를 마친 영화작품이라 하더라도 이것을 영화관에서 상영하는 것이 아니고 관람객을 유치하기 위하여 영화장면의 일부를 포스터나 스틸사진 등으로 제작하였고, 제작된 포스터 등 도화가 그 영화의 예술적 측면이 아닌 선정적 측면을 특히 강조하여 그 표현이 과도하게 성욕을 자극시키고 일반인의 정상적인 성적 정서를 해치는 것이어서 건전한 성풍속이나 성도덕관념에 반하는 것이라면 그 포스터 등 광고물은 음화에 해당한다[대판 1990.10.16. 90도1485]. [♠ 02, 11 사시]
2. 사진 전체로 보아 선정적 측면을 강조하여 주로 독자의 호색적 흥미를 돋구는 사진첩은 음란한 도화에 해당한다[대판 1997.8.22. 97도937].
3. 소설 "즐거운 사라"는 음란한 문서에 해당한다[대판 1995.6.16. 94도2413].

判例 음란성이 인정되지 않은 경우

1. 소설 반노의 13장 내지 14장에 기재된 사실은 그 표현에 있어 과도하게 성욕을 자극시키거나 또는 정상적인 성적정서를 크게 해칠 정도로 노골적이고 구체적인 묘사라고 볼 수 없고 더우기 그 전체적인 내용의 흐름이 인간에 내재하는 향락적인 성욕에 반항함으로서 결국 그로부터 벗어나 새로운 자아를 발견하는 과정으로 이끌어 매듭된 경우에는 이 소설을 음란한 작품이라고 단정할 수 없다[대판 1975.12.9. 74도976].
2. 본건에서 문제가 된 "해면체비대기"는 음란물건이라고 할 수 없다[대판 1978.11.14. 78도2327].
3. 여성용 자위기구나 돌출콘돔의 경우 그 자체로 남성의 성기를 연상케 하는 면이 있다 하여도 그 정도만으로 그 기구 자체가 성욕을 자극, 흥분 또는 만족시키게 하는 물건으로 볼 수 없을 뿐만 아니라 일반인의 정상적인 성적 수치심을 해치고 선량한 성적 도의관념에 반한다고도 볼 수 없으므로 음란한 물건에 해당한다고 볼 수 없다[대판 2000.10.13. 2000도3346].

비교판례 남성용 자위기구인 모조여성성기가 음란한 물건에 해당한다고 한 사례[대판 2003.5.16. 2003도988].

2. 문학성 · 예술성 · 과학성과 음란성의 양립여부

문학성 내지 예술성과 음란성은 차원을 달리하는 관념이므로 어느 문학작품이나 예술작품에 문학성 내지 예술성이 있다고 하여 그 작품의 음란성이 당연히 부정되는 것은 아니다(판례).

判例 문학성 및 예술성이 있더라도 음란성이 당연히 부정되는 것은 아니라는 판례

형법 제243조 및 제244조에서 말하는 '음란'이라 함은 … 그 사회의 평균인의 입장에서 문서 전체를 대상으로 하여 규범적으로 평가하여야 할 것이며, 문학성 내지 예술성과 음란성은 차원을 달리하는 관념이므로 어느 문학작품이나 예술작품에 문학성 내지 예술성이 있다고 하여 그 작품의 음란성이 당연히 부정되는 것은 아니라 할 것이고, 다만 그 작품의 문학적 · 예술적 가치, 주제와 성

적 표현의 관련성 정도 등에 따라서는 그 음란성이 완화되어 결국은 형법이 처벌대상으로 삼을 수 없게 되는 경우가 있을 수 있을 뿐이다[대판 2000.10.27. 98도679], [대판 2002.8.23. 2002도2889]. [♠ 02 사시]

3. 상대적 음란성이론

음란성은 문서의 내용 이외에 작자나 출판자의 의도, 광고 · 선전 · 판매의 방법, 독자 · 관람자의 제한성 등의 부수적 사정을 고려하여 상대적으로 판단해야 한다는 이론이다. 그러나 다수설은 이를 부정한다.

判例 상대적 음란개념에 입각한 판례

침대 위에 비스듬히 위를 보고 누워있는 천연색 나체화 카드 사진이 비록 명화집에 실려 있는 그림이라 하여도 성냥갑 속에 넣어서 시판할 목적으로 이를 복사 · 제조하거나 시판한 경우 그 그림이 보는 사람으로 하여금 성욕을 자극하여 흥분케 할 뿐만 아니라 일반인의 정상적인 성적 정서와 선량한 사회풍교를 해칠 가능성이 있는 때에는 음화제조 · 판매죄가 성립한다[대판 1970.10.30. 70도1879].

4. 행 위

반포 · 판매 · 임대하거나 공연히 전시 또는 상영하는 것이다.

判例 공연히 전시한다는 의미

[1] 구 정보통신망 이용촉진 및 정보보호 등에 관한 법률(2007.1.26. 법률 제8289호로 개정되기 전의 것) 제65조 제1항 제2호에서 '공연히 전시'한다고 함은 불특정 또는 다수인이 실제로 음란한 부호 · 문언 · 음향 또는 영상을 인식할 수 있는 상태에 두는 것을 의미한다.
[2] 인터넷사이트에 집단 성행위 목적의 카페를 개설, 운영한 자가 남녀 회원을 모집한 후 특별모임을 빙자하여 집단으로 성행위를 하고 그 촬영물이나 사진 등을 카페에 게시한 사안에서, 카페가 회원제로 운영되는 등 제한적이고 회원들 상호간에 음란물을 게시, 공유해 온 사정이 있다고 하더라도, 위 카페의 회원수에 비추어 위 게시행위가 음란물을 공연히 전시한 것에 해당한다고 한 사례[대판 2009.5.14. 2008도10914].

判例 공연전시에 해당하지 않는 경우

형법 제243조에서 음화 등을 공연히 전시한다는 것은 음화 등을 불특정 또는 다수인이 관람할 수 있는 상태하에 현출시키는 것을 뜻하는 것으로서, 특정된 소수인만이 볼 수 있는 상태에 두는 것은 이에 해당되지 않는다고 할 것이다. 그러므로 집 방안에서 자기 친구 두 사람이 보는 앞에서 영사기로 도색영화필림을 상영한 행위는 형법 제243조 소정의 공연전시에 해당되지 않는다[대판 1973.8.21. 73도409].

Ⅳ. 음화 등 제조·소지·수입·수출죄

제244조(음화제조등) 제243조의 행위에 공할 목적으로 음란한 물건을 제조, 소지, 수입 또는 수출한 자는 1년 이하의 징역 또는 500만원 이하의 벌금에 처한다.

Ⅴ. 공연음란죄

제245조(공연음란) 공연히 음란한 행위를 한 자는 1년 이하의 징역, 500만원 이하의 벌금, 구류 또는 과료에 처한다.

1. 공연성

① '공연히'란 불특정 또는 다수인이 직접 인식할 수 있는 상태를 말한다. 그러나 불특정 또는 다수인이 음란행위가 행해지는 장소에 있어야 하는 것은 아니다.

② 장소의 공연성만으로는 족하지 않으므로 거리에서 행하여진 음란행위라 할지라도 숨어서 한 경우에는 본죄에 해당하지 않는다.

2. 음란한 행위

① 다수설에 의하면 음란한 행위는 성행위일 것을 요하므로 단순히 나체를 보이는 것, 성기·유방을 노출하는 것, 키스를 하는 것 등은 음란행위라고 할 수 없다고 한다.

② 판례는 음란행위가 반드시 성행위를 묘사하거나 성적인 의도를 표출할 것을 요하는 것은 아니라고 한다.

判例 음란한 행위의 의미와 공연음란죄에 해당하는 경우

[1] 형법 제245조 소정의 '음란한 행위'라 함은 일반 보통인의 성욕을 자극하여 성적 흥분을 유발하고 정상적인 성적 수치심을 해하여 성적 도의관념에 반하는 행위를 가리키는 것이고, 그 행위가 반드시 성행위를 묘사하거나 성적인 의도를 표출할 것을 요하는 것은 아니다.
[2] 요구르트 제품의 홍보를 위하여 전라의 여성 누드모델들이 일반 관람객과 기자 등 수십명이 있는 자리에서, 알몸에 밀가루를 바르고 무대에 나와 분무기로 요구르트를 몸에 뿌려 밀가루를 벗겨내는 방법으로 알몸을 완전히 드러낸 채 음부 및 유방 등이 노출된 상태에서 무대를 돌며 관람객들을 향하여 요구르트를 던진 행위가 공연음란죄에 해당한다고 한 사례[대판 2006.1.13. 2005도1264].

判例 음란성의 판단기준(공연행위 자체에 대한 객관적 판단)

연극공연행위의 음란성의 유무는 그 공연행위 자체로서 객관적으로 판단해야 할 것이고, 그 행위자의 주관적인 의사에 따라 좌우되는 것은 아니다[대판 1996.6.11. 96도980].

判例 음란한 행위에 해당하는 경우

1. 고속도로에서 승용차를 손괴하거나 타인에게 상해를 가하는 등의 행패를 부리던 자가 이를 제지하려는 경찰관에 대항하여 공중 앞에서 알몸이 되어 성기를 노출한 경우, 음란한 행위에 해당하고 그 인식도 있었다고 한 사례[대판 2000.12.22. 2000도4372]. [♠ 02, 05, 11 사시]
2. 피고인이 성기와 엉덩이를 드러내놓은 채 나신의 여인 조각상이 있는 참전비를 바라보거나 그 주위를 서성거렸고, 통행하던 여성 4인과 아이들을 포함한 다수의 통행인이 그 모습을 충분히 볼 수 있었던 상황이었다면 피고인의 행위는 음란한 행위에 해당한다[대판 2020.1.16. 2019도14056].

判例 음란한 행위에 해당하지 않는 경우

[1] <u>일반 보통인의 성욕을 자극하여 성적 흥분을 유발하고 정상적인 성적 수치심을 해하는 것이 아니라 단순히 다른 사람에게 부끄러운 느낌이나 불쾌감을 주는 정도에 불과하다고 인정되는 경우 그와 같은 행위는 경범죄처벌법 제1조 제41호에 해당할지언정, 형법 제245조의 음란행위에 해당한다고 할 수 없다</u>.
[2] <u>말다툼을 한 후 항의의 표시로 엉덩이를 노출시킨 행위가 음란한 행위에 해당한다고 판단한 원심판결을 파기한 사례</u>[대판 2004.3.12. 2003도6514].

判例 공연음란죄의 주관적 요건(성적인 목적 불요)

형법 제245조 소정의 '음란한 행위'라 함은 일반 보통인의 성욕을 자극하여 성적 흥분을 유발하고 정상적인 성적 수치심을 해하여 성적 도의관념에 반하는 것을 가리킨다고 할 것이고, 위 죄는 주관적으로 성욕의 흥분, 만족 등의 성적인 목적이 있어야 성립하는 것은 아니고 그 행위의 음란성에 대한 의미의 인식이 있으면 족하다[대판 2004.3.12. 2003도6514]. [♠ 11 사시]

제2절 도박과 복표에 관한 죄

Ⅰ. 총 설

1. 의 의

도박과 복표에 관한 죄란 도박하거나 도박을 개장하거나 복표를 발매·중개 또는 취득하는 것을 내용으로 하는 범죄이다.

2. 보호법익

보호법익은 국민의 근로관념과 공공의 미풍양속 내지 근로라는 사회의 경제도덕이다. 보호의 정도는 추상적 위험범이다.

Ⅱ. 도박죄

제246조(도박) ① 도박을 한 사람은 1천만원 이하의 벌금에 처한다. 다만, 일시오락 정도에 불과한 경우에는 예외로 한다. 〈개정 2013.4〉

1. 의 의

도박함으로써 성립하는 범죄이다.

2. 구성요건

(1) 객관적 구성요건

① **주 체** : 제한이 없다. 도박의 당사자는 필요적 공범 중 대향범에 해당한다.

② **행 위** : 도박하는 것이다.[1)]

㉮ **객 체** : ⅰ) 재물 이외에 재산상 이익도 포함된다. ⅱ) 재물이 도박현장에 있을 것을 요하지 않으며, 재물의 액수가 미리 확정되어 있을 필요도 없다.

㉯ **도 박** : ⅰ) 재물 또는 재산상의 이익을 걸고 우연에 의하여 재물의 득실을 결정하는 것을 말한다. ⅱ) 우연은 당사자에게 주관적으로 불확실하면 족하고 객관적으로 불확실할 필요는 없다. 따라서 주관적으로 불확실한 이상 장

---

1) 형법 개정에 의하여 '재물로써 도박'의 부분이 '도박'으로 변경되었으며, 벌금형의 상한이 500만원에서 1천만원으로 상향되었으며, 과료는 폐지되었다. 다만 개정 전에도 도박의 객체는 재물에 한정되지 아니하며 재산상 이익도 포함되는 것으로 해석되어 왔으나, 개정 형법은 재산상의 이익도 도박죄의 객체에 포함된다는 것을 명확히 했다는 점에 의의가 있다.

래 · 현재 · 과거사실에 대해서도 도박을 할 수 있다. iii) 편면적 도박(사기도박)의 경우에는 우연성이 결여되어 있으므로 사기도박자에게만 사기죄가 성립하고, 그 상대방에게는 범죄가 성립하지 않는다(판례, 통설). iv) 당사자의 기능이 승패에 영향을 미치더라도 조금이라도 우연의 지배를 받는 것이라면 도박에 해당한다(판례).

判例 도박죄가 성립하기 위한 도박의 우연성의 의미 및 우연성의 정도

[1] 형법 제246조에서 도박죄를 처벌하는 이유는 정당한 근로에 의하지 아니한 재물의 취득을 처벌함으로써 경제에 관한 건전한 도덕법칙을 보호하는 데 있다. 그리고 도박은 '재물 등을 걸고 우연에 의하여 그 득실을 결정하는 것'을 의미하는바, 여기서 '우연'이란 주관적으로 '당사자에 있어서 확실히 예견 또는 자유로이 지배할 수 없는 사실에 관하여 승패를 결정하는 것'을 말하고, 객관적으로 불확실할 것을 요구하지 아니한다. 따라서, 당사자의 능력이 승패의 결과에 영향을 미친다고 하더라도 다소라도 우연성의 사정에 의하여 영향을 받게 되는 때에는 도박죄가 성립할 수 있다.
[2] 피고인들이 각자 핸디캡을 정하고 홀마다 또는 9홀마다 별도의 돈을 걸고 총 26 내지 32회에 걸쳐 내기 골프를 한 행위가 도박에 해당한다고 한 사례[대판 2008.10.23. 2006도736].

判例 사기도박(사기행위자 = 도박죄 ×, 사기죄 ○. 그 상대방 = 도박죄 ×, 사기죄의 피해자 ○)

1. [1] 도박이라 함은 2인 이상의 자가 상호간에 재물을 도(賭)하여 우연한 승패에 의하여 그 재물 등의 득실을 결정하는 것이므로, 이른바 사기도박에 있어서와 같이 도박당사자의 일방이 사기의 수단으로써 승패의 수를 지배하는 경우에는 도박에 있어서의 우연성이 결여되어 사기죄만 성립하고 도박죄는 성립하지 아니한다.
   [2] 피고인 등이 사기도박에 필요한 준비를 갖추고 그러한 의도로 피해자들에게 도박에 참가하도록 권유한 때 또는 늦어도 그 정을 알지 못하는 피해자들이 도박에 참가한 때에는 이미 사기죄의 실행에 착수하였다고 할 것이므로, 피고인 등이 그 후에 사기도박을 숨기기 위하여 얼마간 정상적인 도박을 하였더라도 이는 사기죄의 실행행위에 포함되는 것이어서 피고인에 대하여는 피해자들에 대한 사기죄만이 성립하고 도박죄는 따로 성립하지 아니한다[대판 2011.1.13. 2010도9330]. [♠ 13 사시]
2. 사기도박의 경우 사기행위자에게는 사기죄가 성립하지만 그 상대방에게는 도박죄가 성립하는 데 있어서 필요한 우연성이 인정될 수 없으므로 도박죄가 성립하지 아니한다[대판 1960.11.16. 4293형상743]. [♠ 07, 11 사시]

㉰ 기수시기 : 도박행위에 착수하면 기수가 된다. 따라서 승패의 결정 · 재물 등의 득실이 있었을 것을 요하지 않는다.

(2) 주관적 구성요건

고의가 있어야 한다.

3. 위법성

① 도박행위가 일시오락의 정도에 불과한 때에는 본죄는 성립하지 않는다. 일시오락의 정도는 도박죄의 위법성조각사유가 된다(판례, 통설).

② 일시오락의 정도에 해당하는가는 도박의 시간과 장소, 도박에 건 재물의 가액, 도박에 가담한 자들의 사회적 지위나 재산정도 및 도박으로 인한 이득의 용도 등 여러 가지 사정을 참작하여 판단해야 한다(판례, 다수설). 따라서 승패결정의 흥미를 북돋우기 위한 경우에는 금전을 거는 경우에도 일시오락으로 볼 수 있다(판례, 통설).

判例 일시오락의 정도에 불과하여 도박죄를 구성하지 않는 경우

1. 피고인들은 서로 친숙하게 지내온 사이로서 이 사건 당일 우연히 다방에서 만나게 되어 약 3,000원 상당의 음식내기 화투놀이를 약 30분동안 한 사실이 인정되는바, 위와 같은 피고인들의 친분관계, 화투놀이가 행하여졌던 시간과 장소, 도박을 하게 된 경위 및 그 금액의 근소성 등을 종합하여 보면, 피고인들의 이 사건 행위는 일시오락의 정도에 불과하고 도박죄를 구성하지 않는다[대판 1984.4.10. 84도194].
2. 각자 1,000원 내지 7,000원을 판돈으로 내놓고 한 점에 100원짜리 속칭 "고스톱"을 한 것은 일시오락의 정도에 불과하다[대판 1990.2.9. 89도1992].
3. 피고인이 그의 아들 생일이라면서 사 온 돼지고기를 안주로 술을 사 마시자고 하여 나머지 피고인 4명이 각각 금 1000원씩을 내어 모아 놓고 성냥개비 열개씩을 나누어 가지고 속칭 "고스톱"을 치면서 3점, 5점, 7점에 각 성냥개비 1개, 2개, 3개씩을 내기로 하고 한 사람이 성냥개비 전부를 따면 자신이 내놓은 금 1,000원은 회수하고 나머지 돈으로 술을 사기로 한 경우라면 피고인 등의 연령, 직업, 재산정도 등에 비추어 피고인 등의 행위는 일시오락의 정도에 불과하여 도박죄를 구성하지 않는다 할 것이다[대판 1984.7.10. 84도1043].

Ⅲ. 상습도박죄

제246조(상습도박) ② 상습으로 제1항의 죄를 범한 사람은 3년 이하의 징역 또는 2천만원 이하의 벌금에 처한다.
제249조(벌금의 병과) 1천만원 이하의 벌금을 병과할 수 있다.

判例 **상습도박죄에 있어서 상습성의 의미와 판단 방법(도박전과 없이도 상습성 인정 가능)**

상습도박죄에 있어서의 상습성이라 함은 반복하여 도박행위를 하는 습벽으로서 행위자의 속성을 말하는데, 이러한 습벽의 유무를 판단함에 있어서는 도박의 전과나 도박 회수 등이 중요한 판단자료가 되나 도박전과가 없다 하더라도 도박의 성질과 방법, 도금의 규모, 도박에 가담하게 된 태양 등의 제반 사정을 참작하여 도박의 습벽이 인정되는 경우에는 상습성을 인정하여도 무방하다[대판 1995.7.11. 95도955].

判例 **도박의 상습성이 인정되는 경우**

1. 피고인에게 아무 전과가 없다 하더라도 2개월 10일 동안 9회에 걸쳐 반복을 하였다면 이는 상습성이 있다[대판 1983.10.25. 83도2448].
2. 단시일 내에 전후 6회에 걸쳐 판돈 3,000,000원여가 오간 도박의 경우, 1회의 도금 및 승패금과 압수된 금원 등에 비추어 이를 일시적인 오락으로 한 것으로는 볼 수 없고 여기에는 상습성이 있다고 할 것이다[대판 1985.6.11. 85도748].

判例 **도박의 상습성이 인정되지 않는 경우**

상피고인이 사용해 보라고 건네주는 유실물인 자기앞수표 금 1,000,000원 권 10매를 건네받은 도박 전과가 없는 피고인이 21:00경부터 이튿날 09:00경까지 사이에 위 수표를 가지고 공소외 4인과 함께 화투를 사용하여 1회 도금 최고 금 100,000원씩을 걸고 약 200회에 걸쳐 속칭 '모이쪼'라는 도박을 하였다면, 도박에 제공된 돈의 액수가 다소 많은 것은 사실이나 그 돈의 출처, 도박하기에 이른 경위 등에 비추어 도박의 상습성을 인정할 수 없다[대판 1991.10.8. 91도1894].

Ⅳ. 도박장소 등 개설죄

第247條(도박장소 등 개설) 영리의 목적으로 도박을 하는 장소나 공간을 개설한 사람은 5년 이하의 징역 또는 3천만원 이하의 벌금에 처한다. 〈개정 2013.4〉
第249條(벌금의 병과) 1천만원 이하의 벌금을 병과할 수 있다.

1. 도박장소 개설

스스로 도박의 주재자가 되어 그 지배하에 도박의 장소를 개설하는 것을 말한다. 따라서 주재자가 되지 않고 단순히 도박장소를 제공함에 그친 경우에는 도박죄의 종범이 될 뿐이다(다수설). 형법은 상습도박죄의 규정을 두고 있으나, 도박장소등개설죄의 경우 상습범 규정을 두고 있지 않다. [♠ 11 사시]

2. 도박공간 개설[2)]

인터넷 상에 도박사이트를 개설하여 전자화폐나 온라인으로 결제하도록 하는 경우를 처벌하기 위한 규정이다. 인터넷 상에 도박사이트를 개설한 행위에 대하여는 판례가 도박개장죄로 처벌하여 왔으나 그 가벌성을 명확히 하기 위하여 신설된 규정이다.

判例 도박개장죄가 성립하는 경우

1. 인터넷 고스톱게임 사이트를 유료화하는 과정에서 사이트를 홍보하기 위하여 고스톱대회를 개최하면서 참가자들로부터 참가비를 받고 입상자들에게 상금을 지급한 행위는 도박개장죄에 해당한다[대판 2002.4.12. 2001도5802]. [♠ 02, 03, 05 사시]
2. 성인PC방 운영자가 손님들로 하여금 컴퓨터에 접속하여 인터넷 도박게임을 하고 게임머니의 충전과 환전을 하도록 하면서 게임머니의 일정 금액을 수수료 명목으로 받은 행위는 도박개장죄에 해당한다[대판 2008.10.23. 2008도3970].
3. 인터넷 사이트 운영자가 회원들로 하여금 온라인에서 현금화할 수 있는 게임코인을 걸고 속칭 고스톱, 포커 등을 하도록 하고, 수수료 명목으로 일정액을 이익으로 취한 행위는 도박개장죄에 해당한다[대판 2008.9.11. 2008도1667].
4. 유료낚시터를 운영하는 사람이 입장료 명목으로 요금을 받은 후 물고기에 부착된 시상번호에 따라 경품을 지급한 사안에서, 도박개장죄를 인정한 사례[대판 2009.2.26. 2008도10582].
5. 인터넷컴퓨터게임시설제공업을 영위하는 피고인이 그 이용자들로 하여금 '파랑게임'이 운영하는 온라인 게임물에 접속하여 포커, 바둑이, 맞고 등을 할 수 있도록 선물카드를 판매하였고 게임물의 이용자가 획득한 점수를 금전으로 바꾸어 돌려받는 것이 가능하였던 이상 그러한 환전과정에 피고인이 직접 관여한 바 없다고 하더라도 도박개장죄의 성립에는 지장이 없다[대판 2012.5.24. 2010도14216].

판례해설 선불카드의 판매를 통해 이익을 취득할 목적이었으므로 영리목적으로 도박을 개장한 것이다.

---

2) 형법 개정에 의하여 '도박 공간을 개설하는 경우'가 추가되었으며, 법정형이 3년 이하의 징역 또는 2천만원 이하의 벌금에서 5년 이하의 징역 또는 3천만원 이하의 벌금으로 상향 조정되었다.

判例 정범의 도박개장행위가 인정되지 않아 도박개장방조죄가 성립하지 않는 경우(주의)

인터넷 게임사이트의 온라인게임에서 통용되는 사이버머니를 구입하고자 하는 사람을 유인하여 돈을 받고 위 게임사이트에 접속하여 일부러 패하는 방법으로 사이버머니를 판매한 사람에 대하여, 정범인 위 게임사이트 개설자의 도박개장행위를 인정할 수 없는 이상 종범인 도박개장방조죄도 성립하지 않는다고 한 사례[대판 2007.11.29. 2007도8050]. [♠ 11 사시]

3. 기수시기

영리의 목적으로 도박을 하는 장소나 공간을 개설하면 기수가 된다.

判例 도박개장죄의 기수시기

1. **(영리목적을 달성할 것을 요하지 않음)** 형법 제247조의 도박개장죄의, '영리의 목적'이란 도박개장의 대가로 불법한 재산상의 이익을 얻으려는 의사를 의미하고, 반드시 도박개장의 직접적 대가가 아니라 도박개장을 통하여 간접적으로 얻게 될 이익을 위한 경우(게임머니의 충전과 환전을 하도록 하면서 게임머니의 일정 금액을 수수료 명목으로 받은 경우)에도 영리의 목적이 인정되며, 또한 현실적으로 그 이익을 얻었을 것을 요하지는 않는다[대판 2008.10.23. 2008도3970]. [♠ 11 사시]
2. **(현실로 도박이 행하여졌음을 요하지 않음)** [1] 형법 제247조의 도박개장죄는 영리의 목적으로 도박을 개장하면 기수에 이르고, 현실로 도박이 행하여졌음은 묻지 않는다. 따라서 영리의 목적으로 속칭 포커나 바둑이, 고스톱 등의 인터넷 도박게임 사이트를 개설하여 운영하는 경우, 현실적으로 게임이용자들로부터 돈을 받고 게임머니를 제공하고 게임이용자들이 위 도박게임 사이트에 접속하여 도박을 하여, 위 게임으로 획득한 게임머니를 현금으로 환전해 주는 방법 등으로 게임이용자들과 게임회사 사이에 있어서 재물이 오고갈 수 있는 상태에 있으면, 게임이용자가 위 도박게임 사이트에 접속하여 실제 게임을 하였는지 여부와 관계없이 도박개장죄는 '기수'에 이른다. [♣ 13 변시]
   [2] 피고인이 단순히 가맹점만을 모집한 상태에서 도박게임 프로그램을 시험가동한 정도에 그친 것이 아니라, 가맹점을 모집하여 인터넷 도박게임이 가능하도록 시설 등을 설치하고 도박게임 프로그램을 가동하던 중 문제가 발생하여 더 이상의 영업으로 나아가지 못한 것으로 볼 여지가 있다면 이로써 도박개장죄는 이미 '기수'에 이르렀다고 볼 수 있고, 나아가 피고인이 모집한 피씨방의 업주들이 그곳을 찾은 이용자들에게 피고인이 개설한 도박게임 사이트에 접속하여 도박을 하게 한 사실이 없다고 하여 도박개장죄의 성립이 부정된다고 할 수 없다고 한 사례[대판 2009.12.10. 2008도5282].

4. 죄 수

도박장소 등을 개설한 자가 도박을 한 경우에는 도박장소등개설죄와 도박죄의 실체적 경합이 된다.

Ⅴ. 복표발매 · 중개 · 취득죄

제248조(복표의 발매 등) ① 법령에 의하지 아니한 복표를 발매한 사람은 5년 이하의 징역 또는 3천만원 이하의 벌금에 처한다. 〈개정 2013.4〉[3]

② 제1항의 복표발매를 중개한 사람은 3년 이하의 징역 또는 2천만원 이하의 벌금에 처한다. 〈개정 2013.4〉[4]

③ 제1항의 복표를 취득한 사람은 1천만원 이하의 벌금에 처한다. 〈개정 2013.4〉[5]

제249조(벌금의 병과) 제1항의 경우에는 1천만원 이하의 벌금을 병과할 수 있다.

判例 복표의 요건과 광고복권이 복표로 인정된 경우

[1] 형법 제248조가 규정하는 복표의 개념요소는 ① 특정한 표찰일 것, ② 그 표찰을 발매하여 다수인으로부터 금품을 모을 것, ③ 추첨 등의 우연한 방법에 의하여 그 다수인 중 일부 당첨자에게 재산상의 이익을 주고 다른 참가자에게 손실을 줄 것의 세 가지로 파악할 수 있으며,[6] 이 점에서 경제상의 거래에 부수하는 특수한 이익의 급여 내지 가격할인에 불과한 경품권이나 사은권 등과는 그 성질이 다른 것이지만, 어떠한 표찰이 형법 제248조 소정의 복표에 해당하는지 여부는 그 표찰 자체가 갖는 성질에 의하여 결정되어야 하고, 그 기본적인 성질이 위와 같은 개념요소를 갖추고 있다면, 거기에 광고 등 다른 기능이 일부 가미되어 있는 관계로 당첨되지 않은 참가자의 손실을 그 광고주 등 다른 사업주들이 대신 부담한다고 하더라도, 특별한 사정이 없는 한 복표로서의 성질을 상실하지는 않는다.

[2] 이른바 '광고복권'은 통상의 경우 이를 홍보 및 판촉의 수단으로 사용하는 사업자들이 당첨되지 않은 참가자들의 손실을 대신 부담하여 주는 것일 뿐, 그 자체로는 추첨 등의 우연한 방법에 의하여 일부 당첨자에게 재산상의 이익을 주고 다른 참가자에게 손실을 주는 복표로서의 성질을 갖추고 있다고 보아 형법 제248조 소정의 복표에 해당한다고 한 사례[대판 2003.12.26. 2003도5433].

도박과 복표의 차이점

	도 박	복 표
재물득실의 결정방법	추첨 이외의 우연한 방법	추 첨
재물손실의 위험부담자	당사자 전부	구매자
소유권 이전시기	승패결정시	복표구입시

3) 형법 개정에 의하여 법정형이 3년 이하의 징역 또는 2천만원 이하의 벌금에서 5년 이하의 징역 또는 3천만원 이하의 벌금으로 상향 조정되었다.

4) 형법 개정에 의하여 법정형이 1년 이하의 징역 또는 500만원 이하의 벌금에서 3년 이하의 징역 또는 2천만원 이하의 벌금으로 상향 조정되었다.

5) 형법 개정에 의하여 법정형이 500만원 이하의 벌금에서 1천만원 이하의 벌금으로 상향 조정되었다.

6) 경품권이나 사은권은 특정한 표찰이라는 점과 추첨으로 당첨자를 결정한다는 점이 복표와 유사하나 경품권이나 사은권 자체를 지급하고 금품을 모으는 것은 아니라는 점과 참가자에게 손실이 아니라 특수한 이익의 급여를 내용으로 하는 것이라는 점에서 복표에 해당하지 않는다.

제3절 신앙에 관한 죄

Ⅰ. 총 설

1. 의 의

신앙에 관한 죄란 공중의 종교생활의 평온과 종교감정을 침해하는 것을 내용으로 하는 범죄이다.

2. 보호법익

사회풍속으로서의 종교감정과 종교생활의 평온을 보호법익으로 한다. 보호의 정도는 추상적 위험범이다.

Ⅱ. 장례식 등 방해죄

제158조(장례식 등의 방해) 장례식, 제사, 예배 또는 설교를 방해한 자는 3년 이하의 징역 또는 500만원 이하의 벌금에 처한다.

判例 설교 또는 예배방해죄의 보호대상인 설교와 예배에 해당하는 경우

정식절차를 밟은 위임목사가 아닌 자가 당회의 결의에 반하여 설교와 예배인도를 한 경우라 할지라도 그가 그 교파의 목사로서 그 교의를 신봉하는 신도 약 350여명 앞에서 그 교지에 따라 설교와 예배인도를 한 것이라면 다른 특별한 사정이 없는 한 그 설교와 예배인도는 형법상 보호를 받을 가치가 있고, 이러한 설교와 예배인도의 평온한 수행에 지장을 주는 행위를 하면 형법 제158조의 설교 또는 예배방해죄가 성립한다[대판 1971.9.28. 71도1465].

判例 예배방해죄의 보호대상인 예배에 해당하지 않는 경우

소속 교단으로부터 목사면직의 판결을 받은 목사가 일부 신도들과 함께 소속 교단을 탈퇴한 후 아무런 통보나 예고도 없이, 부활절 예배를 준비 중이던 종전 교회 예배당으로 들어와 찬송가를 부르고 종전 교회의 교인들로부터 예배당을 비워달라는 요구를 받았으나 이를 계속 거부한 경우, 위 목사와 신도들의 행위는 종전 교회의 교인들의 예배를 방해하는 것으로서 형법 제158조 예배방해죄에서 보호하는 '예배'에 해당한다고 보기는 어렵다[대판 2008.2.28. 2006도4773].

判例 예배방해죄의 인정요건과 예배방해죄가 성립하지 않는 경우

[1] 형법 제158조에 규정된 예배방해죄는 공중의 종교생활의 평온과 종교감정을 그 보호법익으로 하는 것이므로, 예배중이거나 예배와 시간적으로 밀접불가분의 관계에 있는 준비단계에서 이를 방해하는 경우에만 성립한다.
[2] 교회의 교인이었던 사람이 교인들의 총유인 교회 현판, 나무십자가 등을 떼어 내고 예배당 건물에 들어가 출입문 자물쇠를 교체하여 7개월 동안 교인들의 출입을 막은 경우, 장기간 예배당 건물의 출입을 통제한 위 행위는 교인들의 예배 내지 그와 밀접불가분의 관계에 있는 준비단계를 계속하여 방해한 것으로 볼 수 없어 예배방해죄가 성립하지 않는다[대판 2008.2.1. 2007도5296].

판결이유 피고인이 교회를 떠난 후 공소외인이 이 사건 예배당 건물을 점유·관리하고 있음에도, 피고인이 공소외인의 의사에 반하여 교회 현판, 나무십자가 등을 떼어 내고 위 예배당 건물에 들어가서 예배의자를 밀쳐 내고 피고인의 장롱을 들여 놓은 후 교인들의 출입을 막은 사실을 인정할 수 있고, 이에 따르면 피고인이 위 물건들의 효용을 해하였다고 볼 수 있고, 또 피고인이 단순히 교회의 교인으로서 이 사건 예배당 건물에 출입한 것이 아니라 이 사건 예배당 건물에 침입하였다고 보아야 할 것이므로, 재물손괴죄와 건조물침입죄가 성립한다.

判例 제사방해죄의 인정요건과 제사방해죄가 성립하지 않는 경우

형법 제158조에 규정된 제전(제사)방해죄는 제전의 평온을 그 보호법익으로 하는 것이므로 제전이 집행 중이거나 제전의 집행과 시간적으로 밀접 불가분의 관계에 있는 준비단계에서 이를 방해하는 경우에만 성립한다 할 것인바, 피고인이 피해자의 집에 가서 시비 중에 마침 제사 상에 사용할 음식을 마련하여 임시로 작은 상 위에 올려 놓은 것을 발로 찼다는 정도의 행위는 제전방해죄에 해당되지 않는다고 할 것이다[대판 1982.2.23. 81도2691].

判例 제사방해죄의 인정요건과 제사방해죄가 성립하지 않는 경우

[1] 장례식방해죄는 장례식의 평온과 공중의 추모감정을 보호법익으로 하는 이른바 추상적 위험범으로서 범인의 행위로 인하여 장례식이 현실적으로 저지 내지 방해되었다고 하는 결과의 발생까지 요하지 않고 방해행위의 수단과 방법에도 아무런 제한이 없으며 일시적인 행위라 하더라도 무방하나, 적어도 객관적으로 보아 장례식의 평온한 수행에 지장을 줄 만한 행위를 함으로써 장례식의 절차와 평온을 저해할 위험이 초래될 수 있는 정도는 되어야 비로소 방해행위가 있다고 보아 장례식방해죄가 성립한다고 할 것이다.
[2] 이명박 대통령의 헌화 순서에 맞추어 헌화대 쪽을 향하여 몇 걸음을 옮기면서 크게 소리를 지른 행위가 비록 피고인이 대통령의 헌화를 방해하려는 의도를 가지고 한 행동이라 하더라도, 그 행위의 내용, 경호원들의 제압에 대한 피고인의 반응, 소란이 있었던 시간 등 여러 객관적 사정으로 보아 피고인의 위와 같은 행위가 이 사건 영결식의 평온한 수행에 지장을 줄 만한 행위로서 이로 말미암아 이 사건 영결식의 절차와 평온을 저해할 위험이 초래될 정도라고 단정하기는 어렵다고 한 사례[대판 2013.2.14. 2010도13450].

판례해설 피고인의 행위가 있은 후 영결식에 참석하여 피고인의 뒤쪽에 앉아 있던 일부 참석자들이 자리에서 일어나 "손대지 마라." 등 소리를 지르기도 하여 잠시 소란이 발생하였으나, 영결식 사회자의 장내 정리 발언에 따라 곧바로 정리되었다. … 이러한 사실관계에 대하여 대법원은 영결식에 참석한 다른 참석자들의 행위에 대한 부분은 피고인의 행위에 해당하지 않음이 분명하고, 검사의 주장과 같이 피고인이 영결식에 참석한 다른 참석자들의 행위로 인해 소란스러운 결과가 초래될 것이라는 점을 충분히 예견하고 있었다거나 예견할 수 있었다고 볼 증거도 찾아볼 수 없다고 판시하였다.

Ⅲ. 시체 등 오욕죄

제159조(시체 등의 오욕) 시체, 유골 또는 유발을 오욕한 자는 2년 이하의 징역 또는 500만원 이하의 벌금에 처한다.

Ⅳ. 분묘발굴죄

제160조(분묘의 발굴) 분묘를 발굴한 자는 5년 이하의 징역에 처한다.
제162조(미수범) 미수범은 처벌한다.

判例 분묘발굴죄의 보호법익

분묘발굴의 피해법익은 종교감정의 공서양속을 해치는데 있으므로 생모의 묘를 설묘관리하는 甲의 의사에 반하여 그 묘를 발굴한 乙은 설령 그 묘가 자기의 생모(甲과는 이부동복간)의 묘라도 죄가 성립한다[대판 1971.10.25. 71도1727].

判例 분묘발굴죄의 객체인 분묘에 해당하는 경우

1. 분묘발굴죄의 객체인 분묘는 사람의 사체, 유골, 유발 등을 매장하여 제사나 예배 또는 기념의 대상으로 하는 장소를 말하는 것이고, 사체나 유골이 토괴화 하였을 때에도 분묘인 것이며, 그 사자가 누구인지 불명하다고 할지라도 현재 제사 숭경하고 종교적 예의의 대상으로 되어 있고 이를 수호, 봉사하는 자가 있으면 분묘에 해당한다고 할 것이다[대판 1990.2.13. 89도2061].
2. 묘의 봉분이 없어지고 평토화 가까이 되어 있고 묘비 등 표식이 없어 그 묘 있음을 확인할 수 없는 분묘라 하더라도 현재 이를 제사 숭경하고 종교적 의례의 대상으로 하는 자가 있는 경우에는 그가 바로 무연고분으로서 제사와 신앙의 대상이 되는 분묘라 할 수 없다거나 분묘발굴죄의 객체인 분묘에 해당되지 않는다고는 할 수 없다. 또한 암장된 분묘라 하더라도 당국의 허가 없이 자구행위로 이를 발굴하여 개장할 수는 없는 것이다[대판 1976.10.29. 76도2828].

判例 분묘발굴의 위법성조각의 요건

분묘발굴죄는 그 분묘에 대하여 아무런 권한 없는 자나 또는 권한이 있는 자라도 사체에 대한 종교적 양속에 반하여 함부로 이를 발굴하는 경우만을 처벌대상으로 삼는 취지라고 보아야 할 것이므로 법률상 그 분묘를 수호·봉사하며 관리하고 처분할 권한이 있는 자 또는 그로부터 정당하게 승낙을 얻은 자가 사체에 대한 종교적, 관습적 양속에 따른 존숭의 예를 갖추어 이를 발굴하는 경우에는 그 행위의 위법성은 조각된다고 할 것이다[대판 1995.2.10. 94도1190; 동지 대판 2007.12.13. 2007도8131].

判例 분묘발굴행위가 정당한 것으로 인정되지 않는 경우

토지구획정리사업 시행자로부터 분묘의 개장명령을 받았다 하더라도 그 분묘를 보존 수호하는 권한 있는 자의 제지를 무릅쓰고 한 분묘발굴행위가 정당한 것으로 될 수는 없고 또 그와 같은 개장명령이 있었다 하여 '매장 및 묘지 등에 관한 법률'에 정한 절차에 따른 개장신고를 하지 않아도 된다고 볼 수도 없다[대판 1978.5.9. 77도3588].

Ⅴ. 시체 등 손괴·유기·은닉·영득죄

제161조(시체 등의 유기 등) ① 시체, 유골, 유발 또는 관 속에 넣어 둔 물건을 손괴, 유기, 은닉 또는 영득한 자는 7년 이하의 징역에 처한다.
② 분묘를 발굴하여 제1항의 죄를 지은 자는 10년 이하의 징역에 처한다.
제162조(미수범) 미수범은 처벌한다.

判例 사체유기죄의 성립과 감호의무의 요부

사체유기죄의 성립에 있어서 적극적으로 사체를 다른 곳에 옮겨 유기하는 경우에는 유기하는 자의 그 사체에 대한 감호의무의 유무를 불문하나, 소극적으로 단순히 사체를 방치함에 그친 경우에는 법령 또는 관습에 의하여 장제 또는 감호의무가 있어야 한다[대판 1948.6.8. 4281형상48].

判例 사체를 유기한 것이라고 볼 수 없는 경우(일반의 장제의 의례를 갖추어 화장한 경우)

일반 화장 절차에 따라 피해자의 시신을 화장하여 일반의 장제의 의례를 갖추었다면 비록 그것이 범행을 은폐할 목적이었다고 하더라도 사자에 대한 종교적 감정을 침해하여 사체유기한 것이라고 할 수 없다[대판 1998.3.10. 98도51].

判例 과수원의 노무자가 자살하자 그 과수원의 경영자가 사체를 몰래 매장한 경우(사체유기죄 성립)

[1] 피고인은 과수원을 관리경영 중 종전부터 동 과수원에 노무자로 취역하여 오던 A女(22세)가 피고인에 대하여 결혼하여 줄 것을 희망하였으나 그 이루어질 수 없는 것을 체념 · 비관하고 동 과수원 내 원두막에서 농약 '파라치온'을 복용 자살하게 되자 피고인은 바로 1년 전에도 이와 동종의 불상사례가 있어 비밀히 그 사체를 매장함으로써 절박한 곤혹을 모면하고자 익일 오전 영시 경 과수원내에 그 사체를 매몰한 경우에는 사체유기죄가 성립한다.
[2] A女는 그 자살 전까지 상당기간 계속 피고인 소관의 과수원에 노무자로서 종사하여 오고 있었던 것이므로 동인에 있어서 피고인의 관리구역 내에서의 자살사태가 발생하였을 때에는 설령 법률상 또는 계약상의 의무는 아니라 할지라도 의당 소할관서에의 신고 또는 그 유가족에의 통보 · 연락 등 상당한 조처를 취하였어야 할 조리상의 의무를 기대할 수 있다[대판 1961.1.18. 4293형상859].

Ⅵ. 변사체검시방해죄

제163조(변사체검시방해) 변사자의 시체 또는 변사로 의심되는 시체를 은닉하거나 변경하거나 그 밖의 방법으로 검시를 방해한 자는 700만원 이하의 벌금에 처한다.

判例 사인이 명백한 자(변사자 ×)

형법 제163조의 변사자라 함은 부자연한 사망으로서 그 사인이 분명하지 않은 자를 의미하고 그 사인이 명백한 경우는 변사자라 할 수 없으므로, 범죄로 인하여 사망한 것이 명백한 자의 사체는 같은법조 소정의 변사체검시방해죄의 객체가 될 수 없다[대판 2003.6.27. 2003도1331]. [♠ 04 사시]

제 3 편 국가적 법익에 관한 죄

• 제1장 국가의 존립과 권위에 대한 죄
• 제2장 국가의 기능에 대한 죄

제1장 국가의 존립과 권위에 대한 죄

거의 출제되지 않았으며 앞으로도 출제가능성은 그리 높다고 할 수 없다. 구성요건을 읽은 뒤 판례 중심으로 보아두면 충분하다.

제1절 내란의 죄

Ⅰ. 총 설

1. 의 의

내란의 죄란 폭동에 의하여 국가의 존립과 헌법질서를 위태롭게 하는 범죄를 말한다.

2. 보호법익

내란죄는 국가존립과 안전을 보호법익으로 한다. 보호의 정도는 구체적 위험범이다(다수설).

Ⅱ. 내란죄

제87조(내란) 대한민국 영토의 전부 또는 일부에서 국가권력을 배제하거나 국헌을 문란하게 할 목적으로 폭동을 일으킨 자는 다음 각 호의 구분에 따라 처벌한다.
1. 우두머리는 사형, 무기징역 또는 무기금고에 처한다.
2. 모의에 참여하거나 지휘하거나 그 밖의 중요한 임무에 종사한 자는 사형, 무기 또는 5년 이상의 징역이나 금고에 처한다. 살상, 파괴 또는 약탈 행위를 실행한 자도 같다.
3. 부화수행하거나 단순히 폭동에만 관여한 자는 5년 이하의 징역 또는 금고에 처한다.

제89조(미수범) 미수범은 처벌한다.

제91조(국헌문란의 정의) 본장에서 국헌을 문란할 목적이라 함은 다음 각호의 1에 해당함을 말한다.
1. 헌법 또는 법률에 정한 절차에 의하지 아니하고 헌법 또는 법률의 기능을 소멸시키는 것
2. 헌법에 의하여 설치된 국가기관을 강압에 의하여 전복 또는 그 권능행사를 불가능하게 하는 것

1. 폭 동

① 다수인이 결합하여 폭행 · 협박하는 것을 말한다.

② 폭행 · 협박은 최광의 개념이며 일지방의 평온을 해할 정도일 것을 요한다.

③ 폭행 · 협박이 한 지방의 평온을 해할 정도에 이르렀을 때에 기수가 되며 그 정도에 이르지 못한 때에는 미수가 된다.

判例 비상계엄의 전국확대가 내란죄의 폭동에 해당한다는 판례

국헌문란의 목적을 가진 자에 의하여 그 목적을 달성하기 위한 수단으로 이용되는 경우에는 비상계엄의 전국확대조치가 내란죄의 구성요건인 폭동의 내용으로서의 협박행위가 되므로 이는 내란죄의 폭동에 해당하고, 또한 그 당시 그와 같은 비상계엄의 전국확대는 우리 나라 전국의 평온을 해하는 정도에 이르렀음을 인정할 수 있다[대판(전) 1997.4.17. 96도3376].

判例 내란죄 기수시기(한 지방의 평온을 해할 정도의 폭행 · 협박행위를 한 때)

내란죄는 국토를 참절하거나 국헌을 문란할 목적으로 폭동한 행위로서, 다수인이 결합하여 위와 같은 목적으로 한 지방의 평온을 해할 정도의 폭행 · 협박행위를 하면 기수가 되고, 그 목적의 달성 여부는 이와 무관한 것으로 해석되므로, 다수인이 한 지방의 평온을 해할 정도의 폭동을 하였을 때 이미 내란의 구성요건은 완전히 충족된다고 할 것이어서 상태범으로 봄이 상당하다[대판(전) 1997.4.17. 96도3376]. [♣ 14, 19 변시]

判例 5 · 18 내란행위의 종료시기

비상계엄의 전국확대를 포함한 일련의 내란행위는 위 비상계엄이 해제된 1981.1.24.에 비로소 종료되었다고 보아야 한다[대판(전) 1997.4.17. 96도3376].

判例 국헌문란의 의미

[1] 형법 제91조 제2호에 의하면 헌법에 의하여 설치된 국가기관을 강압에 의하여 전복 또는 그 권능행사를 불가능하게 하는 것을 국헌문란의 목적의 하나로 규정하고 있는데, 여기에서 '권능행사를 불가능하게 한다'고 하는 것은 그 기관을 제도적으로 영구히 폐지하는 경우만을 가리키는 것은 아니고 사실상 상당기간 기능을 제대로 할 수 없게 만드는 것을 포함한다.
[2] 5 · 18내란 행위자들이 1980.5.17. 24:00를 기하여 비상계엄을 전국으로 확대하는 등 헌법기관인 대통령, 국무위원들에 대하여 강압을 가하고 있는 상태에서, 이에 항의하기 위하여 일어난 광주시민들의 시위는 국헌을 문란하게 하는 내란행위가 아니라 헌정질서를 수호하기 위한 정당한 행위였음에도 불구하고 이를 난폭하게 진압함으로써, 대통령과 국무위원들에 대하여 보다 강한 위협을 가하여 그들을 외포하게 하였다면, 그 시위진압행위는 내란행위자들이 헌법기관인 대통령과 국무위원들을 강압하여 그 권능행사를 불가능하게 한 것으로 보아야 하므로 국헌문란에 해당한다[대판(전) 1997.4.17. 96도3376].

判例 내란죄의 목적의 인식 정도(결과발생의 희망 · 의욕임을 필요 ×, 미필적 인식으로 족함)

내란죄에 있어서의 국헌문란의 목적은 결과발생의 희망 · 의욕임을 필요로 한다고 할 수는 없고, 또 확정적 인식임을 요하지 아니하며, 다만 미필적 인식이 있으면 족하다 할 것이다[대판 1980.5.20. 80도306].

2. 공범규정의 적용여부

① 내란죄는 필요적 공범이므로 내부참가자에 대하여는 총칙상의 공범규정이 적용되지 않는다(통설). 따라서 내부참가자는 모두 제87조 내란죄의 정범에 해당하며 가담형태에 따라서 각호의 형으로 처벌된다.

② 외부관여자는 교사 · 방조의 규정은 적용될 수 있으나 공동정범의 규정은 적용될 수 없다(다수설).

3. 죄 수

폭동에 수반하여 살인 · 상해 · 방화 · 손괴 등의 행위를 한 경우에 살인죄 등은 내란죄에 흡수된다(판례).

判例 내란의 과정에서 발생한 살인행위의 내란목적살인죄 성립여부

내란목적살인죄는 국헌을 문란할 목적을 가지고 직접적인 수단으로 사람을 살해함으로써 성립하는 범죄라 할 것이므로, 국헌문란의 목적을 달성함에 있어 내란죄가 '폭동'을 그 수단으로 함에 비하여 내란목적살인죄는 '살인'을 그 수단으로 하는 점에서 두 죄는 엄격히 구별된다. 따라서 내란의 실행과정에서 폭동행위에 수반하여 개별적으로 발생한 살인행위는 내란행위의 한 구성요소를 이루는 것이므로 내란행위에 흡수되어 내란목적살인의 별죄를 구성하지 아니하나, 특정인 또는 일정한 범위 내의 한정된 집단에 대한 살해가 내란의 와중에 폭동에 수반하여 일어난 것이 아니라 그것 자체가 의도적으로 실행된 경우에는 이러한 살인행위는 내란에 흡수될 수 없고 내란목적살인의 별죄를 구성한다[대판(전) 1997.4.17. 96도3376].

判例 국헌문란목적을 위하여 행하여진 일련의 폭동(내란죄의 단순일죄)

내란죄는 그 구성요건의 의미 내용 그 자체가 목적에 의하여 결합된 다수의 폭동을 예상하고 있는 범죄라고 할 것이므로, 내란행위자들에 의하여 애초에 계획된 국헌문란의 목적을 위하여 행하여진 일련의 폭동행위는 단일한 내란죄의 구성요건을 충족하는 것으로서 이른바 단순일죄로 보아야 한다[대판(전) 1997.4.17. 96도3376].

내란죄와 소요죄의 차이점

	내란죄	소요죄
보호법익	국가의 내적 안전	공공의 안전과 평온
보호의 정도	구체적 위험범	추상적 위험범
조직성 요부	필 요	불필요
가담자의 처벌	지위에 따라 세분화	세분하지 않음
행 위	폭 동	폭행, 협박, 손괴
목 적	국토참절 · 국헌문란의 목적	목적 불필요
기수시기	일 지방의 평온을 해할 정도	폭행 · 협박 · 손괴행위시
미 수	처 벌	불 벌
예비 · 음모 등의 처벌 여부	처 벌	불 벌
자수특례	있음(필요적 감면)	없 음
형법 제5조의 적용여부	적 용	부적용

Ⅲ. 내란목적살인죄

제88조(내란목적의 살인) 대한민국 영토의 전부 또는 일부에서 국가권력을 배제하거나 국헌을 문란하게 할 목적으로 사람을 살해한 자는 사형, 무기징역 또는 무기금고에 처한다.
제89조(미수범) 미수범은 처벌한다.

Ⅳ. 내란예비 · 음모 · 선동 · 선전죄

제90조(예비, 음모, 선동, 선전) ① 제87조 또는 제88조의 죄를 범할 목적으로 예비 또는 음모한 자는 3년 이상의 유기징역이나 유기금고에 처한다. 단 그 목적한 죄의 실행에 이르기 전에 자수한 때에는 그 형을 감경 또는 면제한다.
② 제87조 또는 제88조의 죄를 범할 것을 선동 또는 선전한 자도 전항의 형과 같다.

判例 내란선동죄의 성립요건

[1] 우리 헌법은 국민주권주의, 자유민주주의, 국민의 기본권보장, 법치주의 등을 국가의 근본이념 및 기본원리로 하고 있다. 이러한 헌법질서 아래에서 헌법이 정한 민주적 절차가 아니라 폭력 등의 수단에 의하여 헌법기관의 권능행사를 불가능하게 하거나 헌법의 기능을 소멸시키는 행위는 어떠한 경우에도 용인될 수 없다. 일단 국헌문란을 목적으로 한 폭동이 발생하면 이로 인하여 막대한 인명과 재산상의 피해 및 사회적 혼란이 초래될 것은 명백하고, 혹시라도 내란이 성공하여 국민적 합의로 성립한 현재의 헌법질서가 폭력에 의하여 무너지게 되면, 이를 원래대로 회복한다는 것은 대단히 어려운 일이 될 것이므로, 그러한 내란행위는 사전에 차단하는 것이 필요하고, 따라서 직접적인 폭력행위 등의 방법으로 헌법질서를 전복할 것을 선동하는 것 역시 정치적 표현의 자유의 한계를 현저히 일탈한 것으로서 허용될 수 없다.
이에 따라 형법은 국가의 기본조직을 폭력적으로 변혁할 것을 목적으로 하는 집단적 행위로부터 국가의 존립과 헌법질서를 보호하기 위하여 제87조에서 "국토를 참절하거나 국헌을 문란할 목적으로 폭동한 자"를 내란죄로 처벌한다고 규정하면서 제90조 제1항 및 제2항에서 내란 목적으로 예비 또는 음모한 자와 내란을 선동 또는 선전한 자를 모두 3년 이상의 유기징역 또는 유기금고에 처한다고 규정하고 있다.
내란선동죄는 내란이 실행되는 것을 목표로 선동함으로써 성립하는 독립한 범죄이고, 선동으로 말미암아 피선동자들에게 반드시 범죄의 결의가 발생할 것을 요건으로 하지 않는다. 즉 내란선동은 주로 내란행위의 외부적 준비행위에도 이르지 않은 단계에서 이루어지지만, 다수인의 심리상태에 영향을 주는 방법으로 내란의 실행욕구를 유발 또는 증대시킴으로써 집단적인 내란의 결의와 실행으로 이어지게 할 수 있는 파급력이 큰 행위이다. 따라서 내란을 목표로 선동하는 행위는 그 자체로 내란예비 · 음모에 준하는 불법성이 있다고 보아 내란예비 · 음모와 동일한 법정형으로 처벌되는 것이다.
[2] 내란선동죄에서 '국헌을 문란할 목적'이라 함은 "헌법 또는 법률에 정한 절차에 의하지 아니하고 헌법 또는 법률의 기능을 소멸시키는 것(형법 제91조 제1호)" 또는 "헌법에 의하여 설치된 국가기관을 강압에 의하여 전복 또는 그 권능행사를 불가능하게 하는 것(같은 조 제2호)"을 말한다. 국헌문란의 목적은 범죄 성립을 위하여 고의 외에 요구되는 초과주관적 위법요소로서 엄격한 증명사항에 속하나, 확정적 인식임을 요하지 아니하며, 다만 미필적 인식이 있으면 족하다. 그리고 국헌문란의 목적이 있었는지 여부는 피고인들이 이를 자백하지 않는 이상 외부적으로 드러난 피고인들의 행위와 그 행위에 이르게 된 경위 등 사물의 성질상 그와 관련성 있는 간접사실 또는 정황사실을 종합하여 판단하면 되고, 선동자의 표현 자체에 공격대상인 국가기관과 그를 통해 달성하고자 하는 목표, 실현방법과 계획이 구체적으로 나타나 있어야만 인정되는 것은 아니다.
또한, 형법상 내란죄의 구성요건인 폭동의 내용으로서의 폭행 또는 협박은 일체의 유형력의 행사나 외포심을 생기게 하는 해악의 고지를 의미하는 최광의의 폭행 · 협박을 말하는 것으로서, 이를 준비하거나 보조하는 행위를 전체적으로 파악한 개념이며, 그 정도가 한 지방의 평온을 해할 정도의 위력이 있음을 요한다.
내란선동이라 함은 내란이 실행되는 것을 목표로 하여 피선동자들에게 내란행위를 결의, 실행하도록 충동하고 격려하는 일체의 행위를 말한다. 내란선동은 주로 언동, 문서, 도화 등에 의한 표현행위의 단계에서 문제되는 것이므로 내란선동죄의 구성요건을 해석함에 있어서는 국민의 기본권인 표현의 자유가 위축되거나 그 본질이 침해되지 아니하도록 죄형법정주의의 기본정신에 따라 엄격하게 해석하여야 할 것이다. 따라서 내란을 실행시킬 목표를 가지고 있다 하여도 단순히 특정한 정치적 사상이나 추상적인 원리를 옹호하거나 교시하는 것만으로는 내란선동이 될 수 없고, 그 내용이 내란에 이를 수 있을 정도의 폭력적인 행위를 선동하는 것이어야 하고, 나아가 피선동자의 구성 및 성향, 선동자와 피선동자의 관계 등에 비추어 피선동자에게 내란 결의를 유발하거나 증대시킬 위험성이 인정되어야만 내란선동으로 볼 수 있다. 언어적 표현행위는 매우 추상적이고 다의적일 수 있으므로 그 표현행위가 위와 같은 내란선동에 해당하는지를 가림에 있어서는 선동행위 당시의 객관적 상황, 발언 등의 장소와 기회, 표현 방식과 전체적인 맥락 등을 종합하여 신중하게 판단하여야 할 것이다.

다만 선동행위는 선동자에 의하여 일방적으로 행해지고, 그 이후 선동에 따른 범죄의 결의 여부 및 그 내용은 선동자의 지배영역을 벗어나 피선동자에 의하여 결정될 수 있으며, 내란선동을 처벌하는 근거가 선동행위 자체의 위험성과 불법성에 있다는 점 등을 전제하면, 내란선동에 있어 시기와 장소, 대상과 방식, 역할분담 등 내란 실행행위의 주요 내용이 선동 단계에서 구체적으로 제시되어야 하는 것은 아니고, 또 선동에 따라 피선동자가 내란의 실행행위로 나아갈 개연성이 있다고 인정되어야만 내란선동의 위험성이 있는 것으로 볼 수도 없다[대판(전) 2015.1.22. 2014도10978]. [♠ 15 사시]

[내란선동 무죄취지 반대의견] 다수의견에 대하여, 내란선동죄에서도 내란음모죄와 마찬가지로 객관적으로 보아 내란의 주요한 부분, 즉 시기, 대상, 수단 및 방법, 실행 또는 준비에 관한 역할분담 등 윤곽에 관하여 어느 정도 개략적으로 특정된 선동이라는 것이 명백히 인정되고 이러한 선동에 따라 피선동자가 내란으로 나아갈 실질적인 위험성이 인정되는 경우에 한하여 범죄가 성립한다고 보아야 하며, 내란선동에 실질적인 위험성이 있는지를 판단할 때에는 표현의 내용 자체가 가장 중요하겠지만, 이와 함께 선동자의 경력과 지위, 회합의 개최 경위와 진행 과정 등 해당 표현을 하게 된 경위, 당시의 객관적인 정세, 청중의 수와 인적 구성, 청중의 반응, 해당 표현 전후에 내란의 실행을 위한 객관적 준비행위가 있었는지 등도 종합적으로 고려하여야 한다는 취지의 대법관 이인복, 대법관 이상훈, 대법관 김신의 반대의견이 있음.

判例 내란음모죄의 성립요건

[1] 내란음모죄도 내란시도를 사전에 차단하여 국가의 존립과 헌법질서를 보호하는 것을 입법목적으로 함은 내란선동죄와 마찬가지이다.

음모는 실행의 착수 이전에 2인 이상의 자 사이에 성립한 범죄실행의 합의로서, 합의 자체는 행위로 표출되지 않은 합의 당사자들 사이의 의사표시에 불과한 만큼 실행행위로서의 정형이 없고, 따라서 합의의 모습 및 구체성의 정도도 매우 다양하게 나타날 수밖에 없다. 그런데 어떤 범죄를 실행하기로 막연하게 합의한 경우나 특정한 범죄와 관련하여 단순히 의견을 교환한 경우까지 모두 범죄실행의 합의가 있는 것으로 보아 음모죄가 성립한다고 한다면 음모죄의 성립범위가 과도하게 확대되어 국민의 기본권인 사상과 표현의 자유가 위축되거나 그 본질이 침해되는 등 죄형법정주의

원칙이 형해화될 우려가 있으므로, 음모죄의 성립범위도 이러한 확대해석의 위험성을 고려하여 엄격하게 제한하여야 할 것이다.

한편 내란죄의 주체는 국토를 참절하거나 국헌을 문란할 목적을 이룰 수 있을 정도로 조직화된 집단으로서 다수의 자이어야 하고, 그 역할도 수괴, 중요한 임무에 종사한 자, 부화수행한 자 등으로 나뉜다(형법 제87조 각호 참조). 또한, 실행행위인 폭동행위는 살상, 파괴, 약탈, 단순 폭동 등 여러 가지 폭력행위가 혼합되어 있고, 그 정도가 한 지방의 평온을 해할 정도의 위력이 있음을 요한다. 2인 이상의 자 사이에 어떠한 폭동행위에 대한 합의가 있는 경우에도 공격의 대상과 목표가 설정되어 있지 않고, 시기와 실행방법이 어떠한지를 알 수 없으면 그것이 '내란'에 관한 음모인지를 알 수 없다. 따라서 내란음모가 성립하였다고 하기 위해서는 개별 범죄행위에 관한 세부적인 합의가 있을 필요는 없으나, 공격의 대상과 목표가 설정되어 있고, 그 밖의 실행계획에 있어서 주요 사항의 윤곽을 공통적으로 인식할 정도의 합의가 있어야 할 것이다.

나아가 합의는 실행행위로 나아간다는 확정적인 의미를 가진 것이어야 하고, 단순히 내란에 관한 생각이나 이론을 논의한 것으로는 부족하다. 또한, 내란음모가 단순히 내란에 관한 생각이나 이론을 논의 내지 표현한 것인지 실행행위로 나아간다는 확정적인 의미를 가진 합의인지를 구분하기가 쉽지 않다는 점을 고려하면, 내란음모죄에 해당하는 합의가 있다고 하기 위해서는 단순히 내란에 관한 범죄결심을 외부에 표시 · 전달하는 것만으로는 부족하고 객관적으로 내란범죄의 실행을 위한 합의라는 것이 명백히 인정되고, 그러한 합의에 실질적인 위험성이 인정되어야 할 것이다.

그리고 내란음모가 실질적 위험성이 있는지 여부는 합의 내용으로 된 폭력행위의 유형, 내용의 구체성, 계획된 실행시기와의 근접성, 합의 당사자의 수와 합의 당사자들 사이의 관계, 합의의 강도, 합의 당시의 사회정세, 합의를 사전에 준비하였는지 여부, 합의의 후속 조치가 있었는지 여부 등을 종합적으로 고려하여 판단하여야 한다.

[2] 일부 피고인들에 대한 내란선동의 공소사실을 유죄로, 피고인들에 대한 내란음모의 공소사실을 무죄로 판단한 원심을 수긍한 사례[대판(전) 2015.1.22. 2014도10978].

[내란음모 유죄취지 반대의견] 다수의견에 대하여, 일정한 시기에 내란을 실행하자는 내용의 의사합치는 이루어졌으나 구체적인 공격의 대상과 목표, 방법 등에 관하여는 확정적인 합의에 이르지 못하고 논의하는 데 그쳐 합의의 구체성이 다소 떨어지는 경우라고 하더라도, 합의된 내용이나 그 구체성, 내란 모의에 이르게 된 경위, 모의에 참가한 자들의 경력과 지위, 정치적 · 이념적 성향과 과거의 활동 전력, 참가자 집단의 규모와 결속 정도, 참가자들이 동원할 수 있는 각종 유 · 무형의 수단, 모의 과정에서 나온 발언의 진지함이나 내란 실행에 대한 의지, 모의를 위한 정보수집 등 준비행위의 유무, 외부 적대 세력과의 연계 가능성과 모의 당시의 국내외 정세 등 제반 사정에 비추어 볼 때 모의 참가자들이 합의한 일정한 시기에 자신들이 논의했던 방법이나 그와 유사한 방식으로 내란의 실행행위로 나아갈 개연성이 크다고 인정되면, 이는 일반적 · 추상적 합의를 넘어서는 실질적 위험성이 있는 내란 실행에 관한 합의로서 내란음모죄를 구성한다는 취지의 대법관 신영철, 대법관 민일영, 대법관 고영한, 대법관 김창석의 반대의견이 있음.

제2절 외환의 죄

Ⅰ. 총 설

1. 의 의

외환의 죄란 외환을 유치하거나 대한민국에 항적하거나 적국에 이익을 제공하여 국가의 안전을 위태롭게 하는 것을 내용으로 하는 범죄이다.

2. 보호법익

국가의 외적 안전을 보호법익으로 하며, 보호의 정도는 구체적 위험범이다.

Ⅱ. 외환유치죄

제92조(외환유치) 외국과 통모하여 대한민국에 대하여 전단을 열게 하거나 외국인과 통모하여 대한민국에 항적한 자는 사형 또는 무기징역에 처한다.
제100조(미수범) 미수범은 처벌한다.
제104조(동맹국) 본장의 규정은 동맹국에 대한 행위에 적용한다.

Ⅲ. 여적죄

제93조(여적) 적국과 합세하여 대한민국에 항적한 자는 사형에 처한다.
제100조(미수범) 미수범은 처벌한다.
제102조(준적국) 대한민국에 적대하는 외국 또는 외국인의 단체는 적국으로 간주한다.
제104조(동맹국) 본장의 규정은 동맹국에 대한 행위에 적용한다.

Ⅳ. 모병이적죄

제94조(모병이적) ① 적국을 위하여 모병한 자는 사형 또는 무기징역에 처한다.
② 전항의 모병에 응한 자는 무기 또는 5년 이상의 징역에 처한다.
제100조(미수범) 미수범은 처벌한다.
제102조(준적국) 대한민국에 적대하는 외국 또는 외국인의 단체는 적국으로 간주한다.
제104조(동맹국) 본장의 규정은 동맹국에 대한 행위에 적용한다.

Ⅴ. 시설제공이적죄

제95조(시설제공이적) ① 군대, 요새, 진영 또는 군용에 공하는 선박이나 항공기 기타 장소, 설비 또는 건조물을 적국에 제공한 자는 사형 또는 무기징역에 처한다.
② 병기 또는 탄약 기타 군용에 공하는 물건을 적국에 제공한 자도 전항의 형과 같다.
제100조(미수범) 미수범은 처벌한다.
제102조(준적국) 대한민국에 적대하는 외국 또는 외국인의 단체는 적국으로 간주한다.
제104조(동맹국) 본장의 규정은 동맹국에 대한 행위에 적용한다.

Ⅵ. 시설파괴이적죄

제96조(시설파괴이적) 적국을 위하여 전조에 기재한 군용시설 기타 물건을 파괴하거나 사용할 수 없게 한 자는 사형 또는 무기징역에 처한다.
제100조(미수범) 미수범은 처벌한다.
제102조(준적국) 대한민국에 적대하는 외국 또는 외국인의 단체는 적국으로 간주한다.
제104조(동맹국) 본장의 규정은 동맹국에 대한 행위에 적용한다.

Ⅶ. 물건제공이적죄

제97조(물건제공이적) 군용에 공하지 아니하는 병기, 탄약 또는 전투용에 공할 수 있는 물건을 적국에 제공한 자는 무기 또는 5년 이상의 징역에 처한다.
제100조(미수범) 미수범은 처벌한다.
제102조(준적국) 대한민국에 적대하는 외국 또는 외국인의 단체는 적국으로 간주한다.
제104조(동맹국) 본장의 규정은 동맹국에 대한 행위에 적용한다.

Ⅷ. 일반이적죄

제99조(일반이적) 전7조에 기재한 이외에 대한민국의 군사상 이익을 해하거나 적국에 군사상 이익을 공여한 자는 무기 또는 3년 이상의 징역에 처한다.
제100조(미수범) 미수범은 처벌한다.
제102조(준적국) 대한민국에 적대하는 외국 또는 외국인의 단체는 적국으로 간주한다.
제104조(동맹국) 본장의 규정은 동맹국에 대한 행위에 적용한다.

※ 일반이적죄는 이적죄의 기본적 구성요건으로서 기타 이적죄에 대한 보충적 구성요건에 해당한다(명시적 보충관계).

判例 일반이적죄가 성립하는 경우

직무에 관하여 군사상 기밀을 지득한 자가 이를 적국에 누설한 경우에는 형법 제98조 제2항에, 직무와 관계없이 지득한 군사상 기밀을 적국에 누설한 경우에는 형법 제99조에 각 해당한다[대판 1982.11.23, 82도2201].

Ⅸ. 간첩죄

제98조(간첩) ① 적국을 위하여 간첩하거나 적국의 간첩을 방조한 자는 사형, 무기 또는 7년 이상의 징역에 처한다.
② 군사상의 기밀을 적국에 누설한 자도 전항의 형과 같다.
제100조(미수범) 미수범은 처벌한다.
제102조(준적국) 대한민국에 적대하는 외국 또는 외국인의 단체는 적국으로 간주한다.
제104조(동맹국) 본장의 규정은 동맹국에 대한 행위에 적용한다.

1. 간 첩

적국에 알리기 위하여 국가기밀을 탐지·수집하는 것을 말한다.

① 적국과의 의사연락을 요하므로 편면적 간첩은 간첩죄가 아니라 간첩예비에 해당한다.

判例 적측과 의사연락 없이 한 기밀수집(간첩죄 ×, 군사상 기밀누설의 예비행위 ○)

1. 적측과 아무런 의사연락 없이 편면적으로 취학을 주된 목적으로 하고 월북하여 그곳 관헌의 호의를 사기 위하여 누설코저 군사에 관한 정보를 수집하였다면 그는 형법 제98조 제2항의 군사상 기밀누설의 예비행위라고 보는 것이 타당하다고 볼 것이다[대판 1959.5.18. 4292형상34].
2. 형법 제98조 제1항의 간첩이라 함은 적국을 위하여 적국의 지령 사주 기타 의사의 연락하에 군사상(총력전하에서는 정치, 경제, 사회, 문화에 관한 분야를 포함한 광의로 해석하여야 할 것임)의 기밀사항 또는 도서 물건을 탐지 수집하는 것을 의미하는 것이므로 북괴의 지령 사주 기타의 의사의 연락이 없이 편면적으로 지득하였던 군사상의 기밀사항을 북괴에 납북된 상태하에서 제보한 행위는 위 법조 소정의 간첩죄에 해당하지 아니하고 다만 반공법 제4조 제1항 소정의 반국가단체를 이롭게 하는 행위에 해당한다[대판 1975.9.23. 75도1773].

② 국가기밀은 대한민국의 안전을 위하여 객관적으로 적국에 대하여 비밀로 해야 할 이익이 있는 것을 말하며(실질적 비밀개념), 그 범위는 군사기밀뿐만 아니라 정치·경제·사회·문화 등 각 방면의 기밀을 포함한다(예 수배자명단, 민심동향). 또한 위법한 국가기밀도 본죄의 기밀에 포함된다(다수설). 그러나 공지의 사실은 국가기밀에 포함되지 아니한다(판례, 통설).[1)]

---

1) 다수설은 Mosaik 이론을 부정한다. 동이론은 개별적으로 알려진 사실도 그것이 결합하여 비밀을 유지해야할 새로운 전체형상이 된 때에는 국가기밀이 될 수 있다는 이론을 말한다.

判例 국가기밀의 요건 및 국가기밀에 해당되는 경우

1. **(비공지의 사실로서 기밀로서 보호할 가치가 있는 것)** 국가보안법 제4조 제1항 제2호 나.목에 정한 기밀을 해석함에 있어서 그 기밀은 정치, 경제, 사회, 문화 등 각 방면에 관하여 반국가단체에 대하여 비밀로 하거나 확인되지 아니함이 대한민국의 이익이 되는 모든 사실, 물건 또는 지식으로서 그것들이 국내에서의 적법한 절차 등을 거쳐 이미 일반인에게 널리 알려진 공지의 사실·물건 또는 지식에 속하지 아니한 것이어야 하고 또 그 내용이 누설되는 경우 국가의 안전에 위험을 초래할 우려가 있어 기밀로 보호할 실질가치를 갖춘 것이어야 한다[대판(전) 1997.7.16. 97도985].
2. **(민심동향, 해외교포사회의 정보도 기밀에 포함)** 간첩죄에 있어서의 국가기밀이란 순전한 의미에서의 국가기밀에만 국한할 것이 아니고 정치, 경제, 사회, 문화 등 각 방면에 걸쳐서 대한민국의 국방정책상 북한에 알리지 아니하거나 확인되지 아니함이 이익이 되는 모든 기밀사항을 포함하고, 지령에 의하여 민심동향을 파악·수집하는 것도 이에 해당되며, 그 탐지·수집의 대상이 우리 국민의 해외교포사회에 대한 정보여서 그 기밀사항이 국외에 존재한다고 하여도 위의 국가기밀에 포함된다[대판 1988.11.8. 88도1630].

③ **실행의 착수시기** : 통설은 국가기밀을 탐지·수집하는 행위의 개시가 있을 때 실행의 착수가 인정된다고 보나, 판례는 간첩을 위하여 국내에 잠입·입국한 때에 실행의 착수를 인정한다.

判例 간첩죄의 실행의 착수로 인정되는 경우

간첩의 목적으로 외국 또는 북한에서 국내에 침투 또는 월남하는 경우에는 기밀탐지가 가능한 국내에 침투·상륙함으로써 실행의 착수가 있다고 할 것이다[대판 1984.9.11. 84도1381]. [♠ 99, 00 사시]

判例 간첩죄의 실행의 착수로 인정되지 않는 경우

1. 피고인들이 외국에서 학업을 마치고 우리나라로 귀국함에 있어 반국가단체의 구성원으로부터 국내에 돌아가면 동지포섭, 지하당조직과 같은 지령을 받고 돌아 온 경우, 반공법 제6조 제4항 소정의 잠입죄에 해당함은 물론이나, 국가보안법 제2조, 형법 제98조 소정의 국가 기밀을 탐지·보고하라는 지령을 전혀 받은 바 없다면, 귀국행위가 바로 위 법조 소정의 간첩죄의 착수라고는 볼 수 없다 할 것이다[대판 1968.7.30. 68도754].
2. 형법 제98조 제2항에서 말하는 간첩미수죄는 국가기밀을 탐지수집하라는 지령을 받았거나 소위 무인포스트를 설정하는 것만으로는 부족하고 그 지령에 따라 국가기밀을 탐지·수집하는 행위의 실행의 착수가 있어야 성립된다[대판 1974.11.11. 74도2662].

④ **기수시기** : 국가기밀을 탐지·수집한 때이다(통설).

2. 간첩방조

간첩임을 알면서 그 실행을 용이하게 하는 일체의 행위를 말한다. 간첩과 대등한 독립범죄이므로 총칙상의 종범규정은 적용되지 않는다. 따라서 본죄의 미수는 방조행위 자체가 미수에 그친 때를 의미하며, 종범감경을 할 수 없다.

判例 간첩방조죄의 성립여부

(1) 간첩방조죄가 성립하는 경우

1. 북괴가 남파한 대남공작원을 상륙시킨 행위는 간첩방조가 된다[대판 1961.1.27. 4293형상807].
2. 북괴가 남파한 대남공작원으로 하여금 합법적인 신분을 가장케 하기 위한 행위는 간첩방조죄가 성립한다[대판 1970.10.30. 70도1870].

(2) 간첩방조죄가 성립하지 않는 경우

1. 북괴 간첩에게 숙식을 제공하였다고 하여서 반드시 간첩방조죄가 성립한다고는 할 수 없고 행위자에게 간첩의 활동을 방조할 의사와 숙식제공으로 간첩활동을 용이하게 한 사실이 인정되어야 한다[대판 1967.1.31. 66도1661].
2. 간첩을 숨겨준 사실이 있다 하더라도 그 간첩이 군사기밀을 탐지 · 수집 · 누설하거나 하려한 사실을 인정할 수 없어서 간첩의 범행을 용이하게 하려는 의사가 있다고 볼 수 없으면 간첩방조죄는 성립되지 아니한다[대판 1979.10.10. 75도1003].
3. 간첩방조죄가 성립하기 위하여는 방조하는 행위가 본범인 간첩의 임무수행과 직접 · 간접으로 관련하는 행위가 있어야 될 것이므로 이와 관련 없이 간첩의 단순한 심부름으로 하였다 하더라도 간첩방조죄를 구성할 수 없다[대판 1966.7.12. 66도470].
4. 간첩이란 적국을 위하여 국가기밀사항을 탐지 · 수집하는 행위를 지칭하는 것이므로 무전기를 매몰하는 행위를 간첩행위로 볼 수 없다 하겠으니 이를 망보아 준 행위는 간첩방조죄를 구성하지 않는다[대판 1983.4.26. 83도416].

3. 군사상 기밀누설

判例 제98조 제2항의 죄(군사상 기밀누설)(진정신분범)

형법 제98조 제2항의 죄는 신분범으로서 그 행위자는 그 직무에만 관하여 군사상의 기밀을 지득한 자라야 하므로 동조를 적용 처단함에 있어서는 피고인이 누설한 기밀이 그 직무상에 관하여 지득한 군사상의 기밀이라는 사실의 확정이 있어야 한다[대판 1971.6.30. 71도774].

관련판례 직무와 관계 없이 지득한 군사상 기밀을 적국에 누설한 경우에는 형법 제99조(일반이적죄)에 각 해당한다[대판 1982.11.23. 82도2201].

X. 전시군수계약불이행죄

제103조(전시군수계약불이행) ① 전시 또는 사변에 있어서 정당한 이유 없이 정부에 대한 군수품 또는 군용공작물에 관한 계약을 이행하지 아니한 자는 10년 이하의 징역에 처한다.
② 전항의 계약이행을 방해한 자도 전항의 형과 같다.

XI. 외환예비 · 음모 · 선동 · 선전죄

제101조(예비, 음모, 선동, 선전) ① 제92조 내지 제99조의 죄를 범할 목적으로 예비 또는 음모한 자는 2년 이상의 유기징역에 처한다. 단 그 목적한 죄의 실행에 이르기 전에 자수한 때에는 그 형을 감경 또는 면제한다.
② 제92조 내지 제99조의 죄를 선동 또는 선전한 자도 전항의 형과 같다.

제3절 국기에 관한 죄

Ⅰ. 총 설

1. 의 의

국기에 관한 죄란 대한민국을 모욕할 목적으로 국기 또는 국장을 손상 · 제거 · 오욕 또는 비방하는 것을 내용으로 하는 범죄이다.

2. 보호법익

국가의 권위와 대외적 체면을 보호법익으로 하며, 보호의 정도는 구체적 위험범이다.

Ⅱ. 국기 · 국장모독죄

제105조(국기, 국장의 모독) 대한민국을 모욕할 목적으로 국기 또는 국장을 손상, 제거 또는 오욕한 자는 5년 이하의 징역이나 금고, 10년 이하의 자격정지 또는 700만원 이하의 벌금에 처한다.

※ 국기 · 국장 : 공용 · 사용을 불문하며, 소유관계도 불문한다.

Ⅲ. 국기 · 국장비방죄

제106조(국기, 국장의 비방) 전조의 목적으로 국기 또는 국장을 비방한 자는 1년 이하의 징역이나 금고, 5년 이하의 자격정지 또는 200만원 이하의 벌금에 처한다.

判例 국기에 대한 비기에 해당하지 않는 경우

교리상 국기에 대하여 절을 해서는 안되나 국가를 존중하는 의미에서 가슴에 손을 얹고 주목하는 방법으로 경의를 표할 수 있다고 말한 것은 국기에 대한 비기에 해당하지 않는다[대판 1975.5.13. 74도2183].

제4절 국교에 관한 죄

Ⅰ. 총 설

1. 의 의

국교에 관한 죄는 외국과의 국교관계를 해하고 우리나라의 대외적 지위를 위태롭게 하는 것을 내용으로 하는 범죄이다.

2. 보호법익

주로 외국의 이익을 보호하기 위한 범죄이지만 동시에 우리나라의 대외적 지위도 보호한다(다수설). 보호의 정도는 추상적 위험범이다.

Ⅱ. 외국원수에 대한 폭행 등 죄

제107조(외국원수에 대한 폭행 등) ① 대한민국에 체재하는 외국의 원수에 대하여 폭행 또는 협박을 가한 자는 7년 이하의 징역이나 금고에 처한다.
② 전항의 외국원수에 대하여 모욕을 가하거나 명예를 훼손한 자는 5년 이하의 징역이나 금고에 처한다.
제110조(피해자의 의사) 본죄는 그 외국정부의 명시한 의사에 반하여 공소를 제기할 수 없다.

Ⅲ. 외국사절에 대한 폭행 등 죄

제108조(외국사절에 대한 폭행 등) ① 대한민국에 파견된 외국사절에 대하여 폭행 또는 협박을 가한 자는 5년 이하의 징역이나 금고에 처한다.
② 전항의 외국사절에 대하여 모욕을 가하거나 명예를 훼손한 자는 3년 이하의 징역이나 금고에 처한다.
제110조(피해자의 의사) 본죄는 그 외국정부의 명시한 의사에 반하여 공소를 제기할 수 없다.

Ⅳ. 외국국기 · 국장모독죄

第109條(외국의 국기, 국장의 모독) 외국을 모욕할 목적으로 그 나라의 공용에 공하는 국기 또는 국장을 손상, 제거 또는 오욕한 자는 2년 이하의 징역이나 금고 또는 300만원 이하의 벌금에 처한다.
第110條(피해자의 의사) 본죄는 그 외국정부의 명시한 의사에 반하여 공소를 제기할 수 없다.

Ⅴ. 외국에 대한 사전죄

第111條(외국에 대한 사전) ① 외국에 대하여 사전한 자는 1년 이상의 유기징역에 처한다.
② 전항의 미수범은 처벌한다.
③ 제1항의 죄를 범할 목적으로 예비 또는 음모한 자는 3년 이하의 금고 또는 500만원 이하의 벌금에 처한다. 단 그 목적한 죄의 실행에 이르기 전에 자수한 때에는 감경 또는 면제한다.

Ⅵ. 중립명령위반죄

第112條(중립명령위반) 외국간의 교전에 있어서 중립에 관한 명령에 위반한 자는 3년 이하의 금고 또는 500만원 이하의 벌금에 처한다.

Ⅶ. 외교상 기밀누설죄

第113條(외교상 기밀의 누설) ① 외교상의 기밀을 누설한 자는 5년 이하의 징역 또는 1천만원 이하의 벌금에 처한다.
② 누설할 목적으로 외교상의 기밀을 탐지 또는 수집한 자도 전항의 형과 같다.

判例 외국에 이미 알려져 있는 사항(외교상의 기밀 ×)

외국에 이미 알려져 있는 사항은 특단의 사정이 없는 한 이를 비밀로 하거나 확인되지 아니함이 외교정책상의 이익이 된다고 할 수 없는 것이어서 외교상의 기밀에 해당하지 아니한다. 따라서 외국언론에 이미 보도된 바 있는 우리나라의 외교정책이나 활동에 관련된 사항들에 관하여 정부가 이른바 보도지침의 형식으로 국내언론기관의 보도 여부 등을 통제하고 있다는 사실을 알리는 것은 외교상의 기밀을 누설한 경우에 해당하지 않는다[대판 1995.12.5. 94도2379].

제2장 국가의 기능에 대한 죄

제1절 공무원의 직무에 관한 죄

직무유기죄의 경우 동죄의 성립여부 및 죄수에 관한 판례를 정리하여야 하며, 직권남용죄의 경우 최근 새로이 나온 판례를 정리해 두어야 한다. 뇌물죄에 관한 판례는 거의 매년 출제되는 부분이다. 특히 몰수 · 추징에 관한 판례는 출제될 가능성이 높다.

Ⅰ. 총 설

1. 의 의

공무원의 직무에 관한 죄란 공무원이 직무를 위배하거나 직권을 남용하는 행위와 뇌물을 수수하는 행위를 내용으로 하는 범죄이다.

2. 보호법익

보호법익은 넓은 의미에서의 국가의 기능이다. 보호의 정도는 직무유기죄의 경우 구체적 위험범이고, 불법체포 · 감금죄는 침해범이며, 기타의 죄는 추상적 위험범이다.

3. 공무원의 의의

① 공무원이란 법령에 의하여 공무에 종사하는 자를 말한다. 그러나 단순한 기계적 · 육체적 노무에 종사하는 자는 형법상의 공무원에 해당하지 아니한다(예 청소부, 사환).

② 행정기관에 준하는 공법인의 직원은 공무원에 속한다(판례, 다수설).

4. 직무범죄의 종류

(1) 진정직무범죄와 부진정직무범죄

① 진정직무범죄 : 공무원만이 정범이 될 수 있는 범죄를 말한다(예 직무유기죄, 피의사실공표죄).

② 부진정직무범죄 : 공무원이 아닌 자도 범할 수 있지만, 공무원이 행한 경우에 형이 가중되는 범죄를 말한다(예 불법체포 · 감금죄, 폭행 · 가혹행위죄).

(2) 일반직무범죄와 특수직무범죄

① 일반직무범죄 : 모든 공무원이 주체가 될 수 있는 직무범죄를 말한다(예 수뢰죄, 공무상비밀누설죄).

② **특수직무범죄** : 구성요건이 전제하고 있는 특수한 지위에 있는 공무원만이 주체가 될 수 있는 직무범죄를 말한다(예 폭행 · 가혹행위죄, 선거방해죄).

(3) 직무범죄의 가중처벌

공무원이 직권을 이용하여 본장 이외의 죄를 범한 때에는 그 죄에 정한 형의 2분의 1까지 가중한다. 단 공무원의 신분에 의하여 특별히 형이 규정된 때에는 예외로 한다(제135조).

Ⅱ. 직무유기죄

제122조(직무유기) 공무원이 정당한 이유 없이 그 직무수행을 거부하거나 그 직무를 유기한 때에는 1년 이하의 징역이나 금고 또는 3년 이하의 자격정지에 처한다.

1. 의 의

공무원이 정당한 이유 없이 그 직무수행을 거부하거나 그 직무를 유기함으로써 성립하는 범죄이다. 구체적 위험범이며 계속범에 해당한다.

判例 직무유기죄의 성격

1. **(구체적 위험범)** 공무원의 추상적인 충근의무를 태만히 하는 일체의 경우가 직무유기에 해당하는 것이 아니라, 국가의 기능을 저해하며 국민에게 피해를 야기시킬 가능성이 있는 경우만이 직무유기에 해당한다[대판 1970.9.20. 70도1790].
2. **(계속범)** 직무유기죄는 그 직무를 수행하여야 하는 작위의무의 존재와 그에 대한 위반을 전제로 하고 있는바, 그 작위의무를 수행하지 아니함으로써 구성요건에 해당하는 사실이 있었고 그 후에도 계속하여 그 작위의무를 수행하지 아니하는 위법한 부작위상태가 계속되는 한 가벌적 위법상태는 계속 존재하고 있다고 할 것이며 형법 제122조 후단은 이를 전체적으로 보아 1죄로 처벌하는 취지로 해석되므로 이를 즉시범이라고 할 수 없다[대판 1997.8.29. 97도675].
3. **(부진정부작위범)** 직무유기죄는 이른바 부진정부작위범으로서 구체적으로 그 직무를 수행하여야 할 작위의무가 있는데도 불구하고 이러한 직무를 버린다는 인식하에 그 작위의무를 수행하지 아니함으로써 성립하는 것이다[대판 1983.3.22. 82도3065].

2. 구성요건

(1) 객관적 구성요건

① 주 체 : 공무원이다.

判例 병가 중인 공무원(직무유기죄의 주체 ×)

병가 중인 자의 경우 구체적인 작위의무 내지 국가기능의 저해에 대한 구체적인 위험성이 있다고 할 수 없어 직무유기죄의 주체로 될 수는 없다[대판 1997.4.22. 95도748].

② **행 위** : 직무수행을 거부하거나 직무를 유기하는 것이다.

㉮ **직무의 범위** : ⅰ) 공무원법상의 본래의 직무 또는 고유한 직무를 말한다. 따라서 공무원 신분으로 인한 부수적·파생적 직무는 포함되지 아니한다(예 형사소송법상의 고발의무). ⅱ) 공무원이 맡은 바 직무를 제때에 수행하지 않으면 실효를 거둘 수 없는 구체적 직무여야 한다.

㉯ **직무수행거부와 직무유기** : ⅰ) 직무유기란 정당한 이유 없이 직무를 의식적으로 방임·포기하는 것을 말하며, 부작위뿐만 아니라 작위로서도 가능하다. ⅱ) 직무를 집행한 이상 법정절차를 준수하지 않았거나 내용이 다소 부실하더라도 본죄는 성립하지 않는다.

判例 직무유기의 의미와 직무유기에 해당하지 않는 경우

1. [1] 직무유기죄는 공무원이 법령·내규 등에 의한 추상적 충근의무를 태만히 하는 일체의 경우에 성립하는 것이 아니라, 직장의 무단이탈이나 직무의 의식적인 포기 등과 같이 국가의 기능을 저해하고 국민에게 피해를 야기시킬 구체적 위험성이 있고 불법과 책임비난의 정도가 높은 법익침해의 경우에 한하여 성립하므로, 어떠한 형태로든 직무집행의 의사로 자신의 직무를 수행한 경우에는 그 직무집행의 내용이 위법한 것으로 평가된다는 점만으로 직무유기죄의 성립을 인정할 것은 아니다.
[2] 지방자치단체장이 전국공무원노동조합이 주도한 파업에 참가한 소속 공무원들에 대하여 관할 인사위원회에 징계의결요구를 하지 아니하고 가담 정도의 경중을 가려 자체 인사위원회에 징계의결요구를 하거나 훈계처분을 하도록 지시한 행위가 직무유기죄를 구성하지 않는다고 한 사례[대판 2007.7.12. 2006도1390]. [♣14 변시]

동지판례 사법경찰관리가 직무집행의사로 위법사실을 조사하여 훈방을 하는 등 어떤 형태로든지 그 직무집행행위를 하였다면 형사피의사건으로 입건 수사하지 아니하였다 하여 직무유기죄가 성립한다고 볼 수 없다[대판 1982.6.8. 82도117].

비교판례 경찰관이 불법체류자의 신병을 출입국관리사무소에 인계하지 않고 훈방하면서 이들의 인적사항조차 기재해 두지 아니하였다면 직무유기죄가 성립한다고 한 사례[대판 2008.2.14. 2005도4202].

[사실관계] 파출소 부소장인 경찰 甲은 파출소로 연행되어 온 A 등 5명이 불법체류자임을 알면서도 이들의 신병을 출입국관리사무소에 인계하지 않고 본서에도 보고하지 않았을 뿐만 아니라, 근무일지에 '혐의점 없어 귀가시킴'이라고 기재하고, 통상의 절차와 달리 이들의 인적사항을 기재해 두지 아니하고 훈방하였다.

2. 형법 제122조의 직무유기죄가 성립하려면 주관적으로는 직무를 버린다는 인식과 객관적으로는 직무 또는 직장을 벗어나는 행위가 있어야 하고 다만 직무집행에 관하여 태만, 분망, 착각 등 일신상 또는 객관적 사정으로 어떤 부당한 결과를 초래한 경우에는 형법상의 직무유기죄는 성립하지 않는다 할 것이므로, 피고인이 치안책임자(경찰서장)로서 그 관내에서 일어난 총기난동사건에 대하여 전혀 효과적인 대응책을 강구하지 못한 사실은 인정되지만, 사건 당일은 칠흑같은 깊은 밤인데다 비마저 내리고 있어서 총기난동자의 소재파악이 어려웠을 뿐만 아니라, 피고인의 직속부하인 경찰관이 그 관내에서 총기를 무차별 난사하여 수십명을 헤아리는 사상자가 발생하는 미증유의 사태에서 피고인이 망연 자실하여 거의 정상적인 사고력을 잃은 정도였고, 피고인이 궁유지서에 도착한 당일 01:30경은 이미 범인이 총기난사를 끝내고 은신하고 있을 때라는 사실 등에 비추어 보면, 특수범 진압조직으로 대처하지 않았다는 점 등 피고인의 대응조치가 적절하지 못하였다는 사정만으로서는 형법상 직무유기죄가 성립한다고 볼 수 없다[대판 1983.1.18. 82도2624].

동지판례 i) 전매공무원인 피고인이 외제담배를 긴급압수한 후 도주한 범칙자를 찾는데 급급하여 미처 압수수색영장을 신청하지 못한 이 사건에서와 같이직무수행과 관련하여 태만, 분망, 착각 등 일신상 또는 객관적 사유로 인하여 부당한 결과를 초래한 것에 불과한 경우에는 직무유기죄는 성립하지 않는다[대판 1982.9.28. 82도1633]. ii) 교육기관 · 교육행정기관 · 지방자치단체 또는 교육연구기관의 장이 징계의결을 집행하지 못할 법률상 · 사실상의 장애가 없는데도 징계의결서를 통보받은 날로부터 법정 시한이 지나도록 집행을 유보하는 모든 경우에 직무유기죄가 성립하는 것은 아니고, 그러한 유보가 직무에 관한 의식적인 방임이나 포기에 해당한다고 볼 수 있는 경우에 한하여 직무유기죄가 성립한다고 보아야 한다[대판 2014.4.10. 2013도229].

3. 무단이탈로 인한 직무유기죄 성립 여부는 결근 사유와 기간, 담당하는 직무의 내용과 적시 수행 필요성, 결근으로 직무 수행이 불가능한지, 결근 기간에 국가기능의 저해에 대한 구체적인 위험이 발생하였는지 등을 종합적으로 고려하여 신중하게 판단해야 한다. 특히 근무기간을 정하여 임용된 공무원의 경우에는 근무기간 안에 특정 직무를 마쳐야 하는 특별한 사정이 있는지 등을 고려할 필요가 있다[대판 2022.6.30. 2021도8361].

判例 직무유기죄가 성립하는 경우

1. 학생군사교육단의 당직사관으로 주번근무를 하던 육군 중위가 당직근무를 함에 있어서 훈육관실에서 학군사관후보생 2명과 함께 술을 마시고 내무반에서 학군사관후보생 2명 및 애인 등과 함께 화투놀이를 한 다음 애인과 함께 자고 난 뒤 교대할 당직근무자에게 당직근무의 인계 · 인수도 하지 아니한 채 퇴근하였다면 직무유기죄가 성립된다[대판 1990.12.21. 90도2425]. [♠ 02, 04 사시]

2. 피고인들을 비롯한 경찰관들이 현행범으로 체포한 도박혐의자 17명에 대해 현행범인체포서 대신에 임의동행동의서를 작성하게 하고, 그나마 제대로 조사도 하지 않은 채 석방하였으며, 현행범인 석방사실을 검사에게 보고도 하지 않았고, 석방일시 · 사유를 기재한 서면을 작성하여 기록에 편철하지도 않았으며, 압수한 일부 도박자금에 관하여 압수조서 및 목록도 작성하지 않은 채 검사의 지휘도 받지 않고 반환하였고, 일부 도박혐의자의 명의도용 사실과 도박 관련 범죄로 수회 처벌받은 전력을 확인하고서도 아무런 추가조사 없이 석방한 경우, 이는 단순히 업무를 소홀히 수행한 것이 아니라 정당한 사유 없이 의도적으로 수사업무를 방임 내지 포기한 것이므로,

피고인들의 행위는 직무유기죄가 성립한다[대판 2010.6.24. 2008도11226]. [♠12 사시]

3. 차량번호판의 교부담당직원은 자동차운수사업법 제32조 제1항의 규정에 비추어 행정처분에 의하여 자동차의 사용이 정지된 경우에는 특별한 사정이 없는 한 그 번호판을 재교부하여서는 안되는 직무상의 의무가 있으므로 운행정지처분을 받은 자동차에 대하여 번호판을 재교부한 경우에는 직무유기죄가 성립한다[대판 1972.6.27. 72도969].

4. 세관감시과 소속 공무원으로서 항구에 정박 중인 외항선에 머무르면서 밀수여부의 감시, 방지 등 근무명령을 받았음에도 불구하고 감기가 들어 몸이 불편하다는 구실로 위 임무를 도중에 포기하고 집에 돌아와 자버린 행위는 위 임무를 포기하지 아니치 못할 정당한 사유가 있지 않은 이상 그 임무를 포기하고 직무를 유기한 것이라고 할 것이다[대판 1970.9.29. 70도1790].

5. 피고인이 가축검사원으로 재직하는 공무원으로서 퇴근시에는 소 계류장 출입문의 시정 · 봉인조치를 하여 소에 대한 강제급수를 미리 방지하는 등 검사원으로서의 직무를 철저히 해야 함에도, 퇴근시 소 계류장의 시정 · 봉인조치를 취하지 아니하고 그 관리를 도축장 직원에게 방치한 행위는 직무유기죄에 해당된다[대판 1990.5.25. 90도191].

6. 소속대 수송관 겸 3종 출납관으로서 소속대 유류 수령과 불출 및 그에 따른 결산 기타 업무를 수행할 직무 있는 자가 신병치료를 이유로 상부의 승인 없이 1984.12.초부터 1985.3.경까지 3종 출납관 도장과 창고열쇠를 포함한 3종 업무일체를 계원에게 맡겨두고 이에 대한 일체의 확인감독마저 하지 않았다면 이는 부대관례에 따른 정당한 위임의 정도를 벗어난 직무의 의식적인 포기로서 직무유기죄에 해당한다[대판 1986.2.11. 85도2471].

7. 인감증명 발급사무를 담당하는 공무원이 청탁을 받고 정당한 이유 없이 인감증명서의 본적, 주소, 주민등록번호, 성명, 생년월일란에 아무런 기재를 않음은 물론 인감란에 인영을 현출하거나 신고한 인감과의 상위여부를 확인함이 없이 발행일자 및 동장 명의의 공무인과 동장직인 및 계인을 압날하여 증명신청인에게 교부한 경우에는 직무유기죄를 구성한다[대판 1971.6.22. 71도778].

8. 경찰관이 장기간에 걸쳐 여러 번 오토바이를 오토바이 상회 운영자에게 보관시키고도 경찰관 스스로 소유자를 찾아 반환하도록 처리하거나 상회 운영자에게 반환 여부를 확인한 일이 전혀 없고, 상회 운영자로부터 오토바이를 보내준 대가 또는 그 처분대가로 돈까지 지급받았다면, 경찰관의 이와 같은 행위는 습득물을 단순히 상회 운영자에게 보관시키거나 소유자를 찾아서 반환하도록 협조를 구한 정도를 벗어나 상회 운영자에게 그 습득물에 대한 임의적인 처분까지 용인한 것으로서 습득물 처리 지침에 따른 직무를 의식적으로 방임 내지 포기하고 정당한 사유 없이 직무를 수행하지 아니한 경우에 해당한다[대판 2002.5.17. 2001도6170].

9. 벌금미납자에 대한 노역장유치 집행을 위하여 검사의 지휘를 받아 형집행장을 집행하는 경우 벌금미납자에 대한 검거는 사법경찰관리의 직무범위에 속한다고 보아야하므로 형집행장이 발부되어 있었음에도 경찰관인 피고인이 벌금미납자로 지명수배되어 있던 甲을 세 차례에 걸쳐 만나고도 그를 검거하여 검찰청에 신병을 인계하는 등 필요한 조치를 취하지 않았다면 직무유기죄가 성립한다[대판 2011.9.8. 2009도13371].

判例 직무유기죄가 성립하지 않는 경우

1. 통고처분이나 고발을 할 권한이 없는 세무공무원이 그 권한자에게 범칙사건 조사 결과에 따른 통고처분이나 고발조치를 건의하는 등의 조치를 취하지 않았다고 하더라도, 구체적 사정에 비추어 그것이 직무를 성실히 수행하지 못한 것이라고 할 수 있을지언정 그 직무를 의식적으로 방임 내지 포기하였다고 볼 수 없다[대판 1997.4.11. 96도2753]. [♠ 07 사시]
2. 군사법경찰관리가 아닌 군인에게는 군무이탈자를 체포 · 연행할 의무가 없고, 군사법경찰관리가 아닌 군인에 대한 상관의 군무이탈자 체포 · 연행명령은 위법한 것이라 할 것이니 군사법경찰관리가 아닌 군인에게는 그런 직무가 있다 할 수 없고, 따라서 군무이탈자를 연행하다가 놓쳤다하여 직무유기로 단정할 수 없다[대판 1976.10.12. 75도1895].
3. 약사감시원이 무허가 약국 개설자를 적발하고 상사에 보고하여 그 지시에 따라 약국을 폐쇄토록 하였다면 수사관서에 고발하지 아니하였다 하여 직무를 유기했다 할 수 없다[대판 1969.2.4. 67도184].

   비교판례 세무공무원이 자기 담당구역 내에 거주하는 자에 관한 양도소득세 관계 세무자료를 다른 공무원이 고의로 은닉하고 있는 사실을 발견하고 그대로 방치하였다면 단순히 윤리적 · 추상적 직무를 넘는 구체적 직무라 할 위 과세자료를 양성화하면서 국가 조세징수권의 적정한 행사가 되도록 하여야 할 피고인의 직무를 유기한 경우에 해당한다[대판 1984.4.10. 83도1653].
4. 일직사관인 피고인이 순찰 및 검사 등을 하지 아니하고 잠을 잔 것은 일직사관으로서의 직무를 성실하게 수행하지 아니하여 충근의무에 위반한 허물이 있다 하겠으나, 근무장소에서 유사시에 즉시 깨어 직무수행에 임할 수 있는 상황에서 잠을 잔 것이므로 피고인이 고의로 일직사관으로서의 직무를 포기하거나 직장을 이탈한 것이라고는 할 수 없어 형법 제122조의 직무유기에 해당하지 않는다[대판 1984.3.27. 83도3260].
5. 교도소 보안과 출정계장과 감독교사가 호송지휘관 및 감독교사로서 호송교도관 5명을 지휘하여 재소자 25명을 전국의 각 교도소로 이감하는 호송업무를 수행함에 있어서, 시간이 촉박하여 호송교도관들이 피호송자 개개인에 대하여 규정에 따른 검신 등의 절차를 철저히 이행하지 아니한 채 호송하는데도 위 호송교도관들에게 호송업무 등을 대강 지시한 후에는 그들이 이를 제대로 수행할 것으로 믿고 구체적인 확인 · 감독을 하지 아니한 잘못으로 말미암아 피호송자들이 집단도주하는 결과가 발생한 경우, 위 출정계장과 감독교사가 재소자의 호송계호업무를 수행함에 있어서 성실하게 그 직무를 수행하지 아니하여 충근의무에 위반한 잘못은 인정되나 고의로 호송계호업무를 포기하거나 직무 또는 직장을 이탈한 것이라고는 볼 수 없으므로 형법상 직무유기죄를 구성하지 아니한다[대판 1991.6.11. 91도96].
6. 지방자치단체의 교육기관 등의 장이 국가위임사무인 교육공무원에 대한 징계사무를 처리함에 있어 주무부장관의 직무이행명령을 받은 경우에도 이의가 있으면 대법원에 소를 제기할 수 있다 할 것이므로, 수사기관 등으로부터 징계사유를 통보받고도 징계요구를 하지 아니하여 주무부장관으로부터 징계요구를 하라는 직무이행명령을 받았다 하더라도 그에 대한 이의의 소를 제기한 경우에는, 수사기관 등으로부터 통보받은 자료 등으로 보아 징계사유에 해당함이 객관적으로 명백한 경우 등 특별한 사정이 없는 한 징계사유를 통보받은 날로부터 1개월 내에 징계요구를 하지 않았다는 것만으로 곧바로 직무를 유기한 것에 해당한다고 볼 수는 없다[대판 2013.6.27. 2011도797].

(2) 주관적 구성요건

고의 즉 직무수행을 거부하거나 직무를 의식적으로 포기 · 방임한다는 인식이 있어야 한다.

判例 직무유기의 고의가 인정되지 않은 경우

야간의 특파근무공무원이 밤 10시경에 그 자리를 떠나 귀가하였다 하더라도 근무상 관례에 따른 것인 경우에는 이는 정당한 사유가 되어 직무유기의 범의가 있다고 단정하기 어려울 것이다[대판 1971.2.9. 70도2590].

3. 죄수 · 타죄와의 관계

(1) 죄 수

判例 직무유기죄의 죄수(포괄일죄에 해당하는 경우)

1. 직무유기죄는 그 직무를 수행하여야 하는 작위의무의 존재와 그에 대한 위반을 전제로 하고 있는바, 그 작위의무를 수행하지 아니함으로써 구성요건에 해당하는 사실이 있었고 그 후에도 계속하여 그 작위의무를 수행하지 아니하는 경우 형법 제122조 후단은 이를 전체적으로 보아 1죄로 처벌하는 취지로 해석된다[대판 1997.8.29. 97도675].
2. 피고인은 읍장으로서 관내 위법건축물의 발생을 예방 단속할 직무상 의무를 위배하여 위법건축을 하도록 교사한 사실이 있고, 그 뒤에 상급 군수로부터 그 시정지시를 받고 방치했다 해도 당초 직무위반의 위법상태가 그대로 계속된 것에 불과하여 별도 직무유기죄가 성립되어 건축법위반교사죄와 실체적 경합범이 되지는 아니한다[대판 1980.3.25. 79도2831].

(2) 타죄와의 관계

判例 작위범인 범인도피죄 · 증거인멸죄와 부작위범인 직무유기죄와의 관계

1. **(범인도피죄만 성립)** 경찰관이 검사로부터 범인을 검거하라는 지시를 받고서도 그 직무상의 의무에 따른 적절한 조치를 취하지 아니하고 오히려 범인에게 전화로 도피하라고 권유하여 그를 도피케 하였다는 범죄사실만으로는 직무위배의 위법상태가 범인도피행위 속에 포함되어 있는 것으로 보아야 할 것이므로, 이와 같은 경우에는 작위범인 범인도피죄만이 성립하고 부작위범인 직무유기죄는 따로 성립하지 아니한다[대판 1996.5.10. 96도51]. [♠ 01, 04 사시]

   관련판례 하나의 행위가 부작위범인 직무유기죄와 작위범인 범인도피죄의 구성요건을 동시에 충족하는 경우 공소제기권자는 재량에 의하여 작위범인 범인도피죄로 공소를 제기하지 않고 부작위범인 직무유기죄로만 공소를 제기할 수도 있다[대판 1999.11.26. 99도1904]. [♠ 10 사시] [♣ 12, 13 변시]

2. **(증거인멸죄만 성립)** 경찰서 방범과장이 부하직원으로부터 음반 · 비디오물 및 게임물에 관한 법률 위반 혐의로 오락실을 단속하여 증거물로 오락기의 변조 기판을 압수하여 사무실에 보관중임을 보고받아 알고 있었음에도 그 직무상의 의무에 따라 위 압수물을 수사계에 인계하고 검찰에 송치하여 범죄 혐의의 입증에 사용하도록 하는 등의 적절한 조치를 취하지 않고, 오히려 부하직원에게 위와 같이 압수한 변조 기판을 돌려주라고 지시하여 오락실 업주에게 이를 돌려준 경우, 작위범인 증거인멸죄만이 성립하고 부작위범인 직무유기(거부)죄는 따로 성립하지 아니한다[대판(전) 2006.10.19. 2005도3909]. [♠ 07 사시] [♣ 15, 18 변시]

判例 비리은폐목적의 허위공문서작성 · 행사의 경우(직무유기죄 불성립)

예비군 중대장이 그 소속 예비군중대원의 훈련불참사실을 알았다면 이를 소속 대대장에게 보고하는 등의 조치를 취할 직무상의 의무가 있음은 물론이나, 소속 예비군대원의 훈련불참사실을 고의로 은폐할 목적으로 당해 예비군대원이 훈련에 참석한 양 허위내용의 학급편성명부를 작성 · 행사하였다면, 직무위배의 위법상태는 허위공문서작성 당시부터 그 속에 포함되어 있는 것이고 그 후 소속 대대장에게 보고하지 아니하였다 하더라도 당초에 있었던 직무위배의 위법상태가 그대로 계속된 것에 불과하다고 보아야 하고, 별도의 직무유기죄가 성립하여 양죄가 실체적 경합범이 된다고 할 수 없다[대판 1982.12.28. 82도2210]. [♠ 02 사시]

동지판례 공무원이 어떠한 위법사실을 발견하고도 직무상 의무에 따른 적절한 조치를 취하지 아니하고 위법사실을 적극적으로 은폐할 목적으로 허위공문서를 작성 · 행사한 경우에는 직무위배의 위법상태는 허위공문서작성 당시부터 그 속에 포함되는 것으로 작위범인 허위공문서작성, 동행사죄만이 성립하고 부작위범인 직무유기죄는 따로 성립하지 아니한다[대판 1999.12.24. 99도2240]. [♠ 02, 07, 08, 12, 13 사시]

[사실관계] 수사업무에 종사하는 피고인들이 공소외인 등 18명의 도박범행사실을 적발하고 그들의 인적사항을 확인하였음에도 이를 상사인 파출소장에게 즉시 보고하여 그 도금 등을 압수하고 공소외인 등을 도박죄로 형사입건하는 등 범죄수사에 필요한 조치를 다하지 아니하고 공소외인 등으로부터 이를 묵인하여 달라는 부탁을 받고 그 도박사실을 발견하지 못한 것처럼 판시 근무일지를 허위로 작성하고 소속 파출소장에게 이를 허위로 보고한 사건이다.

동지판례 공무원이 신축건물에 대한 착공 및 준공검사를 마치고 관계서류를 작성함에 있어 그 허가조건 위배사실을 숨기기 위하여 허위의 복명서를 작성 행사하였을 경우에는 작위범인 허위공문서작성 및 동행사죄만이 성립하고 부작위범인 직무유기죄는 성립하지 아니한다[대판 1972.5.9. 72도722]. [♠ 11 사시]

判例 새로운 위법상태의 창출을 위한 허위공문서작성 · 행사의 경우(직무유기죄 성립)

공무원이 어떠한 위법사실을 발견하고도 직무상 의무에 따른 적절한 조치를 취하지 아니하고 위법사실을 적극적으로 은폐할 목적으로 허위공문서를 작성 · 행사한 경우에는 직무위배의 위법상태는 허위공문서작성 당시부터 그 속에 포함되는 것으로 작위범인 허위공문서작성, 동행사죄만이 성립하고 부작위범인 직무유기죄는 따로 성립하지 아니하나, 위 복명서 및 심사의견서를 허위작성한 것이 농지일시전용허가를 신청하자 이를 허가하여 주기 위하여 한 것이라면 직접적으로 농지불법전용 사실을 은폐하기 위하여 한 것은 아니므로 위 허위공문서작성, 동행사죄와 직무유기죄는 실체적 경합범의 관계에 있다[대판 1993.12.24. 92도3334].

判例 위계에 의한 공무집행방해죄가 성립하는 경우(직무유기죄 불성립)

피고인이 출원인이 어업허가를 받을 수 없는 자라는 사실을 알면서도 그 직무상의 의무에 따른 적절한 조치를 취하지 않고 오히려 부하직원으로 하여금 어업허가 처리기안문을 작성하게 한 다음 피고인 스스로 중간결재를 하는 등 위계로써 농수산국장의 최종결재를 받았다면, 직무위배의 위법상태가 위계에 의한 공무집행방해행위 속에 포함되어 있는 것이라고 보아야 할 것이므로, 이와 같은 경우에는 작위범인 위계에 의한 공무집행방해죄만이 성립하고 부작위범인 직무유기죄는 따로 성립하지 아니한다[대판 1997.2.28. 96도2825]. [♠ 02, 04, 09, 12 사시] [♣ 13 변시]

Ⅲ. 피의사실공표죄

제126조(피의사실공표) 검찰, 경찰 그 밖에 범죄수사에 관한 직무를 수행하는 자 또는 이를 감독하거나 보조하는 자가 그 직무를 수행하면서 알게 된 피의사실을 공소제기 전에 공표한 경우에는 3년 이하의 징역 또는 5년 이하의 자격정지에 처한다.

※ **공판청구 전** : 공소제기 전을 의미하므로, 공소제기 후에 피의사실을 공표하는 것은 본죄에 해당하지 않는다.

Ⅳ. 공무상 비밀누설죄

제127조(공무상 비밀의 누설) 공무원 또는 공무원이었던 자가 법령에 의한 직무상 비밀을 누설한 때에는 2년 이하의 징역이나 금고 또는 5년 이하의 자격정지에 처한다.

判例 공무상 비밀누설죄의 비밀의 의미와 보호법익

형법 제127조는 공무원 또는 공무원이었던 자가 법령에 의한 직무상 비밀을 누설하는 것을 구성요건으로 하고, 같은 조에서 '법령에 의한 직무상 비밀'이란 반드시 법령에 의하여 비밀로 규정되었거나 비밀로 분류 명시된 사항에 한하지 아니하고, 정치, 군사, 외교, 경제, 사회적 필요에 따라 비밀로 된 사항은 물론 정부나 공무소 또는 국민이 객관적, 일반적인 입장에서 외부에 알려지지 않는 것에 상당한 이익이 있는 사항도 포함하나, 실질적으로 그것을 비밀로서 보호할 가치가 있다고 인정할 수 있는 것이어야 하고, 본죄는 비밀 그 자체를 보호하는 것이 아니라 공무원의 비밀엄수의무의 침해에 의하여 위험하게 되는 이익, 즉 비밀 누설에 의하여 위협받는 국가의 기능을 보호하기 위한 것이다[대판 2012.3.15. 2010도14734]. [♣ 23 변시]

判例 공무상 비밀에 해당하는 경우(누설하는 경우 공무상비밀누설죄 성립)

1. [1] 검찰 등 수사기관이 특정 사건에 대하여 수사를 진행하고 있는 상태에서, 수사기관이 현재 어떤 자료를 확보하였고 해당 사안이나 피의자의 죄책, 신병처리에 대하여 수사책임자가 어떤 의견을 가지고 있는지 등의 정보는, 그것이 수사의 대상이 될 가능성이 있는 자 등 수사기관 외부로 누설될 경우 피의자 등이 아직까지 수사기관에서 확보하지 못한 자료를 인멸하거나, 수사기관에서 파악하고 있는 내용에 맞추어 증거를 조작하거나, 허위의 진술을 준비하는 등의 방법으로 수사기관의 범죄수사 기능에 장애를 초래할 위험이 있는 점에 비추어 보면, 해당 사건에 대한 종국적인 결정을 하기 전까지는 외부에 누설되어서는 안 될 수사기관 내부의 비밀에 해당한다.
   [2] 검찰의 고위 간부가 특정 사건에 대한 수사가 계속 진행중인 상태에서 해당 사안에 관한 수사책임자의 잠정적인 판단 등 수사팀의 내부 상황을 확인한 뒤 그 내용을 수사 대상자 측에 전달한 행위가 형법 제127조에 정한 공무상 비밀누설에 해당한다고 한 사례[대판 2007.6.14. 2004도5561].
   동지판례 검사가 수사의 대상, 방법 등에 관하여 사법경찰관리에게 지휘한 내용을 기재한 수사지휘서의 기재내용과 이에 관계된 수사상황은 해당 사건에 대한 종국적인 결정을 하기 전까지는 외부에 누설되어서는 안 될 수사기관 내부의 비밀에 해당한다[대판 2018.2.13. 2014도11441].
2. 피의자들의 간통행위에 대한 형사고소 사건에 있어서 제출된 증거 관계, 특히 당사자가 부인하는 간통사건에 있어서 간통장면을 촬영한 CD와 같은 직접적 증거의 존재 및 제출여부는, 그 사실이 당해 사건의 피의자에게 누설될 경우 피의자로 하여금 제출된 증거의 종류 및 증명력 여하에 따라 범행을 부인하거나 관련된 증거의 인멸, 위·변조 등을 시도하게 할 염려가 있고, 누설된 사실을 고소인 등 일반 국민이 알게 될 경우 국가기관이 엄정한 법집행에 대한 국민의 신뢰가 추락하는 등 국가기관의 수사 목적을 방해하고 수사 기능을 저해하는 요소로 작용될 수 있는 사항이라 할 것이어서, 비록 관계 법령에서 이를 비밀 사항으로 규정한 바 없다 하더라도 형사사건에 있어서 제출된 증거에 관한 정보는 실질적으로 비밀성을 지녔다 할 것이어서, 이를 피의자에게 알려주는 등으로 특정인의 이익을 도모하여 정당한 이유 없이 누설함은 형법 제127조 소정의 공무상비밀누설죄에 해당한다[대판 2005.9.14. 2005도4843].[1]

3. 비록 도시계획사업을 규율하는 도시계획법 등에 도시계획 시설결정 사실을 비밀 사항으로 규정한 바 없다 하더라도 도시계획시설결정 사실은 실질적으로 비밀성을 지녔다 할 것이므로 이를 특정인의 이익을 도모하여 정당한 이유 없이 누설함은 형법 제127조 소정의 공무상 비밀누설죄에 해당한다[대판 1982.6.22. 80도2822].
4. 피고인이 유출한 FTA 관련 문건의 내용이 직무상 비밀에 해당한다[대판 2009.6.11. 2009도2669].
5. 제18대 대통령 당선인 甲의 비서실 소속 공무원인 피고인이 당시 甲을 위하여 중국에 파견할 특사단 추천 의원을 정리한 문건은 사전에 외부로 누설될 경우 대통령 당선인의 인사 기능에 장애를 초래할 위험이 있으므로, 종국적인 의사결정이 있기 전까지는 외부에 누설되어서는 아니 되는 비밀로서 보호할 가치가 있는 직무상 비밀에 해당한다[대판 2018.4.26. 2018도2624].

判例 공무상 비밀누설죄가 성립하지 않는 경우

1. 옷값 대납 사건의 내사결과보고서의 내용이 비공지의 사실이기는 하나 실질적으로 비밀로서 보호할 가치가 있는 것이라고 인정할 수 없다[대판 2003.12.26. 2002도7339].
2. 당시 부동산투기가 심각한 사회문제로 대두되어 정부에서 토지공개념 도입 등의 대책을 강구하고 있었고, 기업의 비업무용 부동산 보유실태에 관하여 국민의 관심이 집중된 상황하에서 기업의 비업무용 부동산 보유실태가 공개되는 것이 국민 전체의 이익에 이바지한다 할 수 있을 뿐 그러한 사항이 공개됨으로써 국가의 기능이 위협을 받는다고 할 수도 없으므로 기업의 비업무용 부동산 보유실태에 관한 감사원 보고서의 내용은 공무상 비밀에 해당한다고 할 수 없다[대판 1996.5.10. 95도780].
3. 피고인들이 타인에게 열람·등사하게 한 수사기록의 내용은 모두 피의사실, 피의자 및 피해자의 각 인적사항, 피해자의 상해 정도 또는 피의자의 신병처리 지휘내용 등에 관한 내용에 불과하여, 위 수사서류는 법령에 의한 직무상의 비밀을 내용으로 하는 문서들이 아니다[대판 2003.6.12. 2001도1343].
4. 구청에서 체납차량 영치 및 공매 등의 업무를 담당하던 공무원인 피고인이 甲의 부탁을 받고 차적 조회 시스템을 이용하여 乙의 유사휘발유 제조 현장 부근에서 경찰의 잠복근무에 이용되고 있던 경찰청 소속 차량의 소유관계에 관한 정보를 알아내 甲에게 알려준 경우라고 하더라도, 재산의 소유 주체에 관한 정보에 불과한 자동차 소유자에 관한 정보를 정부나 공무소 또는 국민이 객관적, 일반적인 입장에서 외부에 알려지지 않는 것에 상당한 이익이 있는 사항으로서 실질적으로 비밀로 보호할 가치가 있다거나, 그 누설에 의하여 국가의 기능이 위협받는다고 볼 수 없고, 경찰청 소속 차량으로 잠복수사에 이용되는 경우 소속이 외부에 드러나지 말아야 할 사실상의 필요성이 있다는 사정만으로 달리 볼 것이 아니어서, 피고인이 甲에게 제공한 차량 소유관계에 관한 정보가 형법 제127조에서 정한 '법령에 의한 직무상 비밀'에 해당한다고 볼 수 없으므로 공무상비밀누설죄가 성립하지 아니한다[대판 2012.3.15. 2010도14734].

---

1) 간통죄 규정이 위헌결정 되었다고 하더라도 고소사건의 증거물에 관한 정보가 공무상 비밀에 해당할 수 있다는 일반론은 변함이 없다.

判例 수뢰후 구술시험문제를 타인에게 알린 경우(공무상비밀누설죄 및 수뢰후부정처사죄 성립)

[1] 피고인이 시험 정리원으로서 그 직무에 관련하여 乙로부터 돈을 받는 것은 뇌물수수죄가 된다.
[2] 피고인이 그 직무상 지득한 구술시험 문제 중에서 소론 사항을 타인에게 알린 것은 공무상 비밀의 누설인 동시에 형법 제131조 제1항(수뢰후부정처사죄)의 부정한 행위를 한 때에 해당한다[대판 1970.6.30. 70도562].

Ⅴ. 직권남용죄

제123조(직권남용) 공무원이 직권을 남용하여 사람으로 하여금 의무 없는 일을 하게 하거나 사람의 권리행사를 방해한 때에는 5년 이하의 징역, 10년 이하의 자격정지 또는 1천만원 이하의 벌금에 처한다.

1. 객관적 구성요건

(1) 공무원

① 통 설 : 본죄의 성질상 일정한 행위를 명하고 필요하면 이를 강제할 수 있는 직무를 행하는 공무원에 제한된다(예 경찰, 집행관).

② 판 례 : 공무원의 직무권한은 반드시 법률상의 강제력을 수반하는 것임을 요하지 않는다는 입장이다.

判例 직권남용죄의 직무의 성격(강제력을 수반하는 것임을 요하지 않음)

직권남용죄는 공무원이 그 일반적 직무권한에 속하는 사항에 관하여 직권의 행사에 가탁하여 실질적, 구체적으로 위법·부당한 행위를 한 경우에 성립하고, 그 일반적 직무권한은 반드시 법률상의 강제력을 수반하는 것임을 요하지 아니하며, 그것이 남용될 경우 직권행사의 상대방으로 하여금 법률상 의무 없는 일을 하게 하거나 정당한 권리행사를 방해하기에 충분한 것이면 된다[대판 2004.5.27. 2002도6251].

(2) 직권남용

형식상 일반적 직무권한에 속하는 사항에 대하여 목적·방법 등에 있어서 실질적으로 부당한 조치를 취하는 것을 말한다. 따라서 일반적 직무권한에 속하지 않는 사항이나 일반적 직무권한과 관련이 없는 행위에 대해서는 본죄가 성립하지 않는다(예 집행관의 채무자 체포, 세무공무원의 세금미납자 감금).

判例 직권남용의 의미

1. 직권남용죄의 "직권남용"이란 공무원이 그의 일반적 권한에 속하는 사항에 관하여 그것을 불법하게 행사하는 것, 즉 형식적, 외형적으로는 직무집행으로 보이나 그 실질은 정당한 권한 이외의 행위를 하는 경우를 의미하고, 따라서 직권남용은 공무원이 그의 일반적 권한에 속하지 않는 행위를 하는 경우인 지위를 이용한 불법행위와는 구별된다[대판 1991.12.27. 90도2800]. [♠ 13 사시]
2. 직권남용권리행사방해죄에서 '직권남용'이란 공무원이 그 일반적 직무권한에 속하는 사항에 관하여 직권의 행사에 가탁하여 실질적, 구체적으로 위법 · 부당한 행위를 하는 경우를 의미하고, 공무원이 직무와는 상관없이 단순히 개인적인 친분에 근거하여 문화예술 활동에 대한 지원을 권유하거나 협조를 의뢰한 것에 불과한 경우까지 직권남용에 해당한다고 할 수는 없다[대판 2009.1.30. 2008도6950].
3. [1] 직권남용죄에서 어떠한 직무가 공무원의 일반적 권한에 속하는 사항이라고 하기 위해서는 그에 관한 법령상의 근거가 필요하다. 다만 법령상의 근거는 반드시 명문의 근거만을 의미하는 것은 아니고, 명문이 없는 경우라도 법 · 제도를 종합적, 실질적으로 관찰해서 그것이 해당 공무원의 직무권한에 속한다고 해석되고 그것이 남용된 경우 상대방으로 하여금 의무 없는 일을 행하게 하거나 상대방의 권리를 방해하기에 충분한 것이라고 인정되는 경우에는 직권남용죄에서 말하는 일반적 권한에 포함된다.

   [2] 공무원이 한 행위가 직권남용에 해당한다고 하여 그러한 이유만으로 상대방이 한 일이 '의무 없는 일'에 해당한다고 인정할 수는 없다.

   [3] 직권남용 행위의 상대방이 일반 사인인 경우 특별한 사정이 없는 한 직권에 대응하여 따라야 할 의무가 없으므로 그에게 어떠한 행위를 하게 하였다면 '의무 없는 일을 하게 한 때'에 해당할 수 있다.

   [4] 공무원인 피고인이 퇴임한 이후에는 직권남용죄의 성립의 전제인 직권이 존재하지 않으므로, 퇴임 후에도 실질적 영향력을 행사하는 등으로 퇴임 전 공모한 범행에 관한 기능적 행위지배가 계속되었다고 인정할 만한 특별한 사정이 없는 한, 퇴임 후의 범행에 관하여는 공범으로서 책임을 지지 않는다고 보아야 한다.

   [5] 공무원인 행위자가 상대방에게 어떠한 이익 등의 제공을 요구한 경우라도 그것이 구체적인 해악의 고지로 인정될 수 없다면 직권남용이나 뇌물 요구 등이 될 수는 있어도 협박을 요건으로 하는 강요죄가 성립하기는 어렵다[대판 2020.2.13. 2019도5186], [대판 2011.7.28. 2011도1739]. [♣ 20 변시]
4. [1] 행정조직은 통일된 계통구조를 갖고 효율적으로 운영될 필요가 있고, 민주적으로 운영되어야 하며, 행정목적을 달성하기 위하여 긴밀한 협동과 합리적인 조정이 필요하다. 그로 인하여 행정기관의 의사결정과 집행은 다양한 준비과정과 검토 및 다른 공무원, 부서 또는 유관기관 등과의 협조를 거쳐 이루어지는 것이 통상적이다. 이러한 협조 또는 의견교환 등은 행정의 효율성을 높이기 위하여 필요하고, 동등한 지위 사이뿐만 아니라 상하기관 사이, 감독기관과 피감독기관 사이에서도 이루어질 수 있다. 이러한 관계에서 일방이 상대방의 요청을 청취하고 자신의 의견을 밝히거나 협조하는 등 요청에 응하는 행위를 하는 것은 특별한 사정이 없는 한 법령상 의무 없는 일이라고 단정할 수 없다. 결국 공무원이 직권을 남용하여 사람으로 하여금 어떠한 일

을 하게 한 때에 상대방이 공무원 또는 유관기관의 임직원인 경우에는, 그가 한 일이 형식과 내용 등에서 직무범위 내에 속하는 사항으로서 법령 그 밖의 관련 규정에 따라 직무수행 과정에서 준수해야 할 원칙이나 기준, 절차 등을 위반하였는지 등을 살펴 법령상 의무 없는 일을 하게 한 때에 해당하는지를 판단해야 한다.
[2] 대통령비서실 소속 비서관들인 피고인 甲과 피고인 乙이 4·16세월호참사 특별조사위원회 설립준비 관련 업무를 담당하거나 설립팀장으로 지원근무 중이던 해양수산부 소속 공무원들에게 '세월호 특별조사위 설립준비 추진경위 및 대응방안 문건'을 작성하게 하고, 피고인 甲이 소속 비서관실 행정관 또는 해양수산부 공무원들에게 위 위원회의 동향을 파악하여 보고하도록 지시한 경우 법령상 의무 없는 일을 하게 한 때에 해당한다고 볼 여지가 있다고 한 사안[대판 2023.4.27. 2020도18296].

判例 '직권의 남용'의 판단 기준

공무원이 위법·부당한 행위를 한 경우 그 위법성의 정도는 불법행위책임에 그치는 경우, 징계사유에 해당하는 경우, 형사처벌사유에 해당하는 경우 등으로 다양하게 나타날 수 있고, 그 중 형사처벌은 기본권 침해의 정도가 가장 무거우므로, 공무원의 직무행위가 형사처벌의 대상인 직권남용에 해당하는지 여부는 기본권 제한에 관한 최소침해의 원칙을 참작하여 엄격하게 판단하여야 한다. 구체적 사건에서 직권남용 여부를 판단함에 있어서는, 직권 행사의 주된 목적이 직무 본연의 수행에 있지 않고 본인 또는 제3자의 사적 이익 추구나 청탁 또는 불법목적의 실현 등에 있는 경우, 권한 행사의 형식을 갖추기 위하여 관련 자료나 근거를 작출, 조작, 은닉, 묵비하는 등의 적극적 또는 소극적 행위가 개입된 경우 등과 같이, 직권 행사의 목적과 방법에 있어 그 위법·부당의 정도가 실질적·구체적으로 보아 직무 본래의 수행이라고 평가할 수 없을 정도에 이른 경우라면 직권을 남용하였다고 평가할 수 있을 것이나, 위법·부당의 정도가 그에 미치지 못하는 경우라면 직권남용 해당 여부를 보다 신중하게 판단할 필요가 있다[대판 2022.10.27. 2020도15105].

判例 일반적 직무권한의 남용에 해당하는 경우(직권남용죄 성립)

대통령비서실 민정수석비서관이 대통령의 근친관리업무와 관련하여 정부 각 부처에 대한 지시와 협조 요청을 할 수 있는 일반적 권한을 갖고 있었음에 비추어 그가 농수산물 도매시장 관리공사 대표이사에게 요구하여 위 시장 내의 주유소와 써어비스동을 당초 예정된 공개입찰방식이 아닌 수의계약으로 대통령의 근친이 설립한 회사에 임대케 한 행위는 공무원이 그 일반적 직무권한에 속하는 사항에 관하여 직권의 행사에 가탁하여 실질적, 구체적으로 위법·부당한 행위를 한 경우에 해당하여 타인의 권리행사방해죄의 구성요건을 충족한다[대판 1992.3.10. 92도116].

判例 일반적 직무권한의 남용에 해당하지 않는 경우(직권남용죄 불성립)

치안본부장이 국립과학수사연구소 법의학1과장에게 고문치사자의 사인에 관하여 기자간담회에 참고

할 메모를 작성하도록 요구한 경우에 있어서 위 과장의 메모작성 행위가 국립과학수사연구소의 행정 업무에 관한 행정상 보고의무라고 할 수 없고 치안본부장이 위 과장에게 메모를 작성토록 한 행위가 그 일반적 권한에 속하는 사항이라고도 볼 수 없으며 또 위 과장이 그 요청에 따라 작성해 준 메모는 정식 부검소견서가 아니어서 동인이 위 메모를 작성하여 줄 법률상 의무가 있는 것도 아닐 뿐만 아니라, 그와 같은 메모를 작성하여 준 것도 단순한 심리적 의무감 또는 스스로의 의사에 기한 것으로 볼 수 있을 뿐이어서 법률상 의무에 기인한 것이라고 인정할 수도 없으므로, 치안본부장이 동인에게 메모의 작성을 요구하고 이를 동인이 내심의 의사에 반하여 두 번이나 고쳐 작성하도록 하였다 하여도 이를 의무 없는 일을 하게 한 것이라고 볼 수 없어 직권남용죄는 성립되지 아니한다[대판 1991.12.27. 90도2800].

(3) 의무 없는 일을 하게 함

법령상 의무 없는 자에게 이를 강요하는 것을 말한다(예 과중한 납세의무 부과, 의무이행시기의 단축).

判例 직권남용죄에서의 "의무"의 의미(법률상 의무 O, 심리적·도덕적 의무 ×)

직권남용죄에서 말하는 "의무"란 법률상 의무를 가리키고, 단순한 심리적 의무감 또는 도덕적 의무는 이에 해당하지 아니한다[대판 1991.12.27. 90도2800]. [♣ 20 변시]

判例 직권남용죄에서의 의무 없는 일을 하게 한 때의 의미와 이에 해당하는 경우

[1] 형법 제123조의 직권남용권리행사방해죄에서 '직권의 남용'이란 공무원이 일반적 직무권한에 속하는 사항을 불법하게 행사하는 것, 즉 형식적·외형적으로는 직무집행으로 보이나 실질은 정당한 권한 이외의 행위를 하는 경우를 의미하고, 직권남용에 해당하는가의 판단 기준은 구체적인 공무원의 직무행위가 그 목적, 그것이 행하여진 상황에서 볼 때의 필요성·상당성 여부, 직권행사가 허용되는 법령상의 요건을 충족했는지 등 제반 요소를 고려하여 결정하여야 하며, '의무 없는 일을 하게 한 때'란 '사람'으로 하여금 법령상 의무 없는 일을 하게 하는 때를 의미하고, 따라서 공무원이 자신의 직무권한에 속하는 사항에 관하여 실무 담당자로 하여금 직무집행을 보조하는 사실행위를 하도록 하더라도 이는 공무원 자신의 직무집행으로 귀결될 뿐이므로 원칙적으로 의무 없는 일을 하게 한 때에 해당한다고 할 수 없다. 그러나 직무집행의 기준과 절차가 법령에 구체적으로 명시되어 있고 실무 담당자에게도 직무집행의 기준을 적용하고 절차에 관여할 고유한 권한과 역할이 부여되어 있다면 실무 담당자로 하여금 그러한 기준과 절차를 위반하여 직무집행을 보조하게 한 경우에는 '의무 없는 일을 하게 한 때'에 해당한다. [♣ 20 변시]
[2] 시장인 피고인 甲이 자신의 인사관리업무를 보좌하는 행정과장 피고인 乙과 공동하여, 관련 법령에서 정한 절차에 따라 평정대상 공무원에 대한 평정단위별 서열명부가 작성되고 이에 따라 평정순위가 정해졌는데도 평정권자나 실무 담당자 등에게 특정 공무원들에 대한 평정순위 변경을 구체적으로 지시하여 평정단위별 서열명부를 새로 작성하도록 한 경우, 피고인들의 행위는 직권남용권리행사방해죄에 해당한다[대판 2012.1.27. 2010도11884].

(4) 권리행사방해

'권리'는 법률에 명기된 권리에 한하지 않고 법령상 보호되어야 할 이익이면 족하고, 공법상의 권리인지 사법상의 권리인지를 묻지 않는다(예 부당한 영업정지, 부당한 인 · 허가 거부). '권리행사를 방해한다' 함은 법령상 행사할 수 있는 권리의 정당한 행사를 방해하는 것을 말하므로 이에 해당하려면 구체화된 권리의 현실적인 행사가 방해된 경우라야 한다(판례).

判例 직권남용죄에서의 '권리' 및 '권리행사방해'의 의미

1. [1] 형법 제123조의 직권남용권리행사방해죄에서 말하는 '권리'는 법률에 명기된 권리에 한하지 않고 법령상 보호되어야 할 이익이면 족한 것으로서, 공법상의 권리인지 사법상의 권리인지를 묻지 않는다고 봄이 상당하다. [♣ 20 변시]
   [2] 경찰관 직무집행법의 관련 규정상 경찰관은 범죄를 수사할 권한을 가지고 있으므로, 이러한 범죄수사권은 직권남용권리행사방해죄에서 말하는 '권리'에 해당한다[대판 2010.1.28. 2008도7312].
2. [1] 형법 제123조가 규정하는 직권남용권리행사방해죄에서 권리행사를 방해한다 함은 법령상 행사할 수 있는 권리의 정당한 행사를 방해하는 것을 말한다고 할 것이므로 이에 해당하려면 구체화된 권리의 현실적인 행사가 방해된 경우라야 할 것이다.
   [2] 정보통신부장관이 개인휴대통신 사업자선정과 관련하여 서류심사는 완결된 상태에서 청문심사의 배점방식을 변경함으로써 직권을 남용하였다 하더라도, 이로 인하여 최종 사업권자로 선정되지 못한 경쟁업체가 가진 구체적인 권리의 현실적 행사가 방해되는 결과가 발생하지는 아니하였다는 이유로 무죄를 선고한 원심의 판단을 수긍한 사례[대판 2006.2.9. 2003도4599]. [♠ 11 사시]

   동지판례 ⅰ) 형법 제123조의 직권남용죄에 있어서 직권남용이란 공무원이 그 일반적 직무권한에 속하는 사항에 관하여 직권의 행사에 가탁하여 실질적, 구체적으로 위법 · 부당한 행위를 하는 경우를 의미하고, 위 죄에 해당하려면 현실적으로 다른 사람이 의무 없는 일을 하였거나 다른 사람의 구체적인 권리행사가 방해되는 결과가 발생하여야 하며, 또한 그 결과의 발생은 직권남용 행위로 인한 것이어야 한다[대판 2005.4.15. 2002도3453].
3. 형법 제123조가 규정하는 타인의 권리행사방해죄에서 권리행사를 방해한다 함은 법령상 행사할 수 있는 권리의 정당한 행사를 방해하는 것을 말한다고 할 것이므로 이에 해당하려면 구체화된 권리의 현실적인 행사가 방해된 경우라야 할 것이어서 검사가 고발사건을 불기소결정하여 피고발인으로 하여금 처벌받게 하려는 고발인의 의도가 이루어질 수 없게 되었다 하여 고발인의 권리행사를 방해하였다고는 말할 수 없다[대결 1986.6.30. 86모12].

(5) 기수시기

피해자가 의무 없는 일을 현실적으로 행하거나 권리행사가 현실적으로 방해되었을 때 기수가 된다(판례, 통설).

判例 직권남용죄의 기수요건(현실적으로 권리행사의 방해라는 결과가 발생할 것을 요함)

공무원의 직권남용행위가 있었다 할지라도 현실적으로 권리행사의 방해라는 결과가 발생하지 아니하였다면 본죄의 기수를 인정할 수 없다[대판 2006.2.9. 2003도4599]. [♠ 12 사시] [♣ 20 변시]

동지판례 정보담당 경찰관이 증거수집을 위하여 정당 지구당의 집행위원회에서 쓰일 회의장소에 몰래 도청기를 마련해 놓았다가 회의 개회 전에 들켜 뜯김으로서 도청을 못하였다면 회의진행을 도청당하지 아니할 권리가 침해된 현실적인 사실이 있다고 할 수 없으니 형법 제123조의 직권남용죄의 기수로 논할 수 없다[대판 1978.10.10. 75도2665]. [♠ 00 사시] ※ 직권남용죄는 미수규정이 없으므로 처벌할 수 없다.

判例 직권남용죄에 해당하는 경우

1. 검찰의 고위 간부가 내사 담당 검사로 하여금 내사를 중도에서 그만두고 종결처리토록 한 행위가 직권남용권리행사방해죄에 해당한다고 한 사례[대판 2007.6.14. 2004도5561].
2. 대통령비서실 민정수석비서관이 대통령의 근친관리업무와 관련하여 정부 각 부처에 대한 지시와 협조요청을 할 수 있는 일반적 권한을 갖고 있었음에 비추어 그가 농수산물도매시장 관리공사 대표이사에게 요구하여 위 시장 내의 주유소와 써어비스동을 당초 예정된 공개입찰방식이 아닌 수의계약으로 대통령의 근친이 설립한 회사에 임대케 한 행위는 공무원들이 그 일반적 직무권한에 속하는 사항에 관하여 직권의 행사에 가탁하여 실질적, 구체적으로 위법 · 부당한 행위를 한 경우에 해당하여 타인의 권리행사방해죄의 구성요건을 충족한다[대판 1992.3.10. 92도116].
3. 국세청장이 과장으로부터 특정 그룹에 대한 71억원과 51억원 추징예상세액안을 보고받으면서 동인에게 추징세액을 더 낮추어 보라는 취지의 지시를 한 경우, 피고인에게는 직권남용권리행사방해의 죄책이 인정된다[대판 2006.12.21. 2004도7356].
4. 재정경제원장관이 대기업에 해당되지도 아니하며 회생 가능성도 불투명하여 대출이 가능한 요건을 갖추었다고 보기 어려운 기업에 대하여 은행감독원장으로부터 경영개선명령을 받아 신규대출을 기피하고 있던 위 기업의 주거래 은행의 은행장에게 개인적 친분이 있는 위 기업을 도와주기 위한 목적으로 대출을 실행하여 줄 것을 요구하고, 위 요구에 따라 위 은행장이 이미 같은 은행으로부터 대출신청이 거절당한 바 있는 위 기업에 대하여 새로이 다른 채권은행장들과 협조융자를 추진하고 대출하도록 한 행위는 직권남용죄에 해당한다[대판 2004.5.27. 2002도6251].
5. 순경은 불가피한 경우에 상사로부터 구체적인 사건을 특정하여 수사명령을 받지 아니하면 사법경찰관사무를 취급할 권한이 없으므로 순경이 상사의 명령이 없고 입건되지도 아니한 경우 범죄수사를 빙자하여 허위의 명령서를 발부하여 의무 없는 서류제출을 하게 함은 허위공문서작성 및 직권남용죄에 해당한다[대판 1955.10.18. 4288형상266].
6. 대통령비서실 정책실장이 공무원으로 하여금 특별교부세 교부대상이 아닌 특정 사찰의 증 · 개축사업을 지원하는 특별교부세 교부신청 및 교부결정을 하도록 하게 한 행위가 직권남용권리행사방해죄를 구성한다고 한 사례[대판 2009.1.30. 2008도6950].

7. 해군본부 법무실장인 피고인이 국방부 검찰수사관 甲에게 군내 납품비리 수사와 관련한 수사기밀사항을 보고하게 한 경우 직권남용권리행사방해죄가 성립한다[대판 2011.7.28. 2011도1739].
8. 서울특별시 교육감인 甲이 인사담당장학관 등에게 지시하여 승진 또는 자격연수 대상이 될 수 없는 특정 교원들을 승진임용하거나 그 대상자가 되도록 한 경우, 甲에게는 직권남용권리행사방해죄가 성립한다[대판 2011.2.10. 2010도13766]. [♠12 사시]

判例 직권남용죄에 해당하지 않는 경우

1. 지방자치단체의 장이 승진후보자명부 방식에 의한 5급 공무원 승진임용 절차에서 인사위원회의 사전심의 · 의결 결과를 참고하여 승진후보자명부상 후보자들에 대하여 승진임용 여부를 심사하고서 최종적으로 승진대상자를 결정하는 것이 아니라, 미리 승진후보자명부상 후보자들 중에서 승진대상자를 실질적으로 결정한 다음 그 내용을 인사위원회 간사, 서기 등을 통해 인사위원회 위원들에게 '승진대상자 추천'이라는 명목으로 제시하여 인사위원회로 하여금 자신이 특정한 후보자들을 승진대상자로 의결하도록 유도하는 행위는 인사위원회 사전심의 제도의 취지에 부합하지 않다는 점에서 바람직하지 않다고 볼 수 있지만, 그것만으로는 직권남용권리행사방해죄의 구성요건인 '직권의 남용' 및 '의무 없는 일을 하게 한 경우'로 볼 수 없다[대판 2020.12.10. 2019도17879].

   판결이유 가) 승진후보자명부에 포함된 후보자들 중에서 승진대상자를 결정할 최종적인 권한은 임용권자에게 있다. 임용권자가 인사위원회의 심의 · 의결 결과와는 다른 내용으로 승진대상자를 결정하여 승진임용을 하는 것이 허용되는 이상, 임용권자가 미리 의견을 조율하는 차원에서 승진대상자 선정에 관한 자신의 의견을 인사위원회에 제시하는 것이 위법하다고 볼 수는 없다.
   나) 임용권자가 승진후보자명부에 포함된 후보자들 중 특정인을 승진대상자로 제시한 경우에도, 인사위원회 회의에서 위원들은 자신의 독자적인 심의권한을 행사하여 여러 후보자들 중에서 누가 승진임용에 더욱 적합한지에 관한 의견을 개진하고 구성원 2/3 이상의 출석과 출석위원 과반수의 찬성으로 의결하는 방식으로 인사위원회 차원에서 승진대상자를 선정하여 임용권자에게 제시할 권한과 의무가 있다.

2. 아무런 직권을 가지지 않는 자의 행위 또는 자기의 직권과 관계 없는 행위는 직권남용에 해당하지 않으므로, 당직대의 조장이 당직근무를 마치고 내무반에 들어와 하급자에게 다른 이유로 기합을 준 행위는 당직조장으로서의 어떤 직권을 남용한 것이 아니라 사적 제재에 불과하다고 하여 군형법 제62조 소정의 직권남용죄에 해당하지 않는다고 한 사례[대판 1985.5.14. 84도10452].
3. 대검찰청 공안부장이 한국조폐공사 사장에게 조폐공사의 쟁의행위 · 경영에 관하여 어떠한 지시나 명령을 할 수 있는 권한을 가지고 있다고 볼 수 없으며, 또한 공안부장의 위 전화행위와 조폐공사 사장이 직장폐쇄를 철회하고, 인력감축을 하지 않으려던 경영방침을 포기한 후 옥천조폐창을 경산조폐창으로 조기에 통합하기로 결정한 것 사이에 인과관계가 있다고 볼 수 없으므로 직권남용죄는 성립하지 아니한다[대판 2005.4.15. 2002도3453].

2. 주관적 구성요건

判例 직권남용에 대한 고의가 인정되지 않은 경우

교도소에서 접견업무를 담당하던 교도관이 접견신청에 대하여 행형법 제18조 제2항 소정의 '필요용무'가 있는 때에 해당하지 아니한다고 판단하여 그 접견신청을 거부하였다면, 단지 접견신청거부행위의 위법성에 대한 인식이 없었던 것에 불과한 것이 아니라 애초부터 직권남용에 대한 범의 자체가 없어 직권남용죄를 구성하지 아니한다[대결 1993.7.26. 92모29].

3. 죄 수

判例 상급 경찰관이 직권을 남용하여 부하 경찰관들의 수사를 중단시키거나 사건을 다른 경찰관서로 이첩하게 한 경우, 일단 '부하 경찰관들의 수사권 행사를 방해한 것'에 해당함과 아울러 '부하 경찰관들로 하여금 수사를 중단하거나 사건을 다른 경찰관서로 이첩할 의무가 없음에도 불구하고 수사를 중단하게 하거나 사건을 이첩하게 한 것'에도 해당된다고 볼 여지가 있다. 그러나 이는 어디까지나 하나의 사실을 각기 다른 측면에서 해석한 것에 불과한 것으로서, '권리행사를 방해함으로 인한 직권남용권리행사방해죄'와 '의무 없는 일을 하게 함으로 인한 직권남용권리행사방해죄'가 별개로 성립하는 것이라고 할 수는 없다. 따라서 위 두 가지 행위 태양에 모두 해당하는 것으로 기소된 경우, '권리행사를 방해함으로 인한 직권남용권리행사방해죄'만 성립하고 '의무 없는 일을 하게 함으로 인한 직권남용권리행사방해죄'는 따로 성립하지 아니한다[대판 2010.1.28. 2008도7312]. [♣20 변시]

Ⅵ. 불법체포 · 감금죄

제124조(불법체포, 불법감금) ① 재판, 검찰, 경찰 기타 인신구속에 관한 직무를 행하는 자 또는 이를 보조하는 자가 그 직권을 남용하여 사람을 체포 또는 감금한 때에는 7년 이하의 징역과 10년 이하의 자격정지에 처한다.
② 전항의 미수범은 처벌한다.

判例 불법감금죄가 성립하는 경우

1. 수사기관이 피의자를 수사하는 과정에서 구속영장 없이 피의자를 함부로 구금하여 피의자의 신체의 자유를 박탈하였다면 직권을 남용한 불법감금의 죄책을 면할 수 없고, 수사의 필요상 피의자를 임의동행한 경우에도 조사 후 귀가시키지 아니하고 그의 의사에 반하여 경찰서 조사실 또는 보호실 등에 계속 유치함으로써 신체의 자유를 속박하였다면 이는 구금에 해당한다[대결 1985.7.29. 85모16; 동지 대판 1994.3.11. 93도958].

2. 감금죄에 있어서의 감금행위는 사람으로 하여금 일정한 장소 밖으로 나가지 못하도록 하여 신체의 자유를 제한하는 행위를 가리키는 것이고, 그 방법은 반드시 물리적, 유형적 장애를 사용하는 경우뿐만 아니라 심리적, 무형적 장애에 의하는 경우도 포함되는 것인바, 설사 피해자가 경찰서 안에서 직장동료인 피의자들과 같이 식사도 하고 사무실 안팎을 내왕하였다 하여도 피해자를 경찰서 밖으로 나가지 못하도록 그 신체의 자유를 제한하는 유형, 무형의 억압이 있었다면 이는 감금행위에 해당한다[대결 1991.12.30. 91모5].

3. 즉결심판 피의자의 정당한 귀가요청을 거절한 채 다음날 즉결심판법정이 열릴 때까지 피의자를 경찰서 보호실에 강제유치시키려고 함으로써 피의자를 경찰서 내 즉결피의자 대기실에 10~20분 동안 있게 한 행위는 형법 제124조 제1항의 불법감금죄에 해당한다[대판 1997.6.13. 97도877].

Ⅶ. 폭행 · 가혹행위죄

제125조(폭행, 가혹행위) 재판, 검찰, 경찰 그 밖에 인신구속에 관한 직무를 수행하는 자 또는 이를 보조하는 자가 그 직무를 수행하면서 형사피의자나 그 밖의 사람에 대하여 폭행 또는 가혹행위를 한 경우에는 5년 이하의 징역과 10년 이하의 자격정지에 처한다.

Ⅷ. 선거방해죄

제128조(선거방해) 검찰, 경찰 또는 군의 직에 있는 공무원이 법령에 의한 선거에 관하여 선거인, 입후보자 또는 입후보자 되려는 자에게 협박을 가하거나 기타 방법으로 선거의 자유를 방해한 때에는 10년 이하의 징역과 5년 이상의 자격정지에 처한다.

Ⅸ. 뇌물죄의 일반이론

1. 의 의

뇌물죄란 공무원 또는 중재인이 직무행위에 대한 대가로서 부당한 이익을 취득하는 것을 내용으로 하는 범죄이다.

2. 본 질(보호법익)

判例 뇌물죄의 보호법익

뇌물죄가 직무집행의 공정과 이에 대한 사회의 신뢰 및 직무행위의 불가매수성을 그 보호법익으로 하고 있음에 비추어 볼 때, 공무원이 그 이익을 수수하는 것으로 인하여 사회일반으로부터 직무집행의 공정성을 의심받게 되는지 여부도 뇌물죄의 성부를 판단함에 있어서의 판단기준이 된다[대판 2000.1.21. 99도4940; 동지 대판 2003.6.13. 2003도1060]. [♠ 02 사시]

3. 뇌 물

(1) 뇌물의 개념

뇌물이란 직무에 관한 부당한 이익을 말한다.

(2) 뇌물의 요건

① 직무관련성

㉮ **직 무** : 공무원·중재인이 그 지위에 따라 담당하는 일체의 사무를 말한다. ⅰ) 법령·행정처분·훈령 등에 의한 직무는 물론, 관례·상사의 명령에 의해 소관 이외의 사무를 일시 대리할 경우의 사무도 포함된다. ⅱ) 현재 구체적으로 담당하고 있는 사무임을 요하지 않는다. 과거·장래의 직무도 포함된다. ⅲ) 결정권자를 보좌하여 영향을 줄 수 있는 직무도 포함된다. ⅳ) 직무행위의 정당·부당, 적법·위법은 불문한다.

判例 뇌물죄에서 말하는 '직무'의 의의(범위)

1. 뇌물죄는 직무집행의 공정과 이에 대한 사회의 신뢰에 기하여 직무행위의 불가매수성을 그 직접의 보호법익으로 하고 있으므로 뇌물성은 의무위반 행위나 청탁의 유무 및 금품수수 시기와 직무집행 행위의 전후를 가리지 아니한다 할 것이고, 따라서 뇌물죄에서 말하는 '직무'에는 법령에 정하여진 직무뿐만 아니라 그와 관련 있는 직무, 과거에 담당하였거나 장래에 담당할 직무 외에 사무분장에 따라 현실적으로 담당하지 않는 직무라도 법령상 일반적인 직무권한에 속하는 직무 등 공무원이 그 직위에 따라 공무로 담당할 일체의 직무를 포함한다 할 것이고, 수뢰후부정처사죄에서 말하는 '부정한 행위'라 함은 직무에 위배되는 일체의 행위를 말하는 것으로 직무행위 자체는 물론 그것과 객관적으로 관련 있는 행위까지를 포함한다[대판 2003.6.13. 2003도1060]. [♠ 04, 08 사시] [♣ 14 변시]
   [사실관계] 교통계에 근무하는 경찰관이 도박장개설 및 도박범행을 묵인하는 등 편의를 봐주는 데 대한 사례비 명목으로 금원을 교부받은 후, 위 도박장개설 및 도박범행사실을 잘 알면서도 이를 단속하지 아니한 사건이다. 경찰관에게는 수뢰후부정처사죄가 성립한다. [♠ 14 사시] [♣ 14 변시]
2. 뇌물죄에 있어서의 직무라 함은 공무원이 법령상 관장하는 직무 그 자체뿐만 아니라 그 직무와 밀접한 관계가 있는 행위 또는 관례상이나 사실상 소관하는 직무행위 및 결정권자를 보좌하거나 영향을 줄 수 있는 직무행위도 포함된다[대판 1999.1.29. 98도3584], [대판(전) 2000.6.15. 98도3697]. [♠ 12 사시]
   관련판례 농림부 주관 농림기술개발사업의 일환으로 시행되고, 국립대학교 총장 명의로 체결된 연구 용역약정에 기하여 소속 대학 교수가 행하는 연구활동은 교육공무원인 위 교수의 직무 집행 행위에 해당한다[대판 2005.10.14. 2003도1154].

㈏ **직무에 관하여** : ⅰ) 권한에 속하는 직무행위뿐만 아니라 직무행위와 밀접한 관계가 있거나, 직무행위와 관련하여 사실상 처리하던 직무를 포함한다. ⅱ) 공무원이 추상적 직무권한을 달리하는 다른 직무로 전직한 후에 전직 전의 직무와 관련하여 뇌물을 수수한 경우에도 직무관련성이 인정된다(통설).

判例 직무관련성을 인정한 경우

1. 국책사업의 사업자 선정도 역시 대통령의 직무범위에 속하거나 그 직무와 밀접한 관계가 있는 행위이므로 이에 관하여 대통령에게 금품을 공여하면 바로 뇌물공여죄가 성립하고, 대통령이 실제로 영향력을 행사하였는지 여부는 범죄의 성립에 영향을 미치지 않는다[대판[전] 1997.4.17. 96도3377].
2. 시의회 의장은 토지구획정리사업에 대한 시의회의 심의와 관련하여 영향을 미칠 수 있는 지위에 있으므로 뇌물죄의 직무관련성이 인정된다[대판 1996.11.15. 95도1114]. [♠04 사시]
3. 지방자치법 제42조 제1항의 규정에 의하면 지방의회는 의장을 의원들간의 무기명투표로 선거하도록 되어 있으므로 의장선거에서의 투표권을 가지고 있는 군의원들이 이와 관련하여 금품 등을 수수할 경우 이는 군의원으로서의 직무와 관련된 것이라 할 것이므로 뇌물죄가 성립한다[대판 2002.5.10. 2000도2251]. [♠03 사시]
4. 국회 정무위원회 수석전문위원으로서 정무위원회 소관 기관에 대하여 상당한 영향력을 가진 피고인이 그 소관 기관 등의 업무에 관한 청탁 또는 부탁을 받고 금품을 수수한 경우, 피고인의 위 행위는 자신의 직무이거나 그 직무와 밀접한 관계가 있는 행위라고 할 것이어서 형법 제129조의 수뢰죄에 해당한다[대판 2010.12.23. 2010도10910].
5. 음주운전을 적발하여 단속에 관련된 제반 서류를 작성한 후 운전면허 취소업무를 담당하는 직원에게 이를 인계하는 업무를 담당하는 경찰관이 피단속자로부터 운전면허가 취소되지 않도록 하여 달라는 청탁을 받고 금원을 교부받은 경우, 뇌물수수죄가 성립한다[대판 1999.11.9. 99도2530].
6. 경찰관이 재건축조합 직무대행자에 대한 진정사건을 수사하면서 진정인 측에 의하여 재건축 설계업체로 선정되기를 희망하던 건축사사무소 대표로부터 금원을 수수한 경우, 금원의 수수와 경찰공무원의 직무인 진정사건 수사와의 관련성을 배척할 수 없다[대판 2007.4.26. 2005도4204].
7. 과세자료를 조사 수집하고 그에 따라 법령의 규정에 따른 과세를 하여 이를 징수하는 법령상의 직무를 수행하는 세무공무원이 그 직무와 관련하여 그가 보관하는 공무소에서 사용하는 서류를 반환하여 달라는 청탁을 받고 이를 응락한 후 그 청탁명목으로 금원을 수수하였다면 직무에 관한 뇌물의 수수라고 할 것이다[대판 1981.8.25. 81도1830].
8. 설사 칸트리클럽에 대한 지도 · 감독업무가 각 시도지사에게 위임되었다 하더라도 지방자치단체의 장에게 위임한 국가행정사무에 관하여는 당해 주무부장관이 이를 지휘 · 감독하도록 되어 있으므로 피고인(교통부장관 보좌관)이 교통부장관을 보좌하여 관광호텔 골프장 등 관광이용시설업체의 지휘 · 감독 등의 업무를 관장하고 있었다면 이를 들어 피고인의 직무의 관련성을 부정할 수 없다[대판 1984.8.14. 84도1139].

9. 한국토지개발공사 서울지사 공사부장으로서 택지개발현장에서의 공사관리를 총괄하는 직무를 담당하는 피고인이 공사현장에서 발생하는 건축물 폐재류의 처리공사를 담당할 하도급업체를 甲 건설이 선정함에 있어 乙 기업이 하도급 받을 수 있도록 甲 건설에 청탁하는 것은 피고인의 직무와 밀접한 관계가 있는 행위라고 봄이 상당하다[대판 1998.2.27. 96도582].
10. 국회의원이 특정 협회로부터 요청받은 자료를 제공하고 그 대가로서 후원금 명목으로 금원을 교부받은 사안에서, 직무관련성이 있어 뇌물죄가 성립한다고 한 사례[대판 2009.5.14. 2008도8852].

判例 직무관련성을 부정한 경우

1. 교과서의 내용검토 및 개편수정은 발행자나 저작자의 책임에 속하는 것이고 이를 문교부 편수국 공무원인 피고인들의 직무에 속한다고 할 수 없으므로 피고인들이 교과서의 내용검토 및 개편수정작업을 의뢰받고 그에 소요되는 비용을 받았다 하더라도 이를 직무에 관한 뇌물로써 부정하게 수수한 것이라고 볼 수 없다[대판 1979.5.22. 78도296].
2. 법원의 참여주사가 공판에 참여하여 양형에 관한 사항의 심리내용을 공판조서에 기재한다고 하더라도 이를 가지고 형사사건의 양형이 참여주사의 직무와 밀접한 관계가 있는 사무라고는 할 수 없으므로 참여주사가 형량을 감경케 하여 달라는 청탁과 함께 금품을 수수하였다고 하더라도 뇌물수수죄의 주체가 될 수 없다[대판 1980.10.14. 80도1373]. [♠ 02 사시] [♣ 14 변시]
3. 경찰청 정보과 근무 경찰관의 직무와 중소기업협동조합중앙회장의 외국인산업연수생에 대한 국내 관리업체 선정업무는 직무관련성이 없다[대판 1999.6.11. 99도275].
4. 공무원이 그 직무의 대상이 되는 사람으로부터 금품 기타 이익을 받은 때에는 사회상규에 비추어 볼 때에 의례상의 대가에 불과한 것이라고 여겨지거나, 개인적인 친분관계가 있어서 교분상의 필요에 의한 것이라고 명백하게 인정할 수 있는 경우 등에는 직무와의 관련성이 없는 것이다[대판 2001.10.12. 2001도3579].
5. 서울대학교 의과대학 교수가 서울대학교병원 의사를 겸직하더라도 의사로서의 진료행위의 실질이나 직무성격이 바로 공무로 되거나 당연히 공무적 성격을 띤다고 할 수 없다는 등의 이유로 같은 병원 의사인 피고인에 대한 알선수재의 공소사실에 관하여 무죄를 선고한 원심판결을 수긍한 사례[대판 2006.5.26. 2005도1904].

   판례해설 이 사건에서 문제가 되고 있는 진료행위 등은 고등교육법 제15조 제2항, 제1조 제2항에 의하여 교원의 임무로 되어 있는 학생의 교육지도나 학문연구와는 밀접하게 관련되어 있다고 볼 수 없다는 것도 무죄의 근거가 되었다.

6. 서울대학교 의과대학 교수 겸 서울대학교병원 의사가 구치소로 왕진을 나가 진료하고 진단서를 작성해 주거나 법원의 사실조회에 대하여 회신을 해주는 것은 의사로서의 진료업무이지 교육공무원인 서울대학교 의과대학 교수의 직무와 밀접한 관련 있는 행위라고 할 수 없다는 이유로 뇌물수수의 공소사실에 대하여 무죄를 선고한 원심의 조치를 수긍한 사례[대판 2006.6.15. 2005도1420].
7. 구 해양수산부 해운정책과 소속 공무원인 피고인이 甲 해운회사의 대표이사 등에게서 중국의

선박운항허가 담당부서가 관장하는 중국 국적선사의 선박에 대한 운항허가를 받을 수 있도록 노력해 달라는 부탁을 받고 돈을 받은 경우, 관련 규정에 의하면 해운정책과 업무에는 대한민국 국적선사의 선박에 관한 것만 포함되어 있을 뿐 외국 국적선사의 선박에 대한 행정처분에 관한 것은 포함되어 있지 않고, 또한 외국 국적선사의 선박에 대한 구체적인 행정처분은, 해운정책과 소속 공무원에게 이를 좌우할 수 있는 어떠한 영향력이 있다고 할 수도 없어 해운정책과 소속 공무원의 직무와 밀접한 관계에 있는 행위라거나 또는 그가 관여하는 행위에 해당한다고 볼 수 없으므로, 직무관련성이 없어 뇌물수수죄가 성립하지 않는다[대판 2011.5.26. 2009도2453].

判例 **직무관련성(또는 그 대가성)을 단정할 수 없는 경우**

공무원이 장래에 담당할 직무에 대한 대가로 이익을 수수한 경우에도 뇌물수수죄가 성립할 수 있지만, 그 이익을 수수할 당시 장래에 담당할 직무에 속하는 사항이 그 수수한 이익과 관련된 것임을 확인할 수 없을 정도로 막연하고 추상적이거나, 장차 그 수수한 이익과 관련지을 만한 직무권한을 행사할지 여부 자체를 알 수 없다면, 그 이익이 장래에 담당할 직무에 관하여 수수되었다거나 그 대가로 수수되었다고 단정하기 어렵다[대판 2017.12.22. 2017도12346].

② 부당한 이익

㉮ **대가관계** : i) 대가관계는 공무원의 직무에 관한 것이면 특정적 · 포괄적을 불문한다. ii) 알선수뢰죄의 경우에는 수뢰공무원의 직무행위가 아니라 알선행위와의 사이에 대가관계가 존재해야 한다. iii) 사교적 의례로서의 선물이라 할지라도 직무행위와 대가관계가 인정되는 경우에는 뇌물에 해당한다(판례).

判例 **대가관계가 인정되는 경우**

1. 뇌물죄에 있어서 직무에는 공무원이 법령상 관장하는 직무 그 자체뿐만 아니라 그 직무와 밀접한 관계가 있는 행위 또는 관례상이나 사실상 소관하는 직무행위도 포함된다 할 것이므로, 국회의원이 그 직무권한의 행사로서의 의정활동과 전체적 · 포괄적으로 대가관계가 있는 금원을 교부받았다면 그 금원의 수수가 어느 직무행위와 대가관계에 있는 것인지 특정할 수 없다고 하더라도 이는 국회의원의 직무에 관련된 것으로 보아야 하고, 한편 국회의원이 다른 의원의 직무행위에 관여하는 것이 국회의원의 직무행위 자체라고 할 수는 없으나, 국회의원이 자신의 직무권한인 의안의 심의 · 표결권 행사의 연장선상에서 일정한 의안에 관하여 다른 동료의원에게 작용하여 일정한 의정활동을 하도록 권유 · 설득하는 행위 역시 국회의원이 가지고 있는 위 직무권한의 행사와 밀접한 관계가 있는 행위로서 그와 관련하여 금원을 수수하는 경우에도 뇌물수수죄가 성립한다[대판 1997.12.26. 97도2609]. [♠ 02 사시]

   동지판례 수수된 금품의 뇌물성을 인정하는 데 특별한 청탁이 있어야만 하는 것은 아니며, 또한 금품이 직무에 관하여 수수된 것으로 족하고 개개의 직무행위와 대가적 관계에 있을 필요는 없다[대판 2014.10.15. 2014도8113]. [♣ 18 변시]

2. 정치자금, 선거자금, 성금 등의 명목으로 이루어진 금품의 수수라 할지라도, 그것이 정치가인

공무원의 직무행위에 대한 대가로서의 실체를 갖는 한 뇌물로서의 성격을 잃지 않는다[대판 1997.4.17. 96도3378].

判例 대가관계가 있는 부분과 없는 부분이 불가분적으로 결합된 경우(수수한 금품 전액이 뇌물)

공무원이 수수한 금품에 직무행위와 대가관계가 있는 부분과 그렇지 않은 부분이 불가분적으로 결합되어 있는 경우, 수수한 금품 '전액'이 직무행위에 대한 대가로 수수한 뇌물이다[대판 2009.8.20. 2009도4391].

判例 직무의 대상자로부터 수수한 금품의 뇌물성 판단

1. **(원칙적으로 직무관련성 인정, 사교적 의례의 형식일지라도 뇌물성 인정)** 공무원이 그 직무의 대상이 되는 사람으로부터 금품 기타 이익을 받은 때에는 그것이 그 사람이 종전에 공무원으로부터 접대 또는 수수받은 것을 갚는 것으로서 사회상규에 비추어 볼 때에 의례상의 대가에 불과한 것이라고 여겨지거나, 개인적인 친분관계가 있어서 교분상의 필요에 의한 것이라고 명백하게 인정할 수 있는 경우 등 특별한 사정이 없는 한 직무와의 관련성이 없는 것으로 볼 수 없고, 공무원의 직무와 관련하여 금품을 수수하였다면 비록 사교적 의례의 형식을 빌어 금품을 주고 받았다 하더라도 그 수수한 금품은 뇌물이 된다[대판 2002.7.26. 2001도6721]. [♣ 18 변시]

   관련판례 ⅰ) 노동청 해외근로국장으로서 해외취업자 국외송출허가 등 업무를 취급하던 피고인이 접대부 등의 국외송출을 부탁받고 시가 70,000원 상당의 주식을 접대 받은 경우, 비록 그 접대의 규모가 그리 크지 아니하였다 하더라도 그 사유만으로 이를 단순한 사교적 의례의 범위에 속하는 향응에 불과하다고 볼 수 없으며 뇌물성을 띤다고 볼 것이다[대판 1984.4.10. 83도1499].

   ⅱ) 재건축추진위원장이 재건축조합의 조속한 설립인가를 위해 담당공무원에게 두 차례에 걸쳐 점심 식사를 제공한 사안에서, 뇌물공여죄의 성립을 인정한 사례[대판 2008.11.27. 2006도8779].

2. **(예외적으로 특별한 사정이 있는 경우 직무관련성 및 뇌물성 부정)** 공무원이 그 직무의 대상이 되는 사람으로부터 금품 기타 이익을 받은 때에는 사회상규에 비추어 볼 때에 의례상의 대가에 불과한 것이라고 여겨지거나, 개인적인 친분관계가 있어서 교분상의 필요에 의한 것이라고 명백하게 인정할 수 있는 경우 등 특별한 사정이 없는 한 직무와의 관련성이 없는 것으로 볼 수 없으며, 공무원이 직무와 관련하여 금품을 수수하였다면 비록 사교적 의례의 형식을 빌어 금품을 주고받았다 하더라도 그 수수한 금품은 뇌물이 된다[대판 2001.10.12. 2001도3579; 동지 대판 1999.1.29. 98도3584].

   관련판례 피고인의 아들의 결혼식장에서 공소외인들이 축의금으로 낸 것을 사후에 전달받은 것일 뿐만 아니라 피고인이 동 공소외인들과는 개인적으로도 친분관계를 맺어온 사이였다면 비록 동 공소외인들이 피고인의 직무와 관련이 있는 사업을 경영하는 사람들이었다 하더라도 그 사정만으로 위 금원이 축의금을 빙자하여 뇌물로 수수된 것이라고 단정할 수 없다[대판 1982.9.14. 81도2774].

㈏ **이 익** : 사람의 수요 · 욕망을 충족시킬 수 있는 일체의 것을 말한다. ⅰ) 재산적 이익 · 비재산적 이익을 불문한다(**예** 금융이익, 차용금명목의 금원, 자동차의 제공,

해외여행, 향응의 제공, 이성간의 정교). ⅱ) 이익은 제공 당시 현존하거나 확정적일 필요는 없다. 따라서 시가앙등이 예상되는 주식을 액면가로 매수하게 해 준 경우도 뇌물에 해당한다.

判例 뇌물의 범위

뇌물의 내용인 이익이라 함은 금전, 물품 기타의 재산적 이익뿐만 아니라 사람의 수요 욕망을 충족시키기에 족한 일체의 유형 · 무형의 이익을 포함하는 것이다[대판 2001.1.5. 2000도4714]. [♠ 02, 11 사시]

判例 뇌물성이 인정되는 경우

1. 조합아파트 가입권에 붙은 소위 프리미엄도 뇌물에 해당한다[대판 1992.12.22. 92도1762]. [♠ 04 사시]
2. 투기적 사업에 참여할 기회를 얻는 것도 이에 해당한다. 따라서 직무와 관련하여 장래 시가앙등이 예상되는 체비지의 지분을 낙찰원가에 매수한 것은 투기적 사업에 참여할 기회를 제공받은 것으로 뇌물수수죄에 해당된다[대판 1994.11.4. 94도129].
3. 군에서 일차진급 평정권자가 그 평정업무와 관련하여 진급대상자로 하여금 자신의 은행대출금 채무에 연대보증하게 한 행위는 직무에 관련하여 이익인 뇌물을 받은 것에 해당된다[대판 2001.1.5. 2000도4714].
4. 재개발주택조합의 조합장이 그 재직 중 고소하거나 고소당한 사건의 수사를 담당한 경찰관에게 액수 미상의 프리미엄이 예상되는 그 조합아파트 1세대를 분양해 준 경우, 그 아파트가 당첨자의 분양권 포기로 조합에서 임의분양하기로 된 것으로서 예상되는 프리미엄의 금액이 불확실하였다고 하더라도, 조합, 즉 조합장이 선택한 수분양자가 되어 분양계약을 체결한 것 자체가 경제적인 이익이라고 볼 수 있으므로 뇌물공여죄에 해당한다고 한 사례[대판 2002.11.26. 2002도3539].
5. 건축지도계장으로 근무하는 피고인이 건축업자에게 편의를 제공한 후 동인에게 자신의 주상복합건물 신축공사를 도급주어 시공하게 한 경우, 통상공사비보다 다소 저렴한 액수로 공사계약을 체결한 것이라면 이는 뇌물에 해당한다[대판 1998.3.10. 97도3113].
6. [1] '성적 욕구의 충족'도 뇌물의 내용인 이익에 포함된다.
   [2] 뇌물죄는 공무원의 직무집행의 공정과 이에 대한 사회의 신뢰 및 직무행위의 불가매수성을 그 보호법익으로 하고 있고, 직무에 관한 청탁이나 부정한 행위를 필요로 하는 것은 아니어서 수수된 금품의 뇌물성을 인정하는 데 특별한 청탁이 있어야만 하는 것은 아니다[대판 2014.1.29. 2013도13937].
7. '보험계약 체결에 따라 모집수수료 등을 지급받을 수 있는 지위 또는 기회'도 뇌물이 된다[대판 2014.10.15. 2014도8113].
8. 정치자금의 기부행위는 정치활동에 대한 재정적 지원행위이고, 뇌물은 공무원의 직무행위에 대한 위법한 대가로서 양자는 별개의 개념이므로, 금품이 정치자금의 명목으로 수수되었고 또한 당시 시행되던 구 정치자금에 관한 법률에 정한 절차를 밟았다 할지라도, 정치인의 정치활동 전반에 대한 지원의 성격을 갖는 것이 아니라 공무원으로서의 정치인의 특정한 구체적 직무행위

와 관련하여 제공자에게 유리한 행위를 기대하거나 혹은 그에 대한 사례로서 이루어짐으로써 정치인인 공무원의 직무행위에 대한 대가로서의 실체를 가진다면 뇌물성이 인정된다[대판 2008.6.12. 2006도8568].

判例 뇌물성이 부정된 경우

수의계약을 체결하는 공무원이 해당 공사업자와 적정한 금액 이상으로 계약금액을 부풀려서 계약하고 부풀린 금액을 자신이 되돌려 받기로 사전에 약정한 다음 그에 따라 수수한 돈은 성격상 뇌물이 아니고 횡령금에 해당한다[대판 2007.10.12. 2005도7112]. [♠ 11, 13 사시] [♣ 23 변시]

동지판례 i) 금융기관의 임직원이 대출상대방과 공모하여 임무에 위배하여 대출상대방에게 담보로 제공되는 부동산의 담보가치보다 훨씬 초과하는 금원을 대출하여 주고 대출금 중 일부를 되돌려받기로 한 다음 그에 따라 약정된 금품을 수수하는 것은 부실대출로 인한 업무상배임죄의 공동정범들 사이의 내부적인 이익분배에 불과한 것이고, 별도로 그러한 금품 수수행위에 관하여 특경법 위반(수재등)죄가 성립하는 것은 아니라고 할 것이다[대판 2013.10.24. 2013도7201]. ii) 횡령 범행으로 취득한 돈을 공범자끼리 수수한 행위가 공동정범들 사이의 범행에 의하여 취득한 돈을 공모에 따라 내부적으로 분배한 것에 지나지 않는다면 별도로 그 돈의 수수행위에 관하여 뇌물죄가 성립하는 것은 아니다[대판 2019.11.28. 2019도11766].

4. 뇌물의 몰수와 추징

제134조(몰수, 추징) 범인 또는 사정을 아는 제3자가 받은 뇌물 또는 뇌물로 제공하려고 한 금품은 몰수한다. 이를 몰수할 수 없을 경우에는 그 가액을 추징한다.

(1) 필요적 몰수 · 추징

뇌물의 몰수와 추징은 필요적이다.

(2) 몰수 · 추징의 대상

判例 몰수할 수 없으나 추징을 할 수 있는 경우

피고인이 뇌물로 받은 주식이 압수되어 있지 않고 주주명부상 피고인의 배우자 명의로 등재되어 있으며, 위 배우자는 몰수의 선고를 받은 자가 아니어서 그에 대해서는 몰수물의 제출을 명할 수도 없고, 몰수를 선고한 판결의 효력도 미치지 않는 등의 이유로 위 주식을 몰수함이 상당하지 아니하다고 보아 몰수하는 대신 그 가액을 추징할 수 있다고 한 사례[대판 2005.10.28. 2005도5822].

判例 추징을 할 수 없는 경우(뇌물에 공할 금품이 특정되지 않았던 경우)

형법 제134조는 뇌물에 공할 금품을 필요적으로 몰수하고 이를 몰수하기 불가능한 때에는 그 가액을 추징하도록 규정하고 있는바, 몰수는 특정된 물건에 대한 것이고 추징은 본래 몰수할 수 있었음을 전제로 하는 것임에 비추어 뇌물에 공할 금품이 특정되지 않았던 것은 몰수할 수 없고 그 가액을 추징할 수도 없다[대판 1996.5.8. 96도221]. [♣ 18 변시]

판결이유 원심은, 甲(피고인)이 乙과 공모하여 丙에게 승용차대금 명목으로 금 14,000,000원을 뇌물로 제공하기로 약속하였고, 또 乙, 丁, 戊와 공모하여 위 丙에게 금 1,000,000원짜리 자기앞수표 10장을 뇌물로 제공하여 뇌물공여의 의사표시를 하였다는 공소사실을 유죄로 인정한 다음, 위 형법 조항에 의하여 위 피고인으로부터 위 각 금품의 가액을 공범들에게 균분하여 계산한 금 9,500,000원 {=7,000,000원 (=14,000,000원×1/2) + 2,500,000원 (=1,000,000원×10×1/4)}을 추징한 제1심판결에 대한 위 피고인의 항소를 기각하여 이를 그대로 유지하고 있다. 그러나 기록에 의하여 살피건대, 위 자기앞수표 10장은 일단 특정되어 범행에 제공된 뒤 공범들 중 누가 보관하고 있다가 몰수불능에 이르렀는지가 분명하지 않아 그 가액을 공범들에게 균분하여 추징할 수밖에 없으므로, 위 甲(피고인)으로부터 그 가액을 균분한 금 2,500,000원을 추징한 것은 정당하다 할 것이지만, 한편 뇌물로 약속된 위 승용차대금 명목의 금품은 특정되지 않아 이를 몰수할 수 없었으므로 그 가액을 추징할 수 없는 것임에도 이를 간과하고 그 가액을 공범들에게 균분하여 위와 같이 금 7,000,000원을 추징한 원심판결은 앞서 설시한 위 조항 소정의 추징에 관한 법리를 오해하여 판결에 영향을 미친 위법을 저지른 것이다.

동지판례 범죄수익은닉의 규제 및 처벌 등에 관한 법률에 의한 추징의 경우 그 대상이 되는 범죄수익을 특정할 수 없는 경우에는 추징할 수 없다[대판 2007.6.14. 2007도2451].

判例 **금원을 무이자로 차용한 경우(금융이익이 뇌물 O, 금원은 뇌물이 아님, 금원은 총칙상 몰수대상)**

[1] 공무원이 그 직무에 관하여 금원을 무기한 무이자로 차용한 경우에는 수뢰자가 받은 실질적 이익은 무기한 무이자차용금의 금융이익상당이므로 위의 경우에는 그 금융이익이 뇌물이라 할 것이다. [♣ 21 변시]

[2] 수뢰의 목적이 금전소비대차계약에 의한 금융이익이어서 그 금융이익이 뇌물이 되는 경우 소비대차의 목적인 금원 그 자체는 뇌물이 아니므로 대여로 받은 그 금원 자체는 본조에 의하여 몰수 또는 추징할 수 없고 이는 범죄행위로 인하여 취득한 물건으로서 피고인 이외의 자의 소유에 속하지 아니하므로 본법 제48조 제1항 제2호에 의하여 몰수할 것이다[대판 1976.9.28. 75도3607].

동지판례 금품의 무상차용을 통하여 위법한 재산상 이익을 취득한 경우 범인이 받은 부정한 이익은 그로 인한 금융이익 상당액이므로 추징의 대상이 되는 것은 무상으로 대여받은 금품 그 자체가 아니라 위 금융이익 상당액이다[대판 2008.9.25. 2008도2590]. [♠ 10 사시] [♣ 19 변시]

(3) 몰수 · 추징의 상대방

뇌물을 현재 보유하고 있는 자로부터 몰수 · 추징해야 한다. 따라서 i) 수뢰자가 뇌물을 보관하다가 증뢰자에게 뇌물 자체를 반환한 경우에는 증뢰자로부터 몰수 · 추징한다(판례). ii) 수뢰자가 뇌물을 소비 · 예금한 후 같은 액수의 금원을 반환한 경우에는 수뢰자로부터 몰수 · 추징한다(판례). iii) 수뢰자가 뇌물을 다시 타인에게 뇌물로 공여한 경우에는 수뢰자로부터 몰수 · 추징한다. 이는 뇌물의 소비에 해당하기 때문이다(판례). iv) 뇌물의 일부를 받은 취지에 따라 청탁과 관련하여 관계 공무원에게 뇌물로 공여한 경우에는 그 부분의 이익은 실질적으로 범인에게 귀속된 것이 아니므로 이를 제외한 나머지 금품만을 몰수하거나 그 가액을 추징하여야 한다(판례).

判例 뇌물의 몰수·추징의 상대방

1. 무릇 뇌물을 받은 자가 그 뇌물을 증뢰자에게 반환한 때에는 이를 수뢰자로부터 추징할 수 없다 할 것이므로 피고인이 수수한 위 금원을 그대로 보관하고 있다가 이를 공여자에게 반환하였다면 증뢰자로부터 몰수 또는 추징을 할 것이지 피고인으로부터 추징할 수 없다[대판 1984.2.28. 83도2783].
[♠ 00, 07, 09, 15 사시] [♣ 14 변시]

2. 수뢰자가 자기앞수표를 뇌물로 받아 이를 소비한 후 자기앞수표 상당액을 증뢰자에게 반환하였다 하더라도 뇌물 그 자체를 반환한 것은 아니므로 이를 몰수할 수 없고 수뢰자로부터 그 가액을 추징하여야 할 것이다[대판 1999.1.29. 98도3584; 동지 대판 1983.4.12. 82도2462]. [♠ 08, 12 사시] [♣ 12, 14 변시]

   동지판례 수뢰죄에 있어서 수뢰자가 일단 수수한 뇌물을 소비하여 몰수하기 불능하게 되었을 때에는 그 후에 동액의 금원을 증뢰자에게 반환하였다 하여도 수뢰자로부터 그 가액을 추징하여야 한다[대판 1986.10.14. 86도1189].
   [♠ 01 사시]

   동지판례 甲이 피해자 乙로부터 공무원이 취급하는 사무에 대한 청탁명목으로 받은 금 300만원 중 금 20만원은 경비로 사용하고 금 280만원은 乙에게 반환하라고 공범인 丙에게 돌려 주자 丙이 이를 소비한 경우에는 甲으로부터 금 300만원을 추징하여야 한다[대판 1989.2.27. 88도2405].

3. 뇌물로 받은 돈을 은행에 예금한 경우 그 예금행위는 뇌물의 처분행위에 해당하므로 그 후 수뢰자가 같은 액수의 돈을 증뢰자에게 반환하였다 하더라도 이를 뇌물 그 자체의 반환으로 볼 수 없으니 이러한 경우에는 수뢰자로부터 그 가액을 추징하여야 한다[대판 1996.10.25. 96도2022].
[♠ 04, 06, 09 사시]

   동지판례 교부받은 뇌물 200만원 상당액을 증뢰자의 거래은행구좌에 온라인으로 입금하여 반환하였다면 그 반환시기 등에 비추어 반환한 돈 200만원이 뇌물로 교부받았던 바로 그 돈이었다고 보기 어려우므로 그 가액 상당을 수뢰자로부터 추징한 조치는 적법하다[대판 1986.12.23. 86도2021].

4. 특정범죄 가중처벌 등에 관한 법률 제13조의 규정에 의한 필요적 몰수 또는 추징은, 범인이 취득한 당해 재산을 범인으로부터 박탈하여 범인으로 하여금 부정한 이익을 보유하지 못하게 함에 그 목적이 있는 것으로서, 이 점은 공무원범죄에 관한 몰수특례법 제6조의 경우도 마찬가지이므로, 공무원의 직무에 속한 사항의 알선에 관하여 금품을 받고 그 금품 중의 일부를 받은 취지에 따라 청탁과 관련하여 관계 공무원에게 뇌물로 공여하거나 다른 알선행위자에게 청탁의 명목으로 교부한 경우에는 그 부분의 이익은 실질적으로 범인에게 귀속된 것이 아니어서 이를 제외한 나머지 금품만을 몰수하거나 그 가액을 추징하여야 하지만, 공무원의 직무에 속한 사항의 알선에 관하여 금품을 받은 자가 그 금품 중의 일부를 다른 알선행위자에게 청탁의 명목으로 교부하였다 하더라도 당초 금품을 받을 당시 그와 같이 사용하기로 예정되어 있어서 그 받은 취지에 따라 그와 같이 사용한 것이 아니라, 범인의 독자적인 판단에 따라 경비로 사용한 것이라면 이는 범인이 받은 금품을 소비하는 방법의 하나에 지나지 아니하므로, 그 가액 역시 범인으로부터 추징하지 않으면 안 된다[대판 1999.6.25. 99도1900].

   동지판례 (위 기본판례의 전단부의 기술과 동지) 공무원의 직무에 속한 사항의 알선에 관하여 금품을 받고 그 금품 중의 일부를 받은 취지에 따라 청탁과 관련하여 관계 공무원에게 뇌물로 공여하거나 다른 알선행위자에게 청탁의 명목으로 교부한 경우에는 그 부분을 제외한 나머지 금품만을 몰수하거나 그 가액을 추징하여

야 한다[대판 2002.6.14. 2002도1283]. [♠ 03, 04, 07, 08, 09 사시]

동지판례 (위 기본판례의 후단부의 기술에 해당하는 사례) 변호사를 선임하여 주겠다는 명목이 아니라 판사, 검사에게 청탁하여 석방시켜 주겠다는 명목으로 돈을 받은 이상 그 중 일부를 변호사 선임비로 사용하였다 하더라도 이는 변호사법위반으로 취득한 재물의 소비방법에 불과하므로 변호사선임비로 사용한 금액 상당을 추징액에서 제외할 수는 없다[대판 2000.5.26. 2000도440].

5. 공무원의 직무에 속한 사항의 알선에 관하여 금품을 받음에 있어 타인의 동의하에 그 타인 명의의 예금계좌로 입금받는 방식을 취하였다고 하더라도 이는 범인이 받은 금품을 관리하는 방법의 하나에 지나지 아니하므로, 그 가액 역시 범인으로부터 추징하지 않으면 안 된다고 할 것이다[대판 2006.10.26. 2006도4659]. [♠ 14 사시] [♣ 19 변시]

판 례 연 습

【뇌물죄와 몰수 · 추징의 상대방 (1)】

공무원 甲이 업자인 乙로부터 납품과 관련하여 뇌물로 100만원권 자기앞수표 8장을 교부받아 그 중 6장은 자신의 통장에 예금해 둔 후, 나머지 2장은 자신의 진급을 위하여 상급자인 丙에게 뇌물로 제공하였고 丙은 이를 모두 소비하였다. 그런데 후에 문제가 발생하자 丙은 현금 200만원을 甲에게 반환하였고, 甲은 이 돈에다 위 통장에서 찾은 600만원을 보태어 乙에게 800만원을 반환하였다. 이 경우 甲, 乙, 丙으로부터 몰수 또는 추징해야 할 금액은?

판결요지

관련판례 1 뇌물로 받은 돈을 은행에 예금한 경우 그 예금행위는 뇌물의 처분행위에 해당하므로 그 후 수뢰자가 같은 액수의 돈을 증뢰자에게 반환하였다 하더라도 이를 뇌물 그 자체의 반환으로 볼 수 없으니 이러한 경우에는 수뢰자로부터 그 가액을 추징하여야 한다[대판 1996.10.25. 96도2022].

※ 수표 6장의 예금한 부분에 대하여는 그 가액인 600만원을 수뢰자인 甲으로부터 추징하여야 한다.

관련판례 2 피고인들이 뇌물로 받은 돈을 그 후 다른 사람에게 다시 뇌물로 공여하였다 하더라도 그 수뢰의 주체는 어디까지나 피고인들이고 그 수뢰한 돈을 다른 사람에게 공여한 것은 수뢰한 돈을 소비하는 방법에 지나지 아니하므로 피고인들로부터 그 수뢰액 전부를 각 추징하여야 한다[대판 1986.11.25. 86도1951]. [♠ 06 사시] ※ 甲이 진급을 위하여 상급자인 丙에게 제공한 수표 2장에 대하여는 그 가액인 200만원을 甲으로부터 추징하여야 한다.

관련판례 3 수뢰죄에 있어서 수뢰자가 일단 수수한 뇌물을 소비하여 몰수하기 불능하게 되었을 때에는 그 후에 동액의 금원을 증뢰자에게 반환하였다 하여도 수뢰자로부터 그 가액을 추징하여야 한다[대판 1986.10.14. 86도1189]. [♠ 01 사시] ※ 이 800만원을 乙에게 반환하였더라도 甲에게서 800만원을 추징하여야 한다. 또한 丙이 200만원을 반환하였더라도 丙에게서 200만원을 추징하여야 한다.

정답 (甲으로부터 800만원을, 丙으로부터 200만원을 추징해야 한다)

판 례 연 습

【뇌물죄와 몰수 · 추징의 상대방(2)】 [♠ 01 사시]

건설담당부서 공무원 甲은 건설업자 乙로부터 100만원 상당의 향응을 받고 그 자리에서 현금 1천만원을 받아 뇌물을 수수하였다. 甲은 뇌물로 받은 현금 가운데 8백만원은 소비하였다. 그 후 문제가 되자 甲은 뇌물로 받은 돈 가운데 남은 돈 2백만원과 은행에서 차용한 돈 3백만원을 합한 5백만원을 乙에게 반환하였다. 甲과 乙이 뇌물로 기소된 사건에서 모두 유죄로 인정될 경우 甲으로부터 추징할 금액은?

판결요지

수뢰죄에 있어서 수뢰자가 일단 수수한 뇌물을 소비하여 몰수하기 불능하게 되었을 때에는 그 후에 동액의 금원을 증뢰자에게 반환하였다 하여도 수뢰자로부터 그 가액을 추징하여야 한다[대판 1986.10.14. 86도1189]. 따라서 향응의 가액에 해당하는 100만원을 추징해야 하고, 그리고 수수한 현금 가운데 소비한 800만원도 추징하여야 한다. 뇌물로 받은 돈 가운데 남은 돈 200만원은 뇌물 그 자체를 그대로 증뢰자에게 반환한 경우이므로 甲으로부터는 추징할 수 없고 증뢰자인 乙로부터 몰수 · 추징해야 한다. 은행에서 차용한 돈 300만원을 반환하였을지라도 이미 뇌물을 소비한 이후이므로 300만원이 추징액에서 공제되는 것은 아니다. 따라서 총 900만원을 甲으로부터 추징해야 한다.

정답 (900만원)

(4) 몰수 · 추징의 방법

① 뇌물죄로 얻은 이익을 몰수 · 추징함에 있어서는 그 받은 뇌물 자체를 몰수하여야 하고, 취득을 위하여 상대방에게 뇌물의 가액에 상당하는 금원의 일부를 비용의 명목으로 출연하거나 그 밖에 경제적 이익을 제공하였다 하더라도 그 뇌물의 가액에서 지출을 공제한 나머지 가액에 상당한 이익만을 몰수 · 추징하는 것은 아니다.

判例 뇌물의 취득을 위하여 비용을 지출한 경우 몰수 · 추징 가액(비용을 제외하지 않은 뇌물의 가액)

공무원이 뇌물을 받음에 있어서 그 취득을 위하여 상대방에게 뇌물의 가액에 상당하는 금원의 일부를 비용의 명목으로 출연하거나 그 밖에 경제적 이익을 제공하였다 하더라도, 이는 뇌물을 받는데 지출한 부수적 비용에 불과하다고 보아야 할 것이지, 이로 인하여 공무원이 받은 뇌물이 그 뇌물의 가액에서 위와 같은 지출액을 공제한 나머지 가액에 상당한 이익에 한정되는 것이라고 볼 수는 없으므로, 그 공무원으로부터 뇌물죄로 얻은 이익을 몰수 · 추징함에 있어서는 그 받은 뇌물 자체를 몰수하여야 하고, 그 뇌물의 가액에서 위와 같은 지출을 공제한 나머지 가액에 상당한 이익만을 몰수 · 추징할 것은 아니다[대판 1999.10.8. 99도1638]. [♣ 19 변시]

동지판례 변호사법 위반의 범행으로 금품을 취득한 경우 그 범행과정에서 지출한 비용은 그 금품을 취득하기 위하여 지출한 부수적 비용에 불과하고, 몰수하여야 할 것은 변호사법 위반의 범행으로 취득한 금품 그 자체이므로, 취득한 금품이 이미 처분되어 추징할 금원을 산정할 때 그 금품의 가액에서 위 지출 비용을 공제할 수는 없다

[대판 2008.10.9. 2008도6944].

관련판례 뇌물을 받는 주체가 아닌 자가 수고비로 받은 부분이나 뇌물을 받기 위하여 형식적으로 체결된 용역계약에 따른 비용으로 사용된 부분은 뇌물수수의 부수적 비용에 지나지 않는다[대판 2017.3.22. 2016도21536].

② 뇌물을 공동으로 수수한 경우 원칙적으로 실제 수수한 금품 또는 그 가액을 몰수·추징한다. 실제 수수액이 불명한 경우에는 평등하게 몰수·추징한다.

判例 직무행위와 대가관계가 있는 금원과 그렇지 않은 금원이 혼재된 경우 수뢰액

공무원이 수수한 이익에 직무행위에 대한 대가로서의 성질과 직무 외의 행위에 대한 사례로서의 성질이 불가분적으로 결합되어 있는 경우에는 그 전부가 직무행위에 대한 대가로서의 성질을 가진다[대판 2013.4.11. 2012도16277].

判例 공동수수의 경우 수뢰액의 확정방법

여러 사람이 공동으로 뇌물을 수수한 경우 그 가액을 추징하려면 실제로 분배받은 금품만을 개별적으로 추징하여야 하고 수수금품을 개별적으로 알 수 없을 때에는 평등하게 추징하여야 하며 공동정범뿐 아니라 교사범 또는 종범도 뇌물의 공동수수자에 해당할 수 있으나, 공동정범이 아닌 교사범 또는 종범의 경우에는 정범과의 관계, 범행 가담 경위 및 정도, 뇌물 분배에 관한 사전약정의 존재 여부, 뇌물공여자의 의사, 종범 또는 교사범이 취득한 금품이 전체 뇌물수수액에서 차지하는 비중 등을 고려하여 공동수수자에 해당하는지를 판단하여야 한다. 그리고 뇌물을 수수한 자가 공동수수자가 아닌 교사범 또는 종범에게 뇌물 중 일부를 사례금 등의 명목으로 교부하였다면 이는 뇌물을 수수하는 데 따르는 부수적 비용의 지출 또는 뇌물의 소비행위에 지나지 아니하므로, 뇌물수수자에게서 수뢰액 전부를 추징하여야 한다[대판 2011.11.24. 2011도9585]. [♣18 변시]

判例 향응을 제공받은 경우 수뢰액의 확정방법

(1) 피고인이 증뢰자와 함께 향응을 하고 증뢰자가 이에 소요되는 금원을 지출한 경우 이에 관한 피고인의 수뢰액을 인정함에 있어서는 먼저 피고인의 접대에 요한 비용과 증뢰자가 소비한 비용을 가려내어 전자의 수액을 가지고 피고인의 수뢰액으로 하여야 하고 만일 각자에 요한 비용액이 불명일 때에는 이를 평등하게 분할한 액을 가지고 피고인의 수뢰액으로 인정하여야 할 것이고, (2) 피고인이 향응을 제공받는 자리에 피고인 스스로 제3자를 초대하여 함께 접대를 받은 경우에는, 그 제3자가 피고인과는 별도의 지위에서 접대를 받는 공무원이라는 등의 특별한 사정이 없는 한 그 제3자의 접대에 요한 비용도 피고인의 접대에 요한 비용에 포함시켜 피고인의 수뢰액으로 보아야 한다[대판 2001.10.12. 99도5294]. [♠09 사시] [♣16 변시]

判例 투자를 한 경우의 수뢰액의 확정방법

경찰공무원이 슬롯머신 영업에 5천만원을 투자하여 매월 3백만원을 배당받기로 약속한 후 35회에 걸쳐 1억 5백만원을 교부받은 경우, 5천만원을 투자함으로써 바로 이익을 얻었다고는 볼 수 없고 매월 3백만원을 지급받기로 하는 약속, 즉 뇌물의 수수를 약속한 것에 불과하고 현실적으로 매월 3백만원씩을 지급받은 것이 뇌물을 수수한 것이라고 보아야 하므로 1억 5백만원은 그 자체가 뇌물이 되는데, 다만 실제의 뇌물의 액수는 5천만원을 투자함으로써 얻을 수 있는 통상적인 이익을 초과한 금액이라고 보아야 하며, 여기서 통상적인 이익이라 함은 다른 특별한 사정이 없는 한 그 경찰공무원의 직무와 관계없이 투자하였더라면 얻을 수 있었을 이익을 말하는데, 구체적으로는 위 투자의 형태가 실질에 있어서는 금원을 대여하고 그에 대하여 이자를 받은 것과 다를 바 없으므로 슬롯머신 업소 경영자와 같은 사람에게 5천만원을 직무와 관계없이 대여하였더라면 받았을 이자 상당이 통상적인 이익이 되며 그 이율은 양 당사자의 자금사정과 신용도 및 해당 업계의 금리체계에 따라 심리판단해야 하며, 그 경찰공무원이 다른 방법으로 그 돈을 투자하였더라면 어느 정도의 이익을 얻을 수 있었을 것인지는 원칙적으로 고려할 필요가 없다[대판 1995.6.30. 94도993].

③ 뇌물을 몰수하기 불능한 경우 그 가액을 추징한다. 그러나 가액산정이 처음부터 불가능한 경우는 추징할 수 없다. (예 이성간의 정교)

判例 추징을 할 수 없는 경우(뇌물의 액수를 특정할 수 없는 경우)

[1] 형법 제134조의 몰수나 추징을 선고하기 위하여는 몰수나 추징의 요건이 공소가 제기된 범죄사실과 관련되어 있어야 하므로, 법원으로서는 범죄사실에서 인정되지 아니한 사실에 관하여는 몰수나 추징을 선고할 수 없다고 보아야 한다.
[2] 범죄사실에서 수수한 뇌물의 액수를 특정할 수 없다면, 추징을 함에 있어서도 그 추징의 대상이 되는 뇌물의 액수를 특정할 수 없는 경우에 해당한다고 보아 추징을 선고하여서는 안 될 것이다 [대판 2009.8.20. 2009도4391].

동지판례 수뢰액을 특정할 수 없는 경우에는 가액을 추징할 수 없다[대판 2011.5.26. 2009도2453].

판 례 연 습

【뇌물죄와 몰수 · 추징의 방법】 [♠ 06 사시]

공무원 甲은 모건설회사 사장 乙로부터 업무와 관련하여 청탁을 하기 위해 식사를 같이 하자는 요청을 받고 이에 응하여 친구인 丙과 함께 乙로부터 200만원 상당의 식사와 술을 대접받았다. 이 때 乙은 자신의 회사 상무인 丁과 같이 동석하였다. 乙은 이 자리에서 甲에게 100만원짜리 자기앞수표 10장을 뇌물로 제공하였으며, 甲은 그 금액이 지나치게 많은 것을 알고 어느 정도의 대가를 지불하려고 생각하던 중, 乙에게 200만원 상당의 도자기를 선물하였다. 한편 甲은 혼자서는 乙의 청탁을 들어주기가 곤란하다고 스스로 판단하고, 그 업무를 처리하는 공무원 戊에게 300만원을 전달하였으며, 후에 이러한 사실이 알려져 문제가 되자 자신의 은행계좌에서 현금 500만원을 인출하여 乙에게 돌려주었다. 이 경우 甲으로부터 몰수 또는 추징할 금액의 합계는? (다툼이 있으면 판례에 의함)

판결요지

아래의 관련판례 1을 고려하면 식사와 술대접을 받은 부분에서 증뢰자 측이 소요한 비용을 제외한 100만원(친구인 丙에게 소요된 비용까지 포함됨)이 수뢰액에 해당하고 추징대상이다. 그리고 甲이 자기앞수표로 1,000만원을 받으면서 대가로 지급한 도자기는 뇌물의 가액에서 공제할 대상이 아니며(관련판례 2 참고), 스스로의 판단에 따라 戊에게 전달한 300만원 역시 수뢰한 돈을 소비하는 방법에 지나지 아니하므로 甲에게서 추징하여야 하며(관련판례 3 참고), 자신의 은행계좌에서 인출하여 돌려준 500만원은 뇌물 그 자체의 반환으로 볼 수 없으므로 역시 甲에게서 추징하여야 한다(관련판례 4 참고). 따라서 자기앞수표 1,000만원을 수뢰한 부분에 대하여는 모두 甲에게서 몰수하거나 또는 추징하여야 한다. 결국 甲으로부터 몰수 또는 추징할 금액의 합계는 1,100만원이다.

관련판례 1 피고인이 증뢰자와 함께 향응을 하고 증뢰자가 이에 소요되는 금원을 지출한 경우 이에 관한 피고인의 수뢰액을 인정함에 있어서는 먼저 피고인의 접대에 요한 비용과 증뢰자가 소비한 비용을 가려내어 전자의 수액을 가지고 피고인의 수뢰액으로 하여야 하고 만일 각자에 요한 비용액이 불명일 때에는 이를 평등하게 분할한 액을 가지고 피고인의 수뢰액으로 인정하여야 할 것이고, 피고인이 향응을 제공받는 자리에 피고인 스스로 제3자를 초대하여 함께 접대를 받은 경우에는, 그 제3자가 피고인과는 별도의 지위에서 접대를 받는 공무원이라는 등의 특별한 사정이 없는 한 그 제3자의 접대에 요한 비용도 피고인의 접대에 요한 비용에 포함시켜 피고인의 수뢰액으로 보아야 한다[대판 2001.10.12. 99도5294].

관련판례 2 공무원이 뇌물을 받음에 있어서 그 취득을 위하여 상대방에게 뇌물의 가액에 상당하는 금원의 일부를 비용의 명목으로 출연하거나 그 밖에 경제적 이익을 제공하였다 하더라도, 이는 뇌물을 받는 데 지출한 부수적 비용에 불과하다고 보아야 할 것이지, 이로 인하여 공무원이 받은 뇌물이 그 뇌물의 가액에서 위와 같은 지출액을 공제한 나머지 가액에 상당한 이익에 한정되는 것이라고 볼 수는 없으므로, 그 공무원으로부터 뇌물죄로 얻은 이익을 몰수 · 추징함에 있어서는 그 받은 뇌물 자체를 몰수하여야 하고, 그 뇌물의 가액에서 위와 같은 지출을 공제한 나머지 가액에 상당한 이익만을 몰수 · 추징할 것은 아니다[대판 1999.10.8. 99도1638].

관련판례 3 피고인들이 뇌물로 받은 돈을 그 후 다른 사람에게 다시 뇌물로 공여하였다 하더라도 그 수뢰의 주체는 어디까지나 피고인들이고 그 수뢰한 돈을 다른 사람에게 공여한 것은 수뢰한 돈을 소비하는 방법에 지나지 아니하므로 피고인들로부터 그 수뢰액 전부를 각 추징하여야 한다[대판 1986.11.25. 86도1951].

관련판례 4 뇌물로 받은 돈을 은행에 예금한 경우 그 예금행위는 뇌물의 처분행위에 해당하므로 그 후 수뢰자가 같은 액수의 돈을 증뢰자에게 반환하였다 하더라도 이를 뇌물 그 자체의 반환으로 볼 수 없으니 이러한 경우에는 수뢰자로부터 그 가액을 추징하여야 한다[대판 1996.10.25. 96도2022].

정답 (1,100만 원)

(5) 추징가액산정의 기준시기

통설은 몰수할 수 없게 된 사유가 발생한 때를 기준으로 해야 한다는 입장이나, 판례는 재판선고시의 가격이 기준이 된다는 입장이다.

判例 추징가액의 산정시기(재판선고시의 가격이 기준)

몰수의 취지가 범죄에 의한 이득의 박탈을 그 목적으로 하는 것이고 추징도 이러한 몰수의 취지를 관철하기 위한 것이라는 점을 고려하면 몰수하기 불능한 때에 추징하여야 할 가액은 범인이 그 물건을 보유하고 있다가 몰수의 선고를 받았더라면 잃었을 이득상당액을 의미한다고 보아야 할 것이므로 그 가액산정은 재판선고시의 가격을 기준으로 하여야 할 것이다[대판 1991.5.28. 91도352].

判例 특가법 적용대상인 수뢰액의 산정방법

수인이 공동하여 뇌물수수죄를 범한 경우에 공범자는 자기의 수뢰액뿐만 아니라 다른 공범자의 수뢰액에 대하여도 그 죄책을 면할 수 없는 것이므로, 특정범죄 가중처벌 등에 관한 법률 제2조 제1항의 적용 여부를 가리는 수뢰액을 정함에 있어서는 그 공범자 전원의 수뢰액을 합한 금액을 기준으로 하여야 할 것이고, 각 공범자들이 실제로 취득한 금액이나 분배받기로 한 금액을 기준으로 할 것이 아니다[대판 1999.8.20. 99도1557]. [♠ 09, 14 사시]

判例 특가법과 관련한 판례정리

1. [1] 특정범죄가중처벌 등에 관한 법률(이하 '특가법'이라고만 한다) 제13조의 규정에 의한 필요적 몰수 또는 추징은, 금품 기타 이익을 범인으로부터 박탈하여 그로 하여금 부정한 이익을 보유하지 못하게 함에 그 목적이 있는 것인데, 범인이 알선 대가로 수수한 금품에 관하여 소득신고를 하고 이에 관하여 법인세 등 세금을 납부하였다고 하더라도 이는 범인이 자신의 알선수재행위를 정당화시키기 위한 것이거나, 범인 자신의 독자적인 판단에 따라 소비하는 방법의 하나에 지나지 아니하므로 이를 추징에서 제외할 것은 아니다.

[2] 알선의뢰인이 알선수재자와 사이에 공무원의 직무에 속한 사항에 관하여 알선을 하고 그 대가를 지불하기로 하는 용역제공계약의 형식을 취한 다음, 알선행위에 대한 대가로 용역대금과 함께 이에 대한 부가가치세 상당액을 교부한 경우에 알선수재자가 수수한 용역대금과 부가가치세 상당액은 모두 알선과 관련하여 수수한 금품에 해당하는 것이어서, 알선수재자가 용역계약에 따른 부가가치세를 실제로 납부하였는지를 불문하고 부가가치세 상당액도 특가법 위반(알선수재)죄의 알선수재금에 해당한다고 보아야 한다. 다만 알선수재자가 부가가치세 상당액을 납부하였을 경우에도 이를 추징할 수 있는지 여부는 그 납부세액을 환급받을 수 있는지 여부 등을 고려하여 따로 판단하여야 한다[대판 2010.3.25. 2009도11660].

2. [1] 甲 주식회사 대표이사인 피고인이 금융기관에 청탁하여 乙 주식회사가 대출을 받을 수 있도록 알선행위를 하고 그 대가로 용역대금 명목의 수수료를 甲 회사 계좌를 통해 송금받아 특정경제범죄 가중처벌 등에 관한 법률 위반(알선수재)죄가 인정된 사안에서, 피고인이 甲 회사의 대표이사로서 같은 법 제7조에 해당하는 행위를 하고 당해 행위로 인한 대가로 수수료를 받았다면, 수수료에 대한 권리가 甲 회사에 귀속된다 하더라도 행위자인 피고인으로부터 수수료로 받은 금품을 몰수 또는 그 가액을 추징할 수 있으므로, 피고인이 개인적으로 실제 사용한 금품이 없더라도 마찬가지라고 본 원심판단을 정당하다고 한 사례.
[2] 뇌물수수나 알선수재에 이용된 공급계약이 실제 공급이 없는 형식적 계약에 불과하여 부가가치세 과세대상이 아니라면 그에 관한 납세의무가 없으므로, 설령 부가가치세 명목의 금전을 포함한 대가를 받았다고 하더라도 그 일부를 부가가치세로 거래 징수하였다고 할 수 없어 수수한 금액 전부가 범죄로 얻은 이익에 해당하여 추징대상이 되며, 그 후에 이를 부가가치세로 신고·납부하였다고 하더라도 달리 볼 수 없다[대판 2015.1.15. 2012도7571].

判例 추징규정의 법원에 의한 직권 적용여부

추징은 형의 일종으로서 검사가 공소를 제기할 때 필요적 추징규정의 적용을 빠뜨렸다 하더라도 법원은 직권으로 이를 적용하여야 한다[대판 1989.2.14. 88도2211]. [♠14 사시]

Ⅹ. 수뢰죄

제129조(수뢰) ① 공무원 또는 중재인이 그 직무에 관하여 뇌물을 수수, 요구 또는 약속한 때에는 5년 이하의 징역 또는 10년 이하의 자격정지에 처한다.

1. 의 의

공무원 또는 중재인이 그 직무에 관하여 뇌물을 수수·요구 또는 약속함으로써 성립하는 범죄이다.

2. 구성요건

(1) 객관적 구성요건

① 주 체 : 공무원 또는 중재인이다. i) 공무원은 그 사무의 내용이 단순한 기계적 · 육체적인 것에 한정되어 있지 않은 자를 말한다. ii) 중재인은 법령에 의하여 중재의 직무를 담당하는 자를 말한다. 사실상 중재하는 것만으로는 족하지 않다.

判例 수뢰죄의 주체인 공무원이 되는 시기

시 · 도지사에 의하여 '지방교통영향심의위원회의 위원'으로 임명 또는 위촉된 자는 그때부터 형법 제129조에 규정된 수뢰죄의 주체인 공무원에 해당하게 되고, 특정 안건을 심의하기 위한 '지방교통영향심의위원회의 회의' 개최를 앞두고 위원장에 의하여 그 회의의 위원으로 지명된 때에 비로소 위 법조에 정한 '공무원'에 해당하게 되는 것은 아니다[대판 2009.2.12. 2007도2733].

判例 수뢰죄의 주체인 공무원에 해당하지 않는 경우

1. [1] 형법 제129조 내지 제132조 및 구 변호사법 제111조에서 정한 '공무원'이란 국가공무원법과 지방공무원법상 공무원 및 다른 법률에 따라 위 규정들을 적용할 때 공무원으로 간주되는 자 외에 법령에 기하여 국가 또는 지방자치단체 및 이에 준하는 공법인의 사무에 종사하는 자로서 노무의 내용이 단순한 기계적 · 육체적인 것에 한정되어 있지 않은 자를 말한다.
   [2] 집행관사무소의 사무원이 집행관을 보조하여 담당하는 사무의 성질이 국가의 사무에 준하는 측면이 있다는 사정만으로는 형법 제129조 내지 제132조 및 구 변호사법 제111조에서 정한 '공무원'에 해당한다고 보기 어렵다[대판 2011.3.10. 2010도14394].
2. 국민권익위원회 운영지원과 소속 기간제근로자인 갑은 국민권익위원회 위원장과 계약기간 1년의 근로계약을 체결한 점, 공무원으로 임용된 적이 없고 공무원연금이 아니라 국민연금에 가입되어 있는 점 등을 고려하면 갑을 공무집행방해죄에서 공무원에 해당한다고 할 수 없다[대판 2015.5.29. 2015도3430].

判例 수뢰죄의 주체인 공무원에 해당하는 경우

1. 구 약사법에 의하여 설치된 중앙약사심의위원회 소속분과위원회의 소분과위원회 위원의 후보자군에 포함 편성되는 것만으로는 그 때부터 공무에 종사하는 것이라고 할 수는 없으나, 그 후보자들 중 중앙약사심의위원회 소분과위원회의 개최를 앞두고 소분과위원회 위원으로 위촉된 사람은 그 때부터 보건사회부장관이 자문을 구한 당해 안건의 심의가 끝날 때까지의 기간 동안은 위의 근거 법령에 의하여 공무에 종사하는 자로서 형법 제129조에 규정된 수뢰죄의 주체인 공무원이라고 할 것이다[대판 2002.11.22. 2000도4593].

2. 재건축조합장의 경우 도시 및 주거환경정비법에 의해 공무원으로 의제되므로, 건설업자들이 재건축조합장에게 직무와 관련하여 금전을 제공하였다면 별도의 부정한 청탁이 존재하지 않더라도 뇌물공여죄가 성립한다[대판 2008.1.24. 2006도5711; 동지 대판 2006.5.25. 2006도1146].

3. **(중요)** 법령에 기한 임명권자에 의하여 임용되어 공무에 종사하여 온 사람이 나중에 그가 임용결격자이었음이 밝혀져 당초의 임용행위가 무효라고 하더라도, 그가 임용행위라는 외관을 갖추어 실제로 공무를 수행한 이상 공무 수행의 공정과 그에 대한 사회의 신뢰 및 직무행위의 불가매수성은 여전히 보호되어야 한다. 따라서 이러한 사람은 형법 제129조에서 규정한 공무원으로 봄이 타당하고, 그가 그 직무에 관하여 뇌물을 수수한 때에는 수뢰죄로 처벌할 수 있다[대판 2014.3.27. 2013도11357]. [♣ 17, 18 변시]

동지판례 도시 및 주거환경정비법(이하 '도시정비법'이라고 한다) 제84조의 문언과 취지, 형법상 뇌물죄의 보호법익 등을 고려하면, 정비사업조합의 임원이 그 정비구역 안에 있는 토지 또는 건축물의 소유권 또는 그 지상권을 상실함으로써 조합 임원의 지위를 상실한 경우나 임기가 만료된 정비사업조합의 임원이 관련 규정에 따라 그 후임자가 선임될 때까지 계속하여 그 직무를 수행하다가 후임자가 선임되어 그 직무수행권을 상실한 경우, 그 조합 임원이 그 후에도 조합의 법인 등기부에 임원으로 등기되어 있는 상태에서 계속하여 실질적으로 조합 임원으로서의 직무를 수행하여 왔다면 그 직무수행의 공정과 그에 대한 사회의 신뢰 및 직무행위의 불가매수성은 여전히 보호되어야 한다. 따라서 그 조합 임원은 임원의 지위 상실이나 직무수행권의 상실에도 불구하고 도시정비법 제84조에 따라 형법 제129조 내지 제132조의 적용에 있어서 공무원으로 보아야 한다[대판 2016.1.14. 2015도15798].

② **객 체** : 뇌물이다.

③ **행 위** : 직무에 관하여 뇌물을 수수 · 요구 또는 약속하는 것이다. i) 직무에 관하여 뇌물을 수수한 이상 수수의 동기 및 어떠한 용도로 사용하였는가와 무관하게 뇌물수수죄가 성립한다. 다만 뇌물의 수수라고 하기 위하여는 영득의사가 있어야 한다. 따라서 반환의사로 일시 받아둔 것은 수수라고 할 수 없다. 그러나 영득의사로 수수한 것이면 후에 반환하여도 수수가 된다. ii) 뇌물을 수수한 이상 실제로는 아무런 이득을 얻지 못한 경우라도 뇌물수수죄의 성립에는 아무런 영향이 없다. iii) 수수 당시에 공무원 또는 중재인이어야 하므로 공무원이 직무와 관련하여 뇌물수수를 약속하고 퇴직 후 이를 수수하는 경우에는 뇌물약속죄 또는 사후수뢰죄가 성립할 수 있음은 별론으로 하고 뇌물수수죄는 성립하지 않는다. iv) 요구의 경우 상대방이 응하였는가는 불문하며, 요구에 대하여 현실로 교부가 있을 것을 요하지 않는다. v) 뇌물약속죄에 있어서 뇌물의 목적물인 이익은 약속 당시에 현존할 필요는 없고 약속 당시에 예견할 수 있는 것이라도 무방하며, 뇌물의 목적물이 이익인 경우에는 그 가액이 확정되어 있지 않아도 뇌물약속죄가 성립하는 데는 영향이 없다.

判例 수뢰죄(뇌물수수죄)가 성립하는 경우

1. **(사리를 취한 바 없는 경우)** 뇌물죄에 있어서 금품을 수수한 장소가 공개된 공사현장이었고 금품을 수수한 공무원이 이를 공사현장 인부들의 식대 또는 동 공사의 홍보비 등으로 소비하였을 뿐

자신의 사리를 취한 바 없다 하더라도 그 뇌물성이 부인되지 않는다[대판 1985.5.14. 83도2050]. [♠ 04, 07 사시]

동지판례 수뢰한 금품의 용도는 그것을 개인의 용도에 사용하였건 부대의 행정에 소요되는 비용에 충당하였건 뇌물죄의 성립에 영향이 없다[대판 1984.2.14. 83도3218].

2. **(영득의사로 수령한 후 반환한 경우 : 수뢰죄 성립)** 뇌물을 수수한다는 것은 영득의 의사로 금품을 수수하는 것을 말하므로, 뇌물인지 모르고 이를 수수하였다가 뇌물임을 알고 즉시 반환하거나, 증뢰자가 일방적으로 뇌물을 두고 가므로 후일 기회를 보아 반환할 의사로 어쩔 수 없이 일시 보관하다가 반환하는 등 그 영득의 의사가 없었다고 인정되는 경우라면 뇌물을 수수하였다고 할 수 없겠지만, 피고인이 먼저 뇌물을 요구하여 증뢰자가 제공하는 돈을 받았다면 피고인에게는 받은 돈 전부에 대한 영득의 의사가 인정된다고 하지 않을 수 없고, 이처럼 영득의 의사로 뇌물을 수령한 이상 그 액수가 피고인이 예상한 것보다 너무 많은 액수여서 후에 이를 반환하였다고 하더라도 뇌물죄의 성립에는 영향이 없다[대판 2007.3.29. 2006도9182]. [♠ 08, 09 사시]

동지판례 공무원인 피고인이 부동산업자 乙로부터 토지에 관하여 건축허가를 내 줄 것을 부탁받고 乙로부터 1~2일 후 만나 3,000만 원권 자기앞수표가 든 봉투를 건네받았는데, 그 후 수시로 통화하면서도 이를 즉시 乙에게 돌려주지 않고 위 자기앞수표를 10일 가량 가지고 있다가 돌려주었다면, 피고인은 영득의 의사로 위 자기앞수표를 뇌물로 받은 것이다[대판 2012.8.23. 2010도6504]. [♠ 14 사시]

비교판례 **(반환의사로 일단 받아 둔 경우 : 수뢰죄 불성립)** 뇌물을 수수한다는 것은 영득의 의사로 받는 것을 말하고 후일 기회를 보아서 반환할 의사로서 일단 받아둔 데 불과하다면 뇌물의 수수라고 할 수 없다[대판 1989.7.25. 89도126].

3. **(함정인줄 모르고 수수한 경우)** [1] 뇌물공여죄와 뇌물수수죄는 필요적 공범관계에 있다고 할 것이나, 필요적 공범이라는 것은 법률상 범죄의 실행이 다수인의 협력을 필요로 하는 것을 가리키는 것으로서 이러한 범죄의 성립에는 행위의 공동을 필요로 하는 것에 불과하고 반드시 협력자 전부가 책임이 있음을 필요로 하는 것은 아니므로, 오로지 공무원을 함정에 빠뜨릴 의사로 직무와 관련되었다는 형식을 빌려 그 공무원에게 금품을 공여한 경우에도 공무원이 그 금품을 직무와 관련하여 수수한다는 의사를 가지고 받아들이면 뇌물수수죄가 성립한다.
[2] 공무원을 함정에 빠뜨릴 의사로 직무와 관련되었다는 형식을 빌려 그 공무원에게 금품을 공여한 경우에도 공무원이 그 금품을 직무와 관련하여 수수한다는 의사를 가지고 받아들이면 뇌물수수죄가 성립한다[대판 2008.3.13. 2007도10804]. [♠ 09, 10, 12 사시] [♣ 19 변시]

4. 경찰청장으로서 모든 범죄수사에 관하여 직무상 또는 사실상의 영향력을 행사할 수 있는 지위에 있던 피고인이, 1년에 3~4차례 정도 전화로 안부 인사를 나눌 정도였던 甲으로부터 미화 2만 달러를 받은 것은 직무와 관련하여 뇌물로 수수한 것이라고 할 수 있다[대판 2010.4.29. 2010도1082].

5. 시의원인 피고인이 신문사와 노인단체의 부탁을 받고 노인시설에서 구독하는 신문의 구독료 예산을 확보하여 지급되도록 한 다음 수수료 명목의 돈을 수수한 경우 위 돈은 피고인이 직무에 관하여 수수한 것으로 보아야 한다[대판 2011.12.8. 2010도15628].

判例 뇌물수수죄가 성립하지 않는 경우

불우이웃돕기 성금이나 연극제에 전달할 의사로 금원을 받은 것에 불과하다면 영득할 의사로 수수하였다고 할 수 없으므로, 뇌물수수죄가 성립할 수 없다[대판 2010.4.29. 2010도1082].

判例 뇌물수수를 약속하고 퇴직 후 수수한 경우(뇌물수수죄 ×, 뇌물약속죄 또는 사후수뢰죄 O)

뇌물수수죄는 공무원 또는 중재인이 그 직무에 관하여 뇌물을 수수한 때에 성립하는 것이어서 그 주체는 현재 공무원 또는 중재인의 직에 있는 자에 한정되므로, 공무원이 직무와 관련하여 뇌물수수를 약속하고 퇴직 후 이를 수수하는 경우에는, 뇌물약속과 뇌물수수가 시간적으로 근접하여 연속되어 있다고 하더라도, 뇌물약속죄 및 사후수뢰죄가 성립할 수 있음은 별론으로 하고, 뇌물수수죄는 성립하지 않는다[대판 2008.2.1. 2007도5190; 동지 대판 2010.10.14. 2010도387]. [♠ 11, 12 사시]

동지판례 [1] 구 건설기술관리법 제45조 제1호는 형법 제129조부터 제132조까지의 뇌물죄 규정을 적용할 때에는 제5조 제1항에 따른 지방건설기술심의위원회(이하 '기술심의위원회'라 한다)의 위원 중 공무원이 아닌 위원은 공무원으로 본다고 규정하고 있다. 이는 심의의 공정성과 투명성을 높이기 위하여 공무원이 아닌 사람이 기술심의위원회의 위원으로서 직무를 처리하는 경우에 그 직무와 관련하여 부당한 금품을 수수하면 공무원으로 보아 형법 제129조부터 제132조까지의 뇌물죄로 처벌하려는 것이다. 위와 같은 의제규정의 내용 및 목적에 비추어 보면, 국가공무원이나 지방공무원 등 공무원이 기술심의위원회의 위원으로서 직무를 처리하는 경우에 그 직무가 그 공무원이 취급하는 원래의 직무 범위에 속하지 아니한다고 하더라도 기술심의위원회 위원의 직무와 관련하여 부당한 금품을 수수한 때에는 뇌물죄가 성립한다.

[2] 형법은 공무원이었던 자가 재직 중에 청탁을 받고 직무상 부정한 행위를 한 후 뇌물을 수수, 요구 또는 약속을 한 때에는 제131조 제3항에서 사후수뢰죄로 처벌하도록 규정하고 있으므로, 뇌물의 수수 등을 할 당시 이미 공무원의 지위를 떠난 경우에는 제129조 제1항의 수뢰죄로는 처벌할 수 없고 사후수뢰죄의 요건에 해당할 경우에 한하여 그 죄로 처벌할 수 있을 뿐이다.

[3] 국가공무원이 지방자치단체의 업무에 관하여 전문가로서 위원 위촉을 받아 한시적으로 직무를 수행하는 경우와 같이 공무원이 그 고유의 직무와 관련이 없는 일에 관하여 별도의 위촉절차 등을 거쳐 다른 직무를 수행하게 된 경우에는 그 위촉이 종료되면 그 위원 등으로서 새로 보유하였던 공무원 지위는 소멸한다고 보아야 하므로, 그 이후에 종전에 위촉받아 수행한 직무에 관하여 금품을 수수하더라도 이는 사후수뢰죄에 해당할 수 있음은 별론으로 하고 일반 수뢰죄로 처벌할 수는 없다[대판 2013.11.28. 2013도10011].

判例 투기적 사업에 참여할 기회를 얻어 뇌물수수죄가 성립하는 경우 그 기수시기

공무원이 뇌물로 투기적 사업에 참여할 기회를 제공받은 경우, 뇌물수수죄의 기수 시기는 투기적 사업에 참여하는 행위가 종료된 때로 보아야 하며, 그 행위가 종료된 후 경제사정의 변동 등으로 인하여 당초의 예상과는 달리 그 사업 참여로 인한 아무런 이득을 얻지 못한 경우라도 뇌물수수죄의 성립에는 아무런 영향이 없다[대판 2002.5.10. 2000도2251]. [♠ 09, 11, 13, 14 사시] [♣ 12 변시]

동지판례 뇌물로 공여된 당좌수표가 수수 후 부도가 되었다 하더라도 뇌물죄의 성립에는 아무런 소장이 없다[대판 1983.2.22. 82도2964]. [♠ 09, 14 사시]

判例 뇌물수수의 방법

1. 뇌물죄는 공여자의 출연에 의한 수뢰자의 영득의사의 실현으로서, 공여자의 특정은 직무행위와 관련이 있는 이익의 부담 주체라는 관점에서 파악하여야 하므로, 금품이나 재산상 이익 등이 반드시 공여자와 수뢰자 사이에 직접 수수될 필요는 없고, 그 사이에서 제3자가 먼저 공여자를 대신하여 자신의 자금으로 수뢰자에게 지급한 다음 공여자로부터 그 금액을 상환받는 방식으로 수수되었다 할지라도, 공여자와 수뢰자 사이에 금품 제공에 관한 의사의 합치가 존재하고 또한 그러한 지급방법에 관하여 수뢰자가 양해하였다고 인정되는 한, 공여자와 수뢰자 사이에 직접 금품이 수수되지 아니하였다는 사정만으로는 뇌물수수죄의 죄책을 면할 수 없다[대판 2008.6.12. 2006도8568].
2. 어로행위 관련 단속 업무 등을 총괄하는 도청 공무원인 甲은 도내 어촌계장 乙로부터 "선물을 할 사람이 있으면 새우젓을 보내 주겠다."라는 말을 듣고 이를 승낙한 뒤 새우젓을 보내고자 하는 사람들의 명단을 乙에게 보내 주고 乙로 하여금 위 사람들에게 甲의 이름을 적어 甲이 선물을 하는 것처럼 새우젓을 택배로 발송하게 하고 그 대금을 지급하지 않았다. 이 경우 피고인 을의 새우젓 출연에 의한 피고인 갑의 영득의사가 실현되어 형법 제129조 제1항의 뇌물공여죄 및 뇌물수수죄가 성립하고, 공여자와 수뢰자 사이에 직접 금품이 수수되지 않았다는 사정만으로 이와 달리 볼 수 없다[대판 2020.9.24. 2017도12389].

判例 뇌물약속죄와 관련된 판례정리

1. **(약속의 방법과 의미)** 형법 제129조의 구성요건인 뇌물의 '약속'은 양 당사자 사이의 뇌물수수의 합의를 말하고, 여기에서 '합의'란 그 방법에 아무런 제한이 없고 명시적일 필요도 없지만, 장래 공무원의 직무와 관련하여 뇌물을 주고 받겠다는 양 당사자의 의사표시가 확정적으로 합치하여야 한다[대판 2007.7.13. 2004도3995].
2. **(약속당시 뇌물의 목적물은 현존 불요, 가액이 이익인 경우 가액확정 불요)** 뇌물약속죄에 있어서 뇌물의 목적물인 이익은 약속 당시에 현존할 필요는 없고 약속 당시에 예견할 수 있는 것이라도 무방하며, 뇌물의 목적물이 이익인 경우에는 그 가액이 확정되어 있지 않아도 뇌물약속죄가 성립하는 데는 영향이 없으므로, 공무원이 건축업자로부터 그가 건축할 주택을 공사비 상당액으로 분양받기로 약속한 경우에는 매매시가 중 공사비를 초과하는 액수만큼의 이익을 뇌물로서 약속한 것이 되어 뇌물약속죄가 성립한다[대판 1981.8.20. 81도698].

동지판례 뇌물약속죄에 있어서 뇌물의 목적물인 이익은 약속 당시에 현존할 필요는 없고 약속 당시에 예기할 수 있는 것이라도 무방하며, 뇌물의 목적물이 이익인 경우에는 그 가액이 확정되어 있지 않아도 뇌물약속죄가 성립하는 데는 영향이 없다. 따라서 피고인으로서는 장기간 처분하지 못하던 토지를 처분하는 한편 매수를 희망하던 전원주택지로 향후 개발이 되면 가격이 많이 상승할 토지를 매수하게 되는 무형의 이익도 뇌물에 해당한다[대판 2001.9.18. 2000도5438].

비교판례 뇌물약속죄 또는 부정처사후 뇌물약속죄를 범한 데 대하여 특정범죄 가중처벌 등에 관한 법률 제2조 제1항 제1호를 적용할 경우에는, 약속한 뇌물의 가액이 1억 원 이상이라는 것이 범죄구성요건의 일부로 되어 있고 그 가액에 따라 형벌이 가중되어 있으므로, 뇌물의 가액은 산정할 수 있어야 한다[대판 2016.6.23. 2016도3753].

(2) 주관적 구성요건

고의가 있어야 한다. 뇌물을 받은 대가로서 직무집행을 할 의사는 필요 없다.

判例 뇌물수수의 고의가 인정되는 경우

피고인이 소외 甲으로부터 인력송출의 부탁과 함께 사례조로 교부받은 자기앞수표를 약 2주일 후 송환하여 주었다 하더라도, 위 수표를 일단 피고인의 은행구좌에 예치시켰다가 그 뒤 동료직원들에게 위 甲에 대하여 탐문해 본 결과 믿을 수 없다고 하므로 후환을 염려하여 甲에게 반환한 것이라면 피고인에게 뇌물수수의 고의가 있었다고 할 것이다[대판 1984.4.10. 83도1499].

判例 뇌물수수의 고의가 인정되지 않는 경우

피고인이 택시를 타고 떠나려는 순간 뒤쫓아 와서 돈뭉치를 창문으로 던져 넣고 가버려 의족을 한 불구의 몸인 피고인으로서는 도저히 뒤따라가 돌려줄 방법이 없어 부득이 그대로 귀가하였다가 다음날 바로 다른 사람을 시켜 이를 반환한 경우 피고인에게는 뇌물을 수수할 의사가 있었다고는 볼 수 없다[대판 1979.7.10. 79도1124].

判例 (종합) 공무원과 비공무원 사이에 뇌물수수죄의 공동정범이 성립하는 경우 뇌물죄의 법률관계

[1] **[다수의견]** 신분관계가 없는 사람이 신분관계로 인하여 성립될 범죄에 가공한 경우에는 신분관계가 있는 사람과 공범이 성립한다(형법 제33조 본문 참조). 따라서 공무원이 아닌 사람(이하 '비공무원'이라 한다)이 공무원과 공동가공의 의사와 이를 기초로 한 기능적 행위지배를 통하여 공무원의 직무에 관하여 뇌물을 수수하는 범죄를 실행하였다면 공무원이 직접 뇌물을 받은 것과 동일하게 평가할 수 있으므로 공무원과 비공무원에게 형법 제129조 제1항에서 정한 뇌물수수죄의 공동정범이 성립한다. [♣ 23 변시]

형법은 제130조에서 제129조 제1항 뇌물수수죄와는 별도로 공무원이 그 직무에 관하여 뇌물공여자로 하여금 제3자에게 뇌물을 공여하게 한 경우에는 부정한 청탁을 받고 그와 같은 행위를 한 때에 뇌물수수죄와 법정형이 동일한 제3자뇌물수수죄로 처벌하고 있다. 제3자뇌물수수죄에서 뇌물을 받는 제3자가 뇌물임을 인식할 것을 요건으로 하지 않는다. 그러나 공무원이 뇌물공여자로 하여금 공무원과 뇌물수수죄의 공동정범 관계에 있는 비공무원에게 뇌물을 공여하게 한 경우에는 공동정범의 성질상 공무원 자신에게 뇌물을 공여하게 한 것으로 볼 수 있다. 공무원과 공동정범 관계에 있는 비공무원은 제3자뇌물수수죄에서 말하는 제3자가 될 수 없고, 공무원과 공동정범 관계에 있는 비공무원이 뇌물을 받은 경우에는 공무원과 함께 뇌물수수죄의 공동정범이 성립하고 제3자뇌물수수죄는 성립하지 않는다.

뇌물수수죄의 공범들 사이에 직무와 관련하여 금품이나 이익을 수수하기로 하는 명시적 또는 암묵

적 공모관계가 성립하고 공모 내용에 따라 공범 중 1인이 금품이나 이익을 주고받았다면, 특별한 사정이 없는 한 이를 주고받은 때 금품이나 이익 전부에 관하여 뇌물수수죄의 공동정범이 성립하고, 금품이나 이익의 규모나 정도 등에 대하여 사전에 서로 의사의 연락이 있거나 금품 등의 구체적 금액을 공범이 알아야 공동정범이 성립하는 것은 아니다.

금품이나 이익 전부에 관하여 뇌물수수죄의 공동정범이 성립한 이후에 뇌물이 실제로 공동정범인 공무원 또는 비공무원 중 누구에게 귀속되었는지는 이미 성립한 뇌물수수죄에 영향을 미치지 않는다. 공무원과 비공무원이 사전에 뇌물을 비공무원에게 귀속시키기로 모의하였거나 뇌물의 성질상 비공무원이 사용하거나 소비할 것이라고 하더라도 이러한 사정은 뇌물수수죄의 공동정범이 성립한 이후 뇌물의 처리에 관한 것에 불과하므로 뇌물수수죄가 성립하는 데 영향이 없다.

형법 제133조 제1항, 제129조 제1항에서 정한 뇌물공여죄의 고의는 '공무원에게 그 직무에 관하여 뇌물을 공여한다'는 사실에 대한 인식과 의사를 말하고, 미필적 고의로도 충분하다. 공여자가 공무원의 요구에 따라 비공무원에게 뇌물을 공여한 경우 공무원과 비공무원 사이의 관계가 형법 제129조 제1항 뇌물수수죄의 공동정범에 해당하고 공여자가 이러한 사실을 인식하였다면 공여자에게 형법 제133조 제1항, 제129조 제1항에서 정한 뇌물공여죄의 고의가 인정된다.

[대법관 박상옥의 별개의견] 다수의견의 논리 중 공무원과 비공무원 사이의 뇌물수수죄의 공동정범 성립에 관한 일반론 부분에 대하여는 동의하지만, 뇌물을 비공무원에게 전적으로 귀속시키기로 모의하거나 뇌물의 성질상 비공무원이 사용하거나 소비할 것인데도 비공무원이 뇌물을 받은 경우까지도 뇌물수수죄의 공동정범이 성립한다고 하는 부분에 대하여는 동의하지 않는다. 우리 형법이 제129조 제1항 뇌물수수죄와 별도로 제130조에서 제3자뇌물수수죄를 규정하고 있는 이상 공무원이 아닌 비공무원인 제3자가 뇌물을 수수한 경우에는 뇌물의 귀속주체와 성질이 어떠한지에 따라 그 뇌물수수죄 또는 제3자뇌물수수죄가 성립하는지를 달리 평가하여야 한다.

[대법관 조희대, 대법관 안철상, 대법관 이동원의 반대의견] 공무원과 비공무원이 공동가공의 의사와 이를 기초로 한 기능적 행위지배를 통하여 공무원의 직무에 관하여 뇌물을 수수하는 범죄를 실행하였다면 공무원과 비공무원에게 형법 제129조 제1항에서 정한 뇌물수수죄의 공동정범이 성립할 수 있다. 그러나 공무원과 비공무원이 뇌물을 받으면 뇌물을 비공무원에게 귀속시키기로 미리 모의하거나 뇌물의 성질에 비추어 비공무원이 전적으로 사용하거나 소비할 것임이 명백한 경우에 공무원이 증뢰자로 하여금 비공무원에게 뇌물을 공여하게 하였다면 형법 제130조의 제3자뇌물수수죄의 성립 여부가 문제 될 뿐이며, 공무원과 비공무원에게 형법 제129조 제1항의 뇌물수수죄의 공동정범이 성립한다고 할 수는 없다.

[2] 뇌물죄에서 뇌물의 내용인 이익은 금전, 물품 기타의 재산적 이익과 사람의 수요 욕망을 충족시키기에 충분한 일체의 유형 · 무형의 이익을 포함한다. 뇌물수수에서 말하는 '수수'란 받는 것, 즉 뇌물을 취득하는 것이고, 뇌물공여에서 말하는 '공여'란 뇌물을 취득하게 하는 것이다. 여기에서 취득이란 뇌물에 대한 사실상의 처분권을 획득하는 것을 의미하고, 뇌물인 물건의 법률상 소유권까지 취득하여야 하는 것은 아니다. 뇌물수수자가 법률상 소유권 취득의 요건을 갖추지는 않았더라도 뇌물로 제공된 물건에 대한 점유를 취득하고 뇌물공여자 또는 법률상 소유자로부터 반환을 요구받지 않는 관계에 이른 경우에는 그 물건에 대한 실질적인 사용 · 처분권한을 갖게 되어 그 물건 자체를 뇌물로 받은 것으로 보아야 한다.

뇌물수수자가 뇌물공여자에 대한 내부관계에서 물건에 대한 실질적인 사용·처분권한을 취득하였으나 뇌물수수 사실을 은닉하거나 뇌물공여자가 계속 그 물건에 대한 비용 등을 부담하기 위하여 소유권 이전의 형식적 요건을 유보하는 경우에는 뇌물수수자와 뇌물공여자 사이에서는 소유권을 이전받은 경우와 다르지 않으므로 그 물건을 뇌물로 수수하고 공여하였다고 보아야 한다. 뇌물수수자가 교부받은 물건을 뇌물공여자에게 반환할 것이 아니므로 뇌물수수자에게 영득의 의사도 인정되고, 뇌물공여자가 교부한 물건을 뇌물수수자로부터 반환받을 것이 아니므로 뇌물공여자에게 고의도 인정된다.

[3] 형법 제130조 제3자뇌물수수죄는 공무원 또는 중재인이 직무에 관하여 부정한 청탁을 받고 제3자에게 뇌물을 공여하게 하는 행위를 구성요건으로 한다. 여기에서 뇌물이란 공무원의 직무에 관하여 부정한 청탁을 매개로 제3자에게 교부되는 위법·부당한 이익을 말하고, 형법 제129조 뇌물죄와 마찬가지로 직무관련성이 있으면 인정된다.
'부정한 청탁'이란 청탁이 위법·부당한 직무집행을 내용으로 하는 경우는 물론, 청탁의 대상이 된 직무집행 그 자체는 위법·부당하지 않더라도 직무집행을 어떤 대가관계와 연결시켜 직무집행에 관한 대가의 교부를 내용으로 하는 경우도 포함한다. 청탁의 대상인 직무행위의 내용을 구체적으로 특정할 필요도 없다. 부정한 청탁의 내용은 공무원의 직무와 제3자에게 제공되는 이익 사이의 대가관계를 인정할 수 있을 정도로 특정하면 충분하고, 이미 발생한 현안뿐만 아니라 장래 발생될 것으로 예상되는 현안도 위와 같은 정도로 특정되면 부정한 청탁의 내용이 될 수 있다. 부정한 청탁은 명시적인 의사표시가 없더라도 청탁의 대상이 되는 직무집행의 내용과 제3자에게 제공되는 금품이 직무집행에 대한 대가라는 점에 대하여 당사자 사이에 공통의 인식이나 양해가 있는 경우에는 묵시적 의사표시로 가능하다[대판(전) 2019.8.29. 2018도2738].

3. 죄수 및 타죄와의 관계

① 공무원이 직무집행의 의사로 당해 직무와 관련하여 타인을 공갈하여 재물을 교부받은 때에는 수뢰죄와 공갈죄의 상상적 경합이 되지만, 공무원이 직무집행과 관련 없이 직무집행을 빙자하여 공갈한 경우는 공갈죄만 성립한다(판례, 통설).

② 위의 경우 피공갈자에게 증뢰죄가 성립하는지가 문제된다. i) 공무원에게 공갈죄만 성립하는 경우에는 피해자에게 증뢰죄가 성립하지 않는다(판례, 통설). ii) 공무원에게 수뢰죄와 공갈죄의 상상적 경합이 성립하는 경우에는 피공갈자의 뇌물제공은 외포심에 기한 것이므로 증뢰죄가 성립하지 않는다는 견해도 있으나, 비록 외포심이 발생한 상태일지라도 그의 의사에 반하여 뇌물을 제공한 것이라고 볼 수 없으므로 증뢰죄가 성립한다고 보는 것이 타당하다.

判例 공무원이 직무집행의 의사 없이 공갈하여 재물을 수령한 경우(공갈죄만 성립)

공무원이 직무집행의 의사 없이 또는 직무처리와 대가적 관계없이 타인을 공갈하여 재물을 교부하게 한 경우에는 공갈죄만이 성립하고, 이러한 경우 재물의 교부자가 공무원의 해악의 고지로 인하여 외포의 결과 금품을 제공한 것이라면 그는 공갈죄의 피해자가 될 것이고 뇌물공여죄는 성립될 수 없다고 하여야 할 것이다[대판 1994.12.22. 94도2528]. [♠ 07, 09, 14, 15 사시] [♣ 12, 17 변시]

비교판례 **(중요)** 뇌물을 수수함에 있어서 공여자를 기망한 점이 있다 하여도 뇌물수수죄, 뇌물공여죄의 성립에는 영향이 없고, 이 경우 뇌물을 수수한 공무원에 대하여는 한 개의 행위가 뇌물죄와 사기죄의 각 구성요건에 해당하므로 형법 제40조에 의하여 상상적 경합으로 처단하여야 할 것이다[대판 2015.10.29. 2015도12838].

XI. 사전수뢰죄

제129조(사전수뢰) ② 공무원 또는 중재인이 될 자가 그 담당할 직무에 관하여 청탁을 받고 뇌물을 수수, 요구 또는 약속한 후 공무원 또는 중재인이 된 때[2]에는 3년 이하의 징역 또는 7년 이하의 자격정지에 처한다.

判例 사전수뢰죄의 주체

[1] 구 「도시개발법」(2005. 1. 14. 법률 제7335호로 일부 개정되기 전의 것. 이하 같다) 제82조는 "조합의 임원 및 직원은 「형법」 제129조 내지 제132조의 적용에 있어 이를 공무원으로 본다"라고 규정함으로써 「형법」 제129조 제1항(수뢰)은 물론 제2항(사전수뢰)의 경우에도 동일하게 의제하고 있는데, 형법 제129조 제2항에 정한 '공무원 또는 중재인이 될 자'란 공무원채용시험에 합격하여 발령을 대기하고 있는 자 또는 선거에 의해 당선이 확정된 자 등 공무원 또는 중재인이 될 것이 예정되어 있는 자뿐만 아니라 공직취임의 가능성이 확실하지는 않더라도 어느 정도의 개연성을 갖춘 자를 포함한다고 할 것이다. [♠ 13 사시]

[2] 도시개발조합의 임원인 조합장 또는 상무이사로 선출될 상당한 개연성이 있는 피고인들이 그 담당할 직무에 관하여 청탁을 받고 소유권이전등기를 마칠 수 있는 기회를 제공받는 방법으로 이익을 수수한 사안에서, 사전수뢰죄의 성립을 긍정한 사례[대판 2010.5.13. 2009도7040].

判例 청탁의 내용

형법 제129조 제2항의 사전수뢰는 단순수뢰의 경우와는 달리 청탁을 받을 것을 요건으로 하고 있는바, 여기에서 청탁이라 함은 공무원에 대하여 일정한 직무행위를 할 것을 의뢰하는 것을 말하는 것으로서 그 직무행위가 부정한 것인가 하는 점은 묻지 않으며, 그 청탁이 반드시 명시적이어야 하는 것도 아니라고 할 것이다[대판 1999.7.23. 99도1911].

---

2) 객관적 처벌조건에 해당한다

XII. 제3자 뇌물공여죄

제130조(제3자 뇌물제공) 공무원 또는 중재인이 그 직무에 관하여 부정한 청탁을 받고 제3자에게 뇌물을 공여하게 하거나 공여를 요구 또는 약속한 때에는 5년 이하의 징역 또는 10년 이하의 자격정지에 처한다.

1. 부정한 청탁

청탁이란 일정한 행위를 해줄 것을 요청하는 것을 말하며, 청탁의 내용이 위법한 것뿐만 아니라 부당한 것도 부정한 청탁에 포함한다.

判例 부정한 청탁의 의미와 부정한 청탁에 해당하는 경우

[1] 형법 제130조의 제3자 뇌물공여죄에 있어서 '부정한 청탁'이라 함은, 그 청탁이 위법하거나 부당한 직무집행을 내용으로 하는 경우는 물론, 비록 청탁의 대상이 된 직무집행 그 자체는 위법·부당한 것이 아니라 하더라도 당해 직무집행을 어떤 대가관계와 연결시켜 그 직무집행에 관한 대가의 교부를 내용으로 하는 청탁이라면 이는 의연 '부정한 청탁'에 해당한다고 보아야 한다.
[2] 형법 제130조 뇌물죄에 있어서의 뇌물성은 형법 제129조 뇌물죄에 있어서와 마찬가지로 직무와의 관련성이 있으면 인정되는 것이고, 그 뇌물을 받는 제3자가 뇌물임을 인식할 것을 요하지 아니하며, 그 뇌물을 제3자에게 공여하게 한 동기를 묻지 아니하므로, 어떤 금품이 공무원의 직무행위와 관련하여 교부된 것이라면 그것이 시주의 형식으로 교부되었고 또 불심에서 우러나온 것이라 하더라도 뇌물임을 면할 수 없다.
[3] 공정거래위원회 위원장인 피고인이 이동통신회사가 속한 그룹의 구조조정본부장으로부터 당해 이동통신회사의 기업결합심사에 대하여 선처를 부탁받으면서 특정 사찰에의 시주를 요청하여 시주금을 제공케 한 사안에서, 그 부탁한 직무가 피고인의 재량권한 내에 속하더라도 형법 제130조에 정한 '부정한 청탁'에 해당하고, 위 시주는 기업결합심사와 관련되어 이루어진 것이라고 판단하여 제3자뇌물수수의 죄책을 인정한 원심의 조치를 수긍한 사례[대판 2006.6.15. 2004도3424].

관련판례 도지사가 제3자로부터 복지재단 출연금의 형태로 거액을 수수한 행위가 관광지구 추가지정 및 관련 절차의 진행에 있어서 이를 총괄하는 도지사로서의 직무와 관련하여 제3자 뇌물공여죄에서 뜻하는 광의의 부정한 청탁을 매개로 이루어진 것으로 본 사례[대판 2007.1.26. 2004도1632].

判例 부정한 청탁에 해당하지 않는 경우

1. 형법 제130조의 제3자뇌물공여죄에서 '부정한 청탁'을 요건으로 하는 취지는 처벌의 범위가 불명확해지지 않도록 하기 위한 것으로서, 이러한 '부정한 청탁'은 명시적인 의사표시에 의한 것은 물론 묵시적인 의사표시에 의한 것도 가능하다. 그러나 막연히 선처하여 줄 것이라는 기대에 의

하거나 직무집행과는 무관한 다른 동기에 의하여 제3자에게 금품을 공여한 경우에는 묵시적인 의사표시에 의한 부정한 청탁이 있다고 보기 어렵다. 공무원이 먼저 제3자에게 금품을 공여할 것을 요구한 경우에도 마찬가지이다[대판 2009.1.30. 2008도6950].

2. 제3자뇌물공여죄에서 '부정한 청탁'을 요건으로 하고 있는 취지는 처벌의 범위가 불명확해지지 않도록 하기 위한 것이므로, 청탁의 부정성을 규정짓는 이러한 대가관계에 관한 양해가 명시적이든 묵시적이든 당사자 사이에 존재하여야 하며, 이와 같이 청탁과 관련하여 대가관계에 대한 양해가 존재하지 않는다면 단지 나중에 제3자와 금품 수수가 있었다는 사정만으로 소급하여 청탁이 부정한 것으로 평가할 수는 없다[대판 2008.6.12. 2006도8568].

2. 제3자

① 행위자와 공동정범자 이외의 사람을 말한다. 따라서 교사자 · 방조자도 제3자에 포함된다.

判例 제3자뇌물수수죄의 제3자에 교사자나 방조자도 포함되는지 여부 (포함됨)

제3자뇌물수수죄에서 제3자란 행위자와 공동정범 이외의 사람을 말하고, 교사자나 방조자도 포함될 수 있다. 그러므로 공무원 또는 중재인이 부정한 청탁을 받고 제3자에게 뇌물을 제공하게 하고 제3자가 그러한 공무원 또는 중재인의 범죄행위를 알면서 방조한 경우에는 그에 대한 별도의 처벌 규정이 없더라도 방조범에 관한 형법총칙의 규정이 적용되어 제3자뇌물수수방조죄가 인정될 수 있다[대판 2017.3.15. 2016도19659].

② 처자 기타 생활관계를 같이 하는 가족은 제3자가 될 수 없다. 형식상 제3자가 수수하였을지라도 공무원 본인이 직접 수수한 것과 동일시할 수 있는 경우에는 부정한 청탁이 있었는지 여부를 불문하고 단순수뢰죄가 성립한다.

判例 제3자뇌물제공죄의 제3자의 판단방법

1. 공무원이 직접 뇌물을 받지 아니하고 증뢰자로 하여금 다른 사람에게 뇌물을 공여하도록 한 경우, 그 다른 사람이 공무원의 사자 또는 대리인으로서 뇌물을 받은 경우나 그 밖에 예컨대, 평소 공무원이 그 다른 사람의 생활비 등을 부담하고 있었다거나 혹은 그 다른 사람에 대하여 채무를 부담하고 있었다는 등의 사정이 있어서 그 다른 사람이 뇌물을 받음으로써 공무원은 그만큼 지출을 면하게 되는 경우 등 사회통념상 그 다른 사람이 뇌물을 받은 것을 공무원이 직접 받은 것과 같이 평가할 수 있는 관계가 있는 경우에는 형법 제130조의 제3자 뇌물제공죄가 아니라, 형법 제129조 제1항의 뇌물수수죄가 성립한다[대판 2002.4.9. 2001도7056]. [♠ 07 사시] [♣ 12, 17 변시]

2. 뇌물공여자가 공무원인 뇌물수수자가 제공한 명단 기재 대상자들에게 택배를 이용하여 뇌물수수자의 명의로 새우젓을 선물발송한 사안에서, 뇌물공여자는 뇌물수수자가 지정한 자들에게 뇌

물수수자의 이름으로 새우젓에 대한 배송업무를 대신하여 주었을 뿐이고 새우젓을 받은 사람들은 보낸 사람을 뇌물수수자로 인식하였으며, 뇌물공여자와 뇌물수수자 사이에 새우젓 제공에 관한 의사합치가 존재하고 위와 같은 제공방법에 관하여 뇌물수수자가 양해하였다고 보이므로, 이로써 뇌물공여자의 새우젓 출연에 의하여 뇌물수수자의 영득의사가 실현되어 단순뇌물공여죄 및 수수죄가 성립한다고 보아야 한 사례[대판 2020.9.24. 2017도12389].

判例 제3자뇌물제공죄의 제3자로 인정되는 경우(단순수뢰죄 불성립)

1. **(구청장과 구와의 관계)** 구청장인 피고인이 관내의 공사 인·허가와 관련하여 甲 회사로 하여금 누각을 구(區)에 기부채납하게 한 경우, 지방자치단체인 구는 '제3자뇌물제공죄의 제3자'가 될 수 있으나 '부정한 청탁'이 인정되지 않는 경우 제3자뇌물제공죄가 성립할 수 없다[대판 2011.4.14. 2010도12313].
   [♠ 12 사시]
2. **(군수와 그가 고문으로 있는 산악회 지부와의 관계)** 산악회 지부가 사업자로부터 등반대회 행사용 수건을 교부받은 것을 산악회 지부의 고문으로 있는 군수가 이를 교부받은 것과 동일시하기에는 부족하므로 형법 제129조 제1항의 뇌물수수죄가 성립한다고 볼 수 없다[대판 2002.4.9. 2001도7056].

判例 제3자뇌물제공죄의 제3자로 인정되지 않는 경우(단순수뢰죄 성립)

1. **(공무원과 그가 실질적인 경영자인 회사와의 관계)** 공무원이 실질적인 경영자로 있는 회사가 청탁 명목의 금원을 회사 명의의 예금계좌로 송금받은 경우에 사회통념상 위 공무원이 직접 받은 것과 같이 평가할 수 있어 뇌물수수죄가 성립한다[대판 2004.3.26. 2003도8077].
   동지판례 구 도시 및 주거환경정비법상 정비사업전문관리업체 임원으로서 공무원인 피고인이 건설회사에게서 재개발정비사업 시공사로 선정되도록 도와달라는 취지의 부탁을 받고 자신이 실질적으로 장악하고 있는 컨설팅회사 명의 계좌로 돈을 교부받았다면, 이는 공무원이 직접 받은 것과 같이 평가할 수 있 피고인에게는 뇌물수수죄가 성립한다[대판 2011.11.24. 2011도9585].
2. 공무원이 다른 사람과 공동으로 또는 그 다른 사람을 통하여 투자하는 관계에 있으면서 공무원 자신의 투자금 내지 대여금으로 계산하면서 그 다른 사람 이름으로 뇌물을 받는 경우에는 형법 제129조 제1항의 뇌물수수죄가 성립한다[대판 2009.10.15. 2009도6422].

XIII. 수뢰후부정처사죄

제131조(수뢰후부정처사) ① 공무원 또는 중재인이 전2조의 죄를 범하여 부정한 행위를 한 때에는 1년 이상의 유기징역에 처한다.
④ 10년 이하의 자격정지를 병과할 수 있다.

判例 수리후부정사죄의 죄수 판단(중요)

수뢰후부정처사죄를 정한 형법 제131조 제1항은 공무원 또는 중재인이 형법 제129조(수뢰, 사전수뢰) 및 제130조(제3자뇌물제공)의 죄를 범하여 부정한 행위를 하는 것을 구성요건으로 하고 있다. 여기에서 '형법 제129조 및 제130조의 죄를 범하여'란 반드시 뇌물수수 등의 행위가 완료된 이후에 부정한 행위가 이루어져야 함을 의미하는 것은 아니고, 결합범 또는 결과적 가중범 등에서의 기본행위와 마찬가지로 뇌물수수 등의 행위를 하는 중에 부정한 행위를 한 경우도 포함하는 것으로 보아야 한다. 따라서 단일하고도 계속된 범의 아래 일정 기간 반복하여 일련의 뇌물수수 행위와 부정한 행위가 행하여졌고 그 뇌물수수 행위와 부정한 행위 사이에 인과관계가 인정되며 피해법익도 동일하다면, 최후의 부정한 행위 이후에 저질러진 뇌물수수 행위도 최후의 부정한 행위 이전의 뇌물수수 행위 및 부정한 행위와 함께 수뢰후부정처사죄의 포괄일죄로 처벌함이 타당하다[대판 2021.2.4. 2020도12103].

判例 수뢰후부정처사죄가 성립하지 않는 경우

과세 대상에 관한 규정이 명확하지 않고 그에 관한 확립된 선례도 없었던 경우, 공무원이 주식회사로부터 뇌물을 받은 후 관계 법령에 대한 충분한 연구·검토 없이 위 회사에 유리한 쪽으로 법령을 해석하여 감액처분하였더라도 위 감액처분이 위법하지 않으면 그 공무원이 수뢰 후 '부정한 행위'를 한 것으로서 '수뢰후부정처사죄'를 범하였다고 볼 수는 없다[대판 1995.12.12. 95도2320].

XIV. 부정처사후수뢰죄

제131조(사후수뢰) ② 공무원 또는 중재인이 그 직무상 부정한 행위를 한 후 뇌물을 수수, 요구 또는 약속하거나 제3자에게 이를 공여하게 하거나 공여를 요구 또는 약속한 때에도 전항의 형과 같다.
④ 10년 이하의 자격정지를 병과할 수 있다.

判例 부정처사후수뢰죄가 성립하는 경우

공사의 입찰업무를 담당하고 있는 장교가 비밀로 하여야 할 그 공사의 입찰예정가격을 응찰자에게 미리 알려준 행위는 직무에 위배되는 행위로서 형법 제131조 제2항의 부정한 행위에 해당한다 할 것이어서 입찰이 끝난 후 20여일이 경과한 후 전속시의 전별금 명목으로 금원을 받았다 하더라도 이는 직무행위의 부정행위와 관련된 금품의 수수에 해당하므로 사후수뢰죄(* 저자 주 – 강학상 부정처사후수뢰죄를 의미함)를 구성한다[대판 1983.4.26. 82도2095].

判例 부정처사후수뢰죄가 성립하지 않는 경우

특정범죄 가중처벌 등에 관한 법률 제5조 소정의 배임에 의한 국고손실죄의 공동정범인 공무원이 다른 공범으로부터 그 범행에 의하여 취득한 금원의 일부를 받은 경우, 그 금원의 성격은 그 성질이 공동정범들 사이의 내부적 이익분배에 불과한 것이고 별도로 사후수뢰죄에 해당하지 않는다 [대판 1997.2.25. 94도3346].

XV. 사후수뢰죄

제131조(사후수뢰) ③ 공무원 또는 중재인이었던 자가 그 재직 중에 청탁을 받고 직무상 부정한 행위를 한 후 뇌물을 수수, 요구 또는 약속한 때에는 5년 이하의 징역 또는 10년 이하의 자격정지에 처한다.
④ 10년 이하의 자격정지를 병과할 수 있다.

※ 재직 중에 청탁을 받고 직무상 부정한 행위를 한 후 퇴직한 다음에 뇌물을 수수·요구 또는 약속하는 것을 내용으로 하는 범죄이다. 따라서 재직 중 정당한 행위를 한 후 퇴직한 다음에 뇌물을 수수한 경우에는 사후수뢰죄가 성립하지 않는다.

XVI. 알선수뢰죄

제132조(알선수뢰) 공무원이 그 지위를 이용하여 다른 공무원의 직무에 속한 사항의 알선에 관하여 뇌물을 수수, 요구 또는 약속한 때에는 3년 이하의 징역 또는 7년 이하의 자격정지에 처한다.

1. 주 체

알선수뢰죄의 주체는 다른 뇌물죄와 달리 공무원에 한하고 중재인은 포함되지 않는다. 알선하는 공무원은 직무를 처리하는 공무원과 직무상 직·간접의 연관관계를 가지고 법률상·사실상 영향력을 미칠 수 있는 지위에 있으면 족하고 그 사이에 상하관계, 협동관계, 감독권한 등의 특수한 관계가 있음을 요하지 않는다(판례).

2. 지위의 이용

공무원이 그 지위를 이용하는 경우여야 하므로 단순히 공무원으로서의 신분이 있다는 것만을 이용하는 경우 또는 공무원이 친구, 친족관계 등 사적인 관계를 이용하는 경우에는 이에 해당하지 않는다.

判例 알선수뢰죄의 주체인 공무원의 요건 및 '지위를 이용'한다는 의미

1. 알선수뢰죄는 공무원이 그 지위를 이용하여 다른 공무원의 직무에 속한 사항의 알선에 관하여 뇌물을 수수, 요구 또는 약속하는 것을 그 성립요건으로 하고 있고, 여기서 '공무원이 그 지위를 이용하여'라 함은 친구, 친족관계 등 사적인 관계를 이용하는 경우에는 이에 해당한다고 할 수 없으나, 다른 공무원이 취급하는 사무의 처리에 법률상이거나 사실상으로 영향을 줄 수 있는 관계에 있는 공무원이 그 지위를 이용하는 경우에는 이에 해당하고, 그 사이에 상하관계, 협동관계, 감독권한 등의 특수한 관계가 있음을 요하지 않는다고 할 것이고, '다른 공무원의 직무에 속한 사항의 알선행위'는 그 공무원의 직무에 속하는 사항에 관한 것이면 되는 것이지 그것이 반드시 부정행위라거나 그 직무에 관하여 결재권한이나 최종 결정권한을 갖고 있어야 하는 것이 아니다[대판 2006.4.27. 2006도735]. [♠ 13 사시]
2. 형법 제132조 소정의 알선수뢰죄에 있어서 "공무원이 그 지위를 이용하여"라고 함은 친구, 친족관계 등 사적인 관계를 이용하는 경우이거나 단순히 공무원으로서의 신분이 있다는 것만을 이용하는 경우에는 여기에 해당한다고 볼 수 없으나, 다른 공무원이 취급하는 업무처리에 법률상 또는 사실상으로 영향을 줄 수 있는 공무원이 그 지위를 이용하는 경우에는 여기에 해당하고 그 사이에 반드시 상하관계, 협동관계, 감독권한 등의 특수한 관계에 있거나 같은 부서에 근무할 것을 요하는 것은 아니다[대판 1994.10.21. 94도852]. [♠ 04 사시] [♣ 16 변시]

判例 지위이용을 긍정한 판례

1. 서울시 공무원으로 11년 이상 근무하여 왔고 5급 별정직의 신분으로 서울시 부시장의 비서관으로 재직하던 자가 시청 관재과 소속 공무원에게 부탁하여 체비지를 불하받도록 하여 주겠다고 약속하고 그 교제비로 금원을 교부받았다면, 이는 체비지 불하업무를 취급하는 시청 관재과 소속 공무원과의 사이에 직무상 연관관계를 가지고 사실상 어떤 영향력을 미칠 수 있는 지위를 이용하여 그 공무원의 직무에 속하는 사항의 알선에 관하여 뇌물을 수수한 것이라고 봄이 상당하다[대판 1989.11.14. 89도1700].
2. 피고인이 남광주세무서 징세계장인 공소외인의 전임자였고 이 사건 당시에 서광주세무서 징세계장으로 근무하고 있었다면 이 사건 압류재산의 공매담당자인 위 공소외인의 직무에 관하여 사실상의 영향력을 행사할 수 있는 지위에 있었다고 할 것이다[대판 1989.12.26. 89도2018].
3. 농림수산부장관은 한국마사회장의 임명권, 마사회의 업무에 관한 감독권을 갖고 있으며 국회에는 입법권, 예산안심의확정권, 국정에 관한 조사권 등이 있고 국무위원 등에 대하여 국회에 출석, 국정처리상황에 관하여 답변할 것을 요구할 권한 등이 있으므로 국회의원은 한국마사회장에 대하여 사실상 영향력을 미칠 수 있는 지위에 있다고 보아야 할 것이고, 따라서 피고인이 국회의원에게 한국마사회가 발주하는 공사를 수의계약에 의하여 수주할 수 있도록 한국마사회장에게 알선하여 달라는 청탁을 하고 금원을 지급하였다면 알선증뢰죄로 구성한다 할 것이다[대판 1990.8.10. 90도665].

4. 토지구획정리사업 등의 업무를 담당하던 시청 도시계장이 토지구획정리사업시행 여부를 결정하기 위하여 현지에 답사차 내려 온 건설부 소속 공무원들에게 청탁하여 사업시행인가가 날수 있도록 하여 달라는 명목으로 지급하는 금원을 교부받았다면 알선수뢰죄에 해당한다[대판 1991.7.23. 91도1190].

判例 지위이용을 부정한 판례

1. 피고인 甲은 당시 순천지청 검찰사무주무(검찰주사)로서 乙 등 5인의 관세법위반 피의사건의 수사사무를 담당하였던 검사 丙에게 직무상 어떠한 연관관계를 가지고 법률상 또는 사실상 어떤 영향력을 미칠 수 있는 지위에 있었다고도 보기 어렵다[대판 1982.6.8. 82도403]. [♠ 07 사시]

판결이유 피고인은 1976.3.11.부터 그해 9.30.까지 위 순천지청의 검찰사무주무(검찰주사)로 근무하였고 공소외 1 등 5인에 대한 관세법위반 피의사건은 동인들이 1976.8.27.부터 그달 29. 사이에 각 구속되어 수사담당 검사 조가춘 입회 검찰주사 김현수의 조사를 받다가 그해 9.14.부터 수사담당 검사 김성곤 입회 검찰주사 박의서로 변경되었고 그달 18.에 구속 기소된 사실을 인정하고 피고인은 당시 위 순천지청 검찰사무주무(검찰주사)로서 공소외 1 등 5인의 관세법위반 피의사건의 수사사무를 담당하였던 검사 김성곤에게 직무상 어떠한 연관관계를 가지고 법률상 또는 사실상 어떤 영향력을 미칠 수 있는 지위에 있었다고도 보기 어렵다 할 것이다.

2. 도교육위원회 사회체육과 보건계에서 아동급식과 아동 및 교원의 신체검사에 관한 업무를 담당하는 지방보건기사는 도 보건사회국에서 카바레 영업허가업무를 담당하는 시 등의 환경위생과 식품위생계를 감독하고 그 영업허가에 앞서 사전승인하는 업무를 담당하는 지방행정주사보와 직접·간접의 연관관계도 없을 뿐만 아니라 법률상이나 사실상 어떠한 영향력을 줄 수 있는 지위에 있지 않은 이상 단지 공무원의 신분을 가졌다는 사실만으로는 공무원이 지위를 이용하여 다른 공무원의 직무에 속한 사항의 알선에 관하여 뇌물을 수수하였다고 할 수 없다[대판 1983.8.23. 82도956].

3. 농업협동조합이 해외에서 구입한 물품이 한국 도착시 물량부족임이 발견되었음에도 그 배상문제가 신속히 타결되지 않으므로 피고인 甲이 해외여행 중인 국회의원인 피고인 乙에게 위 문제의 타결에 힘써 달라고 요청하여 피고인 乙이 개인자격으로 외국수출업체의 부사장을 만나 부족 물량의 변상을 설득, 그에 대한 승낙을 받아내자, 이에 피고인 甲이 감사의 뜻으로 피고인 乙에게 미화 2,000달러를 준 것이라면, 이는 피고인 甲이 다른 공무원의 직무에 속한 사항의 알선에 관하여 교부한 것이라고 볼 수 없다[대판 1984.4.10. 82도766].

3. 다른 공무원의 직무에 속한 사항의 알선행위

① '다른 공무원의 직무에 속한 사항의 알선행위'는 그 공무원의 직무에 속하는 사항에 관한 것이면 되는 것이지 그것이 반드시 부정행위라거나 그 직무에 관하여 결재권한이나 최종 결정권한을 갖고 있어야 하는 것이 아니다(판례). 따라서 정당한 직무행위를 알선한 경우에도 알선수뢰죄는 성립한다.

② 알선행위는 장래의 것이라도 무방하므로, 알선뇌물요구죄가 성립하기 위하여는 뇌물을 요구할 당시 반드시 상대방에게 알선에 의하여 해결을 도모하여야 할 현안이 존재하여야 할 필요는 없다(판례).

判例 알선뇌물요구죄가 성립하기 위하여 해결해야 할 현안의 존재요부(불요)

[1] 형법 제132조에서 말하는 '다른 공무원의 직무에 속한 사항의 알선에 관하여 뇌물을 요구한다'고 함은, 다른 공무원의 직무에 속한 사항을 알선한다는 명목으로 뇌물을 요구하는 행위로서 반드시 알선의 상대방인 다른 공무원이나 그 직무의 내용이 구체적으로 특정될 필요까지는 없지만, 알선뇌물요구죄가 성립하려면 알선할 사항이 다른 공무원의 직무에 속하는 사항으로서 뇌물요구의 명목이 그 사항의 알선에 관련된 것임이 어느 정도 구체적으로 나타나야 한다. 단지 상대방으로 하여금 뇌물을 요구하는 자에게 잘 보이면 그로부터 어떤 도움을 받을 수 있다거나 손해를 입을 염려가 없다는 정도의 막연한 기대감을 갖게 하는 정도에 불과하고, 뇌물을 요구하는 자 역시 상대방이 그러한 기대감을 가질 것이라고 짐작하면서 뇌물을 요구하였다는 정도의 사정만으로는 알선뇌물요구죄가 성립한다고 볼 수 없다. 한편, 여기서 말하는 알선행위는 장래의 것이라도 무방하므로, 알선뇌물요구죄가 성립하기 위하여는 뇌물을 요구할 당시 반드시 상대방에게 알선에 의하여 해결을 도모하여야 할 현안이 존재하여야 할 필요는 없다.

[2] 구청 공무원이 유흥주점의 업주에게 '유흥주점 영업과 관련하여 세금이나 영업허가 등에 관하여 문제가 생기면 다른 담당 공무원에게 부탁하여 도움을 주겠다'면서 그 대가로 1,000만 원을 요구한 사안에서, 그 뇌물요구의 명목이 상대방의 막연한 기대감을 전제로 한 것이고 당시 알선할 사항이 구체적으로 특정되었다거나 알선에 의하여 해결을 도모해야 할 현안이 존재하였다는 사실을 인정할 증거가 없어 알선뇌물요구죄가 성립하지 않는다고 판단한 원심판결을, 알선뇌물요구죄에 관한 법리를 오해하였다는 이유로 파기한 사례[대판 2009.7.23. 2009도3924].

判例 알선수뢰 사건에서 뇌물의 범위

[1] 자동차를 뇌물로 제공한 경우 자동차등록원부에 뇌물수수자가 그 소유자로 등록되지 않았다고 하더라도 자동차의 사실상 소유자로서 자동차에 대한 실질적인 사용 및 처분권한이 있다면 자동차 자체를 뇌물로 취득한 것으로 보아야 한다. [♣21 변시]

[2] 피고인에게 뇌물로 제공되었다는 자동차는 리스차량으로 리스회사 명의로 등록되어 있는 점, 피고인이 처분승낙서, 권리확인서 등 원하는 경우 소유권이전을 할 수 있는 서류를 소지하고 있지도 아니한 점, 리스계약상 리스계약이 기간만료 또는 리스료 연체로 종료되어 리스회사에서 위 승용차의 반환을 구하는 경우 피고인은 이에 응할 수밖에 없다고 보이는 점 등에 비추어 볼 때 피고인에게 위 승용차에 대한 실질적 처분권한이 있다고 할 수 없어 자동차 자체를 뇌물로 수수한 것으로 볼 수 없다고 한 사례[대판 2006.4.27. 2006도735].

판례해설 알선의 대가로 차량을 리스하여 제공한 사건이다.

判例 특가법상의 알선수재죄에 관한 판례정리

1. 甲이 뇌물공여의 점에 대해 공동정범의 관계에 있는 乙으로부터 뇌물로 공여할 금품을 교부받은 경우, 그 행위는 상호간의 뇌물공여를 위한 예비행위에 불과할 뿐 자신의 이익을 취득하기 위하여 받은 것으로 볼 수는 없으므로, 甲에게는 구 특정범죄가중처벌 등에 관한 법률 위반(알선수재)죄가 성립하지 아니한다[대판 2010.4.15. 2009도11146].
2. 육군본부 정보작전지원참모부에서 조직진단관으로 근무하는 3급 군무원인 피고인이 장군진급심사를 앞두고 있던 甲으로부터 인사참모부 선발관리실장인 乙에게 부탁하여 장군진급이 되도록 하여 달라는 부탁을 받고 합계 5,000만 원을 받았다고 하더라도, 피고인이 위 금원을 수수할 당시 자신의 지위를 이용하여 선발관리실장이던 乙의 진급업무와 관련하여 사실상 영향을 줄 수 있는 관계에 있었다고 하기에 부족하므로 특정범죄 가중처벌 등에 관한 법률상 알선수뢰죄가 성립하지 아니한다[대판 2010.11.25. 2010도11460].
3. 특정경제범죄 가중처벌 등에 관한 법률 제7조에서 말하는 '알선'이란 '일정한 사항에 관하여 어떤 사람과 그 상대방 사이에 서서 중개하거나 편의를 도모하는 행위'를 의미하므로, 어떤 사람이 청탁한 취지를 그대로 상대방에게 전하는 경우뿐만 아니라 그 사람을 대신하여 스스로 상대방에게 청탁을 하는 행위도 이에 해당하고, 그 알선행위가 과거의 것이나 정당한 직무행위를 대상으로 하는 경우에도 이에 포함되며, 위와 같은 알선의 명목으로 금품 등을 수수하였다면 실제로 어떤 알선행위를 하였는지와 관계없이 위 죄는 성립한다[대판 2012.9.13. 2011도16066].
4. 특가법상의 알선수재죄는 알선과 수수한 금품 사이에 전체적 · 포괄적으로 대가관계가 있으면 족하다[대판 2015.3.12. 2013도363].

XVII. 증뢰죄

제133조(뇌물공여 등) ① 제129조부터 제132조까지에 기재한 뇌물을 약속, 공여 또는 공여의 의사를 표시한 자는 5년 이하의 징역 또는 2천만원 이하의 벌금에 처한다.
② 제1항의 행위에 제공할 목적으로 제3자에게 금품을 교부한 자 또는 그 사정을 알면서 금품을 교부받은 제3자도 제1항의 형에 처한다.

1. 주 체

제한이 없다. 일반인은 물론 공무원도 주체가 될 수 있다.

判例 증뢰물전달죄의 주체(공무원도 가능)

본죄의 주체는 비공무원을 예정한 것이나 공무원일지라도 직무와 관계되지 않는 범위 내에서는 본죄의 주체에 해당될 수 있다 할 것이므로, 피고인이 자신의 공무원으로서의 직무와는 무관하게 군의관 등의 직무에 관하여 뇌물에 공할 목적의 금품이라는 정을 알고 이를 전달해준다는 명목으로 취득한 경우라면 제3자뇌물취득죄(증뢰물전달죄)가 성립된다[대판 2002.6.14, 2002도1283; 동지 대판 2007.7.27, 2007도3798].

2. 행 위

(1) 약속 · 공여 또는 공여의 의사표시

공여란 뇌물을 수수할 수 있도록 제공하는 것을 말한다. 상대방이 수수할 수 있는 상태에 두면 충분하고 현실적인 취득은 요구되지 않는다. 다만 증뢰행위는 상대방인 공무원 · 중재인의 직무행위와 관련성이 있어야 한다(판례).

(2) 증뢰물을 제3자에게 교부 또는 교부받음(증뢰물전달)

判例 뇌물공여죄의 성립요건

1. 뇌물공여죄가 성립하기 위하여는 뇌물을 공여하는 행위와 상대방측에서 금전적으로 가치가 있는 그 물품 등을 받아들이는 행위(부작위 포함)가 필요할 뿐 반드시 상대방측에서 뇌물수수죄가 성립하여야 함을 뜻하는 것은 아니다[대판 2006.2.24, 2005도4737]. [♠ 05, 15 사시] [♣ 12, 17, 21 변시]

   판결이유 2억원의 현금이 든 굴비상자를 제공한 공소외 1(사업자)의 행위가 뇌물공여죄가 성립한다 하여 그가 제공하려고 한 물건의 뇌물성에 대한 인식이 없었던 피고인(인천시장)에 대하여도 뇌물수수죄가 반드시 성립하는 것은 아니다.

   판례해설 인천시장이 뇌물수수죄가 성립하지 않는다고 하더라도 그가 돈이 들어 있는 굴비상자를 받아 들인 이상 사업자에게는 뇌물공여죄가 성립할 수 있다는 취지이다.

2. 뇌물죄는 공여자의 출연에 의한 수뢰자의 영득의사의 실현으로서, 공여자의 특정은 직무행위와 관련이 있는 이익의 부담 주체라는 관점에서 파악하여야 하므로, 금품이나 재산상 이익 등이 반드시 공여자와 수뢰자 사이에 직접 수수될 필요는 없고, 그 사이에서 제3자가 먼저 공여자를 대신하여 자신의 자금으로 수뢰자에게 지급한 다음 공여자로부터 그 금액을 상환받는 방식으로 공여되었다 할지라도, 공여자와 수뢰자 사이에 금품 제공에 관한 의사의 합치가 존재하고 또한 그러한 지급방법에 관하여 수뢰자가 양해하였다고 인정되는 한, 공여자와 수뢰자 사이에 직접 금품이 수수되지 아니하였다는 사정만으로는 뇌물공여죄의 죄책을 면할 수 없다[대판 2014.12.24, 2014도10199].

判例 뇌물공여죄가 성립하지 않는 경우

배임수재자가 배임증재자에게서 그가 무상으로 빌려준 물건을 인도받아 사용하고 있던 중에 공무원이 된 경우, 그 사실을 알게 된 배임증재자가 배임수재자에게 앞으로 물건은 공무원의 직무에 관하여 빌려주는 것이라고 하면서 뇌물공여의 뜻을 밝히고 물건을 계속하여 배임수재자가 사용할 수 있는 상태로 두더라도, 처음에 배임증재로 무상 대여할 당시에 정한 사용기간을 추가로 연장해 주는 등 새로운 이익을 제공한 것으로 평가할 만한 사정이 없다면, 이는 종전에 이미 제공한 이익을 나중에 와서 뇌물로 하겠다는 것에 불과할 뿐 새롭게 뇌물로 제공되는 이익이 없어 뇌물공여죄가 성립하지 않는다[대판 2015.10.15. 2015도6232].

判例 증뢰물전달죄의 성립요건(증뢰물의 전달은 그 요건이 아님, 전달한 경우라도 뇌물공여죄 불성립)

형법 제133조 제2항은 증뢰자가 뇌물에 공할 목적으로 금품을 제3자에게 교부하거나 또는 그 정을 알면서 교부받는 증뢰물전달행위를 독립한 구성요건으로 하여 이를 같은조 제1항의 뇌물공여죄와 같은 형으로 처벌하는 규정으로서, 제3자의 증뢰물전달죄는 제3자가 증뢰자로부터 교부받은 금품을 수뢰할 사람에게 전달하였는지 여부에 관계없이 제3자가 그 정을 알면서 금품을 교부받음으로써 성립하는 것이며, 나아가 제3자가 그 교부받은 금품을 수뢰할 사람에게 전달하였다고 하여 증뢰물전달죄 외에 별도로 뇌물공여죄가 성립하는 것은 아니다[대판 1997.9.5. 97도1572; 동지 대판 2007.7.27. 2007도3798]. [♠ 05, 08, 15 사시] [♣ 12, 16 변시]

判例 제3자가 자기의 이익을 취득하기 위하여 금품을 교부받은 경우(증뢰물전달죄 불성립)

공무원이 취급하는 사건 또는 사무에 관한 청탁을 받고 청탁 상대방인 공무원에게 제공할 금품을 받아 그 공무원에게 단순히 전달한 경우와는 달리, 자기 자신의 이득을 취하기 위하여 공무원이 취급하는 사건 또는 사무에 관하여 청탁한다는 등의 명목으로 금품 등을 교부받으면 그로써 곧 구 변호사법(1996.12.12. 법률 제5177호로 개정되기 전의 것) 제90조 제1호 위반죄가 성립되고 이와 같은 경우에는 형법 제133조 제2항 증뢰물전달죄는 성립할 여지가 없다[대판 2006.11.24. 2005도5567].

비교판례 (제3자가 자신의 이익을 취하기 위하여 금품을 교부받은 것이 아닌 경우 : 증뢰물전달죄 성립 가능)
공무원이 취급하는 사건 또는 사무에 관하여 청탁한다는 명목으로 자신의 이득을 취하기 위하여 금품 등을 교부받은 것이 아니고, 공무원이 취급하는 사무에 관한 청탁을 받고 청탁 상대방인 공무원에게 제공할 금품을 받아 그 공무원에게 단순히 전달한 경우에는 알선수뢰죄나 증뢰물전달죄만이 성립하고, 이와 같은 경우에 변호사법 제111조 위반죄는 성립할 수 없다[대판 2007.2.23. 2004도6025].

제2절 공무방해에 관한 죄

공무집행방해죄의 경우 그 수단인 폭행·협박의 인정여부 및 그에 따른 동죄의 성립여부에 관한 판례, 위계에 의한 공무집행방해죄의 경우 위계의 의미와 위계의 인정여부 및 그에 따른 동죄의 성립여부가 출제되어 왔다. 특수공무방해치상죄의 경우 총론의 논점인 부진정결과적 가중범의 인정여부 및 죄수판단에 관한 판례가 중요하다.

Ⅰ. 총 설

1. 의 의

공무방해에 관한 죄란 국가 또는 공공기관의 공권력행사를 방해하는 것을 내용으로 하는 범죄이다.

2. 보호법익

국가 또는 공공기관의 기능적 작용으로서의 공무 그 자체를 보호법익으로 한다(통설).
보호의 정도는 추상적 위험범이다(통설).

Ⅱ. 공무집행방해죄

제136조(공무집행방해) ① 직무를 집행하는 공무원에 대하여 폭행 또는 협박한 자는 5년 이하의 징역 또는 1천만원 이하의 벌금에 처한다.

1. 의 의

직무를 집행하는 공무원에 대하여 폭행·협박함으로써 성립하는 범죄이다.

2. 구성요건

(1) 객관적 구성요건

① 주 체 : 제한이 없다. 직무집행행위의 상대방 또는 제3자를 불문한다.

② 객 체 : 직무를 집행하는 공무원이다.

㉮ 공무원 : 청원경찰[대판 1986.1.28. 85도2448], 파출소에 근무하는 방범대원[대판 1991.3.27. 90도2930], 전투경찰[대판 1992.8.18. 92도1244]도 공무원에 포함된다. 그러나 외국의 공무원은 포함되지 아니한다.

判例 공무원에 해당하지 않는 경우

형법상 공무원이라 함은 그 노무의 내용이 단순한 기계적 육체적인 것에 한정되어 있지 않은 자를 말한다[대판 2011.1.27. 2010도14484].

㈏ **직무집행** : i) 직무의 종류 · 성질에는 제한이 없다. 따라서 강제력을 행사하는 권력적 작용일 필요가 없다. ii) 단순한 내부적 사무라도 공법적 행위의 성질을 가지고 있는 한 본죄의 직무집행에 포함된다. iii) 직무를 '집행하는'이란 원칙적으로 직무집행을 개시하여 종료되기 이전일 것을 요하지만, 직무집행과 밀접불가분의 관계가 있는 행위도 여기에 포함된다.

判例 '직무를 집행하는'의 의미 및 직무를 집행하는 공무원에 해당하는 경우

1. **(직무수행 중인 경우 또는 이를 위하여 근무 중인 경우도 포함)** [1] 형법 제136조 제1항에 규정된 공무집행방해죄에서 '직무를 집행하는'이라 함은 공무원이 직무수행에 직접 필요한 행위를 현실적으로 행하고 있는 때만을 가리키는 것이 아니라 공무원이 직무수행을 위하여 근무 중인 상태에 있는 때를 포괄하고, 직무의 성질에 따라서는 그 직무수행의 과정을 개별적으로 분리하여 부분적으로 각각의 개시와 종료를 논하는 것이 부적절하고 여러 종류의 행위를 포괄하여 일련의 직무수행으로 파악함이 상당한 경우가 있으며, 나아가 현실적으로 구체적인 업무를 처리하고 있지는 않다 하더라도 자기 자리에 앉아 있는 것만으로도 업무의 집행으로 볼 수 있을 때에는 역시 직무집행 중에 있는 것으로 보아야 하고, 직무자체의 성질이 부단히 대기하고 있을 것을 필요로 하는 것일 때에는 대기 자체를 곧 직무행위로 보아야 할 경우도 있다.
   [2] 노동조합관계자들과 사용자측 사이의 다툼을 수습하려 하였으나 노동조합측이 지시에 따르지 않자 경비실 밖으로 나와 회사의 노사분규 동향을 파악하거나 파악하기 위해 대기 또는 준비 중이던 근로감독관을 폭행한 행위는 공무집행방해죄를 구성한다[대판 2002.4.12. 2000도3485]. [♠ 08 사시]
   동지판례 시청 청사 내 주민생활복지과 사무실에 술에 취한 상태로 찾아가 소란을 피우던 피고인을 소속 공무원 갑과 을이 제지하며 밖으로 데리고 나가려 하자, 피고인이 갑과 을의 멱살을 잡고 수회 흔든 다음 휴대전화를 휘둘러 갑의 뺨을 때림으로써 시청 공무원들의 주민생활복지에 대한 통합조사 및 민원 업무에 관한 정당한 직무집행을 방해하였다는 공소사실로 기소된 사안에서, 피고인의 행위는 시청 소속 공무원들의 적법한 직무집행을 방해한 행위에 해당하므로 공무집행방해죄를 구성한다고 한 사례[대판 2022.3.17. 2021도13883].
2. **(공무원이 차량단속 근무 중인 경우)** 불법주차 차량에 불법주차 스티커를 붙였다가 이를 다시 떼어 낸 직후에 있는 주차단속 공무원을 폭행한 경우, 폭행 당시 주차단속 공무원은 일련의 직무수행을 위하여 근무중인 상태에 있었다고 보아야 하므로 공무집행방해죄가 성립한다[대판 1999.9.21. 99도383].
   [♠ 00, 01, 02, 05 사시]
3. **(공무원의 청사방호)** 피고인들이 안양시청 현관 바로 앞에 해고자 복직을 요구하면서 천막을 설치하고 농성을 하려 할 때에 안양시청 총무과장의 지시를 받은 총무과 소속 공무원들과 청원경찰들로부터 저지당하자 폭행을 하였다면, 비록 피고인들이 불법으로 시청사 안으로 침입을 하려고 하는 것은 아니었다 할지라도, 총무과 소속 공무원들이 시청사 현관 바로 앞에 불법으로 천막을 설치하는 것에 대해서 이를 막으려고 하는 행위 및 천막을 철거하는 행위는 일반적으로 허용된 청사방호의 업무 범위 내에 포함되는 적법한 공무집행행위에 해당한다[대판 2005.5.26. 2004도8464].
4. **(청원경찰이 근무지 내에서 야간 당직근무 중인 경우)** 야간 당직근무 중인 청원경찰이 불법주차 단속요구에 응하여 현장을 확인만 하고 주간 근무자에게 전달하여 단속하겠다고 했다는 이유로 민원인이 청원경찰을 폭행한 사안에서, 야간 당직 근무자는 불법주차 단속권한은 없지만 민원

접수를 받아 다음날 관련 부서에 전달하여 처리하고 있으므로 불법주차 단속업무는 야간 당직 근무자들의 민원업무이자 경비업무로서 공무집행방해죄의 '직무집행'에 해당하여 공무집행방해죄가 성립한다고 한 사례[대판 2009.1.15. 2008도9919]. [♠10, 14 사시]

㉰ **직무집행의 적법성** : ⅰ) 공무원의 직무집행이 적법한 경우에만 공무집행방해죄가 성립할 수 있다[대판 1991.9.24. 91도1314]. [♠99 사시] ⅱ) 직무행위가 본죄에 의한 보호대상이 될 수 있는 실체를 갖추고 있는 한(형법적 적법성) 비록 행정법적 · 소송법적으로 부적법하더라도 적법한 직무집행으로 평가된다. 또한 직무집행의 실질적 내용의 정당성 여부와 관계없이 당해 공무집행행위가 형식적인 법정요건을 갖추고 있으면 적법한 직무집행으로 평가된다. ⅲ) 직무집행행위가 적법하기 위하여는 당해 공무원의 추상적 직무권한에 속한 것이어야 하고, 직무집행행위가 당해 공무원의 구체적 직무권한에 속한 것이어야 하며,[1] 법정의 절차 · 방식을 따른 것이어야 한다. ⅳ) 적법성의 판단은 법원이 법령의 해석을 통하여 객관적으로 판단한다(객관설, 통설). ⅴ) 적법성의 체계적 지위에 관하여는 구성요건요소설, 위법성요소설, 객관적 처벌조건설의 다툼이 있다.

적법성의 체계적 지위

학설	내용
객관적 처벌조건설	직무집행의 적법성을 객관적 처벌조건으로 보는 견해이다. 이 견해에 의하면 적법성의 인식은 고의의 내용이 되지 않으며 적법성에 대한 착오는 범죄의 성립에 영향을 주지 않는다. 직무집행이 위법한 경우 이에 대한 반항행위는 공무집행방해죄가 성립하나 가벌성이 인정되지 않을 뿐이다.
위법성조각사유설	직무집행이 위법할 경우에는 그에 대한 반항행위는 위법성을 조각시키는 위법성조각사유가 된다는 견해이다. 이 견해에 의하면 직무집행의 적법성에 대한 착오는 법률의 착오로서 형법 제16조가 적용된다.
구성요건요소설 (통 설)	직무행위의 적법성은 구성요건요소라는 견해이다. 이 견해에 의하면 적법성에 대한 착오는 구성요건의 착오로 고의가 조각된다. 직무집행이 위법한 경우 이에 대한 반항행위는 공무집행방해죄의 구성요건해당성이 조각된다.

判例 직무집행의 적법성의 판단방법

공무집행방해죄는 공무원의 적법한 공무집행이 전제로 되는데, 추상적인 권한에 속하는 공무원의 어떠한 공무집행이 적법한지 여부는 행위 당시의 구체적 상황에 기하여 객관적 · 합리적으로 판단하여야 하고 사후적으로 순수한 객관적 기준에서 판단할 것은 아니다. 마찬가지로 현행범 체포의

1) 집행관은 자기에게 위임된 사건에 대해서만 강제집행이 가능하다.

적법성은 체포 당시의 구체적 상황을 기초로 객관적으로 판단하여야 하고, 사후에 범인으로 인정되었는지에 의할 것은 아니다[대판 2013.8.23. 2011도4763].

판례해설 행위당시 구체적 상황으로 보아 현행범 체포로서 적법하다고 판단되는 경우라면 체포된 자가 사후에 현행범인이 아니었음이 밝혀진 경우에도 공무원의 직무집행은 적법한 경우에 해당한다는 취지의 판례이다.

判例 직무집행의 적법성이 인정되는 경우

1. 지방의회의 회의가 적법한 소집절차를 밟아 소집되었고 소집의 목적이 불법적이거나 사회질서에 반하는 것이 아닌 이상, 그 회의의 의결사항 중에 지방의회의 권한에 속하지 아니하는 사항이 포함되어 있었다 하더라도 지방의회 의원들이 그 회의에 참석하고 그 회의에서 의사진행을 하는 직무행위는 적법한 것이다[대판 1998.5.12. 98도662].
2. **(미란다 원칙의 사후고지)** 사법경찰관리가 현행범인을 체포하는 경우에는 반드시 범죄사실의 요지, 체포의 이유와 변호인을 선임할 수 있음을 말하고 변명할 기회를 주어야 하고, 이와 같은 고지는 체포를 위한 실력행사에 들어가기 이전에 미리 하여야 하는 것이 원칙이나, 달아나는 피의자를 쫓아가 붙들거나 폭력으로 대항하는 피의자를 실력으로 제압하는 경우에는 붙들거나 제압하는 과정에서 고지하거나, 그것이 여의치 않은 경우에라도 일단 붙들거나 제압한 후에 지체없이 (미란다 원칙을) 행하였다면 경찰관의 현행범인 체포는 적법한 공무집행이라고 할 수 있다[대판 2008.10.9. 2008도3640].
3. 교육인적자원부 장관이 약학대학 학제개편에 관한 공청회를 개최하면서 행정절차법상 통지 절차를 위반하였더라도, 위 공청회 개최업무는 공무집행방해죄의 보호대상인 '적법한 공무집행'이라고 한 사례[대판 2007.10.12. 2007도6088].
4. 도로교통법 제41조 제2항에 의하여 경찰공무원이 운전자에 대하여 음주 여부나 주취정도를 측정함에 있어서는 그 측정방법이나 측정회수에 있어서 합리적인 필요한 한도에 그쳐야 하겠지만 그 한도 내에서는 어느 정도의 재량이 있다고 하여야 할 것인바, 경찰공무원이 승용차에 가족을 태우고 가던 술을 마시지 않은 운전자에게 음주 여부를 확인하려고 후렛쉬봉에 두 차례 입김을 불게 했으나 잘 알 수 없어 동료경찰관에게 확인해 줄 것을 부탁하였고 그가 위와 같은 방법으로 다시 확인하려 했으나 역시 알 수 없어 보다 정확한 음주측정기로 검사받을 것을 요구했다면 다른 사정이 없는 한 위와 같은 상황에서의 음주 여부의 확인을 위하여 한 위 경찰공무원의 행위는 합리적인 필요한 한도를 넘은 것이라고 할 수 없어 적법한 공무집행에 해당한다[대판 1992.4.28. 92도220].
5. 대학생들인 피고인들이 전경 5명을 불법으로 납치, 감금하고 있으면서 경찰의 수회에 걸친 즉시 석방요구에도 불구하고 불가능한 조건을 내세워 이에 불응하고, 경찰이 납치된 전경들을 구출하기 위하여 농성장소인 대학교 도서관 건물에 진입하기 직전 동 대학교 총장에게 이를 통고하고 이에 동 총장이 설득하였음에도 불구하고 이에 응하지 아니한 상황 아래에서는 현행의 불법감금상태를 제거하고 범인을 체포할 긴급한 필요가 있다고 보여지므로, 경찰이 압수수색영장 없이 도서관 건물에 진입한 것은 적법한 공무원의 직무집행이라 할 것이다[대판 1990.6.22. 90도767].
6. 청원경찰관법 제3조, 경찰관직무집행법 제2조 규정에 비추어 보면 군 도시과 단속계 요원으로 근무하고 있는 청원경찰관이 허가 없이 창고를 주택으로 개축하는 것을 단속하는 것은 그의 정

당한 공무집행에 속한다고 할 것이므로 이를 폭력으로 방해하는 행위는 공무집행방해죄에 해당된다[대판 1986.1.28. 85도2448].

7. 인근에서 자전거를 이용한 날치기 사건이 발생한 직후 검문을 실시 중이던 경찰관들이 위 날치기 사건의 범인과 흡사한 인상착의의 피고인이 자전거를 타고 다가오는 것을 발견하고 정지를 요구하였으나 멈추지 않아, 앞을 가로막고 검문에 협조해 달라고 하였음에도 불응하고 그대로 전진하자, 따라가서 재차 앞을 막고 검문에 응하라고 요구하였다면 경찰관직무집행법을 종합하여 볼 때 경찰관들의 행위는 적법한 불심검문에 해당한다[대판 2012.9.13. 2010도6203].
8. 피고인이 A 시청 옆 일반국도인 도로의 보도에서 철야농성을 위해 천막을 설치하던 중 이를 제지하는 A 시청 소속 공무원들에게 폭행을 가한 사안에서, 정당한 사유 없이 보도에 천막을 설치하여 교통에 지장을 끼치는 등 도로법 제45조에 규정된 금지행위를 하는 데 대하여 도로 관리청 소속 공무원이 도로 관리의 목적으로 이를 제지하고 시설물의 설치를 완성하지 못하도록 막는 등의 행위는 도로의 본래 목적을 달성하도록 하기 위한 합리적 상당성이 있는 조치로서 포괄적인 도로관리권의 행사 범주에 속하므로, 도로관리권에 근거한 공무집행을 하는 공무원에 대하여 폭행 등을 가한 피고인의 행위는 공무집행방해죄를 구성한다고 한 사례[대판 2014.2.13. 2011도10625].
9. 공사현장 출입구 앞 도로 한복판을 점거하고 공사차량의 출입을 방해하던 피고인의 팔과 다리를 잡고 도로 밖으로 옮기려고 한 경찰관의 행위는 적법한 공무집행에 해당하므로 경찰관의 팔을 물어뜯은 피고인의 행위는 공무집행방해죄 및 상해죄가 성립한다고 한 사례[대판 2013.9.26. 2013도643].
10. 경찰관직무집행법(이하 '법'이라 한다) 제3조 제4항은 경찰관이 불심검문을 하고자 할 때에는 자신의 신분을 표시하는 증표를 제시하여야 한다고 규정하고, 경찰관직무집행법 시행령 제5조는 위 법에서 규정한 신분을 표시하는 증표는 경찰관의 공무원증이라고 규정하고 있는데, 불심검문을 하게 된 경위, 불심검문 당시의 현장상황과 검문을 하는 경찰관들의 복장, 피고인이 공무원증 제시나 신분 확인을 요구하였는지 여부 등을 종합적으로 고려하여, 검문하는 사람이 경찰관이고 검문하는 이유가 범죄행위에 관한 것임을 피고인이 충분히 알고 있었다고 보이는 경우에는 신분증을 제시하지 않았다고 하여 그 불심검문이 위법한 공무집행이라고 할 수 없다[대판 2014.12.11. 2014도7976].
11. 음주운전 신고를 받고 출동한 경찰관이 만취한 상태로 시동이 걸린 차량 운전석에 앉아있는 피고인을 발견하고 음주측정을 위해 하차를 요구함으로써 도로교통법 제44조 제2항이 정한 음주측정에 관한 직무에 착수하였다고 할 것이고, 피고인이 차량을 운전하지 않았다고 다투자 경찰관이 지구대로 가서 차량 블랙박스를 확인하자고 한 것은 음주측정에 관한 직무 중 '운전' 여부 확인을 위한 임의동행 요구에 해당하고, 피고인이 차량에서 내리자마자 도주한 것을 임의동행 요구에 대한 거부로 보더라도, 경찰관이 음주측정에 관한 직무를 계속하기 위하여 피고인을 추격하여 도주를 제지한 것은 앞서 본 바와 같이 도로교통법상 음주측정에 관한 일련의 직무집행 과정에서 이루어진 행위로써 정당한 직무집행에 해당한다[대판 2020.8.20. 2020도7193].
12. 피고인들을 포함한 '甲 주식회사 희생자 추모와 해고자 복직을 위한 범국민대책위원회'(약칭 '대책위')가 덕수궁 대한문 화단 앞 인도('농성 장소')를 불법적으로 점거한 뒤 천막 · 분향소 등을 설치하고 농성을 계속하다가 관할 구청이 행정대집행으로 농성 장소에 있던 물건을 치웠음에도 대책위 관계자들이 이에 대한 항의의 일환으로 기자회견 명목의 집회를 개최하려고 하자,

출동한 경찰 병력이 농성 장소를 둘러싼 채 대책위 관계자들의 농성 장소 진입을 제지하는 과정에서 피고인들이 경찰관을 밀치는 등으로 공무집행을 방해하였다는 내용으로 기소된 사안에서, 경찰의 농성 장소에 대한 점거와 대책위의 집회 개최를 제지한 직무집행이 '위법한 공무집행'이라고 본 원심판단에 법리오해의 잘못이 있다고 한 사례[대판 2021.10.14. 2018도2993].

判例 공무집행방해죄가 성립하지 않는 경우(적법한 공무집행이 아닌 경우)

1. **(적법성이 결여된 직무집행에 대항한 행위)** 형법 제136조가 규정하는 공무집행방해죄는 공무원의 직무집행이 적법한 경우에 한하여 성립하는 것이고, 여기서 적법한 공무집행이라고 함은 그 행위가 공무원의 추상적 권한에 속할 뿐 아니라 구체적 직무집행에 관한 법률상 요건과 방식을 갖춘 경우를 가리키는 것이므로, 이러한 적법성이 결여된 직무행위를 하는 공무원에게 대항하여 폭행이나 협박을 가하였다고 하더라도 공무집행방해죄가 성립한다고 볼 수는 없다[대판 2013.3.14. 2011도7259].
   [♣ 21 변시]
2. **(행정사무의 편의를 위한 행위)** 면사무소에 설계도면을 제출할 의무나 설계에 필요한 금원을 지급할 의무가 없다면 피고인이 설계도를 제출하지 않음으로써 건축시공상의 어떤 불이익을 받는 것은 별론으로 하고 면사무소 공무원으로서도 이를 적법하게 강제할 권한이 없는 것이므로 면사무소 공무원이 자신의 행정사무의 편의를 위한 목적으로 설계도의 제출을 요구한 행위는 공무집행방해죄에 있어서의 공무집행에 해당한다고 단정할 수는 없다[대판 1982.11.23. 81도1872].
3. **(불법한 강제연행)** ⅰ) 공소외인의 행위가 법정형 5만원 이하의 벌금, 구류 또는 과료에 해당하는 경미한 범죄에 불과한 경우 비록 그가 현행범인이라고 하더라도 영장 없이 체포할 수는 없고, 또한 범죄의 사전 진압이나 교통단속의 목적만을 이유로 그에게 임의동행을 강요할 수도 없다 할 것이므로, 경찰관이 그의 의사에 반하여 강제로 연행하려고 한 행위는 적법한 공무집행이라고 볼 수 없고, 따라서 피고인이 위 경찰관의 행위를 제지하기 위하여 경찰관에게 폭행을 가하였다고 하여도 이는 공무집행방해죄를 구성하지 아니한다[대판 1992.5.22. 92도506].
   ⅱ) 피고인이 교통단속 경찰관의 면허증 제시 요구에 응하지 않고 교통경찰관을 폭행한 사안에 대하여 경찰관의 면허증 제시 요구에 순순히 응하지 않은 것은 잘못이라고 하겠으나, 피고인이 위 경찰관에게 먼저 폭행 또는 협박을 가한 것이 아니라면 경찰관의 오만한 단속 태도에 항의한다고 하여 피고인을 그 의사에 반하여 교통초소로 연행해 갈 권한은 경찰관에게 없는 것이므로, 이러한 강제연행에 항거하는 와중에서 경찰관의 멱살을 잡는 등 폭행을 가하였다고 하여도 공무집행방해죄가 성립되지 않는다[대판 1992.2.11. 91도2797].
   동지판례 **(불법한 체포)** 경찰관의 행위가 적법한 공무집행을 벗어나 불법하게 체포한 것으로 볼 수밖에 없다면, 그 체포를 면하려고 반항하는 과정에서 경찰관에게 상해를 가한 것은 불법 체포로 인한 신체에 대한 현재의 부당한 침해에서 벗어나기 위한 행위로서 정당방위에 해당하여 위법성이 조각된다[대판 2000.7.4. 99도4341].
   동지판례 **(위법한 수색)** 경찰관들이 주류 판매여부를 확인하기 위하여 노래연습장을 검색하는 행위는 풍속영업의 규제에 관한 법률 제9조 제1항에서 규정하고 있는 '검사'에 해당하지 아니하고 또 이를 일반적으로 허용하는 법령도 없어서, 법관이 발부한 영장 없이는 노래연습장 업주의 의사에 반하여 이를 행할 수 없다고 할 것인데, 위 경찰관들은 피고인의 의사에 반함에도 불구하고 영장 없이 이를 행하였음이 기록상 분명하므로,

위 경찰관들의 위 각 행위는 적법한 직무집행으로 볼 수 없고, 따라서 피고인이 이를 방해하였다고 하더라도 공무집행방해죄를 구성하지 아니한다[대판 2005.10.28. 2004도4731].

동지판례 **(현행범이 아닌 자에 대한 강제연행)** [1] 형사소송법 제211조가 현행범인으로 규정한 '범죄의 실행의 즉후인 자'라고 함은, 범죄의 실행행위를 종료한 직후의 범인이라는 것이 체포하는 자의 입장에서 볼 때 명백한 경우를 일컫는 것으로서, 위 법조가 제1항에서 본래의 의미의 현행범인에 관하여 규정하면서 '범죄의 실행의 즉후인 자'를 '범죄의 실행 중인 자'와 마찬가지로 현행범인으로 보고 있고, 제2항에서는 현행범인으로 간주되는 준현행범인에 관하여 별도로 규정하고 있는 점 등으로 미루어 볼 때, '범죄의 실행행위를 종료한 직후'라고 함은, 범죄행위를 실행하여 끝마친 순간 또는 이에 아주 접착된 시간적 단계를 의미하는 것으로 해석되므로, 시간적으로나 장소적으로 보아 체포를 당하는 자가 방금 범죄를 실행한 범인이라는 점에 관한 죄증이 명백히 존재하는 것으로 인정되는 경우에만 현행범인으로 볼 수 있다.

[2] 현행범인으로서의 요건을 갖추고 있었다고 인정되지 않는 상황에서 경찰관들이 동행을 거부하는 자를 체포하거나 강제로 연행하려고 하였다면, 이는 적법한 공무집행이라고 볼 수 없고, 그 체포를 면하려고 반항하는 과정에서 경찰관에게 상해를 가한 것은 불법 체포로 인한 신체에 대한 현재의 부당한 침해에서 벗어나기 위한 행위로서 정당방위에 해당하여 위법성이 조각된다[대판 2002.5.10. 2001도310].

동지판례 **(현행범이 아닌 자에 대한 불법체포 등)** ⅰ) 경찰관들이 현행범이나 준현행범도 아닌 피고인을 체포하려고(법원의 영장도 없이) 피고인의 집(주거)에 강제로 들어가려고 하여 피고인이 이를 제지하는 행위를 한 경우, 위 경찰관들의 행위는 적법한 공무집행이라 볼 수 없으므로 피고인의 행위는 공무집행방해죄에 해당하지 아니한다[대판 1991.12.10. 91도2395].

ⅱ) 경찰관이, 피고인이 음주운전을 종료한 후 40분 이상이 경과한 시점에서 길가에 앉아 있던 피고인에게서 술냄새가 난다는 점만을 근거로, 피고인을 음주운전의 현행범으로 체포한 것은 피고인이 '방금 음주운전을 실행한 범인이라는 점에 관한 죄증이 명백하다고 할 수 없는 상태'에서 이루어진 것으로서 적법한 공무집행이라고 볼 수 없어 피고인에게 무죄를 선고한 조치는 정당하고 위법이 없다[대판 2007.4.13. 2007도1249].

동지판례 **(긴급체포의 요건을 갖추지 못한 자에 대한 긴급체포)** [1] 형법 제136조가 규정하는 공무집행방해죄는 공무원의 직무집행이 적법한 경우에 한하여 성립하고, 여기서 적법한 공무집행은 그 행위가 공무원의 추상적 권한에 속할 뿐 아니라 구체적 직무집행에 관한 법률상 요건과 방식을 갖춘 경우를 가리키므로, 검사나 사법경찰관이 수사기관에 자진출석한 사람을 긴급체포의 요건을 갖추지 못하였음에도 실력으로 체포하려고 하였다면 적법한 공무집행이라고 할 수 없고, 자진출석한 사람이 검사나 사법경찰관에 대하여 이를 거부하는 방법으로써 폭행을 하였다고 하여 공무집행방해죄가 성립하는 것은 아니다.

[2] 검사가 참고인 조사를 받는 줄 알고 검찰청에 자진출석한 변호사사무실 사무장을 합리적 근거 없이 긴급체포하자 그 변호사가 이를 제지하는 과정에서 검사에게 상해를 가한 것은 정당방위에 해당한다[대판 2006.9.8. 2006도148].

동지판례 **(형의 집행장의 제시 없이 노역장 유치를 위하여 체포·구인한 경우)** [1] 사법경찰관리가 벌금형을 받은 이를 그에 따르는 노역장 유치의 집행을 위하여 구인하려면, 검사로부터 발부받은 형집행장을 그 상대방에게 제시하여야 한다(형사소송법 제85조 제1항).

[2] 경찰관이 벌금형에 따르는 노역장 유치의 집행을 위하여 형집행장을 소지하지 아니한 채 피고인을 구인할 목적으로 그의 주거지를 방문하여 임의동행의 형식으로 데리고 가다가, 피고인이 동행을 거부하며 다른 곳으로 가려는 것을 제지하면서 체포·구인하려고 하자 피고인이 이를 거부하면서 경찰관을 폭행한 경우, 위와 같이 피고인을 체포·구인하려고 한 것은 노역장 유치의 집행에 관한 법규정에 반하는 것으로서 적법한 공무집행행위라고 할 수 없으며, 또한 그 경우에 형집행장의 제시 없이 구인할 수 있는 '급속을 요하는 경우'(형사소송법 제85조 제3항)에 해당한다고 할 수 없고, 이는 피고인이 벌금미납자로 지명수배 되었다고 하더라도 마찬가지이므로, 공무집행방해죄가 성립할 수 없다[대판 2010.10.14. 2010도8591].

동지판례 **(음주측정을 위하여 운전자를 강제연행한 경우)** 교통안전과 위험방지를 위한 필요가 없음에도 주취운전을 하였다고 인정할 만한 상당한 이유가 있다는 이유만으로 이루어지는 음주측정은 이미 행하여진 주취운전이라는 범죄행위에 대한 증거 수집을 위한 수사절차로서 의미를 가지는데, 도로교통법상 규정들이 음주측정을 위한 강제처분의 근거가 될 수 없으므로 위와 같은 음주측정을 위하여 운전자를 강제로 연행하기 위해서는 수사상 강제처분에 관한 형사소송법상 절차에 따라야 하고, 이러한 절차를 무시한 채 이루어진 강제연행은 위법한 체포에 해당한다[대판 2012.12.13. 2012도11162].

4. **(미란다원칙의 불고지)** 비록 사법경찰관 등이 피의자에 대한 구속영장을 소지하였다 하더라도 피의자를 체포하기 위하여는 체포 당시에 피의자에 대한 범죄사실의 요지, 구속의 이유와 변호인을 선임할 수 있음을 말하고 변명할 기회를 준 후가 아니면 체포할 수 없고, 이와 같은 절차를 밟지 아니한 채 실력으로 연행하려 하였다면 적법한 공무집행으로 볼 수 없다[대판 1996.12.23. 96도2673]. [♠ 00 사시]

동지판례 **(미란다원칙의 불고지)** 의경이 피고인을 파출소로 끌고 가려고 한 것은 음주측정을 하기 위한 것일 뿐, 피고인을 음주운전이나 음주측정거부의 현행범으로 체포하려는 의사였는지도 의심스러울 뿐 아니라, 가사 현행범으로 체포하려 하였더라도 현행범을 체포함에 있어서는 체포 당시에 헌법 및 형사소송법에 규정된 바와 같이 피의자에 대하여 범죄사실의 요지, 체포 또는 구속의 이유와 변호인을 선임할 수 있음을 말하고 변명할 기회를 주는 등 적법절차를 준수하여야 함에도 현행범으로 체포한다는 사실조차 고지하지 아니한 채 실력으로 연행하려 하였다면 그 의경의 행위는 적법한 공무집행으로 볼 수 없다[대판 1994.10.25. 94도2283]. [♠ 99 사시]

5. **(위법한 운전면허증 제시요구)** 도로교통법 제120조는 "경찰서장은 범칙금납부통고서를 받기를 거부한 사람에 대하여는 지체없이 즉결심판을 청구하여야 한다."고 규정하고 있으므로, 교통경찰관인 乙로서는 교통단속 업무를 수행함에 있어 피고인이 신호위반을 하였다고 하더라도 범칙금납부통고서를 받지 않겠다는 의사를 분명히 밝힌 이상, 피고인에 대하여 지체없이 즉결심판출석통지서를 교부 또는 발송하고 즉결심판청구서를 작성하여 관할 법원에 제출하는 등 즉결심판청구의 절차로 나아가야 함에도, 이러한 절차를 밟지 아니한 채 범칙금납부 통고처분을 강행할 목적으로 무리하게 운전면허증을 제시할 것을 계속 요구한 것은 적법한 교통단속 업무라고 할 수 없으며, 이와 같이 적법성이 결여된 직무행위를 하는 乙에 대항하여 피고인이 폭행을 가하였다고 하더라도 이를 공무집행방해죄에 해당한다고 볼 수 없다[대판 2004.7.8. 2003도8336].

6. **(집회 · 시위에 참가하려는 자를 지나치게 사전에 제지하는 행위)** 구 집회 및 시위에 관한 법률(2007.5.11. 법률 제8424호로 개정되기 전의 것)에 의하여 금지되어 그 주최 또는 참가행위가 형사처벌의 대상이 되는 위법한 집회 · 시위가 장차 특정지역에서 개최될 것이 예상된다고 하더라도, 이와 시간적 · 장소적으로 근접하지 않은 다른 지역에서 그 집회 · 시위에 참가하기 위하여 출발 또는 이동하는 행위를 함부로 제지하는 것은 경찰관직무집행법 제6조 제1항의 행정상 즉시강제인 경찰관의 제지의 범위를 명백히 넘어 허용될 수 없다. 따라서 이러한 제지 행위는 공무집행방해죄의 보호대상이 되는 공무원의 적법한 직무집행이 아니다[대판 2008.11.13. 2007도9794]. [♠ 14 사시]

7. **(국회 경위들이 상임위원회 위원들의 회의장 출입을 막는 행위)** 한미FTA 비준동의안에 대한 국회 외교통상 상임위원회(이하 '외통위'라 한다)의 처리 과정에서, 甲 정당 당직자인 피고인들이 甲 정당 소속 외통위 위원 등과 함께 외통위 회의장 출입문 앞에 배치되어 출입을 막고 있던 국회 경위들을 밀어내기 위해 국회 경위들의 옷을 잡아당기거나 밀치는 등의 행위를 한 사안에서, 제반 사정에 비추어 외통위 위원장이 乙 정당 소속 외통위 위원들이 위원장실에 이미 입실한 상태에서 회의장 출입구를 폐쇄하고 출입을 봉쇄하여 다른 정당 소속 외통위 위원들의 회의장 출입을 막은 행위는 상임위원회 위원장의 질서유지권 행사의 한계를 벗어난 위법한 조치이고, 회

의장 근처에 배치된 국회 경위들이 甲 정당 소속 외통위 위원들의 회의장 출입을 막은 행위는 외통위 위원장의 위법한 조치를 보조한 행위에 지나지 아니하여 역시 위법한 직무집행이며, 피고인들이 甲 정당 소속 외통위 위원들을 회의장으로 들여보내기 위하여 그들과 함께 국회 경위들을 밀어내는 과정에서 경위들의 옷을 잡아당기는 등의 행위를 하였더라도, 이러한 행위는 적법성이 결여된 직무행위를 하는 공무원에게 대항하여 한 것에 지나지 아니하여 공무집행이 적법함을 전제로 하는 공무집행방해죄는 성립하지 않는다고 한 사례[대판 2013.6.13. 2010도13609].

8. [1] 교정시설의 소장에 의하여 허용된 범위를 넘어 사진 또는 그림 등을 부착한 수용자에 대하여 교도관이 부착물의 제거를 지시한 행위는 수용자가 복종하여야 할 직무상 지시로서 적법한 직무집행이라고 보아야 한다.
   [2] 징벌사유에 해당하는 행위를 하였다고 의심할 만한 상당한 이유가 있는 수용자에 대하여 조사가 필요한 경우라 하더라도, 특히 그 수용자에 대한 조사거실에의 분리 수용은 형의 집행 및 수용자의 처우에 관한 법률 제110조 제1항의 각 호에 따라 그 수용자가 증거를 인멸할 우려가 있는 때 또는 다른 사람에게 위해를 끼칠 우려가 있거나 다른 수용자의 위해로부터 보호할 필요가 있는 때에 한하여 인정된다[대판 2014.9.25. 2013도1198].
   판결이유 피고인을 조사거실에 강제로 수용하려고 한 행위 및 그 수용을 위하여 검신을 요구한 행위라는 피해자의 위법한 직무집행에 저항하는 과정에서 이루어진 피고인의 피해자에 대한 폭행은 공무집행방해죄에 해당하지 않는다.

③ 행 위 : 폭행 · 협박하는 것이다.

㉮ 폭행은 공무원에 대한 직접 · 간접의 유형력의 행사를 말한다(광의의 폭행).

判例 공무집행방해죄가 성립하는 경우(공무원에 대한 간접폭행)

1. 공무집행방해죄에 있어서의 폭행은 공무를 집행하는 공무원에 대하여 유형력을 행사하는 행위를 말하는 것으로 그 폭행은 공무원에 직접적으로나 간접적으로 하는 것을 포함한다고 해석되며, 경찰관이 공무를 집행하고 있는 파출소 사무실의 바닥에 인분이 들어 있는 물통을 집어던지고 책상 위에 있던 재떨이에 인분을 퍼담아 사무실 바닥에 던지는 행위는 동 경찰관에 대한 폭행이다[대판 1981.3.24. 81도326]. [♠ 00 사시]
   동지판례 공무집행방해죄에서 '폭행'은 사람에 대한 유형력의 행사로 족하고 반드시 그 신체에 대한 것임을 요하지 아니하며 또한 추상적 위험범으로서 구체적으로 직무집행의 방해라는 결과발생을 요하지도 아니한다[대판 2018.3.29. 2017도21537]. [♣ 19 변시]
2. 폭행의 상대방이 집달관[2] 대리가 아니고 그 인부라 하더라도 동인에게 폭행을 가함으로써 집달관 대리에 대하여 간접으로 폭행을 가한 것이 되어 공무집행방해죄가 성립한다[대판 1970.5.12. 70도561].

2) 현재는 그 명칭이 '집행관'으로 변경되었다.

判例 음향이 공무집행방해죄에서의 폭행에 해당하는지 여부(경우에 따라 달리 판단됨)

민주사회에서 공무원의 직무수행에 대한 시민들의 건전한 비판과 감시는 가능한 한 널리 허용되어야 한다는 점에서 볼 때, 공무원의 직무 수행에 대한 비판이나 시정 등을 요구하는 집회·시위 과정에서 일시적으로 상당한 소음이 발생하였다는 사정만으로는 이를 공무집행방해죄에서의 음향으로 인한 폭행이 있었다고 할 수는 없다. 그러나 의사전달수단으로서 합리적 범위를 넘어서 상대방에게 고통을 줄 의도로 음향을 이용하였다면 이를 폭행으로 인정할 수 있을 것인바, 구체적인 상황에서 공무집행방해죄에서의 음향으로 인한 폭행에 해당하는지 여부는 음량의 크기나 음의 높이, 음향의 지속시간, 종류, 음향발생 행위자의 의도, 음향발생원과 직무를 집행 중인 공무원과의 거리, 음향발생 당시의 주변 상황을 종합적으로 고려하여 판단하여야 한다[대판 2009.10.29. 2007도3584]. [♠11 사시]

判例 공무집행방해죄가 성립하지 않는 경우(공무원에 대한 폭행이라고 볼 수 없는 경우)

차량을 일단 정차한 다음 경찰관의 운전면허증 제시요구에 불응하고 다시 출발하는 과정에서 경찰관이 잡고 있던 운전석 쪽의 열린 유리창 윗부분을 놓지 않은 채 어느 정도 진행하다가 차량속도가 빨라지자 더 이상 따라가지 못하고 손을 놓아버렸다면 이러한 사실만으로는 피고인의 행위가 공무집행방해죄에 있어서의 폭행에 해당한다고 할 수 없다[대판 1996.4.26. 96도281].

㉯ 협박은 공무원에게 공포심을 생기게 할 수 있는 일체의 해악의 고지를 말하며, 현실적으로 공포심이 발생할 것을 요하지 않는다(광의의 협박).

㉰ 폭행·협박은 적극적인 행위에 의할 것을 요하므로 소극적 거동·불복종은 여기에 포함되지 않는다(예 연행하려고 잡아끄는 경찰의 손을 뿌리친 경우, 공무원의 출입을 막기 위하여 닫힌 문을 열어주지 않은 경우).

判例 공무집행방해죄가 성립하는 경우(공무원에 대한 협박이라고 볼 수 있는 경우)

1. 수산업협동조합 조합장 甲이 해양경찰서 경찰공무원인 A에게 전화로 수사에 대하여 강하게 항의하면서 해양경찰청 고위 간부들과의 친분관계를 이용하여 A에게 인사상 불이익을 가하겠다 말하였다면, 이는 객관적으로 보아 상대방으로 하여금 공포심을 느끼게 하기에 충분한 해악의 고지에 해당하므로 甲에게는 공무집행방해죄가 성립한다[대판 2011.2.10. 2010도15986].
2. 가옥명도를 집행하는 집달관에게 욕설을 하고 그를 마루 밑으로 떨어뜨리면서 불법집행이라고 소리를 쳤다는 일련의 언동은 협박이라고 할 수 있다[대판 1969.2.18. 68도44].
3. 폭력행위 등 전과 12범인 피고인이 그 경영의 술집에서 떠들며 놀다가 주민의 신고를 받고 출동한 경찰로부터 조용히 하라는 주의를 받은 것 뿐인데 그후 새벽 4시의 이른 시각에 파출소에까지 뒤쫓아가서 "우리 집에 무슨 감정이 있느냐, 이 순사새끼들 죽고 싶으냐"는 등의 폭언을 하

였다면, 이는 단순한 불만의 표시나 감정적인 욕설에 그친다고 볼수 없고, 경찰이 계속하여 단속하는 경우에 생명, 신체에 어떤 위해가 가해지리라는 것을 통보함으로써 공포심을 품게 하려는데 그 목적이 있었다고 할 것이고, 또 이는 객관적으로 보아 상대방으로 하여금 공포심을 느끼게 하기에 족하다고 할 것이다[대판 1989.12.26. 89도1204].

判例 공무집행방해죄에 있어서의 폭행·협박의 정도와 이 정도에 이르지 않은 경우

1. 경찰관의 임의동행을 요구받은 피고인이 자기집 안방으로 피하여 문을 잠그었다면 이는 임의동행 요구를 거절한 것이므로 피요구자의 승낙을 조건으로 하는 임의동행하려는 직무행위는 끝난 것이고 피고인이 문을 잠근 방안에서 면도칼로 앞가슴 등을 그어 피를 보이면서 자신이 죽어버리겠다고 불온한 언사를 농하였다 하여도 이는 자해자학행위는 될지언정 위 경찰관에 대한 유형력의 행사나 해악의 고지표시가 되는 폭행 또는 협박으로 볼 수 없다[대판 1976.3.9. 75도3779]. [♠ 07 사시]
2. [1] 공무집행방해죄에 있어서의 폭행·협박은 성질상 공무원의 직무집행을 방해할 만한 정도의 것이어야 하므로, 경미하여 공무원이 개의치 않을 정도의 것이라면 여기의 폭행·협박에는 해당하지 아니한다고 할 것이다.
   [2] 경찰관 A 등이 게임장의 경영자를 설득하여 위 게임장 오락기계의 기판을 임의제출하도록 하여 의경 B가 오락실 밖에서 기판이 든 박스를 옮기자 甲이 의경 B를 뒤쫓아 가 '이 박스는 압수된 것이 아니다'라고 말하며 B의 손에 있던 박스를 수거한 행위는 공무집행을 방해할 만한 폭행 또는 협박에 해당하지 아니한다[대판 2007.6.1. 2006도4449].

㉱ 기수시기는 공무원에 대한 폭행·협박행위가 있을 때이며, 공무집행의 현실적 방해결과는 요하지 않는다(추상적 위험범).

(2) 주관적 구성요건

고의 즉 적법한 직무를 집행중인 공무원에 대하여 폭행·협박한다는 인식과 의사가 있어야 한다. 그러나 공무원의 직무집행을 방해할 의사를 필요로 하지 아니한다(판례, 통설).

判例 공무집행방해죄에 있어서의 고의의 성립요건

공무집행방해죄에 있어서의 범의는 상대방이 직무를 집행하는 공무원이라는 사실, 그리고 이에 대하여 폭행 또는 협박을 한다는 사실을 인식하는 것을 그 내용으로 하고, 그 인식은 불확정적인 것이라도 소위 미필적 고의가 있다고 보아야 하며, 그 직무집행을 방해할 의사를 필요로 하지 아니한다[대판 1995.1.24. 94도1949]. [♠ 06, 15 사시]

3. 죄 수

통설은 공무의 수를 기준으로 죄수를 판단하나, 판례는 공무원의 수를 기준으로 죄수를 판단한다[대판 1961.9.28. 4291형상415].

Ⅲ. 직무 · 사직강요죄

제136조(공무집행방해) ② 공무원에 대하여 그 직무상의 행위를 강요 또는 저지하거나 그 직을 사퇴하게 할 목적으로 폭행 또는 협박한 자도 전항의 형과 같다.

Ⅳ. 위계에 의한 공무집행방해죄

제137조(위계에 의한 공무집행방해) 위계로써 공무원의 직무집행을 방해한 자는 5년 이하의 징역 또는 1천만원 이하의 벌금에 처한다.

1. 객관적 구성요건

(1) 행위의 객체

현재 공무집행 중인 공무원뿐만 아니라 장래 직무집행이 예상되는 공무원과 직무집행과 관련이 있는 비공무원인 제3자도 포함된다.

判例 위계에 의한 공무집행방해죄의 공무원의 '직무집행'의 범위

위계에 의한 공무집행방해죄는 행위목적을 이루기 위하여 상대방에게 오인, 착각, 부지를 일으키게 하여 이를 이용함으로써 법령에 의하여 위임된 공무원의 적법한 직무에 관하여 그릇된 행위나 처분을 하게 하는 경우에 성립하고, 여기에서 공무원의 직무집행이란 법령의 위임에 따른 공무원의 적법한 직무집행인 이상 공권력의 행사를 내용으로 하는 권력적 작용뿐만 아니라 사경제주체로서의 활동을 비롯한 비권력적 작용도 포함되는 것으로 봄이 상당하다[대판 2003.12.26. 2001도6349].

(2) 행 위

위계로써 공무집행을 방해하는 것이다.

① 위 계 : 행위자가 일정한 목적을 달성하기 위하여 상대방에게 오인 · 착각 · 부지를 발생케하여 이를 이용하는 일체의 행위를 말한다. 그 방법은 기망 · 유혹을 불문하며 반드시 비밀로 할 것도 요하지 않는다.

判例 위계의 의미와 위계에 해당하지 않는 경우

위계에 의한 공무집행방해죄에서 '위계'라 함은 행위자의 행위목적을 이루기 위하여 상대방인 담당 공무원에게 오인 등을 일으키게 하여 그 오인 등을 이용하는 것을 말한다. 따라서 담당 공무원들 모두의 공모 또는 양해 아래 부정한 행위가 이루어졌다면 이로 말미암아 오인 등을 일으킨 상대방이 있다고 할 수 없으므로, 그러한 행위는 위계에 의한 공무집행방해죄에서의 위계에 해당한다고 볼 수 없다[대판 2015.2.26. 2013도13217].

② **위계의 상대방** : 반드시 직무담당 공무원일 필요는 없고 제3자를 기망하여 공무를 방해하는 경우도 포함된다.

③ **공무집행방해** : i) 다수설은 방해의 결과가 현실적으로 발생할 필요는 없고 공무를 방해할 위험성만 있으면 본죄는 기수가 된다고 본다. ii) 판례는 구체적으로 공무집행이 저지되거나 현실적으로 곤란하게 되었을 때 기수가 된다고 본다.

判例 공무집행방해가 위계에 의한 것인지의 판단기준

1. **(신고와 신청의 구별)** [1] 위계에 의한 공무집행방해죄는 상대방의 오인, 착각, 부지를 일으키고 이를 이용하는 위계에 의하여 상대방으로 하여금 그릇된 행위나 처분을 하게 함으로써 공무원의 구체적이고 현실적인 직무집행을 방해하는 경우에 성립한다.
[2] 신고는 사인(私人)이 행정청에 대하여 일정한 사실 또는 관념을 통지함으로써 공법상 법률효과가 발생하는 행위로서 원칙적으로 행정청에 대한 일방적 통고로 그 효과가 완성될 뿐 이에 대응하여 신고내용에 따라 법률효과를 부여하는 행정청의 행위나 처분을 예정하고 있지 아니하므로, 신고인이 허위사실을 신고서에 기재하거나 허위의 소명자료를 첨부하여 제출하였다고 하더라도 관계 법령에 별도의 처벌규정이 있어 이를 적용하는 것은 별론으로 하고, 일반적으로 위와 같은 허위 신고가 형법상 위계에 의한 공무집행방해죄를 구성한다고 볼 수 없다. 다만 관계 법령이 비록 신고라는 용어를 사용하고 있더라도 사실상 인허가 등 처분의 신청행위와 다를 바 없다고 평가되는 등의 예외적인 경우에는 위계에 의한 공무집행방해죄가 성립할 여지가 있으나, 이때에도 행정청이 나름대로 충분히 사실관계를 확인하더라도 그 신고내용이 허위이거나 법령의 취지에 맞지 아니함을 발견할 수 없었던 경우가 아니라면 심사를 담당하는 행정청이 신고내용이나 자료의 진실성을 충분히 따져보지 않은 채 경솔하게 이를 믿고 어떠한 행위나 처분에 나아갔다고 하여 이를 신고인의 위계에 의한 결과로 볼 수 없으므로 위계에 의한 공무집행방해죄는 성립하지 아니한다[대판 2011.9.8. 2010도7034].
관련판례 등기신청은 단순한 '신고'가 아니라 신청에 따른 등기관의 심사 및 처분을 예정하고 있으므로, 등기신청인이 제출한 허위의 소명자료 등에 대하여 등기관이 나름대로 충분히 심사를 하였음에도 이를 발견하지 못하여 등기가 마쳐지게 되었다면 위계에 의한 공무집행방해죄가 성립할 수 있다. 등기관이 등기신청에 대하여 부동산등기법상 등기신청에 필요한 서면이 제출되었는지 및 제출된 서면이 형식적으로 진정한 것인지를 심사할 권한은 갖고 있으나 등기신청이 실체법상의 권리관계와 일치하는지를 심사할 실질적인 심사권한은 없다고 하여 달리 보아야 하는 것은 아니다[대판 2016.1.28. 2015도17297].

1-1. **(민원인이 행정관청에 허위의 출원사유나 허위의 소명자료를 제출한 경우)** [1] 행정관청이 출원에 의한 인·허가처분을 함에 있어서는 그 출원사유가 사실과 부합하지 아니하는 경우가 있음을 전제로 하여 인·허가할 것인지의 여부를 심사·결정하는 것이므로 행정관청이 사실을 충분히 확인하지 아니한 채 출원자가 제출한 허위의 출원사유나 허위의 소명자료를 가볍게 믿고 인가 또는 허가를 하였다면 이는 행정관청의 불충분한 심사에 기인한 것으로서 출원자의 위계가 결과 발생의 주된 원인이었다고 할 수 없어 위계에 의한 공무집행방해죄를 구성하지 않는다고 할 것이나, 출원자가 행정관청에 허위의 출원사유를 주장하면서 이에 부합하는 허위의 소명자료를 첨부하여 제출한 경우 허가관청이 관계 법령이 정한 바에 따라 인·허가요건의 존부 여부에 관하여 나름대로 충분히 심사를 하였으나 출원사유 및 소명자료가 허위임을 발견하지 못하여 인·허가처분을 하게 되었다면 이는 허가관청의 불충분한 심사가 그의 원인이 된 것이 아니라 출원인의 위계행위가 원인이 된 것이어서 위계에 의한 공무집행방해죄가 성립된다.

[2] **(허위진단서의 제출 : 위계에 의한 공무집행방해죄 성립)** 피고인이 개인택시 운송사업면허를 받은 지 5년이 경과되지 아니하여 원칙적으로 개인택시 운송사업을 양도할 수 없는 사람 등과 사이에 마치 그들이 1년 이상의 치료를 요하는 질병으로 인하여 직접 운전할 수 없는 것처럼 가장하여 개인택시 운송사업의 양도·양수인가를 받기로 공모한 후, 질병이 있는 노숙자들로 하여금 그들이 개인택시 운송사업을 양도하려고 하는 사람인 것처럼 위장하여 의사의 진료를 받게 한 다음, 그 정을 모르는 의사로부터 환자가 개인택시 운송사업의 양도인으로 된 허위의 진단서를 발급받아 행정관청에 개인택시 운송사업의 양도·양수 인가신청을 하면서 이를 소명자료로 제출하여 진단서의 기재 내용을 신뢰한 행정관청으로부터 인가처분을 받은 경우, 위계에 의한 공무집행방해죄가 성립한다[대판 2002.9.4. 2002도2064]. [♣14 변시]

동지판례 i) 범죄행위로 인하여 강제출국당한 전력이 있는 사람이 외국 주재 한국영사관 담당직원에게 허위의 호구부 및 외국인등록신청서 등을 제출하여 사증 및 외국인등록증을 발급받은 사안에서, 이는 업무담당자의 불충분한 심사가 아니라 신청인의 위계행위에 의한 것이라고 하여 위계에 의한 공무집행방해죄가 성립한다고 한 사례[대판 2009.2.26. 2008도11862].

ii) 구 병역법(2004.3.11. 법률 제7186호로 개정되기 전의 것)상의 지정업체에서 산업기능요원으로 근무할 의사가 없음에도 해당 지정업체의 장과 공모하여 허위내용의 편입신청서를 제출하여 관할관청으로부터 산업기능요원 편입을 승인받고, 나아가 관할관청의 실태조사를 회피하기 위하여 허위서류를 작성·제출하는 등의 방법으로 파견근무를 신청하여 관할관청으로부터 파견근무를 승인받았다면, 이러한 파견근무의 승인 등은 관할관청의 불충분한 심사가 원인이 된 것이 아니라 출원인의 위계행위가 원인이 된 것이어서 위계에 의한 공무집행방해죄가 성립한다[대판 2009.3.12. 2008도1321].

2. **(피의자나 참고인이 수사기관에 대하여 허위진술 또는 허위증거를 제출한 경우)** [1] 피의자나 참고인이 피의자의 무고함을 입증하는 등의 목적으로 수사기관에 대하여 허위사실을 진술하거나 허위의 증거를 제출하였다 하더라도, 수사기관이 충분한 수사를 하지 아니한 채 이와 같은 허위의 진술과 증거만으로 잘못된 결론을 내렸다면, 이는 수사기관의 불충분한 수사에 의한 것으로서 피의자 등의 위계에 의하여 수사가 방해되었다고 볼 수 없어 위계에 의한 공무집행방해죄가 성립된다고 할 수 없을 것이나, 피의자나 참고인이 피의자의 무고함을 입증하는 등의 목적으로 적극적으로 허위의 증거를 조작하여 제출하였고 그 증거 조작의 결과 수사기관이 그 진위에 관하여 나름대로 충실한 수사를 하더라도 제출된 증거가 허위임을 발견하지 못하여 잘못된 결론

을 내리게 될 정도에 이르렀다면, 이는 위계에 의하여 수사기관의 수사행위를 적극적으로 방해한 것으로서 위계에 의한 공무집행방해죄가 성립된다.

[2] **(혈액을 바꿔치기하여 제출한 경우 : 위계에 의한 공무집행방해죄 성립)** 음주운전을 하다가 교통사고를 야기한 후 그 형사처벌을 면하기 위하여 타인의 혈액을 자신의 혈액인 것처럼 교통사고 조사 경찰관에게 제출하여 감정하도록 한 행위는, 단순히 피의자가 수사기관에 대하여 허위사실을 진술하거나 자신에게 불리한 증거를 은닉하는 데 그친 것이 아니라 수사기관의 착오를 이용하여 적극적으로 피의사실에 관한 증거를 조작한 것으로서 위계에 의한 공무집행방해죄가 성립한다[대판 2003.7.25. 2003도1609]. [♠ 04, 05 사시]

동지판례 **(소변을 바꿔치기하여 제출한 경우 : 위계에 의한 공무집행방해죄 성립)** 타인의 소변을 마치 자신의 소변인 것처럼 수사기관에 건네주어 필로폰 음성반응이 나오게 한 경우, 수사기관의 착오를 이용하여 적극적으로 피의사실에 관한 증거를 조작한 것이므로 위계에 의한 공무집행방해죄가 성립한다[대판 2007.10.11. 2007도6101].

비교판례 **(참고인이 아닌 자의 자발적이고 계획적인 허위진술 : 위계에 의한 공무집행방해죄 불성립, 주의할 것)** i) 수사기관이 범죄사건을 수사함에 있어서는 피의자나 피의자로 자처하는 자 또는 참고인의 진술 여하에 불구하고 피의자를 확정하고 그 피의사실을 인정할 만한 객관적인 제반증거를 수집 조사하여야 할 권리와 의무가 있는 것이라고 할 것이므로 피의자나 참고인이 아닌 자가 자발적이고 계획적으로 피의자를 가장하여 수사기관에 대하여 허위사실을 진술하였다 하여 바로 이를 위계에 의한 공무집행방해죄가 성립된다고 할 수 없다[대판 1977.2.8. 76도3685]. [♠ 00, 04, 07 사시]

ii) 수사기관에 대하여 피의자가 허위자백을 하거나 참고인이 허위의 진술을 한 것만으로는 위계에 의한 공무집행방해죄가 성립된다고 할 수 없다[대판 1971.3.9. 71도186].

3. **(비수용자 또는 교도소 내의 수용자의 규율위반행위, 수용자의 규율위반행위를 교도관이 방치한 경우 : 위계에 의한 공무집행방해죄 불성립)** 법령에서 교도소 수용자에게는 흡연하거나 담배를 소지 · 수수 · 교환하거나 허가 없이 전화 등의 방법으로 다른 사람과 연락하는 등의 규율위반행위를 하여서는 아니될 금지의무가 부과되어 있고, 교도관은 수용자의 규율위반행위를 감시 · 단속 · 적발하여 상관에게 보고하고 징벌에 회부되도록 하여야 할 일반적인 직무상 권한과 의무가 있다고 할 것인바, 구체적이고 현실적으로 감시 · 단속업무를 수행하는 교도관에 대하여 위계를 사용하여 그 업무집행을 못하게 한다면 이에 대하여 위계에 의한 공무집행방해죄가 성립한다고 할 것이지만, 수용자가 교도관의 감시 · 단속을 피하여 규율위반행위를 하는 것만으로는 단순히 금지규정에 위반되는 행위를 한 것에 지나지 아니할 뿐 이로써 위계에 의한 공무집행방해죄가 성립한다고는 할 수 없고, 수용자가 아닌 자가 교도관의 검사 또는 감시를 피하여 금지물품을 교도소 내로 반입되도록 하였다고 하더라도 교도관에게 교도소 등의 출입자와 반출 · 입 물품을 단속 · 검사하거나 수용자의 거실 또는 신체 등을 검사하여 금지물품 등을 회수하여야 할 권한과 의무가 있는 이상, 그러한 수용자 아닌 자의 행위를 위계에 의한 공무집행방해죄에 해당하는 것으로는 볼 수 없으며, 교도관이 수용자의 규율위반행위를 알면서도 이를 방치하거나 도와주었더라도, 이를 다른 교도관 등에 대한 관계에서 위계에 의한 공무집행방해죄가 성립하는 것으로 볼 수는 없다[대판 2003.11.13. 2001도7045]. [♠ 04 사시]

비교판례 **(변호사의 규율위반행위 : 위계에 의한 공무집행방해죄 성립)** [1] 구체적이고 현실적으로 감시 · 단속업무를 수행하는 교도관에 대하여 그가 충실히 직무를 수행한다고 하더라도 통상적인 업무처리과정하에서는 사실상 적발이 어려운 위계를 적극적으로 사용하여 그 업무집행을 하지 못하게 하였다면 이에 대하여 위계에 의한 공무집행방해죄가 성립한다.

[2] 변호사가 접견을 핑계로 수용자를 위하여 휴대전화와 증권거래용 단말기를 구치소 내로 몰래 반입하여 이용하게 한 행위는 위계에 의한 공무집행방해죄에 해당한다[대판 2005.8.25. 2005도1731]. [♠10 사시]

判例 위계에 의한 공무집행방해죄가 성립하는 경우

1. **(부하 공무원이 상관에 대하여 허위내용의 결재를 받은 경우)** 출원에 대한 심사업무를 담당하는 공무원이 출원인의 출원사유가 허위라는 사실을 알면서도 결재권자로 하여금 오인, 착각, 부지를 일으키게 하고 그 오인, 착각, 부지를 이용하여 인·허가처분에 대한 결재를 받아낸 경우에는 출원자가 허위의 출원사유나 허위의 소명자료를 제출한 경우와는 달리 더 이상 출원에 대한 적정한 심사업무를 기대할 수 없게 되었다고 할 것이어서 그와 같은 행위는 위계로써 결재권자의 직무집행을 방해한 것에 해당하므로 위계에 의한 공무집행방해죄가 성립한다[대판 1997.2.28. 96도2825].
   [♠02, 04, 09 사시]

   동지판례 **(담당자가 아닌 공무원이 위계를 써서 담당공무원으로 하여금 인·허가 처분을 하게 한 경우)** 담당자가 아닌 공무원이 출원인의 청탁을 들어줄 목적으로 자신의 업무 범위에 속하지도 않는 업무에 관하여 그 일부를 담당공무원을 대신하여 처리하면서 위계를 써서 담당공무원으로 하여금 오인·착각·부지를 일으키게 하고 그 오인·착각·부지를 이용하여 인·허가 처분을 하게 하였다면, 이는 허가관청의 불충분한 심사가 그의 원인이 된 것이 아니라 담당자가 아닌 공무원의 위계행위가 원인이 된 것이어서 위계에 의한 공무집행방해죄가 성립한다[대판 2008.3.13. 2007도7724].

   판결이유 이러한 경우에는 담당공무원으로 하여금 더 이상 출원에 대한 적정한 심사업무를 기대할 수 없게 되었다고 할 것이어서 위와 같은 행위는 위계로써 담당공무원의 직무집행을 방해한 것이다.

2. **(입찰자격을 속인 경우)** 감척어선 입찰자격이 없는 자가 제3자와 공모하여 제3자의 대리인 자격으로 제3자 명의로 입찰에 참가하고, 낙찰받은 후 자신의 자금으로 낙찰대금을 지급하여 감척어선에 대한 실질적 소유권을 취득한 경우, 위계에 의한 공무집행방해죄가 성립한다[대판 2003.12.26. 2001도6349].

   동지판례 지방자치단체의 공사입찰에 있어서 허위서류를 제출하여 입찰참가자격을 얻고 낙찰자로 결정되어 계약을 체결한 경우, 위계에 의한 공무집행방해죄가 성립한다[대판 2003.10.9. 2000도4993].

3. **(부정시험)** 피고인과 甲이 공모하고 피고인이 시험장소 내에서 시험감독관의 감시의 틈을 타서 시험답안지의 해답이 적힌 쪽지를 甲에게 전달한 이상 甲의 행위 여하에 불구하고 공무원의 시험감독에 관한 직무집행을 위계로서 방해한 경우에 해당한다 할 것이다[대판 1967.5.23. 67도650].

   동지판례 피고인이 마치 그의 형인 양 시험감독자를 속이고 원동기장치자전거 운전면허시험에 대리로 응시하였다면 피고인의 행위는 위계에 의한 공무집행방해죄가 성립한다[대판 1986.9.9. 86도1245].

   동지판례 [1] 입시문제를 절취하여 이용한 경우, 공문서류 등 무효죄와 위계에 의한 공무집행방해죄는 상상적 경합관계에 있다. [2] 입학고사 실시 전에 그 고사문제를 담당공무원 모르게 부정한 방법으로 입수하여 그 문제의 내용을 미리 알고 응시한 이상 위계에 의한 공무집행방해죄가 성립된다[대판 1966.4.26. 66도30].

4. 간호보조원 교육과정이수에 관한 사문서인 수료증명서의 허위작성은 무형위조로서 처벌대상이 되지 아니하고 피고인들의 행위가 허위작성 및 교부로 끝났다고 하더라도 간호보조원자격시험 응시자격을 증명하는 위 문서의 용도와 그 사용의 결과를 인식하고 공소외인들로 하여금 사용케 할 의도로 작성 교부한 것이고 그들이 위 (허위) 문서를 진정한 문서인 것처럼 시험관리당국

에 제출하여 응시자격을 인정받아 응시함으로써 그 시험관리에 관한 공무집행을 방해하는 상태를 초래하였다면 피고인들은 위 공소외인들과 공무집행방해죄의 공동정범의 죄책을 면할 수 없고, 무형위조의 사후행위로써 처벌의 대상이 되지 않는다고 볼 수 없다[대판 1982.7.27. 82도1301].

5. 고등학교 입학원서 추천서란을 사실과 다르게 조작 허위기재하여 그 추천서 성적이 고등학교 입학전형의 자료가 되었다면 위계에 의하여 고등학교 입학전형업무를 방해한 것이다[대판 1983.9.27. 83도1864].

6. 대한주택공사가 시행하는 택지개발사업의 공동택지용지 수의공급업무와 관련하여 택지개발예정지구 지정공고일 이후에 대상토지를 매수하여 관련 규정상 신청자격이 없는 자가, 계약일자를 위 공고일 이전으로 허위기재한 매매계약서를 기초로 소유권이전등기를 마친 후 그 등기부등본과 계약일자를 허위로 기재한 소유토지조서를 첨부하여 수의공급신청을 한 경우, 위 공사의 택지공급업무의 적정성과 공정성을 해할 위험을 초래한 것에 해당하여 위계에 의한 업무방해죄를 구성한다고 한 사례[대판 2007.12.27. 2007도5030].

7. 구 병역법상 지정업체에서 전문연구요원으로 근무할 의사가 없음에도 허위내용의 편입신청서를 제출하여 관할관청으로부터 전문연구요원 편입을 승인받고, 관할지방병무청장에게 허위의 공동연구 협약서를 작성·제출하여 파견근무를 신청하여 승인받았다면, 이러한 편입 및 파견근무의 승인은 관할관청의 불충분한 심사가 원인이 아니라 출원인의 위계행위가 원인이 된 것이어서 위계에 의한 공무집행방해죄가 성립한다[대판 2008.6.26. 2008도1011].

8. **(무기명투표용지에 투표자를 구별할 수 있는 표시를 한 경우)** 무기명투표는 선거인이 누구에게 투표하였는가를 제3자가 알지 못하게 하기 위하여 마련된 선거방식이다. 따라서 지방의회 의장 선거의 감표위원이 되어 투표용지에 사전에 날인하게 된 것을 기화로 누가 어떤 후보에게 투표를 하였는지 구별할 수 있도록 그 용지에 표시를 하는 행위는 무기명투표의 비밀성을 침해하는 행위로서, 그 후에 그 용지에 의하여 투표가 행하여졌다면 그 자체만으로 의원들의 비밀선거에 의한 의장 선출 직무와 의장의 투표사무 감독직무를 위계로써 방해하는 행위에 해당한다고 할 것이다. 거기서 나아가 의원들이 비밀성이 침해되었음을 알아서 자신들의 소신과 다른 투표를 하게 되어야 비로소 의원들 및 의장의 위 직무의 집행이 방해되었다고 할 것은 아니다[대판 2009.9.10. 2009도6541].

9. 불법체류를 이유로 강제출국 당한 중국 동포인 피고인이 중국에서 이름과 생년월일을 변경한 호구부를 발급받아 중국 주재 대한민국 총영사관에 제출하여 변경된 명의로 입국사증을 받은 다음, 다시 입국하여 그 명의로 외국인등록증을 발급받고 귀화허가신청서까지 제출한 사안에서, 피고인이 자신과 동일성을 확인할 수 없도록 변경된 호구부를 중국의 담당관청에서 발급받아 위 대한민국 총영사관에 제출하였으므로, 영사관 담당직원 등이 호구부의 기재를 통하여 피고인의 인적사항 외에 강제출국 전력을 확인하지 못하였더라도, 사증 및 외국인등록증의 발급요건 존부에 대하여 충분한 심사를 한 것으로 보아야 하고, 이러한 경우 행정청의 불충분한 심사가 아니라 출원인의 적극적인 위계에 의해 사증 및 외국인등록증이 발급되었던 것이므로 위계에 의한 공무집행방해죄가 성립하고, 또한 피고인의 위계행위에 의하여 귀화허가에 관한 공무집행방해 상태가 초래된 것이 분명하므로, 귀화허가가 이루어지지 아니하였더라도 위 죄의 성립에 아무런 영향이 없다[대판 2011.4.28. 2010도14696].

10. [1] 형법 제137조에 정한 위계에 의한 공무집행방해죄에서 '위계'는 행위자의 행위목적을 이루

기 위하여 상대방에게 오인, 착각, 부지를 일으키게 하여 이를 이용하는 것을 말한다.
[2] 형법 제229조, 제228조 제2항에 정한 불실기재 여권행사죄에서 '허위신고'는 진실에 반하는 사실을 신고하는 것이고, '불실(부실)의 사실'은 '권리의무관계에 중요한 의미를 갖는 사항이 객관적인 진실에 반하는 것'을 말한다. 여권 등 공정증서원본에 기재된 사항이 존재하지 않거나 외관상 존재하더라도 무효사유에 해당하는 흠이 있다면 불실기재에 해당한다. 그러나 기재된 사항이나 원인된 법률행위가 객관적으로 존재하고 취소사유에 해당하는 흠이 있을 뿐이라면 취소되기 전에 공정증서원본에 기재된 사항은 불실기재에 해당하지 않는다.
[3] 외국인 여자가 대한민국에 입국하여 취업 등을 하기 위한 방편으로 대한민국 국민인 남자와 혼인신고를 하였더라도 위와 같은 혼인의 합의가 없다면 구 국적법 제3조 제1호에서 정한 '대한민국 국민의 처가 된 자'에 해당하지 않으므로 대한민국 국적을 취득할 수 없다. 구 국적법 제3조 제1호에 따라 대한민국 국적을 취득하지 않았는데도 대한민국 국적을 취득한 것처럼 인적 사항을 기재하여 대한민국 여권을 발급받은 다음 이를 출입국심사 담당공무원에게 제출하였다면 위계로써 출입국심사업무에 관한 정당한 직무를 방해함과 동시에 불실의 사실이 기재된 여권을 행사한 것으로 볼 수 있다[대판 2022.4.28. 2020도12239].

判例 위계에 의한 공무집행방해죄의 성립요건(구체적 직무집행 저지 또는 현실적 곤란을 요함)

위계에 의한 공무집행방해죄에서 위계란 행위자의 행위목적을 이루기 위하여 상대방에게 오인, 착각, 부지를 일으키게 하여 그 오인, 착각, 부지를 이용하는 것을 말하는 것으로 상대방이 이에 따라 그릇된 행위나 처분을 하여야만 이 죄가 성립하는 것이고, 만약 범죄행위가 구체적인 공무집행을 저지하거나 현실적으로 곤란하게 하는 데까지는 이르지 아니하고 미수에 그친 경우에는 위계에 의한 공무집행방해죄로 처벌할 수 없다[대판 2003.2.11. 2002도4293]. [♣ 12 변시]

동지판례 범죄행위가 법원경매업무를 담당하는 집행관의 구체적인 직무집행을 저지하거나 현실적으로 곤란하게 하는 데까지는 이르지 않고 입찰의 공정을 해하는 정도의 행위라면 경매 · 입찰방해죄에만 해당될 뿐 위계에 의한 공무집행방해죄에는 해당되지 않는다[대판 2000.3.24. 2000도102].

判例 위계에 의한 공무집행방해죄가 성립하지 않는 경우

1-1. 민사소송을 제기함에 있어 피고의 주소를 허위로 기재하여 법원공무원으로 하여금 변론기일 소환장 등을 허위주소로 송달케 하였다는 사실만으로는 이로 인하여 법원공무원의 구체적이고 현실적인 어떤 직무집행이 방해되었다고 할 수는 없으므로, 이로써 바로 위계에 의한 공무집행방해죄가 성립한다고 볼 수는 없다[대판 1996.10.11. 96도312]. [♠ 04, 10, 12 사시]

1-2. **(중요)** 피고인들이 허위의 매매계약서 및 영수증을 소명자료로 첨부하여 가처분신청을 하여 법원으로부터 유체동산에 대한 가처분결정을 받은 경우, 피고인들의 행위로 인하여 법원의 가처분결정 업무의 적정성이 침해되었다고 볼 여지는 있으나 법원의 구체적이고 현실적인 어떤 직무집행이 방해되었다고 할 수는 없으므로, 피고인들의 기만적인 행위로 인하여 잘못된 가처분결정이 내려

졌다는 이유만으로 바로 위계에 의한 공무집행방해죄가 성립하지는 않는다[대판 2012.4.26. 2011도17125]. [♣14 변시]

1-3. [1] 국립대학교의 전임교원 공채심사위원인 학과장 甲이 지원자 乙의 부탁을 받고 이미 논문접수가 마감된 학회지에 乙의 논문이 게재되도록 도운 행위는 다소 부적절한 행위라고 볼 수 있지만, 그 후 甲이 연구실적심사의 기준을 강화하자고 제안한 것은 해당 학과의 전임교원 임용 목적에 부합하는 것으로서 공정한 경우에 해당하므로, 설사 甲의 행위가 결과적으로는 乙에게 유리한 결과가 되었다 하더라도 형법 제137조에서 말하는 '위계'에 해당하지 않는다.

[2] 국립대학교의 전임교원 공채 지원자인 乙이 학과장 甲의 도움으로 이미 논문접수가 마감된 학회지에 논문을 추가게재하여 심사요건 이상의 전공논문실적을 확보하였더라도, 이것이 乙이 자신의 노력에 의한 연구결과물로서 심사기준을 충족한 것이고 이후 다른 전형절차들을 모두 거쳐 최종 선발된 것이라면, 형법 제137조에 정한 '위계'에 해당하지 않는다[대판 2009.4.23. 2007도1554].

2-1. **(중요)** 과속단속카메라에 촬영되더라도 불빛을 반사시켜 차량 번호판이 식별되지 않도록 하는 기능이 있는 제품('파워매직세이퍼')을 차량 번호판에 뿌린 상태로 차량을 운행한 행위만으로는, 교통단속 경찰공무원이 충실히 직무를 수행하더라도 통상적인 업무처리과정 하에서 사실상 적발이 어려운 위계를 사용하여 그 업무집행을 하지 못하게 한 것으로 보기 어렵다고 한 사례[대판 2010.4.15. 2007도8024]. [♠11 사시]

2-2. 개인택시 운송사업면허 신청은 출원에 의한 행정관청의 일반적인 인·허가처분과 마찬가지로 행정관청이 면허요건에 해당하는 여부를 심리하여 면허 여부를 결정하는 것이고 그 신청서에 첨부된 소명자료가 진실한 것인지를 가리지 않고 면허를 결정하는 것이 아니므로 그 면허신청서에 허위의 소명자료를 첨부한 행위는 위계에 의한 공무집행방해죄에 해당하지 않는다[대판 1988.9.27. 87도2174].

2-3. 허위의 재직증명서를 첨부하여 가입청약을 하고 전화를 가설하였다 하더라도 전화가입 청약에 대하여는 전화관서가 그 승낙순위에 해당하는 여부를 결정하는 것이므로 이로서는 위계에 의한 공무집행방해죄는 성립되지 아니한다[대판 1977.12.27. 77도3199].

3. 건물 점유자로서 명도집행을 저지할 수 있는 정당한 기능이 있는 자가 그 점유사실을 입증하기 위한 수단으로 임대차계약서 사본을 제시하면서 그 실효된 사실을 고지하지 아니하고 자신이 정당한 임차인인 것처럼 주장하였다고 하더라도 이로써 형법 제137조 소정의 위계에 해당한다고는 볼 수 없다[대판 1984.1.31. 83도2290].

4. 특정 정당 소속 지방의회의원인 피고인들 등이 지방의회 의장 선거를 앞두고 '갑을 의장으로 추대'하기로 서면합의하고 그 이행을 확보하기 위해 투표용지에 가상의 구획을 설정하고 각 의원별로 기표할 위치를 미리 정하기로 구두합의하는 방법으로 선거를 사실상 기명·공개투표로 치르기로 공모한 다음 그 정을 모르는 임시의장 을이 선거를 진행할 때 사전공모에 따라 투표하여 단독 출마한 갑이 의장에 당선되도록 하여 위계로써 을의 무기명투표 관리에 관한 직무집행을 방해하였다는 내용으로 기소된 사안에서, 피고인들에게 유죄를 인정한 원심판결에 위계에 의한 공무집행방해죄에서 위계의 실행행위와 공무집행방해의 결과 및 그 고의에 관한 법리 등을 오해한 잘못이 있다고 한 사례[대판 2021.4.29. 2018도18582].

판결이유 지방의회의원들이 사전에 서로 합의한 방식대로 투표행위를 한 것만으로는 무기명투표 원칙에 반하는 전형적인 행위, 즉 투표 과정이나 투표 이후의 단계에서 타인의 투표 내용을 알려는 행위라거나 자신의 투표 내용을 공개하는 것 또는 타인에게 투표의 공개를 요구하는 행위로 평가하기 어렵다는 점 등이 고려되었다.

5. [1] 법령에서 일정한 행위를 금지하면서 이를 위반하는 행위에 대한 벌칙을 정하고 공무원으로 하여금 금지규정의 위반 여부를 감시·단속하도록 한 경우 공무원에게는 금지규정 위반행위의 유무를 감시하여 확인하고 단속할 권한과 의무가 있으므로 구체적이고 현실적으로 감시·단속 업무를 수행하는 공무원에 대하여 위계를 사용하여 업무집행을 못하게 하였다면 위계에 의한 공무집행방해죄가 성립하지만, 단순히 공무원의 감시·단속을 피하여 금지규정을 위반한 것에 지나지 않는다면 그에 대하여 벌칙을 적용하는 것은 별론으로 하고 그 행위가 위계에 의한 공무집행방해죄에 해당한다고 할 수 없다. 피고인이 금지규정을 위반하여 감시·단속을 피하는 것을 공무원이 적발하지 못하였다면 이는 공무원이 감시·단속이라는 직무를 소홀히 한 결과일 뿐 위계로 공무집행을 방해한 것이라고 볼 수 없다.

[2] 녹음·녹화 등을 할 수 있는 전자장비가 교정시설의 안전 또는 질서를 해칠 우려가 있는 금지물품에 해당하여 반입을 금지할 필요가 있다면 교도관은 교정시설 등의 출입자와 반출·반입 물품을 검사·단속해야 할 일반적인 직무상 권한과 의무가 있다. 수용자가 아닌 사람이 위와 같은 금지물품을 교정시설 내로 반입하였다면 교도관의 검사·단속을 피하여 단순히 금지규정을 위반하는 행위를 한 것일 뿐 이로써 위계에 의한 공무집행방해죄가 성립한다고 할 수는 없다 [대판 2022.3.31. 2018도15213].

[사실관계] 피고인들은 C언론 시사프로그램 'D'의 제작을 맡고 있는 사람들로서, 보이스피싱 사건을 취재·방송하기 위하여 E구치소에 수용중인 피의자 F를 접견하면서 이를 촬영하기로 마음먹었다. 피고인들은 2015. 8. 14. 14:03경 G에 있는 E구치소에 이르러 위와 같은 목적을 숨기고 구치소 정문을 통과하여 침입한 다음, 구치소 민원실에서 교도관 H에게 F의 지인인 것처럼 신분을 속이고 접견신청서를 작성·제출하여 접견을 허가받은 후, 반입이 금지되어 있는 명함지갑 모양의 녹음·녹화 장비를 소지하고 접견실로 들어가 약 10분간 F를 접견하면서 그 장면을 촬영하고 대화내용을 녹음하였다. 이로써 피고인들은 공동하여 E구치소장이 관리하는 건조물에 침입하고, 공모하여 위계로써 접견업무를 담당하는 교도관의 정당한 직무집행을 방해하였다.

동지판례 원심은, 피고인들이 위계로써 접견업무를 담당하는 교도관의 정당한 직무집행을 방해하였다고 볼 수 없다는 이유로 이 부분 공소사실을 유죄로 판단한 제1심판결을 파기하고 무죄를 선고하였다. 이러한 원심 판단에 상고이유 주장과 같이 논리와 경험의 법칙을 위반하여 자유심증주의의 한계를 벗어나거나 위계에 의한 공무집행방해죄에 관한 법리를 오해한 잘못이 없다[대판 2022.4.14. 2019도333].

[사실관계] 피고인 A는 2016.4.1. 15:23경, 피고인 B는 2016.4.2. 11:55경 및 2016.4.4. 10:26경 진주교도소에 이르러 취재와 방송을 위해 수용자를 접견하며 그 대화 내용과 장면을 녹음·녹화할 목적과 그 장비를 숨기고 교도소 정문을 통과하여 건조물에 침입하였다는 것이다.

[판례해설] 위 대판 2018도15213의 법리가 그대로 적용된다.

(2) 주관적 구성요건

공무집행을 방해한다는 인식 이외에 공무방해의 의사가 필요하다(판례).

判例 위계에 의한 공무집행방해죄의 고의의 성립요건(공무방해의 의사가 필요)

1. 위계에 의한 공무집행방해죄가 성립되려면 자기의 위계행위로 인하여 공무집행을 방해하려는 의사가 있을 경우에 한한다고 보는 것이 상당하다 할 것이므로, 피고인이 경찰관서에 허구의 범죄를 신고한 까닭은 피고인이 생활에 궁하여 오로지 직장을 구하여 볼 의사로서 허위로 간첩이라고 자수를 한 데 불과하고 한 걸음 더 나아가서 그로 말미암아 공무원의 직무집행을 방해하려는 의사까지 있었던 것이라고는 인정되지 아니한다[대판 1970.1.27. 69도2260].
2. 자가용차를 운전하다가 교통사고를 낸 사람이 경찰관서에 신고함에 있어 가해차량이 자가용일 경우 피해자와 합의하는데 불리하다고 생각하여 영업용택시를 운전하다가 사고를 내었다고 허위신고를 하였다 하더라도 이 사실만으로 공무원의 직무집행을 방해할 의사가 있었다고 단정하기 어려우므로 위계로 인한 공무집행방해죄가 성립하지 않는다[대판 1974.12.10. 74도2841]. [♠ 05 사시]

(3) 타죄와의 관계

判例 피의자를 가장하여 자발적 계획적으로 허위진술(위계에 의한 공무집행방해죄 ×, 범인은닉죄 ○)

피의자나 참고인이 아닌 자가 자발적이고 계획적으로 피의자를 가장하여 수사기관에 대하여 허위사실을 진술하였다 하여 바로 이를 위계에 의한 공무집행방해죄가 성립된다고 할 수 없고 범인은닉죄만 성립한다[대판 1977.2.8. 76도3685].

Ⅴ. 법정 · 국회회의장모욕죄

第138條(법정 또는 국회회의장모욕) 법원의 재판 또는 국회의 심의를 방해 또는 위협할 목적으로 법정이나 국회회의장 또는 그 부근에서 모욕 또는 소동한 자는 3년 이하의 징역 또는 700만원 이하의 벌금에 처한다.

Ⅵ. 인권옹호직무방해죄

第139條(인권옹호직무방해) 경찰의 직무를 행하는 자 또는 이를 보조하는 자가 인권옹호에 관한 검사의 직무집행을 방해하거나 그 명령을 준수하지 아니한 때에는 5년 이하의 징역 또는 10년 이하의 자격정지에 처한다.

Ⅶ. 공무상 봉인 등 표시무효죄

제140조(공무상비밀표시무효) ① 공무원이 그 직무에 관하여 실시한 봉인 또는 압류 기타 강제처분의 표시를 손상 또는 은닉하거나 기타 방법으로 그 효용을 해한 자는 5년 이하의 징역 또는 700만원 이하의 벌금에 처한다.
제143조(미수범) 미수범은 처벌한다.

1. 주 체

주체는 제한이 없다. 반드시 강제처분을 받은 자에 한하지 않는다.

2. 객 체

공무원이 그 직무에 관하여 실시한 봉인 또는 압류 기타 강제처분의 표시이다. ⅰ) 강제처분의 표시는 사실상 실시되어 행위 당시에 현존해야 하며 유효할 것을 요한다. 따라서 강제처분이 완결된 후에는 본죄가 성립할 수 없다. ⅱ) 강제처분의 유효성이 인정되는 한 그 결정의 정당성 여부는 불문한다. 따라서 가처분결정이 부당하더라도 가처분의 효력은 인정된다.

判例 공무상 표시무효죄 성립의 전제요건(강제처분의 표시가 현존할 것)

공무상 표시무효죄가 성립하기 위하여는 행위 당시에 강제처분의 표시가 현존할 것을 요한다[대판 1997.3.11. 96도2801].

判例 강제처분 표시가 유효한 경우

1. 법원의 가처분결정에 기하여 집달관이 한 강제처분 표시의 효력은 그 가처분결정이 적법한 절차에 의하여 취소되지 않는 한 지속되는 것이며, 그 가처분결정이 가령 부당한 것이라 하더라도 그 효력을 부정할 수는 없다[대판 1985.7.9. 85도1165].
2. 공무원이 그 직권을 남용하여 위법하게 실시한 봉인 또는 압류 기타 강제처분의 표시임이 명백하여 법률상 당연무효 또는 부존재라고 볼 수 있는 경우에는 그 봉인 등의 표시는 공무상표시무효죄의 객체가 되지 아니하여 이를 손상 또는 은닉하거나 기타 방법으로 그 효용을 해한다 하더라도 공무상표시무효죄가 성립하지 아니한다 할 것이지만, 공무원이 실시한 봉인 등의 표시에 절차상 또는 실체상의 하자가 있다고 하더라도 객관적·일반적으로 그것이 공무원이 그 직무에 관하여 실시한 봉인 등으로 인정할 수 있는 상태에 있다면 적법한 절차에 의하여 취소되지 아니하는 한 공무상표시무효죄의 객체로 된다[대판 2001.1.16. 2000도1757].
3. 피고인이 특허권을 침해하였다는 소명이 있다는 이유로 가처분집행이 행하여졌으나 후일 그 본안소송에서 위 특허가 무효라는 취지의 대법원 판결이 선고되어 그 피보전권리의 부존재가 확

정된 경우에도 피고인에 대한 공무상표시무효죄가 성립함에는 아무런 영향이 없다[대판 2007.3.14. 2007도312].

4. 채권자 甲에 의하여 압류된 피고인 소유 유체동산에 대하여 다시 채권자 乙에 의하여 조사절차가 취하여진 경우에는 乙에 대한 관계에 있어서도 압류의 효력이 미친다고 할 것이니, 피고인이 甲에 대한 채무를 변제하였다 하여도 그 압류가 해제되지 아니한 한 압류상태에 있다고 할 것이니 甲에 대한 변제사실만 가지고는 압류의 효력이 없다고 할 수 없고, 이를 처분한 피고인에게 공무상 비밀표시무효에 관한 범의가 없었다고도 할 수 없다[대판 1982.10.13. 80도1441].

判例 공무상 표시무효죄에 해당하지 않는 경우

1. **(강제집행 완료 후의 행위)** 집달관이 채무자 겸 소유자의 건물에 대한 점유를 해제하고 이를 채권자에게 인도한 후 채무자의 출입을 봉쇄하기 위하여 출입문을 판자로 막아둔 것을 채무자가 이를 뜯어내고 그 건물에 들어갔다 하더라도 이는 강제집행이 완결된 후의 행위로서 공무상 표시무효죄에 해당하지 않는다[대판 1985.7.23. 85도1092]. [♠ 06 사시]
2. **(구체적인 집행행위를 하기 전의 가처분의 부작위명령을 위반한 행위)** 집행관이 법원으로부터 피신청인에 대하여 부작위를 명하는 가처분이 발령되었음을 고시하는 데 그치고 나아가 봉인 또는 물건을 자기의 점유로 옮기는 등의 구체적인 집행행위를 하지 아니하였다면, 단순히 피신청인이 가처분의 부작위명령을 위반하였다는 것만으로는 공무상 표시의 효용을 해하는 행위에 해당하지 아니한다[대판 2016.5.12. 2015도20322].

판례해설 점유이전금지가처분이 집행된 상가건물의 사업자등록명의를 변경시킨 가처분 채무자를 공무상표시무효로 기소한 사건으로, 원심은 사업자등록명의는 상가건물의 '점유명의'에 해당하고 피고인이 사업자등록명의를 변경한 것은 부동산점유이전금지가처분의 효용을 침해하는 행위에 해당한다고 보아 공소사실을 유죄로 인정하였는데, 원심이 점유명의라고 본 사업자등록명의에 대하여는 집행관의 어떠한 집행행위가 있었다고 볼 증거가 없어 설령 사업자등록명의가 점유명의에 해당한다고 하더라도 피고인이 사업자등록명의를 변경한 것은 구체적인 집행행위가 없는 가처분의 부작위명령을 위반한 것에 불과함에도, 원심이 피고인이 사업자등록명의를 변경한 것만으로 공무상표시무효죄를 유죄로 인정한 것은 위법하다고 판단한 사안임.

3. 행 위

손상 또는 은닉하거나 기타 방법으로 강제처분표시의 효용을 해하는 것이다. i) 압류시설을 관리할 법적 의무 있는 자의 경우 부작위에 의해서도 본죄를 범할 수 있다. ii) 가처분은 가처분 채무자에 대한 부작위 명령을 집행하는 것이므로 가처분의 채무자가 아닌 제3자가 그 부작위 명령을 위반한 행위는 그 가처분집행 표시의 효용을 해한 것으로 볼 수 없다. iii) 압류물을 종전과 같이 사용할 수 있는 상태대로 압류하여 채무자에게 보관시킨 경우에는 압류물을 종전과 같이 사용했더라도 압류물의 효용을 침해했다고 할 수 없으므로 본죄가 성립하지 않는다.

判例 공무상 표시무효죄가 성립하는 경우

1. 직접 점유자에 대한 점유이전금지가처분결정이 집행된 후 그 피신청인인 직접점유자가 가처분 목적물의 간접점유자에게 그 점유를 이전한 경우에는 그 가처분표시의 효용을 해한 것이 된다 [대판 1980.12.23. 80도1963]. [♠ 06, 11 사시]
2. 점유이전금지가처분 채무자인 피고인은, 집행관이 이 사건 건물에 관하여 가처분을 집행하면서 '채무자는 점유를 타에 이전하거나 또는 점유명의를 변경하여서는 아니된다.'는 등의 집행 취지가 기재되어 있는 고시문을 건물에 부착한 이후에, 제3자로 하여금 건물 중 3층에서 카페 영업을 할 수 있도록 이를 무상으로 사용케 하였다는 것인바, 이러한 피고인의 행위는 위 고시문의 효력을 사실상 멸각시키는 행위라 할 것이고, 가족, 고용인 기타 동거자 등 가처분 채무자에게 부수하는 사람을 거주시키는 것과 같이 가처분 채무자가 그 목적물을 사용하는 하나의 태양에 지나지 아니하는 행위라고 보기는 어려우므로 형법 제140조 제1항 소정의 공무상표시무효죄에 해당한다 할 것이다[대판 2004.10.28. 2003도8238].
3. 압류물을 채권자나 집달관 몰래 원래의 보관장소로부터 상당한 거리에 있는 다른 장소로 이동시킨 경우에는 설사 그것이 집행을 면탈할 목적으로 한 것이 아니라 하여도 객관적으로 집행을 현저히 곤란하게 한 것이 되어 형법 제140조 제1항 소정의 "기타의 방법으로 그 효용을 해한" 경우에 해당된다[대판 1986.3.25. 86도69].
4. **(부작위에 의한 공무상표시무효죄가 성립하는 경우)** [1] 이 사건 압류시설의 보관자 지위에 있는 공소외 회사로서는 위 압류시설을 선량한 관리자로서 보관할 주의의무가 있다 할 것이고, 그 대표이사로서 위 압류시설이 위치한 골프장의 개장 및 운영 전반에 걸친 포괄적 권한과 의무를 지닌 피고인으로서는 위와 같은 회사의 대외적 의무사항이 준수될 수 있도록 적절한 조치를 취할 위임계약 혹은 조리상의 작위의무가 존재한다.
   [2] 압류된 골프장시설을 보관하는 회사의 대표이사가 위 압류시설의 사용 및 봉인의 훼손을 방지할 수 있는 적절한 조치 없이 골프장을 개장하게 하여 봉인을 훼손되게 한 경우, 부작위에 의한 공무상표시무효죄가 성립한다[대판 2005.7.22. 2005도3034].
5. [1] 형법 제140조 제1항이 정한 공무상표시무효죄 중 '공무원이 그 직무에 관하여 실시한 압류 기타 강제처분의 표시를 기타 방법으로 그 효용을 해하는 것'이란 손상 또는 은닉 이외의 방법으로 그 표시 자체의 효력을 사실상으로 감쇄 또는 멸각시키는 것을 의미하는 것이지, 그 표시의 근거인 처분의 법률상 효력까지 상실케 한다는 의미는 아니다.
   [2] 집행관이 유체동산을 가압류하면서 이를 채무자에게 보관하도록 한 경우 그 가압류의 효력은 압류된 물건의 처분행위를 금지하는 효력이 있으므로, 채무자가 가압류된 유체동산을 제3자에게 양도하고 그 점유를 이전한 경우, 이는 가압류집행이 금지하는 처분행위로서, 특별한 사정이 없는 한 가압류표시 자체의 효력을 사실상으로 감쇄 또는 멸각시키는 행위에 해당한다. 이는 채무자와 양수인이 가압류된 유체동산을 원래 있던 장소에 그대로 두었더라도 마찬가지이다 [대판 2018.7.11. 2015도5403].

判例 공무상표시무효죄가 성립하지 않는 경우

(1) 가처분의 채무자가 아닌 제3자가 가처분 명령을 위반한 경우

1. 남편을 채무자로 한 출입금지 가처분명령의 효력은 그 처에게는 미치지 아니하므로 그 처가 이를 무시하고 출입금지된 밭에 들어가 작업을 한 경우에 공무원이 직무에 관하여 실시한 강제처분표시의 효용을 해한 것이라고는 할 수 없다[대판 1979.2.13. 77도1455].
2. [1] 가처분은 가처분 채무자에 대한 부작위 명령을 집행하는 것이므로 가처분의 채무자가 아닌 제3자가 그 부작위 명령을 위반한 행위는 그 가처분집행 표시의 효용을 해한 것으로 볼 수 없다.
   [2] 온천수 사용금지 가처분결정이 있기 전부터 온천이용허가권자인 가처분 채무자로부터 이를 양수하고 임대차계약의 형식을 빌어 온천수를 이용하여 온 제3자가 위 금지명령을 위반하여 계속 온천수를 사용한 경우, 위 제3자가 위 가처분 사건 당사자 사이의 권리관계 내용을 잘 알고 있었다거나 그가 실질적으로는 가처분 채무자와 같은 당사자 위치에 있었다는 사정이 있다 하여도 위 위반행위가 공무상표시무효죄를 구성하지 않는다[대판 2007.11.16. 2007도5539].
3. 甲회사에 대한 건축공사중지명령의 가처분이 집행된 후 수급인인 乙회사의 공사보수금채권의 지급확보를 위하여 그 명의로 건축허가명의를 변경한 다음 위 가처분 집행으로서 설치한 표말을 그대로 둔 채 건축공사를 진행하였다 하여도 위 가처분집행은 甲회사에 대하여 부작위명령을 집행한데 불과한 것이지 피고인에 대하여 집행한 것이 아니므로 乙회사의 대표이사인 피고인이 위 건축허가명의를 변경하여 그 공사를 계속하였다고 하여 그 사실 자체만으로는 피고인이 위 가처분집행표시의 효용을 해한 것이라고는 할 수 없다[대판 1976.7.27. 74도1896].

(2) 채권자의 승낙을 얻어 행위를 한 경우(집행관의 승인 불필요, 고시에 명시될 필요 없음)

1. 출입금지가처분은 그 성질상 가처분 채권자의 의사에 반하여 건조물 등에 출입하는 것을 금지하는 것이므로 비록 가처분결정이나 그 결정의 집행으로서 집행관이 실시한 고시에 그러한 취지가 명시되어 있지 않다고 하더라도 가처분 채권자의 승낙을 얻어 그 건조물 등에 출입하는 경우에는 출입금지가처분 표시의 효용을 해한 것이라고 할 수 없다[대판 2006.10.13. 2006도4740]. [♠ 07 사시]
2. 집행관이 그 점유를 옮기고 압류표시를 한 다음 채무자에게 보관을 명한 유체동산에 관하여 채무자가 이를 다른 장소로 이동시켜야 할 특별한 사정이 있고, 그 이동에 앞서 채권자에게 이동사실 및 이동장소를 고지하여 승낙을 얻은 때에는 비록 집행관의 승인을 얻지 못한 채 압류물을 이동시켰다 하더라도 형법 제140조 제1항 소정의 '기타의 방법으로 그 효용을 해한' 경우에 해당한다고 할 수 없다[대판 2004.7.8. 2004도3029].

(3) 압류물을 용법에 따라 종전대로 사용하는 경우

압류는 채무자의 처분행위를 금하는 것이므로 압류의 효용을 손상하지 않는다면 압류상태에서 그 용법에 따라 종전대로 사용하는 것은 허용된다 할 것이므로 피고인이 압류표시된 원동기를 가동하였다 하여 공무상 표시무효죄를 구성한다고 볼 수 없다[대판 1969.6.24. 69도481].

4. 주관적 구성요건

判例 고의가 조각되는 경우

민사소송법 기타 공법의 해석을 잘못하여 가압류의 효력이 없어진 것으로 착오하였거나 또는 봉인 등을 손상 또는 효력을 해할 권리가 있다고 오신한 경우에는 형벌법규의 부지와 구별되어 범의를 조각한다고 해석할 것이다[대판 1970.9.22. 70도1206].

Ⅷ. 공무상 비밀침해죄

제140조(공무상비밀표시무효) ② 공무원이 그 직무에 관하여 봉함 기타 비밀장치한 문서 또는 도화를 개봉한 자도 제1항의 형과 같다.
③ 공무원이 그 직무에 관하여 봉함 기타 비밀장치한 문서, 도화 또는 전자기록 등 특수매체기록을 기술적 수단을 이용하여 그 내용을 알아낸 자도 제1항의 형과 같다.
제143조(미수범) 미수범은 처벌한다.

Ⅸ. 부동산강제집행효용침해죄

제140조의2(부동산강제집행효용침해) 강제집행으로 명도 또는 인도된 부동산에 침입하거나 기타 방법으로 강제집행의 효용을 해한 자는 5년 이하의 징역 또는 700만원 이하의 벌금에 처한다.
제143조(미수범) 미수범은 처벌한다.

判例 부동산강제집행효용침해죄가 성립하는 경우

형법 제140조의2 부동산강제집행효용침해죄의 입법취지와 체제 및 내용과 구조를 살펴보면, 부동산강제집행효용침해죄의 객체인 강제집행으로 명도 또는 인도된 부동산에는 강제집행으로 퇴거집행된 부동산을 포함한다고 해석되므로, 퇴거집행이 된 지하주차장에 침입한 피고인의 행위를 부동산강제집행효용침해죄로 처단한 조처는 정당하다[대판 2003.5.13. 2001도3212].

Ⅹ. 공용서류 등 무효죄

제141조(공용서류 등의 무효) ① 공무소에서 사용하는 서류 기타 물건 또는 전자기록 등 특수매체기록을 손상 또는 은닉하거나 기타 방법으로 그 효용을 해한 자는 7년 이하의 징역 또는 1천만원 이하의 벌금에 처한다.
제143조(미수범) 미수범은 처벌한다.

1. 공용서류

① 공문서 · 사문서를 불문한다(예 검찰청에 증거로 제출된 사문서).

② 정식절차를 밟아 접수 · 작성되었는지도 불문한다(예 색인부에 기재하지 않아 아직 공문서로서의 효력이 없는 피의사건기록, 무권한자가 작성한 문서, 위조 · 허위문서, 보존기간이 경과된 문서).

③ 문서가 완성되어 효력이 발생할 것도 요하지 않는다(예 미완성의 피의자신문조서, 수사기록에 편철되지 않은 진술조서).

判例 공용서류에 해당되는 경우

1. 공용서류무효죄의 객체는 그것이 공무소에서 사용되는 서류인 이상, 정식절차를 밟아 접수되었는지 또는 완성되어 효력이 발생되었는지의 여부를 묻지 않는다 할 것이므로 피고인이 작성한 이 사건 진술조서가 상사에게 정식으로 보고되어 수사기록에 편철된 문서가 아니라거나 완성된 서류가 아니라 하여 형법 제141조 제1항 소정의 공무소에서 사용하는 서류에 해당하지 않는 것이라고 할 수 없으니, 피고인이 진술자의 서명무인과 간인까지 받아 작성한 진술조서를 수사기록에 편철하지 않은 채 보관하고 있다가 휴지통에 버려 폐기한 행위는 공용서류무효죄에 해당한다[대판 1982.10.12. 82도368].

2. 형법 제141조 제1항이 규정하고 있는 공용서류은닉죄에 있어서의 범의란 피고인에게 공무소에서 사용하는 서류라는 사실과 이를 은닉하는 방법으로 그 효용을 해한다는 사실의 인식이 있음으로써 족하고, 경찰이 작성한 진술조서(또는 피의자신문조서)가 미완성이고 작성자와 진술자가 서명 · 날인 또는 무인한 것이 아니어서 공문서로서의 효력이 없다고 하더라도 공무소에서 사용하는 서류가 아니라고 할 수는 없다[대판 2006.5.25. 2003도3945; 동지 대판 1987.4.14. 86도2799]. [♠ 08, 14, 15 사시]

3. 피고인 자신이 작성한 허위내용의 문서라 할지라도 공용문서로서 면사무소에서 비치 보관되어 있는 문서라면 이를 찢은 행위는 공무소에서 사용하는 문서를 손상한 경우에 해당한다 할 것이다[대판 1972.9.26. 72도1132].

4. 공용서류무효죄에 있어서의 객체는 그것이 공무소에서 사용하는 서류인 이상 공문서이거나 사문서이거나 또는 정식절차를 밟아 접수 또는 작성된 것이거나 완성된 것이거나를 묻지 않는다고 할 것이므로 세무공무원이 상속세신고서 및 세무서 작성의 부과결정서 등을 임의로 반환한 경우에는 위죄에 해당한다[대판 1981.8.25. 81도1830].

5. '공무소에서 사용하는 서류 기타 전자기록'에는 공문서로서의 효력이 생기기 이전의 서류라거나, 정식의 접수 및 결재 절차를 거치지 않은 문서, 결재 상신 과정에서 반려된 문서 등을 포함하는 것으로, 미완성의 문서라고 하더라도 본죄의 성립에는 영향이 없다[대판 2020.12.10. 2015도19296].

判例 공용서류에 해당하지 않는 경우

1. 형사사건을 조사하던 경찰관이 스스로의 판단에 따라 자신이 보관하던 진술서를 임의로 피고인에게 넘겨준 것이라면, 위 진술서의 보관책임자인 경찰관은 장차 이를 공무소에서 사용하지 아니하고 폐

기할 의도하에 처분한 것이라고 보아야 할 것이므로, 위 진술서는 더 이상 공무소에서 사용하거나 보관하는 문서가 아닌 것이 되어 공용서류로서의 성질을 상실하였다고 보아야 한다[대판 1999.2.24. 98도4350].

2. 사립학교에서 사용하는 입학고사시험지는 형법 제141조 제1항 소정의 공용서류에 해당하지 아니한다[대판 1966.4.26. 66도30].

2. 행 위

손상 · 은닉 기타 방법으로 효용을 해하는 것이다.

判例 공용서류무효죄에 해당하는 경우

판사인 피고인이 판결원본의 일부기재 부분을 청잉크로 그었다면 이로 인하여 판결원본의 해당부분이 손상되어 그 효용이 해되었다 아니할 수 없어 공용서류무효죄에 해당한다[대판 1960.5.18. 4292형상652].

判例 공용서류무효죄에 해당하지 않는 경우

형법 제141조 제1항이 규정한 공용서류무효죄는 정당한 권한 없이 공무소에서 사용하는 서류의 효용을 해함으로써 성립하는 죄이므로 권한 있는 자의 정당한 처분에 의한 공용서류의 파기에는 적용의 여지가 없고, 또 공무원이 작성하는 공문서는 그것이 작성자의 지배를 떠나 작성자로서도 그 변경 삭제가 불가능한 단계에 이르렀다면 모르되 그렇지 않고 상사가 결재하는 단계에 있어서는 작성자는 결재자인 상사와 상의하여 언제든지 그 내용을 변경 또는 일부 삭제할 수 있는 것이며 그 내용을 정당하게 변경하는 경우는 물론 내용을 허위로 변경하였다 하여도 그 행위가 허위공문서작성죄에 해당할지언정 따로 형법 제141조 소정의 공용서류의 효용을 해하는 행위에 해당한다고는 할 수 없다[대판 1995.11.10. 95도1395].

동지판례 피고인들은 심결문이 그 효력 발생요건인 당사자에의 송달에 부쳐지기 전단계에서, 심판관이 교체됨으로서 위 심결문대로의 심결을 하는 것이 법률상 불가능하게 된 결과 동심결문은 존재의 필요성을 잃었으므로 작성자인 피고인들에 의하여 파기된 것은 공소사실자체에 의하여 뚜렷하므로, 피고인들은 그들의 권한 범위 내에서 심결문을 파기하였다고 보는 것이 상당하므로 이 사건 공소사실 중 공용서류무효의 점은 증명이 없다고 할 것이다[대판 1966.10.18. 66도567].

判例 죄 수

1. [1] 공용서류무효죄는 공문서이거나 사문서이거나를 불문하고 공무소에서 사용 또는 보관 중인 서류를 정당한 권한 없이 그 효용을 해함으로써 성립하는 것인바, 원심이 확정한 사실에 의하면 상피고인 권0임은 김포군 농림과 공무원으로서 하등 정당한 권한 없이 기히 김포군 건설과에 제출된 피고인 작성명의의 계사건축 허가신청서에 첨부되어 동 군에서 보관 중인 설계도면을 떼내고 동 설계도면과는 전연 별개의 방적연공장 설계도면을 첨부하였다는 것이므로 원심이 그

와 같은 소행에 대하여 공용서류무효죄로 의율처단하였음은 정당하다.

[2] 김포군수 명의로 발부되어 피고인이 보관 중인 계사건축허가통지서에 첨부된 설계도면을 떼내고 건축사협회의 도서등록 일부인을 건축허가신청 당시로 소급변조하여 새로 작성한 위 방적연공장설계도면을 그 자리에 가철한 행위는 공문서변조죄 및 공용서류무효죄의 경합범에 해당한다[대판 1982.12.14. 81도81].

2. 입시문제를 절취하여 이용한 경우, 공문서류 등 무효죄와 위계에 의한 공무집행방해죄는 상상적 경합관계에 있다[대판 1966.4.26. 66도30].

XI. 공용물파괴죄

제141조(공용물의 파괴) ② 공무소에서 사용하는 건조물, 선박, 기차 또는 항공기를 파괴한 자는 1년 이상 10년 이하의 징역에 처한다.
제143조(미수범) 미수범은 처벌한다.

XII. 공무상 보관물무효죄

제142조(공무상보관물의 무효) 공무소로부터 보관명령을 받거나 공무소의 명령으로 타인이 관리하는 자기의 물건을 손상 또는 은닉하거나 기타 방법으로 그 효용을 해한 자는 5년 이하의 징역 또는 700만원 이하의 벌금에 처한다.
제143조(미수범) 미수범은 처벌한다.

判例 공무상 보관물무효죄가 성립하지 않는 경우

채무자가 채권가압류결정의 정본을 송달받고서 제3채무자에게 가압류된 돈을 지급하였어도 채권가압류결정의 송달을 받은 것이 형법 제142조 소정의 공무상 보관명령이 있는 경우도 아니고 형법 제140조 제1항 소정의 강제처분의 표시가 있었다고 볼 수 없으니 공무상 보관물의 무효죄 또는 공무상 비밀표시무효죄가 성립하지 않는다[대판 1975.5.13. 73도2555].

XIII. 특수공무방해죄 · 특수공무방해치사상죄

제144조(특수공무방해) ① 단체 또는 다중의 위력을 보이거나 위험한 물건을 휴대하여 제136조, 제138조와 제140조 내지 전조의 죄를 범한 때에는 각조에 정한 형의 2분의 1까지 가중한다.
② 제1항의 죄를 범하여 공무원을 상해에 이르게 한 때에는 3년 이상의 유기징역에 처한다. 사망에 이르게 한 때에는 무기 또는 5년 이상의 징역에 처한다.

判例 특수공무집행방해죄가 성립하는 경우

법외 단체인 전국공무원노동조합의 지부가 당초 공무원 직장협의회의 운영에 이용되던 군 청사시설인 사무실을 임의로 사용하자 지자체장이 자진폐쇄 요청 후 행정대집행법에 따라 행정대집행을 하였는데, 지부장 등인 피고인들과 위 지부 소속 군청 공무원들이 위 집행을 행하던 공무원들에게 대항하여 폭행 등 행위를 한 경우, 피고인들은 단체 또는 다중의 위력으로 공무원들의 적법한 직무집행을 방해한 것이므로, 특수공무집행방해죄가 성립한다[대판 2011.4.28. 2007도7514].

判例 특수공무집행방해죄가 성립하지 않는 경우

1. [1] 영장주의 원칙의 예외로서 출입국관리공무원 등에게 외국인 등을 방문하여 외국인동향조사 권한을 부여하고 있는 출입국관리법 규정의 입법 취지 및 그 규정 내용 등에 비추어 볼 때, 출입국관리공무원 등이 출입국관리법 제81조 제1항[3]에 근거하여 제3자의 주거 또는 일반인의 자유로운 출입이 허용되지 아니한 사업장 등에 들어가 외국인을 상대로 조사하기 위해서는 그 주거권자 또는 관리자의 사전 동의가 있어야 한다.
   [2] 출입국관리공무원이 관리자의 사전 동의 없이 사업장에 진입하여 불법체류자 단속업무를 개시하자 이에 피고인이 단속을 피하기 위하여 식칼로 공무원의 오른쪽 허벅지를 찔러 상해를 가한 경우, 공무집행행위의 적법성이 부인되어 특수공무집행방해죄가 성립하지 않는다[대판 2009.3.12. 2008도7156].
   [♠ 14 사시]
   판결이유 정당방위가 성립하려면 침해행위에 의하여 침해되는 법익의 종류, 정도, 침해의 방법, 침해행위의 완급과 방위행위에 의하여 침해될 법익의 종류, 정도 등 일체의 구체적 사정들을 참작하여 방위행위가 사회적으로 상당한 것이어야 할 뿐만 아니라 자기 또는 타인의 법익침해를 방위하기 위한 행위로서 상당한 이유가 있어야 한다. 피고인의 위와 같은 행위는 현재의 부당한 침해를 방어하기 위한 상당한 이유가 있는 행위로 볼 수 없다. [♠ 11 사시]
2. [1] 도로법 제65조 제1항은 "관리청은 반복적, 상습적으로 도로를 불법 점용하는 경우나 신속하게 실시할 필요가 있어서 행정대집행법 제3조 제1항과 제2항에 따른 절차에 의하면 그 목적을 달성하기 곤란한 경우에는 그 절차를 거치지 아니하고 적치물을 제거하는 등 필요한 조치를 취할 수 있다."고 규정하고 있는바, 위 규정은 일반인의 교통을 위하여 제공되는 도로로서 도로법 제8조에 열거된 도로를 불법 점용하는 경우 등에 적용될 뿐 도로법상 도로가 아닌 장소의 경우에까지 적용된다고 할 수 없고, 토지대장상 지목이 도로로 되어 있다고 하여 반드시 도로법의 적용을 받는 도로라고 할 수는 없다.
   [2] 도심광장으로서 '서울특별시 서울광장의 사용 및 관리에 관한 조례'에 의하여 관리되고 있는

3) 출입국관리법 제81조(출입국관리공무원 등의 외국인동향조사)
① 출입국관리공무원과 대통령령이 정하는 관계기관 소속공무원은 외국인이 이 법 또는 이 법에 의한 명령에 따라 적법하게 체류하고 있는지 여부를 조사하기 위하여 외국인, 그 외국인을 고용한 자, 그 외국인의 소속단체 또는 그 외국인이 근무하는 업소의 대표자와 그 외국인을 숙박시킨 자를 방문하여 질문을 하거나 기타 필요한 자료의 제출을 요구할 수 있다.

'서울광장'에서, 서울시청 및 중구청 공무원들이 행정대집행법이 정한 계고 및 대집행영장에 의한 통지절차를 거치지 아니한 채 위 광장에 무단설치된 천막의 철거대집행에 착수하였고, 이에 피고인들을 비롯한 '광우병위험 미국산 쇠고기 전면 수입을 반대하는 국민대책회의' 소속 단체 회원들이 몸싸움을 하거나 천막을 붙잡고 이를 방해한 경우, 위 서울광장은 비록 공부상 지목이 도로로 되어 있으나 도로법 제65조 제1항 소정의 행정대집행의 특례규정이 적용되는 도로법상 도로라고 할 수 없으므로 위 철거대집행은 구체적 직무집행에 관한 법률상 요건과 방식을 갖추지 못한 것으로서 적법성이 결여되었고 따라서 피고인들이 위 공무원들에 대항하여 폭행·협박을 가하였더라도 특수공무집행방해죄는 성립되지 않는다[대판 2010.11.11. 2009도11523].

判例 특수공무집행방해치상죄에서의 '상해'에 해당하지 않는 경우

특수공무집행방해치상죄에서의 상해가 형법 제257조의 '상해'로 평가될 수 없을 정도의 극히 하찮은 상처로서 굳이 치료할 필요가 없는 것이어서 그로 인하여 건강상태를 침해하였다고 보기 어려운 경우에는 위 죄가 성립하지 않는다[대판 2011.5.26. 2010도10305].

判例 특수공무집행방해치상죄가 성립하지 않는 경우

1. [1] 의무경찰이 학생들의 가두캠페인 행사관계로 직진하여 오는 택시의 운전자에게 좌회전 지시를 하였음에도 택시의 운전자가 계속 직진하여 와서 택시를 세우고는 항의하므로 그 의무경찰이 택시 약 30㎝ 전방에 서서 이유를 설명하고 있는데 그 운전자가 신경질적으로 갑자기 좌회전하는 바람에 택시 우측 앞 범퍼부분으로 의무경찰의 무릎을 들이받은 사안에서, 그 사건의 경위, 사고 당시의 정황, 운전자의 연령 및 경력 등에 비추어 특별한 사정이 없는 한 택시의 회전반경 등 자동차의 운전에 대하여 충분한 지식과 경험을 가졌다고 볼 수 있는 운전자에게는, 사고 당시 최소한 택시를 일단 후진하였다가 안전하게 진행하거나 의무경찰로 하여금 안전하게 비켜서도록 한 다음 진행하지 아니하고 그대로 좌회전하는 경우 그로부터 불과 30㎝ 앞에서 서 있던 의무경찰을 충격하리라는 사실을 쉽게 알고도 이러한 결과발생을 용인하는 내심의 의사, 즉 미필적 고의가 있었다고 봄이 경험칙상 당연하다고 한 사례.
   [2] [1]항과 같은 사건의 경위와 정황, 그 의무경찰의 피해가 전치 5일 간의 우슬관절부 경도좌상 정도에 불과한 점 등에 비추어 볼 때, 그와 같은 택시운행으로 인하여 사회통념상 피해자인 의무경찰이나 제3자가 위험성을 느꼈으리라고는 보여지지 아니하므로 그 택시 운전자의 범행을 특수공무집행방해치상죄로 의율할 수는 없다[대판 1995.1.24. 94도1949].
2. [1] 형법 제144조 제2항의 특수공무집행방해치상죄는 단체 또는 다중의 위력을 보이거나 위험한 물건을 휴대하여 직무를 집행하는 공무원에 대하여 폭행 또는 협박하여 공무원을 상해에 이르게 함으로써 성립하는 범죄이고, 여기에서의 폭행은 유형력을 행사하는 것을 말한다.
   [2] 피고인이 노조원들과 함께 경찰관인 피해자들이 파업투쟁 중인 공장에 진입할 경우에 대비하여 그들의 부재중에 미리 윤활유나 철판조각을 바닥에 뿌려 놓은 것에 불과하고, 위 피해자들

이 이에 미끄러져 넘어지거나 철판조각에 찔려 다쳤다는 것에 지나지 않은 경우, 피고인 등이 위 윤활유나 철판조각을 위 피해자들의 면전에서 그들의 공무집행을 방해할 의도로 뿌린 것이라는 등의 특별한 사정이 있는 경우는 별론으로 하고 이를 가리켜 위 피해자들에 대한 유형력의 행사, 즉 폭행에 해당하는 것으로 볼 수 없으므로, 피고인의 위 행위를 특수공무집행방해치상죄로 처벌할 수 없다[대판 2010.12.23. 2010도7412].

判例 특수공무집행방해치사상죄가 성립하는 경우

1. 피고인도 그 속에 끼인 단체 또는 다중인 데모대원이 던진 돌에 의하여 공무집행 중이던 경찰관이 상해를 입은 경우 피고인이 던진 돌이 동 피해자에게 맞고 안맞고를 가리지 않고 특수공무방해치상죄가 성립한다[대판 1979.7.24. 79도451].
2. 부진정결과적 가중범인 특수공무집행방해치사상죄에 있어서[4] 공무집행을 방해하는 집단행위의 과정에서 일부 집단원이 고의로 방화행위를 하여 사상의 결과를 초래한 경우에 다른 집단원이 그 방화행위로 인한 사상의 결과를 예견할 수 있는 상황이었다면 특수공무집행방해치사상의 책임을 면할 수 없으나 그 방화행위 자체에 공모가담한 바 없는 이상 방화치사상죄로 의율할 수는 없다[대판 1990.6.26. 90도765].
3. 집회 및 시위에 참가한 노동조합원 중 일부가 시위진압 경찰관들과의 몸싸움 과정에서 경찰관들에게 상해를 입게 한 사안에서 금속연맹 지역 본부장의 직책을 가지고 그 집회 및 시위에 적극적으로 참가한 피고인에게 특수공무집행방해치상의 공모공동정범이 성립한다고 한 사례[대판 2002.4.12. 2000도3485].
4. 신호위반에 따른 정지 지시를 무시하고 도주하던 사람이 자신을 추격해 온 경찰관의 하차 요구에 불응한 채 계속 도주를 시도하다가 자동차 앞 범퍼로 경찰관을 들이받고, 차 본넷 위에 경찰관을 매달은 채로 그대로 차를 몰고 진행하던 중 인도에 있던 가로수를 들이받아 결국 경찰관을 사망에 이르게 한 사안에서, '위험한 물건'인 자동차를 이용하여 경찰관의 정당한 업무를 방해하고, 이로 인해 사망에 이르게 한 특수공무방해치사죄에 해당한다고 한 사례[대판 2008.2.28. 2008도3].
5. 가연물질이 많은 대학도서관 옥내에서 공무집행을 방해할 목적으로 화염병을 투척하여 사상의 결과가 발생한 경우, 불이 날 경우 많은 사람이 다치거나 사망할 수 있다는 것은 일반경험칙상 넉넉히 예상할 수 있는 것이므로 피고인들에게 위와 같은 화재로 인한 사망 등의 결과발생에 관하여 예견가능성이 없었다고는 할 수 없다[대판 1990.6.22. 90도767].

판례해설 피고인들에게는 특수공무방해치사상죄가 성립한다.

4) 대법원은 90도765 사건에서 "특수공무방해치사상과 같은 이른바 부진정결과적 가중범은 … "이라고 하여 특수공무방해치사죄도 부진정결과적 가중범에 해당하는 것처럼 판시하고 있으나 이는 부진정결과적 가중범의 인정취지에 비추어 보면 잘못이라고 생각된다. 특수공무방해를 통하여 고의로 살인을 한 경우는 부진정결과적 가중범을 인정하지 않고 특수공무방해죄와 살인죄의 상상적 경합에 의하여 처벌하는 것(사형, 무기, 5년 이상의 징역)이 오히려 부진정결과적 가중범을 인정하여 특수공무방해치사죄(무기 또는 5년 이상의 징역)에 의하여 처벌하는 것보다 처단형이 더 무겁기 때문에 굳이 이를 부진정결과적 가중범으로 인정할 필요가 없기 때문이다.

제3절 도주와 범인은닉의 죄

범인도피죄의 성립여부와 관련한 판례 및 친족간의 특례규정의 적용범위에 관한 판례가 주요 출제 대상이다. 범인도피죄의 교사범의 성립여부와 관련하여 자기도피의 연장인지 방어권의 남용에 해당하여 교사범이 성립하는지 여부에 관한 판례를 정리해 두어야 한다.

Ⅰ. 총 설

1. 의 의

도주의 죄란 법률에 의하여 체포·구금된 자가 스스로 도주하거나, 타인이 범인의 도주에 관여하는 것을 내용으로 하는 범죄이며, 범인은닉의 죄란 벌금 이상의 형에 해당하는 죄를 범한 자를 은닉·도피하게 하는 것을 내용으로 하는 범죄이다.

2. 보호법익

① 도주의 죄의 보호법익은 국가의 구금권이며(다수설), 보호의 정도는 침해범이다.

② 범인은닉의 죄의 보호법익은 국가의 형사사법기능이며(통설), 보호의 정도는 추상적 위험범이다.

Ⅱ. 도주죄

제145조(도주) ① 법률에 따라 체포되거나 구금된 자가 도주한 경우에는 1년 이하의 징역에 처한다.
제149조(미수범) 미수범은 처벌한다.

(1) 법률에 의하여 체포·구금된 자

① 체포·구금의 적법성은 형식적 적법성을 의미하며, 실질적 적법성까지 요하는 것은 아니다.

② 수형자와 미결구금자가 이에 해당한다. 구인된 피고인·피의자도 포함된다(다수설). 그러나 사인에 의해 현행범으로 체포된 자(다수설), 가석방·보석 중에 있는 자, 형집행정지·구속집행정지 중에 있는 자, 아동복지법에 의하여 아동복지시설에 수용 중인 자, 경찰관직무집행법에 의하여 보호 중에 있는 자, 전염병예방법에 의하여 격리수용된 자는 포함되지 않는다.

判例 도주죄의 주체가 될 수 없는 경우(불법체포된 자)

사법경찰관이 피고인을 수사관서까지 동행한 것이 사실상의 강제연행, 즉 불법 체포에 해당하고, 불법 체포로부터 6시간 상당이 경과한 후에 이루어진 긴급체포 또한 위법하므로 피고인이 불법체포된 자로서 형법 제145조 제1항에 정한 '법률에 의하여 체포 또는 구금된 자'가 아니어서 도주죄의 주체가 될 수 없다고 한 사례[대판 2006.7.6. 2005도6810]. [♠ 07, 15 사시]

(2) **도 주**

체포·구금작용에 대한 침해가 개시된 때 실행의 착수가 인정되며, 체포자·간수자의 실력적 지배로부터 완전히 벗어났을 때 기수가 된다(침해범). 따라서 수용시설의 외벽을 넘지 못했거나, 넘었을지라도 계속 추적을 받고 있는 경우에는 미수가 된다.

Ⅲ. 집합명령위반죄

제145조(집합명령위반) ② 제1항의 구금된 자가 천재지변이나 사변 그 밖에 법령에 따라 잠시 석방된 상황에서 정당한 이유없이 집합명령에 위반한 경우에도 제1항의 형에 처한다.
② 제1항의 구금된 자가 천재지변이나 사변 그 밖에 법령에 따라 잠시 석방된 상황에서 정당한 이유없이 집합명령에 위반한 경우에도 제1항의 형에 처한다.
제149조(미수범) 미수범은 처벌한다.

判例 집합명령위반죄가 성립하지 않는 경우(법령에 의한 해금이 아니라 불법해금인 경우)

6.25 사변시 각 교도소 및 경찰서에 구금되었다가 불법출소하여 그 후 법무부장관이 공고한 기일내에 자수치 않은 자에 대하여 도주죄를 인정하였음은 정당하다[대판 1954.7.3. 4287형상45].

Ⅳ. 특수도주죄

제146조(특수도주) 수용설비 또는 기구를 손괴하거나 사람에게 폭행 또는 협박을 가하거나 2인 이상이 합동하여 전조 제1항의 죄를 범한 자는 7년 이하의 징역에 처한다.
제149조(미수범) 미수범은 처벌한다.

※ **폭행·협박의 대상인 사람** : 간수자 이외에 도주방지에 협력하는 지위에 있는 제3자도 포함된다(다수설).

Ⅴ. 도주원조죄

제147조(도주원조) 법률에 의하여 구금된 자를 탈취하거나 도주하게 한 자는 10년 이하의 징역에 처한다.
제149조(미수범) 미수범은 처벌한다.
제150조(예비, 음모) 본죄를 범할 목적으로 예비 또는 음모한 자는 3년 이하의 징역에 처한다.

1. 행위의 객체

법률에 의하여 구금된 자에 한하므로 법률에 의하여 체포된 자는 제외된다.

2. 기수시기

피구금자가 간수자의 실력적 지배로부터 이탈하였을 때이다.

判例 도주원조죄에 해당하지 않는 경우(도주죄의 범인이 기수에 이른 경우)

도주죄는 즉시범으로서 범인이 간수자의 실력적 지배를 이탈한 상태에 이르렀을 때에 기수가 되어 도주행위가 종료하는 것이고, 도주원조죄는 도주죄에 있어서의 범인의 도주행위를 야기시키거나 이를 용이하게 하는 등 그와 공범관계에 있는 행위를 독립한 구성요건으로 하는 범죄이므로, 도주죄의 범인이 도주행위를 하여 기수에 이르른 이후에 범인의 도피를 도와 주는 행위는 범인도피죄에 해당할 수 있을 뿐 도주원조죄에는 해당하지 아니한다[대판 1991.10.11. 91도1656]. [♠ 15 사시] [♣ 20 변시]

Ⅵ. 간수자도주원조죄

제148조(간수자의 도주원조) 법률에 의하여 구금된 자를 간수 또는 호송하는 자가 이를 도주하게 한 때에는 1년 이상 10년 이하의 징역에 처한다.
제149조(미수범) 미수범은 처벌한다.
제150조(예비, 음모) 본죄를 범할 목적으로 예비 또는 음모한 자는 3년 이하의 징역에 처한다.

Ⅶ. 범인은닉죄

제151조(범인은닉) ① 벌금 이상의 형에 해당하는 죄를 범한 자를 은닉 또는 도피하게 한 자는 3년 이하의 징역 또는 500만원 이하의 벌금에 처한다.

1. 법적 성질

① 범인도피죄는 범인을 도피하게 함으로써 기수에 이르지만 범인도피행위가 계속되는 동안에는 범죄행위도 계속되고 행위가 끝날 때 비로소 범죄행위가 종료되는 계속범에 해당한다[대판 1995.9.5. 95도577].

② 범인도피죄는 위험범으로서 현실적으로 형사사법의 작용을 방해하는 결과가 초래되어야만 성립하는 것은 아니다[대판 2006.5.26. 2005도7528].

2. 객관적 구성요건

① 자기은닉 · 도피 : 본죄의 범인은 타인을 의미하므로 구성요건해당성이 없어 처벌할 수 없다. 그러나 공동정범 중 1인이 다른 공동정범을 도피하게 한 경우에도 본죄가 성립한다(판례).

判例 자기도피에 해당하는 경우

범인 스스로 도피하는 행위는 처벌되지 아니하므로, 범인이 도피를 위하여 타인에게 도움을 요청하는 행위 역시 도피행위의 범주에 속하는 한 처벌되지 아니하며, 범인의 요청에 응하여 범인을 도운 타인의 행위가 범인도피죄에 해당한다고 하더라도 마찬가지이다[대판 2014.4.10. 2013도12079].

판결이유 벌금 이상의 형에 해당하는 죄를 범하고 도피 중이던 甲이 자신의 휴대폰을 사용할 경우 소재가 드러날 것을 염려하여 평소 가깝게 지내던 후배인 乙에게 요청하여 대포폰을 개설하여 받은 적이 있으며 또한 甲이 乙에게 전화를 걸어 자신이 있는 곳으로 오도록 한 다음 乙이 운전하는 자동차를 타고 청주시 일대를 이동하여 다닌 적이 있다고 하더라도 이는 형사사법에 중대한 장애를 초래한다고 보기 어려운 통상적 도피의 한 유형으로 볼 여지가 충분하다. [♠ 15 사시]

② 자기은닉 · 도피의 교사

쟁점연구

1. 문제점

범인이 타인을 교사하여 자기를 도피하게 한 경우에 범인에게 본죄의 교사범이 성립될 수 있는지에 관해서는 견해가 대립한다.

2. 학 설

자기은닉 · 도피의 교사는 자기 비호의 연장에 불과하며, 본죄의 정범이 될 수 없는 자를 교사범으로 처벌하는 것은 부당하므로 교사범이 성립하지 않는다는 견해가 있다.

3. 판 례

범인이 자신을 위하여 타인으로 하여금 범인도피죄를 범하게 한 경우 범인도피교사죄에 해당한다는 입장이다.

4. 검 토 (판례 지지)

범인이 자신을 위하여 타인으로 하여금 범인도피죄를 범하게 하는 행위는 방어권의 남용에 해당하므로 범인도피죄의 교사범이 성립한다고 보는 것이 타당하다.

判例 자기도피를 교사한 행위가 방어권의 남용에 해당하는 경우(범인도피교사죄 성립)

1. 범인이 자신을 위하여 타인으로 하여금 허위의 자백을 하게 하여 범인도피죄를 범하게 하는 행위는 방어권의 남용으로 범인도피교사죄에 해당한다[대판 2000.3.24. 2000도20]. [♠ 01, 08 사시]
2. 피고인이 음주운전 혐의로 적발되자 평소 알고 지내던 乙을 불러내어 그로 하여금 단속경찰관인 丙이 피고인에 대한 주취운전자 적발보고서를 작성하거나 재차 음주측정을 하지 못하도록 제지하는 등으로 丙의 수사를 곤란하게 하였다면 범인도피교사죄가 성립한다[대판 2006.5.26. 2005도7528].

判例 범인도피교사죄가 성립하지 않는 경우

형법 제151조의 범인도피죄는 타인을 도피하게 하는 경우에 성립할 수 있는데, 여기에서 타인에는 공범도 포함되나 범인 스스로 도피하는 행위는 처벌되지 않는다. 또한 공범 중 1인이 그 범행에 관한 수사절차에서 참고인 또는 피의자로 조사받으면서 자기의 범행을 구성하는 사실관계에 관하여 허위로 진술하고 허위 자료를 제출하는 것은 자신의 범행에 대한 방어권 행사의 범위를 벗어난 것으로 볼 수 없다. 이러한 행위가 다른 공범을 도피하게 하는 결과가 된다고 하더라도 범인도피죄로 처벌할 수 없다. 이때 공범이 이러한 행위를 교사하였더라도 범죄가 될 수 없는 행위를 교사한 것에 불과하여 범인도피교사죄가 성립하지 않는다[대판 2018.8.1. 2015도20396]. [♣ 20 변시]

③ **죄를 범한 자 :** i) 유죄판결이 확정되었거나 공소가 제기되었음을 요하지 않는다. 수사개시의 전후도 불문한다. ii) 구성요건에 해당하고 위법 · 유책한 행위를 하였을 뿐만 아니라 처벌조건 · 소추조건을 구비한 자를 말한다. iii) 진범인 이외에 범죄혐의로 수사 · 소추 중인 자도 포함한다(판례).

쟁점연구 **[죄를 범한 자가 진범인임을 요하는지 여부]**

1. 학 설

진범 아닌 자를 은닉한 경우를 정당한 형벌권행사를 방해하였다고 볼 수 없다는 점, 형법이 명문으로 '죄를 범한 자'라고 규정하고 있으므로 진범인이 아닌 자는 본죄의 객체가 될 수 없다는 견해가 있다.

2. 판 례

'죄를 범한 자'라 함은 범죄의 혐의를 받아 수사 대상이 되어 있는 자를 포함하므로 구속수사의 대상이 된 자가 그 후 무혐의로 석방되었다 하더라도 본죄가 성립한다는 입장이다.

3. 검 토 (판례 지지)

대부분의 범인은닉죄는 진범인 여부가 확정되기 이전인 수사·소추단계에 있는 자의 은닉이 문제되고, 이 단계에서의 국가의 형사사법기능을 보호할 필요가 있으므로 진범인임을 요하지 아니한다는 견해가 타당하다.

判例 범인은닉·도피죄가 성립하는 경우(객체가 죄를 범한 자에 해당하는 경우)

1. 범인은닉죄는 형사사법에 관한 국권의 행사를 방해하는 자를 처벌하고자 하는 것이므로 형법 제151조 제1항 소정의 '죄를 범한 자'라 함은 범죄의 혐의를 받아 수사 대상이 되어 있는 자를 포함한다. 따라서 구속수사의 대상이 된 공소외인이 그 후 무혐의로 석방되었다 하더라도 위 죄의 성립에 영향이 없다[대판 1982.1.26. 81도1931], [대판 2014.3.27. 2013도152]. [♠ 04, 08, 15 사시]
2. 형법 제151조에서 죄를 범한 자라 함은 반드시 공소제기가 되거나 유죄의 판결을 받은 자 뿐만 아니라 범죄의 혐의를 받아 수사 중인 자도 포함되므로 경찰에서 수배중인 자임을 인식하면서 동인을 투숙케 하여 체포를 면하게 한 경우에는 범인은닉죄가 성립한다[대판 1983.8.23. 83도1486]. [♠ 04 사시]

④ 은닉 · 도피 : 도피비용을 제공한 경우, 범인에게 가족의 안부와 수사상황을 알려준 경우, 진범인의 자수를 저지시키고 소송절차를 진행·결심시킨 경우, 범인을 추격하는 경찰차의 진행을 물리적으로 방해한 경우에는 은닉·도피에 해당한다. 그러나 증언거부권자에게 증언을 거부하도록 권유한 경우나 피고인·피의자에게 진술거부권을 행사하도록 권유한 경우는 은닉·도피에 해당하지 않는다.

判例 범인은닉·도피죄의 성립여부에 대한 판단기준

1. [1] 형법 제151조 소정의 범인도피죄에서 '도피하게 하는 행위'는 은닉 이외의 방법으로 범인에 대한 수사, 재판 및 형의 집행 등 형사사법의 작용을 곤란 또는 불가능하게 하는 일체의 행위를 말하는 것으로서 그 수단과 방법에는 어떠한 제한이 없고, 또한 위 죄는 위험범으로서 현실적으로 형사사법의 작용을 방해하는 결과가 초래될 것이 요구되지 아니하지만, 같은조에 함께 규정되어 있는 은닉행위에 비견될 정도로 수사기관의 발견·체포를 곤란하게 하는 행위 즉 직접 범

인을 도피시키는 행위 또는 도피를 직접적으로 용이하게 하는 행위에 한정된다고 해석함이 상당하고, 그 자체로는 도피시키는 것을 직접적인 목적으로 하였다고 보기 어려운 어떤 행위의 결과 간접적으로 범인이 안심하고 도피할 수 있게 한 경우까지 포함되는 것은 아니다. [♣ 20 변시]

[2] 원래 수사기관은 범죄사건을 수사함에 있어서 피의자나 참고인의 진술 여하에 불구하고 피의자를 확정하고 그 피의사실을 인정할 만한 객관적인 제반 증거를 수집 · 조사하여야 할 권리와 의무가 있는 것이므로, 참고인이 수사기관에서 범인에 관하여 조사를 받으면서 그가 알고 있는 사실을 묵비하거나 허위로 진술하였다고 하더라도, 그것이 적극적으로 수사기관을 기만하여 착오에 빠지게 함으로써 범인의 발견 또는 체포를 곤란 내지 불가능하게 할 정도의 것이 아니라면 범인도피죄를 구성하지 않는다.

[3] 수사절차에서 작성되는 신원보증서는 형사사법절차상의 편의를 도모하는 것에 불과하여 보증인에게 법적으로 진실한 서류를 작성 · 제출할 의무가 부과된 것은 아니므로, 신원보증서를 작성하여 수사기관에 제출하는 보증인이 피의자의 인적 사항을 허위로 기재하였다고 하더라도, 그로써 적극적으로 수사기관을 기망한 결과 피의자를 석방하게 하였다는 등 특별한 사정이 없는 한, 그 행위만으로 범인도피죄가 성립되지 않는다[대판 2003.2.14. 2002도5374; 동지 대판 1995.3.3. 93도3080]. [♠ 05, 15 사시]

2. 범인은닉죄라 함은 죄를 범한 자임을 인식하면서 장소를 제공하여 체포를 면하게 하는 것만으로 성립한다 할 것이고, 죄를 범한 자에게 장소를 제공한 후 동인에게 일정 기간 동안 경찰에 출두하지 말라고 권유하는 언동을 하여야만 범인은닉죄가 성립하는 것이 아니며, 또 그 권유에 따르지 않을 경우 강제력을 행사하여야만 한다거나, 죄를 범한 자가 은닉자의 말에 복종하는 관계에 있어야만 범인은닉죄가 성립하는 것은 더욱 아니다[대판 2002.10.11. 2002도3332]. [♠ 05 사시]

判例 범인은닉 · 도피죄에 해당하는 경우

1. 범인이 기소중지자임을 알고도 범인의 부탁으로 다른 사람의 명의로 대신 임대차계약을 체결해 준 경우, 비록 임대차계약서가 공시되는 것은 아니라 하더라도 수사기관이 탐문수사나 신고를 받아 범인을 발견하고 체포하는 것을 곤란하게 하여 범인도피죄에 해당한다[대판 2004.3.26. 2003도8226]. [♠ 08, 15 사시]
2. 혐의를 받아 수사기관으로부터 수사 중인 경우에 범인 아닌 다른 사람으로 하여금 범인으로 가장케 하여 수사를 받도록 함으로써 범인의 발견 · 체포에 지장을 초래케 하는 행위는 범인은닉 또는 도피에 해당된다[대판 1967.5.23. 67도366].
3. 피고인이 수사기관에 적극적으로 범인임을 자처하고 허위사실을 진술함으로써 실제 범인을 도피하게 하였으므로 범인도피죄가 성립한다[대판 2000.11.24. 2000도4078], [대판 1996.6.14. 96도1016].
4. 피고인이 살인미수의 피의자를 상피고인에게 연락하여 만나게 해주고 동인으로 하여금 도피를 용이하게 한 경우 범인도피죄에 해당한다[대판 1990.12.26. 90도2439].

判例 범인은닉 · 도피죄에 해당하지 않는 경우

1. 범인도피죄에 있어서의 "도피"란 은닉 이외의 방법으로 수사기관의 발견 · 체포를 곤란 내지 불가능하게 하는 일체의 행위를 뜻하는 것으로, 단순히 안부를 묻거나 통상적인 인사말 등만으로는 범인을 도피하게 한 것이라고 할 수 없을 것인바, 주점 개업식 날 찾아 온 범인에게 "도망다니면서 이렇게 와 주니 고맙다. 항상 몸조심하고 주의하여 다녀라. 열심히 살면서 건강에 조심하라."고 말한 것은 단순히 안부인사에 불과한 것으로 범인을 도피하게 한 것으로 볼 수 없다[대판 1992.6.12. 92도736]. [♠ 01 사시]

2. 피고인이 절도사건과 관련하여 사법경찰리로부터 조사받는 과정에서 공범인 상피고인들의 이름을 단순히 묵비하였다 하여 절도범인을 도피하게 하였다고는 볼 수 없다[대판 1984.4.10. 83도3288]. [♠ 01 사시]

3. 참고인이 범인이 아닌 다른 자를 진범이라고 내세우는 경우 등과 같이 적극적으로 허위의 사실을 진술하여 수사관을 기만, 착오에 빠지게 함으로서 범인의 발견 체포에 지장을 초래케 하는 경우와 달리, 참고인이 수사기관에서 진술을 함에 있어 단순히 범인으로 체포된 사람과 동인이 목격한 범인이 동일함에도 불구하고 동일한 사람이 아니라고 허위진술을 한 정도의 것만으로는 참고인의 그 허위진술로 말미암아 증거가 불충분하게 되어 범인을 석방하게 되는 결과가 되었다 하더라도 바로 범인도피죄를 구성한다고는 할 수 없다[대판 1987.2.10. 85도897]. [♠ 08 사시]

동지판례 i) 폭행사건 현장의 참고인이 출동한 경찰관에게 범인의 이름 대신 허무인의 이름을 대면서 구체적인 인적사항에 대한 언급을 피한 사안에서, 범인도피죄가 성립하지 않는다고 한 사례[대판 2008.6.26. 2008도1059].

ii) 참고인이 수사기관에서 범인에 관하여 조사를 받으면서 그가 알고 있는 사실을 묵비하거나 허위로 진술하였다고 하더라도 그것이 적극적으로 수사기관을 기만하여 착오에 빠지게 함으로써 범인의 발견 또는 체포를 곤란 내지 불가능하게 할 정도의 것이 아니라면 범인도피죄를 구성하지 아니한다[대판 1997.9.9. 97도1596]. [♣ 12 변시]

iii) 사행행위 등 규제 및 처벌특례법 위반죄의 피의자가 수사기관에서 조사받으며 오락실을 단독 운영하였다고 허위진술하여 오락실 공동운영자인 공범의 존재를 숨긴 것이 범인도피죄에 해당하지 않는다고 한 사례[대판 2008.12.24. 2007도11137].

4. 피고인들이 부정수표단속법 피의자 甲이 공소 외 乙에 대하여 지는 또 다른 노임채무를 인수키로 하는 지불각서를 작성하여 주고 위 乙이 甲을 수사당국에 인계하는 것을 포기하기로 하는 합의가 이루어져 위 甲이 수사당국에 인계되지 않은 경우이면 피고인들에 대하여 범인도피죄의 성립을 인정할 수 없다[대판 1984.2.14. 83도2209].

판례해설 범인을 체포하여야 할 보증인지위에 있는 자가 범인을 방치한 경우는 부작위에 의한 범인은닉 · 도피죄가 성립한다. 그러나 본 판례에서는 피고인들에게 보증인지위가 인정되지 않아 범인도피죄가 성립하지 않는다.

判例 '바지사장'을 맡은 경우 범인도피죄의 성립여부(역할의 정도에 따라 유무죄가 달라짐)

게임산업진흥에 관한 법률 위반, 도박개장 등의 혐의로 수사기관에서 조사받는 피의자가 사실은 게임장 · 오락실 · 피씨방 등의 실제 업주가 아니라 그 종업원임에도 불구하고 자신이 실제 업주라고 허위로 진술하였다고 하더라도, 그 자체만으로 범인도피죄를 구성하는 것은 아니다. 다만, 그 피의자가 실제 업주로부터 금전적 이익 등을 제공받기로 하고 단속이 되면 실제 업주를 숨기고 자신이 대신하여 처벌받기로 하는 역할(이른바 '바지사장')을 맡기로 하는 등 수사기관을 착오에 빠뜨리기로 하고, 단순히 실제 업주라고 진술하는 것에서 나아가 게임장 등의 운영 경위, 자금 출처, 게임기 등의 구입 경위, 점포의 임대차계약 체결 경위 등에 관해서까지 적극적으로 허위로 진술하거나 허위 자료를 제시하여 그 결과 수사기관이 실제 업주를 발견 또는 체포하는 것이 곤란 내지 불가능하게 될 정도에까지 이른 것으로 평가되는 경우 등에는 범인도피죄를 구성할 수 있다[대판 2010.1.28, 2009도10709; 동지 대판 2010.2.11, 2009도12164]. [♠ 14 사시]

判例 범인도피방조죄가 성립하는 경우

[1] 범인도피죄는 범인을 도피하게 함으로써 기수에 이르지만, 범인도피행위가 계속되는 동안에는 범죄행위도 계속되고 행위가 끝날 때 비로소 범죄행위가 종료된다. 따라서 공범자의 범인도피행위 도중에 그 범행을 인식하면서 그와 공동의 범의를 가지고 기왕의 범인도피상태를 이용하여 스스로 범인도피행위를 계속한 경우에는 범인도피죄의 공동정범이 성립하고, 이는 공범자의 범행을 방조한 종범의 경우도 마찬가지이다.
[2] 甲이 수사기관 및 법원에 출석하여 乙 등의 사기 범행을 자신이 저질렀다는 취지로 허위자백한 후 乙로부터 1억 원을 받고 허위자백을 유지하기로 마음먹고 있었는데 그 후 甲의 사기 피고사건 변호인으로 선임된 피고인이 甲과 乙 양쪽의 의사를 전달하여 부정한 거래가 성사되도록 하여 허위자백이 유지되도록 하였다면 피고인은 범인도피방조죄가 성립한다[대판 2012.8.30, 2012도6027].

3. 주관적 구성요건

고의가 있어야 한다. 범인의 성명 · 범죄의 구체적 내용까지 인식할 필요는 없다.

判例 범인은닉 · 도피의 '벌금 이상의 형에 해당하는 자'에 대한 인식의 내용

벌금 이상의 형에 해당하는 자에 대한 인식은 실제로 벌금 이상의 형에 해당하는 범죄를 범한 자라는 것을 인식함으로써 족하고 그 법정형이 벌금 이상이라는 것까지 알 필요는 없다[대판 2000.11.24, 2000도4078].

判例 **범인은닉 · 도피의 고의가 인정되는 경우**

1. 공범이 더 있다는 사실을 숨긴 채 허위보고를 하고 조사를 받고 있는 범인에게 다른 공범이 더 있음을 실토하지 못하도록 하는 등의 행위를 하였다면 도피행위에 대한 고의가 있었다[대판 1995.12.26. 93도904].
2. 부정수표단속법 제2조 제2항 위반의 범죄는 예금부족으로 인하여 제시일에 지급되지 아니할 것이라는 결과발생을 예견하고 수표를 발행한 때에 바로 성립하는 것이고 수표소지인의 제시일에 수표금의 지급이 거절된 때에 비로소 성립하는 것은 아니므로, 피고인이 수표발행인을 은닉한 것이 그 수표가 부도나기 전날이라고 하더라도 그 수표가 부도날 것이라는 사정과 수표발행인이 부정수표단속법 위반으로 수사관서의 수배를 받게 되리라는 사정을 알았다면 범인은닉에 관한 범의가 없다고 할 수는 없을 것이다[대판 1990.3.27. 89도1480].

判例 **범인도피의 고의가 인정되지 않는 경우**

참고인의 허위 진술에 의하여 범인으로 지목된 사람이 구속기소됨으로써 실제의 범인이 용이하게 도피하는 결과를 초래한다고 하더라도 그것만으로는 그 참고인에게 적극적으로 실제의 범인을 도피시켜 국가의 형사사법의 작용을 곤란하게 할 의사가 있었다고 볼 수 없어 그 참고인을 범인도피죄로 처벌할 수는 없다[대판 1997.9.9. 97도1596]. [♠ 01, 03 사시]

4. 친족간의 특례

제151조(범인은닉과 친족간의 특례) ② 친족 또는 동거의 가족이 본인을 위하여 전항의 죄(범인은닉 · 도피죄)를 범한 때에는 처벌하지 아니한다.

(1) 법적 성질

특례규정이 적용되는 경우 처벌되지 아니하는 이유에 대하여 친족간의 정의를 고려하여 형을 면제하는 것에 불과하다는 견해(인적처벌조각사유설)가 있으나, 친족간의 정의에 비추어 은닉행위를 하지 않을 것을 기대할 수 없으므로 책임이 조각된다는 견해(책임조각사유설, 다수설)가 타당하다고 본다.

형법상 친족관계를 특별하게 취급하는 경우

친족간특례	범인은닉죄	친족, 동거의 가족	처벌하지 아니한다.(제151조 제2항)	책임조각사유
	증거인멸죄	친족, 동거의 가족	처벌하지 아니한다.(제155조 제4항)	책임조각사유
	증인은닉죄	친족, 동거의 가족	처벌하지 아니한다.(제155조 제4항)	책임조각사유

(2) 적용범위

'본인을 위하여'란 본인의 형사상의 이익을 위한 것을 말한다. 따라서 본인의 불이익을 위한 경우, 공범자의 이익을 위한 경우, 본인의 재산상의 이익을 위한 경우에는 본 특례가 적용되지 않는다. 다만 본인 및 공범자의 이익을 위한 경우에는 적용여부에 관하여 견해가 일치하지 않고 있다.

判例 친족간의 특례규정이 적용되지 않는 경우

1. **(공동정범자 사이)** 형법 제151조 제1항 소정의 범인도피죄에 있어서 공동정범 중의 1인이 타 공동정범인을 도피시킴에 대하여 동조 제2항과 같은 불처벌의 특례를 규정한바 없으므로 공동정범 중의 1인인 乙이 타 공동정범인인 소외 丙외 1인을 도피시킴은 범인도피죄의 죄책을 면치 못하고 따라서 피고인이 위 乙의 도피행위를 용이케 함은 동방조죄를 구성한다고 해석함이 타당하다[대판 1958.1.14. 4290형상393]. [♠ 08 사시]
2. **(사실혼관계자 사이)** 형법 제151조 제2항 및 제155조 제4항은 친족 또는 동거의 가족이 본인을 위하여 범인도피죄, 증거인멸죄 등을 범한 때에는 처벌하지 아니한다고 규정하고 있는바, 사실혼관계에 있는 자는 민법 소정의 친족이라 할 수 없어 위 조항에서 말하는 친족에 해당하지 않는다[대판 2003.12.12. 2003도4533]. [♠ 08, 14, 15 사시]

(3) 공범관계에서의 적용범위

① 친족이 비친족과 공동정범으로 본죄를 범한 경우와 비친족이 친족을 교사하여 범인을 은닉하게 한 경우 : 친족에 대해서만 특례가 적용되고, 비친족에게는 적용되지 않는다.

② 친족이 비친족을 교사하여 범인을 은닉하게 한 경우 : 비친족에게는 특례가 적용되지 않음에 문제가 없으나, 친족에 대하여는 견해가 대립되고 있다.

적극설	타인을 범죄로 유인한 경우는 비호권의 남용이므로 교사범이 성립한다는 견해이다.
소극설	특례가 적용되어 제3자는 범인은닉죄의 정범, 친족은 책임이 조각되어 교사범이 성립하지 않는다는 견해이다.

③ 범인이 친족을 교사하여 자기를 은닉시킨 경우 : 친족에게는 특례규정이 적용되나 범인에게는 범인도피죄의 교사범이 성립한다(판례).

判例 범인도피교사(방조)죄가 성립하는 경우(범인이 친족을 교사 또는 방조하여 자기를 도피시킨 경우)

[1] 범인이 자신을 위하여 타인으로 하여금 허위의 자백을 하게 하여 범인도피죄를 범하게 하는 행위는 방어권의 남용으로 범인도피교사죄에 해당하는바, 이 경우 그 타인이 형법 제151조 제2항에 의하여 처벌을 받지 아니하는 친족 또는 동거 가족에 해당한다 하여 달리 볼 것은 아니다. [♣ 23 변시]
[2] 무면허 운전으로 사고를 낸 사람이 동생을 경찰서에 대신 출두시켜 피의자로 조사받도록 한 행위는 범인도피교사죄를 구성한다[대판 2006.12.7. 2005도3707]. [♠ 07, 08, 09, 13 사시] [♣ 12, 14, 17 변시]

동지판례 범인이 자신을 위하여 타인으로 하여금 허위의 자백을 하게 하여 범인도피죄를 범하게 하는 행위는 방어권의 남용으로 범인도피교사죄에 해당하는바, 이 경우 그 타인이 형법 제151조 제2항에 의하여 처벌을 받지 아니하는 친족, 호주 또는 동거 가족에 해당한다 하여 달리 볼 것은 아니다. 한편, 이와 같은 법리는 범인을 위해 타인이 범하는 범인도피죄를 범인 스스로 방조하는 경우에도 마찬가지로 적용된다 할 것이다[대판 2008.11.13. 2008도7647].

판례해설 甲이 처(妻)의 甲 자신을 위한 범인도피범행을 돕기 위하여 처에게 사고발생 경위, 도주 경위 등에 관하여 상세한 정보를 제공하여 준 사건에서 甲에게 범인도피방조죄의 성립을 인정한 판례이다.

제4절 위증과 증거인멸의 죄

출제 point ➡ 위증죄의 주체인 증인적격 인정여부 및 허위의 의미, 진술거부권자가 위증을 한 경우 위증죄의 성립여부에 관한 판례를 정리해 두어야 한다. 증거인멸죄의 경우 증거위조의 의미와 증거위조에 해당하는지 여부에 관한 판례가 중요하다.

Ⅰ. 총 설

1. 의 의

① 위증의 죄란 법률에 의하여 선서한 증인이나 감정인 · 통역인 · 번역인이 허위의 진술 · 감정 · 통역 · 번역을 하는 것을 내용으로 하는 범죄이다.

② 증거인멸의 죄란 타인의 형사사건 또는 징계사건에 관한 증거를 인멸 · 은닉 · 위조 · 변조하거나 위조 · 변조한 증거를 사용하거나, 증인을 은닉 · 도피하게 하여 국가의 심판기능을 방해하는 것을 내용으로 하는 범죄이다.

2. 보호법익

보호법익은 국가의 사법기능이며, 보호의 정도는 추상적 위험범이다(통설).

Ⅱ. 위증죄

제152조(위증) ① 법률에 의하여 선서한 증인이 허위의 진술을 한 때에는 5년 이하의 징역 또는 1천만원 이하의 벌금에 처한다.

1. 의 의

법률에 의하여 선서한 증인이 허위의 진술을 함으로써 성립하는 범죄이다.

2. 구성요건

(1) 객관적 구성요건

① 주 체 : 법률에 의하여 선서한 증인이다.

㉮ **법률에 의한 선서 :** ⅰ) 선서는 선서를 하게 할 권한이 있는 기관에 대한 것이어야 한다. 따라서 참고인의 검사 · 사법경찰관에 대한 선서는 무효이다. ⅱ) 선서무능력자의 선서는 무효이다. ⅲ) 절차상의 사소한 하자는 선서의 유효성에 영향을 주지 않는다(예 위증의 벌을 경고하지 않은 경우, 관할위반, 기소절차의 부적법). ⅳ) 선서는 사전선서 · 사후선서를 불문한다.

判例 형사사건에서 증인보호절차규정이 준수되지 않은 경우 위증죄의 주체에 해당하는지 여부

1. **(증언거부권의 불고지 : 증인보호에 사실상 장애 초래되었다고 볼 수 없는 경우 = 위증죄 성립)**
[1] 위증죄의 의의 및 보호법익, 형사소송법에 규정된 증인신문절차의 내용, 증언거부권의 취지 등을 종합적으로 살펴보면, 증인신문절차에서 법률에 규정된 증인 보호를 위한 규정이 지켜진 것으로 인정되지 않은 경우에는 증인이 허위의 진술을 하였다고 하더라도 위증죄의 구성요건인 "법률에 의하여 선서한 증인"에 해당하지 아니한다고 보아 이를 위증죄로 처벌할 수 없는 것이 원칙이다. 다만, 법률에 규정된 증인 보호 절차라 하더라도 개별 보호절차 규정들의 내용과 취지가 같지 아니하고, 당해 신문 과정에서 지키지 못한 절차 규정과 그 경위 및 위반의 정도 등 제반 사정이 개별 사건마다 각기 상이하므로, 이러한 사정을 전체적 · 종합적으로 고려하여 볼 때, 당해 사건에서 증인 보호에 사실상 장애가 초래되었다고 볼 수 없는 경우에까지 예외 없이 위증죄의 성립을 부정할 것은 아니라고 할 것이다.
[2] 재판장이 선서할 증인에 대하여 선서 전에 위증의 벌을 경고하지 않았다는 등의 사유는 그 증인신문절차에서 증인 자신이 위증의 벌을 경고하는 내용의 선서서를 낭독하고 기명날인 또는 서명한 이상 위증의 벌을 몰랐다고 할 수 없을 것이므로 증인 보호에 사실상 장애가 초래되었다고 볼 수 없고, 따라서 위증죄의 성립에 지장이 없다고 보아야 한다. 그리고 증언거부권 제도는 앞서 본 바와 같이 증인에게 증언의무의 이행을 거절할 수 있는 권리를 부여한 것이고, 형사소송법상 증언거부권의 고지 제도는 증인에게 그러한 권리의 존재를 확인시켜 침묵할 것인지 아니면 진술할 것인지에 관하여 심사숙고할 기회를 충분히 부여함으로써 침묵할 수 있는 권리를 보장하기 위한 것임을 감안할 때, 재판장이 신문 전에 증인에게 증언거부권을 고지하지 않은 경우에도 당해 사건에서 증언 당시 증인이 처한 구체적인 상황, 증언거부사유의 내용, 증인이 증언거부사유 또는 증언거부권의 존재를 이미 알고 있었는지 여부, 증언거부권을 고지 받았더라도 허위 진술을 하였을 것이라고 볼 만한 정황이 있는지 등을 전체적 · 종합적으로 고려하여 증인이 침묵하지 아니하고 진술한 것이 자신의 진정한 의사에 의한 것인지 여부를 기준으로 위증죄의 성립여부를 판단하여야 한다[대판(전) 2010.1.21. 2008도942]. [♠ 14 사시]

관련판례 **(증언거부권불고지 + 증언거부권의 행사에 사실상 장애가 초래되었다고 볼 수 있는 경우 = 위증죄 불성립)** 사촌관계에 있는 甲의 도박 사실 여부에 관하여 증언거부사유가 발생하게 되었는데도 재판장으로부터 증언거부권을 고지받지 못한 상태에서 허위 진술을 하게 된 사안에서 증언 당시 증언거부권을 고지받지 못함으로 인하여 피고인이 그 증언거부권을 행사하는 데 사실상 장애가 초래되었다고 볼 수 있어, 위증죄가 성립할 수 없다[대판 2010.2.25. 2009도13257]. [♣ 16, 18 변시]

2. **(증언거부권불고지 + 증언거부권이 사실상 침해당한 경우가 아닌 경우 = 위증죄 성립)** 전 남편에 대한 음주운전 사건의 증인으로 법정에 출석한 전처가 증언거부권을 고지받지 않은 채 공소사실을 부인하는 전 남편의 변명에 부합하는 내용을 적극적으로 허위 진술한 사안에서, 증언거부권을 고지받았더라도 그와 같이 증언을 하였을 것이라는 취지의 진술 내용 등을 고려할 때 선서 전에 재판장으로부터 증언거부권을 고지받지 아니하였다 하더라도 이로 인하여 증언거부권이 사실상 침해당한 것으로 평가할 수는 없다는 이유로 위증죄의 성립을 긍정한 사례[대판 2010.2.25. 2007도6273].
[♠ 13 사시] [♣ 13 변시]

判例 민사소송절차에서 증인이 증언거부권을 고지받지 않은 경우 위증죄의 성립여부(성립)(중요)

[1] 형사소송법은 증언거부권에 관한 규정(제148조, 제149조)과 함께 재판장의 증언거부권 고지의무에 관하여도 규정하고 있는 반면(제160조), 민사소송법은 증언거부권 제도를 두면서도(제314조 내지 제316조) 증언거부권 고지에 관한 규정을 따로 두고 있지 않다. 우리 입법자는 1954. 9. 23. 제정 당시부터 증언거부권 및 그 고지 규정을 둔 형사소송법과는 달리 그 후인 1960. 4. 4. 민사소송법을 제정할 때 증언거부권 제도를 두면서도 그 고지 규정을 두지 아니하였고, 2002. 1. 26. 민사소송법을 전부 개정하면서도 같은 입장을 유지하였다. 이러한 입법 경위 및 규정 내용에 비추어 볼 때, 이는 양 절차에 존재하는 목적·적용원리 등의 차이를 염두에 둔 입법적 선택으로 보인다. 더구나 민사소송법은 형사소송법과 달리, '선서거부권 제도'(제324조), '선서면제 제도'(제323조) 등 증인으로 하여금 위증죄의 위험에서 벗어날 수 있도록 하는 이중의 장치를 마련하고 있어 증언거부권 고지 규정을 두지 아니한 것이 입법의 불비라거나 증언거부권 있는 증인의 침묵할 수 있는 권리를 부당하게 침해하는 입법이라고 볼 수도 없다. 그렇다면 민사소송절차에서 재판장이 증인에게 증언거부권을 고지하지 아니하였다 하여 절차위반의 위법이 있다고 할 수 없고, 따라서 적법한 선서절차를 마쳤는데도 허위진술을 한 증인에 대해서는 달리 특별한 사정이 없는 한 위증죄가 성립한다고 보아야 한다.
[2] 민사소송절차에 증인으로 출석한 피고인이, 민사소송법 제314조에 따라 증언거부권이 있는데도 재판장으로부터 증언거부권을 고지받지 않은 상태에서 민사소송법이 정하는 절차에 따라 증인으로서 적법하게 선서를 마치고도 허위진술을 한 경우 위증죄에 해당한다[대판 2011.7.28. 2009도14928]. [♣ 16 변시]

동지판례 '국회에서의 증언·감정 등에 관한 법률'은 위와 같은 증언거부권의 고지에 관한 규정을 두고 있지 아니한데, 증언거부권의 고지를 규정한 형사소송법 제160조는 '국회에서의 증언·감정 등에 관한 법률'에 유추 적용되지 아니한다[대판 2012.10.25. 2009도13197].

判例 가처분사건(변론절차의 경우 법률상 선서의 근거가 있으나 심문절차의 경우 근거 없음)

가처분사건이 변론절차에 의하여 진행될 때에는 제3자를 증인으로 선서하게 하고 증언을 하게 할 수 있으나 심문절차에 의할 경우에는 법률상 명문의 규정도 없고, 또 구 민사소송법(2002.1.26. 법률 제6626호로 전문 개정되기 전의 것)의 증인신문에 관한 규정이 준용되지도 아니하므로 선서를 하게 하고 증언을 시킬 수 없다고 할 것이고, 따라서 제3자가 심문절차로 진행되는 가처분 신청사건에서 증인으로 출석하여 선서를 하고 진술함에 있어서 허위의 공술을 하였다고 하더라도 그 선서는 법률상 근거가 없어 무효라고 할 것이므로 위증죄는 성립하지 않는다[대판 2003.7.25. 2003도180]. [♠ 08, 10 사시]

㉯ **증 인** : i) 형사피고인·민사소송의 당사자는 증인적격이 없다. ii) 공범자 아닌 공동피고인은 증인적격이 있지만, 공범자인 공동피고인은 증인적격이 없다(판례).

判例 위증죄의 주체에 해당하지 않는 경우(당사자인 법인의 대표자)

민사소송의 당사자는 증인능력이 없으므로 증인으로 선서하고 증언하였다고 하더라도 위증죄의 주체가 될 수 없고, 이러한 법리는 민사소송에서의 당사자인 법인의 대표자의 경우에도 마찬가지로 적용된다[대판 1998.3.10. 97도1168]. [♠ 99, 01, 05, 사시]

判例 공범인 공동피고인의 증인적격 인정 요건(소송절차가 분리되어 피고인의 지위를 벗어난 경우)

공범인 공동피고인은 당해 소송절차에서는 피고인의 지위에 있으므로 다른 공동피고인에 대한 공소사실에 관하여 증인이 될 수 없으나, 소송절차가 분리되어 피고인의 지위에서 벗어나게 되면 다른 공동피고인에 대한 공소사실에 관하여 증인이 될 수 있다. 따라서 소송절차가 분리되지 않은 이상 공범인 공동피고인에게는 증인적격이 없어 위증죄가 성립하지 않는다[대판 2008.6.26. 2008도3300]. [♠ 10 사시] [♣ 14, 17 변시]

동지판례 피고인의 지위에 있는 공동피고인은 다른 공동피고인에 대한 공소사실에 관하여 증인이 될 수 없으나, 소송절차가 분리되어 피고인의 지위에서 벗어나게 되면 다른 공동피고인에 대한 공소사실에 관하여 증인이 될 수 있고, 이는 대향범인 공동피고인의 경우에도 다르지 않다[대판 2012.3.29. 2009도11249]. [♠ 14 사시] [♣ 18 변시]

② 행 위 : 허위의 진술을 하는 것이다.

㉮ 허위의 의미

쟁점연구

1. 학 설

① **객관설** : 허위의 진술이란 진술의 내용이 객관적 진실에 반하는 것을 의미한다는 견해이다. 객관적 진실과 일치하는 증인의 진술은 국가의 사법기능을 저해할 위험이 없다는 것을 논거로 한다.

② **주관설** : 허위의 진술이란 진술의 내용이 증인의 주관적 기억에 반하는 것을 의미한다는 견해이다. 증인에게 자기가 기억하고 있는 이상의 것을 진술해 줄 것을 기대할 수 없다는 것을 논거로 한다.

2. 판 례

위증죄에 있어서의 허위의 진술이란 증인이 자기의 기억에 반하는 사실을 진술하는 것을 말한다고 판시하고 있다.

3. 검 토 (판례 지지)

객관설에 의할 때에는 진술의 진실성이 우연에 따라 결정될 수 있다는 문제점이 있고, 증인이 기억에 반하는 진술을 한 경우 이미 국가의 사법기능에 대한 추상적 위험은 발생하였다고 보아야 하므로 주관설이 타당하다.

判例 위증죄의 허위진술의 의미(기억에 반하는 진술) 및 허위성의 판단방법

1. 위증죄에 있어서의 허위의 공술이란 증인이 자기의 기억에 반하는 사실을 진술하는 것을 말하는 것으로서 그 내용이 객관적 사실과 부합한다고 하여도 위증죄의 성립에 장애가 되지 않는다[대판 1989.1.17. 88도580]. [♠ 99, 07 사시] [♣ 13 변시]

   동지판례 위증죄는 법률에 의하여 선서한 증인이 자기의 기억에 반하는 사실을 진술함으로써 성립하는 것이므로 그 진술이 객관적 사실과 부합하지 않는다고 하여 그 증언이 곧바로 위증이라고 단정할 수는 없다[대판 1996.8.23. 95도192].

2. 증인의 증언이 기억에 반하는 허위진술인지 여부는 그 증언의 단편적인 구절에 구애될 것이 아니라 당해 신문절차에 있어서의 증언 전체를 일체로 파악하여 판단하여야 할 것이다[대판 2001.12.27. 2001도5252].

判例 허위진술에 해당하는 경우

1. 타인으로부터 전해 들은 금품의 전달사실을 마치 증인 자신이 전달한 것처럼 진술한 것은 증인의 기억에 반하는 허위진술이라고 할 것이므로 그 진술부분은 위증에 해당한다[대판 1990.5.8. 90도448]. [♠ 99, 14 사시]

   동지판례 증언의 내용이 타인이 경험한 바를 전해들은 것이거나 기록 또는 문서를 보고 간접적으로 알게 된 것이라면 그 진술이 전해 준 내용이나 알게 된 문서의 내용에 일치되지 아니하는 때에는 그 진술은 일응 기억에 반한 것으로 보아야 할 것이므로 위증죄에 해당한다 할 것이니 이러한 경우에는 증인이 그 증언내용을 알게 된 경위에 따라 그 증언내용이 기억에 반한 진술인지의 여부를 가려야 한다[대판 1985.4.9. 83도44].

2. 위증죄에 있어서의 허위의 공술은 증인의 기억에 반하는 진술을 말하는 것으로서 그 허위여부는 주관적으로 증인이 인식한 경험사실을 기준으로 판단하는 것인바, 증인이 예컨대 전문한 사실을 마치 목격하여 알게 된 사실인 것처럼 진술한 경우에는 경험의 경위에 관하여 기억에 반하는 허위의 공술을 한 것에 해당하는 것이다[대판 1984.3.27. 84도48]. [♠ 02 사시]

3. 피고 등이 종중의 이사회결의나 임원회의 결의 등이 있었음을 알면서도 이에 반하는 공술을 한 이상, 동 결의가 종중규약에 위반하여 효력이 없는 것이라 한들 위증죄의 성립에 영향을 미치지 않는다[대판 1983.8.22. 82도1989].

4. 상세한 내용의 증인신문사항에 대하여 증인이 그 상세한 신문사항내용을 파악하지 못하였거나 또는 기억하지 못함에도 불구하고 이를 그대로 긍정하는 취지의 답변을 하였다면 기억에 반하여 허위의 진술을 한 것이라고 볼 것이다[대판 1981.6.23. 81도118].

5. 선서를 하고서 진술한 증언내용이 자신이 그 증언내용사실을 잘 알지 못하면서도 잘 아는 것으로 증언한 것이라면 그 증언은 기억에 반한 진술이어서 위증죄가 성립된다[대판 1986.9.9. 86도57].

6. 공소외인이 법원에 출석하여 당사자 본인신문에 응하여 진술한 사실을 모르고 증언을 한 것이라 하더라도 위 공소외인이 피고인의 형수이고 그 민사소송사건의 이해관계인(당사자 본인)이어서 동인이 법원에 출석진술할 여지가 있었음에도 이러한 사실을 확인함이 없이 동인은 의사

표시의 능력도 없는 사람이고 법정에 서서 진술한 사실이 전혀 없는 노인이라고 단정 증언하였음은 기억에 반한 진술이라고 하지 않을 수 없다[대판 1985.8.20. 85도868].

判例 허위진술에 해당하지 않는 경우

1. 증언의 전체적 취지가 객관적 사실과 일치되고 그것이 기억에 반하는 공술이 아니라면 사소한 부분에 관하여 기억과 불일치하더라도 그것이 신문취지의 몰이해 또는 착오에 인한 것이라면 위증이 될 수 없다[대판 1996.3.12. 95도2864]. [♠ 01 사시]

2. 위증죄는 법률에 의하여 선서한 증인이 사실에 관하여 기억에 반하는 진술을 한 때에 성립하고, 증인의 진술이 경험한 사실에 대한 법률적 평가이거나 단순한 의견에 지나지 아니하는 경우에는 위증죄에서 말하는 허위의 공술이라고 할 수 없으며, 경험한 객관적 사실에 대한 증인 나름의 법률적·주관적 평가나 의견을 부연한 부분에 다소의 오류나 모순이 있더라도 위증죄가 성립하는 것은 아니라고 할 것이다[대판 2009.3.12. 2008도11007]. [♣ 13 변시]

동지판례 위증죄는 법률에 의하여 선언한 증인이 자기의 기억에 반하는 사실을 진술함으로써 성립하는 것이므로, 경험을 통하여 기억하고 있는 사실을 진술한 이상 그 진술이 객관적 사실에 부합되지 아니하거나 경험한 사실에 기초한 주관적 평가나 그 법률적 효력에 관한 견해를 부연한 부분에 다소의 오류나 모순이 있다고 하여 위증죄가 성립하는 것은 아니다[대판 1984.2.14. 83도37].

비교판례 위증죄는 증인이 사실에 관하여 기억에 반하는 사실을 진술함으로써 성립하고, 다만 경험한 사실에 대한 법률적 평가이거나 단순한 의견에 지나지 않는다면 허위의 공술이라고 할 수는 없으나 자기가 지득하지 아니한 어떤 사실관계를 단순히 법률적 표현을 써서 진술한 것이라면 이는 객관적 사실을 토대로 한 증인 나름의 법률적 견해를 진술한 것과는 다르므로 위증죄의 성립을 부인할 수 없다[대판 1986.6.10. 84도2039].

3. **(주의)** 증인이 법정에서 선서 후 증인진술서에 기재된 구체적인 내용에 관하여 진술함이 없이 단지 그 증인진술서에 기재된 내용이 사실대로라는 취지의 진술만을 한 경우에는 그것이 증인진술서에 기재된 내용 중 특정 사항을 구체적으로 진술한 것과 같이 볼 수 있는 등의 특별한 사정이 없는 한 증인이 그 증인진술서에 기재된 구체적인 내용을 기억하여 반복 진술한 것으로는 볼 수 없으므로, 가사 거기에 기재된 내용에 허위가 있다 하더라도 그 부분에 관하여 법정에서 증언한 것으로 보아 위증죄로 처벌할 수는 없다고 할 것이다[대판 2010.5.13. 2007도1397]. [♠ 14 사시]

동지판례 판사가 증인이 경찰과 검사에게 진술한 내용이 사실이냐고 묻고 수사기록을 제시하고 그 요지를 고지한 즉 증인이 사실대로 진술하였으며 그 내용도 상위없다고 답변하였을 뿐이라면 증인이 수사기록에 있는 그의 진술조서에 기재된 내용을 기억하여 반복 진술한 것이라고 할 수는 없으므로 설사 그 진술조서에 기재된 내용 중 증인의 기억에 반하는 부분이 있다고 하여도 그 기재내용을 상위없다고 하는 진술자체가 위증이 될 수 있음은 별론으로 하고 그 진술기재내용을 위증한 것이라고 할 수는 없다[대판 1989.9.11. 88도1147].

4. 피고인이 8,9년 전에 취급한 사무에 관한 질문에 대하여 "모른다"고 증언한 것은 당시 취급한 문서에 그렇게 되어 있어도 그 자세한 경위를 알지 못하던가 기억하지 못하고 있다는 취지로 해석하여야 할 것이므로 기억에 반하는 진술이라고 할 수 없다[대판 1983.12.13. 83도2342].

㈏ **진 술** : i) 진술의 대상은 사실에 한정되며, 가치판단은 포함되지 않는다. 사

실인 이상 외적 사실 · 내적 사실(예 감정, 동기, 기억)을 불문한다. ii) 진술의 방법은 제한이 없다. 따라서 진술거부에 의하여 전체로서의 진술내용이 허위로 되는 때에는 부작위에 의한 위증이 될 수 있다. iii) 진술의 내용은 요증사실이거나 재판에 영향을 미치는 진술임을 요하지 않는다.

判例 위증죄의 허위진술에 해당하는 경우

1. **(허위의 진술내용이 요증사항이거나 재판의 결과에 영향을 미칠 것 불요)** 위증죄는 선서한 증인이 고의로 자신의 기억에 반하는 증언을 함으로써 성립하고, 그 진술이 당해사건의 요증사항인 여부 및 재판의 결과에 영향을 미친 여부는 위증죄의 성립에 아무 관계가 없다[대판 1981.8.25. 80도2783], [대판 1990.2.23. 89도1212]. [♠ 00 사시]
2. **(지엽적인 사항에 관한 진술)** 증언이 기본적인 사항에 관한 것이 아니고 지엽적인 사항에 관한 진술이라 하더라도 그것이 허위 진술인 이상 위증죄 성립에는 영향이 없다[대판 2018.5.15. 2017도19499].

㈐ 기수시기 : 신문절차가 종료하여 그 진술을 철회할 수 없는 단계에 이르렀을 때 기수가 된다(판례, 통설).

判例 위증죄가 성립하지 않는 경우(신문절차 종료 전에 허위진술을 철회하거나 시정한 경우)

1. 증인의 증언은 그 전부를 일체로 관찰 판단하는 것이므로 선서한 증인이 일단 기억에 반하는 허위의 진술을 하였다 하더라도 그 신문이 끝나기 전에 그 진술을 철회 시정한 경우에는 위증이 되지 아니한다[대판 1993.12.7. 93도2510]. [♠ 99, 06 사시]
2. 증언의 전체취지에 비추어 원고대리인 신문시에 한 증언을 피고대리인과 재판장 신문시에 취소시정한 것으로 보여진다면 앞의 증언부분만을 따로 떼어 위증이라고 보는 것은 위법하다[대판 1984.3.27. 83도2853]. [♠ 00, 01 사시]

判例 위증죄가 성립하는 경우(중요)

[1] 증인의 증언은 그 전부를 일체로 관찰 · 판단하는 것이므로 선서한 증인이 일단 기억에 반하는 허위의 진술을 하였더라도 그 신문이 끝나기 전에 그 진술을 철회 · 시정한 경우 위증이 되지 아니한다고 할 것이나, 증인이 1회 또는 수회의 기일에 걸쳐 이루어진 1개의 증인신문절차에서 허위의 진술을 하고 그 진술이 철회 · 시정된 바 없이 그대로 증인신문절차가 종료된 경우 그로써 위증죄는 기수에 달하고, 그 후 별도의 증인 신청 및 채택 절차를 거쳐 그 증인이 다시 신문을 받는 과정에서 종전 신문절차에서의 진술을 철회 · 시정한다 하더라도 그러한 사정은 형법 제153조가 정한 형의 감면사유에 해당할 수 있을 뿐, 이미 종결된 종전 증인신문절차에서 행한 위증죄의 성립에 어떤 영향을 주는 것은 아니다. 위와 같은 법리는 증인이 별도의 증인신문절차에서 새로이 선서를 한

경우뿐만 아니라 종전 증인신문절차에서 한 선서의 효력이 유지됨을 고지 받고 진술한 경우에도 마찬가지로 적용된다.
[2] 피고인으로부터 위증의 교사를 받은 甲이 관련사건의 제1심 제9회 공판기일에 증인으로 출석하여 한 허위 진술이 철회·시정된 바 없이 증인신문절차가 그대로 종료되었다가, 그 후 증인으로 다시 신청·채택된 甲이 위 관련사건의 제21회 공판기일에 다시 출석하여 종전 선서의 효력이 유지됨을 고지받고 증언하면서 종전 기일에 한 진술이 허위 진술임을 시인하고 이를 철회하는 취지의 진술을 한 경우, 甲의 위증죄는 이미 기수에 이른 것으로 보아야 하고, 그 후 다시 증인으로 신청·채택되어 종전 신문절차에서 한 허위 진술을 철회하였더라도 이미 성립한 위증죄에 영향을 미친다고 볼 수는 없다[대판 2010.9.30. 2010도7525]. [♠13, 14 사시]

비교판례 같은 심급에서 변론기일을 달리하여 수차 증인으로 나가 최초 한 선서의 효력을 유지시킨 상태에서 수 개의 허위진술을 하는 경우 1개의 위증죄를 구성함에 그친다[대판 2007.3.14. 2006도9463].

(2) 주관적 구성요건

判例 위증의 고의를 인정할 수 없는 경우

위증죄에서 증인의 증언이 기억에 반하는 허위의 진술인지 여부를 가릴 때에는 그 증언의 단편적인 구절에 구애될 것이 아니라 당해 신문절차에서 한 증언 전체를 일체로 파악하여야 하고, 그 결과 증인이 무엇인가 착오에 빠져 기억에 반한다는 인식이 없이 증언하였음이 밝혀진 경우에는 위증의 범의를 인정할 수 없다[대판 1991.5.10. 89도1748].

3. 책 임

判例 기대가능성이 인정되어 위증죄가 성립하는 경우

자신의 강도상해 범행을 일관되게 부인하였으나 유죄판결이 확정된 피고인이 별건으로 기소된 공범의 형사사건에서 자신의 범행사실을 부인하는 증언을 한 사안에서, 피고인에게 사실대로 진술할 기대가능성이 있으므로 위증죄가 성립한다고 판단한 사례[대판 2008.10.23. 2005도10101]. [♣12, 14, 17, 18, 19, 20, 23 변시]

4. 자기의 형사사건에 대한 위증교사

쟁점연구

1. 학 설

정범으로 처벌되지 않는 피고인에게 교사범으로서의 형사책임을 부담하게 하는 것은 부당하며 피고인이 타인을 교사하여 위증하게 하는 것은 피고인 자신이 허위의 진술을 하는 것과 차이가 없으므로 정범은 물론 교사범도 될 수 없다는 견해가 있다.

2. 판 례

자기의 형사사건에 관하여 타인을 교사하여 위증죄를 범하게 한 경우 교사범의 죄책을 부담하여야 한다는 입장이다.

3. 검 토 (판례 지지)

자기의 형사사건에 관하여 타인을 교사하여 위증죄를 범하게 하는 것은 방어권을 남용에 해당하므로 위증죄의 교사범이 성립한다고 보는 것이 타당하다.

判例 자기의 형사사건에 관하여 타인을 교사하여 위증죄를 범하게 한 경우(위증교사죄 성립)

법률에 의하여 선서한 증인이 타인의 형사사건에 관하여 위증을 하면 형법 제152조 제1항의 위증죄가 성립되므로 자기의 형사사건에 관하여 타인을 교사하여 위증죄를 범하게 하는 것은 이러한 방어권을 남용하는 것이라고 할 것이어서 교사범의 죄책을 부담케 함이 상당하다[대판 2004.1.27. 2003도5114]. [♠ 12, 13 사시] [♣ 13, 17, 19 변시]

5. 자백 · 자수의 특례

제153조(자백, 자수) 본죄를 범한 자가 그 진술한 사건의 재판 또는 징계처분이 확정되기 전에 자백 또는 자수한 때에는 그 형을 감경 또는 면제한다. [♣ 16 변시]

※ **자 백** : 허위의 진술을 한 사실을 법원 · 수사기관 · 징계기관에 대하여 고백하는 것을 말한다. 따라서 법원이나 수사기관의 심문에 의한 고백도 자백에 포함된다.

判例 법원이나 수사기관의 심문에 의한 고백도 자백에 포함되는지 여부(포함)

형법 제153조 소정의 위증죄를 범한 자가 자백, 자수를 한 경우의 형의 감면규정은 재판 확정전의 자백을 형의 필요적 감경 또는 면제사유로 한다는 것이며, 또 위 자백의 절차에 관하여는 아무런 제한이 없으므로 그가 공술한 사건을 다루는 기관에 대한 자발적인 고백은 물론, 위증사건의 피고인 또는 피의자로서 법원이나 수사기관의 심문에 의한 고백도 위 자백의 개념에 포함된다[대판 1973.11.27. 73도1639]. [♠ 10 사시]

Ⅲ. 모해위증죄

第152条(모해위증) ② 형사사건 또는 징계사건에 관하여 피고인, 피의자 또는 징계혐의자를 모해할 목적으로 전항의 죄를 범한 때에는 10년 이하의 징역에 처한다.
第153条(자백, 자수) 본죄를 범한 자가 그 진술한 사건의 재판 또는 징계처분이 확정되기 전에 자백 또는 자수한 때에는 그 형을 감경 또는 면제한다.

判例 모해할 목적의 의미 및 인정요건

형법 제152조 제2항의 모해위증죄에 있어서 '모해할 목적'이란 피고인 · 피의자 또는 징계혐의자를 불리하게 할 목적을 말하고, 허위진술의 대상이 되는 사실에는 공소 범죄사실을 직접, 간접적으로 뒷받침하는 사실은 물론 이와 밀접한 관련이 있는 것으로서 만일 그것이 사실로 받아들여진다면 피고인이 불리한 상황에 처하게 되는 사실도 포함된다. 그리고 이러한 모해의 목적은 허위의 진술을 함으로써 피고인에게 불리하게 될 것이라는 인식이 있으면 충분하고 그 결과의 발생까지 희망할 필요는 없다[대판 2007.12.27. 2006도3575].

Ⅳ. 허위감정 · 통역 · 번역죄

第154条(허위의 감정, 통역, 번역) 법률에 의하여 선서한 감정인, 통역인 또는 번역인이 허위의 감정, 통역 또는 번역을 한 때에는 전2조의 예(위증죄, 모해위증죄, 자백 · 자수의 필요적 감면)에 의한다.

判例 고의가 인정되지 않는 경우 및 포괄일죄가 성립하는 경우

[1] 허위감정죄는 고의범이므로, 비록 감정내용이 객관적 사실에 반한다고 하더라도 감정인의 주관적 판단에 반하지 않는 이상 허위의 인식이 없어 허위감정죄로 처벌할 수 없다.
[2] 하나의 소송사건에서 동일한 선서 하에 이루어진 법원의 감정명령에 따라 감정인이 동일한 감정명령사항에 대하여 수 차례에 걸쳐 허위의 감정보고서를 제출하는 경우에는 각 감정보고서 제출행위시마다 각기 허위감정죄가 성립한다 할 것이나, 이는 단일한 범의 하에 계속하여 허위의 감정을 한 것으로서 포괄하여 1개의 허위감정죄를 구성한다[대판 2000.11.28. 2000도1089].

Ⅴ. 증거인멸죄

第155條(증거인멸 등) ① 타인의 형사사건 또는 징계사건에 관한 증거를 인멸, 은닉, 위조 또는 변조하거나 위조 또는 변조한 증거를 사용한 자는 5년 이하의 징역 또는 700만원 이하의 벌금에 처한다.

1. 의 의

타인의 형사사건 또는 징계사건에 관한 증거를 인멸, 은닉, 위조 또는 변조하거나 위조 또는 변조한 증거를 사용함으로써 성립하는 범죄이다. 국가의 형사사법 기능을 보호법익으로 하며 보호의 정도는 추상적 위험범이다.

2. 구성요건

(1) 타인의 형사사건 · 징계사건에 관한 증거

① 자기의 형사사건 · 징계사건에 관한 증거 인멸 : 증거인멸죄가 성립하지 않는다(판례).

判例 **자기의 증거인멸**(증거인멸죄 ×)

본법 제155조 제1항의 증거인멸죄는 국가형벌권의 행사를 저해하는 일체의 행위를 처벌의 대상으로 하고 있으나 범인 자신이 한 증거인멸의 행위는 피고인의 형사소송에 있어서의 방어권을 인정하는 취지와 상충하므로 처벌의 대상이 되지 아니한다[대판 1965.12.10. 65도826].

判例 **자기의 이익을 위하여 증거를 인멸한 경우**(공범자의 증거인가를 불문하고 증거인멸죄 ×)

증거인멸죄는 타인의 형사사건 또는 징계사건에 관한 증거를 인멸하는 경우에 성립하는 것으로서, 피고인 자신이 직접 형사처분이나 징계처분을 받게 될 것을 두려워한 나머지 자기의 이익을 위하여 그 증거가 될 자료를 인멸하였다면, 그 행위가 동시에 다른 공범자의 형사사건이나 징계사건에 관한 증거를 인멸한 결과가 된다고 하더라도 이를 증거인멸죄로 다스릴 수 없고, 이러한 법리는 그 행위가 피고인의 공범자가 아닌 자의 형사사건이나 징계사건에 관한 증거를 인멸한 결과가 된다고 하더라도 마찬가지이다[대판 1995.9.29. 94도2608]. [♠ 04 사시] [♣ 15, 19 변시]

② 타인을 교사하여 자기의 형사사건에 관한 증거를 인멸하게 한 경우 : 비호권의 연장으로 보아 교사범이 성립하지 않는다는 견해도 있으며 판례는 교사범이 성립할 수 있다는 입장이다. 생각건대 타인이 타인의 형사사건에 관한 증거를 그 이익을 위하여 인멸하는 행위를 하면 증거인멸죄가 성립되므로 자기의 형사사건에 관한 증거를 인멸하기 위하여 타인을 교사하여 죄를 범하게 한 자에 대하여도 증거인멸죄의 교사범이 성립한다고 보는 것이 타당하다.

判例 자기사건에 관한 증거인멸의 교사(증거인멸죄의 교사범 성립)

타인이 타인의 형사사건에 관한 증거를 그 이익을 위하여 인멸하는 행위를 하면 본법 제155조 제1항의 증거인멸죄가 성립되므로 자기의 형사사건에 관한 증거를 인멸하기 위하여 타인을 교사하여 죄를 범하게 한 자에 대하여도 교사범의 죄책을 부담케 함이 상당할 것이다[대판 1965.12.10. 65도826]. [대판 2000.3.24. 99도5275]. [♠ 03, 05, 13 사시] [♣ 15 변시]

비교판례 [1] 증거은닉죄는 타인의 형사사건이나 징계사건에 관한 증거를 은닉할 때 성립하고 자신의 형사사건에 관한 증거은닉 행위는 형사소송에 있어서 피고인의 방어권을 인정하는 취지와 상충하여 처벌의 대상이 되지 아니하므로 자신의 형사사건에 관한 증거은닉을 위하여 타인에게 도움을 요청하는 행위 역시 원칙적으로 처벌되지 아니한다. 다만 그것이 방어권의 남용이라고 볼 수 있을 때는 증거은닉교사죄로 처벌할 수 있다. 방어권 남용이라고 볼 수 있는지 여부는, 증거를 은닉하게 하는 것이라고 지목된 행위의 태양과 내용, 범인과 행위자의 관계, 행위 당시의 구체적인 상황, 형사사법작용에 영향을 미칠 수 있는 위험성의 정도 등을 종합하여 판단하여야 한다.
[2] **[사실관계]** 국회의원인 甲이 乙로부터 금품과 안마의자를 받은 후, 乙이 비자금을 조성하여 정치인들에게 로비하였다는 등의 혐의를 받게 되자, 금품은 乙에게 반환하면서도 정치활동과 무관한 안마의자는 자신의 주거지에 그대로 두었다가 혹시라도 문제가 될까 염려하여 안마의자를 오랜기간 친분관계를 유지해 오던 A에게 보관하여 달라고 부탁하고 최측근인 보좌관 B에게 그 운반을 지시하여 A와 B로 하여금 요청에 응하도록 하였다. 한편 乙에 대하여 위와 같이 수사가 진행되던 상황이었고, 안마의자가 甲에게 배송된 자료도 있으며, 통화내역과 CCTV 영상 확인 등을 통하여 甲의 주거지에 있던 안마의자가 A의 주거지로 운반된 사정도 조기에 어렵지 않게 드러났다.
[3] 피고인(甲) 행위가 형사사법작용에 중대한 장애를 초래하였다거나 그러한 위험성이 있었다고 보기 어렵고 자기 자신이 한 증거은닉 행위의 범주에 속한다고 볼 여지가 충분하여 방어권을 남용한 정도에 이르렀다고 단정하기 어렵다고 한 사례[대판 2016.7.29. 2016도5596].

③ **형사사건 · 징계사건** : ⅰ) 형사피고사건 이외에 형사피의사건과 수사개시 이전의 사건에 대한 증거도 포함된다(판례, 통설). 그러나 민사 · 행정 · 선거 · 비송사건에 관한 증거는 본죄의 객체가 아니다. ⅱ) 징계사건은 국가의 징계사건에 한정되고 사인(私人)간의 징계사건은 포함되지 않는다(판례).

判例 증거위조등죄에 있어서 '타인의 형사사건 또는 징계사건'에의 포함여부

1-0. **(포함되는 경우)** 형법 제155조 제1항의 증거위조죄에서 타인의 형사사건이란 증거위조 행위 시에 아직 수사절차가 개시되기 전이라도 장차 형사사건이 될 수 있는 것까지 포함하고, 그 형사사건이 기소되지 아니하거나 무죄가 선고되더라도 증거위조죄의 성립에 영향이 없다. [♣ 15 변시] 또한 자기의 형사사건에 관한 증거를 위조하기 위하여 타인을 교사하여 죄를 범하게 한 자에 대하여는 증거위조교사죄가 성립한다[대판 2011.2.10. 2010도15986]. [♠ 12 사시]

동지판례 증거은닉죄에 있어서 "타인의 형사사건 또는 징계사건"이란 은닉행위시에 아직 수사 또는 징계절차가 개시되기 전이라도 장차 형사 또는 징계사건이 될 수 있는 것까지를 포함한다[대판 1982.4.27. 82도274]. [대판 2003.12.12. 2003도4533].

1-1. **(포함되지 않는 경우)** 형법 제155조 제1항은 '타인의 형사사건 또는 징계사건에 관한 증거를 인멸 · 은닉 · 위조 또는 변조하거나 위조 또는 변조한 증거를 사용한 자'를 처벌한다고 규정하

고 있는바, 증거인멸 등 죄는 위증죄와 마찬가지로 국가의 형사사법작용 내지 징계작용을 그 보호법익으로 하므로, 위 법조문에서 말하는 '징계사건'이란 국가의 징계사건에 한정되고 사인(私人) 간의 징계사건은 포함되지 않는다[대판 2007.11.30. 2007도4191]. [♠ 08, 09 사시]

④ 증 거 : 유리한 증거뿐만 아니라 불리한 증거도 포함된다.

判例 증거의 범위

타인의 형사사건 또는 징계사건에 관한 증거를 위조한 경우에 성립하는 형법 제155조 제1항의 증거위조죄에서 '증거'라 함은 타인의 형사사건 또는 징계사건에 관하여 수사기관이나 법원 또는 징계기관이 국가의 형벌권 또는 징계권의 유무를 확인하는 데 관계있다고 인정되는 일체의 자료를 의미한다. 따라서 타인에게 유리한 것이건 불리한 것이건 가리지 아니하며 또 증거가치의 유무 및 정도를 불문하며[대판 2007.6.28. 2002도3600], 범죄 또는 징계사유의 성립 여부에 관한 것뿐만 아니라 형 또는 징계의 경중에 관계있는 정상을 인정하는 데 도움이 될 자료까지도 본조가 규정한 증거에 포함된다[대판 2021.1.28. 2020도2642]. [♣ 23 변시]

(2) 행 위

인멸 · 은닉 · 위조 · 변조하거나 위조 · 변조한 증거를 사용하는 것이다. 여기서 '인멸'이라함은 증거의 현출방해는 물론 그 효력을 멸실 감소시키는 일체의 행위를 지칭하는 것이다[대판 1961.10.19. 4294형상347].

判例 증거위조의 의미(범위)(허위진술 · 증언은 포함 ×)

1. 형법 제155조 제1항에서 타인의 형사사건에 관한 증거를 위조한다 함은 증거 자체를 위조함을 말하는 것이고, 참고인이 수사기관에서 허위의 진술을 하는 것은 이에 포함되지 아니한다[대판 1995.4.7. 94도3412]. [♠ 12 사시]

1-1. **(중요)** 참고인이 타인의 형사사건 등에서 직접 진술 또는 증언하는 것을 대신하거나 그 진술 등에 앞서서 허위의 사실확인서나 진술서를 작성하여 수사기관 등에 제출하거나 또는 제3자에게 교부하여 제3자가 이를 제출한 것은 존재하지 않는 문서를 이전부터 존재하고 있는 것처럼 작출하는 등의 방법으로 새로운 증거를 창조한 것이 아닐뿐더러, 참고인이 수사기관에서 허위의 진술을 하는 것과 차이가 없으므로, 증거위조죄를 구성하지 않는다고 할 것이다[대판 2011.7.28. 2010도2244]. [♣ 14 변시]

비교판례 **(중요)** 참고인이 타인의 형사사건 등에 관하여 제3자와 대화를 하면서 허위로 진술하고 위와 같은 허위 진술이 담긴 대화 내용을 녹음한 녹음파일 또는 이를 녹취한 녹취록은 참고인의 허위진술 자체 또는 참고인 작성의 허위 사실확인서 등과는 달리 그 진술내용만이 증거자료로 되는 것이 아니고 녹음 당시의 현장음향 및 제3자의 진술 등이 포함되어 있어 그 일체가 증거자료가 된다고 할 것이므로, 이는 증거위조죄에서 말하는 '증거'에 해당한다. 또한 위와 같이 참고인의 허위 진술이 담긴 대화 내용을 녹음한 녹음파일 또는 이를 녹취한 녹취록을 만들어 내는 행위는 무엇보다도 그 녹음의 자연스러움을 뒷받침하는 현장성이 강하여 단순한 허위진술 또는 허위의 사실확인서 등에 비하여 수사기관 등을 그 증거가치를 판단함에 있어 오도할 위험성을 현저히 증대시킨다고 할 것이므로, 이러한 행위는 허위의 증거를 새로이 작출하는 행위로서 증거위조죄에서 말하는 '위조'에도 해당한다고 봄이 상당하다. 따라서 참고인이 타인의 형사사건 등에 관하여 제3자와 대화를 하면서 허위로 진술하고 위와 같은 허위 진술이 담긴 대화 내용을 녹음한 녹음파일 또는 이를 녹취한 녹취록을 만들어 수사기관 등에 제출하는 것은, 참고인이 타인의 형사사건 등에 관하여 수사기관에 허위의 진술을 하거나 이와 다를 바 없는 것으로서 허위의 사실확인서나 진술서를 작성하여 수사기관 등에 제출하는 것과는 달리, 증거위조죄를 구성한다[대판 2013.12.26. 2013도8085]. [♣ 15, 23 변시]

판례해설 참고인이 허위의 진술서를 작성하여 수사기관에 제출하는 행위는 수사기관에 허위의 진술을 하는 것과 다름없어 증거위조죄가 성립할 수 없다는 점을 주의하여야 한다고 강의 시간에 매우 강조한 바 있다. 그런데 위 사례는 앞의 경우와 달라서 증거위조죄가 성립할 수 있다는 것이 본 판례의 취지이다. 혼돈할 수 있으니 주의하여야 한다. 본 판례의 내용을 숙지하지 않은 수험생은 이를 기존의 판례의 법리가 그대로 적용되는 줄 잘못 알고 오답을 고를 가능성이 매우 높다.

2. 형법 제155조 제1항에서 타인의 형사사건에 관하여 증거를 위조한다 함은 증거 자체를 위조함을 말하는 것으로서, 선서무능력자로서 범죄 현장을 목격하지도 못한 사람으로 하여금 형사법정에서 범죄 현장을 목격한 양 허위의 증언을 하도록 하는 것은 위 조항이 규정하는 증거위조죄를 구성하지 아니한다[대판 1998.2.10. 97도2961]. [♠ 99 사시]

3. [1] 타인의 형사사건 또는 징계사건에 관한 증거를 위조한 경우에 성립하는 형법 제155조 제1항의 증거위조죄에서 '위조'란 문서에 관한 죄에 있어서의 위조 개념과는 달리 새로운 증거의 창조를 의미하는 것이므로 존재하지 아니한 증거를 이전부터 존재하고 있는 것처럼 작출하는 행위도 증거위조에 해당하며, 증거가 문서의 형식을 갖는 경우 증거위조죄에 있어서의 증거에 해당하는지 여부가 그 작성권한의 유무나 내용의 진실성에 좌우되는 것은 아니다. [♣ 15 변시]

   [2] 타인의 형사사건과 관련하여 수사기관이나 법원에 제출하거나 현출되게 할 의도로 법률행위 당시에는 존재하지 아니하였던 처분문서, 즉 그 외형 및 내용상 법률행위가 그 문서 자체에 의하여 이루어진 것과 같은 외관을 가지는 문서를 사후에 그 작성일을 소급하여 작성하는 것은, 가사 그 작성자에게 해당 문서의 작성권한이 있고, 또 그와 같은 법률행위가 당시에 존재하였다거나 그 법률행위의 내용이 위 문서에 기재된 것과 큰 차이가 없다 하여도 증거위조죄의 구성요건을 충족시키는 것이라고 보아야 하고, 비록 그 내용이 진실하다 하여도 국가의 형사사법기능에 대한 위험이 있다는 점은 부인할 수 없다[대판 2007.6.28. 2002도3600].

4. 사실의 증명을 위해 작성된 문서가 그 사실에 관한 내용이나 작성명의 등에 아무런 허위가 없다면 '증거위조'에 해당한다고 볼 수 없다. 설령 사실증명에 관한 문서가 형사사건 또는 징계사건에서 허위의 주장에 관한 증거로 제출되어 그 주장을 뒷받침하게 되더라도 마찬가지이다 [대판 2021.1.28. 2020도2642].

判例 증거변조죄의 교사범 및 간접정범이 성립하지 않는 경우

노동조합 지부장인 피고인 甲이 업무상횡령 혐의로 조합원들로부터 고발을 당하자 피고인 乙과 공동하여 조합 회계서류를 무단 폐기한 후 폐기에 정당한 근거가 있는 것처럼 피고인 乙로 하여금 조합 회의록을 조작하여 수사기관에 제출하도록 교사한 경우, 회의록의 변조 · 사용은 피고인들이 공범관계에 있는 문서손괴죄 형사사건에 관한 증거를 변조·사용한 것으로 볼 수 있어 피고인 乙에 대한 증거변조죄 및 변조증거사용죄가 성립하지 않으며, 피교사자인 피고인 乙이 증거변조죄 및 변조증거사용죄로 처벌되지 않은 이상 피고인 甲에 대하여 공범인 교사범은 물론 그 간접정범도 성립하지 않는다[대판 2011.7.14. 2009도13151]. [♣ 17 변시]

판결이유 간접정범도 정범의 일종인 이상 증거변조죄 및 변조증거사용죄의 정범으로 처벌되지 아니하는 甲을 같은 죄의 간접정범으로 처벌할 수는 없고, 비록 자기의 형사사건에 관한 증거를 변조·사용하기 위하여 타인을 교사하여 증거를 변조·사용하도록 하였더라도 피교사자인 타인이 같은 형사사건의 공범에 해당하여 증거변조죄 및 변조증거사용죄로 처벌되지 않은 이상 본 죄의 교사범을 처벌하는 취지와 달리 자기 방어권 행사를 위해 제3자로 하여금 새로운 범죄를 저지르게 함으로써 자기 방어권의 한계를 일탈하여 새로이 국가의 형사사법기능을 침해한 경우라고도 보기 어려우므로, 甲에 대하여 증거변조죄 및 변조증거사용죄의 간접정범도 성립하지 않는다.

(3) 주관적 구성요건

고의가 있어야 한다.

判例 **증거인멸죄의 고의가 인정되지 않는 경우**

대구지하철 화재사고 현장을 수습하기 위한 청소 작업이 한참 진행되고 있는 시간 중에 실종자 유족들로부터 이의제기가 있었음에도 대구지하철공사 사장이 즉각 청소 작업을 중단하도록 지시하지 아니하였고 수사기관과 협의하거나 확인하지 아니하였다고 하여 위 사장에게 그러한 청소 작업으로 인하여 증거인멸의 결과가 발생할 가능성을 용인하는 내심의 의사까지 있었다고 단정하기는 어렵다고 한 사례[대판 2004.5.14. 2004도74].

3. 친족간의 특례

제155조(친족간의 특례) ④ 친족 또는 동거의 가족이 본인을 위하여 본조의 죄를 범한 때에는 처벌하지 아니한다.

Ⅵ. 증인은닉·도피죄

제155조(증거인멸 등과 친족간의 특례) ② 타인의 형사사건 또는 징계사건에 관한 증인을 은닉 또는 도피하게 한 자도 제1항의 형과 같다.
④ 친족 또는 동거의 가족이 본인을 위하여 본조의 죄를 범한 때에는 처벌하지 아니한다.

※ 증 인 : 법률에 의하여 선서한 증인에 국한되지 않는다.

判例 자기의 이익을 위한 공동증인 도피(증인도피죄 ×)

형법 제155조 제2항 소정의 증인도피죄는 타인의 형사사건 또는 징계사건에 관한 증인을 은닉 · 도피하게 한 경우에 성립하는 것으로서, 피고인 자신이 직접 형사처분이나 징계처분을 받게 될 것을 두려워한 나머지 자기의 이익을 위하여 증인이 될 사람을 도피하게 하였다면, 그 행위가 동시에 다른 공범자의 형사사건이나 징계사건에 관한 증인을 도피하게 한 결과가 된다고 하더라도 이를 증인도피죄로 처벌할 수 없다[대판 2003.3.14. 2002도6134]. [♠05 사시]

判例 허위진술 또는 허위진술을 하도록 교사한 경우(증거위조죄 ×, 증거위조죄 교사범 ×)

단순히 타인의 형사피의사건에 관하여 수사기관에서 허위의 진술을 하거나 허위의 진술을 하도록 교사하는 정도의 행위로는 타인의 형사사건에 관한 증인을 은닉 또는 도피하게 한 것에 해당되지 아니함은 물론 증거의 현출을 방해하여 증거로서의 가치를 멸실 또는 감소시키는 증거인멸 등의 적극적 행위에 나선 것으로는 볼 수 없다 할 것이므로 위와 같은 행위가 증거를 위조하고 또는 그 위조를 교사한 죄를 구성한다고 볼 수 없다[대판 1977.9.13. 77도997].

Ⅶ. 모해증거인멸죄

제155조(증거인멸 등과 친족간의 특례) ③ 피고인, 피의자 또는 징계혐의자를 모해할 목적으로 전2항의 죄를 범한 자는 10년 이하의 징역에 처한다.
④ 친족 또는 동거의 가족이 본인을 위하여 본조의 죄를 범한 때에는 처벌하지 아니한다.

判例 모해증거위조죄의 '피의자'의 범위(주의)

형법 제155조 제1항은 "타인의 형사사건 또는 징계사건에 관한 증거를 인멸, 은닉, 위조 또는 변조하거나 위조 또는 변조한 증거를 사용한 자는 5년 이하의 징역 또는 700만 원 이하의 벌금에 처한다"고 하고, 그 제3항은 "피고인, 피의자 또는 징계혐의자를 모해할 목적으로 제1항의 죄를 범한 자는 10년 이하의 징역에 처한다"고 규정하고 있는바, 그 문언 내용 및 입법 목적과 형벌법규 엄격해석의 원칙 등에 비추어 보면 형법 제155조 제3항(모해증거인멸 등)에서 말하는 '피의자'라고 하기 위해서는 수사기관에 의하여 범죄의 인지 등으로 수사가 개시되어 있을 것을 필요로 하고, 그 이전의 단계에서는 장차 형사입건될 가능성이 크다고 하더라도 그러한 사정만으로 '피의자'에 해당한다고 볼 수는 없다[대판 2010.6.24. 2008도12127].

제5절 무고의 죄

무고죄의 허위의 의미 및 허위신고 해당여부에 관한 판례, 허위신고의 내용이 형사처분의 원인이 될 수 없는 경우 무고죄가 성립하지 않는다는 판례, 징계처분의 범위에 관한 판례를 정리해 두어야 한다.

Ⅰ. 총 설

1. 의 의

무고의 죄란 타인으로 하여금 형사처분 또는 징계처분을 받게 할 목적으로 공무소 또는 공무원에 대하여 허위의 사실을 신고함으로써 성립하는 범죄이다.

2. 보호법익

본죄는 국가의 심판기능의 적정한 행사 이외에 피무고자 개인의 법적 안정성도 보호법익으로 한다(통설).

Ⅱ. 무고죄

第156条(무고) 타인으로 하여금 형사처분 또는 징계처분을 받게 할 목적으로 공무소 또는 공무원에 대하여 허위의 사실을 신고한 자는 10년 이하의 징역 또는 1천만원 이하의 벌금에 처한다.
第157条(자백, 자수) 제153조는 전조에 준용한다.
第153条(자백, 자수) 본죄를 범한 자가 그 진술한 사건의 재판 또는 징계처분이 확정되기 전에 자백 또는 자수한 때에는 그 형을 감경 또는 면제한다. [♠ 14 사시] [♣ 15 변시]

1. 의 의

타인으로 하여금 형사처분 또는 징계처분을 받게 할 목적으로 공무소 또는 공무원에 대하여 허위의 사실을 신고함으로써 성립하는 범죄이다.

2. 구성요건

(1) 객관적 구성요건

① 주 체 : 제한이 없으며 공무원도 무고죄의 주체가 될 수 있다.

判例 고소장의 명의자와 고소를 주도한 자가 다른 경우(고소의 주도자가 무고죄의 주체)

비록 외관상으로는 타인 명의의 고소장을 대리하여 작성하고 제출하는 형식으로 고소가 이루어진 경우라 하더라도 그 명의자는 고소의 의사가 없이 이름만 빌려준 것에 불과하고 명의자를 대리한 자가 실제 고소의 의사를 가지고 고소행위를 주도한 경우라면 그 명의자를 대리한 자를 신고자로 보아 무고죄의 주체로 인정하여야 할 것이다[대판 2007.3.30. 2006도6017]. [♠ 08 사시]

② **공무소·공무원** : ⅰ) 모든 공무원·공무소가 아니라, 형사처분·징계처분에 대하여 직권행사를 할 수 있는 해당 관서 또는 그 소속 공무원을 말한다(통설). ⅱ) 형사처분의 경우 수사기관인 검사·사법경찰관 및 그 보조자를 포함하며, 징계처분의 경우 징계권이 있는 소속장 이외에 징계처분을 촉구할 수 있는 기관을 포함한다(대통령, 관내 경찰서장을 지휘·감독하는 도지사, 감사원장).

判例 무고죄가 성립하는 경우

국세청장은 조세범칙행위에 대하여 벌금 상당액의 통고처분을 하거나 검찰에 이를 고발할 수 있는 권한이 있으므로, 국세청장에 대하여 탈세혐의사실에 관한 허위의 진정서를 제출하였다면 무고죄가 성립한다[대판 1991.12.13. 91도2127].

判例 군인에 대한 무고죄가 성립하기 위한 요건

군인에 대한 무고죄의 경우에 공무소 또는 공무원에 대한 신고는 반드시 해당 군인에 대하여 징계처분 또는 형사처분을 심사 결행할 직권 있는 소속 상관에게 직접 하여야 하는 것은 아니지만, 지휘명령 계통이나 수사관할 이첩을 통하여 그런 권한 있는 상관에게 도달되어야 무고죄가 성립한다[대판 2014.12.24. 2012도4531].

③ **허위사실** : ⅰ) 객관적 진실에 반하는 사실을 말한다(판례, 통설). 따라서 신고자가 신고내용을 허위라고 오신한 경우에도 그것이 객관적 진실과 부합할 경우에는 허위신고에 해당하지 않는다. ⅱ) 범죄성립을 조각하는 사유를 숨기고 구성요건적 사실만을 신고하는 것은 허위신고에 해당하나, 신고사실이 객관적으로 진실인 경우, 법적 평가를 그르친 경우와 범죄주체를 잘못 지목한 경우는 허위신고라고 할 수 없다. ⅲ) 허위신고의 사실은 형사처분·징계처분의 원인이 될 수 있는 것이라야 한다. 따라서 신고사실이 허위일지라도 형사처분 또는 징계처분의 대상이 아님이 명백한 경우에는 무고죄가 성립하지 않는다.

判例 무고죄의 허위신고의 의미(객관적 진실에 반하는 신고)

무고죄는 타인으로 하여금 형사처분 등을 받게 할 목적으로 신고한 사실이 객관적 진실에 반하는 허위사실인 경우에 성립되는 범죄로서, 신고자가 그 신고내용을 허위라고 믿었다 하더라도 그것이 객관적으로 진실한 사실에 부합할 때에는 허위사실의 신고에 해당하지 않아 무고죄는 성립하지 않는 것이며, 한편 위 신고한 사실의 허위 여부는 그 범죄의 구성요건과 관련하여 신고사실의 핵심 또는 중요내용이 허위인가에 따라 판단하여 무고죄의 성립 여부를 가려야 한다[대판 1991.10.11. 91도1950], [대판 2006.2.10. 2003도7487].
[♠08 사시]

判例 무고죄의 허위사실의 증명의 정도(적극적 증명을 요함)

무고죄는 타인으로 하여금 형사처분이나 징계처분을 받게 할 목적으로 신고한 사실이 객관적 진실에 반하는 허위사실인 경우에 성립되는 범죄이므로 신고한 사실이 객관적 사실에 반하는 허위사실이라는 요건은 적극적인 증명이 있어야 하며, 신고사실의 진실성을 인정할 수 없다는 소극적 증명만으로 곧 그 신고사실이 객관적 진실에 반하는 허위사실이라고 단정하여 무고죄의 성립을 인정할 수는 없다[대판 2006.5.25. 2005도4642; 동지 대판 2004.1.27. 2003도5114], [대판 2014.2.13. 2011도15767]. [♠ 05, 10 사시] [♣ 21 변시]

判例 무고죄의 '허위 사실의 신고'에 해당하는 경우

피고인이 수사기관에 '갑이 민사사건 재판과정에서 위조된 확인서를 제출하였으니 처벌하여 달라'는 내용으로 허위 사실이 기재된 고소장을 제출하면서 '갑이 위조된 합의서도 제출하였다'는 취지로 기재하였으나, 고소보충 진술 시 확인서가 위조되었다는 점에 관하여만 진술한 사안에서, 피고인이 제출한 고소장에 '합의서도 도장을 찍은 바가 없으므로 위조 및 행사 여부를 가려주시기 바랍니다'라고 기재한 내용이 허위의 사실이라면 이 부분에 대해서도 '허위 사실을 신고한 것'으로 보아야 한다고 한 사례[대판 2014.3.13. 2012도2468].

判例 객관적 사실과 부합하여 무고죄가 성립하지 않는 경우

[1] 무고죄에 있어서 허위의 사실이라 함은 그 신고된 사실로 인하여 상대방이 형사처분이나 징계처분 등을 받게 될 위험이 있는 것이어야 하고, 비록 신고내용에 일부 객관적 진실에 반하는 내용이 포함되었다 하더라도 그것이 독립하여 형사처분 등의 대상이 되지 아니하고 단지 신고사실의 정황을 과장하는 데 불과하거나 허위의 일부사실의 존부가 전체적으로 보아 범죄사실의 성부에 직접 영향을 줄 정도에 이르지 아니하는 내용에 관계되는 것이라면 무고죄가 성립하지 아니한다.
[2] 피고인 자신이 상대방의 범행에 공범으로 가담하였음에도 자신의 가담사실을 숨기고 상대방만을 고소한 경우, 피고인의 고소내용이 상대방의 범행 부분에 관한 한 진실에 부합하므로 이를 허위의 사실로 볼 수 없고, 상대방의 범행에 피고인이 공범으로 가담한 사실을 숨겼다고 하여도 그것이 상대방에 대한 관계에서 독립하여 형사처분 등의 대상이 되지 아니하고 또한 전체적으로 보아 상대방의 범죄사실의 성립 여부에 직접 영향을 줄 정도에 이르지 아니하는 내용에 관계되는 것이므로 무고죄가 성립하지 않는다. [♠ 10 사시] [♣ 15 변시]
[3] 甲이 乙, 丙과 공모하여 은행으로부터 대출금을 편취한 것과는 별도로 乙이 甲을 기망하여 위 대출금을 편취하였으니 처벌해 달라는 취지로 고소하여 乙에 대해 사기죄로 공소제기까지 된 경우, 위 고소는 乙에 대한 관계에서 독립하여 형사처분 등의 대상이 되는 허위사실의 고소로 볼 수 있으므로 甲이 공범이었다고 하더라도 무고죄가 성립한다[대판 2010.2.25. 2009도1302; 동지 대판 2008.8.21. 2008도3754].

判例 차용인을 사기죄로 고소하는 경우 허위신고인지의 여부

1. 금원을 대여한 고소인이 차용금을 갚지 않는 차용인을 사기죄로 고소함에 있어서, (1) 피고소인이 차용금의 용도를 사실대로 이야기하였더라면 금원을 대여하지 않았을 것인데 차용금의 용도를 속이는 바람에 대여하였다고 주장하는 사안이라면 그 차용금의 실제용도는 사기죄의 성부에 영향을 미치는 것으로서 고소사실의 중요한 부분이 되고 따라서 그 실제용도에 관하여 고소인이 허위로 신고를 할 경우에는 그것만으로도 무고죄에 있어서의 허위의 사실을 신고한 경우에 해당한다 할 것이나, (2) 단순히 차용인이 변제의사와 능력의 유무에 관하여 기망하였다는 내용으로 고소한 경우에는 차용금의 용도와 무관하게 다른 자료만으로도 충분히 차용인의 변제의사나 능력의 유무에 관한 기망사실을 인정할 수 있는 경우도 있을 것이므로 그 차용금의 실제 용도에 관하여 사실과 달리 신고하였다 하더라도 그것만으로는 범죄사실의 성부에 영향을 줄 정도의 중요한 부분을 허위로 신고하였다고 할 수 없는 것이고, 이와 같은 법리는 고소인이 차용사기로 고소함에 있어서 묵비하거나 사실과 달리 신고한 차용금의 실제 용도가 도박자금이었다고 하더라도 달리 볼 것은 아니다[대판 2004.12.9. 2004도2212]. [♠13, 14 사시]

판결이유 공소외인이 변제할 의사 없이 고소인(피고인)으로부터 차용금 명목으로 금원을 교부받아 이를 편취하였다고 신고한 경우, 피고인이 공소외인이 도박자금으로 사용하는 것을 알고 있었던 사실을 밝히지 않았다는 등의 사유만으로는 피고인이 허위의 사실을 신고하였다고 할 수 없다.

동지판례 ⅰ) 甲이 돈을 갚지 않는 A를 사기죄로 고소하면서 도박장에서 도박자금으로 빌려 준 사실을 숨기고 단순히 변제의사와 능력의 유무에 관하여 기망하였다는 내용으로 고소하고 또한 A에게 대여장소를 묵비하도록 종용한 경우, 고소내용에 비추어 차용금의 용도와 무관하게 다른 자료들을 토대로 피고소인들이 변제할 의사나 능력이 없이 금원을 차용하였는지 여부를 인정할 수도 있는 것이므로, 위 사정만으로는 사기죄의 성립 여부에 영향을 줄 정도의 중요한 부분을 허위로 신고하였다고 보기는 어려울 것이다[대판 2011.1.13. 2010도14028]. [♠14 사시]
ⅱ) 피고인이 돈을 갚지 않는 갑을 차용금 사기로 고소하면서 대여금의 용도에 관하여 '도박자금'으로 빌려준 사실을 감추고 '내비게이션 구입에 필요한 자금'이라고 허위 기재하고, 대여의 일시·장소도 사실과 달리 기재하여 갑을 무고하였다는 내용으로 기소된 사안에서, 피고인의 고소 내용은 갑이 변제의사와 능력도 없이 차용금 명목으로 돈을 편취하였으니 사기죄로 처벌하여 달라는 것이라고 보아 무고죄가 성립할 수 없다고 본 사례[대판 2011.9.8. 2011도3489].

2. [1] 무고죄는 타인으로 하여금 형사처분 또는 징계처분을 받게 할 목적으로 공무소 또는 공무원에 대하여 허위의 사실을 신고하는 때에 성립하는 것으로, 여기에서 허위사실의 신고라 함은 신고사실이 객관적 사실에 반한다는 것을 확정적이거나 미필적으로 인식하고 신고하는 것을 말하는 것이므로, 신고사실의 일부에 허위의 사실이 포함되어 있다고 하더라도 그 허위부분이 범죄의 성부에 영향을 미치는 중요한 부분이 아니고, 단지 신고한 사실을 과장한 것에 불과한 경우에는 무고죄에 해당하지 아니하지만, 그 일부 허위인 사실이 국가의 심판작용을 그르치거나 부당하게 처벌을 받지 아니할 개인의 법적 안정성을 침해할 우려가 있을 정도로 고소사실 전체의 성질을 변경시키는 때에는 무고죄가 성립될 수 있다.
[2] 도박자금으로 대여한 금전의 용도에 대하여 허위로 신고한 것이 무고죄의 허위신고에 해당한다고 한 사례[대판 2004.1.16. 2003도7178]. [♠06, 07, 11 사시]

판결이유 피고인이 공소외 1에게 도박자금으로 대여하였음에도 불구하고 단순히 그 대여금의 용도를 묵비한 것을 넘어서 실제와는 다른 장소에서 공소외 1에게 사고 처리비용조로 금전을 대여하였고 공소외 1이 그 다음 날 바로 변제하겠다고 약속하였다는 내용으로 고소하여 그 대여한 금전의 용도에 대하여 허위로 진술한 것은 허위의 사실을 고소한 것이다. [♣15 변시]

判例 무고죄가 성립하지 않는 경우(허위신고의 내용이 형사처분의 원인이 될 수 없는 경우)

[1] 타인에게 형사처분을 받게 할 목적으로 '허위의 사실'을 신고한 행위가 무고죄를 구성하기 위하여는 신고된 사실 자체가 형사처분의 원인이 될 수 있어야 할 것이어서, 가령 허위의 사실을 신고하였다 하더라도 그 사실 자체가 형사범죄로 구성되지 아니한다면 무고죄는 성립하지 아니한다. [♣15 변시]

[2] "피고소인이 송이의 채취권을 이중으로 양도하여 손해를 입었으니 엄벌하여 달라"는 내용의 고소사실이 횡령죄나 배임죄 기타 형사범죄를 구성하지 않는 내용의 신고에 불과하여 그 신고 내용이 허위라고 하더라도 무고죄가 성립할 수 없다고 한 사례[대판 2007.4.13. 2006도558; 동지 대판 2002.6.28. 2001도2707]. [♠03, 14 사시]

판 례 연 습

【허위신고와 무고죄의 성립여부】 [♠04 사시]

甲은 A와 B女로 하여금 형사처벌을 받게 할 목적으로, "고소인은 A로부터 부동산을 임차하여 B女에게 다방운영을 위탁하였는데, 그 후 A는 B女와 통정하여 고소인을 배제시킬 의도로 고소인 모르게 임차인을 B女로 하는 임대차계약서를 다시 작성한 후 이를 근거로 임대차보증금 및 권리금의 반환을 거절하고 편취하였으니 A와 B女를 배임죄 또는 사기죄로 처벌하여 주시기 바랍니다." 라는 취지의 고소장을 경찰서에 제출하였다. 그런데 사실은 임차인 명의를 B女로 하는 임대차계약서를 새로 작성한 것은 甲의 요청에 의한 것이었다. 甲의 죄책은?

판결요지

[1] 사문서위조죄에 있어서 위조라 함은 작성권한이 없는 자가 타인 명의의 문서를 작성하는 것을 말하고, 작성권한 있는 자가 진실에 반한 내용의 문서를 작성하는 이른바 무형위조는 처벌대상이 되지 아니하므로, 가사 고소사실과 같이 甲의 승낙 없이 B女와 A가 그들 명의의 임대차계약서를 새로 작성하였다고 하더라도 작성권한이 없는 자가 타인 명의의 문서를 작성한 경우에 해당하지 아니하여 사문서위조죄가 성립할 여지가 없다.

[2] 임대차보증금이 있는 임대차계약에 있어 임대인은 임차인으로 하여금 목적물을 사용·수익하게 할 의무와 임대차가 종료한 경우 임대차보증금 중 연체차임 등 당해 임대차에 관하여 명도시까지 생긴 임차인의 채무를 청산한 나머지 금액을 반환할 사법상의 의무만 있을 뿐이고, 임차인을 위하여 임대차보증금을 보관하거나 임차인의 사무를 처리하는 지위에 있지 아니하다. 따라서 설령

A와 B女가 이중으로 임대차계약을 하고 甲의 임차인으로서의 지위를 부정하였거나 또는 B女를 임대차보증금의 수령권자로 취급하고 甲에 대하여 임대차보증금의 반환을 거부하였다고 하더라도 A가 민사상 채무불이행 책임을 지는 것은 별론으로 하고 횡령죄나 배임죄가 성립할 수는 없다.
[3] A와 甲이 임대차계약을 체결할 당시부터 甲에게 임대할 생각이 아니라 B女에게 임대할 생각이었으면서도 B女와 공모하여 마치 甲에게 다방을 임대할 것처럼 甲을 기망하여 임대차보증금을 교부받아 편취하였다는 내용이 고소사실이라면, 이는 사기죄가 될 여지가 있다고 하겠다. 그러나 甲의 고소사실의 요지는, B女가 A와 공모하여 처음부터 甲을 기망하고, 이에 속은 甲이 임대차계약을 체결하였다는 것이 아니라 B女와 A가 공모하여 임대차 도중에 정당한 임차인인 甲의 승낙 없이 마치 B女가 이 사건 다방을 임차한 것처럼 허위의 계약서를 작성함으로써 甲을 임대차관계에서 배제하였다는 것이므로 그 사실 자체로서는 사기죄를 구성할 여지도 없다.
[4] 그렇다면 가사 甲이 B女와 A 사이의 임대차계약서의 작성을 승낙하였음에도 불구하고 마치 승낙을 하지 않은 것처럼 허위의 사실을 신고하였다고 하더라도, 그 고소사실 자체가 사문서위조, 횡령이나 배임, 사기 기타 형사범죄로 구성되지 아니하는 이상 무고죄가 성립한다고 할 수 없다 [대판 2002.,11.8. 2002도3738].

정답 (무고죄 불성립)

判例 허위사실 적시의 정도(수사권 또는 징계권의 발동을 촉구하는 정도로 족함)

무고죄에 있어서 허위사실 적시의 정도는 수사관서 또는 감독관서에 대하여 수사권 또는 징계권의 발동을 촉구하는 정도의 것이면 충분하고 반드시 범죄구성요건 사실이나 징계요건 사실을 구체적으로 명시하여야 하는 것은 아니다[대판 2006.5.25. 2005도4642].

동지판례 무고죄에 있어서 허위사실의 적시는 수사관서 또는 감독관서에 대하여 수사권 또는 징계권의 발동을 촉구하는 정도의 것이라면 충분하고, 그 사실이 해당될 죄명 등 법률적 평가까지 명시하여야 하는 것은 아니다 [대판 2009.3.26. 2008도6895].

判例 허위인가의 판단시기(신고시를 기준)

[1] 무고죄는 타인으로 하여금 형사처분 등을 받게 할 목적으로 공무소 등에 허위의 사실을 신고함으로써 성립하는 범죄이므로, 그 신고 된 범죄사실이 이미 공소시효가 완성된 것이어서 무고죄가 성립하지 아니하는 경우에 해당하는지 여부는 그 신고시를 기준으로 하여 판단하여야 한다고 할 것이다.
[2] 범행일시를 특정하지 않은 고소장을 제출한 후, 고소보충진술시에 범죄사실의 공소시효가 아직 완성되지 않은 것으로 진술한 피고인이 그 이후 검찰이나 제1심 법정에서 다시 범죄의 공소시효가 완성된 것으로 정정 진술한 경우, 이미 고소보충진술시에 무고죄가 성립하였다[대판 2008.3.27. 2007도11153].

判例 피무고자의 특정(성명의 표시를 요하지 않음)

공무원 또는 공무소에 대한 허위 사실의 신고를 무고죄로 처벌하기 위하여는 그 신고에 피무고자의 성명이 표시되어 있지 않더라도 그 신고내용에 의하여 객관적으로 피무고자를 특정할 수 있으면 족하다고 할 것인바, 이 사건 진정서에는 그 피진정인이 '목표교도소 징벌위원회'로 되어 있지만 그 진정 내용은 위 징벌위원회 회의록이 허위로 작성되었다는 취지이므로 위 회의록의 작성권한을 가지는 위 징벌위원회위원장을 그 피진정인으로 특정할 수 있는 것이어서, 이 사건 진정서의 피진정인과 이 부분 공소사실의 피진정인이 동일하다고 볼 수 있다[대판 2006.6.9. 2006도417].

判例 무고죄가 성립하는 경우

1. 객관적으로 고소사실에 대한 공소시효가 완성되었더라도 고소를 제기하면서 마치 공소시효가 완성되지 않은 것처럼 고소한 경우에는 국가기관의 직무를 그르칠 염려가 있으므로 무고죄를 구성한다[대판 1995.12.5. 95도1908]. [♠ 02, 06, 08 사시] [♣ 15, 20 변시]
2. 증언을 한 자가 그 재판 과정에서 자신의 증언과 반대되는 취지의 증언을 한 다른 증인을 위증죄로 고소하였다가 그 고소가 허위임이 밝혀진 경우에는 무고죄가 성립한다[대판 2005.4.14. 2003도1080].
3. 영수증을 정당하게 작성·교부하거나 적법하게 백지보충권을 수여하여 그에 따라 백지보충이 이루어졌음에도 불구하고 상대방이 그 영수증을 위조하였다고 신고한 경우, 무고죄에 있어서 허위사실의 신고에 해당한다[대판 2007.6.1. 2007도2299].
4. 피고인이 고소를 통하여 공소외인에게 실제로 돈을 대여한 바 없거나 또는 일부 대여한 돈을 이미 변제받았음에도 불구하고 마치 돈을 대여하였거나 그로 인한 채권이 여전히 존재하는 것처럼 내세워 허위내용의 사실을 신고한 것인 이상, 그것이 단순히 신고사실의 정황을 과장한 데에 지나지 않는다고 말할 수는 없다[대판 1995.3.10. 94도2598].
5. 위법성조각사유가 있음을 알면서도 "피고소인이 허위사실을 공표하였다."고 고소함으로써 결국 적극적으로 위법성조각사유가 적용되지 않는 공직선거법 제250조의 허위사실공표죄로 처벌되어야 한다고 주장한 경우에는 무고죄가 성립한다[대판 1998.3.24. 97도2956].
6. 종중의 사고수습대책회의가 종묘관리인의 채무를 면제하여 주는 결의를 할 적법한 권한은 없다 하더라도 피고소인은 위 회의의 결의에 따라 종묘관리인의 채무를 면제하여 준 것인데 피고인이 이를 알고 있었음에도 불구하고 진실이라는 확신 없이 위 피고소인이 공소외인으로부터 금원을 받고 임의로 결손처분하였다고 고소하였다면 금전수수의 대가로 채무면제를 하여 주었다는 점에 대하여 수사기관으로 하여금 수사권을 발동하도록 함에 충분하므로 피고인의 위와 같은 행위는 무고죄를 구성한다[대판 1986.12.9. 85도2482].

7. 피고소인들이 피고인과 제3자와의 싸움을 말리려고 하다가 피고인이 말을 듣지 아니하여 만류를 포기하고 옆에서 보고만 있었을 뿐 피고소인들이 피고인의 팔을 잡은 사실이 없었고, 또한 피고인이 그 싸움에서 턱 부위에 상해를 입은 사실은 있으나 그 상해 역시 피고인이 제3자로부터 안면부를 얻어맞아 입은 것이 아니라 서로 멱살을 잡고 밀고 당기는 과정에서 입은 상해임을 엿볼 수 있는 경우, 이와 같은 사실관계에서 "피고소인들이 피고인의 양팔을 잡아 가세하고 제3자가 피고인의 안면부를 때려 상해를 입혔다"는 취지의 고소내용은 그 제3자에 대한 관계에서는 신고사실의 정황을 다소 과장한 것에 불과하다고 볼 수도 있겠으나, 피고소인들에 대한 관계에서는 고소내용 전체가 객관적인 진실에 반하는 허위의 사실을 신고한 것으로서 그것이 단지 신고사실의 정황을 과장하는 데 불과하다고 볼 수는 없다[대판 1995.2.24. 94도3068].
8. 시청의 시민과장이 부당하게 도시계획을 변경하였다는 내용의 허위진정은 비록 도시계획변경은 건설부장관의 권한에 속하며 시청의 시민과장이 임의로 좌우할 수 없다 하더라도 당해 시청에서 도시계획을 수립하는 이상 시청의 시민과장의 징계권자로 하여금 징계권발동을 유발하기에 족한 것으로 보여지므로 무고죄가 성립한다[대판 1977.4.25. 75도2885].
9. 무고죄는 타인으로 하여금 형사처분을 받게 할 목적으로 허위의 사실을 공무소에 신고하면 성립되는 것이고 허위의 사실을 기재한 고소장을 작성하여 수사기관에 제출한 이상 고소장을 작성할 때 변호사 등 법조인의 자문을 받았다 하더라도 무고죄의 성립에는 소장이 없다[대판 1986.10.13. 86도1606].
10. 경찰관이 乙을 현행범으로 체포하려는 상황에서 甲이 경찰관을 폭행하여 甲을 현행범으로 체포하였는데, 甲이 경찰관의 현행범 체포업무를 방해한 일이 없다며 경찰관을 불법체포로 고소한 경우, 무고죄가 성립한다[대판 2009.1.30. 2008도8573].
11. 甲이 먼저 자신을 때려 주면 돈을 주겠다고 하여 乙, 丙이 甲을 때리고 지갑을 교부받아 그 안에 있던 현금을 가지고 간 것임에도, '乙 등이 피고인을 폭행하여 돈을 빼앗았다'는 취지로 허위사실을 신고한 경우, 무고죄가 성립한다[대판 2010.4.29. 2010도2745].
12. 고소사실 자체가 인정되지 않는 경우에는 고소 내용이 설사 피고인의 과실 또는 무지에 기인한 것이라고 하더라도 이를 단순한 정황의 과장에 해당한다고 볼 수 없어, 무고죄가 성립한다[대판 2009.11.12. 2009도8949].

   판결이유 피고인이 송일국으로부터 폭행을 당한 사실 자체가 인정되지 않으므로 피고인이 설령 6개월간의 가료를 요한다는 내용의 일반진단서의 의미를 잘 이해하지 못하였고 치근파절이 기왕증이라는 사실을 몰랐다고 하더라도 피고인의 이 사건 고소가 단순한 정황의 과장에 해당하는 것으로 볼 수 없다.
13. 피고인이 甲 주식회사에서 리스한 승용차를 乙에게 담보로 제공하고 돈을 차용하면서 약정 기간 내에 갚지 못할 경우 이를 처분하더라도 아무런 이의를 제기하지 않기로 하였는데, 변제기 이후 乙 등이 차량을 처분하자 피고인의 허락 없이 마음대로 처분하였다는 취지로 고소하였다면, 위 고소 내용은 허위사실 기재로서 그 자체로 독립하여 무고죄가 성립한다[대판 2012.5.24. 2011도11500].

判例 무고죄가 성립하지 않는 경우

1. 강간을 당하여 상해를 입었다는 고소내용은 하나의 강간행위에 대한 고소사실이고, 이를 분리하여 강간에 관한 고소사실과 상해에 관한 고소사실의 두 가지 고소내용이라고 볼 수는 없으므로, 피고인이 공소외 甲으로부터 강간을 당한 것이 사실인 이상 이를 고소함에 있어서 강간으로 입은 것이 아닌 상해사실을 포함시켰다 하더라도 이는 고소내용의 정황을 과장한 것에 지나지 아니하여 따로이 무고죄를 구성하지 아니한다[대판 1983.1.18. 82도2170].

   동지판례 피고인이 구타를 당한 것이 사실인 이상 이를 고소함에 있어서 입지 않은 상해사실을 포함시켰다 하더라도 이는 고소내용의 정황의 과장에 지나지 않으므로 위 상해부분만이 따로이 무고죄를 구성한다고는 할 수 없다[대판 1973.12.25. 73도2771].

2. 피고인이 공소외인과 주주총회 회의장에서 상대방을 비난하다가 감정이 격해져서 서로 의자를 밀치면서 달려나와 상대방의 멱살을 붙잡고 밀고 당기면서 회의장출구 쪽으로 나가던 중 피고인이 넘어지면서 의자에 다리를 부딪쳐서 상처를 입게 된 경우, 서로 멱살을 잡고 밀고 당기는 과정에서 상처를 입게 된 이상 위 공소외인으로부터 폭행당하여 상해를 입었다고 고소하였다 하더라도 허위사실을 신고한 것이라고 볼 수는 없다[대판 1986.7.21. 86도582].

3. 주관적 법률평가를 잘못하였음에 지나지 아니한 것이라면 특별의 사정이 없는 한 이로써 허위의 사실을 들어 고소하였다고 단정할 수는 없다[대판 1987.6.8. 87도1029].

4. 피고인의 고소가 매매대금 수령 전에 등기를 넘겨받은 매수인이 대금을 지급하지 않은 채 타에 처분한 것을 탓하는 취지라면 피고인이 주관적 법률평가의 잘못으로 명의신탁이라는 표현을 썼어도 매수인의 행위는 형사범죄가 되지 않는 것이므로 이러한 내용의 허위사실의 신고는 무고죄에 해당하지 않는다[대판 1992.10.13. 92도1799].

5. 피고소인이 피고인 소유의 원목을 절취하였다는 고소사실 중 동 원목이 피고인 소유가 아니라 피고소인 소유이어서 절도죄를 구성하지 아니하여도 피고소인의 행위가 권리행사방해죄를 구성하는 때에는 피고인의 고소를 무고라고 할 수 없다[대판 1981.6.23. 80도1049].

6. 폭행을 당하지는 않았더라도 그와 다투는 과정에서 시비가 되어 서로 허리띠나 옷을 잡고 밀고 당기면서 평소에 좋은 상태가 아니던 요추부에 경도의 염좌증세가 생겼을 가능성이 충분히 있다면 피고인의 구타를 당하여 상해를 입었다는 내용의 고소는 다소 과장된 것이라고 볼 수 있을지언정 무고죄의 처벌대상인 허위사실을 신고한 것이라고 단정하기는 어렵다[대판 1996.5.31. 96도771].

7. 타인으로 하여금 형사처분을 받게 할 목적으로 공무소에 대하여 허위사실을 신고하였다고 하더라도, 신고된 범죄사실에 대한 공소시효가 완성되었음이 신고 내용 자체에 의하여 분명한 경우에는, 형사처분의 대상이 되지 않는 것이므로 무고죄가 성립하지 아니한다[대판 1994.2.8. 93도3445].

8. 타인으로 하여금 형사처분을 받게 할 목적으로 공무소에 대하여 허위의 사실을 신고하였다고 하더라도, 그 사실이 친고죄로서 그에 대한 고소기간이 경과하여 공소를 제기할 수 없음이 그 신고내용 자체에 의하여 분명한 때에는 당해 국가기관의 직무를 그르치게 할 위험이 없으므로 이러한 경우에는 무고죄는 성립하지 아니한다[대판 1998.4.14. 98도150], [대판 2018.7.11. 2018도1818]. [♣20, 21 변시]

判例 고소·고발한 수개의 사실 중 일부가 허위인 경우(허위부분만 독립하여 무고죄 성립)

1통의 고소·고발장에 의하여 수개의 혐의사실을 들어 무고로 고소·고발한 경우 그 중 일부사실은 진실이나 다른 사실은 허위인 때에는 그 허위사실부분만이 독립하여 무고죄를 구성하는 것이고, 위증죄는 진술내용이 당해 사건의 요증사항이 아니거나 재판의 결과에 영향을 미친 바 없더라도 선서한 증인이 그 기억에 반하여 허위의 진술을 한 경우에는 성립되어 그 죄책을 면할 수 없으므로, 위증으로 고소·고발한 사실 중 위증한 당해사건의 요증사항이 아니고 재판결과에 영향을 미친 바 없는 사실만이 허위라고 인정되더라도 무고죄의 성립에는 영향이 없다[대판 1989.9.26. 88도1533], [대판 2001.7.27. 99도2533].

[♠ 00, 08 사시] [♣ 13, 15 변시]

④ 신 고 : i) 자발성을 요건으로 한다. 따라서 조사관의 요청·수사기관의 신문에 의하여 허위진술을 하는 것은 신고가 아니다. ii) 신고의 방법에는 제한이 없다. 다만 부작위에 의한 무고는 인정되지 않는다(통설).

判例 무고죄가 성립하는 경우(자발적 신고로 볼 수 있는 경우)

1. 무고죄에 있어서의 신고는 자발적인 것이어야 하고 수사기관 등의 추문에 대하여 허위의 진술을 하는 것은 무고죄를 구성하지 않는 것이지만, 당초 고소장에 기재하지 않은 사실을 수사기관에서 고소보충조서를 받을 때 자진하여 진술하였다면 이 진술 부분까지 신고한 것으로 보아야 한다[대판 1996.2.9. 95도2652]. [♠ 06 사시]
2. 수표발행인인 피고인이 은행에 지급제시된 수표가 위조되었다는 내용의 허위의 신고를 하여 그 정을 모르는 은행 직원이 수사기관에 고발을 함에 따라 수사가 개시되고, 피고인이 경찰에 출석하여 수표위조자로 특정인을 지목하는 진술을 한 경우, 이는 피고인이 위조 수표에 대한 부정수표단속법 제7조의 고발의무[1]가 있는 은행원을 도구로 이용하여 수사기관에 고발을 하게 하고 이어 수사기관에 대하여 특정인을 위조자로 지목함으로써 자발적으로 수사기관에 대하여 허위의 사실을 신고한 것으로 평가하여야 한다[대판 2005.12.22. 2005도3203]. [♠ 10 사시]
3. 피고인이 타인의 소개로 검찰청에서 만난 검찰수사관에게 영수증을 제시하면서 그 영수증에 기재된 금액은 관계기관에 대한 청탁금 명목으로 甲에게 교부한 것이라고 허위의 사실을 말하여 甲에 대한 변호사법위반죄의 혐의를 인정하게 한 다음 위 검찰수사관으로부터 그와 같은 내용으로 진술조서를 받음에 있어 甲에 대한 처벌을 요구하는 진술을 한 것이라면 피고인의 위와 같은 진술행위는 단순히 수사기관의 추문에 의하여 행해진 것이라거나 수사기관의 요청에 의한 범죄의 정보제공에 불과한 것이 아니라 자진하여 타인으로 하여금 형사처분을 받게 할 목적으로 수사기관에 대하여 허위의 사실을 신고한 것으로서 형법 제156조 소정의 무고죄에 있어서의 신고에 해당한다[대판 1988.2.23. 87도2454].

---

1) 부정수표단속법 제7조는 금융기관에 종사하는 자가 직무상 위조된 수표를 발견한 때에는 48시간 이내에 이를 고발하여야 하고 고발을 하지 아니한 때에는 형사처벌을 받도록 규정하고 있다.

判例 무고죄가 성립하지 않는 경우(자발성이 결여된 경우)

피고인이 수사기관에 한 진정 및 그와 관련된 부분을 수사하기 위한 검사의 추문에 대한 대답으로서 진정내용 이외의 사실에 관하여 한 진술은 피고인의 자발적 진정내용에 해당되지 아니하므로 무고죄를 구성하지 않는다[대판 1990.8.14. 90도595].

⑤ **기수시기** : 허위사실의 신고가 당해 공무소·공무원에게 도달한 때 기수가 된다. 허위신고가 도달한 이상 그 후 그 문서를 되돌려 받았다 하더라도 본죄의 성립에 영향이 없다(판례).

判例 무고죄의 기수에 해당하는 경우

1. 피고인이 최초에 작성한 허위내용의 고소장을 경찰관에게 제출하였을 때 이미 허위사실의 신고가 수사기관에 도달되어 무고죄의 기수에 이른 것이라 할 것이므로 그 후에 그 고소장을 되돌려 받았다 하더라도 이는 무고죄의 성립에 아무런 영향이 없다[대결 1985.2.28. 84도2215]. [♠ 11 사시] [♣ 15 변시]
2. **(주의)** 허위로 신고한 사실이 무고행위 당시 형사처분의 대상이 될 수 있었던 경우에는 국가의 형사사법권의 적정한 행사를 그르치게 할 위험과 부당하게 처벌받지 않을 개인의 법적 안정성이 침해될 위험이 이미 발생하였으므로 무고죄는 기수에 이르고, 이후 그러한 사실이 형사범죄가 되지 않는 것으로 판례가 변경되었더라도 특별한 사정이 없는 한 이미 성립한 무고죄에는 영향을 미치지 않는다[대판 2017.5.30. 2015도15398]. [♣ 20, 21 변시]

判例 무고죄의 공동정범이 성립하지 않는 경우(중요)

[1] 형법 제30조에서 정한 공동정범의 성립요건인 공동가공의 의사는 공동의 의사로 특정한 범죄행위를 하기 위하여 일체가 되어 서로 다른 사람의 행위를 이용하여 자기의 의사를 실행에 옮기는 것을 내용으로 하는 것이어야 한다. 따라서 범죄의 실행에 가담한 사람이라고 할지라도 그가 공동의 의사에 따라 다른 공범자를 이용하여 실현하려는 행위가 자신에게는 범죄를 구성하지 않는다면, 특별한 사정이 없는 한 공동정범의 죄책을 진다고 할 수 없다.
[2] 자기 자신을 무고하기로 제3자와 공모하고 이에 따라 무고행위에 가담하였더라도 이는 자기 자신에게는 무고죄의 구성요건에 해당하지 않아 범죄가 성립할 수 없는 행위를 실현하고자 한 것에 지나지 않아 무고죄의 공동정범으로 처벌할 수 없다[대판 2017.4.26. 2013도12592]. [♣ 20 변시]

(2) 주관적 구성요건

① **고 의** : 허위사실에 대해서는 미필적 인식으로 충분하다.

判例 무고죄의 고의 및 허위에 대한 인식정도

무고죄에 있어서의 범의는 반드시 확정적 고의임을 요하지 아니하고 미필적 고의로서도 족하다 할 것이므로 무고죄는 신고자가 진실하다는 확신 없는 사실을 신고함으로써 성립하고 그 신고사실이 허위라는 것을 확신함을 필요로 하지 않는다[대판 1988.2.9. 87도2366; 동지 대판 1997.3.28. 96도2417]. [♠ 05 사시] [♣ 23 변시]

判例 무고의 고의가 인정되는 경우

1. 무고죄의 허위신고에 있어서 다른 사람이 그로 인하여 형사처분 또는 징계처분을 받게 될 것이라는 인식이 있으면 족하므로, 고소당한 범죄가 유죄로 인정되는 경우에, 고소를 당한 사람이 고소인에 대하여 '고소당한 죄의 혐의가 없는 것으로 인정된다면 고소인이 자신을 무고한 것에 해당하므로 고소인을 처벌해 달라'는 내용의 고소장을 제출하였다면 설사 그것이 자신의 결백을 주장하기 위한 것이라고 하더라도 방어권의 행사를 벗어난 것으로서 고소인을 무고한다는 범의를 인정할 수 있다[대판 2007.3.15. 2006도9453]. [♠ 08, 14 사시]
2. 실제 고소를 한 甲이 고소장을 접수하더라도 수사기관의 고소인 출석요구에 응하지 않음으로써 그 단계에서 수사가 중지되고 고소가 각하될 것으로 의도하고 있었고, 더 나아가 피고소인들에 대한 출석요구와 피의자신문 등의 수사권까지 발동될 것은 의욕하지 않았다고 하더라도 피고인들이 위 甲과 공모하여 甲으로 하여금 그러한 허위 사실이 기재된 고소장을 수사기관에 제출하도록 한 이상 피고인들에게는 그 피고소인들이 그로 인하여 형사처분을 받게 될 수도 있다는 점에 대한 인식이 있었다고 보아야 하고, 또 그 고소장 접수 당시에 이미 국가의 형사사법권의 적정한 행사가 저해될 위험도 발생하였다고 보아야 한다[대판 2006.8.25. 2006도3631]. [♣ 13 변시]

   동지판례 무고죄에 있어서 형사처분을 받게 할 목적은 허위신고를 함에 있어 다른 사람이 그로 인하여 형사처분을 받게 될 것이라는 인식이 있으면 충분하고 그 결과의 발생을 희망할 필요까지는 없다 할 것이므로, 고소인이 고소장을 수사기관에 제출한 이상 그러한 인식은 있다 할 것이고, 나아가 고소를 한 목적이 상대방을 처벌받도록 하는 데 있지 않고 시비를 가려 달라는 데에 있다고 하여 무고죄의 범의가 없다고 할 수 없으며, 그가 신문사의 대표이사로서 위 신문사 수습대책위원회의 요구에 따라 수동적으로 행동한 것이라고 하여도 무고죄의 성립에는 지장이 없다[대판 1995.12.12. 94도3271].
3. 무고죄에 있어서 형사처분 또는 징계처분을 받게 할 목적은 허위신고를 함에 있어서 다른 사람이 그로 인하여 형사 또는 징계처분을 받게 될 것이라는 인식이 있으면 족한 것이고, 그 결과발생을 희망하는 것을 요하는 것은 아닌바 피고인이 원심 적시의 고소장을 수사기관에 제출한 이상 그러한 인식은 있었다 할 것이니 피고인이 이 사건 고소를 한 목적이 피고소인들을 처벌받도록 하는 데에 있지 아니하고 단지 회사 장부상의 비리를 밝혀 정당한 정산을 구하는 데에 있다 하여 무고의 범의가 없다 할 수 없다[대판 1991.5.10. 90도2601].
4. 무고죄에 있어서 허위사실의 신고라 함은 신고사실이 객관적 사실에 반한다는 것을 확정적이거나 미필적으로 인식하고 신고하는 것을 말하는 것이므로 객관적 사실과 일치하지 않는 것이라도 신고자가 진실이라고 확신하고 신고하였을 때에는 무고죄가 성립하지 않는다고 할 것이나, 여기에서 진실이라고 확신한다 함은 신고자가 알고 있는 객관적인 사실관계에 의하더라도 신고

사실이 허위라거나 또는 허위일 가능성이 있다는 인식을 하지 못하는 경우를 말하는 것이지, 신고자가 알고 있는 객관적 사실관계에 의하여 신고사실이 허위라거나 허위일 가능성이 있다는 인식을 하면서도 이를 무시한 채 무조건 자신의 주장이 옳다고 생각하는 경우까지 포함되는 것은 아니다[대판 2000.7.4. 2000도1908].

5. 피고인은 2020. 3. 12. 16:00경 서울 도봉구 B 소재 피고인의 집에서 국민권익위원회에서 운영하는 '국민신문고' 홈페이지에 접속하여 '피진정인 C는 D에 있는 ○○약국의 약사로, 무자격자인 종업원 E에게 명찰을 달지 않고 불특정 다수의 환자들에게 의약품을 판매하도록 지시하였는바, 특히 위 E는 2020. 3. 12.경 위 약국에서 피고인에게 레드콜연질캡슐이라는 약을 처방, 판매하였으니 철저히 조사하여 약사법위반으로 조사하여 처벌하여 달라.'는 내용의 민원을 제기하였다. 그러나 사실 레드콜연질캡슐은 위 약국에서 취급하지 않는 의약품이었고, 위 약국 약사 C는 종업원인 E로 하여금 피고인 또는 불특정 다수의 손님들에게 의약품을 판매하도록 지시한 사실이 전혀 없었고, 위 E도 위와 같은 지시를 받아 의약품을 처방, 판매한 사실이 전혀 없었다. 이 경우 피고인에게 무고죄가 성립한다[대판 2022.6.30. 2022도3413].

판례해설 약사가 무자격자인 종업원으로 하여금 불특정 다수의 환자들에게 의약품을 판매하도록 지시하거나 실제로 자신에게 의약품을 판매하였다는 등의 내용으로 제기된 피고인의 민원은 객관적 사실관계에 반하는 허위사실이고, 미필적으로나마 그 허위 또는 허위의 가능성을 인식한 무고의 고의가 인정된다.

判例 무고의 고의가 부정되는 경우

1. 고소사실이 객관적 사실에 반하는 허위의 것이라 할지라도 그 허위성에 대한 인식이 없을 때에는 무고에 대한 고의가 없다 할 것이다[대판 2003.1.24. 2002도5939].
2. 진실한 객관적인 사실들에 근거하여 고소인이 피고소인의 주관적인 의사에 관하여 갖게 된 의심을 고소장에 기재하였을 경우에 법률 전문가 아닌 일반인의 입장에서 볼 때 그와 같은 의심을 갖는 것이 충분히 합리적인 근거가 있다고 볼 수 있다면, 비록 그 의심이 나중에 진실하지 않는 것으로 밝혀졌다고 하여 곧바로 고소인에게 무고의 미필적 고의가 있었다고 단정하여서는 안된다[대판 1996.3.26. 95도2998]. [♠14 사시]

② **타인으로 하여금 형사처분 · 징계처분을 받게 할 목적** : ⅰ) 자기무고는 무고죄의 구성요건해당성이 없어 무고죄가 성립하지 아니한다. [♣15 변시] ⅱ) 공동무고의 경우 타인에 대한 부분은 무고죄가 성립한다. ⅲ) 피해자의 승낙은 무고죄의 성립에 영향이 없다. 본죄는 국가적 법익을 주된 보호법익으로 하고 있기 때문이다. ⅳ) 사자 · 허무인에 대한 무고는 형사처분 · 징계처분을 받게 할 가능성이 전혀 없으므로 무고죄의 주관적 요소인 목적성이 결여되어 구성요건해당성이 없다. ⅴ) 목적에 대한 인식정도는 미필적 인식으로 족하다(판례).

쟁점연구 **[변호사에 대한 징계처분도 무고죄의 징계처분에 포함되는지 여부]**

1. 학 설

변호사에 대한 징계처분은 특별권력관계에 의한 징계처분이 아니므로 무고죄의 징계처분에 포함될 수 없다는 견해가 있다.

2. 판 례

변호사에 대한 징계처분도 무고죄의 '징계처분'에 포함된다는 입장이다.

3. 검 토 (판례 지지)

변호사법상 변호사가 징계결정에 불복할 경우 행정소송을 할 수 있는 점, 변호사의 징계에 대하여는 '형사소송법' 등의 규정을 준용하도록 정하고 있는 점을 볼 때 변호사의 공익적 지위에 기인하여 공법상의 특별권력관계에 준하여 징계에 관하여도 공법상의 통제를 하려는 의도로 보여지는 점에서 변호사에 대한 징계도 무고죄의 '징계처분'에 포함된다고 보는 견해가 타당하다.

判例 징계처분의 범위(변호사에 대한 징계처분도 포함 : 중요)

[1] 형법 제156조는 타인으로 하여금 형사처분 또는 징계처분을 받게 할 목적으로 공무소 또는 공무원에 대하여 허위의 사실을 신고한 자를 처벌하도록 정하고 있다. 여기서 '징계처분'이란 공법상의 특별권력관계에 기인하여 질서유지를 위하여 과하여지는 제재를 의미하고, 또한 '공무소 또는 공무원'이란 징계처분에 있어서는 징계권자 또는 징계권의 발동을 촉구하는 직권을 가진 자와 그 감독기관 또는 그 소속 구성원을 말한다.
[2] 구 변호사법(2008. 3. 28. 법률 제8991호로 개정되기 전의 것, 이하 '구 변호사법'이라 한다) 제92조, 제95조, 제96조, 제100조 등 관련 규정에 의하면 변호사에 대한 징계가 대한변호사협회 변호사징계위원회를 거쳐 최종적으로 법무부의 변호사징계위원회에서 결정되고 이에 불복하는 경우에는 행정소송을 할 수 있는 점, 구 변호사법 제93조, 제94조, 제101조의2 등은 판사 2명과 검사 2명이 위원으로 참여하여 대한변호사협회 변호사징계위원회나 법무부의 변호사징계위원회를 구성하고, 서류의 송달, 기일의 지정이나 변경 및 증인·감정인의 선서와 급여에 관한 사항에 대하여 '형사소송법'과 '형사소송비용 등에 관한 법률'의 규정을 준용하도록 정하고 있는 점, 위와 같은 절차를 마련한 것은 변호사의 공익적 지위에 기인하여 공법상의 특별권력관계에 준하여 징계에 관하여도 공법상의 통제를 하려는 의도로 보여지는 점 등을 고려하여 보면, 변호사에 대한 징계처분은 형법 제156조에서 정하는 '징계처분'에 포함된다고 봄이 상당하고, 구 변호사법 제97조의2 등 관련 규정에 의하여 그 징계 개시의 신청권이 있는 지방변호사회의 장은 형법 제156조에서 정한 '공무소 또는 공무원'에 포함된다.
[3] 피고인이 변호사인 피해자로 하여금 징계처분을 받게 할 목적으로 서울지방변호사회에 위 변호사회 회장을 수취인으로 하는 허위 내용의 진정서를 제출한 사안에서, 무고죄를 인정한 원심판단을 수긍한 사례[대판 2010.11.25. 2010도10202]. [♠ 13 사시]

判例 징계처분에 포함되지 않는 경우

[1] 사립학교 교원에 대한 학교법인 등의 징계처분은 형법 제156조의 '징계처분'에 포함되지 않는다.
[2] 피고인이 사립대학교 교수인 피해자들로 하여금 징계처분을 받게 할 목적으로 국민권익위원회에서 운영하는 범정부 국민포털인 국민신문고에 민원을 제기한 사안에서, 피해자들은 사립학교 교원이므로 피고인의 행위가 무고죄에 해당하지 않는다고 한 사례[대판 2014.7.24. 2014도6377]. [♣ 21, 23 변시]

判例 승낙무고(무고죄 성립), 무고죄의 목적(결과발생을 희망할 것을 요하지 않음)

[1] 무고죄는 국가의 형사사법권 또는 징계권의 적정한 행사를 주된 보호법익으로 하고 다만, 개인의 부당하게 처벌 또는 징계받지 아니할 이익을 부수적으로 보호하는 죄이므로, 설사 무고에 있어서 피무고자의 승낙이 있었다고 하더라도 무고죄의 성립에는 영향을 미치지 못한다 할 것이고, 무고죄에 있어서 형사처분 또는 징계처분을 받게 할 목적은 허위신고를 함에 있어서 다른 사람이 그로 인하여 형사 또는 징계처분을 받게 될 것이라는 인식이 있으면 족한 것이고 그 결과발생을 희망하는 것까지를 요하는 것은 아니므로, 고소인이 고소장을 수사기관에 제출한 이상 그러한 인식은 있었다고 보아야 한다.
[2] 甲이 乙로부터 피해를 당한 사람들과 乙 사이의 합의를 주선하기 위하여 자신도 피해자인 것처럼 행세하기 위한 방편으로 乙의 승낙을 얻어 乙로부터 차용금 피해를 당한 것처럼 허위사실을 기재하여 乙을 고소하였으나 甲은 바로 乙에게 합의서를 작성하여 교부해 주는 한편 수사기관의 고소인 출석요구에 응하지 않았다고 하더라도, 甲이 허위사실을 기재한 고소장을 제출한 이상 피무고자에 대한 형사처분이라는 결과발생을 의욕한 것은 아니라 하더라도 적어도 그러한 결과발생에 대한 미필적인 인식은 있었던 것으로 보아야 한다[대판 2005.9.30. 2005도2712]. [♣ 14 변시]

判例 피무고자의 교사 · 방조 하에 제3자가 피무고자에 대해 허위신고한 경우(피무고자는 공범 성립)

형법 제156조의 무고죄는 국가의 형사사법권 또는 징계권의 적정한 행사를 주된 보호법익으로 하는 죄이나, 스스로 본인을 무고하는 자기무고는 무고죄의 구성요건에 해당하지 아니하여 무고죄를 구성하지 않는다. [♣ 15 변시] 그러나 피무고자의 교사 · 방조하에 제3자가 피무고자에 대한 허위의 사실을 신고한 경우에는 제3자의 행위는 무고죄의 구성요건에 해당하여 무고죄를 구성하므로, 제3자를 교사 · 방조한 피무고자도 교사 · 방조범으로서의 죄책을 부담한다[대판 2008.10.23. 2008도4852]. [♠ 09, 11, 12, 13 사시] [♣ 17, 20 변시]

3. 죄 수

무고죄는 피무고자의 수를 기준으로 죄수를 결정한다.

4. 자백과 자수

判例 자백과 자수의 상대방 및 시간적 한계인 '재판이 확정되기 전'의 의미

[1] 형법 제157조, 제153조는 무고죄를 범한 자가 그 신고한 사건의 재판 또는 징계처분이 확정되기 전에 자백 또는 자수한 때에는 그 형을 감경 또는 면제한다고 하여 이러한 재판확정 전의 자백을 필요적 감경 또는 면제사유로 정하고 있다. 위와 같은 자백의 절차에 관해서는 아무런 법령상의 제한이 없으므로 그가 신고한 사건을 다루는 기관에 대한 고백이나 그 사건을 다루는 재판부에 증인으로 다시 출석하여 전에 그가 한 신고가 허위의 사실이었음을 고백하는 것은 물론 무고 사건의 피고인 또는 피의자로서 법원이나 수사기관에서의 신문에 의한 고백 또한 자백의 개념에 포함된다.
[2] 형법 제153조에서 정한 '재판이 확정되기 전'에는 피고인의 고소사건 수사 결과 피고인의 무고 혐의가 밝혀져 피고인에 대한 공소가 제기되고 피고소인에 대해서는 불기소결정이 내려져 재판절차가 개시되지 않은 경우도 포함된다[대판 2018.8.1. 2018도7293]. [♣ 21, 23 변시]

판 례 색 인

[대법원 결정]

대결 1983.4.2. 83모8 559
대결 1985.2.28. 84모2215 1434
대결 1985.7.29. 85모16 1326
대결 1986.6.30. 86모12 1323
대결 1991.3.4. 90모59 567
대결 1991.12.30. 91모5 667, 1327
대결 1993.7.26. 92모29 1326
대결 1996.5.14. 96모14 530
대결 1997.10.13. 96모33 573
대결 1999.1.12. 98모151 561
대결 1999.3.10. 99모33 562
대결 1999.4.13. 99초76 59, 76
대결 2001.6.27. 2001모135 561
대결 2001.8.23. 2001모91 571
대결 2002.4.10. 2001모193 168, 427
대결 2006.1.17. 2004모524 571
대결 2006.5.26. 2006초기92 23
대결 2007.6.28. 2007모348 566
대결 2008.2.14. 2007모845 566
대결 2008.7.24. 2008어4 16
대결 2008.10.23. 2008초기264 22, 23
대결 2009.3.30. 2008모1116 557
대결 2009.6.25. 2008모1396 571
대결 2012.6.28. 2010초기877 49
대결 2021.4.9. 2020모4058 533
대결(전) 1994.12.20. 94모32 30, 31

[대법원 판결]

대판 1948.3.31. 4280형상210 1179
대판 1948.5.14. 4181형상38 585
대판 1948.6.8. 4281형상48 1286
대판 1948.8.17. 4281형상80 389
대판 1950.4.18. 4283형상10 440
대판 1953.8.4. 4286형상20 418
대판 1954.1.30. 4286형상103 378, 383
대판 1954.7.3. 4287형상45 1397
대판 1954.10.16. 4287형상43 57
대판 1955.6.10. 4287형상210 510
대판 1955.7.8. 4288형상37 1270
대판 1955.10.18. 4288형상266 1324
대판 1956.1.27. 4288형상375 845
대판 1956.2.17. 4288형상118 797
대판 1956.3.2. 4288형상343 496
대판 1956.6.26. 4289형상128 1193
대판 1956.8.17. 4289형상170 840, 884
대판 1956.11.2. 4289형상240 1252
대판 1956.12.21. 4289형상297 608
대판 1957.2.1. 4289형상317 1266
대판 1957.3.8. 4290형상18 250
대판 1957.5.10. 4290형상73 246, 253
대판 1957.5.24. 4290형상56 589
대판 1957.7.12. 4290형상104 1034
대판 1957.9.20. 4290형상249 149
대판 1957.10.11. 4290형상313 904
대판 1957.10.20. 4290형상281 844
대판 1957.10.21. 4290민상368 797
대판 1957.11.1. 4290형상294 1263
대판 1958.1.14. 4290형상393 1406
대판 1958.4.11. 4290형상360 984
대판 1958.9.26. 4291형상351 354
대판 1958.10.31. 4291형상361 833
대판 1958.12.29. 4291형상44 446
대판 1959.5.18. 4292형상34 1301
대판 1959.7.24. 4291형상556 246
대판 1959.9.1. 4293형상387 389
대판 1959.12.23. 4291형상539 763
대판 1960.2.17. 4292형상496 1111
대판 1960.2.29. 4292형상413 604
대판 1960.3.9. 4292형상761 196
대판 1960.4.6. 4292형상395 604
대판 1960.4.6. 4292형상844 1267
대판 1960.4.27. 4292형상968 200
대판 1960.5.18. 4292형상652 1391
대판 1960.7.22. 4293형상213 1159
대판 1960.9.14. 4292형상537 1131
대판 1960.9.30. 4293형상509 541
대판 1960.10.26. 4293형상672 1140
대판 1960.10.31. 4293형상494 174
대판 1960.11.16. 4293형상743 1277

대판 1960.11.30. 4293형상787 1194
대판 1961.1.18. 4293형상859 1287
대판 1961.1.27. 4293형상807 1303
대판 1961.3.22. 4294형상5 619
대판 1961.8.2. 4294형상284 460
대판 1961.9.28. 4291형상415 1374
대판 1961.10.12. 60도9664 473
대판 1961.10.19. 4294형상347 1420
대판 1961.11.9. 4294형상357 660
대판 1961.11.16. 4294형상312 195
대판 1961.12.28. 4293형상664 57
대판 1962.1.11. 4294형상193 1239
대판 1962.1.25. 4293형상233 659
대판 1962.2.8. 4294형상470 1013
대판 1962.3.29. 4294형상598 421
대판 1962.3.29. 61도598 421
대판 1962.3.29. 61형상98 423
대판 1962.8.23. 62도93 273
대판 1963.10.22. 63도247 540
대판 1963.12.12. 63도312 357
대판 1964.4.7. 63도410 537
대판 1964.4.22. 64도112 866
대판 1964.9.8. 64도310 885, 886, 904
대판 1964.10.28. 64도454 543
대판 1964.12.8. 64도577 876
대판 1965.3.30. 65도45 705
대판 1965.8.24. 65도493 460
대판 1965.9.28. 65도695 485
대판 1965.11.30. 65도910 550
대판 1965.12.10. 65도826 1418, 1419
대판 1965.12.21. 65도899 292
대판 1966.1.31. 65도1178 844
대판 1966.3.5. 66도63 256
대판 1966.3.22. 65도1164 350
대판 1966.4.26. 66도30 1379, 1391, 1392
대판 1966.5.3. 66도383 364
대판 1966.6.28. 66도1 157
대판 1966.6.28. 66도104 858
대판 1966.6.28. 66도758 147
대판 1966.7.12. 66도470 1303
대판 1966.7.26. 66도469 275
대판 1966.7.26. 66도914 350
대판 1966.9.6. 66도853 525
대판 1966.9.20. 66도928 483
대판 1966.10.18. 66도567 1391
대판 1966.11.22. 66도1150 268
대판 1966.12.6. 66도1317 365, 390
대판 1966.12.6. 66도1392 897
대판 1966.12.20. 66도1437 1104
대판 1967.1.24. 66도1662 539
대판 1967.1.31. 66도1483 591, 855
대판 1967.1.31. 66도1501 893
대판 1967.1.31. 66도1661 1303
대판 1967.2.28. 67도45 146
대판 1967.4.25. 67도418 306
대판 1967.5.23. 67도366 1402
대판 1967.5.23. 67도650 1379
대판 1967.7.11. 65도592 1241
대판 1967.8.29. 67도925 1158
대판 1967.10.31. 67도1151 645
대판 1967.11.28. 67도1283 883
대판 1967.12.19. 67도1281 438, 823
대판 1968.1.31. 67도1319 981
대판 1968.2.20. 67도1677 1170
대판 1968.2.27. 67도1579 957
대판 1968.3.26. 67도1577 1144
대판 1968.4.2. 68도221 354
대판 1968.4.30. 68도400 322
대판 1968.5.7. 68도370 250, 260
대판 1968.5.21. 68도480 865
대판 1968.6.18. 68도616 1131
대판 1968.7.24. 66도1705 992
대판 1968.7.30. 68도754 1302
대판 1968.8.23. 68도884 181
대판 1968.9.24. 68도841 354
대판 1968.10.29. 68도1222 844
대판 1968.11.12. 68도912 249, 256
대판 1968.12.17. 68도1324 57
대판 1968.12.24. 68도1229 255, 258
대판 1968.12.24. 68도1501 468
대판 1969.1.21. 68도1474 1113
대판 1969.1.21. 68도1660 768
대판 1969.1.21. 68도1672 527
대판 1969.2.4. 67도184 1313
대판 1969.2.4. 68도1793 290
대판 1969.2.18. 68도44 1373
대판 1969.2.25. 68도1676 377
대판 1969.2.25. 69도46 1050
대판 1969.3.11. 69도161 600
대판 1969.4.22. 69도255 440

대판 1969.6.10. 69도690 268
대판 1969.6.24. 69도481 1388
대판 1969.6.24. 69도692 1106
대판 1969.7.8. 69도798 844
대판 1969.7.8. 69도832 1153
대판 1969.7.22. 69도684 196
대판 1969.7.29. 69도984 982
대판 1969.8.19. 69도1078 1034
대판 1969.10.14. 69도1265 323
대판 1969.12.9. 69도1552 980
대판 1969.12.9. 69도1923 990
대판 1969.12.23. 69도2084 350
대판 1969.12.23. 69도2098 806
대판 1969.12.30. 69도2138 272
대판 1970.1.27. 69도2260 1384
대판 1970.2.10. 69도2070 377
대판 1970.3.10. 70도82 1118
대판 1970.3.14. 70도330 357, 1156
대판 1970.4.28. 70도507 870
대판 1970.5.12. 70도561 1372
대판 1970.6.30. 70도562 1319
대판 1970.7.21. 70도1133 467
대판 1970.7.21. 70도996 274
대판 1970.7.24. 70도1149 279
대판 1970.7.28. 70도1218 447
대판 1970.8.18. 70도1336 216
대판 1970.8.18. 70도1364 268
대판 1970.9.17. 70도1355 1093
대판 1970.9.17. 70도1473 256
대판 1970.9.20. 70도1790 1309
대판 1970.9.22. 70도1016 913
대판 1970.9.22. 70도1206 1389
대판 1970.9.22. 70도1615 937
대판 1970.9.22. 70도1623 1210
대판 1970.9.22. 70도1627 550
대판 1970.9.22. 70도1638 407
대판 1970.9.29. 70도1516 482, 686
대판 1970.9.29. 70도1656 549
대판 1970.9.29. 70도1668 1032
대판 1970.9.29. 70도1790 1309, 1312
대판 1970.10.30. 70도1870 1303
대판 1970.10.30. 70도1879 1273
대판 1970.11.3. 70도1910 622
대판 1970.11.24. 70도1984 350
대판 1970.11.24. 70도1998 476
대판 1970.12.29. 70도2389 1193
대판 1971.1.26. 70도2378 1119
대판 1971.1.26. 70도2598 410
대판 1971.1.26. 70도2654 1266
대판 1971.2.9. 70도2590 1314
대판 1971.2.23. 70도2589 1108
대판 1971.2.23. 70도2629 355
대판 1971.2.23. 70도2699 871
대판 1971.2.23. 71도1834 509
대판 1971.3.9. 70도2406 288
대판 1971.3.9. 70도2536 396
대판 1971.3.9. 71도186 1378
대판 1971.3.30. 71도251 519
대판 1971.4.6. 71도179 307
대판 1971.4.6. 71도287 885
대판 1971.4.20. 70도2241 798
대판 1971.4.20. 71도468 1111
대판 1971.5.24. 71도399 770
대판 1971.6.8. 71도795 458
대판 1971.6.22. 71도778 1312
대판 1971.6.22. 71도827 302
대판 1971.6.30. 71도774 1303
대판 1971.8.31. 71도1302 1077
대판 1971.9.28. 71도1082 147
대판 1971.9.28. 71도1465 1283
대판 1971.10.12. 71도1356 340
대판 1971.10.19. 70도1399 834
대판 1971.10.25. 71도1727 1285
대판 1971.11.9. 71도1629 307, 983
대판 1971.11.15. 71다1983 592
대판 1971.11.23. 71도1576 1120
대판 1971.12.14. 71도1657 353
대판 1971.12.21. 71도1480 1077
대판 1971.12.21. 71도1930 610
대판 1972.1.31. 71도2114 883
대판 1972.2.22. 71도2231 1165
대판 1972.2.22. 71도2296 1103
대판 1972.2.29. 71도2293 1126
대판 1972.3.28. 72도296 150
대판 1972.3.31. 72도64 340
대판 1972.5.9. 71도1178 353
대판 1972.5.9. 72도701 621
대판 1972.5.9. 72도722 1315
대판 1972.6.13. 72도897 1188
대판 1972.6.13. 72도971 1108

대판 1972.6.27. 71도1072 1132
대판 1972.6.27. 72도863 638
대판 1972.6.27. 72도969 1312
대판 1972.8.29. 72도1565 653
대판 1972.9.26. 72도1132 1390
대판 1972.10.31. 72도1803 967
대판 1972.10.31. 72도2001 499, 620
대판 1972.11.28. 72도2201 608
대판 1972.12.26. 72도2552 1152
대판 1973.1.16. 72도2494 1081
대판 1973.1.30. 72도2585 354
대판 1973.2.28. 72도2538 853
대판 1973.3.13. 73도58 1108
대판 1973.4.30. 73도354 383
대판 1973.5.22. 73도884 1152
대판 1973.6.12. 72도1796 1186
대판 1973.6.26. 73도460 813
대판 1973.8.21. 73도409 1273
대판 1973.9.25. 73도1080 913
대판 1973.11.27. 73도1639 1416
대판 1973.12.25. 73도2771 1432
대판 1974.1.15. 73도2041 1193
대판 1974.1.29. 73도3104 444
대판 1974.2.26. 73도2380 259
대판 1974.5.14. 73도2401 252
대판 1974.5.14. 73도2578 660
대판 1974.5.28. 74도509 451
대판 1974.5.28. 74도840 675
대판 1974.6.11. 74도352 523
대판 1974.7.23. 74도1399 342
대판 1974.7.23. 74도778 423
대판 1974.10.8. 74도1892 649
대판 1974.10.22. 74도2441 476
대판 1974.11.11. 74도2662 1302
대판 1974.11.12. 74도2676 342
대판 1974.11.26. 74도2817 477
대판 1974.12.10. 74도2841 1384
대판 1974.12.24. 74도294 1186, 1188
대판 1975.1.14. 73도1848 484
대판 1975.2.24. 74도2228 415
대판 1975.3.25. 74도2882 341
대판 1975.4.22. 73도1963 531
대판 1975.4.22. 75도123 985
대판 1975.4.22. 75도727 181, 183
대판 1975.5.13. 73도2555 1392
대판 1975.5.13. 74도2183 1305
대판 1975.5.13. 75도855 697
대판 1975.5.27. 74도3559 274
대판 1975.5.27. 75도1184 490
대판 1975.6.10. 74도2455 1083
대판 1975.6.10. 74도2594 1193, 1194
대판 1975.6.24. 73도2594 1170
대판 1975.8.29. 75도1996 475
대판 1975.9.9. 74도1715 1142
대판 1975.9.23. 74도1684 1189
대판 1975.9.23. 74도1804 1108
대판 1975.9.23. 75도1773 1301
대판 1975.9.23. 75도2321 1149
대판 1975.10.7. 74도2727 650
대판 1975.11.25. 75도2067 1192
대판 1975.12.9. 74도2804 1083, 1109
대판 1975.12.9. 74도976 1272
대판 1975.12.23. 74도3255 774
대판 1976.1.13. 74도3680 341
대판 1976.1.27. 74도3442 834, 1188
대판 1976.2.10. 74도1519 706
대판 1976.2.10. 74도2046 212
대판 1976.3.9. 75도3779 1374
대판 1976.4.13. 75도781 857
대판 1976.4.13. 76도259 878
대판 1976.4.27. 75도115 290
대판 1976.4.27. 75도2818 980
대판 1976.5.25. 75도1549 388, 392
대판 1976.5.25. 76도1124 878
대판 1976.6.8. 74도1266 563
대판 1976.7.27. 74도1896 1388
대판 1976.7.27. 75도2720 874
대판 1976.8.24. 76도1774 1215
대판 1976.9.14. 76도107 1245
대판 1976.9.14. 76도1767 1201
대판 1976.9.14. 76도2071 551
대판 1976.9.28. 75도3607 526, 1335
대판 1976.10.12. 75도1895 1313
대판 1976.10.29. 76도2828 274, 1285
대판 1976.11.23. 76도3067 475
대판 1976.12.28. 76도2359 1123
대판 1977.1.11. 76도3419 640
대판 1977.1.11. 76도3871 164
대판 1977.2.8. 75도2673 608
대판 1977.2.8. 76도3685 1378, 1384

대판 1977.2.8. 76도3758 608
대판 1977.3.8. 76도4174 152
대판 1977.4.25. 75도2885 1431
대판 1977.4.26. 76도2446 781
대판 1977.5.24. 76도3460 246
대판 1977.5.24. 76도4001 528
대판 1977.5.24. 76도4132 1194
대판 1977.6.7. 77도1069 846
대판 1977.6.28. 77도251 26
대판 1977.6.28. 77도403 211
대판 1977.7.12. 77도1736 1203
대판 1977.7.25. 77도1802 872
대판 1977.8.23. 74도2715 1239
대판 1977.9.13. 77도1672 1130
대판 1977.9.13. 77도997 1423
대판 1977.9.28. 76도4133 453
대판 1977.10.11. 77도1116 1082
대판 1977.11.7. 77도1715 1013
대판 1977.11.22. 77도103 1266
대판 1977.12.13. 77도2750 1152
대판 1977.12.27. 77도2155 1232
대판 1977.12.27. 77도3199 1382
대판 1978.1.17. 77도2193 229
대판 1978.1.31. 77도3428 323
대판 1978.2.14. 77도2645 1253
대판 1978.3.28. 77도4049 381
대판 1978.4.11. 77도3149 307
대판 1978.4.25. 76도2262 562, 563
대판 1978.4.25. 78도246 542
대판 1978.5.9. 77도3588 1286
대판 1978.6.27. 76도2196 340
대판 1978.9.26. 78도1787 471
대판 1978.9.26. 78도1996 131
대판 1978.9.26. 78도2082 423
대판 1978.10.10. 75도2665 1324
대판 1978.11.14. 78도1904 1189
대판 1978.11.14. 78도2327 1272
대판 1978.11.14. 78도2388 300
대판 1978.11.18. 78도1691 146
대판 1978.11.28. 75도2713 1021
대판 1978.11.28. 78도2175 475
대판 1978.12.13. 78도2343 1230
대판 1978.12.13. 78도2617 306
대판 1979.2.13. 77도1455 1388
대판 1979.2.27. 78도3113 446
대판 1979.3.27. 79도141 1080
대판 1979.3.29. 78도8 571
대판 1979.4.10. 78도831 75
대판 1979.5.22. 78도296 1330
대판 1979.5.22. 79도522 392
대판 1979.6.12. 79도656 1002
대판 1979.7.10. 79도1124 1349
대판 1979.7.10. 79도1125 1013
대판 1979.7.10. 79도840 504, 1181
대판 1979.7.10. 79도961 1081
대판 1979.7.24. 78도2138 1117
대판 1979.7.24. 79도451 1395
대판 1979.8.21. 79도1249 423
대판 1979.8.28. 79도1266 1120
대판 1979.8.28. 79도1671 343
대판 1979.8.28. 79도639 1177
대판 1979.9.11. 79도436 1142
대판 1979.9.25. 78도1980 1186
대판 1979.9.25. 79도1735 883
대판 1979.10.10. 75도1003 1303
대판 1979.10.10. 79도2040 146
대판 1979.10.30. 77도1879 1201
대판 1979.10.30. 79도1660 307, 984
대판 1979.10.30. 79도1882 824
대판 1979.10.30. 79도489 477
대판 1979.11.27. 79도2201 392
대판 1979.11.27. 79도2410 1031, 1109
대판 1980.1.29. 79도2663 358
대판 1980.2.12. 79도1349 668
대판 1980.3.25. 79도2831 1314
대판 1980.4.22. 79도3034 1189
대판 1980.5.12. 78도2259 926
대판 1980.5.20. 80도306 239, 427, 1293
대판 1980.5.27. 80도656 324
대판 1980.5.27. 80도842 216
대판 1980.6.24. 80도726 640
대판 1980.6.24. 80도7260 702
대판 1980.7.8. 79도2734 924
대판 1980.8.12. 80도1446 211
대판 1980.9.9. 79도2637 1073
대판 1980.9.9. 80도1731 591
대판 1980.9.9. 80도762 291
대판 1980.9.24. 79도1387 641
대판 1980.9.24. 80도1898 304
대판 1980.10.14. 79도305 194, 626

대판 1980.10.14. 80도1373 1330
대판 1980.10.14. 80도2155 476
대판 1980.10.27. 80도225 1126
대판 1980.11.11. 80도131 856, 860
대판 1980.11.11. 80도2126 1223
대판 1980.11.25. 79도2565 308
대판 1980.11.25. 80도2310 476
대판 1980.12.9. 80도1177 936
대판 1980.12.9. 80도1323 1246
대판 1980.12.23. 80도1963 1387
대판 1981.3.24. 80도2902 834
대판 1981.3.24. 80도3305 215
대판 1981.3.24. 81도326 606, 1372
대판 1981.3.24. 81도409 891
대판 1981.4.14. 81도543 572
대판 1981.4.14. 81도614 563
대판 1981.5.6. 81도721 1260
대판 1981.5.26. 81도673 1024
대판 1981.6.23. 80도1049 1432
대판 1981.6.23. 80도2934 1058
대판 1981.6.23. 81도118 1412
대판 1981.7.28. 81도1046 613
대판 1981.7.28. 81도529 504, 938
대판 1981.7.28. 81도898 411
대판 1981.8.20. 80도1176 1038
대판 1981.8.20. 81도1638 921
대판 1981.8.20. 81도698 1348
대판 1981.8.25. 80도2783 1414
대판 1981.8.25. 80도800 257
대판 1981.8.25. 81도1830 1329, 1390
대판 1981.9.8. 81도1955 1152
대판 1981.9.8. 81도53 147, 207
대판 1981.9.22. 80도3180 1233
대판 1981.10.13. 81도2394 851
대판 1981.10.13. 81도2397 506
대판 1981.10.13. 81도2466 592
대판 1981.10.27. 81도1023 732
대판 1981.10.27. 81도2055 1214
대판 1981.11.24. 81도2280 742, 760
대판 1981.11.24. 81도2422 403
대판 1981.12.8. 81도1451 954
대판 1981.12.22. 80도1472 1264
대판 1982.1.12. 80도1970 1033
대판 1982.1.12. 81도1811 227
대판 1982.1.19. 81도646 344
대판 1982.1.26. 81도1931 1401
대판 1982.2.9. 80도2130 1093
대판 1982.2.9. 81도2152 734
대판 1982.2.23. 81도2691 1284
대판 1982.2.23. 81도2958 305
대판 1982.2.23. 81도3074 614
대판 1982.3.8. 81도2767 954
대판 1982.3.9. 81도1732 936, 938
대판 1982.3.9. 81도3396 837, 843
대판 1982.4.13. 81도2720 210
대판 1982.4.27. 82도122 449
대판 1982.4.27. 82도186 675
대판 1982.4.27. 82도274 1419
대판 1982.4.27. 82도285 474
대판 1982.6.8. 82도117 1310
대판 1982.6.8. 82도138 1263
대판 1982.6.8. 82도403 1359
대판 1982.6.8. 82도486 505
대판 1982.6.8. 82도781 423
대판 1982.6.8. 82도884 420
대판 1982.6.22. 80도2822 1318
대판 1982.6.22. 81도1935 1194
대판 1982.6.22. 82도677 1188
대판 1982.6.22. 82도705 668
대판 1982.6.22. 82도777 939
대판 1982.7.13. 80도1057 1120
대판 1982.7.13. 82도1352 893, 898, 903
대판 1982.7.13. 82도39 1245, 1260
대판 1982.7.27. 82도1026 1236
대판 1982.7.27. 82도1160 948
대판 1982.7.27. 82도1301 1380
대판 1982.7.27. 82도223 1118
대판 1982.7.27. 82도822 475
대판 1982.9.14. 80도2566 447
대판 1982.9.14. 81도2774 1332
대판 1982.9.14. 82도1679 308, 946
대판 1982.9.14. 82도1702 552
대판 1982.9.28. 81도2777 1000
대판 1982.9.28. 82도1297 1256
대판 1982.9.28. 82도1633 1311
대판 1982.9.28. 82도1669 528
대판 1982.9.28. 82도1759 934
대판 1982.9.28. 82도1965 539
대판 1982.9.28. 82도296 1189
대판 1982.10.12. 81도2621 587

대판 1982.10.12. 81도3176 1202
대판 1982.10.12. 82도1764 907
대판 1982.10.12. 82도1865 549
대판 1982.10.12. 82도2023 1209
대판 1982.10.12. 82도2183 697
대판 1982.10.12. 82도368 1390
대판 1982.10.13. 80도1441 1386
대판 1982.10.26. 81도1409 467
대판 1982.10.26. 82도1529 952
대판 1982.10.26. 82도2217 912
대판 1982.11.9. 81도2501 1060
대판 1982.11.9. 82도1256 742
대판 1982.11.9. 82도2055 487
대판 1982.11.9. 82도2093 1039
대판 1982.11.23. 81도1872 1369
대판 1982.11.23. 82도1446 147
대판 1982.11.23. 82도2024 130, 168, 420
대판 1982.11.23. 82도2201 479, 1300, 1303
대판 1982.11.23. 82도2346 195
대판 1982.12.14. 80도2403 1141
대판 1982.12.14. 81도81 1392
대판 1982.12.14. 82도2442 467
대판 1982.12.23. 82도2394 844
대판 1982.12.28. 81도1875 497
대판 1982.12.28. 81도863 1033
대판 1982.12.28. 82도1807 1118
대판 1982.12.28. 82도2058 843
대판 1982.12.28. 82도2210 1315
대판 1982.12.28. 82도2525 149
대판 1982.12.28. 82도2588 148
대판 1983.1.18. 81도824 798
대판 1983.1.18. 82도2170 1432
대판 1983.1.18. 82도2341 223
대판 1983.1.18. 82도2624 1311
대판 1983.1.18. 82도2761 487
대판 1983.1.18. 82도697 226
대판 1983.2.8. 81도3137 1037, 1038
대판 1983.2.8. 82도2486 282, 767
대판 1983.2.8. 82도2617 211
대판 1983.2.8. 82도2714 977
대판 1983.2.8. 82도357 302, 309
대판 1983.2.8. 82도686 861
대판 1983.2.22. 81도2763 340
대판 1983.2.22. 82도2964 1347
대판 1983.2.22. 82도3103 1105
대판 1983.2.22. 82도3115 864
대판 1983.3.8. 82도1363 824
대판 1983.3.8. 82도2838 891
대판 1983.3.8. 82도2873 124, 350
대판 1983.3.8. 82도2944 364
대판 1983.3.8. 82도3248 301, 426
대판 1983.3.8. 83도59 577
대판 1983.3.22. 81도2545 109
대판 1983.3.22. 82도3065 1309
대판 1983.4.12. 82도2462 1336
대판 1983.4.12. 82도2938 934, 1190
대판 1983.4.12. 82도43 448
대판 1983.4.12. 83도297 853
대판 1983.4.12. 83도304 686
대판 1983.4.12. 83도332 1208
대판 1983.4.12. 83도420 549
대판 1983.4.26. 82도2095 1356
대판 1983.4.26. 82도3079 475, 1002
대판 1983.4.26. 83도188 505
대판 1983.4.26. 83도323 495
대판 1983.4.26. 83도416 1303
대판 1983.4.26. 83도524 602
대판 1983.5.10. 82도1987 1134
대판 1983.5.10. 82도2279 1165
대판 1983.5.10. 83도340 168
대판 1983.5.10. 83도595 1122
대판 1983.5.24. 82도1426 278
대판 1983.5.24. 83도200 407
대판 1983.5.24. 83도942 609
대판 1983.6.14. 81도2278 1081
대판 1983.6.14. 81도2492 1195
대판 1983.6.14. 83도424 1150
대판 1983.6.14. 83도808 528
대판 1983.6.28. 82도1985 1254
대판 1983.6.28. 83도1036 1210
대판 1983.6.28. 83도1144 1115
대판 1983.6.28. 83도996 603
대판 1983.7.12. 82도180 458, 1083
대판 1983.7.12. 82도2114 337
대판 1983.7.12. 82도2941 1080
대판 1983.7.12. 83도1394 824
대판 1983.7.26. 82도1524 1138
대판 1983.7.26. 83도1378 496
대판 1983.7.26. 83도819 1075
대판 1983.8.22. 82도1989 1412

대판 1983.8.23. 80도1161 1000
대판 1983.8.23. 82도3222 156
대판 1983.8.23. 82도956 1359
대판 1983.8.23. 83도1486 1401
대판 1983.8.23. 83도1600 551
대판 1983.9.13. 80도277 667
대판 1983.9.13. 82도75 987
대판 1983.9.13. 83도1146 1111
대판 1983.9.13. 83도1467 249, 256
대판 1983.9.13. 83도1762 164
대판 1983.9.13. 83도1927 339
대판 1983.9.27. 82도671 1175
대판 1983.9.27. 83도1787 418
대판 1983.9.27. 83도1857 1115
대판 1983.9.27. 83도1864 1380
대판 1983.9.27. 83도1869 1138
대판 1983.9.27. 83도1906 258
대판 1983.10.11. 82도2584 787
대판 1983.10.11. 83도1897 323, 325
대판 1983.10.11. 83도2057 1080
대판 1983.10.11. 83도2222 731
대판 1983.10.25. 83도1520 726, 752
대판 1983.10.25. 83도2190 732
대판 1983.10.25. 83도2432 363, 865
대판 1983.10.25. 83도2448 1279
대판 1983.11.8. 83도1798 786
대판 1983.11.8. 83도2031 477
대판 1983.11.8. 83도2370 542
대판 1983.11.8. 83도2496 1047
대판 1983.11.8. 83도2499 57
대판 1983.11.22. 83도2224 302
대판 1983.11.22. 83도2539 853
대판 1983.11.22. 83도2590 366
대판 1983.12.13. 82도735 1098
대판 1983.12.13. 83도1458 458
대판 1983.12.13. 83도2276 353
대판 1983.12.13. 83도2342 1413
대판 1983.12.13. 83도2467 193
대판 1983.12.13. 83도2543 354
대판 1983.12.27. 82도3063 1233
대판 1983.12.27. 83도2442 1240
대판 1983.12.27. 83도2472 1095
대판 1983.12.27. 83도2629 375
대판 1984.1.17. 83도2818 928
대판 1984.1.24. 83도1873 246
대판 1984.1.24. 83도2813 181
대판 1984.1.31. 83도1501 919
대판 1984.1.31. 83도2290 1382
대판 1984.1.31. 83도2941 430
대판 1984.1.31. 83도3027 843
대판 1984.2.14. 83도2209 1403
대판 1984.2.14. 83도2650 1207
대판 1984.2.14. 83도2897 824
대판 1984.2.14. 83도2967 385
대판 1984.2.14. 83도3186 608
대판 1984.2.14. 83도3218 1346
대판 1984.2.14. 83도3242 866
대판 1984.2.14. 83도37 1413
대판 1984.2.14. 83도708 1141
대판 1984.2.28. 82도2064 1260
대판 1984.2.28. 82도2851 1254
대판 1984.2.28. 83도1533 1126
대판 1984.2.28. 83도2783 1336
대판 1984.2.28. 83도3007 626
대판 1984.2.28. 83도3124 732
대판 1984.2.28. 83도3160 499
대판 1984.2.28. 83도3162 904
대판 1984.2.28. 83도3284 1191
대판 1984.2.28. 83도3321 897, 898
대판 1984.2.28. 83도3331 385
대판 1984.2.28. 83도891 732
대판 1984.2.28. 84도38 840
대판 1984.2.28. 84도90 1262
대판 1984.3.13. 82도3136 424
대판 1984.3.13. 83도1986 1100
대판 1984.3.27. 83도2853 1414
대판 1984.3.27. 83도3260 1313
대판 1984.3.27. 84도48 1412
대판 1984.3.27. 84도86 733
대판 1984.4.10. 82도766 1359
대판 1984.4.10. 83도1499 1332, 1349
대판 1984.4.10. 83도1653 1313
대판 1984.4.10. 83도3288 1403
대판 1984.4.10. 83도3365 203
대판 1984.4.10. 83도49 760
대판 1984.4.10. 84도194 1278
대판 1984.4.10. 84도331 168
대판 1984.4.10. 84도353 614
대판 1984.4.14. 83도1429 805
대판 1984.4.24. 83도1429 805

대판 1984.4.24. 83도2645 1199
대판 1984.4.24. 84도195 484
대판 1984.4.24. 84도311 852, 877
대판 1984.4.24. 84도372 436
대판 1984.5.9. 83도2270 780, 918, 922
대판 1984.5.9. 84도573 979
대판 1984.5.15. 84도315 1078
대판 1984.5.15. 84도418 441
대판 1984.5.15. 84도488 435
대판 1984.5.15. 84도655 667
대판 1984.5.22. 84도39 74, 303
대판 1984.5.22. 84도545 322
대판 1984.5.29. 83도2680 527
대판 1984.5.29. 84도483 201
대판 1984.6.12. 82도1544 1139, 1143
대판 1984.6.12. 83도2408 1210
대판 1984.6.12. 84도620 802
대판 1984.6.12. 84도683 253
대판 1984.6.12. 84도799 307
대판 1984.6.26. 83도2413 1128
대판 1984.6.26. 83도3090 249
대판 1984.6.26. 84도648 983
대판 1984.6.26. 84도831 149
대판 1984.6.26. 84도970 899
대판 1984.7.10. 84도1043 1278
대판 1984.7.10. 84도1146 1199
대판 1984.7.10. 84도638 777
대판 1984.7.10. 84도687 618
대판 1984.7.10. 84도813 618
대판 1984.7.24. 84도1167 893
대판 1984.7.24. 84도1209 357, 700
대판 1984.7.24. 84도1245 169
대판 1984.7.24. 84도815 1080
대판 1984.8.14. 84도1139 483, 1329
대판 1984.8.21. 83도2447 1090
대판 1984.8.21. 84도781 448
대판 1984.8.24. 84도1510 324
대판 1984.9.11. 84도1381 375, 1302
대판 1984.9.11. 84도1398 892
대판 1984.9.11. 84도368 1223, 1231
대판 1984.9.25. 84도1488 1115
대판 1984.9.25. 84도1611 255
대판 1984.9.25. 84도1695 211
대판 1984.9.11 84도1398 892
대판 1984.10.5. 84도1544 230
대판 1984.10.10. 84도1566 1209
대판 1984.10.10. 84도1887 897
대판 1984.10.23. 84도1729 1202
대판 1984.11.13. 84도1199 1006
대판 1984.11.13. 84도2192 1172
대판 1984.11.27. 83도1946 1081
대판 1984.11.27. 84도1862 1185, 1190
대판 1984.11.27. 84도1906 139, 140, 472
대판 1984.11.27. 84도2263 477
대판 1984.12.11. 84도2002 169
대판 1984.12.11. 84도2183 226
대판 1984.12.11. 84도2285 1246
대판 1984.12.11. 84도2324 900
대판 1984.12.11. 84도2347 149
대판 1984.12.11. 84도2524 363
대판 1984.12.26. 83도1988 56
대판 1984.12.26. 84도2127 1037
대판 1984.12.26. 84도2290 1118
대판 1984.12.26. 84도2433 363
대판 1984.12.26. 84도2552 897
대판 1984.12.26. 84도2582 275
대판 1985.1.15. 84도2397 227, 899
대판 1985.1.22. 84도1493 210
대판 1985.1.22. 84도2422 1215
대판 1985.2.8. 84도2917 823
대판 1985.2.26. 84도2732 1115
대판 1985.2.26. 84도2802 1118
대판 1985.2.26. 84도2987 452
대판 1985.3.9. 85도951 910
대판 1985.3.12. 84도2929 306
대판 1985.3.12. 85도74 934
대판 1985.3.26. 84도2956 429
대판 1985.3.26. 84도3024 844
대판 1985.3.26. 84도3085 151
대판 1985.3.26. 85도122 806, 813
대판 1985.3.26. 85도206 382
대판 1985.4.9. 83도44 1412
대판 1985.4.9. 84도300 990
대판 1985.4.9. 85도25 336, 337
대판 1985.4.23. 84도2890 509
대판 1985.4.23. 85도303 227
대판 1985.4.23. 85도431 731, 742
대판 1985.4.23. 85도464 363
대판 1985.4.23. 85도570 1181
대판 1985.5.2. 85도361 323

대판 1985.5.14. 83도2050 1346
대판 1985.5.14. 84도1045 1325
대판 1985.5.14. 84도1271 337
대판 1985.5.14. 84도2118 416
대판 1985.5.14. 84도2289 980
대판 1985.5.14. 85도466 615
대판 1985.5.14. 85도619 891
대판 1985.5.28. 84도2999 1253
대판 1985.5.28. 85도494 1128
대판 1985.5.28. 85도588 169
대판 1985.5.28. 85도682 902
대판 1985.6.11. 84도1958 635
대판 1985.6.11. 84도2527 620
대판 1985.6.11. 85도748 1279
대판 1985.6.25. 84도2083 661
대판 1985.6.25. 85도540 1225
대판 1985.6.25. 85도758 1233
대판 1985.7.9. 84도822 203
대판 1985.7.9. 85도1000 551
대판 1985.7.9. 85도1109 900
대판 1985.7.9. 85도1165 1385
대판 1985.7.9. 85도707 274
대판 1985.7.23. 85도1092 1386
대판 1985.8.13. 85도1170 886
대판 1985.8.13. 85도1230 1025
대판 1985.8.20. 83도2575 427, 1195
대판 1985.8.20. 84도1373 418
대판 1985.8.20. 85도868 1413
대판 1985.9.10. 84도1572 211
대판 1985.9.10. 84도2644 992
대판 1985.9.10. 85도1370 258
대판 1985.9.10. 85도1481 1242
대판 1985.9.10. 85도1501 1188
대판 1985.9.10. 85도86 1024
대판 1985.9.10. 85도899 1129
대판 1985.9.24. 85도1489 539
대판 1985.9.24. 85도1687 982
대판 1985.10.8. 84도2461 1245
대판 1985.10.8. 84도2642 950
대판 1985.10.8. 85도1537 227
대판 1985.10.8. 85도1851 655
대판 1985.10.8. 85도1915 608
대판 1985.10.22. 85도1527 886
대판 1985.10.22. 85도1677 1117
대판 1985.10.22. 85도1732 1199
대판 1985.10.22. 85도465 1095
대판 1985.11.12. 85도1978 305
대판 1985.11.12. 85도2002 371, 375
대판 1985.11.26. 85도1906 140
대판 1985.11.26. 85도2037 734
대판 1985.11.28. 85도1487 279
대판 1985.12.10. 84도2380 731
대판 1985.12.10. 85도1892 283
대판 1985.12.24. 85도1755 622
대판 1985.12.24. 85도2317 941
대판 1986.1.21. 85도2339 371
대판 1986.1.21. 85도2371 428
대판 1986.1.21. 85도2411 424
대판 1986.1.21. 85도2472 1112
대판 1986.1.28. 85도2448 1364, 1368
대판 1986.2.11. 85도2471 1312
대판 1986.2.11. 85도2513 992
대판 1986.2.11. 85도2658 493
대판 1986.2.11. 85도448 464
대판 1986.2.25. 85도2651 216
대판 1986.2.25. 85도2773 588
대판 1986.2.25. 85도2798 1252
대판 1986.3.11. 85도2831 377
대판 1986.3.25. 85도1143 754
대판 1986.3.25. 86도255 1180
대판 1986.3.25. 86도69 1387
대판 1986.5.27. 86도549 622
대판 1986.6.10. 84도2039 1413
대판 1986.6.10. 86도778 906
대판 1986.6.24. 84도547 1194
대판 1986.6.24. 85도2070 196
대판 1986.6.24. 86도396 1115
대판 1986.6.24. 86도403 71
대판 1986.6.24. 86도437 387
대판 1986.6.24. 86도538 1025
대판 1986.6.24. 86도631 1003
대판 1986.6.24. 86도776 886
대판 1986.6.24. 86도891 477
대판 1986.7.8. 84도2922 290, 642, 643
대판 1986.7.8. 85도1873 1078
대판 1986.7.8. 85도2042 601, 701
대판 1986.7.8. 85도2212 1026
대판 1986.7.8. 86도1048 147
대판 1986.7.8. 86도354 847
대판 1986.7.8. 86도383 618

대판 1986.7.8. 86도749 464
대판 1986.7.8. 86도843 872
대판 1986.7.21. 86도582 1432
대판 1986.7.22. 86도1140 649
대판 1986.8.19. 86도1093 844
대판 1986.8.19. 86도1123 623
대판 1986.8.19. 86도544 1214
대판 1986.9.9. 85도2433 146
대판 1986.9.9. 86도1227 944
대판 1986.9.9. 86도1245 1379
대판 1986.9.9. 86도1273 872, 1105
대판 1986.9.9. 86도1382 1037
대판 1986.9.9. 86도1439 850
대판 1986.9.9. 86도280 1000
대판 1986.9.9. 86도57 1412
대판 1986.9.9. 86도956 920
대판 1986.9.23. 86도1205 834
대판 1986.9.23. 86도1429 446
대판 1986.9.23. 86도1526 232
대판 1986.9.23. 86도1547 354
대판 1986.9.23. 86도811 1086
대판 1986.9.23. 86도941 1122
대판 1986.10.13. 86도1606 1431
대판 1986.10.14. 86도1091 252
대판 1986.10.14. 86도1189 1336, 1337, 1338
대판 1986.10.14. 86도1341 745
대판 1986.10.14. 86도1796 608
대판 1986.10.28. 86도1406 314, 345
대판 1986.10.28. 86도1517 462, 463
대판 1986.10.28. 86도1753 363
대판 1986.10.28. 86도936 1079
대판 1986.11.11. 86도1109 363
대판 1986.11.11. 86도1862 259
대판 1986.11.11. 86도1984 1223
대판 1986.11.11. 86도1989 228
대판 1986.11.11. 86도2004 550
대판 1986.11.25. 86도1951 1337, 1342
대판 1986.11.25. 86도2090 383
대판 1986.12.9. 85도2482 1430
대판 1986.12.9. 86도1492 1125
대판 1986.12.9. 86도1671 1049
대판 1986.12.9. 86도198 447
대판 1986.12.23. 86도1372 773
대판 1986.12.23. 86도2021 1336
대판 1986.12.23. 86도2203 883
대판 1986.12.23. 86도2256 363
대판 1986.12.23. 86도2314 320
대판 1987.1.10. 86도2338 167
대판 1987.1.20. 85도221 168, 267
대판 1987.1.20. 86도1728 475
대판 1987.1.20. 86도2199 865
대판 1987.1.20. 86도2360 504
대판 1987.1.20. 86도2395 407, 595
대판 1987.1.20. 86도874 351
대판 1987.2.10. 85도897 1403
대판 1987.2.10. 86도2349 997
대판 1987.2.24. 86도1744 1039
대판 1987.2.24. 86도2077 1115
대판 1987.2.24. 86도2731 493
대판 1987.3.10. 86도864 1245
대판 1987.3.24. 86도2673 332
대판 1987.4.14. 85도2661 1245
대판 1987.4.14. 86도2799 1390
대판 1987.4.14. 87도160 343
대판 1987.4.14. 87도177 1118
대판 1987.4.14. 87도399 1209
대판 1987.4.28. 83도1568 418
대판 1987.4.28. 87도297 147
대판 1987.4.28. 87도414 1097
대판 1987.5.12. 87도694 486, 686
대판 1987.5.12. 87도739 725, 742
대판 1987.5.26. 86도2707 204
대판 1987.5.26. 87도527 487, 505
대판 1987.5.26. 87도712 362
대판 1987.5.12, 87도417 951
대판 1987.6.8. 87도1029 1432
대판 1987.6.9. 87도915 1114
대판 1987.7.21. 87도1141 322
대판 1987.7.21. 87도564 496
대판 1987.8.18. 87도1260 1141
대판 1987.8.18. 87도145 1192
대판 1987.9.8. 87도1371 878
대판 1987.9.22. 87도1254 625
대판 1987.9.22. 87도1443 1229
대판 1987.9.22. 87도1592 903
대판 1987.9.22. 87도516 623
대판 1987.10.13. 87도1240 163, 418, 424, 882
대판 1987.10.13. 87도1633 1104, 1112
대판 1987.10.13. 87도1778 990
대판 1987.10.26. 87도1656 983

대판 1987.10.26. 87도1745 181
대판 1987.10.26. 87도1880 701
대판 1987.10.26. 87도464 304
대판 1987.11.10. 87도1213 104, 106
대판 1987.12.7. 87도2195 589
대판 1987.12.8. 87도1959 846
대판 1987.12.12. 87도84 58
대판 1987.12.22. 86도1175 343
대판 1987.12.22. 87도1699 398
대판 1987.12.22. 87도2168 1032
대판 1988.1.12. 87도2256 1207
대판 1988.1.19. 86도2654 565
대판 1988.1.19. 87도1217 1251
대판 1988.1.19. 87도2287 75
대판 1988.2.9. 87도2366 1435
대판 1988.2.9. 87도58 488
대판 1988.2.23. 87도1952 1131
대판 1988.2.23. 87도2358 289
대판 1988.2.23. 87도2454 1433
대판 1988.3.8. 87도1445 1101
대판 1988.3.8. 87도2646 797
대판 1988.3.22. 87도2539 926
대판 1988.3.22. 87도2678 61
대판 1988.4.12. 87도2368 428
대판 1988.4.12. 87도2394 956
대판 1988.4.12. 88도178 226, 227
대판 1988.4.25. 88도409 840
대판 1988.5.10. 88도262 1171, 1172
대판 1988.5.24. 87도2696 1239
대판 1988.6.14. 88도692 589
대판 1988.6.21. 88도551 562
대판 1988.6.28. 88도650 187, 190
대판 1988.6.28. 88도820 494
대판 1988.8.9. 86도225 641
대판 1988.8.23. 88도1212 224, 699
대판 1988.8.23. 88도855 195
대판 1988.9.9. 88도1240 708
대판 1988.9.13. 88도1197 874
대판 1988.9.20. 86도628 998
대판 1988.9.20. 87도964 951
대판 1988.9.27. 87도2174 1382
대판 1988.9.27. 88도833 622
대판 1988.11.8. 88도1580 668
대판 1988.11.8. 88도1628 224, 699
대판 1988.11.8. 88도1630 1302
대판 1988.11.8. 88도928 148
대판 1988.11.22. 88도1557 889
대판 1988.12.13. 88도184 1041
대판 1988.12.13. 88도750 1078
대판 1989.1.17. 88도580 1412
대판 1989.1.17. 88도643 195
대판 1989.1.17. 88도971 169
대판 1989.1.31. 88도1992 1006
대판 1989.1.31. 88도831 701
대판 1989.2.14. 87도1860 343
대판 1989.2.14. 88도2211 1343
대판 1989.2.14. 88도899 749
대판 1989.2.27. 88도2405 1336
대판 1989.2.28. 87도690 980
대판 1989.2.28. 88도1141 340
대판 1989.2.28. 88도1165 364
대판 1989.2.28. 88도1368 986
대판 1989.2.28. 88도2430 808, 870
대판 1989.3.14. 87도3674 246
대판 1989.3.14. 88도1397 742
대판 1989.3.14. 88도837 874
대판 1989.3.28. 89도108 618
대판 1989.4.11. 88도1105 1196
대판 1989.4.11. 88도1247 401
대판 1989.4.11. 88도906 1014
대판 1989.5.23. 88도1376 305
대판 1989.6.13. 89도582 481
대판 1989.6.13. 89도582 481
대판 1989.7.11. 89도886 733
대판 1989.7.25. 88도410 1133
대판 1989.7.25. 89도126 1346
대판 1989.8.8. 88도1161 14
대판 1989.8.8. 88도2209 1202
대판 1989.8.8. 89도358 254
대판 1989.8.8. 89도664 467
대판 1989.9.11. 88도1147 1413
대판 1989.9.12. 88도1752 770
대판 1989.9.12. 89도1084 151
대판 1989.9.12. 89도1153 364
대판 1989.9.12. 89도866 157
대판 1989.9.12. 89도889 286, 827
대판 1989.9.26. 88도1533 1433
대판 1989.10.10. 87도1901 463
대판 1989.10.10. 89도623 250
대판 1989.10.13. 89도204 196

대판 1989.10.13. 89도556 146
대판 1989.10.24. 87도126 1045
대판 1989.10.24. 88도1296 1117
대판 1989.11.14. 89도1426 305
대판 1989.11.14. 89도1700 1358
대판 1989.11.14. 89도773 862
대판 1989.11.14. 89도968 1006
대판 1989.11.28. 89도1679 847
대판 1989.11.28. 89도201 284
대판 1989.12.8. 88도753 1191
대판 1989.12.12. 89도1991 897
대판 1989.12.12. 89도2049 258
대판 1989.12.12. 89도875 300
대판 1989.12.22. 89도1570 613
대판 1989.12.24. 89도1605 477
대판 1989.12.26. 89도1204 1374
대판 1989.12.26. 89도1512 308
대판 1989.12.26. 89도2018 1358
대판 1990.1.23. 89도1328 305
대판 1990.1.23. 89도1395 211
대판 1990.1.25. 89도1211 471
대판 1990.1.25. 89도252 499
대판 1990.2.9. 89도1774 624
대판 1990.2.9. 89도1992 1278
대판 1990.2.13. 89도1406 608
대판 1990.2.13. 89도1931 1086
대판 1990.2.13. 89도2061 1285
대판 1990.2.13. 89도2426 431
대판 1990.2.23. 89도1212 1414
대판 1990.2.23. 89도2466 1022
대판 1990.2.27. 89도1816 411
대판 1990.2.27. 89도335 936
대판 1990.2.27. 89도970 1091
대판 1990.3.13. 90도173 824
대판 1990.3.23. 89도2506 1140, 1144
대판 1990.3.27. 89도1480 1405
대판 1990.3.27. 89도1670 354
대판 1990.3.27. 89도2036 983
대판 1990.3.27. 89도2083 1229
대판 1990.3.27. 89도813 1004
대판 1990.4.24. 89도2547 210
대판 1990.4.24. 90도193 891
대판 1990.4.24. 90도401 614
대판 1990.4.27. 89도1467 299, 732
대판 1990.4.27. 89도2291 563
대판 1990.5.8. 90도448 1412
대판 1990.5.8. 90도606 266
대판 1990.5.15. 90도357 297
대판 1990.5.22. 90도580 148
대판 1990.5.22. 90도700 1122
대판 1990.5.22. 90도748 305
대판 1990.5.25. 90도191 1312
대판 1990.5.25. 90도573 850
대판 1990.5.25. 90도578 1009
대판 1990.5.25. 90도6 1048
대판 1990.5.25. 90도607 686
대판 1990.6.12. 90도672 828
대판 1990.6.22. 90도767 1367, 1395
대판 1990.6.26. 90도765 1395
대판 1990.6.26. 90도887 320
대판 1990.7.10. 90도1176 477
대판 1990.7.10. 90도755 1172
대판 1990.7.24. 90도1149 383
대판 1990.7.27. 90도543 472
대판 1990.8.10. 90도1211 279
대판 1990.8.10. 90도414 1041
대판 1990.8.10. 90도665 1358
대판 1990.8.14. 90도114 307
대판 1990.8.14. 90도1328 323
대판 1990.8.14. 90도595 1434
대판 1990.8.14. 90도870 266
대판 1990.8.28. 90도1217 390
대판 1990.9.11. 90도1021 862
대판 1990.9.11. 90도1486 1175
대판 1990.9.25. 90도1216 1086
대판 1990.9.25. 90도1588 482
대판 1990.9.25. 90도1591 1122
대판 1990.9.25. 90도1596 226
대판 1990.9.25. 90도873 761
대판 1990.9.28. 90도1365 489
대판 1990.9.28. 90도1772 320
대판 1990.9.29. 90도1562 684
대판 1990.10.10. 90도1904 528
대판 1990.10.12. 90도1790 411
대판 1990.10.16. 90도1199 1233
대판 1990.10.16. 90도1485 1272
대판 1990.10.16. 90도1604 343
대판 1990.10.16. 90도1702 1082
대판 1990.10.16. 90도1786 225
대판 1990.10.30. 90도1456 291

대판 1990.10.30. 90도1798 351
대판 1990.10.30. 90도1912 411
대판 1990.10.30. 90도2022 425, 795
대판 1990.11.13. 90도153 1075
대판 1990.11.13. 90도1961 924
대판 1990.11.13. 90도2011 1166
대판 1990.11.13. 90도2106 202
대판 1990.11.23. 90도1864 309
대판 1990.11.27. 90도2262 431, 904
대판 1990.12.11. 90도694 155
대판 1990.12.21. 90도2425 1311
대판 1990.12.26. 89도2589 623
대판 1990.12.26. 90도2073 934
대판 1990.12.26. 90도2439 1402
대판 1990.12.26. 90도2473 313
대판 1991.1.15. 89도2239 304
대판 1991.1.15. 90도2257 1093, 1101
대판 1991.1.29. 90도2153 609
대판 1991.1.29. 90도2445 503
대판 1991.1.29. 90도2852 294, 297
대판 1991.2.12. 90도2547 149
대판 1991.2.26. 90도2856 155
대판 1991.2.26. 90도2900 487
대판 1991.2.26. 90도2906 516
대판 1991.2.26. 90도577 1192, 1218
대판 1991.3.27. 90도2930 1364
대판 1991.3.27. 91도156 744
대판 1991.4.9. 91도288 685
대판 1991.4.9. 91도357 320
대판 1991.4.23. 90도1287 39
대판 1991.4.23. 91도476 871
대판 1991.4.26. 90도1958 1131
대판 1991.5.10. 89도1748 1415
대판 1991.5.10. 90도2102 653
대판 1991.5.10. 90도2601 1435
대판 1991.5.10. 91도346 308
대판 1991.5.14. 91도420 742
대판 1991.5.14. 91도513 291
대판 1991.5.14. 91도542 437, 438
대판 1991.5.28. 91다10084 268
대판 1991.5.28. 91도352 530, 1342
대판 1991.5.28. 91도546 684
대판 1991.5.28. 91도636 324
대판 1991.5.28. 91도711 628
대판 1991.5.28. 91도80 248, 259, 979
대판 1991.6.11. 91도383 296
대판 1991.6.11. 91도413 1093
대판 1991.6.11. 91도753 786, 808
대판 1991.6.11. 91도878 846
대판 1991.6.11. 91도96 1313
대판 1991.6.25. 91도347 731
대판 1991.6.25. 91도643 467, 493, 504, 887
대판 1991.7.9. 91도1051 296
대판 1991.7.9. 91도846 1081
대판 1991.7.12. 91도1077 859
대판 1991.7.12. 91도897 296
대판 1991.7.23. 91도1190 1359
대판 1991.8.13. 91도1324 830
대판 1991.8.27. 91도1344 777
대판 1991.8.27. 91도1524 948
대판 1991.8.27. 91도1604 667
대판 1991.8.27. 91도1637 487
대판 1991.9.10. 91다19913 254
대판 1991.9.10. 91도1610 1222
대판 1991.9.10. 91도1666 828
대판 1991.9.10. 91도1722 492
대판 1991.9.10. 91도376 308
대판 1991.9.10. 91도856 1126
대판 1991.9.24. 91도1164 1245
대판 1991.9.24. 91도1314 1366
대판 1991.9.24. 91도1733 1205
대판 1991.9.24. 91도1824 309, 982
대판 1991.10.8. 91도1703 1218
대판 1991.10.8. 91도1894 1279
대판 1991.10.11. 91도1656 91, 1398
대판 1991.10.11. 91도1755 979
대판 1991.10.11. 91도1950 1425
대판 1991.10.22. 91도1832 600, 700
대판 1991.10.22. 91도1961 796
대판 1991.10.22. 91도2090 1120
대판 1991.10.25. 91도2085 148
대판 1991.11.8. 91도326 828
대판 1991.11.12. 91도2156 431, 904
대판 1991.11.12. 91도2211 350, 780
대판 1991.11.12. 91도2241 905
대판 1991.11.12. 91도2270 939
대판 1991.11.22. 91도2296 889
대판 1991.11.26. 91도2267 897
대판 1991.11.26. 91도2418 1093
대판 1991.12.10. 91도2395 1370

대판 1991.12.13. 91도2127 309, 983, 1425
대판 1991.12.20. 91도2543 1093
대판 1991.12.24. 91도2698 923
대판 1991.12.24. 91도671 914
대판 1991.12.27. 90도2800 1320, 1322
대판 1991.12.27. 91도1169 313
대판 1991.12.27. 91도196 1088
대판 1991.12.27. 91도2527 612
대판 1992.1.17. 91도1675 1075
대판 1992.1.17. 91도2837 411
대판 1992.1.21. 91도1170 1128
대판 1992.1.21. 91도2727 900
대판 1992.2.11. 91도1834 770
대판 1992.2.11. 91도2797 1369
대판 1992.2.11. 91도2951 130, 133
대판 1992.2.11. 98도2816 11
대판 1992.2.25. 91도3192 230
대판 1992.3.10. 91도2746 915
대판 1992.3.10. 91도3172 196
대판 1992.3.10. 92도116 1321, 1324
대판 1992.3.10. 92도147 478
대판 1992.3.10. 92도37 305
대판 1992.3.27. 91도2831 305, 847
대판 1992.3.31. 91도3279 424
대판 1992.3.31. 92도265 710
대판 1992.4.14. 91도2390 1048
대판 1992.4.14. 92도297 489
대판 1992.4.14. 92도408 899
대판 1992.4.24. 92도118 848
대판 1992.4.24. 92도245 337
대판 1992.4.28. 91도2309 829
대판 1992.4.28. 92도220 1367
대판 1992.4.28. 92도56 623
대판 1992.5.8. 91도2825 58
대판 1992.5.8. 91도3051 296
대판 1992.5.12. 92도280 847
대판 1992.5.12. 92도381 614
대판 1992.5.22. 91다39320 804
대판 1992.5.22. 92도506 1369
대판 1992.5.22. 92도564 1027
대판 1992.5.26. 91도894 341
대판 1992.6.9. 91도2221 777, 781
대판 1992.6.9. 92도77 471, 508, 973
대판 1992.6.12. 92도736 1403
대판 1992.6.23. 92도976 1188
대판 1992.7.14. 92도279 1025
대판 1992.7.14. 92도753 1043
대판 1992.7.28. 92도1137 216
대판 1992.7.28. 92도1345 1120
대판 1992.7.28. 92도700 521
대판 1992.7.28. 92도917 371, 494, 889, 892
대판 1992.7.28. 92도999 330
대판 1992.8.14. 91도2202 921
대판 1992.8.14. 91도3191 458
대판 1992.8.14. 92도1246 350
대판 1992.8.18. 91도2771 1172
대판 1992.8.18. 92도1140 342
대판 1992.8.18. 92도1244 1364
대판 1992.8.18. 92도1425 325
대판 1992.8.18. 92도934 210
대판 1992.9.8. 91도3149 848
대판 1992.9.8. 92도1396 1031
대판 1992.9.8. 92도1650 362, 865
대판 1992.9.14. 91도2994 924
대판 1992.9.14. 92도1506 357
대판 1992.9.14. 92도1534 467
대판 1992.9.14. 92도1564 1247
대판 1992.9.22. 92도1855 294
대판 1992.9.22. 92도1949 850
대판 1992.10.13. 92도1046 1074
대판 1992.10.13. 92도1799 1432
대판 1992.10.13. 92도2060 1232, 1233
대판 1992.10.27. 91도2346 1060
대판 1992.10.27. 92도1578 1260
대판 1992.11.10. 92도1342 410
대판 1992.11.10. 92도2034 107
대판 1992.11.10. 92도2324 106
대판 1992.11.13. 92도2914 57, 59, 76
대판 1992.11.13. 92도610 625
대판 1992.11.24. 92도1417 502
대판 1992.11.24. 92도391 308
대판 1992.11.27. 92도2079 1021
대판 1992.12.8. 92도1645 297
대판 1992.12.8. 92도1653 1137
대판 1992.12.8. 92도1682 1125, 1126
대판 1992.12.8. 92도407 12
대판 1992.12.11. 92도743 949
대판 1992.12.22. 92도1762 1333
대판 1992.12.22. 92도2047 1210

대판 1992.12.22. 92도2218 956
대판 1992.12.22. 92도2540 248
대판 1992.12.24. 92도1223 1082
대판 1993.1.15. 92도166 1075
대판 1993.1.15. 92도2579 207
대판 1993.1.29. 90도450 294
대판 1993.2.9. 92도2929 770
대판 1993.2.23. 92도2077 211
대판 1993.2.23. 92도3395 795
대판 1993.2.23. 92도387 1000
대판 1993.3.9. 92도2999 475, 987, 1024
대판 1993.3.9. 92도3101 1208
대판 1993.3.9. 92도3204 415
대판 1993.3.16. 92도3170 841
대판 1993.3.23. 92도3045 169
대판 1993.3.23. 92도455 732
대판 1993.3.26. 92도2033 1093
대판 1993.3.26. 92도3405 483
대판 1993.4.9. 92도2431 1082
대판 1993.4.13. 92도3035 496
대판 1993.4.13. 93도328 847
대판 1993.4.13. 93도347 371
대판 1993.4.27. 92도2688 1226
대판 1993.4.27. 92도3229 227
대판 1993.5.11. 92도255 780
대판 1993.5.11. 93도127 1254
대판 1993.5.11. 93도49 497
대판 1993.6.8. 93도766 252
대판 1993.6.11. 93도1054 540
대판 1993.6.22. 93오1 563
대판 1993.7.13. 93도14 920
대판 1993.7.27. 92도2345 282, 600
대판 1993.7.27. 93도135 194
대판 1993.7.27. 93도1435 1226
대판 1993.7.27. 93도901 659
대판 1993.8.23. 83도1430 1244
대판 1993.8.24. 92도1329 249
대판 1993.8.24. 93도1578 1023
대판 1993.8.24. 93도1674 229
대판 1993.9.10. 93도196 618
대판 1993.9.14. 92도1560 340
대판 1993.9.14. 93도1790 497
대판 1993.9.14. 93도915 951
대판 1993.9.28. 93도1941 950
대판 1993.9.28. 93도2069 1081
대판 1993.9.28. 93도2143 842
대판 1993.9.28. 93도2206 1057
대판 1993.10.8. 93도1873 230
대판 1993.10.8. 93도1951 391
대판 1993.10.12. 93도1851 370
대판 1993.10.12. 93도1888 340
대판 1993.10.12. 93도875 311
대판 1993.11.23. 93도213 475
대판 1993.11.23. 93도604 973
대판 1993.12.7. 93도2510 1414
대판 1993.12.7. 93도2701 1122
대판 1993.12.24. 92도3334 1316
대판 1993.12.24. 93도2339 984
대판 1993.12.28. 93도1569 531
대판 1993.12.28. 93도2669 780
대판 1994.1.14. 93도2579 56
대판 1994.1.28. 93도1278 776
대판 1994.2.8. 93도120 286, 823
대판 1994.2.8. 93도1483 103
대판 1994.2.8. 93도3445 1432
대판 1994.2.22. 93도428 882
대판 1994.2.22. 93도613 297
대판 1994.3.8. 93도2221 1039
대판 1994.3.8. 93도2272 832, 999
대판 1994.3.8. 93도3608 541
대판 1994.3.11. 93도2305 780
대판 1994.3.11. 93도958 1326
대판 1994.3.22. 93도3612 147, 168
대판 1994.3.22. 94도4 1251
대판 1994.4.12. 93도2690 789
대판 1994.4.12. 93도3535 737, 755
대판 1994.4.12. 94도128 425, 771
대판 1994.4.15. 93도2899 311
대판 1994.4.26. 92도3283 215
대판 1994.4.26. 93도1731 122, 357
대판 1994.4.26. 94도548 211
대판 1994.5.10. 94도563 52
대판 1994.5.13. 93도3358 488
대판 1994.5.13. 94도581 322
대판 1994.5.24. 94도600 798
대판 1994.5.24. 94도660 423
대판 1994.5.24. 94도763 1003
대판 1994.6.14. 93도288 781
대판 1994.6.26. 84도648 307
대판 1994.6.28. 93도696 738

대판 1994.7.29. 93도1091 1210
대판 1994.8.12. 94도1487 864
대판 1994.8.16. 94도1291 198
대판 1994.8.23. 94도1484 417, 608
대판 1994.8.23. 94도630 692
대판 1994.8.26. 94도780 341
대판 1994.9.9. 94도1522 866
대판 1994.9.9. 94도619 540
대판 1994.9.27. 94도1439 1131, 1132
대판 1994.10.11. 94도1481 861
대판 1994.10.11. 94도1575 937
대판 1994.10.11. 94도1991 830
대판 1994.10.14. 94도1911 921
대판 1994.10.14. 94도2130 539, 540
대판 1994.10.14. 94도2165 623
대판 1994.10.21. 94도2048 939
대판 1994.10.21. 94도852 1358
대판 1994.10.25. 94도1770 742
대판 1994.10.25. 94도2283 1371
대판 1994.10.28. 93도1166 67
대판 1994.10.28. 94도2186 756
대판 1994.11.4. 93도1033 1248
대판 1994.11.4. 94도129 1333
대판 1994.11.4. 94도1311 601
대판 1994.11.4. 94도2112 1172
대판 1994.11.4. 94도2361 226
대판 1994.11.8. 94도1657 308
대판 1994.11.8. 94도2340 67
대판 1994.11.11. 94도343 1130
대판 1994.12.2. 94도2510 788
대판 1994.12.9. 93도2524 200
대판 1994.12.9. 93도3223 343
대판 1994.12.22. 93도3030 624
대판 1994.12.22. 94도2511 589
대판 1994.12.22. 94도2528 1352
대판 1994.12.23. 93도1002 455, 462
대판 1995.1.12. 94도2781 265
대판 1995.1.19. 94도2760 993
대판 1995.1.20. 94도1968 1113
대판 1995.1.20. 94도2842 220
대판 1995.1.24. 94도1949 1374, 1394
대판 1995.2.10. 94도1190 1286
대판 1995.2.10. 94도2266 1271
대판 1995.2.10. 94도2911 1034
대판 1995.2.24. 94도2092 1215
대판 1995.2.24. 94도3068 1431
대판 1995.2.28. 94도2746 305
대판 1995.3.3. 93도3080 1402
대판 1995.3.10. 94도2422 983
대판 1995.3.10. 94도2598 1430
대판 1995.3.17. 93도923 311, 745
대판 1995.3.24. 94도1112 1226
대판 1995.3.24. 95도203 942
대판 1995.3.28. 95도91 884
대판 1995.4.7. 94도1325 341
대판 1995.4.7. 94도3412 1420
대판 1995.4.11. 94도3302 626
대판 1995.4.14. 95도12 823
대판 1995.4.28. 94도2679 1248
대판 1995.4.28. 95도250 915
대판 1995.5.12. 95도283 1043
대판 1995.5.12. 95도425 148, 227
대판 1995.6.13. 95도491 1233
대판 1995.6.16. 94도1793 342
대판 1995.6.16. 94도2413 22, 1271, 1272
대판 1995.6.30. 94도1017 340, 539
대판 1995.6.30. 94도3136 774
대판 1995.6.30. 94도993 1340
대판 1995.7.11. 94도1814 340
대판 1995.7.11. 95도382 210
대판 1995.7.11. 95도910 850
대판 1995.7.11. 95도955 1279
대판 1995.7.25. 94도1351 700
대판 1995.7.25. 95도391 109
대판 1995.7.28. 94도3325 106
대판 1995.7.28. 95다19515 925
대판 1995.7.28. 95도1081 339
대판 1995.7.28. 95도1157 925
대판 1995.7.28. 95도702 344
대판 1995.7.28. 95도997 508, 972, 973
대판 1995.8.22. 95도594 505
대판 1995.8.22. 95도936 305
대판 1995.8.25. 94도2132 912
대판 1995.8.25. 95도1351 337
대판 1995.8.25. 95도717 342
대판 1995.9.5. 94도3033 840
대판 1995.9.5. 95도1269 1201, 1259
대판 1995.9.5. 95도577 419, 1399
대판 1995.9.15. 94도2561 357, 362, 826
대판 1995.9.15. 94도3213 955

대판 1995.9.15. 95도1475 1172
대판 1995.9.15. 95도707 958
대판 1995.9.15. 95도906 147
대판 1995.9.29. 94도2187 649, 653
대판 1995.9.29. 94도2608 1418
대판 1995.9.29. 95도456 447
대판 1995.9.29. 95도803 1193, 1195
대판 1995.10.12. 94도2076 1005
대판 1995.10.12. 95도1016 293
대판 1995.10.12. 95도1589 770
대판 1995.11.10. 95도1395 1391
대판 1995.11.10. 95도2088 343
대판 1995.11.14. 95도1729 781
대판 1995.11.21. 94도1375 1057
대판 1995.11.21. 94도1598 1039
대판 1995.11.24. 95도1923 1008
대판 1995.12.5. 94도2379 1307
대판 1995.12.5. 95도1908 1430
대판 1995.12.12. 94도3271 1435
대판 1995.12.12. 95도1893 563
대판 1995.12.12. 95도2320 1356
대판 1995.12.12. 95도2385 887
대판 1995.12.22. 94도3013 910
대판 1995.12.22. 95도2446 573
대판 1995.12.26. 93도904 1405
대판 1995.12.26. 95도2188 343
대판 1995.12.26. 95도715 205
대판 1996.1.23. 95도784 996
대판 1996.1.26. 94도2654 430
대판 1996.1.26. 95도2526 1138
대판 1996.2.9. 95도2652 1433
대판 1996.2.9. 95도2891 1037
대판 1996.2.13. 95도2843 57
대판 1996.2.23. 95도1642 609
대판 1996.2.23. 95도2754 1123
대판 1996.2.23. 95도2914 40
대판 1996.2.27. 95도2828 928
대판 1996.2.27. 95도2970 296
대판 1996.3.8. 95도2114 501
대판 1996.3.8. 95도2930 1101
대판 1996.3.12. 94도2423 109
대판 1996.3.12. 95도2864 1413
대판 1996.3.22. 95도2824 1000
대판 1996.3.22. 96도313 874
대판 1996.3.26. 95도2998 1436
대판 1996.3.26. 95도3073 38
대판 1996.4.9. 95도2466 969
대판 1996.4.9. 96도241 246
대판 1996.4.12. 94도3309 733, 746
대판 1996.4.12. 96도215 229, 1160
대판 1996.4.12. 96도358 628
대판 1996.4.23. 96도424 1223
대판 1996.4.26. 95도2468 1248
대판 1996.4.26. 96도281 1373
대판 1996.4.26. 96도485 220, 221, 222
대판 1996.5.8. 96도221 1335
대판 1996.5.10. 95도307 834
대판 1996.5.10. 95도780 1318
대판 1996.5.10. 96도419 295, 824
대판 1996.5.10. 96도51 121, 1314
대판 1996.5.10. 96도527 1189
대판 1996.5.10. 96도529 149
대판 1996.5.10. 96도620 339
대판 1996.5.14. 96도410 990
대판 1996.5.14. 96도554 1234
대판 1996.5.28. 95도1200 217
대판 1996.5.28. 96도140 996
대판 1996.5.28. 96도979 305
대판 1996.5.31. 96도771 1432
대판 1996.6.11. 95도2817 1247
대판 1996.6.11. 96도1049 202
대판 1996.6.11. 96도233 1243
대판 1996.6.11. 96도857 329
대판 1996.6.11. 96도980 1275
대판 1996.6.14. 96도1016 1402
대판 1996.6.14. 96도106 1007, 1008
대판 1996.6.14. 96도405 312
대판 1996.7.9. 96도1198 204
대판 1996.7.12. 93도2628 1219
대판 1996.7.12. 96도1007 731
대판 1996.7.12. 96도1108 903
대판 1996.7.12. 96도1142 148, 228
대판 1996.7.12. 96도1181 477, 508, 968
대판 1996.7.26. 96도1158 57
대판 1996.7.30. 94도2708 780
대판 1996.7.30. 96도1081 921
대판 1996.7.30. 96도1285 467
대판 1996.8.20. 96도1461 628
대판 1996.8.23. 94도3191 751
대판 1996.8.23. 95도192 833, 1412

대판 1996.8.23. 96도1231 423
대판 1996.8.23. 96도1514 1037
대판 1996.8.23. 96도1525 1000
대판 1996.9.6. 95도2551 128, 129, 139, 140
대판 1996.9.6. 96도1606 1057
대판 1996.9.6. 96도1763 486
대판 1996.9.10. 95도2747 834
대판 1996.9.20. 95도1728 968, 973
대판 1996.9.24. 95도245 150
대판 1996.9.24. 96도2151 983, 984
대판 1996.10.11. 95도1706 407
대판 1996.10.11. 95도2090 1093
대판 1996.10.11. 96도312 1381
대판 1996.10.15. 96도1301 497
대판 1996.10.15. 96도1669 1233
대판 1996.10.15. 96도2227 864
대판 1996.10.25. 95도1473 748, 749
대판 1996.10.25. 96도1531 1138
대판 1996.10.25. 96도2022 1336, 1337, 1342
대판 1996.11.8. 95도2710 201, 205
대판 1996.11.12. 96도2214 773
대판 1996.11.12. 96도2477 526
대판 1996.11.15. 95도1114 1329
대판 1996.11.22. 96도139 600
대판 1996.11.22. 96도1395 701
대판 1996.11.22. 96도1862 1225
대판 1996.11.22. 96도2049 1242
대판 1996.12.10. 96도2529 600
대판 1996.12.20. 96도2030 150
대판 1996.12.23. 96도2673 601, 1371
대판 1996.12.23. 96도2745 250
대판 1997.1.21. 96도2715 472, 968, 971
대판 1997.1.24. 95도2125 210
대판 1997.1.24. 95도448 1244
대판 1997.1.24. 96도1731 858
대판 1997.1.24. 96도2427 447
대판 1997.1.24. 96도524 102
대판 1997.1.24. 96도776 147
대판 1997.2.14. 96도1959 417, 418, 978
대판 1997.2.14. 96도2904 915
대판 1997.2.25. 94도3346 1357
대판 1997.2.25. 96도3411 837
대판 1997.2.28. 96도2825 1316, 1379
대판 1997.2.28. 96도2839 472
대판 1997.3.11. 96도2801 1385
대판 1997.3.14. 96도1639 130
대판 1997.3.28. 95도1199 798
대판 1997.3.28. 96도2417 1435
대판 1997.3.28. 96도2625 912
대판 1997.3.28. 96도3155 1007, 1008
대판 1997.3.28. 96도3191 1210
대판 1997.3.28. 97도30 1225
대판 1997.4.8. 96도3082 199
대판 1997.4.11. 96도2753 1313
대판 1997.4.11. 97도249 944
대판 1997.4.17. 96도3378 1332
대판 1997.4.22. 95도748 458, 1310
대판 1997.4.22. 96도8 1030
대판 1997.4.22. 97도538 195
대판 1997.5.30. 97도597 613
대판 1997.6.13. 97도618 1074
대판 1997.6.13. 97도703 15, 16
대판 1997.6.13. 97도877 667, 1327
대판 1997.6.13. 97도957 371
대판 1997.6.24. 96도1218 1059
대판 1997.6.24. 97도1075 230
대판 1997.6.27. 97도1085 473
대판 1997.7.8. 96도3319 1263
대판 1997.7.11. 95도1874 956
대판 1997.7.11. 97도1082 1231
대판 1997.7.25. 97도1095 912, 914
대판 1997.7.25. 97도1142 905
대판 1997.8.22. 97도937 1272
대판 1997.8.29. 97도675 91, 482, 1309, 1314
대판 1997.9.5. 97도1572 1363
대판 1997.9.5. 97도1592 1003
대판 1997.9.9. 97도1561 924
대판 1997.9.9. 97도1596 1403, 1405
대판 1997.9.12. 97도1706 417
대판 1997.9.26. 97도1469 487
대판 1997.9.26. 97도1520 1006
대판 1997.9.30. 97도1940 415
대판 1997.10.10. 97도1829 1148
대판 1997.10.14. 96도1405 948
대판 1997.10.24. 97도2042 1060, 1090, 1097
대판 1997.11.14. 97도2118 304
대판 1997.11.28. 97도1740
134, 423, 433, 434, 1175
대판 1997.12.23. 97도2430 950, 1045
대판 1997.12.26. 95도2221 1203

대판 1997.12.26. 96도3057 1236
대판 1997.12.26. 97도2249 459
대판 1997.12.26. 97도2609 463, 1331
대판 1998.1.20. 97도588 294
대판 1998.2.10. 97도2836 481
대판 1998.2.10. 97도2961 1421
대판 1998.2.10. 97도3040 940
대판 1998.2.13. 97도2877 299
대판 1998.2.13. 97도2922 1195
대판 1998.2.24. 97도183 53, 1207
대판 1998.2.27. 96도582 1330
대판 1998.2.27. 97도1993 957
대판 1998.2.27. 97도2483 1184, 1185, 1188
대판 1998.2.27. 97도2786 947, 951
대판 1998.2.27. 97도2812 214
대판 1998.3.10. 97도1168 1411
대판 1998.3.10. 97도3113 1333
대판 1998.3.10. 98도51 1286
대판 1998.3.10. 98도70 653
대판 1998.3.24. 97도2956 497, 734, 1430
대판 1998.4.10. 97도3057 1008
대판 1998.4.10. 97도3392 40
대판 1998.4.10. 98도164 1202
대판 1998.4.10. 98도297 203
대판 1998.4.10. 98도549 322, 578
대판 1998.4.14. 97도3340 482
대판 1998.4.14. 98도1 1242
대판 1998.4.14. 98도150 1432
대판 1998.4.14. 98도231 131
대판 1998.4.14. 98도292 1002
대판 1998.4.14. 98도356 902
대판 1998.4.24. 97도3054 944
대판 1998.4.24. 97도3425 862
대판 1998.4.24. 98도98 35
대판 1998.5.8. 97도5482 150
대판 1998.5.12. 98도662 1367
대판 1998.5.21. 95도2002 533
대판 1998.5.26. 98도1036 668
대판 1998.6.9. 96도837 1092, 1101
대판 1998.6.9. 97도856 350
대판 1998.6.9. 98도980 589
대판 1998.6.23. 97도1189 342
대판 1998.6.23. 98도700 833
대판 1998.7.10. 98도126 843
대판 1998.7.28. 97도3283 989
대판 1998.7.28. 98도1395 417
대판 1998.8.20. 98도1304 36, 614
대판 1998.8.21. 98도1701 1257
대판 1998.9.4. 98도2061 231
대판 1998.9.4. 98도2181 877
대판 1998.9.8. 98도1949 1138, 1142
대판 1998.9.22. 98도1854 207
대판 1998.10.9. 97도158 754, 755
대판 1998.10.13. 97도3337 344
대판 1998.10.13. 98도2584 472
대판 1998.10.23. 98도2313 382
대판 1998.10.23. 98도2577 1050
대판 1998.11.10. 98도2642 850
대판 1998.11.24. 98도2967 835, 1108
대판 1998.11.27. 98도2734 70
대판 1998.12.8. 98도3263 131, 920
대판 1998.12.8. 98도3416 223
대판 1998.12.9. 98도3282 921
대판 1999.1.15. 98도2605 199
대판 1999.1.15. 98도663 771, 1090, 1092
대판 1999.1.26. 98도3029 292
대판 1999.1.26. 98도3732 600
대판 1999.1.26. 98도3812 322
대판 1999.1.29. 98도3240 789
대판 1999.1.29. 98도3584 482, 1328, 1332, 1336
대판 1999.1.29. 98도4182 1099
대판 1999.2.5. 98도4239 59
대판 1999.2.9. 96도3141 1142
대판 1999.2.12. 98도3549 921, 974
대판 1999.2.24. 98도3140 38
대판 1999.2.24. 98도4350 1391
대판 1999.2.26. 98도3321 892
대판 1999.3.2. 98도2474 1140
대판 1999.3.9. 99도242 885
대판 1999.3.12. 98도3443 364
대판 1999.3.12. 98도4704 1052
대판 1999.3.26. 97도1769 39
대판 1999.3.26. 98도3030 1111
대판 1999.4.9. 99도364 955
대판 1999.4.9. 99도424 376, 389, 392
대판 1999.4.9. 99도480 1125
대판 1999.4.9. 99도519 701, 850
대판 1999.4.13. 98도3619 477
대판 1999.4.13. 98도4022 1056

대판 1999.4.13. 98도4560 539
대판 1999.4.13. 99도640 370, 371
대판 1999.4.23. 99도636 289
대판 1999.4.27. 99도693 321, 322
대판 1999.4.27. 99도883 1060, 1101
대판 1999.5.11. 99다12161 529
대판 1999.5.14. 98도3767 781
대판 1999.5.14. 99도202 1242
대판 1999.5.14. 99도206 1254
대판 1999.5.14. 99도791 577
대판 1999.5.25. 98도2792 922
대판 1999.5.25. 99도983 313
대판 1999.5.28. 99도495 787
대판 1999.6.11. 99도275 998, 1330
대판 1999.6.11. 99도943 245
대판 1999.6.22. 99도1095 1036
대판 1999.6.25. 98도3891 917
대판 1999.6.25. 99도1141 1053
대판 1999.6.25. 99도1900 1336
대판 1999.6.25. 99도3891 862
대판 1999.7.9. 98도1719 34
대판 1999.7.9. 98도4088 1026
대판 1999.7.9. 99도1040 939
대판 1999.7.9. 99도1695 62, 532, 539
대판 1999.7.9. 99도1864 1061
대판 1999.7.9. 99도311 1070
대판 1999.7.9. 99도857 849, 971, 1185
대판 1999.7.15. 95도2870 106
대판 1999.7.23. 99도1911 350, 1002, 1051, 1352
대판 1999.8.20. 99도1557 1342
대판 1999.8.20. 99도15574 458
대판 1999.8.24. 99도1194 322
대판 1999.9.2. 98도2296 1027
대판 1999.9.17. 97도3219 1035
대판 1999.9.17. 98도2036 999
대판 1999.9.17. 98도3077 364
대판 1999.9.17. 99도2889 415
대판 1999.9.21. 99도2608 684
대판 1999.9.21. 99도383 1365
대판 1999.10.8. 99도1638 1338, 1341
대판 1999.10.12. 99도3377 251
대판 1999.10.22. 99도2971 311
대판 1999.11.9. 99도2530 1329
대판 1999.11.12. 99도3801 356, 840, 908
대판 1999.11.26. 99도1904 494, 1314
대판 1999.11.26. 99도1969 1003
대판 1999.11.26. 99도2461 365
대판 1999.11.26. 99도3963 841
대판 1999.12.10. 99도2213 956
대판 1999.12.10. 99도3478 528
대판 1999.12.10. 99도3487 788
대판 1999.12.10. 99도3711 200
대판 1999.12.24. 99도2240 1315
대판 1999.12.28. 98도138 256
대판 2000.1.14. 99도3621 199
대판 2000.1.14. 99도5187 696
대판 2000.1.21. 99도4940 1328
대판 2000.1.27. 2000도3570 107
대판 2000.1.28. 99도2884 131
대판 2000.1.28. 99도4022 55
대판 2000.2.8. 99도5395 711
대판 2000.2.11. 99도3048 755
대판 2000.2.11. 99도4459 955
대판 2000.2.11. 99도4579 732
대판 2000.2.11. 99도4794 600, 701
대판 2000.2.11. 99도4797 484
대판 2000.2.11. 99도4819 1202
대판 2000.2.11. 99도4979 1002
대판 2000.2.11. 99도5286 148, 227
대판 2000.2.11. 99도9286 670
대판 2000.2.25. 98도2188 751
대판 2000.2.25. 98도4355 696
대판 2000.2.25. 99도1252 440
대판 2000.2.25. 99도3910 601
대판 2000.2.25. 99도4305 306
대판 2000.2.25. 99도4757 739
대판 2000.2.25. 99도5775 834
대판 2000.3.10. 98도2579 1108
대판 2000.3.10. 99도2744 490
대판 2000.3.10. 99도4273 305
대판 2000.3.14. 99도457 1036, 1052
대판 2000.3.14. 99도4923 1026, 1052
대판 2000.3.23. 99도3099 601
대판 2000.3.24. 2000도102 1149, 1381
대판 2000.3.24. 2000도20 1400
대판 2000.3.24. 2000도28 1056
대판 2000.3.24. 98도4347 1020
대판 2000.3.24. 99도5275 1106, 1419
대판 2000.3.28. 2000도228 250

대판 2000.3.28. 2000도493 846, 848
대판 2000.4.7. 2000도576 414
대판 2000.4.11. 2000도565 988
대판 2000.4.11. 99도334 1056
대판 2000.4.21. 99도3403 70
대판 2000.4.21. 99도5563 339
대판 2000.4.25. 2000도223 643
대판 2000.4.25. 98도2389 310
대판 2000.4.25. 99도5479 485
대판 2000.5.12. 2000도745 229, 527
대판 2000.5.12. 98도3299 297
대판 2000.5.12. 99도5734 731
대판 2000.5.16. 99도5622 733
대판 2000.5.26. 2000도1338 505
대판 2000.5.26. 2000도440 670, 1337
대판 2000.5.26. 99도2781 1052
대판 2000.5.30. 2000도883 1193
대판 2000.6.9. 2000도1253 685
대판 2000.6.13. 2000도778 1210
대판 2000.6.23. 99도4688 168, 357
대판 2000.6.27. 2000도1155 929, 1063
대판 2000.6.27. 2000도1858 1234
대판 2000.7.4. 2000도1908 1436
대판 2000.7.4. 99도4341 248, 256, 602, 1369
대판 2000.7.6. 99도4079 795
대판 2000.7.7. 2000도1899 495
대판 2000.7.28. 2000도2466 435, 436
대판 2000.7.28. 98도4558 1137
대판 2000.7.28. 99도6 39
대판 2000.8.18. 2000도1856 986, 987
대판 2000.8.18. 2000도1914 447, 683, 684
대판 2000.8.18. 2000도2231 167, 589
대판 2000.8.18. 2000도2943 343
대판 2000.8.22. 2000도2393 1204
대판 2000.9.5. 2000도2671 151, 215
대판 2000.9.5. 2000도2855 1222
대판 2000.9.8. 2000도1447 1137
대판 2000.9.8. 2000도258 1002
대판 2000.9.8. 2000도546 532
대판 2000.10.10. 99도5407 727
대판 2000.10.13. 2000도3346 1272
대판 2000.10.13. 2000도3655 845, 846
대판 2000.10.13. 99오1 854
대판 2000.10.27. 2000도1007 22
대판 2000.10.27. 2000도4187 12, 22
대판 2000.10.27. 98도679 1273
대판 2000.11.10. 2000도3013 1000
대판 2000.11.10. 2000도3033 1225
대판 2000.11.10. 2000도3483 942
대판 2000.11.10. 2000도4335 1001
대판 2000.11.24. 2000도3945 519
대판 2000.11.24. 2000도4078 1402, 1404
대판 2000.11.24. 99도822 1059
대판 2000.11.28. 2000도1089 482, 1417
대판 2000.12.8. 99도214 1029
대판 2000.12.8. 99도3338 1057
대판 2000.12.22. 2000도4372 1275
대판 2001.1.5. 2000도4714 1333
대판 2001.1.5. 99도4101 1236
대판 2001.1.16. 2000도1757 1385
대판 2001.2.9. 2000도1216 496
대판 2001.2.9. 2000도4700 795, 1096
대판 2001.2.9. 2000도5000 1077
대판 2001.2.23. 2000도4415 303, 979
대판 2001.2.23. 2001도204 123
대판 2001.2.23. 2001도271 613, 614
대판 2001.3.9. 2000도5590 589
대판 2001.3.9. 2000도938 1221
대판 2001.3.9. 2001도277 609
대판 2001.3.13. 2000도4880 468
대판 2001.3.23. 2001도359 882
대판 2001.3.27. 2000도5318 504
대판 2001.4.10. 2000도5540 39
대판 2001.4.24. 2001도1092 807, 826
대판 2001.4.24. 99도4893 293
대판 2001.4.27. 2001도230 684
대판 2001.4.27. 99도484 938
대판 2001.5.8. 99도4699 1023
대판 2001.5.15. 2001도1089 255
대판 2001.5.29. 2001도1570 531
대판 2001.6.1. 99도5086 149
대판 2001.6.12. 2000도3559 487
대판 2001.6.12. 2001도1012 747
대판 2001.6.26. 2001도404 1170
대판 2001.6.29. 2001도1319 1230
대판 2001.7.13. 2001도1289 936
대판 2001.7.27. 2000도4298 365
대판 2001.7.27. 99도2533 1433
대판 2001.8.21. 2000도5418 1246
대판 2001.8.21. 2001도3295 168

대판 2001.8.21. 2001도3312 483, 502
대판 2001.8.21. 2001도3447 485, 896
대판 2001.9.4. 2001도3167 304
대판 2001.9.7. 2001도2917 309
대판 2001.9.18. 2000도5438 1348
대판 2001.9.25. 2001도2722 1020
대판 2001.9.25. 2001도3625 964
대판 2001.9.25. 2001도3990 53, 91
대판 2001.9.25. 99도3337 71
대판 2001.9.28. 2001도3191 1053
대판 2001.9.28. 2001도4100 35
대판 2001.9.28. 99도2639 1053
대판 2001.10.9. 2001도3594 746
대판 2001.10.12. 2001도3579 558, 1330, 1332
대판 2001.10.12. 99도5294 1339, 1341
대판 2001.10.23. 2001도2991 836, 911
대판 2001.10.23. 2001도4142 892, 893
대판 2001.10.25. 99도4837 292
대판 2001.10.26. 2001도4546 853
대판 2001.10.26. 2001도4583 546
대판 2001.10.30. 2001도2095 1000
대판 2001.11.9. 2001도3959 1242
대판 2001.11.9. 2001도4792 413
대판 2001.11.13. 2001도3531 1062
대판 2001.11.27. 2001도4392 365, 589
대판 2001.11.27. 2001도4759 1134, 1139
대판 2001.11.30. 2001도2015 773, 774
대판 2001.11.30. 2001도5268 612
대판 2001.12.11. 2001도5055 623
대판 2001.12.27. 2001도5252 1412
대판 2001.12.28. 2001도5158 397, 532
대판 2002.1.11. 2000도1881 949
대판 2002.1.11. 2000도3950 1178
대판 2002.2.5. 2001도5439 1030
대판 2002.2.5. 2001도5789 925
대판 2002.2.8. 2000도3245 978
대판 2002.2.8. 2001도6425 168, 709
대판 2002.2.8. 2001도6468 290
대판 2002.2.8. 2001도6669 383
대판 2002.2.21. 2001도2819 36
대판 2002.2.26. 2000도4637 559
대판 2002.2.26. 99도5380 293
대판 2002.3.26. 2001도6503 38
대판 2002.3.26. 2001도6641 1159
대판 2002.3.29. 2000도3231 777
대판 2002.3.29. 2001도6550 1026
대판 2002.4.9. 2001도6601 151
대판 2002.4.9. 2001도7056 1354, 1355
대판 2002.4.9. 99도2165 1093
대판 2002.4.12. 2000도3295 201
대판 2002.4.12. 2000도3485 229, 1365, 1395
대판 2002.4.12. 2001도5802 1280
대판 2002.4.12. 2002도3295 625
대판 2002.4.23. 2001도6570 945
대판 2002.4.26. 2001도2417 691
대판 2002.4.26. 2001도6903 1171, 1172
대판 2002.4.26. 2002도429 879
대판 2002.5.10. 2000도2251 1329, 1347
대판 2002.5.10. 2000도2807 341
대판 2002.5.10. 2001도1779 1029
대판 2002.5.10. 2001도300 256
대판 2002.5.10. 2001도310 1370
대판 2002.5.17. 2001도4077 341
대판 2002.5.17. 2001도6170 1312
대판 2002.5.24. 2000도1731 130
대판 2002.5.24. 2002도1541 322
대판 2002.6.14. 2001도3534 1031, 1036
대판 2002.6.14. 2002도1283 1337, 1362
대판 2002.6.25. 2002도461 965, 1185, 1253
대판 2002.6.28. 2000도3045 755
대판 2002.6.28. 2000도3716 1054, 1061, 1063
대판 2002.6.28. 2001도1610 948, 951
대판 2002.6.28. 2001도2707 1428
대판 2002.7.12. 2002도2029 705
대판 2002.7.12. 2002도2134 962
대판 2002.7.12. 2002도745 832
대판 2002.7.22. 2002도1696 1052
대판 2002.7.23. 2000도1094 504
대판 2002.7.23. 2001도6281 489
대판 2002.7.26. 2001도5459 1027
대판 2002.7.26. 2001도6721 49, 1332
대판 2002.7.26. 2002도1855 485
대판 2002.7.26. 2002도2620 928, 938
대판 2002.8.23. 2000도329 756
대판 2002.8.23. 2001도5592 774
대판 2002.8.23. 2002도2800 202
대판 2002.8.23. 2002도2889 1271, 1273
대판 2002.8.23. 2002도366 1030
대판 2002.8.23. 2002도46 540
대판 2002.8.27. 2001도513 430

대판 2002.9.4. 2000도515 523
대판 2002.9.4. 2000도637 1027
대판 2002.9.4. 2002도2064 1377
대판 2002.9.6. 2002도2812 612, 614
대판 2002.9.6. 2002도3465 851
대판 2002.9.24. 2002도2243 828
대판 2002.9.24. 2002도3488 945
대판 2002.9.24. 2002도3589 523
대판 2002.10.11. 2002도2939 1006
대판 2002.10.11. 2002도3332 1402
대판 2002.10.11. 2002도4315 149, 666
대판 2002.10.22. 2002감도39 550, 572
대판 2002.10.22. 2002도4203 169
대판 2002.11.8. 2002도3738 1429
대판 2002.11.13. 2002도2219 1021
대판 2002.11.22. 2000도4419 935
대판 2002.11.22. 2000도4593 1344
대판 2002.11.26. 2002도2998 10
대판 2002.11.26. 2002도3539 1333
대판 2002.11.26. 2002도4586 654
대판 2002.11.26. 2002도4929 73
대판 2002.12.10. 2001도7095 979
대판 2002.12.26. 2002도5077 310
대판 2002.12.27. 2002도2539 38
대판 2003.1.10. 2000도5716 607
대판 2003.1.10. 2001도3292 213
대판 2003.1.10. 2001도6553 1191
대판 2003.1.10. 2002도2363 961
대판 2003.1.10. 2002도3340 1179, 1181
대판 2003.1.10. 2002도4380 495
대판 2003.1.24. 2002도5783 1124
대판 2003.1.24. 2002도5939 1436
대판 2003.2.11. 2002도4293 1235, 1381
대판 2003.2.11. 2002도6606 546
대판 2003.2.11. 2002도7115 671
대판 2003.2.14. 2002도5374 1402
대판 2003.2.26. 2002도4935 1255
대판 2003.2.26. 2002도6834 1090
대판 2003.2.28. 2001도3115 35
대판 2003.2.28. 2002도7335 484
대판 2003.3.14. 2002도6134 1423
대판 2003.3.25. 2002도7134 1080
대판 2003.3.28. 2001도2479 40
대판 2003.3.28. 2002도7477 415
대판 2003.3.28. 2003도665 908
대판 2003.4.1. 2003도451 340
대판 2003.4.8. 2002도6033 497
대판 2003.4.25. 2001도4035 1073
대판 2003.4.25. 2003도348 1114
대판 2003.5.13. 2001도3212 1389
대판 2003.5.13. 2002도7420 736
대판 2003.5.13. 2003도1178 961
대판 2003.5.13. 2003도1366 1110
대판 2003.5.13. 2003도604 812
대판 2003.5.13. 2003도709 979
대판 2003.5.13. 2003도939 310, 341
대판 2003.5.16. 2001도1825 940
대판 2003.5.16. 2003도988 1271, 1272
대판 2003.5.30. 2000도5767 1129
대판 2003.5.30. 2002도235 1022, 1208
대판 2003.5.30. 2003도1174 1022
대판 2003.5.30. 2003도1256 823
대판 2003.5.30. 2003도705 528
대판 2003.6.10. 2001도2573 108
대판 2003.6.12. 2001도1343 1318
대판 2003.6.13. 2003도1060 1328
대판 2003.6.13. 2003도1279 365
대판 2003.6.24. 2003도1985 865
대판 2003.6.27. 2003도1331 1287
대판 2003.6.27. 2003도2372 1195
대판 2003.7.8. 2001도1335 34
대판 2003.7.11. 2003도2313 900
대판 2003.7.11. 2003도67 1053
대판 2003.7.22. 2003도1951 954
대판 2003.7.25. 2002도6006 340
대판 2003.7.25. 2003도1609 1378
대판 2003.7.25. 2003도180 1410
대판 2003.7.25. 2003도2252 940
대판 2003.7.25. 2003도2316 895, 901
대판 2003.8.19. 2001도3667 215
대판 2003.8.22. 2003도2807 1027
대판 2003.9.2. 2003도3073 108
대판 2003.9.26. 2002도3924 796, 798
대판 2003.9.26. 2003도3000 313
대판 2003.9.26. 2003도3394 1008
대판 2003.9.26. 2003도3729 1201
대판 2003.9.26. 2003도763 659, 1048
대판 2003.10.9. 2000도4993 1220, 1379
대판 2003.10.9. 2003도3387 1137
대판 2003.10.10. 2003도3516 1003, 1060

대판 2003.10.10. 2003도4485 1173
대판 2003.10.23. 2003도3529 203
대판 2003.10.24. 2003도4417 870, 890
대판 2003.10.30. 2003도4382 418
대판 2003.11.13. 2001도7045 1378
대판 2003.11.13. 2003도3606 249
대판 2003.11.13. 2003도687 294
대판 2003.11.14. 2003도3600 10
대판 2003.11.14. 2003도3977 973
대판 2003.11.27. 2003도4327 19
대판 2003.11.28. 2003도3972 763
대판 2003.11.28. 2003도4257 1130
대판 2003.12.11. 2001도3429 294
대판 2003.12.12. 2003도4450 928
대판 2003.12.12. 2003도4533 1406, 1419
대판 2003.12.26. 2001도1863 295, 788
대판 2003.12.26. 2001도3380 294
대판 2003.12.26. 2001도6349 1375, 1379
대판 2003.12.26. 2002도7339 1225, 1318
대판 2003.12.26. 2003도3768 564
대판 2003.12.26. 2003도4914 308, 955
대판 2003.12.26. 2003도5433 1282
대판 2003.12.26. 2003도5980 22, 35
대판 2003.12.26. 2003도6036 756, 757, 758
대판 2003.12.26. 2003도6288 484
대판 2004.1.15. 2001도1429 505, 925
대판 2004.1.16. 2003도7178 1427
대판 2004.1.27. 2001도5414 1246
대판 2004.1.27. 2003도5114 1416, 1426
대판 2004.2.12. 2003도6282 341
대판 2004.2.13. 2002도4464 40
대판 2004.2.13. 2003도7393 827
대판 2004.2.27. 2003도6535 39
대판 2004.3.11. 2004도126 427, 428
대판 2004.3.12. 2002도5090 862
대판 2004.3.12. 2003도333 950
대판 2004.3.12. 2003도6514 1275
대판 2004.3.12. 2004도134 1008, 1027, 1108
대판 2004.3.12. 2004도250 628
대판 2004.3.25. 2003도7700 948
대판 2004.3.25. 2003도8247 36
대판 2004.3.26. 2003도5640 1178
대판 2004.3.26. 2003도7878 313, 1074
대판 2004.3.26. 2003도7927 779, 788
대판 2004.3.26. 2003도8077 1355
대판 2004.3.26. 2003도8226 1402
대판 2004.4.9. 2003도7762 1231
대판 2004.4.9. 2003도7828 921
대판 2004.4.9. 2003도8219 475
대판 2004.4.9. 2004도771 1068
대판 2004.4.16. 2004도353 960, 1109
대판 2004.4.16. 2004도52 692
대판 2004.4.23. 2002도2518 71, 298
대판 2004.4.27. 2002도315 313
대판 2004.4.27. 2004도482 531
대판 2004.4.28. 2004도927 506
대판 2004.5.13. 2002도7340 1049
대판 2004.5.13. 2004도1299 493
대판 2004.5.14. 2003도3487 38, 1180
대판 2004.5.14. 2004도74 1422
대판 2004.5.27. 2002도6251 1319, 1324
대판 2004.5.27. 2003도4531 923
대판 2004.5.27. 2003도6988 988, 1030
대판 2004.5.28. 2004도1465 944
대판 2004.5.28. 2004도434 1118
대판 2004.6.10. 2001도5380 291
대판 2004.6.11. 2004도2018 710
대판 2004.6.24. 2002도4151 952, 956
대판 2004.6.24. 2002도995 120, 121, 587
대판 2004.6.24. 2004도1098 886, 903
대판 2004.6.24. 2004도2003 541
대판 2004.6.24. 2004도520
1051, 1053, 1054, 1056
대판 2004.6.25. 2003도7124 952
대판 2004.6.25. 2004도1751 481, 504, 1087
대판 2004.7.8. 2002도631 792
대판 2004.7.8. 2003도8336 1371
대판 2004.7.8. 2004도2009 1149
대판 2004.7.8. 2004도3029 1388
대판 2004.7.9. 2004도810
1051, 1053, 1058, 1073
대판 2004.7.22. 2002도4229 1073
대판 2004.7.22. 2003도6412 918, 945
대판 2004.7.22. 2004도2390 483
대판 2004.8.20. 2003도4732 311
대판 2004.8.20. 2004도2767 1205
대판 2004.8.20. 2004도2870 710
대판 2004.8.30. 2004도3212 94
대판 2004.9.24. 2004도4012 1244
대판 2004.9.24. 2004도4066 109

대판 2004.10.14. 2003도3133 540
대판 2004.10.14. 2004도4869 564
대판 2004.10.15. 2004도3584 1244
대판 2004.10.15. 2004도3912 746, 747
대판 2004.10.15. 2004도4467 786
대판 2004.10.15. 2004도4505 872
대판 2004.10.15. 2004도4705 914
대판 2004.10.27. 2004도4437 430
대판 2004.10.28. 2003도8238 1387
대판 2004.10.28. 2004도1256 771
대판 2004.10.28. 2004도3405 310
대판 2004.10.28. 2004도3994 397
대판 2004.10.28. 2004도5183 833, 1202
대판 2004.11.10. 2004도4049 29
대판 2004.11.12. 2004도5257 505
대판 2004.11.12. 2004도5600 36
대판 2004.11.25. 2004도6408 309
대판 2004.12.9. 2004도2212 1427
대판 2004.12.9. 2004도5904 1107
대판 2004.12.10. 2004도6480 169
대판 2004.12.22. 2004도6483 1209
대판 2004.12.24. 2003도4570 1029
대판 2005.1.14. 2004도6646 1092
대판 2005.1.28. 2002도6931 12
대판 2005.1.28. 2004도4663 1252
대판 2005.2.17. 2004도6940 469, 473
대판 2005.2.18. 2002도2822 999, 1023
대판 2005.2.25. 2004도7615 39
대판 2005.2.25. 2004도8259 377
대판 2005.3.2. 2003도4943 1201
대판 2005.3.10. 2004도341 786
대판 2005.3.11. 2002도5112 414
대판 2005.3.24. 2003도2144 952, 1205
대판 2005.3.25. 2003도5004 786
대판 2005.3.25. 2004도6890 1040
대판 2005.4.14. 2003도1080 1430
대판 2005.4.15. 2002도3453 22, 1323, 1325
대판 2005.4.15. 2003도2780 632, 633
대판 2005.4.15. 2003도2960 34
대판 2005.4.15. 2003도7773 1023
대판 2005.4.15. 2004도1246 967
대판 2005.4.15. 2004도6404 1218
대판 2005.4.15. 2004도8701 769, 770, 787
대판 2005.4.28. 2005도381 313
대판 2005.4.29. 2002도7262 532, 939
대판 2005.4.29. 2003도2137 757
대판 2005.4.29. 2003도6056 167, 451
대판 2005.4.29. 2005도741 477, 944
대판 2005.4.29. 2005도856 1053, 1063
대판 2005.5.14. 2004도677 958
대판 2005.5.26. 2003도5519 1026
대판 2005.5.26. 2004도1925 1023
대판 2005.5.26. 2004도8464 1365
대판 2005.5.26. 2005도1039 700, 701
대판 2005.5.27. 2004도62 339
대판 2005.5.27. 2004도8447 788
대판 2005.6.9. 2004도2786 1075
대판 2005.6.9. 2004도6132 1227
대판 2005.6.9. 2004도7218 312
대판 2005.6.9. 2005도1732 1101
대판 2005.6.10. 2005도1373 596
대판 2005.6.10. 2005도835 339
대판 2005.6.23. 2005도2861 853
대판 2005.6.24. 2005도2413 990
대판 2005.7.8. 2005도2807 259
대판 2005.7.14. 2003도1166 58
대판 2005.7.14. 2005도3357 1262
대판 2005.7.15. 2003도4293 524, 530
대판 2005.7.15. 2003도6934 1239
대판 2005.7.15. 2004도1388 747
대판 2005.7.22. 2005도3034 1387
대판 2005.7.29. 2005도3801 36
대판 2005.8.9. 2005도3045 1025
대판 2005.8.19. 2004도6859 969
대판 2005.8.19. 2005도3045 1000, 1031
대판 2005.8.25. 2005도1731 1379
대판 2005.8.25. 2005도4910 1242
대판 2005.9.9. 2005도3108 201
대판 2005.9.9. 2005도3857 794
대판 2005.9.9. 2005도626 1128
대판 2005.9.14. 2005도4843 1317
대판 2005.9.15. 2003도5382 945
대판 2005.9.28. 2005도3065 365
대판 2005.9.28. 2005도3929 1006, 1029
대판 2005.9.28. 2005도3947 519
대판 2005.9.28. 2005도4809 996
대판 2005.9.29. 2003도4890 1053
대판 2005.9.29. 2005도4688 313
대판 2005.9.29. 2005도4738 980
대판 2005.9.30. 2005도2712 278, 1438

대판 2005.9.30. 2005도4051 486
대판 2005.9.30. 2005도5236 476
대판 2005.9.30. 2005도5869 974
대판 2005.10.7. 2005도5351 808
대판 2005.10.13. 2005도2200 365
대판 2005.10.13. 2005도4522 1144
대판 2005.10.14. 2003도1154 1328
대판 2005.10.27. 2005도4528 1194
대판 2005.10.28. 2004도4731 1370
대판 2005.10.28. 2005도3772 1242
대판 2005.10.28. 2005도4462 57
대판 2005.10.28. 2005도4915 478, 1052, 1076
대판 2005.10.28. 2005도5713 1072
대판 2005.10.28. 2005도5774 942
대판 2005.10.28. 2005도5822 546, 1334
대판 2005.10.28. 2005도5975 992
대판 2005.11.9. 2005도1995 452
대판 2005.11.9. 2005도6026 942
대판 2005.11.10. 2004도2657 107
대판 2005.11.10. 2005도3627 1008
대판 2005.11.10. 2005도6604 1129
대판 2005.11.24. 2005도7481 935
대판 2005.11.25. 2004도8819 397
대판 2005.12.8. 2004도5529 22
대판 2005.12.8. 2005도8105 383
대판 2005.12.9. 2004도2880 733
대판 2005.12.9. 2005도5962 1049
대판 2005.12.9. 2005도7527 604
대판 2005.12.22. 2005도3203 1433
대판 2005.12.22. 2005도7293 37
대판 2005.12.23. 2005도4478 1262
대판 2006.1.12. 2004도6557 447, 915
대판 2006.1.13. 2005도1264 1274
대판 2006.1.13. 2005도4790 1241
대판 2006.1.13. 2005도6267 1189
대판 2006.1.13. 2005도6791 698
대판 2006.1.13. 2005도7125 124
대판 2006.1.13. 2005도7474 12
대판 2006.1.26. 2004도788 1200, 1215
대판 2006.1.26. 2005도4764 1188, 1190
대판 2006.1.26. 2005도8250 459
대판 2006.1.26. 2005도8507 960
대판 2006.1.27. 2005도8704 499
대판 2006.2.9. 2003도4599 1323, 1324
대판 2006.2.10. 2003도7487 1425
대판 2006.2.10. 2005도174 610, 611
대판 2006.2.10. 2005도3490 337
대판 2006.2.24. 2003도4966 108
대판 2006.2.24. 2005도4737 1362
대판 2006.2.24. 2005도7673 105
대판 2006.3.9. 2003도6733 1007
대판 2006.3.9. 2005도7819 850
대판 2006.3.9. 2006도382 773
대판 2006.3.10. 2005도382 791
대판 2006.3.10. 2005도9402 1243
대판 2006.3.23. 2005도4455 1130
대판 2006.3.23. 2006도1076 537
대판 2006.3.24. 2005도3516 962, 963
대판 2006.3.24. 2005도3717 338
대판 2006.3.24. 2005도8081 286
대판 2006.3.24. 2006도282 926
대판 2006.4.12. 2005도9396 268
대판 2006.4.13. 2003도3902 314
대판 2006.4.26. 2005도8074 313
대판 2006.4.27. 2003도135 1023
대판 2006.4.27. 2003도4151 307
대판 2006.4.27. 2004도1130 1056
대판 2006.4.27. 2006도735 1358, 1360
대판 2006.4.28. 2003도4128 131
대판 2006.4.28. 2005도4085 1030
대판 2006.5.11. 2004도6176 548
대판 2006.5.11. 2005도798 77
대판 2006.5.11. 2006도1663 410, 458
대판 2006.5.11. 2006도1715 23
대판 2006.5.11. 2006도920 22
대판 2006.5.12. 2004도491 1092
대판 2006.5.12. 2005도6525 37
대판 2006.5.24. 2004도1313 768
대판 2006.5.25. 2003도3945 408, 1390
대판 2006.5.25. 2005도2049 747
대판 2006.5.25. 2005도4642 1426, 1429
대판 2006.5.25. 2006도1146 1345
대판 2006.5.26. 2003도8095 1088
대판 2006.5.26. 2005도1904 1330
대판 2006.5.26. 2005도7528 1399, 1400
대판 2006.6.2. 2005도3431 1032
대판 2006.6.9. 2005도8498 797
대판 2006.6.9. 2006도417 1430
대판 2006.6.15. 2004도3424 1353
대판 2006.6.15. 2005도1420 1330

대판 2006.6.15. 2006도1667 473
대판 2006.6.27. 2006도2864 1239
대판 2006.6.30. 2005도5338 992
대판 2006.6.30. 2005도8933 35
대판 2006.7.6. 2005도6810 1397
대판 2006.7.6. 2006도654 972
대판 2006.7.27. 2006도3126 963, 970, 971
대판 2006.8.25. 2006도2621 38
대판 2006.8.25. 2006도3631 1435
대판 2006.9.8. 2006도148 257, 1370
대판 2006.9.8. 2006도3366 967
대판 2006.9.14. 2004도6432 907
대판 2006.9.14. 2006도2824 870
대판 2006.9.14. 2006도4075 522
대판 2006.9.14. 2006도4127 961
대판 2006.9.14. 2006도4211 578
대판 2006.9.21. 2006도4883 539
대판 2006.9.21. 2006도5010 69, 73
대판 2006.9.28. 2006도2963 407
대판 2006.10.13. 2004도6084 1112, 1113
대판 2006.10.13. 2006도3302 525
대판 2006.10.13. 2006도4740 1388
대판 2006.10.26. 2004도6280 1022
대판 2006.10.26. 2006도4659 1337
대판 2006.10.26. 2006도5147 1243
대판 2006.10.27. 2004도6503 921, 1033
대판 2006.11.9. 2004도7027 1059, 1073
대판 2006.11.10. 2006도5811 952
대판 2006.11.23. 2005도3255 531
대판 2006.11.23. 2006도5586 527
대판 2006.11.23. 2006도6795 958
대판 2006.11.24. 2005도5567 1363
대판 2006.12.7. 2005도3707 1407
대판 2006.12.7. 2006도3400 767, 768
대판 2006.12.8. 2006도6155 651
대판 2006.12.8. 2006도6356 500
대판 2006.12.8. 2006도6400 523
대판 2006.12.21. 2004도7356 1324
대판 2006.12.21. 2006도2684 1074
대판 2006.12.22. 2004도2581 797
대판 2006.12.22. 2006도1623 424
대판 2007.1.10. 2006도4215 1128
대판 2007.1.11. 2006도4498 862, 923
대판 2007.1.11. 2006도5288 162, 366
대판 2007.1.11. 2006도7120 1195
대판 2007.1.12. 2006도6599 774
대판 2007.1.25. 2004도45 502, 918, 925
대판 2007.1.25. 2006도3844 1232
대판 2007.1.25. 2006도3996 1235
대판 2007.1.25. 2006도5979 683, 692, 823
대판 2007.1.25. 2006도7470 942
대판 2007.1.26. 2004도1632 739, 749, 1353
대판 2007.2.8. 2006도483 1076
대판 2007.2.8. 2006도6196 555
대판 2007.2.8. 2006도6955 549
대판 2007.2.8. 2006도7882 49
대판 2007.2.8. 2006도7900 321, 322
대판 2007.2.21. 2005도9229 212
대판 2007.2.21. 2006도8915 761
대판 2007.2.22. 2006도6686 1086
대판 2007.2.22. 2006도7834 489
대판 2007.2.22. 2006도8555 559
대판 2007.2.22. 2006도8649 863
대판 2007.2.23. 2004도6025 1363
대판 2007.2.23. 2005도7430 1222
대판 2007.3.14. 2006도9463 1415
대판 2007.3.14. 2007도169 1209
대판 2007.3.14. 2007도312 1386
대판 2007.3.15. 2004도5742 1053
대판 2007.3.15. 2006도2704 857
대판 2007.3.15. 2006도8929 527
대판 2007.3.15. 2006도9164 1159
대판 2007.3.15. 2006도933 840
대판 2007.3.15. 2006도9418 275
대판 2007.3.15. 2006도9453 35, 698, 1435
대판 2007.3.29. 2006도9182 1346
대판 2007.3.29. 2006도9307 830
대판 2007.3.29. 2006도9425 1212
대판 2007.3.30. 2006도6017 1424
대판 2007.3.30. 2006도7241 532
대판 2007.3.30. 2007도629 1253
대판 2007.4.11. 2007도967 927
대판 2007.4.12. 2007도1033 939
대판 2007.4.12. 2007도796 1195
대판 2007.4.13. 2006도558 1428
대판 2007.4.13. 2007도1249 1370
대판 2007.4.26. 2005도4204 1329
대판 2007.4.26. 2006도9216 210
대판 2007.4.26. 2007도1274 942
대판 2007.4.26. 2007도1794 259

대판 2007.4.27. 2006도7634 945
대판 2007.4.27. 2006도8136 1091
대판 2007.4.27. 2007도1038 1061
대판 2007.5.9. 2007도2517 546
대판 2007.5.10. 2005도8005 297
대판 2007.5.10. 2006도4328 275
대판 2007.5.10. 2006도9478 294
대판 2007.5.10. 2007도1307 738
대판 2007.5.10. 2007도1375 974
대판 2007.5.11. 2006도1993 339
대판 2007.5.11. 2007도2318 94, 677
대판 2007.5.30. 2006도8488 955, 1244
대판 2007.5.31. 2006도3493 621
대판 2007.5.31. 2006도8070 794, 796
대판 2007.5.31. 2007도1082 989
대판 2007.5.31. 2007도1977 464
대판 2007.6.1. 2006도1125 651
대판 2007.6.1. 2006도1813 915, 929, 1032, 1063
대판 2007.6.1. 2006도4449 1374
대판 2007.6.1. 2006도8400 1004
대판 2007.6.1. 2007도2299 1430
대판 2007.6.14. 2004도5561 1317, 1324
대판 2007.6.14. 2007도2162 28, 35
대판 2007.6.14. 2007도2178 1100
대판 2007.6.14. 2007도2451 1335
대판 2007.6.14. 2007도379 1078
대판 2007.6.15. 2007도2941 915
대판 2007.6.28. 2002도3600 1420, 1421
대판 2007.6.28. 2005도8317 310
대판 2007.6.28. 2007도2590 1121
대판 2007.6.29. 2005도3832 587, 599
대판 2007.6.29. 2006도3839 778
대판 2007.6.29. 2006도4582 28, 29
대판 2007.7.11. 2005도9221 932
대판 2007.7.12. 2006도1390 1310
대판 2007.7.12. 2007도2191 484
대판 2007.7.12. 2007도3005 1246
대판 2007.7.13. 2004도3995 1348
대판 2007.7.25. 2005도6439 1070
대판 2007.7.25. 2007도3882 1082
대판 2007.7.26. 2005도4072 1219
대판 2007.7.26. 2007도1840 1007
대판 2007.7.26. 2007도2919 420
대판 2007.7.26. 2007도3160 912
대판 2007.7.26. 2007도3687 382
대판 2007.7.26. 2007도4404 485
대판 2007.7.26. 2007도4556 521
대판 2007.7.27. 2006도2330 1219
대판 2007.7.27. 2007도3798 1227, 1362, 1363
대판 2007.7.27. 2007도768 556
대판 2007.8.22. 2006도3687 772, 774
대판 2007.8.22. 2007도4913 549, 552
대판 2007.8.23. 2005도4471 109
대판 2007.8.23. 2007도2595 811, 834
대판 2007.8.23. 2007도3820,2007감도8 577
대판 2007.8.23. 2007도4818 49
대판 2007.8.24. 2007도3408 1049
대판 2007.9.6. 2005도1847 1064
대판 2007.9.6. 2005도9670 313
대판 2007.9.6. 2006도3591 949
대판 2007.9.6. 2007도4739 477
대판 2007.9.20. 2007도5207 1123
대판 2007.9.20. 2007도5507 912
대판 2007.10.11. 2005도7573 1172
대판 2007.10.11. 2007도5838 1217
대판 2007.10.11. 2007도6019 531
대판 2007.10.11. 2007도6101 1378
대판 2007.10.11. 2007도6161 1048
대판 2007.10.11. 2007도6406 999
대판 2007.10.12. 2005도7112 1334
대판 2007.10.12. 2007도6088 1367
대판 2007.10.25. 2005도1991 914
대판 2007.10.25. 2007도5077 737
대판 2007.10.25. 2007도6868 511
대판 2007.10.26. 2005도8822 155, 433
대판 2007.11.15. 2007도6990 829
대판 2007.11.15. 2007도7140 497
대판 2007.11.16. 2005도1796 624
대판 2007.11.16. 2007도3475 938
대판 2007.11.16. 2007도5539 1388
대판 2007.11.16. 2007도7770 168
대판 2007.11.29. 2006도119 448
대판 2007.11.29. 2007도7378 1148
대판 2007.11.29. 2007도7480 1250
대판 2007.11.29. 2007도8050 1281
대판 2007.11.29. 2007도8333 592
대판 2007.11.29. 2007도8549 915
대판 2007.11.30. 2005도9922 1241
대판 2007.11.30. 2007도4191 1420

대판 2007.11.30. 2007도4812 915, 1212
대판 2007.11.30. 2007도6556 12
대판 2007.12.13. 2007도7247 808, 809
대판 2007.12.13. 2007도7601 901
대판 2007.12.13. 2007도8131 1286
대판 2007.12.14. 2005도872 448, 449, 451
대판 2007.12.14. 2006도4662 1173
대판 2007.12.14. 2007도7353 524
대판 2007.12.27. 2005도6404 778
대판 2007.12.27. 2006도3575 1417
대판 2007.12.27. 2007도5030 779, 1380
대판 2007.12.28. 2007도5204 295, 296, 830
대판 2007.12.28. 2007도7717 1172
대판 2007.12.28. 2007도8401 532
대판 2008.1.17. 2006도1721 782, 788
대판 2008.1.17. 2007도6987 1222, 1226
대판 2008.1.17. 2007도8485 673
대판 2008.1.17. 2007도9624 612
대판 2008.1.24. 2006도5711 1345
대판 2008.1.24. 2007도9417 935
대판 2008.1.24. 2007도9580 497
대판 2008.1.31. 2007도8011 672
대판 2008.2.1. 2007도5190 1347
대판 2008.2.1. 2007도5296 1284
대판 2008.2.1. 2007도8286 34
대판 2008.2.14. 2005도4202 1310
대판 2008.2.14. 2007도10034 523
대판 2008.2.14. 2007도10100 1190
대판 2008.2.14. 2007도10658 913
대판 2008.2.14. 2007도3952 638
대판 2008.2.14. 2007도7716 1065
대판 2008.2.14. 2007도8155 732
대판 2008.2.14. 2007도8767 973
대판 2008.2.14. 2007도9606 1217
대판 2008.2.28. 2006도4773 1283
대판 2008.2.28. 2007도10004 947
대판 2008.2.28. 2007도10416 942
대판 2008.2.28. 2007도5987 1059
대판 2008.2.28. 2007도9354 131
대판 2008.2.28. 2008도3 1395
대판 2008.2.29. 2006도5945 945
대판 2008.2.29. 2007도1012 703
대판 2008.2.29. 2007도10414 506
대판 2008.2.29. 2007도9755 1026
대판 2008.3.13. 2006도3558 1271
대판 2008.3.13. 2007도1005 691
대판 2008.3.13. 2007도10804 1346
대판 2008.3.13. 2007도7724 1379
대판 2008.3.13. 2007도9507 459
대판 2008.3.13. 2008도373 1038
대판 2008.3.14. 2007도75 1007
대판 2008.3.27. 2007도11153 1429
대판 2008.3.27. 2007도7561 24
대판 2008.3.27. 2007도7874 59
대판 2008.3.27. 2008도89 138, 431
대판 2008.3.27. 2008도917 870
대판 2008.4.10. 2007도9487 692
대판 2008.4.10. 2007도9987 1208, 1216
대판 2008.4.10. 2008도1013 1203
대판 2008.4.10. 2008도1274 429
대판 2008.4.10. 2008도146 825
대판 2008.4.11. 2007도8373 558
대판 2008.4.24. 2006도1202 1096
대판 2008.4.24. 2007도10058 232, 713
대판 2008.4.24. 2007도4585 1140
대판 2008.4.24. 2008도1408 1048
대판 2008.4.24. 2008도294 1221
대판 2008.5.8. 2007도11322 490
대판 2008.5.8. 2008도1652 923
대판 2008.5.8. 2008도198 478, 1140, 1143
대판 2008.5.8. 2008도484 1058
대판 2008.5.15. 2005도7911 1061
대판 2008.5.15. 2008도1097 660
대판 2008.5.29. 2005도4640 1056, 1088
대판 2008.5.29. 2007도5037 795
대판 2008.5.29. 2008도1506 1218
대판 2008.5.29. 2008도1857 23
대판 2008.5.29. 2008도2222 693
대판 2008.5.29. 2008도2476 1140
대판 2008.5.29. 2008도2612 967
대판 2008.6.12. 2006도8568 1334, 1348, 1354
대판 2008.6.12. 2008도2279 1141
대판 2008.6.12. 2008도2440 963
대판 2008.6.12. 2008도938 1221
대판 2008.6.26. 2006도2222 1054
대판 2008.6.26. 2007도9679 1022
대판 2008.6.26. 2008도1011 1380
대판 2008.6.26. 2008도1044 1247
대판 2008.6.26. 2008도1059 1403
대판 2008.6.26. 2008도3184 1140

대판 2008.6.26. 2008도3300 1411
대판 2008.7.10. 2008도1433 311
대판 2008.7.10. 2008도1664 914
대판 2008.7.10. 2008도2422 738
대판 2008.7.10. 2008도3252 839
대판 2008.7.10. 2008도32527 840
대판 2008.7.10. 2008도3766 1081
대판 2008.7.24. 2008도3438 856
대판 2008.7.24. 2008도4085 73
대판 2008.7.24. 2008도4658 655
대판 2008.8.21. 2008도2695 313
대판 2008.8.21. 2008도3651 1064
대판 2008.8.21. 2008도3754 1426
대판 2008.9.11. 2006도8376 511
대판 2008.9.11. 2006도872 1139
대판 2008.9.11. 2007도7204 408
대판 2008.9.11. 2008도1667 1280
대판 2008.9.11. 2008도5364 478
대판 2008.9.25. 2008도2590 1335
대판 2008.9.25. 2008도3198 1242
대판 2008.9.25. 2008도5618 944
대판 2008.9.25. 2008도7007 716, 717
대판 2008.10.9. 2007도1220 734
대판 2008.10.9. 2007도2511 997
대판 2008.10.9. 2008도3078 627
대판 2008.10.9. 2008도3640 1367
대판 2008.10.9. 2008도3787 1030
대판 2008.10.9. 2008도6944 1339
대판 2008.10.23. 2005도10101 1415
대판 2008.10.23. 2006도736 1277
대판 2008.10.23. 2008도3970 1280, 1281
대판 2008.10.23. 2008도4852 1438
대판 2008.10.23. 2008도5200 1250
대판 2008.10.23. 2008도5526 339
대판 2008.10.23. 2008도6080 866
대판 2008.10.23. 2008도6940 617
대판 2008.10.23. 2008도7543 510
대판 2008.11.13. 2006도4885 521, 1025
대판 2008.11.13. 2006도755 1173
대판 2008.11.13. 2007도9794 600, 1371
대판 2008.11.13. 2008도6342 747
대판 2008.11.13. 2008도7143 472
대판 2008.11.13. 2008도7647 1407
대판 2008.11.27. 2006도2016 1213
대판 2008.11.27. 2006도423 863
대판 2008.11.27. 2006도8779 1332
대판 2008.11.27. 2006도9194 1214
대판 2008.11.27. 2007도5312 739, 756
대판 2008.11.27. 2008도6728 737, 776
대판 2008.11.27. 2008도7018 659
대판 2008.11.27. 2008도7303 909
대판 2008.11.27. 2008도7311 222
대판 2008.11.27. 2008도907 801
대판 2008.12.11. 2008도6987 481, 1094
대판 2008.12.11. 2008도7823 966
대판 2008.12.11. 2008도8279 988
대판 2008.12.11. 2008도8922 651
대판 2008.12.11. 2008도9182 471
대판 2008.12.11. 2008도9606 283, 284
대판 2008.12.24. 2006도1427 552
대판 2008.12.24. 2007도11137 1403
대판 2008.12.24. 2007도9287 795
대판 2008.12.24. 2008도7836 1246
대판 2008.12.24. 2008도9169 499
대판 2008.12.24. 2008도9494 1188
대판 2009.1.15. 2006도6687 939
대판 2009.1.15. 2008도1246 966
대판 2009.1.15. 2008도8577 966
대판 2009.1.15. 2008도9919 1366
대판 2009.1.30. 2006도7777 1206
대판 2009.1.30. 2008도10308 884
대판 2009.1.30. 2008도10560 1173
대판 2009.1.30. 2008도6950
779, 1320, 1324, 1354
대판 2009.1.30. 2008도8573 1431
대판 2009.1.30. 2008도9985 946
대판 2009.2.12. 2006도6994 481
대판 2009.2.12. 2007도2733 1344
대판 2009.2.12. 2008도10248 1244
대판 2009.2.12. 2008도10915 1054
대판 2009.2.12. 2008도10971 933, 1014
대판 2009.2.12. 2008도11486 773
대판 2009.2.12. 2008도11550 325
대판 2009.2.12. 2008도11804 864
대판 2009.2.12. 2008도6551 537
대판 2009.2.26. 2008도10582 1280
대판 2009.2.26. 2008도10851 1258
대판 2009.2.26. 2008도11722 1038, 1082
대판 2009.2.26. 2008도11862 1377
대판 2009.2.26. 2008도9867 321

대판 2009.3.12. 2008도10826 1022
대판 2009.3.12. 2008도11007 1413
대판 2009.3.12. 2008도1321 1377
대판 2009.3.12. 2008도7156 1393
대판 2009.3.26. 2007도3520 612
대판 2009.3.26. 2008도6641 932
대판 2009.3.26. 2008도6895 1429
대판 2009.3.26. 2008도93 1231
대판 2009.4.9. 2008도11978 792
대판 2009.4.9. 2008도5634 496
대판 2009.4.9. 2009도128 954
대판 2009.4.23. 2007도1554 1382
대판 2009.4.23. 2007도9924 786
대판 2009.4.23. 2008도11017 12
대판 2009.4.23. 2008도11595 39
대판 2009.4.23. 2008도11921 1174
대판 2009.4.23. 2008도6829 351
대판 2009.4.23. 2008도8527 506, 1203
대판 2009.4.23. 2009도1203 1112
대판 2009.5.14. 2007도2168 1135
대판 2009.5.14. 2008도10914 1273
대판 2009.5.14. 2008도11040 23, 1213
대판 2009.5.14. 2008도11361 796, 797
대판 2009.5.14. 2008도8852 1330
대판 2009.5.28. 2008도4665 943
대판 2009.5.28. 2008도5706 1074
대판 2009.5.28. 2008도7030 201
대판 2009.5.28. 2008도8812 757
대판 2009.5.28. 2009도1040 620
대판 2009.5.28. 2009도1446 546
대판 2009.5.28. 2009도2086 1081
대판 2009.5.28. 2009도2682 320
대판 2009.5.28. 2009도875 1139
대판 2009.5.28. 2009도988 1094
대판 2009.6.11. 2008도11784 423
대판 2009.6.11. 2008도65301 107
대판 2009.6.11. 2009도156 757
대판 2009.6.11. 2009도2114 253
대판 2009.6.11. 2009도2461 988
대판 2009.6.11. 2009도2669 1318
대판 2009.6.23. 2008도1697 930
대판 2009.6.23. 2009도2994 427
대판 2009.6.25. 2008도10096 1027
대판 2009.6.25. 2008도3792 1070
대판 2009.6.25. 2009도3505 497
대판 2009.7.9. 2009도1025 599
대판 2009.7.9. 2009도1025 599
대판 2009.7.9. 2009도3816 676
대판 2009.7.9. 2009도4266 1173
대판 2009.7.23. 2009도1934 702
대판 2009.7.23. 2009도2384 942
대판 2009.7.23. 2009도3219 150
대판 2009.7.23. 2009도3924 1360
대판 2009.7.23. 2009도840 312
대판 2009.8.20. 2008도11138 427
대판 2009.8.20. 2008도12112 1058
대판 2009.8.20. 2009도3143 1039
대판 2009.8.20. 2009도3452 808
대판 2009.8.20. 2009도4391 1332, 1340
대판 2009.9.10. 2009도4335 808
대판 2009.9.10. 2009도4501 1020
대판 2009.9.10. 2009도4987 1055
대판 2009.9.10. 2009도5075 53
대판 2009.9.10. 2009도5732 783
대판 2009.9.10. 2009도6541 1380
대판 2009.9.24. 2007도6185 23
대판 2009.9.24. 2008도9213 1058
대판 2009.9.24. 2009도2576 698
대판 2009.9.24. 2009도4998 366
대판 2009.9.24. 2009도5302 108
대판 2009.9.24. 2009도5595 363
대판 2009.9.24. 2009도5900 953
대판 2009.9.24. 2009도6687 738
대판 2009.10.15. 2007도9334 781
대판 2009.10.15. 2009도5655 1061
대판 2009.10.15. 2009도5780 1245
대판 2009.10.15. 2009도6422 1355
대판 2009.10.15. 2009도7421 1162
대판 2009.10.15. 2009도7423 1000
대판 2009.10.15. 2009도7459 940
대판 2009.10.29. 2007도3584 1373
대판 2009.10.29. 2007도6772 1056
대판 2009.10.29. 2008도11036 1056
대판 2009.10.29. 2009도4783 314
대판 2009.10.29. 2009도5704 714
대판 2009.10.29. 2009도5753 622
대판 2009.10.29. 2009도7052 478
대판 2009.10.29. 2009도7150 388, 597
대판 2009.10.29. 2009도7783 1088
대판 2009.10.29. 2009도7973 716

대판 2009.11.12. 2009도8949 755, 1431
대판 2009.12.10. 2008도1191 40
대판 2009.12.10. 2008도5282 1281
대판 2009.12.10. 2009도11151 497
대판 2009.12.10. 2009도11448 20, 546
대판 2009.12.10. 2009도3053 40
대판 2009.12.10. 2009도9925 313
대판 2009.12.10. 2009도9982 948
대판 2009.12.24. 2007도2484 1071
대판 2009.12.24. 2007도6243 312, 471
대판 2009.12.24. 2009도7815 410
대판 2009.12.24. 2009도9667 506, 876
대판 2010.1.14. 2007도10415 1075
대판 2010.1.14. 2009도12109 134
대판 2010.1.14. 2009도5929 1261
대판 2010.1.14. 2009도7737 989
대판 2010.1.14. 2009도9963 1252
대판 2010.1.28. 2007도9331 955
대판 2010.1.28. 2008도7312 1323, 1326
대판 2010.1.28. 2009도10139 425
대판 2010.1.28. 2009도10709 1404
대판 2010.1.28. 2009도10730 1060
대판 2010.1.28. 2009도11868 1003
대판 2010.1.28. 2009도9484 42
대판 2010.1.28. 2009도9997 1215
대판 2010.2.11. 2009도12164 1404
대판 2010.2.11. 2009도12627 854
대판 2010.2.11. 2009도12958 251
대판 2010.2.11. 2009도9807 193, 204
대판 2010.2.25. 2007도6273 1409
대판 2010.2.25. 2008도9049 776
대판 2010.2.25. 2009도1302 1426
대판 2010.2.25. 2009도13257 1409
대판 2010.2.25. 2009도13716 691
대판 2010.2.25. 2009도5064 861
대판 2010.2.25. 2009도8473 1117
대판 2010.3.11. 2009도12609 829
대판 2010.3.11. 2009도5008 827
대판 2010.3.11. 2009도6482 1029
대판 2010.3.25. 2008도4228 451, 788
대판 2010.3.25. 2009도11660 1343
대판 2010.3.25. 2009도8506 778, 788
대판 2010.3.25. 2010도8 550
대판 2010.4.8. 2009도11395 312
대판 2010.4.8. 2009도11827 861
대판 2010.4.8. 2009도13542 37
대판 2010.4.15. 2007도8024 1382
대판 2010.4.15. 2009도11146 1361
대판 2010.4.15. 2009도4791 1092
대판 2010.4.15. 2009도9624 108
대판 2010.4.29. 2007도6553 1000, 1033
대판 2010.4.29. 2007도7064 658
대판 2010.4.29. 2007도8411 753
대판 2010.4.29. 2009도14427 1080, 1082
대판 2010.4.29. 2009도14554 876
대판 2010.4.29. 2009도14643 807
대판 2010.4.29. 2009도7070 150
대판 2010.4.29. 2010도1082 1346, 1347
대판 2010.4.29. 2010도1099 907
대판 2010.4.29. 2010도2328 595
대판 2010.4.29. 2010도2745 1431
대판 2010.4.29. 2010도2810 505
대판 2010.4.29. 2010도875 1204
대판 2010.4.29. 2010도930 612
대판 2010.5.13. 2007도1397 1413
대판 2010.5.13. 2008도10678 1251
대판 2010.5.13. 2009도11732 521
대판 2010.5.13. 2009도13332 37
대판 2010.5.13. 2009도13463 506
대판 2010.5.13. 2009도7040 1352
대판 2010.5.13. 2010도1040 1208
대판 2010.5.13. 2010도2468 483
대판 2010.5.27. 2007도10056 488
대판 2010.5.27. 2008도2344 772
대판 2010.5.27. 2009도9008 849
대판 2010.5.27. 2010도1490 1069
대판 2010.5.27. 2010도2680 88, 226
대판 2010.5.27. 2010도3399 1032
대판 2010.5.27. 2010도3498 935
대판 2010.5.27. 2010도369 1025
대판 2010.5.27. 2010도778 966
대판 2010.6.10. 2010도1125 1239
대판 2010.6.10. 2010도1777 920
대판 2010.6.10. 2010도3232 1238
대판 2010.6.10. 2010도3409 968
대판 2010.6.10. 2010도4416 57
대판 2010.6.10. 2010도935 775
대판 2010.6.24. 2007도5899 1029
대판 2010.6.24. 2008도11226 1312
대판 2010.6.24. 2008도12127 1423

대판 2010.6.24. 2008도6756 851
대판 2010.6.24. 2009도9242 989
대판 2010.7.8. 2009도14558 484
대판 2010.7.8. 2009도6968 107
대판 2010.7.8. 2010도3545 1228
대판 2010.7.8. 2010도931 564
대판 2010.7.15. 2008도11679 342
대판 2010.7.15. 2008도9066 1073
대판 2010.7.15. 2010도1017 647, 649
대판 2010.7.15. 2010도2935 124
대판 2010.7.15. 2010도3544 428
대판 2010.7.15. 2010도3594 708
대판 2010.7.15. 2010도6068 1203
대판 2010.7.22. 2009도12878 1089
대판 2010.7.22. 2010도1911 624
대판 2010.7.29. 2010도2705 1204
대판 2010.8.26. 2010도4613 1040
대판 2010.8.26. 2010도7251 532
대판 2010.9.9. 2008도8973 1126
대판 2010.9.9. 2009도10681 1098
대판 2010.9.9. 2010도6579 37
대판 2010.9.9. 2010도6924 428
대판 2010.9.30. 2008도4762 28
대판 2010.9.30. 2009도12238 792
대판 2010.9.30. 2009도3876 110
대판 2010.9.30. 2010도7012 1006
대판 2010.9.30. 2010도7405 886
대판 2010.9.30. 2010도7525 1415
대판 2010.9.30. 2010도987 1030
대판 2010.10.14. 2008도6578 1130
대판 2010.10.14. 2010도387 416, 1049, 1347
대판 2010.10.14. 2010도4940 797
대판 2010.10.14. 2010도8591 1370
대판 2010.10.28. 2008도11999 498
대판 2010.10.28. 2009도1149 1088
대판 2010.10.28. 2010도11165 505
대판 2010.10.28. 2010도2877 744
대판 2010.11.11. 2007도8645 486
대판 2010.11.11. 2009도11523 1394
대판 2010.11.11. 2010도10256 611
대판 2010.11.11. 2010도10690 503
대판 2010.11.11. 2010도11550 88
대판 2010.11.11. 2010도1835 1210
대판 2010.11.25. 2009도9144 1060
대판 2010.11.25. 2010도10202 1437
대판 2010.11.25. 2010도10985 502
대판 2010.11.25. 2010도11460 1361
대판 2010.11.25. 2010도11509 1209
대판 2010.11.25. 2010도1588 481
대판 2010.12.9. 2010도10187 977
대판 2010.12.9. 2010도11015 1026, 1143
대판 2010.12.9. 2010도12069 105
대판 2010.12.9. 2010도12553 1196
대판 2010.12.9. 2010도12928 939
대판 2010.12.9. 2010도6256 1110
대판 2010.12.9. 2010도7410 576, 577
대판 2010.12.9. 2010도891 992
대판 2010.12.9. 2010도9630 708, 883, 884
대판 2010.12.23. 2008도4233 24
대판 2010.12.23. 2010도10910 1329
대판 2010.12.23. 2010도11272 89
대판 2010.12.23. 2010도11996 17
대판 2010.12.23. 2010도7412 417, 1395
대판 2011.1.13. 2009도10541 1058
대판 2011.1.13. 2010도14028 1427
대판 2011.1.13. 2010도9330 497, 926, 1277
대판 2011.1.13. 2010도9927 430
대판 2011.1.27. 2009도10701 1080
대판 2011.1.27. 2010도11030 293
대판 2011.1.27. 2010도14484 1364
대판 2011.1.27. 2010도5124 922
대판 2011.2.10. 2010도13284 1001
대판 2011.2.10. 2010도13766 1325
대판 2011.2.10. 2010도15986 1373, 1419
대판 2011.2.10. 2010도16742 488
대판 2011.2.10. 2010도8361 1202
대판 2011.2.24. 2010도11784 1098
대판 2011.2.24. 2010도13801 497, 500
대판 2011.2.24. 2010도17512 920, 943
대판 2011.3.10. 2008도6335 1052
대판 2011.3.10. 2010도14394 1344
대판 2011.3.10. 2010도14856 916
대판 2011.3.10. 2011도168 23
대판 2011.3.10. 2011도503 1262
대판 2011.3.24. 2010도14393 17
대판 2011.4.14. 2010도10104 152
대판 2011.4.14. 2010도12313 1355
대판 2011.4.14. 2010도8743 1094, 1095
대판 2011.4.14. 2011도277 478
대판 2011.4.14. 2011도300 868

대판 2011.4.14. 2011도769 505, 935
대판 2011.4.28. 2007도7514 1393
대판 2011.4.28. 2009도12671 150
대판 2011.4.28. 2009도14268 1051, 1057
대판 2011.4.28. 2009도3642 396
대판 2011.4.28. 2010도14696 1380
대판 2011.4.28. 2010도15350 1107
대판 2011.4.28. 2011도2170 855
대판 2011.4.28. 2011도3247 1050
대판 2011.5.13. 2009도14442 745
대판 2011.5.13. 2009도3552 1111
대판 2011.5.13. 2009도5386 941
대판 2011.5.13. 2009도5549 768
대판 2011.5.13. 2010도9962 283
대판 2011.5.13. 2011도1415 411, 1228, 1248
대판 2011.5.13. 2011도1765 855
대판 2011.5.13. 2011도2368 876, 1130
대판 2011.5.13. 2010도16391 1065
대판 2011.5.26. 2009도2453 1331, 1340
대판 2011.5.26. 2010도10305 1394
대판 2011.5.26. 2010도17506 203
대판 2011.5.26. 2010도6090 506
대판 2011.5.26. 2011도1904 1031
대판 2011.5.26. 2011도2412 647, 653
대판 2011.5.26. 2011도3682 248
대판 2011.6.9. 2010도10677 719
대판 2011.6.10. 2010도17202 1009
대판 2011.6.10. 2011도2351 503
대판 2011.6.10. 2011도4260 54
대판 2011.6.30. 2011도1651 1057
대판 2011.7.14. 2009도13151 1422
대판 2011.7.14. 2010도1025 1186
대판 2011.7.14. 2011도1303 59, 62, 76
대판 2011.7.14. 2011도3180 415, 1069
대판 2011.7.14. 2011도3782 782
대판 2011.7.14. 2011도639 299
대판 2011.7.28. 2009도11104 776
대판 2011.7.28. 2009도14928 1410
대판 2011.7.28. 2009도8265 1071
대판 2011.7.28. 2010도2244 1420
대판 2011.7.28. 2011도1739 1320, 1325
대판 2011.7.28. 2011도5299 925
대판 2011.7.28. 2011도6115 1135
대판 2011.8.18. 2009도7813 1064
대판 2011.8.18. 2010도10290 1094
대판 2011.8.18. 2010도9570 304, 849
대판 2011.8.18. 2011도6311 511
대판 2011.8.18. 2011도6904 737
대판 2011.8.25. 2008도10960 498
대판 2011.8.25. 2009도5618 1091
대판 2011.8.25. 2011도6507 73
대판 2011.8.25. 2011도7725 44
대판 2011.9.2. 2010도17237 736
대판 2011.9.8. 2009도13371 1312
대판 2011.9.8. 2009도13959 194, 201
대판 2011.9.8. 2010도7034 1376
대판 2011.9.8. 2010도7497 733
대판 2011.9.8. 2011도3489 1427
대판 2011.9.8. 2011도5165 1141
대판 2011.9.8. 2011도7262 947, 1028
대판 2011.9.29. 2009도2821 428
대판 2011.9.29. 2010도14587 1216
대판 2011.9.29. 2010도5962 667
대판 2011.9.29. 2011도4677 1022
대판 2011.9.29. 2011도6223 1211
대판 2011.10.13. 2009도1375 991, 1030
대판 2011.10.13. 2009도5698 786
대판 2011.10.13. 2010도15260 337
대판 2011.10.13. 2011도6287 397
대판 2011.10.13. 2011도7081 774
대판 2011.10.27. 2009도3390 784
대판 2011.10.27. 2011도9033 743
대판 2011.11.10. 2010도11631 402
대판 2011.11.10. 2011도10468 1203
대판 2011.11.10. 2011도10539 371
대판 2011.11.10. 2011도3934 720
대판 2011.11.10. 2011도9620 1184, 1185
대판 2011.11.10. 2011도9919 911
대판 2011.11.24. 2010도11394 1066
대판 2011.11.24. 2010도5014 1002
대판 2011.11.24. 2010도8568 495
대판 2011.11.24. 2011도12302 639
대판 2011.11.24. 2011도9585 1339, 1355
대판 2011.12.8. 2010도15628 1346
대판 2011.12.8. 2010도4129 498
대판 2011.12.8. 2011도9242 506
대판 2011.12.13. 2011도10525 1065
대판 2011.12.13. 2011도8873 913
대판 2011.12.22. 2010도10130 761
대판 2011.12.22. 2011도12041 539

대판 2011.12.22. 2011도12927 429, 906
대판 2011.12.22. 2011도9721 417
대판 2012.1.12. 2010도15129 1073
대판 2012.1.12. 2011도12604 1004
대판 2012.1.26. 2011도15179 923, 1058
대판 2012.1.27. 2009도8917 295
대판 2012.1.27. 2010도10739 425, 1001
대판 2012.1.27. 2010도11884 1225, 1322
대판 2012.1.27. 2010도8336 43
대판 2012.1.27. 2011도14247 1025
대판 2012.1.27. 2011도16044 981
대판 2012.2.9. 2010도176 1069
대판 2012.2.23. 2011도14441 1251
대판 2012.2.23. 2011도15857 1056, 1068
대판 2012.2.23. 2011도16385 1040
대판 2012.3.15. 2010도14734 1317, 1318
대판 2012.3.15. 2011도17117 205
대판 2012.3.15. 2011도17648 149
대판 2012.3.15. 2012도544 498
대판 2012.3.29. 2009도11249 1411
대판 2012.3.29. 2011도14135 551
대판 2012.3.29. 2011도7704 1178
대판 2012.4.13. 2011도2989 924
대판 2012.4.13. 2012도1101 934
대판 2012.4.13. 2012도216 943
대판 2012.4.26. 2009도5786 1241, 1246
대판 2012.4.26. 2010도11771 863
대판 2012.4.26. 2010도5693 1142
대판 2012.4.26. 2010도6334 838
대판 2012.4.26. 2011도17125 1382
대판 2012.4.26. 2011도17254 1153
대판 2012.5.9. 2010도2690 746
대판 2012.5.9. 2011도11264 57
대판 2012.5.10. 2010도3532 1038
대판 2012.5.10. 2010도5964 464
대판 2012.5.10. 2011도12131 490
대판 2012.5.10. 2011도12408 1004, 1029
대판 2012.5.10. 2012도2289 577
대판 2012.5.10. 2012도675 510
대판 2012.5.24. 2010도1080 938
대판 2012.5.24. 2010도12732 953
대판 2012.5.24. 2010도14216 1280
대판 2012.5.24. 2011도11450 1006
대판 2012.5.24. 2011도11500 1431
대판 2012.5.24. 2011도5910 650, 982
대판 2012.5.24. 2011도7943 793
대판 2012.5.24. 2012도2142 1069
대판 2012.5.24. 2012도535 1007, 1097
대판 2012.6.14. 2010도14409 459
대판 2012.6.14. 2012도3647 943
대판 2012.6.14. 2012도3893 692
대판 2012.6.14. 2012도4175 873
대판 2012.6.28. 2010도15181 314
대판 2012.6.28. 2010도690 1209
대판 2012.6.28. 2011도10570 564
대판 2012.6.28. 2012도2270 735
대판 2012.6.28. 2012도3999 1144
대판 2012.6.28. 2012도4773 933
대판 2012.7.5. 2010도13348 1091
대판 2012.7.5. 2012도5108 493
대판 2012.7.12. 2012도1132 851
대판 2012.7.26. 2011도8805 691
대판 2012.8.17. 2011도10451 650
대판 2012.8.17. 2011도9113 1024
대판 2012.8.23. 2010도6504 1346
대판 2012.8.23. 2011도14045 1029
대판 2012.8.30. 2011도2252 1143
대판 2012.8.30. 2012도6027 1404
대판 2012.8.30. 2012도6157 977
대판 2012.8.30. 2012도7377 712
대판 2012.8.30. 2010도13694 437
대판 2012.9.13. 2010도11665 1064
대판 2012.9.13. 2010도6203 1368
대판 2012.9.13. 2011도16066 1361
대판 2012.9.13. 2012도3840 1054
대판 2012.9.13. 2012도5525 399
대판 2012.9.13. 2012도7760 57
대판 2012.9.27. 2010도15206 1190
대판 2012.9.27. 2010도16946 479, 485
대판 2012.9.27. 2011도282 913
대판 2012.9.27. 2012도6079 507
대판 2012.9.27. 2012도7467 1208
대판 2012.9.27. 2012도9295 503
대판 2012.9.27. 2012도9386 865
대판 2012.10.11. 2012도1895 470, 472
대판 2012.10.11. 2012도7455 23, 58
대판 2012.10.25. 2009도13197 49, 1410
대판 2012.10.25. 2012도3575 43
대판 2012.11.15. 2010도6910 927
대판 2012.11.15. 2012도6676 1040

대판 2012.11.15. 2012도7407 441
대판 2012.11.15. 2012도9603 953
대판 2012.11.29. 2010도1233 660
대판 2012.11.29. 2011도7361 1020
대판 2012.11.29. 2012도10269 21
대판 2012.11.29. 2012도10392 748
대판 2012.11.29. 2012도10980 476
대판 2012.12.13. 2010도10515 1021
대판 2012.12.13. 2012도11162 1371
대판 2013.1.16. 2011도7164 711
대판 2013.1.24. 2012도10629 782, 1062
대판 2013.1.24. 2012도12363 1240
대판 2013.1.24. 2012도12689 321
대판 2013.2.14. 2010도13450 1284
대판 2013.2.15. 2011도13606 1026
대판 2013.2.28. 2011도16718 783
대판 2013.2.28. 2012도15303 862
대판 2013.2.28. 2012도15689 473
대판 2013.3.14. 2010도410 785
대판 2013.3.14. 2011도7259 1369
대판 2013.3.28. 2010도14607 793
대판 2013.3.28. 2010도7439 1069
대판 2013.3.28. 2012도16191 1005
대판 2013.4.11. 2010도13774 978, 979, 981
대판 2013.4.11. 2010도1388 42
대판 2013.4.11. 2012도15890 1061
대판 2013.4.11. 2012도16277 1339
대판 2013.4.25. 2011도9238 1027
대판 2013.4.26. 2011도10797 915
대판 2013.4.26. 2011도6798 1055
대판 2013.4.26. 2013도2034 1135
대판 2013.5.16. 2012도14788 683
대판 2013.5.23. 2011도12440 787
대판 2013.6.13. 2010도13609 268, 1372
대판 2013.6.13. 2013도1685 13
대판 2013.6.14. 2013도3829 771
대판 2013.6.27. 2011도797 1313
대판 2013.6.27. 2012도4848 1034
대판 2013.6.27. 2013도2510 504
대판 2013.6.27. 2013도4279 41, 717
대판 2013.7.11. 2011도15056 107
대판 2013.7.25. 2013도1793 42
대판 2013.7.26. 2012도4438 974
대판 2013.7.26. 2013도2511 23
대판 2013.7.26. 2013도6220 21
대판 2013.8.14. 2013도321 998
대판 2013.8.23. 2011도1957 490
대판 2013.8.23. 2011도4763 772, 1367
대판 2013.8.23. 2011도7637 1021
대판 2013.8.23. 2013도5080 416
대판 2013.8.30. 2013도2761 1033
대판 2013.9.12. 2012도2744 440
대판 2013.9.12. 2013도6570 417
대판 2013.9.13. 2013도6809 980
대판 2013.9.13. 2013도7754 854
대판 2013.9.26. 2012도568 88
대판 2013.9.26. 2013도3631 916
대판 2013.9.26. 2013도5856 692
대판 2013.9.26. 2013도643 1368
대판 2013.9.26. 2013도7876 498
대판 2013.9.27. 2013도6835 1088
대판 2013.10.17. 2013도6401 91
대판 2013.10.24. 2013도5752 1234
대판 2013.10.24. 2013도7201 1334
대판 2013.10.31. 2013도10020 498
대판 2013.11.14. 2011도11174 1096
대판 2013.11.14. 2011도4440 959
대판 2013.11.14. 2013도7494 927
대판 2013.11.28. 2011도7229 413
대판 2013.11.28. 2013도10011 1347
대판 2013.11.28. 2013도4430 609
대판 2013.11.28. 2013도459 950
대판 2013.11.28. 2013도5117 778, 782
대판 2013.12.12. 2012도2249 1181
대판 2013.12.12. 2012도3173 1230
대판 2013.12.12. 2013도3950 1162
대판 2013.12.12. 2013도4555 37
대판 2013.12.26. 2010도16681 1095
대판 2013.12.26. 2013도8085 1421
대판 2014.1.16. 2013도6969 400
대판 2014.1.23. 2013도11735 1095
대판 2014.1.23. 2013도9690 40
대판 2014.1.29. 2013도12939 23
대판 2014.1.29. 2013도13937 1333
대판 2014.2.13. 2011도10625 1368
대판 2014.2.13. 2011도15767 1426
대판 2014.2.13. 2011도6907 712
대판 2014.2.21. 2011도8870 1062
대판 2014.2.21. 2013도14139 867
대판 2014.2.27. 2011도48 44

대판 2014.2.27. 2013도12301 507
대판 2014.3.13. 2012도2468 1426
대판 2014.3.13. 2013도12430 752
대판 2014.3.13. 2013도16099 960
대판 2014.3.27. 2011도11226 739
대판 2014.3.27. 2011도15631 728
대판 2014.3.27. 2012도11204 306
대판 2014.3.27. 2013도11357 1345
대판 2014.3.27. 2013도152 1401
대판 2014.3.27. 2014도469 502
대판 2014.4.10. 2012도11361 619
대판 2014.4.10. 2012도8374 169
대판 2014.4.10. 2013도12079 1399
대판 2014.4.10. 2013도229 1311
대판 2014.4.30. 2013도8799 1001
대판 2014.5.16. 2012도11259 1094
대판 2014.5.16. 2013도12003 1062
대판 2014.5.16. 2013도15895 1025, 1247
대판 2014.5.16. 2013도1640 45
대판 2014.5.16. 2013도828 13
대판 2014.5.16. 2014도2521 890
대판 2014.5.29. 2012도14130 108
대판 2014.6.12. 2012도2732 1137
대판 2014.6.12. 2013도6345 1271
대판 2014.6.12. 2014도1894 612
대판 2014.6.12. 2014도2578 1063
대판 2014.6.26. 2009도14407 200
대판 2014.7.24. 2014도6206 150, 431
대판 2014.7.24. 2014도6309 717
대판 2014.7.24. 2014도6377 1438
대판 2014.8.20. 2011도468 784
대판 2014.8.20. 2012도14360 36
대판 2014.9.4. 2012도13718 739
대판 2014.9.4. 2012도16119 464
대판 2014.9.24. 2013도4503 42
대판 2014.9.25. 2013도1198 1372
대판 2014.9.25. 2014도7217 36
대판 2014.9.25. 2014도8984 856
대판 2014.9.26. 2014도8076 857
대판 2014.9.26. 2014도9213 1259
대판 2014.9.26. 2014도9567 900
대판 2014.10.15. 2014도8113 1331, 1333
대판 2014.10.15. 2014도9099 939
대판 2014.10.15. 2014도9423 49
대판 2014.10.27. 2014도9442 1136
대판 2014.10.30. 2012도12394 23
대판 2014.11.13. 2011도393 293
대판 2014.12.11. 2014도10036 479
대판 2014.12.11. 2014도11515 399
대판 2014.12.11. 2014도7976 1368
대판 2014.12.24. 2012도4531 1425
대판 2014.12.24. 2014도10199 1362
대판 2014.12.24. 2014오2 519
대판 2015.1.15. 2010도15213 44
대판 2015.1.15. 2011도14198 488, 490
대판 2015.1.15. 2012도7571 1343
대판 2015.1.15. 2013도15457 45
대판 2015.1.15. 2014도9691 123, 1029
대판 2015.1.29. 2014도15120 565
대판 2015.2.12. 2012도4842 527
대판 2015.2.12. 2014도10086 836, 953
대판 2015.2.12. 2014도11501 338, 722
대판 2015.2.12. 2014도12753 123
대판 2015.2.26. 2013도13217 1376
대판 2015.2.26. 2015도354 41
대판 2015.3.12. 2012도13748 343, 449
대판 2015.3.12. 2013도363 1361
대판 2015.3.12. 2014도10612 41
대판 2015.3.20. 2014도16920 366
대판 2015.3.26. 2014도13345 234
대판 2015.3.26. 2014도14909 1143
대판 2015.3.26. 2015도1301 1050
대판 2015.4.9. 2014도14191 43
대판 2015.4.23. 2014도655 13
대판 2015.5.28. 2014도18006 44
대판 2015.5.28. 2015도1362 27
대판 2015.5.29. 2015도3430 1344
대판 2015.6.11. 2012도1352 1052, 1207
대판 2015.6.11. 2015도3160 857
대판 2015.6.24. 2013도15031 39
대판 2015.6.24. 2014도11315 194, 205
대판 2015.6.24. 2015도5916 45
대판 2015.7.9. 2014도11843 916
대판 2015.7.23. 2015도3080 416
대판 2015.7.23. 2015도6905 919
대판 2015.8.13. 2014도5713 1063
대판 2015.8.19. 2015도5789 45
대판 2015.8.27. 2015도5381 869
대판 2015.8.27. 2015도6480 679
대판 2015.8.27. 2015도8408 453

대판 2015.9.10. 2014도12619 1025, 1070
대판 2015.9.10. 2015도2229 761
대판 2015.9.10. 2015도6745 1066
대판 2015.9.10. 2015도6980 720
대판 2015.9.10. 2015도7081 485
대판 2015.9.10. 2015도8592 476
대판 2015.9.15. 2015도9883 1143
대판 2015.9.24. 2015도11286 760
대판 2015.10.15. 2015도6232 1363
대판 2015.10.15. 2015도8169 879
대판 2015.10.29. 2015도10948 498
대판 2015.10.29. 2015도12838 1352
대판 2015.10.29. 2015도5355 588
대판 2015.10.29. 2015도5545 201
대판 2015.10.29. 2015도7559 872
대판 2015.10.29. 2015도8429 668
대판 2015.10.29. 2015도9010 1232
대판 2015.11.12. 2015도6809 97, 133, 137
대판 2015.11.26. 2014도17180 1089
대판 2015.11.26. 2015도3012 940, 941
대판 2015.11.26. 2015도4976 1065
대판 2015.11.27. 2014도13083 1119
대판 2015.11.27. 2014도17894 855
대판 2015.12.10. 2012도235 1064
대판 2015.12.10. 2013도13444 1023
대판 2015.12.10. 2015도11550 499
대판 2015.12.24. 2013도8481 124
대판 2015.12.24. 2015도6622 762
대판 2016.1.14. 2015도15798 1345
대판 2016.1.28. 2014도2477 268
대판 2016.1.28. 2015도15669 54
대판 2016.1.28. 2015도17297 1376
대판 2016.2.18. 2015도15664 721
대판 2016.3.10. 2015도17847 45
대판 2016.3.24. 2014도6287 1225
대판 2016.3.24. 2015도17452 918
대판 2016.3.24. 2015도8621 625
대판 2016.4.28. 2012도14516 946
대판 2016.4.29. 2015도1413 1262
대판 2016.4.29. 2015도5665 1067
대판 2016.5.12. 2013도15616 45
대판 2016.5.12. 2015도20322 1386
대판 2016.5.24. 2015도18795 1102
대판 2016.5.26. 2015도89 1018
대판 2016.6.9. 2015도18555 946
대판 2016.6.9. 2016도4618 710
대판 2016.6.23. 2016도3753 1349
대판 2016.6.23. 2016도5032 560
대판 2016.7.14. 2016도2081 1211
대판 2016.7.29. 2016도5596 1419
대판 2016.8.25. 2016도6466 519
대판 2016.8.30. 2013도658 1028
대판 2016.9.28. 2016도6470 947
대판 2016.10.13. 2014도17211 1059, 1076, 1097
대판 2016.10.13. 2016도6172 717
대판 2016.10.13. 2016도8137 43
대판 2016.10.13. 2016도9674 762
대판 2016.10.27. 2016도9302 607
대판 2016.11.10. 2016도13734 1132
대판 2016.11.25. 2016도9219 1119
대판 2016.12.15. 2016도15492 840
대판 2016.12.15. 2016도16170 521
대판 2016.12.27. 2014도15290 726
대판 2016.12.27. 2016도16676 718
대판 2017.1.25. 2016도18432 167
대판 2017.2.15. 2013도14777 1025
대판 2017.2.15. 2014도2415 1246
대판 2017.2.15. 2016도15226 1055
대판 2017.2.21. 2016도15144 780
대판 2017.3.15. 2013도2168 252
대판 2017.3.15. 2014도12773 339
대판 2017.3.15. 2015도1456 122, 419
대판 2017.3.15. 2016도19659 498, 1354
대판 2017.3.22. 2016도17465 73
대판 2017.3.22. 2016도21536 1339
대판 2017.3.22. 2016도9032 550
대판 2017.3.30. 2017도771 654
대판 2017.4.7. 2016도12563 1172
대판 2017.4.7. 2016도18104 1099
대판 2017.4.7. 2017도378 464
대판 2017.4.26. 2013도12592 1434
대판 2017.4.26. 2016도18024 734
대판 2017.4.26. 2016도18035 998
대판 2017.4.26. 2016도19982 1136
대판 2017.5.11. 2016도19255 735
대판 2017.5.17. 2016도13912 1223
대판 2017.5.30. 2015도15398 1434
대판 2017.5.30. 2016도21713 469, 472
대판 2017.5.30. 2017도4578 459
대판 2017.5.31. 2017도3894 946

대판 2017.6.8. 2016도21389 715
대판 2017.6.8. 2016도5218 1225
대판 2017.6.19. 2013도564 957
대판 2017.6.19. 2017도4240 396
대판 2017.6.29. 2015도12137 45
대판 2017.6.29. 2016도18194 542
대판 2017.6.29. 2017도3196 700
대판 2017.6.29. 2017도3808 1072
대판 2017.7.11. 2013도7896 293, 312
대판 2017.7.11. 2017도4044 879
대판 2017.8.18. 2017도6229 1136
대판 2017.8.18. 2017도7134 130
대판 2017.9.7. 2017도9999 298
대판 2017.9.21. 2014도9960 1069, 1071
대판 2017.9.21. 2017도4019 550
대판 2017.9.21. 2017도7687 46
대판 2017.9.26. 2017도8449 930
대판 2017.10.12. 2016도16948 685
대판 2017.10.12. 2017도6151 1059
대판 2017.10.23. 2017도5905 525
대판 2017.10.26. 2015도16696 659
대판 2017.10.26. 2016도16031 782
대판 2017.10.26. 2017도9254 999
대판 2017.10.31. 2017도9230 46
대판 2017.11.9. 2014도15129 1229
대판 2017.11.9. 2016도12460 917
대판 2017.11.14. 2017도13421 41
대판 2017.11.14. 2017도3449 398
대판 2017.12.5. 2014도14924 1214
대판 2017.12.5. 2016도16738 620
대판 2017.12.5. 2017도11564 1099
대판 2017.12.5. 2017도14423 929
대판 2017.12.5. 2017도15628 740
대판 2017.12.13. 2017도10474 1121
대판 2017.12.13. 2017도14160 168
대판 2017.12.22. 2017도12346 1331
대판 2017.12.22. 2017도13211 134
대판 2017.12.22. 2017도14560 1217
대판 2017.12.22. 2017도14879 1173
대판 2017.12.22. 2017도690 807
대판 2017.12.28. 2015도5854 605
대판 2017.12.28. 2017도13982 102
대판 2017.12.28. 2017도17762 46
대판 2018.1.25. 2017도15519 629
대판 2018.2.8. 2016도17733 688
대판 2018.2.8. 2017도19799 943
대판 2018.2.13. 2014도11441 1317
대판 2018.2.13. 2017도17809 16
대판 2018.2.28. 2017도21249 91, 668
대판 2018.3.15. 2017도21656 718
대판 2018.3.29. 2017도21537 1372
대판 2018.4.10. 2017도17699 916
대판 2018.4.12. 2013도6962 107
대판 2018.4.12. 2017도20241 46
대판 2018.4.24. 2017도10956 616
대판 2018.4.24. 2017도21663 616
대판 2018.4.26. 2018도2624 1318
대판 2018.5.11. 2017도9146 419
대판 2018.5.11. 2018도2844 35, 151
대판 2018.5.11. 2018도4018 638
대판 2018.5.11. 2018도4075 357
대판 2018.5.15. 2017도19499 1414
대판 2018.5.30. 2016도20890 762
대판 2018.5.30. 2018도3619 526
대판 2018.6.15. 2016도847 1139
대판 2018.6.15. 2018도2615 27
대판 2018.6.15. 2018도4200 744
대판 2018.6.19. 2017도21783 1247
대판 2018.6.28. 2018도1733 512
대판 2018.7.11. 2015도12692 1055
대판 2018.7.11. 2015도5403 1387
대판 2018.7.11. 2018도1818 1432
대판 2018.7.24. 2015도12094 789
대판 2018.7.24. 2017도18807 1120
대판 2018.7.24. 2018도3443 615
대판 2018.8.1. 2015도10388 106
대판 2018.8.1. 2015도20396 1400
대판 2018.8.1. 2018도1481 718
대판 2018.8.1. 2018도7030 940
대판 2018.8.1. 2018도7293 1439
대판 2018.8.30. 2017도3443 717
대판 2018.8.30. 2018도10047 462
대판 2018.9.13. 2016도20954 1215
대판 2018.9.13. 2018도9340 721
대판 2018.9.13. 2018도9775 715
대판 2018.10.25. 2018도7041 47
대판 2018.10.25. 2018도7709 683
대판 2018.11.1. 2016도10912 288
대판 2018.11.15. 2018도11378 47
대판 2018.11.15. 2018도14610 47

대판 2018.11.29. 2017도2661 762
대판 2018.11.29. 2017도8822 47
대판 2018.11.29. 2018도10779 487
대판 2018.12.13. 2016도19308 1049
대판 2018.12.27. 2017도15226 47
대판 2018.12.27. 2018도14262 47
대판 2018.12.28. 2018도13305 950
대판 2019.3.14. 2018도18646 1232
대판 2019.4.3. 2014도2754 927
대판 2019.4.3. 2018도19772 942
대판 2019.5.16. 2019도97 385
대판 2019.5.30. 2016도5816 1022
대판 2019.5.30. 2019도1839 916
대판 2019.6.13. 2019도3341 704
대판 2019.8.29. 2019도8357 420
대판 2019.11.28. 2019도11766 1334
대판 2019.12.12. 2018도2560 1256
대판 2019.12.24. 2019도9773 1001
대판 2019.12.27. 2015도10570 919, 944
대판 2019.12.27. 2019도14623 1129
대판 2020.1.16. 2019도14056 1275
대판 2020.1.30. 2016도21547 743
대판 2020.2.13. 2019도5186 1320
대판 2020.3.2. 2019도13217 1247
대판 2020.3.12. 2016도19170 38
대판 2020.3.12. 2019도16484 807
대판 2020.3.12. 2019도17381 551
대판 2020.3.26. 2019도15994 691
대판 2020.3.26. 2019도7729 1247
대판 2020.3.27. 2016도18713 668, 670
대판 2020.3.27. 2017도20455 1121
대판 2020.4.29. 2014도9907 1051
대판 2020.4.29. 2019도19130 48
대판 2020.5.14. 2019도16228 1079
대판 2020.5.28. 2019도12750 737
대판 2020.6.4. 2015도6057 1045
대판 2020.6.4. 2018도17454 58
대판 2020.6.11. 2016도3048 398
대판 2020.6.25. 2015도7102 714
대판 2020.6.25. 2018도13696 920
대판 2020.7.9. 2019도17322 288
대판 2020.7.9. 2020도5646 713
대판 2020.7.29. 2017도2478 163, 292
대판 2020.8.20. 2019도16263 1148
대판 2020.8.20. 2020도7193 1368
대판 2020.9.3. 2015도1927 297
대판 2020.9.3. 2020도8055 288
대판 2020.9.24. 2017도12389 1348, 1355
대판 2020.9.24. 2017도19283 783
대판 2020.9.24. 2020도8978 721
대판 2020.10.15. 2020도7307 54
대판 2020.10.29. 2020도3972 463
대판 2020.11.5. 2015도13830 43
대판 2020.11.5. 2017도18291 557
대판 2020.11.5. 2019도12042 1246
대판 2020.11.5. 2020도10806 711
대판 2020.12.10. 2015도19296 1390
대판 2020.12.10. 2019도17879 1325
대판 2020.12.10. 2020도11471 756
대판 2020.12.24. 2019도16258 716
대판 2020.12.24. 2019도8443 1250
대판 2020.12.24. 2020도7981 693
대판 2020.12.30. 2015도12933 730
대판 2020.12.30. 2015도15619 730
대판 2020.12.30. 2020도14045 1261
대판 2021.1.14. 2016도7104 38
대판 2021.1.14. 2017도21323 810, 811
대판 2021.1.14. 2020도10979 484
대판 2021.1.14. 2020도14735 1132
대판 2021.1.28. 2014도8714 1043
대판 2021.1.28. 2020도2642 1420, 1421
대판 2021.2.4. 2018도9781 696
대판 2021.2.4. 2020도12103 483, 1356
대판 2021.2.4. 2020도13899 43
대판 2021.2.25. 2017도16186 712
대판 2021.2.25. 2018도19043 1224, 1251
대판 2021.2.25. 2020도12927 1013
대판 2021.3.11. 2018도12270 48
대판 2021.3.11. 2020도12583 486
대판 2021.3.11. 2020도14666 1223
대판 2021.3.25. 2016도14995 743
대판 2021.3.25. 2017도17643 764
대판 2021.3.25. 2020도18285 722
대판 2021.3.25. 2021도749 719
대판 2021.4.15. 2020도16468 163
대판 2021.4.29. 2018도18582 1382
대판 2021.4.29. 2019도12986 24
대판 2021.4.29. 2020도16369 531
대판 2021.5.7. 2019도13764 1120
대판 2021.5.27. 2020도15529 1087

대판 2021.6.3. 2021도1349 880
대판 2021.6.16. 2021도7087 810, 822
대판 2021.6.24. 2018도14365 1041
대판 2021.6.30. 2020도4539 902
대판 2021.7.8. 2014도12104 1046
대판 2021.7.8. 2021도2993 471
대판 2021.7.15. 2015도5184 1044
대판 2021.7.21. 2020도10970 524
대판 2021.7.29. 2021도6092 48
대판 2021.8.12. 2020도17796 709
대판 2021.8.19. 2020도14576 764
대판 2021.8.19. 2020도16111 288
대판 2021.8.26. 2020도12017 38
대판 2021.8.26. 2021도6416 747
대판 2021.9.9. 2016도88 764
대판 2021.9.9. 2019도16421 674
대판 2021.9.9. 2019도5371 53
대판 2021.9.9. 2021도8468 917
대판 2021.9.16. 2015도12632 450
대판 2021.9.16. 2019도11826 48
대판 2021.9.16. 2019도18394 1234
대판 2021.9.16. 2021도5000 459
대판 2021.9.30. 2017도13182 48
대판 2021.9.30. 2019도17102 1094, 1096, 1098
대판 2021.9.30. 2021도6634 777
대판 2021.10.14. 2016도16343 919
대판 2021.10.14. 2017도10634 287
대판 2021.10.14. 2018도10327 415
대판 2021.10.14. 2018도2993 1369
대판 2021.10.14. 2021도7168 525, 526
대판 2021.10.14. 2021도8719 503
대판 2021.10.28. 2020도1942 106
대판 2021.10.28. 2021도7538 692
대판 2021.10.28. 2021도9051 712
대판 2021.11.11. 2021도7831 909
대판 2021.11.11. 2021도9855 911
대판 2021.11.25. 2016도3452 1071
대판 2021.11.25. 2018도1346 657
대판 2021.11.25. 2021도10903 343
대판 2021.12.16. 2020도9789 1047
대판 2021.12.30. 2021도9680 308
대판 2022.1.27. 2021도15507 810, 812
대판 2022.2.11. 2021도12394 778
대판 2022.3.17. 2021도13203 716
대판 2022.3.17. 2021도13883 1365
대판 2022.3.31. 2018도15213 810, 811, 821, 1383
대판 2022.3.31. 2021도17197 1212
대판 2022.3.31. 2021도8900 800
대판 2022.4.14. 2019도333 810, 822, 1383
대판 2022.4.14. 2021도17744 744
대판 2022.4.28. 2020도12239 1381
대판 2022.4.28. 2021도9041 705
대판 2022.4.28. 2022도1013 630
대판 2022.5.12. 2021도16876 493
대판 2022.5.13. 2020도15642 743
대판 2022.5.26. 2022도1227 949, 952
대판 2022.6.9. 2016도11744 293, 296
대판 2022.6.9. 2022도1683 715
대판 2022.6.16. 2021도15122 759
대판 2022.6.16. 2022도1401 157
대판 2022.6.30. 2017도21286 991
대판 2022.6.30. 2018도4794 1088
대판 2022.6.30. 2020도7866 398
대판 2022.6.30. 2021도8361 1311
대판 2022.6.30. 2022도3413 1436
대판 2022.6.30. 2022도742 164
대판 2022.7.14. 2017도20911 918
대판 2022.7.28. 2020도13705 560
대판 2022.7.28. 2020도8336 759
대판 2022.7.28. 2022도4171 756
대판 2022.8.19. 2020도9714 1235
대판 2022.8.25. 2020도16897 764
대판 2022.8.25. 2022도3801 811, 822
대판 2022.8.31. 2019도7370 762
대판 2022.9.7. 2021도9055 787, 810, 822
대판 2022.9.7. 2022도6993 486, 507
대판 2022.9.29. 2021도14514 1258
대판 2022.10.14. 2018도13604 1067
대판 2022.10.14. 2020도13344 1198
대판 2022.10.27. 2019도10516 292
대판 2022.10.27. 2019도14421 764
대판 2022.10.27. 2020도15105 1321
대판 2022.10.27. 2022도8806 489
대판 2022.11.17. 2022도7290 41
대판 2022.11.17. 2022도8662 521
대판 2022.11.30. 2022도1410 1123
대판 2022.12.1. 2022도1499 213
대판 2022.12.15. 2017도19229 764
대판 2022.12.15. 2022도9187 648

대판 2022.12.16. 2022도10629 972
대판 2022.12.29. 2021도2088 1028
대판 2023.1.12. 2017도14104 918
대판 2023.1.12. 2019도16782 41
대판 2023.1.12. 2021도10861 163
대판 2023.1.12. 2022도11163 206
대판 2023.2.2. 2022도13425 748
대판 2023.2.2. 2022도4719 761
대판 2023.2.23. 2022도6434 66
대판 2023.3.9. 2022도16120 134
대판 2023.3.16. 2020도15554 288
대판 2023.3.16. 2021도16482 773
대판 2023.3.30. 2019도7446 789
대판 2023.3.30. 2022도6886 1236
대판 2023.4.13. 2023도162 709
대판 2023.4.27. 2020도18296 1321
대판 2023.4.27. 2020도34 772
대판 2023.4.27. 2020도6874 245
대판 2023.5.18. 2017도2760 303
대판 2023.5.18. 2022도10961 37
대판 2023.6.1. 2020도2884 999
대판 2023.6.15. 2022도15414 719
대판 2023.6.29. 2021도17733 627
대판 2023.6.29. 2022도13430 66
대판 2023.6.29. 2022도6278 723
대판 2023.6.29. 2023도3351 810, 819
대판 2023.7.13. 2023도2043 517
대판 2023.8.18. 2020도6492 25
대판 2023.8.31. 2021도17151 779
대판 2023.8.31. 2021도1833 155
대판 2023.8.31. 2023도6355 425
대판 2023.9.14. 2023도5814 40
대판 2023.9.27. 2023도9332 771
대판 2023.10.12. 2023도5757 724
대판 2023.10.18. 2022도15537 451
대판 2023.10.26. 2017도18697 741
대판 2023.10.26. 2022도90 25
대판 2023.11.2. 2023도10768 261
대판(전) 1971.6.22. 71도740 1014
대판(전) 1973.11.13. 73도1553 896
대판(전) 1973.12.11. 73도1133 563
대판(전) 1976.6.22. 73도2625 75
대판(전) 1983.12.13. 83도2330 1039
대판(전) 1984.10.10. 82도2595 101, 102
대판(전) 1985.11.26. 85도1493 1046
대판(전) 1986.7.22. 86도1012 53
대판(전) 1989.9.12. 87도506 1201
대판(전) 1992.1.22. 91도1402 679
대판(전) 1992.10.13. 92도1428 509
대판(전) 1997.3.20. 96도1167 32, 33
대판(전) 1997.4.17. 96도3376
18, 91, 357, 407, 471, 1292, 1293
대판(전) 1997.4.17. 96도3377 449, 781, 1329
대판(전) 1997.7.16. 97도985 1302
대판(전) 1997.11.20. 97도2021 69
대판(전) 1998.5.21. 98도321 875
대판(전) 1998.6.18. 97도2231 22, 24
대판(전) 1998.10.15. 98도1759 14
대판(전) 1999.9.17. 97도3349 19, 20
대판(전) 2000.6.15. 98도3697 35, 1328
대판(전) 2001.4.19. 2000도1985 19, 1257
대판(전) 2001.10.25. 99도4837 295
대판(전) 2002.7.18. 2002도669 496
대판(전) 2003.2.20. 2001도6138 563
대판(전) 2003.6.24. 2002도6829 36
대판(전) 2004.6.17. 2003도7645 1243
대판(전) 2004.7.15. 2004도2965 349
대판(전) 2004.9.16. 2001도3206 491
대판(전) 2004.11.18. 2004도5074 894
대판(전) 2005.2.24. 2002도18 1201
대판(전) 2006.4.7. 2005도9858 551, 954, 956
대판(전) 2006.10.19. 2005도3909 1315
대판(전) 2007.4.18. 2005도7288 942
대판(전) 2007.9.28. 2007도606 646, 651, 653
대판(전) 2008.4.17. 2004도4899 37, 69, 951
대판(전) 2008.6.19. 2006도4876 1064
대판(전) 2008.8.21. 2008도3975 37
대판(전) 2009.5.29. 2007도4949 1048, 1055
대판(전) 2009.11.19. 2009도4166 776
대판(전) 2009.11.19. 2009도6058 29
대판(전) 2010.1.21. 2008도942 1409
대판(전) 2011.1.20. 2008도10479 1084
대판(전) 2011.1.20. 2008재도11 474
대판(전) 2011.3.17. 2006도8839 302
대판(전) 2011.3.17. 2007도482 784
대판(전) 2011.6.23. 2008도7562 58
대판(전) 2012.3.22. 2011도15057 44
대판(전) 2013.2.21. 2010도10500 479
대판(전) 2013.5.16. 2011도2631 58
대판(전) 2013.6.21. 2010도14328 674

대판(전) 2014.8.21. 2014도3363 1045
대판(전) 2015.1.22. 2014도10978 1296, 1297
대판(전) 2015.6.25. 2015도1944 987
대판(전) 2016.2.19. 2015도12980 516
대판(전) 2016.5.19. 2014도6992 1017
대판(전) 2016.7.21. 2013도850 45
대판(전) 2017.2.15. 2016도15226 1012
대판(전) 2017.2.16. 2015도16014 14
대판(전) 2017.2.16. 2016도13362 932
대판(전) 2017.5.31. 2017도3045 993
대판(전) 2017.7.20. 2014도1104 1068
대판(전) 2017.8.24. 2017도5977 75
대판(전) 2017.12.21. 2015도8335 41
대판(전) 2018.5.17. 2017도4027 1079
대판(전) 2018.7.19. 2017도17494 996
대판(전) 2019.3.28. 2018도16002 384, 697
대판(전) 2019.4.18. 2017도14609 512
대판(전) 2019.8.29. 2018도13792 458, 658
대판(전) 2019.8.29. 2018도2738 1351
대판(전) 2020.2.20. 2019도9756 1042
대판(전) 2020.6.18. 2019도14340 1042, 1085
대판(전) 2020.7.16. 2019도13328 741
대판(전) 2020.7.23. 2018도14415 288
대판(전) 2020.8.27. 2015도9436 705
대판(전) 2020.8.27. 2019도11294 1220, 1227
대판(전) 2020.8.27. 2019도14770 1043
대판(전) 2020.10.22. 2020도6258 1085
대판(전) 2020.11.19. 2020도5813 731, 759
대판(전) 2021.1.21. 2018도5475 544
대판(전) 2021.2.18. 2016도18761 1016
대판(전) 2021.3.18. 2018두47264 62
대판(전) 2021.9.9. 2017도19025 343, 448
대판(전) 2021.9.9. 2020도12630 810, 816
대판(전) 2021.9.9. 2020도6085 810, 818
대판(전) 2022.3.24. 2017도18272 280, 810, 821
대판(전) 2022.4.21. 2019도3047 27, 693
대판(전) 2022.6.23. 2017도3829 1012
대판(전) 2022.12.22. 2020도16420 62
대판(전) 2022.12.22. 2020도8682 1042
대판(전) 2023.7.17. 2017도1807 25
대판(전) 2023.9.21. 2018도13877 691

[헌법재판소 결정]

헌재 1992.4.28. 90헌바24 50
헌재 1995.3.23. 93헌마12 567
헌재 1995.9.28. 93헌바50 24
헌재 1995.10.26. 92헌바45 49
헌재 1996.1.25. 95헌가5 50
헌재 1996.2.29. 94헌마13 12
헌재 1997.8.21. 96헌바9 49
헌재 1998.3.26. 96헌가20 14, 24
헌재 1998.3.26. 97헌바83 49
헌재 1998.4.30. 95헌가16 22
헌재 1998.10.15. 98헌마168 24
헌재 1999.7.22. 97헌바76 18
헌재 2000.1.27. 99헌마481 290
헌재 2000.2.24. 99헌가4 22
헌재 2000.6.1. 99헌바73 104
헌재 2000.6.29. 99헌가16 12
헌재 2000.7.20. 99헌가15 13
헌재 2001.6.28. 99헌바31 26
헌재 2002.2.28. 99헌가8 24
헌재 2002.3.28. 2000헌바53 590
헌재 2002.6.27. 99헌마480 13
헌재 2002.11.28. 2002헌가5 50
헌재 2005.3.31. 2004헌바29 24
헌재 2005.11.24. 2004헌가28 24
헌재 2007.11.29. 2006헌가13 50
헌재 2009.6.25. 2007헌바25 546
헌재 2009.7.30 2008헌가16 104
헌재 2009.11.26. 2008헌바58 50
헌재 2014.8.28. 2011헌마28 17
헌재 2015.2.26 2009헌바17 50
헌재 2015.2.26 2014헌가16 50
헌재 2015.9.24. 2014헌바154 50
헌재 2016.12.20. 2016헌바153 716
헌재 2018.3.29. 2017헌가10 434
헌재 2018.6.28. 2011바379 50

[기타 판례]

광주고법 1961.2.20. 4293형공817 436
대구고법 1979.1.24. 78노941 1161
대구지법 1975.12.3. 75노502 372
부산지법 1965.1.12. 64고6813 604
부산지법 1985.7.5. 85도638 649
서울중앙지방법원 2018.8.16. 2017노1296 526

저자 **허정**

상해푸단대학교 법학과 졸업

현 | 법률사무소 예건 공동대표변호사
해커스변호사 형사법 전임
해커스 경찰간부 형사법 전임
이용배 형사법 아카데미 소장
대법원 국선변호인
국방부 군범죄 및 유족 국선변호인
서울행정법원 소송구조 변호사
서울남부지방법원 논스톱 국선변호인 및 국선변호인
서울북부지방법원 논스톱 국선변호인 및 국선변호인
서울시 공익변호사
대한변호사협회 장애인법률지원변호사단 단원
대한변호사협회 사회복지시설
무연고 사망자 유류금 신속처리 법률지원단 단원
서울지방변호사회 중대재해처벌법 대응 TF 자문위원
서울 강서경찰서 형사당직변호사
네이버지식iN 전문가 답변 상담변호사
서울명덕여자중학교 및 서울화곡초등학교 명예교사
9988병원 고문변호사
로메디 주식회사 고문변호사
P2P 플랫폼 사건 고소대리인
가상화폐 브이글로벌 사건 고소대리인

전 | 조선일보 G20 기자

- 해커스변호사 로스쿨 신체계 형법강의(해커스변호사)
- 해커스변호사 형법 · 형사소송법 신체계 암기장(해커스변호사)
- 해커스변호사 형법 · 형사소송법 최근 3개년 중요판례(해커스변호사)
- 해커스경찰 허정 형사법 기본서 1권 형법총론(해커스경찰)
- 해커스경찰 허정 형사법 기본서 2권 형법각론(해커스경찰)
- 해커스경찰 허정 형사법 기본서 3권 형사소송법(해커스경찰)
- 해커스경찰 허정 형사법 기출문제집 1권 형법총론(해커스경찰)
- 해커스경찰 허정 형사법 기출문제집 2권 형법각론(해커스경찰)

2025 변호사시험 대비 최신개정판

해커스변호사 로스쿨 신체계 형법강의

개정 2판 발행 2024년 2월 8일

지은이	이용배, 허정 공저
펴낸곳	해커스패스
펴낸이	해커스변호사 출판팀
주소	서울특별시 강남구 강남대로 428 해커스변호사
고객센터	1588-4055
교재 관련 문의	해커스 법아카데미 사이트(law.Hackers.com) 1:1 고객센터
학원 강의 및 동영상강의	law.Hackers.com
ISBN	979-11-6999-830-7 (13360)
Serial Number	02-01-01